MANUAL DE DIREITO
PROCESSUAL CIVIL
CONTEMPORÂNEO

Humberto Dalla Bernardina de Pinho

MANUAL DE DIREITO PROCESSUAL CIVIL CONTEMPORÂNEO

7ª edição
2025

- O autor deste livro e a editora empenharam seus melhores esforços para assegurar que as informações e os procedimentos apresentados no texto estejam em acordo com os padrões aceitos à época da publicação, *e todos os dados foram atualizados pelo autor até a data da entrega dos originais à editora.* Entretanto, tendo em conta a evolução das ciências, as atualizações legislativas, as mudanças regulamentares governamentais e o constante fluxo de novas informações sobre os temas que constam do livro, recomendamos enfaticamente que os leitores consultem sempre outras fontes fidedignas, de modo a se certificarem de que as informações contidas no texto estão corretas e de que não houve alterações nas recomendações ou na legislação regulamentadora.

- Data do fechamento do livro: 04/11/2024

- O autor e a editora se empenharam para citar adequadamente e dar o devido crédito a todos os detentores de direitos autorais de qualquer material utilizado neste livro, dispondo-se a possíveis acertos posteriores caso, inadvertida e involuntariamente, a identificação de algum deles tenha sido omitida.

- Direitos exclusivos para a língua portuguesa
  Copyright ©2025 by
  Saraiva Jur, um selo da SRV Editora Ltda.
  Uma editora integrante do GEN | Grupo Editorial Nacional
  Travessa do Ouvidor, 11
  Rio de Janeiro – RJ – 20040-040

- **Atendimento ao cliente:** https://www.editoradodireito.com.br/contato

- Reservados todos os direitos. É proibida a duplicação ou reprodução deste volume, no todo ou em parte, em quaisquer formas ou por quaisquer meios (eletrônico, mecânico, gravação, fotocópia, distribuição pela Internet ou outros), sem permissão, por escrito, da **SRV Editora Ltda.**

- Capa: Tiago Fabiano Dela Rosa
  Diagramação: Mônica Landi

- **DADOS INTERNACIONAIS DE CATALOGAÇÃO NA PUBLICAÇÃO (CIP)
  VAGNER RODOLFO DA SILVA - CRB-8/9410**

P654m   Pinho, Humberto Dalla Bernardina de
Manual de direito processual civil contemporâneo / Humberto Dalla Bernardina
    de Pinho. – 7. ed. – São Paulo : Saraiva Jur, 2025.

1.104 p.
ISBN: 978-85-5362-773-8 (impresso)

1. Direito. 2. Direito processual civil. I. Título.

	CDD 341.46
2024-3246	CDU 347.9

Índices para catálogo sistemático:
1. Direito processual civil   341.46
2. Direito processual civil   347.9

Respeite o direito autoral

Para Beatriz e Felipe, anjos enviados por Deus para dar um novo sentido à minha vida e me ensinar o que, de fato, é o amor.

Prefácio

Mais uma vez tenho a honra de ser convidado para fazer o prefácio do novo livro da lavra do amigo, ex-aluno e, hoje, doutor e professor da Universidade do Estado do Rio de Janeiro (UERJ), Humberto Dalla Bernardina de Pinho.

Para minha satisfação, neste seu novo trabalho, o Professor Humberto Dalla escreveu um curso completo de Teoria Geral do Processo, disciplina que cultivo com muito carinho e dedicação.

O livro ora editado é feito da vivência de Humberto Dalla como professor da Universidade do Estado do Rio de Janeiro (UERJ) e composto das aulas de Teoria Geral do Processo que tem ministrado ao longo dos anos.

Todas as matérias que envolvem o estudo da Teoria Geral do Processo, desde o conceito de direito processual, natureza, as fontes e a parte histórica até a teoria geral dos recursos, do processo de execução e do processo cautelar, foram detidamente examinadas e escritas com elegância, profundidade e, sobretudo, com clareza. Mas não é só.

O livro contém também trabalhos relativos aos movimentos de acesso à Justiça, contemplando os Juizados Especiais Cíveis e a tutela coletiva, os quais demonstram o cuidado e o zelo do Professor Humberto em fazer uma obra completa que pudesse servir não só a seus alunos, mas, também, a advogados, professores, enfim, a todos aqueles que operam com o direito.

A leitura do livro permite que o leitor saia com conhecimento bastante preciso da Teoria Geral do Processo e pronto para o exercício da prática processual, além de possibilitar o aprofundamento na área específica do direito processual civil.

Tenho a certeza de que esta obra do Professor Humberto terá imenso sucesso como os seus anteriores trabalhos, sendo de leitura obrigatória para todos aqueles que cultivam o direito processual.

De minha parte, quero expressar, mais uma vez, a minha alegria, o meu orgulho e satisfação por esta bela obra produzida pelo Professor Humberto Dalla Bernardina de Pinho.

Rio de Janeiro, 29 de junho de 2007.

Paulo Cezar Pinheiro Carneiro
Professor Titular de Teoria Geral do Processo da Universidade do Estado do Rio de Janeiro

Apresentação

Foi uma grata surpresa receber o convite do professor Humberto Dalla, meu colega de UERJ, com quem partilho o grande prazer de integrar o departamento, para elaborar o prefácio de sua obra. É com grande satisfação que, como presidente da Comissão que elaborou o Novo Código de Processo Civil, tive acesso a esta obra atualizada à luz de um trabalho para o qual dediquei nada menos do que cinco anos de minha vida.

A novel legislação processual obriga todo estudante e operador do Direito a realizar uma reciclagem no concernente às inovações trazidas pelo diploma recém-sancionado. É exatamente nesse aspecto que se torna tão interessante a obra do dileto amigo e professor Humberto, porquanto se presta a ventilar de modo extenso e profundo o estudo do direito processual civil dentro dos parâmetros modificados há pouco pelo Congresso Nacional.

Um caráter interessantíssimo desta brilhante obra é que, embora horizontalmente abrangente, a exposição do alcance de todos os aspectos reformadores ocorridos no processo sobre os quais incide a necessidade de observância mais cuidadosa se afigura com uma profundidade qualificadíssima, que, não resta dúvida, tornar-se-á uma referência.

Com o presente trabalho, é cristalino que Humberto fornece valiosas contribuições à academia jurídica brasileira, servindo de inspiração para os novos estudantes do direito processual civil, que sempre observarão esse ramo junto aos novos feixes principiológicos e interpretativos que se inserem na ordem jurídica processual na constante busca da tutela jurisdicional efetiva, abrindo-se, pois, uma excelente oportunidade de um estudo em consonância a essa nova sistemática, gerando debates sobre temas relevantes e de alta complexidade na dogmática processualista.

Por fim, mister reconhecer e declarar o fato do privilégio que o Ministério Público do Estado do Rio de Janeiro e os alunos do autor desta excelente obra têm em poder contar com sua atuação profissional constante e habitual, porquanto ele foi capaz de produzir um livro denso de tamanha qualidade acadêmica ímpar, que não se olvida do seu reflexo pragmático, comprovando, destarte, a harmonia de seus conhecimentos técnicos com os anseios e as necessidades da sociedade, no sentido de haver um Professor e Promotor de Justiça bem preparado para as mais diversas ocasiões que se lhe apresentem.

Desejo uma excelente leitura a todos.
Brasília, maio de 2015.

Luiz Fux
Ministro do Supremo Tribunal Federal

Primeiras palavras

Este livro é fruto da experiência colhida em mais de vinte e cinco anos de docência, primeiro na Faculdade de Direito da UERJ e, depois, concomitantemente, na Estácio, no Ibmec e em diversos cursos preparatórios, especialmente na EMERJ e na FEMPERJ.

Sempre fiz questão de lecionar todo o programa. Procurei acompanhar as turmas, desde o primeiro período de teoria geral do processo, até o último, que trata dos procedimentos especiais e previstos na legislação extravagante ao Código de Processo Civil.

Paralelamente a isso, o fato de lecionar tanto na graduação como na pós-graduação, *lato* e *stricto sensu*, permitiu-me observar as necessidades acadêmicas dos alunos de ambos os níveis, e procurar, dentro de minhas possibilidades, atendê-las.

Ao longo desses anos, fui colhendo excertos das aulas, obtidos a partir de trabalhos desenvolvidos por diversos alunos, que anotavam, gravavam, taquigrafavam e digitavam as aulas, transmitindo-me o conteúdo, depois. Assim, o texto foi, inicialmente, escrito em doses homeopáticas, aproveitando as raras e irregulares brechas de tempo.

Com o presente volume único, chegamos à terceira etapa da nossa obra.

Fazendo um breve retrospecto, tudo começou em 2007, com a primeira edição de nosso *Teoria Geral do Processo*. Em 2012 iniciamos o *Direito Processual Civil Contemporâneo*, em dois volumes. Em 2019, condensamos a obra num volume único, excluindo disciplinas acessórias como a tutela coletiva, os juizados especiais, as ações constitucionais e os meios consensuais de solução de conflitos, que passarão, com o tempo, a ser objeto de obras em separado.

Este *Manual* abrange todo o conteúdo programático da teoria geral do processo e do direito processual civil. Está de acordo com o Programa do Exame Nacional da OAB e com os programas dos principais concursos jurídicos do país. Contudo, o espírito da obra continua o mesmo. Um exame dos principais institutos do processo, a partir de uma linguagem clara, didática e objetiva, demonstrando o que há de mais relevante nas questões teóricas e práticas.

Um ponto-chave da obra é a atualização. Todo ano dezenas de leis e atos normativos são editados. Vamos consolidando no texto tais alterações de forma a dar ao leitor uma visão histórica do instituto modificado, bem como das principais inovações. Por fim, damos uma atenção especial aos atos emanados do Conselho Nacional de Justiça, em áreas estratégicas como a desjudicialização, os atos eletrônicos e a estruturação de políticas públicas judiciais.

As principais referências doutrinárias e jurisprudenciais também foram acrescidas, bem como tivemos a preocupação de inserir os precedentes já produzidos pelos Tribunais Superiores, incluindo as hipóteses de modulação, superação, conformação ou juízo de reconsideração, além de outros instrumentos que, de alguma forma, traduzem a pacificação de um entendimento, como os Enunciados do Fórum Permanente de Processualistas Civil (FPPC), Enunciados das Jornadas de Processo Civil e de Prevenção e Solução Extrajudicial de Conflitos (CJF/STJ).

Rio de Janeiro, agosto de 2024.

Humberto Dalla

Sumário

Prefácio VII

Apresentação IX

Primeiras palavras... XI

PARTE I
A TEORIA GERAL DO PROCESSO E A PARTE GERAL DO CÓDIGO DE PROCESSO CIVIL 1

Capítulo 1
DIREITO PROCESSUAL: CONCEITO, NATUREZA E O ACESSO À JUSTIÇA............ 3

1.1	Considerações introdutórias..	3
1.2	As formas clássicas de composição de litígios	3
	1.2.1 Autodefesa (ou autotutela)..	4
	1.2.2 Autocomposição	4
	1.2.3 Heterocomposição e juízo arbitral..	5
	1.2.4 Jurisdição/processo estatal	5
1.3	As formas contemporâneas de resolução de conflitos...........................	5
	1.3.1 Negociação	5
	1.3.2 Conciliação e mediação	7
	1.3.3 Arbitragem	8
1.4	Correntes unitarista e dualista da ciência processual	9
1.5	Movimentos de acesso à Justiça...	10
	1.5.1 O acesso à Justiça como aspecto do Estado de direito..............	10
	1.5.2 A problematização da insuficiência do acesso à Justiça	11
	1.5.3 O conteúdo do princípio do acesso à Justiça............................	12
	1.5.4 O acesso à Justiça digital	15

Capítulo 2
FONTES DO DIREITO PROCESSUAL CIVIL BRASILEIRO 19

Capítulo 3
EVOLUÇÃO HISTÓRICA 23

3.1	Considerações gerais..	23
3.2	O Direito Processual no Brasil Colônia	23
3.3	O Processo durante o Império	24
3.4	O advento da República: dos Códigos Estaduais ao CPC/1939............	25
3.5	O CPC/73 e as sucessivas reformas processuais durante as décadas de 1990 e de 2000....	25
3.6	O processo legislativo do Novo Código de Processo Civil	27

Capítulo 4
PRINCÍPIOS GERAIS DO DIREITO PROCESSUAL CIVIL 29
4.1   Generalidades 29
4.2   Os princípios em espécie 31
       4.2.1   Devido processo legal 31
       4.2.2   Isonomia ou igualdade entre as partes 32
       4.2.3   Contraditório e ampla defesa 33
       4.2.4   Juiz natural 38
       4.2.5   Inafastabilidade do controle jurisdicional 38
       4.2.6   Publicidade dos atos processuais 39
       4.2.7   Motivação das decisões judiciais 40
       4.2.8   Impulso oficial do processo 41
       4.2.9   Inadmissibilidade da prova obtida por meios ilícitos 42
       4.2.10 Livre convencimento motivado ou persuasão racional do juiz 43
       4.2.11 Economia processual 43
       4.2.12 Duração razoável do processo 43
       4.2.13 Cooperação 45
       4.2.14 Conciliação 46
       4.2.15 Duplo grau de jurisdição 46
       4.2.16 Princípio da observância da ordem cronológica de conclusão 46

Capítulo 5
A NORMA PROCESSUAL: INTERPRETAÇÃO E INTEGRAÇÃO – EFICÁCIA NO TEMPO E NO ESPAÇO 49
5.1   Identificação da norma processual 49
5.2   Dimensão espacial e temporal da norma processual 50
5.3   Formas de interpretação da norma processual 51
5.4   Meios de integração 53
5.5   O impacto do neoconstitucionalismo e a nova hermenêutica 53

Capítulo 6
JURISDIÇÃO: FUNÇÃO JURISDICIONAL – DISTINÇÃO DAS OUTRAS FUNÇÕES DO ESTADO   57
6.1   Tentativas doutrinárias de conceituar e sistematizar o tema 57
6.2   Evolução histórica e as teorias clássicas da jurisdição 59
6.3   Elementos caracterizadores da jurisdição 62
6.4   Princípios da jurisdição 64
6.5   Classificações da jurisdição 66
6.6   A jurisdição voluntária 67
6.7   A desjudicialização 71
6.8   A jurisdição transnacional e a cooperação internacional 76
       6.8.1   Noções sobre a jurisdição transnacional 76
       6.8.2   A cooperação internacional e o CPC 79
6.9   A jurisdição, o pragmatismo e a análise econômica do direito 82

Capítulo 7
ÓRGÃOS DA FUNÇÃO JURISDICIONAL: ORGANIZAÇÃO FEDERAL E ESTADUAL 85
7.1 Disciplina básica, funções e missão do Poder Judiciário 85
7.2 Órgãos do Poder Judiciário.. 87
7.3 A questão peculiar dos Juizados Especiais Cíveis... 91

Capítulo 8
AÇÃO: CONCEITO, NATUREZA JURÍDICA, ESPÉCIES, CONDIÇÕES PARA SEU REGULAR EXERCÍCIO E DIREITO DE DEFESA 95
8.1 Noção 95
8.2 Teorias acerca da natureza jurídica da ação.. 96
    8.2.1 Teoria Imanentista, Civilista ou Clássica 96
    8.2.2 Teoria do Direito Concreto de Ação (Teoria Concreta)............................... 97
    8.2.3 Teoria da Ação como Direito Potestativo 98
    8.2.4 Teoria da Ação como Direito Abstrato 99
    8.2.5 Teoria Eclética 99
8.3 Características 100
8.4 Conceito 101
8.5 Condições para o exercício do direito de ação 101
    8.5.1 Noção.. 101
    8.5.2 Condições genéricas 101
        8.5.2.1 Legitimidade das partes: é a legitimidade *ad causam* 101
        8.5.2.2 Interesse processual em agir 105
        8.5.2.3 A exclusão da possibilidade jurídica do pedido do rol de condições para o regular exercício do direito de ação 107
    8.5.3 Condições específicas 108
    8.5.4 Aferição das condições da ação 108
8.6 Elementos da ação... 109
    8.6.1 Partes... 109
        8.6.1.1 Litisconsórcio 109
        8.6.1.2 Intervenção de terceiros... 110
    8.6.2 Causa de pedir ou *causa petendi* 110
    8.6.3 Pedido 111

Capítulo 9
COMPETÊNCIA: CONCEITO, NATUREZA JURÍDICA, ESPÉCIES, CRITÉRIOS DE DETERMINAÇÃO, CAUSAS DE MODIFICAÇÃO, INCOMPETÊNCIA E CONFLITO DE COMPETÊNCIA 113
9.1 Conceito e natureza jurídica.. 113
9.2 Princípios que regem a competência no direito brasileiro 114
9.3 Critérios para determinação da competência.. 114
    9.3.1 Competência internacional 115
    9.3.2 Competência interna.. 118
9.4 Concretização da jurisdição.. 122

9.5	Incompetência absoluta e relativa...	123
9.6	Causas de modificação da competência...	124
	9.6.1 Conexão...	124
	9.6.2 Continência..	126
	9.6.3 Inércia..	126
	9.6.4 Vontade das partes..	127
9.7	Conflito de competência..	128
9.8	Foros especiais...	128
	9.8.1 Foro do réu incapaz...	128
	9.8.2 Foro do guardião de incapaz...	129
	9.8.3 Foro do domicílio do alimentando...	129
	9.8.4 Foro para as ações de reparação de acidente de trânsito.........	130
	9.8.5 Foro do domicílio do consumidor..	130
	9.8.6 Outras hipóteses...	131
9.9	A competência nos Juizados Especiais Cíveis..	133
9.10	Cooperação nacional..	135

Capítulo 10
SUJEITOS DO PROCESSO. PARTES. LITISCONSÓRCIO. TERCEIROS 139

10.1	Juiz: sujeito imparcial do processo	139
10.2	Demandante e demandado: sujeitos parciais do processo	140
	10.2.1 Conceito	140
	10.2.2 Litisconsórcio	141
	10.2.3 Intervenção de terceiros..	145
	10.2.3.1 Assistência e demais formas de intervenção voluntária	146
	10.2.3.2 Denunciação da lide	153
	10.2.3.3 Chamamento ao processo	156
	10.2.3.4 O incidente de desconsideração de personalidade jurídica	157
	10.2.3.5 O *amicus curiae*	162
	10.2.3.6 Correção no polo passivo da demanda...................	165

Capítulo 11
O ADVOGADO E O ESTATUTO DA OAB. O DEFENSOR PÚBLICO 169

11.1	Princípios gerais da advocacia	169
11.2	Direitos e deveres do advogado	172
11.3	Advocacia Pública	175
11.4	Defensoria Pública	176

Capítulo 12
O JUIZ E O ESTATUTO JURÍDICO DA MAGISTRATURA 181

12.1	Disposições constitucionais..	181
12.2	Poderes, deveres e responsabilidades do juiz	183
12.3	Impedimentos e suspeições	190

12.4	Auxiliares da Justiça	193

Capítulo 13
O MINISTÉRIO PÚBLICO E SEU ESTATUTO JURÍDICO 197

13.1	Origens e feição pré-Constituição de 1988	197
13.2	A natureza política do Ministério Público	199
13.3	O Ministério Público na Constituição de 1988	200
13.4	A participação do Ministério Público no CPC	205

Capítulo 14
PROCESSO: CONCEITO, NATUREZA JURÍDICA E ESPÉCIES 213

14.1	Noção		213
	14.1.1	Processo, procedimento e autos	213
	14.1.2	Funções atribuídas ao processo	213
14.2	Teorias sobre a natureza jurídica do processo		214
	14.2.1	Teorias privatistas	214
		14.2.1.1 Teoria do processo como um contrato	214
		14.2.1.2 Processo como um quase contrato	215
	14.2.2	Teoria da relação jurídica processual	216
	14.2.3	Teoria do processo como situação jurídica	218
	14.2.4	Teoria do processo como instituição	218
	14.2.5	Teoria do processo como procedimento em contraditório	219
	14.2.6	Teoria do processo como categoria complexa	220
	14.2.7	Teoria do processo como categoria jurídica autônoma	220
14.3	Conceito e natureza jurídica do processo		221
14.4	Classificação dos processos		221
	14.4.1	Processo de conhecimento	221
	14.4.2	Processo de execução	222
14.5	Classificação das sentenças		222

Capítulo 15
ASPECTOS ECONÔMICOS E ÉTICOS DO PROCESSO 225

15.1	Aspectos econômicos		225
	15.1.1	Noções gerais	225
	15.1.2	Despesas processuais	225
	15.1.3	Honorários advocatícios	226
		15.1.3.1 Natureza jurídica	226
		15.1.3.2 O art. 85 do CPC	227
	15.1.4	Custas processuais e gratuidade	233
	15.1.5	Gratuidade de Justiça: procedimento	236
15.2	Aspectos éticos do processo		236
	15.2.1	Repressão à má-fé. Responsabilidade por dano processual	236

15.2.2 A cooperação como novo parâmetro ético dos sujeitos do processo................... 239

Capítulo 16
PROCESSO ELETRÔNICO 243
16.1 O processo eletrônico 243
16.2 Histórico do processo eletrônico no Brasil 244
16.3 A Lei do Processo Eletrônico (Lei n. 11.419/2006) 245
16.4 A Resolução n. 185/2013 do CNJ 249
16.5 Disposições sobre processo eletrônico no CPC 251

Capítulo 17
ATOS PROCESSUAIS. TEORIA GERAL E ESPÉCIES. NULIDADES........................... 253
17.1 Considerações iniciais 253
    17.1.1 O novo paradigma do processo civil constitucional.......................... 253
    17.1.2 Visão geral dos atos processuais 254
17.2 Espécies de atos processuais 254
    17.2.1 Atos processuais praticados pelas partes 255
        17.2.1.1 Atos postulatórios 255
        17.2.1.2 Atos instrutórios 255
        17.2.1.3 Atos dispositivos 255
        17.2.1.4 Atos reais ou materiais 255
    17.2.2 Atos processuais praticados pelos juízes 256
        17.2.2.1 Atos praticados pelos juízes tendo como destinatárias as partes.......... 256
        17.2.2.2 Atos praticados pelo juízo tendo como destinatário outro juízo.......... 263
17.3 Tempo 265
17.4 Lugar 266
17.5 Forma 266
    17.5.1 Disposições gerais 266
17.6 Prazos 267
17.7 Princípios 270
    17.7.1 Princípios aplicáveis aos atos processuais em geral 270
        17.7.1.1 Princípio da liberdade das formas 271
        17.7.1.2 Princípio da documentação 271
        17.7.1.3 Princípio da publicidade 271
        17.7.1.4 Princípio da celeridade 271
        17.7.1.5 Princípio da efetividade 271
    17.7.2 Princípios aplicáveis aos defeitos dos atos processuais..................... 271
        17.7.2.1 Da causalidade 272
        17.7.2.2 Da instrumentalidade das formas 272
        17.7.2.3 Do prejuízo 272
        17.7.2.4 Do legítimo interesse 272
        17.7.2.5 Da economia processual 272
        17.7.2.6 Da preclusão 272

	17.7.2.7 Disposições suplementares	273
17.8	Defeitos	273
	17.8.1 Considerações iniciais	273
	17.8.2 Modalidades de atos processuais defeituosos	274
	17.8.2.1 Ato inexistente	274
	17.8.2.2 Ato nulo	274
	17.8.2.3 Anulabilidade	276
	17.8.2.4 Irregularidade	276
	17.8.2.5 Ineficácia	276
	17.8.3 Regramento imposto ao tema pelo CPC	277
17.9	Convenções processuais	278
	17.9.1 Aproximação ao tema	278
	17.9.2 As convenções no CPC	280
17.10	Calendarização	286
17.11	Atos de distribuição e registro	287
17.12	Atos relativos ao valor da causa	288

Capítulo 18
RELAÇÃO JURÍDICA PROCESSUAL E PRESSUPOSTOS PROCESSUAIS ... 291

18.1	Características da relação jurídica processual	291
18.2	Objeto da relação jurídica processual	292
18.3	Pressupostos processuais	292

Capítulo 19
OBJETO DA COGNIÇÃO: QUESTÕES PRÉVIAS E MÉRITO ... 301

19.1	Questões	301
	19.1.1 Questões prévias	301
	19.1.1.1 Questão prévia preliminar	302
	19.1.1.2 Questão prévia prejudicial	302
	19.1.2 Questão principal	304

Capítulo 20
TUTELA PROVISÓRIA ... 307

20.1	Observações introdutórias	307
20.2	Regras gerais introduzidas pelo CPC	307
20.3	Modalidades	309
	20.3.1 Tutela de urgência	309
	20.3.1.1 Disposições gerais	310
	20.3.1.2 Limitações à concessão de tutela provisória	315
	20.3.1.3 Tutela antecipada requerida em caráter antecedente	319
	20.3.1.4 Questões controvertidas sobre a tutela antecipada antecedente	321
	20.3.1.5 Tutela cautelar requerida em caráter antecedente	328
	20.3.2 Tutela da evidência	331

Capítulo 21
FORMAÇÃO, SUSPENSÃO E EXTINÇÃO DO PROCESSO 335

21.1 Formação do processo 335
    21.1.1 Noções gerais 335

21.2 Suspensão do processo 336
    21.2.1 Noções gerais 336
    21.2.2 Hipóteses de suspensão 336
        21.2.2.1 Morte ou perda da capacidade processual de qualquer das partes, de seu representante legal ou de seu procurador 336
        21.2.2.2 Convenção das partes 337
        21.2.2.3 Arguição de impedimento ou de suspeição 338
        21.2.2.4 Admissão de incidente de resolução de demandas repetitivas 338
        21.2.2.5 Questão prejudicial 339
        21.2.2.6 Por motivo de força maior 340
        21.2.2.7 Quando se discutir em juízo questão decorrente de acidentes e fatos da navegação de competência do Tribunal Marítimo 341
        21.2.2.8 Nos demais casos que este Código regula 341
        21.2.2.9 Nas hipóteses introduzidas pela Lei n. 13.363/2016 341

21.3 Extinção do processo 342
    21.3.1 Noções gerais 342
    21.3.2 Modalidades de extinção do processo sem resolução do mérito 342
        21.3.2.1 Indeferimento da petição inicial 343
        21.3.2.2 Negligência das partes por mais de um ano 343
        21.3.2.3 Omissão do autor por mais de trinta dias 343
        21.3.2.4 Ausência dos pressupostos de constituição e desenvolvimento regular do processo 343
        21.3.2.5 Perempção, litispendência e coisa julgada 344
        21.3.2.6 Falta das condições da ação 344
        21.3.2.7 Convenção arbitral 344
        21.3.2.8 Desistência da ação 345
        21.3.2.9 Intransmissibilidade da ação 345
        21.3.2.10 Outros casos 345
    21.3.3 Hipóteses de resolução do mérito 345
        21.3.3.1 Acolhimento ou rejeição do pedido 345
        21.3.3.2 Prescrição e decadência 346
        21.3.3.3 Reconhecimento do pedido pelo réu 346
        21.3.3.4 Transação 346
        21.3.3.5 Renúncia ao direito 346

PARTE II
PARTE ESPECIAL DO CÓDIGO DE PROCESSO CIVIL: PROCESSO DE CONHECIMENTO; PROCEDIMENTOS ESPECIAIS; PROCESSO DE EXECUÇÃO; PROCESSO NOS TRIBUNAIS E DISPOSIÇÕES FINAIS E TRANSITÓRIAS 349

Seção I
PROCESSO DE CONHECIMENTO 351

Capítulo 1
PROCEDIMENTOS 351
1.1 Procedimento comum e especial 351
1.2 O Procedimento Sumário e a Regra de Transição do art. 1.046, § 1º, do CPC 352

Capítulo 2
PETIÇÃO INICIAL 355
2.1 Princípios da iniciativa das partes e da inércia 355
2.2 Petição inicial 355
2.3 Requisitos da petição inicial 355
2.4 Emenda à inicial 360
2.5 Causa de pedir 361
2.6 Pedido 362
    2.6.1 Disposições gerais 362
    2.6.2 Interpretação do pedido 363
    2.6.3 Pedido genérico 363
    2.6.4 Pedido implícito 364
        2.6.4.1 Regras gerais 364
        2.6.4.2 As inovações introduzidas pela Lei n. 15.905/2024 na sistemática dos juros e da correção monetária 365
    2.6.5 Cumulação de pedidos 367
    2.6.6 Alteração do pedido 369
2.7 Indeferimento da inicial 369
2.8 Improcedência liminar do pedido 372

Capítulo 3
AUDIÊNCIA DE CONCILIAÇÃO OU DE MEDIAÇÃO 375
3.1 Considerações gerais 375
3.2 Exame do art. 334 do CPC 378
3.3 Possibilidade de realização de audiências não presenciais 383
3.4 Limites do acordo: os direitos indisponíveis não transacionáveis e o art. 3º, § 2º, da Lei de Mediação 384

Capítulo 4
RESPOSTAS DO RÉU E REVELIA 389
4.1 Introdução 389
4.2 Citação 389
    4.2.1 Conceito 389
        4.2.1.1 Inovações introduzidas pela Lei n. 14.195/2021 391
        4.2.1.2 Domicílio Judicial Eletrônico 392

	4.2.2	Litisconsórcio	393
	4.2.3	Recebimento da inicial e determinação da intimação e citação do réu	393
	4.2.4	Destinatários	393
	4.2.5	Local	394
	4.2.6	Impedimentos	394
	4.2.7	Tempo da citação	395
	4.2.8	Efeitos da citação	395
	4.2.9	Modalidades	396
	4.2.10	Citação: pressuposto processual ou condição de eficácia do processo em relação ao réu?	401
	4.2.11	Sentença de mérito em processo sem a citação do réu	402
4.3	Espécies de defesa		402
	4.3.1	Objeção	404
4.4	Matérias de defesa – impedimento e suspeição		404
4.5	Contestação		406
	4.5.1	Requisitos e forma	407
	4.5.2	Prazo	407
	4.5.3	Princípio da concentração ou eventualidade	408
	4.5.4	Ônus da impugnação especificada	411
4.6	Reconvenção		412
	4.6.1	Cabimento	415
	4.6.2	Ações dúplices	415
	4.6.3	Forma	416
	4.6.4	Prazo	416
	4.6.5	Conexão	416
	4.6.6	Ampliação subjetiva da demanda	416
4.7	Revelia		417

Capítulo 5
PROVIDÊNCIAS PRELIMINARES E SANEAMENTO 421
5.1 Não incidência dos efeitos da revelia 421
5.2 Fato Impeditivo, modificativo ou extintivo do direito do autor 421
5.3 Alegações do réu 422

Capítulo 6
JULGAMENTO CONFORME O ESTADO DO PROCESSO 423
6.1 Extinção do processo 423
6.2 Julgamento antecipado do mérito 423
6.3 Julgamento antecipado parcial do mérito 424
6.4 Saneamento e organização do processo 425

Capítulo 7
AUDIÊNCIA DE INSTRUÇÃO E JULGAMENTO 429

Capítulo 8
PROVAS 433
8.1   Noções gerais 433
8.2   Objeto e incidência 434
8.3   Natureza das normas sobre provas 435
8.4   Destinatários da prova 435
8.5   Classificação 436
8.6   Meios de prova 437
8.7   Ônus da prova 437
8.8   Provas ilícitas 442
8.9   Prova emprestada 443
8.10 Prova indiciária 447
8.11 Fases do procedimento probatório 448
8.12 Poderes probatórios do juiz 449

Capítulo 9
PROVAS EM ESPÉCIE 451
9.1   Produção antecipada de provas 451
9.2   Ata notarial 453
9.3   Depoimento pessoal 454
9.4   Confissão 456
9.5   Exibição de documento ou coisa 458
9.6   Prova documental 460
9.7   Documentos eletrônicos 462
9.8   Prova testemunhal 463
9.9   Prova pericial 465
9.10 Inspeção judicial 469

Capítulo 10
SENTENÇA E COISA JULGADA 471
10.1 Introdução 471
      10.1.1 Conceito de sentença 471
      10.1.2 Classificação das sentenças 472
10.2 Disposições gerais 475
      10.2.1 Sentenças que não resolvem o mérito 475
      10.2.2 Sentenças que resolvem o mérito 483
10.3 Elementos e efeitos da sentença 484
      10.3.1 Elementos essenciais da sentença 485
      10.3.2 Efeitos da sentença 488
      10.3.3 Princípio da demanda e princípio da congruência 489

	10.3.4 Interpretação da sentença	490
	10.3.5 O art. 493 do CPC	491
	10.3.6 Correção	492
10.4	Remessa necessária	492
10.5	Julgamento das ações relativas às prestações de fazer, de não fazer e de entregar coisa	495
	10.5.1 Disposições gerais	495
	10.5.2 O cabimento das medidas estruturantes em obrigações de fazer descumpridas	497
	10.5.3 O art. 498: obrigação de entregar coisa	502
	10.5.4 O art. 501: declaração de vontade	502
10.6	Coisa julgada	503
	10.6.1 Histórico	503
	10.6.2 Generalidades	505
	10.6.3 Preclusão, estabilização e coisa julgada (formal e material)	505
	10.6.4 Limites objetivos e subjetivos da coisa julgada	507
	10.6.5 Limite temporal da coisa julgada	511
	10.6.5.1 Origens do instituto	511
	10.6.5.2 Exame das principais decisões do STF sobre a coisa julgada e sua relativização em matéria de impugnação ao cumprimento de sentença	513
	10.6.5.3 A decisão de 2023 em matéria de relações tributárias continuadas	516
	10.6.6 Regime especial da coisa julgada na ação civil pública	518

Capítulo 11
LIQUIDAÇÃO DE SENTENÇA 521

11.1	Aspectos gerais	521
11.2	Conceito de sentença e sua liquidação	523
11.3	Legitimidade para a liquidação de sentença	524
11.4	Modalidades de liquidação de sentença	524
	11.4.1 Liquidação por arbitramento	525
	11.4.2 Liquidação pelo procedimento comum	525
11.5	Liquidação de sentença penal condenatória e no processo coletivo	525

Capítulo 12
CUMPRIMENTO DE SENTENÇA 527

12.1	Disposições gerais	527
12.2	Características	528
12.3	Princípios	528
12.4	Pressupostos	530
12.5	Atributos da obrigação a ser executada	530
12.6	Títulos executivos judiciais	531
	12.6.1 Introdução e conceito dos títulos executivos	531
	12.6.2 Classificação dos títulos executivos	531
	12.6.3 Títulos executivos judiciais	531
	12.6.4 O protesto da decisão judicial e demais disposições	535

12.7	Jurisdição e competência no cumprimento de sentença	536
	12.7.1 Limites e controle da jurisdição	536
	12.7.2 Competência	537
	12.7.3 A competência dos tribunais nas causas de competência originária	537
	12.7.4 Competência funcional	537
	12.7.5 Competência para execução da sentença penal condenatória, da sentença arbitral, da sentença estrangeira e da decisão interlocutória estrangeira	538
12.8	Execução provisória e definitiva	539
12.9	Das espécies de cumprimento de sentença	541
	12.9.1 Do cumprimento provisório da sentença que reconheça a exigibilidade de obrigação de pagar quantia certa	541
	12.9.2 Do cumprimento definitivo da sentença que reconheça a exigibilidade de obrigação de pagar quantia certa	542
	12.9.2.1 Penhora e avaliação	545
	12.9.2.2 Impugnação ao cumprimento de sentença	546
	12.9.2.3 Excesso de execução (art. 525, § 1º, V)	549
	12.9.3 Do cumprimento da sentença que reconheça a exigibilidade de obrigação de prestar alimentos	549
	12.9.4 Do cumprimento da sentença que reconheça a exigibilidade de pagar quantia certa pela Fazenda Pública	553
	12.9.5 Do cumprimento da sentença que reconheça a exigibilidade de obrigação de fazer e de não fazer	556
	12.9.5.1 Meios executivos	559
	12.9.5.2 *Astreintes*	560
	12.9.6 Do cumprimento da sentença que reconheça a exigibilidade de obrigação de entregar coisa	563
12.10	Regime especial do cumprimento de sentença na ação civil pública	564

Seção II
PROCEDIMENTOS ESPECIAIS ... 567

Capítulo 1
PROCEDIMENTOS DE JURISDIÇÃO CONTENCIOSA ... 567

1.1	Disposições gerais	567
1.2	Procedimentos especiais de jurisdição contenciosa e de jurisdição voluntária	570

Capítulo 2
AÇÃO DE CONSIGNAÇÃO EM PAGAMENTO ... 573

2.1	Noções gerais	573
2.2	Natureza do instituto da consignação	573
2.3	Natureza processual da ação de consignação	573
2.4	Prestações passíveis de consignação	574
2.5	Cabimento da consignação	574
2.6	Pressupostos para o pagamento em consignação	575
2.7	Liquidez da prestação devida	576

2.8   Consignação principal e incidental 576
2.9   Consignação em pagamento de título cambiário e cambiariforme 577
2.10   Competência 577
2.11   Legitimação *ad causam* 578
       2.11.1 Legitimidade ativa 578
       2.11.2 Legitimidade passiva 579
2.12   Prestações sucessivas 579
2.13   Causa de pedir 580
2.14   Pedido 581
2.15   Efeitos da consignação 582
2.16   Procedimento da consignação em pagamento 582
       2.16.1 Procedimento extrajudicial 582
       2.16.2 Procedimento judicial em caso de mora do credor 584
                2.16.2.1 Petição inicial 584
                2.16.2.2 Valor da causa 585
                2.16.2.3 Depósito 585
                2.16.2.4 Obrigação alternativa 586
                2.16.2.5 Citação 586
                2.16.2.6 Resposta do demandado 586
                2.16.2.7 Complementação do depósito 587
                2.16.2.8 Sentença 589
       2.16.3 Procedimento judicial com risco de pagamento ineficaz 589
2.17   Resgate da enfiteuse 591
2.18   Consignação de aluguéis e acessórios na locação 592

Capítulo 3
AÇÃO DE EXIGIR CONTAS 595
3.1   Noções gerais 595
3.2   Natureza jurídica 596
3.3   Cabimento 596
3.4   Legitimação e interesse 597
3.5   Organização e prova das contas 598
3.6   A prestação de contas ativa 599
       3.6.1 Sucumbência 600

Capítulo 4
AÇÕES POSSESSÓRIAS 601
4.1   Noções gerais 601
4.2   Procedimento especial 601
4.3   O procedimento comum e o procedimento sumaríssimo do Juizado Especial 606
4.4   A liminar e sua natureza jurídica 607
4.5   A ação de natureza dúplice 608
4.6   Fungibilidade dos procedimentos 608

4.7	Espécies de proteção possessória	609
4.8	A natureza das ações possessórias: real ou pessoal?	610
4.9	Incidentes nas ações possessórias	611
	4.9.1 Embargos de terceiro	611
	4.9.2 Embargos de retenção	612
	4.9.3 Nomeação à autoria e denunciação da lide	612
4.10	Procedimento de manutenção, da reintegração da posse e do interdito proibitório – peculiaridades dos procedimentos	612
	4.10.1 Ação de manutenção de posse	612
	4.10.2 Ação de reintegração de posse	614
	4.10.3 Interdito proibitório	615
4.11	A sentença nas ações de manutenção de posse, de reintegração de posse e no interdito proibitório	617
4.12	A fase de execução do julgado	617

Capítulo 5
AÇÃO DE DEMARCAÇÃO E AÇÃO DE DIVISÃO DE TERRAS PARTICULARES ... 619

5.1	Noções gerais	619
5.2	Legitimidade	620
5.3	Natureza dúplice das ações divisória e demarcatória	621
5.4	Foro competente	621
5.5	Procedimento	621
	5.5.1 Disposições gerais	621
	5.5.2 Ação de demarcação	622
	5.5.3 Ação de divisão	624

Capítulo 6
AÇÃO DE DISSOLUÇÃO PARCIAL DE SOCIEDADE ... 625

6.1	Considerações	625
6.2	A dissolução das sociedades	625
6.3	Cabimento da dissolução parcial de sociedades	626
6.4	Legitimidade para agir	626
6.5	Procedimento de dissolução	627

Capítulo 7
AÇÃO DE INVENTÁRIO E PARTILHA ... 629

7.1	Noções gerais	629
7.2	Inventário negativo	630
7.3	Competência	631
7.4	Universalidade de foro da sucessão	631
7.5	Questões de "alta indagação"	632
7.6	Administrador provisório e inventariante	632
7.7	Legitimidade	634
7.8	Cumulação de ações no inventário	634
7.9	Procedimento do inventário	635

	7.9.1	Petição inicial	635
	7.9.2	Primeiras declarações	636
	7.9.3	Citações e interveniências	636
	7.9.4	Avaliação judicial	637
	7.9.5	Últimas declarações	637
	7.9.6	Cálculo do imposto	638
	7.9.7	Colações	638
	7.9.8	Sonegação	639
	7.9.9	Pagamento das dívidas	639
7.10	A partilha	639
	7.10.1	Conceito e espécies	639
	7.10.2	Partilha judicial. Petição de quinhão. Deliberação. Princípios	640
	7.10.3	Esboço e lançamento da partilha	641
	7.10.4	Sentença da partilha	642
	7.10.5	Pacto de não partilhar	643
	7.10.6	A emenda ou retificação da partilha	644
	7.10.7	A partilha e as ações de investigação de paternidade, de petição de herança e de nulidade de testamento	644
	7.10.8	Invalidação da partilha	645
	7.10.9	Partilha amigável e partilha judicial	645
	7.10.10	Ação rescisória de partilha	647
7.11	O arrolamento	648
	7.11.1	Procedimento do arrolamento sumário	648
	7.11.2	Procedimento do arrolamento comum	649
7.12	Das disposições comuns	650
	7.12.1	Medidas cautelares (art. 668)	650
	7.12.2	Sobrepartilha (art. 669)	650
	7.12.3	Curatela especial ao herdeiro (art. 671)	651
	7.12.4	Inventários acumulados (arts. 672 e 673)	651
	7.12.5	Honorários de advogado	651
	7.12.6	Extinção do processo por paralisação da causa	652
	7.12.7	Assistência judiciária	652
	7.12.8	Terceiros prejudicados (art. 674)	652

Capítulo 8
EMBARGOS DE TERCEIRO 653

8.1	Noções gerais	653
8.2	Natureza jurídica	653
8.3	Cabimento e conteúdo	654
8.4	Legitimidade	654
8.5	Prazo	657
8.6	Competência	658
8.7	Procedimento	658

Capítulo 9
OPOSIÇÃO... 661
9.1 Noções gerais 661
9.2 Natureza jurídica 661
9.3 Cabimento... 661
9.4 Legitimidade 662
9.5 Competência 662
9.6 Procedimento 662

Capítulo 10
HABILITAÇÃO.. 665
10.1 Noções gerais 665
10.2 Natureza jurídica 665
10.3 Cabimento.. 665
10.4 Legitimidade 666
10.5 Competência 666
10.6 Procedimento 666

Capítulo 11
AÇÕES DE FAMÍLIA... 669
11.1 Noções gerais 669
11.2 Cabimento e Legitimidade.. 669
11.3 Competência 670
11.4 Procedimento 670

Capítulo 12
AÇÃO MONITÓRIA... 673
12.1 Noções gerais 673
12.2 Características 673
12.3 Natureza jurídica 674
12.4 Objeto e alcance da ação monitória 674
12.5 Requisito específico da ação monitória 675
       12.5.1 Prova escrita 675
12.6 Legitimidade para a ação monitória 676
12.7 Juízo sumário 677
12.8 Competência no processo monitório 677
12.9 Petição inicial. Mandado de pagamento ou de entrega............. 678
12.10 Natureza do mandado liminar. Extensão de sua eficácia 679
12.11 Formação do título executivo 680
12.12 Ônus da prova no processo monitório 681
12.13 Procedimento 682
12.14 Embargos monitórios... 683
12.15 Reconvenção 685

12.16	Assistência e litisconsórcio	686
12.17	Revelia no processo monitório	686
12.18	Natureza dos embargos	687
12.19	Tutela provisória	687
12.20	Cabimento de audiência de conciliação	687
12.21	Litispendência. Coisa julgada. Questões processuais e de mérito	687
12.22	Honorários advocatícios. Despesas processuais. Isenção	688
12.23	Ação monitória contra a Administração Pública	689

Capítulo 13
HOMOLOGAÇÃO DE PENHOR LEGAL 691

13.1	Conceituação de penhor	691
13.2	Penhor legal no CPC	691

Capítulo 14
REGULAÇÃO DE AVARIA GROSSA 693

14.1	Noções gerais	693
14.2	Cabimento, legitimidade e conteúdo	693
14.3	Competência	693
14.4	Procedimento	694

Capítulo 15
RESTAURAÇÃO DE AUTOS 695

15.1	Noções gerais	695
15.2	Natureza jurídica e cabimento	695
15.3	Legitimidade	696
15.4	Competência	696
15.5	Procedimento	696
15.6	Sentença	697
15.7	Restauração dos autos no tribunal	697
15.8	Responsabilidade do causador do desaparecimento dos autos	698

Capítulo 16
DISPOSIÇÕES GERAIS DE PROCEDIMENTOS ESPECIAIS DE JURISDIÇÃO VOLUNTÁRIA 699

16.1	Características da jurisdição voluntária	699
16.2	Procedimento	700
16.3	A jurisdição voluntária no CPC	702

Capítulo 17
DAS NOTIFICAÇÕES E DAS INTERPELAÇÕES 705

17.1	Noções gerais	705
17.2	Procedimento	705

Capítulo 18
ALIENAÇÃO JUDICIAL 707
18.1 Noções gerais 707
18.2 Procedimento 707

Capítulo 19
DIVÓRCIO E SEPARAÇÃO CONSENSUAIS, EXTINÇÃO CONSENSUAL DE UNIÃO ESTÁVEL E ALTERAÇÃO DO REGIME DE BENS DO MATRIMÔNIO 709
19.1 Noções gerais 709
19.2 Legitimidade e competência 710
19.3 Procedimento 710
19.4 Sentença 711
19.5 Revisão e rescisão do acordo de separação 712

Capítulo 20
TESTAMENTOS E CODICILOS 713
20.1 Noções gerais 713
20.2 Competência 713
20.3 Procedimento 713
20.4 Sentença 715

Capítulo 21
HERANÇA JACENTE 717
21.1 Noções gerais 717
21.2 Competência 717
21.3 Legitimidade 718
21.4 Procedimento 718
21.5 Administração da herança 719
21.6 Declaração de vacância 719

Capítulo 22
BENS DO AUSENTE 721
22.1 Noções gerais 721
22.2 Competência 721
22.3 Procedimento 721

Capítulo 23
COISAS VAGAS 725
23.1 Noções gerais 725
23.2 Legitimidade e competência 725
23.3 Procedimento 725

Capítulo 24
INTERDIÇÃO 727
- 24.1 Noções gerais 727
- 24.2 Legitimidade 727
- 24.3 Competência 728
- 24.4 Procedimento 728
- 24.5 Sentença 729
- 24.6 Levantamento da interdição 729
- 24.7 O curador 729
- 24.8 Disposições comuns à tutela e à curatela 730
- 24.9 A nova sistemática trazida pela lei de inclusão da pessoa com deficiência (Lei n. 13.146/2015) 731

Capítulo 25
ORGANIZAÇÃO E FISCALIZAÇÃO DAS FUNDAÇÕES 735
- 25.1 Noções gerais 735
- 25.2 Procedimento 735
- 25.3 Extinção das fundações 736

Capítulo 26
DA RATIFICAÇÃO DOS PROTESTOS MARÍTIMOS E DOS PROCESSOS TESTEMUNHÁVEIS FORMADOS A BORDO 737
- 26.1 Noções gerais 737
- 26.2 Competência 737
- 26.3 Legitimidade 737
- 26.4 Procedimento 737

Seção III
PROCESSO DE EXECUÇÃO 739

Capítulo 1
TEORIA GERAL DA EXECUÇÃO 739
- 1.1 Breve histórico do novo processo civil 739
- 1.2 Disposições gerais 739
- 1.3 Características da execução 741
- 1.4 Aplicação subsidiária das normas cognitivas à execução 741
- 1.5 Princípios da execução 742
  - 1.5.1 Princípio da cartularidade 743
  - 1.5.2 Princípio da efetividade da execução 743
  - 1.5.3 Princípio do menor sacrifício possível para o executado ... 743
  - 1.5.4 Princípio do contraditório 744
  - 1.5.5 Princípio do desfecho único 744
- 1.6 Das partes no processo de execução 745
  - 1.6.1 Noções gerais 745

	1.6.2	Legitimação	745
		1.6.2.1 Legitimados ativos	745
		1.6.2.2 Legitimados passivos	746
	1.6.3	Incidentes	748
	1.6.4	Litisconsórcio	749
	1.6.5	Intervenção de terceiros	750
	1.6.6	Cumulação de execuções	750
1.7	Jurisdição e competência na relação processual executiva		751
	1.7.1	Limites e controle da jurisdição no processo executivo	751
	1.7.2	Competência	752
	1.7.3	Competência na execução de título extrajudicial	752
		1.7.3.1 Foro competente para a ação do cheque	752
		1.7.3.2 Foro competente para a duplicata	753
		1.7.3.3 Foro competente para a nota promissória	753
		1.7.3.4 Foro competente para a execução de hipoteca e de aluguéis	753
	1.7.4	Competência na execução fiscal	753
	1.7.5	Competência nos processos incidentais	754
	1.7.6	Competência na insolvência civil	754
1.8	Requisitos da execução		754
	1.8.1	Noções gerais	754
	1.8.2	Inadimplemento do devedor	755
		1.8.2.1 *Exceptio non rite adimpleti contractus*	756
		1.8.2.2 *Exceptio non adimpleti contractus*	756
	1.8.3	Título executivo	756
		1.8.3.1 Conceito	756
		1.8.3.2 Natureza jurídica	757
		1.8.3.3 Classificação	757
	1.8.4	Modalidades de títulos executivos extrajudiciais	758
		1.8.4.1 Letra de câmbio, nota promissória, duplicata, debênture e cheque	758
		1.8.4.2 Instrumento público ou privado de confissão de dívida	758
		1.8.4.3 Contrato garantido por hipoteca, penhor, anticrese ou outro direito real de garantia e aquele garantido por caução	758
		1.8.4.4 O contrato de seguro de vida em caso de morte	758
		1.8.4.5 Crédito decorrente de foro ou laudêmio	759
		1.8.4.6 Crédito, documentalmente comprovado, decorrente de aluguel de imóvel, bem como de encargos acessórios, tais como taxas e despesas de condomínio	759
		1.8.4.7 Certidão da Dívida Ativa da Fazenda Pública	759
		1.8.4.8 Crédito referente às contribuições ordinárias ou extraordinárias de condomínio edilício, previstas na respectiva convenção ou aprovadas em assembleia geral	759
		1.8.4.9 Certidão expedida por serventia notarial ou de registro relativa a valores de emolumentos e demais despesas	760

| | | 1.8.4.10 | Outros títulos extrajudiciais | 760 |

	1.8.5	Da exigibilidade da obrigação		762
		1.8.5.1	Certeza	762
		1.8.5.2	Liquidez	762
		1.8.5.3	Exigibilidade	763

1.9 Da responsabilidade patrimonial 763
    1.9.1 Noções gerais 763
    1.9.2 Bens do devedor 764
    1.9.3 Fraude à execução e fraude contra credores 768
    1.9.4 Alienação de bem penhorado 771
    1.9.5 Registro do arresto ou da penhora e sua finalidade 773

Capítulo 2
DAS DIVERSAS ESPÉCIES DE EXECUÇÃO 775

2.1 Disposições gerais 775
2.2 Procedimentos executivos existentes 778
2.3 Execução provisória e definitiva 778
2.4 Meios de execução 779
    2.4.1 Sub-rogação (execução direta) 779
    2.4.2 Coerção ou coação (execução indireta) 780

Capítulo 3
EXECUÇÃO PARA A ENTREGA DE COISA 781

3.1 Execução para entrega de coisa certa 781
3.2 Execução para entrega de coisa incerta 783

Capítulo 4
EXECUÇÃO DAS OBRIGAÇÕES DE FAZER E DE NÃO FAZER 785

4.1 Disposições comuns 785
    4.1.1 Meios executivos 785
    4.1.2 *Astreintes* 786
4.2 Execução das obrigações de fazer 788
    4.2.1 Processo de execução 788
    4.2.2 Da conversão em perdas e danos 789
    4.2.3 Prática do fato por terceiro 789
    4.2.4 Execução da obrigação pelo credor 790
    4.2.5 Cumprimento da obrigação 791
4.3 Execução das obrigações de não fazer 791

Capítulo 5
EXECUÇÃO POR QUANTIA CERTA 795

5.1 Execução por quantia certa contra devedor insolvente 795
5.2 Execução por quantia certa contra devedor solvente 797

	5.2.1	Disposições gerais	797
	5.2.2	Citação do devedor e arresto	798
	5.2.3	Penhora, depósito e avaliação	801
		5.2.3.1 Objeto da penhora	801
		5.2.3.2 Documentação da penhora, seu registro e depósito	808
		5.2.3.3 Lugar da realização da penhora	810
		5.2.3.4 Modificações da penhora	810
		5.2.3.5 Penhora de dinheiro em depósito ou em aplicação financeira	812
		5.2.3.6 Penhora de créditos	813
		5.2.3.7 Penhora de quotas ou de ações de sociedades personificadas	814
		5.2.3.8 Penhora de empresa, de outros estabelecimentos e de semoventes	815
		5.2.3.9 Penhora de percentual de faturamento da empresa	816
		5.2.3.10 Penhora de frutos e rendimentos de coisa móvel ou imóvel	817
		5.2.3.11 Avaliação	817
	5.2.4	Expropriação de bens	822
	5.2.5	Satisfação do crédito	831

Capítulo 6
EXECUÇÃO CONTRA A FAZENDA PÚBLICA 833

Capítulo 7
EXECUÇÃO DE ALIMENTOS 837

Capítulo 8
EXECUÇÃO FISCAL 841
8.1 Introdução 841
8.2 Procedimento 842

Capítulo 9
DEFESA DO EXECUTADO: EMBARGOS, OBJEÇÃO DE PRÉ-EXECUTIVIDADE E AÇÃO AUTÔNOMA 845
9.1 Noções gerais 845
9.2 Procedimento 846
9.3 Da defesa do executado contra arrematação, adjudicação e alienação 849
9.4 Exceção de pré-executividade 850
    9.4.1 Procedimento 851

Capítulo 10
SUSPENSÃO E EXTINÇÃO DO PROCESSO DE EXECUÇÃO 853
10.1 Suspensão do processo de execução 853
10.2 Extinção do processo de execução 855

Seção IV
DOS PROCESSOS NOS TRIBUNAIS E DOS MEIOS DE IMPUGNAÇÃO DAS DECISÕES JUDICIAIS . 859

Capítulo 1
DA ORDEM DOS PROCESSOS NO TRIBUNAL 859
1.1 Noções preliminares 859
    1.1.1 A geografia da matéria no CPC 859
    1.1.2 Escorço histórico 859
1.2 Mecanismos de uniformização 861
    1.2.1 Precedentes 861
    1.2.2 Modulação temporal 868
1.3 Procedimento recursal 872
1.4 O relator e seus poderes 880
1.5 Correição parcial 883

Capítulo 2
PROCESSOS, INCIDENTES E AÇÕES 887
2.1 Noções preliminares 887
2.2 Assunção de competência 888
    2.2.1 Procedimento 889
2.3 Arguição de inconstitucionalidade 890
    2.3.1 Iniciativa e momento da arguição da inconstitucionalidade 891
    2.3.2 Órgão perante o qual se argui 891
    2.3.3 Procedimento 892
2.4 Conflito de competência 894
2.5 Homologação de decisão estrangeira e concessão do *exequatur* à carta rogatória 895
    2.5.1 Competência para a homologação 896
    2.5.2 Decisões sujeitas à homologação 896
    2.5.3 Decisões arbitrais 897
    2.5.4 Requisitos 898
    2.5.5 A homologação da decisão 899
    2.5.6 Procedimento 900
    2.5.7 Homologação de decisão e lide nacional 902
    2.5.8 Execução da sentença homologada 903
2.6 Ação rescisória 903
    2.6.1 Decisões de mérito e cabimento da ação rescisória 905
    2.6.2 Impugnação de descumprimento de súmula vinculante 906
    2.6.3 Legitimidade para a ação rescisória e intervenção de terceiros 907
    2.6.4 Depósito de 5% do valor da causa 907
    2.6.5 Competência 908
    2.6.6 Prazo para propor a ação 909
    2.6.7 Pressupostos da rescisão 910
    2.6.8 Tutela provisória na ação rescisória 915
    2.6.9 Procedimento 916

	2.6.10 Execução da sentença rescindenda...	919
2.7	Ação anulatória	919
2.8	O incidente de resolução de demandas repetitivas	921
	2.8.1 Natureza do incidente	921
	2.8.2 Influência do direito estrangeiro	921
	2.8.3 Cabimento	922
	2.8.4 Regras gerais	923
	2.8.5 Procedimento	927
2.9	Reclamação	931
	2.9.1 Procedimento	935

Capítulo 3
TEORIA GERAL DOS RECURSOS.. 939

3.1	Noções preliminares	939
3.2	Natureza jurídica dos recursos	940
3.3	Duplo grau de jurisdição	941
3.4	Atos sujeitos a recurso	941
3.5	Prazo para interposição do recurso..	942
3.6	Legitimidade e interesse para recorrer	944
3.7	Princípios relativos aos recursos	946
3.8	Classificação dos recursos	948
3.9	Juízo de admissibilidade e juízo de mérito	950
3.10	Efeitos dos recursos..	954
3.11	Desistência do recurso	956
3.12	Renúncia ao direito de recorrer	957
3.13	Aquiescência	958

Capítulo 4
RECURSOS EM ESPÉCIE 959

4.1	Apelação	959
	4.1.1 Cabimento do recurso	959
	4.1.2 Prazo para interposição	961
	4.1.3 Efeitos da apelação	961
	4.1.4 Recebimento da apelação	964
4.2	Agravo	965
	4.2.1 Prazo para interposição	966
	4.2.2 Efeitos do agravo	966
	4.2.3 Agravo de instrumento	967
	4.2.4 Agravo interno	973
4.3	Embargos de declaração..	974
	4.3.1 Prazo para interposição	976
	4.3.2 Efeitos dos embargos de declaração	977
	4.3.3 Procedimento	979

Capítulo 5
RECURSOS PARA O SUPREMO TRIBUNAL FEDERAL E PARA O SUPERIOR TRIBUNAL DE JUSTIÇA 981

5.1 Recurso ordinário constitucional 981
    5.1.1 Natureza e definição 981
    5.1.2 Competência 981
    5.1.3 Requisitos de admissibilidade e procedimento 982
5.2 Recurso especial e recurso extraordinário 983
    5.2.1 Histórico 983
    5.2.2 Recurso especial 985
        5.2.2.1 A arguição de relevância das questões de direito federal infraconstitucional 988
    5.2.3 Recurso extraordinário 991
        5.2.3.1 A repercussão geral das questões constitucionais 997
    5.2.4 Efeitos do recurso especial e extraordinário 1001
    5.2.5 Interposição dos recursos especial e extraordinário 1002
    5.2.6 Ordem do julgamento dos recursos especial e extraordinário 1004
5.3 O julgamento na hipótese dos recursos repetitivos 1004
    5.3.1 Visão geral do procedimento 1004
    5.3.2 O papel do relator 1007
    5.3.3 O art. 256 do Regimento Interno do STJ 1009
5.4 Agravo em recurso especial e extraordinário 1012
5.5 Embargos de divergência 1013

Seção V
DISPOSIÇÕES FINAIS E TRANSITÓRIAS 1017
Capítulo 1
DAS DISPOSIÇÕES FINAIS E TRANSITÓRIAS DO CPC 1017

1.1 Disposições de direito transitório e parâmetros para a aplicação das normas do CPC 1017
1.2 Disposições relativas À usucapião administrativa 1024

Referências 1027

PARTE I
A TEORIA GERAL DO PROCESSO
E A PARTE GERAL DO CÓDIGO DE PROCESSO CIVIL

PARTE I

Capítulo 1
DIREITO PROCESSUAL: CONCEITO, NATUREZA E O ACESSO À JUSTIÇA

1.1 CONSIDERAÇÕES INTRODUTÓRIAS

Tradicionalmente, e para fins meramente didáticos, a doutrina classifica o Direito, tal como o concebemos, em dois grandes ramos: público e privado.

Enquanto no ramo privado subsistiria uma relação de coordenação entre os sujeitos integrantes da relação jurídica, como no direito civil, no direito comercial e no direito do trabalho, no ramo público prevaleceria a supremacia estatal em face dos demais sujeitos.

Nessa linha de raciocínio, o direito processual, assim como o constitucional, o administrativo, o penal e o tributário, constitui ramo do direito público, visto que suas normas, ditadas pelo Estado, são de ordem pública e de observação cogente pelos particulares, marcando uma relação de poder e sujeição dos interesses dos litigantes ao interesse público.

Ressalvam-se aqui as hipóteses de celebração de convenções processuais, típicas e atípicas, na forma do art. 190 do CPC, o que será objeto de estudo no capítulo destinado aos atos processuais.

Até mesmo porque essa dicotomia[1] entre público e privado é apenas utilizada para sistematização do estudo. Modernamente, entende-se que está superada a denominada *summa divisio*[2], tendo em vista que ambos os ramos tendem a se fundir em prol da função social perseguida pelo direito.

Assim sendo, fala-se hoje em constitucionalização do direito[3], fenômeno observado em todos os ramos do direito.

Dessa forma, abandonada a visão dicotômica ultrapassada, podemos definir o direito processual como o ramo da ciência jurídica que trata do conjunto de regras e princípios que regulamentam o exercício da função jurisdicional do Estado.

A jurisdição, que será objeto de estudo mais aprofundado, constitui a forma estatal, por excelência, de composição de litígios, embora não seja a única nem deva ser a primeira a ser utilizada, como veremos a seguir.

1.2 AS FORMAS CLÁSSICAS DE COMPOSIÇÃO DE LITÍGIOS

A doutrina tradicionalmente classifica as formas de resolução de conflitos em autodefesa, autocomposição e heterocomposição[4]. Esta última poderia ser feita pelo Estado (Poder Judiciário) ou por um particular, em certos casos específicos permitidos pela Lei (arbitragem).

É bem verdade, contudo, que hoje parte da doutrina tem expandido o conceito de jurisdição, para abarcar também, em certas situações, a resolução de conflitos empreendida fora do Poder Judiciário. Nesse sentido, teceremos maiores considerações no capítulo que trata da jurisdição e de suas características.

---

[1] Perlingieri, 1997.
[2] Tepedino, 1999a, p. 1-22.
[3] Moraes, 1991, p. 59-73.
[4] Dinamarco, 2002a, p. 122.

1.2.1 Autodefesa (ou autotutela)

Seria a forma mais primitiva de resolução de conflitos. Utilizava-se da força física contra o adversário para vencer sua resistência e satisfazer uma pretensão.

Remonta ao Código de Hamurabi, que consagrou a Lei de Talião – "olho por olho, dente por dente" –, que autorizava o revide na mesma medida que a injustiça praticada, sendo utilizada, principalmente, no combate ao crime, mas vedando a reação desproporcional.

Restringia-se à imposição de uma solução pelo mais forte sem que houvesse a afirmação da existência ou inexistência de direito, apresentando como características essenciais a ausência de juiz imparcial e a imposição do interesse da parte mais forte.

Deve ser observado que a Lei de talião trouxe apenas uma regra de proporcionalidade. O limite da agressão retribuída seria o da lesão causada.

Por não garantir a justiça, mas somente a vitória do mais ousado sobre o mais tímido, tal prática foi vedada pelos Estados modernos. Nesse sentido, um passo muito importante foi a garantia do *due process of law*, cuja origem remonta à Magna Carta (1215), pois esta impedia que qualquer pessoa fosse privada de seus bens ou de sua liberdade sem que fosse observado o devido processo legal, ficando proibida, portanto, a autotutela.

Além dessa garantia, hoje prevista em nosso ordenamento jurídico no art. 5º, LIV, da Constituição Federal, temos também a regra do art. 345 do Código Penal, que caracteriza a autotutela como ilícito penal, ao tipificar o crime de exercício arbitrário das próprias razões.

Todavia o Estado permite a autodefesa em situações excepcionais, tais como: na legítima defesa no âmbito penal (art. 25 do CP); no desforço possessório conferido ao possuidor turbado (art. 1.210, § 1º, do CC); no direito de retenção do locatário (art. 578 do CC) e do depositário (art. 644 do CC); bem como no direito de greve, garantido constitucionalmente (art. 9º da CF), no âmbito do direito do trabalho.

Tais exceções se justificam pelo fato de o Estado nem sempre estar presente no momento em que um direito é violado. Assim, para evitar o perecimento do direito, seu titular poderá realizar atos por conta própria para garanti-lo, nos casos em que a lei permitir, desde que o faça imediatamente após a violação ou quando o direito estiver prestes a ser vulnerado, devendo haver, sempre, a proporcionalidade entre o agravo sofrido e a resposta.

1.2.2 Autocomposição

Na fase positivista de nosso direito, a autocomposição era vista como forma intermediária de solução de conflitos, ainda precária, porém mais evoluída do que a autodefesa.

Trata-se de solução parcial (por ato dos sujeitos em conflito) na qual as partes chegam a um acordo quanto à existência ou inexistência de um direito, seja pela renúncia, pela transação (concessões recíprocas) ou mediante o reconhecimento da pretensão alheia, pondo fim ao conflito de interesses existente.

Tal método não desapareceu dos ordenamentos jurídicos modernos, sendo consentido e até mesmo estimulado em muitas situações (desde que se trate de direitos disponíveis ou de reflexos patrimoniais de direitos indisponíveis – *v. g.*, valor discutido para pensão alimentícia), embora subsistam críticas quanto à aparente espontaneidade do sacrifício próprio, bem como quanto à desvantagem para a parte mais fraca, resultante de disparidades econômicas ou de uma interpretação errônea ou incompleta do direito.

Em nosso ordenamento, a autocomposição pode ocorrer *extra* ou *endoprocessualmente*, isto é, antes da instauração do processo ou durante a sua pendência, sendo que, na segunda hipótese, haverá a extinção do processo com a resolução do mérito.

A indisponibilidade do direito de liberdade, associada ao princípio da *nulla poena sine judicio*, durante muito tempo fundamentou a inexistência da autocomposição no âmbito penal. Todavia, a Constituição de 1988 estabeleceu em seu art. 98, I, a possibilidade da transação (embora sempre acompanhada de controle jurisdicional, de acordo com a norma que a regulamentou) em casos de infrações penais de menor potencial ofensivo, dispositivo que só veio a ser regulamentado em 1995, por meio da Lei n. 9.099, que trata dos Juizados Especiais.

São exemplos de autocomposição em nosso ordenamento jurídico: a transação civil (arts. 840 a 850 do CC); a conciliação (arts. 21 a 26 da Lei n. 9.099/95 e art. 165, § 2º, do CPC); a mediação (art. 165, § 3º, do CPC e Lei n. 13.140/2015); e a transação penal (arts. 72 a 76 da Lei n. 9.099/95).

É bem verdade que o termo autocomposição está, hoje, em desuso. Os novos ordenamentos vêm tratando da conciliação e da mediação como ferramentas mais adequadas para o tratamento dos conflitos.

1.2.3 Heterocomposição e juízo arbitral

A parcialidade característica da autocomposição fundamentou a crença de que a solução de conflitos deveria ser entregue a pessoa desinteressada no objeto da disputa. O juízo arbitral é uma modalidade de heterocomposição (julgamento do litígio por terceiro escolhido consensualmente pelas partes) também voltada à fixação de existência ou inexistência de um direito.

Diferencia-se da conciliação porquanto esta, além de consistir em meio alternativo de autocomposição induzida, permite apenas que um terceiro imparcial conduza as partes a um acordo, nada mais podendo fazer se isso se mostrar inviável.

Já no caso da arbitragem, não havendo possibilidade de acordo entre as partes, caberá ao árbitro impor a sua decisão solucionando a controvérsia, em razão do fato de que as partes haviam acordado previamente que se submeteriam àquilo que por aquele viesse a ser decidido, como será visto adiante.

1.2.4 Jurisdição/processo estatal

Torna-se, a partir do séc. XIV, a forma predominante de resolução de conflitos monopolizada pelo Estado.

Palavra que vem do latim *jurisdictio* (que etimologicamente significa dizer o direito), a jurisdição tem como fim último a pacificação social e consiste em um poder e dever do Estado, pois se, por um lado, corresponde a uma manifestação do poder soberano do Estado, impondo suas decisões de forma imperativa aos particulares, por outro, corresponde a um dever que o Estado assume de dirimir qualquer conflito que lhe venha a ser apresentado.

O processo, por sua vez, é o instrumento de que se utiliza o Estado para, no exercício da função jurisdicional, resolver os conflitos de interesses apresentados pelas partes.

Falaremos mais sobre a jurisdição em capítulo próprio, adiante.

1.3 AS FORMAS CONTEMPORÂNEAS DE RESOLUÇÃO DE CONFLITOS

1.3.1 Negociação

A negociação é um processo bilateral de resolução de impasses ou de controvérsias, no qual existe o objetivo de alcançar um acordo conjunto, por meio de concessões mútuas. Envolve a comunicação, o processo de tomada de decisão (sob pressão) e a resolução extrajudicial de uma controvérsia, sendo entabulado diretamente entre as próprias partes litigantes e/ou seus representantes.

A negociação tem como principais vantagens evitar as incertezas e os custos de um processo judicial, privilegiando uma resolução pessoal, discreta, rápida e, dentro do possível, preservando o relacionamento entre as partes envolvidas, o que é extremamente útil, sobretudo em se tratando de negociação comercial.

Quanto ao momento, a negociação pode ser prévia ou incidental, tendo por referencial o surgimento do litígio; quanto à postura dos negociadores, pode ser adversarial (competitiva) ou solucionadora (pacificadora).

A Escola de Harvard[5] tem-se notabilizado por pregar uma técnica conhecida como *principled negotiation* ou negociação com princípios, fundada em alguns parâmetros que serão detalhados a seguir.

Primeiro, é importante diferenciar o interesse da posição. Normalmente as partes expõem sua posição, que não necessariamente coincide com seu interesse. Por falta de habilidade, não raras vezes, fala-se em números, valores ou situações concretas, em vez de esclarecer o que se pretende ao final.

Diante desse descompasso, é preciso que ambas as partes (e seus negociadores) encarem o processo de negociação como uma solução mútua de dificuldades, na qual o problema de um é o problema de todos[6].

Nessa linha de raciocínio, é preciso separar o problema das pessoas, de modo a deixar claro que uma divergência de opinião não deve afetar o sentimento pessoal ou o relacionamento, que sempre são mais valiosos[7].

Ademais, na busca da solução do problema, é preciso estar atento a três parâmetros: a percepção, a emoção e a comunicação. As atitudes dos negociadores em relação a esses tópicos podem ser assim sistematizadas:

1) Percepção: (i) coloque-se no lugar do outro e procure entender seu ponto de vista; (ii) não presuma que o outro irá sempre o prejudicar; (iii) não culpe o outro pelo problema; (iv) todos devem participar da construção do acordo; (v) peça conselhos e dê crédito ao outro por suas ideias; (vi) não menospreze as demandas do outro; e (vii) procure dizer o que o outro negociante gostaria de ouvir.

2) Emoção: (i) os negociantes sentem-se ameaçados – a emoção pode levar as negociações a um impasse; (ii) identifique suas emoções e o que as está causando; (iii) deixe que o outro expresse suas emoções e evite reagir emocionalmente a seus desabafos – não as julgue como inoportunas; e (iv) gestos simples podem ajudar a dissipar emoções fortes.

3) Comunicação: (i) fale ao seu oponente; (ii) não faça apresentação para o cliente; (iii) ouça o seu oponente; (iv) não planeje sua resposta enquanto o outro fala; (v) seja claro na transmissão da informação; (vi) utilize-se da escuta ativa (*active listening*); (vii) repita e resuma os pontos colocados – mostre que está compreendendo; e (viii) compreender o oponente não significa concordar com ele.

Observando esses conceitos, será possível identificar o real interesse, desenvolver diversas opções e alternativas e criar soluções não cogitadas até então, por meio de um procedimento denominado "*brainstorming*".

---

[5] Fischer, 1981, p. 34.
[6] Freemann, 1984, p. 85.
[7] Goldberg, 2003, p. 78.

A partir daí, torna-se necessário utilizar critérios objetivos e bem definidos para avaliar as alternativas. Nesse momento, é preciso evitar a disputa de vontades, utilizar padrões razoáveis, baseados em descobertas científicas, precedentes legais ou judiciais, e recorrer a profissionais especializados. O critério deve ser debatido a fim de gerar um procedimento justo e aceito por ambos os interessados[8].

Não se pode olvidar que a negociação é apenas uma das formas de se compor o litígio. Normalmente é a primeira a ser tentada, até porque dispensa a presença de terceiros, mas, também por isso, possui forte vinculação emocional das partes, que, nem sempre, conseguem se desapegar do objeto do litígio para refletir de forma racional sobre ele.

Nesse processo interativo, as partes devem ter sempre em mente o limite do que é negociável. É o que a Escola de Harvard denomina BATNA – *Best Alternative to a Negotiated Agreement*. Se a negociação não sai como esperado, é possível deixar a mesa, a qualquer momento, e partir para outra forma alternativa ou mesmo para a jurisdição tradicional[9].

Muitas vezes, uma das partes simplesmente não colabora. Não faz propostas razoáveis, tem o ímpeto de conduzir o processo a seu bel-prazer e inviabiliza qualquer chance de solução pacífica[10]. Ou, pior, lança mão de truques sujos, omite ou mente sobre dados concretos, simula poder para tomar decisões, utiliza técnica agressiva e constrangedora, faz exigências sucessivas e exageradas, ameaça etc.

Ainda que se tente, ao máximo das forças, por vezes, é preciso reconhecer que um dos interessados não está preparado para uma solução direta negociada ou parcial (por ato das partes) dos seus conflitos. É o momento de "subir um degrau" na escada da solução das controvérsias e partir para a conciliação/mediação.

1.3.2 Conciliação e mediação

Tanto na conciliação como na mediação, os interessados, como visto, buscam o auxílio de um terceiro imparcial que irá contribuir na busca pela solução do conflito.

Esse terceiro não tem a missão de decidir (nem a ele foi dada autorização para tanto). Ele apenas auxilia as partes na obtenção da solução consensual.

O papel do facilitador é ajudar na comunicação por meio da neutralização de emoções, formação de opções e negociação de acordos.

Como agente fora do contexto conflituoso, funciona como um filtro de disputas, tentando conduzir as partes à composição amigável, sem interferir concretamente na construção das soluções.

Do ponto de vista normativo, o grande *"turning point"* para o fortalecimento da mediação e da conciliação foi a Resolução n. 125/2010 do CNJ, que adotou as seguintes premissas:

a) o direito de acesso à Justiça, previsto no art. 5º, XXXV, da Constituição Federal, além da vertente formal perante os órgãos judiciários, implica acesso à ordem jurídica justa;

b) nesse passo, cabe ao Judiciário estabelecer política pública de tratamento adequado dos problemas jurídicos e dos conflitos de interesses, que ocorrem em larga e crescente escala na sociedade, de forma a organizar, em âmbito nacional, não somente os serviços prestados nos processos judiciais, como também os que possam sê-lo mediante outros mecanismos de solução de conflitos, em especial dos consensuais, como a mediação e a conciliação;

---

[8] Craver, 2001, p. 23.
[9] Harvard Law School, 2004, p. 7.
[10] Mnookin, 2000, p. 5.

c) a necessidade de se consolidar uma política pública permanente de incentivo e aperfeiçoamento dos mecanismos consensuais de solução de litígios;

d) a conciliação e a mediação são instrumentos efetivos de pacificação social, solução e prevenção de litígios, e a sua apropriada disciplina em programas já implementados no país tem reduzido a excessiva judicialização dos conflitos de interesses, a quantidade de recursos e de execução de sentenças;

e) é imprescindível estimular, apoiar e difundir a sistematização e o aprimoramento das práticas já adotadas pelos tribunais;

f) a necessidade de organizar e uniformizar os serviços de conciliação, mediação e outros métodos consensuais de solução de conflitos, para evitar disparidades de orientação e práticas, bem como para assegurar a boa execução da política pública, respeitadas as especificidades de cada segmento da Justiça.

De forma a explicitar, ainda mais, esses objetivos, a redação do art. 1º da Resolução n. 125/2010 foi modificada pela Resolução n. 326/2020 e passou a ter o seguinte teor: "Art. 1º Fica instituída a Política Judiciária Nacional de Tratamento Adequado dos Conflitos de Interesses, tendente a assegurar a todos o direito à solução dos conflitos por meios adequados à sua natureza e peculiaridade".

1.3.3 Arbitragem

O tema será examinado com profundidade na segunda parte desta obra, mas algumas considerações devem ser feitas desde logo.

A arbitragem surge como uma forma paraestatal de resolução de conflitos de forma impositiva. Sua tônica está na busca de um mecanismo mais ágil e adequado para a solução de conflitos, numa fuga ao formalismo exagerado do processo tradicional, com a vantagem, ainda, de o árbitro poder ser uma pessoa especialista na área do litígio apresentado, ao contrário do juiz, que nem sempre tem a experiência exigida para resolver certos assuntos que lhe são demandados.

Na arbitragem, as partes maiores e capazes, divergindo sobre direito de cunho patrimonial, submetem o litígio ao terceiro (árbitro), que deverá, após regular procedimento, decidir o conflito. Há aqui a figura da substitutividade, existindo a transferência do poder de decidir para o árbitro.

A arbitragem pode ser convencionada antes (cláusula compromissória) ou depois (compromisso arbitral) do litígio, sendo certo, ainda, que o procedimento arbitral pode se dar pelas regras ordinárias de direito ou por equidade, conforme a expressa vontade das partes[11].

Diferentemente da jurisdição estatal, a via arbitral não ostenta a característica da coercibilidade e autoexecutoriedade, possuindo, ainda, alguns limites subjetivos (de pessoas) ou objetivos (de matéria).

A rigor, a crucial diferença entre a postura do árbitro e a postura do conciliador é que o árbitro tem efetivamente o poder de decidir, ao passo que o conciliador tem um limite: ele pode sugerir, admoestar as partes, tentar facilitar aquele acordo, mas não lhe é permitido decidir a controvérsia.

E qual seria a distinção entre a função do árbitro e a do juiz togado?

Inicialmente, importante ter em mente que o legislador quis transferir ao árbitro praticamente todos os poderes que o juiz de direito detém. O art. 18 da Lei n. 9.307/96 afirma textualmente que o árbitro é juiz de fato e de direito, e a sentença que ele proferir não fica sujeita a recurso ou à homologação pelo Poder Judiciário.

---

[11] Cf. arts. 2º e 3º da Lei n. 9.307/96. Vale lembrar que arbitragem envolvendo a Administração Pública será sempre de direito.

Esse dispositivo está em perfeita consonância com o art. 515 do CPC, que diz ser a sentença arbitral um título executivo judicial.

Entretanto, também existem diferenças significativas entre o árbitro e o juiz, principalmente o poder atribuído a eles. Como se sabe, uma das características principais da jurisdição estatal é a coercibilidade.

O juiz, no exercício de seu mister, tem o poder de tornar coercíveis suas decisões, caso não sejam cumpridas voluntariamente. Ele julga e impõe sua decisão.

O árbitro, assim como o juiz, julga. Ele exerce a cognição, avalia a prova, ouve as partes, determina providências, enfim, preside aquele processo. Contudo, não tem o poder de fazer valer suas decisões.

Assim, se uma decisão do árbitro não é voluntariamente adimplida, não pode ele, de ofício, tomar providências concretas para assegurar a eficácia concreta do provimento dele emanado.

Não entraremos aqui na discussão política e constitucional do legislador ao não transferir a *coertio* ao árbitro.

É bem verdade que, se, de um lado, a opção legislativa representa um problema à efetivação da decisão arbitral, por outro, mantém o sistema de freios e contrapesos e a própria harmonia entre as funções do Estado, impedindo a transferência de uma providência cogente, imperativa, a um particular, sem uma forma adequada de controle pelos demais poderes constituídos, o que, em tese, acabaria por vulnerar o próprio Estado Democrático de Direito.

Pelo sistema atual, caso seja descumprida uma decisão do árbitro, deve a parte interessada recorrer ao Poder Judiciário a fim de emprestar força coercitiva ao respectivo comando, por meio da chamada Carta Arbitral, prevista no art. 237, IV, do CPC, c/c 22-C da Lei n. 9.307/96.

1.4 CORRENTES UNITARISTA E DUALISTA DA CIÊNCIA PROCESSUAL

Distinguem-se, na doutrina, duas correntes acerca da sistematização do direito processual: a que acredita na unidade de uma teoria geral do processo (unitarista) e a que sustenta a separação entre a ciência processual civil e a penal[12], por constituírem ramos dissociados, com institutos peculiares (dualista)[13].

No entanto, a posição mais adequada, a nosso ver, é a que entende pela existência de uma única Teoria Geral do Processo[14], tendo em vista que a ciência processual, seja penal, civil, ou até mesmo trabalhista, obedece a uma estrutura básica, comum a todos os ramos, fundada nos institutos jurídicos da *ação*, da *jurisdição* e do *processo*.

Longe de pretender afirmar a unidade legislativa, a Teoria Geral do Processo permite uma condensação científica de caráter metodológico, elaborando e coordenando os mais importantes conceitos, princípios e estruturas do direito processual.

Importante destacar que novos e modernos diplomas, como a Lei Maria da Penha – Lei n. 11.340/2006 –, que visa prevenir e reprimir a violência doméstica, adotam a sistemática de juízos

---

[12] Assim também com relação aos outros ramos do direito, hoje desenvolvidos e difundidos, como o processo administrativo, tributário e trabalhista.

[13] Podemos citar como defensor da teoria unitária Paulo Cezar Pinheiro Carneiro (1995a, p. 7). Em sentido contrário: Ovídio A. Baptista da Silva e Fabio Luiz Gomes (1997, p. 37-40).

[14] "Teoria Geral do Processo é um sistema de conceitos e princípios elevados ao grau máximo de generalização útil e condensados indutivamente a partir do confronto dos diversos ramos do direito processual" (Dinamarco; Badaró; Lopes, 2024, p. 27).

híbridos, sugerindo a criação de varas especializadas, com competência civil e criminal, de modo a facilitar o acesso à Justiça e conferir proteção mais efetiva à vítima de tais situações de violência[15].

Dessa forma, o estudo da Teoria Geral do Processo é fruto da autonomia científica alcançada pelo direito processual e tem como enfoque o complexo de regras e princípios que regem o exercício conjunto da jurisdição pelo Estado-Juiz; da ação, pelo demandante (e da defesa, pelo demandado); bem como os ensinamentos acerca do processo, procedimento e pressupostos[16].

As normas genéricas definidas pela Teoria Geral do Processo dizem respeito ao Processo, à Ação e à Jurisdição. Esses elementos integram a chamada Trilogia Estrutural do Processo, porque são institutos básicos dos ramos do direito processual.

Importante contribuição sobre o tema foi dada em 2014 por Afrânio Silva Jardim[17], ao disponibilizar o texto intitulado "não creem na teoria geral do processo, mas que ela existe, existe... as bruxas estão soltas...", no qual apresenta argumentos sólidos no sentido da teoria unitarista.

1.5 MOVIMENTOS DE ACESSO À JUSTIÇA

1.5.1 O acesso à Justiça como aspecto do Estado de direito

Cândido Rangel Dinamarco destaca, desde há muito, a relevância de emprestar "interpretação evolutiva aos princípios e garantias constitucionais do processo civil", reconhecendo que "a evolução das ideias políticas e das fórmulas de convivência em sociedade" repercute necessariamente na leitura que deve ser feita dos princípios processuais constitucionais a cada época[18].

Com essa base, é imperioso que se reconheça o acesso à Justiça como princípio essencial ao funcionamento do Estado de direito[19]. Isso porque um Estado estruturado sob esse postulado deve garantir, na sua atuação como um todo, isonomia substancial aos cidadãos. Na função jurisdicional, esse dever de igualdade se expressa, precisamente, pela garantia de acesso à Justiça.

Tal garantia, nas palavras de Dinamarco, "figura como verdadeira cobertura geral do sistema de direitos, destinada a entrar em operação sempre que haja alguma queixa de direitos ultrajados ou de alguma esfera de direitos atingida"[20].

Nesse sentido, o processo aparece como aspecto dinâmico, essencial para que o Estado atinja seus fins no exercício da jurisdição. Esses fins, chamados escopos da jurisdição, são de três ordens: social, política e jurídica.

Quanto à questão social, há dois objetivos. Primeiro, informar aos cidadãos quanto aos seus direitos e obrigações, criando um vínculo de confiança com o Poder Judiciário. Segundo, a resolução de conflitos, valendo-se da tutela jurisdicional para alcançar a pacificação social.

No plano político, o escopo da jurisdição seria concretizar o poder de império estatal. Ao mesmo tempo, limitaria esse poder e conformaria seu exercício, para proteger a liberdade.

---

[15] Conferir arts. 1º e 33 da Lei n. 11.340/2006.

[16] Dinamarco; Lopes, 2016, p. 16.

[17] "De qualquer forma, se conseguirem acabar com a Teoria Geral do Processo (usei a expressão repetidamente de propósito), eu me sentirei estimulado a sustentar a N.T.G.P., ou seja, a Neo Teoria Geral do Processo. Hoje, basta colocar a expressão 'neo' que o velho se torna novo" (Texto disponível em: http://www.conjur.com.br/2014-jul-04/afranio-jardim-nao-creem-teoria-geral-processo-e-la-existe).

[18] Dinamarco, 2005, p. 246.

[19] Cappelletti, 1994, p. 72-73.

[20] Dinamarco, 2002, p. 112.

Por último, o escopo jurídico da jurisdição está representado na noção de processo justo, capaz de dar efetividade à realização do direito material.

O processo justo[21], em um ambiente democrático e constitucional, não pode perder de vista que o procedimento é uma estrutura de formação de decisões. Por isso, é necessário que o ambiente processual seja de intenso e verdadeiro debate, sem que se imponha a superioridade do Estado-juiz. Dessa forma, o cidadão deve ser visto como participante, não apenas o destinatário do exercício da função estatal, aplicando-se o princípio da igualdade.

É imperioso, destarte, que o magistrado aja para assegurar, na formação da decisão, uma efetiva participação e influência de todos os sujeitos processuais. Apenas dessa forma, o processo também poderá ser considerado justo em seu aspecto comparticipativo e policêntrico.

1.5.2 A problematização da insuficiência do acesso à Justiça

Não se pode esquecer que, historicamente, a problematização das questões relacionadas ao acesso à Justiça originaram-se em um projeto de 1971, na cidade de Florença, Itália, com a Conferência Internacional relativa às garantias fundamentais das partes no processo civil[22].

No decorrer daquela década, o estudo teve continuidade, tratando dos temas da assistência judiciária aos hipossuficientes, da proteção aos interesses difusos e, finalmente, da necessidade de implementação de novas soluções processuais. Esses três eixos são identificados com as Ondas Renovatórias do Direito Processual.

Esse movimento foi, então, difundido internacionalmente por Mauro Cappelletti e Bryan Garth, ganhando substância crítica a partir da utilização do método comparativo.

Essas Ondas reverberaram em diversos países e influenciaram especialmente o legislador brasileiro ao longo das últimas décadas.

Com o objetivo de atualizar o escopo do Projeto Florença, mesmo após a morte de Cappelletti, em 2019 Bryant Garth idealizou o Global Access to Justice Project [23], projeto ainda em desenvolvimento, tratando de mais quatro novas ondas renovatórias à luz dos paradigmas do novo século: "[...] 4. A 'quarta onda' (dimensão): ética nas profissões jurídicas e acesso dos advogados à justiça. 5. A 'quinta onda' (dimensão): o contemporâneo processo de internacionalização da proteção dos direitos humanos 6. A 'sexta onda' (dimensão): iniciativas promissoras e novas tecnologias para aprimorar o acesso à justiça 7. A 'sétima onda' (dimensão): desigualdade de gênero e raça nos sistemas de justiça".

Sem dúvida, o acesso à Justiça é direito social básico dos indivíduos. Contudo esse direito não está restrito ao mero acesso aos órgãos judiciais e ao aparelho judiciário estatal. Muito além disso, deve representar um efetivo acesso à ordem jurídica justa.

Esse entendimento, trazido por Kazuo Watanabe[24], é de fundamental importância para a compreensão do movimento e para uma atuação sistemática e lúcida.

Nesse contexto, inserem-se as propostas do Código de Processo Civil, em perspectiva mais consciente, de forma a se aprimorar a técnica e a substância do direito processual como meio essencial para que se permita o acesso à tão proclamada ordem jurídica justa.

---

[21] Comogli; Ferri; Taruffo, 1998, p. 55.

[22] Cappelletti; Garth, 1978, p. 23.

[23] Texto disponível em: https://globalaccesstojustice.com/book-outline/?lang=pt-br. Acesso em: 26 maio 2024.

[24] Watanabe, 1988, p. 128.

Ainda na teoria de Kazuo Watanabe, compõem o direito de acesso à Justiça:

a) o direito à informação e perfeito conhecimento do direito substancial e à organização de pesquisa permanente, a cargo de especialistas, orientada à aferição constante da adequação entre a ordem jurídica e a realidade socioeconômica do País;

b) direito de acesso à Justiça adequadamente organizada e formada por juízes inseridos na realidade social e comprometidos com o objetivo de realização da ordem jurídica justa;

c) direito à preordenação dos instrumentos processuais capazes de promover a efetiva tutela de direitos;

d) direito à remoção de todos os obstáculos que se anteponham ao acesso efetivo à Justiça com tais características.

Essa estruturação torna forçosa a conclusão de que os institutos processuais precisam, realmente, sofrer revisão e aprimoramento. Só assim se pode construir um instrumento cada vez mais eficaz rumo ao processo justo[25].

Não obstante toda a preocupação dos processualistas com a ideia do acesso à Justiça, há muito a doutrina se debruça sobre a possibilidade de expandir os limites desse acesso para além das fronteiras do Poder Judiciário. Vamos, nos itens seguintes, explorar um pouco mais essa perspectiva.

1.5.3 O conteúdo do princípio do acesso à Justiça

Considerando a problematização do acesso à Justiça e seus reflexos normativos, Paulo Cezar Pinheiro Carneiro, após estudo para aferir se as reformas legislativas havidas em meio ao movimento foram fiéis às premissas iniciais, afirma que o desenvolvimento desejado perpassa necessariamente pelos quatro grandes princípios que devem informar o real significado da expressão *acesso à Justiça*[26].

Passemos, então, a uma breve análise desses princípios.

O primeiro deles é a acessibilidade. Esse princípio visa assegurar que os sujeitos[27] de direito, com capacidade de estar em juízo, tenham meios para arcar com os custos financeiros do processo, bem como procedam ao correto manejo dos instrumentos legais judiciais ou extrajudiciais, para efetivar direitos individuais e coletivos.

Esse princípio se expressa em três elementos, quais sejam, o direito à informação, para o cidadão ter consciência de seus direitos e da forma de exercê-los; a adequação do legitimado escolhido para propor as demandas cabíveis, além de seu desempenho satisfatório em juízo; por fim, a estipulação dos custos financeiros do processo em patamar que não dificulte ou iniba o acesso à Justiça.

O direito à informação deve garantir que os cidadãos conheçam os direitos que detêm e como podem fazer valê-los em caso de violação. Isso porque a ignorância jurídica gera as "não partes", completamente marginalizadas no que tange ao acesso à Justiça[28].

O desempenho também se insere na acessibilidade. Esse preceito consiste no poder-dever das autoridades envolvidas no processo, magistrados e promotores, em assegurar a isonomia substancial entre as partes, de modo a evitar que um eventual desempenho insatisfatório de seus advogados possa frustrar a realização de direitos[29].

---

[25] Greco, 2006a, p. 3.
[26] Carneiro, 2000, p. 54.
[27] Dinamarco, 2010, p. 362.
[28] Carneiro, 2000, p. 58.
[29] Hill, 2013, p. 79.

Passada a acessibilidade, o próximo princípio citado pelo autor é o da operosidade. Tal princípio se consubstancia no dever de atuar do modo mais eficiente possível para assegurar o acesso à Justiça pelas pessoas que participam da atividade judicial ou extrajudicial.

Há duas vertentes de aplicação: objetiva e subjetiva. No plano subjetivo, é concretizada por meio de uma atuação ética de todos os sujeitos envolvidos no processo, que devem atuar colaborativamente entre si para a democratização do processo, além de se abster de praticar atos processuais procrastinatórios.

Por sua vez, no campo objetivo, significa a necessidade de utilização dos instrumentos mais eficazes pelas partes, pautando eticamente a escolha de meios, voltando-se a otimizar a produtividade. Em última análise, o que se pretende é a conjugação ideal do binômio celeridade-eficiência, auxiliando-se a constante busca pela verdade real e pela conciliação.

Em outras palavras, tem-se que, se houver mais de um jeito de praticar certo ato, deve-se escolher aquele mais apto a promover a melhor tramitação do processo. Esse dever não incumbe somente às partes, mas também ao juiz que, especificamente, deve dirigir o processo de forma a assegurar uma efetiva paridade de armas e a isonomia substancial.

O magistrado deve superar a ideia de que o jurisdicionado é um mero destinatário da tutela, dando atenção à sua condição concreta como ser humano, com todos os elementos que o cercam.

Importante também, ainda no ponto da operosidade, destacarmos os mecanismos alternativos de soluções de controvérsia. É o investimento nos ditos equivalentes jurisdicionais, em especial a conciliação e a mediação, permitindo-se que se solucionem os litígios mais rapidamente e, acima de tudo, alcançando o escopo de promover a participação social.

O terceiro princípio é o da utilidade. Por ele, deve-se assegurar que o processo garanta ao vencedor tudo aquilo que lhe é de direito, do modo mais rápido e proveitoso possível e com o menor sacrifício para a parte vencida.

Menciona o autor[30] que "a jurisdição ideal seria aquela que pudesse, no momento mesmo da violação, conceder, a quem tem razão, o direito material".

Para se alcançar a utilidade do processo, devem ser considerados os seguintes fatores:

i) a tentativa de harmonizar, no caso concreto, a segurança e a celeridade;

ii) a importância da tutela antecipada para proteção de direito líquido e certo violado ou ameaçado e, desse modo, não se apresenta razoável aguardar o fim do processo;

iii) a priorização permanente da execução específica como única forma de promover a plena satisfação com a prestação jurisdicional;

iv) a observância da fungibilidade da execução. Isso porque, sendo o processo instrumental em relação ao direito material, ele não pode ser o óbice ao atingimento de resultados práticos consentâneos com a finalidade pretendida, seja por uma rigorosidade excessiva de seus institutos, seja por uma congruência absoluta e inflexível entre o pedido, a sentença e a execução;

v) o alargamento do alcance subjetivo da coisa, para que ela atinja um maior número de pessoas e, ainda, com maior limite objetivo prático; e, por fim,

vi) a imposição de limites para a incidência das nulidades processuais, tendo-se em vista o caráter instrumental do processo e a necessária busca por sua efetividade. Não se pode permitir que as matérias processuais, encaradas em rigidez extrema, façam o rito retroceder desnecessariamente, obstando que a atividade jurisdicional alcance seu objetivo maior de justa composição do direito material.

---

[30] Carneiro, 2000, p. 79.

Apenas a correta combinação desses aspectos pode efetivar o princípio constitucional de razoável duração do processo, que, aliás, é um dos alicerces do processo justo[31].

Essa garantia, agora constante também dos arts. 4º, 6º, 113, § 1º, 139, II, e 685, parágrafo único, do Código de Processo Civil, encontra guarida expressa também no direito comparado. Citem-se, por exemplo, o artigo 2º do Código de Processo Civil português[32], o artigo 111 da Constituição italiana[33], o artigo 1.1, número 2, alínea "d", e o artigo 1.4, número 2, alíneas "c", "g" e "l", das *Civil Procedure Rules*[34], do Reino Unido, e a 6ª Emenda à Constituição norte-americana[35].

É forçoso se reconhecer que a ideia de "duração razoável" é de difícil balizamento. Em verdade, como afirma Luiz Fux, deve ser extraída *a contrario sensu*[36].

Serge Guinchard, por sua vez, realça que o significado do que é ou não a duração razoável do processo só pode ser aferido *in concreto*, considerando-se as circunstâncias e a complexidade do caso em tela[37].

O quarto e último princípio apontado pelo jurista é o da proporcionalidade.

Esse princípio impõe que o julgador escolha, diante de todas as soluções possíveis, a que mais esteja de acordo com os princípios informadores do direito, e com os fins que determinado conjunto de regras visa alcançar, privilegiando, no caso concreto, o interesse que se mostre mais valioso.

Alguns, indo um pouco além, advogam, inclusive, que os provimentos judiciais tenham como referência o consequencialismo. A tese, com traços de utilitarismo, seria de que se priorizassem as consequências e os resultados práticos dos comandos judiciais. Nesse sentido, a produção concreta de efeitos no particular e no sistema geral deveria ser levada em conta pelos magistrados[38].

Todos os princípios elencados por Paulo Cezar Pinheiro Carneiro, uma vez observados como pontos norteadores dos esforços para o aperfeiçoamento dos institutos e regras processuais, sem dúvida conduzirão à ampliação do efetivo acesso à Justiça em nosso país e no desenvolvimento da jurisdição transnacional.

Algumas das mudanças têm caráter técnico, outras dizem respeito aos direitos coletivos amplamente considerados ou às questões administrativas dos tribunais nacionais.

Em suma, as reformas não podem se restringir ao plano jurídico-normativo, é preciso que haja a adoção de medidas práticas que realmente efetivem tais mudanças no plano dos fatos.

---

[31] Para Sergue Guinchard, a noção de processo justo assenta-se em um tríptico, a saber: i) Direito de acesso à justiça (universalidade); ii) Direito a uma boa justiça (isonomia e contraditório); iii) Direito à execução dos provimentos jurisdicionais (efetividade) (Guinchard, 2011, p. 1091).

[32] "Artigo 2º Garantia de acesso aos tribunais. 1 – A protecção jurídica através dos tribunais implica o direito de obter, em prazo razoável, uma decisão judicial que aprecie, com força de caso julgado, a pretensão regularmente deduzida em juízo, bem como a possibilidade de a fazer executar" (República Portuguesa. Código de Processo Civil português. Disponível em: http://www.dgpj.mj.pt. Acesso em: 1º set. 2012).

[33] "Art. 111. (1) La giurisdizione si attua mediante il giusto processo regolato dalla legge. Ogni processo si svolge nel contraddittorio tra le parti, in condizioni di parità, davanti a giudice terzo e imparziale. La legge ne assicura la ragionevole durata." Itália. Costituzione della Repubblica Italiana. Disponível no endereço eletrônico: www.senato.it. Acesso em: 27 ago. 2012.

[34] Reino Unido. Civil Procedure Rules. Íntegra, em inglês, disponível no endereço eletrônico: www.justice.gov.uk. Acesso em: 1º set. 2012.

[35] Estados Unidos da América do Norte. 6th Amendment. Disponível no endereço eletrônico: www.cornell.edu. Acesso em: 27 ago. 2012.

[36] FUX, Luiz. "O novo Código de Processo Civil", palestra ministrada, em 31-8-2012, nas IX Jornadas Brasileiras de Direito Processual, promovidas pelo Instituto Brasileiro de Direito Processual, no Rio de Janeiro/RJ.

[37] Guinchard, 2011, p. 975.

[38] Barroso, 2014.

Deve-se, ainda, compreender que o movimento em prol do efetivo acesso à ordem jurídica justa visa garantir nada menos do que um direito verdadeiramente fundamental de todos os jurisdicionados, o qual já constitui o foco da ciência processual moderna.

1.5.4 O acesso à Justiça digital

Iniciamos esse tópico com o pensamento de Richard Susskind[39], que propõe, diante da complexidade das questões contemporâneas e da expansão das ferramentas virtuais de resolução de conflitos, quatro premissas estruturais para assegurar o acesso à justiça, a saber:

a) a efetiva resolução da disputa;

b) o aperfeiçoamento dos métodos de contenção de conflitos;

c) a inserção de uma cultura de prevenção de litígios; e

d) a oferta de acesso a todas as oportunidades previstas no ordenamento jurídico.

Obviamente, para que possamos examinar essas premissas é indispensável que seja garantida a inclusão digital a todos os cidadãos.

Leonardo Figueiredo Costa[40] esclarece que estar inserido digitalmente hoje é condição fundamental para a existência de cidadãos plenos na interação com esse mundo da informação e da comunicação. Porém, a maioria das pessoas vive numa realidade com grande número de desigualdades e miséria, e a inclusão digital não pode perder isto de vista, buscando, ao menos, o desenvolvimento do indivíduo no binômio da inclusão digital e social.

Já Sérgio Amadeu da Silveira[41] define a exclusão digital como a falta do acesso à Internet, atendo-se para uma inclusão digital dos aspectos físicos (computador e telefone) e técnicos (formação básica em softwares).

Segundo dados do Mapa da Exclusão Digital[42] quase 85% da população brasileira sofre além de outras exclusões sociais, da exclusão digital. Em linhas gerais entende-se inclusão digital como uma forma de apoio aos cidadãos numa nova perspectiva, a do cidadão na sociedade da informação.

Feitas essas observações iniciais, forçoso reconhecer que a pandemia da Covid-19 acelerou não apenas o movimento do acesso à justiça digital, como também revelou a desigualdade no acesso aos recursos tecnológicos em nosso país. Também temos que reconhecer que importantes e valiosas contribuições foram dadas tanto por empresas que doaram equipamentos e acesso à rede de dados, órgãos públicos que se ajustaram à vida digital e trabalhadores que passaram a exercer suas funções em "home office" diante da necessidade do distanciamento social.

No plano legislativo, importante ressaltar a Lei n. 14.129, de 29 de março de 2021, que dispõe sobre o Governo Digital e o aumento da eficiência pública por meio da desburocratização, inovação, transformação digital e participação do cidadão.

Essa Lei deve ser aplicada em consonância com as Leis ns. 12.527, de 18 de novembro de 2011 (Lei de Acesso à Informação), e 13.709, de 14 de agosto de 2018 (Lei Geral de Proteção de Dados Pessoais).

O art. 2º, I da Lei n. 14.129/2021 é expresso ao determinar a aplicação da Lei aos órgãos da administração pública direta federal, abrangendo os Poderes Executivo, Judiciário e Legislativo, incluído o Tribunal de Contas da União, e o Ministério Público da União.

---

[39] Susskind, 2019, p. 54.
[40] Costa, 2006, p. 5.
[41] Silveira, 2001, p. 18.
[42] Neri, 2003.

Destaca-se, ainda, o art. 14, segundo o qual a prestação digital dos serviços públicos deverá ocorrer por meio de tecnologias que permitam o amplo acesso pela população, inclusive de baixa renda ou residente em áreas rurais e isoladas, e sem prejuízo do direito do atendimento presencial.

Importante mencionar, ainda, a Lei n. 13.994/2020 que alterou os arts. 22 e 23 da Lei n. 9.099/95 (Lei dos Juizados Especiais Cíveis e Criminais), para tornar "cabível a conciliação não presencial conduzida pelo Juizado mediante o emprego dos recursos tecnológicos disponíveis de transmissão de sons e imagens em tempo real, devendo o resultado da tentativa de conciliação ser reduzido a escrito com os anexos pertinentes". Esse diploma será estudado no capítulo que cuida das audiências no procedimento comum, na segunda parte dessa obra.

Por fim, ainda que com certo atraso, em 10 de fevereiro de 2022 foi editada a Emenda Constitucional n. 115, que alterou a Constituição Federal para incluir a proteção de dados pessoais entre os direitos e garantias fundamentais e fixar a competência privativa da União para legislar sobre proteção e tratamento de dados pessoais. Entre as alterações promovidas está a inserção do inciso LXXIX no art. 5º, assegurando, nos termos da lei, o direito à proteção dos dados pessoais, inclusive nos meios digitais.

Igualmente, é de se referir o protagonismo do Conselho Nacional de Justiça na edição dos atos normativos necessários à viabilização do acesso à justiça digital no Brasil e da justiça multiportas. Faremos a menção às principais Resoluções em ordem cronológica.

1. Resolução n. 332, de 21 de agosto de 2020. Dispõe sobre a ética, a transparência e a governança na produção e no uso de Inteligência Artificial no Poder Judiciário.

A normativa aborda os seguintes pontos: aspectos gerais; respeito aos direitos fundamentais; não discriminação; publicidade e transparência; governança e qualidade; segurança; controle do usuário; pesquisa, desenvolvimento e implantação de serviços de inteligência artificial; prestação de contas e responsabilização.

2. Resolução n. 335, de 29 de setembro de 2020. Institui política pública para a governança e a gestão de processo judicial eletrônico. Integra os tribunais do país com a criação da Plataforma Digital do Poder Judiciário Brasileiro – PDPJ-Br. Mantém o sistema PJe como sistema de Processo Eletrônico prioritário do Conselho Nacional de Justiça.

3. Resolução n. 345, de 9 de outubro de 2020. Dispõe sobre o "Juízo 100% Digital" e dá outras providências.

Segundo Valter Shuenquener de Araújo, Anderson Gabriel e Fábio Porto[43] a criação do "Juízo 100% Digital" por iniciativa do ministro Luiz Fux consubstancia essa necessária alteração de referencial, concebendo a Justiça efetivamente como um serviço ("justice as a service") e deixando de relacioná-la a um prédio físico[44].

4. Resolução n. 354, de 19 de novembro de 2020. Dispõe sobre o cumprimento digital de ato processual e de ordem judicial e dá outras providências.

5. Resolução n. 358, de 2 de dezembro de 2020, que instituiu o Sistema Informatizado para a Resolução de Conflitos por meio da Conciliação e Mediação – SIREC.

---

[43] Araújo, Gabriel e Porto, 2020.
[44] Os tempos correntes revelam uma autêntica "virada tecnológica", com influxos da inteligência artificial na atividade jurisdicional, vislumbrando-se diversos questionamentos outrora inimagináveis acerca, por exemplo, da tomada de decisão automatizada através do funcionamento de vieses algorítmicos. Fux, 2022, p. 936.

Os Tribunais darão preferência ao desenvolvimento colaborativo de um sistema, nos termos preconizados pela Plataforma Digital do Poder Judiciário Brasileiro – PDPJ instituída pela Resolução CNJ n. 335/2020.

6. Resolução n. 363, de 12 de janeiro de 2021. Estabelece medidas para o processo de adequação à Lei Geral de Proteção de Dados Pessoais (Lei n. 13.709/2018 – LGPD) a serem adotadas pelos tribunais.

Dentre as principais obrigações determinadas pelo art. 1º dessa Resolução, destacam-se: (...) V – criar um site com informações sobre a aplicação da LGPD aos tribunais, incluindo: a) os requisitos para o tratamento legítimo de dados; b) as obrigações dos controladores e os direitos dos titulares nos termos do art. 1º, II, "a" da Recomendação do CNJ n. 73/2020; c) as informações sobre o encarregado (nome, endereço e e-mail para contato), referidas no art. 41, § 1º, da LGPD; VI – disponibilizar informação adequada sobre o tratamento de dados pessoais, nos termos do art. 9º da LGPD, por meio de: a) avisos de cookies no portal institucional de cada tribunal; b) política de privacidade para navegação na página da instituição; c) política geral de privacidade e proteção de dados pessoais a ser aplicada internamente no âmbito de cada tribunal e supervisionada pelo CGPD;

7. Resolução n. 372, de 12 de fevereiro de 2021. Regulamenta a plataforma de videoconferência denominada "Balcão Virtual" e determina que todos os Tribunais do país, à exceção do Supremo Tribunal Federal, deverão disponibilizar, em seu sítio eletrônico, ferramenta de videoconferência que permita imediato contato com o setor de atendimento de cada unidade judiciária, popularmente denominado como balcão, durante o horário de atendimento ao público.

8. Resolução n. 385, de 6 de abril de 2021, que dispõe sobre a criação de Núcleos de Justiça 4.0. Na forma do art. 1º desse ato normativo, os tribunais poderão instituir "Núcleos de Justiça 4.0" especializados em razão de uma mesma matéria e com competência sobre toda a área territorial situada dentro dos limites da jurisdição do tribunal.

9. Resolução n. 398, de 9 de junho de 2021, que dispõe sobre a atuação dos "Núcleos de Justiça 4.0", disciplinados pela Resolução CNJ n. 385/2021, em apoio às unidades jurisdicionais.

O art. 1º prevê que os "Núcleos de Justiça 4.0", disciplinados pela Resolução CNJ n. 385/2021, também podem ser instituídos pelos tribunais para atuarem em apoio às unidades judiciais, em todos os segmentos do Poder Judiciário, em processos que:

I – abarquem questões especializadas em razão de sua complexidade, de pessoa ou de fase processual;

II – abranjam repetitivos ou direitos individuais homogêneos;

III – envolvam questões afetadas por precedentes obrigatórios, em especial definidos em incidente de assunção de competência ou de resolução de demandas repetitivas e em julgamento de recursos extraordinário e especial repetitivos;

IV – estejam em situação de descumprimento de metas nacionais do Poder Judiciário; e

V – encontrem-se com elevado prazo para a realização de audiência ou sessão de julgamento ou com elevado prazo de conclusão para sentença ou voto.

10. Resolução n. 446, de 14 de março de 2022. Institui a plataforma Codex como ferramenta oficial de extração de dados estruturados e não estruturados dos processos judiciais eletrônicos em tramitação no Poder Judiciário Nacional e dá outras providências.

11. Resolução n. 455, de 27 de abril de 2022. Institui o Portal de Serviços do Poder Judiciário (PSPJ), na Plataforma Digital do Poder Judiciário (PDPJ-Br), para usuários externos.

12. Resolução n. 465, de 22 de junho de 2022, que institui diretrizes para a realização de videoconferências no âmbito do Poder Judiciário, de modo a possibilitar que os jurisdicionados com-

preendam a dinâmica processual no cenário virtual, e aprimorar a prestação jurisdicional de forma digital.

13. Recomendação n. 130, de 22 de junho de 2022, para que tribunais envidem esforços para a instalação de Pontos de Inclusão Digital (PID), ainda que por meio de acordos de cooperação com outras instituições, na área territorial situada dentro dos limites de sua jurisdição, especialmente nos municípios que não sejam sede de unidade judiciária.

14. Resolução n. 800, de 17 de maio de 2023. O STF editou ato normativo que autoriza a incorporação da ferramenta de inteligência artificial VitorIA à plataforma STF Digital, com o objetivo de agrupar processos por similaridade de temas, para identificação de novas controvérsias, gerando mais consistência nos resultados e, por conseguinte, maior segurança jurídica.

A ferramenta é uma iniciativa da Assessoria de Inteligência Artificial (AIA) e vai se juntar aos já conhecidos Victor e Rafa.

Victor, uma homenagem ao falecido Min. Victor Nunes Leal, foi lançado em 2017, com o objetivo de analisar e classificar temas de processos com repercussão geral, evitando, assim, o recebimento de demandas repetitivas vindas de outros tribunais.

Já a ferramenta Rafa foi desenvolvida para classificar os processos de acordo com os Objetivos de Desenvolvimento Sustentável (ODS) definidos pelas Nações Unidas, de forma a integrar a Corte à Agenda 2030 da ONU.

Não vamos, nos apertados limites deste *Manual*, tratar pormenorizadamente, do uso da IA no Poder Judiciário e no processo eletrônico. Contudo, deixamos, aqui, uma referência que servirá de bússola para aqueles que desejarem compreender melhor as possibilidades e os limites desse uso.

Trata-se do Relatório de Inteligência Artificial produzido pelo Centro de Inovação, Administração e Pesquisa do Poder Judiciário da FGV Conhecimento. O documento pode ser acessado *on--line*[45] e é atualizado constantemente a fim de sistematizar todas as iniciativas em uso nos Tribunais brasileiros.

---

[45] Disponível em: https://ciapj.fgv.br/sites/ciapj.fgv.br/files/relatorio_ia_3a_edicao_0.pdf. Acesso em: 30 jun. 2023.

Capítulo 2
FONTES DO DIREITO PROCESSUAL CIVIL BRASILEIRO

As fontes de direito em geral podem ser conceituadas como os meios de produção, expressão ou interpretação da norma jurídica[1]. São os meios pelos quais as normas jurídicas são estabelecidas de modo a prover o direito objetivo.

As fontes podem ser diretas (ou imediatas), que são aquelas que têm potencial suficiente para gerar regra jurídica como a lei; as fontes indiretas (ou mediatas), que não são dotadas de tal virtude, exercem papel de influência na futura elaboração da norma, não têm aptidão para gerar o dever jurídico, como a doutrina e a jurisprudência[2].

Importante destacarmos nesta oportunidade que há entendimento doutrinário no sentido de assegurar que as fontes do direito seriam apenas as *fontes de regras obrigatórias* e, por esse motivo, a doutrina não poderia ser considerada fonte do direito, pois, para ser fonte do direito, tem que ser uma regra jurídica que se positive com força legítima, obrigatória, com vigência e eficácia dentro de uma determinada estrutura normativa.

Passemos agora ao estudo de outra classificação das fontes do direito, que igualmente geram intensas controvérsias doutrinárias.

As normas de direito processual emanam de fontes classificáveis como formais e materiais (ou substanciais).

Fontes formais são aquelas que detêm força vinculante e constituem o próprio direito positivo. A fonte formal do direito processual, por excelência, é a lei *lato sensu*[3], que é dotada de coercitividade e considerada a principal forma de expressão do direito.

Abaixo da norma legal se encontra a fonte secundária (ou subsidiária), que será utilizada quando da aplicação do direito, em hipóteses nas quais o próprio ordenamento assim determine, como os princípios gerais, os costumes, a equidade e o uso da analogia.

Isso decorre do fato de que nem sempre as fontes principais serão suficientes para atender ao caso concreto, pelo que o julgador deverá se valer de meios suplementares de integração do ordenamento jurídico; e os meios suplementares serão as fontes secundárias (ou subsidiárias).

Após vermos que a lei é a fonte formal do direito processual em sentido amplo, apontamos inicialmente, como fonte formal em sentido estrito, a Constituição Federal, que consagra os chamados Princípios Constitucionais Processuais, tais como o Devido Processo Legal, a Ampla Defesa e o Contraditório, a Duração Razoável do Processo, bem como a Isonomia e a Inadmissibilidade de provas obtidas por meios ilícitos.

---

[1] Em termos técnico-jurídicos, a expressão "fontes do direito" pode ser traduzida como: "aqueles fatos ou aqueles atos aos quais um determinado ordenamento jurídico atribui a competência ou a capacidade de produzir normas jurídicas" (Bobbio, 1995, p. 161).

[2] Monteiro, 1966.

[3] Cumpre aqui fazermos a seguinte observação: a medida provisória inclui-se no conceito de lei *lato sensu*; não obstante, ela não pode ser considerada fonte do direito processual, por força de expressa vedação, inserta pela EC n. 32/2001 no texto da Constituição Federal de 1988 (art. 62, § 1º, I, *b*).

Em seguida, temos a Lei Federal (art. 22, I, da Constituição de 1988) e a Lei Estadual, que podem tratar de matéria de procedimento e de criação e funcionamento dos Juizados Especiais (art. 24, X e XI), bem como disciplinar a organização judiciária e as normas de competência em razão de valor e matéria.

Por fim, os Tratados Internacionais[4] assinados e ratificados pelo Brasil e os regimentos internos dos Tribunais.

Passado o estudo das fontes formais do direito, veremos agora as fontes materiais, que são as que não possuem força vinculante nem caráter obrigatório, mas se destinam a revelar e informar o sentido das normas processuais.

Essas fontes materiais são dotadas de caráter ético, sociológico, político, histórico, econômico, cultural etc. que, em determinado momento, servem para provocar, justificar e legitimar o ato de criação das normas legais, visto que influenciam o legislador que elabora propostas legislativas frutos da observância de valores e interesses sociais. Nessa linha, podemos observar que, por diversas vezes, recomendações ou resoluções, sem caráter normativo, acabam, com o tempo, sendo convertidas em leis.

Além das fontes formais e materiais do direito, existem os chamados *meios suplementares de integração da norma*, que são aqueles institutos jurídicos destinados a preencher lacunas no ordenamento, que, constatadas pelo magistrado, têm que ser preenchidas para que sejam executáveis, sob pena de resultarem em negativa de prestação jurisdicional (*non liquet*)[5].

Essa terceira fonte seria formada pela jurisprudência (entendimento dos tribunais) e pela doutrina (ensinamentos dos autores especializados). Parte da doutrina argumenta que essa terceira fonte não possui qualquer eficácia vinculativa ao aplicador do direito. Para outra parte doutrinária, essas seriam, sim, consideradas como princípios gerais do direito, ao lado do costume[6].

Sobre a jurisprudência destacamos, ainda, que ela guarda correlação com diversas acepções no mundo jurídico. A primeira se refere à própria Ciência do Direito ou à Dogmática Jurídica; a segunda está correlacionada ao conjunto de decisões dos Tribunais que abrange tanto as decisões uniformes como as contrárias; a terceira acepção diz respeito a um conjunto de decisões necessariamente uniformes, que vão "firmar" ou "contrariar" jurisprudência.

Lembremos que, quando se trata da afirmação de uma decisão em especial, devemos nos referir a esta como *precedente* ou *julgado*. É muito comum haver utilização indevida do termo "jurisprudência", que, por vezes, é equivocadamente aplicado como sinônimo de decisão judicial.

A jurisprudência, tecnicamente, refere-se a um conjunto de decisões dos Tribunais e não a uma decisão isolada.

Há, nessa linha de pensamento, autores que reconhecem que existe uma relação entre o processo de criação do direito e a classificação de suas fontes, admitindo, em consequência, que a jurisprudência deva ser considerada fonte do direito, já que o Judiciário participa da elaboração do direito[7].

---

[4] De se observar o teor dos §§ 2º e 3º do art. 5º da CF/88: "§ 2º Os direitos e garantias expressos nesta Constituição não excluem outros decorrentes do regime e dos princípios por ela adotados, ou dos tratados internacionais em que a República Federativa do Brasil seja parte. § 3º Os tratados e convenções internacionais sobre direitos humanos que forem aprovados, em cada Casa do Congresso Nacional, em dois turnos, por três quintos dos votos dos respectivos membros, serão equivalentes às emendas constitucionais" (Incluído pela Emenda Constitucional n. 45, de 2004).

[5] CPC, art. 140: "O juiz não se exime de decidir sob a alegação de lacuna ou obscuridade do ordenamento jurídico".

[6] Ver, a propósito, art. 4º da Lei de Introdução às Normas do Direito Brasileiro – Decreto-lei n. 4.657/42.

[7] Sifuentes, 2005, p. 162.

De se registrar que, hoje, a figura da súmula vinculante[8], prevista no art. 103-A da Carta de 1988 e regulada pela Lei n. 11.417/2006, torna o precedente judicial fonte formal do direito nessa hipótese.

Trata-se de uma figura híbrida, com características de norma abstrata, eis que aplicável a todos, porém surgida a partir de um caso específico, e, por isso, também norma concreta entre as partes envolvidas naquele litígio.

Ademais, o regime de julgamento conjunto de recursos especiais e extraordinários repetitivos também já revela a mesma importância que vem ganhando a jurisprudência em nosso sistema[9].

Essa é uma tendência: a valorização da jurisprudência no nosso sistema jurídico. Nesse sentido, o novo Código de Processo Civil elenca as decisões que devem ser obrigatoriamente observados pelos magistrados[10].

No que concerne especificamente aos mecanismos processuais destinados à formação dessas decisões, podem-se elencar os seguintes:

i) atribuição de efeitos vinculantes a todas as súmulas expedidas pelo STF, STJ e mesmo às orientações emanadas do plenário ou de órgão especial de tribunais de segunda instância (art. 927);

ii) incidente de resolução de demandas repetitivas (arts. 976 a 987);

iii) recursos extraordinário e especial repetitivos, que passam a ter disciplina unificada em Subseção própria (arts. 1.036 a 1.041);

iv) incidente de assunção de competência (art. 947);

v) a orientação do plenário ou do órgão especial do Tribunal (art. 927, V).

O microssistema de formação das decisões com efeitos vinculantes previsto no CPC é composto pelas normas gerais previstas nos arts. 926 a 928, bem como pelas disposições esparsas que serão vistas nos capítulos seguintes, conforme avançamos no programa.

---

[8] Sobre o tema e todas as suas complexas implicações no ordenamento brasileiro, remetemos o leitor a Tucci (2004).
[9] Maiores considerações sobre a figura da súmula vinculante e do julgamento dos recursos repetitivos serão feitas na Parte II deste livro, que trata dos processos nos tribunais.
[10] Dinamarco; Lopes, 2016, p. 44.

Capítulo 3
EVOLUÇÃO HISTÓRICA

3.1 CONSIDERAÇÕES GERAIS

Fixamos nossa volta ao passado ao período que se inicia com o descobrimento do Brasil. Trataremos, então, das mudanças e das evoluções legislativas que se apresentaram após a Independência. Depois, será mostrado o contexto do início do período republicano e sua implicação no direito processual em termos de competências legislativas. Em tempos mais próximos, analisa-se a promulgação do CPC/73, as suas sucessivas reformas, chegando ao Pacto Republicano de 2004 e, finalmente, ao movimento que culminou no CPC.

3.2 O DIREITO PROCESSUAL NO BRASIL COLÔNIA

Entre outras transformações provocadas no país, no que interessa ao presente trabalho, o estabelecimento dos colonizadores portugueses no Brasil deu grande importância aos municípios como núcleos administrativos. Neles, a jurisdição competia aos juízes ordinários ou da terra, nomeados dentre os "homens bons", em uma eleição sem participação da Metrópole, que, por sua vez, era representada pelos seus nomeados "juízes de fora".

Nas Capitanias Hereditárias estabelecidas, era dever dos donatários reger as questões judiciais provenientes de suas terras, dentro dos limites das leis advindas do Reino como pelas então denominadas Cartas Forais. A autoridade jurisdicional máxima era o Ouvidor-Geral.

Visto que Brasil e Portugal formavam um Estado único[1], as leis processuais portuguesas tinham plena aplicabilidade por aqui. Foi o período das Ordenações emanadas da Corte.

Vigoravam, nessa época, a) as Ordenações Afonsinas, de 1456, inspiradas, principalmente, no direito romano, no direito canônico e nas leis gerais elaboradas a partir do reinado de Afonso II, vigorando à época do Descobrimento; b) as Ordenações Manuelinas, de 1521, as primeiras editadas em território nacional; e c) as Ordenações Filipinas, promulgadas em 1603.

As Ordenações Afonsinas cuidavam, quase inteiramente, de questões atinentes à administração pública. O processo civil foi objeto de seu livro III, composto por 128 capítulos, abrangendo os procedimentos de cognição, execução, bem como os recursos.

As Ordenações Manuelinas, promulgadas em 1521, não promoveram grandes alterações em relação às Ordenações Afonsinas, até porque ambas tinham o interesse de preservar e fortalecer a monarquia e a nobreza. No entanto, não se pode deixar de observar que as Ordenações Manuelinas tornaram unos os processos de conhecimento e de execução[2], não os diferenciando.

Promulgadas em 1603, as Ordenações Filipinas foram de grande importância para o direito brasileiro, até porque vigoraram em parte por um período posterior à Independência. Tinham uma estrutura considerada bastante moderna para a época, sendo compostas por 5 livros, dentre os quais, o terceiro tratava da parte processual civil.

---

[1] Greco, 2003, p. 68.

[2] Silva, 1997, p. 28.

Quanto ao conteúdo, a legislação apresentava um processo marcante formalista, com a prevalência da escrita e forte valorização do princípio dispositivo, com direção das partes sobre o processo. O Livro III era dividido em quatro partes que disciplinavam, nesta ordem: a fase postulatória, a fase instrutória, a fase decisória e a fase executória, destinada ao processo de execução, além da regulamentação dos procedimentos ordinário, sumários (previstos para casos específicos) e especiais (aplicados a determinadas ações)[3].

O processo criminal, assim como o direito penal, era regulado pelo Livro V, que admitia, entre outras práticas desumanas, a tortura, as mutilações, o açoite e o degredo, marcando uma acentuada incompatibilidade com o grau de civilização alcançado pelo Brasil, e despertando, dessa forma, um maior grau de preocupação entre os estudiosos.

Além das Ordenações Filipinas, influenciavam a Justiça do país as Cartas dos donatários, dos governadores e ouvidores e, ainda, o poder dos senhores de engenho, que faziam sua própria justiça ou influenciavam a Justiça oficial, ora pelo prestígio que ostentavam, ora pelo parentesco com os magistrados. As ordenações foram sucedidas pela Lei de 18 de agosto de 1769.

3.3 O PROCESSO DURANTE O IMPÉRIO

Proclamada a Independência em 7 de setembro de 1822, era necessário refundar o direito brasileiro, o que foi feito com a Constituição Imperial de 1824. Incorporando os valores das revoluções liberais do fim do século XVIII, a Carta Constitucional introduziu em nosso ordenamento diversas inovações e princípios fundamentais, principalmente na seara penal, em que era mais evidente a necessidade de mudanças para, por exemplo, abolir a tortura e todas as penas cruéis.

Ademais, determinou-se a separação de poderes e, peculiarmente, criou-se o Poder Moderador, nas mãos do Imperador, com a função de harmonizar o relacionamento entre as funções de Estado, o seu funcionamento e garantir os direitos ditados pela Carta Magna.

Estipularam-se, ainda, a necessidade e a obrigatoriedade de um juízo conciliatório prévio (arts. 161 e 162).

O advento da Constituição Imperial não retirou, contudo, automaticamente, a vigência das normas da antiga metrópole. Isso porque o Decreto de 20 de outubro de 1823 adotou-as como leis brasileiras, revogando apenas as disposições contrárias à soberania nacional e ao regime brasileiro. Por isso, as Ordenações Filipinas continuaram produzindo efeitos.

Em 1832, no campo processual penal, tivemos a promulgação do Código de Processo Criminal, que, rompendo com a tradição portuguesa, inspirou-se nos modelos inglês (acusatório) e francês (inquisitório), o que acarretou a elaboração de um sistema misto.

Além disso, no bojo dessa codificação, foi trazida, em um título único composto por 27 artigos, a "disposição provisória acerca da administração da Justiça civil", voltada a simplificar os procedimentos de natureza cível, ainda regulados pelas Ordenações Filipinas.

Em 3 de dezembro de 1841, no entanto, entrou em vigor a Lei n. 261, posteriormente regulamentada na parte processual civil pelo Decreto n. 143, de 15 de março de 1842, modificando a disposição provisória do Código de Processo Criminal por meio do cancelamento de algumas reformas por ela trazidas.

Em 1850, com a promulgação do Código Comercial, foram editados os Regulamentos n. 737 (considerado o primeiro diploma processual brasileiro fora do âmbito criminal) e n. 738, que trata-

---

[3] Alvim, 2000, p. 53.

vam, respectivamente, do processo das causas comerciais e do funcionamento dos tribunais e juízes do comércio.

O direito processual civil, entretanto, não recebeu normativa própria, o que manteve em vigência, no ponto, as disposições das Ordenações e suas posteriores modificações. Diante disso, o governo imperial baixou, em 1876, uma Consolidação das Leis do Processo Civil, com força de lei, que ficou conhecida como Consolidação Ribas, em virtude de sua elaboração a cargo do Conselheiro Antônio Joaquim Ribas.

3.4 O ADVENTO DA REPÚBLICA: DOS CÓDIGOS ESTADUAIS AO CPC/1939

Logo após proclamada a República, o Regulamento n. 737 teve sua aplicação estendida às causas cíveis, mantendo-se a aplicação das Ordenações e suas modificações aos casos de jurisdição voluntária e de processos especiais.

Contudo a primeira Constituição da República, em 1891, transmitiu aos Estados-membros a competência legislativa sobre matéria processual, aumentando o espectro de competência antes pertencente somente à União Federal. Com isso, diversos Códigos Estaduais foram promulgados, regulamentando as mais diversas questões processuais.

Em 1º de janeiro de 1916, foi editado o Código Civil Brasileiro, que acabou, em algumas disposições, extrapolando o direito material para alcançar também algumas matérias de natureza processual.

No Rio de Janeiro, então Distrito Federal, foi editado o Código Judiciário de 1919, Lei n. 1.580, de 20 de janeiro sendo em seguida substituído pelo Código de Processo Civil do Distrito Federal, de 31 de dezembro de 1924, devidamente promulgado pelo Decreto n. 16.752.

Com o fim da República Velha, a Constituição de 1934 passou a atribuir competência exclusiva à União Federal para legislar sobre direito processual. A tendência foi mantida com a Carta outorgada de 1937, em seu art. 16, XVI, culminando com a edição do Código Brasileiro de Processo Civil, por meio do Decreto-lei n. 1.608, de 18 de setembro de 1939.

A unificação processual foi importante pela premente necessidade de tratar de maneira uniforme o processo civil, ante a profusão de leis estaduais que não se mostravam aptas a tutelar de forma satisfatória os direitos dos particulares.

O CPC de 1939 trouxe ao país algumas das mais modernas doutrinas europeias da época, com a introdução de importantes inovações em nosso ordenamento processual, como o *princípio da oralidade* e a combinação do *princípio dispositivo* e do *princípio do juiz ativo*, possibilitando maior celeridade nos procedimentos.

O diploma era composto por 1.052 artigos, dispostos em dez livros; foi modificado por diversas leis extravagantes e se manteve em vigor até o último dia do ano de 1973.

3.5 O CPC/73 E AS SUCESSIVAS REFORMAS PROCESSUAIS DURANTE AS DÉCADAS DE 1990 E DE 2000

Chegamos, assim, ao segundo Código de Processo Civil, introduzido em nosso ordenamento jurídico pela Lei n. 5.869, de 11 de janeiro de 1973, e baseado no anteprojeto de autoria de Alfredo Buzaid.

Foram incorporadas as ideias instrumentalistas do processo, pelas quais o processo não seria um fim em si mesmo, mas um instrumento para assegurar direitos. Como exemplo disso, instituíram-se a relativização das nulidades e a liberdade das formas para maior efetividade da decisão judicial.

A criação de um novo CPC, segundo Buzaid, era mais aconselhável do que a reforma do existente, por dois motivos. Primeiro, a existência de uma pluralidade de leis especiais. Segundo, a necessidade de corrigir diversas lacunas e falhas do Código de 1939, que obstavam seu manejo como mecanismo de auxílio à administração da Justiça[4].

O novo diploma tinha inegável superioridade técnica em face da legislação existente, ainda que o modelo processual permanecesse estruturado em institutos individualistas de tutela jurisdicional.

Com o passar do tempo e o surgimento de novas demandas sociais, o CPC de 1973 sofreu diversas alterações, principalmente a partir do início da década de 1990. Foi um momento caracterizado pela Reforma Processual, com dezenas de leis alteradoras destinadas a promover mudanças pontuais e ajustes "cirúrgicos".

Em 1994, ocorreu a primeira reforma significativa. Podem ser citados como exemplos as sistematizações da tutela antecipada e da tutela específica das obrigações de fazer e não fazer e o novo regime do recurso de agravo, entre outros.

Entre 2001 e 2002, com a entrada em vigor das Leis n. 10.352/2001, 10.358/2001 e 10.444/2002, levou-se a cabo a segunda grande reforma do Código de Processo Civil de 1973, sendo os seus pontos principais: i) limitar os casos de reexame necessário; ii) permitir a fungibilidade entre as providências antecipatórias e as medidas cautelares incidentais; iii) reforçar a execução provisória; iv) permitir ao relator a conversão de agravo de instrumento em agravo retido; e v) limitar os casos de cabimento de embargos infringentes.

As mudanças são o reflexo da maior importância dada pela ciência processual nos últimos tempos à efetividade da prestação jurisdicional[5], para se possibilitar que o cidadão tenha uma resposta jurisdicional mais rápida do Poder Judiciário, à luz do princípio constitucional de acesso à Justiça (art. 5º, XXXV, da CF).

Em dezembro de 2004, depois de muitos anos de debates, foi enfim aprovada e editada a Emenda Constitucional n. 45, que trouxe a chamada "Reforma do Poder Judiciário"[6].

A EC incluiu na Carta Magna questões de grande relevância, tais como a garantia da duração razoável do processo, a federalização das violações aos direitos humanos, a súmula vinculante, a repercussão geral da questão constitucional como pressuposto para a admissibilidade do recurso extraordinário e os Conselhos Nacionais da Magistratura e do Ministério Público.

Anexo à Reforma, os Chefes dos Poderes da República assinaram um "Pacto" em favor de um Judiciário mais rápido, eficiente e republicano. Diante desse Pacto, sobrevieram novas reformas ao CPC de 1973[7], o que demonstrou que os resultados das modificações anteriores não foram por si aptos a produzir uma efetiva melhora na qualidade da prestação jurisdicional.

Diante do grande número de leis reformadoras e especiais, não se pôde deixar de fazer uma ponderação crítica, que abriu o caminho para a conclusão de que um Novo Código era necessário. O Código anterior já tinha vigência desde 1973, período em que foram editadas mais de 60 (sessenta) leis extravagantes que cuidaram de procedimentos diversos.

---

[4] Essa dúvida entre reformar o antigo Código ou elaborar um novo é exposta pelo próprio Alfredo Buzaid no primeiro capítulo da Exposição de Motivos do Código de Processo Civil de 1973.

[5] Pinho; Almeida, 2006, p. 61.

[6] Wambier, 2005, p. 571.

[7] A primeira versão do Pacto Republicano ocorreu em 2004 e, dos 32 projetos que constavam na lista, 24 foram transformados em lei, dentro do contexto de reforma do Poder Judiciário.

As alterações no corpo do Código foram iniciadas no próprio ano de sua publicação, com a edição da Lei n. 5.925, responsável por alterar nada menos do que 72 artigos.

Até a Carta de 1988, foram mais 14 leis, alterando pelo menos 22 artigos do Código, no chamado "primeiro ciclo das reformas" (1973-1988).

Da promulgação da CF até 2004, quando aconteceu, por meio da EC n. 45, a Reforma do Judiciário foram mais 23 leis. É o "segundo ciclo", que pode ser decomposto, para fins de sistematização, em três momentos: o primeiro, que se estende de 1988 até 1993; o segundo, ocorrido com a chamada "grande reforma de 1994"; e o terceiro momento, de 1995 a 2004.

Nessa perspectiva, tivemos o "terceiro ciclo", iniciado com a Emenda n. 45/2004.

Impressionou, na legislação reformadora, não só o número de dispositivos alterados, como, principalmente, o fato de que alguns institutos são alterados diversas vezes.

Veja-se o caso do recurso de agravo. Houve a primeira alteração em 1995, com a Lei n. 9.139; seis anos mais tarde, a Lei n. 10.352/2001 introduz novas alterações; quatro anos após a segunda alteração, a Lei n. 11.187/2005 modifica novamente o instituto. Nem assim, contudo, chegou-se a um regime considerado satisfatório pelo legislador, já que o CPC promove novas alterações, extinguindo o agravo retido e prevendo em rol exaustivo as hipóteses de agravo de instrumento.

Voltando à chamada linha evolutiva, em seguida, tivemos o "quarto ciclo". A partir desse período, iniciado em 2009, aguçou-se a crítica das sucessivas reformas e a conclusão pela necessidade de edição de um novo Código de Processo Civil, consumado com a promulgação da Lei n. 13.105/2015, publicada no *Diário Oficial* de 17 de março de 2015.

3.6 O PROCESSO LEGISLATIVO DO NOVO CÓDIGO DE PROCESSO CIVIL

Em 2009, foi formada uma Comissão de juristas, com o fito de elaborar um anteprojeto para o Novo Código de Processo Civil. Logo em dezembro daquele ano, concluiu a primeira fase de seus trabalhos. Posteriormente, submeteu a proposta elaborada a oito audiências públicas, que resultaram na análise de mais de mil sugestões. Em seguida, foram consultados Ministros dos Tribunais Superiores e, finalmente, iniciado o processo legislativo.

O projeto foi apresentado ao presidente do Senado no dia 8 de junho de 2010, sendo autuado naquela Casa sob o n. 166/2010. Dado início ao processo legislativo, constitui-se Comissão para apresentar emendas até o dia 27 de agosto de 2010 e, em novembro de 2010, já havia a divulgação dos relatórios parciais sobre ele.

A Comissão do Senado, no dia 24 de novembro de 2010, apresentou seu relatório com um projeto substitutivo, o PLS n. 166/2010, do Senador Valter Pereira, que, com algumas alterações, foi aprovado pelo plenário em 15 de dezembro de 2010.

Seguindo o rito, o projeto foi para a Câmara dos Deputados, renumerado como PL n. 8.046/2010. Seu trâmite se iniciou no dia 5 de janeiro de 2011, na Mesa Diretora da Câmara dos Deputados. No dia 3 de fevereiro de 2011, o projeto estava na Coordenação de Comissões Permanentes e, no dia 4 de maio de 2011, em plenário, foi requerida a nomeação de comissão especial.

Com a designação da Comissão responsável, ao longo do segundo semestre de 2011, houve diversas reuniões e audiências públicas. O texto completo foi subdividido em cinco partes, conferindo-se a relatoria de cada uma delas a um deputado diferente. Substituído o Relator-Geral pelo Deputado Paulo Teixeira, o texto foi redesenhado. Foram sistematizados: a versão inicial que chegou à Câmara (PL n. 8.046/2010), os relatórios parciais, o relatório Barradas e a Emenda n. 1.

Em 2013, ainda houve a apresentação de duas novas versões, uma em janeiro e outra em junho. Em julho, o texto foi aprovado pela Comissão Especial, com remessa ao plenário. Entre dezembro de

2013 e março de 2014, os destaques apresentados por deputados foram discutidos e votados. Enfim, em 25 de março de 2014, foi votada e aprovada a versão final, que foi devolvida ao Senado.

Após minuciosa revisão na Presidência do Senado, o texto final foi então encaminhado à sanção presidencial, em fevereiro de 2015. Em 16 de março, o projeto foi sancionado pela Presidência da República, sendo publicado, com 7 vetos, no *Diário Oficial* do dia seguinte.

Quando o processo legislativo já parecia esgotado, no final de 2015 foi apresentado o Projeto de Lei n. 168/2015, objetivando a modificação de alguns dispositivos do CPC, ainda durante o período de *vacatio*. As alterações mais importantes repercutiram sobre a ordem cronológica, ajustes nas hipóteses de ação rescisória e de reclamação e o retorno do juízo de admissibilidade dos recursos excepcionais, com a sistematização dos recursos de agravo (nos próprios autos) e agravo interno a depender da decisão exarada pelo Tribunal *a quo*. A proposição acabou aprovada e publicada, sem vetos presidenciais, em 5 de fevereiro de 2016, como Lei n. 13.256.

As alterações foram efetivadas de forma que os dispositivos entrassem em vigor junto com os demais artigos não alterados da Lei n. 13.105/2015[8], apesar de, durante algum tempo, ter havido insegurança na doutrina quanto à data exata da vigência do CPC.

---

[8] Art. 4º da Lei n. 13.256/2016: "Esta Lei entra em vigor no início da vigência da Lei n. 13.105, de 16 de março de 2015 (Código de Processo Civil)".

Capítulo 4
PRINCÍPIOS GERAIS DO DIREITO PROCESSUAL CIVIL

4.1 GENERALIDADES

Como as demais ciências, o direito e, particularmente, o ramo do direito processual, é regido por princípios próprios que o informam e orientam a interpretação dos seus institutos a fim de garantir o acesso à Justiça. Porém, antes de nos atermos a tais princípios, é mister compreender o seu significado dentro do ordenamento jurídico.

Os princípios, cuja importância na ciência jurídica moderna é inquestionável, representam o polo legitimador da dogmática jurídica em um Estado Democrático de Direito, pois traduzem a essência, a razão última, enfim, os valores que inspiram um dado ordenamento.

Conforme defende J. J. Gomes Canotilho[1], regras e princípios devem ser entendidos como espécies do gênero norma, de modo que teríamos normas-regras e normas-princípios e, portanto, tal distinção residiria, em última análise, em uma diferenciação entre dois tipos de normas.

Daí resulta que ambas teriam aplicação prática e força cogente. Mas, enquanto a norma-regra regularia aspectos pontuais, sendo aplicada ou não – de forma peremptória –, a norma-princípio regularia situações mais elásticas, comportando ponderações no caso concreto, em virtude do seu maior grau de abstração.

Note-se ainda que as normas-princípios desempenham importante papel tanto na atividade do legislador quanto na do operador do direito. O primeiro, ao ditar normas-regras, deve considerar as normas-princípios já existentes no sistema. O operador do direito, por sua vez, utiliza as normas-princípios no momento da interpretação e da aplicação das normas-regras, muitas vezes recorrendo àquelas para precisar o exato sentido e alcance destas últimas. Além disso, as normas-princípios também auxiliam o operador na tarefa de colmatagem de lacunas.

Grandes expoentes do direito processual[2] já sedimentaram a teoria segundo a qual o direito constitucional é o tronco da árvore e o direito processual é um de seus ramos. Ou seja, não é possível conceber uma única regra processual que não tenha sido inspirada na atmosfera constitucional[3].

Como afirma Luís Roberto Barroso[4], somos um país de democracia tardia. A nova Constituição, e, sobretudo, a defesa intransigente das liberdades públicas (direitos de primeira dimensão), bem como a implementação dos direitos sociais (segunda dimensão) fizeram com que nos encontrássemos na desagradável situação de ter um pé na modernidade e outro na pós-modernidade[5].

---

[1] "(...) os princípios são fundamento de regras, isto é, são normas que estão na base ou constituem a *ratio* de regras jurídicas, desempenhando, por isso, uma função normogenética fundamentante" (Canotilho, 2000, p. 1087).

[2] Merecem destaque, entre tantos doutrinadores, os seguintes: Trocker (1974); Cappelletti e Tallon (1973); Comoglio, Ferri e Taruffo (1998); Morello (1998).

[3] Zaneti Júnior, 2007.

[4] Barroso, 2005.

[5] Cittadino, 2004.

A edição de novos Códigos é um sinal de ruptura com a modernidade, reduzindo o abismo antes existente entre o direito constitucional (e a interpretação ativa que vem sendo feita de suas normas) e o direito infraconstitucional[6].

Significa, ainda, o esforço do legislador infraconstitucional para "densificar o direito de ação como direito a um processo justo e, muito especialmente, como um direito à tutela jurisdicional adequada, efetiva e tempestiva dos direitos", nas precisas palavras de Marinoni e Mitidiero[7].

Em outras palavras, como muito bem pontuado por Igor Raatz, o direito fundamental à tutela jurisdicional, projetado em duas perspectivas, a primeira do ponto de vista do legislador e do executivo, e a segunda a partir da visão do órgão jurisdicional[8].

Podemos dizer, portanto, que hoje os Princípios são vistos como verdadeiras garantias ínsitas ao estabelecimento válido da relação processual.

Leonardo Greco[9] apresenta uma excelente sistematização dessas garantias. O autor parte do gênero (garantias fundamentais) que pode assumir a forma de garantias individuais e estruturais.

A – Garantias individuais

A.1. Acesso amplo à Justiça por todos os cidadãos;

A.2. Imparcialidade do juiz;

A.3. Ampla defesa;

A.4. Direitos do pobre;

A.5. Juiz natural;

A.6. Inércia;

A.7. Contraditório;

A.8. Oralidade;

A.9. Coisa julgada;

A.10. Renúncia à tutela jurisdicional.

B – Garantias estruturais

B.1. Impessoalidade da jurisdição;

B.2. Permanência da jurisdição;

B.3. Independência dos juízes;

B.4. Motivação das decisões;

B.5. Igualdade concreta;

B.6. Inexistência de obstáculos ilegítimos;

B.7. Efetividade qualitativa;

B.8. Procedimento legal, flexível e previsível;

B.9. Publicidade;

B.10. Legalidade estrita no exercício do poder de coerção;

B.11. Prazo razoável;

B.12. Duplo grau de jurisdição;

B.13. Respeito à dignidade humana.

---

[6] Por todos, Bittar, 2005.

[7] Marinoni; Mitidiero, 2017, p. 27.

[8] Raatz, 2019, p. 29.

[9] Greco, 2006a.

Veremos, a partir de agora, os princípios mais relevantes no contexto do processo civil brasileiro.

4.2 OS PRINCÍPIOS EM ESPÉCIE

4.2.1 Devido processo legal

Sem dúvida, um dos mais importantes princípios processuais foi introduzido em nosso ordenamento de forma expressa pela Constituição de 1988, em seu art. 5º, LIV, segundo o qual "ninguém será privado da liberdade ou dos seus bens sem o devido processo legal".

Embora o termo em inglês *due process of law* tivesse sido utilizado pela primeira vez, em 1354, no reinado de Eduardo III, na Inglaterra, sua origem remonta à Magna Carta (art. 39), de 1215, assinada por João Sem-Terra. Nota-se que, embora a garantia do devido processo legal tenha surgido com índole eminentemente processual, adquiriu, depois, relevante aspecto de direito material. Assim, teríamos dois aspectos distintos:

a) *Substantive due process of law* – representando a garantia do trinômio vida, liberdade e propriedade. Não basta a regularidade formal da decisão, é necessário que esta seja substancialmente razoável. É dessa garantia que surgem os princípios da proporcionalidade e da razoabilidade;

b) *Procedural due process of law* – entendido como garantia do pleno acesso à Justiça (ou, como prefere Kazuo Watanabe, "acesso a uma ordem jurídica justa"). É o direito a ser processado e processar de acordo com as normas previamente estabelecidas para tanto.

Assim, sendo fruto de importação do direito anglo-saxônico, o princípio representa, sob este último aspecto, um conjunto de garantias constitucionais (ou o núcleo central da maioria das garantias processuais) destinadas a assegurar às partes a participação, com o exercício de suas faculdades e poderes processuais, bem como a legitimidade do exercício da jurisdição. Decorrem dele outros importantes princípios processuais, como o princípio do contraditório, o da ampla defesa e o da duração razoável do processo, também consagrados em sede constitucional[10].

Nesse sentido, Luiz Guilherme Marinoni observa que não basta, realmente, que o procedimento viabilize a participação efetiva das partes. É necessário que as normas processuais outorguem ao juiz e às partes os instrumentos e as oportunidades capazes de lhes permitir a tutela do direito material e do caso concreto, bem como viabilizem um processo capaz de promover a unidade do direito[11].

Enfim, com o objetivo único e central de garantir o acesso à Justiça através de um processo justo e celebrado com os meios adequados, traduz, em termos processuais, os princípios da legalidade e da supremacia da Constituição, inerentes à democracia participativa pós-moderna.

Não custa lembrar que o Ministro Celso de Mello, em decisão histórica[12], sistematizou os pilares do princípio do devido processo legal:

a) direito ao processo (garantia de acesso ao Poder Judiciário);

b) direito à citação e ao conhecimento prévio do teor da acusação;

c) direito a um julgamento público e célere, sem dilações indevidas;

d) direito ao contraditório e à plenitude de defesa (direito à autodefesa e à defesa técnica);

---

[10] Por essa razão, Leonardo Greco, referindo-se à totalidade das garantias constitucionais do processo, afirma: "esse conjunto de garantias pode ser sintetizado nas denominações devido processo legal, adotada nas Emendas 5ª e 14ª da Constituição americana, ou processo justo, constante da Convenção Europeia de Direitos Humanos e do recém-reformado artigo 111 da Constituição italiana". Garantias fundamentais do processo: o processo justo (Greco, 2004).

[11] Marinoni; Arenhart; Mitidiero, 2017, p. 251.

[12] STF, 2ª T., Pleno, AgRg em RMS 28.517, rel. Min. Celso de Mello, j. 25-3-2014.

e) direito de não ser processado e julgado com base em leis *ex post facto*;
f) direito à igualdade entre as partes;
g) direito de não ser processado com fundamento em provas revestidas de ilicitude;
h) direito ao benefício da gratuidade;
i) direito à observância do princípio do juiz natural;
j) direito ao silêncio (privilégio contra a autoincriminação); e
k) direito à prova.

4.2.2 Isonomia ou igualdade entre as partes

Do primitivo conceito de igualdade formal e negativa (ou seja, de que o Direito não deve estabelecer diferenças entre os indivíduos), clama-se, hoje, pela igualdade material, isto é, por uma Justiça que assegure tratamento igual para os iguais e desigual para os desiguais (na medida de suas diferenças), conforme a máxima aristotélica, constituindo um pilar da democracia[13]. Subdivide-se em igualdade perante a lei e igualdade na lei.

Em âmbito processual, significa restabelecer o equilíbrio entre as partes e possibilitar a sua livre e efetiva participação no processo, como corolário do princípio do devido processo legal. Os litigantes devem estar em combate com as mesmas armas, de modo que possam lutar em pé de igualdade (é bem verdade que essa noção de "combate" vai ser questionada, mais abaixo, quando o texto do Projeto do CPC trabalhar com os conceitos de cooperação e colaboração).

Em primeiro lugar, trata-se da igualdade perante a lei. Significa que aqueles que aplicarem a lei só poderão distinguir os destinatários na medida em que a lei permitir. Isto porque o papel de discriminar incumbe ao legislador, o qual dirá em que casos deverá haver tratamento diferençado.

Destinada ao Poder Executivo e ao Poder Judiciário, essa igualdade foi consagrada pelo constituinte de 1988, no art. 5º, *caput*. Já no plano infraconstitucional, existe previsão no art. 7º do CPC[14].

Desse modo, o juiz poderá, independentemente de previsão legal específica, tomar as providências necessárias para garantir, efetivamente, a paridade de armas. Isso só ocorre porque o próprio legislador permite genericamente que o magistrado estabeleça diferenciações no caso concreto. Como o poder do juiz aumenta, na mesma medida se reforça seu dever de fundamentar suas decisões, como veremos a seguir.

Em segundo lugar, trata-se da exigência de igualdade na lei. Significa que a lei não pode distinguir as partes de maneira absurda, de qualquer modo. O próprio Legislativo, que estabelece os casos de diferenciação, encontra seu limite. Está adstrito ao Princípio da Razoabilidade, que é um valor constitucional. A razoabilidade é que estabelecerá a situação fática que autoriza uma aceitável distinção.

Mesmo com a vigência do CPC, que transferiu ao magistrado esse poder de estabelecer ou não um tratamento diferenciado entre as partes, tal decisão *in concreto* continua adstrita ao princípio da razoabilidade.

Não custa lembrar que as Garantias Fundamentais, que Comoglio[15] classifica em estruturais e individuais, representam um conjunto que pode ser sintetizado nas denominações devido pro-

---

[13] Busca-se uma efetiva paridade de armas no processo, para que ambas as partes tenham iguais condições de se defender em juízo, vencendo aquela que verdadeiramente for titular de uma posição jurídica de vantagem.

[14] "Art. 7º É assegurada às partes paridade de tratamento em relação ao exercício de direitos e faculdades processuais, aos meios de defesa, aos ônus, aos deveres e à aplicação de sanções processuais, competindo ao juiz zelar pelo efetivo contraditório.".

[15] Comoglio e Ferri, 1998.

cesso legal, adotado nas Emendas 5ª e 14ª da Constituição norte-americana, ou processo justo, constante do art. 6º da Convenção Europeia de Direitos Humanos, e, ainda, do art. 111 da Constituição italiana.

Questões que costumam suscitar controvérsias diante do princípio da isonomia estão frequentemente relacionadas à prerrogativa de prazo gozada pela Fazenda Pública e pelo Ministério Público no tocante à realização de certos atos processuais em razão da burocracia estatal.

Para Greco[16], os privilégios se justificam e são, de fato, necessários para garantir a defesa plena do Estado em juízo.

Aliás, a Fazenda tem a seu dispor um verdadeiro arsenal de prerrogativas como, por exemplo, a remessa necessária, o incidente de suspensão de segurança, a intimação pessoal, a utilização de embargos, mesmo quando se trata de execução fundada em título judicial.

À guisa de ilustração, podemos citar como exemplo de aplicação da igualdade material a inversão do ônus da prova no Código de Defesa do Consumidor (Lei n. 8.078/90), de modo a favorecer a parte hipossuficiente (art. 6º, VIII), excepcionando-se a regra de que o ônus da prova incumbe a quem alega.

Nessa linha, e ampliando a extensão da garantia, o CPC, no art. 373, § 1º, consagra a teoria da carga dinâmica da prova.

Dignos de nota, ainda, os poderes conferidos ao juiz pelo CPC, que permitem a correção das desigualdades existentes entre os litigantes por meio de inúmeras medidas, tais como a concessão de tutela provisória e a determinação de provas *ex officio*[17].

4.2.3 Contraditório e ampla defesa

Previsto no art. 5º, LV, da CF/88 e no art. 9º do CPC, o referido princípio é tão importante no direito processual a ponto de renomados doutrinadores como Elio Fazzalari e Cândido Rangel Dinamarco afirmarem que "sem contraditório, não há processo"[18].

De acordo com a doutrina clássica, o princípio impõe que, ao longo do procedimento, seja observado verdadeiro diálogo, com participação das partes, que é a garantia não apenas de ter ciência de todos os atos processuais, mas de ser ouvido, possibilitando a influência na decisão[19]. Desse modo, permite que as partes, assim como eventuais interessados, participem ativamente da formação do convencimento do juiz, influindo, por conseguinte, no resultado do processo. Trata-se do binômio: a) informação – a regra é ser informado dos atos do juiz e da contraparte; e b) possibilidade de manifestação – abertura de prazo para se pronunciar quanto ao alegado pela contraparte.

Para Aroldo Plínio Gonçalves[20], a essência do contraditório encontra-se na "simétrica paridade". Isso significa que se deve conceder a oportunidade de participar do procedimento a todo aquele cuja

---

[16] Greco, 2006a.

[17] Grinover, 1990, p. 8. Em igual sentido: Barbosa Moreira, 1989b, p. 45-51.

[18] Divergem, contudo, os dois doutrinadores supracitados, porque enquanto Cândido Dinamarco entende que processo é todo procedimento em contraditório animado por uma relação jurídica processual, Elio Fazzalari rejeita a teoria do processo como relação jurídica (Bülow), afirmando que basta haver o procedimento em contraditório para que haja processo (Fazzalari, 1996). Na doutrina pátria: Gonçalves, 1992, p. 115.

[19] "O processo civil brasileiro submete-se ao regime do contraditório previsto em norma constitucional expressa. Consequentemente, nenhuma definição judicial pode ser obtida através de versão unilateral dos fatos levada a juízo pela ação do autor. É mister, portanto, conferir ao demandado a oportunidade de carrear sua tese para os autos, porquanto o processo encerra a verdade de ambas as partes e a sentença, a verdade do juiz" (Fux, 2019, p. 257).

[20] Gonçalves, 1992, p. 115.

esfera jurídica possa ser atingida pelo resultado do processo, assegurando-lhe ainda igualdade de condições com os demais interessados.

Assim, o contraditório pode ser conceituado como a garantia de ciência bilateral dos atos e termos do processo (jurisdicional ou não), com a consequente possibilidade de manifestação sobre eles.

Abrange a garantia de meios previstos em lei ou moralmente legítimos para a participação das partes no processo, viabilizando a defesa de seus interesses, a serem franqueados pelo juiz; bem como a participação do magistrado na preparação do julgamento, exercendo, ele próprio, o contraditório. Trata-se, portanto, de direito das partes e dever do juiz[21].

Além do mais, tal princípio deve ser visto sob dois enfoques, quais sejam:

a) jurídico: os fatos alegados e não contestados são tidos como verdadeiros, sendo declarada a revelia do réu.

b) político: assegura às partes a participação na formação do provimento jurisdicional, ou seja, é a possibilidade que o jurisdicionado possui de influir nas decisões que irão repercutir em sua vida.

Juntamente com o princípio da isonomia, o contraditório constitui importante premissa democrática que com ele se relaciona de modo a garantir um efetivo equilíbrio entre as partes.

Embora a garantia do contraditório esteja relacionada a algumas premissas individualistas, tais como a legitimidade *ad causam*, a eficácia da sentença (restritas às partes que figuraram no processo) e os limites subjetivos da coisa julgada, modernamente, tais restrições vão sendo depuradas do significado individualista.

É o que se verifica a partir da admissão de um processo conduzido por uma entidade idônea e com legitimidade *adequada*, permitindo a produção de seus efeitos sobre pessoas pertencentes a um grupo ou comunidade. Tal é o fundamento da tutela coletiva por meio do exercício das ações coletivas pelo Ministério Público e outras entidades previstas em lei que atuarão no exclusivo interesse do grupo ou comunidade interessada, garantindo, com isso, a integridade do contraditório.

Na contemporaneidade, o contraditório assume um espectro muito mais amplo. Por exemplo, para Leonardo Greco[22], o contraditório é consequência do princípio político da participação democrática e pressupõe:

a) audiência bilateral: adequada e tempestiva notificação do ajuizamento da causa e de todos os atos processuais através de comunicações preferencialmente reais, bem como ampla possibilidade de impugnar e contrariar os atos dos demais sujeitos, de modo que nenhuma questão seja decidida sem essa prévia audiência das partes;

b) direito de apresentar alegações, propor e produzir provas, participar da produção das provas requeridas pelo adversário ou determinadas de ofício pelo juiz e exigir a adoção de todas as providências que possam ter utilidade na defesa dos seus interesses, de acordo com as circunstâncias da causa e as imposições do direito material;

c) congruidade dos prazos: os prazos para a prática dos atos processuais, apesar da brevidade, devem ser suficientes, de acordo com as circunstâncias do caso concreto, para a prática de cada ato da parte com efetivo proveito para a sua defesa;

d) contraditório eficaz é sempre prévio, anterior a qualquer decisão, devendo a sua postergação ser excepcional e fundamentada na convicção firme da existência do direito do requerente e na cuidadosa ponderação dos interesses em jogo e dos riscos da antecipação ou da postergação da decisão;

---

[21] Dinamarco, 2001b.
[22] Greco, 2006a.

e) o contraditório participativo pressupõe que todos os contrainteressados tenham o direito de intervir no processo e exercer amplamente as prerrogativas inerentes ao direito de defesa e que preservem o direito de discutir os efeitos da sentença que tenha sido produzida sem a sua plena participação.

Importante frisar que o CPC abre uma nova perspectiva de contraditório, como se observa do texto do art. 9º:

"Art. 9º Não se proferirá decisão contra uma das partes sem que ela seja previamente ouvida.

Parágrafo único[23]. O disposto no *caput* não se aplica:

I – à tutela provisória de urgência;

II – às hipóteses de tutela da evidência previstas no art. 311, incisos II e III;

III – à decisão prevista no art. 701".

Importante observar que tal princípio terá aplicação específica e de grande importância em pelo menos duas situações.

A primeira diz respeito às decisões de inversão do ônus da prova que, em hipótese alguma, deve gerar surpresa[24] para a parte atingida.

A segunda se refere aos provimentos de urgência solicitados, nos quais a efetividade depende exatamente da não comunicação à parte contrária. O juiz, num exame de ponderação de interesses entre o acesso à Justiça e o contraditório, vai avaliar, no caso concreto, qual deles deve prestigiar. Sendo deferida a medida *inaudita altera pars*, ocorrerá o fenômeno do contraditório diferido ou postergado, que só é admitido em casos excepcionais e acompanhados da devida fundamentação analítica, como lembra Marinoni[25].

Entretanto, a figura do contraditório diferido excepciona o princípio do contraditório e da ampla defesa, permitindo ao juiz tomar certas providências sem antes submeter ao contraditório.

Pontifica-se que contraditório diferido não significa contraditório suprimido. A contraparte será informada e terá oportunidade de se manifestar após a cessação do risco de perecimento do direito.

O contraditório diferido resulta de uma ponderação de interesses. Em um polo, há o princípio do acesso à justiça, e, no outro, os princípios do contraditório e da ampla defesa.

Perceba que tal figura representa um aumento de poder do juiz, pois este fará a ponderação em concreto concluindo pelo cabimento ou não da exceção. Logo, reforça-se a exigência de fundamentação.

Ainda sobre o princípio do contraditório, o art. 10 revela uma das grandes inovações do CPC:

"Art. 10. O juiz não pode decidir, em grau algum de jurisdição, com base em fundamento a respeito do qual não se tenha dado às partes oportunidade de se manifestar, ainda que se trate de matéria sobre a qual deva decidir de ofício".

---

[23] São constitucionais os dispositivos legais (CPC/2015, arts. 9º, parágrafo único, III; e 311, parágrafo único) que, sem prévia citação do réu, admitem a concessão de tutela de evidência quando os fatos alegados possam ser demonstrados documentalmente e a tese jurídica estiver consolidada em julgamento de casos repetitivos ou em súmula vinculante. Assim, inexiste qualquer ofensa ao princípio do contraditório caso haja justificativa razoável e proporcional para a postergação do contraditório e desde que se abra a possibilidade de a parte se manifestar posteriormente acerca da decisão que a afetou, ou sobre o ato do qual não participou. ADI n. 5.492-DF, rel. Min. Dias Toffoli, j. 24-4-2023; ADI n. 5.737-DF, rel. Min. Dias Toffoli, redator do acórdão Min. Roberto Barroso, 24-4-2023, *Informativo STF* n. 1.092.

[24] Cambi, 2007.

[25] Marinoni, 2010.

No CPC/73, o art. 128 dispõe que o juiz deve decidir a ação "nos limites em que foi proposta, sendo-lhe defeso conhecer de questões, não suscitadas, a cujo respeito a lei exige a iniciativa das partes".

Diante da restrição do atual art. 141, que se refere apenas às *questões*, a doutrina clássica invoca aqui o adágio *iura novit curia*, segundo o qual o juiz seria livre na escolha e na aplicação dos fundamentos jurídicos.

Nesse sentido, José Rogério Cruz e Tucci[26] entende que não existe impedimento para que o juiz requalifique juridicamente a demanda, enquadrando-a em outros dispositivos legais. Assim, ao juiz seria concedida plena liberdade para aplicar o direito da maneira que entender pertinente, desde que respeitados os limites fáticos aportados no processo.

Nesse contexto, Barbosa Moreira[27] sustenta que a causa de pedir não é integrada pela norma jurídica aplicável à espécie, tampouco pela qualificação jurídica dada pelo autor da demanda ao conjunto de fatos em que apoia sua pretensão.

Ainda no mesmo sentido, José Roberto dos Santos Bedaque[28] afirma que a alteração da fundamentação jurídica pelo juiz não implica modificação da causa de pedir.

Ocorre que, com o passar do tempo, parte da doutrina evoluiu para o entendimento de que tal discricionariedade ampla do juiz poderia, em alguma medida, gerar prejuízo para uma das partes[29].

Passou-se, então, a trabalhar com a ideia de que o princípio do contraditório deveria ser utilizado para limitar essa liberdade do juiz.

Leonardo Greco[30] propõe uma orientação mais restritiva, atentando para a liberdade das partes e também ao princípio da demanda, que atribui ao autor o poder de fixar seus limites objetivos e subjetivos. Nesse sentido, não se pode negar que a vontade do autor é fator essencial na definição dos limites do objeto litigioso e, por isso mesmo, tem que ser respeitada.

Nesse sentido, o litígio levado a juízo não é o litígio real, *in natura*, mas sim aquele limitado pelos elementos fáticos e jurídicos apresentados pelo autor; ademais, o objeto da jurisdição civil é o pedido e não os fatos.

O *iura novit curia* permite que o magistrado altere a norma aplicável ao caso, mas isso não significa dizer que o juiz pode alterar, também, o fundamento jurídico que integra a causa de pedir próxima[31].

Diante desses conceitos, podemos observar que o texto do CPC busca uma espécie de consenso.

Em nossa visão, entre duas possíveis soluções extremadas, ou seja:

---

[26] Tucci, 2001, p. 160-161. Em texto publicado posteriormente, já na vigência do CPC/2015, no qual comenta duas decisões do STJ, o autor reafirma seu posicionamento, em clara sintonia com o disposto no art. 10 do CPC (Tucci, 2019).

[27] Barbosa Moreira, 2007, p. 17.

[28] Bedaque, 2006, p. 37.

[29] Theodoro Jr., 2018, p. 71.

[30] Greco, 2003b, p. 59.

[31] "O fato jurídico novo foi utilizado como fundamento apto a moldar o convencimento do Tribunal a quo; portanto, logicamente, a ausência de oportunidade de debate dialético sobre tal tema fático-jurídico por parte da parte recorrida causa prejuízos ao exercício eficiente de sua defesa. 8. Precedente do STJ no sentido de respeito ao princípio da não surpresa, o qual ensina que é vedado ao julgador decidir com base em fundamentos jurídicos não submetidos ao contraditório no decorrer do processo (REsp n. 1.676.027/PR, relator Ministro Herman Benjamin, Segunda Turma, julgado em 26-9-2017, REPDJe de 19/12/2017, *DJe* de 11-10-2017). 9. Necessidade de observância da cooperação processual nas relações endoprocessuais e do direito à legítima confiança de que o resultado do processo seja decorrente de fundamentos previamente conhecidos e debatidos pelas partes litigantes" (REsp 2.049.725/PE, rel. Min. Humberto Martins, 2ªT., j. 25-4-2023, *DJe* 22-8-2023).

(1) manter o sistema atual segundo o qual o juiz pode alterar a seu bel-prazer os fundamentos jurídicos, ainda que sob o disfarce de modificar a norma aplicável; ou

(2) exigir que o juiz fique absolutamente adstrito aos fundamentos invocados pela parte, ainda que vislumbre outro, mais adequado, andou muito bem a Comissão ao buscar uma solução intermediária e salomônica.

Pela leitura do dispositivo, vê-se que o juiz pode invocar fundamento não alegado pelas partes, mas deve propiciar a manifestação destas antes de decidir[32], o que não se confunde com atribuir uma nova tipificação jurídica a pretensão submetida ao Judiciário[33].

Por outro lado, é preciso atentar para a enorme mudança que será ocasionada pela parte final do novel dispositivo, quando determina que tal providência deverá ser tomada pelo juiz, ainda que a matéria possa ser examinada de ofício. Doutrina e jurisprudência vêm caminhando no sentido de que tais matérias, hoje, a partir da interpretação do art. 485, § 3º, seriam: condições para o regular exercício do direito de ação, pressupostos processuais e as hipóteses de nulidade absoluta. São, em verdade, os mesmos casos que autorizam a utilização da objeção de pré-executividade, na visão da orientação que prevalece no Superior Tribunal de Justiça. No plano meritório, podem ser conhecidas de ofício a prescrição e a decadência, embora se sujeitem à mesma regra do art. 10, salvo na hipótese expressamente ressalvada no art. 487, parágrafo único, combinado com o § 1º do art. 332, como será visto no capítulo que trata da improcedência liminar do pedido.

Parece-nos que essa redação prevista no art. 10 do CPC está em acordo com os postulados de um processo justo, ou seja, fundado em garantias estruturais e individuais. Numa eventual colisão entre os princípios do livre convencimento do juiz e do contraditório, a solução preconizada ergue-se como promissora ferramenta capaz de preservar a efetividade do processo, sem, contudo, lhe retirar o caráter democrático[34].

---

[32] "Cabe ao magistrado ser sensível às circunstâncias do caso concreto e, prevendo a possibilidade de utilização de fundamento não debatido, permitir a manifestação das partes antes da decisão judicial, sob pena de violação ao art. 10 do CPC/2015 e a todo o plexo estruturante do sistema processual cooperativo. In casu, o Acórdão recorrido decidiu o recurso de apelação da autora mediante fundamento original não cogitado, explícita ou implicitamente, pelas partes. Resolveu o Tribunal de origem contrariar a sentença monocrática e julgar extinto o processo sem resolução de mérito por insuficiência de prova, sem que as partes tenham tido a oportunidade de exercitar sua influência na formação da convicção do julgador. Por tratar-se de resultado que não está previsto objetivamente no ordenamento jurídico nacional, e refoge ao desdobramento natural da controvérsia, considera-se insuscetível de pronunciamento com desatenção à regra da proibição da decisão surpresa, posto não terem as partes obrigação de prevê-lo ou advinhá-lo. Deve o julgado ser anulado, com retorno dos autos à instância anterior para intimação das partes a se manifestarem sobre a possibilidade aventada pelo juízo no prazo de 5 (cinco) dias. [...]" (STJ, REsp 1.676.027/PR, rel. Min. Herman Benjamin, 2ªT., j. 26-9-2017, DJe 11-10-2017).

[33] "Não há falar em decisão-surpresa quando o magistrado, diante dos limites da causa de pedir, do pedido e do substrato fático delineado nos autos, realiza a tipificação jurídica da pretensão no ordenamento jurídico posto, aplicando a lei adequada à solução do conflito, ainda que as partes não a tenham invocado (iura novit curia) e independentemente de ouvi-las, até porque a lei deve ser de conhecimento de todos, não podendo ninguém se dizer surpreendido com sua aplicação" (AgInt no AREsp 2.038.601/RJ, Relator Ministro Herman Benjamin, Segunda Turma, julgado em 9-11-2022, DJe de 24-11-2022). [...] (AgInt no AREsp 1.397.445/MG, rel. Min. Raul Araújo, 4ªT., j. 30-10-2023, DJe 9-11-2023). No mesmo sentido: AgInt no AREsp 2.223.737/PR, rel. Min. Antonio Carlos Ferreira, 4ªT., j. 3-4-2023, DJe 10-4-2023.

[34] Tentando objetivar a ideia de fundamento, bem como compatibilizar os deveres dos magistrados com a principiologia do CPC, a ENFAM editou os seguintes Enunciados sobre o tema: 1) "Entende-se por 'fundamento' referido no art. 10 do CPC o substrato fático que orienta o pedido, e não o enquadramento jurídico atribuído pelas partes". 2) "Não ofende a regra do contraditório do art. 10 do CPC, o pronunciamento jurisdicional que invoca princípio, quando a regra jurídica aplicada já debatida no curso do processo é emanação daquele princípio". 3) "É desnecessário ouvir as partes quando a manifestação não puder influenciar na solução da causa". 4) "Na declaração de incompetência absoluta não se aplica o disposto no art. 10, parte final, do CPC". 5) "Não viola o art. 10 do CPC a decisão com base em elementos de fato documentados nos autos sob o contraditório". 6) "Não constitui

De se observar que o art. 141 do CPC dispõe que o juiz decidirá o mérito nos limites propostos pelas partes, sendo-lhe vedado conhecer de questões não suscitadas a cujo respeito a lei exige iniciativa da parte.

Contudo, não se pode confundir fundamento e classificação jurídica diversa. Nesta última hipótese, não haverá ofensa ao art. 10, como já decidiu o STJ[35].

4.2.4 Juiz natural

Com previsão constitucional no art. 5º, XXXVII e LIII, da Lei Maior, o princípio processual do juiz natural há de ser analisado sob duas vertentes: em relação ao órgão jurisdicional que julgará e à sua imparcialidade.

Assim, quanto ao órgão julgador, subsiste a garantia de julgamento pelo juiz natural, isto é, pelo juiz competente segundo a Constituição[36]. Isso significa que a competência para o julgamento deve ser predeterminada pelo Direito. O termo "juiz legal" poderia ter sido adotado, mas a doutrina consagrou a alcunha "juiz natural".

Possui o intuito de:

i) evitar os odiosos tribunais de exceção que já se apresentaram nas ditaduras[37]; e

ii) garantir que não haverá nenhum tipo de ingerência na escolha do juiz que julgará a causa.

Os critérios de escolha do juiz são públicos. Cada Estado tem a liberdade para editar a sua lei de organização judiciária. O mecanismo atualmente utilizado no Brasil é a livre distribuição por sorteio, feita eletronicamente na maioria das localidades.

Demais disso, o órgão julgador, representando o Estado na condução e julgamento da causa, deve agir imparcialmente[38] e com impessoalidade; isto é, o juiz não pode ter interesse na causa a ser apreciada, sob pena de ser afastado por impedimento ou suspeição.

Em ambos os casos (ingerência na determinação do órgão jurisdicional e afetação da imparcialidade), a violação ao princípio do juiz natural nulifica o processo.

4.2.5 Inafastabilidade do controle jurisdicional

Com sede constitucional no art. 5º, XXXV, o referido princípio: i) impede que o legislador restrinja o acesso à ordem jurídica ou ao ordenamento justo, bem como ii) impõe ao juiz o dever de prestar a jurisdição, isto é, garantir a tutela efetiva, a quem detenha uma posição jurídica de vanta-

---

julgamento surpresa o lastreado em fundamentos jurídicos, ainda que diversos dos apresentados pelas partes, desde que embasados em provas submetidas ao contraditório".

[35] Não ofende o art. 10 do CPC/2015 o provimento jurisdicional que dá classificação jurídica à questão controvertida apreciada em sede de embargos de divergência. É firme a compreensão desta Corte segundo a qual não há ofensa ao art. 10 do CPC/2015 "[...] se o Tribunal dá classificação jurídica aos fatos controvertidos contrários à pretensão da parte com aplicação da lei aos fatos narrados nos autos" (AgInt no AREsp 1.889.349-RJ, rel. Min. Mauro Campbell Marques, 2ªT., j. 16-11-2021). EDcl nos EREsp 1.213.143-RS, rel. Min. Regina Helena Costa, 1ª S., por unanimidade, j. 8-2-2023, *Informativo STJ* n. 763.

[36] Observe-se, no entanto, que, em caso de extinção do órgão prevento ou de superveniência de novas normas que lhe alterem a competência absoluta, a competência passará para outro órgão judiciário, mesmo quando já instaurado o processo, nos termos do art. 87 do CPC/73 e do art. 43 do CPC.

[37] Hodiernamente vedados pela Constituição, os Tribunais de Exceção eram instituídos para o julgamento de determinadas pessoas, ou para o julgamento de crimes de especial natureza, ou seja, para contingências particulares. A prática foi observada, principalmente, durante a Revolução Francesa e no período da ditadura militar brasileira.

[38] Com o objetivo de garantir esta imparcialidade, temos as prerrogativas da magistratura (vitaliciedade, inamovibilidade e irredutibilidade de vencimentos) que garantem sua independência e menor vulnerabilidade perante os órgãos dos demais poderes do Estado, bem como as prerrogativas institucionais consubstanciadas na autogovernabilidade e na autonomia administrativa e orçamentária.

gem, sendo vedado o *non liquet*[39] e iii) constitui garantia para as partes que existe ao lado das condições de procedibilidade para o exercício do direito de ação.

Num sentido político, o princípio coloca sob o controle dos órgãos jurisdicionais todas as crises jurídicas que possam gerar um estado de insatisfação.

Não se trata, portanto, de mera garantia de acesso ao juízo (direito à ação), mas da própria tutela (proteção) jurisdicional (adequada, tempestiva e, principalmente, efetiva) a quem tiver razão[40].

Ou seja, significa o próprio Acesso à Justiça. Frise-se, no entanto, que este direito à prestação jurisdicional não é incondicional e genérico, sujeitando-se a condições da legislação processual e do direito substantivo (legitimidade e interesse de agir).

Em vista desse princípio, muito se discutiu acerca da constitucionalidade de alguns dispositivos da Lei n. 9.307/96 que deu nova roupagem à arbitragem no direito brasileiro. Ao fim dos debates, concluiu-se pela sua constitucionalidade[41], pois tal princípio é direito (e não uma obrigação) do cidadão, que pode dele dispor, ou seja, se ele tiver um direito lesado, poderá ou não levá-lo ao Poder Judiciário segundo seu entendimento e pela autonomia da vontade.

A arbitragem consiste na solução do conflito por meio de um terceiro, escolhido pelas partes, com poder de decisão, segundo normas e procedimentos aceitos por livre e espontânea vontade das partes.

Como se vê, a arbitragem é um procedimento fora da jurisdição; ela não se coloca nem abaixo nem acima, mas ao lado; é um procedimento paraestatal.

A arbitragem, como se costuma dizer, é um degrau a mais em relação à mediação, especificamente à mediação ativa (conciliação), pois o árbitro, além de ouvir as versões das partes, além de tentar uma solução consensual, além de interagir com essas partes, deverá proferir uma decisão de natureza impositiva, caso uma alternativa conciliatória não seja alcançada.

O CPC trata do tema no art. 3º e seus parágrafos, deixando claro que as ferramentas extrajudiciais não ofendem o princípio maior, e devem ser utilizadas numa perspectiva de adequação e efetividade.

4.2.6 Publicidade dos atos processuais

Inserto nos arts. 5º, LX, e 93, IX, da CF/88, constitui projeção do direito constitucional à informação e suporte para a efetividade do contraditório, garantindo o controle da sociedade sobre a atividade jurisdicional desenvolvida. A administração da justiça faz parte da Administração Pública, que tem como princípio a publicidade (art. 37 da CF).

Significa que, em regra, o processo deve ser público e, apenas excepcionalmente, sigiloso – quando houver expressa previsão legal, notadamente quando a defesa da intimidade ou do interesse público o exigirem.

Há uma íntima relação entre os princípios da publicidade e da motivação das decisões judiciais, na medida em que a publicidade torna efetiva a participação no controle das decisões judiciais.

---

[39] Conforme visto, ao juiz é vedado se eximir de julgar. Na falta de lei, usar-se-ão a analogia, os costumes e os princípios gerais do direito.

[40] Atualmente, a garantia da tutela jurisdicional tempestiva encontra-se expressa no inciso LXXVIII, do art. 5º, introduzido em nossa Constituição pela Emenda Constitucional n. 45, de 30 de dezembro de 2004, que assim dispõe: "a todos, no âmbito judicial e administrativo, são assegurados a razoável duração do processo e os meios que garantam a celeridade de sua tramitação".

[41] Nesse sentido, conferir, na jurisprudência do STF, o Pedido de Homologação de Sentença Estrangeira n. 5.206 e o Processo de Sentença Estrangeira Contestada n. 5.847-1, disponíveis no sítio do Tribunal, em http://www.stf.gov.br.

O art. 189 do CPC regula a matéria, fazendo a previsão, em casos excepcionais, do chamado "segredo de Justiça". Em regra, a lei define algumas hipóteses básicas, ficando ao prudente arbítrio do juiz estender essa exceção a outros casos não contemplados especificamente no texto legal, desde que sua decisão seja fundamentada, pois estará restringindo uma garantia constitucional.

Casos comuns de segredo de Justiça são os de Direito de Família, como guarda de menores e partilha de bens.

4.2.7 Motivação das decisões judiciais

Consoante dispõe o art. 93, IX, da CF, todas as decisões do Poder Judiciário devem ser fundamentadas, sob pena de serem consideradas nulas de pleno direito. Trata-se de dupla garantia: i) de existir um fundamento e ii) de este ser explicitado.

Dessa forma, é garantida às partes, para efeito de segurança das relações jurídicas e controle da atividade jurisdicional, a possibilidade de impugnar aquelas decisões que não estejam devidamente fundamentadas.

A motivação permite às partes controlar se as razões e provas por elas apresentadas foram devidamente consideradas na decisão. Seria inútil assegurar o direito de ação e o direito de defesa, se as alegações e provas trazidas aos autos pelas partes não precisassem ser obrigatoriamente examinadas pelo juiz no momento da decisão.

Em tal contexto, também o contraditório não passaria de exigência formal, pois nenhuma garantia seria dada às partes de que efetivamente influiriam no resultado do processo. A obrigatoriedade da motivação é, portanto, uma decorrência dos direitos e dos princípios citados. Em virtude dela, concede-se às partes a oportunidade de fiscalizarem a atuação do juiz, controlando se todas as razões e provas relevantes foram consideradas no provimento final.

Além disso, a motivação, ao revelar às partes os fundamentos da decisão, viabiliza a utilização pelo interessado dos meios de impugnação disponíveis no sistema, pois a parte deverá, em seu recurso, demonstrar, claramente, seu ponto de insatisfação, sua discordância e, principalmente, suas razões para pleitear a reforma, a invalidação ou, até mesmo, a eliminação de obscuridade ou omissão contida no ato hostilizado.

Salienta-se, modernamente, também, a função política exercida pelo aludido princípio, qual seja a de permitir aferir a imparcialidade do juiz e a legalidade de suas decisões.

A fundamentação está intimamente ligada à atividade cognitiva do juiz.

No Estado contemporâneo, o dever de fundamentação ganha uma especial relevância, tendo em vista o agigantamento dos poderes dos magistrados, bem como a utilização de cláusulas gerais e conceitos jurídicos indeterminados nos textos legais.

A partir das técnicas utilizadas na hermenêutica constitucional, torna-se imperativo que o magistrado revele em sua decisão mais do que uma simples adequação da norma ao caso concreto.

Até mesmo porque essa técnica puramente positivista, hoje, não é mais capaz de resolver grande parte dos conflitos.

Se não se pode mais falar em um direito processual alheio à Constituição, me parece que também não pode haver atividade hermenêutica sem levar em conta as técnicas advindas com o neoconstitucionalismo.

Fixadas essas premissas, fica mais fácil compreender a relevância que o dever de fundamentar ganha como garantia do devido processo legal.

Contudo a hipótese mais interessante para o estudo do dever de fundamentação está ligada ao momento e às condições de que o juiz dispõe para decidir.

Kazuo Watanabe[42] nos apresenta as possíveis classificações para a atividade cognitiva. Fala em cognição horizontal (relativa às matérias apreciadas pelo juiz) e vertical (quanto ao momento da prolação da decisão). No plano vertical, a cognição pode ser superficial, sumária ou exauriente. Cognição superficial se dá nas hipóteses em que o juiz é forçado a decidir quase que instantaneamente. O *periculum in mora* é grande e não há tempo para diligências complementares. Na cognição sumária, o juiz tem um pouco mais de conforto. Não é possível aguardar o momento oportuno para a sentença (após a fase instrutória), mas já há elementos que fornecem a ele um pouco mais de segurança. Na tutela exauriente, a causa já está madura, o juiz teve todo o tempo para formar sua convicção, levando em conta todos os elementos que poderiam ser alcançados.

Ademais, o Código dispõe de forma expressa que o juiz deve indicar "as razões de seu convencimento" e isso deve se dar de "modo claro e preciso".

É a fundamentação analítica. Não basta que o juiz indique o dispositivo legal que autoriza a concessão da medida. Deve expressar as razões de decidir. O motivo do motivo. Não basta dizer que está presente o *fumus boni iuris*. Tem que identificar naquele caso, dentro daquelas circunstâncias e por que motivo se convenceu da presença dos requisitos.

É como se o magistrado passasse a ter o dever de externar o processo mental que o levou a decidir daquela maneira.

De se registrar que essa obrigação vale tanto para as decisões positivas quanto para as negativas. Caso contrário, restaria arranhado o devido processo legal. A parte tem direito de saber por que motivo concreto o juiz decidiu daquela maneira, em que premissa se baseou, qual foi seu raciocínio, que valores o influenciaram. De posse dessas informações, poderá exercer seu direito ao recurso, demonstrando junto ao Tribunal o eventual desacerto da decisão questionada.

Cumpre registrar que o art. 489, § 1º, do CPC concretiza a ideia de fundamentação analítica. O dispositivo não considera fundamentada a decisão que simplesmente utiliza fórmulas genéricas ou reproduz enunciados sem contextualizá-los na hipótese dos autos[43].

4.2.8 Impulso oficial do processo

Compete ao juiz, uma vez instaurada a relação processual, dar andamento a todas as fases do procedimento, até exaurir a função jurisdicional. O CPC trata do tema nos arts. 2º, 312 e 490.

Dessa forma, enquanto o processo só pode ser instaurado pela iniciativa das partes – uma vez que, pelo princípio da inércia da jurisdição, o juiz não age de ofício, mas apenas quando provocado[44] –, instaurada a relação jurídica processual, o magistrado não pode paralisá-la, cabendo-lhe zelar pelo andamento contínuo do processo.

---

[42] Watanabe, 1999.

[43] Não obstante os termos do art. 489, § 1º, do CPC, a ENFAM editou um conjunto de Enunciados com o objetivo de restringir, ainda que em parte, o alcance da norma: 9) "É ônus da parte, para os fins do disposto no art. 489, § 1º, V e VI, do CPC, identificar os fundamentos determinantes ou demonstrar a existência de distinção no caso em julgamento ou a superação do entendimento, sempre que invocar jurisprudência, precedente ou enunciado de súmula". 10) "A fundamentação sucinta não se confunde com a ausência de fundamentação e não acarreta a nulidade da decisão se forem enfrentadas todas as questões cuja resolução, em tese, influencie a decisão da causa". 11) "Os precedentes a que se referem os incisos V e VI do § 1º do art. 489 do CPC são apenas os mencionados no art. 927 e no inciso IV do art. 332". 12) "Não ofende a norma extraível do inciso IV do § 1º do art. 489 do CPC a decisão que deixar de apreciar questões cujo exame tenha ficado prejudicado em razão da análise anterior de questão subordinante". 13) "O art. 489, § 1º, IV, do CPC não obriga o juiz a enfrentar os fundamentos jurídicos invocados pela parte, quando já tenham sido enfrentados na formação dos precedentes obrigatórios".

[44] Como exceção ao princípio da inércia, temos o *habeas corpus*, a execução trabalhista, alguns procedimentos de jurisdição voluntária, como o inventário e partilha, que podem ser iniciados de ofício pelo juiz (Silva; Gomes, 1997, p. 48-51).

O ato da parte está baseado no princípio da demanda, que orienta a provocação do Judiciário no exercício da demanda. Decorre que o magistrado só atuará nos limites do que foi provocado (art. 141 do CPC). Senão, a sentença será *ultra petita* (além), *citra petita* (aquém) ou *extra petita* (coisa diversa do pedido). O ato de provocação inicial determinará o que passará em julgado. Pelo Princípio da Congruência, a decisão deverá ocorrer no limite da provocação.

A ação começa por conta do interessado e se desenvolve a cargo do magistrado, sem haver ingerência da parte após a distribuição da inicial.

Vale lembrar que a inércia da parte autora por mais de um ano extingue o processo sem resolução de mérito (art. 485, II, do CPC).

No Processo Civil, o juiz atua supletivamente, se houver hipossuficiência técnica, pelo princípio da igualdade material. Em casos de direitos disponíveis (como os patrimoniais), o juiz será menos ativo do que se estiverem indisponíveis (como os direitos da personalidade).

Atualmente, o princípio tem recebido atenção especial de alguns doutrinadores brasileiros que ressaltam a importância da participação do juiz, na medida em que a lei lhe faculta ou até impõe, para o alcance do que José Carlos Barbosa Moreira chamou de processo *socialmente efetivo*[45].

4.2.9 Inadmissibilidade da prova obtida por meios ilícitos

O direito à prova é uma norma-princípio constitucional que se revela como garantia do direito de ação, do contraditório e da ampla defesa, podendo sua negativa se revelar cerceamento de defesa[46]. Contudo, mediante o art. 5º, LVI, da CF, são vedadas as provas obtidas por meio ilícito, isto é, as provas produzidas com violação de garantias constitucionais, tais como o direito à intimidade[47] e à integridade física.

Extrai-se, então, que o direito à prova é limitado, havendo uma vedação taxativa às provas obtidas por meio ilícito. Na verdade, a prova, em si, não é ilícita; o acesso a ela é que foi obtido ilicitamente. É o caso da testemunha que sofre coação física ou moral a fim de que preste declarações em favor de uma das partes na relação processual; ou ainda a correspondência apresentada em juízo a partir da violação da caixa postal do interessado.

Modernamente, novas questões vêm se colocando em exame. A invasão de programas de mensagem eletrônica, a interceptação de conversas telefônicas, a violação do sigilo que envolve a relação cliente-advogado são exemplos que comumente são encontrados nos jornais.

Importante frisar que, a princípio, não só a prova obtida por meio ilícito se torna imprestável como também todas as que dela derivarem (prova ilícita por derivação) como decorrência da aplicação do princípio do devido processo legal, ante a expressa vedação constitucional de sua utilização.

Contudo, em algumas situações, necessário se faz a ponderação do magistrado, no caso concreto, para analisar qual o princípio que estaria em jogo em detrimento do uso da prova ilícita, isto é, qual princípio poderia ser sacrificado se a prova não for utilizada, a fim de viabilizar a melhor resposta para o jurisdicionado e, em um patamar maior, para a sociedade.

Assim, embora a vedação do uso de provas ilícitas seja a regra, como leciona Barbosa Moreira "(...) não se trata de uma fórmula, mas de mera diretriz. Como aplicá-la bem, diante do caso concreto, é uma questão que só à consciência do juiz é dado resolver, naquele instante, dramático entre

---

[45] Barbosa Moreira, 2004a, p. 15-27.

[46] Cambi, 2001, p. 141-142.

[47] Greco, 2004a.

todos, em que lhe cumpre vencer quaisquer hesitações e fazer a final a opção, sem auxílio exterior suscetível de atenuar-lhe a responsabilidade pessoal"[48].

4.2.10 Livre convencimento motivado ou persuasão racional do juiz

Conforme tal princípio, previsto no art. 371 do CPC, o juiz tem liberdade para apreciar e avaliar as provas produzidas nos autos e, a partir daí, formar livremente seu convencimento, desde que fundamentado nesses elementos.

Situa-se entre o sistema da prova legal (ou tarifada) – segundo o qual eram atribuídos valores predeterminados aos meios de prova, os quais deveriam ser obedecidos pelo juiz ao decidir – e o sistema da íntima convicção – em que o juiz julgava de acordo com o seu convencimento, baseado em quaisquer elementos, inclusive extrajudiciais. Dessa forma, o juiz é livre para decidir; todavia terá que se valer das provas carreadas para o processo.

É decorrência lógica do Princípio da Livre Investigação, segundo o qual o juiz poderá determinar ao longo do processo todas as diligências que julgar necessárias para descobrir a verdade, ainda que não solicitadas pelas partes.

Assim sendo, se o juiz pode determinar a busca das provas, pode atribuir a elas o valor que achar adequado. É a discricionariedade, o juízo de conveniência e a oportunidade permitidos pela lei, para avaliar as provas produzidas no processo.

4.2.11 Economia processual

Preconiza o princípio, inferido do art. 139, II, do CPC, que a prestação jurisdicional obedeça a uma vantajosa relação custo-benefício, ou seja, que proporcione maior eficiência com o menor custo possível.

A economia torna o processo mais efetivo, na medida em que a providência desejada deve ser realizada da forma mais célere, menos custosa e com maior chance de sucesso.

Traduz, ainda, o comprometimento do Poder Judiciário com a busca de rotinas e padrões administrativos que melhorem a qualidade da prestação jurisdicional e promovam um acesso à Justiça cada vez mais concreto.

O Poder Judiciário é caro para o Estado que, por vezes, figura como sujeito em diversas posições. Exemplifica-se com um caso em que o Ministério Público propõe a demanda, a Defensoria Pública atua na defesa do réu e o magistrado julga.

O princípio demanda análise do binômio custo-benefício ao deferir diligências processuais, a partir de sua real necessidade naquele processo.

4.2.12 Duração razoável do processo

O processo é o instrumento pelo qual o Estado confere jurisdição na solução de conflitos e isso deve ocorrer de maneira justa. Dentro desse modelo, surgiu no direito pátrio o chamado "processo justo" que, em linhas gerais, refere-se ao ideal de que o processo seja formado em consonância com os preceitos de dignidade da pessoa humana.

Deve, portanto, respeitar o devido processo legal, nos seus seguimentos ampla defesa e contraditório, além das demais garantias fundamentais inerentes à pessoa humana, entre os quais se encontram a igualdade, a publicidade dos atos judiciais e a duração do processo por um período de tempo

---

[48] Barbosa Moreira, 1989c, p. 160-161.

razoável. Esses elementos devem ser rigorosamente resguardados quando da busca do jurisdicionado pela tutela dos direitos, que deve ser prestada por meio de uma jurisdição adequada.

Pode ocorrer, contudo, a lentidão na entrega da prestação jurisdicional, o que pode ser identificado como uma mazela pelos jurisdicionados, que fazem a imediata correlação entre a morosidade e a ineficiência estatal, gerando o consequente descrédito na Justiça brasileira.

A crise no Judiciário e consequente ampliação da morosidade da Justiça decorrem, em caráter significativo, da forma precária da estrutura física e material do Poder Judiciário. Soma-se a isso a inserção de uma realidade social com novas demandas, frutos dos tempos modernos e com novas questões que demandam litígios. Os últimos são os denominados "novos direitos".

Em consequência dessa combinação inadequada de "necessidade" dos jurisdicionados e "oferta" precária do Poder Judiciário, insurge a imediata insatisfação social, visto que a prestação jurisdicional se mostra em dissonância com as expectativas sociais, o que causa frustração com a Justiça.

Deve-se observar, contudo, que um processo judicial eficaz e ágil ao mesmo tempo pode ser de difícil execução e harmonização, daí a necessidade de que o processo se desenvolva dentro de um *prazo razoável*, que atenda à celeridade (sem dilações indevidas), mas que também atenda a uma solução adequada, ou seja, uma Justiça célere e eficaz. Isso é a tradução da efetividade processual.

Em atenção ao mandamento da efetividade processual, o Princípio da Tutela Tempestiva foi introduzido no art. 5º de nossa Constituição por meio do inciso LXXVIII, pela Emenda Constitucional n. 45/2004, com o objetivo de combater a morosidade na entrega da prestação jurisdicional e garantir o acesso à Justiça, que, por sua vez, pressupõe não apenas a tutela adequada, mas também a tempestiva.

No que tange aos meios que garantem a celeridade de sua tramitação (art. 5º, *in fine*, LXXVIII, da CF), tem tido papel relevante o CNJ, por meio da instituição das Metas, não obstante, no que se refere à Meta 2, não ter havido o integral cumprimento, nem mesmo pelo STF. Contudo, em tese, o magistrado pode ser punido pelo CNJ.

Razoável será o tempo necessário para a cognição da causa até a efetiva entrega (ou não) do bem pretendido pela parte, ou seja, de todo o *iter* processual até a efetivação do provimento final.

A razoável duração do processo tem como características:

a) a universalidade;

b) a limitabilidade;

c) a cumulatividade, e

d) a irrenunciabilidade.

Seu conteúdo deve ser harmonizado com o conceito de jurisdição, no intento da efetividade, ao concentrarem-se, seja na busca de formas diferenciadas de tutela de direitos, seja por meios alternativos de solução de conflito, seja pela participação democrática do cidadão na persecução da solução do conflito submetido ao Judiciário, como formas de viabilizar o Estado Democrático de Direito e os novos conflitos da sociedade moderna.

Quando o prazo se estende além do razoável, muitos autores têm comungado da orientação de que há responsabilidade civil objetiva do Estado, que deverá ser acionado a compor os danos.

O CPC[49], no art. 4º, prevê expressamente essa garantia e acrescenta serem garantidas às partes não apenas a conclusão do processo no prazo razoável, mas também, e principalmente, a atividade satisfativa, ou seja, o exame da pretensão, com a consequente solução da lide.

---

[49] "Art. 4º As partes têm o direito de obter em prazo razoável a solução integral do mérito, incluída a atividade satisfativa.".

4.2.13 Cooperação

O art. 6º do CPC prevê que "Todos os sujeitos do processo devem cooperar entre si para que se obtenha, em tempo razoável, decisão de mérito justa e efetiva".

Importante ressaltar que a boa-fé processual é referida pelo Código como dever de todo e qualquer sujeito do processo (art. 5º) e também como norte para a interpretação do pedido formulado (art. 322, § 2º) e das decisões judiciais (art. 489, § 3º).

Aqui, no art. 6º, o legislador parece exigir mais do que a boa-fé (não praticar atos de indignidade processual ou de má-fé). Demanda-se um comportamento colaborativo.

Somente num ambiente protegido pelas garantias constitucionais, e havendo um permanente monitoramento da incidência dessas garantias, é que se poderá ter o chamado processo justo.

Ocorre que, como elementos imprescindíveis ao bom funcionamento desse sistema, encontramos a postura do juiz e a atitude das partes.

Quanto a estas últimas, não podem apenas provocar a jurisdição de forma despretensiosa, sem compromisso ou irresponsavelmente. Devem buscar de forma clara, leal e honesta a melhor solução para aquele conflito. Devem participar da solução.

A ideia de lealdade processual traz ínsita a vedação à litigância de má-fé. Como consequência, será imposta uma multa calculada sobre o valor da causa. A cooperação, quer nos parecer, traz uma ideia maior; ou seja, não basta não praticar o ato de má-fé ou de improbidade processual. É preciso ter um atuar construtivo, agir no intuito de promover um processo justo.

Quanto ao juiz, é preciso atentar para a evolução de seu papel, ao longo das dimensões assumidas pelo Estado, desde a fase liberal, passando pela social, até chegar ao atual Estado Democrático de Direito.

A proposta de solução do Estado Democrático de Direito é pela busca de uma efetiva participação dos envolvidos na realização dos fins estatais. Essa proposta representa para o sistema de pacificação dos conflitos a necessidade de interação entre as partes que compõem a relação processual no âmbito da jurisdição, além da adoção de métodos não jurisdicionais de solução das lides.

Nesse sentido falamos no dever de cooperação entre as partes.

O juiz possui o dever de equilibrar a relação processual. Sua atuação constitui-se num meio-termo entre a inércia de Júpiter e o egocentrismo de Hércules. O juiz do presente modelo é mais humano, reconhece suas limitações e busca apoio nos interessados pelos desfechos da relação processual.

A norma genérica do art. 6º é complementada por diversos outros dispositivos no CPC, tais como:

a) art. 76;
b) art. 139, IX;
c) art. 317;
d) art. 321;
e) art. 357, IV;
f) art. 370;
g) art. 932, parágrafo único;
h) art. 938, § 1º;
i) art. 1.007, § 7º;
j) art. 1.017, § 3º; e
k) art. 1.029, § 3º.

Voltaremos a tratar do assunto no capítulo que aborda os aspectos éticos do processo.

4.2.14 Conciliação

Tem sido o foco do processo civil nos últimos anos. No CPC revogado, havia uma audiência com esse fim, a Audiência de Conciliação ou Audiência Prévia (art. 331 do CPC/73). O CPC expande sua importância ao situá-la antes da defesa, no procedimento comum (art. 334).

Desse modo, via de regra, o réu será chamado, em primeiro lugar, para uma audiência prévia, que, na verdade, pode assumir a forma de audiência de conciliação ou de sessão de mediação.

A ideia é a de aproveitar esse momento para buscar a pacificação do conflito. O CPC está afinado com a Resolução n. 125/2010 do CNJ, que procura viabilizar a política pública de solução adequada de conflitos.

Via de regra, se o conflito tem um viés patrimonial predominante, se a questão de fundo é apenas uma obrigação que une pessoas que não guardam uma relação mais próxima ou íntima, a conciliação se mostra como o meio mais adequado.

Se, por outro lado, entre os conflitantes há um relacionamento continuado, se são pessoas que vão continuar a se relacionar, quer queiram, quer não, após aquele processo, a mediação será o instrumento mais adequado para tratar o conflito numa perspectiva continuada, e não como um mero ato isolado na vida daquelas pessoas.

Perceba que, em ambas as hipóteses (conciliação e mediação), a palavra-chave é "adequação". Ambos os instrumentos podem ser efetivos, mas apenas um será o mais adequado. Cabe ao magistrado, por ocasião do despacho liminar, identificar qual é este instrumento e indicar o seu uso naquele processo.

4.2.15 Duplo grau de jurisdição

Por força de tal princípio, toda decisão seria passível de pelo menos um recurso no direito brasileiro. Estaria implícito no art. 102, III, da Constituição Federal, quando se vê ser cabível recurso extraordinário interposto contra decisão de última ou única instância.

Em situações específicas, o legislador exige o chamado "duplo grau obrigatório de jurisdição". No CPC, as disposições sobre o tema se encontram no art. 496.

É o caso de decisões obrigatoriamente reexaminadas pelo Tribunal, independentemente da interposição de recurso por qualquer uma das partes.

Enquanto não confirmada pelo Tribunal, a decisão de primeiro grau não produz efeitos (ausência de eficácia).

A previsão legal trata de casos que envolvem o erário, como medida protetiva da Fazenda (Municipal, Federal ou Estadual), salvo as causas de pequeno valor, assim definidas pela própria lei.

4.2.16 Princípio da observância da ordem cronológica de conclusão

Finalizando, o art. 12 do CPC, na sua redação originária, determinava a observância obrigatória da ordem cronológica de conclusão.

Isso significava que os magistrados deveriam julgar os processos na exata ordem em que chegassem às suas mãos (conclusão). E mais, essa lista, em homenagem ao princípio da transparência, deveria estar permanentemente à disposição para consulta pública em cartório e na rede mundial de computadores.

Em certos casos, a regra cronológica poderia ser subvertida por expressa disposição legal contida no § 2º do mesmo dispositivo. São eles:

"I – as sentenças proferidas em audiência, homologatórias de acordo ou de improcedência liminar do pedido;

II – o julgamento de processos em bloco para aplicação de tese jurídica firmada em julgamento de casos repetitivos;

III – o julgamento de recursos repetitivos ou de incidente de resolução de demandas repetitivas;

IV – as decisões proferidas com base nos arts. 485 e 932;

V – o julgamento de embargos de declaração;

VI – o julgamento de agravo interno;

VII – as preferências legais e as metas estabelecidas pelo Conselho Nacional de Justiça;

VIII – os processos criminais, nos órgãos jurisdicionais que tenham competência penal;

IX – a causa que exija urgência no julgamento, assim reconhecida por decisão fundamentada".

Ocorre que a Lei n. 13.256/2016 alterou a redação do art. 12 de forma a consignar que essa ordem cronológica seria atendida preferencialmente, e não obrigatoriamente.

Essa alteração esvaziou o conteúdo normativo do dispositivo, na medida em que abriu margem para exame discricionário do magistrado.

Capítulo 5
A NORMA PROCESSUAL: INTERPRETAÇÃO E INTEGRAÇÃO – EFICÁCIA NO TEMPO E NO ESPAÇO

5.1 IDENTIFICAÇÃO DA NORMA PROCESSUAL

O Estado é o responsável pela determinação das normas jurídicas, que estabelecem como deve ser a conduta das pessoas em sociedade. Tais normas podem ser definidoras de direitos e obrigações ou do modo de exercício desses direitos.

As primeiras constituem aquilo que convencionamos chamar de normas jurídicas primárias ou materiais. Trata-se do chamado Direito Substantivo. Elas fornecem o critério a ser observado no julgamento de um conflito de interesses. Aplicando-as, o juiz determina a prevalência da pretensão do demandante ou da resistência do demandado, compondo, desse modo, a lide que envolve as partes. Definem os direitos e as obrigações, mas não lidam com as consequências jurídicas do descumprimento dos deveres.

As segundas, de caráter instrumental, compõem as normas jurídicas secundárias ou processuais. Elas determinam a técnica a ser utilizada no exame do conflito de interesses, disciplinando a participação dos sujeitos do processo (principalmente as partes e o juiz) na construção do procedimento necessário à composição jurisdicional da lide.

Portanto, a diferença básica entre elas é quanto ao âmbito de incidência. Disso se infere que, para classificar uma norma como processual ou material, pouco importa o diploma legislativo do qual ela deflui. Embora a maior parte das normas processuais emane de diplomas destinados à disciplina do processo, também é possível, examinando diplomas tipicamente materiais, encontrar-se normas dessa categoria. É chamado de Direito Adjetivo, embora hoje seja reconhecida sua autonomia em relação ao Direito Material.

Neste ponto, cabe distinguir os direitos das garantias. Enquanto os direitos são estipulados pelo direito material na forma de prerrogativas para um sujeito, as garantias são dadas pelo direito processual com a finalidade de assegurar o cumprimento das normas materiais ou trazer consequências ao descumprimento.

Após a verificação de que há normas que definem direitos e obrigações e outras que as asseguram no caso de descumprimento, é mister compreender por que meios se pode exigir o atendimento de uma prerrogativa. Por exemplo: se um credor de uma obrigação de pagar quiser receber, mas o devedor não quiser pagar, teremos vontades colidentes.

O conflito de interesses qualificado por uma pretensão resistida é a definição do conceito de "lide" criado por Francesco Carnelutti[1]. Para resolver essa lide, há que se usar de mecanismos. Se utilizado o Poder Judiciário, a lide se transmuda em "demanda". Essa é, justamente, a lide levada ao Judiciário, o conflito de interesses[2] ajuizado. A consequência será a vinculação das partes à decisão

---

[1] Carnelutti, 1999, p. 37.

[2] "O processo sempre deriva de um conflito de interesses, no qual a satisfação do interesse de um inviabiliza, no todo ou em parte, o interesse do outro. O processo contencioso tem função repressiva, ou seja, pretende fazer cessar a contenda, o conflito que já está estabelecido entre as partes" (Gaio Jr.; Jobim, 2019, p. 95).

judicial, sendo obrigatório o cumprimento. Percebe-se que a autonomia da vontade é afetada em favor da efetividade da decisão judicial.

Acrescente-se, ainda, que determinados institutos se encontram em uma zona *gris*, divergindo a doutrina quanto à sua natureza processual ou material. Essa divergência, como é natural, estende-se às normas disciplinadoras de referidos institutos, havendo doutrinadores que as classificam como processuais, enquanto outros as consideram materiais. Esse é o caso, *v.g.*, das normas disciplinadoras das provas.

5.2 DIMENSÃO ESPACIAL E TEMPORAL DA NORMA PROCESSUAL

A eficácia espacial das normas processuais é determinada pelo princípio da territorialidade, conforme expressam os arts. 1º e 1.211, 1ª parte, do CPC/73 e o art. 13 do CPC. O princípio, com fundamento na soberania nacional, determina que a lei processual pátria é aplicada em todo o território brasileiro (não sendo proibida a aplicação da lei processual brasileira fora dos limites nacionais), ficando excluída a possibilidade de aplicação de normas processuais estrangeiras diretamente pelo juiz nacional[3].

Devido ao sistema federativo por nós adotado, compete privativamente à União legislar sobre matéria processual, conforme determina o art. 22, I, da CF. Não ocorre, pois, como nos Estados Unidos, em que as leis processuais divergem de um Estado para outro.

Não obstante as normas procedimentais estaduais brasileiras podem variar de Estado para Estado, uma vez que o art. 24, XI, da CF, outorgou competência concorrente à União, aos Estados-membros e ao Distrito Federal, para legislar sobre "procedimentos em matéria processual" que, segundo Vicente Greco Filho[4], seriam os procedimentos de apoio ao processo, e não o procedimento judicial.

Como se vê, determinar a extensão da competência concorrente dos Estados é tarefa extremamente complexa.

Veja-se, nessa linha de raciocínio, o caso da Lei n. 1.504/89, do Estado do Rio de Janeiro, que regula a homologação judicial de acordo sobre a prestação de alimentos firmada com a intervenção da Defensoria Pública. Neste caso, o Tribunal[5] afastou a alegação de que a norma impugnada estaria eivada de inconstitucionalidade formal, por invasão da competência privativa da União para legislar sobre direito civil e processual civil (art. 22, I, da CF). Afirmou, no ponto, que seu conteúdo versaria sobre critérios procedimentais em matéria processual e estaria subsumido à competência concorrente, nos termos do art. 24, XI e XII, da CF.

Por outro lado, o STF julgou procedente pedido formulado em ação direta para declarar a inconstitucionalidade da Lei n. 7.716/2001, do Estado do Maranhão, que estabelecia prioridade na tramitação processual, em qualquer instância, para as causas que tenham, como parte, mulher vítima de violência doméstica. O Tribunal[6] esclareceu que a competência para normatizar tema processual seria da União e, por isso, a lei estadual impugnada teria afrontado o art. 22, I, da CF.

Além disso, ao lado das normas processuais (art. 22, I, da CF) e das procedimentais (art. 24, XI, da CF), existem as normas de organização judiciária, que também podem ser ditadas concorrentemente pela União, pelos Estados e pelo Distrito Federal (CF/88, arts. 92 e s., merecendo especial destaque os arts. 96, I, *a*, e 125, § 1º).

---

[3] Dinamarco, 2001b, p. 92.
[4] Greco Filho, 2007a, p. 71.
[5] ADI 2.922/RJ, rel. Min. Gilmar Mendes, 3-4-2014, *Informativo STF*, n. 741.
[6] ADI 3.483/MA, rel. Min. Dias Toffoli, 3-4-2014, *Informativo STF*, n. 741.

No tocante à eficácia temporal, aplicam-se o art. 1.211, 2ª parte, do CPC/73 e o art. 14 do CPC. Fica definido, assim, que a lei processual tem aplicação imediata, alcançando os atos a serem realizados e sendo vedada a atribuição de efeito retroativo, para não violar o ato jurídico perfeito.

Na hipótese dos chamados atos complexos, ou seja, aqueles que dependem da soma de diversos atos simples, é necessário assegurar a incidência da mesma norma a todos os atos "menores" que, juntos, compõem o ato "maior".

Como exemplo, podemos citar a audiência de instrução e julgamento; imagine que o Juiz inicia o ato, colhe os esclarecimentos do perito, facultando indagações aos assistentes técnicos.

Em razão do adiantado da hora, suspende o ato e designa a continuação para a semana seguinte, oportunidade em que ouvirá as testemunhas arroladas pelas partes.

Nesse meio-tempo, surge nova lei, alterando a ordem e a mecânica dos atos na audiência. Uma vez que o ato complexo se iniciou sob a vigência da primeira lei, deve ser finalizado dessa forma, pois caso contrário haveria a combinação de leis, o que, inexoravelmente, levaria à aplicação involuntária de uma terceira, não prevista pelo legislador, bem como surpreenderia as partes e seus advogados que não haviam se preparado para aquela situação.

No que tange ao início de sua vigência, no entanto, de acordo com o art. 1º da Lei de Introdução às Normas do Direito Brasileiro, nome atualmente conferido à Lei de Introdução ao Código Civil, a lei processual começa a vigorar quarenta e cinco dias após a sua publicação, salvo disposição em contrário (na prática, é comum que se estabeleça a vigência imediata), respeitando-se, todavia, o direito adquirido, o ato jurídico perfeito e a coisa julgada, em conformidade com o art. 5º, XXXVI, da Magna Carta e o art. 6º da LINDB.

Não custa lembrar que, caso haja republicação do texto da Lei durante o período de sua *vacatio*, por motivo de correção, novo prazo deve ser computado (interrupção); é a regra do art. 1º, § 3º, da Lei de Introdução às Normas do Direito Brasileiro.

Por fim, devemos ressaltar que a vigência de um novo Código sempre traz um grande número de questões de direito intertemporal.

Buscando prevenir os problemas já previsíveis, o CPC dedica diversos dispositivos ao tema, que serão tratados na Parte II desta obra. O principal deles é o art. 1.046, segundo o qual, ao entrar em vigor este Código, suas disposições se aplicarão desde logo aos processos pendentes.

É bem verdade que há normas excepcionais. Podemos citar como exemplos:

a) Art. 1.047: as disposições de direito probatório previstas no CPC aplicam-se apenas às provas requeridas ou determinadas de ofício a partir da data de início de sua vigência.

b) Art. 1.052: até a edição de lei específica, as execuções contra devedor insolvente, em curso ou que venham a ser propostas, permanecem reguladas pelo Livro II, Título IV, da Lei n. 5.869, de 11 de janeiro de 1973.

c) Art. 1.054: o disposto no art. 503, § 1º, somente se aplica aos processos iniciados após a vigência do CPC, aplicando-se aos anteriores o disposto nos arts. 5º, 325 e 470 da Lei n. 5.869, de 11 de janeiro de 1973.

5.3 FORMAS DE INTERPRETAÇÃO DA NORMA PROCESSUAL

O significado de uma norma não é algo intrínseco, a princípio dado pelo legislador, não é meramente uma descrição dada pelas palavras, nem se pode afirmar que uma norma possui um único significado. Toda norma necessita de interpretação.

Interpretar a norma significa determinar seu conteúdo e alcance, objetivando não só descobrir o que a lei quer dizer, mas em que casos a lei se aplica e em quais, não. O fenômeno da interpretação não é uma construção de sentido, mas sim uma reconstrução de significado.

Trata-se de atividade essencial do jurista, sendo certo que todas as normas jurídicas devem ser interpretadas, até as mais claras, já que só se sabe se uma lei é clara após interpretá-la.

Há diversos métodos de interpretação da norma jurídica que também podem ser estendidos à norma processual. Assim, de maneira resumida, podemos classificá-los em:

a) Literal ou gramatical: como o próprio nome já diz, leva em consideração o significado literal das palavras que formam a norma. O intérprete utiliza-se, tão somente, de sua sintaxe. Em virtude de sua precariedade, consiste em pressuposto interpretativo mais que um método propriamente dito.

b) Sistemático: a norma é interpretada em conformidade com as demais regras do ordenamento jurídico, que devem compor um sistema lógico e coerente. O intérprete jamais pode se esquecer de que a norma objeto da atividade interpretativa não é algo isolado do restante do ordenamento jurídico, devendo ser interpretada de acordo com o sistema, evitando-se paradoxos. Um dos aspectos mais importantes desse método reside na relação entre a Constituição e as leis infraconstitucionais. A coerência do sistema estabelece-se a partir da Constituição. Isso significa que a interpretação da lei infraconstitucional está condicionada pela interpretação da Constituição. Assim, adquire especial importância para a atividade hermenêutica o reconhecimento do fenômeno de constitucionalização do direito infraconstitucional[7].

c) Histórico: a norma é interpretada em consonância com os seus antecedentes históricos, resgatando as causas que a determinaram, verificando o contexto histórico e político em que surgiram. Sua relevância é pontual, como para afastar um sentido que a norma tenha rejeitado expressamente. Um parâmetro concreto dessa vontade do legislador é a Exposição de Motivos que acompanha a lei.

d) Teleológico: como o tempo afasta as leis do contexto em que promulgadas, a vontade subjetiva do legislador vai se perdendo. Daí, passa-se a analisar a finalidade da lei buscando um sentido autônomo e objetivo. Busca-se o fim social da norma, a *mens legis*, a vontade da lei, conforme determina o art. 5º da LINDB. Diante de duas interpretações possíveis, o intérprete deve optar por aquela que melhor atenda às necessidades da sociedade.

e) Comparativo: baseia-se na comparação com os ordenamentos estrangeiros, buscando no direito comparado[8] subsídios à interpretação da norma, sobretudo a partir da observação da experiência vivida por outros países com a adoção daquela norma.

Tais métodos, de forma isolada, são insuficientes para permitir a completa e adequada exegese da norma, sendo necessária, portanto, a sua utilização em conjunto.

Conforme o resultado alcançado, a atividade interpretativa pode ser classificada em:

a) declarativa: atribuindo à norma o significado de sua expressão literal;

b) restritiva: limitando a aplicação da lei a um âmbito mais estrito, *quando o legislador disse mais do que pretendia*;

---

[7] Dissertando sobre o tema, ensina Luís Roberto Barroso (2005): "Nesse ambiente, a Constituição passa a ser não apenas um sistema em si – com a sua ordem, unidade e harmonia – mas também um modo de olhar e interpretar todos os demais ramos do Direito. Este fenômeno, identificado por alguns autores como filtragem constitucional, consiste em que toda a ordem jurídica deve ser lida e apreendida sob a lente da Constituição, de modo a realizar os valores nela consagrados".

[8] Dinamarco; Lopes, 2016, p. 37.

c) extensiva: conferindo-se uma interpretação mais ampla que a obtida pelo seu teor literal, *hipótese em que o legislador expressou menos do que pretendia*;

d) ab-rogante: quando conclui pela inaplicabilidade da norma, em razão de incompatibilidade absoluta com outra regra ou princípio geral do ordenamento[9].

5.4 MEIOS DE INTEGRAÇÃO

Com o advento do Código francês de Napoleão, em 1804, institui-se a importante regra de que o magistrado não mais poderia se eximir de aplicar o direito, sob o fundamento de lacuna na lei. Tal norma foi seguida pela maioria dos códigos modernos, sendo também positivada em nosso ordenamento.

Dessa forma, o art. 126 do CPC/73 e o art. 140 do CPC preceituam a vedação ao *non liquet*, isto é, proíbem que o juiz alegue lacuna legal como fator de impedimento à prolação da decisão.

Para tanto, há de se valer dos meios legais de solução de lacunas[10], previstos no art. 4º da Lei de Introdução às Normas do Direito Brasileiro, a saber: a analogia (utiliza-se de regra jurídica prevista para hipótese semelhante), os costumes (que são fontes da lei) e os princípios gerais do Direito (princípios decorrentes do próprio ordenamento jurídico).

Ressalte-se, por fim, que interpretação e integração têm funções comunicantes e complementares, voltadas à revelação do direito. Ambas possuem caráter criador e permitem o contato direto entre as regras de direito e a vida social.

5.5 O IMPACTO DO NEOCONSTITUCIONALISMO E A NOVA HERMENÊUTICA

Com a premissa do neoconstitucionalismo, os métodos tradicionais de interpretação, ainda que auxiliados pelos meios de integração, não podem mais ser avaliados independentemente do Texto Constitucional.

Dessa forma, Luís Roberto Barroso[11] afirma que a interpretação constitucional necessita de outros parâmetros, a saber:

1. a superioridade hierárquica (nenhuma norma infraconstitucional pode existir validamente, se for incompatível com preceito constitucional);

2. a natureza aberta da linguagem (ordem pública, igualdade perante a lei, dignidade da pessoa humana, razoabilidade-proporcionalidade, moralidade);

3. o conteúdo específico (organização dos Poderes, definição de direitos fundamentais e normas programáticas, estabelecendo princípios ou indicando fins públicos);

4. o caráter político (a Constituição é o documento que faz a interface entre a política e o direito, entre o poder constituinte e o poder constituído).

Ainda de acordo com Barroso[12], tais peculiaridades levaram ao desenvolvimento de princípios específicos para a interpretação constitucional, que funcionam como premissas conceituais da interpretação constitucional. Tais princípios são os seguintes:

---

[9] Para o leitor que deseje aprofundar-se no tema, sugere-se a leitura de Couture (1994, p. 35-53 e 153-163).

[10] Ressalte-se, todavia, que, diferentemente da lei, o direito não apresenta lacunas, haja vista que sempre haverá no ordenamento jurídico uma norma – seja princípio ou regra – que discipline a situação apresentada. Nesse sentido, confira-se Norberto Bobbio (2001, p. 115) em excelente trabalho sobre o dogma da completude do ordenamento jurídico.

[11] Barroso, 2009b.

[12] Barroso, 2005.

i) princípio da supremacia da Constituição;

ii) princípio da presunção de constitucionalidade das leis;

iii) princípio da interpretação conforme a Constituição, o qual é operacionalizado por meio de três grandes mecanismos:

a) adequação do sentido da norma infraconstitucional à Constituição;

b) declaração de inconstitucionalidade sem redução de texto, o que significa a declaração de inconstitucionalidade de um sentido possível da norma, ou, mais tecnicamente, de uma norma extraída de determinado enunciado normativo; e

c) declaração da não incidência da norma infraconstitucional a determinada situação de fato, sem declaração de inconstitucionalidade.

iv) princípio da unidade;

v) princípio da razoabilidade-proporcionalidade;

vi) princípio da efetividade.

Esses parâmetros hoje devem ser observados por todos os ramos do direito, inclusive o direito processual[13], sob pena de violar as garantias constitucionais básicas e, com isso, inviabilizar o processo justo[14].

Completando esse raciocínio, no modelo tradicional, ou seja, positivista, o papel do juiz era o de tão somente descobrir e revelar a solução contida na norma; em outras palavras, como ressalta Barroso[15], formulava juízos de fato e não de valor. Mais do que isso, muitas vezes a interpretação não era lastreada na Constituição.

Agora, no modelo pós-positivista, o magistrado deve estar preparado para constatar que a solução não está integralmente na norma, o que demanda um papel criativo na formulação da solução para o problema. Ele se torna, assim, coparticipante do papel de produção do direito, mediante integração, com suas próprias valorações e escolhas, das cláusulas abertas constantes do sistema jurídico. Faz-se necessário verificar a constitucionalidade das normas, sabendo que se subdividem em regras (comandos) e princípios (valores).

No conflito entre regras, apenas uma pode prevalecer. Para tanto, são utilizados os métodos: a) temporal (revogação); b) hierárquico (invalidação); e c) da especialidade.

No conflito entre princípios não se fala em revogação, mas sim em ponderação, de forma que dois ou mais podem coexistir, devendo ser aplicados proporcionalmente.

Em razão dessa nova postura, como adverte Marinoni[16], é imprescindível que o juiz fundamente adequadamente suas decisões.

Essa fundamentação deve ser analítica[17], ou seja, o julgador deve expor não apenas o fundamento de sua decisão, mas o que costumamos chamar de fundamento do fundamento, ou seja, as razões que levaram o juiz a fazer aquela interpretação, a optar por aquele caminho, quando tinha outras alternativas. O motivo pelo qual aquela providência lhe pareceu mais apropriada do que as demais, diante do caso concreto.

---

[13] Zaneti Jr., 2007.
[14] Comoglio, 2003, p. 159-176.
[15] Barroso, 2009.
[16] Marinoni, 2010.
[17] Cambi, 2007.

Voltando ao texto de Barroso[18], a necessidade da adoção de Princípios na atividade hermenêutica se faz necessária justamente em razão dessa "discricionariedade" do intérprete. Isso torna toda a atividade mais complexa, e os fenômenos mais comuns são:

a) o emprego de cláusulas gerais pelo Constituinte, sob a forma de princípios jurídicos indeterminados, aliado ao fato da força normativa dos próprios princípios, que passam a ser aplicados diretamente ao caso, independentemente de norma infraconstitucional[19];

b) a colisão de normas constitucionais;

c) a ponderação, entendida como técnica utilizada nos casos em que a subsunção não é suficiente. Será necessária para resolver os chamados "casos difíceis" nas hipóteses que envolvam ou a colisão de normas constitucionais ou quando se verificar um "desacordo moral razoável";

d) argumentação jurídica: à medida que a decisão judicial para envolver uma atividade criadora do Direito, o juiz precisa demonstrar que a solução dada por ele ao caso concreto é a que realiza de maneira mais adequada a vontade constitucional.

No CPC, o art. 8º determina que o juiz, ao aplicar a lei, deverá atender aos "fins sociais e às exigências do bem comum, resguardando e promovendo a dignidade da pessoa humana e observando a proporcionalidade, a razoabilidade, a legalidade, a moralidade, a publicidade e a eficiência".

O art. 15, por sua vez, dispõe que, na ausência de normas que regulem processos eleitorais, trabalhistas ou administrativos, as disposições deste Código lhes serão aplicadas supletiva e subsidiariamente.

Originalmente esse dispositivo incluía ainda o processo penal, mas na votação final do texto essa expressão foi suprimida.

Contudo, o art. 3º do CPP[20] em vigor (DL n. 3.689/41) admite a interpretação extensiva e a analogia.

Não obstante isso, a contagem de prazos no contexto de reclamações cujo ato impugnado tiver sido produzido em processo ou procedimento de natureza penal submete-se ao art. 798 do CPP, conforme entendimento do STF[21].

No que se refere ao processo trabalhista, digno de nota que o Tribunal Superior do Trabalho[22] editou, em 15 de março de 2016, a Resolução n. 203, que aprovou a Instrução Normativa n. 39, dispondo sobre as normas do CPC que seriam aplicáveis à seara trabalhista. Contudo, esse ato normativo foi objeto de ADI, ajuizada pela Associação dos Magistrados do Trabalho junto ao STF[23].

---

[18] Barroso, 2010.

[19] Marinoni, 2005a.

[20] "Art. 3º A lei processual penal admitirá interpretação extensiva e aplicação analógica, bem como o suplemento dos princípios gerais de direito.".

[21] O Tribunal afirmou que, pelo critério da especialidade, deve ser observada norma regimental que possui *status* de lei e que disciplina a reclamação no STF. A interpretação sistemática do CPC permite a conclusão de que o novel diploma legal não regula aspectos disciplinados no âmbito processual penal. De acordo com o previsto em seu art. 15, o CPC pode ser aplicado subsidiariamente ao processo eleitoral, trabalhista ou administrativo. Isso não significa, porém, que as normas do processo civil não possam ser subsidiariamente aplicadas ao processo penal. Contudo, essa aplicação não decorre do suposto caráter geral do CPC (Rcl 23.045 ED-AgR, rel. Min. Edson Fachin, j. 9-5-2019, *Informativo STF*, n. 939).

[22] Disponível em: http://www.tst.jus.br/documents/10157/. Acesso em: 20 mar. 2016.

[23] Disponível em: http://www.anamatra.org.br/index.php/noticias/anamatra-ingressa-no-stf-contra-instrucao-normativa-que-disciplina-aplicacao-do-novo-cpc-ao-processo-do-trabalho.

Em 10 de maio de 2016, o TSE editou a Resolução n. 23.478, dispondo sobre as regras do CPC que seriam aplicáveis ou não à Justiça Eleitoral[24].

---

[24] Disponível em: http://s.conjur.com.br/dl/resolucao-23478-tse.pdf.

Capítulo 6
JURISDIÇÃO: FUNÇÃO JURISDICIONAL – DISTINÇÃO DAS OUTRAS FUNÇÕES DO ESTADO

6.1 TENTATIVAS DOUTRINÁRIAS DE CONCEITUAR E SISTEMATIZAR O TEMA

Segundo Humberto Theodoro Jr.[1], a ampla aceitação e obediência à ordem jurídica pelos membros da coletividade dão-se porque esta se estabeleceu fundamentada na garantia da paz social e do bem comum, o que autoriza ao Estado, diante de uma transgressão a essas garantias, a adoção de medidas de coação, tendo em vista a proteção do ordenamento e sua credibilidade.

Buscou-se, com isso, evitar o regime da justiça privada, que vigora nos agrupamentos despidos do que se convencionou chamar civilização. Diante da vedação, pelo Estado, à justiça privada, esse teve de atrair para si a função substitutiva[2], própria da jurisdição.

Não custa lembrar que, para Cândido Rangel Dinamarco[3], são escopos da jurisdição:

1. a pacificação social por meio de critérios justos;
2. a educação da população;
3. a afirmação da capacidade estatal de decidir imperativamente;
4. a autolimitação do Estado, a fim de preservar direitos individuais;
5. a garantia da participação dos cidadãos nos destinos da sociedade política;
6. a atuação da vontade concreta da lei.

A esse rol, devemos acrescentar:

a) a prestação da tutela necessária ao detentor do direito material;

b) a fixação de teses jurídicas por meio de precedentes[4], que se tornarão fonte formal do direito[5];

c) a busca da efetiva pacificação dos conflitos[6].

Ademais, para aqueles[7] que entendem que a jurisdição voluntária tem natureza jurisdicional, aos escopos mencionados soma-se a tutela de interesses específicos dos particulares, como:

i) a documentação, o registro e a comunicação das manifestações das partes;

---

[1] Theodoro Jr., 2011, p. 45.

[2] O que é característico da função jurisdicional é a "*sostituzione*" (Chiovenda, 1965, p. 296-301). *Vide*, também, "A defesa do direito por atividade própria acaba transmudando-se no império do mais forte, com a supressão do direito dos mais fracos, ou das pequenas minorias, se vista a questão do aspecto grupal. Chegando a civilização, a nação organizada reage e, como manifestação primordial de seu progresso, tem por constante o fim da justiça privada. O Estado, criado, como o grito de império, proíbe que os particulares façam justiça pelas próprias mãos. Mas, de qualquer forma, a justiça precisa ser feita. E, neste caso, se não se permite ao particular alcançá-la por suas próprias mãos, o Estado mesmo assume, naturalmente, a responsabilidade e o poder de fazê-la" (Santos, 2006, p. 7).

[3] Dinamarco, 2003, p. 181.

[4] Cole, 1998, p. 71-86. Pinho, 2014, p. 275.

[5] Fiss, 2004.

[6] Nesse sentido: Paumgartten; Pinho, 2011, p. 443-471.

[7] Greco, 2003, p. 27-29.

ii) a aquisição de uma prova;

iii) a declaração de existência de uma relação ou situação jurídica;

iv) a criação, modificação ou extinção de uma relação jurídica;

v) o exercício de uma atividade executiva; e

vi) a proteção de interesses de determinadas pessoas em situação de desamparo, como incapazes.

Na concepção de Rosemiro Pereira Leal, a jurisdição teria origem, historicamente falando, na figura da arbitragem, como instituto, exercida exclusiva e privativamente pelo Estado. Por essa razão, quando desvinculada dos princípios processuais, torna-se mero exercício da atividade julgadora, assemelhando-se àquela arbitragem fundamentada na "clarividência divinatória dos sacerdotes" e no "senso inato de justiça dos pretores e árbitros"[8].

Logo, verifica-se que o surgimento do processo é posterior ao da jurisdição, sendo esta, na verdade, originada da arbitragem.

A partir dessa visão, Rosemiro Pereira Leal deposita sua crítica a Cintra, Grinover e Dinamarco, por afirmarem que "a jurisdição se exerce através do processo" e tratá-lo como simples instrumento e meio do exercício da jurisdição, afirmando que, com isso, estariam confundindo procedimento e processo.

Para o autor, a jurisdição constitui a "atividade de decidir subordinada ao dever de fazê-lo segundo os princípios fundamentais do Processo", de modo que a sentença não pode ser a exteriorização de um sentir do seu prolator, pois não teria por base uma norma processual, deslegitimando a atuação do juiz. Estaríamos, portanto, diante de jurisdição sem processo, implicando verdadeiro retrocesso à arbitragem dos antigos que deu origem à jurisdição.

Nesse ponto, Sassani[9], com a habitual sistematização, esclarece que processo e jurisdição são termos comumente confundidos, pois são muito próximos. Contudo a distinção é relevante: processo é o mecanismo, a modalidade por meio da qual se atua a jurisdição; e esta é empregada em diversos sentidos, sendo mais relevantes os que enfatizam a função do Estado de exercer a atividade de aplicar a lei ao caso concreto e, assim, garantir os efeitos que derivam do plano subjetivo.

Segundo dispõe a Convenção Americana de Direitos Humanos, a função jurisdicional deve ser exercida por um "tribunal imparcial" *lato sensu*, que, nas palavras de Leonardo Greco, "é aquele dotado de dois atributos, que são notas essenciais da jurisdição, quais sejam: *independência* e *imparcialidade em sentido estrito*", de onde se conclui que é uma função exclusiva de magistrados[10].

Jaime Guasp sustenta que a jurisdição é a função estatal destinada à satisfação das pretensões das partes, sem descartar outros escopos próprios à atividade jurisdicional, como a eliminação de conflitos sociais e a atuação da vontade da lei no caso concreto. Porém estes seriam finalidades mediatas. O objetivo primordial é fornecer um meio público para satisfazer as pretensões privadas[11]. Assim, admite que a jurisdição é uma função pública, atribuída normalmente, mas não necessariamente, ao Estado.

Já Picardi, após anotar que a jurisdição é uma das funções fundamentais do Estado, sublinha que ela traduz um ato de império emanado da própria soberania[12]. Reconhece, no entanto, que essa no-

---

[8] Leal, 2008, p. 26.
[9] Sassani, 2010, p. 58.
[10] Greco, 2015, p. 69.
[11] Guasp, 1998, p. 106-107.
[12] Picardi, 2010, p. 25.

ção clássica não encontra mais lugar na Europa contemporânea unificada, que torna o juiz, cada vez mais, um órgão da Comunidade.

Independentemente dessa questão política, fato é que a ideia de juiz está intimamente ligada à de um órgão independente e imparcial, e tal circunstância é inerente à própria jurisdição.

A partir dessa ideia, podemos identificar a jurisdição como sendo, simultaneamente, um poder – capacidade de impor suas decisões imperativamente –, uma função[13] – como encargo que o Estado assume de pacificar os conflitos sociais – e uma atividade. Corroborando o exposto até então, Cândido Rangel Dinamarco ressalta que a jurisdição não consiste em um poder, mas no próprio poder estatal que é uno[14-15].

A jurisdição apresenta as seguintes características: função de atuação do direito objetivo na composição dos conflitos de interesses, tornando-os juridicamente irrelevantes[16]; é ato emanado, em regra, do Poder Judiciário; reveste-se de particularização; atividade exercida mediante provocação; imparcial; com o advento da coisa julgada, torna-se imutável.

A função legislativa, por sua vez, objetiva criar normas abstratas que possuem comando genérico; é ato emanado, em regra, do Poder Legislativo; reveste-se de generalização; é atividade exercida sem provocação; é também imparcial; e seus atos são passíveis de revogação, mediante a realização de outro ato incompatível com o primeiro, ou de serem considerados nulos, mediante controle de constitucionalidade[17].

Por fim, a função administrativa tem por escopo promover o bem comum[18], em conformidade à lei (executar os comandos estatais); é ato emanado, em regra, do Poder Executivo; reveste-se de autoexecutoriedade; é atividade exercida sem provocação; sendo o ato administrativo passível de revogação ou anulação.

Com efeito, a separação conceitual das funções estatais típicas não pode levar ao equívoco de interpretá-la como uma separação absoluta dos poderes. Isso porque, além dessas funções típicas, há, ainda, as funções atípicas, que servem a manter o sistema de freios e contrapesos e buscam garantir a harmonia sem violar a independência.

6.2 EVOLUÇÃO HISTÓRICA E AS TEORIAS CLÁSSICAS DA JURISDIÇÃO

Segundo Chiovenda, jurisdição é a função estatal que tem por finalidade a atuação da vontade concreta da lei, substituindo a atividade do particular pela intervenção do Estado[19]. Ele adota, portanto, um critério orgânico para diferenciar a atividade jurisdicional da administrativa: a Administra-

---

[13] José de Albuquerque Rocha, após registrar que a jurisdição é a função de atuação terminal do direito exercida, preponderantemente, pelo Poder Judiciário, reconhece que tal característica decorre da utilização do direito como técnica de controle social (Rocha, 2003, p. 78).

[14] O autor salienta, ainda, que "a recondução da jurisdição ao conceito político de poder estatal, entendido este como capacidade de decidir imperativamente e impor decisões, é fator importantíssimo para o entendimento da natureza pública do processo e do direito processual, bem como para sua colocação entre as demais funções estatais e distinção em face de cada uma delas" (Dinamarco, 2001, p. 297).

[15] Dinamarco; Lopes, 2016, p. 77-78.

[16] Dinamarco, 2001a, p. 320.

[17] Barroso, 2000, p. 83.

[18] Gasparini, 2009, p. 43.

[19] Chiovenda, 1965, p. 301.

ção julga sobre a própria atividade, enquanto a Jurisdição julga a atividade alheia e uma vontade da lei que não lhe é própria[20].

Destarte, a jurisdição pode ser entendida como ato contínuo da legislação, cujo produto acaba por embasar as decisões[21] dos órgãos investidos de jurisdição. Apesar de a função administrativa consistir na execução da lei – tendo, portanto, em vários momentos, conteúdo concreto –, seus atos têm por finalidade específica o interesse público, de modo que a norma jurídica vem, mormente, regular a atividade da autoridade administrativa imbuída dessa função, enquanto a jurisdição consiste simplesmente "em dar atuação à lei".

Segundo Frederico Marques, a atividade jurisdicional se destaca da administrativa pela aplicação processual da lei, ou mesmo do próprio direito objetivo, porquanto os órgãos estatais enquadrar-se-iam como um dos sujeitos que compõem a relação jurídico-processual (formada pelo *actus trium personarum*) proporcionando a solução da lide apresentada segundo os critérios da norma jurídica[22].

Convém destacar, entretanto, em que pese a existência de uma corrente constitucionalista que sustenta terem o ato administrativo e o jurisdicional o mesmo conteúdo executivo, que a teoria da separação dos poderes é universalmente aceita, de modo que surgiram diversas teorias, criadas pela maioria da doutrina, procurando distingui-los.

Francesco Carnelutti[23], adepto da teoria, afirma que a jurisdição é a função do Estado que busca a justa composição da lide, caracterizada pela exigência de subordinação do interesse alheio ao interesse próprio, bem como pela resistência da outra parte. Nessa visão, só haveria processo e jurisdição se houvesse lide[24].

Em conclusão, não existiria um direito até que o Poder Judiciário – e não o Poder Legislativo – o conferisse, de modo que a jurisdição teria o intuito de resolver o litígio. Isso porque a norma jurídica substancial, por si, não bastaria para produzir direitos e obrigações que surgiam, necessariamente, com a intervenção jurisdicional que converte os mandados genéricos em mandados concretos[25].

Por isso, para o autor, a jurisdição não se exaure com a declaração do direito. Diversamente, ela apenas se aperfeiçoa com a realização prática do provimento do juiz, focando-se, em vez de em um critério orgânico de Chiovenda, em critérios finalísticos da atividade, qual seja a justa composição da lide.

A justa composição da lide, na concepção de Leonardo Greco, consiste na "solução do conflito de interesses pela aplicação do direito", em observância às regras universais e gerais de comportamento vigentes em uma sociedade. Para o autor, uma das principais características da jurisdição é a tutela de interesses particulares, uma vez que, litigiosos ou não, dependem sempre da intervenção do juiz.

---

[20] Cambi, 2008, p. 19.
[21] Fazzalari, 1986, p. 105.
[22] Marques, 1997, p. 106.
[23] "Carnelutti dirige sua atenção para a finalidade da atividade judicial, que se torna imprescindível diante de uma lei insuficiente. A função jurisdicional é a composição da lide, alcançada através de uma decisão judicial. A lide é o ponto de partida e de chegada da sua teoria, e é o que autoriza a deflagração do processo, calcando-se na tese da jurisdição enquanto função do Estado de pacificar conflitos de interesse" (Paumgartten, 2012, p. 98).
[24] "A jurisdição civil é exercida no processo, porque sem processo a atividade jurisdicional, além de confundir-se com a administrativa, deixaria de encontrar condições para atingir seu fim, que é o de compor o litígio *super partes* e *secundum ius*" (Marques, 1997, p. 108).
[25] Cambi, 2008, p. 25-27.

Destaca, ainda, que o uso do termo "particulares" não afasta a possibilidade de a jurisdição tutelar interesses de pessoas jurídicas de direito público, afirmando, por fim, que "o Estado também pode ter um interesse particular"[26].

Ademais, diante do que ensina José Frederico Marques, o Poder Judiciário – apesar de ser um poder estatal –, como executor da atividade jurisdicional, deve sempre se superpor aos litigantes, de modo que, mesmo diante de um litígio entre o Estado e o particular, não lhe compete a tutela do interesse público[27].

Há, contudo, alguns doutrinadores que acabaram por reunir os conceitos de ambas as escolas, por entenderem complementares e não excludentes, como Liebman[28] e Moacyr Amaral Santos, este ao conceituar o processo como "o complexo de atos coordenados, tendentes à atuação da vontade da lei às lides ocorrentes, por meio dos órgãos jurisdicionais"[29]. Também reuniu ambas as acepções José Frederico Marques, ao referir-se ao processo como "instrumento compositivo de litígios"[30].

Na mesma diretriz, Humberto Theodoro Jr., citando Couture, sustenta que, uma vez considerada como função estatal – e não como poder –, a jurisdição poderia ser conceituada como "a função do Estado de declarar e realizar, de forma prática, a vontade da lei diante de uma situação jurídica controvertida"[31].

Questiona-se tal definição, pois Carnelutti parte da premissa de que, no processo, sempre existe uma lide, ou seja, de que ela seria um elemento essencial ao exercício da jurisdição. A lide é verdadeiro polo metodológico da doutrina de Carnelutti.

Diante dos questionamentos acerca dessa concepção, destacamos os conceitos de interesse e lide.

Segundo o autor[32], interesse consistiria em uma "posição favorável à satisfação de uma necessidade", que, como regra, é individual. A existência de uma necessidade coletiva somente é identificada quando esse interesse for indeterminável, ou seja, quando a satisfação da necessidade de um indivíduo só puder ser determinada em conjunto com os interesses de outros indivíduos de um mesmo grupo.

O conceito de lide de Carnelutti desenvolve-se a partir da ideia de que, se a pretensão é a "subordinação de um interesse alheio ao interesse próprio", a resistência seria justamente a inconformidade dessa pretensão em face do interesse alheio. Diante dessa afirmativa, formou-se o famoso conceito de lide, segundo o qual seu objeto seria o conflito de interesses representado pela irresignação quanto à necessidade de subordinação de um interesse a outro[33].

Para Humberto Theodoro Jr.[34], o conflito de interesses ocorre "quando mais de um sujeito procura usufruir do mesmo bem"; enquanto o litígio, em si, decorre da inviabilidade de as próprias partes encontrarem uma solução de forma voluntária ou espontânea. Assim, seria possível vislum-

---

[26] Greco, 2015, p. 73.
[27] Marques, 1997, p. 109.
[28] Liebman, 2006, p. 4.
[29] Santos, 2007, p. 13.
[30] Marques, 1997, p. 105.
[31] Theodoro Jr., 2010, p. 47.
[32] Carnelutti, 2000, p. 55.
[33] "Lide é, pois, o conflito de interesses que pode surgir em caso de resistência efetiva ou em caso de ambas as partes se julgarem com direito; é conflito regulado pelas normas jurídicas; este conceito é fundamental a toda a ciência processualista, segundo Carnelutti" (Lacerda, 2006, p. 63).
[34] Theodoro Jr., 2011, p. 46.

brar a hipótese de um conflito de interesses sem litígio, como no caso de uma das partes curvar-se frente à pretensão da outra, porquanto sem a resistência não há litígio.

A solução da lide está na razão da pretensão ou da contestação. Em outras palavras, a pretensão ou contestação terá razão quando a norma (o direito) e o juiz (a ação) atestarem tal fato[35]. Se, contudo, houver dúvida quanto à razão de uma ou de outra, estaremos diante de uma questão, ou seja, de uma controvérsia; e a solução da controvérsia consiste, por sua vez, nas razões da própria decisão da lide.

No entanto, verificamos que a lide nem sempre está presente, sendo, na verdade, um elemento acidental, dada a possibilidade da existência de processo em que inexista conflito de interesses ou em que se busque a declaração dessa circunstância.

De fato, o exercício da jurisdição não solucionaria o conflito de interesses instaurado, mas apenas o tornaria juridicamente irrelevante. Nesse sentido, apresentam-se as críticas de Calamandrei e de Liebman, que afirmam que a lide só entra no processo se for apresentada ao juiz, e, ainda assim, com as feições com que o autor a descreveu no seu pedido, que nem sempre correspondem à realidade dos fatos.

Por fim, necessário fazer referência à obra de Luiz Guilherme Marinoni[36], que vem retomando a ideia de um processo civil constitucionalizado[37], revendo os conceitos tradicionais de jurisdição apresentados pelos mestres italianos[38].

A partir das premissas dos modernos mestres italianos, como Ferri, Comoglio, Taruffo, Trocker e Varano, entre outros[39], o processo é visto, necessariamente, sob o prisma constitucional. Se o ordenamento jurídico fosse uma árvore, o direito constitucional seria o tronco, e o processo civil seria um ramo ou galho dessa árvore.

Segundo Humberto Theodoro Jr.[40], citando Pontes de Miranda, "o fim do processo é a entrega da prestação jurisdicional, que satisfaz à tutela jurídica" a que se obrigou o Estado ao assumir o monopólio da Justiça. Com isso, o autor divide as causas do processo em três, de modo a buscar o fim, o motivo que ensejou o processo e como surgiu – respectivamente, a causa final, a causa material e a causa imediata ou eficiente.

6.3 ELEMENTOS CARACTERIZADORES DA JURISDIÇÃO

As principais características da jurisdição, capazes de distingui-la das demais funções estatais e que, em regra, estão presentes em todas as suas manifestações, são: a inércia, a substitutividade e a natureza declaratória[41].

---

[35] Hespanha, 2009, p. 48.

[36] Marinoni, 2005, p. 13-66.

[37] Nessa linha de raciocínio, veja-se, também: Baracho, 2006, p. 11.

[38] "O juiz tem o dever de encontrar na legislação processual o procedimento e a técnica idônea à efetiva tutela do direito material. Para isso deve interpretar a regra processual de acordo, tratá-la com base nas técnicas da interpretação conforme e da declaração parcial de nulidade sem redução de texto e suprir a omissão legal que, ao inviabilizar a tutela das necessidades concretas, impede a realização do direito fundamental à tutela jurisdicional" (Marinoni, 2005, p. 13-66).

[39] Ver, por todos, Trocker, 1974, p. 18.

[40] "Em consequência, podemos filosoficamente desdobrar a causa do processo, conforme o faz Arruda Alvim, em: a) causa final: a atuação da vontade da lei, como instrumento de segurança jurídica e de manutenção da ordem jurídica; b) causa material: o conflito de interesses, qualificado por pretensão resistida, revelado ao juiz através da invocação da tutela jurisdicional; c) causa imediata ou eficiente: a provocação da parte, isto é, a ação" (Theodoro Jr., 2011, p. 50).

[41] Tal classificação não goza de unanimidade na doutrina, havendo quem sustente serem características a lide (partidários da doutrina de Carnelutti), a secundariedade e a definitividade. Assim, conforme Michel Temer, a definitividade seria a característica primordial da jurisdição (Temer, 1998, p. 161).

A inércia dos órgãos jurisdicionais está relacionada à sua própria natureza de órgão voltado ao fim último da pacificação social, porquanto o exercício espontâneo da atividade acabaria fomentando conflitos e divergências onde não existiam. A iniciativa estatal acabaria gerando um indesejado envolvimento psicológico do julgador, resultando na afetação de sua imparcialidade.

Não obstante fala-se também na possibilidade de concessão *ex officio* de tutelas de urgência em caso de direito evidente – ainda que não previsto em lei –, com fundamento no próprio princípio do acesso à Justiça, que garante àquele que tem razão a tutela jurisdicional adequada, efetiva e tempestiva. Todavia, defende-se, para esta questão, o entendimento esposado por Dinamarco[42], não se admitindo que a tutela final tenha conteúdo diferente da inicialmente pretendida pelo requerente.

Destarte, o que diferencia a administração da jurisdição é o caráter substitutivo desta última, pois o juiz substitui as partes na atividade de dirimir o conflito entre elas instaurado, agindo com imparcialidade. Já o administrador é sempre parcial, pois realiza atividades em relações jurídicas nas quais o Estado é parte. O juiz age para atuar a lei, tendo-a como um fim em si mesma, enquanto o administrador age em conformidade com ela, buscando o interesse público, mas tendo a lei como limite de sua atuação[43].

Também conhecida como indiscutibilidade, a imutabilidade estabelece que a decisão jurisdicional põe fim à controvérsia e impede que seja, no futuro, novamente suscitada ou trazida a exame, de modo a adquirir a qualidade de coisa julgada, com as devidas exceções existentes no processo cautelar e nas demandas de jurisdição voluntária.

É certo que os atos que produzem coisa julgada material podem ser classificados como atos jurisdicionais, mas Tesheiner sustenta que não é possível limitá-los a esse conceito, porque estaríamos dele excluindo os atos judiciais executivos e cautelares, e, dentro do processo de conhecimento, os atos de instrução e as sentenças meramente processuais.

Assim, o que se pretenderia é a vinculação do conceito a um efeito incerto – porquanto pode existir num sistema processual e noutro, não. O efeito da coisa julgada dá ao ato natureza jurisdicional, mas a recíproca não é verdadeira: a ausência de coisa julgada ao ato não retira dele a mesma natureza, tampouco importa caracterizá-lo como administrativo ou legislativo.

Alguns autores afirmam que a natureza declaratória seria uma quarta característica da jurisdição. Segundo essa concepção, no exercício da função jurisdicional, o Estado não institui direitos subjetivos, mas, sim, declara direitos preexistentes, que serão então reconhecidos por decisão judicial.

Para Ovídio Baptista da Silva, é justamente a separação dos poderes que fundamenta a natureza declaratória do processo de conhecimento. Acrescenta, ainda, o entendimento de Jürgen Habermas, para quem "as leis naturais haveriam de ser tão evidentes que o ato de sua positivação somente poderia consistir em declará-las aplicáveis"[44].

No entanto a existência de sentenças condenatórias ou constitutivas não infirma a regra aludida, pois, em tais decisões, além da parcela declaratória, haveria a condenatória ou constitutiva.

Nesse sentido, interessante ressaltar a observação feita por Mauro Cappelletti, segundo o qual toda atividade jurisdicional tem feição criativa, visto que toda interpretação cria, de alguma forma, um direito novo.

---

[42] Dinamarco, 2009, p. 295.

[43] "Nisso consiste, em outros termos, o caráter substitutivo que se reconhece à jurisdição, já que a conformidade da conduta prática com os ditames das normas de fundo é dever que originariamente toca aos próprios sujeitos das relações jurídicas materiais. Quando, pois, o juiz, define o litígio, faz uma escolha que antes deveria ter sido praticada pelas partes" (Theodoro Jr., 2011, p. 48).

[44] Silva, 1997, p. 44.

Para o autor, é impossível conceber-se o trabalho dos juízes como a mera aplicação da lei, tornando-os simplesmente a "boca da lei"[45], como eram vistos no passado. A interpretação e a criação do direito não podem mais ser vistas como conceitos contrapostos, pois os juízes são forçados a ser livres na sua tarefa.

Por outro lado, o autor também aponta um intenso crescimento dessa criatividade em virtude da incorporação ao nosso ordenamento de leis que transportam enunciados abertos (*v.g.*, termos indeterminados de conceitos jurídicos, cláusulas gerais), bem como da consequente atividade de concretização, principalmente após o fenômeno do *Welfare State*.

Concluímos que a "natureza declaratória" não é característica da jurisdição, mas sim da cognição. Com efeito, embora na execução também exista atividade jurisdicional, ela não possui, em linha de princípio, natureza declaratória.

6.4 PRINCÍPIOS DA JURISDIÇÃO

A jurisdição se caracteriza, ainda, pelos princípios a seguir.

O princípio da investidura está ligado à forma de ingresso dos legitimados a exercer o poder. O juiz precisa estar investido na função jurisdicional para exercer a jurisdição, ou seja, ele precisa, no Brasil, ter sido aprovado em um concurso público de provas e títulos, como estabelece o art. 37, II, da CF.

De acordo com o art. 132 do CPC/73, no caso de o juiz estar licenciado, afastado, aposentado ou convocado, ele não estaria mais investido de jurisdição, não podendo mais prestá-la. Nesses casos, seria incabível a aplicação da teoria da aparência, já que não existiria investidura na jurisdição. De se observar, contudo, que o CPC optou por não reproduzir tal norma.

Pelo princípio da territorialidade, o juiz só pode exercer a jurisdição dentro de um limite territorial fixado na lei. A exceção a esse limite está prevista apenas no art. 60 do CPC, segundo o qual a competência do juiz prevento prorroga-se para a parte do imóvel que esteja localizado em Estado, comarca, seção ou subseção judiciária diversos, e no art. 255 do CPC, que prevê que atos de citação, intimação, notificação, penhora e quaisquer atos executivos poderão ser cumpridos pelos oficiais de Justiça em comarcas contíguas, que não aquela da competência do juízo.

José Frederico Marques menciona o princípio da improrrogabilidade, segundo o qual não é possível prorrogar a atribuição prevista para determinada classe de juízes e tribunais de uma jurisdição para outra, ressalvados os casos expressamente previstos na Constituição e na lei. Segundo o autor, "tanto a justiça ordinária como a justiça especial têm a qualidade e atributos de juiz natural ou juiz constitucional para os casos e litígios em que, de acordo com a Constituição, devam atuar jurisdicionalmente"[46].

O princípio da indeclinabilidade consiste no fato de que o juiz não se pode furtar a julgar a causa que lhe é apresentada pelas partes. Trata-se da chamada proibição de o juiz proferir o *non liquet*, ou seja, afirmar a impossibilidade de julgar a causa por inexistir dispositivo legal que regula a matéria. Esse princípio está previsto no art. 140 do CPC.

Ademais, em um desdobramento lógico do princípio do juiz natural e do princípio da improrrogabilidade, é vedado o exercício da jurisdição a quem dela não esteja previamente investido, segundo a lei e a Constituição.

---

[45] Calamandrei, 1954, p. 58.
[46] Marques, 2000, p. 124.

Podemos, ainda, concluir, dos princípios acima expostos, pela indelegabilidade. Essa vedação se aplica integralmente no caso do poder decisório, pois violaria a garantia do juiz natural. Há, porém, hipóteses em que se autoriza a delegação de outros poderes judiciais, como o poder instrutório, poder diretivo do processo e o poder de execução das decisões. São exemplos os casos previstos no art. 102, I, *m*, e no art. 93, XI, ambos da CF.

Um dos mais importantes princípios para o presente estudo é o da inafastabilidade da apreciação pelo Poder Judiciário (art. 5º, XXXV, da CF), que se fundamenta na ideia de que o direito de ação é abstrato e não se vincula à procedência do que é alegado.

Todo conflito de interesses submetido ao tribunal deve ser resolvido, mesmo que não haja na legislação previsão expressa para a situação apresentada[47].

Yarshell propõe a necessidade de se delimitar o direito de ação e o princípio da inafastabilidade do controle jurisdicional (art. 5º, XXXV, da CF), de modo a almejar aquilo que mais se aproxime de um ponto de equilíbrio entre o valor *justiça* e o valor *segurança*. O que se tem, na verdade, é o ingresso incondicionado em juízo, no sentido de que "por mais descabida que seja a demanda, ou mais inepta que seja a petição que a veicula, deve o Estado dar resposta ao demandante, ainda que o faça para repudiar liminarmente o pretendido acesso".

Quanto à aferição da "existência ou inexistência de uma vontade concreta do direito em favor de algum dos sujeitos parciais do processo", afirma que a tutela final será, sim, prestada em favor de quem puder se apoiar no plano material do ordenamento.

Mesmo nesse sentido, de prestação favorável àquele que tem razão, deve-se destacar que a tutela jurisdicional não retira a autonomia do processo, pois, ainda que não se confunda com o direito material, ele está intimamente ligado a uma situação substancial afirmada pelo autor[48].

Além disso, não se confunde a tutela "de quem tem razão" com a teoria concretista da ação, em que a existência do direito de ação depende da existência do próprio direito alegado. Isso porque existe o que Yarshell chama de uma "escalada" da tutela jurisdicional, que vai desde o ingresso em juízo até o resultado favorável.

Dentro disso, inclusive, o próprio desenrolar do processo, seguido dos ditames do devido processo legal, configura tutela jurisdicional, independentemente de quem obtenha, ao final, provimento favorável. Assim, nas palavras do autor, há tutela nos "meios que conduzem ao resultado" do processo, de modo que é possível se falar em tutela tanto ao vencido quanto ao vencedor.

Ademais, quanto ao escopo social do processo, qual seja a pacificação de conflitos, o resultado final, independentemente de quem for vencido, presta a tutela jurisdicional por superar determinada controvérsia existente entre as partes. Essa compreensão de tutela, portanto, abarca uma ampla gama de situações processuais, como as tutelas cautelares, executivas, indo além do processo de conhecimento.

Outro importante princípio é o do juiz natural, que consiste na exigência da imparcialidade e da independência dos magistrados. Essa garantia deve alcançar, inclusive, o âmbito administrativo, tanto em relação aos juízes dos tribunais administrativos quanto às autoridades responsáveis pela decisão de requerimentos nas repartições administrativas.

Como bem enaltecido por Fredie Didier, "não se pode confundir neutralidade e imparcialidade". Acreditar em um juiz vazio de qualquer vontade inconsciente é crer no mito da neutralidade jurídica. A garantia do juiz natural sustenta-se na imparcialidade, ou seja, no fato de o juiz não ter

---

[47] Didier, 2012, p. 101.
[48] Yarshell, 1998, p. 30.

qualquer interesse no litígio, a não ser o interesse geral da administração da Justiça, bem assim no dever de dar tratamento igualitário às partes, por meio do contraditório em paridade de armas[49].

Em complemento à explanação de Didier, Yarshell afirma que a imparcialidade implica a existência de partes no processo (autor e réu), não considerando o juiz como uma delas – e sustentando na afirmativa de que ninguém pode ser juiz em causa própria (*nemo judex in rem suam*) –, bem assim na independência do juiz – entendida como a não subordinação nem ao autor nem ao réu. O autor conclui que, conforme já exposto, "a jurisdição implica, pois, heterorregulação: regulação de relações estranhas ao julgador; não de relações de que seja parte"[50].

6.5 CLASSIFICAÇÕES DA JURISDIÇÃO

A rigor, não haveria espécies de jurisdição, pois esta, como manifestação da soberania estatal, é una e indivisível. Contudo se utiliza tal classificação para melhor compreensão.

Quanto à pretensão, a jurisdição poderia ser classificada como civil ou penal. Alguns admitem uma subdivisão da civil (*lato sensu*) em civil (*stricto sensu*) e trabalhista, comercial e outros. Assim, define-se a pretensão civil por exclusão, ou seja, "como aquela que não é penal"[51].

Ressalte-se, no entanto, que a distribuição de processos segundo esse critério atende apenas a uma conveniência de trabalho, pois não se pode isolar completamente uma relação jurídica de outra a ponto de afirmar-se que nunca haverá pontos de contato entre elas como ocorre, p. ex., na ambivalência da decisão proferida no juízo criminal e na prova emprestada.

Em relação ao critério hierárquico em que ela é exercida, será superior e inferior, que, em regra, corresponderia aos tribunais e juízes, refletindo o modo de estruturação da Justiça do país. Entretanto pode acontecer de o tribunal deter competência originária para a causa.

A essa classificação relaciona-se o princípio do duplo grau de jurisdição, que, apesar de não garantido constitucionalmente de modo expresso, é uma decorrência lógica da tutela jurisdicional[52], e disciplinado por diversos diplomas legais.

Seja como for, há vertente de pensamento que considera o direito ao recurso, como garantia fundamental absoluta, apenas do processo penal (com fulcro no art. 8º, n. 2, *h*, Pacto de São José da Costa Rica, do qual o Brasil é signatário), não do processo civil.

A jurisdição, academicamente, poderia também ser classificada quanto à submissão ao direito positivo, de modo a dividir-se em de direito e de equidade.

No Brasil, é adotada a jurisdição de direito, cumprindo ao magistrado decidir de acordo com o ordenamento jurídico, cabendo algumas exceções somente quando houver expressa autorização legal.

Não significa com isso dizer que o juiz fica adstrito de forma absoluta à letra da lei. Pelo contrário, o exercício da jurisdição deve observar os fins sociais, a exigência do bem comum e os valores constitucionalmente relevantes, como, aliás, é expresso no art. 8º do CPC.

O julgamento por equidade pauta-se pelo uso de critérios não contidos em qualquer norma jurídica, sendo indispensável, contudo, o respeito à impessoalidade. O CPC, em seu art. 140, parágrafo único, é expresso em dizer que "O juiz só decidirá por equidade nos casos previstos em lei".

---

[49] Didier Jr., 2012, p. 97.
[50] Tesheiner, 1992, p. 71.
[51] José Frederico Marques estabelece como elemento individualizador da jurisdição civil o exercício da jurisdição civil pelos órgãos judiciários da magistratura ordinária; bem assim o seu objeto ser, no campo da jurisdição ordinária, a composição de litígios não penais. Marques, 2000, p. 105.
[52] Dinamarco; Lopes, 2016, p. 70.

Ainda, quanto ao órgão que exerce a jurisdição: comum ou especial. A jurisdição comum pode ser federal ou estadual (ou do Distrito Federal), enquanto a especial pode ser do trabalho, militar ou eleitoral. Nesse critério, a base é se o órgão aplica o direito material comum (civil, comercial, administrativo, penal) ou especial (trabalhista, penal militar ou eleitoral)[53].

Quanto à existência ou não da lide ou quanto à forma: contenciosa ou voluntária. Trataremos do tema com mais detalhes no próximo item.

6.6 A JURISDIÇÃO VOLUNTÁRIA

A chamada jurisdição voluntária é aquela em que o juiz se limita à gestão pública dos interesses privados. Diante da ausência de lide e partes, o que se tem é tão somente um "negócio jurídico-processual envolvendo o juiz e os interessados".

Nesse sentido, tem por caráter predominante a atividade negocial, uma vez que, diferentemente da jurisdição contenciosa, não substitui a vontade das partes; aqui, o juiz atua apenas para dar eficácia ao negócio almejado pela parte interessada, tendo, portanto, natureza constitutiva.

Tal é o entendimento de Humberto Theodoro Jr.[54], acrescentando, ainda, que "a função do juiz é, portanto, equivalente ou assemelhada à do tabelião, ou seja, a eficácia do negócio jurídico depende da intervenção pública do magistrado".

Leonardo Greco, contudo, ao reafirmar que o contraditório, a ampla defesa, a impessoalidade, a moralidade e a publicidade são garantias expressas na Constituição Federal, no art. 5º, LV, como no art. 37, *caput*, ressalta que, na Europa, encontramos decisões que exigem o contraditório até mesmo em procedimentos de jurisdição voluntária, como a interdição.

Segundo o autor, fazendo menção a Vittorio Denti, a linha que separa a jurisdição contenciosa da voluntária é bastante tênue, restando como pontos diferenciais apenas a ausência de partes – especificamente de duas pessoas em posições antagônicas – com interesses conflitantes[55].

Também não é relevante a inclusão de processos sem lide em uma ou outra categoria. É mais simples aceitar que migrem desta para aquela conforme exista ou não efetiva contenciosidade entre dois sujeitos em posições subjetivas antagônicas. Por isso, a jurisdição contenciosa é exercida em face de um litígio, quando há controvérsia entre as partes.

Já a voluntária é exercida quando o Estado-juiz se limita a homologar a vontade dos interessados, não havendo interesses litigiosos[56]. Entretanto a aceitação da jurisdição voluntária é uma das questões mais controvertidas na doutrina, suscitando diversas polêmicas[57]. A respeito, cumpre salientar o posicionamento de duas importantes teorias, a clássica (ou administrativista) e a revisionista, como veremos a seguir.

Antes da ocorrência da Revolução Francesa, os poderes – hoje divididos e denominados funções – estavam concentrados nas mãos do soberano, de forma que, em não havendo um funcionário para

---

[53] Dinamarco; Lopes, 2016, p. 82.
[54] Theodoro Jr., 2011, p. 52.
[55] Greco, 2015, p. 99.
[56] Chiovenda classificava os procedimentos de jurisdição voluntária nas seguintes espécies: 1) intervenção do Estado na formação dos sujeitos jurídicos; 2) atos de integração da capacidade jurídica; 3) intervenção na formação do estado das pessoas; 4) atos de comércio jurídico (Chiovenda, 2000, p. 21).
[57] Dinamarco, 2001, p. 321.

exercer atividade administrativa e outro para atividade jurisdicional, a discussão acerca da natureza da jurisdição voluntária era inócua, pois "não era nem jurisdição, porque não havia litígio, nem voluntária, porque era obrigatória" – o chamado *anátema de Mortara*[58].

Entre os séculos XIX e XX, a jurisdição voluntária, apesar de formalmente jurisdicional, era considerada em sua essência uma função administrativa, sendo assim uma atividade atípica do Poder Judiciário[59]. Tal constatação deu-se porque, segundo Chiovenda, o que realmente diferenciava a jurisdição contenciosa da voluntária era a conclusão de que, diante da ausência de partes, não será possível haver contraditório, de modo que os sujeitos deviam se chamar "interessados" – distinção que se verifica no novo Código de Processo Civil brasileiro (*v.g.*, art. 238).

Segundo Leonardo Greco, a denominação equivocada[60] de jurisdição voluntária surgiu no século V, em razão da distinção feita pelo imperador romano do Oriente, Marciano, no sentido de que a jurisdição se dividia entre aqueles que não concorrem com a sua vontade (*inter nolentes*) e os que concorrem (*inter volentes*).

Para Lopes da Costa, a expressão utiliza uma acepção ampla do termo "jurisdição" como administração da Justiça[61]. Tomada nesse sentido, jurisdição seria gênero, do qual seriam espécies a contenciosa e a voluntária.

A doutrina clássica afirmava que a *jurisdição voluntária* não constituiria típica função jurisdicional, nem ao menos seria voluntária, pois sua verificação decorreria de exigência legal, com o intuito de conferir validade a determinados negócios jurídicos escolhidos pelo legislador. A corrente mais tradicional, capitaneada por Zanobini, à qual se filia Humberto Theodoro Jr.[62], atribui à jurisdição voluntária natureza administrativa, conceituando-a como administração pública de interesses privados[63].

Dentre os argumentos levantados, destacam-se, em linhas gerais: i) que o seu objeto não é a resolução da lide, mas a integração de um negócio jurídico com a participação do magistrado; ii) que não haveria atividade substitutiva, mas intervenção necessária do juiz; iii) que não haveria partes (com interesses contrapostos), mas interessados[64]; por fim, iv) ressaltam a inexistência de ação (e também de processo, devendo-se falar apenas em procedimento), eis que essa é o direito de provocar a atividade jurisdicional e não a administrativa, bem como de coisa julgada material, uma vez que se poderia rediscutir a decisão proferida sobrevindo novas circunstâncias

---

[58] Greco, 2008, p. 91-92.

[59] Alcalá-Zamora, 1991, p. 5.

[60] Assim, para o autor, a jurisdição voluntária seria "uma modalidade de atividade estatal ou judicial, em que o órgão que a exerce tutela assistencialmente interesses particulares, concorrendo com o seu conhecimento ou com a sua vontade para o nascimento, a validade ou a eficácia de um ato da vida privada, para a formação, o desenvolvimento, a documentação ou a extinção de uma relação jurídica ou para a eficácia de uma situação fática ou jurídica" (Greco, 2008, p. 92).

[61] Lopes da Costa, 1961, p. 25.

[62] Theodoro Jr., 2011, p. 52.

[63] Assim, Liebman (1984, p. 31-32). "O enquadramento sistemático da jurisdição voluntária é muito controvertido, mas parecem ter razão os que a consideram em substância uma atividade administrativa, apesar de atribuída aos juízes e realizada mediante formas judiciais. (...) O simples fato de ter sido atribuída a um juiz não é motivo suficiente para incluir essa atividade na jurisdição. Mais pertinente, por isso, parece a definição da jurisdição voluntária como administração pública do direito privado.".

[64] Buscam seu fundamento no art. 721 do CPC, que, regendo os procedimentos de jurisdição voluntária, aduz: "serão citados todos os interessados, bem como intimado o Ministério Público, nos casos do art. 178, para que se manifestem, querendo, no prazo de 15 (quinze) dias". Dessa forma, é corrente a terminologia *inter volentes* – "entre os que querem" – para designar as partes na jurisdição voluntária e *inter nolentes* – "entre os que resistem" – na jurisdição contenciosa.

(art. 1.111 do CPC/73)[65]. Entretanto o dispositivo em comento não possui correspondente no novo Código.

Frederico Marques, por exemplo, estatui que a jurisdição voluntária é, do ponto de vista formal e material, atividade administrativa e, do ponto de vista orgânico, judicial[66].

Justifica sua posição justamente com base nos argumentos de que a função jurisdicional típica, contenciosa, existe para que o Estado indique qual dos interesses em conflito deve prevalecer. Na dita jurisdição voluntária, o Estado-juiz interviria na constituição e na modificação de determinadas relações jurídicas, devido a algum interesse público de conferir a ela certeza, mas não para dirimir qualquer situação conflituosa[67].

Na concepção de Chiovenda, a jurisdição voluntária consistiria em "uma forma especial de atividade do Estado, exercitada em parte pelos órgãos judiciários, em parte pelos administrativos, e pertence à função administrativa, embora distinta da massa dos atos administrativos, por certos caracteres particulares".

Para o doutrinador, há diferença entre os atos de jurisdição voluntária, atribuídos aos juízes ordinários, e atos de jurisdição no rigor da expressão.

A importância da distinção está, mormente, no fato de que o provimento de jurisdição voluntária, como ato de pura administração, não produz por si coisa julgada[68].

Convém, ainda, destacar que um ato de administração pode constituir objeto de jurisdição, quando se tenha de julgar se é legítimo ou oportuno, e revogá-lo ou confirmá-lo, o que demonstra claramente que um ato de jurisdição voluntária, se impugnado, pode oportunizar atividade jurisdicional[69].

Avançando consideravelmente na doutrina, tal teoria tem recebido a adesão de consagrados processualistas, que entendem ser a *jurisdição voluntária* verdadeiro exercício da função jurisdicional[70].

Discordando da natureza administrativa da jurisdição voluntária, a corrente capitaneada por Carnelutti atribuiu-lhe natureza de atividade jurisdicional. Para Liebman, porém, a jurisdição voluntária era substancialmente administrativa e formalmente jurisdicional[71], demonstrando que a "jurisdição voluntária exerce uma função não litigiosa, mas sob uma técnica inteiramente jurisdicional"[72].

São exemplos de jurisdição voluntária, a saber: nomeação de tutores e curadores, homologação de separação judicial, emancipação e alienação judicial dos bens de menor, autenticação de livros comerciais, aprovação dos estatutos das fundações, retificação dos atos do registro civil, além de várias outras atividades criadas, recentemente, pelo legislador brasileiro[73].

---

[65] Com base no art. 1.111 do CPC/73, que dispunha: "a sentença poderá ser modificada, sem prejuízo dos efeitos já produzidos, se ocorrem circunstâncias supervenientes"; essa parcela da doutrina sustenta que não haveria que se falar em coisa julgada material, mas tão somente em preclusão, ou seja, no encerramento da discussão apenas naquele processo. Nesse sentido, conferir Fernandes, 2004, p. 30.
[66] Marques, 2000, p. 39.
[67] Porto, 1983, p. 9.
[68] Chiovenda, 1998, p. 23.
[69] Costa, 2004, p. 163-174.
[70] Borges, 1978, p. 47-53.
[71] A indagação principal é quase uma constante: trata-se de uma parte da jurisdição ou de uma parte da administração, ou melhor: a Jurisdição Voluntária se enquadra na atividade administrativa ou na atividade jurisdicional (Prata, 1979, p. 55).
[72] Greco, 2003, p. 78.
[73] Hill, 2008, p. 123.

Seus defensores argumentam, em última análise: que a litigiosidade não deve ser considerada critério definidor, pois nem sequer seria essencial à jurisdição contenciosa, mas acidental; que o juiz intervém decidindo como um terceiro imparcial, mantendo sua independência quanto aos efeitos produzidos por sua decisão; que, além de constituir novos estados jurídicos, também possui função declaratória – típica da função jurisdicional; e, atentam os mais radicais, que só seria possível rediscutir a decisão prolatada em nova sede processual valendo-se de nova causa de pedir – circunstância superveniente – com ação diversa[74], o que afastaria o argumento da não constituição da coisa julgada.

Ademais, asseveram que essa atividade, como a jurisdição contenciosa, visa à pacificação social mediante a eliminação de situações incertas ou conflituosas, tendo sido este o entendimento adotado pelo CPC, que lhe dedica todo um capítulo – arts. 719 e seguintes, cujos procedimentos obedecem às formas processuais conhecidas: petição, citação, resposta contraditória, provas, sentença e apelação. Filia-se a essa corrente, por exemplo, Edson Prata, com base no postulado de unidade do Poder Judiciário[75].

Igualmente, José Maria Tesheiner entende que são atividades jurisdicionais: i) tutela de direitos subjetivos; ii) tutela de interesses públicos; iii) tutela dos interesses privados, justamente exercida mediante jurisdição voluntária. Destaca, contudo, que a jurisdição voluntária não precisa ser atribuída privativamente a órgão judicial[76].

Dinamarco considera que, presentes um rito legal, o contraditório, o dever de motivação e demais garantias do devido processo legal, a jurisdição voluntária seria, de fato, verdadeiro exercício de jurisdição[77].

Compartilha também dessa doutrina Leonardo Greco[78], que desvincula a noção de jurisdição da configuração do conflito.

Em posição intermediária, encontramos a corrente defendida por Fazzalari, que, de forma eclética, considera a jurisdição voluntária um gênero em si mesmo, *genus in sè stante*, de modo que não seria nem jurisdição – porque não há lide – nem administração – porque não tutela o interesse público, ela tutela o interesse particular –, mas uma categoria autônoma, ou seja, "uma atividade do Estado que consiste na tutela de direitos privados através da Administração ou do Poder Judiciário"[79].

De toda forma, a figura da jurisdição voluntária judicial vem perdendo relevância no cenário contemporâneo, em razão da concorrência de dois fatores.

Em primeiro lugar, há uma indisfarçável tendência de desjudicialização, transferindo para a órbita administrativo-cartorária as hipóteses que não apresentam complexidade, litigiosidade ou afetem direitos indisponíveis não transacionáveis, como será visto a seguir.

Em segundo lugar, porque o CPC trouxe uma cláusula geral de convenção processual, que será examinada mais à frente, que permite a customização dos procedimentos, tornando, por vezes, desnecessária a existência de procedimentos especiais, já que as necessárias adaptações podem ser feitas no procedimento comum.

---

[74] Conforme será visto, a ação se caracteriza por três elementos: partes (autor e réu); causa de pedir (fatos e, para alguns, também fundamentos jurídicos); e pedido (exteriorização da pretensão).

[75] Stancati, 2015, p. 58-59.

[76] Tesheiner, 1992, p. 43.

[77] Dinamarco; Lopes, 2016, p. 81.

[78] Greco, 2003a, p. 20-21.

[79] Fazzalari, 2008, p. 96.

De toda sorte, foi o entendimento do legislador manter esses procedimentos na estrutura judicial, diante de peculiaridades e excepcionalidades que podem se verificar no caso concreto.

6.7 A DESJUDICIALIZAÇÃO

Fixadas as premissas da atividade jurisdicional, vamos, agora, tratar das formas de desjudicialização previstas no ordenamento brasileiro.

Para que fique claro, entendemos por desjudicialização o fenômeno pelo qual o próprio legislador, expressamente, autoriza que determinadas questões sejam retiradas da órbita judicial, a fim de que sejam resolvidas administrativamente, normalmente com apoio na estrutura cartorária ofertada pelas serventias extrajudiciais (cartórios de títulos e documentos, por exemplo)[80].

Primeiramente há uma questão terminológica: se a desjudicialização pode ser caracterizada como um quarto meio de resolução de conflitos.

O ordenamento escolhe conceder tratamento diverso à pretensão que poderia vir a ser resistida e originaria a lide que iria ocasionar o nascimento da demanda. Chega-se a um consenso pela atividade negocial das partes ou pela intervenção de um terceiro (conciliação ou mediação), valendo-se das ferramentas extrajudiciais[81].

O fenômeno da desjudicialização não era imaginado pela comunidade jurídica em décadas anteriores, pela utilização de um conceito restrito de jurisdição. Mesmo assim, sutilmente, já era possível vislumbrar casos de desjudicialização na sociedade brasileira.

Ousa-se afirmar que desde a edição da Lei n. 6.015/73 (Lei de Registros Públicos) já se apontava para a desjudicialização dos ritos presentes nessa Lei, ou seja, para os casos de procedimentos que não necessitavam de atividade decisória judicial para existir, mas há ingerência estatal para lhes assegurar segurança jurídica e atribuir-lhes oponibilidade *erga omnes*.

Desde então, os procedimentos desjudicializados presentes na Lei n. 6.015/73 foram incorporados tão fortemente na sociedade brasileira, seja de forma negativa ou positiva, que não se notou conscientemente a desjudicialização.

A exemplo, hoje, é impensável imaginar ter que movimentar a máquina judiciária para um simples reconhecimento de paternidade. Entretanto, até 1992, com o advento da Lei n. 8.560, que trata da investigação de paternidade dos filhos havidos fora do casamento, o processo judicial era sempre necessário.

Contudo, muitas vezes, há uma banalização desse instituto, sendo colocado como mero sinônimo de "retirar do judiciário". Há de se perceber, porém, que se trata de um fenômeno maior, próprio em si, caracterizando-se como jurisdição fora do judiciário, como um meio alternativo de solução de conflitos, dotado de celeridade, eficácia, autenticidade, publicidade e oponibilidade *erga omnes*[82].

A desjudicialização não perde a natureza de intervenção estatal – há, apenas, uma materialização estruturada de forma diversa do processo judicial.

Os conceitos de informalização e desjudicialização, em sentido amplo, manifestam-se por meio de diferentes realidades que permitem prevenir ou resolver um litígio.

---

[80] "É efetivamente possível a flexibilização da função judicante estatal para outros entes por ele autorizados, sendo despiciendo aludir que até a própria Constituição Federal de 1988 é autorizadora de hipóteses sobre as quais o Estado brasileiro reconhece esta necessidade (*ex vi* da própria Justiça Desportiva, Arbitragem em Dissídios Coletivos e mesmo em sede de submissão à jurisdição de Tribunal Penal Internacional)" (Gaio Jr.; Pinho, 2018, p. 19-20).

[81] Pinho; Stancati, 2016, p. 29.

[82] Arts. 1º e 3º da Lei n. 8.935/94 – Lei dos Notários e Registradores.

Assim sendo, já se tornou lugar comum que o Judiciário brasileiro não comporta todas as demandas que nele são propostas, seja por falta de servidores ou por falta de juízes, ou ainda porque as partes não querem chegar a um acordo para forçar um processo longo e cansativo a fim de que um dos lados desista de seu direito.

Como já se referiu, em 1973, com a aprovação da Lei de Registros Públicos (LRP – Lei n. 6.015), buscou-se a unificação dos procedimentos que não precisavam ter cunho decisório jurisdicional para produzir efeitos contra terceiros, de modo que, nessa seara, há desde muito já se exerce jurisdição voluntária extrajudicial.

A partir de 1992, a desjudicialização acentua-se, como nos referimos acima, com a promulgação da Lei n. 8.560, que institui formas de reconhecimento de paternidade direto no registro de nascimento, pela escritura pública ou escrito particular arquivado na serventia, por testamento, mesmo que incidental, e ainda pela via judicial. Há a facultatividade da escolha do procedimento.

Registre-se que, desde 2012, esse reconhecimento foi ampliado de forma que o pai não precisa nem ir à serventia onde se localiza o assento de nascimento do filho, podendo reconhecer a paternidade em qualquer serventia de Registro de Pessoas Naturais do Brasil[83].

Em 1994, com a Lei n. 8.951, a consignação em pagamento passou a poder ser feita extrajudicialmente, com a inserção do § 1º no art. 890 do CPC/73.

Em 1997, a Lei n. 9.514, que trata de alienação judiciária de bem imóvel, permitiu o registro da alienação fiduciária em garantia de coisa imóvel e averbação do termo de securitização de créditos imobiliários, quando submetidos a regime fiduciário[84].

A sub-rogação de dívida, da respectiva garantia fiduciária ou hipotecária e da alteração das condições contratuais, em nome do credor que venha a assumir tal condição, também pode ser registrada na forma do disposto pelo art. 31 da Lei n. 9.514, de 20 de novembro de 1997, ou do art. 347 do Código Civil. O procedimento é realizado em ato único, a requerimento do interessado, devidamente instruído com documento comprobatório firmado pelo credor original e pelo mutuário, pela redação dada pela Lei n. 12.810, de 2013. O registro desse gravame permite a troca de propriedade do bem sem a necessidade de intervenção do Poder Judiciário.

Já a Lei n. 10.931/2004, que dispõe sobre o patrimônio de afetação nas incorporações imobiliárias, introduziu a averbação da cessão de crédito imobiliário e o instituto da retificação administrativa, que é o modelo a ser utilizado pela usucapião extrajudicial. Na retificação, há a possibilidade de se corrigirem erros relacionados ao registro imobiliário, prescindindo de decisão judicial.

O divórcio e o inventário extrajudicial foram introduzidos pela Lei n. 11.441/2007, permitindo aos maiores, capazes, sem filhos menores, com bens ou não, que se utilizassem dessa via de forma facultativa e célere para regularizar a situação de término da sociedade conjugal ou para inventariar e repartir os bens deixados pelo *de cujus*.

Também podem seguir esses procedimentos o inventário negativo, que visa dizer que o falecido não deixou bens, e o divórcio sem ou com bens a partilhar, com o intuito de extinguir os deveres do casamento e decidir sobre pensão alimentar ao cônjuge e filho maior.

---

[83] Provimento 16/2012, CNJ. Programa Pai Presente.

[84] "É constitucional o procedimento da Lei n. 9.514/1997 para a execução extrajudicial da cláusula de alienação fiduciária em garantia, haja vista sua compatibilidade com as garantias processuais previstas na Constituição Federal." (...) Ademais, a lei federal impugnada dispõe de medidas indutivas ao cumprimento das obrigações contratuais, sob a orientação de redução da complexidade procedimental, cuja aplicação pressupõe o consentimento válido expresso das partes contratantes e a possibilidade de acesso ao Poder Judiciário para dirimir controvérsias ou reprimir eventuais ilegalidades. RE 860.631/SP, rel. Min. Luiz Fux, julgamento finalizado em 26-10-2023. Informativo n. 1.114 STF.

Em 2008, a Lei n. 11.790 desjudicializou o procedimento de registro de nascimento após o prazo legal. A providência pode ser tomada pelo genitor ou pelo próprio interessado em ter seu assento de nascimento, em seu lugar de residência, com a assinatura de duas testemunhas.

Caso o Oficial do registro não se convença acerca da identidade do registrando, pode exigir prova suficiente e realizar diligências complementares. Caso persista a dúvida, ele deverá remeter o procedimento à via judicial.

O Programa Minha Casa Minha Vida (PMCMV), trazido pela Lei n. 11.977/2009, permitiu aos detentores do título de legitimação de posse registrada, após cinco anos, a conversão em propriedade, pela modalidade de usucapião, sem a necessidade de processo judicial. Para áreas com mais de 250 m², o prazo da conversão da posse em propriedade é estabelecido na legislação específica sobre usucapião.

Ainda em 2009, a Lei n. 12.100 permitiu a correção de erros facilmente constatáveis pelo Oficial, mediante provocação ou mesmo sem, independentemente de qualquer pagamento, após manifestação conclusiva do Ministério Público, sem necessidade de intervenção judicial.

No mesmo ano, tivemos a possibilidade do processo de habilitação de casamento perante o oficial do registro civil, na forma do art. 1.526 do Código Civil, com a redação dada pela Lei Federal n. 12.133/2009, observada, ainda, a Recomendação n. 34/2016 do CNMP.

O CPC manteve e acrescentou novas hipóteses de desjudicialização.

O art. 1.071 autoriza a desjudicialização do procedimento de usucapião. A postulação pode ser dirigida diretamente ao cartório do registro de imóvel, incorporando-se o rito para a usucapião na Lei de Registros Públicos (Lei n. 6.015/73, art. 216-A)[85]. No caso de se judicializar a usucapião, não há mais previsão de rito específico, devendo seguir o procedimento comum.

Com o art. 1.071, além de outros dispositivos, o CPC consolida o movimento de desjudicialização. Outras passagens do Código que tratam do tema são:

a) art. 571 – permite que a demarcação e a divisão de terras possam ser realizadas por escritura pública, desde que maiores, capazes e concordes todos os interessados;

b) art. 703, § 2º – autoriza a homologação do penhor legal pela via extrajudicial;

c) art. 733 – reproduz a regra então vigente no CPC/73, por força da Lei n. 11.441/2007, dispondo que o divórcio consensual, a separação consensual e a extinção consensual de união estável, não havendo nascituro ou filhos incapazes e observados os requisitos legais, poderão ser realizados por escritura pública. A norma é regulamentada pela Resolução n. 35/2007 do CNJ, atualizada em 2024, com a inclusão do art. 34: "Art. 34. (...) § 2º Havendo filhos comuns do casal menores ou incapazes, será permitida a lavratura da escritura pública de divórcio, desde que devidamente comprovada a prévia resolução judicial de todas as questões referentes à guarda, visitação e alimentos deles, o que deverá ficar consignado no corpo da escritura".

d) art. 610, § 1º – na mesma linha da Lei n. 11.441/2007, estabelece que, se todos os herdeiros forem capazes e concordes, o inventário e a partilha poderão ser feitos por escritura pública. A norma é regulamentada pela Resolução n. 35/2007 do CNJ, atualizada em 2024, com a inclusão dos arts. 12-A e 12-B, que têm a seguinte redação:

> Art. 12-A. O inventário poderá ser realizado por escritura pública, ainda que inclua interessado menor ou incapaz, desde que o pagamento do seu quinhão hereditário ou de sua meação ocorra em parte ideal em cada um dos bens inventariados e haja manifestação favorável do Ministério Público.

---

[85] Enunciado 368 do FPPC: (art. 1.071) "A impugnação ao reconhecimento extrajudicial da usucapião necessita ser feita mediante representação por advogado".

(...)

Art. 12-B. É autorizado o inventário e a partilha consensuais promovidos extrajudicialmente por escritura pública, ainda que o autor da herança tenha deixando testamento, desde que obedecidos os seguintes requisitos.

(...)

e) art. 384 – estabelece que a existência e o modo de existir de algum fato podem ser atestados ou documentados, a requerimento do interessado, mediante ata notarial lavrada por tabelião;

f) art. 539, §§ 1º a 4º – consignação em pagamento extrajudicial de quantia em dinheiro;

g) art. 961, § 5º – averbação direta de separação e divórcio puros decretados no exterior, dispensando homologação pelo STJ, observado o Enunciado 10 da I Jornada de Direito Notarial e Registral do CJF.

Posteriormente à promulgação do CPC, foi editada a Lei n. 13.112/2015, que aumentou o prazo para o pai registrar o nascimento de seu filho, de modo a igualar o prazo do pai ao da mãe.

Ademais, possibilitou-se a retificação de registro civil, na forma do art. 110 da Lei Federal n. 6.015/73, com redação dada pela Lei Federal n. 13.484/2017, bem como a alteração consensual de prenomes, na forma nos arts. 55, § 4º, e 56 da Lei n. 6.015/73, com redação determinada pela Lei n. 14.382/2022.

Ainda sobre a Lei n. 14.382/2022, que dispõe sobre o Sistema Eletrônico dos Registros Públicos (Serp), importante ressaltar que determina a inserção, na Lei de Registros Públicos (Lei n. 6.015/73), do art. 216-B, que trata da adjudicação compulsória extrajudicial de bem imóvel.

O dispositivo, já em seu *caput*, estabelece que a ferramenta é uma alternativa à via judicial e que poderá ser efetivado no serviço de registro de imóveis da situação do imóvel. O § 1º estabelece serem legitimados a requerer a adjudicação o promitente comprador ou qualquer dos seus cessionários ou promitentes cessionários, ou seus sucessores, bem como o promitente vendedor, representados por advogado. O pedido deverá ser instruído com uma série de documentos elencados nos incisos I a VI deste dispositivo. O § 3º prevê que, à vista desses documentos, o oficial do RGI procederá ao registro do domínio em nome do promitente comprador, servindo de título a respectiva promessa de compra e venda ou de cessão ou o instrumento que comprove a sucessão.

Ao lado da iniciativa legal formal, importante registrar o protagonismo que o CNJ vem assumindo em matéria de desjudicialização, como se pode observar dos seguintes atos normativos:

a) Reconhecimento espontâneo de paternidade biológica e socioafetiva e registro de filhos havidos por reprodução assistida: Provimentos n. 16/2012, 63/2017 e 83/2019 do CNJ. Enunciados 121 e 122 da II Jornada de Prevenção de Conflitos do CJF;

b) Mudança de prenome e gênero no registro civil em virtude de transexualidade: Provimento n. 73/2018 do CNJ;

c) Transcrição de registro de nascimento, casamento ou óbito lavrado no exterior: Resolução n. 155/2012 do CNJ;

d) Averbação, no registro de nascimento e no de casamento dos filhos, da alte- ração do nome do genitor: Provimento n. 82/2019 do CNJ.

Em setembro de 2023, foi editado o Provimento n. 149, que institui o Código Nacional de Normas da Corregedoria Nacional de Justiça do Conselho Nacional de Justiça – Foro Extrajudicial, que regulamenta os serviços notariais e de registro. Trata-se de verdadeiro Código de Processo Extrajudicial, que reúne e compila dezenas de atos normativos anteriores, ao mesmo tempo que refere diversos outros provimentos que foram mantidos em vigor e que não foram incorporados ao Código de Normas.

A edição do Provimento consolida, ainda, o controle judicial sobre os atos cartorários, quer seja no plano administrativo ou judicial[86], enquanto consectário do art. 5º, XXXV, da Carta de 1988.

O Provimento n. 149 sistematiza, dessa forma, as principais hipóteses de atuação extrajudicial, tratando, entre outras, das seguintes providências:

a) apostilamento;

b) conciliação e mediação;

c) registro de imóveis;

d) protesto de títulos e outros documentos de dívida;

e) termo de ajustamento de conduta com o CNJ;

f) organização do sistema eletrônico de registros públicos (SERP), instituído pela Lei n. 14.382/2022;

g) prática de atos pelo sistema e-notariado (ato notarial eletrônico);

h) proposta de solução negocial prévia ao protesto;

i) usucapião extrajudicial;

j) adjudicação compulsória extrajudicial;

k) notificação;

l) alienação fiduciária em garantia sobre bem imóvel;

m) separação, divórcio, inventário e partilha;

n) autorização eletrônica de doação de órgão, tecidos e partes do corpo humano;

o) registro de natimorto;

p) registro tardio;

q) reconhecimento de paternidade;

r) parentalidade socioafetiva;

s) alteração extrajudicial de nome;

t) registro de união estável;

u) alteração de regime de bens na união estável;

v) conversão da união estável em casamento; e

w) casamento entre pessoas do mesmo sexo.

Ainda em 2023 foi editada a Lei n. 14.711, mais conhecida como "Marco Legal das Garantias", dispondo sobre o aprimoramento das regras relativas ao tratamento do crédito e das garantias e às medidas extrajudiciais para recuperação de crédito. Foram aprimoradas, entre outras, as regras da alienação fiduciária em garantia, previstas originalmente na Lei n. 9.514/97 e no Decreto-lei n. 911/69.

O Capítulo III da Lei n. 14.711 trata da execução extrajudicial dos créditos garantidos por hipoteca, e o Capítulo IV, da execução extrajudicial da garantia imobiliária em concurso de credores[87].

---

[86] Cumpre aos agentes estatais legalmente designados o dever de fazer com que o registro imprima a real e a válida titularidade. Na presença de situação que inverta a presunção relativa do registro, eles têm de zelar pela realização dos devidos acertos, sem retirar do interessado seus mecanismos de insurgência. ADPF 1.056/DF, rel. Min. Alexandre de Moraes, julgamento virtual finalizado em 24-11-2023 (sexta-feira), às 23:59. *Informativo STF* n. 1.118.

[87] As normas que impedem a arrematação por preço vil são aplicáveis à execução extrajudicial de imóvel alienado fiduciariamente. (...) A partir da vigência da Lei n. 14.711/2023, não há mais dúvidas de que, em segundo leilão, não pode ser aceito lance inferior à metade do valor de avaliação do bem, ainda que superior ao valor da dívida (acrescido das demais despesas), à semelhança da disposição contida no art. 891 do CPC/2015. No caso, o leilão foi realizado antes da vigência da Lei n. 14.711/2023, o que não

O Capítulo V dispõe sobre a solução negocial prévia ao protesto, razão pela qual foram implementadas modificações na Lei n. 9.492/97, e o Capítulo VI trata da negociação e da cessão de precatórios, mediante a inserção de dispositivos na Lei n. 8.935/94.

Embora vetado originalmente pelo Presidente da República, o Congresso acabou por derrubar o veto no que se refere à busca e apreensão extrajudicial, inserindo, para tanto, os arts. 8º-C e 8º-E no Decreto-lei n. 911/69.

Como se vê, o Brasil vem evoluindo para um sistema que busca integrar de forma efetiva as ferramentas de desjudicialização e o Poder Judiciário. A maior prova disso é a iniciativa normativa do CNJ e a consolidação de sistemas integrados. Como bem pontua Flavia Hill, essa atividade repousa no "triplo C": cooperação, complementaridade e coordenação[88].

6.8 A JURISDIÇÃO TRANSNACIONAL E A COOPERAÇÃO INTERNACIONAL

6.8.1 Noções sobre a jurisdição transnacional

O direito processual foi concebido para a solução de litígios eminentemente internos, ou seja, que envolvem sujeitos oriundos do mesmo país onde a controvérsia será solucionada, e atinentes a relações jurídicas que envolvem questões domésticas. Isso se deve à circunstância de o direito processual, como ciência social, voltar-se a atender às demandas da sociedade de seu tempo, de acordo com as características apresentadas em dado momento histórico.

E a sociedade, até meados do século XX, estabelecia relações preponderantemente intramuros, dentro dos limites territoriais de cada Estado.

Na fase autonomista ou conceitual, em que o direito processual foi alçado a ramo autônomo do direito[89], os principais institutos, que pavimentaram toda a ciência processual, foram cunhados com vistas à solução de litígios internos, sem elementos de estraneidade.

A identificação de um elemento de estraneidade era meramente acidental e circunstancial, restrita a casos esporádicos.

No entanto, especialmente a partir de meados do século XX, verifica-se um incremento acelerado do volume de relações estabelecidas além dos limites territoriais dos Estados, passando a sociedade a ostentar contornos que transcendem os critérios de nacionalidade.

Pessoas físicas e jurídicas passaram a estabelecer relações comerciais, profissionais e familiares em diferentes países do globo. Passou-se a falar em negócios internacionais, cadeia internacional de produção e até mesmo em famílias transnacionais, cujos membros são de diferentes nacionalidades.

A esse fenômeno intitulou-se globalização. Aliás, como bem anota Taruffo[90], trata-se de um termo multifacetado, mas que já atinge todas as áreas do direito.

O desenvolvimento de novas tecnologias de comunicação, tais como internet, com a transmissão de imagens, textos e sons quase que em tempo real, e de transporte, tais como aviões e trens

---

altera, contudo, a compreensão acerca da matéria. Com efeito, no âmbito doutrinário, há muito já se defendia a impossibilidade de alienação extrajudicial a preço vil, não só por invocação do art. 891 do CPC/2015, mas também de outras normas, tanto de direito processual quanto material, que i) desautorizam o exercício abusivo de um direito (art. 187 do Código Civil); ii) condenam o enriquecimento sem causa (art. 884 do Código Civil); iii) determinam a mitigação dos prejuízos do devedor (art. 422 do Código Civil) e iv) preleciona que a execução deve ocorrer da forma menos gravosa para o executado (art. 805 do CPC/2015). REsp 2.096.465-SP, rel. Min. Ricardo Villas Bôas Cueva, 3ªT., por unanimidade, j. 14-5-2024, DJe 16-5-2024. *Informativo STJ* n. 812.

[88] Hill, 2024, p. 49.
[89] A respeito das fases metodológicas na história do processo civil, *vide* Dinamarco, 2016, p. 386-390.
[90] Taruffo, 2014, p. 459.

extremamente velozes e a preços cada vez mais acessíveis, contribuiu para a formação de uma sociedade globalizada. Trata-se de uma sociedade em que os cidadãos se comunicam, interagem, trocam ideias e estabelecem relações de diferentes ordens (comerciais, profissionais e pessoais) independentemente dos tradicionais conceitos de Estado-nação.

Nessa nova sociedade, os horizontes são mais amplos do que os de outrora[91].

Retomando-se a premissa traçada inicialmente, sendo o direito processual uma ciência social, decerto a formação de uma nova sociedade, a sociedade global, não poderia deixar de ser considerada e de suscitar uma reflexão sobre os paradigmas sobre os quais se assenta o processo.

O crescimento do volume de relações no âmbito transnacional ocasionou, como consequência, o proporcional aumento do número de litígios internacionais que são submetidos ao Poder Judiciário dos Estados, gerando desafios para o direito processual.

Desse modo, o que, tradicionalmente, era considerado meramente acidental ou circunstancial tornou-se frequente.

Passamos a nos deparar com um significativo (e crescente) contingente de demandas judiciais envolvendo jurisdicionados de diferentes nacionalidades ou a respeito de relações jurídicas estabelecidas em diferentes partes do mundo[92].

Diante disso, o antigo paradigma interno sobre o qual o direito processual fora cunhado mostrou-se insuficiente e inapto a solucionar as controvérsias transnacionais.

Mauro Cappelletti[93] destacou, na última década do século XX, a necessidade de se atentar para a dimensão transnacional do processo civil, diante das mudanças verificadas na sociedade.

A globalização da economia, da cultura e das relações sociais gerou consequências jurídicas que, segundo Michele Taruffo[94], ocasionaram a mitigação da tradicional relação entre jurisdição, soberania e território do Estado-nação. Taruffo[95] destaca a importância de se atentar para a nova "dimensão transnacional da justiça civil", decorrente dessa nova sociedade global.

Remo Caponi[96] aponta como desafios a serem superados os obstáculos ao acesso à Justiça nos diferentes Estados nacionais, em razão da demora e dos altos custos para a solução das controvérsias transnacionais, colocando em evidência a morosidade dos procedimentos internos de reconhecimento e execução de decisões estrangeiras.

Podemos apontar dois grandes eixos evolutivos como consequência dos novos desafios trazidos pela sociedade globalizada:

i) valorização dos direitos fundamentais processuais, com a consequente harmonização dos sistemas processuais nacionais;

ii) fomento da cooperação jurídica internacional, com a criação de instrumentos processuais aptos a facilitar a circulação e o cumprimento de decisões judiciais estrangeiras e a prática de atos processuais relacionados a processos judiciais alienígenas.

---

[91] Hill, 2013, p. 53.
[92] Caponi, 2011, p. 78-79.
[93] Cappelletti, 1994, p. 68.
[94] Taruffo, 2000, p. 1083.
[95] Taruffo, 2001, p. 1.062.
[96] Caponi, 2011, p. 79.

A partir de tais iniciativas, o direito processual procura oferecer novas perspectivas para a adequada solução das controvérsias transnacionais, de modo a oferecer soluções efetivas, justas e céleres[97].

Nesse passo, Cappelletti[98] reconhece que nas últimas décadas o movimento pelo acesso à Justiça teve êxito em promover mudanças normativas e institucionais em diferentes locais do mundo, respondendo à crise do Direito e da Justiça.

Aliás, como bem anota Taruffo[99], globalização é uma expressão que engloba diversos conceitos, mas, seja como for, influencia fortemente todas as áreas do direito.

Jurisdição transnacional caracteriza-se como aquela em que há a necessidade de prática de atos processuais perante mais de um Estado para que se decida sobre o bem da vida postulado. Exemplos disso são a homologação de sentença estrangeira (arts. 960-965 do CPC) e a colaboração internacional (arts. 26-41 do CPC), institutos que receberam especial atenção da Comissão e dos legisladores do novo Código de Processo Civil.

Importante, entretanto, não olvidar a advertência feita por Chase[100], de que as diferenças culturais[101] e de tradição entre os ordenamentos jurídicos não pode ser desprezada, principalmente quando se comparam ordenamentos originados das famílias do *civil* e do *common law*[102], apesar de não se poder excluir os diálogos entre eles, tomados os devidos cuidados[103].

Dentro desse contexto, há dois posicionamentos. Por um lado, há quem enxergue a possibilidade de efetiva integração, acarretando um processo transnacional[104], inclusive informado pelos seus próprios princípios[105] e compatibilizado com os ditames do justo processo. Por outro lado, há quem entenda pela desnecessidade de formação de um processo transnacional, devendo eventuais controvérsias nesse campo ser resolvidas no âmbito privado[106]. Estamos com a primeira posição, e falaremos mais sobre o tema no tópico seguinte.

Aliás, como bem observa Barroso[107], essa integração já atinge as Cortes Superiores de diversos países, por meio de referências recíprocas e intercâmbio acadêmico. Ainda que, como adverte Caponi[108], essa tarefa demande algum esforço.

Um esforço no sentido da buscar regras comuns pode ser observado na elaboração dos Princípios de Direito Processual Transnacional elaborados pelo *Unidroit* e pelo *American Law Institute*, que trazem parâmetros de interpretação e aplicação das normas processuais internas, à luz dos princípios fundamentais processuais e com vistas a fomentar a cooperação jurídica internacional e solucionar as controvérsias transnacionais[109].

---

[97] Fazzalari, 2000, p. 689.
[98] Cappelletti, 1994, p. 72.
[99] Taruffo, 2014, p. 459.
[100] Chase, 2002, p. 277.
[101] Impossível, nessa temática, não fazer alusão à pioneira obra sobre o tema no direito brasileiro: Lacerda, 1961, p. 74-86.
[102] Hazard; Taruffo, 1997, p. 493.
[103] Chase, 1999, p. 84.
[104] Hazard; Taruffo; Sturner; Gidi, 2001, p. 769.
[105] Taruffo, 2014, p. 509.
[106] Weintraub, 1998, p. 413.
[107] Barroso, 2012, p. 13.
[108] Caponi, 2014, p. 273.
[109] American Law Institute. Unidroit. Principles of Transnational Civil Procedure. Disponível em: http://www.unidroit.org/english/principles/civilprocedure/ali-unidroitprinciples-e.pdf. Acesso em: 12 dez. 2015.

Neil Andrews destaca a importância dos Princípios de ALI/Unidroit para o direito processual contemporâneo, sustentando que influenciarão, de alguma forma, todos os sistemas processuais do mundo. Para o autor, alguns Estados adotarão tais princípios sem qualquer modificação, outros os adaptarão às suas necessidades e, mesmo entre os países que optem por não os adotar imediatamente, decerto os princípios consistirão em valioso parâmetro de orientação para futuras mudanças legislativas[110].

Andrews pondera que a uniformidade internacional do direito processual, mesmo quanto aos detalhes procedimentais, não é desejável. Deve-se buscar um acordo quanto aos valores fundamentais do processo. O autor acredita que os Princípios de ALI/Unidroit orientarão os trabalhos dos juristas e influenciarão a atuação dos responsáveis pelas políticas públicas[111].

Deve-se registrar, ainda, a elaboração, pelo Instituto Ibero-americano de Direito Processual, dos Códigos Modelo de Direito Processual Civil e Penal, de Processo Coletivo e de Cooperação Interjurisdicional[112], que almejam inspirar e nortear a edição de normas pelos países ibero-americanos e, assim, contribuir para a harmonização entre os ordenamentos processuais.

Todo esse progresso somente vem acontecendo em razão do crescimento do volume de controvérsias transnacionais. Tanto os tribunais internacionais são reiteradamente chamados a se manifestar, quanto os tribunais e autoridades nacionais são igualmente instados a solucionar tais litígios em observância às garantias fundamentais e, mais do que isso, a organizar um sistema processual estruturado e apto a solucioná-los adequadamente.

Serge Guinchard[113] reconhece que a multiplicação de controvérsias transnacionais foi um dos principais fatores que conduziram os Estados a colocar na ordem do dia a reflexão em torno da aplicação das garantias fundamentais do processo a esses casos, vencendo as resistências iniciais à noção de um direito processual transnacional e mundializado.

Não basta improvisar casuisticamente adaptações ao modelo processual essencialmente interno, cunhado séculos atrás, sendo necessário reestruturá-lo segundo a nova conformação social.

Fala-se, assim, em direito processual transnacional, voltado a oferecer instrumentos processuais aptos a solucionar as controvérsias que envolvam elementos concernentes a mais de um Estado, garantindo aos jurisdicionados soluções que atendam às garantias de isonomia, acesso à Justiça, efetividade, contraditório, ampla defesa e duração razoável do processo.

No entanto, não basta que a cooperação jurídica internacional esteja encartada nos principais textos normativos. Para que represente uma efetiva conquista do jurisdicionado de nossos dias, faz-se necessário que os Estados disponibilizem instrumentos processuais aptos a facilitar o acesso à Justiça no âmbito transnacional e que os tribunais nacionais estejam imbuídos do firme propósito de aplicá-los adequada e fielmente, com presteza e efetividade.

Sendo assim, passaremos a analisar os principais instrumentos de cooperação jurídica internacional previstos no Código de Processo Civil Brasileiro de 2015.

6.8.2 A cooperação internacional e o CPC

A cooperação internacional pode se realizar tanto entre autoridades judiciais como entre autoridades administrativas de diferentes países.

---

[110] Andrews, 2006, p. 21.
[111] Andrews, 2008, p. 118.
[112] Instituto Iberoamericano de Direito Processual. Códigos Modelo. Disponível em: http://www.direitoprocessual.org.br/index.php?codigos-modelo-4. Acesso em: 1º abr. 2016.
[113] Guinchard, 2011, p. 103.

De modo geral, pode-se afirmar que a cooperação internacional visa à realização em uma jurisdição de providências de natureza jurídica que são necessárias para a efetividade de um processo que tramita (ou tramitou) em uma jurisdição diferente dessa na qual a providência será implementada.

Com relação a essas modalidades de cooperação, importante frisar que os atos não jurisdicionais, ou administrativos, não dependem do juízo de delibação para que possam ser aqui praticados, mas devem ser realizados em conjunto com autoridades judiciais ou administrativas nacionais.

Assim, a cooperação que envolve apenas a autoridade administrativa pode ser realizada na forma do auxílio direto, dispensando a atuação do Superior Tribunal de Justiça.

No Brasil, a cooperação internacional tem previsão na própria Constituição Federal de 1988, que estabelece a competência do Superior Tribunal de Justiça para processar e julgar a homologação de sentença estrangeira, e para a concessão de *exequatur* às cartas rogatórias (art. 105, I, *i*, da CF/88)[114].

O novo Código de Processo Civil parece ter trazido a solução que se buscava para a questão, incorporando na legislação infraconstitucional a regulamentação que já era prevista no regimento interno do Superior Tribunal de Justiça para a homologação de sentença estrangeira e para as cartas rogatórias, e trazendo de forma expressa a previsão do auxílio direto em matéria jurisdicional.

Nesse sentido, podemos dizer que a primeira novidade do novo Código está na disposição topográfica da regulamentação da cooperação jurídica internacional, que forma o Capítulo II do Título II ("Dos limites da jurisdição nacional e da cooperação internacional") do Livro II ("Da função jurisdicional").

O tratamento da matéria começa com as disposições gerais (Seção I), aplicáveis a todas as modalidades de cooperação internacional. Assim, o art. 26, *caput*, estabelece os princípios (devido processo legal, igualdade, acesso à Justiça, publicidade processual) e as regras estruturais (existência de uma autoridade central e espontaneidade na transmissão de informações a autoridades estrangeiras) que regem a cooperação jurídica internacional.

Interessante observar que as normas fundamentais do ordenamento jurídico brasileiro não só determinam como o procedimento deve se desenvolver, mas também estabelecem limites para a realização da cooperação internacional, na medida em que fica vedada a prática de atos que contrariem ou que produzam resultados incompatíveis com tais normas (art. 26, § 3º).

O CPC prevê ainda que, na ausência de tratado regulando a comunicação entre os dois países, será aplicado o princípio da reciprocidade, com exceção da homologação de sentença estrangeira, que dispensa essa exigência (art. 26, §§ 1º e 2º).

Toda a atividade de cooperação é centralizada no Ministério da Justiça (§ 4º) e pode ter por objeto as seguintes diligências (art. 27):

i) citação, intimação e notificação judicial e extrajudicial;

ii) colheita de provas e obtenção de informações;

iii) homologação e cumprimento de decisão;

iv) concessão de medida judicial de urgência;

v) assistência jurídica internacional;

vi) qualquer outra medida judicial ou extrajudicial não proibida pela lei brasileira.

As modalidades de cooperação tratadas no CPC são:

---

[114] Na redação original, a Constituição Federal de 1988 atribuía essa competência ao Supremo Tribunal Federal, mas foi alterada pela Emenda Constitucional n. 45, de 2004.

i) auxílio direto;

ii) carta rogatória.

Segundo o art. 28, cabe auxílio direto quando a medida não decorrer diretamente de decisão de autoridade jurisdicional estrangeira a ser submetida a juízo de delibação no Brasil.

O auxílio direto pode ser utilizado para (art. 30):

i) obtenção e prestação de informações sobre o ordenamento jurídico e sobre processos administrativos ou jurisdicionais findos ou em curso;

ii) colheita de provas, salvo se a medida for adotada em processo, em curso no estrangeiro, de competência exclusiva de autoridade judiciária brasileira;

iii) qualquer outra medida judicial ou extrajudicial não proibida pela lei brasileira.

O CPC menciona, nos arts. 31 a 34, a figura da autoridade central, assim entendida aquela responsável pela prática do ato em território brasileiro. Dependendo da medida solicitada, pode ser a Advocacia-Geral da União, o Ministério Público, ou mesmo a Justiça Federal.

A carta rogatória, por sua vez, instrumentaliza o pedido de cooperação entre órgão jurisdicional brasileiro e órgão jurisdicional estrangeiro.

No entanto, o art. 35 do CPC foi vetado pela Chefe do Poder Executivo. A redação original do dispositivo era a seguinte:

"Art. 35. Dar-se-á por meio de carta rogatória o pedido de cooperação entre órgão jurisdicional brasileiro e órgão jurisdicional estrangeiro para prática de ato de citação, intimação, notificação judicial, colheita de provas, obtenção de informações e cumprimento de decisão interlocutória, sempre que o ato estrangeiro constituir decisão a ser executada no Brasil".

Foram adotadas as seguintes razões de veto:

"Consultados o Ministério Público Federal e o Superior Tribunal de Justiça, entendeu-se que o dispositivo impõe que determinados atos sejam praticados exclusivamente por meio de carta rogatória, o que afetaria a celeridade e efetividade da cooperação jurídica internacional que, nesses casos, poderia ser processada pela via do auxílio direto".

Observe-se que o veto imposto ao art. 35 não faz desaparecer a figura da carta rogatória de nosso ordenamento. Tão somente a torna dispensável para os atos ali previstos. Ela continua necessária para as finalidades do art. 40.

O seu procedimento se dá perante o STJ (art. 36), observado seu Regimento Interno, assegurando-se o devido processo legal, sendo vedada a revisão do mérito do ato estrangeiro.

Não custa lembrar que o Decreto n. 9.039/2017 promulgou a Convenção sobre a Obtenção de Provas no Estrangeiro em Matéria Civil ou Comercial, firmada em Haia, em 18 de março de 1970, e tratou das Cartas Rogatórias nos arts. 1º a 14.

No sítio do Ministério da Justiça[115] podem ser encontradas informações detalhadas sobre todas as ferramentas de cooperação internacional, bem como a legislação em vigor.

Por fim, devemos dizer que a implementação de tais avanços pelo novo Código de Processo Civil brasileiro exerce o relevante (e histórico) papel de promover o necessário alinhamento do Brasil à moderna tendência verificada em diversos países do mundo, em prestígio à desburocratização da circulação de decisões judiciais entre países, sem, com isso, se descurar das garantias processuais.

Na atualidade, em que a circulação de pessoas e bens transcende, em volume crescente, as fronteiras políticas dos países, a ciência processual deve perceber e acompanhar tal evolução, sob pena de

---

[115] Disponível em: http://www.justica.gov.br/sua-protecao/cooperacao-internacional. Acesso em: 27 jun. 2017.

ver vulnerada a sua legitimidade. O progresso de um país e de sua população perpassa, em nossos dias, necessariamente pela forma com que o seu regramento processual e as suas instituições se posicionam em relação à circulação das decisões judiciais estrangeiras.

Garantir efetivamente o amplo acesso à Justiça aos jurisdicionados já há algum tempo não pode se encerrar nos estreitos limites políticos dos países, devendo, ao revés, adquirir contornos transnacionais. E o CPC, sensível a isso, avança no firme propósito de trazer respostas aos novos anseios da sociedade contemporânea.

6.9 A JURISDIÇÃO, O PRAGMATISMO E A ANÁLISE ECONÔMICA DO DIREITO

Para um pragmatista[116], a relevância ou o significado de uma teoria só podem ser compreendidos e adequadamente percebidos à luz das alterações ou consequências que ela possa produzir no mundo fático. Assim, essa orientação intelectual revela o entendimento de que a produção acadêmica não deve se desvincular por completo da realidade sob pena de se tornar estéril ou utópica e, portanto, inútil.

Anderson de Paiva Gabriel[117], em sua tese de doutoramento na UERJ, reforça o entendimento no sentido de que o pragmatismo se funda em três pilares: antifundacionalismo, contextualismo e consequencialismo.

O antifundacionalismo[118] consiste na constante rejeição de teses abstratas, entidades transcendentais e verdades aprioristicas, refutando-se a ideia de certeza por meio da valorização do dinamismo do pensamento e permanente evolução dos conceitos.

O contextualismo prega que qualquer investigação ou processo, mesmo o decisório, deve se dar dentro do contexto histórico e social em que se encontra inserido[119].

Por fim, o consequencialismo, que acabou por se tornar o traço mais característico do pragmatismo, defende a ideia, segundo Pierce[120], de que "as consequências ou efeitos de significado prático, que presumivelmente podemos atribuir ao objeto de nossas representações, constituem a totalidade de nossa compreensão deste objeto".

O consequencialismo também pode ser visto com a ética das consequências, de forma que condutas são julgadas e decisões são tomadas somente pelas suas consequências[121]. Analisado por outro ângulo, pode ser, ainda, compreendido como um conjunto de teorias normativas éticas cuja afirmação central é "a ideia de que as consequências de determinada conduta deverão ser a medida de sua correção"[122].

E, por fim, é igualmente possível enxergar o consequencialismo pela ótica do utilitarismo, como defende Posner[123], por meio da avaliação das consequências de um ato. O autor enumera 12 postulados para a adequada compreensão do pragmatismo jurídico[124], a saber:

---

[116] Gabriel, 2021, p. 101.
[117] Gabriel, 2022, p. 75.
[118] Pogrebinschi, 2005, p. 30.
[119] Taruffo, 2009, p. 87.
[120] Peirce, 1992, p. 132.
[121] Frazão, 2019.
[122] Araujo, Ferreira Jr. e Montenegro, 2021, p. 1002.
[123] Posner, 2003, p. 60.
[124] Araujo, Ferreira Jr. e Montenegro, 2021, p. 1011.

(i) pragmatismo jurídico não é apenas um eufemismo para decisões *ad hoc* particularistas. Envolve considerações sistêmicas, e não apenas contempla consequências específicas para o caso examinado;

(ii) apenas em casos específicos o juiz pragmatista atribuirá peso determinante às consequências sistêmicas. Contudo, em muitos outros casos as consequências específicas serão determinantes;

(iii) O critério derradeiro para a adjudicação pragmatista é a razoabilidade (*reasonableness*);

(iv) O pragmatismo jurídico não é uma forma de consequencialismo, compreendida como o conjunto de doutrinas filosóficas que avaliem a virtude das ações exclusivamente pelo valor de suas consequências;

(v) O pragmatismo jurídico volta o seu olhar para o futuro, considerando a aderência às decisões passadas mais como uma necessidade do que como um dever ético;

(vi) O pragmatista jurídico crê que não há procedimentos analíticos que distinguem o raciocínio jurídico de outras formas de raciocínio prático;

(vii) O pragmatismo jurídico é empirista;

(viii) Enquanto empirista, não é hostil a todas as teorias, apenas em relação às ideias que se utilizem de morais abstratas e teorias políticas para guiar a tomada de decisão judicial;

(ix) O pragmatismo jurídico não é um suplemento do formalismo;

(x) O pragmatismo jurídico é simpático à concepção sofista e aristotélica da retórica enquanto forma de razão;

(xi) o juiz pragmático tende a favorecer argumentos específicos em detrimento de argumentos generalistas;

(xii) o pragmatismo jurídico é tanto diferente do realismo jurídico quanto dos estudos críticos do direito (*critical legal studies*, abreviados como *crits*).

O aprofundamento das ideias consequencialistas leva à consolidação da análise econômica do direito, sob o prisma da eficiência[125], e que produz importantes instrumentos para o direito processual.

Como bem salienta o Ministro Luiz Fux[126], esse estudo pode ser subdividido em duas vertentes principais. A primeira, chamada descritiva, procura identificar como as normas em vigor influenciam a atuação dos agentes, sobretudo os incentivos ou desincentivos que os institutos jurídicos geram a esses *"players"*. A segunda, de viés empírico, busca identificar o modelo mais eficiente dos institutos jurídicos com o objetivo de maximizar o bem-estar social.

Luciano Benetti Timm nos apresenta uma visão geral do instituto[127] e sustenta que a AED pode ser examinada a partir de dois métodos: o positivo e o normativo.

O pensamento pragmático também foi o fio condutor da decisão emblemática do STF[128].

---

[125] Nesse sentido, ainda que diferentes institutos jurídicos sejam passíveis de aplicação, em tese, a determinado fenômeno social, apenas a avaliação de dados empíricos sobre as consequências práticas ensejadas por cada um pode permitir a seleção daquele que se mostre mais adequado, bem como minimizar erros e fracassos ao mesmo passo em que estreita a distância entre o direito, que constitui o campo do dever ser, e a realidade em si. Gabriel, 2021, p. 130.

[126] Fux, 2019a, p. 15.

[127] "(...) o Direito e Economia ou (a AED) é um método interdisciplinar de estudar o 'fenômeno' jurídico ou mais propriamente a experiência social jurídica. Ela se vale de ferramentas da Ciência Econômica – fundamentalmente, mas não apenas, da Microeconomia – para explicar os princípios e regras jurídicas e resolver problemas regulatório-normativos. Ou ainda, mais especificamente, para descrever o comportamento dos tomadores de decisão frente a dilemas jurídicos, bem como para proposição de uma regulação ou mesmo de interpretação de um princípio em um determinado caso" (Timm, 2018, p. 2).

[128] "(...) Entretanto, o Direito é, por essência, multidisciplinar e não se pode desprezar o contexto em que as decisões judiciais são

Como manifestação concreta da análise econômica do direito, podemos identificar alguns dispositivos no CPC, como por exemplo os seguintes, conforme bem sistematizado na obra de Maria Eduarda Ilha[129]:

a) a inclusão da norma que instituiu o pagamento de honorários sucumbenciais em sede recursal (art. 85, §§ 1º e 11);

b) a imposição de sanções pecuniárias para aquele que litiga de má-fé (arts. 79 e 80) e na hipótese de interposição de recurso manifestamente protelatório, bem como a restrição ao manejo de qualquer outro recurso antes do depósito do valor respectivo (arts. 1.021, § 4º, e 1.026, §§ 2º e 3º);

c) a utilização de métodos de autocomposição (arts. 3º, 139, V, 165/175, 334 e 381, II);

d) o cabimento das convenções procedimentais e uso do processo calendário (arts. 190 e 191);

e) a previsão das tutelas provisórias, devidamente sistematizadas sob as formas de urgência e evidência (arts. 296 a 311); e

f) a adoção de um sistema de precedentes, de forma a conferir estabilidade e previsibilidade às decisões judiciais, incluindo as ferramentas dos julgamentos repetitivos e da filtragem no acesso aos Tribunais Superiores (arts. 926 a 928).

Aliás, em obra específica sobre os impactos da AED no processo civil brasileiro, o Ministro Luiz Fux e Bruno Bodart[130] apontam diversas aplicações concretas, a saber: parâmetros para avaliar a efetividade do acesso à justiça, métricas para a eficiência do acordo nos métodos adequados de resolução de conflitos, gerenciamento das despesas processuais, pertinência dos filtros processuais, funções da coisa julgada e adequação dos sistemas de edição de precedentes e das ferramentas de uniformização de jurisprudência.

Embora se trate de tendência mundialmente aceita, apenas recentemente o direito processual civil brasileiro começou a se preocupar, efetivamente, com as aplicações concretas da AED em seus institutos. A tarefa, nos dias atuais, é promover os necessários ajustes das normas e institutos processuais fundamentais conforme esse novo modelo[131].

Aliás, como bem pontua Rodrigo Fux, a incorporação do raciocínio econômico pelos Tribunais brasileiros está se tornando, a cada dia, uma realidade capaz de contribuir positivamente para que se possam alcançar níveis mais elevados de efetividade[132].

---

tomadas, especialmente as que acarretam impacto orçamentário. Com efeito, em um Estado Democrático de Direito, há de se ter em foco a justa equalização das situações *sub judice*, não podendo o Judiciário se afastar completamente do cenário econômico e da realidade orçamentária. (...) Em cenários como esse, o Poder Judiciário deve, sempre que possível, proferir decisões ou modificar as já existentes para que produzam um resultado prático razoável e de viável cumprimento. É que, em uma abordagem pragmática e multidisciplinar, a atuação do juiz, como agente político dotado da missão de resolver conflitos intersubjetivos, deve ser informada por três axiomas: o antifundacionalismo, o contextualismo e o consequencialismo". STF, AO 1.773-DF, rel. Min, Luiz Fux, j. 26-11-2018.

[129] ILHA, 2019, p. 34.
[130] Fux; Bodart, 2019, p. 27.
[131] Fux, 2022, p. 36.
[132] "Não se trata de uma adoção acrítica de tendências estrangeiras em sua integralidade só até termos algum método tupiniquim de interpretação, mas sim adicionar mais uma deslumbrante tonalidade à rica paleta de cores já existente no Direito brasileiro" (Fux, 2018, p. 5).

Capítulo 7
ÓRGÃOS DA FUNÇÃO JURISDICIONAL: ORGANIZAÇÃO FEDERAL E ESTADUAL

7.1 DISCIPLINA BÁSICA, FUNÇÕES E MISSÃO DO PODER JUDICIÁRIO

A Constituição Federal, em seus art. 92 a 126, determina os órgãos integrantes do Poder Judiciário Nacional, ao qual corresponde precipuamente o exercício da função jurisdicional. Por força do art. 125, *caput*, da CF, cabe aos Estados-membros, por meio das respectivas Constituições e leis de organização judiciária, dispor sobre a organização judiciária estadual, obedecendo aos princípios e às regras da Lei Maior[1].

As normas ditadas pelos Estados deverão observar ainda as diretrizes fixadas pelo Estatuto da Magistratura (art. 93 da CF). No entanto, enquanto este não for aprovado, referidas diretrizes devem ser buscadas na Lei Orgânica da Magistratura Nacional (LC n. 35/79), que continua vigendo e desempenhando, por ora, o papel do Estatuto da Magistratura.

Embora a função precípua do Poder Judiciário seja a jurisdicional, também lhe são afetas algumas funções de natureza legislativa (p. ex., elaboração de regimentos internos pelos tribunais) e administrativa (p. ex., realização de concursos públicos para provimentos dos cargos da magistratura). O conjunto de atividades desempenhadas pelo Poder Judiciário no exercício de suas funções costuma-se denominar atividade judiciária.

Em razão da relevância desse poder para a efetivação ou correção da realização imperfeita dos direitos fundamentais, a doutrina moderna tem unido esforços para impulsionar um movimento de ascensão do Poder Judiciário com base nas suas características e garantias, atribuindo maiores responsabilidades aos seus integrantes, visando à concretização[2] das garantias fundamentais para, dessa forma, garantir a vontade constitucional.

No intuito de preservar o objetivo e a missão constitucional do Poder Judiciário, bem como prevenir desvios de conduta e reprimir atos ilícitos, foi idealizado o controle "externo"[3] do Poder Judiciário, realizado pelo Conselho Nacional de Justiça, instituído pela Emenda Constitucional n. 45/2004.

Trata-se de um órgão colegiado composto por quinze membros (incluindo membros do Ministério Público, advogados e cidadãos de notável saber jurídico e reputação ilibada), nomeados pelo Presidente da República, aos quais compete, dentre outras funções não jurisdicionais, o controle da atuação administrativa e financeira do Poder Judiciário e do cumprimento dos deveres funcionais dos juízes, além de outras atribuições que lhes forem conferidas pelo Estatuto da Magistratura (art. 103-B, § 4º, da CF).

---

[1] Dinamarco; Lopes, 2016, p. 90.
[2] Bonavides, 2001, p. 544.
[3] Que, na verdade, não é externo, eis que o CNJ integra o rol do art. 92 da Carta, modificado pela Emenda n. 45/2004, e que trata dos Órgãos do Poder Judiciário.

O CNJ é presidido pelo Presidente do Supremo Tribunal Federal[4]; os membros são nomeados pelo Presidente da República, depois de aprovada a escolha pela maioria absoluta do Senado Federal.

Na forma do art. 103-B, § 4º, além das funções já mencionadas destacam-se as seguintes:

i) zelar pela autonomia do Poder Judiciário e pelo cumprimento do Estatuto da Magistratura, podendo expedir atos regulamentares, no âmbito de sua competência, ou recomendar providências;

ii) zelar pela observância do art. 37 e apreciar, de ofício ou mediante provocação, a legalidade dos atos administrativos praticados por membros ou órgãos do Poder Judiciário, podendo desconstituí-los, revê-los ou fixar prazo para que se adotem as providências necessárias ao exato cumprimento da lei, sem prejuízo da competência do Tribunal de Contas da União;

iii) receber e conhecer das reclamações contra membros ou órgãos do Poder Judiciário, inclusive contra seus serviços auxiliares, serventias e órgãos prestadores de serviços notariais e de registro que atuem por delegação do poder público ou oficializados, sem prejuízo da competência disciplinar e correicional dos tribunais, podendo avocar processos disciplinares em curso e determinar a remoção, a disponibilidade ou a aposentadoria com subsídios ou proventos proporcionais ao tempo de serviço e aplicar outras sanções administrativas, assegurada ampla defesa;

iv) representar ao Ministério Público, no caso de crime contra a administração pública ou de abuso de autoridade;

v) rever, de ofício ou mediante provocação, os processos disciplinares de juízes e membros de tribunais julgados há menos de um ano;

vi) elaborar semestralmente relatório estatístico sobre processos e sentenças prolatadas, por unidade da Federação, nos diferentes órgãos do Poder Judiciário; e

vii) elaborar relatório anual, propondo as providências que julgar necessárias, sobre a situação do Poder Judiciário no País e as atividades do Conselho, o qual deve integrar mensagem do Presidente do Supremo Tribunal Federal a ser remetida ao Congresso Nacional, por ocasião da abertura da sessão legislativa.

Funcionará um Corregedor perante o CNJ, o qual será sempre um Ministro do STJ, que, na forma do § 5º do art. 103-B da CF, terá as seguintes atribuições

i) receber as reclamações e denúncias, de qualquer interessado, relativas aos magistrados e aos serviços judiciários;

ii) exercer funções executivas do Conselho, de inspeção e de correição geral;

iii) requisitar e designar magistrados, delegando-lhes atribuições, e requisitar servidores de juízos ou tribunais, inclusive nos Estados, Distrito Federal e Territórios.

Ainda oficiarão junto ao Conselho o Procurador-Geral da República e o Presidente do Conselho Federal da Ordem dos Advogados do Brasil (art. 103-B, § 6º, da CF).

O CNJ, ao lado das Ouvidorias de Justiça (art. 103-B, § 7º) e das Escolas da Magistratura (art. 93, IV), serve como órgão de controle e aperfeiçoamento do Poder Judiciário.

Caso haja impugnação a atos praticados pelo CNJ, mesmo que por meio de ação ordinária, observado o art. 102, I, "r" da Constituição de 1988, a competência será do STF[5].

Como bem pondera o Min. Luiz Fux, um dos grandes desafios do CNJ é implementar as necessárias políticas públicas, mas atuar de modo a não afrontar a autonomia dos órgãos do Poder Judiciário[6].

---

[4] Emenda Constitucional n. 61/2009.
[5] Rcl 15.551 AgR/GO, rel. Min. Cármen Lúcia, j. 26-11-2019. *Informativo STF* n. 961.
[6] Fux, 2022, p. 138.

7.2 ÓRGÃOS DO PODER JUDICIÁRIO

No Brasil, os órgãos que compõem o Poder Judiciário ocupam-se principalmente da função jurisdicional, à exceção do CNJ, visto acima, que possui função administrativa e regulamentar.

O art. 92 da Carta de 1988 nos apresenta os Órgãos do Poder Judiciário. Vejamos, agora, as características dos principais órgãos:

a) Supremo Tribunal Federal (STF). Regulado nos arts. 101 a 103, é responsável pelo controle da constitucionalidade das leis – "guardião da Constituição"; é o órgão de cúpula do Poder Judiciário, cabendo-lhe proferir a última palavra nas causas que lhe são submetidas. Compõe-se de onze ministros, possui sede na Capital Federal e competência que se estende sobre todo o território nacional, bem como competência originária e recursal (ordinária, art. 102, II, e extraordinária, art. 102, III).

b) Superior Tribunal de Justiça (STJ). Constitui inovação da CF/88 (arts. 104 e 105, *c*), sendo o responsável por promover a defesa da lei federal infraconstitucional e unificador da interpretação do direito, quando haja interpretações divergentes entre os Tribunais de Justiça ou dos Tribunais Regionais Federais. Compõe-se de, no mínimo, 33 ministros, possui sede na Capital Federal e competência que se estende sobre todo o território nacional, além de possuir competência originária e recursal. Junto ao STF, funciona como órgão de superposição, já que julga recursos interpostos em processos advindos das esferas estadual e federal.

c) Tribunal Superior do Trabalho (TST). Contemplado nos arts. 111 e 111-A. É órgão de superposição da Justiça Trabalhista e julga os recursos interpostos em causas que já estejam exauridas nas instâncias inferiores. Compõe-se de 27 ministros (art. 111-A, *caput*, da CF), sua sede localiza-se na Capital Federal e sua competência se estende sobre todo o território nacional (art. 92, §§ 1º e 2º, da CF)[7]. Além do Tribunal Superior do Trabalho, compõem a Justiça Trabalhista os Tribunais Regionais do Trabalho e os Juízes do Trabalho (art. 111 da CF). Compete à Justiça do Trabalho julgar, entre outras causas, os dissídios individuais e coletivos oriundos da relação de trabalho, incluindo as ações de indenização por dano moral ou patrimonial, decorrentes da relação de trabalho e as ações relativas às penalidades administrativas impostas aos empregadores pelos órgãos de fiscalização das relações de trabalho (art. 114 da CF). Essa Justiça integra a denominada estrutura judiciária especial.

d) Tribunal Superior Eleitoral (TSE). Está previsto no art. 119, tem sede na Capital Federal e jurisdição sobre todo o território nacional (art. 92, §§ 1º e 2º, da CF). É composto, no mínimo, por 7 ministros (art. 119, *caput*, da CF). Suas decisões são irrecorríveis, salvo se contrariarem a Constituição ou se denegatórias de mandado de segurança ou *habeas corpus* (arts. 102, II e III, e 121, § 3º, da CF). A Justiça Eleitoral tem estrutura mais ampla, incluindo, além do Tribunal Superior Eleitoral, os Tribunais Regionais Eleitorais, os Juízes Eleitorais e as Juntas Eleitorais (art. 118 da CF), ficando a cargo da Lei Ordinária n. 4.737/65 a distribuição de competência entre seus órgãos. É uma Justiça *sui generis*, pois seus membros são tomados "por empréstimo"; não há carreira autônoma e quem faz as vezes do juiz eleitoral é o juiz de direito da Justiça comum estadual (também no exercício de função federal)[8]. Tal Justiça disciplina as questões referentes a eleições, partidos políticos, crimes eleitorais, entre outros, e compõe a estrutura especializada discriminada na Constituição.

---

[7] Importante observar que a Carta de 1988 foi alterada pela Emenda Constitucional n. 92, de 12 de julho de 2016, para que o TST fosse incluído explicitamente no rol de integrantes do Poder Judiciário (art. 92), bem como para que constasse sua competência para processar e julgar, originariamente, a reclamação para preservação de sua competência e garantia da autoridade de suas decisões (art. 111-A, § 3º).

[8] Os membros da Justiça Eleitoral não são vitalícios, sendo nomeados por dois anos, podendo ser reconduzidos por mais dois (art. 121, § 2º, da CF).

e) Superior Tribunal Militar (STM). Regulado pelo art. 123, compõe-se de 15 ministros vitalícios. A Justiça Militar da União é composta por Conselhos de Justiça Militar (órgãos de 1ª instância) e pelo STM. Sua competência se limita a processar e julgar os "crimes militares", assim definidos em lei, que também disporá sobre sua organização e funcionamento (art. 124, *caput* e parágrafo único, da CF), não conflitando com o art. 125, § 4º, da CF. Apenas integrantes das Forças Armadas (Exército, Marinha e Aeronáutica) são julgados na Justiça Militar (CJM ou STM). Já os integrantes das Forças Auxiliares (Polícia Militar, Bombeiros) são julgados pela Justiça Estadual (Auditoria da Justiça Militar ou órgão equivalente, dependendo da organização judiciária de cada Estado). Não obstante dispõe, ainda, a CF sobre a possibilidade de criação da Justiça Militar estadual, nos termos do art. 125, § 3º. Ressalva-se, contudo, a competência do júri quando a vítima for civil (art. 125, § 4º, da CF). A Justiça Militar também integra a estrutura especializada.

Ressalta-se ainda, que a Organização Judiciária tem natureza preponderantemente administrativa, mas seus temas sempre estão, em algum grau, ligados à dinâmica do processo e do exercício da jurisdição, já que suas normas abrangem não somente matéria pertinente à composição e atribuição de juízes e Tribunais, mas também à constituição da Magistratura, distribuição dos órgãos auxiliares, condições de disciplina do foro etc.

A Justiça Federal de primeira instância é disciplinada pela Lei de Organização Judiciária Federal (instituída pela Lei n. 5.010, de 1966), ao passo que cada Estado membro da Federação possui sua própria Lei de Organização Judiciária.

A Justiça Federal comum (art. 106 da CF), por sua vez, é composta pelos Tribunais Regionais Federais – inovação da CF/88, que extinguiu o Tribunal Federal de Recursos – e pelos juízes federais de 1ª instância. A composição dos TRFs encontra-se prevista no art. 107 da CF, estando sua sede e competência territorial disciplinadas pela Lei n. 7.727/89 (art. 107, § 1º, da CF).

São regionais, podendo compreender mais de uma região geográfica[9] – atualmente há seis, com sede no Distrito Federal, Recife, Rio de Janeiro, São Paulo, Porto Alegre Minas Gerais[10].

Possuem competência originária (art. 108, I, da CF) e recursal (art. 108, II, da CF), para as causas conhecidas originalmente pelos juízes federais (art. 109 da CF). Já os juízes federais de 1º grau são divididos em seções judiciárias, que são agrupadas em regiões correspondentes a cada um dos Tribunais Regionais Federais, com sede nas respectivas capitais (art. 110 da CF).

As seções judiciárias, por seu turno, podem ser divididas em subseções, o que permite a interiorização da Justiça Federal Comum, contribuindo para o acesso à Justiça pela eliminação de obstáculos de natureza geográfica.

A competência dos juízes federais de 1ª instância deflui do art. 109 da Constituição e se determina, sobretudo, nas "causas em que a União, entidade autárquica ou empresa pública federal forem interessadas na condição de autoras, rés, assistentes ou oponentes, exceto as de falência, as de acidente de trabalho e as sujeitas à Justiça Eleitoral e à Justiça do Trabalho" (art. 109, I, da CF).

Observe-se que, na forma do art. 45 do CPC, caso o processo já tramite perante outro juízo, os autos serão remetidos ao juízo federal competente se nele intervier a União[11], suas empresas públi-

---

[9] Conforme a redação do art. 27, § 6º, do Ato das Disposições Constitucionais Transitórias, da Resolução n. 1, de 6 de outubro de 1988, do Tribunal Federal de Recursos, e da Lei n. 7.727, de 9 de janeiro de 1989.

[10] A Lei n. 14.226/2021 criou o Tribunal Regional Federal da 6ª Região (TRF-6), com jurisdição em Minas Gerais.

[11] A mera alegação por uma das partes da necessidade de intervenção da União, entidade autárquica ou empresa pública federal em uma demanda entre pessoas privadas em trâmite na Justiça Estadual é insuficiente para que haja o deslocamento de competência para a Justiça Federal. (...) Dessarte, a remessa do feito para que a Justiça Federal avalie se há interesse federal pressupõe,

cas, entidades autárquicas e fundações, ou conselho de fiscalização de atividade profissional, na qualidade de parte ou de terceiro interveniente.

Essa regra, contudo, cede caso se trate de ação:

a) de recuperação judicial, falência, insolvência civil[12] e acidente de trabalho;

b) sujeita à Justiça Eleitoral ou à Justiça do Trabalho;

c) em que houver pedido cuja apreciação seja de competência do juízo perante o qual foi proposta tal demanda.

Por outro lado, o § 3º desse art. 45 determina que o juízo federal deverá restituir os autos ao juízo estadual sem suscitar conflito se o ente federal cuja presença ensejou a remessa for excluído do processo[13].

Ao lado dos TRFs e dos juízos de 1ª instância, existem os Juizados Especiais Federais (art. 98, § 1º, da CF; Lei n. 10.259/2001). Estes compreendem órgãos de primeira e segunda instâncias (art. 14 da Lei n. 10.259/2001).

A Justiça Estadual comum é estruturada pelos preceitos estabelecidos pela Constituição Federal (arts. 93 a 100 e 125), pela Constituição Estadual (que definirá a competência dos Tribunais), bem como pelas respectivas Leis de Organização Judiciária (art. 125, § 1º, da CF)[14].

É composta pelos Tribunais de Justiça (TJ) – órgãos de 2ª instância – com competência sobre todo o Estado e situados em sua capital; pelos órgãos de 1º grau, como os juízes de direito; e pelo Tribunal do Júri, competente para os crimes dolosos contra a vida.

A competência da Justiça Estadual é residual em relação a Federal. Ou seja: não sendo caso de competência federal (art. 109 da CF) caberá à magistratura estadual cuidar do tema. Não obstante isso, vez por outra surgem questões controvertidas como, por exemplo, em matéria de direito administrativo[15]-[16].

Ademais, a Constituição Federal facultou aos Estados e ao Distrito Federal, em seu art. 98, a criação dos Juizados Especiais, regulados pela Lei n. 9.099/95, tendo competência civil e criminal,

---

primeiramente, um pedido de intervenção formulado pela própria União, por suas autarquias ou empresas públicas federais. EDcl no AgRg no Ag 1.275.461-SP, rel. Min. Regina Helena Costa, 1ª T., por maioria, j. 21-5-2024.

[12] Tema 859 RG. Tese fixada: "A insolvência civil está entre as exceções da parte final do artigo 109, I, da Constituição da República, para fins de definição da competência da Justiça Federal". RE 678162-AL, rel. Min. Marco Aurélio, redator do acórdão Min. Edson Fachin, j. 26-3-2021. *Informativo STF* n. 1.011.

[13] A intervenção de entes federais que não acarrete a assunção, por eles, de nenhuma dessas posições na relação processual, como é o caso do *amicus curiae* (hipótese nova de intervenção de terceiros regulada pelo art. 138, do CPC), não importará na remessa dos autos do processo para a Justiça Federal. A orientação consta, inclusive, da Súmula Vinculante n. 27. Caberá à Justiça Federal a decisão sobre a existência ou não de interesse jurídico do ente federal na intervenção, tema definido, inclusive, pela Súmula n. 150 da jurisprudência do STJ. Por isso é que o § 3º, do art. 45, do CPC, determina ao juízo federal a restituição dos autos ao juízo estadual sem suscitar conflito de competência se o ente federal cuja presença ensejou a remessa for excluído do processo" (Gaio Jr.; Pinho, 2018, p. 126).

[14] No Estado do Rio de Janeiro temos o Código de Organização e Divisão Judiciárias do Estado do Rio de Janeiro (CODJERJ) e o Regimento Interno do Tribunal de Justiça.

[15] STF. Tema n. 1.092 de Repercussão Geral. RE 1.265.549. Compete à Justiça Comum processar e julgar causas sobre complementação de aposentadoria instituída por lei cujo pagamento seja, originariamente ou por sucessão, da responsabilidade da Administração Pública direta ou indireta, por derivar essa responsabilidade de relação jurídico-administrativa. Data: 5-6-2020. Disponível em: http://www.stf.jus.br/portal/jurisprudenciaRepercussao/abrirTemasComRG.asp. Acesso em: 15 jun. 2020.

[16] STF. Tema n. 992 de Repercussão Geral. RE 960.429. Compete à Justiça Comum processar e julgar controvérsias relacionadas à fase pré-contratual de seleção e de admissão de pessoal e eventual nulidade do certame em face da Administração Pública, direta e indireta, nas hipóteses em que adotado o regime celetista de contratação de pessoal. Data: 5-3-2020. Disponível em: http://www.stf.jus.br/portal/jurisprudenciaRepercussao/abrirTemasComRG.asp. Acesso em: 15 jun. 2020.

e compreendendo órgãos de 1ª e 2ª instâncias (Turma ou Conselho Recursal, integrado por Juízes e não por Desembargadores).

No âmbito estadual, a partir de 22 de dezembro de 2009, com a Lei n. 12.153, foram previstos os Juizados Especiais da Fazenda Pública para os Estados, o Distrito Federal e os Territórios, sendo que estes, junto com os Juizados Especiais Cíveis e Criminais, passarão a integrar o "Sistema dos Juizados Especiais".

Os Juizados da Fazenda Pública têm competência absoluta para processar, conciliar, julgar e executar as causas cíveis, de interesse dos Estados, do Distrito Federal e dos Municípios, cujo valor não ultrapasse 60 (sessenta) salários mínimos, podendo ser réus os Estados, o Distrito Federal e os Municípios, bem como as Autarquias, Fundações e Empresas Públicas a ele vinculadas (art. 5º).

Uma última observação sobre a nova dimensão da competência da Justiça do Trabalho, após a Emenda Constitucional n. 45/2004.

A atual redação do art. 114 do texto constitucional deixa mais claros os limites da competência da Justiça do Trabalho.

O Supremo Tribunal Federal já vinha reconhecendo a necessidade do alargamento da competência da Justiça do Trabalho, após o advento da Emenda n. 45. Deste modo, a Justiça do Trabalho julgará não apenas ações trabalhistas, mas também relações provenientes desta. Por exemplo: discutirá o pagamento de salário e possível dano civil decorrente de emprego. Esse entendimento foi acolhido pelo STJ, levando ao cancelamento da Súmula 366[17].

Essa reformulação de competências gerou duas ADIs, nas quais o STF interpretou conforme a Constituição a dita violação ao pacto federativo ao passar para o âmbito federal (Justiça do Trabalho) o que era estadual: na ADI 2.295-6, decidiu-se que não se aplica o art. 114 para servidores públicos e para a Administração Indireta, devendo ser julgados na Vara de Fazenda Pública, se estaduais ou municipais, e na Vara Federal, se servidores federais. Já a ADI 3.684-0 excluiu quaisquer questões penais da Justiça do Trabalho.

Nessa linha de raciocínio, o STJ[18] já decidiu que compete à Justiça do Trabalho processar e julgar ação de execução por quantia certa, proposta por empregador em face de seu ex-empregado, na qual sejam cobrados valores relativos a contrato de mútuo celebrado entre as partes para o então trabalhador adquirir veículo automotor particular destinado ao exercício das atividades laborais, já que a competência para julgamento de demanda levada a juízo é fixada em razão da natureza da causa, que é definida pelo pedido e pela causa de pedir deduzidos.

Por outro lado, o STJ entendeu competir à Justiça Comum Estadual o exame de ação indenizatória movida por motorista de Uber que teve sua conta desativada pela empresa[19].

Ainda no que se refere à competência das Varas do Trabalho, o art. 652 da CLT foi alterado pela Lei n. 13.467, de 13 de julho de 2017. Assim, a alínea *f* passa a dispor que compete àquela especializada "decidir quanto à homologação de acordo extrajudicial em matéria de competência da Justiça do Trabalho".

---

[17] CC 7.204-MG, *DJ* 9-12-2005. CC 101.977-SP, rel. Min. Teori Albino Zavascki, j. 16-9-2009, *Informativo STJ*, n. 407.
[18] CC 124.894-SP, rel. Min. Raul Araújo, j. 10-4-2013, *Informativo STJ*, n. 520.
[19] Compete à Justiça Comum Estadual julgar ação de obrigação de fazer cumulada com reparação de danos materiais e morais ajuizada por motorista de aplicativo pretendendo a reativação de sua conta Uber para que possa voltar a usar o aplicativo e realizar seus serviços (CC 164.544-MG, rel. Min. Moura Ribeiro, Segunda Seção, por unanimidade, j. 28-8-2019, *DJe* 4-9-2019. *Informativo STJ* n. 655).

Nesse sentido, a referida Lei inseriu também na CLT o art. 855-B, de modo a regulamentar o procedimento de jurisdição voluntária para homologação de acordo extrajudicial.

7.3 A QUESTÃO PECULIAR DOS JUIZADOS ESPECIAIS CÍVEIS

Os Juizados Especiais Cíveis, concebidos para a resolução de causas de menor complexidade, visam apresentar ao jurisdicionado uma forma de solução de controvérsias mais rápida, informal e desburocratizada, permitindo que ele consiga buscar, perante o Estado, a solução para o seu conflito de interesses.

Os Juizados Especiais foram criados e inseridos na sistemática nacional por meio da Lei n. 9.099/95, em atendimento à previsão constitucional do art. 98, que determinava a instituição de uma Justiça especializada.

A Lei n. 9.099/95 foi parcialmente alterada com o advento da Lei n. 10.259/2001, que trouxe a previsão dos Juizados Especiais no âmbito da Justiça Federal e, em dezembro de 2009, a Lei n. 12.153 previu a criação de Juizados Especiais da Fazenda Pública no âmbito dos Estados, do Distrito Federal e dos Territórios, sendo que estes, juntamente com os Juizados Especiais Cíveis e Criminais, passarão a integrar o "Sistema dos Juizados Especiais", uma espécie de microssistema, norteado por princípios que garantem maior celeridade e melhor efetividade da prestação jurisdicional.

Os princípios fundamentais que norteiam os Juizados Especiais estão previstos no art. 2º da Lei n. 9.099/95, que instituiu os Juizados Especiais no âmbito estadual, mas que devem ser aplicados também aos Juizados Federais e da Fazenda Pública, até mesmo porque previstos no art. 1º do Provimento n. 7 dos Juizados Especiais, que define medidas de aprimoramento relacionadas aos sistemas dos Juizados Especiais.

São eles: a oralidade, a simplicidade, a informalidade, a economia processual e a celeridade, e o estímulo à conciliação ou à transação, seguindo a linha traçada pelas ondas renovatórias de Mauro Cappelletti[20] em seu movimento universal de acesso à Justiça.

O procedimento dos Juizados Especiais é eminentemente oral, minimizando a burocratização e acelerando a solução de controvérsia, embora na prática os atos processuais acabem sendo estritamente escritos. Prega-se a oralidade como princípio, reduzindo-se ao máximo as peças escritas e as reduções a termos das declarações orais.

A oralidade contribui para acelerar o ritmo do processo e para se obter uma resposta mais fiel à realidade. O contato direto com os sujeitos do conflito, com as provas e com as nuanças do caso permitem ao magistrado ter uma visão mais ampla diante da controvérsia.

Assim, o pedido da tutela jurisdicional poderá ser feito por escrito ou oralmente (art. 14 da Lei n. 9.099/95), a resposta do réu pode ser oral (art. 30 da Lei n. 9.099/95) e as provas orais produzidas não precisam ser reduzidas a termo (art. 36 da Lei n. 9.009/95).

A oralidade deve, porém, ser combinada com outros princípios, só podendo existir quando o magistrado que julga o conflito preside a colheita de provas (identidade física do juiz), quando então será possível ao juiz a recordação do litígio, o que somente ocorrerá se o curso do processo não for interrompido ou, na hipótese de interrupção, que seja por meio de prazos exíguos.

Outro princípio fundamental é a simplicidade. A compreensão do procedimento judicial é um importante fundamento para aproximar o cidadão da tutela jurisdicional do Estado, e o juizado objetiva facilitar essa compreensão, instituindo procedimento simplificado e facilmente assimilável às

---

[20] Cappelletti; Garth, 1998.

partes, em que se dispensam maiores formalidades e se impedem certos incidentes do procedimento tradicional.

Não se admite nos Juizados Especiais a reconvenção, a ação declaratória incidental ou inúmeros recursos, típicos do processo clássico, para se evitar trâmites excessivamente formais.

A informalidade também é outra marca dos Juizados Especiais para tornar menos burocrático e mais rápido o processo. Assim, desde que atendidas as garantias fornecidas aos litigantes, todo ato processual deve ser reputado como válido, desde que atinja sua finalidade (art. 13 da Lei n. 9.099/95).

A ação proposta não depende de maiores formalidades além do nome, qualificação e endereço das partes, objeto da pretensão e seu valor em linguagem simples e acessível (art. 14, § 1º, da Lei n. 9.099/95), as intimações podem ser por qualquer meio idôneo de comunicação (art. 19 da Lei n. 9.099/95) etc. O Juizado poderá, ainda, funcionar em horário noturno (art. 12 da Lei n. 9.099/95), desde que recomende a situação específica da comarca do Estado.

As causas submetidas aos Juizados Especiais exigem, ainda, solução célere, garantindo uma resposta tempestiva ao cidadão, para evitar os efeitos do tempo do processo sobre o direito postulado.

Os princípios da economia processual e da celeridade contribuem para a efetividade do processo, a qual será atingida por meio de uma resposta jurisdicional mais barata e rápida, em perfeita harmonia com a menor complexidade das causas que lhe são submetidas.

Ademais, prioriza-se a conciliação das partes ou a transação entre elas, como forma de atingir a pacificação social, fim último da jurisdição.

Deve ser ressaltado que os Juizados Especiais Cíveis também estão subordinados à observância dos já estudados princípios do contraditório e do devido processo legal, bem como aos demais princípios fundamentais do direito processual, como a imparcialidade, a persuasão racional e o juiz natural.

Assim, o rito dos Juizados Especiais, na verdade, não diminui a garantia do jurisdicionado, mas apenas é mais bem adequado a determinadas situações concretas. Suas limitações não são inconstitucionais, mas apenas compatibilizam garantias constitucionais que presidem a atuação do autor e do réu no processo.

Finalmente, uma última palavra sobre o impacto do CPC no microssistema dos Juizados Especiais.

Com o advento do CPC, diversas questões passaram a ser levantadas, tanto em sede doutrinária como jurisprudencial, acerca de eventuais conflitos abstratos com a sistemática dos Juizados Especiais.

Inicialmente, é preciso dizer que o legislador, por vezes, fez menção expressa aos Juizados ao longo do CPC. Isso ocorre, principalmente, nas seguintes hipóteses:

a) incidente de desconsideração de personalidade jurídica – o art. 1.062 dispõe que tal sistemática deve ser aplicada aos Juizados, abrindo, aqui, exceção expressa ao comando do art. 10 da Lei n. 9.099/95;

b) competência para as hipóteses antes ajuizadas pelo rito sumário – o art. 1.063, a seu turno, vai dispor que até a edição de lei específica, os Juizados continuam competentes para o processamento e julgamento das causas previstas no art. 275, II, do CPC/73;

c) interrupção do prazo do recurso principal na hipótese de interposição de embargos de declaração – o art. 1.065 do CPC uniformizou o tratamento dado ao prazo dos embargos de declaração. Assim, a interposição desse recurso nos Juizados não mais suspende, mas agora interrompe, tal qual ocorre no CPC, o prazo para a interposição do recurso principal.

Além dessas situações, outras importantes questões que poderiam redundar em potenciais contradições entre o texto do CPC e a Lei dos Juizados Especiais foram tratadas em diversos Enunciados aprovados pela Escola Nacional de Formação e Aperfeiçoamento de Magistrados (ENFAM) em outubro de 2015.

Nesse sentido, o Enunciado 43 garante a aplicação da sistemática do art. 332 (julgamento liminar de improcedência do pedido) aos Juizados Especiais, notadamente o inciso IV, que deve ser interpretado de forma extensiva para abranger também os enunciados e súmulas dos seus órgãos colegiados competentes.

O Enunciado 44 admite a utilização do IRDR nos Juizados Especiais, que deverá ser julgado por órgão colegiado de uniformização do próprio sistema.

O Enunciado 46 prevê que o § 5º do art. 1.003 do CPC (prazo recursal de 15 dias) não se aplica ao sistema de Juizados Especiais.

O Enunciado 47 determina que o art. 489 do CPC não se aplica ao sistema de Juizados Especiais.

Mas a questão mais delicada é, sem dúvida alguma, a aplicação ou não dos prazos em dias úteis aos Juizados.

Isso porque, de um lado, a ENFAM aprovou, em agosto de 2015, o Enunciado 45, que prevê que a contagem dos prazos em dias úteis (art. 219 do CPC) deve ser aplicada ao sistema dos Juizados. Contudo, algum tempo depois, em março de 2016, o FONAJE, Fórum de Juízes que se constitui em importante referência nessa matéria, divulgou nota técnica no sentido da inaplicabilidade do referido dispositivo do CPC aos Juizados[21].

Nesse sentido, forçoso reconhecer que há uma incompatibilidade principiológica entre a sistemática do CPC e a ideia de celeridade e informalidade pregada pelo art. 2º da Lei n. 9.099/95. Por outro lado, como não há regra expressa nesse Diploma, seria correto sugerir a aplicação subsidiária do CPC, na forma do art. 15 do CPC.

Contudo, pensamos nós, deve prevalecer a força principiológica dos Juizados que se afirmaram, nos últimos anos, como um dos mais importantes instrumentos de tutela efetiva, sobretudo das relações consumeristas. Assim sendo, nos filiamos à corrente que sustenta que os prazos nos Juizados continuam sendo contados em dias corridos. Insistir no contrário seria atentar contra a celeridade e, por via de consequência, violar um dos princípios maiores desse microssistema[22]. Contudo, forçoso reconhecer que a discussão perdeu objeto diante do advento da Lei n. 13.728, de 31 de outubro de 2018, que determinou a inserção do art. 12-A na Lei n. 9.099/95, com o seguinte teor: "Art. 12-A. Na contagem de prazo em dias, estabelecido por lei ou pelo juiz, para a prática de qualquer ato processual, inclusive para a interposição de recursos, computar-se-ão somente os dias úteis".

Nessa perspectiva, em junho de 2016 foram aprovados os novos Enunciados do FONAJE que contemplam questões sensíveis da aplicação subsidiária do CPC aos Juizados.

Assim, o Enunciado 162 dispõe não ser aplicável ao Sistema dos Juizados Especiais a regra do art. 489 do CPC, diante da expressa previsão contida no art. 38, *caput*, da Lei n. 9.099/95.

---

[21] O entendimento foi consubstanciado no Enunciado 165: "Nos Juizados Especiais Cíveis, todos os prazos serão contados de forma contínua" (XXXIX Encontro – Maceió-AL).

[22] Nesse mesmo sentido, Enunciado 161 do FONAJE: "Considerado o princípio da especialidade, o CPC somente terá aplicação ao Sistema dos Juizados Especiais nos casos de expressa e específica remissão ou na hipótese de compatibilidade com os critérios previstos no art. 2º da Lei n. 9.099/95" (XXXVIII Encontro – Belo Horizonte-MG).

O Enunciado 163, por sua vez, afirma que os procedimentos de tutela de urgência requeridos em caráter antecedente, na forma prevista nos arts. 303 a 310 do CPC, são incompatíveis com o Sistema dos Juizados Especiais.

Já o Enunciado 164 exclui do âmbito dos Juizados o art. 229, *caput*, do CPC, que prevê que os litisconsortes que tiverem diferentes procuradores, de escritórios de advocacia distintos, terão prazos contados em dobro para todas as suas manifestações.

Finalmente, o Enunciado 166 estabelece que, nos Juizados Especiais Cíveis, o juízo prévio de admissibilidade do recurso será feito em primeiro grau.

Capítulo 8
AÇÃO: CONCEITO, NATUREZA JURÍDICA, ESPÉCIES, CONDIÇÕES PARA SEU REGULAR EXERCÍCIO E DIREITO DE DEFESA

8.1 NOÇÃO

Primeiramente, é mister atentar à multiplicidade de acepções que o termo "ação" invoca. Ora empregado como direito, ora como poder, é também definido como pretensão, como exercício de um direito preexistente e, não raro, é considerado, na prática forense, como sinônimo de processo, procedimento, ou mesmo autos.

Há ainda autores que distinguem entre ação de direito material e ação de direito processual[1], ou mesmo entre a ação e a pretensão[2].

Com efeito, diante da vedação à autotutela, da limitação à autocomposição e à arbitragem compulsória, bem como do dever assumido pelo Estado de prestar a adequada tutela jurisdicional, cabe aos cidadãos recorrer ao Poder Judiciário quando diante de uma pretensão resistida ou insatisfeita. Nesse sentido, a ação, consubstanciada em um direito oferecido aos jurisdicionados, funcionaria como contrapartida à proibição da "justiça de mãos próprias".

Consoante os ensinamentos de Ada Pellegrini Grinover[3], ação é o direito ao exercício da atividade jurisdicional (ou poder de exigir esse exercício). Invocar esse direito implica provocar a jurisdição (provocação necessária, visto que, em regra, ela é inerte), o qual se exerce através de um complexo de atos denominado processo.

Num conceito ainda mais completo, ação seria o direito público, subjetivo, autônomo e abstrato[4] à prestação jurisdicional sobre uma demanda de direito material.

Trata-se, portanto, de direito à jurisdição – desde que preenchidas algumas condições, como será visto logo adiante – que encontra fundamento constitucional na garantia da tutela jurisdicional efetiva (art. 5º, XXXV, da CF), uma vez que, por meio dela, o titular do direito terá acesso à proteção de seu direito material contra uma lesão ou ameaça. Vista nesse sentido, isto é, como direito à jurisdição, a ação é um direito tanto do autor quanto do réu.

Por isso, quando se afirma que por meio dela o titular do direito receberá a proteção jurisdicional, pretende-se dizer que essa tutela deve ser outorgada àquela parte que a mereça, considerando o

---

[1] O direito de ação em Couture é definido, pois, como um direito à jurisdição, e é justamente na forma como o direito de petição atua em face dos órgãos do Poder Judiciário que se encontra uma de suas marcas definidoras (Gaio Jr.; Jobim, 2019, p. 163).

[2] Como enfatizam Lucas Macedo e Maurício de Carvalho, "em apertada síntese, a diferença entre a ação e a pretensão é que a primeira tem o caráter de impositividade, enquanto a segunda, de exigibilidade; isto é, a pretensão dá poder ao sujeito ativo da relação jurídica de exigir do sujeito passivo o adimplemento da obrigação, que, caso não cumprida, faz surgir a ação, ou seja, o poder de o titular fazer a sua posição jurídica realizada independentemente da colaboração do sujeito passivo. O exercício da pretensão pressupõe agir voluntário do destinatário do dever jurídico – cumprimento da prestação –, enquanto a ação supõe ato do titular do direito para a sua realização, independentemente da vontade do obrigado" (Gaio Jr.; Pinho, 2018, p. 47).

[3] Grinover et al., 2002, p. 256.

[4] José Maria Tesheiner e Rennan Thamay seguem o mesmo direcionamento, declarando abertamente a anuência com a teoria do direito abstrato de agir, restando a ação como o poder de provocar o exercício da jurisdição (Tesheiner; Thamay, 2015, p. 151).

direito material aplicável ao caso. E, nesse contexto, a ação serve ao interesse público de dar a cada um o que é seu, assegurando a convivência pacífica e harmoniosa em sociedade.

Não obstante, conforme será analisado, a doutrina traçou longo caminho até reconhecer a autonomia do "direito de ação": inicialmente, identificava-o como direito material litigioso; mais tarde, no entanto, surgiu a preocupação em elaborar uma disciplina autônoma e independente do direito material que permitisse a distinção entre o direito material controvertido e o direito de ir a juízo, o que constituiu relevante conquista para a consolidação da Ciência Processual.

Hodiernamente, contudo, diante do distanciamento do processo da realidade e das necessidades sociais, sobretudo em razão da excessiva preocupação com o seu aspecto técnico, os estudos processuais convergiram para novas questões, como a problemática do "acesso à justiça" e da efetividade da prestação jurisdicional.

Nesse contexto, o direito de ação assume também a noção de freio às demandas inviáveis de modo a determinar o necessário equilíbrio entre o direito de acesso à Justiça e a garantia da concreta eficácia dos direitos[5].

8.2 TEORIAS ACERCA DA NATUREZA JURÍDICA DA AÇÃO

Verificado o conceito de ação como um direito, é na natureza jurídica do instituto que residem as maiores controvérsias, principalmente em razão da autoridade daqueles juristas que formularam as diversas teorias. Dessa forma, passemos a uma breve análise das construções teóricas que mais se destacaram.

8.2.1 Teoria Imanentista, Civilista ou Clássica

Segundo a clássica proposição romana de Celso[6], a ação era o próprio direito material colocado em movimento, a reagir contra a ameaça ou violação sofrida. Não havia ação sem direito. A ação nada mais era do que o direito de alguém perseguir em juízo o que lhe era devido ou o que era seu, para abranger tanto os direitos reais como os direitos obrigacionais.

Defendia-se a tese da imanência do direito de ação ao direito subjetivo material[7]. O direito de ação estava intimamente vinculado ao direito material, era o próprio direito material reagindo a uma violação e não era independente do direito material.

Tal teoria vigorou até meados do século XIX, mas seguiu exercendo grande influência na doutrina pátria até 1933[8]. Considerava o direito processual não como ciência autônoma, mas mero apêndice do direito material, e a ação, um simples capítulo do direito civil. O direito processual era um adendo do direito civil, a forma pela qual o direito material se manifestava em juízo, procurando se defender. Nesse sentido, a maior característica dessa teoria era a indissolúvel ligação estabelecida entre a ação e o direito que por meio dela se tutelava.

---

[5] José Roberto dos Santos Bedaque pondera acerca da autonomia relativa do direito da ação, sendo inadmissível falar em independência absoluta de uma categoria processual em relação ao direito material, considerando não ser o processo um fim em si mesmo, mas um instrumento para a efetivação do direito material. E arremata que, embora o poder de provocar a jurisdição seja um direito constitucional universal, o resultado dessa atuação nem sempre operará efeitos no plano da realidade substancial (Gaio Jr.; Pinho, 2018, p. 63).

[6] A teoria imanentista partia do conceito de ação formulado pelo jurista romano Celso, segundo o qual "a ação nada mais é do que o direito de perseguir em juízo o que nos é devido" ("*actio autem nihil aliud est quam ius persequendi in iudicio quod sibi debetur*").

[7] A teoria imanentista repousava suas bases em três ideias fundamentais: 1) não há ação sem direito; 2) não há direito sem ação; 3) a ação segue a natureza do direito.

[8] Segundo Ovídio Baptista da Silva e Fábio Gomes, a Teoria Civilista teria prevalecido entre nós até aproximadamente 1933. Esses juristas apontam uma única exceção anterior a esse período: a obra de Paula Batista (Silva; Gomes, 1997a, p. 101).

Suas diretrizes privatistas influenciaram a elaboração do art. 75, do revogado Código Civil de 1916, segundo o qual "a todo o direito corresponde uma ação, que o assegura".

No entanto, em decorrência dos crescentes contornos autônomos atribuídos ao direito processual, a doutrina imanentista foi aos poucos sendo rechaçada, e esse artigo começou a ser interpretado como fonte da garantia de tutela jurisdicional adequada (art. 5º, XXXV, da CF).

Essa teoria falha quanto a dois pontos específicos:

1) as ações declaratórias, pois estas consistem apenas em requisitar uma declaração, ou seja, existência ou não de uma declaração jurídica ou autenticidade de um documento;

2) a não explicação racional da ação infundada, pois o que tem razão e o que não tem podem receber do Judiciário o mesmo tratamento, porque é impossível, liminarmente, dizer quem não tem razão.

A superação dessa teoria e a reelaboração do conceito de ação foram fortemente influenciadas pela célebre polêmica travada entre Windscheid e Müther, nos anos de 1856 e 1857, que começaram uma desavença sobre o conceito de *actio* no direito romano e de suas implicações no conceito de ação do direito alemão.

Windscheid concluiu que a *actio* era o termo para designar o que se podia exigir do outro. A *actio* não era um meio de defesa de um direito, senão que o próprio direito. O cidadão romano não era titular de um direito contra alguém, mas, sim, de uma *actio*, ou seja, do poder de agir contra outrem; poder este que não lhe advinha de um direito, mas da concessão de um pretor.

Já Müther sustentou a ideia de um direito de agir contra o Estado e também um direito do autor para que o pretor lhe outorgasse a "fórmula" que, na época, seria a tutela jurídica.

Afirmou Müther que o direito à concessão da "fórmula" nasce de um *direito originário*. Enquanto o particular é o obrigado perante o direito originário, o obrigado, diante da "fórmula", somente pode ser o Estado.

O direito de agir se destinaria a fazer com que o Estado exercesse seu direito contra o obrigado e, por mais essa razão, teria uma clara ligação com o direito material do autor contra o réu.

O embate entre esses juristas trouxe à tona a discussão sobre um direito exercido contra o Estado, convivendo com outro, este perante o obrigado particular[9]. Permitiu-se, com isso, a separação entre o direito de ação e o direito subjetivo material, desvinculando esses dois direitos, que passaram a ser reconhecidos como independentes.

8.2.2 Teoria do Direito Concreto de Ação (Teoria Concreta)

Em 1885, Adolph Wach, na Alemanha, reconhece em sua obra relativa independência entre o direito de ação e o direito subjetivo material. Para demonstrar definitivamente a autonomia do direito de ação, afirma que ele não se confunde com o direito privado e muito menos com a pretensão do direito civil. Segundo Wach[10], a pretensão de tutela jurídica – ação – constituiu direito de natureza pública, dirigindo-se contra o Estado, o qual teria a obrigação de prestá-la, e contra o demandado, que teria que suportar seus efeitos. Tal teoria parte da contribuição de Müther, que afirmou que o cidadão tem direito à tutela jurídica contra o Estado, mas Wach desenvolveu sua teoria em relação à ação declaratória.

---

[9] Tal polêmica girava em torno do conceito de *actio* do direito romano. Para Windscheid, a *actio* não correspondia à moderna ação, mas sim à pretensão (*anspruch*), ou ao fato de perseguir essa pretensão em juízo. Müther, todavia, defendia a perfeita correspondência entre os conceitos de *actio* e ação.

[10] Em seu livro, o autor definiu a pretensão de proteção do direito (ação) como "direito relativamente independente, que serve à manutenção da ordem concreta dos direitos privados, em relação aos quais é um direito secundário e independente quanto aos seus requisitos" (Alvim, 2000, p. 396).

A aludida autonomia do direito de ação foi demonstrada por meio da ação declaratória negativa, que consiste justamente na declaração de inexistência de determinada relação jurídica e, por conseguinte, do direito material subjetivo que dela poderia defluir.

Porém, segundo essa concepção, embora distinto do direito material, o direito de ação corresponderia a quem tivesse razão, ou seja, só existiria quando a sentença fosse favorável. Se a sentença fosse de improcedência, o autor não teria o direito de ação desde o início. Só possuiria o direito de ação quem possui o direito material. Nesse sentido, a teoria defendia a existência do direito de ação somente quando houvesse uma proteção concreta voltada para um direito subjetivo.

Assim, apesar de sua contribuição para demonstrar a autonomia do direito de ação, a teoria foi alvo de críticas. Primeiro em razão de a improcedência do pedido restar inexplicável, pois, nessa hipótese, a natureza do direito exercido pelo autor permanecia indefinida. Segundo, por não explicar qual seria a situação do direito de ação na ação declaratória negativa, de pedido de inexistência de relação jurídica, pois o que se pediria seria que não existe relação jurídica de direito material entre as partes. E, ainda, por caracterizar a ação como o direito a uma sentença favorável, pois, dessa forma, o réu também teria direito de ação.

8.2.3 Teoria da Ação como Direito Potestativo

Representa uma variante da teoria concreta, pois também condicionava a existência do direito de ação à obtenção de uma sentença favorável. Por conseguinte, sujeita-se às mesmas críticas dirigidas contra referida teoria.

Sustenta Chiovenda que a ação é o poder jurídico de dar vida à condição para atuação da vontade da lei. Afirma, ainda, que a ação deve ser entendida como um direito concreto atual, existente antes do processo, e precisamente como um poder jurídico para obter, contra o adversário, um resultado favorável no processo.

Conforme seu defensor, Chiovenda, a ação pode ser definida como o "poder jurídico de dar vida à condição para a atuação da vontade da lei", isto é, o direito de obter uma atuação concreta da lei em face de um adversário, sem que este possa obstar que a atividade jurisdicional se exerça[11], ou seja, o réu estaria subordinado à vontade do autor de exercer seu direito de ação, sem que pudesse apresentar qualquer obstáculo. Contudo, tal como na teoria concreta, só teria o direito de ação quem tivesse uma sentença de procedência do pedido.

A ação, aqui também entendida como direito autônomo, não era tida como um direito subjetivo, mas como um direito de poder (direito potestativo), visto que corresponderia ao direito do autor de submeter o réu aos efeitos jurídicos pretendidos, ou seja, à atuação da vontade concreta da lei. Desse modo, para essa teoria, a ação se dirigia contra o réu e não contra o Estado (visão privatista).

O processo serve a duas grandes categorias de direito, a saber: 1) a dos direitos ligados a um bem da vida, a serem alcançados, antes de tudo mediante a prestação positiva ou negativa, do obrigado; 2) a dos diretos tendentes à modificação do estado jurídico existente, os quais são direitos potestativos.

Ou seja, a ação se dirige contra um adversário e não contra o Estado, isto é, o direito potestativo (direito de poder) de buscar efeito jurídico favorável ao seu autor, sujeitando ônus à outra parte. Sendo a ação o poder jurídico de dar vida à condição para atuação da vontade da lei.

---

[11] Santos, 1999a, p. 149.

8.2.4 Teoria da Ação como Direito Abstrato

Formulada pelo alemão Degenkolb e pelo húngaro Plósz, define o direito de ação como o direito público que se exerce contra o Estado e em razão do qual o réu comparece em juízo. Não se confunde com o direito privado arguido pelo autor, sendo concebido com abstração de qualquer outro direito[12].

Degenkolb argumenta que o que obriga o réu a participar do processo é o direito de agir, que nada tem que ver com o direito material. O fundamento desse direito de agir é a própria personalidade do autor, porque dessa vem a convicção subjetiva do direito, o direito ao direito, em relação ao qual a efetiva existência do direito material é meramente acidental.

Plósz, de forma semelhante, entendeu que o direito abstrato de ação exige apenas a boa-fé do autor, embora tenha sustentado a existência de dois direitos de ação, um processual, de caráter público, e outro material, identificado com a pretensão do direito material.

Para tais juristas, a ideia é de que o direito de agir é antecedente ao seu exercício. Dessa forma, o direito de ação, além de autônomo, é independente do direito material. O direito de ação é inerente a todo indivíduo e não exclui a possibilidade de uma sentença desfavorável.

O conteúdo primordial do direito de ação seria o interesse secundário e abstrato à intervenção do Estado para a eliminação dos obstáculos que se contrapõem à obtenção do interesse principal (direito material).

Assim, essa teoria teve o mérito de reconhecer a existência de um direito público, subjetivo, inquestionável, preexistente ao processo e desvinculado do direito material ao permitir que o autor, no exercício de seu direito de ação, fizesse apenas referência a um interesse seu, levando o Estado a proferir uma sentença por meio da atividade jurisdicional, ainda que contrária aos interesses autorais.

8.2.5 Teoria Eclética

Elaborada por Liebman, a teoria em questão tem assento na teoria abstrata, porém com a inclusão de uma nova categoria, qual seja as "condições da ação", ou condições de admissibilidade do provimento sobre a demanda e, portanto, preliminar ao exame do mérito[13].

Para Liebman a ação é o "direito ao processo e ao julgamento do mérito", o qual não representa, porém, a garantia de um resultado favorável ao demandante[14]. É satisfeita com um julgamento favorável ou desfavorável ao demandante.

O que importa, para a configuração da ação, segundo Liebman, é a presença das condições da ação, os "requisitos de existência da ação", que seriam a legitimação para agir, o interesse de agir e a possibilidade jurídica do pedido (essa última perdeu a natureza de condição de admissibilidade no CPC). Somente se elas estiverem presentes, o juiz estará obrigado a julgar o pedido, a fim de acolhê-lo ou rejeitá-lo.

---

[12] Segundo a teoria abstrata, a ação seria direito que decorre da própria personalidade, existindo de forma desvinculada do direito material. Todavia, tal teoria foi criticada porque por meio dela seria possível obter uma sentença sem base em qualquer direito material, caracterizando-se a ação mais como uma faculdade do que como um direito. Assim, a teoria abstrata foi reformulada, passando a defender que o direito de ação pressupõe que seu titular acredite de boa-fé na existência do direito que é postulado (Silva; Gomes, 1997, p. 109).

[13] As condições da ação já haviam sido propostas anteriormente por Wach, em sua teoria concreta da ação. No entanto, a teoria eclética recebe tal nome justamente por tentar conciliar elementos das teorias concreta e abstrata (Silva; Gomes, 1997, p. 104-105).

[14] Liebman, 1984, p. 147.

A possibilidade jurídica do pedido consiste na previsibilidade, pelo direito positivo, da pretensão exarada pelo autor; o interesse de agir implica a necessidade e/ou utilidade da tutela jurisdicional para que o autor obtenha a satisfação do direito alegado; a legitimidade: o autor – sujeito ativo da relação jurídica processual –, para a teoria eclética, deve também ser um dos titulares da relação substancial posta à apreciação do juiz.

Segundo Liebman, as condições da ação são requisitos para sua existência. Quando tais condições estão ausentes, há carência de ação. As condições da ação seriam requisitos constitutivos da ação, que não dependeria de uma sentença favorável, mas apenas da presença das condições da ação descritas (legitimação para agir e o interesse de agir).

Assim, considerando tratar-se de um direito abstrato voltado a provocar o exercício da jurisdição, a ação é defendida como o direito de obter o julgamento do pedido, ou seja, a análise do mérito, independentemente do resultado da demanda. Trata-se, portanto, de um direito subjetivo instrumental, visto que independente do direito subjetivo material, embora conexo a ele.

A teoria eclética preconiza a existência do direito de ação quando presentes determinadas condições, mesmo que inexistente o direito material.

E esse direito abstrato de ação, que aqui assume contornos de direito de petição, é consagrado como direito fundamental em nosso texto constitucional no art. 5º, XXXV, cujo teor estabelece que nenhuma lesão ou ameaça a direito poderá ser subtraída do Poder Judiciário.

Não obstante, essa teoria foi aprimorada por doutrinadores modernos como Afrânio Silva Jardim e José Carlos Barbosa Moreira, pois, diante de uma visão constitucional do processo, não se deve falar em condições de existência do direito de ação, uma vez que esse direito é incondicionado (porquanto direito fundamental). Por mais absurda que seja a demanda, é vedado ao juiz, em razão do princípio da inafastabilidade da jurisdição (art. 5º, XXXV, da CF), deixar de apreciá-la, devendo fazê-lo ainda que para indeferir a petição inicial[15].

Se tal ocorrer, parece não haver dúvida de que houve exercício do direito de ação. Afinal, o autor, ao propor a demanda, exigiu, obtendo êxito em sua exigência, que o Estado exercesse a jurisdição. Dessa forma, de acordo com esse entendimento, afigura-se mais correto falar em condições para o regular exercício do direito de ação[16].

8.3 CARACTERÍSTICAS

a) Subjetividade: segundo a doutrina dominante, a ação seria um direito (como já visto), enquanto para outros ela seria um poder. Os que a entendem como poder partem da noção de que direito subjetivo e obrigação representam situações jurídicas opostas de vantagem e desvantagem que gerariam um conflito de interesses. Assim, inexistindo conflito entre Estado e autor, não haveria que se falar em direito subjetivo e sim em poder.

b) Publicidade: a ação está sempre situada na órbita do direito público, pois o exercício desse direito subjetivo desencadeia o desempenho de uma função pública monopolizada pelo Estado (jurisdição). Assim, a ação é dirigida apenas contra o Estado, mas, uma vez apreciada pelo juiz, produzirá efeitos na esfera jurídica do réu.

---

[15] Dinamarco, 2001b, p. 110.

[16] "São as chamadas condições da ação que, na realidade, não são condições para a existência do direito de agir, mas condições para o seu regular exercício. Por ser abstrato, o direito de ação existirá sempre. Sem o preenchimento destas condições mínimas e genéricas, teremos o abuso do direito trazido ao plano processual" (Jardim, 1991, p. 92-93).

c) Garantia constitucional: como um direito fundamental contido no art. 5º, XXXV, da CF, assegura o direito ao processo com a atuação do Estado, o direito ao contraditório e o direito de influir sobre a formação do convencimento do juiz através da garantia do devido processo legal (art. 5º, LIV, da CF).

d) Instrumentalidade: tem por finalidade solucionar uma pretensão de direito material. Em virtude da intensa produção doutrinária, essa característica tem assumido grande importância no cenário jurídico hodierno que privilegia um processo civil de resultados e o considera não como um fim em si mesmo, mas como instrumento capaz de garantir a máxima efetividade da tutela jurisdicional.

8.4 CONCEITO

Examinadas a natureza jurídica e as características da ação, podemos agora conceituá-la como um direito autônomo (independente da existência do direito material), de natureza abstrata e instrumental, pois visa solucionar pretensão de direito material, sendo, portanto, conexo a uma situação jurídica concreta.

8.5 CONDIÇÕES PARA O EXERCÍCIO DO DIREITO DE AÇÃO

8.5.1 Noção

Como destacado, a expressão "condições da ação" reveste-se de certa impropriedade, tendo em vista que o direito de ação é subjetivo incondicionado[17]. Frise-se, contudo, que, nesta obra, será ela utilizada para designar os requisitos indispensáveis ao regular exercício do direito de ação.

8.5.2 Condições genéricas

De acordo com a doutrina tradicional, são três as condições genéricas para o regular exercício do direito de ação a serem preenchidas pelo autor a fim de obter uma decisão de mérito por meio do provimento jurisdicional. O CPC reduziu esse rol para apenas duas condições, como veremos a seguir.

8.5.2.1 Legitimidade das partes: é a legitimidade ad causam

Difere da legitimidade *ad processum*, pois aquela é a legitimidade para agir (refere-se àquele que sofreu a lesão), e esta é a capacidade processual, ou seja, a capacidade de estar em juízo.

Assim, a legitimidade das partes corresponde à pertinência subjetiva da lide. Desse modo, ao verificá-la, o juiz deverá examinar se os sujeitos que figuram como autor e réu, em um dado processo, são aqueles que, considerando os fatos narrados na petição inicial, deveriam realmente figurar como autor e réu.

Deve ser verificada, pois, em dois planos: a legitimidade ativa se refere ao autor e pode ser ordinária ou extraordinária, e a legitimidade passiva diz respeito ao demandado.

A regra é a legitimidade ordinária, isto é, a equivalência entre os sujeitos da relação processual com os sujeitos da relação material deduzida em juízo.

---

[17] "Tudo isso quer dizer que, diante do novo Código de Processo Civil, é possível afirmar que *o direito de ação é direito à tutela jurisdicional adequada, efetiva e tempestiva mediante processo justo*. Esse direito não se submete às *velhas condições* para sua existência. É um direito de natureza processual totalmente *abstrato* e *independente* da efetiva existência do direito material alegado em juízo." (Marinoni; Arenhart; Mitidiero, 2017, p. 190-192).

Mas há também a legitimidade extraordinária, só admitida se legalmente prevista, no art. 18 do CPC, quando se defende em nome próprio interesse alheio. Um bom exemplo é a ação de investigação de paternidade proposta pelo Ministério Público em favor do menor, na forma da Lei n. 8.560/92. Nesse caso, o titular do direito material é o menor, que deseja saber quem é o seu pai. Entretanto, muitas vezes, quem deduz essa pretensão em juízo é o Ministério Público, na condição de legitimado extraordinário.

Tal legitimidade, quando exercida, dá origem ao fenômeno conhecido como substituição processual (p. ex., gestão de negócios – o gestor, em caso de ausência do proprietário do negócio, poderá agir judicialmente em nome próprio; investigação da paternidade – o Ministério Público pode propor ação em nome próprio para defender os interesses do menor, no tocante a alimentos e aos direitos sucessórios; danos ao trabalhador – o sindicato pode demandar para assegurar ao trabalhador seu direito a danos morais e materiais[18]).

A legitimidade extraordinária pode ser subdividida em subordinada e autônoma, que, segundo José Carlos Barbosa Moreira[19], se diferenciariam porque a primeira "não habilita o respectivo titular nem a demandar nem a ser demandado quanto a situação litigiosa, mas unicamente a deduzi-la, ativa ou passivamente, junto com o legitimado ordinário, em processo já instaurado por este ou em face deste, e no qual aquele se limita a intervir".

Por outro lado, na modalidade autônoma confere-se ao "respectivo titular a possibilidade de atuar em juízo com total independência em relação à pessoa que ordinariamente seria legitimada".

Essa modalidade autônoma pode ser classificada, ainda, em exclusiva e concorrente. Na legitimação exclusiva somente o substituto poderá ajuizar ação. Já na legitimidade extraordinária concorrente, tanto o substituto como o titular do direito substancial ou o responsável pela obrigação serão admitidos como legitimados.

Nessa perspectiva, somente a legitimidade extraordinária autônoma exclusiva poderia ser equiparada à figura da substituição processual.

Interessante notar que a Lei n. 13.806/2019 alterou a Lei n. 5.764/71, a fim de atribuir às cooperativas a possibilidade de agir como substitutas processuais de seus associados. Para viabilizar tal objetivo foram inseridos o inciso XI ao art. 21 e o art. 88-A:

a) Art. 21, XI. "Se a cooperativa tem poder para agir como substituta processual de seus associados, na forma do art. 88-A desta Lei."

b) Art. 88-A. "A cooperativa poderá ser dotada de legitimidade extraordinária autônoma concorrente para agir como substituta processual em defesa dos direitos coletivos de seus associados quando a causa de pedir versar sobre atos de interesse direto dos associados que tenham relação com as operações de mercado da cooperativa, desde que isso seja previsto em seu estatuto e haja, de forma expressa, autorização manifestada individualmente pelo associado ou por meio de assembleia geral que delibere sobre a propositura da medida judicial."

Vista essa peculiaridade, outra observação importante diz respeito ao cuidado para que não se confunda o instituto da assistência e representação com a figura da parte no sentido processual (substituto processual ou legitimado extraordinário).

---

[18] Importante frisar que, nesse caso, a competência para julgamento da ação do trabalhador que objetive receber indenização alegando danos morais e materiais em decorrência de condução inadequada do processo pelo sindicato que atuou como seu substituto processual é da Justiça do Trabalho. Nesse sentido: STJ, CC 124.930-MG, rel. Min. Raul Araújo, j. 10-4-2013, *Informativo STJ*, n. 518.

[19] Barbosa Moreira, 1971, p. 60.

Assim, o representante legal do menor de 16 anos não é parte no processo em que se pleiteiam alimentos, mas o menor necessitado. Tanto o substituto processual quanto o representante atuam na defesa do interesse alheio, todavia, enquanto aquele age em seu próprio nome, este atua em nome do titular do interesse.

Dessa forma, segundo a moderna concepção formulada por Chiovenda, parte é aquele que pede em seu próprio nome, ou em cujo nome é pedida a atuação de uma vontade de lei, e aquele em face de quem essa atuação é pedida.

No entanto, forçoso reconhecer que há diversas espécies e subespécies de legitimidade, como a primária e a secundária, a originária e a superveniente, a privativa e a concorrente, que terão grande aplicação prática, sobretudo, na tutela coletiva. Para maiores informações sobre os desdobramentos dessas modalidades, recomendamos vivamente a já referida obra de Barbosa Moreira[20].

Uma última palavra precisa ser dita sobre a legitimidade para o ajuizamento das ações civis públicas.

São legitimados a ajuizar a ação civil pública, na forma do art. 5º da Lei n. 7.347/85, o Ministério Público, a União, os Estados, o Distrito Federal, os Municípios, as autarquias, as empresas públicas, as fundações, as sociedades de economia mista, os órgãos que, apesar de desprovidos de personalidade jurídica, integrem a administração pública direta ou indireta (como o Procon e as Secretarias Municipais de Meio Ambiente), as associações constituídas há pelo menos um ano (muito embora o próprio § 4º do art. 5º permita ao juiz desconsiderar essa exigência, diante do manifesto interesse social da hipótese) e que incluam entre suas finalidades estatutárias a defesa do bem objeto da ação a ser proposta[21] ("pertinência temática")[22].

Questão interessante e que foi objeto de exame pelo STF diz respeito às pessoas que se filiam à associação após a propositura da ação civil pública e, no caso de procedência do pedido, desejam se habilitar na fase de execução.

Após intensos debates, o Pleno do STF[23], por maioria, decidiu que a execução de sentença transitada em julgado em ação coletiva proposta por entidade associativa de caráter civil alcança apenas os filiados na data da propositura da ação. Prevaleceu o entendimento do relator, ministro Marco Aurélio, no sentido de que os filiados em momento posterior à formalização da ação de conhecimento não podem se beneficiar de seus efeitos. Em razão da repercussão geral do Recurso Extraordinário, estima-se que o entendimento venha a ser reproduzido em milhares de ações idênticas em trâmite no Judiciário brasileiro.

O STJ vem trazendo algumas situações em seus julgados nos quais entendeu pela legitimidade do Ministério Público. Entre elas estão: ajuizar ação civil pública para impedir a veiculação de vídeo que contenha cenas de crimes cometidos contra crianças, ainda que por intermédio de matéria jor-

---

[20] Barbosa Moreira, 1971.

[21] No caso de ação civil pública ajuizada por associação, em caso de vício na representação processual, antes da extinção do processo, deve-se conferir oportunidade ao Ministério Público para que assuma a titularidade ativa da demanda, já que as ações coletivas trazem a ideia de indisponibilidade do interesse público. Nesse sentido: STJ, REsp 1.372.593-SP, rel. Min. Humberto Martins, j. 7-5-2013, *Informativo STJ*, n. 524.

[22] A pertinência temática, ou seja, a exigência de correlação entre o objeto da ação civil pública a ser proposta e os temas afetos às finalidades estatutárias (no caso das associações) ou às competências das pessoas jurídicas de direito público interno fixadas pela Constituição da República (no caso da União), Constituições Estaduais ou Leis Orgânicas Municipais, também se estende a estes entes. REsp 1.099.634-RJ, rel. Min. Nancy Andrighi, j. 8-5-2012".

[23] STF, Pleno, RE 612.043, rel. Min. Marco Aurélio, j. 10-5-2017. Maiores informações em: http://www.stf.jus.br/portal/cms/verNoticiaDetalhe.asp?idConteudo=342977.

nalística²⁴; ajuizar ação civil pública que objetive a exclusão ou a não inclusão de dados referentes a consumidores em cadastros de inadimplentes, se o débito ainda está em fase de discussão judicial, bem como para o pedido de danos morais por inclusão indevida. Isso porque o Ministério Público tem legitimidade para defender quaisquer interesses transindividuais, ainda que não sejam referentes à relação de consumo²⁵.

Ainda, também reconheceu a legitimidade do Ministério Público em caso de demanda requerendo o fornecimento de cesta básica de produtos sem glúten para portadores de doença celíaca, já que o *Parquet* deve defender direitos individuais disponíveis²⁶, em ação civil pública em face de concessionária de energia elétrica objetivando a não interrupção do fornecimento do serviço à pessoa carente financeiramente e acometida de doença grave, dependendo da utilização doméstica de equipamento com alto custo de energia²⁷.

O STJ²⁸ também já decidiu que o Ministério Público tem legitimidade para propor ação civil pública cujos pedidos consistam em impedir que determinados hospitais continuem a exigir caução para atendimento médico-hospitalar emergencial e a cobrar, ou admitir que se cobre, dos pacientes conveniados a planos de saúde valor adicional por atendimentos realizados por seu corpo médico fora do horário comercial.

Ainda nessa linha de raciocínio, o STJ²⁹ também definiu que o *Parquet* ostenta legitimidade para ajuizar ação civil pública com o objetivo de garantir o acesso a critérios de correção de provas de concurso público.

Quanto à Defensoria Pública, a Lei Federal n. 11.448, de 15 de janeiro de 2007, é, a um só tempo, um marco histórico e a correção de uma injusta discriminação com uma das mais importantes e respeitadas instituições brasileiras. O art. 2º dessa Lei, ao dar nova redação ao art. 5º da Lei n. 7.347/85, denominada Lei da Ação Civil Pública, inscreve a Defensoria Pública entre os legitimados para a propositura de tais demandas.

Em 7 de outubro de 2009, foi editada a LC n. 132, que alterou dispositivos da LC n. 80/94 e regulamentou diversos segmentos de atuação da Defensoria Pública.

Com efeito, o art. 4º, em seus incisos VII e VIII, adota uma restrição à legitimidade da Defensoria Pública, de forma a compatibilizar, segundo a exposição de motivos, a Lei n. 11.448/2007 com os termos dos arts. 5º, LXXIV, e 134, ambos da CF/88.

Nesse passo, a Defensoria Pública pode manejar a ação civil pública quando o "resultado da demanda puder beneficiar grupo de pessoas hipossuficientes" (art. 4º, VII) e "defender direitos individuais, difusos, coletivos e individuais homogêneos, na forma do inciso LXXIV do art. 5º da Constituição Federal" (art. 4º, VIII).

Digno de nota que, em posicionamento restritivo, o STJ³⁰ decidiu que a Defensoria Pública não possui legitimidade extraordinária para ajuizar ação coletiva em favor de consumidores de plano de saúde particular que, em razão da mudança de faixa etária, teriam sofrido reajustes abusivos em seus contratos.

---

²⁴ STJ, REsp 509.968-SP, rel. Min. Ricardo Villas Bôas Cueva, j. 6-12-2012, *Informativo STJ*, n. 511.
²⁵ STJ, REsp 1.148.179-MG, rel. Min. Nancy Andrighi, j. 26-2-2013, *Informativo STJ*, n. 516.
²⁶ STJ, AgRg no AREsp 91.114-MG, rel. Min. Humberto Martins, j. 7-2-2013, *Informativo STJ*, n. 517.
²⁷ STJ, AgRg no REsp 1.162.946-MG, rel. Min. Sérgio Kukina, j. 4-6-2013, *Informativo STJ*, n. 523.
²⁸ REsp 1.324.712-MG, rel. Min. Luis Felipe Salomão, j. 24-9-2013, *Informativo STJ*, n. 532.
²⁹ REsp 1.362.269-CE, rel. Min. Herman Benjamin, j. 16-5-2013, *Informativo STJ*, n. 528.
³⁰ REsp 1.192.577-RS, rel. Min. Luis Felipe Salomão, j. 15-5-2014, *Informativo STJ*, n. 541.

Tal decisão se fundou no fato de que o grupo protegido não se amoldaria ao requisito constitucional da insuficiência de recursos (art. 5º, LXXIV, da CF), já que demonstrara capacidade para arcar com assistência de saúde privada.

Por outro lado, o STF concluiu, em maio de 2015, o julgamento da ADIn 3.943, na qual a Confederação Nacional do Ministério Público (CONAMP) questionava a constitucionalidade do inciso II do art. 5º da Lei n. 7.347/85, com a redação dada pela Lei n. 11.448/2007.

O Plenário do STF, por unanimidade, reconheceu a legitimidade irrestrita da Defensoria Pública para a propositura de ação civil pública.

Em seu voto[31], a Ministra Cármen Lúcia considerou que o aumento de atribuições da Defensoria Pública amplia o acesso à Justiça e é perfeitamente compatível com a LC n. 132/2009 e com as alterações promovidas pela EC n. 80/2014, que estenderam as atribuições da instituição. Ressaltou, ainda, que não há qualquer vedação constitucional para a proposição desse tipo de ação pela Defensoria, nem norma que atribua ao Ministério Público prerrogativa exclusiva para tanto.

No fim de 2015, em outra oportunidade[32], o STF chancelou a importância da atuação da Defensoria Pública na tutela dos direitos coletivos.

8.5.2.2 Interesse processual em agir[33]

Refere-se à necessidade, utilidade e proveito da tutela jurisdicional para que o autor obtenha a satisfação do direito pleiteado e justifica-se na medida em que não convém ao Estado acionar o aparato judicial sem que dessa atividade possa ser extraído algum resultado útil.

O interesse processual não pode ser confundido com o interesse material, como bem anota Daniel Pontes[34].

Há dissenso na doutrina quanto aos elementos que compõem o interesse. Para alguns, seria o binômio necessidade-utilidade[35]. Para outros, seria necessidade-adequação[36]. E para uma terceira corrente, teríamos três elementos: a utilidade, a necessidade e a adequação[37].

Nesse sentido, a necessidade decorreria da impossibilidade de obter a satisfação do alegado direito sem a atuação do Estado (já que o ordenamento veda a autotutela)[38], e a adequação, da relação existente entre os meios processuais escolhidos e o fim desejado. A utilidade revela a correlação entre a pretensão do autor e a decisão judicial esperada.

---

[31] STF, ADIn 3.943-DF, rel. Min. Cármen Lúcia, j. 6 e 7-5-2015.
[32] RE 733.433-MG, rel. Min. Dias Toffoli, 4-11-2015 (RE-733.433). Decisão publicada no *Informativo* n. 806, disponível em: www.stf.jus.br.
[33] O interesse de agir processual diferencia-se do interesse substancial ou material, que diz respeito à relação jurídica de direito material arguida. Além disso, é requisito de todos os direitos processuais e não apenas da ação.
[34] "O interesse material situa-se no plano do direito substantivo, indicando os requisitos para fruição de determinada situação jurídica de vantagem, à qual pode se contrapor um estado de sujeição ou uma prestação da outra parte. Sua verificação, em um processo judicial, projeta-se no mérito, resultando na procedência ou não dos pedidos deduzidos. O interesse processual, por sua vez, em sentido amplo, volta-se à prática de atos processuais. Trata-se, portanto, de um gênero, em que se insere o interesse de agir, pelo qual se manifesta, em específico, a regularidade na propositura da demanda" (Pontes, 2019, p. 34).
[35] Barbosa Moreira, 1971, p. 17.
[36] Marinoni, 2008, p. 175.
[37] Theodoro Júnior, 2015, p. 81.
[38] A lei também poderá determinar que certos interesses devam ser levados ao Judiciário, ainda que não haja conflito entre as partes, como no caso da ação de anulação de casamento, por exemplo. Nessa hipótese, estamos diante de um exemplo da denominada "ação constitutiva necessária".

Independentemente da discussão teórica e sem grande relevância prática, importante anotar que a jurisprudência vem evoluindo no que tange à avaliação do interesse em agir no caso concreto.

Veja-se, por exemplo, o caso das ações de revisão de benefício previdenciário sem a prévia provocação ao INSS na instância administrativa.

O STJ[39] já decidiu que, para o ajuizamento de ação judicial em que se objetive a concessão de benefício previdenciário, dispensa-se, excepcionalmente, o prévio requerimento administrativo quando houver:

i) recusa em seu recebimento por parte do INSS; ou

ii) resistência na concessão do benefício previdenciário, a qual se caracteriza:

a) pela notória oposição da autarquia previdenciária à tese jurídica adotada pelo segurado; ou

b) pela extrapolação da razoável duração do processo administrativo.

Nesse sentido, em regra, a falta de postulação administrativa de benefício previdenciário resulta em ausência de interesse processual dos que litigam diretamente no Poder Judiciário. Isso porque a pretensão, nesses casos, carece de elemento configurador de resistência pela autarquia previdenciária à pretensão.

Assim sendo, se não há conflito, não há lide e, dessa forma, não existe interesse de agir nessas situações[40].

Finalmente, ficou assentado que a concessão de benefícios previdenciários depende de requerimento do interessado, não se caracterizando ameaça ou lesão a direito antes de sua apreciação e indeferimento pelo INSS, ou se excedido o prazo legal para sua análise.

O Tribunal deixou claro que a exigência de prévio requerimento não se confunde com o exaurimento das vias administrativas, nem deve prevalecer quando o entendimento da Administração for notório e reiteradamente contrário à postulação do segurado.

O Supremo Tribunal Federal[41], em importante decisão relatada pelo Min. Barroso, estabeleceu as premissas para a correta compreensão e configuração do interesse em agir em tais situações, que foram devidamente sistematizadas como se pode observar a seguir:

1. Quanto às ações ajuizadas até a conclusão do presente julgamento (3-9-2014), sem que tenha havido prévio requerimento administrativo nas hipóteses em que exigível, será observado o seguinte:

(i) caso a ação tenha sido ajuizada no âmbito de Juizado Itinerante, a ausência de anterior pedido administrativo não deverá implicar a extinção do feito;

(ii) caso o INSS já tenha apresentado contestação de mérito, está caracterizado o interesse em agir pela resistência à pretensão;

(iii) as demais ações que não se enquadrem nos itens (i) e (ii) ficarão sobrestadas, observando-se a sistemática a seguir.

---

[39] REsp 1.488.940-GO, rel. Min. Herman Benjamin, j. 18-11-2014, *Informativo STJ*, n. 552. Esse entendimento está em consonância com a decisão proferida pelo STF em Repercussão Geral, no RE 631.240-MG (j. 3-9-2014, DJe 10-11-2014), e foi posteriormente ratificado pela Primeira Seção, em regime de julgamento repetitivo (REsp 1.369.834-SP).

[40] Nesse mesmo Acórdão, o Tribunal asseverou que: "O Poder Judiciário é a via destinada à resolução dos conflitos, o que também indica que, enquanto não houver resistência do devedor, carece de ação aquele que 'judicializa' sua pretensão. Nessa linha intelectiva, a dispensa do prévio requerimento administrativo impõe grave ônus ao Poder Judiciário, uma vez que este, nessas circunstâncias, passa a figurar como órgão administrativo previdenciário, pois acaba assumindo atividades administrativas".

[41] STF. Pleno. RExt n. 631.240-MG. rel. Min. Roberto Barroso, j. 3-9-2014.

2. Nas ações sobrestadas, o autor será intimado a dar entrada no pedido administrativo em 30 dias, sob pena de extinção do processo. Comprovada a postulação administrativa, o INSS será intimado a se manifestar acerca do pedido em até 90 dias, prazo dentro do qual a Autarquia deverá colher todas as provas eventualmente necessárias e proferir decisão. Se o pedido for acolhido administrativamente ou não puder ter o seu mérito analisado devido a razões imputáveis ao próprio requerente, extingue-se a ação. Do contrário, estará caracterizado o interesse em agir e o feito deverá prosseguir.

3. Em todos os casos acima – itens (i), (ii) e (iii) –, tanto a análise administrativa quanto a judicial deverão levar em conta a data do início da ação como data de entrada do requerimento, para todos os efeitos legais".

Ainda dentro da temática de se exigir um interesse em agir qualificado para a propositura de certas demandas, em 2023 o STF[42] entendeu ser legítima a extinção de execução fiscal de baixo valor, em razão do princípio da eficiência administrativa, e ainda que o ajuizamento de execução fiscal depende da prévia adoção das seguintes providências:

a) tentativa de conciliação ou adoção de solução administrativa; e

b) protesto do título, salvo por motivo de eficiência administrativa, comprovando-se a inadequação da medida.

8.5.2.3 A exclusão da possibilidade jurídica do pedido do rol de condições para o regular exercício do direito de ação

O Código de 1973 considerava a possibilidade jurídica do pedido como a terceira condição genérica para o regular exercício do direito de ação.

Seria a previsibilidade pelo direito objetivo da pretensão manifestada pelo autor, ou seja, é a admissibilidade, em abstrato, do provimento demandado.

A possibilidade jurídica do pedido está relacionada ao princípio da legalidade.

Deve ser aferida em dois aspectos:

1. *positivo (restritivo)*: pode-se pedir tudo aquilo que esteja expressamente previsto em lei. Aplicável ao Estado, Fazenda Pública no exercício de suas funções;

2. *negativo (extensivo)*: pode-se tudo o que não seja vedado por lei. O silêncio da lei é interpretado em favor da parte. Isso vale para os particulares.

Um exemplo clássico de impossibilidade jurídica do pedido existiu, entre nós, até 1977. Tratava-se do pedido de divórcio, que, então, era vedado pelo ordenamento jurídico. Com a aprovação da Lei do Divórcio (Lei n. 6.515/77), deixou de existir a vedação antes existente.

Outro exemplo comumente invocado pela doutrina é o da cobrança de dívida de jogo. Contudo, examinada com rigor essa hipótese, percebe-se que ela não ilustra a impossibilidade jurídica do pedido. Com efeito, o pedido que se formula diante de semelhante hipótese é lícito (condenação do réu ao pagamento de determinada quantia), encontrando-se a ilicitude apenas nos fundamentos invocados pelo autor.

Ora, o pedido fundado em negócio ilícito não priva o autor do exercício da ação, pois a ilicitude do fundamento do pedido formulado em uma ação de conhecimento conduzirá à sua improcedência.

---

[42] Extinção de execução fiscal de baixo valor, por falta de interesse de agir, haja vista modificação legislativa posterior ao julgamento do RE 591.033 (Tema 109), que incluiu as certidões de dívida ativa entre os títulos sujeitos a protesto (Lei 12.767/2012), e a desproporção dos custos de prosseguimento da ação judicial. Tema 1184. RE 1355208, rel. Min. Cármen Lúcia, j. 19-12-2023.

Assim, o juiz não estará privado do poder de declarar a inexistência do direito, já que haverá, em verdade, a ausência do direito do autor com base no negócio jurídico por ele invocado[43].

O CPC, contudo, optou por retirar a possibilidade jurídica do pedido do rol de condições da ação, que agora fica restrito à legitimidade e ao interesse, como se pode perceber da leitura dos arts. 17 e 485, VI.

Fredie Didier Jr.[44], em trabalho disponibilizado no ano de 2006, já se manifestava sobre o desacerto de inserir a possibilidade jurídica do pedido no rol das condições da ação.

8.5.3 Condições específicas

Além das mencionadas condições genéricas, que devem estar presentes em todas as ações, há que se falar, ainda, nas condições específicas[45], previstas para determinadas ações, como, por exemplo:

i) Mandado de segurança: sua condição específica é o ajuizamento da ação no prazo máximo de 120 dias, contados da ciência, pelo interessado, do ato impugnado (art. 23 da Lei n. 12.016/2010)[46].

ii) Ação rescisória (ação especial utilizada para desconstituir a coisa julgada): duas são as condições específicas nesse caso: o depósito de 5% sobre o valor da causa pelo autor no momento em que ele propõe a demanda rescisória e o ajuizamento da demanda dentro do prazo de dois anos contados do trânsito em julgado da decisão.

Podemos, ainda, usar classificação diversa: a) condições positivas – deve-se convencer o juiz de sua existência (legitimidade *ad causam* e interesse em agir) para que haja o regular exercício do direito de ação; b) condições negativas – o autor deve provar a não ocorrência de questões preliminares (art. 337 do CPC; exs.: coisa julgada, litispendência, peremção ou compromisso arbitral).

8.5.4 Aferição das condições da ação

É de se ressaltar, afinal, que as condições da ação devem ser aferidas *in status assertiones,* ou seja, em face da afirmação constante da petição inicial[47]. Isso porque se dos fatos afirmados pelo autor não puder vir a resultar o acolhimento do pedido, o autor não terá o direito ao exercício da jurisdição sobre o caso concreto, devendo ser julgado carecedor de ação.

No entanto, a asserção não é suficiente para demonstrar a presença das condições da ação. Na verdade, ela deve ser examinada em conjunto com as provas que instruem a petição inicial. É necessário um mínimo de provas a demonstrar a verossimilhança das asserções formuladas na petição inicial. Entendimento contrário permitiria a autolegitimação do exercício da ação e criaria a possibili-

---

[43] Greco, 2003a, p. 32.
[44] "A existência da possibilidade jurídica do pedido como condicionadora da ação é uma concessão ao antigo pensamento de Wach e Chiovenda, que vinculava a existência do direito de ação à existência do direito material. Com toda razão, portanto, Calmon de Passos e Marinoni, quando afirma que o pensamento de Enrico Liebman é restritivo, à semelhança dos concretistas, podendo ser colocado ao lado deles, expressando um meio-termo entre a concepção tradicional e a concepção abstrata. A verdade é uma só: a possibilidade jurídica do pedido foi uma grande falha, que originou outras tantas" (Didier Jr., 2006, p. 13).
[45] No entanto, há quem entenda não existirem condições específicas da ação além das três tradicionais, porque eventuais requisitos de um ou outro procedimento são pressupostos de validade do próprio processo, servindo, no máximo, para caracterizar o interesse de agir (Greco, 2003a, p. 45).
[46] "Este prazo é de decadência do direito à impetração, e, como tal, não se suspende nem se interrompe desde que iniciado" (Meirelles, 2002, p. 52).
[47] Dinamarco; Lopes, 2016, p. 118.

dade de submeter o réu ao ônus de defender-se de uma demanda manifestamente inviável, na visão de Leonardo Greco[48].

Contudo, a posição que ainda hoje predomina na jurisprudência é a do exame das condições da maneira como estão dispostas na inicial, sem extensão probatória, pois, a partir do momento em que o juiz autoriza a produção de provas, já estará ingressando no mérito da causa. Não obstante já se levantam vozes a mitigar a intensidade dessa regra[49].

Destaque-se que a carência de ação não se confunde com a improcedência do pedido, pois esta implica exame do mérito, impedindo a renovação da ação, enquanto aquela, uma vez reconhecida, não obsta a que o autor renove seu pedido por meio de um novo processo que preencha tais condições.

Assim, o exame das condições da ação não trata de um juízo de mérito, mas de um juízo sobre questões de direito material a partir da situação fática e concreta relatada pelo demandante como fundamento de sua pretensão, que deve estar acompanhada de um mínimo de verossimilhança e provas que evidenciem a possibilidade do acolhimento. Isso porque, da mesma forma que é garantido a todos o direito de ação, é também assegurado o direito constitucional daquele contra quem a ação é exercida de não ser molestado por uma demanda inviável.

8.6 ELEMENTOS DA AÇÃO

Tendo em vista a multiplicidade de fatos e relações jurídicas submetidos à jurisdição, torna-se extremamente útil – e até mesmo necessário – que as ações sejam identificadas. Assim é que, segundo Leonardo Greco, os elementos de identificação das ações, como elementos da ação tomada no sentido de demanda, são um imperativo democrático, porque por intermédio da jurisdição o Estado intervém na vida e nos direitos dos particulares e "para que ela não venha a atuar mais de uma vez sobre a mesma controvérsia ou sobre o mesmo direito, é preciso identificar cada uma das suas atuações".

Dessa forma, são elementos da ação as partes, a causa de pedir e o pedido.

8.6.1 Partes

São os sujeitos que figuram respectivamente como autor e como réu na relação processual. São aqueles que pedem e em relação a quem o provimento jurisdicional é pedido. São as partes da demanda. Além da identificação da identidade das partes litigantes, é preciso também que se verifique a qualidade com que a pessoa esteja litigando (em nome próprio no interesse próprio – o que configurará a legitimidade ordinária; ou em nome próprio no interesse alheio – e aí teremos a legitimidade extraordinária).

A regra no direito brasileiro é a legitimidade ordinária, segundo a qual o titular do direito material deve ser o autor da ação eventualmente ajuizada para tutelar esse mesmo direito.

Numa relação processual podemos encontrar, ainda, os institutos indicados a seguir.

8.6.1.1 *Litisconsórcio*

É a pluralidade de partes numa relação processual, isto é, a multiplicidade de pessoas em um ou em ambos os polos da relação processual. Nesse sentido, havendo litisconsórcio, encontraremos dois ou mais autores e/ou dois ou mais réus na mesma relação jurídica de direito processual. Assim, o litisconsórcio pode ser:

---

[48] Greco, 2003a.
[49] Dinamarco; Lopes, 2016, p. 119.

1. ativo: formado no polo ativo da relação processual (dois ou mais autores);
2. passivo: ocorre no polo passivo da relação processual (dois ou mais réus);
3. misto ou recíproco: ocorre em ambos os polos da relação processual, implicando a presença de dois ou mais autores e dois ou mais réus no mesmo processo.

Além disso, o litisconsórcio pode ser facultativo ou necessário. O facultativo dependerá da vontade das partes, desde que preenchidos os requisitos legais, que serão examinados mais adiante.

Até 1994, não havia limitação quanto ao número de litisconsortes em cada relação. Com a reforma de 1994, por meio da Lei n. 8.952/94, foi acrescentado parágrafo único ao art. 46 do CPC/73, autorizando o juiz a limitar o número de litigantes no litisconsórcio facultativo, quando puder comprometer a rápida solução do litígio ou dificultar a defesa. A esse tipo de litisconsórcio facultativo dá-se o nome de litisconsórcio multitudinário. O CPC repete esse regramento no art. 113, § 1º.

Cumpre ressaltar que a lei não indica o número de litisconsortes, deixando sua determinação a cargo do juiz; aliás, conquanto seja recorrente na jurisprudência o número de dez litisconsortes, encontram-se também julgados admitindo número maior.

Ademais, havendo um grande número de pessoas afetadas e sendo o objeto de relevante valor social, o instrumento adequado a provocar a jurisdição será a ação coletiva (e não o litisconsórcio), tal como ocorre, por exemplo, com os direitos do consumidor (arts. 81 e s. da Lei n. 8.078/90), caso em que uma entidade legalmente legitimada irá representá-las no processo.

O litisconsórcio necessário, disposto no art. 114 do CPC, ocorrerá por duas razões: por determinação de lei ou pela natureza da relação jurídica discutida no processo, qual seja uma relação jurídica una e indivisível – e, portanto, incindível. Neste último caso, também por força dos limites subjetivos da coisa julgada, essa relação só pode ser alterada por inteiro, isto é, ou atinge a todos ou não atinge ninguém.

8.6.1.2 Intervenção de terceiros

Admite-se uma ampliação subjetiva da relação processual por meio do ingresso de pessoas no feito sob a condição de terceiros quando demonstrarem interesse jurídico.

Esse interesse caracteriza-se pela possibilidade de que a relação jurídica da qual o terceiro é titular venha a ser modificada por decisão judicial proferida em processo do qual ele não faz parte. Incluem-se no conceito de partes do processo.

Considera-se terceiro todo aquele que não é, originalmente, parte da demanda, ou seja, nem autor, nem réu na relação processual.

A intervenção pode ser voluntária ou forçada, e veremos essas hipóteses adiante.

8.6.2 Causa de pedir ou *causa petendi*

Causa de pedir é o fato jurídico com todas as suas circunstâncias que fundamenta a demanda autoral (art. 319, III, do CPC). Divide-se em causa de pedir próxima – fundamentos jurídicos que embasam o pedido – e causa de pedir remota – fatos constitutivos do direito do autor.

Nesse sentido, há duas correntes:

a) teoria da substanciação: a causa de pedir funda-se, eminentemente, nos fatos articulados pelo autor. Conquanto o Código exija a exposição, na petição inicial, dos fatos e dos fundamentos jurídicos do pedido, estes são menos relevantes, pois podem ser objeto de apreciação diversa por parte do magistrado;

b) teoria da individualização: fazendo referência a uma causa de pedir próxima (que seriam os fundamentos jurídicos) e uma remota (que seriam os fatos), considerando ambas relevantes na tarefa de identificação da demanda. A causa de pedir seria a qualificação jurídica dos fatos.

Nosso Código de Processo Civil de 1973 adotou a teoria da *substanciação*, segundo a qual se exige a descrição dos fatos – e não apenas a qualificação jurídica – de que decorre o direito alegado pelo autor, o que se contrapõe à teoria da *individualização*, pela qual não se faria necessária a exposição dos fatos, mas tão somente a afirmação da relação jurídica existente.

Há casos em que a fundamentação fática é bem simples, não gerando dúvidas, mas há outros em que a decisão do juiz depende justamente da posição fática. Exemplo: em caso de acidente de trânsito há uma discussão fática. Haverá condenação ao se determinar quem infringiu as regras de trânsito.

O CPC, contudo, adota uma teoria híbrida, na medida em que eleva o contraditório também ao plano dos fundamentos jurídicos, como se depreende da leitura do art. 10.

Nesse passo, ganha especial atenção o requisito da petição inicial de descrever não apenas o fato, mas também o fundamento que embasa o pedido, uma vez que o magistrado não poderá alterá-lo *ex officio*, a menos que oferte prazo para que as partes se manifestem sobre o novo fundamento trazido aos autos.

8.6.3 Pedido

É o objeto da jurisdição que se divide em imediato – provimento jurisdicional solicitado ao juiz que pode ter natureza declaratória, constitutiva, condenatória, executiva ou cautelar – e mediato – bem da vida pretendido pelo autor, ou seja, o bem ou interesse que se busca assegurar por meio da prestação jurisdicional.

O pedido, de acordo com o CPC, como regra, deve ser certo e determinado (art. 322 do CPC). Entretanto o próprio legislador admite algumas exceções em hipóteses nas quais, quando do início da demanda, tal precisão não puder ser exigida do autor, em respeito ao princípio da razoabilidade.

Essas hipóteses estão elencadas nos três incisos do art. 324, § 1º, do CPC:

"I – nas ações universais, se o autor não puder individuar os bens demandados;

II – quando não for possível determinar, desde logo, as consequências do ato ou do fato;

III – quando a determinação do objeto ou do valor da condenação depender de ato que deva ser praticado pelo réu".

O pedido é sempre interpretado restritivamente, devendo o autor mencionar expressamente o que pretende, eis que o juiz estará adstrito ao princípio da inércia.

Exceção a essa regra são os chamados pedidos implícitos, ou seja, aqueles que podem ser deferidos pelo juízo ainda que não requeridos na inicial, como é o caso dos juros legais, da correção monetária e das verbas de sucumbência, inclusive dos honorários advocatícios (art. 322, § 1º), e das obrigações vincendas em relações de trato sucessivo (art. 323).

O autor pode cumular dois ou mais pedidos. Tal cumulação pode ser:

i) simples (p. ex., dano moral e dano material);

ii) alternativa (p. ex., obrigação de fazer ou compensação pecuniária pelo serviço não prestado);

iii) eventual (p. ex., obrigação de fazer ou compensação pecuniária, mas com preferência expressa por uma delas, ficando a outra como residual, no caso de a primeira não poder ser atendida); e

iv) sucessiva (p. ex., caso em que o deferimento do segundo depende do acolhimento do primeiro, como reconhecimento de paternidade e alimentos: o juiz só examinará o cabimento da verba alimentar se concluir pela presença do vínculo da paternidade).

Os requisitos para a cumulação de pedidos constam do § 1º do art. 327:

i) que os pedidos sejam compatíveis entre si;

ii) que seja competente para conhecer deles o mesmo juízo;

iii) que seja adequado para todos os pedidos o tipo de procedimento.

O próprio CPC ressalva que, quando houver previsão de procedimentos distintos para cada pedido, a cumulação é possível desde que o autor empregue o procedimento ordinário (art. 327, § 2º).

Capítulo 9
COMPETÊNCIA: CONCEITO, NATUREZA JURÍDICA, ESPÉCIES, CRITÉRIOS DE DETERMINAÇÃO, CAUSAS DE MODIFICAÇÃO, INCOMPETÊNCIA E CONFLITO DE COMPETÊNCIA

9.1 CONCEITO E NATUREZA JURÍDICA

Embora seja corrente na doutrina a concepção de competência como medida[1] ou quantidade[2] de jurisdição atribuída a um órgão jurisdicional, sendo a função jurisdicional una e indivisível, afigura-se mais apropriado referir-se ao instituto como os limites em que cada órgão jurisdicional exerce, de forma legítima, tal função conferida ao Estado, ou seja, é como se a competência fosse o "freio" da jurisdição, definindo as hipóteses em que o magistrado julgará. Trata-se da delimitação da função jurisdicional do órgão.

A competência tem natureza jurídica de pressuposto processual, assim como a imparcialidade do magistrado.

Essa restrição ao exercício da jurisdição resulta da lei[3], que traçará os limites dentro dos quais ela será exercida.

A partir daí se infere que nem todo órgão que tem jurisdição é competente para julgar, aleatoriamente, todas as causas apresentadas, devendo obedecer a determinadas regras, previamente traçadas, a fim de que se alcance a melhor e mais eficiente prestação da atividade jurisdicional, por meio dos diversos órgãos judiciais existentes. Esses órgãos, dentro dos limites de sua competência, atuam com plena independência, ou seja, a todos os órgãos atribui-se jurisdição, mas, para que cada um se dedique apenas a uma parcela dessa extensa e complexa função, é delimitada sua atuação.

Por isso, muitos doutrinadores dizem que a competência é a medida da jurisdição, por ser a quantidade de jurisdição atribuída a cada órgão.

Apesar de a concentração das decisões em um único órgão possibilitar um número bem maior de decisões homogêneas, a exigência dessa delimitação prévia, segundo critérios como a especialização da Justiça, distribuição territorial e divisão de serviço, decorre da evidente impossibilidade de um único juiz decidir adequadamente todos os tipos de lide existentes atendendo à necessidade de realização de justiça.

Observe-se, ainda, que, sob o ponto de vista da relação processual, a competência possui a natureza jurídica de pressuposto processual de validade. Com efeito, a viabilidade do processo está condicionada à sua instauração perante órgão judicial competente para dele conhecer.

---

[1] Nesse sentido, conferir: Carneiro, 2003, p. 45.
[2] Dinamarco; Lopes, 2016, p. 103.
[3] Aqui se fala em lei no seu sentido lato, pois encontramos normas quanto à competência não só nas leis ordinárias federais e estaduais (como os Códigos de Organização e Divisão Judiciárias dos Estados), mas também nas Constituições Federal e Estaduais, bem como nos regimentos internos dos tribunais.

9.2 PRINCÍPIOS QUE REGEM A COMPETÊNCIA NO DIREITO BRASILEIRO

Do instituto da competência podem-se extrair diversos princípios e subprincípios, que são:

a) Juiz natural: segundo esse princípio, que rege todo o instituto da competência, toda estrutura jurisdicional é concebida de forma a haver apenas um órgão jurisdicional competente para examinar determinada causa. Não se nega o princípio da unidade da jurisdição, mas por meio desse princípio ocorre a concretização, baseada em normas constitucionais, ordinárias e infralegais, do exercício da função jurisdicional. Além disso, exige-se que a determinação desse órgão competente se dê por critérios abstratos e previamente estabelecidos, vedando sua fixação *a posteriori*.

Sintetizando o princípio, Ferrajoli[4] explica que: "significa, precisamente, três coisas diferentes, ainda que entre si conexas: a necessidade de que o juiz seja pré-constituído pela lei e não constituído *post factum*; a impossibilidade de derrogação e a indisponibilidade das competências; a proibição de juízes extraordinários".

b) Perpetuação da competência: esse princípio preceitua que o momento de determinação da competência ocorre quando da propositura da ação. Desse modo, são irrelevantes as ocasionais modificações no estado de fato (como a mudança de domicílio do réu ou do autor e a alteração do objeto litigioso do processo, ou de direito, a exemplo da alteração dos limites territoriais da comarca em que se situa o imóvel demandado).

Afirma Arruda Alvim[5] que esse princípio se prende à necessidade de conferir a estabilidade processual, evitando que situações ocorridas durante a relação processual possam modificar a competência do juízo, o que seria, além de inócuo, uma afronta ao princípio do juiz natural. Do oposto, haveria grave insegurança jurídica.

Há exceções no art. 43 do CPC: se o órgão foi suprimido ou extinto, os processos serão redistribuídos. Havendo alteração em razão da matéria, transferem-se os processos. O mesmo se dá em casos de alteração da hierarquia do órgão jurisdicional.

Aliás, a jurisprudência já vinha abrindo exceções a esse princípio. Colhemos, nesse sentido, pronunciamento do Eg. STJ, em decisão relatada pela Min. Nancy Andrighi[6], entendendo que, em processo referente à disputa judicial que envolve guarda ou mesmo adoção de crianças ou adolescentes, prevalece o princípio do juízo imediato (art. 147, I, do ECA), devendo ser flexibilizada a regra do art. 43 do CPC, em atenção ao princípio da proteção máxima da criança e do adolescente. Esta interpretação neoconstitucional é preferível à literalidade mantenedora da competência em local desfavorável ao menor.

Com esse entendimento, o Tribunal permitiu a modificação do juízo competente em razão da mudança de domicílio do menor e de seu representante legal, mesmo após iniciada a ação.

c) Princípio da competência sobre a competência (*Kompetenz-Kompetenz*): todo juiz é competente para examinar sua competência para determinada causa. Nesse sentido, Cândido Rangel Dinamarco[7] destaca que "todo juiz é o primeiro juiz da sua própria competência".

9.3 CRITÉRIOS PARA DETERMINAÇÃO DA COMPETÊNCIA

Apesar das diversas classificações que os autores pátrios fazem acerca da competência, há certo consenso em adotar a seguinte sistematização:

---

[4] Ferrajoli, 2002, p. 472.
[5] Alvim, 2008.
[6] STJ, CC 111.130-SC, rel. Min. Nancy Andrighi, *Informativo* n. 446, set. 2010.
[7] Dinamarco, 2001b.

I) internacional:

a) exclusiva ou privativa

b) concorrente.

II) interna, que pode ser fixada em razão de um desses quatro parâmetros:

a) território;

b) matéria;

c) valor;

d) função.

Esses quatro critérios podem vir definidos nos seguintes diplomas:

i) Constituição Federal (competência constitucional);

ii) Lei Federal (o que inclui o próprio CPC);

iii) Constituição Estadual;

iv) Leis Estaduais;

v) Regimentos Internos dos Tribunais e Códigos de Organização Judiciária.

9.3.1 Competência internacional

Destarte, cumpre verificar os critérios norteadores de fixação da competência que, em última análise, representam os parâmetros adotados pelo legislador para estabelecer a competência de cada órgão judicante. Já as regras legais reguladoras da competência, ditadas e organizadas em obediência a referidos critérios, representam os limites impostos ao exercício da jurisdição pelos órgãos judicantes.

No CPC, a competência exclusiva vem prevista no art. 23. Segundo esse dispositivo, compete exclusivamente ao Poder Judiciário do Brasil:

a) conhecer de ações relativas a imóveis situados no Brasil;

b) em matéria de sucessão hereditária, proceder à confirmação de testamento particular, inventário e partilha[8] de bens situados no Brasil, ainda que o autor da herança seja de nacionalidade estrangeira ou tenha domicílio fora do território nacional[9];

c) em divórcio, separação judicial ou dissolução de união estável, proceder à partilha de bens situados no Brasil, ainda que o titular seja de nacionalidade estrangeira ou tenha domicílio fora do território nacional.

A competência concorrente, a seu turno, vem prevista nos arts. 21 e 22. Nesses casos, a ação pode ser proposta tanto no Brasil como em outro país, observadas as regras de competência deste, bem como as normas previstas em tratados e convenções internacionais.

Ademais, caso seja necessário executar a decisão no Brasil, será preciso proceder à sua prévia homologação perante o Superior Tribunal de Justiça, como será visto mais à frente, em capítulo dedicado ao tema.

São hipóteses de competência concorrente as ações:

---

[8] O art. 23, II, do CPC não impede a homologação, pelo STJ, de sentença estrangeira que disponha sobre inventário e partilha, quando o *de cujus* houver deixado testamento e inexistir litígio entre os sucessores (Tibúrcio, 2016, p. 102).

[9] O constituinte teve por fim evitar a aplicação da lei do país do *de cujus* ao inventário e à partilha, quando esta for menos favorável à família brasileira do que a lei do Brasil. Assim, visou a assegurar ao cônjuge e aos filhos do cidadão estrangeiro, ao menos, os direitos sucessórios previstos pela legislação brasileira, de modo a garantir o patrimônio mínimo e a subsistência da família brasileira e a evitar que esta tenha de ser sustentada pelo Estado brasileiro (Queiroz, 2018, p. 129).

a) em que o réu, qualquer que seja a sua nacionalidade, estiver domiciliado no Brasil[10]; (art. 21, I)

b) em que no Brasil tiver de ser cumprida a obrigação; (art. 21, II)

c) em que o fundamento seja fato ocorrido ou ato praticado no Brasil; (art. 21, III)

d) de alimentos[11], quando: (art. 22, I)

d.1) o credor tiver domicílio ou residência no Brasil;

d.2) o réu mantiver vínculos no Brasil, tais como posse ou propriedade de bens, recebimento de renda ou obtenção de benefícios econômicos;

e) decorrentes de relações de consumo, quando o consumidor tiver domicílio ou residência no Brasil; (art. 22, II)

f) em que as partes, expressa ou tacitamente, se submeterem à jurisdição nacional. (art. 22, III)

Segundo o parágrafo único do art. 21, considera-se domiciliada no Brasil a pessoa jurídica estrangeira que nele tiver agência, filial ou sucursal. Contudo, como bem lembra Carmen Tibúrcio[12], tal dispositivo não se refere à sociedade domiciliada no Brasil e controlada por sociedade estrangeira, mas, tão somente, a três tipos de estabelecimento empresarial – agência, filial ou sucursal – de sociedade estrangeira situada em território brasileiro.

Isso sem descurar das hipóteses de imunidade, expressamente reconhecidas pelo STF[13].

No exame desse ponto, é relevante indagar quais são os efeitos da litispendência e da coisa julgada sobre a competência da Justiça brasileira.

Em outras palavras: é preciso saber se órgão judiciário brasileiro poderá conhecer de ação idêntica àquela que já esteja sendo exercida perante autoridade estrangeira (litispendência); outrossim, deve-se examinar se órgão judiciário brasileiro poderá conhecer de ação idêntica àquela que tenha sido proposta perante autoridade estrangeira, havendo esta proferido sentença de mérito contra a qual não mais possa ser manejado qualquer recurso (coisa julgada material).

A primeira observação a registrar é que a solução das questões relacionadas à litispendência e à coisa julgada variará conforme a situação concreta seja regida por regra de competência exclusiva ou concorrente[14].

Assim, em se tratando de competência exclusiva da Justiça brasileira, a sentença estrangeira não produzirá qualquer efeito em território nacional. Logo, a litispendência ou a coisa julgada não impediria o exercício da jurisdição por órgão judiciário pátrio[15].

---

[10] O STJ já decidiu que a justiça brasileira é competente para julgar o caso relacionado à internet se o dano aconteceu no Brasil (STJ, REsp 1.168.547-RJ, rel. Min. Luis Felipe Salomão, 4ªT., j. 11-5-2010, *DJe* 7-2-2011, *Informativo STJ*, n. 434).

[11] O art. 22, I, do CPC reproduziu a regra do art. 8º, *a e c*, da Convenção Interamericana sobre Obrigação Alimentar de 1989 (Queiroz, 2018, p. 127).

[12] Tibúrcio, 2016, p. 69.

[13] STF. Tema n. 947 de Repercussão Geral. RE 1.034.840. O organismo internacional que tenha garantida a imunidade de jurisdição em tratado firmado pelo Brasil e internalizado na ordem jurídica brasileira não pode ser demandado em juízo, salvo em caso de renúncia expressa a essa imunidade. Data: 2-6-2017. Disponível em: http://www.stf.jus.br/portal/jurisprudenciaRepercussao/abrirTemasComRG.asp. Acesso em: 15 jun. 2020.

[14] "A eventual concorrência entre sentença proferida pelo Judiciário brasileiro e decisão do STJ homologando sentença estrangeira, sobre a mesma questão, se resolve pela prevalência da que transitar em julgado em primeiro lugar" (STJ, SEC 4.127/EX, rel. Min. Nancy Andrighi, rel. p/ acórdão Min. Teori Albino Zavascki, Corte Especial, j. 29-8-2012, *DJe* 27-9-2012).

[15] Embora o art. 23, I, do CPC se refira, tão somente, à autoridade judiciária brasileira, isso não é impeditivo a que arbitragens realizadas no Brasil decidam sobre litígios relativos a imóveis localizados no Brasil (Tibúrcio, 2016, p. 90).

Para as hipóteses de competência concorrente, no que diz respeito à litispendência, a solução será semelhante. Com efeito, ainda que a ação esteja sendo exercida perante órgão judiciário de Estado estrangeiro, ela poderá ser intentada perante a Justiça brasileira[16].

Excetuam-se, na forma do art. 24 do CPC, as disposições em contrário de tratados internacionais e acordos bilaterais em vigor no Brasil.

Todavia a situação se complica quando se relacionam a coisa julgada e a competência concorrente. Nesse caso, se a sentença estrangeira houver transitado em julgado, poderá a ação ser novamente intentada no Brasil?

Na vigência do CPC/73, divergia a doutrina. Assim, uma primeira corrente respondia que sim, ou seja, que a ação poderia ser novamente iniciada no Brasil, pelo menos enquanto não fosse a referida sentença homologada pelo Superior Tribunal de Justiça[17].

Por outro lado, uma segunda corrente respondia negativamente à questão formulada. Para ela, se já se formou a coisa julgada perante a autoridade judiciária estrangeira, não mais pode a ação ser renovada perante a autoridade pátria[18].

Nesse ponto, nos filiávamos à primeira corrente, na medida em que preserva a soberania nacional e o respeito às normas de ordem pública. É preciso lembrar que o procedimento de homologação de sentença estrangeira existe também para que se possa fazer o controle e a previsibilidade das decisões a serem efetivadas no território nacional.

Contudo, a par da divergência doutrinária, importante atentar para a redação do parágrafo único do art. 24. Esse dispositivo determina que a pendência de causa perante a jurisdição brasileira não impede a homologação de sentença judicial estrangeira quando exigida para produzir efeitos no Brasil.

Na hipótese versada nesse dispositivo, sendo idênticas as ações, parece-me que a que está pendente será extinta por perda do objeto.

Finalmente, o art. 25 cria hipótese de exclusão da jurisdição pátria. É o caso de existência de cláusula de eleição de foro exclusivo estrangeiro em contrato internacional. No entanto a exclusão não é absoluta.

É preciso que o réu argua tal circunstância na contestação (art. 25, parte final), e, ainda, que não se trate de uma das hipóteses de competência exclusiva (art. 25, § 1º).

O art. 25 do CPC, contudo, é alvo de crítica doutrinária[19], mesmo se baseando em antigo precedente do STJ.

---

[16] "Somente o trânsito em julgado da sentença brasileira obsta a homologação da sentença judicial estrangeira que haja decidido a mesma demanda. Da mesma forma, o trânsito em julgado da decisão de homologação da sentença estrangeira determinará a extinção, sem resolução do mérito, do processo que tramita perante a justiça brasileira onde o mesmo pedido seria apreciado" (Queiroz, 2019, p. 120).

[17] Nery Jr.; Nery, 2002, p. 418.

[18] Theodoro Jr., 2007a, p. 148.

[19] "Aplicando o art. 88, I, CPC/1973, a 3ª Turma do STJ decidiu, que a cláusula de eleição de foro estrangeiro não tem eficácia no Brasil quando o réu estiver domiciliado aqui, sendo a justiça brasileira sempre competente para julgar processos em que essa hipótese esteja configurada. Tratava-se de entendimento equivocado, pois se referia a critério definidor de competência concorrente e não exclusiva do Judiciário brasileiro. Ora, se o autor pode optar por ajuizar a ação perante judiciário estrangeiro e o réu pode se defender no processo aí instaurado, nada impede que as partes se submetam a essa justiça voluntariamente antes do surgimento do conflito por meio de cláusula de eleição deste foro. Importa salientar que o art. 25, CPC, tornou indiscutível o equívoco desse entendimento" (Queiroz, 2018, p. 121).

9.3.2 Competência interna

No tocante ao estudo da competência interna, impõe verificar os critérios determinantes de fixação adotados, bem como o princípio basilar da *perpetuatio jurisdictionis* (ou perpetuação da jurisdição), previsto no art. 43 do CPC.

Conforme se infere do disposto no aludido artigo, a competência é fixada no momento da propositura da ação, não influindo as alterações de fato ou de direito supervenientes, salvo quando se tratar de supressão do órgão judiciário ou na hipótese de alteração da competência em razão da matéria ou hierarquia.

Só haverá perpetuação de jurisdição se a ação foi ajuizada perante juízo competente, visto que o princípio tem como pressuposto essencial a competência livre de quaisquer vícios. Do contrário, os autos deverão ser encaminhados ao juízo competente.

Assim, inicialmente, a determinação do órgão jurisdicional competente é feita a partir dos elementos da demanda e do processo *in status assertionis*, isto é, pela análise da demanda efetivamente proposta e do processo efetivamente instaurado, não importando se o demandante postulou adequadamente ou não, se poderia ou deveria ter pedido coisa diferente, visto que, nesses casos, a consequência jurídica será outra que não a incompetência. Da mesma forma, alterações supervenientes, mesmo que relevantes, não geram modificação de competência, salvo as expressamente previstas no referido art. 43 (supressão de órgão judiciário ou alteração de competência absoluta)[20].

Os critérios adotados em nosso ordenamento na fixação da competência interna podem ser discriminados como:

Em razão do território (*ratione loci*): baseia-se em aspecto de natureza geográfica, isto é, em determinada porção do território, como, por exemplo, o domicílio do réu, fixada por critérios determinados em lei, sobre a qual o juiz exerce jurisdição. A doutrina costuma estabelecer distinção entre a competência territorial:

a) Geral – obedece à regra *actor sequitur forum rei*, consoante a qual as ações devem ser propostas no foro em que estiver domiciliado o réu no tocante a ações pessoais e reais mobiliárias. Contudo, as ações reais imobiliárias são ajuizadas no foro do local do imóvel (arts. 46-47 do CPC).

Ainda assim, essas regras são, em geral, flexíveis, eis que a competência em razão do território é relativa e, portanto, pode ser afastada pelos fenômenos clássicos de modificação de competência, tais como conexão, continência, eleição de foro e inércia da parte, sendo este último responsável pelo fenômeno da prorrogação (um juízo que originalmente era relativamente incompetente se torna competente por não ter sido arguida a matéria a tempo).

O art. 46 traz várias regras específicas que resolvem possíveis dúvidas do intérprete. Nesse passo, o § 1º estabelece que, tendo mais de um domicílio, o réu será demandado no foro de qualquer deles.

Caso seu domicílio seja incerto ou desconhecido, o réu será demandado onde for encontrado ou no foro de domicílio do autor (§ 2º). Se não tiver domicílio no Brasil, a ação será proposta no foro de domicílio do autor, e, caso este também resida fora do Brasil, a ação será proposta em qualquer foro (§ 3º).

Já pelo § 4º, se houver dois ou mais réus com diferentes domicílios, serão demandados no foro de qualquer deles, à escolha do autor.

---

[20] Nesse sentido: A incapacidade superveniente de uma das partes, após a decretação do divórcio, não tem o condão de alterar a competência funcional do juízo prevento (CC 160.329-MG, rel. Min. Nancy Andrighi, j. 27-2-2019, DJe 6-3-2019, *Informativo STJ*, n. 643).

Finalmente, pelo § 5º, a execução fiscal será proposta no foro de domicílio do réu, no de sua residência ou no do lugar onde for encontrado. Essa regra, contudo, fica restrita aos limites territoriais de cada ente ou ao local do fato gerador, como já definiu o STF[21].

Excetuam-se as hipóteses previstas na parte final do § 1º do art. 47 (direito de propriedade, vizinhança, servidão, divisão e demarcação de terras e de nunciação de obra nova). Nesses casos, não poderá haver escolha, por expressa disposição legal, que consagra, aqui, modalidade de competência absoluta.

b) Especial – quando a competência for fixada em função da situação da coisa sobre que versa a lide, ou das qualidades de pessoa envolvida na lide, ou ainda do local em que ocorreram os fatos litigiosos (foro do interditando, do alimentando, das ações de direito de família etc.) (arts. 49-53 do CPC).

Em razão da matéria ou natureza (*ratione materiae*): considera a natureza do direito material controvertido, a saber, se o litígio versa sobre direito civil, penal, trabalhista[22-23] etc. De um modo geral, constitui meio de especializar a Justiça, na medida em que leva à criação de varas exclusivas para a apreciação de pedidos relacionados com determinado ramo do direito público ou privado.

Importante mencionar que na Constituição da República, especificamente no art. 109, encontramos a fixação da competência da Justiça Federal.

Como sabemos, uma vez afastadas as hipóteses de competência das justiças especializadas (militar, trabalhista e eleitoral), devemos avaliar a competência da justiça comum, que se divide em estadual e federal. Nesse *iter*, primeiro devemos avaliar se a matéria está reservada à competência da União. Em caso negativo, a competência da Justiça Estadual será fixada em critério residual.

Com efeito, as hipóteses de competência da Justiça Federal estão elencadas no art. 109 da Carta de 1988.

Com relação às ações previdenciárias, no intuito de facilitar o acesso à justiça, o § 3º do art. 109 da Carta de 1988 dispõe que serão processadas e julgadas na justiça estadual, no foro do domicílio dos segurados ou beneficiários, as causas em que forem parte instituição de previdência social e segurado, sempre que a comarca não seja sede de vara do juízo federal[24-25].

---

[21] Tema 1204 – Obrigatoriedade de a execução fiscal ser proposta no foro de domicílio do réu, no de sua residência ou no do lugar onde for encontrado, mesmo quando isso implique o ajuizamento e processamento da ação executiva em outro Estado da Federação. O Tribunal, por unanimidade, apreciando o tema 1.204 da repercussão geral, negou provimento ao recurso extraordinário com agravo e fixou a seguinte tese: "A aplicação do art. 46, § 5º, do CPC deve ficar restrita aos limites do território de cada ente subnacional ou ao local de ocorrência do fato gerador", nos termos do voto do Relator. ARE 1.327.576/RS, rel. Ministro Dias Toffoli, julgamento virtual finalizado em 6-8-2024 (terça-feira), às 23:59. *Informativo STF* n. 1.144.

[22] Importantes alterações foram introduzidas pela Emenda Constitucional n. 45/2005, que transferiu da Justiça comum à Justiça do Trabalho a competência para o julgamento das ações de indenização por dano moral ou patrimonial decorrentes da relação de trabalho. Inclusive, o STJ decidiu que, em se tratando de ação de indenização com base em atos supostamente cometidos durante a relação de trabalho, o julgamento é de competência da Justiça do Trabalho. Nesse sentido: STJ, CC 121.998-MG, rel. Min. Raul Araújo, j. 27-2-2013, *Informativo STJ*, n. 518.

[23] O STJ entendeu que, em se tratando de demanda deduzida em ação de reconhecimento e de dissolução de sociedade mercantil de fato, cumulada com pedido de indenização remanescente, na hipótese em que a causa de pedir e o pedido deduzidos na petição inicial não façam referência à existência de relação de trabalho entre as partes, a competência será da Justiça Comum Estadual, já que se trata de relação eminentemente civil, não tendo origem em relação de trabalho entre as partes. Nesse sentido: STJ, CC 121.702-RJ, rel. Min. Raul Araújo, j. 27-2-2013, *Informativo STJ*, n. 518.

[24] "A competência prevista no § 3º do artigo 109 da Constituição Federal, da Justiça comum, pressupõe inexistência de Vara Federal na Comarca do domicílio do segurado". RE 860508/SP (Tema 820 RG).

[25] Compete a tribunal regional federal, no âmbito da respectiva região, dirimir conflito de competência entre juiz federal ou juizado especial federal e juiz estadual no exercício da competência federal delegada. Cabe a tribunal regional federal solucionar o conflito de competência, observado o art. 108, I, e, e II, da Constituição Federal. RE 860508/SP, relator Min. Marco Aurélio, julgamento virtual finalizado em 6.3.2021. *Informativo STF* n. 1.008.

Por fim, o § 5º do art. 109, incluído pela EC n. 45/2004[26], criou o incidente de deslocamento de competência para a Justiça Federal[27], nas hipóteses de grave violação de direitos humanos, com a finalidade de assegurar o cumprimento de obrigações decorrentes de tratados internacionais dos quais o Brasil seja parte.

Em razão do valor da causa (*ratione valoris*): é determinada com base no valor atribuído à causa. O grande exemplo é a fixação da competência dos Juizados Especiais. Hoje temos três leis que tratam do assunto:

a) Lei n. 9.099/95, que regula os juizados especiais cíveis e criminais no âmbito estadual – fixa o patamar de 40 salários mínimos;

b) Lei n. 10.259/2001, que dispõe sobre os juizados especiais federais, cíveis e criminais – fixa o patamar de 60 salários mínimos; e

c) Lei n. 12.153/2009, que trata dos juizados especiais da Fazenda Pública – também adota o limite de 60 salários mínimos.

Observe-se que nada impede que o autor renuncia à parcela que exceda o patamar legal a fim de que seu processo permaneça no âmbito dos juizados especiais[28].

Em razão da função (*competência funcional*): pode se materializar de diversas formas[29]:

a) pela prevenção[30]: juízo já provocado para uma primeira medida[31] terá competência para as subsequentes;

b) em uma fase subsequente do processo: competência do juízo da fase cognitiva para a fase de cumprimento de sentença;

c) casos das chamadas sentenças determinativas, nas quais a cláusula *rebus sic stantibus* fica ativa, permitindo adequação do que foi decidido às modificações de fato (p. ex., a ação de alimentos e posterior ação de revisão ou exoneração de alimentos).

---

[26] É constitucional – por não afrontar a forma federativa de Estado e os direitos e as garantias individuais – o art. 1º da EC 45/2004, no que se refere à criação do incidente de deslocamento de competência (IDC) para a Justiça Federal, nas hipóteses de grave violação de direitos humanos (inclusão do inciso V-A e do § 5º ao art. 109 da CF/1988). (...) Com base nesses e em outros entendimentos, o Plenário, por unanimidade, em apreciação conjunta, julgou improcedentes as ações, para assentar a constitucionalidade do art. 1º da EC 45/2004, relativamente à inclusão do inciso V-A e do § 5º ao art. 109 da CF/1988. ADI 3.486/DF, relator Ministro Dias Toffoli. ADI 3.493/DF, rel. Min. Dias Toffoli, julgamento virtual finalizado em 11-9-2023 (segunda-feira), às 23:59. *Informativo STF* n. 1.107.

[27] Incidente de deslocamento de competência (IDC). Deferimento parcial. Art. 109, § 5º, da CF/1988. Medida constitucional excepcional. Requisitos cumulativos. Presença. Conflito agrário em Rondônia. Grave violação a direitos humanos. Ineficácia das instâncias locais e risco de responsabilização internacional. IDC 22-RO, rel. Min. Messod Azulay Neto, 3ª S., por unanimidade, j. 23-8-2023, *DJe* 25-8-2023. *Informativo STJ* n.790.

[28] Ao autor que deseje litigar no âmbito de Juizado Especial Federal Cível, é lícito renunciar, de modo expresso e para fins de atribuição de valor à causa, ao montante que exceda os 60 (sessenta) salários mínimos previstos no art. 3º, *caput*, da Lei n. 10.259/2001, aí incluídas, sendo o caso, as prestações vincendas. REsp 1.807.665-SC, rel. Min. Sérgio Kukina, Primeira Seção, por unanimidade, j. 28-10-2020, *DJe* 26-11-2020 (Tema 1030). *Informativo STJ* n. 683.

[29] Cuida-se de critério que regula a atuação sucessiva de um ou mais órgãos jurisdicionais no mesmo processo, que pode se dividir em *horizontal*, em razão das fases do processo (como é o caso da fase de conhecimento e da fase de cumprimento posterior do julgado, por exemplo), e em *vertical*, também chamada de competência hierárquica ou recursal (definida em razão da interposição dos recursos) (Gaio Jr.; Pinho, 2018, p. 131).

[30] Prevenção é um critério de fixação de competência de um entre dois foros ou juízos igualmente competentes, pelo qual passa a ter competência somente um deles, excluindo-se os demais (Dinamarco; Lopes, 2016, p. 114).

[31] Como no caso das medidas de urgência consubstanciadas em cautelares preparatórias. A matéria será vista adiante, no capítulo que trata das tutelas provisórias.

Em razão da pessoa (*ratione personae*): leva em conta a prerrogativa expressa em lei e decorrente de motivos de interesse público, exercida por uma das partes envolvidas no litígio. Baseia-se no princípio constitucional da isonomia, que assegura tratamento desigual aos desiguais, na medida de suas diferenças. Assim, por exemplo, se o Presidente da República cometer crime comum, será julgado pelo STF. Não obstante é muito comum encontrarmos em doutrina severas críticas contra esse tipo de medida, principalmente quando voltadas a beneficiar o Poder Público. Deve-se observar que, visualizadas sob esse prisma, as qualidades especiais da pessoa são consideradas para ditar regras que regulam as denominadas competências de jurisdição e de juízo.

A previsão legal encontra-se nos seguintes diplomas:

I) Constituição Federal – como regra, consagra as normas mais relevantes;

II) Leis Federais;

III) Leis Estaduais com normas específicas:

a) Códigos de Organização Judiciária, e

b) Regimentos Internos dos Tribunais[32].

É no Código de Organização Judiciária que encontramos a estrutura básica, que se estabelece a partir de uma unidade mínima chamada comarca. Tem-se:

(I) comarca da capital com

a) foro central e

b) foros regionais[33] e

(II) comarcas do interior.

Em cada comarca há a previsão de um determinado número de juízos, bem como de sua competência. De acordo com o tamanho, há figuras a observar:

a) *comarcas de juízo único*, comarcas pequenas que demandam apenas um órgão jurisdicional. O juiz que para lá se remove se torna um verdadeiro "clínico geral", eis que terá de resolver todo tipo de matéria, desde os crimes contra a vida até as pequenas questões cíveis envolvendo vizinhos, passando por questões familiares, fazendárias e sucessórias;

b) *comarcas médias*, que demandam dois ou alguns poucos juízos, cuja competência deve ser adequada às peculiaridades daquela comarca;

c) finalmente temos as *comarcas maiores*, como é o caso da capital do Estado, onde passa a ser necessário fazer uma divisão em foros, dotando cada foro de diversos juízos, tornando mais complexas as regras organizacionais.

Em outras palavras, em função das qualidades da pessoa envolvida na lide, pode-se determinar se o processo será da competência de um dos órgãos de superposição, de uma das Justiças especializadas ou da Justiça comum, seja ela federal ou estadual (competência de jurisdição)[34].

---

[32] Regimento Interno que trata da organização judiciária em 2ª grau: quantas câmaras, atribuições do corregedor, matérias que podem ser submetidas ao Conselho da Magistratura, Corregedoria etc.

[33] Lembrando que, ao contrário do que pode parecer, no foro regional estabelece-se a competência absoluta, em razão da combinação dos critérios territorial e funcional.

[34] Por exemplo, o STJ já decidiu que a competência para julgamento de ação que objetive exclusivamente o reconhecimento do direito de receber pensão decorrente da morte do companheiro, por se tratar de matéria previdenciária, é da Justiça Federal, ainda que se tenha que ultrapassar a questão prejudicial da existência ou não da união estável. Nesse sentido ver: STJ, CC 126.489-RN, rel. Min. Humberto Martins, j. 10-4-2013, *Informativo STJ*, n. 517.

Além disso, dependendo do que dispuser a Lei de Organização Judiciária, determinada qualidade da pessoa também pode ser útil para determinar o juízo competente, como no caso em que exista vara especializada da Fazenda Pública[35].

Destaque-se, ainda, que esse critério pode ser conjugado com o territorial (como, aliás, já se extrai da exposição acima), a fim de determinar qual o foro competente para conhecer de determinado processo. Essa conjugação se faz notar, por exemplo, pela norma emergente do art. 53, II, do CPC.

A competência pode também ser determinada em razão de outro processo correlato[36], que já tenha sido previamente examinado por aquele juízo, em razão do princípio da acessoriedade, previsto no art. 61 do CPC[37].

Com isso, a competência para a providência cautelar ou antecipatória requerida em caráter antecedente determina-se em função do processo principal. Aquele processo, que visa outorgar ao processo principal a capacidade de ser justo e útil, possui caráter eminentemente acessório, sujeitando-se à regra emergente do art. 61 e, mais especificamente, à que se extrai do art. 299 do mesmo diploma.

9.4 CONCRETIZAÇÃO DA JURISDIÇÃO

Os critérios acima elencados sinalizam para a fixação do órgão competente em nossa organização judiciária, mediante a observação de variadas etapas. Assim, em primeiro lugar, é preciso verificar se o processo se insere entre os casos de competência originária dos órgãos de superposição.

Sendo negativo o resultado dessa pesquisa, cumpre saber qual a "Justiça" competente, ou seja, se o processo deve ser examinado por órgão pertencente a uma das estruturas especializadas – Justiça Eleitoral, Militar, Trabalhista – ou se, ao contrário, insere-se na competência da Justiça comum – Federal ou Estadual. Adiante, será necessário descobrir qual das instâncias (primeira ou segunda) da Justiça competente deverá conhecer originariamente do processo.

O próximo passo é determinar qual juízo ou grupo de juízos poderia ser competente, considerando o espaço geográfico dentro do qual exerça a jurisdição (foro – denominado comarca, no âmbito estadual, e seção, no federal). Havendo mais de um juízo no mesmo espaço territorial (foro), restará perquirir qual deles é o competente para exercer a jurisdição.

Dessa forma, é importante recorrer a diversas fontes normativas, como a Constituição Federal, cujos arts. 114, 121 e 124 informam a competência das "Justiças especiais", e cujo art. 109 cuida da competência da Justiça Comum Federal.

---

[35] Da mesma maneira, por se tratar de pessoas com qualidades específicas, o STJ entendeu que compete à Justiça estadual julgar demanda contra o Banco do Brasil, sociedade de economia mista, e à Justiça federal, julgar ação contra a Caixa Econômica Federal, empresa pública federal. Por se tratar de competência absoluta, mesmo que se cogite de eventual conexão entre os pedidos formulados na exordial, ainda assim eles não podem ser julgados pelo mesmo juízo. Nesse sentido: STJ, CC 119.090-MG, rel. Min. Paulo de Tarso Sanseverino, j. 12-9-2012, *Informativo STJ*, n. 504.

[36] Ovídio Baptista da Silva considera que a prevenção também seria um critério de fixação da competência (Silva; Gomes, 2006, p. 89). Em sentido contrário, Grinover et al., 2002, p. 245.

[37] Para o STJ, é o que acontece em relação à ação de petição de herança, quando a ação de investigação de paternidade, ajuizada em data anterior à propositura da ação de petição de herança, está ainda pendente de julgamento. Nesse caso, a competência é da vara de família e não do juízo onde corre o inventário, por haver dependência lógica entre as demandas. Nesse sentido: STJ, CC 124.274-PR, rel. Min. Raul Araújo, j. 8-5-2013, *Informativo STJ*, n. 524.

A competência originária dos Tribunais, a seu turno, vem disposta na Constituição Federal[38] e nas Constituições Estaduais, as segundas cuidando, logicamente, das causas relativas à Justiça Estadual.

Também são de extrema valia os regimentos internos dos tribunais, o Código de Processo Civil e algumas leis extravagantes, na aferição do espaço territorial (ou foro) competente, bem como as leis de organização judiciária, encarregadas da distribuição de competência entre os diversos juízos do mesmo foro[39].

9.5 INCOMPETÊNCIA ABSOLUTA E RELATIVA

A utilização errônea dos parâmetros estabelecidos na lei resultará em vício de incompetência do órgão judicial. Esta, nas palavras de Cândido Rangel Dinamarco, é a "inexistência de adequação legítima entre o órgão e a atividade jurisdicional a desenvolver" a ser aferida sempre concretamente, isto é, diante de determinada causa[40].

Tal vício, conforme a natureza do critério e o interesse tutelado, pode ser sanável ou insanável, determinando as hipóteses de incompetência relativa e absoluta, respectivamente.

Ao contrário do regime do CPC/73, agora, tanto a incompetência absoluta como a relativa devem ser alegadas como questão preliminar na contestação (art. 337, II)[41]. Assim, os critérios absolutos de fixação da competência são estabelecidos por *normas cogentes* de ordem pública em razão do interesse público, gerando sua violação *vício insanável*, que deve ser reconhecido *ex officio* pelo juiz, a *qualquer tempo e grau de jurisdição*, muito embora possa ser alegado pela parte[42].

Por ser absoluta (mais grave), não pode ser modificada nem por vontade das partes, nem por conexão ou continência. Seus critérios levam em consideração a natureza da causa (*ratione materiae*), a hierarquia, ou o critério funcional, e, para alguns, o critério em razão da pessoa.

Interessante observar, contudo, que, no novo regime processual, os atos decisórios praticados, mesmo pelo juízo absolutamente incompetente, conservam seus efeitos até a manifestação do juízo competente, salvo decisão judicial em sentido contrário (art. 64, § 4º, do CPC).

Os critérios relativos (menos graves), por sua vez, são determinados por *normas dispositivas* que visam a proteção dos *interesses particulares* atinentes ao poder dispositivo das partes. Fundada na *garantia constitucional da liberdade*, a competência relativa comporta modificação por vontade das partes quando estas, antes da propositura da ação, elegem o foro da demanda ou quando o réu não suscita o vício como preliminar de contestação (art. 64, *caput*, do CPC), caso em que a competência fica prorrogada, havendo preclusão temporal (art. 65).

---

[38] Como nos arts. 102, I, e 105, I, da CF.

[39] Apesar dessa autonomia dada às leis de organização judiciária, o STJ já entendeu que a outorga de competências privativas a determinadas varas impõe a submissão destas às respectivas vinculações legais estabelecidas no nível federal, para que não se configure ofensa à lógica do razoável e ao princípio da igualdade. Assim, as varas de família são o juízo competente para o processo e julgamento de ações que tragam pedido de reconhecimento e dissolução de união estável homoafetiva, já que há a plena equiparação entre as relações homoafetivas e heteroafetivas. Nesse sentido: STJ, REsp 1.291.924-RJ, rel. Min. Nancy Andrighi, j. 28-5-2013, *Informativo STJ*, n. 524.

[40] Dinamarco, 2001b, p. 449.

[41] Enunciado n. 124 da II Jornada de Direito Processual Civil da ENFAM: Não há preclusão consumativa do direito de apresentar contestação, se o réu se manifesta, antes da data da audiência de conciliação ou de mediação, quanto à incompetência do juízo.

[42] A incompetência absoluta pode até mesmo ensejar a rescisão da sentença transitada em julgado, conforme o art. 966, II, do CPC.

A prorrogação da competência pode ser legal ou voluntária. A prorrogação legal é aquela *prevista pela lei*, por motivo de ordem pública, visando impedir decisões contraditórias. Ocorrerá nas hipóteses de conexão e continência (arts. 55-57 do CPC).

Já a prorrogação voluntária pode ser expressa, decorrente de *acordo entre as partes* anterior à instauração do processo, ou tácita, o que ocorre em duas situações:

1. quando o réu, beneficiado pela regra disciplinadora da competência, *não argui a incompetência relativa* no prazo e pela forma legais (p. ex., ação de separação judicial litigiosa ou de divórcio direto, para os que entendem pelo fim da previsão de separação judicial em nosso ordenamento jurídico após a EC n. 66/2010, intentada por um dos cônjuges em seu domicílio, e não no da residência do cônjuge guardião de filho incapaz, desrespeitando a regra emergente do art. 53, I, *a*, sem que este último alegue tempestivamente a adequada incompetência na contestação);

2. quando o autor, beneficiado pela regra disciplinadora da competência, *renuncia ao favor legal*, seguindo a regra geral de competência do foro – art. 46 do CPC (p. ex., ação de separação judicial litigiosa intentada pelo cônjuge guardião de filho incapaz no foro em que se encontra domiciliado o outro cônjuge, renunciando, no momento de propositura da ação, ao benefício do art. 53, I, *a*).

Dessa forma, é tradicional no processo civil a regra consoante a qual, diante do critério territorial, se o réu não demonstrar sua irresignação na peça de bloqueio, o vício restará sanado, não sendo possível, portanto, o controle espontâneo pelo juiz.

Referida regra sofre, contudo, uma exceção imposta pelo CPC, no art. 63, § 3º.

Assim, agora, pode o juiz, de ofício, declinar da competência fixada por meio de cláusula de eleição de foro, verificada sua abusividade. Entretanto cabe observar que, por força do referido art. 63, § 4º, após a citação, cumpre ao réu a alegação de abuso quanto à eleição de foro, sob pena de preclusão.

Essa exceção, de certa forma, está mitigando o rigor da Súmula 33 do STJ que impede o reconhecimento *ex officio* da incompetência relativa.

Na declaração de incompetência relativa, todos os atos, inclusive os decisórios, reputam-se válidos, mostrando que os limites da jurisdição nem sempre são intransponíveis.

Como observado, o CPC iguala os efeitos da declaração de incompetência, de modo que, se não houver decisão em contrário, os atos mantêm-se válidos até a manifestação do juízo competente.

9.6 CAUSAS DE MODIFICAÇÃO DA COMPETÊNCIA

São aquelas causas que incidem na derrogação dos critérios relativos[43] de fixação da competência, ou seja, dos critérios instituídos em prol do interesse de particulares[44]. Decorrentes de previsão legal, são elas: conexão, continência, inércia e vontade das partes. Essas figuras existem para conferir segurança jurídica e isonomia, pois serão julgadas pelo mesmo magistrado.

9.6.1 Conexão

Conforme o art. 55 do CPC, reputam-se conexas as ações que tenham um vínculo ou nexo identificado pelo mesmo objeto (pedido) ou causa de pedir (contexto de fatos), não se exigindo que sejam as mesmas partes.

---

[43] É por bem ressaltar que as causas que modificam a competência apenas atuam em sede de competência relativa, não se estendendo à competência absoluta.

[44] Em síntese, modificar a competência significa "atribuí-la a órgão diverso daquele indicado originariamente pela lei" (Fux, 2019, p. 120).

Se estiverem sendo processadas em juízos diferentes, *deverão* ser reunidas em um só juízo, a fim de evitar decisões colidentes[45].

Nesse sentido, o § 1º do art. 55 determina que os processos de ações conexas serão reunidos para decisão conjunta, salvo se um deles já houver sido sentenciado.

De se observar que, na vigência do CPC/73, a doutrina[46] e a jurisprudência[47] se orientavam no sentido da não obrigatoriedade de reunião dos processos, cabendo ao julgador, em decisão discricionária, avaliar a conveniência ou não de tal providência.

A nova legislação processual expõe, ainda, que mesmo que não haja conexão, os processos serão reunidos para julgamento conjunto, caso haja risco de decisões conflitantes entre eles. Assim, será aplicado a eles o regime da conexão, mesmo que não tenham o mesmo objeto ou causa de pedir, conforme previsão do CPC, art. 55, § 3º[48].

Dessa forma, havendo conexão ou o mero risco de decisão contraditória, a reunião de demandas semelhantes em um único juízo fará com que o juiz inicialmente incompetente para apreciar aquela causa torne-se, com o instituto, competente. Qual será, então, o juízo prevento ou, em outras palavras, em qual juízo serão as causas reunidas?

No regime anterior, a resposta dependeria da análise da competência territorial dos juízos. Tendo sido os processos movimentados no mesmo espaço territorial, seria competente (ou prevento), nos termos do art. 106 do CPC/73, o juiz que primeiro proferisse o despacho liminar positivo – "cite-se". Mas se os juízos envolvidos possuem competência territorial diversa, prevento será aquele que primeiro realizou a citação válida – com o recibo de citação anexado aos autos –, consoante o art. 219 do CPC/73.

O CPC, no art. 59, veio simplificar o regime. No modelo atual, estabelece-se que a prevenção ocorrerá por meio do registro ou da distribuição da petição inicial, sendo irrelevantes outros elementos.

Assim, a conexidade configura uma relação recíproca e equilibrada entre demandas, não havendo qualquer espécie de preponderância entre elas.

A identidade entre os elementos objetivos das demandas deve se dar em relação aos elementos concretos do pedido e da causa de pedir, ou seja, não basta que dois ou mais sujeitos postulem a posse de *um* imóvel, é preciso que postulem o domínio do *mesmo* imóvel, o mesmo ocorrendo em relação à causa de pedir.

O STJ, inclusive, entendeu que são conexas a ação consignatória e a ação de rescisão contratual cumulada com retificação de escritura pública, perdas e danos e alteração do registro imobiliário na

---

[45] Como é sabido, juízes de diferentes juízos são independentes, não tendo que, necessariamente, proferir as mesmas decisões para casos iguais. Assim, o fato de cada juiz julgar de maneira própria (e até contrária) demandas muito semelhantes – com o mesmo pedido ou causa de pedir – tornar-se-ia fator de insegurança jurídica, consequência muito nociva para a sociedade, recomendando a conexão.

[46] No tocante à obrigatoriedade da reunião das ações, a doutrina mostra-se divergente. Para a maioria dos juristas, porém, seria uma faculdade. Nesse sentido, Athos Gusmão Carneiro, Vicente Greco Filho, entre outros. Para maiores esclarecimentos, consulte-se Silva, 2007.

[47] REsp 1.126.639-SE, rel. Min. Luis Felipe Salomão, j. 21-6-2011, *Informativo STJ*, n. 478.

[48] "Serão distribuídas por dependência as causas de qualquer natureza quando se relacionarem por conexão ou por continência com outras já ajuizadas (art. 286, inciso I, c/c o art. 55, §§ 1º e 2º), aplicando-se esta mesma regra às hipóteses previstas no art. 55, § 3º, ou seja: processos que possam gerar risco de prolação de decisões conflitantes ou contraditórias (inciso III, art. 286). Também será distribuída por dependência a causa quando for reiterado pedido constante de um outro processo, já extinto sem resolução de mérito, ainda que em litisconsórcio com outros autores ou se houver alteração parcial dos réus da demanda (inciso II, art. 286)" (Carneiro, 2019a, p. 23).

hipótese em que lhes for comum causa de pedir remota, consistente em contrato verbal de sociedade de fato formada para a compra do referido bem[49].

9.6.2 Continência

De acordo com o art. 56 do CPC, há continência quando em duas ou mais ações há identidade de partes e de causa de pedir, mas pedidos diferentes, sendo que, em relação a estes, o pedido de uma demanda abrange o da outra (ou das outras) por ser mais amplo. Diz-se que, em relação ao objeto, há apenas uma parcial identificação, falando-se, com isso, em uma relação de continência e de conteúdo.

Tal qual verificamos na conexão, a aferição da relação de continência leva em conta os elementos concretos da demanda, sejam eles objetivos ou subjetivos. Por exemplo: A sofre acidente de trânsito, e a responsabilidade é de B. A propõe ação em face de B, em que pleiteia reparação por danos materiais. Paralelamente, A propõe outra ação em face de B, pedindo indenização por danos materiais e morais. Dessa forma, a última ação abrange a primeira. Diante disso, pergunta-se: por que não modificar a inicial? Porque há regras rígidas para isso (art. 329 do CPC). Tal modificação deve ser feita dentro do prazo previsto. Do contrário, outra ação deve ser proposta. Por isso, esse exemplo constitui-se em hipótese rara, visto que só ocorre se o advogado perder o prazo para modificação da inicial.

Tal como dito sobre a conexão, a continência implica tornar competente juiz que originalmente não era, de modo a evitar julgamentos contraditórios, como ocorreria no caso acima, se o juiz da 1ª demanda negasse o requerimento do autor de indenização por danos materiais; e o segundo, posteriormente, julgasse procedente o pedido de indenização por danos materiais e morais. Ressalte-se que a reunião de processos é admissível somente até o julgamento no 1º grau de jurisdição, sendo inviável tal medida depois de ocorrido esse.

Cumpre salientar, ainda, que a doutrina questionava se, havendo conexão ou continência, ficaria o juiz obrigado a ordenar a reunião dos processos em razão do disposto no art. 105 do CPC/73.

Contudo, na nova legislação processual, o legislador parece ter adotado o entendimento aqui defendido. Isso porque o art. 55, § 1º, do CPC afirma que "os processos de ações conexas serão reunidos para decisão conjunta, salvo se um deles já houver sido sentenciado".

Quanto à continência, igualmente vem o Código (art. 57) afirmar que "quando houver continência e a ação continente tiver sido proposta anteriormente, no processo relativo à ação contida será proferida sentença sem resolução de mérito, caso contrário, as ações serão necessariamente reunidas".

Assim sendo, as novas previsões normativas parecem ter retirado o sustentáculo interpretativo de que o juiz teria um espaço discricionário de ação, deixando claro, ao que tudo indica, que a reunião dos processos, salvo as exceções previstas, é um dever do magistrado.

9.6.3 Inércia

Em consonância ao art. 65 do CPC, proposta ação perante juízo relativamente incompetente, por exemplo, em foro diverso do domicílio do réu (regra geral de acordo com o art. 46 do CPC), e não sendo hipótese de foro especial (art. 53 do CPC), o réu deve arguir a incompetência como preliminar de sua contestação (art. 64 do CPC).

---

[49] Nesse caso, ainda mencionou o STJ que o foro competente será o da situação do imóvel quando o litígio recair sobre direito de propriedade. Nesse sentido: STJ, CC 121.390-SP, rel. Min. Raul Araújo, j. 22-5-2013, *Informativo STJ*, n. 523.

Não o fazendo – e desde que o juiz não decline da competência de ofício, na hipótese excepcional do art. 63, § 3º, do CPC –, o juízo torna-se competente pela inércia do réu, ocorrendo o aludido fenômeno processual da prorrogação da competência. Dessa forma, o art. 65 deve ser entendido em consonância com o art. 63, *caput*, do CPC, visto que o fenômeno da prorrogação somente é admitido em caso de competência relativa.

9.6.4 Vontade das partes

Segundo os arts. 47 e 63, *caput*, do CPC, as partes, quando a questão for relacionada ao território e ao valor da causa (e somente nessas hipóteses), podem, por vontade própria, eleger o foro no qual será proposta a ação sem que tal medida implique a exclusão da regra geral do foro do domicílio.

O foro de eleição decorre de ajuste referente a um negócio jurídico disponível e específico firmado em contrato escrito entre dois ou mais interessados. Exemplo: as partes podem inserir no contrato cláusula elegendo o foro competente para o julgamento de eventuais ações decorrentes de litígios relacionados a direitos e obrigações contratuais, desde que isso se dê antes da instauração do processo, por óbvio (cláusula de eleição de foro).

Vale lembrar que a eleição é de foro e não de juízo: as partes podem escolher a comarca, mas não um juízo ("vara") específico da comarca eleita.

Nesse sentido, cumpre ressaltar a controvérsia envolvendo a competência das varas regionais, isto é, juízos instituídos em sedes territoriais distintas do fórum central em comarcas de grande extensão territorial, como a da Capital do Rio de Janeiro.

Assim, resta saber se a distribuição de competência, nesse caso, é regida pelo aspecto territorial e, portanto, de natureza relativa, ou pelo aspecto funcional, de caráter absoluto, cujas consequências práticas são diversas. Temos para nós que tal distribuição de competência obedece a critério funcional, o que vedaria a escolha do "foro regional" (ou melhor, da vara regional).

Destaque-se, por fim, que essa causa de prorrogação da competência engloba não apenas a eleição de foro. Em determinadas hipóteses, a vontade de uma das partes, mais especificamente do autor, poderá implicar a prorrogação de competência.

Tal ocorrerá quando a regra estabelecedora da competência conceder um benefício ao autor, e este, intentando a ação no domicílio do réu, renunciar, com esse ato, ao favor legal. Imagine-se, *v.g.*, a hipótese em que o alimentando, embora pudesse propor ação de alimentos no foro em que reside ou em que se encontra domiciliado (art. 53, II, do CPC), prefira formular o pleito no foro do domicílio do alimentante (art. 46 do CPC).

Nesse caso, ao réu faltará interesse para questionar a incompetência, uma vez que a escolha do autor não lhe acarreta qualquer prejuízo. Assim, formulada a demanda, haverá automaticamente a prorrogação da competência do foro do domicílio do réu. Esse fenômeno processual, na situação examinada, decorre exclusivamente da vontade do autor.

Por fim, os parágrafos do art. 63 trazem importantes regras a fim de garantir a segurança na eleição do foro. Assim sendo, o foro contratual obriga os herdeiros e sucessores das partes (§ 2º).

O § 3º permite que o magistrado, *ex officio*, considere a cláusula abusiva antes da citação, hipótese em que será reputada ineficaz, sendo os autos remetidos ao juízo do foro de domicílio do réu. Após a contestação, deverá o réu alegar a abusividade, sob pena de preclusão (§ 4º).

Importante observar que a Lei n. 14.879/2024 alterou o CPC para restringir o uso da cláusula de eleição de foro. Agora, pela nova regra, o foro escolhido deve guardar pertinência com o domicílio das partes ou com o local da obrigação. Ademais, prevê que o ajuizamento de ação em juízo aleatório constitui prática abusiva, de modo que o juiz pode declinar de ofício de sua competência.

Nesse sentido, o § 1º do art. 63 foi modificado para determinar que a eleição de foro somente produz efeito quando:

a) constar de instrumento escrito;

b) aludir expressamente a determinado negócio jurídico; e

c) guardar pertinência com o domicílio ou a residência de uma das partes ou com o local da obrigação.

A regra não se aplica quando se tratar de pacto consumerista, se favorável ao consumidor.

A Lei inseriu, ainda, o § 5º no referido art. 63 de modo a prever que o ajuizamento de ação em juízo aleatório constitui prática abusiva que justifica o declínio da competência de ofício.

O termo "aleatório", de acordo com o legislador, caracteriza-se pela ausência de vinculação com o domicílio ou a residência das partes ou, ainda, com o negócio jurídico discutido na demanda.

9.7 CONFLITO DE COMPETÊNCIA

Conforme o art. 66 do CPC, o conflito de competência surge a partir de um impasse entre os órgãos jurisdicionais, quando: dois ou mais juízes se declaram competentes para julgar (conflito positivo, inc. I); se consideram incompetentes (conflito negativo, inc. II); houver discussão quanto ao juízo prevento (conflito sui generis, inc. III), casos nos quais há modificação da competência (notadamente conexão ou continência). Assim, só haverá conflito de competência, seja em caso de competência absoluta ou relativa, quando houver dois juízos manifestando expressamente vontades colidentes entre si.

O simples fato de o juízo da vara *A* enviar os autos à vara *B* não configura conflito de competência, mas remessa, podendo representar, no máximo, mera potencialidade de conflito.

Contudo, na vigência do CPC/73, o STJ vinha adotando entendimento diverso[50].

Havendo declínio de competência, o juiz que recebe os autos pode aceitar ou rejeitar a remessa. Nessa segunda hipótese, deverá suscitar conflito, na forma do art. 951, *caput* e parágrafo único, do CPC.

Observe-se, contudo, que o julgamento de um dos processos, no primeiro grau de jurisdição, impede a configuração do conflito positivo de competência quando a controvérsia entre dois ou mais juízos sobre a reunião ou separação dos feitos decorrer de uma regra de conexão (Súmula 235 do STJ). Por outro lado, se o conflito surgir a partir de uma regra de competência absoluta, a sua configuração apenas encontrará limite no trânsito em julgado da decisão proferida em um dos processos (Súmula 59 do STJ)[51].

9.8 FOROS ESPECIAIS

No tocante à competência territorial, deve-se verificar, primeiramente, se há alguma exceção prevista nos arts. 48 a 53 do CPC. Caso contrário, aplica-se o disposto nos arts. 46 e 47 do mesmo diploma, que determinam a regra geral. Vejamos alguns exemplos:

9.8.1 Foro do réu incapaz

O art. 50 do CPC preceitua que, nas ações em que o réu for incapaz, o foro competente será o do domicílio de seu representante, responsável por seus interesses, como forma de facilitar a defesa do incapaz em juízo.

---

[50] AgRg no CC 112.956-MS, rel. Min. Nancy Andrighi, j. 25-4-2012" (Decisão noticiada no *Informativo STJ*, n. 496).

[51] Gaio Jr.; Pinho, 2018, p. 142.

9.8.2 Foro do guardião de incapaz

O Código anterior teve o seu art. 100, I[52], muito questionado acerca de sua constitucionalidade, quando da promulgação da Constituição Federal de 1988, cujo art. 5º, I, assegura a igualdade de direitos e obrigações entre homens e mulheres.

Logo surgiram duas correntes a respeito. A primeira sustentava que a norma processual não teria sido recepcionada pela Lei Maior, pois feria o princípio da isonomia, criando diferenciação entre os sexos e privilégios para a mulher. A segunda, apontando para sua compatibilidade com o ordenamento constitucional, afirmava que não havia violação aos arts. 5º, I (princípio da isonomia), e 226, § 5º, da CF (norma que determina a igualdade dos cônjuges na sociedade conjugal).

Dessa forma, a primeira corrente, contrária à regra do foro privilegiado e sustentada por expoentes doutrinadores como Yussef Said Cahali, Athos Gusmão Carneiro, entre outros[53], defendia, em última análise, que a questão da competência, nesse caso, deveria ser fixada pelas regras gerais e que o princípio constitucional da igualdade não se limitaria às normas de caráter material, incidindo também sobre aquelas de natureza processual.

Contudo, na jurisprudência, ganhou força o entendimento favorável à constitucionalidade da norma do art. 100, I, do CPC/73, corroborado no argumento da isonomia material[54], levando em consideração as desigualdades fáticas entre homens e mulheres, que podem ser comprovadas pela pesquisa histórica e sociológica, e que se torna flagrante em exemplos como a dupla jornada – trabalho/afazeres domésticos, criação dos filhos – enfrentada pelas mulheres[55].

Discute-se ainda qual o critério determinante na fixação da competência na hipótese aludida, se em razão da pessoa – absoluta – ou em função do território – portanto, relativa. Embora a questão também não seja pacífica, prevaleceu nos Tribunais o critério territorial, deixando a fixação da competência a cargo do poder dispositivo das partes.

De todo modo, o CPC veio resolver a controvérsia, extinguindo o foro de residência da mulher. A sua previsão análoga, trazida pelo art. 53, I, *a*, aponta que a competência passa a ser do juízo do domicílio do guardião de filho incapaz. Assim, superam-se as discussões acerca da constitucionalidade, tendo em vista que, agora, o privilégio indubitavelmente se justifica pela busca do melhor interesse do menor.

Não havendo filho incapaz, o CPC, art. 53, I, *b* e *c*, traz os outros critérios para fixar a competência. A ação deverá, nesses casos, ser proposta no último domicílio do casal. Se ambas as partes tiverem deixado de residir lá, a propositura deve se dar no domicílio do réu.

9.8.3 Foro do domicílio do alimentando

Trata-se de mais uma exceção à regra geral do art. 46 do CPC, haja vista que o art. 53, II, determina o foro do domicílio ou residência do alimentando para as ações em que se pedem alimentos, com o intuito específico de facilitar seu acesso à Justiça, em razão do interesse público aí verificado. Embora a regra tenha sido instituída em prol do interesse público, tal como na hipótese anterior, entende-se que a competência fixada em função do domicílio ou residência do alimentando também

---

[52] Art. 100 do CPC/73: "É competente o foro: I – da residência da mulher, para a ação de separação de cônjuges e a conversão desta em divórcio, e para a anulação de casamento".

[53] Fernandes, 2004, p. 59-60.

[54] O aspecto material do princípio da isonomia leva em conta a máxima aristotélica segundo a qual os iguais devem ser tratados como iguais, e os desiguais, como desiguais, na medida em que se desigualam.

[55] No sentido do texto STF: RE 227.114-SP, rel. Min. Joaquim Barbosa, 22-11-2011, *Informativo* n. 649.

possui caráter territorial (relativo), admitindo, portanto, a prorrogação de competência pela inércia de uma das partes[56].

9.8.4 Foro para as ações de reparação de acidente de trânsito

Por fim, o art. 53, V, do CPC dispõe sobre a questão relativa a acidentes ou delitos envolvendo veículos de toda ordem, prevendo que será competente o foro do domicílio do autor ou do local do fato, no intuito de favorecer as vítimas dos acontecimentos ali previstos.

A jurisprudência, contudo, no regime anterior, entendeu que o art. 100, parágrafo único, não constituía exceção ao antigo art. 94, admitindo que as normas poderiam ser utilizadas cumulativamente, cabendo a quem for ajuizar a demanda optar por um dos foros concorrentes – domicílio do autor ou local do fato – ou ainda pelo do domicílio do réu.

Resolvendo questão em sede de julgamento repetitivo, o STJ[57] decidiu que "em ação de cobrança objetivando indenização decorrente de Seguro Obrigatório de Danos Pessoais Causados por Veículos Automotores de Vias Terrestres – DPVAT, constitui faculdade do autor escolher entre os seguintes foros para ajuizamento da ação: o do local do acidente ou o do seu domicílio (parágrafo único do art. 100 do Código de Processo Civil [art. 53, V, do CPC]) e, ainda, o do domicílio do réu (art. 94 do mesmo diploma [art. 46 do CPC])".

9.8.5 Foro do domicílio do consumidor

A norma do art. 101, I, da Lei n. 8.078/90, estabelece regra especial favorecendo o acesso do consumidor lesado aos órgãos judiciais nas ações que versem sobre responsabilidade civil do fornecedor de serviços e produtos. A regra, no entanto, não foi instituída em razão de fator de ordem pública, constituindo mera faculdade ao consumidor.

Demais disso, discute-se a validade de cláusula contratual que implique renúncia do consumidor em demandar em seu próprio domicílio, tendo em vista a disposição do art. 51, I, do CDC, nesse sentido, bem como a norma do art. 6º, VIII, do mesmo estatuto, que impõe a facilitação da defesa do consumidor, como medida a ser observada.

A esse respeito, o Superior Tribunal de Justiça firmou o entendimento de que, em princípio, a cláusula de eleição de foro inserida em contrato de adesão reputa-se válida e eficaz, exceto se no momento da celebração a parte aderente não tinha condições de compreender tal contratação; quando se tratar de contrato obrigatório de adesão, sendo o produto ou serviço prestado com exclusividade; ou quando resultar em inviabilidade ou real dificuldade de acesso ao Judiciário[58].

Dessa forma, sabendo-se que a cláusula de eleição de foro encerra competência relativa, determinada em razão de critério territorial, questiona-se como o magistrado deve proceder quando se deparar com cláusula eivada de vício – que inviabilize o acesso do consumidor aderente à Justiça – uma vez que a competência relativa, até a vigência do CPC, não podia ser declarada de ofício, consoante a Súmula 33 do STJ.

Após muita discussão, tanto em sede doutrinária como jurisprudencial, o STJ alterou seu entendimento, admitindo que na hipótese de nulidade da cláusula de eleição de foro, o juiz, a despeito da Súmula 33, deveria agir de ofício, declinando da competência[59].

---

[56] Nesse sentido, consultar: STJ, 2ª S., CC 66.443. rel. Min. Carlos Alberto Menezes Direito, DJ 26-2-2007, p. 539 e STJ, 2ª S., CC 57.622, rel. Min. Nancy Andrighi, DJ 29-5-2006, p. 103.

[57] REsp 1.357.813-RJ, rel. Min. Luis Felipe Salomão, j. 11-9-2013, Informativo STJ, n. 532.

[58] STJ, 4ª T., REsp. 46.544-3-RS, rel. Min. Sálvio de Figueiredo, j. 10-5-1994, RSTJ, 65/455.

[59] STJ, 2ª S., CC 18.652-GO, rel. Min. Cesar Asfor Rocha, DJ 26-3-2001. "Em se tratando de relação de consumo, tendo em vista

A medida surge como decorrência da tendência hodierna de incremento dos poderes judiciais voltados à garantia de um processo efetivo e socialmente justo. Esse entendimento, como já registrado acima, foi consagrado pelo CPC, no art. 63, § 3º.

9.8.6 Outras hipóteses

Além dos casos vistos acima, o CPC traz ainda as seguintes regras:

a) Art. 48. O foro de domicílio do autor da herança, no Brasil, é o competente para o inventário, a partilha, a arrecadação, o cumprimento de disposições de última vontade, a impugnação ou anulação de partilha extrajudicial e para todas as ações em que o espólio for réu, ainda que o óbito tenha ocorrido no estrangeiro.

Caso o autor da herança não possua domicílio certo, passa a ser competente, na forma do parágrafo único do art. 48:

I – o foro de situação dos bens imóveis;

II – havendo bens imóveis em foros diferentes, qualquer destes;

III – não havendo bens imóveis, o foro do local de qualquer dos bens do espólio.

b) Art. 49. A ação em que o ausente for réu será proposta no foro de seu último domicílio, também competente para a arrecadação, o inventário, a partilha e o cumprimento de disposições testamentárias.

c) Art. 51. É competente o foro de domicílio do réu para as causas em que seja autora a União. Parágrafo único. Se a União for a demandada, a ação poderá ser proposta no foro de domicílio do autor, no de ocorrência do ato ou fato que originou a demanda, no de situação da coisa ou no Distrito Federal.

d) Art. 52[60]. É competente o foro de domicílio do réu para as causas em que seja autor Estado ou o Distrito Federal. Parágrafo único. Se Estado ou o Distrito Federal for o demandado, a ação poderá ser proposta no foro de domicílio do autor, no de ocorrência do ato ou fato que originou a demanda, no de situação da coisa ou na capital do respectivo ente federado.

e) Art. 53, III. É competente o foro do lugar:

e.1) onde está a sede, para a ação em que for ré pessoa jurídica;

e.2) onde se acha agência ou sucursal, quanto às obrigações que a pessoa jurídica contraiu;

e.3) onde exerce suas atividades, para a ação em que for ré sociedade ou associação sem personalidade jurídica;

e.4) onde a obrigação deve ser satisfeita, para a ação em que se lhe exigir o cumprimento;

e.5) de residência do idoso, para a causa que verse sobre direito previsto no respectivo estatuto;

---

o princípio da facilitação de defesa do consumidor, não prevalece o foro contratual de eleição, por ser considerada cláusula abusiva, devendo a ação ser proposta no domicílio do réu, podendo o juiz reconhecer a sua incompetência *ex officio*."Ver também STJ, CC 48.647-RS, rel. Min. Fernando Gonçalves, *DJ* 5-12-2005.

[60] É inconstitucional a regra de competência que autoriza que entes subnacionais sejam demandados em qualquer comarca do País, pois a fixação do foro deve se restringir aos seus respectivos limites territoriais. Deve ser conferida interpretação conforme a Constituição aos arts. 46, § 5º, e 52, parágrafo único, ambos do CPC/2015, no sentido de que a competência seja definida nos limites territoriais do respectivo estado ou do Distrito Federal, nos casos de promoção de execução fiscal e de ajuizamento de ação em que qualquer deles seja demandado. A possibilidade de litigar em face da União em qualquer parte do País (CF/88, art. 109, §§ 1º e 2º) é compatível com a estruturação nacional da Advocacia Pública federal. Contudo, estender essa previsão aos entes subnacionais resulta na desconsideração de sua prerrogativa constitucional de auto-organização (CF/88, arts. 18, 25 e 125) e da circunstância de que sua atuação se desenvolve dentro dos seus limites territoriais. ADI n. 5.492-DF, rel. Min. Dias Toffoli, j. 24-4-2023; ADI n. 5.737-DF, rel. Min. Dias Toffoli, redator do acórdão Min. Roberto Barroso, j. 24-4-2023, *Informativo STF* n. 1.092.

e.6) da sede da serventia notarial ou de registro, para a ação de reparação de dano por ato praticado em razão do ofício;

f) Art. 53, IV. É competente o foro do lugar do ato ou fato para a ação[61]:

f.1) de reparação de dano[62];

f.2) em que for réu administrador ou gestor de negócios alheios.

Importante notar que a competência para julgamento de ação de indenização por danos morais, decorrente de ofensas proferidas em rede social, é do foro do domicílio da vítima, em razão da ampla divulgação do ato ilícito, de acordo com o entendimento do STJ[63].

g) foro do domicílio da vítima de violência doméstica.

Importante notar que a Lei n. 13.894/2019 promoveu alterações no texto do CPC de forma a tornar mais efetivas algumas disposições relativas às ações oriundas de ato de violência doméstica e familiar contra a mulher.

Nesse sentido, foi inserida a alínea "d" no inciso I do art. 53, de forma a fixar a competência no foro de domicílio da vítima de violência doméstica e familiar, nos termos da Lei n. 11.340/2006 – Lei Maria da Penha. Trata-se de inovação salutar que reconhece a vulnerabilidade[64] processual dessas vítimas e, desse modo, assegura a isonomia no aspecto material[65].

Vejamos, agora, a hipótese de improbidade administrativa.

De se ressaltar que a Lei n. 14.230/2021, que promoveu importantes alterações na Lei n. 8.429/92, traz em seu art. 17, § 4º-A, regra específica de competência. Desse modo, a ação para a aplicação de sanções por ato de improbidade administrativa deverá ser proposta perante o foro do local onde ocorrer o dano ou da pessoa jurídica prejudicada. Ademais, com a propositura da demanda, opera-se o fenômeno da prevenção, expressamente contemplado no § 5º do dispositivo, abrangendo todas as ações posteriormente intentadas que possuam a mesma causa de pedir ou o mesmo objeto.

Por fim, vale registrar que, examinando ato normativo oriundo do TJMT, o STJ[66] fixou diversas

---

[61] A regra do art. 53, IV, do CPC, que trata do foro competente para a reparação do dano – o local do ato ilícito – é norma específica em relação às do art. 53, III, do mesmo diploma – domicílio da pessoa jurídica – e sobre esta deve prevalecer. Nesse sentido: STJ. AgInt REsp n. 1.686.393-MG, rel. Min. Maria Isabel Galotti, j. 23-8-2018. No mesmo sentido da preferência da regra de competência específica sobre a genérica, veja-se o AgInt no EDcl nos Embargos de Divergência em REsp n. 1.685.558-SP, rel. Min. Lázaro Guimarães, j. 25-4-2018.

[62] Enunciado n. 160 da III Jornada de Direito Processual Civil CJF/ENFAM: A competência para julgamento de ações que envolvam violação aos direitos da personalidade, quando os atos ilícitos são praticados pela internet, é do foro do domicílio da vítima.

[63] Nesse sentido: REsp 1.347.097-SE, rel. Min. Paulo de Tarso Sanseverino, 3ª T., j. 3-4-2014, DJe 10-4-2014; e AgRg no Ag 808.075-DF, rel. Min. Fernando Gonçalves, 4ª T., DJe 17-12-2007. Da mesma forma, no julgamento do Conflito de Competência 154.928-SP, decidiu-se que "a competência para apreciar as demandas que envolvam danos morais por ofensas proferidas na internet é o local em que reside e trabalha a pessoa prejudicada, local de maior repercussão das supostas ofensas". Apesar de os precedentes citados terem sido proferidos sob a égide do Código de Processo Civil de 1973 (art. 100, V, a), o art. 53, IV, a, do atual Código reproduziu idêntica norma processual. REsp 2.032.427-SP, rel. Min. Antonio Carlos Ferreira, 4ª T., por unanimidade, j. 27-4-2023, DJe 4-5-2023, Informativo STJ n. 774.

[64] A orientação mais condizente com o espírito da Lei n. 11.340/2006 é no sentido de que a vulnerabilidade e a hipossuficiência da mulher são presumidas, sendo desnecessária a demonstração da motivação de gênero para que incida o sistema protetivo da Lei Maria da Penha e a competência da vara especializada. AgRg no REsp 2.080.317-GO, rel. Min. Joel Ilan Paciornik, 5ª T., por unanimidade, julgado em. 4-3-2024, DJe 6-3-2024. Informativo STJ n. 803.

[65] Enunciado n. 163 da III Jornada de Direito Processual Civil CJF/ENFAM: O foro de domicílio da vítima de violência doméstica tem prioridade para a ação de divórcio, separação, anulação de casamento e reconhecimento ou dissolução de união estável.

[66] REsp 1.896.379-MT, rel. Min. Og Fernandes, Primeira Seção, por unanimidade, j. 21-10-2021. (IAC 10). Informativo STJ n. 718.

teses jurídicas, em sede de incidente de assunção de competência, com o objetivo de prevenir dissídio jurisprudencial sobre as regras para definição de competência.

Eis as teses sistematizadas:

Tese A) Prevalecem sobre quaisquer outras normas locais, primárias ou secundárias, legislativas ou administrativas, as seguintes competências de foro:

i) em regra, do local do dano, para ação civil pública (art. 2º da Lei n. 7.347/85);

ii) ressalvada a competência da Justiça Federal, em ações coletivas, do local onde ocorreu ou deva ocorrer o dano de impacto restrito, ou da capital do Estado, se os danos forem regionais ou nacionais, submetendo-se ainda os casos à regra geral do CPC, em havendo competência concorrente (art. 93, I e II, do CDC).

Tese B) São absolutas as competências:

i) da Vara da Infância e da Juventude do local onde ocorreu ou deva ocorrer a ação ou a omissão, para as causas individuais ou coletivas arroladas no ECA, inclusive sobre educação e saúde, ressalvadas a competência da Justiça Federal e a competência originária dos tribunais superiores (arts. 148, IV, e 209 da Lei n. 8.069/90 e Tese n. 1.058/STJ);

ii) do local de domicílio do idoso nas causas individuais ou coletivas versando sobre serviços de saúde, assistência social ou atendimento especializado ao idoso portador de deficiência, limitação incapacitante ou doença infectocontagiosa, ressalvadas a competência da Justiça Federal e a competência originária dos tribunais superiores (arts. 79 e 80 da Lei n. 10.741/2003 e 53, III, *e*, do CPC);

iii) do Juizado Especial da Fazenda Pública, nos foros em que tenha sido instalado, para as causas da sua alçada e matéria (art. 2º, § 4º, da Lei n. 12.153/2009);

iv) nas hipóteses do item (iii), faculta-se ao autor optar livremente pelo manejo de seu pleito contra o Estado no foro de seu domicílio, no do fato ou ato ensejador da demanda, no de situação da coisa litigiosa ou, ainda, na capital do Estado, observada a competência absoluta do Juizado, se existente no local de opção (art. 52, parágrafo único, do CPC, c/c o art. 2º, § 4º, da Lei n. 12.153/2009).

Tese C) A instalação de vara especializada não altera a competência prevista em lei ou na Constituição Federal, nos termos da Súmula 206/STJ ("A existência de vara privativa, instituída por lei estadual, não altera a competência territorial resultante das leis de processo"). A previsão se estende às competências definidas no presente IAC n. 10/STJ.

9.9 A COMPETÊNCIA NOS JUIZADOS ESPECIAIS CÍVEIS

A competência dos Juizados Especiais Cíveis estaduais[67] está regulada nos arts. 3º[68] e 4º da Lei n. 9.099/95 e pode ser determinada pelo valor da causa ou matéria (art. 3 º) e se sujeita, ainda, à regra geral de foro (art. 4º).

De acordo com o valor da causa, em uma interpretação literal do *caput* do art. 3º da Lei n. 9.099/95, afirma-se que os juizados são competentes para processar e julgar as causas cíveis de me-

---

[67] Apesar das críticas, a Comissão Nacional de Interpretação da Lei n. 9.099/95, sob a coordenação da Escola Nacional da Magistratura, concluiu que "o acesso ao Juizado Especial Cível é por opção do autor" (conclusão quinta, aprovada por maioria).

[68] Enunciado 30 do Fonaje: "É taxativo o elenco das causas previstas no art. 3º da Lei n. 9.099/95". Esse enunciado, bem como os que se seguem, estão disponíveis em http://www.fonaje.org.br, acesso em 20 maio 2007. Fonaje significa Fórum Nacional dos Juizados Especiais. É um grupo de magistrados com atuação em JECs e que se reúne, normalmente, uma vez por ano com o objetivo de (tentar) uniformizar seus entendimentos.

nor complexidade, assim consideradas como aquelas enumeradas nos incisos do art. 3º da Lei n. 9.099/95[69].

Para Teori Albino Zavascki[70], "*causa de menor complexidade*" seria um critério aberto, não relacionado à eventual necessidade ou não de prova pericial, mas sim pelo critério econômico, ou seja, de menor complexidade seriam todas as causas no valor inferior ao limite previsto para cada Juizado Especial.

Sobre a questão, predomina nos Juizados Especiais, com o Enunciado 54[71] do Fórum Nacional dos Juizados Especiais (Fonaje), que menor complexidade deve-se ao "objeto da prova e não em face do direito material".

O mais surpreendente é que, não obstante a menor complexidade da causa seja um requisito essencial da moldura constitucional dos juizados, o Supremo Tribunal Federal, em decisões ainda recentemente ratificadas, considera a abrangência desse conceito matéria infraconstitucional e, portanto, alheia à sua competência recursal, o que, à falta de recursos a outras instâncias superiores, conferiu aos próprios juizados o poder quase absoluto de decidir os limites da sua própria atuação[72].

Já pela matéria, são de competência dos Juizados Especiais as enumeradas no art. 275, II, do CPC/73: a ação de despejo para uso próprio[73] e as ações possessórias sobre bens imóveis de valor não excedente a 40 salários mínimos.

Importante registrar que o art. 1.063 do CPC determina que: "até a edição de lei específica, os juizados especiais cíveis previstos na Lei n. 9.099, de 26 de setembro de 1995, continuam competentes para o processamento e julgamento das causas previstas no art. 275, inciso II, da Lei n. 5.869, de 11 de janeiro de 1973".

Destaque-se que, caso a matéria possua rito próprio e específico no CPC, estará excluída a competência dos Juizados Especiais. Dessa forma, não são de competência dos juizados, por exemplo, as ações de prestação de contas, de exibição de documentos, de consignação, monitória e qualquer outra que possua rito separado na legislação extravagante.

Também não são de competência dos Juizados Especiais as causas de natureza alimentar, falimentar, fiscal e de interesse da Fazenda Pública, sendo esta última de competência dos Juizados Especiais da Fazenda Pública, e também as relativas a acidente de trabalho[74], a resíduos (direito sucessório) e ao estado e capacidade das pessoas, ainda que de cunho patrimonial (art. 3º, § 2º, da Lei n. 9.099/95).

Contudo, entre as hipóteses de competência do Juizado Especial, o ajuizamento da ação em um Juizado Especial Cível Estadual é opção do autor, que poderá escolher entre ajuizar em um Juizado Cível ou em uma Vara Cível, sendo, portanto, a competência dos Juizados Especiais relativa. Nesse

---

[69] Nesse sentido: Nery Jr.; Nery, 2002, p. 1470.

[70] STJ, 1ª S., CC 97.916-SC, rel. Min. Teori Albino Zavascki, *DJ* 8-10-2008.

[71] Enunciado 54: "A menor complexidade da causa para a fixação da competência é aferida pelo objeto da prova e não em face do direito material".

[72] Porém o STJ decidiu que é cabível mandado de segurança, a ser impetrado no Tribunal de Justiça, a fim de que seja reconhecida, em razão da complexidade da causa, a incompetência absoluta dos Juizados Especiais para o julgamento do feito, ainda que no processo já exista decisão definitiva de Turma Recursal da qual não caiba mais recurso. Isso porque é necessário um mecanismo de controle acerca da competência dos Juizados Especiais e não há interferência em sua autonomia, uma vez que o mérito da decisão não será objeto de análise. Nesse sentido: STJ, RMS 39.041-SF, rel. Min. Raul Araújo, j. 7-5-2013, *Informativo STJ*, n. 524.

[73] Enunciado 4 do Fonaje: "Nos Juizados Especiais, só se admite a ação de despejo prevista no art. 47, III, da Lei n. 8.245/91".

[74] Os Juizados Especiais da Fazenda Pública não têm competência para o julgamento de ações decorrentes de acidente de trabalho em que o Instituto Nacional do Seguro Social figure como parte. REsp 1.866.015/SP, rel. Min. Herman Benjamin, por unanimidade, j. 10-3-2021. (Tema 1053). *Informativo STJ* n. 688.

sentido, o Enunciado 1 do Fonaje[75] refere que o direito de ação nos juizados é uma faculdade do autor, do que se compreende que ele pode escolher demandar no juizado ou na vara cível, mas o réu não possui tal escolha.

Além disso, compete a esses juizados promover a execução de seus próprios julgados, ainda que superem o patamar de 40 salários mínimos, devido ao acréscimo de juros, correção monetária e *astreintes*, além da execução de títulos executivos extrajudiciais, estes, sim, no valor de até 40 salários mínimos (art. 3º, § 1º, da Lei n. 9.099/95).

Diverge a doutrina, ainda, em relação à competência dos juizados cíveis para a execução de sentença condenatória que gere obrigação de indenizar a vítima proferida por Juizado Especial Criminal. Nelson Nery Jr. defende que o Juizado Especial Cível seria sempre competente para executar sentença penal condenatória proferida por Juizado Especial Criminal[76], enquanto Araken de Assis defende que sua competência seria apenas se essa condenação fosse até 40 salários mínimos.

Se o valor for superior aos 40 salários mínimos de competência do Juizado, o procedimento dos juizados poderá ser utilizado, desde que haja renúncia ao excedente, tornando seu crédito compatível ao limite dos juizados. Em regra, tal renúncia ocorre no momento do oferecimento da petição inicial expressamente ou em audiência, quando designada, concitado pelo julgador.

No que concerne à regra geral do foro, a Lei dos Juizados expressamente disciplina a questão em seu art. 4º, prevendo que a competência se estabelece pelo foro do domicílio do réu ou, a critério do autor, onde exerça atividade profissional ou econômica ou mantenha estabelecimento, filial, agência, sucursal ou escritório; do lugar onde a obrigação deva ser satisfeita; e do domicílio do autor ou do local do ato ou fato, nas ações para reparação de dano de qualquer natureza.

Não haverá conexão ou continência entre o Juizado Especial e a Justiça Comum, havendo apenas a prevenção entre Juizados, ficando prevento o Juizado onde houver sido distribuída a primeira ação.

Já no caso de conflito de competência entre o Juizado Especial e a Justiça Comum, predominou, até agosto de 2009, que a competência para julgamento seria do Superior Tribunal de Justiça, por ser conflito não vinculado a um mesmo tribunal.

Contudo, entendimento firmado pelo Supremo Tribunal Federal[77], *determina que* a competência será do Tribunal a que os juízes estiverem vinculados, o TJ, ou o TRF, se estiver se tratando de juizado federal. Se o conflito for entre juízes de Juizados diversos, a competência será da Turma Recursal.

9.10 COOPERAÇÃO NACIONAL

Retornando à ideia de cooperação, genericamente prevista no art. 6º do CPC, e aplicável também à seara internacional (arts. 26 e s.), cuida o legislador, aqui, de regular a cooperação nacional.

O art. 67 impõe a todos os órgãos do Poder Judiciário o dever de recíproca cooperação, por meio de seus magistrados e servidores, para a prática de qualquer ato processual (art. 68).

O art. 69 consagra os princípios da celeridade e da informalidade, ao determinar que os pedidos de cooperação jurisdicional devem ser prontamente atendidos e prescindem de forma específica. No entanto, o dispositivo traz um rol exemplificativo de práticas e ferramentas, a saber:

I – auxílio direto;

---

[75] Enunciado 1: "O exercício do direito de ação no Juizado Especial Cível é facultativo para o autor".

[76] Nery Jr.; Nery, 2002, p. 1470.

[77] RE 590.409-RJ, rel. Min. Ricardo Lewandowski, j. 26-8-2009, disponível em: http://portal.stf.jus.br/processos/detalhe.asp?incidente=2629013. Acesso em: 20 abr. 2011.

II – reunião ou apensamento de processos;
III – prestação de informações;
IV – atos concertados entre os juízes cooperantes.

O § 2º desse dispositivo apresenta rol, também taxativo, das finalidades dos atos acima referidos:
I – a prática de citação, intimação ou notificação de ato;
II – a obtenção e apresentação de provas e a coleta de depoimentos;
III – a efetivação de tutela provisória;
IV – a efetivação de medidas e providências para recuperação e preservação de empresas;
V – a facilitação de habilitação de créditos na falência e na recuperação judicial;
VI – a centralização de processos repetitivos;
VII – a execução de decisão jurisdicional.

Podem ser referidas como hipóteses concretas de cooperação nacional, expressamente previstas no CPC, dentre outras, as seguintes, como bem observado por Leonardo Schenk e José Roberto Mello Porto[78]:

a) na informação expedida ao juízo da causa quando do cumprimento da diligência solicitada ao juízo cooperante por meio de carta, da qual terá início, inclusive, após a sua juntada aos autos, a contagem do prazo para a prática do ato processual subsequente (arts. 231, VI, e 232), ou do envio da carta a juízo diverso, em razão do seu caráter itinerante (art. 262, parágrafo único);

b) no envio de informações entre os juízes cooperantes para a indicação do atual endereço do réu (art. 319, §§ 1º a 3º) ou da testemunha a cientificar (art. 450), com o objetivo de evitar o retorno da carta ao juízo deprecante sem o esperado cumprimento da diligência;

c) no pedido de informações ao juízo cooperante sobre a existência de matéria prejudicial em análise em outro processo, com a delimitação dos seus contornos, para auxiliar na formação do convencimento do juízo da causa supostamente prejudicada sobre necessidade da sua suspensão (art. 313, V);

d) no envio da informação ao juízo da causa pelo juízo cooperante de que o réu optou por realizar o protocolo da contestação no foro do seu domicílio, em razão da alegação de incompetência como matéria preliminar, para que a realização da audiência de conciliação ou de mediação antes designada seja suspensa, evitando, assim, a prática inútil do ato processual (art. 340, § 3º);

e) na colheita do depoimento da parte ou das testemunhas que residem fora da sede do juízo solicitante, por meio de carta ou de videoconferência ou de outro recurso tecnológico de transmissão de sons e imagens em tempo real, cabendo aos diversos juízos cooperantes, em especial aquele do local da residência da parte ou da testemunha, prover, em auxílio direto, os meios necessários para a prática do ato (arts. 385, § 3º, e 453, § 1º);

f) na complementação das informações sobre a exata localização e individualização dos bens, transmitidas em auxílio direto entre os juízos cooperantes, para viabilizar, nos autos da carta precatória, a prática dos atos processuais voltados à penhora, avaliação e alienação dos bens situados fora dos limites territoriais da sede do juízo da execução (art. 845);

g) na realização de penhora no rosto dos autos, por meio do auxílio direto, quando urgente a sua realização para evitar a consumação de graves prejuízos à efetividade do processo de execução (art. 860), inclusive nos autos do procedimento de arbitragem[79].

---

[78] Gaio Jr.; Pinho, 2018, p. 144-145.
[79] STJ, REsp 1.678.224-SP, rel. Min. Nancy Andrighi, 3ªT., por unanimidade, j. 7-5-2019, *DJe* 9-5-2019, *Informativo STJ*, n. 648.

O Conselho Nacional de Justiça editou, em 2020, a Resolução n. 350, através da qual estabelece diretrizes e procedimentos sobre a cooperação judiciária nacional. Logo em seu art. 1º, o Provimento expande o conceito de cooperação judiciária, que passa a abranger a cooperação interinstitucional entre os órgãos do Poder Judiciário e outras instituições e entidades, integrantes ou não do sistema de justiça, que possam, direta ou indiretamente, contribuir para a administração da justiça.

O CNJ tem o inegável mérito de, na Resolução n. 350, se mostrar sensível à nova configuração do sistema de justiça brasileiro, que transcende os confins do Poder Judiciário, para disponibilizar mecanismos de cooperação judiciária entre os órgãos judiciais e os novos núcleos decisórios, notadamente as serventias extrajudiciais, no contexto da desjudicialização.

A respeito da cooperação judiciária em matéria probatória, merece destaque que o Provimento 350 autoriza, nos incisos II, VI e VII, respectivamente, a prática de atos voltados à troca de informações relevantes para a solução dos processos, à obtenção e à apresentação de provas, à coleta de depoimentos e aos meios para o compartilhamento de seu teor, à produção de prova única relativa a fato comum, dentre outros.

A Resolução do CNJ n. 499/2023 modificou a Resolução n. 350/2020 a fim de modificar o inciso XXI do art. 6º, que passou a ter a seguinte redação: "na formulação de consulta dirigida a outro magistrado ou órgão do Poder Judiciário (incluindo comitês, comissões e grupos de trabalho instituídos em seu âmbito) ou, ainda, no caso de cooperação interinstitucional, a pessoa, órgão, instituição ou entidade externa ao Judiciário, solicitando manifestação ou opinião em resposta, facultada a participação do consultor no processo, a critério do juízo consulente".

Acrescente-se que o art. 8º, § 3º, da Resolução n. 350 estatui, com correção, que os atos de cooperação devem ser prioritariamente realizados através dos meios eletrônicos, de modo a colocar as novas tecnologias em favor da deformalização e da celeridade, ou seja, da eficiência na prestação jurisdicional.

Ademais, a Resolução n. 350 do CNJ cria condições para que órgãos do Poder Judiciário e serventias extrajudiciais celebrem atos concertados com vistas a permitir que as provas produzidas nos processos extrajudiciais possam ser validamente empregadas no convencimento judicial em processos judiciais correlatos. Inúmeros são os exemplos práticos que demonstram a grande utilidade do emprego de tais mecanismos na rotina forense. Um exemplo emblemático consiste no registro de nascimento após decorrido o prazo previsto nos arts. 50 e 52, § 2º, da Lei Federal n. 6.015/73, especialmente de maiores de 12 anos, que, até 2008, dependia inexoravelmente de prévia autorização judicial para ser lavrado.

No âmbito do Supremo Tribunal Federal, a cooperação é tratada pela Resolução n. 775/2022. Esse ato, prevê em seu art. 5º, cujo rol é exemplificativo, os seguintes atos de cooperação:

I – atos de comunicação processual e troca de informações;

II – gestão e centralização de processos repetitivos;

III – recebimento de autos e indexação de peças processuais oriundos de outros tribunais;

IV – monitoramento das baixas definitivas de processos julgados;

V – produção e compartilhamento de provas, bem como a prática de outros atos e diligências de instrução processual;

VI – cumprimento de decisão jurisdicional, provisória ou definitiva;

VII – realização de audiências públicas;

VIII – transferência e apresentação de presos;

IX – cessão provisória de servidores públicos;

X – resolução de conflitos por meios consensuais;

XI – compartilhamento de bens, infraestrutura e tecnologia;

XII – desenvolvimento de soluções de tecnologia para suporte ao processo eletrônico;

XIII – elaboração de estatísticas sobre processos judiciais e administrativos;

XIV – formulação de cursos, protocolos e ações de segurança institucional e inteligência;

XV – articulação parlamentar para a promoção de projetos de interesse do Poder Judiciário perante o Poder Legislativo.

Capítulo 10
SUJEITOS DO PROCESSO. PARTES. LITISCONSÓRCIO. TERCEIROS

10.1 JUIZ: SUJEITO IMPARCIAL DO PROCESSO

O processo, como categoria jurídica autônoma, é um conjunto de situações jurídicas ativas e passivas (poderes, faculdades, sujeições, deveres e ônus) que se desenvolvem por meio de atos processuais, visando à resolução imparcial dos conflitos existentes em sociedade.

Apresenta o processo, necessariamente, sujeitos[1] parciais (autor – quem demanda – e réu – em face de quem a demanda é deduzida) e um sujeito imparcial (juiz ou Estado-juiz).

Dentre os princípios que devem reger a atuação do Estado-Juiz na solução do litígio, podemos citar os poderes de instrução e o livre convencimento do magistrado[2].

O poder de instrução do juiz encontra-se previsto nos arts. 370, 396, 438, 461 e 481 do CPC.

Com base nesse poder, ao decidir a causa, o juiz deve buscar todos os elementos importantes para seu julgamento sem que possa eximir-se de atuar no processo, devido à inafastabilidade do controle jurisdicional (art. 5º, XXXV, da CF c/c o art. 140 do CPC).

Nesse sentido, pode o juiz, de ofício, determinar a apresentação das provas necessárias a uma correta apreciação da questão que lhe foi apresentada, não ficando adstrito às provas apresentadas pelas partes.

Assim, não estará, de forma alguma, agindo parcialmente, mas, ao contrário, velando pela justiça das decisões e por uma correta aplicação do direito, atendendo aos escopos do processo, cuja efetividade é um de seus princípios.

Quanto ao segundo princípio que rege a atuação do juiz (art. 489, II, do CPC), conforme relatado anteriormente, nosso ordenamento adota o sistema do livre convencimento motivado, ou da persuasão racional, segundo o qual o juiz é livre para proceder à avaliação das provas trazidas aos autos pelas partes ou por ele requisitadas, já que todas elas têm valor relativo, devendo, tão somente, respeitar o princípio constitucional da motivação das decisões jurisdicionais (art. 93, IX, da CF).

O juiz também possui o poder-dever de dar efetividade ao contraditório, tratar as partes com igualdade e imprimir celeridade ao procedimento, de modo a garantir a duração razoável do processo.

O Estatuto Jurídico da Magistratura e as principais questões relativas aos poderes, deveres e responsabilidade dos juízes serão tratadas no Capítulo 12.

---

[1] Sujeito do processo é toda pessoa que figura como titular de situação jurídica ativa ou passiva integrante da relação jurídica processual (Dinamarco; Lopes, 2016, p. 153).

[2] Além desses, ao juiz também é conferido o poder de polícia das audiências, de natureza administrativa, o poder de direção do processo, de julgamento das pretensões e de imposição dos efeitos de seu julgamento, de expedir comandos às partes vinculadas às obrigações de fazer e não fazer, além de tentar a conciliação entre os litigantes.

10.2 DEMANDANTE E DEMANDADO: SUJEITOS PARCIAIS DO PROCESSO

10.2.1 Conceito

As partes, como sujeitos parciais do processo, são, em geral, aquele que formula o pedido em juízo e aquele em face de quem se pede a tutela jurisdicional. Todavia nem sempre há coincidência entre as partes da relação jurídica de direito material e os sujeitos da relação jurídica de direito processual, o que se pode dar por força de institutos que serão estudados mais adiante.

Muitos autores utilizam diversas nomenclaturas para se referirem às partes do processo (abrange autor, réu e terceiros), tais como: partes principais (partes da demanda: autor e réu) e partes secundárias (terceiros intervenientes); partes da lide ou, simplesmente, partes.

Além disso, para individualizar cada uma das partes, fala-se ainda em demandante e demandado, sujeito ativo e sujeito passivo da relação processual, autor e réu e, dependendo da natureza da pretensão, exequente e executado, embargante e embargado etc.

Nas hipóteses de jurisdição voluntária, por não haver lide, entende-se que não há um autor demandando em face de um réu, restringindo-se o termo "parte" às pessoas envolvidas em processo de jurisdição contenciosa.

Nesse sentido, na jurisdição voluntária haveria apenas "interessados". Não obstante, há quem sustente que, mesmo em jurisdição voluntária, é possível identificar uma parte autora e, com isso, a incidência do princípio da bilateralidade das partes, uma vez que pode não haver coincidência entre os interesses dos ditos "interessados".

É preciso que as partes possuam *legitimatio ad causam* ou legitimação para agir, já estudada quando tratamos das condições para o regular exercício do direito de ação, conforme determina o art. 485, VI, do CPC. Por outro lado, é preciso que as partes apresentem *legitimatio ad processum* ou legitimação para o processo, também já estudada, de modo a satisfazer os pressupostos processuais de validade atinentes às partes (art. 485, IV).

A legitimidade processual, como já visto, divide-se em ordinária, na qual o sujeito da relação jurídica de direito material é o mesmo da relação jurídica de direito processual, e extraordinária, quando o legitimado para a causa é pessoa diversa daquela legitimada para o processo (art. 18 do CPC).

A legitimidade ordinária pode ser simples ou concorrente, verificando-se esta quando a legitimidade for conferida a várias pessoas, tal como ocorre nos casos de litisconsórcio.

Na legitimidade extraordinária, fruto da evolução de nossa ciência processual civil, temos a atuação de um sujeito em nome próprio para a defesa de interesse alheio, o qual recebe a denominação de substituto processual. Configura exceção em nosso ordenamento jurídico.

Ela pode ser exclusiva – quando a lei confere a um único legitimado a possibilidade de agir em juízo em defesa do interesse de outrem – ou concorrente – quando é conferida a mais de um legitimado, ordinário ou extraordinário.

Conforme visto, a substituição processual ocorre quando alguém, por expressa autorização legal, atua em juízo em nome próprio na defesa de direito alheio (cuja titularidade pertence a outrem). São casos de legitimidade extraordinária.

Já o instituto da sucessão processual, também conhecido como sucessão de partes (arts. 108 e s. do CPC), denominado erroneamente pelo Código revogado como "substituição", é verificado quando um sujeito, assumindo o lugar do litigante original, torna-se parte na relação jurídica processual, tal como ocorre nos casos de morte de uma das partes da demanda.

As partes são regidas pelo princípio da dualidade – todo processo possui, no mínimo, duas partes: autor e réu; pelo princípio da igualdade, segundo o qual às partes deve ser dispensado idêntico tratamento no curso do processo; e pelo princípio do contraditório, que garante a igualdade de forças e oportunidades.

Os deveres das partes estão enumerados nos arts. 77 a 81 do CPC, que se relacionam com os chamados aspectos éticos do processo. À falta do cumprimento de um desses deveres, considera-se a parte litigante de má-fé, ficando sujeita ao pagamento de indenização, nos termos do art. 79 do CPC.

10.2.2 Litisconsórcio

Se, por um lado, é inconcebível a existência de um processo sem partes, por outro, podem existir processos em que haja pluralidade de partes. Nesse sentido, o litisconsórcio é justamente o instituto processual relativo à pluralidade de partes, de modo que, havendo litisconsórcio, teremos em pelo menos um dos polos da relação jurídica processual mais de um sujeito.

Registre-se que o litisconsórcio somente pode ocorrer nos casos expressamente autorizados pela lei. Em outros termos: o CPC estabelece, nos arts. 113 e 114, as hipóteses em que se admite a pluralidade de autores e/ou de réus, e as partes não podem, escoradas tão somente em sua vontade, formar litisconsórcio em situação não prevista pelo direito positivo. Dessa forma, a pluralidade de partes, embora possível, é excepcional.

O litisconsórcio difere da intervenção de terceiros, isto é, do ingresso no processo de pessoa que não o autor ou o réu, a qual também só é admitida nos casos previstos em lei, muito embora, ocasionalmente, possa ocorrer que terceiros atuem em litisconsórcio[3]. Da mesma forma, difere o litisconsórcio da cumulação subjetiva de lides, porquanto poderá haver pluralidade de partes em um mesmo processo sem que haja litisconsórcio.

O litisconsórcio encontra-se regulado nos arts. 113 a 118 do CPC, correspondentes aos arts. 46 a 49 do CPC/73[4-5], sendo instituto de grande importância na medida em que promove a economia processual, evitando que cada parte ingresse em juízo com uma demanda individual, bem como a segurança jurídica, possibilitando a prolação de uma decisão uniforme para todos os integrantes da demanda.

Há quatro critérios de classificação de litisconsórcio.

1º critério: quanto à posição em que ocorre ou quanto à cumulação de sujeitos no processo:
1. ativo – quando a pluralidade de sujeitos concentra-se no polo ativo;
2. passivo – quando a pluralidade se dá no polo passivo;
3. misto – quando há pluralidade de sujeitos em ambos os polos da relação processual.

2º critério: quanto à obrigatoriedade ou quanto ao poder de aglutinação:

---

[3] Como exemplos, Dinamarco (2001c, p. 32) menciona o litisconsórcio passivo ulterior formado pelo chamamento ao processo de coobrigado solidário, entre o chamante e o chamado – art. 78 do CPC/73 (art. 130 do CPC); o resultante da demanda do oponente em face das partes originárias, agora litisconsortes passivos, além da litisdenunciação feita pelo autor e o caso de intervenção litisconsorcial voluntária, em que o interveniente será litisconsorte da parte originária, portanto, parte principal também.

[4] Na vigência do CPC/73, possuindo os litisconsortes procuradores diferentes, seus prazos corriam em dobro, conforme o art. 49 c/c o art. 191 do CPC. O regime se mantém no CPC, art. 118 c/c o art. 229, com alguns temperamentos e a vedação de aplicação ao processo eletrônico.

[5] O STJ decidiu que quando os litisconsortes apresentam advogados diferentes para representá-los, já tendo sido iniciado o prazo recursal, somente se aplica o benefício do prazo em dobro à parte do prazo recursal ainda não transcorrido até aquele momento. A apresentação de mais um advogado nesse ínterim não gera a possibilidade de devolução do prazo para recurso. Nesse sentido: STJ, REsp 1.309.510-AL, rel. Min. Nancy Andrighi, j. 12-3-2013, *Informativo STJ*, n. 518.

1. **Facultativo ou não obrigatório** – quando a presença de todos os litisconsortes não é necessária para o exame do mérito da causa.

O litisconsórcio facultativo ocorre, segundo o art. 113 do CPC, quando houver:

a) entre eles comunhão de direitos ou de obrigações relativamente à lide;
b) entre as causas conexão pelo pedido ou pela causa de pedir;
c) afinidade de questões por ponto comum de fato ou de direito.

O litisconsórcio facultativo pode ser próprio ou impróprio, segundo seja recusável ou irrecusável pela parte.

Será facultativo irrecusável quando, embora não seja obrigatória a propositura da demanda em conjunto, a parte não possa recusar o litisconsórcio, e facultativo recusável, quando a formação do litisconsórcio dependa do acordo expresso ou tácito dos litigantes.

Observe-se que o § 1º do art. 113 permite ao magistrado limitar o litisconsórcio facultativo quanto ao número de litigantes na fase de conhecimento, na liquidação de sentença ou na execução, quando este comprometer a rápida solução do litígio ou dificultar a defesa ou o cumprimento da sentença.

É o que a doutrina denomina como "litisconsórcio multitudinário", verificado nas hipóteses de litisconsórcio facultativo em que haja excessivo número de litisconsortes, suficiente para comprometer a celeridade processual, dificultar o exercício do direito de defesa ou, até mesmo, inviabilizar a demanda.

Embora a lei não determine um parâmetro, na prática, a jurisprudência vem considerando razoável um número de até 10 litisconsortes.

Não obstante, é o juiz quem determina se o número é excessivo ou não, de acordo com o caso concreto. Assim, o juiz deve, ao se deparar com o litisconsórcio multitudinário, desmembrar o processo em um ou mais processos.

Por outro lado, seria possível também pensar na mera exclusão do(s) litisconsorte(s) excedente(s), tendo em vista a ordem disposta na exordial.

Por fim, o § 2º prevê que o requerimento de limitação do número de litisconsortes interrompe o prazo de resposta, que recomeçará a partir da intimação da decisão que o solucionar. Não custa lembrar que, na interrupção, o prazo é zerado e devolvido na íntegra, independentemente do quanto já houvesse fluído.

2. **Necessário ou obrigatório** – no qual todos os litisconsortes devem estar presentes, sob pena de inexistência jurídica[6], ineficácia ou nulidade absoluta[7], segundo diferentes correntes doutrinárias.

Essa questão relativa à natureza do defeito do ato é sanada agora. Pelo art. 115 do CPC, no caso de litisconsórcio necessário não integrado, a sentença será:

a) nula, se a decisão deveria ser uniforme em relação a todos que deveriam ter integrado o processo;

b) ineficaz, nos outros casos, apenas para os que não foram citados.

---

[6] Por faltar pressuposto processual de existência, visto que a não citação dos que deveriam ser litisconsortes geraria a não triangularização da relação processual. Nesse sentido, Nery Jr.; Nery, 2002, p. 327.

[7] Assim, Theodoro Jr. (2007a, p. 109).

Já o litisconsórcio necessário ocorre por determinação legal ou em razão da natureza da relação jurídica deduzida no processo, havendo certa margem de discricionariedade para a decisão do juiz, nesse último caso[8].

Há largo dissenso quanto à existência de litisconsórcio necessário ativo, principalmente em virtude das ações reais imobiliárias em que, se o proprietário é casado, faz-se necessária a anuência do cônjuge[9].

Para alguns autores esse seria um exemplo de litisconsórcio ativo necessário[10]. Contudo, a questão é controvertida na medida em que, embora ambos os cônjuges possam integrar o polo ativo, isso não é exigido pela lei. Ela apenas exige que aquele cônjuge que não é parte no processo declare expressamente sua anuência quanto à propositura da ação (art. 73, *caput*, do CPC). Aqui, importante ressaltar que o conceito de citação é alargado pelo novo Código e passa a ser aplicável a essa hipótese, como bem adverte Arruda Alvim[11].

Nesse sentido, o CPC, no art. 74, permite o suprimento judicial da autorização marital ou da outorga uxória. Assim, esse dispositivo não impõe a citação do cônjuge ausente para integrar a relação processual. Basta, para a regularização do processo, o suprimento da vontade do cônjuge ausente.

Nessa linha de raciocínio, o litisconsórcio, na espécie, não seria obrigatório.

Por outro lado, o parágrafo único do art. 115 determina que, nos casos de litisconsórcio passivo necessário, o juiz determinará ao autor que requeira a citação de todos que devam ser litisconsortes, dentro do prazo que assinar, sob pena de extinção do processo.

3º critério: quanto ao regime ou alcance de seus efeitos:

1. comum ou simples – quando a decisão proferida pelo juiz pode ser diferente para cada um dos litisconsortes (art. 117 do CPC);

2. especial ou unitário – no qual a decisão do juiz necessariamente será igual para todos os litisconsortes em função da natureza da relação jurídica que não pode ser cindida[12], tal como ocorre na ação de anulação de casamento, na qual qualquer decisão dirá sempre respeito a ambos os interessados.

---

[8] Um bom exemplo de litisconsórcio necessário se dá com a impetração de mandado de segurança por candidato que se considera prejudicado em concurso público, e que tem o condão de prejudicar outros candidatos, no caso da concessão da segurança. Nesse sentido: Concurso Público. Anulação de questão de prova. Reclassificação de candidato. Exclusão de terceiro. Formação de litisconsórcio. Necessidade. Em ação ordinária na qual se objetiva a anulação de questão de prova e reclassificação de candidato, quando eventual inclusão deste implicar na necessária exclusão de terceiros, é necessário o chamamento dos demais candidatos afetados para integrarem a lide. REsp 1.831.507-AL, rel. Min. Mauro Campbell Marques, 2ªT., por unanimidade, j. 6-8-2024, *DJe* 9-8-2024. *Informativo STJ* n. 822.

[9] "O litisconsórcio necessário é sempre passivo. Não existe litisconsórcio necessário ativo, por ser esta uma figura que atenta contra a lógica do sistema processual brasileiro. Isto se diz porque o direito processual civil brasileiro está construído sobre dois pilares de sustentação: o direito de acesso ao Judiciário e a garantia da liberdade de demandar" (Câmara, 2017, p. 83).

[10] Dinamarco, 2001, p. 233.

[11] "A solução que parece mais adequada é a de permitir que uma só pessoa demande, autorizando a convocação de quem deveria ser litisconsorte ativo necessário para integrar a relação jurídica. Uma vez chamado, pode escolher (a) integrar o polo ativo como poderia ter feito de início; (b) eventualmente integrar o polo passivo, se sua atuação se limitar a defender interesse contrário ao do autor (...), ou ainda (c) permanecer inerte, caso em que não ocupará nenhum dos polos processuais, mas será atingido pela coisa julgada da mesma forma, tendo sido respeitada a garantia constitucional do contraditório, já que foi devidamente oportunizada a sua participação" (Alvim, 2016, p. 86).

[12] "(...) é possível, então, definir litisconsórcio unitário como aquele que se constitui, do lado ativo ou do passivo, entre pessoas para as quais há de ser obrigatoriamente uniforme, em seu conteúdo, a decisão de mérito" (Barbosa Moreira, 1972, p. 129).

No litisconsórcio comum, temos a incidência do princípio da independência dos litisconsortes, de acordo com o qual cada um dos litisconsortes é responsável pelos seus atos (art. 117 do CPC)[13]. Logicamente, o princípio não prevalece quanto aos litisconsortes unitários, em razão da indispensável homogeneidade para o julgamento do mérito.

O princípio, no entanto, será afastado quando os interesses no plano do direito material forem inseparáveis ou indivisíveis, como, por exemplo, na hipótese de revelia (art. 345, I, do CPC), já que a contestação apresentada por um dos litisconsortes é aproveitada pelos demais, afastando, com isso, os seus efeitos.

Outra exceção encontra-se relacionada aos efeitos extensivos do recurso, já que o oferecimento do recurso por apenas um dos litisconsortes a todos aproveita (art. 1.005 do CPC), muito embora, segundo Barbosa Moreira, "os efeitos da interposição de recurso por um (ou alguns) dos colitigantes se estendem aos demais, quando unitário o litisconsórcio, ou seja, quando o julgamento haja de ter, forçosamente, igual teor para todos os litisconsortes"[14].

O litisconsórcio necessário difere do unitário – no qual a decisão precisa ser a mesma para todos os litisconsortes – na medida em que este se relaciona ao modo como se regem as relações dos litisconsortes com a parte contrária, não havendo, nesse caso, discricionariedade por parte do juiz.

Assim, como repete a doutrina em voz uníssona, era equivocada a redação do CPC/73, art. 47, *caput*, na passagem em que definia o litisconsórcio necessário como aquele em que o juiz tem "de decidir a lide de modo uniforme para todas as partes". Essa definição corresponde, em verdade, ao litisconsórcio unitário.

Em bom tempo, o erro no dispositivo veio a ser corrigido pelo CPC. A nova legislação separa corretamente os conceitos, definindo o litisconsórcio necessário no art. 114 e o unitário no art. 116, em consonância com os ensinamentos de José Carlos Barbosa Moreira[15].

É bom que se diga que, em regra, o litisconsórcio necessário será também unitário, mas isso não ocorrerá em todos os casos. Afinal, o litisconsórcio necessário apenas exige que todos integrem a demanda na qualidade de partes principais, mas não impede que a decisão dispense tratamento diverso a cada litisconsorte, enquanto o unitário demanda disciplina jurídica uniforme a todos os litisconsortes.

Assim, na ação de usucapião, que agora segue o procedimento comum, já que o rito especial regulado no CPC/73 não mais subsiste, há litisconsórcio entre aquele em cujo nome esteja registrado o imóvel usucapiendo e aqueles que sejam proprietários dos imóveis confrontantes. Esse litisconsórcio era necessário por expressa imposição legal (art. 942 do CPC/73).

Não se trata, porém, de litisconsórcio uniforme, uma vez que a decisão, caso acolha a pretensão do autor, produzirá reflexos diversos nas esferas jurídicas dos litisconsortes passivos necessários.

Cabe destacar, contudo, que o procedimento de usucapião passa a correr agora, em regra, na via administrativa, havendo consenso entre os interessados (art. 1.071 do CPC).

---

[13] Como exemplo de incidência do princípio, podemos citar a confissão (art. 350 do CPC), que não repercute na esfera jurídica dos demais litisconsortes.

[14] Barbosa Moreira, 2007, p. 279.

[15] "O conceito de litisconsórcio unitário não coincide com o de litisconsórcio necessário, nem na compreensão, nem na extensão. Quanto à primeira, basta ver que a estrutura inteligível daquela figura tem como nota típica a obrigatoriedade da decisão uniforme no mérito: a desta, a indispensabilidade da presença simultânea de duas ou mais pessoas no polo ativo ou no polo passivo do processo. Ora, evidentemente, não é o mesmo terem de participar A e B, conjuntamente, do processo, e ter o juiz de tratar A e B de modo uniforme na sentença definitiva" (Barbosa Moreira, 1972, p. 131).

Contudo, caso acionada na via judicial, o raciocínio desenvolvido sob a égide da legislação anterior permanece válido, embora no novo Código não exista mais procedimento especial para essa pretensão, devendo-se, pois, utilizar o procedimento comum.

Por outro lado, pode existir litisconsórcio unitário que não seja necessário. É o que ocorre, por exemplo, na ação reivindicatória proposta por mais de um condômino para reivindicar o bem comum.

Esse litisconsórcio é unitário, porque a decisão será a mesma para todos os litisconsortes, todavia não é necessário, uma vez que a lei não impõe a participação de todos os condôminos. Aliás, a lei expressamente permite a cada condômino, sozinho ou em conjunto com os demais, reivindicar a coisa de quem a detenha indevidamente (art. 1.314, *caput*, do CC/2002).

4º critério: quanto ao momento em que o litisconsórcio se verifica ou quanto ao tempo de sua formação:

1. originário ou inicial – formado desde o início da ação, sendo essa a regra geral;
2. superveniente ou ulterior – formado em momento posterior ao início da ação.

O litisconsórcio superveniente, em especial quanto a mandados de segurança e medidas cautelares, que têm andamento mais rápido, tem sua aceitação restringida por boa parte dos magistrados na medida em que, para aqueles que não o admitem, essa espécie de litisconsórcio fere o princípio do juiz natural, pois, em função do instituto, a parte teria a possibilidade de optar por ingressar naquela relação processual ou por propor uma ação autônoma, perante outro juízo.

Não obstante o novo Código prevê casos de litisconsórcio ulterior na hipótese de chamamento ao processo, bem como na hipótese prevista no art. 115, parágrafo único.

10.2.3 Intervenção de terceiros

Diferencia-se do litisconsórcio, havendo pluralidade de partes da demanda, pois o ingresso se dá como autor ou réu, enquanto a intervenção de terceiros é a possibilidade de participar, intervir por interesse indireto, não sendo autor nem réu.

Em Processo Civil, a intervenção de terceiros – regida pelo princípio básico segundo o qual a intervenção em processo alheio só é possível mediante expressa permissão legal – classifica-se:

i) de acordo com a iniciativa do terceiro, em intervenção voluntária ou espontânea e obrigatória ou provocada;

ii) conforme a inserção do terceiro na relação processual existente, em assistência e chamamento ao processo;

iii) quanto à formulação de nova relação jurídica processual no mesmo processo, encontramos a denunciação da lide, na medida em que a oposição agora, no CPC, é tratada no rol dos procedimentos especiais, e não mais como espécie de intervenção de terceiros.

Com efeito, por serem as normas de Processo Civil, em regra, cogentes, é o próprio CPC que determina qual a modalidade de intervenção porventura cabível em cada caso concreto.

Dentre os casos em que o terceiro intervém espontaneamente, temos a assistência simples, a assistência litisconsorcial e, segundo alguns autores, o recurso de terceiro prejudicado (art. 996 do CPC), como forma de assistência recursal.

Como casos de intervenção forçada, temos a denunciação da lide e o chamamento ao processo. O instituto da nomeação à autoria foi extinto pelo CPC como modalidade de intervenção de terceiros, embora os arts. 38 e 39 façam previsão de possibilidade de substituição do réu originalmente indicado na petição inicial, como veremos a seguir.

Na intervenção voluntária, o terceiro intervém espontaneamente em virtude de algum interesse jurídico (motivado como pressuposto de admissibilidade) – e não mero interesse econômico – que possua na causa; já na obrigatória, o juiz, a requerimento da parte e, em alguns casos, somente após a concordância do terceiro, integra-o ao processo.

10.2.3.1 Assistência e demais formas de intervenção voluntária

O CPC prevê apenas a assistência como modalidade de intervenção voluntária de terceiros. O CPC/73 previa ainda a oposição (que agora é tratada como procedimento especial).

Ademais, sempre sustentamos que a interposição de recurso de terceiro prejudicado, embora não estivesse geograficamente no capítulo de intervenção de terceiros, deveria ser tratada como tal.

A fim de facilitar a compreensão da nova disciplina, vamos tratar aqui dos três institutos. No que se refere à oposição e ao recurso de terceiro prejudicado, esses institutos serão revisitados, com mais detalhes, na Parte II deste curso.

Na assistência (art. 119 e s. do CPC) temos a intervenção de terceiro no processo com o intuito de auxiliar uma das partes, seja autor ou réu, em razão da existência de interesse jurídico na vitória da parte assistida.

Athos Gusmão Carneiro[16] define a assistência como uma forma de intervenção espontânea, que não ocorre por ação, mas por inserção do terceiro na relação processual pendente. Observe-se, portanto, que o legislador de 1973 não utilizou boa técnica ao disciplinar a assistência fora do capítulo reservado à intervenção de terceiros. Tal equívoco veio a ser corrigido no CPC, inserindo-se a assistência no título destinado à intervenção de terceiros.

A assistência é cabível em qualquer causa pendente em qualquer dos tipos de procedimento e em todos os graus de jurisdição[17]. Cabe assistência no processo de conhecimento, sob o rito comum ordinário ou sumário, ou sob procedimentos especiais, assim como no procedimento cautelar.

Nesse sentido, Nelson Nery Jr. defende que cabe assistência em qualquer processo, como afirmado no dispositivo (art. 119, parágrafo único, do CPC)[18], inclusive nos procedimentos de jurisdição voluntária, caso a decisão atinja reflexamente o terceiro.

O STF[19], contudo, já entendeu ser inadmissível o ingresso do assistente simples após o início do julgamento do recurso extraordinário.

Já Athos Gusmão Carneiro defendia que a assistência é cabível no processo de conhecimento e no processo cautelar (este último extinto como processo autônomo no CPC), mas não no procedimento de execução propriamente dito, por não haver, na execução, sentença favorável a uma das partes a ensejar o interesse do assistente[20]. Para esse autor, no procedimento de execução propriamente dito, descabe a assistência, salvo no processo incidental dos embargos (cuja natureza é de cognição) e no procedimento de liquidação de sentença.

Nesse caso, defende o autor que a assistência deve ser permitida se a execução for fundada em título extrajudicial, desde que haja embargos do devedor, pois, caso contrário, não haverá o que au-

---

[16] Carneiro, 2001a, p. 182.
[17] Exceção a esta regra são os Juizados Especiais, uma vez que a Lei n. 9.099/95 expressamente exclui, em seu art. 10, a assistência e as demais modalidades de intervenção de terceiros.
[18] Nery Jr.; Nery, 2002, p. 232.
[19] Pet. 4.391 AgR/RJ, rel. orig. Min. Joaquim Barbosa, red. p/ o acórdão Min. Teori Zavascki, 9-10-2014, *Informativo STF*, n. 762.
[20] Carneiro, 2001a, p. 183.

xiliar, e deve ser vedada se for fundada em título judicial, porque o auxílio e a cooperação já se exauriram com a sentença.

Já para uma terceira corrente, a assistência só seria cabível no processo de conhecimento, porque apenas neste haveria verdadeira sentença de mérito.

Em que pesem os argumentos dos autores expostos, parece-nos que a melhor orientação é a da segunda corrente, de excetuar a possibilidade de assistência apenas no processo de execução propriamente dito, já que, contrariamente à terceira corrente, já se admite uma sentença de mérito na execução, mas não vislumbramos nela a presença de interesse a ensejar a intervenção do assistente, se não for nas hipóteses de embargos e de liquidação de sentença.

A assistência será considerada simples quando o direito do terceiro não estiver sendo discutido no processo, sendo, por outro lado, considerada litisconsorcial quando seu interesse também for objeto da discussão.

Nesse sentido, haverá assistência simples quando o assistente tiver interesse jurídico[21] indireto na relação processual, e litisconsorcial, quando o interesse jurídico for direto, isto é, quando o terceiro estiver juridicamente vinculado ao adversário do assistido[22].

Em outros termos, na assistência simples, a relação jurídica material da qual o assistente é sujeito não é objeto do processo, mas sobre ela poderá produzir reflexos a sentença (p. ex., intervenção do sublocatário no processo de despejo em que figura como réu o locatário-sublocador).

Na assistência litisconsorcial, o assistente participa da própria relação jurídica material debatida no processo, razão por que, de modo mais evidente do que na situação anterior, será atingido pelos efeitos da sentença (p. ex., intervenção de um condômino no processo que tem por objeto uma pretensão reivindicatória e que foi instaurado por iniciativa de outro condômino).

Nesse ponto, é interessante registrar a lição de Nelson Nery Jr. e Rosa Maria de Andrade Nery, ao observarem que naquelas hipóteses em que na instauração do processo poderia ter se formado um litisconsórcio facultativo unitário, mas não se formou, o coobrigado que ainda não participa do processo pode intervir como assistente litisconsorcial[23].

As consequências em relação aos dois tipos de assistência são distintas.

Assim, caso o assistido, em assistência simples, desista da ação, cessa automaticamente a assistência. Da mesma forma, caso o assistido não recorra ou desista de alguma prova, não poderá o assistente recorrer ou produzir a prova.

No entanto, o art. 121, parágrafo único, do CPC traz regra interessante, no sentido de que sendo revel ou, de qualquer outro modo, omisso o assistido, o assistente será considerado seu substituto processual.

Já na assistência litisconsorcial, temos consequências jurídicas diversas, na medida em que o assistente é equiparado ao litisconsorte (art. 124 do CPC)[24]. Nesse sentido, a assistência litisconsorcial será uma forma de intervenção principal, na qual o interveniente exerce verdadeira ação paralelamente a uma das partes e em face da outra.

---

[21] Não basta mero interesse de fato, ou afetivo, nem mesmo puramente econômico. Há que estar presente interesse jurídico a autorizar a assistência. Como outros requisitos podemos citar: haver demanda pendente, tratar-se de processo de conhecimento ou cautelar, ficando excluídas as hipóteses de processo de execução, exceto nos casos de processos incidentais, que são de cognição.
[22] A assistência litisconsorcial tem como seu grande exemplo a figura do devedor solidário, o qual poderá intervir devido ao seu interesse jurídico na resolução daquela relação processual.
[23] Nery Jr.; Nery, 2002, p. 360-361.
[24] Art. 124 do CPC: "Considera-se litisconsorte da parte principal o assistente, sempre que a sentença influir na relação jurídica entre ele e o adversário do assistido".

Portanto, conforme a modalidade de assistência, diversos serão os poderes processuais atribuídos ao assistente simples e ao litisconsorcial. A principal diferença entre a assistência simples e a litisconsorcial está, justamente, nos poderes do assistente.

O assistente simples é mero coadjuvante de uma das partes da demanda, não podendo agir contra os interesses do assistido, salvo se este for revel, hipótese em que sua atuação será equiparada a um gestor de negócios que poderá, inclusive, oferecer contestação caso ingresse na relação jurídica a tempo de oferecer resposta.

O assistente simples não é parte da demanda, nada pedindo para si. É apenas um auxiliar da parte que costuma ser chamado de parte secundária ou acessória, eis que busca atender a seu próprio interesse, integrando-se na relação jurídica como parte do processo, e não da demanda.

O assistente simples atua sempre complementando a atividade processual do assistido e de conformidade com sua orientação, ou, pelo menos, nunca contra ela, sob pena de seu ato ser inválido.

Não pode, assim, o assistente praticar nenhum ato que o assistido não praticaria (salvo o já mencionado art. 121, parágrafo único) e não pode se opor a qualquer ato do assistido, mas pode o assistente apresentar rol de testemunhas, se o assistido não requereu o julgamento antecipado da lide, requerer perícia, se o assistido não considerou desnecessária a prova pericial, ou recorrer, se o assistido não renunciou a tal direito, e até mesmo impedir a revelia e seus efeitos, tornando-se gestor de negócios do assistido e tomando ciência de todos os atos processuais.

Questão menos simples é a possibilidade de o assistente simples pleitear a antecipação dos efeitos da tutela jurisdicional. O art. 273 do CPC/73 tratava da legitimação da parte para formular tal pedido. Majoritariamente, pelo fato de a atuação do assistente simples ser apenas complementar à do assistido e por não haver qualquer relação sua deduzida em juízo, a doutrina entende não ser cabível que ele peça a antecipação de tutela.

O CPC não traz uma disposição direta sobre o tema, mas parece não divergir do entendimento, até mesmo pela responsabilidade objetiva imposta à parte em caso de revogação da tutela provisória (art. 302). Essa orientação só perde espaço quando o réu é revel, e o assistente ingressa a tempo de contestar o feito, passando a atuar como um gestor de negócios do assistido, razão pela qual seria cabível que ele pedisse a tutela hoje denominada provisória de urgência.

Destaque-se apenas que, na hipótese de o assistente figurar como gestor de negócios do assistido, caso o assistido ingresse no processo, receberá o feito no estado em que se encontra, cessando a gestão de negócio, e, em consequência, passa o assistente a agir normalmente no processo, em auxílio ao assistido.

Outra questão é a possibilidade de o assistente simples propor ação rescisória, pois não há dúvida quanto a essa possibilidade para o assistente litisconsorcial. Há quem entenda que, não sendo o assistente simples titular da relação jurídica, não poderia propor ação rescisória.

A legitimidade da ação rescisória não seria para qualquer terceiro, mas apenas para o que pudesse ter sido litisconsorte ou assistente litisconsorcial, mas não o foi. Contudo o melhor entendimento é de que a ação rescisória pode ser ajuizada pelo terceiro prejudicado, nos termos do art. 967, II, do CPC, não podendo o juiz limitá-la ao terceiro com interesse direto. O STJ entende que esse dispositivo deve ser aplicado, também, à *querela nullitatis*[25].

---

[25] Considerando a semelhança entre a ação rescisória e a *querela nullitatis*, bem como a ausência de previsão legal desta, as regras concernentes à legitimidade para o ajuizamento da rescisória devem ser aplicadas, por analogia, à ação declaratória de nulidade. (...) Desse modo, não há violação ao art. 18 do CPC/2015, pois o pleito na *querela nullitatis* – de nulidade da citação na aludida ação de cobrança – está autorizado pelo ordenamento jurídico – art. 967, inciso II, do CPC/2015 –, dada a sua nítida condição de terceira juridicamente interessada. REsp 1.902.133-RO, rel. Min. Marco Aurélio Bellizze, 3ª T., por unanimidade, j. 16-4-2024, DJe 18-4-2024. *Informativo STJ* n. 810.

Na assistência litisconsorcial, o assistente não é parte, mas seu direito também está em causa, tanto que a doutrina admite que seu regime jurídico é análogo ao do litisconsórcio ulterior.

Por isso, pode agir no processo e conduzir sua atividade sem se subordinar ao assistido. Pode, inclusive, ir além da atividade do assistido e até contrariar a vontade deste, porque seu agir processual se aproxima daquele de um litisconsorte.

Dessa forma, aborda-se a assistência litisconsorcial como uma assistência qualificada, pelo fato de o assistente ter vínculo não só com o assistido, em favor de quem irá intervir, como também com o adversário do assistido.

A assistência será exercida por um terceiro que ingressa no processo em virtude de interesse jurídico que possui em relação ao desfecho da relação processual. É cabível, via de regra, em todos os procedimentos, salvo no procedimento dos Juizados Especiais Cíveis, por força do disposto no art. 10 da Lei n. 9.099/95, que veda completamente a intervenção de terceiros (salvo, agora, a possibilidade expressamente ressalvada do uso do incidente de desconsideração da personalidade jurídica no procedimento dos Juizados, por força do art. 133 c/c o art. 1.062 do CPC).

Em regra, o assistente pode entrar no feito a qualquer momento, e deve ser requerido ao juiz, ao qual deverá ser demonstrado, de forma clara, o interesse jurídico na relação. Feito o requerimento, dá-se oportunidade às partes para se manifestarem sobre a assistência.

Não havendo impugnação, e tendo o juiz verificado a existência do interesse jurídico, o requerimento é deferido, passando o terceiro a atuar como assistente na relação.

Por outro lado, impugnado o requerimento pelas partes ou por apenas uma delas, o juiz, sem suspensão do processo, decidirá o incidente, conforme o art. 120, parágrafo único, do CPC.

Não há mais menção à necessidade de desentranhamento da petição e da impugnação, a fim de serem autuadas em apenso para, após a autorização das provas necessárias ao esclarecimento da controvérsia, o juiz decidir, em cinco dias, o incidente (art. 51 do CPC/73). Parece que o legislador atual buscou, desse modo, simplificar o procedimento.

Sendo admitida a entrada do assistente no processo, ele receberá o processo no estado em que se encontra, sem que possa prejudicar seu normal andamento, ou fazê-lo retroceder às fases já extintas, em relação às quais já terá havido preclusão.

Quanto aos efeitos subjetivos da coisa julgada (art. 123 do CPC) que normalmente atingem autor e réu, não poderá o assistente, em processo posterior, discutir a justiça da decisão, salvo se alegar e provar que, pelo estado em que recebera o processo ou pelas declarações ou atos do assistido, tenha sido impedido de produzir provas capazes de influir na sentença ou de que o assistido, por dolo ou culpa, não se valeu.

Trata-se, portanto, de uma presunção relativa que vincula o assistente simples e o assistido, mas que pode ceder diante das hipóteses dos incisos I e II do art. 123 do CPC.

Numa interpretação restritiva, o art. 123 só se aplicaria à assistência simples. Tratando-se de assistência litisconsorcial, seus efeitos sempre atingiriam o assistente, pois ele é tido como parte no processo, e não terceiro, sob pena de permitir-se uma ruptura do princípio da isonomia. Nesse sentido, a solução da controvérsia repousa justamente na discussão sobre a qualidade ou não de parte do assistente.

Por outro lado, Ernane Fidélis dos Santos entende que os assistentes, sejam eles simples ou litisconsorciais, ficam impedidos, em verdade, de discutir *a justiça da decisão*, que nada tem que ver com a coisa julgada.

Nesse sentido, o antigo art. 55 do CPC/73, reproduzido no art. 123 do CPC, queria se referir aos fatos que se tiverem por comprovados e não aos efeitos da coisa julgada.

Questão controvertida diz respeito à admissão de assistente em recurso sujeito ao sistema de julgamento repetitivo.

O entendimento do STJ[26] vem sendo no sentido de que não configura interesse jurídico apto a justificar o ingresso de terceiro como assistente simples, em processo submetido ao rito do art. 543-C do CPC/73 (art. 1.036 do CPC), o fato de o requerente ser parte em outro feito no qual se discute tese a ser firmada em recurso repetitivo.

Isso porque, nessa situação, o interesse do terceiro que pretende ingressar como assistente no julgamento do recurso submetido à sistemática dos recursos repetitivos é meramente subjetivo, quando muito reflexo, de cunho meramente econômico, o que não justifica sua admissão como assistente simples.

Ademais, ainda segundo a visão do STJ, o entendimento contrário abriria a possibilidade de manifestação de todos aqueles que figuram em feitos que tiveram a tramitação suspensa em vista da afetação, o que, evidentemente, inviabilizaria o julgamento de recursos repetitivos.

Vistas as observações acerca da assistência, falemos um pouco sobre as duas outras hipóteses tradicionalmente concebidas pela doutrina nacional como formas de intervenção voluntária de terceiros.

O recurso de terceiro prejudicado não se encontra disciplinado no capítulo destinado à intervenção de terceiros. Previsto no art. 996, *caput* e parágrafo único, do CPC, constitui verdadeira forma de intervenção voluntária de terceiros. Não seria exagero dizer que, na verdade, sua natureza jurídica é de assistência em grau recursal.

Também é exigido que seja demonstrado interesse jurídico, sempre que o terceiro considerar necessária sua intervenção, que é autorizada devido à possibilidade de o terceiro só vir a saber da existência do processo após proferida a sentença (art. 996, parágrafo único). Esse interesse jurídico deve ser específico, possuindo um nexo de interdependência com a relação discutida.

Alguns autores também consideram terceiro, nesse caso, aquele que poderia ter se manifestado no processo e que não o fez no tempo certo. Isso se daria, por exemplo, nos casos em que o assistente não interveio antes porque não existia ainda o interesse jurídico, que só veio a se configurar após ter sido proferida a sentença.

Estaríamos diante de um terceiro prejudicado que não teve a possibilidade de atuar como assistente anteriormente e que pretende agora atacar o provimento judicial que lhe cause algum prejuízo, o qual deve, evidentemente, ser demonstrado.

Dessa forma, percebe-se que não há necessária correspondência entre o assistente e o terceiro prejudicado, já que este ingressa na relação processual na fase recursal, isto é, após a prolação da sentença.

O recurso de terceiro prejudicado é autônomo em relação ao recurso apresentado pela parte principal (art. 996 do CPC). Por isso, deve o terceiro prejudicado demonstrar seu interesse jurídico quando da interposição do recurso ao juiz, o qual autorizará ou não seu ingresso na relação processual. Portanto, deve haver nexo entre alguma relação jurídica material de que participe o terceiro e a sentença proferida, de modo que a eficácia natural desta atinja referida relação jurídica.

O recurso de terceiro prejudicado, de acordo com a disciplina estabelecida para os recursos em geral, deve, necessariamente, passar por dois juízos: o de admissibilidade (feito pelo juiz do caso e também pelo Tribunal) e, sendo positivo esse resultado, pelo juízo de mérito (feito pelo Tribunal que

---

[26] REsp 1.418.593-MS, rel. Min. Luis Felipe Salomão, j. 14-5-2014, *Informativo STJ*, n. 540.

poderá concordar ou não com a decisão proferida pelo juiz de 1º grau, prevalecendo, naturalmente, a decisão do Tribunal).

Na esteira da Súmula 99 do STJ, pacificou-se o entendimento de que o Ministério Público, enquanto fiscal da lei, pode recorrer da sentença se achar que viola o ordenamento jurídico, mesmo que a parte não o tenha feito (arts. 996, *caput*, *in fine*, do CPC e 127 da CF).

Cabe ressaltar que poderá o terceiro intervir também durante a execução, independentemente de essa se desenvolver na segunda fase de um processo sincrético ou em um processo autônomo de execução. Essa intervenção é denominada embargos de terceiro e encontra-se disciplinada nos arts. 674 a 681 do CPC.

Entretanto, do modo como está disciplinada essa modalidade de impugnação da atividade executiva, sua apresentação configura exercício do direito de ação, desencadeando, portanto, a instauração de um processo novo e, por conseguinte, de uma relação jurídica processual igualmente nova. Por isso, há grande dificuldade em configurar o instituto como modalidade de intervenção de terceiros.

Uma última palavra sobre modalidades especiais de assistência

Temos aqui a hipótese da intervenção do INPI – Instituto Nacional da Propriedade Industrial em ações de nulidade de registro de marca. Trata-se de modalidade de intervenção suis generis, que admite, inclusive, a chamada migração interpolar, ou seja, a mudança de um dos polos da relação processual para o outro, como já decidiu o STJ[27].

Outra modalidade específica é aquela prevista no art. 5º, parágrafo único, da Lei n. 9.469/97, que traz em sua redação a previsão legal da modalidade da intervenção anômala.

Essa ferramenta possibilita que, nas demandas que figurarem como parte – na qualidade de autoras ou rés – autarquias, fundações públicas, sociedades de economia mista e empresas públicas, a União e demais pessoas jurídicas de direito público intervenham de maneira ampla, não sendo necessária a demonstração de interesse jurídico, bastando que os atos realizados no processo possam lhes gerar algum reflexo, ainda que meramente econômico[28].

A intervenção, contudo, está sujeita a certas limitações. Assim sendo, não pode ela ocorrer em:

(i) demandas que tramitam no Juizado Especial Cível (art. 10 da Lei n. 9.099/95);

(ii) mandado de segurança[29]; e

---

[27] Em ação de nulidade de registro de marca, a natureza da participação processual do INPI, quando não figurar como autor ou corréu, é de intervenção sui generis (ou atípica) obrigatória, na condição de assistente especial. Desse modo, fala-se em uma "migração interpolar" do INPI, a exemplo do que ocorre na ação popular e na ação de improbidade, nas quais a pessoa jurídica de direito público ou de direito privado, cujo ato seja objeto de impugnação, pode abster-se de contestar o pedido, ou atuar ao lado do autor, desde que isso se afigure útil ao interesse público, nos termos dos artigos 6º, § 3º, da Lei n. 4.717/1965 e 17, § 3º, da Lei n. 8.429/1992. REsp1.817.109-RJ, rel. Min. Luis Felipe Salomão, 4ª T., por unanimidade, j. 23-2-2021. *Informativo STJ* n. 686.

[28] Outrossim, a intervenção anômala da União no processo não é causa para o deslocamento da competência para a Justiça Federal: (...) Assim, existindo o interesse da União no feito, na condição de assistente simples, a competência afigura-se como da Justiça Federal, conforme prevê o art. 109, I, da Constituição Federal, motivo pelo qual devem ser acolhidos os embargos de declaração opostos pela União para determinar a baixa não mais ao Tribunal de origem, mas ao Tribunal Regional Federal competente para a análise do feito, para o que desinflue o fato de que o acórdão a ser integrado fora proferido no Juízo estadual, uma vez que se trata de matéria atinente à competência absoluta, não sujeita à perpetuatio jurisdictionis, consoante expresso no art. 43 do CPC, parte final, tudo nos termos do paradigma. Dessa forma, deve prevalecer o entendimento dado pela Segunda Turma do STJ, reconhecer a competência da Justiça Federal, sendo o Tribunal Regional Federal competente para novo julgamento dos embargos de declaração. EREsp 1.265.625-SP, rel. Min. Francisco Falcão, Corte Especial, por maioria, j. 30-3-2022. *Informativo STJ* n. 731.

[29] AgRg no MS n. 16.702/DF, rel. Min. Humberto Martins, 1ª S., j. 14-10-2015, *DJe* de 22-10-2015.

(iii) na execução[30].

Finalmente, a oposição, antes prevista nos arts. 56 a 61 do CPC/73. Nesta hipótese, já há um processo em curso no qual duas pessoas (denominadas opostos) disputam um direito, quando uma terceira pessoa (denominada oponente) ingressa nesse processo reivindicando esse direito para si.

O CPC manteve o instituto, mas passou a tratar dele como procedimento especial (arts. 682 a 686 do CPC), ainda que, substancialmente, não tenha promovido maiores alterações.

O terceiro ingressará no processo e incluirá nele a sua pretensão, que deve ser incompatível em relação às pretensões das partes originais do processo, sob pena de não ocorrer a oposição, e sim uma assistência qualificada.

Em outras palavras, o terceiro ingressará no processo de conhecimento alheio, pretendendo, no todo ou em parte, a coisa ou o direito sobre o qual discutem autor e réu.

Consoante Cândido Rangel Dinamarco, "oposição é a demanda através da qual terceiro deduz em juízo pretensão incompatível com os interesses conflitantes de autor e réu de um processo cognitivo pendente"[31].

O juiz analisará primeiro a ação interposta pelo terceiro, por ser prejudicial em relação à ação principal. Caso decida favoravelmente pelo pedido do terceiro, a ação principal estará prejudicada, não podendo prosseguir. Caso não acolha o pedido do terceiro, segue a ação principal.

Logo, serão duas ações em um mesmo processo.

Podemos citar o exemplo de duas pessoas disputando a propriedade de um bem em juízo, por meio de ação reivindicatória, quando aparece um terceiro dizendo ser ele o real proprietário do bem litigioso.

Trata-se de intervenção *ad excludendum*[32], somente sendo cabível no processo de conhecimento.

Ovídio Baptista da Silva destaca a importância em fazer distinção entre a oposição e os embargos de terceiro. Sublinha como elemento diferencial a existência de uma constrição judicial sobre os bens do terceiro em processo no qual duas outras partes litigam[33].

O instituto da oposição não é de utilização comum no direito brasileiro. Possui a finalidade de economia processual, pois aproveita o processo já instaurado para nele incluir a demanda de oposição. Na oposição, forma-se um litisconsórcio necessário[34] entre as partes originárias, que têm que se unir contra o terceiro.

Luiz Fux e Cândido Rangel Dinamarco defendem que esse litisconsórcio, além de necessário, é também unitário[35]. Em sentido contrário, Athos Gusmão Carneiro defende que, conquanto necessá-

---

[30] É inviável a intervenção anômala da União na fase de execução ou no processo executivo, salvo na ação cognitiva incidental de embargos. (...) Esta somente seria admissível em eventuais embargos à execução. De fato, por isso a assistência só cabe no processo de conhecimento ou cautelar, como acentuou o Ministro Sálvio de Figueiredo Teixeira no REsp 586-PR, 4ªT., j. 20-11-1990; AgInt no REsp 1.838.866-DF, rel. Min. Luis Felipe Salomão, 4ª T., por unanimidade, j. 23-8-2022, *DJe* 31-8-2022, *Informativo STJ* n. 754.

[31] Dinamarco, 1997a, p. 37.

[32] Carneiro, 2001a, p. 72.

[33] Silva, 1997a, p. 189.

[34] Pode ocorrer, contudo, mudança nesse panorama, como se vê no julgado adiante transcrito, que trata da oposição manejada por companheira em ação de divórcio: "Litisconsórcio. Homem casado e esposa. Dissolução de união estável. A Turma reconheceu exceção ao entendimento anteriormente firmado de formação de litisconsórcio passivo necessário entre homem casado e esposa em ação de reconhecimento e dissolução de união estável com partilha de bens. No caso, a companheira manejou oposição na ação de divórcio, o que já permite tanto a ela quanto à esposa a defesa de seus interesses. REsp 1.018.392-SE, rel. Min. Luis Felipe Salomão, j. 6-3-2012, *Informativo STJ*, n. 492.

[35] Dinamarco, 1997a, p. 91-93.

rio, esse litisconsórcio é simples, e não unitário, uma vez que o processo não será decidido de modo necessariamente idêntico em relação aos opostos[36].

Parte da doutrina entende que a oposição não é modalidade de intervenção de terceiros[37], mas, sim, uma ação autônoma, entendimento que, como visto, acabou por prevalecer na edição do CPC.

10.2.3.2 Denunciação da lide

Como hipóteses de admissibilidade (art. 125 do CPC), encontramos os dois incisos do dispositivo: "I – o instituto da evicção do direito civil (arts. 447 e s. do CC)".

Na vigência do Código Civil de 1916, a evicção podia ser definida como a perda de um direito por força de sentença judicial, que passava a integrar o patrimônio de um terceiro.

O Código atual contém disciplina diversa, não mais exigindo a perda do direito por força de decisão judicial. Assim, de acordo com a nova disciplina, a evicção pode ser definida como a perda de um direito em razão de reconhecimento de direito anterior de outro sujeito sobre o mesmo objeto.

Trata-se da única modalidade de intervenção coativa de terceiros que admite que o pedido seja feito tanto pelo autor como pelo réu, definida por Ernane Fidélis dos Santos como uma "ação condenatória incidente que permite ao juiz, cumulativamente, ao julgar procedente ou improcedente o pedido, estabelecer a responsabilidade do terceiro para com o denunciante"[38].

Constitui verdadeira demanda incidental de garantia. Com ela, formula-se pretensão em face do terceiro (ou de algum dos litisconsortes da demanda principal), convocando-o a integrar o processo.

Com isso, instaura-se uma nova demanda no mesmo processo, que será, em verdade, uma "ação regressiva, *in simultaneus processus*", isto é, uma ação de regresso antecipada em caso de sucumbência do denunciante.

Na denunciação da lide temos uma relação de prejudicialidade[39], já que vencendo o denunciante na demanda principal, a segunda demanda instaurada por força da denunciação restará prejudicada.

Existe discussão doutrinária quanto à condição do denunciado. Seria ele um litisconsorte, um assistente simples ou um assistente litisconsorcial? Esta última é a posição mais acertada para Dinamarco[40].

Assim, sob a égide do CPC/73, no inciso I do art. 70, considerava-se caso de denunciação da lide obrigatório[41], por tratar-se de garantia própria, como é o caso da evicção.

Com efeito, a garantia pode ser dividida em:

a) própria – decorrente da transmissão de um direito; e

b) imprópria, que na verdade seria responsabilidade pelo ressarcimento de um dano – responsabilidade civil.

Nos casos de garantia própria, não havendo denunciação, haveria perda do direito de regresso que não poderia ser exercido em demanda autônoma.

Com a expressa revogação do art. 456 do CC pelo art. 1.072, II, do CPC, o legislador parece ter tido a intenção de retirar essa obrigatoriedade de denunciação.

---

[36] Carneiro, 2001a, p. 68.

[37] Fux, 1998a, p. 16.

[38] Santos, 1998, p. 94.

[39] A prejudicialidade consiste em um liame de dependência entre duas causas, entre duas questões ou entre dois pontos, de modo que o julgamento da causa prejudicial influirá no teor do julgamento das demais (Dinamarco; Lopes, 2016, p. 175).

[40] Dinamarco, 2002a, p. 398.

[41] Por força do art. 1.116 do CC/1916, atual art. 456 do CC/2002, revogado pelo CPC.

A segunda hipótese está prevista no inciso II do art. 125: "II – àquele que estiver obrigado, por lei ou pelo contrato, a indenizar, em ação regressiva, o prejuízo de quem for vencido no processo"[42].

Nesse caso, não há risco de se perder o direito pela não denunciação. Assim, a parte continua tendo o direito subjetivo material ao ressarcimento, podendo, em outro processo, pleitear tal condenação.

Quanto ao cabimento da denunciação da lide no âmbito da responsabilidade extracontratual do Estado, versa o art. 125, II, do CPC, c/c o art. 37, § 6º, da CF, que aquele que se sentir, de alguma forma, lesado por algum agente público tem o direito de processar o Estado, o qual, conforme o preceito constitucional, responde objetivamente por seus atos.

De se observar que o STJ[43] entende que não cabe a denunciação da lide então prevista no art. 70, III, do CPC/73 (atual art. 125, II, do CPC) quando demandar a análise de fato diverso dos envolvidos na ação principal.

Passa-se à discussão sobre o cabimento de denunciação da lide no âmbito da responsabilidade extracontratual do Estado (ver art. 125, II, do CPC c/c o art. 37, § 6º, da CF).

Preliminarmente, esclarece-se que, segundo a teoria do órgão, adotada no Direito Administrativo, o funcionário público sempre age em nome do Estado. Assim, o Estado deverá responder objetivamente pelos atos de agentes públicos.

Junto a isso, o agente público causador do dano responde subjetivamente, podendo o Estado, de modo regressivo, ressarcir-se dos prejuízos sofridos em virtude de sua responsabilização.

O STJ não considera a denunciação da lide obrigatória para que o Estado obtenha o ressarcimento nos casos de responsabilidade objetiva extracontratual por ato de seus agentes públicos. Isso por entender que discutir a responsabilidade objetiva do Estado com a responsabilidade subjetiva do agente público ao mesmo tempo pode causar confusão e demora[44].

Vale lembrar que, na vigência do CPC/73, a denunciação era tida como obrigatória[45] somente na hipótese do inciso I, sendo, portanto, opcional no inciso II.

Com efeito, não havendo denunciação por parte do Estado, este não perde o direito de regresso, garantido constitucionalmente, mas apenas o direito de exercê-lo no mesmo processo.

Nesse passo, há julgados que admitem a denunciação da lide na hipótese do art. 37 da Carta de 1988, na medida em que o CPC/73 (e também o CPC) contém uma autorização genérica. Assim, o fato de a possibilidade de denunciação da lide não se encontrar expressa no texto da Constituição Federal não significa que ela é vedada.

Segundo tal entendimento, a norma constitucional deve ser interpretada sempre em consonância com o interesse público, motivo pelo qual a denunciação da lide deveria ser admitida por ser o instrumento mais eficaz para a defesa do erário.

---

[42] No entanto, há restrição em matéria consumerista, como se pode observar da decisão a seguir: "(...) a proibição do direito de regresso na mesma ação objetiva evitar a procrastinação do feito, tendo em vista a dedução no processo de uma nova causa de pedir, com fundamento distinto da formulada pelo consumidor, qual seja, a discussão da responsabilidade subjetiva. Destacou-se, ainda, que a única hipótese na qual se admite a intervenção de terceiro nas ações que versem sobre relação de consumo é o caso de chamamento ao processo do segurador – nos contratos de seguro celebrado pelos fornecedores para garantir a sua responsabilidade pelo fato do produto ou do serviço (art. 101, II, do CDC). REsp 1.165.279-SP, rel. Min. Paulo de Tarso Sanseverino, j. 22-5-2012" (*Informativo STJ*, n. 498).

[43] REsp 701.868-PR, rel. Min. Raul Araújo, j. 11-2-2014, *Informativo STJ*, n. 534.

[44] Nesse sentido, ver STJ, REsp 606.224-RJ, rel. Min. Denise Arruda, *DJ* 1º-2-2006; STJ, REsp 661.696-PR, rel. Min. Eliana Calmon, *DJ* 10-10-2005; STJ, REsp 537.688-DF, rel. Min. Teori Albino Zavascki, *DJ* 2-5-2005.

[45] STJ, 4ªT., AI 655.820-AgRg, rel. Min. Fernando Gonçalves, j. 21-6-2005, negaram provimento, v.u., *DJU*, 1º-7-2005, p. 550). STJ, 1ªT., REsp 196.321-PR, rel. p/acórdão Min. Demócrito Reinaldo, j. 23-2-1999, deram provimento, dois votos vencidos, *DJU*, 26-4-1999, p. 61".

Essa concepção sofre as seguintes críticas:

i) não ser permitido ao aplicador da lei presumir o que não foi dito pelo legislador;

ii) incabível a aplicação de norma infraconstitucional incompatível com o texto constitucional;

iii) ser a garantia estabelecida no dispositivo constitucional imprópria, na medida em que não há uma relação contratual pré-constituída.

Com efeito, o STJ[46] já decidiu que "na hipótese de dano causado a particular por agente público no exercício de sua função, há de se conceder ao lesado a possibilidade de ajuizar ação diretamente contra o agente, contra o Estado ou contra ambos".

Quanto ao procedimento aplicável, o art. 126 determina a citação do denunciado juntamente com a do réu se o denunciante for autor, e, no prazo da contestação, caso o denunciante seja o réu.

Quanto à possibilidade de denunciações sucessivas, há uma significativa diferença entre o CPC/73 (art. 73) e o CPC (art. 125, § 2º).

No modelo anterior, era indistintamente permitida a convocação ao processo pelo denunciado de seu próprio garante, havendo, contudo, largo dissenso quanto à denunciação *per saltum*, ou seja, a denunciação da lide aos garantes do garante.

Atento à possibilidade de abusos, o legislador do novo Código houve por bem limitar a uma única denunciação sucessiva. O denunciado sucessivo, pela nova norma, não poderá promover denunciação da lide, devendo exercer seu eventual direito de regresso em ação autônoma.

Caso o denunciado não compareça em juízo, constatando o juiz que realmente se trata do verdadeiro garantidor, a sentença poderá condená-lo. Com isso, não poderá o denunciado eximir-se de responsabilidade pelo fato de não atender a um chamado ou de se ausentar do processo.

Conforme dito, na denunciação da lide temos duas relações em um mesmo processo. Assim, o cabimento do regresso só será analisado caso seja julgado procedente o pedido da ação principal.

Com isso, a sentença que julgar procedente o pedido da ação principal julgará, conforme o caso, o direito do evicto ou a responsabilidade por perdas e danos.

Nesse sentido, o art. 129 é claro ao prever que, se o denunciante for vencido na ação principal, o juiz passará ao julgamento da denunciação da lide.

Se o denunciante for o vencedor, a ação de denunciação não terá o seu pedido examinado, sem prejuízo da condenação do denunciante ao pagamento das verbas de sucumbência em favor do denunciado, tudo na forma do parágrafo único do art. 129.

Por fim, ressalte-se que a previsão do art. 70, II, do CPC/73 foi revogada pelo CPC, não sendo mais cabível "a denunciação da lide ao proprietário ou ao possuidor indireto quando, por força de obrigações ou direito, o réu, citado em nome próprio, exerça a posse direta da coisa demandada".

Quanto ao procedimento, dispõe o art. 127 que, feita a denunciação pelo autor, o denunciado poderá assumir a posição de litisconsorte do denunciante e acrescentar novos argumentos à petição inicial. Em seguida, deverá ser efetuada a citação do réu.

Por outro lado, se a denunciação é feita pelo réu, o art. 128 nos fornece algumas possibilidades:

I – se o denunciado contestar o pedido formulado pelo autor, o processo prosseguirá tendo, na ação principal, em litisconsórcio, denunciante e denunciado;

II – se o denunciado for revel, o denunciante pode deixar de prosseguir com sua defesa, eventualmente oferecida, e abster-se de recorrer, restringindo sua atuação à ação regressiva;

---

[46] REsp 1.325.862-PR, rel. Min. Luis Felipe Salomão, j. 5-9-2013, *Informativo STJ*, n. 532.

III – se o denunciado confessar os fatos alegados pelo autor na ação principal, o denunciante poderá prosseguir com sua defesa ou, aderindo a tal reconhecimento, pedir apenas a procedência da ação de regresso.

Em qualquer caso, o parágrafo único do art. 128 determina que se for julgado procedente o pedido na ação principal, o autor pode requerer o cumprimento da sentença também contra o denunciado, nos limites da condenação deste na ação regressiva.

10.2.3.3 Chamamento ao processo

O chamamento ao processo, previsto no art. 130 do CPC, é modalidade de intervenção forçada de terceiros, em que é facultado ao réu fazer citar os coobrigados, a fim de que se tornem seus litisconsortes. Trata-se de "ato com que o réu pede a integração de terceiro ao processo para que, no caso de ser julgada procedente a demanda inicial do autor, também aquele seja condenado e a sentença valha como título executivo em face dele"[47].

Com isso, o terceiro, além de poder ter a sua responsabilidade fixada, fica sujeito aos efeitos da sentença que julgar procedente o pedido, e, assim, abrangido pela eficácia da coisa julgada material resultante da sentença.

Aquele que satisfizer a dívida poderá exigi-la por inteiro do devedor principal ou de cada um dos codevedores (ou de algum deles), na proporção de sua cota-parte. Dessa forma, a finalidade do chamamento ao processo é promover a ampliação subjetiva do processo, trazendo para ele os demais coobrigados solidariamente responsáveis perante o credor.

O instituto está relacionado à situação de garantia simples[48], não se tratando de direito regressivo (o que configuraria caso de denunciação à lide).

Difere, portanto, da denunciação da lide, uma vez que, no chamamento ao processo, todos os réus estão obrigados perante um credor comum, enquanto na denunciação da lide há vínculo obrigacional entre o denunciante e o denunciado, sem que exista qualquer relação entre este e o adversário do denunciante.

Assim, será admitido o chamamento ao processo do devedor, na ação em que o fiador for réu; dos outros fiadores, quando para a ação for citado apenas um deles; e de todos os devedores solidários, quando o credor exigir de um ou de alguns deles, parcial ou totalmente, a dívida comum.

Também poderá ocorrer a hipótese de chamamento ao processo na obrigação de prestar alimentos. Sendo mais de uma pessoa obrigada a prestá-los, todas deverão concorrer na proporção de seus recursos; e, sendo proposta a ação em face de uma delas, as demais poderão ser chamadas a integrar a lide, como se observa do art. 1.698 do Código Civil.

O mesmo se dará em matéria prescrita no Código de Proteção e Defesa do Consumidor, que determina que, na ação de responsabilidade civil do fornecedor de produtos e serviços, o réu que houver contratado seguro de responsabilidade poderá chamar ao processo o segurador[49].

Essa disposição normativa do Código do Consumidor excetuava a regra geral do CPC/73, que não admitia a intervenção de terceiros quando a demanda tramitasse sob o rito sumário. Tratando-se

---

[47] Dinamarco, 2002a, p. 412.

[48] A garantia simples ocorre naquelas hipóteses em que alguém deve prestar ao credor, perante o qual é pessoalmente obrigado, o pagamento de um débito de que é garantidor.

[49] Art. 101, II, da Lei n. 8.078/90 (CDC).

de intervenção de terceiros fundada em contrato de seguro, entretanto, será admissível o chamamento ao processo, ainda que diante daquele rito[50]. O CPC extinguiu o procedimento sumário.

O chamamento ao processo, cabível em todos os procedimentos, salvo na execução, é direito privativo do réu na relação processual e deve ser exercido na contestação, no prazo de 30 dias, sob pena de ficar sem efeito o chamamento (art. 131). O parágrafo único desse dispositivo determina que se o chamado residir em outra comarca, seção ou subseção judiciárias, ou em lugar incerto, o prazo será de 2 meses.

Citado aquele que foi chamado pelo réu para integrar o processo sem que seja apresentada qualquer resposta ao juiz, será dado prosseguimento ao processo, com a decretação da revelia dele, tal como ocorre na hipótese de denunciação da lide (art. 128, II), e, portanto, caberá ao réu originário o prosseguimento da defesa.

Dessa forma, admitido o chamamento ao processo, serão condenados o réu e o chamado, se julgada procedente a pretensão do autor, por força da procedência do requerimento de chamamento, ficando os bens do chamado também sujeitos à execução forçada.

10.2.3.4 O incidente de desconsideração de personalidade jurídica

A matéria agora prevista no CPC, nos arts. 133 a 137, já está positivada há algum tempo em nosso ordenamento jurídico.

A ideia da personalidade jurídica e de seu arcabouço normativo contribuiu, e muito, para o fortalecimento e para a segurança das atividades empresariais.

Contudo, a partir do momento em que ocorre o abuso do direito, torna-se necessário adaptar o ordenamento jurídico a fim de evitar o uso ilegítimo da empresa.

O caso mais célebre, e apontado como verdadeiro *leading case* da matéria, foi o Salomon v. Salomon & Co., julgado no fim do século XIX, na Inglaterra[51].

Segundo Rubens Requião[52], orienta-se a desconsideração a permitir, na ocorrência de determinadas circunstâncias, episódica "penetração" por meio do manto protetor da personalidade jurídica, alcançando-se as pessoas que "integram" o ente societário. Assim, "a *disregard doctrine* não visa a anular a personalidade jurídica, mas somente objetiva desconsiderar no caso concreto, dentro de seus limites, a pessoa jurídica, em relação às pessoas ou bens que atrás dela se escondem".

No direito brasileiro, a matéria está disciplinada em diversos diplomas:

a) no art. 50 do CC[53]: o dispositivo exige, basicamente, o abuso da personalidade jurídica[54]. A 2ª Seção do Superior Tribunal de Justiça superou a divergência que havia na Corte a respeito dos requisitos para a desconsideração da personalidade jurídica e definiu que esse instituto, quando sua aplicação decorre do art. 50 do CC, exige a comprovação de desvio de finalidade da empresa ou

---

[50] Art. 280 do CPC.

[51] Fonseca, 2012, p. 16.

[52] Requião, 1969, p. 14.

[53] Importante atentar para o fato de que a Lei n. 13.874/2019, também conhecida como Lei da Liberdade Econômica, alterou o teor do art. 50 do Código Civil, que passou a ter a seguinte redação: "Art. 50. Em caso de abuso da personalidade jurídica, caracterizado pelo desvio de finalidade ou pela confusão patrimonial, pode o juiz, a requerimento da parte, ou do Ministério Público quando lhe couber intervir no processo, desconsiderá-la para que os efeitos de certas e determinadas relações de obrigações sejam estendidos aos bens particulares de administradores ou de sócios da pessoa jurídica beneficiados direta ou indiretamente pelo abuso".

[54] O importante para a correta aplicação da teoria, reitere-se, é a comprovação do abuso da personalidade jurídica que poderá se concretizar através da confusão patrimonial ou pelo desvio de finalidade" (Clápis, 2006, p. 118-119).

confusão patrimonial entre sociedade e sócios (o que é conhecido pela doutrina civilista como teoria maior). Nesse contexto, Paulo Lucon[55] elogia as modificações introduzidas pela Lei de Liberdade Econômica na sistemática processual da desconsideração da personalidade jurídica, especificamente no que concerne à ampliação do contraditório, preservação da publicidade e manutenção da proibição da concessão *ex officio* pelo magistrado;

b) no art. 28 do CDC[56]: o dispositivo é bem amplo e sofre críticas da doutrina[57] por tratar de temas que não estão, necessariamente, relacionados à desconsideração. Para parte da doutrina[58], o § 5º consagra a teoria menor[59] da desconsideração da personalidade jurídica, tendo esse dispositivo extensão complementar, e não subordinada, aos requisitos do *caput*[60];

c) no art. 4º da Lei n. 9.605/98[61]: aplicável à tutela do direito ambiental. O texto não exige qualquer pressuposto além da mera insuficiência patrimonial da pessoa jurídica;

d) no art. 18, § 3º, da Lei n. 9.847/99[62]: aplicável ao Sistema Nacional de estoques de combustível;

e) no art. 34 da Lei n. 12.529/2011[63]: aplicável ao Sistema antitruste;

f) no art. 2º, § 2º, da CLT[64]: aplicável às relações de trabalho, embora essa hipótese seja objeto de crítica doutrinária[65];

---

[55] Lucon, 2020, p. 526.

[56] "Art. 28. O juiz poderá desconsiderar a personalidade jurídica da sociedade quando, em detrimento do consumidor, houver abuso de direito, excesso de poder, infração da lei, fato ou ato ilícito ou violação dos estatutos ou contrato social. A desconsideração também será efetivada quando houver falência, estado de insolvência, encerramento ou inatividade da pessoa jurídica provados por má administração. (...) § 5º Também poderá ser desconsiderada a pessoa jurídica sempre que sua personalidade for, de alguma forma, obstáculo ao ressarcimento de prejuízos causados aos consumidores.".

[57] Das hipóteses dispostas no *caput*, somente o abuso de direito é identificado pela doutrina como pressuposto da desconsideração da personalidade jurídica. As categorias de excesso de poder, infração da lei, fato ou ato ilícito e violação dos estatutos ou contrato social permitem a responsabilização do sócio ou do representante legal da sociedade por ato próprio, podendo haver sua imputação direta "a quem incorreu na irregularidade (sócio ou representante legal), não representando a personalidade jurídica própria da sociedade nenhum obstáculo a essa imputação" (Coelho, 2011, p. 70).

[58] Silva, 2002, p. 143-145.

[59] Assim, a denominada Teoria Menor da desconsideração da personalidade jurídica, de que trata o § 5º do art. 28 do CDC, a despeito de dispensar a prova de fraude, abuso de direito ou confusão patrimonial, não dá margem para admitir a responsabilização pessoal I) de quem não integra o quadro societário da empresa, ainda que nela atue como gestor, e II) de quem, embora ostentando a condição de sócio, não desempenha atos de gestão, independentemente de se tratar ou não de empresa constituída sob a forma de cooperativa. Vale lembrar que a desconsideração, mesmo sob a vertente da denominada Teoria Menor, é uma exceção à regra da autonomia patrimonial das pessoas jurídicas, "instrumento lícito de alocação e segregação de riscos, estabelecido pela lei com a finalidade de estimular empreendimentos, para a geração de empregos, tributo, renda e inovação em benefício de todos" (art. 49-A do Código Civil, incluído pela Lei n. 13.874/2019), a justificar, por isso, a interpretação mais restritiva do art. 28, § 5º, do CDC. REsp 1.900.843-DF, rel. Min. Paulo de Tarso Sanseverino (*in memoriam*), rel. para acórdão Min. Ricardo Villas Bôas Cueva, 3ª T., por maioria, j. 23-5-2023, *DJe* 30-5-2023, *Informativo* n. 777.

[60] "Finalmente, o § 5º contém uma fórmula geral, capaz de dar liberdade ao juiz, que prevê a desconsideração sempre que a personalidade jurídica for, de qualquer modo, um óbice ao ressarcimento dos danos causados ao consumidor. A amplitude das hipóteses é incompatível com a tese liberal, mesmo admitindo-se o reconhecimento de uma maior dificuldade de informação por parte dos consumidores" (Comparato; Salomão Filho, 2005, p. 489-490).

[61] Art. 4º da Lei n. 9.605/98: "Poderá ser desconsiderada a pessoa jurídica sempre que sua personalidade for obstáculo ao ressarcimento de prejuízos causados à qualidade do meio ambiente".

[62] Art. 18, § 3º, da Lei n. 9.847/99: "Poderá ser desconsiderada a personalidade jurídica da sociedade sempre que esta constituir obstáculo ao ressarcimento de prejuízos causados ao abastecimento nacional de combustíveis ou ao Sistema Nacional de Estoques de Combustíveis".

[63] "Art. 34. A personalidade jurídica do responsável por infração da ordem econômica poderá ser desconsiderada quando houver da parte deste abuso de direito, excesso de poder, infração da lei, fato ou ato ilícito ou violação dos estatutos ou contrato social. Parágrafo único. A desconsideração também será efetivada quando houver falência, estado de insolvência, encerramento ou inatividade da pessoa jurídica provocados por má administração".

[64] "Art. 2º (...) § 2º Sempre que uma ou mais empresas, tendo, embora, cada uma delas, personalidade jurídica própria, estiverem

g) no art. 135 do CTN[66]: aqui, o que se tem, na verdade, é modalidade de responsabilização direta e pessoal do sócio, não se confundindo com a teoria clássica da desconsideração[67];

h) nos arts. 117, 158, 245 e 246 da Lei n. 6.404/76, entre outros: trata-se de dispositivos identificadores de modalidades de responsabilização, que não dependem, necessariamente, da desconsideração[68]. No entanto, esta não fica afastada, eis que o sócio pode vir a ser alcançado por débitos originalmente imputados à pessoa jurídica.

É possível, ainda, a desconsideração da personalidade jurídica incidentalmente no processo falimentar, independentemente de ação própria, verificada a fraude e a confusão patrimonial entre a falida e outras empresas[69].

Importante ressaltar que a Lei n. 14.230/2021, que promoveu profundas alterações na Lei n. 8.429/92, faz alusão à desconsideração da personalidade jurídica no art. 16, § 7º, quando o pedido de indisponibilidade recair sobre bem daquele que não é réu na ação de improbidade e integra pessoa jurídica. Nessa hipótese, impõe-se a instauração do incidente do art. 133 do CPC.

Vistas as hipóteses de cabimento, é hora de estudar o aspecto procedimental.

Quanto aos aspectos materiais, o § 1º do art. 133 deixa claro que isso será regulado pela respectiva lei (uma das acima referidas), não competindo ao CPC dispor sobre tal questão.

Não seria adequado que o direito processual alterasse os contornos de instituto que não tem sua gênese na relação processual. Temos diversos exemplos de intromissões indevidas do legislador civil em normas de processo, e muitas delas provocaram efeitos colaterais indesejados (observe-se que o art. 1.072, II, do CPC revoga diversos dispositivos do Código Civil).

Positivando entendimento já amplamente prestigiado pela jurisprudência[70], o § 2º menciona expressamente o cabimento do incidente para as hipóteses denominadas "desconsideração inversa", ou seja, a possibilidade de o ato judicial atingir o patrimônio da própria pessoa jurídica para, assim, poder alcançar a pessoa física autora do ato abusivo.

O CPC supre lacuna legislativa que já deu margem a muita discussão quanto ao procedimento a ser utilizado para a efetivação da desconsideração da personalidade jurídica.

---

sob a direção, controle ou administração de outra, ou ainda quando, mesmo guardando cada uma sua autonomia, integrem grupo econômico, serão responsáveis solidariamente pelas obrigações decorrentes da relação de emprego." Esse dispositivo teve sua redação alterada pela Lei n. 13.467/2017 (Reforma Trabalhista), que inseriu, ainda, o art. 855-A à CLT, com a seguinte redação: "Aplica-se ao processo do trabalho o incidente de desconsideração da personalidade jurídica previsto nos arts. 133 a 137 da Lei n. 13.105, de 16 de março de 2015 – Código de Processo Civil".

[65] "Ocorre, entretanto, que os pressupostos da desconsideração não se coadunam com as hipóteses do § 2º do art. 2º da CLT. (...) Com efeito, o § 2º do art. 2º busca tão somente estabelecer a responsabilidade solidária entre empresas componentes do mesmo grupo econômico para a satisfação de dívidas trabalhistas" (Clápis, 2006, p. 131).

[66] "Art. 135. São pessoalmente responsáveis pelos créditos correspondentes a obrigações tributárias resultantes de atos praticados com excesso de poderes ou infração de lei, contrato social ou estatutos:

I – as pessoas referidas no artigo anterior;

II – os mandatários, prepostos e empregados;

III – os diretores, gerentes ou representantes de pessoas jurídicas de direito privado."

[67] Silva, 2002, p. 139.

[68] Clápis, 2006, p. 139-140.

[69] Por fim, a desconsideração da personalidade jurídica, quando preenchidos os seus requisitos, pode ser requerida a qualquer tempo, não se submetendo, à míngua de previsão legal, a prazos decadenciais ou prescricionais. REsp 1.686.123-SC, rel. Min. Ricardo Villas Bôas Cueva, 3ª T., por unanimidade, j. 22-3-2022. Informativo STJ n. 730.

[70] Veja-se, a esse respeito, o REsp 948.117-MS, rel. Min. Nancy Andrighi, j. 22-6-2010, Informativo STJ, n. 440.

Em sede doutrinária, sempre houve restrições à ideia da desconsideração efetivada de forma incidental, em razão da necessidade da prova de fatos específicos. Nesse sentido, seria necessária a propositura de ação autônoma[71].

No entanto, o STJ[72] já vinha reconhecendo a possibilidade de se materializar a desconsideração incidentalmente na execução, assim com parcela representativa da doutrina[73].

Fica, então, pacificada a questão da natureza jurídica do pedido de desconsideração da personalidade jurídica: trata-se de incidente processual, salvo se foi requerido na própria petição inicial, como previsto no art. 134, II, ou mesmo na reconvenção[74].

Esse incidente é cabível em qualquer fase do processo, seja ele cognitivo ou executivo (art. 134, *caput*). A decisão que resolve o incidente é interlocutória e, por expressa disposição do art. 1.015, IV, c/c o art. 136, contra ela cabe o recurso de agravo de instrumento. Caso o processo esteja no Tribunal, contra a decisão do relator cabe agravo interno (art. 136, parágrafo único).

Observe-se, contudo, que não é cabível a imposição de verba sucumbencial ao fim na decisão que resolve o incidente[75].

Para o STJ[76], a pessoa jurídica tem legitimidade para impugnar decisão interlocutória que desconsidera sua personalidade para alcançar o patrimônio de seus sócios ou administradores, desde que o faça com o intuito de defender a sua regular administração e autonomia – isto é, a proteção da sua personalidade –, sem se imiscuir indevidamente na esfera de direitos dos sócios ou administradores incluídos no polo passivo por força da desconsideração.

O incidente não pode ser determinado *ex officio* pelo magistrado. Chama a atenção o fato de o CPC ter enfatizado a necessidade do requerimento da parte (autor ou réu[77]) ou do Ministério Público.

É um dos raros casos em que não se permitiu ao magistrado agir de ofício. Com efeito, parece ser acertada essa opção, na medida em que há diversas questões de natureza patrimonial e financeira que precisam ser bem analisadas antes de uma decisão como essa e nem todas são levadas ao conhecimento do magistrado.

---

[71] Por outro lado, se o autor teme eventual frustração ao direito que pleiteia contra uma sociedade empresária, em razão de manipulação fraudulenta da autonomia patrimonial no transcorrer do processo, ele não pode deixar de incluir, desde o início, no polo passivo da relação processual, a pessoa ou as pessoas sobre cuja conduta incide o seu fundado temor. Nesse caso, o agente fraudador e a sociedade são litisconsortes" (Coelho, 2011, p. 75-77).

[72] REsp 920.602-DF, rel. Min. Nancy Andrighi, 3ªT., j. 27-5-2008, *DJ* 23-6-2008.

[73] "Assim, a defesa do sócio sobre cujos bens a desconsideração recairia pode e deve ser feita no próprio processo de execução, do qual se tornará necessariamente parte" (Comparato; Salomão Filho, 2005, p. 481).

[74] Enunciado n. 689 do FPPC: (arts. 134, § 2º, e 343) "A desconsideração da personalidade jurídica requerida em reconvenção processa-se da mesma forma que a deduzida em petição inicial".

[75] Assim, tratando-se de incidente de desconsideração da personalidade jurídica, o descabimento da condenação nos ônus sucumbenciais decorre da ausência de previsão legal excepcional, sendo irrelevante se apurar quem deu causa ou foi sucumbente no julgamento final do incidente (REsp 1.845.536-SC, rel. Min. Nancy Andrighi, rel. Acd. Min. Marco Aurélio Bellizze, 3ªT., por maioria, j. 26-5-2020, *DJe* 9-6-2020. *Informativo STJ* n. 673).

[76] REsp 1.421.464-SP, rel. Min. Nancy Andrighi, j. 24-4-2014, *Informativo STJ*, n. 544.

[77] "(...) a norma contida no NCPC não impede que o requerente da instauração do incidente seja a parte ré do processo. A esse respeito, é importante levar em consideração orientação mais atual segundo a qual em vários casos de aplicação da desconsideração da personalidade na modalidade comum a pessoa jurídica também é prejudicada em razão da conduta de um sócio ou administrador e, por isso, pode-se considerar que há interesse da pessoa jurídica – e dos demais sócios e administradores – na desconsideração da sua personalidade para permitir a invasão do patrimônio do sócio ou administrador responsável pelo abuso ou pela fraude no uso da personalidade da pessoa jurídica" (Gama, 2016, p. 67).

Observe-se que, examinando a extensão da legitimidade para o requerimento, o STJ[78] já decidiu que, "se o sócio controlador de sociedade empresária transferir parte de seus bens à pessoa jurídica controlada com o intuito de fraudar partilha em dissolução de união estável, a companheira prejudicada, ainda que integre a sociedade empresária na condição de sócia minoritária, terá legitimidade para requerer a desconsideração inversa da personalidade jurídica de modo a resguardar sua meação".

Quanto às providências a serem determinadas, os parágrafos do art. 134 dispõem ainda que:

a) a instauração do incidente seja comunicada imediatamente ao distribuidor;

b) instaurado o incidente, fica suspenso o processo[79];

c) não é necessário instaurar o incidente se a desconsideração já tiver sido requerida na inicial;

d) o requerimento deve demonstrar os pressupostos legais específicos (que estão previstos nas leis acima referidas). À falta de norma específica, deve prevalecer o prudente arbítrio do juiz[80].

O art. 135 determina, ainda, que o sócio ou a pessoa jurídica seja citada para manifestar-se e requerer as provas cabíveis, no prazo de quinze dias.

De fato, sempre recomendou a doutrina[81] a formação de litisconsórcio passivo (facultativo), ampliando as possibilidades de satisfação da pretensão e possibilitando a todos os sujeitos potencialmente prejudicados a participação em contraditório desde o início do *iter* processual. No entanto, o STJ já entendeu em sentido contrário[82].

Finalmente, estabelece o art. 137 que, acolhido o pedido de desconsideração, a alienação ou oneração de bens havida em fraude de execução será ineficaz em relação ao requerente.

Não custa lembrar que o incidente é tratado, ainda, em outros dispositivos do CPC, a saber:

a) art. 932, VI – diz competir ao relator decidir o incidente de desconsideração da personalidade jurídica, quando este for instaurado originariamente perante o tribunal;

b) art. 790, VII – assegura estarem sujeitos à execução os bens do responsável, nos casos de desconsideração da personalidade jurídica[83];

---

[78] "(...) Nota-se, nesse contexto, que a legitimidade para requerer a desconsideração inversa da personalidade jurídica da sociedade não decorre da condição de sócia, mas sim da condição de companheira do sócio controlador acusado de cometer abuso de direito com o intuito de fraudar a partilha. Além do mais, embora a companheira que se considera lesada também seja sócia, seria muito difícil a ela, quando não impossível, investigar os bens da empresa e garantir que eles não seriam indevidamente dissipados antes da conclusão da partilha, haja vista a condição de sócia minoritária" (REsp 1.236.916-RS, rel. Min. Nancy Andrighi, j. 22-10-2013, *Informativo STJ*, n. 533).

[79] Contudo, de acordo com o Enunciado CJF n. 110, a instauração do incidente de desconsideração da personalidade jurídica não suspenderá a tramitação do processo de execução e do cumprimento de sentença em face dos executados originários.

[80] Enunciado 110 da II Jornada de Direito Processual Civil da ENFAM: A instauração do incidente de desconsideração da personalidade jurídica não suspenderá a tramitação do processo de execução e do cumprimento de sentença em face dos executados originários.

[81] Souza, 2011, p. 126.

[82] "A Turma, por maioria, entendeu pela desnecessidade da citação do sócio para compor o polo passivo da relação processual, na qual o autor/recorrido pediu a aplicação da teoria da desconsideração da personalidade jurídica da empresa, haja vista o uso abusivo da sua personalidade e a ausência de bens para serem penhorados. (...) No entendimento da douta maioria, é suficiente a intimação do sócio da empresa, ocasião em que será oportunizada a sua defesa, ainda mais quando o processo encontra-se na fase de cumprimento de sentença, onde o recorrente fará jus à ampla defesa e ao contraditório, pois poderá impugnar o pedido ou oferecer exceção de pré-executividade. REsp 1.096.604-DF, rel. Luis Felipe Salomão, j. 2-8-2012" (*Informativo STJ*, n. 501).

[83] Ressalte-se que a instauração do incidente de desconsideração é norma processual de observância obrigatória, como forma de garantir o devido processo legal. Nesse sentido, a Terceira Turma desta Corte manifestou-se quanto à impossibilidade de mero redirecionamento do cumprimento de sentença àquele que não integrou a lide na fase de conhecimento: Uma vez formado o tí-

c) art. 792, § 3º – dispõe que, nos casos de desconsideração da personalidade jurídica, a fraude à execução verifica-se a partir da citação da parte cuja personalidade se pretende desconsiderar;

d) art. 795, § 4º – prevê a obrigatoriedade da instauração do incidente no processo de execução (na prática, impede que o incidente seja dispensado caso a desconsideração seja requerida diretamente na inicial da execução); e

e) art. 1.062 – garante a aplicação do incidente também na estrutura dos Juizados Especiais, atenuando a regra do art. 10 da Lei n. 9.099/95, como já pontuado acima.

Cumpre ressaltar, ainda, que o art. 82-A da Lei n. 11.101/2005, inserido pela Lei n. 14.112/2020 determina ser vedada a extensão da falência ou de seus efeitos, no todo ou em parte, aos sócios de responsabilidade limitada, aos controladores e aos administradores da sociedade falida, admitida, contudo, a desconsideração da personalidade jurídica. Contudo, o parágrafo único desse dispositivo prevê que a desconsideração da personalidade jurídica da sociedade falida, para fins de responsabilização de terceiros, grupo, sócio ou administrador por obrigação desta, somente pode ser decretada pelo juízo falimentar com a observância do art. 50 do Código Civil e observadas as disposições do CPC, com exceção da suspensão de que trata o § 3º do art. 134.

10.2.3.5 O amicus curiae

Não obstante haver alguma semelhança entre esse instituto e o da assistência, estamos em que o *amicus curiae* não deveria ser tratado como forma de intervenção de terceiros, tal como regulado no CPC.

Podemos dizer, se muito, que é uma forma atípica de intervenção de terceiros, com características peculiares, por não necessitar de interesse jurídico na solução da demanda, embora deva ostentar representatividade adequada[84] e suficiente[85].

A condição de terceiro, porém, não o torna um assistente, nem tampouco um assistente *sui generis*, pois a razão pela qual intervém no processo alheio não guarda nenhuma relação com a razão motivadora da intervenção do assistente[86].

Isso porque o assistente, simples ou litisconsorcial, seria um interveniente que atua na tutela de um direito ou de um interesse seu que, de alguma forma, será afetado presente ou futuramente, pelo que vier a ser decidido pelo juízo.

Já o *amicus curiae* não atua em prol de um interesse seu, sendo sua atuação institucional, e o benefício do autor ou do réu apenas consequência de sua atuação, e não fundamento desta.

---

tulo executivo judicial contra uma ou algumas das sociedades, poderão responder todas as demais componentes do grupo, desde que presentes os requisitos para a desconsideração da personalidade jurídica, na forma do art. 28, § 2ª, do CDC, sendo inviável o mero redirecionamento da execução contra aquela que não participou da fase de conhecimento (AgInt no REsp 1.875.845/SP, rel. Min. Moura Ribeiro, 3ª T., j. 16-5-2022, DJe 19-5-2022). REsp 1.864.620-SP, rel. Min. Antonio Carlos Ferreira, 4ª T., por unanimidade, j. 12-9-2023. *Informativo STJ* n. 789.

[84] "A "representatividade" não tem aqui o sentido de legitimação subjetiva, mas de qualificação objetiva. Permite-se um neologismo, à falta de expressão mais adequada para o exato paralelo: trata-se de uma *contributividade adequada* (adequada aptidão em colaborar)" (Talamini, 2015, p. 442).

[85] "É preciso entender que a expressão representatividade adequada não exige que o *amicus curiae* seja o porta-voz de um grupo ou de um determinado segmento social, mas sim que tenha conhecimento e idoneidade para colaborar para o esclarecimento das questões em debate" (Carneiro; Pinho, 2015, p. 145).

[86] Eduardo Cambi considera o *amicus curiae* um terceiro extraordinário porque se distancia das figuras dos intervenientes do CPC: "a referida doutrina busca dissociar a noção de terceiro juridicamente interessado, inerente às figuras tradicionais de intervenção reguladas no CPC" (Cambi, 2011, p. 40).

Assim, independentemente da discussão em torno da natureza jurídica dessa figura, o fato é que ele é o portador de interesses institucionais dispersos na sociedade[87], de forma a ultrapassar interesses unicamente particulares. Sendo assim, não se pode confundir a ideia da representação adequada do *amicus* com a ideia de legitimidade para agir, nem mesmo na modalidade extraordinária[88].

Podemos dizer que uma das principais funções do amigo, senão a principal num ambiente cooperativo e sujeito ao contraditório participativo, é a de pluralizar o debate, objetivando subsidiar o magistrado com o maior número possível de elementos, para que a decisão seja a mais efetiva e adequada possível ao caso concreto[89].

É, em suma, um dos fatores responsáveis por conferir maior grau de legitimidade democrática à decisão.

O *amicus curiae* é um amigo da corte, e não das partes. Ele é um legítimo portador de interesse institucional, assim entendido como o interesse que ultrapassa a esfera jurídica de um indivíduo e que, por isso mesmo, é um interesse transindividual.

Ademais, a intervenção do *amicus curiae* pode se dar diretamente em juízo, sem necessidade de estar representado por advogado. No entanto, nada impede que se faça representar, sendo mesmo desejável que se faça orientar por esse profissional.

Esse interesse autoriza seu ingresso para que a decisão a ser proferida pelo magistrado leve em consideração as informações disponíveis sobre os impactos e os contornos que foram apresentados na discussão, servindo como fonte de conhecimento em assuntos inusitados, inéditos, difíceis ou controversos, ampliando a discussão antes da decisão dos juízes da corte.

Dessa forma, sua função é, basicamente, chamar a atenção da corte para fatos ou circunstâncias que poderiam não ser notados, tornando-se um portador de vozes da sociedade e do próprio Estado, aprimorando a decisão jurisdicional a ser proferida; por desempenhar todo e qualquer ato processual que seja correlato a atingir tal finalidade, sendo fator de legitimação social extraordinária; por viabilizar, em prol dos preceitos democráticos, a participação de entidades e instituições que representem de forma efetiva os interesses difusos e coletivos da sociedade e que expressem os valores essenciais e relevantes de classes e grupos.

Sua previsão no ordenamento jurídico, embora não expressamente, ocorreu no art. 31 da Lei n. 6.385/76, que veio permitir a intervenção da CVM em processos individuais de caráter individual, nos quais devessem ser apreciadas questões de direito societário sujeitas, no plano administrativo, à competência fiscalizadora dessa autarquia federal.

A CVM esclarece, então, o juiz a respeito de uma resolução de efeitos concretos, interpretando os fatos do Mercado e fornecendo conhecimentos técnicos ao Poder Judiciário.

Nas ações de controle abstrato de constitucionalidade e de inconstitucionalidade, com embasamento constitucional e regulamentado pela Lei n. 9.868/99, não se admite a intervenção de terceiros, nos termos dos arts. 7º e 18, sendo que a razão de ser repousa na circunstância de o processo de fiscalização normativa abstrata qualificar-se como processo de caráter objetivo.

---

[87] "A função do *amicus curiae* é a de levar, espontaneamente ou quando provocado pelo magistrado, elementos de fato e/ou de direito que de alguma forma relacionam-se intimamente com a matéria posta para julgamento. É por isto que me refiro insistentemente ao *amicus curiae* como um 'portador de interesses institucionais' a juízo." (Texto disponível em: http://www.scarpinellabueno.com.br/Textos/Amicus%20curiae.pdf. Acesso em: jan. 2015)

[88] Enunciado n. 690 do FPPC: "A 'representatividade adequada' do *amicus curiae* não pressupõe legitimidade extraordinária".

[89] Enunciado n. 207 da III Jornada de Direito Processual Civil CJF/ENFAM: Nos processos em que houver intervenção de *amicus curiae*, deve-se garantir o efetivo diálogo processual e, por consequência, constar na fundamentação da decisão proferida a adequada manifestação acerca dos argumentos por ele trazidos.

Todavia o art. 7º, § 2º, passou a abrandar tal disposição, permitindo o ingresso de entidade dotada de representatividade, pluralizando o debate constitucional.

Também como intervenção atípica, a título de *amicus curiae*, seria o caso das pessoas jurídicas de direito público, prevista no art. 5º da Lei n. 9.469/97, e a intervenção do Conselho Administrativo de Defesa Econômica (CADE)[90] nos processos judiciais em que seja aplicada a lei relativa às infrações contra a ordem econômica (arts. 31 e 32 da Lei n. 9.784/99).

Neste último caso, o texto da lei fala expressamente em assistência, uma vez que o CADE tem interesse em que uma das partes ganhe a ação, mas também quer evitar, assim, que a própria esfera jurídica seja afetada.

Contudo discordamos da terminologia legal que trata o CADE como assistente, pois este, como já destacamos, visa tutelar interesse subjetivo próprio, ainda que reflexo. O CADE é uma autarquia, pessoa jurídica que não tem nenhum tipo de interesse subjetivado, individualizado. Seu interesse é, na verdade, a aplicação do direito objetivo da concorrência, até mesmo porque não depende do Judiciário para exercer o poder de polícia que a Lei n. 8.884/94 lhe reserva.

Assim, embora a maioria da doutrina, seguindo a terminologia legal, trate do caso como hipótese de assistência, acreditamos que o CADE é, na verdade, *amicus curiae*, por não defender direito seu que dependa da relação posta em juízo, mas por apenas verificar a aplicação correta do direito da concorrência[91].

O STF[92] vem incentivando o papel do "colaborador do tribunal" e justifica essa postura pela necessidade de pluralizar o debate constitucional e de afastar um indesejável déficit de legitimidade das decisões do Supremo Tribunal Federal no exercício da jurisdição constitucional.

Existem outras hipóteses[93] nas quais pode haver a intervenção do amigo da Corte. São elas:

1) Juizados Especiais Federais (art. 14, § 7º, da Lei n. 10.259/2001);

2) procedimento de edição, revisão e cancelamento de enunciado de súmula vinculante pelo STF (art. 3º, § 2º, da Lei n. 11.417/2006);

3) análise da repercussão geral pelo STF no julgamento de recurso extraordinário (art. 1.035 do CPC);

4) decisão em regime de recurso repetitivo pelo STF ou pelo STJ (art. 1.036 do CPC); e

5) no Incidente de Resolução de Demandas Repetitivas (art. 983 c/c art. 138, § 3º). E no IAC (por interpretação extensiva).

O CPC, na redação do art. 138, admite expressamente que a intervenção do *amicus curiae* possa se dar também em outras hipóteses, segundo o prudente arbítrio do magistrado, e desde que presentes as seguintes circunstâncias[94]:

a) relevância da matéria;

b) especificidade do objeto da demanda; ou

c) repercussão social da controvérsia.

---

[90] Com a intervenção do CADE, a competência é deslocada para a Justiça Federal, nos termos do art. 109, I, da CF e da Súmula 150 do STJ.

[91] O Superior Tribunal de Justiça, 2ª T., no REsp 1.275.859, sendo relator o Min. Mauro Campbell Marques, j. 27-11-2012, *DJ* 5-12-2012, admitiu a participação do CADE na condição de *amicus curiae*.

[92] ADI 5.022-MC/RO, rel. Min. Celso de Mello, *Informativo STJ*, n. 733.

[93] Medina, 2015, p. 231.

[94] Fux, 2015, p. 93.

O magistrado pode determinar a inclusão *ex officio,* ou atendendo pleito das partes, ou mesmo daquele que pretende ingressar nos autos.

O art. 138 do CPC dispõe ainda que o *amicus curiae* pode ser:

i) pessoa natural;

ii) pessoa jurídica;

iii) órgão ou entidade especializada, com representação adequada.

No caso da repercussão geral, o STF[95] já havia enfatizado que o amigo da Corte deve ostentar o requisito da representação adequada.

O prazo de manifestação é de 15 dias, a partir de sua intimação, e não pode implicar modificação de competência. Os seus poderes são definidos pelo magistrado na decisão que leva a sua inclusão nos autos.

Como regra, o amigo da Corte não pode recorrer das decisões judiciais. Nesse sentido, a jurisprudência do STF[96].

Contudo, os §§ 1º e 3º do art. 138 permitem duas exceções:

a) oposição de embargos de declaração[97]; e

b) recurso interposto contra a decisão que julgar o incidente de resolução de demandas repetitivas[98].

Como se pode perceber, a figura do amigo da Corte, se utilizada dentro dos postulados da boa-fé e da colaboração, pode servir como importante instrumento para contribuir na construção do processo democrático.

Nesse aspecto, é fundamental que o profissional que assessora o amigo empregue as práticas colaborativas.

10.2.3.6 *Correção no polo passivo da demanda*

Para que sejam atendidas todas as condições para o regular exercício do direito de ação, tanto o autor quanto o réu precisam apresentar legitimidade para ser parte na ação.

Assim, essa modalidade de intervenção forçada de terceiro, extinta pelo CPC, visava à correção de um vício de ilegitimidade passiva. Por meio dela, o réu, julgando-se parte ilegítima, pleiteava sua retirada da relação jurídica processual, indicando quem, a seu juízo, teria legitimidade *ad causam*.

Escrevendo sobre o ordenamento de 1973, Ovídio Baptista da Silva entendia que "nomeação à autoria é o incidente por meio do qual o detentor da coisa demandada, sendo erroneamente citado

---

[95] "Possibilidade da intervenção de terceiros, na condição de *amicus curiae*, em sede de recurso extraordinário com repercussão geral reconhecida. Necessidade, contudo, de preenchimento, pela entidade interessada, do pré-requisito concernente à representatividade adequada. Doutrina. Condição não ostentada por pessoa física ou natural. Consequente inadmissibilidade de seu ingresso, na qualidade de *amicus curiae*, em recurso extraordinário com repercussão geral reconhecida" (RE 659.424, rel. Min. Celso de Mello, decisão monocrática, j. 9-12-2013, *DJe* 13-12-2013).

[96] ADI 3.615-ED, rel. Min. Cármen Lúcia, j. 17-3-2008, Plenário, *DJe* 25-4-2008.

[97] Contudo, o STF não admite embargos de declaração opostos por amigo da Corte em recurso extraordinário. Não obstante, permite-se a possibilidade de invocação do art. 323, § 3º, do RISTF. RE 955.227 ED e ED-segundos/BA, rel. Min. Luís Roberto Barroso, julgamento finalizado em 4-4-2024. *Informativo STF* n. 1.131.

[98] Nesse sentido, todos aqueles que têm seu processo suspenso por força da instauração do incidente poderiam ingressar no processo-piloto na condição de amigos. Isso garantiria o nível de participação democrática e, ao mesmo tempo, preservaria o contraditório no sentido dinâmico (Fux, 2011, p. 234).

para a causa, nomeia o verdadeiro proprietário ou possuidor, a fim de que o autor contra este dirija sua ação"[99].

A nomeação à autoria constituía, portanto, a única hipótese prevista na legislação processual anterior em que era possível a correção do polo passivo da relação jurídica processual quando existisse vício da legitimidade passiva. Isso porque, em muitos casos, pode ser extremamente difícil para o autor da demanda identificar quem efetivamente seria o réu contra quem a demanda deveria ter sido proposta.

De acordo com o Código de Processo Civil de 1973 (arts. 62 e 63), era possível a nomeação à autoria do detentor de coisa alheia em relação ao proprietário ou possuidor, quando fosse demandado pela coisa em nome próprio; e daquele que fosse demandado em ação de indenização por dano à coisa, quando alegasse que praticou o ato em cumprimento de instruções de terceiro.

Como exemplo de nomeação à autoria, podemos citar a hipótese de detenção, na qual o autor formula sua pretensão, exteriorizada pelo pedido, em face de réu, que, na verdade, não seria o proprietário do imóvel ou do bem em questão, mas, sim, apenas seu detentor, tal como ocorre no exemplo de o detentor ser simplesmente empregado do verdadeiro proprietário. Nesse caso, deveria ser este último o réu do processo.

Em casos como este, o juiz, por força da nomeação à autoria, determinava a intimação da pessoa indicada pelo detentor (até então, réu) para se manifestar a respeito. Caso houvesse a concordância do autor e do nomeado, este ingressaria no polo passivo da relação processual, excluindo-se a parte ilegítima.

A nomeação à autoria só podia ser pedida pelo réu ilegítimo, no prazo da resposta. Era a oportunidade, neste processo, para nomear como autor aquele que acreditasse ser o réu legítimo para a ação, sob pena de preclusão, além de sua responsabilização pelo pagamento de perdas e danos a qualquer dos sujeitos que venha a sofrê-los.

De acordo com o art. 64 do CPC/73, ao deferir o pedido, o juiz suspendia o processo, mandando ouvir o autor no prazo de cinco dias.

A nomeação à autoria pressupunha a dupla concordância, ou seja, era preciso que o autor e o nomeado aceitassem a nomeação.

Em caso de inércia ou concordância de ambos, operava-se a extromissão, deixando o réu antigo o polo passivo da demanda, que era assumido pelo nomeado. A necessidade da dupla aceitação dava-se, principalmente, para evitar fraudes e para que o réu não abusasse de seu direito à nomeação.

O prazo para o nomeado, que passou a integrar o processo, contestar não era pacífico, havendo quem defendesse iniciar-se imediatamente após a efetivação da nomeação e quem entendesse ser mais razoável a abertura de prazo para a contestação. Esta segunda posição atendia melhor ao princípio constitucional da ampla defesa, não perdendo o réu o direito a um prazo integral.

Caso o autor do processo não aceitasse o nomeado, verificando o juiz que aquele é, de fato, o verdadeiro réu, deveria o processo ser extinto sem resolução do mérito por ilegitimidade passiva.

Por outro lado, aceita a nomeação pelo autor, mas recusada pelo nomeado que seria a parte legítima na demanda, esta era tornada sem efeito, prosseguindo o processo normalmente contra o nomeante (art. 66 do CPC/73). Todavia, o nomeado respondia por eventual prejuízo sofrido pelo autor do processo. Esse entendimento, no entanto, não era pacífico[100], muito embora garantisse maior eficácia ao instituto.

---

[99] Silva; Gomes, 1997, p. 191.
[100] Carneiro, 2001a, p. 77 (nota 51).

No CPC, encontramos, dentro do capítulo que trata da contestação, os arts. 338 e 339.

O instituto, portanto, está localizado fora do capítulo dedicado à intervenção de terceiros e passa a ser concebido como incidente processual instaurado por iniciativa do réu. Contudo, na prática, a consequência é a inserção naquela relação processual de um novo personagem.

De acordo com o art. 338, se o réu alegar na contestação ser parte ilegítima naquele feito, ou ainda se alegar não ser o responsável pelo prejuízo invocado pelo autor, o juiz deverá abrir prazo de 15 dias para que o autor se manifeste quanto a eventual substituição daquele réu.

O dispositivo é relevante na medida em que impede a extinção do feito sem resolução do mérito, o que forçaria, logo em seguida, o ajuizamento de nova demanda, desta vez contra a pessoa certa (o verdadeiro legitimado passivo)[101].

O parágrafo único do art. 338 dispõe que, realizada a substituição, deverá o autor reembolsar as despesas e pagar os honorários ao advogado[102] do réu excluído, no patamar de 3% a 5% (três a cinco por cento) do valor da causa. Se a causa tiver valor irrisório, o patamar deverá obedecer aos ditames do art. 85, § 8º.

Por outro lado, aquele que foi original e erroneamente apontado como réu deve, nos termos do art. 339, indicar o verdadeiro sujeito passivo daquela relação jurídica, sempre que tiver conhecimento, sob pena de arcar com as despesas processuais e ainda indenizar o autor pelos prejuízos decorrentes da falta de indicação.

Se aceitar a indicação feita pelo réu inicialmente apontado, o autor procederá, no prazo de 15 dias, à alteração da petição inicial para a substituição do réu (art. 339, § 1º), observando, ainda, o parágrafo único do art. 338.

Poderá, ainda, o autor, nesse prazo de 15 dias, optar não por substituir, mas sim por incluir, como litisconsorte passivo, o sujeito indicado pelo réu (art. 339, § 2º).

---

[101] No mesmo sentido, afirma Marcelo Mazzola, "trata-se de alteração positiva, pois, ao viabilizar a correção do polo passivo da demanda, o juiz evita a prematura extinção do feito, sem resolução de mérito, desobrigando o autor de propor nova ação. A modificação está em linha com o princípio da primazia de mérito" (Mazzola, 2017, p. 134).

[102] A extinção do processo apenas quanto a um dos coexecutados não torna cabível a fixação de honorários advocatícios em patamar reduzido, na forma prevista no parágrafo único do art. 338 do CPC. Assim, a incidência da previsão do art. 338 do CPC é exclusiva da hipótese em que há a extinção do processo em relação ao réu originário, com a inauguração de um novo processo, por iniciativa do autor, em relação a um novo réu, de modo que, ausentes essas circunstâncias específicas, descabe cogitar da fixação de honorários mencionada no parágrafo único do referido artigo. (...) No caso, acolhida a preliminar de ilegitimidade passiva de um dos dois executados, prosseguindo o processo, no entanto, em face do outro, sem "substituição" da parte ré, aplica-se a regra geral de fixação dos honorários advocatícios, nos moldes do art. 85, § 2º, do CPC. REsp 1.895.919-PR, rel. Min. Nancy Andrighi, 3ª T., por unanimidade, j. 1º-6-2021. *Informativo STJ* n. 699.

Capítulo 11
O ADVOGADO E O ESTATUTO DA OAB. O DEFENSOR PÚBLICO

11.1 PRINCÍPIOS GERAIS DA ADVOCACIA

Consoante os arts. 133 da CF/88 e 2º da Lei n. 8.906/94 (Estatuto do Advogado), a advocacia é função essencial à administração da Justiça, ao lado do Ministério Público, da Advocacia Pública (Advocacia-Geral da União e Procuradorias dos Estados e dos Municípios) e da Defensoria Pública.

Essa inserção do advogado no sistema da defesa de direitos tornou indispensável a representação da parte em juízo por meio de advogado devidamente habilitado (isto é, bacharel em Direito regularmente inscrito nos quadros da OAB – entidade organizativa e disciplinadora da advocacia), cujos atos e manifestações no exercício da profissão são invioláveis, nos limites da lei.

Tal exigência constitui, em verdade, corolário dos princípios da ampla defesa, do contraditório e da isonomia. A plena eficácia desses princípios pressupõe que se conceda a ambas as partes a oportunidade de participar do processo, trazendo aos autos argumentos e provas capazes de influir na formação do convencimento do Estado-juiz. O dispositivo constitucional sobredito, concretizando esses princípios, entende que a oportunidade de participação somente se pode dizer real quando a pretensão da parte possa contar com uma defesa técnica.

Desse modo, a legislação infraconstitucional considera pressuposto processual a capacidade postulatória da parte: aptidão para a prática de atos processuais. Esta somente se faz presente quando a própria parte goza do denominado *ius postulandi* ou quando esteja representada por quem o detenha, ou seja, por um advogado (arts. 1º e 4º da Lei n. 8.906/94).

Na defesa judicial dos interesses do seu cliente, o advogado atua com legítima parcialidade institucional, buscando garantir não apenas os direitos da parte, mas também a total observância do devido processo legal. O encontro das parcialidades institucionais opostas permitirá um ponto de equilíbrio que serve de instrumento à imparcialidade do juiz.

O advogado deve atuar com o instrumento de mandato, a procuração *ad judicia*. Como regra no ordenamento brasileiro, sem esse instrumento, o advogado poderá apenas, em nome da parte, intentar ação a fim de evitar a decadência ou a prescrição, bem como intervir no processo para praticar atos urgentes; mas, nesses casos excepcionais, deverá exibir o instrumento de mandato no prazo de 15 dias, prorrogáveis por mais 15, por despacho do juiz.

Contudo a Lei n. 12.437, de 6 de julho de 2011, acrescentou o § 3º ao art. 791 da CLT, para permitir, a partir de sua vigência, que o advogado possa ser constituído, com poderes para o foro em geral, mediante simples registro na ata de audiência, por requerimento verbal, desde que haja o consentimento do representado.

Destaque-se que a referida lei retirou, a partir da data de sua vigência, a necessidade de juntada de procuração aos autos caso o advogado seja constituído em audiência, com a anuência do representado, apenas permitindo que o advogado possua poderes para o foro em geral. Para poderes específicos, mantém-se a necessidade da juntada da procuração aos autos.

O papel do advogado, em vista de sua indispensabilidade ao processo, tem caráter público. No entanto, há também uma faceta privada, notadamente na relação advogado-cliente, que funciona como limite à intervenção estatal.

Assim é que o advogado, exercendo um múnus público indispensável à administração da Justiça, deve ter uma atuação ética condizente com os fins públicos que informam sua profissão, não mais se concebendo que seu compromisso esteja restrito apenas aos interesses da parte que ele representa, mas agindo com lealdade e boa-fé na relação processual.

Nesse sentido, o Código de Processo Civil realça os chamados princípios éticos do processo, como o dever de lealdade entre as partes, condenando o emprego de subterfúgios ou atitudes antiéticas, o que será examinado adiante.

Partindo para a análise de suas funções, estabelece a Lei n. 8.906/94, em seu art. 1º, que são privativas da advocacia as atividades de postulação a qualquer órgão do Poder Judiciário e aos juizados especiais, bem como as atividades de consultoria, assessoria e direção jurídicas. Isso se materializa no direito de acesso aos autos, na retirada destes para cópia e na palavra de ordem. Esse dispositivo estabelece como exceção a impetração de *habeas corpus*, que não depende de outorga de mandato, confirmando, aliás, a norma emergente do CPP, no art. 654.

Não obstante a interpretação sistemática impõe mitigações a esse dispositivo. Desse modo, também não são privativos da advocacia os requerimentos feitos ao juiz de paz, uma vez que este exerce atividade predominantemente administrativa[1], bem como as postulações realizadas junto à Justiça do Trabalho[2] e aos Juizados Especiais Cíveis, regulamentados pela Lei n. 9.099/95, nas causas cujo valor não ultrapasse 20 salários mínimos (art. 9º da Lei n. 9.099/95). Quanto à Justiça de Paz (art. 98 da Carta de 1988), os Estados poderão se organizar, havendo capacidade postulatória independente de advogado.

Com exceção do *habeas corpus*, as ressalvas feitas à obrigatoriedade de postulação por intermédio de advogado estabelecida pelo Estatuto foram questionadas na Ação Direta de Inconstitucionalidade 1.127-8, proposta pela Associação dos Magistrados Brasileiros em setembro de 1994, que acolheu as críticas por eles levantadas à Lei n. 8.906/94, considerada por muitos ofensiva ao princípio constitucional do acesso à Justiça, além de corporativista e protecionista.

A obrigatoriedade de postulação por intermédio do advogado não mais se verifica nas causas de valor até 20 salários mínimos, pois, a partir da ADI 1.127-8, sua assistência é hoje tida como facultativa (art. 9º da Lei n. 9.099/95). Não obstante isso não significa que num dado caso concreto não seja possível que se entenda a sua indispensabilidade, qualquer que seja o valor econômico envolvido na ação, para que seja efetiva a defesa dos interessados. O que parece não ter mais cabimento, pelo menos após a decisão do STF, é a indispensabilidade nas pequenas causas e na Justiça do Trabalho, como regra geral.

Ainda como resultado da ADI 1.127-8, foi suspensa a obrigatoriedade da presença de representante da OAB em caso de busca e apreensão determinada por magistrado em escritório ou local de trabalho do advogado, bem como em caso de lavratura de auto de prisão em flagrante por motivo ligado ao exercício da advocacia (art. 7º da Lei n. 8.906/94), sob o fundamento de que tal medida comprometeria a eficácia da decisão judicial, além de ofender o princípio da isonomia, previsto no art. 5º, *caput*, da CF[3].

---

[1] As atribuições dos juízes de paz estão previstas nos arts. 158 a 160 do Código de Organização e Divisão Judiciárias do Estado do Rio de Janeiro (CODJERJ).

[2] Art. 791 da CLT. Contudo, o enunciado da Súmula 425, aprovado pelo TST em 26 de abril de 2010, estabelece que, na área trabalhista, o *jus postulandi* das partes limita-se às Varas do Trabalho e aos Tribunais Regionais do Trabalho, não alcançando a ação rescisória, a ação cautelar, o mandado de segurança e os recursos de competência do TST.

[3] Ainda no art. 7º, tivemos a suspensão da eficácia de parte dos incisos V e IX, este último por força de decisão liminar proferida em outra ADI, de número 1.105-7. Já no art. 50 da Lei n. 8.906/94, a suspensão da expressão "tribunal, magistrado,

Importante observar que a Lei n. 13.245/2016 alterou o Estatuto da OAB para ampliar os direitos dos advogados no tocante ao acesso a inquéritos. Oriunda do PLC n. 78/2015, a lei garante ao advogado a possibilidade de ter acesso a todos os documentos de uma investigação, sejam físicos ou digitais, mesmo que ela ainda esteja em curso.

A regra já valia para as delegacias de polícia, mas não abrangia o acesso a outras instituições, como Ministério Público e CPIs. Por isso, a norma substitui a expressão "repartição policial", contida no inciso XIV do art. 7º do Estatuto, por "qualquer instituição responsável por conduzir investigação".

O inciso XXI garante ainda o direito do advogado de assistir seu cliente durante toda a apuração de infrações penais, sob pena de nulidade absoluta de atos processuais.

Finalmente, o § 12 preceitua que a "inobservância aos direitos estabelecidos no inciso XIV, o fornecimento incompleto de autos ou o fornecimento de autos em que houve a retirada de peças já incluídas no caderno investigativo implicará responsabilização criminal e funcional por abuso de autoridade do responsável que impedir o acesso do advogado com o intuito de prejudicar o exercício da defesa, sem prejuízo do direito subjetivo do advogado de requerer acesso aos autos ao juiz competente".

A Lei n. 14.365, de 2 de junho de 2022, promoveu diversas alterações no Estatuto da OAB de modo a sedimentar direitos e garantias dos advogados. Dentre as mais importantes, destacam-se as seguintes:

a) Parágrafo 2º-A do art. 2º, de modo a deixar claro que o advogado, no processo administrativo, contribui com a postulação de decisão favorável ao seu constituinte, e os seus atos constituem múnus público;

b) Art. 2º-A, de forma a expressar que o advogado pode contribuir com o processo legislativo e com a elaboração de normas jurídicas, no âmbito dos Poderes da República;

c) Parágrafo 4º do art. 5º, para pontuar que as atividades de consultoria e assessoria jurídicas podem ser exercidas de modo verbal ou por escrito, e independem de outorga de mandato ou de formalização por contrato de honorários;

d) Parágrafo único do art. 6º: "As autoridades e os servidores públicos dos Poderes da República, os serventuários da Justiça e os membros do Ministério Público devem dispensar ao advogado, no exercício da profissão, tratamento compatível com a dignidade da advocacia e condições adequadas a seu desempenho, preservando e resguardando, de ofício, a imagem, a reputação e a integridade do advogado nos termos desta Lei";

e) Inciso X do art. 7º: "usar da palavra, pela ordem, em qualquer tribunal judicial ou administrativo, órgão de deliberação coletiva da administração pública ou comissão parlamentar de inquérito, mediante intervenção pontual e sumária, para esclarecer equívoco ou dúvida surgida em relação a fatos, a documentos ou a afirmações que influam na decisão";

f) Parágrafo 2º-B do art. 7º, para garantir o direito de sustentação oral em recurso interposto contra a decisão monocrática de relator que julgar o mérito ou não conhecer de recurso de apelação, ordinário, especial, extraordinário ou embargos de divergência, bem como de ações rescisória, mandado de segurança, reclamação, *habeas corpus* e outras ações de competência originária.

g) Parágrafo 6º-I do art. 7º, para vedar "colaboração premiada efetuada por advogado contra quem seja ou tenha sido seu cliente, pontuando, ainda, que a inobservância dessa regra importará em

---

cartório" fundamentou-se no fato de que, pela sua redação original, visava-se, inconstitucionalmente, postular a troca de petição para a de requisição, o que não é possível.

processo disciplinar, que poderá culminar na aplicação do disposto no inciso III do *caput* do art. 35 desta Lei, sem prejuízo das penas previstas no art. 154 do Código Penal brasileiro";

h) Parágrafo 5º do art. 9º, para dispor que "em caso de pandemia ou em outras situações excepcionais que impossibilitem as atividades presenciais, declaradas pelo poder público, o estágio profissional poderá ser realizado no regime de teletrabalho ou de trabalho a distância em sistema remoto ou não, por qualquer meio telemático, sem configurar vínculo de emprego a adoção de qualquer uma dessas modalidades";

i) art. 24-A, para determinar que no caso de bloqueio universal do patrimônio do cliente por decisão judicial, garantir-se-á ao advogado a liberação de até 20% dos bens bloqueados para fins de recebimento de honorários e reembolso de gastos com a defesa, ressalvadas as causas relacionadas aos crimes previstos na Lei de Drogas, observado o que dispõe o parágrafo único do art. 243 da Constituição da República;

j) Parágrafos 6º-A, 8º-A e 20 do art. 85 do CPC; para dispor sobre a restrição aos honorários sucumbenciais equitativos, na forma do que será visto com mais detalhes no capítulo próprio.

11.2 DIREITOS E DEVERES DO ADVOGADO

A denominação "advogado", nos termos do art. 3º do Estatuto da Advocacia da Ordem dos Advogados do Brasil (Lei n. 8.906, de 4 de julho de 1994), é privativa daqueles que integram os quadros da OAB. Aquele que é formado em curso jurídico superior recebe a denominação de bacharel.

O Capítulo II do Título I do Estatuto da Advocacia versa inteiramente sobre os direitos dos advogados, assegurando-lhes, entre outros:

a) exercer a profissão com liberdade, em todo o território nacional;

b) ter respeitada a inviolabilidade de seu escritório ou local de trabalho, bem como de seus arquivos, dados, correspondências e comunicações, inclusive telefônicas, em nome da liberdade de defesa e do sigilo profissional, ressalvados os casos de busca e apreensão determinada por magistrado e acompanhada de representante da OAB;

c) comunicar-se com seus clientes, pessoal e reservadamente, ainda que sem procuração, quando estes estiverem presos, detidos ou recolhidos, seja em estabelecimentos civis ou militares e mesmo que considerados incomunicáveis;

d) não ser recolhido preso antes de sentença transitada em julgado, salvo em sala de Estado Maior, com instalações e comodidades condignas, e, na sua falta, em prisão domiciliar[4];

e) examinar, em qualquer órgão dos Poderes Judiciário e Legislativo, ou da Administração Pública em geral, autos de processos findos ou em andamento, mesmo sem procuração, quando não estiverem sujeitos a sigilo ou segredo de justiça, assegurada a obtenção de cópias, com possibilidade de tomar apontamentos[5].

Os advogados não poderão ter vista nem retirar processos judiciais ou administrativos, findos ou em andamento, quando estes estiverem sob segredo de Justiça ou quando existirem nos autos documentos originais de difícil restauração ou ocorrer circunstância relevante que justifique a permanência dos autos no cartório, secretaria ou repartição, devendo tal circunstância ser reconhecida pela autoridade em despacho motivado, que pode ser proferido de ofício, mediante representação ou a requerimento da parte interessada (art. 7º, § 1º, 1 e 2, da Lei n. 8.906/94).

---

[4] O STF, na ADI 1.127-8, declarou a inconstitucionalidade da expressão "assim reconhecidas pela OAB", que constava no inciso.

[5] Redação determinada pela Lei n. 13.793/2019, que alterou a redação do art. 7º, XII, da Lei n. 8.906/94.

Também não poderá ter vista nem fazer carga dos autos até o encerramento do processo o advogado que deixar de devolvê-los no prazo legal e só o fizer depois de intimado (art. 7º, § 1º, da Lei n. 8.906/94).

Outro ponto que merece destaque diz respeito à imunidade profissional do advogado em relação aos crimes de injúria e difamação, o que não implica, entretanto, ausência de sanção disciplinar, a ser aplicada exclusivamente pela OAB, pelos excessos que o profissional cometer. Importante ressaltar que na ADI 1.127-8 foi declarada pelo STF a inconstitucionalidade da expressão "ou desacato", contida no § 2º do art. 7º da Lei n. 8.906/94, retirando, assim, a imunidade do advogado quanto ao crime de desacato. Portanto, apesar de não cometer os crimes de injúria e difamação, responde criminalmente o advogado não só pelo crime de calúnia como também pelo crime de desacato.

Registre-se que a Lei n. 13.363/2016 alterou o Estatuto da OAB para estipular direitos e garantias para a advogada gestante, lactante, adotante ou que der à luz e para o advogado que se tornar pai. Nesse sentido, foi acrescido o art. 7º-A, que elenca diversos direitos da advogada. Registre-se que o referido diploma legal também alterou o CPC, acrescentando os incisos IX e X ao art. 313, dispositivo que trata da suspensão do processo e que será visto no capítulo próprio.

Já no que tange aos deveres do advogado, o art. 33 do Estatuto da Advocacia faz referência à obrigatoriedade de se cumprir rigorosamente os deveres estabelecidos pelo Código de Ética e Disciplina[6], em seu art. 2º.

O advogado deve, ainda, ter consciência de que o direito é um meio de atenuar as desigualdades para o encontro de soluções justas e que a lei é um instrumento para garantir a igualdade de todos (art. 3º do CED).

O advogado tem o dever de guardar sigilo dos fatos de que tome conhecimento no exercício da profissão, sendo certo que esse sigilo abrange os fatos de que o advogado tenha tido conhecimento em virtude de funções desempenhadas na Ordem dos Advogados do Brasil (art. 35).

O CPC, por sua vez, trata dos advogados privados entre os arts. 103 e 107.

Observa-se a repetição de várias regras já previstas no Estatuto da OAB, examinado acima, bem como a reprodução com ajustes redacionais de normas já contempladas no CPC/73.

De acordo com o art. 103, a "parte será representada em juízo por advogado regularmente inscrito na Ordem dos Advogados do Brasil". O parágrafo único prevê a postulação "em causa própria". Nesse caso, o art. 106 impõe requisitos específicos em seus incisos I e II.

O art. 104 prevê a obrigatoriedade da exibição da procuração, ou seja, do instrumento do mandato. Como regra, a procuração acompanha a petição. Excepcionalmente, para evitar preclusão, decadência ou prescrição, ou para praticar ato considerado urgente, é possível que a procuração venha a ser acostada aos autos no prazo de 15 dias (§ 1º), prazo esse que pode ser prorrogável por igual período por despacho do juiz.

Caso não venha aos autos a procuração, o ato antes praticado é considerado ineficaz, devendo o advogado responder pelas eventuais despesas, bem como por perdas e danos (§ 2º).

O art. 105 prevê duas espécies de procuração[7], quanto à forma:

---

[6] Resolução n. 2, de 19 de outubro de 2015, do Conselho Federal da Ordem dos Advogados do Brasil.

[7] Não é permitido ao outorgante da procuração restringir os poderes gerais para o foro por meio de cláusula especial. Os atos para os quais são exigidos poderes específicos na procuração encontram-se expressamente previstos na parte final do art. 105 do CPC (art. 38 do CPC/73) e entre eles não está inserido o de receber intimação da penhora, razão pela qual se faz desnecessária a existência de procuração com poderes específicos para esse fim. REsp 1.904.872-PR, rel. Min. Nancy Andrighi, 3ª T., por unanimidade, j. 21-9-2021, DJe 28-9-2021. Informativo STJ n. 711.

i) por instrumento público; e

ii) por instrumento particular, podendo ser esta assinada física ou digitalmente, para uso no PJe – Processo Judicial eletrônico.

Quanto aos poderes, admite duas espécies:

a) procuração para o foro em geral, prevista na primeira parte do dispositivo; e

b) procuração com poderes específicos (segunda parte do mesmo art. 105). São considerados poderes específicos:

b.1) receber citação;

b.2) confessar;

b.3) reconhecer a procedência do pedido;

b.4) transigir;

b.5) desistir;

b.6) renunciar ao direito sobre o qual se funda a ação;

b.7) receber;

b.8) dar quitação;

b.9) firmar compromisso; e

b.10) assinar declaração de hipossuficiência econômica.

A procuração tem os seguintes requisitos formais (§§ 2º e 3º do art. 105):

I. nome do advogado;

II. número de sua inscrição na OAB;

III. endereço completo do advogado;

IV. nome, número de inscrição e endereço completo da sociedade de advogados que o advogado integra, se for esse o caso.

O art. 107 trata dos direitos do advogado. São eles:

I – examinar, em cartório de fórum e secretaria de tribunal, mesmo sem procuração, autos de qualquer processo, independentemente da fase de tramitação, assegurados a obtenção de cópias e o registro de anotações, salvo na hipótese de segredo de justiça, na qual apenas o advogado constituído terá acesso aos autos;

II – requerer, como procurador, vista dos autos de qualquer processo, pelo prazo de 5 (cinco) dias;

III – retirar os autos do cartório ou da secretaria, pelo prazo legal, sempre que neles lhe couber falar por determinação do juiz, nos casos previstos em lei.

Ao ser intimado para a prática de um ato, pode ser que o prazo assinalado pelo magistrado seja unicamente para o advogado de uma das partes, ou ainda um prazo comum.

Na primeira hipótese, o advogado pode tranquilamente retirar os autos do cartório mediante assinatura do livro-carga existente em cartório. Quando o prazo é comum, será necessário que os procuradores ajustem a retirada, o que poderá ser feito de comum acordo, por petição, na forma do art. 107, § 2º.

A Lei n. 13.793/2019 inseriu o § 5º no art. 107, de modo a garantir que o disposto no inciso I do *caput* do dispositivo seja aplicado integralmente aos processos eletrônicos.

Por fim, note-se que o art. 26 do Código de Ética da OAB prevê a figura do "substabelecimento do mandato" como ato pessoal do advogado da causa, de modo a permitir que esse profissional, que recebeu os poderes do seu cliente (substabelecente), possa transferi-los provisória (com reservas) ou definitivamente (ser reservas) para um outro advogado (substabelecido).

No substabelecimento sem reservas, o § 1º do referido art. 26 exige o prévio e inequívoco conhecimento do cliente. Já o § 2º desse dispositivo determina que o substabelecido com reserva de poderes deve ajustar antecipadamente seus honorários com o substabelecente.

Questão controversa diz respeito à responsabilidade pelo dano causado à parte pelo advogado substabelecido, ou seja, aquele que não foi originalmente escolhido pela parte para representá-lo em juízo. O STJ[8] já enfrentou a questão e estabeleceu balizamento claro para a correta compreensão do tema.

Importante anotar que, de acordo com o art. 110, ocorrendo a morte de qualquer das partes, dar-se-á a sucessão pelo seu espólio ou pelos seus sucessores, na forma do art. 313, o que demandará a outorga de nova procuração ao advogado que representava o falecido, ou a indicação de novo causídico.

Ademais, pode ocorrer a revogação do mandado pela parte, situação em que caberá a ela, no mesmo ato, indicar outro que assuma o patrocínio da causa. Não sendo cumprida a providência, o juiz assinalará prazo de 15 dias, findo o qual aplicará o disposto no art. 76.

Por fim, pode o advogado renunciar ao mandato[9], a qualquer tempo, na forma do art. 112, cabendo a ele provar que comunicou o ato ao mandante, a fim de que este providencie a nomeação de seu sucessor.

Nessa hipótese, deve ser observado o teor do § 1º do art. 112, segundo o qual o advogado deverá continuar a representar o mandante durante os dez dias seguintes, se necessário, a fim de evitar prejuízo a ele, salvo se a procuração tiver sido outorgada a vários advogados e a parte continuar representada por outro, apesar da renúncia.

11.3 ADVOCACIA PÚBLICA

Igualmente essenciais à administração da Justiça e indispensáveis ao exercício da jurisdição são as atividades exercidas pela Advocacia Pública, formada por bacharéis em direito inscritos no quadro de advogados da OAB, que se dedicam judicial e extrajudicialmente à defesa da União, dos Estados e dos Municípios. Têm atuação vinculada à proteção do erário e do patrimônio público. Ingressam por concurso público de provas e títulos. No âmbito da União, têm-se o Advogado da União e os Procuradores da Fazenda Nacional.

---

[8] De suma relevância anotar que, para o reconhecimento da culpa *in eligendo* do substabelecente, é indispensável que este, no momento da escolha, tenha inequívoca ciência a respeito da ausência de capacidade legal, de condição técnica ou de idoneidade do substabelecido para o exercício do mandato. Ademais, não se olvida que o substabelecimento, em especial o com reserva de poderes, evidencia, naturalmente, a existência, entre as partes envolvidas (substabelecente e substabelecido), de uma relação calcada, minimamente, na confiança. Todavia, essa relação prévia, por si, não é suficiente para vincular o substabelecente, a ponto de responsabilizá-lo por atos praticados pelo substabelecido que venham a desbordar dos poderes transferidos, a revelar sua inaptidão para o exercício do mandato. Entendimento contrário redundaria, por óbvio, em todos os casos, na responsabilidade solidária entre mandatário e substabelecido pelos atos perpetrados por esse último, imputação objetiva que não encontra nenhum amparo legal (REsp 1.742.246-ES, rel. Min. Marco Aurélio Bellizze, por unanimidade, j. 19-3-2019, *DJe* 22-3-2019, *Informativo STJ*, n. 644).

[9] A renúncia de mandato devidamente comunicada pelo patrono ao seu constituinte prescinde de determinação judicial para a intimação da parte com o propósito de regularizar a representação processual nos autos, incumbindo à parte o ônus de constituir novo advogado. Processo em segredo de justiça, rel. Min. João Otávio de Noronha, 4ª T., por unanimidade, j. 26-2-2024, *DJe* 28-2-2024. *Informativo STJ* n. 808.

A Advocacia-Geral da União, criada pela Constituição Federal de 1988 (art. 131) e instituída pela LC n. 73, de 10 de fevereiro de 1993, é chefiada pelo Advogado-Geral da União, de livre nomeação pelo Presidente da República.

O constituinte de 1988, ao criar a Advocacia-Geral da União, livrou a Carta Política de aleijão que acometera suas antecessoras.

Com efeito, retirou-se o Ministério Público da insustentável situação em que se encontrava, como instituição incumbida de duas funções a princípio inconciliáveis: a defesa dos interesses indisponíveis da sociedade e a representação do Estado. Com a Constituição Federal de 1988, esta última foi transferida à Advocacia-Geral da União, podendo o Ministério Público, a partir desse instante, dedicar-se integralmente ao desempenho de sua vocação.

Da Advocacia Pública dos Estados e do Distrito Federal trata o art. 132 da CF, segundo o qual os Procuradores dos Estados e do Distrito Federal exercerão a representação judicial e consultoria jurídica das respectivas unidades federadas.

No âmbito municipal, a Advocacia Pública é exercida pelas Procuradorias dos Municípios, que não se encontram previstas na Constituição Federal e que nem sempre existirão, cabendo a cada Município instituí-las se for do interesse da Administração.

Os advogados públicos são tratados pelo CPC nos arts. 182 a 184. Aqui também não há grandes mudanças na regulamentação.

Enquanto o art. 182 dispõe que "incumbe à Advocacia Pública, na forma da lei, defender e promover os interesses públicos da União, dos Estados, do Distrito Federal e dos Municípios", o art. 183 garante o prazo em dobro para todas as manifestações processuais, salvo se o contrário for expressamente ressalvado em lei (art. 183, § 2º)[10].

O prazo é contado a partir da intimação pessoal[11], que, por sua vez, pode se dar por:

a) carga dos autos;

b) remessa à instituição; e

c) meio eletrônico, nas hipóteses do PJe.

Por fim, o art. 184 regulamenta a responsabilidade civil do membro da Advocacia Pública, dispondo que o agente responde de forma regressiva, quando agir com dolo ou fraude no exercício de suas funções.

11.4 DEFENSORIA PÚBLICA

Representa instituição indispensável à função jurisdicional e desempenha funções de grande interesse público e utilidade social, em vista da importância fundamental de sua atividade voltada ao amparo jurídico dos hipossuficientes.

---

[10] Em tal hipótese, ocorre a aplicação do critério da especialidade para a solução de antinomias: lei especial revoga lei geral naquilo que com ela conflitar. É o caso, por exemplo, dos Juizados Especiais Federais e dos Juizados Especiais da Fazenda Pública. A Lei n. 10.259/2001 e a Lei n. 12.153/2009, que regulam, respectivamente, tais órgãos jurisdicionais, preveem, respectivamente, nos arts. 9º e 7º, que a Fazenda Pública não gozará de prazo diferenciado nos processos que lá tramitem (Gaio Jr.; Pinho, 2018, p. 190).

[11] Não há ofensa à prerrogativa de intimação pessoal prevista no art. 183 do CPC, quando o ente público deixa de realizar o necessário cadastramento no Sistema de Intimação Eletrônica do Superior Tribunal de Justiça, nos termos do art. 1.050 do CPC, sendo válida a intimação pela publicação no *Diário de Justiça Eletrônico*. AR 6.503-CE, rel. Min. Og Fernandes, Primeira Seção, por unanimidade, j. 27-10-2021. *Informativo STJ* n. 716.

Com atribuições previstas no art. 134 da CF e na LC n. 80/94, foi instituída para o cumprimento da promessa constitucional de assistência jurídica integral[12], contida no art. 5º, LXXIV, que, por sua vez, representa manifestação da denominada primeira onda renovatória, constituindo fruto da forte influência exercida pelo movimento universal de acesso à Justiça inaugurado por Mauro Cappelletti[13].

A ideia de assistência jurídica integral engloba também a gratuidade de justiça, ou seja, a isenção do pagamento das custas do processo, na forma da Lei n. 1.060/50[14]. Esse benefício vale independentemente de estar assistido por Defensor Público e pode ser requerido por ambas as partes[15]. Adotada a presunção de veracidade da afirmação de pobreza, resta à outra parte impugná-la.

A teor do disposto no parágrafo único do art. 134 da CF, cabe à União, aos Estados e ao Distrito Federal estruturarem adequadamente suas respectivas Defensorias perante os juízos e tribunais do país. No entanto observa-se que muitos Estados ainda não possuem Defensoria Pública estruturada, deixando tal função a cargo de advogados dativos que, muitas vezes, não desempenham adequadamente seu papel.

Por outro lado, nos Estados em que a Defensoria Pública é atuante, percebem-se manifestações de um movimento voltado a garantir a atuação da instituição em causas envolvendo direitos coletivos, ao lado dos demais legitimados ao ajuizamento dos instrumentos processuais de sua defesa, buscando tornar ainda mais efetivo o princípio constitucional do acesso à Justiça.

A LC n. 132, de 7 de outubro de 2009[16], alterou alguns dispositivos da LC n. 80, de 12 de janeiro de 1994[17], que organiza a Defensoria Pública da União, do Distrito Federal e dos Territórios e prescreve normas gerais para sua organização nos Estados.

A referida lei vem realizar uma das previsões do II Pacto Republicano[18], qual seja o fortalecimento da Defensoria Pública, como forma de garantir o acesso à Justiça aos mais necessitados.

As alterações objetivam que a Defensoria Pública atenda, prioritariamente, aos mais vulneráveis, além de prever sua especialização para atendimento interdisciplinar a grupos vulneráveis, como crianças e adolescentes, mulheres vítimas de violência doméstica e pessoas vítimas de abuso sexual. Para tal objetivo, a legislação prevê a necessidade de descentralização da Defensoria Pública em todo o país para que ela possa estar presente nas áreas mais carentes.

Há, ainda, previsão expressa para a Defensoria propor ação civil pública em defesa dos assistidos, enfatizando a importância da solução de conflitos extrajudicialmente, por meio da conciliação,

---

[12] Note-se que o art. 5º, LXXIV, da CF, dispõe que o Estado prestará assistência jurídica integral e gratuita aos hipossuficientes. Dessa forma, a atuação da Defensoria Pública não se limita apenas à defesa em juízo, mas também abrange a assistência em sede extrajudicial. Tal entendimento é corroborado pela leitura do art. 134 da CF, que determina que à Defensoria Pública incumbe a orientação jurídica e defesa, em todos os graus, dos necessitados.

[13] Sobre o tema, conferir Cappelletti; Garth, 1988.

[14] O STJ entendeu que a gratuidade de justiça se estende aos atos de notários e registradores que sejam indispensáveis ao cumprimento de decisão judicial em processo em que tenha sido deferido esse benefício. Nesse sentido: STJ, AgRg no RMS 24.557-MT, rel. Min. Castro Meira, j. 7-2-2013, *Informativo STJ*, n. 517.

[15] Entretanto a concessão de gratuidade de justiça não desobriga a parte beneficiária de pagar os honorários contratuais devidos ao seu advogado particular em razão de anterior celebração de contrato de. Nesse sentido: STJ, REsp 1.065.782-RS, rel. Min. Luis Felipe Salomão, j. 7-3-2013, *Informativo STJ*, n. 518.

[16] A íntegra da lei está disponível em: http://www.planalto.gov.br/ccivil_03/LEIS/LCP/Lcp132.htm.

[17] A íntegra da lei está disponível em: http://www.planalto.gov.br/ccivil_03/LEIS/LCP/Lcp80.htm.

[18] O II Pacto Republicano prevê, em seu item 3.1, o fortalecimento da Defensoria Pública como forma de garantir a assessoria jurídica aos mais necessitados. A íntegra do referido Pacto está disponível em: http://www.adperj.com.br/downloads/II_Pacto-Republicano.pdf.

da arbitragem, da promoção da conscientização dos direitos humanos, da cidadania e do ordenamento jurídico.

O art. 1º da LC n. 80/94, com sua redação dada pela LC n. 132/2009, dispõe que cabe à Defensoria Pública promover, judicial e extrajudicialmente, a defesa dos direitos individuais e coletivos dos necessitados.

Foi inserido o art. 3º-A na LC n. 80/94, trazendo como objetivos da Defensoria Pública a primazia da dignidade da pessoa humana, a afirmação do Estado Democrático de Direito, a prevalência e a efetividade dos direitos humanos e a garantia dos princípios do contraditório e da ampla defesa.

O art. 4º ampliou as funções à Defensoria Pública, merecendo destaque o inciso II, que acresceu à função de atuar na solução extrajudicial de conflitos não só mediante a conciliação, como era a redação original, como também por meio da mediação e da arbitragem, sendo que, nos termos do § 4º, o instrumento de transação, mediação ou conciliação referendado por um Defensor Público vale como título executivo extrajudicial, podendo a parte iniciar diretamente um processo de execução.

O inciso VII do referido artigo foi inserido para acrescentar como função a defesa de direitos difusos, coletivos e individuais homogêneos[24] dos necessitados. O inciso IX permitiu à Defensoria impetrar *habeas corpus*, mandado de segurança, *habeas data* e mandado de injunção na defesa de seus interesses institucionais[19].

Já o inciso XI do art. 4º prevê a atuação da Defensoria para a defesa dos interesses individuais e coletivos da criança e do adolescente, do idoso, da pessoa portadora de necessidades especiais, da mulher vítima de violência doméstica e familiar e de outros grupos sociais vulneráveis que mereçam proteção especial do Estado. O inciso XVIII prevê sua atuação na preservação e reparação dos direitos de pessoas vítimas de tortura, abusos sexuais, discriminação ou qualquer outra forma de opressão ou violência, propiciando o acompanhamento e o atendimento interdisciplinar das vítimas; e o inciso XIX, a atuação nos Juizados Especiais.

Por fim, cabe destacar que o inciso XXI permite que a Defensoria Pública execute e receba as verbas sucumbenciais nos feitos em que atuou, para destiná-las a fundos para capacitação de seus membros e aparelhamento da instituição, podendo cobrá-las, inclusive, de qualquer ente público, sem que se confunda com a figura do ente estatal.

O § 7º do mesmo artigo traz à Defensoria a possibilidade de se sentar, em audiência, no mesmo plano do membro do Ministério Público. O § 8º prevê que, quando um Defensor Público entender que não é hipótese de atuação institucional, deverá comunicar ao Defensor Público-Geral, cabendo a este último a decisão sobre a questão e, se entender cabível a atuação da Defensoria, remeter a outro Defensor Público.

Ademais, o STF[20] resolveu que o defensor público não necessita estar inscrito nos quadros da

---

[19] Não obstante isso, o STJ não admite legitimidade da Defensoria Pública para o pedido de suspensão de segurança. EDcl no AgInt na SLS 3.156-AM, rel. Min. Maria Thereza de Assis Moura, Corte Especial, por maioria, j. 7-2-2024, DJe 6-6-2024. *Informativo STJ* n. 816.

[20] Não se harmoniza com a Constituição Federal (CF) o art. 3º da Lei n. 8.906/94 ao estatuir a dupla sujeição ao regime jurídico da Ordem dos Advogados do Brasil (OAB) e ao da Defensoria Pública, federal ou estadual. O art. 4º, § 6º, da Lei Complementar (LC) n. 80/1994, na redação dada pela LC n. 132/2009, prevê que a capacidade postulatória do defensor público decorre exclusivamente de sua nomeação e posse no cargo público, o que torna irrelevante, sob o prisma jurídico-processual, a sua inscrição nos quadros da OAB. Com base nesse entendimento, o Plenário, por maioria, apreciando o Tema 1074 da repercussão geral, negou provimento ao recurso extraordinário. Vencidos os ministros Marco Aurélio e Dias Toffoli. RE 1.240.999/SP, rel. Min. Alexandre de Moraes, julgamento virtual finalizado em 3-11-2021 (quarta-feira), às 23:59. *Informativo STF* n. 1.037. Posteriormente, o STF reafirma o entendimento: É inconstitucional a exigência de inscrição do Defensor Público nos quadros da Ordem dos Advogados do Brasil. Tema 1074 – Rrel. Min. Alexandre de Moraes. RE 1.240.999.

OAB uma vez que sua capacidade postulatória decorre diretamente de sua nomeação e posse no cargo público.

O art. 4º-A foi inserido na LC n. 80/94, prevendo ao assistido da Defensoria o direito à informação sobre seus horários de funcionamento e tramitação dos processos, a qualidade e eficiência no atendimento, o direito a ter sua pretensão revista, caso um Defensor Público se recuse a atendê-lo, e o direito a ter um defensor acompanhando seu caso.

Não custa lembrar que o defensor tem direito à intimação pessoal[21].

Com aplicação específica à União, o art. 21, que trata da carreira do Defensor Público, teve sua redação alterada para passar a prever a atuação dos Defensores Públicos de 2ª Categoria, o início da carreira, também junto às Turmas dos Juizados Especiais Federais, enquanto os Defensores Públicos de Categoria Especial, o grau máximo da carreira, passaram a ter atuação prevista também na Turma de Uniformização dos Juizados Especiais Federais.

Avançando para as normas gerais de organização da Defensoria Pública nos Estados, cuja atuação é regulada por lei estadual específica, elaborada por cada Estado, os arts. 97-A e 97-B foram inseridos para prever à Defensoria Pública dos Estados autonomia funcional, administrativa e de iniciativa para elaboração de sua proposta orçamentária, não tendo qualquer vinculação à Defensoria da União.

O art. 105-C foi inserido para trazer as funções da Ouvidoria-Geral, tornando-a um canal entre a Defensoria Pública e a sociedade, apto a receber reclamações, sugestões e adotar providências pertinentes com posterior comunicação aos interessados.

Por fim, o art. 106-A prevê a descentralização das Defensorias Públicas dos Estados, por meio de núcleos especializados, para a tutela eficaz dos direitos individuais e coletivos dos necessitados, tutela esta que, embora razão de grande controvérsia[22], tem se revelado uma importante previsão trazida pela LC n. 132/2009.

No CPC, a Defensoria Pública é tratada nos arts. 185 a 187.

O art. 185 dispõe que a Instituição "exercerá a orientação jurídica, a promoção dos direitos humanos e a defesa dos direitos individuais e coletivos dos necessitados, em todos os graus, de forma integral e gratuita".

Assim como os advogados públicos, os defensores também gozam de prazo em dobro[23] em todas as suas manifestações e ostentam a prerrogativa da intimação pessoal nos mesmos moldes do art. 183, § 1º. Isso se aplica aos escritórios de prática jurídica das faculdades de direito reconhecidas, bem como às entidades que prestam assistência jurídica gratuita mediante convênio com a própria Defensoria Pública (§ 3º)[24].

---

[21] REsp 1.190.865-MG, rel. Min. Massami Uyeda, j. 14-2-2012, *Informativo STJ*, n. 491.

[22] Sobre o tema: Didier Jr., 2009, p. 212-213.

[23] Como bem observa Marco Antonio Rodrigues, "o prazo em dobro se aplicará não somente nas hipóteses em que a Defensoria Pública atua na representação judicial dos hipossuficientes, como também nas demandas em que é parte. A título de exemplo, nas ações civis públicas, em que, por força do art. 5º, II, da Lei n. 7.347/1985, a Defensoria é legitimada ativa para sua propositura, haverá a prerrogativa do prazo em dobro" (Gaio Jr.; Pinho, 2018, p. 191).

[24] A prerrogativa de prazo em dobro para as manifestações processuais também se aplica aos escritórios de prática jurídica de instituições privadas de ensino superior. REsp 1.986.064-RS, rel. Min. Nancy Andrighi, Corte Especial, por unanimidade, j. 1º-6-2022, *DJe* 8-6-2022. *Informativo STJ* n. 740. A prerrogativa de intimação pessoal conferida à Defensoria Pública se aplica aos núcleos de prática jurídica das faculdades de Direito, públicas ou privadas. Processo em segredo de justiça, Rel. Ministrorel. Min. Marco Aurélio Bellizze, rel. para acórdão Min. Nancy Andrighi, 3ª T., por maioria, j. 7-11-2023. *Informativo STJ* n. 794.

O § 2º do art. 186 positiva regra de grande relevância prática: a "requerimento da Defensoria Pública, o juiz determinará a intimação pessoal da parte patrocinada quando o ato processual depender de providência ou informação que somente por ela possa ser realizada ou prestada"[25].

O dispositivo é digno de elogio. De nada adianta intimar o defensor e lhe garantir prazo em dobro ou mesmo intimação pessoal se esse profissional não tem como fornecer a informação que está em poder de seu assistido que não mais faz contato com seu defensor. A única providência cabível nesse caso é mesmo a intimação pessoal do assistido.

Quanto à responsabilidade civil do defensor, é mantida a mesma regra aplicável aos advogados públicos, ou seja, ele só responde quando age com dolo ou fraude, no exercício de suas funções, e de forma regressiva, na forma do art. 187.

Por fim, vem-se firmando o papel da Defensoria Pública como *custos vulnerabilis*, ou "fiscal dos vulneráveis"[26], denominação já reconhecida em sede doutrinária[27] e na jurisprudência do STJ[28].

---

[25] Intimação pessoal da parte assistida pela Defensoria Pública. Extensão da prerrogativa ao defensor dativo. Possibilidade. Interpretação sistemática e teleológica do art. 186, § 2º, do CPC. RMS 64.894-SP, rel. Min. Nancy Andrighi, 3ª T., por unanimidade, j. 3-8-2021, *DJe* de 9-8-2021 *Informativo STJ* n. 704.

[26] Enunciado n. 169 da III Jornada de Direito Processual Civil CJF/ENFAM: A Defensoria Pública pode ser admitida como custos vulnerabilis sempre que do julgamento puder resultar formação de precedente com impacto potencial no direito de pessoas necessitadas.

[27] "O 'fiscal dos direitos vulneráveis' deve atuar, destarte, sempre que os direitos e/ou interesses dos processos (ainda que individuais) justifiquem a oitiva (e a correlata consideração) do posicionamento institucional da Defensoria Pública, inclusive, mas não apenas, nos processos formadores ou modificadores dos indexadores jurisprudenciais, tão enaltecidos pelo Código de Processo Civil. Trata-se de fator de legitimação decisória indispensável e que não pode ser negada a qualquer título." Bueno, 2018, p. 219.

[28] Segundo a doutrina, *custos vulnerabilis* representa uma forma interventiva da Defensoria Pública em nome próprio e em prol de seu interesse institucional (constitucional e legal), atuação essa subjetivamente vinculada aos interesses dos vulneráveis e objetivamente aos direitos humanos, representando a busca democrática do progresso jurídico-social das categorias mais vulneráveis no curso processual e no cenário jurídico-político. (...) Assim, tendo em conta que a tese proposta no recurso especial repetitivo irá, possivelmente, afetar outros recorrentes que não participaram diretamente da discussão da questão de direito, bem como em razão da vulnerabilidade do grupo de consumidores potencialmente lesado e da necessidade da defesa do direito fundamental à saúde, a Defensoria Pública da União está legitimada para atuar como *custos vulnerabilis*. EDcl no REsp 1.712.163-SP, rel. Min. Moura Ribeiro, Segunda Seção, por unanimidade, j. 25-9-2019, *DJe* 27-9-2019. *Informativo STJ* n. 657.

Capítulo 12
O JUIZ E O ESTATUTO JURÍDICO DA MAGISTRATURA

12.1 DISPOSIÇÕES CONSTITUCIONAIS

O exercício da jurisdição é realizado por juízes regularmente investidos nessa função, o que, em regra, ocorre após a aprovação em concurso de provas e títulos organizado pelos tribunais, corporificando e representando o Estado.

Para alguns, o fato de os juízes não chegarem ao poder por meio do voto representaria um grande obstáculo à legitimação democrática de suas decisões, principalmente naquelas envolvendo direitos sociais.

No entanto a garantia de um Poder Judiciário democrático em oportunidades de acesso e progressos funcionais, baseadas em regras preestabelecidas, assegura a independência dos magistrados e o exercício adequado da jurisdição, permitindo, com isso, a legitimidade política dos julgamentos do Judiciário em países (como o nosso) onde os juízes não são eleitos pelo voto popular. Não são privilégios, mas instrumentos para a garantia da independência e da imparcialidade.

Dessa forma, como verdadeiros órgãos que exercem funções específicas do Estado, atualmente, os juízes têm experimentado um considerável incremento em seus poderes com o objetivo de atender à urgência da efetividade processual[1].

Todo incremento de poder deve ser acompanhado de um proporcional aumento de responsabilidade. Assim, junto ao aumento dos poderes judiciais, temos observado também a exigência de uma atuação ética do magistrado do qual se exige a compreensão da relevância social de sua tarefa.

Consoante Paulo Cezar Pinheiro Carneiro, a noção central da ética do juiz consiste em "estar a serviço da sociedade em primeiro lugar, cumprindo rigorosamente seus deveres e suas obrigações, da melhor forma que sua capacidade permitir"[2].

Aliás, a exigência de atuação ética, é bom que se registre, não está adstrita aos magistrados, dirigindo-se também a todos aqueles que, de algum modo, participam do processo. Assim, essa exigência dirige-se, entre outros, aos advogados e ao Ministério Público.

A relevância de seu papel para a efetivação ou correção da execução imperfeita do direito determinou a concessão de garantias políticas aos magistrados que, juntamente às garantias políticas do Poder Judiciário, asseguram a independência e imparcialidade necessárias ao exercício da jurisdição.

Essa independência permite que o juiz esteja subordinado apenas à lei, livrando-o de quaisquer vínculos hierárquicos no exercício de suas atribuições judicantes e permitindo que ele formule seus juízos de forma livre e autônoma.

No entanto essa liberdade conferida ao magistrado não significa que ele possa decidir única e exclusivamente com base em sua consciência, na medida em que nosso ordenamento consagra o sistema da persuasão racional ou do livre convencimento motivado (com exceção do júri, que julga de acordo com sua íntima convicção), sendo o juiz obrigado a sentenciar com base na lei e nos elementos trazidos ao processo, embora valorados de forma livre.

---

[1] Barbosa Moreira, 2004c, p. 53-67.
[2] Carneiro, 2003, p. 66.

Contudo, como bem observa Zulmar Duarte, o fato de o sistema estar centrado na persuasão racional não impede que o legislador estabeleça preferências por determinado meio de prova[3].

O controle desse sistema é feito mediante a exigência constitucional de fundamentação de todas as decisões judiciais, prevista no art. 93, IX, da CF, que permite um controle das partes e da própria sociedade sobre a atividade jurisdicional, além de fornecer elementos para o reexame da decisão, em caso de recurso.

Além da seleção rigorosa por que passam os juízes, o art. 94 da CF instituiu a regra do quinto constitucional, determinando que um quinto dos lugares dos Tribunais Regionais Federais, dos Tribunais dos Estados e do Distrito Federal e Territórios será ocupado por membros do Ministério Público com mais de 10 anos de carreira e por advogados de notório saber jurídico e reputação ilibada com mais de 10 anos de atividade profissional.

Das garantias anteriormente mencionadas trata o art. 95 da CF[4]:

i) Vitaliciedade: significa que o magistrado só pode perder o cargo mediante decisão judicial transitada em julgado[5], com exceção, no caso do juiz de primeira instância, se estiver durante os dois primeiros anos de exercício, prazo durante o qual a perda dependerá apenas de deliberação do tribunal a que estiver vinculado. Entretanto, a garantia não impede que o juiz seja aposentado compulsoriamente aos setenta anos (art. 93, VI, c/c o art. 40, § 1º, II, da CF). Não impede, outrossim, a aposentadoria, igualmente compulsória, por motivo de interesse público. A vitaliciedade também não obsta que o magistrado seja colocado em disponibilidade, por assim recomendar o interesse público. Todavia a aposentadoria e a disponibilidade, além de motivadas pelo interesse público, devem ser precedidas por decisão em que opine favoravelmente a maioria absoluta dos membros do tribunal a que o magistrado estiver vinculado ou do Conselho Nacional de Justiça (art. 93, VIII, da CF).

ii) Inamovibilidade: o juiz é imune a transferências de cargo contra a sua vontade (mesmo por promoção), salvo por motivo de interesse público, reconhecido pela maioria absoluta dos membros do tribunal a que o magistrado estiver vinculado ou do Conselho Nacional de Justiça (art. 93, VIII, da CF).

iii) Irredutibilidade de subsídio: proíbe quaisquer alterações que reduzam o valor de seu subsídio, pois tal diminuição possibilitaria a exposição do Poder Judiciário a coações e represálias provenientes de particulares ou de outros Poderes. Ressalte-se, no entanto, que tal garantia restou bastante esvaziada em virtude da vedação à revisão automática dos salários, tendo sido reduzida, com isso, à expressão nominal dos salários dos juízes.

---

[3] "Diversos são os exemplos: o documento público faz prova de sua formação e dos fatos relatados perante o servidor público (art. 406 do Código de Processo Civil); as declarações constantes de documento particular são presumidamente atribuídas ao respectivo signatário (art. 407); existe fixação formal do tempo para determinação da data de documento particular quanto a terceiros (art. 409, parágrafo único, do Código de Processo Civil); as regras de experiência técnica exigem perícia (art. 375, parte final, do Código de Processo Civil), não podendo ser supridas por testemunhas (art. 443, inciso II, do Código de Processo Civil), mas podem ser substituídas por documentos (art. 472 do Código de Processo Civil); a prova documental e a confissão têm proeminência frente à prova testemunhal (art. 443, inciso I, do Código de Processo Civil). Existem, ainda, hipóteses em que o sistema se acomoda com a fixação formal estabelecida pelas partes, a despeito das provas (art. 374, incisos II e III, do Código de Processo Civil). Ainda, o Código Civil estabelece que a escritura pública faz prova plena sobre o que retrata (art. 215)" (Gaio Jr.; Pinho, 2018, p. 206).

[4] As garantias previstas no art. 95 da CF têm o escopo de assegurar a independência política dos juízes, permitindo-lhes o livre exercício de suas funções. Todavia, os juízes também apresentam independência jurídica, no sentido de não se subordinarem a ninguém senão à lei.

[5] A vitaliciedade difere da estabilidade dos servidores públicos, porque o estável pode perder seu cargo por sentença judicial transitada em julgado ou por procedimento administrativo, enquanto o vitaliciado só poderá perder o cargo na primeira hipótese.

Além dessas garantias, a independência do Poder Judiciário é completada pela atribuição conferida aos juízes de governar os próprios serviços, isto é, organizar e administrar os serviços dos órgãos jurisdicionais e seus auxiliares, na forma estabelecida pelo art. 96 da CF.

Ao lado dessas garantias, a Constituição estabelece ainda alguns impedimentos (que acabam representando verdadeiras garantias para os litigantes), visando assegurar a impessoalidade e a imparcialidade no exercício da jurisdição.

Tais vedações, previstas no parágrafo único do art. 95 da CF, impedem que os juízes:

a) exerçam, ainda que em disponibilidade, outro cargo ou função, salvo uma de magistério;

b) recebam, a qualquer título ou pretexto, custas ou participação em processo, bem como, ressalvadas as exceções previstas em lei, auxílios ou contribuições de pessoas físicas, entidades públicas ou privadas;

c) dediquem-se à atividade político-partidária;

d) recebam, a qualquer título ou pretexto, auxílios ou contribuições de pessoas físicas, entidades públicas ou privadas, ressalvadas as exceções previstas em lei; e

e) exerçam a advocacia no juízo ou tribunal do qual se afastou, antes de decorridos três anos do afastamento do cargo por aposentadoria ou exoneração.

12.2 PODERES, DEVERES E RESPONSABILIDADES DO JUIZ

No que tange aos principais poderes de caráter jurisdicional, podemos classificá-los em poder-fim, desempenhado por meio da atividade decisória, e poderes-meios, de feição instrumental, dentre os quais se destacam os poderes de direção do processo, os poderes instrutórios e os poderes de coerção[6].

Apesar de vigorar em nosso sistema processual o princípio da inércia jurisdicional, segundo o qual o juiz só pode proferir uma sentença se provocado, uma vez requerida a tutela jurisdicional, o processo se desenvolve por impulso oficial, cabendo ao magistrado, por meio de seus poderes, garantir a marcha adequada.

Dessa forma, o juiz atuará de forma que a tutela seja prestada efetiva e tempestivamente, não podendo, de forma alguma, eximir-se de decidir em caso de lacuna ou obscuridade da lei.

Contudo os poderes do juiz não se esgotam na prestação da tutela jurisdicional, cabendo-lhe fiscalizar e controlar a relação processual, fazendo com que se desenvolva regular e validamente. O juiz deve assegurar o equilíbrio da relação processual, com a paridade das armas e a dignidade da Justiça, não tendo, para isso, "nem participação interessada ou facciosa, nem alheamento; nem hipertrofia, nem ausência"[7].

Nessa questão envolvendo a tempestividade da tutela, é importante observar que, embora o juiz possa provocar a conciliação a qualquer tempo, não pode, com isso, sacrificar direitos processuais das partes, principalmente em nome do devido processo legal[8].

Assim, não poderá o juiz retardar a marcha processual em nome de seu poder conciliatório, especialmente a partir da incorporação do inciso LXVIII ao art. 5º da CF, pela EC n. 45, que garante expressamente a tutela célere e tempestiva.

---

[6] Barbosa Moreira, 2004c, p. 55.

[7] Nery Jr.; Nery, 2002, p. 384.

[8] Santos, 1998, p. 171.

Como alerta Leonardo Greco[9], o juiz deve ser diligente para evitar que a designação de audiência se converta em causa extralegal de suspensão do processo.

O considerável incremento dos poderes judiciais, efetuado pelas reformas por que tem passado nosso diploma processual civil, é o reflexo do movimento pela busca da efetividade processual.

Dentre os poderes coercitivos, estão a determinação de busca e apreensão de bens e a imposição de multa diária para cumprir decisões.

Vistas essas considerações gerais, passamos agora a analisar os dispositivos do CPC.

O art. 139 traz um rol de dez incisos que consubstanciam os poderes e deveres do magistrado, que são adiante transcritos e comentados:

I – Assegurar às partes igualdade de tratamento.

Trata-se de corolário do princípio da isonomia, previsto genericamente no art. 7º do CPC. Importante ressaltar que o juiz pode aplicar o princípio da igualdade tanto no sentido formal (tratar os iguais de forma igual) como material (tratar os desiguais de forma desigual a fim de reestabelecer uma equação de igualdade). Dessa forma, o CPC oferece várias ferramentas ao magistrado, que vão desde a concessão de medidas de urgência de ofício, passando pela possibilidade de dilatar prazos processuais, chegando até mesmo à aplicação da teoria da carga dinâmica da prova.

II – Velar pela duração razoável do processo.

Princípio insculpido no art. 5º, LXXVIII, da Carta de 1988, e reproduzido no art. 4º do CPC, esse dever exterioriza a preocupação com a demora na prestação jurisdicional e os seus efeitos danosos. Como já visto no capítulo que trata dos princípios processuais, o CNJ sempre demonstrou especial atenção a este fato, chegando mesmo a baixar metas concretas e específicas, tanto de produtividade, como de controle dos prazos processuais.

Espera-se que, com o aumento da atividade conciliatória, o uso dos precedentes vinculantes e a expansão do uso do processo judicial eletrônico, possamos reduzir cada vez mais o tempo de duração do processo. Obviamente, temos sempre que ter o cuidado para que tais providências não afetem a efetividade do processo e a preocupação maior com a real satisfação das pretensões deduzidas em juízo.

III – Prevenir ou reprimir qualquer ato contrário à dignidade da justiça e indeferir postulações meramente protelatórias.

O CPC concretiza especial preocupação com a lealdade processual. O art. 5º consagra o princípio da boa-fé, e o art. 80 elenca as condutas tipificadas com atos de má-fé.

Dependendo da hipótese, requerimentos formulados desnecessariamente podem ser classificados como "meramente protelatórios". Tais postulações caracterizam, dependendo do elemento subjetivo, atos de má-fé, na forma do art. 80, VII, em âmbito recursal.

IV – Determinar todas as medidas indutivas, coercitivas, mandamentais ou sub-rogatórias necessárias para assegurar o cumprimento de ordem judicial, inclusive nas ações que tenham por objeto prestação pecuniária.

O CPC permite que o magistrado, independentemente de provocação da parte interessada, determine as medidas necessárias a assegurar o cumprimento de ordem judicial. Tais medidas podem ser:

a) Indutivas: são uma novidade em relação ao CPC/73. Não está ainda muito clara a distinção entre medidas indutivas e coercitivas, como aliás já apontou José Tesheiner[10]. Poderíamos ter, aqui,

---

[9] Greco, 1990, p. 172-173.

[10] Disponível em: http://www.tex.pro.br/home/artigos/47-artigos-nov-2009/6026-pl-51392009-medidas-indutivas-um-cavalo-de-troia.

uma medida a ser aplicada nos casos de *contempt of court*, ou seja, uma sanção nos casos de descumprimento de decisão judicial. Entretanto parece que a medida está mais ligada a uma premiação, no sentido do reconhecimento de um agir colaborativo da parte (art. 6º) do que a uma sanção por eventual ato de má-fé (art. 5º c/c o art. 80). Nesse sentido, podemos colher o art. 23 da Lei de Mediação (Lei n. 13.140/2015) que permite a isenção das custas caso o acordo seja alcançado antes da citação do réu. Segundo Talamini[11], o termo "indução" pode ser usado, ainda, em sentido mais amplo, abrangendo a indução positiva e a negativa.

b) Coercitivas: são as que impõem sanção, com o objetivo de constranger o devedor ao cumprimento da obrigação. É o caso da multa imposta nas obrigações de fazer.

c) Mandamentais: são as que determinam obrigação de fazer, não fazer ou desfazer. Podem ser reforçadas pela imposição de multa diária, ou, ainda, pode o magistrado determinar o cumprimento por terceiro às expensas do devedor.

d) Sub-rogatórias: são as que visam ao cumprimento da obrigação, independentemente da vontade do devedor. É o caso da busca e apreensão do bem reclamado via ação de restituição de coisa certa.

O inciso IV do art. 139 deve ser interpretado de forma sistemática com diversos outros dispositivos do CPC, a saber:

a) Art. 380, parágrafo único: "poderá o juiz, em caso de descumprimento, determinar, além da imposição de multa, outras medidas indutivas, coercitivas, mandamentais ou sub-rogatórias".

b) Art. 403, parágrafo único: "se o terceiro descumprir a ordem, o juiz expedirá mandado de apreensão, requisitando, se necessário, força policial, sem prejuízo da responsabilidade por crime de desobediência, pagamento de multa e outras medidas indutivas, coercitivas, mandamentais ou sub-rogatórias necessárias para assegurar a efetivação da decisão".

c) Art. 497, *caput*: "na ação que tenha por objeto a prestação de fazer ou de não fazer, o juiz, se procedente o pedido, concederá a tutela específica ou determinará providências que assegurem a obtenção de tutela pelo resultado prático equivalente".

d) Art. 536, *caput*: "no cumprimento de sentença que reconheça a exigibilidade de obrigação de fazer ou de não fazer, o juiz poderá, de ofício ou a requerimento, para a efetivação da tutela específica ou a obtenção de tutela pelo resultado prático equivalente, determinar as medidas necessárias à satisfação do exequente".

e) Art. 536, § 1º: "para atender ao disposto no *caput*, o juiz poderá determinar, entre outras medidas, a imposição de multa, a busca e apreensão, a remoção de pessoas e coisas, o desfazimento de obras e o impedimento de atividade nociva, podendo, caso necessário, requisitar o auxílio de força".

---

[11] "Medidas indutivas são aquelas destinadas a influenciar o sujeito a adotar determinada conduta. Isso pode fazer-se mediante a ameaça de um mal, caso ele não adote a conduta desejada (indução negativa) ou de uma vantagem, caso ele a adote (indução positiva). A indução negativa foi referida especificamente no art. 139, IV, como 'medida coercitiva'. Logo, a referência a 'medidas indutivas' concerne à indução positiva: a oferta de prêmios, incentivos, para o cumprimento da decisão judicial. Trata-se de sanção premial ou positiva. (...) É nesse quadro que se inserem as medidas processuais de indução positiva. A referência a elas no art. 139, IV, não constitui novidade no sistema. De há muito, o processo civil brasileiro emprega também sanções premiais para incentivar o cumprimento de suas decisões. É o que se tem no art. 61 da Lei n. 8.245/1991 (exoneração de verbas de sucumbência em caso de desocupação tempestiva do imóvel locado), no art. 701, § 1º, do CPC (isenção de custas em caso de cumprimento voluntário do mandado monitório), no art. 827, § 1º, do CPC (redução pela metade dos honorários advocatícios em caso de pronto cumprimento do mandado executivo), no art. 916 do CPC (parcelamento do crédito objeto do título extrajudicial mediante renúncia aos embargos de executado e pagamento imediato de 30% da dívida), entre outras normas" (Talamini, 2018, p. 157).

f) Art. 773, *caput*: "o juiz poderá, de ofício ou a requerimento, determinar as medidas necessárias ao cumprimento da ordem de entrega de documentos e dados".

Diante da redação de todos esses dispositivos legais, a jurisprudência teve que enfrentar situações que colocam em oposição a efetividade do processo e as garantias fundamentais do réu ou mesmo do executado.

Nessa linha, merecem destaque alguns julgados do STJ.

No primeiro[12], a Quarta Turma do Tribunal entendeu que a medida atípica da suspensão de passaporte só poderia ser determinada em caráter excepcional, mediante fundamentação específica, já que põe em xeque o direito de ir e vir. Por outro lado, a suspensão da Carteira Nacional de Habilitação, como não compromete o referido direito fundamental, não seria vedada.

No segundo[13], a Terceira Turma do Tribunal entendeu que "o devedor que não indica meios para quitar sua dívida pode ter seu passaporte bloqueado por determinação da Justiça, como meio coercitivo para pagar o débito".

O STJ[14] também decidiu que a sistemática das medidas atípicas aflitivas pessoais, tais como a suspensão de passaporte e de licença para dirigir, é incompatível com a execução fiscal. Contudo, podem ser aplicadas, observadas as peculiaridades do caso concreto, em ações de improbidade administrativa[15] e nos processos falimentares[16], observada a presença de indícios de ocultação de patrimônio.

Há entendimento, inclusive, que autoriza a adoção de tais medidas a fim de compelir o devedor a transferir saldo de criptoativos[17].

Com relação à duração das medidas, deve ser observado o tempo de resistência do devedor[18].

O STF[19] se debruçou sobre a matéria nos autos da ADI n. 5.941 e concluiu no sentido da constitucionalidade, desde que respeitados os postulados constitucionais garantistas.

---

[12] Recurso em *Habeas Corpus* n. 97.876-SP (2018/0104023-6), rel. Min. Luis Felipe Salomão, j. 5-6-2018, *DJe* 9-8-2018. *Informativo STJ* n. 631.

[13] Recurso em *Habeas Corpus* n. 99.060-SP, 3ª T., rel. Min. Nancy Andrighi, j. 13-11-2018. Voto disponível em www.stj.jus.br.

[14] Em execução fiscal não cabem medidas atípicas aflitivas pessoais, tais como a suspensão de passaporte e da licença para dirigir. HC 453.870-PR, rel. Min. Napoleão Nunes Maia Filho, 1ª T., por maioria, j. 25-6-2019, *DJe* 15-8-2019. *Informativo STJ* n. 654.

[15] Improbidade administrativa. Fase de cumprimento de sentença. Requerimento de medidas coercitivas. Suspensão de CNH e apreensão de passaporte. Previsão feita no art. 139, IV, do CPC. Medidas executivas atípicas. Aplicação em processos de improbidade. Observância de parâmetros. Análise dos fatos da causa. Possibilidade. São cabíveis medidas executivas atípicas de cunho não patrimonial no cumprimento de sentença proferida em ação de improbidade administrativa. REsp 1.929.230-MT, rel. Min. Herman Benjamin, 2ª T., por unanimidade, j. 4-5-2021. *Informativo STJ* n. 695.

[16] É cabível a medida coercitiva atípica de apreensão de passaportes, em sede de processo de falência, quando constatados fortes indícios de ocultação de patrimônio. HC 742.879-RJ, rel. Min. Raul Araújo, 4ª T., por unanimidade, j. 13-9-2022, *Informativo STJ* n. 749.

[17] Enunciado n. 162 da III Jornada de Direito Processual Civil CJF/ENFAM: São cabíveis medidas indutivas, coercitivas e mandamentais visando a compelir o devedor a transferir criptoativos ou saldos em criptoativos que lhe pertençam para endereço público que venha a ser indicado por ordem judicial.

[18] Não há um tempo preestabelecido fixamente para a duração da medida coercitiva atípica, que deve perdurar por tempo suficiente para dobrar a renitência do devedor. HC 711.194-SP, rel. Min. Marco Aurélio Bellizze, rel. Acd. Min. Nancy Andrighi, 3ª T., por maioria, j. 21-6-2022, *DJe* 27-6-2022, *Informativo STJ* n. 749.

[19] Constitucionalidade da previsão de medidas atípicas para assegurar o cumprimento de ordens judiciais. São constitucionais – desde que respeitados os direitos fundamentais da pessoa humana e observados os valores especificados no próprio ordenamento processual, em especial os princípios da proporcionalidade e da razoabilidade – as medidas atípicas previstas no CPC/2015 destinadas a assegurar a efetivação dos julgados. A duração razoável do processo, que decorre da inafastabilidade da jurisdição, deve incluir a atividade satisfativa (CF/88, art. 5º, LXXVIII; e CPC/2015, art. 4º). Assim, é inviável a pretensão abstrata de retirar

Uma última palavra sobre as demandas que buscam condenação em dinheiro, referidas na parte final do inciso IV. Não obstante a permissão legislativa, a jurisprudência vem se manifestando de forma restritiva, sob o entendimento de que, para tais casos, há outras ferramentas previstas no ordenamento jurídico[20].

V – Promover, a qualquer tempo, a autocomposição, preferencialmente com auxílio de conciliadores e mediadores judiciais.

A ideia da solução consensual é muito forte no CPC, e o juiz passa a ter um dever específico nesse sentido. Não basta julgar, é preciso envidar todos os esforços na busca da pacificação do conflito.

Nesse sentido, o art. 3º, § 2º, determina que o Estado promoverá, sempre que possível, a solução consensual dos conflitos. Ademais, o § 3º dispõe que o magistrado deve estimular a conciliação, a mediação e, ainda, outros métodos de solução consensual de litígios.

Os arts. 165 a 175, que serão examinados mais adiante, disciplinam o uso desses métodos no curso do processo, especialmente na audiência preliminar, agora chamada audiência de conciliação ou de mediação, disciplinada no art. 334.

VI – Dilatar os prazos processuais e alterar a ordem de produção dos meios de prova, adequando-os às necessidades do conflito de modo a conferir maior efetividade à tutela do direito.

A dilatação dos prazos processuais e a alteração da ordem de produção dos meios de prova são manifestações concretas do princípio da isonomia no sentido material. Ao mesmo tempo, representam claro aumento dos poderes do magistrado no curso do processo.

Esse aumento de poder vem acompanhado de um dever de fundamentação mais intenso. O aumento no nível de exigência da fundamentação das decisões judiciais fornece um elemento de controle razoavelmente seguro a fim de se prevenir excessos.

Quanto aos prazos, é preciso dizer que estes podem ser peremptórios ou dilatórios.

Na primeira hipótese há uma determinação legal ou judicial expressa, e o não atendimento a esse prazo leva à preclusão temporal, ou seja, à perda da possibilidade de exercer aquele direito pelo decurso do tempo.

Já os dilatórios podem ser ajustados livremente pelas partes, ou, mesmo que fixados em lei, a sua perda não leva à preclusão.

Quando o inciso VI do art. 139 se refere à dilatação, está a se referir aos prazos peremptórios. O juiz avaliará, naquele caso concreto, diante daquelas circunstâncias, que aquela parte faz jus a um prazo maior.

---

determinadas medidas do leque de ferramentas disponíveis ao magistrado para fazer valer o provimento jurisdicional, sob pena de inviabilizar a efetividade do próprio processo, notadamente quando inexistir uma ampliação excessiva da discricionariedade judicial. A previsão de uma cláusula geral, contendo uma autorização genérica, se dá diante da impossibilidade de a legislação considerar todas as hipóteses possíveis no mundo contemporâneo, caracterizado pelo dinamismo e pelo risco relacionados aos mais diversos ramos jurídicos. Assim, as medidas atípicas devem ser avaliadas de forma casuística, de modo a garantir ao juiz a interpretação da norma e a melhor adequação ao caso concreto, aplicando ao devedor ou executado aquela que lhe for menos gravosa, mediante decisão devidamente motivada. A discricionariedade judicial não se confunde com arbitrariedade, razão pela qual qualquer abuso deverá ser coibido pelos meios processuais próprios, que são os recursos previstos no ordenamento processual. Com base nesse entendimento, o Plenário, por maioria, julgou improcedente a ação para assentar a constitucionalidade do art. 139, IV, do CPC/2015. ADI n. 5.941-DF, rel. Min. Luiz Fux, j. 9-2-2023, *Informativo STF* n. 1.082.

[20] As *astreintes* constituem medida de execução indireta e são impostas para a efetivação da tutela específica perseguida ou para a obtenção de resultado prático equivalente nas ações de obrigação de fazer ou não fazer. Logo, tratando-se de obrigação de pagar quantia certa, é inaplicável a imposição de multa para coagir o devedor ao seu cumprimento, devendo o credor valer-se de outros procedimentos para receber o que entende devido. STJ. AgInt no Recurso Especial n. 1.324.029 – MG. rel. Min. Ricardo Villas Bôas Cueva. j. 16-6-2016.

Vejamos o art. 223, § 1º. O dispositivo permite que o juiz assinale novo prazo, na hipótese de justa causa. Parece-nos que o inciso VI do art. 139 autoriza o magistrado a usar a dilação em outras hipóteses, sempre com o fim de garantir a isonomia material, e desde que a decisão seja adequadamente fundamentada.

Observe-se, ainda, que o magistrado não pode reduzir prazo peremptório sem a anuência das partes (art. 222, § 1º).

Por fim, atente-se para o parágrafo único do art. 139, que impede que seja feita a dilação de prazos após o encerramento do prazo regular.

Com relação à alteração da ordem de produção dos meios de prova, há aqui pertinência direta com a norma inscrita no art. 373, § 1º, do CPC, que trata da atribuição do ônus da prova de modo diverso.

Em regra, cabe ao autor provar o fato constitutivo e ao réu fazer a contraprova do fato constitutivo (defesa direta) e/ou provar fato modificativo, impeditivo ou extintivo (defesa indireta). Esse é o chamado ônus estático da prova.

O CDC permite a inversão do ônus da prova[21] (art. 6º, VIII). Agora, o CPC vai além e permite que o magistrado determine qual das partes está em melhores condições de produzir a prova de cada fato.

Esse dispositivo (art. 373) é cercado de controvérsias e, portanto, será estudado no capítulo que trata da teoria geral da prova, na Parte II deste Curso.

VII – Exercer o poder de polícia, requisitando, quando necessário, força policial, além da segurança interna dos fóruns e tribunais.

Trata-se de manifestação concreta do poder de dirigir os trabalhos e as diligências do processo. O poder de polícia é exercido pelo magistrado durante todos os atos do processo, especialmente durante a audiência de instrução e julgamento, prevista nos arts. 358 a 368.

VIII – Determinar, a qualquer tempo, o comparecimento pessoal das partes, para inquiri-las sobre os fatos da causa, hipótese em que não incidirá a pena de confesso.

Esse dispositivo trata do interrogatório determinado pelo magistrado e se distingue do depoimento pessoal, meio de prova previsto no art. 385, pelo qual uma das partes requer ao juiz o depoimento da outra, sob pena de confissão (§ 1º do art. 385). No interrogatório, o magistrado determina o comparecimento de uma ou de ambas as partes (art. 379, I) a fim de esclarecer ponto que considera obscuro. No entanto, se a parte faltar, não lhe será aplicada a pena de confesso.

IX – Determinar o suprimento de pressupostos processuais e o saneamento de outros vícios processuais.

Como veremos em capítulo adiante, a ausência de pressupostos processuais e/ou de condições para o regular exercício do direito de ação impede o magistrado de adentrar ao exame do mérito, conduzindo o processo à extinção por meio de sentença terminativa.

No entanto o art. 4º dispõe que as partes têm direito de obter em prazo razoável a solução integral do mérito, incluída a atividade satisfativa.

Ademais, o art. 488 determina que o juiz deve resolver o mérito sempre que a decisão for favorável à parte a quem aproveitaria eventual pronunciamento nos termos do art. 485.

X – Quando se deparar com diversas demandas individuais repetitivas, oficiar o Ministério Público, a Defensoria Pública e, na medida do possível, outros legitimados a que se referem o art. 5º da Lei n. 7.347, de 24 de

---

[21] Súmula 618 do STJ: "A inversão do ônus da prova aplica-se às ações de degradação".

julho de 1985, e o art. 82 da Lei n. 8.078, de 11 de setembro de 1990, para, se for o caso, promover a propositura da ação coletiva respectiva.

Encontramos aqui importante providência no sentido de prevenir ações individuais. Além dos mecanismos de uniformização já previstos no CPC, cabe ao magistrado, ainda, oficiar aos Chefes do Ministério Público e da Defensoria Pública, bem como aos demais legitimados, dentro do possível, para que promovam ações civis públicas sempre que for verificada a repetição em larga escala de demandas individuais.

As ações civis públicas são reguladas por diversas leis, sendo as mais significativas a Lei n. 7.347/85 e a Lei n. 8.078/90. Tais diplomas cuidam, entre outros assuntos, das instituições que estão legitimadas à propositura dessas ações. Nesse rol, que é integrado pelas pessoas jurídicas de direito público, associações e entidades de classe, entre outras, destacam-se o Ministério Público e a Defensoria Pública.

Além dos poderes e deveres previstos no art. 139, os arts. 140 e 142 tratam, ainda, de outras importantes questões.

O art. 140 traz a vedação ao *non liquet*. Em outras palavras, o magistrado não pode se eximir do dever de julgar, mesmo que exista lacuna ou obscuridade no ordenamento jurídico. Em tais casos, deve utilizar as técnicas de hermenêutica e, se necessário, as ferramentas de integração da norma, tais como o costume, a analogia e os princípios gerais do direito.

Ademais, os pronunciamentos judiciais seguem, como regra, o disposto nas leis. É o chamado julgamento de direito.

O parágrafo único do art. 140 permite, em caráter excepcional, o julgamento por equidade, e, mesmo assim, apenas nas hipóteses que estejam taxativamente previstas em lei.

A ideia de equidade remete a um julgamento que busca a justiça no caso concreto, mesmo que, para tanto, seja necessário "contornar" o texto legal. Em outras palavras, há determinadas situações nas quais a decisão que se mostra mais adequada ao caso não decorre, necessariamente, da aplicação literal do texto da lei.

Como exemplo, podemos citar o parágrafo único do art. 723 do CPC, que assim dispõe: "o juiz não é obrigado a observar critério de legalidade estrita, podendo adotar em cada caso a solução que considerar mais conveniente ou oportuna".

Na Lei dos Juizados Especiais Cíveis – Lei n. 9.099/95 – encontramos no art. 6º a norma que prevê o seguinte: o Juiz adotará em cada caso a decisão que reputar mais justa e equânime, atendendo aos fins sociais da lei e às exigências do bem comum.

O art. 141, a seu turno, complementa o princípio da inércia do juiz, também chamado princípio da demanda ou, ainda, princípio dispositivo, previsto no art. 2º do CPC.

Assim, o magistrado deve decidir o mérito da causa nos limites propostos pelas partes (o autor, na petição inicial, e o réu, na contestação).

O juiz não pode conhecer de questões não suscitadas pelas partes, salvo se forem as chamadas questões de ordem pública, ou seja, questões que podem ser examinadas de ofício pelo magistrado, como aquelas previstas no art. 485, § 3º, que serão analisadas adiante. E, mesmo nesses casos, o juiz deverá dar às partes oportunidade de se manifestar antes de decidir, como determina o art. 10, parte final, do CPC.

O art. 142 impõe ao juiz o dever de reprimir a colusão das partes e a prática de atos simulados por meio do processo, com o objetivo de obter algo vedado por lei. Ao se dar conta dessa situação, caberá ao magistrado proferir decisão que impeça esses objetivos, bem como aplicar a sanção de litigância de má-fé. A prática do ato também dá ensejo à ação rescisória (art. 966, III, do CPC).

Não obstante a omissão do art. 142, deverá o juiz extrair peças e enviá-las ao Ministério Público caso entenda haver indícios da prática de crime pelas partes.

Finalizando essa seção, o art. 143 trata da responsabilização civil dos magistrados.

O CPC adota um regime único e uniforme para a responsabilização de juízes, promotores e advogados públicos.

O art. 143 trata apenas da responsabilidade civil. A responsabilidade administrativa é prevista na Lei Orgânica da Magistratura Nacional (LOMAN – Lei Complementar n. 35/79). A responsabilidade criminal se dá de acordo com os tipos previstos no Código Penal.

Civilmente, o juiz responde por perdas e danos, mas apenas regressivamente. Em outras palavras, aquele que se sentir prejudicado por ato praticado por magistrado deve acionar o Estado, na forma do art. 37, § 6º, da Carta de 1988.

Observe-se que o dispositivo constitucional permite o regresso (possibilidade de o Estado acionar o seu servidor após ser condenado na ação proposta pelo particular) nos casos de dolo ou culpa, como, aliás, já era o entendimento do STF[22].

No caso dos magistrados, a ação regressiva só será possível nos casos de dolo ou fraude (art. 143, I, do CPC) ou quando o magistrado recusar, omitir ou retardar, sem justo motivo, providência que deva ordenar de ofício ou a requerimento da parte (art. 143, II, do CPC).

Na segunda hipótese, o parágrafo único do art. 143 ressalva que só se configura o atraso quando a parte requerer ao juiz que determine a providência e o requerimento não for apreciado no prazo de 10 dias.

12.3 IMPEDIMENTOS E SUSPEIÇÕES

Em sede infraconstitucional, a distância dos magistrados dos centros de poder e dos interesses sobre os quais poderão vir a decidir é assegurada pelo estabelecimento de casos de impedimento e suspeição.

Assim, a ausência de causas de impedimento e de suspeição garantem a imparcialidade do magistrado, que se coloca como um dos pressupostos de regular e válida constituição da relação processual, como será visto mais adiante.

Segundo a doutrina tradicional, a diferença entre impedimento e suspeição poderia ser expressa por uma escala gradativa, visto que o impedimento representaria um vício mais grave do que a suspeição.

Hoje, contudo, diz-se que o impedimento é o vício que se torna evidente com a simples leitura do texto legal (hipóteses vinculantes), enquanto na suspeição, há a necessidade de um juízo de valor a ser realizado diante do caso concreto, comportando, portanto, uma análise de índole subjetiva.

Apesar dessa diferença, ambos os casos devem ser interpretados restritivamente, podendo o juiz, após a análise dos autos, declarar-se suspeito ou impedido (isto é, fazê-lo de ofício), enviando-os para o substituto legal. Caso isso não ocorra, cabe à parte arguir o impedimento ou a suspeição do juiz.

O art. 144 do CPC estabelece as hipóteses legais de impedimento. De acordo com esse dispositivo, há impedimento do juiz em processo:

---

[22] "Ausência de responsabilidade concorrente em face dos eventuais prejuízos causados a terceiros pela autoridade julgadora no exercício de suas funções, a teor do art. 37, § 6º, da CF/88. 5. Recurso Extraordinário conhecido e provido" (RE 228.977-2/SP, rel. Min. Néri da Silveira, j. 5-3-2002, 2ª T., *DJ* 12-4-2002).

"I – em que interveio como mandatário da parte, oficiou como perito, funcionou como membro do Ministério Público ou prestou depoimento como testemunha;

II – de que conheceu em outro grau de jurisdição, tendo proferido decisão;

III – quando nele estiver postulando, como defensor público, advogado ou membro do Ministério Público, seu cônjuge ou companheiro, ou qualquer parente, consanguíneo ou afim, em linha reta ou colateral, até o terceiro grau, inclusive;

IV – quando for parte no processo ele próprio, seu cônjuge ou companheiro, ou parente, consanguíneo ou afim, em linha reta ou colateral, até o terceiro grau, inclusive;

V – quando for sócio ou membro de direção ou de administração de pessoa jurídica parte no processo;

VI – quando for herdeiro presuntivo, donatário ou empregador de qualquer das partes;

VII – em que figure como parte instituição de ensino com a qual tenha relação de emprego ou decorrente de contrato de prestação de serviços;

VIII – em que figure como parte cliente do escritório de advocacia de seu cônjuge, companheiro ou parente, consanguíneo ou afim, em linha reta ou colateral, até o terceiro grau, inclusive, mesmo que patrocinado por advogado de outro escritório[23];

IX – quando promover ação contra a parte ou seu advogado".

Há mais uma hipótese de impedimento, consagrada no art. 147: "Quando 2 (dois) ou mais juízes forem parentes, consanguíneos ou afins, em linha reta ou colateral, até o terceiro grau, inclusive, o primeiro que conhecer do processo impede que o outro nele atue, caso em que o segundo se escusará, remetendo os autos ao seu substituto legal".

O art. 144 traz ainda três parágrafos. Os §§ 1º e 3º se referem ao inciso III.

O § 1º ressalva que o impedimento só se verifica quando o defensor público, o advogado ou o membro do Ministério Público já integrava o processo antes do início da atividade judicante do juiz.

O § 2º, a seu turno, ressalva que é vedada a criação de fato superveniente a fim de caracterizar impedimento do juiz.

O § 3º amplia o alcance do dispositivo, ao dispor que o impedimento também se verifica caso um dos advogados do escritório esteja na situação do inciso III, ainda que não intervenha diretamente no processo.

Nessa mesma linha, encontramos a Resolução n. 200/2015 do CNJ[24].

O art. 145 dispõe que há suspeição[25] do juiz:

"I – amigo íntimo ou inimigo de qualquer das partes ou de seus advogados;

II – que receber presentes de pessoas que tiverem interesse na causa antes ou depois de iniciado o processo, que aconselhar alguma das partes acerca do objeto da causa ou que subministrar meios para atender às despesas do litígio;

III – quando qualquer das partes for sua credora ou devedora, de seu cônjuge ou companheiro ou de parentes destes, em linha reta até o terceiro grau, inclusive;

---

[23] O STF considerou inconstitucional o inciso VIII do art. 144 do CPC. STF, ADI n. 5.593-DF, rel. Min. Edson Fachin. No julgamento da ADI n. 5.593/2018, o STF, por maioria, julgou procedente o pedido declarando a inconstitucionalidade do inciso VIII do art. 144, nos termos do voto do Ministro Gilmar Mendes, Redator para o acórdão, vencidos os Ministros Edson Fachin (Relator), Rosa Weber (Presidente), Cármen Lúcia e Roberto Barroso. Plenário, Sessão Virtual de 11-8-2023 a 21-8-2023.

[24] Disponível em: http://www.cnj.jus.br/images/imprensa/Resolu%C3%A7%C3%A3o_200-2015.pdf.

[25] Segundo o STJ, as hipóteses de suspeição integram rol taxativo sujeito a interpretação restritiva. AgInt na ExSusp 198-PE, rel. Min. Marco Aurélio Bellizze, Segunda Seção, por unanimidade, j. 17-3-2020, *DJe* 20-3-2020. *Informativo STJ* n. 668.

IV – interessado no julgamento do processo em favor de qualquer das partes".

Além dessas quatro hipóteses, o § 1º permite, ainda, que o magistrado se declare suspeito por foro íntimo, sem que exponha, publicamente, os motivos que o levaram a tomar tal atitude.

Trata-se de norma protetiva ao magistrado e que se caracteriza como verdadeira imunidade. Tomada tal providência, não pode esse juiz ser questionado ou mesmo mantido nos autos por decisão da instância superior, como já decidiu o STJ[26], ainda na vigência do CPC/73.

Por outro lado, o § 2º considera ilegítima a alegação de suspeição quando houver sido provocada por quem a alega, ou quando este houver praticado ato que signifique manifesta aceitação do arguido.

O CPC estabelece com clareza o procedimento para a alegação de eventual parcialidade do magistrado.

Segundo o art. 146, a parte tem o prazo de 15 dias para alegar o impedimento ou a suspeição, a contar do conhecimento do fato. O pedido será deduzido por petição dirigida ao juiz da causa, com a indicação do fundamento legal. O pedido poderá vir acompanhado de documentos e indicação de testemunhas a serem ouvidas, a fim de comprovar o alegado.

Recebida a petição, o magistrado poderá tomar as seguintes atitudes, de acordo com o § 1º do art. 146:

a) Reconhecer o impedimento ou a suspeição e, ato contínuo, determinar a remessa dos autos ao seu substituto legal. Nessa hipótese, deverá ser observado o Código de Organização Judiciária ou o Regimento Interno do Tribunal ao qual pertença o magistrado a fim de se identificar quem é seu substituto legal. Via de regra, já existe uma definição prévia, que na prática recebe a denominação de "juízo tabelar". Assim, por exemplo, o Tribunal pode estabelecer que o tabelar será o juízo imediatamente ascendente, de forma que o tabelar do juiz da 5ª Vara Cível é o juiz da 6ª, o deste é o juiz da 7ª Vara Cível, e assim por diante.

b) Não reconhecer a parcialidade. Nesse caso, determinará a autuação em separado da petição e, no prazo de 15 dias, apresentará suas razões, acompanhadas de documentos e de rol de testemunhas, se houver, ordenando a remessa do incidente ao tribunal.

Quando o magistrado não admite a alegação, é formado um incidente (de impedimento ou de suspeição, conforme o caso). Esse incidente é remetido ao Tribunal, de acordo com o respectivo Regimento Interno. Será livremente distribuído a uma das Câmaras (no caso do Tribunal de Justiça) ou Turmas (no caso do TRF). Então, será sorteado um Desembargador relator, que examinará o incidente.

De acordo com o § 2º, o relator, ao receber o incidente, deverá declarar os seus efeitos. Temos, aqui, duas hipóteses em que o incidente pode ser recebido:

a) sem efeito suspensivo – nesse caso o processo em primeira instância volta a correr e, ao mesmo tempo, o incidente é processado no Tribunal;

b) com efeito suspensivo – aqui o processo permanecerá suspenso até o julgamento do incidente.

Quanto ao § 3º, enquanto não for declarado o efeito em que é recebido o incidente ou quando este for recebido com efeito suspensivo, a tutela de urgência será requerida ao substituto legal.

---

[26] "De modo que os atos decisórios praticados no processo pelo julgador suspeito importam a nulidade do processo, caracterizando o direito líquido e certo do impetrante de ter reexaminados, por outro julgador, os pedidos formulados na ação em sua defesa, os quais foram objeto de indevidas deliberações pelo juiz suspeito" (RMS 33.531-SC, rel. Min. Raul Araújo, j. 5-6-2012, *Informativo STJ*, n. 499).

Após a realização das eventuais diligências (exame dos documentos e oitiva das testemunhas), o Tribunal poderá julgar a alegação de impedimento ou de suspeição:

a) improcedente – nesse caso aquele juiz continuará a conduzir o processo; ou

b) procedente – aqui o tribunal determinará a remessa dos autos ao substituto legal do magistrado, fixará o momento a partir do qual aquele magistrado não poderia mais ter atuado no processo e o condenará ao pagamento das custas previstas para aquele incidente. Nessa hipótese, o § 5º do art. 146 permite que aquele magistrado interponha recurso da decisão, e o § 7º prevê que o tribunal deve declarar a nulidade dos atos praticados pelo juiz quando já presente o motivo da suspeição ou do impedimento.

Importante ressaltar que os motivos de impedimento e de suspeição se aplicam não apenas ao julgador, mas também ao membro do Ministério Público, aos auxiliares da justiça e aos demais sujeitos imparciais do processo (art. 148). Nesses casos, o interessado deve arguir a parcialidade na primeira oportunidade em que lhe couber falar nos autos.

De acordo com o § 2º do art. 148, cabe ao magistrado processar o incidente em separado. O processo não será suspenso, e o arguido pode se manifestar no prazo de 15 dias, juntando as provas que entender pertinentes. Caso isso se dê quando o processo já estiver no tribunal, deverá ser observado o regimento interno.

Observe-se, contudo, que o § 4º ressalva que tais normas não se aplicam à testemunha. Nesse caso, há normas específicas nos arts. 442 e s., que serão estudados na Parte II, em momento próprio, no processo de conhecimento.

12.4 AUXILIARES DA JUSTIÇA

Órgãos auxiliares são todos aqueles que, atuando ao lado do juiz (órgão principal em que se concentra a função jurisdicional), contribuem para a realização das funções do Juízo, dando sequência a atos de vital importância para o desenvolvimento do processo e para a garantia da infraestrutura necessária ao exercício da jurisdição.

O CPC trata do tema nos arts. 149 a 175.

Em primeiro lugar, importante ressaltar que a relação dos auxiliares que consta no art. 149 não é taxativa. O próprio dispositivo alerta para o fato de que outras atribuições podem ser determinadas pelas normas de organização judiciária, tanto da União, como dos Estados. Como já mencionado, cada Estado possui o seu código de organização e divisão judiciária, que na verdade é uma lei estadual, de iniciativa do Poder Judiciário e aprovada pela Assembleia Legislativa, na qual estão dispostas todas as normas relativas ao seu funcionamento.

Feita essa observação, o CPC elenca os seguintes auxiliares[27] da justiça:

a) escrivão;
b) chefe de secretaria;
c) oficial de justiça;
d) perito;
e) depositário;
f) administrador;
g) intérprete;

---

[27] Dinamarco classifica os auxiliares da justiça em permanentes e eventuais, de acordo com o fato de serem ou não servidores públicos integrantes dos quadros judiciais (Dinamarco; Lopes, 2016, p. 98).

h) tradutor;

i) mediador;

j) conciliador;

k) partidor;

l) distribuidor;

m) contabilista; e

n) regulador de avarias.

A seguir, elencaremos as funções desses auxiliares, de acordo com as regras estabelecidas pelo CPC.

De acordo com o art. 152, são atribuições do escrivão ou do chefe de secretaria[28]:

"I – redigir, na forma legal, os ofícios, os mandados, as cartas precatórias e os demais atos que pertençam ao seu ofício;

II – efetivar as ordens judiciais, realizar citações e intimações, bem como praticar todos os demais atos que lhe forem atribuídos pelas normas de organização judiciária;

III – comparecer às audiências ou, não podendo fazê-lo, designar servidor para substituí-lo;

IV – manter sob sua guarda e responsabilidade os autos, não permitindo que saiam do cartório, exceto:

a) quando tenham de seguir à conclusão do juiz;

b) com vista a procurador, à Defensoria Pública, ao Ministério Público ou à Fazenda Pública;

c) quando devam ser remetidos ao contabilista ou ao partidor;

d) quando forem remetidos a outro juízo em razão da modificação da competência;

V – fornecer certidão de qualquer ato ou termo do processo, independentemente de despacho, observadas as disposições referentes ao segredo de justiça;

VI – praticar, de ofício, os atos meramente ordinatórios".

Já as atribuições do oficial de justiça vêm elencadas no art. 154:

"I – fazer pessoalmente citações, prisões, penhoras, arrestos e demais diligências próprias do seu ofício, sempre que possível na presença de 2 (duas) testemunhas, certificando no mandado o ocorrido, com menção ao lugar, ao dia e à hora;

II – executar as ordens do juiz a que estiver subordinado;

III – entregar o mandado em cartório após seu cumprimento;

IV – auxiliar o juiz na manutenção da ordem;

V – efetuar avaliações, quando for o caso;

VI – certificar, em mandado, proposta de autocomposição apresentada por qualquer das partes, na ocasião de realização de ato de comunicação que lhe couber".

O art. 155 trata da responsabilização civil do escrivão, do chefe de secretaria e do oficial de justiça, incluindo a forma regressiva, quando:

"I – sem justo motivo, se recusarem a cumprir no prazo os atos impostos pela lei ou pelo juiz a que estão subordinados;

II – praticarem ato nulo com dolo ou culpa".

---

[28] Tradicionalmente, denomina-se escrivão o chefe do cartório nos juízos estaduais, e chefe de secretaria o seu equivalente nos juízos federais. O escrivão é auxiliado em suas tarefas pelos escreventes. Novamente é importante frisar que cada Estado pode adotar nomenclatura diversa para tais funções.

As funções do perito vêm reguladas no art. 156.

Basicamente, incumbe ao perito auxiliar o juiz quando a prova do fato depender de conhecimento técnico ou científico.

O CPC inova ao condicionar a nomeação do perito a determinados requisitos (que podem ser excepcionalmente dispensados na hipótese do § 5º do art. 156).

Segundo o § 1º, os peritos podem ser:
a) profissionais legalmente habilitados; ou
b) órgãos técnicos ou científicos.

Em ambos os casos, devem estar devidamente inscritos em cadastro mantido pelo tribunal ao qual o juiz está vinculado.

E mais, de acordo com o § 2º do art. 156, para formação do cadastro, os tribunais devem realizar consulta pública, por meio de divulgação na rede mundial de computadores ou em jornais de grande circulação, além de consulta direta a universidades, a conselhos de classe, ao Ministério Público, à Defensoria Pública e à Ordem dos Advogados do Brasil, para a indicação de profissionais ou de órgãos técnicos interessados.

Finalmente, o § 3º estabelece que os tribunais realizarão avaliações e reavaliações periódicas para a manutenção do cadastro, considerando a formação profissional, a atualização do conhecimento e a experiência dos peritos interessados.

Uma vez indicado o perito pelo juiz, qualquer das partes pode questionar a sua imparcialidade. Assim, o § 4º determina que, para verificação de eventual impedimento ou motivo de suspeição, o órgão técnico ou científico nomeado para realização da perícia informará ao juiz os nomes e os dados de qualificação dos profissionais que participarão da atividade.

Uma vez indicado, o perito deve manifestar seu aceite ou a sua recusa. Na primeira hipótese, assume o dever de cumprir o ofício no prazo que lhe designar o juiz, empregando toda sua diligência. Na segunda, deverá alegar motivo legítimo para escusar-se, no prazo de 15 dias (art. 157, § 1º), sob pena de renúncia ao direito a alegá-la.

O art. 158 trata da responsabilização do perito, nos casos de dolo ou culpa. Caso ele preste informações inverídicas responderá pelos prejuízos que causar à parte e ficará inabilitado para atuar em outras perícias no prazo de 2 (dois) a 5 (cinco) anos.

Ademais, poderá sofrer outras sanções de natureza penal, dependendo da gravidade do fato, hipótese em que o juiz providenciará a extração de peças e remessa ao Ministério Público.

Por fim, poderá sofrer também sanções administrativas, no âmbito do respectivo órgão de classe. Assim, por exemplo, se o perito for médico, o juiz poderá expedir ofício ao CRM (Conselho Regional de Medicina), que poderá abrir procedimento administrativo contra o referido médico, e aplicar-lhe as sanções previstas em seus estatutos.

Cabem ao depositário e ao administrador, na forma do art. 159, a guarda e a conservação de bens penhorados, arrestados, sequestrados ou arrecadados, salvo se a lei dispuser de outro modo.

Tais profissionais perceberão remuneração por seu trabalho, a ser fixada pelo juiz de acordo com a situação dos bens, o tempo do serviço e as dificuldades da execução da tarefa (art. 159). No entanto, respondem pelos prejuízos que, por dolo ou culpa, causarem à parte, perdendo a remuneração que lhes foi arbitrada, embora possam reter o que legitimamente despenderam no exercício do encargo (art. 160).

Ademais, o parágrafo único do art. 160 dispõe que o depositário infiel responde civilmente pelos prejuízos causados, sem prejuízo de sua responsabilidade penal e da imposição de sanção por ato atentatório à dignidade da justiça.

Intérpretes e tradutores devem ser nomeados pelo juiz, na forma do art. 162, a fim de:

"I – traduzir documento redigido em língua estrangeira;

II – verter para o português as declarações das partes e das testemunhas que não conhecerem o idioma nacional;

III – realizar a interpretação simultânea dos depoimentos das partes e testemunhas com deficiência auditiva que se comuniquem por meio da Língua Brasileira de Sinais, ou equivalente, quando assim for solicitado".

O art. 163 estabelece que não pode ser intérprete ou tradutor quem:

"I – não tiver a livre administração de seus bens;

II – for arrolado como testemunha ou atuar como perito no processo;

III – estiver inabilitado para o exercício da profissão por sentença penal condenatória, enquanto durarem seus efeitos".

Segundo o art. 164, o intérprete ou tradutor, oficial ou não, é obrigado a desempenhar seu ofício, aplicando-se-lhe o disposto nos arts. 157 e 158, que tratam, respectivamente, da escusa e da responsabilidade.

Finalmente, os arts. 165 a 175 tratam das funções dos conciliadores e mediadores.

"Art. 165. (...)

§ 2º O conciliador, que atuará preferencialmente nos casos em que não houver vínculo anterior entre as partes, poderá sugerir soluções para o litígio, sendo vedada a utilização de qualquer tipo de constrangimento ou intimidação para que as partes conciliem.

§ 3º O mediador, que atuará preferencialmente nos casos em que houver vínculo anterior entre as partes, auxiliará aos interessados a compreender as questões e os interesses em conflito, de modo que eles possam, pelo restabelecimento da comunicação, identificar, por si próprios, soluções consensuais que gerem benefícios mútuos".

Capítulo 13
O MINISTÉRIO PÚBLICO E SEU ESTATUTO JURÍDICO

13.1 ORIGENS E FEIÇÃO PRÉ-CONSTITUIÇÃO DE 1988

Questão que sempre fascinou os estudiosos da instituição do Ministério Público diz respeito à determinação de suas origens.

Como se apreende dos estudos de João Francisco Sauwen Filho[1], em 1933, foram descobertos textos de leis que remontam a 4.000 anos e que mencionam funções e deveres de funcionários reais muito assemelhados às funções do Ministério Público, o que levou diversos estudiosos a enxergarem aí o berço da instituição.

Tais "funcionários" eram denominados *magiaí* e tinham diversas funções: eram a língua e os olhos do rei, castigavam os rebeldes e protegiam o cidadão pacífico, tornavam-se os maridos das viúvas e os pais dos órfãos, e, principalmente, promoviam a acusação dos criminosos, indicando as disposições legais em cada caso, sempre tomando parte nas instituições para descobrir a verdade.

Não há, contudo, dados precisos que amparem tal conclusão. É possível buscar a origem da instituição na Antiguidade clássica, atribuindo-a ora aos *tesmóstetas* ou *thesmotetis* gregos, ora aos *éforos* de Esparta. Isso porque se vislumbrava nos *éforos* (funcionários selecionados pelo rei em Esparta, na Grécia) um esboço do atual Promotor de Justiça. Suas funções seriam equivalentes àquelas atribuídas aos funcionários reais no Egito, destacando-se, sobretudo, a defesa dos cidadãos.

Em Roma, destacava-se a figura dos Procuradores *Caesaris*, cuja função cingia-se ao exercício dos interesses do príncipe, tanto jurídicos quanto patrimoniais, mantendo-se a tradição grega quanto à busca da reparação e acusação do réu[2].

Já na Idade Média, a figura do Promotor de Justiça era visualizada na pessoa dos *Saions*.

Mas foi somente em março de 1302, com a Ordenança de Felipe IV, o Belo, na França, que surgiu o Ministério Público como instituição.

Àquela época, o Rei reuniu todos aqueles que trabalhavam para ele em funções administrativas, como os seus procuradores, em uma única instituição, passando esta a cuidar não apenas dos interesses do rei, mas também do interesse do próprio Estado, como uma função pública.

A palavra *Parquet* advém desse período, quando os membros dessa instituição passaram a se posicionar nos Tribunais sobre um estrado, num piso taqueado.

Com a Revolução de 1789, o *Parquet* passou por grande reforma, complementada pelo Decreto de 8 de maio de 1790, que estabelecia a vitaliciedade aos membros nomeados pelo rei, que seriam demitidos apenas mediante comprovação de corrupção.

No Brasil, a história do Ministério Público remonta à época de D. João I, quando os textos legais mencionavam procuradores e advogados, tais quais os existentes nos ordenamentos europeus, embora não houvesse ainda a constituição formal de uma instituição.

---

[1] Sauwen Filho, 1998. Para maiores dados acerca da origem histórica do *Parquet*, consulte-se também: Ferraz, 1997.
[2] Lyra, 1989, p. 17.

Na era das Ordenações Afonsinas, no afã de salvaguardar os interesses dos vassalos e de toda a coletividade, surgiu a figura do Procurador da Justiça.

Em 1514, com o Alvará de 28 de março, encontramos a figura dos Procuradores do Rei, com atribuição para contestar os feitos ajuizados contra o monarca, necessitando, porém, da autorização expressa deste.

Nas Ordenações Manuelinas, transplantou-se o modelo clássico do *Parquet* francês, deixando-se a defesa exclusiva dos interesses do monarca e passando-se à tutela dos interesses do Estado, o que deu azo à criação e à distinção das funções entre os Procuradores dos feitos da Coroa e os Procuradores dos feitos da Fazenda.

Mais tarde, com as Ordenações Filipinas, surgiu a figura do Promotor de Justiça, que, a partir de 1838, passa a ostentar a atribuição de *custos legis*.

Entretanto a organização formal e administrativa da instituição deu-se somente com o Decreto de 12 de novembro de 1822, estabelecendo as figuras do Procurador da Soberania Nacional e da Coroa (denominação utilizada dois anos mais tarde no art. 48 da Carta de 1824), do Procurador da Fazenda e do Procurador das Justiças.

Já na fase Republicana, o Governo buscou estruturar os órgãos do Poder Judiciário, no intuito de obter maior credibilidade junto à população brasileira e aos demais países. Nesse contexto, também o Ministério Público passa a ser mais bem organizado, embora estivesse ainda ligado ao Poder Executivo.

A Carta de 1891 não tratou da instituição; contudo, a Lei n. 18, de novembro de 1891, conferiu ao Ministério Público a tutela dos interesses do Estado, bem como dos cidadãos que estivessem sob a proteção do Estado.

A Carta de 1934, mais uma vez, deixou clara a subordinação do Ministério Público ao Poder Executivo, o que se dava pela escolha discricionária do Procurador-Geral pelo Presidente da República.

A Constituição de 1937, dado o momento político do país, pouco regulamentou acerca da instituição, embora tenha deixado consignado ser função privativa do Presidente da República a demissão e a nomeação do Procurador-Geral da República.

A situação do *Parquet* e, principalmente, a definição concreta de suas atribuições começaram a se delinear a partir de 1941, com o advento do Código de Processo Penal.

Desde então, coube ao Ministério Público a promoção da ação penal pública bem como a requisição do inquérito policial e das diligências necessárias, entre outras providências.

A Constituição de 1946 não retirou o caráter de submissão do Ministério Público ao Poder Executivo, já que determinou que fosse a nomeação do Chefe da instituição efetivada por escolha do Presidente da República dentre os Ministros do Supremo Tribunal Federal; uma vez mais foi mantida a regra segundo a qual a exoneração do Procurador-Geral poderia se dar a qualquer tempo, de forma discricionária.

Em 1951, por meio da Lei n. 1.341, de 30 de janeiro, foi organizado pela primeira vez o Ministério Público Federal.

No ano de 1964, com o Golpe Militar, instaurou-se no país a nova Carta Constitucional, datada de 2 de fevereiro de 1967, que, novamente, alterou a constituição e a organização do Ministério Público, inserindo-o, dessa vez, no âmbito do Poder Judiciário. Foi também a partir daí que se disciplinou a separação entre os Ministérios Públicos dos Estados e da União.

Ainda sob a égide da Carta de 1967, garantia-se o ingresso na instituição mediante concurso público, mantendo-se inalteradas as prerrogativas quanto à estabilidade e à inamovibilidade.

A escolha do Chefe do Ministério Público dava-se da mesma forma prevista no ordenamento anterior.

Com a EC n. 1, de 17 de outubro de 1969, chamada por alguns de Constituição de 1969, a instituição volta a ser inserida no Poder Executivo, mantendo-se, no mais, as regras anteriores, salvo pequenas alterações.

Em 1981, foi editada a LC n. 40, que regulamentou e sistematizou as atividades do Ministério Público, e, finalmente, com a CF/88, o Ministério Público recebe tratamento à altura de sua importância política, obtendo sua tão esperada autonomia funcional e sedimentando diversos preceitos, princípios, garantias e prerrogativas, como se verá a seguir.

Hoje, a Instituição é regulamentada por duas Leis Orgânicas. A LC n. 75/93 disciplina o Ministério Público da União, ao passo que a Lei Ordinária Federal n. 8.625/93 regulamenta as atividades dos Ministérios Públicos estaduais.

13.2 A NATUREZA POLÍTICA DO MINISTÉRIO PÚBLICO

Na Carta de 1988, o Ministério Público vem regulado nos arts. 127 a 130, sendo considerado uma "instituição permanente, essencial à função jurisdicional do Estado, incumbindo-lhe a defesa da ordem jurídica, do regime democrático e dos interesses sociais e individuais indisponíveis".

Iniciou-se, então, a controvérsia sobre ser ou não o Ministério Público o Quarto Poder da República.

Para alguns doutrinadores, o Ministério Público não é um Quarto Poder; é, sim, uma instituição autônoma, com prerrogativas e garantias inerentes aos Poderes, na medida em que é encarregado de fiscalizá-los.

Tal posição é sustentada por Hugo Nigro Mazzilli[3], ao esclarecer que o art. 2º da Constituição Federal só faz referência à existência de três poderes, não se inserindo entre eles o Ministério Público.

Além disso, encontra-se o *Parquet* geograficamente localizado entre os arts. 127 e 130 da Constituição Federal, que se inserem no Título Quarto da Constituição. Tal Título, por sua vez, diz respeito às funções essenciais, à administração da Justiça e às instituições essenciais para que se proceda a tal administração.

Já, para outros, após a CF/88, o Ministério Público pode ser considerado um Quarto Poder. Há aqui uma divergência quanto aos motivos de tal posicionamento.

Para Sérgio de Andréa Ferreira[4], o *Parquet* é Quarto Poder, sendo, até mesmo, intitulado "Provedoria de Justiça". Para esse jurista, a redação do art. 2º da CF, ao se referir apenas a três poderes, não exclui a existência de outros. Ademais, todas as prerrogativas outorgadas ao Ministério Público são suficientes para caracterizá-lo como um Poder da República.

Para Guilherme Costa Câmara[5], o Ministério Público representa o "Poder Ministerial". Tal autor sustenta essa posição por intermédio dos arts. 2º e 85, II, da CF/88, sendo certo que este último se refere ao Ministério Público e a "Poderes constitucionais das unidades da Federação".

Para outros estudiosos o Ministério Público integra, ainda hoje, o Poder Executivo. Trata-se de posicionamento visto na prática, em algumas manifestações processuais que têm inegável rastro histórico, mas insustentável fundamentação doutrinária nos dias atuais.

---

[3] Mazzilli, 1996.
[4] Ferreira, 1996.
[5] Câmara, 2011.

Dentre todos os judiciosos posicionamentos apresentados, pensamos ser mais acertado o primeiro posicionamento.

Realmente o art. 2º da Carta de 1988, ao adotar o Sistema da Tripartição de Poderes, não abre espaço a interpretações extensivas ou analógicas.

Na verdade, parece mesmo ter sido a vontade do legislador manter uma estrutura de três poderes e a presença de instituições encarregadas de exercer a defesa da sociedade e ainda a fiscalização dos demais Poderes.

Certo é que hoje o Ministério Público é uma instituição autônoma com direitos, deveres, garantias, vedações e prerrogativas próprias.

Outra questão a ser abordada neste momento diz respeito à figura do Ministério Público como órgão do Estado.

Nesse passo, vale para o Ministério Público a mesma Teoria do Órgão pregada no Direito Administrativo que diz, basicamente, que entre o funcionário público e o Estado não existe uma relação de representação, mas sim de imputação. Assim é o Ministério Público, um espaço mínimo de competências dentro da organização estatal; não é, pois, uma pessoa jurídica nem uma Secretaria de Estado ou de Governo.

Entretanto esse órgão precisa manter relações administrativas com o Estado. Essa função é feita pela Procuradoria-Geral de Justiça, entidade de ligação entre o Estado e o Ministério Público.

De se remarcar, ainda, que a mesma teoria do órgão que une o Ministério Público ao Estado une também os Promotores de Justiça ao Ministério Público. Há, assim, a dupla incidência da Teoria do Órgão, razão pela qual se diz comumente que o Promotor quando age é o próprio Estado que está a atuar.

Também não é por outro motivo que os membros do Ministério Público são considerados agentes políticos do Estado, ao lado dos Chefes do Executivo, membros do Poder Legislativo e dos Juízes. Devemos observar que apenas os agentes políticos são dotados de independência funcional, assim compreendida a liberdade de atuação outorgada pela própria lei a determinados agentes, para que pratiquem os atos a eles confiados com total autonomia, adstritos apenas aos limites legais e à sua própria consciência.

Feito esse estudo preliminar, passemos ao exame do Texto Constitucional e seus reflexos no CPC.

13.3 O MINISTÉRIO PÚBLICO NA CONSTITUIÇÃO DE 1988

O texto constitucional contempla a organização do Ministério Público na Seção I (Do Ministério Público) do Capítulo IV (Das Funções Essenciais à Justiça) do Título IV (Da Organização dos Poderes).

O art. 127, como já referido, dispõe ser o Ministério Público instituição permanente, essencial à função jurisdicional do Estado, incumbindo-lhe a defesa da ordem jurídica, do regime democrático e dos interesses sociais e individuais indisponíveis.

Primeiramente, devemos observar que, conforme a própria definição dada pelo legislador, o Ministério Público é uma instituição, não se confundindo, portanto, com as pessoas jurídicas, não sendo assim dotado de personalidade jurídica. Dessa feita, o Ministério Público deve ser entendido sempre como uma instituição permanente e essencial à função jurisdicional do Estado.

É oportuno salientar que o art. 127, *caput*, subdivide-se em duas partes: a) conceito da instituição; e b) objetivos funcionais ou institucionais.

No tocante à primeira parte, ou seja, o conceito, devem ser feitas algumas observações abaixo elencadas.

Quando o art. 127 da CF/88 utiliza a expressão "instituição permanente", almeja que se entenda tratar-se de uma cláusula pétrea, não podendo, portanto, ser suprimida pelo poder constituinte derivado (art. 60, § 4º, da CF).

Já no concernente à expressão "essencial", significa dizer que, nas hipóteses em que sua intervenção for obrigatória, se não for chamado, será caso de nulidade do processo, isto é, não poderá haver jurisdição válida.

A atuação do Ministério Público como *custos legis*, ou seja, fiscal da lei, encontra assento constitucional nesse referido artigo que faz menção à defesa da ordem jurídica. Já a atuação do *Parquet* em todos os processos de natureza eleitoral está fundamentada na defesa do regime democrático, também contido nesse dispositivo.

Costumamos dizer que a participação do Ministério Público pode-se dar de duas formas no processo: pela sua atuação ou por meio de sua intervenção. A participação seria, portanto, gênero que comportaria em si duas espécies. Fala-se em atuação quando o Ministério Público age como parte no processo promovendo a ação. A intervenção refere-se às hipóteses em que o Ministério Público funciona como fiscal da lei (ou "da ordem jurídica", na dicção do CPC), em uma ação que foi proposta por outrem.

Hodiernamente vem se entendendo que, pela sua natureza constitucional, mesmo nas hipóteses em que o Ministério Público participa do processo como parte, ele também o faz como fiscal da lei. A participação do Ministério Público como parte não acarreta a impossibilidade de, simultaneamente, agir o *Parquet* como fiscal da lei.

Hoje, portanto, não é mais possível considerar qualquer participação do Ministério Público apenas como parte em um processo. Na verdade, é certo que todas as vezes em que o Ministério Público atuar como órgão agente, ele o estará fazendo atrelado à sua função fiscalizadora, até mesmo por obediência ao objetivo precípuo que lhe é atribuído pelo art. 127, *caput*, da CF.

A participação do Ministério Público como órgão agente ou como órgão interveniente se dá de maneira distinta no Processo Civil e no Processo Penal. Isso porque, no Processo Civil, cabe ao Ministério Público participar, precipuamente, como fiscal da lei da ordem jurídica. Nessa seara, só atuará como parte nos casos expressamente previstos e autorizados por lei. Esse artigo dispõe que incumbe ainda àquele a defesa dos interesses sociais e individuais indisponíveis.

Há, por fim, controvérsia na qual se discute se estaria o Ministério Público legitimado à propositura de ações em todas as hipóteses de direitos transindividuais, a saber: direitos difusos, coletivos e individuais homogêneos. Isso porque, quanto à participação do Ministério Público apenas como fiscal da lei, há em doutrina o consenso de que tal intervenção é perfeitamente possível em se tratando de quaisquer direitos transindividuais. A dúvida surge, contudo, quanto à atuação do Ministério Público como parte na defesa dos direitos metaindividuais.

Normalmente, não há dúvida quanto aos direitos difusos e coletivos, tendo em vista seu caráter indivisível e indisponível. No que concerne aos individuais homogêneos, diante da falta de norma regulamentadora adequada (art. 81, parágrafo único, III, do CDC), a questão tem sido amplamente debatida na doutrina e na jurisprudência.

Hoje, como um consenso, admite-se tal tutela estando presentes os requisitos cumulativos da indisponibilidade e da relevância social do direito. No entanto, como esses conceitos são abertos e juridicamente indeterminados, cabe à jurisprudência determinar, caso a caso, a legitimidade do *Parquet*, o que, não raras vezes, traz grande insegurança jurídica e graves prejuízos à coletividade.

No art. 127, § 1º, da Carta Magna estão elencados os princípios institucionais do Ministério Público: princípios da unidade, da indivisibilidade e da independência funcional[6].

Princípio da Unidade ou Princípio da Coesão Vertical – significa dizer que o Ministério Público é uno. Em outras palavras, trata-se de uma instituição única, abstratamente considerada, em cujos processos seus membros oficiam em nome da instituição a que são ligados, conforme a Teoria do Órgão, já mencionada anteriormente.

Princípio da Indivisibilidade ou Princípio da Coesão Horizontal – é decorrência lógica do princípio da unidade e consiste na possibilidade de os membros da instituição se substituírem sem que haja prejuízo para ela ou para a sociedade.

Princípio da Independência Funcional – segundo este, os membros do *Parquet* têm que atuar apenas de acordo com dois parâmetros: a lei e sua consciência.

É importante salientar a conclusão de que, em virtude de tal princípio, estamos diante de agentes políticos, pois só estes gozam de independência funcional.

De acordo com o exposto acima, podemos afirmar que o Ministério Público possui um chefe e que seus membros se subordinam àquele apenas administrativamente, sendo, portanto, as suas resoluções apenas recomendações, não tendo caráter vinculante, normativo.

O art. 127, § 2º, da CF estabelece a autonomia funcional e administrativa do Ministério Público e indica, com certa margem de segurança, que não está a instituição contida em nenhum dos outros três poderes.

A autonomia funcional está ligada à regulamentação das atividades da instituição, cuja iniciativa, de acordo com o art. 128, § 4º, da CF, é facultada aos Procuradores-Gerais. Refere-se ao exercício livre, dentro dos limites legais, dos objetivos previstos no art. 127 e das funções arroladas no art. 129, ambos da CF.

A autonomia administrativa está ligada à execução dos seus serviços e consiste no poder de se autogerir, auto-organizar. O Procurador-Geral é o responsável por executar e disciplinar os serviços[7].

O art. 128 da CF elenca a classificação do Ministério Público e nos dá a sua organização. O Ministério Público como instituição é uno, sendo tal unidade constitucionalmente concebida.

Porém, no exercício de suas funções – até mesmo por questões organizacionais e a fim de facilitar a execução dos trabalhos –, é necessário que haja uma divisão de tarefas, razão pela qual é o Ministério Público subdividido.

No sistema brasileiro há o Ministério Público da União, regulado pela LC n. 75/93, e o Ministério Público dos Estados, regulado pela Lei n. 8.625/93.

O Ministério Público da União, por sua vez, subdivide-se nos seguintes ramos: Ministério Público Federal, Ministério Público do Trabalho, Ministério Público Militar e Ministério Público do Distrito Federal e Territórios.

Quanto ao Ministério Público Militar, é oportuno salientar que, apenas nas hipóteses em que há envolvimento de um militar da Marinha, do Exército ou da Aeronáutica, a competência para julgamento será da Justiça Federal e, em consequência, a atribuição será do Ministério Público Militar. Se houver envolvimento de um integrante da Polícia Militar ou do Corpo de Bombeiros, a competência será da Justiça Militar Estadual, e a atribuição, do Ministério Público Estadual.

---

[6] Para maiores esclarecimentos, remetemos o leitor à nossa tese de doutoramento: Pinho, 2001a.

[7] *Vide* ADInMC 1.757-ES, rel. Min. Ilmar Galvão, j. 19-2-1998, *Informativo STF*, n. 100.

O art. 128, § 5º, trata das garantias e vedações, em seus incisos I e II, respectivamente.

Dessa forma, são garantias do Ministério Público:

a) vitaliciedade, após dois anos de exercício, não podendo perder o cargo senão por sentença judicial transitada em julgado;

b) inamovibilidade, salvo por motivo de interesse público, mediante decisão do órgão colegiado competente do Ministério Público, pelo voto da maioria absoluta de seus membros, assegurada a ampla defesa;

c) irredutibilidade de subsídio.

São, porém, vedações:

a) receber, a qualquer título e sob qualquer pretexto, honorários, percentagens ou custas processuais;

b) exercer a advocacia;

c) participar de sociedade comercial, na forma da lei;

d) exercer, ainda que em disponibilidade, qualquer outra função pública, salvo uma de magistério;

e) exercer atividade político-partidária;

f) receber, a qualquer título ou pretexto, auxílios ou contribuições de pessoas físicas, entidades públicas ou privadas, ressalvadas as exceções previstas em lei.

O art. 129 da CF elenca as funções institucionais do Ministério Público que consistem na atuação concreta dos objetivos institucionais, ou seja, são as medidas processuais verdadeiros instrumentos colocados à disposição da instituição para bem exercer o seu mister constitucional.

Diante do exposto acima, é possível concluir que as funções institucionais não se confundem com os objetivos institucionais dispostos no art. 127 da CF/88, que poderiam ser definidos como as diretrizes básicas da instituição, nem com os princípios institucionais, insertos no § 1º do artigo referido anteriormente, que caracterizam a instituição, distinguindo-a das demais.

As funções institucionais podem ser classificadas em típicas e atípicas. Aquelas, por sua vez, subdividem-se em exclusivas (ou privativas) e não exclusivas (ou concorrentes).

Com o advento da CF/88, entende-se que o Ministério Público só pode exercer funções típicas, pois só estas seriam compatíveis com os objetivos institucionais e com o estabelecido no art. 129, IX, mencionado acima.

Dentre as funções típicas descritas no art. 129, há apenas duas funções típicas que podem ser consideradas exclusivas ou privativas, a saber: só o Ministério Público pode oferecer denúncia se o crime for de ação penal pública, salvo a subsidiária da pública, e cabe ao Ministério Público, privativamente, a instauração de inquérito civil, apesar de a propositura da ação civil pública ser função não exclusiva ou concorrente, conforme dispõe o inciso I do referido artigo.

No art. 129, § 1º, da CF, há a previsão de uma função típica concorrente, já explicada anteriormente, ou seja, a regra é de que somente a ação penal pública é privativa. As ações civis têm como característica básica a legitimidade concorrente para sua propositura.

Por exemplo, o STJ, ao tratar de acordo, homologado, realizado por deficiente físico em que troca tratamento de saúde por pecúnia, não conferiu legitimidade ao Ministério Público para recorrer, tendo em vista que o deficiente físico permanece com sua capacidade civil e a possibilidade de manifestar livremente sua vontade[8].

---

[8] STJ, REsp 1.105.663-SP, rel. Min. Nancy Andrighi, j. 4-9-2012, *Informativo STJ*, n. 503.

O art. 129, § 2º, da Carta Magna determina que as funções do Ministério Público só serão exercidas por integrantes da carreira. Logo, a partir da sua entrada em vigor, proibiu-se a nomeação de promotor *ad hoc*[9].

A parte final do referido parágrafo dispõe que o integrante da carreira deve residir na comarca da respectiva lotação, salvo autorização do Chefe da Instituição.

A lotação está relacionada à titularidade. Dessa forma, *a contrario sensu*, se o membro do Ministério Público não for titular, vale dizer, se for designado, não estará obrigado a residir na comarca.

O art. 129, § 3º, regula o ingresso na carreira, que se dará: "(...) mediante concurso público de provas e títulos, assegurada a participação da Ordem dos Advogados do Brasil em sua realização, exigindo-se do bacharel em direito, no mínimo, três anos de atividade jurídica e observando-se, nas nomeações, a ordem de classificação".

O § 4º determina a aplicação subsidiária ao Ministério Público do disposto no art. 93 da CF, e o § 5º, inserido pela EC n. 45/2004, garante a imediata distribuição de processos no âmbito do Ministério Público.

O art. 130 regula a atividade dos membros do Ministério Público junto aos Tribunais de Contas[10] e, por fim, o art. 130-A dispõe sobre o Conselho Nacional do Ministério Público, mais uma das grandes inovações da EC n. 45/2004:

"Art. 130-A. O Conselho Nacional do Ministério Público compõe-se de quatorze membros nomeados pelo Presidente da República, depois de aprovada a escolha pela maioria absoluta do Senado Federal, para um mandato de dois anos, admitida uma recondução".

Na forma do § 2º do art. 130-A, compete ao Conselho Nacional do Ministério Público o controle da atuação administrativa e financeira do Ministério Público e do cumprimento dos deveres funcionais de seus membros. O Presidente do Conselho Federal da Ordem dos Advogados do Brasil oficiará junto ao Conselho (§ 4º).

Além disso, como disposto no § 5º, Leis Federais e Estaduais criarão ouvidorias do Ministério Público, competentes para receber reclamações e denúncias de qualquer interessado contra membros ou órgãos do Ministério Público, inclusive contra seus serviços auxiliares, representando diretamente ao Conselho Nacional do Ministério Público.

Uma última questão não expressa na Constituição é a hipótese de conflito de atribuições entre membros do Ministério Público. A questão que se mostrava de rara incidência alguns anos atrás tem se mostrado cada vez mais comum, sobretudo diante da complexidade das investigações atuais e da participação de membros de diferentes entes da Federação.

Nesse sentido, havendo conflito de atribuições entre Membros que integram o mesmo ramo do Ministério Público, será a questão dirimida pelo respectivo Procurador-Geral. Assim, se dois Promotores de Justiça do Rio de Janeiro discutem sobre quem tem atribuição para funcionar em determi-

---

[9] Nomeado para um fim específico, sem respeitar critérios objetivos e predeterminados de fixação de atribuições.

[10] A Constituição não autoriza a equiparação de "vencimentos" e "vantagens" entre membros do Ministério Público especial e membros do Ministério Público comum. As únicas prescrições do Ministério Público comum aplicáveis ao *Parquet* que atua junto ao Tribunal de Contas são aquelas que concernem, estritamente, aos direitos (art. 128, § 5º, I, da CF), às vedações (art. 128, § 5º, II, da CF) e à forma de investidura na carreira (art. 129, §§ 3º e 4º, da CF). Ademais, a equiparação automática de vencimentos e vantagens dos membros do Ministério Público comum aos membros do *Parquet* especial implica vinculação de vencimentos, o que é vedado pelo art. 37, XIII, da CF. Com base nesse entendimento, o Plenário, por unanimidade, julgou o pedido procedente, em parte, para: a) declarar a inconstitucionalidade do *caput* do art. 150 da Constituição do Estado de Alagoas; e b) em relação ao parágrafo único do art. 150 da Constituição alagoana, declarar a inconstitucionalidade tão somente da expressão "vencimentos, vantagens". ADI 3.804/AL, rel. Min. Dias Toffoli, julgamento virtual finalizado em 3-12-2021. *Informativo STF* n. 1.040.

nado feito, a palavra final será dada pelo Procurador-Geral da Justiça do Rio de Janeiro. É o que se extrai da leitura do art. 10, X, da Lei n. 8.625/93.

Por outro lado, se o conflito envolve Membros de Ministérios Públicos diversos, não há dispositivo na Lei que possa ser aplicado.

Durante algum tempo, prevaleceu o entendimento de que a competência para dirimir tais conflitos seria do STF, por força do disposto no art. 102, I, *f*, da Carta de 1988, que trata dos conflitos entre entes do Estado.

Na sequência, esse posicionamento foi modificado pelo Pleno do STF, que passou a considerar como competente para resolver tais conflitos o Procurador-Geral da República[11]. Contudo, em 2020, o Pretório Excelso, por maioria, sob o voto vencedor do Min. Alexandre de Moraes[12], alterou novamente seu entendimento para declarar competente o Conselho Nacional do Ministério Público.

13.4 A PARTICIPAÇÃO DO MINISTÉRIO PÚBLICO NO CPC

O novo Código de Processo Civil alterou topograficamente as disposições gerais sobre o Ministério Público, para tratá-las em um novo título, após os auxiliares da Justiça e antes da Defensoria Pública, já que no Código de Processo Civil de 1973 seu tratamento era em local diverso, logo após o título das partes e de seus procuradores.

Contudo algumas regras específicas sofreram grande alteração.

Primeiro abordaremos as disposições genéricas, ou seja, aquelas que se encontram entre os arts. 176 a 181 do CPC, para, então, examinar os dispositivos específicos, que se encontram espalhados pelo texto.

Os arts. 176[13] e 177[14] do novo Código reforçam a dicção do art. 127 da CF. Tratam da atuação do Ministério Público em todos os graus, e remetem, ainda, ao art. 129, § 1º, da CF, ao afirmar que o direito de ação do *Parquet* deve ser exercido de acordo com suas atribuições institucionais.

O art. 178 trata das hipóteses de intervenção do Ministério Público como fiscal da ordem jurídica, que estavam antes previstas no art. 82 do CPC. São elas, além das que já estão previstas na lei ou na Constituição Federal:

I. nas causas que envolvam interesse público ou social;

II. nas causas que envolvam interesse de incapaz;

III. nas causas que envolvam litígios coletivos pela posse de terra rural ou urbana.

---

[11] "O Tribunal consignou que a competência para a apreciação de conflitos de atribuição entre membros do Ministério Público, por não se inserir nas competências originárias do STF (CF, art. 102, I), seria constitucionalmente atribuída ao Procurador-Geral da República, como órgão nacional do Ministério Público. Vencidos os Ministros Marco Aurélio e Celso de Mello, que conheciam da ação. Pontuavam que a competência seria do STF e que conclusão diversa culminaria por nulificar, de modo absoluto, a autonomia institucional dos Ministérios Públicos estaduais. ACO 1.567 QO/SP, rel. Min. Dias Toffoli, 17-8-2016" (*Informativo STF*, n. 835).

[12] "EC n. 45/2004 e interpretação sistemática da Constituição Federal. A solução de conflitos de atribuições entre ramos diversos dos Ministérios Públicos pelo CNMP, nos termos do art. 130-A, § 2º, e incisos I e II, da Constituição Federal e no exercício do controle da atuação administrativa do *Parquet*, é a mais adequada, pois reforça o mandamento constitucional que lhe atribuiu o controle da legalidade das ações administrativas dos membros e órgãos dos diversos ramos ministeriais, sem ingressar ou ferir a independência funcional". Petição n. 5.091. rel. Min. Marco Aurélio. Red. para Acórdão: Min. Alexandre de Moraes, j. 16-6-2020. Disponível em: <http://portal.stf.jus.br/processos/downloadPeca.asp?id=15343918355&ext=.pdf>. Acesso em: 15 ago. 2020.

[13] "Art. 176. O Ministério Público atuará na defesa da ordem jurídica, do regime democrático e dos interesses e direitos sociais e individuais indisponíveis.".

[14] "Art. 177. O Ministério Público exercerá o direito de ação em conformidade com suas atribuições constitucionais.".

De se observar que a observação inserida na cabeça do dispositivo deixa claro que o rol é exemplificativo e não taxativo.

Por outro lado, o CPC resolve a controvérsia sobre a intervenção ou não do Ministério Público em todas as causas de jurisdição voluntária. O novo art. 721 determina que o Ministério Público só intervirá caso configurada ao menos uma das hipóteses do art. 178.

No caso do inciso II, foi retirada a expressão "estado das pessoas", inicialmente prevista durante o processo legislativo. Nesse sentido, atente-se para a redação do art. 698, que trata da intervenção do Ministério Público nas ações de família[15].

Ademais, a Lei n. 13.894/2019 incluiu o parágrafo único no art. 698 do CPC de modo a determinar a intervenção do MP em ações de família nas quais figure como parte vítima de violência doméstica e familiar. Esse dispositivo reconhece a situação de vulnerabilidade dessas vítimas ao determinar a intervenção do *Parquet* como fiscal da ordem jurídica.

Também está superada a discussão sobre a natureza da intervenção do Ministério Público quando estiver configurado interesse de incapaz. O Promotor que funcionar no caso deverá, ao mesmo tempo, velar pelos interesses daquele e fiscalizar a ordem jurídica. Nesse sentido a jurisprudência do STJ[16] já tem se consolidado no caso das ações de interdição. E a intervenção se faz necessária mesmo na incapacidade de fato[17].

Também já ficou assentado que o Ministério Público tem legitimidade para ajuizar ação de alimentos em proveito de criança ou adolescente independentemente do exercício do poder familiar dos pais, ou do fato de o menor se encontrar nas situações de risco descritas no art. 98 do Estatuto da Criança e do Adolescente, ou de quaisquer outros questionamentos acerca da existência ou eficiência da Defensoria Pública na comarca[18].

Na mesma linha de raciocínio, entendeu-se que não se justifica a intervenção do Ministério Público apenas pelo estado das pessoas e que isso seria um resquício do ordenamento pré-Constituição de 1988. A circunstância que justificaria a intervenção do Ministério Público seria, tão somente, a presença de um incapaz[19] num dos polos da relação processual[20].

---

[15] "Art. 698. Nas ações de família, o Ministério Público somente intervirá quando houver interesse de incapaz e deverá ser ouvido previamente à homologação de acordo.".

[16] Nas ações de interdição não ajuizadas pelo Ministério Público, a função de defensor do interditando deverá ser exercida pelo próprio órgão ministerial, não sendo necessária, portanto, nomeação de curador à lide (REsp 1.099.458-PR, rel. Min. Maria Isabel Gallotti, j. 2-12-2014, *DJe* 10-12-2014, *Informativo STJ*, n. 553).

[17] A regra do art. 178, II, do CPC, ao prever a necessidade de intimação e intervenção do Ministério Público no processo que envolva interesse de incapaz, refere-se não apenas ao juridicamente incapaz, mas também ao comprovadamente incapaz de fato, ainda que não tenha havido prévia declaração judicial da incapacidade. (...) De fato, percebe-se que a intervenção desde o início se fazia necessária não apenas para a efetiva participação do Parquet na fase instrutória (por exemplo, requerendo diligências para melhor elucidar a situação econômica dos filhos e a suposta impossibilidade de prestar auxílio à mãe), mas também para, se necessário, propor a ação de interdição apta a, em tese, influenciar decisivamente o desfecho desta ação. REsp 1.969.217-SP, rel. Min. Nancy Andrighi, 3ªT., por unanimidade, j. 8-3-2022, *DJe* 11-3-2022. *Informativo STJ* n. 729.

[18] Súmula 594 do STJ, Segunda Seção, aprovada em 25-10-2017, *DJe* 6-11-2017.

[19] REsp 818.978-ES, rel. Min. Mauro Campbell Marques, j. 9-8-2011 (*Informativo STJ*, n. 480).

[20] Contudo é preciso registrar que a jurisprudência parece, por vezes, vacilante. Em situação envolvendo idosos, apesar do espírito da Lei n. 10.741/2003, os Tribunais Superiores vêm limitando a legitimidade do Ministério Público. Por outro lado, em se tratando de menor com pretensão alimentícia, reforça-se a regra do art. 201, III, do ECA, apesar da possível colidência com a norma inscrita no art. 129, IX, da Carta de 1988. REsp 1.235.375-PR, rel. Min. Gilson Dipp, j. 12-4-2011 (*Informativo STJ*, n. 469)". REsp 510.969-PR, *DJ* 6-3-2006, e RHC 3.716-PR, *DJ* 15-8-1994. REsp 1.113.590-MG, rel. Min. Nancy Andrighi, j. 24-8-2010" (*Informativo STJ*, n. 444).

Em julho de 2015, por força da Lei n. 13.146/2015, que instituiu o Estatuto da Pessoa com Deficiência, também denominada Lei Brasileira de Inclusão da Pessoa com Deficiência, diversos dispositivos do Código Civil foram alterados, entre eles o art. 1.769:

"Art. 1.769. O Ministério Público somente promoverá o processo que define os termos da curatela:

I – nos casos de deficiência mental ou intelectual;

II – se não existir ou não promover a interdição alguma das pessoas designadas nos incisos I e II do artigo antecedente;

III – se, existindo, forem menores ou incapazes as pessoas mencionadas no inciso II".

Nesse sentido, passa a haver uma pequena incompatibilidade desse dispositivo com o art. 748 do CPC, que assim dispõe:

"Art. 748. O Ministério Público só promoverá interdição em caso de doença mental grave:

I – se as pessoas designadas nos incisos I, II e III do art. 747 não existirem ou não promoverem a interdição;

II – se, existindo, forem incapazes as pessoas mencionadas nos incisos I e II do art. 747".

Na realidade, a Lei n. 13.146 trata a interdição como uma providência extrema. Antes de ser cogitada, deve o magistrado examinar a possibilidade da tomada apoiada de decisão (art. 1.783-A do CC). E mesmo que a prova técnica aponte no sentido da interdição, deve o juiz estabelecer, especificamente, os limites e a possibilidade de atuação do interditando, inclusive com a indicação da curatela compartilhada, se for o caso (art. 1.775-A do CC).

Parece-nos que a nova Lei vai gerar a revogação pontual desse dispositivo do CPC, já que ele não se compatibiliza com o novo sistema proposto, no sentido de viabilizar, sempre que possível, a inclusão da pessoa com deficiência.

Por fim, no inciso III foi inserida a hipótese de intervenção quando houver conflito coletivo de terra urbana.

Observe-se que o art. 554, § 1º, determina a intimação do Ministério Público nas ações possessórias nas quais figure no polo passivo grande número de pessoas.

Ressalte-se que o § 5º do art. 167-A da Lei n. 11.101/2005, inserido pela Lei n. 14.112/2020 prevê a intervenção do Ministério Público nos processos de insolvência transnacional.

O parágrafo único do art. 178 reforça a ideia, já assentada em sede doutrinária e jurisprudencial, no sentido de que a participação da Fazenda Pública, por si só, não configura hipótese de intervenção do Ministério Público.

Assim, o exame da presença do interesse público deve ser feito caso a caso, de acordo com as particularidades da espécie.

O art. 179 atualiza, sem grande modificação de conteúdo, a redação do art. 83 do CPC/73 e prevê duas regras para a intervenção do Ministério Público:

a) ter vista dos autos depois das partes, sendo intimado de todos os atos do processo;

b) poder produzir provas, requerer as medidas processuais pertinentes e recorrer.

O art. 180 trata do prazo para manifestação. Após anotar que o Ministério Público detém prazo em dobro para se manifestar, o legislador fixa com clareza, suprindo lacuna existente no ordenamento anterior, a partir de que momento se considera efetivada a intimação pessoal.

Aqui o Código nos remete ao art. 183, § 1º, que, ao tratar da contagem de prazo da Fazenda, cujos advogados também detêm a prerrogativa da intimação pessoal, estabelece que essa será concretizada por meio de carga, remessa ou meio eletrônico.

Percebe-se, então, que, se o Ministério Público participa do processo como parte, ele detém o prazo em dobro para se manifestar. E aí, cada ato do processo tem seu prazo previsto (como regra geral, o novo Código procura uniformizar os prazos, de forma que quase todos são de 15 dias).

Caso o Ministério Público esteja participando como fiscal da ordem jurídica, ou seja, não foi ele quem propôs a demanda, mas sua intervenção é obrigatória por força da presença de uma das hipóteses do art. 178, seu prazo é de 30 dias (não contado em dobro, art. 180, § 2º).

A fixação desse prazo está afinada com a garantia da duração razoável do processo, prevista em sede constitucional no art. 5º, LXXVIII, e reproduzida no novo Código no art. 4º.

Findo o prazo, sem manifestação, seguindo a tendência já adotada no parágrafo único do art. 12 da Lei n. 12.016/2009 (Lei do Mandado de Segurança), o art. 180, § 1º, determina que o juiz requisitará os autos e dará andamento ao processo.

Nesse caso, podemos presumir que o legislador compreende a falta de manifestação como entendimento do Ministério Público no sentido de que sua intervenção não é necessária.

Outra questão que merece reflexão mais aprofundada é a do inciso I do art. 178, que dispõe que o Ministério Público intervirá nos casos de interesse público ou social.

Temos aqui, em verdade, duas questões. A primeira diz respeito às eventuais discordâncias entre o Juiz e o membro do Ministério Público quanto à necessidade ou não de intervenção. A solução que existe hoje, ou seja, interposição de agravo, não será mais viável no CPC, em razão da drástica redução das hipóteses de cabimento desse recurso, que devem estar expressamente ressalvadas no art. 1.015.

Por outro lado, também não parece razoável fazer uso do mandado de segurança, eis que não estaria configurado o direito líquido e certo *in casu*.

Melhor seria, a nosso ver, trazer para o CPC a solução que já existe hoje nas Leis Orgânicas dos Ministérios Públicos Estaduais e da União (arts. 26, VIII, da Lei n. 8.625/93 e 6º, XV, da Lei Complementar n. 75/93), no sentido de que a intervenção deve se dar nos casos em que o membro do Ministério Público visualizar o interesse público.

Mas, ainda que adotada tal solução, cairíamos num segundo problema: a discricionariedade e a independência funcional de cada membro fariam com que não houvesse um padrão, um parâmetro de intervenção, o que geraria instabilidade e insegurança no exercício das funções do Ministério Público.

Com efeito, as expressões "interesse público" e "interesse social" se inserem na tipologia dos conceitos jurídicos indeterminados.

Nesse sentido, o art. 2º da Recomendação n. 34/2016 dispõe expressamente que a "identificação do interesse público no processo é juízo exclusivo do membro do Ministério Público". O art. 5º identifica hipóteses de relevância social a justificar a intervenção do Ministério Público[21]:

Por fim, o art. 181 repete a previsão do art. 85 do CPC/73, trazendo as hipóteses de responsabilidade do membro do *Parquet*, quando agir com dolo ou fraude no exercício de suas funções.

Observe-se que o legislador acrescentou o termo "regressivamente", esclarecendo importante questão que havia ficado obscura no ordenamento anterior. Com efeito, em sede constitucional, o art. 37, § 6º, estabelece que a responsabilidade civil do funcionário público é regressiva[22].

---

[21] O texto integral pode ser consultado em http://www.cnmp.mp.br/portal/images/Recomendacoes/Recomenda%C3%A7%-C3%A3o-0342.pdf. Acesso em: 30 mar. 2019.

[22] "Responsabilidade objetiva do Estado por atos do Ministério Público (...). A legitimidade passiva é da pessoa jurídica de direito público para arcar com a sucumbência de ação promovida pelo Ministério Público na defesa de interesse do ente estatal. É assegu-

Dessa forma, me parece claro que, a partir de agora, aquele que se sentir prejudicado pela atuação de um membro do Ministério Público, e reputar que a conduta se deu por dolo ou fraude, deve acionar o Estado, que, por sua vez, deterá direito de regresso contra o agente.

Passaremos a examinar, a partir de agora, alguns dispositivos que regulam a atividade do Ministério Público na Parte Geral do CPC, e que se encontram dispersos ao longo do texto.

a) Arguição de incompetência relativa pelo Ministério Público.

"Art. 65. Prorrogar-se-á a competência relativa se o réu não alegar a incompetência em preliminar de contestação.

Parágrafo único. A incompetência relativa pode ser alegada pelo Ministério Público nas causas em que atuar".

Com a nova regra, fica claro que o Ministério Público pode suscitar ambas as formas de incompetência, e independentemente da modalidade de sua participação no processo (ou como parte e fiscal da lei, ou apenas como fiscal da ordem jurídica). Obviamente, intervindo como *fiscal*, não ofertará contestação e, nesse caso, a incompetência deverá ser suscitada em sua manifestação (cota ou parecer).

Apesar da redação do dispositivo, uma controvérsia certamente surgirá em breve. E se o Promotor não suscita em sua primeira manifestação? Haveria também, aqui, a ocorrência da prorrogação da competência, fazendo-se uma interpretação sistemática com a regra do *caput*? Arrisco uma resposta afirmativa, eis que o parágrafo único que cuida da participação do Ministério Público está diretamente ligado ao que está determinado na cabeça do artigo.

Mas poderíamos, ainda, ir mais longe. E se a hipótese é de incompetência relativa, o réu não alega na contestação, e o Ministério Público a enfrenta em sua primeira manifestação, assim que tem vista dos autos?

Por questão de coerência, penso que deve o juiz acolher a promoção do Ministério Público e determinar a remessa dos autos ao juízo competente, eis que o legislador, ao permitir que o Promotor "fiscal da ordem jurídica" suscite tal questão, acabou criando hipótese de legitimação concorrente. Assim, a inércia de um legitimado não deve impedir que a providência seja efetivada por outro, a menos que haja exceção no texto legal, o que não me parece ser o caso.

b) Curadoria especial e intervenção do Ministério Público.

"Art. 72. O juiz nomeará curador especial ao:

I – incapaz, se não tiver representante legal ou se os interesses deste colidirem com os daquele, enquanto durar a incapacidade;

II – réu preso revel, bem como ao réu revel citado por edital ou com hora certa, enquanto não for constituído advogado.

Parágrafo único. A curatela especial será exercida pela Defensoria Pública, nos termos da lei".

O art. 72 trata da curadoria especial e corresponde ao art. 9º do CPC/73. Não há diferença quanto às hipóteses de cabimento, sendo certo que o CPC criou limites para as hipóteses dos dois incisos ("enquanto durar a incapacidade", no inciso I, e "enquanto não for constituído advogado", no inciso II), e há uma definição sobre quem deve exercer esse papel no parágrafo único do art. 72.

Como cediço, o curador especial é uma figura *sui generis* que intervém no feito a pedido do juiz, para garantir os princípios da ampla defesa e do contraditório sempre que, por conta de determina-

---

rado o direito de regresso na hipótese de se verificar a incidência de dolo ou culpa do preposto, que atua em nome do Estado" (AI 552.366-AgR, rel. Min. Ellen Gracie, j. 6-10-2009, 2ª T., *DJe* 29-10-2009). *Vide*: RE 551.156-AgR, rel. Min. Ellen Gracie, j. 10-3-2009, 2ª T., *DJe* 3-4-2009.

dos incidentes processuais, uma das partes ficar em situação de inferioridade. É um corolário da igualdade no sentido material, e que se manifesta apenas nas estritas hipóteses previstas pelo Código.

Pela nova redação do parágrafo único do art. 72, a curadoria especial deve ser exercida por defensor público ou por advogado dativo, na ausência do primeiro. Esse dispositivo está em consonância com o art. 4º, XVI, da Lei Complementar n. 80/94, com redação dada pela Lei Complementar n. 132/2009.

Numa primeira leitura, parece não haver qualquer dificuldade na compreensão e interpretação desse dispositivo. Ocorre que, na prática, algumas questões têm surgido, sobretudo nos casos em que a Defensoria Pública requer sua intervenção no feito, invocando condição de curador especial, mesmo quando a hipótese não está expressamente prevista no art. 9º do CPC, e o Ministério Público está intervindo no feito regularmente.

Isso ocorreu num passado recente, em alguns procedimentos na área da infância e juventude no Estado do Rio de Janeiro, e provocou algumas consequências processuais danosas às partes.

Nesse sentido, é preciso que fique claro que as hipóteses de curadoria especial são exaustivas e dependem, necessariamente, de provocação judicial. Não custa lembrar que o processo envolve apenas as partes interessadas. Terceiros e outras figuras vêm ao processo apenas em hipóteses predefinidas pelo legislador, cabendo ao juiz avaliar a sua aplicabilidade ao caso concreto.

Nem mesmo o Ministério Público, diante de seu gigante papel constitucional, pode intervir aleatoriamente em qualquer feito, sob pena de desvirtuar o modelo legal e causar um desequilíbrio naquela demanda.

Imagine o caos que se instalaria se o Ministério Público resolvesse intervir em determinados processos, sob o pretexto da ampliação do alcance da expressão "interesse público" contida no inciso I do art. 178.

De se notar, ainda, que a curadoria especial não é uma forma de intervenção de terceiros, e muito menos se assemelha à assistência. E ainda que se buscasse uma eventual interpretação analógica, seria necessário demonstrar interesse jurídico no feito e obter a concordância do assistido, demonstrando que sua intervenção é positiva, ou seja, vai contribuir para a melhoria da qualidade da prestação jurisdicional, e não gerar confusão, incidentes desnecessários, ou mesmo uma superposição de papéis constitucionais que devem ser mantidos separados.

Ao contrário do que pode parecer inicialmente, neste caso, o fato de haver duas instituições tutelando o mesmo interesse não significa uma proteção maior. Isso porque o processo é algo complexo por natureza. Quanto mais pessoas são integradas à relação processual, mais atos são necessários e maior é a quantidade de recursos, providências e incidentes cabíveis.

O abuso do instituto leva, portanto, a interferências indevidas, quer na seara da advocacia privada, quer no âmbito de atuação do Ministério Público.

Não se pode esquecer que o art. 134 da CF desenha as atribuições da Defensoria Pública de forma a não colidir e muito menos invadir a esfera de atribuições das demais instituições.

A título de exemplo, citamos a discussão sobre a extensão da legitimidade da Defensoria Pública para as ações coletivas, fruto da Lei n. 11.448/2007. A questão permaneceu controversa durante 2 anos, tendo dado azo, inclusive, à propositura de uma ADI no STF; só foi pacificada com a LC n. 132/2009, que, no art. 4º, VII e VIII, limitou o uso dos processos coletivos às hipóteses do art. 5º, LXXIV, da CF, observado o interesse de grupo de pessoas hipossuficientes.

Talvez seja a hora de amadurecer a necessidade de um mecanismo que recoloque a curadoria especial dentro dos limites buscados originalmente pelo legislador, pois, caso tais práticas continuem, o abuso da curadoria especial, em vez de contribuir para a efetivação de um processo justo, levará a embates institucionais e prejudicará, justamente, aquele que se pretendia, inicialmente, auxiliar.

Na linha do que está sendo ponderado aqui, o Relatório[23] da Câmara dos Deputados inseria um § 2º no art. 72 do então Projeto de Lei n. 8.046/2010. Na versão final do CPC tal dispositivo foi suprimido.

Contudo, não obstante a omissão legal, a questão restou pacificada no âmbito da jurisprudência. Nesse sentido, colhemos precedente do STJ[24] de março de 2012, que examina a questão com clareza e precisão, bem como recente posicionamento doutrinário[25].

c) Nulidade pela falta de intervenção do Ministério Público.

"Art. 279. É nulo o processo quando o membro do Ministério Público não for intimado a acompanhar o feito em que deva intervir.

§ 1º Se o processo tiver tramitado sem conhecimento do membro do Ministério Público, o juiz invalidará os atos praticados a partir do momento em que ele deveria ter sido intimado.

§ 2º A nulidade só pode ser decretada após a intimação do Ministério Público, que se manifestará sobre a existência ou a inexistência de prejuízo."

Embora o art. 246 do CPC/73 sempre tenha sido usado para ilustrar hipótese de nulidade absoluta, a jurisprudência há muito vinha relativizando o vício, exigindo a demonstração efetiva de prejuízo para o reconhecimento do vício.

Agora parece que o texto do novo Código vai dar uma nova feição ao instituto, prestigiando o Ministério Público, que deverá ser intimado a fim de que se manifeste sobre eventual prejuízo advindo de sua não intervenção no passado.

O Relatório apresentado pela Câmara dos Deputados previa, ainda, a inserção de um § 3º no texto, tratando da possibilidade de suprimento do vício pela manifestação de seu próprio órgão que atua em sede recursal, o que também é admitido em sede jurisprudencial. Contudo, essa última previsão foi excluída da versão final do Código.

De certa forma, o dispositivo é coerente. Embora caiba ao Ministério Público decidir em quais hipóteses deve intervir (art. 26, VIII, da Lei n. 8.625/93), parece realmente um exagero criar uma presunção absoluta de que a falta de intervenção gera, automaticamente e por si só, vício que contamina todo o ato e demanda a sua anulação, sem possibilidade de sanatória.

O dispositivo também vem ao encontro da ideia, já referida anteriormente, de reduzir as hipóteses de intervenção do Ministério Público nos processos cíveis.

Vistas essas questões, algumas considerações podem ser apresentadas.

Sem querer repetir tudo o que já foi dito nas linhas acima, e, ao mesmo tempo, sem pretender esgotar o assunto, tenho para mim que este é o ponto central da questão.

Se, de um lado, se fala na necessidade de trabalhar com filtros ao Acesso à Justiça, de se sumarizar a tutela, sobretudo nos casos de demandas repetitivas, de se criar precedentes de observância

---

[23] A justificativa apresentada no relatório é a seguinte: "A desnecessidade da nomeação do curador especial nessas hipóteses está no fato de que o Ministério Público é a parte no processo e já possui atribuição constitucional para a tutela dos direitos do incapaz. A nomeação de curador especial seria desnecessária e inútil".

[24] "A Turma firmou entendimento de que é desnecessária a intervenção da Defensoria Pública como curadora especial do menor na ação de destituição de poder familiar ajuizada pelo Ministério Público. Na espécie, considerou-se inexistir prejuízo aos menores apto a justificar a nomeação de curador especial. Segundo se observou, a proteção dos direitos da criança e do adolescente é uma das funções institucionais do MP, consoante previsto nos arts. 201 a 205 do ECA. REsp 1.176.512-RJ, rel. Min. Maria Isabel Gallotti, j. 1º-3-2012" (*Informativo STJ*, n. 492).

[25] Didier Jr.; Godinho, 2014, p. 45.

obrigatória e de se limitar o acesso aos Tribunais Superiores, também no âmbito do Ministério Público deve haver o amadurecimento das reais prioridades da instituição, sempre tendo em vista a mais ampla proteção ao interesse público.

Em tempos de neoconstitucionalismo e pós-modernidade, as instituições têm que rever seus próprios alicerces, se reinventar, auscultar a opinião pública, discutir aberta, pública e amplamente sua natureza e função e, por fim, orientar a sua atuação para o futuro.

Num passado positivista, com instituições estatais imponentes e sujeitas a pouco controle, e ainda com a sociedade civil desorganizada e fraca, realmente era necessário ter um Ministério Público com amplo espectro de intervenções em feitos cíveis. Se a regra era a observância estrita do texto legal, por certo deveríamos ter um órgão que fiscalizasse se todas as leis estavam sendo devidamente cumpridas.

Nos dias atuais, contudo, observa-se que as próprias estruturas governamentais já têm se reestruturado, por bem ou por mal. Temos conselhos de fiscalização, ouvidorias, instâncias administrativas e judiciais de controle, e a opinião pública tem cada vez mais vez e voz.

Ainda assim, é certo que há muito a ser feito, e nosso ordenamento ainda precisa de um fiscal.

Contudo parece haver um consenso, tanto dentro como fora do Ministério Público, quanto ao fato de que a sociedade, neste momento, precisa mais de um órgão agente do que de um interveniente. Há maior demanda de ações a serem tomadas do que simplesmente de uma postura fiscalizatória que já está sob o crivo do Judiciário.

Se ainda há tanto a se fazer nas áreas do meio ambiente, consumidor, improbidade administrativa, crime organizado, infância e juventude, idosos, portadores de deficiências e violência doméstica, o caminho é a racionalização das funções interventivas a fim de que possamos focar nos pontos em que os direitos de primeira e segunda dimensões ainda não estão suficientemente protegidos.

Desse modo, o CPC mantém, com alguns pequenos ajustes, a regra genérica da intervenção do Ministério Público, mas não especifica, a fundo, as hipóteses.

Bem andou o legislador, pois esta matéria não é afeta ao objeto do novo Código. Ao mesmo tempo, essa opção legislativa preserva a independência funcional da instituição, eis que cabe ao CNMP, ouvidos todos os órgãos de classe (como aliás tem sido feito), disciplinar de forma minudente tais situações.

Mesmo assim, o ato normativo expedido pelo CNMP não deve ser dotado de caráter vinculativo, uma vez que impende respeitar a independência funcional individual de cada promotor.

Os membros, por sua vez, num primeiro momento, devem seguir a orientação do CNMP, prestigiando o Princípio da Unidade. Contudo, caso verifiquem que, naquele caso concreto, diante de uma situação peculiar, devem adotar outra postura, poderão tranquilamente fazê-lo, desde que fundamentem seu ponto de vista, mais uma vez em nome da coesão institucional.

Uma última palavra sobre a autonomia dos Ministérios Públicos Estaduais para atuar nos Tribunais Superiores em suas causas de atribuição originária[26]. Como se sabe, uma vez que a questão é levada, por meio de recurso, ao STJ ou STF, a intervenção como fiscal da ordem jurídica cabe ao MPF. Contudo, como não há relação hierárquica entre os diversos ramos do Ministério Público brasileiro, acabou prevalecendo o entendimento no sentido de que promotores de justiça podem sustentar no âmbito dessas Cortes, sem prejuízo da atuação do MPF.

---

[26] STF. Tema n. 946 de Repercussão Geral. RE 985.392. Os Ministérios Públicos dos Estados e do Distrito Federal têm legitimidade para propor e atuar em recursos e meios de impugnação de decisões judiciais em trâmite no STF e no STJ, oriundos de processos de sua atribuição, sem prejuízo da atuação do Ministério Público Federal. Data: 26-5-2017. Disponível em: http://www.stf.jus.br/portal/jurisprudenciaRepercussao/abrirTemasComRG.asp. Acesso em: 15 jun. 2020.

Capítulo 14
PROCESSO: CONCEITO, NATUREZA JURÍDICA E ESPÉCIES

14.1 NOÇÃO

O processo é indispensável ao exercício da função jurisdicional. Definições: a) positivista – o instrumento pelo qual a jurisdição é exercida[1]; b) pós-positivista – procedimento que, atendendo aos ditames da Constituição da República, permite que o juiz exerça sua função jurisdicional.

Para esta segunda concepção, não basta que o processo resolva a demanda. Ele só terá legitimidade constitucional se estiver comprometido com a preservação dos princípios fundamentais (garantismo) e se utilizar mecanismos aptos a propiciar o máximo de efetividade ao provimento judicial[2].

O CPC trouxe mais uma dimensão ao processo judicial, ao transformá-lo em um método de trabalho que funciona como instrumento de cooperação entre o juiz e as partes, como bem pontua Dinamarco[3].

14.1.1 Processo, procedimento e autos

Defendemos que processo e procedimento são ideias distintas. Inclusive, foi a partir do estudo da distinção entre processo e procedimento, preconizado por Büllow, em meados de 1860, que a autonomia científica alcançada pelo direito processual foi se consolidando[4].

Enquanto o processo caracteriza-se por seu caráter teleológico, isto é, por sua finalidade precípua de permitir o exercício do poder jurisdicional para a aplicação dos preceitos constitucionais e a eliminação dos conflitos, com o objetivo de realizar a justiça possível naquele caso, o procedimento é o elemento visível do processo. Constitui apenas o meio extrínseco pelo qual o processo é instaurado e desenvolvido. Trata-se, na verdade, de sua manifestação fenomenológica.

14.1.2 Funções atribuídas ao processo

Antigamente, vigorava o entendimento de que o processo não seria apenas um instrumento, mas um produto, cujas regras deveriam ser totalmente observadas. Nesse sentido, não poderia haver qualquer mínimo vício. O mais importante não era o pedido ou a justiça, mas, principalmente, não haver qualquer imperfeição; havia o chamado "culto à forma".

Todavia, Cândido Rangel Dinamarco, na doutrina pátria[5], introduziu novos paradigmas na interpretação das leis processuais com a teoria da instrumentalidade do processo.

---

[1] Nesse sentido, Rosemiro Pereira Leal (2001, p. 66) destaca que "o processo é uma instituição pública-constitucionalizada de controle tutelar da produção de provimentos, sejam judiciais, legislativos ou administrativos".

[2] "O processo tem por finalidade resolver um conflito de interesses submetido ao Judiciário, mediante a prática de uma série de atos ligados entre si por um fio condutor que se destina à formulação de uma norma jurídica concreta, a sentença, assim como a sua atuação no mundo prático com a entrega do bem da vida ao vendedor – cumprimento de sentença" (Carneiro, 2019, p. 4).

[3] Dinamarco; Lopes, 2016, p. 51 e 123.

[4] Trata-se do livro *Teoria dos pressupostos processuais e das exceções dilatórias*, publicado em 1868, importante divisor de águas para o direito processual e a definição de sua autonomia.

[5] "Nem se confunde a instrumentalidade de que aqui se cuida, como parece óbvio, com a instrumentalidade das formas. Esse princípio, da mais profunda relevância em direito processual, contém-se todo ele inteiro na teoria do processo, como instituto jurídico (...) Como se vê, trata-se de diretriz importantíssima, mas ainda mais visivelmente endossistemática, não se confundindo com a instrumentalidade que é o tema das presentes investigações" (Dinamarco, 2000, p. 266).

Dessa forma, o processo deve ser concebido não mais como um fim em si mesmo, mas como um instrumento apto a assegurar o direito invocado (instrumentalidade negativa).

Isso porque, conforme ressalta Dinamarco, a necessidade de oferecer segurança jurídica deve conviver com o princípio da liberdade e a racionalidade no exercício do poder, de modo a alcançar o desejável equilíbrio entre a legalidade e a liberdade formal.

Não obstante, também se fala na instrumentalidade[6] em seu aspecto positivo, ou seja, defende-se que por meio do processo o Estado seja capaz de realizar os escopos jurídicos, políticos e sociais da jurisdição, impondo o cumprimento dos preceitos jurídicos para a realização de justiça e, por conseguinte, da felicidade de todos.

14.2 TEORIAS SOBRE A NATUREZA JURÍDICA DO PROCESSO

14.2.1 Teorias privatistas

14.2.1.1 *Teoria do processo como um contrato*

Remontando à doutrina francesa dos séculos XVIII e XIX, inspirada em texto de Ulpiano e influenciada pela teoria política do contrato social de Rousseau, tal corrente, de mero valor histórico, identificava o processo como contrato (*litiscontestatio*), por meio do qual as partes se submetiam à decisão que viesse a ser proferida.

No velho direito romano, a concepção do processo era contratual, ou seja, a relação que interliga autor e réu no processo era vista como em tudo idêntica à que une as partes contratantes. No contrato, existe um acordo de vontades, um titular do interesse subordinante e outro titular do interesse subordinado. O primeiro tem o direito de exigir do segundo que satisfaça uma prestação, que lhe é assegurada por lei.

No processo, as partes estariam ligadas pelo mesmo nexo que liga os sujeitos no contrato. Quando se fala em contrato, tem-se em mente um acordo de vontades. Na fase remota do direito processual romano, o Estado não havia alcançado ainda um estágio de evolução capaz de permitir-lhe impor a sua vontade sobre a das partes litigantes. Procurava-se, por isso, uma justificação, pela qual a sentença pudesse ser coercitivamente imposta aos contendores. Isso era possível em virtude da *litiscontestatio*. Dizia-se que, com a propositura da ação e o chamamento do réu a juízo, as partes, pela *litiscontestatio*, entabulavam um contrato judiciário, pelo qual se obrigavam a permanecer no processo até o final e a acatar a decisão do *arbiter*, que escolhiam para dirimir aquela pendência.

Nesse momento, fixava-se a *res*, a escolha do juiz e a obrigação que as partes voluntariamente assumiam de submeter-se à decisão que viesse a ser proferida. Esse foi o primeiro significado do fenômeno.

Já no segundo período de evolução do processo romano, denominado formulário, as partes assumiam, assim, perante o pretor, a decisão que viesse a ser proferida pelo *index*. A partir da *litiscontestatio* o autor renunciava à prestação, que afirmava devida pelo réu, em troca do direito à condenação deste.

O réu, por sua vez, ficava liberado da prestação devida ao autor em troca da submissão àquilo que fosse decidido pelo juiz. A partir desse momento, desaparecia qualquer relação de direito material entre as partes, pois os seus direitos e obrigações seriam aqueles que a sentença declarasse (*sententia facit ius inter partes* – a sentença faz lei entre as partes). A *litiscontestatio* extinguia a relação jurídica porventura existente.

---

[6] Dinamarco; Lopes, 2016, p. 20.

Não poderia ser outro o entendimento dos romanos, que incluíam o processo dentro do direito privado. O direito processual era o próprio direito privado, em atitude de defesa, quando violado. A doutrina francesa dos séculos XVIII e XIX, influenciada pela doutrina política do contrato social de Rousseau, continuou considerando o *iudicium* como um contrato. Supunha-se um acordo de vontades, ou uma convenção das partes, de aceitarem a decisão do juiz.

Assim, no sistema romano, o Estado ainda não era capaz de impor sua decisão imperativamente aos litigantes, o que tornava necessário que eles concordassem, por meio da *litiscontestatio*, em se submeter à decisão do *iudex* ou *arbiter*. Embora, num contexto contemporâneo, a teoria do processo como contrato não faça mais sentido, as críticas quanto a ela subsistem, pois a sujeição das partes não decorre da manifestação expressa ou tácita de vontade, mas da lei.

14.2.1.2 *Processo como um quase contrato*

Essa teoria, assim como a precedente, teve sua origem na França (século XIX) e foi construída sobre fragmentos do direito romano. Baseia-se na constatação de que, conquanto o processo não possa ser considerado um contrato, diante das contundentes críticas formuladas contra a teoria anterior, dele decorrem obrigações que vinculam as partes. Para essa teoria, a parte que ingressava em juízo consentia que a decisão lhe fosse favorável ou desfavorável, ocorrendo um nexo maior entre autor e juiz, ainda que o réu não aderisse espontaneamente à lide.

O processo é uma fonte de obrigações. Fundada nas Institutas de Justiniano, essa teoria parte da premissa de que apenas quatro eram as fontes das obrigações: o contrato, o quase contrato, o delito e o quase delito[7]. Seus partidários defendiam que, se o processo não podia ser considerado um contrato, ele deveria enquadrar-se em uma das outras três modalidades de fontes das obrigações.

Ele não poderia ser delito, tampouco quase delito, visto que essas categorias encontram-se ligadas à ideia de ilicitude, e nada há de ilícito no exercício do direito de ação e na consequente instauração do processo.

Destarte, por exclusão, inferia-se que o processo somente poderia ser um quase contrato. À semelhança da gestão de negócios (exemplo clássico de quase contrato), o processo produzia para as partes efeitos similares aos de um contrato, sem que entre elas houvesse a celebração de um acordo de vontades.

Entretanto, essa teoria também foi alvo de severas críticas. Há nela duplo equívoco metodológico.

Primeiro, porque ela parte de uma premissa equivocada, visto que as fontes das obrigações não se resumem às quatro categorias apresentadas. Aliás, os defensores dessa teoria ignoraram até mesmo o pensamento então prevalecente, que veio inclusive a influenciar o Código Civil francês, segundo o qual, ao lado das quatro fontes tradicionais das obrigações, existiam duas outras, a saber: a lei e a equidade.

Segundo, porque ela procura explicar o processo, instituto de direito público, por ser um instrumento de exercício da função jurisdicional, a partir de conceitos próprios do direito privado.

Seus autores indicavam a necessidade de ver na *litiscontestatio* ato bilateral em si, pelo qual se atribuíam direitos a uns e obrigações a outros, e vice-versa. Mas, na *litiscontestatio*, o consentimento não era inteiramente livre, pois, se o réu se recusasse a comparecer perante o pretor, o autor poderia, usando o *in ius vocatio*, conduzi-lo à força. A *litiscontestatio* não apresentava, por isso, o caráter de

---

[7] Rodrigues, 2002, p. 8-9.

contrato, porque este supõe a liberdade de alguém verificar a conveniência ou não de se sujeitar ao cumprimento de determinada obrigação.

Ainda segundo o art. 1.371 do Código Civil francês, o famoso Código de Napoleão, o quase contrato é o encontro de fatos voluntários do homem de que resultam obrigações recíprocas entre as partes. Enquanto no contrato as obrigações dele decorrentes são determinadas, diretamente, pela própria vontade das partes, no quase contrato as obrigações são determinadas pela lei, com base na presumível vontade das partes.

A vontade das partes só é exigida para a prática do ato e não para a produção das obrigações jurídicas dele resultantes, que são determinadas pela lei. Assim, da circunstância de as partes comparecerem voluntariamente ao juízo e de se submeterem às decisões judiciais, deduz-se a existência, entre elas, de um fenômeno análogo ao contrato, que vai fundamentar essa atitude de se submeterem ao processo. Portanto, o comparecimento voluntário das partes ao juízo é o acontecimento indicativo de sua vontade de participar do processo e aceitar a decisão judicial.

Essas teorias são contratualistas (contrato e quase contrato), porque o processo resultaria de um contrato ou algo semelhante a um contrato e, pois, de um acordo de vontades.

14.2.2 Teoria da relação jurídica processual

Com a publicação, na Alemanha, da obra *Teoria dos pressupostos processuais e das exceções dilatórias*, de Oskar von Büllow, em 1868, iniciou-se a sistematização da relação processual distinta da relação de direito material, abrindo espaço para que o direito processual lograsse autonomia científica.

Assim, Büllow identificou o processo como uma relação jurídica – eis que decorriam para os seus sujeitos direitos e obrigações – distinta da relação jurídica material, tendo em vista que ambas as relações possuíam sujeitos, objeto e pressupostos distintos[8].

O processo não é apenas uma regulamentação de formas e atos ou uma sucessão de atos. Visto sob o seu aspecto interno, é uma relação jurídica de direitos e obrigações entre as partes e o juiz, ou seja, uma relação jurídica processual. O processo é uma relação jurídica pública (vincula o Estado), que avança gradualmente e se desenvolve passo a passo. Essa relação processual não se identifica com as relações jurídicas privadas que constituem matéria do debate judicial, porque estas se apresentam totalmente concluídas, enquanto aquela se apresenta apenas como embrião.

Assevera Büllow[9] que o equívoco da ciência processual foi – em vez de considerar o processo uma relação jurídica de direito público, que se desenvolve, progressivamente, entre o juiz (tribunal) e as partes – ter destacado apenas o aspecto da noção de processo mais evidente, consistente na sua marcha ou avanço gradual (o procedimento).

No processo serão praticados tantos atos processuais quantos necessários ao seu escopo ou à natureza da lide a ser composta através do processo. Verificamos que esses atos serão x, y ou z, conforme o objetivo perseguido. Assim, fala-se em procedimento ordinário, procedimento sumário, procedimento especial etc.

---

[8] "Deve-se a Oskar Bülow uma das mais importantes tentativas de explicar a natureza do processo. A sua teoria, que se tornou conhecida como *teoria da relação jurídica processual*, é a preferida pela doutrina clássica e pela quase totalidade dos processualistas brasileiros de hoje. (...) A importância da obra de Bülow foi a de sistematizar, embora a partir da teoria da relação jurídica já edificada pelo direito privado – mas com base nas premissas de autonomia do processo em relação ao direito material e da sua natureza pública –, a existência de uma relação jurídica processual de direito público, formada entre as partes e o Estado, evidenciando os seus pressupostos e os seus princípios disciplinadores" (Marinoni; Arenhart; Mitidiero, 2017, p. 237).

[9] Gaio Jr.; Jobim, 2019, p. 51.

Destacou-se das demais teorias não só pela identificação dos dois planos de relações, mas também pela sistematização ordenadora da conduta dos sujeitos processuais em suas relações recíprocas.

Portanto os defensores dessa teoria, que se revela majoritária em nosso ordenamento, apontam para o conceito de processo como uma relação intersubjetiva, dinâmica e de direito público, muito embora divirjam a respeito de sua configuração, se triangular – vínculo entre o Estado e as partes e entre autor e réu – ou angular – representada apenas pela relação entre o Estado e as partes.

Essa teoria foi o marco da autonomia do processo ante o conteúdo do direito material, defendendo a existência e o desenvolvimento do processo e a relação entre juiz, autor e réu.

O que o levou a caracterizar assim o processo? Desde o momento em que o Estado vedou ao particular a autotutela ou autodefesa dos próprios interesses, permitindo-a apenas em algumas hipóteses restritas, assumiu para si a obrigação de solucionar os conflitos de interesses entre duas ou mais pessoas, ou entre pessoas físicas e jurídicas (inclusive o próprio Estado). Mesmo sendo permitida a autotutela, a atividade do agente não está fora do âmbito de controle do Estado, que, por meio do Poder Judiciário, o exerce *a posteriori*. Portanto, o Estado, por intermédio de um de seus poderes, assumiu com exclusividade a jurisdição, garantindo-se o monopólio dela.

Reservando-se a tarefa de fornecer a tutela jurisdicional, o Estado-juiz não age de ofício; aguarda sempre a provocação de quem se julga com direito a uma prestação por parte de outrem (dar, fazer, não fazer). Por isso se afirma que a jurisdição é inerte, *dependente de provocação*. Essa provocação se dá pelos meios adequados ou pelo exercício da ação.

A ação é o direito subjetivo público à tutela jurisdicional do Estado, em face de uma lide. Quando o autor se dirige ao juiz, ele não suplica um favor, mas exerce um genuíno direito, direito de ação, que lhe foi outorgado pelo próprio Estado. A esse direito corresponde, via de consequência, uma obrigação do Estado, de manifestar-se sobre o pedido formulado para deferi-lo ou indeferi-lo, conforme esteja ou não tutelado pelo direito objetivo. No momento em que o autor se dirige ao juiz, exercendo o direito de ação, nasce uma *relação jurídica* entre o autor e o juiz. Ao direito do primeiro corresponde a obrigação do segundo de responder. A jurisdição é que dá a resposta ao pedido formulado pelo autor.

Numa relação jurídica existem direitos e obrigações, ou melhor, de uma relação jurídica decorrem direitos e obrigações para os seus sujeitos. Essa relação jurídica não se identifica com aquela que chamamos relação jurídica *material*.

O próprio Büllow demonstrou a distinção entre relação jurídica processual e material. Elas se distinguem pelos seus sujeitos, pelo seu objeto e pelos seus pressupostos. O autor exerceu o direito de ação, pedindo ao juiz a tutela jurisdicional, que este irá outorgar ou não. Mas o juiz não pode decidir sem ouvir o réu. Ao direito de ação, do autor, corresponde o direito do réu de defender-se, ou, pelo menos, de influir na decisão a ser proferida. Essa oportunidade não pode ser retirada do réu, porque tem assento constitucional, além de o nosso processo não ser do tipo inquisitório. Pode acontecer de o réu não se defender, e o processo correr à revelia, mas a oportunidade de fazê-lo não lhe pode ser negada.

Dando-se conhecimento ao réu de que foi ajuizada uma ação contra ele, este também passa a ser interligado aos demais sujeitos processuais (autor e juiz) pela mesma relação jurídica que agora se completa. O juiz não pede ao réu para comparecer em juízo nem o obriga a contestar o pedido do autor; o juiz, no exercício do seu poder jurisdicional, determina a citação do réu com as consequências da lei. Assim, ao mesmo tempo que exerce um poder, cumpre o juiz um dever.

O juiz não possui somente obrigações. Ele é dotado de poderes para o exercício das funções jurisdicionais. No uso desses poderes, ele determina o comparecimento da testemunha, gerando para ela o dever de comparecer. Sem os poderes de que está investido, o juiz jamais teria condições de desempenhar sua tarefa.

As partes não possuem somente direitos, dispondo também de faculdades, como, *v.g.*, a de reinquirir testemunhas na audiência de instrução e julgamento. Elas têm também obrigações, *v.g.*, de lealdade processual, não apenas entre si, mas para com o órgão jurisdicional, e de pagar as custas processuais. Suportam ainda ônus, devendo praticar determinados atos para evitar prejuízo.

O processo põe em confronto os sujeitos que dele participam – autor, juiz e réu –, atribuindo-lhes direitos, poderes, faculdades e os correspondentes deveres, obrigações, sujeições e ônus. O juiz tem obrigações, mas tem igualmente poderes, direitos e obrigações. Quando postos em confronto esses sujeitos, nasce entre eles um vínculo, um liame, que não é facilmente percebido, mas que os interliga no processo.

E a relação da qual decorrem direitos e obrigações chama-se *relação jurídica* ou *relação jurídica processual*, porque relativa ao processo. A formação desse processo é realizada em etapas: i) o autor peticiona ao juiz; ii) recebendo a petição, o juiz cita o réu para resposta e este contesta; iii) autor e réu interagem processualmente na audiência preliminar. A primeira relação (autor-juiz) é linear. Quando o juiz provocado e o réu entram em contato, transforma-se em angular. Finalmente, quando os três se vinculam reciprocamente, aparece sua natureza triangular e, de acordo com os postulados do CPC, cooperativa, na medida em que todos os sujeitos do processo devem colaborar entre si.

Todavia a respectiva teoria não esteve imune a críticas de outros doutrinadores que combatem, entre outras características, a inserção da relação jurídica processual (e não o contraditório) no conceito de processo[10].

14.2.3 Teoria do processo como situação jurídica

Segundo o alemão James Goldschmidt, a única relação jurídica existente seria a de direito material, não havendo direitos processuais, mas meras expectativas de se obter vantagem[11].

Essa teoria entende não existir relação processual entre as partes e o juiz, mas apenas entre o juiz e o Estado, resultante da função pública do juiz como funcionário do Estado, pois deve cumprir deveres funcionais.

Assim, o processo constituiria uma série de situações jurídicas, concretizando para as partes direitos, deveres, faculdades, poderes, sujeições, ônus etc. Tal teoria, entretanto, foi esvaziada por não conseguir afastar a noção de relação jurídica processual, contribuindo, contudo, para o enriquecimento da ciência processual a partir do desenvolvimento e incorporação na doutrina dos conceitos de faculdades, ônus, sujeições, bem como da relação funcional de natureza administrativa entre juiz e Estado.

14.2.4 Teoria do processo como instituição

Embora desenvolvida por Jaime Guasp[12], essa teoria teve seu principal representante na figura de Eduardo J. Couture[13]. Consoante ela, o processo seria uma instituição jurídica.

---

[10] Entre as principais críticas a essa teoria, podemos citar: 1) divide o processo em duas fases, sendo que na primeira apenas se verifica a presença dos pressupostos processuais, enquanto na segunda se examina o mérito; 2) não há sanções processuais ao descumprimento das obrigações atribuídas ao juiz; 3) as partes apenas se sujeitam à autoridade do órgão jurisdicional, não se podendo dizer que elas tenham verdadeiras obrigações no processo (Grinover et al., 2002, p. 281).

[11] Santos, 1998, p. 29.

[12] Jaime Guasp, sob esse aspecto, tem uma importância ímpar. Suas ideias sobre a jurisdição e o processo – em especial, a colocação da pretensão como núcleo de ambos – permitiram o desenvolvimento de uma teoria processual que viu na integração dos sujeitos processuais uma importante ferramenta para que o processo alcançasse seus fins. É essa, aliás, uma das ideias que se extrai de sua teoria institucionalista (Gaio Jr.; Jobim, 2019, p. 216).

[13] Couture, 1997.

A primeira e maior dificuldade que dela decorre reside em esclarecer, com precisão, o que significa a expressão *instituição jurídica*. O conceito de instituição possui origem eminentemente sociológica, e não jurídica, sobre ele havendo se debruçado mentes brilhantes do porte de Ihering, Renard e Hauriou, sem que suas ideias convergissem para um denominador comum. Para este último, que era sociólogo, há duas espécies de instituição: a instituição-pessoal e a instituição-coisa.

A instituição-pessoal, que corresponde ao aspecto sociológico da instituição, seria, segundo Tornaghi, um "agrupamento de pessoas reunidas em tôrno [sic] de uma ideia, a fim de realizá-la graças a uma organização permanente".

Exemplo de instituição-pessoal seria o sindicato. Já a instituição-coisa possuiria sentido diverso, que abrangeria "aquêles [sic] conjuntos de regras de direito que formam um todo único"[14]. O processo, na lição de Couture, seria uma instituição deste último tipo.

A instituição, assim, é todo elemento da sociedade cuja duração não depende da vontade subjetiva de sujeitos determinados. Por mais que certos legisladores tentem destruir a instituição, ela viverá, e o propósito destruidor restará impotente. A instituição compõe-se de três elementos: a *ideia objetiva* do fundador, que está fora e acima da vontade dos sujeitos; as *adesões* que recebe; e a *sujeição* das vontades.

Uma instituição social consiste numa ideia objetiva, transformada numa obra social, e que sujeita a seu serviço vontades subjetivas indefinidamente renovadas. Entendida dessa forma, Guasp fez aplicação do conceito de instituição ao processo: a ideia objetiva é a atuação ou denegação da pretensão, e as vontades que aderem a essa ideia são as dos sujeitos intervenientes, entre os quais a ideia comum cria uma série de vínculos de caráter jurídico.

Essa teoria, contudo, não explica satisfatoriamente a natureza jurídica do processo. O caráter impreciso e elástico do conceito de instituição, por si, já recomenda que se evite tal categoria na revelação do que venha a ser o processo.

Com efeito, ele não pode ser definido como um conjunto de regras jurídicas e, por isso, não é uma instituição-coisa. Assim, quando muito, poderia considerar-se uma instituição-coisa o direito processual, mas não o processo. Além disso, o processo também não seria uma instituição-pessoal, haja vista que ele não se personifica, tampouco se caracteriza pela permanência.

14.2.5 Teoria do processo como procedimento em contraditório

De acordo com a doutrina de Elio Fazzalari, o processo seria um procedimento, isto é, uma sequência de normas destinadas a regular determinada conduta, em presença do contraditório[15].

Essa teoria defende a superação do conceito de relação jurídica, o qual considera incapaz de revelar a natureza jurídica do processo. Para ela, o processo é uma espécie do gênero procedimento. Mais precisamente: o processo é o procedimento que se desenvolve em contraditório. O procedimento poderia ser definido como uma série de atos e uma série de normas que em conexão entre si disciplinam tais atos, regendo a sequência de seu desenvolvimento.

Todo procedimento destina-se a preparar um provimento, que, por sua vez, é um ato do Estado, de caráter imperativo, produzido pelos seus órgãos no âmbito de sua competência, seja um ato administrativo, um ato legislativo ou um ato jurisdicional.

---

[14] Tornaghi (1959, p. 295-296).

[15] A teoria estruturalista conceitua o procedimento como gênero e o processo como uma de suas espécies, porém diferenciada por uma característica própria, qual seja o contraditório (Gaio Jr.; Jobim, 2019, p. 201).

O processo seria, portanto, aquela espécie de procedimento em que os interessados participariam em condições de igualdade, interferindo efetivamente na preparação do provimento.

O contraditório seria o elemento que qualifica o processo, permitindo apartá-lo das demais espécies de procedimento. Essa teoria é criticada por procurar eliminar a relação jurídica do conceito de processo. Afinal, não existe qualquer incompatibilidade entre contraditório e relação jurídica. É por meio da relação jurídica processual e das transformações que esta experimenta, à medida que o procedimento avança, que se concretiza a garantia constitucional do contraditório.

Trata-se de uma concepção elaborada, mais recentemente, por juristas ligados à concepção normativa do direito. Para essa concepção, o processo é um procedimento, ou seja, é uma série ordenada de atos previstos normativamente tendentes à produção de um efeito jurídico final.

Por conseguinte, a natureza jurídica do processo é ser um procedimento, isto é, uma cadeia de atos, previstos por normas, necessários à produção de um efeito jurídico final. A "essência" do processo está, pois, nesse *encadeamento* ou nexo entre os atos determinados por normas, atos que são necessários para a produção de um efeito jurídico final.

Em outras palavras: a participação das partes, assegurada pelo contraditório, somente se faz efetiva porque, com as transformações da relação processual, criam-se para elas diversos direitos, deveres, ônus, sujeições, enfim, diversas situações subjetivas, cujo surgimento é indissociável da noção de relação jurídica.

14.2.6 Teoria do processo como categoria complexa

Esta teoria, destacada por Cândido Rangel Dinamarco, complementaria a de Elio Fazzalari, ao sustentar que o processo é uma entidade complexa, ou seja, o processo seria o procedimento realizado em contraditório e animado pela relação processual.

Por se tratar de uma categoria complexa, o processo seria composto, basicamente, por dois aspectos: o extrínseco, que seria justamente o procedimento realizado em contraditório; e o intrínseco, que, por sua vez, seria a relação jurídica processual estabelecida entre as partes, gerando sucessivamente direitos, deveres, faculdades e ônus.

Contestando a teoria do processo como relação jurídica, Dinamarco sustenta sua falha, na medida em que não explica como o processo poderia ser apenas uma relação processual, sem incluir um procedimento, ou seja, a teoria partiria da errônea percepção de que procedimento e relação jurídica processual não coexistem no conceito e na realidade do processo, apesar de este não poder ser o que realmente é na ausência de um desses elementos[16].

Não obstante tal teoria seja bem aceita na doutrina, as críticas remanescentes apontam para a contradição existente em dissociar o processo nos planos interno e externo, pois todo instituto ou entidade deve ser concebido como uma unidade[17].

14.2.7 Teoria do processo como categoria jurídica autônoma

Segundo os defensores da teoria, que no Brasil recebe a simpatia de Afrânio Silva Jardim, o processo seria uma categoria jurídica autônoma, distinta das demais já consagradas no quadro da Teoria Geral do Direito.

---

[16] Dinamarco, 2001b, p. 27.

[17] Nesse sentido, Afrânio Silva Jardim (1981, p. 53): "parece-nos artificial a afirmação de que o processo é um conjunto de atos sob o aspecto externo e uma relação jurídica sob o aspecto intrínseco. Os objetos, sejam os materiais, sejam os ideais, hão de ter uma única ontologia, uma essência própria, não podendo ser duas ou mais coisas segundo o prisma que venham a ser considerados".

As diversas teorias existentes acerca da natureza jurídica do processo incidem em equívoco metodológico: procuram, em vão e desnecessariamente, enquadrar o processo em categorias jurídicas já existentes. Consoante essa teoria, "o processo é o processo" e simplesmente isso.

14.3 CONCEITO E NATUREZA JURÍDICA DO PROCESSO

Em face das diversas teorias que procuram explicar o processo, podemos extrair seu conceito e natureza jurídica.

Dessa forma, quanto à natureza jurídica, isto é, ao gênero ao qual pertence o instituto em análise, trata-se de uma categoria jurídica autônoma.

No tocante ao conceito, podemos defini-lo como o conjunto de atos, realizados sob o crivo do contraditório, que cria uma relação jurídica da qual surgem deveres, poderes, faculdades, ônus e sujeições para as partes que dela participam.

Visto isso, é preciso visualizar o processo como garantia para a realização da justiça e efetivação dos direitos, já que somente mediante este instrumento as partes poderão garantir sua participação equilibrada e protegida pelas garantias do devido processo legal na formação da decisão. Segundo uma perspectiva pós-positivista, o processo é o instrumento viabilizador da aplicação dos princípios constitucionais no caso concreto e só assim se legitima democraticamente.

Ao lado dessa ideia, é importante também a da efetividade do processo: adequação da providência judicial às necessidades concretas da parte interessada. Há uma ênfase em um processo garantista, pautado pelo direito constitucional.

14.4 CLASSIFICAÇÃO DOS PROCESSOS

O processo, como meio de prestar tutela jurisdicional, não comporta nenhuma divisão. No entanto, de acordo com seu objetivo, podemos classificá-lo em:

a) processo de conhecimento; e

b) processo de execução.

Não custa lembrar que antes do CPC nós tínhamos ainda uma terceira espécie, a saber, o processo cautelar. O CPC extinguiu essa categoria autônoma. Agora, as providências cautelares são tratadas na Parte Geral do Código, nos arts. 305 a 310.

14.4.1 Processo de conhecimento

Diz-se processo de conhecimento porque é o meio através do qual as partes levam suas teses ao "conhecimento" do juiz, buscam sua comprovação e, assim, uma decisão favorável. Caracteriza-se pela atividade de cognição do juiz[18].

Também é chamado declaratório em sentido amplo, porque o objeto é "declarar quem tem razão", ou melhor, o objeto é a pretensão ao provimento declaratório, que é a sentença de mérito.

Em outras palavras, é o ato em que se expressa a norma jurídica concreta disciplinadora da situação submetida ao órgão jurisdicional[19].

Com o surgimento de novos direitos e a necessidade de tutela efetiva inspirada na noção de um processo civil de resultados, o processo de conhecimento ganhou novas feições em virtude da tutela

---

[18] Nas palavras de Cândido Rangel Dinamarco: "uma série de atos interligados e coordenados ao objetivo de produzir tutela jurisdicional mediante o julgamento da pretensão exposta ao juiz" (Dinamarco, 2001b, p. 29).

[19] Barbosa Moreira, 2002, p. 3.

antecipatória, que, condicionada a requisitos específicos, permite a proteção adequada e tempestiva dos direitos em jogo.

14.4.2 Processo de execução

Processo de execução é aquele que permite a realização prática do direito no mundo dos fatos, sendo utilizado sempre que se quer dar um efeito concreto, mesmo contra a vontade do devedor, a um título extrajudicial (documento considerado por lei como tradutor de um acertamento de direito *inter partes*, ao qual é atribuída eficácia executiva).

O processo de execução tem como resultado específico um provimento satisfatório do direito do credor. Trata-se, portanto, de uma execução forçada, por meio de atos próprios, da prestação devida.

Importante advertir que devemos ter certo cuidado terminológico com o termo execução. Para facilitar a compreensão, podemos dizer que a execução é a atividade de satisfação concreta da pretensão. A atividade executiva admite duas espécies:

a) cumprimento de sentença: é o conjunto de atos praticados pelo magistrado com o objetivo de tornar efetiva uma decisão interlocutória ou uma sentença. O cumprimento se dá dentro do processo de conhecimento e não há a necessidade de se abrir um processo autônomo;

b) processo de execução: aqui não houve previamente uma ação cognitiva. O jurisdicionado se dirige, pela primeira vez, ao Poder Judiciário, munido de um documento denominado título de crédito. O art. 784 do CPC traz a relação dos documentos considerados título de crédito.

14.5 CLASSIFICAÇÃO DAS SENTENÇAS

Conforme a sentença proferida, o processo de conhecimento pode ser classificado como a seguir.

I. Corrente ternária

1. declaratório: visa à declaração da existência ou inexistência de determinada relação jurídica ou da autenticidade ou falsidade de documento, as quais, uma vez obtidas, exaurem o provimento jurisdicional invocado. Fundamenta-se no fato de que a incerteza jurídica gera um conflito atual ou perigo de conflito cuja eliminação é escopo da jurisdição;

2. constitutivo: o provimento judicial cria, modifica ou extingue uma relação jurídica, causando inovação na situação jurídica da pessoa ou da coisa;

3. condenatório: pretende a condenação do réu a determinada prestação proveniente de um direito anteriormente violado, possibilitando o acesso à execução forçada caso a obrigação não seja cumprida espontaneamente pelo devedor.

Alguns autores subdividem a ação declaratória em positiva e negativa (declara a existência ou reconhece a inexistência de uma relação jurídica). A mesma classificação pode ser aplicada à sentença constitutiva (positiva ou negativa, também chamada desconstitutiva).

Imagine o caso, por exemplo, do homem que vai a juízo propor ação negatória de paternidade, ou seja, embora ele conste na certidão de nascimento da criança como pai, descobre, posteriormente, por exame de DNA, que não é ele o pai biológico.

II. Corrente quinária

Além das classificações acima, a corrente quinária[20] inclui mais duas[21]:

1. mandamental: caracteriza-se por dirigir uma ordem, um comando ao réu que, atuando sobre a sua vontade, obriga-o a cumprir a sentença. É o que verificamos na execução das obrigações de fazer, não fazer ou desfazer;

2. executiva *lato sensu*: modalidade cuja sentença apresenta características cognitivas e executórias, dispensando posteriores etapas ou fases executivas. Como exemplo de sentença executiva *lato sensu*[22], podemos citar a ação de despejo[23] e a ação possessória, que será examinada na Parte II.

Para seus defensores, a corrente quinária representa a superação do modelo liberal de não ingerência do Estado nas relações particulares, justificando-se em virtude da incapacidade de as sentenças declaratória, constitutiva e condenatória prestarem tutela preventiva ou tutela adequada aos direitos não patrimoniais, já que nenhuma delas permite a inclusão de uma ordem judicial.

Nesse sentido, a importância do exercício do *imperium* repousa no risco de reduzir novamente o magistrado ao que Montesquieu denominou "boca de lei", noção superada por figuras como as *astreintes*, no direito francês, e o *contempt power*, de origem norte-americana, que permitem o exercício criativo da jurisdição.

No entanto, é preciso referir a existência de largo dissenso na doutrina acerca do conceito e dos limites de cada uma dessas modalidades[24], havendo necessidade de maior amadurecimento sobre o tema.

Por ser polêmica doutrinária, o CPC não trouxe novas luzes sobre a matéria.

---

[20] Defendida, entre outros, por Ovídio Baptista da Silva (Silva; Gomes, 1997).

[21] Para Ada Pellegrini Grinover, as ações mandamentais e executivas *lato sensu* na verdade são espécies de ação condenatória que apresentam, contudo, certas peculiaridades (Grinover et al., 2002, p. 302).

[22] Também o conceito de sentença executiva está sujeito a controvérsias. Para Ovídio Baptista da Silva (1997b, p. 16-17), somente são executivas as sentenças que acolhem pretensão real, como a que julga procedente ação reivindicatória. José Carlos Barbosa Moreira (2004d, p. 5-6 e 17-19) defende que, se alguma sentença pode receber o qualificativo de executiva, esta é a que obriga a emissão de declaração de vontade. Trataremos do tema com mais detalhes na parte de cumprimento de sentença.

[23] Art. 58 da Lei n. 8.245/91.

[24] Silva; Gomes, 1997, p. 182.

Capítulo 15
ASPECTOS ECONÔMICOS E ÉTICOS DO PROCESSO

15.1 ASPECTOS ECONÔMICOS

15.1.1 Noções gerais

Todo processo importa em um custo[1]. O custo do processo engloba:

a) os honorários advocatícios; e
b) as despesas processuais.

As despesas processuais são cobradas de acordo com a natureza e o rito processual adotado.

O art. 84 do CPC estabelece que as despesas abrangem:

a) as custas do processo;
b) a indenização de viagem;
c) a remuneração do assistente técnico; e
d) a diária da testemunha.

Quanto a essas despesas, existem uma responsabilidade provisória e uma responsabilidade definitiva.

Responsabilidade provisória é o ônus de antecipar o pagamento das despesas respeitantes aos atos. É imposto:

a) à parte que os requerer; ou
b) nos casos definidos em lei, ao autor que tiver mais interesse do que o réu na prática do ato, mesmo que tenha sido:

b.1) determinado pelo juiz, agindo de ofício; ou
b.2) requerido pelo Ministério Público, como parte ou como *custos legis*.

Responsabilidade definitiva, por sua vez, é o dever (e não simples ônus) imposto à parte derrotada de ressarcir à vencedora as despesas cujos pagamentos esta antecipou no curso do processo.

15.1.2 Despesas processuais

O CPC regula de forma clara e sistemática as despesas processuais nos arts. 82 a 97.

O art. 82 dispõe que, ressalvada a hipótese de concessão de gratuidade, devem as partes antecipar o pagamento dos atos que requererem, tanto na fase cognitiva como no cumprimento de sentença. No entanto, o vencido deverá pagar ao vencedor as despesas que tenha antecipado.

Na hipótese de sucumbência recíproca, ou seja, sendo cada litigante vencedor e vencido, em parte, as despesas devem ser proporcionalmente distribuídas entre eles (art. 86), salvo se um deles sucumbir em parte mínima do pedido (parágrafo único do art. 86).

Havendo litisconsórcio, os vencidos respondem proporcionalmente pelas despesas e pelos honorários (art. 87).

---

[1] "Custo do processo é a designação generalizada de todos os itens entre os quais se distribuem os recursos financeiros a serem despendidos no processo. Engloba despesas processuais e honorários advocatícios" (Dinamarco, 2002, p. 633).

As despesas determinadas *ex officio* pelo magistrado ou requeridas pelo Ministério Público, na qualidade de fiscal da ordem jurídica, devem ser igualmente antecipadas pelo autor (art. 82, § 1º). A regra é complementada pelo art. 91, que determina que as despesas dos atos processuais praticados a requerimento da Fazenda Pública, do Ministério Público ou da Defensoria Pública serão pagas, ao final, pelo vencido.

Nos procedimentos de jurisdição voluntária, as despesas são adiantadas pelo requerente e rateadas entre os interessados (art. 88).

Na hipótese de desistência, renúncia ou reconhecimento do pedido, as despesas e os honorários serão pagos pela parte que deu causa a um desses fatos (art. 90), ainda que isso se dê em processo de execução, aplicando-se a norma do § 10 do art. 85, como já decidiu o STJ[2].

Segundo o art. 93, as despesas de atos adiados ou cuja repetição for necessária ficarão a cargo da parte, do auxiliar da justiça, do órgão do Ministério Público ou da Defensoria Pública ou do juiz que, sem justo motivo, houver dado causa ao adiamento ou à repetição.

Com relação à prova pericial, dispõe o art. 95 que cada parte adiantará a remuneração do assistente técnico que houver indicado, sendo a do perito adiantada pela parte que houver requerido a perícia ou rateada quando a perícia for determinada de ofício ou requerida por ambas as partes.

Se o pagamento da perícia for de responsabilidade de beneficiário de gratuidade da justiça, ela poderá ser (art. 93, § 3º):

a) custeada com recursos alocados no orçamento do ente público e realizada por servidor do Poder Judiciário ou por órgão público conveniado; ou

b) paga com recursos alocados no orçamento da União, do Estado ou do Distrito Federal, no caso de ser realizada por particular, hipótese em que o valor será fixado conforme tabela do tribunal respectivo ou, em caso de sua omissão, do Conselho Nacional de Justiça.

Interessante inovação do CPC está no art. 83, que cria a figura da caução a ser prestada pelo autor brasileiro ou estrangeiro que resida fora do país ou que venha a deixar de residir durante a tramitação do processo. O objetivo de tal caução é garantir justamente o pagamento das custas e dos honorários.

Essa garantia é dispensada:

a) se deixar bens imóveis que assegurem o pagamento;

b) quando houver dispensa prevista em acordo ou tratado internacional de que o Brasil faz parte;

c) na execução fundada em título extrajudicial e no cumprimento de sentença;

d) na reconvenção.

15.1.3 Honorários advocatícios

15.1.3.1 *Natureza jurídica*

Atualmente, no Brasil, a remuneração dos advogados é composta por três espécies de honorários: contratuais/convencionais, arbitrados judicialmente e de sucumbência, conforme prevê o art. 22 da Lei n. 8.906/94.

---

[2] Dessa forma, parece bem razoável que a interpretação do art. 90 do CPC leve em conta a incidência do § 10 do art. 85, segundo o qual, "nos casos de perda do objeto, os honorários serão devidos por quem deu causa ao processo". REsp 1.675.741-PR, rel. Min. Luis Felipe Salomão, 4ªT., por unanimidade, j. 11-6-2019, *DJe* 5-8-2019. *Informativo STJ* n. 653.

Em todos os casos, os honorários têm por finalidade remunerar os serviços prestados pelos advogados diretamente em favor de seus clientes, no exercício das funções públicas e sociais que exercem.

Os honorários contratuais, como a própria nomenclatura denuncia, são estabelecidos mediante um contrato, preferencialmente escrito, celebrado entre os advogados e seus clientes.

Os honorários arbitrados judicialmente decorrem da necessidade de fixação dos honorários que deveriam ter sido convencionados, seja em razão da inexistência de contrato previamente estabelecido, seja nas hipóteses de contrato verbal em que haja divergência entre os contratantes quanto às suas condições.

Note-se que, a despeito de serem fixados nos autos de um processo judicial, diversamente do que ocorre com os honorários de sucumbência, os honorários arbitrados não guardam relação com a sucumbência, ou com a teoria da causalidade, sendo fixados tão somente para suprir a ausência de honorários contratuais incontroversos.

É importante destacar, ainda, que os honorários convencionados ou arbitrados judicialmente não prejudicam o recebimento de eventuais honorários de sucumbência.

Para a fixação dos honorários sucumbenciais, aplica-se no Brasil a teoria da causalidade, segundo a qual a responsabilidade pelos custos do processo não pode ser apurada apenas com base na existência de culpa e tampouco pode estar atrelada tão somente à sucumbência, devendo tal questão ser decidida de acordo com a relação de causa e efeito entre os atos praticados por uma das partes e a necessidade de se propor a demanda. Normalmente, a causalidade se confunde com a sucumbência, ou seja, quem fica vencido na demanda arca com o pagamento dos honorários. Contudo, é preciso notar que a causalidade é mais ampla, de modo que mesmo aquele que não sucumbe pode vir a ser condenado ao pagamento da verba honorária. Veja-se, por exemplo, a previsão constante do § 10 do art. 85, que atribui a quem deu causa ao processo a responsabilidade pelos honorários quando a ação for extinta por perda do objeto.

15.1.3.2 O art. 85 do CPC

No tocante aos honorários de sucumbência, entre as principais regras constantes do Código de Processo Civil, destacam-se:

a) o *caput* do art. 85 deixa claro que os honorários são devidos ao advogado[3-4] do vencedor[5-6];

---

[3] Não cabe a fixação de honorários sucumbenciais em favor do administrador judicial em recuperação judicial ou falência. Nos termos do art. 85 do CPC/2015, os honorários advocatícios de sucumbência devem ser pagos pela parte vencida exclusivamente ao profissional que tenha atuado como advogado da parte vencedora. REsp 1.917.159-RS, rel. Min. Moura Ribeiro, 3ª T., por unanimidade, j. 18-10-2022, *DJe* 20-10-2022, *Informativo STJ* Edição Especial 9-23.

[4] É devido o pagamento de honorários sucumbenciais à Defensoria Pública, quando representa parte vencedora em demanda ajuizada contra qualquer ente público, inclusive aquele que integra; 2. O valor recebido a título de honorários sucumbenciais deve ser destinado, exclusivamente, ao aparelhamento das Defensorias Públicas, vedado o seu rateio entre os membros da instituição. RE 1.140.005-RJ, rel. Min. Roberto Barroso, j. 23-6-2023, *Informativo STF* n. 1.100. Mesmo que o Defensor Público esteja atuando na condição de curador especial, conforme já decidiu o STJ. REsp 1.912.281-AC, rel. Min. Marco Aurélio Bellizze, 3ª T., por unanimidade, j. 12-12-2023, *DJe* 14-12-2023. *Informativo Extraordinário STJ* n. 15. Os honorários são devidos, ainda, ao advogado de núcleo de prática jurídica, quando designado para patrocinar causa de juridicamente necessitado ou de réu revel, ante a impossibilidade da prestação do serviço ser realizada pela Defensoria Pública. Processo em segredo de justiça, rel. Min. Antonio Carlos Ferreira, 4ª T., por unanimidade, j. 12-12-2023. *Informativo Extraordinário STJ* n. 15.

[5] Em suma, o crédito decorrente de honorários advocatícios sucumbenciais titularizado pelo advogado não é capaz de estabelecer relação de preferência ou de exclusão em relação ao crédito principal titularizado por seu cliente. REsp 1.890.615-SP, rel. Min. Nancy Andrighi, 3ª T., por unanimidade, j. 17-8-2021, *DJe* 19-8-2021. *Informativo STJ* n. 707.

[6] Dessarte, há de se reconhecer a possibilidade de o advogado, para satisfação de seu crédito (horários sucumbenciais), penhorar valo-

b) os honorários são devidos na reconvenção[7], no cumprimento de sentença, provisório ou definitivo, na execução, resistida ou não, e nos recursos interpostos, cumulativamente (art. 85, § 1º)[8-9];

c) os honorários serão fixados entre o mínimo de 10% (dez por cento) e o máximo de 20% (vinte por cento) sobre o valor da condenação, do proveito econômico obtido ou, não sendo possível mensurá-lo, sobre o valor atualizado da causa, atendidos (art. 85, § 2º):

c.1) o grau de zelo do profissional;

c.2) o lugar de prestação do serviço;

c.3) a natureza e a importância da causa;

c.4) o trabalho realizado pelo advogado e o tempo exigido para o seu serviço.

De se observar que sendo vários os vencidos, haverá, entre eles, solidariedade quanto ao pagamento dos honorários[10], na hipótese de silêncio da decisão. Contudo, como regra, cabe ao juiz estabelecer a forma de repartição das verbas devidas, observado o art. 87 e, em especial, seu § 1º.

Observe-se que o STJ[11] já decidiu que "o juízo de equidade na fixação dos honorários advocatícios somente pode ser utilizado de forma subsidiária, quando não presente qualquer hipótese prevista no § 2º do art. 85 do CPC"[12].

---

res caucionados por seu cliente como medida de contracautela, de natureza ressarcitória, mormente porque estes são reservados à satisfação dos da- nos eventualmente causados à parte que suportou os efeitos da medida cautelar executada. REsp 1.796.534-RJ, rel. Min. Luis Felipe Salomão, 4ª T., por unanimidade, j. 13-12-2022, *Informativo STJ* n. 761.

[7] Em procedimento de jurisdição voluntária, quando a parte ré concorda com o pedido formulado na inicial, mas formula pedido autônomo: (I) se o Juiz não admitir o pedido autônomo como reconvenção e julgar apenas a pretensão autoral, não serão devidos honorários de sucumbência; (II) se o Juiz admitir o pedido autô- nomo como reconvenção e julgar ambas as pretensões, serão devidos honorários de sucumbência apenas na reconvenção e desde que configurado litígio quanto à pretensão reconvencional. REsp 2.028.685-SP, rel. Min. Nancy Andrighi, 3ª T., por unanimidade, j. 22-11-2022, *DJe* 24-11-2022, *Informativo STJ* n. 761.

[8] Esse rol não é taxativo. Veja, por exemplo: É devida a fixação de honorários advocatícios quando, em julgamento de ação rescisória, o Tribunal reconhece a sua incompetência, realizando apenas o juízo rescindendo, e submete ao órgão jurisdicional competente o juízo rescisório. REsp 1.848.704-RJ, rel. Min. Mauro Campbell Marques, rel. para acórdão Min. Herman Benjamin, 2ª T., por maioria, j. 23-8-2022, *Informativo STJ* n. 747. Na mesma linha de raciocínio: Desse modo, nos termos do art. 85, § 2º, do CPC/2015, inexistindo condenação ou proveito econômico, os honorários advocatícios deverão ser calculados sobre o valor da causa atribuído à ação rescisória, que corresponderá ao proveito econômico pretendido com a rescisão do julgado. REsp 2.068.654-PA, rel. Min. Nancy Andrighi, 3ª T., por unanimidade, julgado em 12-9-2023, *DJe* 15-9-2023. *Informativo STJ* n. 790.

[9] Enunciado n. 118 da II Jornada de Direito Processual Civil da ENFAM: É cabível a fixação de honorários advocatícios na ação de produção antecipada de provas na hipótese de resistência da parte requerida na produção da prova.

[10] Reconhecida a solidariedade na condenação da verba honorária sucumbencial, aplica-se a norma do art. 275 do Código Civil, que permite ao credor exigir de um ou de alguns dos devedores, parcial ou totalmente, a dívida comum, mesmo que algum dos vencidos goze da gratuidade judiciária e o outro não. REsp 2.005.691-RS, rel. Min. Marco Aurélio Bellizze, 3ª T., por unanimidade, j. 27-9-2022, *DJe* 29-9-2022, *Informativo STJ* n. 751.

[11] 5. A expressiva redação legal impõe concluir: (5.1) que o § 2º do referido art. 85 veicula a regra geral, de aplicação obrigatória, de que os honorários advocatícios sucumbenciais devem ser fixados no patamar de dez a vinte por cento, subsequentemente calculados sobre o valor: (I) da condenação; ou (II) do proveito econômico obtido; ou (III) do valor atualizado da causa; (5.2) que o § 8º do art. 85 transmite regra excepcional, de aplicação subsidiária, em que se permite a fixação dos honorários sucumbenciais por equidade, para as hipóteses em que, havendo ou não condenação: (I) o proveito econômico obtido pelo vencedor for inestimável ou irrisório; ou (II) o valor da causa for muito baixo. 6. Primeiro recurso especial provido para fixar os honorários advocatícios sucumbenciais em 10% (dez por cento) sobre o proveito econômico obtido. (STJ, Segunda Seção, REsp n. 1.746.072, rel. Min. Nancy Andrighi, j. 13-2-2019).*Informativo STJ*, n. 645.

[12] Um bom exemplo pode ser encontrado neste julgado: "Decisão interlocutória. Exclusão de litisconsorte por ilegitimidade *ad causam*. Condenação da contraparte ao pagamento dos honorários advocatícios proporcionais. Percentual arbitrado aquém dos parâmetros do art. 85, § 2º, do CPC/2015. Possibilidade. (...) Tendo em vista essa particularidade, esta Terceira Turma tem decidido que, na hipótese de exclusão de litisconsorte, os honorários devem ser arbitrados de maneira proporcional à parcela do pedido efetivamente apreciada, sendo que o juiz não está obrigado a fixar, em benefício do advogado da parte excluída, honorários

O § 8º do art. 85 do CPC, que trata da apreciação equitativa de honorários para casos "em que for inestimável ou irrisório o proveito econômico ou, ainda, quando o valor da causa for muito baixo". De acordo com o STJ, esta regra não admite interpretação extensiva[13].

A tese proposta pelo ministro Og Fernandes foi dividida em duas partes.

(i) A fixação de honorários por apreciação equitativa não é permitida quando os valores da condenação, da causa ou o proveito econômico da demanda forem elevados. É obrigatória, nesses casos, a observância de percentuais previstos nos §§ 2º e 3º do art. 85 do CPC, a depender da presença da Fazenda Pública na lide, os quais serão subsequentemente calculados a partir do valor:

a) da condenação;

b) do proveito econômico obtido;

c) do valor atualizado da causa.

(ii) Apenas se admite o arbitramento de honorários por equidade quando, havendo ou não condenação:

a) o proveito econômico obtido pelo vencedor for inestimável ou irrisório;

b) o valor da causa for muito baixo.

E, uma vez fixado o critério do valor da condenação, com o trânsito em julgado da sentença, esse parâmetro não pode ser alterado na fase executiva[14].

Posteriormente, o STJ[15] reafirmou seu precedente, embora, pontualmente, em casos específicos, reconheça que não é possível determinar o proveito econômico, como na hipótese de a exceção de pré-executividade visar, tão somente, à exclusão do excipiente do polo passivo da execução fiscal, sem impugnar o crédito executado[16]. O mesmo entendimento foi adotado na hipótese de exceção de

---

advocatícios sucumbenciais mínimos de 10% sobre o valor da causa. Acrescente-se que o arbitramento de honorários aquém do previsto no art. 85, § 2º, do CPC/2015 sequer é inovação puramente jurisprudencial, visto que art. 338, parágrafo único, do CPC/2015 estabelece que, acolhida a preliminar de ilegitimidade passiva do réu, 'o autor reembolsará as despesas e pagará os honorários ao procurador do réu excluído, que serão fixados entre três e cinco por cento do valor da causa ou, sendo este irrisório, nos termos do art. 85, § 8º'. Logo, na hipótese de exclusão de litisconsorte por ilegitimidade ad causam, em decisão parcial sem resolução do mérito, é cabível a condenação da contraparte ao pagamento de honorários proporcionais, podendo ser fixados em *quantum* inferior ao percentual mínimo previsto pelo art. 85, § 2º, do CPC/2015". REsp 2.098.934-RO, rel. Min. Nancy Andrighi, 3ªT., por unanimidade, j. 5-3-2024, DJe 7-3-2024. *Informativo STJ* n. 819.

[13] Desapropriação em fase de cumprimento de sentença. Juízo de equidade. Não cabimento. Honorários arbitrados com base em proveito econômico. Observância dos percentuais do Decreto-Lei n. 3.365/1941. REsp 2.075.692-SP, rel. Min. Mauro Campbell Marques, 2ªT., por unanimidade, j. 8-8-2023, DJe 17-8-2023. *Informativo STJ* n. 783.

[14] Assim, fixados os honorários, no processo de conhecimento, em percentual sobre determinada base de cálculo, não pode o juízo, na fase de execução, a pretexto de corrigir erro material ou eventual injustiça, modificar ou ampliar essa base de cálculo, sob pena de ofensa à coisa julgada. AR 5.869-MS, rel. Min. Ricardo Villas Bôas Cueva, Segunda Seção, por maioria, j. 30-11-2021. *Informativo STJ* n. 721.

[15] Assim, o art. 85, §§ 2º e 3º, do CPC/2015, deverá ser aplicado, de forma literal, pelos órgãos fracionários desta Corte se e enquanto não sobrevier modificação desse entendimento pelo Supremo Tribunal Federal no julgamento do RE 1.412.073-SP, do RE 1.412.074-SP e do RE 1.412.069-PR, todos em tramitação perante o Supremo Tribunal Federal, ou se e enquanto não so- brevier, nesta Corte, a eventual superação do precedente formado no julgamento do Tema 1.076. REsp 1.743.330-AM, rel. Min. Moura Ribeiro, rel. para acórdão Min. Nancy Andrighi, 3ªT., j. 11-4-2023, DJe 14-4-2023, *Informativo STJ* n. 771.

[16] Não há que se falar em inobservância da tese firmada no Tema 1076/STJ dos recursos repetitivos, sendo a questão aqui definida – caráter inestimável do proveito econômico decorrente da exclusão de coexecutado do polo passivo da execução fiscal – compatível com a conclusão alcançada no citado precedente qualificado, segunda parte, na qual se determinou que devem ser fixados por equidade os honorários nos casos em que o proveito econômico obtido pelo vencedor for inestimável. EREsp 1.880.560-RN, rel. Min. Francisco Falcão, 1ª S., por unanimidade, j. 24-4-2024. *Informativo STJ* n. 812.

pré-executividade apresentada por terceiro em ação executiva ser acolhida, levando à exclusão deste no polo passivo da execução[17].

Finalmente, cumpre registrar que a Lei n. 14.365/2022 inseriu os §§ 6º-A, 8º-A e 20 no art. 85 do CPC de forma a sedimentar a posição do STJ (acima referida) quanto à interpretação restritiva que deve ser dada à figura dos honorários equitativos.

Nesse sentido, o novo § 6º-A estabelece que, quando o valor da condenação ou do proveito econômico obtido ou, ainda, o valor atualizado da causa for líquido ou liquidável, para fins de fixação dos honorários advocatícios, nos termos dos §§ 2º e 3º, é proibida a apreciação equitativa, salvo nas hipóteses expressamente previstas no § 8º. Ademais, o § 8º-A consigna que, para fins de fixação equitativa de honorários sucumbenciais, o juiz deverá observar os valores recomendados pelo Conselho Seccional da Ordem dos Advogados do Brasil a título de honorários advocatícios ou o limite mínimo de 10% (dez por cento) estabelecido no § 2º desse artigo, aplicando-se o que for maior.

Por fim, o § 20 estabelece que o disposto nos §§ 2º, 3º, 4º, 5º, 6º, 6º-A, 8º, 8º-A, 9º e 10 desse artigo aplica-se aos honorários fixados por arbitramento judicial.

Como se percebe, são muitas as questões suscitadas pelo Código.

Prosseguindo na análise do art. 85, devemos, ainda, chamar a atenção para as seguintes questões:

i) a fixação de percentuais sobre o valor da condenação, do proveito econômico ou sobre o valor atualizado da causa, nas ações em que a Fazenda Pública for parte;

ii) a majoração, de ofício, pelo Tribunal, dos honorários fixados na primeira instância, de modo a remunerar o trabalho adicional realizado em grau de recurso;

iii) o reconhecimento dos honorários de sucumbência como direito autônomo dos advogados, e o caráter alimentar[18-19] dessa verba, mesmo que recebidos pelas sociedades de advogados;

iv) o fim da compensação de honorários na hipótese de sucumbência recíproca[20];

v) a possibilidade de propositura de ação autônoma para cobrança de honorários de sucumbência cuja condenação tenha sido omitida na demanda originária[21]; e

---

[17] AgInt no REsp 1.739.095-PE, rel. Min. Raul Araújo, 4ª T., por unanimidade, j. 14-8-2023, DJe 18-8-2023. Informativo STJ n. 785.
[18] Súmula Vinculante 47 do STF: Os honorários advocatícios incluídos na condenação ou destacados do montante principal devido ao credor consubstanciam verba de natureza alimentar cuja satisfação ocorrerá com a expedição de precatório ou requisição de pequeno valor, observada ordem especial restrita aos créditos dessa natureza.
[19] No entanto, o STJ, em interessantíssimo precedente, pontuou a diferença entre as expressões "natureza alimentar" e "prestação alimentícia", a que se referem os arts. 85, § 14, e 833, § 2º. "(...) Em qualquer hipótese, portanto, independentemente da natureza jurídica do crédito executado e da pessoa do credor, será possível, em tese, a penhora tanto de parte das verbas de caráter remuneratório quanto de valores depositados em caderneta de poupança (e de outros a eles equiparados), especificadas nos incisos IV e X do art. 833 CPC/2015, caso se verifique, a partir da análise do caso concretamente examinado, que o ato de constrição judicial não retira do devedor a capacidade de manutenção de um mínimo existencial e de um padrão de vida digno em favor dele próprio e de seus dependentes. Dessa forma, fixa-se a seguinte tese repetitiva: A verba honorária sucumbencial, a despeito da sua natureza alimentar, não se enquadra na exceção prevista no § 2º do art. 833 do CPC/2015 (penhora para pagamento de prestação alimentícia)". REsp 1.954.382-SP, REsp 1.954.380-SP, rel. Min. Ricardo Villas Bôas Cueva, Corte Especial, por maioria, j. 5-6-2024 (Tema 1153). Informativo STJ n. 815.
[20] Logo, é adequado, diante das particularidades da causa, bem como da proporção em que cada polo da demanda restar vencedor e vencido, que a verba honorária seja estabelecida com bases de cálculo distintas em relação aos litigantes, as quais melhor refletem o sucesso de cada parte, à luz do texto do art. 85, § 2º, do CPC. EDcl no AgInt nos EDcl no AREsp 1.553.027-RJ, rel. Min. Marco Buzzi, 4ª T., por unanimidade, j. 3-5-2022, DJe 6-5-2022. Informativo STJ n. 739.
[21] Estipulação e cobrança de honorários advocatícios. Súmula n. 453/STJ. Superação parcial. Art. 85, § 18º, do CPC/2015. Ação autônoma. Cabimento quando a decisão transitada em julgado for omissa. A partir da vigência do CPC/2015, é cabível ação autô-

vi) a previsão de pagamento de honorários de sucumbência aos advogados públicos.

A possibilidade de fixação de honorários com base em critérios objetivos, nas causas em que a Fazenda Pública for parte, representa uma mudança significativa no sistema então vigente, pois, conforme o disposto no § 4º do art. 20 do CPC/73, tais honorários deviam ser fixados de forma equitativa, observando os critérios apontados em seu § 3º.

O § 9º do art. 85 prevê que, na ação de indenização por ato ilícito contra pessoa, o percentual de honorários incidirá sobre a soma das prestações vencidas[22] acrescida de 12 (doze) prestações vincendas.

Já o § 10 estabelece que, nos casos de perda do objeto, os honorários serão devidos por quem deu causa ao processo.

Contudo, examinando as especificidades do caso concreto, o STJ decidiu que incumbe ao embargante a responsabilidade pelos ônus sucumbenciais nos embargos de terceiros, extintos sem julgamento de mérito, em razão da perda superveniente de seu objeto, ante a insubsistência do feito executivo, em decorrência do reconhecimento da prescrição intercorrente, observado o referido art. 85, § 10, do CPC[23].

A majoração de ofício também é uma grande novidade[24]. Até a entrada em vigor do novo Código de Processo Civil, os honorários só podiam ser modificados mediante provocação das partes.

---

noma para cobrança e definição de honorários advocatícios quando a decisão transitada em julgado for omissa. REsp 2.098.934-RO, rel. Min. Nancy Andrighi, 3ª T., por unanimidade, j. 5-3-2024, *DJe* 7-3-2024. *Informativo STJ* n. 819.

[22] Súmula 111 STJ: "Os honorários advocatícios, nas ações previdenciárias, não incidem sobre as prestações vencidas após a sentença". A Primeira Seção do E. Superior Tribunal de Justiça, julgando pelo sistema dos recursos repetitivos os REsp 1.883.722-SP, 1.883.715-SP e 1.880.529-SP, referentes ao Tema 1.105 do E. STJ, firmou a seguinte tese: "Continua eficaz e aplicável o conteúdo da Súmula 111/STJ (com a redação modificada em 2006), mesmo após a vigência do CPC/2015, no que tange à fixação de honorários advocatícios".

[23] Em atenção à alteração legislativa promovida pela Lei n. 14.195/2021, que introduziu o § 5º ano art. 921 do CPC, a Terceira Turma do STJ adotou a compreensão de que '"nas hipótese em que extinto o processo [executivo] com resolução do mérito, em razão do reconhecimento da prescrição intercorrente, é de ser reconhecida a ausência de ônus às partes, a importar condenação nenhuma em custas e honorários advocatícios"', observado o marco temporal para a aplicação das novas regras sucumbenciais que é a data da prolação da sentença'" (REsp n. 2.025.303/DF, rel. Min. Nancy Andrighi, 3ª T., *DJe* 11-11-2022). Por sua vez, a responsabilidade pelos ônus sucumbenciais nos embargos de terceiros, que devem ser extintos, sem julgamento de mérito, em razão da perda superveniente de seu objeto (no caso, ante a insubsistência da constrição judicial realizada no feito executivo, extinto em decorrência do reconhecimento da prescrição intercorrente), é regulada pelo § 10 do art. 85 do Código de Processo Civil, o qual impõe àquele que deu causa ao processo a responsabilidade pelo pagamento da verba honorária. Especificamente no caso dos embargos de terceiro – em que se busca impedir ou afastar a constrição judicial reputada indevida sobre bens de titularidade de pessoa que não faz parte da relação jurídico-processual –, cabe ao julgador examinar, sob a égide do princípio da causalidade, se a constrição apresentou-se, em tese, indevida e, em sendo, quem a ela deu causa (a teor do Enunciado n. 303 da Súmula do STJ, *in verbis*: em embargos de terceiro, quem deu causa à constrição indevida deve arcar com os honorários advocatícios) ou, não sendo este o caso, num juízo de prognose, aferir qual dos litigantes seria sucumbente se a ação tivesse, de fato, sido julgada. No caso, é de se reconhecer que os subjacentes embargos de terceiro consubstanciaram medida processual absolutamente inidônea aos fins alegadamente perseguidos, pelo simples fato de que o ato constritivo impugnado, quando de seu ajuizamento, há muito não subsistia. A constrição judicial – objeto de impugnação dos subjacentes embargos de terceiro – foi tornada sem efeito em razão da prolação de decisão proferida pelo Juízo da execução que reconheceu justamente impenhorabilidade do imóvel rural constrito, não havendo nenhuma insurgência por parte do Banco exequente. Tudo a ensejar a conclusão de que foi a parte embargante quem deu causa aos infundados embargos de terceiro, devendo, por isso, responder pela verba sucumbencial. REsp 2.131.651-PR, rel. Min. Marco Aurélio Bellizze, 3ª T., por unanimidade, julgado em. 21-5-2024, *DJe* 24-5-2024. *Informativo STJ* n. 819.

[24] Quando devida a verba honorária recursal, e o relator deixar de aplicá-la em decisão monocrática, poderá o colegiado arbitrá-la, inclusive de ofício. Nesse sentido: "(...) Quando devida a verba honorária recursal, mas, por omissão, o Relator deixar de aplicá-la em decisão monocrática, poderá o colegiado, ao não conhecer do respectivo Agravo Interno ou negar-lhe provimento, arbitrá-la *ex officio*, por se tratar de matéria de ordem pública, que independe de provocação da parte, não se verificando *reformatio in pejus*. (...)" (AgInt nos EAREsp 762.075-MT, rel. Min. Felix Fischer, rel. para acórdão Min. Herman Benjamin, Corte Especial, j. 19-12-2018, *DJe* 7-3-2019). EDcl no AgInt no AREsp 1.249.853-SP, rel. Min. Humberto Martins, 2ª T., por unanimidade, j. 6-3-2023, *DJe* 13-3-2023, *Informativo STJ* n. 767.

No novo cenário, e nos termos da redação dada ao § 11 do art. 85 do novo Código, a majoração dos honorários pelo Tribunal não será mera faculdade, mas um dever legal dos julgadores.

Observe-se que a 3ª Turma do STJ, em julgamento de embargos de declaração nos autos do REsp 1.573.573, por unanimidade, definiu requisitos para arbitramento de honorários advocatícios recursais previstos no § 11 do art. 85 do CPC. O relator, Min. Marco Belizze, ressaltou a necessidade do preenchimento cumulativo dos seguintes requisitos: a) o recurso deverá desafiar decisão publicada a partir de 18 de março de 2016 (Enunciado 7 do STJ); b) deve haver o não conhecimento integral ou o desprovimento do recurso pelo relator monocraticamente, ou pelo órgão colegiado competente; c) a verba honorária sucumbencial deve ser devida desde a origem no feito em que interposto o recurso; e d) não terem sido atingidos os limites estabelecidos nos §§ 2º e 3º do art. 85 do CPC.

O STJ revisitou o tema para explicitar os limites para o uso da técnica da majoração em grau recursal[25-26].

Na mesma decisão ficou ainda assentado que não é exigível a comprovação de trabalho adicional do advogado do recorrido em grau recursal, tratando-se apenas de critério de quantificação da verba, bem como que não haverá majoração de honorários no julgamento dos agravos interpostos contra decisão do relator e nos embargos de declaração.

Por fim, impõe-se destacar que a Corte Especial do Superior Tribunal de Justiça afetou os Recursos Especiais n. 1.865.553/PR, n. 1.865.223/SC e n. 1.864.633/RS para julgamento pelo sistema dos recursos repetitivos, visando à uniformização do entendimento da matéria sobre a seguinte questão: "(im)possibilidade da majoração, em grau recursal, da verba honorária estabelecida na instância recorrida, quando o recurso for provido total ou parcialmente, ainda que em relação apenas aos consectários da condenação" (Tema Repetitivo n. 1059-STJ).

Retornando ao tema, o STJ[27] ressalvou que, embora a sucumbência recíproca importe reciprocidade de condenação entre as partes, os honorários fixados em favor de cada patrono devem ser considerados de forma independente e autônoma, a fim de não se ofender o princípio do *non reformatio in pejus*.

Após a consolidação desses entendimentos, o STJ ainda examinou algumas hipóteses dignas de registro.

A primeira reconhece serem devidos honorários advocatícios sucumbenciais pelo exequente em virtude do acolhimento total ou parcial de exceção de pré-executividade[28]. O STJ ainda revisitou o

---

[25] O entendimento consolidado da Segunda Seção do STJ e a jurisprudência das demais Turmas do STJ é de que são incabíveis honorários recursais no recurso interposto pela parte vencedora para ampliar a condenação, pela própria redação do art. 85, § 11, do CPC/2015. Embargos de Divergência em Agravo em Recurso Especial n. 1.847.842 – PR. rel. Min. Heman Benjamim. Corte Especial, unânime, j. 6-9-2023.

[26] Não se aplica o art. 85, § 11, do CPC em caso de provimento total ou parcial do recurso, ainda que mínima a alteração do resultado do julgamento e limitada a consectários da condenação. REsp 1.865.553-PR, rel. Min. Paulo Sérgio Domingues, Corte Especial, por maioria, j. 9-11-2023 (Tema 1059). *Informativo STJ* n. 795.

[27] No julgamento do AgInt no AREsp 1.495.369-MS, de relatoria do Min. Luis Felipe Salomão, a Quarta Turma assentou que a sucumbência recíproca, por si só, não constitui óbice à majoração dos honorários advocatícios em sede recursal, com base no art. 85, § 11, do CPC/2015, nos casos em que estiverem presentes os requisitos para tal providência, devendo a majoração, no entanto, incidir somente sobre a parcela dos honorários de sucumbência que couber ao advogado que pode se beneficiar da regra contida no mencionado dispositivo legal, sob pena de, em determinadas situações, se majorar indevidamente a verba honorária de sucumbência do patrono da parte contrária. AgInt no REsp 1.944.858-DF, rel. Min. Luis Felipe Salomão, rel. para acórdão Min. Raul Araújo, 4ª T., por maioria, j. 27-9-2022, *Informativo* n. 751.

[28] EDcl no REsp 1.759.643/SP, rel. Min. Herman Benjamin, 2ª T., j. 14-5-2019, *DJe* 29-5-2019.

tema na hipótese, considerando ser possível a fixação de honorários advocatícios quando o sócio é excluído do polo passivo da execução fiscal, que não é extinta[29].

Uma segunda assegura o cabimento dos honorários no caso da rejeição da impugnação ao cumprimento de sentença arbitral, na hipótese em que se pleiteia anulação da sentença[30].

Uma terceira situação digna de registro diz respeito à possibilidade ou não de as *astreintes* integrarem a base de cálculo dos honorários. Após intensos debates, a jurisprudência da Corte firmou-se no sentido de que, por serem um meio de coerção indireta ao cumprimento do julgado, as *astreintes* não ostentam caráter condenatório, tampouco transitam em julgado, o que as afasta da base de cálculo dos honorários, impedindo o arbitramento de honorários advocatícios em razão do acolhimento da impugnação ao cumprimento de sentença que visava somente reduzir o valor das *astreintes*[31].

E a quarta está relacionada à superação do Tema 1190. Com efeito, o STJ vinha decidindo no sentido de que, estando o crédito sujeito ao regime da Requisição de Pequeno Valor, era cabível a fixação dos honorários advocatícios em cumprimento de sentença contra a Fazenda Pública, independentemente da existência de impugnação à pretensão executória[32].

Ocorre que, o Código de Processo Civil de 2015, em seu art. 85, § 7º, passou a estatuir que não serão devidos honorários no cumprimento de sentença contra a Fazenda Pública que enseje expedição de precatório, desde que não tenha sido impugnada.

Porém, quando o cumprimento de sentença não impugnado enseja a expedição de precatório, forçoso reconhecer, à luz do princípio da causalidade, que o Poder Público não deu causa à instauração da execução, pois os entes públicos "não têm a opção de adimplir voluntariamente".

Por conta disso, o STJ[33] superou seu entendimento anteriormente consolidado no Tema 1190 e modulou os efeitos da decisão, em prol da segurança jurídica.

Finalmente, uma palavra sobre as restrições à condenação em honorários.

Cumpre pontuar, aqui, que o art. 25 da Lei n. 12.016/2009 estabelece regra de des- cabimento de condenação em honorários advocatícios "no processo mandamental", afastando, assim, a incidência do regime do art. 85, § 11 (Súmulas 512 do STF e 105 do STJ).

Ademais, nos termos dos arts. 18 da Lei n. 7.347/85 e 87 do CDC, não há con- denação em honorários advocatícios na Aação Ccivil Ppública, salvo em caso de comprovada má-fé.

15.1.4 Custas processuais e gratuidade

As custas possuem a natureza jurídica de taxa, sendo devidas no momento da propositura da ação e calculadas de acordo com o valor da causa. Os valores das custas variam de estado para estado, havendo uma tabela de consulta em cada um, além do regimento de custas da Justiça Federal, previsto na Lei n. 9.289/96.

Todos que desejam exercer seu direito de ação, a princípio, estão sujeitos ao pagamento das custas processuais, com exceção dos hipossuficientes, aos quais é assegurado o direito à gratuidade de Justiça por força da garantia constitucional de acesso à Justiça (art. 5º, XXXV, da CF).

---

[29] REsp 1.764.405/SP, rel. Min. Assusete Magalhães, por unanimidade, j. 10-3-2021. (Tema 961). *Informativo STJ* n. 688.
[30] REsp 2.102.676-SP, rel. Min. Antonio Carlos Ferreira, 4ª T., por unanimidade, j. 21-11-2023. *Informativo STJ* n. 797.
[31] AgInt no AgInt no REsp n. 1.940.036/SP, rel. Min. Nancy Andrighi, 3ª T., *DJe* de 24-2-2022. No mesmo sentido: AgInt nos EDcl no AgInt nos EDcl no AREsp n. 1.360.879/PI, rel. Min. Ricardo Villas Bôas Cueva, 3ª T., *DJe* de 25-3-2021.
[32] AgInt no REsp 2.021.231/SC, rel. Min. Paulo Sérgio Domingues, 1ª T., *DJe* 10-3-2023.
[33] Não é razoável que o particular que pague voluntariamente a obrigação fique isento do pagamento de honorários sucumbenciais

A proteção aos hipossuficientes encontra-se prevista em nossa Constituição no art. 5º, LXXIV[34], que garante a gratuidade dos atos processuais mediante a afirmação de insuficiência de recursos. No plano infraconstitucional, a Lei n. 1.060/50 (Lei de Assistência Judiciária) regula a forma de concessão dessa assistência.

No entanto o CPC, por meio do art. 1.072, III, revogou os arts. 2º, 3º, 4º, 6º, 7º, 11, 12 e 17 desse diploma. A matéria vem hoje tratada nos arts. 98 a 102 do CPC.

Não custa lembrar que a hipossuficiência não pode ser examinada a partir de um único documento. O magistrado deve levar em conta todos os elementos disponíveis para examinar a real situação do beneficiário[35].

No art. 98 encontramos a solução de antiga questão: quem pode ser beneficiário: apenas pessoas físicas ou também pessoas jurídicas[36]?

Agora não há mais espaço para dúvidas ou controvérsias, já que o dispositivo afirma, peremptoriamente, que toda pessoa natural ou jurídica, brasileira ou estrangeira[37], com insuficiência de recursos para pagar as custas, as despesas processuais e os honorários advocatícios têm direito à gratuidade da justiça, na forma da lei. Isso vale, ainda, para as chamadas pessoas morais ou entes despersonalizados[38].

O STJ já decidiu, inclusive, que a ausência de manifestação do órgão julgador a respeito do pe-

---

(art. 523, § 1º, do CPC), mas o Poder Público, reconhecendo a dívida (ao deixar de impugná-la) e pagando-a também no prazo legal, tenha de suportar esse ônus. Esse entendimento não contraria aquele firmado pelo Supremo Tribunal Federal no RE 420.816/PR ao reconhecer a constitucionalidade do 1º-D da Lei n. 9.494/1997, justamente porque o Poder Público está impossibilitado de adimplir espontaneamente a obrigação de pagar quantia certa sujeita ao regime dos precatórios. À luz do novo Código de Processo Civil, a mesma *ratio* deve ser estendida ao cumprimento de sentença que determine o pagamento de quantia submetida a RPV. Os pressupostos para a modulação estão presentes, uma vez que a jurisprudência desta Corte havia se firmado no sentido de que, nas hipóteses em que o pagamento da obrigação é feito mediante Requisição de Pequeno Valor, seria cabível a fixação de honorários advocatícios nos cumprimentos de sentença contra o Estado, ainda que não impugnados. REsp 2.029.636-SP, REsp 2.029.675-SP, REsp 2.030.855-SP, REsp 2.031.118-SP, rel. Min. Herman Benjamin, 1ª S., por unanimidade, j. 20-6-2024. (Tema 1190). *Informativo STJ* n. 818.

[34] Art. 5º, LXXIV, da CF/88: "O Estado prestará assistência jurídica integral e gratuita aos que comprovarem insuficiência de recursos".

[35] O enquadramento na faixa de isenção de imposto de renda não deve ser utilizado como critério para o deferimento do benefício da assistência judiciária gratuita. Ademais, eventual deferimento de tal pedido após a interposição do recurso especial não teria efeito retroativo, não isentando a parte do recolhimento do respectivo preparo quando da interposição do apelo. Isto é, ainda que o pedido de justiça gratuita formulado no reclamo fosse deferido, o deferimento não teria o condão de afastar a deserção do recurso, o qual continuaria não sendo conhecido. AgInt no AREsp 2.441.809-RS,rel. Min. Herman Benjamin, 2ª T., por unanimidade, j. 8-4-2024, DJe 2-5-2024. *Informativo STJ* n. 811.

[36] Deve ser observada, ainda, a Súmula 481 do STJ: "Faz jus ao benefício da justiça gratuita a pessoa jurídica com ou sem fins lucrativos que demonstrar sua impossibilidade de arcar com os encargos processuais" (rel. Min. Cesar Asfor Rocha, em 28-6-2012, *Informativo STJ*, n. 500).

[37] O Código de Processo Civil dispõe, no *caput* do art. 98, que tanto a pessoa natural brasileira quanto a estrangeira, quando não dispuserem de recursos suficientes para arcar com os custos do processo, têm direito de pleitear a gratuidade de justiça, independentemente de terem residência no território nacional. Tal norma veio a revogar, explicitamente, o art. 2º da Lei n. 1.060/50 (art. 1.072 do CPC), o qual preconizava que apenas as pessoas físicas nacionais e estrangeiras residentes no país teriam a prerrogativa de gozar do referido benefício. No mesmo sentido, o art. 26, II, do CPC determina que, para fins de cooperação jurídica internacional, será observada a igualdade de tratamento entre nacionais e estrangeiros, residentes ou não no Brasil, em relação ao acesso à justiça e à tramitação dos processos (Pet 9.815-DF, rel. Min. Luis Felipe Salomão, por unanimidade, j. 29-11-2017, DJe 15-3-2018).

[38] O espólio tem direito ao benefício da justiça gratuita desde que demonstrada sua hipossuficiência. AgInt no REsp 1.350.533/DF, rel. Min. Antonio Carlos Ferreira, 4ª T., j. 7-10-2019, DJe 14-10-2019.

dido de assistência judiciária gratuita formulado enseja a presunção da concessão do benefício em favor da parte que o pleiteou, quando acompanhado da declaração de hipossuficiência[39].

Contudo, o deferimento do pedido de gratuidade da justiça opera efeitos *ex nunc*, ou seja, não alcança encargos pretéritos ao requerimento do benefício[40].

Não obstante o silêncio do legislador quanto a abrangência do benefício, o STJ estabeleceu restrição em se tratando de embargos à execução fiscal[41].

Segundo o § 1º do art. 98, a gratuidade compreende as seguintes parcelas:

a) as taxas ou as custas judiciais;

b) os selos postais;

c) as despesas com publicação na imprensa oficial, dispensando-se a publicação em outros meios;

d) a indenização devida à testemunha que, quando empregada, receberá do empregador salário integral, como se em serviço estivesse;

e) as despesas com a realização de exame de código genético – DNA e de outros exames considerados essenciais;

f) os honorários do advogado e do perito e a remuneração do intérprete ou do tradutor nomeado para apresentação de versão em português de documento redigido em língua estrangeira;

g) o custo com a elaboração de memória de cálculo, quando exigida para instauração da execução;

h) os depósitos previstos em lei para interposição de recurso, para propositura de ação e para a prática de outros atos processuais inerentes ao exercício da ampla defesa e do contraditório;

i) os emolumentos devidos a notários ou registradores em decorrência da prática de registro, averbação ou qualquer outro ato notarial necessário à efetivação de decisão judicial ou à continuidade de processo judicial no qual o benefício tenha sido concedido.

No entanto os demais parágrafos desse dispositivo trazem algumas restrições.

Assim, pelo § 2º, a concessão de gratuidade não afasta a responsabilidade do beneficiário pelas despesas processuais e pelos honorários advocatícios decorrentes de sua sucumbência.

De acordo com o § 3º, se vencido o beneficiário, as obrigações decorrentes de sua sucumbência ficarão sob condição suspensiva de exigibilidade e somente poderão ser executadas se, nos cinco anos subsequentes ao trânsito em julgado da decisão que as certificou, o credor demonstrar que deixou de existir a situação de insuficiência de recursos que justificou a concessão de gratuidade. Passado esse prazo, tais obrigações do beneficiário serão extintas.

Ademais, pelo § 4º, a concessão de gratuidade não afasta o dever de o beneficiário pagar, ao final, as multas processuais que lhe sejam impostas.

O § 5º prevê a figura da gratuidade parcial ou percentual, ao dispor que o benefício pode ser concedido em relação a algum ou a todos os atos processuais, ou consistir na redução percentual de despesas processuais que o beneficiário tiver de adiantar no curso do procedimento.

---

[39] AgInt nos Edcl no AREsp 1.319.316/MS, rel. Min. Raul Araújo, 4ªT., j. 6-2-2020, *DJe* 17-2-2020. .
[40] AgInt no AgInt no AREsp 1.513.864/GO, rel. Min. Moura Ribeiro, 3ªT., j. 30-3-2020, *DJe* 1º-4-2020.
[41] O beneficiário da justiça gratuita não pode opor embargos à execução fiscal sem a prévia garantia do juízo (art. 16, § 1º, da Lei n. 6.830/1980), pois a Lei de Execução Fiscal – LEF tem prevalência sobre o Código de Processo Civil – CPC, em virtude do princípio da especialidade. REsp 1.487.772/SE, rel. Min. Gurgel De Faria, 1ªT., j. 28-5-2019, *DJe* 12-6-2019.

Por fim, o § 6º permite, ainda, o direito ao parcelamento de despesas processuais que o beneficiário tiver de adiantar no curso do procedimento.

15.1.5 Gratuidade de Justiça: procedimento

De acordo com o art. 99 do CPC, o pedido de gratuidade da justiça pode ser formulado na petição inicial, na contestação, na petição para ingresso de terceiro no processo ou em recurso.

O Código, seguindo orientação predominante nos Tribunais, adota a regra segundo a qual, em princípio, presume-se que o requerente faz jus ao benefício (§ 3º) se for pessoa natural.

No entanto o § 2º do art. 99 permite ao magistrado indeferir o pedido se houver nos autos elementos que evidenciem a falta dos pressupostos legais para a concessão de gratuidade. No entanto, antes de indeferir o pedido, deve determinar à parte a comprovação do preenchimento dos referidos pressupostos.

Deferido o pedido (art. 100), a parte contrária poderá oferecer impugnação no prazo de 15 dias, nos autos do próprio processo, sem suspensão de seu curso.

Se o benefício for revogado (art. 100, parágrafo único), a parte arcará com as despesas processuais que tiver deixado de adiantar e pagará, em caso de má-fé, até o décuplo de seu valor a título de multa.

Essa multa não é revertida para a parte contrária, mas em benefício da Fazenda Pública estadual ou federal.

Contudo, a revogação do benefício não pode ser confundida como uma das sanções previstas para o litigante de má-fé, como já decidiu o STJ[42].

Contra a decisão que indeferir a gratuidade ou a que acolher pedido de sua revogação caberá agravo de instrumento (art. 101).

Se a questão for resolvida na sentença, caberá apelação.

Todavia, a parte beneficiária da gratuidade de justiça deve comprovar a dispensa do recolhimento do preparo no ato da interposição do recurso[43].

Caso a decisão que revogue o benefício venha a transitar em julgado (art. 102), deverá a parte efetuar o recolhimento de todas as despesas de cujo adiantamento foi dispensada, inclusive as relativas ao recurso interposto, se houver, no prazo fixado pelo juiz, sem prejuízo de aplicação das sanções previstas em lei.

Se o valor das despesas não for recolhido:

a) o processo será extinto sem resolução de mérito, tratando-se do autor;

b) nos demais casos, não poderá ser deferida a realização de nenhum ato ou diligência requerida pela parte enquanto não efetuado o depósito.

15.2 ASPECTOS ÉTICOS DO PROCESSO

15.2.1 Repressão à má-fé. Responsabilidade por dano processual

O processo, como o conjunto complexo de atos em que se busca a satisfação de uma pretensão, possui uma série de regras e fundamentos que limitam tanto a atuação das partes quanto a atuação do

---

[42] A revogação da assistência judiciária gratuita não é sanção prevista ao litigante de má-fé, sujeito às hipóteses e penalidades dos arts. 80 e 81 do Código de Processo Civil – CPC. REsp 1.663.193/SP, rel. Min. Nancy Andrighi, 3ª T., j. 20-2-2018, DJe 23-2-2018.

[43] AgInt no AREsp 1.364.847/SP, rel. Min. Marco Aurélio Bellizze, 3ª T., j. 29-4-2019, DJe 6-5-2019.

magistrado com vistas a assegurar os princípios e fundamentos constitucionais. A esse conjunto de regras e fundamentos que rege a atuação dos personagens do processo encontram-se relacionados os aspectos éticos dele.

Para assegurar a ética no processo, o CPC prevê limitações da combatividade permitida, além de diversas sanções à deslealdade que vão desde a perda de uma faculdade processual até a multa aplicada pelo magistrado.

Violando a parte dos seus deveres éticos, isto é, de lealdade e boa-fé processual, ela é considerada litigante de má-fé por estar utilizando o processo com o objetivo de vencer a qualquer custo ou de, pelo menos, prolongar deliberadamente o seu curso normal, causando dano à parte contrária.

Nesse sentido, o CPC estabelece, nos arts. 77 e 78, os deveres das partes e de seus procuradores. Nos arts. 79 a 81 regulamenta a responsabilidade das partes por dano processual.

De acordo como o art. 77, cujo rol é taxativo, são deveres das partes, de seus procuradores e de todos aqueles que participem do processo:

"I – expor os fatos em juízo conforme a verdade;

II – não formular pretensão ou de apresentar defesa quando cientes de que são destituídas de fundamento;

III – não produzir provas e não praticar atos inúteis ou desnecessários à declaração ou à defesa do direito;

IV – cumprir com exatidão as decisões jurisdicionais, de natureza provisória ou final, e não criar embaraços à sua efetivação;

V – declinar, no primeiro momento que lhes couber falar nos autos, o endereço residencial ou profissional onde receberão intimações, atualizando essa informação sempre que ocorrer qualquer modificação temporária ou definitiva;

VI – não praticar inovação ilegal no estado de fato de bem ou direito litigioso".

VII – informar e manter atualizados seus dados cadastrais perante os órgãos do Poder Judiciário e, no caso do § 6º do art. 246 deste Código, da Administração Tributária, para recebimento de citações e intimações[44]".

O § 2º estabelece que a violação ao disposto nos incisos IV e VI constitui ato atentatório à dignidade da justiça, devendo o juiz, sem prejuízo das sanções criminais, civis e processuais cabíveis, aplicar ao responsável multa de até vinte por cento do valor da causa, de acordo com a gravidade da conduta.

Outras hipóteses de ato atentatório podem ser encontradas no art. 334, § 8º do CPC (não comparecimento injustificado à audiência de conciliação) e art. 246, § 1º-C (deixar de confirmar no prazo legal, sem justa causa, o recebimento da citação recebida por meio eletrônico).

Trata-se do *contempt of court* configurado pela prática de ato com o dolo de desafiar e de se opor à efetividade da decisão judicial.

Caso o valor da multa não seja pago, será ele inscrito como dívida ativa da União ou do Estado após o trânsito em julgado da decisão que a fixou, e sua execução observará o procedimento da execução fiscal, revertendo-se aos fundos previstos no art. 97.

Devemos lembrar que a execução fiscal não é regulada pelo CPC, mas sim pela Lei n. 6.830/80.

Essa multa pode ser fixada independentemente da incidência daquelas previstas nos arts. 523, § 1º, e 536, § 1º.

---

[44] O inciso VII não constava da redação original do Código. Foi inserido pela Lei n. 14.195/2021.

Dispõe o § 5º do art. 77 que, quando o valor da causa for irrisório ou inestimável, a multa poderá ser fixada em até 10 vezes o valor do salário mínimo.

Se houver violação aos deveres por parte dos advogados públicos ou privados, dos membros da Defensoria Pública e do Ministério Público (§ 6º), a responsabilidade disciplinar será apurada pelo respectivo órgão de classe ou corregedoria.

O art. 78, a seu turno, dispõe ser vedado a qualquer pessoa que participe do processo empregar expressões ofensivas nos escritos apresentados.

De acordo com o art. 79, todo aquele que litigar de má-fé responde por perdas e danos.

O Código nos fornece a relação de condutas que tipificam a litigância de má-fé no art. 80. São elas:
"I – deduzir pretensão ou defesa contra texto expresso de lei ou fato incontroverso;

II – alterar a verdade dos fatos;

III – usar do processo para conseguir objetivo ilegal;

IV – opor resistência injustificada ao andamento do processo;

V – proceder de modo temerário em qualquer incidente ou ato do processo;

VI – provocar incidente manifestamente infundado;

VII – interpor recurso com intuito manifestamente protelatório".

Na forma do art. 81, configurada uma das situações acima, o magistrado, *ex officio* ou a requerimento, condenará o litigante de má-fé ao pagamento:

a) de multa, que deverá ser superior a 1% (um por cento) e inferior a 10% (dez por cento) do valor corrigido da causa;

b) de indenização à parte contrária pelos prejuízos que esta sofreu; e

c) dos honorários advocatícios e de todas as despesas que a parte contrária efetuou.

O STJ pacificou o entendimento de que as sanções previstas no art. 81 (multa e indenização dos prejuízos causados) são independentes, de modo que uma não constitui pressuposto para a aplicação da outra[45].

Outro ponto pacificado pela jurisprudência do STJ[46] diz respeito à possibilidade de cumulação da multa do art. 80 com a sanção prevista no art. 1.026, § 2º do CPC (anterior art. 538, parágrafo único, do CPC/73). Na vigência do código antigo, surgiram teses para tratar da possibilidade ou não de cumulação da multa prevista para os casos de interposição de embargos de declaração com mero intuito protelatório com a multa prevista para aquele que litiga de má-fé.

Desse modo, é possível a cumulação das multas, com objetivo de desmotivar a sucessiva interposição de Embargos de Declaração manifestamente protelatórios. O Superior Tribunal de Justiça editou o tema repetitivo n. 507 firmando a seguinte tese: "A multa prevista no art. 538, parágrafo único, do Código de Processo Civil tem caráter eminentemente administrativo – unindo conduta que ofende a dignidade do tribunal e a função pública do processo –, sendo possível sua cumulação com a sanção prevista nos arts. 17, VII, e 18, § 2º, do Código de Processo Civil, de natureza reparatória".

---

[45] 1. O dano processual não é pressuposto para a aplicação da multa por litigância de má-fé a que alude o art. 18 do CPC/73, que configura mera sanção processual, aplicável inclusive de ofício, e que não tem por finalidade indenizar a parte adversa. 2. Caso concreto em que se afirmou no acórdão recorrido que a conduta do recorrente foi de má-fé por ter instaurado incidente infundado e temerário, não tendo se limitado ao mero exercício do direito de recorrer, mas tendo incidido em diversas das condutas elencadas no art. 17 do CPC/73 (art. 80 do CPC). (REsp 1.628.065/MG, rel. Min. Nancy Andrighi, rel. p/ Acórdão Min. Paulo de Tarso Sanseverino, 3ª T., j. 21-2-2017, *DJe* 4-4-2017).

[46] STJ. Corte Especial. REsp 1.250.739-PA, Red. p/ Acórdão Min. Luis Felipe Salomão, j. 04.12.2013.

15.2.2 A cooperação como novo parâmetro ético dos sujeitos do processo

Somente em um ambiente protegido pelas garantias constitucionais e havendo um permanente monitoramento da incidência dessas garantias é que se poderá ter o chamado processo justo.

Ocorre que, como elementos imprescindíveis ao bom funcionamento desse sistema, encontramos a postura do juiz e a atitude das partes.

Quanto a essas, não podem apenas provocar a jurisdição de forma despretensiosa, sem compromisso ou irresponsavelmente. Devem buscar de forma clara, leal e honesta a melhor solução para aquele conflito. Em suma, devem participar da solução.

Nessa dimensão, o novo Código de Processo Civil, na esteira do que vem sendo realizado em outras jurisdições, traz diversos dispositivos que representam uma tentativa infraconstitucional do legislador de incrementar uma atuação mais cooperativa dos sujeitos processuais, com a finalidade de assegurar a efetividade do próprio processo e, com isso, aprimorar o acesso à Justiça. Nesse sentido, um desses dispositivos é o art. 6º, que traz a previsão de uma cláusula geral de cooperação no processo civil.

O direito português traz, em seu Código de Processo Civil, a previsão expressa de uma cláusula geral da cooperação, ao estabelecer que "[n]a condução e intervenção no processo, devem os magistrados, os mandatários judiciais e as próprias partes cooperar entre si, concorrendo para se obter, com brevidade e eficácia, a justa composição do litígio".

Essa norma, que estava no art. 266º, § 1º, do antigo Código[47], foi mantida no novo Código Processual português, aprovado em 2013, mas agora em nova localização: no título referente aos princípios fundamentais do processo civil, no art. 7º, I.

De forma semelhante ao que foi feito recentemente em Portugal, o novo Código de Processo Civil brasileiro também traz um título e um capítulo dedicados às normas fundamentais do processo civil, dentre as quais se destaca a previsão expressa de uma cláusula geral de cooperação.

É verdade, por outro lado, que o CPC também traz, na linha do direito alemão, a previsão de diversas normas específicas que incorporam o espírito cooperativo no processo civil de forma mais concreta, sempre com o objetivo de conferir mais celeridade e eficácia ao exercício da jurisdição. Assim, por exemplo, o art. 10 do novo Código prevê que o juiz, antes de proferir qualquer decisão, mesmo sobre questões que ele pode conhecer de ofício, deve dar às partes a oportunidade de se manifestarem sobre a matéria.

Esse dispositivo consagra o dever de consulta, um dos deveres do juiz derivados do princípio da cooperação, que assegura também a observância do contraditório participativo, na medida em que tem como contrapartida o direito de participação das partes[48].

Contudo, não obstante a importância dessas regras específicas, a grande novidade trazida pelo CPC continua sendo a cláusula geral da cooperação, a partir da qual, de acordo com aquela concepção de Fredie Didier Jr., poderão ser extraídas situações jurídicas atípicas.

Antes de se chegar a qualquer conclusão, contudo, sobre os efeitos e consequências da implementação da cooperação, há que se investigar o escopo e o conteúdo dessa norma-princípio.

A cooperação vem prevista no art. 6º do novo Código, inserto no capítulo "Das Normas Fundamentais do Processo Civil", e que estabelece que "[t]odos os sujeitos do processo devem cooperar entre si para que se obtenha, em tempo razoável, decisão de mérito justa e efetiva".

---

[47] Comentando o art. 266º do CPC português (antigo), anota António Santos Abrantes Geraldes que o dever de colaboração no processo vai além das partes e do juiz. Geraldes, 1997, p. 78.

[48] Raatz, 2011.

Quando aplicada aos magistrados, a cooperação gera uma série de deveres[49] que visam, em suma, aperfeiçoar a prestação jurisdicional e garantir a prolação de decisões mais justas. Com relação às partes, a cooperação também é apta a gerar deveres que têm como objetivo incentivar uma atuação mais ética e escorreita, e, com isso, colaborar para a entrega da prestação jurisdicional em tempo razoável e com menor custo.

A cooperação, além de ser a base para deveres típicos e atípicos, orienta, como princípio, a interpretação e aplicação de normas que têm como objetivo assegurar não só a observância do contraditório pelo magistrado, mas também pelas partes.

Ainda que assim não o fosse, caso o contraditório não pudesse ser considerado um fundamento constitucional para o aspecto da cooperação das partes *entre si*, isso não tornaria a cooperação inconstitucional.

Pode-se apontar, por exemplo, como outro fundamento constitucional para a cooperação, o princípio da solidariedade, inscrito no inciso I do art. 3º da Constituição Federal de 1988[50], o qual, ao estabelecer como objetivo fundamental da República Federativa do Brasil a construção de uma "sociedade livre, justa e solidária", estaria instituindo um "dever fundamental de solidariedade, do qual decorreria o dever de não quebrar a confiança e de não agir com deslealdade"[51].

A cooperação surge, portanto, como uma forma de auxiliar a concretização, no processo civil, da solidariedade preconizada pela Constituição.

A solidariedade se correlaciona diretamente com a fraternidade do direito, preconizada pelo jurista italiano Eligio Resta[52].

Destarte, não há dúvidas de que o princípio da cooperação representa um avanço importante rumo à incorporação da fraternidade no direito, especialmente no direito processual, que parece mais esgotado em razão da beligerância dos sujeitos[53].

Todavia não se pode ignorar os desafios concretos que a implementação da cooperação apresenta: o que acontece se uma ou ambas as partes não cooperarem? Qual o núcleo essencial (já que estamos falando de princípio) da cooperação? Quais os parâmetros que permitem auferir se houve ou não cooperação? Como esse princípio seria aplicado na prática?

É possível dizer que a construção do conceito de cooperação dependerá da praxe judiciária e de uma atuação ativa da doutrina brasileira. Se nem nos ordenamentos jurídicos nos quais a discussão já está em estágio mais avançado há um consenso sobre os limites, efeitos e conteúdo da cooperação, não podemos esperar que a resposta para todas aquelas perguntas caia do céu.

O potencial amadurecimento da discussão no Brasil em virtude da previsão da cláusula geral da cooperação no novo Código de Processo Civil poderá, inclusive, colocar o Brasil na vanguarda da construção do conceito e da aplicação prática da cooperação.

Em conclusão, podemos dizer que, enquanto o processo continuar sendo visto como uma arena de batalhas entre as partes, ele ficará muito longe de alcançar sua finalidade de promover a pacificação social, a qual se concretiza não somente com a prolação de uma decisão que vem de cima para

---

[49] São eles: dever de esclarecimento, dever de prevenção, dever de consulta e dever de auxílio. Para mais informações, ver Pinho; Alves, 2013.
[50] Vincenzi, 2003, p. 163.
[51] Didier Jr., 2010, p. 86.
[52] Resta, 2004, p. 83.
[53] Spengler, 2014, p. 13.

baixo, imposta por um juiz "Hércules", mas com a verdadeira composição dos interesses contrapostos em jogo.

De nada adianta resolver a querela entre as partes se elas sairão do processo insatisfeitas com o resultado da prestação jurisdicional – especialmente com os gastos de tempo e de dinheiro incorridos para chegar ao final do processo.

Nesse sentido, é importante que o processo seja visto como o mecanismo legal, estatal, oficial que ele é, e que se reconheça que ele possui *regras*, as quais devem ser sempre observadas, de modo que aqueles que tiverem interesse em buscar o Poder Judiciário para resolver suas disputas *devem* agir de forma responsável e ética.

Assim, a previsão de um princípio da cooperação desponta como uma alternativa eficaz para promover um modelo de processo civil que seja isonômico entre partes e magistrado durante o seu desenvolvimento, e assimétrico no momento da prolação da decisão.

Da mesma forma, a partir desse princípio é possível extrair uma série de deveres derivados para as partes e seus procuradores que os incentive a adotar um modelo de conduta colaborativa, no qual todos atuam em defesa de seus próprios interesses, mas respeitando os escopos e as regras do processo, e tendo em vista a importância da prolação de uma sentença de mérito que seja justa, efetiva e proferida em tempo razoável, com o menor custo possível para as partes e para o Estado.

Um interessante exemplo disso é o chamado "princípio da candura", que acabou por ser reconhecido em julgado do STJ[54] acerca do dever de apresentar ao Tribunal a existência de precedentes contrários ao direito invocado.

Uma última palavra sobre a chamada litigância predatória. O CNJ tratou do tema na Recomendação n. 159/2024, que cria para os juízes de todo o país o dever de prevenir a litigância abusiva, assim entendida como "o desvio ou manifesto excesso dos limites impostos pela finalidade social, jurídica, política e/ou econômica do direito de acesso ao Poder Judiciário, inclusive no polo passivo, comprometendo a capacidade de prestação jurisdicional e o acesso à Justiça. Obviamente, trata-se de conceito jurídico indeterminado, mas que merece toda a atenção no sentido de racionalizar a prestação jurisdicional e evitar o desperdício de recursos públicos". Nesse sentido, o parágrafo único do art. 1º apresenta os seguintes parâmetros para a caracterização dessa modalidade de abuso do direito de litigar: condutas ou demandas sem lastro, temerárias, artificiais, procrastinatórias, frívolas, fraudulentas, desnecessariamente fracionadas, configuradoras de assédio processual ou violadoras do dever de mitigação de prejuízos.

A recomendação é acompanhada, ainda, de três anexos. O primeiro trata da lista exemplificativa de condutas potencialmente abusivas; o segundo indica um rol de medidas a serem adotadas pelos tribunais diante de casos concretos de litigância abusiva; e o terceiro recomenda medidas com o objetivo de prevenir a referida prática.

---

[54] Trata-se do princípio da candura perante a Corte (*candor toward the Court*) e do dever de expor precedente vinculante adverso (*duty to disclose adverse authority*). 3. O presente caso não exige tamanha densidade ética. No entanto, não se pode ter como razoável que a parte sustente a pretensão em precedente manifestamente contrário ao caso em tela, apontando-o como vinculante em hipótese que teve sua incidência patentemente excluída, por força de modulação, omitindo-se sobre a existência da exceção. 4. A invocação do precedente vinculante na hipótese temporal expressamente excluída de sua incidência pelo próprio julgamento controlador configura violação dos deveres de lealdade, de boa-fé e de cooperação processual, ensejando a aplicação da multa do art. 1.021, § 4º, do CPC/2015, ante manifesta inadmissibilidade. 5. Agravo interno a que se nega provimento, com imposição de multa, fixada em 5% do valor atualizado da causa. (STJ, AgInt nos EDcl no RMS 34.477-DF, rel. Min. Og Fernandes, 2ª T., j. 21-6-2022, *DJe* 27-6-2022).

Capítulo 16
PROCESSO ELETRÔNICO

No último século, as transformações tecnológicas adquiriram uma velocidade extrema, consagrando uma sociedade de massa, padronizada e globalizada, em que se ampliam os desejos pela busca de novas tecnologias e pelo aperfeiçoamento das linhas de produção, enquanto se busca por maior efetividade em um tempo menor. O direito, como ciência dinâmica, acompanha essas transformações.

Como consequência das mudanças, o direito processual civil brasileiro vem sofrendo alterações relevantes na sistemática processual, e até mesmo os institutos que estariam aparentemente conservados passam por uma releitura a partir da ótica constitucional.

Uma dessas alterações é o inegável reconhecimento de que a revolução tecnológica chegou ao processo, informatizando a atividade jurídica. O direito não pode se afastar das novidades trazidas pela modernidade, razão pela qual tenta se valer dessas novas tecnologias em busca da melhoria da prestação jurisdicional.

Contudo, como destaca Leonardo Greco, as mudanças merecem uma reflexão crítica, pois, "(...) se de um lado, revelam um potencial ilimitado no sentido da facilitação do acesso à Justiça e da libertação do processo dos entraves formais e burocráticos que consomem a maior parte do tempo e das energias nele aplicados, de outro provocam inevitável questionamento em torno do alcance ou da utilidade de vários princípios do direito processual, alguns milenares, como o contraditório e a documentação escrita, outros mais recentes, como a oralidade e a livre convicção"[1].

Ocorre que os efeitos dessas transformações ainda não foram plenamente percebidos. Todas as mudanças no direito, apesar de estarem relacionadas com fatores da própria sociedade, exigem certo grau de adaptação. Com as últimas reformas ocorridas no direito processual, não poderia ser diferente: necessita-se avaliar as consequências da informatização da atividade jurídica, especialmente a informatização do processo.

16.1 O PROCESSO ELETRÔNICO

Iniciamos buscando o sentido da expressão "processo eletrônico", uma tarefa árdua, sobre a qual não se debruçam a doutrina e a legislação, acarretando grande confusão prática.

Perceba que o processo judicial eletrônico não significa rigorosamente o surgimento de um novo processo. Na verdade, é a criação de uma roupagem ao processo judicial já existente.

Afirma-se que processo eletrônico é todo aquele cujo procedimento obedeça aos termos da Lei n. 11.419, de 19 de dezembro 2006, isto é, que tenha todos os seus atos realizados por meio eletrônico, sem que se cogite de um processo físico, mediante um sistema de segurança de certificação digital que assegura a veracidade das informações ali contidas.

Dessa forma, tentando eliminar a confusão que muitas vezes se instaura, necessário ressaltar que a simples prática de alguns atos por meio eletrônico, embora represente mais um reflexo do avanço tecnológico na seara do direito processual, não é capaz de caracterizar o processo eletrônico.

---

[1] Greco, 2001, p. 77.

Apenas exemplificando, não caracterizariam, portanto, o processo eletrônico:

a) peticionamento sem certificação digital;

b) digitalização de autos;

c) acesso sem certificação digital;

d) peticionamento eletrônico e posterior impressão.

Esses são, na verdade, atos processuais por meios eletrônicos, já que há um correspondente físico ao elemento virtual e não há um sistema que assegure a veracidade das informações ali contidas.

16.2 HISTÓRICO DO PROCESSO ELETRÔNICO NO BRASIL

A evolução legislativa brasileira, a partir dos avanços da tecnologia, mistura a previsão de atos processuais realizados por meio eletrônico com processo eletrônico, havendo disciplina tanto para a realização de determinados atos com auxílio da informática, podendo esses atos ser praticados em processos físicos ou até mesmo virtuais, como para disciplina de todo o procedimento realizado por meio eletrônico.

Em 2004, foi editada a Emenda Constitucional n. 45, como parte de uma iniciativa conjunta dos três poderes para extirpar a morosidade dos processos judiciais e a baixa eficácia de suas decisões. Essa união dos poderes em busca de um Judiciário mais célere e eficiente é coroada com a assinatura, no dia 15 de dezembro de 2004, do Pacto de Estado em favor de um Judiciário mais rápido e republicano, também chamado de I Pacto Republicano.

Ideias inovadoras vieram, ainda no mesmo ano, com a Lei n. 11.419/2006, que teve como principal objetivo disciplinar o processo eletrônico, reduzindo as resistências e os custos, bem como acarretando celeridade e economia processual, na medida em que o papel deixa de existir, e o armazenamento de toda a informação, do início até o fim do procedimento, acontece pela via eletrônica.

Conhecida como a *Lei de Informatização do Judiciário*, foi responsável pela criação do Processo Judicial Eletrônico, permitindo o uso dos meios eletrônicos para a tramitação do processo, comunicação dos atos processuais e transferência de petições, entre outras providências. Ademais, define meio eletrônico como qualquer forma de armazenamento ou tráfego de documentos e arquivos digitais (art. 1º, § 2º, I).

O art. 1º da Lei n. 11.419/2006 admite a possibilidade de tramitação de processos judiciais por meio eletrônico, preferencialmente pela internet (§ 2º, II). Meio eletrônico é definido pela própria norma como qualquer forma de tráfego e armazenamento de informações, documentos e arquivos digitais (art. 1º, § 2º, I). Ademais, afirma que todo o procedimento de comunicação de atos, transmissão de petições, será estabelecido nos termos da Lei e poderá ser aplicado ao processo civil, penal e trabalhista (art. 1º, § 1º).

O inciso III do § 2º do art. 1º trata de matéria muito importante, que é a assinatura eletrônica. Existiram grandes discussões no processo de tramitação do projeto de lei a respeito de quais métodos de assinatura virtual seriam aceitos. Talvez porque a segurança seja um dos principais problemas da informatização.

O referido dispositivo permitiu o uso de duas formas de assinatura digital: uma por meio de certificado emitido por autoridade credenciadora (alínea *a*) e a outra pelo cadastro do interessado no órgão (alínea *b*).

A primeira se refere ao sistema de criptografia assimétrica, baseada no uso de duas chaves de acesso, uma pública e outra privada, que unidas permitem que o usuário receba as informações cifradas. As chaves públicas são fornecidas pelo possuidor do sistema, nesse caso os órgãos do Judiciário.

No Brasil, as regras da Infraestrutura de Chaves Públicas Brasileira (ICP-Brasil) foram definidas pela MP n. 2.200-2.

A segunda forma de assinatura eletrônica referida na lei é obtida pelo simples cadastro do usuário no órgão do Poder Judiciário. Cabe a cada Tribunal regulamentar o cadastro e o acesso aos sistemas eletrônicos.

Em ambas as hipóteses, o interessado deverá comparecer pessoalmente ao órgão para identificação, cadastramento de uma senha e credenciamento nos termos do § 1º do art. 2º. Esse procedimento visa garantir segurança, sigilo, identificação e autenticidade das comunicações do processo (art. 2º, § 2º). Outrossim, os bancos de dados dos diversos órgãos do Judiciário poderão ser unificados em apenas um cadastro para facilitar o acesso à Justiça (art. 2º, § 3º).

Outra grande mudança que surge com o processo é a alteração do momento da realização dos atos processuais, que passa a ser o dia e a hora do envio da informação para o sistema eletrônico, conforme o art. 3º da Lei n. 11.419/2006. Quando a petição eletrônica no processo digital é cadastrada no sistema pela parte, será automaticamente registrada, recebendo um número de registro eletrônico de protocolo e já poderá ser apreciada pelo juízo, conforme o art. 10.

O parágrafo único do art. 3º apresenta uma exceção à regra prevista no art. 212 do CPC, em que os atos processuais só podem ser realizados em dias úteis, das seis às vinte horas. O envio de petições no processo eletrônico poderá ser efetivado 24 horas por dia, 7 dias na semana e será considerado tempestivo até 23 horas, 59 minutos e 59 segundos do último dia do prazo.

Contudo é notório que os sistemas de comunicação do nosso País não são muito confiáveis e problemas podem existir em caso de erros no envio das petições. Dessa forma, foi permitida a prorrogação do prazo para o primeiro dia útil posterior à resolução do eventual problema (art. 10, § 2º).

Restará aos órgãos do Poder Judiciário tomar as medidas cabíveis caso exista um erro em decorrência de problemas técnicos provocados pelo sistema de tramitação do processo. Se o problema ocorrer com o provedor do patrono da parte, a solução cabível é valer-se da parte final do § 2º do art. 9º, fazendo a remessa da petição "segundo as regras ordinárias", por exemplo, via *fac-símile*.

Em 2014 foi editada a Lei n. 12.965, que estabelece em seu art. 1º os princípios, as garantias, os direitos e os deveres para o uso da internet no Brasil e determina as diretrizes para a atuação da União, dos Estados, do Distrito Federal e dos Municípios em relação ao uso da internet no Brasil.

Em 17 de julho de 2020, o Supremo Tribunal Federal editou a Resolução n. 693[2], com o objetivo de regulamentar o processo judicial eletrônico no âmbito da Corte. De acordo com essa normativa, todos os processos originários ajuizados no Tribunal devem ser protocolados por meio eletrônico. Apenas será admitida a tramitação em meio físico de ação cautelar criminal, ação penal, extradição, inquérito, prisão preventiva para extradição e outros processos com grau de confidencialidade "sigiloso"[3].

16.3 A LEI DO PROCESSO ELETRÔNICO (LEI N. 11.419/2006)

O processo eletrônico se apresenta como uma forma de acelerar o moroso trâmite processual, notadamente na possibilidade de intimação pela forma eletrônica.

Iniciaremos a análise das disposições atuais sobre processo eletrônico pelo disposto na Lei n. 11.419/2006, conhecida como Lei do Processo Eletrônico, para, depois, analisar as disposições do

---

[2] Disponível em: http://www.stf.jus.br/ARQUIVO/NORMA/RESOLUCAO693-2020.PDF. Acesso em: 28 jul. 2020.
[3] Disponível em: https://www.migalhas.com.br/quentes/331208/stf=-nova-resolucao-regula-processo-eletronico-na-corte?U-89A4D236_47A&utm_source=informativo&utm_medium=1215&utm_campaign=1215. Acesso em: 30 jul. 2020.

CPC, que mais dispõe sobre atos praticados por meio eletrônico do que sobre o processo eletrônico e, em seguida, tentaremos ressaltar alguns dos institutos mais polêmicos para a doutrina.

A esses dispositivos deve ser acrescido o teor da Lei n. 12.682, de 9 de julho de 2012[4], que dispõe sobre a digitalização, o armazenamento em meio eletrônico, óptico ou equivalente e a reprodução de documentos públicos e privados.

A Lei n. 11.419/2006 é oriunda do Projeto de Lei n. 5.828/2001, posteriormente convertido em PLC n. 71/2002. A Lei foi editada em 19 de dezembro de 2006 e entrou em vigor no dia 20 de março de 2007.

Segundo as disposições da lei, são regulamentadas a tramitação de processos judiciais, a comunicação de atos e a transmissão de peças processuais.

A lei se aplica aos procedimentos cíveis, criminais e trabalhistas, em todas as instâncias, sendo certo, porém, que há restrições em procedimentos criminais, como é o caso da citação expressamente referida no art. 6º, aplicável também aos procedimentos infracionais, previstos no Estatuto da Criança e do Adolescente.

A fim de garantir a segurança dos atos processuais praticados dentro da nova sistemática, a lei prevê a figura da assinatura eletrônica, que será instrumentalizada por meio de uma assinatura digital, baseada em certificado emitido por autoridade credenciada, bem como a existência de um cadastro de usuários do Poder Judiciário (art. 2º).

Demócrito Reinaldo Filho[5], em artigo esclarecedor sobre esse certificado a que se refere a nova lei, afirma que:

"(...) a Lei n. 11.419/2006 limita-se a dizer que o certificado digital deve ser 'emitido por Autoridade Certificadora credenciada, na forma da lei específica', mas é claro que somente quem tiver certificado expedido por entidade credenciada junto à ICP-Brasil (Infraestrutura de Chaves Públicas Brasileira) pode se cadastrar perante os órgãos da Justiça. (...) A legislação que trata especificamente da utilização de certificados digitais para garantir a autenticidade e validade jurídica de documentos e transações em forma eletrônica é a Medida Provisória n. 2.200, que instituiu a ICP--Brasil".

Os órgãos do Poder Judiciário poderão criar um cadastro único para o credenciamento dos usuários do sistema eletrônico, fornecendo a estes o registro e meio de acesso ao sistema, de forma a preservar o sigilo, a identificação e a autenticidade de suas comunicações (art. 2º, §§ 2º e 3º).

Segundo a regra do art. 3º, o ato processual efetivado por meio eletrônico é considerado realizado no dia e hora de seu envio, sendo certo que isso poderá ocorrer até as 24 horas do último dia do prazo, como acrescenta o parágrafo único desse dispositivo.

Ao comentar o art. 3º, Ana Amélia Menna Barreto de Castro Ferreira[6] destaca que:

"Em sentido oposto ao atual procedimento dos Tribunais, adotando a teoria da expedição, o texto legal considera realizado o ato processual por meio eletrônico no dia e hora de seu envio ao sistema disponibilizado pelo Poder Judiciário, que deve gerar protocolo eletrônico de recebimento da peça".

---

[4] O art. 3º dessa lei determina que o processo de digitalização deverá ser realizado de forma a manter a integridade, a autenticidade e, se necessário, a confidencialidade do documento digital, com o emprego de certificado digital emitido no âmbito da Infraestrutura de Chaves Públicas Brasileira – ICP-Brasil. O art. 6º, a seu turno, assegura que os registros públicos originais, ainda que digitalizados, deverão ser preservados de acordo com o disposto na legislação pertinente. Disponível em: http://www.planalto.gov.br/ccivil_03/_Ato2011-2014/2012/Lei/L12682.htm. Acesso em: 20 ago. 2012.

[5] Reinaldo Filho, 2007.

[6] Ferreira, 2007.

Essa é, sem dúvida, uma das grandes inovações da lei. Com a nova sistemática, os advogados não ficam mais restritos ao horário de fechamento do Setor de Protocolo, podendo aproveitar ao máximo o último dia do prazo.

Outra grande inovação, relativa à comunicação eletrônica dos atos processuais, encontra-se no art. 4º e seus parágrafos. Segundo esse dispositivo, a publicação eletrônica substitui qualquer outro meio de publicação oficial, para quaisquer efeitos legais, com exceção das hipóteses em que se exigir, por lei, intimação ou vista pessoal.

Ainda segundo esse dispositivo, os atos judiciais poderão ser publicados em um Diário de Justiça Eletrônico, que ficará hospedado em um sítio na internet.

Segundo as novas regras, publicado o ato judicial na internet, considera-se como data da publicação o primeiro dia útil seguinte ao da disponibilização da informação. E o prazo processual só se inicia no primeiro dia útil seguinte à data da publicação, ou seja, o segundo dia útil seguinte à data da disponibilização da informação.

Assim, por exemplo, se a decisão é disponibilizada no sítio do Tribunal numa sexta-feira, o prazo só se inicia na terça-feira subsequente.

Relevante observar que essa regra não se aplica aos casos em que a lei exija intimação pessoal, como ocorre na hipótese do art. 267, § 1º, quando o juiz deve notificar pessoalmente o autor, antes de extinguir o feito sem resolução de mérito, ante a sua pretensa inércia.

O art. 5º trata das intimações feitas por meio eletrônico para as pessoas que se cadastrarem no órgão do Poder Judiciário, dispensando-se a publicação no órgão oficial, inclusive eletrônico. Nesse caso, considera-se efetivada a intimação no dia em que a pessoa realiza a consulta eletrônica ao ato judicial, o que deverá ser regularmente certificado nos autos.

Caso a consulta seja feita em dia não útil, considera-se realizada no primeiro dia útil seguinte.

O § 3º do art. 5º estabelece o prazo de 10 dias corridos, contados da data do envio da intimação, para que seja feita a consulta. Ao término desse prazo, considera-se realizada a diligência.

Essa regra é atenuada pelo § 5º do mesmo artigo, nas hipóteses de casos urgentes, ou de perigo de prejuízo para as partes. Podemos exemplificar com a hipótese tão corriqueira das partes que demandam nos Juizados Especiais Cíveis sem assistência de advogado, quando o valor da causa não ultrapassa 20 salários mínimos.

O § 4º do art. 5º prevê o serviço opcional, de caráter informativo, da remessa de correspondência eletrônica pelos Tribunais para aqueles que se manifestarem interessados em obter informações acerca do envio da intimação e abertura automática do prazo processual.

Para que não reste nenhuma dúvida acerca da efetividade das novas regras, o § 6º determina que essas intimações são consideradas pessoais para todos os efeitos legais.

Também os atos de comunicação entre Juízos (art. 7º) serão efetivados preferencialmente por meio eletrônico. É o caso das cartas precatória, rogatória e de ordem.

Quanto às citações, elas poderão ser feitas por meio eletrônico, desde que a íntegra dos autos seja acessível ao citando. Necessário aqui fazer referência ao art. 11, § 5º, que trata da hipótese de existência de documentos cuja digitalização seja tecnicamente inviável. Nesse caso, os documentos devem ser apresentados no cartório ou na secretaria dentro do prazo de 10 dias, a contar do envio da petição eletrônica de comunicação do fato, sendo devolvidos à parte após o trânsito em julgado.

Os arts. 8º a 13 tratam do processo eletrônico. Pelas novas regras, os autos podem ser total ou parcialmente digitais, devendo-se utilizar de preferência a internet e a assinatura eletrônica para todos os atos processuais.

O art. 9º estabelece que todas as citações, intimações e notificações no processo eletrônico, incluindo a Fazenda Pública, serão feitas por meio eletrônico. Caso seja constatada a inviabilidade técnica para a realização de tais atos processuais, esses poderão ser praticados de acordo com as regras ordinárias, digitalizando-se o documento físico, que deverá ser destruído posteriormente.

O art. 10 permite a prática dos atos processuais, incluindo petição inicial, contestação e recursos diretamente pelos advogados, públicos ou privados, sem a necessidade da intervenção física do cartório, devendo o sistema fornecer automaticamente recibos eletrônicos de protocolo, dispensando a juntada de certos documentos.

O art. 10, § 2º, traz regra expressa para a hipótese de o sistema do Poder Judiciário se tornar indisponível, determinando que o prazo será automaticamente prorrogado para o primeiro dia útil seguinte ao da resolução do problema.

Ademais, para garantir o acesso à Justiça nessa nova dimensão virtual, o § 3º do art. 10 determina que os órgãos do Poder Judiciário devem manter à disposição da população equipamentos de digitalização e de acesso à internet.

O art. 11 estabelece que os documentos produzidos eletronicamente que contenham garantia da origem e de seu signatário serão considerados originais para fins de prova judicial.

Observe-se, contudo, que o STJ[7] já decidiu que os Tribunais não podem, por ato administrativo, impor à parte autora o dever de providenciar a digitalização das peças dos autos, tampouco o dever de guarda pessoal de alguns dos documentos físicos do processo, ainda que os autos sejam provenientes de outro juízo ou instância.

Já no tocante aos originais dos documentos digitalizados, o detentor deverá preservá-los até o trânsito em julgado da sentença, ou, quando admitida, até o final do prazo para interposição de ação rescisória (§§ 2º e 3º do art. 11).

Cabe ressaltar que os §§ 6º e 7º do art. 11 foram alterados pela Lei n. 13.793/2019, a fim de garantir o efetivo acesso dos advogados a documentos acostados em processos eletrônicos[8].

Cabe ainda ao Poder Judiciário proteger os autos dos processos eletrônicos por meio de segurança de acesso, além de armazená-los de forma que seja garantida a preservação e a integridade dos dados, conforme estabelecido no § 1º do art. 12.

Se houver necessidade de os autos de processos eletrônicos serem remetidos a outro Juízo ou instância superior que não disponha de sistema compatível, estes deverão ser impressos em papel (art. 12, § 2º). Nesse caso, o escrivão ou o chefe da secretaria certificará a origem dos documentos, bem como a forma pela qual será possível acessar o banco de dados para confirmação da autenticidade das peças e assinaturas digitais (art. 12, § 3º).

O art. 13 prevê a possibilidade de o magistrado determinar que sejam realizados a exibição e o envio de dados e documentos necessários à instrução do processo por meio eletrônico.

Para os efeitos desse mesmo artigo, são considerados cadastros públicos aqueles que contenham informações indispensáveis ao exercício da função judicante, sejam eles mantidos por concessioná-

---

[7] REsp 1.448.424-RS, rel. Min. Herman Benjamin, j. 22-5-2014, *Informativo STJ*, n. 544.
[8] "§ 6º Os documentos digitalizados juntados em processo eletrônico estarão disponíveis para acesso por meio da rede externa pelas respectivas partes processuais, pelos advogados, independentemente de procuração nos autos, pelos membros do Ministério Público e pelos magistrados, sem prejuízo da possibilidade de visualização nas secretarias dos órgãos julgadores, à exceção daqueles que tramitarem em segredo de justiça. § 7º Os sistemas de informações pertinentes a processos eletrônicos devem possibilitar que advogados, procuradores e membros do Ministério Público cadastrados, mas não vinculados a processo previamente identificado, acessem automaticamente todos os atos e documentos processuais armazenados em meio eletrônico, desde que demonstrado interesse para fins apenas de registro, salvo nos casos de processos em segredo de justiça.".

rias de serviço público ou por empresas privadas, podendo ser acessados por qualquer meio tecnológico (art. 13, §§ 1º e 2º).

Por fim, a nova lei, a partir do art. 14, traz disposições gerais acerca do procedimento.

Os sistemas e programas de informática devem ser desenvolvidos preferencialmente com o código aberto, priorizando-se a sua padronização e permitindo o acesso ininterrupto via internet.

Os sistemas devem ainda identificar ocorrências de prevenção, litispendência e coisa julgada, bem como conter o número do CPF ou do CNPJ das partes, para fins de busca ou indexação de informações.

De acordo com o parágrafo único do art. 15, as peças de acusação criminais deverão ser instruídas pelos membros do Ministério Público ou pelas autoridades policiais com os números de registros dos acusados no Instituto Nacional de Identificação do Ministério da Justiça, se existirem.

O art. 19 determina a convalidação de atos eletrônicos praticados antes da publicação da lei e desde que não tenha havido prejuízo para as partes.

O art. 20 alterou diversos dispositivos do CPC/73, para adequar os institutos processuais à nova sistemática.

Hugo Leonardo Penna Barbosa[9] elenca e comenta essas alterações, que se referem basicamente à assinatura eletrônica.

Deve ser observado, com relação ao § 2º acrescido ao referido art. 154, que faltou ao legislador cuidado ao implementar as reformas, pois não dispôs sobre a renumeração do parágrafo único, anteriormente existente.

Quanto às provas documentais arquivadas em repartições públicas, a nova lei permite que o juiz, no prazo máximo de 30 (trinta) dias, requisite certidões ou reproduções fotográficas das peças necessárias à instrução do processo. As repartições públicas poderão também fornecer todos os documentos por meio eletrônico.

Importante ressaltar que o STJ entendeu que o tribunal local pode, por meio de resolução, regulamentar o processo eletrônico no âmbito da sua competência, gerando, por exemplo, a responsabilidade do autor com relação à digitalização dos autos físicos para que lhes seja dada continuidade pela via eletrônica[10].

Com relação aos prazos, especificamente à incidência do prazo dobrado para litisconsortes com advogados distintos no processo eletrônico, a jurisprudência[11] vem se manifestando no sentido da sua inaplicabilidade, não obstante a crítica doutrinária a tal posicionamento[12].

16.4 A RESOLUÇÃO N. 185/2013 DO CNJ

Finalmente, a Resolução n. 185/2013[13] institui o Sistema Processo Judicial Eletrônico – PJe

---

[9] "O art. 38 do CPC versa sobre a procuração que habilita a representação dos procuradores judiciais. A nova lei inclui um parágrafo único, permitindo que a petição seja assinada eletronicamente, desde que haja certidão de autenticidade de assinatura por meio de autoridade certificadora credenciada. O art. 154 do CPC tem incluído um novo parágrafo, o segundo, possibilitando que os atos e termos processuais sejam produzidos, transmitidos, armazenados e assinados por meio eletrônico. (...) O mesmo ocorre no art. 164 que ganha um parágrafo único para permitir que a assinatura dos juízes, em todos os graus de jurisdição, seja realizada eletronicamente" (Barbosa, 2007, p. 79-94).

[10] Nesse sentido: STJ, REsp 1.374.048-RS, rel. Min. Humberto Martins, j. 21-5-2013, *Informativo STJ*, n. 524.

[11] TRF 4ª Região, AI 5003563-11.2013.404.0000-PR, rel. Des. Fed. Fernando Quadros da Silva, j. 15-5-2013.

[12] Yarshell, 2013, p. 2.

[13] Disponível em: http://www.cnj.jus.br/atos-normativos?documento=1933. Já incorporadas as alterações introduzidas pelas Resoluções n. 242/2016, 245/2016 e 281/2019, 320 e 335/2020.

como sistema de processamento de informações e prática de atos processuais, estabelecendo os parâmetros para sua implementação e funcionamento.

Essa Resolução estabelece em seu art. 1º que:

"Art. 1º A tramitação do processo judicial eletrônico nos órgãos do Poder Judiciário previstos no art. 92, incisos I-A a VII, da Constituição Federal, realizada por intermédio do Sistema Processo Judicial Eletrônico – PJe, é disciplinada pela presente Resolução e pelas normas específicas expedidas pelos Conselhos e Tribunais que com esta não conflitem".

A Resolução, em seu art. 3º, define diversos conceitos essenciais ao PJe, tais como:

"I – assinatura digital: resumo matemático computacionalmente calculado a partir do uso de chave privada e que pode ser verificado com o uso de chave pública, estando o detentor do par de chaves certificado dentro da Infraestrutura de Chaves Públicas Brasileira (ICP-Brasil), na forma da legislação específica;

II – autos do processo eletrônico ou autos digitais: conjunto de metadados e documentos eletrônicos correspondentes a todos os atos, termos e informações do processo;

III – digitalização: processo de reprodução ou conversão de fato ou coisa, produzidos ou representados originalmente em meio não digital, para o formato digital;

IV – documento digitalizado: reprodução digital de documento originalmente físico;

V – documento digital: documento originalmente produzido em meio digital;

VI – meio eletrônico: ambiente de armazenamento ou tráfego de informações digitais;

VII – transmissão eletrônica: toda forma de comunicação a distância com a utilização de redes de comunicação, preferencialmente a rede mundial de computadores;

VIII – usuários internos: magistrados e servidores do Poder Judiciário, bem como outros a que se reconhecer acesso às funcionalidades internas do sistema de processamento em meio eletrônico, tais como estagiários e prestadores de serviço;

IX – usuários externos: todos os demais usuários, incluídos partes, advogados, membros do Ministério Público, defensores públicos, peritos e leiloeiros".

O art. 6º determina ser obrigatória a utilização da assinatura digital, e o art. 8º dispõe que o PJe estará disponível 24 (vinte e quatro) horas por dia, ininterruptamente, ressalvados os períodos de manutenção do sistema.

O art. 19 trata dos atos processuais e determina que, no processo eletrônico, todas as citações, intimações e notificações, inclusive da Fazenda Pública, far-se-ão por meio eletrônico, nos termos da Lei n. 11.419, de 19 de dezembro de 2006.

O art. 21 dispõe que:

"Art. 21. Para efeito da contagem do prazo de 10 (dez) dias corridos de que trata o art. 5º, § 3º, da Lei n. 11.419, de 19 de dezembro de 2006, no sistema PJe:

I – o dia inicial da contagem é o dia seguinte ao da disponibilização do ato de comunicação no sistema, independentemente de esse dia ser, ou não, de expediente no órgão comunicante;

II – o dia da consumação da intimação ou comunicação é o décimo dia a partir do dia inicial, caso seja de expediente judiciário, ou o primeiro dia útil seguinte, conforme previsto no art. 5º, § 2º, da Lei n. 11.419, de 19 de dezembro de 2006.

Parágrafo único. A intercorrência de feriado, interrupção de expediente ou suspensão de prazo entre o dia inicial e o dia final do prazo para conclusão da comunicação não terá nenhum efeito sobre sua contagem, excetuada a hipótese do inciso II".

Finalmente, os arts. 27 e 28 tratam da consulta e do sigilo.

16.5 DISPOSIÇÕES SOBRE PROCESSO ELETRÔNICO NO CPC

O novo Código de Processo Civil tem como objetivo eliminar os obstáculos ao acesso à Justiça, tentando minimizar a situação de crise em que se encontra o Poder Judiciário, abarrotado de processos e com recursos humanos e materiais que não são suficientes para atender à demanda.

O processo eletrônico vem tratado entre os arts. 193 e 199.

A questão, porém, não passa simplesmente por aumentar os recursos do Poder Judiciário, e sim por uma simplificação procedimental e por assegurar a visão de que o processo não seja um fim em si, mas um meio para assegurar a tutela de direitos.

Para isso, o novo Código de Processo Civil busca uma simplificação procedimental, a fim de garantir a celeridade processual, sem esquecer que a celeridade não pode se desvincular da segurança jurídica, e a garantia de um processo ético, de respeito e colaboração entre os sujeitos processuais, em que o juiz tem papel importante, pois é a figura que mais precisa ser revista, não podendo ser inerte ou todo-poderoso, mas agir de forma equilibrada de maneira a garantir a paridade das armas e a tutela dos direitos fundamentais.

Tratando-se de um novo Código, os anseios são que a nova legislação já traduza a nova tendência do direito processual que, inegavelmente, é a inserção da informática no direito.

Por isso, muito se indaga como é a relação entre o CPC e o processo eletrônico.

O projeto do CPC não regula o que seria propriamente processo eletrônico, deixando tal tarefa a cargo do Conselho Nacional de Justiça, mas se preocupa com a privacidade das partes em processos eletrônicos.

Também admite que os processos sejam total ou parcialmente eletrônicos e não dispõe nem mesmo sobre a regulamentação dos processos eletrônicos já existentes no âmbito dos Juizados Especiais, preferindo deixar tal mister para o CNJ ou mesmo para a consolidação de enunciados desses órgãos (FONAJE).

No art. 194 encontramos importante regra, no sentido de que os sistemas informatizados devem respeitar a publicidade dos atos e o acesso e participação das partes e de seus procuradores[14].

Devem, ainda, ser preservadas as seguintes garantias:

a) disponibilidade;

b) independência da plataforma computacional; e

c) acessibilidade e interoperabilidade dos sistemas, serviços, dados e informações.

O art. 195 ratifica o padrão aberto, observada a ICP unificada nacionalmente, e sujeito aos seguintes requisitos:

i) autenticidade;

ii) integridade;

iii) temporalidade;

iv) não repúdio;

v) conservação; e

---

[14] Enunciado n. 149 da II Jornada Prevenção e Solução Extrajudicial de Litígios. A interoperabilidade dos sistemas referida no art. 194 do CPC deverá ser incentivada para proporcionar a criação de plataformas unificadas, a padronização de layouts e ferramentas disponíveis para os usuários, e a integração dos diversos sistemas processuais eletrônicos no âmbito judicial e também no âmbito administrativo, para que assim se promova efetivamente a cooperação institucional e interinstitucional, viabilizando o compartilhamento de dados e informações de maneira estruturada e harmônica, bem como assegurando o amplo acesso à justiça nos processos digitais, tendo sempre como foco a experiência do usuário.

vi) confidencialidade, nos casos que tramitem em segredo de justiça.

O Código se preocupa também com a transparência e a acessibilidade. No art. 197 encontramos a determinação para que os Tribunais divulguem as informações constantes de seu sistema de automação em página própria na rede mundial de computadores, gozando a divulgação de presunção de veracidade e confiabilidade.

Já o art. 198 dispõe que as unidades do Poder Judiciário deverão manter gratuitamente, à disposição dos interessados, equipamentos necessários à prática de atos processuais, à consulta e ao acesso ao sistema e aos documentos dele constantes.

O parágrafo único desse dispositivo garante ainda que será admitida a prática de atos por meio não eletrônico no local onde não estiverem disponibilizados os equipamentos previstos no *caput*.

Finalmente, o art. 199 prevê que as unidades do Poder Judiciário assegurarão às pessoas com deficiência acessibilidade aos seus sítios na rede mundial de computadores, ao meio eletrônico de prática de atos judiciais, à comunicação eletrônica dos atos processuais e à assinatura eletrônica.

Ademais, o CPC positivou a prática de atos processuais eletrônicos inclusive por meio de videoconferência ou outro recurso tecnológico de transmissão de sons e imagens em tempo real (art. 236, § 3º). Dessa forma, permite-se, por exemplo, que o depoimento pessoal da parte – ou da testemunha – que residir em comarca, seção ou subseção judiciária diversa daquela onde tramita o processo seja colhido por meio de videoconferência ou outro recurso tecnológico de transmissão de sons e imagens em tempo real (arts. 385, § 3º, e 453, § 1º); que a acareação seja realizada por videoconferência ou por outro recurso tecnológico de transmissão de sons e imagens em tempo real (art. 461, § 2º); que a sustentação oral de advogado com domicílio profissional em cidade diversa daquela onde está sediado o tribunal seja feita por meio de videoconferência ou outro recurso tecnológico de transmissão de sons e imagens em tempo real, desde que o requeira até o dia anterior ao da sessão (art. 937, § 4º), entre outros.

Importante lembrar que as citações e intimações também devem ser feitas preferencialmente por meio eletrônico (arts. 232, 246, V e § 1º, 270, 272 e 275). Na mesma linha, o CPC permite que a audiência de conciliação ou de mediação seja realizada por meio eletrônico (art. 334, § 7º), em consonância com o art. 46 da Lei de Mediação.

Capítulo 17
ATOS PROCESSUAIS. TEORIA GERAL E ESPÉCIES. NULIDADES

17.1 CONSIDERAÇÕES INICIAIS

17.1.1 O novo paradigma do processo civil constitucional

O novo regramento processual civil encontra-se cada vez mais estruturado sob a ótica do modelo constitucional de processo[1]. Com isso, princípios e valores da Carta passam a assumir papel de destaque, tanto nesse quanto em outros ramos do direito, marcando-os todos com o elevado ideário simbólico do constituinte de 1988[2].

Trata-se de verdadeira evolução normativa e principiológica, a inspirar um molde legislativo mais atento à realidade política, jurídica e social do país, o que, por óbvio, acaba também por afetar a própria ciência processual, como campo de estudo voltado à satisfação dos jurisdicionados e à pacificação da sociedade – como, no mais, o direito de modo geral[3].

Há, hoje, a ideia segundo a qual a justiça coexistencial[4] deve significar gestão participativa e colaborativa, na busca de um processo garantista e justo[5].

Nesse contexto, sobressai o papel relevante desempenhado pelo direito processual, como instrumento de realização dos ideais constitucionais, uma vez que, pelas vias processuais, concretizam-se os direitos e as garantias fundamentais assegurados na Carta.

Não é por outro motivo, aliás, que se impõe ao processo que mantenha diálogo constante com os valores máximos do ordenamento, de maneira a absorvê-los, deixar-se por eles conduzir e transmiti-los.

Em termos de convenções processuais, a influência constitucional fica clara, à medida que se descortina um modelo cooperativo, ou compartipativo, de processo, tal como previsto no art. 6º do CPC.

Os sujeitos do processo – não só as partes, mas também o juízo – assumem a responsabilidade de, em atuação conjunta, trabalhar para a obtenção de uma decisão meritória justa e efetiva, em tempo razoável.

Assume relevo a ideia de processo como construção das próprias partes e para elas, segundo seus interesses levados a juízo, o que, de certa forma, faz sobressair o exercício da democracia, em seu viés participativo e discursivo. Os cidadãos são chamados a, uma vez acionada a máquina jurisdicional, cooperar entre si para, travando um diálogo, melhor gerirem um processo que, afinal, foi feito para eles mesmos[6].

---

[1] Mitidiero, 2011, p. 7.
[2] Cabral, 2014, p. 33.
[3] Vidal, 2016, p. 101-143.
[4] Cappelletti, 2008, p. 129.
[5] Vidal, 2016, p. 101.
[6] Godinho, 2015, p. 90.

O centro de tomadas de decisões, de certo modo, acaba por ser deslocado de um Estado-Juiz hierarquicamente superior a um debate intersubjetivo que as partes vêm a travar em busca do consenso. O processo pós-moderno, dessa forma, "representa o mini *locus* para a sempre inacabada construção cotidiana da democracia substancial"[7].

A partir de todas essas considerações, faz-se mister ter em conta que o processo, em sua roupagem contemporânea, se revela nada mais, nada menos, do que o resultado da cooperação entre as partes e o órgão jurisdicional, na busca pela efetivação dos direitos fundamentais e pela edificação de um processo justo.

17.1.2 Visão geral dos atos processuais

O ato processual é modalidade de ato jurídico[8]. Esses atos pertencem ao processo e exercem efeito jurídico direto e imediato sobre a relação processual[9].

Trata-se, em verdade, do ato jurídico do direito civil estudado na esfera processual[10], pois cada ato tendente a produzir efeitos no processo pode ser estudado de per si, sendo definido por Luiz R. Wambier[11] como toda "manifestação de vontade humana que tem por fim criar, modificar, conservar ou extinguir a relação jurídica processual". Portanto os atos processuais podem ser produzidos pelos sujeitos do processo[12].

O processo compreende o *procedimento* que, como visto, consiste no conjunto de atos coordenados com vistas à outorga da tutela jurisdicional. Assim, o primeiro ato processual é a demanda, e o último, o provimento, que concede a tutela jurisdicional a quem tem razão[13].

Alguns autores[14] fazem uma distinção. Entendem que, na verdade, atos do processo são um gênero que, por sua vez, se divide em duas espécies: atos do processo *stricto sensu* e atos processuais.

Assim, para Dinamarco[15] são atos processuais apenas os praticados no processo pelos sujeitos processuais; outros autores, no entanto, sustentam serem atos processuais os que tenham eficácia no processo, sejam eles praticados em seu curso ou fora dele (p. ex., produção antecipada de provas, praticada fora e antes de haver processo instaurado, bem como a eleição de foro).

17.2 ESPÉCIES DE ATOS PROCESSUAIS

Os atos processuais podem ser classificados de diversas formas, sendo impossível determinar a melhor classificação. Todavia devemos destacar duas classificações: atos processuais das partes e atos processuais do juízo.

---

[7] Cavaco, 2016, p. 9.
[8] Fux, 2016, p. 187.
[9] Silva, 1997, p. 207.
[10] Há que se distinguir ato jurídico (*stricto sensu*) e negócio jurídico. Neste, a lei reserva margem de liberdade para as partes – autonomia da vontade – dentro de limites em que podem os sujeitos criar, modificar, ou extinguir direitos, pretensões e ações, sendo suas consequências determinadas pela autonomia da vontade. Por outro lado, nos atos jurídicos, os efeitos que os atos humanos irão produzir encontram-se determinados diretamente pela lei, com algumas exceções (Cabral, 2015, p. 489).
[11] Wambier, 2002, p. 183.
[12] A questão ganha novos contornos, como veremos adiante, com a figura das convenções processuais. Sobre as controvérsias quanto à classificação dos atos e negócios jurídicos processuais, remetemos o leitor às seguintes obras: Pinho; Mello Porto, 2016, p. 115-144. Bonfim; Didier Jr., 2016, p. 5.
[13] Carneiro; Pinho, 2016, p. 15.
[14] Hartmann, 2016, p. 125.
[15] Dinamarco, 2001, p. 78.

17.2.1 Atos processuais praticados pelas partes

Os atos processuais das partes podem ser classificados em atos postulatórios, atos instrutórios, atos dispositivos e atos reais ou materiais.

17.2.1.1 *Atos postulatórios*

São postulatórios todos aqueles praticados pelas partes objetivando o pronunciamento do juiz sobre a lide ou o desenvolvimento da relação já instaurada. Por meio dos atos postulatórios, as partes formulam requerimentos ao juízo, referentes ao objeto do processo ou a qualquer outro pedido incidental.

Em regra, o principal ato postulatório da parte autora será a petição inicial (art. 319 do CPC), na qual será demonstrado o fato constitutivo do direito.

Quanto ao réu, temos a contestação (art. 335 do CPC), que deverá respeitar os princípios da eventualidade e da impugnação específica dos fatos, negando a existência do fato constitutivo – defesa direta de mérito – ou alegando fato impeditivo (afasta completamente o fato constitutivo, como mostrar que o pedido é juridicamente impossível), modificativo (altera o teor do fato, e, portanto, as consequências jurídicas) ou extintivo (como a prescrição, que fulmina a possibilidade de tutela judicial) do direito alegado pelo autor (defesa indireta).

17.2.1.2 *Atos instrutórios*

Os atos instrutórios são os atos praticados pelas partes com a finalidade de inserir na relação processual os elementos de prova com os quais pretendem demonstrar seu direito. São atos tanto de requerimento de prova quanto de realização de provas.

Novamente, destaca-se a petição inicial que, por ser ato complexo, além de iniciar a relação processual, possui em seu corpo provas documentais que constituem requisito essencial, segundo o art. 320 do CPC.

Em regra, somente os fatos necessitam ser provados (arts. 374 e 376 do CPC), devendo a requisição das provas ser feita na petição inicial e na contestação. Seu deferimento, em princípio, ocorre no despacho saneador.

As provas são produzidas em momentos específicos. A documental, logo no início da demanda, facultando-se a juntada de documentos suplementares em casos específicos.

A prova pericial é produzida entre o despacho saneador e a audiência de instrução e julgamento, e a prova oral é produzida na AIJ, salvo hipóteses excepcionais, como a medida de produção antecipada de provas e as diligências externas realizadas pelo juiz (ex.: testemunha gravemente enferma que tenha de ser ouvida no leito do hospital).

17.2.1.3 *Atos dispositivos*

Os atos dispositivos, por sua vez, são aqueles em que as partes dispõem de algum direito ou vantagem, tal qual ocorre na conciliação, de que são espécies a transação (concessões recíprocas entre as partes), a renúncia ao direito material (ensejando extinção do processo com resolução de mérito, art. 487, III, *c*), a desistência (processual, direta – art. 485, VIII, do CPC – e indireta – art. 485, III, do CPC; levando à extinção do processo sem resolução do mérito, art. 485) e a submissão (em que uma parte reconhece o pedido da outra, submetendo-se a ele).

17.2.1.4 *Atos reais ou materiais*

Finalmente, os atos reais ou materiais são aqueles em que as partes praticam uma conduta processual concreta. São atos praticados no curso do processo residualmente, tais como pagamento de custas, juntada de procuração, comparecimento a audiências etc.

17.2.2 Atos processuais praticados pelos juízes

Entre os atos processuais dos juízes, destacam-se os atos praticados entre o juízo e as partes e os atos praticados entre juízos.

17.2.2.1 *Atos praticados pelos juízes tendo como destinatárias as partes*

a) Atos decisórios

Também chamados de provimentos, são definidos como atos praticados pelos juízes com a finalidade de impulsionar ou decidir questões referentes à relação processual instaurada, em obediência ao princípio do impulso oficial (art. 203 c/c o art. 139 do CPC). De acordo com o art. 203, os atos do juiz dividem-se em sentenças, decisões interlocutórias e despachos.

Por força do art. 203, § 1º, do CPC, a sentença passou a ser definida como o "pronunciamento por meio do qual o juiz, com fundamento nos arts. 485 e 487, põe fim à fase cognitiva do procedimento comum, bem como extingue a execução".

Nesse sentido, as sentenças dividem-se em terminativas – quando extinguem o processo sem resolução de mérito – e definitivas – quando há resolução de mérito. Assim, será sentença todo "pronunciamento conclusivo da fase cognitiva do processo, haja ou não julgamento da pretensão de direito material"[16], bem como a resolução da execução, por força do novel dispositivo.

Assim, o novo conceito trazido deixa de correlacionar a prolação da sentença com a extinção da prestação jurisdicional, como anteriormente acontecia, principalmente porque, havendo o cumprimento da sentença com base nos arts. 513 e s. do CPC, teremos um prolongamento da relação jurídica processual com base nos atos judiciais necessários à execução.

Conforme o art. 489 do CPC, a sentença é composta por três partes: relatório, fundamentação e dispositivo.

No relatório, o juiz fará um breve resumo dos fatos que demonstre seu conhecimento em relação aos acontecimentos do processo. Nesse sentido, o relatório representa um verdadeiro mecanismo de controle social dos atos do juiz. Na fundamentação, o juiz apresentará os dispositivos legais e jurisprudenciais que fundamentam sua decisão, resolvendo, no dispositivo, as questões que lhe foram apresentadas ao proferir sua decisão final.

Proferida a sentença, teremos a formação da coisa julgada (art. 502 do CPC), que pode ser material – quando a sentença torna-se imutável dentro e fora daquela relação processual – ou formal – a imutabilidade localiza-se apenas dentro daquela relação processual. Nesse sentido, a sentença que examina o mérito (art. 487 do CPC) gera coisa julgada formal e material, enquanto a sentença que não realiza esse exame (art. 485 do CPC) encerra apenas coisa julgada formal.

Enquanto as decisões proferidas pelos juízes são denominadas sentenças, as proferidas pelos tribunais (órgãos colegiados) são chamadas de acórdãos. Cabe ressaltar que as decisões proferidas pela turma recursal dos Juizados Especiais também são denominadas acórdãos, muito embora essas turmas não sejam formadas por desembargadores, mas por juízes que integram os próprios Juizados.

Será *decisão interlocutória* todo ato realizado pelo juiz, no curso do processo, por meio do qual ele resolve alguma questão incidente. É consequência natural da própria definição de processo – sucessão de atos processuais – que abrange, ao longo de seu curso, uma série de decisões do magistra-

---
[16] Greco, 2006, p. 4.

do. O art. 203, § 2º, do CPC dispõe que decisão interlocutória é todo pronunciamento judicial de natureza decisória que não se enquadre no conceito de sentença.

Por meio da decisão interlocutória, resolve-se qualquer questão levantada pelas partes, desde que não diga respeito ao mérito e que não leve à extinção do feito.

Um exemplo é a decisão de saneamento, prevista no art. 357, a qual tem as seguintes finalidades:

i) resolver as questões processuais pendentes, se houver;

ii) delimitar as questões de fato sobre as quais recairá a atividade probatória, especificando os meios de prova admitidos;

iii) definir a distribuição do ônus da prova, observado o art. 373;

iv) delimitar as questões de direito relevantes para a decisão do mérito;

v) designar, se necessário, audiência de instrução e julgamento.

Por fim, temos o despacho, que é o ato realizado pelo juiz e que não implica gravame para qualquer das partes.

O art. 203, § 3º, dispõe que são despachos todos os demais pronunciamentos do juiz praticados no processo, de ofício ou a requerimento da parte.

Trata-se de ato desprovido de conteúdo decisório, por meio do qual o juiz apenas impulsiona a relação processual. Por não possuir efeito decisório, o ato torna-se irrecorrível.

Não obstante, sendo o despacho abusivo, embora não caiba recurso, é possível a impetração de mandado de segurança contra o ato do juiz, bem como o ajuizamento de reclamação (requerimento administrativo) ou correição parcial.

No § 4º do art. 203 do CPC, foram previstos os atos de mero expediente, agora chamados de atos meramente ordinatórios, que podem ser praticados pelo servidor na moderna tendência da efetividade do processo e celeridade processual.

b) Atos instrutórios

Os juízes também realizam atos instrutórios voltados à busca de elementos de prova necessários para proferir a sentença. Nesse sentido, pode o juiz determinar a produção *ex officio* de provas consideradas indispensáveis.

Prova é todo e qualquer elemento levado à apreciação do juiz – em regra, pelas partes – e que o auxilia na formação de seu convencimento. As provas devem ser requeridas no primeiro ato postulatório – petição inicial para o autor, contestação para o réu e na primeira oportunidade para terceiro interventor[17].

Deixando os sujeitos processuais de requerer a produção das provas, haverá em princípio a preclusão, observado, entretanto, que o juiz dispõe de poder instrutório, que deverá ser utilizado com parcimônia e equilíbrio, a fim de não se vulnerar a imparcialidade e a equidistância que devem orientar a conduta do magistrado na condução da causa.

Conforme dito, o deferimento do pedido de produção de provas ocorre no despacho saneador, o qual também estabiliza a demanda. Após esse momento, não poderá haver produção de novas provas, salvo se o autor ou réu provarem que não tinham conhecimento do fato ou se surgir fato novo.

Retornando ao procedimento, dá-se o nome de julgamento, conforme o estado do processo, à última fase antes da abertura da fase instrutória do processo. São duas hipóteses: extinção do processo (art. 354 do CPC), julgamento antecipado do mérito, que pode ser total ou parcial (arts. 355 e

---

[17] Fux, 2016, p. 199.

356 do CPC). Não sendo nenhum desses dois casos, o juiz passa ao saneamento do processo (art. 357 do CPC).

Na extinção do processo, teremos a hipótese do art. 485 do CPC, ou seja, o encerramento do processo sem resolução do mérito, com a formação da coisa julgada formal, vista anteriormente.

A segunda hipótese é o julgamento antecipado do mérito que ocorre quando não é necessária a fase instrutória, pois os elementos presentes no processo são suficientes para o julgamento.

Ele encerrará o feito por completo quando tivermos a chamada "causa madura" (art. 355, I), verificada quando a matéria for de direito ou quando não houver controvérsia sobre a questão de fato. Outra hipótese de julgamento antecipado da lide encontra-se prevista no art. 355, II, quando da ocorrência da revelia, já que na ausência de manifestação do réu presumem-se verdadeiros os fatos alegados pelo autor.

Ressalte-se que, pelo CPC, o julgamento antecipado do mérito poderá ser, também, parcial. Isso ocorrerá quando apenas parte dos pedidos se mostrarem incontroversos ou em condição de imediato julgamento. A decisão que julga parcialmente o mérito é impugnável por Agravo de Instrumento, nos termos do art. 356, § 5º, c/c o art. 1.015, II.

c) Atos de documentação

São aqueles praticados pelos magistrados, pelos quais se procura reduzir a termo os atos praticados verbalmente, tais como o termo de depoimento e a assentada da instrução de instrução e julgamento.

Hoje, em muitos juízos, as audiências são gravadas em áudio e vídeo, o que torna mais simples e rápida a documentação.

d) Atos reais

São os atos praticados no dia a dia do processo e que viabilizam o seu andamento. Nesse rol encontramos a juntada de peças, a rubrica de folhas dos autos e a assinatura de termos. Alguns desses atos podem ser praticados pelos auxiliares do juízo como os oficiais de justiça e avaliadores, apesar de não serem sujeitos do processo.

Os atos praticados pelos auxiliares do juízo possuem o que chamamos de fé pública, ou seja, são considerados verdadeiros até que se prove o contrário – presunção de veracidade relativa.

Os auxiliares também praticam os atos processuais ou atos de execução, que são aqueles realizados por determinação do juiz.

Nesse sentido, encontramos, por exemplo, os arts. 206 a 209 do CPC.

e) Atos de comunicação processual

No que tange aos atos de comunicação entre juiz e parte, a citação é o ato pelo qual o réu ou o interessado é chamado a juízo a fim de se defender (art. 238 do CPC), no prazo de 15 dias.

Ocorre uma única vez, refere-se ao réu, ao executado ou ao interessado, e tem por intuito avisar que existe um processo contra ele e que terá 15 dias para elaborar sua defesa ou adimplir obrigação, nos casos de processo de execução. Depois disso, haverá apenas a intimação, que se diferencia porque pode ser endereçada a qualquer uma das partes, pode ocorrer várias vezes e apenas avisa da prática de um ato.

Pode ser classificada em:

i) real (ou pessoal) – quando há a certeza de que o interessado foi citado, subdividindo-se em:

i.1) postal, realizada por meio de carta registrada (art. 248 do CPC);

i.2) por mandado (oficial de justiça);

i.3) pelo escrivão ou chefe de secretaria, se o citando comparecer em cartório; e i.4) por meio eletrônico, na forma da Lei n. 11.419/2006 c/c o art. 246, do CPC, observando-se que, com o advento da Lei n. 14.195/2021 tal modalidade, no caso da citação, passou a ser regra no processo civil brasileiro. Falaremos mais sobre ela adiante.

Pode ser, ainda:

ii) ficta – na qual se presume que o interessado foi citado, dando prosseguimento ao processo, nas hipóteses de citação:

ii.1) por edital; e

ii.2) por hora certa, podendo esta última ser considerada como um incidente na hipótese de citação por mandado, observada a regra do art. 252 do CPC.

A citação válida[18], ainda que ordenada por juiz incompetente (art. 240):

i) induz litispendência;

ii) torna litigiosa a coisa; e

iii) constitui em mora o devedor, ressalvado o disposto nos arts. 397 e 398 do Código Civil.

O vício na citação acarreta nulidade no processo, em relação à qual não há preclusão.

Nesse sentido, a nulidade pode ser alegada mesmo na fase de execução, sendo verdadeira garantia[19]. Não obstante o art. 244 do CPC estabelece hipóteses em que não haverá citação, cuja realização é admitida apenas para evitar o perecimento do direito.

Em relação à citação postal (art. 248 do CPC), deferida essa modalidade pelo magistrado, o escrivão deverá remeter ao citando cópias da petição inicial e do despacho do juiz, bem como comunicar o prazo para resposta, o endereço do juízo e o respectivo cartório.

O § 1º desse dispositivo prevê que a carta será registrada para entrega ao citando, exigindo-lhe o carteiro, ao fazer a entrega, que assine o recibo.

Caso o citando seja pessoa jurídica, o § 2º admite como válida a entrega do mandado a pessoa com poderes de gerência geral ou de administração ou, ainda, a funcionário responsável pelo recebimento de correspondências. Ademais, de acordo com o § 4º, nos condomínios edilícios ou nos loteamentos com controle de acesso, será válida a entrega do mandado a funcionário da portaria responsável pelo recebimento de correspondência, que, entretanto, poderá recusar o recebimento, se declarar, por escrito, sob as penas da lei, que o destinatário da correspondência está ausente.

Contudo, importante atentar que, com o advento da Lei n. 14.195/2021, a redação do art. 246 passou a ser a seguinte:

> "Art. 246. A citação será feita preferencialmente por meio eletrônico, no prazo de até 2 (dois) dias úteis, contado da decisão que a determinar, por meio dos endereços eletrônicos indicados pelo citando no banco de dados do Poder Judiciário, conforme regulamento do Conselho Nacional de Justiça".

Como se vê, a lei reformulou o sistema preferencial de citação, privilegiando, agora, a modalidade eletrônica.

Importante ressaltar que a alteração legislativa partiu da premissa de que o ato seria efetivado a partir do envio de mensagem a um endereço eletrônico cadastrado num banco de dados oficial.

---

[18] *Quando há* pluralidade de réus, a data da primeira citação válida é o termo inicial para contagem dos juros de mora. REsp 1.868.855-RS, rel. Min. Nancy Andrighi, 3ª T., por unanimidade, j. 22-9-2020, *DJe* 28-9-2020. *Informativo STJ* n. 680.

[19] Verificado o vício na citação após o fim da relação jurídica, teremos a possibilidade de propositura da ação declaratória de nulidade, prevista no art. 966, § 4º, do CPC.

Nesse sentido, o CNJ havia editado, em 2016, a Resolução n. 234, a fim de instituir o *Diário de Justiça Eletrônico Nacional – DJEN*, a Plataforma de Comunicações Processuais (domicílio eletrônico) e a Plataforma de Editais do Poder Judiciário.

Ocorre que o ato foi revogado pela Resolução n. 455/2022, que instituiu o Portal de Serviços do Poder Judiciário na Plataforma Digital do Poder Judiciário – PDPJ-Br para usuários externos. Essa Resolução cuida, detalhadamente, tanto do *DJE* – Domicílio Judicial Eletrônico como do *DJEN – Diário de Justiça Eletrônico Nacional*.

Em razão das dificuldades operacionais que retrasaram a operacionalidade do *DJE*, e da digitalização forçada pela pandemia da covid-19, outras formas de comunicação processual foram buscadas nesse ínterim, até mesmo em razão do desconhecimento do endereço eletrônico. Daí surgiu a ideia de viabilizar as comunicações processuais por meio de aplicativos de mensagens, como WhatsApp, Telegram e outros.

Daí surgiu a ideia de viabilizar as comunicações processuais por meio de aplicativos de mensagens, como WhatsApp, Telegram e outros.

Como a Lei não mencionou expressamente tal ferramenta, surgiu a controvérsia acerca da legalidade do ato praticado desssa forma.

O STJ, num primeiro momento admitiu. Porém, posteriormente, fez ressalvas.

O grande problema, na prática, reside na necessidade da demonstração de que aquele número, de fato, pertence àquela pessoa. Em outras palavras, não pode haver dúvidas quanto a identidade do destinatário[20].

Com a implementação do DJE, a questão deve ser superada.

Retornando ao texto do CPC, o § 1º do art. 246 foi alterado para determinar que as empresas públicas e privadas sejam obrigadas a "manter cadastro nos sistemas de processo em autos eletrônicos, para efeito de recebimento de citações e intimações, as quais serão efetuadas preferencialmente por esse meio". A norma é aplicável à União, aos Estados, ao Distrito Federal, aos Municípios e às entidades da administração indireta, como esclarece o § 2º, cuja redação não foi alterada pela Lei n. 14.195/2021.

Dessa forma, a nova lei revogou os incisos I a V do aludido art. 246, e os contemplou, com contornos de subsidiariedade, no § 1º-A, agora criado.

Esse dispositivo prevê que se houver ausência de confirmação, em até três dias úteis, contados do recebimento da citação eletrônica, deverá ser providenciada a citação por outra modalidade, a saber:

I – pelo correio;

---

[20] É possível a utilização de WhatsApp para a citação de acusado, desde que sejam adotadas medidas suficientes para atestar a autenticidade do número telefônico, bem como a identidade do indivíduo destinatário do ato processual. HC 41.877-DF, rel. Min. Ribeiro Dantas, 5ª T., por unanimidade, j. 9-3-2021, *Informativo STJ* n. 688. Contudo, em precedente mais recente, o STJ ponderou: "11 – A partir dessas premissas, se a citação for realmente eficaz e cumprir a sua finalidade, que é dar ciência inequívoca acerca da ação judicial proposta, será válida a citação efetivada por meio do aplicativo de mensagens WhatsApp, ainda que não tenha sido observada forma específica prevista em lei, pois, nessa hipótese, a forma não poderá se sobrepor à efetiva cientificação que indiscutivelmente ocorreu. 12 – Na hipótese em exame, a nulidade do ato citatório efetivado apenas pelo aplicativo de mensagens WhatsApp está evidenciada porque: (i) o contato do oficial de justiça e o envio da mensagem contendo o mandado de citação e a contrafé se deram por meio de terceira pessoa, a filha da ré, não tendo havido a prévia certificação e identificação sobre se tratar da pessoa a ser citada; (ii) a entrega foi feita à pessoa que não sabe ler e escrever, de modo que, diante da impossibilidade de compreensão do teor do mandado e da contrafé, o citando analfabeto se equipara ao citando incapaz, aplicando-se a regra do art. 247, II, do CPC/15, que veda a citação por meio eletrônico ou por correio nessa hipótese". REsp 2.045.633-RJ, rel. Min. Nancy Andrighi, 3ª T, por unanimidade, j. 8-8-2023. Acesso pelo sítio www.stj.jus.br, em 24 de agosto de 2023.

II – por oficial de justiça;

III – pelo escrivão ou chefe de secretaria, se o citando comparecer em cartório;

IV – por edital.

Na forma do § 1º-B, na primeira oportunidade de falar nos autos, o réu citado na forma de uma das quatro hipóteses acima deverá apresentar justa causa para a ausência de confirmação do recebimento da citação enviada eletronicamente.

E, para complementar, o § 1º-C considera ato atentatório à dignidade da justiça, passível de multa de até 5% do valor da causa, deixar de confirmar no prazo legal, sem justa causa, o recebimento da citação recebida por meio eletrônico.

Segundo o art. 246, § 3º, na ação de usucapião de imóvel, os confinantes serão citados pessoalmente, exceto quando tiver por objeto unidade autônoma de prédio em condomínio, caso em que tal citação é dispensada. Esse dispositivo não sofreu alteração.

Foram, ainda, inseridos no art. 246 mais três parágrafos.

O § 4º determina que as citações por correio eletrônico serão acompanhadas das orientações para realização da confirmação de recebimento e de código identificador que permitirá a sua identificação na página eletrônica do órgão judicial citante.

Já o § 5º estabelece que as microempresas e as pequenas empresas somente se sujeitam ao disposto no § 1º deste artigo quando não possuírem endereço eletrônico cadastrado no sistema integrado da Rede Nacional para a Simplificação do Registro e da Legalização de Empresas e Negócios (REDESIM).

Para tanto, o § 6º prevê o compartilhamento de cadastro com o órgão do Poder Judiciário, incluído o endereço eletrônico constante do sistema integrado da referida Rede, observada a legislação aplicável ao sigilo fiscal e ao tratamento de dados pessoais.

O *caput* do art. 247 também foi alterado pela Lei n. 14.195/2021 de modo a incluir a figura da citação eletrônica no dispositivo. Assim a redação atual dispõe que a citação será feita por meio eletrônico ou pelo correio para qualquer comarca do País.

Os incisos desse dispositivo não foram alterados, de forma que permanecem as mesmas hipóteses nas quais não devem ser realizadas nem a citação postal e nem a eletrônica:

I – nas ações de estado, observado o disposto no art. 695, § 3º;

II – quando o citando for incapaz;

III – quando o citando for pessoa de direito público;

IV – quando o citando residir em local não atendido pela entrega domiciliar de correspondência;

V – quando o autor, justificadamente, a requerer de outra forma.

Retornaremos à temática da citação eletrônica adiante, no capítulo que trata da defesa do réu e o prazo para apresentação da contestação.

Falemos um pouco das demais formas de citação.

De se observar que, na citação postal, o legislador silencia na hipótese de o réu não se encontrar em seu domicílio e outra pessoa receber a citação. Nesse caso, ou quando a citação postal for proibida (art. 247 do CPC), será mais acertado determinar a citação por oficial de justiça em virtude da fragilidade da citação postal.

Não obstante, o art. 248, § 4º, dispõe que, nos condomínios edilícios ou nos loteamentos com controle de acesso, será válida a entrega do mandado a funcionário da portaria responsável pelo recebimento de correspondência, que, entretanto, poderá recusar o recebimento, se declarar, por escrito, sob as penas da lei, que o destinatário da correspondência está ausente.

No caso de citação por oficial de justiça, deve ocorrer nos moldes dos arts. 249 a 251 do CPC, podendo o oficial realizar citações e intimações em comarcas contíguas e nas que componham a mesma região metropolitana (art. 255 do CPC), sem autorização do juízo.

Nas modalidades de citação ficta, a primeira é a citação por hora certa. O oficial de justiça, depois de se dirigir duas vezes ao endereço do réu sem encontrá-lo, mas suspeitando que o demandado esteja se escondendo para impedir a citação, intima qualquer pessoa da família do réu ou vizinho, informando que voltará em determinado dia e horário. Retornando ao local, o oficial de justiça, se encontrar o réu, fará a citação normalmente. Caso não o encontre, ter-se-á ele como citado, deixando cópia com a família ou com o vizinho.

A outra modalidade de citação ficta ocorre por edital, realizada nas hipóteses do art. 256 do CPC, quando o réu se encontra em local ignorado, incerto ou inacessível.

O edital de citação deve ser fixado na sede do juízo e, além disso, como regra, publicado três vezes num prazo de 15 dias, a primeira no *Diário Oficial* e as demais em jornal local de grande circulação.

Contudo o parágrafo único do art. 257 parece ter relativizado essa obrigação, já que o magistrado pode autorizar que a publicação do edital seja feita também em jornal local de ampla circulação ou por outros meios, considerando as peculiaridades do local.

Já a intimação é o ato pelo qual se dá ciência a alguém dos atos e termos do processo (art. 269 do CPC).

O § 1º do dispositivo prevê ser facultado aos advogados promover a intimação do advogado da outra parte por meio do correio, juntando aos autos cópia do ofício de intimação e do aviso de recebimento.

A intimação da União, dos Estados, do Distrito Federal, dos Municípios e de suas respectivas autarquias e fundações de direito público, por sua vez, será realizada perante o órgão de Advocacia Pública responsável por sua representação judicial, na forma do § 3º.

Como regra, as intimações são feitas por meio eletrônico (art. 270). Quando isso não for possível, devem ser feitas por meio de publicação dos atos no órgão oficial (art. 272).

Questão interessante, e já decidida pelo STJ, diz respeito à duplicidade de intimação. No caso, o advogado foi intimado tanto pela via eletrônica como pelo *DJ* e havia discussão sobre a partir de que momento computar o prazo para manifestação. O Ministro Salomão[21], em voto condutor na Quarta Turma do Tribunal da Cidadania, privilegiou a modalidade eletrônica, a partir de interpretação teleológica do art. 272 do CPC.

Em 2021, o STJ[22] reexaminou o tema e produziu decisão ainda mais precisa sobre a matéria, na forma seguinte: o termo inicial de contagem dos prazos processuais, em caso de duplicidade de intimações eletrônicas, dá-se com a realizada pelo portal eletrônico, que prevalece sobre a publicação no *Diário da Justiça (DJe)*.

---

[21] "Nos casos regidos pelo CPC, havendo dupla intimação, a data da intimação eletrônica do advogado prevalece sobre a data da publicação da decisão no DJe – *Diário da Justiça Eletrônico* para fins de contagem do prazo recursal" (STJ, 4ª T., AREsp 1.330.052. Decisão consultada no sítio do STJ, em https://ww2.stj.jus.br. Acesso em: 8 abr. 2019).

[22] Desse modo, entende-se que sempre que a modalidade de intimação pelo Portal Eletrônico (art. 5º da Lei n. 11.419/2006) for prevista e aplicável em determinado Tribunal para os advogados devidamente cadastrados, deve esta prevalecer sobre a tradicional intimação pelo *DJe*. EAREsp 1.663.952-RJ, rel. Min. Raul Araújo, Corte Especial, por maioria, j. 19-5-2021. *Informativo STJ* n. 697.

Contudo, é nula a modificação ou alternância do meio de intimação eletrônica (Portal ou Diário eletrônico) pelos Tribunais, durante a tramitação processual, sem aviso prévio, causando prejuízo às partes[23].

Atenção especial, contudo, deve ser dispensada ao réu revel, como já pontuou o STJ[24]. Nesse passo, ainda que se trate de processo eletrônico, a publicação da decisão no órgão oficial somente será dispensada quando a parte estiver representada por advogado cadastrado no sistema do Poder Judiciário, ocasião em que a intimação se dará de forma eletrônica.

Na impossibilidade da utilização desses dois meios, o art. 273 prevê a intimação dos advogados das partes, em duas hipóteses:

"I – pessoalmente, se tiverem domicílio na sede do juízo;

II – por carta registrada, com aviso de recebimento, quando forem domiciliados fora do juízo".

Em último caso, será feita por oficial de justiça (art. 275).

Regra interessante está expressa no § 6º do art. 272. Segundo o dispositivo, a retirada dos autos do cartório ou da secretaria em carga pelo advogado, por pessoa credenciada a pedido do advogado ou da sociedade de advogados, pela Advocacia Pública, pela Defensoria Pública ou pelo Ministério Público implicará intimação de qualquer decisão contida no processo retirado, ainda que pendente de publicação.

Importante atentar, ainda, para o parágrafo único do art. 274, que dispõe serem válidas as intimações dirigidas ao endereço constante dos autos, ainda que não recebidas pessoalmente pelo interessado, se a modificação temporária ou definitiva não tiver sido devidamente comunicada ao juízo, fluindo os prazos a partir da juntada aos autos do comprovante de entrega da correspondência no primitivo endereço.

17.2.2.2 Atos praticados pelo juízo tendo como destinatário outro juízo

O CPC trata dos atos entre juízos separando-os em atos de cooperação internacional e atos de cooperação nacional.

O art. 26 do CPC dispõe que a cooperação jurídica internacional será regida por tratado em que o Brasil for parte, sendo atos de cooperação a carta rogatória, que é utilizada entre juízes de países diferentes, a homologação de sentença estrangeira, requerida diretamente no STJ e executada perante o juiz federal, e o auxílio direto, baseado em tratado ou compromisso de reciprocidade e apreciado em cada caso pelo juiz federal.

Os mecanismos de cooperação jurídica internacional previstos no CPC têm por objeto a comunicação de atos processuais; a produção de provas; as medidas de urgência; o perdimento de bens, direitos e valores; o reconhecimento e execução de outras espécies de decisões estrangeiras; informações do direito estrangeiro; e, ainda, a prestação de qualquer outra cooperação não vedada pela lei.

Já na cooperação nacional, constante dos arts. 67 e s. do CPC, o diploma prevê um auxílio entre juízos no território nacional para a prática de um ato processual.

---

[23] A prática do ato por modo diverso do até então realizado permite o entendimento de que ele não alcançou sua finalidade, que era a de dar ciência inequívoca ao receptor da informação (parte ou advogado), inquinando o ato de nulidade. Processo em segredo de justiça, rel. Min. João Otávio de Noronha, 4ª T., por unanimidade, j. 20-2-2024, DJe 22-2-2024. *Informativo STJ* n. 801.

[24] Logo, se a parte não está representada por advogado cadastrado no portal eletrônico, jamais haverá a possibilidade de consulta, o que impossibilita a efetiva intimação do ato decisório. Na hipótese, como não havia advogados constituídos no processo e cadastrados no portal, a sua intimação do réu revel deveria obrigatoriamente ocorrer por meio de publicação no diário de justiça, razão pela qual a intimação da sentença realizada apenas pelo sistema eletrônico do Tribunal de origem violou os arts. 346 do CPC/2015 e art. 5º da Lei n. 11.419/2006. REsp 1.951.656-RS, rel. Min. Marco Aurélio Bellizze, 3ª T., por unanimidade, j. 7-2-2023, *Informativo STJ* n. 763.

A cooperação parte do Princípio da Unidade do Poder Judiciário. Apesar da previsão de diversos órgãos no art. 92 da CF/88, o Poder Judiciário é uno e, como tal, deve manter permanente conectividade entre seus integrantes.

A ideia do CPC parte das premissas da efetividade e da instrumentalidade. Assim, os "juízos poderão formular um ao outro pedido de cooperação para a prática de qualquer ato processual", segundo o princípio da liberdade das formas. São modalidades de cooperação (art. 69):

i) auxílio direto;

ii) reunião ou apensamento de processo;

iii) prestação de informações;

iv) atos concertados entre os juízes cooperantes.

Obviamente essas modalidades, não obstante as melhores intenções do legislador reformista, dependem, em grande parte, da migração do sistema do processo físico para o processo eletrônico.

Enquanto houver a necessidade de expedir uma precatória ou encaminhar um ofício em papel, por correio, para outro juízo, haverá demora desnecessária na prática do ato.

Infelizmente, a realidade e a prática demonstram que atos que deveriam ser simples, como uma precatória ou um pedido de informações, demoram meses, por vezes anos, causando inúmeros prejuízos aos litigantes. Tais providências, num ambiente eletrônico, serão quase imediatas. Então, poderemos provar a efetividade preconizada pela Comissão.

Além dos atos praticados pelas partes, pelo juiz e pelos auxiliares do juízo, temos os chamados atos de comunicação, que consistem nos atos realizados pelos juízes entre juízos diversos (entre países, comarcas diferentes ou entre juízos de hierarquia diferente). Também são atos de comunicação aqueles realizados entre o juízo e as partes, ou seja, citações e intimações realizadas pelo oficial de justiça ou pelo escrivão com auxílio dos Correios. São eles:

a) Carta de ordem

A carta de ordem é utilizada quando há relação de hierarquia entre o juízo emitente e o juízo ao qual foi destinada. Pode ter qualquer objeto, como a requisição de documento ou a oitiva de testemunha, tendo natureza instrutória.

b) Carta precatória

A carta precatória é utilizada para comunicação entre comarcas diferentes. É uma carta de cooperação entre juízos. Ela, por sua vez, também é utilizada para comunicação dentro de uma mesma comarca, mas quando os juízos possuem competência diferente.

c) Carta rogatória

A carta rogatória é utilizada na comunicação entre juízos de países diferentes. Recebida a carta rogatória, nosso ordenamento prevê seu envio ao Superior Tribunal de Justiça, que possui o poder de deferir ou não o pedido. Deferido que seja o pedido, há o reenvio da carta ao juízo natural.

d) Carta arbitral

Interessante observar que o texto (art. 260 do CPC) menciona as cartas de ordem, precatória e a rogatória (que é objeto da cooperação internacional e não doméstica), além de incluir um instrumento denominado "carta arbitral" (art. 260, § 3º).

De acordo com o art. 237, IV, a carta arbitral é utilizada para que o órgão do Poder Judiciário pratique ou determine o cumprimento, na área de sua competência territorial, de ato objeto de pedido de cooperação judiciária formulado por juízo arbitral, inclusive os que importem efetivação de tutela provisória.

Trata-se de modalidade ausente no CPC/73, porém já utilizada na prática em razão de atos e diligências determinados em sede arbitral. Como tais atos dependem de certa dose de coercibilidade, demandam uma ordem judicial. Como é cediço, a Lei n. 9.307/96 igualou a sentença arbitral à sentença "judicial", mas não transferiu ao árbitro a coerção, como característica do Poder Jurisdicional.

Dessa forma, se um árbitro defere uma medida de urgência, manda conduzir uma testemunha ou mesmo julga o pedido procedente, e ocorre o descumprimento a essa decisão, torna-se necessário recorrer ao Poder Judiciário a fim de "emprestar" força coercitiva àquele ato, uma vez que o árbitro não a possui.

Embora tal circunstância seja frequentemente apontada como uma das causas da falta de efetividade do procedimento arbitral, por outro lado, é forçoso reconhecer que o legislador não poderia ter outorgado tal poder ao árbitro, sob pena de causar situação de grave insegurança jurídica.

Interessante observar que durante algum tempo houve certo desconforto na doutrina sobre a natureza dessa providência. Pensavam alguns se tratar de um requerimento do interessado ao Poder Judiciário (algo assemelhado a uma cautelar inominada). Outros já enxergavam a natureza cooperativa do ato e procuravam aplicar-lhe o *status* assemelhado ao de uma carta precatória, observada a situação de paridade, ao menos quanto ao poder decisório, entre o juízo arbitral e o juízo "judicial".

Fica, agora, a certeza do acerto deste segundo posicionamento, merecendo elogios a iniciativa da nova legislação, no sentido de reforçar a arbitragem, colocando à disposição dos árbitros um procedimento legal, claro e preciso.

Nesse passo, o CPC (art. 260, § 3º, *in fine*) coloca que, aos requisitos formais dessa carta arbitral, aplicam-se, no que couber, os requisitos das demais cartas, devendo ainda ser instruída com a convenção de arbitragem, a prova da nomeação do árbitro e a prova da aceitação da função pelo árbitro.

17.3 TEMPO

O tempo dos atos processuais[25] encontra-se regido pelos arts. 212 a 216 do CPC. O tempo de realização do ato processual distingue-se do horário forense.

O horário de expediente forense é o horário de funcionamento das atividades administrativas do tribunal, o qual é determinado por cada Estado da Federação. O CPC determina que os atos processuais podem ser realizados nos dias úteis das 6 às 20 horas.

Os recursos poderão ser interpostos até as 20 horas, desde que haja expediente forense no tribunal, conforme permissão existente na lei de organização judiciária local. Verifica-se, com isso, que o legislador pretendeu dar aos Estados a prerrogativa de organizar seus próprios horários dentro do limite padrão estabelecido pelo CPC.

Os atos processuais por meio eletrônico, contudo, poderão ser praticados em qualquer horário, até as 24 horas do último dia do prazo, conforme o art. 213 do CPC.

Apesar dos limites temporais estabelecidos, devemos ter em mente que a prova não deve ser cindida, ou seja, uma audiência de instrução e julgamento, por exemplo, não deve ser interrompida às 20 horas, sob pena de comprometer a atividade de busca dos elementos de convicção pelo magistrado (art. 212, § 1º).

Quanto ao plantão judiciário, este existe a qualquer dia da semana, inclusive nos fins de semana e feriados, e consiste na presença de um juiz, um promotor e um defensor público de plantão para

---

[25] "O processo é um suceder de atos que visam a prestação da justiça. Esse constante evolver significa em que etapas no processo vão sendo superadas, impossibilitando-se a retomada de atividades que deveriam ser praticadas anteriormente" (Fux, 2019, p. 217).

atender às causas urgentes, como mandados de segurança, pedidos de tutela antecipada, alimentos e providências cautelares diversas.

O plantão é regulamentado por normas internas de cada Tribunal.

Há que se lembrar, ainda, que, no CPC/73 (art. 172), nada obstava a prática de atos processuais aos sábados, considerados dias úteis. Contudo, no CPC, os sábados passaram a ser considerados feriados para efeitos forenses (art. 216).

Importante ressaltar que durante as férias forenses os prazos processuais se suspendem, conforme o art. 214 do CPC, podendo ser praticados, apenas e excepcionalmente: a) as citações, intimações e penhoras, observado o disposto no art. 5º, XI, da Constituição Federal; e b) os atos relativos à tutela provisória.

Ademais, o art. 215 prevê que serão processados durante as férias forenses, e não se suspendem pela superveniência delas:

a) os procedimentos de jurisdição voluntária e os necessários à conservação de direitos, quando puderem ser prejudicados pelo adiamento;

b) a ação de alimentos e os processos de nomeação ou remoção de tutor e curador;

c) os processos que a lei determinar.

17.4 LUGAR

O lugar dos atos processuais é regido pelo art. 217 do CPC, sendo realizados, em princípio, na sede do juízo. Os atos mais importantes praticados em sede do juízo são as audiências, tanto a de conciliação e de mediação (arts. 334 e 695) quanto a de instrução e julgamento (art. 358).

Há atos que não podem ser praticados na sede do juízo, como, por exemplo, a oitiva de uma testemunha que não pode se locomover até o fórum. Nesse caso, o juiz tomará o depoimento da testemunha no lugar em que ela se encontra, devendo, no entanto, avisar às partes com antecedência, para não ferir o princípio da ampla defesa e do contraditório.

Outra hipótese de ato processual praticado fora da sede do juízo é a inspeção judicial prevista nos arts. 481 a 484 do CPC, que ocorre quando o juiz observa a necessidade de ir até o local do fato para, mediante contato direto e imediato, formar o seu convencimento.

17.5 FORMA

17.5.1 Disposições gerais

O CPC especifica os requisitos dos atos processuais. A tradição no direito brasileiro é que os atos processuais sejam sempre escritos. Os atos orais ocorrem, em regra, nos juizados especiais e na conciliação, podendo ser gravados ou reduzidos a termo, conforme o princípio da documentação dos atos processuais[26].

Quanto ao modo dos atos processuais, estes devem ser escritos em língua portuguesa, atendendo aos requisitos dos arts. 192, *caput* e parágrafo único, e 209 do CPC[27].

---

[26] Apesar de as reformas processuais tentarem impulsionar a oralidade em nosso ordenamento processual, a aceitação desta forma é lenta, em virtude, principalmente, da própria cultura jurídica abraçada pelos países de linha romano-germânica que não possuem em sua história a tradição da oralidade. Ressalte-se que há autorização expressa para a prática de atos orais, que deverão, naturalmente, ser reduzidos a termo, na Lei dos Juizados Especiais – Lei n. 9.099/95, arts. 2º, 14, *caput* e § 3º, 30, *caput*, 36 e 49.

[27] Com o objetivo de adequar os institutos processuais à nova sistemática, o art. 193 do CPC estabelece que, nos processos total ou parcialmente eletrônicos, poderão ser produzidos e armazenados digitalmente os atos praticados na presença do juiz.

Assim, qualquer petição deve ser redigida em português, devendo ser assinada pelo sujeito que a realiza (art. 209 do CPC). Tradutores juramentados serão utilizados, por expressa exigência legal, podendo o juiz desentranhar dos autos documentos em língua estrangeira.

Ressalte-se, no entanto, que a forma prevista para os atos processuais não deve ser levada ao extremo, visto que o processo não é um fim em si, mas um instrumento para a segurança da relação processual. Assim, em caso de desobediência à forma, mas alcance do fim almejado, o ato poderá ser considerado válido.

Essa, aliás, é uma tendência do processo civil moderno, que valoriza mais o conteúdo do ato, se atinge sua finalidade essencial, do que o respeito propriamente à sua forma. Nesse sentido, o art. 188, *caput,* do CPC preceitua que: "os atos e os termos processuais não dependem de forma determinada, senão quando a lei expressamente a exigir, considerando-se válidos os que, realizados de outro modo, lhe preencham a finalidade essencial".

De acordo com o art. 189, os atos processuais são públicos. Contudo, devem tramitar em segredo de justiça os processos:

a) em que o exija o interesse público ou social;

b) que versem sobre casamento, separação de corpos, divórcio, separação, união estável, filiação, alimentos e guarda de crianças e adolescentes;

c) em que constem dados protegidos pelo direito constitucional à intimidade;

d) que versem sobre arbitragem, inclusive sobre cumprimento de carta arbitral, desde que a confidencialidade estipulada na arbitragem seja comprovada perante o juízo.

Não obstante a decretação do segredo de justiça, podem as partes e seus procuradores consultar os autos e pedir certidões de seus atos (§ 1º).

Já o terceiro que demonstrar interesse jurídico (§ 2º) pode requerer ao juiz certidão do dispositivo da sentença, bem como de inventário e de partilha resultantes de divórcio ou separação.

17.6 PRAZOS

Prazo é o espaço de tempo dentro do qual deve ser praticado o ato processual.

Houve significativa mudança em face da nova legislação processual, no que tange à continuidade da contagem de prazos.

No CPC/73, os prazos eram contínuos, interrompendo-se apenas no período de férias forenses[28].

No CPC (art. 219), os prazos serão computados apenas nos dias úteis, sendo também interrompidos do dia 20 de dezembro a 20 de janeiro (art. 220, *caput*). Para a contagem em si manteve-se o mesmo regime, ou seja, exclui-se o primeiro dia – *dies a quo* – e inclui-se o último (art. 224, *caput*) – *dies ad quem* (importante observar que a Lei n. 13.728, de 31 de outubro de 2018, determinou a inserção do art. 12-A na Lei n. 9.099/95, com o objetivo de estender a contagem dos prazos em dias úteis também ao microssistema dos Juizados Especiais).

O § 1º do art. 224 estabelece que os dias do começo e do vencimento do prazo serão estendidos para o primeiro dia útil seguinte, caso coincidam:

---

[28] Quanto ao direito intertemporal, devem ser observados os seguintes Enunciados aprovados pelo Fórum Permanente de Processualistas Civis: Enunciado n. 267 do FPPC: (arts. 218 e 1.046). "Os prazos processuais iniciados antes da vigência do CPC serão integralmente regulados pelo regime revogado." Enunciado n. 268 do FPPC: (arts. 219 e 1.046) "A regra de contagem de prazos em dias úteis só se aplica aos prazos iniciados após a vigência do Novo Código".

a) com dia em que o expediente forense for encerrado antes ou iniciado depois da hora normal; ou

b) se houver indisponibilidade da comunicação eletrônica.

Com relação a essa segunda hipótese, houve grande controvérsia na jurisprudência sobre a hipótese de indisponibilidade do sistema durante a fluência do prazo, mas não no último dia.

O STJ[29], enfrentando a questão, decidiu que não há prorrogação do término do prazo recursal se ocorrer eventual indisponibilidade do sistema eletrônico no Tribunal no curso do período para interposição do recurso.

Observe que o art. 219 se refere aos prazos processuais contados em dias. Dessa forma, ficam excluídos os prazos do direito material[30] (prescrição e decadência, por exemplo), bem como os prazos previstos em meses e anos, como, por exemplo, as hipóteses previstas no art. 334 – audiência de conciliação e mediação, e na ação rescisória – art. 966.

A contagem de dias úteis também não se aplica aos processos penais, como visto acima, nem aos prazos previstos no art. 152, § 2º, do Estatuto da Criança e do Adolescente – ECA, em razão do princípio da especialidade, como já decidiu o STJ[31].

Da mesma forma, o prazo de 10 (dez) dias, previsto no art. 8º da Lei n. 11.101/2005, para apresentar impugnação à habilitação de crédito, deve ser contado em dias corridos[32].

Quanto à paralisação dos prazos, temos as figuras da:

a) interrupção – "zera" a contagem, não computa os dias antecedentes à paralisação;

b) suspensão – contam-se os dias que antecedem a paralisação; e

c) impedimento – óbice que impede o início da contagem do prazo.

Os prazos processuais, quanto à fonte, classificam-se em:

i) legais (previstos em lei); e

ii) convencionais (por acordo entre as partes).

Quanto à obrigatoriedade, temos os:

i) dilatórios (com mera função indicativa, já que sua inobservância não gera prejuízo algum à parte); e

ii) peremptórios[33] (aqueles cujo descumprimento gera a perda de uma faculdade).

---

[29] A jurisprudência do Superior Tribunal de Justiça é no sentido de que, nos termos do art. 224, § 1º, do CPC/2015, não há falar em prorrogação do término do prazo recursal se ocorrer eventual indisponibilidade do sistema eletrônico no Tribunal de origem no curso do período para interposição do recurso. A prorrogação do prazo processual é admitida apenas nas hipóteses em que a indisponibilidade do sistema coincida com o primeiro ou o último dia do prazo recursal, caso em que o termo inicial ou final será protraído para o primeiro dia útil seguinte. Precedentes. (...)" (AgInt no AREsp 1.912.954-RJ, rel. Min. Raul Araújo, 4ª T., j. 30-5-2022, DJe 24-6-2022). AgInt nos EAREsp 1.817.714-SC, rel. Min. Raul Araújo, Corte Especial, por unanimidade, j. 7-3-2023, DJe 15-3-2023, Informativo STJ n. 778.

[30] O prazo de cinco dias para pagamento da integralidade da dívida, previsto no art. 3º, § 2º, do Decreto-lei n. 911/69, deve ser considerado de direito material, não se sujeitando, assim, à contagem em dias úteis, prevista no art. 219, caput, do CPC. REsp 1.770.863-PR, rel. Min. Nancy Andrighi, 3ª T., por unanimidade, j. 9-6-2020, DJe 15-6-2020. Informativo STJ n. 673.

[31] HC 475.610-DF, rel. Min. Rogerio Schietti Cruz, 6ª T., por unanimidade, j. 26-3-2019, DJe 3-4-2019, Informativo STJ, n. 647.

[32] Esta Corte Superior possui entendimento no sentido de ser inaplicável a forma de contagem em dias úteis prevista no CPC para o âmbito da Lei n. 11.101/2005. Tal entendimento se estende não apenas aos lapsos relacionados ao *stay period* de que trata o art. 6º, § 4º, da referida lei, mas também aos demais prazos, tendo em vista a lógica temporal estabelecida pela lei especial de recuperação judicial. AgInt no REsp 1.830.738-RS, rel. Min. Antonio Carlos Ferreira, 4ª T., por unanimidade, j. 24-5-2022. *Informativo STJ* n. 739.

[33] A preclusão está normalmente associada ao aspecto temporal, mas não necessariamente. A preclusão temporal decorre da perda de prazo peremptório (art. 223 do CPC); a preclusão lógica gera a perda de uma faculdade jurídica (art. 1.000 do CPC); e a preclusão consumativa, a perda da faculdade pelo indeferimento de uma providência requerida (art. 507 do CPC).

Encerrado o prazo para a prática de um ato processual, cessa para a parte a faculdade de praticá-lo, independente de qualquer comunicação, por meio do instituto da preclusão temporal (art. 223, *caput*, do CPC).

Como regra, deve ser observado o prazo previsto para a prática de cada ato processual (art. 218). Quando a lei for omissa:

a) o juiz determinará os prazos em consideração à complexidade do ato (art. 218, § 1º);

b) as intimações somente obrigarão a comparecimento após decorridas 48 horas (art. 218, § 2º);

c) os demais atos serão praticados em cinco dias (art. 218, § 3º).

Além da contagem em dias úteis, outra inovação é que o Código expressamente prevê que se consideram tempestivos os atos praticados antes do prazo, assunto que, até o momento, já foi objeto de grande dissenso em nossos tribunais superiores (art. 218, § 4º, do CPC).

O art. 225 permite que a parte renuncie ao prazo estabelecido exclusivamente em seu favor, desde que o faça de maneira expressa.

O art. 226 fixa os prazos para o magistrado, determinando que ele proferirá:

"I – os despachos no prazo de 5 (cinco) dias;

II – as decisões interlocutórias no prazo de 10 (dez) dias;

III – as sentenças no prazo de 30 (trinta) dias".

Contudo, o art. 227 ressalva que, havendo motivo justificado, pode o juiz exceder, por igual tempo, os prazos a que está submetido.

O CPC estabelece, também, prazos para os serventuários. Assim, de acordo com o art. 228, deve o servidor remeter os autos conclusos no prazo de 1 dia e executar os atos processuais no prazo de 5 dias, contado da data em que:

a) houver concluído o ato processual anterior, se lhe foi imposto pela lei;

b) tiver ciência da ordem, quando determinada pelo juiz.

Tendo em vista todas essas regras, passa a ser importante definir com clareza o momento inicial da fluência dos prazos. Dessa matéria cuida o art. 231 do CPC.

Esse dispositivo trata de hipóteses de comunicação de atos processuais realizados de forma física e eletrônica. Os incisos I, II, III, IV, VI e VIII não oferecem maiores dificuldades, cabendo sempre lembrar que na contagem deve ser excluído o dia do começo do prazo e incluído o dia do seu término.

O inciso V trata da citação ou intimação eletrônica. Nesse caso, há que se combinar o dispositivo com o art. 5º, § 2º, da Lei n. 11.419/2006, no sentido de que a consulta deve ser efetivada em dia útil. O § 3º do mesmo artigo estabelece, ainda, que a consulta deve ser feita em até dez dias corridos, contados da data do envio da intimação, sob pena de se considerar a intimação automaticamente realizada na data do término desse prazo.

O inciso VII trata da publicação no Diário da Justiça, que, atualmente, existe apenas na versão eletrônica – DJEN, na forma da Resolução n. 455/2022 do CNJ. Nesse caso, importante atentar para a regra do art. 224, § 2º, do CPC (a data da publicação é o primeiro dia útil seguinte ao da disponibilização da informação no Diário da Justiça eletrônico), repetida no art. 4º, § 3º, da Lei n. 11.419/2006.

Finalmente, o inciso IX trata da citação eletrônica, regulada pela Lei n. 14.195/2021, e que será estudada a seguir. Nesse caso, o dia do início do prazo é o quinto dia útil seguinte à confirmação do recebimento da citação.

De se observar que, a teor do § 1º, quando houver mais de um réu, o dia do começo do prazo para contestar corresponderá à última das datas. Por outo lado, sendo caso de intimação, na forma do § 2º desse dispositivo, o prazo para cada indivíduo é contado isoladamente.

Ademais, havendo litisconsórcio e tendo as partes diferentes procuradores, de escritórios de advocacia distintos, terão os prazos contados em dobro para todas as suas manifestações, em qualquer juízo ou tribunal, independentemente de requerimento (art. 229).

No entanto, se apenas um deles contesta e são só dois réus ou, ainda, em se tratando de processo em autos eletrônicos, o benefício não será aplicado (§§ 1º e 2º do art. 229).

Da mesma forma, é inaplicável a contagem do prazo recursal em dobro quando apenas um dos litisconsortes com procuradores distintos sucumbe em processo com autos físicos na vigência do CPC[34].

O CPC trata, ainda, de apuração de responsabilidade dos servidores que excederem o prazo para a prática de atos processuais (art. 233), o que pode incentivar a celeridade na tramitação processual, evitando que processos fiquem sem andamento sem qualquer justificativa plausível.

Nessa mesma linha de raciocínio, o art. 234 prevê que os advogados públicos ou privados, o defensor público e o membro do Ministério Público devem restituir os autos no prazo do ato a ser praticado.

Se, apesar de intimado, o advogado não devolver os autos no prazo de 3 dias, perderá o direito à vista fora de cartório e incorrerá em multa correspondente à metade do salário mínimo, na forma do § 2º do art. 234. Ademais, verificada a falta, o juiz comunicará o fato à seção local da Ordem dos Advogados do Brasil para procedimento disciplinar e imposição de multa (§ 3º).

Paralelamente, se a situação envolver membro do Ministério Público, da Defensoria Pública ou da Advocacia Pública, a multa será aplicada ao agente público responsável pelo ato, e o juiz comunicará o fato ao órgão competente responsável pela instauração de procedimento disciplinar contra o membro que atuou no feito (§§ 4º e 5º).

Especificamente no que se refere aos magistrados, o art. 235 prevê que qualquer das partes, o Ministério Público ou a Defensoria Pública poderá representar ao corregedor do tribunal ou ao Conselho Nacional de Justiça contra juiz ou relator que injustificadamente exceder os prazos previstos em lei, regulamento ou regimento interno.

Independentemente da instauração de procedimento administrativo e da aplicação das sanções cabíveis, o § 3º prevê que os autos serão remetidos ao substituto legal do juiz ou do relator contra o qual se representou para decisão em 10 dias.

17.7 PRINCÍPIOS

17.7.1 Princípios aplicáveis aos atos processuais em geral

A principiologia dos atos processuais é importante para a interpretação de todos os dispositivos sobre os atos processuais, tanto no CPC/73 como no CPC.

---

[34] "O fundamento para a excepcional contagem diferenciada do prazo no novo código segue a inteligência da Súmula n. 641/STF e a jurisprudência sedimentada sobre a matéria no código revogado. (...) Tanto é assim que o CPC dispõe não se computar prazo diferenciado quando os autos do processo forem eletrônicos, permitindo aos litigantes amplo e irrestrito acesso aos autos. Daí por que se não houver sucumbência do litisconsorte, igualmente, não há se falar em prazo em dobro para recorrer. Assim, a inteligência da Súmula n. 641/STF resta preservada em relação aos recursos interpostos sob a vigência do CPC" (REsp 1.709.562-RS, rel. Min. Nancy Andrighi, por unanimidade, j. 16-10-2018, DJe 18-10-2018, Informativo STJ, n. 636).

17.7.1.1 Princípio da liberdade das formas

O primeiro princípio a ser destacado é o da liberdade das formas. Segundo esse princípio, desde que a lei não preveja forma específica, a forma do ato processual é livre. Tal princípio é complementado pelo princípio da instrumentalidade das formas, corolário da instrumentalidade do processo, previsto no art. 188 do CPC.

De acordo com esse artigo, os atos processuais não sujeitos à forma específica podem ser praticados de forma livre, reputando-se válidos aqueles que, realizados de outro modo, alcancem sua finalidade essencial.

Esse princípio ganha considerável amplitude no CPC, impulsionado, sobretudo, pelos institutos da convenção processual e do processo calendário, bem como diante da possibilidade de o magistrado aplicar o comando previsto no inciso VI do art. 139, que lhe autoriza dilatar os prazos processuais e alterar a ordem de produção dos meios de prova, adequando-os às necessidades do conflito.

17.7.1.2 Princípio da documentação

Em seguida, temos o princípio da documentação (art. 192, *caput* e parágrafo único), segundo o qual todo ato processual deve ser documentado. Conforme visto, a forma mais tradicional em nosso ordenamento é a escrita, devendo ser reduzido a termo quando oral, e traduzido quando em língua estrangeira. Nesse passo, ou os atos são praticados por escrito ou são reduzidos a termo, como, por exemplo, nos depoimentos prestados em audiência de instrução e julgamento.

17.7.1.3 Princípio da publicidade

O terceiro princípio é o da publicidade dos atos processuais, previsto no art. 189 do CPC, constituindo o segredo de Justiça (art. 189, I a IV) exceção a essa regra. Não custa lembrar que a publicidade é genericamente prevista no art. 37 da Carta de 1988, e, ainda, referida como princípio geral do processo, nos termos do art. 11 do CPC.

17.7.1.4 Princípio da celeridade

O quarto é o princípio da celeridade, genericamente previsto no art. 5º, LXXVIII, da Carta de 1988 e no art. 4º, primeira parte, do CPC.

17.7.1.5 Princípio da efetividade

Por fim, o quinto é o princípio da efetividade. Todos os atos praticados no curso do processo devem se voltar à atividade satisfativa (art. 4º, parte final, do CPC). Da mesma forma, não pode o magistrado extinguir o feito sem resolução do mérito sem antes dar oportunidade à correção do vício, mesmo que se trate de matéria cognoscível *ex officio* (art. 10, parte final)[35].

E, ainda, sempre que concorrerem causas de extinção do feito sem resolução do mérito e de resolução deste, deve o magistrado optar pela segunda medida, quando a decisão for mais favorável à parte a quem aproveitaria a primeira (art. 488).

17.7.2 Princípios aplicáveis aos defeitos dos atos processuais

Além da principiologia básica do CPC, alguns princípios regem a teoria das nulidades:

---

[35] A efetividade do processo consiste "na sua aptidão para alcançar os fins para os quais foi instituído", a partir da clássica lição de Proto Pisani, como bem ressalta o Min. Luiz Fux (Fux, 2019, p. 49).

17.7.2.1 Da causalidade

Da causalidade, da consequência ou do efeito expansivo das nulidades (art. 281, primeira parte, do CPC): a nulidade de um ato contamina os atos posteriores dele dependentes, que produzirão seus efeitos até que sejam decretados nulos ou declarados anulados por decisão judicial.

17.7.2.2 Da instrumentalidade das formas

Da instrumentalidade das formas (art. 277 do CPC): apesar da imperatividade das regras sobre as formas processuais, o ato praticado em desconformidade com o modelo legal não será invalidado, em virtude da ponderação de princípios, se alcançar os objetivos desejados.

17.7.2.3 Do prejuízo

Do prejuízo (art. 283, parágrafo único, do CPC): também chamado de princípio da transcendência, é muito usado pela doutrina e pela jurisprudência em conjunto com a instrumentalidade das formas. Se não houver prejuízo para as partes, não será declarada a invalidade do ato processual. O princípio decorre do direito francês, da fórmula *pas de nullité sans grief* (não há nulidade sem prejuízo), e revela uma tendência do direito processual de banir as formalidades não essenciais. Sua aplicação se dá às nulidades relativas e às anulabilidades, mas não no caso de nulidades absolutas, já que, havendo violação à norma cogente que tutele o interesse público, o prejuízo é presumido de forma absoluta. A novidade aqui é a expressão legal de que a não intimação do Ministério Público para processos em que sua intervenção era obrigatória só gera nulidade se houver prejuízo (art. 279, § 2º, do CPC).

17.7.2.4 Do legítimo interesse

Do legítimo interesse ou do interesse processual (arts. 276 e 282, § 2º, do CPC): a anulação do ato somente poderá ser requerida pela parte que tiver interesse, sendo reconhecido o interesse apenas de quem não tiver dado causa a sua nulidade. Também não será reconhecida a invalidade processual quando o juiz decidir o mérito em favor daquele a quem aproveitaria a decretação da invalidade.

17.7.2.5 Da economia processual

Da economia processual (arts. 281, segunda parte, e 283 do CPC): possui diversas aplicações na teoria das nulidades, como na não contaminação dos atos posteriores que do nulo não dependam. Esse princípio tem, ainda, outro significado: caso seja possível a conservação dos atos processuais, por meio de retificação, ratificação ou repetição do ato, eles deverão ser mantidos.

17.7.2.6 Da preclusão

Da preclusão: perda de uma faculdade processual aplicável apenas às nulidades relativas, podendo assumir as seguintes formas: i) preclusão temporal: as partes poderão alegar as nulidades porventura identificadas, devendo fazer na primeira oportunidade que tiverem; ii) preclusão lógica, em que há inconsistência entre atos praticados sucessivamente pela mesma parte (ex.: requerer a homologação do divórcio e depois recorrer da sentença homologatória); ou iii) preclusão consumativa, aquela em que há insistência da parte em questão já decidida pelo juiz e não atacada por recurso no momento próprio (ex.: indeferido o pedido de aplicação da carga dinâmica da prova (art.

373), a parte interessada não agrava e, após algum tempo, renova o pedido sem acrescentar qualquer elemento novo)[36].

17.7.2.7 Disposições suplementares

Uma observação cabível, em relação às nulidades, é que se não forem decretadas até o trânsito em julgado, todos os vícios convalescerão, sendo sanados em virtude da formação da coisa julgada, até mesmo aqueles tidos inicialmente como insanáveis. Por essa razão, aliás, a coisa julgada é chamada de sanatória geral: como regra geral, ela faz desaparecer todos os vícios existentes durante o processo.

Entretanto, alguns vícios o legislador considera tão graves que poderão ser alegados até mesmo após o trânsito em julgado da decisão. São as hipóteses previstas no art. 966 do CPC, que, após o trânsito em julgado, não mais receberão o nome de invalidades, mas sim de causas de rescindibilidade do pronunciamento judicial.

Contudo, após o decurso do prazo de 2 anos do trânsito em julgado, nem mesmo a rescindibilidade poderá ser alegada[37], estando o vício sanado com a formação do fenômeno conhecido como coisa soberanamente julgada (valendo observar, como será mais bem estudado na Parte II, que, no caso de vício de citação, é possível alegá-lo mesmo após o decurso do prazo da rescisória, razão pela qual é denominado vício transrescisório).

Ainda no plano da existência, cabe destacar que alguns atos podem não obedecer à forma prescrita em lei, mas ser meras irregularidades, apenas com sanção extraprocessual, ou até mesmo não possuírem qualquer consequência.

17.8 DEFEITOS

17.8.1 Considerações iniciais

O estudo do sistema das nulidades envolve a análise dos três diferentes planos do ato processual: existência, validade e eficácia, uma vez que os vícios dos atos processuais se assentarão em um dos planos descritos.

A existência é o primeiro plano a ser analisado e, somente se o ato existir, serão estudados os demais planos. O ato existe quando reúne elementos identificadores mínimos que permitem reconhecê-lo, isto é, quando possui um agente, um objeto e uma forma. O ato existente pode ou não ser válido.

A validade é o segundo plano do ato processual, sendo o ato válido quando passa pela exata correspondência entre o plano dos fatos e o modelo descrito normativamente, ou seja, obedece à forma prescrita em lei para sua realização. Um ato inválido, em sentido contrário, consiste na dissonância entre o ato praticado e as regras estabelecidas pela lei.

---

[36] Além dessas três categorias clássicas de preclusão, é possível falar ainda em "preclusão *pro judicato*", ou seja, uma preclusão dirigida ao magistrado e "destinada a impedi-lo de rever questões incidentais já solucionadas" (Gaio Jr.; Jobim, 2019, p. 121).

[37] A exceção aqui estaria na invalidade de extrema gravidade, a qual, ainda que não tenha sido alegada no curso da demanda e não tenha sido objeto de ação rescisória no prazo estipulado pela lei, o legislador prevê que seja atacada por ação autônoma, de nulidade da relação jurídica ou *querella nullitatis*. A regra é a formação da coisa soberanamente julgada, como forma de trazer segurança às relações jurídicas, mas, em casos como a nulidade de citação, o legislador prevê que o vício, por ser de extrema gravidade, pode ser alegado a qualquer tempo, mesmo após o trânsito em julgado e o decurso do prazo para a ação rescisória.

O ato inválido, em geral, não produz efeitos, ou seja, a invalidade do ato acarretaria automaticamente sua ineficácia. Ocorre que o plano da validade é independente do plano da eficácia, podendo haver alguns casos em que o ato, mesmo inválido, é eficaz.

A eficácia, terceiro plano do ato processual, é a aptidão para o ato produzir os efeitos desejados, sendo estes efeitos especificamente os previstos em lei. O ato que não produz efeitos é ineficaz.

Os atos processuais encontram-se, então, sujeitos a requisitos de forma a serem observados em cada um dos planos processuais, e sua inobservância produz consequências diversas, alterando os efeitos que normalmente esses atos deveriam produzir.

Existem vícios que não produzem consequências, havendo determinados casos em que, ainda que a forma não tenha sido absolutamente seguida, se os efeitos atingidos pelo ato forem os previstos pelo legislador, não haverá qualquer sanção.

Todavia há vícios que acarretam sanções extraprocessuais, como, por exemplo, o retardamento de ato por parte do juiz (art. 143, I, do CPC), enquanto outros geram a nulidade do ato ou, até mesmo, a inexistência do ato processual. Essas sanções são impostas como garantia das partes no processo[38].

Passemos a ver, agora, as modalidades de atos processuais defeituosos.

17.8.2 Modalidades de atos processuais defeituosos

17.8.2.1 *Ato inexistente*

O ato inexistente é o que está no primeiro plano, não chegando a preencher os elementos essenciais à sua constituição. São exemplos: a petição inicial não assinada, a sentença sem dispositivo, a sentença assinada por quem não seja juiz ou a audiência de instrução e julgamento realizada sem a presença do juiz[39].

O ato inexistente não produz efeitos jurídicos, simplesmente por não existir, não incidindo sobre ele o fenômeno da coisa julgada, que torna imutável e indiscutível a decisão judicial.

A inexistência não convalesce, devendo ser praticado um novo ato, com elementos constitutivos mínimos. Nos casos acima, torna-se necessária a elaboração de um dispositivo para a sentença proferida e a realização de uma nova audiência, na presença do magistrado.

Superado o plano da existência, analisa-se o plano da validade.

17.8.2.2 *Ato nulo*

A nulidade significa, basicamente, a sanção imposta em razão da prática de um ato em desconformidade com o preceito legal. A nulidade não decorre apenas do vício de forma, uma vez que o ato também é composto de conteúdo. Assim, também é nulo o ato desprovido do conteúdo que lhe é inerente.

---

[38] Enunciado n. 451 do FPPC: (art. 1.046, § 1º; art. 1.047). "Invalidado o ato processual praticado à luz do CPC de 1973, a sua repetição observará o regramento do CPC-2015, salvo nos casos de incidência do art. 1.047 do CPC-2015 e no que refere às disposições revogadas relativas ao procedimento sumário, aos procedimentos especiais e às cautelares" (Grupo: Direito Intertemporal).

[39] Alguns doutrinadores denominam o ato inexistente como "não ato". Outros, todavia, negam a existência dessa categoria, falando apenas em nulidade absoluta. Para esses, o ato inexistente não precisa ser declarado judicialmente, pois não produz qualquer efeito. Existindo relação jurídica que envolva ato inexistente e, posteriormente, sentença transitada em julgado, essa sentença prevalece, apesar do ato inexistente anterior, sendo, no entanto, passível de anulação através de ação rescisória ou revisão criminal, salvo, obviamente, se o ato inexistente consistir na própria sentença (Grinover; Dinamarco; Cintra, 1990, p. 346).

A nulidade pode ser adstrita apenas àquele ato ou abarcar os demais que sejam decorrentes dele, conforme o prudente arbítrio do juiz no caso concreto.

Dessa forma, pode ocorrer a contaminação dos atos posteriores. Assim, se o juiz admite no processo prova ilícita (por exemplo, documento falso) e usa esse documento como base para inquirir uma testemunha, não apenas o primeiro, mas também o segundo será nulo. É a chamada nulidade por derivação. No processo penal, ficou famosa a expressão "frutos da árvore envenenada", que ilustra bem essa hipótese.

O ato nulo existe, mas não observou todos os requisitos do plano da validade. Por isso, é imposta uma sanção, segundo um dos três sistemas a seguir:

i) numa perspectiva mais radical, e como expressão de um formalismo absoluto, todo e qualquer defeito do ato processual conduz sempre à sua nulidade;

ii) o ato só será nulo se a lei expressamente o declarar; e

iii) a nulidade do ato depende basicamente do comprometimento do seu conteúdo e da comprovação do efetivo prejuízo suportado ao menos por uma das partes.

O CPC/73 já havia abandonado o primeiro sistema. Podemos dizer que o CPC abandonou também o segundo, nos exatos termos do art. 277.

Na vigência do CPC/73, a doutrina comumente classificava a nulidade em absoluta e relativa.

a) Nulidade absoluta

Configura-se a nulidade absoluta quando a exigência da forma é necessária para preservar o interesse da ordem pública. Não sendo observada a forma, não há como o ato ser consertado. A irregularidade é insanável, motivo pelo qual pode ser decretada de ofício pelo juiz ou requerida pelas partes, a qualquer tempo, até o trânsito em julgado da decisão. O seu reconhecimento tem eficácia *ex tunc*, ou seja, retroage à época da prática do ato defeituoso.

Tratando-se de nulidade absoluta, não há necessidade de perquirir o prejuízo para que fique caracterizada a possibilidade de decretação da nulidade, eis que esse é presumido.

Ressalva-se, apenas, que os atos nulos, embora insanáveis, poderão ser supridos por outro ato válido. Não se trataria de um convalescimento do vício, pois isso não ocorrerá, mas apenas do suprimento de um ato pelo outro, em observância aos princípios da economia processual e da efetividade da tutela jurisdicional. Por exemplo, o vício na citação não acarretará nulidade absoluta no processo se o réu espontaneamente aparecer e apresentar defesa. Ainda, a decretação da nulidade deve respeitar a boa-fé das partes, ou seja, eventual erro de magistrado ou serventuário não pode ser capaz de prejudicar a parte que está de boa-fé[40].

Comumente a nulidade absoluta é associada aos vícios na citação.

b) Nulidade relativa

Já a nulidade relativa é verificada quando o objeto de proteção visado é de interesse da parte, só podendo ser declarada mediante provocação dela na primeira oportunidade que tiver para falar nos autos, sob pena de convalescimento do ato.

Dessa forma, se não alegada dentro do prazo, ela preclui, restando, assim, sanada. Todavia, se requerida a nulidade, caberá ao juiz avaliar se houve prejuízo[41], hipótese em que ocorrerá sua declaração, com efeitos *ex nunc*, ou seja, dali para frente.

---

[40] STJ, AgRg no AREsp 91.311-DF, rel. Min. Antonio Carlos Ferreira, j. 6-12-2012, *Informativo STJ*, n. 511.

[41] É relativa a nulidade advinda da não suspensão do feito em virtude da morte de coexecutado, sendo imprescindível a comprovação do prejuízo processual sofrido pela parte a quem a nulidade aproveitaria. (...) A pretensão de anular a avaliação do bem

É lugar comum na doutrina a referência a outorga uxória (atualmente prevista no art. 74, parágrafo único, do CPC) como exemplo de nulidade relativa. Trata-se, como já visto, da hipótese em que uma pessoa casada propõe, sem a autorização do cônjuge, e sem suprir tal autorização judicialmente, alguma das demandas que versem sobre direito real imobiliário, prevista no art. 73 do Código. Essa norma objetiva proteger um interesse privado, o patrimônio da família, e não um interesse público.

17.8.2.3 Anulabilidade

Ao lado da nulidade absoluta e relativa, temos a figura da anulabilidade, que representa o resultado da infração a normas relativas ao poder dispositivo das partes. A anulabilidade é um vício sanável e deve ser requerida pela parte que se sentir prejudicada, não podendo ser reconhecida de ofício pelo juiz. Não obstante, é comum observarmos em doutrina a ausência de distinção entre anulabilidade e nulidade relativa, ou mesmo a dificuldade na determinação do traço diferenciador entre ambas.

Um exemplo de anulabilidade é a competência relativa. Se a parte ré não arguir, em sua contestação, a declinação de foro, ocorrerá a prorrogação da competência, passando o juízo relativamente incompetente a ser um juízo absolutamente competente para processar e julgar o feito.

17.8.2.4 Irregularidade

As irregularidades são meras inobservâncias da determinação legal, que não geram qualquer consequência mais grave.

Em alguns casos, podem gerar sanção apenas extraprocessual, como é o caso do art. 143, II, do CPC. O juiz tem cinco dias para proferir despacho e 10 dias para proferir decisão interlocutória ou sentença (art. 226, I e II, do CPC).

Se este prazo for ultrapassado, a decisão do juiz não será nula ou anulável. Não padecendo de qualquer outro vício, será válida e eficaz. O possível descontentamento das partes com o prazo extrapolado poderá acarretar apenas uma reclamação na Corregedoria ou no Conselho Nacional de Justiça (ressalvadas as hipóteses de atraso maior, nas quais os autos poderão ser remetidos ao tabelar, como visto acima).

Contudo há, ainda, as irregularidades que não possuem consequência, nem mesmo fora da relação processual. Esses são os vícios processuais mais tênues, considerados como erros materiais que podem ser corrigidos de ofício pelo juiz ou alegados pelas partes por mera petição. Imagine-se, por exemplo, que a etiqueta dos autos tenha se desprendido ou que algumas das folhas dos autos não estejam rubricadas. São exemplos de meras irregularidades, ressalvada, obviamente, a hipótese de haver impugnação quanto ao teor desses atos.

17.8.2.5 Ineficácia

Por fim, algumas considerações acerca do instituto da ineficácia, o terceiro plano analisado. Aqui, o vício é extrínseco. O ato é válido, mas, por uma circunstância externa, não pode produzir seus efeitos.

---

penhorado, em razão de nulidade cujo fato gerador – morte do executado – era de pleno conhecimento da coexecutada, a qual deliberadamente deixou de suscitar a questão em Juízo num primeiro momento, não pode ser admitida, *a posteriori*, para beneficiar a própria parte executada, sem vulneração do princípio da boa-fé processual. REsp 2.033.239-SP, rel. Min. Marco Aurélio Bellizze, 3ªT., por unanimidade, j. 14-2-2023, *Informativo STJ* n. 764.

É o caso da sentença proferida contra a Fazenda Pública, na forma do art. 496, *caput*, do CPC, e ainda não confirmada pelo Tribunal.

Pode haver ineficácia em duas situações distintas. Na primeira, a ineficácia é atribuída pela própria lei, que determina que o ato, apesar de válido, é ineficaz. É o caso do art. 115, II, do CPC, em que a ausência de um dos litisconsortes necessários acarreta a ineficácia da sentença.

Aqui, registre-se uma alteração na nova legislação. Pelo referido art. 115, II, do CPC, a sentença passa a ser ineficaz apenas quanto aos que não integraram a relação processual.

O segundo motivo é da própria natureza do ato, que, apesar de válido, não tem como produzir efeitos. É o caso da sentença ilíquida. Ela é válida, preenche todos os requisitos exigidos pelo CPC, porém não tem como ser cumprida até que seja liquidada, na forma dos arts. 509 a 512 do CPC.

Ainda em relação à eficácia, cabe analisar a questão dos atos condicionados, se eles produziriam efeitos, ainda que sujeitos à condição, ou se seriam ineficazes.

Se estivermos tratando de uma condição intraprocessual, isto é, um evento futuro e incerto que deverá ocorrer dentro do processo, a eficácia do ato ficará subordinada à condição.

É o caso da denunciação da lide: há uma primeira demanda, a principal, e a demanda da denunciação da lide. A segunda demanda só poderá ter sentença proferida após o julgamento da demanda principal, uma vez que eventual direito de regresso em face do denunciado dependerá da procedência do pedido principal.

Já os atos submetidos a condições extraprocessuais não são admitidos pela doutrina, por se defender que um ato processual jamais poderá ficar submetido a um evento futuro e incerto que não tenha relação com o processo.

Dessa forma, predomina na doutrina o entendimento de que é admissível a prática de um ato processual condicional, desde que a condição seja intraprocessual.

17.8.3 Regramento imposto ao tema pelo CPC

Além das considerações feitas acima, importante registrar que o texto do CPC não se refere às modalidades de nulidade (absoluta e relativa). Contudo, o parágrafo único do art. 278 dispõe não haver preclusão nas hipóteses nas quais o juiz deva decretar a nulidade *ex officio*.

As matérias que podem ser objeto de cognição *ex officio* pelo magistrado estão referidas no art. 485, § 3º:

a) ausência de pressupostos de constituição e de desenvolvimento válido e regular do processo;
b) existência de peremptção, de litispendência ou de coisa julgada;
c) ausência de legitimidade ou de interesse processual;
d) se, em caso de morte da parte, a ação for considerada intransmissível por disposição legal.

Outra hipótese que parece consubstanciar nulidade absoluta está no art. 280. Segundo esse dispositivo, as citações e as intimações serão nulas quando feitas sem observância das prescrições legais. Aqui parece não haver espaço para a discricionariedade judicial.

Por outro lado, nas demais hipóteses, não obstante a existência de forma prevista em lei, tem o magistrado a liberdade para considerar o ato válido caso tenha alcançado sua finalidade, embora praticado de outro modo (art. 277).

Em complementação, o art. 283 ressalva que o erro de forma do processo acarreta unicamente a anulação dos atos que não possam ser aproveitados, devendo ser praticados os que forem necessários, a fim de se observarem as prescrições legais.

17.9 CONVENÇÕES PROCESSUAIS

17.9.1 Aproximação ao tema

Até março de 2016, o Processo Civil brasileiro era regido sob a batuta do maestro de 1973. O Código, então vigente por mais de quarenta anos, veio a lume no auge da ditadura militar; experimentou a revolução democrática das eleições diretas e da Assembleia Constituinte de 1988; acompanhou, em suma, os passos vagarosos do Estado rumo à construção de sua própria identidade.

Naturalmente, muitas foram as emendas, adendos, reformas e alterações por que passou seu texto, em mutação a olhos vistos para manter-se atual e apto a corresponder aos anseios sociais. A título exemplificativo, convém citar a grande reforma da Execução, que, a partir de 2005, passou a orientar-se pelo princípio do sincretismo.

A ideia de um novo Diploma Processual, decerto, era inevitável. Mais do que uma colcha de retalhos, era chegada a hora de o ordenamento pátrio agasalhar-se em nova manta, mais uniforme e condizente com os novos valores da Pós-Modernidade.

Nesse cenário de rupturas, porém, nem tudo será diferente. A ideia da nova lei – como deveria, aliás, ser a de todas as novas normas – é otimizar a vida processual, mantendo os instrumentos que se mostram eficazes e trazendo novos mecanismos com o fito de desobstruir os gargalos. Assim é o CPC, ao trazer uma mescla daquilo que já existe e cumprir seus objetivos com aquilo que promete ser uma inovação interessante.

É o que pode ser dito das convenções processuais. Inéditas no direito brasileiro, ainda incógnitas, já se revelam importante objeto de estudos, debates e discussões[42], a marcar a tônica de um Código que já entra em vigor como um querido conhecido.

Despontando como uma das temáticas de maior relevo com o início da vigência do novo *Codex*, as convenções processuais representarão uma considerável tentativa de rompimento com a já consolidada cultura de inibição da livre manifestação da vontade e do autorregramento na esfera processual.

Notoriamente, a realidade processual até hoje conhecida pelo jurisdicionado brasileiro repousa em estruturas firmadas pelo próprio Estado julgador[43], o grande regente da sinfonia de procedimentos.

Não obstante a vontade privada tenha alcançado relevantes patamares no direito privado contemporâneo, o mesmo nunca pôde ser aplicado aos ramos públicos. Certa incompatibilidade, inclusive, seria apontada, ante a natureza do interesse neles tutelado.

Eis porque o presente tema desponta como uma das principais inovações do Código de 2015. Ao incorporarem-se ao processo noções de democracia deliberativa, os procedimentos em juízo passam a fundar-se, também, na participação ativa dos indivíduos no debate processual e na construção conjunta da decisão final.

Para que houvesse essa elaboração dialógica e compartícipativa do processo, necessária se mostrou a criação de uma técnica que permitisse a flexibilização do procedimento, dando o dinamismo que se espera na atual concepção deste ramo do direito. Para tanto, existem as convenções processuais.

Também denominadas negócios ou contratos processuais, as convenções constituem instituto pelo qual aos litigantes é dado modular aspectos ou mesmo o *iter* do feito, conforme a vontade acor-

---

[42] Há processualistas que tradicionalmente defendiam a inexistência de negócios jurídicos processuais, pois os atos de vontade das partes apenas produziriam, no processo, os efeitos previstos e impostos pelo texto legal. Nesse sentido, Liebman, 1985, p. 226.

[43] Greco, 2008, p. 45.

dada, estabelecendo as características que entendam relevantes para pôr termo à controvérsia e, com isso, assumindo responsabilidade comum por toda a prestação da jurisdição.

A doutrina aponta uma influência da arbitragem sobre a matéria, dada a notável valorização da autonomia privada das partes. Destaca-se, inclusive, que a marca participativa na modelagem do procedimento constituiria uma das justificativas para o índice elevado de cumprimento efetivo das sentenças arbitrais, e que o aprendizado afeto àquela seara e à ampla flexibilização procedimental nela operada transportar-se-ia como motivação para os estudiosos da área jurisdicional[44], como alternativa aos problemas enfrentados pelo Poder Judiciário[45].

Decerto que a correspondência entre as duas áreas – arbitral e jurisdicional – não poderia ser perfeita, dadas as particularidades de cada uma. A ideia daqueles que traçam esse paralelo, justamente, é destacar as convenções processuais, como mecanismos de flexibilização procedimental, como ponto de interligação entre tais distintos campos.

Em visão extremamente didática, Trícia Navarro, ao tratar das variações do procedimento, admite a classificação em quatro categorias: por imposição legal, por ato judicial, por ato conjunto das partes e do juiz, e por atos de disposição das partes. A novidade trazida pela Lei de 2015 diria respeito, justamente, às duas últimas modalidades, até então inéditas na ordem jurídica brasileira.

Via de consequência, intuitivo concluir-se que o ato criado a partir da manifestação de vontade de ambos os jurisdicionados apenas poderá ser revogado por disposição da lei ou do próprio pacto, ressalvada a hipótese extrema do art. 966, § 4º, do CPC.

Ou seja, a partir do momento em que as partes convencionam, somente o direito positivo ou elas mesmas, de modo bilateral, poderão pôr fim ao acordo. Evitam-se, com isso, alterações repentinas e que constituam indesejado abalo à segurança jurídica, um dos valores mais caros ao ordenamento.

Ademais, faz-se salutar a obediência a certas formalidades, como a formulação por escrito, eis que essencial à submissão ao controle de validade exercido pelo juiz da causa, bem como sua expressa concordância quanto às cláusulas que abordem as prerrogativas do magistrado[46]. Fica claro, dessarte, por que a forma oral desponta incompatível com o mecanismo.

Quando elaborada extrajudicialmente, a convenção pode ser redigida em instrumento autônomo ou constituir parte integrante de negócio jurídico mais amplo, ou seja, em formatos variados. Já quando dentro do processo, pode ser acostada em peça individual ou ato processual conjunto.

Diante de tantas peculiaridades e de seu evidente ineditismo, não são poucos os questionamentos que já cercam o ponto. Com a nova disposição positiva, intenta a lei equilibrar, em uma mesma equação, as atuações das partes e do juízo, conferindo às primeiras um espaço de disponibilidade que jamais lograram obter, mesmo sendo o escopo do processo a satisfação de seus interesses e a efetivação da Justiça ao seu caso concreto.

---

[44] Macêdo; Peixoto, 2015, p. 463.

[45] São alguns os fatores atrativos exercidos pelas cortes de arbitragem, tais como o sigilo, a celeridade e a própria convencionalidade, destacando-se, inclusive, a possibilidade de julgamento por equidade, admitida pelo art. 2º, *caput*, da Lei n. 9.307/96. Entretanto, não se podem ignorar os fatores repelentes da mesma via, como os custos elevados e a ausência de *ius imperium*, impondo-se o socorro à seara jurisdicional para cumprimento forçado dos comandos arbitrais. De certo modo, as convenções buscam reduzir o abismo que por vezes se manifesta entre a via judicial e a arbitral.

[46] Negócio jurídico processual. Art. 190 do CPC. Limites. Contraditório. Vulnerabilidade da parte. Inexistência. Requisito de validade. Transação de ato judicial. Aquiescência do juiz. O negócio jurídico processual que transige sobre o contraditório e os atos de titularidade judicial se aperfeiçoa validamente se a ele aquiescer o juiz. REsp1.810.444-SP, rel. Min. Luis Felipe Salomão, 4ª T., por unanimidade, j. 23-2-2021. *Informativo STJ* n. 686.

O modelo processual, enfim, que está se descortinando, ao mesmo tempo em que persegue propósitos transindividuais, reconhece posição de destaque aos litigantes, enquanto destinatários diretos e imediatos do pronunciamento judicial.

Não se defende que as convenções confeririam caráter eminentemente privado ao processo. Elas vêm, ao contrário, garantir uma maior tutela de valores sobremaneira relevantes, como a liberdade, além da edificação de pautas emancipatórias, assegurando, simultaneamente, que o autorregramento da vontade encontre limites maiores quando confrontado com as normas processuais cogentes do que na seara do direito privado.

Nunca é demais destacar, portanto, que a autonomia privada não obrará com poderio absoluto e incontrastável. Ao contrário, marchará em um campo mínimo de convencionalidade, pelo espaço deixado pelas normas processuais obrigatórias, cuja aplicação nem mesmo os interessados podem afastar.

O direito processual não passará a equivaler ao direito privado. A participação estatal exigirá uma regulamentação específica, embora não se possa olvidar que os maiores interessados na solução da controvérsia são as próprias partes, que podem, se for o caso, proceder à livre disposição do bem da vida em litígio, transacionando direitos, renunciando-os ou mesmo reconhecendo sua existência e satisfazendo-os.

Em outras palavras, o que se busca é um maior equilíbrio entre os atores do processo. Assim como não vão poder as partes moldá-lo sem limites ou respeito à lei, tampouco o juiz será a figura concentradora de todos os poderes, como se fossem absolutamente irrelevantes os jurisdicionados.

Defende-se um meio-termo entre o autoritarismo judicial e o Estado meramente espectador da lide, ou seja, um órgão de julgamento que direcione o processo, em conjunto com as partes, que mantêm um espectro de autonomia. A estrutura visada, em síntese, é de formação policêntrica das decisões, com a participação de todos a serem por elas afetados.

Com isso, o processo, tradicionalmente visto como norma de direito público indisponível, passa a tingir-se de matizes cooperativas e dialéticas, a partir de força jurígena oriunda das próprias partes, as quais, mediante uma contratualização do procedimento, adaptam as formas para tornar mais efetiva a tutela jurisdicional.

Saem, desse modo, de uma previsão genérica e fria da lei e buscam a determinação concreta das peculiaridades do rito, fugindo às eventuais lacunas e insuficiências de uma norma que, afinal, foi elaborada para todos os casos em abstrato, mas para nenhum em particular.

Entretanto nunca é demais frisar que não se trata de um jogo de extremos, ou seja, é equivocado e mesmo temerário defender-se uma pauta absolutamente emancipatória e completamente coincidente com a órbita estritamente privada dos litigantes. Entre um polo e outro, a parcimônia e a prudência recomendam o caminho do meio-termo, racionalizando-se o campo de incidência da autonomia das partes à luz dos princípios e valores basilares da jurisdição contemporânea.

Eis a tônica das convenções processuais: adaptar (princípio da adaptabilidade) o procedimento, adequando-o (princípio da adequação) à melhor tutela pela qual clamam as especificidades do caso *sub judice*. Flexibilizando-se o procedimento, torna-se mais fácil garantir uma prestação jurisdicional efetiva e concretamente justa, apta, pois, a conferir aos jurisdicionados a proteção de seus direitos, objetivo primeiro quando de seu acesso ao Poder Judiciário.

17.9.2 As convenções no CPC

Duas importantes inovações trazidas pelo CPC estão nos arts. 190 e 191.

O primeiro dispositivo trata das convenções processuais, e o segundo, da calendarização processual, que será visto no item seguinte.

Com efeito, em sua gênese, o direito processual pertence ao ramo do direito público, ou seja, suas normas, como regra, são cogentes e não admitem modificação pelas partes[47].

No CPC/73, a ideia de negócio jurídico processual era controvertida. A doutrina[48] entendia cabível em algumas hipóteses excepcionais, sempre quando houvesse norma expressa autorizativa, e a jurisprudência[49] caminhava no mesmo sentido. Entretanto o assunto já era debatido desde a década de 1980[50].

Em seu caminho evolutivo[51], o direito processual vem incorporando vários dispositivos que prestigiam o princípio da livre manifestação de vontade das partes[52].

A doutrina[53], a seu turno, também tem feito grande contribuição no sentido de concretizar e consolidar o instituto.

A propósito, o art. 41, § 1º do *Code de Procédure Civil* (CPC) francês[54] dispõe que, nascido o litígio, as partes poderão acordar que este será resolvido por determinado órgão jurisdicional, ainda que incompetente em razão da quantia. O § 2º desse dispositivo dispõe que, surgida a controvérsia, e sempre que se trate de direitos de sua livre disposição, as partes podem acordar de maneira expressa que o litígio seja resolvido sem possibilidade de recurso, ainda que o valor da causa supere a importância mínima para recorrer.

Na doutrina alemã, destaca-se a obra de Gerhard Wagner[55]. O autor sistematiza seu pensamento no princípio da autonomia privada e apresenta distinção fundamental entre duas categorias de acordos processuais.

A primeira refere-se ao exercício ou não de poderes processuais (*Befugnisdisposition*), os quais não afetam as normas instrumentais, como é o caso dos pactos de não executar, ou ainda o acordo para renúncia ao exercício do direito de ação.

Já a segunda categoria de convenções abrange a derrogação consensual da norma processual (*Normdisposition*). Nesse último caso, é necessária autorização legal expressa, como ocorre com a distribuição dinâmica do ônus da prova e a modificação dos critérios de fixação de competência.

Leonardo Greco[56], a seu turno, sistematiza as convenções em três grupos:

i) aquelas que afetam apenas direitos processuais das partes, sem interferir nas prerrogativas do órgão julgador, demonstrando-se, portanto, aptas a produzirem efeitos imediatos;

ii) aquelas que afetam os poderes do juiz, o que é autorizado por lei na hipótese de conjugação de intenção das partes, razão pela qual também produzem efeitos desde a avença;

---

[47] Santos, 2015, p. 96.
[48] Cunha, 2015, p. 14.
[49] Com relação à alteração da ordem probatória e sua viabilidade por iniciativa do juiz, o STJ já se manifestou favoravelmente, em decisão de 1994. "Ementa: Prova. Inversão na ordem prevista no art. 452 do CPC. Ausência de prejuízo. Além de não ser peremptória a ordem estabelecida no art. 452 do CPC, há parte de evidenciar o prejuízo que lhe adviria com a inversão ocorrida. Aplicação ao caso, ademais, da Súmula n. 283-STF. Recurso Especial não conhecido" (STJ, REsp 35.786-SP 1993/0016147-4, 4ªT., *DJ* 12-12-1994, p. 34350, *RSTJ*, v. 79, p. 238).
[50] Barbosa Moreira, 1984, p. 87-88.
[51] Arenhart; Osna, 2015, p. 2.
[52] Mitidiero, 2011, p. 48.
[53] Caponi, 2008, p. 105-111.
[54] Queiroz, 2014, p. 693-732.
[55] Caponi, 2008.
[56] Greco, 2015a, p. 5.

iii) aquelas nas quais a conjugação da vontade das partes deve ser somada à concordância do juiz, que fará uma análise da conveniência e oportunidade para que o acordo passe a surtir efeitos, haja vista a inexistência de autorização legal para a limitação dos poderes apenas pela conjugação da vontade dos litigantes.

Ainda segundo o autor[57], as convenções processuais devem obedecer aos seguintes requisitos:

a) a possibilidade de autocomposição a respeito do próprio direito material posto em juízo ou a impossibilidade de que a convenção prejudique o direito material indisponível ou a sua tutela;

b) a celebração por partes plenamente capazes;

c) o respeito ao equilíbrio entre as partes e à paridade de armas, para que uma delas, em razão de atos de disposição seus ou de seu adversário, não se beneficie de sua particular posição de vantagem em relação à outra quanto ao direito de acesso aos meios de ação e de defesa; e

d) a preservação da observância dos princípios e garantias fundamentais do processo e da ordem pública processual[58].

Duas questões precisam ser esclarecidas:

a) A primeira diz respeito à definição do alcance da expressão "ordem pública processual". Como bem sinaliza Diogo Rezende, a expressão se refere a direitos públicos inafastáveis. São eles:

(a.1) a igualdade e a capacidade das partes;

(a.2) o contraditório e a ampla defesa;

(a.3) o devido processo legal;

(a.4) o princípio do juiz natural;

(a.5) a independência e a imparcialidade do julgador;

(a.6) a fundamentação das decisões judiciais;

(a.7) a busca da verdade;

(a.8) a celeridade;

(a.9) a coisa julgada material.

A propósito, Robson Godinho[59] critica o conceito tradicional de "ordem pública", salientando ser necessário rever alguns desses conceitos diante da problemática do processo contemporâneo.

Contudo, Paulo Lucon[60] chama a atenção para os limites que devem ser impostos ao poder de convenção das partes, sobretudo quando se colocar em risco o devido processo legal.

Ademais, Luiz Guilherme Marinoni[61], com precisão cirúrgica, ressalta que não se deve confun-

---

[57] Greco, 2015, p. 61-62.

[58] Almeida, 2014, p. 149.

[59] Godinho, 2013, p. 175-176.

[60] "Não reúne condições de ser homologado, no entanto, acordo que limite os poderes instrutórios do juiz, assegurados pela lei para melhor formação do convencimento judicial. Assim não poderia ser diferente, aliás, sob pena de se violarem a lógica e a teoria geral do direito. Como sujeitos capazes, não podem dispor entre si a respeito da esfera jurídica de um terceiro, não podem as partes querer revogar poderes do juiz conferidos pela lei. Não se pode esquecer que um dos objetivos da jurisdição é justamente a atuação da vontade concreta do direito objetivo que não pode ser impedida pela vontade das partes. Em síntese, portanto, não podem as partes dispor a respeito de normas que compõem o denominado devido processo legal procedimental e substancial" (Lucon, 2017, p. 219).

[61] A simples admissão de convenção processual é sinal de que o Estado deve contar com a colaboração das partes para a otimização do processo. No entanto, o registro da possibilidade de convenção processual está longe de significar que as partes passam a ter poder para delinear o "modo de ser" do processo em seu exclusivo proveito. Engana-se quem imagina que o processo civil, por também servir à resolução de conflitos, pode se comportar de acordo com o interesse das partes envolvidas no conflito a ser so-

dir a possibilidade de as partes convencionarem o procedimento com o uso exclusivo do processo no interesse meramente privado dessas partes.

b) A segunda se refere à possibilidade da realização de convenções processuais mesmo quando está em jogo direito identificado como indisponível[62]. Nesse passo, importante reconhecer que com o advento do CPC (arts. 165 e 334, § 4º) e da Lei de Mediação (art. 3º, § 2º, da Lei n. 13.140/2015) não há mais dúvida quanto à possibilidade de composição em direitos indisponíveis.

Temos sustentado que, diante dos termos adotados pelo legislador, aliados à ideia da ressignificação da indisponibilidade a partir das premissas da contemporaneidade, a abrangência do direito indisponível que não admite autocomposição deve ser reduzida às hipóteses nas quais haja vedação expressa ao acordo ou quando a disposição violentar um direito fundamental do cidadão.

Igualmente, na seara penal[63], recentes alterações na legislação brasileira vêm criando um espaço de consenso mesmo nos casos em que a conduta é sancionada em patamar elevado.

O CPC, com isso, traz a técnica de flexibilização do processo, o que acaba por acarretar um dinamismo diferente às condutas dos sujeitos processuais, permitindo, dessa forma, que as partes tenham uma maior contribuição sobre a gestão do processo.

A ideia encontra certa resistência, sobretudo em virtude da cultura da *civil law* brasileira, apegada à forma preestabelecida do ato e do procedimento, enquanto sinônimo de previsibilidade e segurança, bem como de ordem apta a garantir um tratamento isonômico a todos os envolvidos na relação jurídico-processual.

Essa mentalidade acaba se enraizando no ideário coletivo e, via de consequência, tornando difícil a abertura à atuação dispositiva dos particulares.

De toda forma, maleabilizar-se o procedimento revela-se tendência natural e consequência inata à evolução dos parâmetros constitucionais e, por conseguinte, processuais.

Como tal, afastá-la equivaleria a manter o ordenamento processual brasileiro estagnado no tempo pré-Constituição, na contramão de alternativas viáveis para procedimentos preestabelecidos que, face ao caso concreto, mostrem-se não efetivos e, por isso mesmo, incompatíveis com o verdadeiro e pleno acesso à Justiça e à tão visada tutela jurisdicional.

Trata-se, enfim, de apenas um dos muitos exemplos de inovações trazidas pela Lei n. 13.105/2015.

Nesse sentido, e seguindo tendência que já se verifica em outros ordenamentos jurídicos, o art. 190 permite às partes adaptar o procedimento às peculiaridades da causa, constituindo cláusula geral de negociação processual[64].

O grande desafio é encontrar o ponto de equilíbrio. De fato, é muito mais fácil visualizar as hipóteses de cabimento das convenções no plano teórico do que na prática.

O CPC, para mal ou para bem, só o tempo dirá, optou pela técnica da cláusula geral ao dispor sobre o novo instituto, ao mesmo tempo propiciando potenciais conquistas em termos de uma pres-

---

lucionado. Isso não pode ser assim basicamente pelo fato de que o processo não se destina a atender episodicamente aos litigantes, como se estes fossem usuários de um sistema privado (Marinoni, 2019, p. 130).

[62] Venturi, 2016, p. 392-393.

[63] Como bem sistematiza Elton Venturi: "Em 2011, a colaboração premiada foi incluída na nova Lei de Drogas (art. 41 da Lei n. 11.343/2006), sendo sua aplicação estendida pela Lei n. 12.529/2011 aos crimes contra a ordem econômica, regulando-se também a partir daí os chamados 'acordos de leniência', cabíveis nas hipóteses nas quais inexistam ainda provas suficientes para assegurar a condenação do colaborador que, mediante confissão de sua participação no ilícito, deve cooperar plena e permanentemente com as investigações. Finalmente, a Lei n. 12.850/2013 (Lei de combate às organizações criminosas) regulamentou o procedimento para a realização da delação premiada e dos acordos de leniência" (Venturi, 2016, p. 423).

[64] Cadiet, 2008, p. 8-9.

tação jurisdicional mais ajustada às particularidades do litígio e exigindo um estudo cauteloso e ponderado dos limites a serem observados.

Não há um rol de hipóteses[65] nas quais a convenção é possível, mas sim uma autorização genérica subordinada a determinadas condições. O dispositivo prevê, para tanto, dois requisitos: um objetivo e outro subjetivo. Assim, o processo deve versar sobre direitos que admitam autocomposição[66], e as partes devem ser capazes.

Quanto à autocomposição, nada mais é do que uma das formas de resolução de conflitos, tal como correntemente classificada pela doutrina tradicional, que permite às partes acordarem quanto à existência ou inexistência de um direito.

Há de se observar, assim, que direitos que admitam autocomposição são, em sua essência, disponíveis ou reflexos patrimoniais de direitos indisponíveis[67].

Podem, ainda, ser de cunho material ou processual, ressalvando-se a impossibilidade de atingimento de norma processual de interesse público relevante. Somente as regras que interessem precipuamente às partes se enquadram no dispositivo mesmo assim, desde que atentem para as indisponibilidades previstas na Lei civil.

Além desse requisito objetivo, o art. 190 faz menção a um de natureza subjetiva, ao exigir que as partes sejam plenamente capazes. A lógica da Lei é intuitiva: apenas aqueles que possuem aptidão plena para a prática dos atos da vida civil podem decidir sobre os rumos da tutela de seus direitos no processo.

Tal capacidade, para convenções elaboradas de forma endoprocessual, é aferida em seu tríplice aspecto: capacidade de ser parte, capacidade de estar em juízo e capacidade postulatória.

Já para aquelas realizadas na seara extrajudicial, em que pesem posições doutrinárias divergentes, Trícia Navarro sustenta a necessidade tão só da capacidade de ser parte, até o momento de ingresso no processo, uma vez que sua natureza seria de ato material[68].

Não obstante o dispositivo mencionar o requisito da capacidade, a convenção também pode ser feita pelas pessoas jurídicas e também pelos entes despersonalizados[69].

Preenchidos ambos os requisitos, podem ser realizados acordos processuais versando sobre:

a) ônus;
b) poderes;

---

[65] Não obstante a técnica legislativa, a doutrina tem manifestado grande preocupação com o tema. Nesse sentido, podem ser colhidos alguns enunciados do Fórum Permanente de Processualistas Civis, buscando identificar as hipóteses nas quais é possível ou não estabelecer convenções processuais: Enunciado n. 19 do FPPC: "São admissíveis os seguintes negócios processuais, dentre outros: pacto de impenhorabilidade, acordo de ampliação de prazos das partes de qualquer natureza, acordo de rateio de despesas processuais, dispensa consensual de assistente técnico, acordo para retirar o efeito suspensivo de recurso, acordo para não promover execução provisória; pacto de mediação ou conciliação extrajudicial prévia obrigatória, inclusive com a correlata previsão de exclusão da audiência de conciliação ou de mediação prevista no art. 334; pacto de exclusão contratual da audiência de conciliação ou de mediação prevista no art. 334; pacto de disponibilização prévia de documentação (pacto de *disclosure*), inclusive com estipulação de sanção negocial, sem prejuízo de medidas coercitivas, mandamentais, sub-rogatórias ou indutivas; previsão de meios alternativos de comunicação das partes entre si". Enunciado n. 20 do FPPC: "Não são admissíveis os seguintes negócios bilaterais, dentre outros: acordo para modificação da competência absoluta, acordo para supressão da primeira instância". Enunciado n. 254 do FPPC: "É inválida a convenção para excluir a intervenção do Ministério Público como fiscal da ordem jurídica". Enunciado n. 255 do FPPC: "É admissível a celebração de convenção processual coletiva".

[66] Godinho, 2013, p. 37.

[67] Martel, 2010, p. 334.

[68] Cabral, 2015, p. 489.

[69] Enunciado CJF n. 114: "Os entes despersonalizados podem celebrar negócios jurídicos processuais".

c) faculdades; e

d) deveres[70].

O acordo pode ser prévio[71] (realizado antes do processo, por exemplo, em uma cláusula contratual ou em sessão de mediação extrajudicial) ou incidental (quando já iniciada a relação processual).

O art. 357, § 2º, que trata da decisão de saneamento, prevê ainda que as partes podem apresentar ao juiz, para homologação, delimitação consensual das questões de fato e de direito[72].

E, ainda, o art. 373, § 3º, dispõe que a distribuição diversa do ônus da prova também pode ocorrer por convenção das partes, salvo quando recair sobre direito indisponível da parte ou tornar excessivamente difícil a uma parte o exercício do direito.

São expressões concretas do princípio da cooperação, genericamente disposto no art. 6º do CPC.

Importante ressaltar que a Lei n. 13.874/2019 promoveu diversas alterações no ordenamento jurídico brasileiro, destacando-se, no que se refere às convenções:

a) Inclusão do § 2º no art. 113 do Código Civil, com a seguinte redação: Art. 113. Os negócios jurídicos devem ser interpretados conforme a boa-fé e os usos do lugar de sua celebração. (...) § 2º As partes poderão livremente pactuar regras de interpretação, de preenchimento de lacunas e de integração dos negócios jurídicos diversas daquelas previstas em lei. (Incluído pela Lei n. 13.874, de 2019.)

b) Alteração do art. 19 da Lei n. 10.522/2002 a fim de inserir os §§ 12 e 13 e possibilitar, expressamente, a celebração de negócios processuais, inclusive na cobrança administrativa ou judicial da dívida ativa da União.

Retornando ao art. 190, seu parágrafo único determina que o magistrado, *ex officio* ou mediante provocação da parte interessada, deverá controlar a validade das convenções, sobretudo a fim de preservar os princípios constitucionais[73], observando os limites impostos pela ordem pública processual.

Ao examinar a convenção, o juiz pode homologá-la, ou, excepcionalmente, recusá-la, somente nos seguintes casos: a) configuração de nulidade; b) inserção abusiva em contrato de adesão; c) quando uma das partes se encontre em manifesta situação de vulnerabilidade.

Para Fernanda Tartuce[74], vulnerabilidade significa suscetibilidade. É possível falar-se, ainda, em vulnerabilidade processual[75].

---

[70] Sobre a criação de deveres e sanções processuais, *vide* Enunciado n. 17 do FPPC: "As partes podem, no negócio processual, estabelecer outros deveres e sanções para o caso do descumprimento da convenção".

[71] Santos, 2009, p. 93.

[72] A maior perplexidade está, entretanto, na possibilidade de certos negócios envolvendo o órgão judicial. Um desses exemplos é a redução de prazos peremptórios (de forma cooperativa – art. 222, § 1º). Outro exemplo é o calendário processual (art. 191). No que tange à organização da causa, o novo Código inova ao prever, além de uma audiência para construção compartilhada da organização da causa (art. 357, § 3º), a possibilidade de formulação de proposta de saneamento pelas partes, inclusive com a delimitação das questões jurídicas da causa (Abreu, 2016, p. 59).

[73] Bedaque, 2006, p. 168.

[74] "Vulnerabilidade indica suscetibilidade em sentido amplo, sendo a hipossuficiência uma de suas espécies (sob o viés econômico)" (Tartuce, 2016, p. 5).

[75] "Vulnerabilidade processual é a suscetibilidade do litigante que o impede de praticar atos processuais em razão de uma limitação pessoal involuntária; a impossibilidade de atuar pode decorrer de fatores de saúde e/ou de ordem econômica, informacional, técnica ou organizacional de caráter permanente ou provisório" (Tartuce, 2012, p. 184).

Necessário estabelecer em qual sentido o termo deve ser interpretado. Temos para nós que a vulnerabilidade, aqui, é somente a processual, devendo ser aferida pelo magistrado diante das peculiaridades do caso concreto. Diversa, portanto, da vulnerabilidade do consumidor, que será examinada abaixo, ou mesmo da vulnerabilidade criada por situações excepcionais, como, por exemplo, o idoso acima de 80 anos (Lei n. 13.466/2017) ou a situação daquele que atenta contra a própria vida ou que pratica "violência autoprovocada", na forma da Lei n. 13.819/2019.

E hoje, podemos falar ainda em vulnerabilidade digital, de forma a abranger os que têm alguma dificuldade no acesso às ferramentas judiciais, ou mesmo os excluídos da tecnologia[76].

No que se refere ao eventual cabimento das convenções em relações consumeristas, temos algumas dificuldades.

Em primeiro lugar, o art. 1º do Código de Defesa do Consumidor estabelece que as normas ali elencadas são de ordem pública. Em seguida, o art. 4º reconhece expressamente a vulnerabilidade do consumidor no mercado de consumo. Ademais, o art. 6º, que trata dos direitos básicos do consumidor, assegura:

a) a proteção contra práticas e cláusulas abusivas ou impostas no fornecimento de produtos e serviços (inciso IV);

b) a vedação à modificação das cláusulas contratuais que estabeleçam prestações desproporcionais ou excessivamente onerosas (inciso V); e

c) a facilitação da defesa de seus direitos, inclusive com a inversão do ônus da prova, a seu favor (inciso VIII).

Finalmente o art. 51, VI, estabelece serem nulas de pleno direito as cláusulas contratuais relativas ao fornecimento de produtos e serviços que estabeleçam inversão do ônus da prova em prejuízo do consumidor.

Não se está dizendo, com isso, que haverá uma proibição absoluta. Contudo, forçoso reconhecer que, diante de todas as restrições apontadas acima, será bastante improvável que o Judiciário admita convenções processuais prévias ou incidentais em processos envolvendo relações de consumo.

17.10 CALENDARIZAÇÃO

A segunda inovação está no art. 191, que traz a previsão do chamado processo calendário[77].

De acordo com o dispositivo, de comum acordo, o juiz e as partes podem fixar calendário para a prática dos atos processuais, sendo crucial, assim, a concorrência da vontade do juiz, fiscalizando e aceitando, para que a avença se aperfeiçoe dentro dos limites do processo, eis que não surte efeitos imediatamente após a pactuação extrajudicial.

É bem verdade que não há norma que impeça nem a pactuação do calendário pelas partes, extrajudicialmente (o que demandará posterior concordância pelo juiz da causa), nem que a iniciativa seja do magistrado (que poderá submeter sua proposta às partes, no curso do processo).

---

[76] Enunciado n. 155 da II Jornada Prevenção e Solução Extrajudicial de Litígios: "Constatada a vulnerabilidade tecnológica do indivíduo para a participação em determinado ato processual, o magistrado pode facultar a realização do ato na sua forma híbrida ou presencial".

[77] "O processo calendário consiste numa importante técnica de gestão compreendida como modelo de governança judicial, e reverbera na dispensa dos atos processuais extremamente morosos e burocratizados, como as publicações e intimações das partes para as providências cabíveis ou para o comparecimento em audiências, cujas datas já tiverem sido designadas no calendário" (Vidal, 2016, p. 101).

Nesse dispositivo, é pactuado um cronograma para a realização dos atos do processo, em comum acordo entre as partes e o magistrado, como uma tentativa de se encontrar o tão desejado ponto de equilíbrio entre a duração razoável do feito e a efetividade da prestação jurisdicional, otimizando o tempo de desenrolar do processo, sem, contudo, abrir mão da Justiça. Afinal, de nada adiantaria uma decisão rápida, se não justa[78].

Considerando-se que, no mais das vezes, o intuito de flexibilizar-se o procedimento visa à sua aceleração, suprimindo atos desnecessários ou criando atalhos que atendam às peculiaridades do caso *sub examine*, a calendarização trazida pelo art. 191 revela-se mecanismo deveras importante para esse fim.

Trata-se de mais um avanço no caminho de valorizar a manifestação de vontade das partes, valendo observar que, quando o legislador deixou de determinar a quem incumbiria tomar a iniciativa de fixar o calendário, ressaltou ainda mais o papel nuclear desempenhado pela consensualidade e pelo debate entre os sujeitos da demanda.

Isto é, não só fica aberto a qualquer um dos indivíduos suscitar a utilização do instrumento, como também se perfaz necessária a participação de todos, litigantes e magistrado, na avença, conjuntamente.

Na prática, esse acordo poderá ser realizado ou na audiência de conciliação e de mediação, de que cuida o art. 334, ou na audiência para realização do saneamento em cooperação com as partes, prevista no art. 357, § 3º, ou, ainda, em eventual audiência especial designada para tal desiderato.

Uma vez fixado o calendário, este se torna vinculante, e os prazos nele previstos só podem ser modificados excepcional e justificadamente (§ 1º), embora, quando disserem respeito aos atos do juízo, continuem sendo impróprios, uma vez que os previstos *ex vi legis* o são, e esperar o contrário constituiria verdadeiro contrassenso.

Ademais, não será mais necessário intimar as partes para a prática de atos que tiverem sido objeto do referido calendário (§ 2º), incluindo as audiências designadas.

17.11 ATOS DE DISTRIBUIÇÃO E REGISTRO

Finalizando o regramento dos atos processuais, encontramos entre os arts. 284 e 293 os atos relativos à distribuição e registro inicial da demanda.

De acordo com o art. 284, todos os processos estão sujeitos a registro, devendo ser distribuídos onde houver mais de um juiz.

A distribuição é a garantia concreta do princípio do juiz natural. Deve ser sempre alternada e aleatória, obedecendo a rigorosa igualdade (art. 285).

A distribuição pode ser física ou eletrônica. Independentemente da modalidade, deve ser dada ampla publicidade ao ato, o que é instrumentalizado pela publicação da lista de distribuição no Diário de Justiça (art. 285, parágrafo único).

"Art. 285. A distribuição, que poderá ser eletrônica, será alternada e aleatória, obedecendo-se rigorosa igualdade".

---

[78] Sobre o calendário procedimental e o ganho de tempo que poderá proporcionar, o processualista expõe: "Se, em vez disso, especialmente em casos complexos, restasse estabelecido um calendário procedimental pelas partes – por meio de cláusula de diferendo, de instrumento próprio após o nascimento do conflito ou incidentalmente ao processo –, com a concordância do juiz, ou até o inverso, com a iniciativa oficial seguida do acordo das partes, os tempos mortos seriam reduzidos drasticamente" (Almeida, 2014, p. 199 e 201).

A distribuição pode ser originária ou derivada. Dá-se a primeira quando não há relação entre aquela demanda e outra ou outras anteriormente ajuizadas. A segunda modalidade, denominada pelo Código como "distribuição por dependência", será realizada nas seguintes hipóteses:

a) quando a causa se relacionar, por conexão ou continência, com outra já ajuizada;

b) quando, tendo sido extinto o processo sem resolução de mérito, for reiterado o pedido, ainda que em litisconsórcio com outros autores ou que sejam parcialmente alterados os réus da demanda;

c) quando houver ajuizamento de ações nos termos do art. 55, § 3º, ao juízo prevento.

Importante observar que o parágrafo único do art. 286 determina anotação pelo distribuidor sempre que a distribuição por dependência gerar intervenção de terceiro, reconvenção ou outra hipótese de ampliação objetiva do processo.

A petição inicial do autor, ao ser levada à distribuição, deve observar os requisitos do art. 319 do CPC. Ademais, deverá vir acompanhada:

a) dos documentos essenciais à propositura da demanda (art. 320) e, eventualmente, dos documentos probatórios do direito alegado (art. 405);

b) da procuração (art. 287), salvo se:

b.1) o advogado estiver advogando em causa própria;

b.2) para evitar preclusão, decadência ou prescrição, ou para praticar ato considerado urgente (art. 104);

b.3) a parte estiver representada pela Defensoria Pública (art. 287, parágrafo único);

b.4) a representação decorrer diretamente de norma prevista na Constituição Federal ou em lei (art. 287, parágrafo único);

c) da comprovação do pagamento das custas (art. 82) ou do requerimento de gratuidade de justiça (art. 98).

Por fim, o art. 290 determina que será cancelada a distribuição do feito se a parte, intimada na pessoa de seu advogado[79], não realizar o pagamento das custas e despesas de ingresso em 15 dias[80].

17.12 ATOS RELATIVOS AO VALOR DA CAUSA

De acordo com os arts. 319, V, e 291 do CPC, a toda causa será atribuído valor certo, ainda que não tenha conteúdo econômico imediatamente aferível[81]. Isso se aplica tanto à petição inicial como à reconvenção.

Segundo o art. 292, o valor da causa será:

---

[79] A intimação pessoal do autor da ação é obrigatória para a complementação das custas iniciais, restringindo-se à aplicação do cancelamento de distribuição estabelecida no art. 290 do Código de Processo Civil às hipóteses em que não é feito recolhimento algum de custas processuais. AREsp 2.020.222-RJ, rel. Min. Francisco Falcão, 2ª T., por unanimidade, j. 28-3-2023, *Informativo STJ* n. 765.

[80] O cancelamento da distribuição, a teor do art. 290 do CPC, prescinde da citação ou intimação da parte ré, bastando a constatação da ausência do recolhimento das custas iniciais e da inércia da parte autora, após intimada, em regularizar o preparo. Desse modo, constatada a ausência de recolhimento das custas iniciais e quedando-se inerte o autor após intimado para regularizar o preparo, deve o juiz, sem a oitiva da outra parte – que, em regra, sequer integra a relação jurídica processual –, cancelar a distribuição do processo, extinguindo o feito sem resolução do mérito. REsp 1.906.378-MG, rel. Min. Nancy Andrighi, 3ª T., por unanimidade, j. 11-5-2021. *Informativo STJ* n. 696.

[81] O valor da causa na ação de querela *nullitatis* deve corresponder ao valor da causa originária ou do proveito econômico obtido, a depender do teor da decisão que se pretende declarar inexistente. REsp 2.145.294-SC, rel. Min. Nancy Andrighi, 3ª T., por unanimidade, j. 18-6-2024, *DJe* 21-6-2024. *Informativo STJ* n.818.

"I – na ação de cobrança de dívida, a soma monetariamente corrigida do principal, dos juros de mora vencidos e de outras penalidades, se houver, até a data de propositura da ação;

II – na ação que tiver por objeto a existência, a validade, o cumprimento, a modificação, a resolução, a resilição ou a rescisão de ato jurídico, o valor do ato ou o de sua parte controvertida;

III – na ação de alimentos, a soma de 12 (doze) prestações mensais pedidas pelo autor;

IV – na ação de divisão, de demarcação e de reivindicação, o valor de avaliação da área ou do bem objeto do pedido;

V – na ação indenizatória, inclusive a fundada em dano moral, o valor pretendido;

VI – na ação em que há cumulação de pedidos, a quantia correspondente à soma dos valores de todos eles;

VII – na ação em que os pedidos são alternativos, o de maior valor;

VIII – na ação em que houver pedido subsidiário, o valor do pedido principal".

Se o juiz, avaliando o benefício econômico que será auferido pelo autor e o valor atribuído à causa, verificar que há discrepância, poderá corrigi-lo de ofício[82] e por arbitramento.

Nesse caso, o juiz indicará o valor correto e o autor deverá recolher a diferença (art. 292, § 3º).

Caso o juiz não tome a providência, o réu poderá impugnar, em preliminar da contestação (art. 337, III), o valor atribuído à causa pelo autor.

Se a alegação não constar da contestação, haverá preclusão, e a matéria não poderá ser objeto de outra impugnação (art. 293).

Suscitada a matéria na contestação, deverá o magistrado decidir, sob pena de preclusão, e o juiz decidirá a respeito, impondo, se for o caso, a complementação das custas.

Como essa decisão não consta do rol do art. 1.015, não pode ser atacada por meio de agravo de instrumento. Caso o autor comprove ilegalidade na decisão, poderá usar, excepcionalmente, a via do mandado de segurança (Lei n. 12.016/2009).

Não obstante, por ocasião da sentença, havendo interesse na interposição de recurso de apelação, a insatisfação quanto ao valor da causa poderá ser suscitada como preliminar desse recurso (art. 1.009, § 1º).

---

[82] (...) 3. Nos termos de pacífico entendimento jurisprudencial deste Tribunal, é adequada a correção do valor da causa, de ofício, pelo magistrado na hipótese em que o proveito econômico não corresponde ao valor atribuído, sendo que "o valor da causa deve corresponder ao seu conteúdo econômico, considerado como tal o valor do benefício econômico que o autor pretende obter com a demanda, inclusive em sede de mandado de segurança" (AgRg no AREsp 475.339/MG, rel. Min. Sérgio Kukina, 1ª T., *DJe* 23-9-2016). STJ. AREsp 323.998-SC, rel. Min. Gurgel de Faria, 1ª T., *DJe* 15-6-2018).

Capítulo 18
RELAÇÃO JURÍDICA PROCESSUAL E PRESSUPOSTOS PROCESSUAIS

18.1 CARACTERÍSTICAS DA RELAÇÃO JURÍDICA PROCESSUAL

Analisados o conceito de processo e sua natureza jurídica, a relação jurídica processual pode ser definida como a relação jurídica formada entre autor, réu e juiz, na qual se discute, sob as luzes do contraditório, uma relação jurídica de direito material. Lembre-se, uma vez mais, que a relação jurídica processual não se confunde com o processo, mas tem nele seu nascedouro. As principais características dessa relação são:

a) autonomia: a relação jurídica de direito processual é distinta da relação de direito material, já que esta constitui a matéria em debate, e aquela, a relação na qual esta se contém;

b) natureza pública: constitui meio pelo qual o juiz, representando o Estado, exerce uma função pública – a jurisdicional – em relação à qual as partes têm de se sujeitar;

c) complexidade: dela decorre para os sujeitos do processo, à medida que os atos que compõem o procedimento vão sendo praticados, uma série de situações jurídicas (direitos, poderes, faculdades, sujeições, ônus), sendo natural que a parte que ora assume uma posição de vantagem (p. ex., faculdade) outras vezes seja colocada pela lei diante de uma posição de desvantagem (p. ex., dever);

d) progressividade (dinamismo): é uma relação dinâmica, em constante movimento, resultante das diversas posições jurídicas formadas por um procedimento, diferenciando-se, nesse ponto, da relação jurídica de direito material, que é estática;

e) unidade: apesar de sua complexidade, os atos praticados são coordenados, formando uma unidade tendente a um objetivo comum, qual seja a emissão do provimento jurisdicional;

f) caráter tríplice: é formada por três sujeitos, a saber: Estado, autor e réu. Todavia convém ressaltar novamente que não há consenso na doutrina quanto à configuração triangular da relação jurídica processual, havendo quem defenda uma formação angular – sem contato direto entre autor e réu, que se comprometem exclusivamente perante o Estado (ou Estado-juiz) – ou mesmo a linear – com exclusão da figura do Estado, e de todo inaceitável.

Prevalece, no entanto, a concepção da figura triangular, cuja origem remonta à formação original da teoria da relação jurídica processual, na qual haveria posições jurídicas processuais que interligam autor e Estado, Estado e réu, réu e autor, em virtude da existência de dever de lealdade recíproco entre as partes, da obrigação de pagamento pela parte vencida das despesas processuais adiantadas pela parte vencedora, da possibilidade de convenção para a suspensão do processo e de transação, quando em jogo direitos disponíveis materiais.

Essa é, também, a posição adotada pelo nosso ordenamento, já que, conforme estabelece o art. 240 do CPC, a coisa só se faz litigiosa a partir da citação válida[1].

---
[1] Alvim, 2000, p. 510.

De todo modo, o ápice dessa relação processual é o Estado-juiz (sem o qual não há processo), que na condição de órgão do Estado exerce no processo o poder jurisdicional.

Há quem chame tal relação de escalonada, pois não se resolve de uma só vez. Ela progride em três fases:

1º momento – linear: inicia-se quando o autor oferece a petição inicial dirigida a um órgão jurisdicional.

2º momento – angular: ocorre a citação do réu para que ele vá a juízo se manifestar. Essa relação se aprimorou pela citação a partir da qual o réu terá direito a oferecer uma resposta, normalmente representada pela contestação, bem como a obter uma sentença que leve em consideração a resposta ofertada, esperando que tal provimento negue o pedido do autor.

3º momento – triangular: a partir do momento em que a relação se completa, temos situação de pendência quanto à pretensão deduzida em juízo, ou seja, temos um estado de litispendência que perdurará até a sentença definitiva a ser proferida pelo juiz. Durante esse estado, as partes poderão fazer valer suas razões por intermédio de direitos, deveres, ônus e poderes previstos para os sujeitos da relação jurídica processual[2].

18.2 OBJETO DA RELAÇÃO JURÍDICA PROCESSUAL

Enquanto na relação de direito material (primária) o objeto é o bem da vida em conflito, isto é, uma importância pecuniária reivindicada, uma obrigação de dar ou de fazer, na relação jurídica processual (secundária), o objeto constitui, conforme a doutrina alemã, o mérito da causa, ou, em outras palavras, a pretensão – intenção de subordinação do interesse alheio ao próprio – manifestada pelo demandante, por meio do pedido.

Assim, se o objeto é, conforme definição de Aurélio Buarque de Holanda Ferreira, "o ponto de convergência duma atividade", o objeto do processo será o próprio pedido do autor, representando uma manifestação de vontade dirigida ao Estado, sobre a qual este exercerá a atividade jurisdicional[3].

18.3 PRESSUPOSTOS PROCESSUAIS

São os requisitos mínimos necessários para o estabelecimento de uma relação jurídica processual válida e regular (art. 485, IV, do CPC). Dizem respeito ao processo como um todo ou a determinados atos específicos, divergindo, nesse ponto, das condições para o regular exercício do direito de ação, que não dizem respeito ao meio, e sim à possibilidade de atingir o fim do processo – o exercício da jurisdição[4].

Presentes esses requisitos, a relação processual é considerada viável; caso contrário, teremos a extinção do processo sem julgamento do mérito.

Não há consenso na doutrina quanto à classificação dos pressupostos processuais, podendo-se destacar duas:

---

[2] Santos, 1999, p. 274.

[3] Jardim, 1987, p. 31.

[4] Greco, 2003a, p. 19. Não devemos confundir os pressupostos processuais com as condições da ação. Enquanto os primeiros se referem à existência e validade da relação processual, as segundas dizem respeito ao exercício do direito de ação (Jardim, 1991, p. 54). Juntamente com as condições da ação, os pressupostos processuais inserem-se na ampla categoria dos pressupostos de admissibilidade do julgamento do mérito (Grinover et al., 2002, p. 289).

I – DE ACORDO COM A DOUTRINA CLÁSSICA, HÁ A DIVISÃO ENTRE PRESSUPOSTOS DE EXISTÊNCIA E DE VALIDADE

1. Existência: são requisitos para a constituição da relação processual:

1.1. O órgão estatal investido de jurisdição: juízo de direito ou tribunal.

1.2. Partes: autor e réu.

1.3. Demanda: o ato da parte traduzido numa petição inicial pelo qual o processo é formado.

Assim, proposta a demanda perante um órgão jurisdicional, considera-se a relação processual existente, independentemente de sua regularidade ou da adequação da representação da parte, até que uma sentença, reconhecendo algum possível vício, a extinga.

Esse requisito relaciona-se com o princípio dispositivo segundo o qual o juiz movimenta a máquina jurisdicional por força do pedido inicial[5]. Por outro lado, o endereçamento da petição inicial a um órgão desprovido de jurisdição não permite a formação da relação jurídica processual[6].

2. Validade: são requisitos para o desenvolvimento válido e regular da relação processual. Se ausentes, não será possível a efetivação de eventual sentença de mérito, muito embora o processo tenha existido[7]:

2.1. Competência do órgão estatal (juiz) e sua imparcialidade: quanto ao primeiro, vale ressaltar que o pressuposto de validade só não existirá em caso de incompetência absoluta, visto que a incompetência relativa, caso não alegada pelo réu, levará à prorrogação da competência. Por outro lado, somente em caso de impedimento a imparcialidade do juiz estará afetada, já que, diferentemente da suspeição, sanável no curso do processo, não se convalida, ensejando, inclusive, a possibilidade de ação rescisória[8].

2.2. Capacidade das partes que, por sua vez, se subdivide em capacidade:

  2.2.1. de ser parte: é a capacidade de ser titular de direitos, ou seja, a capacidade de gozo definida pelo direito civil. Todas as pessoas físicas e jurídicas são sujeitos de direito e têm capacidade de ser parte em juízo. O art. 70 do CPC determina que toda pessoa que se encontre no exercício de seus direitos tem capacidade para estar em juízo.

A lei reconhece, inclusive, capacidade para certos entes formais, como a massa falida e o espólio (art. 75, V e VII, do CPC).

No entanto, tais entes podem sofrer restrição quanto à pretensão. Veja-se, por exemplo, que o STJ[9] já decidiu que, "diferentemente do que ocorre em relação ao cônjuge sobrevivente, o espólio

---

[5] Alvim, 2000.

[6] Dinamarco, 2001b, p. 216. Segundo Arruda Alvim, a capacidade postulatória seria o quarto requisito necessário à existência de uma relação jurídica (Alvim, 2000, p. 512).

[7] Outra corrente doutrinária afirma, contudo, que os pressupostos processuais estão ligados apenas à existência do processo, não se podendo falar em pressupostos de validade, mas, sim, em condições de regular desenvolvimento da relação processual, que estariam ligadas às nulidades de atos processuais (Jardim, 1991, p. 57).

[8] Alvim, 2000, p. 520.

[9] REsp 1.209.474-SP, rel. Min. Paulo de Tarso Sanseverino, j. 10-9-2013, *Informativo STJ*, n. 532.

não tem legitimidade para buscar reparação por danos morais decorrentes de ofensa *post mortem* à imagem e à memória de pessoa".

Não custa lembrar que, em julho de 2015, por força da Lei n. 13.146/2015[10], que instituiu o Estatuto da Pessoa com Deficiência[11], também denominada Lei Brasileira de Inclusão da Pessoa com Deficiência, diversos dispositivos do Código Civil foram alterados, notadamente os que tratam da capacidade[12]. Com isso, devemos ter em conta as seguintes modificações:

a) o art. 3º passou a ter a seguinte redação:

"Art. 3º São absolutamente incapazes de exercer pessoalmente os atos da vida civil os menores de 16 (dezesseis) anos.

I – (Revogado);

II – (Revogado);

III – (Revogado);"

b) o art. 4º, III, passou a tratar como relativamente incapazes aqueles que, por causa transitória ou permanente, não puderem exprimir sua vontade;

c) o art. 228, § 2º passa a dispor que a pessoa com deficiência poderá testemunhar em igualdade de condições com as demais pessoas, sendo-lhe assegurados todos os recursos de tecnologia assistiva.

2.2.2. de estar em juízo: é o mesmo que a capacidade de fato (ou de exercício) do direito civil, sendo também conhecida como capacidade processual ou *legitimatio ad processum*.

O art. 71 estabelece que o incapaz será representado ou assistido por seus pais, por tutor ou por curador, na forma da lei. Dessa forma, fica suprida sua incapacidade processual.

Importante ressaltar que a capacidade se distingue da legitimação para a causa, ou *legitimatio ad causam*, na medida em que essa é, normalmente, definida em função dos elementos fornecidos pelo direito material, representando uma condição da ação.

Em outras palavras: a *legitimatio ad causam* permite-nos dizer se aqueles que figuram como autor e como réu em determinado processo realmente devem figurar nessas posições em dito processo; já a *legitimatio ad processum* faz-nos indagar se aqueles que figuram como autor e como réu em um dado processo podem participar da relação jurídica processual sozinhos ou se precisam fazer-se acompanhar por um representante[13] ou por um assistente, nos termos da lei civil.

Assim, se a pessoa é capaz, pode ir a juízo sem assistência (art. 70 do CPC), mas, se for menor relativamente incapaz, terá assistente; se absolutamente incapaz, embora tenha legitimidade *ad causam*, deverá ser representada em juízo pelos pais, somente assim se observando, pela integração de sua capacidade, o presente pressuposto processual (art. 71 do CPC).

---

[10] "Art. 1º É instituída a Lei Brasileira de Inclusão da Pessoa com Deficiência (Estatuto da Pessoa com Deficiência), destinada a assegurar e a promover, em condições de igualdade, o exercício dos direitos e das liberdades fundamentais por pessoa com deficiência, visando à sua inclusão social e cidadania.".

[11] "Art. 2º Considera-se pessoa com deficiência aquela que tem impedimento de longo prazo de natureza física, mental, intelectual ou sensorial, o qual, em interação com uma ou mais barreiras, pode obstruir sua participação plena e efetiva na sociedade em igualdade de condições com as demais pessoas.".

[12] É inadmissível a declaração de incapacidade absoluta às pessoas com enfermidade ou deficiência mental. Sob essa perspectiva, o art. 84, § 3º, da Lei n. 13.146/2015 estabelece que o instituto da curatela pode ser excepcionalmente aplicado às pessoas portadoras de deficiência, ainda que agora sejam consideradas relativamente capazes, devendo, contudo, ser proporcional às necessidades e às circunstâncias de cada caso concreto. REsp 1.927.423/SP, rel. Min. Marco Aurélio Bellizze, 3ªT., por unanimidade, j. 27-4-2021. *Informativo* n 694 STJ.

[13] Não custa lembrar que o representante não é parte. Ele apenas atua em nome do representado (Dinamarco; Lopes, 2016, p. 155).

Além das figuras da representação e da assistência, que suprem a incapacidade, o Código prevê, ainda, a figura do curador especial, que deverá ser nomeado pelo juiz ao:

"I – incapaz, se não tiver representante legal ou se os interesses deste colidirem com os daquele, enquanto durar a incapacidade;

II – réu preso revel, bem como ao réu revel citado por edital ou com hora certa, enquanto não for constituído advogado".

O curador especial é designado para fornecer uma esfera a mais de proteção a determinadas partes que estejam em situação de inferioridade na relação processual. Trata-se, assim, de mais uma manifestação concreta do princípio da isonomia no sentido material. Por determinação expressa do parágrafo único do art. 72, a função de curadoria especial deve ser exercida pela Defensoria Pública, na forma de sua lei complementar (LC n. 80/94, com as alterações promovidas pela LC n. 132/2009).

Importante, ainda, ressaltar a norma do art. 73 do CPC.

Esse dispositivo determina que o cônjuge necessitará do consentimento do outro para propor ação que verse sobre direito real imobiliário, salvo quando casados sob o regime de separação absoluta de bens.

Na mesma linha de raciocínio, o § 1º do art. 73 determina que ambos os cônjuges serão necessariamente citados para a demanda:

"I – que verse sobre direito real imobiliário, salvo quando casados sob o regime de separação absoluta de bens;

II – resultante de fato que diga respeito a ambos os cônjuges ou de ato praticado por eles;

III – fundada em dívida contraída por um dos cônjuges a bem da família;

IV – que tenha por objeto o reconhecimento, a constituição ou a extinção de ônus sobre imóvel de um ou de ambos os cônjuges".

Quanto às ações possessórias, o § 2º determina que a participação do cônjuge do autor ou do réu somente é indispensável nas hipóteses de composse ou de ato por ambos praticado, e, finalmente, o § 3º determina a aplicação dessas disposições à união estável comprovada nos autos.

Caso um dos cônjuges se negue a dar o consentimento exigido, o outro pode requerer o suprimento judicial (art. 74).

Finalmente, se o consentimento não é obtido nem suprido, nas hipóteses em que é obrigatório, teremos hipótese de nulidade do processo (art. 74, parágrafo único).

Já o art. 75 do CPC trata da representação em juízo de pessoas jurídicas de direito público e privado, bem como dos entes despersonalizados. A representação é ativa e passiva.

Importante atentar para a nomenclatura utilizada pelo legislador em cada caso.

"Art. 75. Serão representados em juízo, ativa e passivamente:

I – a União, pela Advocacia-Geral da União, diretamente ou mediante órgão vinculado;

II – o Estado e o Distrito Federal, por seus procuradores;

III – o Município, por seu prefeito, procurador ou Associação de Representação de Municípios, quando expressamente autorizada;

IV – a autarquia e a fundação de direito público, por quem a lei do ente federado designar;

V – a massa falida, pelo administrador judicial;

VI – a herança jacente ou vacante, por seu curador;

VII – o espólio, pelo inventariante;

VIII – a pessoa jurídica, por quem os respectivos atos constitutivos designarem ou, não havendo essa designação, por seus diretores;

IX – a sociedade e a associação irregulares e outros entes organizados sem personalidade jurídica, pela pessoa a quem couber a administração de seus bens;

X – a pessoa jurídica estrangeira, pelo gerente, representante ou administrador de sua filial, agência ou sucursal aberta ou instalada no Brasil;

XI – o condomínio, pelo administrador ou síndico".

Importante anotar que a Lei n. 14.341, de 18 de maio de 2022, dispôs sobre a Associação de Representação de Municípios para a realização de objetivos de interesse comum de caráter político-representativo, técnico, científico, educacional, cultural e social.

O art. 3º, inciso V, dessa lei permite que a Associação postule em juízo, em ações individuais ou coletivas, na defesa de interesse dos Municípios filiados, na qualidade de parte, terceiro interessado ou *amicus curiae*, quando receberem autorização individual expressa e específica do chefe do Poder Executivo.

Esse diploma alterou o art. 75, inciso III, do CPC para inserir a Associação. Contudo, o § 5º desse dispositivo passa a prever que a representação judicial do Município pela Associação de Representação de Municípios somente poderá ocorrer em questões de interesse comum e sempre dependerá de autorização do respectivo chefe do Poder Executivo municipal, com indicação específica do direito ou da obrigação a ser objeto das medidas judiciais.

2.2.3. postulatória: é a aptidão para a prática de atos processuais. Só o advogado inscrito na Ordem dos Advogados do Brasil e o Ministério Público possuem o direito de postular (*ius postulandi*), salvo para impetrar *habeas corpus* e para postular nos juizados especiais, na Justiça do Trabalho e aos juízes de paz.

Para que a parte se considere detentora de capacidade postulatória, ela precisa participar da relação processual por intermédio de quem possua *ius postulandi*[14].

Destarte, como não é função do Ministério Público a representação da parte, qualquer que seja ela, esse pressuposto processual somente se faz presente (ressalvadas as hipóteses já mencionadas do juizado especial etc.) quando a parte se faça representar por um advogado, isto é, por um bacharel em direito regularmente aprovado no exame de ordem e inscrito na Ordem dos Advogados do Brasil.

Vistas as três modalidades de capacidade, é preciso examinar agora quais são as consequências de sua ausência ou da presença de algum vício.

Nesse sentido, o art. 76 determina que caso o juiz verifique incapacidade processual de uma das partes, ou mesmo irregularidade em sua representação, deverá suspender o processo (art. 313, I) e designar prazo razoável para que o vício seja sanado.

O legislador não quis fixar um prazo determinado. Cabe ao juiz, atento às peculiaridades do caso concreto, estipular esse prazo. Se preferir, pode aplicar aqui analogicamente o prazo de emenda da petição inicial, contemplado no art. 321 (15 dias).

Se a determinação não for cumprida, o magistrado tomará as seguintes providências, de acordo com a parte responsável (art. 76, § 1º):

"I – o processo será extinto, se a providência couber ao autor;

II – o réu será considerado revel, se a providência lhe couber;

III – o terceiro será considerado revel ou excluído do processo, dependendo do polo em que se encontre".

---

[14] Santos, 1999, p. 360.

Se o processo já estiver em fase recursal, perante tribunal de justiça, tribunal regional federal ou tribunal superior, o relator (art. 76, § 2º):

"I – não conhecerá do recurso, se a providência couber ao recorrente;

II – determinará o desentranhamento das contrarrazões, se a providência couber ao recorrido".

2.2.4 A capacidade nos Juizados Especiais Cíveis

O Juizado Especial Civil é uma instituição criada para a tutela das pessoas físicas, no que diz respeito às suas relações patrimoniais de pequena complexidade, tendo como objetivo a pacificação de litígios por meios negociais. Por isso, a capacidade de ser parte perante o Juizado Especial é mais restrita que na Justiça comum.

Para evitar a tramitação de causas de maior vulto, o legislador traçou diversas limitações ao longo do texto da Lei n. 9.099/95.

Em relação à capacidade, o art. 8º estabeleceu, no *caput*, quem não poderia ser parte nos Juizados, em ambos os polos da relação jurídica processual, e, no § 1º, quem poderia demandar, seja como autor, seja como réu.

A proibição prevista no *caput* do art. 8º objetiva impedir que a demanda seja proposta perante os Juizados Especiais. Caso a norma seja descumprida, haverá a extinção do feito sem resolução do mérito.

Não podem postular no JEC o incapaz, o preso, as pessoas jurídicas de direito público, as empresas públicas da União, a massa falida e o insolvente civil.

Contudo algumas pessoas jurídicas, em caráter excepcional, podem postular no JEC. É o caso da microempresa e da Empresa Individual de Responsabilidade Limitada (EIRELI).

Exclui-se, ainda, a possibilidade de a pessoa física capaz que seja cessionária de direitos de pessoa jurídica vir a ser autora, já que seria autorizar que a pessoa jurídica viesse a postular no juizado por intermédio de pessoa física.

Resumidamente, têm capacidade para ser parte, como autor ou réu, nos Juizados Especiais em ambos os processos, a pessoa física, "livre", capaz e não declarada insolvente; a pessoa jurídica de direito privado; e o ente despersonalizado dotado de capacidade processual. Considera-se como capaz o maior de 18 anos, que poderá agir perante o Juizado Especial independentemente de assistência, em todos os atos do processo, inclusive para fins de conciliação (art. 8º, § 2º, da Lei n. 9.099/95). Dentre as pessoas que podem ser parte, tem-se, ainda, a pessoa física, a microempresa e a empresa de pequeno porte.

Acrescente-se, ainda, que o condomínio, embora seja ente despersonalizado, é admitido como parte nos Juizados Especiais, por previsão do Enunciado 9 do Fonaje[15], e o espólio também, desde que não haja interesse de incapazes (Enunciado 72 do Fonaje[16]), o que demonstra que as vedações a quem pode atuar como parte devem ser interpretadas restritivamente.

A parte, em geral, demonstra sua aptidão para estar nos Juizados Especiais por meio de documentos e de suas declarações, incumbindo ao impugnante o ônus de provar o contrário.

No art. 9º, há a previsão de que, independentemente do valor, para recorrer é obrigatório contratar advogado. A necessidade de advogado, aliás, só está presente nas causas com valor superior a 20 salários mínimos e nos casos de recurso. Nas causas com valor inferior a 20 salários mínimos, não

---

[15] Enunciado 9: "O condomínio residencial poderá propor ação no Juizado Especial, nas hipóteses do art. 275, II, item *b*, do Código de Processo Civil".

[16] Enunciado 72: "Inexistindo interesse de incapazes, o Espólio pode ser autor nos Juizados Especiais Cíveis".

há necessidade de procurador, havendo, se quiser, assistência judiciária por órgão instituído junto ao Juizado Especial, na forma da lei local (art. 9º, § 1º, da Lei n. 9.099/95).

O juiz deverá alertar as partes da conveniência do patrocínio por advogado quando a natureza da causa recomendar (art. 9º, § 2º), o que está em linha com o dever de cooperação (em sua faceta dever de prevenção).

A outorga do mandato judicial ao advogado, mesmo antes da previsão da Lei n. 12.437/2011, já não exigia forma escrita, podendo ser oral. Basta seu comparecimento juntamente com a parte à audiência para que se tenha como constituída a representação para a causa, mediante simples registro na ata respectiva, e trata-se da aplicação prática do princípio da informalidade. No entanto, os poderes especiais só poderão ser outorgados por escrito, sendo que a Lei n. 11.419/2006, que instituiu o processo eletrônico, inclusive prevê a outorga de procuração com assinatura digital.

2.3. Demanda regularmente ajuizada: se a petição inicial não possuir seus elementos essenciais – partes, causa de pedir (*causa petendi*) e pedido (ou objeto) – ou os requisitos formais elencados no art. 319 do CPC, ela será considerada inepta. Assim, embora dê origem a uma relação jurídica processual, esta terá sua validade comprometida, o que poderá conduzir, caso o vício não seja corrigido no prazo de 15 dias (art. 321), ao indeferimento da petição inicial, isto é, à prolação de uma sentença terminativa (sem resolução do mérito), que vai extinguir a relação processual.

Conforme já expusemos, partes são aquelas pessoas (físicas, jurídicas ou morais) que participam do contraditório perante o juiz.

Podemos classificar as partes em:

a) partes da demanda: são o autor e o réu; aquele que pede e aquele em face de quem se pede. Em outras palavras, são os integrantes dos dois polos da ação;

b) partes do processo: são as partes da demanda e ainda os terceiros, que intervêm no processo de forma facultativa ou obrigatória (arts. 119 a 138 do CPC).

Causa de pedir são os fatos constitutivos do direito e os fundamentos jurídicos que embasam a pretensão autoral. A causa de pedir se divide em:

a) próxima (relação jurídica controvertida); e

b) remota (fato constitutivo do direito subjetivo).

O pedido, por sua vez, é a exteriorização da pretensão do demandante, que comporta divisão em:

a) imediato (provimento jurisdicional pleiteado); e

b) mediato (bem da vida tutelado).

Segundo o CPC, que aqui repete as disposições do CPC/73, o pedido, como regra, é certo (art. 322) e determinado (art. 324). Excepcionalmente pode ser genérico: são as hipóteses contempladas no § 1º do art. 324:

"I – nas ações universais, se o autor não puder individuar os bens demandados;

II – quando não for possível determinar, desde logo, as consequências do ato ou do fato;

III – quando a determinação do objeto ou do valor da condenação depender de ato que deva ser praticado pelo réu".

O pedido pode ser único ou cumulado. Se for cumulado, pode assumir uma das seguintes configurações:

a) cumulação simples: aqui o autor deseja o pedido A e o pedido B;

b) cumulação alternativa: aqui o autor deseja ou o pedido A ou o pedido B, e não manifesta preferência por nenhum deles;

c) cumulação subsidiária: aqui o autor deseja ou o pedido A ou o pedido B, mas manifesta preferência por um deles;

d) cumulação sucessiva: aqui o autor deseja o pedido A e o pedido B, mas o segundo só pode ser examinado se o primeiro for acolhido. Em outras palavras, o pedido A funciona como um antecedente lógico para o pedido B.

II – A SEGUNDA FORMA DE CLASSIFICAÇÃO DIVIDE OS PRESSUPOSTOS EM SUBJETIVOS E OBJETIVOS:

1. Pressupostos processuais subjetivos:

1.1. Órgão estatal investido de jurisdição, competente e imparcial (ausência de suspeição ou impedimento, arts. 144 e 145 do CPC);

1.2. Partes com capacidade para ser parte, postular em juízo e capacidade processual[17].

2. Pressupostos processuais objetivos – demanda – requisitos:

2.1. Extrínsecos: são requisitos externos à relação processual e que dizem respeito à inexistência de fatos impeditivos à sua constituição[18]. São aferidos de forma negativa, pois devem inexistir:

2.1.1. coisa julgada: é o fenômeno pelo qual uma parte ajuíza ação igual a uma primeira, já definitivamente julgada;

2.1.2. litispendência: é a repetição de uma ação idêntica (mesmas partes, mesma causa de pedir e mesmo pedido) a outra ação que ainda se encontra em curso[19];

2.1.3. convenção de arbitragem: pacto no qual as partes concordam, com base na autonomia da vontade, em submeter eventual conflito de interesses à arbitragem. Assim, proposta uma ação relativa a esse conflito por uma das partes, poderá a outra requerer, em preliminar de contestação, a extinção do processo sem resolução do mérito, submetendo-o à apreciação do juízo arbitral, já que nenhuma das partes, sem a concordância da outra, poderá arrepender-se da opção anteriormente estabelecida (arts. 4º e 7º da Lei n. 9.307/96). É curioso notar que a convenção de arbitragem, ao contrário dos dois pressupostos negativos anteriormente citados, não pode ser conhecida de ofício pelo juiz (art. 337, § 5º, do CPC);

2.1.4. fato impeditivo ao exercício da ação: decorre de ato reiterado do autor, tal como na perempção, em que o autor desiste por três vezes seguidas de dar continuidade à ação, impedindo que ele a proponha novamente[20].

---

[17] Com relação à capacidade das partes, vide o disposto em pressupostos de validade.

[18] Identificando qualquer desses requisitos, o juiz deve extinguir o processo sem resolução de mérito, na forma do art. 485 do CPC.

[19] Santos, 1999, p. 325. O autor também cita como requisitos extrínsecos a falta de tentativa prévia de conciliação, a falta de pagamentos das despesas feita pelo réu e as férias forenses, para aquelas ações que não podem ser propostas durante ela.

[20] Mas não o impede de utilizar os fundamentos invocados para exercer sua defesa em eventual ação proposta.

2.2. Intrínsecos: são requisitos intrínsecos à relação processual, relativos à subordinação dos procedimentos às normas legais[21]. São eles:

2.2.1. citação válida do réu: tem por fim comunicar o réu da demanda que lhe foi proposta e lhe dar a oportunidade de se defender dos fatos narrados na petição inicial. Sua falta ou irregularidade pode ser suprida pelo comparecimento espontâneo do réu, já que, neste caso, o objetivo da citação – dar conhecimento ao réu da ação proposta – terá sido alcançado;

2.2.2. intimação do Ministério Público: que atuará como fiscal da ordem jurídica (quando houver previsão expressa de lei, especialmente no art. 178 do CPC) ou como parte na demanda;

2.2.3. regularidade procedimental: sendo a petição inicial o ato constitutivo da relação processual, o autor, ao instaurar o processo, deve obedecer aos dispositivos legais que regulam o exercício desse direito, bem como observar as regras procedimentais para o ajuizamento de uma ação. Assim, deve-se, primeiramente, recorrer aos arts. 319 e 320 do CPC.

A falta de um pressuposto processual, em regra, impede que o juiz examine o mérito da causa. No entanto, considerando-se o processo como um instrumento para a efetivação do direito material, e não um fim em si mesmo, alcançado o objetivo da lei, a falta do pressuposto poderá ser convalidada[22] em algumas hipóteses.

A visão moderna do processo impõe considerá-lo a partir de dois aspectos: o técnico e o humano (ou ético). Assim entendido, o processo torna-se fonte de descoberta, aprimoramento e interpretação das normas na linha de seus escopos jurídicos, sociais e políticos que informam o Estado Democrático de Direito[23], impondo a utilização da técnica a serviço dos fins do processo, e não o contrário.

Não custa lembrar que o art. 4º do CPC determina que as partes têm o direito de obter em prazo razoável a solução integral do mérito, incluída a atividade satisfativa. Ou seja, não basta que o Poder Judiciário entregue aos jurisdicionados uma sentença meramente terminativa (aquela que não consegue examinar o mérito em razão da ausência de um pressuposto processual ou condição para o regular exercício do direito de ação). É necessário que o mérito seja alcançado a fim de que a questão principal possa ser enfrentada e, assim, satisfeita a pretensão.

---

[21] Santos, 1999, p. 324. O autor insere entre os requisitos intrínsecos o instrumento de mandado conferido ao advogado do autor.
[22] Santos, 1998, p. 37.
[23] Carneiro, 2001a, p. 347-353.

Capítulo 19
OBJETO DA COGNIÇÃO: QUESTÕES PRÉVIAS E MÉRITO

19.1 QUESTÕES

São objeto do conhecimento do juiz todos os pontos de fato e de direito (cada qual com sua consequência processual) que possam influir na admissibilidade e no conteúdo do julgamento do mérito. Uma vez apreciados, o juiz decide se profere uma sentença de mérito de procedência ou improcedência, ou se extingue o processo sem resolução do mérito.

As questões processuais são assim classificadas:

a) Questões prévias: são aquelas que antecedem o exame do mérito, ou seja, devem ser examinadas pelo magistrado antes de enfrentar o mérito. Dividem-se em:

a.1) Preliminares: são as questões que, se acolhidas pelo magistrado, impedem o exame do mérito. Podem ser subdivididas em:

a.1.1) preliminares próprias: se acolhidas, levam necessariamente à extinção do processo sem resolução do mérito;

a.1.2) preliminares impróprias: se acolhidas, impedem aquele magistrado de examinar o mérito, mas não conduzem à extinção do feito. Elas têm como consequência a remessa dos autos a outro magistrado.

a.2) Prejudiciais: são as questões que, se acolhidas, condicionam o exame do mérito. As prejudiciais influenciam a forma como o juiz vai julgar a questão principal. As questões prejudiciais podem ser classificadas em:

a.2.1) interna: surge no mesmo processo em que é discutida a questão principal;

a.2.2) externa: surge em outro processo. Nesse caso, admite-se, ainda, uma subclassificação:

a.2.2.1) homogênea: ambos os processos (o da prejudicial e o da principal) pertencem ao mesmo ramo do direito. Por exemplo, ambos os processos são cíveis;

a.2.2.2) heterogênea: cada um dos processos pertence a um ramo diverso. Por exemplo, uma ação é penal e a outra é civil ou trabalhista.

b) Questão principal: é o mérito da causa, ou seja, a razão que motivou o jurisdicionado a recorrer ao Poder Judiciário. Em outras palavras, é a projeção da pretensão do autor na esfera jurisdicional.

Abaixo examinaremos cada uma delas com mais detalhes.

19.1.1 Questões prévias

São necessariamente examinadas antes da questão principal. Podem ser apresentadas na petição inicial ou na contestação antes de examinar o mérito. Também podem surgir no curso do processo como incidentes processuais.

Só podem ser declaradas de ofício pelo juiz se forem consideradas questões de ordem pública, conforme o art. 485, § 3º, do CPC, a saber:

a) ausência de pressupostos de constituição e de desenvolvimento válido e regular do processo;

b) existência de perempção, litispendência ou de coisa julgada;

c) ausência de legitimidade ou de interesse processual;

d) morte da parte, quando a ação for considerada intransmissível por disposição legal (ou seja, naqueles casos em que o direito é personalíssimo).

19.1.1.1 Questão prévia preliminar

É questão que decorre da formulação de uma defesa indireta de natureza processual que impede (defesa peremptória) ou retarda (defesa dilatória) o exame do mérito da causa, sem influir, contudo, em seu teor.

Trata-se de verdadeira oposição ao julgamento do mérito da causa a ser arguida antes da contestação de mérito, na qual se suscita a ausência de algum requisito indispensável para esse julgamento[1]. Exemplo de defesa preliminar dilatória é a alegação de incompetência absoluta, e de defesa preliminar peremptória, a alegação de coisa julgada material.

19.1.1.2 Questão prévia prejudicial

Trata-se de questão cujo exame deve anteceder, por imposição lógica, a resolução do mérito. Embora não seja capaz de impedir o exame do mérito, condiciona o teor da decisão acerca deste.

É uma questão de direito material e, em termos rigorosamente técnicos, não é decidida pelo juiz da causa, mas apenas conhecida incidentalmente por ele, já que não integra o pedido formulado pelo autor. Surge uma questão prejudicial, por exemplo, quando alguém ajuíza ação de alimentos sem ter certeza de que o réu é o pai. A investigação de paternidade será, nesse caso, a questão prejudicial que deverá ser examinada antes do mérito.

A questão prejudicial possui três características básicas:

1) antecedência lógica: é um antecedente lógico, e não cronológico, da questão principal; o juiz só poderá enfrentar o mérito se apreciar, antes, a prejudicial;

2) superordinação: é uma decorrência da própria antecedência lógica. Significa que a questão prejudicial vai influenciar no julgamento da principal, podendo esta última questão ser qualificada como prejudicada ou subordinada;

3) autonomia: a questão prejudicial existe independentemente da principal, podendo ser suscitada dentro ou fora daquele processo.

Há três diferenças básicas entre a questão preliminar e a prejudicial:

1) a preliminar só existe enquanto examinada em conjunto com a principal; ela está sempre atrelada à principal. Já a prejudicial é autônoma, existindo independentemente da principal;

2) a preliminar é, via de regra, uma questão processual, enquanto a prejudicial é relativa ao direito material. Logo, esta se refere a uma relação jurídica que deve ser primeiramente examinada para depois se examinar a principal;

3) a questão prejudicial determina *como* o mérito será julgado, enquanto a questão preliminar determina *se* o mérito será julgado. Exemplo: questiona-se o inadimplemento de obrigação de fazer, mas já questionava o devedor a validade do contrato. Essa é questão prejudicial.

Como visto acima, questão prejudicial possui duas classificações:

1) quanto ao processo no qual essa questão é suscitada, pode ser:

---

[1] Dentre as defesas meramente dilatórias, algumas podem acabar conduzindo à extinção do processo em um segundo momento, o que sucederá sempre que não sanado o defeito processual apontado, apesar de concedida a oportunidade para tanto. Já as peremptórias só produzem a extinção depois de ouvido o autor a respeito. Observa-se, pois, em um e outro caso, a aplicação do princípio do contraditório.

a) interna: é aquela que surge no mesmo processo da ação principal;

b) externa: é aquela discutida em outro processo. Isso é possível em razão de a questão prejudicial ser autônoma, referindo-se a uma relação de direito material, subsistindo independentemente da principal;

2) quanto ao ramo do direito em que surge a questão prejudicial, pode ser:

a) homogênea: quando a questão prejudicial e a principal pertencem ao mesmo ramo do direito;

b) heterogênea: quando a prejudicial pertence a ramo diverso da principal. Exemplo: acidente de trânsito em que o réu é acusado de lesões corporais no juízo criminal e em relação ao qual se pleiteia indenização material no juízo cível. O juiz cível, normalmente, espera a decisão penal (a despeito da independência das instâncias expressamente resguardada no art. 935 do CC) que aferirá a culpa ou não do réu. Essa é questão prejudicial.

A regra do CPC/73 era no sentido de que o magistrado apenas apreciava a questão prejudicial (art. 469, III), sem decidi-la. No entanto, se fosse provocado expressamente por meio de ação declaratória incidental (art. 325), aí sim a questão prejudicial seria decidida e passaria a integrar o dispositivo da sentença (art. 470).

Por essa regra, a questão prejudicial, em geral, seria analisada apenas na fundamentação da sentença e, por conseguinte, não seria alcançada pela coisa julgada, que atingia apenas o dispositivo.

Nesse caso, fundada nos princípios da economia processual e da inércia jurisdicional, havia a ação declaratória incidental, cujo objetivo era o julgamento, no mesmo processo, da questão prejudicial e da principal, as quais constariam da parte dispositiva da mesma sentença, havendo a produção da coisa julgada material em relação a ambas.

Isso porque, havendo tal requerimento, o juiz sentenciaria *principaliter* sobre a questão prejudicial, que seria, dessa forma, transformada em causa. Em outras palavras: proposta a ação declaratória incidental, ocorria uma ampliação do *thema decidendum*. Antes ele era composto apenas pela questão principal e, com o exercício da ação declaratória incidental, passava a se compor também da questão prejudicial.

O CPC não contempla mais a figura da ação declaratória incidental.

O art. 504 repete a norma do art. 469 do CPC/73, acima referida, no sentido de que os motivos não fazem coisa julgada.

Contudo, o § 1º do art. 503 permite expressamente que a questão prejudicial seja decidida "expressa e incidentemente" no processo, se:

"I – dessa resolução depender o julgamento do mérito;

II – a seu respeito tiver havido contraditório prévio e efetivo, não se aplicando no caso de revelia;

III – o juízo tiver competência em razão da matéria e da pessoa para resolvê-la como questão principal".

Por outro lado, o § 2º do mesmo art. 503 impede o julgamento da prejudicial se no processo "houver restrições probatórias ou limitações à cognição que impeçam o aprofundamento da análise da questão prejudicial".

Quer nos parecer que o julgamento da questão prejudicial, observados os requisitos e restrições acima, pode ser objeto de pedido da parte interessada ou mesmo proposto pelo magistrado, desde que sobre ela tenha havido efetivo contraditório.

Nessa linha de raciocínio, temos para nós que o Ministério Público, na condição de fiscal da ordem jurídica, e os terceiros podem formular tal requerimento. Quanto ao *amicus curiae*, em princípio, aplica-se o mesmo raciocínio, observando-se, contudo, que os poderes do amigo da corte devem ser definidos no momento de sua admissão, na forma do art. 138, § 2º.

19.1.2 Questão principal

É chamada de pretensão, representa o mérito do processo e é revelada pelo pedido formulado pelo autor na sua petição inicial.

Há inúmeras teorias que procuram identificar o mérito, seja pelo pedido, seja pela causa de pedir. Entendemos nós que o mérito é extraível a partir do desejo que move o cidadão a buscar o Poder Judiciário. Em outras palavras, o que espera ele receber caso seu pedido seja julgado procedente.

Em interessante resenha sobre as diversas teorias que buscam delinear o mérito da causa, Rinaldo Mouzalas conclui em sentido próximo ao nosso[2].

Pois bem, para que o juiz possa enfrentar o mérito, ele precisa superar as questões preliminares que são apresentadas pelas partes.

As questões preliminares estão previstas no art. 337 do CPC.

São elas:

"I – inexistência ou nulidade da citação;

II – incompetência absoluta e relativa;

III – incorreção do valor da causa;

IV – inépcia da petição inicial;

V – perempção;

VI – litispendência;

VII – coisa julgada;

VIII – conexão;

IX – incapacidade da parte, defeito de representação ou falta de autorização;

X – convenção de arbitragem;

XI – ausência de legitimidade ou de interesse processual;

XII – falta de caução ou de outra prestação que a lei exige como preliminar;

XIII – indevida concessão do benefício de gratuidade de justiça".

Desse rol, apenas a convenção de arbitragem e a incompetência relativa não podem ser examinadas de ofício pelo magistrado, na forma do § 5º do art. 337. Nesses casos é necessária a manifestação expressa do réu.

Em caso de silêncio do réu, o juiz vai presumir que ele aceitou a jurisdição estatal e renunciou ao juízo arbitral, na forma do § 6º do mesmo dispositivo.

Da mesma forma, a não alegação da incompetência relativa leva ao fenômeno da prorrogação da competência, segundo o qual o juízo inicialmente incompetente se torna competente para o julgamento daquela questão.

Não custa lembrar que o acolhimento de uma das preliminares leva, como regra, à extinção do feito sem resolução do mérito. Nesses casos, denominamos essas questões como preliminares pró-

---

[2] "As conclusões que se podem extrair, a partir das considerações que foram expostas, são: a) incapacidade de as teorias fundadas no pedido (mesmo que identificado pela causa de pedir), na lide e na ação de direito material (ainda que incluída a defesa e/ou a exceção apresentadas pelo réu), em explicar questões do cotidiano forense; b) dissonância delas em relação a diversas garantias constitucionais. Por consequência, o objeto litigioso do processo é a *res in iudicium deducta*, sobre a qual deve recair o pronunciamento jurisdicional apto a formar coisa julgada material (*res judicata*), que se delimita pelas afirmações da existência de direito, apresentadas pelas partes" (Mouzalas, 2016, p. 19).

prias. Em alguns outros casos, como, por exemplo, a incompetência ou a conexão, dá-se apenas a remessa a outro juízo. Denominamos, então, tais questões como preliminares impróprias.

O CPC traz outras matérias para o rol das preliminares que não constavam no CPC/73, pois, naquele regime, tais questões deveriam ser suscitadas por meio de incidente próprio, como é o caso da incorreção do valor da causa e a indevida concessão do benefício da justiça gratuita (art. 337, III e XIII).

Quando o juiz supera as preliminares, ou seja, quando não acolhe nenhuma dessas questões que foram alegadas pelo réu em sua contestação, poderá examinar a questão principal, isto é, o mérito da causa.

Segundo o art. 487 do CPC, haverá resolução de mérito quando o juiz:

"I – acolher ou rejeitar o pedido formulado na ação ou na reconvenção;

II – decidir, de ofício ou a requerimento, sobre a ocorrência de decadência ou prescrição;

III – homologar:

a) o reconhecimento da procedência do pedido formulado na ação ou na reconvenção;

b) a transação;

c) a renúncia à pretensão formulada na ação ou na reconvenção.

A decisão do juiz que enfrenta a questão principal é chamada sentença definitiva".

A sentença definitiva pode ser classificada em:

a) impositiva (art. 487, I). Aqui o Estado-Juiz impõe sua vontade diante do conflito estabelecido entre as partes, quando não foi possível uma solução consensual. A partir daí, a sentença passa a ser norma entre as partes, devendo ser obedecida por todos aqueles que tomaram parte naquele processo;

b) declaratória de prescrição ou decadência (art. 487, II). Observe-se que o parágrafo único do art. 487 determina que essas matérias só serão apreciadas pelo magistrado após ser dada oportunidade às partes para se manifestar. Isso só não se aplica na hipótese do art. 332 (improcedência liminar do pedido);

c) homologatória (art. 487, III). A sentença homologatória será utilizada nas hipóteses de:

c.1) reconhecimento da procedência do pedido da ação ou da reconvenção;

c.2) transação; e

c.3) renúncia à pretensão formulada na ação ou na reconvenção.

Essas três hipóteses refletem soluções consensuais alcançadas pelas partes após um procedimento de negociação, conduzido com a participação de seus advogados, ou mesmo procedimentos de conciliação e mediação, previstos no art. 165, §§ 2º e 3º, do CPC.

Interessante notar que o art. 488 traz regra no sentido de que sempre que possível deve o juiz enfrentar o mérito quando a decisão terminativa for favorável à parte a quem aproveitaria eventual sentença terminativa.

Assim sendo, se o juiz percebe que há um vício na petição inicial (caso de sentença terminativa) e prescrição (caso de sentença definitiva), deverá enfrentar essa segunda questão.

Isso é importante, pois as sentenças definitivas têm força de coisa julgada material, ao contrário das terminativas, que produzem apenas coisa julgada formal. Havendo coisa julgada formal, nada impede que uma nova demanda seja proposta, sobre a mesma questão, apenas corrigindo-se o vício apontado na ação original.

Por outro lado, configurada a coisa julgada material, uma nova ação não pode ser proposta, a menos que os efeitos da coisa julgada sejam afastados por meio de uma ação específica denominada ação rescisória, prevista no art. 966 do CPC, e que será estudada na Parte II.

Dessa forma, aquele pronunciamento judicial, quando se tornar imutável, oferecerá maior proteção jurídica à parte que foi por ele beneficiada.

Capítulo 20
TUTELA PROVISÓRIA

20.1 OBSERVAÇÕES INTRODUTÓRIAS

O novo Código de Processo Civil (Lei n. 13.105/2015) oferece à tutela cautelar um tratamento bem distinto daquele adotado pelo Código de 1973. Este disciplinava, em seu Livro III, o processo cautelar, como meio de fornecer uma tutela jurisdicional mediata de natureza instrumental e caráter não satisfativo, cuja finalidade consistia "apenas, segundo a concepção clássica, em assegurar, na medida do possível, a eficácia prática de providências quer cognitivas, quer executivas"[1], sendo acessório ao processo de conhecimento ou ao processo de execução[2].

Já o Código de 2015 traz o que denomina *tutela provisória* no Livro V de sua Parte Geral, desdobrando-se o tratamento em 3 Títulos: disposições gerais (arts. 294 a 299); tutela de urgência (arts. 300 a 310), subdividindo-se esta em Capítulos sobre disposições gerais, tutela antecipada requerida em caráter antecedente e tutela cautelar requerida em caráter antecedente; e tutela da evidência (art. 311).

Passamos, nesse momento, ao estudo da nova disciplina legal, começando pelas regras gerais introduzidas pelo novo Código.

20.2 REGRAS GERAIS INTRODUZIDAS PELO CPC

Enquanto os processos de conhecimento e execução oferecem tutela jurisdicional imediata e satisfativa, por meio da qual se busca atender à pretensão do autor, a tutela provisória "é aquela que, em razão da sua natural limitação cognitiva, não é apta a prover definitivamente sobre o interesse no qual incide e que, portanto, sem prejuízo da sua imediata eficácia, a qualquer momento, poderá ser modificada ou vir a ser objeto de um provimento definitivo em um procedimento de cognição exaustiva"[3].

Trata-se, portanto, de uma tutela marcada pela sumariedade de sua cognição e pela provisoriedade[4], sendo decorrente da necessidade de prestação jurisdicional efetiva[5], a qual deve, obrigatoriamente, ser oferecida pelo Estado por conta do monopólio da jurisdição, em prazo razoável.

De acordo com o art. 294, a tutela provisória pode se manifestar nas formas de evidência ou de urgência, dividindo-se esta em cautelar ou antecipada, podendo ser concedida em caráter antecedente ou incidental.

---

[1] Barbosa Moreira, 2009, p. 302.
[2] Enunciado 452 do FPPC: (art. 1.046, § 1º) "As disposições do CPC/73 relativas aos procedimentos cautelares que forem revogadas aplicar-se-ão às ações propostas e não sentenciadas até o início da vigência do CPC (Grupo: Direito Intertemporal)".
[3] Greco, 2014, p. 296.
[4] Greco aponta que a tutela provisória restaura a ideia de provisoriedade difundida por Calamandrei (Piero Calamandrei, "Introduzione allo studio sistematico dei provvedimenti cautelari", in *Opere Giuridiche*, Napoli: Ed. Morano, 1983, p. 175. v. IX), conquanto intrínseca à instrumentalidade, a serviço do processo principal, do qual é antecedente ou incidente (Greco, 2014, p. 298).
[5] Barbosa Moreira, 2009, p. 301.

Distinguem-se, assim, a modalidade deferida diante da evidência de seu cabimento daquela fundada na urgência (em face de um direito que pode perecer ou a utilidade do processo, que pode ser perdida).

Pela tutela da evidência, o novo Código intenta proteger um direito que se mostra evidente desde o início do processo, ainda que em hipóteses nas quais, por ausência de urgência, o Código de 1973 não previa a antecipação da tutela ao final pretendida.

É modalidade que possui, sempre, natureza satisfativa e que preza pela celeridade, sem, contudo, sacrificar o contraditório, que fica postergado.

Já pela tutela de urgência, o Código de 2015 visa sistematizar evolução que, desde 1994, já se desenrolava, no tocante à tutela provisória no direito brasileiro[6]. Para tanto, subdividiu-a em cautelar ou antecipatória do provimento final (natureza da tutela), e em antecedente ao pedido principal ou incidental no processo (momento de concessão).

A tutela provisória, quando requerida incidentalmente, não depende do pagamento de custas. É esse o teor do art. 295, que se justifica pelo fato de que, uma vez que a parte já arcou com as custas necessárias ao seu ingresso em juízo, não é preciso que proceda a novo recolhimento, no mesmo processo.

O art. 296 manteve, em síntese, a norma dos arts. 273, §§ 4º e 5º, e 807 do antigo Diploma, ao determinar a conservação da eficácia[7] da tutela provisória na pendência do processo, podendo ser revogada ou modificada a qualquer tempo, bem como na suspensão deste, salvo decisão judicial em contrário.

O juiz poderá, observando as normas atinentes ao cumprimento provisório da sentença, determinar todas as medidas que entender necessárias para a efetivação da tutela, mesmo que não tenham sido expressamente requeridas pela parte (art. 297)[8].

De se observar que o art. 139, IV, dispõe que o magistrado pode "determinar todas as medidas indutivas, coercitivas, mandamentais ou sub-rogatórias necessárias para assegurar o cumprimento de ordem judicial".

Ressalte-se, porém, que a tutela provisória propriamente dita deve ser requerida pela parte, nos termos do art. 299, que estabelece a competência do juízo também competente para o conhecimento do pedido principal.

Por fim, de modo semelhante ao Código de 1973, o art. 298 impõe ao magistrado o dever de motivar, de modo claro e preciso, o seu convencimento ao conceder, negar, modificar ou revogar a tutela provisória, evitando, com isso, fundamentações genéricas[9].

Importante lembrar aqui o comando previsto no art. 489, § 1º, já comentado no capítulo dos princípios processuais.

---

[6] Greco, 2014.

[7] Enunciado 140 do FPPC: (art. 296) "A decisão que julga improcedente o pedido final gera a perda de eficácia da tutela antecipada".

[8] Não contraria o princípio da adstrição o deferimento de medida cautelar que divirja ou ultrapassa os limites do pedido formulado pela parte, se entender o magistrado que essa providência milita em favor da eficácia da tutela jurisdicional. De início, reafirma-se o entendimento – ratificado por esta Quarta Turma – no sentido de que "o poder geral de cautela, positivado no art. 798 do CPC/1973 [art. 297 do CPC/2015], autoriza que o magistrado defira medidas cautelares 'ex officio', no escopo de preservar a utilidade de provimento jurisdicional futuro", e também que "não contraria o princípio da adstrição o deferimento de medida cautelar que ultrapassa os limites do pedido formulado pela parte, se entender o magistrado que essa providência milita em favor da eficácia da tutela jurisdicional" (AgInt no REsp 1.694.810-SP, j. 20-8-2019, DJe 26-8-2019). Processo em segredo de justiça, rel. Min. Antonio Carlos Ferreira, 4ªT., por unanimidade, j. 6-12-2022, DJe 13-12-2022, Informativo STJ n. 763.

[9] Enunciado 30 do FPPC: (art. 298) "O juiz deve justificar a postergação da análise liminar da tutela provisória sempre que estabelecer a necessidade de contraditório prévio".

20.3 MODALIDADES

O exame a que se procede agora visa explorar, em detalhes, as modalidades assumidas pelo gênero tutela provisória, sendo elas: tutela de urgência (cautelar ou antecipada; antecedente ou incidental) e tutela de evidência.

20.3.1 Tutela de urgência

O Estado detém a função de prestar a jurisdição, que, por sua vez, consiste no mecanismo do qual se valem os particulares e os órgãos públicos para buscar a aplicação de uma norma genérica e abstrata a um caso concreto.

Compatibilizar a celeridade das decisões com o necessário respeito aos preceitos constitucionais e aos julgamentos que expressem qualidade é sempre um desafio para o julgador.

Deve ser considerado que o Estado necessitará de um lapso temporal natural para seguir os trâmites processuais e prestar a jurisdição de modo a respeitar elementos fundamentais aos jurisdicionados.

Pode ocorrer, contudo, que o decurso desse tempo acarrete o comprometimento da prestação jurisdicional.

Nas hipóteses em que a sujeição ao trâmite natural do processo possa gerar ou agravar um dano, chamado pela doutrina de *dano marginal*, ou seja, aquele causado pela demora processual, existem medidas emergenciais que visam garantir o direito tutelado. São as chamadas tutelas de urgência.

Como embasamento à concessão dessas medidas, adota-se o princípio da proporcionalidade, quando se põem em conflito dois valores constitucionais. Sacrifica-se o bem jurídico do contraditório e da ampla defesa (que poderá ser conferido em tutela subsequente) e privilegia-se o princípio da efetividade, que requer proteção imediata, sob pena de ser irreversivelmente inatingível.

Vale ressaltar que não se extirpa o contraditório. Ele passa a ocorrer após uma primeira decisão do juiz. É o contraditório diferido também chamado contraditório postergado.

Sendo assim, o processo deve existir no sentido de regulamentar as crises surgidas com o descumprimento das normas previstas no plano material, e, para que a tutela jurisdicional seja eficaz quanto ao resultado esperado, é imprescindível que o titular da posição jurídica de vantagem possa se valer dos mecanismos aptos a assegurar não somente a tutela formal de seu direito, como também proteção real.

Nesse contexto, algumas alternativas para remediar o problema da falta de efetividade – notadamente o da prolongada duração do processo – podem ser apontadas em nosso sistema processual.

Sob esse aspecto, assume vital importância a denominada tutela de urgência, que, por sua vez, representa modalidade de tutela jurisdicional diferenciada, em que a principal característica reside no fator tempo, ou seja, é prestada de forma mais rápida, objetivando a utilidade do resultado prático, conforme veremos adiante.

Sob a denominação de *tutelas de urgência*, há que se entender aquelas medidas caracterizadas pelo *periculum in mora*.

Em outras palavras, as que visem minimizar os danos decorrentes da excessiva demora na obtenção da prestação jurisdicional, quer seja ela imputável a fatores de natureza procedimental, ou mesmo extraprocessuais, relacionados à precária estrutura do Poder Judiciário, como a insuficiência de juízes e funcionários e a má distribuição de competências, entre outros.

Assim, a tutela jurisdicional urgente tem por escopo neutralizar o perigo de dano decorrente da demora no processo e assegurar a tão proclamada efetividade do provimento final, que se traduz na utilidade que a tutela final representa para o titular do direito.

Para evitar que a demora na entrega do provimento satisfativo comprometa sua efetividade, o legislador pátrio elegeu, segundo critérios de conveniência estabelecidos à luz das especificidades do direito material, duas técnicas processuais distintas, embora ambas baseadas em cognição sumária:

a) uma provisória e instrumental: a tutela sumária cautelar;

b) outra idônea a definir a relação material controvertida, satisfativa e com aptidão a se tornar imutável: a tutela sumária não cautelar.

Constituem exemplo desta última em nosso ordenamento o mandado de segurança, o julgamento antecipado do mérito em razão da revelia (art. 355, II), o mandado de pagamento monitório (art. 701), a tutela possessória (arts. 554 e s.), entre outros.

Por outro lado, a adoção da medida sumária de caráter provisório, seja ela de natureza conservativa, seja satisfativa, representa a opção que mais se coaduna com o nosso sistema constitucional, sobretudo em vista do embate entre duas importantes garantias: a segurança jurídica e a efetividade da jurisdição.

A fim de harmonizar esses dois valores fundamentais, que, a princípio, se revelam antagônicos – pois a segurança pressupõe cognição exauriente e contraditório pleno, e a efetividade relaciona-se, muitas vezes, à celeridade –, um dos mecanismos é a adoção de modalidade de tutela provisória. Tal tutela destina-se a dar solução imediata à situação de urgência apresentada ou à situação em que é evidente o direito postulado, apenas enquanto não houver elementos suficientes para a outorga da tutela definitiva.

Essa solução, como já referida, não implica o completo afastamento do contraditório; este apenas é diferido para momento posterior, em razão das exigências apresentadas pela relação de direito material.

O próprio legislador previu situações específicas nas quais se mostra necessária a concessão de medidas urgentes e provisórias, a fim de preservar o resultado útil do processo, *v.g.*, o arresto, o sequestro, o arrolamento de bens etc. (art. 301). Isso, contudo, não exime o magistrado de avaliar, no caso concreto, a proporcionalidade da medida e, eventualmente, a necessidade de esgotar outros meios típicos, como já decidiu o STJ[10].

Além disso, dispôs sobre o poder geral de concessão de medidas provisórias (art. 297)[11].

20.3.1.1 Disposições gerais

A tutela de urgência, como visto, pode se manifestar nas formas antecipatória e cautelar.

A tutela antecipatória possui natureza satisfativa. Por intermédio dela, o juiz profere decisão interlocutória no curso de um processo de conhecimento, cujo teor consiste na antecipação dos efeitos que só seriam alcançados com a prolação da sentença.

Já a tutela cautelar apresenta natureza instrumental, voltando-se para um processo de conhecimento ou para um processo de execução, não possuindo cunho satisfativo, uma vez que é somente ao final do processo que o reconhecimento do direito que se busca será alcançado, e não com a tutela cautelar.

---

[10] É imprescindível o esgotamento dos meios executivos típicos para a utilização do sistema Central Nacional de Indisponibilidade de Bens (CNIB) como medida executiva atípica. REsp 1.963.178-SP, rel. Min. Marco Aurélio Bellizze, 3ª T, por unanimidade, j. 12-12-2023, *DJe* 14-12-2023. *STJ Informativo Extraordinário* n. 15.

[11] Apesar da amplitude que aponta ao enunciado do art. 297, Greco lhe coloca dois limites intransponíveis, quais sejam, a dignidade humana e a impossibilidade de adoção cautelar de provimento que não poderia ser adotado por meio de provimento definitivo (Greco, 2014).

É, dessa forma, uma tutela apenas mediata do direito material[12], assegurando uma situação jurídica tutelável sempre pelo mesmo processo, uma vez que o novo Código não mais a prevê como medida autônoma.

A Lei de 2015 também deixa de prever um procedimento comum para a tutela de urgência, não tratando especificamente de seu requerimento incidental.

Greco utiliza interpretação sistemática para afirmar que, em princípio, e com a ressalva de eventual incompatibilidade, as disposições do legislador sobre as tutelas antecipada e cautelar antecedentes se aplicam à tutela de urgência incidente[13].

O art. 300 traz a previsão de dois requisitos do cabimento da tutela de urgência: elementos que evidenciam a probabilidade do direito e o perigo de dano ou o risco ao resultado útil do processo.

Ao adotar como requisito a probabilidade do direito, o legislador de 2015 abrandou o rigor exigido até então pelo Código de 1973, cujo art. 273, *caput*, exigia prova inequívoca da verossimilhança da alegação[14].

Tão logo criado o instituto, em 1994, muitos autores buscaram interpretar o que seriam a verossimilhança e a prova inequívoca, já que a primeira corresponde a uma probabilidade, e a segunda se refere a algo decorrente de certeza. Nesse passo, assegurou-se que a prova inequívoca da verossimilhança deveria dizer respeito ao fato que fundamenta o pedido.

Em seguida, foi estabelecida uma espécie de graduação, segundo a qual existiriam diversos níveis do juízo de probabilidade e, dessa forma, em um dos extremos, estaria a prova bastante convincente; no outro extremo, estaria a simples fumaça do direito alegado.

Assim, o juízo de verossimilhança fundado em prova inequívoca deveria compor o referido extremo mais convincente. Já a fumaça de direito alegado (*fumus boni iuris*) seria suficiente para o processo cautelar (o qual não mais se encontra previsto no ordenamento pátrio), mas não para a antecipação dos efeitos da tutela.

Afirmação verossímil, portanto, versaria sobre fato com aparência de verdadeiro, e prova inequívoca significaria grau mais intenso de probabilidade do direito, implicando juízo cognitivo mais profundo do que o então exigido para a cautelar autônoma pelo art. 798, embora inferior à cognição plena e exauriente que antecede a tutela definitiva.

Nessa graduação, a probabilidade, agora requisito para a concessão da tutela de urgência, estaria entre a fumaça do direito alegado e a verossimilhança. Seria, portanto, mais distante do juízo de certeza do que o antigo requisito.

Caberá ao magistrado, diante do caso concreto, ponderar valores e informações que fomentem o requerimento de tutela de urgência e, sendo provável o direito alegado, conjugá-lo ao outro requisito que veremos a seguir, para conceder ou não a medida requerida.

Como segundo requisito, além dos elementos que evidenciem a probabilidade do direito, o requerente da concessão de tutela de urgência deverá demonstrar em juízo que há o perigo de que, em não sendo esta concedida, ocorra um dano irreparável ou de difícil reparação.

O perigo de dano deve correlacionar-se também com a ideia de impossibilidade, em momento posterior, do cumprimento da obrigação, ou, ainda, com a própria inutilidade de procedência do provimento.

---

[12] Bueno, 2009, p. 164.
[13] Greco, 2014.
[14] Enunciado 143 do FPPC: "A redação do art. 300, *caput*, superou a distinção entre os requisitos da concessão para a tutela cautelar e para a tutela satisfativa de urgência, erigindo a probabilidade e o perigo na demora a requisitos comuns para a prestação de ambas as tutelas de forma antecipada".

Pode o juiz, para concedê-la, exigir caução real ou fidejussória apta ao ressarcimento de eventuais danos que a contraparte possa sofrer com a efetivação da tutela, sendo dispensável nos casos de hipossuficiência econômica da parte, garantindo-lhe o acesso à Justiça (art. 300, § 1º).

A tutela pode ser concedida sem manifestação prévia da outra parte, diferindo-se o contraditório, ou mediante justificação prévia, via audiência ou esclarecimentos da parte (§ 2º). Todavia, havendo perigo de irreversibilidade dos efeitos da decisão, a tutela de urgência antecipatória não será concedida (§ 3º)[15].

Impõe o legislador, como condição ao deferimento da medida, que a antecipação dos efeitos não seja irreversível, havendo possibilidade de retorno ao *status quo*. Contudo o provimento nunca é irreversível, pois é provisório e revogável. O que é reversível são as consequências decorrentes da execução da medida.

Alternativas possíveis ao requisito da reversibilidade são a indenização por perdas e danos e a caução.

Todavia, em caráter absolutamente excepcional, quando os valores em jogo forem de grande relevância, valendo-se o intérprete do princípio da proporcionalidade, admite-se a utilização da técnica destinada à obtenção de tutelas sumárias e provisórias para a solução definitiva e irreversível de situações substanciais (o que, na realidade, deixa de ser antecipação provisória, assumindo o *status* de tutela final, ou seja, tutela sumária definitiva).

Apesar da previsão legal de permissão de antecipação dos efeitos da tutela pretendida no "pedido inicial", firmou-se o entendimento de que não constitui óbice a que se aceite a antecipação em favor do réu nas demandas em que se admitem pedidos contrapostos ou reconvenção, em homenagem ao princípio da isonomia.

Grande inovação no sistema, operada em 2015, consiste na extinção do processo cautelar como processo autônomo e de todos os procedimentos cautelares específicos, não obstante as modalidades de tutela cautelar continuarem a existir, quer pelo poder geral de cautela do juiz (art. 5º, XXXV, da CF), quer por menções esporádicas, como no próprio art. 301. A nova Lei, assim, vem operar maior flexibilidade nas maneiras de implementação da tutela cautelar.

O poder geral de cautela[16] do juiz deve ser compreendido como um poder-dever, no sentido de que o magistrado se utilizará de meios aptos a obter o resultado pretendido, sendo a proteção que deve fornecer a determinada situação impositiva. Contudo, esse poder geral de cautela, amplo e não restrito a casos predeterminados, não é arbitrário. Sua primeira limitação é a necessidade, pois somente demonstrada a presença dos requisitos e presente a necessidade do provimento, dentro dos objetivos próprios da tutela de urgência, é que ela deve ser deferida. Ademais, a medida não deve transpor os limites que caracterizam sua natureza provisória, não podendo ser mais do que o pedido do requerente.

---

[15] Entretanto essa ideia não poder ser tomada em termos absolutos: Enunciado 25 da ENFAM: "A vedação da concessão de tutela de urgência cujos efeitos possam ser irreversíveis (art. 300, § 3º, do CPC) pode ser afastada no caso concreto com base na garantia do acesso à Justiça (art. 5º, XXXV, da CRFB)". Enunciado 419 do FPPC: (art. 300, § 3º) "Não é absoluta a regra que proíbe tutela provisória com efeitos irreversíveis".

[16] Embora a previsão da averbação premonitória seja ordinariamente reservada à execução, pode o magistrado, com base no poder geral de cautela e observados os requisitos previstos no art. 300 do CPC, deferir tutela provisória de urgência de natureza cautelar no processo de conhecimento, com idêntico conteúdo à medida prevista para a demanda executiva (art. 829 do CPC). (...) O poder geral de cautela assegura ao magistrado o deferimento de todas as medidas que se revelarem adequadas ao asseguramento da utilidade da tutela principal, ainda que sejam coincidentes com aquelas previstas especialmente para a execução. REsp 1.847.105-SP, rel. Min. Antonio Carlos Ferreira, 4ª T., por unanimidade, j. 12-9-2023, *DJe* 19-9-2023. *Informativo STJ* n. 789.

O Código de 1973 trazia uma relação de diversos procedimentos cautelares específicos. A lógica se justificava, na medida em que havia a previsão de um processo cautelar autônomo. O CPC não mais traz essa dinâmica, mas reconhece as medidas cautelares que podem ser deferidas no curso do processo de conhecimento ou do processo de execução.

Assim sendo, vale a pena apresentar, ainda que de forma sucinta, as principais características de algumas dessas medidas que continuarão cabíveis na forma do art. 301 do CPC.

a) Arresto

O arresto é um procedimento cautelar típico, voltado a assegurar resultado útil de execução por quantia certa contra devedor solvente.

Considerando que a finalidade da prestação da tutela jurisdicional executiva é a satisfação do credor, por meio da expropriação de prestações que tenham natureza pecuniária ou que se devam converter em pecúnia, essa medida cautelar visa evitar que a dissipação do patrimônio do executado comprometa o crédito do exequente.

Dessa forma, o arresto objetiva tornar indisponíveis bens, em valor suficiente, de modo a assegurar a futura realização de créditos monetários ou de outras prestações que devam se converter em pecuniárias. No arresto, menor relevância têm os bens apreendidos, bastando que se prestem a ser excutidos em futura execução.

A relevância para o arresto é, portanto, que as prestações tenham natureza pecuniária ou possam se converter em pecúnia. Incluem-se como passíveis de arresto até mesmo as obrigações de fazer, de não fazer ou de entregar coisa que deva se converter em perdas e danos, por serem futuramente tratadas como pecuniárias.

A tendência do arresto é, de modo geral, converter-se em penhora, de modo a viabilizar a ulterior efetivação do crédito monetário.

Os bens arrestáveis devem ser passíveis de penhora, de modo a viabilizar o crédito.

O arresto deve, então, observar as mesmas disposições da penhora, o que abrange a observância dos atos relativos à sua documentação, ao depósito dos bens arrestados e, inclusive, quanto à possibilidade de se fazer um arresto *on-line*.

A medida pode ser requerida não necessariamente pelo credor, mas por qualquer pessoa que alegue ser titular de relação jurídica que consista, natural ou incidentalmente, em obrigação de pagar quantia certa.

No polo passivo, estará o suposto devedor da obrigação, podendo também figurar nessa condição os fiadores, os avalistas do devedor e, ainda, o terceiro responsável por dívida alheia.

O registro dos bens arrestados na matrícula do bem resguarda os interesses do requerente do arresto contra possível adquirente de boa-fé do bem. Não havendo o registro, caberá ao credor a prova da má-fé do adquirente, a fim de induzir fraude à execução no negócio jurídico, mantendo-se a utilidade do arresto.

O arresto será convertido em penhora quando julgada procedente a ação principal, em que for reconhecido o direito ao crédito reclamado pelo autor, título este que habilitará a execução por quantia certa em face do devedor.

O arresto cessa quando houver causa extintiva da dívida na obrigação principal.

b) Sequestro

O sequestro relaciona-se com a obrigação de dar coisa, enquanto o arresto vincula-se às obrigações de pagamento de quantia.

O objetivo de tal medida é garantir a guarda e a conservação de coisas determinadas enquanto o credor aguarda o instante oportuno para a sua execução, tratando-se de perspectiva de obter um resultado útil em outro processo.

Dessa forma, enquanto o arresto visa à proteção do crédito, incidindo sobre bem do devedor, já que sua finalidade é viabilizar ulterior penhora, o sequestro objetiva a proteção de determinado bem, que pode até mesmo ser de propriedade ou posse discutíveis.

O receio de danificação, de perda ou de extravio de determinados bens, devidamente identificados, dá margem ao sequestro, para a conservação até ulterior deliberação jurisdicional.

c) Busca e apreensão

A busca e apreensão é vista como uma medida híbrida, uma vez que pode assumir as vestes de uma verdadeira providência cautelar ou de uma medida sumária com inegável viés executivo, como a que se dá na execução para entrega de coisa.

A busca e apreensão é uma forma assumida por diversos mecanismos judiciais de apreensão e remoção de bens e pessoas, para diversas finalidades.

Sua disciplina é de uma providência utilizada toda vez que for necessária a busca e desapossamento de certo bem ou de certa pessoa, independentemente do direito que constitui a base dessa pretensão, já que o que se pretende aqui é localizar o objeto de apreensão.

A busca e apreensão pode ser de pessoas ou de coisas, devendo o pedido conter indícios do lugar onde a pessoa ou a coisa a ser buscada e apreendida possa estar.

Se concedida a tutela, será expedido mandado, que deverá conter o local da diligência, a descrição da coisa ou pessoa procurada e seu destino, bem como a assinatura do juiz do qual emanar a ordem.

A providência tem especial relevância prática na alienação fiduciária em garantia[17], regulada pelo Decreto-Lei n. 911/69.

d) Arrolamento de bens

A finalidade do arrolamento é a documentação da existência e do estado dos bens, sempre que houver receio de seu extravio ou dissipação.

A medida não se confunde com o sequestro, uma vez que o arrolamento pressupõe o desconhecimento dos bens cuja conservação se pretende. O arrolamento objetiva, em primeiro lugar, identificar os bens no patrimônio do réu para só depois conservá-los.

Na petição inicial, o autor deve expor seu direito aos bens que pretende ver arrolados, devendo haver ameaça fundada de extravio ou dissipação deles, a fim de que o juiz verifique a legitimidade do autor para formular o pedido.

A parte responde pelo dano que a efetivação da tutela de urgência causar à parte adversa, independentemente da reparação por dano processual, nos casos listados no art. 302, ou seja, se:

"I – a sentença lhe for desfavorável;

II – obtida liminarmente a tutela em caráter antecedente, não fornecer os meios necessários para a citação do requerido no prazo de 5 (cinco) dias;

---

[17] Além disso, está absolutamente sedimentada a jurisprudência desta Corte no sentido de que, estando demonstrada a mora/inadimplemento, o deferimento na medida liminar de busca e apreensão é impositivo. Nesse contexto, condicionar o cumprimento da medida liminar de busca e apreensão à apreciação da contestação, ainda que limitada a eventuais matérias cognoscíveis de ofício e que não demandem dilação probatória (considerada ainda a subjetividade na delimitação dessas matérias), causaria enorme insegurança jurídica e ameaça à efetividade do procedimento. Tema 1040. REsp 1.892.589-MG, rel. Min. Paulo de Tarso Sanseverino, rel. Acd. Min. Ricardo Villas Bôas Cueva, Segunda Seção, por maioria, j. 16-9-2021. *Informativo STJ* n. 710.

III – ocorrer a cessação da eficácia da medida em qualquer hipótese legal;

IV – o juiz acolher a alegação de decadência ou prescrição da pretensão do autor".

Apesar do inadequado silêncio do legislador, estamos em que essa responsabilidade poderá ser objetiva ou subjetiva, dependendo do caso. Nos incisos I e IV será subjetiva, e nos incisos II e III, objetiva[18]. Tais dispositivos devem ser compatibilizados e guardar pertinência com a responsabilidade do exequente ao iniciar a execução provisória, prevista no art. 520 do CPC.

A indenização será liquidada nos próprios autos em que tiver sido concedida a medida, sempre que possível.

e) casos de violência doméstica

A Lei n 11.340/2006, mais conhecida como Lei Maria da Penha possuiu um sistema de medidas protetivas de urgência em favor da mulher vítima de violência, estabelecido no art. 19. As medidas podem ser concedidas pelo juiz, a requerimento do Ministério Público ou a pedido da ofendida, de imediato, independentemente de audiência das partes e de manifestação do Ministério Público, devendo este ser prontamente comunicado.

Ademais, essas medidas serão aplicadas isolada ou cumulativamente, e poderão ser substituídas a qualquer tempo por outras de maior eficácia, se entender necessário à proteção da ofendida, de seus familiares e de seu patrimônio, ouvido o Ministério Público.

Contudo, em 2023, a Lei n. 14.550 estendeu, ainda mais, os efeitos dessas medidas.

Dessa forma, o art. 19 da referida lei foi acrescido de mais dois parágrafos e o § 6º foi modificado.

O novo § 4º prevê que tais medidas serão concedidas em juízo de cognição sumária a partir do depoimento da ofendida perante a autoridade policial ou da apresentação de suas alegações escritas. Contudo, na hipótese de ausência risco à integridade física, psicológica, sexual, patrimonial ou moral da ofendida ou de seus dependentes, as medidas poderão ser indeferidas.

Já o § 5º prevê que as medidas protetivas de urgência serão concedidas independentemente da tipificação penal da violência, do ajuizamento de ação penal ou cível, da existência de inquérito policial ou do registro de boletim de ocorrência.

Tal dispositivo, a nosso ver, autoriza que tais medidas possam produzir efeitos para além do juízo criminal, com clara repercussão no cível, de modo que devem ser avaliados em conjunto com o art. 300 do CPC.

Reforçando esse entendimento, o novo art. 40-A, também inserido pela Lei n. 14.550/2023, determina que a Lei deve ser aplicada a todas as situações previstas no art. 5º, independentemente da causa ou da motivação dos atos de violência e da condição do ofensor ou da ofendida.

Finalmente, o novo § 6º do art. 19 estabelece que as medidas protetivas de urgência vigorarão enquanto persistir risco à integridade física, psicológica, sexual, patrimonial ou moral da ofendida ou de seus dependentes.

20.3.1.2 *Limitações à concessão de tutela provisória*

A. Limitações materiais e processuais

No que se refere ao cabimento de tutela provisória contra a Fazenda Pública, embora não haja disposição específica nessa parte do Código, há norma nas disposições finais e transitórias que visa a sistematizar a matéria.

---

[18] No mesmo sentido entende Daniel Mitidiero. Wambier et al., 2015, p. 785.

Com efeito, o art. 1.059 determina que, sempre que for requerida tutela provisória[19] contra a Fazenda Pública, deve ser observado o disposto nos arts. 1º a 4º da Lei n. 8.437/92, e no art. 7º, § 2º, da Lei n. 12.016/2009.

O dispositivo tem o mesmo efeito do art. 1º da Lei n. 9.494/97 que determina a extensão, à tutela antecipada, das limitações da Lei n. 8.437/92.

Na prática, as limitações continuam as mesmas, porque a Lei n. 8.437/92 já estendia para as tutelas cautelares as limitações para a concessão de liminares em mandado de segurança, e a Lei n. 9.494/97, por sua vez, ampliava as mesmas limitações para a tutela antecipada contra a Fazenda[20].

Com efeito, examinando-se a questão de forma mais ampla, nosso ordenamento estabelece restrições à concessão de tutela provisória, notadamente contra a Fazenda Pública. Tais limitações são tanto de índole material (a depender do tema) como processual (prevendo procedimentos específicos, quando admitido o deferimento). Ademais, contempla, ainda, o instituto do pedido da suspensão de segurança. Vejamos, a seguir, cada um desses tópicos.

Como exemplo, podemos identificar um primeiro grupo de obstáculos na acima referida Lei n. 8.437/92 que estatui limitações materiais quando a decisão se der contra atos do Poder Público (art. 1º), quando a medida não puder ser deferida em mandado de segurança, por vedação legal. Não podemos nos esquecer que a legislação do mandado de segurança foi alterada em 2009 pela Lei n. 12.016.

Atualmente, o art. 7º, § 2º, da Lei do Mandado de Segurança apenas consolida essas vedações, impossibilitando em sede de liminar:

a) a compensação de créditos tributários;

b) a entrega de mercadorias ou bens provenientes do exterior;

c) a reclassificação ou equiparação de servidores públicos; e

d) a concessão de aumento ou extensão de vantagens.

Podemos, então, sistematizar a legislação brasileira sobre o tema da seguinte forma:

i) a Lei n. 8.437/92 se refere a medidas liminares, procedimento cautelar e outras ações de natureza cautelar ou preventiva;

ii) a Lei n. 9.494/97 e o CPC (art. 1.059) estendem a previsão à tutela antecipada;

iii) a Lei n. 12.016/2009, atual parâmetro para as demais, trata do mandado de segurança.

Em sede doutrinária sempre houve divergência sobre a constitucionalidade das restrições ao mandado de segurança. O Min. Carlos Alberto Direito[21] sustentava que a liminar não é instituída pela Constituição, mas pela lei processual, podendo, portanto, sofrer restrições. Contudo, há autores que consideram inconstitucionais tais restrições porque atingem a essência da garantia constitucional do mandado de segurança, que é justamente a possibilidade de decisão rápida, *initio litis*. Além disso, o inciso XXXV do art. 5º da CF/88 garante a inafastabilidade da proteção jurisdicional contra *ameaça* a direito, alçando, ao *status* de garantia constitucional, a tutela preventiva[22].

---

[19] Numa interpretação extensiva, ou seja, compreendendo não só a tutela de urgência, como também a de evidência:

Enunciado 13 do FNPP: Aplica-se a sistemática da tutela da evidência ao processo de mandado de segurança, observadas as limitações do art. 1.059 do CPC.

Enunciado 14 do FNPP: "Não é cabível concessão de tutela provisória de evidência contra a Fazenda Pública nas hipóteses mencionadas no art. 1.059, CPC

[20] Carneiro; Pinho, 2015, p. 629.

[21] Direito, 1999, p. 62.

[22] Rocha, 1990, p. 222.

Igualmente, o princípio da inafastabilidade da jurisdição é ferido, porque as previsões acabam por subtrair da apreciação do Judiciário determinadas lesões ou ameaças de lesões a direitos[23].

Observe-se, nesse sentido, que o STF[24] decidiu ser inconstitucional ato normativo que vede ou condicione a concessão de medida liminar na via mandamental. O Tribunal entendeu que impedir ou condicionar a concessão de medida liminar caracteriza verdadeiro obstáculo à efetiva prestação jurisdicional e à defesa do direito líquido e certo do impetrante. Desse modo, o Plenário, por maioria julgou parcialmente procedente ação direta para declarar a inconstitucionalidade do art. 7º, § 2º, e do art. 22, § 2º, da Lei n. 12.016/2009.

Por outro lado, Marco Antonio Rodrigues e Leonardo Carneiro da Cunha apontam na linha da validade dos comandos, se tratando de efetivação da igualdade material, ao evitar que um juízo de cognição sumária gere prejuízos às políticas públicas, e do acesso à prestação jurisdicional justa, porque a prestação final é plausível, não o sendo apenas a tutela antecipada[25].

Ademais, se trataria apenas de uma hipótese em que o legislador simplesmente excluiu, porque ausente, o risco de dano de grave lesão ou de difícil reparação[26].

Julgando as restrições previstas no art. 1º da Lei n. 9.494/97[27], o Supremo Tribunal Federal[28] entendeu pela constitucionalidade do comando, ressalvando, apenas, que permanece possível a antecipação em causas previdenciárias (Súmula 729).

A análise, no entanto, diz respeito à compatibilidade em abstrato da legislação com a Constituição, sendo possível que, no caso concreto, se verifique o excesso na vedação[29].

Outros casos de restrição à concessão de liminares que merecem registro estão referidos na Lei n. 8.437/92.

De acordo com o art. 2º da Lei n. 8.437/92 e com a Lei do Mandado de Segurança (art. 22, § 2º), a liminar no mandado de segurança coletivo só poderá ser deferida após a prévia oitiva da pessoa jurídica de direito público[30], em 72 horas. Contudo, a doutrina vem sinalizando no sentido da inconstitucionalidade desse dispositivo por violação do devido processo legal, bem como estar em desconformidade com a regra geral do contraditório prevista no art. 9º do CPC[31].

Outra limitação processual pode ser encontrada no art. 1º, § 1º, da Lei n. 8.437/92, que impede, em primeiro grau, medidas cautelares inominadas ou sua liminar quando se impugna ato de autoridade que, em mandado de segurança, atrairia a competência originária de tribunal. Trata-se de regra que demanda a observância do "foro por prerrogativa" previsto para determinadas autoridades

---

[23] Leonel, 2011, p. 325.

[24] ADI 4.296/DF, rel. Min. Marco Aurélio, redator do acórdão Min. Alexandre de Moraes, j. 9-6-2021. Por força dessa decisão, o STJ cancelou a Súmula 212. A compensação de créditos tributários não pode ser deferida em ação cautelar ou por medida liminar cautelar ou antecipatória. 1ª S., Súmula 212 cancelada em 14-9-2022, *Informativo STJ* n. 749.

[25] Rodrigues, 2016, p. 105.

[26] Cunha, 2012, p. 239.

[27] Art. 1º Aplica-se à tutela antecipada prevista nos arts. 273 e 461 do Código de Processo Civil o disposto nos arts. 5º e seu parágrafo único e 7º da Lei n. 4.348, de 26 de junho de 1964, no art. 1º e seu § 4º da Lei n. 5.021, de 9 de junho de 1966, e nos arts. 1º, 3º e 4º da Lei n. 8.437, de 30 de junho de 1992.

[28] STF. ADC n. 4, rel. Min. Sydney Sanches, rel. p/ Acórdão: Min. Celso de Mello, Tribunal Pleno, j. 1º-1-2008.

[29] Rodrigues, 2016, p. 106; Silva, 1999, p. 148.

[30] A temática do mandado de segurança coletivo não será examinada nessa obra. Para maiores informações remetemos o leitor ao nosso *Manual de Tutela Coletiva*, escrito em coautoria com José Roberto de Mello Porto (Saraiva Jur, 2020).

[31] Sustentando a inconstitucionalidade quando a previsão representar denegação de acesso efetivo à prestação jurisdicional: Mazzilli, 2019, p. 614-615.

do mandado de segurança, não se aplicando à ação popular e à ação civil pública (art. 1º, § 2º), onde inexiste qualquer regramento constitucional a respeito.

Por fim, novas leis têm imposto algum grau de limitação ou exigido o cumprimento de certos requisitos para o exercício do poder geral de cautela.

Podemos citar como exemplo o § 3º do art. 157 do Estatuto da Criança e do Adolescente, inserido pela Lei n. 14.340/2022, de forma a registrar que a concessão da liminar será, preferencialmente, precedida de entrevista da criança ou do adolescente perante equipe multidisciplinar e de oitiva da outra parte, nos termos da Lei n. 13.431, de 4 de abril de 2017[32].

Uma outra hipótese de restrição interessante pode ser vista no pedido de indisponibilidade de bens em matéria de improbidade administrativa

Como se sabe, a Lei n. 14.230/2021 promoveu profundas alterações na Lei n. 8.429/92, tanto no aspecto material como no processual. Entre as principais inovações encontramos, no *caput* do art. 16, as regras referentes ao pedido de indisponibilidade de bens dos réus, que pode ser formulado em caráter antecedente ou incidente, a fim de garantir a integral recomposição do erário ou do acréscimo patrimonial resultante de enriquecimento ilícito. Trata-se de manifestação específica da tutela provisória de urgência.

O § 3º desse dispositivo prevê que o pedido só será deferido mediante a demonstração no caso concreto de perigo de dano irreparável ou de risco ao resultado útil do processo. Em todo caso, é imprescindível que o juiz se convença da probabilidade da ocorrência dos atos descritos na petição inicial com fundamento nos respectivos elementos de instrução, após a oitiva do réu em cinco dias.

Nos casos em que a oitiva do réu puder, comprovadamente, frustrar a efetividade da medida ou houver outras circunstâncias que recomendem a proteção liminar, é dispensada a prévia oitiva do réu, na forma do § 4º. Contudo, o dispositivo é claro no sentido de que a urgência não pode ser presumida.

É possível, também, na forma do § 7º, que a indisponibilidade recaia sobre bens de terceiro. Nesse caso, a providência dependerá da demonstração da sua efetiva concorrência para os atos ilícitos apurados ou, quando se tratar de pessoa jurídica, da instauração de incidente de desconsideração da personalidade jurídica, na forma do art. 133 do CPC.

O legislador se preocupa, também, em definir parâmetros objetivos para a medida. Desse modo, o § 10 prevê que a indisponibilidade recairá sobre bens que assegurem exclusivamente o integral ressarcimento do dano ao erário, sem incidir sobre os valores a serem eventualmente aplicados a título de multa civil ou sobre acréscimo patrimonial decorrente de atividade lícita.

O § 11, a seu turno, determina que a ordem de indisponibilidade de bens deverá priorizar veículos de via terrestre, bens imóveis, bens móveis em geral, semoventes, navios e aeronaves, ações e quotas de sociedades simples e empresárias, pedras e metais preciosos e, apenas na inexistência desses, o bloqueio de contas bancárias, de forma a garantir a subsistência do acusado e a manutenção da atividade empresária ao longo do processo.

O § 12, em alinhamento com o art. 21 da LINDB, inserido pela Lei n. 13.655/2018, estabelece que o juiz, ao apreciar o pedido de indisponibilidade, observará os efeitos práticos da decisão, vedada a adoção de medida capaz de acarretar prejuízo à prestação de serviços públicos.

---

[32] Enunciado n. 182 da III Jornada de Direito Processual Civil CJF/ENFAM: Quando o objeto do processo for relacionado a abuso ou alienação parental e for necessário o depoimento especial de criança ou adolescente em juízo, a escuta deverá ser realizada de acordo com o procedimento previsto na Lei n. 13.431/2017, sob pena de nulidade do ato.

Já o § 13 veda a decretação de indisponibilidade da quantia de até 40 (quarenta) salários mínimos depositados em caderneta de poupança, em outras aplicações financeiras ou em conta-corrente, e o § 14, a seu turno, veda a decretação de indisponibilidade do bem de família do réu, salvo se comprovado que o imóvel seja fruto de vantagem patrimonial indevida.

B. O pedido de suspensão de liminar

A liminar e até a própria sentença em ação civil pública, ação popular ou concessiva da segurança, enquanto pendente de julgamento definitivo no processo, podem ter seus efeitos suspensos para evitar grave lesão à saúde, à ordem, à segurança e à economia pública, através de providência que cabe ao presidente do tribunal competente para conhecer do recurso, mediante requerimento da pessoa jurídica de direito público interessada (art. 4º da Lei n. 8.437/92).

Como bem observa o STJ, ante a falta de maiores requisitos na legislação específica, o pedido pode ser feito através de mera petição, sem formalismos[33].

De acordo com o § 2º do art. 4º da Lei n. 8.437/92, o Presidente do Tribunal poderá ouvir o autor e o Ministério Público, em setenta e duas horas.

A decisão que deferir a suspensão deverá ser fundamentada e conservará seus efeitos até o trânsito em julgado da ação principal. A suspensão presidencial desafiará o agravo interno para o colegiado competente, devendo ser levado a julgamento na sessão seguinte da interposição do recurso.

Se o pedido de suspensão for indeferido, poderá ser renovado ao presidente do STJ ou do STF, conforme a matéria possa ser discutida em sede de recursos extraordinário ou especial. Idêntico pedido é cabível contra decisão que nega provimento a agravo de instrumento interposto contra a "liminar" (na verdade, tutela provisória).

Ainda segundo o § 6º, a interposição do agravo de instrumento contra liminar concedida nas ações movidas contra o Poder Público e seus agentes não prejudica nem condiciona o julgamento do pedido de suspensão a que se refere este artigo.

Na sequência, o § 7º autoriza expressamente o Presidente do Tribunal a conferir ao pedido efeito suspensivo liminar, se constatar, em juízo prévio, a plausibilidade do direito invocado e a urgência na concessão da medida. Ademais, o § 8º autoriza que liminares cujo objeto seja idêntico poderão ser suspensas em uma única decisão, podendo o Presidente do Tribunal estender os efeitos da suspensão a liminares supervenientes, mediante simples aditamento do pedido original.

Finalmente, o § 9º dispõe que a suspensão deferida pelo Presidente do Tribunal vigorará até o trânsito em julgado da decisão de mérito na ação principal.

20.3.1.3 *Tutela antecipada requerida em caráter antecedente*

a) Definição

A tutela antecipatória, espécie do gênero tutela de urgência, é providência que tem natureza jurídica mandamental, que se efetiva mediante execução *lato sensu*, com o objetivo de entregar ao autor, total ou parcialmente, a própria pretensão deduzida em juízo ou seus efeitos. "É a tutela satisfativa no plano dos fatos"[34].

Essa tutela não se confunde com o julgamento antecipado do mérito, pois neste o juiz julga, em uma sentença, o próprio mérito da causa, enquanto naquela o juiz apenas antecipa, por meio de decisão interlocutória, os efeitos da sentença de mérito, prosseguindo, então, no processo[35].

---

[33] AgInt no AgInt na SLS 2.116/MG, rel. Min. Laurita Vaz, Corte Especial, j. 7-11-2018.
[34] Nery Jr.; Nery, 2007, p. 523.
[35] Carneiro; Pinho, 2015, p. 169.

Dessa forma, o julgamento antecipado do mérito destina-se a acelerar o resultado do processo e está ligado à suficiência do conjunto probatório para possibilitar o julgamento definitivo do litígio, quer pela desnecessidade de produção de novas provas, quer quando o réu for revel, ocorrer o efeito do art. 344 e não houver requerimento de prova, na forma do art. 349 (art. 355).

Já a hipótese da tutela antecipada é distinta, porque não acarreta a solução definitiva e irreversível da situação litigiosa e permite, preenchidos seus requisitos, a antecipação imediata dos efeitos da sentença, ainda que pendente recurso dotado de efeito suspensivo.

Seu limite de extensão é o pedido, isto é, não se pode conceder a título de tutela antecipada mais do que o autor obteria se vencedor da totalidade da expressão deduzida em juízo. Caso o autor queira coisa diversa do que consta no pedido, deverá ajuizar medida autônoma.

b) Requisitos

O Código de 2015, ao tratar da tutela de urgência, esmiúça o tratamento conferido a cada uma de suas modalidades, quais sejam, tutela antecipada e tutela cautelar. Os arts. 303 e 304 do CPC abordam os casos da antecipatória requerida em caráter antecedente, disposições sem correspondentes no antigo Diploma Processual.

Pela nova Lei, a tutela antecipada pode ser requerida previamente ao ingresso da ação principal completa, em contraposição ao sistema anterior, no qual isso somente era possível para medidas cautelares em procedimento autônomo. Isto, inclusive, não é mais possível no ordenamento brasileiro.

O processo principal seguirá, posteriormente, nos mesmos autos, com a petição inicial do requerimento antecedente eventualmente aditada.

Prevê o art. 303, *caput*, que, sendo a urgência contemporânea à propositura da ação, a inicial pode se limitar a requerer a tutela antecipada e a indicar o pedido de tutela final, com a exposição da lide, do direito visado e do perigo de dano ou do risco à utilidade do processo. Se deferida, deve ser aditada no prazo de 15 (quinze) dias (§ 1º); se indeferida, cabe sua emenda em 5 (cinco) dias, ambas as hipóteses sob pena de extinção do processo sem resolução do mérito (§§ 2º e 6º). Fica, contudo, vedado à parte alterar o pedido.

O réu será citado e intimado para a audiência de conciliação ou de mediação, na forma do art. 334; não havendo acordo, contar-se-á o prazo para contestação segundo a regra geral do art. 335, a correr da audiência, não da citação ou da juntada.

O aditamento a que faz alusão o § 1º, I, não sofrerá incidência de novas custas processuais, salvo se, dentre as provas requeridas na complementação, incluírem-se atos do juízo que importem em custas e que não tenham sido originariamente previstos.

A petição inicial deve indicar o valor da causa, bem como o pedido final (§ 4º).

O art. 304, por sua vez, constitui grande inovação, ao trazer a estabilização[36] da decisão que concede a tutela antecipada[37] nos termos do artigo antecedente, uma vez que não tenha sido interposto recurso[38].

Trata-se de uma nova forma de manifestação de preclusão lógica, baseada na tácita aceitação da decisão. É exigido mais empenho do réu, para quem não basta simples pedido de reconsideração; é necessário recorrer, pagando custas, no que se presume um efetivo interesse e uma viável tese defensiva.

---

[36] Enunciado 421 do FPPC: "Não cabe estabilização de tutela antecipada em ação rescisória".

[37] Enunciado 420 do FPPC: "Não cabe estabilização de tutela cautelar".

[38] Enunciado 28 da ENFAM: "Admitido o recurso interposto na forma do art. 304 do CPC, converte-se o rito antecedente em principal para apreciação definitiva do mérito da causa, independentemente do provimento ou não do referido recurso".

Ademais, tal previsão torna mais rápida a discussão em 2ª instância, permitindo ao processo atender aos ditames dos princípios da celeridade e da economia processual.

Se não interposto o recurso (agravo de instrumento, na forma do art. 1.015, I), extingue-se o processo (art. 304, § 1º), embora não se produza coisa julgada, de modo a não constituir óbice a eventual impugnação em ação subsequente, consoante o disposto no § 2º[39].

No entanto, Teresa Arruda Alvim[40] pondera que não se deve fazer interpretação literal desse dispositivo, sob pena de se atentar contra a lógica do instituto. No mesmo sentido, se manifestou o STJ[41], num primeiro momento. Contudo, em decisão mais recente, o Tribunal da Cidadania mudou seu posicionamento para adotar interpretação mais restritiva e literal[42].

A tutela antecipada conservará seus efeitos enquanto não revista, reformada ou invalidada por decisão de mérito em nova ação (§ 3º), fixando o § 5º prazo de 2 (dois) anos para sua propositura.

Tem-se claro, por fim, pela leitura do § 6º, que a decisão antecedente apenas transita em julgado se não impugnada em nova ação, e dentro do prazo bienal, contado da ciência da decisão[43].

Decorrido esse prazo, ela se torna imutável, desde que a tutela antecedente tenha sido antecipada com a ciência do réu, a quem tenha sido aberto o contraditório[44].

20.3.1.4 Questões controvertidas sobre a tutela antecipada antecedente

Falemos, agora, de alguns pontos controvertidos sobre a temática da tutela antecipada e sua estabilização que vêm desafiando a doutrina brasileira.

a) Necessidade de expresso pedido de utilização da técnica

O art. 303, em seu parágrafo 5º, traz comando que obriga a expressa indicação, por parte do autor, de que "pretende se valer do benefício" presente do *caput*. Sobre o comando, surgiram algumas interpretações.

A primeira, com a qual estamos de acordo, esposada por Alexandre Câmara, extrai da norma que há necessidade de esclarecer não se tratar de uma petição inicial mal elaborada, e sim do uso da técnica de sumarização formal inaugurada pela atual legislação, motivada pela urgência do caso concreto[45].

---

[39] Enunciado 26 da ENFAM: "Caso a demanda destinada a rever, reformar ou invalidar a tutela antecipada estabilizada seja ajuizada tempestivamente, poderá ser deferida em caráter liminar a antecipação dos efeitos da revisão, reforma ou invalidação pretendida, na forma do art. 296, parágrafo único, do CPC, desde que demonstrada a existência de outros elementos que ilidam os fundamentos da decisão anterior".

[40] Em verdade, qualquer forma de oposição (*v.g.*, contestação, reconvenção) deve ter o condão de evitar a extinção do processo. Basta a resistência, a manifestação do inconformismo do réu, a qual pode se dar não só pelo recurso. A vingar uma interpretação literal, antevê-se um risco potencial de aumento dos agravos de instrumento nessa situação, pois a parte seria obrigada a lançar mão do recurso se quiser que a ação prossiga e seja julgado o pedido final" (Wambier et al., 2015, p. 512).

[41] REsp 1.760.966-SP, rel. Min. Marco Aurélio Bellizze, por unanimidade, j. 4-12-2018, *DJe* 7-12-2018, *Informativo STJ*, n. 639. A tutela antecipada, concedida nos termos do art. 303 do CPC, torna-se estável somente se não houver nenhum tipo de impugnação pela parte contrária.

[42] A não utilização da via própria – agravo de instrumento – para a impugnação da decisão mediante a qual deferida a antecipação da tutela em caráter antecedente, tornará, indubitavelmente, preclusa a possibilidade de revisão, excetuando a hipótese da ação autônoma. REsp 1.797.365-RS, rel. Min. Sérgio Kukina, rel. Acd. Min. Regina Helena Costa, 1ªT., por maioria, j. 3-10-2019, *DJe* 22-10-2019. *Informativo STJ* n. 658.

[43] Enunciado 27 da ENFAM: "Não é cabível ação rescisória contra decisão estabilizada na forma do art. 304 do CPC". Enunciado 33 do FPPC: (art. 304, §§) "Não cabe ação rescisória nos casos de estabilização da tutela antecipada de urgência".

[44] Enunciado 33 do FPPC: "Não cabe ação rescisória nos casos de estabilização da tutela antecipada de urgência".

[45] Câmara, 2016, p. 180.

Outros concluíram que, para a incidência da técnica da estabilização – a qual veremos mais abaixo –, o autor precisaria indicar seu desejo[46]. No entanto, particularmente, nos parece que essa posição não se fundamenta precisamente no parágrafo em questão, que se refere à cabeça do artigo, a qual, por sua vez, nada diz a respeito da estabilização, apontando somente os requisitos para o requerimento (profícuo) da tutela antecipada em caráter antecedente.

Na verdade, até é recomendável que a estabilização esteja associada a um pedido do autor, enquanto desdobramento do exercício do seu direito de ação, resguardado pela inafastabilidade da jurisdição. Contudo, o *link* entre o art. 303, § 5º, e o art. 304 não soa tão claro.

Seguindo nessa última linha, Eduardo José da Fonseca Costa deixa de condicionar a incidência da estabilização ao requerimento explícito, por se tratar de regime objetivo-comportamental, não subjetivo-incidental. Também para o autor, a lei só exige que se aponte que se quer beneficiar do procedimento, não da estabilização[47].

b) Possibilidade de emenda ao requerimento

Embora não prevista no tratamento legal, entendemos possível que, em faltando algum dos requisitos enunciados acima para o requerimento de tutela antecipada em caráter antecedente, o juiz, em postura cooperativa, poderá oportunizar ao autor que emende seu pedido.

Logicamente, na prática, a resposta autoral deverá se dar prontamente, sob pena de prejudicar o direito material em jogo, bem como de desnaturar a técnica especialmente célere. De todo modo, a solução analógica ao procedimento comum (art. 321) prestigia a instrumentalidade e a solução primordial do mérito, valores-chave do novo regramento processual civil.

c) Consequências da não concessão da tutela

Caso o juiz entenda que não há elementos suficientes para a concessão da antecipação de tutela (por faltar a prova da probabilidade do direito ou do risco ao resultado útil do processo), abrirá prazo para que o autor emende em até 5 dias sua petição, sob pena de seu indeferimento e decorrente extinção do processo (art. 303, § 6º).

Devemos notar que nesse caso o juiz indefere o pedido de tutela provisória, mas deixa aberta a via do procedimento comum ao autor. É este último personagem que dará a palavra final, seja na direção da complementação do pedido para que ganhe contornos de uma robusta petição inicial (preenchendo os requisitos dos arts. 319 e 320), seja abandonando o pedido, que será alvo de sentença terminativa.

Por fim, uma observação: existe posição que entende pela possibilidade de concessão da tutela antecipada antecedente em sede do agravo de instrumento contra a decisão que a indefere em primeiro grau. Nesse caso, havendo reforma pelo tribunal, antes do aditamento do autor e da integração do réu à relação processual, seria cabível a estabilização em segundo grau[48].

d) Consequências da decisão que concede a tutela

Caso convencido da probabilidade do direito e do risco decorrente da sua não efetivação imediata, o juiz seguirá a via da concessão da tutela antecipada (§ 1º do art. 303).

Em casos tais, caberá ao autor aditar a inicial sucintamente elaborada, no prazo de 15 dias (expressamente dilatório, por autorização legal), acrescentando i) fundamentos e ii) documentos e iii) confirmando seu pedido de tutela final, independentemente de complementação de custas (§ 3º).

---

[46] Godinho, 2016, p. 477.
[47] Costa, 2016, p. 428.
[48] Sica, 2016, p. 420.

A rigor, percebemos que não há propriamente uma confirmação do pedido de tutela final, uma vez que esse fora tão somente indicado na exordial. Tecnicamente, formular-se-ia o pedido final, se assim preferir o ajuizador da ação.

Sendo aditado o pedido, será o réu citado para a regular audiência de conciliação e mediação, após a qual, se infrutífera, abre-se prazo para contestação.

Importante é ter em mente que o aditamento é autêntico *direito* do autor, do qual poderá perfeitamente dispor, não o exercendo. A letra da lei (art. 303, § 2º) prescreve a extinção da ação sem resolução de mérito como consequência da postura passiva do requerente. O quadro, contudo, é mais complexo.

Isso porque, além da possibilidade de o autor aditar seu pedido, existirá para o réu, intimado do deferimento da tutela de urgência, a viabilidade do recurso de agravo de instrumento (art. 1.015, I). Novamente, a postura poderá ser ativa ou passiva (neutra), o que ganha contornos cruciais na dinâmica da estabilização da tutela provisória.

Para que a tutela antecedente alcance esse *status*, faz-se necessário o preenchimento de alguns requisitos, a saber: i) a concessão da tutela antecipada e ii) a inércia bilateral (*bilateralidade do desinteresse*[49]), isto é, (ii.i) do autor, que não adita a inicial, se satisfazendo com a cognição sumária exercida a seu favor, e (ii.ii) do réu, que deixa de agravar da decisão. Surge, assim, autêntica análise combinatória, apta a ensejar quatro quadros.

O primeiro deles é a dupla inércia ou desinteresse: o autor deixará de aditar a inicial, ensejando a extinção do feito sem resolução do mérito (haja vista a limitação cognitiva), enquanto o réu optará por não agravar da decisão, ensejando a estabilização da tutela.

A vontade unilateral do autor ou do réu é apta a afastar a estabilização, como se percebe. Com maior razão, a bilateral de ambos, por meio de uma convenção processual ou pré-processual (Enunciado n. 32 do FPPC).

A questão é se poderiam, em comum acordo, extinguir a incidência dessa particular imutabilidade. Quer nos parecer que não, sob pena de se atentar contra uma das garantias de segurança e previsibilidade do processo, o que, em última análise, ofenderia a "ordem pública", conceito tradicional, mas que passa por releitura em tempos de pós-modernidade, e que demanda exame particularizado em cada situação.

O segundo ponto que deve ser salientado é o aditamento por parte do autor, sem recurso da parte ré, e o terceiro é a falta de aditamento, mas com interposição do agravo. Nesses dois casos a meio do caminho, o passo seguinte não é tão óbvio como faria crer o simplismo legal.

Isso em razão de os prazos para a manifestação (aditar ou agravar, respectivamente) serem de 15 dias. Nem por isso, entretanto, coincidirão necessariamente, seja porque o prazo para a complementação tenha sido dilatado pelo magistrado, seja porque a intimação do réu tardou a ocorrer.

A solução para a controvérsia que daí decorre é a interpretação à luz do princípio da cooperação, ante a comunidade de diálogo pretendida pelo legislador. Outra saída é a fixação de prazo maior para o aditamento, dando a última palavra ao autor (art. 303, § 1º, I).

Caso o autor tenha aditado, e o réu deixe de agravar, deverá o juiz intimar o requerente para elucidar se, de fato, pretende prosseguir rumo à tutela cognitiva plena, o que demandará ineren-

---

[49] A busca pela solução consensual do litígio parece ter influenciado, enquanto linha mestra do novo Código, diversos pontos específicos. A necessidade de desinteresse bilateral, além de ser requisito para a estabilização, o é para afastar a ocorrência da audiência de mediação e conciliação (art. 334, § 4º, I). Aliás, a própria estabilização pode ser encontrada também no saneamento compartilhado (Lopes, 2016, p. 470).

tes esforços de tempo e de custas, ainda que, ao cabo, possa revestir a decisão com o manto da coisa julgada. Pode ter sucedido que o autor tenha aditado seu pedido *ad cautelam*, prevenindo-se contra eventual agravo cujo prazo esteja em aberto no momento em que a complementação teve de ser feita.

Igualmente, há entendimento no sentido de que, se o autor pleiteia tutela antecipada em uma inicial comum, e o réu deixa de agravar da decisão concessiva, caberia ao magistrado advertir o autor quanto à possibilidade de desistir do processo, estabilizando a decisão[50].

A nosso sentir, contudo, antes de consolidar o princípio da cooperação, esse raciocínio contraria a expectativa legítima do réu, que pode perfeitamente ter deixado para rediscutir a tutela provisória em momento posterior — até porque não há previsão legal de estabilização da tutela antecipada concedida em hipóteses tais, onde existe, na realidade, tutela incidental[51], e não antecedente. A analogia defendida só seria possível, quando muito, em caso de prévia concordância expressa da parte ré que deixa de agravar.

Do outro lado da moeda, crível que o réu recorra e o autor não robusteça a exordial. Ocorrendo isso, será caso de perda de objeto do recurso, em decorrência da extinção sem julgamento de mérito da ação, devendo ser comunicado o relator do prejudicado agravo.

Último cenário ventilável é o aditamento autoral e o recurso do réu, prosseguindo o feito pelo procedimento comum (art. 303, § 1º).

e) Controvérsias em torno da estabilização da tutela

O quadro mais polêmico e, portanto, interessante é aquele em que sucede a estabilização da tutela antecipada antecedente concedida. Como visto, será necessário que o autor não adite seu pleito inicial, e o réu deixe de interpor o recurso cabível, na linha do art. 304. Diversos questionamentos já foram postos pela doutrina, até o presente momento.

O primeiro grande incômodo se refere à real necessidade de recurso por parte da parte ré.

Para uma primeira linha de autores[52], a letra do referido dispositivo não deixa margens para interpretações mais amplas, devendo o termo "recurso" ser visto propriamente em seu sentido mais estrito. Assim, somente a apresentação da insurreição correspondente (agravo de instrumento ou agravo interno, a depender da instância competente) impedirá que a tutela se estabilize.

De fato, como tivemos a oportunidade de explicar anteriormente, a decisão do legislador ao exigir a interposição do recurso traz benefícios como a exigência de pagamento de custas (o que demonstra um interesse real e efetivo na reforma da decisão liminar, bem como a viabilidade da tese defensiva) e o prestígio dos princípios da celeridade e da economia processual.

Mesmo dentro desse restrito raciocínio, encontraremos outras interrogações. Por exemplo: bastará a interposição do recurso ou o mesmo deverá ser admitido efetivamente? Heitor Sica, a nosso ver com razoabilidade, ponderou que, sendo tempestiva a insurreição cabível, estará satisfeito o requisito legal para a não estabilização, ainda que posteriormente o tribunal inadmita o agravo[53].

Uma segunda posição advoga maior abertura do termo "recurso". Nesse grupo, há quem entenda que mesmo a contestação[54] apresentada pelo réu ou a mera manifestação pela audiência de conci-

---

[50] Câmara, 2016, p. 165.
[51] Neves, 2015, p. 211.
[52] Machado, 2015, p. 2.
[53] Sica, 2016, p. 421.
[54] Godinho, 2016, p. 479.

liação e mediação[55] bastariam para afastar o efeito estabilizador, enquanto outros[56] extraem do comando que meios impugnativos em geral atenderiam à exigência do art. 304, como o pedido de suspensão de liminar, a reclamação, o mandado de segurança ou o pedido de reconsideração da decisão[57]. Nessa linha de raciocínio, poder-se-ia sustentar, até mesmo, o cabimento de embargos de declaração, por se tratar de "recurso" legalmente previsto no art. 994, IV.

De todo modo, até que tenhamos um posicionamento firme da jurisprudência em sentido oposto, é preferível que se interponha o agravo correspondente, evitando a especial espécie de preclusão lógica ora comentada, por mais que o estímulo legal ao recurso acabe por contrariar a finalidade do legislador de reduzir as impugnações no decorrer do processo[58].

A doutrina entendeu, ainda, que a interposição de recurso por assistente do réu seria apta a garantir a continuidade do feito, salvo se seu interesse contrariar o da parte principal (Enunciado n. 501 do FPPC).

Similarmente, em casos de litisconsórcio, é de se questionar se o agravo por um deles impede a estabilização contra os demais. A solução correta parece ser analisar a espécie de litisconsórcio: se unitário, a estabilização parcial restará afastada; se simples, soa possível que a demanda prossiga somente contra aquele que se insurgiu contra a antecipação da tutela[59].

Aliás, plenamente possível a estabilização parcial da tutela, seja subjetivamente (quanto a apenas um ou alguns dos réus), seja objetivamente.

O atual quadro normativo, que expressamente prevê o julgamento parcial de mérito, não deixa dúvidas a respeito. Na cumulação própria simples, nada impede que ocorra, bem como na sucessiva, quando deferidos todos os pedidos[60]. Por outro lado, na cumulação imprópria subsidiária, somente poderá se estabilizar a concessão do pedido principal, prioritário.

Havendo estabilização, surgirá uma sentença terminativa (art. 304, § 1º), discutindo-se se a mesma condenará o réu às verbas sucumbenciais. Alguns autores[61], seguindo o regramento geral, afirmam positivamente, enquanto outros preferem realizar uma interpretação à luz do suposto "microssistema normativo de tutela de direitos subjetivos pela técnica monitória", estendendo o benefício expresso do mandado monitório não embargado para o réu que deixa de recorrer da antecipação de tutela[62].

Deve-se ter em mente que a estabilização, enquanto figura excepcionalíssima, distinta da coisa julgada[63] pela ausência de seus efeitos positivos e de cognição exauriente[64], está reservada, por força de lei, à concessão da tutela antecipada antecedente, não se falando em tal fenômeno quanto a decisões cautelares, tutela de evidência ou antecipada incidental.

---

[55] Mitidiero, 2015, p. 789.
[56] Sica, 2016, p. 421.
[57] Falando em *sinal exteriorizante de resistência*: Costa, 2016, p. 427.
[58] Notaram a incongruência Sica, 2016, p. 421, e Neves, 2015, p. 212.
[59] Talamini, 2012, p. 29.
[60] Em sentido contrário, entendendo que a sucessividade é, de todo, incompatível com a estabilização: Costa, 2016, p. 431.
[61] Sica, 2016, p. 426.
[62] Costa, 2016, p. 434.
[63] A decisão estabilizada não será alvo de ação rescisória jamais, uma vez que essa via demanda coisa julgada material a ser desfeita – e não é o caso. Nessa linha, veja-se o teor do Enunciado n. 33 do FPPC.
[64] Na tutela antecedente estável, a imutabilização diz respeito ao elemento mandamental ou executivo, ao passo que, na coisa julgada material, se refere ao elemento declaratório (Costa, 2016, p. 428).

Verdadeiramente, as cautelares, por não conterem elemento satisfativo da pretensão autoral, estão impedidas, por sua natureza, de se estabilizarem[65]. Por isso, aquelas concedidas em caráter antecedente terão sua eficácia cessada nas hipóteses do art. 309.

Ao contrário, as tutelas de evidência poderiam ter sido alvo da mesma opção legislativa da tutela de urgência antecipada – o que seria, inclusive, medida de economia processual e celeridade[66]. Porém, como o Código nada diz a respeito, e o requisito legal é essencial para a dinâmica (basta ver que, antes do advento da atual codificação, ninguém argumentava pela sua viabilidade), permanece fechada essa porta. O mesmo raciocínio se aplica à tutela antecipada incidentalmente requerida e deferida.

Estabilizada a tutela e extinto o processo (art. 304, § 5º), inicia-se o prazo de dois anos para a ação com intuito de a rever, reformar ou invalidar (§ 2º), interregno durante o qual seus efeitos são mantidos (§ 3º).

Curioso é que a lei dá legitimidade a ambas as partes para o ajuizamento da referida demanda impugnativa. Cumpre questionar: quando o autor terá interesse na sua deflagração? A primeira resposta, com base na literalidade do dispositivo, é nunca.

A doutrina, porém, tende a admitir o alargamento dos objetos dessa ação para além daqueles previstos no § 2º, incluindo entre eles a confirmação da tutela antecipada[67]. Tratar-se-ia de uma opção do autor em buscar a coisa julgada material, que lhe traz maiores benefícios, embora também custe mais a ser produzida.

Vistos os pedidos, a causa de pedir dessa provocação poderá ser formada, por analogia, pelas mesmas da ação rescisória, ao menos. A competência será absoluta funcional e recairá sobre o juiz que sentenciou a estabilização.

Nessa ação revisional, parte da doutrina admite que ocorra estabilização de eventual tutela antecedente, ensejando estabilizações em cadeia, algo banido por outros autores.

Parece-nos, a rigor, que não seria caso de estabilização nesse ulterior pleito porque não atendidos os requisitos para a tutela antecipada em caráter antecedente. Poderia até haver antecipação da tutela final (revisão, modificação, extinção e, como admitimos, confirmação da primeira tutela provisória), mas na forma incidental, que não se estabiliza.

Até porque, o citado § 3º do art. 304 dispõe que "a tutela antecipada conservará seus efeitos enquanto não revista, reformada ou invalidada por decisão de mérito", o que reforça o descabimento da referida possibilidade de estabilização em cadeia.

Decorrido o prazo de dois anos, sucederá o fenômeno da *superestabilização*[68] ou *estabilidade qualificada*[69]. Trata-se, como dito, de uma imutabilidade diversa da coisa julgada, pela cognição sumária que a precede e o exclusivo efeito negativo da mesma[70]. Em suma, "a certeza se torna imutável e indiscutível, a probabilidade, não"[71].

---

[65] Como ensina Dinamarco, a cautelar é um apoio ao processo; a tutela antecipada é um apoio às pessoas (Dinamarco; Lopes, 2016, p. 27).

[66] Entendendo, *de lege ferenda*, pela possibilidade de sua estabilização, ante a "omissão injustificada": Neves, 2015, p. 212.

[67] Neves, 2015, p. 213. Em sentido contrário, entendendo inexistir previsão legal para a ação confirmatória: Costa, 2016, p. 425.

[68] Costa, 2016, p. 427.

[69] Sica, 2016, p. 424.

[70] A doutrina aponta, ainda, a falta de eficácia preclusiva como diferença (Dinamarco; Lopes, 2016, p. 29). Em sentido oposto, enxergando coisa julgada após o decurso do prazo de dois anos (Assis, 2015, p. 491).

[71] Neves, 2015, p. 212.

Após esse prazo, a questão deixaria de ser discutível, salvo para aqueles que entendem pelo cabimento da rescisória, via interpretação ampliativa do art. 966, § 2º.

f) Limites à estabilização

A tutela de certos direitos ou a circunstância em que é realizada, contudo, pode ser incompatível com a técnica da estabilização. Vejamos algumas situações-problema.

Primeiro caso é o dos direitos dos incapazes. Soa desproporcional que o precário trato por parte do representante judicial enseje tão grande consequência para seu titular.

Mais delicada é a hipótese dos relativamente incapazes (agora, as pessoas entre 16 e 18 anos), mas, como também atuam em juízo de maneira mediada, assistidos, parece mais prudente afastar a referida espécie de preclusão.

Com o avanço da matéria no âmbito do direito civil, novas questões aparecem no campo processual. É o caso daquelas pessoas auxiliadas pela tomada de decisão apoiada (art. 1.783-A do Código Civil). Como, no entanto, tecnicamente não se trata de incapazes – antes, de um mecanismo menos gravoso e, portanto, prioritário em relação à curatela –, a princípio nada obstará que a estabilização se dê em desfavor desse sujeito, a menos que, no caso concreto, algum dado esclareça uma relevante ofensa à isonomia, material ou processual.

Os vulneráveis, em geral, também são casos-limite. No entanto, o atual estágio da matéria permite que, preenchidos os requisitos (leia-se: precauções) legais, nada obste a incidência de qualquer técnica processual a seu favor ou contra eles.

Na verdade, a Defensoria Pública[72], na maior parte dos Estados da federação, encontra-se minimamente estruturada a ponto de lhes garantir representação capaz de afastar prejuízos inerentes à sua condição.

As hipóteses de atuação da curadoria especial aparecem como outra problemática questão. Dentre elas, estão não só os incapazes sem representante ou em conflito com ele, mas também presos e revéis citados fictamente (por edital ou por hora certa).

A doutrina diferencia a natureza jurídica dessa atuação[73], o que se revela tecnicamente louvável. Para fins de afastamento da estabilização, no entanto, parece-nos indiferente ser caso de representação processual ou legitimação extraordinária, uma vez que há sempre um déficit representativo capaz de trazer prejuízo à parte material com o advento da imutabilidade em estudo.

Quando o réu for a Fazenda Pública, a exigência do reexame necessário (art. 496) se restringe às sentenças de procedência em seu desfavor. Pois bem, a decisão que estabiliza os efeitos da tutela é uma sentença, ainda que terminativa (art. 304, § 1º), e, na essência, se dá contra o ente fazendário.

Assim, embora parcela da doutrina conclua justamente no sentido oposto[74], uma interpretação teleológica do instituto do duplo grau obrigatório nos leva a estender sua aplicabilidade à decisão que concede tutela antecipada em caráter antecedente[75].

Dentro de uma ação rescisória também beiraria o absurdo a concessão de uma tutela antecedente com posterior estabilização. Em casos tais, a coisa julgada se veria desprestigiada em relação a uma

---

[72] É função da instituição constitucional a tutela dos vulneráveis, grupo que inclui os hipossuficientes técnicos, organizacionais, jurídicos, e outras parcelas do corpo social, como os consumidores, os idosos, as crianças e adolescentes, a mulher vítima de violência, entre outros (art. 4º, XI, da LC n. 80/94).

[73] Para exauriente estudo a respeito, veja-se: Silva; Esteves, 2017, p. 558.

[74] Sica, 2016, p. 427. Nesse mesmo sentido: Enunciado CJF n. 130: "É possível a estabilização de tutela antecipada antecedente em face da Fazenda Pública".

[75] Advogando interpretação restritiva das normas que afastam a isonomia processual, com remessa necessária após o prazo de dois anos: Costa, 2016, p. 433.

imutabilidade por cognição sumária, afetando, inclusive, a garantia constitucional de sua não violação (art. 5º, XXXVI).

No procedimento judicial preparatório ao arbitral, é possível que se veja concedida uma tutela antecipada, inclusive em caráter antecedente. Contudo a essência da atividade arbitral e o expresso prazo do art. 22-A incorporado à Lei de Arbitragem pela Lei n. 13.129/2015 (posterior ao Código) são argumentos intransponíveis contra a imutabilidade pela via ora estudada[76].

Comumente, também se afasta da dinâmica da estabilização a tutela que tenha por objeto direitos indisponíveis[77]. Há de se desenhar, no entanto, a distinção expressamente consagrada no art. 3º, § 2º da Lei de Mediação, entre suas espécies transacionável e não transacionável.

A nosso ver, sempre que o CPC fizer restrição ao uso de institutos em direitos indisponíveis, estará se referindo, apenas, aos direitos indisponíveis não transacionáveis (art. 3º, § 2º, parte final, da Lei n. 13.140/2015).

Pode ser esse um parâmetro interessante para analisar o cabimento da estabilização na tutela coletiva, o que tem sido afastado por alguns, inclusive com base na falta de previsão da ação coletiva passiva, à qual se equipararia a ação revisional do art. 304, § 2º[78]. Porém, não vamos nos aprofundar no tema nos apertados limites deste estudo.

Em procedimentos especiais, como o dos Juizados Especiais, parece complexo equacionar a incidência da técnica. No entanto a tutela provisória também nesse microssistema sempre foi admitida segundo os ditames do diploma geral.

Com efeito, ainda mais com a atual aproximação entre ambos os regramentos, que prioriza a solução consensual sobremaneira, não parece existir elemento ontológico capaz de os distinguir a ponto de afastar a tutela antecipada em caráter antecedente e suas consequências, entre as quais sua estabilização.

Da mesma forma, no mandado de segurança – instrumento especialíssimo, mas que sempre permitiu antecipações de tutela, inclusive liminarmente (art. 7º e parágrafos, da Lei n. 12.016/2009).

Admite-se, sem problemas, que se estabilize a tutela concessiva de alimentos provisórios (Enunciado n. 500 do FPPC). A nós, no entanto, parece mais correto restringir essa preclusão aos efeitos patrimoniais da questão, sendo inimaginável que o vínculo pessoal entre pai e filho não possa ser questionado, pela via da cognição exauriente.

20.3.1.5 Tutela cautelar requerida em caráter antecedente

a) Definição

A tutela cautelar se refere à proteção de um provimento jurisdicional futuro e incerto, de um direito que não foi reconhecido de forma definitiva pelo Estado-juiz, e a legitimidade para requerê-lo é a hipotética constatação de que aqueles que comparecem em juízo na qualidade de autor e réu são os integrantes da situação conflituosa ameaçada no plano material.

A principal característica das medidas cautelares é a preventividade, relacionada com o art. 5º, XXXV, da CF, pretendendo evitar o dano, que a ameaça seja convertida em lesão, seguida pela provisoriedade, uma vez que a proteção obtida cautelarmente se esgota com a efetivação da tutela jurisdicional que se pretende proteger.

---

[76] Talamini, 2017, p. 3.
[77] Redondo, 2015, p. 167.
[78] Sica, 2016, p. 427.

Na tutela cautelar, a cognição judicial não será exauriente[79], mas sumária, já que a decisão será proferida de forma mais expedita por basear-se em "elementos que, embora insuficientes para fundar convicção plena, permitam ao órgão judicial um juízo de probabilidade favorável ao autor"[80].

Distingue-se da tutela antecipada, que objetiva adiantar os efeitos da tutela de mérito, propiciando sua execução provisória, concedendo, de forma antecipada, os próprios efeitos do provimento jurisdicional pleiteado. A cautelar, por sua vez, objetiva garantir a realização do resultado prático do processo ou a viabilidade da realização do direito assegurado pelo autor.

Não apenas a tutela cautelar como também a tutela satisfativa pode ser concedida em caráter liminar. Dessa forma, as locuções *tutela liminar* e *tutela cautelar* não se confundem.

O critério em virtude do qual se classifica uma medida como liminar ou final é completamente diverso do critério que nos permite distinguir entre uma tutela cautelar e uma tutela satisfativa.

A tutela pode se denominar liminar ou final, tendo em vista o *momento* do procedimento em que ela foi concedida. Tutela liminar é a proteção concedida nos momentos iniciais do procedimento, algumas vezes sem que se ouça a parte contrária. Trata-se da liminar *inaudita altera parte* (sem ouvir a parte contrária), que ainda hoje é muito criticada e tende a ser concebida em caráter excepcional.

Em casos excepcionais, após um juízo de ponderação entre os princípios do contraditório e do acesso à Justiça, prevalece este último. Para tanto, a jurisprudência cunhou a exigência de uma fundamentação específica quando do deferimento da referida liminar, devendo o magistrado justificar a concessão da decisão *in limine*, bem como o motivo pelo qual entendeu ser prudente não ouvir a manifestação da parte contrária (art. 9º, I, c/c o art. 489, § 1º).

Por outro lado, para distinguir entre tutela cautelar e tutela satisfativa, tem-se em mira a *natureza* da tutela concedida. Enquanto a tutela cautelar visa assegurar a eficácia do processo principal, a tutela satisfativa destina-se a proteger diretamente o direito subjetivo material. Em suma:

1º) tutela liminar é a que se concede *in limine litis*, podendo possuir caráter cautelar ou satisfativo, conforme a hipótese;

2º) tanto a tutela cautelar quanto a tutela satisfativa podem ser concedidas no início ou no fim do procedimento, sendo classificadas, no primeiro caso, como liminar e, no último, como final.

Assim é que, com base no art. 300, pode o juiz conceder liminarmente ou após justificação prévia a tutela cautelar sem ouvir o réu.

Nesse caso, poderá o juiz condicionar a efetivação da medida cautelar liminarmente concedida à prévia prestação de contracautela pelo requerente, isto é, de caução real ou fidejussória, a fim de assegurar a reparação dos danos que o requerido, eventualmente, venha a sofrer (§ 1º).

A concessão liminar se legitima sempre que, nas circunstâncias, se mostre necessária para preservar o suposto direito ameaçado, quer a ameaça parta ou não do réu, sendo ela configurável até em fato de natureza.

Para a melhor doutrina[81], mesmo sob a égide do CPC/73, a medida cautelar poderia ser concedida de ofício pelo juiz, uma vez que a lei não exigia requerimento do autor.

Para que a liminar seja concedida, é preciso que o juiz verifique a presença cumulativa do *fumus boni iuris* e do *periculum in mora* a serem demonstrados pelo requerente. Também é necessário que o

---

[79] Na cognição exauriente o juiz necessita colher todas as provas necessárias à formação de sua convicção, ou seja, prioriza-se a segurança jurídica em detrimento da celeridade. Para maiores informações sobre as três modalidades de cognição (exauriente, sumária e superficial), remetemos o leitor a Watanabe (1999).

[80] Barbosa Moreira, 2004c, p. 92.

[81] Barbosa Moreira, 2009, p. 307.

juiz leve em conta a natureza dos interesses em jogo, a possível extensão do dano e a reversibilidade do provimento[82].

b) Requisitos

A tutela cautelar requerida em caráter antecedente é uma cautelar preparatória, embora distinta daquela prevista no Código de 1973, dada a concentração do procedimento que aqui se opera. Ou seja, uma vez concedida, o pedido principal deverá ser formulado e ter curso no mesmo processo.

Pelo art. 305, a petição inicial que visa à sua prestação indicará a lide e seu fundamento, a exposição sumária do direito objetivado e o perigo da demora da prestação da tutela jurisdicional. E, entendendo o juiz que o pedido, em verdade, tem natureza antecipada, observará o disposto para a tutela antecipada requerida em caráter antecedente (art. 303), em nítida fungibilidade.

Embora o legislador refira-se apenas à possibilidade de substituição da tutela cautelar por antecipada, não pode haver dúvida de que a fungibilidade opera nas duas direções, sendo possível conceder tutela cautelar em lugar de antecipada. Isso porque, em direito, não há fungibilidade em uma só mão de direção. Se os bens são fungíveis, tanto se pode substituir um pelo outro, caracterizando o fenômeno denominado *duplo sentido vetorial*.

Todavia, fungibilidade não significa que o juiz possa exceder os limites da própria demanda. Se entre o pronunciamento final e o pedido inicial deve haver congruência, correlação (arts. 141, 490 e 492), não se admite a antecipação de efeitos não contidos na pretensão deduzida pelo autor a título de tutela definitiva. O limite da antecipação é o próprio provimento satisfativo final favorável ao autor, como já ressaltado.

Em seguida, o réu é citado para, em 5 (cinco) dias, contestar o pedido e indicar as provas que pretende produzir (art. 306), observada a regulamentação dada pelo novo Código ao tempo dos atos processuais, estabelecendo distinção em relação ao antigo art. 802.

Não sendo contestado o pedido, presumem-se aceitos os fatos alegados pelo autor, cabendo, então, ao juiz proferir decisão também em 5 (cinco) dias (art. 307).

Se, porém, tiver havido a contestação no prazo legal, há de se observar o procedimento comum, anotando-se que, concedida a tutela, o pedido principal deve ser apresentado em 30 (trinta) dias[83] nos mesmos autos (art. 308)[84], se não tiver sido apresentado em conjunto com o pedido de tutela cautelar (art. 308, § 1º), sob pena de perda de eficácia do mesmo (art. 309, I). Só a partir de então é que se segue o procedimento comum.

O § 2º do art. 308 estabelece, ainda, a possibilidade de aditamento da causa de pedir no momento de formulação do pedido principal. Apresentado este, as partes serão intimadas para audiência

---

[82] Em passagem sobre a irreversibilidade como pressuposto da antecipação da tutela, José Carlos Barbosa Moreira sustenta que "(...) tanto na doutrina quanto na jurisprudência, se manifesta forte propensão a abrandar o aparente rigor da norma. Em alguns casos, realmente, a antecipação afigura-se imprescindível para salvaguardar o direito em jogo, e não deve bastar para excluir-lhe a possibilidade a circunstância de serem irreversíveis os respectivos efeitos. (...) Efeitos irreversíveis podem surgir, portanto, quer no caso de conceder-se, quer no caso de negar-se a antecipação. É mister encontrar uma saída para este beco. E a atitude mais razoável consiste em proceder a uma valoração comparativa dos riscos; em outras palavras, balancear os dois males, para escolher o menor" (Barbosa Moreira, 2004b, p. 83).

[83] A contagem do prazo de 30 (trinta) dias previsto no art. 308 do CPC para formulação do pedido principal se inicia na data em que for totalmente efetivada a tutela cautelar. REsp 1.954.457-GO, rel. Min. Moura Ribeiro, 3ª T., por unanimidade, j. 9-11-2021, *DJe* de 11-11-2021. *Informativo STJ* n. 718.

[84] Não atendido o prazo legal de 30 dias para formulação do pedido principal em tutela antecipada requerida em caráter antecedente, a medida concedida perderá a sua eficácia e o procedimento de tutela antecedente será extinto sem exame do mérito. REsp 2.066.868-SP, rel. Min. Nancy Andrighi, 3ª T., por unanimidade, j. 20-6-2023, *Informativo STJ* n. 780.

de conciliação ou de mediação, na forma do art. 334 (§ 3º); não havendo acordo, o prazo para contestação será contado pela regra geral do art. 335 (§ 4º).

A eficácia da tutela cautelar cessa nas hipóteses do art. 309, dentre as quais se encontram tanto o julgamento de improcedência do pedido principal quanto a extinção do processo sem resolução do mérito.

Finalmente, uma vez indeferida a tutela cautelar, não há óbice para que o autor formule, desde logo, o pedido principal, assim como não influi no julgamento deste, salvo se reconhecida a prescrição ou a decadência (art. 310). Fica a seu critério aguardar o julgamento do processo cautelar ou apresentá-lo no curso do procedimento.

20.3.2 Tutela da evidência

Com o fito de dar à prestação da tutela jurisdicional maior celeridade, o novo Código traz a tutela de evidência como inovação técnica apta a proteger um direito evidente desde o início do processo, ainda que o Código anterior não abarcasse tal hipótese para permitir a antecipação da tutela final, por inexistência de urgência[85].

Nas palavras de Greco, é a "tutela antecipada que acolhe no todo ou em parte o pedido principal do autor para tutelar provisoriamente, independentemente da urgência, provável direito cuja existência se apresente *prima facie* indiscutível", nos casos previstos no art. 311 do novo Código[86].

A tutela da evidência é sempre incidente, podendo ser requerida tanto na petição inicial quanto em petição avulsa.

Em seu art. 273, II e § 6º, o Código de 1973 apenas previa a tutela antecipada sem urgência para os casos de abuso de defesa, manifesto propósito protelatório do réu e um ou mais pedidos cumulados, ou parcela deles, se mostrando incontroversos.

Já o Código de 2015, em seu art. 311, vai além[87] para albergar, também, as hipóteses em que, havendo prova documental, houver tese firmada em julgamento de casos repetitivos ou em enunciado de súmula vinculante, bem como as de pedido reipersecutório, fundado em contrato de depósito[88].

A tutela de evidência é cabível também na fase recursal[89], a exemplo do que ocorre com a tutela de urgência.

O inciso I estabelece os critérios do abuso de direito de defesa ou do manifesto propósito protelatório do réu como uma das hipóteses autorizadas para concessão da tutela antecipada, e, com isso, a medida antecipada justifica-se não em razão do perigo de dano, mas em função do exercício de mecanismos nocivos ao regular seguimento processual.

---

[85] "A evidência é uma situação processual em que determinados direitos se apresentam em juízo com mais facilidade do que outros. Há direitos que têm um substrato fático cuja prova pode ser feita facilmente. Esses direitos, cuja prova é mais fácil, são chamados de direitos evidentes, e por serem evidentes merecem tratamento diferenciado" (Didier Jr., 2007, p. 397).

[86] Greco, 2014.

[87] O maior mérito da nova codificação, contudo, é sistematizar um modelo de tutela de evidência que atenda, no rito ordinário, à generalidade das pretensões discutidas em juízo. Permite-se, dessa forma, uma universalização da possibilidade de melhor gerenciamento do ônus do tempo nas relações jurídico-processuais" (Pontes, 2015, p. 38).

[88] "Essa forma de tutela distingue-se daquela do *mandamus*, porque não se trata de ato de autoridade apenas, mas também de ato de particular; isto é, não exclui a tutela da evidência qualquer que seja a pessoa jurídica, quer de direito público, quer de direito privado" (Fux, 2000, p. 19).

[89] Enunciado 423 do FPPC: (arts. 311; 995, parágrafo único; 1.012, § 4º; 1.019, I; 1.026, § 1º; 1.029, § 5º) "Cabe tutela de evidência recursal".

Somado à forte probabilidade de existência do direito afirmado, entendeu o legislador agilizar o resultado do processo, a fim de evitar dano maior para o autor, com o retardamento indevido do provimento jurisdicional.

Importante observar que a concessão somente pode ocorrer após a resposta do demandado, pois pressupõe abuso de defesa ou propósito protelatório do réu. Assim, o texto legal traz consigo uma ideia de má-fé, o que obriga a investigação sobre a intenção da parte naquele ato[90].

Não basta, ainda, que o ato abusivo transmita a intenção de atrasar a tramitação do processo. É preciso que, efetivamente, o ato consista em empecilho à lisura e à celeridade processuais[91].

Para o inciso II, a Lei disciplina a comprovação documental das alegações e a existência de tese firmada em julgamento de casos repetitivos ou em súmula vinculante.

Por sua redação, o artigo não a restringe ao Supremo Tribunal Federal, com isso abrindo-se à possibilidade eventual de previsão constitucional de edição de enunciados vinculantes também pelos Tribunais de Justiça e pelos Tribunais Regionais Federais, como pode ser visto nos arts. 332, IV, e 927, V.

Por outro lado, a expressão "tese firmada em julgamento de casos repetitivos" comporta contornos mais amplos. Vê-se que ela inclui os julgados do STF e do STJ na sistemática dos recursos repetitivos (arts. 1.036-1.041 do CPC) e os dos TJs e dos TRFs no âmbito de suas respectivas competências, em incidente de resolução de demandas repetitivas (arts. 976-987 do CPC)[92].

Embora não haja referência expressa, devem ser também compreendidas nesse dispositivo as hipóteses que levam a efeito vinculante por força de norma constitucional[93].

De se observar que, numa interpretação literal, não se exige que o precedente tenha alcançado o *status* de trânsito em julgado[94], embora reconheçamos que isso possa trazer alguma insegurança jurídica, sobretudo se pensarmos que aquela tese jurídica será utilizada em todos os casos idênticos espalhados por todos os órgãos do Poder Judiciário.

Pelo inciso III, a não entrega do objeto custodiado implica cominação de multa. Fica estabelecida, dessa forma, uma sanção para o pedido de depósito, aplicável aos casos de alienação fiduciária, quando, até então, o descumprimento da ordem de entrega quedava sem correspondente medida coercitiva, dada a inconstitucionalidade da prisão civil por dívidas[95].

Embora o dispositivo não faça menção expressa, parece óbvio que deve ser acostada, ainda, prova da mora, requisito sempre exigível nessas hipóteses[96].

---

[90] Bodart, 2014, p. 137.
[91] Zavascki, 2009, p. 192.
[92] Wambier et al., 2015, p. 796.
[93] Enunciado 30 da ENFAM: "É possível a concessão da tutela de evidência prevista no art. 311, II, do CPC quando a pretensão autoral estiver de acordo com orientação firmada pelo Supremo Tribunal Federal em sede de controle abstrato de constitucionalidade ou com tese prevista em súmula dos tribunais, independentemente de caráter vinculante".
[94] Enunciado 31 da ENFAM: "A concessão da tutela de evidência prevista no art. 311, II, do CPC independe do trânsito em julgado da decisão paradigma".
[95] "A hipótese do inc. III consiste em permitir tutela antecipada com base no contrato de depósito – trata-se de hipótese que veio a tomar o lugar do procedimento especial de depósito previsto no direito anterior. Estando devidamente provado o depósito (arts. 646 e 648, CC), tem o juiz de determinar a entrega da coisa" (Wambier et al., 2015, p. 797).
[96] Enunciado 29 da ENFAM: "Para a concessão da tutela de evidência prevista no art. 311, III, do CPC, o pedido reipersecutório deve ser fundado em prova documental do contrato de depósito e também da mora".

O inciso IV amplia o cabimento da tutela da evidência para todos os casos em que o autor juntar prova documental suficiente dos fatos constitutivos de seu direito, sem que o réu oponha prova capaz de gerar dúvida razoável[97].

Enfim, pelo parágrafo único[98], depreende-se que apenas nas hipóteses dos incisos II e III pode o juiz conceder a tutela de modo antecipado ao contraditório. Nos demais casos, é imprescindível a prévia intimação da parte adversa para que possa manifestar-se[99].

---

[97] Bodart, 2014, p. 152.

[98] São constitucionais os dispositivos legais (CPC/2015, arts. 9º, parágrafo único, III; e 311, parágrafo único) que, sem prévia citação do réu, admitem a concessão de tutela de evidência quando os fatos alegados possam ser demonstrados documentalmente e a tese jurídica estiver consolidada em julgamento de casos repetitivos ou em súmula vinculante. Assim, inexiste qualquer ofensa ao princípio do contraditório caso haja justificativa razoável e proporcional para a postergação do contraditório e desde que se abra a possibilidade de a parte se manifestar posteriormente acerca da decisão que a afetou, ou sobre o ato do qual não participou. ADI n. 5.492-DF, rel. Min. Dias Toffoli, j. 24-4-2023; ADI n. 5.737-DF, rel. Min. Dias Toffoli, redator do acórdão Min. Roberto Barroso, j. 24-4-2023, *Informativo STF* n. 1.092.

[99] Fux, 2000, p. 24.

Capítulo 21
FORMAÇÃO, SUSPENSÃO E EXTINÇÃO DO PROCESSO

21.1 FORMAÇÃO DO PROCESSO

21.1.1 Noções gerais

O nosso Código estipula um sistema de formação complexa, ou seja, o processo se forma por iniciativa da parte e, logo após, segue seu curso por impulso oficial do juiz. Isso significa que, como regra, o juiz não pode agir de ofício. Como o juiz é inerte, vale para as partes o chamado princípio dispositivo.

A partir daí, cabe ao magistrado impulsionar o processo, evitando que ele fique paralisado e, com isso, seja comprometido o princípio da duração razoável do processo.

Convém destacar, como veremos, que uma das hipóteses de extinção do processo é a chamada desistência indireta, que ocorre quando o autor para de peticionar nos autos. Nesse caso, haverá uma desistência tácita, indireta, o que acarreta a extinção do processo.

Por uma questão de segurança das relações jurídicas, o Código precisava fixar um marco temporal, um momento a partir do qual oficialmente se considera proposta a ação.

Segundo o art. 312 do CPC, esse momento é o do protocolo da inicial, isto é, o momento em que o advogado se dirige ao Protocolo Geral (PROGER), apresenta sua petição inicial, acompanhada dos documentos, procuração e prova do pagamento das custas e despesas processuais (salvo a hipótese de justiça gratuita, já vista anteriormente), e recebe uma comprovação da distribuição.

Naquele momento, o advogado saberá para qual juízo a sua inicial foi distribuída e, a partir daí, lá deverá acompanhar o andamento do processo.

No entanto, os efeitos da propositura da demanda se produzem em momentos diversos, para autor e réu. Para o autor, no momento do protocolo, como visto; para o réu, quando for validamente citado, observado o art. 240 do CPC.

Tais efeitos para o réu são:

a) induzir litispendência;

b) tornar litigiosa a coisa;

c) constituir em mora o devedor, ressalvado o disposto nos arts. 397 e 398 do CC.

A formação integral da demanda, de acordo com o art. 240, ocorre quando o juiz recebe a petição inicial e profere um despacho liminar positivo determinando a citação do réu, sendo relevante que este ato (citação) se dê de forma regular, sem vícios, mesmo que seja determinado, num primeiro momento, por juiz incompetente.

Outra questão que merece exame é a possibilidade de modificação do pedido originalmente formulado. A matéria vem tratada no art. 329, que fixa dois marcos temporais. Assim, o autor poderá:

I – até a citação, aditar ou alterar o pedido ou a causa de pedir, independentemente de consentimento do réu;

II – até o saneamento do processo, aditar ou alterar o pedido e a causa de pedir, com consentimento do réu.

Essas regras são impostas pelos princípios do contraditório e da segurança.

Após a citação, o réu deve, necessariamente, concordar com a alteração. Caso não concorde, caberá ao autor deduzir aquele pedido em nova demanda, o que levaria, provavelmente, a conexão, já estudada no capítulo de competência.

Após o saneamento, a alteração objetiva da demanda não será mais possível, sob pena de se colocar em risco o equilíbrio da relação processual.

Realmente não faria muito sentido sanear o feito (art. 357) para depois introduzir modificação que forçaria a repetição de diversos atos do processo. É por isso que dizemos que o saneador leva a estabilização da demanda.

21.2 SUSPENSÃO DO PROCESSO

21.2.1 Noções gerais

Com o ajuizamento da ação e, posteriormente, a citação do réu, que completa a relação processual, a ideia é que o processo siga, ininterruptamente, até o trânsito em julgado da sentença.

Contudo esse curso pode ficar suspenso durante determinado lapso temporal. A essa paralisação dá-se o nome de suspensão. A relação processual não se extingue, continua gerando efeitos. O que ocorre é uma abstenção da prática dos atos que normalmente seriam os subsequentes, caso não houvesse a paralisação. Ressalvam-se, por óbvio, os atos de natureza urgente.

As hipóteses de suspensão estão elencadas no art. 313 do CPC. Cumpre salientar que só pode ocorrer suspensão em razão de decisão judicial.

A regra, portanto, é de que não se podem praticar atos durante a suspensão do processo. Porém, em casos excepcionais e urgentes, pode o juiz autorizar a sua prática, a fim de evitar danos irreparáveis, tal como disposto no art. 314 do CPC. Como exemplo, podemos citar a oitiva de testemunha gravemente enferma e que corra risco de morte.

Se o ato praticado durante a suspensão não for de urgência – englobando-se aqui a tutela antecipada e as medidas cautelares –, há divergência quanto à sua natureza jurídica. Pontes de Miranda sustenta ser inexistente, por faltar o pressuposto pendência da causa[1]. Didier Jr. posiciona-se no sentido de considerar o ato praticado durante a suspensão como conduta ilícita, que poderá causar invalidação (vício mais grave) ou a ineficácia do ato realizado[2].

Leonardo Greco, em sentido diverso, sustenta tratar-se de ato existente, porém ineficaz. Entretanto, pelo princípio da instrumentalidade das formas e diante da tendência à progressiva relativização das nulidades, os atos, ainda que nulos e ineficazes, serão convalidados se não causarem nenhum prejuízo às partes. O critério proposto, então, é o da "verificação instrumental da ocorrência de prejuízo"[3].

21.2.2 Hipóteses de suspensão

21.2.2.1 Morte ou perda da capacidade processual de qualquer das partes, de seu representante legal ou de seu procurador

O conceito de parte engloba não apenas autor e réu, mas também terceiros como o assistente, denunciado e chamado (modalidades de intervenção de terceiros).

---

[1] Pontes de Miranda, 1997, p. 460.
[2] Didier Jr., 2008, p. 556.
[3] Greco, 2010, p. 429.

Com a morte da parte, seus sucessores serão habilitados a tomar seu lugar na relação processual (arts. 687 a 692 do CPC). Pelo regime do CPC/73, se a morte ocorria após o início da audiência de instrução e julgamento, o processo seguia seu curso normal, tendo como substituto da parte seu advogado (art. 265, § 1º, a, do CPC/73), que atuava em nome próprio, protegendo os direitos do *de cujus*. Somente após a publicação da decisão, o processo era suspenso.

Tal ressalva restou eliminada no texto do CPC, art. 313, § 1º, parecendo que o legislador pretendeu descartar a excepcional substituição que era conferida ao advogado.

Os prazos de suspensão serão estabelecidos pelo juiz conforme dispõe o CPC, art. 313, § 2º. Se falecido o réu, a suspensão variará de dois a seis meses para o autor promover a citação do espólio, do sucessor ou dos herdeiros. Se morto o autor, sendo o direito transmissível, o juiz determinará a intimação para a devida habilitação no processo em prazo razoável, sob pena de extinção do processo sem julgamento do mérito. Por outro lado, se a hipótese é de morte do advogado, ainda que iniciada a audiência, o juiz dará o prazo de quinze dias para a parte constituir novo advogado. Se o autor não o fizer, o processo será extinto. Se o réu não o fizer, o processo seguirá à sua revelia (art. 313, § 3º, do CPC).

Na linha de Moacyr Amaral Santos e Moniz de Aragão, Leonardo Greco defende a aplicação analógica do dispositivo aos casos de impedimento profissional, incompatibilidade superveniente do advogado, licença ou eliminação dos quadros da OAB. À validade dos atos pretéritos aplicam-se os princípios do sistema de nulidades.

Caso o direito objeto do litígio seja intransmissível, o processo é extinto sem resolução do mérito, de acordo com o art. 485, IX, do CPC. É o que ocorre, por exemplo, na ação de divórcio e na ação de alimentos.

Quanto à pessoa jurídica, Didier posiciona-se no sentido de que onde se lê "morte ou incapacidade processual das partes" devemos ler também "extinção de uma pessoa jurídica"[4].

Já Ernani Fidélis dos Santos posiciona-se no sentido de que a extinção da pessoa jurídica não se equipara à morte da pessoa física, pois a primeira será representada pelo liquidante e, assim, somente deverá ficar suspenso o processo por motivo de força maior, até ser nomeado o liquidante[5].

Leonardo Greco, seguindo a doutrina de Humberto Theodoro Júnior, também discorda dessa equiparação, pois sempre haverá alguém encarregado de representá-la legalmente, até final liquidação de seus direitos e obrigações.

Além disso, em grande parte dos casos, a extinção das pessoas jurídicas ocorre por ato voluntário dos seus membros, que não devem ter o poder de impedir a continuação do processo por deliberação unilateral, em desacordo com a parte contrária.

O art. 313, I, do CPC faz referência ainda à morte de representante legal ou de procurador de quaisquer das partes. A esse respeito, Leonardo Greco sustenta que: "(...) a morte da pessoa física titular do órgão de representação da pessoa jurídica não extingue o órgão de representação, que será ocupado pelo seu sucessor ou substituto. Assim, a morte do sócio-gerente da sociedade limitada ou do presidente da sociedade anônima não suspende o processo em que a sociedade é parte[6]".

21.2.2.2 *Convenção das partes*

Trata-se de suspensão voluntária, pois decorre da vontade das partes. Está expressa no inciso II

---

[4] Didier Jr., 2008, p. 549.
[5] Santos, 1998, p. 319.
[6] Greco, 2010, p. 416.

do art. 313 do CPC. Para que ocorra, basta que as partes manifestem sua vontade de forma inequívoca. O magistrado não pode, em regra, recusá-la.

O § 4º, *in fine*, do referido artigo complementa o dispositivo ao limitar o prazo dessa hipótese de suspensão ao máximo de seis meses.

No processo de execução, entretanto, a suspensão durará todo o prazo que o credor tiver concedido ao devedor para o cumprimento da obrigação, conforme o previsto no art. 922 do CPC.

Findo o prazo de seis meses, o processo continua a sua marcha, e as partes, se quiserem, podem requerer novo prazo. Vale lembrar aqui o já comentado art. 191 do CPC que permite estabelecer calendário para a prática de atos processuais.

Nesse caso, também se discute o momento a partir do qual se suspende o processo. Moacyr Amaral Santos defende que a suspensão ocorre a partir do despacho do juiz. Leonardo Greco, porém, entende que a suspensão ocorre desde o momento da celebração do acordo, independentemente da demora do juiz em despachar a petição que o comunique.

Segundo ele, as partes não podem guardar consigo o acordo de suspensão, que só vai adquirir existência como ato processual a *partir do seu ajuizamento, da entrega do seu instrumento em mãos do juiz, no cartório ou no protocolo forense*[7].

Assim, protocolado o acordo, o processo estará suspenso com base no art. 200 do CPC. Caso algum ato seja praticado a partir desse momento, não terá eficácia, devendo ser declarado nulo.

Admite-se, ainda, a suspensão no curso da audiência de instrução e julgamento, já que esta se compõe de uma série de atos independentes uns dos outros. Mais desejável do que a preservação da sua unidade (art. 365 do CPC) é a solução amigável do litígio ou a busca dessa solução.

21.2.2.3 Arguição de impedimento ou de suspeição

A suspensão somente engloba a arguição de impedimento e suspeição do juiz (arts. 144 e 145 do CPC), não podendo ser suspenso o processo no caso de exceção de impedimento ou suspeição de perito, intérprete ou membro do Ministério Público, por vedação expressa do art. 148, § 2º, do CPC.

O que justifica essa hipótese de suspensão é o fato de a imparcialidade do juiz ser pressuposto de validade para os atos que ele vier a praticar. Consequentemente, enquanto essa questão não for resolvida, o juiz não poderá decidir nenhuma outra questão no processo.

Trata-se de suspensão imprópria, pois o processo não fica paralisado, mas temporariamente desviado de sua marcha normal para que se instrua e decida a arguição, até o julgamento desta pelo Tribunal.

21.2.2.4 Admissão de incidente de resolução de demandas repetitivas

Visando lidar de forma mais isonômica e célere com as questões jurídicas massificadas, o CPC instituiu o incidente de resolução de demandas repetitivas (IRDR), previsto nos arts. 976 e s. Admitido o incidente pelo TJ ou TRF competente, haverá a suspensão dos processos que versem sobre a matéria de direito controvertida, na forma do art. 982, I, o que justificou a inserção do inciso IV no art. 313. Eventuais tutelas de urgência devem ser formuladas ao juízo em que o feito suspenso tramita (art. 982, § 2º, do CPC).

Quando o Tribunal competente decidir a tese jurídica, ela será aplicada aos processos suspensos, conforme dispõe o art. 985. A princípio, não regulou o CPC prazo máximo para essa suspensão, não havendo, também, que se falar em prescrição intercorrente nesse caso.

---

[7] Greco, 2010, p. 417.

21.2.2.5 *Questão prejudicial*

a) Depender do julgamento de outra causa ou da declaração de existência ou de inexistência de relação jurídica que constitua o objeto principal de outro processo pendente

A dependência entre as ações ocorre em duas hipóteses: uma causa é prejudicial à outra; ou seja, a decisão de uma pode interferir no julgamento da outra, ou uma causa é preliminar à outra, e assim o que for decidido em uma pode impedir o exame da outra.

Há, portanto, uma espécie de ligação entre as causas, uma verdadeira relação de subordinação. O processo, então, será suspenso de forma a não prejudicar ambas, e isso somente ocorre quando as causas não puderem ser reunidas e julgadas no mesmo juízo.

A hipótese analisada, prevista no art. 313, V, *a,* do CPC, refere-se à questão prejudicial. Contudo não enseja a suspensão do processo a questão de direito material arguida como matéria de defesa em outro processo, como é o caso da prescrição, decidida incidentalmente pelo juiz e sem eficácia em outro processo.

Não cabe suspensão do processo em razão de questão prejudicial interna, cujo surgimento se dá dentro do próprio processo (art. 503, § 1º, do CPC). Um exemplo é a questão da paternidade na ação de alimentos proposta pelo filho natural. Portanto, só caberia a suspensão do processo em caso de prejudicialidade externa, ou seja, no caso de questões prejudiciais que constituem objeto de outros processos.

Ao decidir a respeito da suspensão do processo, o juiz deve examinar a relevância da questão prejudicial. A recusa do juiz não acarreta nulidade, mas deve ser especificamente fundamentada.

Cabe-nos destacar a atenção para o processo de execução, que, por não visar a uma sentença, não se suspende por causa da anterioridade de uma ação de conhecimento. Nesse sentido: "(...) a execução não se suspenderá porque o título está sendo anulado ou questionado numa ação de conhecimento, embora essa suspensão possa ser determinada pelo próprio juiz da execução em razão da pendência de embargos do executado"[8].

Quanto ao momento de início da suspensão, ela se dá a partir da decisão do juiz. Os efeitos não retroagem, e somente a partir dessa decisão é que cessará a prática de atos processuais.

Sob a égide do CPC/73, houve discussões acerca da interpretação da letra *c* do inciso IV do art. 265, que dispunha que o processo seria suspenso quando "tiver por pressuposto o julgamento de questão de estado, requerido como declaração incidente". A prejudicial aqui tratada seria interna (suscitada perante o juízo da causa prejudicada) ou externa.

Didier entendia que, se fosse a prejudicial de estado externa, não teria sentido algum esse dispositivo, já que estaria dentro da letra *a* do mesmo artigo. Por outro lado, se fosse a prejudicial interna e, portanto, ajuizada perante o mesmo juízo que se busca suspender, qual seria a razão de o juiz suspender o andamento de uma causa, já que ele é o responsável pelo julgamento de ambas[9]?

Continuando o raciocínio, Didier Jr. apontava a solução de José Frederico Marques e Humberto Theodoro Júnior, que afirmam que a prejudicial seria uma ação declaratória de estado ajuizada em outro processo, mas prejudicial a ambas as causas. Porém para ele não seria correto esse posicionamento, pois novamente seria uma hipótese da letra *a* do inciso IV do art. 265. Concluindo, Didier Jr. apresentava sua solução, entendendo que se tratava de uma prejudicial interna de estado, objeto da

---

[8] Greco, 2010, p. 424.

[9] Didier Jr., 2008, p. 554.

ação declaratória incidental, que, quando proposta, suspende o curso do procedimento principal, até a sua solução, o que configuraria caso de suspensão parcial.

Já Leonardo Greco entendia que a diferença entre as letras *a* e *c* é que, na primeira hipótese, a prejudicial era objeto principal do outro processo, enquanto nesta, ela seria prejudicial também no outro processo. Ocorre, assim, uma "dupla prejudicialidade da questão", ou seja, no processo anterior e no novo processo[10].

Nesse caso, assim como na hipótese da letra *a*, a suspensão produziria efeitos a partir da decisão do juiz. Se a declaração incidente tivesse sido requerida no próprio processo, não haveria suspensão do processo, pois todas as questões de mérito seriam resolvidas simultaneamente na sentença final única.

Vale ressaltar que a hipótese da letra *c* acabou suprimida na redação do CPC.

b) Tiver de ser proferida somente após a verificação de determinado fato ou a produção de certa prova, requisitada a outro juízo

De acordo com o § 4º do art. 313 do CPC, essa hipótese de suspensão necessária não pode ultrapassar o prazo de um ano, assim como as outras hipóteses previstas no inciso V do art. 313.

Um exemplo de prova requisitada a outro juízo é a carta precatória, quando imprescindível ao correto desenvolvimento do processo. O mesmo ocorre com as rogatórias, de acordo com o art. 377 do CPC. Entretanto, elas só suspendem o processo se requeridas antes do despacho saneador.

Deve-se lembrar que a responsabilidade civil independe da criminal (art. 935, CC). Porém há uma espécie de interdependência em alguns casos, como, por exemplo, a ação civil *ex delicto*, disposta no art. 66 do Código de Processo Penal. Segundo o CPP, a sentença absolutória criminal não impede a propositura da ação cível, exceto se conhecida a inexistência material do fato. Ainda, de acordo com o art. 65 do CPP, faz coisa julgada no cível a sentença penal que reconhecer ter sido praticado o ato em estado de necessidade, legítima defesa, estrito cumprimento do dever legal ou exercício regular de direito.

Um dos efeitos da sentença criminal é tornar certa a obrigação de indenizar (art. 91, I, CP). Assim, se a causa envolver questão relativa à obrigação de indenizar por fato delituoso, pode o juiz determinar, de acordo com o art. 315 do CPC, o sobrestamento do processo, até que seja julgada a sentença criminal.

Acerca do prazo de suspensão na pendência de ação penal, ele será limitado, conforme o art. 315, *caput*, e §§ 1º e 2º, do CPC. A suspensão poderá chegar a três meses para que seja apresentada a denúncia cabível. Proposta a ação, o processo poderá permanecer suspenso por até um ano. Ultrapassados tais prazos, o juiz cível poderá examinar incidentalmente a questão prévia.

Mesmo sem previsão específica, sob a égide do CPC/73, o STJ[11] já reputava que o prazo máximo de suspensão seria de um ano, pois a lide cível não poderia ficar indefinidamente sobrestada.

21.2.2.6 Por motivo de força maior

Essa hipótese não admite discricionariedade do juiz, ou seja, uma vez comprovado o motivo extraordinário, deve ser o processo suspenso. Isso porque o motivo de força maior não é provocado pelas partes, sendo estranho a elas.

Aplica-se o disposto no art. 223, § 1º, do CPC, que permite superar a preclusão temporal por justo motivo. Incluem-se aqui calamidade pública, inundação, acidente, algum obstáculo oposto pela

---

[10] Greco, 2010, p. 426.
[11] REsp 1.198.068-MS, rel. Min. Marco Buzzi, j. 2-12-2014, *DJe* 20-2-2015" (*Informativo STJ*, n. 555).

parte contrária (art. 221 do CPC), a superveniência de férias (art. 220 do CPC), dentre outras hipóteses.

Logicamente, ao ser determinada a suspensão, a eficácia da decisão retroage à data da ocorrência do evento.

21.2.2.7 Quando se discutir em juízo questão decorrente de acidentes e fatos da navegação de competência do Tribunal Marítimo

O Tribunal Marítimo, conforme previsto na Lei n. 2.180 de 1954, é órgão administrativo, vinculado ao Ministério da Marinha (atual Ministério da Defesa, cf. LC n. 97/99). As atribuições do Tribunal Marítimo encontram-se listadas nos arts. 13 a 15 da Lei n. 2.180. Quando a matéria controvertida em juízo depender de alguma decisão sobre essas matérias, o processo será suspenso (art. 313, VII, do CPC).

Não há previsão expressa do Código acerca do prazo de suspensão. Ao que tudo indica, contudo, isso não significa que o processo permanecerá indefinidamente sobrestado. Isso porque, se no regime anterior já havia jurisprudência do STJ reputando a impossibilidade de a lide permanecer suspensa sem prazo por ação penal, mais razão ainda haveria para se entender que o processo administrativo do Tribunal Marítimo não pode se perpetuar e manter inerte o juízo.

21.2.2.8 Nos demais casos que este Código regula

Como se pode notar, o rol de hipóteses de suspensão não é taxativo, deixa margem à sua aplicação em outros casos, desde que dispostos no CPC.

Diversos artigos do CPC podem ser aqui elencados, tais como: art. 76 do CPC, que trata da regularização processual; a oposição (art. 685, parágrafo único); impugnação ao cumprimento de sentença (art. 525, § 6º, do CPC); embargos do executado (§ 1º do art. 919 do CPC); execução (art. 921 do CPC); execução fiscal (art. 40 da Lei n. 6.830/80); incidente de repercussão geral no recurso extraordinário (art. 1.035, § 5º, do CPC); incidente de recursos especiais repetitivos (art. 1.037, II, do CPC).

Importante observar, ainda, que o art. 6º, inciso II da Lei n. 11.101/2005, com as alterações impostas pela Lei n. 14.112/2020 prevê que a decretação da falência ou o deferimento do processamento da recuperação judicial implica na suspensão das execuções ajuizadas contra o devedor, inclusive daquelas dos credores particulares do sócio solidário, relativas a créditos ou obrigações sujeitos à recuperação judicial ou à falência.

21.2.2.9 Nas hipóteses introduzidas pela Lei n. 13.363/2016

Em novembro de 2016, a Lei n. 13.363 promoveu alterações tanto no CPC como na Lei n. 8.906 (Estatuto da OAB) para estipular direitos e garantias para a advogada gestante, lactante, adotante ou que der à luz e para o advogado que se tornar pai.

Nesse sentido, foram introduzidos os incisos IX e X no art. 313 do CPC, de forma a prever mais duas hipóteses de suspensão do processo, a saber:

"IX – pelo parto ou pela concessão de adoção, quando a advogada responsável pelo processo constituir a única patrona da causa;

X – quando o advogado responsável pelo processo constituir o único patrono da causa e tornar-se pai".

Esses dois incisos são complementados pelos §§ 6º e 7º. Assim, na hipótese do inciso IX, o período de suspensão será de 30 dias, contado a partir da data do parto ou da concessão da adoção. Já no caso do inciso X, o período de suspensão será de 8 dias, contado a partir da data do parto ou da concessão da adoção.

21.3 EXTINÇÃO DO PROCESSO

21.3.1 Noções gerais

Em lição anterior, vimos que o processo se inicia com a propositura da ação. De acordo com o art. 312 do CPC, a ação se considera proposta com a distribuição da petição inicial, quando forem vários os juízos, ou com o despacho judicial, em comarca de juízo único.

Quanto à formação da relação processual, existem três momentos bem distintos:

a) linear (o vínculo se estabelece entre autor e réu);

b) angular (existe vínculo entre juiz e autor e entre juiz e réu, inexistindo vínculo direto entre autor e réu); e

c) triangular (vincula o autor, o réu e o juiz, e se dá a partir da audiência de conciliação ou de mediação, quando haverá interação direta entre os sujeitos do processo).

De qualquer modo, o réu só se vincula à relação processual com a citação válida (art. 240 do CPC).

Vimos também as hipóteses em que há uma paralisação do processo, ou seja, a sua suspensão, previstas no art. 313 do CPC.

Passemos agora ao estudo da extinção do processo, que se encontra regulada nos arts. 485 e 487 do CPC, que elencam hipóteses em que se põe termo ao processo sem e com resolução do mérito.

21.3.2 Modalidades de extinção do processo sem resolução do mérito

O art. 485 do CPC trata das hipóteses em que o magistrado, ao proferir sentença, põe fim ao processo, mas essa decisão não impede que o autor intente nova ação no futuro, salvo em caso de perempção (art. 486, § 3º).

Nos casos de litispendência, ausência de pressuposto processual, ausência de legitimidade ou de interesse processual ou convenção de arbitragem, a repropositura da ação depende da correção do vício que levou à extinção do feito (art. 486, § 1º).

Apesar de não haver regulação expressa, não será admitida a nova propositura da demanda na hipótese do inciso IX, art. 485, do CPC. Nesta, haverá impossibilidade material, tendo em vista o falecimento do autor e a intransmissibilidade do direito pleiteado.

Antes de adentrar no mérito, deve o magistrado fazer uma análise prévia, que consiste em examinar se estão presentes as condições da ação[12] e os pressupostos processuais. Em resposta negativa, o juiz nem passa à análise do mérito, extinguindo o processo sem a sua análise.

Essa extinção é feita por sentença de natureza terminativa, possibilitando ao autor o ingresso com uma nova ação, se sanar o vício que gerou tal decisão e desde que se comprove que foram pagas as custas e os honorários do advogado (art. 486, § 2º).

Sob a égide do CPC/73, Fredie Didier Jr. sistematizou as hipóteses de extinção elencadas no então art. 267 em quatro distintos grupos, que podem ser aproveitados, pois, em regra, os incisos se mantiveram os mesmos. Com a não reprodução do inciso X, contudo, ficam reduzidas a três grupos[13]:

1) extinção por inadmissibilidade – incisos I, IV, V, VI e VII;

---

[12] As condições da ação são os requisitos sem os quais o direito de ação inexiste em determinado caso concreto (Dinamarco; Lopes, 2016, p. 116).

[13] Didier Jr., 2008, p. 524.

2) extinção por morte – ocorre na hipótese do inciso IX, por tratar-se de direito intransmissível;
3) extinção por revogação – decorrente da manifestação das partes – incisos II, III e VIII.

Passemos, então, à análise de cada inciso do art. 485.

21.3.2.1 Indeferimento da petição inicial

Cumpre ressaltar que, nesse caso, o réu nem chega a integrar a relação processual, uma vez que não é citado, em decorrência de ser tal extinção liminar.

Também não se deve confundir essa providência com a do art. 332 do CPC, denominada improcedência liminar do pedido. Nesta última hipótese, a inicial é recebida (não contém vícios e preenche todos os requisitos do art. 319 do CPC); porém é julgada de plano, examinando-se o mérito e proferindo-se decisão de improcedência total do pedido em razão da existência, acerca da mesma questão jurídica, de súmula do STF ou do STJ, julgamento de recurso repetitivo pelo STF ou STJ, decisão de Tribunal local em incidente de resolução de demanda repetitiva ou assunção de competência ou súmula do TJ sobre direito estadual ou municipal.

21.3.2.2 Negligência das partes por mais de um ano

O processo fica paralisado, por inércia das partes, durante mais de um ano. Aqui, só se deve verificar o lapso temporal de um ano, não sendo necessária a presença de qualquer elemento subjetivo das partes.

Cumpre ressaltar que, antes de julgar extinto o processo, deve o magistrado, consoante § 1º do art. 485 do CPC, intimar pessoalmente a parte, para que, em cinco dias, se manifeste, sob pena de nulidade da sentença. A intimação é pessoal, e não na figura do advogado, para que, no caso de eventual negligência deste, a parte não seja prejudicada.

Nesses casos, a extinção do processo independe de provocação das partes.

21.3.2.3 Omissão do autor por mais de trinta dias

Para que o processo seja extinto com base nesse inciso, deve restar comprovada a intenção do autor em abandonar a ação, o elemento subjetivo. Também sustentam esse requisito Nelson Nery Jr. e Rosa Maria de Andrade Nery[14]:

O Superior Tribunal de Justiça já editou súmula a respeito, no sentido de ser necessário o requerimento do réu para que seja extinto o processo, ou seja, em caso de abandono do processo pelo autor, a sua extinção não pode ser feita de ofício pelo juiz. Súmula 240: "A extinção do processo, por abandono da causa pelo autor, depende de requerimento do réu".

Importante ressaltar que o juiz só deve extinguir o feito se o ato que deveria ser praticado pelo autor for indispensável para o julgamento da lide. Sendo, portanto, dispensável, o juiz deve prosseguir e adentrar no mérito.

Caso o autor abandone a causa por três vezes, não poderá intentar novamente ação em face do réu com o mesmo objeto. Porém, ainda terá o direito de alegar em defesa o seu direito (art. 486, § 3º).

21.3.2.4 Ausência dos pressupostos de constituição e desenvolvimento regular do processo

De acordo com Moacyr Amaral Santos, os pressupostos processuais são "supostos (pressupostos) prévios da relação processual, à falta dos quais esta não tem existência ou validade"[15].

---

[14] Nery Jr.; Nery, 2007, p. 709.
[15] Santos, 1999, p. 324.

Temos, portanto, de acordo com a doutrina clássica, duas espécies de pressuposto: de existência, que cuida da constituição do processo, e de validade, que diz respeito ao desenvolvimento regular do processo[16], embora, modernamente, tal classificação sofra sérias restrições[17].

21.3.2.5 Perempção, litispendência e coisa julgada

Perempção é a perda do direito de demandar o réu sobre o mesmo objeto da ação. Ocorre quando o autor abandona o processo por três vezes, (art. 485, III, c/c o art. 486, § 3º, do CPC). O autor perde o direito de levar aquele litígio ao Judiciário, até mesmo pela via da reconvenção[18].

Litispendência é a repetição de uma ação idêntica (mesmas partes, mesma causa de pedir e mesmo pedido) a outra que ainda se encontra em curso.

Coisa julgada é o fenômeno pelo qual uma parte ajuíza ação igual a uma primeira, já definitivamente julgada. Na lição de Leonardo Greco, é "a imutabilidade que adquire os efeitos de direito material da sentença não mais sujeita a qualquer recurso no processo em que foi proferida". Lembrando que a coisa julgada material somente atinge as sentenças de mérito, não atingindo, portanto, as sentenças terminativas[19].

Ocorrendo quaisquer desses fenômenos, o juiz deverá conhecê-lo de ofício, em qualquer tempo e grau de jurisdição (art. 485, § 3º, do CPC).

21.3.2.6 Falta das condições da ação

Como condições da ação, temos:

a) legitimidade das partes (legitimidade *ad causam*);
b) interesse processual em agir – caracterizada pelo binômio necessidade-adequação;

A possibilidade jurídica do pedido, reconhecido como condição da ação sob a égide do CPC/73, deixou de sê-lo pelo art. 485, VI, do CPC, tendo em vista que apenas a legitimidade e o interesse processual foram listados como causas extintivas do processo.

21.3.2.7 Convenção arbitral

A arbitragem consiste na solução do conflito por meio de um terceiro, escolhido pelas partes, com poder de decisão, segundo normas e procedimentos aceitos por livre e espontânea vontade pelas partes. É um procedimento fora da jurisdição; não se coloca nem acima, nem abaixo, mas ao lado. É um procedimento paraestatal.

Na medida em que a sentença arbitral recebe tratamento análogo à decisão judicial, muitos sustentam que a arbitragem é forma de jurisdição. Se entendermos que qualquer ferramenta que leve à solução do conflito é forma de jurisdição em sentido lato, não há dúvidas de que tal categoria deva ser estendida, também, à arbitragem[20].

---

[16] Pinho, 2010, p. 161-165.

[17] Reafirme-se que os ditos pressupostos não são requisitos para a constituição do processo. O processo e a relação jurídica existem ainda que na ausência dos pressupostos processuais. Por outro lado, se esses pressupostos são pensados como requisitos para o julgamento do mérito – como deseja Chiovenda –, eles obviamente não podem ser vistos como pressupostos do processo (Marinoni; Arenhart; Mitidiero, 2017, p. 282).

[18] Didier Jr., 2008, p. 544.

[19] Greco, 2010, p. 354.

[20] Greco, 2010, p. 68.

21.3.2.8 Desistência da ação

O autor, por ato unilateral, desiste de prosseguir com o feito. É admitida a desistência parcial, mas, nesse caso, o processo não será extinto, pois deverá prosseguir com a parte não afetada.

Havendo litisconsórcio passivo necessário, não pode o autor desistir da ação apenas em relação a um dos corréus, mas tal possibilidade existe em caso de ser o litisconsórcio passivo facultativo.

A desistência ocorre antes da prolação da sentença, mas nada impede que o autor renuncie ao direito de executar o réu, na hipótese de ter ganhado, ou que desista de interpor recurso, se tiver perdido. Contudo, no caso do mandado de segurança, a jurisprudência do STJ admite que a desistência seja manifestada mesmo após a decisão[21].

A desistência só produz efeitos após a sua homologação pelo juiz (art. 200, parágrafo único, do CPC). Se o réu já havia se manifestado oferecendo a sua defesa, para que a desistência seja homologada, é necessária a sua concordância. É o que está expresso no § 4º do art. 485 do CPC. Sendo o réu revel, desnecessária é a sua concordância quanto à desistência.

21.3.2.9 Intransmissibilidade da ação

Ocorre quando há a morte do autor e o direito sobre o qual se funda a ação é intransmissível aos seus herdeiros. Isto vai ocorrer, muitas das vezes, nos chamados direitos da personalidade, regulados pelo art. 11 do Código Civil.

21.3.2.10 Outros casos

Em caso de morte do procurador da parte, o juiz dará o prazo de quinze dias para ser constituído novo advogado. Se a parte autora não o fizer, o processo será extinto sem resolução do mérito. Se o réu não constituir novo advogado, o processo prosseguirá à sua revelia (art. 313, § 3º).

Outra hipótese é a de litisconsórcio necessário, em que a citação deve ser feita a todos os litisconsortes. Caso o réu não promova a citação de todos, será declarado extinto o processo (art. 115, parágrafo único, do CPC).

21.3.3 Hipóteses de resolução do mérito

Passemos agora à análise das hipóteses que ensejam a extinção do processo com resolução do mérito, proferindo o juiz uma sentença definitiva. Estão elas elencadas no art. 487 do CPC.

21.3.3.1 Acolhimento ou rejeição do pedido

Acolhendo o pedido, o juiz irá julgar procedente o pedido. Se o rejeitar, será julgado improcedente. A procedência pode ser parcial, como, por exemplo, na hipótese de cumulação de pedidos, em que apenas um dentre os pedidos é julgado procedente.

Trata-se da sentença impositiva, na qual o Estado vai se substituir à manifestação de vontade das partes, prolatando uma decisão que deverá, obrigatoriamente, ser cumprida por todos aqueles que intervieram naquela relação processual.

---

[21] É lícito ao impetrante desistir da ação de mandado de segurança, independentemente de aquiescência da autoridade apontada como coatora, e a qualquer tempo, mesmo após sentença de mérito, desde que antes do trânsito em julgado, ainda que lhe seja desfavorável. Nesse sentido já decidiu o STF no RE 669.367-RJ. DESIS nos EDcl no AgInt no REsp 1.916.374-PR, rel. Min. Benedito Gonçalves, 1ªT., por unanimidade, j. 18-10-2022, DJe 27-10-2022, *Informativo STJ* n. 761.

21.3.3.2 Prescrição e decadência

Tanto a prescrição quanto a decadência têm como fundamento o lapso temporal. No entanto, é possível citar pontos de distinção entre os institutos.

Prescrição é a extinção de uma ação, em virtude da inércia de seu titular por um certo lapso de tempo. Pode ser reconhecida a qualquer tempo e grau de jurisdição (arts. 189 e 193 do CC).

Decadência é a extinção do direito pela inércia de seu titular, quando sua eficácia foi, de origem, subordinada à condição de seu exercício dentro de um prazo prefixado.

Com a decadência, perde-se um direito potestativo, pois este não foi exercido dentro do prazo estipulado pela lei. O prazo decadencial pode ser legal ou convencional. Quando legal, pode ser conhecido de ofício pelo juiz (art. 210 do CC), o que não ocorre na hipótese de ter sido convencionado pelas partes (art. 211 do CC). Sendo legal ou convencional, pode ser alegado em qualquer grau de jurisdição.

Atente-se para o fato de que a Lei n. 14.010, de 10 de junho de 2020, que dispõe sobre o Regime Jurídico Emergencial e Transitório das relações jurídicas de Direito Privado (RJET) no período da pandemia do coronavírus (Covid-19), determina, em seu art. 3º, que os prazos prescricionais e decadenciais ficam impedidos ou suspensos, conforme o caso, até o dia 30 de outubro de 2020.

21.3.3.3 Reconhecimento do pedido pelo réu

O réu, ao ser chamado ao processo, pode tomar três atitudes: responder à demanda, permanecer inerte ou reconhecer o pedido do autor.

O reconhecimento do pedido difere da confissão, que é um meio de prova e se refere apenas a fatos imputados pelo autor.

Já o reconhecimento tem como objeto o próprio pedido do autor, configurando-se verdadeira adesão do réu à pretensão autoral, ensejando a autocomposição do litígio, o que exime o juiz de impor solução para o conflito de interesses.

As despesas processuais e os honorários são pagos pela parte que reconheceu o pedido, ou seja, o réu. Se for parcial o reconhecimento, as despesas e os honorários serão proporcionais à parte do que se reconheceu (art. 90, *caput* e § 1º, do CPC).

21.3.3.4 Transação

A transação encontra-se nos arts. 841 a 850 do Código Civil. Ocorre quando os interessados previnem ou terminam o litígio por concessões mútuas, só podendo ocorrer se os direitos forem patrimoniais e de natureza privada.

Hoje há grande dificuldade em determinar os direitos que podem ou não ser objeto de transação. Mesmo questões envolvendo o Estado ou até a coletividade tendem a ser tratadas de forma mais flexível, tendo como fins últimos a efetividade e a adequação da tutela jurisdicional ao caso concreto.

21.3.3.5 Renúncia ao direito

A renúncia ao direito é ato do autor, que faz com que o processo perca o seu objeto. Ocorre quando o autor, de forma expressa, abre mão do seu direito material invocado na exordial. Não pode o autor renunciar a existência de direitos indisponíveis, embora possa transacionar quanto à sua expressão patrimonial.

A renúncia não pode ser condicionada; deve ser pura e pode ser feita pessoalmente ou por procurador com poderes especiais, pois a procuração geral para foro excetua a renúncia (art. 105 do CPC). Além disso, não depende de aquiescência do réu; é ato unilateral do autor.

Difere a renúncia da desistência da ação. A desistência não impede que a parte intente nova ação no futuro, enquanto a renúncia elimina tal possibilidade. Daí a necessidade de se verificar se é esta, realmente, a manifestação de vontade do autor, ou se, de alguma forma, ocorreu uma das hipóteses de vício de consentimento (erro, dolo ou coação). Se configurada essa hipótese (vício de consentimento), poderá o ato ser objeto de anulação.

PARTE II
PARTE ESPECIAL DO CÓDIGO DE PROCESSO CIVIL: PROCESSO DE CONHECIMENTO; PROCEDIMENTOS ESPECIAIS; PROCESSO DE EXECUÇÃO; PROCESSO NOS TRIBUNAIS E DISPOSIÇÕES FINAIS E TRANSITÓRIAS

Seção I Processo de Conhecimento

Capítulo 1
PROCEDIMENTOS

1.1 PROCEDIMENTO COMUM E ESPECIAL

O processo é o meio pelo qual se exerce a jurisdição e, por esse motivo, é dito o *instrumento* da jurisdição. O processo é dividido em duas modalidades:

i) cognição – pela qual se busca a certeza do direito por meio da averiguação e da declaração *lato sensu* e;

ii) execução – por meio da qual a certeza do direito já foi preestabelecida em lei, servindo o processo como forma de compelir a parte devedora da obrigação a cumprir o constante do título executivo.

O CPC não mais estabelece essa dualidade entre sumário e ordinário, preservando uma única fórmula procedimental denominada *procedimento comum* ao lado do *procedimento especial*, e este sofreu alterações na medida em que alguns procedimentos especiais, antes disciplinados no Código de Processo, foram extintos dessa fonte normativa.

Nessa transição legislativa, algumas leis esparsas ainda remetem à solução do direito material pelos ditames do procedimento sumário e, para atender a essa orientação, o legislador assinalou, no art. 1.049, parágrafo único, do CPC, que, nesses casos, será observado o procedimento comum nele previsto, com as modificações previstas na lei especial, se houver.

É claro que, diante dos inúmeros processos que tramitam sob o regime do procedimento sumário, o novo Código trouxe regras de transição também para essas situações. Veja-se que dispõe o art. 1.046, § 1º, que, apesar de as disposições do CPC se aplicarem desde logo, as normas do CPC antigo, relativas ao procedimento sumário e aos procedimentos especiais, que forem revogadas, continuam em vigor quanto às ações propostas e não sentenciadas até o início da vigência do CPC.

O CPC disciplina todas as etapas do procedimento comum, que possui cinco fases: postulatória, saneadora, instrutória, decisória e cumprimento de sentença. Cada fase será estudada de forma individualizada nos capítulos seguintes, mas será aqui traçado um panorama geral desse rito.

Em caráter didático, é possível afirmar que a fase postulatória se inicia com a propositura da ação pelo autor, quebrando o princípio da inércia da jurisdição manifestada pela externalização da sua pretensão, e termina com a resposta do réu, que, como veremos, poderá contestar a ação (exercendo objeção) e/ou apresentar reconvenção (exercendo direito de pretensão, incidente à ação principal).

A fase saneadora ou ordinatória é aquela em que o juiz, mediante a decisão chamada "saneadora", verifica se há algo no processo que deva ser regularizado pelas partes. Nessa fase estão presentes as providências preliminares e o julgamento conforme o estado do processo.

Na decisão saneadora, o juiz, via de regra, decide sobre as provas a serem produzidas – pericial, documental, testemunhal – e designa a Audiência de Instrução e Julgamento (AIJ).

A fase instrutória tem como objetivo a coleta do material probatório, que servirá de suporte àquilo que é alegado pelas partes. Essa fase, portanto, não é bem delimitada, na medida em que, em diversos momentos processuais, é possível a produção de prova, a exemplo do que ocorre na instrução da petição inicial e, tempos depois, por meio da produção de prova oral, necessariamente em AIJ.

Na fase decisória, o juiz enfrenta o mérito, decidindo pela procedência ou não do pedido feito pelo autor na exordial. Cuida-se da sentença, de acordo com o art. 366 do CPC, que será proferida oralmente ao final da AIJ, ou por escrito, no prazo de 30 dias seguintes à AIJ. Sem prejuízo desse momento processual, no curso do processo, veem-se várias oportunidades para a prolação de decisões, como no despacho liminar e no saneamento, além de eventuais medidas incidentes que sejam requeridas, a título de tutela provisória.

Prolatada a sentença que acolha o pleito autoral, caso essa não seja voluntariamente cumprida, inicia-se a etapa da execução forçada, com vistas à indisponibilização (constrição) e expropriação patrimonial do devedor para pagamento de quantia (art. 523), podendo ainda se realizar a ordem mandamental e executória, quando o objeto da ação é obrigação de fazer e não fazer (art. 497) ou para entrega de coisa (art. 498). Essa fase executória no próprio processo de conhecimento registra nascedouro em 2005, instituindo-se a quinta fase do processo, também chamada cumprimento de sentença, que poderá ser precedida da liquidação, caso a condenação tenha sido genérica.

Essas são as cinco etapas do procedimento comum.

Além do procedimento comum, o CPC traz ainda a previsão de procedimentos especiais, que, de acordo com a presença ou não da lide, são classificados em procedimentos de jurisdição contenciosa e de jurisdição voluntária.

O procedimento sumaríssimo suposto para os Juizados Especiais continua previsto nas leis esparsas: as Leis n. 9.099/95, 10.259/2001 e 12.153/2009.

Por fim, em leis extravagantes, ou seja, fora do âmbito do CPC, encontramos ainda procedimentos específicos para certas demandas, como é o caso, por exemplo, da ação de investigação de paternidade (Lei n. 8.560/92), ação civil pública (Lei n. 7.347/85), ação de improbidade administrativa (Lei n. 8.429/92), mandado de segurança (Lei n. 12.016/2009) e a recente lei que regulamenta o direito de resposta ou retificação do ofendido em matéria divulgada, publicada ou transmitida por veículo de comunicação social (Lei n. 13.188/2015).

Com isso, estudaremos, a partir do próximo capítulo, os institutos pertinentes ao procedimento comum previsto no CPC.

1.2 O PROCEDIMENTO SUMÁRIO E A REGRA DE TRANSIÇÃO DO ART. 1.046, § 1º, DO CPC

Como se sabe, o CPC não contempla mais o rito sumário.

Agora temos apenas um rito no procedimento comum. O legislador dispõe, inclusive, que as matérias que, na vigência do ordenamento anterior, eram deduzidas via procedimento comum sumário, agora devem ser levadas ao Juizado Especial Cível[1].

Contudo, o art. 1.046, § 1º, do CPC assegura que as disposições relativas ao procedimento sumário e aos procedimentos especiais que forem revogadas deverão ser aplicadas às ações propostas e não sentenciadas até o início da vigência do novo Diploma.

---

[1] "Art. 1.063. Até a edição de lei específica, os juizados especiais cíveis previstos na Lei n. 9.099, de 26 de setembro de 1995, continuam competentes para o processamento e julgamento das causas previstas no art. 275, inciso II, da Lei n. 5.869, de 11 de janeiro de 1973".

O procedimento sumário era muito mais simplificado do que o antigo ordinário. Aqui, as fases postulatória, saneadora, instrutória e decisória não se apresentavam de forma tão nítida, podendo haver a fusão de alguns momentos.

De acordo com o art. 275 do CPC/73, deveria ser observado o procedimento sumário:

a) nas causas cujo valor não excedesse sessenta vezes o valor do salário mínimo;

b) nas seguintes causas, qualquer que fosse o valor.

b.1) arrendamento rural e de parceria agrícola

b.2) cobrança ao condômino de quaisquer quantias devidas ao condomínio

b.3) ressarcimento por danos em prédio urbano ou rústico

b.4) ressarcimento por danos causados em acidente de veículo de via terrestre

b.5) cobrança de seguro, relativamente aos danos causados em acidente de veículo, ressalvados os casos de processo de execução

b.6) cobrança de honorários dos profissionais liberais, ressalvado o disposto em legislação especial

b.7) demais casos previstos em lei

Como exemplo, tínhamos: ação entre o representante comercial e o representado (Lei n. 4.886/65), adjudicação compulsória gerada por compromissos de compra e venda irretratáveis de imóveis (Lei n. 6.014/73), ação de cobrança da indenização coberta pelo seguro obrigatório de veículos (Lei n. 6.367/76), ação de usucapião especial (Lei n. 6.969/81), ação revisional de aluguel (art. 68 da Lei n. 8.245/91), dentre outros casos.

Ressalvava, contudo, o parágrafo único do art. 275 do CPC/73 que o procedimento sumário não seria observado em causas relativas ao estado e à capacidade das pessoas.

Como se pode verificar, o procedimento sumário era aplicado em razão do valor e da matéria. O legislador, dentro de seu critério discricionário, entendeu que nesses casos não seria necessária a utilização de um procedimento complexo, podendo valer-se de um mais simples.

Importante ressaltar que, na vigência do CPC/73, sempre houve preocupação com eventual sobreposição entre o procedimento sumário, previsto no Código, e o sumaríssimo, assentado na Lei n. 9.099/95.

Fixa a lei dos Juizados Especiais, em seu art. 3º, a competência para causas cujo valor é igual ou inferior a quarenta salários mínimos, além das enumeradas no inciso II do art. 275 do CPC.

Antes da entrada da Lei n. 9.099/95 no nosso ordenamento jurídico, o procedimento sumário se chamava sumaríssimo. Tal nomenclatura foi alterada para não confundir os dois procedimentos – o do art. 275 do CPC/73 e o da Lei n. 9.099/95. Independentemente da nomenclatura, existia hipóteses em que poderia ser utilizado tanto o procedimento sumaríssimo da Lei n. 9.099/95 quanto o sumário do CPC/73.

É o caso das matérias elencadas no inciso II do art. 275 e de causas cujo valor fosse igual ou inferior a quarenta vezes o salário mínimo. Passou a jurisprudência a enfrentar a seguinte questão: a escolha seria então feita pelo autor da ação?

No âmbito estadual, era pacífico o entendimento de que tem o autor a discricionariedade para optar entre o Juizado e a Vara Cível.

A competência dos Juizados Especiais, porém, não alcança as causas de interesse da Fazenda Pública, por exemplo. Neste último caso, a competência será dos Juizados Especiais da Fazenda Pública, que têm natureza absoluta.

Quanto à qualidade de autor e réu, o art. 8º da Lei n. 9.099/95 estabelece que não poderão ser partes o incapaz, o preso, as pessoas jurídicas de direito público, as empresas públicas da União, a massa falida e o insolvente civil.

Portanto, sustentava-se que o procedimento sumário não ficava completamente esvaziado.

A questão hoje perde sua relevância em razão da expressa revogação do rito sumário.

Capítulo 2
PETIÇÃO INICIAL

2.1 PRINCÍPIOS DA INICIATIVA DAS PARTES E DA INÉRCIA

Dois princípios devem ser compreendidos para o estudo da petição inicial: o princípio da iniciativa das partes e o princípio da inércia.

O primeiro, cristalizado sob o brocardo *nemo judex sine actore* – não há juiz sem autor –, tem estrita relação com o segundo, *ne procedat judex ex officio* – não pode dar o juiz início ao processo de ofício. Deve o órgão jurisdicional ser provocado pelas partes.

Uma das características da jurisdição é, portanto, a imparcialidade, que não existiria caso o órgão, de ofício, desse início ao exercício da atividade jurisdicional, de forma indiscriminada.

O princípio da iniciativa das partes pode ser encontrado no Código de Processo Civil, em seu art. 2º: "o processo civil começa por iniciativa da parte, mas se desenvolve por impulso oficial".

A inércia vem prevista no art. 141. Contudo, essa regra admite exceções, expressamente previstas na lei, como ocorre nas hipóteses dos arts. 730 e 738 do CPC.

2.2 PETIÇÃO INICIAL

É a peça inaugural do processo; é o meio pelo qual o juiz toma conhecimento do fato constitutivo do direito alegado pelo autor.

Com a sua distribuição, ou com o despacho do juiz, considera-se proposta a ação (art. 312).

É importante o momento de propositura da ação, já que ele interrompe a prescrição, desde que, nos dez dias subsequentes ao despacho que a ordenar, o autor promova a citação do réu (art. 240, §§ 1º e 2º)[1].

Também chamada de peça de ingresso, peça preambular, peça vestibular ou exordial, por meio dela definem-se as partes, o pedido e a causa de pedir, limitando a atuação do juiz, já que, de acordo com o princípio da adstrição da sentença ao pedido, expresso nos arts. 141 e 492, o juiz não pode julgar *citra*, *ultra* ou *extra petita*, devendo decidir o mérito nos limites em que a ação foi proposta.

Cassio Scarpinella Bueno ensina que a petição inicial não deve ser entendida apenas como aquela pela qual se inicia o processo, rompendo a inércia da jurisdição, mas também a que permite a cumulação ulterior de pedidos de tutela jurisdicional, inclusive pelo réu ao longo do processo[2].

2.3 REQUISITOS DA PETIÇÃO INICIAL

O primeiro requisito é que a petição seja escrita. Isso não está expresso em lei, mas decorre das demais regras que disciplinam a forma dos atos processuais. Admite-se, excepcionalmente, a

---

[1] Nos termos da jurisprudência do Superior Tribunal de Justiça, a citação realizada em processo anteriormente extinto, sem julgamento do mérito tem o condão de interromper a prescrição, salvo se a extinção decorreu de inércia do autor (art. 267, II e III, do CPC/73). 2. Se a interrupção da prescrição é reconhecida até mesmo nos casos em que a anterior execução é extinta sem resolução do mérito, com maior razão ainda deve ser nos casos em que, por medida de celeridade e economia processual, fora determinada apenas a emenda da inicial para adequação do rito, como no caso dos autos. 3. Agravo interno a que se nega provimento. STJ. AgInt no AResp n. 421.212-RJ. Rel. Min. Raul Araújo, 4ªT., *DJe* 18-12-2020.

[2] Bueno, 2016, p. 281.

petição inicial na forma oral nos Juizados Especiais, por expressa previsão do art. 14 da Lei n. 9.099/95.

Além desse requisito, a petição inicial deve observar o disposto no art. 319 do CPC, que elenca em seus sete incisos elementos que necessariamente devem estar expressos na exordial:

a) O juízo a que é dirigida

Aqui, devem ser observadas as regras de competência, sendo o endereçamento feito na parte superior da inicial, que, por sua vez, não se dirige ao relator ou ao juiz como pessoa física, e sim ao órgão jurisdicional, seja ele de primeira instância ou um tribunal superior, nos casos de competência originária.

Essas regras de competência estão dispostas na Constituição Federal, no CPC, nas leis extravagantes e nos Códigos de Organização Judiciária de cada Estado.

b) Os nomes, os prenomes, o estado civil, a existência de união estável, a profissão, o número de inscrição no cadastro de pessoas físicas ou no cadastro nacional de pessoas jurídicas, o endereço eletrônico, o domicílio e a residência do autor e do réu.

São as qualificações das partes, evitando-se com isso o processamento de pessoas incertas. Quando a parte autora não puder qualificar a parte ré, deve ela dar elementos que tornem possível a sua identificação, procedendo-se à citação por edital, expressa no art. 256, I, do CPC.

Caso o autor não disponha desses dados, poderá requerer na própria inicial diligências necessárias a sua obtenção (art. 319, § 1º).

Nessas circunstâncias, a petição inicial não deve ser indeferida se, ainda assim, for possível a citação do réu (§ 2º).

Caberá ao oficial de justiça, no ato de citação, colher os demais dados de identificação. O que não se admite, contudo, é a propositura de ação em face de pessoa indeterminada.

Mesmo que não atendida a exigência de qualificação das partes, se a obtenção de tais informações tornar impossível ou excessivamente oneroso o acesso à Justiça, a petição inicial não será indeferida (art. 319, § 3º).

Na vigência do CPC/73, Leonardo Greco sustentava que dados complementares, como CPF e CNPJ, não poderiam ser exigidos como obrigatórios para a distribuição da petição inicial. Tais exigências, além de não previstas em lei, dificultariam o acesso à Justiça[3].

O CPC, contudo, ampliou a quantidade de informações exigidas, como se pode observar no inciso II do art. 319. Isso é importante para que se possa viabilizar o cruzamento de dados entre os diversos bancos de informação.

A exigência do CPF, por exemplo, permite que sejam cruzados os dados do sistema do Tribunal com as informações da Receita Federal e do sistema bancário. Isso terá grande relevância na fase de cumprimento de sentença, por exemplo.

Quando a parte for pessoa jurídica, deve a inicial ser acompanhada do seu estatuto e de documentação que comprove a regularidade da representação. Será ela representada por quem seu estatuto designar ou, não designando, por seus diretores (art. 75, VIII, do CPC).

Essa qualificação possibilita a concessão da gratuidade de Justiça (arts. 97 a 102 do CPC).

---

[3] "(...) o importante é que o autor forneça dados suficientes para identificar a si mesmo e ao réu, para que fiquem inconfundivelmente definidos os sujeitos principais da ação e do processo, que serão alcançados nessa qualidade pelos efeitos da formalização do litígio e da sua decisão final" (Greco, 2010, p. 9).

Nesse sentido, o STJ[4] já havia editado Enunciado de Súmula 481, no sentido de que a pessoa jurídica pode se socorrer do benefício da gratuidade da Justiça, independentemente de ter ou não finalidade de lucro, desde que demonstre a incapacidade de arcar com as despesas do processo.

Esse entendimento veio a ser ratificado no art. 98 do CPC.

Com a modernização dos procedimentos consubstanciada no processo eletrônico, também há de se atentar para novas controvérsias, especialmente quanto à necessidade de identificação por meio de certificado digital, previsto no art. 2º da Lei n. 11.419/2006.

Assim, há divergência jurisprudencial na seguinte questão: de um lado, o entendimento de que a ausência de identidade entre a assinatura digital e o advogado indicado no documento enseja a inexistência da petição[5]; de outro lado, tal incompatibilidade também já foi interpretada como defeito formal[6].

Mais do que definir os efeitos quanto à existência ou à regularidade da petição, também deve ser pacificado entendimento acerca de qual o advogado será de fato o patrono da causa, em nome da segurança jurídica.

c) O fato e os fundamentos jurídicos do pedido

Trata esse inciso da causa de pedir – *causa petendi* –, que se subdivide em a) próxima (fundamentos jurídicos) e b) remota (fatos constitutivos do direito).

Devem integrar a causa de pedir os fatos constitutivos do direito do autor, ou seja, os fatos sem os quais o autor não teria o direito alegado e que embasa seu pedido.

Quanto aos fundamentos jurídicos, não são necessariamente os dispositivos legais em que se baseia a postulação. É, na verdade, "o direito subjetivo material gerado pelos fatos e cuja preservação ou tutela o autor pretende através do acolhimento do pedido"[7].

Em uma ação de despejo, por exemplo, é o direito subjetivo do locador de rescindir o contrato de locação e retomar o imóvel em razão de um motivo legalmente previsto; na ação de indenização por ato ilícito é o direito subjetivo da vítima de ser indenizada pelos prejuízos sofridos.

Há discussão na doutrina caso o autor invoque de forma errada uma norma, ou mesmo indique dispositivo legal não adequado ao caso em julgamento.

Leonardo Greco[8], relativizando o chamado *jura novit curia*, afirma que o autor deve atribuir aos fatos a correspondente qualificação jurídica, pois não pode ser obrigado a submeter a juízo um direito subjetivo que ele mesmo não tenha voluntariamente afirmado.

O réu, por sua vez, não se defende apenas dos fatos alegados pelo autor, mas igualmente das consequências jurídicas que o autor deles pretende extrair.

---

[4] Súmula 481: "Faz jus ao benefício da justiça gratuita a pessoa jurídica com ou sem fins lucrativos que demonstrar sua impossibilidade de arcar com os encargos processuais" (rel. Min. Cesar Asfor Rocha, j. 28-6-2012, *Informativo STJ*, n. 500).

[5] "É inexistente a petição eletrônica se não houver identidade entre o titular do certificado digital utilizado para assinar o documento e os advogados indicados como autores da petição. Precedentes citados: AgRg nos EDcl no REsp 1.234.892-SP, *DJe* 21-6-2011; AgRg no REsp 1.107.598-PR, *DJe* 6-10-2010; EDcl no AgRg no REsp 1.146.013-SC, *DJe* 22-11-2010, e EDcl na AR 4.173-RS, *DJe* 21-6-2011" (STJ, AgRg no AREsp 217.075-PE, rel. Min. Herman Benjamin, j. 9-10-2012).

[6] "O nome do advogado indicado como autor da petição dos Embargos de Declaração não confere com o do titular do certificado digital utilizado para assinar a transmissão eletrônica do documento. 2. Irregularidade formal conforme disposto no art. 18, § 1º, c/c art. 21, I, da Resolução n. 1, de 10.02.2010, da Presidência do STJ" (STJ, EDcl no AgRg nos EDcl no AREsp: 82598-PR 2011/0278736-3, 3ªT., rel. Min. Sidnei Beneti, j. 19-6-2012, *DJe* 27-6-2012).

[7] Greco, 2015a, p. 11.

[8] Ibidem, p. 23.

Essa questão é de extrema relevância no CPC, na medida em que o art. 10 determina que o juiz não pode decidir "com base em fundamento[9] a respeito do qual não se tenha dado às partes oportunidade de se manifestar".

Dessa forma, fica atenuada a ideia trazida no brocardo *jura novit curia*. Na vigência do CPC/73, afirmava-se que mesmo a invocação errônea de uma norma legal não impediria que o juiz apreciasse a pretensão do autor à luz do preceito adequado. Nessa linha, o importante seria "a revelação da lide através da exata exposição do fato e da consequência jurídica que o autor pretende atingir"[10].

Agora esse posicionamento não mais se sustenta. É necessário indicar, precisamente, o fundamento jurídico.

d) O pedido com as suas especificações

Não há inicial sem a formulação de, ao menos, um pedido. A inexistência de pedido gera indeferimento da inicial, extinguindo-se, portanto, o processo sem resolução do mérito (art. 330, § 1º, I, c/c o art. 485, I). O pedido formulado deve ser certo e determinado, sendo lícita, contudo, a formulação de pedido genérico nas hipóteses previstas no art. 324, § 1º.

Nesse requisito estão compreendidos o pedido imediato e o pedido mediato. O primeiro é a providência jurisdicional invocada, ao passo que o segundo significa o bem da vida que se procura alcançar com aquela providência.

e) O valor da causa

Toda causa deve ter um valor certo, ainda que não tenha conteúdo econômico imediato aferível (art. 291 do CPC). O valor da demanda é a expressão monetária que deve ser atribuída a todas as demandas, tomando por base o provável conteúdo econômico da demanda.

A relevância do termo "aferível" está nos casos em que a causa tem conteúdo econômico imediato, mas não é determinável desde logo. Assim, a norma facilita a distribuição quando não for possível apurar desde logo o conteúdo econômico.

O art. 292 dispõe sobre regras atinentes ao valor da causa, podendo o réu impugnar, em preliminar da contestação, o valor atribuído à causa pelo autor, sob pena de preclusão (art. 293).

É importante destacar que, na ação de cobrança de dívida, a lei expressamente exige no cálculo do valor da causa a atualização monetária dos valores e a inclusão de todas as espécies de juros e penalidades pleiteadas no valor da causa.

Quanto à ação que tiver por objeto a existência, a validade, o cumprimento, a modificação, a resolução, a resilição ou a rescisão de ato jurídico, o valor da causa não será o valor total do contrato, mas apenas a parte controvertida, já que esse é o efetivo conteúdo econômico da demanda.

Na ação de divisão, de demarcação e de reivindicação, o valor da causa deve ter por referência o valor de avaliação da área ou bem objeto do pedido.

Diferente do que vinha entendendo a jurisprudência em matéria de indenização por danos morais, o art. 292, V, determina que a petição inicial indicará como valor da causa o valor pretendido.

Quando houver cumulação de pedidos, o valor da causa será o somatório de todos os pedidos; no caso de pedidos alternativos, o de maior valor. Ressalte-se, porém, que o pedido subsidiário não integrará o cálculo do valor da causa.

---

[9] Note-se, porém, que o Enunciado 1 da Escola Nacional de Formação e Aperfeiçoamento de Magistrados (ENFAM), publicado em setembro de 2015, dispõe que: "Entende-se por 'fundamento' referido no art. 10 do CPC o substrato fático que orienta o pedido, e não o enquadramento jurídico atribuído pelas partes". O Enunciado 6, por sua vez, estabelece que: "Não constitui julgamento surpresa o lastreado em fundamentos jurídicos, ainda que diversos dos apresentados pelas partes, desde que embasados em provas submetidas ao contraditório".

[10] Theodoro Jr., 2017a, p. 357.

As prestações vencidas e a as vincendas devem ser incluídas no valor da causa. As prestações vincendas consistem em uma prestação anual, se a obrigação for por tempo indeterminado ou por tempo superior a 1 (um) ano; se por tempo inferior, será igual à soma das prestações.

Em consonância com o que vinha sustentando a jurisprudência, o § 3º autoriza ao juiz corrigir de ofício o valor da causa e determinar a complementação das custas, abrangendo aqui a taxa judiciária.

A atribuição do valor da causa se destina a produzir efeitos processuais, como a escolha do procedimento e a competência do juízo.

Essa atribuição tem importância ainda no que tange à incidência das custas, à aplicação das regras de competência e, eventualmente, à admissibilidade ou não de algum recurso. Nos inventários e partilhas o valor da causa influi sobre a adoção do rito de arrolamento (art. 659).

Ademais, o valor atribuído à causa é relevante para o cálculo das custas judiciais devidas e, ainda, poderá ser a base de cálculo para a condenação do vencido em honorários advocatícios.

Destaque-se, porém, que a atribuição do valor da causa não limita nem define o conteúdo econômico do pedido. Ao revés, é o conteúdo econômico do pedido que deve servir como critério para definir o valor da causa.

A não atribuição de valor da causa pode gerar uma decisão terminativa. Nesse caso, caberia ao juiz intimar o autor para que, no prazo de quinze dias, emende a petição inicial, atribuindo um valor a sua causa, ainda que não possua conteúdo econômico (art. 321 do CPC). Caso não o faça, o processo poderá ser extinto sem resolução do mérito, nos termos do art. 485, IV.

Por outro lado, a atribuição errônea de valor à causa pode ter também consequências tributárias, como, por exemplo, a taxa judiciária, que incide sobre a propositura da demanda. O Estado pode impugnar o valor do pedido em qualquer processo em que não seja parte, sempre que o valor atribuído tiver como resultado o recolhimento indevido da taxa judiciária.

Contudo, se o vício tiver como consequência o processamento por rito menos garantístico do que o devido, violar-se-ão regras de ordem pública, o que não pode ser convalidado. Haverá, portanto, nulidade absoluta.

Entretanto, se a falta do valor da causa tiver como resultado o curso do processo por procedimento mais garantístico, a nulidade será relativa, assim como se a consequência for eventual inadmissibilidade do recurso contra decisão futura.

Nas hipóteses em que o valor da causa não corresponde ao conteúdo patrimonial em discussão ou ao proveito econômico perseguido pelo autor, deve o magistrado proceder à correção do valor de ofício e por arbitramento, devendo ser recolhidas as custas correspondentes (art. 292).

Nas demais hipóteses, não reguladas expressamente pelo CPC, deve aguardar a iniciativa da parte contrária em preliminar de contestação, prevista no art. 293.

f) As provas com que pretende demonstrar a verdade dos fatos alegados

Na primeira oportunidade, devem as partes manifestar-se a respeito das provas a serem produzidas. Isso ocorre na inicial para o autor e na contestação para o réu. Porém, na prática, na fase de saneamento do processo o juiz intima as partes para que indiquem as provas que desejam produzir.

A dificuldade de o autor antever qual será a reação do réu em face do seu pedido faz com que seja usual formular uma proposição de provas apenas genérica, sendo comum o uso da expressão "por todas as provas admitidas em direito", embora essa prática não seja adequada.

Em outros casos, o autor protesta por "prova documental, oral e pericial", sem indicar, com maior precisão, quais os elementos que serão, de fato, trazidos aos autos.

Ademais, não custa lembrar que, de acordo com o art. 370 do CPC, pode o juiz de ofício determinar a produção de provas necessárias à instrução do processo.

g) A opção do autor pela realização ou não de audiência de conciliação ou de mediação

O novo CPC dá especial ênfase à atividade de busca do consenso. Traz uma previsão genérica no art. 3º, trata das atribuições dos conciliadores e mediadores nos arts. 165 a 175, cria para o magistrado o dever de buscar sempre a solução consensual, no art. 139, V, e, finalmente, antecipa a audiência de conciliação para momento anterior ao oferecimento da resposta do réu, justamente para deixar clara essa opção pelo acordo.

Entretanto, há limites objetivos e subjetivos ao acordo, e o art. 319, VII, prevê que o autor, na inicial, deve manifestar ao magistrado a opção pela realização ou não da audiência. No primeiro caso, deve ainda identificar se deseja uma audiência de conciliação ou uma sessão de mediação.

Da mesma forma, o réu poderá manifestar seu desinteresse no acordo, solicitando, dessa forma, o cancelamento da audiência de conciliação ou de mediação (art. 335, II).

Existe, ainda, a possibilidade de o próprio magistrado não designar audiência, nas hipóteses previstas no art. 334, § 4º, a saber:

I – se ambas as partes manifestarem, expressamente, desinteresse na composição consensual;

II – quando não se admitir a autocomposição.

Falaremos mais sobre essas situações ao comentar o art. 334.

h) Documentos indispensáveis à propositura da demanda

O art. 320 prevê um requisito adicional. Determina que a petição inicial deve ser instruída com os "documentos indispensáveis à propositura da ação".

Tais documentos são identificados pelo próprio legislador nas hipóteses em que são necessários para comprovar a legitimidade e o interesse do autor para aquela demanda específica. Esses documentos devem estar expressamente previstos no CPC ou nas leis extravagantes que regulem os procedimentos especiais fora do CPC.

É o caso, por exemplo, da certidão de nascimento na ação de investigação de paternidade (Lei n. 8.560/92) e/ou de alimentos (Lei n. 5.478/68) e da certidão de casamento na demanda de anulação (art. 1.560 do CC).

Tais documentos se distinguem dos chamados documentos comprobatórios, que se destinam a evidenciar o fato constitutivo alegado pelo autor (arts. 405 e seguintes do CPC).

2.4 EMENDA À INICIAL

Se os requisitos dos arts. 319 e 320 não forem preenchidos ou se a exordial apresentar defeitos ou irregularidades que possam dificultar a resolução do mérito, o juiz determinará que o autor a emende, no prazo de 15 (quinze) dias (art. 321).

O autor pode atender à determinação do juiz, mas a sua inicial continuar carecendo de emenda.

Nada impede que o juiz determine novamente a sua emenda, se o defeito for sanável. Não seria razoável o indeferimento da peça enquanto for possível a sua correção. Isso ocorre em razão do princípio da instrumentalidade das formas e do aproveitamento dos atos processuais, expressos nos arts. 277 e 283.

Quem bem sistematizou esse princípio foi Cândido Rangel Dinamarco[11]. Em seu livro *A instrumentalidade do processo*, apresenta sua teoria no sentido de que o processo não deve ter utilidade como

---

[11] Dinamarco, 2009a.

um fim em si. O processo sempre deve ser um instrumento para assegurar a efetividade do direito das partes.

Nessa linha de raciocínio, o juiz só deve extinguir o processo sem resolução de mérito em último caso, como nas hipóteses de carência de ação ou falta de pressuposto processual.

Quando o juiz indefere a petição inicial, ele não está examinando o mérito da causa. Ele não estará, portanto, prestando a jurisdição da forma idealizada pelo legislador. O autor terá movimentado a máquina pública, gasto dinheiro público, efetuado o recolhimento das custas, pago os honorários advocatícios, mas não vai conseguir a pretensão desejada, porque o juiz declara a falta de pressuposto processual ou de condição da ação.

Do ponto de vista do mérito, essa sentença não resolve o problema das partes. Ela apegou-se a uma questão processual, que impede o exame do mérito. Por essa razão, Dinamarco entende que o juiz deve sempre tentar aproveitar os atos processuais.

Não custa lembrar que o art. 4º do CPC determina que as partes têm o direito de obter em prazo razoável a solução integral do mérito, incluída a atividade satisfativa.

Esse dispositivo é complementado pelo art. 317, que determina ao magistrado que, antes de proferir decisão sem resolução de mérito, deverá conceder à parte oportunidade para, se possível, corrigir o vício.

Nesse sentido, ainda, é importante a norma trazida pelo § 1º do art. 485, que determina a intimação da parte para suprir a inércia e evitar, com isso, a extinção do processo por desistência ou abandono bilateral da causa.

Não cumprindo o autor a determinação do juiz de emendar a inicial, será esta indeferida, com base no art. 330, IV. Em outras palavras, quando realmente aquela petição inicial não puder ser aproveitada, o juiz deve aplicar o art. 330 e indeferi-la, o que levará necessariamente a uma sentença terminativa – extinção do processo sem o exame do mérito.

A sentença terminativa produz efeitos de coisa julgada formal, impedindo rediscussão da matéria apenas no mesmo processo, pois não impossibilita que o autor apresente uma nova demanda sobre a mesma matéria.

2.5 CAUSA DE PEDIR

Como já abordado, a causa de pedir ou *causa petendi* diz respeito às razões fáticas e jurídicas que justificam a pretensão do autor. Por ser elemento fundamental na identificação da demanda, tem relação com os institutos da litispendência e da coisa julgada.

Divide-se em causa de pedir próxima e remota. A causa de pedir próxima ou imediata – *fundamentum actionis proximum* – diz respeito ao fundamento jurídico, ou seja, tem ligação com a situação jurídica. Já a causa de pedir remota ou mediata – *fundamentum actionis remotum* – é o fato que deu origem ao direito alegado pelo autor.

Duas teorias tratam da causa de pedir: a teoria da substanciação e da individuação. Segundo a teoria da individuação, a causa de pedir poderia ser caracterizada como identificação, na inicial, da relação jurídica da qual o autor extrai certa consequência jurídica. Já para a teoria da substanciação, constitui o fundamento da demanda o conjunto de fatos em que o autor baseia a ação.

Na vigência do CPC/73 havia grande dissenso na doutrina[12] sobre qual teoria teria sido acolhida por nosso ordenamento. No CPC, parece que o art. 10 deixa clara a necessidade de descrever

---

[12] Silva, 1997, p. 135.

fatos e fundamentos, sob pena de se violar a dimensão participativa do contraditório. Nesse sentido, como bem observa Greco[13], o contraditório deixa de abranger apenas os fatos, e passa a se estender, também, para além dos fundamentos jurídicos.

Nada impede a existência de mais de uma causa de pedir na inicial. Luiz Guilherme Marinoni[14] nos apresenta três situações:

I) quando são invocados fatos de igual estrutura, que repercutem na esfera jurídica de uma pessoa – ex.: anulação de contrato por ter o réu violado diversas vezes determinada cláusula de contrato;

II) quando invocados fatos de igual estrutura, que conduzem a efeitos jurídicos que repercutem em diferentes esferas jurídicas – ex.: dois autores, proprietários de casas vizinhas, afirmam que o réu causou danos a seus imóveis; ou

III) quando são invocados fatos de estrutura diferente – ex.: despejo com base no não pagamento e uso indevido do imóvel.

A causa de pedir tem ligação com o princípio de adstrição da sentença, uma vez que a petição inicial define a causa. Assim, o fundamento jurídico não descrito não pode ser levado em consideração, já que a causa de pedir é um dos elementos que identificam a causa.

A alteração da causa de pedir só é admissível nas mesmas condições em que o é a alteração do pedido (art. 329, parágrafo único). Logo, apenas poderá ser modificada até a citação, após o que a alteração apenas será permitida com o consentimento do réu e em nenhuma hipótese após o saneamento do processo.

Barbosa Moreira[15] aponta três situações nas quais não há alteração da *causa petendi*, desde que o autor não modifique a substância do fato ou o conjunto de fatos narrados:

i) Ele se limita a reformular a narração de circunstâncias acidentais, acrescentando outros pormenores que não prejudicarão o direito de defesa.

ii) O autor passa a atribuir ao fato ou conjunto de fatos qualificação jurídica diferente da originariamente atribuída, desde que não passe a narrar outro fato,

iii) Invoca em seu favor norma jurídica diversa da primitivamente invocada, desde que não acarrete efeito jurídico diverso.

Importante ressaltar que, de acordo com o art. 504, a coisa julgada atinge apenas a parte dispositiva da sentença, mas para a identificação de litispendência ou coisa julgada mister se faz a análise da causa de pedir (salvo a hipótese do art. 503, § 1º, que será vista mais à frente nos itens que tratam da extensão da coisa julgada às questões prejudiciais).

2.6 PEDIDO

2.6.1 Disposições gerais

O pedido é formulado pelo autor na exordial. O pedido se subdivide em mediato e imediato. O pedido mediato é o bem da vida pretendido por autor – dinheiro, por exemplo. Já o pedido imediato relaciona-se com o tipo de sentença pretendida – ex.: condenação a pagar, fazer ou não fazer – e classifica-se em:

---

[13] Greco, 2015, p. 67.
[14] Marinoni; Arenhart; Mitidiero, 2017, p. 268.
[15] Barbosa Moreira, 2009, p. 18.

a) pedido declaratório: o autor pede a declaração de existência ou inexistência de um direito. De acordo com Marinoni, pode-se pedir, excepcionalmente, a declaração de existência ou inexistência de um fato, como, por exemplo, na ação declaratória de autenticidade ou falsidade documental;

b) pedido constitutivo: o autor requer a criação, modificação ou extinção de uma situação jurídica, como ocorre na ação de divórcio, por meio da qual os então cônjuges (casados) tornam-se divorciados podendo contrair novo matrimônio, voltando a mulher a usar o nome de solteira, se for o caso, ou seja, tem-se a constituição de novo estado civil e nome;

c) pedido condenatório: o autor requer a condenação do réu ao pagamento de determinada quantia. É o que ocorre nas ações de indenização, por meio das quais se busca, essencialmente, a condenação do causador do dano a reparar economicamente a vítima do ato ilícito;

d) pedido executivo: dá origem à sentença executiva, ou seja, a decisão do magistrado é autoaplicável, como ocorre nos casos de despejo (Lei n. 8.245/91, art. 5º) e reintegração de posse (art. 560 do CPC). Nesses casos, não há a necessidade da instauração formal da fase de cumprimento de sentença.

e) pedido mandamental: o autor pretende a satisfação de uma obrigação de fazer ou de não fazer, a exemplo do que ocorre quando o juiz determina a exclusão do nome do autor do apontamento negativo em cadastro de restrição de crédito. Se a sentença não for voluntariamente cumprida, segue-se um procedimento de cumprimento que tem ênfase na busca da tutela específica da obrigação, como será visto no capítulo de cumprimento de sentença.

2.6.2 Interpretação do pedido

Determina o art. 322, § 2º, do CPC que a interpretação do pedido considerará o conjunto da postulação e observará o princípio da boa-fé.

A determinação expressa no sentido da aplicação do princípio da boa-fé na interpretação do pedido também deverá ser feita quanto aos limites objetivos do processo. Trata-se de relativização do entendimento adotado sob a vigência do CPC/73 de que o pedido deveria ser interpretado restritivamente.

Deve ser o pedido certo e determinado, sendo lícita a formulação de pedido genérico nas hipóteses previstas no art. 324, § 1º.

Certo é o pedido que descreve com exatidão a extensão, a qualidade e a quantidade que o autor quer que lhe seja outorgado pelo juiz em sentença. Determinado é o pedido que se refere a um específico bem da vida.

2.6.3 Pedido genérico

A respeito do pedido genérico, Barbosa Moreira[16] adverte que nas três hipóteses que o autorizam haverá indeterminação do objeto mediato e não do imediato:

I. Nas ações universais, se não puder o autor individuar na petição os bens demandados – ex.: petição de herança. O autor, ao reivindicar o seu quinhão, não precisa individualizar quais são os bens pretendidos, já que estes estão sendo arrecadados e arrolados no inventário, para serem partilhados em momento futuro do processo.

II. Quando não for possível determinar, de modo definitivo, as consequências do ato ou fato ilícito – ex.: acidente automobilístico. A vítima do acidente não precisa aguardar que se consolidem

---

[16] Barbosa Moreira, 2009, p. 13.

todas as consequências do ato ilícito para propor a ação de indenização, o que pode ser feito assim que possuir elementos mínimos para comprovar o dano e sua autoria[17].

III. Quando a determinação do valor da condenação depender de ato que deva ser praticado pelo réu – ex.: prestação de contas. Outro exemplo ocorre nos casos de obrigações alternativas, cujo adimplemento pode se dar por meio de duas prestações distintas, à escolha do réu. Sem saber qual prestação será escolhida, não pode o autor formular pedido totalmente determinado.

No CPC essas hipóteses estão contempladas no art. 324, § 1º, e valem também para a reconvenção, como ressalta o § 2º do mesmo dispositivo.

Nesses casos previstos no art. 324, § 1º, é possível que o magistrado venha a proferir sentença ilíquida.

Aplicável, aqui, o art. 491, que traz a seguinte regra geral: "na ação relativa à obrigação de pagar quantia, ainda que formulado pedido genérico, a decisão definirá desde logo a extensão da obrigação, o índice de correção monetária, a taxa de juros, o termo inicial de ambos e a periodicidade da capitalização dos juros".

Essa regra não se aplica nas duas hipóteses ressalvadas nos incisos desse dispositivo, a saber:

I – quando não for possível determinar, de modo definitivo, o montante devido;

II – quando a apuração do valor devido depender da produção de prova de realização demorada ou excessivamente dispendiosa, assim reconhecida na sentença.

Nesses casos, antes de ser cumprida a sentença, será preciso proceder à sua liquidação, na forma dos arts. 509 a 512 do CPC.

2.6.4 Pedido implícito

2.6.4.1 Regras gerais

Outra figura que merece destaque é a do pedido implícito, previsto nos arts. 322, § 1º, e 323.

Nesse sentido, o art. 322, § 1º, determina que "compreendem-se no principal os juros legais, a correção monetária e as verbas de sucumbência, inclusive os honorários advocatícios", ao passo que o art. 323 assegura que na "ação que tiver por objeto cumprimento de obrigação em prestações sucessivas, essas serão consideradas incluídas no pedido, independentemente de declaração expressa do autor, e serão incluídas na condenação, enquanto durar a obrigação, se o devedor, no curso do processo, deixar de pagá-las ou de consigná-las".

Entende-se por pedido implícito aquele que pode ser examinado pelo magistrado mesmo que não seja expressamente formulado pelo autor[18], sem que isso represente violação à regra da correlação entre a petição inicial e a sentença.

Vê-se que as hipóteses de cabimento de pedido implícito devem estar expressamente ressalvadas no texto legal. Caso contrário, o magistrado proferirá decisão *ultra* ou *extra petita*, o que levará a uma decisão nula, em princípio.

---

[17] Não obstante exista forte corrente, no STJ, a admitir o pedido genérico em ação de reparação por danos morais (por exemplo, no REsp 777.219, 3ªT., rel. Min. Nancy Andrighi, j. 5-10-2006), para Luis Guilherme Aidar Bondioli, a hipótese não se enquadra no art. 324, § 1º, II. Sustenta o processualista que "O autor é a pessoa mais indicada para apontar a quantia de dinheiro necessária para neutralizar os abalos causados em seu espírito, inclusive, para que o réu possa adequadamente se defender não só do *an debeatur*, mas também do *quantum debeatur*. Ademais, para casos que se repetem cotidianamente, existem precedentes judiciais que auxiliam o autor a quantificar o pedido indenizatório" (Wambier et al., 2015, p. 826-827).

[18] Gajardoni et al., 2016, p. 23.

Importante registrar que essas hipóteses são mais comuns no processo de conhecimento, mas nada impede sejam reconhecidas, também, no processo de execução, como, aliás, já decidiu o STJ[19].

2.6.4.2 As inovações introduzidas pela Lei n. 15.905/2024 na sistemática dos juros e da correção monetária

A Lei n. 15.905/2024 alterou diversos dispositivos do Código Civil para dispor sobre juros e atualização monetária.

A primeira modificação se operou no art. 389, que se insere nas regras gerais relativas ao inadimplemento das obrigações.

De acordo com o *caput*, não cumprida a obrigação, responde o devedor por perdas e danos, mais juros, atualização monetária e honorários de advogado. Contudo, a redação original dispunha que a atualização monetária deveria observar "índices oficiais regularmente estabelecidos". A questão não era pacífica, pois a jurisprudência oscilava quanto ao referido índice, ora utilizando o IPCA, ora o INPC.

A nova Lei inseriu o parágrafo único nesse dispositivo, prevendo como regra a adoção de índice convencionado pelas partes ou previsto em lei específica. Na ausência dessa previsão, deverá ser aplicado o IPCA – Índice Nacional de Preços ao Consumidor Amplo, que será apurado e divulgado pelo Instituto Brasileiro de Geografia e Estatística (IBGE), ou outro índice que vier a substituí-lo.

A redação do art. 395 também foi alterada para constar que o devedor responde pelos prejuízos a que sua mora der causa, acrescidos de juros, atualização dos valores monetários e honorários de advogado.

Da mesma forma, o art. 404 agora prevê que as perdas e danos, nas obrigações de pagamento em dinheiro, "serão pagas com atualização monetária, juros, custas e honorários de advogado, sem prejuízo da pena convencional".

O art. 406 trata dos juros. O *caput* prevê que, quando não forem convencionados, ou o forem sem taxa estipulada, ou ainda quando provierem de determinação da lei, os juros serão fixados de acordo com a taxa legal. O § 1º esclarece que a taxa legal corresponde à Selic – Sistema Especial de Liquidação e de Custódia, deduzido o índice de atualização monetária de que trata o parágrafo único do art. 389 deste Código.

A inovação é relevante na medida em que, na redação anterior, o legislador não previa a taxa de juros aplicável em caso de mora; apenas referia que deveria ser utilizada aquela em vigor para a mora do pagamento de impostos devidos à Fazenda Nacional. Havia, assim, dissenso na jurisprudência sobre se essa taxa seria a Selic (utilizada para calcular valores devidos à Fazenda Nacional) ou a taxa de 1% ao mês prevista no art. 161, § 1º, do CTN[20].

---

[19] O art. 323 do CPC prevê que na ação que tiver por objeto cumprimento de obrigação em prestações sucessivas, essas serão consideradas incluídas no pedido, independentemente de declaração expressa do autor, e serão incluídas na condenação, enquanto durar a obrigação, se o devedor, no curso do processo, deixar de pagá-las ou de consigná-las. A despeito de referido dispositivo legal ser indubitavelmente aplicável aos processos de conhecimento, tem-se que deve se admitir a sua aplicação, também, aos processos de execução. O novo CPC inovou ao permitir o ajuizamento de ação de execução para a cobrança de despesas condominiais, considerando como título executivo extrajudicial o crédito referente às contribuições ordinárias ou extraordinárias de condomínio edilício, desde que documentalmente comprovadas (art. 784, X). O art. 771 do CPC, na parte que regula o procedimento da execução fundada em título executivo extrajudicial, admite a aplicação subsidiária das disposições concernentes ao processo de conhecimento à lide executiva. Tal entendimento está em consonância com os princípios da efetividade e da economia processual, evitando o ajuizamento de novas execuções com base em uma mesma relação jurídica obrigacional. REsp 1.756.791-RS, rel. Min. Nancy Andrighi, 3ªT., por unanimidade, j. 6-8-2019, *DJe* 8-8-2019. *Informativo STJ* n. 653.

[20] Importante salientar que a matéria estava em debate na Corte Especial do STJ (REsp 1.795.982/SP e REsp 1.081.149/SP, rel.

Já o § 2º dispõe que a "metodologia de cálculo da taxa legal e sua forma de aplicação serão definidas pelo Conselho Monetário Nacional e divulgadas pelo Banco Central do Brasil".

Na hipótese de a taxa legal apresentar resultado negativo, o § 3º estabelece que o mesmo deverá ser considerado igual a zero para efeito de cálculo dos juros no período.

A Selic deve ser aplicada, também, ao condômino que não paga sua contribuição (art. 1.336, § 1º, com nova redação) e aos contratos de mútuo, na forma da nova redação dada ao art. 591, parágrafo único, desde que não haja pactuação em sentido contrário. Esse dispositivo, em sua redação originária, previa que o mútuo para fins econômicos não poderia exceder a taxa legal e que só seria permitida a capitalização anual. Até então, o Decreto n. 22.626/33, mais conhecido como "Lei da Usura", também previa limites para a aplicação de juros, salvo quanto a operações realizadas por instituições financeiras.

Agora, os juros passam a ser livremente pactuados pelas partes. A Selic será aplicável quando as partes não estabelecerem a taxa devida. Também ficam excepcionadas das limitações do Decreto n. 22.626/33 outras operações de crédito. Nesse sentido, o art. 3º da Lei n. 15.905/2024 dispõe não se aplicar a "Lei da Usura" às seguintes obrigações:

I – contratadas entre pessoas jurídicas;

II – representadas por títulos de crédito ou valores mobiliários;

III – contraídas perante:

a) instituições financeiras e demais instituições autorizadas a funcionar pelo Banco Central do Brasil;

b) fundos ou clubes de investimento;

c) sociedades de arrendamento mercantil e empresas simples de crédito;

Min. Luis Felipe Salomão). Após a edição da nova lei, o julgamento foi concluído: A taxa a que se refere o art. 406 do Código Civil é a SELIC, sendo este o índice aplicável na correção monetária e nos juros de mora das relações civis. (...) Após a entrada em vigor do Código Civil de 2002 – CC, a questão da taxa aplicável aos juros de mora passou a ser discutida no meio jurídico de diferentes formas. Existem, basicamente, duas diretrizes de interpretação: a) uma, que entende devida a aplicação da taxa de um por cento (1%) ao mês, em razão da necessária combinação da regra do art. 406 do CC com a do § 1º do art. 161 do Código Tributário Nacional – CTN; e b) em contraponto, a outra corrente, pela aplicação da taxa referencial do Sistema de Liquidação e de Custódia – SELIC, em conformidade com o art. 406 do CC. No âmbito do direito privado, o CC não faz qualquer menção direta ao CTN. Refere apenas, genericamente, que os juros de mora "serão fixados segundo a taxa que estiver em vigor para a mora do pagamento de impostos devidos à Fazenda Nacional" (art. 406). Tampouco o Código Civil exige estejam os juros de mora e a correção monetária previstos em índices oficiais separados e distintos. Ao contrário, estabelece no art. 404 que as "obrigações de pagamento em dinheiro, serão pagas com atualização monetária segundo índices oficiais regularmente estabelecidos, abrangendo juros". Quanto à aplicação da taxa SELIC, a norma do art. 406 do CC determina a fixação dos juros pela taxa aplicável à mora de pagamento dos impostos federais, espécie do gênero tributo. Assim, deve-se aplicar as leis especiais dos impostos federais, como por exemplo, Lei n. 9.065/1995, Lei n. 9.393/1996, entre outras, as quais determinam, como índice oficial, a taxa SELIC. Além disso, importa ressaltar que a SELIC é, a partir da Emenda Constitucional n. 113/2021, constitucionalmente prevista como única taxa em vigor para a atualização monetária e compensação da mora em todas as demandas que envolvem a Fazenda Pública. Desse modo, é obrigatória a incidência da taxa SELIC na correção monetária e na mora, conjuntamente, sobre o pagamento de impostos devidos à Fazenda Nacional, sendo, pois, inconteste sua aplicação ao disposto no art. 406 do Código Civil de 2002. De fato, percebe-se que o legislador optou por não repetir a regra de taxa predeterminada para os juros moratórios, como o fazia expressamente o Código Civil de 1916, que aplicava a taxa de 6% por ano. Nesse contexto, tem-se a inaplicabilidade do normativo do Código Tributário Nacional, porque a SELIC é o principal índice oficial macroeconômico, definido e prestigiado pela Constituição da República, pelas Leis de Direito Econômico e Tributário invocadas e pelas autoridades competentes. Esse indexador rege a todo o sistema financeiro pátrio. Assim, todos os credores e devedores de obrigações civis comuns devem, também, submeter-se ao índice, por força do art. 406 do CC. REsp 1.795.982-SP, rel. Min. Luis Felipe Salomão, rel. para acórdão Min. Raul Araújo, Corte Especial, por maioria, j. 21-8-2024. *Informativo STJ* n. 823.

d) organizações da sociedade civil de interesse público de que trata a Lei n. 9.790, de 23 de março de 1999, que se dedicam à concessão de crédito; ou

IV – realizadas nos mercados financeiro, de capitais ou de valores mobiliários.

Por fim, o art. 4º determina ao Banco Central do Brasil que disponibilize aplicação interativa, de acesso público, que permita simular o uso da taxa de juros legal em situações do cotidiano financeiro.

2.6.5 Cumulação de pedidos

A cumulação de pedidos é possível, tratando o CPC sobre a matéria em seus arts. 325 a 328. Há cumulação de pedidos quando, em uma mesma ação, o autor formula, em face do mesmo réu, mais de um pedido. O princípio da economia processual serve como fundamento para a cumulação, que pode ser classificada em cumulação própria e imprópria.

Na cumulação própria, ou cumulação em sentido estrito, há a soma de pedidos e pode ser subdividida em cumulação própria simples e sucessiva (arts. 326 a 328).

Na cumulação própria simples, os pedidos são autônomos e independentes. O acolhimento de um não tem qualquer consequência no outro. Já na cumulação própria sucessiva, o acolhimento de um pedido depende do acolhimento do outro, como é o caso da ação de alimentos cumulada com pedido de reconhecimento de paternidade. Para que possa ser examinada a pretensão de alimentos, é preciso que, antes, seja examinada a questão da paternidade.

Já a cumulação imprópria subdivide-se em alternativa e eventual.

A cumulação alternativa ocorre quando o autor pede ao juiz um dos dois pedidos formulados, sem manifestar preferência. Por exemplo, manifesta pretensão indenizatória ou solicita a condenação do mesmo réu a uma obrigação de fazer, com incidência de multa diária no caso de descumprimento.

Segundo Leonardo Greco, há duas espécies de pedidos alternativos: em uma o credor pede o cumprimento de uma obrigação alternativa, caso em que há apenas um pedido; em outra, o autor formula dois pedidos independentes, em caráter alternativo.

Essa última hipótese se dá, por exemplo, na tutela do meio ambiente, que pode se dar por meio de várias providências (fechamento de uma fábrica, instalação de filtros nas chaminés, recuperação de uma floresta danificada pela poluição etc.).

Vejam-se, nesse sentido, os arts. 325 e 326, parágrafo único, do CPC.

Por sua vez, a cumulação eventual ou subsidiária ocorre quando o autor formula um pedido subsidiário ao pedido principal, de modo que o juiz examinará aquele se não puder acolher este[21]. Ex.: a restituição da coisa ou, se esse pedido não for possível, o pagamento de uma indenização.

Cassio Scarpinella ensina que a consequência das classificações referentes à cumulação imprópria tem maior relevo no plano recursal. Isso porque o acolhimento de qualquer dos pedidos alternativos atende ao interesse de agir do autor, eliminando seu interesse em recorrer da decisão, pois requereu sem manifestar qualquer preferência, e foi concedida tutela jurisdicional dentro dos limites do que pediu, o que satisfaz suficientemente sua pretensão.

Já os pedidos formulados sob a cumulação eventual ou subsidiária devem ser acolhidos em determinada ordem de preferência; caso contrário, pode o autor recorrer para buscar a tutela jurisdicional que melhor atenda aos seus interesses, sendo-lhe outorgado o "pedido principal".

---

[21] Theodoro Jr., 2017a, p. 772.

Veja-se, nesse sentido, o *caput* do art. 326 do CPC.

Os pedidos eventuais devem ser sempre examinados pelo juiz quando rejeitado o "pedido principal", pois, caso contrário, seria uma hipótese de sentença *citra petita*, possibilitando assim ao autor a interposição de embargos de declaração em razão da omissão do magistrado (art. 1.022, II, do CPC), e, caso não atendidos os embargos, interpor apelação requerendo um novo julgamento para que a questão seja expressamente apreciada.

Mesmo quando acolhido o pedido principal, o pedido subsidiário não apreciado pelo juiz é devolvido ao tribunal quando da interposição de apelação pelo réu[22].

Barbosa Moreira, na vigência do CPC/73, apontava como hipótese especial de cumulação de pedidos, já no curso do processo, o requerimento incidental do autor quanto à declaração da existência ou inexistência de relação jurídica prejudicial (arts. 5º e 325 do CPC/73)[23].

Contudo, o CPC não repetiu as referidas normas, esclarecendo, em suas disposições transitórias (art. 1.054), que o disposto no § 1º do art. 503 "somente se aplica aos processos iniciados após a vigência deste Código, aplicando-se aos anteriores o disposto nos arts. 5º, 325 e 470" do CPC/73.

Assim, quanto aos demais processos, quando o julgamento do mérito depender da resolução de questão prejudicial, decidida expressa ou incidentalmente no processo, independentemente de requerimento da parte, essa decisão fará coisa julgada.

O efeito da coisa julgada dependerá, ainda, de ter havido contraditório prévio e efetivo, não se aplicando no caso de revelia, bem como competência do juízo em razão da matéria e da pessoa para resolvê-la como questão principal.

O *caput* e o § 1º do art. 327 dispõem sobre as regras para a admissibilidade da cumulação de pedidos:

a) Compatibilidade entre os pedidos: não se podem cumular pedidos incompatíveis entre si. Ex.: um pedido de negatória de paternidade é incompatível com o pedido de oferecimento de alimentos. Entretanto, observe-se que essa regra não se aplica quando houver pedido subsidiário, previsto no art. 326.

b) Competência do mesmo juízo: não se podem cumular pedidos que sejam de competência de juízos distintos. Ex.: uma demanda de competência do juízo cível não pode ser cumulada com outra de competência do juízo de família.

c) Compatibilidade de ritos ou adoção do procedimento comum, se possível para ambas as ações.

Acerca da última regra – compatibilidade de ritos ou adoção do procedimento comum, se possível para ambas as ações –, o § 2º permite que, no curso do procedimento comum em que tramitem pedidos cumulados, sejam utilizadas técnicas processuais próprias de pedidos que tenham previsão em procedimentos especiais[24].

É claro que, entre pedidos subsidiários ou alternativos, não haverá necessidade de compatibilidade, porquanto apenas um deles poderá ser acolhido (§ 3º).

Se não forem respeitados os requisitos acima, pode o juiz indeferir o pedido de cumulação de ofício, uma vez que o art. 4º do CPC dispõe que compete ao magistrado velar pela rápida solução do litígio. Pode também determinar que o autor emende a inicial, nos termos do art. 321.

---

[22] Enunciado 102 do Fórum Permanente de Processualistas Civis (FPPC).

[23] Barbosa Moreira, 2009, p. 15.

[24] Enunciado n. 672 FPPC: (arts. 327, § 2º e 693, parágrafo único) "É admissível a cumulação do pedido de alimentos com os pedidos relativos às ações de família, valendo-se o autor desse procedimento especial, sem prejuízo da utilização da técnica específica para concessão de tutela provisória prevista na Lei de Alimentos".

O momento oportuno para a cumulação de pedidos pelo autor vai da distribuição da inicial até a citação do réu, correndo por conta do autor as custas acrescidas em razão do aditamento (art. 329). Quando é formulado na inicial, temos a cumulação originária. Se for feito depois da inicial, até a citação ou após a citação com o consentimento do réu – limitada ao saneamento do processo –, temos a cumulação ulterior.

2.6.6 Alteração do pedido

O pedido originalmente formulado pode, ainda, ser modificado.

Essa modificação pode ser:

i) Quantitativa: ampliação ou redução.

ii) Qualitativa: modificação do pedido ou da causa de pedir.

Tanto a ampliação como a alteração qualitativa são admitidas apenas até a citação; após esta, somente com o consentimento do réu, vedada qualquer inovação após o saneamento. A desistência e a renúncia têm regras próprias: a primeira depende do consentimento do réu, se após a citação, e a segunda não.

Trata o art. 329 da alteração do pedido e da causa de pedir. É possível a alteração do pedido mediato e do pedido imediato. Pode o autor aditar o pedido até a citação ou após, se tiver o consentimento do réu, assegurado o contraditório mediante a possibilidade de manifestação deste no prazo mínimo de 15 (quinze) dias, facultado o requerimento de prova suplementar.

Após o saneamento, a única possibilidade de alteração objetiva é a que se encontra no art. 685 (oposição interventiva – modalidade de intervenção de terceiros). Mesmo assim, há uma limitação a essa exceção. A oposição interventiva só pode ser admitida até a audiência de instrução e julgamento.

Esse princípio da estabilidade da demanda é por vezes mitigado pelo legislador. É o que ocorre quando há fato novo, que não existia ao tempo da propositura da ação ou da contestação e que poderá influir no julgamento dessa. Como exemplo, temos os arts. 342, I, e 493.

Em grau recursal, admite-se que as questões de fato não propostas em grau inferior sejam suscitadas, desde que a parte não o tenha feito por motivo de força maior (art. 1.014). Existindo qualquer erro material, admite-se a correção a qualquer tempo.

A redução pode ocorrer nos casos de desistência parcial; renúncia parcial, transação parcial, na pendência do processo; convenção de arbitragem relativa à parte do objeto do litígio, na pendência do processo; ou no caso de o autor interpor recurso parcial contra a sentença de mérito desfavorável.

Já a ampliação objetiva da demanda ocorre, por exemplo, nos casos em que o réu formula pedido contraposto (art. 31 da Lei de Juizados Especiais Cíveis) ou propõe reconvenção (art. 343), na medida em que o julgador terá que apreciar o pedido formulado pelo autor (petição inicial) e pelo réu (reconvenção ou pedido contraposto), decidindo na mesma sentença ambas as pretensões[25].

2.7 INDEFERIMENTO DA INICIAL

Se estiverem presentes todos os requisitos da petição inicial ou, sendo o caso, se for regularizada após determinação do juiz, ou, ainda, caso o juiz promova o juízo de retratação[26], nos termos do § 3º do art. 332 do CPC, a petição inicial será deferida.

---

[25] Carneiro; Pinho, 2016, p. 212.

[26] Wambier; Talamini, 2017, p. 111.

Esse despacho, via de regra, não tem caráter decisório, sendo um despacho de mero expediente e, portanto, irrecorrível, segundo o art. 1.001 do CPC.

Leonardo Greco, porém, chama a atenção para o fato de esse despacho, em algumas hipóteses, possuir conteúdo decisório. É o caso do despacho da inicial que aprecia um pedido liminar de antecipação de tutela, assim como no caso de retratação de decisão liminar de improcedência[27].

Por outro lado, se o despacho apenas receber a inicial e determinar a citação do réu, ele será considerado de mero expediente, sem qualquer conteúdo decisório. Será, portanto, irrecorrível.

O art. 330, por outro lado, elenca as possibilidades de indeferimento da inicial. O indeferimento obsta o prosseguimento da ação e, por isso, só deve ocorrer em caso de vício insanável. Assim, podendo emendar o autor a inicial, deve o juiz conceder prazo para tal.

Segundo Humberto Theodoro Júnior, as hipóteses legais de indeferimento sumário da petição inicial não devem ser interpretadas de forma ampliativa ou extensiva. Sustenta, ainda, que o indeferimento liminar e imediato da petição inicial, antes da citação do réu, deve ser uma exceção, em respeito ao contraditório.

Dessa forma, mesmo os motivos evidentes de indeferimento da inicial passam a ser, com a formação da relação processual, causas de extinção do processo sem resolução do mérito.

Não é correto dizer que sempre que houver indeferimento da inicial teremos uma sentença, cujo recurso cabível é a apelação. Isso porque o indeferimento da inicial pode ser parcial, e, por não extinguir o processo, será uma decisão interlocutória, que desafia recurso de agravo de instrumento, na forma do art. 354, parágrafo único.

Ainda, se o indeferimento ocorrer em sede recursal, temos uma decisão monocrática – no caso de ser proferida pelo relator – ou acórdão – se for o caso de decisão colegiada. A decisão monocrática poderá ser atacada via agravo interno e o acórdão via recurso ordinário constitucional, recurso especial ou recurso extraordinário, dependendo do caso.

Havendo então o indeferimento total, o recurso cabível é o de apelação, expresso no art. 331, que apresenta uma peculiaridade em relação aos demais casos em que cabe apelação, qual seja o juízo de retratação (no prazo de 5 dias).

Juízo de retratação é a possibilidade de o magistrado rever a sua decisão. O juiz profere a sentença, o autor apela e os autos voltam para que o juiz exerça a possibilidade de se retratar.

Decorrem, então, duas possibilidades:

i) o juiz se retrata, após analisar novamente o processo, cancelando o indeferimento. Destarte, ele recebe a petição inicial, proferindo despacho liminar positivo;

ii) o juiz não se retrata, determinando a subida dos autos ao tribunal. Nessa hipótese, a apelação segue apenas com as razões do autor apelante, sem que o réu tenha a oportunidade de influir na decisão do tribunal.

Importante observar que o art. 331 traz ainda duas regras específicas.

De acordo com o § 2º, se a sentença for reformada pelo tribunal, o prazo para a contestação começará a correr da intimação do retorno dos autos, observado o disposto no art. 334, que trata da audiência de conciliação e de mediação.

Por outro lado, a teor do § 3º, se não for interposta apelação, o réu será intimado do trânsito em

---

[27] Greco, 2015a, p. 51.

julgado da sentença. Observe-se que, nesse caso, será possível a fixação de honorários advocatícios, na forma do art. 85, § 2º[28].

Antes de iniciar a análise de cada uma das hipóteses de indeferimento da inicial, é importante destacar que o CPC não indica a prescrição e a decadência (como o seu correspondente, art. 295 do CPC/73, fazia). O legislador corrige vício formal do Diploma anterior, e determina, no art. 332, § 1º, que esses são casos de julgamento liminar de improcedência e não de indeferimento da inicial.

O legislador também optou por não prever o indeferimento da petição inicial nos casos em que o procedimento escolhido pelo autor não corresponder à natureza da causa, ou ao valor da ação (o CPC/73 trazia essa hipótese no art. 295, V).

Feitas essas observações, o art. 330 determina que a inicial será indeferida quando:

a) for inepta

A petição é considerada inepta quando:

a.1) lhe faltar pedido ou causa de pedir;

a.2) o pedido for indeterminado, ressalvadas as hipóteses legais em que se permite o pedido genérico;

a.3) da narração dos fatos não decorrer logicamente a conclusão;

a.4) contiver pedidos incompatíveis entre si (art. 330, § 1º).

A primeira hipótese de inépcia – falta de pedido ou causa de pedir – torna impossível delimitar a demanda e juridicamente incompreensível a petição inicial, pelo que se justifica o indeferimento.

Para Georges Abboud e José Carlos Van Cleef de Almeida Santos, somente pela análise dos três elementos essenciais da demanda, segundo a teoria chiovendiana (*eadem personae, eadem res* e *eadem causa petendi*), é que o órgão jurisdicional consegue identificar e singularizar a demanda e afastar eventuais pressupostos processuais negativos, que impeçam a regular instauração do procedimento[29].

Como segunda hipótese, tem-se o pedido indeterminado, fora das hipóteses nas quais se admite o pedido genérico. A ampla utilização do pedido indeterminado geraria forte sentimento de insegurança jurídica, além de dificultar a correlação entre o pedido e a sentença e, assim, vulnerar a inércia da jurisdição.

A terceira hipótese – da narração dos fatos não decorrer logicamente conclusão – não precisa de muitas explicações. Trata-se de uma petição inicial ininteligível, ou seja, aquela em que não se pode concluir qual é a pretensão do autor. Consequentemente, não pode o magistrado apreciar o mérito.

A quarta hipótese – cumulação de pedidos incompatíveis entre si – versa sobre a petição em que um pedido acaba por impedir a apreciação do outro, violando as regras discriminadas no já referido art. 327, § 1º.

O art. 330, em seus §§ 2º e 3º, regulamenta em separado o pedido em ações de revisão de obrigação decorrente de empréstimo, financiamento ou alienação de bens, e determina a continuidade do pagamento do valor incontroverso, que deve ser quantificado na inicial. Acrescenta, ainda, como requisito da petição inicial, que a obrigação que se pretende discutir seja discriminada, sob pena de inépcia.

---

[28] Em caso de indeferimento da petição inicial seguida de interposição de apelação e a integração do executado à relação processual, mediante a constituição de advogado e apresentação de contrarrazões, uma vez confirmada a sentença extintiva do processo, é cabível o arbitramento de honorários em prol do advogado do vencedor (CPC, art. 85, § 2º) (REsp 1.753.990-DF, rel. Min. Maria Isabel Gallotti, por maioria, j. 9-10-2018, *DJe* 11-12-2018, *Informativo STJ*, n. 640).

[29] Wambier et al., 2015, p. 841.

Cumpre ressaltar que, ao contrário das demais hipóteses, a inépcia pode ser reconhecida até mesmo após a citação do réu, ou seja, a qualquer tempo, já que se inscreve nas matérias de ordem pública previstas no art. 485, § 3º.

Diante da inépcia da inicial, o juiz, com base no art. 321, determinará que o autor a emende ou a complete, no prazo de 15 (quinze) dias, sob pena de indeferimento.

b) a parte for manifestamente ilegítima

Legitimidade é uma das condições da ação propostas por Liebman e acolhida pelo CPC em seus arts. 17 e 18.

A regra é que somente pode pleitear em juízo aquele que for titular de um direito, sendo vedado que outrem o faça. Apenas o ordenamento jurídico pode estabelecer exceções.

Nessas hipóteses, temos a chamada legitimação extraordinária (também conhecida como legitimação anômala ou substituição processual). Como exemplos, podemos citar: a legitimação do marido para defender os bens dotais (CC, art. 289, II) e a legitimidade do Ministério Público para propor ação de anulação de casamento (CC, arts. 208, II, e 213, III).

c) o autor carecer de interesse processual

Interesse é a segunda condição para o regular exercício do direito de ação. Assim como no caso da ilegitimidade, a falta de interesse acarreta a carência de ação.

Essas condições devem ser examinadas logo que o juiz recebe a petição inicial e, posteriormente, no momento da decisão saneadora e também na sentença.

Ao despachar a inicial, a apreciação é sempre feita de modo superficial, ou seja, sem adentrar o mérito, pois não é o momento de examinar se o autor tem ou não o direito que invoca.

Quando o juiz considera o autor carecedor do direito de ação, por não ter preenchido as condições da ação, sua decisão não é de mérito.

Observe-se que o CPC não contempla mais a figura de indeferimento da inicial quando o tipo de procedimento não corresponder à natureza da causa ou ao valor da ação.

Como já alertava a doutrina[30], ainda na vigência do CPC/73, em princípio não há situação de erro de procedimento que não possa ser corrigida pelo magistrado, uma vez que ainda não foi citado o réu e, portanto, nada impediria que se tomassem providências para adaptar a petição inicial ao procedimento correto.

d) não atendido o disposto nos arts. 106 e 321

Determina o art. 106 que o advogado que postular em causa própria deve declarar, na petição inicial ou na contestação, o endereço, seu número de inscrição na Ordem dos Advogados do Brasil e o nome da sociedade de advogados da qual participa, para o recebimento de intimações, além de ter a obrigação de comunicar ao juízo qualquer mudança de endereço.

Apesar de o art. 330, IV, identificar a inépcia da inicial quando não atendido o disposto no art. 106 – sem especificar o inciso –, o § 1º desse artigo estabelece que a inépcia da inicial será reconhecida quando descumprida a obrigação do inciso I, apenas. O que, a bem da verdade, parece mais lógico.

2.8 IMPROCEDÊNCIA LIMINAR DO PEDIDO

O art. 332 do CPC regulamenta a decisão de improcedência liminar do pedido, trazendo alterações em relação ao seu correspondente no CPC/73 (art. 285-A) para tentar sanar dúvidas existentes na sua vigência[31].

---

[30] Câmara, 2015, p. 195.
[31] Carneiro; Pinho, 2016, p. 200.

Na legislação anterior chamava atenção a expressão "matéria controvertida unicamente de direito", o que por si só já gerava discussão na doutrina.

O CPC autoriza a decisão antecipada às causas que dispensem a fase de instrução, não se limitando às matérias de direito, mas também às matérias de fato que sejam notórias.

Pela nova lei, os enunciados, súmulas e julgados em recursos repetitivos e incidentes de resolução de demandas repetitivas ou de assunção de competência constituem fundamentos aptos a embasar o julgamento de improcedência liminar, evitando com isso a fundamentação da decisão em precedentes do próprio juízo – tema também de inúmeras críticas à época do CPC/73.

O Enunciado CJF n. 22 dispõe, ainda, que nas "causas que dispensem a fase instrutória, é possível o julgamento de improcedência liminar do pedido que contrariar decisão do Supremo Tribunal Federal em controle concentrado de constitucionalidade ou enunciado de súmula vinculante".

A norma autoriza, ainda, a improcedência liminar do pedido com fundamento em súmula do Tribunal de Justiça. Não nos parece correta, porém, a interpretação restritiva da norma, de modo a excluir as súmulas dos Tribunais Regionais Federais.

A nosso sentir, é possível sim ocorrer julgamento liminar, com base em súmulas destes tribunais, nas situações em que a matéria não tenha sido ainda enfrentada por tribunais superiores – entretanto, uma vez sumulada ou analisada em julgamento coletivo por tribunal superior, o tribunal local não poderá usar como fundamento para o julgamento liminar súmula de tribunal local.

Importante inovação trazida pelo art. 332 encontra-se no § 1º. Se o juiz reconhecer desde o início a prescrição ou a decadência[32], poderá julgar liminarmente improcedente o pedido do autor, mesmo se tratando de matéria de mérito e sem ouvir previamente o réu. Tal assertiva é corroborada pelo art. 487, parágrafo único.

O reconhecimento pode ser feito *ex officio* ou a requerimento da parte, como indica o art. 487, II.

Os parágrafos seguintes dispõem acerca do procedimento para o julgamento liminar, que se identifica em muitos pontos com o indeferimento da liminar, como na possibilidade de intimação do réu e, no caso de apelação, retratação ou citação do réu para apresentar contrarrazões.

Da decisão proferida nos termos do art. 332 cabe recurso de apelação. Se o recurso não for interposto, pelo § 2º, o réu será intimado do trânsito em julgado da sentença, nos termos do art. 241.

Interposta a apelação (§ 3º), o juiz poderá retratar-se[33] em 5 (cinco) dias.

Se houver retratação (§ 4º), o juiz determinará o prosseguimento do processo, com a citação do réu, e, se não houver retratação, determinará a citação do réu para apresentar contrarrazões[34], no prazo de 15 (quinze) dias.

Após analisar o art. 332, observamos que se mantém o que a doutrina já asseverava à época da legislação anterior: que o advento deste dispositivo deve ser entendido como medida a fim de deliberar o que já ocorre na prática judicial com os chamados "processos repetitivos", nos quais se discu-

---

[32] Contudo, o dispositivo se aplica apenas à decadência legal, "uma vez que a decadência convencional depende de provocação da parte interessada, nos termos do artigo 210 do Código Civil" (Pinho; Hill, 2019, p. 16).

[33] Wambier; Talamini, 2017, p. 117.

[34] Parece cabível a possibilidade de o réu se antecipar e alegar matérias de contestação por ocasião das suas contrarrazões ao recurso interposto pelo autor, mas tal postura não atribuiria à sua manifestação a natureza de verdadeira peça de bloqueio. Caso o tribunal venha a anular o julgamento proferido com base no art. 332 e o réu tenha se antecipado e alegado já todas as matérias de defesa, além de sua manifestação ser tempestiva, diante da previsão do art. 218, § 4º, do CPC, se a causa estiver madura para julgamento, não haveria óbice a que o tribunal aplicasse por analogia a previsão do art. 1.013, § 3º, I, do CPC, julgando, desde já a lide (Pinho; Hill, 2019, p. 18).

te uma mesma tese jurídica aplicável a uma mesma situação fática inconteste ou que não desperte maiores dúvidas e indagações oriundas das partes ou do próprio julgador.

    Concluímos que o dispositivo continua a busca por introduzir uma forma de combate aos processos repetitivos e se coaduna ao princípio da duração razoável do processo e da isonomia, se utilizado racionalmente.

Capítulo 3
AUDIÊNCIA DE CONCILIAÇÃO OU DE MEDIAÇÃO

3.1 CONSIDERAÇÕES GERAIS

Os meios adequados de solução de conflitos, a partir da segunda metade do século XX, vêm como verdadeira solução à problemática da morosidade e ausência de efetividade das decisões estatais.

No que se refere à conciliação, suas primeiras aparições legislativas datam de 1943, com a edição da Consolidação das Leis do Trabalho, tendo sido instauradas as Juntas de Conciliação e Julgamento, posteriormente extintas pela EC 24/99.

Cabe aqui ressaltar que o art. 652 da CLT foi alterado pela Lei n. 13.467, de 13 de julho de 2017. Assim, a alínea *f* passa a dispor que compete às Varas do Trabalho "decidir quanto à homologação de acordo extrajudicial em matéria de competência da Justiça do Trabalho".

Nesse sentido, a referida lei inseriu também na CLT o art. 855-B, de modo a regulamentar o procedimento de jurisdição voluntária para homologação de acordo extrajudicial[1].

Com os Juizados Especiais a conciliação ganhou força, prevendo o antigo Juizado Especial de Pequenas Causas, no art. 2º da Lei n. 9.099/95, que se buscaria, sempre que possível, a conciliação.

Posteriormente a Constituição previu a criação dos Juizados Especiais, os quais seriam competentes para conciliar em causas de menor complexidade.

Em 1994, com a edição da Lei n. 8.952, alterou-se o CPC/73 para incluir a conciliação entre os deveres do Juiz e inseri-la como uma das finalidades da audiência preliminar.

Passados mais de 70 anos de seu primeiro registro legislativo, hoje já é realidade a Semana da Conciliação, estimulada pelo Conselho Nacional de Justiça, realizada anualmente, em todos os tribunais brasileiros. Os resultados são publicados no site do CNJ, o qual mantém estatísticas de acordos realizados[2].

No caso específico da mediação, os primeiros esforços no sentido de positivá-la em nosso ordenamento datam do fim do século passado.

Por aqui, a primeira iniciativa legislativa ganhou forma com o Projeto de Lei n. 4.827/98, oriundo de proposta da Deputada Zulaiê Cobra, tendo o texto inicial levado à Câmara uma regulamentação concisa, estabelecendo a definição de mediação e elencando algumas disposições a respeito[3]. Após longo e acidentado percurso, o projeto restou arquivado em 2006.

---

[1] Ademais, a Lei n. 13.467, de 13 de julho de 2017, alterou a CLT em diversos pontos e trouxe de volta o dispositivo que havia sido vetado na Lei n. 13.129/2015. Dessa forma, o art. 507-A dispõe que "nos contratos individuais de trabalho cuja remuneração seja superior a duas vezes o limite máximo estabelecido para os benefícios do Regime Geral de Previdência Social, poderá ser pactuada cláusula compromissória de arbitragem, desde que por iniciativa do empregado ou mediante a sua concordância expressa".

[2] Informações retiradas do *site* do CNJ. Disponível em: http://www.cnj.jus.br/programas-e-acoes/conciliacao-mediacao/semana-nacional-de-conciliacao/resultados.

[3] Para um histórico completo da evolução legislativa brasileira, remetemos o leitor a Pinho (2015).

Entretanto, em 2010, dentro de um contexto mais amadurecido sobre o tema, o Conselho Nacional de Justiça, implementando, de forma definitiva, o denominado sistema multiportas, editou a Resolução n. 125[4].

O art. 1º da Resolução, com redação dada pela Resolução n. 326/2020 institui a Política Judiciária Nacional de Tratamento Adequado dos Conflitos de Interesses, tendente a assegurar a todos o direito à solução dos conflitos por meios adequados à sua natureza e peculiaridade, deixando claro que incumbe ao Poder Judiciário, além da solução adjudicada mediante sentença, oferecer outros mecanismos de soluções de controvérsias, em especial os chamados meios consensuais, como a mediação e a conciliação, bem assim prestar atendimento e orientação ao cidadão[5].

Nos chamados meios adequados de solução de conflito, a conciliação e a mediação ganham particular relevância.

Na conciliação e na mediação são as próprias partes que buscam, de forma consensual, a melhor solução para o conflito.

O terceiro, nesses casos, atua como verdadeiro intermediador imparcial, funcionando unicamente como facilitador da comunicação e, consequentemente, da composição entre as partes.

A conciliação é o método mais adequado para solução de conflitos cujas partes não detenham vínculos anteriores. Trata-se, portanto, de um conflito circunstancial.

Como terceiro imparcial, o conciliador deve incentivar as partes para que proponham soluções que lhes sejam favoráveis, notadamente em sede patrimonial e pecuniária.

A mediação, por sua vez, pressupõe relacionamento entre as partes anterior ao conflito. Para o êxito na mediação, o mediador deverá ser profundo conhecedor do conflito existente entre as partes, o que torna a mediação mais demorada do que a conciliação.

O mediador, pela tarefa estabelecida, não oferece proposta nem se intromete na negociação, somente agindo para que as próprias partes amadureçam a relação conflituosa.

No CPC é possível identificar a preocupação da Comissão com os institutos da conciliação e da mediação, em especial em seus arts. 165 a 175.

Já em suas Normas Fundamentais, ao tratar do Princípio da Inafastabilidade, traz o art. 3º do CPC a ideia de que é dever do Estado promover a solução consensual dos conflitos, devendo a conciliação, mediação e outros métodos ser estimulados pelos juízes, advogados, defensores públicos e membros do *Parquet*[6].

O legislador se preocupou, especificamente, com a atividade de conciliação e mediação feita dentro da estrutura do Poder Judiciário. Isso não exclui, contudo, a mediação e conciliação prévias ou mesmo a possibilidade de utilização de outros meios de solução de conflitos (art. 175).

O tema é tratado também na Parte Geral, Título IV, Capítulo III, Seção V, do CPC, sob a rubrica de "auxiliares da justiça". Resolvendo, portanto, antiga discussão, fica claro que conciliadores e me-

---

[4] Para um estudo mais completo sobre a Resolução n. 125 e seus efeitos no desenvolvimento da mediação no Brasil confira-se Peluso, 2011.

[5] Sobre o uso da mediação enquanto política pública: SPENGLER, Fabiana Marion; SPENGLER NETO, Theobaldo. Mediação enquanto política pública: a teoria, a prática e o projeto de lei. Santa Cruz do Sul: Edunisc, 2010. Disponível em: http://www.unisc.br/portal/pt/editora/e-books/95/mediacao-enquanto-politica-publica-a-teoria-a-pratica-e-o-projeto-de-lei-.html.

[6] Enunciado n. 161 da II Jornada Prevenção e Solução Extrajudicial de Litígios. O direito previsto no art. 5º, inciso XXXV, da Constituição da República não se esgota no acesso formal ao Poder Judiciário, compreendendo a existência de um sistema organizado e efetivo destinado à garantia de direitos, prevenção de conflitos e resolução pacífica das controvérsias. Dispositivos relacionados: art. 5º, inciso XXXV, da CR/88; art. 2.1 da Declaração Universal dos Direitos Humanos de 1948; art. 3º, *caput* e §§ 1º, 2º e 3º, da Lei n. 13.105/2015.

diadores judiciais são auxiliares do juiz. Isso se coaduna com o art. 139, V, do CPC, que dispõe incumbir ao magistrado promover, a qualquer tempo, a autocomposição, preferencialmente com o auxílio dos conciliadores e mediadores judiciais.

A fim de viabilizar as funções desses auxiliares, o art. 165, repisando o que já se encontra hoje na Resolução n. 125/2010 do CNJ, determina que os Tribunais "criarão centros judiciários de solução consensual de conflitos, responsáveis pela realização de sessões e audiências de conciliação e mediação, e pelo desenvolvimento de programas destinados a auxiliar, orientar e estimular a autocomposição".

Importante frisar, aqui, a relevância de a atividade ser conduzida por mediador profissional, imparcial e que não tenha proximidade com o conflito. Em outras palavras, a função de mediar não deve, como regra, ser acumulada por outros profissionais, como juízes, promotores e defensores públicos. O CPC prestigia esse entendimento.

Resta, agora, disciplinar e uniformizar os cursos de formação a ser ofertados pelas Escolas Judiciais e por Escolas igualmente credenciadas junto ao Ministério da Justiça e ao CNJ.

Na verdade, o ideal é mesmo que a audiência do art. 334 seja conduzida por um auxiliar do magistrado, até como garantia de sua imparcialidade. Nesse ponto específico, como um juiz poderia não levar em consideração algo (como uma confissão, por exemplo) que ouviu numa das sessões de mediação? Como poderia não ser influenciado, ainda que inconscientemente, pelo que foi dito, mesmo que determinasse que aquelas expressões não constassem, formal e oficialmente, dos autos?

Em determinadas situações, é bem verdade, a audiência terá que ser conduzida pelo juiz. É o caso de requerimento de tutela provisória que demande alguma atividade de justificação prévia (art. 300, § 2º), ou os casos envolvendo hipossuficientes, nos quais seja necessário o contato imediato do julgador com as partes.

Não custa lembrar que, na sistemática do CPC, a audiência preliminar vai ocorrer logo após o recebimento da inicial, não sendo o caso de improcedência liminar do pedido (art. 332), antes mesmo da oferta da contestação pelo réu (art. 335).

Entretanto, sobre esse ponto, entendemos ser possível a participação do Magistrado na audiência com o objetivo de decidir a medida urgente ou para verificação de eventual hipossuficiência, devendo, em seguida, ser substituído pelo Conciliador ou Mediador imparciais, de acordo com o conflito sob análise. Contudo, o Enunciado CJF n. 23 não faz essa restrição. Ao contrário, o verbete dispõe que "na ausência de auxiliares da justiça, o juiz poderá realizar a audiência inaugural do art. 334 do CPC, especialmente se a hipótese for de conciliação".

No art. 165, §§ 2º e 3º, após anotar novamente que a conciliação e a mediação devem ser estimuladas por todos os personagens do processo, é feita uma distinção objetiva entre essas duas figuras. A diferenciação se faz pela postura do terceiro e pelo tipo de conflito.

Assim, de acordo com os conceitos adotados pelo Código, o conciliador pode sugerir soluções para o litígio, sendo esta a ferramenta mais adequada para os conflitos puramente patrimoniais.

Vale ressaltar que, não obstante a possibilidade de sugerir propostas, o ideal é que as próprias partes cheguem a um consenso, de forma que tenham consciência plena da obrigatoriedade de cumprir com aquilo que acordaram.

Por sua vez, o mediador auxilia as pessoas em conflito a identificarem, por si mesmas, alternativas de benefício mútuo, indicada para as hipóteses em que se deseje preservar ou restaurar vínculos, ou seja, aquelas situações em que a pauta subjetiva interfere diretamente na pauta objetiva e, como tal, deve ser tratada.

O objetivo da mediação nesses casos é o restabelecimento da comunicação entre as partes envolvidas, com a preservação da relação anteriormente existente.

Na versão sancionada do CPC prestigiou-se o entendimento de que qualquer profissional pode exercer as funções de mediador, não havendo exclusividade para advogados ou psicólogos.

Vale destacar que o CNJ, em sua Resolução n. 125, Anexo III, editou o Código de Ética dos Conciliadores e Mediadores, que deverá ser observado nas conciliações e mediações, sejam elas judiciais ou extrajudiciais.

O objetivo foi "assegurar o desenvolvimento da Política Pública de tratamento adequado dos conflitos e a qualidade dos serviços da conciliação e mediação enquanto instrumentos efetivos de pacificação social e de prevenção de litígios".

Importante destacar que, em 29 de junho de 2015, foi publicada a Lei n. 13.140, que dispõe sobre a mediação entre particulares como meio de solução de controvérsias e sobre a autocomposição de conflitos no âmbito da Administração Pública.

O art. 1º, parágrafo único, determina que "considera-se mediação a atividade técnica exercida por terceiro imparcial sem poder decisório, que, escolhido ou aceito pelas partes, as auxilia e estimula a identificar ou desenvolver soluções consensuais para a controvérsia".

Os arts. 14 a 20, e 24 a 29, tratam da mediação judicial.

Chamam atenção as seguintes regras: no art. 17 encontramos o marco inicial do procedimento de mediação, qual seja a data para a qual for marcada a primeira reunião. O parágrafo único desse dispositivo determina, ainda, que enquanto perdurar a mediação ficará suspenso o prazo prescricional.

Durante a mediação (art. 26), as partes deverão ser assistidas por advogados ou defensores públicos, ressalvadas as hipóteses previstas no sistema dos juizados especiais[7].

De acordo com o art. 28, o procedimento deverá ser concluído em até 60 dias contados da primeira sessão, salvo acordo das partes no sentido da prorrogação.

Finalmente, no art. 29, uma regra que premia a colaboração. Caso o conflito seja solucionado antes da citação do réu, não serão devidas custas judiciais finais.

3.2 EXAME DO ART. 334 DO CPC

Entre os requisitos exigidos para a petição inicial, deve constar a opção do autor pela realização ou não da audiência de conciliação ou de mediação (art. 319, VII, do CPC), destacando-se uma permissão expressa no Código para que o autor tenha certa autonomia quanto ao rito processual.

Tem havido alguma discussão acerca desse requisito. Por exemplo: o que deve o magistrado fazer se o autor simplesmente silencia quanto a essa opção, ou seja, não manifesta o desejo de realizar a audiência nem pede expressamente a supressão desse momento processual? Entendemos que o magistrado deverá presumir que há intenção de acordo (ou pelo menos possibilidade), já que essa é a tônica do Código.

Não enxergamos necessidade de despacho de emenda da inicial e muito menos hipótese de rejeição desta.

---

[7] É constitucional a disposição do Conselho Nacional de Justiça que prevê a facultatividade de representação por advogado ou defensor público nos Centros Judiciários de Solução de Conflitos e Cidadania (CEJUSCs). É constitucional o art. 11 da Resolução n. 125/2010 do CNJ, que permite a atuação de membros do Ministério Público, defensores públicos, procuradores e advogados nos Centros Judiciários de Solução de Conflito e Cidadania. Assim, fica facultada a representação por advogado ou defensor público, medida que se revela incentivadora para uma atuação mais eficiente e menos burocratizada do Poder Judiciário para assegurar direitos. ADI n. 6.324-DF, rel. Min. Roberto Barroso, j. 21-8-2023, *Informativo STF* n. 104.

Outra questão interessante diz respeito à possibilidade de manifestações diversas das partes quanto à realização da audiência. Ou seja, uma delas, o autor, por exemplo, pede ao juiz, expressamente, na inicial, que o ato não seja designado a fim de não causar atraso desnecessário na prestação jurisdicional, ao passo que o réu silencia ou mesmo atravessa petição nos autos requerendo a designação da audiência.

O entendimento que vem prevalecendo é no sentido de que a audiência não será realizada apenas na hipótese em que ambas as partes não desejem tentar o acordo[8].

Temos sustentado, contudo, posição diversa. Entendemos que o magistrado deve ter discricionariedade para avaliar se a audiência de conciliação ou de mediação será útil ou não, diante do que consta dos autos.

Isso independe da manifestação de uma ou até mesmo de ambas as partes.

Sustentamos, ainda, que essa decisão é irrecorrível, em qualquer hipótese. Assim sendo, poderia o magistrado:

a) designar a audiência, mesmo quando uma ou até mesmo ambas as partes se manifestam pela não realização do ato;

b) designar audiência diversa da requerida (o autor pede mediação e o juiz entende que aquela hipótese será adequadamente enfrentada numa conciliação); e

c) não designar a audiência, quando uma ou ambas as partes desejam que seja realizada, mas o juiz entende que o ato é desnecessário (porque, por exemplo, as partes têm um longo histórico de conflitos, e nunca foi demonstrada intenção de, verdadeiramente, resolver o problema), ou incide a figura do art. 334, § 4º, inciso II do CPC, combinado com o art. 3º, § 2º, parte final, da Lei n. 13.140/2015, ou seja, trata-se de um direito indisponível não transacionável.

Não custa lembrar que o art. 334 não prevê apenas uma audiência de conciliação formalista e genérica. Isso, aliás, tem sido um efeito colateral do aumento exponencial das causas submetidas ao Judiciário e que precisa ser, urgentemente, tratado.

De nada adianta designar uma audiência, que dure menos de 15 minutos, na qual um conciliador indague se há possibilidade de acordo ou não e, de forma apressada e superficial, faça constar isso num termo e dispense as partes, chamando imediatamente o próximo caso de uma longa e quase interminável relação.

É preciso, em primeiro lugar, identificar qual a técnica mais adequada àquele conflito e, efetivamente, empregar esforços na tentativa real de buscar o acordo, compreendendo melhor as causas, limites e desdobramentos daquele litígio.

Ademais, podem ser utilizados recursos eletrônicos para facilitar e agilizar a realização da audiência[9-10].

Na realidade, o dispositivo apresenta duas possíveis audiências (de conciliação ou de mediação). Como vimos acima, a conciliação terá preferência nos casos em que não há vínculo anterior entre as

---

[8] Nesse sentido, o Enunciado 61 da ENFAM: "Somente a recusa expressa de ambas as partes impedirá a realização da audiência de conciliação ou mediação prevista no art. 334 do CPC, não sendo a manifestação de desinteresse externada por uma das partes justificativa para afastar a multa de que trata o art. 334, § 8º".

[9] Enunciado CJF n. 25: "As audiências de conciliação ou mediação, inclusive dos juizados especiais, poderão ser realizadas por videoconferência, áudio, sistemas de troca de mensagens, conversa *on-line*, conversa escrita, eletrônica, telefônica e telemática ou outros mecanismos que estejam à disposição dos profissionais da autocomposição para estabelecer a comunicação entre as partes".

[10] Enunciado n. 140 da II Jornada Prevenção e Solução Extrajudicial de Litígios. Os princípios da confidencialidade e da boa-fé devem ser observados na mediação on-line. Caso o mediador, em algum momento, perceba a violação a tais postulados, poderá suspender a sessão ou sugerir que tal ato seja realizado na modalidade presencial.

partes, de modo que o conciliador pode recomendar alguma solução para a disputa; a mediação será indicada para as situações em que já existe esse vínculo, sendo a atuação do mediador no sentido de auxiliar as partes a, reconhecendo os interesses em conflito, encontrar por si mesmas a melhor resolução (art. 165, §§ 2º e 3º) e, enfim, preservar, dentro do possível, esse vínculo.

A ideia em torno dessa primeira audiência, antes mesmo da citação, é oportunizar a solução adequada, dispensando a necessidade da resposta do réu e a consequente decisão sobre o mérito.

A pacificação do conflito de forma mais harmônica e menos traumática é o real objetivo da mediação. O encontro de uma solução por meio dessa modalidade tende a diminuir, inclusive, o surgimento de novos processos entre as partes, que acabam por descobrir a sua própria forma de resolver problemas em comum, ou de conviver da forma menos traumática possível com uma situação que não tem solução, ao menos a curto prazo.

Será dispensada a audiência de conciliação/mediação nas duas hipóteses do parágrafo 4º, já comentadas acima.

Se for caso de litisconsórcio, o juiz deverá oportunizar a manifestação de todos, independentemente da obrigatoriedade de litisconsórcio (facultativo ou necessário) e do regime (simples ou unitário).

Note-se que a decisão que designa (independentemente da modalidade – conciliação ou mediação), bem como a que não designa audiência, é irrecorrível, pois é interlocutória, e não está contemplada no rol do art. 1.015.

Como já foi dito, o art. 334 do CPC admite a designação de audiência de conciliação ou de mediação sempre que se tratar de direitos que admitam autocomposição.

Não se pode confundir os direitos que não admitem autocomposição com aqueles indisponíveis, mesmo porque há direitos indisponíveis que admitem transação, tais como alimentos e guarda de filhos. Nesses casos, o acordo vai se referir não ao conteúdo do direito material, mas à forma do seu exercício.

Nesse sentido, observe-se que o art. 3º da Lei de Mediação autoriza o acordo feito em sede de direitos indisponíveis, desde que admitam autocomposição, como já referido acima.

Ressalva, porém, que tais acordos devem ser feitos em juízo ou extrajudicialmente, mas necessariamente sujeitos à homologação judicial. Nesse último caso, a homologação judicial funciona como requisito de validade do ato, devendo, ainda, ser ouvido o Ministério Público (art. 3º, § 2º, da Lei n. 13.140/2015). Falaremos mais sobre esse tema a seguir.

As partes poderão ser representadas por um preposto, que, como foi dito, deve ter poderes especiais para transigir. Esses poderes são expressos na carta de representação, que deve ser apresentada pelo preposto (art. 118 do Código Civil).

O preposto apenas pratica atos de natureza material, nada postula em nome da parte. É semelhante à figura do mandatário, cujo poder é demonstrado pelo instrumento denominado procuração.

De acordo com o art. 9º, § 4º, da Lei n. 9.099/95, com a redação dada pela Lei n. 12.137/2009, o réu, "sendo pessoa jurídica ou titular de firma individual, poderá ser representado por preposto credenciado". Contudo, o Código de Ética, aprovado pela Resolução n. 02/2015 do Conselho Federal da OAB, proíbe que o advogado funcione, no mesmo processo, simultaneamente, como patrono e preposto do empregador ou cliente.

Observe-se, por fim, que, no caso específico da mediação, recomenda-se o comparecimento pessoal das partes, pois, diante das peculiaridades do conflito, apenas as próprias partes poderão contribuir na busca de uma solução eficaz de consenso.

Em caráter excepcional, poderá o juiz homologar acordo celebrado entre as partes em audiência, se ambas ou uma delas estiver desacompanhada de advogado. Nesse caso, o juiz deverá exercer exame minudente da legalidade da avença e se certificar de que as partes, apesar de leigas, compreenderam exatamente o alcance e as consequências do acordo.

Poderá, ainda, se assim entender, suspender a homologação por um determinado período, para que as partes consultem advogado ou defensor público. Tais providências vêm ao encontro dos princípios da consensualidade e da duração razoável do processo.

Retomando a explanação acerca do procedimento para audiência, preenchidos os requisitos da petição inicial e não sendo o caso de improcedência liminar do pedido, o juiz designará a audiência de conciliação ou de mediação, com pelo menos 30 dias de antecedência.

Temos sustentado que tal dispositivo se aplica apenas aos processos cognitivos. Não vemos cabimento (até mesmo por falta de previsão legal expressa e por incompatibilidade de ritos) na designação dessa audiência, como regra, nos processos de execução, salvo requerimento expresso das partes ou situações excepcionais, que deverão ser objeto de despacho devidamente fundamentado do juiz da causa.

O prazo para intimação do réu para a audiência é de no mínimo 20 dias antes da data designada, e será feita na pessoa do advogado. É necessário que ambas as partes estejam acompanhadas por advogados ou defensores públicos.

É importante explicar que, por se tratar de uma obrigação processual, se qualquer uma das partes não comparece à audiência e nem mesmo envia procurador com poderes específicos para negociar e transigir[11], o § 8º estabelece a configuração de ato atentatório à dignidade da justiça, não sendo o caso de revelia.

Traz, ainda, a sanção de multa de até dois por cento da vantagem econômica pretendida, a ser revertida em favor da União ou do Estado[12], mesmo que a parte ausente seja um órgão público[13].

Como já falado quando da diferenciação das audiências, a presença de um conciliador ou mediador, onde houver, é indispensável. Trata-se de pessoa capacitada e autorizada para a condução dos trabalhos de conciliação e mediação.

Ela poderá realizar mais de uma sessão, quando apenas uma não for suficiente para composição das partes, mas o tempo entre a primeira e a última sessão deve ser de no máximo dois meses, de modo a compatibilizar o tempo necessário para a tentativa de autocomposição e o princípio da razoável duração do processo.

Da mesma forma, o intervalo entre as audiências não pode ser inferior a vinte minutos, viabilizando tempo mínimo para uma efetiva tentativa de autocomposição.

Por fim, alcançada a autocomposição, esta será reduzida a termo e homologada por sentença (§ 11).

---

[11] Audiência de conciliação. Não comparecimento da parte. Representação por advogado com poderes para transigir. Art. 334, § 10, do CPC. Multa por ato atentatório à dignidade da justiça. Descabimento. Não cabe a aplicação de multa pelo não comparecimento pessoal à audiência de conciliação, por ato atentatório à dignidade da Justiça, quando a parte estiver representada por advogado com poderes específicos para transigir. RMS 56.422-MS, rel. Min. Raul Araújo, 4ª T., por unanimidade, j. 8-6-2021. *Informativo STJ* n. 700.

[12] Contudo, o Enunciado CJF n. 26 restringe a regra ao dispor que a "multa do § 8º do art. 334 do CPC não incide no caso de não comparecimento do réu intimado por edital".

[13] Assim, não comparecendo o INSS à audiência de conciliação, inevitável a aplicação da multa prevista no art. 334, § 8º do CPC, que estabelece que o não comparecimento injustificado do autor ou do réu à audiência de conciliação é considerado ato atentatório à dignidade da Justiça e será sancionado com multa de até 2% da vantagem econômica pretendida ou do valor da causa, revertida em favor da União ou do Estado. Qualquer interpretação passadista desse dispositivo será um retrocesso na evolução do Direito pela via jurisdicional e um desserviço à Justiça. REsp 1.769.949-SP, rel. Min. Napoleão Nunes Maia Filho, 1ª T., por unanimidade, j. 8-9-2020, *DJe* 2-10-2020. *Informativo STJ* n. 680.

Como visto, a audiência do art. 334 representa grande avanço e inovação, se comparada com a audiência preliminar do art. 331 do CPC/73. Isso se dá por três razões:

a) a audiência agora ocorre antes da apresentação da resposta do réu, sistemática já adotada pelos Juizados Especiais e no procedimento sumário, agora excluído de nosso ordenamento;

b) a audiência passa a contar com a nova ferramenta da mediação, ao lado da conciliação, sendo interessante lembrar que, a teor do art. 175 do CPC, outras técnicas ou métodos podem ser adotados, sobretudo em questões mais sensíveis, como as que normalmente ocorrem em varas de família, órfãos e sucessões, crianças e adolescentes, e idosos;

c) a extensão do acordo é mais bem definida, sobretudo com o auxílio do art. 3º da Lei n. 13.140/2015, que trata dos direitos disponíveis (sempre transacionáveis) e indisponíveis (transacionáveis ou não). Na seara coletiva, o art. 174 do CPC c/c o art. 32 da Lei de Mediação expandem ainda mais esses limites, para questões envolvendo a Fazenda Pública e os termos de ajustamento de conduta da tutela coletiva (art. 5º, § 6º, da Lei n. 7.347/85).

Por outro lado, o dispositivo não é imune a críticas. Podemos identificar, ao menos, três pontos que poderiam ter sido aperfeiçoados:

a) como regra geral, o réu deveria apresentar a contestação nessa audiência, como ocorre no sistema dos Juizados Especiais.

O sistema de contagem do prazo da contestação (art. 335 do CPC) acaba privilegiando o réu que tem o manifesto propósito protelatório. Além de os prazos serem contados em dobro, se a audiência for redesignada ou tiver que continuar em outra data, o prazo para contestar nem sequer começará a fluir.

Talvez um sistema em que a regra geral fosse a mesma dos JECs, mas que pudesse ser temperado pelo magistrado, diante das peculiaridades do caso concreto e/ou em determinadas situações predefinidas pelo legislador, como, por exemplo, processos envolvendo incapazes e causas complexas como certas questões societárias e fazendárias;

b) a multa de dois por cento, prevista no § 8º do art. 334, acaba sendo, na grande maioria dos casos, de valor irrisório.

Por que não usar, pelo menos, os mesmos critérios previstos nos arts. 77 ou 81 do CPC, já que a busca do consenso é um dos pilares centrais do atual ordenamento? O dispositivo, da forma como restou redigido, não contribui, efetivamente, para a consolidação da política pública de solução adequada de conflitos, preconizada pela Resolução n. 125/2010 do CNJ.

c) ainda na linha de priorizar o consenso, evitando sobrecarregar o Poder Judiciário com uma atividade que poderia (e deveria) ser realizada antes do ajuizamento da demanda, o art. 334 (ou mesmo o 319) deveria trazer disposição no sentido de que o autor que comprovasse documentalmente que já tentou resolver amigavelmente aquele litígio, por qualquer meio legítimo, poderia requerer a dispensa da audiência e a imediata citação do réu.

Assim, o autor que demonstrasse, por exemplo, ter entrado em contato com o *call center* da empresa, numa questão consumerista, ou ter feito uma proposta de mediação extrajudicial, em causa de família, ou ainda ter solicitado a seu advogado que procurasse o patrono da parte contrária para buscar um acordo, em questões meramente patrimoniais, seria "premiado" por sua postura colaborativa, já que o tempo de tramitação do processo seria abreviado com a supressão da audiência.

Obviamente isso não representaria, em nenhuma hipótese, a preclusão da via consensual. Apenas racionalizaria a atividade jurisdicional.

Aliás, seria interessante até mesmo se pensar numa redução proporcional das custas em hipóteses como essa. Nessa linha de raciocínio, veja-se o art. 29 da Lei de Mediação[14]. Se muitas vezes é complexo pensar em sanção àquele que não colabora com a parte contrária e, assim, viola o art. 6º do CPC, parece bem mais simples pensar num sistema de recompensa, previamente estipulado.

Uma palavra, agora, sobre o consenso nas hipóteses de superendividamento.

A Lei n. 14.181/2021 alterou a Lei n. 8.078/90 para aperfeiçoar a disciplina do crédito ao consumidor e dispor sobre a prevenção e o tratamento do superendividamento. Nesse sentido, foram inseridos, no art. 5º do CDC os incisos VI e VII que preveem, respectivamente, a instituição de mecanismos de prevenção e tratamento extrajudicial e judicial do superendividamento e de proteção do consumidor pessoa natural, e de núcleos de conciliação e mediação de conflitos oriundos de superendividamento.

Ainda nessa linha, foi inserido o art. 104-A no CDC, segundo o qual, a requerimento do consumidor superendividado pessoa natural, o juiz poderá instaurar processo de repactuação de dívidas, com vistas à realização de audiência de conciliação, com a presença de todos os credores das dívidas previstas no art. 54-A, na qual o consumidor apresentará proposta de plano de pagamento com prazo máximo de 5 (cinco) anos, preservados o mínimo existencial e as garantias e as formas de pagamento originalmente pactuadas.

Contudo, importante mencionar que também foi inserido o inciso XVII no art. 51 de modo a considerar nulas as cláusulas que condicionem ou limitem de qualquer forma o acesso aos órgãos do Poder Judiciário.

Por fim, cumpre registrar ser cada vez mais comum a realização de diligências no âmbito dos Tribunais no sentido de privilegiar as soluções consensuais. Tribunais de Justiça e TRFs já têm os seus CEJUSCs, como visto acima, no capítulo que trata de mediadores e conciliadores.

O STJ conta com Centro Judiciário de Solução de Conflitos (Cejusc/STJ) – unidade responsável pelas conciliações, mediações processuais ou outras formas adequadas de solução de conflitos no âmbito do tribunal. O centro é formado por três câmaras: de direito público, de direito privado e de direito penal. Cabe a esta última a implementação de práticas restaurativas envolvendo o ofensor, a vítima, as famílias e demais envolvidos no fato danoso. O envio dos casos ao Centro Judiciário de Solução de Conflitos será feito pelo ministro relator responsável pelo recurso, devendo haver a concordância das partes para tanto[15].

No âmbito do STF foi criado o Centro de Soluções Alternativas de Litígios do Supremo Tribunal Federal (CESAL/STF)[16].

3.3 POSSIBILIDADE DE REALIZAÇÃO DE AUDIÊNCIAS NÃO PRESENCIAIS

Como já observamos no capítulo destinado ao processo eletrônico, com o advento da Pandemia de Covid-19 os Tribunais foram obrigados a utilizar em maior escala as ferramentas virtuais, incluindo a realização de sessões e audiências por meio de plataformas digitais.

Nesse sentido, o CPC já permitia que a audiência de conciliação ou de mediação fosse realizada por meio eletrônico (art. 334, § 7º), em consonância com o art. 46 da Lei de Mediação.

---

[14] "Art. 29. Solucionado o conflito pela mediação antes da citação do réu, não serão devidas custas judiciais finais".

[15] Resolução STJ/GP n. 14/2024. Texto disponível em https://bdjur.stj.jus.br/jspui/handle/2011/190647. Acesso em: 14 jul. 2024.

[16] Disponível em: https://portal.stf.jus.br/noticias/verNoticiaDetalhe.asp?idConteudo=499682&ori=1. Acesso em: 10 dez. 2023.

Ademais, foi editada a Lei n. 13.994/2020, que alterou os arts. 22 e 23 da Lei n. 9.099/95 (Lei dos Juizados Especiais Cíveis e Criminais). A Lei determinou a inserção do § 2º no art. 22 da Lei dos Juizados, com a seguinte redação: "É cabível a conciliação não presencial conduzida pelo Juizado mediante o emprego dos recursos tecnológicos disponíveis de transmissão de sons e imagens em tempo real, devendo o resultado da tentativa de conciliação ser reduzido a escrito com os anexos pertinentes".

Além disso, o art. 23 passou a assim dispor: "Se o demandado não comparecer ou recusar-se a participar da tentativa de conciliação não presencial, o Juiz togado proferirá sentença". A solução parece um pouco radical, sobretudo diante da incerteza da demonstração do elemento volitivo do demandado.

Isso porque os altos níveis de exclusão digital no Brasil e a instabilidade de algumas redes e plataformas não permitem aferir se, de fato, as partes tiveram a intenção de não participar. Ademais, não se pode desconsiderar a delicada situação econômica pós-pandemia e a cumulação de atividades profissionais e domésticas da maioria dos brasileiros, sobretudo aqueles menos privilegiados e, muitas vezes, sem acesso a uma assessoria jurídica.

3.4 LIMITES DO ACORDO: OS DIREITOS INDISPONÍVEIS NÃO TRANSACIONÁVEIS E O ART. 3º, § 2º, DA LEI DE MEDIAÇÃO

Questão que traz perplexidade aos operadores do direito é a delimitação do acordo. O CPC, no art. 334, § 4º, II, dispõe, genericamente, sobre os direitos que não admitem autocomposição. Contudo, o art. 3º da Lei de Mediação vai além ao prever o cabimento da mediação para direitos disponíveis e indisponíveis, criando, para estes, duas categorias: os indisponíveis transacionáveis e os não transacionáveis.

Por outro lado, é digno de nota que o legislador opte por impor apenas limites objetivos, não excluindo da mediação incapazes ou mesmo vulneráveis.

Assim sendo, nada impede que a mediação seja realizada acerca de direitos titularizados por menores ou incapazes, o que não é possível em outras ferramentas, como a arbitragem (ver art. 1º da Lei n. 9.307/96, que neste ponto, pelo menos numa perspectiva literal, não foi alterado pela Lei n. 13.140/2015).

Ainda nessa perspectiva, as convenções processuais também não podem ser realizadas quando colocam em risco direitos daqueles que se encontram em manifesta situação de vulnerabilidade, nos exatos termos da parte final do parágrafo único do art. 190 do CPC. Não custa lembrar que vulnerabilidade significa suscetibilidade, e pode ser examinada nos planos material ou processual, como bem salienta Fernanda Tartuce[17].

Voltando à questão dos limites objetivos, diante da imprecisão do texto legal, remanescem as indagações: como definir, exatamente, o que é um direito disponível? Como distingui-lo de um direito indisponível? Seriam esses conceitos estáticos ou dinâmicos, ou seja, um direito rotulado como disponível sempre se comportaria dessa forma? Ou talvez um mesmo direito pudesse assumir, simultaneamente uma e outra característica, dependendo do referencial[18]?

---

[17] "Vulnerabilidade processual é a suscetibilidade do litigante que o impede de praticar atos processuais em razão de uma limitação pessoal involuntária; a impossibilidade de atuar pode decorrer de fatores de saúde e/ou de ordem econômica, informacional, técnica ou organizacional de caráter permanente ou provisório" (Tartuce, 2012, p. 184).

[18] Pinho; Hill, 2019, p. 170.

Lembro-me de um exemplo frequentemente utilizado por Sergio Bermudes em suas palestras, por ocasião da Reforma Processual de 1994. Ele se referia ao direito aos alimentos como um direito dúplice, pois, para o alimentante, ele se reveste de caráter disponível, ao passo que, para o alimentando, seria indisponível.

Aliás, o STJ[19] já reconheceu, expressamente que a irrenunciabilidade atinge tão somente o direito aos alimentos, e não o seu exercício.

Como se isso não bastasse, é interessante rememorar as discussões em torno dos direitos coletivos, que podem ser concomitantemente disponíveis (no plano individual) e indisponíveis (no plano coletivo). É o caso típico dos direitos individuais homogêneos. Os Tribunais Superiores enfrentaram inúmeras vezes essa questão, sobretudo quando tiveram que fixar os limites para a atuação do Ministério Público na tutela desses direitos[20].

E a tormentosa discussão tende a ser reacendida diante dos lacônicos termos do art. 32, III, da Lei de Mediação, reproduzidos no art. 174, III, do CPC, que prevê a admissibilidade de mediação no TAC sem no entanto fixar limites[21] quanto à legitimidade, alcance ou objeto, permitindo, ainda que em tese, transação sobre o próprio direito material. Some-se a isso a discussão em torno do acordo de não persecução cível, cabível nas ações de improbidade administrativa por força da nova redação do art. 17-B da Lei n. 8.429/92, com nova redação dada pela Lei n. 14.230/2021.

Tudo isso reforça a tese de que há a necessidade premente de se determinar o alcance de cada uma das espécies de direito contempladas no art. 3º.

Vamos nos dedicar a essa tarefa nas linhas que se seguem.

Numa interpretação literal do referido dispositivo, teremos direitos disponíveis e indisponíveis. Os disponíveis são sempre transacionáveis; os indisponíveis podem ou não admitir autocomposição.

Quanto aos disponíveis, é possível realizar a mediação extrajudicial. Para facilitar a compreensão, apresentamos, abaixo, as quatro hipóteses passíveis de ocorrência nesse caso:

a) o acordo é firmado na via extrajudicial por instrumento público e, automaticamente, se converte em título executivo extrajudicial, na forma do art. 784, II, do CPC;

b) o acordo é firmado na via extrajudicial por instrumento particular e, se preenchidos os requisitos formais do art. 784, III, do CPC, converte-se em título executivo extrajudicial;

c) o acordo é firmado na via extrajudicial e não preenche os requisitos do art. 784, III, mas atende ao disposto no art. 700 do CPC, ensejando o ajuizamento de ação monitória, no caso de descumprimento;

---

[19] Inicialmente, extrai-se do art. 1.707 do Código Civil que o direito aos alimentos presentes e futuros é irrenunciável, não se aplicando às prestações vencidas, nas quais o credor pode deixar de exercer a cobrança até mesmo na fase executiva. Com efeito, a vedação legal à renúncia ao direito aos alimentos decorre da natureza protetiva do instituto dos alimentos. Contudo, a irrenunciabilidade atinge tão somente o direito, e não o seu exercício. Note-se que a irrenunciabilidade e a vedação à transação estão limitadas aos alimentos presentes e futuros, não havendo os mesmos obstáculos para os alimentos pretéritos. REsp 1.529.532-DF, rel. Min. Ricardo Villas Bôas Cueva, 3ª T., por unanimidade, j. 9-6-2020, DJe 16-6-2020. *Informativo STJ* n. 673.

[20] Apenas a título de exemplo: STJ, AgRg no REsp 280.505-MG, rel. Min. Nancy Andrighi, j. 12-11-2001, *Informativo STJ*, n. 116. STJ, 3ª T., REsp 58.682/95-MG, rel. Min. Carlos Alberto Menezes Direito, disponível no site do STJ. STJ, REsp 207.336-SP, rel. Min. Antônio de Pádua Ribeiro, j. 5-12-2000, *Informativo*, n. 81. STF, RE 163.231-SP, *DJU*, 29-6-2001. STF, RE 213.015-DF, rel. Min. Néri da Silveira, j. 8-4-2002, *Informativo STF*, n. 263. STJ, REsp 168.859-RJ, rel. Min. Ruy STJ, REsp 419.187-PR, rel. originário Min. Laurita Vaz, rel. para acórdão Min. Gilson Dipp, j. 15-4-2003, *Informativo STJ*, n. 170. STJ, REsp 146.483-PR, rel. Min. Hamilton Carvalhido, j. 5-2-2004, *Informativo STJ*, n. 197. STJ, REsp 416.298-SP, rel. Min. Ruy Rosado, j. 27-8-2002, *Informativo STJ*, n. 140. STJ, REsp 240.033-CE, 1ª T., rel. Min. José Delgado, j. 15-8-2000, *Informativo STJ*, n. 66. STJ, REsp 267.499-SC, rel. Min. Ari Pargendler, j. 9-10-2001, *Informativo STJ*, n. 112.

[21] Pinho; Vidal, 2016, p. 371-411.

d) o acordo é firmado na via extrajudicial e as partes desejam submetê-lo à homologação judicial para obter maior grau de segurança jurídica, o que pode ser feito na forma dos arts. 725, VIII, c/c 515, III, mesmo que o documento já ostente os requisitos mínimos para constituir título executivo extrajudicial (art. 785).

Por outro lado, pode o acordo ser firmado na via judicial, ou seja, na pendência de uma demanda já ajuizada. Nesse caso, caberá ao magistrado homologá-lo (arts. 334, § 11, 515, II, e 487, III, *b*), ainda que venha a envolver sujeito estranho ao processo ou versar sobre relação jurídica que não tenha sido deduzida em juízo (art. 515, § 2º).

Vejamos agora os direitos indisponíveis.

Primeiramente temos os direitos indisponíveis não transacionáveis. Nesses casos, haverá uma expressa norma proibindo o acordo ou a violação de um direito fundamental, o que deverá ser apreciado pelo magistrado no caso concreto, já que tais acordos necessitam da homologação judicial, precedida da oitiva do Ministério Público, para que possam produzir seus efeitos.

Assim sendo, caso o juiz entenda que as partes se excederam e avançaram sobre matéria que não se encontra dentro de sua esfera de disposição, deverá recusar a homologação.

Podemos dizer, então, que, se for feito acordo sobre direito indisponível não transacionável, tal avença será nula de pleno direito.

Como exemplos podemos citar os seguintes dispositivos legais:

a) art. 1.609 do Código Civil (o reconhecimento dos filhos havidos fora do casamento é irrevogável);

b) art. 39, § 1º, da Lei n. 8.069/90 (a adoção é medida irrevogável);

c) arts. 1º e 9º da Lei n. 9.434/97 (autorizam a disposição apenas gratuita de tecidos, órgãos e partes do corpo humano em vida para fins terapêuticos e de transplante).

Qualquer acordo de vontades que contrarie expressamente tais dispositivos legais será nulo.

De se observar, ainda, que o STJ[22] já considerou inadmissível a homologação de acordo extrajudicial de retificação de registro civil de menor em juízo sem a observância dos requisitos e procedimento legalmente instituído para essa finalidade.

Por outro lado, na hipótese dos direitos indisponíveis transacionáveis, o acordo pode ser alcançado nas vias judicial ou extrajudicial, mas enquanto não for submetido ao crivo judicial não poderá produzir seus efeitos. Em outras palavras, a homologação é condição de eficácia do acordo.

Como se percebe facilmente, diante da imprecisão conceitual, há o risco de que o magistrado não homologue um acordo após um longo e complexo procedimento de mediação versando sobre direitos indisponíveis. Basta que o juiz considere o direito indisponível não transacionável.

Nesse caso, ele proferirá decisão interlocutória recusando homologação (art. 334, § 11, a *contrario sensu*). O grande problema aqui é que essa hipótese não está, em princípio, prevista no art. 1.015 do CPC, o que nos levaria, numa primeira leitura, à conclusão de que tal ato do juiz seria irrecorrível, ao menos naquele momento. Poderiam as partes, futuramente, por ocasião da senten-

---

[22] "Assim, é inadmissível a homologação de acordo extrajudicial de retificação de registro civil em juízo, ainda que fundada no princípio da instrumentalidade das formas, devendo serem respeitados os requisitos e o procedimento legalmente instituídos para essa finalidade, que compreendem, dentre outros, a investigação acerca de erro ou falsidade do registro anterior, a concreta participação do Ministério Público, a realização de prova pericial consistente em exame de DNA em juízo e sob o crivo do mais amplo contraditório e a realização de estudos psicossociais que efetivamente apurem a existência de vínculos socioafetivos com o pai registral e com a sua família extensa" (REsp 1.698.717-MS, rel. Min. Nancy Andrighi, por unanimidade, j. 5-6-2018, DJe 7-6-2018, *Informativo STJ*, n. 627).

ça, apelar e trazer essa questão nas razões ou nas contrarrazões do apelo, nos exatos termos do art. 1.009, § 1º.

Contudo, pensamos nós que, se na decisão o juiz recusar a homologação sob o argumento de que o direito não admite autocomposição, isso equivale a uma decisão interlocutória de mérito e, nessa hipótese, a via do agravo de instrumento se mostra cabível nos exatos termos do art. 1.015, II (decisão sobre o mérito)[23]. Nesse sentido o entendimento do STJ[24].

Por outro lado, se a recusa da homologação se prende à ausência de um requisito formal, como, por exemplo, a ausência de assistência de advogado, ou mesmo ausência de representação ou assistência no caso do incapaz, a decisão resta não agravável, podendo ser atacada, apenas, nos restritos limites dos embargos de declaração, na forma do art. 1.022.

---

[23] Pinho; Hill, 2019, p. 172.

[24] A decisão que deixa de homologar pedido de extinção consensual da lide retrata decisão interlocutória de mérito a admitir recorribilidade por agravo de instrumento, interposto com fulcro no art. 1.015, II, do CPC. REsp 1.817.205-SC, rel. Min. Gurgel de Faria, 1ª T., por unanimidade, j. 5-10-2021. *Informativo STJ* n. 712.

Capítulo 4
RESPOSTAS DO RÉU E REVELIA

4.1 INTRODUÇÃO

Para que a relação processual se aperfeiçoe, considerando a regra geral, além do autor figurando como demandante, faz-se necessária a presença do réu, que poderá ou não apresentar defesa. Para isso, deve ser regularmente citado, conforme já vimos anteriormente, quando foi estudada a natureza jurídica do processo.

Após a propositura da ação pelo autor, o réu (ou demandado) será chamado para que se manifeste acerca daquela demanda em face dele proposta. Essa manifestação é chamada resposta do réu.

A seguir, estudaremos a forma como o réu, o executado ou o interessado é convocado para integrar a relação processual. Em seguida, retomaremos o estudo das respostas do réu, explicando cada uma delas.

4.2 CITAÇÃO

4.2.1 Conceito

A citação, como se sabe, é espécie do gênero comunicação dos atos processuais; logo, a fim de melhor compreender o tema, cabe-nos, brevemente, definir o que é a comunicação processual.

Segundo Cândido Rangel Dinamarco, comunicação processual é "a transmissão de informações sobre os atos do processo às pessoas sobre cujas esferas de direito atuarão os efeitos deste, eventualmente acompanhadas do comando a ter uma conduta positiva ou uma abstenção"[1].

São comunicações de atos processuais: as intimações e a citação.

A citação é indispensável como meio de abertura do contraditório, e, por causa disso, é ato mais solene. Já as intimações são menos formais, e correspondem a qualquer outra comunicação processual que não a citação.

A citação é o ponto central do processo civil, o ato mais formal e cuidadoso, conforme se extrai do art. 239 do CPC. É o ato pelo qual o réu, o executado ou o interessado é convocado para integrar a relação processual (art. 238). Interessado seria aquele que deve ser ouvido, mesmo que não seja parte, como ocorre em sede de jurisdição voluntária.

Citação é, portanto, o ato mediante o qual se transmite ao demandado a ciência da propositura da demanda, tornando-o parte no processo. Antes da citação, o sujeito indicado pelo autor na petição inicial não integra, ainda, a relação jurídico-processual.

O Código dispensa, expressamente, em seu art. 239, a necessidade de citação nas hipóteses de indeferimento de petição inicial e de improcedência liminar do pedido, já que nesses casos não há razão para apresentação de defesa, uma vez que o pedido do autor terá o curso interrompido, sendo desde logo rejeitado.

---

[1] Dinamarco, 2004, p. 505.

Na vigência do CPC/73, Leonardo Greco criticava a definição legal de citação. Ele entende que o réu pode ser citado apenas para tomar conhecimento da própria existência do processo, podendo dele participar e se defender ou não, conforme o caso.

Dessa forma, ele define a citação como "o chamamento inicial do réu ou de qualquer interessado para tomar ciência da existência do processo e dele vir a participar como um dos sujeitos principais, ou seja, como um dos destinatários da prestação jurisdicional"[2].

De certa forma, os termos do art. 238 do CPC esvaziam as críticas endereçadas aos dispositivos do CPC/73.

Importante ressaltar que a Lei n. 14.195/2021 acrescentou o parágrafo único ao art. 238, com a seguinte redação:

"Parágrafo único. A citação será efetivada em até 45 (quarenta e cinco) dias a partir da propositura da ação."

Já noticiamos o advento da nova Lei no capítulo da comunicação dos atos processuais (item 17.2, acima). Contudo, é necessário anotar que a nova lei pegou a comunidade processual de surpresa, eis que dispositivos de direito processual foram inseridos em diploma cujo objeto original era tratar da facilitação para abertura de empresas e sobre a proteção de acionistas minoritários.

Tal circunstância não passou despercebida pela doutrina especializada. A propósito, o Instituto Brasileiro de Direito Processual – IBDP, publicou nota manifestando preocupação com mudança tão drástica em instituto fundamental do processo civil brasileiro, por vias transversas[3]. Isso porque a referida Lei n. 14.195/2021 inseriu matéria processual por acréscimo ao conteúdo de medida provisória[4] convertida em lei, o que é comumente chamado de "contrabando legislativo" ou "emenda jabuti"[5] e já foi objeto de expressa vedação por decisão do Pleno do Supremo Tribunal Federal[6], a partir do exame da norma contida no art. 62, § 1º da Constituição Federal[7].

Por outro lado, forçoso reconhecer que o dispositivo está em consonância com o princípio da celeridade. Ademais, em tempos de virtualização obrigatória dos processos, o prazo parece mais do que razoável. Embora se trate de prazo impróprio, ou seja, não há previsão de sanção para o caso do seu descumprimento.

A bem da verdade, houve uma aceleração generalizada no ritmo dos processos judiciais com a eliminação dos chamados "tempos mortos" do processo, ou seja, aqueles períodos nos quais os processos físicos aguardavam a prática dos atos cartorários ou mesmo o cumprimento de atos que demandavam diligências externas, como cartas precatórias ou citações em comarcas contíguas.

---

[2] Greco, 2009, p. 298.

[3] Como o IBDP teve oportunidade de esclarecer em nota anterior, datada de 25.6.2021, é inadmissível – sem agressão ao devido processo legislativo – que projeto de conversão de medida provisória trate de matéria a ele estranho (por todos, v. a decisão do STF na ADI 5127), ainda mais quando a matéria *nova* é expressamente vedada de ser tratada por medida provisória, como é o caso do direito processual civil (art. 62, § 1º, I, b, da CF). É, contudo, o que se tem no caso concreto, como se pode verificar do art. 44 da Lei n. 14.195/2021, inserido em seu Capítulo X, intitulado "Da racionalização processual". Nota disponível no sítio:www.direitoprocessual.org.br, acesso em 31 de agosto de 2021.

[4] Medida provisória 1.040/2021. Disponível em https://www.camara.leg.br/proposicoesWeb/fichadetramitacao?idProposicao=2275840. Acesso em 30 de agosto de 2021.

[5] Em didática explicação sobre o citado fenômeno, veja-se o vídeo de Haroldo Lourenço, disponível em https://www.youtube.com/watch?v=ie5HLB2N_rY. Acesso em 31 de agosto de 2021.

[6] ADI 5.127, rel. Min. Rosa Weber. Red p/ Acórdão Min. Edson Fachin, Pleno, j. 15.10.2015, p. 11.05.2016.

[7] Art. 62. Em caso de relevância e urgência, o Presidente da República poderá adotar medidas provisórias, com força de lei, devendo submetê-las de imediato ao Congresso Nacional. § 1º É vedada a edição de medidas provisórias sobre matéria: I – relativa a: (...) b) direito penal, processual penal e processual civil;.

Desse modo, a regra, agora, é a citação eletrônica. Como já referimos no capítulo dos atos processuais, a nova lei inseriu o inciso IX no art. 231, de forma a ser considerado como dia do começo do prazo o quinto dia útil seguinte à confirmação, na forma prevista na mensagem de citação, do recebimento da citação realizada por meio eletrônico.

Ademais, o art. 246 prevê que a citação será feita preferencialmente por meio eletrônico, no prazo de até 2 dias úteis, contado da decisão que a determinar.

Como se vê, agora, determinada a citação, temos o prazo de dois dias úteis para que seja cumprida a providência na modalidade eletrônica (art. 246, *caput*), no endereço eletrônico informado pelo citando e constante no banco de dados do Poder Judiciário, de acordo com regulamentação do Conselho Nacional de Justiça.

A partir daí, o citando tem o prazo de três dias úteis para confirmar o recebimento e todo o procedimento deverá estar concluído no prazo de 45 dias contados da propositura da demanda (art. 238, parágrafo único c/c art. 312), observando-se, por fim, o já citado art. 231, inciso IX, que determina como dia de início da contagem do prazo para contestar o quinto dia útil seguinte à confirmação.

4.2.1.1 Inovações introduzidas pela Lei n. 14.195/2021

Importante ressaltar que os endereços para citação eletrônica devem constar desse banco de dados gerido e mantido pelo Poder Judiciário, de acordo com regulamentação do Conselho Nacional de Justiça. Ou seja, esse endereço não pode ser obtido informalmente em ferramentas de busca ou cadastros privados. Apenas a inserção no banco oficial dará a segurança jurídica mínima necessária ao ato.

Observe-se que a regra excepcional do § 6º do art. 246 permite o compartilhamento de dados existentes em outro banco. Contudo, parece tratar-se de providência adicional e não substitutiva, ou seja, após o compartilhamento deve haver a validação daquele endereço eletrônico no banco oficial mantido pelo Poder Judiciário.

O § 1º-B, também inserido no mesmo artigo 246, prevê que na primeira oportunidade de falar nos autos, o réu citado nas formas alternativas acima deverá apresentar justa causa para a ausência de confirmação do recebimento da citação enviada eletronicamente.

De se elogiar, aqui, a sensibilidade do legislador. Com efeito, não poderia ser presumida a permanente disponibilidade do citando pelo simples fato de ter um endereço de e-mail cadastrado no banco de dados.

A providência é interessante, na medida em que possibilita uma defesa hábil para hipóteses que podem se verificar comumente na prática, com, por exemplo, perda de conexão com a internet por período prolongado (quando o citando esteja em local inacessível), comprometimento do hardware (ataque hacker, quebra do equipamento) ou mesmo ausência do software (expiração da licença de uso do sistema operacional, incompatibilidade da nova versão do aplicativo etc.).

Por outro lado, o § 1º-A, inserido agora no art. 246, estabelece que a ausência de confirmação, em até 3 dias úteis, contados do recebimento da citação eletrônica, implicará a realização da citação pelas demais modalidades, a saber:

I – pelo correio;

II – por oficial de justiça;

III – pelo escrivão ou chefe de secretaria, se o citando comparecer em cartório; e

IV – por edital.

Ademais, a citação eletrônica não será realizada nas hipóteses excepcionais do art. 247, que também se aplicam à citação postal, a saber:

I – nas ações de estado, observado o disposto no art. 695, § 3º;

II – quando o citando for incapaz;

III – quando o citando for pessoa de direito público;

IV – quando o citando residir em local não atendido pela entrega domiciliar de correspondência; e

V – quando o autor, justificadamente, a requerer de outra forma.

Não é impedimento para a citação do réu a falta de pedido na exordial pelo autor da ação, desde que este tenha indicado o endereço do réu (art. 319, II) e tenha recolhido as custas referentes a essa diligência ou requerido a gratuidade de Justiça. Nem tampouco haverá indeferimento da petição inicial se, por alguma razão, não havendo a indicação do endereço, for possível a citação do réu (§ 2º do art. 319).

Nessa linha, observe-se que o art. 319 do CPC não insere mais como requisito da inicial o pedido de citação do réu.

A Lei n. 14.195/2021 alterou a redação do § 1º do art. 246 e inseriu, ainda, três parágrafos no referido dispositivo.

Desse modo, a nova redação do § 1º assegura que as empresas públicas e privadas são obrigadas a manter cadastro nos sistemas de processo em autos eletrônicos, para efeito de recebimento de citações e intimações, as quais serão efetuadas preferencialmente por esse meio.

O § 4º determina que as citações por correio eletrônico serão acompanhadas das orientações para realização da confirmação de recebimento e de código identificador que permitirá a sua identificação na página eletrônica do órgão judicial citante.

Já o § 5º estabelece que as microempresas e as pequenas empresas somente se sujeitam à obrigação de manter cadastro nos sistemas de processo em autos eletrônicos quando não possuírem endereço eletrônico cadastrado no sistema integrado da Rede Nacional para a Simplificação do Registro e da Legalização de Empresas e Negócios (REDESIM).

E o § 6º prevê que para os fins do § 5º, deverá haver compartilhamento de cadastro com o órgão do Poder Judiciário, incluído o endereço eletrônico constante do REDESIM, nos termos da legislação aplicável ao sigilo fiscal e ao tratamento de dados pessoais.

4.2.1.2 Domicílio Judicial Eletrônico

Como já noticiamos, muito antes da Lei n. 14.195/2021, a Resolução n. 234/2016 do CNJ instituiu o *Diário de Justiça Eletrônico Nacional* (DJEN) como plataforma de editais do CNJ e instrumento de publicação dos atos judiciais dos órgãos do Poder Judiciário, para os efeitos dos arts. 196, 205 e 246 do CPC.

Ocorre que esse ato foi expressamente revogado pela Resolução n. 455/2022, que instituiu o Portal de Serviços do Poder Judiciário, bem como regulamentou o *Diário da Justiça Nacional* e o Domicílio Judicial Eletrônico.

O art. 11 trata do *Diário de Justiça Eletrônico Nacional (DJEN)*, que constitui a plataforma de editais do CNJ e o instrumento de publicação dos atos judiciais dos órgãos do Poder Judiciário. Segundo o § 2º, a publicação no *DJEN* substitui qualquer outro meio de publicação oficial, para fins de intimação, à exceção dos casos em que a lei exija vista ou intimação pessoal, que serão realizadas por meio do Domicílio Judicial Eletrônico, nos termos do art. 5º da Lei n. 11.419/2006.

Já o § 3º estabelece que, nos casos em que a lei não exigir vista ou intimação pessoal, os prazos processuais serão contados a partir da publicação no *DJEN*, na forma do art. 224, §§ 1º e 2º, do CPC, possuindo valor meramente informacional a eventual concomitância de intimação ou comunicação por outros meios.

O art. 15 da Resolução prevê que o Domicílio Judicial Eletrônico é o ambiente digital integrado ao Portal de Serviços, para a comunicação processual entre os órgãos do Poder Judiciário e os destinatários que sejam ou não partes na relação processual, sendo obrigatória a sua utilização por todos os tribunais.

Por sua vez, o art. 16 estabelece que o cadastro no *DJE* é obrigatório para a União, para os Estados, para o Distrito Federal, para os Municípios, para as entidades da administração indireta e para as empresas públicas e privadas, para efeitos de recebimento de citações e intimações, conforme disposto no art. 246, *caput* e § 1º, do CPC/2015. O dispositivo vale também para o Ministério Público, Defensoria e Advocacia Pública. Já as pessoas físicas, nos termos do art. 77, VII, do CPC, poderão realizar cadastro no *DJE* para efetuar consultas públicas, bem como para o recebimento de citações e intimações.

Contudo, o art. 16 não se aplica às microempresas e às empresas de pequeno porte que possuírem endereço eletrônico cadastrado no sistema integrado da Rede Nacional para a Simplificação do Registro e da Legalização de Empresas e Negócios (Redesim), nos termos previstos no § 5º do art. 246 do CPC/2015.

Por fim, o art. 18 prevê que o *DJE* será utilizado exclusivamente para citação por meio eletrônico e comunicações processuais que exijam vista, ciência ou intimação pessoal da parte ou de terceiros, com exceção da citação por edital, a ser realizada via *DJEN*.

4.2.2 Litisconsórcio

Em caso de litisconsórcio necessário unitário passivo, a falta de citação de qualquer dos réus torna a sentença ineficaz para qualquer um deles. Sendo necessário simples, a sentença será válida e eficaz para os que participaram do feito, mas ineficaz em relação ao que não foi citado.

Esse vício decorrente da ausência de citação é chamado de "transrescisório", pois gera nulidade, sanável a qualquer tempo, mesmo esgotado o prazo da ação rescisória (arts. 525, § 1º, I, e 535, I).

4.2.3 Recebimento da inicial e determinação da intimação e citação do réu

Quando a petição inicial preencher os requisitos do art. 319, o juiz a recebe e determina a citação e a intimação do réu.

Ao contrário do CPC/73, que determinava primeiro a citação, e apenas com a vinda da resposta (e eventual réplica), a intimação do réu para audiência preliminar, o CPC une as duas finalidades no mesmo mandado.

Nesse sentido, importante notar que o mandado terá dúplice função: citar o réu para, querendo, responder aos termos da ação, e intimá-lo para uma audiência de conciliação ou de mediação.

Essa decisão positiva quanto à inicial não é nem agravável, nem apelável.

De toda sorte, poderá ser objeto de embargos de declaração, nos exatos termos do art. 1.022.

4.2.4 Destinatários

Como regra geral, tem-se a citação pessoal, ou seja, feita na pessoa do réu (art. 242). Será feita a ele mesmo, se capaz. Se relativamente incapaz, será realizada na sua pessoa e na de seu assistente. No caso de incapacidade absoluta, será feita na pessoa de seu representante.

Se o réu for ausente, será feita a citação na pessoa de seu mandatário, administrador, feitor ou gerente, quando a ação se originar de atos por eles praticados (art. 242, § 1º). Se o locador não estiver no Brasil e não cientificar o locatário de que deixou procurador no local onde estiver situado o imóvel, o administrador do imóvel será citado (art. 242, § 2º).

O § 3º do art. 242 confere poder para receber a citação aos órgãos de advocacia dos entes públicos, determinando que "a citação da União, dos Estados, do Distrito Federal, dos Municípios e de suas respectivas autarquias e fundações de direito público será realizada perante o órgão de Advocacia Pública responsável por sua representação judicial".

Se o réu for doente mental, embora destinatário da citação, esta não pode ser feita na sua pessoa, caso em que será feita em nome de curador nomeado pelo juiz, após as providências descritas no art. 245.

A citação do advogado é possível, sempre que este tiver poderes especiais para tal (art. 105).

No caso da reconvenção (art. 343, § 1º), apesar de ser ferramenta jurídica para a formulação de pedido pelo réu (reconvinte/polo ativo) em face do autor (reconvindo, polo passivo), a relação jurídico-processual já está previamente constituída na ação principal. Por esse motivo, dispensa-se a citação e basta que, na condição de demandado, o autor seja intimado, na pessoa de seu advogado, para apresentar defesa, no prazo de quinze dias.

Quando o réu for pessoa jurídica, a citação é feita na pessoa indicada no seu estatuto para representá-la (art. 242).

Porém, pela teoria da aparência, essa exigência é mitigada, considerando-se válida a citação quando a pessoa que a receber se apresenta como representante legal da pessoa jurídica e o faz sem ressalva quanto à inexistência de poderes de representação em juízo, bem como no caso de citação via postal com aviso de recebimento (AR) efetivada no endereço da pessoa jurídica e recebida por pessoa que, ainda que sem poder expresso para tanto, a assina sem fazer qualquer objeção imediata[8].

4.2.5 Local

Como regra geral, disposta no art. 243, a citação deve ser feita onde o réu, o executado ou o interessado for encontrado. As exceções ficam por conta do militar, que só poderá ser citado em sua unidade quando desconhecido o seu endereço ou nele não for encontrado (parágrafo único do art. 243).

4.2.6 Impedimentos

Existem circunstâncias que determinam adiamento do ato citatório. Trata-se de impedimentos para a realização da citação em determinados momentos, elencados pelo art. 244. Esse adiamento só não será feito se causar perda do direito – prescrição ou decadência.

Assim, não poderá ser feita a citação:

I – de quem estiver participando de ato de culto religioso;

II – de cônjuge, de companheiro ou de qualquer parente do morto, consanguíneo ou afim, em linha reta ou na linha colateral em segundo grau, no dia do falecimento e nos sete dias seguintes;

III – aos noivos, nos três primeiros dias seguintes ao casamento; e

IV – aos doentes, enquanto grave o seu estado.

Esse impedimento à citação só ocorre na pessoa do réu e, portanto, se este possui procurador com poderes especiais, será citado.

---

[8] AgRg no EREsp 205.275-PR, rel. Min. Eliana Calmon, Corte Especial; REsp 200702529083, rel. Min. Luis Felipe Salomão, STJ, 4ªT.; EREsp 864.947-SC, rel. Min. Laurita Vaz, j. 6-6-2012.

4.2.7 Tempo da citação

A citação pode ser feita nos dias úteis, das 6h às 20h, ou mesmo em dias de feriados e após as 20h, independentemente de autorização judicial (art. 212, *caput* e parágrafos).

Importante lembrar que o sábado, o domingo e demais dias sem expediente forense, nos termos do art. 216, são incluídos entre os feriados. Essa regra difere da estabelecida no CPC/73, que exigia autorização especial para realização de penhora e de citação fora do horário regular, permitindo que os sábados fossem tidos como dias úteis para a realização de diligências extraforum, sendo dia não útil apenas para as atividades intraforum. Pela nova regra, portanto, para fins de prática de ato processual, os sábados integram o rol de dias não úteis, mas a autorização especial não mais subsiste.

Sendo assim, não é necessária autorização judicial para que as citações, intimações e penhoras realizem-se no período de férias forenses, quando as houver, e nos feriados ou dias úteis fora do horário estabelecido no artigo, observada a garantia constitucional à inviolabilidade da casa (art. 5º, XI, da CF), o que traz importante celeridade processual.

4.2.8 Efeitos da citação

A citação possui efeitos materiais e processuais, todos elencados no art. 240. Como efeitos processuais, temos: litispendência e litigiosidade da coisa.

A ação que se inicia une apenas autor e juiz. É com a citação válida que o réu será integrado à relação processual, que de linear passa a angular. Essa citação torna litigiosa a coisa, deixando claro que há uma pretensão.

Com a citação, a coisa tornar-se-á litigiosa para o réu, visto que, para o autor, já o era desde a propositura da demanda.

Assim sendo, ocorrida a citação, uma possível alienação da coisa não irá alterar a legitimidade das partes, e, ainda, pode ser considerada fraude à execução (a litispendência é um dos requisitos dessa fraude – arts. 790, V, e 792).

Contudo, esse efeito só se produz a partir do momento em que o réu tiver sido citado, não retroagindo, como os anteriores.

A litispendência será formada com a citação, uma vez que estará completa a relação processual e o mesmo litígio não poderá voltar a ser objeto, entre as partes, em outro processo, enquanto não se extinguir o feito pendente.

Observe-se que o artigo não mais menciona a prevenção do juízo como outro efeito processual, uma vez que ela passa a ocorrer quando do registro ou da distribuição da inicial (art. 59).

Já os efeitos materiais são dois, ainda que tenha a citação sido ordenada por juízo incompetente:

a) constituição do devedor em mora, nos casos em que a mora não ocorre *ex re*, de pleno direito (retardamento ou cumprimento imperfeito da obrigação); e

b) interrupção da prescrição, da decadência e dos demais prazos extintivos previstos em lei.

Tal interrupção retroage à data da propositura da ação, desde que a citação seja completada no prazo legal de 10 dias. Não será prejudicada a parte quando a demora for imputável exclusivamente ao serviço judiciário.

É certo que os efeitos da mora existem a partir da citação.

Contudo, o art. 240[9] deixou a salvo três hipóteses, constantes do Código Civil (arts. 397 e 398), quais sejam:

a) na obrigação contratual que possua termo determinado;

b) no caso de interpelação judicial ou extrajudicial; e

c) nas obrigações por ato ilícito, nas quais a mora está configurada desde a data do fato.

No entanto, a regra do § 1º do art. 240 permanece perfeitamente aplicável. Assim, ordenado o despacho liminar positivo, considera-se interrompida a prescrição, retroagindo à data da propositura da ação.

Para interromper a prescrição, deve ocorrer um juízo positivo por parte do magistrado e não mero despacho que determine a emenda da inicial[10] ou sentença que indefere a petição inicial, por exemplo.

Em certos procedimentos, a interrupção da prescrição ou da decadência não depende da citação, mas apenas do ajuizamento ou do despacho de recebimento da petição inicial.

Isso ocorre com a execução fiscal, de acordo com o art. 174, parágrafo único, I, do Código Tributário Nacional, que dispõe que a interrupção da prescrição decorre do despacho inicial do juiz. O mesmo se dá com o mandado de segurança, cujo prazo decadencial de 120 dias não se consuma desde que ele seja ajuizado tempestivamente.

Ainda quanto aos efeitos da citação, inclui-se um quinto efeito, que pode ser concluído da interpretação do art. 329 do CPC: a estabilização da demanda[11].

As regras do aludido dispositivo se aplicam apenas com esse rigor à jurisdição de conhecimento. Na execução, o art. 805 prevê a fungibilidade do meio executório.

4.2.9 Modalidades

As modalidades de citação estão dispostas e regulamentadas nos arts. 246 a 259.

São elas:

a) pelo correio;

b) por oficial de justiça;

---

[9] A Primeira Seção do E. Superior Tribunal de Justiça, julgando pelo sistema dos recursos repetitivos os Recursos Especiais 1.935.653-SP, 1.925.235-SP e 1.930.309-SP, referentes ao Tema 1.133 do E. STJ, firmou a seguinte tese: "O termo inicial dos juros de mora, em ação de cobrança de valores pretéritos ao ajuizamento de anterior mandado de segurança que reconheceu o direito, é a data da notificação da autoridade coatora no mandado de segurança, quando o devedor é constituído em mora (art. 405 do Código Civil e art. 240 do CPC)".

[10] A interrupção da prescrição, na forma prevista no § 1º do art. 240 do Código de Processo Civil, retroagirá à data em que petição inicial reunir condições de se desenvolver de forma válida e regular do processo. (...) No caso, ao receber a petição inicial o magistrado ordenou sua emenda, porque não foram preenchidos os requisitos do art. 319 do CPC. O autor apresentou a emenda e, assim, foi ordenada a citação. Todavia, o ato somente ocorreu após o decurso do prazo prescricional, impondo o reconhecimento da prescrição. AgInt no AREsp 2.235.620-PR, rel. Min. Raul Araújo, 4ª T., por unanimidade, j. 8-5-2023, *DJe* 17-5-2023, *Informativo* n. 776.

[11] Não obstante isso, o STJ já entendeu que pode haver modificação subjetiva da demanda (no caso concreto, no polo passivo), diante do princípio da economia processual. "A alteração do polo passivo quando mantido o pedido e a causa de pedir não viola o art. 329 do CPC. Pelo contrário, além de homenagear os princípios da economia processual e da primazia do julgamento de mérito, essa possibilidade cumpre com o dever de utilizar a técnica processual não como um fim em si mesmo, mas como um instrumento para a célere composição do litígio. Com efeito, esse entendimento foi firmado pelo STJ ainda na vigência do CPC/1973. Determinar o ajuizamento de nova demanda apenas para que seja alterado o polo passivo traria mais prejuízos às partes, pois haveria um inefetivo adiamento do julgamento de mérito. As causas em que o pedido ou a causa de pedir são iguais deverão ser julgadas conjuntamente, pois são conexas. Portanto, não há razão para impedir o aditamento que altera apenas a composição subjetiva da lide". REsp 2.128.955-MS, rel. Min. Nancy Andrighi, 3ª T., por unanimidade, j. 13-8-2024, *DJe* 15-8-2024. *Informativo STJ* n. 822.

c) por hora certa;

d) por edital;

e) por meio eletrônico; e

f) pelo escrivão ou chefe de secretaria, se o citando comparecer em cartório.

Quanto à citação por meio eletrônico, esta foi tornada a regra geral com o advento da Lei n. 14.195/2021, em razão da nova redação conferida ao art. 246 do CPC.

O dispositivo traz, ainda, norma especial para a citação nas ações de usucapião de imóvel, nas quais os confinantes serão citados pessoalmente, ressalvadas aquelas que tenham por objeto unidade autônoma de prédio em condomínio, em que não haverá necessidade de citação pessoal (§ 3º).

a) pelo correio

Era a regra geral, até o advento da Lei n. 14.195/2021, excepcionada nos casos do art. 247: ações de estado, nas quais deverá se dar na pessoa do réu (art. 695, § 3º); nos processos de execução (salvo na execução fiscal, conforme dispõe o art. 8º da Lei n. 6.830/80); quando o réu for incapaz, pessoa de direito público ou residir em local não atendido pela entrega domiciliar de correspondência ou, ainda, se o autor a requerer de outra forma.

Hoje passa a ser modalidade subsidiária na forma do art. 246, § 1º – A e B.

Ao deferir a citação pelo correio, o escrivão ou chefe da secretaria deve remeter ao citando cópias da inicial e do despacho do juiz, comunicando o prazo para resposta, o endereço do juízo e o respectivo cartório, bem como a advertência de que, não sendo contestada a ação, os fatos narrados pelo autor serão considerados verdadeiros pelo réu (art. 248, § 3º, c/c art. 250, II).

Tendo havido deferimento de tutela antecipada, o mandado deverá estar instruído com a decisão, hipótese em que será um mandado de citação e intimação, e não apenas de citação.

Uma importante exigência do mandado citatório é a menção de que as partes devem comparecer acompanhadas por advogado ou defensor público, esclarecendo essa possibilidade aos hipossuficientes que não têm acesso a advogado (art. 248, § 3º, c/c art. 250, IV[12]).

Deve ser a carta registrada entregue ao citando, devendo o carteiro exigir que este assine o recibo (art. 248, § 1º).

Tratando-se de pessoa jurídica, a carta será entregue à pessoa com poderes de gerência geral ou de administração.

O § 2º do art. 248 permite a entrega a funcionário responsável pelo recebimento de correspondências, e o § 4º, a funcionário da portaria responsável pelo recebimento de correspondência, nos condomínios edilícios ou loteamentos com controle de acesso.

Nesse último caso, porém, o funcionário poderá recusar o recebimento, declarando, por escrito, a ausência do destinatário da correspondência.

Se frustrada essa citação, será feita por mandado.

b) por oficial de justiça

Trata-se de citação real, feita por mandado em qualquer das hipóteses já mencionadas do art. 247 ou se frustrada a citação por correio (art. 249).

Seus requisitos estão elencados no art. 250.

---

[12] Enunciado 273 do FPPC: (art. 250, IV; art. 334, § 8º) "Ao ser citado, o réu deverá ser advertido de que sua ausência injustificada à audiência de conciliação ou mediação configura ato atentatório à dignidade da justiça, punível com a multa do art. 334, § 8º, sob pena de sua inaplicabilidade".

O oficial de justiça, ao encontrar o réu, deve, necessariamente, ler o mandado e entregar-lhe a contrafé, certificar o recebimento ou recusa desta e obter a nota de ciente ou certificar que o réu se recusou a fazê-lo (art. 251).

O art. 255 do CPC possibilita ao oficial de justiça efetuar a citação em comarcas contíguas de fácil comunicação e nas que se situam na mesma região metropolitana, estendendo a possibilidade para outros atos, tais como intimações, notificações e penhoras. É exceção à regra de expedição de carta precatória, assim como representa do esvaziamento da função dessa modalidade de comunicação entre os juízos a via do sistema eletrônico de comunicação, entre as diversas esferas dos tribunais, o que encontra previsão procedimental, de acordo com as normas internas dos órgãos do Poder Judiciário.

Segundo o art. 243, o oficial de justiça pode procurar o réu, o executado ou o interessado para ser citado em qualquer lugar.

Diante disso, afirma-se que o mandado de citação tem caráter "itinerante", pois, se o oficial de justiça tiver informações de que o réu se encontra em local distinto do endereço indicado no mandado, ele tem o poder-dever de dirigir-se ao endereço onde o réu se encontra e lá efetivar a citação.

Entretanto, cada órgão jurisdicional possui a sua área de competência territorial.

Assim, existe uma restrição geográfica ao caráter itinerante do mandado de citação, pois o juiz de uma determinada comarca não pode enviar o seu oficial de justiça para o cumprimento de um mandado de citação em outra comarca.

Apesar dessa ordem derivada da competência territorial, como já visto, o art. 255 do CPC possibilita o cumprimento de diligências em comarcas contíguas e nas que se situam na mesma região metropolitana.

A diligência compreende: a leitura do mandado; a entrega da cópia do mandado, devendo estar devidamente certificada a entrega ou a recusa em recebê-lo; a obtenção, no mandado, da declaração do réu de haver tomado ciência, ou a certificação de que ele não quis ou não pôde apor a nota de ciente, nos termos do já estudado art. 251.

c) por hora certa

É uma das hipóteses de citação ficta ou presumida.

Ocorre no caso de suspeita de ocultação do citando, configurada quando, por duas vezes, o oficial de justiça dirige-se ao domicílio ou residência do réu e não o encontra. Isso não significa dizer que o oficial de justiça não pode tentar mais de duas diligências, se não entender que o citando está se ocultando.

Deve, então, intimar qualquer pessoa da família ou um vizinho (desde que seja pessoa capaz) de que, no dia seguinte, em hora por ele determinada, voltará para cumprir a diligência (art. 252).

Mais uma vez, o CPC faz uma menção especial aos condomínios edilícios ou loteamentos com controle de acesso, quando será válida a intimação feita a funcionário da portaria responsável pelo recebimento de correspondência (parágrafo único).

No dia e hora determinados, o oficial de justiça retorna ao local e dará por feita a citação, entregando a contrafé à pessoa da família ou a qualquer vizinho, registrando seu nome se o citando não estiver presente, ainda que tenha o citando se ocultado em outra comarca, ou mesmo que a pessoa intimada previamente esteja ausente, ou, presente, ela se recusar a receber o mandado (art. 253).

Cumprida a citação por hora certa, o escrivão deve enviar ao réu carta, telegrama ou correspondência eletrônica, dando-lhe de tudo ciência, no prazo de 10 (dez) dias, contado da data da juntada do mandado aos autos (art. 254).

Havendo revelia, o juiz nomeia curador especial ao réu, enquanto não for constituído advogado, aplicando a regra do art. 72, II.

A contagem do prazo para a defesa do réu citado com hora certa se inicia com a juntada do mandado de citação aos autos, e não com essa carta ou telegrama direcionados ao réu após as diligências adotadas (art. 231, § 4º).

d) por edital

É também hipótese de citação presumida, cujos requisitos estão elencados no art. 257, e é realizada nas hipóteses descritas pelo art. 256: quando desconhecido ou incerto o réu ou ignorado, incerto ou inacessível o local em que se encontrar (hipótese em que deve o escrivão noticiar sua citação também pelo rádio, se na comarca possuir emissora de radiodifusão – § 2º do referido artigo) ou nos casos expressos em lei.

Caso o país em que se encontra o réu se recusar a cumprir a carta rogatória, considera-se o local como inacessível (art. 256, § 1º)[13].

Caso a parte requeira a citação por edital, mas alegue dolosamente a ocorrência das circunstâncias autorizadoras para sua realização, incorrerá em multa de cinco vezes o salário mínimo (art. 258).

A primeira hipótese de cabimento dessa modalidade de citação está prevista no art. 256, I, do CPC e diz respeito aos casos em que o réu é desconhecido ou incerto.

Contudo, ainda que o autor não conheça os dados de identificação oficiais do réu, pode fornecer outros dados capazes de identificá-lo, como, por exemplo, suas características físicas.

Para que se considere que o réu se encontra em local ignorado ou incerto, é necessário que as tentativas de localização não tragam respostas, inclusive pela requisição de informações em cadastros públicos ou de concessionárias de serviços públicos, esgotando, assim, as diligências de localização da parte (art. 256, § 3º).

Não custa lembrar que a citação editalícia é excepcional, somente se justificando quando a citação pessoal do autor for impossível, evitando-se que a ausência do réu inviabilize o acesso do autor à Justiça.

É importante frisar que, segundo o parágrafo único do art. 341, aos réus citados por edital ou com hora certa não se aplica o ônus da impugnação especificada, cuja inobservância implica, como regra, a presunção de veracidade dos fatos não impugnados.

e) eletrônica

Essa modalidade ingressou em nosso ordenamento jurídico com a Lei n. 11.419/2006, que cuida do processo eletrônico. O direito deve acompanhar o progresso da sociedade e, como vivemos a era digital, essa lei possibilita a informatização judicial, a fim de que torne o seu acesso possível via internet.

Com o advento da Lei n. 14.195/2021 tornou-se a modalidade prioritária, observados os exatos termos do art. 246 do CPC, já com a nova redação:

---

[13] Incerto o endereço do réu no país estrangeiro, admite-se a citação por edital, dispensada a carta rogatória. (...) Portanto, embora o art. 256, § 1º, do CPC, preveja que se considera inacessível, para efeito de citação por edital, o país que recusar o cumprimento de carta rogatória; isso não significa que a negativa da carta rogatória seja pré-requisito para o deferimento de citação por edital, pois a ocorrência de quaisquer das outras hipóteses elencadas no art. 256 do CPC já autoriza essa modalidade citatória. O simples fato de o réu residir no exterior não é suficiente para autorizar a citação por edital. Contudo, se for incerto o seu endereço no país estrangeiro, a previsão do art. 256, II, do CPC admite a citação editalícia, sendo dispensada a carta rogatória. REsp 2.145.294-SC, rel. Min. Nancy Andrighi, 3ª T., por unanimidade, j. 18-6-2024, *DJe* 21-6-2024. *Informativo STJ* n. 818.

Art. 246. *A citação será feita preferencialmente por meio eletrônico, no prazo de até 2 (dois) dias úteis, contado da decisão que a determinar, por meio dos endereços eletrônicos indicados pelo citando no banco de dados do Poder Judiciário, conforme regulamento do Conselho Nacional de Justiça.*

A Lei n. 11.419/2006, em seus arts. 4º a 7º, autoriza a comunicação dos atos processuais por meios eletrônicos. Para a citação, foi adotada como regra a "autocomunicação", disposta no art. 5º, a fim de as partes tomarem ciência dos atos e termos processuais nos portais dos tribunais.

Esse meio de citação só pode ser operacionalizado se as partes forem cadastradas nesse sistema de autocomunicação do respectivo órgão judicial e pressupõe o acesso integral aos autos do processo. Outro requisito é o de que o usuário assuma o compromisso de entrar no sítio do tribunal pelo menos a cada dez dias, conforme dispõe o art. 5º, § 3º, da Lei n. 11.419/2006. Se transcorrerem dez dias sem que o usuário destinatário da citação tenha acessado o endereço eletrônico, ele será considerado citado. Essa citação será ficta, pois é presumida.

As cartas deverão, preferencialmente, ser expedidas por meio eletrônico, independentemente do requisito de urgência, consoante art. 263 do CPC, o que reforça a proposta de celeridade processual dessa modalidade citatória.

As restrições encontram-se no art. 6º da lei, vedando-se a utilização da citação eletrônica nos processos criminal e infracional. Pode-se então concluir que a citação eletrônica somente é permitida em processos de natureza civil.

Humberto Theodoro Júnior[14] destaca que não são quaisquer réus que poderão receber a citação eletrônica, mas apenas aqueles que anteriormente já se achem cadastrados no Poder Judiciário para esse tipo de comunicação. Segue o autor afirmando que a defesa do citado não pode ficar comprometida pelo uso da informática, sendo essencial a esse tipo de citação que todos os elementos dos autos estejam efetivamente ao alcance do exame do réu.

f) pelo escrivão ou chefe de secretaria, se o citando comparecer em cartório

A falta ou nulidade da citação é suprida quando o réu comparece espontaneamente, definido este momento como início do prazo para apresentar contestação ou opor embargos à execução (art. 239, § 1º). Relativiza-se, portanto, o formalismo.

Caso não seja feita a citação, mas o réu tenha tomado ciência inequívoca da ação, este integrará a relação jurídico-processual. Assim, será tido como citado nas hipóteses de: comparecimento espontâneo em que toma conhecimento dos autos; de juntada de procuração; ou então peticionando nos autos.

No caso de comparecimento espontâneo do citando em cartório, a citação será executada pelo próprio escrivão ou chefe de secretaria, na forma do art. 246, III.

Da mesma forma, não haverá nulidade no processo sem citação nas hipóteses em que a sentença beneficia o réu, em virtude do princípio do prejuízo (*pas de nullité sans grief*). É a mesma lógica da figura do contrato em favor de terceiro.

Apresentada a arguição de nulidade da citação, se esta for rejeitada, tratando-se de processo de conhecimento, o réu será considerado revel.

Tratando-se de processo de execução, o feito terá seguimento (art. 239, § 2º).

---

[14] Theodoro Jr., 2017, p. 342.

4.2.10 Citação: pressuposto processual ou condição de eficácia do processo em relação ao réu?

Maior divergência doutrinária sobre o tema recai sobre se é a citação um pressuposto processual ou uma condição de eficácia do processo em relação ao réu. Tal disputa tem como base o art. 239 do CPC, segundo o qual "para a validade do processo é indispensável a citação do réu ou do executado (...)".

Parte da doutrina considera a citação com tamanha importância ao processo que a coloca como um pressuposto processual de existência, defendendo a ideia de que, inexistindo citação, não há processo, uma vez que resta inviabilizada a atuação da função jurisdicional.

Teresa Arruda Alvim entende que o processo é relação jurídica que se forma gradualmente[15] e, embora possa ter se formado entre autor e juiz, não haverá processo em relação ao réu enquanto este não for citado. Dessa forma, caso não ocorra a citação, haverá nulificação do procedimento, o que atinge o processo como um todo.

Não se terá a relação processual em sua totalidade (autor, juiz, réu) sem a citação, e, consequentemente, sem ela não se terá processo.

Rebatendo os argumentos de que o processo já existe antes da citação, Teresa Arruda Alvim afirma que não se deve confundir a inexistência jurídica com a inexistência fática; afinal, o fato de terem sido praticados atos antes da citação não significa que o contexto em que tenham sido praticados seja juridicamente qualificável como sendo um processo.

Arruda Alvim, remetendo-nos novamente à percepção da citação como indispensável à efetivação do princípio constitucional do contraditório, afirma que a existência da citação, no início do processo, é "uma exigência impostergável para a existência do processo e da sentença"[16].

O entendimento baseia-se na gigantesca importância do princípio do contraditório, norteador de todo o procedimento do processo civil, e no princípio da bilateralidade da audiência, o qual possibilita a reação da parte à pretensão da outra, fornecendo as razões para serem sopesadas pelo órgão julgador. Ora, seria impossível ter sido o réu ouvido se nem tomou ciência da demanda.

A citação válida é um pressuposto processual de validade. Ou seja, uma vez realizada a citação, esta deve ser feita validamente a fim de que haja desenvolvimento regular do processo. Assim, sem citação válida, os atos posteriores são, igualmente, nulos.

A invalidação dos atos do procedimento é o que impede a realização dos seguintes, no entanto, os atos praticados anteriormente não são afetados por essa nulificação.

Ao que nos parece, a divergência doutrinária reside no fato da tormentosa tarefa de explicar o fenômeno do processo, sua formação e seus requisitos.

José Roberto dos Santos Bedaque[17] leciona que existem na doutrina pátria duas tendências a respeito da classificação dos pressupostos processuais. Há aqueles defensores da ideia de que somente estando presentes os requisitos (ou ausentes, no caso dos pressupostos negativos) é que a relação processual terá condições de se desenvolver validamente até o provimento final sobre o caso concreto, sobre a relação material. Nesse caso, há a inclusão da citação válida como pressuposto processual.

Há, ainda, aqueles que possuem uma visão mais restritiva dos pressupostos processuais. Para essa tendência, os requisitos processuais seriam somente os necessários para a constituição de uma

---

[15] Wambier, 2004, p. 48.
[16] Alvim, 2005, p. 228.
[17] Bedaque, 2007, p. 181.

relação processual válida, o que importa seria a formação da relação, o nascimento do processo, independentemente do desenvolvimento regular ser capaz de levar até a análise da relação material. Para esses autores, a citação não é um pressuposto processual.

Aliás, Bedaque analisa profundamente a matéria, e questiona a expressão "pressupostos de existência do processo". Defendendo a ideia de que não são requisitos ao nascimento do processo, ele reconhece que esses pressupostos são requisitos de admissibilidade para o exame do mérito.

Dessa forma, devemos perceber que "a falta de algum deles pode impedir a resolução do mérito, mas o fenômeno jurídico ao qual se convencionou denominar 'processo jurisdicional' já existe. Eles, portanto, não são requisitos sem os quais o processo não se forma"[18]. Vale destacar que o autor considera como único real pressuposto de existência a investidura do órgão jurisdicional.

De fato, a posição de Bedaque parece ser a mais acertada, já que fornece uma classificação técnica e compatível com a ideia da instrumentalidade do processo.

4.2.11 Sentença de mérito em processo sem a citação do réu

Questão com mais relevância prática do que a anterior é compreender o que acontece com a sentença produzida no processo em que não houve citação do réu.

Primeiramente, cumpre ressalvar que a doutrina diverge quanto à sentença nesse caso ser um ato inexistente ou um ato nulo. Seria inexistente a sentença para aqueles que consideram a citação um pressuposto processual e, portanto, sem a produção desse ato, o processo inteiro não existe.

Já para os que entendem ser a sentença um ato nulo, a citação não seria um pressuposto processual, porém, na sua falta, diante da regra da causalidade normativa, todos os atos que lhe seguem serão nulos, assim como o ato final: a sentença.

Seja por creditarem à falta de citação a qualidade de vício transrescisório, seja por considerarem o processo inexistente – hipótese na qual a sentença não faz coisa julgada, podendo ser atacada a qualquer tempo –, os autores são unânimes em reconhecer a possibilidade de se atacar essa sentença mesmo após o decurso do prazo de dois anos da ação rescisória.

Vale ressaltar que Teresa Wambier, assim como Pontes de Miranda, admite a possibilidade de ação rescisória para confrontar tal sentença, uma vez que "embora contra sentenças juridicamente inexistentes, sob um ponto de vista rigorosamente técnico-processual, seja cabível ação declaratória de inexistência, deve ser admitida a ação rescisória ajuizada contra sentença inexistente, em atenção ao princípio da fungibilidade"[19].

Por fim, não custa lembrar que o art. 239 do CPC dispensa a citação nas hipóteses de indeferimento da petição inicial (art. 330) e de improcedência liminar do pedido (art. 332).

4.3 ESPÉCIES DE DEFESA

Costuma-se designar de forma genérica a expressão "exceção" como o exercício do direito de defesa pelo réu. Porém, há três sentidos para a mesma palavra.

No sentido pré-processual, exceção seria o direito constitucional abstrato à defesa. No sentido processual ou amplo, exceção seria o meio pelo qual o demandado se defende dos fatos alegados pelo autor em juízo. Em sentido estrito, exceção é a matéria que não pode ser conhecida de ofício pelo juiz, o que a diferencia da objeção.

---

[18] Ibidem, p. 215.
[19] Wambier, 2004, p. 558.

A exceção é o direito de resistir a uma pretensão formulada pelo autor, e esse direito encontra-se presente na Carta de 1988, em seu art. 5º, XXXV e LV.

Assim como o direito de ação, a exceção é um direito abstrato, pois independe da existência do direito material alegado, ou seja, o réu sempre terá direito à defesa, ainda que careça de fundamentos que o tornem vencedor do litígio.

Luiz Guilherme Marinoni[20] ensina que o direito de defesa não é apenas a apresentação de uma resposta, mas a possibilidade efetiva de concretizar seus argumentos e realmente influenciar o magistrado quanto ao seu ponto de vista. Dá ainda exemplos dessas garantias, como a apresentação de alegações e a produção de provas.

Passemos à análise das espécies de defesa.

a) processuais

São aquelas que têm por objeto os requisitos de admissibilidade, ou seja, as condições da ação e os pressupostos processuais. Por terem conteúdo meramente formal, Humberto Theodoro Júnior as denomina "defesa processual"[21].

Como pressupostos processuais subjetivos, temos os relativos ao juiz (competência e imparcialidade) e às partes (capacidade de ser parte, capacidade processual e capacidade postulatória).

Já os pressupostos objetivos são: petição apta, citação válida – pressupostos processuais objetivos intrínsecos – e litispendência, coisa julgada, perempção e convenção de arbitragem – pressupostos processuais objetivos extrínsecos.

Como condições da ação, temos: legitimidade das partes e interesse de agir.

O art. 337 do CPC elenca tais matérias processuais.

a.1) defesa processual dilatória

A exceção dilatória é aquela que não extingue a ação, apenas amplia o prazo para o exercício de determinada pretensão. Como exemplos, temos a arguição da deficiência de representação, a incompetência do juízo e a suspeição[22].

Quando o réu alega uma exceção dilatória, o processo é suspenso até que esse incidente seja resolvido para que, só após, o processo siga o seu curso normal.

a.2) defesa processual peremptória

É aquela que pretende fulminar o exercício da pretensão. Em outras palavras, seu objetivo é a extinção do processo. Como exemplo, temos o rol do art. 337: coisa julgada, litispendência e perempção, entre outros.

A exceção peremptória pode ser oposta a qualquer tempo, o que não ocorre com a dilatória, que é temporal e, portanto, só pode ser arguida durante determinado prazo.

Humberto Theodoro Júnior[23] lembra que uma exceção inicialmente dilatória pode se tornar peremptória. Cita o exemplo do autor que, após determinação do juiz para regularizar a sua representação nos autos em dez dias, deixa escoar o prazo sem procurar sanar a falta. Nesse caso, o juiz terá que extinguir o processo sem resolução do mérito, de acordo com o art. 485, IV.

---

[20] Marinoni; Arenhart; Mitidiero, 2017, p. 256.
[21] Theodoro Jr., 2017, p. 423.
[22] O STJ já decidiu que o prazo remanescente para contestar, suspenso com o recebimento da exceção de incompetência, volta a fluir não da decisão que acolhe a exceção, mas após a intimação do réu acerca do recebimento dos autos pelo juízo declarado competente (REsp 973.465-SP, rel. Min. Luis Felipe Salomão, j. 4-10-2012).
[23] Theodoro Jr., 2017, p. 425.

Embora o termo *exceção* seja de grande uso na doutrina, importante frisar que o CPC não contemplou formalmente o instrumento. O legislador se refere às arguições de impedimento e suspeição (art. 146) e à contestação (art. 335).

Ao atacar qualquer das condições da ação ou dos pressupostos processuais, o demandado questiona a viabilidade de apreciação do mérito e por isso, de acordo com o art. 351 do CPC, deve ser aberto ao autor prazo para réplica.

b) de mérito

São aquelas que visam a neutralizar a pretensão do autor, o objeto da lide. Como exemplo, temos a alegação de inexistência do dano em ação de indenização por dano moral.

b.1) defesa de mérito direta

Podemos classificar as defesas substanciais em diretas ou indiretas.

Na defesa direta, o réu apenas nega a existência do fato que constitui o direito do autor ou nega as consequências jurídicas que o autor dele pretenda extrair. Por não ter apresentado nenhum fato novo, não há necessidade de réplica (art. 351).

b.2) defesa de mérito indireta

Na defesa indireta o réu apresenta um fato novo que impede, modifica ou extingue o direito do autor, como, por exemplo, o pagamento, a prescrição e a decadência. Apresentará, então, uma exceção ou objeção substancial e, portanto, deve ser aberto prazo para que o autor apresente réplica (art. 351).

Com isso, o ônus da prova caberá ao réu (art. 373, II) e a confissão, que em regra é indivisível, aqui poderá ser divisível, configurando-se uma confissão complexa (art. 395)[24].

Não custa lembrar, porém, que poderá haver a distribuição diversa do ônus da prova por força de lei, ato judicial ou convenção das partes, na forma do art. 373, que será examinado em capítulo próprio.

4.3.1 Objeção

Objeção é a matéria alegada pela defesa que pode ser conhecida de ofício pelo juiz. As objeções classificam-se em processuais, como, por exemplo, as ligadas às condições da ação e pressupostos processuais, e substanciais, como a decadência.

Em que pese a inexistência de um artigo no CPC que trate exaustivamente das objeções substanciais, o magistrado pode conhecê-las de ofício por força dos arts. 342, II, 485, § 3º, e 493.

Cumpre ressaltar que também em caso de objeção deve ser aplicado o art. 351, que impõe a abertura de prazo para que o autor se manifeste, em réplica.

4.4 MATÉRIAS DE DEFESA – IMPEDIMENTO E SUSPEIÇÃO

Vimos há pouco que exceção é uma defesa do réu. Essa exceção, de que trataremos agora, é em sentido estrito, pois deve ser arguida pelo interessado para que o juiz possa apreciá-la.

Costumava-se concluir que a exceção substancial não poderia ser conhecida de ofício. Exceção substancial é aquela em que o réu traz para o processo fato que impeça, modifique ou extinga direito alegado pelo autor.

---

[24] "Art. 395. A confissão é, em regra, indivisível, não podendo a parte que a quiser invocar como prova aceitá-la no tópico que a beneficiar e rejeitá-la no que lhe for desfavorável, porém cindir-se-á quando o confitente a ela aduzir fatos novos, capazes de constituir fundamento de defesa de direito material ou de reconvenção.".

A redação trazida pelo art. 350 do CPC, diferente do seu correspondente no CPC/73 (art. 326), não estabelece a necessidade de o réu reconhecer o fato em que se fundou a ação para alegar as chamadas preliminares de mérito.

Entendemos, porém, que, para opor um fato modificativo, impeditivo ou extintivo, o réu deverá necessariamente admitir a sua existência. Contudo, sabemos que, em sede de contestação, devemos observar o princípio da eventualidade, que permite ao réu alegar defesas contraditórias.

Assim, é possível que a referida omissão da lei tenha como intuito distinguir o reconhecimento do fato do reconhecimento efetivo considerando a totalidade da contestação, incluindo aí as consequências para o ônus da prova que dele decorrem.

O magistrado não pode, como regra, reconhecer de ofício uma exceção substancial não alegada pelo réu, pois, caso contrário, estar-se-ia violando o princípio da demanda, expresso nos arts. 141 e 492, ambos do CPC.

Ocorre que o art. 487, II, do CPC autoriza ao juiz conhecer de ofício a alegação de prescrição ou decadência. Assim, tratando-se de tal tema, em que pese ser uma exceção substancial, esta pode ser conhecida de ofício pelo magistrado.

Do ponto de vista histórico, a exceção podia ser processual, quando se tratasse de matéria de defesa processual, ou, ao revés, substancial, quando versasse sobre matéria de defesa de mérito.

O Código de 1973, contudo, utilizava a palavra exceção para designar as defesas indiretas processuais que deviam, então, ser veiculadas em petição autônoma, fora da contestação. Elas estavam previstas no antigo art. 304 e eram: exceção de incompetência relativa, exceção de impedimento e exceção de suspeição.

A Lei n. 13.105/2015, no entanto, operou grande alteração, ao extingui-las, passando a dar, para tais assuntos, os tratamentos a seguir elencados.

a) Incompetência (arts. 64 e seguintes)

O art. 64 determina que a incompetência, absoluta ou relativa, deve ser alegada como questão preliminar na própria contestação. É a primeira que deve ser alegada, tratando-se também de defesa dilatória, pois o seu acolhimento não leva à extinção do processo, mas, sim, à sua remessa ao juiz competente.

A parte contrária poderá se manifestar nos próprios autos e, em seguida, o juiz decidirá, remetendo os autos ao juízo competente, se for o caso.

A incompetência absoluta pode ser alegada em qualquer tempo e grau de jurisdição, devendo, inclusive, ser declarada de ofício pelo juiz.

Quanto à incompetência relativa, se não alegada em preliminar de contestação, será prorrogada, ou seja, a ação continua tramitando no juízo em que foi distribuída (art. 65). Pode também ser alegada pelo Ministério Público, nas causas em que atuar (parágrafo único), na primeira oportunidade que lhe couber manifestação nos autos, sob pena de prorrogação da competência.

Na intenção de aumentar a celeridade do processo, o art. 340 permite que o réu protocole a contestação no foro do seu domicílio quando alegar incompetência relativa ou absoluta, comunicando a opção imediatamente ao juiz da causa, preferencialmente por meio eletrônico. Nesse caso, importante notar que tal manifestação não gera preclusão quanto ao direito de contestar, até mesmo porque o prazo de resposta só se inicia após a audiência de conciliação ou de mediação[25].

---

[25] Enunciado CJF n. 124: "Não há preclusão consumativa do direito de apresentar contestação, se o réu se manifesta, antes da data da audiência de conciliação ou de mediação, quanto à incompetência do juízo".

Se, de fato, for reconhecida a competência do foro indicado pelo réu, o juízo para o qual for distribuída a contestação ou a carta precatória será considerado prevento (art. 340, § 2º).

Com a alegação de incompetência, a audiência de conciliação ou mediação que tiver sido designada será suspensa, até que seja definida a competência, quando, então, o juízo competente designará nova data (art. 340, §§ 3º e 4º).

Os efeitos das decisões proferidas por juízo incompetente serão mantidos, até que outra seja proferida, se for o caso, por juízo competente, salvo decisão judicial em sentido contrário (art. 64, § 4º).

Há de se aplaudir, enfim, a iniciativa do CPC, que, extinguindo a exceção de incompetência, deu importante passo na redução de custos e de tempo de tramitação dos processos, ao evitar a criação de incidentes e todas as formalidades decorrentes.

b) Impedimento e suspeição (art. 146)

O CPC, em seu art. 146, dispõe que as alegações de impedimento ou suspeição deverão ser feitas pela parte, no prazo de quinze dias a contar do conhecimento do fato, em petição específica, dirigida ao juiz da causa, extinguindo as exceções de impedimento e suspeição sobre as quais dispunha o art. 304 do CPC/73.

Nos casos de impedimento ou de suspeição, a competência do órgão jurisdicional não é alterada. O que ocorre é que, se o próprio juiz reconhece a suspeição ou o impedimento, ou se o Tribunal, decidindo o incidente, acolhe a alegação, os autos serão remetidos para o substituto legal.

Desse modo, é possível que o próprio juiz acolha as alegações, mas, caso assim não entenda, remeterá o incidente ao Tribunal, que decidirá se será concedido ou não efeito suspensivo. Enquanto isso, o julgamento de medidas urgentes deverá ser concebido pelo substituto legal.

Reconhecido o impedimento ou a suspeição, cabe ao Tribunal fixar o momento a partir do qual o magistrado não poderia ter atuado, decretando a nulidade dos atos praticados após esse marco.

José Carlos Barbosa Moreira afirma que, apesar de o Código estabelecer um prazo para essas alegações (quinze dias), no caso de impedimento não ocorre preclusão, pois o vício pode ser invocado inclusive para rescindir a sentença, conforme dispõe o art. 966, II[26].

Apenas as alegações de impedimento, suspeição ou incompetência do juiz suspendem o processo, não tendo o mesmo efeito as alegações de impedimento ou de suspeição dos demais sujeitos imparciais do processo, elencados no art. 148 do CPC.

Interessante notar que o STJ[27], na vigência do CPC/73, vinha entendendo no sentido na inaplicabilidade do art. 229 do CPC (correspondente ao art. 191 do CPC/73) ao procedimento da exceção de suspeição.

4.5 CONTESTAÇÃO

É a peça em que o réu irá rebater os argumentos elencados pelo autor em sua petição inicial. O direito de ação, como direito subjetivo público, autônomo e abstrato, não cabe apenas ao autor, mas é também exercido pelo réu, por meio da contestação.

Os argumentos podem ser formais ou materiais. Os argumentos formais dizem respeito à au-

---

[26] Barbosa Moreira, 2009, p. 41.
[27] REsp 909.940-ES, rel. Min. Raul Araújo, j. 17-9-2013, *Informativo STJ*, n. 528.

sência de alguma formalidade processual descumprida pelo autor na exordial. Os aspectos materiais relacionam-se com o mérito da causa[28].

4.5.1 Requisitos e forma

Assim como a petição inicial, devem ser respeitados alguns elementos quanto à sua forma. Deve a contestação ser escrita – exceto nos Juizados Especiais Cíveis, em que, de acordo com o art. 30 da Lei n. 9.099/95, pode ser feita na forma oral. Deve ainda conter nome e prenome das partes, requisito dispensável se na inicial já tiver sido feito corretamente; endereçamento ao juízo da causa; documentos necessários; requerimento de produção de provas; além da impugnação dos fatos alegados pelo autor.

Enquanto a arguição de impedimento ou suspeição (art. 146) deve ser elaborada em peça específica e autuada em apartado, o pedido de desmembramento do litisconsórcio facultativo (art. 113, § 2º) pode ser feito tanto no corpo da contestação quanto em peça prévia e apartada, a ensejar não mais a suspensão (CPC/73), e sim a interrupção do prazo de resposta[29].

4.5.2 Prazo

O prazo para a apresentação da contestação no procedimento comum é de quinze dias. Esse prazo é contado de acordo com as regras do art. 335, ou seja, terá o réu quinze dias para contestar a partir:

I – da audiência de conciliação ou de mediação, ou da última sessão de conciliação, quando qualquer parte não comparecer ou, comparecendo, não houver autocomposição;

II – do protocolo do pedido de cancelamento da audiência de conciliação ou de mediação apresentado pelo réu, quando ambas as partes manifestarem o desinteresse na composição consensual;

III – nos demais casos, dos momentos previstos no art. 231, de acordo com o modo como foi feita a citação.

Não custa lembrar que, por força da nova regra imposta pela Lei n. 14.195/2021, sendo a citação eletrônica a nova regra (art. 246, *caput* e § 1º-A), o início do prazo para contestação é o quinto dia útil a partir da confirmação, observado o inciso IX do art. 231.

No caso de litisconsórcio passivo, manifestado o desinteresse na autocomposição por todos os litisconsortes, o termo inicial será a data de apresentação do pedido de cancelamento da audiência de cada um dos réus, ou seja, o prazo para contestar será diferenciado.

Não sendo admitida a autocomposição, e desistindo o autor de algum dos réus que ainda não foi citado, o prazo para os demais oferecerem resposta começa a fluir da intimação do despacho que a homologar.

Nos demais casos, aplicar-se-á a norma do art. 231, § 1º.

O prazo será contado em dobro se os litisconsortes tiverem procuradores diferentes, de escritórios de advocacia distintos (art. 229), salvo se se tratar de processo eletrônico (§ 2º desse mesmo art. 229).

O Ministério Público (art. 180), a União, os Estados, o Distrito Federal, os Municípios e suas autarquias e fundações de direito público (art. 183) têm o prazo em dobro, de trinta dias, para contestar, contado da sua intimação pessoal, ressalvada a hipótese em que a lei estabelecer, de forma expressa, prazo próprio. Cumpre ressaltar que essa prerrogativa será aplicada a todas as suas manifestações processuais.

---

[28] Theodoro Jr., 2017a, p. 788.
[29] Wambier et al., 2015, p. 890.

É importante destacar que, segundo o art. 219, o curso dos prazos processuais se dá apenas em dias úteis, de modo que não só o termo inicial será o primeiro dia útil seguinte ao término de férias, feriados e finais de semana, mas todos os quinze dias do prazo (ou trinta dias, nos casos acima) terão esses períodos descontados na contagem.

Ademais, há forte tendência no sentido de exportar os efeitos do art. 219 para procedimentos previstos fora do CPC, como é o caso dos Juizados Especiais e da Lei de Execução Fiscal[30].

Mais adiante será estudada a reconvenção, mas já adiantamos que o prazo para o reconvindo oferecer contestação também será de quinze dias, já que deve ser proposta na própria contestação, conforme dispõe o art. 343, *caput*.

Apresentada a resposta ou decorrido o prazo para o oferecimento, o autor só poderá desistir da ação se tiver o consentimento do réu (art. 485, § 4º). Isso porque o réu também terá interesse no julgamento da ação.

4.5.3 Princípio da concentração ou eventualidade

A contestação observará o princípio da eventualidade (ou da concentração), de modo que este é o momento para o réu alegar toda a matéria de defesa, expondo as razões de fato e de direito com que impugna o pedido do autor, e especificando as provas que pretende produzir (art. 336).

Toda a matéria é alegada de uma só vez, e, se o réu assim não fizer, sujeitar-se-á à preclusão. É uma exigência da lealdade e da boa-fé com que as partes devem atuar no processo, garantindo também que o processo marche ininterruptamente em direção ao seu fim, sem retrocessos ou desvios.

Não há, no processo civil, a possibilidade de o réu aguardar o momento mais oportuno para expor suas teses de defesa. Por isso, nada impede que o réu cumule defesas.

A cumulação pode ser própria, quando cada defesa for referente a um ponto elencado na petição inicial, e o réu requerer o acolhimento de todas. Já a cumulação eventual é aquela em que o réu alega diversas defesas, mas, quando uma for acolhida, a outra necessariamente não o será.

O art. 342 justifica a importância da observância ao princípio da eventualidade, uma vez que, apresentada a contestação, só é lícito ao réu deduzir novas alegações quando se tratar:

a) de direito ou fato superveniente;

b) de matérias de ordem pública (que o juiz deve conhecer de ofício); ou

c) de fatos ou matérias que, por expressa autorização legal, puderem ser formuladas em qualquer tempo e grau de jurisdição.

É o caso, por exemplo[31], de o réu, após a contestação, pagar a dívida cobrada judicialmente pelo autor. Ele poderá alegar o pagamento, pois se trata de direito superveniente.

Do mesmo modo, as nulidades absolutas podem ser alegadas pelo réu mesmo após a contestação, pois o juiz pode delas conhecer de ofício.

Existem, ainda, matérias que devem ser debatidas antes mesmo de analisar-se o mérito da demanda: as preliminares processuais. Assim, de acordo com o art. 337, compete ao réu alegar, em sede de preliminar:

a) a inexistência ou nulidade da citação;

---

[30] Nesse sentido, a Lei n. 13.728, de 31 de outubro de 2018, que determinou a inserção do art. 12-A na Lei n. 9.099/95, para garantir a contagem dos prazos em dias úteis, como será visto mais adiante. Observe-se, ainda, o Enunciado CJF n. 116: "Aplica-se o art. 219 do CPC na contagem dos prazos processuais previstos na Lei n. 6.830/1980".

[31] Greco, 2015a, p. 55.

A citação é indispensável para a garantia da ampla defesa. Por meio dela, o réu é convocado a integrar a relação processual.

b) a incompetência absoluta e relativa;

Já tratamos do tema quando estudamos as matérias de defesa (remetemos o leitor ao item referente às espécies de defesa). Realçamos que sob a égide do CPC tanto a incompetência relativa como a relativa devem ser alegadas no bojo da contestação.

c) a incorreção do valor da causa;

Sob a égide do Código anterior, a matéria vinha tratada em procedimento apartado, de impugnação ao valor da causa (art. 261). Tendo em vista a celeridade processual, um de seus principais motes, o novo Diploma traz a alegação de incorreção como preliminar da própria contestação.

Segundo o art. 293, se, nessa oportunidade, o réu não impugnar o valor atribuído à causa pelo autor, haverá preclusão. Se, porém, o fizer, o juiz proferirá decisão e, se for o caso, determinará a complementação das custas.

d) a inépcia da petição inicial;

Se acolhida, importará em extinção do processo em razão da ausência de um pressuposto processual, caracterizando-se, portanto, como defesa processual peremptória.

As hipóteses de inépcia vêm descritas no § 1º do art. 330.

e) a perempção;

A perempção é o fenômeno regulado no art. 486, § 3º, segundo o qual, se o autor der causa, por três vezes, à extinção do processo em razão de abandono, perderá o direito de ação. Ele não perde, contudo, o direito material, pois o próprio § 3º ressalva a possibilidade de alegar em defesa o seu direito.

A perempção, portanto, é a perda do direito de ação por dele ter se utilizado mal o seu titular. Ao ser demandado pela quarta vez, após ocorrer a perempção, o réu deve alegá-la antes de discutir o mérito, como preliminar da contestação. É também defesa peremptória.

f) a litispendência;

Verifica-se quando o autor repete ação que está em curso (art. 337, § 3º), com mesmas partes, mesma causa de pedir e mesmo pedido (art. 337, § 2º).

Pode ocorrer também a chamada litispendência às avessas. É o caso da existência paralela de ações de investigação e negatória de paternidade. O resultado de qualquer delas já trará a certeza do direito buscado na outra, na medida em que a paternidade é o pedido em ambos os processos. É uma defesa peremptória.

g) a coisa julgada;

Configura-se a coisa julgada quando o autor repete ação anteriormente ajuizada que já foi decidida por decisão transitada em julgado (art. 337, § 4º). Pode ocorrer também a coisa julgada às avessas.

Tanto a litispendência quanto a perempção e a coisa julgada são pressupostos processuais negativos, pois, se tiverem ocorrido, o processo será extinto sem resolução do mérito.

Enquanto a litispendência ocorre em relação a uma causa anterior, mas ainda em curso, a coisa julgada está relacionada a uma causa que já foi julgada por sentença da qual não cabe mais recurso. Trata-se, também, de uma defesa processual peremptória.

h) a conexão;

Havendo conexão, os processos deverão ser reunidos, de acordo com o art. 55 do CPC. Não custa lembrar que o dispositivo considera conexas duas ou mais ações quando lhes for comum o pedido ou a causa de pedir. É uma defesa apenas dilatória.

Usualmente o conceito de conexão abrange também a continência, e, além disso, ambas produzem as mesmas consequências processuais.

i) a incapacidade da parte, defeito de representação ou falta de autorização;

A incapacidade da parte pode representar a falta de capacidade de ser parte, a falta de capacidade de estar em juízo ou a incapacidade postulatória.

A falta de autorização ocorre quando o autor somente pode propor a ação com a autorização de outrem, como, por exemplo, a outorga uxória para as ações reais imobiliárias (art. 73 do CPC).

Observe-se que, de acordo com o art. 76, caso verificada a incapacidade processual ou a irregularidade da representação da parte, o juiz suspenderá o processo e designará prazo razoável para que seja sanado o vício.

Se ainda assim persistir o vício, o § 1º desse dispositivo prevê três hipóteses, caso os autos estejam na instância originária:

i) o processo será extinto, se a providência couber ao autor;

ii) o réu será considerado revel, se a providência lhe couber;

iii) o terceiro será considerado revel ou excluído do processo, dependendo do polo em que se encontre.

Se os autos estiverem em instância recursal, o relator:

i) não conhecerá do recurso, se a providência couber ao recorrente;

ii) determinará o desentranhamento das contrarrazões, se a providência couber ao recorrido.

j) a convenção de arbitragem;

Caso exista uma convenção de arbitragem, que pode ser um compromisso arbitral ou uma cláusula compromissória, alegada pelo réu, deverá ser extinto o processo, caracterizando-se, portanto, como defesa peremptória.

A matéria é tratada pelos arts. 4º e 9º da Lei n. 9.307/96 que, nesse ponto, não sofreu alterações com a vigência da Lei n. 13.129/2015.

É importante lembrar que a matéria não pode ser conhecida de ofício pelo juiz, pois a ausência de alegação da existência de convenção de arbitragem presume que o réu aceitou a jurisdição estatal e renunciou ao juízo arbitral (art. 337, § 6º).

k) a ausência de legitimidade ou de interesse processual;

Se o réu alegar que é parte ilegítima ou que não é o responsável pelo prejuízo invocado, ou seja, que não é ele quem deve ocupar o polo passivo, o autor terá quinze dias para alterar a petição inicial substituindo o réu. Nesse caso, o autor deve reembolsar as despesas e pagar honorários ao procurador do réu excluído, na forma do art. 338, parágrafo único.

Trata-se de regra de aproveitamento que vem a substituir, e ampliar, o cabimento da nomeação à autoria, que não mais subsiste no CPC.

Confere-se, assim, maior celeridade ao processo, dispensando-se também a formalidade da propositura de uma nova ação.

O Código (art. 339) determina, ainda, que, se o réu tiver conhecimento de quem deva ocupar a sua posição na demanda, tem por obrigação informar ao juízo, sob pena de arcar com as despesas processuais e de indenizar o autor pelos prejuízos decorrentes da falta de indicação.

Feita a indicação, o autor pode, no prazo para a substituição, optar por incluir, como litisconsorte passivo, o sujeito indicado pelo réu.

Também é preliminar a alegação, pelo réu, de que não existe interesse processual na demanda proposta pelo autor. Quanto ao ponto, convém a remissão aos arts. 17 e 19 do Código, que dele tratam e elencam como condição para o regular exercício do direito de ação, ao lado da legitimidade.

l) a falta de caução ou de outra prestação que a lei exige como preliminar;

Trata-se de um pressuposto processual objetivo, qual seja a inexistência de fatos impeditivos. O juiz, portanto, pode dele conhecer de ofício.

Como exemplos, podemos citar a falta do depósito obrigatório para a propositura da ação rescisória ou o pagamento de honorários advocatícios em processo extinto sem resolução do mérito, na hipótese de o autor ajuizar novamente a ação, assim como a hipótese prevista no art. 83.

Nessa hipótese, apesar de ser uma defesa dilatória, se o autor não sanar a falha, a preliminar assumirá força de peremptória e o juiz extinguirá o processo sem resolução do mérito.

m) a indevida concessão do benefício da gratuidade de justiça.

Tal como a impugnação ao valor da causa, a impugnação à gratuidade de justiça, antes do CPC, era feita em autos apartados. A previsão legal para tanto, porém, não se encontrava na Lei Processual Civil, e sim na Lei n. 1.060/50.

Com o atual Diploma, e, mais uma vez, objetivando a celeridade e a economia processuais, a indevida concessão do benefício passa a ser elencada como preliminar, a ser, portanto, arguida na própria contestação.

O CPC trata da questão da gratuidade nos arts. 98 a 102, e determina, ainda, no art. 1.072, III, a revogação de diversos dispositivos da Lei n. 1.060/50.

Em que pese a norma incumbir ao réu alegar as referidas matérias do art. 337, o juiz poderá conhecer de ofício das mesmas, com exceção da convenção de arbitragem e da incompetência relativa, que só podem ser opostas pelo réu, conforme disposto em seu § 5º.

Interessante observar que, se o juiz pode conhecer de certas matérias do art. 337 *ex officio*, não existe preclusão para o réu, que pode, pois, provocar o juízo mesmo que tardiamente. Nesse caso, ficará sujeito tão somente à sanção pecuniária, pela litigância de má-fé (art. 80, V), salvo se não se puder imputar ao réu demora injustificada.

4.5.4 Ônus da impugnação especificada

De acordo com o art. 341, o réu tem o ônus da impugnação especificada. Significa que deve se manifestar sobre todas e cada uma das alegações de fato articuladas pelo autor, sob pena de presunção de veracidade das mesmas.

O ônus da impugnação específica não se aplica ao defensor público, advogado dativo e nem ao curador especial (parágrafo único do art. 341)[32].

A justificativa é a de que, em tais circunstâncias, não há relação de profunda intimidade e confiança entre o representante e o representado, ao contrário do que normalmente ocorre entre o cliente e o advogado contratado[33].

Ademais, muitas das vezes haverá um tempo exíguo e falta de informações que viabilizem, ao menos naquele momento, construir uma sofisticada tese de defesa.

---

[32] Aliás, conforme já decidiu o STJ, o curador especial tem, inclusive, legitimidade para propor reconvenção em favor de réu revel citado por edital (REsp 1.088.068-MG, rel. Min. Antonio Carlos Ferreira, por unanimidade, j. 29-8-2017, DJe 9-10-2017).

[33] Nesse mesmo sentido, o STJ, que já afirmou que "dadas as circunstâncias em que é admitido no processo, o curador de ausentes não conhece o réu, não tem acesso a ele, tampouco detém informações exatas sobre os fatos narrados na petição inicial" (STJ, REsp 1.009.293-SP, 3ª T., rel. Min. Nancy Andrighi, j. 6-4-2010.

Em outras palavras, além de alegar toda a matéria de defesa, incumbe ao réu manifestar-se precisamente sobre todas as alegações de fato constantes da petição inicial, pois aquelas não impugnadas serão presumidas verdadeiras. A regra da presunção de veracidade, porém, é relativa, e comporta as exceções a seguir expostas.

A primeira situação é aquela em que não for admissível, a seu respeito, a confissão, como, por exemplo, no caso de direitos indisponíveis – art. 392.

A segunda ocorrerá quando a petição inicial não estiver acompanhada de instrumento que a lei considerar da substância do ato, como, por exemplo, o testamento. A prova de fatos como o casamento, a morte e a interdição precisa ser realizada com a apresentação da respectiva certidão do registro competente.

Tal norma harmoniza-se com o art. 406, segundo o qual, quando a lei exigir, como da substância do ato, o instrumento público, nenhuma outra prova, por mais contundente que seja, pode suprir-lhe a falta.

Por fim, a terceira situação ocorrerá se os fatos estiverem em contradição com a defesa, considerada em seu conjunto.

É a hipótese em que o autor alega a prática de um ato ilícito e o réu, sem impugnar especificamente esse fato, deixa claro na contestação que estava fora do país naquele momento, de modo que seria impossível ter praticado tal ato.

É o caso também de litisconsórcio passivo em que um dos réus seja revel. Contestados os fatos por um dos réus, eles se tornam controvertidos para todos os demais (art. 345).

4.6 RECONVENÇÃO

É uma das modalidades de resposta do réu, juntamente com a contestação, mas, no caso da reconvenção, não se trata apenas de uma defesa (art. 343). Trata-se de "verdadeiro contra-ataque do réu ao autor, propondo dentro do mesmo processo uma ação diferente e em sentido contrário àquela inicialmente deduzida em juízo"[34]. A reconvenção não só deve ser proposta dentro do mesmo processo, como deve constar de capítulo próprio da contestação, embora devam ser evitados formalismos excessivos[35].

Observe-se, contudo, que há determinadas matérias que são naturalmente conexas com pretensões autônomas, como é o caso da defesa apresentada pelo devedor acompanhada do requerimento da sanção por cobrança de dívida já paga. Nessa hipótese, o STJ[36] já decidiu, em regime de recurso especial repetitivo, que não há necessidade de se deduzir a pretensão cominatória nem na reconvenção e nem na via autônoma, bastando a sua menção na própria contestação.

Teremos, então, duas ações: uma proposta pelo autor em face do réu, que é a demanda inicial, e outra proposta pelo réu (ora autor) em face do autor da demanda inicial (ora réu), nada impedindo que ocorra a reconvenção da reconvenção.

---

[34] Theodoro Jr., 2009, p. 372.

[35] A equivocada denominação do pedido reconvencional como pedido contraposto não impede o regular processamento da pretensão formulada pelo réu contra o autor, desde que ela esteja bem delimitada na contestação. REsp 1.940.016-PR, rel. Min. Ricardo Villas Bôas Cueva, 3ª T., por unanimidade, j. 22-6-2021. *Informativo STJ* n. 702.

[36] "Desse modo, observada a função social do Direito – princípio estruturante do ordenamento jurídico –, não se revela razoável o rigor da exigência do manejo simultâneo de contestação e de reconvenção (ou posterior ajuizamento de ação autônoma) para deduzir os aludidos pedidos conexos. (...)" (REsp 1.111.270-PR, rel. Min. Marco Buzzi, 2ª Seção, j. 25-11-2015, *DJe* 16-2-2016, *Informativo* n. 576).

Quanto à hipótese da reconvenção da reconvenção, não custa lembrar que o art. 343, § 1º, do CPC dispõe que, proposta a reconvenção, o autor será intimado, na pessoa de seu advogado, para apresentar resposta. O art. 316 do CPC/73 se refere à contestação (resposta em sentido estrito). Assim, é possível concluir que o CPC admite, claramente, a hipótese da reconvenção da reconvenção[37], salvo no caso da ação monitória, na qual, expressamente, o legislador optou por não permitir tal ato processual (§ 6º do art. 702)[38].

Não haverá a instauração de um novo processo, que continuará sendo uno, mas com o seu objeto agora alargado. Por isso, a reconvenção é uma das expressões do princípio da economia processual.

Luiz Fux lembra que o réu superveniente também pode reconvir. São hipóteses em que há uma intervenção de terceiros, como no chamamento ao processo e na denunciação da lide[39].

Em que pese seja a reconvenção autônoma, será ela julgada com a ação principal, na mesma sentença, como regra.

Apesar de a norma do art. 318 do CPC/73 não ter sido repetida no CPC, a regra de que o pedido principal e a reconvenção devem ser julgados na mesma sentença deve ser mantida, por questão de coerência.

Nada obsta, em casos excepcionais e devidamente fundamentados, sejam prolatadas duas decisões distintas. Seria o caso, por exemplo, de ser cabível julgamento antecipado do mérito com relação a ação, mas não quanto à reconvenção, ou vice-versa. Nessa hipótese, a primeira terá *status* de decisão interlocutória de mérito, podendo ser atacada por agravo de instrumento, na forma do art. 1.015, II.

Na vigência do CPC/73, Humberto Theodoro Júnior sustentava que a inobservância dessa regra levaria à nulidade da sentença[40].

Contudo, nada impede que haja o julgamento antecipado do mérito na ação principal, ou mesmo de apenas um dos pedidos da ação principal, ou ainda o julgamento antecipado parcial ou total do mérito na reconvenção[41].

Nesse caso, deverá proferir decisão interlocutória de mérito, que poderá ser atacada via agravo de instrumento, na forma do art. 1.015, II, do CPC.

Em razão dessa autonomia, o réu tem a faculdade de oferecer reconvenção, que, como foi dito, será feita em capítulo específico dentro da contestação, ou então ajuizar uma ação em face do autor da demanda inicial. Se esta ação for concomitante à primeira, poderá haver conexão. Nada impede, contudo, que seja ajuizada posteriormente, devendo nesse caso ser observados os limites objetivos da coisa julgada que se produzirá na primeira demanda, na forma do art. 503.

---

[37] É admissível a reconvenção sucessiva, também denominada de reconvenção à reconvenção, desde que a questão que justifique a propositura tenha surgido na contestação ou na primeira reconvenção. REsp 1.690.216-RS, rel. Min. Paulo de Tarso Sanseverino, rel. Acd. Min. Nancy Andrighi, 3ª T., por maioria, j. 22-9-2020, *DJe* 28-9-2020. *Informativo STJ* n. 680.

[38] De se admitir a reconvenção da reconvenção, inclusive com base na restrição expressa do 702, § 6º, que inexiste no procedimento comum. Nesse sentido: Wambier; Talamini, 2017, p. 168.

[39] Fux, 2008, p. 550.

[40] Theodoro Jr., 2009, p. 390.

[41] "Observe-se que o mesmo ocorrerá na hipótese do julgamento antecipado da reconvenção, que não impedirá o prosseguimento normal da ação principal e vice-versa, o julgamento antecipado do mérito da ação principal não afetará o curso da ação reconvencional. Não é por outra razão que o legislador do NCPC não repetiu a regra do art. 318 do CPC/73, de que ação e reconvenção devem ser julgadas na mesma sentença. O art. 356 do NCPC dispõe expressamente sobre a possibilidade do julgamento antecipado parcial do mérito" (Wambier et al., 2015a, p. 602).

Caso o procedimento não seja o mesmo da demanda originária, não poderá o réu oferecer reconvenção, pois será inviável o processamento de ambas conjuntamente.

Nesse caso, deverá o réu propor uma nova ação.

Barbosa Moreira lembra que, se a ação originária obedece ao procedimento comum, a reconvenção poderá ser admitida ainda que a lei lhe indique rito especial, desde que "o réu reconvinte aceite o seu processamento segundo o ordinário, e seja ele compatível com o pedido reconvencional"[42].

Além da unidade de procedimento, é preciso haver identidade de competência absoluta, pois a reconvenção vai gerar a cumulação de duas ações em um mesmo processo.

Na vigência do CPC/73, muito se discutia sobre as diferenças entre a reconvenção e a ação declaratória incidental.

Apesar de o CPC ter extinguido essa ação, anteriormente prevista no CPC/73 (arts. 5º e 325), a novidade apenas pode ser aplicada aos processos iniciados após a vigência da nova legislação, em observância ao princípio da segurança jurídica (art. 1.054 do CPC).

Ademais, há entendimento[43] no sentido de que subsistiria interesse[44] nesse pedido, mesmo na vigência do CPC, precisamente nas hipóteses contempladas no art. 19.

A importância desse artigo de transição está no fato de que, com o CPC, respeitados os requisitos do art. 503, § 1º, as decisões quanto às questões prejudiciais de que dependa o julgamento de mérito fazem coisa julgada material automaticamente.

Em regra, a norma processual se aplica de imediato, mas não pode o jurisdicionado ser prejudicado com uma norma desse caráter. Evita-se, com isso, que as partes surpreendam-se com a formação da coisa julgada material.

Assim, como para os processos já existentes o regime anterior continua em vigor, a ação declaratória incidental continua a ser exigida para que a coisa julgada seja estendida às questões prejudiciais, de modo que se faz necessária a distinção da ação declaratória incidental para a reconvenção.

A reconvenção, assim como a ação declaratória incidental, é um incidente dentro do processo, que trará a ele um novo elemento, ampliando assim a demanda. Possuem, porém, pontos diferentes. Somente o réu pode reconvir, e, no caso da declaratória incidental, ambas as partes podem fazê-lo.

A ação declaratória incidental é dependente da ação principal e, sendo esta julgada improcedente, ela também o será. Contudo, o mesmo não ocorre com a reconvenção, em razão de seu caráter autônomo.

A ação declaratória incidental terá sempre natureza declaratória, o que não ocorre com a reconvenção.

Finalmente, como a ação declaratória incidental é dependente da principal, não tem o condão de expandir objetivamente a cognição do juiz, pois o objeto da declaratória incidental é uma questão prejudicial que já estava no bojo da ação principal.

---

[42] Barbosa Moreira, 2009, p. 46.
[43] Enunciado 111 do FPPC: (arts. 19, 329, II, 503, § 1º) "Persiste o interesse no ajuizamento de ação declaratória quanto à questão prejudicial incidental".
[44] Enunciado CJF n. 35: "Considerando os princípios do acesso à justiça e da segurança jurídica, persiste o interesse de agir na propositura de ação declaratória a respeito da questão prejudicial incidental, a ser distribuída por dependência da ação preexistente, inexistindo litispendência entre ambas as demandas (arts. 329 e 503, § 1º, do CPC)".

4.6.1 Cabimento

Não é cabível a reconvenção nos Juizados Especiais Cíveis (art. 31 da Lei n. 9.099/95), bem como em sede de procedimento sumário (art. 278, § 1º, do CPC/73), nas ações propostas e não sentenciadas até o início da vigência da Lei de 2015, consoante seu art. 1.046, § 1º[45].

Em sede de ação rescisória, a reconvenção é cabível, desde que haja um pedido de rescisão da mesma sentença ou acórdão.

Durante o processo de liquidação de sentença, é inadmissível. Isso porque não há necessidade de reconvenção, pois, de qualquer modo, o *quantum* será delimitado. Também não é cabível em sede de embargos de execução, que são utilizados apenas para discutir a execução, o título executivo ou o crédito.

O STF já sumulou a respeito da admissibilidade de reconvenção em ação declaratória, nos termos da Súmula 258: "é admissível reconvenção em ação declaratória".

No que tange à compensação, não custa lembrar que basta o réu invocá-la na contestação. Não é preciso utilizar a reconvenção para submeter o autor a compensar o seu crédito com outro que lhe é oposto pelo réu.

4.6.2 Ações dúplices

São aquelas em que é dada ao réu a possibilidade de formular um pedido contraposto àquele feito pelo autor. Como a própria contestação irá ampliar o objeto do processo, não tem qualquer cabimento a propositura de uma reconvenção.

A reconvenção e o pedido contraposto têm o mesmo objetivo: ampliação objetiva do processo. Porém, o segundo é mais simples e, por isso, sempre que possível, não poderá o réu reconvir, pois carecerá de interesse-necessidade.

A conexão tratada pela lei no pedido contraposto é fática e não jurídica, como ocorre nas ações dúplices.

Como exemplo de ações dúplices, temos: a dos juizados especiais cíveis (art. 31 da Lei n. 9.099/95), bem como nas ações possessórias em que o réu, ao alegar que foi ofendido em sua posse, demandar a proteção possessória e indenização por prejuízos resultantes de esbulho ou turbação (art. 556).

Como o formalismo é maior no caso da reconvenção, não seria razoável o seu indeferimento quando a hipótese tratar de pedido contraposto. Isso porque o ato alcançou a finalidade de outra forma, mas sem qualquer prejuízo à parte contrária (arts. 277 e 283). O contrário, porém – formulação de pedido contraposto no lugar da reconvenção –, não pode ser admitido (apenas aquele que pode mais, pode menos).

No que tange aos juizados especiais cíveis, muitas vezes o réu é pessoa jurídica que não está autorizada a demandar como autora naquela seara, devido às limitações impostas pela Lei n. 9.099/95. Dentro desse contexto, uma questão interessante é saber se essa pessoa jurídica poderia formular pedido contraposto. A resposta deve ser afirmativa, pois esse pedido não é uma reconvenção, mas, sim, um pedido dependente dos mesmos fatos em que se baseia o pedido principal, o que é admitido pela lei por uma questão de economia processual.

---

[45] O CPC retirou do ordenamento jurídico o procedimento sumário, mas não sem ressalvar sua aplicação aos processos em curso e ainda não sentenciados, como forma de prestigiar a segurança jurídica dos jurisdicionados.

4.6.3 Forma

O réu será, então, o reconvinte, e o autor, ora demandado, será o reconvindo. A reconvenção será apresentada em capítulo específico para esse fim na contestação.

Apesar de a reconvenção dever ser apresentada na própria contestação, não é necessário que o réu conteste para reconvir, uma vez que as duas modalidades de resposta do réu são independentes entre si, conforme dispõe o art. 343, § 6º, do CPC.

Contudo, se o réu reconvir sem contestar, poderá ser considerado revel. Embora as duas manifestações devam vir na mesma peça, é preciso que fique clara a intenção do demandado de se opor ao pedido autoral. Isso porque o art. 344 é expresso ao referir a contestação, e não a defesa em sentido lato, como providência hábil a evitar a revelia[46].

4.6.4 Prazo

Como já antecipamos, o prazo para o reconvindo oferecer contestação é de quinze dias e a intimação para a resposta pode ser feita na figura do procurador do reconvindo (art. 343, § 1º), dispensando-se a citação, como ato formal que chama o demandado a responder à causa, embora evidencie-se uma nova demanda proposta com a inversão dos polos ativo e passivo. Isso se dá pela ação originária, na medida em que a relação jurídico-processual já está estabilizada.

Esse prazo é contado em dobro no caso de litisconsortes com advogados diferentes, de escritórios de advocacia distintos, bem como para o defensor público (art. 229 do CPC e art. 5º, § 5º, da Lei n. 1.060/50). Também terão prazo em dobro para reconvir a União, os Estados, o Distrito Federal, os Municípios e suas respectivas autarquias e fundações de direito público (arts. 180 e 183).

4.6.5 Conexão

Para que seja possível a reconvenção, é necessário que haja conexão entre ela e a demanda inicial ou com os fundamentos de defesa formulados na contestação (art. 343, *caput*).

Na primeira hipótese, a identidade entre as duas causas pode ocorrer por identidade do objeto ou da causa de pedir. A segunda hipótese ocorre, segundo Humberto Theodoro Júnior, quando "o fato jurídico invocado na contestação para resistir à pretensão do autor sirva também para fundamentar um pedido próprio do réu contra aquele"[47].

Não se trata de um pedido contraposto ao da demanda inicial, pois, do contrário, não haveria necessidade de existir a reconvenção, pois a improcedência do pedido formulado pelo autor já seria suficiente no caso.

Segundo o § 5º do art. 343, o réu pode propor a reconvenção em face do autor ainda que este seja substituto processual daquele contra quem o réu tem direito. Em outras palavras, o réu vai apresentar a reconvenção contra o substituto processual, que também será substituto processual para efeitos da reconvenção.

Não custa lembrar que o parágrafo único do art. 18 dispõe que, havendo substituição processual, o substituído poderá intervir como assistente litisconsorcial do substituto.

4.6.6 Ampliação subjetiva da demanda

A reconvenção amplia o objeto da demanda principal. A pergunta que se faz é: pode a reconvenção ampliar subjetivamente a demanda, ou seja, trazer um novo sujeito ao processo?

---

[46] Gajardoni et al., 2016, p. 141.
[47] Theodoro Jr., 2017, p. 427.

Barbosa Moreira, na vigência do CPC/73, sustentava que só o réu teria legitimidade ativa para reconvir e que só o autor seria o legitimado passivo. Assim, ele não admitia a ampliação subjetiva do processo[48]. Na mesma linha, Humberto Theodoro Júnior afirmava não ser admissível que "o reconvinte constitua litisconsórcio com terceiro para reconvir ao autor"[49].

Todavia, no que tange a um eventual litisconsórcio entre o autor e terceiro, o § 3º do art. 343 do CPC permite que a reconvenção seja proposta contra ambos, sendo possível, ainda, que seja proposta pelo réu em litisconsórcio com terceiro (§ 4º). Essa flexibilização da estabilidade da demanda, ampliativa dos limites subjetivos da lide, evita que processos autônomos venham a gerar decisões conflitantes.

Mesmo antes da norma trazida pelo CPC, Leonardo Greco já admitia a inclusão de um terceiro, além do autor originário, mas apenas nos casos de litisconsórcio necessário[50].

Aderindo a essa posição, Fux lembrava que a ausência de litisconsórcio na ação originária não vedaria a sua formação em sede de reconvenção, pois há casos em que o litisconsórcio é necessário, de modo que a reconvenção deve obedecer à legitimação plúrima exigida[51].

Contudo, vale ressaltar, como já decidido pelo STJ[52], que a reconvenção promovida em litisconsórcio com terceiro não acarreta a inclusão deste no polo passivo da ação principal.

Hipótese de reconvenção restritiva, que não amplia a demanda, mas, sim, a reduz, também é possível, pois decorre do princípio *nemo ad agere cogi potest*, retardando a marcha do processo.

4.7 REVELIA

De acordo com o art. 344 do CPC, ocorre a revelia quando o réu não contesta a ação, apesar de regularmente citado, ou, ainda, quando a apresenta, mas esta é intempestiva.

Como efeitos, temos a:

a) confissão ficta (presunção de veracidade dos fatos alegados pelo autor);

b) possibilidade de julgamento antecipado do mérito (art. 355, II);

c) fluência dos prazos independentemente de intimação, quando não tiver advogado, a partir da publicação de cada ato decisório; e

d) preclusão para o réu alegar matérias de defesa, em razão do princípio da eventualidade (salvo as hipóteses do art. 342 c/c o art. 337, § 5º).

Quando o réu é citado regularmente, tem o ônus de contestar. Caso não o faça, será considerado revel. Apesar do que se pode supor, a revelia não necessariamente traduz a vitória do autor na ação. Isso porque a presunção de veracidade dos fatos alegados pelo autor, e não contestados pelo réu, não é absoluta.

O fato de o réu não contestar a ação não faz com que o autor deixe de comprovar os fatos alegados, ou seja, a simples alegação, por si só, não é suficiente para que o pedido seja julgado procedente.

---

[48] Barbosa Moreira, 2009, p. 44.
[49] Theodoro Jr., 2009, p. 387.
[50] Greco, 2010, p. 76.
[51] Fux, 2008, p. 551.
[52] Ante a autonomia e a independência da reconvenção, a ampliação subjetiva do processo promovida pela reconvenção não modifica os polos da ação principal, de modo que as questões debatidas na ação ficam restritas às partes que já integravam os polos ativo e passivo da demanda, não se estendendo ao terceiro, que apenas é parte da demanda reconvencional. REsp 2.046.666-SP, rel. Min. Nancy Andrighi, 3ª T., por unanimidade, j. 16-5-2023, *DJe* 19-5-2023, *Informativo STJ* n. 775.

Em interessante julgado, o STJ[53] já decidiu que, mesmo reconhecida a revelia, a presunção de veracidade quanto aos danos narrados na petição inicial não alcança a definição do *quantum* indenizatório indicado pelo autor.

Ainda, se o réu não contestar a ação, mas reconvir com base em fatos incompatíveis com os alegados pelo autor, deve ser aplicado por analogia o art. 341, III[54].

De acordo com o art. 250, II, do CPC, no mandado deve constar a advertência de que a ausência de contestação importará revelia, ou seja, o réu deve ser informado expressamente desse efeito.

Em relação aos juizados especiais, o art. 20 da Lei n. 9.099/95 prevê que, se o demandado não comparecer à sessão de conciliação ou à audiência de instrução e julgamento, reputar-se-ão verdadeiros os fatos alegados no pedido inicial, salvo se o contrário resultar da convicção do juiz.

Não há que falar em revelia nas seguintes hipóteses (art. 345):

a) quando, havendo pluralidade de réus, algum deles contestar a ação;

b) se o litígio versar sobre direitos indisponíveis;

c) se a petição inicial não estiver acompanhada de instrumento que a lei considere indispensável à prova do ato; ou

d) quando as alegações de fato formuladas pelo autor forem inverossímeis ou estiverem em contradição com prova constante dos autos.

No primeiro caso – litisconsórcio passivo –, supõe-se que o fato alegado por um dos litisconsortes seja comum aos demais que não contestaram, aplicando-se, por analogia, o art. 1.005 do CPC.

Essa presunção de veracidade também não se aplica:

i) quando a citação for ficta, devendo o juiz nomear um curador (art. 72, II); ou

ii) se terceiro contestou a ação, na qualidade de assistente (art. 121, parágrafo único).

Quanto ao último caso, trata-se de nova hipótese trazida em 2015, a vir reforçar a ideia de que a presunção de veracidade dos fatos alegados pelo autor é relativa. Dessa maneira, se os fatos apresentados forem inverossímeis ou se forem contraditórios à prova constante dos autos, afasta-se a presunção. É por isso, inclusive, que o réu revel pode requerer a produção de prova se e quando ingressar nos autos.

Não ocorre também a revelia em relação às hipóteses já estudadas do art. 342, pois se referem a matérias que o réu pode arguir após o prazo para apresentação de sua contestação, sendo exceções ao princípio da eventualidade.

Questionamento interessante diz respeito à possibilidade de as pessoas de direito público serem consideradas revéis, já que muitas vezes elas defendem um interesse privado como outro particular qualquer. No entanto, na defesa do interesse público, notadamente quando houver direito coletivo, não há que falar em efeitos da revelia.

Essa linha doutrinária se coaduna com entendimento já prestigiado pelo STJ[55].

---

[53] "O *quantum* é decorrência do dano, e seu valor deve corresponder ao prejuízo efetivamente sofrido pela parte lesada, a ser ressarcido pelo causador, não sendo permitido o enriquecimento sem causa". Precedentes citados: AgRg no AREsp 450.729-MG, 4ª T., *DJe* 28-5-2014; e AgRg no REsp 1.414.864-PE, 2ª T., *DJe* 11-2-2014" (REsp 1.520.659-RJ, rel. Min. Raul Araújo, j. 1º-10-2015, *DJe* 30-11-2015, *Informativo STJ*, n. 574).

[54] Nesse diapasão, entende o STJ que, ainda que não ofertada contestação em peça autônoma, se o réu impugnar o pedido do autor em reconvenção, pode ser afastada a presunção de veracidade decorrente da revelia, que é relativa. Consulte-se o seguinte julgado: REsp 1.335.994-SP, rel. Min. Ricardo Villas Bôas Cueva, j. 12-8-2014, *Informativo STJ*, n. 546).

[55] "Incidem os efeitos materiais da revelia contra o Poder Público na hipótese em que, devidamente citado, deixa de contestar o pedido do autor, sempre que estiver em litígio uma obrigação de direito privado firmada pela Administração Pública, e não um contrato genuinamente administrativo" (REsp 1.084.745-MG, rel. Min. Luis Felipe Salomão, j. 6-11-2012).

O réu revel, de acordo com o art. 346, pode intervir no processo a qualquer tempo, porém irá recebê-lo no estado em que se encontrar e, a partir desse momento, será intimado de todos os atos processuais e poderá produzir provas (Súmula 231 do STF).

Ao intervir, poderá alegar carência de ação, assim como as nulidades absolutas. Contudo, não poderá alegar incompetência relativa, pois a competência já terá sido prorrogada, conforme o disposto no art. 65[56].

À luz do antigo Código, o STJ firmara tese no sentido de que, uma vez que o réu foi revel na fase de conhecimento, não se procedia à sua intimação pessoal para dar cumprimento à sentença.

Entretanto, o CPC promove interessante guinada ao estabelecer, expressamente, a necessidade de intimação do devedor em seu art. 513, § 2º, em claro prestígio ao princípio do contraditório.

O prazo para interpor recurso de apelação ao réu revel começa a fluir da publicação da sentença em cartório, ou seja, independe de sua intimação.

Importante mencionar o instituto da *querela nullitatis*, que possibilita ao réu revel impugnar a sentença proferida em seu desfavor se ele não tiver sido citado ou se a citação tiver sido feita de maneira inválida (arts. 525, § 1º, I, e 535, I).

---

[56] Wambier; Talamini, 2017, p. 182.

Capítulo 5
PROVIDÊNCIAS PRELIMINARES E SANEAMENTO

Decorrido o prazo para a resposta do réu, inicia-se a fase de organização e saneamento, tendo ele apresentado ou não sua resposta. Nessa fase, se o processo já puder ser encerrado, o juiz deve proferir sentença ou decisão interlocutória de mérito, nas hipóteses que serão examinadas a seguir.

A fase de saneamento é marcada por atos que irão regularizar o processo, mas isso não quer dizer que apenas nessa fase haja saneamento. Para exemplificar, podemos citar o art. 485, § 3º, do CPC, que trata da possibilidade de o juiz conhecer de ofício e em qualquer tempo e grau de jurisdição, enquanto não proferida a sentença, questões relativas a: ausência de pressupostos de desenvolvimento válido e regular do processo, litispendência, coisa julgada ou perempção e ausência de condições para o regular exercício do direito de ação.

Assim, findo o prazo para contestação, o juiz tomará, conforme o caso, as providências preliminares (art. 347 do CPC).

As providências preliminares ocorrem entre a fase postulatória e a fase instrutória do processo. São aquelas que têm por objetivo acabar de formatar, de organizar o processo. Elas possuem uma "tríplice finalidade", quais sejam: completar o contraditório, promover o saneamento e preparar o julgamento conforme o estado do processo.

As providências preliminares não são um requisito necessário do procedimento, mas um acontecimento eventual que varia de conteúdo conforme o caso concreto.

5.1 NÃO INCIDÊNCIA DOS EFEITOS DA REVELIA

No caso de revelia, que é a ausência de contestação do réu, deve o juiz verificar se a citação foi feita de forma regular, pois, caso contrário, ela será nula e o ato deverá ser novamente realizado.

Caso a revelia decorra da citação ficta, o magistrado deverá designar curador especial para o réu revel (art. 72, II, do CPC).

A revelia gera, como regra, a presunção de veracidade dos fatos formulados pelo autor, mas, como essa presunção é relativa, o art. 345 traz as hipóteses em que esse efeito não é produzido. Assim, verificado que, apesar da não apresentação de contestação, não houve incidência dos efeitos da revelia, o juiz determinará a especificação de provas ao autor, caso ainda não o tenha feito (art. 348).

Quanto ao réu revel, o art. 349 autoriza a produção de provas, em contraposição às alegações do autor, exigindo, porém, que ele esteja representado por seu advogado no momento da prática dos atos indispensáveis a essa produção.

Trata-se de norma sem precedente no Código de 1973 e que afasta a antiga vedação indireta à produção de provas pelo réu revel, extraída da determinação do recebimento do processo no estado em que se encontrava e da proibição de produção de provas sobre fatos incontroversos ou legalmente presumidos (art. 334, III e IV, do CPC/73), desde que não fossem fatos ligados a direitos indisponíveis e ingressasse o réu a tempo de prová-los.

5.2 FATO IMPEDITIVO, MODIFICATIVO OU EXTINTIVO DO DIREITO DO AUTOR

Quando o réu alegar fatos novos aptos a impedir, modificar ou extinguir o direito do autor, o art. 350 dá ao autor o direito de se manifestar em réplica, dentro do prazo de quinze dias, podendo para tanto produzir provas.

A existência da réplica se justifica a partir dos princípios constitucionais da isonomia, da ampla defesa e do contraditório, uma vez que oportuniza ao autor manifestar-se sobre os novos fatos trazidos pelo réu.

Via de consequência, correto e necessário se faz reconhecer que não pode trazer novas alegações, o que violaria a paridade de armas, salvo se se abrisse prazo para nova manifestação do réu. Não custa sublinhar que tal espiral de manifestações mostrar-se-ia frontalmente contrária a outro princípio constitucional, o da duração razoável do processo.

Como já mencionado no capítulo referente às defesas, em que pese o dispositivo não mencionar a exigência, entendemos necessário que o réu reconheça o fato em que se fundou a ação para opor um fato modificativo, impeditivo ou extintivo de determinado direito.

5.3 ALEGAÇÕES DO RÉU

O art. 337 estabelece as matérias que devem ser alegadas em preliminar de mérito pelo réu. Quando isso ocorrer, o autor também terá o direito de réplica, no prazo de quinze dias, permitida a produção de provas (art. 351).

No caso de o juiz verificar a existência de irregularidades ou vícios sanáveis, determinará sua correção em prazo por ele fixado, que não pode ultrapassar trinta dias (art. 352). Esse dispositivo está em consonância com os arts. 317 e 488, no sentido de se garantir a primazia do exame do mérito da causa, evitando, a todo custo, a extinção do feito sem a resolução da questão principal.

Havendo necessidade de providências preliminares, portanto, após o cumprimento destas, o juiz poderá proferir julgamento conforme o estado do processo, que analisaremos a seguir.

Capítulo 6
JULGAMENTO CONFORME O ESTADO DO PROCESSO

Após o cumprimento das providências preliminares, elencadas nos arts. 347 a 353 do CPC, ou no caso de não ser necessário cumprir quaisquer delas, o juiz analisará o processo no estado em que se encontra e dessa análise deverá proferir uma das seguintes decisões:

a) extinção do processo;

b) julgamento antecipado (total ou parcial) do mérito; ou

c) decisão de saneamento e de organização do processo.

6.1 EXTINÇÃO DO PROCESSO

O juiz proferirá sentença, com ou sem resolução de mérito, quando ocorrer qualquer das hipóteses previstas nos arts. 485 e 487, II e III (art. 354).

Nas hipóteses do art. 485, será proferida sentença terminativa, na qual o mérito não é enfrentado. Nas do art. 487, a sentença será definitiva, com exame de mérito.

Não se deve confundir a extinção com resolução de mérito, nas hipóteses dos incisos II e III do art. 487, e o julgamento antecipado do mérito, situação que será examinada em seguida e na qual há uma efetiva apreciação do pedido, sendo proferida sentença de natureza impositiva.

Nada impede que a decisão de extinção seja parcial, abrangendo apenas parcela do processo, caso em que será impugnável por agravo de instrumento (art. 354, parágrafo único)[1]. Isso porque, muitas vezes, nulidades insanáveis e causas que autorizam a extinção com resolução do mérito limitar-se-ão a apenas uma parte do processo.

Note-se que, ao adotar a técnica de cisão de julgamento, o Código admite sentença parcial, da qual, contudo, caberá não apelação, mas agravo de instrumento, considerando-se que o restante do processo permanecerá tramitando no juízo.

É importante salientar que, se a sentença parcial se basear nas hipóteses do art. 487, II e III, passado o prazo para recurso, estes capítulos apenas poderão ser modificados em ação rescisória, já que estarão sujeitos aos efeitos da coisa julgada material.

6.2 JULGAMENTO ANTECIPADO DO MÉRITO

Trata-se de decisão de mérito em que o juiz decide o objeto do litígio, ou seja, julga o pedido procedente ou improcedente. Tal decisão baseia-se em cognição exauriente, sempre que for desnecessária a produção de provas[2].

---

[1] "A previsão da recorribilidade imediata da decisão de extinção parcial do processo, nos moldes do parágrafo único do art. 354, por agravo de instrumento, é providência inerente ao sistema recursal do CPC, considerando o disposto no art. 1.015, em especial seu inc. XIII. (...) A decisão de extinção parcial do processo é interlocutória porque ela não põe fim à etapa de conhecimento do processo na primeira instância, que prosseguirá, a despeito de ter, como conteúdo, uma das hipóteses do art. 485 ou dos incs. II ou III do art. 487. A incidência do § 2º do art. 203 à espécie, destarte, é irrecusável" (Oliveira, 2017, p. 184).

[2] Theodoro Jr., 2017a, p. 822.

Segundo o art. 355, será proferida sentença[3] com resolução de mérito, julgando antecipadamente o pedido, quando:

a) não houver necessidade de produção de outras provas; ou

b) o réu for revel, com os efeitos da revelia, e não houver o requerimento de prova do art. 349.

É o caso em que a controvérsia diz respeito apenas à interpretação de uma cláusula contratual, ou mesmo quando há dúvida acerca de fatos demonstrados por documentos já produzidos pelas partes.

Ademais, quando não há contestação, os fatos afirmados pelo autor serão tidos como verdadeiros. Nessa linha, se não há requerimento de provas orais, a audiência de instrução e julgamento seria um ato inútil.

Portanto, nessas hipóteses, o processo é enxugado, ou seja, é desnecessário que se passe à fase probatória.

É a manifestação do princípio da adaptabilidade do procedimento, pois o juiz o encurta, dispensando toda uma fase do processo. A sua instituição permitiu eliminar muitas audiências que, ao tempo do Código de 1939, eram realizadas sem vantagem para as partes e com perda de tempo para a Justiça.

Nas hipóteses cabíveis, não se trata de faculdade do juiz, mas sim de ato vinculado, em decorrência do princípio da economia processual (art. 139). Para ser encurtado o procedimento, o juiz deve comunicar às partes o que está prestes a realizar, em razão do princípio da cooperação.

Essa precaução é importante para que as partes não sejam surpreendidas com uma decisão antes do esperado por elas.

6.3 JULGAMENTO ANTECIPADO PARCIAL DO MÉRITO

Na esteira da norma do art. 354, parágrafo único, o art. 356 permite que sejam proferidas sentenças parciais, agora quando do julgamento antecipado do mérito.

A possibilidade de decisão parcial de mérito se dá quando um ou mais pedidos, ou mesmo parcela deles, mostrar-se incontroverso ou estiver em condições de julgamento imediato, na forma do item anterior. Apesar de o instituto ter sido desenhado para o julgamento em primeira instância, nada impede que seja também utilizado pelos Tribunais[4].

Sendo caso de um ou mais pedidos estarem em condições de imediato julgamento (art. 356, II, c/c art. 355), não se poderia esperar outra prescrição legal. Afinal, seria, no mínimo, contraproducente e ineficaz aguardar o julgamento de todos os pedidos, em sentença, quando o juiz já estava convencido, quanto a uma parcela, por simples prova documental[5].

Havendo revelia, é possível se cogitar de hipótese em que, mesmo ante a presunção relativa de veracidade dos fatos apontados pelo autor, o réu revel formule, tempestivamente, pedido de produção de provas. Nesse caso, ainda que reste inviabilizado o julgamento antecipado de todo o processo, não afastará a possibilidade de julgamento de parte dos pedidos, a respeito dos quais prova documental já formou o convencimento do juízo[6].

Atingindo apenas parte da demanda nas situações previstas no art. 355, o julgamento antecipado do mérito poderá ser fracionado.

---

[3] A decisão que antecipar o julgamento do mérito, na forma do art. 355, colocará fim à etapa cognitiva do procedimento comum e, por essa razão, terá a natureza de sentença, que poderá ser impugnada por apelação (Pinho; Hill, 2019, p. 220).

[4] Enunciado CJF n. 117: "O art. 356 do CPC pode ser aplicado nos julgamentos dos tribunais".

[5] Carneiro; Pinho, 2016, p. 217.

[6] Wambier et al., 2015, p. 962.

É possível que o juiz reconheça a existência de obrigação líquida ou ilíquida, caso em que a parte poderá liquidar ou executar, desde logo, a obrigação reconhecida na decisão que julgar parcialmente o mérito, independentemente de caução, ainda que haja recurso interposto (§§ 1º e 2º). Havendo trânsito em julgado da decisão, a execução será definitiva (§ 3º).

Essa decisão tem natureza de decisão interlocutória, pois não "põe fim à fase cognitiva do procedimento comum", consoante a definição de sentença do art. 203, § 1º. É recorrível por agravo de instrumento, nos termos do art. 356, § 5º, o que, entretanto, não impede a formação de coisa julgada, uma vez que, pelo art. 502, transitam em julgado não só as sentenças, mas as decisões de mérito. Daniel Neves[7], com acerto a nosso ver, sustenta que, a despeito da expressa previsão legal contida no art. 997, § 2º, II, do CPC, a forma adesiva de interposição desse recurso também deveria ser admitida.

Assim sendo, operam-se sobre essa decisão todos os efeitos da coisa julgada, tal como a rescindibilidade (art. 966). Ademais, ocorrendo o fracionamento do mérito, o pedido transitado em julgado não poderá ser atingido pelas decisões subsequentes tomadas em relação aos outros pedidos.

Por fim, conforme já decidiu o STJ[8], não há óbice a que essa técnica seja utilizada pelos Tribunais, desde que observados os requisitos legais e em homenagem aos princípios da celeridade, efetividade e economia processual.

6.4 SANEAMENTO E ORGANIZAÇÃO DO PROCESSO

Segundo o art. 357, não sendo o caso de uma sentença de extinção do processo ou de antecipação do mérito, o juiz deverá proferir decisão que organiza e prepara o processo para a fase de produção de provas, de modo a:

a) resolver as questões processuais pendentes, se houver;

b) delimitar as questões de fato sobre as quais recairá a atividade probatória, especificando os meios de prova admitidos;

c) definir a distribuição do ônus da prova;

d) delimitar as questões de direito relevantes para a decisão do mérito;

e) designar, se necessário, audiência de instrução e julgamento.

A normatização do saneamento no CPC é sensivelmente melhorada, se comparada com a regra do CPC/73. Contudo, o instituto torna-se, agora, bem mais denso.

Inicialmente, o legislador trata de forma mais clara as finalidades do saneamento, que deverá ser realizado à luz das normas fundamentais, sobretudo com a observância do contraditório, celeridade e cooperação.

Observe-se que, ao contrário do que ocorria no CPC/73, agora o saneamento se dará bem depois da audiência de conciliação (que deverá anteceder a resposta do réu).

Ademais, há um incentivo à realização do *saneamento compartilhado*, em observância ao dever de

---

[7] Neves, 2018, p. 45.

[8] O art. 356 do CPC prevê, de forma clara, as situações em que o juiz deverá proceder ao julgamento antecipado parcial do mérito. Esse preceito legal representa, portanto, o abandono do dogma da unicidade da sentença. (...) Presentes tais requisitos, não há óbice para que os tribunais apliquem a técnica do julgamento antecipado parcial do mérito. Tal possibilidade encontra alicerce na teoria da causa madura, no fato de que a anulação dos atos processuais é a *ultima ratio*, no confinamento da nulidade (art. 281 do CPC, segunda parte) e em princípios que orientam o processo civil, nomeadamente, da razoável duração do processo, da eficiência e da economia processual. REsp 1.845.542-PR, rel. Min. Nancy Andrighi, 3ªT., por unanimidade, j. 11-5-2021. *Informativo STJ* n. 696.

cooperação entre os vários sujeitos da relação processual, direcionando a produção probatória à solução dos pontos controvertidos.

Interessante questão, que já chamava a atenção da doutrina na vigência do CPC/73, diz respeito à preclusão das questões decididas pelo magistrado nessa oportunidade.

Humberto Theodoro Júnior entendia que, se não houvesse recurso em tempo hábil do despacho saneador, ocorreria a preclusão consumativa, impedindo que voltassem a ser discutidas as questões nele decididas[9].

Barbosa Moreira, em sentido contrário, entendia que a decisão de saneamento produz a preclusão de todas as questões decididas pelo juiz, seja *ex officio*, seja por provocação da parte, além das questões não decididas cuja solução caberia na decisão de saneamento.

Nesse último caso, estariam excetuadas apenas aquelas questões que, à luz de regra legal específica ou do sistema do Código, pudessem ser resolvidas posteriormente, como a hipótese da incompetência absoluta[10].

Segundo Luiz Fux, a tendência atual é no sentido de se admitir o reexame das questões formais a qualquer momento, de acordo com o art. 485, § 3º. Seguindo essa linha, não haveria preclusão das questões que podem ser conhecidas de ofício, como os pressupostos processuais e as condições da ação, salvo para efeitos de recurso especial ou extraordinário, em que se exige o prévio prequestionamento[11].

Em edições anteriores desse curso, sob a égide do CPC/73, sustentávamos que a decisão positiva, em que o juiz reconhece a presença dos requisitos de admissibilidade do processo – despacho saneador –, não se submete à preclusão *pro judicato*. Isso significa que, enquanto a relação jurídica esteja pendente, poderá ser feito o controle de ofício dos requisitos de admissibilidade. É a aplicação do art. 485, § 3º, do CPC, já estudado.

Contudo, o CPC traz norma expressa no art. 357, § 1º, no sentido de que, após o eventual pedido de esclarecimento das partes, a decisão de saneamento se torna estável.

O Código já havia feito menção ao fenômeno da estabilização por ocasião da tutela antecipada antecedente (art. 304), deixando claro que não haveria trânsito em julgado.

Quer me parecer que o CPC adota a teoria já sustentada pelo Min. Fux e por nós. Como regra, adota-se a ideia da preclusão *pro judicato* da decisão saneadora. Em caráter excepcional, essa teoria não se aplica às questões de ordem pública, submetidas à regra geral do art. 10 e do art. 485, § 3º.

É bem verdade que tem havido discussão acerca da possibilidade de as partes realizarem convenções processuais[12] (art. 190) após o saneamento. Nesse sentido, a doutrina[13] vem entendendo que,

---

[9] Theodoro Jr., 2009a, p. 409.
[10] Barbosa Moreira, 2009, p. 53.
[11] Fux, 2008, p. 461-462.
[12] Como bem ressalta Mazzola, "o sistema do NCPC pode ser considerado híbrido, tendo em vista a existência de negócios jurídicos típicos e atípicos. Típicos são aqueles previstos na própria lei, como a eleição de foro (art. 63), a suspensão convencional do processo (art. 313, II), a escolha consensual do mediador e do perito (arts. 168 e 471), o saneamento consensual (art. 357, § 2º), o pedido de adiamento da audiência (art. 362, I), a distribuição diversa do ônus da prova (art. 373, §§ 3º e 4º), a liquidação de sentença por arbitramento (art. 509, I), a desistência de uso de documento cuja falsidade é alegada pela parte contrária (art. 432, parágrafo único), entre outros. Atípicos são aqueles que não possuem expressa previsão legal, mas podem ser convencionados por força do art. 190 do NCPC. Além disso, existem os negócios jurídicos que dependem de homologação judicial (por exemplo, arts. 200, parágrafo único, 515, II, 862, § 2º). Temos, ainda, o art. 357 § 2º e o 471. Há também os negócios jurídicos processuais tácitos, como o consentimento tácito do cônjuge para a propositura de ação real imobiliária para a sucessão processual voluntária (artigo 109, § 1º, CPC) e a renúncia tácita à convenção de arbitragem (artigo 337, § 6º, CPC)" (Mazzola, 2017, p. 176).
[13] Theodoro Jr., 2015, p. 202.

diante da consensualidade da proposta, não haveria ofensa à estabilização, de forma que o CPC não teria o mesmo grau de restrição do CPC/73.

O § 2º permite que as partes apresentem ao juiz a delimitação consensual das questões de fato[14] sobre as quais recairá a atividade probatória e das questões de direito importantes para a decisão de mérito.

A norma revela-se, assim, consentânea com um dos pilares do CPC, a saber, a colaboração das partes para o desenvolvimento do processo e a obtenção de uma decisão de mérito justa e efetiva (art. 6º).

Se o juiz homologar a referida delimitação, não só as partes, como também o próprio juiz, estarão a ela vinculados.

Trata-se não de um ato meramente formal, e sim de verdadeira decisão, tomada a partir do livre convencimento motivado do magistrado, mas sempre calcada em fundamentação nos elementos e provas trazidos pelas partes ao processo[15].

Parece-me que há aqui alusão à figura da convenção processual prevista no art. 190.

Questão discutida durante algum tempo e hoje pacificada pelo STJ diz respeito ao termo inicial para interposição do agravo de instrumento se houver pedido de esclarecimento. Assim, o prazo de 15 dias para agravar só se inicia após transcorrido o quinquídio legal ou proferida a decisão complementar[16].

Além do § 2º, também o § 3º é uma grande evidência do que se pode chamar *contraditório participativo*, determinando a designação de audiência para as causas complexas, especialmente para oportunizar a cooperação entre o juiz e as partes. Nessa hipótese, as partes apresentarão em audiência o rol de testemunhas (§ 5º).

Se o juiz determinar a produção de prova testemunhal, fixará prazo comum não superior a quinze dias para que as partes apresentem rol de testemunhas, limitadas a três por fato a ser provado, totalizando no máximo dez. O juiz pode limitar ainda mais o número de testemunhas, se entender que a complexidade da causa e os fatos individualmente considerados assim exigem[17]. Contudo, importante frisar que, se houver modificação da decisão de saneamento quanto à delimitação das questões de fato sobre as quais recairá a produção de prova testemunhal, deverá o magistrado facultar às partes a complementação ou alteração do rol de testemunhas[18].

Ao que parece, a intenção do legislador ao estabelecer esse saneamento compartilhado foi evitar o prolongamento do processo, com a resolução de questões e incidentes processuais desvinculados do mérito, muitas vezes meramente protelatórios, bem como atitudes processuais posteriores contraditórias ao que foi acordado pelas partes, já que participarão diretamente da produção de provas.

Por fim, registre-se que as questões decididas pelo magistrado na decisão de saneamento não são passíveis de impugnação por agravo de instrumento, nem mesmo aquelas que indeferem ou reduzem as provas requeridas pelas partes, nos exatos termos do art. 1.015.

Excepcionam essa regra as decisões que versarem sobre a exibição ou posse de documento ou coisa (inciso VI do art. 1.015) e a distribuição diversa do ônus da prova (inciso XI).

---

[14] A proposta feita pelas partes pode, inclusive, agregar questões de fato que, até o momento, não haviam sido deduzidas (Enunciado 427 do FPPC).

[15] Wambier et al., 2015, p. 974.

[16] O termo inicial para interposição do agravo de instrumento, na hipótese do pedido previsto no art. 357, § 1º, do CPC/2015, somente se inicia depois de estabilizada a decisão de saneamento, o que ocorre após publicada a deliberação do juiz sobre os esclarecimentos e/ou ajustes ou, não havendo requerimento, com o transcurso do prazo de 5 (cinco) dias. REsp 1.703.571-DF, rel. Min. Antonio Carlos Ferreira, 4ªT., por maioria, j. 22-11-2022, *Informativo STJ* Edição Especial 9-23.

[17] Greco, 2015a, p. 230.

[18] Nesse sentido: Enunciado n. 694 do FPPC.

Capítulo 7
AUDIÊNCIA DE INSTRUÇÃO E JULGAMENTO

Ultrapassadas as etapas anteriores, não sendo hipótese de extinção do processo, mas também não sendo possível julgar de imediato o mérito, o juiz irá deferir quais provas poderão ser produzidas pelas partes — testemunhal, documental, pericial — e designará dia e hora para a realização da audiência de instrução e julgamento, se necessária (art. 357, V).

É uma das etapas mais relevantes do processo de conhecimento, já que é o momento para produção de provas e julgamento. Ela é regida pelos seguintes princípios: oralidade, imediatidade, concentração ou unidade, colaboração e publicidade.

Pelo princípio da oralidade, a prática dos atos processuais por meio da linguagem oral deve prevalecer sobre a forma escrita. De acordo com o princípio da imediatidade, o juiz deve estabelecer contato pessoal e direto com as partes, seus advogados e com as provas.

O princípio da concentração ou da unidade da audiência estabelece que os atos que a compõem devem desenvolver-se, preferencialmente, em uma única sessão, conforme dispõe o art. 365 do CPC. Além disso, a audiência deve ser pública, de acordo com os arts. 5º, LX, e 93, IX, da CF, bem como com o art. 368 do CPC, ressalvadas as hipóteses do art. 189 do CPC e demais restrições à publicidade previstas em legislação específica.

Contudo, não custa lembrar que nenhum desses princípios deve ser aplicado de forma isolada ou absoluta. Nos juizados especiais, por exemplo, os juízes leigos podem recolher provas sem a presença do juiz togado, mitigando-se, portanto, o princípio da imediatidade. Caso a audiência não possa ser realizada por completo no mesmo dia, o juiz, segundo o art. 365 do CPC, pode marcá-la para dia próximo, mitigando o princípio da unidade da audiência.

Na audiência de instrução e julgamento podemos identificar três papéis do magistrado: de conciliador (determina o art. 359 que o juiz deve tentar a conciliação das partes mais uma vez), de investigador (ao colher provas, tomar depoimentos, formular perguntas etc.) e de diretor (ao exercer o poder de polícia especificado no art. 360).

A AIJ é composta, portanto, de três fases: conciliação, instrução e julgamento. Nessas três fases encontramos a tentativa de busca do consenso, a oitiva e arguição do perito, os depoimentos pessoais das partes, a inquirição das testemunhas, a apresentação de alegações finais e, finalmente, a prolação da sentença.

Humberto Theodoro fala ainda em atos preparatórios, que consistiriam na designação de data e horário para a audiência, depósito do rol de testemunhas em cartório, dentre outros atos[1].

A audiência será aberta pelo juiz no dia e hora por ele designados, convocando-se as partes, seus advogados ou defensores, e as demais pessoas que participarão do procedimento para que se apresentem na sala de audiência (art. 358). Essa convocação é chamada de pregão e é um ato indispensável, sob pena de invalidar a audiência.

Em regra, ela acontece na sede do juízo, mas o art. 217 do CPC autoriza que, excepcionalmente, o juiz fixe local mais adequado.

---

[1] Theodoro Jr., 2017, p. 512.

Feito o pregão, inicia-se a audiência pela tentativa de conciliação, momento em que o juiz tentará auxiliar as partes a solucionar o litígio ou apresentar outros meios adequados para tal. Se houver conciliação, deverá ser documentada por escrito e a sentença proferida pelo juiz será de homologação do acordo.

Caso contrário, inicia-se a fase de produção de provas, sendo certo que a fixação dos pontos controvertidos já fora feita na decisão de saneamento e organização do processo.

Segundo Fredie Didier Jr.[2], é possível que, após essa decisão, alguma prova tenha sido produzida. Tem-se, com isso, a importância de reavaliar quais pontos restaram controversos e não corroborados, já que é sobre eles que a prova oral deverá incidir.

Iniciada a instrução, portanto, deve o juiz fixar (ou reavaliar) os pontos controvertidos sobre os quais incidirá a prova. O art. 361 estabelece uma ordem a ser seguida, preferencialmente, quanto à colheita de prova:

a) primeiro a pericial, momento em que peritos e assistentes responderão aos quesitos de esclarecimentos formulados pelas partes;

b) em seguida, serão tomados os depoimentos pessoais do autor e réu; e

c) finalmente, serão ouvidas as testemunhas arroladas pelas partes.

O referido dispositivo especifica que há uma preferência pela ordem estabelecida, e não uma regra inalterável, pois o próprio Código, no art. 139, VI, autoriza que o magistrado, quando entender que outra ordem é a mais adequada às necessidades do conflito, a altere, de modo a conferir maior efetividade à prestação jurisdicional.

Após a instrução, ocorrem os debates orais, momento em que os advogados do autor e réu e o órgão do Ministério Público (nas hipóteses do art. 178), sucessivamente, terão o prazo de vinte minutos cada, prorrogáveis por mais dez, para as alegações finais. Havendo litisconsorte ou terceiro, o prazo será de trinta minutos (vinte minutos iniciais somados à prorrogação de dez minutos, que formará um todo e será dividido entre eles, se não convencionarem de modo diverso).

Segundo o § 2º do art. 364, "Quando a causa apresentar questões complexas de fato ou de direito, o debate oral poderá ser substituído por razões finais escritas, que serão apresentadas pelo autor e pelo réu, bem como pelo Ministério Público, se for o caso de sua intervenção, em prazos sucessivos de 15 (quinze) dias, assegurada vista dos autos".

Ao término dos debates orais ou da apresentação dos memoriais[3], o juiz irá proferir a sentença, na própria audiência, ou o fará dentro de trinta dias (art. 366).

Fredie Didier Jr.[4] sustenta que, apesar de não haver previsão expressa nesse sentido, é compatível com o nosso sistema a conversão do julgamento em diligência probatória pelo juiz, determinando a produção de novas provas para esclarecer fatos que permaneceram obscuros mesmo após a instrução, garantido o contraditório e respeitada a limitação do poder instrutório do magistrado[5].

Cumpre ressaltar que o escrivão deve lavrar termo, sob o ditado do juiz, que conterá o ocorrido na audiência de forma resumida (art. 367). O artigo ainda possibilita a utilização do processo eletrônico, caso em que deverá ser respeitado o disposto no Código, em legislação específica e nas normas internas dos tribunais.

---

[2] Didier Jr., 2015, p. 29.
[3] Greco, 2015a, p. 281.
[4] Didier Jr., 2015, p. 31.
[5] Theodoro Jr., 2017a, p. 865.

Se o advogado não tiver poderes para a prática de algum ato de disposição contido no termo, além do juiz, do escrivão ou chefe de secretaria, do membro do Ministério Público e dos advogados, também subscreverão o termo as partes (art. 367, § 2º).

Destaque-se que é possível a gravação da audiência em imagem e em áudio, até mesmo pelas próprias partes, dispensada autorização judicial para tal. Nessas hipóteses, os equipamentos e a forma de gravação devem assegurar o rápido acesso às partes e aos órgãos julgadores.

A audiência de instrução e julgamento é una e contínua. Porém, no caso de ausência do perito ou de testemunha, ou mesmo diante da impossibilidade de realização das suas fases no mesmo dia, o CPC (art. 365) autoriza que o juiz designe data para o seu prosseguimento, exigindo que seja dia próximo e que haja concordância das partes.

Há casos em que a AIJ poderá ser adiada (art. 362), mas isso não exime a parte que deu causa ao adiamento do pagamento das custas a ele referentes. As hipóteses são:

a) convenção das partes;

b) se não puderem comparecer, por motivo justificado, as pessoas que dela devam participar;

c) ou por atraso injustificado do seu início por mais de 30 minutos além do horário marcado – não se enquadra nessa hipótese o atraso em razão da demora nas audiências anteriores, que se justifica por si só.

No caso de ausência do advogado, do defensor público ou do promotor de justiça, a produção de prova requerida pela parte por ele representada poderá ser dispensada a critério do juiz. A ausência do juiz também impede a abertura da audiência.

Em relação ao adiamento por convenção das partes, Leonardo Greco, com base no art. 200 do CPC, entende que a audiência é adiada desde o momento em que a petição conjunta é protocolada.

No caso da ausência de advogado, ele entende que a perda do direito de produzir provas só se concretiza se a parte representada também não estiver presente. Ela ficaria, porém, impedida de praticar atos de natureza postulatória.

Na hipótese do art. 362, II, que trata da ausência justificada de outras pessoas que deveriam comparecer à audiência, o adiamento abrange apenas os atos que deveriam ser praticados pelo ausente, e não necessariamente toda a audiência. Se faltar uma das partes que deveria prestar depoimento pessoal, por exemplo, nada impede o juiz de ouvir o perito.

Outras hipóteses que ensejam o adiamento da audiência são:

a) em virtude da substituição de testemunha (art. 451), se o adiamento for indispensável para que se proceda à intimação da substituta;

b) quando for necessário marcar nova data para permitir que o prazo concedido ao perito termine antes do limite fixado no art. 477;

c) quando ocorrer a substituição do perito remisso (art. 477, § 1º); ou

d) quando o juiz determinar a realização de nova perícia (art. 480).

É possível, também, a antecipação da audiência. Isso pode ocorrer por motivos de conveniência da Justiça ou, então, a requerimento de uma das partes.

A esse respeito, o art. 363 estabelece que, havendo antecipação (ou adiamento) da audiência, o juiz, de ofício ou a requerimento da parte, mandará intimar os advogados ou a sociedade de advogados para ciência da nova designação.

Capítulo 8
PROVAS

8.1 NOÇÕES GERAIS

O estudo das provas pode ser dividido em duas partes: uma primeira, chamada teoria geral da prova; e uma segunda, composta pelo estudo das provas em espécie. No primeiro momento, será abordada apenas a teoria geral da prova e suas regras fundamentais, passando, em seguida, às provas em espécie e ao estudo das principais questões suscitadas em sede doutrinária e jurisprudencial.

A prova, em sua origem, está ligada à busca da verdade substancial, colocando o juiz em condições de se pronunciar diretamente sobre a demanda, por meio da reconstrução dos fatos exatamente da forma como ocorreram.

Atualmente, também se reconhece que é imprescindível a reconstrução dos fatos a fim de que a hipótese prevista na norma seja adequadamente aplicada, e isso depende da maior ou menor aproximação dessa hipótese com a realidade.

Contudo, a verdade no processo não constitui mais um fim em si mesmo, sendo a noção de verdade, hoje, algo meramente utópico e ideal, enquanto absoluto. Não se afirma mais que o encontrado corresponde efetivamente à verdade. O processo se torna palco de discussões e o objetivo é o convencimento dos demais sujeitos processuais sobre o fato alegado.

O juiz não pode eternizar a busca pela verdade, devendo se contentar com a verdade processual, ou seja, aquela que, de acordo com o que consta no processo, aparenta ser a verdade.

Dessa forma, "o processo se contenta com a verdade que migra para os autos, ou seja, a verdade do Judiciário, aquela que importa para a decisão"[1].

A prova pode ser definida como o conjunto de atividades de demonstração e valoração mediante as quais se procura comprovar a veracidade de determinados fatos relevantes para o julgamento da causa[2].

Luiz Fux, sem pretensão de esgotar o conteúdo do conceito, afirma que "a prova é o meio através do qual as partes demonstram, em juízo, a existência dos fatos necessários à definição do direito em conflito. Provar significa formar a convicção do juiz sobre a existência ou inexistência dos fatos relevantes para a causa"[3].

Mais do que isso, a prova é, ainda, um direito fundamental (art. 5º, LIV e LVI, da CF/88), sendo uma faceta do próprio "direito de agir em juízo", que não se exaure no direito subjetivo de obter um provimento jurisdicional qualquer, mas também em um procedimento probatório adequado, que garanta o contraditório e a ampla defesa.

O direito à prova não é absoluto, devendo o juiz admitir apenas meios de provas pertinentes, relevantes e admissíveis, além de úteis para a decisão da causa[4].

Deve-se, porém, ter cautela quanto à eventual limitação, vedação ou restrição às fontes e meios

---

[1] Fux, 2008, p. 572.
[2] Dinamarco, 2009b, p. 43.
[3] Fux, 2008, p. 572.
[4] Cambi, 2006, p. 137.

de prova disponibilizados para que a restrição não se revele abusiva, uma vez que seria verdadeira negativa da jurisdição impedir o interessado de se valer dos instrumentos de prova a ele garantidos. Com isso, tem-se que a prova, muito mais do que um instrumento para demonstrar as alegações feitas, é um direito fundamental.

Destacamos, aqui, o art. 379 do CPC, que traz deveres de cooperação da parte na produção de provas, ressalvando expressamente o consagrado direito de não produzir prova contra si mesma.

Já o art. 378 traz o dever de colaboração das partes com o Judiciário, "para o descobrimento da verdade", sempre tendo-se em conta a boa-fé (art. 5º), a cooperação voltada para a justiça e a efetividade da decisão (art. 6º), o contraditório (art. 7º) e os fins sociais do art. 8º[5]. Contudo, há limites, como na hipótese de que a colaboração possa gerar um prejuízo concreto em outro procedimento que tramite na justiça criminal[6].

Assim, além de direitos, as partes também têm deveres impostos pela lei. Outro exemplo disso é o art. 380, que dispõe acerca dos deveres de terceiros quanto à produção de provas, sob pena de sanções em caso de descumprimento.

8.2 OBJETO E INCIDÊNCIA

O objeto da prova é o conjunto de alegações controvertidas das partes, sendo relevante para o julgamento da causa. A prova incide sobre fatos, ou seja, o objeto da prova são os fatos litigiosos.

Contudo, tal concepção esbarra na constatação sobre a ocorrência ou não dos fatos em si. Para essa corrente, as provas têm como objetivo influir na convicção do juiz, para que considere verídicas ou não as alegações das partes acerca dos fatos.

A prova não incidiria, portanto, sobre os fatos propriamente ditos, mas, sim, sobre as alegações apresentadas pelas partes com base neles. Dessa forma, a alegação pode ou não corresponder à realidade daquilo que se passou fora do processo.

Os fatos, como regra, seriam relevantes e controvertidos: relevantes porque influenciam o convencimento do juiz na resolução do mérito da causa, e controvertidos por serem aqueles sobre os quais as partes divergem, seja quanto à sua efetiva ocorrência, seja quanto a seus efeitos.

Há, contudo, determinados fatos que, apesar de serem incontroversos, dependem de prova do interessado para seu reconhecimento.

São eles:

a) casos de direitos indisponíveis (art. 341, I, c/c o art. 345, II, do CPC);

b) casos em que a lei exija que a prova do ato jurídico se revista de forma especial, tal como a necessidade do instrumento público da certidão de casamento para fazer a prova de casamento; do registro no RGI para fazer a prova de proprietário; e do testamento para provar que é legatário;

c) alegações de fatos improváveis como constitutivos do direito do autor. Nesse caso, o juiz pode determinar que a parte produza prova suficiente para convencê-lo de que ocorreu o afirmado.

O art. 374 dispõe que não dependem de prova: os fatos notórios; afirmados por uma parte e confessados pela parte contrária; admitidos, no processo, como incontroversos; e em cujo favor milita presunção legal de existência ou de veracidade.

---

[5] Wambier et al., 2015, p. 1023.

[6] Enunciado CJF n. 31: "A compatibilização do disposto nos arts. 378 e 379 do CPC com o art. 5º, LXIII, da CF/1988, assegura à parte, exclusivamente, o direito de não produzir prova contra si quando houver reflexos no ambiente penal".

Já o art. 375 determina ao juiz que aplique as regras de experiência comum[7], observando o que ordinariamente acontece, bem como as regras de experiência técnica, quando não for necessária prova pericial.

O CPC suprime a expressão "em falta de normas jurídicas particulares", que constava do primitivo Código (art. 335), em consonância com o entendimento de muitos críticos da antiga regra, dentre os quais Barbosa Moreira.

Entretanto, era justificável a condicionante, se interpretada enquanto hipóteses de presunção legal absoluta e provas legais, as quais não podem ser ignoradas sob o fundamento de haver uma máxima de experiência.

Por outro lado, o atual art. 375 autoriza o uso de duas modalidades de regras de experiência:

a) comuns – fornecidas a partir da observação dos acontecimentos ordinários; e

b) técnicas – não especificadas pelo legislador; podem ser definidas como a observação a partir de parâmetros específicos e que podem ser demonstrados de forma objetiva em juízo.

Questão controvertida diz respeito à necessidade de prova do direito.

Para Luiz Rodrigues Wambier[8], a prova do direito só seria necessária na hipótese do art. 376, ou seja, quando é alegado direito municipal, estadual, estrangeiro ou consuetudinário. Apenas nesses casos o juiz pode atribuir à parte interessada o ônus de provar o teor e a vigência do direito alegado.

Fux afirma que tal norma deve ser interpretada à luz da sede territorial onde o magistrado exerce a jurisdição. O magistrado não poderia, então, exigir a prova das leis municipais do local onde presta a jurisdição, e o mesmo vale no caso de Estado[9].

Cândido Rangel Dinamarco[10], em posição sustentada antes da vigência do Código, já chamava a atenção para o fato de que as provas incidem sobre as alegações de determinados fatos. O objeto de prova não será o direito municipal, estadual, consuetudinário ou estrangeiro, mas sim a alegação da parte interessada de que ele possui determinado teor e que se encontra em vigor.

8.3 NATUREZA DAS NORMAS SOBRE PROVAS

O instituto é regulamentado tanto no campo do direito material quanto no campo do direito processual, eis que as normas que versam sobre a questão são consideradas heterotópicas.

Contudo, mais do que isso, como já tivemos a oportunidade de ressaltar, a prova lícita encontra sede constitucional, compondo o próprio direito do cidadão de agir em juízo (art. 5º, LIV e LVI, da CF).

Ademais, algumas condutas utilizadas para obter a prova de forma ilícita estão tipificadas na lei penal, como é o caso da tortura, da violação de correspondência e da interceptação clandestina de comunicações telefônicas.

8.4 DESTINATÁRIOS DA PROVA

Destinatário direto da prova é o Estado-juiz, passando a prova produzida a integrar o processo. Já o destinatário indireto da prova são as partes[11]. Acrescentam-se, ainda, como destinatários

---

[7] Theodoro Jr., 2017a, p. 902.
[8] Wambier; Almeida; Talamini, 2009, p. 235.
[9] Fux, 2008, p. 576.
[10] Dinamarco, 2009b, p. 69.
[11] Contudo, como bem anota Leonardo Greco, o juiz não é mais "o único destinatário das provas, que não se destinam à sua exclu-

mediatos da prova, os terceiros interessados e o Ministério Público, na qualidade de fiscal da lei[12].

Em relação à valoração das provas feita por seu destinatário imediato, inicialmente vigorou o sistema das Ordálias, também chamado de juízo de Deus. Para demonstrar a veracidade de suas afirmações, o réu era obrigado a submeter-se a provas e sobreviver, como, por exemplo, andar sobre brasas, o que caracterizaria a proteção de Deus sobre ele e, consequentemente, a veracidade de suas alegações.

Depois, vigorou o sistema das provas tarifadas, em que era atribuído valor específico às provas. A prova mais valiosa era a confissão e a menos valiosa, a prova testemunhal.

Outro sistema utilizado foi o da íntima convicção, em que o juiz tinha plena liberdade para analisar as provas produzidas, inclusive com a possibilidade de se utilizar de fatos de seu conhecimento pessoal para julgar a causa.

Hoje, o sistema adotado é o da persuasão racional ou livre convencimento motivado, em que o juiz tem plena liberdade para analisar as provas, mas não pode se utilizar de fatos extra-autos para fundamentar suas decisões. Não existe, portanto, qualquer hierarquia entre as provas.

Nesse sentido, o art. 371 do CPC dispõe que "o juiz apreciará a prova constante dos autos, independentemente do sujeito que a tiver promovido, e indicará na decisão as razões da formação de seu convencimento".

8.5 CLASSIFICAÇÃO

a) Quanto ao fato (ou objeto)

a.1) Provas diretas: a prova incide exatamente sobre o fato alegado pela parte.

a.2) Provas indiretas: a prova não incide sobre o fato alegado, mas sobre outro, conexo àquele que se pretende demonstrar, a fim de que o juiz possa presumir que os fatos ocorreram da maneira alegada pela parte. Esse fato conexo sobre o qual recai a prova é chamado de indício e, por tal razão, as provas indiretas são também denominadas provas indiciárias.

b) Quanto ao sujeito

b.1) Provas pessoais: são as fontes ativas de provas, como os depoimentos das partes e das testemunhas.

b.2) Provas reais: são as fontes passivas de provas, isto é, a prova recai sobre coisas, como os documentos. No caso de uma pessoa ser submetida à perícia médica, temos uma fonte real de prova, já que o indivíduo se tornará objeto da prova.

c) Quanto ao objeto

c.1) Provas orais: produzidas pelo depoimento das partes ou das testemunhas.

c.2) Provas documentais: reveladas pelo exame de documentos, lembrando que nosso ordenamento considera como documentos não apenas os escritos, mas também as mídias que podem ser registradas, tais como imagens, gravações, arquivos de voz e vídeo, bem como material gráfico, como desenhos, esboços, pinturas etc.

c.3) Provas materiais: são os laudos periciais técnicos, como o exame de corpo de delito, exame de local e laudos de avaliação de coisas.

---

siva apreciação, mas também à apreciação das partes, dos tribunais superiores que exercerão a jurisdição no mesmo processo em instâncias diversas e da própria sociedade que sobre ele exerce o controle social da exação no exercício da jurisdição" (Carneiro; Greco; Pinho, 2016, p. 4).

[12] Nesse sentido o Enunciado 50 do FPPC: "Os destinatários da prova são aqueles que dela poderão fazer uso, sejam juízes, partes ou demais interessados, não sendo a única função influir eficazmente na convicção do juiz".

d) Quanto à preparação

d.1) Provas constituídas: são as produzidas no curso do processo (incidentais).

d.2) Provas pré-constituídas: são as que antecedem o processo, já existem antes dele.

8.6 MEIOS DE PROVA

Meios de prova são os instrumentos técnicos aptos a demonstrar a veracidade de determinadas alegações controvertidas e relevantes para o julgamento da causa.

O art. 369 do CPC autoriza a utilização de todos os meios legais ou moralmente legítimos de prova, ainda que não previstos expressamente no CPC, consagrando, na parte final, o princípio do contraditório participativo[13] e consolidando, dessa forma, o efetivo direito de influenciar[14] a decisão judicial.

São meios legais as provas típicas, previstas em lei, dentre elas a confissão, o documento, o depoimento da testemunha e o laudo pericial. São meios moralmente legítimos as provas atípicas, sem previsão legal, como, por exemplo, a inspeção realizada por oficial de justiça. Antes da vigência do CPC, falava-se, ainda, na prova emprestada e na ata notarial. Contudo, essas modalidades foram expressamente contempladas pelo legislador de 2015.

Vê-se, então, que o rol de provas no direito brasileiro não é taxativo, devendo as restrições probatórias ser vistas com cautela, apenas para que não prejudiquem um desenvolvimento ordenado do processo ou que desafiem as garantias e os valores constitucionais.

8.7 ÔNUS DA PROVA

Iniciaremos pela definição de ônus da prova[15], que nada mais é do que o encargo, atribuído pela lei a cada uma das partes, de demonstrar a ocorrência dos fatos de seu interesse para as decisões que serão proferidas no processo[16].

Na verdade, imprescindível relembrar a própria definição de ônus nas palavras esclarecedoras de João Batista Lopes[17], que o identifica com o termo "carga".

---

[13] Contudo, como adverte Leonardo Greco, "essa evolução se reflete no artigo 369 do Código de 2015, que assegura às partes o direito de empregar todos os meios para provar a verdade dos fatos em que se fundam o pedido e a defesa e influir eficazmente na convicção do juiz" (Carneiro; Greco; Pinho, 2016, p. 4).

[14] Destacamos, ainda, outros dispositivos do NCPC que consagram a importância do contraditório: arts. 98, VIII, 115, 329, II, 350, 372, 432, 457, § 3º, 526, § 1º, 596, 619, 628, § 1º, 637, 638, 641, 722, 728, 754, 792, § 4º, 808, 817, parágrafo único, 818, 819, parágrafo único, 862, § 1º, 869, caput e § 4º, 872, § 2º, 874, 920, I, 921, § 5º, 962, § 2º, 1.009, § 2º, 1.036, § 2º e 1.037, § 11" (Mazzola, 2017, p. 37).

[15] Leonardo Greco, com precisão, distingue o ônus do dever: "conforme tenho tido oportunidade de acentuar, o dever é um encargo a que se submete determinado sujeito do processo para atender a direito de outro sujeito, cujo descumprimento constitui ato ilícito. Ônus é um encargo imposto a um determinado sujeito do processo em seu próprio benefício, cujo descumprimento não constitui ato ilícito, porque não viola direito de outro sujeito, mas acarreta para o seu titular uma consequência desfavorável" (Carneiro; Greco; Pinho, 2016, p. 7).

[16] Wambier; Talamini, 2017, p. 234.

[17] "Por ônus entende-se não um dever jurídico, mas a subordinação de um interesse próprio a outro interesse próprio, ao passo que na obrigação ocorre a subordinação de um interesse próprio a outro, alheio. (...) No ônus, há, de conseguinte, a ideia de carga e não de obrigação ou dever" (Lopes, 2010, p. 1525). Ao longo do artigo, os termos "ônus" e "encargo" serão utilizados indistintamente.

A regra de distribuição do ônus da prova é fundamental para que o magistrado possa se desincumbir do seu mister[18] e determinar como se dará o esclarecimento dos fatos controvertidos[19].

Até mesmo porque, como bem ressalta Roberto Rodrigues[20], trata-se de ficção jurídica que objetiva suprir as limitações objetivas do processo, viabilizando, assim, o exercício da jurisdição, mesmo diante de um contexto probatório precário.

A doutrina destaca que o ônus da prova se apresenta sob dois aspectos. Sob o aspecto subjetivo, constitui uma norma de conduta para os litigantes. De outra parte, sob o aspecto objetivo, é uma norma de julgamento segundo a qual, quando faltar a prova dos fatos relevantes do processo, o juiz deverá proferir uma sentença de mérito desfavorável para o litigante que estava dele desincumbido[21].

O sistema da distribuição estática do ônus da prova, adotado pelo CPC/73, não levava em consideração nem as peculiaridades do caso concreto, nem a posição das partes no processo[22].

Numa primeira tentativa de aperfeiçoar o sistema, tivemos a inserção em nosso ordenamento da chamada inversão do ônus da prova, entendida como a alteração de regra sobre a distribuição desse ônus, imposta ou autorizada por lei.

Na prática, isso implicou a isenção de um ônus para o consumidor ou empregado e no *correlato acréscimo desse ônus* ao fornecedor ou empregador[23]. Apesar de haver a previsão no CDC, a jurisprudência permite, também, aplicação para outras áreas[24].

A inversão do ônus da prova é classificada doutrinariamente em inversão legal, convencional ou judicial. A inversão do ônus da prova legal ou inversão *ope legis* consiste nas presunções relativas instituídas em lei (*praesumptionis legis*), tendo como fundamento legal o art. 38 do Código de Defesa do Consumidor (CDC)[25].

A inversão judicial, também denominada inversão *ope judicis*, corresponde à alteração no disposto em regras legais responsáveis pela distribuição do ônus da prova por decisão do juiz, tendo como fundamento legal o art. 6º, VIII, do CDC. Nessa hipótese, como já decidiu o STJ[26], temos uma regra de instrução e não regra de julgamento, motivo pelo qual a decisão judicial que a determina deve ocorrer antes da etapa instrutória, sob pena de absoluto cerceamento de defesa.

A inversão convencional, por seu turno, consiste na alteração das mencionadas regras legais mediante ato concertado entre as partes, sendo autorizada no art. 373, § 3º, do CPC, dependendo apenas da natureza dos direitos em litígio e do efeito da inversão, que não pode acarretar extrema dificuldade para uma das partes.

Afigura-se assente em sede doutrinária que as duas hipóteses previstas no art. 6º, VIII, do CDC são alternativas e não cumulativas, ou seja, basta a verificação de uma delas para que seja admissível a decretação da inversão.

---

[18] Barbosa Moreira, 1984, p. 136.
[19] Aroca, 2002, p. 87-88.
[20] "Trata-se, portanto, de ficção jurídica criada com o objetivo de suprir as limitações do processo enquanto instrumento do exercício da jurisdição, a qual possibilita que o juiz chegue a uma decisão favorável ao autor ou ao réu mesmo sem ter alcançado uma convicção plena sobre os fatos alegados em razão da insuficiência dos elementos contidos nos autos" (Rodrigues, 2015, p. 41).
[21] Hill, 2007, p. 31.
[22] Oliveira, 2014, p. 13.
[23] Barbosa Moreira, 1997, p. 123.
[24] Súmula 618 do STJ: "A inversão do ônus da prova aplica-se às ações de degradação ambiental" (Corte Especial, j. 24-10-2018, *DJe* 30-10-2018, *Informativo STJ*, n. 635).
[25] Watanabe, 2001, p. 732.
[26] REsp 1.286.273-SP, rel. Min. Marco Buzzi, 4ª T., por unanimidade, j. 862021. *Informativo STJ* n. 701.

Assevera Humberto Theodoro Júnior[27] que, tendo em vista o caráter excepcional da inversão do ônus da prova, é necessário que o autor apresente indícios relativos às suas alegações, sob pena de se admitir o ajuizamento de demandas absurdas, calcadas em fatos e alegações absolutamente impossíveis de serem comprovados, o que não deve ser admitido.

Importante ressaltar que a Lei n. 13.709/2018 (Lei Geral de Proteção de Dados), com redação dada pela Lei n. 13.853/2019, em seu art. 42, § 2º, prevê que o magistrado poderá inverter o ônus da prova a favor do titular dos dados quando, a seu juízo, for verossímil a alegação, houver hipossuficiência para fins de produção de prova ou quando a produção de prova pelo titular resultar-lhe excessivamente onerosa.

Conforme entendimento prevalecente em sede doutrinária, o objeto da prova consiste nos fatos alegados pelas partes.

A doutrina sustenta que a inversão deve voltar-se para fatos que se mostrem:

a) relevantes para o deslinde do litígio;

b) controvertidos;

c) específicos.

A inversão do ônus da prova, fundada no art. 6º, VIII, do CDC, não se opera automaticamente, dependendo de decisão judicial que a determine no caso concreto, bem como essa benesse não libera o consumidor de comprovar a existência da relação jurídica e nem de provar os fatos constitutivos do seu direito, naquilo que lhe seja acessível.

Ainda acerca da decisão judicial que decreta a inversão do ônus da prova, cumpre destacar a necessidade de fundamentação, em obediência ao art. 93 da Constituição Federal.

São considerados efeitos da inversão do ônus da prova:

a) a isenção ao consumidor de provar o nexo causal, em caso de responsabilidade objetiva;

b) em caso de responsabilidade subjetiva, isenção ao consumidor de provar, outrossim, o fato de que o réu teria agido com culpa ou dolo;

c) transferência, ao réu, do respectivo ônus de que fora o autor isentado;

d) possibilidade de o fato alegado pelo autor ser reputado verdadeiro, com a (provável) consequência de ser o mérito julgado favoravelmente ao demandante, caso o réu não se desincumba do novo ônus que lhe foi transferido.

Vistas as características da inversão, passamos, agora, a tratar da carga dinâmica da prova, a partir da concepção doutrinária.

Falemos, agora, um pouco sobre a distribuição diversa do ônus da prova, instituto previsto no § 1º do art. 373 do CPC.

A teoria da carga dinâmica da prova rompe com a visão estática tradicional da prévia distribuição do ônus da prova entre as partes, a fim de adequar a distribuição ao caso concreto, atribuindo o ônus da prova à parte que estiver em melhor condição de fazê-lo[28].

Essa teoria abandona o prévio e abstrato estabelecimento do ônus probatório e sustenta que a atribuição do ônus da prova independe da posição que as partes ocupam no processo.

De igual sorte, será de pouco relevo a natureza do fato invocado (constitutivo, extintivo, modificativo ou impeditivo do direito).

---

[27] Theodoro Jr., 2004, p. 57.
[28] Montero Aroca, 2001, p. 260.

Ao revés, assumem relevo para a aplicação do citado princípio as particularidades do caso concreto e a natureza do fato a ser provado, com o objetivo de se imputar o encargo à parte que, pelas circunstâncias concretas, possua melhores condições de fazê-lo.

Pode ser identificada como fonte inspiradora a legislação espanhola, especialmente a *Ley de Enjuiciamiento Civil*, de 7 de janeiro de 2000, no § 7º de seu art. 217.

É indubitável que a teoria da carga dinâmica da prova se mostra mais abrangente do que o mecanismo de inversão do ônus da prova.

Isso porque a decretação da inversão do ônus da prova, tal qual adotada em nosso ordenamento jurídico, depende da verificação da presença de requisitos ditados pela lei, como a hipossuficiência e a verossimilhança.

Com efeito, no CPC/73 a regra era a distribuição estática do ônus da prova, cabendo ao juiz afastar essa regra, em caráter excepcional, sempre atentando para as peculiaridades do caso concreto, como já autorizado pela jurisprudência do STJ.

No texto do CPC, a teoria da carga dinâmica da prova é parcialmente recepcionada no art. 373, de modo que a distribuição estática continua sendo a regra.

Contudo, ela pode ser mitigada:

a) por força de lei (art. 373, § 1º, primeira parte).

b) por decisão judicial (§ 1º, segunda parte).

Embora o Código não estabeleça um limite temporal, é intuitivo que tal decisão deve ser anterior à sentença.

Contudo, excepcionalmente, podemos pensar na hipótese de conversão do julgamento em diligências, diante do surgimento de um novo elemento de convicção. Aí poderia o magistrado aplicar o art. 373, obviamente atentando para os requisitos positivos e negativos aqui comentados[29].

Ademais, para que o magistrado determine a providência, é preciso que se configure uma das seguintes situações:

i) as peculiaridades da causa, relacionadas à impossibilidade ou à excessiva dificuldade de cumprir o encargo nos termos do *caput* indiquem que uma das partes está em melhores condições de trazer aquele elemento de convicção ao juízo;

ii) uma das partes tem, claramente, maior facilidade de obtenção da prova do fato contrário do que aquela que, originalmente, teria aquele ônus (pela regra estática);

iii) por convenção das partes (art. 373, § 3º), durante o processo ou mesmo antes (§ 4º) de sua instauração.

A segunda e a terceira modalidades sofrem restrições. Assim:

a) não pode ser feita por convenção caso:

a.1) recaia a discussão sobre direito indisponível;

---

[29] A alteração *ope legis* ou *ope judicis* da sistemática probatória ordinária leva consigo o custeio da carga invertida, não como dever, mas como simples faculdade. Logo, não equivale a compelir a parte gravada a pagar ou a antecipar pagamento pelo que remanescer de ônus do beneficiário. Modificada a atribuição, desaparece a necessidade de a parte favorecida provar aquilo que, daí em diante, integrar o âmbito da inversão. Ilógico e supérfluo requisitar que produza o réu prova de seu exclusivo interesse disponível, já que a omissão em nada prejudicará o favorecido ou o andamento processual. Ou seja, a inversão não implica transferência ao réu de custas de perícia requerida pelo autor da demanda, pois de duas, uma: ou tal prova continua com o autor e somente a ele incumbe, ou a ele comumente cabia e foi deslocada para o réu, titular da opção de, por sua conta e risco, cumpri-la ou não. Claro, se o sujeito titular do ônus invertido preferir não antecipar honorários periciais referentes a seu encargo probatório, presumir-se-ão verdadeiras as alegações da outra parte. REsp 1.807.831-RO, rel. Min. Herman Benjamin, 2ªT., por unanimidade, j. 7-11-2019, *DJe* 14-9-2020. *Informativo* 679 STJ.

a.2) torne excessivamente difícil a uma das partes o exercício do seu direito.

Veja-se que, nessas duas hipóteses, poderá o magistrado invalidar o acordo prévio ou incidental, hipótese em que deverá ele mesmo reconfigurar a distribuição.

Note-se, ainda, que ambas as hipóteses se referem a conceitos jurídicos indeterminados, razão pela qual haverá grande discricionariedade judicial na hipótese, o que poderá levar a um quadro de reserva ao uso do instituto, por receio de gerar insegurança jurídica[30].

b) Não pode ser feita judicialmente:

b.1) caso gere situação em que a desincumbência do encargo pela parte seja impossível ou excessivamente difícil (§ 2º, parte final) – com a devida vênia, distinguir impossível de excessivamente difícil é tarefa complexa e desnecessária. O legislador poderia ter utilizado aqui apenas a segunda expressão.

b.2) por decisão não fundamentada ou precariamente fundamentada (§ 1º, segunda parte). Verifica-se, aqui, a concretização do princípio da fundamentação analítica, previsto genericamente no art. 11, e explicitado no art. 489, § 1º, todos do CPC.

b.3) sem que o juiz dê à parte a oportunidade de se desincumbir do ônus que lhe foi atribuído (§ 1º, parte final). Trata-se de materialização do princípio do contraditório dinâmico, que também pode ser compreendido como "não surpresa", previsto no art. 10, inserido na Parte Geral do atual Código.

Interessante notar a preocupação do legislador. Ao mesmo tempo que introduz em nosso direito processual um novo instituto, procura atenuar eventuais efeitos colaterais, reforçando a necessidade da observação dos princípios constitucionais, sobretudo o contraditório e a razoabilidade (devido processo legal substantivo).

O instituto é decorrência concreta de três princípios constitucionais previstos expressamente na Parte Geral do CPC:

a) Princípio do acesso à justiça[31], na medida em que aquele que ostenta um direito material deve ter à sua disposição um provimento judicial apto a tutelar esse direito[32].

b) Princípio da isonomia, compreendido no sentido material, ou seja, o magistrado, ao identificar que as partes se encontram em situação desigual, deve dar tratamento diferenciado a elas, na exata medida necessária a restabelecer a paridade de armas.

c) Princípio da cooperação, uma vez que aquele que está em melhores condições de trazer os elementos de convicção aos autos deverá fazê-lo, pois o atual Código rompe a tradição adversarial do direito brasileiro e busca introduzir entre nós os postulados da advocacia colaborativa[33].

Forçoso reconhecer, ainda, que a distribuição dinâmica do ônus da prova é providência excepcional e subsidiária[34] à regra de distribuição estática, e só deverá ser utilizada quando existirem fun-

---

[30] Como bem ressalta Paulo Lucon, em obra por nós coordenada, "por conta da eficácia direta, por exemplo, a segurança jurídica exerce uma função integrativa, capaz de agregar elementos não previstos em subprincípios ou regras. Assim, se a aplicação de uma determinada regra criar um estado de incerteza ou imprevisibilidade, deverá ser ela adaptada às exigências desse sobreprincípio" (Pinho; Hill, 2019, p. 274).

[31] CPC: "Art. 4º As partes têm direito de obter em prazo razoável a solução integral do mérito, incluída a atividade satisfativa".

[32] Zaneti, 2011, p. 135.

[33] Pinho, 2014, p. 14.

[34] Rodrigues, 2015, p. 56.

dados elementos no sentido de que a adoção da regra geral possa conduzir o processo a um desfecho manifestamente injusto[35].

A principal crítica dirigida à dinamização do ônus da prova recai sobre o suposto aumento dos poderes do juiz, o que poderia comprometer a segurança jurídica.

De fato, a fim de evitar essa temida ameaça, é preciso especial atenção ao princípio da motivação analítica[36]. Assim, deve incidir na espécie o art. 489, § 1º, do CPC, que estabelece, de forma clara e inequívoca, os parâmetros básicos para que uma decisão seja considerada fundamentada.

Desse modo, não bastará que o magistrado forneça motivação sintética, superficial ao proferir tal decisão. Deverá indicar, no caso concreto, quais as peculiaridades e situações excepcionais que o levaram a concluir que a técnica da carga dinâmica é a mais adequada e segura para a obtenção dos elementos de prova.

De toda sorte, apesar da preocupação demonstrada durante o procedimento legislativo do CPC, estamos em que a providência é bem-vinda e que o seu uso prudente contribuirá muito para o alcance da tão almejada efetividade do processo. Um bom exemplo disso pode ser visto na hipótese da fixação do ônus da prova sobre a existência da contratação de empréstimo consignado com o objetivo de demonstrar a vontade manifestada pelo consumidor, como já decidiu o STJ de forma vinculante[37].

8.8 PROVAS ILÍCITAS

Provas ilegais são as que implicam violação da norma de direito material ou de direito processual. Quando a prova é obtida por meio da violação de norma de direito material, estamos diante de provas ilícitas[38]; aquelas obtidas mediante violação da norma de direito processual chamamos de provas ilegítimas. Assim, provas ilegais são gênero, do qual são espécie as provas ilícitas e as provas ilegítimas.

O art. 5º, LVI, da Constituição estatuiu a proibição genérica de provas obtidas por meios ilícitos, sem atenuações. Tal regra decorre da proteção aos direitos fundamentais, de modo que a busca pela verdade não pode ser feita a qualquer custo e deve respeitar a dignidade da pessoa humana.

Em uma interpretação literal, há quem não admita, em qualquer hipótese, a utilização de prova obtida por meio ilícito, inclusive no que concerne às provas derivadas da ilícita, por, de acordo com a "teoria dos frutos da árvore envenenada" (*the fruits of the poisonous tree*), contaminar todas as demais que venham a ser produzidas em razão daquela.

Como exceção a essa teoria, pode ser mencionado o caso da prova inevitável, pela qual, ainda que não se utilizasse da prova obtida por meio ilícito, o fato seria descoberto de outra maneira.

Há quem afirme[39], porém, que a prova obtida ilicitamente pode ser utilizada como meio de defesa. Parte da doutrina defende ainda a aplicação do princípio da proporcionalidade.

Nessa visão, a prova ilícita deveria ser admitida dependendo dos valores jurídicos e morais que correm risco. Para sua admissão, deveriam ser levados em consideração a gravidade do caso, a índole

---

[35] Pacífico, 2011, p. 226.

[36] Note-se que o dever de fundamentação está capilarizado no CPC (arts. 12, § 2º, IX, 173, § 2º, 370, parágrafo único, 373, § 1º, 426, 489, §§ 1º e 2º, 647, parágrafo único, 919, § 2º, 927, § 4º, 980, parágrafo único, 1.013, § 4º, 1.021, § 4º, 1.026, § 2º e 1.067 (que deu nova redação ao art. 215 do Código Eleitoral – *vide* especialmente o § 6º). Nesse sentido, Mazzola, 2017, p. 89.

[37] ProAfR no REsp 1.846.649-MA, rel. Min. Marco Aurélio Bellizze, 2ªT., por maioria, j. 25-8-2020, *DJe* 8-9-2020 (Tema 1061). *Informativo STJ* n. 678 do.

[38] Greco, 2015a, p. 162.

[39] Greco Filho, 2009, p. 184.

da relação jurídica controvertida, a dificuldade para o litigante demonstrar a veracidade de suas alegações mediante procedimentos perfeitamente ortodoxos, o vulto do dano causado, entre outras circunstâncias.

O julgador decidiria qual dos interesses em conflito deveria ser sacrificado e em que medida[40]. Toda a dificuldade que remanesce nas provas ilícitas é o confronto de valores que estão inseridos nos princípios constitucionais e como sopesá-los.

Leonardo Greco entende que há uma "certa hierarquia" entre os direitos fundamentais e que a aplicação do princípio da proporcionalidade é muito útil nesses casos[41].

A admissibilidade da prova ilícita, porém, será sempre algo excepcional. Para que seja admitida é necessário que alguns critérios sejam atendidos:

a) imprescindibilidade: quando é o único meio de demonstrar a alegação do fato;

b) proporcionalidade, isto é, o bem da vida tutelado pela prova ilícita deve ser, no caso concreto, mais digno de proteção do que o bem violado pela ilicitude da prova;

c) punibilidade, pela qual, sendo ilícita a conduta de quem se valeu da prova, deve o magistrado atuar para que seja punido de acordo com o ordenamento; e

d) utilização em favor do réu, uma vez que somente em seu benefício poderá essa prova ser utilizada.

Outra questão que precisa ser distinguida é a referente à escuta ambiental, que não é normatizada pela Lei n. 9.296/96. Em tempos em que todos monitoram e são monitorados, e a privacidade é um bem cada vez mais valioso, o direito precisa enfrentar essas questões diuturnamente.

Milhares de residências, locais de trabalho, salas de aula e instalações industriais e comerciais, hoje em dia, dispõem de sistema de monitoramento, acompanhamento e gravação em áudio e vídeo. Não é difícil pensar na situação em que uma câmera de monitoramento, com função de áudio e vídeo (sendo essa circunstância de conhecimento das pessoas que frequentam aquele local), registra uma confissão. Tal prova não poderia ser utilizada num processo cível?

Estamos em que não há qualquer vedação.

A questão se torna mais tormentosa, contudo, se pensarmos que a escuta, autorizada para a instrução criminal, poderia servir de prova no processo civil. Nesse caso, estamos em que o instituto da prova emprestada não pode se prestar a viabilizar a burla à lei. Se o ordenamento positivo autoriza interceptação apenas para a instrução de investigações sobre certos delitos, significa que se trata de uma exceção e não da regra geral, pois atenua o princípio da intimidade e da privacidade.

A inserção de tal elemento de convicção em outro processo criminal (fora das hipóteses autorizadas por lei para interceptação), ou em processos civis ou administrativos configura, a nosso ver, prova ilegítima. Desse modo, não há ilicitude na obtenção da prova, mas sua juntada àquele processo é ilegítima.

No próximo item veremos com mais detalhes o instituto da prova emprestada.

8.9 PROVA EMPRESTADA

Prova emprestada é aquela que, tendo sido produzida em determinado processo (comunhão interna), ingressa em outro, para o qual não foi originalmente produzida (comunhão externa), como prova documental, mas tem potencialidade de utilização e convencimento de sua natureza originária (testemunhal, pericial etc.).

---

[40] Barbosa Moreira, 1997, p. 109-110.
[41] Greco, 2017a, p. 199.

Ada Pellegrini Grinover[42] registra que a prova emprestada é sempre documental, característica que é positivada em alguns ordenamentos jurídicos. Sem embargo, o seu valor é o da sua essência, e esta será sempre a originária, consoante foi produzida no processo primitivo.

O Código de Processo Civil anterior[43], assim como o atual[44], consagram a regra da atipicidade dos meios de prova[45].

No Código de Processo Penal[46], não há regra expressa sobre a atipicidade. E ainda que vozes, diga-se, isoladas, defendam a taxatividade, não é o que prevalece, até mesmo porque a limitação dos meios de prova afrontaria a ampla defesa, princípio que tem sede constitucional[47].

As provas atípicas têm valoração livre, mas condicionada à motivação do julgador. Nem o Código de Processo Civil de 1973, tampouco o Código de Processo Penal vigente, dispensam tratamento sobre a prova emprestada.

Com efeito, a prova emprestada sempre foi largamente utilizada com base no princípio da atipicidade. Agora, há tratamento expresso, ainda que tímido, no CPC[48], que pode ser aplicado por analogia, com arrimo no art. 3º do Código de Processo Penal[49] e pode englobar, também, a justiça consensual, como é o caso de prova produzida em colaboração premiada e que se pretende utilizar em ação de improbidade[50].

---

[42] Grinover, 1993, p. 65.

[43] Art. 332 do CPC/73: "Todos os meios legais, bem como os moralmente legítimos, ainda que não especificados neste Código, são hábeis para provar a verdade dos fatos, em que se funda a ação ou a defesa".

[44] Art. 369 do CPC: "As partes têm o direito de empregar todos os meios legais, bem como os moralmente legítimos, ainda que não especificados neste Código, para provar a verdade dos fatos em que se funda o pedido ou a defesa e influir eficazmente na convicção do juiz".

[45] Lucon, 2016, p. 573.

[46] Vejamos o que estatui o art. 155 do regulamento processual: "O juiz formará sua convicção pela livre apreciação da prova produzida em contraditório judicial, não podendo fundamentar sua decisão exclusivamente nos elementos informativos colhidos na investigação, ressalvadas as provas cautelares, não repetíveis e antecipadas".

[47] A utilização, em processo administrativo, de provas colhidas mediante autorização judicial em instrução processual penal não afronta o artigo 5º, XII, da Constituição Federal. Precedentes: Inq 2.424-QO-QO, rel. Min. Cezar Peluso, Plenário, DJ 24-8-2007; HC 102.293, rel. Min. Ayres Britto, 2ªT., DJe 19-12-2011; RMS 24.194, rel. Min. Luiz Fux, 1ªT., DJe 7-10-2011. (...) A autorização de compartilhamento de prova obtida em ação penal para fins de instrução de inquérito civil público que investiga os mesmos fatos não importa em ofensa a direito líquido e certo do investigado. (...) A jurisprudência do Supremo Tribunal Federal, a despeito da interpretação dada ao artigo 5º, XII, da Constituição Federal, há muito firmou o entendimento no sentido de que não fere tal preceito a utilização, em processo administrativo, de provas colhidas mediante autorização judicial em instrução processual penal. Face o entendimento de que não há qualquer obstáculo jurídico a impedir o compartilhamento de provas obtidas em ação penal ainda que se trate de provas colhidas mediante autorização judicial, portanto, legais destinadas a instruir processo administrativo, temos vastos precedentes dasTurmas e do Plenário desta Suprema Corte (STF – ARE: 825878 DF, rel. Min. Luiz Fux. j. 19-11-2014. Publicado em: 24-11-2014).

[48] Art. 372 do CPC: "O juiz poderá admitir a utilização de prova produzida em outro processo, atribuindo-lhe o valor que considerar adequado, observado o contraditório".

[49] Carneiro; Greco; Pinho, 2017, p. 304.

[50] Colaboração premiada: possibilidade de utilização no âmbito de ação civil pública por ato de improbidade administrativa. Tese fixada: "É constitucional a utilização da colaboração premiada, nos termos da Lei n. 12.850/2013, no âmbito civil, em ação civil pública por ato de improbidade administrativa movida pelo Ministério Público, observando-se as seguintes diretrizes: O posicionamento do interveniente não impedirá a celebração da colaboração premiada pelo Ministério Público, porém deverá ser observado e analisado pelo magistrado no momento de sua homologação. Com base nesses entendimentos, o Plenário, por unanimidade, ao apreciar o Tema 1.043 da repercussão geral, negou provimento ao recurso extraordinário e fixou a tese jurídica supracitada. Precedente citado: RE 852.475 (Tema 987 RG). ARE 1.175.650-PR, rel. Min. Alexandre de Moraes, j. 30-6-2023, *Informativo STF* n. 1.101.

Admite-se prova emprestada entre processos extrajudicial e judicial, independentemente da existência de convenção entre as partes, como bem pondera Flávia Pereira Hill[51].

É cabível, ainda, o compartilhamento de dados no âmbito da Administração Pública, desde que observadas as limitações impostas pela Lei Geral de Proteção de Dados, como já reconhecido pelo STJ[52].

A dificuldade de aplicação da norma reside no fato de que o Código não traz as balizas para a produção da prova emprestada. Ficou à mercê da doutrina e da jurisprudência delimitar o alcance do instituto. Contudo, há divergência substancial. As lições doutrinárias estão em franco descompasso com as jurisprudenciais. Veja-se, por exemplo, o teor da Súmula 591, editada pelo STJ[53].

Desse modo, pode-se dizer que a prova emprestada visa à economia processual, bem como à economia material, evitando-se a prática de atos inúteis, repetidos, e se presta também ao aproveitamento de atos probatórios na hipótese de efetiva impossibilidade de se repetir prova já produzida (quando a subtração do contraditório não ocorre voluntariamente, ou por fatos naturais (mortes), ou por ação humana (ameaça, violência, suborno etc.)[54]. O alto custo da repetição da prova, desproporcionado ou a dificuldade da nova produção de igual modo justificam a prova emprestada.

O juízo deverá atribuir o valor que entender adequado à prova emprestada, não tendo vinculação ao significado que foi atribuído no processo do qual foi produzido[55].

A única exigência que o Código de Processo Civil estabelece para a produção da prova emprestada é a observância do contraditório[56].

Previsto no art. 5º, LV, da CF/88 e no art. 9º do CPC, o referido princípio é tão importante no direito processual a ponto de ser possível afirmar que sem contraditório não há processo.

Sua importância valorizou-se ainda mais com o seu prestígio pelas Cortes Internacionais que,

---

[51] Consideramos possível que, tratando-se de direito que admite composição, as partes convencionem que a prova produzida em sede de processo extrajudicial (desjudicialização), no qual não tenha sido obtida a providência almejada por ausência de algum requisito legal, possa ser emprestada ao processo judicial instaurado para a mesma finalidade. (...) Diante da inexistência de negócio jurídico processual congregando todos os interessados, entendemos que, mesmo assim, é possível o empréstimo, para o processo judicial, de prova produzida no bojo de processos extrajudiciais, contanto que as partes estejam assistidas por advogado e tenham acompanhado ativamente a sua produção, em homenagem ao contraditório, com fulcro no artigo 372 do CPC/205, que não encontrava paralelo no CPC/1973. (Hill, 2024, p. 60-61).

[52] COMPARTILHAMENTO DE DADOS NO ÂMBITO DA ADMINISTRAÇÃO PÚBLICA FEDERAL. É legítimo, desde que observados alguns parâmetros, o compartilhamento de dados pessoais entre órgãos e entidades da Administração Pública federal, sem qualquer prejuízo da irrestrita observância dos princípios gerais e mecanismos de proteção elencados na Lei Geral de Proteção de Dados Pessoais (Lei n. 13.709/2018) e dos direitos constitucionais à privacidade e proteção de dados. "1. O compartilhamento de dados pessoais entre órgãos e entidades da Administração Pública, pressupõe: a) eleição de propósitos legítimos, específicos e explícitos para o tratamento de dados (art. 6º, I, da Lei n. 13.709/2018); b) compatibilidade do tratamento com as finalidades informadas (art. 6º, II); c) limitação do compartilhamento ao mínimo necessário para o atendimento da finalidade informada (art. 6º, III); bem como cumprimento integral dos requisitos, garantias e procedimentos estabelecidos na Lei Geral de Proteção de Dados, no que for compatível com o setor público. (...) ADI n. 6.649-DF, rel. Min. Gilmar Mendes, j. 5-9-2022; ADPF n. 695-DF, rel. Min. Gilmar Mendes, j. 15-9-2022, *Informativo STJ* n. 1.068.

[53] Súmula 591 do STJ: "É permitida a prova emprestada no processo administrativo disciplinar, desde que devidamente autorizada pelo juízo competente e respeitados o contraditório e a ampla defesa".

[54] BUIKA, Heloisa Leonor. Prova emprestada. *Revista Síntese, Direito Civil e Processo Civil*, ano XII, n. 84, jul./ago. 2013, p. 25.

[55] Lucon, 2016, p. 577.

[56] De acordo com o enunciado 52 do Fórum Permanente de Processualistas Civis: "Para a utilização da prova emprestada, faz-se necessária a observância do contraditório no processo de origem, assim como no processo de destino considerando-se que, neste último, a prova mantenha sua natureza originária".

em sua jurisprudência, vêm considerando o princípio do contraditório como parte integrante dos direitos humanos[57].

Esse princípio impõe que, ao longo do procedimento, seja observado verdadeiro diálogo, com participação das partes. Representa, então, a garantia não apenas de ter ciência de todos os atos processuais, mas de ser ouvido, possibilitando a influência na decisão.

Leonardo Greco[58] analisa com profundidade o princípio do contraditório e ressalta a importância da dialética processual por meio da plena participação dos interessados na construção do debate e na busca da melhor solução.

Não obstante, há, ainda hoje, muitos pontos de tensão no que se refere à prova emprestada.

Provas documentais podem ser facilmente trasladas, inclusive nos casos em que há partes diferentes no processo do qual foi emprestada, pois se trata de prova pré-constituída. Nesse caso, não há autêntica prova emprestada.

As provas pré-constituídas dizem respeito a fontes de conhecimento preexistentes ao processo, sendo criadas em procedimentos extraprocessuais. Posteriormente, são apenas juntadas aos autos e submetidas ao contraditório.

As provas constituendas são constituídas e produzidas com atos do processo, sendo formadas em contraditório de partes e perante um juiz terceiro e imparcial. É o caso da prova oral, da pericial e da inspeção judicial[59]. O empréstimo das provas constituendas deve ser apreciado com acuidade.

Se houve contraditório entre as mesmas partes no processo em que foi produzida, não há problema no seu empréstimo. Mas se o traslado é de prova produzida entre partes diversas, a questão ganha complexidade.

Segundo parte da doutrina, que pode ser representada por Ada Pellegrini Grinover[60], dois princípios com sede constitucional, que se traduzem em requisitos, devem ser preservados.

O primeiro requisito de admissibilidade da prova emprestada é a de ter sido produzida em processo formado entre as mesmas partes, sob pena de ser ilegítima por afronta ao contraditório, pois as partes têm direito de participar na produção da prova (art. 5º, LV, da CF/88).

Como segunda exigência, a saudosa professora Titular de Direito Processual da Faculdade de Direito da Universidade de São Paulo elenca a necessidade de que o contraditório no processo originário tenha sido instituído perante juiz que também será o julgador da segunda causa, sob pena de ofensa ao princípio do juiz natural (art. 5º, LIII, da CF/88).

Além dessas, é preciso que se tenha observância dos princípios que regem a prova, vista em sua natureza jurídica original (prova testemunhal, depoimentos pessoais etc.), tanto no processo primitivo como no segundo processo; e o respeito dos princípios que regem a prova documental, no processo para o qual foi transferida.

Para Moacyr Amaral Santos há que se diferenciar três situações que podem ocorrer entre o processo do qual a prova será emprestada e aquele para onde será trasladada: a) se os litigantes forem os mesmos; b) se ao menos um dos litigantes for diferente; c) se todos os ligantes forem diferentes.

Na primeira hipótese, não há maiores controvérsias, a prova poderá ser emprestada. Na segunda hipótese, quando a prova haja sido produzida em processo em que uma das partes, do processo que recebeu o empréstimo, litigou com terceiro, é possível se vislumbrar duas situações:

---

[57] Lucon, 2016, p. 170.
[58] Greco, 2005, p. 541-544.
[59] Dinamarco, 2009, p. 96.
[60] Grinover, 1993, p. 66-67.

(1) a prova é trasladada por quem participou de sua produção no processo anterior, caso em que não terá ela eficácia em relação à parte contrária, que não participou de sua produção, podendo valer tão somente como adminículo probatório para a formação da convicção do juiz;

(2) a prova é trasladada por quem não foi parte no processo anterior, caso em que conserva eficácia probatória, principalmente quando a prova foi reconhecida no processo anterior. Na terceira hipótese, na qual todos os litigantes forem diferentes, a prova emprestada não poderá ser admitida[61].

Ainda há um posicionamento mais permissivo: Manoel Alves Rabelo e Lais Zumach Lemos Pereira[62] registram que somente a parte que será prejudicada pela prova emprestada deve figurar nos dois processos. Se a prova foi colhida sem a participação da parte que será prejudicada por ela, deverá o magistrado levar em conta o baixo grau de contraditório e o risco à isonomia, diminuindo o valor daquela prova. A limitação da utilização da prova emprestada aos casos com identidades de partes, objeto e juízos colocaria em xeque o instituto, reduzindo excessivamente seu campo de aplicação[63].

Um outro aspecto da questão está relacionado ao compartilhamento de provas em procedimentos investigatórios. O Supremo Tribunal Federal[64] já teve a oportunidade de examinar a questão, admitindo o compartilhamento mesmo quando estão envolvidos dados sensíveis, protegidos pelo sigilo, entre a Receita Federal e o Ministério Público, desde que observadas as formalidades legais[65].

Também no âmbito do inquérito civil, a jurisprudência vem admitindo o uso do instituto da prova emprestada[66], bem como a requisição direta do Ministério Público às instituições financeiras, ainda que envolvendo dados cobertos pelo sigilo, notadamente quando envolver hipótese de dano ao erário[67].

8.10 PROVA INDICIÁRIA

Verificando o legislador ou o magistrado que a produção da prova de certo fato é muito difícil ou especialmente sacrificante, poderá servir-se da ideia de presunção (seja legal ou judicial) para montar um raciocínio capaz de conduzir à conclusão de sua ocorrência, pela verificação do contexto em que normalmente ele incidiria.

Costuma-se falar em presunções legais e em presunções judiciais, que podem ser relativas (*iuris tantum*) ou absolutas (*iuris et de iure*).

O conhecimento do fato probando resulta de uma experiência lógica, formulada pelo juiz da causa, a partir do conhecimento de outro fato que se prova nos autos. Há, então, um fato "secundário" provado, do qual se extrai a ocorrência do fato "primário", em que se tinha efetivamente interesse.

Conhecido o indício (fato "secundário" provado) pelo magistrado, ele desenvolve o raciocínio e estabelece uma presunção (fato "primário").

---

[61] Santos, 1979, p. 322-323.
[62] Rabelo; Pereira, 2016, p. 19-23.
[63] Teixeira, 2015, p. 389.
[64] Essa é a tese do Tema 990 da Repercussão Geral fixada, por maioria, pelo Plenário (*Informativos* 960 e 961). Vencido o Ministro Marco Aurélio, que não referendou a tese. RE 1.055.941/SP, rel. Min. Dias Toffoli, j. 4-12-2019. *Informativo STF* n. 962.
[65] "1. É constitucional o compartilhamento dos relatórios de inteligência financeira da UIF e da íntegra do procedimento fiscalizatório da Receita Federal do Brasil – em que se define o lançamento do tributo – com os órgãos de persecução penal para fins criminais sem prévia autorização judicial, devendo ser resguardado o sigilo das informações em procedimentos formalmente instaurados e sujeitos a posterior controle jurisdicional; 2. O compartilhamento pela UIF e pela RFB referido no item anterior deve ser feito unicamente por meio de comunicações formais, com garantia de sigilo, certificação do destinatário e estabelecimento de instrumentos efetivos de apuração e correção de eventuais desvios." STF, RE n. 1.055.941, rel. Min. Dias Toffoli, Plenário, *DJe* 6-10-2020.
[66] REsp 849.841/MG, rel. Min. Eliana Calmon, 2ª T., j. 28-8-2007.
[67] RE 1.058.429 AgR, rel. Min. Alexandre de Moraes, 1ª T., j. 20-2-2018.

As presunções e os indícios podem ser considerados um meio de prova indireto, lógico, possuindo a mesma força persuasiva dos outros meios de prova.

Assim, o art. 230 do Código Civil dispunha que "as presunções, que não as legais, não se admitem nos casos em que a lei exclui a prova testemunhal".

Contudo, é preciso que se registre que o art. 230 do Código Civil foi expressamente revogado pelo art. 1.072, II, do CPC.

Por outro lado, o CPC se refere apenas às presunções legais. O art. 374, IV, dispensa de prova os fatos em cujo favor milita presunção legal de existência ou de veracidade.

8.11 FASES DO PROCEDIMENTO PROBATÓRIO

O procedimento probatório pode ser dividido em quatro fases, correspondentes a cada um dos momentos da prova no processo. São elas:

a) o requerimento,

b) a admissão,

c) a produção e

d) a valoração da prova.

O requerimento é a fase inicial, em que se pleiteia ao órgão judiciário a produção de determinada prova, a fim de influir no convencimento do juiz. Essa fase normalmente é realizada no início do processo, incumbindo à parte requerer as provas que deseja produzir na petição inicial ou na resposta, conforme sua posição na demanda.

A prova documental, por exemplo, deve, em princípio, ser produzida na etapa postulatória; o autor o faz por meio da petição inicial e o réu se vale da resposta, de acordo com os arts. 320 e 434 do CPC.

Outros momentos são designados pela lei para essa função, decorrente de eventos supervenientes, como, por exemplo, os casos em que, embora não haja contestação, a revelia não produza seus efeitos.

Podemos citar também a inquirição de testemunhas (art. 461, I) e a inspeção judicial (art. 481), como exemplos de provas que podem ser requeridas pela parte em outro momento.

Ainda podem ocorrer fatos relevantes que determinem a necessidade de produção de outras provas. Isso deve ser analisado pelo juiz, em conformidade com o art. 370. Dessa forma, é possível admitir a proposição de novas provas no âmbito da reconvenção ou quando o demandado, à luz do art. 350, suscita, em sua defesa, preliminares e objeções.

Uma vez requerida a prova, cabe ao órgão jurisdicional analisar o cabimento e a conveniência de realizá-la. Aqui é exercido um juízo sobre a prova requerida, admitindo-a ou não, levando em conta a hipotética utilidade da prova no processo.

Para que o magistrado profira essa decisão, o requerimento deve ser específico; da mesma forma, a decisão de não admissão de produção da prova deve vir fundamentada. Esse pronunciamento do magistrado deve integrar a decisão de saneamento (art. 357), e consiste em decisão interlocutória não agravável, como já ressaltamos.

Admitida a prova, ela será produzida. Em geral, as provas orais são produzidas na audiência de instrução e julgamento (art. 449), podendo, porém, ser produzidas em local diverso, como na hipótese de pessoa enferma – circunstância em que seu depoimento será colhido no local onde se encontra. Importante destacar que, não havendo necessidade de produção de prova oral, a audiência de instrução e julgamento não será realizada.

Outra questão técnica de grande relevância deriva do fato de que a produção de prova ocorre desde o início do processo, mas tem condão *lato sensu*, representando verdadeira *colheita* de prova, inclusive quando há produção antecipada de provas (art. 381 do CPC). A produção de prova, em sentido estrito, ocorre apenas na fase instrutória, que representa o momento processual de convencimento motivado do juízo, ou seja, será o momento adequado para o julgador apreciar as provas que instruem o processo. Decerto, assinala-se que, em caso de tutela de urgência, deverá ser antecipada essa apreciação, mas em caráter superficial, o que se justifica pela necessidade da manifestação judicante prévia e da possibilidade de reversão da decisão (art. 300, § 3º, do CPC).

Pois bem, produzida a prova, ela será valorada pelo juiz. No direito brasileiro, adota-se o princípio da persuasão racional do juiz (ou livre convencimento motivado), de modo que as provas não têm, em regra, valor determinado, podendo o magistrado se convencer com qualquer das evidências presentes nos autos, devendo, porém, fundamentar a sua decisão (art. 371).

8.12 PODERES PROBATÓRIOS DO JUIZ

O juiz, no processo civil brasileiro, tem o poder de conduzir a instrução do processo e determinar as provas que devem ser produzidas. Assim determinava o art. 130 do CPC/73[68].

De acordo com os exatos termos do art. 370 do CPC, o juiz tem poderes para determinar a produção de provas necessárias ao julgamento do mérito.

Há quem afirme que o juiz só deve produzir provas de forma complementar às partes, e nunca substituindo-as; e há quem afirme que o juiz não poderia produzir prova alguma, por ser iniciativa própria das partes, sob pena de estar auxiliando-as e violando o tratamento igualitário que merecem[69].

Por outro lado, se o juiz tem o dever de esclarecer a situação fática, julgando o mais próximo possível do que possa ter ocorrido, ao produzir provas de ofício apenas assume a função que lhe é esperada. O juiz não seria mero espectador da contenda judicial, enquanto as partes teriam o ônus exclusivo de produzir a prova.

A melhor interpretação é a da afirmação de amplos poderes probatórios ao juiz. A atividade probatória desenvolvida de ofício não rompe com sua imparcialidade, já que, quando o juiz produz uma prova, não tem conhecimento de a qual parte tal prova beneficiará[70].

Ademais, à luz dos novos e amplos poderes do juiz previstos no rol do art. 139, o magistrado deve adotar uma postura mais ativa sempre que seja necessário assegurar às partes a paridade das armas (art. 7º), mantendo um equilíbrio na relação processual.

Enfim, quando o juiz determina, de ofício, a produção de uma prova, na verdade, o faz na função de julgador, na tentativa de buscar a demonstração do que está sendo alegado.

Dessa forma, ainda que sujeita a críticas, vigora no nosso ordenamento a possibilidade de produção de provas pelo juiz, desde que o faça em relação aos fatos constantes dos autos, fundamente a necessidade dessa determinada colheita de provas e as submeta ao contraditório. Caso assim não fosse, de fato colocar-se-ia o juiz na posição de mero espectador, de modo que venceria o melhor advogado e não o melhor direito.

---

[68] Greco, 2013, p. 127.
[69] Carvalho, 2001, p. 243.
[70] "A tendência moderna mundial é aumentar os poderes instrutórios do juiz, para que ele conheça a realidade dos fatos e decida com Justiça. A lógica de sua conclusão afasta toda controvérsia a respeito da questão dos poderes *ex officio* do juiz *versus* direitos indisponíveis. Fundamenta: se é possível o autor dispor de seu direito optando ou não pela iniciativa da demanda (Princípio da Demanda), por que não poderia escolher os meios de provas utilizados?" (Barbosa Moreira, 1984, p. 177).

Capítulo 9
PROVAS EM ESPÉCIE

São admissíveis como meios de prova todos os juridicamente idôneos, ou seja, os meios legais (típicos, previstos em lei) e os moralmente legítimos (provas atípicas). Nesse momento, passa-se ao exame mais detalhado dos meios de prova.

O CPC prevê como meios típicos de prova o depoimento pessoal, a confissão, a prova testemunhal, a prova pericial, a prova documental e a inspeção judicial, que serão analisados a seguir. Esses meios de prova devem ser requeridos desde a petição inicial, no caso do autor, ou da contestação, no caso do réu, devendo as partes especificar as provas que pretendem produzir.

Caso seja necessária a produção de provas em outra comarca, será expedida carta precatória, ou, em se tratando de outro país, carta rogatória, e o processo será suspenso até a prova ser produzida. Destaque-se, porém, que esse tempo não poderá ultrapassar o limite de um ano, quando, ainda que não seja produzida a prova, o processo voltará ao seu curso normal (arts. 377 e 313, § 4º).

9.1 PRODUÇÃO ANTECIPADA DE PROVAS

A produção antecipada de provas, no CPC/73, constituía uma medida cautelar nominada. Essa natureza cautelar era reconhecida à medida que se objetivava a aquisição preventiva de dados probatórios que, com o tempo, seriam impossíveis de ser recolhidos.

No CPC, porém, trata-se da primeira espécie de prova, disposta nos arts. 381 a 383.

Fredie Didier Jr. conceitua a produção antecipada de prova como uma ação autônoma genérica[1], por meio da qual o requerente exerce seu direito à produção de determinada prova pela sua coleta, em típico procedimento de jurisdição voluntária[2].

As hipóteses desse meio de prova são três[3] (art. 381):

i) o receio de que venha a tornar-se impossível ou muito difícil a verificação de certos fatos na pendência da ação;

ii) a prova a ser produzida seja suscetível de viabilizar a autocomposição ou outro meio adequado de solução de conflito;

iii) o prévio conhecimento dos fatos possa justificar ou evitar o ajuizamento de ação.

A produção antecipada de prova é revestida de autonomia, pois não há nem sequer a necessidade de se propor efetivamente uma demanda[4]. Os §§ 1º e 5º determinam a aplicação dessas normas aos casos de arrolamento de bens com finalidade exclusivamente probatória e de justificação[5].

---

[1] Interessante observar que Wambier e Talamini se referem às ações probatórias, a saber: produção antecipada de prova, exibição de documentos e arguição de falsidade (Wambier; Talamini, 2017, p. 367).
[2] Didier Jr., 2015, p. 137.
[3] Carneiro; Pinho, 2016, p. 232.
[4] Nesse sentido: Enunciado CJF n. 50: "A eficácia da produção antecipada de provas não está condicionada a prazo para a propositura de outra ação".
[5] Para Alexandre Câmara (2015, p. 236), trata-se de uma "demanda probatória autônoma".

Assim, a sua finalidade pode ser simplesmente de documentar um fato ou uma relação jurídica, sem a prática de atos de apreensão ou mesmo sem qualquer caráter contencioso[6].

É justamente por isso que a natureza jurídica dessa prova, segundo Fredie Didier Jr., perde o caráter cautelar e passa a ser de jurisdição voluntária[7].

Contudo, o doutrinador entende que, apesar de o Código não mencionar expressamente essa possibilidade, não há impedimento para que, em situações emergenciais, o requerimento antecipado de prova seja feito incidentalmente, usando as normas aqui dispostas como modelo[8].

Os §§ 2º a 4º tratam da competência para processar a ação probatória autônoma, como chama Didier. O juízo competente é o do foro onde a prova deve ser produzida ou do domicílio do réu, verificando expresso caso de competência concorrente.

O Enunciado n. 263 de súmula do extinto Tribunal Federal de Recursos já consagrava a regra de que "a produção antecipada de provas, por si só, não previne a competência para a ação principal", orientação ratificada pelo STJ[9] e repetida no § 3º do art. 381 do CPC.

Na hipótese de não existir vara federal na localidade em que se deva realizar a prova requerida em face da União, de entidade autárquica ou de empresa pública federal, a competência é delegada à Justiça Estadual (§ 4º).

A forma e o procedimento estão previstos no *caput* e nos parágrafos do art. 382. Têm especial destaque as regras que autorizam o juiz a determinar de ofício a citação dos interessados, bem como as que limitam o pronunciamento acerca do fato que se pretende provar e de suas consequências jurídicas.

O juiz, aqui, não pode emitir nesse procedimento qualquer juízo de valor, sobre a ocorrência ou não de um fato, devendo apenas colher antecipadamente a prova.

Por essa razão, não cabem recursos nesse procedimento, com exceção das decisões que indeferirem total ou parcialmente a antecipação requerida, tampouco cabe defesa, de forma que o interessado será citado simplesmente para a realização da prova, e não para se defender.

Não obstante, o STJ[10] em interessante precedente temperou o literalidade dessa norma, em favor da garantia do contraditório.

É permitida, ainda, a ampliação do objeto da antecipação da prova, ou seja, os interessados podem requerer a produção de novas provas, desde que relacionadas ao mesmo fato.

Percebe-se a *mens legis* no sentido de tentar resolver a questão com apenas um único procedi-

---

[6] "Por isso, qualquer pessoa que possa apontar uma das causas do art. 381, tem legitimidade para postular a medida em estudo, seja ou não parte em outra demanda judicial futura. (REsp 1.774.987-SP, rel. Min. Maria Isabel Gallotti, por unanimidade, j. 8-11-2018, *DJe* 13-11-2018, *Informativo STJ*, n. 637).

[7] Didier Jr., 2015, p. 138-139.

[8] Ibidem, p. 138.

[9] REsp 617.921-MT, rel. Min. Luis Felipe Salomão, j. 18-5-2010, *DJe* 26-5-2010.

[10] Logo, as questões inerentes ao objeto específico da ação em exame e do correlato procedimento estabelecido em lei poderão ser aventadas pela parte em sua defesa, devendo-se permitir, em detida observância do contraditório, sua manifestação, necessariamente, antes da prolação da correspondente decisão. Por conseguinte, o § 4º do art. 382 do CPC - ao estabelecer que, no procedimento de antecipação de provas, "não se admitirá defesa ou recurso, salvo contra decisão que indeferir totalmente a produção da prova pleiteada pelo requerente originário" – não pode ser interpretado em sua acepção literal. (...) Reconhece-se, assim, à parte o direito material à prova, cuja tutela pode se referir tanto ao modo de produção de determinada prova (produção antecipada de prova, prova emprestada e a prova "fora da terra"), como ao meio de prova propriamente concebido (ata notarial, depoimento pessoal, confissão, exibição de documentos ou coisa, documentos, testemunhas, perícia e inspeção judicial). REsp 2.037.088-SP, rel. Min. Marco Aurélio Bellizze, 3ª T., por unanimidade, j. 7-3-2023, *DJe* 13-3-2023, *Informativo* n. 767.

mento, ressalvada a situação em que a produção conjunta de provas gerar excessiva demora, o que se coaduna com o princípio constitucional da duração razoável do processo (art. 5º, LXXVIII).

Fredie Didier Jr. cogita, aqui, do cabimento do pedido contraposto, "demanda formulada pelo réu, no mesmo processo em que está sendo demandado, restrita aos fatos discutidos na causa", já que a permissão de ampliação do objeto da antecipação possui restrição cognitiva[11].

Após a realização da prova, a sentença será homologatória. A valoração da prova, como já mencionada, não é feita nesta ação, mas apenas no âmbito de eventual ação a ser ajuizada futuramente, junto com os demais fatos, servindo a medida apenas para conservar as provas, até porque não há prevenção do juízo para o julgamento da ação principal que vier a ser ajuizada (art. 381, § 3º). A produção encerrada, portanto, não afasta a discussão plena da prova no curso do processo futuro.

Após a publicação da sentença, os autos permanecerão em cartório durante um mês para extração de cópias e certidões pelos interessados. Findo esse prazo, os autos serão entregues ao promovente da medida, nos termos do art. 383.

9.2 ATA NOTARIAL

O art. 384 prevê procedimento extrajudicial constituído na documentação de um fato por tabelião, por meio de uma ata por ele lavrada, podendo nela incluir dados representados por imagem ou som gravados em arquivos. É muito utilizado na prática, principalmente para situações decorrentes do meio eletrônico que necessitem de provas.

O art. 7º, III, da Lei n. 8.953/94 conceitua a ata notarial como instrumento público lavrado por tabelião de notas a pedido de interessado em documentar a existência de um fato.

É público porque mantém certo conteúdo ao longo do tempo, por meio de suporte específico (impresso ou eletrônico), e é lavrado por um tabelião, que descreve, sem emitir opinião, fatos que em sua presença ocorreram.

É um instrumento de caráter célere para a produção de prova, em especial por ser relativamente barato e simples, e muito importante para as situações em que determinado elemento corre o risco de ser excluído da base de dados em que se encontra.

Atestada ou documentada a existência ou o modo de existir de um fato, após a lavratura da ata, esta constituirá um documento apto a ser inserido no processo, tendo natureza jurídica de documento público, de conteúdo narrativo ou testemunhal (o tabelião narra por escrito aquilo de que tomou ciência ou que ocorreu na sua presença)[12].

Todavia, deve ficar claro que a fé pública incide sobre a declaração feita ao tabelião, e não sobre o fato em si, que pode não ser verdadeiro. Ou seja, atesta-se ser válida a forma (declaração), e não o conteúdo (fato declarado)[13].

Importante observar, contudo, que, se a legislação fizer referência a necessária intervenção judicial na colheita da prova, não poderá ser realizada ata notarial, como na hipótese do depoimento de menor[14].

---

[11] Didier Jr., 2015, p. 146.
[12] Didier Jr., 2015, p. 211.
[13] Wambier et al., 2015, p. 1046.
[14] Enunciado n. 181 da III Jornada de Direito Processual Civil CJF/ENFAM: O depoimento ou testemunho de criança ou adolescente não pode ser colhido extrajudicialmente por tabelião, por meio de ata notarial ou de escritura pública de declaração. (...) A legislação processual brasileira prevê que tais cidadãos, sujeitos de direito, só podem ser escutados por equipe multidisciplinar (arts. 19, § 1º, 28, § 1º, 151, *caput*, e parágrafo único, e 157, §§ 1º e 3º, do ECA; e art. 5º da Lei n. 12.318/2010), por meio de

Diferentemente da produção antecipada de provas, a ata notarial não depende de um procedimento judicial. É necessário, porém, que o juiz realize análise de mérito dessa prova, conferindo-lhe o valor devido.

9.3 DEPOIMENTO PESSOAL

O depoimento pessoal é prestado por uma das partes em juízo, preferencialmente na audiência de instrução e julgamento (art. 449), apesar de o disposto nos arts. 385, *caput*, e 370 do Código permitir que o juiz determine a realização do depoimento pessoal a qualquer momento.

Antes do CPC, a doutrina sempre fez distinção entre interrogatório e depoimento pessoal. O primeiro ocorreria quando o juiz determinasse o comparecimento da parte para ser interrogada sobre fatos que tivessem relação com a demanda; o segundo seria um meio de prova pelo qual uma das partes requereria que a parte contrária falasse sobre fatos relacionados com a demanda, intentando uma confissão[15].

No CPC, o interrogatório da parte é tratado na parte reservada aos poderes do juiz, ao passo que o depoimento pessoal da parte é previsto nas provas em espécie[16].

O depoimento pessoal deve ocorrer, preferencialmente, na audiência de instrução e julgamento, mas isso não é obrigatório, como demonstra a leitura do art. 385[17].

O depoimento poderá ser prestado por procurador com poderes especiais para depor e para confessar (art. 661, § 1º, do CC). Para que seja válido o depoimento do representante de pessoa jurídica, é necessário que tenha conhecimento dos fatos, sob pena de tornar esse procedimento probatório inútil.

No caso de mandatário sem poderes especiais, o depoimento não será aceito e, ainda que compareça, não eximirá quem deveria depor do ônus da confissão ficta dos fatos alegados pelo autor.

Em caso de litisconsórcio, qualquer um dos litisconsortes poderá pedir o depoimento da parte contrária, mas não da parte que se encontra no mesmo polo da relação processual, até porque, qualquer que seja o tipo de litisconsórcio, não haverá entre os litisconsortes fato controvertido cuja confissão se queira provocar[18].

Intimada a parte para prestar seu depoimento e não sendo atendida a determinação judicial, deverá ser aplicada ao ausente a pena de confissão, o que significa a presunção (relativa) de que a parte confessou os fatos sobre os quais iria prestar depoimento (art. 385, § 1º).

Destaque-se que a intimação da parte para que se aplique a pena de confissão deverá ser pessoal, e é necessário que ela seja capaz de entender o risco da pena de confissão ficta que a lei lhe impõe. Ademais, é necessária advertência expressa no mandado de intimação do risco de aplicação dessa pena.

Comparecendo a juízo, a parte deverá ser qualificada e novamente cientificada de que sua recu-

---

perícia ou de prova técnica simplificada, ou, quando necessário, mediante depoimento especial (art. 699, CPC c/c art. 8-A, Lei n. 12.318/2010), conforme procedimentos previstos na Lei n. 13.431/2017 e no Decreto n. 9.603/2018.

[15] Neves, 2017, p. 770.
[16] Wambier et al., 2015, p. 1051.
[17] Carneiro; Greco; Pinho, 2016, p. 12.
[18] Observe-se que o Enunciado 584 do FPPC (arts. 385 e 117) diz ser possível que um litisconsorte requeira o depoimento pessoal do outro.

sa em depor implicará a pena de confissão. As partes deverão ser ouvidas separada e sucessivamente, sem que ouçam o depoimento uma da outra. Inicia-se pelo autor e depois se segue para o réu[19].

O § 3º autoriza que a colheita do depoimento pessoal da parte que resida em outra comarca seja realizada por videoconferência ou outro recurso tecnológico de transmissão de sons e imagens em tempo real, evitando a expedição de carta precatória para este fim e consagrando economia, eficiência e celeridade processual.

As hipóteses de exclusão do dever de depor estão previstas no art. 388. Assim, a parte não é obrigada a depor sobre fatos:

a) criminosos ou torpes que lhe forem imputados;

b) a cujo respeito, por estado ou profissão, deva guardar sigilo;

c) acerca dos quais não possa responder sem desonra própria, de seu cônjuge, de seu companheiro ou de parente em grau sucessível;

d) que coloquem em perigo a vida do depoente ou das pessoas referidas no na hipótese anterior.

As hipóteses do art. 388 não se aplicam às ações de estado e de família, consoante seu próprio parágrafo único.

Importante ressaltar que o art. 1.072, II, do CPC revogou expressamente o art. 229 do Código Civil.

Caberá ao magistrado o controle sobre a licitude da recusa, examinando o preenchimento dos pressupostos legais que a autorizam, devendo esclarecer suas razões na sentença. Segundo o art. 386, a recusa inescusável ocorre quando a parte não responde ao que lhe foi perguntado ou emprega evasivas.

Há limitações à confissão e ao depoimento pessoal:

a) a incapacidade para prestar depoimento pessoal (art. 71);

b) a proibição de requerer o próprio depoimento pessoal (art. 385, *caput*);

c) as escusas de prestar depoimento pessoal (art. 388);

d) a proibição da presença da parte à tomada de depoimento pessoal da outra (art. 385, § 2º); e

e) a inadmissibilidade da confissão de fatos relativos a direitos indisponíveis (art. 392, *caput*).

Tratando-se de parte que advoga em causa própria, surge um embate entre, de um lado, a proibição de que uma parte acompanhe o depoimento do seu adversário e, de outro, o direito da parte de fiscalizar a colheita da prova.

Importante ressaltar, por fim, que a Lei n. 13.431, de 4 de abril de 2017, estabeleceu um sistema de garantia de direitos da criança e do adolescente vítima ou testemunha de violência, nos termos do art. 227 da Constituição Federal. Por conta disso, foram implementadas alterações no Estatuto da Criança e do Adolescente (Lei n. 8.069/90) que são relevantes para o Código de Processo Civil.

Nesse sentido, o art. 7º da referida lei esclarece que a escuta especializada é "o procedimento de entrevista sobre situação de violência com criança ou adolescente perante órgão da rede de proteção, limitado o relato estritamente ao necessário para o cumprimento de sua finalidade". Por sua vez, o art. 8º estabelece que o depoimento especial "é o procedimento de oitiva de criança ou adolescente vítima ou testemunha de violência perante autoridade policial ou judiciária".

Tanto a escuta especializada como o depoimento especial deverão ser realizados em "local apropriado e acolhedor, com infraestrutura e espaço físico que garantam a privacidade da criança ou do adolescente vítima ou testemunha de violência", na forma do art. 10.

---

[19] Enunciado CJF n. 33: "No depoimento pessoal, o advogado da contraparte formulará as perguntas diretamente ao depoente".

Encontramos regra específica no § 1º do art. 11 que determina a observância do rito cautelar de antecipação de prova para o depoimento especial, quando a criança ou o adolescente tiver menos de 7 anos, ou nos casos de violência sexual.

O art. 12, por sua vez, estabelece parâmetros mais humanistas para a colheita do depoimento pessoal, que, na forma do § 6º, deverá tramitar em segredo de justiça.

Importante referir que a Lei n. 14.340/2022 inseriu o art. 8º -A na Lei n. 12.138/2010 para registrar que, sempre que necessário, o depoimento ou a oitiva de crianças e de adolescentes em casos de alienação parental, serão realizados obrigatoriamente nos termos da Lei n. 13.431, de 4 de abril de 2017, sob pena de nulidade.

9.4 CONFISSÃO

Confissão é a admissão, judicial ou extrajudicial, por alguma das partes, de fato contrário a seus interesses e favorável ao adversário (art. 389). Não equivale ao reconhecimento do pedido, porque, enquanto na confissão há a admissão de um fato, eventualmente capaz de dar procedência ao pedido da parte contrária, no reconhecimento do pedido há a admissão da existência do próprio direito material alegado pelo autor.

Ademais, na confissão, nem sempre há o resultado da demanda desfavorável a quem confessou, já que a confissão, como meio de prova, será valorada, de acordo com o livre convencimento motivado do juiz, como as demais provas dos autos, enquanto o reconhecimento jurídico do pedido conduz sempre à procedência do pedido do autor.

Se a confissão for resultante da prática de um ato processual (contestação, por exemplo), ela será judicial; caso contrário, será extrajudicial.

A esse respeito, o art. 394 estabelece que "a confissão extrajudicial, quando feita oralmente, só terá eficácia nos casos em que a lei não exija prova literal". O dispositivo trata apenas da confissão extrajudicial feita oralmente, silenciando quanto à sua forma escrita e à valoração de ambas.

Considerando o texto da lei anterior (art. 353, *caput*, do CPC/73), podemos concluir que, em ambas as situações, o juiz apreciará a prova livremente.

Essa equiparação da confissão extrajudicial dirigida ao próprio beneficiário com a confissão judicial sofre críticas de parte da doutrina. Argumenta-se que, muitas vezes, pessoas físicas ou jurídicas são forçadas a confessar um fato desfavorável.

Leonardo Greco cita o exemplo dos particulares que assinam termos de ajustamento de conduta com o Ministério Público ou com outras autoridades públicas, reconhecendo infrações a direitos difusos ou coletivos e se comprometendo a repará-las ou indenizá-las, com receio de ter as suas atividades empresariais paralisadas por força de uma liminar proferida em sede de ação civil pública.

Segundo o autor, a confissão extrajudicial, nesse caso, não pode impedir o particular de, posteriormente, discutir os fatos, pois a confissão não foi espontânea, mas forçada.

Contudo, não podemos concordar com tal entendimento. O TAC é apenas um dos instrumentos que se prestam à tutela coletiva. Não tem natureza coercitiva e nem é imposto ao investigado no inquérito civil ou ao réu na ação civil pública. Ainda que, como no exemplo citado, sobrevenha tutela de urgência no curso da ação, a decisão de firmar ou não o TAC é ato discricionário do réu, não sendo razoável, com a devida vênia, presumir que se trata de coerção.

O art. 390 do CPC dispõe ainda que a confissão judicial pode ser espontânea ou provocada. Se provocada, exige-se a lavratura do termo de depoimento pessoal nos autos (§ 2º). O § 1º do referido dispositivo estabelece que a confissão espontânea pode ser feita pela própria parte, ou por representante com poder especial.

A confissão judicial pode ser classificada ainda em real ou presumida. A primeira resulta de declaração expressa da parte, enquanto a segunda resulta da contumácia da parte. O art. 344, que trata da revelia, prevê a ausência de contestação como uma hipótese de confissão presumida.

A confissão somente pode versar sobre fatos relativos a direitos disponíveis (art. 213 do CC) e não terá eficácia, se, mesmo disponível, o direito não pertencia à parte. Também não terá eficácia quando feita por quem não tem capacidade de dispor do direito a que se referem os fatos confessados (art. 392, § 1º, do CPC).

Além da própria parte, pode confessar o advogado que detenha procuração com poderes especiais, conforme estabelece o art. 105 do CPC, devendo estar indicados os fatos cuja confissão o representante apresentará em juízo.

O art. 392, § 2º, adverte que, quando feita por um representante, a eficácia da confissão limitar-se-á à vinculação deste com o representado.

Segundo o art. 393, *caput*, 1ª parte, a confissão é irrevogável, o que não se confunde com a possibilidade de invalidá-la (*caput*, 2ª parte). Assim, quando emanada de erro de fato ou coação pode ser invalidada por ação anulatória, quando ainda pendente o processo ou quando já transitada em julgado a decisão.

Na vigência da norma anterior – que incluía o dolo como uma das hipóteses de requerimento da anulação da confissão –, Marinoni afirmava que somente se justificaria a invalidação da confissão se o dolo tivesse sido capaz de levar outrem a erro. Assim, para esses doutrinadores, apenas quando o dolo levasse efetivamente a uma falsa percepção da realidade é que seria capaz de invalidar a confissão[20].

O atual Código, em consonância com tal entendimento, não reproduziu essa possibilidade.

O art. 352, II, do CPC/73 também trazia a previsão de anular-se a confissão por meio de ação rescisória quando transitada em julgado a sentença que se fundamentasse na confissão.

Assim, da redação da nova norma entendemos que a ação para anular a confissão, no caso de formação da coisa julgada material, seria também a ação anulatória.

Em sentido contrário, Didier Jr.[21] afirma que, havendo coisa julgada, a anulação será requerida por meio de ação rescisória, desde que configurada uma de suas hipóteses, que não enfrentará a confissão, mas a própria decisão transitada em julgado.

Para o autor, "uma ação anulatória ajuizada contra a confissão, quando já há coisa julgada, é inócua" e conclui afirmando que "mesmo vitoriosa a parte, a coisa julgada permaneceria intacta". Assim, para desfazer a coisa julgada, a única via seria a ação rescisória.

A confissão de um litisconsorte não prejudica os demais (art. 391), mas, de acordo com o art. 345, I, se um dos litisconsortes impugnar o fato, este se torna controvertido em relação a todos.

O parágrafo único do art. 391 dispõe acerca das ações que versarem sobre bens imóveis ou direitos reais sobre imóveis alheios, esclarecendo que a validade da confissão de um cônjuge ou companheiro depende da do outro.

Contudo, será válida a confissão sem a do cônjuge quando o regime de casamento for o de separação absoluta de bens. Entendemos que, pela lógica, a ressalva é válida para a união estável que contemple pacto antenupcial no mesmo sentido.

---

[20] Marinoni; Arenhart, 2005, p. 147-149.

[21] Didier Jr., 2015, p. 172.

Por fim, em regra, a confissão será indivisível. Isso significa que, como bem explica o próprio art. 395, a parte que a quiser invocar como prova não pode aceitá-la apenas na parte que a beneficia e rejeitá-la no que lhe for desfavorável.

A isso chamamos confissão qualificada. Entretanto, a própria norma ressalta que a confissão "cindir-se-á quando o confitente a ela aduzir fatos novos, capazes de constituir fundamento de defesa de direito material ou de reconvenção", ao que denominamos confissão complexa.

9.5 EXIBIÇÃO DE DOCUMENTO OU COISA

Assim como a produção antecipada de provas, a exibição de documento ou coisa, apesar de disposta no Código como uma espécie de prova, é, na verdade, "um meio de obtenção de elementos de prova documental"[22].

Essa medida será necessária quando o documento ou coisa estiver nas mãos de terceiros ou mesmo da parte contrária, situação em que o juiz pode ordenar sua exibição.

Qualquer das partes pode requerer a exibição ao juízo. No requerimento de exibição, deverá ser observado o art. 397, que teve sua redação alterada pela Lei n. 14.195/2021, para ampliar os requisitos de sua admissibilidade:

I – a descrição, tão completa quanto possível, do documento ou da coisa, ou das categorias de documentos ou de coisas buscados;

II – a finalidade da prova, com indicação dos fatos que se relacionam com o documento ou com a coisa, ou com suas categorias;

III – as circunstâncias em que se funda o requerente para afirmar que o documento ou a coisa existe, ainda que a referência seja a categoria de documentos ou de coisas, e se acha em poder da parte contrária.

Na opinião de Edilson Vitorelli[23], o dispositivo foi alterado de forma a estender essas hipóteses de cabimento para "categoria de documentos ou coisas" e não apenas para "individuação de documento ou coisa" como constava na redação original.

A observação é pertinente. De fato, parece que o legislador quis mesmo ampliar o instituto, como forma de compensação pela ausência de ferramentas mais abrangentes e que obriguem a parte contrária a exibir qualquer informação necessária à viabilização de uma pretensão em juízo[24].

A exibição será dispensada toda vez que for lesiva à intimidade e à honra do requerido ou de sua família, se for dever de sigilo seu ou, ainda, quando houver disposição legal que justifique a recusa da exibição (art. 404). Não configurada qualquer dessas situações, a coisa deverá ser exibida.

Requerida a exibição, o requerido terá cinco dias, subsequentes à sua intimação, para exibir a coisa ou oferecer resposta. Exibida a coisa, estará satisfeita a prova. Caso afirme que não possui o documento ou a coisa, o juiz permitirá que o requerente prove, por qualquer meio, a inconsistência das afirmações (art. 398).

O art. 399 enumera as hipóteses em que a recusa do requerido não será aceita pelo juiz:

a) caso o requerido tenha a obrigação legal de exibir;

---

[22] Greco, 2015a, p. 187.

[23] Posicionamento sustentado em exposição gravada e disponibilizada em https://www.youtube.com/watch?v=E855XzXma10, acesso em 30 de agosto de 2021.

[24] O instituto previsto na Rule 26 das Federal Rules of Civil Procedure, ordenamento federal dos Estados Unidos da América, sob o nome de "Duty to Discole". Conferir a redação em https://www.law.cornell.edu/rules/frcp/rule_26, acesso em: 31 ago. 2021.

b) se o requerido fez alusão ao documento ou à coisa no processo, com o intuito de constituir prova; ou

c) se o documento, em razão do seu conteúdo, for comum às partes.

Se o requerido não efetuar a exibição nem fizer qualquer declaração no prazo de cinco dias, ou, ainda, se a recusa for tida como ilegítima, o juiz, conforme o art. 400, admitirá como verdadeiros os fatos que, por meio do documento ou da coisa, a parte pretendia provar.

O parágrafo único do art. 400 autoriza o juiz a adotar medidas indutivas, coercitivas, mandamentais ou de sub-rogação, para efetivar a exibição da documentação, caso sua juntada seja imprescindível. Superado, com isso, o entendimento previsto na Súmula 372 do STJ[25], essa espécie de procedimento passa a prever a possibilidade de o juiz fixar multa de natureza coercitiva, além de outras medidas[26-27].

Como se vê, a presunção de veracidade não será impedimento à adoção dessas medidas coercitivas alternativas. Não há qualquer estranhamento nessa afirmativa, uma vez que existem diversas situações em que essa presunção não poderá ser aplicada[28].

Interessante hipótese de aplicação concreta da norma prevista no parágrafo único do art. 400 foi reconhecida pelo STJ em questão envolvendo a necessidade de realização de exame de DNA para apuração da existência de vínculo biológico entre as partes[29], podendo tais medidas serem estendidas, inclusive, a terceiros.

Vale ressaltar que a Lei n. 14.138/2021 inseriu o § 2º na Lei n. 8.560/92 de forma a permitir a realização do exame de pareamento do código genético (DNA) em parentes consanguíneos, se o suposto pai houver falecido ou não existir notícia de seu paradeiro. O dispositivo estabelece, ainda, que a recusa em fornecer material par ao exame importa em presunção de paternidade a ser apreciada em conjunto com o contexto probatório dos autos.

Se a coisa que se pretenda exibir estiver na posse de terceiro, este será citado para responder no prazo de quinze dias (art. 401). Caso o terceiro, injustificadamente, isto é, sem a ocorrência de alguma hipótese prevista no art. 404, não exiba a coisa, o juiz lhe ordenará que proceda ao respectivo

---

[25] "Na ação de exibição de documentos, não cabe a aplicação de multa cominatória.".

[26] Enunciado 54 do FPPC: (art. 400, parágrafo único; art. 403, parágrafo único) "Fica superado o enunciado 372 da súmula do STJ ('Na ação de exibição de documentos, não cabe a aplicação de multa cominatória') após a entrada em vigor do CPC, pela expressa possibilidade de fixação de multa de natureza coercitiva na ação de exibição de documento".

[27] Com efeito, firma-se a tese do recurso repetitivo para que, desde que prováveis a existência da relação jurídica entre as partes e de documento ou coisa que se pretende seja exibido, apurada mediante contraditório prévio, poderá o juiz, após tentativa de busca e apreensão ou outra medida coercitiva, determinar sua exibição sob pena de multa, com base no art. 400, parágrafo único, do CPC. REsp 1.777.553-SP, rel. Min. Paulo de Tarso Sanseverino, Segunda Seção, por unanimidade, j. 26-5-2021, *DJe* 1º-7-2021. (Tema 1000). *Informativo STJ* n. 704.

[28] Fredie Didier Jr. traz algumas delas: "(...) nos casos em que: (*i*) for inadmissível a confissão como meio de prova (art. 392 do CPC); (*ii*) o único meio de prova admissível for o instrumento público (art. 406, CPC); (*iii*) por outro modo o documento ou a coisa foi exibida (p. ex., outra pessoa o juntou aos autos); (*iv*) o pedido de exibição foi impugnado por um litisconsorte, no caso de a exibição ter sido pedida contra mais de uma pessoa; (*v*) houver, nos autos, elementos de prova suficientes para afastar a presunção de que são verídicos os fatos que se queria provar" (Didier Jr., 2015, p. 232).

[29] A impossibilidade de condução do investigado "debaixo de vara" para a coleta de material genético necessário ao exame de DNA não implica a impossibilidade de adoção das medidas indutivas, coercitivas e mandamentais autorizadas pelo art. 139, IV, do CPC, com o propósito de dobrar a sua renitência, que deverão ser adotadas, sobretudo, nas hipóteses em que não se possa desde logo aplicar a presunção contida na Súmula 301/STJ, ou quando se observar postura anticooperativa de que resulte o *non liquet* instrutório em desfavor de quem adota postura cooperativa. Rcl 37.521-SP, rel. Min. Nancy Andrighi, Segunda Seção, por unanimidade, j. 13-5-2020, *DJe* 5-6-2020. *Informativo STJ* n. 673.

depósito em cartório ou noutro lugar designado, no prazo de cinco dias, impondo ao requerente que o embolse das despesas que tiver (art. 403).

Se o terceiro descumprir a ordem, o juiz expedirá mandado de apreensão, requisitando até mesmo força policial, se for preciso, tudo sem prejuízo da responsabilidade por crime de desobediência, pagamento de multa e outras medidas indutivas, coercitivas, mandamentais ou sub-rogatórias necessárias para assegurar a efetivação da decisão.

Se, contudo, o terceiro negar a própria existência da obrigação de exibir o documento ou a coisa ou mesmo a sua posse, o juiz deve designar audiência especial, a fim de tomar seu depoimento, o das partes e, caso necessário, o de testemunhas. A seguir, profere decisão, impugnável via agravo de instrumento (art. 1.015, VI).

Por fim, vale ressaltar que apesar de o instituto estar previsto com a natureza de incidente, no art. 396, nada impede que venha a ser formulado por via processual autônoma, como, aliás, já decidiu o STJ[30].

9.6 PROVA DOCUMENTAL

Documento é toda atestação escrita ou gravada para um fim. Sua conceituação é ampla, alcançando não só escritos como também fotografias, filmes, gravações e assemelhados.

A prova documental deve ser produzida, em regra, com a petição inicial e com a contestação, sendo admissível juntada posterior apenas quando sua apresentação no momento oportuno não seja possível.

Ainda podem ser juntados depois desse período os documentos novos, que surgiram depois ou dos quais a parte só veio a ter conhecimento em momento posterior.

O parágrafo único do art. 435 permite a juntada de documentos que se tornaram conhecidos, acessíveis ou disponíveis após a inicial ou a contestação, desde que não fosse possível ter acesso a eles antes desse período e que a ocultação não tenha sido proposital pela parte.

À parte é imposto comprovar o motivo da juntada tardia e, ao juiz, analisar se a conduta está em conformidade com os parâmetros de boa-fé que devem nortear o processo (art. 5º).

Destaque-se que, quando apresentados como prova documental reprodução cinematográfica ou fonográfica, o parágrafo único do art. 434 determina que a sua exposição será realizada em audiência, com intimação prévia das partes.

A jurisprudência do Superior Tribunal de Justiça admite a juntada de documentos novos no processo, em primeiro grau de jurisdição, condicionando-a à observância do contraditório e inexistência de má-fé por aquele que os juntou[31].

O próprio Código (art. 436) estabelece a necessidade do contraditório, oportunidade em que a parte poderá, no prazo de quinze dias (art. 437), impugnar a admissibilidade dessa prova, questio-

---

[30] "Afigura-se possível, ainda, que o direito material à prova consista não propriamente na produção antecipada de provas, mas no direito de exigir, em razão de lei ou de contrato, a exibição de documento ou coisa – já existente/já produzida – que se encontre na posse de outrem. Para essa situação, afigura-se absolutamente viável – e tecnicamente mais adequado – o manejo de ação probatória autônoma de exibição de documento ou coisa, que, na falta de regramento específico, há de observar o procedimento comum, nos termos do art. 318 do novo Código de Processo Civil, aplicando-se, no que couber, pela especificidade, o disposto nos arts. 396 e s., que se reportam à exibição de documentos ou coisa incidentalmente. REsp 1.803.251-SC, rel. Min. Marco Aurélio Bellizze, 3ª T., por maioria, j. 22-10-2019, DJe 8-11-2019. Informativo STJ n. 660.

[31] AgRg no AREsp 592.056-PB, rel. Min. Moura Ribeiro, 3ª T., j. 18-11-2014, DJe 28-11-2014; REsp 1.242.325-RS, rel. Min. Benedito Gonçalves, 1ª T., j. 6-5-2014, DJe 13-5-2014; AgRg no AREsp 294.057-SP, rel. Min. Luis Felipe Salomão, 4ª T., j. 19-9-2013, DJe 24-9-2013.

nar sua autenticidade ou falsidade (arts. 430 a 433), bem como se manifestar sobre seu conteúdo, o que explicaremos a seguir.

O documento público faz prova não só da sua formação, mas também dos fatos que o escrivão, o chefe de secretaria, o tabelião ou o servidor declarar que ocorreram em sua presença (art. 405).

Se o documento foi feito por oficial público incompetente, ou sem observância das formalidades legais, ele terá o mesmo valor probatório de um documento particular (art. 407), já que um dos requisitos de validade do ato administrativo é a competência do agente público para sua prática.

Contudo, tal vício de incompetência deve ser relevado quando ficar demonstrada a boa-fé da parte e nos casos em que aquele que produziu o documento, aparentemente, reunia todas as características de agente público e assim se apresentava ("teoria do funcionário de fato", pela qual, em razão da segurança jurídica e da confiança, releva-se o vício de incompetência, uma vez que, para o particular, aquele sujeito apresentava todas as características de um agente público).

A presunção de veracidade da prova documental pode ser questionada pela parte contra quem foi produzida, a qualquer tempo e grau de jurisdição. Será alegada a falsidade:

a) na contestação, quando o documento supostamente falso constar da petição inicial;

b) na réplica, se juntado em contestação;

c) ou no prazo de quinze dias, contado a partir da intimação da juntada do documento aos autos, quando apresentado em outros momentos[32].

Nessa situação, cabe à parte apresentar argumentos concretos sobre tais fatos, não bastando a alegação genérica quanto ao ponto. Consiste, portanto, em um mecanismo que visa a expurgar do processo a prova documental materialmente falsa.

O parágrafo único do art. 430 autoriza que, uma vez arguida a falsidade, a parte possa requerer que seja decidida como questão principal, ensejando a aplicação das normas do art. 433; caso contrário, será resolvida como questão incidental.

Em qualquer dos casos, possui natureza declaratória, de modo que a prova documental tem a sua presunção de veracidade cessada com a declaração de falsidade, consistindo a falsidade na formação de documento não verdadeiro ou na alteração de documento verdadeiro (art. 427).

A alegação de falsidade nesses momentos, contudo, não é o único instrumento apto a obter a declaração de autenticidade ou falsidade de um documento, pois é cabível, ainda, a propositura de ação declaratória autônoma, prevista no art. 19, II, do CPC.

Divergia a doutrina tradicional quanto à possibilidade de se arguir, além da falsidade material, a ideológica[33]. Autores se posicionavam no sentido de que ambas podem ser arguidas, pois essa ampla cognição do incidente de falsidade se coaduna com a teoria da efetividade do processo[34].

E essa nos parece, também, a melhor posição. Excluir a apreciação da falsidade ideológica do âmbito de abrangência desse incidente comprometeria claramente sua efetividade e poderia se constituir em perigosa brecha no processo para a prática de atos de má-fé.

A parte que produziu o documento deverá ser intimada para responder em quinze dias e, havendo a concordância, o documento será retirado dos autos. Caso não haja, o juiz ordenará o exame pericial, para que se verifique se o documento juntado é ou não falso (art. 432).

---

[32] Carneiro; Pinho, 2016, p. 253.

[33] Entende-se por falsidade ideológica a inserção de dado ou informação inverídica em documento formalmente verdadeiro.

[34] Fux, 2008, p. 596.

Se o documento a que se pretende aferir a veracidade for trazido aos autos por iniciativa do juiz, a arguição deve ser oferecida por aquele a quem o documento prejudica e em face daquele a quem beneficia[35].

Como falado anteriormente, é possível que a falsidade seja decidida como questão principal, na sentença do feito em que foi arguida, de modo que constará do dispositivo da sentença, estando apta a fazer coisa julgada material (art. 433).

9.7 DOCUMENTOS ELETRÔNICOS

O Código dedica uma seção específica aos documentos eletrônicos, regulamentados pelos arts. 439 a 441. Trata-se de uma iniciativa louvável e que veio a suprir uma lacuna na legislação brasileira[36].

O art. 439 traz dois requisitos para a utilização dos documentos eletrônicos:

a) devem estar convertidos à forma impressa; e

b) sua autenticidade deve estar confirmada por algum dos meios legais de certificação.

A importância dessa autenticação é a necessidade de avaliar o grau de segurança e de certeza do documento para que lhe seja atribuído o devido valor probatório, de modo a permitir a identificação da sua autoria (autenticidade) e a garantia da inalterabilidade do seu conteúdo (integridade).

A admissão dos documentos eletrônicos deve observar a Lei n. 11.419/2006, conforme dispõe o art. 441. Essa lei regulamenta o uso do meio eletrônico na tramitação de processos judiciais, bem como na comunicação de atos e transmissão de peças processuais (art. 1º da Lei n. 11.419/2006).

Quando o processo for eletrônico, os documentos produzidos também serão, sendo que o art. 11, § 5º, abre exceção para as hipóteses em que, "devido ao grande volume ou por motivo de ilegibilidade", não é possível a digitalização. Nessa hipótese, o fato será informado por petição eletrônica e, em dez dias contados desse momento, os documentos serão apresentados em cartório.

O art. 11 da referida legislação estabelece normas de utilização de documentos eletrônicos. O § 1º traz a já mencionada necessidade da garantia da sua origem e de seu signatário.

Da mesma forma que qualquer outro documento, quando o documento eletrônico for criado a partir de extratos digitais ou documentos digitalizados, é possível arguir a falsidade do original, na forma regulamentada pelo CPC, sendo que essa arguição deve ser processada também eletronicamente (§ 2º). Por essa razão, o § 3º determina que o detentor dos originais os preserve até o trânsito em julgado da sentença ou até o fim do prazo para ação rescisória.

Ainda que o documento não esteja convertido, ou seja, mesmo que não esteja impresso, mantém-se sua eficácia probatória.

Nesse caso, o acesso ao documento pelas partes deve estar garantido, apesar de efetivado por meio eletrônico, e o juiz apreciará seu valor probante (art. 440 do CPC). O art. 11, § 6º, da Lei n. 11.419/2006 estabelece que o acesso por meio da rede externa apenas é permitido pelas respectivas partes e pelo Ministério Público.

Quanto à valoração do documento eletrônico não convertido pelo juiz, esta não deve ser confundida com uma diminuição do valor do documento como prova. Trata-se apenas da regra, já conhecida, de que o juiz deve apreciar a prova (qualquer prova), conferindo-lhe, fundamentalmente, o valor que entender cabível.

---

[35] Didier Jr., 2015, p. 237.

[36] Gajardoni et al., 2016, p. 435.

9.8 PROVA TESTEMUNHAL

Prova testemunhal é a produzida por meio da inquirição de pessoas estranhas ao feito, mas que sabem sobre fatos da causa. Trata-se de meio de prova de ampla admissibilidade, sendo sempre cabível se a lei não dispuser de modo diverso (art. 442).

Observe-se que, ainda que a lei exija, em certas situações, a prova escrita da obrigação, o art. 444 admite a prova testemunhal quando houver começo de prova por escrito, emanado da parte contra a qual se pretende produzir a prova.

Qualquer pessoa, em princípio, pode ser testemunha. As exceções são as previstas nos arts. 228 do Código Civil e 447 do CPC, que são os incapazes para depor, impedidos ou suspeitos.

São incapazes para depor (art. 447, § 1º): o interdito por enfermidade ou deficiência mental; o que, acometido por enfermidade ou retardamento mental, ao tempo em que ocorreram os fatos, não podia discerni-los, ou, ao tempo em que deve depor, não está habilitado a transmitir as percepções; o que tiver menos de dezesseis anos; o cego e o surdo, quando a ciência do fato depender dos sentidos que lhes faltam.

Importante ressaltar que o art. 228, § 2º, do Código Civil, com as alterações introduzidas pela Lei n. 13.146/2015, passa a dispor que a pessoa com deficiência poderá testemunhar em igualdade de condições com as demais pessoas, sendo-lhe assegurados todos os recursos de tecnologia assistiva.

A mesma lei revogou os incisos II e III do referido art. 228.

São impedidos de depor (art. 447, § 2º): o cônjuge, o companheiro, o ascendente e o descendente em qualquer grau e o colateral, até o terceiro grau, de alguma das partes, por consanguinidade ou afinidade, salvo se o exigir o interesse público ou, tratando-se de causa relativa ao estado da pessoa, não se puder obter de outro modo a prova que o juiz repute necessária ao julgamento do mérito; o que é parte na causa; o que intervém em nome de uma parte, como o tutor, o representante legal da pessoa jurídica, o juiz, o advogado e outros que assistam ou tenham assistido as partes.

São suspeitos de depor (art. 447, § 3º): o inimigo da parte ou o seu amigo íntimo; o que tiver interesse no litígio.

É importante destacar, aqui, que, diferentemente do que dispunha a legislação anterior, o CPC não trata como suspeitos para depor como testemunha aqueles condenados por crime de falso testemunho, tampouco aqueles que, por seus costumes, não forem dignos de fé.

Tratando-se de pessoas impedidas, suspeitas ou menores, o juiz poderá tomar o depoimento na qualidade de informante, ou seja, sem que prestem compromisso, devendo o juiz valorar os depoimentos (art. 447, §§ 4º e 5º, do CPC e art. 228, parágrafo único, do CC).

O Código Civil, em seu art. 228, parágrafo único, permite que o juiz admita, excepcionalmente, o depoimento daqueles que não podem ser admitidos como testemunhas para a prova de fatos que só eles conheçam.

Tal dispositivo, porém, deve ser interpretado no sentido de que apenas o menor possa ser ouvido nesses casos, excluindo-se, portanto, as pessoas com doença mental ou sem discernimento suficiente.

Segundo o art. 448 do CPC, a testemunha fica isenta de depor sobre fatos que lhe acarretem grave dano, bem como ao seu cônjuge ou companheiro e parentes consanguíneos ou afins, em linha reta, ou colateral até terceiro grau, cabendo ao juiz realizar essa verificação no caso concreto. A testemunha fica desobrigada também a depor sobre fatos a cujo respeito, por estado ou profissão, deva guardar sigilo.

O prazo para juntada do rol de testemunhas será fixado pelo juiz, não podendo ser superior a quinze dias. Se houver designação de audiência para o saneamento compartilhado da demanda, o rol de testemunhas deverá ser apresentado por ocasião da audiência (art. 357, §§ 4º e 5º, do CPC).

Trata-se do já mencionado princípio da cooperação, consubstanciado, aqui, na discussão quanto à necessidade da produção de prova testemunhal no caso concreto a ser avaliada nessa audiência, ou, ainda, por exemplo, na exclusão de eventuais testemunhas incapazes, impedidas ou suspeitas.

A falta de oferecimento do rol de testemunhas no prazo acarretará a preclusão.

Tal regra, porém, pode ser afastada em caso de manifesta necessidade e desde que não seja identificada má-fé. O juiz deve, assim, garantir que a parte contrária tenha tempo suficiente para colher informações a respeito da testemunha arrolada pelo adversário, o que pode causar o adiamento da audiência[37]. O mesmo raciocínio é aplicado no que tange à substituição e ao número máximo de testemunhas.

O número de testemunhas é limitado a dez, restrito a três testemunhas por fato a ser provado, mas o juiz pode dispensar as que entender excedentes considerando a complexidade da causa e dos fatos individualmente (art. 357, § 6º).

Tratando-se de litisconsórcio unitário, o limite será respeitado pelos litisconsortes de forma conjunta. Já no caso de litisconsórcio simples, cada litisconsorte é parte autônoma, de forma que cada um terá direito à apresentação de dez testemunhas. Nos Juizados Especiais, cada parte poderá apresentar no máximo três testemunhas (art. 34 da Lei n. 9.099/95).

Oferecido o rol de testemunhas[38], só é possível sua substituição quando um dos depoentes sofrer alguma das situações previstas no art. 451, ou seja: falecimento, enfermidade ou, tendo mudado de residência ou de local de trabalho, não for encontrado pelo oficial de justiça.

O depoimento da testemunha é colhido na audiência de instrução e julgamento, salvo as que prestam depoimento antecipadamente, por meio do procedimento de produção antecipada de provas; as que são inquiridas por carta; as que, por doença ou outro motivo relevante, estão impedidas de comparecer a juízo; e o ocupante de certos cargos, que possuem o benefício de serem inquiridos em sua residência ou onde exercem sua função (art. 454).

Para o exercício dessa prerrogativa, a autoridade deve se manifestar dentro de um mês, indicando dia, hora e local para o depoimento. Não se manifestando ou não comparecendo à sessão por ela mesma agendada, injustificadamente, o juiz designará dia, hora e local para depoimento, dada preferência à sede do juízo.

Conforme o art. 455, informada ou intimada a testemunha pelo advogado da parte que a indicou, ela deverá comparecer no juízo em dia e hora marcados. Se o advogado não intimá-la ou se ela não comparecer, presume-se que houve desistência dessa testemunha. As hipóteses de intimação da testemunha por via judicial estão dispostas no § 4º, e somente nesses casos o não comparecimento autoriza sua condução coercitiva, respondendo pelas despesas do adiamento.

O funcionário público e o militar serão requisitados ao chefe da repartição ou ao comando do corpo em que servirem, respectivamente.

Antes de iniciar o depoimento, a testemunha presta, ainda, o compromisso de dizer a verdade, sendo advertida de que, caso contrário, estará cometendo o crime de falso testemunho (art. 342 do CP).

---

[37] Wambier; Talamini, 2017, p. 409.
[38] Enunciado n. 185 da III Jornada de Direito Processual Civil CJF/ENFAM: O rol de testemunhas apresentado anteriormente à decisão de saneamento e organização do processo é provisório, podendo a parte realizar modificações após a prolação da referida decisão, dentro do prazo estabelecido pelos arts. 357, § 4º, e 451, do CPC.

Nesse momento, a testemunha também é qualificada e as partes podem contraditá-la, arguindo incapacidade, impedimento ou suspeição. É a chamada contradita da testemunha, prevista no art. 457, § 1º, que visa a impugnar o depoimento de uma testemunha, seja de forma escrita ou oral. A contradita deve ser feita até o momento em que o juiz iniciar as perguntas à testemunha.

As testemunhas são ouvidas separadamente. Primeiro as do autor, depois as do réu, de modo que uma não ouça o depoimento das demais (art. 456), mas o parágrafo único autoriza a alteração da ordem da oitiva pelo juiz, sob a concordância das partes.

As partes fazem perguntas diretamente às testemunhas, consagrada a inquirição direta (diferente do regime presidencialista da legislação anterior), iniciando pela parte que a arrolou. As perguntas que possam induzir a resposta, ou que não tiverem relação com as questões de fato objeto da atividade probatória, ou que importarem repetição de outra já respondida, serão inadmitidas pelo juiz. Nesse caso, a parte pode requerer que as perguntas indeferidas sejam transcritas no termo.

As testemunhas podem ser acareadas caso sejam identificados depoimentos divergentes, significando que as testemunhas serão colocadas umas diante das outras para confrontar seus depoimentos ou declarações (art. 461).

A acareação pode ser de ofício ou a requerimento das partes e consiste no pedido de explicações acerca dos pontos de divergência, reduzindo-se a termo (§ 1º). Esse ato pode ser realizado por videoconferência ou por outro recurso tecnológico de transmissão de sons e imagens em tempo real (§ 2º).

O depoimento poderá ser documentado por meio de gravação, mas a digitação do depoimento, ainda que em hipótese de recurso, será excepcional (art. 460).

Se a parte quiser, posteriormente, questionar a validade do depoimento da testemunha, deverá fazê-lo como qualquer nulidade no curso do processo.

9.9 PROVA PERICIAL

Segundo o *caput* do art. 464, "a prova pericial consiste em exame, vistoria ou avaliação"[39]. É a espécie utilizada quando a resolução do mérito depende de conhecimentos técnicos de que o magistrado não dispõe. Nesses casos, recorre-se a um especialista (auxiliar da Justiça) que, dispondo do conhecimento técnico necessário, transmitirá ao juízo seu parecer sobre o tema posto em apreciação[40].

Se o fato probando for complexo, isto é, envolver mais de uma área do conhecimento, poderá o juiz nomear mais de um perito, atuando cada um em ramos do conhecimento distintos, sendo essa denominada perícia complexa. Não se deve confundir a perícia complexa com uma segunda perícia.

A perícia pode ser dispensada quando as partes apresentarem pareceres técnicos ou documentos elucidativos, que sejam considerados pelo magistrado como suficientes ao julgamento da causa (art. 472).

Também é possível a substituição da prova pericial pela prova técnica simplificada[41], quando

---

[39] Segundo Leonardo Greco (2017a, p. 293), a avaliação é uma estimativa do valor pecuniário de determinado bem; vistoria é a "observação extrínseca de objetos inanimados" e o exame é uma "observação de objetos animados ou uma observação intrínseca de objetos inanimados".

[40] Carneiro; Pinho, 2016, p. 271.

[41] "A prova pericial simplificada, que se aproxima da *expert witness* do sistema da *common law*, pode ter a aptidão de tornar dispensável a prova pericial propriamente dita, mais detalhada, demorada e custosa. Até porque o art. 139, inc. VI, do Código de Processo Civil de 2015 permite que o juiz altere a ordem de produção dos meios de prova, adequando-os às necessidades do conflito, de modo a conferir maior efetividade à tutela do direito. Tal dispositivo lança importante base para o processo jurisdicional adequado ao direito material invocado" (Lucon, 2017, p. 213).

utilizada para esclarecer um ponto controvertido de menor complexidade. O juiz inquirirá o especialista de forma direta, podendo ser feito por meio de recurso tecnológico de transmissão de dados (art. 464, §§ 2º a 4º).

A prova pericial ocorre por meio da nomeação de um perito especializado, que terá um prazo para a entrega do laudo pericial, a ser fixado pelo juiz no momento em que nomeá-lo (art. 465). Segundo o § 6º, quando a prova tiver de realizar-se por carta, poderá proceder-se à nomeação de perito e indicação de assistentes técnicos no juízo ao qual se requisitar a perícia.

Importante referir, nesse momento, a Lei n. 14.340/2022, que alterou a Lei da Alienação Parental em diversos pontos. Nesse sentido, o § 4º do art. 5º da Lei n. 12.138/2010 passou a ter a seguinte redação: "Na ausência ou insuficiência de serventuários responsáveis pela realização de estudo psicológico, biopsicossocial ou qualquer outra espécie de avaliação técnica exigida por esta Lei ou por determinação judicial, a autoridade judiciária poderá proceder à nomeação de perito com qualificação e experiência pertinentes ao tema, nos termos dos arts. 156 e 465 do CPC".

Intimadas as partes sobre a nomeação do perito, dentro de quinze dias, poderão arguir impedimento ou suspeição (art. 467), formular quesitos e apresentar assistente técnico (art. 465, § 1º).

Importante observar que o CNJ regulamentou o procedimento para o cadastro de peritos pelo Poder Judiciário por meio da Resolução n. 233/2016. Dessa forma, cada Tribunal deverá instituir o Cadastro Eletrônico de Peritos e Órgãos Técnicos ou Científicos (CPTEC), na forma do art. 156, § 1º, do CPC.

O art. 6º dessa Resolução determina que só podem ser escolhidos peritos que constem do cadastro, salvo a hipótese excepcional prevista no art. 156, § 5º. Ademais, o perito consensual (art. 471) fica, também, sujeito às mesmas normas e deve reunir as mesmas qualificações exigidas pelo perito judicial.

Ressalte-se, ainda, que a Resolução n. 232/2016 do CNJ fixa os valores dos honorários a serem pagos aos peritos, no âmbito da Justiça de primeiro e segundo graus, nos termos do disposto no art. 95, § 3º, II, do Código de Processo Civil. O art. 2º dessa Resolução determina que sejam observados os seguintes parâmetros:

I – a complexidade da matéria;

II – o grau de zelo e de especialização do profissional ou do órgão;

III – o lugar e o tempo exigidos para a prestação do serviço;

IV – as peculiaridades regionais.

Ademais, os §§ 3º e 4º do art. 2º criam regras específicas. O primeiro dispositivo determina que, sendo o beneficiário da Justiça gratuita vencedor na demanda, a parte contrária, caso não seja beneficiária da assistência judiciária, deverá arcar com o pagamento integral dos honorários periciais arbitrados. O segundo dispõe que o juiz, ao fixar os honorários, poderá ultrapassar o limite fixado na tabela em até 5 (cinco) vezes, desde que de forma fundamentada.

Quando o perito tomar conhecimento da sua nomeação, terá cinco dias para apresentar a sua proposta de honorários, bem como seu currículo, com comprovação de especialização, e seu endereço eletrônico para intimação pessoal (art. 467, § 2º).

Os honorários serão propostos pelo perito levando em consideração a complexidade da causa, as despesas necessárias e outros fatores previstos no CPC.

Intimadas da proposta de honorários, as partes terão cinco dias para se manifestar sobre o valor. Os §§ 4º e 5º autorizam que, antes da entrega, seja paga até a metade dos honorários, e o restante apenas ao final, bem como que, se a perícia for inconclusiva ou deficiente, o juiz reduza a remuneração fixada inicialmente.

O art. 95 regulamenta o pagamento de custos com perícia. Quanto à responsabilidade pelo pagamento da perícia, esta será adiantada pela parte que a requereu.

No caso de perícia requerida por ambas as partes ou determinada de ofício, seu custo será rateado. Ainda, quando o pagamento seja de responsabilidade de beneficiário da gratuidade de justiça, a norma prevê que a perícia será custeada e realizada por órgão público, ressalvadas as verbas do fundo de custeio da Defensoria Pública.

Por fim, se a perícia for realizada por particular, deverá observar a tabela criada pelos Tribunais ou pelo CNJ, a ser paga com recursos públicos.

Em qualquer das hipóteses acima, ocorrendo o trânsito em julgado, caberá à Fazenda executar os valores relativos à perícia contra quem seja responsável pelo pagamento das despesas processuais.

O assistente técnico será um auxiliar da parte, e não do juízo, estando, portanto, excluído da arguição de impedimento e de suspeição. Já o perito está sujeito a impedimento ou suspeição, o que, se confirmado, o excluirá do encargo.

O perito poderá, porém, ser substituído quando carecer de conhecimento técnico ou científico necessário ou quando descumprir, sem motivo legítimo, o encargo que lhe foi confiado.

O perito, para bem desempenhar sua função, pode se valer de todos os meios necessários, até mesmo da oitiva de testemunhas e da solicitação de documentos que estejam em poder de parte ou de repartições públicas, podendo instruir o laudo com todas as peças que considere necessárias (art. 473, § 3º).

Existem, porém, alguns elementos que devem obrigatoriamente fazer parte do conteúdo do laudo, de modo a evitar ao máximo que as conclusões do perito não esclareçam o fato analisado. O conteúdo obrigatório do laudo pericial está disposto nos incisos do art. 473.

Sendo impossível cumprir o prazo estabelecido pelo juiz, poderá ser requerida, por uma única vez, a prorrogação do prazo, pela metade daquele originalmente fixado (art. 476).

Faltando conhecimento necessário à realização do trabalho ou não cumprindo o encargo no prazo assinalado, sem justo motivo, o perito poderá ser substituído – sendo que, na segunda hipótese, o juiz deve comunicar o ocorrido à respectiva corporação profissional e pode, ainda, impor multa ao perito com base no valor da causa e no prejuízo pelo atraso (art. 468, *caput* e § 1º).

O não cumprimento do trabalho enseja a devolução do valor recebido a título de honorários periciais, no prazo de quinze dias, sob pena de impedimento para atuação como perito judicial por cinco anos (§ 2º).

Ainda, se a quantia não for restituída de forma voluntária, cabe execução do valor pela parte que o adiantou, na forma de cumprimento de sentença – fundamentado na decisão que determinar a devolução do numerário.

É claro que o próprio perito pode se escusar de atuar na causa, justificando com justo e legítimo motivo, inclusive reconhecendo seu impedimento ou suspeição (arts. 148, II, 157 e 467 do CPC).

O laudo pericial deve ser apresentado pelo perito ao juiz até pelo menos vinte dias antes da audiência de instrução e julgamento e deverá ser sempre fundamentado, demonstrando o perito os métodos de que se serviu para elucidar a questão que lhe foi posta.

Os assistentes técnicos do autor e réu deverão apresentar seus pareceres no prazo comum de quinze dias após a intimação de comunicação da entrega do laudo, sendo estes documentos diferenciados do laudo pericial por configurarem opiniões baseadas em argumentos.

Havendo pedido de esclarecimentos, o perito também terá quinze dias para responder o solicitado (art. 477, § 2º).

Não sendo suficientes os esclarecimentos por escrito, o perito será intimado, pelo endereço eletrônico por ele fornecido, para prestar essas informações em audiência designada com esse intuito, devendo tal intimação ocorrer em até dez dias antes da audiência, quando tomará ciência, desde logo, das perguntas que lhe serão formuladas (art. 477, § 4º).

Embora o juiz não tenha conhecimentos técnicos para julgar o mérito da causa, não ficará adstrito ao laudo (art. 479), podendo formar sua convicção livremente com base nos elementos constantes nos autos, como corolário do sistema da persuasão racional do juiz na valoração das provas (art. 11), desde que fundamente sua decisão.

Não por outra razão, o juiz também não estará vinculado ao laudo dos assistentes técnicos das partes, figuras parciais, que atuarão tentando convencer o juiz a um resultado favorável em favor de quem atuam.

Segundo o art. 480, o juiz deve, ainda, de ofício ou a requerimento das partes, determinar a realização de uma segunda perícia, sempre que considerar a matéria não suficientemente esclarecida.

Note que não se trata de uma faculdade do juiz, mas sim de um dever. Essa segunda perícia não substitui a primeira, sendo apenas para corrigir omissões ou inexatidões, cabendo ao juiz valorar livremente cada uma delas, sempre de forma fundamentada.

Com base nessa prerrogativa, há, na doutrina, quem defenda a possibilidade de o magistrado designar, simultaneamente, dois ou mais peritos, o que asseguraria mais segurança nas informações colhidas.

Se, mesmo após a segunda perícia, restarem inexatidões ou omissões, os doutrinadores mais antigos admitiam o cabimento de uma terceira, em casos excepcionais, fundamentando-se no CPC de 1939, que possibilitava "nova perícia".

Contudo, no CPC de 2015 – assim como no seu antecessor, CPC/73 – há menção expressa sobre uma "segunda perícia", razão pela qual ainda é válida a opinião dos doutrinadores que não admitem a terceira perícia. Julgamos mais adequado esse entendimento.

Do contrário, ficaríamos reféns de um número excessivo de perícias no processo. Nesse sentido, não custa lembrar que a perícia, além de cara, é complexa, e que o juiz moderno está comprometido com os princípios da celeridade e da economia processual.

O art. 471 traz importante norma acerca da possibilidade de perícia consensual, que nada mais é do que a indicação em conjunto[42] pelas partes do profissional que realizará a perícia, mas que seguirá o mesmo procedimento da perícia realizada por perito oficial[43].

Tem-se, aqui, mais uma vez, a consagração do princípio da colaboração das partes (art. 6º) contribuindo para a duração razoável do processo e facilitando a solução da lide.

Segundo Fredie Didier Jr., trata-se da celebração de um negócio processual probatório e, como tal, deve observar os pressupostos gerais para negociação processual atípica prevista no art. 190, quais sejam: a capacidade das partes e a permissão de solução por autocomposição[44].

Contudo, Paulo Lucon adverte que o poder negocial das partes não exclui a possibilidade de o magistrado determinar uma segunda perícia caso entenda que a primeira diligência não foi satisfatória.

---

[42] Se não há consenso entre as partes a respeito da escolha do perito, o profissional indicado por uma das partes, mas rejeitado pela outra, não pode realizar a produção da prova como perito do juízo. REsp 1.924.452-SP, rel. Min. Ricardo Villas Bôas Cueva, 3ª T., por unanimidade, j. 4-10-2022, *DJe* 10-10-2022, *Informativo STJ* n. 755.

[43] Bueno, 2016, p. 376.

[44] Didier Jr., 2015, p. 287.

Não poderá o juiz, ainda que disponha de conhecimentos técnicos sobre o assunto em questão, se utilizar de seus conhecimentos, quando a questão for afeta à área jurídica, já que a prova não é produzida para a pessoa física do juiz, mas para o processo.

A perícia, ainda que realizada por juízo incompetente, não será invalidada, por não se tratar de ato decisório, mas apenas que auxiliará com conhecimentos técnicos na formação do convencimento do juiz. Assim, poderá ser utilizada pelo juiz ao qual forem remetidos os autos.

9.10 INSPEÇÃO JUDICIAL

Trata-se de meio de prova em que o próprio juiz se desloca da sede do juízo para examinar coisa ou pessoa, obtendo esclarecimentos fáticos. Pode ser feita de ofício ou a requerimento da parte (art. 481).

A inspeção judicial é uma prova que se forma no curso do processo e deverá ser previamente estabelecido o objeto sobre o qual recairá a inspeção, não podendo haver inspeção genérica sem que seja estabelecido previamente qual o seu limite.

O juiz, ao realizar diretamente a inspeção, deverá ir ao local onde se encontra o objeto ou a pessoa, a fim de melhor interpretar os fatos a serem observados, quando a coisa ou pessoa não puderem ser apresentadas em juízo sem grande despesa ou dificuldade para a reconstituição dos fatos. As partes têm o direito de assistir à inspeção, prestando esclarecimentos e fornecendo informações que considerem relevantes para o deslinde da causa, em respeito ao princípio do contraditório[45].

Se a inspeção judicial for pessoal e depender de conhecimentos técnicos, pode o juiz se socorrer de perito, o que não a equipara, porém, à prova pericial. Não há oferecimento de quesitos ou de laudo, por exemplo. O perito será apenas um assessor do juiz no curso da inspeção[46].

Marinoni e Arenhart fazem distinção, levando em conta a participação do perito, entre inspeção judicial direta e indireta. Seria direta quando realizada pelo próprio magistrado, e indireta quando o perito que assiste o juiz examina a pessoa ou coisa[47].

Já Didier Jr. entende que a essa inspeção judicial indireta faltaria um elemento essencial, que seria o exame pessoal feito pelo juiz, o que a tornaria uma perícia[48].

Concluída a diligência, lavra-se o auto circunstanciado, do qual deverá constar o que for útil ao julgamento do processo.

O juiz pode, ainda, fazer essa inspeção informalmente. As observações e os dados colhidos, entretanto, não poderão ser usados no julgamento da causa, salvo se o juiz for arrolado como testemunha, com fundamento no art. 452. Nesse caso, ele deve declarar-se impedido de atuar no processo.

Apesar de o art. 481 utilizar o verbo "poder", se a inspeção for útil à apuração dos fatos, o juiz, à luz da ideia de contraditório participativo, tem o dever de determiná-la.

Segundo Leonardo Greco, essa aparente faculdade contida no art. 481 deve ser interpretada como verdadeiro dever, "nos casos em que a inspeção se apresente conveniente ou relevante para demonstrar a procedência das alegações de uma das partes"[49]. Mas há casos em que o próprio Código define como obrigatória a inspeção judicial, como, por exemplo, na interdição, segundo o art. 751.

---

[45] Wambier; Talamini, 2017, p. 362.

[46] Barbosa Moreira, 2009, p. 73.

[47] Marinoni; Arenhart, 2005, p. 615.

[48] Didier Jr., 2015, p. 300.

[49] Greco, 2017, p. 368.

Capítulo 10
SENTENÇA E COISA JULGADA

10.1 INTRODUÇÃO

10.1.1 Conceito de sentença

Entre os atos processuais dos juízes, destacam-se os atos decisórios, os atos de documentação e os atos reais. Os atos decisórios, também chamados de provimentos, são definidos como atos praticados pelos juízes com a finalidade de impulsionar ou decidir questões referentes à relação processual instaurada, em obediência ao princípio do impulso oficial (art. 203 c/c o art. 139).

Por força do art. 203, § 1º, "sentença é o pronunciamento por meio do qual o juiz, com fundamento nos arts. 485 e 487, põe fim à fase cognitiva do procedimento comum, bem como extingue a execução".

Contudo, essa definição legal de sentença omite uma posição quanto à possibilidade ou não de sentenças parciais (aquelas que encerram a fase cognitiva apenas para algumas questões postas em julgamento, mas não o fazem quanto a outras).

Não obstante, o CPC traz algumas hipóteses nas quais haverá fracionamento das questões de mérito, como é o caso da decisão que extingue o processo reconhecendo a prescrição quanto a um dos pedidos, mas autoriza o prosseguimento quanto ao remanescente (art. 354, parágrafo único) ou da decisão que julga antecipadamente o mérito apenas quanto a um dos pedidos que restou incontroverso (art. 356, I).

De se observar que o art. 1.015, II, prevê o cabimento de agravo de instrumento para atacar as decisões interlocutórias de mérito.

Enquanto as decisões de mérito proferidas pelos juízes são denominadas sentenças, as proferidas pelos tribunais (órgãos colegiados) são chamadas de acórdãos. Se proferida pelo relator, individualmente, denomina-se decisão monocrática. Cabe ressaltar que as decisões proferidas pela turma recursal dos Juizados Especiais também são denominadas acórdãos, muito embora essas turmas não sejam formadas por desembargadores, mas por um colegiado de juízes de 1ª instância, que integram os próprios Juizados.

Deve-se estabelecer a diferença entre sentença, decisão interlocutória e despacho.

Sentença – *sententia* –, como já dito, é o ato pelo qual o juiz põe fim à fase cognitiva do procedimento ou extingue a execução, decidindo ou não o mérito da causa. É o ato lógico em que, de acordo com a doutrina positivista, o juiz faz um silogismo entre a premissa maior – a lei – e a premissa menor – o fato.

Contudo, entender a sentença como um mero silogismo seria uma concepção muito simplista para alguns autores.

Ato de vontade estatal, expressado em um comando, que confere obrigatoriedade à decisão. Leonardo Greco afirma que esse ato de vontade do Estado, que se vale do ato de inteligência do juiz, revela a lei do caso concreto, o modo de aplicação da lei aos fatos deduzidos em juízo[1].

---
[1] Greco, 2015, p. 352.

Existem duas espécies de sentença: a terminativa e a definitiva. Terminativa é a sentença que põe fim ao processo sem julgar o mérito, ou seja, não aprecia o pedido do autor.

A sentença terminativa se verifica, por exemplo, quando há falta de uma das condições da ação ou de um dos pressupostos processuais, e, em razão disso, o juiz encerra o processo sem julgar o mérito. As hipóteses de sentença terminativa estão elencadas no art. 485.

Definitiva é aquela que põe fim ao processo decidindo acerca do mérito. Decide o mérito da causa, no todo ou em parte, dando à parte a prestação jurisdicional postulada, extinguindo, por conseguinte, o direito de ação. As hipóteses encontram-se elencadas no art. 487 do CPC.

Assim, tem-se, com a sentença definitiva, o julgamento efetivo do mérito da causa.

Segundo Luiz Fux, as sentenças definitivas de improcedência, por negarem a existência do direito material alegado pelo autor, possuem um provimento declaratório-negativo.

Ele explica que, "mesmo que a sentença de improcedência verse sobre 'pedido de declaração de inexistência' de relação jurídica, ela será declaratório-negativa, porquanto, não obstante afirme a existência do direito material, rejeita a pretensão formulada"[2]. Já as sentenças de procedência têm a mesma natureza dos pedidos que contemplam.

Será decisão interlocutória – *interlocutoriae* – todo pronunciamento judicial de natureza decisória que não se enquadre no conceito de sentença, sendo, portanto, uma definição por exclusão[3]. É consequência natural da própria definição de processo – sucessão de atos processuais – que abrange, ao longo de seu curso, uma série de decisões do magistrado.

Por meio da decisão interlocutória, resolve-se qualquer questão levantada pelas partes que não seja decidida por sentença.

Um exemplo é a decisão de saneamento e organização do processo, nos termos do art. 357.

Por fim, temos o despacho (art. 203, § 3º), que tem como origem a palavra *despeechier*, que significa liberar, retirar obstáculos. É, portanto, todo ato realizado pelo juiz que não implica gravame para qualquer das partes.

É ato desprovido de conteúdo decisório, por meio do qual o juiz apenas impulsiona a relação processual. Por não possuir efeito decisório, o ato torna-se irrecorrível. Não obstante, sendo o despacho abusivo, embora não caiba recurso, é possível a impetração de mandado de segurança contra o ato do juiz, bem como o ajuizamento de reclamação (requerimento administrativo) ou correição parcial.

Temos para nós, também, que, apesar de o art. 1.022, ao tratar dos embargos de declaração, referir apenas o termo "decisão judicial", deve ser cabível também o uso desse recurso para atacar despachos que causem transtorno no curso do processo, e mostrem-se teratológicos.

No § 4º do art. 203, temos a previsão dos despachos de mero expediente, que podem ser praticados pelo escrivão, dentro da moderna tendência da efetividade do processo e da celeridade processual.

10.1.2 Classificação das sentenças

Tradicionalmente, a doutrina costuma classificar as sentenças de acordo com a tutela jurisdicional pleiteada, que teria, então, a mesma natureza jurídica da tutela jurisdicional requerida pelo demandante.

---

[2] Fux, 2008, p. 639.

[3] Art. 203, § 2º, do CPC.

Quando propõe uma demanda, o autor requer que a sentença emita um juízo de declaração; crie, modifique ou extinga uma relação jurídica ou que obrigue alguém a entregar ou a fazer ou deixar de fazer algo. Essa é a chamada classificação trinária.

Além da classificação ternária, há a quinária, hoje defendida por muitos processualistas, eis que é mais objetiva e permite identificar com precisão o tipo de provimento judicial mais adequado a cada tipo de pretensão.

Notadamente na década de 1990, inovações na providência jurisdicional impulsionaram esse acréscimo à classificação das sentenças, tendo como marco o Código de Defesa do Consumidor, que tratou de tutelar medidas de obrigação de fazer e não fazer (art. 84), servindo de base para o advento da Lei n. 8.952/94, que deu redação ao art. 461 do CPC/73. Portanto, no que tange à concessão da tutela específica da obrigação ou determinação de providências com o escopo de atingir o resultado prático equivalente, evidencia-se a tutela mandamental e executiva, sem cunho condenatório, constitutivo ou declaratório, em sentido estrito, típicos da corrente ternária.

De acordo com a classificação quinária, portanto, a sentença pode ser: declaratória, constitutiva, condenatória, mandamental ou executiva.

Assim, podemos classificar as sentenças definitivas em:

a) Declaratória

Encontra-se expressa no art. 19 do CPC: "o interesse do autor pode limitar-se à declaração:

I – da existência, da inexistência ou do modo de ser de uma relação jurídica;

II – da autenticidade ou da falsidade de documento".

De se observar que as hipóteses previstas no art. 19 do CPC parecem indicar a necessidade de um pedido expresso pelo interessado[4], não obstante a autorização dada ao magistrado para decidir as questões prejudiciais, na forma do art. 503, § 1º.

De toda forma, nada impede que o magistrado, em cooperação com as partes, examine a conveniência ou não de decidir tal questão, por ocasião da decisão de saneamento (art. 357, § 3º).

O interesse, nesse tipo de ações, será a certeza quanto à existência ou inexistência de uma relação jurídica, ou quanto à autenticidade ou falsidade de documento.

Observe-se que o legislador da nova regra processual foi cuidadoso em incluir no rol de hipóteses de cabimento da ação declaratória o "modo de ser de uma relação jurídica" a ser declarado por providência jurisdicional, o que não era previsto pelo CPC/73.

As sentenças declaratórias podem ter cunho positivo ou negativo e possuem eficácia *ex tunc*, ou seja, retroagem à data em que a relação jurídica se constituiu ou que a falsificação de um documento ocorreu.

O art. 20 estabelece ser admissível a ação declaratória, ainda que tenha ocorrido a violação do direito, quando poderia ser formulado pedido condenatório.

b) Constitutiva

Vai além da mera declaração, pois cria, modifica ou extingue uma relação jurídica. Divide-se, portanto, em constitutiva, criativa, modificativa e extintiva.

---

[4] Registre-se que enunciados do Fórum Permanente de Processualistas Civis sobre a matéria: Enunciado 111 do FPPC: (arts. 19, 329, II, e 503, § 1º) "Persiste o interesse no ajuizamento de ação declaratória quanto à questão prejudicial incidental". Enunciado 437 do FPPC: (arts. 503, § 1º, e 19) "A coisa julgada sobre a questão prejudicial incidental se limita à existência, inexistência ou modo de ser de situação jurídica, e à autenticidade ou falsidade de documento".

Não há um artigo específico sobre ela, mas, ao fazer uma análise do CPC, pode ser encontrada em dois artigos: art. 73, § 1º, IV ("que tenha por objeto o reconhecimento, a constituição ou a extinção de ônus sobre imóveis de um ou de ambos os cônjuges") e art. 292, II ("na ação que tiver por objeto a existência, a validade, o cumprimento, a modificação, a resolução, a resilição ou a rescisão de ato jurídico, o valor do ato ou o de sua parte controvertida").

c) Condenatória

Tem parcela declaratória, mas indica sanção a ser aplicada, caso o demandado não cumpra a sentença. Caso haja o não cumprimento, está autorizado o demandante a iniciar o cumprimento da sentença (precedido da eventual liquidação, se for o caso), pois a ele é atribuído um título executivo.

Não custa lembrar que a ideia central é desencorajar o descumprimento da decisão judicial, na medida em que o não cumprimento voluntário leva à imposição de multa de 10 por cento, além da fixação de honorários advocatícios de mais 10 por cento (independentemente da verba honorária já fixada por ocasião da sentença, ou eventualmente majorada pelo Acórdão, na forma do art. 85 do CPC).

d) Mandamental

Pode ser caracterizada como uma ordem de dar, fazer ou não fazer, que, se descumprida, pode sujeitar o destinatário à responsabilidade criminal (art. 330 do CP – desobediência).

O efeito mandamental impõe ao réu o cumprimento de uma ordem constante da sentença, independentemente da instauração de um processo autônomo. A doutrina tradicional, contudo, considera a sentença mandamental verdadeira decisão condenatória.

Leonardo Greco critica tal classificação, pois o fato de não se instaurar um novo processo não é suficiente para alterar a natureza do efeito de direito material. É, na verdade, um modo impróprio de execução ou de cumprimento da sentença e não uma eficácia de natureza diversa[5].

Diante das peculiaridades da execução das obrigações de fazer, parece-nos justificável a criação dessa modalidade de sentença, sobretudo diante da regra da execução específica e da busca do resultado prático equivalente, na hipótese de inviabilidade da restituição da situação ao *status quo*.

e) Executiva

A sentença executiva é aquela dotada de autoexecutoriedade, de forma que a implementação do seu comando concreto não demanda a instauração formal da etapa de cumprimento da sentença. Em outras palavras, a execução se perfaz com a determinação de algumas diligências.

Para Pontes de Miranda, "a sentença favorável nas ações executivas retira valor que está no patrimônio do demandado, ou dos demandados, e põe-no no patrimônio do demandante"[6].

Fux fala em sentenças *executivas* "*lato sensu*", que são aquelas ao mesmo tempo condenatórias e executivas. Ele dá como exemplo a sentença concessiva de despejo, pois a sua eficácia manifesta-se na própria relação de conhecimento, sem necessidade de processo próprio de execução. Outro exemplo é a sentença que, nos termos do art. 501, condena o réu a emitir declaração de vontade.

Leonardo Greco, por outro lado, entende que tanto a executividade como a mandamentalidade são modos de execução de provimento condenatório. Cita ainda Alfredo Buzaid, segundo o qual ambas são características exteriores à própria sentença, relativas ao seu modo de cumprimento, e não à sua eficácia substancial, repudiando, portanto, a classificação quinária[7].

---

[5] Greco, 2015, p. 359.
[6] Pontes de Miranda, 1998, p. 242-245.
[7] Greco, 2015, p. 361.

10.2 DISPOSIÇÕES GERAIS

Passemos agora ao estudo da sentença que resolve e da que não resolve o mérito, reguladas nos arts. 487 e 485, do CPC.

10.2.1 Sentenças que não resolvem o mérito

O art. 485 do CPC trata das hipóteses em que o magistrado, ao proferir sentença, põe fim à fase cognitiva, e determina a extinção do processo.

Como não houve resolução do mérito, essa decisão não impede que o autor renove a pretensão no futuro (art. 486, *caput*), por meio de outra ação.

A análise do mérito é feita por sentença de natureza terminativa, possibilitando ao autor o ingresso com uma nova ação, ou melhor, que ele proponha a demanda mais uma vez com identidade de pedido, causa de pedir e partes, sanado o vício que gerou tal decisão e desde que se comprove que foram pagas as custas e os honorários do advogado (art. 486).

Em outras palavras, o autor da demanda tem a chance de ajuizar mais uma vez a ação quando as razões que levaram à sua extinção sejam defeitos que possam ser superados nessa nova demanda.

Assim é que o § 1º do art. 486 do CPC condiciona a repropositura da ação, ainda, à correção do vício que levou à sentença sem resolução de mérito apenas nas hipóteses de: litispendência; indeferimento da petição inicial; ausência de pressupostos de constituição e de desenvolvimento válido e regular do processo; ausência de legitimidade ou de interesse processual; existência de convenção de arbitragem ou reconhecimento pelo juízo arbitral de sua competência.

Didier Jr.[8] explica que a norma referida acima tem aplicabilidade nas decisões fundamentadas na inadmissibilidade do processo, que significa justamente uma sanção de invalidação pela "existência de um defeito processual que não foi corrigido".

O autor prossegue, afirmando que, por ser uma sanção, essa decisão (constitutiva negativa) deve ser cumprida, ou seja, o vício deve ser sanado. Torna, portanto, definitiva e indiscutível a solução da questão processual viciada, fazendo coisa julgada material – que será explicada mais à frente – e ensejando ação rescisória (art. 966, § 2º).

Ressalve-se que o § 3º do art. 486 determina que se o autor der causa, por três vezes, a sentença fundada em abandono da causa, não poderá propor nova ação contra o réu com o mesmo objeto, mas poderá usar o seu direito como defesa.

Apesar de a norma silenciar a respeito, a hipótese de, em razão da morte da parte, a ação ser considerada intransmissível por disposição legal (art. 485, IX) também se aplicará na não admissão de propositura de nova demanda, por impossibilidade material, tendo em vista o falecimento do autor e a intransmissibilidade do direito pleiteado.

Antes de adentrar o mérito, deve o magistrado fazer uma análise prévia, que consiste em examinar se estão presentes as condições para o regular exercício do direito de ação, bem como os pressupostos processuais. Em outras palavras, só passa ao exame do mérito após superar as questões preliminares arguidas.

Existem matérias, porém, que podem ser examinadas de ofício pelo magistrado, em qualquer tempo ou grau de jurisdição, enquanto não ocorrer o trânsito em julgado (art. 485, § 3º): ausência de pressupostos de constituição e de desenvolvimento válido e regular do processo; existência de

---

[8] Didier Jr., 2015, p. 710-711.

perempção, de litispendência ou de coisa julgada; ausência de legitimidade ou de interesse processual; e, em caso de morte da parte, a ação ser considerada intransmissível por disposição legal.

O momento (amplo) para esse conhecimento significa que esses temas poderão ser analisados pelo Judiciário ainda que o processo esteja em graus ordinário e extraordinário de recurso, devido à importância dessas matérias. Contudo, há uma limitação temporal, ou seja, transitada em julgado a decisão final, apenas poderá ser rediscutida em sede de ação rescisória (art. 966), e mesmo assim observados os requisitos específicos de cabimento dessa demanda.

Didier Jr.[9] faz uma observação importante na comparação com o correspondente dispositivo do CPC/73 (art. 267, § 3º). Não há, na norma vigente, a menção à sanção aplicada ao réu que não alegasse essas matérias na primeira oportunidade, qual seja o ônus de arcar com as custas pelo retardamento.

Contudo, o doutrinador explica que nem por isso é lícito ao autor alegar tais questões em momento posterior, sem qualquer justificativa. Observado o princípio da boa-fé processual (art. 5º do CPC), esse comportamento configuraria abuso de direito no processo, contrário à ética processual.

Passemos, então, à análise de cada um dos incisos do art. 485.

I) Indeferimento da petição inicial

Esse inciso já foi tratado no capítulo referente à petição inicial. Cumpre apenas ressaltar que, nesse caso, o réu nem chega a integrar a relação processual, uma vez que não é citado, em decorrência de ser tal extinção liminar.

Também não se deve confundir essa providência com a do art. 332, denominada improcedência liminar do pedido. Nessa última hipótese, a inicial é recebida (não contém vícios e preenche todos os requisitos do art. 319). Porém, é julgada de plano, examinando-se o mérito, e proferindo-se decisão de improcedência total do pedido em razão da ocorrência de uma das hipóteses elencadas nos incisos do art. 332.

II) Negligência das partes por mais de um ano

O processo fica paralisado, por inércia das partes, durante mais de um ano. Aqui, só se deve verificar o decurso do intervalo de um ano, não sendo necessária a configuração de elemento subjetivo específico na conduta das partes.

Cumpre ressaltar que, antes de julgar extinto o processo, deve o magistrado, consoante § 1º do art. 485 do CPC, intimar pessoalmente as partes, para que, em cinco dias, se manifestem, sob pena de nulidade da sentença. A intimação é pessoal e não na figura do advogado, para que, no caso de eventual negligência deste, a parte não seja prejudicada.

Nesses casos, a extinção do processo independe de provocação das partes.

III) Omissão do autor por mais de trinta dias

Para que o processo seja extinto com base nesse inciso, deve restar comprovada a intenção do autor em abandonar a ação, ou seja, o elemento subjetivo.

O Superior Tribunal de Justiça já editou súmula[10] a respeito, no sentido de ser necessário o requerimento do réu para que seja extinto o processo, ou seja, em caso de abandono do processo pelo autor, a sua extinção não pode ser feita de ofício pelo juiz.

Importante ressaltar que o juiz só deve extinguir o feito se o ato que deveria ser praticado pelo autor for indispensável para o julgamento da lide.

---

[9] Didier Jr., 2015, p. 728.
[10] Súmula 240: "A extinção do processo, por abandono da causa pelo autor, depende de requerimento do réu".

É permitido, nessa hipótese, que o autor reintente a ação. Contudo, caso o autor abandone a causa por três vezes, não poderá intentar novamente ação em face do réu com o mesmo objeto, mas ainda terá o direito de alegar em defesa o seu direito (art. 486, § 3º).

IV) Ausência dos pressupostos de constituição e de desenvolvimento válido e regular do processo

Os pressupostos processuais são requisitos prévios que autorizam a adequada instauração da relação processual e já foram tratados na Parte Geral deste Manual.

O inciso IV guarda relação direta com os arts. 70 e 76 do CPC, que tratam da incapacidade processual e da irregularidade de representação das partes.

O art. 70 declara que toda pessoa que se ache no exercício de seus direitos tem capacidade de estar em juízo.

De acordo com o art. 76, o processo não é extinto de imediato em caso de incapacidade processual ou irregularidade da representação das partes. O juiz deve suspender o processo e marcar um prazo razoável para ser sanado o feito.

Do não cumprimento do despacho, temos duas soluções: se quem deveria sanar o feito era o autor, o juiz extinguirá o processo; se cabia ao réu, este se tornará revel; e, se cabia a terceiro, será excluído do processo ou considerado revel, a depender do polo em que se encontre.

É por isso que se pode afirmar que, na prática, é difícil o processo ser extinto por ausência de pressupostos processuais, uma vez que o vício pode ser sanado pelas partes.

V) Peremção, litispendência e coisa julgada

Peremção é a perda do direito de demandar o réu sobre o mesmo objeto da ação. Ocorre quando o autor abandona o processo por três vezes, hipótese expressa no inciso V (art. 485, V, c/c o art. 486, § 3º). O autor perde, inclusive, o direito de levar aquele litígio ao Poder Judiciário por meio de reconvenção[11].

Litispendência é a repetição de uma ação idêntica (mesmas partes, mesma causa de pedir e mesmo pedido) a outra que ainda se encontra em curso.

Coisa julgada é o fenômeno pelo qual uma parte ajuíza ação igual a uma primeira, já definitivamente julgada. Na lição de Leonardo Greco[12], é "a imutabilidade que adquire os efeitos de direito material da sentença não mais sujeita a qualquer recurso no processo em que foi proferida".

Ocorrendo quaisquer desses fenômenos, o juiz deverá conhecê-los de ofício, em qualquer tempo e grau de jurisdição (§ 3º do art. 485 do CPC).

No caso de o juiz verificar a incidência de litispendência, coisa julgada ou peremção, o autor não poderá intentar nova ação. É uma exceção ao art. 485, que trata das sentenças terminativas, que possibilitam a nova propositura de ação (art. 486, *caput*). Nessas hipóteses, será cabível ação rescisória, nos termos do art. 966, § 2º, I.

Pode acontecer de apenas parte da demanda, nos processos cumulativos, ser atingida por um desses institutos, caso em que teremos a litispendência, peremção ou coisa julgada parciais, e o processo não deverá ser extinto totalmente, apenas na parte em que for atingido por esses institutos, devendo a outra seguir o curso normalmente.

Didier Jr. lembra, ainda, que pode haver litispendência ou coisa julgada sem a chamada tríplice identidade. Isso ocorre nas demandas coletivas, em que basta a identidade do pedido e da causa de

---

[11] Didier Jr., 2015, p. 717.

[12] Greco, 2015, p. 374.

pedir, pois vários são os legitimados extraordinários a demandar no interesse do titular da relação deduzida[13].

Contudo, esse entendimento não é pacífico na seara da tutela coletiva, e demanda, em muitos dos casos, exame individualizado do tipo de direito tutelado naquela demanda (difuso, coletivo ou individual homogêneo, conforma classificação adotada pelo art. 81, parágrafo único, do CDC).

VI) Ausência de legitimidade ou de interesse processual (legitimidade *ad causam* e interesse em agir)

Não se deve confundir a carência da ação com a improcedência do pedido. A improcedência do pedido impede a propositura de nova ação, pois o juiz adentrou o exame do mérito. Por outro lado, a carência da ação não impossibilita o ajuizamento de nova demanda, em regra, pois o julgamento é extinto sem a resolução do mérito.

Desde o início da vigência do Código passado, muito frequentemente deparam-se os estudiosos e os aplicadores do direito com uma grande dificuldade em se distinguir condições da ação e mérito.

A chamada "teoria da asserção" passou a ganhar muitos adeptos, defendendo, nas palavras de Heitor Vitor Mendonça Sica, que "a presença das condições da ação em geral (e em especial da legitimidade *ad causam*) deve ser aferida *apenas* de acordo com o relato fático contido na peça inicial, *in statu assertionis*, em sede de cognição sumária"[14].

Ou seja, para analisar as condições, o olhar do julgador deve recair tão somente sobre os fatos alegados na petição inicial, não indo além na investigação do aduzido pela parte autora, sob pena de imiscuir-se já no mérito da demanda.

Por fim, em uma nota terminológica, a Lei n. 13.105/2015 abandona as expressões "condições da ação" e "carência de ação". Quanto à segunda, parece acertado o avanço, pois nunca pareceu adequado dizer que, por faltar a alguém uma das condições impostas pela lei, perderia esse jurisdicionado o próprio direito de ir a juízo.

Entretanto, é possível compatibilizar a primeira expressão, "condições da ação", com a Constituição da República, "sob o prisma de que o exercício eficaz do direito constitucional de ação se sujeita, sim, a alguns requisitos, sem os quais não se pode conferir ao seu titular os efeitos por ele esperados"[15].

VII) Convenção arbitral

A arbitragem consiste na solução do conflito por meio de um terceiro, escolhido pelas partes, com poder de decisão, segundo normas e procedimentos aceitos por livre e espontânea vontade das partes.

A arbitragem é um degrau a mais em relação à mediação. O árbitro, além de ouvir as versões das partes, interagindo com elas e tentando chegar a um consenso, deve proferir uma decisão de natureza impositiva, caso a conciliação não seja alcançada.

A convenção arbitral está disposta na Lei n. 9.307/96, e compreende tanto a cláusula compromissória quanto o compromisso arbitral (art. 3º). É um pressuposto processual negativo, pois as partes renunciaram à atividade jurisdicional e, portanto, o Judiciário é impedido de conhecer da questão. Porém, se as partes silenciarem quanto à convenção, subentende-se que houve a concordância tácita em revogar o compromisso.

---

[13] Didier Jr., 2015, p. 718.
[14] Wambier et al., 2015, p. 906.
[15] Tais são as reflexões de Heitor Vitor Mendonça Sica, em Wambier et al., 2015, p. 904.

Ou seja, para que o processo seja extinto em razão da existência de compromisso arbitral, é preciso que haja provocação da parte interessada.

VIII) Homologação da desistência da ação

Aqui, o autor, por ato unilateral, desiste de prosseguir com o feito. É admitida a desistência parcial, mas, nesse caso, o processo não será extinto, pois deverá prosseguir em relação à parte não afetada.

Havendo litisconsórcio passivo necessário, não pode o autor desistir da ação apenas em relação a um dos corréus, mas tal possibilidade existe em caso de ser o litisconsórcio passivo facultativo.

A desistência ocorre antes da prolação da sentença (art. 485, § 5º), mas nada impede que o autor renuncie ao direito de executar o réu, na hipótese de ter vencido, ou que desista de interpor recurso, se tiver perdido – lembrando que essas hipóteses não estão contempladas aqui no inciso VIII, mas sim em dispositivos específicos e que serão examinados mais à frente.

A desistência só produz efeitos após a sua homologação pelo juiz (art. 200, parágrafo único). Por isso, o que enseja a decisão judicial sem resolução de mérito não é a desistência em si, mas a homologação da desistência.

Se o réu já havia se manifestado oferecendo a sua defesa, para que a desistência seja homologada é necessária a sua concordância. É o que está expresso no § 4º do art. 485 do CPC.

Diferente solução ocorre no caso de impetração de mandado de segurança, em que o STF admite, a qualquer tempo, a desistência, sem a necessidade de concordância do impetrado.

Vale destacar a diferença entre a desistência do processo e a renúncia ao direito sobre o que se funda a ação. A desistência refere-se não ao direito demandado, mas, sim, ao prosseguimento do processo, culminando, portanto, em uma decisão terminativa. Já a renúncia refere-se ao próprio direito em que se funda a demanda, gerando uma sentença definitiva, pois extingue o processo com resolução do mérito.

A desistência encontra regras particulares em legislações extravagantes; não é admitida na Ação Direta de Inconstitucionalidade (ADI) e na Ação Declaratória de Constitucionalidade (ADC) – arts. 5º e 16 da Lei n. 9.868/99.

Na ação civil pública, em caso de desistência infundada por associação legitimada, o Ministério Público ou outro legitimado assumirá a legitimidade ativa (art. 5º, § 3º, da Lei n. 7.347/85).

A Lei n. 9.469/97, que trata sobre a intervenção da União nas causas em que figurarem, como autor ou réu, entes da Administração indireta, e regula os pagamentos da Fazenda Pública em virtude de sentença judiciária, entre outras providências, determina, em seu art. 3º, que as autoridades elencadas em seu art. 1º (representantes judiciais da União, suas autarquias e fundações e empresas públicas federais) só poderão concordar com a desistência se o autor renunciar expressamente ao direito sobre o qual se funda a demanda.

Também na hipótese de julgamento repetitivo do recurso especial (art. 1.036) o STJ não vem admitindo a desistência do autor/recorrente no processo utilizado como paradigma (processo piloto).

O CPC, ao tratar dos recursos, no art. 998, dispõe que "o recorrente poderá, a qualquer tempo, sem a anuência do recorrido ou dos litisconsortes, desistir do recurso". Contudo, no parágrafo único desse dispositivo, ressalva que "a desistência do recurso não impede a análise de questão cuja repercussão geral já tenha sido reconhecida e daquele objeto de julgamento de recursos extraordinários ou especiais repetitivos".

Na mesma linha, ao tratar do incidente de resolução de demandas repetitivas, estabelece no art. 976, II, § 1º, que a desistência ou o abandono do processo não impede o exame de mérito do incidente.

Com relação às custas, terminado o processo em razão de desistência, as despesas e honorários serão pagos pelo autor. Sendo a desistência parcial, o pagamento das despesas e honorários será proporcional à parte da qual se desistiu (art. 90, *caput*, e § 1º).

O STJ[16], na vigência da legislação anterior, vinha reduzindo a autonomia do autor para a desistência da demanda, após o decurso do prazo da resposta, sob o argumento de que o réu tem o direito de ver o mérito da demanda resolvido.

Importante, ainda, mencionar que o art. 286, II, do CPC dispõe acerca de outro efeito decorrente da sentença homologatória da desistência. Diz a norma que, caso o autor decida propor novamente a demanda, o juiz que proferir essa decisão estará prevento para julgar a nova.

Uma última palavra sobre o pedido de desistência efetivado antes do protocolo da contestação. Como já tivemos oportunidade de salientar[17], o art. 485, § 4º, do CPC dispõe que "oferecida a contestação, o autor não poderá, sem o consentimento do réu, desistir da ação", redação bem parecida com a do art. 267, § 4º, do CPC/73 ("depois de decorrido o prazo para a resposta, o autor não poderá, sem o consentimento do réu, desistir da ação").

Uma interpretação literal do dispositivo[18] leva à conclusão de que, se o pedido de desistência for apresentado antes da resposta do réu, não há necessidade de consentimento desse último e o feito pode ser extinto sem resolução de mérito (art. 485, VIII). Antes de avançar, cabe pontuar que o Superior Tribunal de Justiça reconhece que, formalizada a citação, o autor "desistente" deve pagar honorários de sucumbência, à luz do princípio da causalidade (art. 26 do CPC/73 e art. 90 do CPC), mesmo que a contestação não tenha sido apresentada e, em alguns casos, antes da própria fluência do prazo defensivo.

Importante ressaltar que, nos termos do art. 90, § 3º, "se a transação ocorrer antes da sentença, as partes ficam dispensadas do pagamento das custas processuais remanescentes, se houver". Interpretando o dispositivo, o STJ entende que a regra se aplica ao processo de conhecimento e de execução[19].

Além disso, no caso de abandono da causa pelo autor, o STJ, sob a égide do CPC/73, editou o Enunciado n. 240 de sua Súmula ("A extinção do processo, por abandono da causa pelo autor, depende de requerimento do réu"), consolidando o entendimento de que, após a citação, o réu deve ser intimado sobre o pedido em questão[20]. Da mesma forma, cumpre destacar que, "até a citação", o autor poderá aditar ou alterar o pedido ou a causa de pedir, independentemente do consentimento do réu (art. 329, I, do CPC).

---

[16] Assim, a recusa do réu ao pedido de desistência do autor sob o fundamento de ter direito ao julgamento de mérito da demanda consiste em argumento relevante e fundamentação razoável apta a impedir a extinção do processo sem resolução do mérito, não havendo que falar em abuso de direito por parte do réu" (REsp 1.318.558-RS, rel. Min. Nancy Andrighi, j. 4-6-2013, *Informativo STJ*, n. 526).

[17] Em texto escrito em coautoria com Marcelo Mazzola. Disponível em: http://www.conjur.com.br/2016-out-19/desistencia--anterior-contestacao-nao-obriga-extincao-processo. Acesso em: 20 jun. 2017.

[18] "(...) A interpretação literal e gramatical dos atos processuais é a mais pobre e perigosa das interpretações, acabando por desviá-lo de sua finalidade, com desastrosas consequências. – É imprescindível ao aplicador ou intérprete do ato processual perquirir pela valoração volitiva inserta em seu conteúdo, pois o conteúdo deve preponderar sobre a forma" (REsp 613.732-RR, rel. Min. Nancy Andrighi, j. 10-11-2005, *DJ* 20-2-2006).

[19] Contudo, despesas processuais é gênero do qual são espécies as custas judiciais, a taxa judiciária e os emolumentos. As custas judiciais têm natureza tributária e visam a remunerar os serviços praticados pelos serventuários em juízo. A taxa judiciária, a seu turno, também é um tributo, mas é devida ao Estado em contraprestação aos atos processuais. REsp 1.880.944/SP, rel. Min. Nancy Andrighi, 3ª T., por unanimidade, j. 23-3-2021. *Informativo STJ* n. 690.

[20] REsp 1.094.308-RJ. No mesmo sentido: AgRg no REsp 1.142.636-RS.

Esse breve parêntesis serve para demonstrar que a citação do réu sempre foi considerada um marco temporal relevante para fins de aplicação da sucumbência, na hipótese de abandono da causa pelo autor, e também no caso de aditamento ou alteração do pedido autoral.

Porém, com relação à desistência da ação, sempre prevaleceu a tese de que, até a apresentação da contestação (efetivo protocolo da peça), o pedido de desistência do autor não depende do consentimento do réu[21], mas que, após o protocolo da defesa, não pode o autor desistir da ação, sem a aquiescência do demandado[22].

Surge então a indagação: será que na atual conjuntura do processo civil, em que pese a "clara" redação do art. 485, § 4º[23], o mero pedido de desistência apresentado pelo autor antes do protocolo da contestação enseja, automaticamente, a extinção do feito sem resolução de mérito?

Pensamos que não e defendemos a possibilidade de uma interpretação *conforme,* prestigiando-se os princípios constitucionais e do CPC. A questão ainda não foi enfrentada com profundidade pela jurisprudência, mas entendemos ser cabível uma interpretação sistemático-extensiva e lógico-argumentativa da norma processual em questão, valorizando-se não apenas a observância dos direitos e das garantias fundamentais, mas sobretudo a necessária ponderação do princípio dispositivo frente ao princípio da primazia do julgamento do mérito[24], eis que o CPC prestigia a "solução integral do mérito" (art. 4º), isto é, a prolação de uma "decisão de mérito justa e efetiva" (art. 6º).

O princípio em questão está intimamente ligado ao dever de cooperação (especialmente em sua faceta de prevenção), que reflete o poder do juiz de sanar vícios processuais e óbices ao desenvolvimento do processo, à resolução do mérito ou à atividade satisfativa do direito (art. 139, IX). Afinal, o objetivo do processo é resolver o conflito.

Dentro dessa concepção lógico-argumentativa e voltando ao exemplo ilustrativo, entendemos que, se o juiz julgar extinto o feito com base na desistência (art. 485, VIII), quando a parte ré já tiver tomado as providências necessárias a viabilizar a defesa do seu direito, e proferir uma sentença terminativa, desprestigiará frontalmente o princípio da primazia de mérito.

Isso se agrava se o réu alegar qualquer das hipóteses que poderiam (e deveriam) ter sido apreciadas pelo magistrado, na forma do art. 332, aí incluídas a prescrição e a decadência, que, se acolhidas, ensejariam a extinção do feito com resolução de mérito (art. 332, § 1º, c/c art. 487, II).

Suponhamos que o réu esteja buscando, em reconvenção, a condenação do autor ao pagamento de danos morais. Tal requerimento reforçaria ainda mais a necessidade de enfrentamento do mérito[25], sob pena de flagrante violação ao acesso à Justiça (arts. 5º, XXXV, da CF e 3º do CPC).

Pensamos que a extinção do feito sem resolução de mérito em tais hipóteses também viola os princípios da economia processual, da razoabilidade e da eficiência (art. 8º do CPC), pois, em vez de

---

[21] AgRg no AREsp 291199-DF. *Vide* também REsp 591.849-SP.
[22] Recurso Especial sob a sistemática do julgamento repetitivo: REsp 1.267.995-PB.
[23] Interessante observar que, no caso dos recursos especial e extraordinário repetitivos, uma vez publicado o acórdão paradigma, a parte pode desistir da ação antes de oferecida a contestação (art. 1.040, § 2º – na mesma linha do art. 485, § 4º), inclusive sem pagar verba sucumbencial. O detalhe é que, nesse capítulo específico, o legislador previu que a desistência apresentada antes da sentença independe do consentimento do réu, "ainda que apresentada a contestação" (§ 3º). Parece-nos, portanto, que, quando o legislador quis autorizar a desistência da ação independentemente da existência de contestação, o fez expressamente, o que, todavia, não é o caso do art. 485, § 4º.
[24] Wambier; Talamini, 2017, p. 431.
[25] Nesse ponto, vale lembrar que o art. 343, § 2º, do CPC estabelece que a desistência da ação ou a ocorrência de causa extintiva que impeça o exame de seu mérito não obsta ao prosseguimento do processo quanto à reconvenção.

pacificar o conflito desde logo, permitirá que o autor, no futuro, proponha a ação novamente, causando insegurança jurídica[26].

Sob outro prisma, não se pode olvidar que, diferentemente do CPC/73, o CPC prevê uma nova etapa processual no início da ação, qual seja a realização da audiência de conciliação/mediação do art. 334. Em tais audiências, embora não seja o ambiente adequado para se discutir o mérito da controvérsia, as partes acabam dialogando, explicando seus pontos de vista, questionando a pertinência de alguns pedidos e, algumas vezes, chegam a trazer documentos e elementos para embasar sua posição.

Ou seja, instala-se um efetivo contraditório, ainda que de baixa densidade. E pode ocorrer de o autor, justamente com base no que viu e ouviu, avaliar e resolver, na sequência, desistir da ação, evitando maiores desdobramentos.

Do lado do réu, embora o prazo de contestação só comece a fluir a partir do dia seguinte ao da audiência frustrada (art. 335, I), não se pode ignorar que, uma vez citado, foi obrigado a contratar advogado, resgatar o histórico dos fatos, coletar documentos, se deslocar para a audiência de conciliação/mediação, revelando uma participação ativa na construção e no desenvolvimento da tese defensiva. Nesse contexto, considerando que foi literalmente "convocado" a integrar a relação processual (art. 238), o réu tem o direito, à luz do contraditório (art. 5º, LV, da CF e 7º do CPC), de exigir a adoção de todas as providências que possam ter utilidade na defesa de seus interesses.

Em nossa opinião, apesar de a desistência ser um ato unilateral do autor[27], quando formulada após a citação do réu, ainda que antes do efetivo protocolo da contestação, não deve, abstratamente, se "sobrepor" ao direito do réu de continuar com a demanda em busca de uma decisão de mérito, sobretudo diante dos novos paradigmas e cânones do processo civil. É preciso valorizar a interpretação mais favorável à preservação do direito fundamental de se obter uma tutela jurisdicional de mérito.

É evidente que o réu, além de boa-fé, precisará demonstrar fundamento legítimo para postular o prosseguimento do feito (sua "resistência" deve lhe trazer alguma utilidade), não podendo, porém, a nosso sentir, ficar ao talante do autor, em posição de desigualdade (arts. 5º, *caput*, da CF e 7º do CPC), na condição de agente secundário do processo.

IX) Intransmissibilidade da ação

Ocorre quando há a morte do autor e o direito sobre o qual se funda a ação é intransmissível aos seus herdeiros. Isso vai ocorrer, muitas vezes, nos chamados direitos da personalidade, regulados pelo art. 11 do Código Civil. Nesse aspecto, durante muito tempo, utilizava-se como exemplo para a incidência desse inciso IX a ação de divórcio na qual uma das partes vem a falecer antes da sentença. Entendia-se que o processo deveria ser extinto, pois a pretensão inicialmente deduzida (divorciar-se) não poderia ser objeto de sucessão.

Contudo, a partir do advento da Emenda n. 66 à Constituição Federal e a consolidação do entendimento segundo o qual o divórcio é espécie de direito potestativo, a jurisprudência começou a admitir a figura do divórcio "post mortem", ou seja, a possibilidade da decretação do divórcio na

---

[26] Note-se que, no caso da execução, embora o exequente tenha o direito de desistir de toda a execução ou de apenas alguma medida executiva (art. 775, *caput*), quando a impugnação ou os embargos não versarem apenas sobre questões processuais, a extinção da execução depende da concordância do impugnante ou do embargante (art. 775, parágrafo único, II).

[27] Embora seja unilateral, só produzirá efeitos após a homologação judicial, nos termos do art. 200, parágrafo único, do CPC, o que não se aplica aos recursos (art. 998). Lembre-se, ainda, de que "a desistência do recurso não impede a análise de questão cuja repercussão geral já tenha sido reconhecida e daquela objeto de julgamento de recursos extraordinários ou especiais repetitivos" (art. 998, parágrafo único), sendo certo, também, que "a desistência ou o abandono do processo não impede o exame de mérito" do IRDR (art. 976, § 1º).

hipótese em que um dos cônjuges falece após a propositura da respectiva ação, notadamente quando se manifestou indubitavelmente no sentido de aquiescer ao pedido que fora formulado em seu desfavor.

Como consequência desse entendimento, é forçoso admitir que os herdeiros do cônjuge falecido possuem legitimidade para prosseguirem no processo e buscarem a decretação do divórcio *post mortem*, o que não se confunde com a transmissibilidade do direito potestativo ao divórcio. Nesse sentido já se pronunciou o STJ[28].

X) Demais casos previstos em lei

Em caso de morte do procurador da parte, o juiz dará o prazo de quinze dias para ser constituído novo advogado. Se a parte autora não o fizer, o processo será extinto sem resolução do mérito. Se o réu não constituir novo advogado, o processo prosseguirá à sua revelia (art. 313, § 3º).

Outra hipótese é a de litisconsórcio necessário, em que a citação deve ser feita a todos os litisconsortes. Caso o autor não promova a citação de todos, será declarado extinto o processo (art. 115, parágrafo único).

Citam-se, ainda e não exaustivamente, os casos de não realização do depósito na consignação em pagamento (art. 542, parágrafo único), configurando abandono; não aditamento da petição inicial após a concessão ou o indeferimento de tutela de urgência (art. 303, §§ 2º e 6º), caracterizando inépcia; e ação continente ajuizada antes da ação contida (art. 57), sendo caso de ausência de interesse processual[29].

10.2.2 Sentenças que resolvem o mérito

Passemos agora à análise das hipóteses que ensejam a decisão com resolução do mérito, proferindo o juiz uma sentença definitiva. Estão elas elencadas no art. 487 do CPC:

a) Acolhimento ou rejeição do pedido

Acolhendo o pedido, o juiz irá julgá-lo procedente. Se o rejeitar, será julgado improcedente. A procedência pode ser parcial, como, por exemplo, na hipótese de cumulação de pedidos em que apenas um deles é acolhido. Isso se aplica tanto à ação quanto à reconvenção.

Trata-se de sentença impositiva, na qual o Estado vai se substituir à manifestação de vontade das partes, prolatando uma decisão que deverá, obrigatoriamente, ser cumprida por todos aqueles que intervieram naquela relação processual.

Didier Jr.[30] afirma que o objeto litigioso "é formado pela afirmação do direito feita pelo demandante e, se for o caso, pela afirmação do contradireito feita pelo demandado em sua defesa". O exercício desse contradireito amplia o objeto litigioso do processo, compondo o mérito da causa junto com o exercício do direito do autor. O seu reconhecimento pelo juiz, portanto, enseja a improcedência do pedido do autor.

b) Decadência e prescrição

Tanto a prescrição quanto a decadência têm como fundamento um intervalo de tempo. No entanto, é possível apontar pontos de distinção entre os institutos.

---

[28] Cuida-se, tão somente, de preservar os efeitos que lhe foram atribuídos pela lei e pela declaração de vontade do cônjuge falecido. Processo em segredo de justiça, rel. Min. Antonio Carlos Ferreira, 4ª T., por unanimidade, j. 16-5-2024, DJe 21/-5/-2024. *Informativo STJ* n. 815.

[29] Outros exemplos podem ser encontrados na listagem exemplificativa feita por José Roberto dos Santos Bedaque, em Wambier et al., 2015, p. 1218-1219.

[30] Didier Jr., 2015, p. 729-731.

Prescrição é a extinção de uma ação, em virtude da inércia de seu titular por certo lapso de tempo. Pode ser reconhecida a qualquer tempo e em qualquer grau de jurisdição (arts. 189 e 193 do CC).

Decadência é a extinção do direito pela inércia de seu titular, quando sua eficácia foi, de origem, subordinada à condição de seu exercício dentro de um prazo prefixado.

Com a decadência, perde-se um direito potestativo, pois este não foi exercido dentro do prazo estipulado pela lei. O prazo decadencial pode ser legal ou convencional (arts. 210 e 211 do CC).

a) Homologação do reconhecimento da procedência do pedido

O réu, ao ser chamado ao processo, pode tomar três atitudes: responder à demanda, permanecer inerte ou reconhecer o pedido do autor.

O reconhecimento do pedido difere da confissão, que é um meio de prova e se refere apenas a fatos imputados pelo autor. Já o reconhecimento tem como objeto o próprio pedido do autor, configurando-se verdadeira adesão do réu à pretensão autoral, ensejando a autocomposição do litígio, o que exime o juiz de impor solução para o conflito de interesses.

As despesas processuais e os honorários são pagos pela parte que reconheceu o pedido. Se for parcial o reconhecimento, as despesas e os honorários serão proporcionais à parte do que se reconheceu (art. 90, *caput* e § 1º). Observe-se que também pode haver reconhecimento da procedência do pedido pelo autor, em reconvenção.

b) Homologação da transação

A transação está disciplinada nos arts. 841 a 850 do Código Civil.

Ocorre quando os interessados previnem ou terminam o litígio por concessões mútuas, só podendo ocorrer se os direitos forem patrimoniais e de natureza privada.

Hoje, há grande dificuldade em se determinar os direitos que podem ou não ser objeto de transação. Mesmo questões envolvendo o Estado ou a coletividade tendem a ser tratadas de forma mais flexível, tendo como fins últimos a efetividade e a adequação da tutela jurisdicional ao caso concreto.

Observe-se, nessa linha, que o art. 3º, § 2º, da Lei de Mediação (Lei n. 13.140/2015) admite mediação em sede de direitos que, embora sejam indisponíveis, possam ser objeto de autocomposição.

c) Homologação da renúncia à pretensão

A renúncia à pretensão é ato do autor, que faz com que o processo perca o seu objeto. Ocorre quando o autor, de forma expressa, abre mão do seu direito material invocado na exordial. Não pode o autor renunciar a direitos indisponíveis, mas pode transacionar quanto à sua forma de cumprimento, prazo e condições.

A renúncia não pode ser condicionada, deve ser pura e pode ser feita pessoalmente ou por procurador com poderes especiais, pois a procuração geral para foro excetua a renúncia (art. 105 do CPC). Não depende de aquiescência do réu; é ato unilateral do autor.

Difere a renúncia da desistência da ação. A desistência não impede que a parte intente nova ação no futuro, enquanto a renúncia elimina tal possibilidade. Daí a necessidade de se verificar se é esta, realmente, a manifestação de vontade do autor, ou se, de alguma forma, ocorreu uma das hipóteses de vício de consentimento (erro, dolo ou coação).

Também pode haver renúncia à pretensão formulada em reconvenção.

10.3 ELEMENTOS E EFEITOS DA SENTENÇA

Enquanto não publicada, a sentença não produzirá efeitos.

Não obstante isso, o art. 218, § 4º, dispõe que será tempestivo o ato praticado antes do termo inicial do prazo. Assim, pode ocorrer que a sentença ainda não publicada no *DJ*, mas já disponibilizada no sistema do Tribunal, venha a ser objeto de apelação.

Com a publicação, há a impossibilidade de ser alterada pelo juiz, salvo nas hipóteses do art. 494, I e II, quais sejam:

a) corrigir, de ofício ou a requerimento das partes, inexatidões materiais ou erros de cálculo;

b) ou em razão de embargos de declaração.

De acordo com o CPC, a sentença pode ser proferida em momentos distintos.

São eles:

i) na audiência de instrução e julgamento, ditando o magistrado ao escrivão, que a lança no respectivo termo (art. 367, *caput*);

ii) nos trinta dias após a audiência, ou seguintes à conclusão – na hipótese de julgamento independentemente de audiência – em documento escrito pelo Juiz (arts. 366, 354 e 355 c/c o art. 226, III).

A intimação da sentença é importante para que se possibilite às partes o exercício do direito de recorrer.

De acordo com o art. 1.003, *caput*, o prazo para a interposição de recursos começa a correr da data em que são os advogados, a sociedade de advogados, a Advocacia Pública, a Defensoria Pública ou o Ministério Público intimados da decisão, considerando-se intimados na audiência quando nesta é proferida a decisão ou sentença (art. 1.003, § 1º).

10.3.1 Elementos essenciais da sentença

De acordo com o art. 489 do CPC, toda sentença deve obrigatoriamente conter: relatório, fundamentação ou motivação e dispositivo. São os elementos ou condições intrínsecas e formais. Vejamos, agora, cada um deles em detalhes.

a) Relatório

Relatório é um resumo do processo. Nele, deve o magistrado indicar os nomes das partes, a identificação do caso, com a suma do pedido e da contestação (art. 489, I), assim como expor tudo o que foi relevante, como, por exemplo, intervenção de terceiro, parecer do Ministério Público e provas requeridas e produzidas pelas partes.

Diante da relevância do relatório, o CPC não repetiu a regra contida em seu antecessor (art. 165 do CPC/73) de que a exigência deste elemento limitava-se às sentenças e acórdãos.

Assim, o relatório será dispensado apenas em Juizados Especiais (art. 38 da Lei n. 9.099/95).

b) Fundamentação

Fundamentação é a justificação da decisão. É nessa parte da sentença que o juiz firma as razões de seu livre convencimento, dando possibilidade às partes de compreender os motivos que o levaram a decidir a questão, viabilizando o exercício do direito do recurso e sua posterior análise pela instância superior[31].

Além de estar presente no art. 489, II, do CPC, encontra-se no art. 93, IX, da CF/88, tratando-se de um direito fundamental do jurisdicionado, tanto pela previsão constitucional expressa quanto por ser um desdobramento do devido processo legal e manifestação do Estado de Direito.

---

[31] Carneiro; Greco; Pinho, 2016, p. 294.

De acordo com o art. 504 do CPC, as questões aqui examinadas não são acobertadas pela coisa julgada material, podendo ser revistas em outros processos (salvo a hipótese do art. 503, § 1º, que será examinada adiante).

É importante ressaltar que, na vigência do CPC/73, era admitida pelos Tribunais a fundamentação sucinta, uma vez que esta difere da fundamentação deficiente ou da falta de fundamentação[32].

Assim os Tribunais distinguiam a deficiência da ausência de fundamentação, afirmando que, apenas na segunda hipótese, deveria haver nulidade.

Quer nos parecer que os novos ares do art. 489, § 1º, vão levar à superação desse entendimento.

Assim, os incisos do § 1º revelam os novos parâmetros legais[33] para a definição de uma decisão fundamentada, a saber:

§ 1º Não se considera fundamentada qualquer decisão judicial, seja ela interlocutória, sentença ou acórdão, que:

I – se limitar à indicação, à reprodução ou à paráfrase de ato normativo, sem explicar sua relação com a causa ou a questão decidida;

II – empregar conceitos jurídicos indeterminados, sem explicar o motivo concreto de sua incidência no caso;

III – invocar motivos que se prestariam a justificar qualquer outra decisão;

IV – não enfrentar todos os argumentos deduzidos no processo capazes de, em tese, infirmar a conclusão adotada pelo julgador;

V – se limitar a invocar precedente ou enunciado de súmula, sem identificar seus fundamentos determinantes nem demonstrar que o caso sob julgamento se ajusta àqueles fundamentos;

VI – deixar de seguir enunciado de súmula, jurisprudência ou precedente invocado pela parte, sem demonstrar a existência de distinção no caso em julgamento ou a superação do entendimento[34].

A motivação *per relationem* (*aliunde* ou referencial) consiste na referência, pelo julgador, a outra decisão (por exemplo, a decisão do Tribunal em relação à sentença de 1º grau, ou ao seu próprio posicionamento em outro processo) ou à manifestação de alguma das partes ou do Ministério Público[35].

Esse tipo de motivação gera controvérsia quanto à sua aceitação, já que há posicionamento no sentido de acarretar nulidade por omissão. Criticando tal prática, Leonardo Greco afirma que adotar, como razão de decidir, a fundamentação de outra decisão, ou ainda, o parecer do Ministério Público, não é suficiente para mostrar "que o tribunal exerceu de fato cognição adequada sobre as questões por ele apreciadas"[36].

---

[32] AgRg no REsp 473.079-RN, 6ªT., rel. Min. Maria Thereza de Assis Moura, j. 18-11-2008.

[33] 1. Incorre em negativa de prestação jurisdicional o Tribunal que prolata acórdão que, para resolver a controvérsia, apoia-se em princípios jurídicos sem proceder à necessária densificação, bem como emprega conceitos jurídicos indeterminados sem explicar o motivo concreto de sua incidência no caso. Inteligência dos arts. 489 e 1.022 do CPC/2015. 2. Recurso especial provido. STJ, REsp 1.999.967-AP, rel. Min. Mauro Campbell, j. 16-8-2022.

[34] A regra do art. 489, § 1º, VI, do CPC, segundo a qual o juiz, para deixar de aplicar enunciado de súmula, jurisprudência ou precedente invocado pela parte, deve demonstrar a existência de distinção ou de superação, somente se aplica às súmulas ou precedentes vinculantes, mas não às súmulas e aos precedentes apenas persuasivos, como, por exemplo, os acórdãos proferidos por Tribunais de 2º grau distintos daquele a que o julgador está vinculado. REsp 1.698.774-RS, rel. Min. Nancy Andrighi, 3ªT., por unanimidade, j. 1º-9-2020, *DJe* 9-9-2020. *Informativo* 679 STJ.

[35] EDcl no AgRg no AREsp 94.942-MG, rel. Min. Mauro Campbell Marques, j. 5-2-2013.

[36] Greco, 2015, p. 361.

Entretanto, é necessário destacar que, na vigência do CPC/73, foram detectadas decisões em sentido contrário[37]. Espera-se que, como visto acima, com o advento do CPC, esses entendimentos restem superados[38].

Uma última palavra sobre a Lei n. 13.655/2018, que promoveu alterações no Decreto-lei n. 4.657/1942.

Nesse sentido, a LINDB foi acrescida, entre outros, de dispositivos que determinam a observância das consequências práticas da decisão quando esta for baseada em valores jurídicos abstratos[39].

Da mesma forma, a decisão que decretar a invalidação de ato, contrato, ajuste, processo ou norma administrativa deverá indicar de modo expresso suas consequências jurídicas e administrativas[40].

Finalmente, a decisão que estabelecer interpretação ou orientação nova sobre norma de conteúdo indeterminado, deverá prever regime de transição "quando indispensável para que o novo dever ou condicionamento de direito seja cumprido de modo proporcional, equânime e eficiente e sem prejuízo aos interesses gerais"[41].

Nesse sentido, Teresa Arruda Alvim[42] lembra que relevantes dimensões do fenômeno carga normativa das decisões judiciais foram abarcadas por esses arts. 23 e 24:

(i) a possibilidade de se criarem regras de transição entre orientação superada e aplicabilidade integral da orientação nova;

(ii) tanto a possibilidade de que não se rescinda sentença proferida com base em orientação jurisprudencial superada, quando era esta a predominante na época da prática do ato ou da conduta sub judice; e

(iii) quanto à necessidade de que a regularidade dos atos ou das condutas das partes sejam avaliados em conformidade com as normas jurídicas (pautas de conduta) existentes à época em que praticados.

Diversos dispositivos da Lei n. 4.657/42 (LINDB) foram regulamentados pelo Decreto n. 9.830, de 10 de junho de 2019[43].

---

[37] "A regra do artigo 93, IX, da Constituição não permite que se declare anulável a decisão de segunda instância que confirma a da primeira, pelos seus fundamentos" (RE 179.557, rel. Min. Ilmar Galvão, *DJU* 13-2-1998).

[38] Contudo, a Escola Nacional de Formação e Aperfeiçoamento de Magistrados (ENFAM) aprovou, em setembro de 2015, uma série de Enunciados acerca da compreensão da extensão do art. 489 do CPC. Os mais relevantes são os seguintes: Enunciado 9. "É ônus da parte, para os fins do disposto no art. 489, § 1º, V e VI, do CPC, identificar os fundamentos determinantes ou demonstrar a existência de distinção no caso em julgamento ou a superação do entendimento, sempre que invocar jurisprudência, precedente ou enunciado de súmula". Enunciado 10. "A fundamentação sucinta não se confunde com a ausência de fundamentação e não acarreta a nulidade da decisão se forem enfrentadas todas as questões cuja resolução, em tese, influencie a decisão da causa". Enunciado 11. "Os precedentes a que se referem os incisos V e VI, § 1º, do art. 489 do CPC são apenas os mencionados no art. 927 e no inciso IV do art. 332". Enunciado 12. "Não ofende a norma extraível do inciso IV do § 1º do art. 489 do CPC a decisão que deixar de apreciar questões cujo exame tenha ficado prejudicado em razão da análise anterior de questão subordinante". Enunciado 13. "O art. 489, § 1º, IV, do CPC não obriga o juiz a enfrentar os fundamentos jurídicos invocados pela parte, quando já tenham sido enfrentados na formação dos precedentes obrigatórios". A íntegra dos Enunciados pode ser consultada em http://s.conjur.com.br/dl/enunciados-enfam.pdf.

[39] "Art. 20. Nas esferas administrativa, controladora e judicial, não se decidirá com base em valores jurídicos abstratos sem que sejam consideradas as consequências práticas da decisão. Parágrafo único. A motivação demonstrará a necessidade e a adequação da medida imposta ou da invalidação de ato, contrato, ajuste, processo ou norma administrativa, inclusive em face das possíveis alternativas".

[40] Art. 21 do Decreto-lei n. 4.657/42, acrescido pela Lei n. 13.655/2018.

[41] Art. 23 do Decreto-Lei n. 4.657/42, acrescido pela Lei n. 13.655/2018.

[42] ALVIM, 2021, p. 19.

[43] O art. 2º desse decreto reforça o princípio da fundamentação analítica referido no art. 489, § 1º, do CPC, ao dispor que: "Art. 2º A decisão será motivada com a contextualização dos fatos, quando cabível, e com a indicação dos fundamentos de mérito e ju-

Importante notar que o § 2º do art. 489 dispõe que, na hipótese de colisão entre normas, o juiz deve justificar o objeto e os critérios gerais da ponderação realizada. Ademais, deve enunciar as razões que autorizam a interferência na norma afastada e as premissas fáticas que fundamentam a conclusão.

Examinando esse dispositivo, o STJ[44] ressaltou a necessidade de compatibilizá-lo com os arts. 10 e 927, de forma a reforçar a segurança jurídica e não vulnerá-la.

c) Dispositivo

Dispositivo é a conclusão na qual o juiz resolve e explicita as questões submetidas pelas partes (art. 489, III).

Caso a sentença não contenha dispositivo, não há que se falar em nulidade, mas, sim, em inexistência.

É possível falar também em dispositivo impróprio, que possui apenas eficácia processual e se dá quando o juiz profere uma sentença terminativa.

É muito comum o juiz complementar o dispositivo com algumas sanções ou prestações de natureza processual, que decorrem de lei, como a multa, a indenização por litigância de má-fé e os honorários da sucumbência (arts. 81 e 82, § 2º, do CPC).

10.3.2 Efeitos da sentença

O efeito formal da sentença definitiva encontra-se no art. 494 do CPC, qual seja a de pôr fim à função do julgador no processo.

Já os efeitos materiais são aqueles que criam novas situações jurídicas para as partes. Esses são os chamados efeitos principais: condenação, declaração ou constituição.

Os efeitos secundários são aqueles que surgem como consequência do que foi decidido na lide, por força do direito material que regula a situação jurídica sobre a qual incide o provimento jurisdicional.

Exemplos deste último são a hipoteca judiciária (art. 495 do CPC), que decorre de sentença condenatória; a perda do direito de usar o sobrenome do cônjuge, quando declarado culpado em decisão judicial (art. 1.578 do CC); entre outros.

Quanto à hipoteca judiciária[45], convém apontar que se trata de direito real de garantia sobre coisa alheia determinado por uma decisão judicial[98]. Trata-se de efeito anexo da sentença condenatória (em prestação pecuniária ou que determina a conversão de prestação de fazer, não fazer ou dar

---

rídicos. § 1º A motivação da decisão conterá os seus fundamentos e apresentará a congruência entre as normas e os fatos que a embasaram, de forma argumentativa. § 2º A motivação indicará as normas, a interpretação jurídica, a jurisprudência ou a doutrina que a embasaram. § 3º A motivação poderá ser constituída por declaração de concordância com o conteúdo de notas técnicas, pareceres, informações, decisões ou propostas que precederam a decisão".

[44] "Pode-se entender o parágrafo 2º do artigo 489 do CPC como uma diretriz que exige do juiz que justifique a técnica utilizada para superar o conflito normativo, não o dispensando do dever de fundamentação, mas, antes, reforçando as demais disposições correlatas do novo código, tais como as dos artigos 10, 11, 489, parágrafo 1º, e 927" (STJ, REsp 1.765.579, 3ª T., rel. Min. Villas Bôas Cueva. Notícia de julgamento em: https://www.conjur.com.br/2019-mar-27/stj-fixa-parametros-analisar-ponderacao--principios-cpc. Acesso em: 9 abr. 2019).

[45] A hipoteca é uma espécie de direito real de garantia e tem por objetivo impor que um determinado bem passe a garantir o cumprimento de uma obrigação pecuniária, sob pena de sua alienação como forma de satisfação do direito do credor. Ela é dividida em três espécies: a) convencional, quando decorre de negócio jurídico entre as partes; b) legal, decorrente da legislação e c) judicial, nos casos em que é originada de decisão judicial. Haverá, tal qual nas demais hipotecas, os seguintes elementos: a) publicidade, havendo a necessidade do registro para que produza efeitos perante terceiros; b) especialidade; precisando de individualização dos bens hipotecados e; c) indivisibilidade, ou seja, o pagamento parcial não a extinguirá. O seu beneficiário ainda terá os direitos de sequela e também de preferência em face do bem hipotecado (Peixoto, 2015, p. 243).

coisa em prestação pecuniária), portanto, consequência de uma imposição normativa e independente de pedido da parte ou de manifestação do juízo, pois a própria norma atribuiu à decisão esse efeito anexo[46-47].

Importante notar que, no regime do CPC, não há qualquer dúvida acerca do direito de preferência gerado pela hipoteca judiciária, na forma do § 4º do art. 495. Esse dispositivo deve ser combinado com o art. 1.422 do Código Civil, que já garantia preferência à hipoteca, observada a prioridade no registro.

Contudo, a simples existência da hipoteca não gera a satisfação do direito do credor, razão pela qual não isenta o devedor do pagamento de multa e honorários, na hipótese de não cumprimento voluntário da sentença, observado o art. 523, § 1º[48].

Quando a sentença é terminativa, o processo é extinto sem resolução do mérito e, portanto, gera apenas um efeito interno, já que não impede o autor de ingressar com uma nova ação (art. 486, caput), ressalvadas as exceções contempladas pelo próprio texto do CPC (art. 486, §§ 1º e 3º).

10.3.3 Princípio da demanda e princípio da congruência

A demanda, do latim *demandare*, é pressuposto de existência do processo, sendo ela o ato realizado pelo autor de pedir a tutela jurisdicional.

Pelo princípio da demanda, expresso no art. 2º do CPC, conhecido também como inércia da jurisdição, não pode o juiz agir de ofício, devendo o autor formular o seu pedido a fim de que seja respeitado o princípio constitucional do devido processo legal.

Então, a sentença proferida em processo iniciado de ofício, fora das hipóteses expressamente autorizadas pelo CPC, será rescindível por ter violado a lei.

Como efeito desse princípio, temos a vedação de ser proferida sentença *citra*, *ultra* ou *extra petita*. O princípio da demanda guarda relação com o princípio da congruência.

Para ser válida, a decisão judicial deve ser congruente. Ao se falar em congruência, a leitura de dois artigos do CPC é indispensável.

De acordo com o art. 141: "O juiz decidirá o mérito nos limites propostos pelas partes, sendo-lhe vedado conhecer de questões não suscitadas a cujo respeito a lei exige iniciativa da parte".

Aliado a este artigo, temos o art. 492 do mesmo diploma legal: "É vedado ao juiz proferir decisão de natureza diversa da pedida, bem como condenar a parte em quantidade superior ou em objeto diverso do que lhe foi demandado".

Esses dois artigos tratam do princípio da congruência da decisão judicial, que limita a atuação do juiz, já que este deve se ater somente àquilo que foi demandado.

Não pode, portanto, ir aquém, além ou fora do que foi pedido. Trata-se das denominadas sentenças *citra*, *ultra* e *extra petita*, respectivamente.

---

[46] A respeito dessa decisão, não se considera título constitutivo de hipoteca judiciária a decisão judicial condenatória de entrega de coisa que não seja dinheiro (Enunciado 310 do FPPC).

[47] Wambier et al., 2015, p. 1251-1252.

[48] A existência de hipoteca judiciária não isenta o devedor do pagamento da multa e dos honorários de advogado previstos no art. 523, § 1º, do CPC/2015. (...) A hipoteca judiciária prevista no art. 495 do CPC/2015 visa a assegurar futura execução, não ocasionando a imediata satisfação do direito do credor. Essa modalidade de garantia não equivale ao pagamento voluntário do débito, de modo que não isenta o devedor da multa de 10% e de honorários de advogado 10%. REsp 2.090.733-TO, rel. Min. Nancy Andrighi, 3ª T., por unanimidade, j. 17-10-2023. *Informativo STJ* n. 793.

A sentença *citra petita* ofende os princípios da inafastabilidade da jurisdição – já que não há manifestação sobre o pedido – e do contraditório, pois deixa o juiz de fazer a análise do que foi levantado pela parte. Registre-se que "procedência parcial do pedido" difere da sentença com vício que a torna *citra petita*. No primeiro caso, o juiz avalia o pedido e julga procedente apenas parte dele; no segundo caso, o que ocorre é a omissão judicante a respeito do que foi pedido, sendo cabíveis embargos de declaração, por omissão (art. 1.022, II, do CPC).

A sentença *ultra petita* fere os princípios do devido processo legal e do contraditório, pois analisa o que não foi suscitado pelas partes, extrapolando os limites do pedido.

Por fim, a sentença *extra petita* fere todos os princípios anteriormente citados, pois o juiz não analisa o que deveria, mas, sim, o que nem sequer foi objeto de questão nos autos do processo.

A sentença que julga citra, ultra ou extra petita deve ser anulada pelo juízo *ad quem* (segunda instância). Em algumas hipóteses, poderá haver a reforma, como, por exemplo, na chamada "causa madura", ou seja, quando houver omissão na sentença e o Tribunal entender que já está em condições de examinar aquele ponto, sem a necessidade de determinar o retorno dos autos à instância inferior.

Importante, aqui, referir as hipóteses do pedido implícito e do resultado prático equivalente.

O pedido implícito abrange as verbas e as parcelas que podem ser concedidas pelo magistrado *ex officio*. É o caso das prestações vincendas em obrigações de trato sucessivo, dos honorários advocatícios, da correção monetária e dos juros legais.

O resultado prático equivalente está previsto no art. 497. Trata-se de alternativa à tutela específica buscada nas execuções de obrigação de fazer, não fazer ou desfazer. Com isso, flexibiliza-se o princípio da congruência a fim de se garantir que a execução atenda, ao máximo possível, os interesses do credor.

Assim, deve o magistrado, em primeiro lugar, restituir a situação do credor ao estado anterior à ocorrência da lesão. Sendo inviabilizada essa tutela específica, deve buscar o resultado prático equivalente. Finalmente, caso as duas primeiras alternativas se mostrem inviáveis, deve conceder a tutela genérica, que será materializada por meio da condenação em perdas e danos.

Por fim, quando a parte estiver em juízo sem advogado, como é possibilitado na via dos Juizados Especiais, entendemos que, com suporte no princípio da efetividade da jurisdição, seja proporcional e razoável que ao julgador seja assegurado relativizar o princípio da congruência ou da correlação. Em casos específicos, observando fragilidade ou incompletude do pedido, o magistrado deve primar pelo processo justo, ainda que tenha que se despir das formalidades, quando evidente que essas estão impondo prestação jurisdicional inócua. Isso, assegure-se, em caráter excepcional, quando a ausência de representação técnica revele prejuízo real e inquestionável à parte autora.

10.3.4 Interpretação da sentença

A sentença deve ser clara, ou seja, o homem médio deve ser capaz de compreendê-la. Em que pese a existência de um linguajar jurídico, o magistrado, ao proferir a sentença, deve utilizar palavras mais simples, já que o seu objetivo é trazer ao conhecimento das partes o que o motivou a decidir a questão daquela forma.

De ressaltar, ainda, que o pedido deve ser interpretado considerando-se o conjunto da postulação e observando-se o princípio da boa-fé, na forma do art. 322, § 2º, do CPC.

Em poucas palavras, a sentença deve ser clara, precisa e coerente com a sua fundamentação. São requisitos de exteriorização da sentença.

Segundo o art. 489, § 3º, seguindo a mesma ideia do art. 322, § 2º, a interpretação da própria decisão judicial também deve conjugar seus elementos e observar o princípio da boa-fé[49].

Por vezes, deve-se ir além das palavras escritas, a fim de buscar a verdadeira intenção da vontade de quem a redigiu. A sentença é sempre o ato final de uma série de atos que se desencadearam com o ajuizamento da petição inicial.

Portanto, deve existir uma relação harmônica entre ela, o objeto do processo e as questões suscitadas pelas partes quando da fase postulatória. O objeto seria o pedido formulado pelo demandante na exordial, e a ele deve ser dada a maior importância, uma vez que, repita-se, é vedado ao juiz julgar *citra, ultra* ou *extra petita*, ou seja, ir aquém, além ou fora do formulado na inicial.

10.3.5 O art. 493 do CPC

O art. 493 trata da figura do fato superveniente, ou seja, o fato que surge após a propositura da demanda[50].

Fato jurídico é todo acontecimento de origem natural ou humana que gera consequências jurídicas. Pode ser constitutivo, modificativo ou extintivo de direitos.

Após a angularização da lide – que ocorre com a citação válida do réu (art. 240) – o autor não pode mais modificar ou inserir pedidos (art. 329), a menos que haja a concordância do réu.

É o chamado princípio da imutabilidade da ação. Já pelo princípio da eventualidade (concentração da defesa na contestação), o réu, ao contestar a ação, deve expor todas as razões de fato e direito com as quais refuta o pedido do autor, já que, após esse momento, dá-se a preclusão (art. 336).

Os dois princípios são absolutos, salvo na hipótese de ocorrência de fato superveniente (art. 342, I a III).

Na doutrina, encontramos debate quanto à possibilidade de o fato superveniente alterar a causa de pedir. De um lado, há o posicionamento que sustenta a não admissão, para quem o art. 493 aplica-se com mais intensidade ao réu do que ao autor, pois este deveria, se fosse o caso de novo fato, intentar nova demanda.

De outro lado, quem sustenta a admissão da alteração da *causa petendi* afirma que a norma do artigo supracitado é de aplicação indistinta ao autor e réu.

A controvérsia é bastante ampla, abrangendo também os doutrinadores que afirmam que, muito embora o fato superveniente deva ser considerado pelo juiz na sentença, não deve alterar a causa de pedir, salvo se tiver sido submetido ao contraditório e à ampla defesa[51].

Ainda que já proferida sentença nos autos, é possível surgir fato novo.

O STJ já se posicionou admitindo a apresentação do fato novo até em sede de contrarrazões[52], ou mesmo até o último pronunciamento do Poder Judiciário[53].

---

[49] Theodoro Jr., 2017a, p. 1067.

[50] "Art. 493. Se, depois da propositura da ação, algum fato constitutivo, modificativo ou extintivo do direito influir no julgamento do mérito, caberá ao juiz tomá-lo em consideração, de ofício ou a requerimento da parte, no momento de proferir a decisão. Parágrafo único. Se constatar de ofício o fato novo, o juiz ouvirá as partes sobre ele antes de decidir.".

[51] Assim expõe Leonardo Carneiro da Cunha, que conclui: "Na realidade, o juiz deve, ao proferir sua sentença, tomar em consideração o fato superveniente, mesmo que isso implique mudança na causa de pedir *remota*. Impõe-se, entretanto, que sejam respeitados o contraditório, os deveres de cooperação e os deveres de lealdade e boa-fé processuais, não devendo ser permitida tal modificação se houver tumulto processual ou prejuízo à defesa do réu" (Wambier et al., 2015, p. 1246-1247).

[52] STJ, 1ª T., REsp 847.831-SP, rel. Min. Francisco Falcão, j. 28-11-2006.

[53] "O conhecimento de fatos supervenientes pode ser realizado até o último pronunciamento do julgador singular ou colegiado. A desconsideração de tais fatos pode gerar a situação indesejada de coexistência de duas decisões inconciliáveis, razão pela qual o

Na realidade, o art. 493, como bem salienta Luiz Fux, "não se limita apenas ao juiz de primeiro grau, mas também ao Tribunal, se o fato é superveniente à sentença"[54].

Assim, órgão jurisdicional, qualquer que seja o grau de jurisdição, deve considerar eventuais fatos supervenientes à propositura da ação que possam influenciar em seu resultado, sob pena de omissão[55].

Por fim, é importante ressaltar o parágrafo único do art. 493, que exige a oitiva das partes quando o juiz conhecer de fato novo de ofício.

10.3.6 Correção

O art. 494, em seus incisos, estabelece as hipóteses em que o juiz, após publicada a sentença, poderá alterá-la. São exceções ao princípio da irretratabilidade da sentença de mérito. De acordo com o inciso I, o juiz poderá alterar a sentença "para corrigir-lhe, de ofício ou a requerimento da parte, inexatidões materiais ou erros de cálculo". São erros ortográficos ou de cálculo, erro ou omissão no nome de alguma parte, dentre outros[56].

A segunda exceção está no inciso II, que prevê a possibilidade de se alterar a sentença por meio de embargos de declaração. Tais embargos são cabíveis quando houver, na sentença ou no acórdão, obscuridade ou contradição, ou então quando for omitido ponto sobre o qual devia pronunciar-se o juiz ou tribunal. Tal recurso, porém, não se destina a modificar o mérito da decisão, mas apenas a sanar a falta de clareza ou imprecisão.

Outra exceção que pode ser apontada é aquela provocada pelo acolhimento do recurso pelo tribunal, quando se cassa a sentença terminativa para determinar a apreciação do mérito ou se anula a decisão da lide para que outra sentença seja prolatada no juízo *a quo*.

10.4 REMESSA NECESSÁRIA

A remessa necessária, remessa *ex officio* ou reexame necessário é um instituto que objetiva preservar a esfera jurídica da Fazenda Pública, determinando que toda sentença[57] que julgue procedente o pedido da parte autora em face da Fazenda Pública, nos termos do art. 496 do CPC, seja automaticamente remetida ao Tribunal para reexame[58].

O dispositivo se aplica, igualmente, à sentença que acolha, ainda que parcialmente, os embargos na execução da dívida ativa da Fazenda Pública[59].

Excetuam-se os casos de condenações, ou proveito econômico, inferiores a:

a) mil salários mínimos na esfera federal;

---

reconhecimento de fato superveniente (art. 462 do CPC) pode ocorrer também no âmbito de tribunal, até o último pronunciamento judicial" (REsp 1.074.838-SP, rel. Min. Luis Felipe Salomão, j. 23-10-2012). Anote-se que o julgado faz referência ao dispositivo que, no Código de 1973, equivalia ao atual art. 493.

[54] Fux, 2008, p. 800.

[55] STJ, EDcl no REsp 487.784-DF, 6ªT., rel. Min, Paulo Gallotti, j. 26-5-2008. Julgado citado por Leonardo Carneiro da Cunha em Wambier et al., 2015, p. 1243.

[56] REsp 1.151.982-ES, rel. Min. Nancy Andrighi, j. 23-10-2012.

[57] Sentença é, aqui, entendida como provimento jurisdicional, não se sujeitando a sentença arbitral à remessa necessária (Enunciado 164 do FPPC).

[58] Greco, 2015b, p. 83.

[59] Enunciado CJF n. 158: "A sentença de rejeição dos embargos à execução opostos pela Fazenda Pública não está sujeita à remessa necessária".

b) quinhentos salários mínimos na esfera estadual e no caso de Municípios que são capitais de seu Estado; e

c) cem salários mínimos em relação aos demais entes municipais.

Também não haverá remessa necessária das sentenças fundadas em:

i) súmula de tribunal superior;

ii) acórdão proferido em julgamento de recurso repetitivo pelo STF ou pelo STJ (arts. 1.036 e s.); e

iii) em entendimento fixado em incidente de resolução de demandas repetitivas (arts. 976 e s.) ou de assunção de competência (art. 947);

iv) orientação vinculante consagrada no âmbito administrativo do ente público sucumbente, consolidada em manifestação, parecer ou súmula administrativa[60].

A sentença de mérito proferida em desfavor da Fazenda Pública[61], embora existente e válida, só produzirá efeito e transitará em julgado após confirmação pelo Tribunal. As decisões concessivas de tutela provisória são atacáveis por agravo de instrumento ou por pedido de suspensão de segurança[62].

Destaque-se que, ainda que não haja previsão expressa na sentença de esta estar submetida ao reexame necessário, mesmo assim ela não transitará em julgado enquanto não remetida ao tribunal competente para julgamento do reexame necessário (Súmula 423 do STF)[63].

Dessa forma, a remessa necessária é uma condição de eficácia da sentença[64].

Na Ação Popular, por força do art. 19 da Lei n. 4.717/65, a sentença que se sujeita ao presente instituto não é a que julga procedente o pedido, mas a que extingue o processo sem resolução do mérito ou a que julga improcedente o pedido. Ou seja, haverá a remessa sempre que a sentença seja contrária ao autor, analise ou não o mérito[65].

Em sede de Mandado de Segurança, dispõe o art. 14, § 1º, da Lei n. 12.016/2009 que, concedida a segurança, haverá remessa necessária, não importando a condição da parte que ocupa o polo passivo da demanda. Logo, ela poderá ser agente integrante de entidade particular ou pessoa jurídica de direito privado no exercício de atividade pública delegada, ou mesmo agente ou funcionário de empresa pública ou sociedade de economia mista (Enunciado n. 333 da súmula do STJ).

Nos Juizados Especiais Federais e nos Juizados Especiais Estaduais Fazendários, não há reexame necessário (art. 13 da Lei n. 10.259/2001, e art. 11 da Lei n. 12.153/2009, respectivamente).

---

[60] Enunciado n. 180 da III Jornada de Direito Processual Civil CJF/ENFAM: A manifestação expressa da Fazenda Pública reconhecendo a procedência do pedido ou o desinteresse de recorrer da decisão judicial afasta a exigência da remessa necessária (art. 496, § 4º, inciso IV, do CPC).

[61] Pelo fato de a remessa necessária ser um instituto protetivo à Fazenda Pública, a sentença que se submete ao reexame obrigatório é apenas a de mérito, já que terminativa, quando a Fazenda Pública for autora, pode implicar para ela tão somente a imposição de pagamento de honorários à parte contrária; mesmo nesses casos em que há sucumbência fazendária, não há o reexame (STJ, AgRg no AREsp 335.868-CE, 2ª T., rel. Min. Herman Benjamin, j. 5-11-2013).

[62] "Para a formalização da pretensão e análise do pedido suspensivo, basta o requerimento em simples petição dirigida ao presidente do tribunal ao qual couber o conhecimento de recurso na causa principal, formalizado pelo Ministério Público ou pela pessoa jurídica que exerce *munus público*" (AgInt no AgInt na SLS 2.116-MG, rel. Min. Laurita Vaz, por unanimidade, j. 7-11-2018, *DJe* 26-2-2019, *Informativo STJ*, n. 644).

[63] Súmula 423, STF: "Não transita em julgado a sentença por haver omitido o recurso 'ex officio', que se considera interposto 'ex lege'".

[64] Para Araken de Assis, contudo, a remessa necessária tem as suas origens na apelação *ex officio* Assis, 2016, p. 1025).

[65] Por aplicação analógica da primeira parte desse mesmo art. 19, entende o STJ que as sentenças de improcedência de ação civil pública se sujeitam ao reexame necessário (STJ, REsp 1.108.542-SC, 2ª T., rel. Min. Castro Meira, j. 19-5-2009). Em Wambier et al., 2015, p. 1257-1258.

A remessa necessária não é propriamente um recurso, por lhe faltarem tipicidade, voluntariedade, tempestividade, dialeticidade, legitimidade, interesse em recorrer e preparo, características próprias dos recursos.

Contudo, podem lhe ser aplicados alguns princípios próprios dos recursos, como os efeitos devolutivo[66] e suspensivo, sendo a ela aplicáveis, inclusive, os poderes monocráticos do relator, previstos no art. 932 do CPC (Súmula 253 do STJ).

Ao analisar a remessa necessária, o Tribunal fica autorizado a examinar integralmente a sentença, podendo modificá-la total ou parcialmente. Indaga-se se, ao julgar a remessa necessária, poderia o Tribunal agravar a situação da Fazenda Pública ou se o reexame necessário seria apenas a seu favor.

Sendo a remessa necessária um instituto protetivo da Fazenda Pública, que objetiva assegurar o interesse público, revendo as decisões que lhe são desfavoráveis para evitar um desgaste desnecessário do erário, prevalece que o Tribunal não pode agravar a situação da Fazenda Pública em sede de remessa necessária, impondo-lhe condenação mais gravosa do que a fixada pelo Juízo *a quo*.

A vedação a se agravar a situação da Fazenda Pública em sede de reexame necessário, também conhecida como proibição de *reformatio in pejus*, encontra-se, há muito, sumulada pelo Superior Tribunal de Justiça, no Enunciado 45[67].

Cabe, porém, ressaltar que é possível o agravamento da situação da Fazenda Pública quando, embora submetida a reexame necessário, a outra parte tenha interposto recurso voluntário. Nesse caso, na ocasião da análise do recurso voluntário interposto pela parte, poderá a Fazenda ter sua situação agravada.

Já em relação às hipóteses de questões de ordem pública e os pedidos implícitos (juros, correção monetária, custas, honorários advocatícios e prestações vincendas em obrigações de trato sucessivo), não haveria a vedação para o agravamento da situação da Fazenda Pública.

Dessa forma, não há *reformatio in pejus* se o Tribunal, por exemplo, determina a incidência de juros de mora, não previstos na sentença examinada. Isso porque as questões de ordem pública e os pedidos implícitos podem ser conhecidos de ofício pelo juiz.

No Tribunal, a remessa necessária terá procedimento semelhante ao recurso de apelação, embora com ele não se confunda. Grande questionamento também se impunha em relação ao cabimento de embargos infringentes em face do julgamento por maioria pelo Tribunal do reexame necessário.

O Enunciado n. 390 de súmula do STJ[68] prevê que não caberão embargos infringentes. Contudo, a discussão não tem mais relevância, nem sequer aplicabilidade, uma vez que o Código de 2015 não mais os prevê no ordenamento jurídico brasileiro.

Contudo, a ausência de recurso voluntário interposto pela Fazenda Pública não impede que esta interponha recurso especial ou recurso extraordinário em face de acórdão que, julgando a remessa necessária, mantenha sentença de primeiro grau contrária a seus interesses.

Essa questão, que já foi durante muito tempo tormentosa na jurisprudência, inclinando-se, muitas vezes, no sentido de não admitir recursos voluntários se a Fazenda Pública não apelou da sentença, parece agora se consolidar para a admissão do recurso especial em face de acórdão que julga a remessa necessária[69].

---

[66] Nesse sentido, dispõe a Súmula 325 do STJ: "A remessa oficial devolve ao Tribunal o reexame de todas as parcelas da condenação suportadas pela Fazenda Pública, inclusive dos honorários de advogado".
[67] Súmula 45: "No reexame necessário, é defeso, ao Tribunal, agravar a condenação imposta à Fazenda Pública".
[68] Súmula 390: "Nas decisões por maioria, em reexame necessário, não se admitem os embargos infringentes".
[69] Nesse sentido: Corte Especial, REsp 905.771-CE, rel. Min. Teori Albino Zavascki, *DJ* 19-8-2010.

Acrescente-se, ainda, que a remessa necessária em face de sentença será analisada pelo Tribunal, mas não caberá remessa necessária se o feito for de competência originária do Tribunal ou se, embora julgado improcedente o pedido do autor, o Tribunal reformar a sentença para condenar a Fazenda Pública, já que, nesses casos, a condenação já terá sido discutida pelo colegiado.

10.5 JULGAMENTO DAS AÇÕES RELATIVAS ÀS PRESTAÇÕES DE FAZER, DE NÃO FAZER E DE ENTREGAR COISA

10.5.1 Disposições gerais

Obrigação de fazer é aquela cujo vínculo jurídico obriga o devedor a uma contraprestação positiva, de natureza material ou imaterial, realizada por ele ou por terceiro em benefício do credor ou outra pessoa.

Desnecessário dizer que esse comportamento deve ser lícito e possível e pode consistir em trabalho físico ou material (construção de um prédio), intelectual, artístico ou científico (escrever um livro) ou na prática de ato que não configure na sua essência a execução de qualquer trabalho (renunciar à herança ou reforçar uma garantia). Divide-se em obrigação de fazer de natureza infungível (*intuitu personae*) e de natureza fungível.

A obrigação de fazer de natureza infungível é personalíssima e, portanto, somente o devedor pode realizá-la; decorre da própria natureza da obrigação ou por força de contrato. Por exemplo, uma escultura ou a pintura de um quadro, realizada em caráter inédito, encomendado a um artista em razão de suas aptidões específicas.

A obrigação de fazer fungível, *a contrario sensu*, é aquela que pode ser realizada não apenas pelo devedor, mas por outra pessoa, e, por isso, caso não seja cumprida, o credor pode mandar outra pessoa realizá-la à custa do devedor ou exigir indenização por perdas e danos (arts. 247 e 317 do CC). Seguindo o exemplo acima, podemos citar a réplica de uma obra, a pintura feita a partir de uma foto e demais serviços que possam ser executados por qualquer profissional em artes plásticas.

Obrigação de não fazer é aquela que tem natureza negativa, pois refere-se a uma abstenção por parte do devedor à prática de um determinado ato. Ocorre, por exemplo, quando emanada ordem judicial determinando a não continuidade de dada construção civil.

Difere da obrigação negativa, que diz respeito a direitos reais, oponíveis *erga omnes*. A obrigação de não fazer, que tem natureza pessoal e eficácia *inter partes*, se refere apenas ao devedor, que é obrigado a não realizar o ato.

Na hipótese de descumprimento por impossibilidade de abstenção do ato, não concorrendo para tal o devedor, a obrigação se resolve e ele é exonerado.

O art. 497 do CPC determina que, nas ações relativas às prestações de fazer ou de não fazer, entendendo pela procedência do pedido, o juiz concederá a tutela específica ou determinará providências que assegurem a obtenção de resultado prático equivalente. Quanto à tutela específica que vise à inibição do ilícito, não é necessária a prova da ocorrência do dano ou mesmo da existência de culpa ou dolo (parágrafo único).

A norma consagra o princípio da primazia da tutela específica das obrigações de fazer e não fazer, pelo qual se deve dar ao credor tudo aquilo que ele obteria caso o devedor tivesse cumprido a obrigação espontaneamente.

No tocante ao resultado prático equivalente, este é entendido como aquela providência que, embora não corresponda ao adimplemento espontâneo e nos exatos termos esperados, é capaz de proporcionar à parte maior satisfação do que a conversão em perdas e danos.

Exemplo disso é a demanda em que se busca a exclusão de anotação indevida de nome junto aos cadastros restritivos de crédito. Imagine-se que, nesse caso, o réu não está sendo localizado nem sequer para ser citado, nem tampouco para cumprir a ordem judicial, sob pena de multa cominatória. Ora, tem-se por obtenção de resultado prático equivalente ao da tutela específica que o juízo expeça ofícios aos órgãos de proteção ao crédito (que não são parte na relação processual), determinando a retirada da inscrição, sem prejuízo do curso do processo.

O mesmo ocorre quando se trata de ordem para o fornecimento de medicamento. Não sendo cumprida pelo réu, pode o julgador determinar o bloqueio de conta do demandado e o seguinte levantamento da quantia suficiente para que o autor possa comprar os produtos farmacêuticos, evidenciando o resultado prático equivalente à tutela pretendida.

Não sendo possível a tutela específica nem o resultado prático equivalente, dispõe o art. 500 que a indenização por perdas e danos dar-se-á sem prejuízo da multa fixada periodicamente para compelir o réu ao cumprimento específico da obrigação. A multa, portanto, tem natureza acessória e caráter coercitivo.

O art. 77, § 2º, do CPC trata da possibilidade de aplicação de multa em reprimenda ao ato atentatório à dignidade da justiça.

Essa multa pode ser perfeitamente cumulada com a do art. 500, pois diferem totalmente quanto:

a) à sua natureza – a primeira administrativa e a segunda processual;

b) ao beneficiário – o do art. 77, § 2º, é o Estado e o do art. 500 é a parte contrária;

c) à forma de fixação – o valor é sempre fixo e não pode ultrapassar vinte por cento do valor da causa no art. 77, § 2º, enquanto no art. 500 pode ser fixado pelo juiz; e

d) à finalidade – a multa do art. 77, § 2º, tem a finalidade de punir quem desobedece ou embaraça o cumprimento de uma medida judicial, enquanto a do art. 500 tem a finalidade de coagir o devedor a cumprir a prestação.

Importante, também, ressaltar que devem ser respeitados os princípios constitucionais da efetividade jurisdicional – o credor tem direito à tutela específica – e do devido processo legal – já que o meio para a obtenção de tal tutela deve ser o menos gravoso para o devedor (art. 5º, XXXV e LIV, da CF) e, para que isso ocorra, deve ser aplicado o princípio da proporcionalidade.

O princípio da proporcionalidade consiste na justa ponderação de interesses, levando-se em conta o binômio necessidade-utilidade e necessidade-adequação, assim como a proporcionalidade em sentido estrito.

De acordo com o art. 499, a obrigação imposta será convertida em prestação pecuniária se o credor assim preferir ou se não for possível a obtenção da tutela específica ou do resultado prático equivalente ao adimplemento voluntário.

Essa referida impossibilidade deve ser superveniente, absoluta e decorrer por culpa do devedor.

Importante atentar para o fato de que a Lei n. 14.833/2024 acrescentou o parágrafo único ao art. 499, a fim de determinar que, nas hipóteses de responsabilidade contratual previstas nos arts. 441, 618 e 757 do Código Civil, e de responsabilidade subsidiária e solidária, deverá o magistrado oportunizar, primeiramente, o cumprimento da tutela específica caso requerida a conversão da obrigação em perdas e danos.

A fim de situar o campo de abrangência da nova norma, o art. 441 do Código Civil trata da coisa recebida em virtude de contrato comutativo e que pode ser enjeitada por vícios ou defeitos ocultos, que a tornem imprópria ao uso.

O art. 618 cuida dos contratos de empreitada de edifícios ou outras construções consideráveis, e o art. 757 trata do contrato de seguro.

Nas três hipóteses apontadas, deverá estar caracterizada a responsabilidade subsidiária e solidária. Não custa lembrar que a responsabilidade subsidiária se materializa, por exemplo, na relação dos sócios para com as obrigações sociais, a depender do que conste no contrato social e, ainda, da espécie de sociedade.

Já a responsabilidade solidária vem prevista no art. 264 do Código Civil, segundo o qual há solidariedade quando "na mesma obrigação concorre mais de um credor, ou mais de um devedor, cada um com direito, ou obrigado, à dívida toda".

Examinando o dispositivo, José Miguel Garcia Medina[70] afirma se tratar de exceção à regra geral do *caput*, aplicável apenas a essas situações específicas, o que nos parece ser o melhor entendimento.

Ainda no tema das obrigações de fazer, uma última palavra sobre as chamadas medidas estruturantes.

10.5.2 O cabimento das medidas estruturantes em obrigações de fazer descumpridas

Para a correta concepção do acesso à justiça atualmente, não se pode perder de vista a expansão dos tipos de relações processuais, muito além do clássico modelo individual e patrimonialista. Tal fato tem acarretado a expansão dos efeitos subjetivos do processo, bem como tem levado o Judiciário a cada vez mais interferir em políticas públicas e na sua concretização, com o consequente crescimento da judicialização, revertendo sua tradicional postura de autocontenção ou autorrestrição.

Além do próprio acesso à justiça, ultimamente, tem havido um movimento por diferentes setores da sociedade para exigir, em face do Estado brasileiro, todo o catálogo de direitos individuais, coletivos e sociais previstos na Constituição.

Como nos aponta a teoria geral dos direitos fundamentais, uma das funções desses direitos é a de mandamento de tutela. Diante disso, inexistindo proteção legal a direito fundamental, há uma omissão inconstitucional, passível de controle jurisdicional.

Nesse sentido, tem-se colocado a chamada judicialização da política. Isso porque têm-se decidido questões relevantes de natureza política, social e moral, inerentes aos direitos fundamentais em caráter final pelo Poder Judiciário. Ocorre, principalmente, com a constante provocação ao STF para exercer sua jurisdição constitucional.

Caracteriza-se, assim, na expressão de Nicola Picardi, na "vocação do nosso tempo para a jurisdição"[71], que há algum tempo temos visto no cenário nacional.

A problemática da judicialização traz consigo diversas controvérsias. A primeira – talvez maior delas – é a questão do ativismo judicial. A diferença entre os dois conceitos é que a judicialização se apresenta como consequência natural da organização da Justiça feita pela Constituição, enquanto o ativismo vai além, em uma atitude proativa de interpretação constitucional, geralmente quando existe uma significativa distância entre o Poder Legislativo e os anseios sociais.

Quando legitimamente exercido, essa atividade se mostra apta a extrair o máximo das potencialidades do texto constitucional, superando as amarras da autocontenção em relação às condutas omissivas.

---

[70] Mas a Lei n. 14.833/2024 acrescentou parágrafo único ao art. 499 do CPC, para dar ao réu oportunidade de cumprir a tutela específica mesmo que o autor tenha requerido sua conversão em perdas e danos, excepcionando a regra prevista no *caput*, segundo a qual, diante do inadimplemento, o credor pode pleitear, desde logo, a indenização. O texto do parágrafo único do art. 499 do CPC menciona explicitamente apenas as hipóteses previstas nos arts. 441, 618 e 757 do Código Civil (vício redibitório, falhas em construções, cobertura de seguros) e em hipóteses de responsabilidade subsidiária ou solidária (Medina, 2024. Texto disponível em https://www.migalhas.com.br/depeso/404424/tutela-especifica-mitigada-alteracao-do-cpc-pela-lei-14-833-24. Acesso em: 2 abr. 2024).

[71] Picardi, 2008, p. 21.

Nesse sentido, a atuação do magistrado, ao controlar as omissões legislativas inconstitucionais, deve-se à garantia inerente ao dever de proteção, pois avançar disso significaria a invasão da função legiferante.

Igualmente, se reputar inexistente técnica processual idônea a efetivar o direito em questão, deve motivar porque era imprescindível o uso do mecanismo de que se valeu, bem como limitar ao máximo o prejuízo às partes.

É imperioso que a função jurisdicional assuma e lide com a interação de suas decisões com o corpo social, até mesmo porque elas não podem abrir mão da necessária adesão e deferência da sociedade para serem efetivas[72]. Nada obstante, a jurisdição não pode se eximir de sua função contramajoritária, resguardando a democracia e os direitos fundamentais.

Nesse contexto, vem se consolidando no Brasil, de inspiração estadunidense, a possibilidade da imposição das medidas estruturantes[73] pelos juízes, de modo a concretizar o acesso à justiça.

O instituto das medidas estruturantes, tradução utilizada na indispensável obra de Marco Jobim[74], teve início no direito norte-americano, com o nome de *structural reform*, a partir da teoria desenvolvida por Owen Fiss[75].

Primeiramente, observa-se de suma importância conceituar as *structural injunctions*[76].

Elas representam um fenômeno ligado à necessidade de desenvolvimento do direito constitucional. A Suprema Corte dos EUA notou que diversos direitos constitucionalmente assegurados apenas poderiam ser efetivados por uma supervisão judicial substancial. Como exemplo disso, pode-se citar a verificação se os direitos humanos são respeitados em prisões ou hospitais para doentes mentais[77].

Como bem anota Rodrigo Gismondi[78], essa específica categoria de processos passou a ser nominada de diversas formas: litígios de interesse público, *public interest litigation*, processo de interesse público, litígio institucional e litígio policêntrico. No entanto, há divergência quanto ao alcance do instituto, podendo variar, ainda, quanto à origem do sistema legal de cada país.

Já Sérgio Cruz Arenhart[79] aduz que são decisões com uma visão prospectiva, pensando globalmente na decisão judicial, de modo a evitar que ela se torne um problema maior do que o litígio que foi examinado.

Nesse contexto, o art. 139 do CPC, no inciso IV, como já examinado, confere ao magistrado o poder-dever de determinar "todas as medidas indutivas, coercitivas, mandamentais ou sub-rogatórias necessárias para assegurar o cumprimento de ordem judicial".

O referido artigo do diploma processual não constitui rol que esgota as medidas protetivas. Ademais, permite ao julgador exercer – respeitando o princípio do contraditório e da motivação das decisões judiciais – sua discricionariedade, como já salientado no capítulo que trata dos poderes e deveres do magistrado. Tal raciocínio foi, inclusive, referendado pelo STF[80], como também já expusemos.

---

[72] Barroso, 2009, p. 3.
[73] Pinho; Côrtes, 2014, p. 229.
[74] Jobim, 2012, p. 9.
[75] Fiss, 1978, p. 13.
[76] Verbic, 2015, p. 1.
[77] Sturm, 1990, p. 809.
[78] Gismondi, 2016, p. 48.
[79] Arenhart, 2013, p. 389.
[80] ADI n. 5.941-DF, rel. Min. Luiz Fux, j. 9-2-2023, *Informativo STF* n. 1.082.

O CPC, contudo, não regula expressamente as medidas estruturantes. No curso do processo legislativo, durante o trâmite da revisão na Câmara dos Deputados, chegou a se prever o instituto da "intervenção judicial" no § 1º do art. 536 do PL n. 8.046/2010. Contudo, na versão final do Senado Federal, a menção acabou suprimida.

Não se pode perder de vista, entretanto, o disposto no art. 497 do CPC/2015, sobre tutela específica e providências que assegurem o resultado prático equivalente nas ações que tenham por objeto prestação de fazer ou de não fazer.

Como nos lembra Proto Pisani[81], a tutela específica permite ao jurisdicionado obter, em grau máximo, tudo a que ele tem direito no plano material. No mesmo sentido, Marinoni reforça o princípio da concentração dos poderes de execução do juiz[82].

Para tanto, a legislação se vale da técnica das cláusulas abertas[83].

Imperioso esclarecer a expressão "resultado prático equivalente", pois esta tem o escopo de admitir a obtenção da tutela específica do direito em questão no caso concreto; o magistrado tem o poder de conceder um resultado diverso daquele pleiteado pelo autor, contudo, trabalhando sempre para a mesma finalidade.

Impende ressaltar que as medidas estruturantes têm um papel fundamental no cenário jurídico brasileiro, pois podem ser aplicadas nas relações privadas e no direito público. Ademais, protegem e efetivam os direitos fundamentais dos cidadãos brasileiros, tornando o Poder Judiciário órgão mais confiante e popular dentro da sociedade.

Contudo, há outras premissas a serem examinadas. Como bem lembra Desirê Bauermann[84], na teoria clássica das *structural injunctions* há direitos de base constitucional cuja efetividade só pode ser garantida pela supervisão judicial substancial. São estruturais, pois o Tribunal, para dar efetivo cumprimento e garantir a observância do direito das partes, exerce supervisão nas práticas e políticas adotadas pela instituição que está sob intervenção.

Ademais, como se trata de decisão com forte impacto concreto e alto grau de intervenção na esfera pessoal e patrimonial dos jurisdicionados, mais do que nunca deve ser observado o princípio da motivação analítica das decisões judiciais.

Indispensável, ainda, garantir-se elevado grau de participação popular. Uma vez mais nos referimos ao texto do CPC, que traz dispositivos tanto sobre o *amicus curiae*, quanto sobre a previsão de audiências públicas, sobretudo quando o Tribunal pretenda mudar seu entendimento já consolidado.

E não esqueçamos, ainda, da possibilidade de o juiz designar audiência especial ou sessão de conciliação ou de mediação a fim de que todas as facetas e desdobramentos da questão possam ser examinadas na profundidade necessária.

Quer nos parecer que, atentando para esses cuidados, nosso sistema judicial já demonstra a maturidade necessária a fim de manipular essa poderosa ferramenta e proporcionar um nível mais profundo de efetividade das normas constitucionais.

Por fim, não devemos afastar a possibilidade de soluções consensuais em tais demandas.

Em dezembro de 2022, o STF editou a Resolução n. 790, que criou o Centro de Soluções Alternativas de Litígios (Cesal) do Supremo Tribunal Federal, composto pelo acima referido Cadec,

---

[81] Pisani, 1994, p. 645.
[82] Marinoni, 2005, p. 60.
[83] Amaral, 2015, p. 1.401.
[84] Bauermann, 2012, p. 68-70.

além do Centro de Mediação e Conciliação, criado pela Resolução n. 697/2020, e do Centro de Cooperação Judiciária, disciplinado pela Resolução n. 775/2022.

Na gestão do Ministro Luís Roberto Barroso, criou-se uma subdivisão administrativa e autônoma dentro da presidência do STF denominada "Assessoria de Apoio à Jurisdição" (AAJ), vinculada à Secretaria Geral da Presidência, com três núcleos próprios:

(i) Núcleo de Análise de Dados e Estatística (NUADE);

(ii) Núcleo de Solução Consensual de Conflitos e Cooperação Judiciária (NUSOL); e

(iii) Núcleo de Processos Estruturais e Complexos (NUPEC).

O NUPEC/STF — núcleo de caráter interdisciplinar — foi criado com o intuito de auxiliar o processamento e monitoramento de ações estruturais e complexas, e, dentre as suas atribuições, pode monitorar o cumprimento das decisões estruturais. Atualmente, já estão sob o monitoramento do NUPEC/STF algumas demandas estruturantes, tais como as ADPFs 347, 709 e 635.

Em excelente texto, Trícia Navarro[85] afirma que existem diversas formas de participação, diálogo ou técnicas autocompositivas que podem ser utilizadas, adequando-se às especificidades da causa, como:

(i) participação: designação de consultas, audiências públicas, como *amicus curiae* e outras formas de participação direta;

(ii) técnicas autocompositivas: negociação, conciliação, mediação, convenção processual, cooperação judiciária, votos conjuntos;

(iii) diálogos processuais ou interinstitucionais: reuniões técnicas e audiência de contextualização.

Caminhando para o final deste breve texto, apresentamos algumas ações constitucionais que se amoldam ao modelo estruturante, nas quais o STF teve oportunidade de visitar o tema da intervenção do Poder Judiciário em implementação de políticas públicas com o intuito de efetivar direitos fundamentais.

Em duas oportunidades ao longo do ano de 2023, o STF se debruçou sobre a temática da grave deficiência na prestação de serviço de saúde em hospital público e da população em situação de rua.

Na primeira, o Tribunal, ao apreciar o Tema 698 da repercussão geral, deu parcial provimento ao recurso extraordinário para anular o acórdão recorrido e determinar o retorno dos autos à origem para novo exame da matéria, de acordo com as circunstâncias fáticas atuais do Hospital Municipal Salgado Filho (Rio de Janeiro/RJ) e com os parâmetros fixados[86].

Na segunda, o Plenário, por unanimidade, referendou a cautelar anteriormente concedida para o fim de tornar obrigatória a observância, pelos estados, Distrito Federal e municípios, imediata e independentemente de adesão formal, das diretrizes contidas no Decreto federal n. 7.053/2009, que institui a Política Nacional para a População em Situação de Rua[87].

Entre outras providências, foi determinada a formulação pelo Poder Executivo federal, no prazo de 120 dias, do Plano de Ação e Monitoramento para a Efetiva Implementação da Política Nacional para a População em Situação de Rua, com a participação, dentre outros órgãos, do Comitê Intersetorial de Acompanhamento e Monitoramento da Política Nacional para População em Situação

---

[85] Navarro, 2024

[86] Precedentes citados: RE 592.581 (Tema 220 RG); RE 1.008.166 (Tema 548 RG); ARE 1.230.668 AgR-EDv-AgR; ARE 1.408.531 AgR; ARE 1.289.323 AgR; e ACO 3.473 MC-Ref. Precedente citado: ADPF 347 MC. RE 684.612-RJ, rel. Min. Ricardo Lewandowski, redator do acórdão Min. Roberto Barroso, j. 30-6-2023, *Informativo STF* n. 1.101.

[87] ADPF 976 MC-Ref/DF, rel. Min. Alexandre de Moraes, julgamento virtual finalizado em 21-8-2023 (segunda-feira), às 23:59. *Informativo STF* n. 1.105.

de Rua (CIAMP-Rua), do Conselho Nacional de Direitos Humanos (CNDH), da Defensoria Pública da União (DPU) e do Movimento Nacional da População em Situação de Rua.

Podemos elencar, ainda, os seguintes exemplos de ações constitucionais estruturantes:

a) ADPF 347. Violação massiva de direitos fundamentais no sistema carcerário brasileiro. No julgamento foi fixada a seguinte tese: "1. Há um estado de coisas inconstitucional no sistema carcerário brasileiro, responsável pela violação massiva de direitos fundamentais dos presos. Tal estado de coisas demanda a atuação cooperativa das diversas autoridades, instituições e comunidade para a construção de uma solução satisfatória. 2. Diante disso, União, Estados e Distrito Federal, em conjunto com o Departamento de Monitoramento e Fiscalização do Conselho Nacional de Justiça (DMF/CNJ), deverão elaborar planos a serem submetidos à homologação do Supremo Tribunal Federal, nos prazos e observadas as diretrizes e finalidades expostas no presente voto, especialmente voltados para o controle da superlotação carcerária, da má qualidade das vagas existentes e da entrada e saída dos presos. 3. O CNJ realizará estudo e regulará a criação de número de varas de execução penal proporcional ao número de varas criminais e ao quantitativo de presos".

b) ADPF 635. Operações policiais em comunidades do Rio de Janeiro. O Tribunal, por maioria, referendou a medida cautelar deferida "para determinar: (i) que, sob pena de responsabilização civil e criminal, não se realizem operações policiais em comunidades do Rio de Janeiro durante a epidemia do COVID-19, salvo em hipóteses absolutamente excepcionais, que devem ser devidamente justificadas por escrito pela autoridade competente, com a comunicação imediata ao Ministério Público do Estado do Rio de Janeiro – responsável pelo controle externo da atividade policial; e (ii) que, nos casos extraordinários de realização dessas operações durante a pandemia, sejam adotados cuidados excepcionais, devidamente identificados por escrito pela autoridade competente, para não colocar em risco ainda maior população, a prestação de serviços públicos sanitários e o desempenho de atividades de ajuda humanitária", nos termos do voto do Relator.

c) ADPF 709. O Tribunal, por unanimidade, ratificou a medida cautelar já concedida para determinar: (i) a suspensão imediata dos efeitos do Ofício Circular n. 18/2021/CGMT/DPT/FUNAI e o Parecer n. 00013/2021/COAF-CONS/PFE-FUNAI/PGF/AGU; e (ii) a implementação de atividade de proteção territorial nas terras indígenas pela FUNAI, independentemente de estarem homologadas. Em continuação, o Relator determinou sejam implementadas as seguintes providências: 1. SALA DE SITUAÇÃO: Que o governo federal instale Sala de Situação para gestão de ações de combate à pandemia quanto a povos indígenas em isolamento ou de contato recente, com participação das comunidades, por meio da APIB, da Procuradoria-Geral da República e da Defensoria Pública da União. Os membros deverão ser designados em 72 horas a partir da ciência da decisão, e a primeira reunião virtual deve ser convocada em 72 horas depois da indicação dos representantes; 2. BARREIRAS SANITÁRIAS: Que em 10 dias, a partir da ciência da decisão, o governo federal ouça a Sala de Situação e apresente um plano de criação de barreiras sanitárias em terras indígenas; 3. PLANO DE ENFRENTAMENTO DA COVID-19: Que o governo federal elabore em 30 dias, a partir da ciência da decisão, com a participação das comunidades e do Conselho Nacional de Direitos Humanos, um Plano de Enfrentamento da Covid-19 para os Povos Indígenas Brasileiros. Os representantes das comunidades devem ser definidos em 72 horas a partir da ciência da decisão; 4. CONTENÇÃO DE INVASORES: Que o governo federal inclua no Plano de Enfrentamento e Monitoramento da Covid-19 para os Povos Indígenas medida de contenção e isolamento de invasores em relação a terras indígenas. Destacou, ainda, que é dever do governo federal elaborar um plano de desintrusão e que se nada for feito, voltará ao tema. 5. SUBSISTEMA INDÍGENA: Que todos os indígenas em aldeias tenham acesso ao Subsistema Indígena de Saúde, independente da homologação das terras ou reservas; e que os não aldeados também acessem o subsistema na falta de disponibilidade do SUS geral.

d) ADPF 743. O Tribunal, por unanimidade, julgou parcialmente procedentes os pedidos formulados nas ADPFs 743, 746 e 857, observado o julgamento da ADPF 760 e da ADO 54, para que o Governo federal apresente, no prazo de 90 dias, um "plano de prevenção e combate aos incêndios no Pantanal e na Amazônia, que abarque medidas efetivas e concretas para controlar ou mitigar os incêndios que já estão ocorrendo e para prevenir que outras devastações dessa proporção não sejam mais vistas". O Relator determinou realização de audiência de conciliação, sob sua condução direta, voltada ao cumprimento integral da decisão, com a presença dos representantes do Núcleo de Solução Consensual de Conflitos – NUSOL e do Núcleo de Processos Estruturais Complexos – NUPEC desta Corte.

10.5.3 O art. 498: obrigação de entregar coisa

Obrigação de dar, também conhecida como obrigação de prestação de coisa, é aquela que tem por objeto mediato uma coisa que, por sua vez, pode ser certa e determinada (arts. 232 e 233 do CC) ou incerta (arts. 243 a 246 do CC).

Dispõe o art. 498:

"Na ação que tenha por objeto a entrega de coisa, o juiz, ao conceder a tutela específica, fixará o prazo para o cumprimento da obrigação.

Parágrafo único. Tratando-se de entrega de coisa determinada pelo gênero e pela quantidade, o autor individualizá-la-á na petição inicial, se lhe couber a escolha, ou, se a escolha couber ao réu, este a entregará individualizada, no prazo fixado pelo juiz".

Há casos em que a coisa foi alienada a terceiro e o credor terá duas opções: converter a prestação em perdas e danos (art. 499, c/c o art. 809 do CPC, devendo ser observados os arts. 234 e 236, 240 e 246 do CC) ou requerer que o juiz expeça ordem para o terceiro entregar a coisa, sob pena de sofrer as medidas cabíveis, tais como busca e apreensão e imissão na posse (observados os arts. 1.217 e 1.218 do CC).

10.5.4 O art. 501: declaração de vontade

Nas hipóteses de obrigação de declarar vontade, uma parte se compromete com a outra, mediante um contrato preliminar, a firmar o ajuste definitivo quando preenchidos determinados pressupostos.

Ocorre que, uma vez descumprido o avençado, não há como a parte prejudicada compelir fisicamente a parte recalcitrante a firmar o acordo. Já houve época em que se afirmou que, nesses casos, nada poderia ser feito, pois qualquer ato judicial nesse sentido estaria contrariando a liberdade individual de contratar.

Assim, ao prejudicado caberiam apenas as perdas e danos. Não obstante, tal perspectiva quedou superada, sobretudo em função das críticas elaboradas por Chiovenda.

O jurista demonstrou em seus ensaios que, embora não houvesse fungibilidade jurídica entre as declarações do indivíduo e do Estado, existiria uma fungibilidade material – a declaração do Estado sub-rogaria à vontade faltante.

Essa seria, portanto, a finalidade da execução de emissão de declaração de vontade, a saber, permitir que seja captada a vontade originária de um contrato preliminar quando da realização do contrato definitivo.

Segundo o art. 501, a sentença de procedência do pedido na ação que tenha por objeto a emissão de declaração de vontade, a partir do trânsito em julgado, produzirá todos os efeitos da declaração não emitida[88].

Com efeitos meramente jurídicos, e não físicos, ao invés de o Estado compelir a parte inadimplente a cumprir sua obrigação, ele simplesmente substitui aquela vontade, com consequências idênticas àquela declaração se fosse espontânea.

É o que ocorre, por exemplo, nas ações de adjudicação compulsória. O compromissário comprador, que pagou todas as parcelas, tem direito de receber a escritura pública, tornando definitiva a compra e venda. É reforçada, pois, a natureza vinculante do pré-contrato.

A escritura pública é um acordo de vontades, solene, em que comprador e vendedor formalizam o negócio jurídico da compra e venda. Caso o promitente vendedor se recuse a outorgar a escritura, o compromissário comprador ajuizará adjudicação compulsória.

A sentença de procedência da adjudicação compulsória produzirá o mesmo efeito jurídico que a escritura sonegada, o que significa que, transitada em julgado, a compra e venda estará aperfeiçoada.

Registrada a sentença de adjudicação, o compromissário comprador torna-se proprietário do imóvel. Os efeitos jurídicos que se pretendem obter resultam do trânsito em julgado da sentença, independentemente da vontade do devedor, ou de execução.

10.6 COISA JULGADA

10.6.1 Histórico

O marco do surgimento da coisa julgada é o Direito romano, pois foi a partir dele que surgiram as discussões mais relevantes acerca do instituto[89]. Nieva Fenoll ressalta que, apesar do Código de Hamurabi influenciar os ordenamentos antigos anteriores ao Direito romano, esses sistemas não fizeram qualquer menção ao instituto da coisa julgada[90]. Foi com o Direito romano que, pela primeira vez, fez-se alusão à coisa julgada material, admitindo a "autoridade" da *res judicata* como a indiscutibilidade ulterior.

Todavia, Liebman atenta para o fato de que, no Direito romano clássico, a *res iudicata* era encarada como mera materialização do resultado do processo, e não como uma efetiva autoridade[91]. Uma decisão se tornava estável, então, pelo simples fato de finalizar a relação processual[92].

É bem verdade que, no direito romano, a coisa julgada possuía um sentido restrito, muito distante da autoridade que historicamente lhe é imputada, o que comprova que, em seu nascimento, não se tratava de instituto dotado de grande força, um dogma.

Não bastasse, a coisa julgada via-se ainda mais enfraquecida em virtude da confusão que os romanos faziam entre existência e nulidade. Não se conhecia um conceito intermediário entre ato existente, mas inválido: ou bem o ato existia, era válido e produzia efeitos, ou nada valia[93].

---

[88] Assis, 2017, p. 910.
[89] Allorio, 1963, p. 153.
[90] Nieva Fenoll, 2006, p. 27.
[91] Liebman, 2006, p. 4.
[92] Talamini, 2005, p. 199.
[93] Liebman, 2006, p. 212.

Por esse motivo, a coisa julgada romana era considerada mero efeito que, face uma nulidade, ensejava a desconsideração do julgado, não gozando de autoridade[94], o que seria um equívoco, visto que a coisa julgada, ao desprender a norma concreta da abstrata, não mais sujeita aquela às vicissitudes que venham a incidir sobre esta última[95].

Com o declínio do Império Romano e advento da Idade Média, a ideia de Estado foi degradada. Some-se a isso uma evidente redução da produção acadêmica e científica, fruto da influência da Igreja Católica. Nesse cenário, o conceito de coisa julgada se desagregou das normas e teve o seu papel modificado, deixando de ter função relacionada à afirmação das normas jurídicas para se tornar uma perspectiva da realidade.

É no Medievo que a coisa julgada ganha contornos mais próximos de um dogma, passando a ser encarada como uma verdade jurídica, independentemente de a decisão ser certa ou errada, justa ou injusta. Mas, apesar de se enxergar a coisa julgada como uma autoridade capaz de acobertar a verdade criada pelas decisões judiciais, o instituto ainda não era dotado de relevante força, visto não ser ligado às normas. Estávamos diante de uma espécie de ficção jurídica[96].

O papel da coisa julgada somente veio a ser efetivamente modificado com a fusão do Direito germânico ao Direito romano, momento a partir do qual foi introduzida a querela de nulidade para utilização em casos de vícios mais graves dos julgados, enquanto a *restitutio in integrum* romana era utilizada para corrigir as injustiças decorrentes de erros de fato.

Nesse momento, a coisa julgada assume contornos próximos aos que conhecemos hoje, somente podendo vir a ser desconsiderada em casos determinados e por intermédio de ações igualmente específicas. Não mais se confundia nulidade com inexistência e, ao mesmo tempo, não se fazia alusão à ideia medieval de verdade judicial. Ainda assim, a coisa julgada continuava sendo definida como ficção: a sentença se mantinha firme em face de intentos de anulação ou desvirtuação – mas se tratava de mera ficção jurídica[97].

Em resumo, foi após a fusão do Direito romano ao Direito germânico que a coisa julgada se tornou mais do que uma forma de assegurar o cumprimento das leis e deixou de ser somente uma verdade judicial, encontrando um ponto de equilíbrio. E, desde então, já havia a previsão de casos em que a sua autoridade não se imporia, o que comprova que a coisa julgada nunca foi, de fato, um incontestável.

Essa realidade foi reproduzida no Brasil que, enquanto colônia, adotava o sistema português. O grande marco de mudança foi a independência brasileira, que culminou com a criação da ação rescisória, no ano de 1843, e o Regulamento 737, em 1850. Após isso, a evolução teria sido mínima, sendo certo, de acordo com Leonardo Greco, que a vulnerabilidade da coisa julgada, criada pela própria ação rescisória, não teria paralelo em nenhum sistema processual moderno[98].

A história comprova a fragilidade da coisa julgada: nunca houve propriamente um dogma. Embora a proteção do instituto tenha evoluído progressivamente na história, consoante afirma Calamandrei[99], tal proteção não foi suficiente para transformá-lo em um dogma.

---

[94] Greco, 2005, p. 559.
[95] Barbosa Moreira, 2005, p. 103.
[96] Leal, 2007, p. 183.
[97] Nieva Fenoll, 2006, p. 42.
[98] Greco, 2005, p. 560.
[99] Calamandrei, 1976, p. 131.

Leonardo Greco[100], na mesma toada, chega a afirmar que o ordenamento brasileiro vulnerabiliza excessivamente as sentenças transitadas em julgado, o que contribui com aquilo que o autor denomina de *destruição da coisa julgada*. Para o processualista, tal fenômeno serve aos anseios do Estado, em desfavor da segurança das relações jurídicas entre os cidadãos e entre estes e o próprio Estado.

Realizado o balizamento histórico, tem-se o ponto de partida do estudo sobre a coisa julgada: a sua fragilidade há de ser considerada para que movimentos em prol do relativismo sejam encarados de modo equilibrado.

10.6.2 Generalidades

De acordo com o art. 203, § 1º, do CPC, sentença é o pronunciamento por meio do qual o juiz, com fundamento nos arts. 485 e 487, põe fim à fase cognitiva do procedimento comum, bem como extingue a execução. Sentença é o termo utilizado no julgamento em primeira instância, enquanto acórdão é o nome utilizado para a sentença proferida em instância superior (art. 204 do CPC).

Da sentença, independentemente de ser terminativa ou definitiva, sempre cabe recurso de apelação.

A parte, portanto, insatisfeita e inconformada com a decisão proferida, busca o seu reexame, na tentativa de que seja reformada ou invalidada. A sentença transita em julgado se não for apresentado recurso no prazo legal, ou quando não houver mais recursos cabíveis contra aquela decisão.

Assim, Vicente Greco Filho, escrevendo ainda sob a égide do CPC/73, caracterizava a coisa julgada como a "imutabilidade dos efeitos da sentença ou da própria sentença que decorre de estarem esgotados os recursos eventualmente cabíveis"[101].

O art. 502 do CPC é expresso ao referir-se à "decisão de mérito", não mais só à sentença, abarcando, com isso, os acórdãos, as decisões monocráticas do relator e as decisões interlocutórias[102], desde que tratem do mérito.

10.6.3 Preclusão, estabilização e coisa julgada (formal e material)

Dispõe o art. 507 do CPC: "é vedado à parte discutir no curso do processo as questões já decididas a cujo respeito se operou a preclusão".

Preclusão vem do latim *praecludere*, que significa fechar, tapar, encerrar. É a perda de uma faculdade ou direito processual, podendo ser consumativa, lógica ou temporal.

Na preclusão consumativa (art. 507), a perda da faculdade processual decorre do fato de a parte já ter anteriormente praticado o ato. Isso ocorre, a título de ilustração, quando a parte vencida interpõe recurso de apelação no 5º dia do prazo e, posteriormente, ainda dentro do prazo de 15 dias (§ 5º do art. 1.003), ingressa com outro recurso de apelação, com o propósito de substituir a 1ª peça recursal.

Ora, o 1º recurso interposto consuma a prática do ato processual e, quanto aos argumentos, ainda que suplementares, apontados na 2ª peça recursal, estes não mais poderão ser analisados em razão da preclusão consumativa (salvo questões de ordem pública, que podem ser arguidas por simples petição, sem o condão de desconstituir a 1ª peça/apelação). Ou seja, a prática do ato processual se exauriu no 5º dia, não podendo as partes inovar na realização deste.

---

[100] Greco, 2015, p. 332.
[101] Greco Filho, 2009, p. 265.
[102] Por exemplo, decisões interlocutórias de mérito parciais no julgamento antecipado da lide parcial (arts. 354, parágrafo único, e 356, *caput*).

Contudo, importante atentar para fato de que o STJ[103] já decidiu que a eventual interposição de recurso tido como inexistente não gera preclusão. No caso concreto, houve interposição de agravo retido contra decisão interlocutória, já na vigência do CPC/2015, o que viola frontalmente o princípio da taxatividade, sendo certo, ainda, que não há previsão de ultra-atividade da norma prevista no ordenamento anterior.

A preclusão lógica (art. 1.000) ocorre quando a parte pratica ato incompatível com o anteriormente praticado. É o que acontece quando o réu, condenado a pagar determinada quantia, a deposita espontaneamente e posteriormente interpõe recurso de apelação.

Outro exemplo está previsto no § 6º do art. 916 do CPC, que anuncia que a opção do executado pelo parcelamento do crédito exequente, nos termos do *caput* do referido artigo, importará em renúncia ao direito de opor embargos e, portanto, o fazendo, esses embargos não poderão ser aceitos por força da preclusão lógica.

Por fim, a preclusão temporal incide quando é estabelecido um prazo para praticar o ato processual e a parte queda-se inerte. Exemplo é o prazo de quinze dias para o réu contestar a ação. Se, apesar de citado, não contestar, será revel (art. 335, *caput*).

Por visar a dar seguimento à demanda, garante a segurança jurídica e, por isso, Dinamarco a define como um dos institutos responsáveis pela aceleração processual[104].

A preclusão atinge as partes e não o juiz, apesar de este ter de observar prazos legalmente fixados em lei para proferir decisões (art. 226).

Instituto com intensidade superior a preclusão é a estabilização, prevista em duas oportunidades distintas no CPC.

A primeira se encontra no art. 304, segundo o qual a tutela antecipada torna-se estável se da decisão que a conceder não for interposto o respectivo recurso. Já tratamos do tema no capítulo relativo a tutela provisória.

A segunda reside na figura da estabilização da decisão saneadora do processo (art. 357, § 1º). Desse modo, interpretando-se restritivamente esse dispositivo, as questões ali decididas, ressalvadas as questões de ordem pública (art. 485, § 3º), não podem ser reapreciadas pelo magistrado.

Já o termo coisa julgada tem relação com a palavra "imutabilidade". Coisa julgada formal é a indiscutibilidade e imutabilidade da decisão judicial dentro do processo em que foi proferida, o que a distingue da coisa julgada material[105].

É, portanto, o primeiro passo para se chegar à coisa julgada material[106]. A imutabilidade da coisa julgada material ocorre dentro e fora do processo, tendo, portanto, eficácia endo e extraprocessual.

---

[103] A interposição de um recurso inexistente não gera preclusão consumativa, sendo cabível a subsequente interposição do recurso previsto na legislação. (...) Com a entrada em vigor do Código de Processo Civil (CPC/2015), houve algumas mudanças significativas em relação aos recursos cabíveis, entre elas a supressão do agravo retido. No novo código, as decisões interlocutórias passaram a ser impugnadas, nas hipóteses listadas nos incisos do art. 1.015 do CPC/2015, pelo agravo na modalidade instrumental e, nas remanescentes, por meio de preliminar de apelação. Desse modo, interposto agravo retido contra decisão interlocutória, o recurso deve ser considerado inexistente, em observância ao princípio da Taxatividade Recursal. Ressalta-se, ademais, que a preclusão consumativa pressupõe o exercício de uma faculdade ou poder processual. Como um recurso inexistente não representa validamente a prática de nenhuma faculdade processual, não se pode falar em preclusão consumativa decorrente de sua interposição. REsp 2.141.420-MT, rel. Min. Antonio Carlos Ferreira, 4ª T., por unanimidade, j. 6-8-2024, *DJe* 8-8-2024. *Informativo STJ* n. 820.

[104] Dinamarco, 2004, p. 455.

[105] Didier Jr., 2015, p. 517.

[106] A relação entre os conceitos de coisa julgada formal e material é, para a doutrina, de superposição, sendo formal espécie de pressuposto lógico para material, mas não sendo o inverso verdadeiro (Wambier et al., 2015, p. 1282).

As sentenças terminativas operam coisa julgada formal, porque, suprida a irregularidade que deu causa à extinção do processo, o autor pode promover nova ação idêntica (ressalvadas as hipóteses excepcionais e previstas no art. 486, §§ 1º e 3º).

O mesmo não acontece com as sentenças definitivas que julgam o mérito, pois estas adquirem "força de lei nos limites da questão principal expressamente decidida" (art. 503).

Leonardo Greco, porém, entende não haver coisa julgada formal nas sentenças que não apreciam o mérito, pois a coisa julgada está relacionada à apreciação do pedido. Afirma que "não há coisa julgada formal sem coisa julgada material, e vice-versa"[107].

Alguns autores tendem a identificar a coisa julgada formal com a preclusão, mas os conceitos são diferentes, embora estejam sempre logicamente interligados.

Para Dinamarco, "preclusão é, subjetivamente, a perda de uma faculdade processual e, objetivamente, um fato impeditivo; a coisa julgada formal é a qualidade da decisão, ou seja, sua imutabilidade, dentro do processo"[108].

A preclusão pode levar à coisa julgada formal e material pela não utilização da faculdade de recorrer.

Na concepção de Barbosa Moreira, por exemplo, a coisa julgada material constitui situação jurídica dotada de eficácia preclusiva, ou seja, situação jurídica que, caracterizada, torna irrelevante o passado, de forma que não há mais espaço para discutir as questões por ela acobertadas, salvo situações excepcionais que o ordenamento contemplou por via da ação rescisória[109].

A jurisprudência do STJ, contudo, pontua que tais questões deduzidas ou deduzíveis devem se referir a mesma causa de pedir[110].

Somente as decisões de mérito fazem coisa julgada material. Essa é a interpretação que se dá ao art. 503. Daí se conclui que as sentenças terminativas e as decisões interlocutórias não fazem coisa julgada material.

A natureza da coisa julgada divide a doutrina. Para alguns, seria um efeito da decisão. Barbosa Moreira refuta esse posicionamento. Para ele, a imutabilidade da sentença não lhe é "conatural". A impossibilidade de ser reformada, a restrição no número de recursos etc. seriam uma opção de política legislativa, com o propósito de ser preservada a segurança jurídica, a fim de que as decisões não sejam rediscutidas *ad infinitum*.

A imutabilidade se refere ao conteúdo do ato, de modo que a decisão fixa uma norma que vai regular o caso concreto e que não pode mais, em regra, ser modificada.

10.6.4 Limites objetivos e subjetivos da coisa julgada

Os limites objetivos tratam da identificação do objeto da sentença, aquele que irá adquirir autoridade de coisa julgada, enquanto os subjetivos referem-se às pessoas por ela atingidas.

O art. 504 do CPC trata dos limites objetivos. Estabelece que não fazem coisa julgada:

I. os motivos, ainda que importantes para determinar o alcance da parte dispositiva da sentença;

II. a verdade dos fatos, estabelecida como fundamento da sentença.

---

[107] Greco, 2015, p. 381.
[108] Grinover; Dinamarco, 2003, p. 176.
[109] Barbosa Moreira, 2007, p. 242.
[110] A eficácia preclusiva da coisa julgada impede a apreciação de questões deduzidas e dedutíveis, ainda que não tenham sido examinadas, desde que atinentes à mesma causa de pedir. REsp 1.989.143-PB, rel. Min. Maria Isabel Gallotti, 4ªT., por unanimidade, j. 6-12-2022, *Informativo STJ* n. 761.

Pode-se concluir que apenas a parte dispositiva da sentença faz coisa julgada; a fundamentação não se torna imutável. As razões que formaram o livre convencimento do juiz não fazem coisa julgada.

Via de regra, questões prejudiciais também não fazem coisa julgada, salvo se a parte assim requerer (art. 19) ou se o magistrado entender conveniente (art. 503, § 1º), devendo ser o juiz competente em razão da matéria e constituir pressuposto necessário para o julgamento da lide, como será visto a seguir.

É importante destacar que, segundo a norma antecessora, a questão prejudicial apenas fazia coisa julgada quando requerida pela parte (arts. 325 e 470 do CPC/73). Se fosse apenas examinada incidentalmente no processo, não fazia coisa julgada (art. 469, III, do CPC/73).

Contudo, o art. 503, §§ 1º e 2º, do CPC prevê esse efeito para a questão prejudicial decidida expressa ou incidentalmente, independentemente do requerimento da parte[111], desde que preenchidos os requisitos dos incisos do § 1º[112].

A coisa julgada, no caso de questão prejudicial incidental, limitar-se-á à existência, inexistência ou modo de ser de uma situação jurídica, bem como à autenticidade ou falsidade de documento[113], sendo desnecessário que a resolução expressa da questão esteja no dispositivo da decisão[114].

Quando se tratar, por fim, de causa contra a Fazenda Pública, além do preenchimento dos requisitos do art. 503, §§ 1º e 2º, é necessária a remessa, quando for o caso, para que a coisa julgada recaia sobre a questão prejudicial incidental[115].

A novidade é importante, mas apenas é aplicável aos processos iniciados após a vigência do CPC; aos ajuizados anteriormente, incidirão as normas do CPC/73, conforme estatuído pela regra de transição do art. 1.054, CPC. Desse modo, evita-se surpreender os litigantes com o novo tratamento da matéria, preservando-lhes a segurança jurídica.

Encerrando o art. 503, o § 2º impede a formação da coisa julgada para as questões prejudiciais se existirem limitações à produção de provas ou à cognição.

Cumpre ressaltar que o art. 337, VII, dispõe que cabe ao réu, em sede de contestação, alegar a coisa julgada. Não estão cobertas todas as questões de fato e de direito que o juiz teve que examinar para decidir a causa, mas somente a parte dispositiva da sentença. Entretanto, a formação da coisa julgada impede a reabertura da causa para rediscutir argumento que poderia ter sido ventilado pelas partes, mas não foi.

Novamente, lembramos que, pelo art. 492, é defeso ao juiz proferir sentença de natureza diversa da pedida em favor do autor, ou condenar o réu em quantidade superior ou em objeto diverso do que lhe foi demandado.

---

[111] Enunciado 111 do FPPC: (arts. 19, 329, II, 503, § 1º) "Persiste o interesse no ajuizamento de ação declaratória quanto à questão prejudicial incidental".

[112] Enunciado 165 do FPPC: (art. 503, § 1º) "Independentemente de provocação, a análise de questão prejudicial incidental, desde que preencha os pressupostos dos parágrafos do art. 503, está sujeita à coisa julgada".

[113] Enunciado 437 do FPPC: (arts. 503, § 1º, 19) "A coisa julgada sobre a questão prejudicial incidental se limita à existência, inexistência ou modo de ser de situação jurídica, e à autenticidade ou falsidade de documento".

[114] Enunciado 438 do FPPC: (art. 503, § 1º) "É desnecessário que a resolução expressa da questão prejudicial incidental esteja no dispositivo da decisão para ter aptidão de fazer coisa julgada".

[115] Enunciado 439 do FPPC: (art. 503, §§ 1º e 2º) "Nas causas contra a Fazenda Pública, além do preenchimento dos pressupostos previstos no art. 503, §§ 1º e 2º, a coisa julgada sobre a questão prejudicial incidental depende de remessa necessária, quando for o caso".

Porém, se a sentença deixar de examinar um dos pedidos (no caso, por exemplo, da decisão *citra petita*), não houver impugnação e transitar em julgado, forma-se coisa julgada sobre esse pedido? Deve-se entender que não, pois, de acordo com o art. 503, a coisa julgada se forma sobre a questão principal "expressamente decidida", e a omissão não é decisão.

De certa forma, se a parte formular mesmo pedido, mas com outro fundamento (causa de pedir), sua pretensão não estará submetida à coisa julgada. Assim, se a parte postula a anulação de um contrato por dolo, depois poderá fazê-lo por erro etc.

Quanto aos limites subjetivos, estes podem se dar *inter partes*, *ultra partes* ou *erga omnes*. Por *inter partes*, entende-se que a coisa julgada só se operará entre as partes, sendo a regra geral, prevista no art. 506, que estabelece que a sentença faz coisa julgada às partes entre as quais é dada, não prejudicando terceiros[116].

Essa é a regra para a tutela individual. Em sede de tutela coletiva, sobretudo nas hipóteses de mandado de segurança coletivo e ação civil pública, temos hipóteses de formação de coisa julgada *ultra partes* e *erga omnes*, dependendo da espécie de direito tutelada, bem como da delimitação (ou não) do grupo que será beneficiado pela decisão.

Voltando ao texto do CPC, há nesse art. 506 uma importante inovação.

O antigo art. 472 do CPC/73 também vedava a extensão da coisa julgada para beneficiar terceiros, o que o novo art. 506 não faz. A regra se justifica porque a limitação do alcance da coisa julgada se dá para preservar terceiros de prejuízos advindos de processo do qual não participaram, e não faria sentido protegê-los de algo que lhes fosse, do contrário, benéfico.

Esse artigo expressa os princípios constitucionais da inafastabilidade da jurisdição, devido processo legal, ampla defesa e contraditório – art. 5º, XXXV, LIV e LV –, já que não se pode admitir que alguém seja atingido pelos efeitos de uma sentença sem ter tido a oportunidade de se manifestar nos autos.

Para parte da doutrina, a nova redação do art. 506 amplia os limites da coisa julgada ao romper com o paradigma tradicionalmente utilizado pelos países que adotam o sistema do *civil law*. Trata-se da proibição da parte relitigar questão já decidida em outro processo, mesmo que não tenha sido parte naquele (*non-mutual collateral estoppel*)[117]. Cria-se, com isso, verdadeira exceção[118] ao princípio da reciprocidade[119].

---

[116] Carneiro; Pinho, 2016, p. 295.

[117] Como bem adverte Marinoni: "da conjugação dos arts. 503 e 506 do CPC extrai-se que a coisa julgada sobre questão pode beneficiar terceiros. Perceba-se que o art. 506 do CPC atual afirma que 'a sentença faz coisa julgada às partes entre as quais é dada, não prejudicando terceiros', enquanto o art. 472 do CPC/73 dizia que 'a sentença faz coisa julgada às partes entre as quais é dada, não beneficiando, nem prejudicando terceiros'. Ora, não se trata apenas de um silêncio do legislador, mas da clara exclusão da cláusula 'não beneficiando', ou seja, da prática de ato que evidencia a intenção nítida e indiscutível do legislador de permitir que a coisa julgada beneficie terceiros" (Marinoni, 2016, p. 979).

[118] "Num primeiro momento, a imutabilidade e a indiscutibilidade de tais questões prejudiciais ficava adstrita às partes do processo no qual restaram decididas. O princípio da *mutuality*, que pode ser traduzido como princípio da reciprocidade, consiste na limitação da aplicação dos efeitos preclusivos da coisa julgada às partes do processo, em decorrência do princípio constitucional do devido processo legal" (Rodrigues, 2016, p. 69).

[119] "A coisa julgada – dizia-se – somente se opera reciprocamente. Como somente os sujeitos que foram partes no processo em que a questão foi decidida ficam impedidos de rediscuti-la em novo processo – em decorrência do princípio constitucional do devido processo legal –, também somente as partes poderiam ser beneficiadas por esse instituto. O princípio da *mutuality* era bastante simples: como um terceiro alheio ao processo no qual uma determinada questão foi decidida não pode ser vinculado por essa decisão, também não poderá ser por ela beneficiado, não podendo invocar a *issue preclusion* a seu favor contra um sujeito que tenha sido parte no processo" (Gidi; Tesheiner; Prates, 2011, p. 120).

Observe-se, contudo, que o dispositivo não pode ser expandido a ponto de ser inserido no sistema de criação de precedentes ou mesmo de decisões a serem obrigatoriamente observadas.

Ademais, a sua implementação dependa da observância do devido processo legal, que hoje pode ser examinado a partir de parâmetros concretos.

Como bem ressalta Marinoni[120], o art. 506 deve ser combinado com o 503 de forma a se evitar que a coisa julgada beneficie terceiros de forma indiscriminada[121], o que, certamente, não foi o objetivo do legislador, muito embora a redação final seja merecedora de crítica.

Em outra oportunidade, como bem ressalta Marinoni[122], a coisa julgada, de fato, pode beneficiar terceiros, em hipóteses expressamente previstas no CPC.

Por outro lado, inovando em relação ao art. 472 do primitivo Código, o art. 506 suprime a coisa julgada *erga omnes* nas ações de estado, tais como a filiação, a paternidade, a capacidade, o casamento, dentre outras.

Desde o direito romano, sempre se procurou excepcionar esses casos à regra geral da coisa julgada *inter partes*, pela estranheza de uma vinculação apenas das partes do processo em demandas de tal cunho.

O antigo art. 472 dispunha que, em causas que tratassem de estado de pessoa, se tiverem sido citados em litisconsórcio necessário, todos os interessados seriam atingidos pela coisa julgada.

Entretanto, tal disposição parecia inócua, pois a citação de terceiros para se tornarem litisconsortes os tornava, em verdade, partes integrantes da relação processual, o que, logicamente, os submeteria à força da coisa julgada. Afinal, teriam se tornado partes, para todos os efeitos.

Parece ter sido esse o motivo que levou o legislador de 2015 a suprimir a menção, uma vez que se tratava muito mais de disciplina do litisconsórcio do que da coisa julgada em si.

Todavia, criou a lei uma exceção à regra geral da operação *inter partes* dos efeitos da coisa julgada no art. 1.068, que modificou o art. 274 do CC para determinar efeitos *ultra partes* quando a decisão for favorável a um dos credores solidários que não havia demandado.

Fica vedada a extensão da coisa julgada que seja desfavorável aos credores não participantes.

Em relação à omissão do Código Civil acerca da extensão a devedores solidários, entende-se que eles devem participar do processo, seja na pretensão inicial do autor, seja por posterior chamamento ao processo. Não participando, não pode o devedor ser alcançado pela coisa julgada que beneficia o credor.

---

[120] "O art. 503 deixa muito claro que a coisa julgada sobre questão depende do preenchimento de determinados requisitos, sem os quais não há coisa julgada. Assim, não há coisa julgada quando há (a) revelia; (b) restrição à prova; (c) restrição à cognição de porções do conflito que impeçam o exame adequado da questão; (d) não produção de prova capaz de alterar a decisão sobre a questão; e (e) incompetência absoluta. Qualquer uma dessas hipóteses impede a formação de coisa julgada e, assim, exclui a proibição de relitigação da questão" (Marinoni, 2016, p. 113).

[121] Enunciado CJF n. 36: "O disposto no art. 506 do CPC não permite que se incluam, dentre os beneficiados pela coisa julgada, litigantes de outras demandas em que se discuta a mesma tese jurídica".

[122] "Submetem-se à coisa julgada: i) o substituído, que fica vinculado com a atuação do substituto processual (art. 18, CPC); ii) o sucessor na coisa litigiosa (art. 109, § 3º, CPC); e, iii) o terceiro, credor ou devedor solidário, desde que o resultado do processo lhe tenha sido favorável e não fundado em qualidade especial ligada tão somente ao autor ou ao réu da demanda (art. 274, CC). (...) Se o terceiro tem ligação com a causa debatida em juízo, mas não participou do processo, a coisa julgada aproveita-lhe (art. 506, CPC). Em outras palavras, o litisconsorte necessário simples que não participou do processo pode invocar a coisa julgada a seu favor (coisa julgada *secundum tenorem rationis*)" (Marinoni, 2016, p. 605).

Por fim, no caso de decisão de improcedência, podem os devedores solidários invocar a coisa julgada contra o credor demandante, pois se trata de decisão que beneficia terceiros, salvo se fundada a improcedência em argumento relativo tão somente ao devedor que fora réu[123].

10.6.5 Limite temporal da coisa julgada

10.6.5.1 *Origens do instituto*

A coisa julgada tem como fundamento evitar a perpetuação de conflitos e a insegurança jurídica, sendo inerente ao Estado Democrático de Direito. A coisa julgada não é apenas uma garantia individual, mas também coletiva, no sentido de viabilizar a estabilidade das decisões.

No Brasil, historicamente, admitia-se, em casos extremos, a mitigação ou relativização do instituto da coisa julgada. Com isso, a coisa julgada, até então sinônimo de imutabilidade de decisão judicial transitada em julgado, passava a ser passível de flexibilização ou revisão[124].

Doutrinadores pátrios, como Teresa Arruda Alvim e José Miguel Garcia Medina[125], sustentavam que a relativização é uma desmistificação da coisa julgada, como consequência de uma modificação do pensamento social como um todo, embasado em valores que consagram que deva prevalecer o respeito aos preceitos constitucionais.

O jurista e Ministro do STJ José Augusto Delgado foi um dos pioneiros no estudo sobre a relativização da coisa julgada. O autor asseverava, ainda sob a égide do CPC/73, que em um Estado Democrático de Direito, não é possível sustentar a intangibilidade da coisa julgada. O autor defendia, portanto, a sua relativização, na medida em que fere princípios ou regras constitucionais, contrariando a manifestação do poder constituinte originário do qual o povo é titular[126].

Leonardo Greco criticava o prazo de dois anos rigidamente estabelecido para a propositura de ação rescisória. Ele entendia que esse prazo não deveria ser único. De acordo com o caso, o prazo deveria ser maior ou menor do que o atual, ou até mesmo não existir[127], o que, de certo modo acabou sendo acolhido pelo novo CPC, como veremos no capítulo dedicado ao estudo da ação rescisória.

Por outro lado, para o Min. Luiz Fux, a relativização é um pseudofenômeno, que não pode se transformar em instituição de uso generalizado, devendo ser restrita aos casos de teratologia manifesta[128].

Outro grande expoente da doutrina contrário à relativização da coisa julgada é José Carlos Barbosa Moreira[129]. O jurista defendia que a coisa julgada formada anteriormente à declaração de inconstitucionalidade pelo STF, seja em controle concentrado ou difuso, não seria por esta atingida, dada a autonomia entre a norma abstrata declarada inconstitucional e a norma concreta contida na sentença.

Ele ressaltava, ainda, que as teorias relativizadoras não foram capazes de construir um critério seguro para identificação das situações em que seria possível o afastamento da autoridade da coisa julgada além dos limites estabelecidos.

---

[123] Enunciado 234 do FPPC: "A decisão de improcedência na ação proposta pelo credor beneficia todos os devedores solidários, mesmo os que não foram partes no processo, exceto se fundada em defesa pessoal".

[124] Neves, 2017, p. 896.

[125] Wambier; Medina, 2003.

[126] Delgado, 2006, p. 106-107.

[127] Greco, 2015, p. 384.

[128] Fux, 2022, p. 471.

[129] Barbosa Moreira, 2007.

O autor só admitia a relativização em uma única hipótese: para as sentenças proferidas em ações de investigação de paternidade e transitadas em julgado antes do advento da tecnologia de identificação do DNA[130].

O fundamento é a relevância jurídica e social e a necessidade de proteção aos direitos da personalidade. Trata-se de uma evolução tecnológica que forneceu meio mais eficaz de obtenção da verdade real, inexistente ao tempo do processo.

Nesse sentido, impõe-se destacar decisão proferida pelo Plenário do STF no que concerne à possibilidade da repropositura de ação de investigação de paternidade, quando a ação ajuizada anteriormente foi julgada improcedente por falta de provas.

No julgamento do RE 363.889-DF, da relatoria do Min. Dias Toffoli, entendeu a Corte que "deve ser relativizada a coisa julgada estabelecida em ações de investigação de paternidade em que não foi possível determinar-se a efetiva existência de vínculo genético a unir as partes, em decorrência da não realização do exame de DNA, único meio de prova que pode fornecer segurança quase absoluta quanto à existência de tal vínculo".

Baseou-se a decisão nos princípios da busca da identidade genética do ser, da igualdade entre os filhos, inclusive de direitos e qualificações, bem como no princípio da paternidade responsável[131].

O entendimento foi reiterado, posteriormente, em julgamento no âmbito do STJ[132].

Por fim, uma questão delicada: a duplicidade de coisas julgadas. Embora tal fenômeno não devesse ocorrer, em condições normais, por falhas processuais ou erros de sistema, vez por outra se manifesta. Com relação a esse ponto, temos ao menos duas decisões muito relevantes.

A primeira foi proferida nos Embargos de Divergência em Agravo em Recurso Especial julgados pela Corte Especial do STJ em 2019. A segunda emanou da Segunda Turma do Tribunal em 2022.

No primeiro julgado estabeleceu-se que havendo conflito entre coisas julgadas deve prevalecer a última que se formou, desde que não desconstituída por ação rescisória.

Contudo, a referida regra deve ser afastada nos casos em que já executado o título formado na primeira coisa julgada, ou se iniciada sua execução. Nesse caso deve prevalecer a primeira coisa julgada[133].

---

[130] Ibidem, p. 255.

[131] Em seu voto-vista, o Min. Luiz Fux assim concluiu seu entendimento: "Assim, e em suma, deve-se ter por válido, à luz da Constituição, o afastamento da coisa julgada material, formada sobre decisão de improcedência por falta de provas, em demandas que envolvam relação de filiação, quando for alegada a viabilidade de produção de prova técnica capaz de reverter a conclusão do julgamento anterior, cuja realização só tenha se mostrado possível, do ponto de vista prático, pelo avanço tecnológico superveniente, somado à inadequação do regime da assistência jurídica aos necessitados, respeitado, em qualquer caso, o prazo de dois anos para o ajuizamento de nova demanda, que flui, por presunção *iuris tantum*, a contar do trânsito em julgado da demanda anterior, salvo nas hipóteses excepcionais em que restar também excepcionalmente demonstrado que apenas posteriormente se tornou viável, do ponto de vista prático, o acesso ao exame de DNA, cabendo ao demandante o ônus do afastamento da referida presunção" (STF, RE 363.889-DF, rel. Min. Dias Toffoli, DJe 16-12-2011).

[132] É possível a excepcional relativização da coisa julgada de anterior ação de investigação de paternidade, na qual não foi realizado o exame DNA, ainda que por culpa (recusa) do pretenso pai, quando existente resultado negativo obtido em teste já realizado por determinação do próprio Judiciário. Processo em segredo de justiça, rel. Min. Raul Araújo, 4ª T., por unanimidade, j. 4-6-2024, DJe 28-6-2024. *Informativo STJ*, edição extraordinária 20/2024. Direito Privado.

[133] Logo, incide a exceção prevista no EAREsp 600.811/SP, devendo prevalecer a primeira coisa julgada formada, razão pela qual se mostra indevida a execução do título formado em momento posterior, ainda que se trate de período diverso, sobre o qual foi reconhecida a prescrição na primeira execução. AgInt nos EDcl no REsp 1.930.955-ES, rel. Min. Mauro Campbell Marques, 2ª T., por unanimidade, j. 8-3-2022, *Informativo STJ* n. 728.

10.6.5.2 *Exame das principais decisões do STF sobre a coisa julgada e sua relativização em matéria de impugnação ao cumprimento de sentença*

Conforme examinaremos no capítulo dedicado ao estudo da impugnação ao cumprimento da sentença, a positivação da coisa julgada inconstitucional nos arts. 525, § 12, e 535, § 5º, do CPC constitui risco à segurança jurídica enquanto valor maior que decorre do instituto da coisa julgada.

Título judicial, em regra, é sentença acobertada pela autoridade da coisa julgada. Desconsiderar isso atenta contra o princípio da segurança, em particular ao prever que, se a decisão de inconstitucionalidade for proferida pelo STF após o trânsito em julgado da decisão exequenda, caberá ação rescisória, *cujo prazo será contado do trânsito em julgado da decisão proferida pelo Supremo Tribunal Federal*.

Importante ressaltar, nessa linha, que na vigência do CPC anterior (1973), o STF, em caso paradigmático[134], reiterou a importância da coisa julgada no ordenamento jurídico brasileiro, destacando que se trata de atributo específico da jurisdição.

Quando da análise desse recurso extraordinário, que versava sobre a incidência de juros moratórios em precatório complementar, monocraticamente, o ministro Celso de Mello pôs luzes para a posição imprescindível que o princípio da segurança jurídica tem no ordenamento jurídico e no Estado Democrático de Direito. A necessária observância da autoridade da coisa julgada, repisou o i. ministro, representaria expressivo consectário da ordem constitucional.

Em face da decisão monocrática citada, foi interposto agravo regimental, que teve provimento negado. Ao analisar as razões que amparavam o recurso, a Segunda Turma do STF corroborou o entendimento monocrático, aduzindo que:

(i) A coisa julgada possui alto significado no sistema jurídico, pois representa atributo específico da jurisdição;

(ii) A proteção constitucional dispensada à coisa julgada em sentido material é tão intensa que impede a alteração dos atributos que lhe são inerentes, a significar que nenhum ato estatal posterior poderá, validamente, afetar-lhe a integridade;

(iii) Os atributos que caracterizam a coisa julgada recebem especial proteção justamente para que sejam preservados os pronunciamentos jurisdicionais, criando, desse modo, situação de certeza, de estabilidade e de segurança para as relações jurídicas;

(iv) Nem mesmo lei posterior tem o poder de afetar ou de desconstituir a autoridade da coisa julgada;

(v) Na perspectiva da eficácia preclusiva da *res judicata*, não se justifica a renovação do litígio que foi objeto de resolução no processo de conhecimento (e nem a rediscussão na seara executiva), especialmente quando a decisão que apreciou a controvérsia apresenta-se revestida da autoridade da coisa julgada;

(vi) A necessária observância da autoridade da coisa julgada representa expressiva consequência da superioridade da ordem constitucional;

(vii) Não é processualmente ortodoxo e nem juridicamente adequado pretender-se o reconhecimento da inexigibilidade de título judicial, sob o pretexto de que a sentença transitada em julgado se fundamenta em lei declarada inconstitucional pelo STF.

---

[134] STF, Ag. Reg. no RE 594.350, 2ª T., rel. Min. Celso de Mello. Disponível em: http://portal.stf.jus.br/. Acesso em: 15 jun. 2023.

Em outra oportunidade, ainda na vigência do CPC anterior, o STF reconheceu a existência de repercussão geral no RE 596.663-RJ[135], o qual versava sobre uma possível violação à coisa julgada, mais precisamente sobre os limites objetivos da coisa julgada na fase de execução de uma sentença[136].

O citado recurso extraordinário teve origem em ação rescisória, a qual objetivava a desconstituição de decisão extintiva de processo de execução trabalhista. O Tribunal Superior do Trabalho, confirmando as decisões das instâncias inferiores, descartou a alegação de que a extinção da execução ofenderia a coisa julgada, por ser contrária ao título executivo judicial (que reconhecera o direito à incorporação, nos vencimentos dos reclamantes, do percentual de 26,05%, relativo à URP de fevereiro de 1989).

Acontece que, consoante entendimento da parte recorrente, ao considerar quitada a obrigação de incorporação da URP referente ao mês de fevereiro/1989, o acórdão cuja rescisão se pretendia teria desconsiderado comando do título exequendo, que, segundo entendiam os exequentes, não limitou a incidência do percentual de 26,05% ao ano de 1989, tendo determinado o seu pagamento com efeitos presentes e futuros.

Em 2015, foi negado provimento ao recurso, restando vencido o ministro relator Marco Aurélio Mello. Assentou-se a tese de que a sentença que reconhece ao trabalhador ou ao servidor o direito a determinado percentual de acréscimo remuneratório deixa de ter eficácia a partir da superveniente incorporação definitiva do referido percentual nos seus ganhos, sem que isso constitua violação à coisa julgada.

Para o ministro Teori Zavascki, redator do acórdão, o debate não versaria sobre coisa julgada propriamente dita, mas sobre a eficácia temporal da sentença. Trata-se, então, de típica sentença sobre relação jurídica de trato continuado, que projeta efeitos prospectivos.

Outro julgado com potencial para tratar de forma aprofundada do tema foi a ação direta de inconstitucionalidade (ADI) n. 2418-3-DF[137], fruto de iniciativa do Conselho Federal da Ordem dos Advogados do Brasil. Objetivava a ADI a declaração de inconstitucionalidade do parágrafo único ao art. 741 do CPC/73, tendo recebido parecer favorável da Procuradoria Geral da República, que opinou pela sua procedência. Ainda assim, quando do julgamento da ação direta, a Corte, por maioria, entendeu pela constitucionalidade das disposições normativas do parágrafo único do art. 741 e do § 1º do art. 475-L, ambos do CPC/73, bem como dos correspondentes dispositivos do CPC/2015[138].

Nessa esteira, entendeu o STF que a chamada coisa julgada inconstitucional não se confundiria com a relativização da coisa julgada, tese com a qual, com todas as vênias, não podemos concordar, pois a expressão "relativização" é ampla e abarca todas as hipóteses nas quais o objetivo seja desconsiderar coisa julgada previamente constituída, independentemente das razões que amparam essa desconsideração.

---

[135] STF, RE 596.663, Plenário, rel. Min. Marco Aurélio, rel. do acórdão Min. Teori Zavascki. Disponível em: http://portal.stf.jus.br/. Acesso em 20 abr. 2023.
[136] Notícias do STF (veiculada em 24-11-2011). Disponível em: http://portal.stf.jus.br/. Acesso em: 20 abr. 2023.
[137] STF, ADI n. 2418-3, Plenário, rel. Min. Teori Zavascki. Disponível em: http://portal.stf.jus.br/. Acesso em: 15 maio 2023.
[138] "O que se questiona, na presente ação, são os dispositivos Código de 1973. Todavia, dada a similitude de tratamento jurídico dispensado à matéria pelo Código atual (exceto no que se refere aos parágrafos 13 e 15 do art. 525, que aqui não estão em questão, já que tratam de matéria normativa inédita) as referências aos textos normativos questionados podem ser reproduzidas em relação aos correspondentes dispositivos do CPC de 2015, o mesmo podendo-se afirmar em relação aos fundamentos para justificar a sua validade ou invalidade."

O STF enfrentou novamente o tema no RE 611.503[139], com repercussão geral reconhecida (Tema 360):

Como esperado após o julgamento da ADI n. 2418-3-DF, entendeu o STF, reproduzindo a fundamentação exarada na ADI, que:

(i) são constitucionais as disposições normativas do parágrafo único do art. 741 do CPC, do § 1º do art. 475-L, ambos do CPC/73, bem como os correspondentes dispositivos do CPC/2015, o art. 525, § 1º, III, e §§ 12 e 14, e o art. 535, § 5º;

(ii) os dispositivos questionados buscam harmonizar a garantia da coisa julgada com a Constituição;

(iii) consideram-se decisões com vícios de inconstitucionalidade qualificados a sentença exequenda fundada em norma reconhecidamente inconstitucional, seja por aplicar tal norma, seja por aplicar outra em situação ou com sentido inconstitucionais, bem como a sentença exequenda que tenha deixado de aplicar norma reconhecidamente constitucional.

A normatização do relativismo fez com que a segurança jurídica virasse alvo de questionamentos, pondo em dúvida, frente ao teor das normas insculpidas nos arts. 525, §§ 12 a 15, e 535, §§ 5º a 8º, do CPC/2015, se o princípio deve ceder quando sentenças inconstitucionais transitarem em julgado.

Em nosso entender, não há embate real entre constitucionalidade e segurança jurídica a ser solucionado pelas normas constantes nos arts. 525, §§ 12 a 15, e 535, §§ 5º a 8º, do CPC/2015, bastando que lancemos uma visão harmoniosa para que esse não problema seja dissolvido.

Para isso, temos dois momentos distintos e bem delimitados:

(i) *antes da formação da coisa julgada*: momento no qual sempre privilegia a constitucionalidade das decisões, podendo haver revisão e alteração das decisões para que estas se adequem aos ditames constitucionais (sempre pela via recursal);

(ii) *após a formação da coisa julgada*: privilegia-se a segurança jurídica, sendo excepcionais os casos em que é admitido o seu afastamento (preferencialmente em casos específicos nos quais é cabível o manejo da ação rescisória[140]).

A desconsideração da coisa julgada poderá ser instrumentalizada pela ação rescisória. Por essa razão, após a formação da coisa julgada, é possível mitigar o princípio da segurança jurídica, mas sempre em caráter de excepcionalidade.

O STF, no julgamento do RE 730.462, aduziu ser indispensável a interposição de recurso ou propositura de ação rescisória para fins de reforma ou desfazimento de sentença anteriormente proferida em sentido contrário ao entendimento da Corte. Nesse passo, decisão do STF declarando a constitucionalidade ou a inconstitucionalidade de preceito normativo não produz a automática reforma ou rescisão imediata das sentenças anteriores que tenham adotado entendimento diferente.

Embora a declaração de inconstitucionalidade tenha, como regra, o condão de produzir efeitos para todos, alcançando atos pretéritos eivados de nulidade, isso não significa que a retroatividade alcance decisões judiciais transitadas em julgado – salvo nas hipóteses em que ainda seja cabível a utilização das ações rescisórias, quando o prazo para tanto deverá ser contado a partir do trânsito em

---

[139] "Recurso extraordinário em que se discute, à luz dos artigos 5º, LIV e LV e 102, *caput*, da Constituição Federal, a possibilidade de se desconstituir, com base no artigo 741, parágrafo único, do CPC, na redação da Medida Provisória n. 2.180-35/2001, título executivo judicial que contempla a aplicação de índices inflacionários expurgados nas contas vinculadas do FGTS, considerados indevidos pelo Supremo Tribunal Federal". STF, RE 611.503, Plenário, rel. Min. Teori Zavascki. Disponível em: http:// portal.stf.jus.br/. Acesso em: 15 maio 2023.

[140] Barioni, 2013, p. 590.

julgado da decisão que se pretende desconstituir, e não da decisão de inconstitucionalidade proferida pelo STF.

10.6.5.3 A decisão de 2023 em matéria de relações tributárias continuadas

Em decisão vinculante proferida no bojo do julgamento dos RE 949.297 e 955.227, o STF[141], ao se debruçar novamente sobre o tema, em princípio, entendeu pela cessação automática da eficácia da coisa julgada contrária a decisões proferidas em controle concentrado ou na sistemática de repercussão geral.

Entretanto, é preciso enfrentar esse tema com cautela.

Na ocasião, prevaleceu o entendimento de que decisões proferidas em controle concentrado ou na sistemática de repercussão geral se assemelham a uma norma jurídica. Em razão de seus efeitos vinculantes e eficácia *erga omnes*, aplicam-se automática e imediatamente aos fatos geradores verificados a partir da publicação da ata de julgamento do precedente do STF. Porém, trata-se de decisão que não versa sobre relativização da coisa julgada em caráter estrito, já que o foco seriam sentenças proferidas em relações de trato sucessivo tributárias.

Não se pode olvidar que o julgamento citado, o qual deu origem aos Temas 881 e 885, possui importância fundamental no âmbito tributário. Para os fins pretendidos neste *Manual*, a discussão tributária mostra-se secundária, ganhando destaque o fato de que o STF permitiu o abrandamento da coisa julgada sem a necessidade de propositura de ação rescisória.

A própria tese firmada a partir do julgamento é clara ao expressar que decisões proferidas em ação direta ou em sede de repercussão geral interrompem automaticamente os efeitos temporais de decisões transitadas em julgado em relações tributárias, sendo prescindível a necessidade de ajuizamento de ação rescisória.

A própria ementa do julgado já evidencia que os debates gravitaram em torno da cessação dos efeitos futuros da coisa julgada em relações continuativas, também denominadas relações de trato sucessivo, nas quais o tratamento deve ser particularizado, pois a força vinculante da decisão transitada, como bem lembrado pela Corte, somente permanece enquanto inalterados os seus pressupostos fáticos e jurídicos.

A Procuradoria-Geral da República vislumbrou se tratar de relação continuada, incidindo, na hipótese, a cláusula *rebus sic stantibus*, premissa esta adotada pelo STF no momento do julgamento. Em nenhuma hipótese houve negativa por parte da Corte acerca da imprescindibilidade da coisa julgada, bem como da importância da segurança jurídica para o Estado Democrático de Direito. A bem da verdade, nem relativização propriamente dita houve[142].

---

[141] A coisa julgada não pode servir como salvo conduto imutável a fim de ser oponível eternamente pelo jurisdicionado somente porque lhe é benéfica, de modo que, uma vez modificado o contexto fático e jurídico – com o pronunciamento desta Corte em repercussão geral ou em controle concentrado – os efeitos das decisões transitadas em julgado em relações de trato continuado devem se adaptar, aplicando-se a lógica da cláusula *rebus sic stantibus*. (...) Com base nesses entendimentos, o Plenário, por unanimidade, (i) ao apreciar o Tema 885 da repercussão geral, negou provimento ao recurso extraordinário da União; (ii) ao apreciar o Tema 881 da repercussão geral, deu provimento ao recurso extraordinário da União; e (iii) fixou, para ambos os casos, a tese acima registrada. Por maioria, não modulou os efeitos da decisão e entendeu aplicáveis as limitações constitucionais temporais ao poder de tributar. RE 955.227-BA, rel. Min. Roberto Barroso, j. 8-2-2023; RE 949.297-CE, rel. Min. Edson Fachin, redator do acórdão Min. Roberto Barroso, j. 8-2-2023, *Informativo STF* n. 1.082.

[142] É importante frisar que não estamos diante de hipótese de relativização da coisa julgada, seja na acepção de superabilidade do aspecto objetivo do instituto, seja na afirmação da inexistência de normas jurídicas absolutas. Pelo contrário, o que se decide é se é limitar a eficácia temporal da coisa julgada em matéria tributária, quando derivada de relação jurídica de trato continuado, a partir do advento de decisão exarada no âmbito de controle abstrato de constitucionalidade contrário ao sentido da sentença individual. Nesse panorama, afirma-se que o comando sentencial rege-se pela cláusula *rebus sic stantibus*, de modo a permanecer hígido

Importante ressaltar que o Min. Luiz Fux, ao longo dos debates travados, destacou que o caso envolveria uma premissa inafastável: a de que, em regra, as decisões proferidas em relações jurídico-tributárias são proferidas com a cláusula *rebus sic stantibus*. Nessas hipóteses, a única limitação existente decorre dos princípios constitucionais tributários. Aliás, tanto é da essência do Direito Tributário a existência de decisões com cláusulas *rebus sic stantibus* que o princípio da anterioridade emerge como fundamental.

Por outro lado, ao contrário da maioria da Corte, entendeu o Min. Luiz Fux ser impossível alcançar o passado sem o manejo da ação rescisória. Como a segurança e confiança no sistema são valores prioritários, a partir da decisão tomada em controle concentrado pelo STF, caberia o manejo da ação rescisória para desconstituir coisa julgada anterior.

Então, ainda que o ministro reconheça estar-se diante de relação continuativa, cuja cessação dos efeitos se opera posteriormente à modificação no contexto fático-jurídico, como havia um indicador de confiança na manutenção dos efeitos de decisões judiciais transitadas em julgado, a propositura da ação rescisória seria mandatória.

De outro modo, destaque-se o voto condutor do Min. Barroso, que trata a temática de forma extremamente didática, embora ousemos discordar de alguns aspectos, em especial aqueles que afirmam ser possível flexibilizar a segurança jurídica em favor de outros princípios que, concretamente, cumpram mais fielmente a vontade constitucional.

Dito isso, registre-se que o CPC prevê que nenhum juiz poderá decidir novamente questões já decididas relativas à mesma lide, sob pena de se configurar ofensa à coisa julgada. Apesar disso, o art. 505, I, do diploma processual civil estabelece que, em caso de relações continuativas, sobrevindo modificação no estado de fato e de direito, poderá a parte pedir revisão do que foi estatuído na sentença.

Nessa mesma linha, não encaramos o teor do art. 505 como uma verdadeira exceção à soberania da coisa julgada. A doutrina de Humberto Theodoro Jr.[143] estabelece que sentenças determinativas fazem coisa julgada material com cláusula *rebus sic stantibus*, a qual é amplamente conhecida no Direito Civil.

Alexandre Câmara[144], por sua vez, apregoa que, ainda que a formação da coisa julgada material ocorra de modo semelhante nas sentenças determinativas, havendo pedido de revisão existirá nova demanda com novo pedido e causa de pedir.

De acordo com Marinoni[145], nessa mesma linha:

(i) quando se está diante de coisa julgada sobre relação continuativa, sempre será possível perguntar a respeito da cessação da sua eficácia;

(ii) ninguém falou em vício na decisão capaz de contaminar a coisa julgada e permitir a sua rescisão;

(iii) evidentemente, era possível apenas discutir sobre a eficácia temporal da coisa julgada; e

(iv) afirmar a cessação da eficácia temporal da coisa julgada, como salta aos olhos, nada tem a ver com pretender desconstituir a coisa julgada.

---

enquanto se mantiverem íntegras as situações de fato e de direito existentes quando da prolação da sentença". STF, RE 949.297 e RE 955.227 (Temas 881 e 885 de repercussão geral); Plenário, rel. Min. Edson Fachin (red. Min. Roberto Barroso) e Min. Roberto Barroso, respectivamente. Disponível em: http://portal.stf.jus.br/. Acesso em: 15 maio 2023.

[143] Theodoro JR., Humberto. *Curso de Direito Processual Civil*. 32. ed. Rio de Janeiro: Forense, 2000, v. 1, p. 481.

[144] Câmara, 2006.

[145] Marinoni, 2023.

Em síntese, a recente decisão proferida pelo STF não contrariou o entendimento anterior da Corte, no sentido de que a propositura de ação rescisória seria imperiosa para que coisa julgada anterior viesse a ser desconstituída. Entendeu-se como desnecessária a propositura da rescisória no caso em debate porque não há vício rescisório e nem se está desconstituindo coisa julgada anteriormente formada[146].

10.6.6 Regime especial da coisa julgada na ação civil pública

O art. 16 da Lei n. 7.347/85 dispõe que a sentença fará coisa julgada *erga omnes*, salvo se o pedido for julgado improcedente por insuficiência de provas.

Os arts. 103 e 104 do CDC tornam mais específica a regra, levando em conta a natureza do direito em jogo, quer seja difuso, coletivo ou individual homogêneo[147].

A regra geral é, portanto, a seguinte[148]:

a) nas hipóteses de extinção do processo sem resolução do mérito ou nas em que o mérito é tocado, mas o pedido é julgado improcedente por insuficiência de provas (*secundum eventum probationis*), produz-se apenas coisa julgada formal;

b) ao revés, se o mérito é examinado e o pedido é julgado procedente ou improcedente por outro motivo que não seja insuficiência de provas, opera-se a coisa julgada material.

Vê-se aqui, claramente, a opção do legislador por atenuar o rigor da coisa julgada material em benefício da coletividade, regra inexistente na jurisdição individual, em que toda decisão definitiva faz coisa julgada material, independentemente do teor do contexto probatório[149].

Entretanto, nem sempre a regra geral é suficiente para a solução das questões que se apresentam na prática. Isso porque, não raras vezes, durante o curso da ação coletiva, ou até antes de seu ajuizamento, são instauradas ações individuais por pessoas que foram lesadas em razão do mesmo fundamento que serviu de base à ação coletiva.

Nesses casos, é necessário um exame mais aprofundado sobre os dispositivos do CDC.

Tratando-se de direito individual homogêneo, a sentença produzirá efeitos *erga omnes* em caso de procedência do pedido para beneficiar vítimas e sucessores (art. 103, III, do CDC).

Os titulares desses direitos poderão pedir suas indenizações pessoais sem necessidade de comprovar a obrigação de indenizar e o nexo causal entre o dano geral e o ato causador do dano. Simplesmente deverão demonstrar que seu dano particular se prende àquele dano genericamente reconhecido e quantificar sua indenização em processo de liquidação.

Nesse passo, dispõe o art. 95 do mesmo diploma legal que, se o pedido for julgado procedente, deve o Juiz fixar condenação genérica. A partir daí, será iniciada a fase de liquidação de sentença, o que será feito individualmente por cada lesado, de acordo com o *quantum* que lhe seja pertinente, sendo certo, ainda, que remanesce legitimação subsidiária às pessoas arroladas no art. 82 do CDC, para a instauração dessa fase de liquidação, bem como para a execução[150].

---

[146] Mariotini; Pinho, 2023.

[147] Para uma análise dos institutos da coisa julgada e da litispendência em todas as modalidades de ação civil pública e ação coletiva, remetemos o leitor a Gidi, 1995.

[148] Essa regra, aliás, é a mesma aplicada à ação popular (art. 18 da Lei n. 4.717/65). Apenas para registro, no mencionado art. 18 da Lei da Ação Popular, bem como na anterior redação do art. 16 da Lei da Ação Civil Pública (hoje modificada pela Lei n. 9.494/97), lê-se a expressão "deficiência de provas".

[149] Mancuso, 2007, p. 254.

[150] Assim dispõem os arts. 97 e 98 do CDC: "Art. 97. A liquidação e a execução de sentença poderão ser promovidas pela vítima e seus sucessores, assim como pelos legitimados de que trata o art. 82. Parágrafo único (Vetado). Art. 98. A execução poderá ser

Discute-se, nesse caso, se a ação coletiva induzirá litispendência em relação às ações individuais propostas com o mesmo fim (art. 104, 1ª parte, do CDC).

Parece-nos que não[151], na medida em que as partes serão distintas, a causa de pedir pode ou não ser idêntica e o pedido será sempre diverso, pois na ação coletiva o pedido de condenação é genérico, ao contrário do que ocorre com a ação individual, em que esse é especificado de acordo com as necessidades de cada autor.

Contudo, forçoso reconhecer, ainda atento aos termos do art. 104 do CDC, que o benefício da coisa julgada formada em ação coletiva dependerá do pedido oportuno de suspensão de ação individual quando tramitarem simultaneamente esta e aquela.

Por outro lado, a improcedência do pleito coletivo permitirá aos lesados que não intervieram no processo coletivo, como assistentes litisconsorciais, propor ações individuais, porque uma sentença de improcedência em demanda coletiva opera coisa julgada *erga omnes*, impedindo apenas que outro ou o mesmo legitimado proponha nova demanda coletiva, mas não afastando a ação individual de indenização.

É como se o legislador flexibilizasse o instituto da coisa julgada nessas hipóteses, utilizando como argumento o fato de os legitimados serem diversos para as demandas coletiva e individual, em inequívoca opção política pela parte mais frágil na relação processual. Essa tendência, considerada inapropriada em outros tempos, vem ganhando adeptos a cada dia e reforçando o número de defensores do instituto da "relativização da coisa julgada"[152].

Por fim, os interessados que intervieram como assistentes litisconsorciais não poderão ingressar com demanda individual em caso de improcedência, conforme se depreende do art. 103, § 2º, do CDC.

Em suma, a partir da conjugação dos fatores legais, podem ocorrer as seguintes hipóteses:

a) o lesado propôs demanda individual antes do ajuizamento da ação coletiva e pediu suspensão do primeiro processo: nesse caso, será ele beneficiado pela procedência da ação coletiva e não será prejudicado no caso de improcedência, podendo prosseguir na ação de indenização a título individual;

b) o lesado propôs demanda individual antes do ajuizamento da ação coletiva e não requereu a suspensão do primeiro processo: aqui, não será ele beneficiado pela procedência da ação coletiva;

c) o lesado ingressou na ação coletiva como assistente litisconsorcial: não poderá propor ação individual em caso de improcedência da ação coletiva e, nesse caso, a coisa julgada na ação coletiva surtirá efeitos em relação ao lesado;

d) o lesado não ingressou na ação coletiva nem propôs ação individual: poderá propor ação individual em caso de improcedência da ação coletiva ou será beneficiado em caso de procedência dessa ação.

De qualquer sorte, vê-se claramente que o objetivo do legislador foi o de permitir que o lesado sempre se beneficie da coisa julgada coletiva[153], o que se afina com a moderna tendência do direito processual coletivo.

---

coletiva, sendo promovida pelos legitimados de que trata o art. 82, abrangendo as vítimas cujas indenizações já tiverem sido fixadas em sentença de liquidação, sem prejuízo do ajuizamento de outras execuções".

[151] No sentido do texto, Gidi, 1995, p. 207-208; em sentido contrário, Grinover, 1990, p. 13-174.
[152] Ver, por todos, Dinamarco, 2003b.
[153] Atente-se ao fato de que, em se tratando de direito individual homogêneo, o legislador exige que, tramitando simultaneamente ação coletiva e ação individual, seja a última suspensa até a conclusão da primeira para que o lesado se beneficie da procedência da ação coletiva. Ora, se o lesado insiste em prosseguir com a ação individual, adere à possibilidade de advir decisão favorável em ação

Apesar das críticas feitas à redação do art. 16 da Lei n. 7.347/85, com as alterações trazidas pela Lei n. 9.494/94 (art. 2º-A), o STJ reconhecia a validade do dispositivo, dando-lhe aplicabilidade. A Corte Especial se posicionava, portanto, no sentido de que a ação civil pública faz coisa julgada *erga omnes* nos limites da competência do órgão prolator da decisão[154].

Em 2011, contudo, houve marcante alteração no entendimento do STJ.

No julgamento do Recurso Especial 1.243.887/PR[155], Recurso Representativo de Controvérsia, o Tribunal Pleno do STJ, revendo a sua jurisprudência, decidiu que os efeitos e a eficácia da sentença não estão circunscritos a lindes geográficos, mas aos limites objetivos e subjetivos do que foi decidido.

A partir desse julgado, o STJ[156] passou a entender que é inaplicável a limitação territorial dos efeitos da sentença proferida em ação civil pública.

Em acórdão mais recente, de março de 2015[157], o entendimento do Tribunal é claro sobre a ampla abrangência da sentença prolatada em ação civil pública. E tal posicionamento já foi, inclusive, adotado sob o regime de julgamentos repetitivos[158].

Importante ressaltar, contudo, que, em abril de 2020, o Min. Alexandre de Moraes, do STF, determinou a suspensão nacional de todos aos processos em andamento em que se discuta a abrangência do limite territorial para eficácia das decisões proferidas em ação civil pública, tratado no art. 16 da Lei da Ação Civil Pública (Lei n. 7.347/85).

O ministro é o relator do Recurso Extraordinário n. 1.101.937-SP, que teve repercussão geral reconhecida pelo STF, na forma do art. 1.035, § 5º, do CPC.

Em abril de 2021 foi concluído o julgamento e o Tribunal, por maioria, apreciando o tema 1.075 da repercussão geral, negou provimento aos recursos extraordinários e fixou a seguinte tese:

I – É inconstitucional o art. 16 da Lei n. 7.347/1985, alterada pela Lei n. 9.494/1997.

II – Em se tratando de ação civil pública de efeitos nacionais ou regionais, a competência deve observar o art. 93, II, da Lei n. 8.078/1990.

III – Ajuizadas múltiplas ações civis públicas de âmbito nacional ou regional, firma-se a prevenção do juízo que primeiro conheceu de uma delas, para o julgamento de todas as demandas conexas[159].

Dessa forma, o Tema n. 1.075 propõe a discussão nos seguintes termos: constitucionalidade do art. 16 da Lei n. 7.347/85, segundo o qual a sentença na ação civil pública fará coisa julgada *erga omnes*, nos limites da competência territorial do órgão prolator[160].

---

coletiva que não o beneficiará, e somente nesta hipótese poderíamos vislumbrar contrariedade entre o resultado da ação coletiva e da ação individual. O legislador não prevê solução para o caso, ainda que tenha buscado evitá-la com a possibilidade de suspensão da ação individual (art. 104 do CDC). Ressalte-se, todavia, que deveria ser desenvolvido um sistema que permitisse ao autor do pleito individual tomar inequívoca ciência da existência da demanda coletiva, uma vez que o art. 94 prevê apenas a publicação de editais.

[154] STJ, 3ª T., EDcl no REsp 167.328-SP, rel. Min. Paulo de Tarso Sanseverino, j. 1º-3-2011, DJe 16-3-2011. No mesmo sentido, STJ, 4ª T., REsp 600.711-RS, rel. Min. Luis Felipe Salomão, j. 18-11-2010, DJe 24-11-2010.

[155] STJ, Corte Especial, REsp 1.243.887-PR, rel. Min. Luis Felipe Salomão, j. 19-10-2011, DJe 12-12-2011.

[156] STJ, 3ª T., REsp 1.243.386-RS, rel. Min. Nancy Andrighi, j. 12-6-2012, DJe 26-6-2012.

[157] STJ, 2ª T., AgRg no AREsp 601.989-SC, rel. Min. Og Fernandes, DJe 18-3-2015.

[158] STJ, 2ª S., REsp 1.391.198-RS, rel. Min. Luis Felipe Salomão, DJe 2-9-2014.

[159] STF. RE 110.1937-SP, Pleno. rel. Min. Alexandre de Moraes, Sessão Virtual de 26-3-2021 a 7-4-2021.

[160] Maiores informações podem ser obtidas em: http://portal.stf.jus.br/noticias/verNoticiaDetalhe.asp?idConteudo=441707&tip=UN. Acesso em: 20 abr. 2020.

Capítulo 11
LIQUIDAÇÃO DE SENTENÇA

11.1 ASPECTOS GERAIS

A liquidação de sentença é o instituto processual que atribui liquidez à sentença, apurando a quantidade de bens ou valores que constituem a obrigação ilíquida, tornando possível a tutela jurisdicional executiva, com o cumprimento forçado da obrigação imposta ao devedor.

Isso significa que é por meio desse mecanismo processual que se confere exequibilidade ao título ilíquido, ao possibilitar que se completem os três requisitos: certeza, exigibilidade e liquidez.

Consiste, assim, em um procedimento destinado a atribuir valor (*quantum debeatur*) ao título executivo judicial que contém apenas o *an debeatur*, ou seja, a identificação da dívida.

Isso pode se dar de três formas: por *arbitramento* e por *procedimento comum* (o que no CPC/73 era denominado "por artigos"), nos termos dos incisos I e II do art. 509 do CPC, e, ainda, na modalidade de *apuração individual da sentença genérica nas ações coletivas*, como ocorre em caso de procedência do pedido na ação civil pública em defesa dos direitos individuais homogêneos, prevista no art. 95 do Código de Defesa do Consumidor.

É de observar que o CPC se ocupa apenas das duas primeiras. Assim sendo, vamos nos debruçar sobre elas.

Quando se tratar de simples necessidade de cálculos aritméticos, isso não compromete a liquidez do título, podendo ser dado início diretamente à fase de cumprimento de sentença (art. 509, § 2º, do CPC), instruindo o pleito com a memória de cálculo atualizada.

Registre-se que a liquidação por cálculo do contador estava prevista no texto originário de 1973, mas foi suprimida do CPC por força da Lei n. 8.898, não sendo mais aplicada pelo nosso ordenamento desde 1994. Importante, ainda, observar que o memorial de cálculos deve ter por base os parâmetros fixados na decisão transitada em julgado, os quais não podem ser posteriormente alterados, mesmo se sobrevier decisão com efeitos vinculantes, como já decidiu o STJ[1].

Com o advento da Lei n. 11.232/2005, a liquidação deixou de ser ação autônoma e, por força do princípio do sincretismo, tornou-se incidente processual ao CPC/73, embora comporte resposta do requerido (se for por procedimento comum), possibilidade de alteração, excepcionalmente, da forma de liquidação sem ofensa à coisa julgada (Súmula 344 do STJ) e, ao final, em qualquer das modalidades, a *sentença* de liquidação, ainda que o legislador se refira à expressão "decisão", haja vista que é ato judicial complementar à sentença que constituiu o título judicial, tornando-o, a partir do incidente, executivo.

A mesma sistemática de continuação às fases do processo de conhecimento, e não mais procedimento autônomo de liquidação, é mantida no CPC.

---

[1] Na fase de cumprimento de sentença não se pode alterar os critérios de atualização dos cálculos estabelecidos na decisão transitada em julgado, ainda que para adequá-los ao entendimento do STF firmado em repercussão geral. REsp 1.861.550-DF, rel. Min. Og Fernandes, 2ª T., por unanimidade, j. 16-6-2020, *DJe* 4-8-2020. *Informativo STJ* n. 676.

O CPC, contudo, traz regra interessante no art. 491, que não escapou à atenta análise de Alexandre Câmara[2].

Tal dispositivo prevê que, ainda que formulado pedido genérico em ação relativa à obrigação de pagar quantia certa[3], a decisão definirá desde logo a extensão da obrigação, o índice de correção monetária, a taxa de juros, o termo inicial de ambos e a periodicidade da capitalização dos juros, se for o caso.

Contudo, ainda segundo esse autor, mesmo quando o pedido não for genérico é possível condenação genérica, nas hipóteses dos incisos I e II do mesmo dispositivo, ou seja, quando:

I – não for possível determinar, de modo definitivo, o montante devido;

II – a apuração do valor devido depender da produção de prova de realização demorada ou excessivamente dispendiosa, assim reconhecida na sentença.

A liquidação é apenas uma etapa inserida entre a cognição e a execução, como mero *iter* processual, com o objetivo de delimitar a extensão do valor do título, por provocação tanto o credor quanto o devedor, já que ambos detêm legitimidade para a liquidação de sentença (art. 509 do CPC).

Deve ser entendida como algo provisório, eventual e cujo objetivo principal é fixar o *quantum debeatur, ou seja, o quanto se deve*[4]. Por se tratar de um procedimento superveniente, não é necessário o recolhimento de nova taxa judiciária, muito embora possam surgir despesas nesse incidente.

Deve-se salientar, entretanto, que há títulos judiciais que impõem procedimento autônomo de liquidação, com recolhimento de custas iniciais e demais elementos da rotina processual, por consagrarem inauguração do processo no juízo cível, em que se dará o cumprimento de sentença.

Trata-se das hipóteses dos títulos judiciais apontados nos incisos VI a IX do art. 515 do CPC, nos quais o devedor será citado para a liquidação, caso ainda não executado o título, no prazo de quinze dias. São as hipóteses dos títulos judiciais: i) sentença penal condenatória transitada em julgado; ii) sentença arbitral; iii) sentença estrangeira homologada pelo Superior Tribunal de Justiça; iv) decisão interlocutória estrangeira, após a concessão do *exequatur* à carta rogatória pelo Superior Tribunal de Justiça.

Assim, pode-se concluir que o objeto da liquidação é o título executivo judicial, como previsto no art. 509. Em relação ao título executivo extrajudicial, ou ele é líquido e, portanto, é título executivo, ou não é líquido, hipótese na qual não será possível iniciar um processo de execução.

Nesses casos, o credor ou o devedor terá que ajuizar ação de conhecimento, pelo procedimento comum, ou, caso consiga satisfazer os requisitos do art. 700, poderá ingressar com ação monitória[5].

Uma vez iniciada a fase de liquidação de sentença pelo procedimento comum, a parte interessada será intimada, por seu advogado ou da sociedade de advogado a que estiver vinculado, para,

---

[2] "Ora, se há contraditório prévio e substancial (art. 10) a respeito do ponto, não há qualquer razão para proferir-se sentença ilíquida apenas sob o fundamento de que o pedido teria sido genérico. Evita-se, assim, o gasto de tempo com uma futura e desnecessária liquidação de sentença. Não é este, porém, o ponto que pretendo demonstrar" (Disponível em: http://justificando.com/2015/05/15/novocpc-condenacoes-iliquidas-e-celeridade-processual/).

[3] Tratando-se de obrigação de entrega de coisa distinta de dinheiro, a individualização deve ser feita pelo autor na petição inicial, se for sua a escolha; se for do réu, este promoverá a entrega já individualizada, na forma do art. 498, parágrafo único (Wambier et al., 2015, p. 1239).

[4] Em qualquer espécie de obrigação, a sentença deve determinar o *an debeatur*, o *cui debeatur*, o *quis debeatur* e o *quid debeatur*, ficando apenas ao *quantum debeatur* ressalvada a hipótese de definição posterior (Wambier et al., 2015, p. 1239).

[5] "Art. 700. A ação monitória pode ser proposta por aquele que afirmar, com base em prova escrita sem eficácia de título executivo, ter direito de exigir do devedor capaz: I – o pagamento de quantia em dinheiro; II – a entrega de coisa fungível ou infungível ou de bem móvel ou imóvel; III – o adimplemento de obrigação de fazer ou de não fazer.".

querendo, apresentar contestação no prazo de quinze dias (art. 511 do CPC); quando se tratar de liquidação por arbitramento, ambas as partes serão intimadas para apresentação de pareceres ou documentos elucidativos, conferindo-se o prazo judicial para tanto, ou seja, a critério do juiz. Caso o julgador não tenha como decidir de plano, observando o procedimento de prova pericial, o juiz nomeará perito.

Questão interessante, e que pode surgir na prática, diz respeito à impossibilidade de apuração de valor na liquidação.

Imagine-se, por exemplo, que a sentença condene o réu ao pagamento de dano material e, na apuração do *quantum*, verifica-se que o valor do bem é inexpressivo economicamente ou que não tem valor econômico aferível. Isso levaria, inexoravelmente, a considerar o valor inexistente ou quantificá-lo como "zero".

Na vigência do CPC/73, o entendimento do STJ era no sentido de facultar à parte reiniciar, futuramente, a liquidação, caso reunisse provas suficientes para revestir de certeza seu direito à reparação[6].

Em face da decisão que fixa o valor final, assim como de qualquer decisão proferida na fase de liquidação de sentença, cabe o recurso de agravo de instrumento, na forma do art. 1.015, parágrafo único[7].

Vale lembrar que, havendo divergência entre as partes acerca do valor, poderá o magistrado se socorrer do contabilista, na forma do § 2º do art. 524, que terá o prazo de 30 para verificar os cálculos, caso outro prazo não lhe seja outorgado. A decisão que homologa esses cálculos também é interlocutória e desafia agravo de instrumento nos exatos termos do referido art. 1.015, parágrafo único.

Por fim, pode-se assegurar que é possível desmembrar a sentença a fim de dar seguimento processual distinto a cada uma das partes. É o que ocorre na hipótese prevista no art. 509, § 1º, do CPC, que afirma que, tendo a sentença parte líquida e outra ilíquida, é possível, simultaneamente, executar a primeira e, em autos apartados, promover a liquidação da segunda.

11.2 CONCEITO DE SENTENÇA E SUA LIQUIDAÇÃO

De acordo com a redação original prevista no § 1º do art. 203, "Ressalvadas as previsões expressas nos procedimentos especiais, sentença é o pronunciamento por meio do qual o juiz, com fundamento nos arts. 485 e 487, põe fim à fase cognitiva do procedimento comum, bem como o que extingue a execução".

Assim, o CPC define a sentença como *o ato que põe fim à fase cognitiva do procedimento comum, bem como o que extingue a execução.*

Como bem destaca José Miguel Garcia Medina[8], no CPC o conceito legal de sentença é restritivo, ao passo que quanto ao de interlocutória é extensivo.

Essa sentença, a nosso ver, tem natureza constitutiva, na medida em que haverá alteração na esfera patrimonial das partes com o objetivo de dar eficácia concreta ao dispositivo da sentença, integrando-a[9].

Registre-se, contudo, que há forte dissenso na doutrina[10], sobretudo na discussão entre ser

---

[6] REsp 1.280.949-SP, rel. Min. Nancy Andrighi, j. 25-9-2012.
[7] Enunciado CJF n. 145: "O recurso cabível contra a decisão que julga a liquidação de sentença é o Agravo de Instrumento".
[8] Medina, 2014.
[9] Pontes de Miranda, 1976, p. 506.
[10] Flach, 2007.

sentença de natureza puramente declaratória (em razão da função integrativa ao fixar o *quantum* à sentença) ou constitutiva (por constituir uma sentença ilíquida em título executivo judicial).

Por fim, o art. 512 permite que a liquidação seja processada na pendência de recurso. Não há novidade em relação ao texto do art. 475-A, § 2º, do CPC/73. Os autos correm em apartado e deve o liquidante instruir o pedido com as peças pertinentes.

A inovação, aqui, está no fato de que essa *liquidação provisória* pode ser combinada com o instituto da hipoteca judiciária, o que, certamente, conferirá situação privilegiada ao beneficiário do crédito.

Nesse sentido, mesmo aquele que tenha seu favor uma sentença ilíquida, sujeita a recurso de apelação dotado de efeito suspensivo, pode perfeitamente constituir hipoteca judiciária incidente sobre o patrimônio do devedor, na forma do art. 495.

11.3 LEGITIMIDADE PARA A LIQUIDAÇÃO DE SENTENÇA

Independentemente de se estar diante de um processo autônomo, de fase processual ou de incidente, a legitimidade para dar início à liquidação de sentença é do credor e do devedor, assim identificados no título a ser liquidado. Justifica-se o interesse do devedor diante da necessidade de pagamento no prazo legal, a fim de evitar a imposição de multa e honorários, na forma do art. 523, *caput*, § 1º.

Parte da doutrina sustentava, na vigência do CPC/73, que, desejando o devedor promover a liquidação da sentença, deveria ajuizar, sem prevenção do juízo que proferiu a sentença condenatória, a normal ação de consignação (regulada no art. 890 do CPC/73).

Contudo, mesmo antes da publicação do CPC, Araken de Assis já não admitia o uso da ação de consignação em pagamento nessa hipótese, sustentando que o devedor teria legitimidade para requerer a liquidação de sua dívida[11]. Agora, há expressa acolhida pelo atual Código, na parte final do art. 509.

11.4 MODALIDADES DE LIQUIDAÇÃO DE SENTENÇA

Como visto, o CPC consagra apenas duas espécies de liquidação: por arbitramento ou pelo procedimento comum.

O art. 509, § 2º, ratificando posicionamento já adotado pelo legislador na Reforma de 2005 (Lei n. 11.232), determina que, quando a apuração do valor depender apenas de mero cálculo aritmético, não há necessidade de promover a liquidação, devendo o credor providenciar, desde logo, o cumprimento da sentença.

O 3º do art. 509 determina que o CNJ desenvolva e coloque à disposição dos interessados programa de atualização financeira. Com essa providência será alcançada a uniformização quanto aos índices de correção e atualização monetária, bem como será facilitado o acesso à Justiça.

Por fim, o § 4º deixa bem claros os limites objetivos da liquidação, ao dispor ser vedado:

a) discutir de novo a lide; ou

b) modificar a sentença que a julgou.

Contudo, ainda sob a vigência do CPC/73, questão interessante foi decidida e consolidada no enunciado da Súmula 344 do STJ: "a liquidação por forma diversa da estabelecida na sentença não ofende a coisa julgada". Mas isso deve guardar o caráter de excepcionalidade e sem modificar o direi-

---

[11] Os dispositivos citados se referem ao CPC/73 (Assis, 2015, p. 395).

to material, não podendo o juiz inovar na jurisdição. Portanto, a alteração da modalidade de liquidação será permitida ao se verificar que a medida originalmente estipulada mostra-se imprópria. Sob esse fundamento, embasou-se o enunciado sumular.

Assim sendo, é certo afirmar que o manto de imutabilidade da coisa julgada não cobre a modalidade de liquidação, passível esta de alteração, segundo o prudente arbítrio do julgador nessa fase do procedimento, desde que em homenagem ao princípio da adequação.

11.4.1 Liquidação por arbitramento

Essa modalidade de liquidação será observada quando for determinada pela sentença ou convencionada pelas partes, ou, ainda, o exigir a natureza do objeto da liquidação (art. 509, I), podendo agrupar as três hipóteses em uma única: a necessidade de realização de prova pericial para determinação do *quantum debeatur*.

A liquidação por arbitramento é realizada por meio de laudo realizado por perito nomeado pelo juiz.

A liquidação por arbitramento é encetada por meio de simples requerimento e, ato contínuo, determina o art. 510 do CPC, que o juiz intimará as partes para a apresentação de pareceres ou documentos elucidativos, no prazo que fixar.

Apenas no caso em que não for possível decidir de plano, será nomeado perito, de modo a evitar perícias custosas e demoradas, observando-se, no que couber, o procedimento da prova pericial (arts. 464 e s. do CPC).

Destacamos, aqui, que, sendo o ponto controvertido de menor complexidade, é possível a substituição da prova pericial pela prova técnica simplificada, circunstância em que o especialista será inquirido diretamente pelo juiz, permitindo que seja feito via recurso tecnológico de transmissão de dados.

11.4.2 Liquidação pelo procedimento comum

A outra modalidade de liquidação prevista no CPC, no art. 509, II, é a liquidação pelo procedimento comum, utilizada quando houver necessidade de serem alegados e provados fatos novos.

Fatos novos são aqueles acontecimentos anteriores, concomitantes ou supervenientes à ação de indenização e que tenham relação direta com o *quantum debeatur*. Note-se que, para fins de conceituação de "fato novo", é irrelevante o prisma temporal, importando na verdade o seu surgimento no processo. Fato novo, a rigor, é aquele que não está nos autos; não necessariamente não existia, apenas não era do conhecimento do juiz da causa.

Nessa hipótese, a perícia é voltada apenas para a definição do *quantum*.

A liquidação pelo procedimento comum, como o próprio nome faz presumir, segue o rito do procedimento comum previsto no processo de conhecimento, valendo ressaltar, como já referido em diversos momentos nesta obra, que não há mais rito ordinário e sumário.

O juiz determinará a intimação do requerido, na pessoa de seu advogado ou da sociedade de advogados a que estiver vinculado, para, querendo, apresentar contestação no prazo de 15 (quinze) dias, na forma do que dispõe o art. 511 do CPC.

11.5 LIQUIDAÇÃO DE SENTENÇA PENAL CONDENATÓRIA E NO PROCESSO COLETIVO

Existem, ainda, algumas peculiaridades da liquidação da sentença em casos específicos. A primeira delas é a da sentença penal condenatória, cuja liquidação não será sua etapa subsequente, mas, sim, etapa inicial de um novo processo, devendo ser iniciada por petição, com a necessidade de citação do condenado.

Entretanto, encerrada a liquidação, o procedimento deverá observar o previsto no art. 523, conforme recomenda o art. 515, § 1º.

Não custa lembrar que, de acordo com o art. 91 do Código Penal, a reparação do dano é um dos efeitos secundários da sentença penal condenatória, que, por definição, é ilíquida nesse aspecto.

De se observar, contudo, que o CPP permite que o juiz criminal fixe valor a título de indenização civil. Segundo a jurisprudência do STJ[12], para que seja fixado na sentença valor mínimo para reparação dos danos causados pela infração, com base no art. 387, IV, do CPP, é necessário pedido expresso do ofendido ou do Ministério Público e a concessão de oportunidade de exercício do contraditório pelo réu.

Para o STF[13], porém, por se tratar de efeito extrapenal genérico da condenação, não é necessário pedido formulado na denúncia, mas deve constar da instrução para realização do contraditório.

A outra é a liquidação imprópria[14], realizada nas ações coletivas, a exemplo do previsto no art. 95 do CDC. Nessa hipótese, incumbe ao credor demonstrar em sede de liquidação não apenas o *quantum debeatur*, mas também a sua própria legitimidade para requerê-lo, o que se denomina *cui debeatur*.

É o caso de liquidação da sentença coletiva. Essa modalidade de liquidação será utilizada quando os credores, vencedores na ação coletiva, requerem individualmente a liquidação da sentença coletiva. Cada credor, então, demonstrará a sua legitimidade e requererá ao juiz a fixação do *quantum* devido a título de indenização[15].

Depois disso, a liquidação coletiva, ou a liquidação individual da sentença coletiva, poderá ser feita por artigos ou por arbitramento.

---

[12] REsp 1.193.083-RS, rel. Min. Laurita Vaz, j. 20-8-2013, *DJe* 27-8-2013, *Informativo STJ*, n. 528.

[13] Plenário. AP 470/MG, rel. Min. Joaquim Barbosa, *DJe* 17-12-2012, *Informativo STF*, n. 693.

[14] Dinamarco, 2004, p. 631-632. O referido autor assim se manifesta: "O objeto desse especialíssimo processo de liquidação por artigos é mais amplo que o da autêntica e tradicional liquidação, porque inclui a prestação do demandante ao reconhecimento de sua própria condição de lesado, ou seja, pretensão à declaração de existência do dano individual alegado".

[15] Por isso que, nesse caso, a liquidação visa a não só reconhecer o *quantum debeatur*, como, também, o dano individual e o nexo causal com o dano geral. É natural que essa liquidação, diante de tamanha complexidade que a envolve, seja realizada – em regra – por artigos. É veemente a necessidade de que se faça prova de fatos novos. Desenvolve-se pela técnica do processo autônomo de liquidação, na medida em que cada titular de direito individual homogêneo deverá, de posse da sentença coletiva, promover a respectiva ação de liquidação (Mazzei, 2007, p. 47).

Capítulo 12
CUMPRIMENTO DE SENTENÇA

12.1 DISPOSIÇÕES GERAIS

Um dos pontos mais importantes da reforma ao CPC/73 em 2005 foi a introdução da nova sistemática do cumprimento de sentença.

Com o advento da lei reformadora, a atividade executiva baseada em título executivo judicial foi retirada do processo autônomo de execução e trazida para dentro do processo de conhecimento.

A intenção do legislador foi criar um único procedimento, fazendo uma junção das atividades cognitiva e executiva, no denominado processo sincrético[1].

Quando a execução se fundar em título judicial e tratar de cumprimento de obrigação específica, deve ser seguida a sistemática do art. 536 do CPC, com a possibilidade da obtenção do resultado prático equivalente[2].

Quando se tratar de cumprimento de sentença condenatória para pagamento de quantia certa, devem ser seguidos os arts. 523 a 527, bem como os artigos referentes à ação de execução.

É, portanto, permitida a utilização subsidiária das regras insertas nas normas de processo de execução de título extrajudicial[3].

Inicia-se a fase de cumprimento a partir da intimação do devedor para cumprir a sentença. Essa intimação, na forma do § 2º do art. 513, pode se dar da seguinte forma:

I. pelo *Diário da Justiça*, na pessoa de seu advogado constituído nos autos;

II. por carta com aviso de recebimento[4], quando representado pela Defensoria Pública ou quando não tiver procurador constituído nos autos, ressalvada a hipótese do inciso IV;

III. por meio eletrônico, quando, no caso do § 1º do art. 246, não tiver procurador constituído nos autos;

IV. por edital, quando, citado na forma do art. 256, tiver sido revel na fase de conhecimento.

Na hipótese do § 2º, II e III, desse art. 513, considera-se realizada a intimação quando o devedor houver mudado de endereço sem prévia comunicação ao juízo.

Nesse caso, deve ser observado, ainda, o que consta do parágrafo único do art. 274. O § 4º do art. 513 traz regra interessante. Caso o requerimento venha a ser formulado após 1 ano do trânsito em julgado da sentença, a intimação será feita na pessoa do devedor, por meio de carta com aviso de

---

[1] Dinamarco; Lopes, 2016, p. 39.

[2] Carneiro; Pinho, 2016, p. 324.

[3] É com base nisso que se entende que a prescrição intercorrente também pode ser reconhecida no procedimento de cumprimento de sentença (Enunciado 194 do FPPC).

[4] Em se tratando de revel que não tenha sido citado por edital e que não possua advogado constituído, o inciso II do § 2º do art. 513 do CPC foi claro ao reconhecer que a intimação do devedor para cumprir a sentença ocorrerá "por carta com aviso de recebimento, quando representado pela Defensoria Pública ou quando não tiver procurador constituído nos autos, ressalvada a hipótese do inciso IV". REsp 1.760.914-SP, rel. Min. Paulo de Tarso Sanseverino, 3ª T., por unanimidade, j. 2-6-2020, DJe 8-6-2020. Informativo STJ n. 673.

recebimento encaminhada ao endereço constante dos autos, observado, novamente, o disposto no parágrafo único do art. 274 e no § 3º.

Trata-se de norma que prestigia o princípio do contraditório, sem comprometer a atenção especial que deve ser dada à efetividade nessa etapa do procedimento.

Com efeito, importante anotar que deve ser contado em dobro o prazo para o cumprimento voluntário de sentença no caso de réu assistido pela Defensoria Pública, como aliás já decidiu o STJ[5].

Ademais, o prazo em dobro, previsto no art. 229 também deve ser aplicado caso o cumprimento seja realizado por litisconsortes com procuradores distintos[6].

12.2 CARACTERÍSTICAS

Algumas características, inerentes tanto ao cumprimento de sentença quanto ao processo de execução, são a substitutividade, a definitividade e a subsidiariedade, que, por questões didáticas, explicaremos melhor no capítulo referente ao processo de execução.

Quanto à subsidiariedade, contudo, é importante explicar que, por expressa previsão legal, as normas que regem o processo de execução serão utilizadas no procedimento de cumprimento de sentença, observada a compatibilidade e a natureza da obrigação, como veremos em diversos momentos no decorrer do estudo sobre o cumprimento de sentença.

Dentro da ideia de sincretismo, que já informa o cumprimento da sentença, desde a reforma introduzida pela Lei n. 12.232/2005, e mantida pelo CPC, nessa etapa deve ser prestigiado, de forma mais contundente, o princípio da efetividade, como dito acima.

Nesse passo, não custa lembrar que o art. 139, IV, dispõe incumbir ao magistrado determinar todas as medidas indutivas, coercitivas, mandamentais ou sub-rogatórias necessárias para assegurar o cumprimento de ordem judicial, inclusive nas ações que tenham por objeto prestação pecuniária[7].

Paralelamente a isso, a expressa referência à boa-fé, no capítulo das normas fundamentais (art. 5º), bem como a inserção do dever de cooperação no art. 6º, dão o tom da seriedade e do comprometimento da atividade jurisdicional nessa etapa tão importante do procedimento, justamente por se tratar do momento em que a condenação abstrata assegurada na sentença alcançará a sua concretização.

12.3 PRINCÍPIOS

Há divergência na doutrina quanto à enumeração dos princípios da execução. De qualquer modo, ao menos seis princípios devem ser destacados nessa fase.

---

[5] "O STJ firmou o entendimento de não ser a duplicidade dos prazos decorrência da concessão do benefício, mas do fato de os serviços de assistência judiciária mantidos pelo Estado, tal qual como ocorre com a Defensoria Pública, apresentam deficiências de material, pessoal e um grande volume de processos e considerando que na hipótese dos autos a parte está sendo assistida por Núcleo de Prática Jurídica de instituição pública de ensino superior, não há razão para negar a prerrogativa da duplicidade de prazos" (REsp 1.106.213-SP, 3ª T., DJe 7-11-2011. STJ, REsp 1.261.856-DF, rel. Min. Marco Buzzi, por unanimidade, j. 22-11-2016, DJe 29-11-2016, Informativo, n. 594).

[6] O prazo em dobro, previsto no art. 229, é válido para pagamento voluntário de débito. (REsp 1.693.784-DF, rel. Min. Luis Felipe Salomão, por unanimidade, j. 28-11-2017, DJe 5-2-2018).

[7] Enunciado 12 do FPPC: (arts. 139, IV, 523, 536 e 771) "A aplicação das medidas atípicas sub-rogatórias e coercitivas é cabível em qualquer obrigação no cumprimento de sentença ou execução de título executivo extrajudicial. Essas medidas, contudo, serão aplicadas de forma subsidiária às medidas tipificadas, com observação do contraditório, ainda que diferido, e por meio de decisão à luz do art. 489, § 1º, I e II".

a) o princípio da cartularidade exige que a pretensão executória esteja fundamentada em um título executivo; no caso do cumprimento de sentença, o título executivo judicial. Assim é que, ausente o título, haverá nulidade da pretensão (*nulla executio sine titulo*);

b) de acordo com o princípio da efetividade da execução, o fim e o resultado da execução devem, como regra, coincidir, a fim de dar ao credor aquilo a que ele faz jus segundo a decisão executada. O resultado prático equivalente, isto é, a conversão da obrigação em prestação pecuniária equivalente, deverá ocorrer apenas quando não for possível se alcançar a prestação específica prevista no título executivo. Conclui-se, portanto, que a execução deve ser efetiva na exata medida necessária a viabilizar os resultados esperados pelo credor, restabelecendo a situação jurídica existente antes da lesão;

c) também chamado de execução menos gravosa para o executado, o princípio do menor sacrifício possível para o executado está expressamente previsto no art. 805 do CPC. Tal princípio assegura que, quando a execução puder ser realizada de diversas maneiras, o juiz determinará que ela se processe pela forma menos onerosa possível para o devedor. O que significa dizer que compete ao magistrado equilibrar os interesses em jogo, visando à satisfação do credor por um caminho mais benéfico para o devedor, sem comprometer a efetividade da medida;

d) o princípio do contraditório, aqui, se opera de forma peculiar, diante da impossibilidade de se rediscutirem questões já examinadas e decididas na sentença transitada em julgado. Na fase de cumprimento, existe uma blindagem de modo que, após o trânsito em julgado, não se podem alegar questões que foram discutidas em momento anterior, no processo de conhecimento. Oportuno ressaltar que existe instrumento próprio de defesa que, no caso do cumprimento de sentença, consiste na impugnação e inclui, ainda, a exceção de pré-executividade, utilizada também no processo de execução, para alegação de uma questão de ordem pública, nos termos do art. 485, § 3º, do CPC;

e) o princípio do desfecho único esclarece que a execução se destina à outorga de tutela executiva, o que não impede, porém, que durante a fase de cumprimento realize-se atividade cognitiva que venha a impedir a concessão de tutela executiva, ou que o exequente desista da ação (art. 775) ou renuncie a seu direito (art. 924, IV);

Observe-se que, na medida em que o credor pode desistir ou renunciar, seria razoável supor que ele poderia negociar sobre o procedimento.

Nesse sentido, comentando os termos do art. 775 do CPC, Pedro Henrique Nogueira[8] afirma que esse dispositivo abriu amplo espaço à negociação na execução. Nesse aspecto, o autor admite as seguintes espécies de acordo:

i) para conferir maior eficiência à execução;

ii) com renúncia ou restrições ao benefício da impenhorabilidade;

iii) de procedimento para gestão eficiente da execução;

iv) para conferir maior proteção ao executado;

v) para ampliar as hipóteses de impenhorabilidade;

vi) para evitar determinadas constrições judiciais; e

vii) para afastar a prisão civil e outras medidas coercitivas.

f) finalmente, como já referido, pelo princípio do sincretismo, apenas é necessário abrir um processo de execução se o título executivo for extrajudicial. No caso do título judicial, o cumprimento de sentença é uma continuação natural da atividade cognitiva. Assim, o processo de conheci-

---

[8] Nogueira, 2018, p. 328.

mento ganhou mais uma etapa, passando a ser composto por cinco etapas, que são: postulatória, saneadora, instrutória, decisória e de cumprimento da sentença. As atividades cognitivas e executivas são ligadas em um único processo por esse princípio. O processo é um só, mas contempla duas partes: uma destinada à investigação dos fatos e prolação de sentença e outra destinada à concretização do conteúdo da decisão.

12.4 PRESSUPOSTOS

O inadimplemento do devedor e o título executivo representam pressupostos para a realização da execução ou do cumprimento de sentença, bem como quando a relação jurídica estiver sujeita à realização de condição ou ocorrência de termo, o cumprimento da sentença dependerá da comprovação da ocorrência dos mesmos, na forma do art. 514 do CPC.

Por esses motivos, são eles denominados requisitos para a execução, em sentido amplo.

O título executivo comprova a obrigação, por isso há quem sustente ser o título um requisito formal, enquanto o inadimplemento é um pressuposto substancial. Entretanto, ambos são apreciados abstratamente para permitir o início da execução, sendo certo que tanto o título quanto o alegado inadimplemento podem ser infirmados no curso do processo.

Inexistindo o título ou não havendo inadimplemento, a execução será extinta.

No curso da execução é que se verificará concretamente se houve ou não o inadimplemento, podendo o devedor fazer tal alegação no cumprimento de sentença, no caso de título judicial, ou no processo de execução, se o título for extrajudicial.

O inadimplemento significa que o devedor não satisfez a obrigação na forma e prazo previstos no título, pelo que, identificado, inicia-se a execução, que deverá incluir a obrigação principal e seus respectivos consectários, chamados de verba acessória (juros, correção monetária, despesas processuais, multas e honorários advocatícios).

12.5 ATRIBUTOS DA OBRIGAÇÃO A SER EXECUTADA

Como visto, para que se proceda à execução, devem estar presentes dois requisitos: i) título executivo e ii) inadimplemento do devedor. O título executivo judicial deve conter obrigação certa, líquida e exigível. Atente-se que tais características, notadamente cumulativas, são atributos da obrigação a ser executada, *e não do título executivo em si*.

Primordialmente, a prestação sujeita ao cumprimento deverá ser certa, constituindo, assim, o pré-requisito dos demais atributos. Significa dizer, portanto, que pode existir uma obrigação certa, porém, ilíquida e inexigível, mas o contrário não seria possível.

Para que seja possível exigir judicialmente o cumprimento de uma obrigação, esta deve ser líquida, o que significa dizer que deve ser apontado, já desde o primeiro momento, qual o valor que se pretende, de modo que não seja necessário qualquer outro instrumento para determiná-lo. A liquidez diz respeito à extensão e à determinação do objeto da prestação. É o *quantum debeatur*, a indicação do conteúdo da prestação.

Um pedido certo e determinado leva a uma sentença líquida. Contudo, é possível, em determinados casos, explicitados no art. 324, § 1º, I, II e III, do CPC, que o autor formule um pedido indeterminado, o que pode levar o juiz a formular uma sentença ilíquida, sendo imprescindível que se proceda à liquidação de sentença, como visto no capítulo anterior.

Mas o pedido genérico não leva, necessariamente, à sentença ilíquida, como já tivemos oportunidade de salientar no capítulo anterior, quando comentamos o teor do art. 491.

Todavia, a obrigação ainda não exigível não pode ser coativamente imposta. A obrigação a termo ou sob condição ainda não implementada não pode ser objeto de execução, por falta de interesse processual do credor. O art. 492, em especial seu parágrafo único, não admite sentenças condicionais, de modo que o problema da exigibilidade, normalmente, só diz respeito aos títulos extrajudiciais.

12.6 TÍTULOS EXECUTIVOS JUDICIAIS

12.6.1 Introdução e conceito dos títulos executivos

Um dos requisitos necessários para a execução é o título executivo, uma vez que *nulla executio sine titulo*, ou seja, é nula a execução se não há título executivo, porquanto os atos do processo de execução devem ser praticados nos limites das necessidades reveladas pelo próprio título executivo.

Na condenação ou no reconhecimento da obrigação, impõe-se explicitar o *an debeatur* (a existência da obrigação) e o *quid debeatur* (o que, especificamente, é devido), postergando-se para a liquidação, e o *quantum debeatur* (o quanto é devido), preparando-se, assim, para a execução.

O procedimento preparatório de liquidação já fora explicado em capítulo à parte, antes de abordarmos o cumprimento de sentença. Pode-se afirmar, portanto, que o título executivo é um documento que adquire essa qualidade por força de lei, o que permite o imediato manejo da execução.

O mais importante dado a ser apreendido do conceito é que os títulos executivos, sejam judiciais ou extrajudiciais, são regidos pelo princípio da tipicidade e constituem *numerus clausus* (rol taxativo). Assim, apenas é título executivo aquele documento que se subsume ao modelo previamente definido pelo legislador.

12.6.2 Classificação dos títulos executivos

Os títulos executivos podem ser classificados em duas espécies: judiciais e extrajudiciais.

O título executivo extrajudicial tem origem no ajuste de intenções entre duas ou mais pessoas, na imposição da vontade do Estado (no caso da CDA) e na decisão do árbitro. Esses títulos estão previstos no art. 784 do CPC.

Importante mencionar que, em determinados casos, um título extrajudicial não se presta para a execução (por exemplo, quando o título tem uma obrigação certa e exigível, mas ilíquida). Daí, normalmente, é necessário ajuizar processo de conhecimento para que, a partir da obtenção de uma decisão, se possa, então, executá-la.

O título executivo judicial – que nos interessa analisar nesse momento – é aquele que tem origem, ou seja, que emana da manifestação do Estado-juiz. Esses títulos estão arrolados no art. 515 do CPC (observando-se que a sentença arbitral, apesar de não ser produzida pelo Estado, a este se sujeita quanto aos efeitos fiscalizatórios da legalidade e regularidade – art. 33 da Lei de Arbitragem – e está presente no rol normativo, sendo, portanto, título executivo judicial).

12.6.3 Títulos executivos judiciais

Reputam-se judiciais os títulos oriundos de um provimento emanado de um juiz (ou órgão colegiado), que geram uma presunção, em princípio absoluta, de nascimento do crédito e, por essa razão, não permitem a alegação de qualquer matéria relativa à nulidade do título ou à inexistência da dívida em sede de impugnação, salvo a nulidade referente à citação no processo do qual resultou a formação do título, ou a extinção da dívida por fato superveniente à sua formação.

Assim, o art. 515 traz o rol de títulos executivos judiciais:

I – as decisões proferidas no processo civil que reconheçam a exigibilidade de obrigação de pagar quantia, de fazer, de não fazer ou de entregar coisa;

II – a decisão homologatória de autocomposição judicial;

III – a decisão homologatória de autocomposição extrajudicial de qualquer natureza;

IV – o formal e a certidão de partilha, exclusivamente em relação ao inventariante, aos herdeiros e aos sucessores a título singular ou universal;

V – o crédito de auxiliar da justiça, quando as custas, emolumentos ou honorários tiverem sido aprovados por decisão judicial;

VI – a sentença penal condenatória transitada em julgado;

VII – a sentença arbitral;

VIII – a sentença estrangeira homologada pelo Superior Tribunal de Justiça;

IX – a decisão interlocutória estrangeira, após a concessão do *exequatur* à carta rogatória pelo Superior Tribunal de Justiça;

X – (Vetado).

O inciso X, vetado, fazia referência ao acórdão proferido pelo Tribunal Marítimo quando do julgamento de acidentes e fatos da navegação.

A regulação mais amiúde deve-se ao fato de que o cumprimento não inaugura processo novo, mas só uma nova fase no processo, com a ideologia de que a parte deve extrair toda e qualquer eficácia prática do provimento obtido, quer seja ele declaratório ou constitutivo.

É importante salientar que serão títulos executivos as decisões proferidas no processo civil que reconheçam a exigibilidade da obrigação, não se limitando, portanto, às sentenças.

Essa norma soluciona a problemática existente na vigência do CPC/73 quanto à tutela de urgência, que não estava inserida no rol de títulos executivos judiciais.

Outrossim, os incisos II e III referem-se à autocomposição, estendendo a configuração de título executivo a todas as modalidades de acordo, judicial ou extrajudicial, homologadas judicialmente.

Ademais, fica claro que é título executivo judicial a decisão que homologa o acordo, e não o acordo em si.

Considera-se de jurisdição voluntária o procedimento de homologação judicial de autocomposição extrajudicial, na forma do art. 725, VIII, do CPC.

Oportuno salientar que o Superior Tribunal de Justiça, na vigência do CPC/73, adotara entendimento no sentido de que a interpretação dos títulos executivos judiciais deve ser restritiva, em observância aos princípios da proteção da coisa julgada, do devido processo legal e da menor onerosidade[9].

Na vigência do CPC/73, discutia-se sobre a possibilidade de as sentenças meramente declaratórias serem objeto de cumprimento. Em outras palavras, questionava-se se o texto do CPC conferiria expressamente carga executiva à sentença meramente declaratória. Surgiram, assim, duas correntes a respeito.

A primeira afirmava que não, de modo que o inciso I do então art. 475-N abrangeria apenas as sentenças condenatórias.

A segunda sustentava que sim, uma vez que o antigo Código de Processo Civil (art. 475-N, I) não especificava a natureza da sentença, tendo por base decisão do STJ[10] que reconheceu a eficácia da sentença declaratória para fins de compensação tributária.

---

[9] REsp 1.052.781-PA, rel. Min. Antonio Carlos Ferreira, j. 11-12-2012.

[10] REsp 588.202-PR, rel. Min. Teori Albino Zavascki, 1ªT., j. 10-2-2004, *DJ* 25-2-2004.

Nessa linha, o próprio STJ[11], em decisão realizada sob o regime dos recursos repetitivos, entendeu que a sentença meramente declaratória pode embasar execução de título judicial.

Na ação originária, foi discutido se a cobrança feita ao autor pela fornecedora de energia elétrica era válida. A sentença entendeu parcialmente válida a dívida. A questão foi levada ao STJ com o objetivo de permitir à credora o direito de ingressar com a execução diretamente contra o consumidor para exigir a dívida que foi reconhecida em seu favor, o que lhe foi deferido.

Como se percebe, a relevância da decisão está na afirmação de que tal sentença pode ser utilizada, inclusive, pela parte ré da demanda, de modo que não apenas o autor poderia dar continuidade à fase executiva (caso vencedor), exceção feita apenas à execução da sucumbência pelo réu.

Incluem-se da mesma forma os encargos da sucumbência arbitrados em sentenças definitivas ou terminativas, sejam elas declaratórias, constitutivas ou condenatórias, e a indenização por erro judiciário, na hipótese de o pedido na revisão criminal ser julgado procedente.

Com relação à sentença penal transitada em julgado, esta gera efeitos penais (como, por exemplo, a restrição da liberdade), mas também pode gerar efeitos civis (como, por exemplo, a condenação a reparar danos causados) e administrativos (no caso dos servidores públicos, pode haver punição, desde uma simples advertência até a perda do cargo).

Contudo, não é título executivo em face daquele que não participou do processo criminal, obrigando apenas, como sujeito passivo da execução, aquele que foi condenado e, como tal, consta do título.

No direito brasileiro, a reparação civil decorrente do crime não pode ser obtida no próprio processo criminal, como regra. Assim, no nosso sistema, cabe à vítima a propositura de ação condenatória na jurisdição civil ou a promoção da execução civil da sentença condenatória penal, que torna certa a obrigação do acusado de reparar o dano resultante da ação delituosa, nos termos do art. 91, I, do CP, com pedido de liquidação concomitante.

Grande polêmica se impõe no caso de existir revisão criminal de sentença penal que serviu como título executivo hábil a ensejar a execução no juízo cível. Tal questão será tratada junto com a explicitação do procedimento executivo, deixando destacado por ora que a sentença penal condenatória é título executivo capaz de ensejar o início da execução no juízo cível.

Houve, na doutrina[12], quem trouxesse diversas situações a serem analisadas:

a) A execução civil ainda não começou – a execução não será mais possível, por ter desaparecido o título executivo.

b) A execução da sentença penal condenatória está em curso – o processo deve ser extinto, eis que não há, ainda, decisão transitada em julgado, mas sim decisão provisória, que não se presta a embasar execução civil.

c) A execução civil já ocorreu – a solução varia conforme o fundamento da revisão criminal:

c.1) a revisão criminal extinguiu a punibilidade ou decidiu que o fato não constitui crime – não desaparece a responsabilidade civil e o pagamento não poderá ser repetido;

c.2) a revisão criminal reconheceu a legítima defesa – a responsabilidade civil é eliminada, caso em que se admite que o executado cobre o valor pago ao exequente;

c.3) a revisão criminal reconheceu outra causa de exclusão da ilicitude – não houve exclusão da responsabilidade civil, não sendo possível a devolução do valor pago.

---

[11] REsp 1.261.888-RS, rel. Min. Mauro Campbell Marques, 1ª S., j. 9-11-2011, *DJe* 18-11-2011.

[12] Greco Filho, 2009, p. 26.

Outra parte da doutrina defende que a eficácia civil da sentença penal não é alcançada pela coisa julgada. Dessa forma, havendo absolvição por revisão criminal, poderia o executado pleitear a devolução dos valores caso já houvesse pago[13].

Há também posicionamento no sentido de que, embora os efeitos da sentença penal condenatória sejam passíveis de rescisão a qualquer tempo, os efeitos civis da sentença penal condenatória são imunes a qualquer rescisão, estando protegidos por imutabilidade análoga à sentença civil que tenha alcançado a "coisa soberanamente julgada".

Por fim, um último posicionamento na doutrina[14] prevê que, se a absolvição em sede de revisão criminal se deu por causa que não exclui a responsabilidade civil, mantém-se a condenação.

Já se a condenação teve por fundamento causa de exclusão da responsabilidade civil (o reconhecimento de que o condenado não foi o autor do crime ou agiu em legítima defesa), deve-se verificar se o processo de revisão criminal foi instaurado no prazo de até dois anos após o trânsito em julgado da sentença civil. Somente se ocorrer no prazo de dois anos, pode-se pedir a restituição dos valores pagos.

Em que pese toda a polêmica, parece-nos que a primeira posição é mais precisa ao tratar dos efeitos da revisão criminal.

Quanto à sentença arbitral, adotou o legislador, no art. 29 da Lei n. 9.307/96, a denominação "sentença" para designar o ato que "põe fim à arbitragem", em vez da terminologia consagrada no ordenamento anterior, "laudo arbitral", conferindo ao pronunciamento autoridade análoga à da sentença proferida por órgão judiciário, a teor do art. 31 da referida lei.

Assim, constitui o exemplo típico da imperfeição da classificação de títulos judiciais e extrajudiciais, uma vez que qualifica como judicial o título que não resulta de ato de juiz.

Por outro lado, é forte hoje o entendimento[15] no sentido de que a arbitragem se insere no conceito de jurisdição. Nesse sentido, é razoável considerar a sentença arbitral como título executivo judicial.

Todavia, a doutrina, na vigência do CPC/73, ressaltava que, por se tratar de um título executivo que não foi produzido no juízo estatal onde seria forçosamente executado, seria imprescindível instaurar um processo autônomo para a sua execução, sendo o executado citado para o cumprimento da decisão.

No entanto, não podemos concordar com esse entendimento. Se foi a intenção do legislador equiparar os dois institutos (jurisdição e arbitragem) em termos de efetividade para a solução de conflitos, não faz sentido dar tratamento diferenciado a eles justamente no momento da concretização da decisão.

Porém, sendo ilíquida a sentença arbitral, será necessária a sua prévia liquidação.

Nesse sentido, deve ser observado o art. 515, § 1º, que determina a citação do devedor no juízo cível para o cumprimento da sentença ou para a liquidação no prazo de 15 dias.

Com relação às decisões estrangeiras e sua homologação, a matéria será abordada no capítulo que trata da competência.

Finalmente, a partilha de bens em inventário ou em arrolamento é decidida por sentença, constituindo, portanto, título executivo judicial o formal de partilha na carta de sentença extraída dos

---

[13] Assis, 1993, p. 180-181.
[14] Câmara, 2010, p. 173.
[15] Rocha, 2014, p. 275.

autos de inventário, com as formalidades legais, para título e conservação do direito do interessado, e a certidão, documento mais simples que o formal, que atesta o teor da sentença de partilha.

Assim, a rigor, títulos executivos não são propriamente o formal e a partilha – que devem ser procedidos junto ao registro público competente, para fins de publicidade da transmissão dos bens adjudicados –, mas a própria sentença de partilha.

12.6.4 O protesto da decisão judicial e demais disposições

A possibilidade de protesto da decisão judicial, constante do art. 517, tem por escopo a coerção do devedor ao cumprimento da obrigação[16]. A norma, porém, tem duas limitações: apenas a decisão judicial transitada em julgado poderá ser levada a protesto (salvo a hipótese de cumprimento parcial de dívida alimentar, que será examinada a seguir) e este somente pode ser efetivado depois de transcorrido o prazo para pagamento voluntário previsto no art. 523[17].

O protesto é definido no art. 1º da Lei n. 9.492/97[18] e deve ser requerido ao Tabelião competente.

Como bem esclarecem Gustavo de Azevedo e Lucas Macêdo[19], o protesto pode ser classificado em *especial* ou *comum* e em *facultativo* ou *necessário*.

Tanto a iniciativa do protesto quanto o ônus dos encargos são do credor[20], que apresentará a certidão de inteiro teor da decisão fornecida no prazo de 3 dias e indicando todos os dados necessários ao protesto (art. 517, §§ 1º e 2º).

Vários estados vêm normatizando o protesto das sentenças judiciais, na esteira do que já havia sido decidido pelo STJ[25] e normatizado pelo CNJ[26].

O § 3º permite ao devedor executado que tiver proposto ação rescisória para impugnar a decisão exequenda, às suas expensas, requerer a anotação da propositura da ação à margem do título protestado, sob sua responsabilidade. [21]

Se já houver pagamento integral, o devedor poderá, ainda, requerer ao juiz o cancelamento do protesto, o que, deferido, será feito no prazo de dias, contados da data do protocolo do requerimento, conforma autoriza o § 4º.

Reforçando a ideia de coerção do devedor, o STJ[22] já decidiu que também a Fazenda Pública pode protestar a CDA, documento que instrui a execução fiscal.

---

[16] Em suma, visualizamos três funções atuais do ato de protesto: (1) a função probatória, uma vez que comprova o descumprimento de alguma obrigação certificada em título de crédito ou algum documento de dívida; (2) a função conservatória do direito do credor, em virtude de determinados efeitos jurídicos, a exemplo da interrupção da prescrição e da constituição em mora do devedor; e (3) a função informativa, pois informa aos demais integrantes de uma relação cambial a inadimplência de um obrigado e também informa ao mercado de crédito em geral sobre a recalcitrância de um devedor. (Azevedo; Macedo, 2015, p. 324).

[17] "Enfim, o maior benefício que o credor pode obter ao se protestar a decisão judicial transitada em julgado é o que ele produz na prática, na vida cotidiana, e que nenhum título judicial poderia conseguir de forma tão eficiente e lépida que é o abalo do crédito do devedor. É que a partir do protesto do título o nome do devedor passa a ser inscrito nos serviços e cadastros de proteção ao crédito como Serasa, SPC etc., o que lhe causa enorme estorvo e complicações de seu crédito pessoal. Esse fato é que se torna deveras importante e eficiente para fazer com que o devedor se sinta compelido e estimulado a adimplir a obrigação contida no título protestado" (Abelha, 2015, p. 217).

[18] "Art. 1º Protesto é o ato formal e solene pelo qual se prova a inadimplência e o descumprimento de obrigação originada em títulos e outros documentos de dívida".

[19] Azevedo; Macedo, 2015, p. 326.

[20] Assis, 2017, p. 272.

[21] STJ, REsp 750.805-RS, rel. Min. Humberto Gomes de Barros; AgRg no AREsp 291.608-RS, rel. Min. Ricardo Villas Bôas Cueva.

[22] A Fazenda Pública possui interesse e pode efetivar o protesto da CDA, documento de dívida, na forma do art. 1º, parágrafo único, da Lei n. 9.492/97, com a redação dada pela Lei n. 12.767/2012 (REsp 1.686.659-SP, rel. Min. Herman Benjamin, 1ª S., por maioria, j. 28-11-2018, DJe 11-3-2019 [Tema 777], *Informativo STJ*, n. 643).

Além do protesto, o art. 782, §§ 3º e 5º, permite ainda a negativação do nome do devedor. Assim, a requerimento da parte, o juiz pode determinar a inclusão do nome do executado em cadastros de inadimplentes, independe de prévia requisição administrativa, como já decidiu o STJ[23].

Ainda de acordo com o STJ[24], o dispositivo é aplicável às execuções fiscais. Assim, deve o magistrado deferir o requerimento de inclusão do nome do executado em cadastros de inadimplentes, preferencialmente pelo sistema SERASAJUD, independentemente do esgotamento prévio de outras medidas executivas, salvo se vislumbrar alguma dúvida razoável à existência do direito ao crédito previsto na Certidão de Dívida Ativa – CDA.

Da mesma forma, na hipótese de haver garantia parcial do débito, o juiz pode determinar, mediante requerimento do exequente, a inscrição do nome do executado em cadastros de inadimplentes[25].

O art. 518 prevê expressamente a forma de impugnar e recorrer de decisões proferidas ao longo da fase executiva do processo.

Segundo a norma, "todas as questões relativas à validade do procedimento de cumprimento da sentença e dos atos executivos subsequentes poderão ser arguidas pelo executado nos próprios autos e nestes serão decididas pelo juiz".

Assim, a validade do cumprimento de sentença e de atos executivos poderá ser questionada a qualquer tempo, devendo o juiz resolvê-los de imediato e no próprio processo. Como já mencionado, dessa decisão caberá agravo de instrumento, na forma do parágrafo único do art. 1.015 do CPC.

A nosso sentir, porém, não estão incluídas as matérias preclusas, em razão da ocorrência da convalidação, bem como porque o art. 525 define que serão objeto de impugnação ao cumprimento de sentença, ressalvadas as nulidades absolutas.

O capítulo referente às disposições gerais é encerrado pela norma do art. 519, que aplica à execução da antecipação de tutela o regime do cumprimento de sentença, provisório ou definitivo, e da liquidação. Parece-nos, porém, que a menção à possibilidade de execução definitiva da tutela antecipada é viável na hipótese do art. 304, ao menos na específica situação do seu § 3º.

12.7 JURISDIÇÃO E COMPETÊNCIA NO CUMPRIMENTO DE SENTENÇA

12.7.1 Limites e controle da jurisdição

Em princípio, a jurisdição ignora limites lógicos, mas, como fenômeno entrelaçado à soberania do Estado, os limites extrínsecos da jurisdição no processo executivo são objetivos e subjetivos, impondo-se distinguir entre execução direta e execução indireta.

Na execução direta, realizada contra e independentemente da vontade do executado, é necessário que o patrimônio se localize no Brasil e concorram as hipóteses dos arts. 21, II e III, e 23, I e II.

---

[23] O requerimento de inclusão do nome do executado em cadastros de inadimplentes, nos termos do que dispõe o art. 782, § 3º, do CPC, não depende da comprovação de prévia recusa administrativa das entidades mantenedoras do respectivo cadastro. REsp 1.835.778-PR, rel. Min. Marco Aurélio Bellizze, 3ªT., por unanimidade, j. 4-2-2020, *DJe* 6-2-2020. *Informativo STJ* n. 664.

[24] STJ. Tema 1026. REsp 1.807.180/PR, rel. Min. Og Fernandes, Primeira Seção, por unanimidade, j. 24-2-2021. *Informativo STJ* n. 686.

[25] Dispõe o art. 782, § 3º, do CPC que, a requerimento da parte, o juiz pode determinar a inclusão do nome do executado em cadastros de inadimplentes. Tal medida aplica-se tanto à execução de título extrajudicial quanto ao cumprimento definitivo de sentença (art. 782, § 5º, do CPC) e só pode ser determinada se houver prévio pedido do exequente. E, havendo requerimento, o juiz poderá ou não o deferir "a depender das circunstâncias do caso concreto" (REsp 1.827.340/RS, 2ªT., *DJe* 11-10-2019). Ou seja, cuida-se de faculdade atribuída ao juiz. REsp 1.953.667-SP, rel. Min. Nancy Andrighi, 3ªT., por unanimidade, j. 7-12-2021. *Informativo STJ* n. 721.

Na execução indireta, ao contrário, sendo indispensável a vontade do executado, é preciso, ainda, que o devedor esteja domiciliado no território brasileiro (art. 21, I).

Do ponto de vista subjetivo, a jurisdição brasileira atinge todas as pessoas que se encontrem no Brasil, nacionais e estrangeiras, dotadas de personalidade processual, excetuando-se, apenas, as que gozem de imunidade instituída em lei, como ocorre, por exemplo, com a impenhorabilidade dos bens de Estados estrangeiros situados no Brasil.

12.7.2 Competência

O legislador, quando tratou da competência na execução, o fez em dois artigos: o 516 (quanto aos títulos executivos judiciais) e o 781 (para os títulos executivos extrajudiciais). Assim, no que tange ao cumprimento de sentença, a regra de competência deverá ser buscada no art. 516.

Em regra, a execução deverá seguir as mesmas regras de competência do processo de conhecimento.

Quanto à competência territorial para a execução do título executivo judicial, o art. 516 do CPC, dispõe que será ela:

a) dos tribunais, nas causas de sua competência originária;

b) do juízo que decidiu a causa no primeiro grau de jurisdição;

c) do juízo cível competente, quando se tratar de sentença penal condenatória, de sentença arbitral, de sentença estrangeira ou de acórdão proferido pelo Tribunal Marítimo (quanto a este último, parece que houve falha, na medida em que essa decisão foi excluída do rol do art. 515 por força do já mencionado veto).

Contudo, com exceção das causas de competência originária dos tribunais, nos demais casos, é facultado ao exequente optar pelo juízo do atual domicílio do executado, pelo juízo do local onde se encontrem os bens sujeitos à execução ou pelo juízo do local onde deva ser executada a obrigação de fazer ou de não fazer, casos em que a remessa dos autos do processo será solicitada ao juízo de origem.

12.7.3 A competência dos tribunais nas causas de competência originária

Tribunal é a designação do órgão jurisdicional de 2ª instância e seus pronunciamentos colegiados são chamados de acórdãos (art. 204 do CPC), denominando-se monocrática a decisão prolatada unicamente pelo relator. Sendo hipótese de ação de competência originária (em 1º grau de jurisdição) deste Órgão, a competência para execução também pertencerá ao próprio Tribunal.

Muitos Tribunais, em seus regimentos internos, admitem a chamada delegação, por meio da qual se expede carta ao juízo de 1ª instância, para que tome medidas materiais necessárias. Importante ressaltar que não haveria violação ao art. 516, visto que o juiz natural continua sendo o Tribunal, o qual delega apenas atos materiais, não o mérito.

12.7.4 Competência funcional

O art. 516 consagra a regra da competência funcional: uma vez instaurado o primeiro processo, todos os demais, decorrentes ou derivados, são mantidos no mesmo juízo. Destaque-se que a competência para a execução será, então, do juízo que processou a causa em primeiro grau de jurisdição.

Portanto, o juízo que processou a demanda em primeiro grau de jurisdição é o competente para executar a sua própria decisão, mesmo que seja conhecido e promovido algum recurso no Tribunal. Tem-se, aqui, autêntico caso de competência funcional.

Em regra, a competência funcional (art. 516) é de natureza absoluta, ou seja, ela não pode ser modificada entre as partes e, sendo uma regra de ordem pública, não admite revogação pela manifestação de vontade em sentido contrário.

Essa regra da competência funcional será excepcionada nos casos específicos previstos no Código de Processo Civil.

Pelo art. 515, § 1º, o devedor será citado no juízo cível para o cumprimento da sentença ou para a liquidação nas seguintes hipóteses:

a) sentença penal condenatória transitada em julgado;

b) sentença arbitral;

c) sentença estrangeira homologada pelo Superior Tribunal de Justiça; e

d) decisão interlocutória estrangeira, após a concessão do *exequatur* à carta rogatória pelo Superior Tribunal de Justiça.

Tais hipóteses são denominadas "cisão da competência funcional". São os quatro casos em que a execução não pode prosseguir no mesmo juízo em que se deu a fase cognitiva.

Ainda, o art. 516, parágrafo único, cria uma exceção, doutrinariamente referida como relativização da competência no cumprimento de sentença. Se os bens do devedor estão em outra comarca, o cumprimento da sentença pode ser aí requerido.

Estando os bens do devedor na mesma comarca da ação, tudo fica mais simples e, consequentemente, mais rápido. É uma exceção que visa prestigiar os princípios do acesso à justiça e da duração razoável do processo, pois, ao aproximar a atividade executiva do local onde se encontram os bens, evita-se o uso excessivo de cartas precatórias e, assim, torna-se mais efetivo o processo.

Destaque-se, ainda, que, na hipótese prevista no parágrafo único do art. 516, tem-se verdadeira situação de concorrência eletiva de foros dentre os previstos no dispositivo, para o cumprimento da sentença.

12.7.5 Competência para execução da sentença penal condenatória, da sentença arbitral, da sentença estrangeira e da decisão interlocutória estrangeira

A sentença penal condenatória, como já referido, tem por efeito extrapenal genérico tornar certa a obrigação de indenizar o dano causado pelo delito.

Havendo condições para tanto, o juiz penal pode fixar um valor a título de indenização mínima à vítima (art. 387, IV, do CPP). Se não for possível, deverá o interessado buscar a liquidação no juízo cível antes de promover o cumprimento (art. 63, parágrafo único, do CPP e art. 509 do CPC).

De qualquer modo, a execução da sentença penal condenatória na esfera cível, assim como a sua liquidação, poderá, a critério do autor, ser feita em três foros:

a) foro do domicílio do requerido, nos termos do art. 46 do CPC;

b) foro do local do fato ilícito; e

c) foro do local do domicílio do autor da ação (nesses dois últimos casos, conforme art. 53, V).

Contudo, é importante relembrar o que foi dito no item anterior: o parágrafo único do art. 516 estende a competência territorial para execução do título judicial ao juízo do domicílio atual do executado, do local onde se encontram os bens exequíveis ou ainda onde deva ser cumprida a obrigação.

A competência, em princípio, será da Justiça Estadual. Ressalve-se que a Justiça Federal será competente quando for parte, como exequente, a União, autarquia federal ou empresa pública federal; assim como será da Justiça do Trabalho a competência quando for o caso de danos decorrentes de crime contra organização do trabalho.

A sentença arbitral é considerada, no CPC, um título executivo judicial, nos termos do art. 515, VII, e independe de qualquer homologação. A arbitragem é regulamentada pela Lei n. 9.307/96 e representa a possibilidade de duas pessoas envolvidas em um conflito instituírem um terceiro para dirimi-lo, o que é feito por meio da chamada convenção de arbitragem, prevista no art. 3º da Lei n. 9.307/96.

O foro competente para a execução da sentença arbitral dependerá do que tiver sido estipulado na convenção de arbitragem.

Instituído o foro de determinado local para execução do título, será ali que a execução deverá ser processada. Por outro lado, não havendo qualquer estipulação quanto ao foro competente para a execução da sentença arbitral, seguir-se-á a regra geral: será competente o juízo que deve conhecer eventual ação de conhecimento.

Quanto à sentença e à decisão interlocutória estrangeiras, segundo o art. 516, III, a competência para o cumprimento de sentença é o juízo cível. Ocorre que a jurisdição, como se sabe, está intimamente relacionada à soberania dos Estados, de modo que, em princípio, os atos judiciais emanados de autoridade estrangeira não possuem força executiva em outros territórios.

Não obstante, o tráfego jurídico e social entre os países reclama cooperação entre eles, impondo, consequentemente, o reconhecimento de atos judiciais proferidos fora do território nacional.

O art. 961 do CPC esclarece que, para ter eficácia no Brasil, a decisão estrangeira – abarcadas as sentenças e as decisões interlocutórias – depende de homologação ou de concessão do *exequatur* às cartas rogatórias, cuja competência é do Superior Tribunal de Justiça, na forma do que dispõe o art. 960.

Inclui-se, por força do § 3º, a decisão arbitral estrangeira às hipóteses de homologação. De acordo com o § 1º do art. 961, tanto a decisão judicial definitiva quanto a decisão não judicial são passíveis de homologação, porquanto, pela lei brasileira, ambas teriam natureza jurisdicional.

Ressalte-se que o CPC autoriza que a decisão interlocutória estrangeira seja executada no Brasil por meio de carta rogatória (art. 960, § 1º), bem como a execução no Brasil da decisão estrangeira concessiva de medida de urgência (art. 962), sendo que a execução de decisão interlocutória estrangeira concessiva de medida de urgência será dada por carta rogatória (§ 1º).

Ultrapassada a questão da homologação das decisões estrangeiras, retornemos à regra de competência. Segundo depreende-se do art. 109, X, da CF/88, o juízo cível a que faz referência o art. 516, III, será um juízo federal de primeira instância. A eleição do foro deverá observar as regras do art. 46 e do art. 516, parágrafo único, da mesma forma que a competência para execução das sentenças penais.

12.8 EXECUÇÃO PROVISÓRIA E DEFINITIVA

A diferença primordial entre a execução definitiva e a execução provisória é que a primeira pode ter por fundamento um título executivo judicial (uma decisão transitada em julgado, na forma do art. 515) ou um título executivo extrajudicial (art. 784), enquanto a segunda é realizada com base em título executivo judicial que ainda não transitou em julgado, em virtude da pendência de recurso recebido sem efeito suspensivo.

A execução provisória, disciplinada no art. 520, permite que o exequente pratique alguns atos constritivos antes mesmo de a decisão transitar em julgado, o que resultou numa preocupação com a preservação dos interesses do devedor[26].

---

[26] No cumprimento provisório de decisão condenatória ao pagamento de quantia certa, o executado não pode substituir o depósito judicial em dinheiro por bem equivalente ou representativo do valor, salvo se houver concordância do exequente, como forma de se isentar da multa e dos honorários advocatícios com base no art. 520, § 3º, do CPC. REsp 1.942.671-SP, rel. Min. Nancy Andrighi, 3ª T., por unanimidade, j. 21-9-2021, *DJe* 23-9-2021. *Informativo STJ* n. 711.

Assim, caso a execução provisória seja promovida e, posteriormente, a sentença reformada em instância recursal, o legislador (arts. 496, I e II, e 776) determina que o exequente seja responsabilizado por eventuais prejuízos que o suposto devedor venha a sofrer.

Seu procedimento é bem similar ao da execução definitiva.

Não obstante as disposições do art. 520, no que se refere à possibilidade do controle da execução provisória por convenção processual, não custa lembrar que essa hipótese é expressamente admitida pelo Enunciado n. 19 do Fórum Permanente de Processualistas Civis.

Contudo, em razão do caráter transitório do título, na execução provisória, se o exequente pretender levantar depósito em dinheiro ou praticar ato que implique alienação dos bens, será necessário, a título de contracautela, que preste caução nos próprios autos (art. 520, IV). Observe-se que, alternativamente, essa caução também pode ser prestada por terceiro, desde que a garantia seja suficiente e idônea[27].

A caução, porém, será dispensada, na forma do art. 521, quando:

a) se tratar de crédito de natureza alimentar;

b) o credor demonstrar situação de necessidade;

c) pender o agravo do art. 1.042; ou

d) a sentença a ser provisoriamente cumprida estiver em consonância com súmula da jurisprudência do Supremo Tribunal Federal ou do Superior Tribunal de Justiça ou em conformidade com acórdão proferido no julgamento de casos repetitivos.

Ressalte-se que o próprio legislador observou que a exigência de caução deverá ser mantida quando da dispensa possa resultar manifesto risco de grave dano de difícil ou incerta reparação.

É importante deixar claro que a execução provisória poderá se transformar em definitiva, mas não o contrário.

Na vigência do CPC/73, havia enorme discussão em torno da possibilidade reversa, ou seja, de a execução definitiva se transformar em provisória.

Por um lado, havia quem entendesse que a execução definitiva deveria assim ser considerada até o fim. No caso de execução fundada em título executivo extrajudicial, nos termos do Enunciado 317 de súmula do STJ[28], pendente recurso de apelação contra sentença de improcedência ou de rejeição liminar dos embargos oferecidos, a execução prosseguiria como definitiva, dispensando a caução.

Assim, como bem observa Araken de Assis[29], "tirante esse ponto, relacionado à pendência de recurso de apelação contra a sentença de improcedência ou de extinção sem resolução do mérito (art. 485) proferida nos embargos, nenhuma dúvida paira acerca do regime definitivo da execução mastreada em título extrajudicial".

Ocorre que, da leitura do art. 587 do CPC/73, alterado pela Lei n. 11.382/2006 e interpretado de forma literal, parecia possível a transformação de uma execução definitiva em provisória.

Contudo, o STJ mantinha seu entendimento sumulado, de impossibilidade de conversão de execução definitiva em provisória, e continuava a aplicá-lo, mesmo após a alteração normativa.

O CPC, diante da ausência de norma expressa sobre o assunto, parece ter acolhido o entendimento já consolidado no âmbito do STJ.

---

[27] Nesse sentido o Enunciado n. 697 do FPPC.

[28] Súmula 317 do STJ: "É definitiva a execução de título extrajudicial, ainda que pendente apelação contra sentença que julgue improcedentes os embargos".

[29] Assis, 2017, p. 484.

12.9 DAS ESPÉCIES DE CUMPRIMENTO DE SENTENÇA

12.9.1 Do cumprimento provisório da sentença que reconheça a exigibilidade de obrigação de pagar quantia certa

Segundo o art. 520, cumprimento provisório da sentença impugnada por recurso desprovido de efeito suspensivo será realizado da mesma forma que o cumprimento definitivo. O regime adotado segue as regras abaixo descritas.

A iniciativa é do exequente e sua responsabilidade pelos danos sofridos pelo executado na hipótese de reforma da decisão é objetiva. Verifica-se, portanto, a determinação de retorno ao *status quo* quando modificada ou anulada a sentença.

O dispositivo possibilita expressamente, no inciso III, a reforma ou anulação parcial, e autoriza o prosseguimento da execução quanto à parte confirmada.

Entretanto, note-se que a norma deixou a salvo a manutenção dos atos de alienação, posse, propriedade ou outro direito real já realizados, garantida a reparação de todos os prejuízos em dinheiro, na forma do § 4º.

Acarretando maior segurança a terceiros, a norma acaba por estimular sua participação nos ritos de alienação patrimonial, o que, como consequência lógica, colabora com a eficácia do rito executivo.

É importante destacar que o levantamento de depósito em dinheiro e a prática de atos que importem transferência de posse ou alienação de propriedade ou de outro direito real, ou dos quais possa resultar grave dano ao executado, dependem de caução a ser arbitrada pelo juiz.

As hipóteses de dispensa dessa caução estão dispostas no art. 521, em reforço ao princípio da máxima efetividade da execução. A dispensa na execução do crédito alimentar, independentemente de sua origem, não está condicionada a qualquer valor máximo ou mesmo estado de necessidade.

É, porém, causa de afastamento de caução a simples demonstração de que o credor encontra-se em situação de necessidade que, sendo causa autônoma, não importa a natureza do crédito.

Além da dispensa na pendência de agravo fundado nos incisos II e III do art. 1.042, afasta-se também a caução por consonância da sentença exequenda com súmula ou precedente fruto de julgamento de casos repetitivos no STJ ou STF.

Em observância ao princípio da menor onerosidade ao executado, o parágrafo único impede a aplicação das hipóteses de dispensa de caução quando houver previsão de risco de dano grave de difícil ou incerta reparação.

A petição de requerimento do cumprimento provisório da sentença será dirigida ao juízo competente.

A petição deverá conter cópias, cuja autenticidade poderá ser certificada pelo próprio advogado, sob sua responsabilidade pessoal, das seguintes peças:

 a) da decisão exequenda;

 b) da certidão de interposição do recurso não dotado de efeito suspensivo;

 c) das procurações outorgadas pelas partes;

 d) da decisão de habilitação, se for o caso, e;

 e) facultativamente, outras peças processuais aptas a demonstrar a existência do crédito. É dispensada a apresentação dos referidos documentos na petição inicial no caso de autos eletrônicos.

No que tange ao cumprimento definitivo, não ocorrendo o pagamento voluntário no prazo de 15 dias, determinado pelo art. 523, será acrescido ao valor cobrado pela decisão multa e honorários advocatícios, ambos fixados em 10% (§ 1º do art. 523).

Segundo o § 2º do art. 520, mesmo em execução provisória, o devedor será intimado para pagamento e, escoado o prazo de dez dias, sofrerá a penalidade.

Contudo, esclarece o § 3º que o depósito do valor dentro do prazo não significa a preclusão lógica do recurso interposto ou mesmo do direito à impugnação da execução.

12.9.2 Do cumprimento definitivo da sentença que reconheça a exigibilidade de obrigação de pagar quantia certa

O cumprimento definitivo da sentença de condenação em quantia certa, ou já fixada em liquidação, ou mesmo de decisão sobre parcela incontroversa, será iniciado a requerimento do exequente. Mantém-se, dessa forma, a regra geral no sentido de que a atividade executiva não pode ser iniciada *ex officio* pelo magistrado.

Os arts. 513 e 523 exigem a intimação do devedor para o início do cumprimento da sentença que reconhece a exigibilidade da obrigação de pagar quantia certa.

Nesse ponto, relembrando a controvérsia existente à época do CPC/73, sobre a necessidade da intimação da parte ou do advogado para que houvesse a fluência do prazo para pagamento, importante destacar que o entendimento até então do STJ e da doutrina era que seria necessário intimar pelo menos o advogado para dar início à contagem do prazo de 15 dias previsto no dispositivo.

No CPC, o art. 523 refere-se, tão somente, à "intimação do executado".

Como regra, a intimação se dará pelo *Diário de Justiça*, na pessoa do advogado regularmente constituído nos autos, quando não for efetivada por meio eletrônico (art. 272 do CPC).

Não havendo advogado constituído, ou se o executado estiver sendo representado pela Defensoria Pública, a intimação é feita por carta, com aviso de recebimento, salvo se foi revel na fase cognitiva, hipótese em que a intimação será editalícia[30].

Finalmente, se o cumprimento foi requerido somente depois de um ano do trânsito em julgado, a intimação será feita na pessoa do devedor, por carta e com aviso de recebimento, na forma do art. 513, § 4º.

Regra interessante consta do § 5º do art. 513, no sentido de que o cumprimento da sentença não poderá ser promovido em face do fiador, do coobrigado ou do corresponsável que não tiver participado da fase de conhecimento. Contudo, o STJ[31] já temperou essa regra em se tratando de ação renovatória de locação comercial.

Esse prazo de 15 dias é contado da seguinte forma: para a parte, o procurador, a Advocacia Pública, a Defensoria Pública e o Ministério Público, o prazo é contado da intimação (art. 230), cabendo ao art. 231, VII, identificar o dia do começo do prazo.

No entanto, Sergio Shimura[32] sustenta que esse prazo, ao contrário da regra geral do art. 219, não deve ser contado apenas em dias úteis, mas em dias corridos, sob o argumento de que se trata de prazo para pagamento e que não demanda atividade técnica do advogado.

---

[30] Wambier et al., 2015, p. 1.355.
[31] Admite-se a inclusão do fiador no polo passivo da fase de cumprimento de sentença em ação renovatória, caso o locatário não solva integralmente as obrigações pecuniárias oriundas do contrato que foi renovado, ainda que não tenha integrado o polo ativo da relação processual na fase de conhecimento. (REsp 682.822-RS, 6ªT., *DJe* 3-11-2009). REsp 2.060.759-SP, rel. Min. Nancy Andrighi, 3ª T., por unanimidade, j. 16-5-2023, *Informativo STJ* n. 775.
[32] Wambier et al., 2015, p. 1.356.

Contudo, não concordamos com esse posicionamento, na medida em que não há exceção prevista no CPC, bem como não se pode concluir, abstrata e genericamente, a desnecessidade de atuação do advogado em favor de seu cliente.

O STJ[33] também já decidiu nesse mesmo sentido, prestigiando o entendimento por nós sustentado, ou seja, determinando a contagem do prazo do art. 23 em dias úteis.

O § 1º do art. 523 é claro ao dispor que não ocorrendo pagamento voluntário no prazo de 15 dias o débito será acrescido de multa de dez por cento e de honorários advocatícios, também de dez por cento. O dispositivo é aplicável também nos procedimentos de recuperação judicial[34].

O § 2º trata do pagamento parcial, hipótese na qual a multa e os honorários incidirão sobre o restante. Por fim, o § 3º determina que não efetuado tempestivamente o pagamento voluntário, será expedido, desde logo, mandado de penhora e avaliação, seguindo-se os atos de expropriação.

Veja-se que, como regra geral, apresentado o requerimento pelo exequente e efetivada a intimação do executado, caso permaneça ele inerte, os demais atos serão efetivados automaticamente, em homenagem ao princípio da oficialidade.

Essa multa prevista no art. 523, § 1º, tem natureza coercitiva e visa a que o executado se sinta obrigado a cumprir o que está no ato decisório[35].

Contudo, essa multa não integra a base de cálculo dos honorários advocatícios[36].

Ainda na vigência do CPC/73, o STJ firmou entendimento de que tal multa incide quando do pagamento extemporâneo da condenação imposta em sentença transitada em julgado, ainda que espontâneo e anterior ao início da execução forçada[37].

Contudo, o pagamento espontâneo do valor incontroverso não gera preclusão ao direito de impugnar o valor executado, também de acordo com a orientação do STJ[38].

---

[33] REsp 1.708.348-RJ, rel. Min. Marco Aurélio Bellizze, 3ªT., por unanimidade, j. 25-6-2019, *DJe* 1º-8-2019, *Informativo STJ*, n. 652.

[34] O crédito extraconcursal devido por empresa em recuperação judicial, objeto de cumprimento de sentença em curso, pode ser acrescido das penalidades previstas no art. 523, § 1º, do CPC. REsp 1.953.197-GO, rel. Min. Nancy Andrighi, 3ªT., por unanimidade, j. 5-10-2021, *DJe* 8-10-2021. *Informativo STJ* n. 713.

[35] Para incidência da multa do art. 523, § 1º, do CPC, é preciso a efetiva resistência do executado ao cumprimento de sentença. (...) são dois os critérios a dizer da incidência da multa prevista no art. 523, § 1º, do CPC: a intempestividade do pagamento ou a resistência manifestada na fase de cumprimento de sentença. Estes dois critérios estão ligados ao antecedente fático da norma jurídica processual, pois negam ou o prazo de 15 dias úteis fixado no *caput* ou a ação voluntária de pagamento, abrindo margem à incidência do consequente sancionador. Considerando o caráter coercitivo da multa, a desestimular comportamentos exclusivamente baseados na protelação da satisfação do débito perseguido, não há de se admitir sua aplicação para o devedor que efetivamente faz o depósito integral da quantia dentro do prazo legal e não apresenta impugnação ao cumprimento de sentença. Desse modo, não basta a mera alegação de que o executado pondera se insurgir contra o cumprimento de sentença para automaticamente incidir a multa. É preciso haver efetiva resistência do devedor por meio do protocolo da peça de impugnação para, então, estar autorizada a incidência da multa do § 1º do art. 523 do Código de Processo Civil. REsp 1.834.337-SP, rel. Min. Nancy Andrighi, 3ªT., por unanimidade, j. 3-12-2019, *DJe* 5-12-2019. *Informativo STJ* n. 663 do.

[36] Nesse contexto, a base de cálculo da multa e da verba honorária é o valor do crédito perseguido na execução da sentença. Ou seja, calcula-se a multa sobre o montante executado e, em seguida, procede-se da mesma forma com os honorários devidos ao advogado. Portanto, a base de cálculo da multa e dos honorários advocatícios é a mesma, ou seja, ambos incidem sobre o débito. Por sua vez, a expressão "débito", presente no *caput* do art. 523 do CPC, compreende o valor que o credor busca no cumprimento da sentença, acrescido, se houver, das custas processuais referentes à instauração da fase executiva, sem incluir multa de 10% (dez por cento) pelo descumprimento da obrigação no prazo legal (art. 523, § 1º, do CPC) (REsp 1.757.033-DF, rel. Min. Ricardo Villas Bôas Cueva, por unanimidade, j. 9-10-2018, *DJe* 15-10-2018, *Informativo STJ*, n. 636).

[37] REsp 1.205.228-RJ, rel. Min. Luis Felipe Salomão, j. 21-2-2013, *Informativo STJ*, n. 516.

[38] REsp 1.327.781-BA, rel. Min. Eliana Calmon, j. 2-5-2013, *Informativo STJ*, n. 525.

De se observar, ainda, que o mesmo STJ[39] igualmente já decidiu, sob o regime de julgamento repetitivo, que na fase de execução o depósito judicial do montante (integral ou parcial) da condenação extingue a obrigação do devedor, nos limites da quantia depositada[40]. Quanto à remuneração do depósito judicial, a responsabilidade recai sobre a instituição financeira depositária.

Também não custa lembrar que o § 1º do art. 85 do CPC determina que são devidos honorários advocatícios no cumprimento de sentença, provisório ou definitivo e na execução, resistida ou não. Ademais, o § 13 desse mesmo art. 85 prevê que as verbas de sucumbência arbitradas em embargos à execução rejeitados ou julgados improcedentes e em fase de cumprimento de sentença serão acrescidas no valor do débito principal, para todos os efeitos legais.

Como já anotado no item referente aos honorários advocatícios, o STJ, em julho de 2019, editou 13 teses, uniformizando entendimentos sobre a matéria. Especificamente no que concerne ao momento do cumprimento da sentença, o Tribunal manteve o teor das Súmulas 517 e 519.

A Súmula 517 dispõe que são devidos honorários advocatícios no cumprimento de sentença, haja ou não impugnação, depois de escoado o prazo para pagamento voluntário, que se inicia após a intimação do advogado da parte executada.

A Súmula 519, a seu turno, estabelece que na hipótese de rejeição da impugnação ao cumprimento de sentença, não são cabíveis honorários advocatícios. Essa matéria foi inclusive, à época, julgada sob o rito do dos julgamentos repetitivos, na forma do art. 543-C do CPC/73 e identificada como tema 408).

Já na vigência do CPC atual, o STJ decidiu que o acréscimo de 10% (dez por cento) de honorários advocatícios, previsto pelo art. 523, § 1º, do CPC, quando não ocorrer o pagamento voluntário no cumprimento de sentença, não admite relativização[41].

Em outra oportunidade, o STJ[42] enfrentou a problemática da fixação dos honorários durante o cumprimento de sentença condenatória em ação indenizatória com vistas à percepção de pensão mensal. Nessa hipótese, como se depreende do art. 85, § 9º, a sentença deve fixar o percentual de honorários sobre a soma das prestações vencidas acrescida de doze prestações vincendas. Contudo, já na fase executória, como afirmado acima, há regra específica no art. 523, § 1º. Nesse sentido, o Tribunal entendeu que pela expressão "débito", para fins de honorários, deve-se compreender apenas as parcelas vencidas da pensão mensal, visto que, em cumprimento de sentença, o devedor/executado é intimado para adimplir os valores exigíveis naquele momento.

---

[39] REsp 1.348.640-RS, rel. Min. Paulo de Tarso Sanseverino, j. 7-5-2014, *Informativo STJ*, n. 540.

[40] A Corte Especial do E. Superior Tribunal de Justiça, julgando pelo sistema dos recursos repetitivos o REsp 1.820.963-SP, alterou a tese no Tema 677/STJ, a fim de constar a seguinte redação: "na execução, o depósito efetuado a título de garantia do juízo ou decorrente da penhora de ativos financeiros não isenta o devedor do pagamento dos consectários de sua mora, conforme previstos no título executivo, devendo-se, quando da efetiva entrega do dinheiro ao credor, deduzir do montante final devido o saldo da conta judicial".

[41] REsp 1.701.824-RJ, rel. Min. Nancy Andrighi, 3ªT., por unanimidade, j. 9-62020, DJe 12-6-2020. *Informativo STJ* n. 673.

[42] Portanto, a regra inserida no art. 85, § 9º, do CPC, acerca da inclusão de 12 (doze) prestações vincendas na base de cálculos dos honorários advocatícios, é aplicável somente na fase de conhecimento da ação indenizatória. No cumprimento de sentença, a verba honorária, quando devida, é calculada exclusivamente sobre as parcelas vencidas da pensão mensal. Nesse cenário, os honorários devem obedecer as seguintes regras: (i) na fase de conhecimento, havendo condenação em pensão mensal, os honorários advocatícios incidem sobre as parcelas vencidas, acrescidas de 12 (doze) prestações vincendas, de acordo com art. 85, § 9º, do CPC; (ii) iniciado o cumprimento de sentença, caberá ao credor/exequente instruir o requerimento com o valor da dívida e com a verba honorária calculada conforme o item anterior (art. 523, *caput*, do CPC); (iii) escoado o prazo legal de cumprimento voluntário da obrigação (art. 523, *caput* e § 1º, do CPC), os novos honorários são calculados sobre o valor do débito, excluído o montante das parcelas vincendas da pensão. REsp 1.837.146-MS, rel. Min. Ricardo Villas Bôas Cueva, 3ªT., por unanimidade, j. 11-2-2020, DJe 20-2-2020. *Informativo STJ* n. 665.

Naturalmente, não poderia o executado ser compelido a realizar o pagamento de prestações futuras que ainda não vencidas. Não custa lembrar, como expressamente registrado no Acórdão, que o título executivo, para ser objeto de execução forçada, deve ser exigível, na forma dos arts. 514 e 798, I, "c".

Feitas todas essas considerações acerca da multa e dos honorários, retornemos ao procedimento da etapa de cumprimento de sentença.

12.9.2.1 *Penhora e avaliação*

Como registramos acima, não efetuado tempestivamente o pagamento voluntário, o § 3º do art. 523 determina a expedição, desde logo, de mandado de penhora e avaliação, seguindo-se os atos de expropriação.

No requerimento do credor que inicia o procedimento, não há a necessidade de recolhimento de taxa judiciária e deve o credor já indicar os bens que pretende penhorar, sempre que possível (art. 524, *caput*, VII) ou requerer a penhora *on-line* (art. 854), desde que observe a ordem do art. 835.

Esse requerimento deve vir acompanhado de uma planilha atualizada da dívida, e ainda trazer os seguintes dados:

a) o nome completo, o número de inscrição no Cadastro de Pessoas Físicas ou no Cadastro Nacional da Pessoa Jurídica do exequente e do executado, observado o disposto no art. 319, §§ 1º a 3º;

b) o índice de correção monetária adotado;

c) os juros aplicados e as respectivas taxas;

d) o termo inicial e o termo final dos juros e da correção monetária utilizados;

e) a periodicidade da capitalização dos juros, se for o caso;

f) especificação dos eventuais descontos obrigatórios realizados;

g) indicação dos bens passíveis de penhora, sempre que possível.

Identificado excesso aparente no valor, a penhora levará em conta a importância que o juiz entender adequada, ainda que a execução prossiga pelo valor pretendido.

Não se pode olvidar que, em que pese a redução do valor da execução sempre depender de procedência da impugnação do devedor, como os cálculos devem indicar todos os índices e termos iniciais de juros e correção monetária, o juiz está apto a detectar o excesso ele mesmo, nomeando-se contabilista apenas se necessário.

Observe-se que o STJ[43] já decidiu, em julgado anterior ao CPC, que a penhora de valores depositados em conta bancária conjunta solidária somente poderá atingir a parte do numerário depositado que pertença ao correntista que seja sujeito passivo do processo executivo, presumindo-se, ante a inexistência de prova em contrário, que os valores constantes da conta pertencem em partes iguais aos correntistas.

Se o exequente não tiver indicado em seu requerimento bens à penhora, por não conhece-los, o oficial de justiça, munido do mandado, diligenciará para localizá-los, efetivando a penhora sobre os bens que localizar, observada a ordem do art. 835.

Tanto a execução por quantia fundada em título judicial como a fundada em título extrajudicial dependem da efetivação da penhora, para que possam alcançar seus objetivos.

---

[43] REsp 1.184.584-MG, rel. Min. Luis Felipe Salomão, j. 22-4-2014, *Informativo STJ*, n. 539.

A penhora far-se-á na forma prevista nos arts. 831 e seguintes, que se encontram no Livro referente ao Processo de Execução, mas se aplicam subsidiariamente à execução por título judicial, incluindo os casos de impenhorabilidade.

O oficial de justiça, ao efetivar a penhora, fará a avaliação imediata dos bens. Haverá a lavratura de um auto único, de penhora e avaliação.

Antes de iniciar explanação acerca da impugnação, insta informar que é permitido ao réu, antecipando-se ao início da execução, comparecer em juízo e oferecer em pagamento o valor que entender devido, instruído com memória discriminada do cálculo, antes de ser intimado para o cumprimento da sentença (art. 526)[44].

A memória de cálculos deve observar o disposto no art. 524, como já assinalado.

Será oportunizado o contraditório, com a oitiva do autor em cinco dias e, em seguida, o juiz decidirá.

Fica ressalvada a possibilidade de, impugnado o depósito, o autor levantar a parte incontroversa. Não havendo impugnação, o juiz declarará satisfeita a obrigação e extinguirá o processo.

Concluímos que, havendo impugnação, é facultado ao juiz decidir valendo-se do contabilista, na forma do art. 524, § 2º. Acaso decida pela insuficiência, sobre a diferença deverão incidir multa e honorários, ambos à razão de 10%, prosseguindo-se a execução.

Observe-se, contudo, que não se aplica ao cumprimento de sentença o parcelamento da dívida admitido em sede de processo de execução, em razão de vedação expressa (art. 916, § 7º)[45], salvo se houver convenção das partes afastando essa restrição[46].

12.9.2.2 Impugnação ao cumprimento de sentença

A modalidade de defesa do devedor no cumprimento da sentença é a impugnação (art. 525 do CPC).

Determina o art. 525 do CPC que, "transcorrido o prazo previsto no art. 523 sem o pagamento voluntário, inicia-se o prazo de 15 (quinze) dias para que o executado, independentemente de penhora ou nova intimação, apresente, nos próprios autos, sua impugnação".

Assim, não é necessário garantia do juízo, bastando que se apresente a impugnação no prazo de quinze dias contados do término do prazo para pagamento[47], independente de intimação[48].

---

[44] No cumprimento de sentença, na hipótese de o credor não manifestar oposição aos termos do requerimento de cumprimento espontâneo apresentado pelo devedor, cabe ao juiz declarar satisfeita a obrigação e extinguir o processo em razão da preclusão. (...) Não por outro motivo, o art. 526, §§ 1º e 3º, do CPC, determina que, não havendo oposição aos termos do requerimento de cumprimento espontâneo apresentado pelo devedor, cabe ao juiz declarar satisfeita a obrigação e extinguir o processo. REsp 2.077.205-GO, rel. Min. Humberto Martins, 3ªT., por unanimidade, j. 26-9-2023. *Informativo STJ* n. 789.

[45] "Art. 916. No prazo para embargos, reconhecendo o crédito do exequente e comprovando o depósito de trinta por cento do valor em execução, acrescido de custas e de honorários de advogado, o executado poderá requerer que lhe seja permitido pagar o restante em até 6 (seis) parcelas mensais, acrescidas de correção monetária e de juros de um por cento ao mês. (...) § 7º O disposto neste artigo não se aplica ao cumprimento da sentença.".

[46] Carneiro; Greco; Pinho, 2017, p. 136.

[47] Assim, por disposição expressa do art. 525, *caput*, do novo CPC, mesmo que o executado realize o depósito para garantia do juízo no prazo para pagamento voluntário, o prazo para a apresentação da impugnação somente se inicia após transcorridos os 15 (quinze) dias contados da intimação para pagar o débito, previsto no art. 523 do CPC, independentemente de nova intimação. REsp 1.761.068-RS, rel. Min. Ricardo Villas Bôas Cueva, rel. Acd. Min. Nancy Andrighi, 3ªTurma, por maioria, j. 15-12-2020, *DJe* 18-12-2020. *Informativo STJ* n. 684.

[48] Enunciado CJF n. 90: "Conta-se em dobro o prazo do art. 525 do CPC nos casos em que o devedor é assistido pela Defensoria Pública".

Aplica-se, aqui, expressamente no § 3º a prerrogativa do prazo em dobro no caso de litisconsortes com procuradores diferentes (art. 229, *caput*), salvo se forem eletrônicos os autos (art. 229, § 2º).

A impugnação, aqui, visa a concretizar o exercício do direito de defesa. Por isso, o executado resiste e se opõe ao cumprimento de sentença.

Isso não significa que, porque a impugnação pode ter por conteúdo a alegação de um defeito do título (art. 525, § 1º, I, por exemplo) ou a alegação de uma objeção ou exceção substancial (art. 525, § 1º, VII), ela terá a natureza de ação. É claramente um instrumento de defesa.

A impugnação versará necessariamente os temas elencados pelo art. 525, a saber:

I – falta ou nulidade da citação se, na fase de conhecimento, o processo correu à revelia;

II – ilegitimidade de parte;

III – inexequibilidade do título ou inexigibilidade da obrigação;

IV – penhora incorreta ou avaliação errônea;

V – excesso de execução ou cumulação indevida de execuções;

VI – incompetência absoluta ou relativa do juízo da execução;

VII – qualquer causa modificativa ou extintiva da obrigação, como pagamento, novação, compensação, transação ou prescrição, desde que supervenientes à sentença.

Quanto ao conteúdo da impugnação, é importante destacar algumas normas.

A incompetência absoluta ou relativa do juízo da execução será matéria de impugnação ao cumprimento de sentença, mas, segundo o § 2º, o impedimento ou suspeição do magistrado deve ser arguido por simples petição, no prazo de até quinze dias da data do conhecimento de sua causa, na forma dos arts. 146 e 148 do CPC.

Importante ressaltar que na impugnação também pode ser suscitada questão relativa a nulidade de procedimento arbitral (art. 32 da Lei n. 9.307/96). Mas, nesse caso, atentando-se à jurisprudência do STJ[49], deve ser observado o prazo decadencial do art. 33 da referida legislação.

Além disso, é importante mencionar que, conforme o § 12, a inconstitucionalidade de lei ou ato normativo no qual se funda o título é causa de sua inexigibilidade, de modo que não merece acolhida a doutrina da invalidade do título nesses casos.

Com efeito, a declaração de inconstitucionalidade, ou a interpretação dada ao ato normativo ou lei, deve advir de decisão do STF dada em controle concentrado de constitucionalidade.

Contudo, os §§ 13 e 14 deixam claro que na hipótese de eventual modulação dos efeitos da declaração no tempo, o título pode ser tido como exigível, a depender da época de sua formação.

A referida norma atende a posicionamento anterior à sua vigência de parte da doutrina e que já vinha sendo referendado pelo próprio STF[50] na interpretação do CPC/73 – arts. 475-L, § 1º, e 741, parágrafo único.

Lembramos que, quanto à decisão tomada em controle difuso, é indispensável a resolução do Senado suspendendo a execução da norma (na forma do art. 52, X, da CF/88) e que tal resolução produz efeitos apenas *ex nunc* (para a frente ou a partir de então).

---

[49] Desse modo, é imperioso concluir que, uma vez esgotado o prazo de 90 (noventa) dias previsto no § 1º, do art. 33, da Lei de Arbitragem, estará fulminado pela decadência o poder formativo de pleitear a nulidade da sentença arbitral com fundamento nas hipóteses do art. 32 da Lei de Arbitragem. REsp 1.928.951-TO, rel. Min. Nancy Andrighi, 3ªT., por unanimidade, j. 15-2-2022, *DJe* 18-2-2022. *Informativo STJ* n. 727. No mesmo sentido: Não é cabível a impugnação ao cumprimento da sentença arbitral, com base nas nulidades previstas no art. 32 da Lei n. 9.307/1996, após o prazo decadencial nonagesimal. REsp 1.862.147-MG, rel. Min. Marco Aurélio Bellizze, 3ªT., por unanimidade, j. 14-9-2021, *DJe* 20-9-2021. *Informativo STJ* n. 709.

[50] AgRg no RE 659.803-RS, rel. Min. Celso de Mello, j. 27-11-2012, *Informativo STF*, n. 692.

Ainda, o § 15 determina que terá cabimento a ação rescisória, e não impugnação, na hipótese de a decisão do STF ter sido proferida após o trânsito em julgado da sentença.

Merece realce a previsão expressa de que o termo inicial do prazo da rescisória, aqui, será a data da decisão do STF, e não o momento do trânsito em julgado da decisão.

Dito isso, há ainda a possibilidade de questões relativas a fatos posteriores ao término do prazo da impugnação serem arguidas por simples petição, desde que na primeira oportunidade de manifestação e respeitado o regime das preclusões. Igual tratamento impõe o § 11 às questões referentes à penhora, avaliação e atos executivos subsequentes.

A impugnação, como regra, não gera efeito suspensivo da decisão reclamada.

A excepcional concessão do efeito suspensivo, conforme o § 6º, depende da demonstração de garantia do juízo por penhora, caução ou depósito, cumulada com a relevância da argumentação – *fumus boni juris* – e com o risco de dano grave de difícil ou incerta reparação – *periculum in mora* – e não obsta a prática de atos de avaliação de bens ou reforço, diminuição ou substituição de penhora.

Entretanto, ainda que concedido, o exequente, apresentando caução, poderá dar prosseguimento à execução (§ 10).

O § 8º autoriza o efeito suspensivo "parcial", de modo que, recaindo sobre parte do objeto da execução, prosseguirá quanto à parte restante.

É viável também, segundo o § 9º, a concessão de efeito suspensivo a apenas um dos devedores, no caso, aquele que impugnou.

Essa é uma situação em que o fundamento dessa impugnação diz respeito exclusivamente ao impugnante, de modo que a suspensão não se estende aos demais executados que não impugnaram.

A nosso ver, ainda que haja impugnação dos demais, caso não demonstrem a relevância da argumentação e o risco de dano, a extensão não se verifica.

De se observar que o STJ[51] já decidiu, na vigência da legislação anterior, que, na hipótese do art. 525, § 4º (correspondente ao art. 475-L, § 2º, do CPC/73), é indispensável apontar, na petição de impugnação ao cumprimento de sentença, a parcela incontroversa do débito, bem como as incorreções encontradas nos cálculos do credor, sob pena de rejeição liminar da petição.

É imprescindível destacar que a decisão ressalvava as execuções contra a Fazenda Pública, as quais, também no ordenamento anterior, estavam sujeitas a regras específicas.

Contudo, o CPC trata da matéria no § 2º do art. 535, razão pela qual imaginamos que, hoje, a posição do Tribunal também se estenderia às execuções contra a Fazenda Pública.

Inadmitida a impugnação, o cumprimento prossegue. Por outro lado, acolhida integralmente, haverá a extinção do cumprimento. Nesse caso, será proferida sentença, contra a qual caberá recurso de apelação. Caso a impugnação seja parcialmente acolhida[52] ou mesmo rejeitada, cabe agravo de instrumento. O STJ não admite o uso da fungibilidade recursal nessa hipótese[53].

---

[51] REsp 1.387.248-SC, rel. Min. Paulo de Tarso Sanseverino, j. 7-5-2014, *Informativo STJ*, n. 540.

[52] Ocorre que, tratando-se de impugnação parcial ao cumprimento de sentença, é direito da parte exequente prosseguir com os atos executórios sobre a parte incontroversa da dívida, inclusive com realização de penhora, nos termos do que dispõe o art. 525, § 6º, do CPC. Com efeito, por se tratar de quantia incontroversa, não há razão para se postergar a execução imediata, pois, ainda que a impugnação seja acolhida, não haverá qualquer modificação em relação ao valor não impugnado pela parte devedora. REsp 2.077.121-GO, rel. Min. Marco Aurélio Bellizze, 3ªT., por unanimidade, j. 8-8-2023, *DJe* 15-8-2023. *Informativo STJ* n. 785.

[53] A decisão que declara a inexigibilidade parcial da execução é recorrível mediante agravo de instrumento, configurando erro grosseiro a interposição de apelação, o que inviabiliza a aplicação do princípio da fungibilidade recursal. REsp 1.947.309-BA, rel. Min. Francisco Falcão, 2ªT., por unanimidade, j. 7-2-2023, *Informativo STJ* n. 763.

Caso a impugnação seja acolhida e a execução, extinta, chega-se ao fim do processo. Por outro lado, caso a execução prossiga, a partir do julgamento da impugnação ou do seu não oferecimento, inicia a etapa expropriatória do bem, que está prevista no art. 825 do CPC, e consiste em:

a) adjudicação;

b) alienação; e

c) apropriação de frutos e rendimentos de empresa ou de estabelecimentos e de outros bens.

Essas etapas serão abordadas posteriormente, na parte de processo de execução.

Nesse momento, importante conceber que, alienado o bem e pago o credor, a execução será extinta (art. 924, II).

12.9.2.3 Excesso de execução (art. 525, § 1º, V)

Em sua defesa, pode o executado alegar excesso de execução, que ocorre, de acordo com o art. 917, § 2º, do CPC, nas seguintes hipóteses:

a) quando o exequente pleiteia quantia superior à do título;

b) quando ela recai sobre coisa diversa daquela declarada no título;

c) quando ela se processa de modo diferente do que foi determinado no título;

d) quando o exequente, sem cumprir a prestação que lhe corresponde, exige o adimplemento da prestação do executado;

e) quando o exequente não prova que a condição se realizou.

Quando o executado alegar que o credor pleiteia quantia superior à do título, conforme o § 3º do art. 917, cabe ao impugnante declarar de imediato o valor que entende correto apresentando demonstrativo discriminado e atualizado de seu cálculo.

Não exercida a exceção, há preclusão quanto ao valor da dívida, ressalvado erro de cálculo ou valor absurdo. Não se pode rediscutir, porém, o valor obtido na fase de liquidação da sentença.

As hipóteses dos incisos II e III do § 1º do art. 917 cuidam da execução para a entrega de coisa (inciso II) e para obrigação de fazer e de não fazer (inciso III), que não serão examinadas neste momento.

Permite-se, ainda, ao executado alegar a exceção de contrato não cumprido (art. 917, § 2º, IV, c/c o art. 476, CC/2002, *exceptio non adimpleti contractus*), exceção substancial dilatória que obsta a eficácia da pretensão executiva.

12.9.3 Do cumprimento da sentença que reconheça a exigibilidade de obrigação de prestar alimentos

O art. 528 do CPC prevê um regramento específico para a fase de cumprimento das sentenças de reconhecimento da obrigação de prestar alimentos. Portanto, é dispensada a instauração de um processo autônomo de execução das sentenças que reconhecem essa obrigação.

Importante ressaltar que, mesmo antes da elaboração do CPC, o STJ já sustentava a aplicabilidade das regras de cumprimento de sentença à execução de alimentos[54].

Assim, o exequente deve requerer ao juiz que intime o executado pessoalmente para, em 3 (três) dias úteis[55].

---

[54] Vejam-se, por exemplo, os seguintes julgados: REsp 1.194.020-SP, REsp 1.338.091-MS e REsp 1.315.476-SP.
[55] Enunciado CJF n. 146: "O prazo de 3 (três) dias previsto pelo art. 528 do CPC conta-se em dias úteis e na forma dos incisos do art. 231 do CPC, não se aplicando seu § 3º".

a) pagar o débito;
b) provar que já o fez; ou
c) justificar a impossibilidade de efetuá-lo.

Ressalte-se que, segundo o próprio legislador, apenas a impossibilidade absoluta é capaz de justificar o inadimplemento (§ 2º).

Ultrapassado esse prazo sem que o devedor proceda qualquer destas soluções, o juiz ordenará o protesto do pronunciamento judicial, aplicando-se, no que couber, o disposto no art. 517.

Aliás, o STJ[56] já decidiu que em execução de alimentos devidos a filho menor de idade, é possível o protesto e a inscrição do nome do devedor em cadastros de proteção ao crédito.

Além do protesto e da negativação, e diante da falta de pagamento ou da apresentação de justificativa não aceita, será decretada a prisão civil do devedor pelo prazo de 1 a 3 meses, na forma do § 3º do art. 528[57] que será cumprida em regime fechado e em separado dos presos comuns.

Atente-se para o fato de que a Lei n. 14.010/2020, que dispõe sobre o Regime Jurídico Emergencial e Transitório das relações jurídicas de Direito Privado (RJET) no período da pandemia do coronavírus (Covid-19), dispõe, em seu art. 15, que até 30 de outubro de 2020, a prisão civil por dívida alimentícia, prevista no art. 528, § 3º, deverá ser cumprida exclusivamente sob a modalidade domiciliar, sem prejuízo da exigibilidade das respectivas obrigações. No entanto, o magistrado deve sempre atentar às peculiaridades do caso concreto[58].

Durante o período de vigência dessa Lei, o STJ já decidiu ser possível a penhora de bens do devedor de alimentos, sem que haja a conversão do rito da prisão para o da constrição patrimonial, enquanto durar a impossibilidade da prisão civil em razão da pandemia do coronavírus[59]. Posteriormente, o STJ[60] admitiu a cumulação, em um mesmo processo, de cumprimento de sentença de obrigação de pagar alimentos atuais, sob a técnica da prisão civil, e alimentos pretéritos, sob a técnica da penhora e da expropriação.

Ademais, o STJ[61] também decidiu ser ilegal a prisão civil do devedor de alimentos, sob o regime fechado, no período de pandemia, anterior ou posterior à Lei n. 14.010/2020.

Consagra-se, ademais, o que já dispunha a Súmula 309 do STJ, editada à época do CPC/73: ou seja, que o débito alimentar que autoriza a prisão civil do alimentante compreende as três prestações anteriores ao ajuizamento da execução e as que se vencerem no curso do processo. Contudo, a prisão é cabível mesmo que o débito seja parcial e de uma única parcela[62].

---

[56] REsp 1.469.102-SP, rel. Min. Ricardo Villas Bôas Cueva, j. 8-3-2016, DJe 15-3-2016, Informativo, n. 579.

[57] Atente-se para o fato de que a Lei n. 14.010/2020, que dispõe sobre o Regime Jurídico Emergencial e Transitório das relações jurídicas de Direito Privado (RJET) no período da pandemia do coronavírus (Covid-19), dispõe, em seu art. 15, que até 30 de outubro de 2020, a prisão civil por dívida alimentícia, prevista no art. 528, § 3º, deverá ser cumprida exclusivamente sob a modalidade domiciliar, sem prejuízo da exigibilidade das respectivas obrigações.

[58] Execução de alimentos. Inadimplemento. Prisão Civil. Pandemia. Covid-19. Retomada do cumprimento em regime fechado. Possibilidade. Análise casuística. Contexto epidemiológico local. Cabe ao magistrado determinar o regime fechado para cumprimento da prisão civil de acordo com o caso específico e a observância do contexto epidemiológico local. Processo sob segredo judicial, rel. Min. Raul Araújo, 4ªT., por unanimidade, j. 5-4-2022. Informativo STJ n. 732.

[59] REsp 1.914.052-DF, rel. Min. Marco Aurélio Bellizze, 3ªT., por unanimidade, j. 22-6-2021. Informativo STJ n. 702. Ainda nessa linha: A prisão civil do devedor de alimentos pode ser excepcionalmente afastada, quando a técnica de coerção não se mostrar a mais adequada e eficaz para obrigá-lo a cumprir suas obrigações. RHC 160.368-SP, rel. Min. Moura Ribeiro, 3ªT., por unanimidade, j. 5-4-2022, DJe 18-4-2022. Informativo STJ n. 733.

[60] Processo sob segredo de justiça, rel. Min. Nancy Andrighi, 3ªT., por unanimidade, j. 18-10-2022, DJe 21-10-2022, Informativo STJ n. 756.

[61] HC 569.014-RN, rel. Min. Marco Aurélio Bellizze, 3ªT., por unanimidade, j. 6-10-2020, DJe 14-10-2020, Informativo STJ n. 681.

[62] Enunciado CJF n. 147: "Basta o inadimplemento de uma parcela, no todo ou em parte, para decretação da prisão civil prevista no art. 528, § 7º, do CPC".

Flavio Tartuce[63], no entanto, faz importante observação no que concerne ao cálculo desse prazo de três meses, de modo a evitar a contumácia do executado.

Ressalte-se, ainda, que o cumprimento da pena não exime o executado do pagamento das prestações vencidas e vincendas.

Com efeito, com o pagamento da prestação alimentícia, o juiz suspenderá o cumprimento da ordem de prisão.

É facultado ao credor dos alimentos promover o cumprimento da sentença ou decisão desde logo, sob o regime do cumprimento definitivo da obrigação de pagar quantia certa. Nessa hipótese, não será admissível a prisão do executado e, em caso de penhora em dinheiro, a concessão de efeito suspensivo à impugnação não obsta a que o exequente levante mensalmente a importância da prestação, na forma do que dispõe o § 8º do art. 528 do CPC[64].

O cumprimento da sentença ou decisão que condena ao pagamento de prestação alimentícia poderá ser promovido na forma do art. 516, parágrafo único, ou, ainda, no juízo de seu domicílio (§ 9º).

Sendo o executado funcionário público, militar, diretor ou gerente de empresa ou empregado sujeito à legislação do trabalho, permite o art. 529, *caput*, a execução pelo desconto em folha de pagamento, compreendendo benefícios previdenciários. Segundo o STJ[65], em atenção ao princípio da máxima efetividade, tal providência pode ser decretada ainda que já tenha sido autorizada a penhora nos bens do devedor.

Nesse ponto, percebe-se uma lacuna em relação aos profissionais liberais, de sorte que já se discutia o tema mesmo na vigência do CPC/73.

A conclusão é que a ausência do executado no rol do dispositivo em questão não impede o desconto, desde que possua renda estável e periódica, comprovada documentalmente.

A execução do débito vencido de forma parcelada é autorizada pelo § 3º do art. 529, desde que, somado à parcela vincenda, não seja ultrapassado o limite de cinquenta por cento dos ganhos líquidos do devedor. Contudo, a norma não define o que se deve entender por "ganhos líquidos"[66].

Essa expressão deverá receber tratamento casuístico, na medida em que há hoje uma enorme quantidade de descontos em folha, que vão desde os tributos, podendo chegar a planos de saúde parcialmente subsidiados e empréstimos consignados.

Ressaltamos que, acaso não seja cumprida a prestação, poderá o credor requerer a execução

---

[63] Tartuce, 2015, p. 437-438.

[64] É possível a inclusão das prestações alimentícias vencidas no curso da execução, ainda que o credor opte pelo procedimento da coerção patrimonial, previsto no art. 528, § 8º, do CPC/2015, em observância dos princípios da efetividade, da celeridade e da economia processual. (…) Por conseguinte, ao se permitir a inclusão das parcelas vincendas no curso da execução de alimentos pelo rito da constrição patrimonial, evita-se a propositura de novas execuções com base na mesma relação jurídica, observando-se os princípios da efetividade, da celeridade e da economia processual. Processo em segredo de justiça, rel. Min. Antonio Carlos Ferreira, 4ª T., por unanimidade, j. 12-9-2023. *Informativo STJ* n. 790.

[65] "Diante desse novo cenário, não é mais correto afirmar que a atividade satisfativa somente poderá ser efetivada de acordo com as específicas regras daquela modalidade executiva, mas, sim, que o legislador conferiu ao magistrado um poder geral de efetivação, que deve, todavia, observar a necessidade de fundamentação adequada e que justifique a técnica adotada a partir de critérios objetivos de ponderação, razoabilidade e proporcionalidade, de modo a conformar, concretamente, os princípios da máxima efetividade da execução e da menor onerosidade do devedor, inclusive no que se refere às impenhorabilidades legais e à subsidiariedade dos meios atípicos em relação aos típicos" (REsp 1.733.697-RS, rel. Min. Nancy Andrighi, por unanimidade, j. 11-12-2018, *DJe* 13-12-2018, *Informativo STJ*, n. 640).

[66] Enunciado 587 do FPPC: (arts. 529, § 3º; 833, IV e § 2º; 528, § 8º) "A limitação de que trata o § 3º do art. 529 não se aplica à execução de dívida não alimentar".

pelos meios ordinários, em que se buscam bens a serem penhorados e expropriados, observando-se o disposto nos arts. 831 e seguintes.

É importante esclarecer, todavia, que são aplicadas as regras do presente capítulo aos alimentos de qualquer natureza, sejam eles definitivos ou provisórios, legítimos ou indenizatórios.

O STJ[67], porém, tem entendimento no sentido de que não se aplica o rito excepcional da prisão civil como meio coercitivo para o adimplemento dos alimentos devidos em razão da prática de ato ilícito.

A conduta procrastinatória do executado pode indicar a prática do delito de abandono material (art. 244 do CP), o que impõe ao juiz o dever de comunicar ao Ministério Público suas suspeitas.

Não obstante, no caso concreto, o elemento subjetivo necessário à configuração desse delito é de difícil demonstração, segundo a própria jurisprudência criminal, o que complicará a aplicação da norma na prática

Outra forma de se constituir obrigação alimentar decorre da prática de um ato ilícito, o que possibilita que o demandado seja condenado ao pagamento de alimentos indenizatórios (*v.g.*, art. 948, II, do CC)[68].

O art. 533 do CPC trata da técnica processual de constituição de capital, voltada à garantia dessa obrigação. Significa dizer que os frutos do capital serão destinados ao pagamento da dívida, podendo este capital ser representado por imóveis, direitos reais sobre imóveis suscetíveis de alienação, aplicações financeiras, títulos da dívida pública etc. (§ 1º).

Esses bens permanecem sob domínio do executado, mas, por expressa previsão legal, serão inalienáveis e impenhoráveis enquanto durar a obrigação do executado, constituindo patrimônio de afetação. Essa via, porém, depende de requerimento do exequente.

A norma permite, ainda, que o exequente seja incluído pelo juiz em folha de pagamento de pessoa jurídica de notória capacidade econômica. Contudo, autoriza ao executado requerer a opção de fiança bancária ou garantia real, em valor a ser arbitrado de imediato pelo juiz. A regra é de extrema utilidade, porquanto visa a perquirir a tutela efetiva do crédito alimentar.

O art. 533, § 4º, prevê a possibilidade de fixação da prestação alimentícia tomando por base o salário mínimo.

Observe-se que, não obstante o disposto no art. 7º, IV, da CF, que veda a vinculação do salário mínimo para qualquer fim, já havia sido decidido pelo STF[69], à época do CPC/73, que a obrigação alimentar excepciona essa regra.

Por fim, registre-se que, por óbvio, finda a obrigação de prestar alimentos, o juiz mandará liberar o capital, cessar o desconto em folha ou cancelar as garantias prestadas. Nesse sentido, não custa lembrar que, na forma do art. 15 da Lei de Alimentos (Lei n. 5.478/68), a decisão judicial sobre alimentos não transita em julgado e pode a qualquer tempo ser revista, em face da modificação da situação financeira dos interessados. Assim sendo, são cabíveis as pretensões de majoração, redução ou mesmo exoneração do dever de prestar alimentos[70].

---

[67] HC 523.357-MG, rel. Min. Maria Isabel Gallotti, 4ª T., por unanimidade, j. 1º-9-2020, *DJe* 16-10-2020. *Informativo STJ* n. 681.
[68] Assis, 2017, p. 1368.
[69] Súmula 490 do STF: "A pensão correspondente a indenização oriunda de responsabilidade civil deve ser calculada com base no salário mínimo vigente ao tempo da sentença e ajustar-se-á às variações ulteriores". Veja-se, ainda a decisão proferida no AgRg no RE 535.087-GO, *DJe* 24-2-2011.
[70] Súmula 621 do STF: "Os efeitos da sentença que reduz, majora ou exonera o alimentante do pagamento retroagem à data da citação, vedadas a compensação e a repetibilidade" (Segunda Seção, j. 12-12-2018, *DJe* 17-12-2018).

12.9.4 Do cumprimento da sentença que reconheça a exigibilidade de pagar quantia certa pela Fazenda Pública

A execução por quantia certa em face da Fazenda Pública, no que concerne aos títulos executivos judiciais, é procedimento disciplinado, em origem, no art. 100 da CF/88. A norma constitucional procurou estabelecer uma ordem de preferência para pagamento da quantia devida, por meio da sistemática de precatórios.

O procedimento trazido pelo CPC, nos arts. 534 e seguintes, está em harmonia com a sistemática constitucional, sendo evidente o aprimoramento realizado.

No entanto, quanto às obrigações de fazer, não fazer e dar coisa diferente de dinheiro, a execução segue o regramento geral do CPC.

Também não estão abarcadas pela sistemática dos precatórios as obrigações que derivam de títulos extrajudiciais, uma vez que o art. 100, *caput*, da CF/88 refere-se aos pagamentos devidos pela Fazenda Pública Federal "em virtude de sentença judiciária".

O dispositivo deve ser combinado com o art. 78, § 4º, do Ato das Disposições Constitucionais Transitórias que autoriza o Presidente do Tribunal, uma vez vencido o prazo ou havendo preterição ao direito de precedência, a requerimento do credor, requisitar ou determinar o sequestro do valor devido.

Esse dispositivo foi questionado perante o STF[71], após a alteração imposta pela Emenda Constitucional n. 30/2000, e teve sua validade reconhecida. Posteriormente, o STF reconheceu a inconstitucionalidade do art. 2º da EC 30/2000, que introduziu o art. 78 no ADCT da CF/1988, tendo, contudo, modulado os efeitos da decisão[72].

Retornando ao tema, o STF[73] definiu, ainda, que, quando não houver pagamento das parcelas do precatório, podem incidir juros de mora durante o prazo de parcelamento estabelecido no art. 78 do Ato das Disposições Constitucionais Transitórias (ADCT), excluindo-se o "período de graça constitucional" (CF/88, art. 100, § 5º). Conforme decidido no Tema 132 da repercussão geral, uma vez

---

[71] No caso de atraso na quitação das parcelas de precatório, o sequestro de verbas públicas pela autoridade judicial é constitucional, pois configurado descumprimento ao regime especial de pagamento (ADCT, art. 78), cuja adesão dos entes federativos inadimplentes é obrigatória. Originalmente, somente a preterição da ordem de pagamento ensejava a realização de sequestro da quantia necessária à satisfação do débito (CF/88, art. 100, § 2º, na redação original). No entanto, a partir da EC 30/2000, todas as modificações referentes à sistemática dos precatórios passaram a admitir o sequestro para a quitação das parcelas nas hipóteses de não alocação orçamentária para satisfazer os valores devidos, por exemplo, a previsão contida no art. 103 do ADCT. Nesse contexto, o regime especial do art. 78 do ADCT é impositivo, visto que os precatórios se encontram vencidos, em desrespeito à normatividade geral sobre a matéria (CF/88, art. 100). Com base nesse entendimento, o Plenário, por unanimidade, apreciando o Tema 231 da repercussão geral, negou provimento ao recurso extraordinário. RE 597.092-RJ, rel. Min. Edson Fachin, j. 23-6-2023, *Informativo STF* n. 1.100.

[72] É inconstitucional – por violar o princípio da separação dos Poderes (CF/1988, art. 2º), bem como por ofender os direitos fundamentais à propriedade (CF/1988, art. 5º, XXII e XXIV), à isonomia (CF/1988, art. 5º, *caput*), ao devido processo legal substantivo (CF/1988, art. 5º, LIV) e ao acesso à jurisdição (CF/1988, art. 5º, XXXV) – o regime excepcional de parcelamento de precatórios instituído pela EC n. 30/2000. (...) O Tribunal, também por maioria, modulou os efeitos da decisão para lhe conferir eficácia *ex nunc*, mantendo-se os parcelamentos realizados até 25.11.2010, data em que concedida a medida cautelar. ADI 2.356/DF, rel. Min. Nunes Marques, redator do acórdão Min. Edson Fachin, julgamento virtual finalizado em 6-5-2024 (segunda-feira), às 23:59. ADI 2.362/DF, rel. Min. Nunes Marques, redator do acórdão Min. Edson Fachin, julgamento virtual finalizado em 6-52024 (segunda-feira), às 23:59 (*Informativo STF* n. 1.135).

[73] Com base nesses e em outros entendimentos, a Primeira Turma, por maioria, deu parcial provimento ao agravo regimental, a fim de conceder parcialmente a segurança e permitir a incidência dos juros de mora durante o parcelamento, ressalvado o intervalo de que trata o § 5º do art. 100 da CF/88, em que a fluência se reiniciará a partir do primeiro dia do exercício financeiro seguinte ao que deveria ter sido paga cada parcela. STF, 1ªT., ARE 1.462.538 AgR/PR, rel. Min. Alexandre de Moraes. *Informativo STF* n. 1.145.

calculado o precatório pelo valor real do débito, acrescido de juros legais, estes não incidem nas parcelas (anuais, iguais e sucessivas) em que o precatório é fracionado, desde que adimplidas a tempo e corrigidas monetariamente.

Segundo o art. 534, para cumprimento da sentença que reconheça a exigibilidade de pagar quantia certa pela Fazenda Pública impõe-se ao exequente a apresentação do demonstrativo discriminado e atualizado do crédito, contendo os dados indicados nos incisos do referido dispositivo.

Explica-se, no § 1º, que, no caso de pluralidade de exequentes, cada um deverá apresentar o seu próprio demonstrativo.

O procedimento tem início com a intimação da Fazenda Pública para, no prazo de 30 (trinta) dias, impugnar a execução contra ela movida na fase procedimental. Assim, a defesa da parte executada será feita por impugnação nos próprios autos, sendo mero incidente processual destinado a combater os títulos executivos judiciais.

As matérias que podem ser sustentadas pela Fazenda Pública estão delimitadas no art. 535, quais sejam:

I – a falta ou nulidade da citação se, na fase de conhecimento, o processo correu à revelia;

II – ilegitimidade de parte;

III – inexequibilidade do título ou inexigibilidade da obrigação;

IV – excesso de execução ou cumulação indevida de execuções;

V – incompetência absoluta ou relativa do juízo da execução;

VI – qualquer causa modificativa ou extintiva da obrigação, como pagamento, novação, compensação, transação ou prescrição, desde que supervenientes ao trânsito em julgado da sentença.

Conforme dito anteriormente, a norma processual buscou harmonização com a Constituição Federal, de forma que, não impugnada a execução, ou rejeitadas as arguições da parte executada, segue-se o procedimento previsto no § 3º[74], em harmonia com a sistemática de precatórios e requisições de pequeno valor.

O valor do pagamento é que definirá se ele ocorrerá por precatório ou por RPV.

O art. 87 do Ato das Disposições Constitucionais Transitórias[75] considera de pequeno valor, até que se dê a publicação oficial das respectivas leis definidoras pelos entes da Federação, os débitos ou obrigações consignados em precatório judiciário, que tenham valor igual ou inferior a:

a) sessenta salários mínimos, perante a Fazenda Federal;

b) quarenta salários mínimos, perante a Fazenda dos Estados e do Distrito Federal;

c) trinta salários mínimos, perante a Fazenda dos Municípios.

---

[74] É inconstitucional a obrigatoriedade de os depósitos judiciais e de valores de RPVs serem realizados somente em bancos oficiais (CPC/2015, arts. 535, § 3º, II; e 840, I). Essa determinação viola os princípios da eficiência administrativa, da livre concorrência e da livre iniciativa, assim como cerceia os entes federados, notadamente as justiças estaduais, quanto ao exercício de suas autonomias. ADI n. 5.492-DF, rel. Min. Dias Toffoli, j. 24-4-2023; ADI n. 5.737-DF, rel. Min. Dias Toffoli, redator do acórdão Min. Roberto Barroso, j. 24-4-2023, *Informativo STF* n. 1.092.

[75] RPV: valor previsto no ADCT e fixação de quantia referencial inferior por ente federado (Tema 1.231 RG). Tese fixada: "(I) As unidades federadas podem fixar os limites das respectivas requisições de pequeno valor em patamares inferiores aos previstos no art. 87 do ADCT, desde que o façam em consonância com sua capacidade econômica. (II) A aferição da capacidade econômica, para este fim, deve refletir não somente a receita, mas igualmente os graus de endividamento e de litigiosidade do ente federado. (III) A ausência de demonstração concreta da desproporcionalidade na fixação do teto das requisições de pequeno valor impõe a deferência do Poder Judiciário ao juízo político-administrativo externado pela legislação local." RE 1359139 RG-CE, rel. Min. Luiz Fux, j. 1º-9-2022, *Informativo* n. 1.066.

Esses patamares podem ser redefinidos pelos entes públicos[76], como já decidiu o STF.

De acordo com o mesmo dispositivo, os pagamentos serão feitos por precatório quando a dívida for superior a sessenta, quarenta e trinta salários mínimos se estiver se tratando, respectivamente, de dívida da União, dos Estados e dos Municípios, sendo que esse montante deve ser apurado individualmente em caso de litisconsórcio.

Nesse passo, o pagamento de obrigação de pequeno valor será determinado pelo próprio juiz à autoridade, na pessoa de quem o ente público foi citado para a causa, a ser efetuado no prazo de dois meses, contados da entrega da requisição, mediante depósito na agência de banco oficial mais próxima da residência do exequente.

Não sendo o caso de obrigação de pequeno valor, será da competência do Presidente do Tribunal a determinação da expedição de precatório em favor do exequente, respeitado o regramento constitucional.

Cuida o § 4º do art. 535 do CPC dos casos de impugnação parcial, de modo que a parte do título judicial não questionada pela Fazenda Pública será, desde logo, objeto de cumprimento, consolidando entendimento já firmado na jurisprudência.

Destacamos, enfim, que a impugnação por inexequibilidade do título ou inexigibilidade da obrigação, quando fundada em ato normativo declarado inconstitucional pelo STF somente pode ser invocada com base em controle concentrado de constitucionalidade.

Não custa lembrar que, em março de 2013, o Plenário do STF, por maioria, julgou parcialmente procedentes os pedidos deduzidos em duas ADINs, para declarar a inconstitucionalidade da Emenda Constitucional n. 62/2009, integralmente quanto ao art. 97 do Ato das Disposições Constitucionais Transitórias, que instituía um novo regime especial para o pagamento dos precatórios, consistente no parcelamento da dívida em 15 anos[77].

Posteriormente, na Sessão Plenária de 25 de março de 2015, o STF, por maioria, concluiu a modulação temporal da decisão, dando sobrevida a esse regime especial por cinco anos, a contar de 1º de janeiro de 2016, e conferindo eficácia prospectiva quanto a alguns dos seus aspectos[78].

Importante registrar que a Emenda Constitucional n. 94, de 15 de dezembro de 2016, alterou novamente o art. 100 da Carta Magna, bem como acrescentou dispositivos ao ADCT.

Dessa forma, o § 2º do art. 100 passou a ter a seguinte redação[79]:

"§ 2º Os débitos de natureza alimentícia cujos titulares, originários ou por sucessão hereditária, tenham 60 (sessenta) anos de idade, ou sejam portadores de doença grave, ou pessoas com deficiência, assim definidos na forma da lei, serão pagos com preferência sobre todos os demais débitos, até o valor equivalente ao triplo fixado em lei para os fins do disposto no § 3º deste artigo, admitido o

---

[76] Compete a cada ente federativo, segundo sua capacidade econômica, fixar o valor-teto das obrigações de pequeno valor decorrentes de sentenças judiciais para pagamento independentemente de precatórios, desde que o valor mínimo corresponda ao montante do maior benefício do Regime Geral de Previdência Social (CF/88, art. 100, §§ 3º e 4º; e ADCT, art. 87). Contudo, lhes é vedado ampliar a dispensa de precatórios para hipóteses não previstas no texto constitucional, sob pena de ofensa ao princípio da isonomia, uma vez consideradas as situações não abarcadas pelo privilégio (CF/88, art. 5º, *caput*). ADI 5.706/RN, rel. Min. Luiz Fux, julgamento virtual finalizado em 23-2-2024 (sexta-feira), às 23:59.

[77] ADIN n. 4.357-DF, rel. Min. Luiz Fux, *DJ* 26-9-2014.

[78] Wambier et al., 2015, p. 1389.

[79] Precatório. Débito de preferência, por idoso, no recebimento de precatório de natureza comum. Interpretação extensiva do art. 100, § 2º, da Constituição Federal. Impossibilidade. Para a obtenção da preferência no pagamento de precatório, faz-se necessária a conjugação dos requisitos constantes do art. 100, § 2º, da Constituição Federal, ou seja, dívida de natureza alimentar e titular idoso ou portador de doença grave. RMS 65.747-SP, rel. Min. Assusete Magalhães, por unanimidade, j. 16-3-2021. *Informativo STJ* n. 689.

fracionamento para essa finalidade, sendo que o restante será pago na ordem cronológica de apresentação do precatório".

Em razão da grave crise financeira que atinge grande parte dos estados e municípios brasileiros, os §§ 17 e seguintes do art. 100, alterados pela referida Emenda, criam as hipóteses nas quais poderá haver o parcelamento dos pagamentos.

O art. 101 do ADCT, por sua vez, cria um calendário para o pagamento dos precatórios atrasados.

Em julgamento realizado em março de 2019, o STJ[80] reviu seu posicionamento, a partir do entendimento fixado pelo STF e determinou que o termo inicial dos juros moratórios é o momento da citação, e que deverão incidir até a data da requisição ou do precatório.

Em 2021, a Emenda Constitucional n. 114 inseriu o § 5º no art. 100 da Carta Magna, tornando obrigatória a inclusão no orçamento das entidades de direito público de verba necessária ao pagamento de seus débitos oriundos de sentenças transitadas em julgado constantes de precatórios judiciários apresentados até 2 de abril, fazendo-se o pagamento até o final do exercício seguinte, quando terão seus valores atualizados monetariamente.

Foi inserido, ainda, o art. 107-A na Constituição Federal que trata do limite para alocação na proposta orçamentária das despesas com pagamentos em virtude do art. 100.

O § 8º desse novo dispositivo estabelece a ordem para o pagamento dos pagamentos em virtude de sentença judiciária, a saber:

I – obrigações definidas em lei como de pequeno valor, previstas no § 3º do art. 100 da Constituição Federal;

II – precatórios de natureza alimentícia cujos titulares, originários ou por sucessão hereditária, tenham no mínimo 60 (sessenta) anos de idade, ou sejam portadores de doença grave ou pessoas com deficiência, assim definidos na forma da lei, até o valor equivalente ao triplo do montante fixado em lei como obrigação de pequeno valor;

III – demais precatórios de natureza alimentícia até o valor equivalente ao triplo do montante fixado em lei como obrigação de pequeno valor;

IV – demais precatórios de natureza alimentícia além do valor previsto no inciso III deste parágrafo; e

V – demais precatórios.

12.9.5 Do cumprimento da sentença que reconheça a exigibilidade de obrigação de fazer e de não fazer

No cumprimento das obrigações de fazer ou de não fazer, o que se pretende não é a obtenção de um bem ou o recebimento de uma quantia em espécie, mas sim a atividade do devedor, consisten-

---

[80] "Inicialmente cumpre salientar que do julgamento do REsp 1.143.677/RS (rel. min. Luiz Fux, *DJe* 4-2-2010), este Superior Tribunal de Justiça fixou a tese (Tema Repetitivo 291/STJ) no sentido de que não incidem juros moratórios entre a elaboração dos cálculos e o efetivo pagamento da Requisição de Pequeno Valor – RPV. No entanto, sobreveio o julgamento do Recurso Extraordinário 579.431/RS, sob a relatoria do ministro Marco Aurélio (*DJe* 30-6-2017), com repercussão geral reconhecida e julgada, tendo sido fixada a tese de que incidem os juros da mora no período compreendido entre a data da realização dos cálculos e a da requisição ou do precatório (Tema 96/STF). De acordo com a orientação fixada pelo STF, o termo inicial dos juros moratórios é a citação, que deverão incidir até a data da requisição ou do precatório. Assim, considerando os princípios da segurança jurídica, da proteção da confiança e da isonomia, nos termos do art. 927, § 4º, do CPC, é patente e evidente a necessidade de revisão do entendimento consolidado no enunciado de Tema Repetitivo 291/STJ, a fim de adequá-lo à nova orientação fixada pelo egrégio Supremo Tribunal Federal quando do julgamento do RE 579.431/RS (Repercussão Geral – Tema 96/STF)" (QO no REsp 1.665.599-RS, rel. Min. Napoleão Nunes Maia Filho, Corte Especial, por unanimidade, j. 20-3-2019, *DJe* 2-4-2019, *Informativo STJ*, n. 645).

te em uma ação ou em uma omissão. Portanto, nessa modalidade de execução assume maior relevo a colaboração do devedor.

O art. 536 dispõe que "o juiz poderá, de ofício ou a requerimento, para a efetivação da tutela específica ou a obtenção de tutela pelo resultado prático equivalente, determinar as medidas necessárias à satisfação do exequente".

Logo, a execução deve propiciar ao credor a satisfação da obrigação tal qual houvesse o cumprimento espontâneo da prestação pelo devedor, o que se verifica pelo princípio da primazia da tutela específica (ou princípio da maior coincidência possível).

A obrigação somente pode ser convertida em perdas e danos nas hipóteses em que o credor não quiser o cumprimento específico ou quando este não for possível.

Consequentemente, busca-se a execução específica. Não custa lembrar que o art. 139, IV, permite ao magistrado determinar todas as medidas indutivas, coercitivas, mandamentais ou sub-rogatórias necessárias para assegurar o cumprimento de ordem judicial.

Complementando esse dispositivo, o § 1º do art. 536 dispõe que o juiz poderá determinar, entre outras medidas:

a) a imposição de multa;

b) a busca e apreensão;

c) a remoção de pessoas e coisas;

d) o desfazimento de obras; e

e) o impedimento de atividade nociva.

Observa-se que a primeira providência é sempre buscar o cumprimento da obrigação original pelo executado.

Se a obrigação for personalíssima, a inadimplência do devedor levará à conversão do procedimento, ou seja, não mais se buscará a execução específica, mas sim a genérica, o que se dá com a conversão em perdas e danos.

Há casos, porém, em que a obrigação é fungível. Aí é possível atingir o mesmo resultado com a atividade de terceiro. Assim, o conteúdo da obrigação de fazer está em proporcionar meios para que o titular do direito obtenha certo resultado.

Feitas tais considerações, passemos à análise do procedimento.

A condenação nas obrigações de fazer e de não fazer é autoexecutável, quando oriunda de sentença, sendo realizada na própria relação em que foi emitida a condenação.

O juiz, na própria sentença, poderá fixar multa para o caso de atraso no cumprimento da obrigação, em valor que poderá ser modificado pelo juiz no curso da execução. Não é necessário o requerimento do interessado para início da execução, como revela a leitura do art. 536, *caput*.

Assim, se cumprida a obrigação, extingue-se o processo. Caso o credor pretenda impugnar seu cumprimento, a impugnação não possuirá efeito suspensivo, em regra (art. 525, § 6º).

Nas obrigações de fazer com prestação infungível, não é possível que o terceiro realize a prestação. Caso o devedor não satisfaça a obrigação, o único caminho possível será a conversão em perdas e danos.

Já no caso das obrigações de fazer com prestação fungível, na forma do art. 513, transitada em julgado a sentença e transcorrido o prazo[81] para satisfazer a obrigação, é lícito ao credor, nos próprios

---

[81] O prazo de cumprimento da obrigação de fazer possui natureza processual, devendo ser contado em dias úteis. REsp 1.778.885-DF, rel. Min. Og Fernandes, 2ªT., por unanimidade, j. 15-6-2021, *DJe* de 21-6-2021. *Informativo STJ* n. 702.

autos, requerer que seja cumprida pelo vencido, ou receber perdas e danos, quando se converterá no procedimento de execução de quantia certa (art. 816).

No caso de a obrigação poder ser prestada por terceiro, o juiz pode determinar que se realize à custa do devedor, na forma do art. 817. O exequente adianta as quantias e cobra posteriormente sob forma de cumprimento da obrigação de entrega de soma.

O terceiro que proceder à substituição do devedor na obrigação de fazer deve formalizar o *modus faciendi* em proposta submetida ao contraditório e decisão do juiz submetida a agravo de instrumento. A impugnação da proposta mediante recurso deve ser analisada sob o ângulo da economicidade para o devedor e da eficiência e satisfação para o credor.

Anote-se, também, que o art. 497 reforça a ideia de efetivação da tutela, permitindo ao magistrado que busque o cumprimento específico ou, não sendo possível, o resultado prático equivalente.

No que tange ao cumprimento da obrigação de não fazer, consideramos, antes de mais nada, ser necessário traçar três espécies:

1) *Descumprimento instantâneo de efeitos permanentes*: trata-se da obrigação de não fazer cujo descumprimento opera-se em um único ato, mas produz efeitos perenes, impassíveis de desfazimento. Podemos identificar como exemplo o dever de sigilo profissional, no qual o empregado se compromete a não divulgar o projeto de um produto da fábrica onde trabalha. Nesse caso, se o obrigado revelar o segredo, resta a conversão em perdas e danos (sucedâneo indenizatório), não mais sendo possível, lamentavelmente, falar-se em tutela específica, tampouco em resultado prático equivalente.

2) *Descumprimento contínuo ou reiterado*: o descumprimento da obrigação de não fazer materializa-se em condutas reiteradas praticadas pelo executado. Exemplo disso reside na venda de produtos plagiados, em que o réu comercializa cópias daqueles produzidos pelo autor da ação. Nesse caso, faz-se mister distinguir duas situações:

a) se o réu chegou a expor e vender os produtos copiados, deverá arcar com eventuais prejuízos infligidos ao autor, caso tenha agido com dolo ou culpa. Trata-se do sucedâneo indenizatório imposto para a *situação pretérita*, diante do descumprimento já consumado.

b) deverá o réu abster-se de vendê-los dali em diante (tutela inibitória ou preventiva). Trata-se da tutela específica, que se projeta para o futuro.

3) *Descumprimento passível de desfazimento*: relaciona-se à situação em que é possível retornar-se ao *status quo ante*. Podemos exemplificar com a construção de um muro que viole servidão de vista. Nessa hipótese, deverá o réu desfazê-lo às suas expensas – a obrigação de não fazer, uma vez descumprida, converte-se em obrigação de *desfazer*, que consiste em prestação positiva, conduta comissiva – e ainda arcar com eventuais prejuízos ao autor, se tiver agido com culpa.

Para melhor compreendermos o cumprimento das obrigações de não fazer, faz-se mister registrarmos uma distinção traçada pela doutrina processual que, com razão, estrema dois conceitos distintos: o ilícito civil (ato contrário ao direito) e o dano (prejuízo material ocasionado ao credor).

Em apertada síntese, podemos aduzir haver casos em que foi ou está na iminência de ser praticado o ilícito civil, sem que isso represente prejuízos materiais ao credor.

Um exemplo ilustrativo consiste na apropriação indevida de uma marca ou patente que não implique a queda das vendas dos produtos da empresa autora. Nesse caso, a tutela inibitória deve ser concedida, a fim de evitar a prática do ilícito, independentemente da perquirição acerca de prejuízos materiais.

Salvo previsão legal expressa em contrário, exigindo comprovação de dolo ou culpa (elemento subjetivo intencional), a avaliação da presença de culpa civil na conduta é totalmente impertinente para que seja caracterizada como ilícito.

A culpa é elemento subjetivo que acompanha o dano (elemento objetivo) na apreciação do prejuízo indenizável. Sua investigação, portanto, somente adquire valia se tiver por objetivo mensurar a dimensão do ressarcimento cabível.

Por outro lado, caso a prática do ilícito civil também inflija prejuízos ao autor, pode ele cumular os pedidos de tutela inibitória e ressarcitória na mesma ação (art. 327 do CPC e art. 292 do CPC/73). Nessa hipótese, caberá ao autor comprovar o nexo de causalidade entre a conduta praticada pelo réu (dolo ou culpa) e os danos experimentados.

Esse entendimento foi agasalhado no CPC, que, em seu art. 497, parágrafo único, dispõe: "Para a concessão da tutela específica destinada a inibir a prática, a reiteração ou a continuação de um ilícito, ou a sua remoção, é irrelevante a demonstração da ocorrência de dano ou da existência de culpa ou dolo".

Forte nessa distinção, logramos constatar que a tutela inibitória, que se projeta para o futuro e almeja impedir a concretização do ilícito, e a tutela ressarcitória, que almeja indenizar um ilícito já perpetrado, convivem perfeitamente em nosso sistema, de modo a garantir a efetividade da tutela das obrigações de não fazer.

12.9.5.1 Meios executivos

Os meios executivos são fixados pelo juízo, a requerimento da parte ou não, para assegurar que uma decisão judicial seja cumprida ou efetivada. Podem ser de sub-rogação ou de coerção.

Os meios de sub-rogação são aqueles em que o Poder Judiciário prescinde da colaboração do executado para a efetivação da prestação devida, e por isso são também chamados de execução direta.

O magistrado toma as providências que deveriam ter sido tomadas pelo devedor, sub-rogando-se na sua posição. Há substituição da conduta do devedor por outra do Estado-juiz, que gere a efetivação do direito do executado por meio de atuação direta sobre o bem objeto da execução.

Já os meios de coerção se denominam "execução indireta", o que, por si só, não garantem o cumprimento da obrigação, mas apenas estimulam o cumprimento da obrigação pelo próprio executado. Em vez de o juiz tomar as providências que deveriam ser efetivadas pelo executado, o poder coercitivo do Estado-juiz atua para que ele cumpra a obrigação.

Destaque-se que é admitida a fungibilidade entre tais meios, de forma a garantir o cumprimento da obrigação.

O § 3º do art. 536 prevê consequências pelo descumprimento injustificado da ordem judicial, quais sejam a possibilidade de o executado incidir nas penas de litigância de má-fé ou até mesmo responder por crime de desobediência.

Essa norma não pode ser confundida com a posição sustentada por parcela minoritária da doutrina, na vigência do CPC/73, quanto à utilização da prisão civil como meio indireto de execução – que, esclareça-se, não teve acolhida nos tribunais, salvo na hipótese de dívida alimentar inescusável[82].

A norma não criou nova hipótese de prisão civil. O que se tem é a possibilidade de o inadimplente responder pelo crime na esfera penal, em outro procedimento.

Outrossim, a desobediência (art. 330 do CP) é delito de menor potencial ofensivo, a ser julgado no âmbito dos Juizados Especiais Criminais; ademais, segundo a orientação predominante do STJ, havendo previsão de sanção cível ou administrativa, não deve ser aplicada sanção criminal à hipótese.

---

[82] O STJ firmara à época entendimento no sentido de que o magistrado, no exercício de jurisdição cível, é absolutamente incompetente para a decretação de prisão fundada em descumprimento de ordem judicial.

E não esqueçamos que para a configuração desse crime é necessário comprovar o elemento subjetivo do agente, ou seja, o dolo de efetivamente descumprir a decisão judicial.

O § 4º do art. 536 permite a aplicação subsidiária e complementar das regras do incidente executivo de impugnação previsto para as obrigações de pagar quantia certa ao cumprimento da sentença que reconheça a exigibilidade de obrigação de fazer ou de não fazer.

12.9.5.2 Astreintes

Para conceder a tutela específica, vigoram na execução amplos poderes para o juiz, que só recorre às *astreintes* ou à multa cominatória ou periódica se for impossível conceder, desde logo, a utilidade esperada pelo devedor, denominada "resultado prático equivalente".

O magistrado, no momento da fixação ou da modificação do valor da multa cominatória, de se guiar por dois vetores de ponderação[83]:

a) efetividade da tutela prestada, para cuja realização as astreintes devem ser suficientemente persuasivas; e

b) vedação ao enriquecimento sem causa do beneficiário, porquanto a multa não é, em si, um bem jurídico perseguido em juízo.

Nesse sentido o Min. Luis Felipe Salomão fixou alguns parâmetros para nortear o magistrado na difícil tarefa de fixar o quantum devido a título de astreintes, a saber:

i) valor da obrigação e importância do bem jurídico tutelado;

ii) tempo para cumprimento (prazo razoável e periodicidade);

iii) capacidade econômica e de resistência do devedor; e

iv) possibilidade de adoção de outros meios pelo magistrado e dever do credor de mitigar o próprio prejuízo (*duty to mitigate de loss*)".

As *astreintes* são, então, o meio de coerção mais empregado, podendo ser requeridas em vários momentos, como na própria inicial.

A multa pode ser fixada em decisão interlocutória, em sede de antecipação de tutela, na sentença ou no curso do cumprimento de sentença, e incide após prazo razoável fixado para o cumprimento do preceito, sem que este tenha ocorrido.

As *astreintes* podem ser fixadas de ofício, assim como pode o magistrado proceder à revisão de seu valor ou de sua periodicidade, nos casos em que a multa se tornar excessiva para o devedor, em razão da cláusula *rebus sic stantibus*, mesmo após o trânsito em julgado da decisão, como decidiu o STJ com efeitos vinculantes[84]. No entanto, uma vez alterado o valor, tal decisão se submete aos efeitos da preclusão consumativa[85].

---

[83] STJ. 4ª Turma, rel. Min. Luis Felipe Salomão AgInt no AgRg no AREsp 738.682/RJ, j. em 17-11-2016.

[84] É possível que o magistrado, a qualquer tempo, e mesmo de ofício, revise o valor desproporcional das *astreintes*. (...) A propósito, no julgamento do Recurso Especial 1.333.988/SP, sob a sistemática dos recursos repetitivos, a Segunda Seção, no Tema 706, consolidou a tese de que "a decisão que comina astreintes não preclui, não fazendo tampouco coisa julgada". Por sua vez, a Primeira Seção, também julgando Recurso Especial Repetitivo para analisar o Tema 98 (possibilidade de imposição de multa diária a ente público, para compeli-lo a fornecer medicamento a pessoa desprovida de recursos financeiros), afirmou a não incidência do instituto da coisa julgada na revisão do valor das astreintes. Desse modo, fixada a premissa de que as astreintes não se sujeitam à preclusão ou à coisa julgada, deve-se definir os critérios para a melhor adequação do valor da multa quando ele se tornar excessivo ou irrisório. EAREsp 650.536/RJ, rel. Min. Raul Araújo, Corte Especial, por maioria, j. 7-4-2021. *Informativo STJ* n. 691.

[85] Incide a preclusão consumativa sobre o montante acumulado da multa cominatória, de forma que, já tendo havido modificação, não é possível nova alteração, preservando-se as situações já consolidadas. (...) No entanto, uma vez reduzido o valor, não serão lícitas sucessivas revisões, a bel-prazer do inadimplente recalcitrante, sob pena de estimular e premiar a renitência sem justa causa. Em outras palavras, é possível modificar a decisão que comina a multa, mas não é lícito modificar o que já foi modificado. EAREsp

Embora seja mais comum a imposição ao devedor, nada impede que tenha por destinatário terceiro, como já reconheceu o STJ[86]. Também pode ser determinada pelo juízo criminal[87].

Sua fixação de plano pelo magistrado não viola o princípio da inércia, pois o magistrado não está inovando nos limites da provocação feita pelo demandante, mas apenas definindo o melhor mecanismo para cumprimento da obrigação.

Dúvida que surge – desde a vigência do CPC/73 – é se a decisão que reduz o valor da *astreinte* possui ou não efeito retroativo.

De um lado, havia quem defendesse que o valor poderá ser reduzido, mas a eficácia da decisão será *ex nunc*, pois o valor acumulado já integrava o patrimônio do credor da prestação[88].

Por outro lado, outros entendiam que essa decisão teria caráter retroativo, posição que costuma prevalecer, pois o magistrado entendeu que esse mecanismo executivo seria ineficiente para atingir seus fins[89]. Logo, o juiz faria a retroatividade até o momento em que percebeu o desvio de sua finalidade coercitiva.

É importante salientar que, por previsão expressa do art. 537, *caput*, do CPC, a multa deve ser suficiente e compatível com a obrigação, sendo determinado prazo razoável para cumprimento do preceito.

A multa diária é cabível até mesmo em face da Fazenda Pública, sem que se esteja penalizando a própria sociedade, já que se busca, por esse meio, a efetividade do processo e a execução da decisão contrária à Fazenda Pública.

Nesses casos, caberá ao Poder Público buscar o ressarcimento junto ao servidor quando esse atuar de forma dolosa ou culposa.

Na vigência do CPC/73, para que incidissem as *astreintes*, o devedor deveria ser pessoalmente intimado da obrigação, não sendo suficiente a intimação do advogado, até mesmo porque seria o próprio patrimônio do devedor que restaria comprometido se a obrigação fosse cumprida, e não o de seu patrono. Nesse sentido, o verbete de Súmula 410 do STJ, que dispõe que: "a prévia intimação pessoal do devedor constitui condição necessária para a cobrança de multa pelo descumprimento de obrigação de fazer ou de não fazer"[90].

Contudo, no CPC a situação se modifica a ponto de levar à superação da referida súmula, nas precisas palavras de Guilherme Rizzo Amaral[91]:

1.766.665-RS, rel. Min. Francisco Falcão, rel. para acórdão Min. Ricardo Villas Bôas Cueva, Corte Especial, por maioria, j. 3-4-2024. *Informativo STJ* n. 806.

[86] É possível a fixação de astreintes em desfavor de terceiros, não participantes do processo, pela demora ou não cumprimento de ordem emanada do Juízo Criminal. (...) Por fim, vale observar, a propósito, a existência de dispositivos expressos, no próprio Código de Processo Penal, que estipulam multa ao terceiro que não colabora com a justiça criminal (arts. 219 e 436, § 2º). REsp 1.568.445-PR, rel. Min. Rogerio Schietti Cruz, rel. Acd. Min. Ribeiro Dantas, Terceira Seção, por maioria, j. 24-6-2020, *DJe* 20-8-2020. *Informativo STJ* n. 677.

[87] É possível ao juízo criminal efetivar o bloqueio via Bacen-Jud ou a inscrição em dívida ativa dos valores arbitrados a título de astreintes. REsp 1.568.445-PR, rel. Min. Rogerio Schietti Cruz, rel. Acd. Min. Ribeiro Dantas, Terceira Seção, por maioria, j. 24-6-2020, *DJe* 20-8-2020. *Informativo STJ* n. 677.

[88] Câmara, 2006, p. 55.

[89] Marinoni, 2004, p. 520-521.

[90] É necessária a prévia intimação pessoal do devedor para a cobrança de multa pelo descumprimento de obrigação de fazer ou não fazer antes e após a edição das Leis n. 11.232/2005 e 11.382/2006, nos termos da Súmula 410 do STJ (EREsp 1.360.577-MG, rel. Min. Humberto Martins, rel. Acd. Min. Luis Felipe Salomão, por maioria, j. 19-12-2018, *DJe* 7-3-2019, *Informativo STJ*, n. 643).

[91] Wambier et al., 2015, p. 1407.

"Apesar de tais diferenças manterem-se no CPC de 2015, o legislador não teve a mesma sensibilidade do STJ ao tratar do tema, inovando ao estabelecer, como regra geral para o cumprimento de sentença a intimação do réu por meio de publicação em nome de seu advogado no *Diário de Justiça* (art. 513, § 2º, I). Dando-se dessa forma a intimação do réu para cumprimento de sentença, a multa incidirá a partir do descumprimento da decisão, restando assim superada a Súmula 410 do STJ".

É importante explicitar que, de acordo com o § 3º do art. 537, a decisão que fixa a multa é passível de cumprimento provisório, permitido o levantamento do valor após o trânsito em julgado da decisão favorável à parte[92].

Com efeito, a jurisprudência do STJ, enquanto vigorava o CPC/73, havia se firmado no sentido de que seria desnecessário o trânsito em julgado da sentença para que fosse executada a multa por descumprimento fixada em antecipação de tutela[93].

Assim, a multa seria exigível a partir da eficácia da decisão que a fixa, apenas quando não impugnada via recurso; ou quando impugnada por recurso sem efeito suspensivo. Destarte, enquanto não confirmada por sentença, vedava-se a execução de multa fixada para fazer cumprir a decisão objeto de tutela de urgência.

No CPC, a matéria vem disciplinada no § 4º do art. 537, que assim dispõe: "a multa será devida desde o dia em que se configurar o descumprimento da decisão e incidirá enquanto não for cumprida a decisão que a tiver cominado".

De qualquer forma, em observância ao regramento geral da execução provisória, em que pese a possibilidade de cumprimento provisório[94] da decisão que fixa a multa, o levantamento da quantia depende de trânsito em julgado da sentença favorável.

Por fim, ressalte-se que, se o próprio contrato prevê multa, sua natureza contratual difere da natureza processual das *astreintes*, o que torna perfeitamente possível a cumulação de ambas sem que se configure *bis in idem*. Também nesse sentido, já se posicionava o STJ, à época do CPC/73, entendendo ser perfeitamente cabível a cumulação com juros de mora[95].

Interessante questão consiste no exame da admissibilidade da imposição de *astreinte* em sede de procedimentos especiais.

---

[92] Carneiro; Greco; Pinho, 2016, p. 226.

[93] REsp 1.200.856-RS, rel. Min. Sidnei Beneti, j. 1º-7-2014, *Informativo STJ*, n. 546.

[94] Verifica-se, assim, que o deslinde da controvérsia, a rigor, demanda que se defina se a execução provisória das *astreintes* deve aguardar a prolação de sentença de mérito ou se, ao revés, seria possível ocorrer em momento anterior, tão logo ocorra sua incidência. De início, deve-se ressaltar que a tese fixada no julgamento do REsp 1.200.856/RS, o foi à luz das disposições do Código de Processo Civil de 1973, que não continha dispositivo semelhante ao § 3º do art. 537 do Código de Processo Civil de 2015. Da simples leitura do dispositivo em comento, exsurge a conclusão de que o novo Diploma Processual inovou na matéria, autorizando, expressamente, a execução provisória da decisão que fixa as astreintes, condicionando, tão somente, o levantamento do valor ao trânsito em julgado da sentença favorável à parte. Ademais, importa destacar que não mais subsiste, no novo Código de Processo Civil, a redação que constava do art. 475-N, I, do CPC/73, que serviu de fundamento para o acórdão proferido no julgamento do REsp 1.200.856/RS. De fato, o atual art. 515, I, considera título executivo judicial "as decisões proferidas no processo civil que reconheçam a exigibilidade de obrigação de pagar quantia, de fazer, de não fazer ou de entregar coisa", tendo sido substituída, portanto, a palavra "sentença" por "decisões". A mencionada alteração redacional harmoniza-se com o disposto no § 3º do art. 537 do CPC, que autoriza a execução provisória da decisão que fixa a multa cominatória, sendo certo que, na linha das boas regras de hermenêutica, não se pode olvidar que "verba cum effectu, sunt accipienda" (não se presumem, na lei, palavras inúteis). A inovação legislativa em mote, portanto, amolda-se, à perfeição, à própria finalidade do instituto, na medida em que, ao permitir a execução provisória da decisão que fixa a multa mesmo antes da sentença de mérito, acentua o seu caráter coercitivo e inibitório, tornando ainda mais oneroso ou arriscado o descumprimento de determinações judiciais. REsp 1.958.679-GO, rel. Min. Nancy Andrighi, 3ª T., por unanimidade, j. 23-11-2021, *DJe* 25-11-2021. *Informativo STJ* n. 719.

[95] REsp 1.198.880-MT, rel. Min. Paulo de Tarso Sanseverino, j. 20-9-2012.

O Superior Tribunal de Justiça editou a Súmula 372, entendendo não ser cabível a fixação de multa cominatória na ação cautelar de exibição de documentos[96].

De fato, entende o STJ que, sendo o réu da ação cautelar de exibição também réu na ação principal, caso ele deixe de exibir o documento, descumprindo com a determinação judicial, a consequência deverá ser a presunção de veracidade das alegações tecidas pela parte autora, como forma de suprir a desídia do réu, na forma do art. 359, II, do CPC/73 (art. 400, II, do CPC).

Nesse caso, torna-se despicienda a imposição de multa cominatória, eis que a presunção de veracidade consiste em consequência mais grave e, portanto, mais efetiva.

Por outro lado, o próprio STJ afastou a incidência da referida Súmula, aplicando a técnica conhecida por *distinguishing* aos casos em que os polos passivos da ação cautelar de exibição e da ação principal não são ocupados pela mesma pessoa.

Nessa situação, entende o STJ que seria admissível a imposição de multa cominatória, tendo em vista que a imposição da presunção de veracidade não exerceria qualquer pressão sobre o réu da cautelar, eis que lhe é indiferente o desfecho da ação principal, da qual não faz parte. Considerou o STJ que a identidade de pessoas no polo passivo de ambas as ações é um elemento fático indispensável para a incidência da Súmula 372[97].

De igual sorte, entende o Superior Tribunal de Justiça ser inaplicável a *astreinte* em ação de prestação de contas, com vistas a compelir o réu, condenado na sentença de procedência da primeira fase, a prestá-las. Isso porque, em caso de inércia do réu, não será lícito a ele impugnar as contas oferecidas pelo autor, sendo essa a consequência que se deve extrair de sua conduta desidiosa[98].

Por fim, entendeu o Superior Tribunal de Justiça ser admissível a imposição de multa cominatória em ação ajuizada pelo segurado, com vistas a compelir a operadora de plano de saúde a autorizar procedimento médico-hospitalar, por considerar que, sob o ponto de vista do consumidor, a conduta da ré consiste em uma prestação de fazer (autorizar), muito embora acabe por acarretar, por via de consequência, o pagamento pela ré do procedimento médico ao hospital que o realizar[99].

12.9.6 Do cumprimento da sentença que reconheça a exigibilidade de obrigação de entregar coisa

O art. 513 determina que a sentença que reconhece a obrigação de entrega de coisa será executada sob a modalidade de cumprimento de sentença.

À luz do art. 538, o cumprimento por execução para entrega de coisa recai sobre determinado bem móvel ou imóvel, objeto da prestação assumida no título judicial.

O procedimento dirige-se, então, à consecução da apreensão judicial do bem e sua subsequente entrega, o que justifica os meios de imissão na posse do imóvel e de apreensão de bens móveis para suprir a resistência do vencido em cumprir a obrigação constante do título.

Desse modo, pelo regime do cumprimento de sentenças, transitada em julgado a decisão e não cumprida no prazo dado pelo juiz a efetivação da obrigação imposta, será expedido em favor do credor, independentemente de requerimento, mandado de busca e apreensão, se a coisa for móvel, ou imissão na posse, se imóvel (arts. 536, *caput* e § 1º, e 538, *caput*, todos do CPC).

---

[96] REsp 1.333.988-SP, rel. Min. Paulo de Tarso Sanseverino, j. 9-4-2014.
[97] REsp 1.359.976-PB, rel. Min. Paulo de Tarso Sanseverino, j. 25-11-2014, *DJe* 2-12-2014.
[98] REsp 1.092.592-PR, rel. Min. Luis Felipe Salomão, j. 24-4-2012.
[99] REsp 1.186.851-MA, rel. Min. Nancy Andrighi, j. 27-8-2013.

A eventual defesa far-se-á por impugnação, nos mesmos moldes do art. 525.

Assim é que, esgotado o prazo da sentença transitada em julgado ou sob execução provisória, o devedor pode tomar as seguintes atitudes:

a) entregar a coisa, hipótese em que se extingue o processo, salvo se ainda houver resíduos em favor do credor, quando se transmudará em execução por quantia certa dessas parcelas;

b) manter-se inerte, hipótese em que o juízo se valerá dos meios de sub-rogação.

Além da sub-rogação, poderá o juiz, ainda, nos termos do art. 538, § 3º, fixar multa por dia de atraso no cumprimento da obrigação, ficando o valor sujeito a alteração, se acabar se revelando insuficiente ou excessivo.

A apreensão dos bens em sede de impugnação é provisória, mas pode se converter em definitiva ou se levantar, de acordo com o julgamento da defesa do titular dos bens sub-rogados.

Na apreensão, o exequente poderá ter de indenizar o executado pelas benfeitorias feitas na coisa apreendida nos autos do mesmo processo, podendo o executado interpor, com efeito suspensivo, até o pagamento delas, impugnação por retenção. Somente após o pagamento do valor pelas benfeitorias o exequente pode ser imitido na posse do bem, imediatamente.

É importante ressaltar que, conforme o § 2º do art. 538, eventual direito de retenção em razão de benfeitorias[100] tidas pelo devedor deve ser arguido quando da contestação, ou seja, na fase de conhecimento, sendo descabida a sua alegação, apenas, em sede de impugnação[101].

12.10 REGIME ESPECIAL DO CUMPRIMENTO DE SENTENÇA NA AÇÃO CIVIL PÚBLICA

Quanto à demanda coletiva, a regra na execução é a tutela específica, ou seja, a reparação *in natura*. Contudo, existe a possibilidade de execução para pagamento de quantia, que se subdivide em duas espécies: quando o produto é destinado ao fundo mencionado no art. 13 da Lei de Ação Civil Pública e quando ele será destinado a reparar o prejuízo sofrido. Em todos os casos, o procedimento seguirá as normas do Código de Processo Civil[102].

A Lei n. 8.078/90 previu duas possibilidades para que os direitos individuais homogêneos tivessem resultado favorável em um processo coletivo. A primeira seria o ajuizamento de uma demanda coletiva, na qual o pedido fosse voltado para a satisfação dos direitos individuais homogêneos. Já a segunda possibilidade decorre da coisa julgada *in utilibus*, no caso de sentença de procedência do pedido em sede de ação civil pública versando sobre direitos difusos ou coletivos em sentido estrito, nos termos da parte final do art. 103, § 3º, do CDC.

Haveria, nessa última hipótese, algo semelhante à sentença penal condenatória, pois, em ambos os casos, embora o objeto da condenação seja outro, se formaria também um título executivo judicial, em favor das vítimas, a ser liquidado e executado, no caso concreto, a favor dos interesses individuais homogêneos reflexamente afetados em razão do dano individualmente considerado e objeto do processo originário.

No caso de ajuizamento de demanda voltada para a defesa de direitos individuais homogêneos, o art. 95 do CDC preceitua que a condenação será genérica, fixando a responsabilidade dos réus pelos danos causados, já que a identificação das vítimas ou a determinação dos danos nem sempre é possível em um primeiro momento, justificando, assim, a admissão de uma sentença genérica.

---

[100] Theodoro Jr., 2017b, p. 203.
[101] Nesse sentido, Guilherme Rizzo Amaral lembra que doutrina e jurisprudência assim já vinham se manifestando: REsp 1.278.094-SP, rel. Min. Nancy Andrighi, *DJe* 22-8-2012. Wambier et al., 2015, p. 1411.
[102] Rodrigues, 2011, p. 420-422.

Na hipótese de liquidação e execução intentadas pelo indivíduo, amparadas em sentença coletiva, são alternativamente competentes:

i) o foro no qual tramitou a ação de conhecimento, sem prevenção do juízo que julgou a demanda coletiva;

ii) o juízo do foro do domicílio do exequente (indivíduo lesado);

iii) o juízo do foro do atual domicílio do executado; e

iv) o juízo do foro no qual o executado possui bens sujeitos a expropriação.

Trata-se de decorrência do Princípio do Acesso à Justiça, previsto no art. 5º, XXXV, da Carta de 1988. Contudo, vale lembrar que o STJ afastou a legitimidade do MP para liquidação e execução fundada no art. 98 do CDC[103].

Tais hipóteses são resultado de interpretação sistemática dos arts. 90, 98, § 2º, e 101, inciso I, do CDC, e ainda do art. 21 da Lei de Ação Civil Pública. No mesmo sentido, o STJ[104] já decidiu, no regime do art. 543-C do CPC/73.

Como não há previsão expressa no Código Civil, deve ser utilizado, subsidiariamente, o prazo quinquenal previsto no art. 21 da Lei n. 4.717/65, visto que a ação civil pública e a ação popular integram o microssistema da tutela coletiva. Nesse sentido o prazo é de cinco[105] e não de vinte anos.

Ademais, deve ser aplicado o enunciado da Súmula 150 do Supremo Tribunal Federal[106] (Prescreve a execução no mesmo prazo de prescrição da ação).

Não custa lembrar, ainda, que nos casos de liquidação e execução individual de sentença coletiva, além da apuração do *quantum debeatur*, deverá o requerente demonstrar a sua titularidade quanto àquele crédito, ou seja, a sua legitimidade (*cui debeatur*)[107], na forma do art. 97 do CDC. Em cada cumprimento de sentença, o(s) lesados(s) deverão tomar a iniciativa de requerer a liquidação e o cumprimento, podendo o magistrado, contudo, limitar o número de substituídos, na forma do art. 113, § 1º, do CPC[108].

Contudo, em caso de inércia dos particulares ou até mesmo se apenas uma parcela deles liquidar a sentença, não há impedimento para que os legitimados atuem na fase de execução, incluindo o MP[109], ainda que inertes os beneficiários da decisão[110] proferida em ação civil pública, desde que observados o prazo e a forma previstos no art. 100 do CDC[111].

---

[103] O Ministério Público não possui legitimidade para promover a execução coletiva do art. 98 do Código de Defesa do Consumidor por ausência de interesse público ou social a justificar sua atuação. REsp 1.801.518-RJ, rel. Min. Paulo de Tarso Sanseverino, 3ª T., por unanimidade, j. 14-12-2021, DJe 16-12-2021. *Informativo STJ* 722.

[104] REsp 1.243.887-PR, rel. Min. Luis Felipe Salomão, Corte Especial, *DJe* 12-12-2011.

[105] REsp 1.070.896-SC, rel. Min. Luis Felipe Salomão, *DJe* 4-8-2010.

[106] Nesse sentido já decidiu o STJ no REsp 1.275.215-RS, j. 27-9-2011.

[107] STJ, 4ª T., AgRg no AREsp 536859-SP, rel. Min. Marco Buzzi, j. 16-9-2014, *DJe* 24-9-2014.

[108] REsp 1.947.661-RS, rel. Min. Og Fernandes, 2ª T., por unanimidade, j. 23-9-2021. *Informativo STJ* n. 712.

[109] "O Min. Relator registrou que a legitimidade do MP para a execução decorre de lei (art. 100 c/c art. 82 do CDC). Afirmou, ainda, não ser necessário que a possibilidade de destinação para o fundo seja pedida expressamente na inicial da ACP, já que tal hipótese é uma opção de execução, prevista em lei, somente possível caso os cidadãos lesados permaneçam inertes (REsp 996.771-RN, rel. Min. Luis Felipe Salomão, j. 6-3-2012, *Informativo*, n. 492).

[110] "De início, a Turma, por unanimidade, reconheceu a legitimidade do MP para a liquidação e execução de forma subsidiária, quando inertes os beneficiários da decisão em ação civil pública, conforme previsto no art. 100 do CDC. REsp 1.187.632-DF, rel. originário Min. João Otávio de Noronha, rel. para acórdão Min. Antonio Carlos Ferreira, j. 5-6-2012" (*Informativo*, n. 499).

[111] Interesses individuais homogêneos. Execução coletiva. Associação. Legitimidade ativa subsidiária. Recuperação fluida (*fluid recovery*). Art. 100 do CDC. A legitimidade subsidiária da associação e dos demais sujeitos previstos no art. 82 do CDC em cumprimento de sentença coletiva fica condicionada, passado um ano do trânsito em julgado, a não haver habilitação por parte dos bene-

Esses legitimados, aliás, deverão atuar, garantindo que o réu cumpra as obrigações a que for condenado. No caso de condenação a pagar quantia, após a liquidação, esse valor será revertido para um fundo, sendo o dinheiro revertido em prol da coletividade, na reparação do dano ou evitando novos danos.

Ainda, em relação aos juros de mora, de acordo com entendimento do STJ, eles só passarão a ser devidos a partir da citação do devedor na fase de liquidação de sentença, e não a partir de sua citação inicial na ação coletiva. Como é proferida sentença condenatória genérica, ainda não é líquida; é necessária, para a caracterização da mora, a interpelação do devedor, o que se dá com a sua citação na fase de liquidação de sentença[112].

---

ficiários ou haver em número desproporcional ao prejuízo, nos termos do art. 100 do CDC. REsp 1.955.899-PR, rel. Min. Nancy Andrighi, 3ª T., por unanimidade, j. 15-3-2022, *DJe* 21-3-2022. *Informativo STJ* n. 729.

[112] STJ, REsp 1.348.512-DF, rel. Luis Felipe Salomão, j. 18-12-2012, *Informativo*, n. 513.

Seção II Procedimentos Especiais

Capítulo 1
PROCEDIMENTOS DE JURISDIÇÃO CONTENCIOSA

1.1 DISPOSIÇÕES GERAIS

O CPC contempla duas categorias procedimentais no processo de conhecimento: o procedimento comum (art. 318, Parte Especial, Livro I, Título I) e o procedimento especial (Livro I, Título III), que pode ser de jurisdição contenciosa ou de jurisdição voluntária.

Há ainda previsão de procedimentos em leis extravagantes, como o procedimento sumaríssimo, previsto não pelo CPC, mas pelas Leis n. 9.099/95, 10.259/2001 e 12.153/2009.

O procedimento especial é aplicável a determinadas situações específicas, consoante previsto pelo próprio Código (art. 318, *caput*). Não havendo previsão legal expressa, aplica-se o procedimento comum.

Assim, toda vez que se vai ajuizar uma demanda em que se manifesta pretensão de natureza cognitiva, é preciso verificar se existe algum procedimento especial previsto. Não existindo, aplica-se, então, o procedimento comum.

Já o procedimento especial não se restringe ao processo de conhecimento (arts. 539 e s.), sendo cabível também no processo de execução ou de cumprimento de sentença, quando tratado como processo autônomo (como exemplo, há o procedimento das execuções de prestações alimentares – arts. 528 a 533), além dos previstos em legislação extravagante (como exemplos, temos a ação de alimentos – Lei n. 5.478/68, ação de despejo – Lei n. 8.245/91, entre outros).

Contudo, trataremos apenas do procedimento especial no processo de conhecimento, razão pela qual analisaremos apenas seu cabimento nas hipóteses dos arts. 539 e seguintes.

Esses procedimentos foram criados como uma tutela diferenciada tanto para atender às peculiaridades da relação jurídica de direito material subjacente à de direito processual, como é o caso da ação de demarcação de terras e do inventário, como também para acelerar a prestação jurisdicional, como na supressão de alguns atos que compõem o procedimento comum, o que pode ser verificado na ação monitória.

Cabe, porém, ressalvar que essa última finalidade não impede que os procedimentos especiais possam, a partir de determinado ato, seguir as regras do procedimento comum.

Destaque-se que muitas vezes o legislador trata esses procedimentos especiais como ações. O uso da expressão "ação", porém, revela-se apenas como lembrança do retrógrado e superado conceito civilístico de ação, segundo o qual a cada direito material corresponderia uma ação para protegê-lo na eventualidade de sua violação.

Na verdade, o que se admite hoje são procedimentos variados para deduzir pretensões relativas a certos direitos materiais, pelo que o correto seria dizer "procedimento da consignação em pagamento", "procedimentos possessórios", "procedimento da exigência de contas" etc.

Diferenciam-se do procedimento comum, por expressa previsão do legislador, nos seguintes termos, segundo sistematização feita por Vicente Greco Filho, ainda na vigência do CPC/73[1]:

1. alteram prazos e a sequência de atos e suprimem atos ou termos (ex.: monitória);

2. inserem providências cautelares ou executivas (ex.: possessórias ou ação de busca e apreensão decorrente de alienação fiduciária);

3. estabelecem normas especiais sobre sentenças, seus efeitos e cumprimento (ex.: despejo, possessórias);

4. fundem conhecimento e execução (própria e imprópria), podendo colocar o primeiro como eventual (ex.: ação de exigir contas, ação de consignação em pagamento);

5. estabelecem regras recursais próprias (ex.: despejo por falta de pagamento e a execução fiscal prevista na Lei n. 6.830/80);

6. atribuem à ação a natureza de dúplice ou excepcionam o princípio de iniciativa da parte (ex.: possessória, restauração de autos, prestação de contas);

7. alteram a regra geral sobre legitimação ativa ou passiva e intervenção de terceiros (ex.: casos de substituição processual, citação de "terceiros interessados");

8. antecipam a ocorrência do interesse processual para o momento da ameaça da lesão (ex.: interdito proibitório);

9. condicionam o exercício da ação a pré-requisitos especiais, processuais e extraprocessuais (ex.: notificação prévia, justificação prévia);

10. atribuem ao juiz poderes para atuar, independentemente de outra ação, diretamente no plano do direito material, eliminando ações futuras (ex.: a instituição de servidão pelo juiz da divisória);

11. excepcionam o princípio de atuação por legalidade estrita e autorizam o julgamento por equidade;

12. estabelecem regras especiais de competência.

Destaque-se que essas diferenças podem ser com maior ou menor intensidade, pois há procedimentos especiais que se diferenciam do procedimento comum apenas pelo acréscimo de um ato inicial, como ocorre nas ações possessórias de força nova; outros são inicialmente especiais, mas conversíveis ao comum, como na ação de reintegração de posse de bem alienado com reserva de domínio; e outros são irredutivelmente especiais, como o inventário, e devem ser aplicados no que for cabível, isto é, respeitadas as especialidades listadas, os princípios do processo e do procedimento da teoria geral.

Sob a égide do CPC/73, havia procedimentos com prazos maiores que o procedimento comum, como era o exemplo da ação de demarcação de terras, em que o prazo de resposta do demandado era de vinte dias, e prazos menores, como era o caso da ação de depósito – extinta pelo CPC –, em que o prazo de resposta era de cinco dias.

Sabendo-se que, no procedimento comum, o réu podia contestar, apresentar exceção, reconvir, impugnar o valor da causa, realizar a nomeação à autoria ou, ainda, fazer o chamamento ao processo, a grande discussão que se punha na doutrina era se os prazos maiores ou menores do procedimento especial seriam apenas para contestação – aplicando-se para as demais modalidades de resposta do réu o prazo de quinze dias do procedimento comum – ou se seriam, na verdade, para qualquer resposta do réu.

---

[1] Greco Filho, 2006, p. 215-216.

O prazo previsto para contestação nos procedimentos especiais era, na verdade, aplicado para qualquer uma das modalidades de resposta do réu, observando-se apenas, quando fosse o caso, as prerrogativas da extensão dos prazos processuais prevista nos então arts. 188 e 191 do CPC/73.

Com a tendência de unificação do prazo de resposta em quinze dias no CPC, inclusive em procedimentos especiais, o debate doutrinário acerca desse tema tende a se tornar desnecessário, embora continue a haver a previsão de prazo diferenciado para a Fazenda Pública, Defensoria Pública e Ministério Público, bem como prazo em dobro aos litisconsortes com procuradores distintos, pertencentes a escritórios diversos (desde que não se trate, nesse último caso, de processo eletrônico, por força de restrição que consta no art. 229, § 2º, do CPC).

Continuando a análise das peculiaridades dos procedimentos especiais, a inserção de fases cautelares e executivas está presente como unificação das fases procedimentais.

Enquanto no procedimento comum as fases postulatória (que se inicia com o ajuizamento da ação e vai até a resposta do réu – arts. 318 a 346 do CPC), ordinatória (que compreende as providências preliminares, e o saneamento do processo – arts. 346 a 357), instrutória (que compreende a produção de provas, antes e durante a AIJ – arts. 358 a 488), decisória (arts. 485 a 495) e o cumprimento de sentença (arts. 513 a 538) são facilmente distinguidas, no procedimento especial não se percebe essa diferença. Muitas fases se interpenetram, podendo, em determinados procedimentos, estar fundidas as providências de caráter executório, cautelar, mais as de natureza cognitiva.

Um exemplo é a ação de despejo: quando o juiz julga a procedência do pedido, já há a marcação da data do despejo, não sendo necessário o cumprimento daquela sentença em fase separada.

A natureza dúplice está presente quando as partes, em alguns procedimentos especiais, assumem a natureza de demandante e de demandado, o que permite formular pedido em seu favor na própria contestação, como se dá, por exemplo, na ação de demarcação de terras e nas ações possessórias.

No que tange à alteração das regras relativas à legitimidade das partes, temos que a legitimidade será aferida com base na relação jurídica material controvertida.

Contudo, há situações nos procedimentos especiais que exigem não apenas a citação do réu, mas também de terceiros interessados, os quais, quando citados, assumem também a posição de réu. O melhor exemplo disso, sob a égide do CPC/73, era o da ação de usucapião, em que devem ser citados todos os proprietários confrontantes com o imóvel usucapiendo. No CPC, por falta de previsão legal, a usucapião passa a seguir o procedimento comum, ainda que mantida a exigência de citação dos confrontantes (art. 246, § 3º, do CPC)[2].

Por outro lado, é possível, agora, usucapir pela via administrativa, observados os requisitos do art. 216-A da Lei de Registros Públicos, dispositivo inserido naquele diploma pelo art. 1.071 do CPC.

Em relação à competência, como regra geral, as ações devem ser propostas no domicílio do réu. No caso dos procedimentos especiais, pode haver regras específicas de competência territorial, como é o caso da ação de consignação em pagamento, em que a competência é do juízo do foro do cumprimento da obrigação.

O motivo relevante da adoção de procedimentos especiais está diretamente relacionado à situação peculiar da relação material discutida no processo, sendo que tal especialidade não significa

---

[2] Observe-se, contudo, que o art. 1.071 do CPC altera o Capítulo III do Título V da Lei n. 6.015/73 (Lei de Registros Públicos), que passa a vigorar acrescida do art. 216-A. Esse dispositivo, sem prejuízo da via jurisdicional, admite o pedido de reconhecimento extrajudicial de usucapião, que será processado diretamente perante o cartório do registro de imóveis da comarca em que estiver situado o imóvel usucapiendo.

necessariamente o encurtamento de seu rito, mas da própria característica do litígio submetido à apreciação jurisdicional e das exigências das pretensões nele contidas.

Destaque-se que se aplica aos procedimentos especiais, subsidiariamente, o procedimento comum, conforme dispõe o art. 318, parágrafo único, do CPC.

Muitos procedimentos especiais, em determinado ponto, passam a seguir as regras do procedimento comum, tanto que o parágrafo único do art. 318 se limita a estabelecer que as disposições relativas aos procedimentos especiais serão próprias apenas nas suas diferenças em relação ao procedimento comum, sendo que a diferença ocorre, na maioria das vezes, apenas no início do procedimento.

Feitas essas diferenças, cabe destacar que os procedimentos especiais podem ser de jurisdição contenciosa ou de jurisdição voluntária, divisão essa que causa divergências doutrinárias quando da classificação de alguns procedimentos especiais.

1.2 PROCEDIMENTOS ESPECIAIS DE JURISDIÇÃO CONTENCIOSA E DE JURISDIÇÃO VOLUNTÁRIA

Os procedimentos especiais podem ser de jurisdição contenciosa ou de jurisdição voluntária e representam a atuação da jurisdição com a autoridade do Poder Judiciário.

Essa divisão foi criada com base no conceito de lide, definida por Carnelutti como o conflito de interesses qualificado por uma pretensão resistida. Diante da existência da lide, poderia haver renúncia de uma das partes à pretensão; a busca do Judiciário para ajuizar a lide, convertendo-a em uma demanda; ou a busca de meios alternativos para solucioná-la, como a negociação, a mediação e a arbitragem.

De acordo com a existência ou não de lide, a jurisdição é contenciosa quando exercida em face de um litígio, quando há controvérsia entre as partes. Já a voluntária é exercida quando o Estado-juiz se limita a homologar a vontade dos interessados, não havendo interesses litigiosos.

O interesse de agir está presente na jurisdição contenciosa diante da proibição de fazer justiça com as próprias mãos, figura tipificada como o crime de exercício arbitrário das próprias razões (art. 345 do CP), e na jurisdição voluntária, pela própria lei impedir a prática de determinados atos sem a autorização judicial, ou seja, em se tratando de jurisdição voluntária, se a lei não obriga, falta interesse processual para ir ao Judiciário.

As diferenças entre a jurisdição contenciosa e a jurisdição voluntária estão no modo de atuação, na postura do juiz, na posição das partes ou interessados e nos efeitos da sentença, como passaremos a expor.

Na jurisdição contenciosa, as partes buscam solucionar um litígio, a sentença decide entre os litigantes, há sempre um demandado, pede-se ao Judiciário a solução de um litígio, sendo que a existência prévia desse litígio é a causa do processo e a sentença forma coisa julgada.

Já na voluntária, os interessados perseguem determinados efeitos materiais para si, o juiz pronuncia-se para os interessados, sendo que não há um julgamento a favor de uma parte e contra a outra. Não há demandado, mas simples interessado. Procura-se obter determinado efeito jurídico-material ou a legalidade de um ato, sem que se apresente ao juiz controvérsia ou litígio e a sentença não produz coisa julgada, sendo obrigatória enquanto não modificada, mas não sendo imutável.

Diante de suas características, muito se questionou se seria mesmo jurisdição e se seria voluntária.

Então, formaram-se duas teorias quanto à denominação jurisdição voluntária.

Para uma teoria, denominada teoria clássica ou administrativista, a doutrina nacional majoritária afirma que a jurisdição voluntária não constituiria típica função jurisdicional, nem ao menos seria voluntária[3], pois sua verificação decorreria de exigência legal, com o intuito de conferir validade a determinados negócios jurídicos escolhidos pelo legislador. Não havendo lide, não haveria processo. Nesse sentido, ela é definida como administração pública de interesses privados.

Dentre os argumentos levantados, destacam-se, em linhas gerais:

a) que o seu objeto não é a resolução da lide, mas a integração de um negócio jurídico com a participação do magistrado;

b) que não haveria atividade substitutiva, mas intervenção necessária do juiz;

c) que não haveria partes (com interesses contrapostos), mas interessados[4]; por fim,

d) ressaltam a inexistência de ação (e também de processo, devendo-se falar apenas em procedimento), pois essa é o direito de provocar a atividade jurisdicional e não a administrativa, bem como de coisa julgada material, uma vez que se poderia rediscutir a decisão proferida sobrevindo novas circunstâncias, com base no art. 1.111 do CPC/73, que, contudo, acabou não reproduzido pelo CPC.

Avançando consideravelmente na doutrina, uma segunda corrente, a teoria revisionista, tem recebido a adesão de consagrados processualistas, que entendem ser a jurisdição voluntária verdadeiro exercício da função jurisdicional.

São exemplos de jurisdição voluntária, a saber: nomeação de tutores e curadores, homologação de separação judicial, emancipação e alienação judicial dos bens de menor, autenticação de livros comerciais, aprovação dos estatutos das fundações, retificação dos atos do registro civil etc.

Seus defensores argumentam, em última análise:

a) que a litigiosidade não deve ser considerada critério definidor, pois nem sequer seria essencial à jurisdição contenciosa, mas acidental;

b) que o juiz intervém decidindo como um terceiro imparcial, mantendo sua independência quanto aos efeitos produzidos por sua decisão;

c) que, além de constituir novos estados jurídicos, também possui função declaratória – típica da função jurisdicional; e

d) mesmo a ausência de lide não impede seja prolatada sentença coberta pelo manto da coisa julgada. O CPC não reproduziu o dispositivo que impedia a formação da coisa julgada material nos procedimentos de jurisdição voluntária, o que abriu caminho para o cabimento da ação rescisória.

Ademais, asseveram que essa atividade, assim como a jurisdição contenciosa, visa à pacificação social mediante a eliminação de situações incertas ou conflituosas, tendo sido este o entendimento adotado pelo CPC, que lhe dedica todo um capítulo – arts. 719 e seguintes, cujos procedimentos obedecem às formas processuais conhecidas: petição, citação, resposta contraditória, provas, sentença e apelação.

Feitas essas distinções, será iniciada a análise dos procedimentos especiais previstos no CPC, partindo-se daqueles de jurisdição contenciosa, para posteriormente serem abordados os procedimentos de jurisdição voluntária.

---

[3] A inexistência de voluntariedade na jurisdição voluntária é aceita tanto pela teoria administrativista quanto pela revisionista, em razão de se tratar de atividade necessária. A controvérsia entre tais teorias reside em ser a jurisdição voluntária autêntica atividade jurisdicional ou atividade meramente administrativa.

[4] Buscam seu fundamento no art. 721 do CPC, que, regendo os procedimentos de jurisdição voluntária, aduz: "Serão citados todos os interessados, bem como intimado o Ministério Público, nos casos do art. 178, para que se manifestem, querendo, no prazo de 15 (quinze) dias". Dessa forma, é corrente a terminologia *"inter volentes"* – "entre os que querem" – para designar as partes na jurisdição voluntária e *"inter nolentes"* – "entre os que resistem" – na jurisdição contenciosa.

Capítulo 2
AÇÃO DE CONSIGNAÇÃO EM PAGAMENTO

2.1 NOÇÕES GERAIS

A ação de consignação em pagamento é um instituto criado pelo direito processual apenas para regular o procedimento de eficácia liberatória do pagamento, sem que haja, necessariamente, a transferência do bem ao credor, tanto que o pagamento por consignação é regulado nos arts. 334 a 345 do Código Civil.

Como bem observa Daniel Amorim Assumpção Neves[1], a consignação é uma forma atípica de extinção das obrigações.

Preceitua o art. 334 do Código Civil que: "Considera-se pagamento, e extingue a obrigação, o depósito judicial ou em estabelecimento bancário da coisa devida, nos casos e forma legais".

Esse instituto não pode ser utilizado para obrigações de fazer ou de não fazer e prescinde de acordo de vontades entre devedor e credor acerca de aceitação do pagamento pretendido, tendo como efeito prático o adimplemento da obrigação antes pactuada.

No direito civil brasileiro, pode ser feito através do depósito judicial ou em estabelecimento bancário. A alusão a depósito bancário, nos casos de obrigação pecuniária, teve previsão em nosso ordenamento a partir de 1994, por força da Lei n. 8.951, que alterou o CPC/73.

2.2 NATUREZA DO INSTITUTO DA CONSIGNAÇÃO

A consignação é modalidade de extinção das obrigações e a ação de consignação em pagamento é o procedimento através do qual se exercita a pretensão de consignar em juízo.

A doutrina majoritária[2] a considerava como de natureza híbrida, pertencente ao direito processual no que tange à forma pela qual se realiza e ao direito material, quanto aos efeitos de direito civil que produz (extinção da obrigação pelo pagamento).

Hoje resta solucionada a questão, visto que os efeitos da consignação extrajudicial, conferidos pela Lei n. 8.951/94, dirimiram a questão, possibilitando a autonomia dos efeitos da consignação, instituto de direito material que libera o devedor da obrigação, independentemente do procedimento especial judicial previsto.

2.3 NATUREZA PROCESSUAL DA AÇÃO DE CONSIGNAÇÃO

Os procedimentos especiais possuem essa peculiaridade porque não são institutos de natureza processual única (processo de conhecimento ou processo de execução), representam muito mais figuras híbridas, atos cognitivos e de execução em dosagens variáveis.

Há predominância de atividade de conhecimento nesse tipo de exercício do direito de ação. Esse predomínio de atividade de conhecimento se caracteriza pelo seu conteúdo amplamente declaratório.

---

[1] Neves, 2015, p. 827.
[2] Theodoro Jr., 2017a, p. 119.

Contudo, a executividade também se faz presente através do depósito, ato material dentro da própria relação processual que culmina com a afetação de bens que migram de um patrimônio a outro, provocando a extinção, desde logo, da relação jurídica obrigacional deduzida em juízo.

Observe-se que não há condenação do credor, mas, pelo contrário, permissão a que o devedor provoque o credor a vir receber o que lhe é devido, sob pena de extinguir-se a dívida mediante o depósito judicial da *res debita* deferido judicialmente.

A sentença final, se procedente, declara a eficácia extintiva da obrigação (rompe-se o vínculo que constrangia juridicamente o devedor ao credor) através do depósito feito pelo devedor.

A iniciativa do depósito, que deve ser integral[3], é da parte e não do juízo, por isso se considera a ação predominantemente declarativa. A sentença se limita a reconhecer a eficácia liberatória do depósito promovido pelo devedor.

A estrutura executiva consiste em que o credor não é convocado apenas para discutir a pretensão do devedor, mas sim para desde logo receber o que lhe é devido.

2.4 PRESTAÇÕES PASSÍVEIS DE CONSIGNAÇÃO

O art. 539 do CPC preceitua: "Nos casos previstos em lei, poderá o devedor ou terceiro requerer, com efeito de pagamento, a consignação da quantia ou da coisa devida".

A ação de consignação em pagamento libera o devedor nos casos de depósito de quantia ou coisa devida, deixando o devedor de assumir os riscos pela mora da coisa consignada, que passam para o credor, até o julgamento da consignação.

Não apenas as dívidas de dinheiro, mas também qualquer *coisa* fungível ou infungível, certa ou incerta, móvel ou imóvel.

Somente se excluem da consignação em pagamento as prestações provenientes de obrigações negativas e as obrigações de fazer puramente, devido às suas próprias naturezas.

Destaque-se, porém, que incide aqui a regra de que o credor não é obrigado a receber prestação diversa da que lhe é devida, ainda que mais valiosa, de modo que a consignação em pagamento só é cabível pelo depósito daquilo que é devido, ou seja, não é possível ao devedor pretender fazê-lo por objeto diverso daquele a que se obrigou[4].

2.5 CABIMENTO DA CONSIGNAÇÃO

Retornando à disposição do art. 539 do CPC, os casos previstos em lei a que alude o dispositivo são, como regra geral, os previstos no direito material.

Dispõe o art. 335 do Código Civil:

"A consignação tem lugar:

I – se o credor não puder, ou, sem justa causa, recusar receber o pagamento, ou dar quitação na devida forma;

II – se o credor não for, nem mandar receber a coisa no lugar, tempo e condição devidos;

---

[3] Em ação consignatória, a insuficiência do depósito realizado pelo devedor conduz ao julgamento de improcedência do pedido, pois o pagamento parcial da dívida não extingue o vínculo obrigacional (REsp 1.108.058-DF, rel. Min. Lázaro Guimarães [Desembargador Convocado do TRF da 5ª Região], rel. acd. Min. Maria Isabel Gallotti, 2ª S., por maioria, j. 10-10-2018, *DJe* 23-10-2018 [Tema 967], *Informativo STJ*, n. 636).

[4] REsp 1.194.264-PR, rel. Min. Luis Felipe Salomão, j. 1º-3-2011, *Informativo STJ*, n. 465.

III – se o credor for incapaz de receber, for desconhecido, declarado ausente, ou residir em lugar incerto ou de acesso perigoso ou difícil;

IV – se ocorrer dúvida sobre quem deva legitimamente receber o objeto do pagamento;

V – se pender litígio sobre o objeto do pagamento".

Dispõe, ainda, o art. 164 do Código Tributário Nacional:

"A importância do crédito tributário pode ser consignada judicialmente pelo sujeito passivo, nos casos:

I – de recusa de recebimento, ou subordinação deste ao pagamento de outro tributo ou de penalidade, ou cumprimento de obrigação acessória;

II – de subordinação do recebimento ao cumprimento de exigências administrativas sem fundamento legal;

III – de exigência, por mais de uma pessoa de direito público, de tributo idêntico sobre um mesmo fato gerador".

O art. 549 do CPC institui mais um caso legal de consignação em pagamento fora do elenco criado pelo direito material, destinando-a, também, a instrumento de resgate do aforamento.

No texto primitivo do CPC/73, o então art. 900 permitia a consignação, ainda, para remição de hipoteca, penhor, anticrese e usufruto. A Lei n. 5.925/73, no entanto, suprimiu tal permissivo, restringindo o alcance do art. 900 apenas ao resgate da enfiteuse.

Admite-se, também, a consignação para pagamento de dívida sujeita a condição, desde que esta já esteja cumprida. Já no caso das obrigações sujeitas a termo, desde que ocorrido o termo para o cumprimento da obrigação, ela já seria exigível, tornando a consignação viável.

Por outro lado, nos casos de não cumprida a condição ou o termo, é possível a consignação para que o credor possa recebê-la quando nascer a pretensão. Nesses casos, porém, os riscos pela coisa consignada só se transferem após a ocorrência da condição ou do termo, quando a dívida se tornaria exigível.

Há, ainda, casos de consignação previstos em leis extravagantes, como, por exemplo, o Decreto-lei n. 58/37, art. 17, parágrafo único, e a Lei n. 6.766/79, art. 33, ambos relativos a contratos de compromisso de compra e venda de terrenos loteados, bem como no art. 58, II, da Lei n. 8.245/91, que dispõe sobre a ação consignatória de aluguéis e encargos.

A consignação em pagamento depende do preenchimento dos mesmos requisitos exigidos para o pagamento (art. 336 do CC). Assim, para gerar efeito, é preciso que a consignação seja feita à disposição da pessoa a quem se deveria pagar, com o objeto que deveria ser prestado, no modo pactuado e no tempo estipulado. Admite-se, ainda, que sejam pactuadas outras condições para a consignação, porém, na falta de previsão expressa, as condições serão as mesmas do pagamento.

2.6 PRESSUPOSTOS PARA O PAGAMENTO EM CONSIGNAÇÃO

São pressupostos para o pagamento em consignação, conforme art. 335 do Código Civil:

a) mora do credor:
- recusa injustificada do credor em receber;
- inércia, ausência, desconhecimento ou inacessibilidade do credor.

b) risco de pagamento ineficaz:
- recusa do credor em fornecer a quitação;
- dúvida quanto à pessoa do credor;

- litigiosidade em torno da prestação entre terceiros;
- falta de quem represente legalmente o credor incapaz, desconhecido, ausente ou em local inacessível.

Cabe ao devedor demonstrar na petição inicial e provar na fase de instrução processual a ocorrência de uma dessas hipóteses, sob pena de ver julgado improcedente seu pedido, sem que haja a eficácia liberatória do depósito.

2.7 LIQUIDEZ DA PRESTAÇÃO DEVIDA

O art. 336 do Código Civil preceitua que: "Para que a consignação tenha força de pagamento, será mister que concorram, em relação às pessoas, ao objeto, modo e tempo, todos os requisitos sem os quais não é válido o pagamento".

Dessa forma, o pagamento por consignação se sujeita aos mesmos requisitos de eficácia do pagamento voluntário.

Assim sendo, somente quando é possível o pagamento voluntário é que se pode lançar mão da consignatória como alternativa para aqueles casos em que o devedor não encontra meios de pagar sua dívida na forma natural.

Se a dívida ainda tiver que ser liquidada, não é possível a consignação, uma vez que o devedor não teria como proceder ao pagamento voluntariamente, estaria pendente a sua liquidação e seria, portanto, inexigível ainda o pagamento.

De se ressaltar que somente a dívida líquida e certa se mostra exigível, de modo a tornar cabível o pagamento. Sem exigibilidade da dívida, inadmissível é a *mora creditoris,* um dos pressupostos fundamentais para a consignatória.

O conceito de mora pode ser extraído como sendo uma associação entre liquidez e vencimento. Há total impossibilidade de pagar o ilíquido. Se o vínculo jurídico existente entre as partes não revela, *prima facie,* uma dívida líquida e certa, não tem condições o devedor de compelir o credor a aceitar ou reconhecer um depósito liminar como hábil a realizar a função de pagamento.

Contudo, modernamente, esse entendimento vem sendo atenuado, na medida em que a discussão a respeito da existência da dívida e do *quantum* devido passa a integrar o âmbito da ação consignatória, não mais constituindo obstáculo ao seu ajuizamento.

Tal orientação tem por base legal o art. 545 do CPC, que prevê que o valor da dívida pode ser objeto de impugnação e discussão. Logo, sendo o objetivo último liberar o devedor e não tendo a lei previsto nenhuma restrição, não seria razoável fazer exigências onde a lei não as fez.

2.8 CONSIGNAÇÃO PRINCIPAL E INCIDENTAL

A ação de consignação pode se dar por via principal ou por via incidental. A consignação incidental encontra amparo no art. 327 do CPC, podendo haver cumulação do pedido consignatório com outros pedidos, no mesmo processo, desde que desprezado o rito especial da ação de consignação e verificada a unidade da competência[5].

O pedido de depósito incidente, conforme as circunstâncias, pode ser tanto uma providência prévia, como é o caso do depósito preparatório para a ação, como *a posteriori,* como efeito da sentença e requisito da execução.

---

[5] "A Turma reiterou o entendimento de que, em ação consignatória, é possível a ampla discussão sobre o débito, inclusive com o exame de validade de cláusulas contratuais" (REsp 645.756-RJ, rel. Min. Aldir Passarinho Junior, j. 7-12-2010).

Em qualquer das hipóteses, a característica do depósito incidente será de procedimento acessório e secundário, não sendo tão relevantes a liquidez e a certeza da obrigação, pois, no caso de cumulação de pedidos, a certeza jurídica e a liquidez da obrigação serão alcançadas, via de regra, com a solução do pedido principal.

Se o depósito for preparatório e estiver menor do que o débito proclamado na sentença, o autor poderá completar a consignação, na fase executória, se a tanto não se opuser preceito de direito material. No caso de o depósito ocorrer na fase de execução, esses requisitos já estarão acertados.

Ressalte-se que, na generalidade das prestações ilíquidas ou incertas, é sempre cabível a cumulação sucessiva de apuração e declaração do *quantum debeatur* com o pedido consequente de autorização para depósito liberatório *a posteriori*, através do procedimento comum.

Abordaremos, nos próximos itens, a consignação por via principal e suas peculiaridades.

2.9 CONSIGNAÇÃO EM PAGAMENTO DE TÍTULO CAMBIÁRIO E CAMBIARIFORME

Outro objeto de controvérsia doutrinária e jurisprudencial é a consignação em pagamento de títulos cambiários e títulos cambiariformes.

Aqueles que não admitem a ação de consignação desses títulos alegam como obstáculo a impossibilidade de identificar o credor, uma vez que, em razão da natureza abstrata e autônoma desses documentos, pode haver infinitos endossos, o que impediria ou, no mínimo, dificultaria a identificação do legitimado passivo. No entanto, tal impedimento poderia ser removido pela citação editalícia, nos termos do art. 256 do CPC.

2.10 COMPETÊNCIA

Segundo os arts. 540 do CPC e 337 e 341, ambos do Código Civil, o foro competente para o ajuizamento da ação de consignação é o do local do pagamento, que pode ser o do domicílio do devedor, se a dívida for quesível, ou o do domicílio do credor, se a dívida for portável.

Já no caso de o local designado para pagamento ter se tornado inacessível ou perigoso (art. 335, III, do CC), a competência poderá ser livremente escolhida pelo devedor, desde que não haja prejuízo para o credor.

Embora essa seja uma regra específica para o procedimento da consignatória, não há contradição com a regra geral do procedimento comum, expressa no art. 53, III, *d*, do CPC, que determina que o foro do local onde deverá ser satisfeita a obrigação é o competente para a ação relativa ao seu cumprimento.

O objetivo dessa previsão legal específica é excluir a possibilidade de o devedor optar pelo foro de eleição ou do domicílio do demandado, como ocorre no procedimento comum. Assim, na consignatória, o credor tem o direito de exigir que o depósito se faça no local de pagamento, sem prejuízo do foro convencionado entre as partes.

Ressalte-se, porém, que essa competência é relativa, podendo ser prorrogada, caso não alegada pelo credor em tempo hábil. Constitui exceção a essa regra a ação consignatória incidente, cuja competência determinar-se-á com base na ação principal.

Quando as prestações tiverem que ser remetidas, o local de pagamento e, portanto, o foro competente para o ajuizamento da consignatória serão o do destino, quando o devedor assumir o risco de remeter por sua conta a mercadoria, e o da expedição, quando a remessa for feita por conta e risco do credor.

A competência para a consignação é, em síntese, sempre a do lugar de pagamento, seja este previsto em cláusula expressa, deduzido da natureza da obrigação ou das circunstâncias do negócio ou simplesmente apurado pelas regras de direito material a respeito do cumprimento das obrigações.

Tratando-se de obrigações de trato sucessivo, conforme se depreende do art. 541 do CPC, uma vez deferido pelo juiz o pagamento da primeira parcela, presume-se que as demais parcelas estão abrangidas, conforme a competência já determinada, eis que se trata de pedido implícito.

Há uma importante exceção, referente à consignação de valor relativo a bem imóvel. O art. 328 do Código Civil determina a competência em função do lugar em que se situa o bem. Não se deve confundir com a norma insculpida no art. 46 do CPC, que diz respeito à ação real imobiliária.

Outra exceção é a consignação de valor referente a aluguel devido, conforme se depreende do art. 58, II, da Lei n. 8.245/91, que determina a competência do foro do lugar da situação do imóvel.

2.11 LEGITIMAÇÃO AD CAUSAM

Como se sabe, em princípio, os sujeitos da relação jurídica de direito material são os que têm a legitimação para figurar nos polos da relação processual. É a chamada legitimação ordinária. No caso, em uma primeira análise, teríamos como legitimados quem pode realizar a prestação e quem pode dar quitação, ou seja, o devedor (autor) e o credor (réu).

Assim, temos que o art. 304 do Código Civil nada mais fez que confirmar essa regra[6].

Isso significa que as condições subjetivas para a eficácia da consignação são as mesmas do pagamento.

2.11.1 Legitimidade ativa

Estabelece o art. 539 do CPC que, "nos casos previstos em lei poderá o devedor ou terceiro requerer, com efeito de pagamento, a consignação de quantia ou coisa devida".

Percebe-se, portanto, que a lei amplia a legitimação ativa para, além do devedor, alcançar também o terceiro. Entretanto, deve-se conjugar esse artigo com os arts. 304 a 312 do Código Civil, que elencam quem pode pagar.

Pelas supracitadas regras, percebe-se que o terceiro juridicamente interessado na extinção da dívida (art. 304, caput, do CC) bem como o terceiro não interessado que aja em nome e à conta do devedor (art. 304, parágrafo único), podem extinguir a obrigação pelo pagamento.

O terceiro não interessado, agindo em seu próprio nome, também tem direito de pagar. Nesse caso, ele terá direito regressivo contra o devedor, mas, ao contrário dos dois casos ventilados no parágrafo anterior, ele não se sub-rogará nos direitos de credor do devedor em favor de quem foi quitada a dívida.

Destaque-se que a mora do devedor não lhe retira a legitimidade ativa para ajuizar a ação, desde que o inadimplemento seja possível – seja porque é faticamente viável, seja porque ainda existe interesse no recebimento da prestação.

Nesses casos, caberá ao devedor consignar o valor devido, acrescido dos prejuízos decorrentes, de juros, correção monetária e honorários advocatícios (art. 395 do CC). Já no caso de inadimplemento absoluto, quando o fato não puder mais ser prestado ou houver desinteresse do credor, não haverá mais legitimidade ativa do devedor para consignação, devendo a obrigação se resolver em perdas e danos.

---

[6] "Art. 304. Qualquer interessado na extinção da dívida pode pagá-la, usando, se o credor se opuser, dos meios conducentes à exoneração do devedor. Parágrafo único. Igual direito cabe ao terceiro não interessado, se o fizer em nome e à conta do devedor, salvo oposição deste.".

2.11.2 Legitimidade passiva

Quem tem legitimidade passiva é o credor que se recusou a receber o pagamento ou que se absteve de tomar as providências necessárias à sua concretização, por força dos arts. 336 e 308 a 312 do Código Civil.

Se houver mais de um credor e eles forem solidários, estaremos diante da hipótese do art. 267 do Código Civil, segundo o qual qualquer deles pode exigir do devedor a prestação por inteiro. Então, todos eles têm legitimidade para responder à consignação, restando, assim, configurado caso de litisconsórcio passivo facultativo, podendo o autor mover a ação contra apenas um deles ou contra todos (art. 113 do CPC).

Porém, em caso de dúvida quanto ao credor legítimo, têm legitimidade para ser réus todos os pretensos credores, nos termos do art. 547 do CPC, em litisconsórcio passivo eventual. Neste último caso, se ao devedor não for possível identificar todos os pretensos credores, haverá lugar para a citação por edital, em conformidade com os arts. 256 e seguintes do CPC.

Já no caso de mandatário do credor, apesar de este poder receber e dar quitação, não poderá ser réu da demanda, não o tornando parte legítima.

2.12 PRESTAÇÕES SUCESSIVAS

Dispõe o art. 541 do CPC, no que tange às prestações periódicas:

"Tratando-se de prestações sucessivas, consignada uma delas, pode o devedor continuar a depositar, no mesmo processo e sem mais formalidades, as que se forem vencendo, desde que o faça em até 5 (cinco) dias contados da data do respectivo vencimento".

O dispositivo dá direito ao devedor de utilizar-se de um só processo para promover o depósito das várias prestações em que se divide uma só obrigação, desde que os referidos depósitos sejam feitos em até cinco dias após o vencimento de cada prestação.

Por isso, prima no princípio da economia processual, mas não só em tal fonte e na regra de direito material que estabelece a liberação da obrigação pactuada em cotas somente quando a última destas for solvida.

Ultrapassado o prazo do artigo, os depósitos não possuirão mais a eficácia liberatória, e não poderão ser feitos nos mesmos autos, sem prejuízo dos depósitos anteriores.

O fato, todavia, não importará por si só na improcedência da ação, cuja sentença ficará restrita ao reconhecimento da eficácia liberatória dos depósitos feitos em tempo útil.

Não haverá, também, impedimento a que seja ajuizada nova consignatória para o depósito das prestações que não chegaram a ser recolhidas judicialmente, em tempo hábil, no primeiro feito. Isso decorre do fato de não haver litispendência entre ações consignatórias referentes a períodos distintos.

A admissibilidade dos depósitos contínuos é condicionada ao requerimento pelo interessado no ato da propositura da ação[7].

Ressalte-se que a incidência da regra pressupõe negócio jurídico material único com preço desdobrado em sucessivas prestações.

---

[7] Há um pronunciamento do FPPC sobre o tema. É o Enunciado 60, que diz: "Na ação de consignação em pagamento que tratar de prestações sucessivas, consignada uma delas, pode o devedor continuar a consignar sem mais formalidades as que se forem vencendo, enquanto estiver pendente o processo".

É importante destacar a diferença entre as prestações de trato sucessivo, isto é, que se renovam em dívidas sucessivas singulares ao fim de períodos consecutivos, e as dívidas de preço parcelado, que são fracionadas, mas que nasceram quando da celebração do negócio jurídico, não dependendo sua existência de sua duração no tempo.

Assim, faz-se crer que o permissivo do depósito de prestações periódicas pode ter duração diferente, conforme os termos da inicial da ação de consignação.

O autor da consignação não está obrigado a consignar as prestações que se vençam após o ajuizamento da ação; o depósito é uma faculdade que a lei lhe atribui.

Mas há regras específicas sobre a matéria, como Lei de Locações, que, em seu art. 67, III, impõe ao consignante a "promoção dos depósitos nos respectivos vencimentos", não sendo, portanto, uma faculdade do locatário ou terceiro legitimado a consignação periódica, como se processa com a regra geral.

Não há necessidade de nova citação do credor, tampouco de novo requerimento ao juiz a cada prestação vencida. Ocorre que, com o depósito inicial, o autor já obtém a abertura da conta judicial onde serão efetuados os depósitos periódicos; assim, basta que o consignante requeira ao escrivão a expedição de guia para depósito, ao seu respectivo tempo, que ele o fará de imediato, seguindo-se, então, por conta do autor o referido depósito.

Discute-se qual seria o limite dessa consignação, se seria até o trânsito em julgado da sentença ou até sua prolação. Considerando-se que a sentença da ação consignatória é predominantemente declaratória, na medida em que declara extinta obrigação pelo caráter liberatório do depósito, o melhor entendimento é que a consignação de prestações periódicas deve ocorrer até sua prolação, pois não se poderia admitir que houvesse declaração com eficácia para o futuro.

Sobre o termo final da consignação de prestações periódicas em processo ainda em curso, Daniel Amorim Assumpção Neves[8] assinala a existência de três entendimentos: i) para parte da doutrina, em razão de aplicação analógica do art. 67, III, da Lei n. 8.245, de 18 de outubro de 1991, o termo final coincidiria com a prolação da sentença, sendo irrelevante a interposição de recurso de apelação contra ela; ii) para o STJ, ao contrário, o termo final seria o trânsito em julgado da sentença; iii) para Humberto Theodoro Júnior[9], poderia haver consignação mesmo após a prolação da sentença, a depender do conteúdo desse pronunciamento judicial – ou seja, só seriam admissíveis novos depósitos se a decisão do juiz expressamente abarcasse essa possibilidade, em atendimento a um pedido formulado pelo próprio autor na elaboração da petição inicial.

2.13 CAUSA DE PEDIR

A causa de pedir na ação consignatória está intimamente ligada ao cabimento desta, ou seja, ao interesse de agir (condição genérica para o regular exercício do direito de ação), muito embora não sejam estes exatamente a mesma coisa.

Menciona o art. 539 do CPC que a consignação terá lugar nos casos previstos em lei. Esses permissivos legais encontram-se principalmente no Código Civil (art. 335) e no Código Tributário Nacional (art. 164).

Continuando, há duas situações nas quais haverá a possibilidade do depósito judicial liberatório, sendo, portanto, estas as duas possíveis causas de pedir:

---

[8] Neves, 2016, p. 836.
[9] Theodoro Jr., 2016, p. 41.

1. impossibilidade real do pagamento voluntário;

2. risco do pagamento ineficaz.

A primeira pode ocorrer por recusa injusta de receber a prestação por parte do credor (mora do credor) ou por ausência, desconhecimento ou inacessibilidade do sujeito ativo da obrigação.

A segunda ocorrerá quando houver, por parte do credor, recusa de fornecer a quitação devida; dúvida fundada quanto à pessoa do credor; litigiosidade em torno da prestação entre terceiros ou falta de quem represente legalmente o credor incapaz.

Cumpre esclarecer que estas serão sempre a causa de pedir na consignatória e que são ônus do autor, pois sem elas não haverá interesse de agir e o processo será julgado extinto, *ex officio*, sem resolução do mérito, como previsto no art. 485, VI, e § 3º, do CPC.

2.14 PEDIDO

Prevê o art. 539 que o devedor ou terceiro poderá requerer a consignação da coisa devida, com efeito de pagamento. O pedido será para que tenha a consignação força de pagamento a fim de que seja declarado extinto o vínculo obrigacional.

Entretanto, por meio da leitura dos arts. 542 e 543 do CPC, resta claro que o autor pedirá também na peça exordial: a) o depósito da coisa devida, a ser efetivado no prazo de cinco dias contados do deferimento; b) a citação do réu para levantar o depósito ou oferecer resposta. Neste último caso, em se tratando de obrigação alternativa ou genérica cuja escolha for do credor, o autor pedirá a citação do credor para, no prazo estipulado no contrato ou, se nada houver sido avençado, em cinco dias, exercer o seu direito de escolha sob pena de decadência deste. Destaque-se que o fato de ter o réu se decidido por determinada prestação não significa que ele não possa discutir dúvidas existentes em torno da obrigação.

No caso de incerteza do credor, pedirá o autor para serem citados todos os que disputam esse *status* jurídico para provar o seu direito, obedecendo ao mandamento do art. 547 do CPC.

Estivemos tratando até agora da ação consignatória principal, que é a que tem por único objetivo o depósito da *res debita* para extinção da dívida do autor.

Contudo, há que se falar também na ação consignatória incidental. É a que se verifica quando o depósito em consignação é postulado em pedido cumulado com outras pretensões do devedor, observando-se as disposições do art. 327 do CPC.

O pedido de depósito incidente tanto pode referir-se a uma providência prévia como a uma medida final sendo que, naquele caso, o depósito será preparatório e, neste, um requisito para a execução da sentença.

Em qualquer hipótese, o pedido consignatório tem aspecto acessório e secundário, dependendo a sua subsistência da sorte do pedido principal. Por esse motivo não são tão relevantes, na espécie, a certeza jurídica e a liquidez da obrigação, visto que elas serão alcançadas, via de regra, pela solução do pedido principal.

É de ser considerado, afinal, que, na generalidade das prestações ilíquidas ou incertas, é sempre cabível a cumulação sucessiva de apuração e declaração do *quantum debeatur* com o pedido consequente de autorização para depósito liberatório *a posteriori*.

Nessas ações, que seguem o rito comum por força do art. 327, § 2º, do CPC, nada impede que o autor, desde logo, deposite em juízo o valor em que provisoriamente estima a sua dívida, o qual estará sujeito a reajustes na sentença definitiva, mas que poderá muito bem ser aceito pelo demandado, com antecipação para o desate da lide, como modalidade de autocomposição.

2.15 EFEITOS DA CONSIGNAÇÃO

Os efeitos da consignação, basicamente, referem-se à exclusão dos efeitos da mora para o devedor, deixando este de assumir os riscos pela demora incidente sobre a coisa consignada e que passam a ser do credor, ao menos até o julgamento da consignação.

Julgada procedente a consignação, tornam-se definitivos os efeitos provisórios. Julgada improcedente a medida, retornam para o devedor os riscos e os efeitos da mora.

Dessa forma, os efeitos da consignação são apenas provisórios, tornando-se definitivos com a aceitação da prestação pelo credor ou com a decisão final da causa.

Por isso a previsão do art. 338 do Código Civil de que, enquanto não se verificar a aceitação da prestação pelo credor ou sua impugnação, pode o devedor requerer o levantamento da prestação consignada, desde que pague as despesas respectivas, subsistindo a obrigação.

2.16 PROCEDIMENTO DA CONSIGNAÇÃO EM PAGAMENTO

2.16.1 Procedimento extrajudicial

Sob a égide do CPC/73, a Lei n. 8.951/94 acrescentou parágrafos ao então art. 890. Talvez foi, das alterações, a de maior peso porque interferiu no modo como a própria ação de consignação em pagamento se insere entre os meios destinados à tutela contra a *mora debitoris*.

Os novos dispositivos criaram como alternativa ao processo judicial um procedimento extrajudicial para a consignação em pagamento, quando se tratar de obrigação em dinheiro. O CPC manteve as disposições nos §§ 1º a 4º do art. 539.

O devedor ou o terceiro, legitimado a pagar pelas regras de direito material, não está obrigado a se valer do procedimento de que cuidam os §§ 1º e seguintes.

Trata-se de uma opção do devedor ou do terceiro para liberar-se da obrigação, mera faculdade, uma vez que a lei menciona que "poderá o devedor ou terceiro optar pelo depósito da quantia devida", o que não impede que se opte pelo ajuizamento da ação de consignação em pagamento[10].

As alterações consistiram em abrir para o devedor de obrigação pecuniária a faculdade de efetuar um depósito bancário em nome do credor, com o mesmo objetivo liberatório que o depósito feito em juízo, contornando com isso a necessidade de ingresso nas vias judiciárias. Essa novidade é reflexo das modernas tendências a valorizar os meios alternativos de acesso à Justiça, possibilitando a extinção das obrigações através de um depósito extrajudicial.

O depósito tem a finalidade de eliminar ou impedir a incidência da mora, independentemente da aceitação do credor, mas esse depósito, para gerar efeitos, deverá ser integral e observar a pessoa, o objeto, o modo e o tempo, requisitos necessários à efetivação do pagamento. Caso o depósito seja parcial, os efeitos da mora serão evitados apenas no limite da quantia consignada.

A lei não deixa dúvidas quanto à aplicação dos parágrafos apenas aos casos de obrigação em dinheiro, ficando excluída no tocante à consignação de coisa, quando deverá ser utilizado o sistema tradicional, de depósito judicial da coisa devida. Parte da doutrina, com a qual, *data venia*, não concordamos, entende que essa norma é de natureza material, não se aplicando, portanto, às relações fiscais e locatícias.

Não a consideramos de natureza material, mas, sim, processual, regulando apenas nova maneira de se proceder à consignação. Voltamos à velha regra de hermenêutica, pela qual onde a lei específica nada prevê aplica-se o regulado pela norma geral.

---

[10] Marinoni; Arenhart; Mitidiero, 2017a, p. 142.

O procedimento ao qual nos dedicamos aqui é, repita-se, extrajudicial, tanto que se efetiva sem qualquer ato de jurisdição. Esse procedimento, entretanto, é preparatório da ação de consignação em pagamento, no caso do § 3º.

O depósito da soma devida consubstancia a oferta real, que não precisa ser antecedida de outra. Não quer dizer isso que o credor não possa recusar-se ao levantamento do depósito e alegar, uma vez proposta a ação, a inexistência da *mora accipiendi*. Demonstrado que ela não ocorreu, torna-se evidente a falta de interesse processual do autor da ação.

O referido depósito deverá, de acordo com a lei, dar-se em estabelecimento bancário, cientificando-se o credor para vir receber a prestação, ou para eventual manifestação de recusa.

Efetuado o depósito extrajudicial, em conta bancária, deverá ser cientificado o credor, por carta com aviso de recepção, tendo ele o prazo de dez dias para manifestar a recusa, que se presumirá renunciada em caso de silêncio, ficando o devedor liberado da obrigação e a quantia depositada a favor do credor.

Sendo imprescindível a ciência do credor, pressupõe-se que ele seja determinado, excluindo-se, assim, a possibilidade nos casos de dúvida sobre quem deva receber o pagamento (art. 547 do CPC).

A controvérsia se instaura, diante da omissão da lei, em relação a quem deverá cientificar o credor da existência do depósito. Para nós o encargo cabe ao consignante, posicionamento que deve ser adotado em homenagem ao princípio da demanda.

Outros autores, contudo, sustentam que a cientificação caberia ao estabelecimento bancário perante o qual se efetuou o depósito, por afirmarem que se estabeleceria um sistema mais seguro de comunicação, evitando-se a possibilidade de ter um comprovante de que o aviso de recebimento tratava-se de um envelope vazio[11].

Na carta que será enviada ao credor deverá constar, obrigatoriamente, o prazo de dez dias para a manifestação da recusa, que, feita além do decêndio, contado, via de regra, da data do recebimento desta, não impedirá a incidência do art. 539, § 2º.

Decorridos dez dias do recebimento da carta, documentado no respectivo aviso de recebimento (o prazo se conta da data do recebimento e não do dia do retorno do AR ao banco), sem que o credor manifeste sua recusa, "considerar-se-á o devedor liberado da obrigação", reza o § 2º, criando uma presunção relativa, a qual cede à prova em contrário.

Portanto, a falta de recusa não obsta à propositura das ações, que o credor tiver contra o devedor, incumbindo ao primeiro opor ao segundo a alegação de que não se manifestou devido ao não recebimento da carta, de inexistência da *mora accipiendi* ou de insuficiência do depósito.

Cientificado do depósito, o credor pode comparecer ao banco e levantá-lo, imediatamente ou em qualquer tempo. O levantamento do depósito faz presumir a mora do credor e exonera o devedor quanto à soma depositada. Não pode o credor fazer o levantamento mediante ressalva, reserva, ou protesto, pois o banco não tem competência para conhecer de tais manifestações.

Destaque-se que, como exigência para a consignação extrajudicial, o beneficiário do depósito deverá ser conhecido, certo, capaz, solvente, inequivocamente titular do crédito e com domicílio conhecido pelo depositante.

Se, cientificado dele, o credor pretender manifestar sua recusa ao depósito, deverá fazê-lo, no prazo de 10 (dez) dias contados do recebimento da carta (§ 1º), em correspondência dirigida ao banco, e não ao consignante, conforme se depreende do § 3º.

---

[11] Nesse sentido: Câmara, 2009, p. 275.

Ressalte-se, ainda, que ao credor não carece dar razões de recusa, bastando-lhe identificar seu objeto de modo suficiente.

Manifestada a recusa do credor, o devedor ou o terceiro pode propor, em um mês, a ação consignatória (§ 3º). A petição inicial será necessariamente instruída com a prova do depósito e da recusa, que se reputam documentos indispensáveis à sua propositura (arts. 320 e 321).

No que concerne ao prazo de um mês conferido pela lei para que o depositante fundamente sua ação no depósito e na recusa, não especificando a legislação o início de sua contagem, parece-nos mais prudente o entendimento de que a contagem de tal termo inicia-se na data em que o estabelecimento bancário certifica a recusa, protocolando-a, já que é a única data oficial existente.

Não proposta a ação em um mês do § 3º, o depósito não tem efeito liberatório (§ 4º), a menos que o credor, que pode levantá-lo a qualquer tempo, vá ao estabelecimento bancário e o retire antes que o faça o depositante.

Nesse ponto, importa salientar que, segundo a jurisprudência mais recente do STJ, compete ao depositante o ônus de comprovar à instituição financeira depositária a efetiva propositura da ação de consignação em pagamento para que o depósito extrajudicial passe a ser tratado como judicial, de modo a passarem a incidir as regras referentes à caderneta de poupança.

Caso contrário, o ônus de complementar os valores faltantes caberá ao depositante por ter deixado de cumprir seu dever de notificar o banco[12].

Se o credor manifestar recusa e, ainda assim, o devedor não quiser propor a ação, bastará que se dirija ao banco e declare o seu propósito, bem como que não fora ajuizada ação, levantando o dinheiro antes mesmo do decurso do mês de prazo.

Se o credor quedar silente, o depositante só poderá levantar o depósito decorrido um mês, devendo-se interpretar o § 4º como regra estipuladora de um prazo mínimo, durante o qual o depósito deve permanecer à disposição do credor.

O depositante poderá levantar imediatamente o depósito, se provar que não ajuizou ação e que esta fora proposta, tendo como causa de pedir o mesmo crédito, por pessoa diferente dele, *v. g.*, o depósito foi de terceiro.

Destaque-se apenas que, mesmo transcorrido o prazo de um mês, sem que seja proposta a ação consignatória, nada impede a realização de novo depósito ou o ajuizamento da ação consignatória, só que o depósito anteriormente realizado não terá efeitos de elisão da mora.

2.16.2 Procedimento judicial em caso de mora do credor

2.16.2.1 *Petição inicial*

O procedimento de consignação em juízo começa com a petição inicial, que observará os requisitos dos arts. 319 e 320 do CPC.

O autor deverá, ainda, requerer o depósito da quantia ou da coisa devida (art. 542, I).

Ressalte-se que o requerimento de depósito da quantia ou coisa devida só poderá ser dispensado nos casos em que se tenha previamente realizado a consignação extrajudicial, em até um mês antes do ajuizamento da ação, caso em que a petição inicial deverá vir acompanhada da prova do depósito bancário e da recusa do credor.

Em seguida, requererá, na norma vestibular, a citação do réu para levantar o depósito ou oferecer resposta.

---

[12] RMS 28.841-SP, rel. Min. Sidnei Beneti, j. 12-6-2012, *Informativo STJ*, n. 499.

2.16.2.2 Valor da causa

Onde a regra específica silenciar devemos utilizar os dispositivos da norma geral. É o que ocorre ao buscarmos o dispositivo relativo ao valor da causa na ação de consignação em pagamento.

De acordo com o art. 291 do CPC, o valor da causa na consignatória corresponde à importância pecuniária ou ao valor da coisa que o autor entende devida. Se o autor protesta pelo depósito de prestações vincendas, o valor da causa deve corresponder ao equivalente a doze vezes a primeira prestação, quando a obrigação for por tempo indeterminado ou superior a um ano.

Se a obrigação for por tempo menor que um ano, o valor da causa será equivalente ao número de parcelas (art. 292, § 2º, do CPC).

Cabe lembrar que, não obstante a pluralidade de prestações, pode a ação ser ajuizada visando apenas a uma delas especificamente, o que, certamente, não ampliará o valor da causa além do *quantum* apontado na peça exordial[13].

Norma específica, porém, existe no tocante à consignatória de aluguel que, mesmo antes da nova Lei do Inquilinato, já era regulada, quanto ao valor da causa, pela Súmula 449 do STF, a qual hoje encontra-se superada, na medida em que o art. 58, II, da Lei n. 8.245/91 (Lei do Inquilinato) tratou integralmente da questão.

Segundo a referida norma, o valor da causa corresponderá a doze meses de aluguel ou, no caso de tratar-se de contrato por tempo indeterminado em que a ocupação do imóvel estiver relacionada ao seu emprego, a três salários vigentes por ocasião do ajuizamento.

2.16.2.3 Depósito

O despacho que deferir a inicial determinará o depósito requerido pelo autor e fixará data para o levantamento pelo devedor, desde logo considerando o tempo necessário para a devida citação do réu. O depósito deverá ser feito em cinco dias a contar do deferimento, salvo no caso de consignação extrajudicial.

É comum o juiz determinar, no mesmo despacho, a citação do réu para resposta e o depósito pelo autor. Apesar de não existir disposição legal em contrário, tal procedimento pode levar a inconvenientes, sobretudo se o réu contestar antes da realização do depósito.

O prazo fixado no art. 542 tem natureza decadencial, já que o direito (ou faculdade) de depositar nasce condicionado ao seu exercício. Sem o depósito, o processo fica sem objeto e deve ser extinto sem julgamento de mérito (art. 485, X, c/c art. 542, parágrafo único), tendo em vista que a sentença tem a função de declarar sua eficácia liberatória.

Contudo, uma vez comprovado justo impedimento, deve ser aplicada a regra geral e devolvido o prazo ao devedor.

Como o depósito é ato do consignante, ele próprio pode revogá-lo, se assim quiser. Uma vez que o pedido é a declaração da natureza liberatória do depósito, seu levantamento pelo próprio autor corresponde à desistência da ação, regulamentada pelo art. 485, VIII.

Isso significa que o autor pode livremente retirar o depósito antes da citação ou da contestação, encerrando o procedimento. Depois da contestação, contudo, tal medida encontra-se condicionada à concordância do réu e importa condenação em custas e honorários.

Observe-se que o STJ[14] entende que em ação de consignação em pagamento, ainda que cumu-

---

[13] Wambier; Talamini, 2017, p. 75.

[14] "Com efeito, o depósito em consignação tem força de pagamento, e a correspondente ação tem por finalidade ver atendido o

lada com revisional de contrato, é inadequado o depósito tão somente das prestações que forem vencendo no decorrer do processo, sem o recolhimento do montante incontroverso e vencido.

2.16.2.4 Obrigação alternativa

Tratando-se de obrigação alternativa, em que a escolha é do devedor, em nada fica alterado o procedimento, tendo em vista que na inicial o devedor indicará a prestação escolhida, oferecendo-a ao credor.

Se a escolha couber ao credor, a citação passará a ter caráter tríplice. Além das duas funções anteriores, terá o credor cinco dias, se outro prazo não for estabelecido na lei ou no contrato, para escolher (art. 543 do CPC). Não o fazendo, caberá a escolha ao devedor.

O juiz deverá marcar, no mesmo despacho que determinar a escolha, a data do recebimento, computado o tempo necessário para a realização do depósito.

A escolha pelo credor de uma das obrigações alternativas não significa reconhecimento da procedência do pedido, sendo-lhe permitido contestar, em vez de aceitar o pagamento escolhido.

2.16.2.5 Citação

O sistema brasileiro exige que, antes do depósito judicial, o devedor tenha feito oferta particular, recusada pelo credor. O depósito, pelo sistema introduzido com a reforma (Lei n. 8.951, de 13-12-1994, que alterou o art. 893, II, do CPC/73, correspondente ao art. 542, II, do CPC), deve ser feito antes da citação, requerida na inicial.

Logo, a citação requerida pelo devedor tem duplo objetivo: convocá-lo para receber a prestação devida e dar-lhe oportunidade de contestar a ação, caso não aceite o depósito.

Se ocorrer dúvida fundada do devedor sobre quem deva legitimamente receber o pagamento, o autor requererá o depósito e a citação de todos os que disputam para provarem seu direito (art. 547 do CPC).

2.16.2.6 Resposta do demandado

Diante da citação, o demandado pode assumir três condutas:

a) aceitar a prestação devida, sem ressalva, gerando a extinção do processo, com resolução do mérito, ante o reconhecimento do pedido;

b) responder;

c) ficar inerte (revelia).

A redação do CPC é omissa acerca do prazo, entendendo-se ser caso de aplicação do prazo geral de 15 dias.

O art. 544 do CPC enumera as matérias que podem ser utilizadas pelo réu na sua defesa. Tal enumeração representa apenas os temas típicos da consignação. Isso não impede que se aleguem, preliminarmente, outras matérias de direito processual, como a falta de uma condição da ação ou de um pressuposto processual.

---

direito material do devedor de liberar-se da obrigação e obter quitação. A consignação em pagamento serve para prevenir a mora, libertando o devedor do cumprimento da prestação a que se vinculou, todavia para que tenha força de pagamento, conforme disposto no art. 336 do CC, é necessário que concorram, em relação a pessoas, objeto, modo e tempo, todos os requisitos sem os quais não é válido o pagamento. Assim, a consignação em pagamento só é cabível pelo depósito da coisa ou quantia devida, não sendo possível ao devedor fazê-lo por objeto ou montante diverso daquele a que se obrigou." (REsp 1.170.188-DF, rel. Min. Luis Felipe Salomão, j. 25-2-2014, *Informativo STJ*, n. 537).

Já no mérito há divergência se poderá incidir limitação. Alguns autores sustentam que o art. 544 limitaria as alegações de mérito, tornando o processo de consignação em pagamento de cognição limitada em sua amplitude[15].

Na verdade, o que se pretende com o art. 544 é limitar o objeto do processo, o mérito da causa. O juiz poderá conhecer de qualquer alegação de direito processual ou de direito material feita pelo réu, mas apenas as questões do art. 544 terão a força de coisa julgada material.

Destaque-se que a insuficiência do depósito poderá ser alegada em contestação pela natureza dúplice do procedimento, não se admitindo, porém, a reconvenção quanto a esse ponto específico.

Caso seja alegada a insuficiência do depósito, o demandado deverá explicitar a quantia que entende ser devida e poderá levantar a quantia depositada, prosseguindo o processo para se verificar se o depósito foi ou não suficiente, admitindo-se, portanto, a possibilidade de se discutir, em sede de ação consignatória, a liquidez da obrigação.

O não comparecimento do credor para receber a prestação equivale à recusa tácita da oferta de pagamento. Porém, essa recusa não tem força de contestação, nem de revelia. Registrada a ausência do réu, o escrivão certificará a ocorrência nos autos, e a coisa devida continuará sob custódia, à ordem do juiz da causa.

O prazo de contestação começa a fluir desde a juntada do mandado de citação. A regra é a mesma quer o réu deixe de comparecer, quer compareça para declarar sua recusa (art. 544 do CPC).

O não comparecimento no prazo não impede que, mais tarde, venha a requerer nos autos o levantamento, do depósito, havendo reconhecimento do pedido. A qualquer tempo, enquanto permanecer consignada judicialmente a prestação, será faculdade do credor o seu recebimento, pois o depósito em consignação é precisamente despacho a favor do credor.

Sempre que se autorizar tal levantamento o réu firmará nos autos o recibo e termo lavrado por escrivão. Se o pedido do autor não tiver ainda sido julgado por sentença, com o recebimento do credor o juiz decretará de pleno a extinção do processo com declaração de extinção da obrigação e condenação do réu nas custas e honorários advocatícios.

A revelia do demandado só ocorrerá quando o prazo de resposta transcorrer sem que haja resposta do réu, nos termos do art. 344, apesar do silêncio do art. 544.

Reconhecendo a força liberatória do depósito, terá o juiz de condenar o réu, revel ou não, no pagamento de custas e honorários. Salvo na hipótese em que, ocorrendo impugnação do réu no que tange ao *quantum* depositado, o autor proceder à complementação da diferença, quando os ônus sucumbenciais se inverterão.

2.16.2.7 *Complementação do depósito*

Por medida de economia processual, o art. 545 do CPC faculta ao devedor, quando a defesa se fundar exclusivamente na insuficiência do depósito, a possibilidade de complementação em dez dias. Esse prazo tem natureza decadencial.

A complementação é permitida independentemente do motivo que levou o consignante a, inicialmente, depositar valor incorreto.

O autor não pode ser compelido a efetivar a complementação, por se tratar de mera faculdade. Contudo, uma vez manifestada sua vontade nesse sentido, não pode o depósito ser indeferido pelo juiz, tendo em vista constituir direito subjetivo do consignante.

---

[15] Nesse sentido: Câmara, 2009, p. 281.

O CPC exige dois requisitos para que a complementação do depósito seja eficaz. Primeiro, ela deve ser feita no prazo de dez dias, a contar da intimação do autor dos termos da resposta do réu.

Além disso, é necessário que o simples inadimplemento do devedor não cause, necessariamente, a resolução do negócio jurídico. A oferta insuficiente caracteriza a mora do devedor e, portanto, não será mais possível a emenda se essa mora provocar a resolução da obrigação.

Realizado o depósito complementar, se a única matéria de defesa tiver sido o *quantum* ofertado, o juiz deverá extinguir o processo com resolução do mérito, acolhendo o pedido consignatório.

Aqui, impõe destacar decisão da Terceira Turma do STJ[16], no que tange ao então § 1º do art. 899 do CPC/73, correspondente ao § 1º do art. 545 do CPC, que autoriza o levantamento, pelo consignado, das quantias depositadas, quando alegada em contestação a insuficiência do depósito.

Trata-se, segundo o rel. Min. Luiz Fux, de uma faculdade do credor. Assim, revelar-se-ia ilícito ao devedor usar a consignação em pagamento para, após reconhecida a improcedência do pedido, pretender levantar a quantia que ele próprio afirmara dever.

Nessa hipótese, entendeu o Tribunal que, convertida em favor do demandado a quantia incontroversa, a quitação parcial produzirá seus efeitos no plano do direito material.

Contudo, sob o ângulo processual, não será possível uma nova propositura pelo todo, admitindo o ajuizamento de nova demanda apenas pelo resíduo não convertido. Concluiu que o raciocínio inverso infirmaria a *ratio essendi* do § 1º do art. 899 do CPC/73 (art. 545, § 1º, do CPC), fundado em razão de justiça, equidade e economia processual, porque visa preservar o direito daquele que realmente o possui[17].

Surge, então, uma particularidade no que se refere à condenação nos ônus da sucumbência. Apesar do acolhimento do pedido, prevaleceu, em última análise, a posição do réu.

Ao complementar o depósito, o autor simplesmente reconheceu a procedência da contestação. A emenda do pedido após a contestação constitui exceção admitida pelo legislador nesse caso. Portanto, os encargos da sucumbência devem ser atribuídos ao devedor.

Ao arguir a insuficiência do depósito, o réu pode levantar desde logo a quantia depositada, tendo em vista que sobre ela não pesa qualquer controvérsia. O autor ficará, então, apenas parcialmente liberado, prosseguindo o processo quanto à parcela controvertida.

Esse levantamento já era admitido antes da reforma e podia ser feito mesmo antes do trânsito em julgado da sentença. Contudo, era interpretado como uma concordância pelo réu das alegações do autor. Aplicava-se o art. 503 do CPC/73 (art. 1.000 do CPC) pelo qual a parte que aceita, expressa ou tacitamente, a sentença ou a decisão, não poderá recorrer.

A aceitação tácita das alegações do autor era vista como um ato incompatível com a vontade de recorrer. O levantamento parcial antecipado só é admitido na hipótese de insuficiência do depósito (art. 544, IV, do CPC).

No caso de a defesa do réu ter fundamento em outras matérias além da insuficiência do depósito, mesmo que efetuada a complementação, não será admitido o levantamento parcial. O processo não será extinto, mas prosseguirá com redução do conteúdo da lide a ser solucionada.

O § 2º do art. 545 estabelece que a sentença que concluir pela insuficiência do depósito determinará, sempre que possível, o montante devido, mesmo que não tenha havido reconvenção por parte do réu. Para tanto poderá servir-se, se necessário, do auxílio de perito.

---

[16] REsp 984.897-PR, rel. Min. Luiz Fux, j. 19-11-2009, *Informativo STJ*, n. 416.
[17] Enunciado 61 do FPPC: "É permitido ao réu da ação de consignação em pagamento levantar 'desde logo' a quantia ou coisa depositada em outras hipóteses além da prevista no § 1º do art. 545 (insuficiência do depósito), desde que tal postura não seja contraditória com fundamento da defesa".

A sentença, nesse caso, valerá como título executivo, podendo a execução ser promovida nos próprios autos.

A determinação constitui medida de economia processual e deve ser proferida até mesmo de ofício, cabendo ao réu decidir se vai promover ou não a execução.

Com essa possibilidade, a consignatória assumiu, nessa hipótese do art. 545, natureza dúplice, visto que o autor pode vir a ser condenado, independentemente de reconvenção pelo réu. A sentença deixou de ser mera declaratória negativa para transformar-se em condenatória quanto à parcela não depositada.

Portanto, se for possível a determinação do montante devido, o juiz deverá fazê-lo, incidindo o art. 545, § 2º. A falta de elementos para a fixação do valor do débito, hipótese que deverá ser rara, determina a procedência parcial da ação, pois terá havido recebimento e quitação quanto à parcela depositada. Será necessária liquidação judicial para viabilizar a execução. As custas e os honorários poderão ser compensados tendo em vista a sucumbência recíproca.

2.16.2.8 Sentença

De acordo com o art. 546 do CPC, ao acolher o pedido do consignante, o juiz declarará extinta a obrigação e condenará o réu ao pagamento das custas judiciais e honorários advocatícios.

Observe-se que, quanto ao mérito, não é a sentença que constitui nem que desconstitui a obrigação, mas, sim, o depósito feito em juízo pelo autor, resultando na extinção do vínculo que existia.

A estrutura do procedimento especial da ação de consignação em pagamento, portanto, conduz a uma sentença declaratória, que apenas reconhece a eficácia do ato da parte, constando no dispositivo da sentença a extinção da obrigação.

Já as discussões que venham a surgir no curso do processo, a respeito da existência e do modo de ser da obrigação, serão apenas conhecidas na fundamentação da sentença, e não em seu dispositivo, não alcançando a coisa julgada material.

2.16.3 Procedimento judicial com risco de pagamento ineficaz

Como já vimos, a ação consignatória é cabível nos casos de *mora creditoris* e quando não tiver o devedor certeza quanto a quem deva legitimamente receber o pagamento. Isso significa que a lei visa a solucionar situações como a da impossibilidade real do pagamento voluntário, seja por injusta recusa por parte do credor ou por ausência, desconhecimento ou inacessibilidade deste, e a da insegurança ou risco de ineficácia do pagamento voluntário.

Esse tipo de consignação, *a priori*, não envolve uma controvérsia entre o devedor e o possível credor. Há, na verdade, uma insegurança jurídica para o devedor.

As hipóteses de impossibilidade real do pagamento voluntário foram abordadas anteriormente.

Vejamos agora os casos de risco de pagamento ineficaz que ensejam o pagamento por consignação: a recusa do credor em fornecer a quitação devida, a dúvida fundada quanto à pessoa do credor, a litigiosidade em torno da prestação entre terceiros e a falta de quem represente legalmente o credor incapaz.

Sempre que o credor, sujeito ativo da obrigação, se recusar a dar quitação pelo pagamento efetuado pelo devedor, tem este o direito de pleitear judicialmente sua liberação da obrigação, consignando o valor. Obtém, dessa forma, a quitação do seu débito.

A dúvida sobre a quem pagar existirá quando se desconhecer o credor atual, bem como se houver disputa entre os vários pretendentes ao crédito. Existirá dúvida quanto ao credor, por exemplo, nos casos de sucessão do devedor morto, que não deixar herdeiros conhecidos, nos títulos ao portador etc.

Tratando-se de desconhecimento do credor, a citação se fará por editais, observando-se o disposto nos arts. 256 e 257 e será nomeado curador especial se vier a ser decretada a revelia (art. 72, II).

Caso típico de consignação por ignorância quanto a quem pagar é o do incapaz sem representação legal, quando deverá funcionar o Ministério Público (art. 178, II) e será nomeado curador especial.

De acordo com o art. 547, sempre que houver litigiosidade quanto à titularidade do crédito, o devedor promoverá a ação citando os que o disputam para "provarem o seu direito".

Em todas as hipóteses de consignação por dúvida quanto a quem pagar há particularidades relativas ao procedimento da consignatória.

Efetuado o depósito preparatório, os interessados serão citados para "provarem o seu direito". Entretanto, o juiz designará, uniformemente, para todo e qualquer pretendente, dia e hora para o comparecimento em juízo. Caso sejam todos conhecidos, a citação far-se-á pessoalmente; sendo desconhecidos ou havendo incerteza quanto a sua identidade, haverá citação editalícia.

Observe-se, contudo, que não fica excluída a possibilidade de contestação, pois a dúvida que justifica e autoriza a consignação em pagamento não é nem pode ser a dúvida infundada, mas a dúvida séria, que possa levar o devedor a um estado de perplexidade.

Portanto, pode ser matéria de contestação a falta de interesse jurídico por inexistência de dúvida séria a justificar a consignação. Destarte, não havendo dúvida séria e fundada quanto a quem deva legitimamente receber, o devedor decai do pedido e terá que suportar os ônus da sucumbência.

Conjugando-se os arts. 544 e 547, conclui-se que aos interessados é dado o prazo de quinze dias para contestar, contados não da citação, mas da data marcada para o comparecimento e comprovação do direito creditício, observada a regra geral do procedimento comum.

Feita a citação dos credores incertos, pode ocorrer uma das seguintes situações: não comparecer qualquer pretendente, comparecimento de um apenas, ou comparecimento de mais de um.

Caso, na data e hora assinaladas para o comparecimento dos interessados em juízo, não se registrar presença alguma, determina o art. 548 que se converta o depósito em arrecadação de coisas vagas, aplicando-se os procedimentos do art. 746, § 2º, do CPC e arts 1.236 e 1.237 do CC. Dessa feita, perdurará o depósito à ordem judicial, até que algum interessado solicite seu levantamento, mediante comprovação do seu direito.

Sendo o depósito integral, o devedor se libera desde logo, declarando o juiz extinta a obrigação, ao determinar a arrecadação, na forma do art. 547. Isso significa o reconhecimento da procedência do pedido, sendo os ônus da sucumbência abatidos do depósito, antes da arrecadação, que se processará apenas sobre o valor líquido restante.

Esse procedimento depende da revelia de todos os possíveis interessados, devendo-se, portanto, aguardar o transcurso do prazo para contestar. Somente após verificada a ausência de contestação e a preclusão da faculdade de promovê-la, poderá o magistrado julgar o pedido do devedor e arrecadar o depósito como bem de ausente.

Por outro lado, comparecendo em juízo apenas um pretendente para se habilitar ao depósito feito pelo consignante, ao juiz caberá apreciar suas alegações e provas, para proferir, de plano, decisão em torno da pretensão de levantar o depósito (art. 548, II).

Ou seja, o simples comparecimento não permite o levantamento do depósito. Preciso é que o interessado prove seu direito de modo a eliminar a dúvida que ensejou a consignação.

Ademais, respeitando o princípio do contraditório, deve o juiz ouvir o autor sobre o pedido do pretendente.

Finalmente, vejamos o que ocorre quando mais de um pretendente comparece em juízo, avocando para si o direito ao crédito que o autor procura solver (art. 548, III).

Nesse caso, o processo é desmembrado, estabelecendo-se uma relação processual entre o devedor e o bloco dos pretensos credores e outra entre os diversos disputantes do pagamento.

O fato de haver diversos pretendentes em disputa no processo atesta a existência do interesse jurídico do devedor ao lançar mão do pagamento por consignação. Todavia, pode seu pedido ser julgado de pronto, independentemente da disputa entre os diversos pretendentes.

Assim, diante do disposto no art. 548, III, "o juiz declarará efetuado o depósito e extinta a obrigação, continuando o processo a correr unicamente entre os presuntivos credores", nos mesmos autos da consignatória, observado o rito comum e admitindo-se nova contestação da parte dos réus, uns em relação aos outros.

Os ônus da sucumbência serão deduzidos do depósito já existente, uma vez que, vitorioso, não cabe ao autor suportá-los.

Não obstante, podem os interessados oferecer contestação em face do devedor, isoladamente ou em conjunto, sob a alegação, por exemplo, de insuficiência do depósito ou de inexistência de dúvida quanto ao verdadeiro credor (quando todos os demandados reconhecem que apenas um deles é o credor). Nesse caso, acolhida a defesa, sucumbente será o devedor, a quem caberá arcar com o encargo das custas e dos honorários advocatícios.

Por outro lado, caso não haja contestação, ou sendo esta repelida, passa-se à segunda fase do procedimento, reservada exclusivamente aos pretensos credores. O rito é o comum.

Julgada extinta a obrigação em face do consignante, o juiz determinará que, em quinze dias, os concorrentes contestem as pretensões em conflito. Ao vencedor, a sentença do concurso autorizará o levantamento do depósito, cabendo ao vencido ou aos vencidos o ressarcimento de todos os gastos do processo efetuados ou suportados pelo verdadeiro credor.

É preciso que fique bem claro: na decisão da segunda fase, deve o juiz não só condenar o pretendente vencido a pagar a sucumbência dela, como também a repor a da primeira. Do contrário, o credor legítimo levantaria o valor não integral do depósito, uma vez que deste fora descontada a sucumbência devida ao consignante.

Aqui é decisão interlocutória por conta do teor do art. 203, § 1º, do CPC, pois o legislador não excepciona a regra no procedimento especial da consignatória e não menciona expressamente que a decisão que encerra a primeira fase seria sentença.

Situação especial ocorrerá quando houver prévio ajuizamento de ação entre os interessados a respeito da titularidade do crédito. Cabível será a consignação; entretanto, não haverá a segunda fase supracitada porque a disputa entre os pretensos credores é objeto da ação principal e a consignatória se dá por via incidente. Destarte, o juiz se restringirá à sentença de extinção da dívida do autor, e o levantamento do depósito ficará condicionado ao desfecho do processo principal.

Todavia, se houver intromissão de outro pretendente ao crédito, além dos que já figuravam na ação primitiva, ou se o depósito sofrer contestação, surgirá uma conexão de causas, que forçará a reunião dos dois processos, para julgamento simultâneo da consignatória e da ação de disputa do crédito, com ampliação do *thema decidendum* de cada um dos feitos.

2.17 RESGATE DA ENFITEUSE

O procedimento da ação de consignação é aplicável, no que for compatível, ao resgate do aforamento (art. 549). Aforamento, enfiteuse ou emprazamento é um direito real de posse, uso e gozo de imóvel alheio, alienável e transmissível por herança ao enfiteuta, obrigado a pagar uma pensão anual variável ao senhorio direto.

Dessa forma, a enfiteuse faz surgir uma relação entre o nu-proprietário, titular do domínio do imóvel, e o enfiteuta, que pode usar, fruir e dispor do bem, mas não tem direito de propriedade, que permanece com o senhorio direto. O enfiteuta tem a obrigação de pagar ao senhorio direto uma renda anual, o foro.

O Código Civil de 1916, em seu art. 693, tratava do tema[18].

A competência para processar a ação será da comarca da situação do bem enfitêutico, por se tratar de ação imobiliária (art. 47 do CPC).

Destaque-se que não há maiores diferenças entre a ação de consignação em pagamento e o procedimento de resgate da enfiteuse, ressalvando-se, apenas, que a sentença que julgue procedente o pedido, declarando extinta a enfiteuse pelo depósito do valor necessário para seu resgate, servirá como título de remição do aforamento, hábil a permitir seu cancelamento junto ao Oficial do Registro de Imóvel.

2.18 CONSIGNAÇÃO DE ALUGUÉIS E ACESSÓRIOS NA LOCAÇÃO

A Lei de Locação de Imóveis Urbanos (Lei n. 8.245/91) regula procedimento um pouco diferente do previsto no CPC para a ação de consignação em pagamento, quando o objeto é aluguel ou acessórios da locação, como, por exemplo, as despesas ordinárias de condomínio.

A competência para a ação de consignação de aluguéis é o foro do imóvel, salvo se outro houver sido eleito pelas partes (art. 58 da Lei n. 8.245/91).

A ação se inicia com a petição inicial que, além dos requisitos previstos para a ação de consignação em pagamento no CPC, deverá trazer a especificação dos valores dos aluguéis e acessórios da locação.

A legitimidade ativa para ajuizá-la é do próprio inquilino, seu cônjuge ou companheiro (art. 12), o ocupante de habitação coletiva multifamiliar (art. 2º, parágrafo único), o sublocatário, o fiador e terceiro, interessado ou não.

Figurarão no polo passivo o locador, o sublocador, o espólio, no caso de inventário, ou a massa, no caso de falência ou insolvência civil. Caso haja dúvida fundada quanto à titularidade do crédito, todos os que se dizem credores deverão figurar no polo passivo.

Deferida a citação do réu, o autor será intimado a depositar em vinte e quatro horas o valor da obrigação apontado na inicial, sob pena de extinção do processo sem resolução do mérito. Caso já tenha sido feito o depósito extrajudicial, ficarão evidentemente dispensados tanto sua intimação quanto o depósito judicial, devendo, nesse caso, a inicial vir instruída com comprovante do depósito e da recusa.

O depósito das prestações vencidas no curso do processo, aqui, não depende de pedido expresso na inicial e deve ser feito até a data do vencimento, podendo os depósitos serem feitos até a prolação da sentença de primeiro grau, conforme expressa previsão legal do art. 67, III, da Lei n. 8.245/91.

---

[18] "Art. 693. Todos os aforamentos, inclusive os constituídos anteriormente a este Código, salvo acordo entre as partes, são resgatáveis 10 (dez) anos depois de constituídos, mediante pagamento de um laudêmio, que será de 2,5% (dois e meio por cento) sobre o valor atual da propriedade plena, e de 10 (dez) pensões anuais pelo foreiro, que não poderá no seu contrato renunciar ao direito de resgate, nem contrariar as disposições imperativas deste Capítulo. (Redação dada pela Lei n. 5.827, de 23 de novembro de 1972).".

Se não houver contestação, o pedido do locatário será desde logo julgado procedente, com a competente declaração de quitação, condenando-se o locador ao pagamento das custas processuais e aos honorários advocatícios, no percentual de 20% sobre o valor do depósito (art. 67, IV).

Havendo contestação, o réu poderá alegar as matérias do art. 67, V, da Lei n. 8.245/91, disposições semelhantes às do art. 544 do CPC e que, como já tivemos a oportunidade de abordar, não consideramos exaustivas.

Feitas essas diferenças, as demais disposições serão semelhantes às da ação de consignação em pagamento prevista no CPC.

Capítulo 3
AÇÃO DE EXIGIR CONTAS

3.1 NOÇÕES GERAIS

Determinadas pessoas, em razão da função de administração de certos bens ou interesses, estão obrigadas a dar satisfação de seus atos de gestão. Essa obrigação pode ser cumprida voluntariamente, ou pode ser imposta ao administrador mediante pedido do interessado.

As contas, apresentadas voluntariamente ou impostas, deverão ser demonstradas e justificadas, para que se possa conferir a destinação dada ao patrimônio do administrado e a razoabilidade da atividade do administrador.

De se observar que o CPC de 2015 prevê apenas um procedimento especial para exigir contas, previsto no art. 550, nada mencionando sobre a "prestação de contas".

Contudo, o art. 763, § 2º determina que o tutor e o curador prestem contas "na forma da lei civil", ou seja, observadas as regras previstas nos arts. 1.755 a 1.762 do Código Civil.

Nesse passo, estamos em que as disposições relativas à exigência de contas devem ser aplicadas subsidiariamente à prestação de contas, observando-se, contudo, o art. 553[1]. Nesse sentido, será utilizado o procedimento comum, em atenção ao princípio da subsidiariedade[2].

A obrigação de prestar contas consiste, aliás, "no relacionamento detalhado e na apresentação de documentação comprobatória de todas as receitas e de todas as despesas referentes a uma administração de bens, valores ou interesses de outrem, realizada por força de relação jurídica emergente de lei ou de contrato"[3].

No caso de as contas serem apresentadas voluntariamente, haverá a prestação de contas passiva ou o procedimento de dar contas, que seguirá o trâmite comum. Já no caso de as contas não serem prestadas, elas poderão ser impostas, através da prestação de contas ativa ou também denominado procedimento especial de exigir contas.

A prestação pode ocorrer incidentalmente, no curso do processo principal, como muitas vezes ocorre com o inventariante (arts. 618, VII, e 622, V, do CPC), com o tutor (arts. 1.755-1.762 do CC), com o curador (arts. 1.774 e 1.783 do CC), com o depositário e com o administrador, hipóteses em que se terá a competência do juízo da causa originária para a prestação de contas, ou através de ação autônoma, a ação de exigir contas, que não possui disposição especial de competência, seguindo as disposições do art. 46 do CPC.

A ação de exigir contas, prevista nos arts. 550 e seguintes, revela-se, então, como medida judicial autônoma destinada a veicular a pretensão daquele que pretende que as contas lhe sejam prestadas. A medida, contudo, deve ser utilizada na perspectiva do interesse em agir, não se prestando a toda e qualquer pretensão[4].

---

[1] "Art. 553. As contas do inventariante, do tutor, do curador, do depositário e de qualquer outro administrador serão prestadas em apenso aos autos do processo em que tiver sido nomeado.".

[2] Marinoni; Arenhart; Mitidiero, 2017a, p. 157.

[3] Nesse sentido: Theodoro Jr., 2017a, p. 112.

[4] O alimentante não possui interesse processual em exigir contas da detentora da guarda do alimentando. Conforme estabelecido

Assim, como já referido, pela previsão do CPC/73, art. 914, I e II, a demanda para provocar a apresentação, a discussão e a aprovação das contas podia partir da iniciativa tanto de quem tinha a obrigação de dar contas como daquele a quem cabia o direito de exigi-las, motivo pelo qual se dizia que a ação tinha natureza dúplice.

O legislador de 2015, contudo, preferiu dar conformação mais restrita ao procedimento especial, limitando a pretensão de exigir as contas.

Seu objetivo principal é apurar, com exatidão, a existência ou não da pretensão às contas, sem a necessidade de invocar suposto crédito ou desfalque pelo requerido. Basta a comprovação do direito a ter as contas prestadas para que a demanda seja julgada procedente.

Contudo, na hipótese de, prestadas as contas, ser apurada a existência de saldo, este será conteúdo de título executivo judicial, prosseguindo o feito para impor ao réu o ressarcimento dos prejuízos causados, como medida acidental.

Assim, há, sempre, duas pretensões: a de exercitar o direito à prestação de contas e a de acertar o conteúdo patrimonial das contas.

3.2 NATUREZA JURÍDICA

A ação de exigir contas é um processo de conhecimento com predominante função condenatória, porque a finalidade da sentença é dotar aquele a que se reconhece a qualidade de credor de um título executivo, em que conste o balanço final aprovado em juízo, para que se possam executar eventuais saldos apurados.

3.3 CABIMENTO

O procedimento especial de exigir contas foi criado para compor litígios cuja pretensão se volte para o esclarecimento de certas situações resultantes da administração de bens alheios.

Isso porque aqueles que possuem bens de outros em sua guarda e administração devem prestar contas desses bens, inclusive acertar o fruto de sua gestão com o titular dos direitos administrados.

A ação de exigir contas é cabível, então, em qualquer hipótese em que o resultado de uma administração possa afetar a esfera jurídica de outrem.

O procedimento especial, porém, não abrange situações complexas. Nesse sentido, o STJ já decidiu que não se pode discutir nesse procedimento, por exemplo, a abusividade de cláusulas constantes de contrato de abertura de crédito em conta corrente[5].

Nessa linha, igualmente, não podem ser examinados atos de decretação de rescisão ou de resolução contratual ou de anulação de negócios jurídicos, e tampouco a condenação por atos ilícitos.

---

nos arts. 1.583, § 5º, e 1.589, do CC de 2002, ao genitor que não detém a guarda do filho é garantido o direito de fiscalizar o cumprimento, pelo outro genitor, dos aspectos pessoais e econômicos da guarda, como a educação, a saúde física e psicológica, o lazer e o desenvolvimento de modo geral do filho, o que refoge ao verdadeiro objeto da ação de prestação de contas. A possibilidade de se buscar informações a respeito do bem-estar do filho e da boa aplicação dos recursos devidos a título de alimentos em nada se comunica com o dever de entregar uma planilha aritmética de gastos ao alimentante, que não é credor de nada. (...) Permitir ações de prestação de contas significaria incentivar ações infindáveis e muitas vezes infundadas acerca de possível malversação dos alimentos, alternativa não plausível e pouco eficaz no Direito de Família. Dessa forma, eventual desconfiança sobre tais informações, em especial do destino dos alimentos que paga, não se resolve por meio de planilha ou balancetes pormenorizadamente postos, de forma matemática e objetiva, mas com ampla análise de quem subjetivamente detém melhores condições para manter e criar uma criança em um ambiente saudável, seguro e feliz, garantindo-lhe a dignidade tão essencial no ambiente familiar. REsp 1.767.456-MG, rel. Min. Ricardo Villas Bôas Cueva, 3ª T., por unanimidade, j. 25-11-2021. *Informativo STJ* n. 720.

[5] REsp 1.166.628-PR, rel. Min. Nancy Andrighi, j. 9-10-2012.

Essas pretensões deverão ser realizadas pela via comum, relegando-se à ação especial de exigir contas apenas as questões de puro levantamento de débitos gerados durante a gestão de bens ou negócios alheios.

Tampouco o procedimento em análise deve servir para a discussão de bagatelas, solução que mais se coaduna com a economia processual e que tempera o direito constitucional de acesso ao Judiciário.

3.4 LEGITIMAÇÃO E INTERESSE

O procedimento de exigir contas compete a quem alega ter o direito de exigi-las (titular do interesse, bem ou negócio – art. 550). Assim, o autor pode vir a juízo para compelir o réu a apresentar as contas e sujeitá-las à deliberação judicial.

A legitimidade passiva, por sua vez, será de quem o autor alega ter a obrigação de prestar as contas. Não subsiste a previsão do CPC/73, art. 914, II, que permitia ao administrador ou gestor exibir as contas e pedir sua aprovação por sentença por meio de procedimento especial. Eventual pretensão nesse sentido deve ser veiculada pelo rito comum.

Destaque-se, aqui, interessante julgado do STJ, que autorizou a transmissão do direito de exigir a prestação de contas do mandatário para os herdeiros do mandante, visto que o dever de prestar decorre da lei e estaria desvinculado da vigência do contrato. Isso porque, por força do que dispõe o art. 1.784 do CC, o vínculo jurídico com o mandatário configura-se no fato de que, aberta a sucessão, os herdeiros ficam investidos na titularidade de todo o acervo patrimonial do *de cujus*[6].

Em certos casos, a lei dispõe sobre o destinatário das contas, limitando-o a certos órgãos de representação coletiva, como se dá nas sociedades e nos condomínios. Nesses casos, o sócio ou condômino, embora titular do interesse gerido por outrem, não tem legitimidade para, individualmente, reclamar contas do administrador ou do síndico.

Nesse sentido, o STJ[7] já decidiu que o condômino, isoladamente, não possui legitimidade para ajuizar ação de prestação de contas contra o condomínio. Isso porque, nos termos do art. 22, § 1º, *f*, da Lei n. 4.591/64, o condomínio, representado pelo síndico, não tem obrigação de prestar contas a cada um dos condôminos, mas sim a todos, perante a assembleia dos condôminos. No mesmo sentido, o art. 1.348, VIII, do CC dispõe que compete ao síndico, dentre outras atribuições, prestar contas à assembleia, anualmente e quando exigidas.

Dentro dessa temática, o STJ[8] também já decidiu que falta interesse de agir em ação de prestação de contas ajuizada contra condomínio, quando as contas já tiverem sido prestadas extrajudicialmente. Isso porque o interesse apto a justificar o procedimento judicial não decorre pura e simplesmente de uma relação jurídica material de gestão de bens ou interesses alheios, mas, sim, da real necessidade da intervenção judicial para compor um litígio entre as partes. Dessa forma, ao ver da Corte, nessa hipótese, a ação judicial não teria utilidade.

No caso especial de sociedades, quando as contas são aprovadas pela assembleia ou órgão equivalente, quitado se acha o gestor da obrigação de prestar contas e incabível será a pretensão de algum sócio de novo acerto de contas em juízo, não importando a situação de regularidade ou de irregularidade de instituição da sociedade.

---

[6] REsp 1.122.589-MG, rel. Min. Paulo de Tarso Sanseverino, j. 10-4-2012, *Informativo STJ*, n. 495.
[7] REsp 1.046.652-RJ, rel. Min. Ricardo Villas Bôas Cueva, j. 16-9-2014, *Informativo STJ*, n. 549.
[8] REsp 1.046.652-RJ, rel. Min. Ricardo Villas Bôas Cueva, j. 16-9-2014, *Informativo STJ*, n. 549.

Raciocínio semelhante se aplica aos condôminos, que só poderão exigir do síndico o dever de prestar contas caso estas não tenham sido aprovadas em assembleia geral de condomínio.

Já quanto aos cônjuges, dissolvida a sociedade conjugal, os bens comuns deverão ser partilhados. No que tange ao período em que houve a ruptura da convivência conjugal, é sabido que, na constância do casamento, os cônjuges não estão obrigados ao dever de prestar contas um ao outro de seus negócios, haja vista a indivisibilidade dos bens em comum.

A questão encontra-se no interregno entre a dissolução da sociedade conjugal e a partilha, quando aquele que conservar a posse dos bens do casal estará sujeito à prestação de contas, sem que possa alegar a ausência de autorização do ex-cônjuge para a administração do patrimônio comum para a escusa do dever de prestar contas. O dever de prestar contas existirá sempre que haja a administração de bens ou negócios alheios, independentemente de mandato entre as partes[9].

Não se pode considerar que inexiste interesse à propositura da ação de exigir contas caso as partes possam prestá-las extrajudicialmente, pois adotar esse entendimento representaria uma violação ao acesso à justiça.

Ainda que as partes possam solicitar contas extrajudicialmente, nada impede que procurem o Poder Judiciário para tal tarefa, até mesmo na finalidade de obter dados mais precisos e de já apurar se os valores apresentados estão corretos[10].

Ademais, há casos em que a prestação de contas deve, necessariamente, ser feita em juízo, como ocorre com o inventariante, com o tutor e com o curador.

3.5 ORGANIZAÇÃO E PROVA DAS CONTAS

O art. 551, *caput*, determina que as contas prestadas devem ser elaboradas em forma adequada, especificando-se as receitas e aplicação das despesas, bem como o respectivo saldo, aplicando-se o dispositivo àquele que exige a apresentação, bem como para o que pretende apresentar.

Exige-se a organização das diversas parcelas que compõem as contas em colunas distintas para débito e crédito, com a discriminação de cada uma das parcelas da conta, devendo todos os lançamentos serem feitos por meio de histórico que indique e esclareça a origem de todos os recebimentos e o destino de todos os pagamentos, com as respectivas datas.

Deve haver também a sequência lógica dos dados lançados, podendo o demonstrativo ser incluído no próprio corpo da petição do interessado.

As contas devem vir acompanhadas de documentos comprobatórios de créditos e débitos, mas estes não são imprescindíveis, isto é, as contas não devem ser fundamentadas, necessariamente, em prova pré-constituída. Devem, apenas, ser comprovadas através de qualquer meio probatório (admite-se tanto a prova documental como a perícia contábil), a ser produzido no momento da prestação de contas em juízo.

O que importa é que as parcelas, se não determinadas, sejam, pelo menos, determináveis no curso da instrução processual. Diante de controvérsias não esclarecidas, o juiz se utilizará das regras de ônus da prova (art. 373, § 1º).

---

[9] REsp 1.300.250-SP, rel. Min. Ricardo Villas Bôas Cueva, j. 27-3-2012. Contudo, o inverso não é verdadeiro. Em julgado anterior, o Tribunal entendeu que, diante da morte do mandatário, a obrigação de prestar contas, que, assim como o contrato de mandato, é de natureza personalíssima, não pode ser transmitida ao seu espólio (REsp 1.055.819-SP, rel. Min. Massami Uyeda, j. 16-3-2010, *Informativo STJ*, n. 494).

[10] No mesmo sentido: STJ, 3ªT., REsp 706.372, rel. Min. Nancy Andrighi, *DJ* 1º-7-2005, p. 531.

Caso o magistrado identifique irregularidades formais na prestação de contas, deverá ordenar o saneamento dos defeitos formais e as diligências necessárias ao levantamento do saldo existente, não sendo hipótese de nulidade do processo[11].

3.6 A PRESTAÇÃO DE CONTAS ATIVA

A ação se inicia com a petição dirigida ao juiz, com observância dos requisitos do art. 319 do CPC, aí incluída a descrição de todos os fatos necessários à compreensão das circunstâncias que precederam e que envolvem a obrigação de prestar as contas (art. 550, § 1º, do CPC)[12].

Citado, o réu pode apresentar contestação e as arguições previstas na parte geral. A reconvenção não parece ser cabível, dado que a prestação de contas por aquele que tem o dever de prestá-las segue o rito comum.

No prazo de resposta, o réu pode:

a) prestar contas, o que equivale ao reconhecimento do pedido (art. 550, § 2º);

b) ficar revel (art. 550, § 3º), o que poderá ensejar o julgamento antecipado do mérito;

c) apresentar contestação mas não prestar contas, o que demandará a abertura da fase instrutória;

d) apresentar as contas e contestar, hipótese em que o juiz deverá examinar as alegações das partes e determinar, se for o caso, a realização de perícia contábil.

Determinada a apresentação de contas, deverá o réu cumprir tal determinação mandamental, no prazo de 15 dias[13] (art. 550, § 5º, do CPC), contado do trânsito em julgado da decisão, independentemente de citação ou intimação. Havendo descumprimento, as contas apresentadas pelo autor serão reputadas como corretas[14].

Segundo entendeu o Fórum Permanente de Processualistas Civis, quando da aprovação do Enunciado n. 177, diante da decisão de procedência do pedido para condenar o réu à prestação de contas, aplicar-se-á o art. 1.015, II, do CPC, ensejando a interposição de agravo de instrumento por se tratar de decisão interlocutória de mérito.

Se no primeiro momento se buscou a apreciação do direito que o autor possuía de exigir contas, agora passará a se avaliar a adequação ou não das contas prestadas, impondo-se, quando for o caso, a condenação do administrador a restituir eventual saldo credor.

Há, portanto, duas pretensões: a de exercitar o direito à prestação de contas e a de acertar o conteúdo patrimonial das contas.

---

[11] Câmara, 2015, p. 214.

[12] "É obrigação do correntista que ajuíza ação de prestação de contas contra a instituição financeira a indicação do período em relação ao qual busca esclarecimentos, com a exposição de motivos consistentes acerca das ocorrências duvidosas em sua conta-corrente. A jurisprudência do STJ reconhece a legitimidade do titular da conta bancária para a propositura de ação de prestação de contas (Sum. n. 259/STJ), independentemente do fornecimento extrajudicial de extratos detalhados. O interesse do correntista nesses casos é decorrente da relação contratual em si, pois o titular da conta entrega seus recursos financeiros ao banco e, a partir de então, ocorrem sucessivos créditos e débitos na conta-corrente. Contudo, o enunciado sumular não exime o correntista de indicar, na inicial, ao menos período determinado em relação ao qual busca esclarecimentos, com a exposição de ocorrências duvidosas em sua conta-corrente, que justificam a provocação do Poder Judiciário mediante ação de prestação de contas, instrumento processual que não se destina à revisão de cláusulas contratuais" (AgRg no REsp 1.203.021-PR, rel. originário Min. Luis Felipe Salomão, rel. para acórdão Min. Maria Isabel Gallotti, j. 25-9-2012).

[13] O termo inicial do prazo de 15 (quinze) dias, previsto no art. 550, § 5º, do CPC, para o réu cumprir a condenação da primeira fase do procedimento de exigir contas começa a fluir automaticamente a partir da intimação do réu, na pessoa do seu advogado, acerca da respectiva decisão. REsp 1.847.194-MS, rel. Min. Marco Aurélio Belizze, por unanimidade, j. 16-3-2021. *Informativo STJ* n. 689.

[14] REsp 1.092.592-PR, rel. Min. Luis Felipe Salomão, j. 24-4-2012, *Informativo STJ*, n. 496.

Percebe-se, então, que, na ação de exigir contas, o mérito é cindido, havendo duas decisões distintas: a primeira de imediata executividade, que imporá ao réu o dever de prestar contas no prazo de 15 dias, sob pena de dar ao autor a faculdade de elaborar as contas, ou analisará que não possui o autor tal direito e, no caso de entender serem as contas devidas, haverá outra decisão, que será proferida após analisar se as contas prestadas estão corretas ou não e, consequentemente, poderá impor ao administrador o ressarcimento de eventuais prejuízos por ele ocasionados.

Destaque-se que, nesse procedimento, é inviável retornar, na fase seguinte, ao que já foi decidido na fase anterior.

As contas devem ser apresentadas na forma adequada (art. 551), ou seja, com indicações de débitos e créditos, acompanhados dos respectivos comprovantes. Dessas contas, o autor terá vista no prazo de 15 dias, para, caso deseje, impugná-las (art. 550, § 2º).

Se a sentença apurar erro nas contas e, portanto, a existência de saldo a ser restituído, servirá ela de título executivo judicial.

Caso o réu deixe de prestar contas, pode o autor fazê-lo (art. 550, § 6º). Estando regulares as contas apresentadas pelo autor e, havendo saldo em seu favor, o juiz proferirá sentença que ordenará o réu ao pagamento dessa importância, servindo a sentença também como título executivo.

A teor do art. 552, a ação de exigir contas tem natureza dúplice, ou seja, o autor pode ser condenado, na sentença, a pagar ao réu eventual saldo em favor deste, caso o juiz apure que, na verdade, o réu empregou recursos próprios na gestão do patrimônio do autor, por razões alheias à má administração.

Caso a sentença não seja cumprida no prazo legal, o administrador se sujeitará, ainda, à destituição do cargo, ao sequestro dos bens sob sua guarda e à glosa do prêmio ou gratificação a que tem direito (art. 553, parágrafo único), sanções estas que não eliminarão o cabimento do cumprimento de sentença.

3.6.1 Sucumbência

Visto que a ação de exigir contas possui duas fases distintas, cabe, agora, analisar a sucumbência (custas e honorários advocatícios), que também podem se desdobrar em duas decisões distintas.

Quando o processo se extingue na primeira fase, a parte vencida arcará com os encargos[15].

Já quando o processo percorre todos os seus trâmites, tendo duas decisões, saindo vencedora a mesma parte nos dois procedimentos, haverá a ampliação da verba de honorários advocatícios, desde que respeitado o percentual mínimo de 10% e máximo de 20% sobre o valor da causa ou da condenação, conforme o caso, nos termos do art. 85, § 8º, do CPC.

Se a parte vencedora na primeira etapa for sucumbente na segunda, haverá sucumbência única, apenas a estabelecida na primeira fase.

---

[15] Os honorários advocatícios de sucumbência na primeira fase da ação de exigir contas devem ser arbitrados por apreciação equitativa, conforme disposto no § 8º do art. 85 do CPC/2015. REsp 1.874.920-DF, rel. Min. Nancy Andrighi, 3ª T., por unanimidade, j. 4-10-2022, DJe 6-10-2022, *Informativo STJ* n. 756.

Capítulo 4
AÇÕES POSSESSÓRIAS

4.1 NOÇÕES GERAIS

A existência das ações possessórias inspira-se no objetivo de resolver rapidamente a questão da posse dos bens, sem necessidade de debater a fundo a relação dominial.

A previsão de procedimento especial para a proteção possessória deve-se principalmente ao fato de que tais ações inauguram-se com uma primeira fase tipicamente provisória.

O direito civil prevê a posse como poder de fato sobre uma coisa. Há vários tipos de posse, sejam elas direta, indireta, precária, clandestina etc. Porém, focando especificamente as ações possessórias, faz-se necessário conceituar e diferenciar o direito de posse (*jus possessionis*), que é o direito de exercer as faculdades de fato sobre a coisa, do direito à posse (*jus possidendi*), que é o direito de ser possuidor.

Importante destacar que, na ação possessória, discutir-se-á, apenas, o direito de exercício dos poderes de fato sobre a coisa (direito de posse). Se a pretensão é a declaração judicial do direito à posse, na discussão do domínio, portanto, a ação não será possessória, mas, sim, reivindicatória ou petitória.

O objeto da ação possessória é exatamente o pedido para que o juiz assegure o exercício dos poderes de fato sobre a coisa. A questão do direito à posse pode surgir como prejudicial, mas não pode ser objeto da ação.

O direito à posse enseja ação petitória, que é reivindicatória, porque declara a existência do direito à posse e manda entregar a coisa ao proprietário que tenha esse direito.

4.2 PROCEDIMENTO ESPECIAL

As ações possessórias, com caráter próprio e rito especial, visam a proteger o poder sobre a coisa, sem se debater a questão da propriedade. São fundadas na posse, objetivando a sua proteção.

A competência, se a ação versar sobre coisas móveis, será o foro do domicílio do réu, seguindo-se a regra geral do art. 46 do CPC. Já se versar sobre bens imóveis, a competência será do foro da situação da coisa litigiosa (art. 47, § 2º, do CPC), aplicando-se a prevenção quando ela se estender pelo território de mais de uma comarca ou estado (art. 60 do CPC).

A legitimação ativa será de quem é possuidor, isto é, detém, de fato, poderes inerentes ao domínio, através de relação lícita e legítima com o bem. Nas ações possessórias, a regra geral é que não se exige outorga ou concordância do cônjuge, exceto em se tratando de composse, ou de ato por ambos praticado, conforme dispõe o art. 73, § 2º, do CPC.

No caso de bens públicos de uso comum, a posse pode ser tanto defendida em juízo pelo Poder Público como pelos particulares que se valem dos bens, sendo cabível, inclusive, o litisconsórcio.

O STJ, inclusive, sumulou entendimento no sentido do cabimento da intervenção incidental[1] de ente público em ação possessória entre particulares.

---

[1] STJ. Súmula 637: "O ente público detém legitimidade e interesse para intervir, incidentalmente, na ação possessória entre particulares, podendo deduzir qualquer matéria defensiva, inclusive, se for o caso, o domínio". Corte Especial, j. 6-11-2019, *DJe* 11-11-2019. *Informativo STJ* n. 659.

Réu será aquele que realiza o ato de moléstia ao ato do autor, sendo aquele que ameaça, turba ou esbulha a posse alheia, por iniciativa própria ou por ordem de outrem.

Caso o autor afirme que houve esbulho de sua posse por pessoa ou pessoas determináveis, ainda que não mencione qualificação e nome completo, a petição inicial não poderá ser indeferida.

Caso seja um grupo, serão feitas as citações pessoais dos que forem encontrados no local, e a citação dos demais integrantes ocorrerá por edital (art. 554, § 1º, do CPC). Nessas hipóteses, haverá intervenção necessária do Ministério Público e, caso haja pessoas em situação de hipossuficiência, intimação da Defensoria Pública, segundo o disposto no mesmo parágrafo.

Tratando-se de ação de força nova (aquela proposta dentro de um ano e dia da violação ou da ameaça) e versando sobre bem imóvel, será observado o procedimento especial previsto nos arts. 560 a 566.

Contrariamente, se a força for velha (aquela proposta após um ano e dia da violação ou ameaça) e versando sobre bem imóvel, o procedimento será o comum, mantendo a ação seu caráter possessório. Tratando-se de bem móvel, o procedimento será sempre o comum.

Ressalte-se que o prazo de ano e dia é contado da seguinte forma: o primeiro dia, da violação ou da turbação, não se conta; no caso de lesão continuada, conta-se do início da lesão; se a lesão é repetida, conta-se do último ato. Caso o possuidor tenha retomado a posse, só se conta o prazo de nova turbação ou esbulho.

Questão mais complexa é o contrato de *leasing*. Sustenta-se a possibilidade de se utilizar da proteção possessória nesse caso diante de cláusula resolutiva expressa. O simples inadimplemento da prestação é suficiente para a resolução do contrato, ensejando a reintegração da posse.

Na ausência de tal previsão, deveria ocorrer a notificação do devedor, caracterizando-se a mora e, então, surgindo a oportunidade da ação de reintegração de posse.

Contudo, o uso da ação possessória no *leasing* é, na verdade, opção processual do demandado, uma vez que a principal característica da ação possessória é a sua cognição restrita à questão possessória. E, nesse caso, o fundamento da ação possessória é mais o inadimplemento do contrato do que a violação da posse.

Dessa maneira, mais adequado será o autor se utilizar do procedimento para restituição de coisa, nos termos do art. 498 do CPC.

Da mesma forma, a via processual adequada para a retomada, pelo proprietário, da posse direta de imóvel locado é a ação de despejo, na forma do art. 5º da Lei n. 8.245/91, não sendo possível o acolhimento da tese da fungibilidade, de acordo com o entendimento do STJ[2].

Iniciam-se as ações possessórias através de petição, que deve conter todos os requisitos genéricos do art. 319. Na inicial, o autor requer a concessão da medida interdital, provando a existência de sua posse, a turbação, o esbulho ou a mera ameaça de turbação ou esbulho, a data destes e a continuação na posse, se turbada; e sua perda, se esbulhada.

---

[2] Embora o pedido da reintegração de posse e da ação de despejo seja a posse legítima do bem imóvel, trata-se de pretensões judiciais com natureza e fundamento jurídico distintos pois, enquanto a primeira baseia-se na situação fática possessória da coisa, a segunda se fundamenta em prévia relação contratual locatícia, regida por norma especial, o que consequentemente impossibilita sua fungibilidade. Ao se permitir o ajuizamento de ação possessória em substituição da ação de despejo, nega-se vigência ao conjunto de regras especiais da Lei de Locação, tais como prazos, penalidades e garantias processuais. A jurisprudência dessa Corte Superior firmou-se no sentido de que, havendo comprovada relação locatícia, a pretensão de retomada do bem imóvel deve ocorrer por rito próprio, pelo ajuizamento da ação de despejo. REsp 1.812.987-RJ, rel. Min. Antonio Carlos Ferreira, 4ªT., por unanimidade, j. 27-4-2023, *DJe* 4-5-2023, *Informativo STJ* n. 774.

Além disso, a petição inicial possui requisitos específicos, como a especificação da posse do autor, sua duração e seu objeto, a turbação ou esbulho imputados ao demandado, a data da moléstia e a continuação da posse, no caso de turbação.

A data da moléstia é de grande relevância nas ações possessórias. A ação possessória será sempre fundada no fato jurídico posse e almejará a tutela possessória. Contudo, o que varia com o decurso do tempo são as técnicas processuais cabíveis para a tutela do direito à posse.

Como dito, sendo a violação da posse recente (inferior a um ano e um dia) e documentalmente comprovada, o procedimento será possessório e o juiz poderá conceder a liminar. Passado esse prazo, porém, o procedimento será o comum, mas ressaltamos que não perde a ação a natureza e o conteúdo possessórios (art. 558, parágrafo único, do CPC).

Isso porque, pelo art. 523 do Código Civil de 1916[3], o rito das ações possessórias intentadas dentro do prazo de um ano e um dia da turbação ou esbulho, que seriam as denominadas ações de força nova, seria sumário, ao passo que, se esse prazo fosse ultrapassado, tais ações seguiriam o rito ordinário, sob a vigência do CPC/73.

Entretanto, desde o art. 924 do CPC/73, houve modificação dessa norma do Código Civil, estabelecendo que não basta que a turbação seja recente para que se conceda a liminar, sendo necessário que se encontre nos autos prova documental da posse, da turbação e da data desta, suficiente para convencer o juiz do ocorrido.

Destaque-se que não há mais a previsão de posse de força velha e posse de força nova no CC/2002, contudo permanece a proteção liminar da posse, com base no procedimento previsto no CPC.

Assim sendo, prevalece hoje que, se intentado no prazo inferior a um ano e um dia, o pedido de liminar é possível, mesmo sem que o réu seja ouvido, bastando a demonstração da posse, já que o risco da demora é presumido pelo legislador.

A única dificuldade que surge é no sentido de provar que a posse é realmente nova através de prova documental. Isso porque não bastam as alegações, sendo necessário que se prove a existência do direito deduzido em juízo.

Vale ressaltar que, se a prova for testemunhal, a outra parte terá que ser necessariamente ouvida, em função do princípio constitucional do contraditório.

Desse modo, só excepcionalmente poderá ser concedida a medida liminar sem audiência da outra parte, pois mesmo a prova documental, em geral, é insuficiente.

A lei exige, então, alguma instrução probatória para que se possa conceder a liminar, sendo a cognição de natureza sumária.

Já se a posse é de força velha, não estará vedada a concessão de medida liminar, porém será necessário que o autor demonstre a coexistência dos requisitos do art. 300, de modo que deve demonstrar não apenas a probabilidade do seu direito, mas ainda a existência de *periculum in mora*. Poderá, ainda, fundar sua pretensão em alguma das hipóteses de tutela de evidência (art. 311 do CPC) para que lhe seja outorgada a posse provisória.

Há quem defenda o cabimento da tutela antecipada apenas se esta for baseada nos casos de direito evidente.

Contudo, prevalece, desde o CPC/73, o cabimento da tutela antecipada em qualquer uma das hipóteses de tutela provisória, mesmo porque se aplica a previsão genérica de cabimento da tutela antecipada no procedimento comum.

---

[3] CC/1916: "Art. 523. As ações de manutenção e as de esbulho serão sumárias quando intentadas dentro em ano e dia da turbação ou esbulho; e, passado esse prazo, ordinárias, não perdendo, contudo, o caráter possessório".

Se não houver prova documental, poderá o autor fazer justificação para provar a violação de sua posse, sendo o réu citado para comparecer a essa audiência de justificação.

Concedida ou não a liminar, o réu é citado no prazo de cinco dias, a contar da decisão que a deferiu ou indeferiu, para se manifestar.

Destaque-se que, para a concessão de tutela, poderá ser ordenada a prestação de caução (art. 559 do CPC), através de requerimento feito no bojo da ação possessória, sob pena de ser depositada a coisa litigiosa.

Com a concessão da liminar, será, desde logo, deferida a manutenção ou reintegração da posse, concedendo-se a proteção possessória pretendida.

Após essas breves considerações sobre o procedimento das ações possessórias, passaremos a uma análise mais minuciosa acerca deles.

Na petição inicial das ações possessórias, segundo o art. 555, o autor pode cumular o pedido possessório com:

a) o pedido de condenação em perdas e danos, incluindo a indenização dos frutos, devendo-se provar o prejuízo à posse;

b) a determinação de pena para o caso de nova turbação ou esbulho.

Quanto à pena prevista no inciso I do parágrafo único do art. 555 do CPC, segundo entendimento do STJ, firmado sob o manto do CPC/73, ela não deve ser confundida com as *astreintes*.

Segundo o Tribunal, as *astreintes* (atualmente previstas no art. 536, § 1º, do CPC) possuem a natureza coercitiva de compelir o devedor a cumprir a determinação judicial de obrigação de fazer ou não fazer ou ainda de entrega de coisa; enquanto a multa do referido dispositivo tem natureza sancionatória e é aplicável aos casos de nova turbação da posse. Diante disso, concluiu, por fim, ser possível, inclusive, a concomitância de suas imposições[4].

Na contestação o réu pode alegar que foi ofendido em sua posse e demandar proteção possessória e indenização pelos prejuízos resultantes da turbação ou do esbulho cometido pelo autor (art. 556)[5].

Esse pedido pode perfeitamente ser feito em contestação, independentemente de reconvenção, por isso as ações possessórias têm natureza dúplice.

É válido ressaltar que o pedido formulado pelo réu, embora liberado de especiais formalidades, tem de ser explícito. Assumindo a postura de autor, cabe a ele o ônus de pedir, alegar e provar, como se autor fosse.

Já a exceção representa todo meio invocado por uma das partes, principalmente o réu, para afastar uma demanda judicial, sem discutir o princípio do direito sobre o qual se funda.

Nas ações possessórias, o juiz poderia se deparar com a defesa do réu fundada no domínio (*exceptio domini*). Entretanto, nas ações possessórias, discute-se a posse e não o domínio (propriedade).

Sendo assim, para se propor a ação, o autor tem que provar que tinha a posse do bem e não a propriedade. Consequentemente, a apresentação da certidão do Registro Geral de Imóveis não prova se a pessoa tem direito à ação possessória.

---

[4] REsp 903.226-SC, rel. Min. Laurita Vaz, j. 18-11-2010. Precedentes citados: AgRg nos EDcl no REsp 871.165-RS, *DJe* 15-9-2010; AgRg no REsp 1.153.033-MG, *DJe* 7-5-2010; REsp 1.022.038-RJ, *DJe* 22-10-2009; EDcl no REsp 865.548-SP, *DJe* 5-4-2010; e AgRg no REsp 1.096.184-RJ, *DJe* 11-3-2009.

[5] Enunciado 328 do FPPC: "Os arts. 554 e 565 do CPC aplicam-se à ação de usucapião coletiva (art. 10 da Lei n. 10.258/2001) e ao processo em que exercido o direito a que se referem os §§ 4º e 5º do art. 1.228, Código Civil, especialmente quanto à necessidade de ampla publicidade da ação e da participação do Ministério Público, da Defensoria Pública e dos órgãos estatais responsáveis pela reforma agrária e política urbana".

A *exceptio domini* estava consagrada na segunda parte do art. 505 do CC/1916[6], o qual, após declarar não constituir a alegação de domínio um obstáculo à manutenção, ou reintegração na posse, afirmava que não se devia, entretanto, julgar a posse em favor daquele a quem evidentemente não pertencer o domínio.

O art. 923 do CPC/73 admitia a *exceptio domini*, determinando que: "a posse será julgada em favor daquele a quem evidentemente pertencer o domínio". Contudo, com a Lei n. 6.820/80, tal artigo teve sua redação modificada, passando-se a repelir essa forma de exceção.

A Súmula 487 do STF esclarece que: "será deferida a posse a quem evidentemente tiver o domínio, se com base neste for ela disputada".

A princípio, a partir da modificação na redação dada ao art. 923 do CPC/73, poder-se-ia entender que essa súmula não está mais em vigor, por contradizer a ideia de que não se discute a propriedade nas ações possessórias; entretanto, seu objetivo é deixar claro que só se aplica a Súmula 487 quando se estiver discutindo o domínio, ou seja, o autor pede a recuperação da posse fundada no domínio e o réu contesta com base na propriedade.

Para que seja cabível a ação possessória em consonância aos ditames da súmula em comento, há de ser observada a compatibilidade de procedimentos.

Portanto, o art. 923 do CPC/73, reproduzido no art. 557 do CPC, contempla a ideia da súmula, uma vez que proíbe a concomitância do possessório e do petitório[7].

Na ação possessória, não se discute a propriedade, mas, se isso acontecer, não é preciso requerer ação de reconhecimento de domínio, bastando provar a propriedade no curso da ação de reintegração de posse, observando-se o novo regime da coisa julgada previsto no art. 503, § 1º, do CPC. Contudo, cabe destacar que, para que isso seja possível, o domínio tem que ser discutido desde o início do processo[8].

O Código Civil atual, no art. 1.210, § 2º, embora não proíba a discussão da propriedade no processo possessório, torna totalmente irrelevante essa discussão para a procedência da ação possessória.

Desse modo, ao se promover uma ação possessória, em regra, não é permitida a defesa com fundamento no domínio. A referida regra é para a proteção do possuidor, uma vez que, na hipótese

---

[6] O art. 505 do CC/1916 previa que: "Não obsta à manutenção, ou reintegração da posse, a alegação de domínio, ou de outro direito sobre a coisa. Não se deve, entretanto, julgar a posse em favor daquele a quem evidentemente não pertence o domínio".

[7] É vedado o ajuizamento de ação de imissão na posse de imóvel na pendência de ação possessória envolvendo o mesmo bem. Nos termos do art. 557 do CPC, "na pendência de ação possessória é vedado, tanto ao autor quanto ao réu, propor ação de reconhecimento do domínio, exceto se a pretensão for deduzida em face de terceira pessoa". O mencionado dispositivo legal estabelece a impossibilidade de debater-se o domínio enquanto pende discussão acerca da posse, deixando evidente, assim, a clássica concepção de que a posse é direito autônomo em relação à propriedade e, portanto, deve ser objeto de tutela jurisdicional específica. Cabe salientar que a proibição do ajuizamento de ação petitória enquanto pendente ação possessória não limita o exercício dos direitos constitucionais de propriedade e de ação, mas vem ao propósito da garantia constitucional e legal de que a propriedade deve cumprir a sua função social, representando uma mera condição suspensiva do exercício do direito de ação fundada na propriedade. Apesar de seu *nomen iuris*, a ação de imissão na posse é ação do domínio, por meio da qual o proprietário, ou o titular de outro direito real sobre a coisa, pretende obter a posse nunca exercida. Semelhantemente à ação reivindicatória, a ação de imissão funda-se no direito à posse que decorre da propriedade ou de outro direito real (*jus possidendi*), e não na posse em si mesmo considerada, como uma situação de fato a ser protegida juridicamente contra atentados praticados por terceiros (*jus possessionis*). Assim, a ação petitória ajuizada na pendência da lide possessória deve ser extinta sem resolução do mérito, por lhe faltar pressuposto negativo de constituição e de desenvolvimento válido do processo. REsp 1.909.196-SP, rel. Min. Nancy Andrighi, 3ª T., por unanimidade, j. 15-6-2021, *DJe* 17-6-2021. *Informativo STJ* n. 701.

[8] Enunciado 65 do FPPC: "O art. 557 do projeto não obsta a cumulação pelo autor de ação reivindicatória e de ação possessória, se os fundamentos forem distintos".

de ser possível o ajuizamento de demanda petitória no curso do processo possessório, acabaria sempre vencendo o proprietário, pondo fim às vantagens da prática da tutela possessória.

Todavia, excepcionalmente, admite-se essa defesa em quatro hipóteses:

a) quando duas pessoas disputam a posse a título de proprietário;

b) quando é duvidosa a posse de ambos os litigantes; nesse caso, reconhece-se a posse daquele a quem está mais bem averiguada;

c) pendência de ação de usucapião especial;

d) dedução de pretensão possessória em face de terceiro.

Nos dois primeiros casos, contudo, não será reconhecida a qualidade de proprietária à parte vencedora (a não ser incidentalmente, tendo em vista que as questões incidentais passam a ser abarcadas pela coisa julgada no CPC), mas simplesmente lhe defere a tutela possessória, por haver demonstrado, com base no domínio, ser a legítima possuidora.

Assim, como regra geral, não mais se admite a discussão a respeito do domínio da coisa no juízo possessório, salvo quando duas pessoas discutem a posse a título de proprietário ou é duvidosa a posse de ambos.

Já o terceiro caso está previsto no art. 11 do Estatuto da Cidade (Lei n. 10.257/2001), que prevê que, "na pendência de ação de usucapião especial, ficarão sobrestadas quaisquer outras ações petitórias ou possessórias, que venham a ser propostas relativamente ao imóvel usucapiendo".

O referido dispositivo significa que, ajuizada uma ação de usucapião especial urbano, serão suspensos todos os processos petitórios ou possessórios que estejam em curso.

Por fim, o art. 557 do CPC, *in fine*, expressa que a pretensão dominial pode ser formulada em face daquele que não seja parte da relação jurídico-processual formada na relação possessória.

Em relação ao procedimento das ações possessórias, o art. 559 do CPC prevê a possibilidade de uma medida cautelar inserida na ação.

Entretanto, para isso, o réu tem que provar, em qualquer tempo, que o autor provisoriamente mantido ou reintegrado na posse carece de idoneidade financeira para, no caso de decair a ação, responder por perdas e danos. Sendo assim, o juiz determinará a prestação de uma caução, sob pena de ser depositada a coisa litigiosa em mãos de terceiro.

4.3 O PROCEDIMENTO COMUM E O PROCEDIMENTO SUMARÍSSIMO DO JUIZADO ESPECIAL

O foro competente para a propositura de uma ação possessória, seja qual for o procedimento adotado, é o foro da situação da coisa (art. 47, § 2º). Caso o imóvel esteja situado em mais de um estado ou foro, a competência será determinada pela prevenção.

Cabe ressaltar que os Juizados Especiais Cíveis Estaduais também têm competência para o julgamento das ações possessórias (arts. 3º, IV, e 4º da Lei n. 9.099/95). Nesse caso, o art. 3º, IV, da Lei n. 9.099 afirma expressamente que às ações possessórias sobre bens imóveis com valor não superior a 40 salários mínimos pode ser aplicado o procedimento simplificado do Juizado Especial.

Entretanto, a Lei n. 9.099/95 não faz menção ao caso de ação possessória versando sobre bens móveis, o que nos leva a concluir que tal caso se enquadra na regra geral do art. 3º, I, da Lei dos Juizados Especiais, que estabelece a competência desses Juizados para o julgamento das causas cujo valor não exceda a quarenta vezes o salário mínimo.

De fato, o art. 3º, II, da Lei n. 9.099/95 dispõe que as causas enumeradas no art. 275, II, do CPC/73, que trata das questões que, em razão da matéria, seguem o rito sumário na Justiça comum, podem ser de competência dos Juizados Especiais independentemente do valor da causa, tratando o referido art. 275, II, de hipóteses taxativas. Ressalte-se que, até edição de lei específica, tal competência foi mantida pelo art. 1.063 do CPC.

Todavia, as ações possessórias sobre bens móveis já não mais estavam incluídas no rol do art. 275, II, do CPC/73, por força da alteração procedida pela Lei n. 9.245/95, não se justificando a afirmação de que nas ações possessórias sobre bens móveis é cabível o procedimento sumaríssimo independentemente do valor da causa.

Assim, diante da alteração legislativa, entendemos que os Juizados Especiais são competentes para as ações possessórias que versem tanto sobre bens imóveis quanto sobre bens móveis, desde que respeitado o limite de quarenta salários mínimos. Nesses casos, as ações se beneficiam do procedimento mais célere do Juizado. Caso contrário, a competência será do Juízo comum.

4.4 A LIMINAR E SUA NATUREZA JURÍDICA

A liminar concedida em ação possessória tem caráter de adiantamento do resultado do pedido de proteção possessória, funcionando como se o juiz tivesse julgado procedente o pedido antecipada e provisoriamente, até que seja feita a instrução e sobrevenha a sentença.

Afirma-se, então, que a liminar possui natureza jurídica de tutela provisória antecipada, uma vez que sua única semelhança com uma cautelar é o atributo da provisoriedade, já que o juiz pode revogar a liminar e concedê-la, novamente, se for o caso, ou através de juízo de retratação ou por meio de interposição de agravo de instrumento (art. 1.015, I, do CPC).

O juiz tem, portanto, três alternativas:

a) Estando a petição inicial devidamente instruída e provados os requisitos indicados no art. 561 do CPC, o juiz poderá deferir, *inaudita altera parte*[9], em atenção do requerimento formulado pelo autor, a expedição de mandado liminar de manutenção da posse ou de reintegração (art. 562, 1ª parte). Sendo demandada pessoa jurídica de Direito Público, esta deve ser ouvida antes do deferimento de qualquer medida, conforme o parágrafo único do art. 562.

b) Caracterizada a inidoneidade financeira do autor para arcar com eventual decaimento da ação, deverá o juiz exigir caução, conforme art. 559, embora não se trate de hipótese das mais comuns.

c) Designar audiência de justificação prévia, quando necessitar de maiores esclarecimentos acerca da pretensão formulada.

Concedida ou não, sumária e provisoriamente, a tutela possessória pelo autor pretendida, assegura-se ao réu o direito de se defender.

Para a concessão da medida, deve-se, contudo, preencher os requisitos do art. 561 do CPC, que são o ajuizamento da ação possessória até um ano e dia após a turbação ou esbulho (após esse prazo tratar-se-á de posse de força velha e a liminar passará a ter os requisitos do art. 300 ou do 311, conforme assuma o caráter de urgência ou de evidência).

Cabe apresentar, nesse ponto, o entendimento do STJ, no sentido de que a ocupação de bem público não configura posse, mas mera detenção de natureza precária. Sendo assim, não há falar em posse velha (art. 558 do CPC) para impossibilitar a reintegração liminar em imóvel pertencente a

---

[9] REsp 1.232.904-SP, rel. Min. Nancy Andrighi, j. 14-5-2013, *Informativo STJ*, n. 523.

órgão público. É possível, portanto, a concessão de liminar com base no art. 558, não sendo necessário preencher os requisitos genéricos de tutela provisória[10].

4.5 A AÇÃO DE NATUREZA DÚPLICE

Proposta uma ação pelo procedimento comum, o réu pode se defender através de contestação, mas também pode deduzir pretensão em face do autor, através da reconvenção, quando cabível (art. 343 do CPC). Nessa hipótese, não há necessidade de instauração de processo autônomo, sendo que o juiz julga em uma só sentença os pedidos original e reconvencional.

Contudo, no caso das ações possessórias, a lei abre a possibilidade de vir o réu a obter tutela jurisdicional ativa favorável, sem necessidade de reconvenção. Na própria contestação o réu pode alegar que foi ofendido em sua posse e demandar proteção possessória e indenização pelos prejuízos resultantes da turbação ou do esbulho cometido pelo autor (art. 556).

Tal pedido, embora não formal, tem que ser explícito e cabe ao réu o ônus de pedir, alegar e provar, como se autor fosse.

A natureza dúplice deve-se, então, ao fato de que, mesmo sem reconvenção, o provimento pode ser invertido, fazendo com que o réu, além de se defender, volte-se contra o autor.

O pedido contraposto pelo réu original pode abranger tanto a proteção possessória como indenização por prejuízos sofridos, como no exemplo em que A invade o terreno de B, mas B já tinha invadido o terreno de A, derrubando uma cerca, acarretando prejuízo, coadunando-se ao disposto no art. 556.

Questão polêmica é a admissibilidade de formulação de pedido pelo réu que não seja nem a proteção possessória nem a indenização por prejuízos.

Cremos ser possível tal hipótese, desde que haja conexão à questão possessória, como no exemplo em que o então réu pleiteia indenização por danos morais após violenta discussão em torno da posse do bem.

Seria necessário, porém, apresentação de reconvenção, pautando-se na aplicação subsidiária das regras do procedimento comum, prevista no art. 566, combinado aos ditames do art. 343. Isso porque, no pedido contraposto, a conexão deve ser interpretada *stricto sensu*; já na reconvenção, interpreta-se a norma em sentido amplo.

Contudo, não custa lembrar que no CPC a reconvenção e a contestação são apresentadas na mesma peça, o que faz com que, ao menos no aspecto formal, haja uma perda de relevância na distinção entre o pedido contraposto e a reconvenção.

Destaque-se, porém, que o procedimento das ações possessórias só está presente até a audiência de justificação e a possibilidade de o juiz conceder ou não a liminar, quando se dispensará, a reconvenção, podendo o pedido ser formulado no bojo da contestação. Após essa fase, intimado o réu da decisão que concede ou nega a liminar, poderá ele oferecer resposta, seguindo-se, a partir daí, o procedimento comum, que não obsta a reconvenção.

4.6 FUNGIBILIDADE DOS PROCEDIMENTOS

Não é tarefa simples distinguir esbulho e turbação, razão pela qual o Código adota o princípio da conversibilidade dos interditos, segundo o qual a propositura de uma ação possessória em vez de

---

[10] REsp 932.971-SP, rel. Min. Luis Felipe Salomão, j. 10-5-2011. REsp 888.417-GO, rel. Min. Luis Felipe Salomão, j. 7-6-2011.

outra não obsta a que o juiz conheça do pedido e outorgue a proteção legal correspondente àquela, cujos requisitos estejam provados.

O CPC, no art. 554, *caput*, consagra o princípio da fungibilidade entre as ações possessórias: "a propositura de uma ação possessória em vez de outra não obstará a que o juiz conheça do pedido e outorgue a proteção legal correspondente àquela, cujos pressupostos estejam provados"[11].

Dessa forma, o ajuizamento de uma demanda possessória não impede o juiz de conceder medida diferente da postulada, mas que se revele adequada à proteção da posse no caso concreto, desde que os requisitos para essa concessão estejam provados nos autos[12].

É, na verdade, uma só ação possessória, com variantes determinadas pelas condições de fato.

Justifica a regra a sutil diferença que pode existir entre uma situação de esbulho e uma situação de turbação ou entre esta e a simples ameaça, devendo o juiz dar o provimento correto, ainda que a descrição inicial não corresponda exatamente à realidade colhida pelas provas.

Para uma parte da doutrina, essa regra seria uma exceção aos princípios consagrados nos arts. 490 e 492 do CPC – proibição de julgamento *ultra petita*; entretanto, parece mais razoável compreendê-la como decorrência lógica do princípio da economia processual, segundo o qual não seria de nenhum benefício extinguir o processo, sem a solução da lide, por haver sido feita uma incorreta qualificação legal.

O princípio da fungibilidade, entretanto, tem aplicação restritiva, só cabendo entre as ações possessórias e não entre o pedido possessório e o petitório. A propositura de ação possessória, quando só cabe a reivindicatória, ou vice-versa, leva à carência da ação por falta de interesse processual adequado. Não há possibilidade de o juiz aceitar uma pela outra.

Nesse contexto, diz-se que há três ações possessórias em sentido estrito: reintegração de posse, manutenção de posse e interdito proibitório. Nas duas primeiras, o ato ilícito já ocorreu (esbulho e turbação, respectivamente), e, em vista dessa lesão ao direito, o autor bate às portas do Judiciário em busca de tutela ressarcitória.

Já no contexto do interdito proibitório, tem-se a busca de provimento de tutela preventiva ou inibitória, eis que a medida judicial se antecipa à ocorrência de lesão, em vista de fundado e justo receio de dano iminente, podendo se tratar de esbulho ou turbação, desde que se busque o provimento jurisdicional antes da concretização de tais atos.

Aplica-se a fungibilidade em relação à propositura de tais ações, sendo permitida a alteração das ações umas pelas outras, *ex officio* pelo juiz, pois turbação e esbulho não são fenômenos estáticos, e sim dinâmicos e voláteis.

A turbação pode transformar-se em esbulho em meio aos trâmites processuais, e, por isso, há de se flexibilizar a inércia característica da atividade jurisdicional, conforme se depreende do art. 554, *caput*, do CPC.

4.7 ESPÉCIES DE PROTEÇÃO POSSESSÓRIA

A razão de ser da proteção legal à posse, sem indagar de sua origem jurídica, está em que ela é uma situação de fato, componente da estabilidade social. A modificação de titular não pode resultar

---

[11] Enunciado 328 do FPPC: (arts. 554 e 565). "Os arts. 554 e 565 do CPC aplicam-se à ação de usucapião coletiva (art. 10 da Lei n. 10.258/2001) e ao processo em que exercido o direito a que se referem os §§ 4º e 5º do art. 1.228, Código Civil, especialmente quanto à necessidade de ampla publicidade da ação e da participação do Ministério Público, da Defensoria Pública e dos órgãos estatais responsáveis pela reforma agrária e política urbana".

[12] Neves, 2017, p. 936.

em desequilíbrio social, em perturbação da ordem. Impõe-se que a passagem da posse de um a outro titular se dê sem quebra da harmonia social, por exemplo, pelo contrato ou pela sucessão. Quando surge a disputa pela posse, ela deve cessar através do processo.

O direito aos interditos é efeito que se produz independentemente da qualidade da posse. A proteção possessória pode ser invocada tanto pelo que tem posse justa, como injusta, de boa ou de má-fé, direta ou indireta.

Todo possuidor tem direito a ser mantido na posse em caso de turbação, e restituído no caso de esbulho.

Os interditos são a manutenção, a reintegração e a proibição (arts. 554 a 557).

Defende-se a posse por meio de ações especiais tradicionalmente chamadas de interditos. Em caráter excepcional, admite-se a autodefesa, quando a agressão à posse realiza-se em circunstâncias que exigem pronta, enérgica e imediata repulsa – desforço *in continenti* (art. 1.210, § 1º, do CC).

Não há uniformidade no tocante à qualificação das ações possessórias. Para os que se colocam em posição mais favorável à ampliação do sistema defensivo da posse, constituiriam meio de protegê-la as seguintes ações:

a) imissão de posse;

b) manutenção de posse;

c) reintegração de posse;

d) interdito proibitório;

e) nunciação de obra nova;

f) dano infecto;

g) embargos de terceiro senhor e possuidor.

Algumas dessas ações não são consideradas, entretanto, possessórias, sob o fundamento de que visam à defesa da propriedade. Essas seriam a nunciação de obra nova, os embargos de terceiro senhor e possuidor e a ação de dano infecto.

Para muitos, a ação de imissão de posse também não seria remédio possessório, porque tem por fim investir alguém na qualidade de possuidor. Para os que se colocam contra a ampliação do sistema defensivo da posse, os meios de protegê-la ficariam restritos à reação contra a turbação ou esbulho através dos interditos: manutenção, reintegração e interdito proibitório (finalidade defensiva).

As pretensões possessórias consistem fundamentalmente no direito do possuidor de ser mantido na posse, em caso de turbação, e restituído no de esbulho.

4.8 A NATUREZA DAS AÇÕES POSSESSÓRIAS: REAL OU PESSOAL?

É importante fixar a natureza das ações possessórias, principalmente quando o bem litigioso for imóvel, para definir a necessidade ou não de ambos os cônjuges integrarem a relação processual, em face do art. 73 do CPC.

O objetivo do art. 73, *caput* e § 1º, I e IV, é a defesa do patrimônio do casal, no sentido de que as ações devem ser propostas, e devem ser sujeitos passivos das ações, os companheiros, nos casos elencados pelo legislador[13].

---

[13] No caso de a anulação de partilha acarretar a perda de imóvel já registrado em nome de herdeiro casado sob o regime de comunhão universal de bens, a citação do cônjuge é indispensável, tratando-se de hipótese de litisconsórcio necessário. Nessa situação, em que os imóveis recebidos pelos recorrentes por conta da anterior partilha já foram levados a registro, integrando o patrimônio comum do casal, mostra-se indispensável a citação do cônjuge do herdeiro para a ação de anulação de partilha. Isso porque pode-

Na doutrina, não há grandes divergências, entendendo a maioria pela natureza real das ações possessórias. A jurisprudência, no entanto, tem se mostrado instável a respeito do tema.

Temos para nós que a posse é um direito de natureza real. Logo, quando a pessoa casada quiser propor ação possessória necessitará da presença ou do consentimento do cônjuge e, para que tenham legitimidade passiva, que haja litisconsórcio necessário.

Na verdade, não há razão para questionar a natureza real da ação possessória em face do direito positivo. É o próprio CPC que, ao cuidar da competência para as ações reais imobiliárias, em seu art. 47, § 2º, inclui expressamente entre essas as ações possessórias.

Na prática, como o regime matrimonial de bens generalizado no Brasil é o da comunhão, a propriedade e posse dos bens é comum enquanto durar a sociedade conjugal. Logo, na maioria dos casos, os cônjuges serão possuidores comuns, tornando obrigatório o litisconsórcio ativo e passivo, se a posse disputada versa sobre imóvel.

A Lei n. 8.952, de 13 de dezembro de 1994, adotando um critério prático para solucionar o problema da natureza da ação possessória, introduziu o § 2º ao art. 10 do CPC/73, dispondo o seguinte: "§ 2º Nas ações possessórias, a participação do cônjuge do autor ou do réu somente é indispensável nos casos de composse ou de ato por ambos praticados". A disposição acabou mantida no art. 73, § 2º, do CPC.

Assim, de acordo com esse texto legal, é a composse como fato ou a moléstia à posse de outrem por ambos os cônjuges que irá determinar a necessidade de outorga conjugal ou de litisconsórcio passivo nas ações possessórias imobiliárias.

4.9 INCIDENTES NAS AÇÕES POSSESSÓRIAS

4.9.1 Embargos de terceiro

Os embargos de terceiro estão previstos no art. 674 do CPC. São o remédio processual de defesa do estranho ao processo, contra o esbulho judicial. A delimitação das hipóteses de cabimento é motivo de constante discussão jurisprudencial[14].

Assim, admitem-se embargos de terceiro contra qualquer ato de apreensão judicial, praticado em qualquer ação ou execução, desde que resulte prejudicial ao embargante ou seja incompatível com um seu direito, sendo os embargos de terceiro via ampla de tutela do terceiro estranho ao processo.

Prevalece, então, que tal remédio pode ser utilizado no caso de execução *lato sensu* de sentença possessória, caso haja moléstia a quem não foi parte do interdito.

Quanto ao prazo para oposição dos embargos de terceiro, deve ser contado da data em que houver o terceiro sofrido o alegado esbulho, ou seja, na data em que se cumpriu o mandado de reintegração.

---

rá haver a perda do imóvel que atualmente pertence a ambos, devendo a lide ser decidida de forma uniforme para ambos. Vale lembrar, ainda, que de acordo com o artigo 10, § 1º, I, do CPC/1973 (art. 73, § 1º, I, do CPC), os cônjuges serão necessariamente citados para a ação que trate de direitos reais imobiliários (art. 1.225 do CC). Nesse contexto, se o imóvel passou a integrar o patrimônio comum, a ação na qual se pretende a anulação da partilha envolve a anulação do próprio registro de transferência da propriedade do bem, mostrando-se indispensável a citação. REsp 1.706.999-SP, rel. Min. Ricardo Villas Bôas Cueva, 3ª T., por unanimidade, j. 23-2-2021. *Informativo STJ* n. 686.

[14] Veja-se, por exemplo, esta decisão do STJ: "Condômino, que não for parte na ação possessória, tem legitimidade ativa para ingressar com embargos de terceiro. No sistema processual brasileiro, existem situações nas quais o meio processual previsto não admite escolha pelas partes. Doutro lado, se o sistema processual permite mais de um meio para obtenção da tutela jurisdicional, compete à parte eleger o instrumento que lhe parecer mais adequado, nos termos do princípio dispositivo" (REsp 834.487-MT, rel. Min. Antonio Carlos Ferreira, j. 13-11-2012).

4.9.2 Embargos de retenção

Já que as ações possessórias são procedimentos especiais unitários, ou seja, englobam numa só relação processual toda a atividade jurisdicional, da cognição à execução, inexistindo a execução de sentença, como processo separado, não se aplicam às ações de manutenção e reintegração as regras pertinentes à execução forçada e seus embargos.

Dessa forma, se o demandado tem benfeitorias a indenizar, e pretende exercer o direito de retenção, não deve fazê-lo via embargos de retenção, visto que lhe falta seu pressuposto básico – o processo de execução –, e, sim, por meio da contestação[15].

Com as alterações advindas da Lei n. 11.382/2006, o direito de retenção passou a ser tratado como uma das matérias arguíveis em embargos à execução, de modo a não possuir mais um procedimento próprio e distinto desses últimos. A ideia foi mantida no art. 917, IV, do CPC.

4.9.3 Nomeação à autoria e denunciação da lide

Sob o manto do CPC/73, era possível que ocorressem nas ações possessórias tanto a nomeação à autoria como a denunciação à lide, modalidades de intervenção de terceiros.

Cabia nomeação à autoria, extinta pelo CPC, quando o réu da ação possessória não fosse realmente o possuidor, mas o detentor do bem litigioso. Com a nomeação, o demandado visa a ser excluído do processo e substituído pelo possuidor, em nome de quem exerce a detenção.

Já a denunciação da lide, mantida no novo regime, só tem cabimento quando o réu da ação possessória for possuidor direto, e houver possuidor indireto. Nessa situação, o possuidor indireto, como, por exemplo, o locador, pode ser chamado pelo possuidor direto, o locatário, para a ação principal.

4.10 PROCEDIMENTO DE MANUTENÇÃO, DA REINTEGRAÇÃO DA POSSE E DO INTERDITO PROIBITÓRIO – PECULIARIDADES DOS PROCEDIMENTOS

4.10.1 Ação de manutenção de posse

A ação de manutenção de posse é uma espécie de ação possessória, tendo, portanto, como objeto de discussão a posse, e não o domínio. É utilizada como defesa possessória contra quem pratica atos de turbação, a fim de que o possuidor continue mantido em sua posse (art. 560 do CPC). Através desta, assim como das demais ações possessórias, postula-se o direito de posse, ou seja, o direito de exercer as faculdades de fato sobre a coisa.

Para que seja ajuizada, é necessário que tenha ocorrido a chamada turbação na posse.

Turbação é o ato pelo qual se dá uma violação ao exercício da posse de alguém, sem, contudo, excluir totalmente a posse deste. Configura-se uma moléstia à posse, embora esta continue existindo. Seria como um "esbulho parcial".

O objeto dessa ação é ser o possuidor turbado mantido em sua posse, fazendo com que não a perca – pretensão possessória primária. Como pretensão secundária, têm-se a indenização e a reposição do estado anterior à lide.

Busca-se com a ação de manutenção de posse a cessação dos atos do turbador sobre a posse alheia.

---

[15] REsp 1.278.094-SP, rel. Min. Nancy Andrighi, j. 16-8-2012, *Informativo STJ*, n. 502.

Cabe ainda mencionar o fato de que a causa que originou a posse não pode sofrer qualquer alteração, isto é, o caráter da posse deve ser mantido.

Para propor tal ação, não têm legitimidade o detentor e quem detém a coisa a mando de outrem.

Tem legitimidade para figurar no polo passivo da relação processual o agente que comete turbação.

A denunciação à lide é cabível quando o réu da ação possessória for possuidor, tendo a posse própria a defender, embora esta seja apenas direta e sem a exclusão da posse indireta do outro possuidor. Aqui, não se objetiva a exclusão do demandado da relação processual. O possuidor indireto é chamado pelo possuidor direto para responder à ação principal junto com ele.

Versando sobre coisas móveis, a ação possessória correrá no foro do domicílio do réu, segundo a regra geral do art. 46 do CPC.

Se a disputa recai sobre bem imóvel, observar-se-á a competência do *forum rei sitae*, ou seja, a causa competirá ao foro da situação da coisa litigiosa (art. 47, § 2º), aplicando-se a prevenção nos casos em que a gleba estender-se por território de mais de uma comarca ou estado (art. 60).

A prova dos fatos, pelo autor da ação, deve ser clara, cabal e *ab initio*, demonstrando:

a) a posse;

b) a turbação praticada pelo réu;

c) a data em que se iniciou a turbação;

d) a continuação de sua posse, mesmo turbada.

Sendo a posse matéria de fato, e não de direito, é necessário que se faça prova dos fatos, com a devida fase instrutória do processo, tornando-se impossível o julgamento antecipado da lide.

A prova da continuação da posse é essencial, uma vez que, a partir daí, classifica-se a ação como possessória (manutenção) ou petitória (reivindicatória).

A diferença está no fato de que, se a posse nunca foi exercida, a ação cabível é a reivindicatória, de natureza petitória. Por outro lado, se a posse já existe, a ação que deve ser proposta é a possessória. Nesse caso, operando-se um erro quanto à escolha entre uma ação possessória ou petitória, não se aplica a fungibilidade das possessórias, pois esse princípio somente se aplica entre as ações possessórias. Haveria, nessa hipótese, carência de ação, por falta de interesse processual adequado.

Vale ressaltar que o ônus da prova da posse e da turbação ocorrida cabe ao autor da ação possessória.

O art. 565 trata dos litígios coletivos envolvendo a posse de imóvel[16], ou mesmo para o conflito quanto à propriedade de imóvel (§ 5º), na hipótese de ação de força velha. Determina o dispositivo

---

[16] Importante função do art. 565 pode ser observada na decisão do STF que regula a retomada das ações de reintegração de posse suspensas em razão da pandemia do Covid-19: "Cabe adotar um regime de transição para a retomada das reintegrações de posse suspensas em decorrência da doença, por meio do qual os tribunais deverão instalar comissões para mediar eventuais despejos antes de qualquer decisão judicial, a fim de reduzir os impactos habitacionais e humanitários em casos de desocupação coletiva. (...) Com base nesse entendimento, o Plenário, por maioria, referendou a tutela provisória incidental parcialmente deferida, para determinar a adoção de um regime de transição para a retomada da execução de decisões suspensas na presente ação, nos seguintes termos: (...) (b) Devem ser realizadas inspeções judiciais e audiências de mediação pelas comissões de conflitos fundiários, como etapa prévia e necessária às ordens de desocupação coletiva, inclusive em relação àquelas cujos mandados já tenham sido expedidos. As audiências devem contar com a participação do Ministério Público e da Defensoria Pública nos locais em que esta estiver estruturada, bem como, quando for o caso, dos órgãos responsáveis pela política agrária e urbana da União, estados, Distrito Federal em municípios onde se situe a área do litígio, nos termos do art. 565 do CPC e do art. 2º, § 4º, da Lei n. 14.216/2021; (...) ADPF 828 TPI-quarta-Ref/DF, rel. Min. Roberto Barroso, j. 2-11-2022, *Informativo STF* n. 1.075.

a realização de prévia audiência de mediação antes de apreciar o pedido de concessão da medida liminar, que, se deferido, deverá ser executado dentro do prazo de 1 ano. Se não for executado, deve o magistrado designar audiência de mediação[17].

Contudo, visando à interpretação sistemática da norma, o FPPC aprovou o Enunciado n. 67, estabelecendo que "a audiência de mediação referida no art. 565 (e seus parágrafos) deve ser compreendida como a sessão de mediação ou de conciliação, conforme as peculiaridades do caso concreto".

Faculta-se ao juiz realizar inspeção judicial do local, de modo a melhor analisar o fato litigioso (§ 3º), podendo se dar *ex officio* ou mediante requerimento, na forma dos arts. 481 e 484 do CPC. Não custa lembrar que, em estímulo à democratização do processo, o Código permite, especificamente, a intervenção de *amicus curiae* (art. 138 do CPC).

4.10.2 Ação de reintegração de posse

Esse interdito tem por finalidade a recuperação da posse perdida ou esbulhada; a recuperação da coisa e a restituição do possuidor na posse em caso de esbulho.

No caso de atos clandestinos praticados na ausência do possuidor, não se considera perdida a posse. Nos casos de ausência do possuidor, só se considera perdida a posse quando o ausente, tendo notícia da agressão, abstém-se de retornar à coisa, ou, tentando recuperá-la, é violentamente repelido.

A ação de reintegração de posse pressupõe ato praticado por terceiro que importe para o possuidor perda da posse contra sua vontade.

A perda total da posse pode decorrer:

a) de violência sobre a coisa, de modo a tirá-la do poder de quem a possuía;

b) constrangimento suportado pelo possuidor, diante do fundado temor de violência iminente;

c) de ato clandestino ou abuso de confiança.

Os pressupostos da ação reintegratória acham-se enumerados no art. 561. São eles:

a) a posse do autor;

b) o esbulho praticado pelo réu;

c) a data do esbulho;

d) a perda da posse, na ação de reintegração.

Este último requisito é fundamental para a caracterização do pedido como possessório. Se o autor nunca teve a posse, seu pedido não pode ser possessório; deve ser petitório. Quem nunca teve a posse e precisa que esse direito lhe seja outorgado, deve ingressar com ação reivindicatória, no procedimento comum.

Entenda-se que a expressão "nunca teve posse" embasa-se no fato de que a posse é transmissível. Logo, se alguém recebeu, juridicamente, a posse de um imóvel, de outrem que a tinha, não está em situação de quem nunca exerceu posse, pois sua posse soma-se à posse de seu antecessor.

---

[17] Como bem salientam Fabiana e Theobaldo Spengler, em obra por nós coordenada, "esses conflitos são, por natureza, causas de grande complexidade, pois evolvem, de um lado, uma numerosidade de titulares de um direito, e de outro lado, normalmente, órgãos públicos que tenham competência na proteção desses direitos. Cabe então ao Judiciário o desafio de oferecer resposta qualitativa e viável aos conflitantes envolvidos nessas ações. Nestes termos, a mediação, que objetiva o resgate da comunicação, se encaminha como um mecanismo interessante para alcançar solução juridicamente viável que atenda a todos os interesses envolvidos" (Pinho; Hill, 2019, p. 99).

Cabe destacar que esbulho é o ato pelo qual o possuidor vê-se privado da posse, violenta ou clandestinamente, por constrangimento suportado pelo possuidor, diante do fundado temor de violência iminente e, ainda, por abuso de confiança; é a injusta e total privação da posse, sofrida por alguém que a vinha exercendo.

Não é necessário que a perda da posse tenha se dado por violência, como era exigido pelo sistema legal anterior; atualmente, em razão da perda da posse por qualquer vício, cabe a ação reintegratória.

A regra é, portanto, que se caracteriza o esbulho não só pela violência, como também por toda e qualquer moléstia aos direitos do possuidor.

Além da restituição da coisa, o possuidor esbulhado tem direito a ser indenizado pelos prejuízos que sofreu com o esbulho.

Aplicam-se as mesmas regras já enumeradas no tocante à ação de manutenção de posse, ou seja, versando sobre coisas móveis, a ação possessória correrá no foro do domicílio do réu; se a disputa recai sobre bem imóvel, a causa competirá ao foro da situação da coisa litigiosa.

Quem detém, de fato, o exercício de algum dos poderes do domínio é, juridicamente, possuidor, e, como tal, tem legitimidade para propor ação possessória sempre que temer ou sofrer moléstia em sua posse (art. 1.228, *caput*, do CC).

Não se considera parte legítima para propor ação possessória aquele que conserva a coisa em nome de outrem, ou aquele que cumpre ordens ou, ainda, o detentor (art. 1.198 do CC), que é aquele que ocupa a coisa alheia por mera permissão ou tolerância do verdadeiro possuidor.

O réu, na ação possessória, é o agente do ato representativo da moléstia à posse do autor. Pode ser o autor do esbulho ou o terceiro que recebeu a coisa, sabendo que era esbulhada, neste último caso, possuidor de má-fé.

Nos casos em que alguém pratica ato lesivo à posse de outra pessoa, obedecendo ordens, a parte legítima para ser demandada é aquela que deu a ordem.

A denunciação à lide terá cabimento na ação de possessória, quando esta for intentada contra o possuidor indireto, por exemplo, o locatário, e este chama ao processo o possuidor direto, o locador, para a defesa da posse.

4.10.3 Interdito proibitório

O interdito proibitório está previsto no art. 567 do CPC[18] e no art. 1.210 do CC[19], que fornecem suas características.

O interdito proibitório é uma ação possessória só que com um caráter preventivo e cominatório, aplicável quando ainda não ocorreu moléstia[20].

Preventivo porque, diante de uma ameaça de turbação ou esbulho, o possuidor busca o Poder Judiciário a fim de obter um mandado proibitório para segurar sua posse, impedindo que a moléstia da posse de fato ocorra.

---

[18] CPC: "Art. 567. O possuidor direto ou indireto que tenha justo receio de ser molestado na posse poderá requerer ao juiz que o segure da turbação ou esbulho iminente, mediante mandado proibitório em que se comine ao réu determinada pena pecuniária caso transgrida o preceito".
[19] CC: "Art. 1.210. O possuidor tem direito a ser mantido na posse em caso de turbação, restituído no de esbulho, e segurado de violência iminente, se tiver justo receio de ser molestado".
[20] Gajardoni et al., 2016, p. 957.

Cominatório porque, no mandado proibitório, será fixada uma pena pecuniária para o caso de transgressão ao preceito.

Dessa forma, fala-se em justo receio, que nada mais é do que a necessidade de o autor demonstrar a probabilidade de iminente agressão à posse, que não pode ser um temor meramente subjetivo, devendo ser caracterizada por elemento objetivo a demonstração da possível ocorrência de moléstia na posse ou para se evitar a repetição de atos de agressão.

Tanto o possuidor direto quanto o possuidor indireto têm legitimidade para propor a ação, sendo que réu é todo aquele que ameaça a posse de alguém.

No que tange à competência, em se tratando de bens móveis, o foro competente é aquele do domicílio do réu. Sendo bens imóveis, competente é o foro da situação do bem.

Caso haja pedido de abstenção à prática de algum ato, o autor pode requerer a cominação de pena pecuniária para o caso de descumprimento da sentença. Independentemente disso, se o juiz entender que a pena fixada pelo autor na inicial é exagerada ou insuficiente, poderá adequá-la ao que considerar justo e suficiente.

Ainda que não haja requerimento do autor, pode o magistrado fixar um valor que aflija o réu, impedindo a concretização da ameaça, de modo a assegurar a manutenção da autoridade da sentença (art. 537 do CPC).

Incumbe ao autor provar:

a) sua posse;

b) a continuação da posse, uma vez que vem sendo apenas ameaçado, ainda não há efetiva turbação ou esbulho;

c) a ameaça que deve ser demonstrada através de dados concretos passíveis de aferição pelo juiz, não sendo suficiente o temor subjetivo do autor;

d) a data da ameaça a fim de se fixar o prazo de ano e dia para verificar-se a possibilidade da concessão de liminar.

De acordo com o art. 568, aplicam-se ao interdito proibitório as mesmas regras que às ações de manutenção e reintegração de posse e que já foram anteriormente apreciadas, desde que se trate de ação de força nova.

Assim sendo, cumpre-nos ressaltar que é possível a concessão de liminar de plano ou após a audiência de justificação, ou, ainda, a designação de audiência de mediação, nas hipóteses do art. 565, mencionadas no item anterior.

Como o interdito proibitório também é uma ação possessória, aplica-se a ele o princípio da fungibilidade já explicado.

Assim, se no curso da ação a posse vem a ser de fato turbada ou esbulhada, o autor por simples petição nos autos comunica a ocorrência ao juiz, e a ação que era de interdito proibitório passa a ser de manutenção ou reintegração conforme o caso. Isso ocorre sem prejuízo da pena pecuniária que passa a ser devida já que houve violação ao mandado proibitório.

Se a turbação ou o esbulho ocorrem após o trânsito em julgado da ação de interdito proibitório, o réu incide na pena pecuniária, cabendo ao autor promover uma ação de execução por quantia certa para recebê-la. Caberá, também, ao autor, para reaver a sua posse mansa e tranquila, propor nova ação possessória, só que dessa vez de manutenção ou reintegração de posse.

4.11 A SENTENÇA NAS AÇÕES DE MANUTENÇÃO DE POSSE, DE REINTEGRAÇÃO DE POSSE E NO INTERDITO PROIBITÓRIO

Prolatada, ao final, sentença de procedência nas ações possessórias, ela comportará cumprimento tão logo transite em julgado. Pendendo contra ela recurso de apelação, ficará obstado o seu pronto cumprimento, ressalvada, contudo, a hipótese prevista no art. 1.012, V, do CPC.

A autoexecutoriedade da sentença que defere a reintegração ou manutenção é característica da proteção interdital e independente do rito, assim como independente de haver decorrido tempo maior ou menor de ano e dia desde a ofensa à posse até o ajuizamento da ação.

A sentença na ação possessória tem, portanto, eficácia executiva *lato sensu*, ou seja, o julgado impõe por si mesmo os seus efeitos, sem necessidade de um ulterior processo de execução.

O juiz não condena, propriamente, o esbulhador a devolver a coisa, e sim ordena a imediata expedição de um mandado a ser cumprido coativamente pelos órgãos auxiliares do juízo contra o esbulhador e em favor do esbulhado, sem necessidade de outra citação ou formalidades outras, inexistindo, portanto, dicotomia entre cognição e execução.

4.12 A FASE DE EXECUÇÃO DO JULGADO

Transitada em julgado, a execução da sentença se faz por mandado, independente do processo de execução, porque a sentença tem força executiva, salvo a condenação em perdas e danos, que será cobrada em execução por quantia após liquidação da sentença.

De sua força executiva *lato sensu* decorre, ainda, o efeito importantíssimo da inadmissibilidade do uso da impugnação.

Também não há mais possibilidade de usar os embargos de retenção em face do título judicial. Toda a defesa do réu deverá ser manejada na contestação, pois, não havendo *actio iudicati*, não haverá oportunidade para qualquer tipo de embargos, salvo apenas a hipótese de terceiro prejudicado (embargos de terceiro).

Capítulo 5
AÇÃO DE DEMARCAÇÃO E AÇÃO DE DIVISÃO DE TERRAS PARTICULARES

5.1 NOÇÕES GERAIS

As ações de divisão e de demarcação têm origem no direito romano.

A primeira permitia ao proprietário obter em juízo a fixação de uma linha divisória entre dois imóveis cujos limites se confundiam. O objetivo era restaurar a linha original, mas, sendo isso impossível, o juiz decidia com base no trabalho de agrimensores e depois de consultar os registros públicos, podendo variar a linha que deveria existir[1].

Já na segunda a divisão era feita em partes iguais, adjudicando um quinhão a cada comunheiro. Sua finalidade era estabelecer limites, dirimindo incertezas a respeito deles. Se um quinhão fosse superior ao outro, o que ficasse com o maior era condenado a pagar à outra parte uma quantia em dinheiro. Se a coisa fosse indivisível, era adjudicada a um dos comunheiros, que era condenado a pagar às outras partes.

Atualmente, as ações de demarcação e de divisão de terras possuem finalidades semelhantes aos institutos retratados e estão previstas nos arts. 569 a 598 do CPC.

A ação demarcatória tem por fim aviventar a linha divisória entre dois terrenos, ou fixar o limite entre eles, no caso de a linha divisória ter se apagado ou se há confusão entre imóveis[2].

Já a ação de divisão tem por fim extinguir o condomínio existente sobre uma área de terra, dividindo-se a coisa originalmente comum em quinhões, que serão adjudicados aos comunheiros, passando cada um deles a exercer propriedade exclusiva sobre o novo imóvel, desmembrado da área unificada.

A ação de divisão será incabível se o bem for indivisível ou se a divisão torná-lo impróprio para seu destino, e, se a propriedade for rural, só será possível sua divisão se os quinhões forem maiores que o módulo de propriedade rural (art. 65 da Lei n. 4.504/64 – Estatuto da Terra).

O Código, porém, só trata das ações de demarcação e de divisão de terras particulares, porque, em se tratando de terras devolutas, a questão é resolvida pela ação discriminatória, nos termos da Lei n. 6.383/76, ajuizada pelo Poder Público e processada no rito sumário, com o objetivo de reconhecer o domínio público, ainda incerto, em relação a imóvel não suficientemente estremado do domínio do particular e demarcar área discriminada.

Importante inovação do CPC está na possibilidade da desjudicialização do procedimento. Trata-

---

[1] Neves, 2017, p. 951.

[2] A ação demarcatória é a via adequada para dirimir a discrepância entre a realidade fática dos marcos divisórios e o constante no registro imobiliário. No entanto, o cabimento da ação demarcatória, em casos como esse, encontra amplo respaldo na jurisprudência desta Corte segundo o qual "havendo divergência entre a verdadeira linha de confrontação dos imóveis e os correspondentes limites fixados no título dominial, cabível a ação demarcatória para eventual estabelecimento de novos limites (art. 946, I, do CPC c/c art. 1.297 do CC)". (REsp 759.018-MT, rel. Min. Luis Felipe Salomão, 4ª T., j. 5-5-2009, *DJe* 18-5-2009); REsp 1.984.013-MG, rel. Min. Ricardo Villas Bôas Cueva, 3ª T., por unanimidade, j. 27-9-2022, *DJe* 30-9-2022, *Informativo STJ* n. 752.

-se de uma tendência crescente em nosso ordenamento. Já havia iniciado com a consignação em pagamento extrajudicial. Posteriormente, em 2007, a Lei n. 11.441 abre a possibilidade de efetivar separação, divórcio, inventário e partilha pela via extrajudicial. E agora, finalmente, o CPC estende essa possibilidade às hipóteses de demarcação e divisão, bem como cria a figura da usucapião administrativa, como será examinado nas disposições finais e transitórias.

Como se pode observar da redação do art. 571, é possível a divisão e a demarcação por escritura pública desde que presentes dois requisitos:

a) sejam capazes todos os interessados; e

b) haja consenso entre eles.

5.2 LEGITIMIDADE

A ação de demarcação de terras cabe ao proprietário, para obrigar seu confinante a estremar os respectivos prédios, fixando-se novos limites entre eles ou aviventando-se os já apagados ou, ainda, quando não há correspondência entre as divisas reais e a descrição do título de propriedade. Esta é hipótese derivada das demais, porém deve ser reconhecida como uma quarta possibilidade.

A demarcação pode ser total ou parcial, e não pode ser usada como reivindicatória.

Prevalece que é legitimado ativo também quem possui direito de gozo sobre a coisa, como o usufrutuário, o enfiteuta e o promitente comprador, embora uma parcela da doutrina critique essa posição, afirmando que a legitimidade seria exclusiva do proprietário.

Carece de legitimidade o mero possuidor, pois a disputa tem caráter dominial, e não meramente possessório.

Assim, a legitimidade ativa deve abranger não apenas o pleno proprietário, mas também o proprietário limitado, como tal compreendido o nu-proprietário, o usufrutuário, o usuário, o enfiteuta e o titular da servidão, além do coproprietário e do proprietário com domínio resolúvel.

Questão mais controvertida surge quando sobre o imóvel do demandante existe um condomínio, tendo sido a ação proposta por apenas um dos condôminos.

Na vigência do CPC/73, ajuizada a ação demarcatória por um dos condôminos, os demais deveriam ser citados como seus litisconsortes ativos necessários.

Para Alexandre Câmara[3], porém, os demais serão citados como litisconsortes passivos necessários, pelo fato de o Código se referir à citação dos coproprietários, sendo a citação ato pelo qual o réu se torna parte no processo.

O art. 575 do CPC legitima qualquer condômino a promover a demarcação do imóvel comum, devendo requerer a intimação dos demais para, querendo, intervir no processo[4].

Certo é que a legitimidade de qualquer condômino constitui, na verdade, direito inerente ao próprio domínio, na forma do art. 1.314 do CC. Além disso, a importância da intimação dos demais encontra-se no caráter unitário da decisão que atingirá a todos os condôminos, uma vez que incindível a relação de direito material travada em juízo.

Já a legitimidade passiva é do proprietário do imóvel confinante. Humberto Theodoro Júnior[5] defende que a demarcação não tem a característica de ser um procedimento entre proprietários e,

---

[3] Câmara, 2009, p. 390.

[4] Enunciado 443 do FPPC: (art. 575) "Em ação possessória movida pelo proprietário é possível ao réu alegar a usucapião como matéria de defesa, sem violação ao art. 575".

[5] Theodoro Jr., 2017, p. 215.

por isso, deve se colocar no polo passivo não só esse como também o possuidor.

Já a ação de divisão, nos termos do inciso II do art. 569, cabe ao condômino, para obrigar os demais consortes a partilhar a coisa comum. Somente haverá condomínio ou copropriedade para fins dessa ação de divisão quando os consortes apresentarem a mesma situação jurídica, detendo os mesmos direitos como, por exemplo, entre usufrutuários.

Note-se que a ação pode mostrar-se incabível diante da inviabilidade material da divisão pretendida, na hipótese do art. 87 do Código Civil.

Imagine-se o exemplo em que o autor pretende divisão que resultará em perda de acesso ao logradouro para o outro condômino. Vislumbra-se ainda o caso de impossibilidade jurídica do pedido, como no pedido de divisão de módulo abaixo do mínimo permitido pelas leis locais.

Contudo, não custa lembrar que no CPC a impossibilidade jurídica do pedido não é mais condição para o regular exercício do direito de ação, mas sim matéria de mérito.

Logo, não será admissível ação com esse fim proposta por enfiteuta contra o senhorio, já que seus direitos são diversos e devem coexistir. O espólio, quando figurar como condômino de imóvel divisível, poderá ser autor ou réu na ação divisória, atuando por meio do inventariante não dativo ou dos herdeiros.

A legitimidade passiva é de todos os coproprietários do imóvel cuja divisão o autor pretende, que formarão um litisconsórcio passivo necessário, nos termos do art. 114 do CPC.

Tanto na ação de divisão como na de demarcação de terras incidem as disposições do art. 73 do CPC, sendo necessário, para integrar a legitimidade do demandante casado, que tenha autorização de seu cônjuge, havendo litisconsórcio necessário.

5.3 NATUREZA DÚPLICE DAS AÇÕES DIVISÓRIA E DEMARCATÓRIA

Essas duas ações têm natureza dúplice, pois comum a pretensão divisória ou demarcatória de ambas as partes, poderão autor e réu assumir, recíproca e simultaneamente, as posições ativa e passiva. Por esse motivo, admite-se a cumulação das ações demarcatória e divisória, conforme art. 570 do CPC, tendo em vista ainda que ambas têm a mesma natureza jurídica, atendendo aos ditames do art. 327.

5.4 FORO COMPETENTE

A competência para as referidas ações, de natureza real, é do foro da situação do imóvel, nos termos do art. 47, *caput*, do CPC, tendo natureza absoluta.

Situando-se o imóvel em mais de um estado ou comarca, o foro competente será determinado pela prevenção (art. 63), estendendo-se sua competência sobre a totalidade do imóvel (art. 60).

5.5 PROCEDIMENTO

5.5.1 Disposições gerais

Inicialmente, deve-se aferir a existência ou não do direito à demarcação ou à divisão (primeira fase) para, só então, caso existente, efetivar-se o direito, realizando-se as operações técnicas de demarcação ou de divisão (segunda fase, chamada, impropriamente, de fase executória, por não se tratar, na verdade, de execução da primeira sentença). O procedimento é, portanto, dividido em duas fases distintas.

Conforme menção anterior, é possível, segundo o art. 570, a cumulação dos procedimentos de demarcação e de divisão de terras em um só processo. Nesse caso, deverá primeiro ser realizada a demarcação e só então feita a divisão, por não poder se admitir divisão de terras de limites indeterminados.

Na contestação, poderá o contestante incluir matérias como inexistência de domínio do autor, inocorrência de contiguidade entre os prédios, ilegitimidade da linha perimétrica pretendida pelo autor, desnecessidade de demarcação, por já existirem limites certos, usucapião em seu favor, inexistência de comunhão etc., que levarão o juiz a decidir sobre questões estranhas à divisão ou à demarcação na primeira fase, mas que lhe serão prejudiciais.

Assim que é feita a demarcação, os proprietários dos imóveis confinantes se retiram do processo, sendo tratados como terceiros em relação à divisão (art. 572).

Pode acontecer, porém, de a linha demarcatória ser desrespeitada, invadindo-se o imóvel vizinho quando da distribuição dos quinhões. Nesse caso, o confinante prejudicado deverá se dirigir ao juiz do processo, requerendo a adoção de medidas coercitivas para se respeitar a coisa julgada.

Não tendo o confinante participado do processo e havendo invasão em sua área, poderá ele ajuizar a demanda prevista no art. 572, reivindicando a área invadida ou a condenação do invasor ao pagamento de indenização.

Se a demanda for ajuizada antes do trânsito em julgado da sentença homologatória da divisão, serão citados, como litisconsortes passivos necessários, todos os coproprietários do imóvel dividendo. Caso a demanda seja ajuizada após o trânsito em julgado da sentença homologatória da divisão, será legitimado passivo aquele a quem couber o quinhão que invade o terreno do demandante, tendo a sentença eficácia exclusiva em face do réu.

5.5.2 Ação de demarcação

O procedimento da ação demarcatória começa com a apresentação, ao juízo, da petição inicial, que deverá atender, genericamente, a todos os requisitos dos arts. 319 e 77, V, ambos do CPC.

Deverá vir acompanhada dos títulos de propriedade ou outro título de direito sobre o imóvel, como, por exemplo, o usufruto; da descrição do imóvel, a ser feita com base em sua situação e denominação; bem como a descrição dos limites por constituir, aviventar ou renovar. Deve-se, ainda, nomear os proprietários da linha demarcanda e não necessariamente todos os confinantes dos imóveis.

A descrição dos limites não precisa ser minuciosa, até mesmo porque nem sempre o autor terá condições para tanto.

Com base no art. 951 do CPC/73, afirmava a doutrina que a demarcação poderia ser simples, quando tinha por objeto única e exclusivamente a demarcação, ou qualificada, quando, além da demarcação, o autor formulava pedido de reintegração de posse ou reivindicatório de domínio.

Requisito essencial para essa cumulação de pedidos era que o proprietário do imóvel confinante fosse também o atual possuidor da área cuja reivindicação ou reintegração de posse se pretende e que a posse já existisse antes do ajuizamento da ação demarcatória. Eventual esbulho ou turbação após esse processo constituiria atentado, nos termos do art. 879, III, do CPC/73.

O requerimento de demarcação poderia ser feito a partir de queixa de esbulho ou turbação, formulando-se, também, pedido de restituição do terreno invadido, mais todos os rendimentos dele oriundos ou indenização pela usucapião verificada.

A alegação aqui não seria meramente com base na posse, mas, sim, fundada na pretensão de domínio que tem sobre a área turbada ou esbulhada, para se permitir a reclamação de frutos e danos anteriores à propositura da ação, ou seja, desde o esbulho ou a turbação, o que não entra, normalmente, nos pedidos de demarcação pura e simples e o julgamento do pedido se dá na sentença que encerra a primeira fase do procedimento.

Não reproduzido o permissivo legal, restam dúvidas acerca da possibilidade de cumulação no CPC, principalmente tendo em vista que o procedimento entre os pedidos seria distinto. Isso porque a demarcação e a divisão possuem seus próprios ritos, tal como a possessória, enquanto a reivindicatória segue o procedimento comum. Restaria, assim, desatendido o requisito do art. 327, § 1º, III, do CPC.

Cumpridos esses requisitos, será determinada a citação dos demandados, sendo que apenas os réus que residirem na comarca onde estiver tramitando o feito serão citados pelo correio (art. 576 do CPC), salvo as exceções gerais previstas no Código (art. 247 do CPC). A citação apenas ocorrerá por edital para os casos de réus incertos ou desconhecidos (art. 576 do CPC, parágrafo único, c/c art. 259, III, do CPC).

Feitas as citações, os demandados terão prazo comum de quinze dias para resposta, não se aplicando o prazo em dobro no caso de advogados distintos, sendo admissíveis, além da contestação, exceções rituais.

Sendo oferecida contestação por qualquer demandado, segue-se o procedimento comum.

Mesmo em caso de revelia, não se julga, desde já, o mérito, já que o art. 579 determina que, em qualquer caso, antes de ser proferida sentença que encerrará a primeira fase do procedimento, nomeiam-se um ou mais peritos para levantarem o traçado da linha demarcada.

Não há de se aplicar de imediato a previsão do art. 355, II.

Na ação demarcatória, a prova pericial é essencial para o julgamento do mérito, ainda que seja decretada a revelia dos demandados.

Posteriormente, será apresentado laudo sobre o traçado da linha demarcanda, nos termos do art. 580, anexando-se planta da região e o memorial das operações de campo. Juntados os laudos, devem as partes ser intimadas para se pronunciar sobre eles. Decorrido o prazo sem manifestação ou com a prestação de esclarecimentos, o juiz proferirá sentença.

Sendo a sentença sem resolução de mérito ou de improcedência, o procedimento se encerrará.

Caso a sentença seja de procedência, terá natureza meramente declaratória ou constitutiva, conforme o caso.

Será meramente declaratória quando o juiz, ao estabelecer o traçado da linha demarcanda, limitar-se a reconhecer os limites preexistentes, com base nos marcos destruídos ou arruinados. Será constitutiva quando jamais houver qualquer marcação entre os imóveis, desfazendo a sentença a confusão entre os prédios.

Em face da sentença, cabe recurso de apelação, recebido, como regra geral, em seu duplo efeito: devolutivo e suspensivo. Apenas após o trânsito em julgado da sentença iniciar-se-á a segunda fase do procedimento.

O *expert* efetuará, então, em observância ao art. 582, parágrafo único, a demarcação, colocando os marcos necessários à fixação do limite, sendo as operações consignadas em planta e em memorial descritivo, com as referências para identificação, ambos em conformidade com o art. 583.

A linha demarcanda será percorrida por arbitradores, que examinarão os marcos e rumos, consignando em relatório escrito a exatidão do memorial e da planta. Juntado aos autos o relatório dos arbitradores, as partes poderão se manifestar no prazo de dez dias.

Efetuadas eventuais modificações ou correções, será lavrado o auto de demarcação, assinado pelo juiz, pelos arbitradores e pelo agrimensor, em que os limites demarcandos serão minuciosamente descritos, de acordo com o memorial e com a planta.

Depois, será proferida sentença homologatória de demarcação (art. 587), em face da qual caberá apelação, a ser recebida apenas no efeito devolutivo (art. 1.012, I).

Encerrada a segunda fase do procedimento, tem-se o fim do processo demarcatório, devendo a sentença ser levada a registro.

5.5.3 Ação de divisão

Esse procedimento também possui duas fases, só sendo instaurada a segunda se a sentença que puser fim à primeira for de procedência ao menos parcial do pedido.

O procedimento da ação de divisão começa com a apresentação, ao juízo, da petição inicial, que deverá atender, genericamente, a todos os requisitos dos arts. 319 e 77, V.

Além disso, a petição inicial deverá vir acompanhada de títulos do domínio e indicar a origem da comunhão e a denominação, a situação, os limites e as características do imóvel; o nome, o estado civil, a profissão e a residência de todos os condôminos, especificando-se, ainda, as benfeitorias comuns (art. 588).

O juiz determinará a citação dos réus, aplicando-se as mesmas questões retratadas na ação demarcatória, bem como o prazo de quinze dias para resposta (art. 589).

A partir daí, segue-se o procedimento comum. Aqui, porém, é possível presumir verdadeiras as alegações do demandante em caso de revelia. Não é obrigatória a realização de prova pericial.

Ao fim do procedimento, o juiz proferirá sentença que, se for de procedência, dará início à segunda fase do procedimento.

A sentença de procedência reconhecerá a divisão do imóvel, podendo ser atacada por apelação recebida em seu duplo efeito, em virtude de a sentença se limitar a reconhecer a existência do direito à divisão do prédio, o que caracteriza sua natureza meramente declaratória.

Transitada em julgado a sentença, terá início a segunda fase do procedimento, com a realização de prova pericial, nomeando o juiz os peritos.

As partes terão dez dias para apresentar o título de propriedade, caso ainda não o tenham feito, e formular seus pedidos de quinhão (art. 591). Os peritos iniciarão os trabalhos pela medição do imóvel, sendo, então, ouvidas as partes pelo prazo de quinze dias (art. 592, *caput*).

Não havendo impugnações ou sendo elas solucionadas, o juiz determinará a divisão do imóvel.

Concluídos os trabalhos, o perito levantará a planta do imóvel, observando o disposto nos arts. 583 e 584, bem como o art. 590, *caput* e parágrafo único. Serão avaliadas as benfeitorias feitas no imóvel, que haverão de ser respeitadas, conforme art. 593, ensejando restituição de alguma forma ao condômino por elas responsável e os peritos farão uma proposta da forma de divisão do bem.

Ouvidas as partes no prazo de quinze dias, o juiz deliberará sobre a forma de realização da partilha. Em cumprimento a essa decisão, o especialista realizará a divisão do terreno, demarcando os quinhões, em observância às regras dos arts. 584, 585 e 596. Terminados os trabalhos, realizará o memorial descritivo.

Em seguida, será lavrado auto de divisão, com observância aos requisitos do art. 597, § 3º. Assinado pelo juiz, será proferida sentença homologatória da divisão.

A sentença poderá ser impugnada por meio de apelação, sem efeito suspensivo legal, podendo ser imediatamente levada a registro, e sua natureza jurídica é controvertida. O CC de 1916, em dispositivo não reproduzido no CC de 2002, afirmava a natureza meramente declaratória da divisão.

Porém, estamos certos de que essa decisão tem natureza constitutiva, pois cada parte passará a ser proprietária exclusiva de um imóvel, sendo certo que, antes da sentença, cada um tinha, em seu patrimônio, uma fração ideal do condomínio.

Na hipótese de, encerrado todo o procedimento, um terceiro pretender qualquer pedido alegando a qualidade de condômino, deverá valer-se de embargos de terceiro.

Capítulo 6
AÇÃO DE DISSOLUÇÃO PARCIAL DE SOCIEDADE

6.1 CONSIDERAÇÕES

A dissolução societária corresponde à decisão de buscar a extinção da sociedade. O ajuste negocial que originou a sociedade será sempre resolúvel, ou seja, passível de um término.

A dissolução de uma sociedade pode ter seus efeitos parciais, com a retirada de um ou de alguns dos sócios, conservando-se o vínculo primitivo entre os remanescentes e a existência da pessoa jurídica, ou totais, acarretando o fim da sociedade, com a extinção da pessoa jurídica.

6.2 A DISSOLUÇÃO DAS SOCIEDADES

O procedimento judicial para dissolução total das sociedades encontrava-se, "em tese", disciplinado pelo CPC de 1939, arts. 655 a 674 (Decreto-lei n. 1.608/39). O CPC/73 deu eficácia ultrativa a essas normas, até que houvesse futura elaboração de lei especial que o regulamentasse.

Ocorre que nenhuma lei especial nesse sentido foi promulgada, o que faz incidir a previsão constante do art. 1.046, § 3º, do CPC, que submete a ação de dissolução completa da sociedade ao rito comum.

Constatou-se, contudo, desde o regime anterior, a insuficiência dos dispositivos do CPC de 1939 para lidar com uma questão que hoje é corriqueira e frequente em nosso judiciário, qual seja a dissolução parcial de uma sociedade.

Ressalte-se, ainda, que o princípio da preservação da empresa, pela função social que exerce, difundiu-se após a década de setenta e, na época em que o procedimento para dissolução das sociedades foi criado, qualquer atividade econômica era valorada sob a percepção de interesses exclusivamente capitalistas, o que, decerto, hoje não ocorre devido à importância e à função social que a empresa exerce em relação a toda a sociedade[1].

Assim, o legislador de 2015 reputou necessária a criação de um rito específico para ser seguido nos casos de dissolução parcial, regido agora pelos arts. 599 a 609 do CPC.

Vale lembrar que sobre dissolução societária o direito material brasileiro contempla dois diferentes regimes, um sob a égide da Lei das Sociedades por Ações (arts. 206 e s.) e outro previsto no Código Civil (arts. 1.033 a 1.038) para as sociedades contratuais[2].

Nos dois casos, não há, porém, diferenças relevantes no processo de dissolução da sociedade. O juiz deve nesse tipo de processo, desde o início da apuração de haveres, garantir-lhe racionalidade, celeridade e segurança jurídica.

Anote-se que, embora, num primeiro momento, a ideia da dissolução parcial da sociedade fosse

---

[1] "De acordo com o art. 47 da Lei n. 11.101/05, a recuperação judicial tem por objeto viabilizar a superação da situação de crise econômico-financeira do devedor, a fim de permitir a manutenção da fonte produtora, do emprego dos trabalhadores e dos interesses dos credores, promovendo, assim, a preservação da empresa, sua função social e o estímulo à atividade econômica" (Mamede, 2009, p. 449).

[2] Carneiro; Pinho, 2016, p. 355.

restrita às sociedades pessoais, por quebra da *affectio societatis,* posteriormente passou-se a admitir o instituto também na sociedade anônima fechada *intuitu personae*[3].

Como se pode perceber, o legislador estabeleceu a extensão que se deve dar ao termo "dissolução parcial", englobando aí todas as hipóteses de saída do sócio da sociedade, quando esta é mantida, ou seja, vale para: (1) a saída do sócio pelo exercício do direito de retirada ou de recesso; (2) a saída do sócio por exclusão promovida pelos demais; ou, ainda, (3) a saída do sócio em razão do seu falecimento.

6.3 CABIMENTO DA DISSOLUÇÃO PARCIAL DE SOCIEDADES

O CPC, no seu art. 599, define as hipóteses em que se demonstra adequada a propositura da ação de dissolução parcial de sociedades. O processo poderá ter um objeto mais amplo ou mais delimitado, a depender da relação jurídica de direito material que se pretender dirimir judicialmente.

Na primeira hipótese (art. 599, I), busca-se provimento jurisdicional para resolver o contrato de sociedade, seja simples ou empresária, em relação a sócio falido, excluído ou que tenha se retirado motivada ou imotivadamente.

Na segunda hipótese, postula-se a apuração de haveres do sócio que, por quaisquer dos motivos também listados no inciso I, saiu da sociedade.

Por fim, a terceira hipótese terá cabimento quando se buscar a mera resolução ou apuração de haveres.

Ressalte-se que, para caber esse procedimento especial em relação à sociedade anônima, é preciso que ela seja de capital fechado e o(s) autor(es), representando cinco ou mais por cento do capital social, demonstre(m) que a companhia não pode atingir o fim para o qual foi criada (art. 599, § 2º).

6.4 LEGITIMIDADE PARA AGIR

Estabelecidos os casos de cabimento, o CPC trata, no art. 600, acerca da legitimidade para a propositura da ação de dissolução de sociedade. O espólio do sócio falecido será parte legítima quando a totalidade dos sucessores não ingressar na sociedade. Após concluída a partilha, podem propor a demanda os sucessores (art. 600, I e II).

A sociedade terá legitimação *ad causam* em duas hipóteses. Primeiro, quando os sócios sobreviventes não permitirem o ingresso na sociedade do espólio ou dos sucessores do falecido, desde que esse direito seja assegurado pelo contrato social (art. 600, III). Além disso, nos casos em que for necessária decisão judicial para exclusão de sócio (art. 600, V)[4].

O próprio sócio que deixou a sociedade também pode ingressar regularmente com a ação em duas situações. No primeiro caso, ele exerceu seu direito de retirada ou de recesso e os remanescentes não providenciaram em dez dias a alteração contratual pertinente (art. 600, IV). No segundo caso, ele foi excluído da sociedade (art. 600, VI).

Por fim, determina o art. 600, parágrafo único, que o ex-cônjuge ou ex-companheiro também pode requerer a apuração dos haveres do sócio com o qual era casado ou vivia em união estável. A lei não expressa, mas é claro que, para tanto, é preciso que o regime de bens outorgue tal direito ao requerente.

---

[3] STJ, EREsp 111.294-PR, 2002/0100500-6, rel. Min. Castro Filho, 2ª S., j. 28-6-2006, p. 10-9-2007.

[4] Em ação de dissolução parcial de sociedade por cotas, a sociedade empresária possui legitimidade para figurar no polo passivo da fase executiva, ainda que não tenha sido citada e não tenha integrado a fase de conhecimento, quando todos que participavam do quadro social integraram a lide e não se constata prejuízos às partes. AgInt no AgInt no REsp 1.922.029-DF, rel. Min. Marco Buzzi, 4ªT., por unanimidade, j. 18-4-2023, *Informativo STJ* n. 771.

6.5 PROCEDIMENTO DE DISSOLUÇÃO

O procedimento é deflagrado por meio de petição inicial, atendendo aos requisitos genéricos do art. 319. Além deles, a cópia do contrato social é considerado documento indispensável à propositura da ação (art. 320 c/c art. 599, § 1º).

Passado o juízo inicial de admissibilidade, serão citados, podendo, no prazo de quinze dias, concordar com o pedido ou contestá-lo (art. 601).

Nesse momento processual, há duas peculiaridades no rito criado. Primeiro, caso todos os sócios sejam citados, não será citada a sociedade, mas ela ficará sujeita às decisões tomadas no processo (art. 601, § 1º). Segundo, se a sociedade for citada e vier a apresentar contestação, pode, na própria peça de bloqueio, deduzir pedido indenizatório em face do autor, compensável com o valor dos haveres (art. 602).

Havendo expressa concordância de todas as partes, o juiz decretará, de imediato a dissolução da sociedade (art. 603), isentando-se autor e réus de honorários de sucumbência e rateando-se as custas segundo a participação prevista no contrato social (art. 603, § 1º). Se algum sócio contestar, será observado, no mais, o procedimento comum até a prolação de sentença nos termos dos arts. 485 ou 487 (art. 603, § 2º).

Seja como for, passando-se à fase de liquidação, volta a se observar o rito específico previsto. Primeiro, o juiz deve fixar a data da resolução da sociedade (art. 604, I), seguindo os critérios do art. 605. Se a retirada se der por falecimento, será o dia do óbito. Sendo a retirada imotivada, será determinado como data o 60º dia após o recebimento da notificação pela sociedade. Se, por sua vez, for motivada, o dia fixado será o mesmo do recebimento.[5]

Ainda, caso a exclusão seja por justa causa no âmbito de sociedades por prazo determinado, o dia a ser fixado será o de trânsito em julgado da sentença. Se a exclusão for extrajudicial, o dia da dissolução será o da assembleia que deliberou pela expulsão.

A fixação do dia traz importantes consequências para apuração do valor devido. Antes do dia fixado, integram o valor devido a participação nos lucros ou os juros sobre o capital próprio declarados pela sociedade e, se for o caso, a remuneração como administrador (art. 608). Após o dia fixado, o direito se restringe à correção monetária e aos juros aplicados ao valor apurado (art. 608, parágrafo único).

Além de fixar a data, o magistrado determinará o critério para a apuração de haveres (art. 604, II). Em regra, o juiz deve se basear no próprio contrato social. Caso haja omissão, contudo, será determinada a apuração de valor patrimonial, que será usado como base, obedecidas as disposições do art. 606.[6]

No início da liquidação, por fim, deve-se designar o perito do juízo (art. 604, III), sendo preferencialmente um especialista em avaliação de sociedades (art. 606, parágrafo único). Até que se iniciem os trabalhos periciais, o magistrado pode proferir decisão alterando os critérios de apuração e a data fixada para dissolução, desde que haja requerimento de alguma das partes (art. 607).

Apurados os valores, eles serão pagos ao sócio conforme dispuser o contrato social ou, no seu silêncio, na forma prevista na lei material civil (art. 609).

---

[5] Carneiro; Pinho, 2015, p. 289.

[6] Na dissolução parcial da sociedade, omisso o contrato social quanto ao montante a ser reembolsado pela participação social e quanto à possibilidade de inclusão de lucro futuro, aplica-se a regra geral de apuração de haveres, em que o sócio não receberá valor diverso do que receberia, como partilha, na dissolução total. REsp 1.904.252-RS, rel. Min. Maria Isabel Gallotti, 4ª T., por unanimidade, j. 22-8-2023. *Informativo STJ* n. 785.

Observe-se que há decisão da Terceira Turma do STJ[7], determinando que somente prevalecerá o critério previsto no contrato social se o sócio retirante concordar com o resultado obtido. Caso não concorde, deverá ser aplicado o critério do balanço de determinação conjuntamente com a metodologia do fluxo de caixa descontado.

---

[7] REsp 1.335.619-SP, DJe 27-3-2015.

Capítulo 7
AÇÃO DE INVENTÁRIO E PARTILHA

7.1 NOÇÕES GERAIS

A ação de inventário e partilha compreende um procedimento bifásico, e tem início toda vez que se abre uma sucessão[1] de *mortis causa*, para determinar a totalidade de bens e direitos pertencentes ao falecido, e tem natureza especial, adotando-se o rito previsto nos arts. 610 e seguintes do CPC.

Em um primeiro momento, proceder-se-á à apuração minuciosa do acervo patrimonial do *de cujus*, incluindo-se também as dívidas que tenha eventualmente contraído. Essa primeira etapa será vencida através do procedimento de inventário. Caso haja mais de um herdeiro, necessário será dividir-se o acervo, adjudicando-se um quinhão certo para cada um. Instaurar-se-á, então, a segunda etapa, o procedimento de partilha.

Já desde a vigência do CPC/73, observou-se um movimento de desjudicialização do inventário e da partilha.

No início, contudo, enunciava o art. 982 do CPC/73 que "proceder-se-á ao inventário judicial, ainda que todas as partes sejam capazes". A Lei n. 5.925, de 1º-10-1973, revogou os §§ 1º a 5º do art. 982, suprimindo, assim, a possibilidade de que o inventário se aperfeiçoasse mediante acordo extrajudicial, ainda que fossem capazes todos os herdeiros. Tinha-se, portanto, a regra de que o inventário seria sempre judicial.

Contudo, numa expressão da crescente tendência à desjudicialização, a Lei n. 11.441, de 4 de janeiro de 2007, estabeleceu a possibilidade de inventário e partilha por via cartorária.

No entanto, a Resolução n. 35/2007 do Conselho Nacional de Justiça veio a regular tal procedimento cartorário, havendo ainda Resoluções específicas no âmbito estadual, visando facilitar a fiscalização da Procuradoria-Geral do Estado no âmbito tributário.

Posteriormente, a Lei n. 11.965/2009 apenas explicitou a possibilidade de as partes estarem assistidas por defensor público e a concessão da gratuidade de justiça, dando a última redação do art. 982 do CPC/73, que, no que importava, acabou reproduzida no atual art. 610 do CPC.

Dessa forma, excepcionou-se a regra de que o inventário será sempre judicial, admitindo-se a possibilidade de o inventário se realizar extrajudicialmente, por via cartorária, através de escritura pública, quando, não existindo testamento, todos os sucessores tiverem plena capacidade civil e estiverem de pleno acordo quanto à forma de partilhar os bens deixados pelo autor da herança.

Contudo, o STJ, seguindo voto condutor do Min. Luis Felipe Salomão[2], entendeu ser possível o

---

[1] A jurisprudência desta Corte é firme no sentido de que "o sindicato possui legitimidade ativa para substituir os sucessores de servidores falecidos, independentemente de o óbito ter ocorrido antes do ajuizamento da execução". AgInt no REsp 2.026.557-PE, rel. Min. Sérgio Kukina, 1ªT., por unanimidade, j. 20-3-2023, *DJe* 23-3-2023, *Informativo STJ* n. 733.

[2] O art. 610 do CPC (art. 982 do CPC/73), dispõe que, em havendo testamento ou interessado incapaz, proceder-se-á ao inventário judicial. Em exceção ao *caput*, o § 1º estabelece, sem restrição, que, se todos os interessados forem capazes e concordes, o inventário e a partilha poderão ser feitos por escritura pública, a qual constituirá documento hábil para qualquer ato de registro, bem como para levantamento de importância depositada em instituições financeiras. (...) Se a via judicial é prescindível, não há razoabilidade em proibir, na ausência de conflito de interesses, que herdeiros, maiores e capazes, socorram-se da via administrativa para dar efetividade a um testamento já tido como válido pela Justiça. REsp 1.808.767-RJ, rel. Min. Luis Felipe Salomão, 4ªT.,

inventário extrajudicial, ainda que exista testamento, se os interessados forem capazes e concordes e estiverem assistidos por advogado.

Em 2024, a Resolução n. 35 foi atualizada de forma a consolidar[3] o julgado do STJ e avançou ainda mais, a fim de permitir o inventário por escritura pública, "ainda que inclua interessado menor ou incapaz, desde que o pagamento do seu quinhão hereditário ou de sua meação ocorra em parte ideal em cada um dos bens inventariados e haja manifestação favorável do Ministério Público".

Nessa hipótese, contudo, é vedada a prática de atos de disposição relativos aos bens ou direitos do menor ou incapaz, como esclarece o § 1º do art. 12-A da referida Resolução.

A partilha também poderá ser judicial ou não. Será extrajudicial, com o procedimento regulado nos arts. 659 a 664 do CPC, desde que cumpridos os mesmos requisitos do inventário extrajudicial, isto é, que todos os interessados sejam maiores e capazes e que se estabeleça um acordo entre eles (art. 659, *caput*).

O procedimento especial do inventário e da partilha é de natureza documental, o que significa dizer que nele só poderão ser decididas questões em que o convencimento judicial possa se formar com base em prova exclusivamente documental. Qualquer questão que exija, para a sua decisão, outro meio de prova, deverá ser resolvida em processo autônomo, como se percebe do art. 612[4].

Embora a finalidade principal do inventário seja a declaração da transmissão dos bens decorrentes da morte, a instauração de inventário não pressupõe a existência de bens deixados pelo *de cujus*.

7.2 INVENTÁRIO NEGATIVO

Mesmo não reconhecido expressamente por nosso diploma processual, doutrina e jurisprudência vêm admitindo o chamado inventário negativo. Trata-se de expediente que sempre teve utilidade prática, por declarar a inexistência de bens a partilhar.

No Código Civil, o inventário negativo tem sido admitido a partir da inteligência do art. 1.997, *caput*: "a herança responde pelo pagamento das dívidas do falecido, mas, feita a partilha, só respondem os herdeiros, cada qual em proporção da parte que na herança lhe coube". Nesse caso, buscam os herdeiros também se salvaguardar de dívidas deixadas pelo *de cujus*.

Tal procedimento também põe fim a certas restrições de direito material. Por exemplo, a pessoa viúva, que tenha filho do falecido, para se casar novamente, enquanto não realizar o inventário, deverá adotar o regime da separação total de bens, a fim de evitar a confusão do patrimônio (art. 1.523, I, do CC).

Nesse caso, mesmo que o falecido não tenha deixado bens a partilhar, emprega-se o inventário negativo para demonstrar essa situação, permitindo-se ao cônjuge supérstite a escolha do regime do novo casamento.

A praxe forense indica que o procedimento de inventário negativo instaura-se através de petição comunicando ao magistrado o falecimento do indivíduo e solicitando a citação de eventuais interessados.

Será obrigatória a audiência do Ministério Público e da Fazenda Pública. Caberá ao requerente o papel de inventariante. O juiz tomará por termo as declarações do demandante, de ausência total de bens a inventariar, e ouvirá os demais interessados (herdeiros e cônjuge sobrevivente). Em segui-

---

por unanimidade, j. 15-10-2019, DJe 3-12-2019. *Informativo STJ* n. 663 do.

[3] Art. 12-B. É autorizado o inventário e a partilha consensuais promovidos extrajudicialmente por escritura pública, ainda que o autor da herança tenha deixando testamento, desde que obedecidos os seguintes requisitos: (...).

[4] "Toda questão que não esteja provada através de documento deverá ser remetida para as vias ordinárias" (Carneiro, 2019, p. 40).

da, serão ouvidos o Ministério Público e a Fazenda Pública. Não havendo discordância dos demais convocados ao processo, encerra-se o feito com a sentença homologatória do declarado pelo inventariante.

7.3 COMPETÊNCIA

Na área da competência internacional, cabe à Justiça brasileira com exclusão de qualquer outra "em matéria de sucessão hereditária, proceder à confirmação de testamento particular e ao inventário e à partilha de bens situados no Brasil, ainda que o autor da herança seja de nacionalidade estrangeira ou tenha domicílio fora do território nacional" (art. 23, II, do CPC).

No plano interno, competente para o processamento do inventário e partilha é o foro do domicílio do autor da herança (art. 48, *caput*, do CPC).

Entretanto, se o autor da herança não possuía domicílio certo, competente será o foro da situação dos bens imóveis (art. 48, parágrafo único, I).

Se o autor da herança não tinha domicílio certo e possuía bens imóveis em lugares diferentes, o feito poderá ser processado em qualquer desses foros (art. 48, parágrafo único, II).

Caso não haja bens imóveis, a competência será do foro em que houver bens do espólio.

Como se pode verificar, a competência interna para as questões sucessórias é definida por critérios territoriais, evidenciando a sua natureza relativa, e, portanto, é prorrogável.

O extinto Tribunal Federal de Recursos definiu, por intermédio da Súmula 58, que "não é absoluta a competência definida no art. 96, do Código de Processo Civil, relativamente à abertura de inventário, ainda que existente interesse de menor, podendo a ação ser ajuizada em foro diverso do domicílio do inventariado".

7.4 UNIVERSALIDADE DE FORO DA SUCESSÃO

Define o *caput* do art. 48 que a competência do foro do domicílio do autor da herança não se resume aos procedimentos de inventário e partilha, incluindo também todas as ações em que o espólio for réu. O referido artigo, além de estabelecer critérios de fixação da competência para o processo de inventário e de partilha, cria também a regra de universalidade de foro de sucessão.

Discute-se se essa universalidade do foro sucessório, consagrada pelo dispositivo mencionado acima, é absoluta, conforme poder-se-ia depreender de uma primeira leitura.

Entendemos que não. O espólio, embora não tenha personalidade jurídica, tem a capacidade de ser parte, o que o faz "pessoa formal". O art. 48 estabelece que será competente o foro do inventário para todos os processos em que o espólio for réu. A universalidade do foro de sucessão não abrange os casos em que o espólio seja autor, nem mesmo aqueles em que a competência seja fixada, por critério absoluto, no foro da situação da coisa (art. 47).

No mesmo sentido, é possível a existência de eleição de foro em título extrajudicial, como já decidiu o STF[5].

Além disso, a universalidade fixada pelo art. 48 é de foro e não de juízo. Em outros termos, a demanda ajuizada em face do espólio deverá ser proposta no foro onde se processam o inventário e a partilha, mas não necessariamente no mesmo juízo. A competência de juízo é determinada com base nas regras de organização judiciária.

---

[5] REsp 420.394-GO, rel. Min. Nancy Andrighi, 3ª T., j. 19-9-2002, *DJ* 4-11-2002, p. 203.

7.5 QUESTÕES DE "ALTA INDAGAÇÃO"

Enuncia o art. 612 do CPC que "O juiz decidirá todas as questões de direito desde que os fatos relevantes estejam provados por documento, só remetendo para as vias ordinárias as questões que dependerem de outras provas".

Portanto, a regra é a de que caberá ao juiz do inventário a resolução de todos os incidentes que se verificarem no curso do procedimento, como pressupostos lógicos para o julgamento de partilha, estando, portanto, o juiz autorizado a resolver todas as questões relativas à sucessão, sejam as questões de direito, sejam as de fato, quando esta estiver provada por documento. Isso significa que no inventário só se admite a produção de prova documental.

Se a prova documental não constituir meio suficiente para a composição do conflito ou se depender de outras provas (art. 612), não poderá a questão ser resolvida pelo juiz do inventário, remetendo-se para as vias ordinárias. Trata-se de um limite cognitivo do inventário.

Assim também, se a questão demandar fatos cuja demonstração imponha a produção de prova em outro processo, será decidida por procedimento autônomo.

Vale destacar que a redação do CPC suprimiu a expressão de "alta indagação", existente no art. 984 do CPC/73, mas manteve a ideia básica, qual seja a de impedir que se conheça, no curso do inventário, de questões que necessitam de elementos probatórios de outro feito.

Exemplos são a discussão sobre a qualidade de herdeiro (art. 627, III e § 3º, do CPC), a petição de herança (art. 628), a questão relativa às colações (art. 641, § 2º), a discordância sobre o pedido de pagamento feito pelo credor (art. 643, *caput*), a petição de legado, a nulidade de testamento, entre outros.

Assim, se necessária a produção de prova pericial para investigação de paternidade de filho não reconhecido em vida pelo *de cujus*, a questão há de ser resolvida em ação própria.

Ao determinar a remessa às vias ordinárias, o magistrado profere decisão de natureza interlocutória, que desafia, portanto, o recurso de agravo de instrumento (art. 1.015, parágrafo único, *in fine*, do CPC).

7.6 ADMINISTRADOR PROVISÓRIO E INVENTARIANTE

Entre a morte do indivíduo e a efetivação da partilha há certa indefinição quanto à titularidade dos bens que compõem o acervo. Para que tal acervo não sofra nenhuma depreciação durante esse lapso temporal, o legislador criou duas figuras: no art. 613, o administrador provisório; no art. 617 do referido diploma legal, o inventariante.

Cabe ao administrador provisório dar continuidade à posse do *de cujus*, enquanto não se verifica a investidura de inventariante nas tarefas que lhe são cometidas pela lei, representando o espólio ativa e passivamente (arts. 613 e 614).

Assim, o acervo patrimonial não fica sem administração no período de tempo que decorre entre a morte do *de cujus* e a efetiva abertura do inventário[6].

Normalmente, a nomeação do administrador provisório coincide com a do futuro inventariante, sendo comum a nomeação de cônjuge ou do filho mais velho. Nomeado o inventariante, cessa a sua função no procedimento.

Os poderes do administrador provisório estão delineados no art. 614 do CPC. Como é gestor de coisas alheias, o administrador provisório não tem poder de disposição sobre elas, devendo trazer

---

[6] Marinoni; Arenhart; Mitidiero, 2017a, p. 207.

ao acervo os frutos que percebeu desde a abertura da sucessão, respondendo por eventuais danos que tenha causado por dolo ou culpa.

Quanto às despesas decorrentes da administração dos bens, terá direito a reembolso das despesas necessárias e úteis que realizar, o que será efetuado pelo espólio. Destaque-se, ainda, que o administrador provisório poderá ser legítimo ou dativo.

Será legítimo quando for nomeado entre as pessoas elencadas no rol do art. 617, I a V, e dativo quando não houver inventariante legítimo que possa cumprir as funções. Nos locais em que há inventariante judicial (art. 617, VII e VIII), este é que atuará, não sendo necessário nomear um inventariante dativo.

Embora o inventariante dativo ou o judicial tenham a atribuição de administrar o patrimônio deixado pelo falecido, não têm a faculdade de representar o espólio, competindo essa tarefa a todos os herdeiros, que serão intimados para formar litisconsórcio (art. 75, § 1º), caso se trate de inventariante eletivo.

Ao inventariante compete colaborar com o juízo para o desenvolvimento do inventário (art. 618) até que culmine com a partilha do acervo. Exerce a função dentro do processo, é nomeado pelo juiz e presta compromisso perante a autoridade judiciária.

A escolha de inventariante não é fruto de ato discricionário do juiz, devendo este obedecer à ordem estabelecida pelo art. 617, no *caput* e em seus incisos. Para que se invista na administração do espólio é necessário que o indivíduo seja capaz. Se o preferente for incapaz, a escolha deverá passar para a classe seguinte, exceto na hipótese do art. 617, IV, que admite que o herdeiro menor seja inventariante, por meio de seu representante legal. Em todos esses casos, há a inventariança legítima.

Inexistindo qualquer das pessoas indicadas, ou, caso existindo, não seja idônea, tenha sido removida da inventariança (art. 622) ou não possa, por motivo comprovadamente justo, desincumbir-se do encargo, a nomeação recairá no inventariante judicial, caso exista na comarca (art. 617, VII), ou, em sua falta ou impedimento, o juiz nomeará pessoa estranha ao acervo, porém, idônea para o exercício da inventariança dativa.

É admissível a impugnação à escolha do inventariante. Imagine-se a hipótese de ser nomeada a viúva, segunda esposa do *de cujus*, e esta tenha um histórico de disputas judiciais com os filhos do primeiro casamento do falecido, o que levaria a um inconformismo desses herdeiros com a indicação daquela pessoa.

Os encargos do inventariante estão arrolados no art. 618. A exemplo do administrador provisório, age como gestor de coisas alheias, não tendo poder de disposição. Para que validamente pratique atos que ultrapassem a mera administração deverão ser ouvidos todos os herdeiros, com a posterior autorização do juiz.

Conforme se depreende da leitura do que enuncia o art. 619, o consentimento unânime dos herdeiros não é pressuposto para que o juiz autorize a realização do ato. O que a lei exige é que todos os interessados sejam ouvidos.

Dispõe o inciso VII do art. 618 que o inventariante deverá prestar contas de sua gestão ao deixar o cargo ou sempre que o juiz assim determinar. Quando tais contas são apresentadas espontaneamente ou a requerimento do juiz, não há propriamente uma ação de prestação de contas, embora tal providência não possa ser integralmente afastada, como já entendeu o STJ[7].

---

[7] Desse modo, sobressai, nesses casos, o interesse de agir do inventariante na ação de prestação de contas pelo rito especial dos arts. 552 e 553 do CPC (e não do art. 550 do mesmo código). Por fim, anote-se que, apesar de não ser um procedimento bifásico, a prestação de contas deve ter mantida o seu caráter dúplice, podendo haver débitos ou créditos a ser liquidados pela sentença.

Trata-se de simples incidente do procedimento sucessório. Caso as contas sejam reclamadas por algum interessado, deverá ser observado o procedimento especial da ação de exigir contas (arts. 550 e s.).

Disciplina o art. 622 as hipóteses de remoção do inventariante. Tal remoção será necessariamente antecedida por defesa do inventariante. O procedimento de remoção obedecerá ao disposto nos arts. 623 e seguintes, e, embora, em regra, tal requerimento se faça por herdeiro, nada impede que o juiz provoque o incidente, sendo esta uma clara exceção ao princípio da inércia jurisdicional.

Importante salientar que a simples demora na conclusão do inventário não basta para que se configure causa de remoção. É necessário que a demora decorra de comportamento malicioso, seja comissivo, seja omissivo, do inventariante para que este seja licitamente removido.

Saliente-se também que doutrina e jurisprudência vêm entendendo que a enumeração de causas estabelecida no art. 622 do CPC não é exaustiva, admitindo-se outras hipóteses.

Com a remoção, além de perder o cargo e continuar responsável pelos atos da administração até então praticados, o removido deverá proceder à imediata entrega dos bens do espólio ao seu substituto, sob pena de não o fazendo ser compelido mediante mandado de busca e apreensão, em se tratando de bem móvel, ou de imissão na posse, se o bem for imóvel.

Questiona-se qual a natureza jurídica da decisão proferida no procedimento de remoção do inventariante. Há quem entenda que é decisão interlocutória, assinalando que o próprio parágrafo único do art. 623 define que a remoção é um simples incidente. Essa nos parece ser a posição mais acertada.

7.7 LEGITIMIDADE

É legitimado para requerer a abertura do inventário, em primeiro lugar, o administrador provisório, conforme enuncia o art. 615. Não se trata de legitimação exclusiva, mas sim concorrente, e também poderá ser requerido pelas pessoas indicadas no art. 616. Tais pessoas não necessitam aguardar o transcurso do prazo estabelecido no art. 611 para que se caracterize a inércia do administrador provisório e requeiram a abertura do inventário, ou seja, trata-se de legitimidade concorrente.

7.8 CUMULAÇÃO DE AÇÕES NO INVENTÁRIO

O procedimento de inventário, como regra, não admite cumulação com outras demandas (art. 327, § 1º, III).

Contudo, será admitida a cumulação de inventários sempre que houver alguma das hipóteses do art. 672.

Assim, sempre que os herdeiros forem os mesmos (art. 672, I) ou ocorrendo o falecimento de cônjuge supérstite na pendência do inventário do outro, antes da partilha dos bens (art. 672, II), podem-se inventariar e partilhar as duas heranças conjuntamente. Nesse caso, haverá um só inventariante para dois inventários, distribuindo-se o segundo por dependência ao primeiro, que será autuado em apenso.

Ainda, quando uma partilha depender da outra pode haver cumulação (art. 672, III). Por exemplo, se houver falecimento do herdeiro no curso do inventário, e esse só tiver a inventariar o quinhão que receberia, também será admitido que a sua partilha seja feita juntamente com a do falecido.

REsp 1.707.014/MT, rel. Min. Luis Felipe Salomão, 4ªT., por unanimidade, j. 2-3-2021. *Informativo STJ* n. 687.

Nesse caso, não haverá a formação de dois processos a serem reunidos, mas apenas o aditamento do primeiro inventário, incluindo-se nele a partilha do quinhão do falecido, sem a necessidade de nomeação de novo inventariante ou da autuação em apartado desse incidente[8].

O art. 672, parágrafo único, estabelece, contudo, que, nesses casos, se a dependência for somente parcial, o juiz poderá decidir pela tramitação em separado, se isso significar ganhos à prestação jurisdicional.

7.9 PROCEDIMENTO DO INVENTÁRIO

O inventário é uma atividade processual que tem por escopo legalizar a transferência do patrimônio do *de cujus* elencando-o individualizadamente em um rol, a seus herdeiros e sucessores, ou seja, consiste na lista discriminada de todos os bens móveis e imóveis, além de suas dívidas e quaisquer direitos deixados pelo morto.

O inventário é um processo que pode ser judicial, já que vimos a atual possibilidade de ser feito via cartorária; é necessário, pois a lei expressamente dispõe no art. 610.

O inventário pode ser classificado em pleno ou propriamente dito, o arrolamento e o arrolamento sumário. Este tem lugar sempre que for aplicável a simplificação de procedimento, como, por exemplo, quando se tratar de bens de pequeno valor e/ou herdeiro único, conforme previsão dos arts. 659 a 667.

O procedimento do inventário pleno ou propriamente dito divide-se basicamente nos seguintes termos: petição inicial; nomeação do inventariante; primeiras declarações; citação dos interessados; avaliação do acervo; últimas declarações e liquidação do imposto da transmissão da herança.

7.9.1 Petição inicial

O art. 611 determina que o inventário e a partilha devem ser requeridos dentro de dois meses da abertura da sucessão, findando-se nos doze meses subsequentes.

Anote-se que a Lei n. 14.010/2020, que dispõe sobre o Regime Jurídico Emergencial e Transitório das relações jurídicas de Direito Privado (RJET) no período da pandemia do coronavírus (Covid-19), dispõe, em seu art. 16, que o prazo do art. 611, para sucessões abertas a partir de 1º de fevereiro de 2020, terá seu termo inicial dilatado para 30 de outubro de 2020. Ademais, o parágrafo único desse dispositivo preceitua que o prazo de 12 (doze) meses previsto no mesmo art. 611, para que seja ultimado o processo de inventário e de partilha, caso iniciado antes de 1º de fevereiro de 2020, ficará suspenso a partir da entrada em vigor dessa lei até 30 de outubro de 2020.

O requerimento, conforme dispõe o parágrafo único do art. 615, deverá ser instruído com a certidão de óbito do autor da herança, documento essencial, na forma do art. 320.

O mencionado prazo só tem sanção tributária, que é a multa sobre o imposto *causa mortis* no caso do atraso, como dispõe a Súmula 542 do STF. Não se trata de prazo decadencial, nem tampouco ocorre preclusão.

Quanto ao segundo prazo, não há nenhuma sanção e pode o juiz dilatá-lo, se necessário, de ofício ou a requerimento das partes. Trata-se de prazo impróprio, não havendo consequências processuais.

A legitimidade para requerer o inventário é ampla e concorrente, não sucessiva; tem legitimidade para requerê-lo quem estiver na posse e administração do espólio; herdeiro, cônjuge ou com-

---

[8] Neves, 2017, p. 981.

panheiro supérstite; o legatário; o testamenteiro; o cessionário ou o credor do herdeiro ou legatário; o administrador judicial da falência do herdeiro, do autor da herança ou do legatário; o Ministério Público, se houver incapazes; e a Fazenda Pública, em razão da necessidade de apuração e recebimento do imposto *causa mortis*; enfim, as pessoas elencadas no art. 616.

Dispõe o art. 48 que o Brasil será competente para o inventário e partilha dos bens deixados aqui, ainda que tenha falecido ou residido no exterior e lá deixado bens; o foro será o do domicílio do autor.

7.9.2 Primeiras declarações

Após receber a inicial em ordem devidamente acompanhada da certidão de óbito, o juiz nomeará o inventariante, obedecendo à ordem preferencial elencada no art. 617 do CPC.

Se o juiz violar a ordem legal, é cabível agravo de instrumento já que se trata de decisão interlocutória (art. 1.015, parágrafo único, *in fine*, do CPC).

Dispõe o art. 617, parágrafo único, que, após ser intimado da nomeação, prestará em cinco dias o compromisso de bem e fielmente desempenhar tal múnus processual e terá vinte dias da data do referido compromisso para apresentar suas primeiras declarações, conforme prevê o art. 620, *caput*.

As primeiras declarações são informações indispensáveis à instauração e ao processamento do inventário, com a posterior partilha da herança (ou sua adjudicação, ao herdeiro único).

O conteúdo dessas declarações se encontra previsto no mencionado art. 620, que, em síntese, compreende: a identificação do morto, dia, lugar e circunstâncias em que faleceu, se deixou testamento, qualificação dos herdeiros e do cônjuge ou companheiro sobrevivente bem como o regime de bens do casamento ou da união estável, a relação completa e individuada de todos os bens que formam a herança, com os respectivos valores etc.

Independentemente de requerimento expresso, o juiz ordenará que se proceda ao balanço do estabelecimento comercial, se o autor da herança era comerciante individual, ou à apuração de haveres, se sócio de sociedade não anônima (art. 620, § 1º, I e II).

7.9.3 Citações e interveniências

Dispõe o art. 626 que, feitas as primeiras declarações, o juiz mandará citar todos os interessados para os termos do inventário e partilha. A citação do artigo retromencionado será por correio (art. 626, § 1º, salvo as exceções do art. 247); citando-se por edital as pessoas incertas ou desconhecidas (art. 259, III).

O juiz precisa se certificar de que todos os que ostentam a qualidade de herdeiro estão sendo notificados. Caso um herdeiro deixe de ser citado, haverá nulidade. Se, no entanto, tratar-se de momento no qual não é exigível que o inventariante conheça certo herdeiro, como na hipótese de filho havido fora do casamento, trata-se de ineficácia de sentença, sendo esta um vício externo.

Já a Fazenda Pública e o Ministério Público deverão ser intimados, e não citados, na pessoa de seus respectivos representantes legais, a Fazenda Pública, para os fins do art. 629, e o Ministério Público, por força do art. 178 do mesmo diploma legal.

É relevante acrescentar a necessidade da citação do cônjuge herdeiro para os termos do inventário, mesmo depois da separação judicial, se os bens hereditários se referem ao óbito anterior à dissolução da sociedade conjugal e sobre as quais há de incidir a meação do interveniente, salvo, evidentemente, se o cônjuge for o próprio inventariante.

Dispõe o art. 627 que, concluídas as citações, abre-se vista às partes, pelo prazo de 15 (quinze) dias para as impugnações, sempre ouvido o inventariante.

As impugnações elencadas no art. 627 poderão ter conteúdo de tríplice natureza, previstas nos três incisos do referido artigo, ou seja: erros e omissões; impugnar a nomeação do inventariante; contestar a qualidade de quem foi incluído no título de herdeiro.

As impugnações não irão ensejar o aumento do prazo para produção de prova pericial ou oral; nesse caso a jurisprudência entende que a impugnação deva ser remetida às vias ordinárias por serem questões que exigem dilação probatória conforme prevê o art. 612 do CPC, e já que toda e qualquer impugnação em processo de inventário deve se fundamentar em questões de direito ou prova documental.

Apresentadas as impugnações, as decisões a seu respeito serão de natureza interlocutória, cabendo agravo de instrumento.

O art. 628 determina que não é necessária propositura de ação ordinária para participar do juízo sucessório aquele que não tenha sido incluído como herdeiro; se a partilha ainda não tiver sido realizada, basta demandar diretamente sua inclusão ao juízo, e, no caso de o juiz remeter às vias ordinárias, é conferida uma medida cautelar garantindo-lhe o quinhão através de reserva de bens ao espólio.

É o caso de credor que deseja habilitar seu crédito no inventário, valendo-se da previsão do art. 628. Na hipótese de esse credor buscar seu direito após esse momento, terá de valer-se de embargos de terceiro, conforme art. 674.

Em seguida, como dispõe o art. 629, se o inventariante não juntou cópia dos comprovantes dos impostos que tragam o valor dos bens segundo o cadastro imobiliário, a Fazenda Pública informará tais valores.

7.9.4 Avaliação judicial

Decorrido o prazo de quinze dias estabelecido no art. 627, sem que as primeiras declarações sofram impugnação, ou, após as impugnações, ocorrerá a avaliação judicial que será feita, se necessário, por avaliador oficial ou o juiz nomeará um perito conforme o art. 630.

Essa providência tem por finalidade a apuração do exato valor da herança líquida (arts. 1.846 e 1.847 do CC), possibilitando a justa partilha entre os herdeiros.

O objeto da avaliação é basicamente definir o valor dos bens para efeito de partilha e para a incidência do imposto de transmissão *causa mortis* sobre todos os bens do espólio, móveis ou imóveis. Tal avaliação realizar-se-á em contraditório.

Os arts. 633 e 634 do CPC trazem os casos em que não será obrigatória a avaliação que são respectivamente quando a Fazenda Pública concorda com o valor atribuído aos bens do espólio nas primeiras declarações; quando os sucessores concordarem com os valores dos bens declarados pela Fazenda Pública ou quando houver avaliação recente realizada em outro processo, como é o caso da avaliação dos bens deixados pelo cônjuge supérstite, se pouco tempo sobreviveu ao cônjuge pré-morto.

Contudo, realizada a avaliação e entregue o laudo, as partes terão o prazo de quinze dias para manifestação, podendo impugnar o valor atribuído a qualquer dos bens avaliados. Nesse caso, o juiz decidirá de plano a impugnação (art. 635). Caso a acolha, através de decisão interlocutória e, portanto, passível de agravo de instrumento (art. 1.015, parágrafo único), determinará ao perito a retificação ou até mesmo a repetição da perícia.

7.9.5 Últimas declarações

Aceito o laudo e resolvidas as impugnações, suscitadas a seu respeito será lavrado o termo das últimas declarações (art. 636). Nestas serão feitas as alterações necessárias às primeiras declarações, ou seja, o inventariante irá emendar, aditar ou complementá-las retratando a situação definitiva da herança, sendo então as partes ouvidas em quinze dias; decidindo o juiz de plano qualquer eventual impugnação.

7.9.6 Cálculo do imposto

Ouvidas as partes sobre as últimas declarações no prazo comum de quinze dias, procede-se ao cálculo do imposto (art. 637).

A CF/88 atribui competência aos Estados-Membros para a cobrança do imposto de transmissão *causa mortis* incidente sobre quaisquer bens ou direitos, ou seja, todo e qualquer bem imóvel que integre o acervo deixado pelo *de cujus*.

A lei estadual é que disciplinará a abrangência da incidência e a adoção, ou não, de critérios objetivos de determinação de valor.

Após a elaboração do cálculo pelo contador do juízo serão abertos prazos sucessivos de cinco dias para os interessados e para a Fazenda Pública. Havendo impugnações, se indeferidas, é cabível agravo de instrumento por se tratar de decisão interlocutória do juiz. Se deferida, serão remetidos os autos ao contador e feita a reforma do cálculo.

O imposto *causa mortis* não será exigível antes da homologação do cálculo pelo juiz (Súmula 114 do STF). Trata-se de exceção à autoexecutoriedade característica dos atos administrativos.

7.9.7 Colações

Disciplinada nos arts. 2.002 a 2.012 do CC, a colação consiste na reconstituição do acervo hereditário, por meio da busca dos bens doados em vida aos descendentes.

Seu objetivo é garantir que a partilha se faça segundo a justa equalização das legítimas de todos os herdeiros descendentes.

Está sujeito à colação de bem o herdeiro descendente que recebeu doação do ascendente, devendo trazer o bem doado, sob pena de sonegação.

Após as citações, o herdeiro é obrigado a trazer à colação os bens que recebeu como adiantamento da legítima. Não existindo mais o bem, trará seu equivalente em valor, ainda que tenha renunciado à herança (art. 639 do CPC).

Se o herdeiro não trouxer o bem, qualquer uma das partes poderá requerer que o faça, e o juiz, depois de ouvi-lo, poderá sequestrar os bens necessários à conferência (art. 641, § 1º).

Se a parte que ultrapassar a legítima recair sobre bem imóvel indivisível, poderá repor a diferença em dinheiro ou será feita licitação em que o herdeiro terá preferência em igualdade de condições (art. 640, §§ 2º e 3º).

Se a doação se fez em dinheiro, necessária será a correção monetária.

Caso o herdeiro negue haver recebido o bem reclamado à colação ou sua obrigação de colacioná-lo, o juiz, ouvidas as partes no prazo de quinze dias, proferirá decisão. Caso rejeite a oposição feita pelo herdeiro, a colação deverá ser realizada no prazo de quinze dias, sob pena de, permanecendo omisso o herdeiro, serem sequestrados os bens sujeitos à colação, para serem inventariados e partilhados.

Se a matéria referente às colações exigir dilação probatória diversa da documental, o juiz remeterá as partes às vias ordinárias e bloqueará a entrega do quinhão ao herdeiro em questão, salvo se prestar caução que atenda a eventual perda da demanda (art. 641, § 2º).

7.9.8 Sonegação

É relevante informar ainda a figura da sonegação, que consiste no ato ilícito pelo qual herdeiro oculta intencionalmente certos bens, para que estes não se submetam ao inventário ou à colação; é uma ocultação maliciosa e a punição para o referido ilícito encontra-se prevista nos arts. 1.992 a 1.996 do CC e 622, VI, do CPC, em ação ordinária e não incidentalmente no inventário.

A sonegação somente poderá ser arguida no prazo de 10 anos após encerrada a descrição dos bens, com a declaração feita pelo inventariante de não existirem outros bens a inventariar (art. 1.996 do CC e art. 621 do CPC).

Se o sonegador for o herdeiro, perderá o direito que lhe caiba sobre o bem sonegado ou pagará o valor e mais perdas e danos, caso já não o tenha mais em seu poder (arts. 1.192 e 1.195 do CC). Caso inventariante, sofrerá também com a remoção do cargo (arts. 1.193 do CC e 622, VII, do CPC).

7.9.9 Pagamento das dívidas

O CPC prevê nos arts. 642[9] a 646 um procedimento administrativo paralelo ao inventário que é o requerimento ao juízo do pagamento das dívidas do espólio, vencidas e exigíveis, antes da partilha. Tal requerimento é feito através de uma petição autuada em apenso aos autos do inventário com prova literal da dívida. Os interessados terão vistas e é indispensável a unanimidade do acordo, pois a habilitação não é contenciosa, e, em não havendo acordo, o credor será remetido aos meios ordinários.

Havendo impugnação ao pagamento, o credor poderá requerer medida cautelar se o crédito estiver comprovado, e o juiz mandará o inventariante reservar bens.

No caso de existência de dívidas, os credores deverão ser habilitados nos autos, lembrando que nem todos os credores necessitam de tal habilitação, como é o caso da Fazenda Pública (art. 187 do CTN) e dos credores com garantia real. Concordando as partes, o juiz habilitará o crédito, mandando que se faça a reserva de bens para o futuro pagamento (art. 644 do CPC). Discordando as partes, no caso de dívida vincenda, poderá o credor, assim que vencer a dívida, se habilitar.

Ainda que venha a ocorrer a penhora no rosto dos autos (art. 860 do CPC), os bens já reservados para a garantia do crédito questionado em juízo é que serão, preferencialmente, objeto de constrição (penhora) em futura execução.

7.10 A PARTILHA

7.10.1 Conceito e espécies

O procedimento disciplinado no Capítulo VI do Título III do Livro I da Parte Especial do CPC pode ser dividido em duas fases bem nítidas: o inventário e a partilha. Na primeira, o morto é qualificado, são arrolados, descritos e avaliados os bens deixados por ele, e é feita a indicação dos sucessores. Encerrado o inventário com a sua homologação e o cálculo do imposto *causa mortis* devido, chega-se à segunda fase do procedimento judicial da sucessão hereditária, que é a partilha.

---

[9] Logo, conclui-se que, havendo impugnação, por alguma parte interessada, à habilitação de crédito em inventário, impõe-se ao juízo do inventário a remessa das partes às vias ordinárias, ainda que sobre o mesmo juízo recaia a competência para o inventário e para as demandas ordinárias (tal como ocorre nos juízos de Vara única), pois, nos termos dos fundamentos apresentados, constitui ônus do credor excluído o ajuizamento da respectiva ação ordinária, não competindo ao juiz a conversão do pedido de habilitação na demanda a ser proposta pela parte. REsp 2.045.640-GO, rel. Min. Marco Aurélio Bellizze, 3ª T., por unanimidade, j. 25-4-2023, *DJe* 28-4-2023, *Informativo STJ* n. 772.

A partilha é a divisão entre os sucessores do falecido dos bens do espólio que permaneceram livres e desembargados após o pagamento das dívidas. Ela faz cessar a comunhão sobre a universalidade dos bens da herança, não podendo ser considerada um ato de transferência dos bens aos herdeiros, pois a estes já havia sido transferida a herança por força do direito de *saisine*. Assim, a partilha tem efeito declaratório e não atributivo da propriedade.

Havendo um só herdeiro, com direito à totalidade da herança, não há o que partilhar, e o juiz proferirá sentença adjudicando os bens ao único herdeiro. Deixando, porém, o *de cujus* vários sucessores, torna-se necessária a partilha, para determinar os respectivos quinhões.

A partilha (arts. 2.013 a 2.022 do CC) pode ser feita por três modalidades: amigável, em vida e judicial (arts. 647 a 658 do CPC).

A partilha amigável é aquela pela qual os próprios interessados, se capazes, por acordo de vontades, determinam o modo de distribuição dos bens da herança. Ela exige um acordo unânime entre os sucessores e só pode ser realizada quando estes forem capazes (art. 2.015 do CC e arts. 610, § 2º, 611 e 659 do CPC).

O cônjuge de um herdeiro que manifeste dissenso obstará a partilha amigável. Pode ser feita por escritura pública, termo nos autos do inventário ou escrito particular homologado pelo juiz. A lei não determinou forma especial para esses instrumentos, de forma que basta que o conteúdo desses atos defina com exatidão o que toca a cada um dos herdeiros.

Só pode ser realizada após a morte do autor da herança, pois o CC veda qualquer contrato que tenha por objeto a herança de pessoa viva. A partilha amigável, se feita por escritura pública, independe de homologação. Se for feita por instrumento particular deve ser juntada aos autos, ratificada por termo e, a seguir, homologada pelo juiz.

A partilha em vida ocorre quando o autor da herança reparte seus bens entre seus descendentes mediante doação ou testamento (art. 2.018 do CC), desde que não prejudique a legítima dos herdeiros necessários.

7.10.2 Partilha judicial. Petição de quinhão. Deliberação. Princípios

O primeiro ato da partilha judicial é o pedido de quinhão pelos interessados, o qual deverá ser feito no prazo comum de quinze dias (art. 647 do CPC).

Presentes nos autos os requerimentos dos interessados quanto à forma de dividir os bens ou certificado pelo escrivão que as partes não se manifestaram, deverá o juiz proferir o chamado despacho de deliberação da partilha, no qual, considerando o pedido das partes, designa os bens que constituirão os quinhões de cada herdeiro e legatário (art. 647 do CPC), bem como a meação do cônjuge sobrevivente.

Além disso, deve o juiz dizer quais são os herdeiros que sucedem e se sucedem por cabeça ou por estirpe, verificando se as verbas testamentárias podem ser cumpridas integralmente ou devem ser reduzidas para que sejam respeitadas as legítimas.

Ainda nessa fase, o juiz disporá sobre a necessidade ou conveniência da venda de bens para pagamento de dívidas do espólio ou para partilha do preço, quando se tratar de coisas insuscetíveis de divisão cômoda e não for pedida a sua adjudicação por um dos sucessores (art. 2.019 do CC).

O despacho de deliberação da partilha tem, em verdade, natureza jurídica de decisão interlocutória, já que o juiz resolve os pedidos das partes e determina os bens que irão constituir o quinhão de cada sucessor. Dessa forma, seria cabível agravo de instrumento.

No entanto, a doutrina e a jurisprudência, em sua maioria, não têm admitido recurso contra a deliberação da partilha, pois esta é compreendida no entendimento majoritário como um ato de mero impulso processual, podendo ser modificada a qualquer instante.

Não se trataria de decisão definitiva parcial e, por isso, a lei não prevê nenhum recurso dessa decisão, até porque ela requer que o processo de inventário se ultime no prazo de seis meses, não se justificando a sua interrupção a qualquer momento.

A parte deverá manifestar sua discordância através de apelação interposta da sentença de partilha, pois esta põe fim ao processo com julgamento do mérito.

A partilha deve observar três princípios básicos (art. 648). O primeiro deles é o da igualdade na composição dos quinhões (art. 648, I), tanto na quantidade quanto na qualidade, de modo que se propiciem aos herdeiros bens iguais. Entretanto, não é necessária a participação de todos os sucessores em todos os bens deixados pelo autor da herança. O que se exige é a igualdade econômica, conforme a avaliação dos bens.

De acordo com o princípio da comodidade (art. 648, III), devem-se observar as qualidades pessoais dos herdeiros na distribuição dos bens, atendendo aos interesses profissionais, de vizinhança, etários etc. Assim, um imóvel rural não deve ser atribuído a uma senhora idosa de hábitos urbanos, mas sim a um agricultor. Do mesmo modo, um comerciante urbano tem preferência para receber mercadorias ligadas ao seu ramo de atividade.

O terceiro princípio é o da prevenção de litígios (art. 648, II), pelo qual devem ser evitados a comunhão sobre os bens da herança, a criação de servidões desnecessárias, a distribuição de terras sem continuidade, o excessivo retalhamento de glebas isoladas a um só herdeiro.

Esse princípio aconselha que se dê, na partilha, a extinção de condomínios pela venda dos bens que não comportem divisão, de regra os imóveis e estabelecimentos comerciais, toda vez que o bem não couber no quinhão de um herdeiro ou do meeiro (art. 649). Essa venda pode ser pedida ao juiz, ouvidos os herdeiros, que são interessados na manutenção ou extinção do condomínio.

7.10.3 Esboço e lançamento da partilha

Deliberada a partilha, cabe ao partidor do juízo, serventuário da Justiça, a execução material do esboço da partilha. Nas comarcas onde não houver partidor, nomeia-se pessoa idônea.

O esboço é um projeto ou plano da partilha, antes de ser reduzida a termo nos autos, que será submetido à apreciação das partes e do juiz.

O partidor deverá ater-se à determinação da partilha feita pelo juiz na deliberação da partilha, bem como à ordem de pagamentos prevista no art. 651. Esse artigo estabelece apenas um critério, um método de trabalho para o partidor. Não se trata de estabelecer partilha definitiva, mas um projeto, que poderá ser impugnado pelas partes, sendo, portanto, uma peça provisória, experimental.

O esboço definirá a formação dos quinhões, a metade do cônjuge, além de determinar a metade disponível do falecido e as dívidas atendidas[10].

O primeiro elemento do esboço é a explicitação de todos os bens do espólio. Feito isso, devem ser abatidas as dívidas atendidas que são aquelas relacionadas pelo inventariante (art. 620, IV, *f*), as que foram apresentadas pelos credores e admitidas pelos sucessores (art. 642), as que, a princípio controvertidas, foram reconhecidas por sentença (art. 643, *caput*) e as que, representadas por título executivo extrajudicial, importaram a reserva ou penhora de bens para seu pagamento (arts. 643, parágrafo único, 644 e 646).

Devem ser abatidas também as despesas de funeral, as custas do processo e os honorários do advogado contratado pelo inventariante. Ao que restar se dá o nome de monte partível.

---

[10] Enunciado CJF n. 52: "Na organização do esboço da partilha tratada pelo art. 651 do CPC, deve-se incluir a meação do companheiro".

A seguir deve o partidor separar a meação do cônjuge sobrevivente, que não integra a herança, pois já lhe pertencia uma vez que era condômino do inventariado.

Separada a meação, o partidor deverá repartir em duas partes a metade do inventariado. Uma delas é a legítima, e a outra a metade disponível. Aqui, considera-se se há ou não testamento e se o falecido deixou ou não herdeiros necessários.

Por fim, o partidor indicará os bens que integrarão o quinhão de cada herdeiro. Manda a lei (art. 651, IV) que se comece pelo herdeiro mais velho, mas isso não passa de um critério de trabalho, de modo que não atribui mais direitos a ele.

Cabe ressaltar que, se houver interessado nascituro, seu quinhão será reservado e permanecerá em poder do inventariante até o nascimento (art. 650).

Depois que o esboço é posto nos autos, dele têm vista as partes, em cartório, no prazo comum de quinze dias, no qual poderão impugná-lo (art. 652). Todos os eventuais defeitos devem ser alegados como, por exemplo, a inobservância ao despacho de deliberação do juiz ou aos princípios da partilha.

Também terá vista o representante da Fazenda Pública, quando poderá requerer o pagamento de tributos eventualmente devidos. Se o Ministério Público funcionar no processo, também ele deverá apreciar esse esboço dentro do prazo comum.

Nessa fase podem ser feitos os pedidos de adjudicação de bens e a licitação. Se as partes concordarem com a adjudicação, esta será feita, mas, havendo discordância, deverá ser realizado leilão, assegurando aos herdeiros preferência, em igualdade de condições com estranhos.

Solucionadas as eventuais reclamações, a partilha será lançada nos autos (art. 652). O escrivão lavra um termo nos autos que descreve os elementos essenciais da partilha esboçada e eventualmente modificada por determinação do juiz em razão das impugnações feitas pelas partes.

A partilha que se lança nos autos não tem forma livre, pois o art. 653 dispõe que ela constará de duas partes distintas: de um auto de orçamento e de uma folha de pagamento para cada parte.

O auto de orçamento conterá o nome das partes, o ativo e o passivo da herança e o valor de cada quinhão. A folha de pagamento de cada parte declarará a quota a pagar-lhe, assim como os bens que a compõem.

Como determinação de ordem formal, essas peças são imprescindíveis ao procedimento e sobre elas incidirá a sentença da partilha.

7.10.4 Sentença da partilha

Findo o prazo previsto no art. 652 do CPC sem impugnações ou resolvidas as apresentadas e modificado o esboço, a partilha lançada nos autos será julgada por sentença.

Entretanto, conforme o art. 192 do CTN, nenhuma sentença de julgamento de partilha será proferida sem a prova da quitação de todos os tributos relativos aos bens do espólio ou de suas rendas.

Não só o imposto de transmissão *causa mortis* deve ser pago, mas também os impostos territorial e predial sobre os imóveis, o imposto sobre a renda e outros, conforme a atividade do falecido. Daí a exigência da certidão negativa requerida pelo art. 654.

O parágrafo único do art. 654, novidade no CPC, permite o julgamento da partilha, desde que se tenha prestado garantia de pagamento das dívidas com a Fazenda Pública.

O julgamento é homologatório da partilha lançada nos autos, porém a sentença não é meramente homologatória, porque o procedimento é contencioso e resultante de amplo contraditório e de deliberação judicial, de forma que a sentença é de mérito e faz coisa julgada material.

A sentença que julga a partilha, mesmo a de homologação, tem natureza declaratória e constitutiva, porque por ela se opera a transformação na propriedade sobre os bens, extinguindo-se a comunhão de natureza hereditária, e faz nascer a propriedade individuada de cada herdeiro e meeiro. Os herdeiros terão, após a partilha, a propriedade plena e exclusiva dos bens que compõem o seu quinhão, alterando seu *status* patrimonial.

Com a sentença, cessam as funções do inventariante, pois, se o inventário está encerrado e a partilha homologada, não é mais dado falar-se em espólio, e qualquer ação terá que ser proposta contra os herdeiros.

Pode ocorrer que a partilha faça nascer uma comunhão quando um bem for indivisível e não couber na metade do meeiro ou no quinhão de qualquer herdeiro ou, cabendo, for antieconômica sua divisão e fique deliberado que ele permaneça em propriedade comum.

Da sentença cabe apelação, mesmo daquela que adjudica os bens ao único sucessor. Questão controvertida é a do cabimento da apelação interposta por terceiro prejudicado. A sentença não o prejudica, uma vez que não foi parte no processo, ficando ressalvados os seus direitos. Por esse motivo alguns doutrinadores não a admitem.

Entretanto, a sentença de partilha define direitos, constitui uma nova situação jurídica, de modo que pode acarretar prejuízos para terceiros. Além disso, o recurso de terceiro prejudicado é da tradição do nosso Direito.

Passada em julgado a sentença que julga a partilha, tem lugar a sua execução. Trata-se de uma execução imprópria ou administrativa. É feita por providências administrativas, como a transcrição no Registro de Imóveis dos atos a eles relativos.

Com o fim da partilha, os interessados fazem jus à posse dos bens que lhes foram atribuídos e também a um título para documentação e conservação de seus direitos. A causa jurídica da aquisição da propriedade é a sucessão *causa mortis*, que se opera com a morte.

O título que serve como documento comprobatório da aquisição é o formal de partilha, modalidade de carta de sentença extraída dos autos do procedimento sucessório e firmada pelo escrivão e pelo juiz, devendo conter as peças exigidas pelo art. 655.

As omissões nulificam o formal, impedindo que ele surta os efeitos que lhe são próprios, como a impossibilidade de inscrição no registro público (arts. 167, I, 24 e 25 da Lei n. 6.015/73), mas elas podem ser sanadas através de aditamento.

O formal de partilha é, portanto, o instrumento extraído dos autos do processo que exterioriza e documenta a partilha. Ele vale como título executivo judicial para fundamentar execução de sentença forçada do quinhoeiro contra o inventariante ou contra sucessores visando à entrega dos bens.

O formal de partilha pode ser substituído por uma certidão de pagamento do quinhão hereditário contendo a sentença transitada em julgado, quando o quinhão hereditário não exceder a cinco vezes o salário mínimo vigente na sede do juízo (art. 655, parágrafo único).

7.10.5 Pacto de não partilhar

O estado de indivisão, consequência da sucessão hereditária, é estabelecido em caráter provisório, pois ele durará apenas até a partilha.

No entanto, a partilha, sendo maiores e capazes todos os herdeiros, é apenas facultativa, podendo ser postergada. Os herdeiros, inventariados os bens e pagos os impostos, são livres para permanecer em estado de comunhão, só que agora comunhão ordinária, *inter vivos*.

Como a lei não tolera a comunhão perpétua, pois está em confronto com o direito de propriedade exclusivo que é de ordem pública, a convenção de não partilhar não pode ser estipulada por prazo indeterminado.

A doutrina admite a convenção de não partilhar, não sendo obrigatória a partilha logo após a morte do autor da herança, que, desse modo, não pode ser imposta pelo juiz, uma vez manifestado o acordo entre os interessados.

7.10.6 A emenda ou retificação da partilha

A regra é a imutabilidade da sentença para o seu prolator, após a sua publicação (art. 494, *caput*, do CPC).

O art. 656 permite correções na partilha julgada por sentença, mesmo após o trânsito em julgado, nos mesmos autos do inventário. Essa norma é uma especificação da regra geral prevista no art. 494, I.

Duas hipóteses figurou o legislador. A primeira é a retificação, quando contiver inexatidões materiais em relação aos demais termos e documentos do processo. Nesse caso, pode o juiz corrigir os erros, até mesmo de ofício.

A segunda é a emenda, que trata da correção dos erros verificados na descrição dos bens, que está condicionada à anuência de todas as partes, que pedirão ao juiz a retificação. Havendo discordância de algum herdeiro, impossível será esse feito, e a correção só poderá ocorrer por ação ordinária ou rescisória. Acordes os herdeiros, não há limites para as emendas.

Não é qualquer erro que pode ser emendado, mas apenas os atinentes à descrição dos bens. Assim, se o equívoco for substancial, como a atribuição de quinhão maior a um dos herdeiros, será necessária a propositura de ação anulatória da partilha.

Feita a correção, serão os primitivos formais recolhidos e substituídos por outros, adaptados à emenda ou retificação.

7.10.7 A partilha e as ações de investigação de paternidade, de petição de herança e de nulidade de testamento

Os filhos havidos fora do casamento e/ou não reconhecidos do autor da herança geralmente ingressam em juízo após a morte deste para buscar o quinhão hereditário. Em regra, cumulam ação de investigação de paternidade, de petição de herança e, eventualmente, de nulidade de testamento.

Reconhecida a sua qualidade de herdeiro é indiscutível o direito dele a uma parte da herança.

Ajuizada a ação de investigação de paternidade, deve o postulante pedir, nos autos do inventário, a reserva de seu quinhão. Esse pedido poderá ser contestado pelos demais interessados, mas a reserva se impõe para evitar maiores gastos, em caso de procedência da ação de investigação, com o eventual desfazimento da partilha ou com uma ação de reivindicação a ser proposta pelo reconhecido contra aqueles que houverem recolhido a herança.

Caso a partilha ainda não tenha sido julgada, o herdeiro reconhecido deverá buscar sua parte na herança nos próprios autos do procedimento sucessório através de sua habilitação, mesmo que não tenha sido feita a reserva de bens, porque a partilha ainda não julgada pode ser refeita para se adaptar à realidade hereditária.

A procedência da ação de investigação de paternidade não invalida a partilha realizada antes do ingresso do herdeiro reconhecido em juízo. Feita a partilha, ela só poderá ser anulada se ocorrer um dos vícios ou defeitos que invalidam os atos jurídicos em geral, o que não é o caso de o herdeiro ainda não reconhecido não figurar na partilha. Antes do reconhecimento, não tinha o herdeiro capacidade para adquirir por herança.

Mesmo que quisesse não poderia o inventariante arrolar filho ilegítimo não reconhecido pelo autor da herança. O art. 658, III, refere-se aos herdeiros não contemplados quando, ao tempo da elaboração da partilha, já estavam legitimados a suceder[11].

Se a partilha se realizou antes do reconhecimento e se não foi oportunamente pedida a reserva de quinhão, o reconhecido deve reivindicar sua parte através da execução da sentença que lhe deu ganho de causa na petição de herança, citando todos os herdeiros contemplados para que componham seu quinhão.

Dessa forma, a partilha feita com desconhecimento da existência de herdeiro não é inválida, mas ineficaz quanto a ele.

7.10.8 Invalidação da partilha

A partilha, uma vez feita e julgada, só pode ser desconstituída pela ação de nulidade ou rescisória, intentada dentro do prazo legal.

Inicialmente, vale ressaltar que o tema ganhou novo enfoque desde a vigência do CPC/73, que eliminou as controvérsias até então existentes no tocante à ação cabível para invalidar a partilha homologada em juízo e ao prazo para a sua propositura.

Tais controvérsias foram dirimidas no momento em que o CPC/73, dando um tratamento mais específico ao tema, distinguiu as hipóteses de anulação e de rescisão da partilha, contemplando as suas duas modalidades (amigável e judicial). Tal tratamento se manteve nos arts. 657 e 658 no CPC.

Assim, a ação de anulação[12] somente é cabível diante da partilha amigável, enquanto a partilha judicial possui como meio próprio para a sua invalidação a ação rescisória[13].

Consequentemente, há prazos distintos para a propositura de ações que visem à invalidação da partilha já que no caso da ação rescisória ele é de dois anos, enquanto a ação de anulação prescreve em um ano.

Portanto, faz-se mister nesse momento caracterizar os institutos da partilha amigável e da partilha judicial, para melhor compreensão do tema.

7.10.9 Partilha amigável e partilha judicial

A partilha amigável é fruto da autonomia da vontade e representa um negócio jurídico.

A partilha amigável é feita por um dos meios apontados no art. 2.015 do Código Civil[14].

Para que se configure tal modalidade de partilha, é necessário que se esteja diante de herdeiros maiores e capazes. Acrescenta-se a tal requisito o fato de que não poderá haver divergência entre os herdeiros, pois a simples possibilidade de controvérsia na partilha, por si só, enseja a atuação judicial.

Em relação à forma pela qual se institui a partilha amigável, pode esta ser lavrada por escritura pública ou reduzida a termo nos autos do inventário, hipóteses em que nem sequer se exige a atuação do juiz.

---

[11] Carneiro; Pinho, 2016, p. 380.

[12] Enunciado 137 do FPPC: (art. 658; art. 966, § 4º; art. 1.068) "Contra sentença transitada em julgado que resolve partilha, ainda que homologatória, cabe ação rescisória".

[13] Enunciado 138 do FPPC: (art. 657; art. 966, § 4º; art. 1.068) "A partilha amigável extrajudicial e a partilha amigável judicial homologada por decisão ainda não transitada em julgado são impugnáveis por ação anulatória". No mesmo sentido, Carneiro, 2019, p. 195.

[14] "Art. 2.015. Se os herdeiros forem capazes, poderão fazer partilha amigável, por escritura pública, termo nos autos do inventário, ou escrito particular, homologado pelo juiz.".

Poderá, ainda, ser lavrada por escrito particular que, apesar de não suscitar interferência direta do juiz no mérito da questão, deverá ser devidamente homologada por ele. Tal homologação manifesta-se tão somente como ato integrativo de eficácia, sem qualquer interferência do juiz no negócio jurídico firmado pelas partes interessadas, sendo a jurisdição, nesse caso, graciosa ou voluntária.

No que tange à anulabilidade da partilha amigável, esta pode ser anulada, de acordo com o art. 966, § 4º, do diploma processual civil, quando viciada por erro essencial, dolo ou coação na manifestação de vontade dos herdeiros ou intervenção de incapaz.

Quanto ao dolo, pode consistir, por exemplo, em atos que de alguma forma possam diminuir o quinhão de alguns dos herdeiros, a compra de algum bem por preço superfaturado, fictício ou injustificável, bem como qualquer espécie de violação ao princípio da igualdade da partilha.

A anulabilidade por coação configura-se quando essa é exercida contra algum herdeiro ou mesmo contra todos.

O erro de que trata o artigo supracitado diz respeito ao fato de figurar na partilha pessoa que não tinha direito, assim como aquele que é considerado herdeiro sem que possua tal título ou, ainda, ao caso de ter-se partilhado um bem que não fazia parte da herança. Vale salientar que não deve ser inserido na classe dos erros caracterizados como causa de anulabilidade o *error iuris*, ou seja, o erro de direito.

No que tange à anulabilidade por incapacidade, esta só ocorrerá se estivermos diante de incapacidade relativa, pois ao caso da absoluta a ação própria será de nulidade, que será explanada neste trabalho, mais à frente.

Portanto, quando o art. 657, *in fine*, do CPC se refere à incapacidade, de modo nenhum abrange a incapacidade absoluta.

A doutrina afirma, ainda, que, embora não previsto no art. 657 do CPC, o CC/2002 traz mais duas outras hipóteses de vício de consentimento, que podem viciar a partilha, sendo elas o estado de perigo (art. 156) e a lesão (art. 157).

O parágrafo único do art. 657 dispõe em seus três incisos sobre o prazo para a propositura da ação anulatória de partilha amigável como sendo de um ano, contado da seguinte forma:

"I – no caso de coação, do dia em que ela cessou;

II – no caso de erro ou dolo, do dia em que se realizou o ato;

III – quanto ao incapaz, do dia em que cessar a incapacidade".

Já quanto à partilha judicial, ao contrário da partilha amigável, possui como base a vontade do juiz e não a das partes, decorrendo de um processo contencioso no qual o juiz pode e deve ouvir as partes, não se excluindo a hipótese de que seja acolhida a vontade de qualquer uma delas. A solução final, no entanto, será fruto da atuação judicial.

Pode-se dizer que a natureza da intervenção do juiz é distinta da que ocorre na partilha amigável, pois o juiz, além de verificar a regularidade dos atos processuais praticados, irá acima de tudo decidir sobre a partilha, praticando atos de jurisdição contenciosa.

Desde que não tenha havido a partilha nos moldes do art. 2.015 do CC, será ela sempre julgada por sentença.

É o que se depreende do art. 2.016 do CC, que preceitua: "Será sempre judicial a partilha, se os herdeiros divergirem, assim como se algum deles for incapaz".

Portanto, deflui-se de tão respeitável entendimento que a partilha judicial jamais é anulável, mas a sentença que lhe determinou pode sofrer os efeitos da ação rescisória, motivada por vícios que lhe digam respeito ou ainda sejam concernentes ao processo.

Após isso, torna-se necessário discorrermos sobre a ação própria para a invalidação da partilha judicial.

7.10.10 Ação rescisória de partilha

O art. 966 do CPC enumera as hipóteses gerais em que cabe a ação rescisória, da sentença de mérito, transitada em julgado.

Além das hipóteses comuns de rescindibilidade mencionadas no art. 966, há também os casos especiais contemplados no art. 658 do mesmo diploma legal, que dizem respeito à rescindibilidade da sentença de mérito no processo contencioso de partilha.

São eles, em primeiro lugar, qualquer uma das circunstâncias ensejadoras da anulação da partilha amigável, isto é, o erro, o dolo e a coação, que podem dizer respeito tanto à atividade das partes, por exemplo, no fornecimento de dados ao processo, como também aos atos do próprio magistrado que julgou a partilha (tais como prevaricação, concussão ou corrupção).

Em relação à incapacidade, para que esta autorize a ação rescisória, é necessário que seja relativa, pois, como já vimos, a absoluta dará ensejo à ação de nulidade.

Assim, conclui-se que, se a ação é contra a sentença (não apenas homologatória), os pressupostos constantes do parágrafo único do art. 657 são suficientes para que se rescinda a sentença de partilha.

Em segundo lugar, a preterição de formalidades legais também pode ensejar a rescisão da partilha judicial, o que fica bem claro se nos reportarmos à regra contida no inciso V do art. 966, que é uma causa geral de rescisão da sentença, a violação manifesta de norma jurídica. O inciso II do art. 658 apenas ratifica tal disposição legal.

Finalmente, como terceira hipótese, apresenta-se a preterição de herdeiro ou inclusão de quem não o seja, como outra causa ensejadora de rescisória.

Nesse caso, só se considera ser parte legítima para propor ação rescisória de que cuida o inciso III do art. 658 o herdeiro que sofreu os efeitos da coisa julgada, ou seja, que foi parte no processo onde a partilha se julgou, pois como se sabe a *res judicata* não prejudica nem beneficia terceiros fora do processo[15].

Em relação ao prazo para a propositura da ação rescisória, será o disposto no art. 975, ou seja, dois anos a contar do trânsito em julgado da última decisão.

Assim, na hipótese de o fundamento para a invalidação da partilha ser o constante do art. 627 ou do art. 628, ambos do CPC: se porventura expirar o prazo para o ajuizamento da ação anulatória, ainda restará a chance de propor a ação rescisória.

Portanto, a sentença de partilha pode ser objeto de ação rescisória se nasceu com qualquer dos vícios enumerados no art. 966, ou, ainda, se estiver presente qualquer dos motivos enumerados no art. 627 do mesmo diploma legal.

Por derradeiro, vale ainda salientar que a partilha pode ser invalidada a partir da ação de nulidade quando presentes os vícios previstos no art. 145 do CC, tais como incapacidade do agente, inobservância de forma essencial e ilicitude do objeto.

A importância de tal distinção reside no fato de que os prazos para a propositura destas são distintos, já que a ação de nulidade podia ser proposta, para a maioria da doutrina, no prazo de dez anos (art. 205 do CC), enquanto a anulatória prescreve em um ano (art. 627 do CPC).

---

[15] Enunciado 183 do FPPC: (art. 658) "A ação rescisória de partilha com fundamento na preterição de herdeiro, prevista no inciso III do art. 658, está vinculada à hipótese do art. 628, não se confundindo com a ação de petição de herança (art. 1.824 do Código Civil), cujo fundamento é o reconhecimento do direito sucessório e a restituição da herança por aquele que não participou, de qualquer forma, do processo de inventário e partilha".

Tanto a ação de nulidade quanto a ação anulatória são de competência do juízo de 1º grau, ao contrário da ação rescisória, que é de competência originária do Tribunal.

Alguns autores sustentam que mesmo a partilha judicial pode sofrer os efeitos da nulidade absoluta, desde que esta atinja toda a relação processual, como no caso da falta de participação ou de citação do herdeiro interessado, hipótese em que a declaração de nulidade pode ser obtida mediante ação ordinária em primeira instância e não por ação rescisória, já que esta pressupõe a existência de coisa julgada material que, por seu turno, exige relação processual válida.

7.11 O ARROLAMENTO

O procedimento de inventário e de partilha deverá ser adotado exclusivamente quando o valor da herança ultrapassar 1.000 salários mínimos ou existir incapaz entre os herdeiros ou qualquer um deles discordar da partilha amigável.

Nos demais casos, o procedimento adequado é o arrolamento, que dispensa termos, cálculos do contador, sendo mais célere e econômico. É, portanto, o procedimento mais adequado para inventariar e partilhar a herança quando os herdeiros requererem a partilha amigável, se for o caso de adjudicação da herança líquida a herdeiro único ou o valor dos bens do espólio for inferior a 1.000 salários mínimos (art. 664[16] do CPC).

O arrolamento pode ser na modalidade sumária (arts. 660 a 663) e comum (art. 664).

7.11.1 Procedimento do arrolamento sumário

Embora incluído nos procedimentos de jurisdição contenciosa, trata-se, em verdade, de procedimento de jurisdição voluntária, devendo ser adotado, qualquer que seja o valor da herança, quando todos os herdeiros forem capazes e estiverem de acordo com a partilha amigável e, ainda, no caso de adjudicação da herança a um único herdeiro.

O procedimento se inicia com a apresentação da petição inicial ao juízo competente (art. 610 do CPC), acompanhada da certidão de óbito e do comprovante do recolhimento das custas, se devidas (art. 662), contendo histórico elaborado de acordo com os requisitos contemplados no art. 620, I a IV.

Nomeado o inventariante, independente de termo de compromisso, será feito o plano de partilha amigável ou requerida a adjudicação dos bens, no caso de um único herdeiro.

Provada a quitação dos tributos relativos ao espólio e suas rendas, o juiz homologará a partilha, ou a adjudicação, determinando a expedição do formal de partilha e, depois, ordenará o arquivamento dos autos.

Destaque-se que o arrolamento dispensa a lavratura de termos, inclusive o da inventariança, a avaliação dos bens do espólio (exceto se credor habilitado impugnar a estimativa feita pelos herdeiros – arts. 661 e 663) e a remessa dos autos ao contador e ao partidor, uma vez que a partilha é elaborada pelos próprios herdeiros. O imposto de transmissão *causa mortis* é lançado e recolhido administrativamente (art. 662, § 2º).

O procedimento do arrolamento sumário não é adequado à resolução de questões envolvendo a correção do valor estimado dos bens do espólio e o pagamento dos tributos ou de taxas judiciárias.

---

[16] Importante observar que há um erro material no § 4º do art. 664 do CPC, como já observado pelo Conselho da Justiça Federal: Enunciado CJF n. 131: "A remissão ao art. 672, feita no art. 664, § 4º, do CPC, consiste em erro material decorrente da renumeração de artigos durante a tramitação legislativa. A referência deve ser compreendida como sendo ao art. 662, norma que possui conteúdo integrativo adequado ao comando expresso e finalístico do art. 664, § 4º".

Fazendo-se necessário resolver tais questões, deverá a Fazenda Pública valer-se da via administrativa (art. 662).

Não é cabível, também, impedir a homologação judicial da partilha ou da adjudicação, apenas em virtude da existência de credores do espólio, uma vez que o pagamento das dívidas será garantido pela reserva de bens já levada a termo antes da homologação, sendo que tal reserva considera o valor dos bens estimados pelos próprios herdeiros, razão pela qual, somente em caso de discordância da estimativa, será necessária a sua avaliação (art. 661).

Transitada em julgado a sentença de homologação de partilha ou de adjudicação, será lavrado o formal de partilha ou elaborada a carta de adjudicação e, em seguida, serão expedidos os alvarás referentes aos bens e às rendas por ele abrangidos, intimando-se o fisco para lançamento administrativo do imposto de transmissão e de outros tributos porventura incidentes (art. 659, § 2º).

Cabe à Fazenda Pública verificar a correção do pagamento dos tributos devidos, sendo que, não obstante entendimento em contrário, ela deverá ser intimada para tanto[17]. Sua intervenção, portanto, deve se limitar à verificação do recolhimento dos tributos, pois as questões como o valor atribuído aos bens ou quanto à integralidade do pagamento de impostos devidos devem, como já ressaltado, ocorrer administrativamente[18].

Destaque-se, ainda, que é possível a conversão do inventário em arrolamento sumário, no caso de os herdeiros virem a compor amigavelmente ou de o incapaz adquirir capacidade plena.

7.11.2 Procedimento do arrolamento comum

O arrolamento comum, procedimento de jurisdição contenciosa, será cabível quando, não havendo consenso entre os herdeiros, o valor da herança seja igual ou inferior a 1.000 salários mínimos.

Consideramos que a presença de herdeiro incapaz não obsta a adoção do arrolamento comum, contanto que o valor do monte inventariado não ultrapasse o limite previsto no art. 664, devendo manifestar-se o Ministério Público.

A petição inicial deve observar os requisitos do art. 620, instruída com a certidão de óbito e comprovante de recolhimento das custas, se devidas.

Instaurado o procedimento, no prazo de vinte dias a contar da nomeação do inventariante deverão ser prestadas, por ele, declarações, atribuindo valor aos bens e apresentando o plano de partilha.

Em seguida, serão intimados o Ministério Público, que irá sempre atuar no feito, acautelando o interesse dos incapazes, e a Fazenda Pública, na forma do art. 626, para que se manifestem sobre as declarações (art. 627).

Caso haja impugnação por qualquer uma das partes ou pelo Ministério Público, o juiz nomeará avaliador, que apresentará o laudo em dez dias. Então, será designada audiência decidindo todas as reclamações e impugnações apresentadas a respeito do plano de partilha, e da avaliação e do pagamento das dívidas.

---

[17] No arrolamento sumário, a homologação da partilha ou da adjudicação, bem como a expedição do formal de partilha e da carta de adjudicação, não se condicionam ao prévio recolhimento do imposto de transmissão *causa mortis*, devendo ser comprovado, todavia, o pagamento dos tributos relativos aos bens do espólio e às suas rendas, a teor dos arts. 659, § 2º, do CPC/2015 e 192 do CTN. REsp 1.896.526-DF, rel. Min. Regina Helena Costa, 1ª S., por unanimidade, j. 26-10-2022, *DJe* 28-10-2022, Tema 1.074, *Informativo STJ* n. 755.

[18] No arrolamento sumário, não se condiciona a entrega dos formais de partilha ou da carta de adjudicação à prévia quitação dos tributos concernentes à transmissão patrimonial aos sucessores (REsp 1.704.359-DF, rel. Min. Gurgel de Faria, por maioria, j. 28-8-2018, *DJe* 2-10-2018, *Informativo STJ*, n. 634).

Serão pagas as não impugnadas e serão reservados bens suficientes para o pagamento das dívidas impugnadas, a serem cobradas posteriormente pelos credores (art. 643, parágrafo único). Serão remetidos os autos às vias ordinárias para serem resolvidas questões que demandarem dilação probatória diversa da documental (art. 612), cabendo, da decisão, agravo.

Quitados os tributos relativos aos bens do espólio e suas rendas, o juiz julgará a partilha ou determinará sua adjudicação por sentença. Operado o trânsito em julgado, será expedido o formal de partilha ou a carta de adjudicação.

7.12 DAS DISPOSIÇÕES COMUNS

Os arts. 668 a 673 tratam das disposições comuns às seções precedentes. São elas: medidas cautelares; sobrepartilha; curatela especial ao herdeiro; e inventários cumulados. Além dessas, falaremos sobre: honorários de advogado; extinção do processo por paralisação da causa; assistência judiciária; e terceiros prejudicados.

7.12.1 Medidas cautelares (art. 668)

Preveem-se nesse artigo medidas cautelares próprias do juízo sucessório a serem adotadas tanto no curso do inventário como do arrolamento em caso de: exclusão de herdeiro (art. 627, § 3º, *in fine*), reserva de quinhão de herdeiro não admitido (art. 628, § 2º, *in fine*) e credor não admitido no inventário (art. 643, parágrafo único). A eficácia dessa medida cessará em trinta dias se não for observada a regra do art. 308 do CPC.

O STJ entende que o termo inicial da contagem do prazo de trinta dias para o ajuizamento da ação principal (arts. 806 e 808, I, do CPC/73) seria a data da efetivação da tutela cautelar deferida (veja acórdão a seguir). Outra hipótese diversa é o termo inicial para a contagem do prazo de trinta dias para o autor providenciar o cumprimento/efetivação da tutela cautelar deferida. Aqui o STJ entende que o termo inicial seria a data da intimação do autor acerca do deferimento da tutela cautelar[19].

Aplicam-se ao tema as normas da tutela provisória de urgência cautelar, previstas nos arts. 305 a 310 do CPC.

7.12.2 Sobrepartilha (art. 669)

É uma nova partilha, sobre o mesmo espólio, de bens que ficaram fora da descrição no inventário ou da partilha geral realizada[20]. A ação para pedir sobrepartilha tem pressupostos rígidos, que constam dos incisos I a IV do art. 669:

I – bens sonegados são aqueles que foram ocultados ou desviados do processo sucessório. Normalmente, os vícios da vontade autorizam a anulação da partilha, mas no caso de sonegados se permite a realização de sobrepartilha;

II – bens desconhecidos ao tempo da partilha e que só vieram a ser descobertos depois de sua homologação;

III – bens litigiosos e os de liquidação difícil ou morosa – bens litigiosos são aqueles cuja posse ou domínio está em disputa judicial. Bens de liquidação difícil ou morosa são os que, por sua própria natureza, reclamam operações complexas como, por exemplo, a liquidação de sociedade;

IV – bens situados em lugar remoto, longe da sede do inventário.

---

[19] REsp 327.380-RS, rel. Min. Antônio de Pádua Ribeiro, j. 22-5-2002.
[20] Carneiro, 2019, p. 229.

À sobrepartilha aplicam-se as mesmas regras da partilha ou do arrolamento, visto que corre nos próprios autos destes (art. 670).

7.12.3 Curatela especial ao herdeiro (art. 671)

Os incapazes são representados pelos seus pais, tutores ou curadores (art. 71). Entretanto, quando o interesse do incapaz colidir com o do seu representante, ou seja, quando ambos concorrerem na partilha, o juiz nomeará um curador especial apenas para os atos do processo. Contudo, não custa lembrar que o Estatuto da Pessoa com Deficiência (Lei n. 13.146/2010), nos arts. 6º e 84, dispõe que o portador de deficiência é plenamente capaz, revogando, assim, os arts. 3º, II, e 4º, IV, do CC/2002.

Dar-se-á, também, curador especial ao ausente e ao citado por edital que permaneça revel (arts. 72, II, e 671, I).

Essa curadoria parece restringir-se tão somente ao procedimento do inventário ou arrolamento, de modo que cumpre indagar o que sucederá com a efetivação da partilha. É evidente que a melhor solução é o curador especial ficar como curador provisório até que se defira uma curadoria específica, ocasião em que lhe serão transmitidos os bens.

Exemplo: A falece e tem como herdeiros legítimos seus filhos B e C. No curso do processo, B falece. Passam a concorrer à herança C e os dois filhos de B que, sendo incapazes, poderão ter seu tio nomeado como curador. Porém, havendo litígio já quando B concorria com C, o juiz nomeará curador especial aos incapazes, dado o conflito de interesses.

7.12.4 Inventários acumulados (arts. 672 e 673)

Prevê o Código a cumulação de inventários nas seguintes hipóteses:

1ª) identidade de pessoas entre as quais os bens serão repartidos;

2ª) falecimento do cônjuge ou companheiro meeiro supérstite antes da partilha dos bens do pré-morto, ou seja, as heranças deixadas por cônjuges ou companheiros;

3ª) relação de dependência entre uma partilha e a outra.

Para a configuração da primeira, é necessário que os herdeiros sejam os mesmos.

A segunda ocorrerá quando um dos cônjuges ou companheiros falecer no curso da partilha do outro. Poderá haver um só inventariante, sendo que o segundo inventário será distribuído por dependência ao primeiro.

Aproveitam-se praticamente todos os atos já praticados, e, sendo os bens os mesmos, até a avaliação, em princípio, é mantida. Os dois processos serão apensados, e a partilha será única. Ocorrerá, todavia, nova petição para o segundo inventário.

Quanto à terceira hipótese, percebe-se que há uma relação de dependência entre dois processos de partilha. É o caso, por exemplo, de o herdeiro que faleceu não possuir outros bens além do seu quinhão na herança.

Nesse caso, os herdeiros do falecido ocuparão seu lugar no processo e partilharão seu quinhão com o todo da herança já inventariada. Aqui também não há necessidade de renovação das declarações do inventariante, exceto se ocorrer inclusão de bens novos.

7.12.5 Honorários de advogado

A verba do advogado, quando contratado pelo inventariante, no interesse da comunhão, deve sair do monte da herança. Isso vale tanto para efeito do cálculo do imposto *causa mortis* (Súmula 115 do STF) como para efeito do rateio desses honorários entre os diversos sucessores contemplados.

Quando, porém, houver interesses conflitantes entre os sucessores, cada um pagará o advogado próprio pelo qual se fez representar no processo sucessório.

7.12.6 Extinção do processo por paralisação da causa

A definição do processo sucessório é do interesse não só dos sucessores, mas também da Fazenda Pública, dos eventuais credores e, enfim, de toda a sociedade.

Portanto, ensina a doutrina, com pacífico respaldo jurisprudencial, que as causas de extinção do processo previstas no art. 485, II e III, não são cabíveis no inventário ou arrolamento. A paralisação do processo, por negligência ou culpa da parte, não justifica seja decretada a extinção do processo.

Se o inventariante for negligente, deixando o feito paralisado indevidamente por mais de trinta dias, deverá o juiz, de ofício ou a requerimento da parte, removê-lo e nomear outro em substituição (arts. 622, II, e 623).

7.12.7 Assistência judiciária

Muitas vezes, famílias pobres não dispõem de outro bem que a própria morada deixada pelo *de cujus*. Exigir a venda do imóvel para custear o processo sucessório seria suprema injustiça e contrário aos princípios básicos do ordenamento. Dessa forma, é reiterado o entendimento jurisprudencial no sentido de que será aplicada a justiça gratuita nos casos em que não há rendimentos suficientes para arcar com as custas processuais e demais valores necessários a dar andamento ao processo.

7.12.8 Terceiros prejudicados (art. 674)

A inclusão indevida, no inventário ou arrolamento, de bens de terceiros pode ser atacada por embargos de terceiros, em que o requerente terá que provar a posse e o domínio da coisa descrita no acervo hereditário como pertencente ao espólio.

Capítulo 8
EMBARGOS DE TERCEIRO

8.1 NOÇÕES GERAIS

Como regra, apenas as partes poderão sofrer algum prejuízo jurídico com a decisão judicial, estando, em uma execução, apenas os seus bens sujeitos à penhora e à expropriação.

Contudo, pode ser que, em determinadas situações, também o patrimônio de terceiro seja tomado para a satisfação de certas obrigações como efeitos reflexos e indiretos da sentença. Se esse terceiro não guardar nenhuma relação com o processo, com a lide ou com as partes nela envolvidas, a atividade jurisdicional terá extrapolado seus limites legais, atingindo, ainda que indiretamente, pessoas que não poderiam ser prejudicadas pela decisão judicial.

Diante de tal situação, a lei confere aos terceiros um instrumento próprio, habilitando-os a proteger seus interesses e liberar seus bens. Essa medida é a ação de embargos de terceiro que está regulada nos arts. 674 a 681 do CPC.

8.2 NATUREZA JURÍDICA

Os embargos de terceiro têm natureza de ação própria, mesmo quando se ligam ao processo de execução. São sempre processo autônomo em face de atos praticados no processo executivo, mas possuem caráter nitidamente acessório, pois só existem e se justificam diante de demanda que tenha emitido ordem para a apreensão do patrimônio de terceiro.

Dessa forma, não se confundem com as formas de intervenção de terceiros nem com a oposição, agora tratada no rol de procedimentos de jurisdição contenciosa.

Como regra geral, na intervenção de terceiros alguém que não é parte ingressa, voluntária ou coativamente, no processo, enquanto nos embargos de terceiro sempre haverá a formação de um processo novo, autônomo em relação àquele em que praticou o ato lesivo ao interesse de terceiro.

Em relação às formas de intervenção, enquanto na assistência simples o terceiro ingressa em processo alheio para tutelar direito de outrem, na esperança de, imediatamente, obter uma sentença que, ainda que indiretamente, lhe seja útil, nos embargos o terceiro tem uma ofensa direta ao seu direito ou à sua posse, ilegitimamente atingidos em um processo entre estranhos, tutelando posição jurídica autônoma em relação aos litigantes.

Distinguem-se os embargos de terceiro também da oposição, já que essa é típica do processo de conhecimento e objetiva discutir o direito ou coisa disputada pelas partes da causa primitiva.

Nessa hipótese, o oponente ataca diretamente a pretensão das partes e procura contrapor-lhes outro direito, formulando pretensão própria, capaz de excluir, em caráter prejudicial, tanto o direito do autor como o do réu. Já nos embargos, o objetivo é questionar o ato estatal do juízo que indevidamente constringiu ou ameaçou constringir bem de quem não era parte no processo.

A finalidade dos embargos de terceiro é a proteção, seja ela possessória, dominial ou de qualquer outro direito, do bem objeto de constrição, isto é, a proteção de patrimônio de terceiro que, não sendo parte em um processo, vê seu bem atingido por uma constrição judicial.

Os embargos de terceiro, porém, não se confundem com o interdito possessório, usado no âmbito das turbações ou esbulhos judiciais. A abrangência dos embargos é maior, por não se limitar à tutela puramente possessória, tutelando qualquer direito material incompatível com o ato executivo, e não simplesmente a posse.

Essa forma de proteção de terceiros constitui processo de conhecimento, com predominante função mandamental, já que sua finalidade é fazer cessar a eficácia de decisão judicial, que gerou a constrição indevida, protegendo o direito de terceiro e reconhecendo a incompatibilidade da medida judicial em curso com tal direito[1].

8.3 CABIMENTO E CONTEÚDO

Os embargos de terceiro são admissíveis sempre que alguém sofrer violação possessória (esbulho ou turbação) em seus bens por ato judicial (art. 674). Apesar de a proteção se dar sobre a posse do bem, poderá ser formulada pelo possuidor ou pelo proprietário, inclusive proprietário fiduciário.

Os embargos de terceiro podem ser empregados, ainda, pelo cônjuge ou companheiro para proteção de bens próprios ou de sua meação. Ainda, cabe ao adquirente de bens cuja venda tenha sido anulada por fraude à execução e a quem sofre constrição judicial de seus bens por desconsideração da personalidade jurídica, sem que tenha feito parte do incidente processual.

Por fim, pode ser manejado por credor com garantia real, a fim de impedir a alienação judicial que constitui a sua garantia (art. 674, § 2º, I a IV).

No caso de embargos de terceiro opostos por credor com garantia real, cabe destacar que, como regra geral, não se deve admitir a expropriação do bem dado em garantia real, salvo no processo instaurado por demanda do próprio credor em cujo favor se instituiu a garantia, tanto que o CPC permite a substituição da penhora quando esta recair sobre bem gravado com hipoteca, penhor ou anticrese (art. 851, III).

Contudo, pode ser que em determinado caso tal situação seja a mais aconselhável, como no de devedor insolvente, em que não restará ao credor outra possibilidade a não ser buscar o bem gravado com a garantia.

Nessas hipóteses, nos termos do art. 799, I, do CPC, o credor que tenha a garantia real deverá ser intimado da penhora que incide sobre o bem objeto da hipoteca, do penhor ou da anticrese[2].

8.4 LEGITIMIDADE

Os embargos de terceiro podem ser ajuizados por qualquer pessoa que se caracterize como terceiro, isto é, que não foi parte, em relação à demanda de onde provém a decisão judicial de constrição do bem. A condição de terceiro, porém, nem sempre é de tão simples avaliação. Assim, interpreta-se o rol do art. 674, *caput* e § 2º, como exemplificativo, por serem normas definidoras de garantias de direito, a ensejar interpretação ampliativa.

Essa condição, para ser aferida, dispensa a formalização de eventual transferência do bem, no caso de alienação. Assim, a legitimidade para os embargos de terceiro está caracterizada para quem tenha domínio e posse ou apenas posse.

---

[1] Assim, considerando a cognição limitada dos embargos de terceiro, cuja finalidade é tão somente de evitar ou afastar a constrição judicial sobre bens de titularidade daquele que não faz parte do processo correlato, revela-se inadmissível a cumulação de pedidos estranhos à sua natureza constitutivo-negativa, como, por exemplo, o pleito de condenação do réu a indenização por danos morais, sob pena, inclusive, de tumultuar a marcha processual célere dos embargos de terceiro, em nítida contradição com o próprio escopo do art. 327 do CPC. REsp 1.703.707-RS, rel. Min. Marco Aurélio Bellizze, 3ªT., por unanimidade, j. 25-5-2021. *Informativo STJ* n. 698.

[2] Assis, 2017, p. 1063.

Embora o Supremo Tribunal Federal sustentasse jurisprudência no sentido de que o titular de promessa de compra e venda não levada a registro não poderia se valer dos embargos de terceiro, em razão de sua inoponibilidade ao exequente, hoje tal tese sofreu mudança, sendo aceita no Superior Tribunal de Justiça a possibilidade de o titular de promessa de compra e venda não registrada se valer de embargos de terceiro (Súmula 84 do STJ)[3].

O fundamento é que o confronto entre a penhora e a posse não atinge o nível do direito real, já que tanto o credor como o promissário comprador agem em juízo apenas com base em relação obrigacional.

Os embargos de terceiro podem ser manejados, ainda, para a defesa de bens cuja constrição decorreu de decisão que declara a ineficácia da alienação realizada em fraude à execução.

O CPC lista expressamente também que, inobservada a regularidade da desconsideração da personalidade jurídica (arts. 133-137), aquele que sofrer constrição em seus bens sem ter tido a oportunidade de se manifestar no incidente pode ajuizar embargos de terceiro (art. 674, § 2º, III).

Também é legitimado ativo para os embargos de terceiro o credor com garantia real (art. 674, § 2º, IV), obstando a expropriação judicial de imóvel objeto de direito real de garantia. Trata-se de caso em que os embargos de terceiro não têm índole possessória.

Já o depositário do bem pode opor embargos de terceiro, salvo em relação ao processo de onde resultou o depósito.

A parte tem, ainda, legitimidade para os embargos de terceiro sempre que for equiparável a terceiro nos casos em que defende a posse do bem ou pela qualidade da posse. É o caso, por exemplo, dos bens alienados fiduciariamente (art. 674, § 1º). O possuidor desses bens, que não é proprietário, pois os bens foram alienados ao credor fiduciário, pode opor embargos de terceiro para vê-los liberados de eventual penhora.

O CPC não mais expressa, como fazia o CPC/73, no art. 1.046, § 2º, mas são legitimados, também, por equiparação a terceiros: o substituto processual, que é aquele que litiga em nome próprio, mas na defesa de direito alheio, já que a eficácia do ato deve atingir a parte em sentido material; o assistente, que figura no processo, mas defende os direitos do assistido; e, por fim, quem figurou como parte no processo, mas defende bens que, pelo título de sua apreensão ou pela qualidade de quem os possuir, não podem ser atingidos pela apreensão judicial.

É o caso do devedor que sofre a penhora de bens inalienáveis ou bens cuja posse é detida em nome de terceiro, como a do credor pignoratício ou do arrendatário.

Além disso, o cônjuge ou companheiro[4] (art. 674, § 2º, I, do CPC) do executado, quando busca defender a posse de bens reservados de sua meação, também é legitimado, nos termos da Súmula 134 do STJ (que adota a teoria da fungibilidade, admitindo o caso de propositura de embargos de terceiro em vez dos embargos do executado, por exemplo).

Tal posicionamento era pacífico até 2006, quando a Lei n. 11.382 inseriu o art. 655-B ao CPC/73, reproduzido no art. 843 do CPC, dispondo que a meação do cônjuge alheio à execução recairá sobre o produto da alienação do bem, instaurando-se controvérsia na doutrina.

---

[3] É admissível a oposição de embargos de terceiro fundados em alegação de posse advinda do compromisso de compra e venda, ainda que desprovido de registro, de imóvel adquirido na planta que se encontra em fase de construção. Nesse sentido veja-se a Súmula 84 do STJ. REsp 1.861.025-DF, rel. Min. Nancy Andrighi, 3ª T., por unanimidade, j. 12-5-2020, DJe 18-5-2020. Informativo STJ n. 672.

[4] É possível a constrição judicial de bens de cônjuge de devedor, casados sob o regime da comunhão universal de bens, ainda que não tenha sido parte no processo, resguardada a sua meação. REsp 1.830.735-RS, rel. Min. Marco Aurélio Bellizze, 3ª T., por unanimidade, j. 20-6-2023, Informativo STJ n. 780.

Sobre o tema, Nelson Nery Junior[5] afirmava que o então art. 655-B tornou mais célere a execução ao esvaziar a legitimidade do cônjuge para os embargos de terceiro, retirando-lhe o interesse de agir, já que, quando o bem for vendido, a meação do cônjuge estará reservada.

Dessa forma, o cônjuge não mais poderia se valer dos embargos de terceiro, devendo aguardar a venda do bem para resgatar o equivalente pecuniário a sua meação.

Luiz Guilherme Marinoni[6], já na vigência do CPC/73, afirmava que o cônjuge possui dois meios de defesa de seus interesses: pode tanto opor embargos à execução (ou impugnação ao cumprimento de sentença) como apresentar embargos de terceiro. Quando entende que seus bens, em tese, estariam sujeitos à execução, por ter a dívida sido contraída a bem da família, deve se valer dos embargos à execução para salvaguardar seus interesses, discutindo o valor apurado da dívida.

Já se entende que os bens não estão sujeitos à responsabilidade patrimonial da execução, por serem de seu patrimônio, sem integrar o patrimônio comum da família; então, deve valer-se dos embargos de terceiro.

Humberto Theodoro Júnior[7], por sua vez, sustentava que, se o cônjuge figurasse como parte desde o início do processo, não seria possível sua legitimidade para agir como terceiro. Sua defesa seria apenas em torno da existência ou não do débito, feita por embargos do devedor.

Porém, se, recaindo a penhora sobre o bem dos cônjuges, viesse a integrar o processo por força da intimação, o que seria a hipótese a que se refere, hoje, o art. 842, o cônjuge (ou companheiro) teria legitimidade para se valer dos embargos do devedor, pois teria relação jurídica autônoma, que não se confundiria com a estabelecida entre o outro cônjuge e o credor.

Já a jurisprudência do Superior Tribunal de Justiça, mesmo após 2006, mantém seu posicionamento de legitimidade do cônjuge, mesmo que intimado da penhora, para os embargos de terceiro sempre que não for respeitada sua meação, nos termos de sua Súmula 134, cabendo-lhe, porém, a prova de que a dívida contraída, a que ensejou a execução, não foi em benefício da família, por se tratar de fato constitutivo do direito pretendido[8].

Discute-se sobre a condição daquele que adquire bem litigioso e que, embora seja considerado como terceiro, não tem a prerrogativa de defender seus interesses pelos embargos de terceiro, salvo se não sabia nem poderia saber da litigiosidade da coisa. Se sabia do litígio do bem, sujeita-se ao regime do art. 109, estando sujeito à decisão proferida entre as partes.

O CPC prevê, nos arts. 842 e 843, a penhora sobre bem de interesse do cônjuge.

O art. 842 dispõe que, se a penhora recair sobre bem imóvel ou direito real sobre imóvel, o cônjuge do executado deverá ser também intimado, salvo se forem casados em regime de separação absoluta de bens.

Já o art. 843 determina que, se a penhora atingir bem indivisível, o equivalente à quota-parte do cônjuge alheio à execução deverá recair sobre o produto da alienação do bem, sendo reservada ao cônjuge não executado a preferência na arrematação do bem, em igualdade de condições (§ 1º)[9].

---

[5] Nery Junior; Nery, 2007, p. 1039.
[6] Marinoni; Arenhart, 2008, p. 151.
[7] Theodoro Jr., 2008, p. 282.
[8] É inadmissível a penhora de ativos financeiros da conta bancária pessoal de terceiro, não integrante da relação processual em que se formou o título executivo, pelo simples fato de ser cônjuge da parte executada com quem é casado sob o regime da comunhão parcial de bens. REsp 1.869.720/DF, Relator p/ acórdão Ministro Ricardo Villas Bôas Cueva, 3ª T., por maioria, j. 27-4-2021. *Informativo STJ* n. 694.
[9] Penhora. Bem imóvel indivisível em regime de copropriedade. Alienação judicial do bem por inteiro. Possibilidade. Art. 843 do CPC. Constrição. Limites. Quota-parte titularizada pelo devedor. É admitida a alienação integral do bem indivisível em qualquer

Contudo, o § 2º do mesmo dispositivo disciplina que "não será levada a efeito expropriação por preço inferior ao da avaliação na qual o valor auferido seja incapaz de garantir, ao coproprietário ou ao cônjuge alheio à execução, o correspondente à sua quota-parte calculado sobre o valor da avaliação". Trata-se de dispositivo que limita o direito do exequente, na visão do STJ[10].

Quanto ao polo passivo, deverá assumir a condição de réu a parte beneficiária da decisão guerreada, ou seja, quem promove a ação original, cujos efeitos causaram lesão, podendo haver ou não litisconsórcio entre exequente e executado na ação original.

8.5 PRAZO

O prazo está previsto no art. 675, podendo ser opostos os embargos enquanto não transitada em julgado a sentença do processo de conhecimento ou, no processo de execução, em até cinco dias depois da arrematação, adjudicação ou remição, mas sempre antes da assinatura da respectiva carta[11].

Há, então, duas formas de contar o prazo: no processo de conhecimento, a qualquer tempo, enquanto não transitada em julgado a sentença, e, em processo originário de execução ou em fase de cumprimento de sentença, em até cinco dias após a arrematação, a adjudicação ou a remição de bens, mas sempre antes da respectiva carta.

No processo de conhecimento, a expressão "enquanto não transitada em julgado a sentença" significa que a medida é admissível mesmo na pendência de recurso. Assim, ainda que possa se valer do recurso de terceiro prejudicado, nada obsta o cabimento dos embargos de terceiro.

Em todo caso, deve ser sublinhado que esse prazo é de direito processual[12], e, dessa forma, é contado em dias úteis, aplicando-se a regra do art. 219 do próprio CPC.

Após esse prazo, estará facultado ao terceiro, ainda, o uso da via ordinária para reivindicar o bem constrito judicialmente.

Já no processo de execução, se o terceiro não tinha ciência do ato que gerava a arrematação, a adjudicação ou a remição de bens, admite-se que o prazo seja contado da efetiva turbação ou esbulho.

Destaque-se, ainda, que a lei faz referência apenas aos atos de expropriação próprios da execução por quantia certa, mas os embargos de terceiro são cabíveis também nas execuções das obrigações de dar. Nesse caso, o prazo para os embargos será de até cinco dias do ato final de entrega do bem ao credor.

Tratando-se de embargos de terceiro preventivo[13], que visem obstar a constrição ilegal, buscando-se a obtenção da tutela inibitória, não há problema para o prazo, pois ela sempre será ajuizada antes dos momentos descritos na lei processual.

---

hipótese de propriedade em comum, resguardando-se, ao coproprietário ou cônjuge alheio à execução, o equivalente em dinheiro da sua quota-parte no bem. REsp 1.818.926/DF, rel. Min. Nancy Andrighi, 3ªT., por unanimidade, j. 13-4-2021. *Informativo STJ* n. 692.

[10] Desse modo, a excussão patrimonial deverá observar o valor de reserva da meação, o qual será computado sobre o valor integral da avaliação do bem, de maneira que a eventual alienação por valor inferior será suportada pelo credor que promover a execução, e não pelo coproprietário não devedor. REsp 1.728.086-MS, rel. Min. Marco Aurélio Bellizze, 3ªT., por unanimidade, j. 27-8-2019, DJe 3-9-2019. *Informativo STJ* n. 655.

[11] Enunciado 184 do FPPC: (art. 675) "Os embargos de terceiro também são oponíveis na fase de cumprimento de sentença e devem observar, quanto ao prazo, a regra do processo de execução".

[12] Enunciado CJF n. 132: "O prazo para apresentação de embargos de terceiro tem natureza processual e deve ser contado em dias úteis".

[13] Admitindo os embargos de terceiro preventivos: STJ, 1ªT., REsp 1.019.314-RS, rel. Min. Luiz Fux, *DJ* 16-3-2010, *Informativo STJ*, n. 425.

8.6 COMPETÊNCIA

A ação de embargos de terceiro será ajuizada, por dependência (art. 676), perante o mesmo juízo que ordenou a apreensão do bem.

Trata-se de competência funcional e, portanto, inderrogável, sendo absolutamente incompetente qualquer outro juízo para conhecer dos embargos de terceiro.

Sendo a ação principal de competência do juízo de primeiro grau, é dele também a competência para os embargos. Já se a competência originária é do Tribunal, os embargos serão dirigidos ao Tribunal, mas, ainda que os autos estejam em segundo grau, para julgamento de recurso pendente, ou que o próprio Tribunal, ao julgar o recurso, tenha determinado a constrição, a competência será do juízo de primeiro grau.

Caso o processo original, de onde se originou o ato, tenha corrido perante vários juízos, como ocorre, por exemplo, na execução por carta, predomina que será competente para examinar os embargos o juízo de onde provém a ordem de apreensão atacada.

Assim, se a apreensão for ordenada pelo juízo deprecado, perante ele devem-se processar os embargos. No entanto, se a ordem de apreensão for do juízo deprecante, ou no juízo deprecado, mas por decisão do juízo deprecante, então este será o juízo competente para processar e julgar os embargos de terceiro.

Tratando-se de juízo estadual no exercício de competência federal (art. 109, § 3º, da CF), se o ato é por aquele ordenado, perante ele devem ser opostos os embargos de terceiro, e não perante o juízo federal. Contudo, o STJ já admitiu a possibilidade de deslocamento do feito para o juízo federal em razão do ingresso da União[14].

Já no caso de carta de ordem, será incompetente o destinatário da carta de ordem para processar e julgar os embargos.

8.7 PROCEDIMENTO

Os embargos de terceiro se iniciam por petição escrita, dirigida ao juiz competente, com observância dos requisitos dos arts. 287, 319 e 320 do CPC. Devem ser demonstradas, ainda, a prova sumária da posse e a condição de terceiro, apresentando desde logo prova documental e trazendo rol de testemunhas (art. 677, *caput*).

O valor da causa é, como regra, o dos bens disputados pelo embargante e, em se tratando de imóvel, corresponderá à estimativa para lançamento de imposto. Contudo, surge questionamento quando o valor do bem for extremamente elevado em relação ao valor do crédito.

Apesar da controvérsia, no *Informativo* n. 495[15], o STJ afirmou ser pacífico o entendimento de que o valor da causa deve ser o do bem constrito, não podendo, contudo, exceder o valor da dívida.

Os embargos de terceiro, ressalvadas as peculiaridades de seu rito próprio, seguem, subsidiariamente, o procedimento comum (art. 679) e por isso se justifica a apresentação, desde logo, do rol de testemunhas.

Nesse sentido, observado o princípio da subsidiariedade, é cabível a apresentação de reconvenção, na contestação, pelo réu, com o objetivo, por exemplo, de deduzir pedido característico de ação pauliana, nas hipóteses de fraude contra credores[16].

---

[14] EDcl no CC 83.326/SP, rel. Min. Maria Thereza de Assis Moura, 3ª S., j. 26-5-2010, *DJe* 4-6-2010.
[15] REsp 957.760-MS, rel. Min. Luiz Felipe Salomão, j. 12-4-2012.
[16] Enunciado CJF n. 133: "É admissível a formulação de reconvenção em resposta aos embargos de terceiro, inclusive para o propósito de veicular pedido típico de ação pauliana, nas hipóteses de fraude contra credores".

Ajuizada a ação, ela será distribuída por dependência aos autos principais e autuada em apartado.

A prova da condição de terceiro se faz por certidão extraída dos autos em que se determinou a apreensão do bem.

Caso o requerente não consiga demonstrar documentalmente sua posse, poderá fazê-lo em audiência preliminar, a ser designada pelo juiz (art. 677, § 1º), com ou sem a presença do réu. Caso o réu participe, porém, não será o momento para oferecer resposta, mas apenas para acompanhar a produção de provas sumárias pelo autor.

Se o magistrado se convencer da existência da posse em favor de terceiro, deverá determinar, liminarmente:

a) expedição de ordem de manutenção ou reintegração na posse, em favor do embargante – que, entretanto, só receberá os bens depois de prestar caução de devolver o valor com os seus rendimentos, para a eventualidade de improcedência final (art. 678);

b) em caso de embargos totais, isto é, que tratem de todos os bens tomados no processo, a suspensão do outro feito;

c) em caso de embargos parciais, o impedimento do prosseguimento do processo principal no que tange aos bens afetados, só prosseguindo o processo principal em relação aos bens não discutidos.

Essa liminar se sujeita aos requisitos gerais da antecipação de tutela (art. 300 do CPC) e, concedida ou não, haverá o prazo de quinze dias para a apresentação de resposta (art. 679).

Em regra, esse prazo é contado de acordo com o art. 231, mas, no caso da convocação do requerido para a audiência preliminar, será computado a partir da ciência da decisão que examinou o pedido de liminar, de forma semelhante ao procedimento possessório (art. 564).

Discutia-se sobre a forma de citação, havendo quem afirmasse serem necessários os meios genericamente utilizados no processo de conhecimento, enquanto outros autores afirmavam que bastaria que a citação fosse feita na pessoa do advogado, através de publicação no órgão oficial, como se dá nos embargos do executado e na oposição.

Contudo, com a Lei n. 12.125/2009, o art. 1.050, § 3º, do CPC/73 passou a dispor que a citação será sempre pessoal, salvo se o embargado tiver constituído procurador nos autos, casos em que a citação será feita na pessoa do advogado. A controvérsia sobre a citação foi, então, encerrada, tendo sido a orientação mantida no CPC, art. 677, § 3º.

Embora o Código se refira a contestar, apenas a reconvenção não é admitida, exatamente em razão de sua sumariedade formal, pois esta só é admitida no rito comum.

Na contestação, como regra, poderá ser alegada qualquer matéria de defesa, sendo o processo de cognição plena.

Não se admitirá apenas que o embargado alegue em sua defesa que a apreensão recaiu sobre o bem onerado ou alienado em fraude contra credores (Súmula 195 do STJ), por ser negócio jurídico anulável. Apenas em ação própria, a ação pauliana, é que se permitirá a penhora de bens onerados fraudulentamente.

Tal restrição não se aplica à alegação de fraude contra a execução, já que nesses casos a ineficácia é originária, o que significa que o ato, desde sua origem, é incapaz de retirar o bem alienado ou onerado da responsabilidade patrimonial, sendo possível se reconhecer o vício na alienação.

Quando, porém, os embargos de terceiro se fundarem em direito real de garantia, o processo terá cognição limitada, sendo a resposta do embargado limitada às alegações elencadas no art. 680:

que o devedor comum é insolvente; que o título é nulo ou não obriga a terceiro; ou outra coisa é dada em garantia.

Não apresentada a contestação, o réu será revel, sujeitando-se aos efeitos daí decorrentes.

Terminada a fase postulatória, o processo seguirá o rito comum. Desse modo, admitirá o julgamento antecipado do mérito ou a designação de audiência de instrução e julgamento, quando haja prova oral a ser produzida.

Encerra-se o procedimento com a sentença que, se for terminativa ou de improcedência, nada terá de peculiar, liberando os bens apreendidos.

Contudo, em caso de acolhimento do pedido inicial, o art. 681 determina que o ato de constrição judicial indevida seja cancelado, com o reconhecimento do domínio, da manutenção da posse ou da reintegração definitiva do bem ou do direito ao embargante[17].

Para aferir a natureza dessa sentença temos que examinar se os embargos foram manejados na forma repressiva ou preventiva.

No caso de sentença de procedência em embargos repressivos, essa confirmará a liminar inicialmente concedida, determinando o levantamento da caução. A sentença irá, então, desconstituir a constrição pendente, tendo, a nosso ver, natureza constitutiva.

Já no caso de sentença de procedência em embargos preventivos, essa conterá ordem para que não se efetive a constrição judicial do bem de terceiro, tendo, a nosso ver, natureza nitidamente mandamental.

A sentença condenará o sucumbente ao pagamento das custas processuais e dos honorários advocatícios[18].

---

[17] Enunciado CJF n. 53: "Para o reconhecimento definitivo do domínio ou da posse do terceiro embargante (art. 681 do CPC), é necessária a presença, no polo passivo dos embargos, do réu ou do executado a quem se impute a titularidade desse domínio ou dessa posse no processo principal".

[18] Aliás, o STJ já decidiu, em regime repetitivo, que, "nos embargos de terceiro cujo pedido foi acolhido para desconstituir a constrição judicial, os honorários advocatícios serão arbitrados com base no princípio da causalidade, responsabilizando-se o atual proprietário (embargante), se este não atualizou os dados cadastrais; os encargos de sucumbência serão suportados pela parte embargada, porém, na hipótese em que esta, depois de tomar ciência da transmissão do bem, apresentar ou insistir na impugnação ou recurso para manter a penhora sobre o bem cujo domínio foi transferido para terceiro" (REsp 1.452.840-SP, rel. Min. Herman Benjamin, Primeira Seção, j. 14-9-2016, DJe 5-10-2016, Informativo STJ, n. 591).

Capítulo 9
OPOSIÇÃO

9.1 NOÇÕES GERAIS

A oposição é um procedimento pelo qual um terceiro, o opoente, reivindica, para si, direito já litigioso em lide pendente entre duas outras pessoas, os opostos. O terceiro trará ao juízo pretensão incompatível em relação às pretensões das partes originais do processo, caso contrário não ocorrerá a oposição[1], e sim uma assistência qualificada.

Em outras palavras, o terceiro ingressará no processo de conhecimento alheio, pretendendo, no todo ou em parte, a coisa ou o direito sobre o qual discutem autor e réu (art. 682).

Consoante Cândido Rangel Dinamarco, "oposição é a demanda através da qual terceiro deduz em juízo pretensão incompatível com os interesses conflitantes de autor e réu de um processo cognitivo pendente"[2].

9.2 NATUREZA JURÍDICA

É controversa a natureza jurídica da oposição. Sob a égide do CPC/73, a oposição era incluída entre as modalidades de intervenção de terceiro (antigos arts. 56 a 61). O CPC, por sua vez, coloca a oposição como procedimento especial, tendo, desse modo, natureza autônoma (arts. 682-686), encampando posição já sustentada há muito pelo Ministro Fux[3].

Sem prejuízo da posição topográfica no Código, para investigação da natureza do instituto, deve-se levar em conta o momento processual em que a oposição é feita (se antes ou após a audiência de instrução e julgamento), a fim de estabelecer se se trata de simples modalidade de intervenção de terceiros (incidente processual) ou de ação autônoma[4].

No primeiro caso, a oposição será julgada em primeiro lugar, conforme determina o art. 686 do CPC.

Daí por que, em razão da separação de julgamentos, diz-se que a oposição não mais consistiria em intervenção de terceiro, havendo que se falar, simplesmente, em conexão de causas reunidas perante um único juízo a fim de evitar decisões conflitantes.

Contudo, anote-se que autores como Cassio Scarpinella Bueno defendem que a oposição deveria ter sido mantida no CPC como hipótese de intervenção de terceiro, já que sua estrutura segue, quase que inteiramente, a teoria geral das intervenções de terceiro[5].

9.3 CABIMENTO

A oposição é instrumento apto a veicular pretensão para ver reconhecido, para si, direito ou coisa judicialmente em disputa entre outras duas pessoas. Podemos citar o exemplo de duas pessoas

---

[1] Gajardoni et al., 2016, p. 1160.
[2] Dinamarco, 1997a, p. 37.
[3] Fux, 1998a, p. 16.
[4] Neves, 2017, p. 999.
[5] Bueno, 2016, p. 1320.

disputando a propriedade de um bem em juízo, por meio de ação reivindicatória, quando aparece um terceiro dizendo ser o bem litigioso propriedade dele, terceiro.

Trata-se de intervenção *ad excludendum*, somente sendo cabível na fase de conhecimento e até a prolação da sentença (art. 682 do CPC). Ressaltem-se as vedações constantes do art. 10 da Lei n. 9.099/95 (Lei dos Juizados Especiais), e o seu descabimento no processo de execução.

Ovídio Baptista da Silva destaca a importância em fazer distinção entre a oposição e os embargos de terceiro. Destaca como elemento diferencial a existência de uma constrição judicial sobre os bens do terceiro em processo no qual duas outras partes litigam[6].

9.4 LEGITIMIDADE

Quanto ao polo ativo, terá legitimidade *ad causam* aquele que se afirma titular de direito ou bem disputado entre duas partes em outro processo ainda não sentenciado.

No polo passivo, por sua vez, ficam as partes do processo originário, formando-se um litisconsórcio necessário[7]. Luiz Fux sempre defendeu que esse litisconsórcio, além de necessário, é também unitário[8].

Em sentido contrário, o saudoso Min. Athos Gusmão Carneiro[9] sempre defendeu que, conquanto necessário, esse litisconsórcio é simples. Essa é, de fato, a posição mais adequada, uma vez que o processo não será decidido de modo necessariamente idêntico em relação aos opostos.

9.5 COMPETÊNCIA

A oposição será distribuída por dependência ao feito originário (art. 683, parágrafo único). Desse modo, a competência para processar e julgar a oposição será do juízo em que corre o processo disputado entre os opostos.

9.6 PROCEDIMENTO

A oposição será veiculada por petição inicial (art. 683, *caput*), que deve cumprir todos os requisitos dos arts. 319 e 320. Distribuída por dependência e recebida a ação, serão citados os opostos, que terão prazo de quinze dias para contestar o pedido (art. 683, parágrafo único). Eventual reconhecimento da procedência do pedido por um dos opostos apenas extingue o processo em relação a ele, prosseguindo contra o outro (art. 684).

Os autos da oposição serão apensados aos da ação original e ambas tramitarão simultaneamente, sendo julgadas pela mesma sentença (art. 685). Observe-se, contudo, que o STJ[10] já decidiu que "não configura nulidade apreciar, em sentenças distintas, a ação principal antes da oposição, quando ambas forem julgadas na mesma data, com base nos mesmos elementos de prova e nos mesmos fundamentos".

---

[6] Silva, 1997a, p. 189.

[7] Pode ocorrer, contudo, mudança nesse panorama, como se vê no julgado adiante transcrito, que trata da oposição manejada por companheira em ação de divórcio: "A Turma reconheceu exceção ao entendimento anteriormente firmado de formação de litisconsórcio passivo necessário entre homem casado e esposa em ação de reconhecimento e dissolução de união estável com partilha de bens. No caso, a companheira manejou oposição na ação de divórcio, o que já permite tanto a ela quanto à esposa a defesa de seus interesses." (REsp 1.018.392-SE, rel. Min. Luis Felipe Salomão, j. 6-3-2012, *Informativo STJ*, n. 492).

[8] Fux, 1998a, p. 17.

[9] Carneiro, 2001a, p. 68.

[10] REsp 1.221.369-RS, rel. Min. Nancy Andrighi, j. 20-8-2013, *Informativo STJ*, n. 531.

Com efeito, diante da nova sistemática adotada pelo CPC, faz mais sentido que sejam duas sentenças distintas. Parece-nos que a ideia do art. 685 parte da premissa superada de que a oposição seria tratada como mero incidente. Se são duas ações judiciais autônomas, correndo em apenso uma à outra, ainda que o magistrado reproduza o conteúdo da sentença em ambos os processos, é necessário que cada qual das ações seja encerrada mediante a prolação de uma sentença própria.

Caso a propositura da oposição ocorra após a Audiência de Instrução, o juiz, em regra, suspenderá o feito originário, salvo se o magistrado reputar que a unidade instrutória seja mais adequada para assegurar a razoável duração do processo (art. 685, parágrafo único).

Tendo o juiz que conhecer simultaneamente da ação original e da oposição, conhecerá primeiro da oposição, conforme o art. 686.

Observe-se que o reconhecimento pelo autor original da procedência do pedido do opoente representa, necessariamente, renúncia daquele ao objeto da ação principal. Desse modo, a oposição será parcialmente extinta em relação ao autor original, mas continuará tramitando entre o réu original e o opoente[11].

Na hipótese de ambos os opostos darem razão à postulação do opoente, a ação de oposição será julgada favorável ao opoente, enquanto a ação originária será extinta por renúncia das partes.

Por fim, uma palavra sobre as oposições sucessivas e as convergentes.

Para Fredie Didier Jr., o silêncio do CPC não implica a proibição de oposições sucessivas. Porém, adverte que pode haver, ainda, oposições convergentes, hipótese em que dois ou mais terceiros postulam para si o mesmo bem em pedidos diversos[12].

---

[11] Wambier et al., 2016, p. 1536.
[12] Didier Jr., 2015, p. 397.

Capítulo 10
HABILITAÇÃO

10.1 NOÇÕES GERAIS

A relação processual tem uma configuração mínima, triangular, composta por autor, réu e Estado-juiz, em constante interação, o que não impede que outros sujeitos ingressem no processo.

Com o falecimento do autor ou do réu, sendo sua presença essencial para o processo e sendo intransmissível a posição jurídica por ele ocupada, por envolver direitos intransmissíveis aos herdeiros, não há outra solução que não a imediata extinção do processo sem resolução do mérito, com base no art. 485, IX, do CPC[1].

Contudo, há situações em que a posição jurídica ocupada pela parte falecida é transmissível, que são a grande maioria dos direitos subjetivos, devendo o feito ser suspenso para a habilitação do espólio, quando representado por inventariante não dativo, ou de seus sucessores, nos termos do art. 313, I, para que o processo retome seu curso normal. Somente quando a representação for irregular, deverá o juiz extinguir o processo.

Esse procedimento, por meio do qual os sucessores da parte falecida ingressam em juízo para recompor a relação processual afetada pela morte de um dos sujeitos que a integraram em sua formação inicial, é o que se denomina habilitação, tratado nos arts. 687 a 692.

Sua função é possibilitar a continuação do processo interrompido pela morte da parte, no estado em que se encontra o feito. Com a habilitação, o terceiro assume a causa no estado em que se encontra, aproveitando os atos já praticados e sujeitando-se às facetas do procedimento então em curso.

Com a edição do CPC, a habilitação será feita sempre na forma de incidente, correndo em autos próprios e sujeitando-se a uma sentença (art. 690). Extinguiu-se, assim, a possibilidade, prevista no art. 1.060 do CPC/73, de a habilitação ocorrer de forma direta nos autos da causa principal e independentemente de sentença.

Assim, tem-se sempre um procedimento contencioso, paralelo ao processo originário suspenso. Se não proposta a competente ação de habilitação, há um conjunto específico de providências a ser tomadas pelo juiz, listado pelo Código no âmbito da suspensão do processo (art. 313, § 2º, do CPC).

10.2 NATUREZA JURÍDICA

A ação de habilitação, correndo paralelamente ao processo originário, é um procedimento de jurisdição contenciosa, através do qual se desenvolve um processo de conhecimento incidental ao processo principal. A pretensão manifestada na demanda de habilitação é a de modificação da relação processual, com o ingresso do sucessor no lugar da parte falecida. Busca-se uma sentença constitutiva, destinada a modificar, quanto a um de seus sujeitos, a relação processual.

10.3 CABIMENTO

O procedimento de habilitação é utilizado apenas no caso de sucessão *mortis causa*, de uma das partes no processo, sendo transmissível a posição jurídica por ela ocupada.

---

[1] Neves, 2017, p. 833.

Não apenas o autor e o réu se substituem pelo procedimento previsto nos arts. 687 a 692. Qualquer parte poderá ser substituída pelo sucessor *mortis causa*, como o oponente, o denunciado à lide ou mesmo o chamado ao processo. A exceção é apenas o assistente, que não chega a se qualificar como parte da relação processual pendente, e a relação processual independe de sua presença para prosseguir.

Não se utiliza da habilitação para os casos de sucessão *inter vivos*, porque, quando alienado o direito litigioso a terceiro, permanece a parte no processo, como substituto processual do adquirente. A exceção é apenas no caso de o adversário concordar, quando o adquirente do direito litigioso ingressa em seu lugar na relação processual.

10.4 LEGITIMIDADE

Têm legitimidade, segundo o art. 688, tanto a parte, em relação aos sucessores do falecido, como os sucessores do falecido, em relação à parte.

Assim, a habilitação pode ser ajuizada tanto pela parte adversária da falecida, em face de seus sucessores ou espólio, como também ser ajuizada em face dos sucessores do falecido em face de seu adversário no processo pendente.

Verifica-se, assim, que pode qualquer um dos sujeitos ocupar a posição de demandante e de demandado. Essa duplicidade de legitimados ativos é explicável porque da mesma forma que eventualmente não interessa à parte sobrevivente providenciar a habilitação dos sucessores da falecida, poderão estes não demonstrar qualquer intenção de se habilitarem no processo, motivo pelo qual a lei confere a um e outros legitimidade ativa.

O que não se admite é a habilitação de ofício, observando-se a regra de que ninguém pode ser compelido a ser autor, nem pode ser qualquer pessoa obrigada a demandar em face de quem não escolheu.

10.5 COMPETÊNCIA

A competência para o procedimento de habilitação é do juízo da causa principal, aplicando-se o disposto no art. 61, uma vez que se trata de ação incidente.

Trata-se de competência funcional e, portanto, inderrogável, sendo qualquer outro juízo incompetente para o procedimento de habilitação.

Se a habilitação ocorrer enquanto o processo estiver no Tribunal, pendente do julgamento de recurso, correrá, nos termos do art. 689, perante o relator do processo principal, na forma do regimento interno. Atuará o relator como juiz instrutor, preparando o processo para o julgamento no colegiado.

Caso já tenha sido proferida sentença, mas a causa estiver ainda em primeiro grau, a competência será, por um critério residual, do juízo de primeira instância.

10.6 PROCEDIMENTO

Quando houver resistência ou controvérsia à substituição da parte falecida, o procedimento para forçar a habilitação será o previsto no art. 690.

Inicia-se o procedimento de habilitação com petição inicial, que deve atender aos requisitos dos arts. 287, 319 e 320.

A petição inicial será distribuída por dependência e autuada em apenso.

Determinará o juiz a citação dos demandados, que se dará pelas formas do processo de conhecimento, sendo feita de forma pessoal, mas admitindo-se a citação por hora certa e por edital, quando cabíveis (arts. 252 e 256). Tratando-se de parte que já tenha advogado constituído nos autos principais, a citação será feita através de intimação deste (art. 690, parágrafo único).

Sendo a habilitação demandada em face dos sucessores, e havendo herdeiros desconhecidos, eles serão citados por edital, nos termos do art. 256.

O prazo para oferecimento de resposta é de cinco dias, admitindo-se como resposta a contestação e as arguições, mas é vedada a reconvenção. As respostas devem versar sobre questões meramente processuais, como ilegitimidade *ad causam* e a intransmissibilidade do direito, já que as questões substanciais dizem respeito à demanda principal.

Decorrido o prazo de resposta, será observado o procedimento comum. Havendo necessidade de produção de prova oral, o juiz designará audiência de instrução e julgamento. Se não for necessária, a sentença será desde logo proferida.

A sentença[2] acolherá ou não o pedido de habilitação dos sucessores do litigante morto. Julgado procedente o pedido, por sentença de natureza constitutiva, e transitada em julgado a decisão, o processo principal, que estava suspenso desde a notícia do óbito, volta a tramitar, agora com o sucessor no lugar anteriormente ocupado pelo falecido.

---

[2] Enunciado CJF n. 55: "É cabível apelação contra sentença proferida no procedimento especial de habilitação (arts. 687 a 692 do CPC)".

Capítulo 11
AÇÕES DE FAMÍLIA

11.1 NOÇÕES GERAIS

O legislador de 2015 optou por reunir sob única rubrica as ações relacionadas às matérias de direito de família. A escolha se justifica dadas as peculiaridades desse ramo do direito civil, especialmente no que tange à complexidade das relações afetivas que ocorrem no âmbito familiar e seus potenciais efeitos sobre a esfera existencial do ser humano.

Busca-se, assim, uma unificação procedimental[1] voltada a tratar, com a sensibilidade necessária, as controvérsias relacionadas a essa seara jurídica. Criaram-se, para tanto, medidas voltadas a mitigar a beligerância natural dos conflitos familiares, estimulando-se, com grande ênfase, a autocomposição dos litígios (art. 694).

As chamadas ações de família englobam as causas concernentes a: divórcio, separação, reconhecimento e extinção de união estável, guarda, visitação e filiação, quando se derem por meio de procedimento de jurisdição contenciosa (art. 693).

Não havendo pretensão resistida, aplicar-se-ão, naturalmente, as normas relativas aos procedimentos de jurisdição voluntária.

A ação de alimentos e as que envolvam o interesse de criança e adolescente permanecem reguladas por lei própria, respectivamente, a Lei n. 5.478/68 e o ECA (Lei n. 8.069/90), conforme o parágrafo único do art. 693.

11.2 CABIMENTO E LEGITIMIDADE

O cabimento das chamadas ações de família está regulado pelo art. 693. Assim, fica submetido a esse procedimento especial aquele que pretender trazer a juízo alguma pretensão relacionada a divórcio, separação[2], reconhecimento e extinção de união estável, guarda, visitação e filiação.

Segundo análise inicial da doutrina, no entanto, tal rol não seria taxativo, tendo cabimento o presente rito sempre que a demanda envolver matéria de Direito de Família e houver resistência à pretensão (jurisdição contenciosa)[3].

A via, contudo, é inadequada à discussão que envolva alimentos ou o interesse de criança e adolescente (art. 693, parágrafo único).

A legitimidade varia de acordo com o pedido veiculado e as peculiaridades do direito material aplicáveis àquela questão.

---

[1] Gajardoni et al., 2016, p. 1177.
[2] De se observar que o STF fixou o Tema 1.053 no sentido de que "a separação judicial não é mais requisito para o divórcio nem subsiste como figura autônoma no ordenamento jurídico". RE 1.167.478/RJ, rel. Min. Luiz Fux, julgamento finalizado em 8-11-2023. *Informativo STF* n. 1.116.
[3] Enunciado 72 do FPPC: "O rol do art. 693 não é exaustivo, sendo aplicáveis os dispositivos previstos no capítulo X a outras ações de caráter contencioso envolvendo o Direito de Família".

11.3 COMPETÊNCIA

A competência para as ações de divórcio, separação e reconhecimento ou dissolução de união estável segue a regra do art. 53, I. Se houver filho incapaz – caso em que se aplica o ECA, não o CPC –, a competência será do foro do domicílio do guardião do menor (art. 53, I, *a*). Não havendo, será competente o foro do último domicílio do casal (art. 53, I, *b*). Se nenhuma das partes residir no antigo domicílio, a competência é do foro de domicílio do réu (art. 53, I, *c*). Ademais, havendo ato de violência doméstica, será competente o foro do domicílio da vítima, por força do art. 53, I, "d", inserido pela Lei n. 13.894/2019.

As demais ações, guarda, visitação e filiação, se não envolverem interesse de criança e adolescente, seguirão as regras gerais do art. 46.

Todas as regras apontam competência territorial, portanto, relativa para as ações de família.

11.4 PROCEDIMENTO

As ações de família são deflagradas por petição inicial, que deve atender aos requisitos dos arts. 287, 319 e 320, sem especificidades. Recebida a inicial, o juiz apreciará eventual pedido de tutela provisória e mandará citar o réu, pessoalmente (art. 695, § 3º) para audiência de mediação e conciliação (art. 695, *caput*), com antecedência mínima de quinze dias (art. 695, § 2º).

O mandado de citação não será instruído de cópia da inicial. Trata-se de medida voltada a estimular a composição antes da ciência dos termos da ação proposta, tendo em vista que o conhecimento deles pode estimular um clima hostil entre as partes.

Tal disposição, ainda que assegure ao réu a possibilidade de consultar os autos, parece de duvidosa constitucionalidade em face da garantia da ampla defesa (CF, art. 5º, LV), até porque o acesso ao processo nem sempre será elementar à parte ré. Imagine-se, por exemplo, feito que tramite em autos físicos em comarca diversa da do domicílio do réu.

Seja como for, as partes devem comparecer em audiência acompanhadas de seus advogados ou defensores públicos (art. 695, § 4º).

Tal audiência pode ser dividida em quantas partes forem necessárias à conciliação ou à mediação (art. 696), podendo o magistrado, até mesmo, sobrestar o processo, a requerimento das partes, enquanto os litigantes se submetem a mediação extrajudicial ou a atendimento multidisciplinar (art. 694, parágrafo único)[4].

Se, mesmo assim, não se realizar acordo, o procedimento passa a seguir o rito comum (art. 697).

Prevê o Código, ainda, que o Ministério Público intervirá quando houver interesse de incapaz (art. 698). Contudo, a Lei n. 13.894/2019 incluiu o parágrafo único no art. 698 do CPC de modo a determinar a intervenção do MP em ações de família nas quais figure como parte vítima de violência doméstica e familiar.

Por fim, se o processo envolver fato relacionado ao abuso ou à alienação parental, o juiz, ao ouvir o incapaz, deve se fazer acompanhar por especialista.

O art. 699 estabelece que, se o processo envolver discussão sobre fato relacionado a abuso ou a alienação parental, o juiz, ao tomar o depoimento do incapaz, deverá estar acompanhado por especialista.

---

[4] Justamente porque utiliza os conhecimentos e os serviços de áreas próximas porém diferentes (Direito, Psicologia e Serviço Social), a mediação familista é considerada uma prática transdisciplinar que se utiliza do trabalho de um mediador e de um ou mais comediadores que formam uma equipe multidisciplinar com várias competências que se complementam entre si, oferecendo às partes uma assistência integral. O papel da transdisciplinaridade é justamente constituir um conhecimento em rede que permita a integração de diferentes paradigmas para atender necessidades (Pinho; Hill, 2019, p. 98).

Por força da Lei n. 14.713/2023, foi inserido o art. 699-A, determinando que nas ações de guarda, antes de iniciada a audiência de mediação e conciliação de que trata o art. 695, o juiz deverá indagar às partes e ao Ministério Público se há risco de violência doméstica ou familiar, fixando o prazo de 5 (cinco) dias para a apresentação de prova ou de indícios pertinentes.

O dispositivo tem evidente caráter protetivo e se volta à defesa do melhor interesse da criança.

Capítulo 12
AÇÃO MONITÓRIA

12.1 NOÇÕES GERAIS

A ação monitória ou procedimento de injunção é um procedimento misto, com características de conhecimento, de execução e de cautelar, distinguindo-se, por isso, das ações tradicionais, pensado como alternativa para a tempestividade do processo. Sua técnica propicia a aceleração da realização dos direitos, com a redução do custo inerente à demora do procedimento comum.

Daniel Amorim Assumpção Neves[1] define tal procedimento como "uma espécie de *tutela diferenciada*, que, por meio da adoção de técnica de cognição sumária (para a concessão do mandado monitório) e do contraditório diferido (permitindo a prolação de decisão antes da oitiva do réu), busca facilitar em termos procedimentais a obtenção de um título executivo quando o credor tiver prova suficiente para convencer o juiz, em cognição não exauriente, da provável existência de seu direito".

Já Humberto Theodoro Júnior afirma que, "de acordo com esse instituto, o credor, em determinadas circunstâncias, pode pedir ao juiz, ao propor a ação, não a condenação do devedor, mas desde logo a expedição de uma ordem ou mandado para que a dívida seja saldada no prazo estabelecido em lei"[2].

Sistematizou-se no direito brasileiro em capítulo acrescentado ao CPC/73 pela Lei n. 9.079/95, tendo-se mantido no art. 700 do CPC[3].

Visa essa modalidade a beneficiar credores e a própria Justiça, dando rito especial às pretensões de pagar soma em dinheiro, entregar coisa fungível, determinado bem móvel ou de uma obrigação de fazer ou não fazer, que, em face de prova escrita, sem eficácia executiva de seu crédito, fazem supor que o devedor não irá se opor ao cumprimento da ordem.

Por fim, não custa lembrar que há uma grande semelhança entre o instituto da ação monitória trazida pelo CPC e a tutela da evidência. Verifica-se nelas a imprescindibilidade de apresentação documental que sustente o direito do autor, de modo a viabilizar o deferimento da antecipação de tutela.

Contudo, essas duas categorias não devem ser confundidas, visto que, na ação monitória, a expedição de pagamento costuma adquirir a característica de título executivo, mesmo que não haja uma sentença de mérito; ademais, a liminar concedida por meio da tutela de evidência tem cunho provisório e não interrompe o curso da ação cognitiva, a pretensão satisfativa do autor só é completa por meio de um título judicial no fim de todo procedimento cognitivo, com a prolação da sentença reconhecendo o direito.

12.2 CARACTERÍSTICAS

Como, na ação monitória, também chamada de procedimento injuntivo, o autor aparentemente tem um direito evidenciado mediante prova escrita (art. 700), o ordenamento jurídico autoriza

---

[1] Neves, 2016, p. 1687.
[2] Theodoro Jr., 2016, p. 493.
[3] Enunciado 446 (arts. 700 e 785) do FPPC: "Cabe ação monitória mesmo quando o autor for portador de título executivo extrajudicial".

que a ordem de prestação seja expedida *inaudita altera parte* e sem cognição completa, sendo que a possibilidade de exceções é posterior ao provimento do juiz.

Caso o réu se defenda, fica a ordem destituída de seu valor, já que foi expedida na suposição de que o réu não excepcionaria.

Não havendo defesa do réu, torna-se a ordem definitiva, possibilitando a execução e determinando a declaração do direito como uma sentença.

Já se o autor entender que não tenha prova escrita suficiente para a ação monitória, isto é, prova escrita sem a eficácia de título executivo (pois, caso contrário, poderia se valer diretamente da execução), poderá optar pelo procedimento comum.

12.3 NATUREZA JURÍDICA

No processo civil brasileiro, o procedimento monitório corresponde a um dos procedimentos especiais de jurisdição contenciosa.

O juiz decide com base numa cognição sumária e incompleta do direito e da obrigação correspondente, fundada unicamente na prova escrita do fato constitutivo do direito do autor, sem o exame dos fatos que o suposto obrigado poderia suscitar como fundamento de sua defesa, ao largo do contraditório, sem esgotar seu dever de decidir a fundo o litígio.

Visa-se, com essa tutela jurisdicional, uma condenação, visto que o titular do direito quer obter uma ordem dirigida ao presumível obrigado para que pague uma soma líquida em dinheiro, entregue uma coisa móvel determinada ou uma quantidade de coisas fungíveis, evitando percorrer a larga e dispendiosa via da cognição plena em contraditório, como acontece num juízo normal de conhecimento e de condenação.

Entre a ação ordinária e a executiva, aparece a ação monitória, de natureza híbrida, para suprir essa lacuna, apesar de o credor não dispor de um título com eficácia executiva (art. 784), impossibilitando-o de fazer uso do processo de execução (art. 783), não está mais obrigado a percorrer o procedimento comum, podendo lançar mão do procedimento monitório se presentes os requisitos para o regular exercício desse direito de ação.

Somente se o devedor resistir à pretensão do autor, oferecendo embargos, o feito se converte em procedimento comum.

Com relação ao prazo para a propositura da monitória, o STJ[4] já editou as Súmulas 503 e 504, aplicáveis aos cheques e promissórias prescritos.

12.4 OBJETO E ALCANCE DA AÇÃO MONITÓRIA

Dispõe o art. 700 que: "A ação monitória pode ser proposta por aquele que afirmar, com base em prova escrita sem eficácia de título executivo, ter direito de exigir do devedor capaz".

O art. 700 compreende tanto o pagamento de soma em dinheiro (inciso I) como a entrega de coisa fungível ou infungível ou bem móvel ou imóvel (inciso II) ou o adimplemento de obrigação de fazer ou de não fazer (inciso III).

Ressalte-se que a noção de *bem* é mais ampla do que a de *coisa*, entendendo-se por *bem* tudo quanto possa ser objeto de um direito, mesmo sem conteúdo econômico, ao passo que *coisa* é o bem

---

[4] Súmula 503: "O prazo para ajuizamento de ação monitória em face do emitente de cheque sem força executiva é quinquenal, a contar do dia seguinte à data de emissão estampada na cártula".

Súmula 504: "O prazo para ajuizamento de ação monitória em face do emitente de nota promissória sem força executiva é quinquenal, a contar do dia seguinte ao vencimento do título".

que possui valor pecuniário (coisa móvel compreende tanto um bem corpóreo quanto um bem incorpóreo).

Nesses casos, o procedimento é admissível até mesmo em face da Fazenda Pública, conforme dispõe o Enunciado 339 da Súmula do STJ: "É cabível ação monitória contra a Fazenda Pública", na vigência do CPC/73. A tese acabou adotada expressamente pelo legislador do CPC, que a prestigiou no art. 700, § 6º.

12.5 REQUISITO ESPECÍFICO DA AÇÃO MONITÓRIA

12.5.1 Prova escrita

A petição inicial da ação monitória tem como exigência uma prova escrita para sua devida propositura. Contudo, o CPC previu a possibilidade, em seu art. 700, § 1º, de o autor apresentar prova oral, desde que esta seja colhida de maneira antecipada, nos moldes do art. 381 do CPC.

A ação monitória requer, como toda ação, o conjunto de requisitos genéricos para o seu regular exercício (legitimidade das partes e interesse de agir) e, ainda, um requisito específico à sua natureza: a prova escrita, responsável pela instrução inicial do processo, que deve ser apresentada com a inicial, possibilitando o juízo de sua admissibilidade e a consequente liberação do mandado de pagamento ou entrega.

Embora o legislador não tenha definido o conceito de prova escrita, para fins monitórios somente essa é considerada na modalidade *stricto sensu*, ou seja, a prova pré-constituída (aquela preparada anteriormente com vistas à demonstração do fato probando) e a causal (entende-se esta como que não feita com a intenção direta, por parte do seu autor, de ser empregada como prova jurídica, tais como as cartas, as notas pessoais, um diário privado etc.).

Portanto, para a ação monitória é imprescindível que a prova seja escrita, grafada, um "quase título executivo", sendo documento essencial, conforme definido no art. 320[5].

Para ser título executivo, o documento haveria de ter os requisitos essenciais de certeza, liquidez e exigibilidade, conforme arts. 783 e 786. Na ação monitória, o que o autor busca é a certeza da obrigação, por meio de um título judicial consubstanciado no provimento favorável, o que enseja a possibilidade de prosseguimento para cumprimento do disposto no art. 523, inclusive com a incidência de multa de 10% prevista no § 1º do dispositivo.

Da mesma forma, a prova escrita da ação monitória não se equipara àquela que constitui simples "começo de prova" escrita. O "começo (ou princípio) de prova" pode encontrar-se no escrito a que falte algum requisito de ordem formal, ou deixe alguma coisa a desejar sobre o mérito da pretensão que sobre ela se funda.

Assim, o escrito que contém o reconhecimento de uma dívida, sem alusão ao seu valor, prova a existência do débito, e estamos diante de uma prova escrita, mas não pode embasar uma ação monitória, pois precisa ser complementada por outras provas que não têm espaço no curso do processo monitório. Nesses casos, deverá o credor se valer do processo de conhecimento. Se houver dúvidas acerca da idoneidade da prova escrita o juiz poderá intimar o autor a emendar a inicial, adaptando-a ao rito comum (art. 700, § 5º).

---

[5] A prova hábil a instruir a ação monitória (art. 1.102-A do CPC/73 [art. 700 do CPC]) não precisa, necessariamente, ter sido emitida pelo devedor ou nela constar sua assinatura ou de um representante, bastando que tenha forma escrita e seja suficiente para, efetivamente, influir na convicção do magistrado acerca do direito alegado (REsp 925.584-SE, rel. Min. Luis Felipe Salomão, j. 9-10-2012).

Entende-se por prova escrita o escrito emanado da pessoa contra quem se faz o pedido, ou de quem a represente, tornando-o verossímil ou suficientemente provável, sendo ao mesmo tempo possível e exigível. É aquela reconhecidamente idônea para formar a convicção do juiz sobre provável existência do direito firmado, mediante comprovação sumária.

Pode, ainda, consistir em prova oral regularmente documentada em procedimento de produção antecipada de provas (arts. 700, § 1º, e 381).

Tudo será avaliado pelo juiz no momento de expedir o mandado inicial e, se entender que não estão preenchidos os requisitos legais, deverá indeferir a petição inicial, após ouvir a parte autora, que poderá dispor de outros elementos (escritos) capazes de completar a prova; nesse sentido o art. 321 tem inteira aplicação.

Exemplos de prova escrita a ensejar a ação monitória são o cheque prescrito (Súmula 299 do STJ), a duplicata sem aceite, a carta confirmando a aprovação do orçamento e a execução dos serviços, a duplicata sem aceite protestada e o documento eletrônico sem eficácia executiva. São hipóteses em que o documento não é título executivo ou era e perdeu sua força executiva, mas são documentos hábeis a demonstrar o liame obrigacional.

Tratando-se de título judicial, o credor que pode se valer da ação executiva está impedido de se valer da ação monitória. Porém, o STJ entendeu[6], que o credor detentor de título executivo extrajudicial pode se utilizar da ação de execução ou da ação monitória para ter seu crédito adimplido, uma vez que não haverá prejuízo para o devedor. Tal orientação do Tribunal Superior foi seguida no art. 785 do CPC[7].

Contudo, o titular da prova escrita não é obrigado a se valer do procedimento monitório, sendo-lhe apresentada apenas a mera faculdade.

Também, caso haja necessidade de maior dilação probatória para a demonstração do direito, poderá o credor optar pelo procedimento comum, ainda que possa a prova escrita ser exigida pela lei.

Diante do exposto, é possível elencar o seguinte rol, ainda que não exaustivo, de documentos que ensejam o cabimento de ação monitória:

a) anotações em ficha/cadastro de profissional liberal;

b) livros contábeis;

c) orçamento remetido via *e-mail*;

d) títulos de crédito prescritos, numa interpretação extensiva da já referida Súmula 299 do STJ;

e) contrato bancário de abertura de crédito, que demonstra a relação obrigacional, embora não seja título executivo, conforme dispõe a Súmula 233 do STJ.

12.6 LEGITIMIDADE PARA A AÇÃO MONITÓRIA

Poderá propor a ação monitória qualquer pessoa que se pretenda titular de uma prestação consistente em pagar, em entregar coisa fungível ou infungível, bem móvel ou imóvel ou o adimplemento de obrigação de fazer ou não fazer (apoiado em prova escrita).

---

[6] "No entanto, assim como a jurisprudência do STJ é firme quanto à possibilidade de propositura de ação de conhecimento pelo detentor de título executivo – não havendo prejuízo ao réu em procedimento que lhe faculta diversos meios de defesa –, por iguais fundamentos o detentor de título executivo extrajudicial poderá ajuizar ação monitória para perseguir seus créditos, ainda que também o pudesse fazer pela via do processo de execução" (REsp 981.440-SP, rel. Min. Luis Felipe Salomão, j. 12-4-2012).

[7] Enunciado 446 do FPPC: (arts. 785 e 700) "Cabe ação monitória mesmo quando o autor for portador de título executivo extrajudicial".

No caso de credores solidários, qualquer um estará habilitado à propositura da ação monitória. Já se a coisa for indivisível, qualquer um dos credores poderá exigir a prestação, devendo o requerido proceder à entrega do bem, desde que o credor apresente caução de ratificação dos outros credores (art. 260, II, do CC).

Como legitimado passivo temos aquele que se supõe ser o devedor da prestação. Havendo vários devedores, a demanda deverá ser ajuizada em face de todos eles, ou então o suposto credor ficará limitado ao valor da dívida correspondente ao réu citado.

O falido ou o insolvente civil não poderão ser demandados através do procedimento monitório, porque não dispõem de capacidade processual e também porque não poderá haver execução em face de tais devedores fora do concurso universal.

12.7 JUÍZO SUMÁRIO

Na primeira fase do processo monitório, não existe instrução probatória oral, porquanto a prova tem que ser necessariamente escrita e deve instruir a petição inicial.

Em uma segunda fase, em que o rito se transforma naturalmente em comum, devido à oposição de embargos, são admissíveis quaisquer meios de prova. Fica, a partir desse momento, assegurada ao réu a iniciativa de abrir o pleno contraditório sobre a pretensão do autor, eliminando todo e qualquer risco de prejuízo que pudesse decorrer da sumariedade na primeira fase.

12.8 COMPETÊNCIA NO PROCESSO MONITÓRIO

No processo monitório, não há qualquer particularidade quanto à competência, aplicando-se as regras gerais do CPC, qual seja a norma do art. 46, devendo a ação ser proposta no domicílio do réu. Tal competência, como se sabe, é relativa e admite prorrogação.

A competência da Justiça Estadual é residual. Vale dizer, sempre que a causa não couber na competência da Justiça Federal, determinada pelo art. 109, I, da CF, caberá, de modo residual, à Justiça Estadual, compreendida aí a do Distrito Federal.

A ação monitória, em que não seja ré a Fazenda Pública, poderá também ser proposta perante os Juizados Especiais Cíveis, desde que o pedido não exceda o limite de quarenta salários mínimos no âmbito estadual e sessenta salários mínimos no âmbito federal e fazendário. Ficam ressalvadas desse impedimento as ações relativas a obrigações de fazer, sobre imóveis, embora haja posicionamento no sentido de sua inviabilidade, já que seria incompatível o oferecimento de embargos com o procedimento mais célere do juizado.

Nessa última hipótese, poderá a parte optar por ajuizar a ação monitória em um Juizado Cível ou em uma Vara Cível, mas nesta última só deverá ajuizar a ação se o valor da causa superar o limite máximo previsto em lei.

Já quando a ação monitória for em face da Fazenda Pública Municipal ou Estadual, deverá ser proposta em um Juizado da Fazenda Pública, também se não superar sessenta salários mínimos, a partir de sua instalação, pois a Lei n. 12.153/2009 determina que a competência desses juízos é absoluta. Caso exceda tal valor, deverá ser proposta perante uma Vara de Fazenda Pública.

A competência para processar e julgar a ação monitória se reparte, de regra, segundo: a qualidade das pessoas envolvidas na lide, como credor ou devedor; o valor da causa, observada a competência territorial; e a regra geral e a especial de foro, inclusive o foro de eleição, estabelecido no contrato.

A competência territorial firma-se em razão do lugar do pagamento, ou seja, onde deve ser cumprida a obrigação, ou onde se encontrem os sujeitos da relação jurídica controvertida, devedor ou credor. Não havendo foro de eleição, a demanda monitória deverá ser proposta no domicílio do réu.

Outrossim, são aplicáveis ao procedimento monitório as normas relativas à prorrogação de competência. Entretanto, cabe lembrar que apenas a competência territorial ou de foro (pois estabelecida no interesse das partes) pode ser modificada, uma vez que a competência de juízo, em função da qualidade das partes ou do valor da causa, não admite modificação.

12.9 PETIÇÃO INICIAL. MANDADO DE PAGAMENTO OU DE ENTREGA

A petição inicial da ação monitória deverá observar os requisitos genéricos dos arts. 287 e 319, e vir acompanhada da prova escrita. Além disso, deve cumprir os requisitos específicos do art. 700, § 2º, devendo instruir a exordial com a importância devida, com a respectiva memória de cálculo ou com o valor atual da coisa reclamada ou com o conteúdo patrimonial em discussão, dependendo do provimento judicial postulado. A isso também deve corresponder o valor da causa (art. 700, § 3º).

O CPC de 2015 inovou ao estabelecer a hipótese de emenda à petição inicial caso o juiz não considere o documento apresentado idôneo (art. 700, § 5º).

A bem da verdade, trata-se de dever do magistrado facultar essa oportunidade para que a parte se manifeste, assegurando a satisfação de seu direito; essa conduta também é relevante para a verificação do documento, já que a ação monitória tem como base a idoneidade da prova que é disponibilizada pelo autor[8].

Em seguida, o juiz mandará expedir o mandado de pagamento ou de entrega da coisa, nos termos do art. 701, *ipsis litteris*: "Sendo evidente o direito do autor, o juiz deferirá a expedição de mandado de pagamento, de entrega de coisa ou para execução de obrigação de fazer ou de não fazer, concedendo ao réu prazo de 15 (quinze) dias para o cumprimento e o pagamento de honorários advocatícios de cinco por cento do valor atribuído à causa".

Há quem admita ser aplicável o art. 321 do CPC, possibilitando assim a emenda da inicial para que o juiz possa decidir com mais segurança. Todavia, a literalidade do art. 701 indica que a falta dos requisitos específicos da petição inicial enseja a impossibilidade de decisão *inaudita altera parte*.

Essa decisão judicial deverá ser fundamentada, aludindo à prova escrita, justificando ser ela merecedora de fé quanto à sua autenticidade e eficácia probatória.

Caso o magistrado tenha dúvidas de que a prova escrita é idônea ao seguimento da ação pelo rito monitório, poderá intimar o autor para, querendo, emendar a inicial, adaptando-a ao rito comum (art. 700, § 5º).

A princípio, pode parecer que a ação monitória não tem contraditório. Todavia, isso não é verdade, apenas tem o contraditório eventual e diferido para a fase da defesa, consistente nos embargos. Assim, dúvida não há de que é necessária a citação do réu, que ocorrerá por qualquer um dos meios previstos para o rito comum (art. 700, § 7º).

Entretanto, a citação não é para contestar, mas para pagar ou entregar, devendo constar do mandado citatório que, se não forem opostos embargos, no prazo de quinze dias, constituir-se-á o título executivo judicial, convertendo-se o mandado inicial em mandado executivo, quando o réu estará isento do pagamento de custas e de honorários advocatícios.

Admite-se, então, que a prova escrita e a inércia do devedor são suficientes para a formação do título executivo.

---

[8] Carneiro; Pinho, 2016, p. 400.

Sendo os autos físicos e havendo vários réus, com advogados distintos, o prazo de quinze dias será dobrado (art. 229, *caput*), e, sendo a ré a Fazenda Pública, seu prazo será contado em dobro, como preceitua o art. 183, *caput*.

12.10 NATUREZA DO MANDADO LIMINAR. EXTENSÃO DE SUA EFICÁCIA

O ato jurídico processual que contém o mandado de pagamento ou de entrega é de índole jurisdicional, mas não é fácil determinar sua natureza jurídica.

A ação monitória, como qualquer outra ação, inicia-se por uma demanda na sua primeira fase, cujo rito é especial e de cognição sumária, podendo prosseguir numa segunda fase com o rito comum, dependendo do comportamento do réu-devedor.

A peculiaridade do procedimento monitório está justamente na possibilidade de o credor obter liminarmente um mandado de pagamento, entrega ou cumprimento de obrigação de fazer ou não fazer, que poderá se converter em título executivo, caso não seja embargado pelo devedor.

Na primeira fase, restringe-se a atividade jurisdicional ao juízo de admissibilidade, ou seja, à verificação dos pressupostos processuais e condições da ação, além daquele específico do processo monitório, concernente à valoração da prova escrita.

Nesse momento, cabe ao juiz decidir sobre o reconhecimento da prova exibida pelo autor para instruir a ação monitória como hábil para tal. Em caso positivo, emite decisão que importa no reconhecimento que pode ser ou não final da existência do crédito e, portanto, do mérito da pretensão substancial.

Essa decisão, sob o aspecto processual, é interlocutória, mas do ponto de vista material tem conteúdo de decisão definitiva, tudo dependendo do comportamento do devedor.

O mandado liminar de pagamento ou de entrega, quando impugnado ou embargado, perde temporariamente sua força monitória, conservando apenas a eficácia de um ato citatório do devedor. Nesse caso, tem natureza de decisão não terminativa do feito. Vale dizer, não oferecidos os embargos, transmuda-se em decisão extintiva do processo com julgamento do mérito.

A ação monitória pode ser enquadrada na classe dos ritos especiais, os quais, verificada certa condição, perdem essa qualidade e passam a obedecer ao trâmite comum, correspondendo à referida transmutação da relação processual.

Isso porque, se vierem a ser opostos embargos, a eficácia do mandado inicial fica suspensa e o rito converte-se em comum, consoante o art. 702, § 4º. Se não forem opostos, constituir-se-á de pleno direito o título executivo judicial, convertendo-se o mandado inicial em mandado executivo.

Na ação monitória, a decisão decorre de cognição sumária na primeira fase do procedimento. Tanto assim que, na ausência de embargos, pode ser constituído um único ato jurisdicional da causa, definitivo e com eficácia de coisa julgada material, sendo inclusive possível o ajuizamento de ação rescisória contra ela (art. 701, § 3º)[9].

Entretanto, o que enseja a constituição de pleno direito do título executivo judicial, operada com a conversão do mandado inicial em mandado executivo, não é somente a decisão inicial, mas o reconhecimento tácito do pedido do autor pelo réu ao deixar de impugná-la tempestivamente.

---

[9] Como bem pontua Heitor Sica, em coletânea sobre os clássicos do processo, "(...) ao limitar a impugnação por parte do réu quanto ao mandado monitório não embargado, o legislador conferiu à situação um grau de estabilidade que se assemelha ao da coisa julgada. Não há propriamente uma denominação para tal fenômeno, de modo que podemos lançar mão do conceito de preclusão *pro judicato*, na acepção originalmente cunhada por Enrico Redenti" (Gaio Jr.; Jobim, 2019, p. 127).

Isso explica a letra do art. 701, § 2º. O deferimento do mandado injuncional, acolhendo o pedido do autor, encerra apenas a primeira fase do procedimento monitório; provisoriamente, se houver embargos, prosseguirá pelo rito comum, ou definitivamente, caso não os oponha o réu, passará imediatamente à execução por título judicial (cumprimento de sentença).

Nesse sentido, o STJ[10] já decidiu que em sede de ação monitória, após o decurso do prazo para pagamento ou entrega da coisa sem a oposição de embargos pelo réu, o juiz não pode analisar questão de mérito, ainda que conhecível de ofício.

Pode-se dizer que o mandado de pagamento ou de entrega confere à ordem judicial o caráter de um ato sujeito ao implemento de condição suspensiva, de teor negativo, consistente na falta de oposição de embargos.

Vale dizer que constitui um ato de eficácia diferida, que só advirá se e quando decorrido o prazo de quinze dias, sem que tenham sido opostos embargos. Até então, há apenas um mandado dirigido ao réu, cujo cumprimento não pode ainda ser exigido pelo credor, sendo certo que o art. 702, § 4º, dispõe que os embargos suspenderão a eficácia do mandado inicial, impedindo que o processo caminhe para a fase executiva. Contudo, eventual apelação interposta contra sentença de improcedência nesses embargos não é dotada de efeito suspensivo[11].

Na verdade, ele já nasce neutralizado pelo prazo de quinze dias, e, pois, condicionando a sua eficácia à não oposição de embargos ou a sua rejeição, caso sejam opostos. Assim não fosse, poderia o autor, logo que expedida a ordem, exigir o seu cumprimento imediato, o que ele só pode pretender quando o mandado adquirir eficácia executiva, promovendo nova citação do réu.

A parte autora deverá dispor de prova escrita, sem a qual indeferirá o juiz a inicial e extinguirá o processo sem julgamento de mérito, caso não seja possível adaptar-se ao tipo de procedimento legal (arts. 330 e 700, § 4º). Se, por esquecimento, não foi juntado, nada impede que o juiz faculte ao autor fazê-lo, no prazo que assinar.

12.11 FORMAÇÃO DO TÍTULO EXECUTIVO

De acordo com o art. 701, § 2º, será constituído de pleno direito o título executivo judicial, independentemente de qualquer formalidade, se não realizado o pagamento e não apresentados os embargos previstos no art. 702.

Os embargos, portanto, não revogam de plano o mandado inicial. Têm apenas o condão de manter suspensa a sua eficácia, através da conversão do procedimento especial em comum, com contraditório regular. Agora, decidirá o juiz, com base nas alegações do réu, após regular instrução do feito, se há ou não fundamento para a subsistência do mandado.

Na verdade, a ação monitória e os embargos se desenvolvem num mesmo processo de conhecimento. Todavia, na primeira fase, esse processo é informado por uma cognição sumária e, na segunda, por uma cognição aprofundada dos fatos e da prova.

---

[10] "Noutros termos, mesmo as questões conhecíveis de ofício, só podem ser apreciadas se aberto o conhecimento pela oposição dos embargos monitórios. Ressalta-se que o novo CPC parece reconhecer essa transmudação da decisão inicial em definitiva em razão da mera inércia do devedor. Isso porque, além de dispensar expressamente a necessidade de qualquer ato para conversão do mandado monitório em executivo (art. 701, § 2º, do NCPC), ainda determina que se conte da decisão inicial (que determina a expedição do mandado monitório) o prazo para propositura de ação rescisória, na hipótese de ausência de oposição de embargos monitórios pelo devedor (art. 701, § 3º, do NCPC)" (REsp 1.432.982-ES, rel. Min. Marco Aurélio Bellizze, j. 17-11-2015, DJe 26-11-2015, Informativo STJ, n. 574).

[11] Enunciado CJF n. 134: "A apelação contra a sentença que julga improcedentes os embargos ao mandado monitório não é dotada de efeito suspensivo automático (art. 702, § 4º, e 1.012, § 1º, V, CPC)".

Uma vez oferecidos os embargos, os quais se sujeitam à observância dos pressupostos próprios da defesa, mormente a tempestividade, o processo, ao seu fim, deverá extinguir-se com julgamento do mérito, consoante o art. 487, ou, eventualmente, sem julgamento de mérito, nos termos do art. 485.

Tendo em vista o disposto no art. 702, § 8º, a expedição do mandado de pagamento ou de entrega da coisa nasce com sua eficácia neutralizada ou suspensa, embora o art. 702, § 4º, leve a crer que o momento da suspensão é o do oferecimento dos embargos.

Obviamente, não poderia ser dessa forma, pois no momento da expedição do mandado liminar não se sabe ainda se o réu citado irá ou não embargar. Isso explica por que não pode o autor requerer a execução provisória do mandado antes que o réu tenha a oportunidade de voluntariamente cumprir a obrigação.

12.12 ÔNUS DA PROVA NO PROCESSO MONITÓRIO

De modo geral, como dispõe o art. 373, *caput, do* CPC, o ônus probatório consiste no encargo que pesa sobre as partes de fazer prova dos fatos que alegam como fundamento das pretensões que deduzem no processo.

Para fins monitórios, essencial é a prova escrita. Entretanto, não é necessário fazer prova de todos os fatos da causa, mas tão somente daqueles concernentes à existência do crédito e à natureza das prestações, que constituem os pressupostos específicos dessa modalidade procedimental e que embasam a demanda monitória.

O ônus probatório se concentra nesses limites. Portanto, deve o autor provar apenas o fato constitutivo de seu crédito, com as qualidades de certeza e liquidez. Se o crédito for ilíquido, não terá cabimento a ação monitória[12].

Pode ocorrer que, feita a prova do crédito com a característica de liquidez, e expedido o mandado de pagamento ou de entrega, venha o devedor a questionar a liquidez do crédito por ocasião dos embargos. Tal defesa, fundada em fato modificativo do direito do autor, e cuja prova é ônus do réu, em nada interfere no procedimento que, nessa etapa, já estará tramitando pelo rito comum.

A repartição do ônus probatório, no procedimento monitório, não foge à regra do art. 373, I e II, incumbindo ao autor a prova do fato constitutivo específico do seu direito, prova essa que deve ser produzida, necessariamente, com a petição inicial, na primeira fase do procedimento. Todavia, na segunda fase do processo, a prova dos fatos impeditivos, modificativos ou extintivos do direito do autor é encargo do réu.

Nesse sentido, o regime da prova escrita no procedimento injuncional não difere de modo algum do regime que esse meio de prova tem no rito comum. Com efeito, encontra-se o juiz, diante da prova e da valoração de sua eficácia, na mesma e idêntica situação em que se encontraria no procedimento comum ante a prova produzida pelo autor à revelia.

O simples fato de a defesa se fazer através de "embargos" não implica supor que haja inversão do ônus da prova. A prova continua a cargo de cada uma das partes, tal como no procedimento comum, no qual, aliás, é convertido o rito com a oposição de embargos pelo devedor.

---

[12] "Em ação monitória fundada em cheque prescrito, ajuizada em face do emitente, é dispensável a menção ao negócio jurídico subjacente à emissão da cártula. (...) Dessa forma, de acordo com a jurisprudência consolidada no STJ, o autor da ação monitória não precisa, na exordial, mencionar ou comprovar a relação causal que deu origem à emissão do cheque prescrito, o que não implica cerceamento de defesa do demandado, pois não impede o requerido de discutir a *causa debendi* nos embargos à monitória. Precedentes citados: AgRg no Ag 1.143.036-RS, *DJe* 31-5-2012, e REsp 222.937-SP, *DJ* 2-2-2004" (REsp 1.094.571-SP, rel. Min. Luis Felipe Salomão, j. 4-2-2013).

12.13 PROCEDIMENTO

O rito da ação monitória compõe-se de duas fases.

A primeira é não contraditória e corresponde à fase em que o autor, com base em prova escrita, se diz credor através da cognição sumária dos fatos, culminando com o mandado de entrega, de pagamento ou de cumprimento de obrigação de fazer ou não fazer, conforme a natureza da obrigação.

De acordo com o art. 701, *caput*, se a petição inicial estiver devidamente instruída com prova escrita, demonstrando ser evidente o direito do autor, o juiz deferirá, de plano, a expedição de mandado de pagamento, de entrega de coisa ou para execução de obrigação de fazer ou de não fazer e o pagamento de honorários advocatícios de 5% do valor da causa no prazo de quinze dias.

Ao determinar a expedição do mandado, o juiz ordena a citação do devedor, advertindo-lhe que, em caso de cumprimento, estará isento do pagamento de custas processuais (hipótese em que, mesmo sendo o autor vencedor da demanda, terá de arcar com custas) e que, por outro lado, no caso de não cumprimento em quinze dias, o mandado será convertido em título executivo.

De forma sucinta, as diferentes posturas que podem ser adotadas pelo réu, que serão mais bem detalhadas ao longo deste capítulo:

a) Cumprir o mandado, beneficiando-se da isenção de custas do art. 701, § 1º, podendo, ainda, requerer o parcelamento em seis vezes, na forma do art. 916 (art. 701, § 5º);

b) Ficar inerte, o que acarreta a formação de título executivo judicial, conforme art. 701, § 2º;

c) Opor embargos.

O prazo sujeita-se às regras de prorrogação e de modificação do CPC, sendo o prazo dobrado no caso de vários réus com advogados de escritórios distintos em autos físicos e também contado em dobro no caso da Fazenda Pública.

A citação poderá ser feita por quaisquer das formas admissíveis pela legislação processual civil, inclusive por edital, conforme disposição expressa da Súmula 282 do STJ, encampada pelo art. 700, § 7º, do CPC; e mesmo por citação postal, respeitadas as ressalvas do art. 247 do CPC.

A segunda fase, que poderá ou não ocorrer, de acordo com a posição adotada por aquele em face do qual é expedido o mandado, será pautada pelas garantias constitucionais do contraditório e do devido processo legal. Essa fase inicia-se com a oposição de embargos pelo suposto devedor e, consequentemente, com a conversão do rito para o comum.

Percebe-se nitidamente a posição do legislador ao dispor dessa forma bipartida do procedimento monitório. É que ao suposto devedor foi outorgada uma faculdade processual. Por um lado, ele pode cumprir espontaneamente a ordem mandamental, isentando-se dos ônus sucumbenciais. Por outro lado, todavia, poderá embargar e arcar com o risco de, se perder, pagar os encargos processuais (art. 701, § 1º).

Isso, certamente, fará com que o devedor analise com bastante senso de conveniência se embargará ou não, só o fazendo se estiver convicto de que obterá uma decisão diversa daquela contida no monitório, visto que a ação só é admitida mediante apresentação de prova escrita e verossímil.

Na primeira fase, a prova da relação creditícia consiste num escrito que, na prática, quase sempre é um título demonstrativo do crédito. Ela deve convencer o juiz já que, assim como no procedimento comum, quando da ausência de contestação do réu, a revelia produz seus efeitos.

Destarte, a vantagem para o credor não repousa no ônus da prova, mas, sim, no fato de que, não sobrevindo embargos do devedor, a prova do fato constitutivo resta unilateral, sem que o juiz possa criticá-la ou valorá-la à luz dos resultados de contraprova do devedor.

Assim, se o juiz admite o procedimento monitório ele está reconhecendo a existência do crédito; é uma espécie de julgamento antecipado e hipotético do mérito, na dedução de que o devedor não fará oposição à eficácia da prova apresentada pelo credor. E não é por outro motivo que, precluso o prazo para os embargos, emerge o direito do credor quanto ao mérito do próprio pedido.

Cabe, porém, destacar que, extinto o processo ainda na primeira fase, se ocorrer uma das hipóteses previstas no art. 966, cabe ação rescisória (art. 701, § 3º).

Já na segunda fase, cabe destacar que, se o devedor oferece embargos, reabre-se a discussão sobre todas as questões que poderiam ser discutidas na primeira fase, como se desde o início o feito fosse comum.

Dispõe o art. 701 sobre o prazo (preclusivo) de quinze dias para que o devedor cumpra o mandado e pague honorários de cinco por cento do valor atribuído à causa.

12.14 EMBARGOS MONITÓRIOS

O réu, se quiser discutir a pretensão do credor, deverá embargar a ação monitória, dispondo do prazo de quinze dias conforme o art. 701, contados da juntada aos autos do comprovante.

Pelos embargos, o devedor se opõe ao mandado monitório, à constituição do título executivo e à pretensão do direito material do autor, podendo se utilizar de todas as alegações e provas. Os embargos monitórios têm natureza híbrida, eis que representam uma defesa do devedor, mas com características de agravo.

Não se fala em contestação, porque o mandado de citação não traz o devedor para se defender. Sua convocação é feita, de forma injuntiva, objetivando compeli-lo a realizar, desde logo, o pagamento da dívida em prazo que lhe é liminarmente assinado.

Através da resistência pelos embargos, o devedor inicia uma ação de conhecimento, de natureza constitutiva negativa, tendo por objetivo desfazer o título monitório e a condenação nele contida.

De acordo com a jurisprudência do STJ[13], os embargos têm contraditório pleno e cognição exauriente, admitindo-se, dessa forma, a formulação de toda e qualquer alegação que se destine a comprovar a improcedência do pedido veiculado na inicial, tal como coloca o art. 702, § 1º.

O STJ também já decidiu ser cabível o pedido de repetição de indébito em dobro, previsto no art. 940 do CC/2002, em sede de embargos monitórios[14].

A instauração do contraditório é eventual e parte do devedor. Daí a denominação "embargos", em vez de contestação, pois se cumprem a um só tempo as funções de defesa e recurso contra o ato judicial.

Toda impugnação que o devedor entenda opor à decisão liminar deve estar presente nos embargos, que são o único meio de impugnação admitido nessa primeira fase do processo.

Uma vez apresentados os embargos, mantém-se suspensa a eficácia do mandado injuntivo ou título judicial não executório, uma vez que são recebidos no efeito suspensivo (art. 702, § 4º), diversamente dos embargos à execução (art. 919).

Podem, contudo, a critério do juiz, ser autuados em apartado no caso de os embargos serem

---

[13] REsp 1.172.448-RJ, rel. Min. Luis Felipe Salomão, j. 18-6-2013, *Informativo STJ*, n. 527.

[14] Tendo em vista que se admite, nos embargos monitórios, nos termos do art. 702, § 1º, do CPC, a alegação de qualquer matéria passível de defesa no procedimento comum, dessume-se que a aplicação da penalidade prevista no art. 940 do CC/2002 pode ser abordada não só por meio de reconvenção ou de ação autônoma, mas também em sede de contestação. Desse modo, seguindo-se os precedentes desta Corte Superior, que se formaram sob a égide do CC/1916, mas que devem ser mantidos com relação ao art. 940 do CC/2002, a condenação ao pagamento em dobro do valor indevidamente cobrado pode ser formulada em qualquer via processual, inclusive, em sede de embargos à execução, embargos monitórios ou reconvenção, prescindindo de ação própria para tanto. REsp 1.877.292-SP, rel. Min. Nancy Andrighi, 3ª T., por unanimidade, j. 20-10-2020, *DJe* 26-10-2020. *Informativo STJ* n. 682.

parciais. Assim, permite-se que se forme de pronto o título judicial relativamente à parte incontroversa (art. 702, § 7º).

Na pendência de embargos monitórios, a conclusão mais autorizada, a nosso ver, é a de não cabimento de outros recursos, como o agravo de instrumento.

O processo monitório, ao contrário do processo de execução, não comporta qualquer restrição de defesa nos embargos, podendo ser formulada toda alegação que se destine a demonstrar a improcedência do pedido inicial, de rito ou de mérito, inclusive as arguições processuais.

Enfim, toda exceção, seja ela material ou processual, que tiver relação com uma ação ordinária de cobrança poderá ser aventada na resposta à ação monitória (art. 702, § 1º).

Também indo ao contrário do que se passa na execução, os embargos não serão autuados à parte, e sim processados nos próprios autos, como a contestação no procedimento comum, excluindo assim a autuação em apenso (art. 702).

Em princípio, fica afastada a rejeição liminar dos embargos, devendo toda e qualquer matéria neles arguida (seja de índole processual, seja de natureza substancial) ser resolvida através de decisão ou sentença.

Entretanto, se forem os embargos intempestivos, deve o juízo, através da decisão (interlocutória) determinar seu desentranhamento, autuando-o por linha, para a hipótese de haver recurso, prosseguindo-se na execução do mandado monitório transitado em julgado. O mesmo ocorre caso os embargos aleguem excesso sem apontar o valor que se reputa correto com o seu demonstrativo (art. 702, § 3º).

É aconselhável que as partes sejam denominadas "autor" e "réu", reservando-se a denominação "embargante" e "embargado" para os embargos à execução.

Ao autor da monitória é conferido o prazo de quinze dias para oferecer resposta aos embargos (art. 702, § 5º). No mais, prossegue-se pelas regras do procedimento comum, inclusive com relação à audiência de conciliação (art. 334) e pelas disposições gerais dos embargos do devedor (arts. 914 a 920).

Caso, porém, a necessidade seja de assegurar a viabilidade da realização do direito de crédito, também não haverá impedimento à tutela cautelar de arresto para a proteção do credor no curso do julgamento dos embargos.

Os embargos serão decididos necessariamente por sentença podendo ocorrer três situações distintas, quais sejam:

a) sendo totalmente rejeitados, o mandado contido na decisão terá restaurada a sua eficácia, que fora suspensa, nos termos do art. 702, § 8º, tornando-se definitivo tão logo a sentença passe em julgado. A rejeição dos embargos se equipara àquela em que não foram opostos, sendo o título executivo judicial constituído, decorrendo o prazo de quinze dias para pagamento, sob pena de multa de 10%, acrescida de honorários advocatícios e de despesas processuais;

b) sendo acolhidos na sua totalidade, por uma questão processual ou de mérito, a decisão revoga (desconstitui) integralmente o mandado, de modo que, sob o prisma substancial, a relação entre as partes fica regida pela sentença, e, sob o prisma processual, perde (definitivamente) a sua eficácia;

c) sendo parcialmente acolhidos – o que importa em rejeição também parcial –, o mandado perde, da mesma forma, sua eficácia, passando a situação jurídica das partes a ser regulada pela sentença.

É possível, ainda, decisão interlocutória para, por exemplo, excluir da demanda litisconsórcio passivo, caso em que o recurso cabível será o agravo de instrumento. Em um caso concreto, diante da peculiaridade da questão, o STJ admitiu, excepcionalmente, a adoção do princípio da fungibilidade recursal a fim de que recurso de apelação equivocadamente manejado fosse analisado como agravo[15].

Caso queira contestar a subsistência do mandado inicial, se totalmente rejeitados os embargos (à semelhança do que acontece com a rejeição dos embargos à execução), o que se mostra mais razoável é que o juiz, em vez de rejeitar simplesmente os embargos, julgue procedente o pedido monitório, o que não deixa dúvida de que a sentença substitui o mandado. Isso nada mais é o que ocorre nas ações de mandado como a consignação em pagamento, por exemplo.

Da sentença que julgou os embargos cabe apelação que possuirá o duplo efeito, se forem julgados procedentes, e com efeito apenas devolutivo, se rejeitados liminarmente, extintos sem julgamento de mérito ou improcedentes.

Na técnica monitória, a matéria que constituiria objeto do processo de conhecimento fica superada com a ausência dos embargos, produzindo a contumácia do réu; na hipótese do art. 701, § 2º, produz efeitos diversos daqueles previstos no art. 344. Nos termos deste artigo, se o réu não contestar a ação, reputar-se-ão verdadeiros os fatos afirmados pelo autor.

Já nos termos do art. 701, § 2º, do mesmo diploma legal, se os embargos não forem opostos, constituir-se-á, de pleno direito, o título judicial, convertendo-se o mandado inicial em mandado executivo.

Como a ação monitória independe de prévia segurança do juízo, só por ocasião da constrição judicial poderá o patrimônio de devedor revelar-se insuficiente para assegurar o cumprimento da obrigação.

Portanto, à luz da disciplina disposta à ação monitória no ordenamento jurídico brasileiro, concluímos que uma vez formado o título executivo (seja pela ausência de embargos na primeira fase do procedimento, seja por sua rejeição na segunda fase), abre-se ao devedor uma nova oportunidade de impugnação, dessa vez na forma do art. 525, podendo se insurgir contra o título executivo judicial. É defeso, no entanto, discutir questões que foram ou deveriam ter sido objeto de discussão na fase do conhecimento.

O mandado inicial ou a sentença de rejeição dos embargos são títulos executivos judiciais, aplicando-se todas as regras legais destinadas a essa modalidade de execução, mormente o Título II do Livro I da Parte Especial (cumprimento de sentença).

12.15 RECONVENÇÃO

Conforme já fora dito, com o oferecimento de embargos o feito converte-se em comum. Temos, portanto, uma ação de conhecimento, sendo possível o aparecimento de reconvenção, no mesmo prazo de quinze dias (art. 702, § 6º).

Todavia, só poderá o devedor reconvir ao credor na medida em que ofereça embargos. Se defendida a reconvenção, será julgada na mesma sentença que decidir os embargos. A reconvenção, por

---

[15] "1. Os embargos à monitória têm natureza jurídica de defesa, e não de ação autônoma, de forma que seu julgamento, por si, não extingue o processo. 1.1. Somente é cabível recurso de apelação, na forma prevista pelo artigo 702, § 9º, do CPC/2015, quando o acolhimento ou a rejeição dos embargos à monitória encerrar a fase de conhecimento. 1.2. No caso dos autos, contra a decisão que acolheu os embargos para excluir da lide parte dos litisconsortes passivos, remanescendo o trâmite da ação monitória em face de outro réu, é cabível o recurso de agravo, na forma de instrumento, conforme dispõem os artigos 1.009, § 1º, e 1.015, VII, do CPC/2015. 2. Havendo dúvida objetiva razoável sobre o cabimento do agravo de instrumento ou da apelação, admite-se a aplicação do princípio da fungibilidade recursal. 3. Recurso especial provido para determinar o retorno dos autos à origem, a fim de que seja analisado o recurso de apelação como agravo de instrumento". (REsp 1828657-RS, rel. Min. Antonio Carlos Ferreira, 4ª Turma/STJ, j. 5-9-2023 DJe 14-9-2023).

ser cumulação de ações, observará as regras do art. 327: compatibilidade entre os pedidos, mesma competência do juízo e mesmo procedimento.

Contudo, o devedor poderá, ainda, oferecer arguições no corpo dos embargos, com o mesmo procedimento e eficácia que teria no procedimento comum, independentemente de qualquer outra conduta que adote, podendo se valer delas mesmo que não enfrente o mérito do pedido monitório via embargos.

12.16 ASSISTÊNCIA E LITISCONSÓRCIO

O procedimento monitório não rejeita as regras sobre litisconsórcio, necessário ou facultativo, admitindo-se também a assistência. A assistência simples vem disciplinada no art. 121, tanto ativa quanto passiva.

Em tese, inexiste obstáculo à admissão da assistência na primeira fase do procedimento monitório, embora na prática possa não ser de ocorrência costumeira, dada a natureza sumária do rito; na segunda fase, poderá ocorrer com mais frequência, em razão da conversão do procedimento para o comum, com a oposição de embargos.

O litisconsórcio, tanto ativo quanto passivo, inicial ou ulterior, tem igualmente lugar no processo monitório, observadas as peculiaridades pertinentes a cada fase do procedimento. Assim, não estará vedado o litisconsórcio facultativo ulterior porque já terá sido constituído contra esse litisconsorte um título executivo. É aplicável, aqui, o art. 229, havendo prazo em dobro para embargar, para litisconsortes com advogados de escritórios diferentes, se o processo tramitar por autos físicos.

Quando expedido mandado monitório contra vários devedores solidários, cabe distinguir a hipótese de virem a ser opostos embargos apenas por um deles, ou de virem a ser acolhidos os embargos de um deles.

Prevalece, na doutrina, a opinião de que o mandado não embargado adquire eficácia de título executivo em relação a todos os devedores e, havendo embargos, a extensão da defesa depende da natureza de seu fundamento; se os embargos disserem respeito apenas ao embargante, não se estendem aos demais.

A intervenção de terceiros, em todas as suas modalidades, é também admissível no processo monitório, observadas igualmente as peculiaridades do rito concernentes às primeira e segunda fases do procedimento.

Especialmente no que tange ao chamamento ao processo, dizemos que ele não é obrigatório, porém faculdade do devedor monitório, para que, julgada procedente a ação, fique decidida a responsabilidade de todos. Essa faculdade do réu se equipara ao direito potestativo do credor de exigir e receber de um ou de alguns dos devedores, parcial ou totalmente, a dívida comum.

12.17 REVELIA NO PROCESSO MONITÓRIO

O procedimento monitório goza de curta especificidade nessa matéria na medida em que a revelia tem aqui maior intensidade, pois a simples ausência dos embargos tem força de transformar, de pleno direito, o mandado inicial em título executivo, habilitando o credor a promover, desde logo, a sua execução.

A ausência de embargos não gera apenas a confissão quanto à matéria de fato, mas reconhecimento tácito do próprio direito material do credor.

Não terá o devedor que não embarga a mínima possibilidade de intervir no curso do processo, a não ser uma qualidade de recorrente (com exceção da primeira fase, que não admite recurso), ou por meio de impugnação ao cumprimento de sentença, caso entenda defender-se por essa via.

Ressalte-se que, não propostos os embargos, opera-se a preclusão, e a decisão transita em julgado formal e materialmente.

Se limitar-se o réu, por exemplo, a constituir procurador nos autos, será tão revel como se nada tivesse feito, sofrendo as consequências da revelia.

Confere-se, assim, ao mandado monitório a autoridade da coisa julgada, como se tivesse havido o efetivo contraditório e a decisão do litígio. Pode-se também dizer que o título inicial estava com a eficácia executória suspensa durante o prazo para o devedor exercer o direito aos embargos.

Convertido o mandado inicial em mandado executivo, e transcorrido o prazo inicial de cumprimento voluntário, segue-se a expedição de mandado de penhora ou de busca e apreensão, conforme se trate de obrigação de quantia certa, de entrega de coisa ou de fazer ou não fazer, dentro da sistemática de cumprimento de sentença, constante do Título II do Livro I da Parte Especial do CPC.

A revelia provoca a transformação da ação monitória em execução por título judicial, motivo pelo qual, uma vez efetuada a segurança do juízo, não caberão mais embargos do devedor, mas apenas eventual impugnação, nos limites do art. 525.

12.18 NATUREZA DOS EMBARGOS

Se entendêssemos os embargos do processo monitório como sendo os mesmos do processo de execução, teríamos a consequência negativa da autuação em separado que demandaria tempo, embora tenha sido propósito da reforma evitar tardanças.

Por visar à desconstituição de relação jurídica líquida e certa retratada no título é que se diz que os embargos são uma ação constitutiva, uma nova relação processual em que o devedor é autor, e o credor é réu.

12.19 TUTELA PROVISÓRIA

Caso o réu se valha dos embargos com fins meramente protelatórios, abusando do seu direito de defesa, será cabível a concessão de tutela de evidência, nos termos do art. 311, I.

A tutela provisória também poderá ser concedida caso o autor demonstre, no procedimento monitório, que precisa desde logo do bem da vida perseguido para não ter seu direito prejudicado de forma irreparável (art. 300).

12.20 CABIMENTO DE AUDIÊNCIA DE CONCILIAÇÃO

Havendo o oferecimento dos embargos o procedimento passa de monitório a comum; sendo assim, é possível a tentativa de conciliação aplicando-se, inclusive, o art. 139, V.

12.21 LITISPENDÊNCIA. COISA JULGADA. QUESTÕES PROCESSUAIS E DE MÉRITO

No processo monitório, a distinção entre a rejeição dos embargos por questão processual e por questão de mérito tem incontestável importância prática, pois, na primeira hipótese, pode o autor solicitar de novo provimento jurisdicional – pela via monitória ou comum –, desde que satisfeitos os pressupostos legais; na segunda, a decisão passada em julgado sepulta definitivamente a pretensão se a sentença reconhecer a inexistência do direito invocado pelo autor.

Assim acontece, por exemplo, se, diante da contraprova produzida pelo devedor, não lograr o credor ver declarada, na segunda fase do procedimento, a certeza e liquidez do crédito, porque, no direito brasileiro, uma vez oferecidos os embargos, o rito se converte em comum, o que permite ao autor fazer prova plena do fato constitutivo do seu direito, podendo fazê-lo por todos os meios probatórios a seu alcance.

Se não lograr produzir essa prova na segunda fase do procedimento monitório, contrapondo-se às provas produzidas pelo devedor, de que seja realmente titular de um crédito exigível, líquido e vencido, dificilmente conseguiria fazê-lo no âmbito de uma ação pelo procedimento comum, uma vez que a extensão probatória em ambas é idêntica. Não ocorre aqui o mesmo que no mandado de segurança, em que a falta de liquidez e certeza do direito não interditam necessariamente as vias ordinárias.

Em princípio, a coisa julgada, no processo monitório, alcança tanto a decisão judicial que contém o mandado liminar, se o devedor não oferecer embargos – o que importa em reconhecimento do pedido –, quanto a sentença – de acolhimento ou rejeição, total ou parcial –, se opostos os embargos. A distinção que se deve fazer está ligada ao conteúdo da sentença e ao resultado do processo:

a) se extinto sem julgamento do mérito, nada obsta a propositura de nova ação pela mesma via ou outra, a critério do credor, desde que atendidos os pressupostos legais, salvo os casos em que a lei interdita novo acesso ao judiciário (arts. 485 e 486);

b) se extinto o processo com julgamento de mérito, resolvida estará a lide, pelo que, precluso o prazo para recurso, o manto protetor da *res iudicata* cobrirá o julgado.

Não fica afastado o acolhimento parcial dos embargos, com o que a sentença será igualmente de procedência, em parte, não impedindo que adquira autoridade de coisa julgada, prosseguindo-se, dessa forma, na execução.

No que tange à litispendência, o que é proibido é ajuizar ação monitória para obter mandado liminar de pagamento, de entrega ou de cumprimento de obrigação de fazer ou não fazer contra o devedor e propor, concomitantemente, ação pelo procedimento comum para haver a mesma condenação, pois se verificará obstáculo no art. 337, VI.

É preciso observar que, se o credor ajuíza ação monitória contra o devedor, obtendo mandado liminar, ao mesmo tempo que o devedor ajuíza contra o credor ação negatória do débito reclamado, a hipótese, sob o aspecto processual, é análoga àquela em que o requerente obtém contra o requerido tutela provisória de urgência cautelar antecedente, e, concomitantemente, este ajuíza contra aquele uma ação ordinária, questionando a validade do título.

Como a decisão proferida na ação monitória contém um preceito, que é mandado de pagamento, de entrega ou de cumprimento de obrigação de fazer ou não fazer, o que não sucede com a ação pelo procedimento comum, a não ser que se tenha obtido nessa liminar incidente ou preparatória, cumpre ao devedor, autor da ação pelo rito comum, oferecer tempestivamente embargos monitórios sob pena de o mandado liminar converter-se, *pleno iure*, em título executivo.

É que, não opostos os embargos, a decisão transita em julgado, não se abrindo ao revel possibilidade de recorrer da decisão, pois não cabe recurso nessa fase do processo. Se, eventualmente, houver vício contaminando a decisão – vício este que não possa ser alegado na impugnação ao título judicial –, a única alternativa será o mandado de segurança contra ato judicial. Mesmo porque, ainda que se admitisse a apelação, tanto esta quanto os embargos têm prazo peremptório para ser interpostos.

12.22 HONORÁRIOS ADVOCATÍCIOS. DESPESAS PROCESSUAIS. ISENÇÃO

O réu, cumprindo o mandado, fica isento das custas (art. 701, § 1º) e pagará honorários advocatícios na proporção de apenas 5% sobre o valor da causa (art. 701, *caput*, *in fine*).

Tal disposição é característica do procedimento monitório brasileiro que se louvou na experiência da lei do inquilinato. Em outros países não existe a previsão de isenção, cabendo ao juiz decidir a respeito.

Como, ao proferir o despacho liminar, *inaudita altera parte*, não sabe o juiz se haverá ou não embargos, deve condenar o réu ao pagamento das custas e honorários, amoldando tal condenação aos ditames legais se houver cumprimento voluntário do mandado.

Trata-se de mais uma faceta da finalidade intrínseca do procedimento monitório, qual seja constranger o devedor a pagar. O advogado do réu será cauteloso ao decidir pelos embargos, pois caso seu cliente saia como perdedor não fará jus à isenção prevista no art. 701, § 1º, o que há de evitar a providência meramente protelatória.

12.23 AÇÃO MONITÓRIA CONTRA A ADMINISTRAÇÃO PÚBLICA

O tema da Fazenda Pública como ré na ação monitória sempre foi ponto de muita discussão doutrinária, como assevera Daniel Amorim Assumpção Neves[16].

Contudo, não existe qualquer incompatibilidade entre a ação monitória e a pretensão de pagamento de soma de dinheiro contra o Poder Público, compreendidas as autarquias, nos mesmos moldes em que podem ser demandados na via ordinária para a satisfação de suas obrigações.

A Administração Pública está sujeita à disciplina dos arts. 300 e 497, podendo ser sujeito passivo na ação mandamental, logo não há motivo para não poder ser injuncionada através de ação monitória.

Assim como o procedimento comum, o procedimento monitório dá lugar à cognição plena, desde que a Fazenda Pública ofereça embargos. Dispondo o credor de um cheque emitido pela Fazenda Pública, que tenha perdido a eficácia de título executivo, pode ele se valer da ação monitória para receber seu crédito, bem como aquele que dispõe de um empenho ou qualquer documento de crédito que atenda aos requisitos legais tem documento idôneo para instruir o pedido monitório.

Não oferecidos os embargos, converte-se o mandado inicial em mandado executivo formando o título executivo judicial. Não se converte, contudo, de forma automática, ficando sujeito ao reexame necessário (art. 701, § 4º)[17].

Prossegue-se, então, na forma prevista no Título II do Livro I da Parte Especial do CPC, cumprindo distinguir se se trata de execução para a "entrega de coisa" (art. 538), por "quantia certa" (arts. 534 e 535). Nada impede, portanto, que a Fazenda Pública possa ser demandada através da ação, como, aliás, é agora expresso o CPC, art. 700, § 6º.

---

[16] "A presença da Fazenda Pública no polo passivo da demanda sempre foi um tema controvertido em sede doutrinária. Os doutrinadores que defendem o não cabimento da ação monitória contra a Fazenda Pública argumentam fundamentalmente que: a) As especialidades da execução contra a Fazenda Pública (art. 910 do CPC) impedem a adoção da ação monitória; b) A impossibilidade de a Fazenda Pública cumprir a ordem de pagamento em razão da indisponibilidade do direito que defende em juízo; c) A necessidade de reexame necessário, que não seria observado com a ausência de embargos ao mandado monitório e a consequente constituição imediata de título executivo; d) Não sendo gerado o efeito da revelia de presunção da veracidade dos fatos alegados pelo autor em caso de omissão defensiva da Fazenda Pública, com maior razão não se pode concordar que a revelia no procedimento monitório gere automaticamente a formação de um título judicial contra ela" (Neves, 2016, p. 1693-1694).

[17] Wambier; Talamini, 2017, p. 457.

Capítulo 13
HOMOLOGAÇÃO DE PENHOR LEGAL

13.1 CONCEITUAÇÃO DE PENHOR

Penhor pode ser definido como um direito real que consiste na tradição de uma coisa móvel ou mobilizável, suscetível de alienação, realizada pelo devedor ou por terceiro ao credor, a fim de garantir o pagamento do débito.

A propriedade das coisas móveis é adquirida com a tradição. A tradição é a entrega ou a transferência da coisa, bastando, para tanto, não a declaração de vontade, mas a intenção da transferência do domínio do que opera a tradição e daquele que recebe a coisa móvel.

O penhor consiste em um direito real de garantia. Por restringir os direitos do proprietário, segue os princípios da taxatividade e da tipicidade.

O penhor pode ser constituído pela vontade das partes ou pela imposição da lei. O penhor convencional é o derivado da vontade das partes, elaborado por escrito e registrado em cartório. O penhor legal, por sua vez, é o expressamente determinado em lei.

Destaque-se que o penhor não se confunde com a penhora, característica dos atos de execução. Penhor é o direito real de garantia que recai sobre coisas móveis, quando os bens são empenhados. A penhora, por sua vez, é um ato processual do processo de execução, de constrição de bens do devedor. Na penhora, os bens são penhorados.

13.2 PENHOR LEGAL NO CPC

O penhor legal era uma medida cautelar no CPC/73, mas que é tratado como um procedimento especial no CPC.

É um direito real de garantia concedido por lei a alguns credores, sobre coisas móveis, em situações especiais. Uma vez que restringe os direitos do proprietário, deve seguir os princípios da taxatividade e da tipicidade. Dessa forma apenas é possível utilizar-se do recurso nas hipóteses expressamente previstas na lei. As hipóteses de penhor legal estão elencadas no Código Civil e também na Lei n. 6.533/78, que regulamenta a profissão de artista e técnico de espetáculos.

A *finalidade* do penhor é a *garantia do pagamento*. A posse direta dos bens passará para o credor, mas não sua propriedade, uma vez que se trata apenas de meio lícito de garantir a dívida, que será cobrada em juízo, se não for paga voluntariamente.

Tomado o penhor legal, em ato contínuo, o credor deve requerer a sua homologação judicial ou extrajudicialmente.

O termo *ato contínuo* vem expresso tanto no Código Civil, no art. 1.471, como no CPC, no art. 703, e enseja o entendimento de que deverá o credor ingressar com o pedido de homologação no primeiro dia útil após a efetivação do penhor legal.

Tal procedimento disciplina a atitude daquele que se afirma credor quando pretende pleitear o apossamento daquele que reputa devedor, isto é, pleiteia a posse do bem até posterior satisfação da dívida.

A homologação significa, então, a confirmação do ato urgente praticado, independentemente de processo jurisdicional, isto é, o juiz se limita a afirmar que o procedimento do suposto credor está correto, estabilizando o apossamento realizado. Se não for realizada a homologação, a posse de quem realizou o penhor perderá o caráter de boa-fé.

Grande novidade do CPC é a possibilidade de desjudicialização da matéria. Prevê o art. 703, § 2º, que o credor, mediante requerimento que faz as vezes de petição inicial, poderá processar a homologação perante o notário de sua escolha. O notário, então, notifica extrajudicialmente o devedor, que pode pagar, extinguindo a obrigação, ou restar inerte, caso em que fica homologado o penhor. Se apresentar defesa, o procedimento será judicializado[1].

Caso opte pela via judicial desde logo, o credor deve apresentar petição inicial instruída com a tabela de preços e com os objetos retidos, tomados como garantia, e deve ser descrita a hipótese legal em que ocorreu o penhor (art. 703, § 1º).

Deferida a inicial, o réu será citado para:

a) pagar a dívida, somada de seus acréscimos legais, de modo a levantar o penhor;

b) oferecer caução idônea da dívida, inviabilizando a continuação do penhor legal; ou

c) apresentar defesa em audiência preliminar.

A cognição no processo é restrita, apenas podendo a defesa se basear em algum dos incisos do art. 704, além de matérias de ordem pública. A contestação pode versar sobre a nulidade do processo, extinção da obrigação, a dívida não estar compreendida entre as previstas em lei, não estarem os bens sujeitos a penhor legal ou alegação de haver sido ofertada caução idônea, rejeitada pelo credor.

Superadas a fase instrutória e a probatória, será seguido o procedimento comum (art. 705) e proferida sentença, que homologará o ato praticado pelo autor no plano de direito material, reconhecendo sua correção (art. 706, *caput*), ou não homologará o penhor e determinará a devolução dos bens ao réu (art. 706, § 1º). Na hipótese de os bens não serem devolvidos ao réu, o magistrado poderá determinar a expedição de mandado de busca e apreensão.

A sentença proferida limita-se a reconhecer ou não a correção do ato do penhor legal, sem dispor sobre a existência de crédito entre as partes. Tanto que eventual sentença de improcedência não impede a cobrança pelo rito comum, salvo declare extinta a obrigação (art. 706, § 1º).

Homologado o penhor, estará a posse do credor legitimada, sendo ele depositário do bem, podendo o credor ajuizar desde logo execução por quantia certa, garantida pelo direito real sobre o bem.

Desse modo, homologado o penhor, cria-se um título executivo a habilitar o autor ao ajuizamento imediato da execução.

---

[1] Neves, 2017, p. 1038.

Capítulo 14
REGULAÇÃO DE AVARIA GROSSA

14.1 NOÇÕES GERAIS

Trata-se de procedimento especial ligado ao direito marítimo, regulado também pelo Código Comercial, nos arts. 772 e seguintes. Para ser qualificada como avaria grossa, o dano deve se encaixar em alguma das hipóteses do art. 764 do Código Comercial ou na cláusula geral de "os danos causados deliberadamente em caso de perigo ou desastre imprevisto, e sofridos como consequência imediata destes eventos, bem como as despesas feitas em iguais circunstâncias, depois de deliberações motivadas (art. 509), em bem e salvamento comum do navio e mercadorias, desde a sua carga e partida até o seu retorno e descarga"[1].

Esse rol, na visão da doutrina especializada é exemplificativo[2].

A regulação de avaria grossa visa ao cálculo e à repartição desses prejuízos entre o dono do navio e o segurador, sendo feito por árbitro, nomeado por ambas as partes (art. 783 do CCom), a pedido do capitão do navio. Não havendo acordo, aplica-se o procedimento previsto no CPC, arts. 707 a 711.

14.2 CABIMENTO, LEGITIMIDADE E CONTEÚDO

Aplica-se o procedimento quando, havendo dano classificado como grave nos termos da legislação comercial aplicável, não há, pelas partes envolvidas, acordo para escolha de árbitro que decida a questão. Têm legitimidade para provocar a jurisdição quaisquer dos interessados.

O Estado-juiz, então, é chamado a intervir para nomear um perito e proceder à efetiva regulação de avarias.

São requisitos para configuração da avaria grossa a voluntariedade, o objetivo comum e o perigo real e iminente[3].

14.3 COMPETÊNCIA

O procedimento de regulação de avaria grossa traz uma regra especial para fixação de competência. Será competente o foro do primeiro lugar onde o navio tenha chegado (art. 707). Ressalte-se que o feito será julgado por uma Vara Cível ou Empresarial, a depender da lei de organização judiciária estadual.

Trata-se de critério de competência territorial, portanto, relativa.

---

[1] "A avaria, grossa ou comum, consiste em danos causados intencionalmente ao navio e/ou carga, ou despesas extraordinárias efetuadas para o bem comum da expedição náutica, realizados entre o embarque e o desembarque, em razão de situação de perigo iminente e imprevisto, para evitar que dano maior seja causado tanto à embarcação como à carga, resultando em benefício comum à expedição náutica" (Wambier et al., 2015, p. 1047).
[2] Martins, 2007, p. 292.
[3] Moreira; Carbonar, 2015, p. 327.

14.4 PROCEDIMENTO

Não havendo consenso quanto à nomeação de um regulador de avarias, o juiz, provocado por algum dos interessados, nomeará um[4], aplicando-se a ele, no que couber, as regras gerais destinadas aos peritos (art. 710 c/c arts. 156 a 158).

Aceitando o encargo, o regulador declara se há danos qualificados como avaria grossa e exige garantias das partes para liberação das cargas (art. 708, *caput*). Se não considerar idônea a garantia prestada, o *expert* fixará valor provisório a ser caucionado (art. 708, § 2º). Não prestada a caução, o regulador irá requerer a alienação judicial (arts. 879 a 903) da carga pertencente à parte (art. 708, § 3º).

A parte que desejar impugnar a declaração da abertura da avaria grossa deverá fazê-lo justificadamente, devendo o juiz decidir a questão (art. 708, § 1º).

Ultrapassada essa fase, o regulador estabelecerá prazo razoável para que as partes apresentem todos os documentos necessários à regulação da avaria grossa (art. 709). Então, no prazo de até doze meses, prorrogável a critério do juiz, o *expert* apresentará o regulamento da avaria.

As partes terão vista do laudo pericial e poderão se manifestar em quinze dias (art. 709, § 1º). Não havendo impugnação, o juiz limita-se a homologar a regulação (art. 710, § 1º, *in fine*). Se houver, o juiz ouvirá o regulador e sentenciará o feito (art. 710, § 2º).

---

[4] Enunciado 75 do FPPC: (art. 707) "No mesmo ato em que nomear o regulador da avaria grossa, o juiz deverá determinar a citação das partes interessadas".

Capítulo 15
RESTAURAÇÃO DE AUTOS

15.1 NOÇÕES GERAIS

Embora corriqueiramente utilizados como sinônimos, autos e processo são terminologias que não se confundem.

O processo é uma entidade jurídica complexa, cujo aspecto intrínseco é a relação jurídica, e, extrinsecamente, se apresenta como um procedimento que se desenvolve em contraditório.

Já os autos são a documentação escrita dos atos do processo. Documentam não só a existência do processo, como cada ato que o compõe.

Pode ocorrer que os autos desapareçam, como, por exemplo, no caso de extravio ou destruição. Para estes, criou-se o procedimento de restauração de autos.

A restauração é um procedimento especial contencioso tendente a recompor os atos e termos do processo e a propiciar a retomada do curso do feito paralisado em razão do desaparecimento dos respectivos autos.

Objetiva-se tão somente a restauração ou recomposição dos autos desaparecidos (art. 712). Eventuais controvérsias serão a respeito da idoneidade das peças e elementos apresentados, ficando excluídas as questões de fato ou de direito relativas à causa principal. Enquanto não for feita a restauração, o processo não prosseguirá, sendo o desaparecimento dos autos motivo de suspensão do processo por força maior (art. 313, VI).

15.2 NATUREZA JURÍDICA E CABIMENTO

Trata-se de procedimento especial do processo de conhecimento, definido pelo CPC de jurisdição contenciosa, mantendo a classificação criticável desde o CPC anterior, tendo em vista que, via de regra, não há lide para tal procedimento, cabível toda vez que os autos de um processo desaparecerem, qualquer que seja a razão do sumiço.

A restauração de autos é cabível tanto para os autos físicos como para os eletrônicos, como dispõe o art. 712.

No primeiro caso, a restauração se processará quando não houver autos suplementares ou quando estes também desaparecerem. Autos suplementares são a duplicata dos autos originais, para evitar que a destruição ou extravio façam com que o processo fique paralisado (art. 712, parágrafo único).

Caso existam autos suplementares, o processo prosseguirá com base neles, não sendo cabível a restauração, por ausência do binômio interesse e necessidade para a instauração do procedimento. Os autos suplementares deverão ser restituídos ao cartório assim que os autos principais aparecerem.

Já no caso de processo eletrônico, regulado pela Lei n. 11.419/2006, apesar de pouco comum, a restauração será cabível no caso de falhas no sistema.

Em qualquer das hipóteses, não será necessário o procedimento de restauração de autos se for o caso de conversão de separação judicial em divórcio, nos termos do art. 47 da Lei n. 6.515/77 (Lei do Divórcio), quando os autos da separação judicial tiverem sido extraviados, pois o pedido poderá ser instruído com a certidão da sentença ou por sua averbação no assento do casamento.

15.3 LEGITIMIDADE

A ação de restauração de autos pode ser proposta por qualquer das partes do processo original, sendo cabível também sua instauração de ofício pelo juiz. A ação é, portanto, de natureza dúplice, em que uma das partes toma a iniciativa e a outra fica como sujeito passivo do procedimento[1].

A legitimidade alcança não apenas as partes da demanda (autor e réu) mas também os terceiros que intervêm no processo, já que todos os que fazem parte da demanda, de uma forma ou de outra, têm interesse jurídico no seu deslinde, ainda que indireto, como acontece, por exemplo, na assistência simples.

15.4 COMPETÊNCIA

Aplica-se a regra do art. 61, sendo a competência do juízo do processo principal, isto é, daqueles cujos autos desapareceram. Trata-se de critério absoluto de fixação da competência.

15.5 PROCEDIMENTO

O procedimento tem início com a apresentação da petição inicial, contendo todos os requisitos dos arts. 287, *caput*, 319 e 320. A petição inicial deverá vir acompanhada de certidões de atos constantes do protocolo de audiências do cartório do juízo, de cópias de petições dirigidas pelo demandante ao juízo no processo principal e de quaisquer outros documentos que facilitem a restauração (art. 713).

A parte contrária será citada para no prazo de cinco dias oferecer resposta. Admitem-se o oferecimento de contestação e as arguições processuais de incompetência e de impedimento ou suspensão, mas não de reconvenção, dado o caráter dúplice do procedimento.

Cabe ao demandado na contestação exibir as cópias, contrafés e mais reproduções dos atos e documentos do processo que estiverem em seu poder (art. 714, *caput*).

Na defesa, a questão de mérito limita-se à pesquisa da definição do conteúdo dos diversos documentos que compunham os autos originais.

A controvérsia que pode se levantar é apenas quanto à idoneidade das peças e elementos apresentados, ou inexequibilidade da restauração por falta de peça no processo. Questões de fato ou de direito que pertençam à causa principal não devem ser analisadas e a sentença apenas declarará restaurados ou não os autos do processo principal.

Temas como prescrição, decadência, preclusão ou coisa julgada também só poderão ser analisados nos autos principais, cabendo à parte aguardar o julgamento da restauração e a retomada do curso do processo, com sua recomposição.

Caso o demandado concorde com a restauração de autos, será lavrado o termo de restauração que, assinado pelas partes e homologado por sentença, suprirá os autos desaparecidos (art. 714, § 1º).

Não havendo concordância com a restauração ou houver concordância parcial, observar-se-á o disposto no procedimento comum (art. 714, § 2º). Se depender de prova oral, nos termos do art. 361, haverá a designação de audiência de instrução e julgamento. Se a questão for unicamente de direito ou depender somente de prova documental, a sentença será desde logo proferida.

Se os autos forem extraviados após a produção de provas em audiência no processo principal, o juiz mandará repeti-las, se necessário, nos termos do art. 715. Serão reinquiridas as mesmas teste-

---

[1] Neves, 2017, p. 1050.

munhas e somente se alguma houver falecido ou estiver impossibilitada de depor poderá haver substituição (art. 715, § 1º).

Essa repetição só não se fará necessária se tiver sido juntada aos autos cópia do termo escrito de depoimento. Na audiência, será vedado ao juiz colher provas para o processo principal.

O mesmo se aplica à prova pericial. Não havendo cópia do laudo pericial que constava nos autos extraviados, o juiz determinará a realização de nova perícia, nomeando, se possível, o mesmo perito (art. 715, § 2º).

Os documentos sem certidão serão reconstituídos mediante a apresentação de cópias e, em sua falta, pelo meio ordinário de prova (art. 715, § 3º).

Sendo o extravio posterior à sentença, deverá ela ser levada aos autos da restauração por cópia, que terá a mesma autoridade do original (art. 715, § 5º).

Julgado procedente o pedido de restauração, o processo principal seguirá nos autos restaurados (art. 716, *caput*). Caso apareçam depois os autos principais, que estavam extraviados, nestes prosseguirá o feito, apensando-se os autos da restauração (art. 716, parágrafo único).

Essa regra, porém, deve ser vista com cautela, já que, se os autos principais se perderam logo no início do processamento e se a causa prossegue adiantada nos autos restaurados ou nos autos suplementares, não teria sentido retornar aos autos originais, por afronta ao princípio da economia processual.

15.6 SENTENÇA

Vicente Greco Filho[2], desde a vigência do CPC/73, afirmava que a sentença da ação de restauração teria conteúdo declaratório e condenatório, porque não só declararia o extravio dos autos e sua substituição, como também condenaria a parte responsável pelo desaparecimento, ainda que seja o autor da ação de restauração, ao pagamento de custas processuais e honorários advocatícios (art. 718).

Já Alexandre Câmara[3], a seu turno, sustentava que a sentença possui natureza constitutiva, declarando que os autos existiam e se extraviaram, bem assim que os novos autos substituem os desaparecidos, substituindo os autos extraviados por novos, sem retirar-lhes a eficácia.

Quer nos parecer que, de fato, prevalece a natureza declaratória, podendo ser acrescida a parcela condenatória apenas na hipótese do art. 718. Na verdade, a restauração é providência intermediária que viabiliza a retomada do curso normal do processo.

15.7 RESTAURAÇÃO DOS AUTOS NO TRIBUNAL

Ocorrendo o desaparecimento dos autos no Tribunal, aplica-se o disposto no art. 717, distribuindo-se a ação de restauração de autos ao relator do processo cujos autos se extraviaram. O relator deverá determinar ao juízo de origem que pratique os atos necessários à restauração dos autos, referente ao que tenha acontecido em primeiro grau de jurisdição.

Depois, retornam os autos do processo ao Tribunal, para que se complete o procedimento e se proceda ao julgamento, que será realizado pelo órgão colegiado que seria competente para julgar os autos extraviados.

---

[2] Greco Filho, 2006, p. 441.
[3] Câmara, 2009, p. 441.

15.8 RESPONSABILIDADE DO CAUSADOR DO DESAPARECIMENTO DOS AUTOS

O art. 718 preceitua que quem houver dado causa ao desaparecimento dos autos responderá pelas custas da restauração e pelos honorários do advogado, sem prejuízo da responsabilidade civil e penal.

A primeira parte do dispositivo apenas determina a aplicação do princípio da causalidade: quem houver dado causa ao extravio dos autos, responde pelas despesas processuais e honorários advocatícios do processo de restauração, que é independente do principal.

Pode ocorrer, então, que se atribua responsabilidade ao autor da ação de restauração, desde que fique demonstrado que foi ele o responsável pelo extravio.

Além disso, determina a lei responsabilidade civil (arts. 186 e 927 do CC) e criminal (art. 356 do CP). Essa responsabilidade não será apurada no processo de restauração de autos, por se tratar de matéria estranha ao objeto da lide, mas em processo próprio em que o lesado pelo desaparecimento dos autos deverá pleitear a condenação do respectivo responsável ao pagamento da indenização devida.

Pode haver, ainda, responsabilidade funcional, se o desaparecimento dos autos principais ocorreu por culpa ou dolo do Ministério Público, dos servidores ou dos juízes, responsabilidade esta que vem regulada nas leis relativas a cada categoria profissional.

No caso de o processo desaparecer tendo sido entregue a advogados, deve ele comunicar ao juiz e à OAB tal ocorrência tão logo tenha notícia do ocorrido, para evitar as providências previstas no art. 234, *caput* e § 3º.

Capítulo 16
DISPOSIÇÕES GERAIS DE PROCEDIMENTOS ESPECIAIS DE JURISDIÇÃO VOLUNTÁRIA

16.1 CARACTERÍSTICAS DA JURISDIÇÃO VOLUNTÁRIA

O CPC dividiu os procedimentos especiais em dois grupos: o de jurisdição contenciosa e o de jurisdição voluntária.

A jurisdição voluntária, graciosa ou meramente voluntária, é exercida quando o Estado-juiz se limita a homologar a vontade dos interessados, não havendo interesses litigiosos. Diante de suas características, muito se questionou se seria mesmo jurisdição e se seria voluntária.

Então, formaram-se duas teorias quanto à denominação jurisdição voluntária.

Para uma teoria denominada teoria clássica ou administrativista, a doutrina nacional majoritária afirma que a jurisdição voluntária não constituiria típica função jurisdicional, nem ao menos seria voluntária[1], pois sua verificação decorreria de exigência legal, com o intuito de conferir validade a determinados negócios jurídicos escolhidos pelo legislador. Nesse sentido, ela é definida como "administração pública de interesses privados"[2].

Dentre os argumentos levantados, destacam-se, em linhas gerais:

a) que o seu objeto não é a resolução da lide, mas a integração de um negócio jurídico com a participação do magistrado;

b) que não haveria atividade substitutiva, mas intervenção necessária do juiz;

c) que não haveria partes (com interesses contrapostos), mas interessados[3]; por fim,

d) ressaltam a inexistência de ação (e também de processo, devendo-se falar apenas em procedimento), pois essa é o direito de provocar a atividade jurisdicional e não a administrativa.

Avançando consideravelmente na doutrina, uma segunda corrente, a teoria revisionista, tem recebido a adesão de consagrados processualistas, que entendem ser a jurisdição voluntária verdadeiro exercício da função jurisdicional.

São exemplos de jurisdição voluntária, a saber: nomeação de tutores e curadores, homologação de separação judicial, emancipação e alienação judicial dos bens de menor, autenticação de livros comerciais, aprovação dos estatutos das fundações, retificação dos atos do registro civil etc.

Seus defensores argumentam, em última análise:

a) que a litigiosidade não deve ser considerada critério definidor, pois nem sequer seria essencial à jurisdição contenciosa, mas acidental;

---

[1] A inexistência de voluntariedade na jurisdição voluntária é aceita tanto pela teoria administrativista quanto pela revisionista, em razão de se tratar de atividade necessária. A controvérsia entre tais teorias reside em ser a jurisdição voluntária autêntica atividade jurisdicional ou atividade meramente administrativa.

[2] Assim, Liebman, 1984, p. 32.

[3] Buscam seu fundamento no art. 721 do CPC, que, regendo os procedimentos de jurisdição voluntária, aduz: "serão citados, sob pena de nulidade, todos os interessados, bem como o Ministério Público". Dessa forma, é corrente a terminologia *inter volentes* – "entre os que querem" – para designar as partes na jurisdição voluntária, e a *inter nolentes* – "entre os que resistem" – na jurisdição contenciosa.

b) que o juiz intervém decidindo como um terceiro imparcial, mantendo sua independência quanto aos efeitos produzidos por sua decisão;

c) que, além de constituir novos estados jurídicos, também possui função declaratória – típica da função jurisdicional; e, atentam os mais radicais,

d) que só seria possível rediscutir a decisão prolatada em nova sede processual valendo-se de nova causa de pedir – circunstância superveniente – com ação diversa, o que afastaria o argumento da não constituição da coisa julgada. Observe-se, contudo, que no CPC não consta mais a restrição à formação da coisa julgada que era expressa no art. 1.111 do CPC/73.

Ademais, asseveram que essa atividade, como a jurisdição contenciosa, visa à pacificação social mediante a eliminação de situações incertas ou conflituosas, tendo sido esse o entendimento adotado pelo CPC, que dedica-lhe todo um capítulo – arts. 719 e seguintes, cujos procedimentos obedecem às formas processuais conhecidas: petição, citação, resposta contraditória, provas, sentença e apelação.

Compartilha dessa doutrina Leonardo Greco[4]:

> A função jurisdicional não se resume a solucionar litígios reais ou potenciais. Serve também para tutelar interesses dos particulares, ainda que não haja litígio (...) desde que exercida por órgãos e funcionários revestidos das garantias necessárias a exercer essa tutela com absolutas independência e impessoalidade, exclusivamente no interesse dos seus destinatários. Assim, o que caracteriza a função jurisdicional é o fato de ser ela exercida com independência e impessoalidade, e, em nosso direito, somente o juiz está amparado por garantias que possibilitem o agir independente e impessoal.

16.2 PROCEDIMENTO

Expostas as críticas à denominação jurisdição voluntária, a doutrina reconhece três categorias de atos nesse procedimento, que são os atos meramente receptivos, os simplesmente certificantes e os pronunciamentos judiciais propriamente ditos.

O ato meramente receptivo se dá quando o juiz apenas recebe alguma coisa, como ocorre no caso de um testamento particular a ser utilizado posteriormente em um inventário (art. 1.877 do CC). No certificante, o juiz apenas confere autenticidade a alguma coisa, e os pronunciamentos propriamente ditos são os atos judiciais no procedimento de jurisdição voluntária.

Em relação ao procedimento da jurisdição voluntária, este terá início por iniciativa do interessado, cabendo-lhe formular o pedido ao juiz, por meio de petição inicial, que preencha os requisitos do art. 319, instruída com os documentos necessários e da indicação da providência jurisdicional desejada, além das exigências das condições da ação (art. 720).

O Ministério Público e a Defensoria Pública também poderão ter a iniciativa, que, nos termos dos arts. 177 e 185, respectivamente, só poderão ocorrer quando autorizada em lei ou nas hipóteses em que o juiz pode agir de ofício, como nos casos da alienação de bens depositados sujeitos à deterioração (art. 730), a arrecadação de bens (art. 746) e a suspensão de tutor ou curador (art. 762).

Ressalte-se que não significa que não sejam observados, na jurisdição voluntária, os princípios da inércia e da iniciativa das partes, mas apenas atenuados, uma vez que a iniciativa continua sendo das partes, restringindo-se a atuação do juiz de ofício apenas aos casos expressamente previstos em lei.

---

[4] Greco, 2003, p. 18.

Todos os titulares da relação jurídica em face de quem a providência judicial é pretendida deverão ser citados, sob pena de nulidade (art. 721), e o Ministério Público e a Fazenda Pública deverão ser intimados para intervir no processo.

Quanto ao Ministério Público, cabe destacar que sua função pode ser de órgão agente, sendo legitimado para promover determinada ação, como ocorre na ação de nulidade de casamento (art. 1.549 do CC) e na ação de interdição (art. 1.769, III, do CC), quer de órgão interveniente, atuando como fiscal da lei nos casos de interesse de incapazes (art. 178, II, do CPC), nas causas em que haja interesse público envolvido e nos procedimentos de jurisdição voluntária (art. 721 do CPC).

Quando o Ministério Público funcionar como órgão interveniente, não há dúvida de que deve ter ciência de todos os atos processuais; entretanto só será intimado nas hipóteses do art. 178.

Na vigência do CPC/73 havia divergência sobre se era necessária a intimação do Ministério Público[5] para todos os procedimentos de jurisdição voluntária, sob pena de nulidade, ou apenas nos casos em que estaria legitimado para atuar, que seriam as hipóteses do antigo art. 82, hoje art. 178.

Em relação à Fazenda Pública, esta será intimada e não citada para intervir em todos os procedimentos em que possua interesse na causa (arts. 721 e 722). Seu interesse no resultado da causa, normalmente econômico, está presente nos procedimentos em que há a transferência de bens, para garantir a integralidade da arrecadação de tributos, ou pela possibilidade de os bens virem a ser incorporados ao patrimônio público.

Feita a citação, o interessado terá o prazo de quinze dias para oferecer resposta (art. 721). Nem sempre se verificará necessidade de oferecimento de resposta, por não existir na jurisdição voluntária conflito de interesses materiais, mas pode haver controvérsia ou dissenso quanto à autorização a ser concedida ou providência a ser tomada[6].

Nesse caso, deve-se instaurar o contraditório, como se houvesse partes, uma vez que uma pretende uma medida resistida pela outra. Qualquer um dos interessados poderá se valer, ainda, desse prazo, para arguir a incompetência do órgão jurisdicional ou a suspeição do juiz (arts. 64 e 146).

Na jurisdição voluntária há também a distribuição do ônus da prova, incumbindo ao requerente provar os fatos alegados na petição inicial e ao requerido fato impeditivo, modificativo ou extintivo do direito (art. 373).

Após o prazo de resposta é que se desenvolve essa atividade probatória, com audiência, se necessário, devendo o juiz proferir sentença em dez dias (art. 723).

O juiz, ao julgar, não fica vinculado à legalidade estrita, podendo adotar, em cada caso concreto, a solução que repute mais conveniente e adequada (art. 723, parágrafo único), ou seja, enquanto no processo contencioso cabe ao juiz aplicar à causa em debate o direito constituído, nos procedimentos de jurisdição voluntária pode o juiz aplicar ao caso concreto a norma de direito ou orientar-se pela equidade, dando ao juiz maior liberdade de atuação[7].

---

[5] O termo citação era utilizado pelo art. 1.105 do CPC/73, mas a doutrina já apontava o equívoco na redação do artigo, defendendo que o correto seria a intimação do Ministério Público (nesse sentido: Marcato, 2004b, p. 340). O CPC superou essa questão.

[6] Carneiro; Pinho, 2016, p. 414.

[7] Observe-se que a sentença não extingue automaticamente o mandato judicial, sob pena de gerar evidente prejuízo aos interesses do interditando, como já decidiu o STJ: "A sentença de interdição não tem como efeito automático a extinção do mandato outorgado pelo interditando ao advogado para sua defesa na demanda, sobretudo no caso em que o curador nomeado integre o polo ativo da ação de interdição. (...) Contudo, a anulação da outorga do mandato pode ocorrer, desde que, em demanda específica, comprove-se cabalmente a nulidade pela incapacidade do mandante à época da realização do negócio jurídico" (REsp 1.251.728-PE, rel. Min. Paulo de Tarso Sanseverino, j. 14-5-2013, *Informativo STJ*, n. 524).

Destaque-se, contudo, que deve o magistrado observar o juízo de conveniência e oportunidade, devendo apenas se utilizar da equidade em situações discricionárias. O juiz também não pode fugir da legalidade estrita, uma vez que não lhe é autorizado o julgamento *contra legem*.

As decisões judiciais devem ser sempre fundamentadas, para possibilitar a via recursal. Da sentença, cabe apelação (art. 724). Ressalte-se que o entendimento é que a apelação não é o único recurso cabível na jurisdição voluntária, sendo cabíveis também, mesmo diante do teor restritivo do art. 724, embargos de declaração (arts. 1.022 a 1.026) e agravo de instrumento contra decisões interlocutórias (arts. 203, § 2º, e 1.015 a 1.020).

A sentença faz coisa julgada material e pode ser objeto de rescisória, nos mesmos moldes dos procedimentos de jurisdição contenciosa, na forma do art. 966.

16.3 A JURISDIÇÃO VOLUNTÁRIA NO CPC

A partir do art. 719, há uma série de procedimentos de jurisdição voluntária. Divide-se esse capítulo em doze seções, sendo a primeira dedicada às disposições gerais, e as demais a regular as peculiaridades dos procedimentos.

No capítulo há a regulamentação de um procedimento comum, a ser usado em todos os procedimentos de jurisdição voluntária, para os quais não haja procedimento especificamente previsto.

O art. 725 menciona oito casos que adotarão o procedimento comum descrito, que são:

a) emancipação, que pode ser: voluntária, por ato dos pais, através de escritura e, portanto, sem intervenção judicial; legal, diante das hipóteses do art. 5º, parágrafo único, do CC; ou judicial, quando o tutor pretende emancipar o tutelado que já tenha 16 anos completos. Neste último caso, o juiz, ouvido previamente o Ministério Público, proferirá sentença, cabendo ao interessado promover seu registro, para que seja eficaz (art. 91, parágrafo único, da Lei de Registros Públicos);

b) sub-rogação, que deve ser feita respeitando-se a vontade do instituidor, sendo que, se implicar alienação, aplicar-se-ão os arts. 730 e seguintes;

c) alienação, arrendamento ou oneração de bens dotais, de menores, de órfãos ou de interditos, que só podem ocorrer em situações especiais e dependem de autorização judicial, a qual só pode ser concedida por meio do procedimento previsto nos arts. 720 a 725 do CPC;

d) alienação, locação e administração da coisa comum, quando, em virtude de desacordo entre os condôminos, não for possível o uso e o gozo da coisa em comum, resolvendo eles se a coisa vai ser administrada, vendida ou alugada. Decidida uma dessas hipóteses ou não havendo acordo quanto ao destino do bem, deve haver pronunciamento judicial, com a citação de todos os condôminos em desacordo e ouvido previamente o Ministério Público;

e) alienação de quinhão em coisa comum, em que quem deseja alienar a coisa comum deve citar todos os outros comunheiros para que, se desejarem, exerçam o direito de preferência;

f) extinção de usufruto e fideicomisso;

g) a expedição de alvará judicial;

h) homologação de autocomposição extrajudicial.

Esses casos seguirão o procedimento comum já descrito, com petição inicial, citação dos interessados e intimação do Ministério Público para intervenção, oitiva dos interessados e sentença.

O rol, porém, não deve ser entendido como taxativo. Muitas outras situações previstas no ordenamento jurídico ainda reclamam a interferência judicial para a administração dos interesses privados não contenciosos, ainda que se esteja em uma fase de desjudicialização de alguns procedimentos. Alguns exemplos de situações não previstas no rol do art. 725, mas que podem ser configuradas como procedimento comum de jurisdição voluntária, são o caso de suprimento de consentimento para fins matrimoniais (arts. 1.517, parágrafo único, e 1.631, parágrafo único, do CC) e o pedido de suprimento de outorga uxória ou autorização marital (arts. 1.647 e 1.648 do CC).

Consideramos que o Estatuto da Pessoa Portadora de Deficiência (Lei Federal n. 13.146/2015), ao incluir no Código Civil a medida intitulada "Tomada de decisão apoiada" (art. 1.783-A), traz nova hipótese de aplicação do procedimento comum de jurisdição voluntária.

Dessa forma, sempre que houver a necessidade de interferência judicial e não existir previsão de rito especial próprio, será utilizado o procedimento comum.

O Código regula os vários procedimentos de jurisdição voluntária nos arts. 726 a 770.

Capítulo 17
DAS NOTIFICAÇÕES E DAS INTERPELAÇÕES

17.1 NOÇÕES GERAIS

As notificações e as interpelações são instrumentos de comunicação da vontade[1], podendo se fazer judicialmente ou não. A notificação comunica a alguém determinado fato, e a interpelação destina-se à expressão da vontade do requerente que, em si, não produz efeitos jurídicos, estando condicionados esses efeitos à ação ou omissão do interpelado.

Essas figuras possuem o mesmo procedimento e neles não se espera nenhuma providência do órgão judicial, a não ser o encaminhamento da manifestação apresentada pelo autor. Não há, portanto, decisão judicial nessas medidas, não cabendo ao magistrado se pronunciar sobre a dívida[2].

Eventual recusa em proceder à notificação ou à interpelação deve ser tomada pela inadequação da medida ao seu fim, não devendo tais instrumentos ser utilizados para manifestações de vontade que não atingirão o fim almejado pelo requerente ou pela apuração, ainda que superficial, feita pelo magistrado sobre a idoneidade e juridicidade do pedido formulado pelo requerente, devendo ser a medida indeferida se destinada a fim ilícito.

17.2 PROCEDIMENTO

Em relação ao procedimento, regulado pelos arts. 726 a 729, deverá ser formulada petição escrita, demonstrando os fatos e fundamentos da manifestação. Deferida a petição inicial, o réu será citado[3], mas não há espaço para defesa, até mesmo porque nem sempre há um destinatário para o protesto, podendo-se publicar editais para que se dê conhecimento ao público em geral.

Se o magistrado suspeitar de que o notificante pretende alcançar fins ilícitos ou ele tiver requerido averbação da notificação em registro público, o notificado deve ter a oportunidade de falar nos autos, conforme o art. 728, I e II.

Contudo, tal oportunidade não significa a antecipação do litígio entre as partes no plano material.

Qualquer outra resistência do réu será exercida no âmbito de processo distinto.

Feita a comunicação ao requerido ou ao público em geral, conforme o caso, tem-se por exaurido o procedimento.

---

[1] Gajardoni et al., 2016, p. 1248.
[2] Marinoni; Arenhart; Mitidiero, 2017a, p. 273.
[3] Embora o Código utilize a expressão "intimação" (art. 870), trata-se de "citação", uma vez que o réu é convocado para sujeitar-se a um processo. Contudo, cabe destacar que há entendimento de que seria intimação mesmo, pela ausência de espaço para defesa.

Capítulo 18
ALIENAÇÃO JUDICIAL

18.1 NOÇÕES GERAIS

O segundo dos procedimentos especiais de jurisdição voluntária, de acordo com a disposição do CPC, está previsto no art. 730, como *Da alienação judicial*.

Esse procedimento é utilizado em três situações distintas:

a) quando os bens constritos judicialmente (em um arresto, sequestro, em uma penhora ou em outra medida análoga) forem de fácil deterioração, estiverem avariados ou exigirem grande despesa para sua guarda (é bem verdade que essa expressão era prevista expressamente no art. 1.113 do CPC/73 e não foi reproduzida no CPC, que se refere apenas aos "casos expressos em lei");

b) como meio de resguardar interesses de incapazes ou outros interesses que mereçam atenção especial do ordenamento jurídico;

c) como meio de extinção do condomínio de coisas móveis. Também será hipótese de aplicação da alienação judicial quando a coisa for indivisível; quando, uma vez dividida, se torne imprópria ao seu destino ou, ainda, quando houver necessidade da alienação dos imóveis que, em decorrência da partilha de herança, não couberem no quinhão de um só herdeiro[1]. Será o único caso em que não se tratará de um incidente ao processo, mas, sim, de um processo autônomo.

Há, ainda, outras hipóteses de alienação judicial além das enumeradas, que se fazem em juízo, para se realizar a execução forçada por quantia certa. Em todos os casos, serão aplicadas as disposições gerais de jurisdição voluntária, utilizando-se subsidiariamente as regras específicas de alienação do processo de execução, nos arts. 879 a 903.

18.2 PROCEDIMENTO

Trata-se de uma medida que pode ser iniciada de ofício ou a requerimento do interessado, seja esse o depositário ou qualquer das partes (art. 730). Requerida a avaliação, deverá o juiz ouvir todos os interessados e, em seguida, o Ministério Público. Também a Fazenda Pública, se tiver interesse na causa, deverá ser ouvida.

Depois de colher as manifestações a respeito da alienação judicial do bem, deverá o juiz determinar sua avaliação, que será feita por um perito nomeado pelo juiz, tanto em caso de alteração de valor do bem como na hipótese de não ter havido avaliação prévia.

Feita a avaliação, o bem será alienado em leilão público. Aqui, em que pese o silêncio do Código, o leilão será precedido de publicidade, com a publicação de editais (arts. 880, 881, 883 e 884).

Nesse ponto, há, ainda, duas considerações: a primeira é que, sendo incapaz o interessado, o bem não poderá ser adquirido em leilão por valor inferior a 80% da avaliação (art. 896)[2], e a outra é que, sendo capazes todos os interessados e estando de acordo, a alienação do bem poderá ocorrer independentemente de leilão.

---

[1] Gajardoni et al., 2016, p. 1258.
[2] Assis, 2017, p. 1168.

Alienado o bem, serão descontadas as despesas de sua avaliação, depositando-se o preço à disposição do juízo, em banco oficial, ou por meio eletrônico (art. 892), nele sub-rogando-se os ônus ou responsabilidades a que o bem alienado estivesse sujeito.

O procedimento das alienações judiciais também é utilizado para promover a alienação de bem indivisível sujeito a condomínio ou para alienação de imóvel que, na partilha, não couber no quinhão de um único herdeiro ou quando a divisão do bem for prejudicial a um dos herdeiros. Será o único caso de processo autônomo e, por isso, abordado em separado.

Nessas situações, terá preferência, em igualdade de condições, o condômino ou herdeiro, dependendo de qual será a hipótese, ao estranho, nos termos da lei material (art. 1.322 do CC).

Em relação aos condôminos ou herdeiros, terá preferência aquele que tiver realizado benfeitoria de maior valor no bem e, em não havendo benfeitoria, no caso do condômino, o que tiver maior fração ideal (art. 1.322, *in fine*, do CC). Conseguindo os condôminos quinhões iguais, terão a coisa os condôminos que a quiserem, depositando previamente o preço (art. 504, parágrafo único, do CC).

Desrespeitada essa regra de preferência, o prejudicado poderá ajuizar demanda objetivando a adjudicação do bem, mediante depósito do preço. Tal demanda será ajuizada antes da assinatura da carta de arrematação, devendo ser citados o adquirente e todos os demais condôminos, seguindo a partir daí o rito comum.

Acolhida a demanda do condômino, o bem será a ele adjudicado. Rejeitada, confirmar-se-á a adjudicação ou a arrematação anteriormente realizada. Após a arrematação, a garantia do direito de preferência só poderá ser exercida por meio de processo de conhecimento que se faça no prazo de seis meses a contar da transcrição do título no Registro de Imóveis.

Capítulo 19
DIVÓRCIO E SEPARAÇÃO CONSENSUAIS, EXTINÇÃO CONSENSUAL DE UNIÃO ESTÁVEL E ALTERAÇÃO DO REGIME DE BENS DO MATRIMÔNIO

19.1 NOÇÕES GERAIS

O terceiro procedimento especial de jurisdição voluntária previsto no CPC está ligado às formas consensuais de rompimento do matrimônio e da união estável, além da alteração de regime de bens, encontrando-se regulado nos arts. 731 a 734.

Esse procedimento teve uma significativa inserção textual legal que permite que seja realizado judicial ou extrajudicialmente, caso não haja interesse de incapazes (art. 733)[1].

A norma é regulamentada pela Resolução n. 35/2007, atualizada em 2024, com a alteração do art. 34:

"Art. 34. (...) § 2º Havendo filhos comuns do casal menores ou incapazes, será permitida a lavratura da escritura pública de divórcio, desde que devidamente comprovada a prévia resolução judicial de todas as questões referentes à guarda, visitação e alimentos deles, o que deverá ficar consignado no corpo da escritura".

Dessa forma, fica flexibilizada a realização de atos extrajudiciais, observados os limites impostos pela nova redação da Resolução n. 35/2007.

Neste momento, trataremos apenas do procedimento realizado através da via judicial.

A separação, o divórcio e a dissolução de união estável judiciais podem ser prévios ou principais. Se forem prévios, estes se darão pela medida cautelar de separação de corpos, prevista no art. 7º, § 1º, da Lei n. 6.515/77, típica medida preparatória para a separação litigiosa. Se forem principais, poderão ser litigiosos ou consensuais.

Se o procedimento for litigioso, havendo, por meio do provimento jurisdicional, a ruptura forçada do vínculo conjugal, o procedimento será o das ações de família (arts. 693-699 do CPC).

Já se for consensual, isto é, nos casos em que os cônjuges desejam obter a homologação de um negócio jurídico bilateral, destinado a desfazer a sociedade conjugal, o procedimento será o especial de jurisdição voluntária.

O procedimento da separação consensual é o mesmo do divórcio consensual e, em que pesem as diferenças estabelecidas pelo direito civil entre separação e divórcio, visa atender diversas situações, que são:

a) a separação consensual;

b) o divórcio de comum acordo, já tendo havido separação. Nesse caso, o procedimento romperá de vez com o vínculo matrimonial;

---

[1] Carneiro; Pinho, 2016, p. 419.

c) o divórcio direto, opção esta que se tornou possível, independentemente de já existir procedimento de separação há mais de um ano ou separação de fato há mais de dois anos, a partir da Emenda Constitucional n. 66, que deu nova redação ao art. 226, § 6º, da Constituição Federal;

d) a conversão da separação litigiosa em separação consensual. Não obstante as partes terem dado início à separação litigiosa, a qualquer tempo, no curso da ação ordinária de separação judicial, os cônjuges podem requerer a conversão dessa em procedimento especial de jurisdição voluntária de separação consensual;

e) dissolução consensual de união estável.

Importante observar, contudo, que, a partir da Emenda Constitucional n. 66/2010, surgiram inúmeras divergências no direito civil, que influenciam nos procedimentos judicial e extrajudicial de separação e de divórcio.

Alguns civilistas afirmam que teria sido suprimida a figura da separação no Brasil, enquanto outros acreditam que ela permanece, mas apenas suprimiram-se os requisitos de 1 ano de separação judicial para o requerimento do divórcio ou de dois anos de separação de corpos para o divórcio direto.

Para o STJ[2] continua a ser possível a separação judicial ou extrajudicial. Contudo, ao ver do STF[3], não se justifica mais a existência da separação de forma autônoma.

O CPC, ainda, aplicou o procedimento às hipóteses de dissolução consensual de união estável e aos pedidos de alteração do regime de bens do casamento.

19.2 LEGITIMIDADE E COMPETÊNCIA

Todos os pleitos cabíveis nesse rito só podem ser pleiteados por ambos os cônjuges ou companheiros, de acordo. Se um deles for incapaz, poderá ser representado por curador, ascendente ou irmão, conforme dispõe o art. 3º, § 1º, da Lei n. 6.515/77 (Lei do Divórcio) e o art. 1.576, parágrafo único, do CC.

A competência segue os ditames do art. 53, I. Caso haja filho incapaz, o foro competente será o de seu guardião. Se não houver, será o do domicílio do casal. Mas se trata de competência relativa, que pode ser prorrogada, ainda mais nesse caso, em que os cônjuges ajuízam a ação de acordo.

19.3 PROCEDIMENTO

O procedimento se inicia com a apresentação de petição inicial ao juízo, assinada por ambos os cônjuges ou companheiros e seus advogados, que deverá preencher os requisitos do art. 319 do CPC.

---

[2] "A supressão dos requisitos para o divórcio pela Emenda Constitucional não afasta categoricamente a existência de um procedimento judicial ou extrajudicial de separação conjugal, que passou a ser opcional a partir da sua promulgação. Essa orientação, aliás, foi ratificada: (i) pelos Enunciados n. 514, 515, 516 e 517 da V Jornada de Direito Civil do Conselho da Justiça Federal (CJF), ocorrida em 2010; (ii) pela nova codificação processual civil (Lei n. 13.102/2015), que manteve, em diversos dispositivos, referências ao instituto da separação judicial (Capítulo X – Das Ações de Família – art. 693 e Capítulo XV – dos Procedimentos de Jurisdição Voluntária – arts. 731, 732 e 733); (iii) pela Quarta Turma desta Corte Superior, por ocasião do julgamento do REsp 1.247.098-MS, rel. Min. Maria Isabel Gallotti, DJe 16-5-2017 – o que denota a pacificação da matéria pelos órgãos julgadores responsáveis pela uniformização da jurisprudência do STJ no âmbito do direito privado. Portanto, até que surja uma nova normatização, não se pode dizer que o instituto da separação foi revogado pela Emenda n. 66/2010" (REsp 1.431.370-SP, rel. Min. Ricardo Villas Bôas Cueva, por unanimidade, j. 15-8-2017, DJe 22-8-2017, Informativo STJ, n. 610).

[3] Com base nesse entendimento, o Plenário, por unanimidade, ao apreciar o Tema 1.053 da repercussão geral, negou provimento ao recurso extraordinário e, por maioria, fixou a tese: "Após a promulgação da EC n. 66/2010, a separação judicial não é mais requisito para o divórcio nem subsiste como figura autônoma no ordenamento jurídico. Sem prejuízo, preserva-se o estado civil das pessoas que já estão separadas, por decisão judicial ou escritura pública, por se tratar de ato jurídico perfeito (art. 5º, XXXVI, da CF)". RE 1.167.478/RJ, rel. Min. Luiz Fux, julgamento finalizado em 8-11-2023. Informativo STF n. 1.116.

Não há a necessidade de indicação de qualquer causa para a dissolução do vínculo na petição inicial ou em qualquer outro ato do processo. Contudo, caso se pretenda a alteração do regime de bens, é preciso apresentar a motivação, de acordo com o imperativo da lei material (art. 1.639, § 2º, do CC e art. 734 do CPC).

Dispensam-se o requerimento de produção de provas e a citação, já que ambos os cônjuges que pleiteiam a providência jurisdicional estão de acordo.

A petição inicial deverá vir instruída com a certidão de casamento e com o pacto antenupcial, se houver (documentos essenciais, nos termos do art. 320 do CPC).

Poderá, ainda, trazer a descrição completa dos bens do casal e a respectiva partilha, o acordo referente à guarda do filho menor, se houver, o regime de visitas e o valor dos alimentos e o nome que a mulher (ou o homem, que pode ter adotado o sobrenome da mulher, conforme art. 1.565, § 1º, do CC) adotará após o fim do matrimônio. Se houver acordo em relação a esses temas, eles já serão homologados em juízo.

Contudo, caso não haja acordo, poderá ser realizada a dissolução do vínculo matrimonial, através do procedimento de jurisdição voluntária e, futuramente, tais questões poderão ser discutidas em demandas autônomas (art. 731, parágrafo único).

Caso haja acordo de partilha, não há a necessidade de igualdade absoluta de quinhões, podendo até mesmo um dos consortes abrir mão de seu patrimônio em prol do outro. O acordo de partilha também não estará ordinariamente sujeito à tributação, mas, havendo a partilha desigual de bens imóveis, incidirá o imposto de transmissão sobre a parte excedente, que corresponderá a uma doação feita ao outro cônjuge.

Estando em termos a petição inicial, o juiz homologará o encerramento do vínculo por sentença.

O juiz deverá negar homologação à separação se verificar que o acordo das partes não protege adequadamente o interesse dos filhos do casal ou de um dos cônjuges (art. 1.574, parágrafo único, do CC), sendo exemplo deste último caso quando verificar que a diferença nos quinhões foi fruto de erro ou dolo, ficando a circunstância positivada antes do pronunciamento judicial.

As disposições relativas à separação e ao divórcio aplicam-se, no que couber, à extinção da união estável consensual, conforme o art. 732 do CPC.

No caso de o procedimento se voltar à alteração do regime de bens, o juiz deve proceder à oitiva do Ministério Público (art. 734, § 1º). Além disso, ordenará a publicação de editais (art. 734, § 1º, *in fine*) ou autorizará que os cônjuges adotem um meio alternativo para promover a divulgação, garantindo que haja resguardo a eventuais direitos de terceiros (art. 734, § 2º).

19.4 SENTENÇA

A sentença que homologar o fim do vínculo ou a alteração do regime de bens terá natureza constitutiva e, assim que transitada em julgado, será averbada no Registro Civil a fim de produzir seus efeitos, bem como será averbada no Registro de Imóveis, caso haja bens imóveis partilhados.

Lembramos que a dissolução do vínculo não exige a imediata partilha dos bens, visto que, havendo discordância entre os cônjuges quanto a ela, poderá a partilha ser feita após a homologação da separação consensual.

Se um dos cônjuges for empresário, a sentença será também averbada no Registro Público de Empresa Mercantil, para que produza seus efeitos nas relações empresariais (art. 980 do CC e art. 734, § 3º, do CPC).

A sentença, em relação a alimentos e à partilha, é título executivo judicial e, na falta de adimplemento voluntário, se cumprirá por meio de execução por quantia certa, em se tratando de alimentos, ou de entrega de coisa, em se tratando de bens (arts. 528 e 538).

Observados os requisitos legais e os ditames da Resolução n. 35/2007 do CNJ, a separação consensual, o divórcio consensual e a extinção consensual de união estável poderão ser feitos por meio de escritura pública que independe de homologação judicial para surtir os efeitos, bem como para ser averbada no Registro Civil e de Imóveis (art. 733, *caput*).

Nessa hipótese, da escritura pública constarão a partilha dos bens comuns, os termos da pensão alimentícia e a possível retomada do uso do nome de solteira ou de solteiro.

Mesmo com a averbação no registro competente, em se tratando de separação, quando o vínculo matrimonial não está rompido, é possível aos cônjuges, a qualquer tempo, restabelecer a capacidade conjugal, sem estarem sujeitos a um novo casamento. Para isso, será suficiente que ambos os consortes formulem um requerimento ao juiz, nos autos da separação (art. 46 da Lei n. 6.515/77).

O restabelecimento da sociedade conjugal pode ser realizado extrajudicialmente, mediante lavratura de escritura pública, ainda que a separação tenha sido decretada em juízo (art. 48 da Resolução CNJ n. 35).

Tratando-se de divórcio ou de separação já convertida em divórcio, tal procedimento não será possível, uma vez que o vínculo matrimonial foi rompido. Nesse caso, será necessária a realização de novo casamento.

19.5 REVISÃO E RESCISÃO DO ACORDO DE SEPARAÇÃO

Como já referimos, o CPC não traz mais a restrição ao cabimento da ação rescisória em face das decisões de mérito proferidas em jurisdição voluntária.

Ademais, é possível ainda invalidar os atos de disposição de vontade praticados na partilha. Para tanto, deverá o cônjuge interessado se valer da ação anulatória, prevista no art. 966, § 4º.

Além disso, há a possibilidade de ação revisional dos efeitos que a separação projeta para o futuro, como a guarda dos filhos, o direito de visitas e os alimentos, desde que alteradas as razões determinantes daquelas condições, através de ação de revisão, cujo procedimento é o das ações de família.

Capítulo 20
TESTAMENTOS E CODICILOS

20.1 NOÇÕES GERAIS

Outro procedimento especial de jurisdição voluntária é o tema *Dos testamentos e codicilos*[1], previsto a partir dos arts. 735 a 737 do CPC.

O testamento é o ato pelo qual uma pessoa dispõe sobre o destino de seus bens após sua morte, e o codicilo é o ato de pequenas disposições de vontade a ser elaborado pelo próprio testador, como nomear ou substituir testamenteiro, fazer disposições especiais sobre o enterro ou sobre esmolas de pouca monta, legar móveis, roupas ou joias não muito valiosos, de uso pessoal.

Determina a norma que, para terem eficácia, os testamentos necessitam ser registrados ou confirmados, a fim de assegurar a sua integridade e verificar se restaram devidamente respeitadas as formalidades inerentes ao ato.

O procedimento de jurisdição voluntária deve, então, ser observado para cumprimento dos atos de disposição de última vontade e se destina a conhecer a declaração de última vontade do morto, verificar a regularidade formal do testamento e ordenar seu cumprimento.

As questões de maior indagação não entram no procedimento, podendo ser discutidas pela via ordinária, e nem as interpretações das cláusulas testamentárias são feitas nesse processo gracioso. O juiz deverá apenas negar o cumprimento quando não for observado o número de testemunhas ou houver violação do invólucro do testamento cerrado.

É um procedimento que antecede o inventário. A abertura do testamento é um ato solene e deve ser realizado diante do juiz, que, observando estar ele intacto, lavrará o termo de abertura no qual devem constar informações como a data e o lugar do falecimento do testador, com as respectivas provas, e qualquer circunstância digna de nota[2].

20.2 COMPETÊNCIA

A competência é do juízo do lugar onde se achar o apresentador do documento. Trata-se de medida urgente, razão pela qual não há qualquer vinculação entre o juízo do cumprimento do testamento ou codicilo e o juízo do inventário e da partilha.

20.3 PROCEDIMENTO

Inicia-se o procedimento com a apresentação em juízo do testamento. Essa apresentação é ato que independe de requerimento escrito e não tem a necessidade de interferência de advogado.

A partir daí, seguem-se procedimentos diversos de acordo com o ato de última vontade apresentado.

Tratando-se de testamento cerrado[3], o juiz verificará se está intacto, abrirá e mandará o escrivão

---

[1] Sobre a temática "Sucessão testamentária", conferir no Código Civil, arts. 1.857 a 1.990.
[2] § 1º do art. 735 do CPC.
[3] Cerrado é o testamento escrito pelo próprio testador, ou por outra pessoa a seu rogo, e posteriormente entregue, na presença

lê-lo na presença de quem o entregou. Em seguida, será lavrado o termo de abertura de testamento (art. 735 do CPC), que mencionará a data e o lugar da abertura, o nome do apresentante e como obteve o testamento, a data e o lugar do falecimento do testador e qualquer outra circunstância digna de nota encontrada no testamento. Esse termo será a peça inicial do procedimento, devendo o escrivão proceder à autuação de praxe. Após o termo de abertura, será ouvido o Ministério Público para que, em seguida, o juiz profira sentença, mandando registrar, arquivar e cumprir o testamento se não encontrar vício externo que o torne suspeito de falsidade ou de nulidade (art. 735, § 2º, do CPC). O testamento será, então, registrado em cartório.

Feito o registro, será intimado o testamenteiro para que assine a testamentaria (art. 735, § 3º). Não havendo testamenteiro nomeado, estando ele ausente ou recusando o encargo, o escrivão certificará tal fato, levando os autos à conclusão.

O juiz nomeará testamenteiro dativo (art. 735, § 4º), observando-se a seguinte ordem: cônjuge supérstite, herdeiro escolhido pelo juiz, um estranho (se não houver testamenteiro judicial). Assinado o termo da testamentaria, o escrivão extrairá cópia autêntica do testamento para ser juntada aos autos de inventário e partilha ou de arrecadação da herança.

Tratando-se de testamento público[4], qualquer interessado poderá requerer ao juiz que determine seu cumprimento, exibindo para isso traslado ou certidão do ato de última vontade (art. 736 do CPC).

Caso não seja exibido, competirá ao juiz, de ofício ou a requerimento de qualquer interessado, ordenar ao detentor que apresente, podendo ocorrer, se não o fizer, além das sanções do art. 330 do CP, a busca e apreensão do testamento.

Destaque-se, porém, que, sendo público o testamento, não há que se cogitar de sua abertura, mas, ainda assim, é necessário o "cumpra-se" judicial. Uma vez apresentado o testamento em juízo, será ouvido o Ministério Público e, em seguida, por sentença, o juiz determinará o cumprimento do ato de última vontade, se não observado qualquer vício de nulidade ou de falsidade no ato. Nota-se, então, que o procedimento é o mesmo, só que o ato inicial é de apresentação, e não de abertura do testamento.

Tratando-se de testamento particular[5], este deverá ser confirmado em juízo. Nesse caso, algum herdeiro, legatário, testamenteiro ou terceiro detentor deverá requerer a publicação, em juízo, do testamento particular (art. 737, *caput*).

Para instrução do processo, serão intimados aqueles a quem caberia a sucessão legítima: o testamenteiro, os herdeiros e os legatários que não tiverem requerido a publicação do testamento (art. 737, § 1º). Após, se verificados os requisitos da lei, ouvindo-se o Ministério Público, o juiz confirmará o testamento (art. 737, § 2º).

Após a prolação da sentença determinando o cumprimento de tais atos de última vontade, o cumprimento do testamento seguirá os ditames previstos para o testamento cerrado (art. 737, § 4º).

Aos testamentos marítimo, aeronáutico, militar e nuncupativo são aplicáveis as normas relativas ao testamento privado (art. 737, § 3º).

---

de duas testemunhas, ao tabelião ou seu substituto, que o lacrará após a elaboração e leitura do auto de aprovação (arts. 1.868 a 1.875 do CC).

[4] É o lavrado pelo tabelião (ou seu substituto) no livro próprio, de acordo com as declarações do testador, com a leitura do respectivo instrumento perante duas testemunhas e posterior coleta das assinaturas destas, do tabelião e do testador, ou a rogo deste último, não sabendo ou podendo assinar (arts. 1.864 a 1.867 do CC).

[5] É aquele escrito e assinado pelo testador, que o lê na presença de três testemunhas (art. 1.876 do CC).

20.4 SENTENÇA

O procedimento se encerra com a prolação da sentença determinando o cumprimento do testamento ou do codicilo. A sentença, porém, não é capaz de impedir que, em procedimento autônomo, se verifique a validade do testamento ou do codicilo, porque a pretensão aqui não é de validade das normas, mas de integração do negócio para que ele produza efeitos.

Dessa forma, a sentença do "cumpra-se" a disposição de última vontade não importa declaração definitiva de regularidade ou perfeição do testamento, mas apenas a autorização estatal para que se inicie a execução da vontade do testador, permitindo que os interessados possam pleitear, pelas vias contenciosas, o reconhecimento de invalidade do testamento.

Capítulo 21
HERANÇA JACENTE

21.1 NOÇÕES GERAIS

Outra modalidade de procedimento especial de jurisdição voluntária prevista nos arts. 738 a 743 do CPC é *Da herança jacente*.

A herança jacente teve grande modificação em seu conceito do direito romano para o direito moderno. Em Roma, enquanto não adjudicada ao sucessor, a herança era vista como pessoa jurídica capaz de contrair direitos e obrigações. Sem a transferência imediata do patrimônio do falecido aos sucessores, dizia-se jacente a herança no espaço compreendido entre a abertura da sucessão e sua aceitação pelos sucessores[1].

Hoje, entende-se que, com o falecimento, os bens do *de cujus* transmitem-se desde logo a seus sucessores, nos termos do art. 1.784 do CC.

Em consequência, considera-se jacente a herança apenas quando não há herdeiro determinado, não se sabe de sua existência ou houve renúncia à herança.

Difere-se a herança jacente da herança vacante, já que esta última é judicialmente declarada como não pertencendo a ninguém. Nesse sentido, a jacência é uma situação de fato, ao passo que a vacância é situação jurídica que permite a incorporação dos bens ao patrimônio público.

O procedimento regulado no CPC busca, então, promover a "arrecadação dos bens", que ficarão sob a guarda e a administração do curador até a localização de herdeiro ou a declaração de vacância, quando não houver testamento, herdeiros ou sucessores conhecidos, ou ainda quando todos renunciarem à herança.

Nesse caso, somente após a declaração de vacância os bens se transformarão em herança vacante e, transcorrido o prazo de cinco anos da sucessão, sem que haja manifestação de herdeiros, tais bens passarão ao domínio do Município onde estes estiverem localizados, ou ao Distrito Federal ou à União, no caso de bens localizados em território federal, nos termos do art. 1.822 do CC.

21.2 COMPETÊNCIA

A competência para o procedimento de herança jacente é o foro do último domicílio do autor da herança (art. 738) e será sempre da justiça estadual, ainda que se vislumbre o interesse de alguma entidade federal.

Havendo bens em outros lugares, será determinada a expedição de carta precatória, para que se proceda à arrecadação dos bens localizados no foro deprecado.

Já no caso de o falecido ter vários ou nenhum domicílio, a competência será firmada por prevenção, através do juízo que primeiro iniciar a arrecadação.

---

[1] Gajardoni et al., 2016, p. 1276.

21.3 LEGITIMIDADE

O procedimento pode ser instaurado de ofício[2], por determinação do juiz em exercício no juízo competente. A autorização para que se excepcione a regra da inércia da jurisdição está no art. 738.

Pode, ainda, o procedimento ter início por provocação do Ministério Público, da Fazenda Pública ou de qualquer outro interessado, como, por exemplo, um credor do finado, quando tenham conhecimento da morte de alguém que tenha deixado bens sem herdeiros conhecidos.

21.4 PROCEDIMENTO

Instaurado o procedimento, de ofício ou por um legitimado, deve o juiz determinar a arrecadação dos bens que compõem a herança jacente, marcando dia e hora para tal diligência, e nomear um curador, a quem caberá a guarda e administração da herança.

A arrecadação poderá ser realizada pessoalmente pelo juiz ou, como é mais comum, por autoridade policial, acompanhada por duas testemunhas (art. 740, § 1º). O Ministério Público e a Fazenda Pública deverão ser intimados da diligência, mas não precisarão estar presentes para sua validade.

Na diligência, os bens do falecido serão arrecadados e descritos em um termo circunstanciado. O curador acompanhará a diligência ou, ainda que não tenha sido nomeado, os bens serão entregues a um depositário provisório, mediante termo nos autos (art. 740, § 2º).

Durante a diligência, o juiz examinará reservadamente os papéis, as cartas missivas, os livros domésticos e quaisquer outros documentos encontrados, separando o que é importante para o processo. Verificando que não há interesse, o juiz os lacrará e os guardará.

Ainda durante a diligência, serão inquiridos moradores de casas vizinhas sobre qualificação do falecido, o paradeiro dos sucessores e a existência de outros bens, lavrando-se auto de inquirição e informação (art. 740, § 3º).

A arrecadação não será feita (ou será suspensa, se já iniciada) se aparecer cônjuge, herdeiro ou testamenteiro para reclamar os bens do falecido e não houver oposição do curador, do Ministério Público e da Fazenda Pública (art. 740, § 6º).

Encerrada a arrecadação, o juiz determinará a expedição de edital, que será publicado preferencialmente no *site* do Tribunal em que tramita o processo e na plataforma específica para esse fim no endereço eletrônico do CNJ (art. 741). Alternativamente, pode ser publicado três vezes, com intervalo de um mês entre cada publicação, no *Diário Oficial* e na imprensa da comarca.

A finalidade do edital é convocar os sucessores do finado para que venham a se habilitar no prazo de seis meses, contados da primeira publicação. Se for verificada a existência de herdeiro ou testamenteiro em local certo, será feita a sua citação pessoal (art. 741, § 1º). Se o *de cujus* for estrangeiro, será feita comunicação à autoridade consular (art. 741, § 2º).

Habilitado algum herdeiro, reconhecida a qualidade de testamenteiro ou provada a identidade de cônjuge, o juiz determinará a conversão do processo de arrecadação da herança em inventário e partilha (art. 741, § 3º). Os credores da herança poderão se habilitar, então, no inventário (art. 741, § 4º).

Prosseguindo a arrecadação, o juiz determinará a alienação dos bens móveis cuja conservação seja difícil ou dispendiosa, de títulos e papéis de crédito em que haja receio de depreciação e de bens imóveis que ameacem ruína (art. 742, I a V).

---

[2] Herança jacente. Legitimidade ativa do juiz. Poderes de instauração e instrução do procedimento. Poder dever do magistrado. REsp 1.812.459/ES, rel. Min. Marco Aurélio Bellizze, 3ªT., por unanimidade, j. 9-3-2021. *Informativo STJ* n. 688.

Não serão alienados antecipadamente bens com valor de afeição, como as obras de arte e livros, que só poderão ser vendidos após a declaração de vacância (art. 742, § 2º).

Passado um ano da primeira publicação de edital, e não havendo herdeiro habilitado, será proferida sentença de declaração de vacância da herança (art. 743, *caput*). Transitada em julgado a sentença de vacância, os herdeiros e credores só poderão postular seus direitos por demandas autônomas, como a ação de petição de herança, no caso dos herdeiros, e a ação de cobrança, no caso dos credores (art. 743, § 2º).

Essas demandas deverão ser ajuizadas em face do Município, ou do Distrito Federal, ou da União, no caso de arrecadação de Território Federal, perante o juízo que seja competente para julgar causas em que seja parte a Fazenda Pública.

21.5 ADMINISTRAÇÃO DA HERANÇA

A administração da herança compete ao curador, nomeado pelo juiz no início do processo. O curador permanece com a guarda, administração e conservação dos bens que compõem a herança até que haja sucessores regularmente habilitados ou até a declaração de vacância, quando os bens serão entregues ao patrimônio público.

Incumbe ao curador representar a herança jacente, em juízo ou fora dele, com assistência do Ministério Público, atuando como *custos legis*.

Também incumbe ao curador a guarda e conservação dos bens arrecadados, bem como promover a arrecadação de outros porventura existentes, complementando a arrecadação já realizada, e prestar contas ao final do processo.

Aplica-se ao curador a mesma disciplina prevista para o depositário e para o administrador de bens penhorados. Trata-se, assim, de função remunerada e que deve ser reembolsada pelas despesas que tiver no exercício do encargo, sujeita à responsabilidade por reparação civil de atos danosos praticados culposa ou dolosamente.

21.6 DECLARAÇÃO DE VACÂNCIA

O procedimento de arrecadação da herança jacente é uma preparação da incorporação, pelo Poder Público, dos bens do morto sem herdeiros.

A administração dos bens pela Fazenda Pública, após declaração de vacância, não prejudica o interesse dos sucessores que, nos cinco anos seguintes ao trânsito em julgado da sentença, ajuízem ação com pretensão de receber aquilo a que têm direito, não mais contra o espólio ou seu curador, mas em face do Estado.

Somente após cinco anos do trânsito em julgado da sentença de vacância é que se poderá considerar que os bens estão, em definitivo, incorporados ao patrimônio público, sendo que isso ocorre em caráter retroativo à data da abertura da sucessão.

Questão que se impõe é a influência da declaração de vacância de bem usucapiendo ou usucapido. No caso de ser aberta a sucessão hereditária do titular do domínio sobre o bem usucapiendo, antes da ocorrência da usucapião, a eficácia retroativa da sentença declaratória de vacância fadará a pretensão de usucapião ao insucesso.

Já no caso de serem implementados os requisitos de usucapião antes da abertura da sucessão hereditária do proprietário do bem usucapiendo, a declaração de vacância não afetará o direito do usucapiente, ainda que a sentença proferida em favor deste seja posterior àquela de declaração.

Os papéis, as cartas missivas, os livros domésticos e quaisquer outros documentos encontrados que foram considerados sem importância para o processo serão, nesse momento, queimados pelo não comparecimento de sucessor.

Capítulo 22
BENS DO AUSENTE

22.1 NOÇÕES GERAIS

O procedimento especial que cuida "*Dos bens de ausentes*" está regulado nos arts. 744 e 745 do CPC. Ausente é aquele que desaparece de seu domicílio sem deixar representante a quem caiba administrar-lhe os bens (art. 22 do CC). A figura da ausência objetiva disciplinar a sucessão sobre os bens da pessoa desaparecida, bem como a administração desses bens.

Dessa forma, o procedimento previsto no Código é o meio pelo qual se busca a "declaração da ausência" quando alguém houver desaparecido sem deixar representantes habilitados a administrar os bens; ou, havendo a figura do representante (mandatário), esse não queira ou não possa administrá-los.

São necessários, portanto, três requisitos para que se dê a arrecadação dos bens do ausente:

1) que a pessoa tenha desaparecido de seu domicílio sem deixar notícia;

2) que o desaparecido tenha deixado bens;

3) que não haja administrador para gerir esses bens, seja por não ter sido nomeado, seja porque o nomeado não pode ou não quis aceitar o encargo.

Preenchidos os requisitos, o procedimento se desenvolverá em três etapas distintas, que são:

1) nomeação de curador[1] e arrecadação de bens abandonados, bem como convocação editalícia do ausente para retomar a posse de seus bens (arts. 744 e 745, *caput*);

2) não comparecendo o ausente, procede-se à abertura da sucessão provisória entre seus herdeiros (art. 745, §§ 1º e 2º);

3) não comparecendo o ausente e não restando comprovada a sua morte efetiva, converte-se a sucessão provisória em definitiva, com a presunção de morte do desaparecido (art. 745, § 3º).

22.2 COMPETÊNCIA

É competente para a arrecadação dos bens do ausente o juízo do foro de seu último domicílio (art. 49). Sendo incerto seu último domicílio, será o lugar da situação dos bens imóveis (art. 48, parágrafo único). Se houver imóveis situados em mais de uma comarca, poderá tramitar em qualquer delas. Se não houver bens imóveis, qualquer dos foros em que estejam os bens do ausente.

Havendo bens em outro foro, o juiz determinará a expedição de precatória para a arrecadação dos bens pelo juízo deprecado.

22.3 PROCEDIMENTO

Instaura-se o procedimento por meio de petição inicial, elaborada por qualquer interessado ou pelo Ministério Público, informando ao juízo a ocorrência do desaparecimento de alguém de seu

---

[1] O curador do ausente, denominado curatela do ausente, não se confunde com a curadoria do ausente. Enquanto esta está prevista no art. 72 do CPC e se destina a atuar processualmente em prol do réu revel fictamente citado, aquele é instituto de direito material, que se destina a administrar os bens do ausente, impedindo o perecimento de seus bens.

domicílio, deixando bens sem representante para administrá-los (art. 744). A instauração também poderá ocorrer de ofício, se o juiz tiver ciência da ocorrência.

Instaurado o procedimento, o juiz declarará a ausência e mandará arrecadar os bens, nomeando curador para o ausente, na forma do estabelecido para a arrecadação da herança jacente (art. 744, *in fine*).

Feita a arrecadação, o juiz mandará publicar e manter disponível edital, durante um ano, no *site* do Tribunal que processa o feito e na página do CNJ voltada a esse fim (art. 745, *caput*). Caso não existam tais meios eletrônicos, devem os editais ser divulgados a cada dois meses, durante um ano (art. 745, *caput*, *in fine*). Seja como for, deverá se anunciar a arrecadação e chamar o ausente para retomar a posse de seus bens.

Se, nesse prazo, comparecer o ausente, seu procurador ou representante, estará cessada a curadoria, sendo extinto o processo por sentença. Estará encerrada também pela certeza de sua morte ou pela sucessão provisória. Nesta última hipótese, terá início o procedimento de inventário e partilha.

Após um ano da publicação do primeiro edital sem notícia do ausente ou de representante, poderá ser iniciada, a requerimento dos interessados, a abertura da sucessão provisória.

São considerados interessados, nos termos do art. 27 do Código Civil, o cônjuge não separado judicialmente, os herdeiros legítimos, aquele que tiver sobre os bens do ausente direito subordinado à condição morte e testamentários, os credores de obrigações vencidas e não pagas.

Ultrapassado o prazo de um ano e não havendo interessados na sucessão provisória, caberá ao Ministério Público requerer sua abertura.

A abertura da sucessão provisória se inicia com o requerimento de citação pessoal dos herdeiros presentes e do curador do ausente e de citação por edital dos herdeiros ausentes, para se habilitarem (art. 745, § 2º). Por presentes, entendem-se os residentes na comarca e por ausentes os não residentes na comarca ou que estão em local incerto e não sabido.

A habilitação dos herdeiros obedecerá ao procedimento do art. 690, devendo os herdeiros juntar prova de sua qualidade no prazo de cinco dias, contados da data da juntada do último mandado de citação aos autos ou termo final do prazo do edital.

Após a juntada da petição de habilitação, o juiz deverá decidi-la de plano, salvo se for impugnada e necessitar de prova diversa da documental para sua apreciação (art. 691).

Assim que a sentença transitar em julgado terá início o procedimento de inventário e partilha. Passados trinta dias do trânsito em julgado sem que apareçam os herdeiros, a herança será considerada jacente.

A sucessão provisória cessará pelo reaparecimento do ausente ou por sua conversão em sucessão definitiva, que se dá nos casos de:

1) certeza da morte do ausente;

2) dez anos após o trânsito em julgado da sentença de abertura da sucessão provisória;

3) se o ausente já tiver mais de 80 anos, se já houver mais de cinco anos sem notícias suas.

Na hipótese de reaparecimento do ausente nos primeiros dez anos após a abertura da sucessão definitiva, poderá ele pleitear a entrega dos bens no estado em que se encontram, sem direito a frutos, rendimentos ou a compensação por deteriorações.

Para isso, serão citados para contestar o pedido os sucessores, o Ministério Público e a Fazenda Pública. Se ninguém contestar, o juiz apreciará a situação e decidirá de plano, com base nos elementos dos autos.

Já se houver contestação, seguir-se-á o procedimento comum (art. 745, § 4º), surgindo, a partir de um procedimento de jurisdição voluntária, um incidente contencioso.

Passados mais de dez anos da sucessão definitiva, nenhum direito poderá mais ser reclamado, pelo ausente, dos herdeiros beneficiados pela partilha com a presunção de morte.

A sentença que declara a ausência definitiva gera os seguintes efeitos:

1) o ausente é considerado morto, transformando-se em definitiva a sucessão, com o levantamento da caução prestada pelos herdeiros por ocasião da imissão na posse do bem (art. 30 do CC);

2) caso o ausente compareça, receberá os bens no estado em que se acharem, os sub-rogados em seu lugar ou o preço que os herdeiros e demais interessados houverem recebido pelos alienados depois daquele tempo;

3) os filhos menores do ausente ficarão submetidos ao poder familiar do outro genitor. Caso este outro tenha falecido ou não possa, por qualquer razão, exercer o poder familiar, será nomeado curador aos menores;

4) averbada a sentença no Registro Civil, presumir-se-á a morte do desaparecido para todos os fins, inclusive matrimoniais, sucessórios e previdenciários (art. 74, III, da Lei n. 8.213/91).

Capítulo 23
COISAS VAGAS

23.1 NOÇÕES GERAIS

Coisa vaga é a coisa perdida pelo dono e achada por outrem (arts. 1.233 a 1.237 e 1.264 a 1.266 do CC). Aquele que acha a coisa perdida (descobridor) não se transforma em dono, devendo restituir a coisa encontrada ao dono ou ao seu legítimo possuidor[1].

O procedimento está previsto no art. 746 do CPC e objetiva permitir a entrega, arrecadação, devolução ou alienação de coisa perdida ao seu dono ou legítimo possuidor.

Aplica-se a coisas móveis, isto é, joias, títulos de crédito, veículos etc. No art. 1.175 do CPC/73, também se previa expressamente a aplicação aos objetos deixados nos hotéis, oficinas ou outros estabelecimentos, que não forem reclamados dentro de um mês. O CPC não reproduziu a disposição, talvez por entender que tais bens já se encontrariam englobados dentro do requisito geral, de desconhecimento do dono do objeto.

Achando coisa perdida de pessoa desconhecida, o descobridor deverá entregá-la à autoridade judicial ou policial, que irá lavrar o auto e remeter a coisa ao juiz competente; uma vez depositada a coisa, determinará a publicação de edital para que seja oportunizado ao legítimo dono ou possuidor reclamar a coisa. Suspeitando-se de que a coisa é fruto de subtração criminosa, a autoridade policial converterá a arrecadação em inquérito.

23.2 LEGITIMIDADE E COMPETÊNCIA

O procedimento tem início por aquele que encontrou a coisa (art. 746).

Será competente para processar e julgar o feito o local onde ocorreu a descoberta (art. 1.233, parágrafo único, do CC). Havendo suspeita de que a coisa seja produto de crime, será competente o juízo criminal do foro da descoberta.

23.3 PROCEDIMENTO

Quem acha a coisa perdida e desconhece seu dono ou possuidor deve comparecer à autoridade policial ou judiciária da comarca para fazer a respectiva entrega. Caso se saiba quem é o dono, não haverá que tratar deste procedimento, devendo entregá-la diretamente a ele.

No ato da entrega à autoridade policial, o escrivão lavrará auto de arrecadação, do qual constarão a descrição da coisa e declarações sobre as circunstâncias da descoberta (art. 746, *caput*, do CPC).

Depois, serão enviados o bem e o auto de arrecadação lavrado pela autoridade policial ao juízo competente, sendo a coisa entregue a um depositário.

Caso, porém, o dono apareça quando a coisa ainda estiver em sede policial, poderá ser-lhe diretamente entregue, dando-se o procedimento por encerrado.

Quando for entregue diretamente à autoridade judiciária, aqui se inicia o procedimento ora em estudo, nomeando-se o depositário.

---

[1] Gajardoni et al., 2016, p. 1289.

Efetivado o depósito, o juiz mandará publicar edital no sítio do respectivo Tribunal e na plataforma do CNJ. Não havendo, será publicado no órgão oficial, para que o dono ou possuidor a reclame.

O edital conterá a descrição da coisa e as circunstâncias em que fora encontrada. Sendo de baixo valor, a publicação do edital não se dará na imprensa, mas apenas no fórum (art. 746, § 2º).

Essas são as disposições do CPC sobre o procedimento, remetendo-se, no demais, à lei material (art. 746, § 3º).

Comparecendo o dono ou o legítimo possuidor no prazo do edital, e provando seu direito, o juiz, após ouvir o Ministério Público e a Fazenda Pública Municipal, mandará que a coisa lhe seja entregue, extinguindo-se, assim, o processo.

O Município poderá abrir mão do bem em favor do possuidor se seu valor for diminuto (art. 1.237, parágrafo único, do CC).

Tratando-se de coisa sem dono, o descobridor, isto é, quem a encontrou, poderá requerer que lhe seja adjudicada, já que sobre esta a ocupação do descobridor é forma de aquisição do domínio (art. 1.263 do CC).

Não havendo requerimento de adjudicação pelo descobridor ou não sendo reclamada a coisa no prazo do edital, o juiz determinará sua avaliação e alienação em hasta pública. Uma vez alienada, deverá o juiz deduzir do valor as despesas processuais, as despesas do depósito e a recompensa de quem a encontrou. O saldo será do município ou do Distrito Federal (art. 1.237 do CC).

O descobridor tem por direito uma recompensa não inferior a 5% do valor da coisa, que será arbitrada pelo juiz, nos termos do art. 1.234 do CC, e indenização pelas despesas que houver feito com a sua conservação e com o seu transporte (art. 1.234 do CC).

Havendo fundada suspeita de que a coisa não foi perdida, mas subtraída por ato criminoso, a arrecadação deverá ser convertida em inquérito policial, caso em que caberá mandar entregá-la a quem provar ser o proprietário ou possuidor.

Capítulo 24
INTERDIÇÃO

24.1 NOÇÕES GERAIS

O procedimento especial de jurisdição voluntária *Interdição*, denominado *Da curatela de interditos no CPC/1973*, está previsto do art. 747 ao art. 758 do CPC, e visa declarar a interdição e a curatela daqueles que não estejam hábeis a exercer os atos da vida civil.

Aplica-se também aos viciados em tóxico, aos ébrios habituais, dentre outras hipóteses previstas no Código Civil que não sejam motivadas pela idade.

Registre-se que o Estatuto da Pessoa com Deficiência (Lei Federal n. 13.146/2015) alterou a redação dos arts. 3º e 4º do Código Civil, excluindo a referência aos portadores de enfermidade ou deficiência mental.

Dessa forma, trata-se de procedimento judicial adequado ao reconhecimento da incapacidade de quem não consiga enunciar com precisão sua vontade, com o fim de instituir-lhe um curador.

Discute-se a natureza jurídica da atividade exercida pelo Estado-juiz na interdição. Há quem defenda ser um procedimento de jurisdição voluntária[1], afirmando que, nesse procedimento, o juiz não decidiria diante de duas partes, mas sim diante de um único interesse, o do incapaz; há quem afirme ser de jurisdição contenciosa[2], pois haveria a pretensão de submeter uma pessoa à curatela, e há quem diga que seria um procedimento híbrido, processo misto de jurisdição voluntária e de jurisdição contenciosa.

24.2 LEGITIMIDADE

Nos termos dos arts. 747 do CPC e 1.768 do CC, têm legitimidade para propor a ação os parentes, o tutor, o cônjuge ou companheiro, o representante da entidade em que se encontra abrigado o interditando e o Ministério Público, este quando não houver qualquer das pessoas referidas anteriormente; se houver, mas forem incapazes; ou, ainda, se as pessoas que houver não a promoverem (art. 748 do CPC). Em qualquer dos casos, é necessário que haja doença mental grave para justificar a intervenção ministerial[3].

O Estatuto da Pessoa com Deficiência (Lei Federal n. 13.146/2015) incluiu o inciso IV no art. 1.768 do Código Civil, com vistas a prever a legitimidade da própria pessoa para instaurar o processo de curatela.

Para o cônjuge, não importa o regime de bens, nem a condição de separado para o requerimento de curatela. Tais questões só são relevantes para o exercício da atribuição de curador.

O tutor só poderá ser legitimado se o órfão for maior de 16 anos ou o tutelado tiver atingido os 18 anos.

A maior inovação do CPC foi trazer a legitimação para o representante da entidade em que o abrigando se encontra. A hipótese busca abarcar pessoas incapazes que acabaram abandonadas pelos

---

[1] Theodoro Jr., 2017a, p. 476.
[2] Lacerda, 1998, p. 430-432.
[3] Carneiro; Pinho, 2016, p. 431.

demais legitimados, tendo em vista a dificuldade material de o Ministério Público tomar ciência e poder ajuizar a ação como legitimado residual.

24.3 COMPETÊNCIA

Não havendo no CPC regra específica para competência, prevalece a regra geral do art. 46 do Código, sendo competente o juízo do domicílio do interditando. Esse critério é relativo, o que significa dizer que, sendo a demanda de interdição proposta em outra comarca, e não arguida a incompetência, prorrogar-se-á a competência do juízo originariamente incompetente.

24.4 PROCEDIMENTO

Inicia-se o procedimento pela apresentação, em juízo, da petição inicial. Além dos requisitos genéricos, o demandante deverá afirmar sua legitimidade, especificar os fatos que revelam a incapacidade de quem pretende interditar e assinalará a impossibilidade de reger sua pessoa e seus bens. É sempre interessante, ainda, a juntada de atestados médicos, para evitar procedimentos infundados.

Estando em termos a petição inicial, o interditando será citado pessoalmente para comparecer perante o juiz, em dia e hora designados pelo magistrado (art. 751)[4].

Não cabe a citação por edital nem por hora certa. Poderá, ainda, nomear advogado para patrociná-lo ou, não o fazendo, ter nomeado curador especial em sua defesa (art. 752, § 2º). Qualquer parente sucessível, o cônjuge ou o companheiro podem se habilitar como assistentes, caso o interditando não constitua patrono para a causa (art. 752, § 3º).

Não se aplica o art. 1.770 do CC, que afirma que, no caso de ser a interdição proposta pelo Ministério Público, deverá o juiz nomear defensor para o interditando. Independentemente de quem tenha proposto a interdição, o interditando poderá escolher qualquer advogado que o defenda. Sendo outro o demandante, o Ministério Público atuará como *custos legis* (art. 752, § 1º).

Esse comparecimento perante o juiz é a audiência prévia, em que o magistrado pode interrogar o interditando quanto aos seus bens, vida, negócios etc.

Após a audiência, o interditando terá quinze dias para impugnar o pedido (art. 752, *caput*). Permanecendo inerte ou não, o juiz nomeará perito para proceder ao exame do interditando (art. 753). Apresentando o laudo e ouvidas as partes, será designada a audiência de instrução e julgamento (art. 754).

Sendo julgado procedente o pedido de interdição, o juiz, na sentença, nomeará curador para o interditando (art. 755). Em face dessa sentença é cabível o recurso de apelação, sem efeito suspensivo (arts. 1.012, § 1º, VI, do CPC e 1.773 do CC/2002), devendo esta ser inscrita em registro civil (art. 92 da Lei n. 6.015/73).

Ainda, deve permanecer no site do Tribunal e do CNJ por dez meses, ser publicada uma vez na imprensa oficial e pela imprensa local por três vezes, com intervalo de dez dias entre cada publicação, constando o nome do interdito e de seu curador, a causa de interdição e os limites da curatela (art. 755, § 3º, do CPC).

O Estatuto da Pessoa com Deficiência inseriu o art. 1.775-A no Código Civil, com vistas a prever a possibilidade da instituição, pelo juiz, da curatela compartilhada, sendo nomeada mais de uma pessoa como curadora do portador de deficiência.

---

[4] O STJ já decidiu que a ausência de interrogatório enseja a nulidade do processo de interdição (REsp 1.686.161-SP, rel. Min. Nancy Andrighi, por unanimidade, j. 12-9-2017, *DJe* 15-9-2017, *Informativo STJ*, n. 611).

O referido Estatuto prevê, em seu art. 9º, VII, prioridade de tramitação dos processos judiciais e administrativos de que seja parte ou interessada pessoa portadora de deficiência.

24.5 SENTENÇA

Discute-se a natureza da sentença que julga procedente o pedido de interdição, havendo quem afirme ser meramente declaratória[5] e quem afirme ser constitutiva[6].

O objeto da interdição não é a constituição do estado de incapaz. Esse estado já existe e permanece mesmo após a sentença.

A discussão está apenas e tão somente no fundamento da sentença, sendo o seu objeto a instituição de um curador para o interdito, ou se o objeto de sua parte dispositiva é realmente a declaração da incapacidade.

Na sentença, o juiz poderá decretar a interdição parcial ou total do promovido. Seus efeitos serão:

a) nomeação de curador e assunção da curatela;

b) inscrição no Registro Civil;

c) publicação de editais.

A sentença não é objeto de ação rescisória, podendo se renovar o pedido com base em provas novas e mediante demonstração do atual estado do paciente.

24.6 LEVANTAMENTO DA INTERDIÇÃO

A curatela é disposição que se protrai no tempo, devendo ser interpretada *rebus sic stantibus*, ou seja, ocorrendo fato novo, pode ser que constitua a causa de pedir de demanda nova, sendo necessário o levantamento da interdição.

Basta que a anomalia desapareça para que se possa pedir tal levantamento. Tal possibilidade é fenômeno idêntico ao que acontece na exoneração de alimentos ou no pedido de revisão de aluguel.

O art. 756, § 1º, atribui legitimidade para o pedido de levantamento da curatela ao próprio interdito, seu curador ou ao Ministério Público; contudo, segundo entendimento do STJ, esse rol não é taxativo[7].

O juiz nomeará perito para examinar o interditando e, após a apresentação do laudo, designará audiência de instrução e julgamento. Depois, será proferida sentença. A sentença que levantar a interdição, após o trânsito em julgado, também deverá ser publicada e averbada no Registro Civil de Pessoas Naturais.

De observar que o STJ[8] vem entendendo cabível a impetração de *habeas corpus* para reparar constrangimento ilegal à liberdade de locomoção decorrente de decisão proferida por juízo cível que tenha determinado, no âmbito de ação de interdição, a internação compulsória.

24.7 O CURADOR

Nomeado o curador – ou curadores, em caso de curatela compartilhada –, ele será intimado para prestar compromisso no prazo de cinco dias. Prestado o compromisso, deverá o curador reque-

---

[5] Pereira, 1997, p. 257.

[6] Oliveira, 1999, p. 133-134.

[7] "Ação de levantamento de curatela. Propositura por terceiros juridicamente interessados. Possibilidade. Legitimados. Art. 756, § 1º, do CPC. Rol de natureza não exaustiva" (REsp 1.735.668-MT, rel. Min. Nancy Andrighi, por unanimidade, j. 11-12-2018, *DJe* 14-12-2018, *Informativo STJ*, n. 640).

[8] HC 135.271-SP, rel. Min. Sidnei Beneti, j. 17-12-2013, *Informativo STJ*, n. 533.

rer a especialização da hipoteca legal, procedimento que ainda será abordado para acautelar os bens imóveis que assegurarão a sua administração. Não sendo demandada a hipoteca legal pelo curador, caberá ao Ministério Público promovê-la.

O Ministério Público regerá o incapaz até que seja promovida a hipoteca legal ou deixar o curador fazê-lo, desde que este preste, desde logo, caução, dispensando-a após a instituição da hipoteca legal.

O curador poderá ainda ser removido, a pedido do Ministério Público ou de outros interessados, nos casos previstos em lei, dispostos nos arts. 1.735 e 1.766 do CC. Nesse caso, o curador será citado para responder à remoção no prazo de cinco dias.

Posteriormente, seguir-se-á o procedimento comum sendo permitido ao juiz, em caso de extrema gravidade, suspender o exercício das funções do curador, nomeando outro que o substitua.

24.8 DISPOSIÇÕES COMUNS À TUTELA E À CURATELA

Só as pessoas capazes têm aptidão para praticar os atos da vida civil. Os incapazes são tutelados por meio da representação ou da assistência. O CPC regula, em seus arts. 759 a 763, uma série de disposições comuns a tutores e curadores. Material e processualmente, o múnus da curatela se equipara ao da tutela. Assim, todo o regramento de investidura e remoção do curador do interdito é aplicável, também, aos tutores.

A nomeação de curador é ato do juiz, na sentença de interdição. Já a nomeação de tutor pressupõe o falecimento ou a ausência de ambos os cônjuges, ou, ainda, perda ou destituição do poder familiar, nem sempre necessitando de interferência judicial.

Caso a nomeação de tutor seja judicial, tanto tutor como curador devem prestar compromisso perante a autoridade judicial, no prazo de cinco dias (art. 759). A nomeação de tutor ou curador ficará sem efeito se eles não puderem garantir a sua gestão.

A investidura de ambos está sujeita à mesma disciplina legal, prevista nos arts. 759 a 763 do CPC, e, para isso, está sujeita a requererem a prestação de cauções, salvo se forem pessoas de reconhecida idoneidade (art. 1.745 do CC).

Mesmo reconhecida a idoneidade, poderá ocorrer de o juiz, à luz do caso concreto, exigir que se preste a caução devida. Exigida a garantia e não sendo ela prestada, a nomeação do tutor ou do curador ficará sem efeito.

Qualquer escusa do encargo deverá ser apresentada ao juiz, no prazo de cinco dias, a contar (art. 760): da intimação para prestar compromisso, se a escusa for anterior à aceitação do encargo; ou do dia em que sobrevier o motivo da escusa, se for após sua entrada em exercício.

O pedido de escusa será decidido de plano pelo juiz e, não sendo aceito, o nomeado permanecerá no exercício do cargo até ser deliberado por sentença transitada em julgado, já que o recurso não possui efeito suspensivo.

Algumas pessoas, porém, são proibidas de exercer tal encargo. Não se trata de mera escusa, mas sim de circunstância pessoal, moral ou profissional que as impede da função e, caso a estejam exercendo, deverão ser removidas, por ocasião do requerimento do Ministério Público ou de qualquer interessado.

São os casos previstos nos arts. 1.735, 1.764, III, 1.766 e 1.774 do CC:

a) as pessoas que também sejam incapazes[9];

---

[9] Registre-se que o Estatuto da Pessoa com Deficiência dispõe, em seu art. 6º, que o portador de deficiência pode exercer a tutela e a curatela.

b) os credores ou devedores do tutelado ou curatelado, bem como as pessoas que tenham pais, filhos ou cônjuges demandando contra o incapaz;

c) os inimigos do incapaz;

d) as pessoas condenadas por crime de furto, roubo, estelionato, falsidade, crime contra a família ou contra os costumes, tenham ou não cumprido pena;

e) as pessoas de mau procedimento ou falhas em probidade e as culpadas de abuso em tutorias ou curadorias anteriores;

f) aquelas que exerçam função pública incompatível com a boa administração da tutela ou da curatela.

Será também caso de remoção quando o tutor ou curador praticarem atos sem a prévia autorização judicial (arts. 1.748 e 1.774 do CC) ou, ainda, deixarem de praticar qualquer ato a que estavam legalmente obrigados.

Formulado o requerimento de remoção, o tutor ou curador será citado para contestá-lo, no prazo de cinco dias, ficando assegurado seu direito à ampla defesa (art. 761). Permanecendo inerte, presumir-se-ão verdadeiros os fatos que lhe são imputados, devendo o juiz decidir em cinco dias.

Se oferecida a contestação, segue-se o rito comum (art. 761, parágrafo único), sendo designada audiência de instrução e julgamento e produzidas as provas pertinentes, sendo, após, julgado o pedido.

A função do tutor e do curador possui duração de dois anos. Decorrido o prazo, poderá ser requerida sua dispensa, no prazo de dez dias, contados da data em que expirou o prazo de exercício (arts. 1.765 e 1.774 do CC).

Sendo interesse do tutor ou do curador – e também conveniente para o incapaz –, poderá haver continuação do mesmo tutor ou curador após consumado o biênio.

24.9 A NOVA SISTEMÁTICA TRAZIDA PELA LEI DE INCLUSÃO DA PESSOA COM DEFICIÊNCIA (LEI N. 13.146/2015)

Em julho de 2015, por força da Lei n. 13.146/2015, que instituiu o Estatuto da Pessoa com Deficiência, também denominada Lei Brasileira de Inclusão da Pessoa com Deficiência, diversos dispositivos do Código Civil foram alterados, entre eles:

a) o art. 3º passa a tratar como absolutamente incapazes apenas os menores de 16 anos, tendo sido revogados os incisos I a III;

b) o art. 4º, III, passa a tratar como relativamente incapazes aqueles que, por causa transitória ou permanente, não puderem exprimir sua vontade;

c) o art. 228, § 2º, passa a dispor que a pessoa com deficiência poderá testemunhar em igualdade de condições com as demais pessoas, sendo-lhe assegurados todos os recursos de tecnologia assistiva;

d) o art. 1.768, IV, autoriza que o processo que define os termos da curatela deve ser promovido inclusive pela própria pessoa com deficiência;

e) o art. 1.769 define a legitimidade do Ministério Público para propor a ação de interdição apenas nos casos de deficiência mental ou intelectual, ou quando os demais interessados forem menores ou incapazes;

f) o art. 1.771 determina que antes de se pronunciar acerca dos termos da curatela, o juiz deverá ser assistido por equipe multidisciplinar e entrevistar pessoalmente o interditando;

g) o art. 1.772 prevê que o juiz deverá estabelecer os limites da curatela, em observância às restrições previstas no art. 1.782. O parágrafo único do art. 1.772 dispõe ainda que, para a escolha do curador, o juiz levará em conta a vontade e as preferências do interditando, a ausência de conflito de interesses e de influência indevida, a proporcionalidade e a adequação às circunstâncias da pessoa;

h) o art. 1.775-A é inserido no CC com o objetivo de criar a curatela compartilhada;

i) por fim, é inserido o art. 1.783-A, que cria o procedimento da tomada apoiada de decisão[10].

Ocorre que o art. 1.072, II, do CPC revoga, entre outros, os arts. 1.768 a 1.773 do Código Civil.

Como, em 18 de março de 2016, os dispositivos do Código Civil já haviam sido alterados pelo Estatuto da Pessoa Portadora de Deficiência, numa interpretação literal, as inovações apontadas nos itens "d", "e", "f" e "g" teriam que ser simplesmente desconsideradas.

Entretanto, não custa lembrar que a Lei n. 13.146/2015, como esclarece o parágrafo único de seu art. 1º, tem como base a Convenção sobre os Direitos das Pessoas com Deficiência e seu Protocolo Facultativo, ratificados pelo Congresso Nacional por meio do Decreto Legislativo n. 186, de 9 de julho de 2008, em conformidade com o procedimento previsto no § 3º do art. 5º da Constituição da República Federativa do Brasil, em vigor para o Brasil, no plano jurídico externo, desde 31 de agosto de 2008, e promulgados pelo Decreto n. 6.949, de 25 de agosto de 2009, data de início de sua vigência no plano interno.

Ademais, a Lei n. 13.146/2015 traz dispositivos afinados com o Princípio da Dignidade da Pessoa Humana, de forma a viabilizar tutela efetiva aos direitos dos portadores de deficiência. Como exemplos, podemos referir os seguintes dispositivos que garantem:

a) art. 1º, *caput*: a promoção, em condições de igualdade, do exercício dos direitos e das liberdades fundamentais por pessoa com deficiência, visando à sua inclusão social e cidadania;

b) art. 4º: que toda pessoa com deficiência tem direito à igualdade de oportunidades com as demais pessoas e não sofrerá nenhuma espécie de discriminação;

c) art. 6º: que a deficiência não afeta a plena capacidade civil da pessoa, inclusive para: I – casar-se e constituir união estável; II – exercer direitos sexuais e reprodutivos; III – exercer o direito de decidir sobre o número de filhos e de ter acesso a informações adequadas sobre reprodução e planejamento familiar; IV – conservar sua fertilidade, sendo vedada a esterilização compulsória; V – exercer o direito à família e à convivência familiar e comunitária; e VI – exercer o direito à guarda, à tutela, à curatela e à adoção, como adotante ou adotando, em igualdade de oportunidades com as demais pessoas;

d) art. 84: que a pessoa com deficiência tem assegurado o direito ao exercício de sua capacidade legal em igualdade de condições com as demais pessoas;

e) art. 85: que a curatela afetará tão somente os atos relacionados aos direitos de natureza patrimonial e negocial;

f) art. 85, § 1º: que a definição da curatela não alcança o direito ao próprio corpo, à sexualidade, ao matrimônio, à privacidade, à educação, à saúde, ao trabalho e ao voto;

g) art. 85, § 2º: que a curatela constitui medida extraordinária, devendo constar da sentença as razões e motivações de sua definição, preservados os interesses do curatelado.

E, por fim, o CPC, quando editado e publicado, faz referência à redação original dos dispositivos do Código Civil, antes que eles pudessem ser alterados pela Lei n. 13.146/2015.

---

[10] "Art. 1.783-A. A tomada de decisão apoiada é o processo pelo qual a pessoa com deficiência elege pelo menos 2 (duas) pessoas idôneas, com as quais mantenha vínculos e que gozem de sua confiança, para prestar-lhe apoio na tomada de decisão sobre atos da vida civil, fornecendo-lhes os elementos e informações necessários para que possa exercer sua capacidade".

Quando o Código entra em vigor, os dispositivos já não eram mais aqueles, pois haviam sido já modificados pela Lei n. 13.146.

Assim, parece que o mais adequado é buscar uma interpretação sistemática, levando em consideração as normas mais favoráveis ao interditando.

Nesse sentido, Flávio Tartuce[11] ressalta a necessidade de interpretar adequadamente o Estatuto da Pessoa com Deficiência e o CPC, para tentar amenizar os efeitos de um verdadeiro "atropelamento legislativo".

Assim sendo, devem ser levados em consideração os seguintes tópicos:

i) O art. 747 do CPC deve ser lido em consonância com a nova redação do art. 1.768, IV, do CC, reconhecendo-se legitimidade para que o próprio interditando dê início ao procedimento, além das outras pessoas ali mencionadas.

Não custa lembrar que a Lei n. 10.216/2001 prevê, em seu art. 6º, parágrafo único, I, a modalidade de internação voluntária.

ii) O art. 748 terá que ser compatibilizado com o art. 1.769 do CC que se refere a deficiência mental ou intelectual, e não apenas a "doença mental grave" como faz o dispositivo do CPC.

iii) O art. 749 terá que ser interpretado de forma a abranger também a figura do procedimento de tomada apoiada de decisão. Dessa forma, parece que a interdição deve ser a última das soluções, razão pela qual a exordial deverá ser guarnecida com elementos capazes de convencer o magistrado de que a hipótese é de fato grave e não há outra alternativa a não ser a interdição. Ademais, deverá fixar os termos exatos da interdição, dispondo sobre os atos que podem ou não ser praticados pelo incapaz, e identificar se deve ser designada a curatela compartilhada.

iv) O art. 750 deve ser lido em consonância com o novo art. 1.771 do CC, que prevê a assistência de equipe multidisciplinar ao magistrado, além da tradicional prova técnica (laudo médico)[12-13].

v) O art. 755 precisa ser compatibilizado com o art. 1.772 do CC, de modo que o juiz estabeleça os limites da curatela, o que importa em dizer que, na sentença, deve discriminar as condutas que podem ou não ser praticadas pela pessoa com deficiência. Deve ser observada, ainda, a possibilidade da fixação da curatela compartilhada na sentença (ou mesmo na tutela provisória), observado o novo art. 1.755-A.

vi) Por fim, deve ser observado o art. 87 da Lei n. 13.146/2015: "Em casos de relevância e urgência e a fim de proteger os interesses da pessoa com deficiência em situação de curatela, será lícito ao juiz, ouvido o Ministério Público, de ofício ou a requerimento do interessado, nomear, desde logo, curador provisório, o qual estará sujeito, no que couber, às disposições do Código de Processo Civil".

---

[11] Tartuce, Flávio. Alterações do Código Civil pela Lei n. 13.146/2015 (Estatuto da Pessoa com Deficiência). Repercussões para o Direito de Família e Confrontações com o Novo CPC. Parte II. Disponível em: http://www.migalhas.com.br. Acesso em: 29 set. 2015.

[12] Como bem ressalta Fredie Didier Jr.: "Nesse ponto, a harmonia do art. 751 do CPC e da nova redação do art. 1.771 do Código Civil é mais clara: ambos falam em 'entrevista do interditando', em vez de interrogatório ou exame, como se referiam o CPC-1973 e o Código Civil, respectivamente. A diferença é que o CPC-2015 havia 'permitido' que o juiz estivesse acompanhado de especialista nessa entrevista, enquanto a Lei n. 13.146/2015 impõe esse acompanhamento, e por equipe multidisciplinar (não um especialista, mas uma equipe). (...) O CPC-2015 já havia previsto a possibilidade de equipe multidisciplinar na perícia da interdição (art. 753, § 1º, CPC), regra que obviamente se estendia ao momento da entrevista" (Disponível em: http://www.frediedidier.com.br/editorial/editorial-187/. Acesso em: 15 jun. 2016).

[13] O laudo médico, previsto no art. 750 do CPC como necessário à propositura da ação de interdição, pode ser dispensado na hipótese em que o interditando resiste em se submeter ao exame. REsp 1.933.597-RO, rel. Min. Nancy Andrighi, 3ª T., por unanimidade, j. 26-10-2021, DJe 3-11-2021. Informativo STJ n. 717.

Esse dispositivo deve ser combinado com o art. 300 do CPC, que trata da tutela de urgência.

Importante observar que o juiz poderá conceder, no caso, medida de urgência cautelar ou antecipatória. Por exemplo, pode ser feito, num primeiro momento, apenas o requerimento de atendimento domiciliar multidisciplinar, tratamento ambulatorial, ou mesmo de internação (art. 18, § 4º, III, da Lei n. 13.146/2015).

Observe-se que, com relação à internação, permanece em vigor a Lei n. 10.216/2001, que prevê expressamente a internação quando os recursos extra-hospitalares se mostrarem insuficientes.

Esse requerimento tem natureza cautelar (art. 301, parte final, do CPC). Poderá ser deferido liminarmente ou após justificação prévia (art. 300, § 2º, do CPC) e servirá para viabilizar a máxima proteção ao portador de doença.

Ademais, poderá ser requerida a interdição provisória, que se constituirá em medida de urgência antecipatória. Cremos ser aplicável ao procedimento a sistemática do art. 303 do CPC, que trata da tutela antecipada antecedente, para situações emergenciais e de extrema gravidade, nas quais, por exemplo, o interditando possa vir a atentar contra a própria vida ou se converter em ameaça real aos que o cercam.

Não se exclui a possibilidade, contudo, de que o magistrado, ao se deparar com o requerimento de interdição provisória, designe audiência de justificação, e examine, juntamente com o interditando, com a equipe interdisciplinar e com os parentes e pessoas da confiança do interditando e o Ministério Público, a alternativa da tomada de decisão apoiada, na forma do art. 1.783-A do Código Civil.

Capítulo 25
ORGANIZAÇÃO E FISCALIZAÇÃO DAS FUNDAÇÕES

25.1 NOÇÕES GERAIS

O procedimento *Da organização e da fiscalização das fundações* destina-se àqueles que buscam constituir uma fundação, pelo que o instituidor deverá elaborar um estatuto ou deverá designar quem o faça.

Fundações "são pessoas jurídicas criadas por uma pessoa denominada instituidor, que, através de escritura pública ou testamento, faz a dotação especial de bens livres, especificando o fim a que se destina, e declarando, se quiser, a maneira de administrá-la"[1].

Percebe-se, então, que as fundações possuem dois requisitos essenciais para a sua existência: a) o patrimônio, que, uma vez instituído, ficará afetado às suas finalidades; e b) finalidade específica, que deve ser dirigida ao interesse geral. Uma vez inscrita no Registro Civil competente, a fundação adquire a qualidade de pessoa jurídica de direito privado (art. 45 do CC).

Tais pessoas jurídicas, com exceção das instituídas e mantidas pelo Poder Público e das que se caracterizem como entidade fechada de previdência privada[2], por sua relevância no meio social, são fiscalizadas pelo Ministério Público do estado onde se situarem.

25.2 PROCEDIMENTO

Cabe ao instituidor da fundação, ao criá-la, elaborar seu estatuto ou designar quem o faça (art. 65 do CC). Na ausência de previsão, o encargo caberá ao Ministério Público (art. 65, parágrafo único, do CC).

No primeiro caso, o estatuto será apreciado pelo Ministério Público, que deverá aprová-lo, denegar a sua aprovação ou indicar as modificações que entender necessárias, observando sempre se os bens que compõem a fundação são suficientes para alcançar os fins a que se destina.

Se aprovado pelo Ministério Público, o estatuto será levado ao Registro Civil das Pessoas Jurídicas para que se dê a aquisição da personalidade (arts. 114 a 121 da Lei n. 6.015/73).

Na hipótese de o Ministério Público indicar modificações a serem feitas no estatuto ou rejeitar sua aprovação, o interessado poderá demandar em juízo o suprimento de sua aprovação, através de demanda autônoma (art. 764, I).

Já se o estatuto for elaborado pelo Ministério Público, a função de aprovação do estatuto se desloca para o juiz, caso haja discordância de algum interessado (art. 764, II).

Com a demanda em juízo terá início, então, um procedimento de jurisdição voluntária, cujo objeto é o suprimento da autorização do Ministério Público ao estatuto da fundação ou a promoção de adequações ao estatuto que o Ministério Público elaborou. Em tal procedimento, o juiz poderá determinar que se façam alterações no estatuto, para adaptá-lo ao objetivo do instituidor.

---

[1] Oliveira, 2001, p. 168-169.
[2] As fundações de previdência privada ficam submetidas ao controle exclusivo do Ministério da Previdência e Assistência Social, como previsto no art. 86 da Lei n. 6.435/77.

O ato que aprecia o pedido, acolhendo-o ou rejeitando-o, é sentença em face do qual cabe recurso de apelação.

25.3 EXTINÇÃO DAS FUNDAÇÕES

A fundação poderá ser extinta a requerimento de qualquer interessado ou do Ministério Público quando se tornar ilícito o seu objeto, quando se tornar impossível a sua manutenção ou quando vencer o prazo da sua existência. O Código Civil traz, ainda, mais uma hipótese de extinção, em seu art. 69: quando a existência da fundação for inútil.

Em face do interesse público que envolve a fundação, as hipóteses de sua extinção são taxativas e deverão ser verificadas judicialmente.

A extinção deve ser decretada por sentença, proferida em procedimento comum de jurisdição voluntária, previsto no art. 765. Extinta a fundação, seu patrimônio será incorporado ao de outra fundação que se proponha a fins semelhantes ao da extinta, salvo se houver disposição estatutária expressa a respeito.

Capítulo 26
DA RATIFICAÇÃO DOS PROTESTOS MARÍTIMOS E DOS PROCESSOS TESTEMUNHÁVEIS FORMADOS A BORDO

26.1 NOÇÕES GERAIS

O último dos procedimentos especiais de jurisdição voluntária previstos nos arts. 766 a 770 do CPC é o tema *Da ratificação dos protestos marítimos e dos processos testemunháveis formados a bordo*. Na ordem jurídica anterior, o procedimento era regido pelo CPC/39, arts. 725 a 729, dispositivos aos quais o CPC/73, art. 1.218, VIII, atribuiu eficácia ultrativa. O rito terá lugar quando o comandante de um navio necessitar apresentar ao juiz os protestos e processos testemunháveis formados a bordo, à conta do art. 766.

26.2 COMPETÊNCIA

É competente para conhecer de ratificação dos protestos marítimos e dos processos testemunháveis o juízo de direito do primeiro porto (art. 766).

26.3 LEGITIMIDADE

É legitimado a demandar a ratificação o comandante do navio, conforme dispõe o art. 766 do CPC.

26.4 PROCEDIMENTO

Inicia-se o procedimento com a apresentação de petição inicial que, além dos requisitos genéricos do art. 319, deve ser instruída, de acordo com o art. 767, com a transcrição do Diário da Navegação, com cópias dos termos que serão ratificados, dos documentos do comandante e das testemunhas arroladas, do rol de tripulantes, do registro da embarcação e, quando for o caso, do manifesto das cargas sinistradas e a qualificação de seus consignatários. Se estiverem em língua estrangeira, podem ser livremente traduzidos para o português (art. 767, *in fine*). Tais documentos constituem-se essenciais ao regular seguimento do feito (art. 320).

O processo será distribuído com urgência a um dos juízes de direito competentes. Após, designar-se-á audiência em que o juiz ouvirá, mediante compromisso, o comandante e mais duas a quatro testemunhas, ficando elas responsáveis por comparecer independentemente de intimação (art. 768 do CPC). Caso não dominem a língua portuguesa, devem estar acompanhadas de tradutor (art. 768, § 1º).

Aberta a audiência, o juiz ouvirá os consignatários e outros eventuais interessados (art. 769). Caso não estejam presentes, será nomeado curador especial. Após a oitiva, estando convencido da veracidade dos fatos, o juiz ratificará o protesto ou processo por sentença[1] (art. 770).

---

[1] A sentença apenas ratifica o protesto, quando o juiz estiver convencido da veracidade dos termos lançados no Diário da Navegação. Portanto, o direito à indenização por danos de qualquer natureza deverá ser discutido em outro processo, em que a ratificação de protesto será meio de prova, ocasião em que poderá ser realizada a impugnação dos termos lançados no Diário de Navegação. (Zanella, 2021).

Seção III Processo de Execução

Capítulo 1
TEORIA GERAL DA EXECUÇÃO

1.1 BREVE HISTÓRICO DO NOVO PROCESSO CIVIL

Originalmente, o CPC adotou a ideia da autonomia do processo de execução. Independentemente da natureza do título executivo (judicial ou extrajudicial), o procedimento para a obtenção concreta do crédito seria mais ou menos o mesmo.

No início deste século, começaram os estudos, liderados pelo saudoso jurista Athos Gusmão Carneiro, auxiliado pelo Instituto Brasileiro de Direito Processual, no sentido de promover uma reforma estrutural na execução brasileira, com o objetivo de torná-la mais rápida e simples.

Foi, então, apresentado o denominado "Anteprojeto Athos", que, ao ser recebido na Câmara dos Deputados, foi fracionado em dois documentos.

O primeiro converteu-se no PL n. 3.253/2004, que deu origem à Lei n. 11.232/2005 e que tratou apenas da execução dos títulos judiciais, inaugurando no direito brasileiro o princípio do sincretismo entre cognição e execução, e trazendo, dessa forma, a fase do cumprimento de sentença para dentro do processo de conhecimento.

O segundo documento se converteu no PL n. 4.497/2004, que por sua vez originou o PLC n. 51/2006 e, depois, a Lei n. 11.382/2006.

Essa Lei manteve a autonomia do processo de execução para os títulos extrajudiciais, além de ter implementado uma série de medidas concretas com o objetivo de torná-lo mais efetivo.

Assim é que, por força das alterações tidas no CPC/73, a execução autônoma (também conhecida como *ex intervallo*), que tradicionalmente ocupava espaço preponderante em nosso ordenamento, cede lugar à execução imediata (também conhecida como *sine intervallo* ou processo sincrético).

O CPC manteve essa divisão. São mantidas várias das normas que haviam sido objeto de alteração por força da já referida Lei n. 11.382/2006. Contudo, algumas inovações esperadas acabaram não sendo incorporadas ao novo Código.

Nesta parte, analisaremos os principais institutos ligados à execução de títulos extrajudiciais.

1.2 DISPOSIÇÕES GERAIS

Executar é satisfazer uma prestação devida; é cumprir uma obrigação prevista em um título executivo.

A execução pode ser espontânea, quando o devedor cumpre voluntariamente a prestação, ou forçada, quando o Estado-juiz, diante da lesão, atua para que a parte lesada não sofra as consequências do inadimplemento.

O processo de execução se diferencia do processo de conhecimento.

O processo de conhecimento provoca o juízo, em sentido mais restrito: através de sua instauração, o órgão jurisdicional é chamado a julgar, declarando qual das partes tem razão. O objeto do processo de conhecimento é a pretensão ao provimento declaratório chamado sentença de mérito.

Consiste, então, no conhecimento dos fatos e na aplicação soberana da norma jurídica adequada ao caso concreto.

Já a execução objetiva adotar medidas à satisfação do direito. Para que o credor possa mover o cumprimento de sentença ou o processo de execução, deverá possuir um título executivo judicial ou extrajudicial, que deverá ter certeza, liquidez e exigibilidade, a fim de que tenha sua pretensão satisfeita, implementando-se o resultado prático consubstanciado no título executivo[1].

O processo de execução busca a satisfação do crédito comprovadamente existente e, por isso, qualquer medida de produção de provas é excepcional e ocorre apenas quando há a necessidade de se instaurar um incidente cognitivo. A atividade jurisdicional executiva é voltada à satisfação do credor, obrigando o devedor a cumprir a obrigação, se não o fizer voluntariamente.

Para iniciar uma execução é necessário o título executivo, que pode ser judicial ou extrajudicial. É uma *conditio sine qua non*.

Os títulos executivos judiciais, hoje, estão presentes no art. 515; e os títulos executivos extrajudiciais estão previstos no art. 784. Essa classificação é fundamental para se entender a sistemática da execução.

Pelo novo sistema, seguido pela legislação vigente, a execução baseada em título executivo judicial (art. 515 do CPC) ocorrerá, em regra, no mesmo processo em que se formou o título exequendo, não se fazendo necessária, portanto, a instauração de processo autônomo, destinado especificamente a promover a execução. Por isso, fala-se em execução imediata.

Por outro lado, conforme previsto no *caput* do art. 771 do CPC, o processo autônomo será necessário quando a atividade executiva se basear em título executivo extrajudicial. O dispositivo manda que se apliquem, no que couber, os ditames desse Livro aos procedimentos especiais de execução[2].

O art. 771, *caput*, parte final, do CPC estabelece que é possível a prática de atos executivos tendentes a efetivar "atos ou fatos processuais a que a lei atribuir força executiva". A extensão do dispositivo parece causar certo desconforto, se imaginarmos que poderia haver execução sem título.

Determina, ainda, no art. 771, parágrafo único, que, na omissão das normas relativas ao processo executivo, as disposições referentes ao processo de conhecimento lhe são aplicáveis subsidiariamente, servindo de parâmetro de aplicação extensiva aos demais procedimentos executivos.

Relembre-se, aqui, que o Estado-juiz não presta a atividade jurisdicional de ofício. Vigora, com efeito, o princípio da iniciativa das partes, *nemo iudex sine actore*, ou da inércia, *ne procedat judex ex officio*, e o mecanismo de provocação da atividade jurisdicional é a ação.

Contudo, em observância ao dever de cooperação existente em qualquer relação processual (art. 6º do CPC), conferiram-se ao juiz diversos poderes, exercíveis de ofício, necessários à realização da atividade executiva em tempo e modo razoáveis[3].

Nesse sentido, o art. 772 do CPC autoriza-o a determinar o comparecimento das partes (inciso I), advertir o executado quando proceder em ato atentatório à dignidade da justiça (inciso II) e até mesmo ordenar o fornecimento de informações aos sujeitos indicados pelo exequente, ou seja, expande o dever de cooperação inclusive para além das partes (inciso III).

---

[1] Assis, 2017, p. 223.

[2] Enunciado 588 do FPPC: (art. 771, parágrafo único) "Aplicam-se subsidiariamente à execução, além do Livro I da Parte Especial, também as disposições da Parte Geral, do Livro III da Parte Especial e das Disposições Finais e Transitórias".

[3] Wambier et al., 2015, p. 1773.

Ainda, o art. 773 determina, em observância ao poder geral de efetivação, que o juiz tem o poder-dever de, a requerimento ou mesmo de ofício, ordenar medidas necessárias ao cumprimento da ordem de entrega de documentos ou dados.

Quanto ao inciso II do art. 772, o *caput* do art. 774 vem definir as condutas que podem ser consideradas como atentatórias à dignidade da justiça, podendo ser decorrentes de condutas omissivas ou comissivas.

O rol não é taxativo, listando o próprio Código, por exemplo, no art. 918, parágrafo único, outra hipótese de conduta atentatória consistente no oferecimento de embargos manifestamente protelatórios.

Determina, no parágrafo único do art. 774, que qualquer uma dessas condutas está sujeita à multa de até vinte por cento do valor atualizado do débito em execução, a qual será revertida em proveito do exequente, sem impedir a aplicação de outras sanções de natureza processual ou material.

A cobrança dessa multa ou de indenizações decorrentes de prática de ato atentatório à dignidade da justiça, ou mesmo de litigância de má-fé, será promovida nos próprios autos do processo, na forma do art. 777, observando-se o procedimento de execução por quantia certa (arts. 824 e s.).

1.3 CARACTERÍSTICAS DA EXECUÇÃO

Algumas características da execução – que também se aplica ao cumprimento de sentença – são:

a) Substitutividade: na execução, a atuação do Estado-juiz para o cumprimento da obrigação prevista no título judicial substitui a atividade da parte, aplicando-se meios coercitivos e sub-rogatórios para o cumprimento da obrigação.

b) Definitividade: o efeito da coisa julgada material da sentença proferida em sede de execução, tanto no processo autônomo quanto na fase executiva, gera considerável controvérsia. Há quem defenda a impossibilidade porque na execução se desenvolve a cognição sumária, sem necessidade de produção probatória.

Porém, outros sustentam que existe um mérito na execução, que seria a prática de atos coercitivos e sub-rogatórios, e a sentença executiva teria o trânsito em julgado material, por gerar reflexos no direito material, não mais permitindo a discussão da matéria.

c) Subsidiariedade: admite-se a aplicação subsidiária das regras do processo de conhecimento à execução como processo autônomo ou como segunda etapa na forma do art. 771, parágrafo único, do CPC, no que for compatível, a ser analisado a seguir.

1.4 APLICAÇÃO SUBSIDIÁRIA DAS NORMAS COGNITIVAS À EXECUÇÃO

Uma característica da execução é sua subsidiariedade, sendo-lhe aplicáveis, no que for compatível, as regras do processo de conhecimento.

O processo de execução está disposto no Livro II da Parte Especial do CPC, mas não esgota toda a matéria referente ao procedimento e aos incidentes que podem surgir na execução. Assim, havendo lacuna no Livro II, deverá o intérprete recorrer ao Livro I, também da Parte Especial, que trata do processo de conhecimento, aplicando suas regras no que lhe seja compatível.

Nesse passo, o art. 513 do CPC dispõe que o cumprimento da sentença será feito observando-se, no que couber e conforme a natureza da obrigação, o disposto no Livro II da Parte Especial.

Com isso, alcança-se o art. 771, parágrafo único, do CPC, o qual determina a aplicação subsidiária das normas relativas ao processo de conhecimento à execução. É o que a doutrina denomina subsidiariedade dupla.

Dessa forma, as diferentes estruturas denominadas "processos" se entrelaçam e não esgotam suas respectivas funções, uma vez que, por exemplo, há cognição na execução (art. 853).

1.5 PRINCÍPIOS DA EXECUÇÃO

Há divergência na doutrina quanto à enumeração dos princípios do processo de execução.

Theodoro Júnior[4], por exemplo, cita os seguintes princípios como sendo os informativos do processo de execução:

a) princípio da responsabilidade patrimonial, ou seja, toda execução é real (art. 789). Ante o princípio, tem-se que os atos executivos não são direcionados à pessoa do executado, mas contra seus bens, de modo a assegurar a garantia do crédito;

b) princípio da satisfatividade, ou de que toda execução tem por finalidade apenas a satisfação do direito de exequente, o que indica que a atividade executiva atuará sobre o patrimônio do executado até o limite do crédito devido;

c) princípio da utilidade, no sentido de que a execução deve ser útil ao credor. Portanto, os institutos do processo executivo devem ser manejados de forma útil ao exequente, não devendo ser usados apenas para provocar prejuízos ao executado (*vide* arts. 836, *caput*, 891 e 899);

d) princípio da economia da execução ou de que toda execução deve ser econômica. Desse modo, a execução deve ser desenvolvida de modo a satisfazer o crédito do exequente no meio menos gravoso possível ao executado (art. 805);

e) princípio da especificidade – a execução deve ser específica. Isso significa que o processo deve propiciar ao exequente, na medida do possível, a exata prestação que ele obteria caso a obrigação tivesse sido normalmente adimplida;

f) princípio do ônus da execução: a execução corre às expensas do executado. A execução forçada foi iniciada devido à mora do executado, e cumpre a ele arcar com todos os prejuízos que o exequente teve com o inadimplemento da obrigação, incluindo juros, correção monetária e honorários (arts. 395 e 401 do CC e arts. 826 e 829 do CPC);

g) princípio da dignidade humana, cujo conteúdo, no caso específico, é o de que a execução não deve levar o executado a uma situação incompatível com a dignidade da pessoa humana. Desse modo, os arts. 832 e 833 do CPC estabelecem uma série de bens impenhoráveis, considerados, assim, por presunção legal, um patrimônio mínimo indispensável para a vida digna;

h) princípio da disponibilidade da execução: o credor tem a livre disponibilidade do processo de execução, podendo escolher se vai ajuizar a ação, o momento em que o fará e, se ajuizar, não estará obrigado a prosseguir nela. Por isso, o art. 775 do CPC assegura o direito de o exequente desistir a qualquer tempo da execução ou da medida executiva, só dependendo da concordância do executado caso haja oposição de embargos à execução versando sobre questões de direito material, mesmo que se trate da hipótese versada no art. 3º da Lei n. 9.469/97[5].

---

[4] Theodoro Jr., 2017b, p. 72.

[5] Por outro vértice, o art. 3º da Lei n. 9.469/97, ao fazer remissão às autoridades elencadas no *caput* do art. 1º do mesmo diploma legal, a saber, o Advogado-Geral da União (diretamente ou por delegação) e os dirigentes máximos das empresas públicas federais (em conjunto com o dirigente estatutário da área afeta ao assunto), cuida especificamente da possibilidade de tais entidades concordarem com pedidos de desistência da ação de conhecimento, não se aplicando tal regra aos processos de execução, os quais, como já acima afirmado, vinculam-se ao princípio da livre disposição. REsp 1.769.643-PE, rel. Min. Sérgio Kukina, 1ª T., por unanimidade, j. 7-6-2022, *DJe* 14-6-2022. *Informativo STJ* n. 742.

De qualquer modo, alguns princípios devem ser destacados em sede de execução – os princípios também se aplicam ao cumprimento de sentença. São eles:

1.5.1 Princípio da cartularidade

A pretensão executória deve estar consubstanciada em um título executivo. O título é o "bilhete de ingresso" ostentado pelo credor para se acudir do procedimento executivo, se o título executivo for extrajudicial, ou do cumprimento de sentença, se o título executivo for judicial[6]. A ausência de título gera nulidade (*nulla executio sine titulo*).

O título executivo é formalmente um documento e, materialmente, consubstancia um crédito oriundo de uma relação jurídica.

O princípio da cartularidade não é eliminado nem mesmo nos provimentos antecipatórios, já que as decisões respectivas, fundadas nos arts. 300, 536 e 538, antecipam o título.

1.5.2 Princípio da efetividade da execução

Esse princípio é sintetizado pela doutrina através da máxima segundo a qual o processo, dentro do que for concretamente possível, deve dar a quem tenha um direito tudo e exatamente aquilo que ele tenha o direito de conseguir.

O fim e o resultado da execução devem, como regra, coincidir no sentido de dar ao credor aquilo a que ele faz jus segundo o título executivo. O resultado prático equivalente, isto é, a conversão da obrigação em prestação pecuniária equivalente, deverá ocorrer apenas quando não for possível se alcançar a prestação específica prevista no título executivo.

Durante a execução, ou no curso da execução, o juiz deve se esforçar ao máximo para conceder ao exequente tudo e exatamente aquilo que lhe cabe, buscando devolver-lhe o que possuía antes de sofrer a lesão.

Por outras palavras, o processo de execução deve ser um processo efetivo, que produza os resultados esperados pelo credor.

Nesse sentido, a finalidade da execução é, dentro do possível, restituir as coisas ao seu estado anterior por meio da chamada execução específica.

É com ela que o Estado-juiz tem compromisso de efetividade, sendo necessário, para garanti-la, que se defina a obrigação:

a) dar/restituir coisa certa/incerta;

b) fazer/não fazer/emitir declaração de vontade;

c) pecuniária contra devedor solvente/insolvente.

Justamente porque nem sempre isso é possível, fala-se em execução genérica, que substitui a prestação original pela indenização. Tal providência deve ser excepcional, como se verá nos capítulos de execução de fazer e entrega de coisa.

1.5.3 Princípio do menor sacrifício possível para o executado

Também chamado de princípio da execução menos gravosa para o executado. Está expressamente previsto no art. 805 do CPC, o qual determina a necessidade de moderação nos meios processuais a serem utilizados e, consequentemente, a vedação dos meios excessivamente gravosos, ou seja, quando a execução puder ser realizada de diversas maneiras, o juiz determinará que ela se processe pela forma menos onerosa possível para o devedor.

---

[6] Assis, 2017, p. 187.

Esse princípio não pode ser tomado de forma absoluta; caso contrário, começaria a validar qualquer ato do juiz. A execução não deve servir como instrumento de vingança para o exequente, pois ele não pode abusar da sua condição privilegiada naquele processo.

E cabe ao juiz o papel de mediador desses dois princípios. Frequentemente, na execução, o juiz vai ter que ponderar esses dois princípios, a saber, o princípio da efetividade que socorre o exequente e o princípio da execução menos gravosa que socorre o executado.

Compete ao magistrado equilibrar os interesses em jogo, visando à satisfação do credor por um caminho mais benéfico para o devedor, sem comprometer a efetividade da medida.

Um bom exemplo da ponderação que deve ser realizada pelo magistrado é a autorização da providência denominada "teimosinha", caracterizada pela reiteração automática de ordens de bloqueio *on-line* de valores. O STJ entende que tal providência, por si só, não pode ser considerada ilegal, devendo sua pertinência ser avaliada em cada caso concreto[7].

1.5.4 Princípio do contraditório

No cumprimento de sentença, há um contraditório peculiar, diante da impossibilidade de se rediscutirem questões já examinadas e decididas na sentença transitada em julgado. Após o trânsito em julgado somente será possível rediscutir determinados temas em ação específica para esse fim (ação rescisória), observado o prazo decadencial de dois anos[8].

Passados esses dois anos, não é possível rediscutir o mérito do processo de conhecimento (observado o prazo aumentado para a hipótese do art. 975, § 2º), ressalvado o vício de citação. Na fase de cumprimento, existe uma blindagem da coisa julgada, não se podendo alegar questões que foram discutidas em momento anterior no processo de conhecimento, observada, contudo, a hipótese de inexigibilidade prevista no art. 525, § 12, que será vista mais adiante.

Já no processo de execução, temos outro panorama.

Quando o título executivo extrajudicial está sendo executado, o executado pode discutir nesse processo as circunstâncias da formação daquele título executivo. Podem-se alegar, por exemplo, os chamados vícios de consentimento (erro, dolo e coação) e diversas outras questões processuais, na medida em que não houve uma ação cognitiva anteriormente.

1.5.5 Princípio do desfecho único

A execução existe para satisfação dos direitos do credor, sendo este o seu único desfecho possível.

Desse modo, tal princípio significa que a execução se destina à outorga de tutela executiva, o que não impede, porém, que durante o processo autônomo de execução (execução autônoma), ou durante a fase executiva de um processo sincrético (execução imediata), realize-se atividade cognitiva que venha a impedir a concessão de tutela executiva, ou que o exequente desista da ação (art. 775) ou renuncie a seu direito (art. 924, IV).

Nem por isso estará descaracterizado o princípio do desfecho único. Afinal, não se haverá concedido tutela executiva, mas sim tutela declaratória ao devedor, lembrando-se uma vez mais que, pelo princípio ora comentado, a execução somente pode deferir tutela executiva ao credor.

---

[7] "A medida deve ser avaliada em cada caso concreto, porque pode haver meios menos gravosos ao devedor de satisfação do crédito (art. 805 do CPC), mas não se pode concluir que a ferramenta é, à primeira vista, ilegal" (REsp n. 2.034.208/RS, rel. Min. Gurgel de Faria, 1ª T., *DJe* de 31-1-2023). AgInt no REsp 2.091.261-PR, rel. Min. Benedito Gonçalves, 1ª T., por unanimidade, j. 22-4-2024, *DJe* 25-4-2024. *Informativo STJ* n. 812.

[8] Neves, 2017, p. 1073.

1.6 DAS PARTES NO PROCESSO DE EXECUÇÃO

1.6.1 Noções gerais

Para postular a execução, por meio de ação, no caso de execução de título extrajudicial, é necessário estabelecer quem possui genericamente aptidão para ser parte.

Na execução, o conceito de parte cinge-se à teórica identificação das pessoas legalmente tituladas à demanda executória, ou seja, examina-se a presença de dois requisitos: o inadimplemento do devedor, conforme o art. 786 do CPC, e o título executivo[9] que contemple obrigação certa, líquida e exigível, na forma do art. 783 do CPC.

Esses requisitos não se excluem. Na verdade, ambos devem estar presentes. Se o credor tem título executivo, mas não há inadimplemento do devedor, não poderá requerer a execução. Da mesma forma, se o credor se vê diante de uma situação de inadimplemento do devedor, mas nem sequer possui título executivo, não poderá manejar a *actio judicati*. Nesse caso, deverá socorrer-se da ação de conhecimento.

Assim, faz-se necessário analisar quem são os legitimados para a execução.

1.6.2 Legitimação

1.6.2.1 *Legitimados ativos*

O legislador trata da legitimidade ativa no art. 778 do CPC, estruturado pela natureza da legitimidade: se proveniente do título (*caput*) – e então uma legitimidade originária – ou se em sucessão (§ 1º) – legitimidade superveniente.

Segundo a doutrina, caso a execução seja ajuizada pelo credor (*caput*), terá legitimidade ordinária, visto que o credor é o próprio titular do direito material que vai a juízo em nome próprio defender os seus direitos. No § 1º, o inciso I legitima a sucessão pelo Ministério Público, exemplo clássico de legitimidade extraordinária quando o legitimado vai a juízo, em nome próprio, defender interesse alheio.

Nesse sentido, ao dispor o art. 778, § 1º, do CPC sobre as figuras do sub-rogado, do cessionário e dos herdeiros e sucessores, em verdade está contemplando figuras do direito civil, sendo que o CPC apenas reconhece a legitimidade secundária para que possam ingressar com a execução.

A legitimidade passa a ser secundária porque o sujeito não titulariza o crédito no primeiro momento: o crédito, originalmente, pertenceu a outra pessoa que o transferiu ao seu herdeiro ou sucessor, ou seja, a legitimidade é secundária porque a execução é promovida mesmo o sujeito não sendo o titular originário daquele direito.

Em relação ao credor como legitimado ordinário, previsto no art. 778, *caput*, do CPC, temos que o credor é quem figura como tal em título executivo. Os títulos executivos estão previstos no CPC, nos arts. 515 e 784. Se uma pessoa figura em um desses títulos como credor, tem ela legitimidade ativa para promover a execução.

A regra de que o legitimado ordinário figura como parte, obrigatoriamente, no processo que originou o título judicial, porém, não é aplicável no caso do art. 23 da Lei n. 8.906/94, que assegurou "direito autônomo" ao advogado para executar o capítulo acessório da sucumbência.

Dessa forma, ainda que não previsto como credor na sentença, terá o advogado a legitimidade para executar autonomamente os honorários de sucumbência.

---

[9] Assis, 2017, p. 606.

Em relação ao Ministério Público, este pode promover a execução nos casos previstos em lei.

Temos sustentado que na tutela coletiva a legitimidade do Ministério Público não é nem ordinária nem extraordinária, na medida em que essa classificação tem utilidade apenas na tutela individual. Tratando-se de tutela coletiva, a legitimidade é institucional ou política, uma vez que cabe à lei eleger os órgãos legitimados a proteger o interesse da coletividade.

Nesse sentido, o Ministério Público somente pode promover a execução nos casos previstos em lei[10]. Como exemplos podemos citar: o art. 16 da Lei n. 4.717/65 (Lei da Ação Popular) e o art. 15 da Lei n. 7.347/85 (Lei da Ação Civil Pública). São hipóteses, na verdade, de cumprimento de sentença e não de processo de execução.

Podem promover a execução, ou nela prosseguir, como legitimados ativos supervenientes, o espólio e os herdeiros. Indaga-se a partir de quando um e outro poderão promover a execução.

O marco, *in casu*, é a sentença de partilha, na forma do art. 654 do CPC. Antes de prolatada a sentença de partilha, a legitimidade ativa pertence ao espólio, que será representado em juízo pelo inventariante (art. 75, VII, do CPC). Contudo, uma vez prolatada a referida sentença de partilha, a legitimidade passa a pertencer aos herdeiros[11].

Também é legitimado ativo para promover a execução ou nela prosseguir o cessionário, nos casos de cessão de crédito, do art. 286 do CC, pois pode o credor transferir o seu crédito para outra pessoa.

Diz-se, então, que o primeiro é chamado de cedente, e o segundo, de cessionário. Nesse caso, segundo entendimento do STJ, em julgado ocorrido na vigência do CPC/1973, dispensa-se a aplicação do disposto no § 1º do art. 109 do CPC (§ 1º do art. 42 do CPC/73)[12].

No inciso IV do § 1º do art. 778 do CPC, arrolou-se o sub-rogado como legitimado ativo. A sub-rogação está regulamentada no Código Civil, nos arts. 346 a 351. Exemplo típico de sub-rogação é o que se dá quando o fiador paga a dívida do seu afiançado, art. 346, III, do CC. Nesse caso, o fiador se sub-roga nos direitos do credor do afiançado, podendo, então, promover a execução, se ainda não ajuizada, ou nela prosseguir, se já aforada.

1.6.2.2 Legitimados passivos

De acordo com o que dispõe o Código de Processo Civil no art. 779, têm legitimidade passiva para o processo executivo:

a) o devedor, reconhecido como tal no título executivo (inciso I);

b) o espólio, os herdeiros ou os sucessores do devedor (inciso II);

c) o novo devedor que assumiu, com o consentimento do credor, a obrigação resultante do título executivo (inciso III);

d) o fiador do débito constante em título extrajudicial (inciso IV);

e) o responsável, titular do bem vinculado por garantia real, ao pagamento do débito (inciso V);

f) e o responsável tributário, assim definido na legislação própria (inciso VI).

O primeiro legitimado passivo é o devedor reconhecido como tal no título executivo[13].

---

[10] Obviamente, se o Ministério Público pode, em certa situação, propor a ação de conhecimento, nos termos do art. 81 do CPC, também poderá o *Parquet* propor a ação de execução.

[11] Havendo necessidade de substituição durante o curso da demanda, deverá ser utilizado o procedimento especial de habilitação, previsto no art. 687, c/c o art. 692 do CPC.

[12] AgRg no REsp 1.214.388-RS, rel. Min. Eliana Calmon, j. 23-10-2012.

[13] Assis, 2017, p. 614.

O locatário, por exemplo, figura como devedor no contrato de locação – que é um título executivo (art. 784, VIII); logo, tem legitimidade passiva para a execução.

Da mesma forma, o devedor hipotecário figura como devedor em sede de contrato de hipoteca e, como tal, pode figurar, outrossim, no polo passivo de execução.

Outro legitimado passivo para a execução são o espólio ou os herdeiros. Na verdade, o mesmo raciocínio que foi aplicado no estudo da legitimidade ativa, nesse particular, deve ser aplicado.

Com efeito, antes de prolatada a sentença de partilha, a legitimidade passiva pertence ao espólio; mas, uma vez lançada nos autos a sentença de partilha, a legitimidade passiva passa a pertencer aos herdeiros, que responderão nos limites das forças da herança[14].

O terceiro legitimado passivo para a execução é o novo devedor que assumiu, com o consentimento do credor, a dívida. Havendo cessão da dívida, o que é feito por meio de um contrato chamado de assunção de dívida, regulado nos arts. 299 a 303 do Código Civil, a legitimidade passiva para a execução passa a pertencer ao novo devedor.

O quarto legitimado passivo para a execução é o fiador do débito constante em título extrajudicial, não sendo limitado ao fiador judicial – como ocorria no texto do CPC/73.

A única distinção que deve ser feita é que o fiador judicial poderá ser executado diretamente caso o interessado sofra algum prejuízo, enquanto o fiador convencional, para ser chamado ao processo de execução, deverá ter integrado a relação processual de conhecimento para apresentar defesa.

Destaca-se no tema o verbete de Súmula 268 do STJ, editado na vigência do CPC/73, que dispõe que "o fiador que não integrou a relação processual na ação de despejo não responde pela execução do julgado", o que se aplica apenas ao fiador convencional, mas não ao fiador judicial.

O inciso V traz a figura do responsável, titular do bem vinculado por garantia real ao pagamento do débito. Com efeito, aquele que prestou a garantia real deve integrar a execução que atinge o bem objeto da referida garantia, pois não é possível que haja constrição judicial contra pessoa que não faz parte da relação processual. Nesse sentido já vinha se manifestando a jurisprudência do STJ[15]. É bom que se ressalte que o responsável não assume por completo a posição de devedor, sendo sua responsabilidade patrimonial limitada à garantia que prestou.

Por fim, também tem legitimidade passiva o responsável tributário. Nesse particular, importante ressaltar que, no estudo da sujeição passiva tributária, analisam-se a situação do contribuinte e a do responsável tributário.

O contribuinte é aquele que tem relação pessoal e direta com o fato gerador da obrigação tributária.

Tem-se, nesse caso, a sujeição passiva direta. Já o responsável tributário é aquele que, sem se revestir da condição de contribuinte, pode, por força de lei, ser obrigado a pagar o tributo (art. 121, parágrafo único, I e II, do CTN). Neste último caso, temos a sujeição passiva indireta[16], podendo, inclusive no curso da execução, propor embargos do devedor, e não embargos de terceiro[17].

---

[14] Como já ressaltado no estudo da legitimidade ativa, se a necessidade de substituição ocorrer durante o curso da demanda, deverá ser utilizado o procedimento especial de habilitação, previsto nos arts. 1.055 a 1.062 do CPC.

[15] STJ, AgRg no REsp 131.437-PR, rel. Min. Luis Felipe Salomão, *DJe* 20-5-2013.

[16] A sujeição passiva indireta divide-se em: a) por transferência (em que a passagem ocorre por força de fato superveniente ao nascimento da obrigação) e pode ser, ainda, dividida em solidariedade, sucessão e responsabilidade; b) substituição (caso em que, independentemente de qualquer fato novo posterior ao surgimento da obrigação tributária, a lei desde logo a define como surgindo contra pessoa diversa da que auferiu a vantagem do ato, fato ou negócio tributário). Nesse sentido: Câmara, 2010, p. 174.

[17] Embora ainda se vá distinguir os embargos do devedor dos embargos de terceiro, esta já foi a decisão da Terceira Turma do STJ, em

A legitimidade do contribuinte decorre do art. 779, I, CPC. Já a legitimidade do responsável tributário decorre do art. 779, VI, do CPC[18].

1.6.3 Incidentes

Os arts. 774 a 777 tratam de incidentes que podem ocorrer no processo de execução.

O primeiro diz respeito à aplicação de multa pela prática de ato atentatório à dignidade da justiça.

O art. 774 prevê a imposição da sanção se o executado:

I – frauda a execução;

II – se opõe maliciosamente à execução, empregando ardis e meios artificiosos;

III – dificulta ou embaraça a realização da penhora;

IV – resiste injustificadamente às ordens judiciais;

V – intimado, não indica ao juiz quais são e onde estão os bens sujeitos à penhora e os respectivos valores, nem exibe prova de sua propriedade e, se for o caso, certidão negativa de ônus.

O parágrafo único do art. 774 estabelece que o montante da multa não deve ser superior a vinte por cento do valor atualizado do débito, compreendido o principal e seus acessórios, e que esse valor será revertido em proveito do exequente.

Para a fixação do valor, imperioso que se aplique o critério da razoabilidade[19], levando-se em conta a gravidade da conduta. Somente podem ser alcançadas por essa sanção as partes do processo executivo, inclusive pessoas jurídicas de direito público, sem poder, contudo, prejudicar ou beneficiar terceiros, ainda que tenham agido para fraudar a execução[20].

O prévio aviso de que a conduta constitui ato atentatório à dignidade da justiça (art. 772, II, do CPC) não é condição *sine qua non* para que a multa seja imposta, como já decidiu o STJ em relação a dispositivo análogo do CPC/73 (art. 599, II)[21].

Ademais, o valor pode ser cumulado com outras sanções de natureza material (por exemplo, com a multa prevista no próprio título executivo) ou processual (por exemplo, a multa por período de atraso – *astreintes*).

Caso, ao fim do processo, acolha-se a defesa do executado com a extinção da execução, a multa acabará igualmente extinta, conforme entendimento jurisprudencial[22].

O art. 775 do CPC trata da desistência da execução. Dispõe que o exequente tem o direito de desistir de toda a execução ou de apenas alguma medida executiva.

Mantendo consonância com o sistema de desistência da ação, no processo de conhecimento, o parágrafo único do art. 775 dispõe que, manifestada a opção do exequente pela desistência, deve ser examinado se já foram apresentados os embargos. Caso esses versem apenas sobre questões proces-

---

decisão prolatada à época da legislação processual anterior, no REsp 8.711-0-RS, de relatoria do Ministro Peçanha Martins, admitindo o caráter de parte do responsável tributário e não de terceiro.

[18] Destaque-se que o STF e o STJ já se manifestaram no sentido da admissibilidade da execução fiscal em face do responsável tributário, visto que seu nome não conste expressamente da certidão de dívida ativa. Nesse sentido: STF, RE 102.807, RE 96.607-RJ e *RTJ* 103/1.274. Essa tem sido a orientação dominante na jurisprudência dos Tribunais Superiores. De qualquer modo, uma crítica a tal postura foi tecida por Theodoro Jr. (2009b, p. 503).

[19] Wambier et al., 2015, p. 1779.

[20] Nesse sentido, já entendeu o STJ sob égide do CPC/73 (STJ, REsp 1.459.151-RJ, rel. Min. João Otávio Noronha, *DJe* 11-9-2014).

[21] STJ, AgRg no REsp 1.1192155-MG, rel. Min. Raul Araújo, *DJe* 1º-9-2014.

[22] STJ, REsp n. 1.364.773-RJ, rel. Min. Nancy Andrighi, *DJe* 13-9-2013.

suais, a desistência será homologada, devendo o exequente pagar as custas processuais e os honorários advocatícios.

Nos demais casos, como reza o inciso II desse parágrafo único, a extinção dependerá da concordância do embargante.

O art. 776 trata do ressarcimento devido ao executado pelos danos sofridos na hipótese de a sentença, transitada em julgado, declarar inexistente, no todo ou em parte, a obrigação que ensejou a execução.

Se, durante o processo, foram praticados atos constritivos, oriundos de tutela provisória de urgência, ou mesmo de medidas indutivas ou coercitivas determinados pelo magistrado em favor do exequente, e, *a posteriori*, a execução vem a ser extinta com declaração de inexistência da obrigação que embasava a pretensão, a indenização é devida[23].

Finalmente, em obediência aos princípios da instrumentalidade e da celeridade, o art. 777 do CPC determina que a cobrança de multas ou de indenizações decorrentes de litigância de má-fé ou de prática de ato atentatório à dignidade da justiça será promovida nos próprios autos do processo.

1.6.4 Litisconsórcio

Embora não haja nenhuma previsão no art. 778 do CPC, a doutrina diz que é cabível na execução o litisconsórcio (arts. 113 a 118 do CPC). O instituto consiste na pluralidade de pessoas em um dos polos da relação jurídica processual, ou mesmo em ambos.

Em sede de execução é perfeitamente admissível o litisconsórcio. Basta imaginar uma ação de execução de um contrato de locação, em que figuram como locadores marido e mulher. Nesse caso, ambos, em litisconsórcio ativo, poderão propor a ação em face do locatário.

Em princípio, não há litisconsórcio necessário na execução. É difícil se conceber a necessidade de participação de todos os credores pleiteando execução, até porque cada credor pode executar, em separado, a parte a que faz jus.

Isso, porém, não significa que está vedado o litisconsórcio em casos especiais. Com efeito, nos termos do art. 114 do CPC, aplicável subsidiariamente à execução por força do art. 771, parágrafo único, o litisconsórcio necessário pode decorrer da lei ou mesmo da natureza da relação jurídica de direito material, como no caso de penhora de bem que pertence a marido e mulher, sendo ambos devedores, na constância do casamento, consoante arts. 842 c/c 73, § 1º, do CPC.

É possível, ainda, em demanda executiva o litisconsórcio eventual, qual seja aquele que se forma no polo passivo da demanda em função da formulação, pelo autor, de mais um pedido, em ordem sucessiva, a fim de que o segundo seja acolhido, em não sendo o primeiro (art. 326 do CPC).

Tem-se como exemplo, na doutrina, a execução em face de sociedade empresária com pedido subsidiário dirigido aos seus sócios para que, mediante a desconsideração da personalidade jurídica daquela, o patrimônio destes últimos passe a responder pela dívida[24].

---

[23] O exequente é responsável pelos prejuízos que acarretar ao executado, quando buscar em juízo a satisfação de dívida inexistente ou inexequível, seja pela via executiva, seja pela via do cumprimento de sentença. (...) Também no que tange à responsabilização do exequente em hipóteses de cumprimento definitivo da sentença, tem-se admitido doutrinariamente a dispensa de perquirição de culpa. (...) Nesse cenário, deve prevalecer a imputação da responsabilidade civil objetiva do exequente, que deverá suportar o ônus da extinção definitiva da execução, compreendendo a reparação dos prejuízos concretos experimentados pela parte executada, ora recorrida, nos termos do art. 776 do CPC. REsp 1.931.620-SP, rel. Min. Raul Araújo, 4ªT., por maioria, j. 5-12-2023. *Informativo STJ* n. 798.

[24] Assis, 2017, p. 311.

De se observar que, no processo de execução, a desconsideração deve ser sempre precedida do respectivo incidente, na forma do art. 133 c/c 795, § 4º.

1.6.5 Intervenção de terceiros

Há grande discussão na doutrina quanto à intervenção de terceiro. Os autores que tratam do tema, de modo geral, dizem que as hipóteses de intervenção de terceiro não são cabíveis na execução porque normalmente essas figuras estão relacionadas a se declarar ou não a existência de um direito.

Na execução, não há atividade cognitiva e sim atividade executiva, por já existir sentença transitada em julgado, nas hipóteses de cumprimento de sentença, ou em razão da presunção que decorre da opção legislativa, nos casos de execução dos títulos extrajudiciais.

Fredie Didier sustenta que apenas a assistência, na sua modalidade qualificada, e o recurso de terceiro são cabíveis no procedimento executivo. Nem mesmo a assistência em sua modalidade simples seria cabível, já que o objetivo do assistente simples é auxiliar uma das partes a ter julgamento favorável, o que não existe na execução[25].

Deve-se ressaltar, contudo, que o procedimento executivo admite modalidades específicas de intervenção de terceiro, quais sejam, o protesto pela preferência, o concurso especial de credores e o exercício do benefício de ordem pelo fiador.

No protesto pela preferência, o credor com título legal de preferência intervém na execução para pedir a preferência no recebimento do dinheiro produto da expropriação[26].

Justifica-se, com isso, a previsão do art. 799, I, do CPC, que determina a intimação do "credor pignoratício, hipotecário, ou anticrético ou fiduciário, quando a penhora recair sobre bens gravados por penhor, hipoteca, anticrese ou alienação fiduciária", sob pena de ineficácia da alienação, em consonância com as normas de direito material[27].

Sendo o credor regularmente intimado, a arrematação extingue o direito real de garantia, ficando o titular sub-rogado no preço da alienação, podendo cobrar do devedor originário eventual saldo remanescente (CC, art. 1.430). O adquirente, desse modo, recebe o bem livre e desembaraçado[28].

Quanto ao concurso especial de credores, esse ocorre no caso de penhoras sucessivas sobre o mesmo bem, de modo que cada credor vai a juízo provar a respectiva penhora e concorrer pelo crédito resultante da expropriação do bem penhorado.

O exercício do benefício de ordem pelo fiador, disposto no art. 794 do CPC, permite-lhe exigir que primeiro sejam executados os bens do devedor livres e desembargados, situados na mesma comarca, situação em que esse deverá ser parte no processo, já que um bem seu pode vir a ser penhorado.

1.6.6 Cumulação de execuções

Para se valer do processo de execução, além do inadimplemento do devedor, o credor deve possuir título executivo que consubstancie obrigação certa, líquida e exigível.

---

[25] Há autores que não admitem nem mesmo a assistência na execução, por entenderem que faltaria o interesse jurídico a ensejar a intervenção como assistente simples, já que na execução há uma sentença de mérito, e que a assistência litisconsorcial seria, na verdade, um litisconsórcio. Contudo, ainda assim, admite-se que a execução possui modalidades próprias de intervenção de terceiros, como o protesto por preferência (nesse sentido: Hartmann, 2010, p. 24).

[26] Destaque-se, nesse ponto, o Enunciado 270 da súmula do STJ: "O protesto pela preferência de crédito, apresentado por ente federal em execução que tramita na Justiça Estadual, não desloca a competência para a Justiça Federal".

[27] CC/2002: "Art. 1.501. Não extinguirá a hipoteca, devidamente registrada, a arrematação ou adjudicação, sem que tenham sido notificados judicialmente os respectivos credores hipotecários, que não forem de qualquer modo partes na execução".

[28] REsp 1.201.108-DF, rel. Min. Ricardo Villas Bôas Cueva, 3ªT., j. 17-5-2012, DJe 23-5-2012.

Dessa forma, em observância ao princípio da economia processual, permite-se que o credor se utilize de um único processo para realizar a execução de vários títulos executivos em face do mesmo devedor.

Trata-se da cumulação objetiva de execuções e, nesse caso, observa-se uma pluralidade de pretensões insatisfeitas solucionadas dentro do mesmo processo[29].

Sua admissibilidade está condicionada à observância dos seguintes requisitos em obediência aos arts. 771, parágrafo único, e 327:

a) o credor deve ser o mesmo nos diversos títulos, não se admitindo a reunião em um único processo de credores diversos com base em títulos diferentes;

b) o devedor deve ser o mesmo em todos os títulos. Também não se admite a reunião em um único processo de devedores diversos com base em títulos diferentes;

c) o mesmo juiz deverá ser competente para todas as execuções;

d) deve haver identidade da forma do processo, não se admitindo, por exemplo, cumulação da obrigação de dar com a de fazer.

Já o cúmulo subjetivo de execuções é a hipótese em que respondem todos os coobrigados ou corresponsáveis. Trata-se de fenômeno diverso do anterior e é o caso de dívidas que possuem mais de um responsável. Nesse caso, o credor deverá executá-los cumulativamente em uma única execução forçada, figurando todos em litisconsórcio passivo.

O cúmulo subjetivo das execuções, porém, assim como ocorre no cúmulo objetivo, não é obrigatório. O credor não está obrigado a formá-lo quando houver mais de um responsável pela dívida. Contudo, tal sistema evita que gastos processuais se repitam em diversos feitos.

Observe-se que, se houver excesso na cumulação, será cabível o uso de impugnação ou de embargos, conforme for a modalidade de execução (arts. 525, V, e 917, III, do CPC).

1.7 JURISDIÇÃO E COMPETÊNCIA NA RELAÇÃO PROCESSUAL EXECUTIVA

O sistema jurídico pátrio consagra o sistema da unidade de jurisdição.

A atribuição de competência a diversos órgãos do Poder Judiciário ocorre apenas por questões de ordem prática e de divisão de trabalho. Assim, todos os órgãos integrantes da estrutura do Poder Judiciário brasileiro têm poder jurisdicional, mas não seria lógico admitir que qualquer deles pudesse apreciar qualquer lide.

Para fins de organização da distribuição da justiça faz-se necessária a divisão de trabalho entre os diversos órgãos jurisdicionais, fixando-se os limites de exercício do poder jurisdicional para cada um deles.

A competência é, portanto, a medida da jurisdição.

1.7.1 Limites e controle da jurisdição no processo executivo

Em princípio, a jurisdição ignora limites lógicos, mas, como fenômeno entrelaçado à soberania do Estado, os limites extrínsecos da jurisdição no processo executivo são objetivos e subjetivos, impondo-se distinguir entre execução direta e execução indireta.

Na execução direta, realizada contra e independentemente da vontade do executado, é necessário que o patrimônio se localize no Brasil e concorram as hipóteses dos arts. 21, II e III, e 23, I e II. Na execução indireta, ao contrário, sendo indispensável a vontade do executado, é preciso, ainda, que o devedor esteja domiciliado no território brasileiro (art. 21, I).

---

[29] Assis, 2017, p. 467.

Do ponto de vista subjetivo, a jurisdição brasileira atinge todas as pessoas que se encontrem no Brasil, nacionais e estrangeiras, dotadas de personalidade processual, excetuando-se, apenas, as que gozem de imunidade instituída em lei, como ocorre, por exemplo, com a impenhorabilidade dos bens de Estados estrangeiros situados no Brasil.

1.7.2 Competência

O legislador, quando tratou da competência na execução, determinou suas regras em virtude do tipo de título executivo que a suscitará. De fato, se se tratar de título executivo judicial, a regra de competência deverá ser buscada no art. 516 do CPC. Por outro lado, tratando-se de execução de título executivo extrajudicial, a regra de competência a ser adotada está prevista nos arts. 781 e 782 do CPC.

1.7.3 Competência na execução de título extrajudicial

A competência para a execução de título extrajudicial, portanto, observa o enunciado dos arts. 781 e 782, do CPC, com cada um dos títulos previstos no seu art. 784. Seguirá, assim, as regras gerais de competência previstas no Livro I, d, da Parte Geral do CPC.

Como regra geral, o foro competente para a execução de título extrajudicial será definido mediante a observância das normas dos arts. 46 a 53 do CPC, observando-se o detalhamento das regras de competência do processo de execução de título extrajudicial existente no art. 781.

Assim é que, a princípio, a execução pode ser proposta no foro de domicílio do executado, no foro de eleição previsto no título, bem como no foro da situação dos bens executados (art. 781, I). Existe, assim, uma regra dinâmica em relação à competência, cabendo a escolha ao exequente, a partir da avaliação das chances de satisfação de seu crédito.

No caso de ser identificado mais de um domicílio do executado, a demanda poderá ser proposta no foro de qualquer deles (art. 781, II). Por outro lado, se o seu domicílio for incerto ou desconhecido, o exequente poderá optar entre o foro do lugar onde for encontrado ou mesmo em seu próprio domicílio (art. 781, III).

A situação é diferente quando houver mais de um devedor, com diferentes domicílios, hipótese em que caberá ao exequente propor a execução no foro de qualquer deles, à sua escolha (art. 781, IV).

Por fim, o inciso V do art. 781 traz, ainda, a possibilidade de proposição da demanda executória no foro do lugar em que se praticou o ato ou em que ocorreu o fato que deu origem ao título, independentemente de o executado ainda residir na localidade.

Tudo isso sem prejuízo de a legislação especial fixar critérios de competência para determinados títulos, como se expõe nos próximos itens.

1.7.3.1 Foro competente para a ação do cheque

A execução do cheque deverá ser realizada no foro do local de cumprimento da obrigação, ou seja, o local de pagamento. Na verdade, o cheque deverá ser executado no foro do local do banco sacado, conforme art. 2º, I, da Lei n. 7.357/85 e art. 53, III, d, do CPC. De qualquer sorte, ausente a designação do lugar ao lado do nome do banco sacado, será competente para a execução do cheque o foro da praça de sua emissão.

A competência aqui é relativa, uma vez que é determinada em razão do território. Assim, caberá ao executado argui-la em preliminar de contestação, nos termos do art. 64, CPC, sob pena de, não o fazendo, o Juízo que era inicialmente incompetente tornar-se competente, ocorrendo o fenômeno da prorrogação, ex vi do disposto no art. 65 do CPC, o que se coaduna com a Súmula 33 do Superior Tribunal de Justiça, que dispõe que "a incompetência relativa não pode ser declarada de ofício".

1.7.3.2 *Foro competente para a duplicata*

Quando o título extrajudicial for a duplicata, aplica-se o previsto no art. 17 da Lei n. 5.474/68, sendo competente o foro da praça de pagamento, ou do domicílio do comprador e, no caso de ação regressiva, o dos sacadores, o dos endossantes e dos respectivos avalistas.

1.7.3.3 *Foro competente para a nota promissória*

Na hipótese de nota promissória e de letra de câmbio, a execução deverá ser proposta no foro do lugar do cumprimento da obrigação (art. 53, III, *d*, do CPC). Se tal dado não constar na cártula, subsidiariamente, incide o foro comum.

De outro lado, a debênture se executa no lugar do pagamento, mas, se existir garantia real, altera-se a competência para o local da coisa gravada.

1.7.3.4 *Foro competente para a execução de hipoteca e de aluguéis*

A execução de hipoteca realiza-se nos termos do art. 47, *caput*, CPC, constituindo-se direito real, com ação no foro da situação da coisa. Não se encontrando a hipoteca mencionada, porém, no art. 47, § 1º, ao credor se afigura admissível optar pelo foro do domicílio do devedor.

Já os aluguéis, originados pela locação de imóvel, e as despesas de condomínio, bem como outros encargos contratuais (art. 784, VIII), executar-se-ão no foro do lugar do cumprimento e, na sua falta, no domicílio do obrigado.

1.7.4 Competência na execução fiscal

A execução fiscal é regulamentada na Lei n. 6.830/80. Contudo, não há na Lei de Execuções Fiscais dispositivo específico tratando da competência. Coube ao CPC tratar da matéria, por meio de seu art. 46, § 5º[30].

O art. 46, que traz regra de competência para as ações fundadas em direito pessoal ou em direito real sobre bens móveis, em seu § 5º, define que o foro competente para a execução fiscal é o do domicílio ou residência do réu, ou do lugar onde for encontrado.

Observe-se, contudo, a existência de mandamento constitucional de que, sendo a União autora, o foro competente é do domicílio do réu (art. 109, § 1º, da CF/88). Diante disso, os demais foros listados no CPC terão aplicação subsidiária, apenas na hipótese de o domicílio ser incerto.

Outrossim, proposta a execução fiscal, de acordo com a Súmula 58 do STJ, "a posterior mudança de domicílio do executado não desloca a competência já fixada".

Cumpre consignar, igualmente, que a competência para a execução fiscal variará conforme o tipo de tributo a ser executado. Se se tratar, por exemplo, de execução fiscal de tributo da competência da União Federal, será competente a Justiça Federal. Os impostos da competência da União estão definidos no art. 153 da CF.

---

[30] É inconstitucional a regra de competência que autoriza que entes subnacionais sejam demandados em qualquer comarca do País, pois a fixação do foro deve se restringir aos seus respectivos limites territoriais. Deve ser conferida interpretação conforme a Constituição aos artigos 46, § 5º, e 52, parágrafo único, ambos do CPC/2015 (1), no sentido de que a competência seja definida nos limites territoriais do respectivo estado ou do Distrito Federal, nos casos de promoção de execução fiscal e de ajuizamento de ação em que qualquer deles seja demandado. A possibilidade de litigar em face da União em qualquer parte do País (CF/1988, art. 109, §§ 1º e 2º) é compatível com a estruturação nacional da Advocacia Pública federal. Contudo, estender essa previsão aos entes subnacionais resulta na desconsideração de sua prerrogativa constitucional de auto-organização (CF/1988, arts. 18, 25 e 125) e da circunstância de que sua atuação se desenvolve dentro dos seus limites territoriais. ADI n. 5.492-DF, rel. Min. Dias Toffoli, j. 24-4-2023; ADI n. 5.737-DF, rel. Min. Dias Toffoli, redator do acórdão Min. Roberto Barroso, j. 24-4-2023, *Informativo STF* n. 1.092.

Por outro lado, tratando-se de processo executivo fiscal para cobrança de tributos da competência dos Estados-membros da Federação, a competência será da Justiça Estadual. Existindo Juízo especializado, a execução fiscal deverá ser a este direcionada. Os impostos da competência dos Estados estão descritos no art. 155 da CF.

Por fim, tratando-se de tributo da competência dos Municípios, a execução fiscal deverá também ser aforada na Justiça Estadual. Da mesma forma, havendo vara privativa para as execuções fiscais do Município, a competência para o processamento da ação a ela pertencerá. Os impostos da competência dos Municípios estão previstos no art. 156 da CF.

1.7.5 Competência nos processos incidentais

Conforme dispõe o art. 61 do CPC, a ação acessória deve ser proposta no foro competente para a ação principal. Assim, o juízo da execução atrai a oposição dos embargos do devedor (art. 914, § 1º); os embargos de terceiro (art. 676); as tutelas provisórias requeridas em caráter antecedente (art. 299, *caput*); a ação reivindicatória do bem penhorado e a ação anulatória do título.

Prevê o art. 914, § 1º, do CPC que os embargos à execução serão distribuídos por dependência, autuados em apartado e instruídos com cópias de peças processuais relevantes. Contudo, o que fazer caso a peça seja protocolada nos autos do próprio processo executivo? Seria um erro sanável ou grosseiro? Seria possível a correção ou a consequência seria o não conhecimento dos embargos? O STJ já se debruçou sobre a questão e aplicou os princípios da instrumentalidade das formas e da economia processual[31].

Contudo, essa nem sempre é a regra, pois o art. 914, § 2º, do CPC possibilita que os embargos sejam ofertados no juízo deprecado no caso de carta precatória. Nessa situação, o juízo deprecado se limitará a recepcionar os embargos, sendo certo que não poderá julgar a pretensão neles ventilada, exceto se a pretensão versar sobre atos praticados no próprio juízo deprecado, como vícios ou defeitos na penhora.

1.7.6 Competência na insolvência civil

A competência será sempre da Justiça Estadual, ainda que a União, autarquia ou empresa pública federal sejam credoras do insolvente.

O foro competente será do domicílio do devedor, critério este absoluto e inderrogável. Ainda que a insolvência seja requerida com base em título executivo judicial, não prevalece a competência funcional do juízo onde se formou o título. Isso porque a insolvência não é a continuação lógica do processo cognitivo, ainda que seja pleiteada após a execução infrutífera da sentença civil condenatória.

O CPC mantém em vigor os dispositivos da execução por quantia certa contra devedor solvente do CPC/73, até que sobrevenha lei específica sobre o tema (art. 1.052).

1.8 REQUISITOS DA EXECUÇÃO

1.8.1 Noções gerais

A deflagração do procedimento executivo depende da observância de dois requisitos específicos, a saber:

---

[31] "Primando por uma maior aproximação ao verdadeiro espírito do novo Código de Processo Civil, não se afigura razoável deixar de apreciar os argumentos apresentados em embargos à execução tempestivamente opostos – ainda que, de forma errônea, nos autos da própria ação de execução – sem antes conceder à parte prazo para sanar o vício, adequando o procedimento à forma prescrita no art. 914, § 1º, do CPC". REsp 1.807.228-RO, rel. Min. Nancy Andrighi, 3ª T., por maioria, j. 3-9-2019, *DJe* 11-9-2019. *Informativo STJ* 656.

a) a apresentação de um título executivo que comprove existência de um direito a uma prestação líquida, certa e exigível;

b) a afirmação de que o executado está inadimplente na obrigação vinculada a esse direito de prestação.

Luiz Fux afirma que "o título comprova a obrigação e o inadimplemento, a violação; por isso, há quem sustente que o título é um requisito formal de realização da execução, ao passo que o inadimplemento, um pressuposto substancial"[32], mas ambos são comprovados apenas *in abstrato* para dar início à execução.

Sendo esses requisitos específicos de admissibilidade do procedimento executivo, a ausência de um título executivo ou a não afirmação de que houve inadimplemento dará causa à inadmissibilidade do procedimento.

1.8.2 Inadimplemento do devedor

O primeiro requisito necessário para a execução é o inadimplemento do devedor. Ausente esse requisito, o credor não terá interesse-necessidade em requerer a execução. O credor deve mostrar que naquele caso concreto, sem qualquer dúvida, está caracterizado o inadimplemento do devedor.

Trata-se de uma situação de descumprimento da obrigação ou mesmo de cumprimento imperfeito, ou seja, há inadimplemento sempre que o devedor deixa de cumprir um dever jurídico, seja ele convencionado, legal ou estabelecido numa decisão judicial.

É inadimplente também o devedor que não satisfaz a obrigação na forma e prazos legais.

Por isso mesmo, o próprio Código Civil explicita a impossibilidade de se prosseguir na execução se houver cumprimento da obrigação superveniente, uma vez que, nesse caso, desaparece a necessidade do processo (art. 788).

Como o inadimplemento integra o objeto litigioso, ou mérito da demanda, não é no bojo da execução que o devedor deve comprovar não ser inadimplente, mas, sim, nos embargos ou na impugnação ao cumprimento de sentença, como será estudado adiante.

O inadimplemento pode ser culposo ou fortuito.

Diz-se culposo quando a inexecução decorre de culpa *lato sensu* do devedor; é dizer, por outro lado, que, quando o não cumprimento do dever jurídico resulta de dolo ou de culpa *stricto sensu* (negligência, imprudência ou imperícia), trata-se de inadimplemento voluntário.

O fortuito ocorre quando a inexecução é consequência de fato alheio e não imputável ao devedor, como o caso fortuito ou força maior. A distinção tem grande importância, na medida em que o inadimplemento fortuito, em regra, exonera o devedor da necessidade de cumprimento do dever jurídico, salvo se, ao tempo do evento alheio à sua vontade, já estava ele em mora (art. 399 do CC), ou se o sujeito expressamente se responsabilizou por arcar com as consequências do caso fortuito ou da força maior (art. 393 do CC).

O inadimplemento também pode ser absoluto, quando o cumprimento da prestação não tem mais utilidade ou é impossível de ser feito; ou relativo, quando ainda é possível e útil a prestação. Quando o devedor está em mora, significa dizer que ainda é possível o cumprimento da prestação, tratando-se, portanto, de inadimplemento relativo (art. 394 do CC).

Em matéria de inadimplemento, é necessário compreender, outrossim, as exceções, ou seja, as defesas que poderão ser evocadas envolvendo a matéria. Trata-se da *exceptio non rite adimpleti contractus* e da *exceptio non adimpleti contractus*.

---

[32] Fux, 2009, p. 33.

1.8.2.1 Exceptio non rite adimpleti contractus

A liberação do devedor (quitação) somente ocorre com o exato cumprimento da obrigação, de tal sorte que, se a prestação oferecida pelo devedor não for aquela apontada no título executivo, poderá o credor recusá-la, encetando demanda executiva, sem prejuízo de o executado demonstrar nos embargos que se dispôs, a tempo e hora, a cumprir a execução, sendo arbitrária a recusa do credor (e, portanto, ilegal a execução).

Exceptio non rite adimpleti contractus consiste justamente na exceção do contrato não cumprido de modo perfeito. Em outras palavras, é a possibilidade de um dos contratantes alegar o cumprimento defeituoso do contrato (art. 788, 2ª parte, do CPC).

Nesse caso, o credor manejará a execução para exigir o cumprimento da prestação na forma pactuada. Ao devedor, de qualquer sorte, queda reservado o direito de apresentar a sua defesa, o que será feito por meio dos embargos.

1.8.2.2 Exceptio non adimpleti contractus

Exceptio non adimpleti contractus é a exceção de contrato não cumprido e está prevista no Código Civil nos arts. 476 e 477. Na verdade, nos contratos bilaterais ou sinalagmáticos nenhum dos contratantes pode exigir o cumprimento da prestação do outro sem antes cumprir a sua, na forma do art. 476 do CC.

Assim, em um contrato bilateral, caso um dos contratantes venha a exigir o cumprimento da prestação do outro sem cumprir a sua, ensejará a arguição da exceção como matéria de defesa (art. 787 do CPC).

1.8.3 Título executivo

O segundo requisito necessário para a execução é o título executivo, uma vez que *nulla executio sine titulo*, ou seja, é nula a execução se não há título executivo.

Para que a execução seja iniciada, o credor precisa ter o título executivo porque os atos do processo de execução devem ser praticados nos limites das necessidades reveladas pelo próprio título executivo.

Além de o título estabelecer o *quantum* devido, também deve ser claro quanto ao vencimento e à existência da obrigação. Isso porque não se pode agredir de pronto o patrimônio do devedor se a obrigação é discutível.

É certo que, não possuindo título executivo, o credor poderá se valer da ação de conhecimento. O art. 785 do CPC, entretanto, permite ao credor optar pelo processo de conhecimento ainda que possua título executivo extrajudicial, a fim de obter título executivo judicial.

O título executivo deve consubstanciar de maneira clara a existência de uma obrigação. E essa obrigação deve preencher concomitantemente três predicados cumulativos: ser certa, exigível e líquida.

Ao contrário do que ocorre no cumprimento da sentença, aqui, no processo de execução, não existe a possibilidade de liquidação do título.

1.8.3.1 Conceito

A definição do que seja o título executivo é um dos temas mais controvertidos de toda a ciência processual. Realmente, as inúmeras teorias sobre os títulos executivos, assim como a diversidade de títulos existentes, dificultam sobremaneira o seu estudo.

Diante de uma visão instrumental do processo, mais relevante do que discutir o conceito de título executivo é compreender a sua aplicação pragmática, mormente apresentando uma caracterização minuciosa dos títulos em espécie.

De qualquer modo, pode-se dizer que o título executivo é um documento que está previsto em lei e que permite o imediato manejo da execução.

Note-se que os títulos executivos são regidos pelo princípio da tipicidade e constituem *numerus clausus*.

Somente é título executivo aquele documento que se subsume ao modelo previamente definido pelo legislador. Por exemplo: a nota promissória emitida por um particular é um título executivo, pois se amolda ao tipo definido no art. 784, I, do CPC.

1.8.3.2 *Natureza jurídica*

O estudo da natureza jurídica de algum instituto representa uma análise da própria ontologia desse instituto. Na verdade, estudar a natureza jurídica de um instituto jurídico consiste em analisar a sua essência, ou seja, o que ele realmente é. Quanto à natureza jurídica do título executivo existem várias correntes na doutrina.

Uma primeira vertente dogmática sustenta que o título executivo é um documento, isto é, uma prova[33].

Uma segunda corrente considera que o título executivo tem natureza de ato jurídico. Há, ainda, orientação no sentido de que o título executivo é um misto de documento e também de ato jurídico.

O título, assim em sentido substancial, é o ato jurídico de que resulta a vontade concreta da lei; e, em sentido formal, é o documento em que o ato se contém.

De fato, o título executivo não deixa de ser um ato jurídico resultante da vontade concreta da lei, seja esta aplicada pelo magistrado em sede de processo judicial ou mesmo, de modo espontâneo, diretamente pelas partes.

Do mesmo modo, o título não deixa de ser um documento, considerando-se que no CPC todos os títulos são escritos e, portanto, caracterizados como documento.

1.8.3.3 *Classificação*

Os títulos executivos podem ser classificados em duas espécies: judiciais e extrajudiciais.

O título executivo judicial é aquele que tem origem na manifestação do Estado-juiz ou na decisão do árbitro. Esses títulos estão arrolados no art. 515, CPC.

Se no título judicial faltar liquidez, é necessário instaurar um incidente denominado liquidação de sentença, que terá por objetivo definir um valor determinado, suplementando assim o que faltou na decisão.

Nesses casos, dizemos que a sentença fixou o *an debeatur*, mas não foi capaz de determinar, desde logo, o *quantum debeatur*. Somente após a determinação do valor, da delimitação do objeto devido, será possível passar à fase de cumprimento propriamente dita.

Já o título executivo extrajudicial tem origem em um ajuste de intenções entre duas pessoas, ressalvar a Certidão da Dívida Ativa (CDA), que nasce da manifestação da vontade do Estado. Esses títulos estão previstos no art. 784.

---

[33] Assim é que parte da doutrina, ao definir o título executivo, afirma ser este o documento que consiste na prova legal da existência do crédito afirmado pelo exequente. Para a teoria documental do título executivo, este seria um documento representativo da existência do crédito exequendo. Tal documento representativo seria, assim, uma prova do crédito, cuja eficácia estaria estabelecida na lei, daí ser considerada uma prova legal (Câmara, 2010, p. 175).

Importante mencionar que, caso seja encaminhada ao juiz uma liquidação de título extrajudicial, onde, por exemplo, o título tenha uma obrigação certa e exigível, mas ilíquida, o juiz deverá rejeitar a petição inicial por ela não preencher todos os requisitos necessários.

Não é possível no Direito Brasileiro liquidar uma obrigação com valor indeterminado prevista num título extrajudicial.

Assim, percebemos que em certos casos um título extrajudicial não se presta para a execução. Daí, normalmente, é necessário iniciar um processo de conhecimento. Contudo, em determinadas hipóteses expressamente ressalvadas no CPC, o credor tem a faculdade de se valer da chamada ação monitória, prevista no art. 700, que busca evitar os percalços do procedimento comum, e que já foi vista nos procedimentos especiais de jurisdição contenciosa.

1.8.4 Modalidades de títulos executivos extrajudiciais

1.8.4.1 Letra de câmbio, nota promissória, duplicata, debênture e cheque

O rol dos títulos extrajudiciais, elencado no art. 784, CPC, inicia-se com os denominados títulos de crédito, cujas características são a literalidade, a abstração e a autonomia.

Em razão de tais características, o devedor não pode, nos embargos à execução, alegar quaisquer matérias relativas ao negócio jurídico subjacente, salvo se exequente e executado forem as próprias partes do negócio em discussão ou se se tratar de matéria relativa à relação pessoal direta entre eles.

A lei também não protege o terceiro adquirente de má-fé, vale dizer, aquele que adquiriu o título conscientemente em detrimento do devedor. Nesse caso, o terceiro adquire direito derivado, estando vulnerável às exceções que o devedor possa arguir com base na relação causal.

1.8.4.2 Instrumento público ou privado de confissão de dívida

O art. 784 do CPC assegurou o cabimento da confissão de dívida no rol dos títulos executivos, sendo cabível não apenas à obrigação de pagar quantia determinada ou entregar coisa infungível, mas a qualquer espécie de prestação, como também à entrega de coisa fungível, obrigação de fazer e não fazer.

Ademais, a forma exigida do documento – escritura pública ou outro documento público, documento particular assinado por duas testemunhas – soleniza o ato como garantia de que o reconhecimento foi prestado pelo devedor consciente de que estará se submetendo à via executiva em caso de inadimplemento da obrigação.

O inciso IV prestigia os meios autocompositivos, tanto o instrumento de transação referendado pelo Ministério Público, Defensoria Pública ou advogados, bem como os acordos promovidos por conciliador ou mediador credenciado no Tribunal.

O CPC trata do credenciamento no art. 167. Há também disposição sobre a matéria na nova Lei de Mediação.

1.8.4.3 Contrato garantido por hipoteca, penhor, anticrese ou outro direito real de garantia e aquele garantido por caução

O inciso V do art. 784 do CPC expressamente prevê que qualquer contrato assegurado por direito real de garantia também constitui título executivo extrajudicial, além dos garantidos por hipoteca, penhor, anticrese e caução.

1.8.4.4 O contrato de seguro de vida em caso de morte

O inciso VI do art. 784 do CPC restringe a formação de título executivo extrajudicial para os contratos de seguro de vida em caso de morte.

Capítulo 1 • Teoria geral da execução

1.8.4.5 Crédito decorrente de foro ou laudêmio

O foro e o laudêmio são créditos decorrentes do contrato de enfiteuse. Apesar de a enfiteuse ter sido extinta pelo Código Civil (art. 2.038), o CPC manteve o crédito decorrente de foro e laudêmio em razão daquelas que ainda existam. Assim, não efetuado o pagamento desses, o crédito poderá ser cobrado por meio de execução autônoma, desde que apresentado o título executivo: o contrato de enfiteuse e, no caso de laudêmio, a prova de alienação do bem.

1.8.4.6 Crédito, documentalmente comprovado, decorrente de aluguel de imóvel, bem como de encargos acessórios, tais como taxas e despesas de condomínio

O aluguel ou renda de imóvel constitui crédito que, uma vez comprovado, integra um título executivo extrajudicial. Com base no que dispõe o inciso VIII do art. 784 do CPC, conclui-se que o locador pode executar o locatário para cobrar os aluguéis não pagos, assim como todos os encargos acessórios devidos. Contudo, não serve esse inciso de base para que o condomínio execute o condômino quanto aos encargos condominiais não adimplidos.

1.8.4.7 Certidão da Dívida Ativa da Fazenda Pública

O inciso IX autoriza a execução baseada em Certidão da Dívida Ativa (CDA) da Fazenda Pública, ou seja, fundada em crédito, tributário ou não tributário, da União, dos Estados, do Distrito Federal, dos Municípios e das suas autarquias. O ato de inscrição vem regulado no art. 202 do CTN e no art. 2º, § 5º, da Lei n. 6.830/80.

Destaca-se o referido título pela anômala circunstância de ser criado unilateralmente, embora em atividade administrativa vinculada pelo credor, possuindo características e rito expropriatório específicos.

A certidão da dívida, que instruirá a execução, diz respeito apenas aos créditos públicos de natureza pecuniária, e engloba não apenas o principal, mas também os juros, a correção monetária, a multa e outros encargos legais ou contratuais.

Dessa forma, a dívida tributária já nasce certa e líquida porque o lançamento gera tal presunção, o que não ocorre, todavia, com os créditos provenientes de responsabilidade civil, por exemplo, que somente adquirem esses atributos após o acertamento judicial ou o reconhecimento da dívida.

1.8.4.8 Crédito referente às contribuições ordinárias ou extraordinárias de condomínio edilício, previstas na respectiva convenção ou aprovadas em assembleia geral

A previsão contida no inciso X do art. 784 do CPC autoriza que sejam cobradas em processo autônomo de execução as quotas condominiais em atraso, tal qual o faz o art. 12, § 2º, da Lei n. 4.591/64.

O dispositivo do Código traz novos requisitos para autorizar a abertura da via executiva, de modo a garantir que o título trazido a juízo goze dos atributos de certeza, exigibilidade e liquidez. A norma exige que as contribuições, ordinárias ou extraordinárias de condomínio edilício, devem estar previstas em Convenção ou ter sido aprovadas em Assembleia Geral[34].

---

[34] Enunciado CJF n. 100: "Interpreta-se a expressão condomínio edilício do art. 784, X, do CPC, de forma a compreender tanto os condomínios verticais, quanto os horizontais de lotes, nos termos do art. 1.358-A do Código Civil".

1.8.4.9 Certidão expedida por serventia notarial ou de registro relativa a valores de emolumentos e demais despesas

O inciso XI não tem correspondente no CPC/73. O dispositivo prevê que a certidão expedida por serventia notarial ou de registro, referente a valores de emolumentos ou outras despesas fixados de acordo com as tabelas estabelecidas em lei, é considerada título executivo extrajudicial.

1.8.4.10 Outros títulos extrajudiciais

A Lei n. 14.711/2023 dispõe sobre o aprimoramento das regras de garantia, a execução extrajudicial de créditos garantidos por hipoteca e a execução extrajudicial de garantia imobiliária em concurso de credores. Dentre outras providências, inseriu o inciso XI-A no art. 784, criando, portanto, mais uma hipótese de título executivo extrajudicial, a saber: "XI-A – o contrato de contragarantia ou qualquer outro instrumento que materialize o direito de ressarcimento da seguradora contra tomadores de seguro-garantia e seus garantidores".

O inciso XII, por sua vez, reporta-se a outras leis especiais, atribuindo eficácia executiva aos mais diversos documentos.

Por essa forma, contudo, reafirma o legislador que somente lei expressa pode outorgar força executiva aos documentos, vedando-se a criação de título executivo por pactuação contratual. Destarte, incluem-se na previsão do mencionado inciso, entre outros:

a) a cédula rural pignoratícia, cédula rural hipotecária, nota de crédito rural, nota promissória rural e duplicata rural (art. 41, *caput*, do Decreto-Lei n. 167/67);

b) os honorários de advogado (art. 24 da Lei n. 8.906/94);

c) as multas e obrigações de fazer decorrentes de decisão do plenário do Conselho Administrativo de Defesa Econômica (art. 60 da Lei n. 8.884/94);

d) o compromisso arbitral que fixa os honorários do(s) árbitro(s) (art. 11, parágrafo único, da Lei n. 9.307/96);

e) o compromisso de ajustamento de conduta (art. 82, § 3º, da Lei n. 8.078/90 e art. 5º, § 6º, da Lei n. 7.347/85);

f) as decisões dos Tribunais de Contas (art. 71, § 3º, da CF/88)[35].

g) o contrato de arrendamento mercantil (Lei n. 6.099/74)[36].

Por fim, registre-se que Estefânia Cortes[37], em obra que tivemos o prazer de coordenar ao lado dos Profs. Paulo Cezar Pinheiro Carneiro e Leonardo Greco, sustenta a possibilidade de criação de títulos executivos extrajudiciais, fora das hipóteses referidas no art. 784, por meio das convenções processuais.

---

[35] Cabe ressaltar, nesse ponto, que a legitimidade para executar o título será apenas do ente federativo ao qual o Tribunal se vincula, não se cogitando do Ministério Público dar início à execução, nem mesmo subsidiariamente (STF, ARE 823.347-RG, rel. Min. Gilmar Mendes, j. 2-10-2014, publicado em 28-10-2014, e STJ, REsp 1.464.226-MA, rel. Min. Mauro Campbell Marques, j. 20-11-2014, *Informativo STJ*, n. 552).

[36] O contrato de arrendamento mercantil é título executivo extrajudicial apto a instrumentalizar a ação de execução forçada. REsp 1.699.184-SP, rel. Min. Luis Felipe Salomão, 4ª T., por unanimidade, j. 25-10-2022, *Informativo STJ* n. 755.

[37] "Ora, o princípio da taxatividade, como já anteriormente afirmado, não representa óbice para a criação de título executivo fora das hipóteses legais, tendo em vista que a própria lei federal atribui às partes, por meio da cláusula geral do art. 190 do CPC, o poder de alterar situações jurídicas e disporem sobre regras processuais dispositivas. Não há ofensa aos princípios que correspondam núcleo essencial do procedimento executivo" (Carneiro; Greco; Pinho, 2017, p. 134).

E não podemos nos esquecer das inovações tecnológicas em pleno vigor nas relações civis e comerciais. Nesse aspecto, o STJ[38] já decidiu que o contrato eletrônico de mútuo com assinatura digital pode ser considerado título executivo extrajudicial.

Nesse aspecto, importante ressaltar que o art. 34 da Lei n. 14.620/2023 inseriu o § 4º no art. 784 do CPC, tratando dos títulos executivos constituídos ou atestados por meio eletrônico. Nesses casos, é admitida qualquer modalidade de assinatura eletrônica prevista em lei, dispensada a assinatura de testemunhas quando sua integridade for conferida por provedor de assinatura.

Contudo, importante ressaltar que a validade jurídica de documentos assinados em forma eletrônica está regulamentada pela Medida Provisória n. 2.200-2/2001, cujo art. 10 prevê que as declarações constantes dos documentos em forma eletrônica produzidos com a utilização de processo de certificação disponibilizado pela ICP-Brasil presumem-se verdadeiros em relação aos signatários.

Em seguida, o § 2º da referida Medida Provisória estabelece a ausência de óbice na utilização de outro meio de comprovação da autoria e integridade de documentos em forma eletrônica, inclusive os que utilizem certificados não emitidos pela ICP-Brasil, desde que admitido pelas partes como válido ou aceito pela pessoa a quem for oposto o documento.

Vale lembrar, ainda, que em setembro de 2020, no auge da pandemia do Covid-19, foi editada a Lei n. 14.063, que dispõe sobre o uso de assinaturas eletrônicas em interações com entes públicos, em atos de pessoas jurídicas e em questões de saúde e sobre as licenças de *softwares* desenvolvidos por entes públicos.

Essa lei estabelece três espécies de assinatura eletrônica:

a) simples: é a que permite identificar o seu signatário e a que anexa ou associa dados a outros dados em formato eletrônico do signatário;

b) avançada: a que utiliza certificados não emitidos pela ICP-Brasil ou outro meio de comprovação da autoria e da integridade de documentos em forma eletrônica, desde que admitido pelas partes como válido ou aceito pela pessoa a quem for oposto o documento, com as seguintes características:

b.1) está associada ao signatário de maneira unívoca;

b.2) utiliza dados para a criação de assinatura eletrônica cujo signatário pode, com elevado nível de confiança, operar sob o seu controle exclusivo;

b.3) está relacionada aos dados a ela associados de tal modo que qualquer modificação posterior é detectável;

c) assinatura eletrônica qualificada: a que utiliza certificado digital, nos termos do § 1º do art. 10 da Medida Provisória n. 2.200-2/2001.

---

[38] Nesse sentido, a assinatura digital de contrato eletrônico tem a vocação de certificar, através de terceiro desinteressado (autoridade certificadora), que determinado usuário de certa assinatura a utilizara e, assim, está efetivamente a firmar o documento eletrônico e a garantir serem os mesmos os dados do documento assinado que estão a ser sigilosamente enviados. Ademais, é necessário destacar que, com base nos precedentes desta Corte, em regra, exigem-se duas testemunhas em documento físico privado para que seja considerado executivo, mas excepcionalmente, poderá ele dar azo a um processo de execução, sem que se tenha cumprido esse requisito formal, entendimento este se deve aplicar aos contratos eletrônicos, desde que observadas as garantias mínimas acerca de sua autenticidade e segurança (REsp 1.495.920-DF, rel. Min. Paulo de Tarso Sanseverino, por maioria, j. 15-5-2018, *DJe* 7-6-2018, *Informativo STJ*, n. 627).

1.8.5 Da exigibilidade da obrigação

Para propor a ação de execução, portanto, devem estar presentes dois requisitos: título executivo e inadimplemento do devedor[39]. O título executivo, judicial ou extrajudicial, deve conter obrigação certa, líquida e exigível. É o que prescreve claramente o art. 783, em relação à execução de títulos extrajudiciais.

É importante atentar, aqui, que tais características, notadamente cumulativas, são atributos da obrigação a ser executada, *e não do título executivo em si*.

1.8.5.1 *Certeza*

Primordialmente, a prestação sujeita ao cumprimento deverá ser certa, constituindo, assim, o pré-requisito dos demais atributos. Significa dizer, portanto, que pode existir uma obrigação certa, porém ilíquida e inexigível, mas o contrário não seria possível. Essa característica refere-se à própria existência da prestação que se quer ver realizada.

Certa é a obrigação induvidosa, resultante de título executivo. A certeza que se exige deve estar revelada pelo título executivo, muito embora a natureza abstrata da execução permita a discussão da *causa debendi*. O título traduz, então, a certeza da obrigação quanto à sua existência, o *an debeatur*, muito embora o executado possa a ela se opor, sustentando fatos supervenientes à obrigação.

É preciso avaliar se o título oferecido para execução possui os mais básicos elementos que permitam a identificação da existência de uma prestação devida. Esse juízo é provisório, podendo ser revisto diante de impugnação à execução.

1.8.5.2 *Liquidez*

Toda espécie de obrigação que se pretenda exigir judicialmente deve ser líquida, o que significa dizer que deve ser apontado, desde o primeiro momento, qual o valor que se pretende receber, de modo que não seja necessário qualquer outro instrumento para determiná-lo. A liquidez diz respeito à extensão e à determinação do objeto da prestação. É o *quantum debeatur*, a indicação do conteúdo da prestação.

No cumprimento de sentença, existe a possibilidade de a obrigação não ser líquida, ou seja, quando o autor faz um pedido genérico e é utilizado um dos incisos do art. 324, § 1º, do CPC. Importante ressaltar que o CPC (art. 322), como regra, exige pedido certo e determinado.

Como já referimos, o pedido certo e determinado leva a uma sentença líquida, porém trata o art. 324, § 1º, do CPC dos casos em que se aceita pedido genérico nos incisos I, II e III. Caso o autor formule um pedido indeterminado, devidamente justificado diante das peculiaridades do caso, o juiz poderá prolatar uma sentença ilíquida. Assim, se não se sabe o valor ou o objeto exato a ser executado, é necessário que se proceda à liquidação de sentença.

O mesmo se aplica à reconvenção, por disposição expressa do § 2º, mas também por sua natureza de verdadeira demanda do réu contra o autor – só que no mesmo processo em que está sendo demandado.

No caso do processo de execução, contudo, a obrigação deve ser líquida sempre e tal característica deve ser examinada *prima facie*.

O art. 786, parágrafo único, do CPC esclarece, porém, que meros cálculos aritméticos não retiram a liquidez da obrigação. Nesses casos, o exequente deverá instruir a inicial com, além do tí-

---

[39] Assis, 2017, p. 277.

tulo, a memória de cálculo e os índices que utilizou[40]. Se houver excesso de execução, isso será matéria a ser tratada por meio da impugnação ou embargos cabíveis[41]. Caso não haja a devida instrução da exordial, o juiz deve abrir prazo para correção do vício, nos termos do art. 321, conforme jurisprudência firmada[42].

1.8.5.3 Exigibilidade

A obrigação ainda não exigível não pode ser coativamente imposta. Se uma obrigação está sujeita a termo, condição ou encargo, ainda não pode ser exigido o seu cumprimento. Em outras palavras, o dever de cumprir a prestação deve ser atual; não pode uma obrigação ser cobrada antes do prazo.

Para a exigibilidade da obrigação devem ser observadas as regras do direito material, ou seja: se a obrigação é quesível, se é portável, se há termo etc. A exigibilidade se confunde com o próprio inadimplemento do devedor; por isso, sendo inexigível a obrigação, será também impossível a execução.

O art. 492 do CPC, em especial seu parágrafo único, não admite sentenças condicionais, de modo que o problema da exigibilidade, normalmente, só diz respeito aos títulos extrajudiciais.

1.9 DA RESPONSABILIDADE PATRIMONIAL

1.9.1 Noções gerais

De acordo com as lições clássicas do direito obrigacional, aquele que tem o débito (*schuld*) responderá com o seu patrimônio para o cumprimento da obrigação (*haftung*).

A ação de execução constitui a atuação do Estado-juiz para a satisfação do direito subjetivo da *parte*, representado pelo título *executivo*. Essa satisfação sempre recai sobre o patrimônio (bens) do devedor, ou de terceiros, salvo raras exceções.

É o chamado princípio da responsabilidade exclusivamente patrimonial. Explicaremos mais à frente, porém, os casos em que a lei proíbe que a execução recaia sobre alguns bens patrimoniais por motivos diversos, dando a eles a característica da impenhorabilidade[43] (art. 833).

A responsabilidade patrimonial é o estado de sujeição do patrimônio do devedor, ou de terceiros responsáveis (art. 790), à execução, com vistas à satisfação do direito do credor.

No caso de o patrimônio sacrificado para o pagamento do débito ser o do próprio devedor, temos o que se chama "responsabilidade patrimonial primária".

Por outro lado, quando um terceiro responder com o seu patrimônio por dívida que não assumiu, tem-se a chamada "responsabilidade patrimonial secundária".

Para Araken da Assis[44], o efeito do título executivo, à primeira vista, consiste em possibilitar a sujeição dos bens do devedor à ação executória. Ante o inadimplemento da obrigação, documentada no título, o órgão judiciário atuará, coativamente, utilizando-se dos meios legais disponíveis para satisfazer o crédito.

---

[40] STJ, REsp 1.309.047, 3ª T., rel. Min. Nancy Andrighi, j. 27-8-2013, *DJe* 13-9-2013.
[41] Wambier et al., 2015, p. 1803.
[42] STJ, AgRg no AgRg no REsp 987.311, 4ª T., rel. Min. Luis Felipe Salomão, *DJe* 19-4-2012. AgRg 734.078, 3ª T., rel. Min. Humberto Gomes de Barros, *DJ* 15-10-2007; REsp 469.677, 2ª T., rel. Min. João Otávio de Noronha, *DJ* 3-8-2006.
[43] Assis, 2017, p. 327.
[44] Ibidem, p. 270.

1.9.2 Bens do devedor

Conforme dito anteriormente, o devedor responde pela obrigação com todos os seus bens, presentes e futuros. Contudo, além das restrições legais, a exemplo das hipóteses de impenhorabilidade[45], há, ainda, outros casos que relativizam a submissão do seu patrimônio à execução, como a possibilidade de a responsabilidade recair sobre bens de terceiros.

No entanto, a regra geral é de que não estão sujeitos à execução os bens que a lei considera impenhoráveis ou inalienáveis. Não obstante a *ratio essendi* do dispositivo seja a "impenhorabilidade", o casuísmo jurisprudencial, mesmo antes do CPC, já vinha excepcionando de tal maneira essa regra que se mitigou sobremodo essa garantia processual[46].

Assim é que se tem preconizado a aplicação retroativa da lei que instituiu a impenhorabilidade do bem de família, bem como a impossibilidade de renúncia a tal garantia[47], além de estender os benefícios aos móveis que guarnecem a residência, o que deve ser entendido apenas para manutenção da funcionalidade do lar, não se justificando a impenhorabilidade de bens luxuosos[48]. Contudo, o fato de o imóvel, em si, ser muito valioso não retira a proteção ao bem[49].

Não é necessário que o executado resida no imóvel, bastando que ele seja a única propriedade que ele e sua família possuam. Assim decidiu o STJ em caso em que o único imóvel do devedor estava gravado com usufruto vitalício em favor da sua genitora[50]. Não se concede a proteção, todavia, se o bem estiver desocupado e desprovido de qualquer função econômica ou social[51].

Também é impenhorável o único imóvel comercial do devedor quando o aluguel está destinado unicamente ao pagamento de locação residencial por sua entidade familiar[52].

---

[45] Julgado proferido à época do CPC/73: "A impenhorabilidade do bem de família, por ser matéria de ordem pública, pode ser arguida a qualquer tempo antes da arrematação do imóvel. Caso comprovada a má-fé do devedor em fazer a alegação tardia, resolve-se na redistribuição dos ônus sucumbenciais, nos termos do art. 22 do CPC. (REsp 981.532-RJ, rel. Min. Luis Felipe Salomão, j. 7-8-2012, *Informativo STJ*, n. 501).

[46] STJ, REsp 1.231.123-SP, rel. Min. Nancy Andrighi, j. 2-8-2012, *Informativo STJ*, n. 501.

[47] Julgado proferido à época do CPC/73: "A jurisprudência desta Corte firmou-se no sentido de que o bem de família é absolutamente impenhorável. A Lei n. 8.009/90 é norma de ordem pública, tendo como escopo dar segurança à família, e não o direito à propriedade. Por isso, não é possível haver renúncia pelo proprietário. Recurso especial não provido" (STJ, 2ª T., REsp 828.375-RS, rel. Min. Eliana Calmon, j. 16-12-2008, *DJe* 17-2-2009).

[48] Julgado proferido à época do CPC/73: "Os eletrodomésticos que, a despeito de não serem indispensáveis, são usualmente mantidos em um imóvel residencial, não podem ser considerados de luxo ou suntuosos para fins de penhora" (STJ, 1ª T., REsp 488.820-SP, rel. Min. Denise Arruda, j. 8-11-2005, *DJ* 28-11-2005, p. 190).

[49] "A norma é de ordem pública, de cunho eminentemente social, e tem por escopo resguardar o direito à residência ao devedor e a sua família, assegurando-lhes condições dignas de moradia, indispensáveis à manutenção e à sobrevivência da célula familiar. 4. Ainda que valioso o imóvel, esse fato não retira sua condição de serviente a habitação da família, pois o sistema legal repele a inserção de limites à impenhorabilidade de imóvel residencial. 5. Recurso conhecido em parte e, na extensão, provido" (REsp 715.259-SP (2005/0000624-9), rel. Min. Luis Felipe Salomão, j. 5-8-2010).

[50] STJ, REsp 950.663-SC, rel. Min. Luis Felipe Salomão, j. 10-4-2012.

[51] "A jurisprudência do STJ firmou-se no sentido de que o fato de a entidade familiar não utilizar o único imóvel como residência não o descaracteriza automaticamente, sendo suficiente à proteção legal que seja utilizado em proveito da família, como a locação para garantir a subsistência da entidade familiar. 4. Neste processo, todavia, o único imóvel do devedor encontra-se desocupado e, portanto, não há como conceder a esse proteção legal da impenhorabilidade do bem de família, nos termos do art. 1º da Lei n. 8.009/90, pois não se destina a garantir a moradia familiar ou a subsistência da família" (REsp 1.005.546-SP, rel. originário Min. Sidnei Beneti, rel. para acórdão Min. Nancy Andrighi, j. 26-10-2010).

[52] STJ, REsp 707.623-RS, 2ª T., *DJe* 24-9-2009. REsp 1.616.475-PE, rel. Min. Herman Benjamin, j. 15-9-2016, *DJe* 11-10-2016, *Informativo*, n. 591.

Ademais, o STJ, em acórdão publicado na vigência do CPC/73, da lavra do eminente Min. Luis Felipe Salomão[53], já entendeu que se atenua a impenhorabilidade do bem de família caso sobrevenha condenação em processo criminal ajuizado pelo mesmo fundamento que gerou a sentença civil condenatória, a partir de uma nova leitura do inciso VI do art. 3º da Lei n. 8.009/90. O tema foi revisitado pelo STJ em 2021 a fim de se explicitar a necessidade do trânsito em julgado da sentença condenatória[54].

Já na vigência do Código Fux, o STJ, novamente em acórdão da lavra do Min. Salomão[55], revisitou o tema dos limites da impenhorabilidade, levando em consideração as espécies legal e convencional do bem de família.

Grande controvérsia surgiu na jurisprudência pátria quanto à possibilidade ou não de penhora de bem de família de fiador de contrato de locação.

A matéria já havia sido examinada no julgamento do RE 612.360/SP[56], Tema 295, no qual se afirmou a seguinte tese:

> "É constitucional a penhora de bem de família pertencente a fiador de contrato de locação, em virtude da compatibilidade da exceção prevista no art. 3º, VII, da Lei n. 8.009/90 com o direito à moradia consagrado no art. 6º da Constituição Federal, com redação da EC 26/2000".

Na sequência, o STJ, na sistemática dos julgamentos repetitivos, firmou a seguinte tese:

> "é legítima a penhora de apontado bem de família pertencente a fiador de contrato de locação, ante o que dispõe o art. 3º, inciso VII, da Lei n. 8.009/90"[57].

A partir daí foi editada, em 2015, a Súmula 549 STJ, com o seguinte teor:

> "é válida a penhora de bem de família pertencente a fiador de contrato de locação".

Em 2018, a Primeira Turma do STF, no julgamento do RE 605.709/SP, decidiu que o bem de família do fiador, destinado à sua moradia, não poderia ser sacrificado a pretexto de satisfazer o crédito de locador de imóvel comercial ou de estimular a livre-iniciativa. Em conclusão, afirmou-se que "admitir a penhora de bem de família para satisfazer débito decorrente de locação comercial, em nome da promoção da livre-iniciativa, redundaria, no limite, em solapar todo o arcabouço erigido para preservar a dignidade humana em face de dívidas".

---

[53] Julgado proferido à época do CPC/73: "Dessa forma, é possível afirmar que a ressalva contida no inciso VI do art. 3º da referida lei somente abrange a execução de sentença penal condenatória – ação civil *ex delicto* –, não alcançando a sentença cível de indenização, salvo se, verificada a coexistência dos dois tipos, as decisões tiverem o mesmo fundamento de fato" (REsp 1.021.440-SP, rel. Min. Luis Felipe Salomão, j. 2-5-2013, *Informativo STJ*, n. 524).

[54] Para a incidência da exceção à impenhorabilidade do bem de família, prevista no art. 3º, VI, da Lei n. 8.009/1990, é imprescindível a sentença penal condenatória transitada em julgado. REsp 1.823.159-SP, rel. Min. Nancy Andrighi, 3ª Turma, por unanimidade, j. 13-10-2020, *DJe* 19-10-2020. *Informativo STJ* n. 681.

[55] Desse modo, à luz da jurisprudência dominante das Turmas de Direito Privado: (a) a proteção conferida ao bem de família pela Lei n. 8.009/90 não importa em sua inalienabilidade, revelando-se possível a disposição do imóvel pelo proprietário, inclusive no âmbito de alienação fiduciária; e (b) a utilização abusiva de tal direito, com evidente violação do princípio da boa-fé objetiva, não deve ser tolerada, afastando-se o benefício conferido ao titular que exerce o direito em desconformidade com o ordenamento jurídico. REsp 1.595.832-SC, rel. Min. Luis Felipe Salomão, 4ª T., por unanimidade, j. 29-10-2019, *DJe* 4-2-2020. *Informativo STJ* n. 664.

[56] Rel. Ministra Ellen Gracie, *DJe* de 3-9-2010, reconhecida a repercussão geral (Tema 295).

[57] REsp 1.363.368/MS, rel. Min. Luis Felipe Salomão, 2ª S., *DJe* de 21-11-2014.

O STF, em março de 2022, por ocasião do exame do Tema 1.127, em regime de repercussão geral, fixou a seguinte tese:

> "É constitucional a penhora de bem de família pertencente a fiador de contrato de locação, seja residencial, seja comercial."

Desse modo, pacificando longa controvérsia, o Tribunal entendeu que a penhorabilidade de bem de família pertencente a fiador de contrato de locação também se aplica no caso de locação de imóvel comercial. A exceção à regra da impenhorabilidade do bem de família contida no inciso VII do art. 3º da Lei n. 8.009/90 é necessária, proporcional e razoável, mesmo na hipótese de locação comercial[58].

Em junho de 2022, o tema voltou a ser examinado pela 2ª Seção do STJ, em Acórdão relatado pelo Min. Luis Felipe Salomão, que discorreu com maestria sobre as sucessivas decisões acima mencionadas e a complexidade do tema[59]. E com isso fixou-se o tema 1.091 com a seguinte redação:

> "É válida a penhora do bem de família de fiador apontado em contrato de locação de imóvel, seja residencial, seja comercial, nos termos do inciso VII do art. 3º da Lei n. 8.009/90".

Também é impenhorável o bem de família oferecido como caução em contrato de locação comercial. Segundo o STJ, o escopo da Lei n. 8.009/90 não é proteger o devedor contra suas dívidas, mas sim a entidade familiar no seu conceito mais amplo, razão pela qual as hipóteses permissivas da penhora do bem de família, em virtude do seu caráter excepcional, devem receber interpretação restritiva[60].

Em débitos de natureza tributária, para a aplicação da exceção à impenhorabilidade do bem de família prevista no art. 3º, IV, da Lei n. 8.009/90 é preciso que a dívida seja proveniente do próprio imóvel que se pretende penhorar, como também já decidiu o STJ[61].

---

[58] É necessária e proporcional, pois os outros meios legalmente aceitos para garantir o contrato de locação comercial, tais como caução e seguro-fiança, são mais custosos para grande parte dos empreendedores. RE 1.307.334/SP, rel. Min. Alexandre de Moraes, julgamento virtual finalizado em 8-3-2022 (terça-feira), às 23:59. *Informativo STF* n. 1.046.

[59] Afastar a proteção do bem de família foi o instrumento jurídico de políticas públicas que o Estado se valeu para enfrentar o problema público da ausência de moradia e de fomento da atividade empresarial decorrente das dificuldades impostas aos contratos de locação. Ademais, por uma análise econômica do direito, a interpretação que afasta a garantia fiduciária da locação comercial, mais precisamente a possibilidade de penhora do imóvel do fiador, muito provavelmente acabará retirando a eficiência do mercado imobiliário de locações para fins de exercício de atividade econômica, influindo nas leis da oferta e da procura, já que haverá um aumento no custo do contrato, reduzindo o número de possíveis locatários com poder de locação, diminuindo a riqueza e o bem-estar, com o aumento do custo social, por reduzir o empreendedorismo, a oferta de empregos e, consequentemente, a renda da população. REsp 1.822.040-PR, rel. Min. Luis Felipe Salomão, 2ª S., por unanimidade, j. 8-6-2022. (Tema 1091). *Informativo STJ* n. 740.

[60] Caso o legislador desejasse afastar da regra da impenhorabilidade o imóvel residencial oferecido em caução o teria feito, assim como o fez no caso do imóvel dado em garantia hipotecária (art. 3º, V, da Lei n. 8.009/90)". Dessa forma, violaria a isonomia e a própria previsibilidade das relações jurídicas estender à caução as gravosas consequências aplicadas à fiança pela Lei n. 8.009/90. É que o ofertante do bem em caução não aderiu aos efeitos legais atribuídos ao contrato de fiança. Noutros termos, a própria autonomia da vontade, elemento fundamental das relações contratuais, restaria solapada se equiparados os regimes jurídicos em tela. Deste modo, a caução levada a registro, embora constitua garantia real, não encontra previsão em qualquer das exceções legais, devendo prevalecer a impenhorabilidade do imóvel, quando se tratar de bem de família. REsp 1.789.505-SP, rel. Min. Marco Buzzi, 4ª T.,, por unanimidade, j. 22-3-2022, *DJe* 7-4-2022. *Informativo STJ* n. 732.

[61] Com efeito, por se tratar de norma de exceção à ampla proteção legal conferida ao bem de família, a interpretação do art. 3º, inciso IV, da Lei n. 8.009/90, deve se dar de maneira restritiva, não podendo ser ampliada a ponto de alcançar outras situações não previstas pelo legislador. REsp 1.332.071-SP, rel. Min. Marco Aurélio Bellizze, 3ª T., por unanimidade, j. 18-2-2020, *DJe* 20-2-2020. *Informativo STJ* n. 665.

O STJ[62] também já decidiu que o fato de o bem imóvel ter sido adquirido no curso da demanda executiva não afasta a impenhorabilidade do bem de família.

Por outro lado, é possível a penhora do bem de família para assegurar o pagamento de dívida contraída para reforma desse imóvel[63].

A impenhorabilidade absoluta e a relativa podem ser arguidas por impugnação ao cumprimento de sentença ou por embargos à execução em caso de título executivo extrajudicial.

Outro ponto de destaque encontra-se no art. 798 do CPC, que representa norma fundamental do processo executivo ao dispor que "o devedor responde com todos seus bens presentes e futuros para o cumprimento de suas obrigações, salvo as restrições estabelecidas em lei"[64].

Em outras palavras, todos os bens do devedor podem ser objeto de expropriação executiva, incluindo os adquiridos antes e depois da constituição da dívida.

O dispositivo parece abrigar comando genérico: a maioria dos atos executivos opera, efetivamente, sobre o patrimônio do devedor, ressalvados os bens impenhoráveis, recordados na sua cláusula final.

Em princípio, os atos executivos apenas serão dirigidos ao patrimônio do obrigado. O patrimônio do devedor (presente e futuro) figura como uma forma de garantia para o credor de cumprimento de obrigação. Contudo, os bens do devedor na posse de terceiros (art. 790, III, do CPC) também podem vir a responder pelo cumprimento da obrigação.

Importante ressaltar, aqui, que também respondem os bens pretéritos (transferidos para terceiro antes da execução), que tenham sido dados em garantia real (penhor ou hipoteca) ao credor ou alienados em fraude à execução ou em fraude contra credores.

Assim, verifica-se que a regra geral é a responsabilidade incidindo sobre os bens que integram o patrimônio do executado no momento da instauração da execução (bens presentes) e os que venham a ser adquiridos no curso do processo (bens futuros).

No que tange aos bens passados que foram retirados do devedor antes de iniciado o processo executivo ficam, a princípio, excluídos da responsabilidade, excepcionando-se, aqui, os bens sobre os quais já se havia praticado algum ato de antecipação de penhora, ou aqueles gravados com a hipoteca e os alienados fraudulentamente.

O art. 790, III, dispõe que respondem pela execução os bens do devedor, ainda que em "poder" (posse ou detenção) de terceiros. Nesse sentido, dispõe, ainda, o art. 845, *caput*, do CPC.

Em relação à posse, é preciso aferir se o novo dono tem o direito de tomar posse de terceiro ou não.

Em caso de posse decorrente de vínculo contratual (como locação, comodato ou arrendamento), o terceiro possuidor deve ter seus direitos respeitados, nos limites da lei e de possíveis cláusulas contratuais.

---

[62] As regras que estabelecem hipóteses de impenhorabilidade não são absolutas. O art. 3º da Lei n. 8.009/90 prevê uma série de exceções à impenhorabilidade. A aquisição do imóvel posteriormente à dívida não configura, por si só, fraude à execução, tampouco afasta proteção conferida ao bem de família (REsp 573.018-PR, rel. Min. Cesar Asfor Rocha, 4ª T., j. 9-12-2003, DJ 14-6-2004, p. 235, e REsp 1.792.265-SP, rel. Min. Luis Felipe Salomão, 4ª T., j. 14-12-2021, DJe 14-3-2022). A regra de impenhorabilidade do bem de família trazida pela Lei n. 8.009/90 deve ser examinada à luz do princípio da boa-fé objetiva, que, além de incidir em todas as relações jurídicas, constitui diretriz interpretativa para as normas do sistema jurídico pátrio. AgInt nos EDcl no AREsp 2.182.745-BA, rel. Min. Raul Araújo, 4ª T., por unanimidade, j. 18-4-2023, *Informativo STJ* n. 771.

[63] REsp 2.082.860-RS, rel. Min. Nancy Andrighi, 3ª T., por unanimidade, j. 6-2-2024. *Informativo STJ* n. 800.

[64] O art. 391 do CC/2002 dispõe: "pelo inadimplemento das obrigações respondem todos os bens do devedor".

Existe controvérsia, no entanto, quando se trata de posse direta exercida por promissário. Registrada a promessa de compra e venda, o promissário titulariza direito real oponível *erga omnes* e sua posse é exercida a esse título, sendo devida sua proteção em face dos atos de constrição executiva.

Na vigência do CPC/73, o art. 466-B, que possibilitava a execução específica do contrato prometido, dava azo à seguinte questão: e se não fora registrada a promessa? Nesse caso, subsistem duas hipóteses:

a) o promissário dispõe de direito obrigacional, não obstante se lhe confira legitimidade para embargos de terceiro (Súmula 84 do STJ), cujo êxito depende da demonstração de existência de direito incompatível com a pretensão executiva;

b) mas, se ajuizou a ação prevista no art. 466-B, pleiteando a execução específica da prestação de declarar vontade contida no contrato preliminar, qualquer penhora posterior será ineficaz diante desse direito já deduzido, até porque "o direito à adjudicação compulsória não se condiciona ao registro do compromisso de compra e venda no cartório de imóveis" (Enunciado 239 da súmula do STJ).

O permissivo acabou não reproduzido no CPC.

Em nenhum caso, há simples posse imediata. Há posse com ânimo de propriedade, o que diferencia a situação.

Cumpre mencionar que o supracitado art. 789, que trata da responsabilidade patrimonial, tem redação imprecisa, assim como o seu correspondente no CPC/73 (art. 591).

A uma, porque fala em "devedor", sem atentar para a diferença entre débito e responsabilidade, trabalhada no direito civil. E, a duas, porque menciona uma classificação cronológica sem estabelecer marco temporal. O mais adequado é o de que se conta a partir do início da execução, sendo este o momento denominado "presente".

Ressalte-se que o STJ[65], antes do CPC, assentou que os bens de terceiro que, além de não incluídos no rol do art. 790 (antigo art. 592 do CPC/73), não tenham figurado no polo passivo de ação de cobrança, não podem ser atingidos por medida cautelar incidental de arresto, tampouco por futura execução, sob a alegação de existência de solidariedade passiva na relação de direito material.

Insta destacar que o art. 791 do CPC tem especial importância porque intenta adequar o regime da execução às distinções próprias de institutos do direito civil caracterizados pela cisão das qualidades do direito de propriedade. Ou seja, trata assim dos direitos reais limitados ou direitos reais sobre coisa alheia.

O *caput* e o § 1º dispõem acerca do direito de superfície e o § 2º refere-se à enfiteuse, à concessão de uso especial para fins de moradia e à concessão de direito real de uso. Com efeito, o que se tem é a restrição dos bens sujeitos à execução à parcela do direito real titularizada pelo executado, não atingindo o bem como um todo.

1.9.3 Fraude à execução e fraude contra credores

O patrimônio do devedor é a garantia de satisfação do direito do credor, o que, porém, não impede que os bens sejam do patrimônio de terceiro, desde que haja previsão, e sua ulterior alienação. Assim, qualquer alienação ou oneração de bens representa um potencial risco à execução, que pode vir a ser frustrada por tais atos.

A fraude contra credores é instituto de direito material e tem sua previsão no art. 158 do CC, quando o executado, dolosamente, aliena a integralidade de seu patrimônio para frustrar o pagamento dos credores.

---

[65] Julgado proferido à época do CPC/73: REsp 1.423.083-SP, rel. Min. Luis Felipe Salomão, j. 6-5-2014, *Informativo STJ*, n. 544.

Para a sua caracterização devem estar presentes os pressupostos objetivos e subjetivos, respectivamente: a existência de dano aos credores, isto é, a alienação ou oneração do bem ocasiona a insolvência do devedor (*eventus damni*) e o propósito de fraudar os créditos por meio do negócio jurídico com a ciência do terceiro beneficiário (*consilium fraudis*).

Nesse instituto, violam-se interesses privados dos seus credores, o que dá a essa figura tratamento menos severo do que o dispensado à fraude à execução. Portanto, a sua ocorrência constitui hipótese de anulabilidade do negócio jurídico.

O reconhecimento da fraude contra credores ocorre por meio da ação pauliana, na qual o autor (credor quirografário) tem o ônus de demonstrar a existência de tais requisitos, não se presumindo sua existência.

Já o polo passivo é formado pelo devedor e pelo terceiro adquirente, devendo o juiz averiguar se este estava ou não de boa-fé. Em transmissões gratuitas, presume-se a má-fé, a qual, porém, deve ser provada nas onerosas, consoante o art. 159 do CC.

Contudo, é possível sustentar que o *consilium fraudis* não constitui mais elemento caracterizador da fraude contra credores, sendo relevante apenas para caracterizar o tipo penal do art. 168 da Lei n. 11.101/2005. De acordo com esse raciocínio, para a fraude contra credores bastaria que a disposição do patrimônio ensejasse a insolvência do devedor.

Reconhecida a fraude contra credores, não haverá a nulidade do ato entre o devedor e o terceiro, mas apenas sua ineficácia perante o credor.

Já a fraude à execução é vício mais grave, que afeta diretamente a autoridade do Estado concretizada no exercício jurisdicional[66].

Seu reconhecimento depende da existência de uma ação contemporaneamente ao ato de diminuição patrimonial. Portanto, a fraude à execução não se limita a gerar efeito no campo processual, sendo também tipificada como delito (art. 179 do CP).

Pode ser reconhecida nos próprios autos, através de mera petição, sendo desnecessária a ação pauliana, exigida no caso da fraude contra credores.

A lei dispensa a prova da intenção de fraudar (*consilium fraudis*). Bastará a ocorrência do fato – estabelecido em lei – para estar configurada a fraude à execução.

O art. 792 do CPC dispõe sobre a fraude à execução, entendendo-a ocorrente na alienação ou oneração de bens:

I – quando sobre o bem pender ação fundada em direito real ou com pretensão reipersecutória, desde que a pendência do processo tenha sido averbada no respectivo registro público, se houver;

II – quando tiver sido averbada, no registro do bem, a pendência do processo de execução, na forma do art. 828;

III – quando tiver sido averbado, no registro do bem, hipoteca judiciária ou outro ato de constrição judicial originário do processo onde foi arguida a fraude;

IV – quando, ao tempo da alienação ou da oneração, tramitava contra o devedor ação capaz de reduzi-lo à insolvência;

V – nos demais casos expressos em lei.

---

[66] O principal efeito da fraude à execução, em verdade, tem dupla faceta. É que o negócio jurídico realizado entre devedor e terceiro é válido entre eles, mas não produz efeitos contra o exequente. Portanto, há um efeito positivo de validade no negócio entre as partes e um efeito negativo de não produzir reflexos no credor (Becker, 2021, p. 137).

Em qualquer desses casos há presunção de prejuízo ao credor e de má-fé do devedor, dispensando-se a prova desses requisitos.

O inciso I, que tipifica a fraude à execução, menciona que ocorre a alienação ou oneração fraudulenta quando pendente a ação fundada em direito real ou com pretensão reipersecutória e é reflexo do direito de sequela.

Nesse caso, a configuração da fraude à execução independe da caracterização do estado de insolvência do devedor, pois a alienação ou a oneração diz respeito a bem sobre o qual pende ação fundada em direito real.

Um ponto a ser destacado é que, para a configuração da fraude, é necessário que a pendência do processo tenha sido averbada no registro público[67].

Não havendo registro, será ônus do exequente comprovar a má-fé do executado e do terceiro adquirente, tendo em vista que ela não poderá ser presumida.

Nesse sentido, o STJ já sedimentou seu entendimento em sede de recurso especial repetitivo[68], ratificando o Enunciado 375 da súmula da Corte[69]. Além disso, no julgado, consolidou a tese que já vinha sendo adotada em relação à citação válida como pressuposto para reconhecimento da fraude[70], ainda que na hipótese de alienações sucessivas[71].

A hipótese do inciso II do art. 792 prevê que também se verifica a fraude quando da pendência de processo de execução averbada, no registro do bem, na forma do art. 828.

Questão curiosa foi ocasionada por um atropelo do legislador. Pouco antes da edição do CPC, foi editada a Lei n. 13.097, de 19 de janeiro de 2015. Essa Lei, entre outras tantas disposições sobre direito civil, nos arts 54 a 56 trouxe algumas providências acerca do registro e averbação em matrícula de imóvel. Ocorre que, pouco tempo depois, a matéria veio a ser regulada pelos arts. 792 e 828 do CPC, de modo que os dispositivos de natureza processual do referido Diploma parecem ter sido revogados pelo CPC.

O inciso III consignou que a alienação ou oneração posterior ao registro da penhora de imóvel também configura fraude à execução.

---

[67] Assim "dois requisitos formam a fraude contra o processo executivo: a litispendência e a frustração dos meios executórios" (Assis, 2017, p. 318).

[68] STJ, Corte Especial, REsp 956.943-PR, rel. originária Min. Nancy Andrighi, rel. para acórdão Min. João Otávio de Noronha, j. 20-8-2014, *Informativo STJ*, n. 552.

[69] O reconhecimento da fraude à execução depende do registro da penhora do bem alienado ou da prova de má-fé do terceiro adquirente (Súmula 375, Corte Especial, j. 18-3-2009, *DJe* 30-3-2009).

[70] Já vinha se entendendo nesse sentido, *vide* REsp 316.905-SP, 4ª T., rel. Min. Luis Felipe Salomão, *DJe* 18-12-2009.

[71] A orientação consagrada na Súmula 375/STJ e no julgamento do Tema 243 é aplicável às hipóteses de alienações sucessivas. Esta Corte tem entendimento sedimentado no sentido de que a inscrição da penhora no registro do bem não constitui elemento integrativo do ato, mas sim requisito de eficácia perante terceiros. Por essa razão, o prévio registro da penhora do bem constrito gera presunção absoluta (*juris et de jure*) de conhecimento para terceiros e, portanto, de fraude à execução caso o bem seja alienado ou onerado após a averbação (art. 659, § 4º, do CPC/73; art. 844 do CPC). Presunção essa que também é aplicável à hipótese na qual o credor providenciou a averbação, à margem do registro, da pendência de ação de execução (art. 615-A, § 3º, do CPC/73; art. 828, § 4º, do CPC). (...) Em caso de alienações sucessivas, inicialmente, é notório que não se exige a pendência de processo em face do alienante do qual o atual proprietário adquiriu o imóvel. Tal exigência, em atenção aos ditames legais (art. 593 do CPC/73 e art. 792 do CPC), deve ser observada exclusivamente em relação ao devedor que figura no polo passivo da ação de conhecimento ou de execução. (...) Nessas situações, existindo registro da ação ou da penhora à margem da matrícula do bem imóvel alienado a terceiro, haverá presunção absoluta do conhecimento do adquirente sucessivo e, portanto, da ocorrência de fraude. Diversamente, se inexistente o registro do ato constritivo ou da ação, incumbe ao exequente/embargado a prova da má-fé do adquirente sucessivo. REsp 1.863.952-SP, rel. Min. Nancy Andrighi, 3ª T., por unanimidade, j. 26-10-2021. *Informativo STJ* n. 716.

O inciso IV dispõe que o devedor que aliena ou onera seus bens, ciente de demanda capaz de reduzi-lo à insolvência, está agindo para fraudar a execução.

Os §§ 1º a 4º do art. 792 do CPC esclarecem questões divergentes à época do CPC/73.

Primeiro, determina-se como efeito da fraude à execução a ineficácia da alienação ou oneração quanto ao exequente (art. 792, § 1º). Fixa-se, ainda (art. 792, § 2º), o ônus do terceiro adquirente de provar que adotou todas as cautelas que poderiam lhe ser razoavelmente exigidas para aquisição do bem[72].

Tal prova se faz mediante a exibição das certidões pertinentes, obtidas no domicílio do vendedor e no local onde o bem está. Assim procedendo, demonstra o terceiro sua boa-fé na realização do negócio jurídico.

Implementa também medidas em prestígio ao contraditório e à cooperação entre os sujeitos processuais.

O art. 792, § 3º, determina o momento a partir do qual a alienação ou oneração de bem por pessoa atingida pela desconsideração da personalidade jurídica de outra será considerada fraude à execução, qual seja a citação da parte cuja personalidade se pretende desconsiderar.

Registre-se que o STJ[73] já decidiu que a fraude à execução só poderá ser reconhecida se o ato de disposição do bem for posterior à citação válida do sócio devedor, quando redirecionada à execução que fora originariamente proposta em face da pessoa jurídica.

Por fim, o art. 792, § 4º, estatui que é necessária a intimação prévia do terceiro adquirente para que ele, se quiser, oponha seus embargos de terceiro no prazo de 15 dias.

O CPC, dessa forma, prestigia a presunção absoluta de má-fé advinda da averbação.

O Superior Tribunal de Justiça[74] fixou entendimento no sentido de que o prazo previsto no art. 792, § 4º, do CPC/2015 não é preclusivo e que seu transcurso não impede o terceiro adquirente de apresentar embargos de terceiro, observado o disposto no art. 675, *caput*, do CPC. Desse modo, ao ver do STJ, a única consequência da perda do prazo é a ausência de efeito suspensivo automático, de modo que o juiz poderá proceder normalmente à constrição do bem.

1.9.4 Alienação de bem penhorado

A alienação ou oneração do bem penhorado, embora não referida expressamente na legislação processual, é considerada pela maior parte da doutrina uma "espécie" de fraude à execução, ainda

---

[72] É prescindível a propositura de ação anulatória autônoma para declaração da ineficácia do negócio jurídico em relação ao exequente ante a caracterização da fraude à execução, com o reconhecimento da nítida má-fé das partes que firmaram o acordo posteriormente homologado judicialmente. (...) Enquanto o art. 966, § 4º, do CPC expressamente prevê o cabimento da ação anulatória para se declarar a nulidade do ato ou negócio firmado pelas partes, o § 1º do art. 792 do mesmo diploma legal prevê que "a alienação em fraude à execução é ineficaz em relação ao exequente". Isso quer dizer que não se anula o negócio jurídico que configurou o ato fraudulento, mas apenas se declara a sua ineficácia em relação ao exequente prejudicado. Assim sendo, o negócio jurídico é existente, válido e eficaz para as partes que o firmaram e, também, para terceiros, à exceção daquele exequente em favor de quem tenha sido reconhecida a fraude à execução, para o qual o negócio jurídico existe e é válido, porém ineficaz. Assim, cuidando-se apenas da pretensão de declaração da ineficácia do negócio jurídico em relação ao exequente ante a inequívoca caracterização da fraude à execução, com o reconhecimento da nítida má-fé das partes que firmaram o acordo posteriormente homologado judicialmente, é prescindível a propositura de ação anulatória autônoma. REsp 1.845.558-SP, rel. Min. Marco Aurélio Bellizze, 3ªT., por unanimidade, j. 1º-6-2021. *Informativo STJ* n. 699.

[73] "A fraude à execução só poderá ser reconhecida se o ato de disposição do bem for posterior à citação válida do sócio devedor, quando redirecionada a execução que fora originariamente proposta em face da pessoa jurídica. Somente com a superveniência da desconstituição da personalidade da pessoa jurídica é que o sócio da pessoa jurídica foi erigido à condição de responsável pelo débito originário desta" (STJ, REsp 1.391.830-SP, rel. Min. Nancy Andrighi, por unanimidade, j. 22-11-2016, *DJe* 1º-12-2016, *Informativo*, n. 594).

[74] REsp 2.082.253/PR, rel. Min. Nancy Andrighi, 3ªT., j. 12-9-2023, *DJe* 20-9-2023.

mais grave do que aquelas previstas no art. 792, porque o bem alienado já estava constrito, vinculado à execução.

Embora o CPC não cuide expressamente do tema, qualquer ato de disposição desse bem será totalmente ineficaz para execução, sob pena de aniquilação da efetividade da prestação jurisdicional.

Para que reste caracterizada a fraude à execução em virtude de alienação ou oneração de bem penhorado, não se exige a prova da insolvência do devedor decorrente da venda, bastando que tenha sido realizada a penhora, e que haja evidência da alienação do bem constrito.

A fraude à execução poderá ser alegada por mera petição nos autos e, uma vez reconhecida, será declarada a ineficácia da transferência perante o credor.

Enquanto não registrada a penhora, a presunção de fraude é relativa, admitindo-se que o adquirente comprove que dela não tinha, nem razoavelmente dele se poderia exigir que tivesse, conhecimento. Por isso, é fundamental dar a máxima publicidade à penhora.

O registro não é exigido para o aperfeiçoamento da penhora, mas apenas para sua oponibilidade incondicionada *erga omnes*.

O principal problema ainda é a comprovação da ciência da penhora pelo terceiro.

Nesses casos em que o gravame não foi levado a registro, há fraude à execução quando se tem prova de que o terceiro adquirente sabia ou deveria saber da sua existência. E o ônus da prova recai sobre o credor que alegou a fraude.

Mecanismo interessante e de grande importância prática está previsto no art. 828 do CPC. Com o objetivo de conferir maior proteção ao exequente, lhe permite obter uma certidão comprobatória desse ajuizamento, com o objetivo de averbá-la no registro competente dos bens sujeitos à penhora ou arresto. É de se destacar que o dispositivo menciona que a admissão da execução pelo juiz é condição para que se obtenha a certidão.

Trata-se, na verdade, de forma de antecipação dos efeitos da penhora, que passam a retroagir ao momento da distribuição da ação.

Importante ressaltar que a providência prevista no art. 828 não depende da citação do executado nem exclui a previsão específica da Lei n. 13.097/2015 relativa a bens imóveis, como bem salientado por Baldissera e Pegoraro Jr.[75]

O Min. Luiz Fux[76] ressalta que a averbação premonitória não tem natureza jurídica de penhora e nem prevalece sobre penhoras posteriores.

De acordo com o § 4º do art. 828, se houver alienação ou oneração posteriores à averbação, presumir-se-á a fraude. Já no caso de abuso de direito por parte do credor, com a averbação indevida, o executado fará jus a uma indenização na forma do § 5º.

---

[75] "A averbação premonitória instituída pelo art. 828 do CPC exige a admissibilidade da execução pelo juiz, podendo ser feita antes mesmo do citação do executado. Admite-se, ainda, que o registro se dê pelo regime do art. 54, II, da Lei n. 13.097/2015, caso em que basta o ajuizamento da execução ou do cumprimento de sentença. A averbação pode se dar tanto nas execuções de títulos extrajudiciais quanto de títulos judiciais. O exequente deverá comunicar a averbação no prazo de 10 dias, e no mesmo prazo providenciar o cancelamento das averbações incidentes em bens que não tenham sido penhorados. A presunção da fraude à execução, no caso da alienação ou oneração de bens efetuada pelo executado após a averbação, independe da prova da intenção de fraudar, sendo tido como ineficaz em relação ao exequente, mas apenas quanto aos bens efetivamente penhorados; caberá, ainda, a intimação do terceiro para oposição de embargos antes da declaração da ineficácia. Por fim, o exequente que promover averbação indevida ou que não cancelar aquelas relativamente aos bens que não tenham sido penhorados, ficará obrigado a indenizar a parte contrária pelos prejuízos que tiver causado" (Baldissera; Pegoraro Jr., 2016, p. 134).

[76] Fux, 2022, p. 758. No mesmo sentido: STJ. REsp 1.334635/RS. rel. Min. Antonio Carlos Ferreira, 4ªT., j. 19-9-2019.

Em respeito ao art. 771, fica autorizado o requerimento de certidão também nos procedimentos de cumprimento de sentença.

Importante observar que o art. 66 da Lei n. 11.101/2005, com as alterações impostas pela Lei n. 14.112/2020 prevê que, após a distribuição do pedido de recuperação judicial, o devedor não poderá alienar ou onerar bens ou direitos de seu ativo não circulante, salvo mediante autorização do juiz, depois de ouvido o Comitê de Credores, se houver, com exceção daqueles previamente autorizados no plano de recuperação judicial.

1.9.5 Registro do arresto ou da penhora e sua finalidade

Munido da certidão do art. 828, o exequente deverá providenciar a averbação do processo executivo no registro competente. A partir disso, então, passa a haver, conforme o art. 844 do CPC, uma "presunção absoluta de conhecimento por terceiros" da ocorrência do arresto ou da penhora de bens imóveis[77].

Percebe-se, então, que o registro do arresto ou da penhora de bens imóveis tem como finalidade sua publicidade. Ele impede, portanto, que eventual adquirente do bem venha a alegar desconhecimento do arresto ou da penhora.

Esse registro da certidão, de acordo com a referida regra, cabe ao exequente[78]. As despesas havidas com o registro são consideradas despesas processuais, devendo ser reembolsadas pelo executado[79].

Não tendo o autor as cautelas necessárias e deixando de proceder à averbação, a boa-fé do terceiro adquirente será presumida. Será preciso, então, que o exequente desfaça tal presunção, demonstrando que o terceiro conhecia a penhora que incidia sobre o bem e agiu de má-fé[80].

Em suma, no caso de alienação de bem penhorado, sendo a penhora averbada no registro, tal alienação é ineficaz em relação ao exequente; ausente o registro, deverá o exequente demonstrar que o terceiro adquirente conhecia ou deveria conhecer da penhora. Nesse sentido, também, já apontava o Enunciado 375 da súmula do STJ, editado sob a égide do CPC/73.

---

[77] Gajardoni et al., 2017, p. 212.
[78] STJ, 2ª T., REsp 178.016-RS, rel. Min. Eliana Calmon, *DJ* 1º-12-2002.
[79] STJ, 2ª T., REsp 300.044-SP, rel. Min. Menezes Direito, *DJ* 25-2-2002.
[80] STJ, 4ª T., REsp 753.384, rel. Des. Convocado Honildo Castro, *DJ* 7-10-2010.

Capítulo 2
DAS DIVERSAS ESPÉCIES DE EXECUÇÃO

2.1 DISPOSIÇÕES GERAIS

A execução se realiza dentro dos interesses do exequente, sendo certo que, em observância ao princípio da menor onerosidade possível ao executado, se a execução puder ser promovida por vários meios, o juiz determinará que se faça pelo modo menos gravoso para o executado, cabendo a este o ônus de comprovar que existem meios mais eficazes e menos gravosos.

O direito de preferência do exequente sobre os bens penhorados é constituído pela penhora. A partir dela, então, o exequente terá prioridade sobre os demais credores quirografários, assegurando-lhe a preferência em relação aos frutos, rendimentos e o produto da alienação daquele bem (art. 905 do CPC). Sobre um mesmo bem podem ser deferidas diversas penhoras e, nessa hipótese, terá preferência aquele a quem primeiro se deferiu a penhora sobre o bem.

A regra, consoante disposição do art. 797 do CPC, não se aplica, porém, aos casos de insolvência do devedor, em que tem lugar o concurso universal, aplicando-se o procedimento de insolvência civil previsto nos arts. 769 e seguintes do CPC/73, mantido em vigor até lei superveniente (cf. art. 1.050 do CPC).

Assim sendo, aplica-se o art. 797 do CPC quando houver:

a) pluralidade de execuções por quantia certa;
b) contra devedor solvente;
c) promovidas por credores quirografários; e
d) cujas penhoras incidem sobre o mesmo bem.

Uma vez que a preferência nasce da penhora, o registro não é elemento constitutivo, prestando-se a gerar presunção absoluta de conhecimento da constrição judicial[1].

Acaso exista preferência baseada no direito material, ela se sobrepõe à preferência derivada da penhora[2]. Nos casos de direitos reais de garantia, não é necessária a existência de prévia execução, bastando que o credor preferencial se habilite nos próprios autos em que ocorreu a penhora, após sua intimação (art. 799 do CPC, I, c/c art. 804)[3]. O mesmo não é aplicável às demais espécies de preferência, como já decidiu o STJ quanto à de natureza fiscal[4].

Cabe destacar que, para fins de aplicação da preferência, devem-se equiparar à penhora o arresto cautelar (art. 301 do CPC) e o arresto executivo (art. 830 do CPC), conforme já entendia o STJ sob o CPC/73[5].

---

[1] Wambier et al., 2015, p. 1827.
[2] STJ, AgRg nos EDcl no REsp 775.723-SP, rel. Min. Sidnei Beneti, 3ªT., j. 20-5-2010, DJe 9-6-2010, e STJ, RMS 20.386-PR, rel. Min. Paulo Furtado (Desembargador convocado do TJ/BA), 3ªT., j. 19-5-2009, DJe 3-6-2009.
[3] REsp 1.499-PR, rel. Min. Waldemar Zveiter, 3ªT., j. 29-6-1990, DJ 3-9-1990, p. 8.842.
[4] REsp 25.028-SP, rel. Min. Ari Pargendler, 2ªT., j. 11-4-1996, DJ 13-5-1996, p. 15.542.
[5] STJ: REsp 2.435-MG, rel. Min. Bueno de Souza, rel. para Acórdão Min. Sálvio de Figueiredo Teixeira, 4ªT., j. 1º-12-1994, DJ 28-8-1995, p. 26.635. REsp 759.700-SP, rel. Min. Fernando Gonçalves, rel. para Acórdão Min. Jorge Scartezzini, 4ªT., j. 18-8-2005, DJ 24-4-2006, p. 407.

O art. 798 dispõe acerca das incumbências do credor ao propor a execução, incluindo os documentos que devem instruir a petição inicial, bem como a espécie de execução que se pretende, seus dados pessoais e do executado e os bens suscetíveis de penhora.

São elementos imprescindíveis da exordial, cuja ausência poderá levar ao seu indeferimento se, intimado, o exequente não suprir os eventuais vícios (art. 321 do CPC)[6].

Assim sendo, ao propor a execução, incumbe ao exequente (art. 798):

I – instruir a petição inicial com:

a) o título executivo extrajudicial;

b) o demonstrativo do débito atualizado até a data de propositura da ação, quando se tratar de execução por quantia certa;

c) a prova de que se verificou a condição ou ocorreu o termo, se for o caso;

d) a prova, se for o caso, de que adimpliu a contraprestação que lhe corresponde ou que lhe assegura o cumprimento, se o executado não for obrigado a satisfazer a sua prestação senão mediante a contraprestação do exequente;

II – indicar:

a) a espécie de execução de sua preferência, quando por mais de um modo puder ser realizada;

b) os nomes completos do exequente e do executado e seus números de inscrição no Cadastro de Pessoas Físicas ou no Cadastro Nacional da Pessoa Jurídica;

c) os bens suscetíveis de penhora, sempre que possível.

O título executivo extrajudicial constitui documento indispensável à demanda (art. 320), de modo a atender ao princípio de que é nula a execução sem título (art. 783). Em regra, ele deverá ser apresentado no original, para afastar sua possibilidade de circulação[7].

Se afastado esse risco, admissível a apresentação da cópia[8]. Sendo os autos eletrônicos, apresentada cópia digital, o juiz pode ordenar o depósito do original em cartório (art. 425, § 2º, do CPC).

O parágrafo único do art. 798 especifica os elementos do demonstrativo de débito atualizado, que deverá conter:

I – o índice de correção monetária adotado;

II – a taxa de juros aplicada;

III – os termos inicial e final de incidência do índice de correção monetária e da taxa de juros utilizados;

IV – a periodicidade da capitalização dos juros, se for o caso;

V – a especificação de desconto obrigatório realizado.

Contudo, as incumbências do credor não se limitam ao art. 798, devendo a peça inicial observar também o artigo subsequente.

O art. 799 determina que incumbe, também, ao exequente:

I – requerer a intimação do credor pignoratício, hipotecário, anticrético ou fiduciário, quando a penhora recair sobre bens gravados por penhor, hipoteca, anticrese ou alienação fiduciária;

II – requerer a intimação do titular de usufruto, uso ou habitação, quando a penhora recair sobre bem gravado por usufruto, uso ou habitação;

---

[6] Assis, 2017, p. 660.
[7] STJ, REsp 88.879-ES, rel. Min. Aldir Passarinho Junior, 4ª T., j. 20-2-2001, DJ 12-11-2001, p. 155.
[8] REsp 256.449-SP, rel. Min. Ruy Rosado de Aguiar, 4ª T., j. 29-8-2000, DJ 9-10-2000, p. 155.

III – requerer a intimação do promitente comprador, quando a penhora recair sobre bem em relação ao qual haja promessa de compra e venda registrada;

IV – requerer a intimação do promitente vendedor, quando a penhora recair sobre direito aquisitivo derivado de promessa de compra e venda registrada;

V – requerer a intimação do superficiário, enfiteuta ou concessionário, em caso de direito de superfície, enfiteuse, concessão de uso especial para fins de moradia ou concessão de direito real de uso, quando a penhora recair sobre imóvel submetido ao regime do direito de superfície, enfiteuse ou concessão;

VI – requerer a intimação do proprietário de terreno com regime de direito de superfície, enfiteuse, concessão de uso especial para fins de moradia ou concessão de direito real de uso, quando a penhora recair sobre direitos do superficiário, do enfiteuta ou do concessionário;

VII – requerer a intimação da sociedade, no caso de penhora de quota social ou de ação de sociedade anônima fechada, para o fim previsto no art. 876, § 7º;

VIII – pleitear, se for o caso, medidas urgentes[9];

IX – proceder à averbação em registro público do ato de propositura da execução e dos atos de constrição realizados, para conhecimento de terceiros[10].

O inciso I objetiva levar a execução ao conhecimento do titular de garantia real sobre o bem penhorado, para que ele possa vir a juízo para defender seus direitos. Inobservada essa regra, haverá ineficácia da alienação (art. 804, *caput*, do CPC), em consonância com as normas de direito material[11].

Sendo o credor regularmente intimado, a arrematação extingue o direito real de garantia, ficando o titular sub-rogado no preço da alienação, podendo cobrar do devedor originário eventual saldo remanescente (art. 1.430 do CC). O adquirente, desse modo, recebe o bem livre e desembaraçado[12].

O inciso II também coaduna a lei processual com o direito material, tendo em vista que o art. 1.225, VII, do Código Civil reconhece o direito do promitente comprador de imóvel como direito real.

É, mais especificamente, um direito real de aquisição (art. 1.417 do CC), que lhe assegura a adjudicação compulsória do bem. Por isso a necessidade de intimação, sob pena de ineficácia (art. 804, § 3º, do CPC).

Também serão ineficazes os atos de alienação nas hipóteses de não intimação do interessado quando constituído, sobre o bem objeto da penhora, direito de superfície, enfiteuse, concessão de uso para moradia ou de direito real de uso, usufruto, uso ou habitação (art. 804, §§ 2º, 4º, 5º e 6º, do CPC).

Se o juiz notar que a petição inicial está incompleta ou mesmo que falta algum documento daqueles exigidos pela legislação, deverá oferecer o prazo de 15 dias para que o exequente a corrija. Se não for cumprido, será hipótese de indeferimento liminar (art. 801 c/c art. 485, I).

---

[9] Devendo-se observar as modalidades contempladas no próprio CPC, a saber, cautelar e antecipatória que agora estão sujeitas aos mesmos requisitos, quais sejam, a fumaça do bom direito e o perigo na demora (Assis, 2017, p. 509).
[10] Trata-se da averbação premonitória regulamentada no art. 828 do CPC.
[11] Código Civil: "Art. 1.501. Não extinguirá a hipoteca, devidamente registrada, a arrematação ou adjudicação, sem que tenham sido notificados judicialmente os respectivos credores hipotecários, que não forem de qualquer modo partes na execução".
[12] REsp 1.201.108-DF, rel. Min. Ricardo Villas Bôas Cueva, 3ª T., j. 17-5-2012, *DJe* 23-5-2012.

O art. 803, por sua vez, em rol não taxativo[13], traz as hipóteses de nulidade da execução, a saber, se:

I – o título executivo extrajudicial não corresponder a obrigação certa, líquida e exigível;

II – o executado não for regularmente citado;

III – for instaurada antes de se verificar a condição ou de ocorrer o termo.

Interpretando sistematicamente o Código, imperioso concluir-se que o regime das nulidades na execução fica, também, sujeito ao regime das normas da Parte Geral, arts. 276 a 283.

O parágrafo único estabelece que a nulidade de que cuida este artigo será pronunciada pelo juiz, de ofício ou a requerimento da parte, independentemente de embargos à execução.

Temos aqui a autorização legal expressa para a objeção de pré-executividade, que será estudada mais adiante.

Segundo o art. 802, o despacho que ordena a citação será um marco de interrupção da prescrição, que retroagirá à data da propositura da execução[14]. Para isso, contudo, o autor deve adotar no prazo de dez dias as providências necessárias para viabilizar a citação (art. 240, § 2º, do CPC).

Sobre o prazo prescricional, cumpre destacar que o prazo para ajuizamento de ação executiva é o mesmo para propor ação de conhecimento (Enunciado 150 da súmula do STF).

2.2 PROCEDIMENTOS EXECUTIVOS EXISTENTES

Nosso CPC classifica as modalidades de execução de acordo com o tipo de obrigação ou por alguma qualidade do sujeito passivo ou da prestação. Num exame geográfico de nossa legislação, podemos identificar os seguintes procedimentos:

a) execução para entrega de coisa (arts. 806 a 813);
b) execução das obrigações de fazer ou não fazer (arts. 814 a 823);
c) execução por quantia certa (arts. 824 a 909);
d) execução contra a Fazenda Pública (art. 910);
e) execução de alimentos (art. 911).

Além dessas, há, ainda, outras classificações de execução, quanto ao momento e quanto aos meios, que serão abordadas a seguir.

2.3 EXECUÇÃO PROVISÓRIA E DEFINITIVA

É certo que a diferença primordial entre a execução definitiva e a provisória é que a primeira pode ter por fundamento um título executivo judicial (uma decisão de mérito transitada em julgado, na forma dos arts. 502 e 515 do CPC) ou um título executivo extrajudicial (art. 784 do CPC), enquanto a segunda é realizada com base em título executivo judicial que ainda não transitou em julgado, em virtude da pendência de recurso recebido sem efeito suspensivo.

O CPC, em seu art. 771, dispõe que o Livro II ("Do processo de execução") regula o procedimento da execução fundada em título extrajudicial.

A afirmativa acaba por gerar dúvida quanto à possibilidade de execução provisória em sede de processo de execução, agravada, ainda, pelo fato de a execução provisória estar disposta no art. 520 do CPC, que se encontra no capítulo referente ao cumprimento de sentença.

---

[13] Wambier et al., 2015, p. 1859.

[14] Assis, 2017, p. 945.

Sabendo-se que as regras atinentes ao cumprimento de sentença estão inseridas no Livro I, um caminho viável seria aplicar a norma do art. 520 ao processo de execução por força do art. 771, parágrafo único.

Contudo, essa saída pode não ser a mais adequada. A consequência seria um verdadeiro "mosaico" criado por normas referentes a ambas as modalidades de execução, o que aparentemente não foi a intenção do legislador que optou por separá-las em dois livros.

De fato, na vigência do CPC/73 havia enorme discussão em torno da possibilidade de a execução definitiva transformar-se em provisória.

Por um lado, havia quem entendesse que a execução definitiva deveria assim ser considerada até o fim. No caso de execução fundada em título executivo extrajudicial, nos termos do Enunciado n. 317 da súmula do STJ[15] pendente recurso de apelação contra sentença de improcedência ou de rejeição liminar dos embargos oferecidos, a execução prosseguiria como definitiva, dispensando a caução.

Ocorre que da leitura do art. 587 do CPC/73, alterado pela Lei n. 11.382/2006 e interpretado de forma literal, parecia possível a transformação de uma execução definitiva em provisória.

Contudo, o STJ mantinha seu entendimento sumulado, de impossibilidade de conversão de execução definitiva em provisória, e continuava a aplicá-lo, mesmo após a alteração normativa, posição esta que, de modo geral[16], vinha sendo seguida pela doutrina.

O CPC, diante da ausência de norma expressa sobre o assunto, parece ter acolhido o entendimento já consolidado no âmbito do STJ.

2.4 MEIOS DE EXECUÇÃO

Os meios de execução são os meios pelos quais a execução realiza os seus fins e podem ser requeridos pela parte ou determinados pelo juiz.

No processo civil, a execução na maioria dos casos é patrimonial. Hoje, só há uma hipótese em que a execução civil pode recair sobre a pessoa do acusado, que é o caso da dívida por alimentos.

Contudo, o objetivo da prisão não é satisfazer o credor de alimentos, mas, sim, constrangê-lo a pagar mais rápido. Difere, portanto, do processo penal, no qual a execução é, como regra, uma execução pessoal; a pena recai sobre a pessoa do acusado[17].

Para efetivar essa execução patrimonial, o Estado pode se utilizar de dois instrumentos: a execução direta ou sub-rogação e a execução indireta, também chamada de coerção[18].

Quanto maior a flexibilidade conferida ao juízo em relação aos meios executivos utilizáveis à satisfação do credor, maior a possibilidade de se alcançar a execução específica, isto é, fornecer ao credor a prestação justamente a que anseia.

2.4.1 Sub-rogação (execução direta)

Trata-se de execução direta. Através desse meio, consegue-se para o credor exatamente aquilo que ele quer.

---

[15] Súmula 317 do STJ: "É definitiva a execução de título extrajudicial, ainda que pendente apelação contra sentença que julgue improcedentes os embargos".
[16] STJ, 3ª T., AGA 1.268.923, rel. Min. Sidnei Beneti, DJe 1º-7-2010.
[17] Assis, 2017, p. 1413.
[18] Fux, 2009, p. 7.

Os meios de sub-rogação são aqueles em que o Poder Judiciário prescinde da colaboração do executado para a efetivação da prestação devida, atuando diretamente sobre o bem objeto da execução, e, por isso, são também chamados de execução direta.

O magistrado toma as providências que deveriam ter sido efetivadas pelo devedor, sub-rogando-se na sua posição. Há substituição da conduta do devedor por outra do Estado-juiz, que gere a efetivação do direito do exequente, através da invasão da esfera patrimonial do executado.

2.4.2 Coerção ou coação (execução indireta)

O segundo meio de execução é a coerção ou coação, também denominado de execução indireta.

Esse meio, por si só, não garante o cumprimento da obrigação; apenas estimula o cumprimento da obrigação pelo próprio executado. Em vez de o juiz tomar as providências que deveriam ser tomadas pelo executado, o poder coercitivo do Estado-juiz atua para que ele cumpra a obrigação, sendo algo muito utilizado quando se trata de obrigação de fazer.

Por isso, os atos coercitivos não são propriamente de execução.

A execução indireta, também chamada de coerção indireta, não realiza, por si só, o direito material, mas apenas atua sobre a vontade do devedor com o objetivo de convencê-lo a adimplir. Constitui exemplo de execução indireta o emprego da multa com a finalidade de constranger o demandado ao cumprimento.

A coerção cessará tão logo se verifique o adimplemento da obrigação.

Capítulo 3
EXECUÇÃO PARA A ENTREGA DE COISA

3.1 EXECUÇÃO PARA ENTREGA DE COISA CERTA

A execução para a entrega de coisa constitui forma de execução específica, para cumprimento de obrigação que tenha por objeto dar alguma coisa.

A coisa pode ser certa ou incerta. Será certa quando for perfeitamente individualizada acerca do gênero, quantidade e qualidade. Já a coisa incerta é aquela determinada apenas com relação ao gênero e à quantidade e que, como tal, deve passar por um procedimento de concentração antes de ser iniciada a execução.

As obrigações de dar coisa certa agora são tratadas pelo sistema processual da mesma forma que as obrigações de fazer ou de não fazer, ou, no dizer de Cândido Rangel Dinamarco, agora estão inseridas no estatuto da execução específica, mas, como adverte o ilustre doutrinador, "somente no que há de útil e racional"[1] nesse estatuto.

Como os atos coativos tendem a operar a entrega de coisa certa, não há que confundir essa forma de execução com a que condena o devedor à entrega de dinheiro, em que os atos expropriatórios, para a transformação de bens em pecúnia, constituem a nota específica.

Pressuposto da execução é a sentença condenatória, a qual poderá ter imposto a entrega em virtude da procedência da pretensão fundada em direito real ou o acolhimento de pretensão alicerçada em vínculo obrigacional.

O Código de Processo Civil não disciplina, nesse tipo de execução, a entrega de pessoas, dado que o ser humano não é coisa.

Também não podem ser objeto do processo executivo em questão:

a) o *crédito*, uma vez que não seja suscetível de posse em sentido técnico;

b) o *dinheiro*, que é penhorado e distribuído, e que, como *é* essencialmente fungível, não presta a ser objeto de execução específica direta.

Coisa certa, por sua vez, é coisa infungível, aquele bem que não pode ser substituído por outro. É aquela coisa que possui caracteres próprios. É individualizada por suas características. Pode ser um imóvel, móvel ou semovente. O devedor será acionado a fim de satisfazer a obrigação de entregar a coisa devida.

A entrega da coisa pode ser determinada por um documento público nos termos do art. 784, II, por um documento particular assinado pelo devedor e por duas testemunhas onde conste a entrega da coisa infungível (art. 784, III) ou por instrumento de transação devidamente referendado (art. 784, IV).

Se a obrigação de entregar determinada coisa consta no título executivo extrajudicial, o credor passa a ter o direito subjetivo de iniciar a execução citando o devedor para, dentro de quinze dias, satisfazer a obrigação (art. 806, *caput*).

---

[1] Assis, 2017, p. 836.

O juiz, por sua vez, ao despachar a inicial, poderá fixar multa por dia de atraso no cumprimento da obrigação, ficando o respectivo valor sujeito a alteração, caso se revele insuficiente ou excessivo (art. 806, § 1º).

Didier afirma que, com base no poder geral de efetivação, ao magistrado caberá determinar qualquer medida que se mostre adequada, necessária e proporcional no caso concreto, não ficando adstrito à multa.

Essa posição parece ser a mais acertada, sobretudo em face do Princípio da Efetividade da Execução, observada ainda a grande quantidade de poderes e atribuições que vem sendo conferida aos magistrados. Ainda nesse sentido, deve ser referido o art. 139, IV.

Além disso, o art. 806, § 2º, prestigiando a eficiência e celeridade, determinou que o mandado de citação deve ser expedido com ordem de imissão na posse (se bem imóvel) ou busca e apreensão (caso de bem móvel) para o caso de o executado não cumprir a obrigação no prazo designado.

Entregue a coisa, lavrar-se-á o respectivo termo, sendo a obrigação de entrega considerada satisfeita (art. 807). Contudo, a execução não necessariamente estará finda, podendo prosseguir se houver frutos ou prejuízos a serem ressarcidos (art. 807, *in fine*)[2].

Alienada a coisa quando já litigiosa, expedir-se-á mandado contra o terceiro adquirente que somente será ouvido depois de depositá-la (art. 808).

O credor tem direito a receber, além de perdas e danos, o valor da coisa, quando esta não lhe for entregue, se deteriorou, não for encontrada ou não for reclamada do poder de terceiro adquirente (art. 809).

Não constando do título o valor da coisa, ou sendo impossível a sua avaliação, o exequente far-lhe-á a estimativa, sujeitando-se ao arbitramento judicial (art. 809, § 1º). Serão apurados em liquidação o valor da coisa e os prejuízos (art. 809, § 2º).

Havendo benfeitorias indenizáveis feitas na coisa pelo devedor ou por terceiros, de cujo poder ela houver sido tirada, a liquidação prévia é obrigatória. Se houver saldo em favor do devedor, o credor o depositará ao requerer a entrega da coisa; se houver saldo em favor do credor, este poderá cobrá-lo nos autos do mesmo processo (art. 810).

O mandado de busca e apreensão ou de imissão na posse, conforme se trate, respectivamente, de coisa móvel ou imóvel, será expedido imediatamente após o prazo fixado pelo juiz para o adimplemento da obrigação.

Convém lembrar que o juiz pode conceder a tutela provisória nesse caso, de maneira que o prazo para cumprimento da obrigação de entregar coisa certa pode ser fixado logo no início do processo.

Portanto, em se tratando de título extrajudicial, o devedor, depois de citado, poderá articular seus embargos, no prazo de quinze dias (art. 915), dependendo o dia de início da forma como se concretizar a citação (art. 231).

Caso a entrega seja determinada pelo juízo sem o pagamento das benfeitorias, poderá o executado reclamar efeito suspensivo aos embargos, nos termos do art. 919, § 1º[3].

---

[2] Inclusive, o STJ já decidiu ser possível a conversão do procedimento de execução para entrega de coisa incerta para execução por quantia certa na hipótese em que o produto perseguido for entregue com atraso, gerando danos ao credor da obrigação. (REsp 1.507.339-MT, rel. Min. Paulo de Tarso Sanseverino, por unanimidade, j. 24-10-2017, *DJe* 30-10-2017).

[3] A caução prestada em ação conexa pode ser aceita como garantia do juízo para a concessão de efeito suspensivo a embargos à execução. REsp 1.743.951-MG, rel. Min. Nancy Andrighi, 3ªT., por unanimidade, j. 6-10-2020, *DJe* 14-10-2020. *Informativo STJ* n. 681.

Com o julgamento dos embargos, a apreensão provisória pode se converter em definitiva ou os bens apreendidos poderão ser devolvidos.

3.2 EXECUÇÃO PARA ENTREGA DE COISA INCERTA

A coisa incerta é fungível por excelência; pode ser substituída por outra, da mesma espécie, qualidade e quantidade.

Quando a execução recair sobre coisas determinadas pelo gênero e quantidade, o devedor será citado para entregá-las individualizadas, se lhe couber a escolha; mas se essa couber ao credor, este a indicará na petição inicial (art. 811). Portanto, antes de se iniciarem os atos executivos, deverá ser individualizada a coisa entregue.

A execução para a entrega de coisa incerta é, portanto, a que recai *sobre* coisas determinadas pelo gênero e quantidade, mas que o devedor entregará individualizadas (art. 811).

Imprescindível se faz, por isso, que o título executivo se complete, para tornar-se individualizada a prestação do devedor.

Tal individualização opera-se por meio da escolha da coisa certa, escolha que pode caber ao devedor ou ao credor, conforme o que constar do título executivo. E, para essa escolha, há uma fase preliminar no processo executivo, conforme se vê nos arts. 811 e 812.

Feita a escolha, por uma das partes, a outra poderá impugná-la no prazo de 15 dias (art. 812). O decurso do prazo, em qualquer dos casos, sem impugnação, torna esta preclusa e, em consequência:

a) fica o credor obrigado a aceitar a coisa que o devedor entregou;
b) fica o devedor obrigado a fazer a entrega da coisa indicada na inicial.

Apresentada que seja a impugnação, o juiz decidirá de plano, sem maiores formalidades. Deverá ser ouvida sobre a referida impugnação a parte que fez a escolha (art. 10), assim como, se for necessário, ouvirá o juiz perito de sua nomeação (art. 812).

Diante do descumprimento da ordem legal ou convencional de escolha, têm-se dois cenários: se a omissão for do credor, cumpre ao juiz ordenar que complete a inicial (art. 801); se a omissão for do devedor, ela traduzir-se-á, como é óbvio, em não entrega da coisa.

Com relação à omissão do credor, Araken de Assis afirma que, em não sendo a coisa definida na petição inicial, ter-se-ia hipótese de renúncia a essa faculdade[4].

Havendo recalcitrância do devedor em escolher, podem se aplicar as medidas coercitivas previstas no art. 806, §§ 1º e 2º, dada sua aplicação subsidiária ao caso (art. 813)

Após as diligências descritas, aplicam-se as normas concernentes à execução para a entrega de coisa certa, já abordada.

---

[4] Assis, 2017, p. 852.

Capítulo 4
EXECUÇÃO DAS OBRIGAÇÕES DE FAZER E DE NÃO FAZER

4.1 DISPOSIÇÕES COMUNS

Diante de uma execução de obrigação de fazer ou não fazer, o juiz deverá fixar multa por período de atraso no cumprimento da obrigação, bem como a data a partir da qual será devida já no despacho da inicial. É possível que essa multa seja previamente fixada no próprio título, mas caso o juiz entenda excessiva, poderá reduzi-la (art. 814, parágrafo único)[1].

Destaque-se que tal procedimento é adotado até mesmo quando a Fazenda Pública estiver no polo passivo. Isso porque os regimes de precatórios e RPV, estabelecidos por mandamento constitucional (art. 100 da CF), são destinados apenas ao cumprimento de obrigação de pagar quantia certa (art. 910 do CPC).

Na classificação da obrigação de fazer e não fazer, as obrigações podem ter origem em uma sentença ou num contrato. A execução desse tipo de obrigação pode estar fundada, destarte, em título executivo judicial ou extrajudicial. A sentença que impõe uma obrigação de fazer ou não fazer é mandamental.

Isso quer dizer que ela não apenas condena o devedor ao cumprimento da obrigação, mas também expede uma ordem, impondo-lhe esse cumprimento. O devedor deverá cumprir a determinação, podendo o juiz, de ofício ou a requerimento, estabelecer as medidas necessárias para a efetivação da tutela específica, impondo multa por atraso, busca e apreensão, remoção de pessoas e coisas, desfazimento de obras e impedimento de atividade nociva, com requisição de força policial.

O descumprimento, pelo devedor, das ordens judiciais e do comando expedido na sentença constituirá ato atentatório ao exercício da jurisdição, punido na forma do art. 77, § 2º, do CPC.

4.1.1 Meios executivos

Os meios executivos são fixados pelo juízo, a requerimento da parte ou não, para assegurar que uma decisão judicial seja cumprida ou efetivada.

Podem ser de sub-rogação ou de coerção.

Os meios de sub-rogação são aqueles em que o Poder Judiciário prescinde da colaboração do executado para a efetivação da prestação devida, e por isso são também chamados de execução direta.

O magistrado toma as providências que deveriam ter sido tomadas pelo devedor, sub-rogando-se na sua posição. Há substituição da conduta do devedor por outra do Estado-juiz, que gere a efetivação do direito do executado por meio de atuação direta sobre o bem objeto da execução.

Já os meios de coerção se denominam "execução indireta", já que, por si só, não garantem o cumprimento da obrigação, apenas estimulam o cumprimento da obrigação pelo próprio executado. Em vez de o juiz tomar as providências que deveriam ser tomadas pelo executado, o poder coercitivo do Estado-juiz atua para que ele cumpra a obrigação.

---

[1] Carneiro; Pinho, 2016, p. 471.

Destaque-se que é admitida a fungibilidade entre tais meios, de forma a garantir o cumprimento da obrigação.

4.1.2 Astreintes

Tem-se buscado, mormente nos últimos anos, dar ao processo civil maior efetividade. Por meio do processo, o credor deve obter exatamente aquilo a que ele tem direito, tendo o magistrado compromisso com o princípio da efetividade e a busca da tutela específica.

A conversão em perdas e danos pode, muitas vezes, não satisfazer o credor da obrigação de fazer. A perspectiva de obter-se a execução específica da obrigação é, quase sempre, desejável. Diante disso, para tentar assegurar que a execução leve as partes a uma situação idêntica à que estariam caso houvesse adimplemento normal, o legislador mune o juiz de amplos poderes para efetivar sua decisão.

O CPC/73 já dispunha acerca das *astreintes*, que seriam uma multa aplicada por dia de atraso no cumprimento de uma condenação, com a finalidade não só de constranger o devedor ao cumprimento da obrigação, mas também de evitar o seu retardamento.

O CPC trouxe o mesmo instituto do art. 645 do CPC/73 em seu art. 814, com algumas peculiaridades.

O CPC/73 (art. 287) permitia, inclusive, que as *astreintes* pudessem ser requeridas na própria inicial. Contudo, no CPC não há um artigo que corresponda ao art. 287 do CPC/73, mas não custa lembrar que há uma autorização genérica para o magistrado, no já referido art. 139, IV.

As *astreintes* podem ser fixadas em decisão interlocutória, em sede de tutela provisória, na sentença ou no curso do cumprimento de sentença, e incidem após prazo razoável fixado para o cumprimento do preceito, sem que este tenha ocorrido.

Da mesma forma, podem ser aplicadas no processo de execução como forma de constranger o devedor a cumprir a obrigação.

Como se pode verificar, a legislação anterior pouco difere da previsão constante do art. 814 do CPC, que determina a fixação pelo juiz, ao despachar a inicial, de "multa por período de atraso no cumprimento da obrigação".

Não é mais uma multa "por dia" mas sim por período de atraso, o que confere maior liberdade ao magistrado.

O parágrafo único permite a redução apenas da multa que estiver prevista em excesso no próprio título, não havendo previsão quanto a sua revisão no caso de insuficiência ou excesso.

Na vigência do CPC/73 entendia-se que o valor acumulado das *astreintes* poderia ultrapassar o próprio conteúdo da obrigação.

Isso porque estabelecer essa limitação premiaria a recalcitrância do executado, em detrimento da efetividade da jurisdição. Assim, a fixação da multa diária deve observar critérios de razoabilidade frente à obrigação principal, mas nada obsta que o descumprimento reiterado eleve o total devido em multas a um patamar superior ao bem da vida objeto da execução[2].

Contudo, esse valor não pode chegar a um patamar desproporcional, sob pena de se permitir o enriquecimento sem causa. Assim sendo, sustentamos que caso o magistrado perceba que o valor da multa se acumula sem um resultado específico, deve buscar outras medidas, valendo-se das ferramentas disponíveis nos arts. 139, IV c/c 497, ou mesmo buscar o resultado prático equivalente.

---

[2] REsp 1.475.157-SC, rel. Min. Marco Aurélio Bellizze, 3ª T., j. 18-9-2014, *DJe* 6-10-2014.

Não custa lembrar que, no próprio Juizado Especial, é comum se permitir que ultrapassem o teto de 40 salários mínimos, de acordo com o Enunciado n. 97 do Fonaje (Fórum Nacional de Juizados Especiais): "o art. 475-J do CPC [de 1973] – Lei n. 11.232/05 – aplica-se aos Juizados Especiais, ainda que o valor da multa somado ao da execução ultrapasse o valor de 40 salários mínimos".

A multa diária é cabível até mesmo em face da Fazenda Pública, sem que se esteja penalizando a própria sociedade, já que se busca, por esse meio, a efetividade do processo e a execução da decisão contrária à Fazenda Pública[3].

Para que incidam as *astreintes*, o devedor deverá ser pessoalmente intimado da obrigação, não sendo suficiente a intimação do advogado, até mesmo porque será o próprio patrimônio do devedor que restará comprometido se a obrigação for cumprida e não o de seu patrono.

Nesse sentido, o verbete de Súmula 410 do STJ, editado na vigência do CPC/73, dispõe que: "a prévia intimação pessoal do devedor constitui condição necessária para a cobrança de multa pelo descumprimento de obrigação de fazer ou de não fazer".

Contudo, como vimos no cumprimento de sentença de obrigação de fazer, o CPC não reproduziu esse entendimento, como se pode aferir da leitura do art. 513, § 2º, I.

Questão também controvertida é se as *astreintes* comportam execução imediata ou não. O art. 12, § 2º da Lei n. 7.347/85, a Lei da Ação Civil Pública, dispõe que a multa só será exigível após o trânsito em julgado da decisão.

Por isso, alguns doutrinadores trazem essa ideia para o plano do processo individual, afirmando ser necessário o trânsito em julgado da decisão para que depois a multa seja cobrada retroativamente. Isso porque o autor pode não ter o direito que alega possuir.

Assim, a multa seria devida desde o descumprimento, porém somente seria exigível com o trânsito em julgado da decisão.

No *Informativo* n. 511, o STJ debruçou-se sobre a questão, firmando entendimento no sentido de que o "valor referente à astreinte fixado em tutela antecipada ou medida liminar só poderia ser exigido e só se tornaria passível de execução provisória se o pedido a que se vincula a astreinte for julgado procedente e desde que o respectivo recurso não tenha sido recebido no efeito suspensivo"[4].

O problema desse raciocínio, ora jurisprudencialmente assentado, é que ele gera um desprestígio dos meios de coerção, retirando-lhes sua exigibilidade imediata. As *astreintes* comportariam, então, apenas execução por quantia certa.

Por fim, ressalte-se que, se o próprio contrato prevê multa, sua natureza contratual difere da natureza processual das *astreintes*, o que torna perfeitamente possível a cumulação de ambas sem que se configure *bis in idem*. Também nesse sentido, entende o STJ perfeitamente cabível a cumulação com juros de mora[5].

---

[3] A jurisprudência do STJ é pacífica na aceitação, *vide* AgRg no AREsp 542.200-PE, rel. Min. Napoleão Nunes Maia Filho, 1ª T., j. 12-5-2015, *DJe* 21-5-2015, e AgRg no REsp 1.479.299-PE, rel. Min. Herman Benjamin, 2ª T., j. 18-11-2014, *DJe* 26-11-2014.

[4] REsp 1.347.726-RS, rel. Min. Marco Buzzi, j. 27-11-2012. *Vide Informativo*, n. 511.

[5] "É cabível a cumulação de *astreintes* com juros de mora, bem como sua estipulação de ofício. Ao juiz é facultado arbitrar multa *ex officio* como forma de obtenção da tutela específica da obrigação, objetivo principal da execução, conforme expressamente permite o parágrafo único do art. 621 do CPC. Quanto à cumulação das *astreintes* com encargos contratuais, esclareceu-se que é admissível devido à natureza jurídica distinta entre as parcelas, pois a primeira tem natureza processual e os juros de mora têm natureza material" (REsp 1.198.880-MT, rel. Min. Paulo de Tarso Sanseverino, j. 20-9-2012).

4.2 EXECUÇÃO DAS OBRIGAÇÕES DE FAZER

Se a obrigação de fazer estiver prevista em um dos títulos extrajudiciais (art. 784), o procedimento para execução será o previsto nos arts. 815 e seguintes.

No cumprimento das obrigações de fazer, o que se pretende não é uma coisa ou quantia, mas a atividade do devedor, consistente em uma ação a ser realizada em favor do exequente. Portanto, nessa modalidade de execução assume maior relevo a colaboração do devedor.

Consequentemente, busca-se a execução específica, com a possibilidade de fixação de multa em caso de atraso para o cumprimento da obrigação.

Caso não seja possível o cumprimento de obrigação *personalíssima*, surge a regra de que o inadimplemento das obrigações de fazer enseja, quase sempre, a simples indenização.

Há casos, porém, em que a atividade de terceiro pode produzir resultado idêntico, pecuniariamente, à do obrigado; ou então hipóteses acontecem em que o conteúdo da obrigação de fazer está em proporcionar meios para que o titular do direito obtenha certo resultado.

Quando isso se verifica, diz-se que a obrigação de fazer é fungível, pelo que, em processo de execução forçada, possível será obter a sua realização *in natura*.

Feitas tais considerações, passemos à análise do procedimento.

4.2.1 Processo de execução

Quando o objeto da execução for obrigação de fazer, o devedor será citado para satisfazê-la no prazo que o juiz lhe assinar, se outro não estiver determinado no título executivo. O devedor, no prazo fixado, pode cumprir a obrigação, caso em que o processo se extingue na forma do art. 924, II, do CPC.

Desde a juntada aos autos do mandado de citação, e sem prejuízo do prazo para cumprimento da obrigação, fluirá o prazo de quinze dias para o devedor embargar (art. 915).

Se, no prazo fixado, o devedor não satisfizer a obrigação e a obrigação for fungível, é lícito ao credor, nos próprios autos do processo, requerer que ela seja executada à custa do devedor, ou haver perdas e danos, caso em que ela se converte em indenização. O valor das perdas e danos será apurado em liquidação, seguindo-se a execução para cobrança de quantia certa.

O devedor poderá, ainda, ser compelido a cumprir a obrigação, mediante a fixação de multa, que visa vencer a recalcitrância do devedor, substituindo as perdas e danos nas obrigações infungíveis. Contudo, o valor da multa poderá ser modificado pelo juiz ao verificar que se tornou insuficiente ou excessivo.

Se o título executivo já contiver a multa, restará ao magistrado apenas a possibilidade de reduzi-la.

Se o fato puder ser prestado por terceiro, é lícito ao juiz, a requerimento do exequente, decidir que aquele o realize à custa do executado. O exequente adiantará as quantias previstas na proposta que, ouvidas as partes, o juiz houver aprovado.

Prestado o fato, o juiz ouvirá as partes no prazo de dez dias (art. 818); não havendo impugnação, dará por cumprida a obrigação; havendo impugnação, decidirá a mesma.

Essa impugnação inaugura o contraditório para garantir o cumprimento da obrigação. O juiz pode refutar a alegação, decidindo que a obra foi concluída ou, caso entenda que o fato não foi prestado no prazo ou, ainda, que foi prestado de forma defeituosa, poderá o credor requerer ao juiz, no prazo de dez dias, que o autorize a concluí-lo, ou a repará-lo, por conta do contratante (art. 819).

Nesse caso, o contratante será ouvido no prazo de cinco dias, o juiz mandará avaliar o custo das despesas necessárias e condenará o contratante a pagá-lo.

Se o credor quiser executar, ou mandar executar, sob sua direção e vigilância, as obras e trabalhos necessários à prestação do fato, terá preferência, em igualdade de condições de oferta, ao terceiro. O direito de preferência será exercido no prazo de cinco dias, contados da apresentação da proposta pelo terceiro (art. 817, parágrafo único).

Assim, se o devedor citado não realizar prestação fungível, novamente quatro alternativas se colocam:

a) escolher um terceiro para fazer (licitação processual – art. 817);

b) o próprio credor realiza ou manda realizar a prestação sob sua responsabilidade em igualdade de condições com terceiro (art. 820);

c) converter a obrigação em perdas e danos e iniciar, por seu valor correspondente, execução por quantia certa (liquidação incidental);

d) aguardar a prestação, incidindo multa diária de atraso (art. 814).

Nas obrigações de fazer, quando for convencionado que o devedor a faça pessoalmente, ou seja, em obrigações que envolvam prestações infungíveis, o credor poderá requerer ao juiz que lhe assine prazo para cumpri-la.

Havendo recusa ou mora do devedor, que embargue a execução, o juiz, ao decidir os embargos, poderá determinar que a obrigação pessoal do devedor se converta em perdas e danos, circunstância que se dará por indenização.

Neste último caso, os meios de sub-rogação são ineficientes, porque, para o adimplemento, necessita-se da colaboração do devedor.

À sentença relativa à obrigação de fazer ou não fazer o juiz concederá a tutela específica da obrigação ou, se procedente o pedido, determinará providências que assegurem o resultado prático equivalente ao do adimplemento.

4.2.2 Da conversão em perdas e danos

Seja a obrigação fungível ou infungível, será sempre possível ao credor optar pela conversão em perdas e danos, caso o devedor não satisfaça a obrigação. Se isso ocorrer, as perdas e danos serão apurados em liquidação incidente ao processo de execução (arts. 816, parágrafo único, e 821, parágrafo único).

A liquidação pode ser por arbitramento ou por artigos; em qualquer das hipóteses, terá lugar nos próprios autos do processo principal, em seguida aos atos de diligências preliminares já realizadas.

No caso, a liquidação se insere no processo executivo, em vez de complementar o de conhecimento, por destinar-se a substituir a prestação do fato, que é execução específica, pelo procedimento expropriatório ou execução genérica para a cobrança de quantia certa (art. 816, parágrafo único).

4.2.3 Prática do fato por terceiro

Se a prestação for impessoal, ou fungível, e o obrigado não a cumprir, pode o juiz, a pedido do credor, decidir que terceiro a realize à custa do devedor (art. 817, *caput*). Ressalte-se que, para que o fato seja prestado por terceiro é necessário que o credor o deseje, pois ele não é obrigado a aceitar de terceiro a prestação, quando for convencionado que o devedor a faça pessoalmente.

A obrigação infungível, porém, jamais poderá ser prestada por terceiro, em virtude de sua própria natureza. Assim, a obrigação de pintar um muro é fungível, pois o fato pode ser prestado por qualquer pessoa. No entanto, se determinado pintor, de muito talento e renome, comprometer-se a pintar um quadro, só ele poderá fazê-lo[6].

Dessa forma, o exequente deverá indicar pessoa para a prestação da obrigação, que deve apresentar uma proposta de honorários e despesas, além de um projeto de cumprimento, quando esse for necessário.

Pode ser indicada mais de uma pessoa, caso em que haverá mais de uma proposta. O executado poderá impugnar a pessoa indicada, seu projeto ou seu preço.

Ocorrendo ou não tal manifestação do executado, o juiz decidirá esse incidente, autorizando ou não a realização da prestação pela pessoa indicada. Para isso, a análise do juiz deverá estar baseada na adequação do projeto à prestação exigida e na razoabilidade do preço cobrado.

Autorizado o cumprimento por terceiro, o credor poderá exercer seu direito de preferência, presente no art. 820, e realizar sob a sua direção as obras e trabalhos necessários; ou adiantar a quantia prevista na proposta apresentada pelo terceiro (art. 817, parágrafo único).

Com relação a essa última hipótese, já na vigência do CPC/73, que continha previsão idêntica em seu art. 634, parágrafo único, havia discussão na doutrina sobre a possibilidade de se exigir do devedor esse adiantamento.

Já sustentávamos, nas edições anteriores, a possibilidade dessa exigência, já que se trata de meio para obtenção da obrigação principal, à qual o credor tem direito subjetivo.

Contudo, se impossível for, caberá ao credor fazer esse adiantamento e, após efetivamente realizada a obrigação por terceiro, poderá cobrar a quantia do devedor acrescida de indenização por perdas e danos.

Realizada a prestação pelo terceiro, o juiz, no prazo de quinze dias, ouvirá as partes e se houver impugnação a decidirá (art. 819). Se não houver impugnação, dará por cumprida a obrigação.

Ainda, se o terceiro não efetuar a obrigação no prazo ou se o fizer de modo incompleto ou defeituoso, o credor poderá pedir ao juiz que o autorize a concluir ou reparar, por conta do terceiro.

Nesse caso, o terceiro será ouvido, em cinco dias, e se o magistrado se convencer de que a obrigação não foi cumprida, avaliará as despesas necessárias e condenará o terceiro a pagá-las. Cria-se, assim, um título executivo judicial contra o terceiro, o qual, se não for pago, gerará um procedimento de cumprimento de sentença.

4.2.4 Execução da obrigação pelo credor

Embora hipótese não muito verificada na prática, o credor pode chamar para si a execução do fato à custa do devedor. No entanto, essa atitude ou posição somente poderá ser tomada pelo credor em meio à concorrência ou ao final do trabalho de terceiro ou contratante. Direito não se lhe dá de requerer que caiba a ele, credor, executar ou mandar executar as obras e trabalhos necessários à prestação do fato, sem concorrência.

Não sendo infungível a obrigação, terceiro poderá prestar o fato; mas, para tanto, será aberta a concorrência para a escolha da proposta mais vantajosa (art. 817).

Feita essa escolha, então, sim, o credor terá direito a disputar a preferência com o vencedor, desde que exerça esse direito no prazo de cinco dias, contados da escolha da proposta, e desde que, também, haja igualdade de condições entre o que ele, credor, propuser e a proposta que saiu aprovada e vitoriosa (arts. 819 e 820).

---

[6] Assis, 2017, p. 901.

Direito, igualmente, terá o credor de chamar a si a execução da obra, se o terceiro que contratou para a prestação do fato não o realizar no prazo marcado, ou cumpri-la de modo incompleto e defeituoso (art. 819, *caput*).

4.2.5 Cumprimento da obrigação

O devedor, ao ser citado, fica ciente de que lhe é ordenado o cumprimento da obrigação em determinado prazo, conforme o art. 815. O juiz só fixará prazo para o cumprimento da obrigação se o título for omisso. Ao fazê-lo, deve atentar para a complexidade e a natureza da obrigação, determinando um prazo razoável.

Atendida a ordem judicial e realizado o fato no prazo designado, ouvirá o juiz o credor, em dez dias. Se este impugnar, o juiz ouvirá ainda, em dez dias, o devedor e decidirá, a seguir, sobre a impugnação.

Poderá o juiz, obviamente, antes de decidir, inspecionar a obra realizada, após o que (ou se desnecessária qualquer prova em seguida à resposta do devedor) decidirá, conforme art. 818.

Se der a obrigação por cumprida, o juiz assim o declarará (art. 819).

Se a obra foi praticada de forma incompleta ou com defeito, pode o juiz aplicar o disposto no art. 819 ou, então, pedir o credor perdas e danos (art. 816).

Praticada a obra por terceiro e este se deu por cumprido, o juiz ouvirá as partes, em dez dias, e, se não houver impugnação, dará a obrigação por satisfeita e declarará extinto o processo executivo (arts. 817 e 924).

Se, porém, impugnada a prestação do fato por terceiro e acolhida lhe seja a impugnação, direito terá o credor de requerer ao juiz, em quinze dias, que o autorize a concluir a obra, ou a repará-la, por conta de terceiro contratante (art. 819). Nesse caso, ouvido este no prazo de quinze dias, "o juiz mandará avaliar o custo das despesas necessárias e condenará a pagá-lo" (art. 819, parágrafo único).

Se o credor nada pedir no prazo de quinze dias a que se refere o art. 819, o juiz dará por cumprida a obrigação quanto ao devedor ou executado, ainda que a impugnação tenha por objeto a prestação incompleta ou defeituosa do fato.

E, então, só restará ao credor o recebimento das cauções prestadas.

Se o contratante nada fez no prazo em que devia prestar o fato, e o credor também nada requereu ao juiz, o credor receberá a importância das cauções e cobrará o restante, ou do devedor ou do contratante.

Quanto ao primeiro, o valor das perdas e danos será apurado na forma preconizada no art. 816, parágrafo único; e, quanto ao segundo caso, a indenização será pedida em processo condenatório, pelo que só depois de satisfeita a condenação é que se dará por cumprida a obrigação de fazer.

4.3 EXECUÇÃO DAS OBRIGAÇÕES DE NÃO FAZER

A obrigação de não fazer pode ser conceituada como a obrigação na qual o devedor assume, em benefício do credor ou terceiro, o compromisso de não praticar determinado ato, o qual poderia praticar sem embaraço caso não se houvesse obrigado a dele se abster[7].

Essas obrigações também revelam diversidade procedimental de acordo com sua natureza, se forem permanentes ou instantâneas.

---

[7] Assis, 2017, p. 904.

As obrigações permanentes, também denominadas contínuas, admitem que o autor faça cessar a violação sem prejuízo do que já foi feito, podendo tal desfazimento ser realizado a qualquer momento. Um exemplo é uma obrigação de não construir.

O exequente poderá requerer ao juiz que determine prazo para desfazer a construção. Havendo recusa do devedor em cumprir tal determinação, o credor poderá pleitear ao juiz que desfaça à custa do devedor. Se não for possível desfazer o ato, a obrigação resolve-se em perdas e danos.

Surgem, então, para o credor, as seguintes opções:

a) desfazer por terceiro, à custa do devedor. Nesse caso, segue-se a regra do cumprimento da obrigação por quantia certa;

b) aguardar o desfazimento a partir da incidência da multa diária até seu efetivo desfazimento (arts. 822 e 923);

c) requerer a conversão da obrigação em perdas e danos, iniciando-se a execução por quantia certa.

Já nas obrigações instantâneas, cujo desfazimento é impossível, seu descumprimento resolve-se tão somente em perdas e danos.

Um exemplo é a obrigação de guardar sigilo sobre o objeto da arbitragem ou a de não revelar o teor de certas cláusulas contratuais.

Contudo, pode o credor ajuizar ação preventiva, obtendo tutela específica que imponha ao devedor uma inibição a descumprir. Nesse caso, a tutela inibitória deverá vir acompanhada de uma expressiva multa para inibir a transgressão.

Dessa forma, condenado o devedor a não fazer e descumprida a determinação, incidirá a medida de apoio, como, por exemplo, a multa, no caso de ser permanente, ou seja, reversível. No caso da obrigação instantânea, não haverá outra alternativa, como já referido acima, a não ser a conversão em perdas e danos.

Não custa lembrar que, a teor do art. 497, parágrafo único: "Para a concessão da tutela específica destinada a inibir a prática, a reiteração ou a continuação de um ilícito, ou a sua remoção, é irrelevante a demonstração da ocorrência de dano ou da existência de culpa ou dolo".

Na execução de obrigação de fazer ou não fazer, fundada em título extrajudicial, o juiz, ao despachar a inicial, fixará multa por dia de atraso no cumprimento da obrigação e a data a partir da qual será devida.

Se o valor da multa estiver previsto no título, o juiz poderá reduzi-lo se excessivo.

A obrigação de não fazer é uma obrigação negativa, que implica uma abstenção por parte do devedor.

Por obrigação negativa, concernente aos direitos reais, direito oponível *erga omnes*, temos que todos estão obrigados a não prejudicar um direito real alheio. Já quando a relação é de direito pessoal, vincula apenas o devedor, que espontaneamente limita a própria liberdade.

Havendo a instituição de uma obrigação negativa sobre um imóvel, esta o acompanhará independentemente da mutação subjetiva que possa ocorrer no futuro quanto à titularidade do bem.

Devemos ainda enfatizar que o descumprimento da obrigação de não fazer, sendo impossível a abstenção do fato, não concorrendo para isso o devedor, acarretará na resolução da obrigação e, por consequência, na sua exoneração.

A obrigação de não fazer, uma vez descumprida, ou seja, uma vez inadimplida, implicará o surgimento de outra obrigação para o devedor: a de desfazer o que ele não deveria ter feito. Assim, se o devedor tem a obrigação de não construir em determinada área e a descumpre, terá a obrigação de desfazer a construção.

Não custa lembrar que a obrigação de não fazer não comporta mora. Em outras palavras, nas obrigações de não fazer somente poderá ocorrer o inadimplemento do devedor, ou seja, o descumprimento da obrigação. Nesse sentido, dispõe o art. 390 do Código Civil que nas obrigações negativas o devedor é considerado inadimplente "desde o dia em que executou o ato de que se devia abster".

Anote-se, ainda, que, em última análise, a obrigação de desfazer, que surge com o inadimplemento da obrigação de não fazer, representa a própria obrigação de fazer, ou seja, se a obrigação de não fazer for inadimplida, surgirá para o devedor a obrigação de desfazer o que ele não deveria ter feito.

Quando o devedor descumprir obrigação de não fazer, fundada em título extrajudicial, o juiz mandará citá-lo, para desfazer o ato, no prazo que fixar (art. 822). Se o devedor não cumprir a obrigação, o juiz mandará que terceiro o desfaça à custa do devedor (art. 823, *caput*).

Se não for possível desfazer o ato, ou quando o credor assim preferir, a obrigação de não fazer será convertida em perdas e danos (art. 823, parágrafo único).

Capítulo 5
EXECUÇÃO POR QUANTIA CERTA

5.1 EXECUÇÃO POR QUANTIA CERTA CONTRA DEVEDOR INSOLVENTE

É importante destacar a execução por quantia certa contra devedor insolvente antes de iniciar o capítulo referente à execução por quantia certa baseada no CPC.

Isso porque o legislador, aqui, optou por não regulamentar essa espécie de execução, que deverá ser promovida por lei editada especialmente para tal fim.

Entretanto, como não é possível que o tema fique sem regulamentação, o art. 1.052 do CPC estendeu a vigência das normas do Livro II do Título IV do CPC/73, de modo que as execuções contra devedor insolvente em andamento ou a serem propostas estarão sujeitas aos arts. 748 a 786-A da legislação anterior, até que a legislação específica seja editada.

Assim, vejamos o procedimento adotado, por enquanto, para essa execução.

A execução por quantia certa tem por objeto expropriar bens do devedor, salvo as restrições previstas em lei, a fim de satisfazer o direito do credor.

Considerando-se que a apresentação ao devedor de um título executivo (judicial ou extrajudicial) pode não ser suficiente para o adimplemento voluntário do crédito, devem existir formas outras de realizá-lo.

O Estado age coativamente, expropriando bens, para assegurar concretamente a observância do direito, sendo especificamente esta a função da tutela executiva.

A expropriação consiste na adjudicação em favor do exequente ou dos credores concorrentes, do cônjuge, dos descendentes ou ascendentes do executado[1].

Não estão sujeitos à execução os bens que a lei considera impenhoráveis ou inalienáveis, sobre os quais trataremos mais adiante.

O processo de execução por quantia certa contra devedor insolvente, ou insolvência civil, está disposto nos arts. 748 e seguintes do CPC/73.

Trata-se de processo autônomo e independente, e não de mero incidente da execução singular. Não se concebe que a execução contra devedor solvente convole-se em concurso de credores, pela decretação da insolvência civil.

A insolvência civil guarda semelhanças com a falência, porque em ambas abre-se o concurso universal de credores, que partilharão, respeitadas as preferências, o produto da liquidação de bens do devedor.

Tal como o processo de falência, o de insolvência tem duas fases distintas: a primeira, de natureza cognitiva, cuja finalidade é constatar a insolvência, a ser declarada por sentença; a segunda, de caráter propriamente executivo, em que haverá a instituição do concurso universal de credores, e posterior partilha do produto da liquidação dos bens.

A diferença entre os institutos é que a insolvência está ligada ao devedor civil, e a falência, ao devedor empresário.

---

[1] Gajardoni et al., 2017, p. 383.

Tal distinção é de suma importância, visto que não se permite a fungibilidade ou convalidação entre ação contra insolvente e ação contra falido em razão da diversidade de ritos.

Decretada a insolvência, o devedor perde o direito de administrar os seus bens e de dispor deles, até a liquidação total da massa.

Por essa razão, na própria sentença que reconhece a insolvência, o juiz deverá designar um administrador para gerir esses bens, conforme arts. 763 e seguintes do CPC/73.

Além disso, de acordo com o que dispõe o art. 751 do CPC/73, a decretação de insolvência tem também como efeito o vencimento antecipado das dívidas e o início da execução coletiva.

Deverá ser aberto um sistema de concurso universal de credores amplamente divulgado por meio de editais, para que os credores possam promover as respectivas habilitações dos seus créditos, dentro do prazo de 20 dias.

A execução concursal está estruturada de forma diversa da execução singular, haja vista os seus objetivos específicos: enquanto nesta a penhora recai apenas sobre os bens suficientes para a satisfação do débito, naquela há arrecadação de todos os bens penhoráveis do devedor, para satisfação da comunidade de credores.

Condiciona-se o concurso de credores a que as dívidas excedam à importância dos bens do devedor, ou seja, ao estado de insolvência deste.

Para que seja reconhecida a insolvência do devedor, é necessário que as dívidas excedam à importância dos bens do devedor. Ou seja, é necessário que o passivo do devedor supere o seu ativo, em situação de desequilíbrio patrimonial, nos termos do art. 748 do CPC/73.

Ainda, para que se configure a chamada insolvência de direito, é necessário que o devedor não seja empresário (o que levará a eventual constituição de estado de falência) e que haja declaração judicial de insolvência, com base em requerimento de um dos interessados, nunca *ex officio* (art. 754 do CPC/73).

Nesse diapasão, tal declaração de insolvência pode ser requerida pelo credor quirografário (os demais credores, por possuírem garantias, não precisam da declaração), munido de título executivo não adimplido oportunamente, ou pelo próprio devedor ou seu espólio.

O credor, munido de título executivo, poderá, porém, optar por ajuizar execução contra devedor solvente, ainda que esteja caracterizada a situação fática da insolvência.

Contudo, o devedor só é considerado juridicamente insolvente quando há uma sentença judicial.

A primeira fase da execução contra devedor insolvente tem caráter cognitivo, e não executivo. Com efeito, não são praticados, nessa fase, atos executivos, mas atos de conhecimento destinados a comprovar se o devedor está ou não em situação de insolvência, que será presumida, nas hipóteses do art. 750 do CPC/73.

Nos processos de insolvência civil há, em princípio, interesse público justificando, portanto, a intervenção do Ministério Público. No entanto, diante dos termos do novo art. 178 do CPC, é preciso avaliar se naquele processo está presente uma das hipóteses do mencionado dispositivo.

Se, na primeira fase, após a devida dilação probatória, o juiz averigua que o devedor é solvente, profere sentença extinguindo o processo, sendo cabível o recurso de apelação. Se, no entanto, o devedor é declarado insolvente, é proferida a decisão do art. 758 do CPC/73, acerca da qual há dissenso doutrinário.

Para uma primeira corrente, tratar-se-ia de decisão interlocutória, desafiando recurso de agravo, pois apenas poria fim a uma etapa para iniciar outra. Já para uma segunda linha de pensamento, ter-se-ia sentença, pois poria fim ao processo cognitivo, não importando que o procedimento seja bifásico, uma vez que o mérito (declarar a insolvência) já foi julgado.

Diante do novo art. 1.015, II, parece-nos que o recurso cabível é o agravo de instrumento.

Nessa segunda concepção, ainda divergem autores quanto ao caráter da sentença. Enquanto, para uns, seria declaratória da insolvência, para outros, seria constitutiva, pois modificativa do *status* patrimonial do devedor[2].

5.2 EXECUÇÃO POR QUANTIA CERTA CONTRA DEVEDOR SOLVENTE

5.2.1 Disposições gerais

A execução por quantia certa visa satisfazer o credor mediante a entrega de uma soma. É evidente que, se o Estado encontrar a soma no patrimônio do devedor, o caminho encurta-se. O procedimento está previsto entre os arts. 824 e 910 do CPC.

Entretanto, quando isso não ocorre, é preciso apurar fundos para satisfazer ao credor. Para isso, devem-se converter os bens do devedor em dinheiro para pagar o crédito exequendo.

Isso significa separar, do patrimônio do executado, bens suficientes para pagar o crédito exequendo para futura alienação e entrega do produto ao credor. A prática desses atos é conhecida como execução por expropriação.

Na espécie em exame, o devedor tem bens suficientes para a satisfação do crédito, sendo pago o crédito pela ordem de antiguidade da penhora. Caso os bens do devedor não fossem suficientes, seria a execução em face de devedor insolvente, já retratada.

Ressalvadas as execuções especiais, a execução por quantia certa ocorre por meio da expropriação de bens do executado (art. 824), que consiste em (art. 825) adjudicação; alienação; e apropriação de frutos e rendimentos de empresa ou de estabelecimentos e de outros bens.

A qualquer momento, desde que antes de finalizada a expropriação dos bens, com a assinatura do auto de arrematação ou auto ou carta de adjudicação[3], o executado poderá remir a execução[4], ou seja, poderá pagar ou consignar a importância atualizada da dívida, acrescida de juros, custas e honorários advocatícios[5] (art. 826)[6]. Desse modo, pode-se dizer que a expropriação vai sempre se basear na penhora, a ser tratada mais adiante, e que constitui ato executivo que materializa a intromissão judicial na esfera patrimonial do devedor.

No processo de execução por quantia certa contra devedor solvente, penhoram-se tantos bens quantos forem necessários para assegurar a execução. Destinam-se tais bens à execução do direito do

---

[2] Apresentando com clareza as posições e seus defensores, porém escrevendo ainda na vigência do CPC/73 (Câmara, 2010, p. 267).

[3] AgRg no REsp 1.199.090-SP, rel. Min. Sidnei Beneti, 3ª T., j. 25-6-2013, DJe 1º-8-2013.

[4] A remição da execução consiste na satisfação integral do débito executado no curso do processo e impede a alienação do bem penhorado. Essa prerrogativa está prevista no art. 826 do CPC, cuja primeira parte estabelece que "antes de adjudicados ou alienados os bens, o executado pode, a todo tempo, remir a execução (...)". Embora o dispositivo legal colacionado faça referência à alienação, não se pode olvidar que a arrematação se trata de um ato complexo que, nos termos do art. 903 do CPC, só se considera perfeita e acabada no momento da assinatura do auto de arrematação pelo juiz, pelo arrematante e pelo leiloeiro. Logo, a arrematação do imóvel não impede o devedor de remir a execução, caso o auto de arrematação ainda esteja pendente de assinatura. REsp 1.862.676-SP, rel. Min. Nancy Andrighi, 3ª T., por unanimidade, j. 23-2-2021. *Informativo STJ* n. 686.

[5] Para a remição da execução, o executado deve depositar o montante correspondente à totalidade da dívida executada, acrescida de juros, custas e honorários de advogado, não sendo possível exigir-lhe o pagamento de débitos executados em outras demandas. REsp 1.862.676-SP, rel. Min. Nancy Andrighi, 3ª T., por unanimidade, j. 23-2-2021. *Informativo STJ* n. 686.

[6] Enunciado n. 151 da II Jornada de Direito Processual Civil da ENFAM: O legitimado pode remir a execução até a lavratura do auto de adjudicação ou de alienação (CPC, art. 826).

credor. É com essa finalidade que se especializa a responsabilidade executória do devedor nos bens penhorados.

A execução de quantia certa contra devedor solvente pressupõe, em síntese, a existência de bens suficientes para que sejam pagos todos os credores, bem como a presença de título executivo líquido, certo, exigível e com eficácia condenatória.

É lícito, ainda, prenotar a execução, onde quer que haja registro do bem do devedor, já que a alienação do bem será potencialmente lesiva aos interesses do credor. Essa diligência tutela os interesses do exequente e de terceiros de boa-fé.

Registrada a existência da execução, a aquisição do bem do executado fica sujeita ao resultado do processo. Assim, qualquer alienação no curso da execução torna-se ineficaz em relação ao exequente.

Finalmente, cumpre ao exequente requerer a citação do devedor, que explicaremos a seguir.

5.2.2 Citação do devedor e arresto

Ao despachar a inicial, deverá o juiz fixar os honorários advocatícios, que o próprio legislador, no art. 827, estabeleceu no patamar de 10% (dez por cento), a serem pagos pelo executado. Se houver pagamento integral dentro do prazo de três dias, esse valor será reduzido à metade (art. 827, § 1º).

Por sua vez, o art. 827, § 2º, estabelece que, quando rejeitados os embargos à execução, esse percentual pode ser majorado em até 20% (vinte por cento). Mesmo se não opostos embargos, considerando o trabalho realizado, pode haver a majoração ao fim do processo.

Esses honorários são devidos em razão de o exequente necessitar recorrer ao Poder Judiciário para receber o que lhe é devido, através de prática de atos processuais e incidentes do processo de execução.

Os bens do patrimônio do devedor são a garantia da satisfação do credor.

Para assegurar a manutenção do patrimônio, então, independentemente de decisão judicial[7], o exequente poderá obter certidão comprobatória da execução para averbá-la no registro de imóveis, ou de outros bens sujeitos à penhora ou arresto (art. 828, *caput*), devendo comunicar as averbações efetivadas ao juízo no prazo de dez dias, contados da sua concretização (art. 828, *caput*, § 1º). A partir dessa averbação, a alienação ou oneração de bens será presumida como fraude à execução (§ 4º).

Após a formalização da penhora, o exequente tem o prazo de dez dias para promover o cancelamento da averbação do registro dos bens que não foram afetados à execução (art. 828, § 2º). Caso não cumpra essa obrigação, o juiz poderá determinar de ofício ou a requerimento o cancelamento (art. 828, § 3º).

Deve-se destacar a responsabilidade do exequente pela averbação manifestamente indevida ou pela não realização tempestiva do cancelamento, o que acarretará a obrigação de indenizar a parte contrária (§ 5º).

O devedor será citado, por meio de oficial de Justiça[8], e terá três dias para efetuar o pagamento (art. 829), hipótese em que terá uma redução de 50% da verba honorária (art. 828, § 1º), ou, não pagando, o oficial de Justiça procederá de imediato à penhora do bem, lavrando o respectivo auto e intimando o executado do ato.

---

[7] Enunciado 130 do FPPC: "A obtenção da certidão prevista no art. 828 independe de decisão judicial".

[8] De se observar a incidência da Súmula 196 do STJ: "Ao executado que, citado por edital ou por hora certa, permanecer revel, será nomeado curador especial, com legitimidade para apresentação de embargos".

É importante salientar que o prazo de três dias para pagamento da obrigação é contado da própria citação.

O Superior Tribunal de Justiça entende ser possível, quando o executado não é encontrado pelo oficial de justiça para citação, a realização de arresto *on-line*[9].

Do próprio mandado de citação constará a ordem para a penhora e a avaliação, caso não haja pagamento no prazo assinalado (art. 829, § 1º). Competirá ao credor primeiramente indicar os bens que serão penhorados, mas o legislador permite que o executado indique outros ao juiz, que aceitará a substituição caso se demonstre que a constrição proposta lhe será menos onerosa e que não trará prejuízo ao exequente (art. 829, § 2º).

Caso o executado não seja encontrado, serão arrestados os bens suficientes à garantia da execução (art. 830, *caput*). Dentro dos 10 dias que sucedem o arresto, o Oficial de Justiça deverá procurar o executado duas vezes, em dias distintos, para configurar sua ausência (art. 830, § 1º). Se suspeitar de ocultação, realizará citação com hora certa e certificará o ocorrido (art. 830, *in fine*).

Encontrado o devedor, o mesmo deve ser cientificado e pode substituir o bem arrestado por outro indicado à penhora.

Frustrada a citação pessoal e a com hora certa, o exequente deve requerer a intimação do devedor daquela constrição e requerer a citação do devedor por edital (art. 830, § 2º). Aperfeiçoada a citação, em qualquer das modalidades citadas acima, e transcorrido o prazo para pagamento, o arresto se converterá em penhora, independentemente de termo (art. 830, § 3º).

O devedor poderá opor embargos e, caso estes sejam julgados procedentes, nulifica-se a verba honorária na execução, cabendo ao embargante/executado as despesas e os honorários. Já se o exequente sai vitorioso nos embargos, duplos serão os honorários, isto é, aqueles fixados inicialmente na execução e os fixados nos embargos[10].

Versando os embargos sobre excesso de execução, recairão os honorários sobre o montante alegado excessivo[11].

Não custa lembrar que o excesso de execução não é matéria de ordem pública, mas sim de defesa, razão pela qual deve ser alegada no momento dos embargos[12].

A finalidade da citação do devedor é, então, dar-lhe ciência dos termos da ação, permitindo que:

a) não faça nada;
b) pague a integralidade da dívida, no prazo de três dias;
c) parcele a dívida, no prazo de quinze dias;
d) ofereça embargos à execução, no prazo de quinze dias.

O parcelamento da dívida é tratado pelo art. 916. Esse parcelamento, se deferido, impõe a observância de alguns requisitos objetivos, como o requerimento no prazo de quinze dias, o pagamento de 30% e o parcelamento do restante em seis parcelas com juros de 1% ao mês. Nessas condições, não há necessidade de concordância do exequente, mas, em condições distintas, impõe-se tal concordância.

Se optar por parcelar, o devedor estará renunciando ao seu direito de embargar, conforme previsão do art. 916, § 6º.

---

[9] REsp 1.370.687-MG, rel. Min. Antonio Carlos Ferreira, j. 4-4-2013.
[10] Assim aponta a jurisprudência pacífica do STJ, *vide* AgRg nos EDcl no REsp 1.453.740-MG, rel. Min. Herman Benjamin, 2ªT., j. 28-4-2015, DJe 22-5-2015, e AgRg no REsp 1.142.466-RS, rel. Min. Jorge Mussi, 5ªT., j. 24-3-2015, DJe 30-4-2015.
[11] AgRg no AREsp 218.245-PR, rel. Min. Herman Benjamin, j. 18-10-2012.
[12] AgRg no AREsp 150.035-DF, rel. Min. Humberto Martins, j. 28-5-2013, *Informativo STJ*, n. 523.

Isso significa dizer que o parcelamento equivale a um reconhecimento da procedência do pedido de modo que, por imperativos da preclusão lógica, fica vedada a apresentação de embargos à execução.

Enquanto não houver decisão sobre o requerimento, a execução terá seu curso normal, sendo obrigação do executado depositar as parcelas vincendas, que poderão ser levantadas pelo exequente (art. 916, § 2º), medidas que buscam contribuir para a efetividade da prestação jurisdicional[13].

Deferido o parcelamento, o exequente poderá levantar a quantia depositada e a execução ficará suspensa enquanto se aguarda o pagamento integral de todas as parcelas (art. 916, § 3º).

Se o pedido de parcelamento for indeferido, os atos executivos terão continuidade, inclusive com a conversão do depósito em penhora (art. 916, § 4º).

Caso a penhora já tenha sido realizada antes do requerimento do parcelamento, esta não será desconstituída, para evitar que o parcelamento seja empregado como ardil para desfazimento da penhora.

Aguarda-se o cumprimento do parcelamento para se desfazer a penhora, prevenindo-se para que, caso a execução retome seu curso normal, os pagamentos cessem antes da satisfação do crédito exequendo.

Ocorrendo inadimplemento de alguma das prestações, o § 5º do art. 916 prevê consequências desfavoráveis ao executado. Primeiro, haverá o vencimento das prestações subsequentes e restabelecimento imediato do processo. Ainda lhe será imposta uma multa de dez por cento sobre o valor do montante não pago.

Na vigência do CPC/73, discutia-se se esse parcelamento seria também aplicável ao cumprimento de sentença, havendo quem entendesse que não havia empecilhos para tal possibilidade[14], enquanto outros defendiam sua impossibilidade[15], pois geraria uma incompatibilidade entre os procedimentos, trazendo morosidade ao procedimento mais célere do cumprimento de sentença.

O CPC sanou a questão, definindo no art. 916, § 7º, que o parcelamento não se aplica ao cumprimento de sentença.

Contudo, sustentamos que, apesar da vedação legal, podem as partes convencionar (art. 190, *caput*) a não incidência desse dispositivo e, com isso, afastar a vedação. Nessa hipótese, caberá ao magistrado (art. 190, parágrafo único) aferir a razoabilidade de tal disposição.

Os embargos à execução consistem em uma nova demanda, autuada em apenso nos autos da execução, conforme dispõe o art. 914, § 1º, em que o executado passa a ser o embargante, e o exequente, o embargado.

É, de fato, uma medida de defesa que será examinada mais à frente. A pretensão é de natureza constitutiva negativa, uma vez que se pretende a desconstituição do título executivo ou a revisão do valor nele contido.

Caso os embargos venham a ser acolhidos, estará extinta a execução. Do contrário, inicia-se uma etapa expropriatória, para alienar o patrimônio do devedor.

Uma última palavra sobre a inexistência de bens penhoráveis. Caso todas as diligências realizadas a fim de identificar e localizar bens do devedor restem frustradas, deverá ser avaliada a suspensão do procedimento até que a atividade executiva seja viável, na forma do art. 921, III.

---

[13] Wambier et al., 2015, p. 2044.
[14] Marinoni, 2004, p. 620.
[15] Theodoro Jr., 2007, p. 217.

Importante anotar que esse dispositivo teve sua redação modificada pela Lei n. 14.195/2021. A redação original era:

"III – quando o executado não possuir bens penhoráveis".

A nova redação assim prevê:

"III – quando não for localizado o executado ou bens penhoráveis;".

Na hipótese de essa situação se perpetuar, ou não havendo bens suficientes para saldar todas as dívidas, será necessário intentar procedimento de execução contra devedor insolvente, como tratado acima.

Nesse caso, não será possível, como já decidiu o STJ[16], a mera conversão de procedimentos, tendo em vista as características bastante distintas entre as duas situações.

5.2.3 Penhora, depósito e avaliação

5.2.3.1 *Objeto da penhora*

A execução, seja por título judicial ou por título extrajudicial, tem como finalidade expropriar os bens do devedor para satisfazer ao credor.

Os bens submetidos à expropriação não são todos os bens do patrimônio do executado, senão aqueles suficientes para esse fim.

Há, então, uma fase de individualização dos bens sujeitos à expropriação satisfativa. Essa é denominada "fase de apreensão" e o meio de afetar os bens do patrimônio do devedor à satisfação do credor denomina-se penhora.

A penhora deve recair sobre os bens necessários do devedor, evitando-se que para isso seja inútil ou excessiva. Os bens apreendidos devem ser penhoráveis e alienáveis, conforme determina o art. 832.

O legislador, portanto, colocou alguns freios no sistema de penhora, quais sejam: a impenhorabilidade do art. 833 e a ordem de preferência do art. 835.

A impenhorabilidade de um bem é medida excepcional[17].

Araken de Assis[18] admite a impenhorabilidade convencional, na forma do art. 833, I, interpretado a *contrario sensu*.

De fato, a posição nos parece muito razoável, sobretudo se combinada com o acima referido art. 190, que trouxe para o processo civil um ambiente de maior liberdade para os atos e negócios praticados pelas partes.

Os bens impenhoráveis estão listados no art. 833, e são aqueles que não podem ser apreendidos. Trata-se de um vício absoluto e, portanto, denunciável a qualquer tempo.

Além dos bens listados no art. 833, e que serão vistos a seguir, é admissível também o pacto de impenhorabilidade, com base no próprio instituto da convenção processual, previsto no art. 190[19]. Contudo, nessa hipótese, o ajuste não é oponível a terceiros[20].

---

[16] Constatada a ausência de bens penhoráveis, a declaração de insolvência civil dos executados não pode ser feita no bojo da própria ação executiva. Inicialmente, convém salientar que, nos termos do novo Código de Processo Civil, até que se edite lei específica, as execuções contra devedor insolvente, em curso ou que venham a ser propostas, permanecerão reguladas pelas disposições regentes da matéria constantes do CPC/73 (art. 1.052 do CPC). (REsp 1.138.109/MG, 4ª T., *DJe* 26-5-2010). REsp 1.823.944-MS, rel. Min. Nancy Andrighi, 3ª T., por unanimidade, j. 19-11-2019, *DJe* 22-11-2019. *Informativo STJ* n. 661.

[17] Neves, 2017, p. 1134.

[18] Assis, 2017, p. 351.

[19] Enunciado CJF n. 153: "A penhorabilidade dos bens, observados os critérios do art. 190 do CPC, pode ser objeto de convenção processual das partes".

[20] Enunciado CJF n. 152: "O pacto de impenhorabilidade (arts. 190, 200 e 833, I) produz efeitos entre as partes, não alcançando terceiros".

Assim, são impenhoráveis:

I – os bens inalienáveis e os declarados, por ato voluntário, não sujeitos à execução;

II – os móveis, os pertences e as utilidades domésticas que guarnecem a residência do executado, salvo os de elevado valor ou os que ultrapassem as necessidades comuns correspondentes a um médio padrão de vida;

III – os vestuários, bem como os pertences de uso pessoal do executado, salvo se de elevado valor;

IV – os vencimentos, os subsídios, os soldos, os salários, as remunerações, os proventos de aposentadoria, as pensões, os pecúlios e os montepios, bem como as quantias recebidas por liberalidade de terceiro e destinadas ao sustento do devedor e de sua família, os ganhos de trabalhador autônomo e os honorários de profissional liberal, com ressalva a ser explicada mais à frente[21];

V – os livros, as máquinas, as ferramentas, os utensílios, os instrumentos ou outros bens móveis necessários ou úteis ao exercício da profissão do executado;

VI – o seguro de vida[22];

VII – os materiais necessários para obras em andamento, salvo se essas forem penhoradas;

VIII – a pequena propriedade rural[23-24], assim definida em lei, desde que trabalhada pela família;

IX – os recursos públicos recebidos por instituições privadas para aplicação compulsória em educação, saúde ou assistência social[25];

---

[21] O auxílio emergencial concedido pelo Governo Federal (Lei n. 13.982/2020) destinado a garantir a subsistência do beneficiário no período da pandemia pela Covid-19 é verba impenhorável, tipificando-se no rol do art. 833, IV, do CPC. REsp 1.935.102-DF, rel. Min. Luis Felipe Salomão, 4ªT., por unanimidade, j. 29-6-2021. *Informativo STJ* n. 704.

[22] Os valores pagos a título de indenização pelo "Seguro DPVAT" aos familiares da vítima fatal de acidente de trânsito gozam da proteção legal de impenhorabilidade ditada pelo art. 649, VI, do CPC/1973 (art. 833, VI, do CPC), enquadrando-se na expressão "seguro de vida". REsp 1.412.247-MG, rel. Min. Antônio Carlos Ferreira, 4ªT., por unanimidade, j. 23-3-2021. *Informativo STJ* n. 690.

[23] Para a proteção da impenhorabilidade da pequena propriedade rural é ônus do executado comprovar que o imóvel é explorado pela família, prevalecendo a proteção mesmo que tenha sido dado em garantia hipotecária ou não se tratando de único bem do devedor. REsp 1.913.236-MT, rel. Min. Nancy Andrighi, 3ªT., por unanimidade, j. 16-3-2021. *Informativo STJ* n. 689.

[24] O STJ já decidiu que a impenhorabilidade da pequena propriedade rural não exige que o débito exequendo seja oriundo da atividade produtiva, tampouco que o imóvel sirva de moradia ao executado e à sua família (REsp 1.591.298-RJ, rel. Min. Marco Aurélio Bellizze, por unanimidade, j. 14-11-2017, *DJe* 21-11-2017, *Informativo STJ*, n. 616).

[25] São impenhoráveis os recursos públicos recebidos por instituições privadas destinados exclusivamente ao fomento de atividades desportivas. (...) Postas tais premissas, é certo que, para além do princípio da supremacia do interesse público, o dinheiro repassado pelos entes estatais – para aplicação exclusiva e compulsória em finalidade de interesse social – não chega sequer a ingressar na "esfera de disponibilidade" da instituição privada, o que constitui fundamento apto a justificar a sua impenhorabilidade não apenas por força do disposto no inciso IX do art. 833 do CPC (que remete, expressamente, às áreas de educação, saúde e assistência social), mas também em virtude do princípio da responsabilidade patrimonial enunciado nos arts. 789 e 790 do mesmo diploma. No caso, a natureza eminentemente pública das verbas – dadas a sua afetação a uma finalidade social específica estampada nos planos de trabalho a serem obrigatoriamente seguidos pela CBTM e a previsão dos deveres de prestação de contas e de restituição do saldo remanescente – torna evidente o fato de que a instituição privada não detém a disponibilidade das referidas quantias, as quais, por conseguinte, não se incorporam ao seu patrimônio jurídico para fins de subordinação ao processo executivo. REsp 1.878.051-SP, rel. Min. Luis Felipe Salomão, 4ªT., por unanimidade, j. 14-9-2021. *Informativo STJ* n. 709.

X – a quantia depositada em caderneta de poupança, até o limite de 40 (quarenta) salários mínimos, havendo ressalva a ser explicada mais adiante[26]-[27];

XI – os recursos públicos do fundo partidário recebidos por partido político, nos termos da lei;

XII – os créditos oriundos de alienação de unidades imobiliárias, sob regime de incorporação imobiliária, vinculados à execução da obra.

Questão que já surgiu na prática diz respeito ao caso de penhora de saldo em conta-corrente conjunta. Nesse caso, deve-se presumir o rateio em partes iguais. Integralidade dos valores. Pessoa física ou jurídica distinta da instituição financeira mantenedora. Incide, no caso, o Tema IAC 12/STJ:

A) É presumido, em regra, o rateio em partes iguais do numerário mantido em conta-corrente conjunta solidária quando inexistente previsão legal ou contratual de responsabilidade solidária dos correntistas pelo pagamento de dívida imputada a um deles.

B) Não será possível a penhora da integralidade do saldo existente em conta conjunta solidária no âmbito de execução movida por pessoa (física ou jurídica) distinta da instituição financeira mantenedora, sendo franqueada aos cotitulares e ao exequente a oportunidade de demonstrar os valores que integram o patrimônio de cada um, a fim de afastar a presunção relativa de rateio.

Ainda assim, o STJ foi chamado a resolver nova controvérsia, a saber: definir a possibilidade ou não de penhora integral de valores depositados em conta bancária conjunta, na hipótese de apenas um dos titulares ser sujeito passivo de processo executivo movido por pessoa – física ou jurídica – distinta da instituição financeira mantenedora da conta-corrente. Nesse caso, deverá ser investigada a titularidade exclusiva ou em maior proporção dos valores depositados[28].

O devedor não pode arguir a impenhorabilidade de um bem em execução de dívida relativa ao próprio bem (art. 833, § 1º). Essa dívida tanto pode ser oriunda de crédito concedido para a aquisição do bem ou de débitos relativos a ele. Podem ser, como se nota em doutrina[29], obrigações relacionadas à coisa ou que a acompanhem (*propter rem*).

As obrigações *propter rem* podem ser encontradas nos arts. 1.280, 1.297, 1.315, 1.336 e 1.345 do Código Civil. Têm como objetivo a conservação da coisa, possuem função de "conservação[30] da

---

[26] A Segunda Seção desta Corte Superior pacificou o entendimento de que "é possível ao devedor poupar valores sob a regra da impenhorabilidade no patamar de até quarenta salários mínimos, não apenas aqueles depositados em cadernetas de poupança, mas também em conta corrente ou em fundos de investimento, ou guardados em papel-moeda" (EREsp 1.330.567/RS, rel. Min. Luis Felipe Salomão, Segunda Seção, *DJe* de 19-12-2014). Ademais, no que se refere à possibilidade de mitigação da mencionada regra, esta Corte tem entendimento de que a impenhorabilidade pode ser relativizada quando a hipótese concreta dos autos permitir que se bloqueie parte da verba remuneratória do devedor inadimplente, ocasião em que deve ser preservado montante suficiente a assegurar a subsistência digna do executado e sua família. AgInt no REsp 1.958.516-SP, rel. Min. Raul Araújo, 4ªT., por unanimidade, j. 14-6-2022. *Informativo STJ* n. 742. No mesmo sentido: Presume-se, assim, como valor indispensável para tanto a quantia de 40 (quarenta) salários mínimos. AgInt no REsp 2.018.134-PR, rel. Min. Humberto Martins, 3ªT., por unanimidade, j. 27-11-2023, *DJe* 30-11-2023. *STJ Informativo Extraordinário* n. 15.

[27] Penhora *on-line*. Sistema Bacenjud. Valores inferiores a 40 salários mínimos. Impenhorabilidade presumida. Possibilidade de reconhecimento de ofício pelo juiz. Constatado que a parte executada não possui saldo suficiente, cabe ao juiz, independentemente da manifestação da interessada, indeferir o bloqueio de ativos financeiros ou determinar a liberação dos valores constritos. AgInt no AREsp 2.220.880-RS, rel. Min. Paulo Sérgio Domingues, 1ªT., por unanimidade, j. 26-2-2024, *DJe* 29-2-2024. *Informativo STJ* n. 811.

[28] Desse modo, quando existente prova de titularidade exclusiva dos valores depositados por aquele que não figura no polo passivo da execução de obrigação pecuniária não solidária, afigurar-se-á impositiva a desconstituição da penhora. REsp 1.610.844-BA, rel. Min. Luis Felipe Salomão, Corte Especial, por unanimidade, j. 15-6-2022. (Tema IAC 12). *Informativo STJ* n. 741.

[29] Wambier et al., 2015, p. 1927.

[30] Por exemplo, a dívida condominial constitui "obrigação *propter rem*, respondendo o novo adquirente pelas cotas a partir do momento da arrematação do imóvel, ainda que anteriores à imissão na posse" (STJ, REsp 1.297.672-SP, 3ªT., rel. Min. Nancy Andrighi, j. 24-9-2013, *DJe* 1º-10-2013).

coisa e regras para harmonia no exercício de direitos subjetivos concorrentes"[31], mesmo que imponham obrigação tributária, como já reconheceu o STJ[32].

O STJ também já decidiu que a obrigação do coproprietário de pagar alugueres de imóvel que este utiliza com exclusividade, como moradia por sua família, em favor do outro configura-se como *propter rem*, afastando, assim, a impenhorabilidade do bem de família[33].

O § 2º faz uma ressalva quanto à impenhorabilidade de vencimentos, subsídios, soldos, salários, remunerações e os demais listados no inciso IV, e de quantia depositada em poupança, de até quarenta salários mínimos.

De acordo com o dispositivo a impenhorabilidade desses bens está afastada nas hipóteses de prestação alimentícia, independentemente de sua origem ou de sua natureza (seja advinda do Direito de Família ou de indenização por ato ilícito, por exemplo). Ainda, fica afastada a impenhorabilidade das importâncias recebidas pelo executado que excedam 50 salários mínimos mensais.

Apesar de elogiável a relativização do caráter impenhorável de grandes quantias, talvez fosse melhor ter deixado a cargo do juiz, no caso concreto, definir qual seria o valor mínimo para sobrevivência digna do executado.

Até mesmo porque 50 salários mínimos é um patamar elevadíssimo de renda, o qual poucos brasileiros conseguem atingir.

Não obstante, o STJ[34] já entendeu que, na hipótese de execução de dívida de natureza não ali-

---

[31] As obrigações *propter rem* devem ser vistas como uma espécie livre, situada entre os direitos real e pessoal, "cuja característica central é justamente reunião, num mesmo instituto, de elementos tanto de uma como de outra categoria. A obrigação *propter rem*, a um só tempo: i) impõe a alguém o cumprimento de uma prestação (característica do direito obrigacional); ii) a partir da vinculação deste alguém a alguma coisa (característica do direito real)" (Vieira; Lippmann, 2018, p. 290).

[32] "Os impostos incidentes sobre o patrimônio (Imposto sobre a Propriedade Territorial Rural – ITR e Imposto sobre a Propriedade Predial e Territorial Urbana – IPTU) decorrem de relação jurídica tributária instaurada com a ocorrência de fato imponível encartado, exclusivamente, na titularidade de direito real, razão pela qual consubstanciam obrigações *propter rem*, impondo-se sua assunção a todos aqueles que sucederem ao titular do imóvel" (STJ, REsp Repetitivo 1.073.846-SP, 1ª S., rel. Min. Luiz Fux, j. 25-11-2009, *DJe* 18-12-2009).

[33] É indevido, portanto, utilizar-se da Lei n. 8.009/90 para prejudicar o direito de condôminos que compartilham dos mesmos direitos e deveres sobre o bem condominial. Isto, pois, a obrigação de indenizar os demais condôminos por uso exclusivo do bem gera débito oriundo de direito real, configurando-se como uma obrigação *propter rem*. Nestes termos, admitida a penhorabilidade do bem de família, conforme previsto no art. 3º, IV, da Lei n. 8.009/90. REsp 1.888.863-SP, rel. Min. Ricardo Villas Bôas Cueva, rel. para acórdão Min. Nancy Andrighi, 3ªT., por maioria, j. 10-5-2022, *DJe* 20-5-2022, *Informativo STJ* n. 748.

[34] A divergência reside em definir se, na hipótese de pagamento de dívida de natureza não alimentar, a impenhorabilidade está condicionada apenas à garantia do mínimo necessário para a subsistência digna do devedor e de sua família ou se, além disso, há que ser observado o limite mínimo de 50 salários mínimos recebidos pelo devedor. De precedente da Corte Especial deste Superior Tribunal de Justiça (EREsp 1.518.169-DF, rel. Min. Humberto Martins, rel. para acórdão Min. Nancy Andrighi, Corte Especial, j. 3-10-2018, *DJe* 27-2-2019), é possível extrair que a exegese do dispositivo processual (art. 649, IV, do CPC/73) deve ser orientada também pela teoria do mínimo existencial, admitindo a penhora da parcela salarial excedente ao que se pode caracterizar como notadamente alimentar. (...) A fixação desse limite de 50 salários mínimos merece críticas, na medida em que se mostra muito destoante da realidade brasileira, tornando o dispositivo praticamente inócuo, além de não traduzir o verdadeiro escopo da impenhorabilidade, que é a manutenção de uma reserva digna para o sustento do devedor e de sua família. Segundo a doutrina, "Restringir a penhorabilidade de toda a 'verba salarial' ou apenas permiti-la no que exceder cinquenta salários mínimos, mesmo quando a penhora de uma parcela desse montante não comprometa a manutenção do executado, pode caracterizar-se como aplicação inconstitucional da regra, pois prestigia apenas o direito fundamental do executado, em detrimento do direito fundamental do exequente". Portanto, mostra-se possível a relativização do § 2º do art. 833 do CPC/2015, de modo a se autorizar a penhora de verba salarial inferior a 50 salários mínimos, em percentual condizente com a realidade de cada caso concreto, desde que assegurado montante que garanta a dignidade do devedor e de sua família. Importante salientar, porém, que essa relativização reveste-se de caráter excepcional e dela somente se deve lançar mão quando restarem inviabilizados outros meios executórios que garantam a efetividade da execução e, repita-se, desde que avaliado concretamente o impacto da constrição sobre os rendimentos do executado. EREsp 1.874.222-DF, rel. Min. João Otávio de Noronha, Corte Especial, por maioria, j. 19-4-2023, *Informativo STJ* n. 771.

mentar, é possível a penhora de salário, ainda que este não exceda 50 salários mínimos, quando garantido o mínimo necessário para a subsistência digna do devedor e de sua família.

A última exceção legal à impenhorabilidade retira a tutela de equipamentos, implementos e máquinas agrícolas pertencentes a pessoas físicas ou empresa individual produtora rural quando eles forem dados em garantia ao próprio negócio ou haja execução de natureza alimentar, trabalhista ou previdenciária.

O STJ, ainda na vigência do CPC/73, delineou algumas considerações que entendemos aplicáveis mesmo com a introdução do CPC.

Primeiro, cabe o destaque de que a expressão "caderneta de poupança", contida no inciso X, deve ser entendida em sentido amplo. Reputou que devem ser preservadas todas as pequenas reservas de capital, ainda que não depositadas em poupança.

Diante disso, declarou-se impenhorável a quantia de até 40 salários mínimos constante de fundo de investimento, pertencente ao executado[35].

No *Informativo* n. 553, o Tribunal relativizou o disposto no inciso IV, afirmando que se os honorários advocatícios recebidos são exorbitantes e ultrapassam valores que seriam razoáveis para sustento próprio e de sua família, a verba perde a natureza alimentar e pode ser penhorada, liberando-se apenas parte do valor ao advogado[36].

Ainda quanto aos incisos IV e X, o Tribunal alterou antigo entendimento para decidir que a impenhorabilidade nesses casos não alcança as quantias não utilizadas para suprimento de necessidades básicas. Assim, as sobras, após o recebimento do salário do período seguinte, não mais desfrutam dessa natureza.

Mesmo se as verbas forem originárias de indenização trabalhista, havendo quantia remanescente após saldadas as dívidas contraídas na pendência do litígio e satisfeitas as necessidades imediatas, os valores serão penhoráveis[37].

Por fim, o STJ decidiu no EREsp 1.330.567-RS[38] que as quantias referidas no inciso IV somente são impenhoráveis enquanto "destinadas ao sustento do devedor e sua família", limitando-se a impenhorabilidade ao teto do salário dos Ministros do Supremo Federal.

Essa parte final deve ter o entendimento alterado, dada a limitação legal que o CPC impõe, restringindo a impenhorabilidade a até 50 salários mínimos (art. 833, § 2º).

Esclareceu, na oportunidade, que, caso esses valores estejam investidos em alguma aplicação financeira, poderão ser penhorados, respeitada a impenhorabilidade de investimentos de até 40 salários mínimos.

Com isso, o Tribunal permitiu que valores recebidos pelo devedor em decorrência de rescisão de contrato de trabalho, mas que tenham sido posteriormente transferidos para fundo de investimento, sejam objeto de penhora.

É lícito ao devedor, em certos casos, renunciar à impenhorabilidade. Assim, se o mesmo possui um bem pessoal e dinheiro em conta bancária e quer proteger o segundo, admite-se a desconsideração da impenhorabilidade do primeiro.

A decisão que tratar do tema, ponderando execução menos gravosa e efetividade, será considerada interlocutória e, desse modo, atacável via agravo de instrumento.

---

[35] STJ, 2ª S., REsp 1.230.060-PR, rel. Min. Maria Isabel Gallotti, j. 13-8-2014, *Informativo STJ*, n. 547.
[36] STJ, 2ª T., REsp 1.264.358-SC, rel. Min. Humberto Martins, j. 25-11-2014.
[37] STJ, 2ª S., REsp 1.230.060-PR, rel. Min. Maria Isabel Gallotti, j. 13-8-2014, *Informativo*, n. 547.
[38] EREsp 1.330.567-RS, rel. Min. Luis Felipe Salomão, 2ª S., j. 10-12-2014, *DJe* 19-12-2014.

Antes de adjudicados ou alienados os bens, pode o executado, a todo tempo, remir a execução, pagando ou consignando a importância atualizada da dívida, mais juros, custas e honorários advocatícios, como disposto no art. 826.

A possibilidade de expropriação dos bens relativamente impenhoráveis está na capacidade patrimonial do executado, ou seja, poderão ser apreendidos na falta de outros bens. É vício que, se não alegado no momento da defesa do executado, sofre preclusão.

Assim, quando se tratar de cumprimento de sentença, a matéria será alegada por meio da impugnação; e, se for título executivo extrajudicial, através dos embargos à execução, consoante o art. 917, II.

O imóvel residencial, trazido pela Lei n. 8.009/90 como bem impenhorável, não se encaixa em nenhuma das classificações acima.

Isso porque não é absolutamente impenhorável, uma vez que pode ser expropriado nos casos dispostos na própria lei; e tampouco pode ser considerado como relativamente impenhorável, pois não é a capacidade patrimonial do executado que determinará ou não a sua penhorabilidade, mas sim o tipo de execução e de dívida.

O STJ, contudo, já teve a oportunidade de afirmar que, à míngua de disposição específica na lei especial, a fraude à execução ou contra credores, ainda que leve à desconsideração da personalidade jurídica, não tem o condão de, por si só, afastar a garantia existente em relação ao bem de família[39].

Importante observar que o art. 2º da Lei Federal n. 14.334/2022 dispõe que os bens de hospitais filantrópicos e Santas Casas de Misericórdia mantidos por entidades beneficentes certificadas nos termos da Lei Complementar n. 187, de 16 de dezembro de 2021, são impenhoráveis e não responderão por qualquer tipo de dívida civil, comercial, fiscal, previdenciária ou de outra natureza, salvo nas hipóteses previstas nessa lei.

O parágrafo único desse dispositivo ressalta ainda que a impenhorabilidade compreende os imóveis sobre os quais se assentam as construções, as benfeitorias de qualquer natureza e todos os equipamentos, inclusive os de uso profissional, ou móveis que guarnecem o bem, desde que quitados.

Por outro lado, o art. 3º exclui da impenhorabilidade as obras de arte, bem como "adornos suntuosos". Por fim, o art. 4º dispõe que a impenhorabilidade é oponível em qualquer processo de execução civil, fiscal, previdenciária ou de outra natureza, salvo se movido: I – para cobrança de dívida relativa ao próprio bem, inclusive daquela contraída para sua aquisição; II – para execução de garantia real; III – em razão dos créditos de trabalhadores e das respectivas contribuições previdenciárias.

Conforme se verifica em algumas ressalvas presentes nos incisos do art. 833, o CPC determinou a não incidência da impenhorabilidade em bens que revelam caráter de ostentação, fato que deve ser avaliado pelo juiz à luz da razoabilidade e da dignidade da pessoa humana. Permitiu, ainda, a penhora dos frutos e rendimentos dos imóveis, sem qualquer ressalva (art. 834).

É permitido incidir a multiplicidade de penhoras sobre o mesmo bem, desde que seu valor seja suficiente para a satisfação do crédito, observando-se, para isso, os requisitos processuais internos na ordem de preferência, independentemente do registro da penhora realizado para oponibilidade *erga omnes* da constrição.

O art. 835 traz uma ordem legal de bens penhoráveis, que deve ser observada à luz dos critérios de impenhorabilidade. A penhora deve recair, preferencialmente, na ordem estabelecida em lei, já

---

[39] STJ, 4ª T., REsp 1.433.636-SP, rel. Min. Luis Felipe Salomão, j. 2-10-2014, *Informativo STJ*, n. 549.

que essa ordem considera a livre disponibilidade e a expressão econômica do bem. Se essa ordem não for seguida, poderá ser alegação utilizada na defesa do executado.

A penhora em dinheiro será sempre prioritária. Porém, quanto aos demais incisos, é facultado ao juiz, diante das especificidades do caso concreto, alterar a ordem para penhora de bens[40].

Observe-se contudo que, em regime repetitivo, o STJ[41] já decidiu que a cota de fundo de investimento não se subsume à ordem de preferência legal do inciso I do art. 835. Nessa esteira, em outra oportunidade, também submetida ao rito o art. 1.036, o Tribunal[42] decidiu que a recusa da nomeação à penhora de cotas de fundo de investimento, reputada legítima a partir das particularidades de cada caso concreto, não encerra, em si, excessiva onerosidade ao devedor, violação do recolhimento dos depósitos compulsórios e voluntários do Banco Central do Brasil ou afronta à impenhorabilidade das reservas obrigatórias.

O § 2º do art. 835 estabelece que, para fins de substituição da penhora, equiparam-se a dinheiro a fiança bancária e o seguro garantia judicial[43], desde que em valor não inferior ao do débito constante da inicial, acrescido de trinta por cento.

Já de acordo com o § 3º, na execução de crédito com garantia real, a penhora recairá sobre a coisa dada em garantia, e, se a coisa pertencer a terceiro garantidor, este também será intimado da penhora.

Se as penhoras forem contemporâneas, afere-se a prioridade pela antecedência no dia e na hora da propositura da execução como critério de desempate.

No caso de a execução recair sobre crédito com garantia real, a penhora necessariamente deve incidir sobre a coisa dada em garantia. Se o bem pertencer a um terceiro garantidor, ele também deverá ser intimado da penhora.

---

[40] A Corte Especial do STJ, em recursos repetitivos, fixou duas teses quanto ao inciso I do art. 835. (1) A cota de fundo de investimento não se subsume à ordem de preferência legal disposta no inciso I do art. 655 do CPC/73, ou no inciso I do artigo 835 do novo CPC. (2) A recusa de nomeação à penhora de cotas de fundo de investimento reputada legítima a partir das particularidades de cada caso concreto não encerra, em si, excessiva onerosidade ao devedor, violação do recolhimento dos depósitos compulsivos e voluntários, do Banco Central do Brasil, ou afronta da impenhorabilidade das reservas obrigatórias (REsp 1.388.638, REsp 1.388.640 e REsp 1.388.642).

[41] "A partir da constituição do fundo de investimento, que se dá por meio da reunião de aportes financeiros manejados por investidores, o terceiro administrador os aplica em títulos e valores mobiliários, com o intuito de obter lucro/rendimento, sujeitando-se aos riscos das variações dos índices do mercado financeiro. Destaca-se, por conseguinte, haver uma indissociável vinculação entre os recursos aportados em um fundo de investimento (convertidos, a partir de então, em cotas, de titularidade de cada investidor) com a aplicação propriamente realizada pelo fundo em determinados ativos financeiros, com cotações no mercado. (...) Assim gizados os contornos das cotas de fundo de investimento, que, por expressa definição legal, constituem valores mobiliários (art. 2º, V, da Lei n. 6.385/1976), pode-se afirmar com segurança que essas não se incluem, para efeito de ordem legal da penhora, no conceito 'de dinheiro em aplicação financeira', cuja eventual constrição judicial recai sobre numerário certo e líquido, que ficará bloqueado ou depositado, à disposição do juízo em que se processa a execução" (REsp 1.388.642-SP, rel. Min. Marco Aurélio Bellizze, 2ª S., por unanimidade, j. 3-8-2016, DJe 6-9-2016, Informativo, n. 589).

[42] "Reconhecida a licitude da recusa, cabe ao banco executado, inclusive, como condição de procedibilidade de impugnação ao cumprimento de sentença (definitiva), garantir o juízo, por meio de constrição que recaia sobre numerário constante de suas agências ou sobre o produto do capital investido em suas aplicações financeiras, providência que não toca a intangibilidade dos depósitos mantidos no Banco Central, tampouco a impenhorabilidade das reservas bancárias. Aliás, linha argumentativa contrária não encontra ressonância na jurisprudência pacífica do STJ, bem sintetizada na Súmula 328, editada pela Corte Especial, nos seguintes termos: "Na execução contra instituição financeira, é penhorável o numerário disponível, excluídas as reservas bancárias mantidas no Banco Central" (REsp 1.388.642-SP, rel. Min. Marco Aurélio Bellizze, 2ª S., por unanimidade, j. 3-8-2016, DJe 6-9-2016, Informativo, n. 589).

[43] É possível a substituição da penhora em dinheiro por seguro garantia judicial, observados os requisitos do art. 835, § 2º, do CPC/2015, independentemente da discordância da parte exequente, ressalvados os casos de insuficiência, defeito formal ou inidoneidade da salvaguarda oferecida. REsp 2.034.482-SP, rel. Min. Nancy Andrighi, 3ª T., por unanimidade, j. 21-3-2023, DJe 23-3-2023, Informativo STJ n. 769.

É importante ressaltar que a norma não se limita às garantias hipotecárias, pignoratícia ou anticrética, abrangendo todos os créditos com garantia real, como, por exemplo, direito de superfície, concessão de uso especial para fins de moradia e concessão de direito real de moradia.

No caso de penhora sobre bem gravado com ônus real, a preferência no recebimento do preço pressupõe que o gravame seja anterior à penhora, aproveitando-se o saldo, se houver, para pagamento dos credores quirografários remanescentes (art. 908).

Se o juiz verificar que o produto da execução dos bens encontrados será totalmente absorvido pelo pagamento das custas da execução, não deve levar a efeito a penhora.

Por fim, se não encontrados bens penhoráveis, o oficial de justiça descreverá na certidão os bens que guarnecem a residência ou o estabelecimento do executado (no caso de pessoa jurídica), não necessitando determinação judicial expressa, após o que o executado ou seu representante legal será nomeado depositário provisório de tais bens (art. 836, §§ 1º e 2º).

Importante ressaltar que a Lei n. 14.365/2022 inseriu o art. 24-A no Estatuto da OAB (Lei n. 8.906/94) para determinar que no caso de bloqueio universal do patrimônio do cliente por decisão judicial, garantir-se-á ao advogado a liberação de até 20% dos bens bloqueados para fins de recebimento de honorários e reembolso de gastos com a defesa, ressalvadas as causas relacionadas aos crimes previstos na Lei de Drogas, observado o que dispõe o parágrafo único do art. 243 da Constituição da República.

De acordo com o § 1º do novo art. 24-A, o pedido de desbloqueio de bens será feito em autos apartados sigilosos, mediante a apresentação do respectivo contrato. Contudo, o desbloqueio deverá observar, preferencialmente a ordem estabelecida no art. 835 do CPC. Em se tratando de dinheiro em espécie, de depósito ou de aplicação em instituição financeira, os valores serão transferidos diretamente para a conta do advogado ou do escritório de advocacia responsável pela defesa, assim como dispõe o § 3º do art. 24-A.

Nos demais casos, o advogado poderá optar pela adjudicação do próprio bem ou por sua venda em hasta pública para satisfação dos honorários devidos, nos termos do art. 879 e seguintes do CPC. Havendo valor excedente, deverá ser depositado em conta vinculada ao processo judicial.

5.2.3.2 *Documentação da penhora, seu registro e depósito*

O art. 837 autoriza que a penhora de dinheiro e as averbações de penhoras de bens imóveis e móveis sejam realizadas por meio eletrônico. A atribuição para a edição das normas de segurança para a penhora de numerário e averbação de penhoras realizadas por meios eletrônicos é conferida ao Conselho Nacional de Justiça (CNJ) pelo mesmo dispositivo.

A penhora será efetivada pela apreensão e depósito dos bens (art. 839, *caput*). Se as diligências forem concluídas no mesmo dia, será lavrado apenas um auto de penhora (art. 839, *caput*, *in fine*); se houver mais de uma penhora, será necessário lavrar autos individuais (art. 839, parágrafo único).

O auto ou o termo de penhora tem seus elementos predeterminados por lei, sendo necessários à sua regularidade formal[44]. Segundo o art. 838, ele deverá conter: a indicação do dia, do mês, do ano e do lugar em que foi feita; os nomes do exequente e do executado; descrição dos bens penhorados, com as suas características; e a nomeação do depositário dos bens.

O art. 840 traz a forma como os bens penhorados deverão ser preferencialmente depositados.

---

[44] Inobservado algum dos requisitos e comprovado o prejuízo, a penhora será invalidada (Wambier et al., 2015, p. 1934).

Os valores em dinheiro, os papéis de crédito e as pedras e os metais preciosos, segundo o art. 840, I[45], serão depositados no Banco do Brasil, na Caixa Econômica Federal ou em banco do qual o Estado ou o Distrito Federal possua mais da metade do capital social integralizado.

Na falta de uma dessas instituições, o depósito será feito em qualquer instituição de crédito designada pelo juiz.

Nos termos do art. 840, II, os móveis, os semoventes, os imóveis urbanos e os direitos aquisitivos sobre imóveis urbanos serão colocados em poder do depositário judicial. Se não houver depositário judicial, os bens ficarão em poder do exequente (art. 840, § 1º).

Conforme autorização do art. 840, § 2º, os bens poderão ser depositados em poder do executado nos casos de difícil remoção ou quando anuir o exequente.

O § 3º do art. 840 determina que as joias, as pedras e os objetos preciosos deverão ser depositados com registro do valor estimado de resgate.

Por fim, os imóveis rurais, os direitos aquisitivos sobre imóveis rurais, as máquinas, os utensílios e os instrumentos necessários ou úteis à atividade agrícola permanecerão em poder do executado, mediante caução idônea (art. 840, III).

Não haverá intimação do executado a respeito da penhora quando esta for realizada na sua presença, já que nesse caso o executado reputar-se-á intimado (art. 841, § 3º).

Caso contrário, após a formalização da penhora, o executado será intimado por seu advogado (art. 841, § 1º). Não tendo advogado constituído, será intimado pessoalmente, a princípio por via postal (art. 841, § 2º).

Também será considerada realizada a intimação quando o executado houver mudado de endereço sem prévia comunicação ao juízo (art. 841, § 4º).

Nesse caso, presumem-se válidas as intimações feitas ao endereço constante dos autos, mesmo que não recebidas pelo executado, contando o prazo a partir da juntada aos autos do aviso de recebimento da intimação enviada ao endereço primitivo (art. 274, parágrafo único).

Com exceção dos casados sob o regime de separação absoluta de bens (absoluta ou convencional), o cônjuge também deverá ser intimado quando a penhora recair sobre bens imóveis ou direito real sobre bens imóveis do casal (art. 842).

Quanto à penhora de bens indivisíveis, o art. 843 dispõe que o equivalente à quota-parte do coproprietário ou do cônjuge alheio à execução recairá sobre o produto da alienação do bem.

Deve ser assegurada ao coproprietário ou ao cônjuge não executado a preferência na arrematação do bem em igualdade de condições (art. 843, § 1º, art. 1.322, *caput* e parágrafo único, do CC).

É importante destacar que o art. 843, § 2º, visando à tutela dos direitos dos coproprietários e dos cônjuges alheios à execução, dispõe que não será expropriado o bem quando o valor que seria auferido não for apto a garantir o correspondente à quota-parte destes, calculada sobre o valor da avaliação.

A penhora e o arresto, para gozar de presunção absoluta de conhecimentos por terceiros, deverão ser averbados no registro competente pelo exequente, apresentando cópia do auto ou do termo,

---

[45] É inconstitucional a obrigatoriedade de os depósitos judiciais e de valores de RPVs serem realizados somente em bancos oficiais (CPC/2015, arts. 535, § 3º, II; e 840, I). Essa determinação viola os princípios da eficiência administrativa, da livre concorrência e da livre iniciativa, assim como cerceia os entes federados, notadamente as justiças estaduais, quanto ao exercício de suas autonomias. ADI n. 5.492-DF, rel. Min. Dias Toffoli, j. 24-4-2023; ADI n. 5.737-DF, rel. Min. Dias Toffoli, redator do acórdão Min. Roberto Barroso, j. 24-4-2023, *Informativo STF* n. 1.092.

independentemente de mandado judicial (art. 844). Assim, qualquer alienação será presumida em fraude à execução. Não havendo registro, caberá ao exequente comprovar a má-fé do terceiro.

Atente-se a dois pontos importantes: primeiro, a norma não se limita à averbação da penhora, alcançando também o arresto, seja o executivo (art. 830), seja o deferido por meio do poder geral de cautela do juiz (art. 297). Ainda, o dispositivo determina que a averbação seja feita no "registro competente", não se restringindo à averbação no registro imobiliário.

5.2.3.3 Lugar da realização da penhora

A penhora será efetuada no lugar onde se encontrem os bens, ainda que eles estejam sob a posse, a detenção ou a guarda de terceiros (art. 845).

No caso de bens imóveis, independentemente de onde se localizem, e de veículos automotores, a penhora será realizada por termo nos autos (art. 845, § 1º). Para isso, será necessária a apresentação de certidão do RGI para os imóveis e de qualquer certidão que ateste a existência, para os veículos.

Não possuindo o executado bens no foro em que se processa a causa e se a penhora não puder se realizar nos próprios autos, a execução será feita por carta, penhorando-se, avaliando-se e alienando-se os bens no foro de situação da coisa (art. 845, § 2º).

A carta é expedida quando atos importantes do processo, como penhora, avaliação ou expropriação, devem ser praticados alhures.

Intimado o executado da penhora, pode apresentar embargos sobre o processo ou sobre o crédito exequendo. Se a execução for por carta, os embargos só serão de competência do juízo deprecado se versarem sobre vícios em seus atos.

A penhora deve ser realizada por oficial de Justiça, em horário e local autorizados por lei, e deve haver a intimação do cônjuge do devedor. Caso o oficial de Justiça verifique que o executado fechou as portas da casa a fim de obstar a penhora dos bens (art. 846, *caput*), o fato deverá ser comunicado ao juiz, que deferirá a ordem de arrombamento.

Deferido o arrombamento, dois oficiais de Justiça devem cumprir o mandado, arrombando o local em que se presumir o bem, lavrando tudo no auto circunstanciado, que deverá ser assinado por duas testemunhas, presentes na diligência.

Poderá, ainda, ser requisitada a força policial a fim de auxiliar os oficiais de Justiça na penhora e na prisão de quem resistir à ordem. No caso de prisão, deve-se seguir a lavratura de auto de prisão em flagrante, com rol de testemunhas, como dispõe o art. 846.

5.2.3.4 Modificações da penhora

Penhorados os bens, circunscreve-se a eles a base dos atos de execução. Entretanto, há fatos ensejadores de uma nova penhora, com a nulificação da anterior, ou reforço da já realizada.

Assim, somente se procede a uma segunda penhora se a primeira for anulada, se o produto da alienação não for suficiente para o pagamento do credor ou se os bens da primeira penhora já estiverem onerados.

No caso de nulidade da penhora ou de os bens penhorados estarem já onerados, eliminam-se os efeitos da penhora anterior. Já no caso de reforço da penhora para satisfação do credor, é viável a redução da nova penhora a bens suficientes, em homenagem ao princípio da economicidade.

A partir da intimação da penhora, autoriza-se ao executado requerer, no prazo de dez dias, a substituição do bem penhorado (art. 847, *caput*). De plano, ele deve comprovar que a substituição lhe será menos onerosa e não trará prejuízo ao exequente.

O pedido deverá, ainda (art. 847, § 1º):

a) comprovar as respectivas matrículas e os registros dos bens imóveis;
b) descrever os bens móveis (propriedades, características, estado de conservação e localização);
c) descrever os semoventes detalhadamente;
d) identificar os créditos, com as especificações do título e a identificação do devedor.

O executado, requerida a substituição, além de nomear bens à penhora, deve especificar os ônus e encargos aos quais os bens indicados à penhora estão sujeitos e atribuir-lhes valor, haja vista que o credor pode concordar com ele, evitando, assim, a avaliação, que estudaremos mais adiante (art. 847, § 2º).

Sendo o executado casado, a outorga conjugal é exigida quando o bem substituto for bem imóvel, exceto àqueles casados sob o regime de separação absoluta de bens (art. 847, § 3º).

Requerida a substituição, o juiz intimará o exequente para manifestar-se sobre o requerimento (art. 847, § 4º), no prazo de três dias (art. 853).

O art. 848 autoriza, ainda, que as partes requeiram a substituição da penhora. Perceba-se que, enquanto o art. 847 se justifica pelo interesse do executado, o art. 848, aberto a ambas as partes, pretende o melhor desenvolvimento do processo.

Será possível o requerimento quando elas identificarem que a penhora:

I – não obedece à ordem legal, prevista no art. 835;

II – não incide sobre os bens designados em lei, contrato ou ato judicial para o pagamento;

III – havendo bens no foro da execução, outros foram penhorados;

IV – havendo bens livres, recaiu sobre bens já penhorados ou objeto de gravame;

V – incide sobre bens de baixa liquidez;

VI – fracassar a tentativa de alienação judicial do bem; ou

VII – o executado não indicar o valor dos bens ou omitir qualquer das indicações previstas em lei.

A substituição da penhora poderá ser feita por fiança bancária ou por seguro garantia judicial, em valor não inferior ao do débito constante da inicial, com acréscimo de trinta por cento (parágrafo único).

Quanto ao inciso II, cumpre-se ressaltar que o CPC aparentemente retorna à disciplina anterior à reforma da execução no CPC/73 (Lei n. 11.382/2006). Assim, volta a ser direito do executado a excussão, em primeiro, dos bens objetos da garantia real[46].

Ainda em relação ao mesmo dispositivo (art. 848, II), deve-se observar que ele é aplicável também aos bens sobre os quais incidem hipoteca judiciária (art. 495 do CPC) ou averbação da existência de execução (art. 828).

O pedido de substituição, feito a requerimento do exequente ou do executado, passa por decisão interlocutória agravável e, decidido, lavra-se o respectivo termo (art. 849).

Admite-se, ainda, a redução ou a ampliação da penhora, bem como sua transferência para outros bens, quando, no curso do processo, o valor de mercado dos bens penhorados sofrer alteração significativa (art. 850).

A norma tem grande relevância na medida em que permite adaptar o processo de execução e os meios de efetivação às mudanças que o transcurso do tempo impuser aos bens afetados ao feito.

Tanto a redução como a ampliação são espécies do gênero modificação quantitativa da penhora, sendo que pode ser modificação da penhora, ainda, a substituição do bem penhorado por outro bem ou por dinheiro, hipótese em que se agiliza a tutela executiva.

---

[46] REsp 8.453-SP, rel. Min. Sálvio de Figueiredo Teixeira, 4ª T., j. 16-3-1992, DJ 3-8-1992, p. 11320.

Anote-se que a penhora pode sofrer modificação ou alteração qualitativa ou quantitativa.

Na primeira, o bem é substituído por outro, de comum acordo entre exequente e executado. Já na segunda pode ocorrer insuficiência ou excesso; pode ser necessária a penhora de mais bens para atingir o montante da dívida (reforço da penhora) ou pode-se ter penhorado em demasia (clamando o executado pela redução da penhora).

A alienação antecipada dos bens penhorados é possível, por determinação do juiz, quando se tratar de veículos automotores, de pedras e metais preciosos e de outros bens móveis sujeitos à depreciação ou à deterioração, ou mesmo quando houver manifesta vantagem na medida (art. 852). Em regra, a medida se justificará pela obtenção de liquidez imediata, em um contexto em que a passagem do tempo ou os altos custos de depósito atuariam em desfavor da execução.

5.2.3.5 Penhora de dinheiro em depósito ou em aplicação financeira

A penhora pode ser também *on-line*, com previsão no art. 854, e é um dos mecanismos mais eficientes para a localização dos bens do executado[47]. Por isso mesmo, deve ser a primeira opção do magistrado para realizar a constrição patrimonial[48], observada sua natureza acautelatória[49].

Vale registrar que não há direito do executado de nomear bens à penhora, mas sim um dever de indicá-los quando o exequente tiver dificuldade de fazer a identificação (cf. art. 774, V, do CPC).

A prioridade da indicação é do exequente (art. 798, II, *c*), por isso mesmo não há necessidade de exaurir as diligências de localização de outros bens. O STJ já tinha esse entendimento sob a égide no Código revogado[50] e ele deve prevalecer ainda com mais razão no Código atual.

Para a efetivação dessa modalidade, basta o magistrado, após ter sido devidamente cadastrado, acessar o sistema, via internet, mediante senha individual e intransferível, e emitir as ordens judiciais para determinar o bloqueio da conta corrente e aplicações do executado.

A ordem dada pelo magistrado é no sentido de decretar a indisponibilidade de ativos financeiros existentes em nome do executado, limitando-se a indisponibilidade ao valor indicado na execução.

Assim é que, somente após a efetivação dessa ordem, o executado será intimado a respeito da restrição de seus ativos financeiros, o que será feito pessoalmente, caso não haja advogado instituído (art. 854, § 2º).

A indisponibilidade, repita-se, está limitada ao valor indicado na execução. Por essa razão, é de responsabilidade do magistrado o cancelamento de eventual restrição excessiva, o que deverá ser determinado por ele de ofício no prazo de 24 horas e cumprido pela instituição financeira no mesmo prazo (§ 1º).

Ato contínuo, o executado terá o prazo de 5 (cinco) dias para questionar a indisponibilidade decretada, cabendo a alegação de impenhorabilidade das quantias ou de excesso da restrição (§ 3º)[51].

---

[47] Assis, 2017, p. 1008.

[48] Carneiro; Pinho, 2016, p. 498.

[49] A jurisprudência das Turmas que compõem as Seções de Direito Público e Privado do STJ se firmou no sentido de que o novo Código de Processo Civil (CPC) não alterou a natureza jurídica do bloqueio de dinheiro via Bacen Jud, permanecendo a natureza acautelatória e a necessidade de comprovação dos requisitos para sua efetivação em momento anterior à citação. REsp 1.664.465-PE, rel. Min. Herman Benjamin, 2ªT., por unanimidade, j. 2-8-2022. *Informativo* n. 743.

[50] REsp 1.112.943-MA, rel. Min. Nancy Andrighi, Corte Especial, j. 15-9-2010, *DJe* 23-11-2010.

[51] Enunciado n. 211 da III Jornada de Direito Processual Civil CJF/ENFAM: Antes de apreciar a defesa do executado lastreada no § 3º do art. 854 do CPC, salvo hipótese de rejeição liminar, o juiz deve intimar o exequente para se manifestar, em cinco dias, sob pena de ofensa ao contraditório.

Importante ressaltar que a Corte Especial do STJ[52] já decidiu que o termo inicial do prazo para apresentar impugnação ao cumprimento de sentença é contado a partir da ciência inequívoca do devedor quanto à penhora "*on-line*" realizada, não havendo necessidade de sua intimação formal.

Se acolhidas as alegações ou realizado o pagamento da dívida executada, o juiz ordenará o levantamento da indisponibilidade (§§ 4º e 6º). Caso contrário, convertê-la-á em penhora, devendo a instituição financeira depositar o valor em conta vinculada ao juízo (§ 5º).

Como se pode perceber, ao longo de todo o procedimento, faz-se imprescindível a participação adequada da instituição financeira. Como participante do processo, ela submete-se aos ditames dos deveres gerais de cooperação e da boa-fé objetiva (arts. 5º e 6º do CPC).

Por isso mesmo, anota-se que o descumprimento de quaisquer das ordens emanadas do juiz pode implicar a imposição de multa punitiva, com base no art. 77 do CPC[53].

Além disso, com base no art. 854, § 8º, a instituição financeira responderá pelos prejuízos que der causa ao executado, quando cumpra erroneamente ou atrase o cumprimento de ordem judicial.

Por evidente, a inobservância do mandado também pode gerar danos ao exequente, resolvendo-se o caso pelas normas gerais de responsabilidade civil. Como não é participante do processo, a indenização em face da instituição financeira deve ser postulada em via própria.

Cumpre anotar que, na vigência do CPC/73, seria necessária a citação válida do devedor, que não pagou nem nomeou bens à penhora, para que fosse efetuado o bloqueio de ativos financeiros do executado por meio do sistema Bacen Jud, bem como deveria haver requerimento do exequente em tal sentido[54].

Realizada a penhora em dinheiro, sua substituição por fiança bancária apenas deve ser autorizada em caráter excepcional. O interessado precisa demonstrar, de forma irrefutável, que a medida constitui excessivo gravame e é necessária a aplicação do princípio da menor onerosidade, conforme jurisprudência[55].

5.2.3.6 *Penhora de créditos*

A penhora de crédito representado por letra de câmbio, nota promissória, duplicata, cheque ou outros títulos será efetivada pela apreensão do documento, independentemente de estar ou não em poder do executado (art. 856, *caput*).

Se o título não for apreendido, mas o terceiro confessar a dívida, será este tido como depositário da importância (art. 856, § 1º), só se exonerando da obrigação com o depósito em juízo da importância da dívida (art. 856, § 2º).

No caso de o terceiro negar o débito em conluio com o executado, a quitação que este lhe der caracterizará fraude à execução (art. 856, § 3º).

Poderá ser designada audiência especialmente para tomar o depoimento do executado e do terceiro, a requerimento do exequente (art. 856, § 4º).

Se o crédito não estiver consubstanciado em algum dos títulos previstos no art. 856, *caput*, a penhora considerar-se-á realizada (art. 855) com a intimação do terceiro devedor para que não pague

---

[52] STJ, Corte Especial, EREsp 1.415.522-ES, rel. Min. Felix Fischer, por unanimidade, j. 29-3-2017, *DJe* 5-4-2017, *Informativo*, n. 601.
[53] Wambier et al., 2015, p. 1962.
[54] AgRg no REsp 1.296.737-BA, rel. Min. Napoleão Nunes Maia Filho, j. 5-2-2013.
[55] EREsp 1.077.039-RJ, rel. Min. Mauro Campbell Marques, rel. para Acórdão Min. Herman Benjamin, 1ª S., j. 9-2-2011, *DJe* 12-4-2011.

ao executado, seu credor; ou do executado, credor do terceiro, para que não pratique ato de disposição do crédito.

Realizada a penhora em direito e ação do executado, e não tendo ele oferecido embargos ou sendo estes rejeitados, o exequente ficará sub-rogado nos direitos do executado até a concorrência de seu crédito (art. 857, *caput*), podendo, se preferir, proceder à alienação judicial deles, desde que a requeira em dez dias contados da realização da penhora (art. 857, § 1º). A sub-rogação, porém, não impede o sub-rogado de prosseguir na execução caso não receba o crédito do executado, penhorando outros bens (art. 857, § 2º).

Na hipótese de a penhora recair sobre dívidas de dinheiro a juros, de direito a rendas ou de prestações periódicas, o exequente poderá levantar os juros, os rendimentos ou as prestações à medida que forem sendo depositados, abatendo-se do crédito as importâncias recebidas, conforme as regras de imputação do pagamento (art. 858).

Ainda, se a penhora incidir sobre direito à prestação ou à restituição de coisa determinada, o executado será intimado para, no vencimento, depositá-la, sujeitando-a à execução.

Ressalte-se, por fim, que, quando o direito estiver sendo pleiteado em juízo, a penhora que recair sobre ele será averbada no rosto desses autos (art. 860), devendo também constar da ação correspondente à penhora, de modo a ser efetivada nos bens que forem adjudicados ou que vierem a caber ao executado. O STJ já decidiu, inclusive, que tal providência pode ser feita no rosto dos autos de procedimento arbitral[56] e, também, nos autos do inventário, mesmo quando já homologada a partilha[57].

5.2.3.7 Penhora de quotas ou de ações de sociedades personificadas

O art. 861 regulamenta a penhora de quotas ou de ações de sócio em sociedade personificada. Tendo em vista a *affectio societatis* presente na espécie e a observância do princípio da preservação da empresa, o CPC traz algumas previsões que visam compatibilizar o interesse do exequente com a continuidade da atividade empresarial[58].

Por não serem criadas com a mesma *ratio* das sociedades personificadas, caso a penhora recaia sobre S.A. de capital aberto, as ações serão adjudicadas ao exequente ou alienadas em bolsa de valores (art. 841, § 2º).

O art. 841, *caput*, estabelece o prazo de três meses para que a sociedade cujas quotas (ou ações) forem penhoradas apresente balanço especial – art. 861, I – ou ofereça as quotas (ou ações) penhoradas aos demais sócios (ou acionistas), conforme a preferência contratual ou legal – art. 861, II.

Não havendo interesse na aquisição das quotas ou ações penhoradas, estas deverão ser liquidadas e o valor apurado depositado em juízo (art. 861, III).

---

[56] Respeitadas as peculiaridades de cada jurisdição, é possível aplicar a regra do art. 674 do CPC/73 (art. 860 do CPC) ao procedimento de arbitragem, a fim de permitir que o juiz oficie o árbitro para que este faça constar em sua decisão final, acaso favorável ao executado, a existência da ordem judicial de expropriação, ordem essa, por sua vez, que só será efetivada ao tempo e modo do cumprimento da sentença arbitral, no âmbito do qual deverá ser também resolvido eventual concurso especial de credores, nos termos do art. 613 do CPC/73 (parágrafo único do art. 797 do CPC) (REsp 1.678.224-SP, rel. Min. Nancy Andrighi, 3ª T., por unanimidade, j. 7-5-2019, *DJe* 9-5-2019, *Informativo STJ*, n. 648 STJ).

[57] A homologação da partilha, por si só, não constitui circunstância apta a impedir que o juízo do inventário promova a constrição determinada por outro juízo. REsp 1.877.738/DF, rel. Min. Nancy Andrighi, 3ª T., por unanimidade, j. 9-3-2021, *DJe* 11-3-2021. *Informativo STJ* n. 688.

[58] Assis, 2017, p. 340.

Prevê o art. 861, § 1º, a possibilidade de a sociedade adquirir suas próprias quotas (ou ações), de modo a evitar a liquidação, sem a redução do capital social e com a utilização de reservas, mantendo-as em tesouraria.

Ainda no caso de ausência de interesse dos sócios ou acionistas na aquisição das próprias quotas (ou ações), o art. 861, § 5º, dispõe que, se não houver a aquisição destas pela sociedade e a liquidação for excessivamente onerosa para a sociedade, o juiz poderá determinar o leilão judicial das quotas (ou ações).

Na hipótese de proceder-se à liquidação das quotas ou ações, mediante requerimento do exequente ou da sociedade, o juiz poderá nomear administrador para preparar a forma de liquidação prevista no *caput*, que deve ser submetida à aprovação judicial (art. 861, § 3º).

Quando o pagamento das ações (ou quotas) liquidadas superar o valor do saldo de lucros ou reservas não legais, sem diminuição do capital social, ou por doação, ou quando colocar em risco a estabilidade financeira da sociedade (simples ou empresária), o juiz poderá ampliar o prazo de três meses (art. 861, § 4º).

Por fim, vale mencionar que o STJ[59] já decidiu ser possível a penhora de quotas sociais de sócio por dívida particular por ele contraída, ainda que de sociedade empresária em recuperação judicial.

5.2.3.8 Penhora de empresa, de outros estabelecimentos e de semoventes

Dispõe o art. 862, *caput*, que, quando a penhora recair em estabelecimento comercial (industrial ou agrícola) ou em semoventes, plantações ou edifícios em construção, o juiz nomeará administrador-depositário, que deverá apresentar um plano de administração em 10 (dez) dias.

Apresentado o plano, será aberto prazo para as partes se manifestarem e, só após seu decurso, o juiz decidirá (art. 862, § 1º). As partes podem ainda transigir sobre a forma de administração e o depositário, devendo o juiz homologar o acordo (art. 862, § 2º).

No que tange aos edifícios em construção sob regime de incorporação imobiliária, a penhora somente poderá recair sobre as unidades imobiliárias ainda não comercializadas pelo incorporador (art. 862, § 3º).

Nesses casos, sendo necessário o afastamento do incorporador, a administração será exercida por representantes de adquirentes ou, sendo a aquisição financiada, pelo indicado pela instituição financeira, ouvidos os adquirentes (art. 862, § 4º).

A penhora de empresa que funcione mediante concessão ou autorização deve se dar sobre a renda, sobre determinados bens ou sobre todo o patrimônio. O juiz nomeará como depositário, de preferência, um de seus diretores (art. 863, *caput*).

Na hipótese de a penhora recair sobre a renda ou sobre determinados bens, o administrador-depositário apresentará a forma de administração, sendo subsidiariamente aplicável o regime de penhora de frutos e rendimentos de coisa móvel e imóvel (art. 863, § 1º).

Por outro lado, recaindo a penhora sobre todo o patrimônio, prosseguirá a execução em seus ulteriores termos, ouvindo-se, antes da arrematação ou da adjudicação, o ente público que houver outorgado a concessão (art. 863, § 2º).

---

[59] "Dessa forma, a depender da fase em que a recuperação judicial estiver, o juízo pode ampliar o prazo para o pagamento, aguardando o seu encerramento. Assim, eventual interferência da penhora de quota social na recuperação judicial da empresa deve ser analisada com o decorrer da execução, não podendo ser vedada desde logo, podendo os juízes (da execução e da recuperação judicial) se valerem do instituto da cooperação de que trata o art. 69 do CPC." REsp 1.803.250-SP, rel. Min. Marco Aurélio Bellizze, Rel. Acd. Min. Ricardo Villas Bôas Cueva, 3ª T., por maioria, j. 23-6-2020, DJe 1º-7-2020. *Informativo STJ* n. 675.

O art. 864 regulamenta a penhora de navio ou de aeronave, determinando que podem continuar navegando ou operando até a alienação (art. 864). Contudo, o juiz, para conceder a autorização para tanto, exigirá que o executado faça o seguro usual contra riscos.

A penhora de empresa, de outros estabelecimentos e de semoventes é medida subsidiária, e somente será determinada se não houver outro meio eficaz para a efetivação do crédito[60].

5.2.3.9 Penhora de percentual de faturamento da empresa

Não é difícil deparar-se com situações em que o executado não tem outros bens penhoráveis ou os que possui são de difícil alienação ou insuficientes para saldar o crédito executado.

Nessas circunstâncias – e apenas nessas – o juiz poderá ordenar a penhora de percentual de faturamento de empresa, fixando percentual apto a satisfazer o crédito exequendo em tempo razoável, sem que torne inviável o exercício da atividade empresarial (art. 866, *caput* e § 1º). A jurisprudência reforça a importância de a penhora não representar um obstáculo intransponível à continuidade da empresa[61].

Acaso decida pela aplicação da penhora de percentual de faturamento da empresa, o juiz nomeará administrador-depositário para que este submeta à sua aprovação a forma de atuação e prestações de conta, balancetes e entrega das quantias, mensalmente (art. 866, § 2º).

O § 3º do art. 866 estabelece que as normas sobre penhora de frutos e rendimentos de coisa móvel ou imóvel – que estudaremos a seguir – são de aplicação subsidiária no que tange ao regime de penhora do faturamento da empresa.

Importante ressaltar que, no julgamento do Tema 769, sob o rito dos recursos repetitivos, a Primeira Seção do Superior Tribunal de Justiça (STJ)[62] estabeleceu quatro teses relativas à penhora sobre o faturamento de empresas em execuções fiscais:

I – A necessidade de esgotamento das diligências como requisito para a penhora de faturamento foi afastada após a reforma do Código de Processo Civil (CPC) de 1973, pela Lei n. 11.382/2006.

II – No regime do CPC de 2015, a penhora de faturamento, listada em décimo lugar na ordem preferencial de bens passíveis de constrição judicial, poderá ser deferida após a demonstração da inexistência dos bens classificados em posição superior, ou, alternativamente, se houver constatação, pelo juiz, de que tais bens são de difícil alienação; finalmente, a constrição judicial sobre o faturamento empresarial poderá ocorrer sem a observância da ordem de classificação estabelecida em lei, se a autoridade judicial, conforme as circunstâncias do caso concreto, assim o entender (art. 835, § 1º, do CPC), justificando-a por decisão devidamente fundamentada.

III – A penhora de faturamento não pode ser equiparada à constrição sobre dinheiro.

IV – Na aplicação do princípio da menor onerosidade (art. 805 e parágrafo único do CPC de 2015; art. 620 do CPC de 1973):

a) a autoridade judicial deverá estabelecer percentual que não inviabilize o prosseguimento das atividades empresariais; e

b) a decisão deve se reportar aos elementos probatórios concretos trazidos pelo devedor, não sendo lícito à autoridade judicial empregar o referido princípio em abstrato ou com base em simples alegações genéricas do executado.

---

[60] Assis, 2017, p. 1035.
[61] AgRg no AREsp 413.242-SP, rel. Min. Maria Isabel Gallotti, 4ª T., j. 3-12-2013, DJe 17-12-2013; AgRg no AREsp 158.436-SP, rel. Min. Marco Buzzi, 4ª T., j. 27-3-2014, DJe 4-4-2014.
[62] REsp 1.666.542, rel. Min. Herman Benjamim, 1ª Seção, unânime, j. 18-4-2024.

5.2.3.10 Penhora de frutos e rendimentos de coisa móvel ou imóvel

O art. 867 prevê a percepção de frutos e rendimentos da coisa como modalidade própria de penhora, admitindo-o quando o magistrado o considerar mais eficiente para o recebimento do crédito e menos gravoso ao executado, o que demonstra a natureza subsidiária da medida[63].

Nessa modalidade de penhora, o executado perderá o direito de fruir do bem, até que o exequente seja pago do principal, dos juros, das custas e dos honorários advocatícios, e o juiz nomeará administrador-depositário, que será investido de todos os poderes que concernem à administração do bem e à fruição de seus frutos e utilidades (art. 868).

A eficácia da medida quanto a terceiros, porém, fica condicionada à publicação da decisão que a conceda ou, no caso de bens imóveis, de sua averbação no ofício imobiliário (art. 868, § 1º).

Nesse último caso, fica a cargo do exequente providenciar a averbação mediante a apresentação de certidão de inteiro teor do ato, o que independe de mandado judicial (art. 868, § 2º).

O encargo de administrador-depositário poderá ser conferido tanto ao exequente quanto ao executado, com aceitação da parte contrária. Caso não haja acordo entre as partes, o juiz nomeará profissional qualificado para o desempenho da função (art. 869).

O administrador deve submeter à aprovação judicial a forma de administração e a de prestar contas periodicamente (art. 869, § 1º). Caso haja discordância com as partes, caberá ao juiz decidir a melhor forma de administração do bem (art. 869, § 2º).

Estando o imóvel arrendado, o inquilino pagará o aluguel ao administrador, se houver. Não havendo administrador, deve pagar diretamente ao exequente (art. 869, § 3º). Tanto o exequente quanto o administrador podem celebrar locação do móvel ou do imóvel, ouvido o executado (art. 869, § 4º).

O administrador deve entregar as quantias recebidas ao exequente, a fim de serem imputadas ao pagamento da dívida, e este dará ao executado, por termo nos autos, quitação das quantias recebidas (art. 869, §§ 5º e 6º).

5.2.3.11 Avaliação

A avaliação tem por finalidade alcançar o preço justo do bem penhorado, estimando o seu valor de mercado[64], o que será determinante para os atos executivos subsequentes, especialmente os de expropriação.

O CPC mantém a sistemática do CPC/73 ao estabelecer que a avaliação do bem penhorado será realizada preferencialmente pelo Oficial de Justiça, tendo em vista que incumbe a esse auxiliar da justiça efetuar avaliações, conforme dispõe o art. 154, V, do novo diploma processual.

Essa solução possui o condão de, simultaneamente, permitir a realização da avaliação por auxiliar da justiça dotado de imparcialidade, aprovado em concurso público e legalmente investido dessa função, ademais de não incrementar os custos da execução.

É admissível que as partes apresentem em juízo documentos que forneçam subsídios para que o Oficial de Justiça realize a avaliação adequadamente[65], o que pode tornar, inclusive, despicienda a nomeação de um especialista para avaliar o bem penhorado, eis que essa solução deve ser excepcional.

---

[63] Assis, 2017, p. 1045.
[64] Assis, 2017, p. 1.105.
[65] Bueno, 2014, p. 272-273.

Apenas quando concorrerem dois requisitos, será autorizado dispensar a avaliação por Oficial de Justiça, a saber:

a) necessidade de conhecimentos especializados, que transbordem as funções ordinárias de avaliação atribuídas a esse auxiliar da justiça; e

b) o valor da execução que o comportar.

O segundo requisito não constava no CPC/73, sendo elogiável a sua previsão na nova codificação, tendo em vista que os honorários periciais podem alcançar montante expressivo, incompatível com o valor do crédito executado, o que desaconselha excepcionar a regra geral prevista no *caput*.

Presentes os requisitos previstos no parágrafo único, deverá ser nomeado perito judicial regularmente inscrito no tribunal respectivo (auxiliar permanente do juízo) ou, em sua ausência, um *expert* a ser escolhido pelo juízo[66].

O CPC não dirime a controvérsia, travada sob a égide do CPC/73, em torno do cabimento da nomeação de assistentes técnicos e formulação de quesitos pelas partes, caso seja nomeado perito para proceder à avaliação dos bens penhorados.

Consideramos acertado facultar às partes a nomeação de especialista de sua confiança e a apresentação de quesitos, em homenagem ao contraditório, tendo em vista que o valor de avaliação será de extrema relevância para a execução, pautando os atos de expropriação a serem praticados a seguir[67-68].

De se consignar que o art. 872 dispõe que a atividade realizada pelo avaliador corresponde a uma *perícia*, o que nos permite inferir o cabimento subsidiário da disciplina da prova pericial, inclusive o disposto no art. 465, § 1º, que prevê precisamente a nomeação de assistente técnico e a formulação de quesitos.

O Superior Tribunal de Justiça entende ser desnecessária a nomeação de assistente técnico pelas partes na avaliação de bem penhorado[69]. Caso a avaliação do bem penhorado seja complexa, demandando o domínio de diferentes áreas do conhecimento, será necessária a nomeação de um perito para cada qual delas.

Sendo necessários conhecimentos especializados, mas não comportando a execução os custos de uma perícia, pode o exequente apresentar estudo técnico elaborado por um especialista, aplicando-se por analogia a solução contemplada no art. 472 do CPC, de modo a suprir a necessidade da nomeação de um *expert* pelo juízo.

Nesse caso, não poderá o exequente incluir, no crédito exequendo, eventual verba cobrada pelo especialista de sua confiança para a elaboração do estudo.

O CPC mantém em 10 (dez) dias o prazo máximo a ser fixado pelo magistrado para a entrega do laudo pelo perito, a contar da data em que este aceitar a sua nomeação. Poderá o magistrado prorrogar uma única vez o prazo pela metade do tempo originalmente fixado se o perito apresentar motivo justificado, consoante disposto no art. 476. Em outras palavras, caso o magistrado tenha fixado inicialmente o prazo de dez dias, poderá prorrogá-lo por apenas cinco dias.

Afora essa hipótese, deve ser observado o prazo assinado pelo juízo, como forma de zelar pela duração razoável do processo, uma vez que os atos executivos subsequentes dependerão da conclusão

---

[66] Neves, 2011, p. 1025.
[67] Assis, 2017, p. 1109.
[68] Em sentido contrário: Theodoro Jr., 2011, p. 333.
[69] STJ, RMS 13.038-RS, rel. Min. Castro Meira, 2ªT., *DJ* 9-8-2004.

da avaliação do bem penhorado[70]. Resta claro que o legislador almejou imprimir celeridade à avaliação, o que se depreende a partir da restrição à prorrogação do prazo a apenas uma ocasião e pela metade do tempo inicialmente fixado, escopo esse que deve nortear a aplicação da normatização em comento.

Cabendo a avaliação ao Oficial de Justiça, deverá realizá-la no ato da penhora.

No que concerne ao local de sua realização, a avaliação deverá ocorrer no local onde se encontrem os bens penhorados, salvo se se tratar de imóvel em relação ao qual seja apresentada certidão da matrícula, hipótese que autoriza a sua realização por termo nos autos, tal qual ocorre com a penhora (art. 845, § 1º)[71]. Nada impede, contudo, que o avaliador considere relevante vistoriar o bem penhorado, a fim de atestar as suas condições, o que decerto influencia a apuração do valor de avaliação.

Caso os bens penhorados estejam situados em foro diverso daquele da execução, caberá a expedição de carta precatória para penhora e avaliação, sendo realizados, por conseguinte, pelo juízo deprecado, conforme art. 845, § 2º, ressalvadas as hipóteses legais autorizadoras da lavratura da penhora por termo nos autos, previstas no art. 845, § 1º, acima referidas.

O avaliador, seja ele Oficial de Justiça ou perito, está submetido às causas de impedimento e suspeição dos auxiliares da justiça, conforme disposto no art. 148, II, cabendo às partes argui-las na forma do art. 465, § 1º.

Não obstante a ausência de expressa previsão legal, deve ser aberta oportunidade para que as partes se manifestem acerca da avaliação, no prazo de 5 (cinco) dias (art. 218, § 3º), em homenagem ao contraditório, princípio claramente homenageado no novo *Codex* processual.

A oposição de embargos à execução não possui o condão de suspender a realização da avaliação, mormente porque o CPC manteve a ausência de efeito suspensivo, como regra, conforme disposto no art. 919[72].

Já no art. 871, o legislador traz as hipóteses de dispensa da avaliação.

O inciso I corrige uma imprecisão do CPC/73, que aludia apenas à possibilidade de o exequente aceitar a estimativa feita pelo executado, olvidando que o contrário também pode perfeitamente ter lugar[73].

De fato, se as próprias partes estiverem concordes quanto ao valor do bem penhorado, deve-se, em regra, adotá-lo, salvo se o magistrado tiver dúvidas se esse é efetivamente o valor correto, hipótese em que poderá determinar a avaliação de ofício, consoante disposto no parágrafo único.

Os incisos II e III trazem previsão semelhante ao CPC/73.

O legislador inovou no inciso III, ao dispensar a avaliação de automóveis e outros bens cujo preço de mercado possa ser facilmente apurado mediante consulta a órgãos públicos, como o Detran, ou a anúncios em jornais e revistas.

Produtos agrícolas ou extrativos, tais como cana-de-açúcar, café em grão, soja, carne bovina e petróleo, possuem preço com cotação em bolsa, sendo habitualmente negociados no comércio internacional[74], estando, pois, incluídos na dispensa prevista no inciso III.

---

[70] Assis, 2017, p. 1.112.

[71] A avaliação de veículos automotores – que também é mencionada no art. 84, § 1º – foi dispensada no art. 871, IV, do CPC.

[72] Assis, 2017, p. 1117.

[73] Carneiro; Pinho, 2015, p. 494.

[74] Dinamarco, 2004, p. 550.

Incumbirá à parte que nomear o bem à penhora carrear aos autos as provas de seu valor de mercado. Trata-se de solução elogiável, que dispensa a avaliação em situações nas quais o valor de mercado se mostra de fácil apuração. Com isso, o valor do bem penhorado será alcançado com um grau de precisão satisfatório, com simplicidade, rapidez e a baixo custo.

O CPC, assim como o CPC/73, não contempla, dentre as hipóteses de dispensa de avaliação, o caso em que seja penhorado bem hipotecado cujo valor esteja previsto em escritura pública, previsto no art. 1.484 do CC/2002.

Embora entendamos que, em regra, será dispensável a avaliação na hipótese trazida pela lei civil, ressalvamos que, na prática, não raro terá decorrido longo lapso temporal entre a data da lavratura da escritura pública e o momento em que serão realizadas a penhora e a avaliação na ação de execução, razão pela qual o valor outrora constante do instrumento público, mesmo sujeito a atualização monetária, pode não mais condizer com a realidade atual, especialmente se houver severas oscilações no mercado, tornando-se necessária a realização de uma avaliação por Oficial de Justiça ou perito.

Nesse sentido, o CPC deixa clara a necessidade de o Oficial de Justiça elaborar a avaliação em peça autônoma, distinta do auto de penhora, devendo a ele ser anexada[75].

Sendo a avaliação realizada por perito, o laudo será anexado ao auto de penhora. Correlatamente, caso seja autorizado ao exequente suprir a avaliação mediante a apresentação de estudo técnico elaborado por especialista, conforme abordamos nos comentários ao art. 870, *supra*, este será o documento a ser apensado ao auto de penhora.

Os incisos I e II reproduzem os requisitos de observância obrigatória[76] na elaboração do laudo de avaliação previstos no CPC/73. Deverão ser rigorosamente preenchidos pelo avaliador, uma vez que os atos processuais seguintes se basearão em tais dados. Assim, necessariamente estarão consignados no laudo o estado em que se encontra o bem, suas características e o seu valor.

No caso do § 1º, a exigência da elaboração de memorial descritivo contendo os possíveis desmembramentos do imóvel penhorado demanda a sua realização por engenheiro civil, diante de suas especificidades técnicas, o que inviabiliza a avaliação por Oficial de Justiça. A elaboração equivocada do memorial descritivo obstará o oportuno registro da adjudicação ou da alienação judicial junto ao Registro de Imóveis (arts. 227 e 232 da Lei Federal n. 6.015/73).

O § 2º prevê a manifestação das partes, no prazo de cinco dias, caso seja apresentada proposta de desmembramento do imóvel penhorado.

No entanto, embora não haja previsão semelhante para os demais casos, entendemos que deva sempre ser aberta a oportunidade para as partes se manifestarem acerca do laudo de avaliação, ainda que não seja caso de desmembramento. Consideramos, assim, aplicável por analogia o disposto no § 2º a todas as avaliações, em homenagem ao contraditório.

O art. 873, a seu turno, traz as hipóteses nas quais é autorizado ao magistrado determinar a realização de uma nova avaliação.

Os incisos I e III contemplam hipóteses de *invalidação* da primeira avaliação, uma vez que, caso o magistrado verifique que o avaliador efetivamente incorreu em erro ou agiu com dolo, irá desconsiderar aquele laudo, substituindo-o pelo segundo. Caberá ao magistrado fundamentar a sua decisão, conforme exige o art. 479, que deve ser aplicado subsidiariamente.

---

[75] Carneiro; Pinho, 2015, p. 495.

[76] O Superior Tribunal de Justiça considera obrigatórios os requisitos do auto de penhora (STJ, REsp 351.931-SP, 1ª T., rel. Min. José Delgado, *DJU* 11-12-2001).

O inciso II, por seu turno, trata da *revisão* da avaliação anteriormente realizada, em decorrência de fatos supervenientes, que tornaram excessivo ou diminuto o valor inicialmente obtido.

O *caput* e os incisos I e II do art. 873 reproduzem a previsão contida no art. 683 do CPC/73.

No inciso III, houve apenas um ajuste na redação legal, a fim de deixar claro que somente será justificável uma nova avaliação caso *o magistrado* tenha dúvida quanto ao valor atribuído ao bem. Acrescentou-se que a dúvida deve pairar sobre o valor obtido na primeira avaliação.

O parágrafo único prevê a aplicação, à realização de nova avaliação de bem penhorado, da disciplina relativa à nova perícia, regulada no art. 480. De se destacar que, aplicando-se o disposto no § 3º do art. 480, o magistrado irá sopesar as duas avaliações, podendo, até mesmo, concluir, desde que fundamentadamente, pela adoção do valor obtido na primeira delas.

Outra hipótese autorizadora da realização de nova avaliação consiste no acolhimento de embargos à execução fundados na alegação de errônea avaliação (art. 917, III).

O art. 874 do CPC reproduz a exigência contida no art. 685 do CPC/73 quanto à formulação de requerimento pela parte, seja exequente ou executado, para que o magistrado possa proceder à redução ou à ampliação da penhora, caso a avaliação apure valor, respectivamente, superior ou inferior ao crédito exequendo.

A ausência de autorização para que o magistrado atue de ofício nessa hipótese já era alvo de pertinentes críticas por parte da doutrina[77], que decerto se estenderão ao novo diploma.

Com efeito, de pouco adiantaria realizar uma avaliação – a que o legislador dedicou um regramento preciso – se o valor nela obtido não se prestasse a ocasionar o devido ajuste da penhora.

De um lado, se a penhora persiste sobre bens cujo valor excede significativamente o montante do crédito executado, estar-se-á impondo um ônus excessivo ao executado – em afronta ao art. 805, que preconiza a menor onerosidade possível para o executado –, que terá mais bens excutidos do que seria necessário e, não raro, ocupando o Judiciário com a eventual alienação pública despicienda de bens em sobejo.

Por outro lado, se não houver o incremento da penhora, caso os bens penhorados sejam em valor insuficiente para satisfazer a integralidade do crédito executado, o processo de execução fatalmente se arrastará por mais tempo, eis que o produto será insuficiente e a diferença do crédito, a ser executada, persistirá, vulnerando a economia e a celeridade processuais. Nesse caso, a ampliação da penhora permitiria o aproveitamento das fases subsequentes para alienar todos os bens conjuntamente.

Por conseguinte, entendemos que o poder de direção do processo, conferido ao juízo da execução, aliado aos princípios do desfecho único da execução (art. 797) e da efetividade, que preconizam que a execução deve se prestar a satisfazer precisamente a obrigação contida no título executivo, justifica a atuação de ofício do magistrado, a fim de determinar a ampliação ou a redução da penhora, independentemente de requerimento das partes[78].

Não obstante, incumbe ao magistrado instar as partes a se manifestar sobre a ampliação ou a redução da penhora antes de decretá-la, conforme prevê o *caput* do art. 874.

Finalmente, o art. 875 determina que, realizadas a penhora e a avaliação, o juiz dará início aos atos de expropriação do bem.

---

[77] Neves, 2014, p. 1027.

[78] De se consignar que o Superior Tribunal de Justiça admite o reconhecimento de excesso de execução em sede de exceção de pré-executividade, caso dispense dilação probatória. STJ, AgRg no AREsp 197.275-PE, rel. Min. Humberto Martins, 2ª T., *DJe* 28-9-2012.

O CPC alterou a redação do dispositivo legal, a fim de deixar claro que os atos de expropriação somente poderão ser iniciados após concluídas a penhora e a avaliação. No art. 685, parágrafo único, do CPC/73, condicionava-se o seu início, genericamente, ao cumprimento *dessas providências*, sem se referir especificamente à penhora e à avaliação, o que foi corrigido no novo diploma processual.

A preocupação do legislador em condicionar expressamente os atos executórios à prévia conclusão da penhora e da avaliação dos bens penhorados mostra-se pertinente, uma vez que os atos de expropriação deverão incidir precisamente sobre os bens objeto da penhora e pautando-se pelo valor apurado na avaliação chancelada pelo juízo da execução.

5.2.4 Expropriação de bens

Os bens penhorados destinam-se à futura expropriação e, por isso, devem ficar custodiados até o advento dessa etapa. Em regra, a nomeação do depositário recai sobre o próprio devedor, salvo se o credor não concordar e o juiz assim decidir.

A expropriação nada mais é do que a alienação forçada dos bens penhorados, com o escopo de pagar ao credor. A expropriação importará, assim, na perda da propriedade do executado.

Entretanto, pode ocorrer apenas a perda da faculdade temporária de fruir do bem, nos casos em que este se submete à exploração econômica paulatina, com o objetivo de gerar fundos necessários ao pagamento do crédito exequendo. É o que se denomina de usufruto de bem móvel ou imóvel (art. 825, III).

De acordo com o art. 825, portanto, a expropriação consiste em adjudicação, alienação e apropriação de frutos e rendimentos de empresa ou de estabelecimentos e de outros bens.

Já estudamos no item referente à penhora a terceira modalidade de expropriação. Explicaremos a seguir a adjudicação e a alienação, conforme trazidas na Seção IV do capítulo de execução por quantia certa do CPC.

a) Adjudicação

Os arts. 876 a 878 apontam a primeira modalidade de expropriação, constituindo a mais simples de todas. Trata-se da adjudicação.

O CPC privilegia a adjudicação como modalidade preferencial de pagamento na execução por quantia certa, mantendo a sistemática trazida ao CPC/73 pela Lei Federal n. 11.382/2006[79].

A adjudicação consiste no meio de satisfação do crédito exequendo mediante a transferência do próprio bem penhorado ao credor ou a outro legitimado contemplado nos §§ 5º e 7º.

A redação do *caput* reproduz a previsão contida no art. 685-A do CPC/73. Convém ressalvar que, apesar do uso do plural na previsão da faculdade de *os bens penhorados* serem adjudicados pelo exequente, nada obsta a que ele pretenda adjudicar apenas *um ou alguns* dentre os bens penhorados.

Nesse caso, será dada quitação parcial do crédito exequendo, equivalente, no mínimo, ao valor de avaliação do bem adjudicado, e prosseguir-se-á com a execução para o pagamento do crédito remanescente, mediante a expropriação dos demais bens penhorados, que não foram adjudicados, consoante disposto no § 4º, II, do artigo em comento.

O CPC mantém como pressupostos cumulativos da adjudicação: a) ser requerida por legitimado contemplado no art. 876, *caput* ou §§ 5º e 7º; e b) oferecer preço igual ou maior do que o valor apurado na avaliação[80].

---

[79] Neves, 2014, p. 1.029.
[80] Assis, 2017, p. 1.144.

Não pode a adjudicação ser decretada de ofício pelo magistrado, tendo o *caput* do art. 876 exigido expressamente o requerimento do legitimado.

O requerimento de adjudicação é ato privativo da parte e, para que possa ser subscrito apenas pelo advogado, faz-se necessária a outorga de poderes especiais.

A adjudicação é ato personalíssimo, privativo dos legitimados contemplados no art. 876, *caput* e § 5º, não podendo ser cedido a terceiros.

Podem ser adjudicados bens móveis e imóveis penhorados, o que se infere a partir da alusão às duas espécies de bens, contida nos dois incisos do § 1º do art. 877. O CPC manteve, assim, a inovação trazida ao CPC/73 pela Lei Federal n. 11.382/2006 ao contemplar a possibilidade de adjudicação de bens móveis.

O § 1º inova ao prever expressamente a necessidade de intimação do executado quanto ao requerimento de adjudicação.

O inciso I dispõe que a intimação será realizada preferencialmente pelo Diário de Justiça, na pessoa do advogado do executado.

Caso não haja procurador constituído nos autos, ou esteja o executado representado pela Defensoria Pública, deverá a intimação ser realizada através de carta com aviso de recebimento, conforme dispõe o inciso II.

Sendo o executado empresa pública ou privada sem advogado constituído nos autos, dispõe o inciso III que a intimação será realizada pelo sistema eletrônico de cientificação mantido pelo respectivo tribunal, sistema esse prestigiado pelo CPC (art. 246, § 1º).

O § 2º coaduna-se com a previsão contida no art. 77, V, que considera dever da parte manter atualizado o seu endereço, informando ao juízo qualquer modificação temporária ou definitiva. Sendo assim, o § 2º do art. 876 presume a realização da intimação no endereço constante dos autos, caso o executado não tenha cumprido com o seu dever de atualizá-lo.

O § 3º dispensa a intimação, caso o executado tenha sido citado por edital, não tendo constituído procurador nos autos, previsão que se coaduna com o disposto no art. 346. Nesse caso, será nomeado curador especial, na forma do art. 257, IV.

O § 4º do dispositivo em comento reproduz o disposto no § 1º do art. 685-A do CPC/73, promovendo apenas um ajuste na redação legal, ao substituir o termo "adjudicante" por "requerente da adjudicação".

De fato, laborou com acerto o legislador, considerando-se que, nesse momento, o exequente – ou outro legitimado contemplado no § 5º – apenas *externou o seu interesse* em adjudicar, não tendo sido ainda deferido o pedido pelo juízo da execução, razão pela qual não se afigura correto designá-lo desde já como *adjudicante*, como fizera o CPC/73.

O § 5º elenca os demais legitimados que, assim como o exequente, podem requerer a adjudicação dos bens penhorados. Foram implementadas duas alterações comparativamente com o disposto no art. 685-A, § 1º, do CPC/73.

A primeira delas consiste na remissão aos incisos II a VIII do art. 889[81], que implicou a ampliação

---

[81] O art. 889, II a VIII, contempla os seguintes sujeitos, a saber: o coproprietário de bem indivisível do qual tenha sido penhorada fração ideal; o titular de usufruto, uso, habitação, enfiteuse, direito de superfície, concessão de uso especial para fins de moradia ou concessão de direito real de uso, quando a penhora recair sobre bem gravado com tais direitos reais; o proprietário do terreno submetido ao regime de direito de superfície, enfiteuse, concessão de uso especial para fins de moradia ou concessão de direito real de uso, quando a penhora recair sobre tais direitos reais; o credor pignoratício, hipotecário, anticrético, fiduciário ou com penhora anteriormente averbada, quando a penhora recair sobre bens com tais gravames, caso não seja credor, de qualquer modo, parte na execução; o promitente comprador, quando a penhora recair sobre bem em relação ao qual haja promessa de

do rol de legitimados comparativamente com o CPC/73, que apenas aludia ao credor com garantia real. A previsão contida no inciso VIII, quanto à legitimidade da União, dos Estados e Municípios de adjudicar os bens penhorados que estejam tombados, insere, no CPC, o que se encontrava disposto no Decreto-Lei n. 25, de 30-11-1937[82].

Em segundo lugar, foi incluído expressamente o *companheiro* dentre os legitimados a adjudicar. A doutrina já preconizava a legitimidade do companheiro, com fulcro no art. 226, § 3º, da Constituição Federal, apesar da ausência de expressa previsão legal no CPC/73[83].

O CPC não dirime a controvérsia, instaurada sob a égide do CPC/73, acerca da legitimidade de o ex-cônjuge ou ex-companheiro, mesmo estando – judicial ou extrajudicialmente (art. 733) – separado ou divorciado do executado, adjudicar os bens penhorados, enquanto não sobrevier a partilha.

Entendemos mais acertado o entendimento refratário à legitimidade do ex-cônjuge ou ex-companheiro, considerando-se que a intenção da norma é a proteção da família, o que não mais será alcançado nessa hipótese, eis que a sociedade conjugal (separação) e o próprio vínculo conjugal (divórcio) terão cessado.

Em duas hipóteses seria indispensável a intimação dos legitimados nos autos quanto à penhora, podendo eles, assim, requerer a adjudicação, caso seja de seu interesse. Primeiramente, o cônjuge ou o companheiro deve ser intimado da penhora de bem *imóvel*, na forma do art. 842 do CPC (art. 655, § 1º, do CPC/73).

Em segundo lugar, o § 7º do art. 876 exige a intimação da sociedade, caso seja penhorada quota social ou de ação de sociedade anônima fechada em favor de exequente alheio à sociedade. Pretende, com isso, evitar o ingresso de terceiro estranho à estrutura societária, preservando a "*affectio societatis*"[84].

Quanto aos demais legitimados, diante da ausência de previsão legal, não se afigura indispensável a sua intimação nos autos, cabendo ao próprio executado, uma vez intimado, comunicá-los da penhora para que, querendo, possam requerer a adjudicação em juízo.

De se consignar que a redação do *caput* do art. 889 do CPC exige a intimação apenas acerca da *alienação judicial*, não mais contemplando a adjudicação, o que constava na redação do art. 698 do CPC/73. Com isso, resta confirmada a desnecessidade da intimação dos demais colegitimados nos autos da execução.

O § 6º traz a chamada "regra de ouro" da ordem de preferência, aplicável quando mais de um colegitimado externa interesse em adjudicar o bem penhorado. Nessa hipótese, terá preferência o legitimado que apresentar *maior oferta*.

Sendo oferecido o mesmo lanço, terá preferência, nesta ordem, o cônjuge ou companheiro, descendentes, ascendentes, credor com título legal de preferência (privilégio ou direito real de garantia) e credor quirografário cuja penhora seja mais antiga. Sendo os interessados pertencentes à mesma classe, *v.g.*, dois filhos do executado, deverá ser realizado sorteio.

O CPC não deixou clara – assim como fazia o CPC/73 – a amplitude da preferência conferida aos sócios, no caso de penhora de quota social, contemplada no § 7º do art. 876. Entendemos que,

---

compra e venda registrada; o promitente vendedor, quando a penhora recair sobre direito aquisitivo derivado de promessa de compra e venda registrada; a União, o Estado e o Município, no caso de alienação de bem tombado.

[82] Assis, 2017, p. 1.151.

[83] Bueno, 2015, p. 283.

[84] Neves, 2014, p. 1.034.

sendo ofertado o mesmo preço, deve ser prestigiado o sócio, adjudicando-se em seu favor, à frente dos parentes e credores do executado.

Já o *caput* do art. 877 dispõe que, uma vez intimados todos os interessados a respeito do deferimento do pedido de adjudicação em favor de um dos legitimados, dever-se-ão aguardar cinco dias, antes que seja determinada, pelo magistrado, a lavratura do auto de adjudicação. Caso haja questões a serem dirimidas, caberá ao magistrado decidi-las antes da lavratura do respectivo auto.

O § 1º traz regramento equivalente ao art. 685-B do CPC/73, promovendo três alterações pontuais na redação legal. Substitui a expressão "adjudicante" por "adjudicatário", a fim de designar o legitimado em favor de quem será realizada a adjudicação do bem penhorado, inclui a referência ao chefe de secretaria, ao lado da menção ao escrivão, tendo em vista que alguns tribunais do país adotam aquela terminologia para designar o serventuário responsável pela gestão do cartório judicial e, por fim, substitui a expressão "se for presente", por "se estiver presente", ao se referir à facultatividade da assinatura do executado, podendo-se colher a sua assinatura caso ele porventura esteja presente no ato.

No inciso I do § 1º, ao dispor sobre a adjudicação de bem imóvel, acrescentou-se a necessidade de expedição de mandado de imissão na posse em favor do adjudicatário, ao lado da expedição da carta de adjudicação. Com isso, o CPC supre a lacuna outrora existente no CPC/73 e apontada pela doutrina[85].

De fato, a carta de adjudicação será apresentada ao Registro Imobiliário, a fim de promover a transferência da propriedade. Por outro lado, o mandado de imissão na posse instrumentaliza a ordem judicial de desocupação do imóvel.

No inciso II, relativo à adjudicação de bem móvel, substituiu-se a referência à expedição de *mandado* de entrega pela emissão de *ordem* de entrega ao adjudicatário.

Parece-nos que, com isso, pretendeu o legislador deixar claro que a cientificação do executado quanto à entrega do bem móvel ao adjudicante poderá ser realizada por qualquer meio idôneo contemplado no novo Código, inclusive eletrônico, sendo desnecessário o seu cumprimento por Oficial de Justiça. Em caso de renitência do executado, competirá ao próprio juízo da execução determinar os meios necessários para imitir o adjudicatário na posse do imóvel.

O CPC não previu a necessidade de expedição de carta de adjudicação para determinados bens móveis que precisem de alteração cadastral da propriedade, como é o caso dos veículos automotores e das ações nominativas. Manteve o CPC, assim, a mesma lacuna criticada quanto ao CPC/73.

O § 2º do art. 877 reproduz o teor do parágrafo único do art. 685-B do CPC/73, dispondo sobre os requisitos da carta de adjudicação.

O § 3º inova ao conferir ao executado o direito de remir o imóvel hipotecado até a data da assinatura do auto de adjudicação, trazendo previsão semelhante ao disposto no art. 1.482 do Código Civil de 2002[86].

O § 4º confere o direito de remição à massa ou aos credores em concurso, em caso, respectivamente, de falência ou insolvência do devedor hipotecário. Nesse caso, bastará a oferta de valor correspondente à avaliação do bem.

O art. 878, por sua vez, não possui correspondente no CPC/73 e traz previsão elogiável, ao deixar claro que o legitimado possui, na verdade, duas ocasiões para manifestar o seu interesse em adjudicar, a saber:

---

[85] Bueno, 2014, p. 290.
[86] Após a reforma do CPC/73, em decorrência da edição da Lei Federal n. 11.232/2006, aventava-se, inclusive, a revogação do art. 1.482 do CC/2002 (Carneiro; Pinho, 2015, p. 500).

a) no interregno compreendido desde a conclusão da penhora e da avaliação até imediatamente antes de iniciada a fase de alienação por iniciativa particular ou leilão judicial (art. 875 c/c art. 880); ou

b) depois de frustrada a tentativa de alienação por iniciativa particular ou leilão judicial, por falta de licitantes (art. 878).

Durante a vigência do CPC/73, propugnava-se, em sede doutrinária, a solução ora expressamente contemplada no CPC[87], que possui, pois, o mérito de afastar qualquer dúvida a respeito da dupla oportunidade conferida aos legitimados para requerer a adjudicação. Isso se deve ao fato de que o legislador preferiu a adjudicação em detrimento das demais modalidades de satisfação do crédito exequendo.

A parte final do art. 878 autoriza que seja requerida a realização de nova avaliação, caso se verifique significativa variação do preço do bem penhorado. Com isso, o legislador reafirmou a necessidade de que o legitimado, mesmo após frustrada a tentativa de alienação, ofereça, no mínimo, o valor de avaliação, a fim de haver para si o bem penhorado[88].

b) Alienação

A segunda modalidade de expropriação está regulamentada nos arts. 879 e seguintes, correspondendo à alienação. A alienação pode ser dada por iniciativa particular (art. 879, I) ou em leilão judicial sob as formas presencial ou eletrônica (art. 879, II).

Assim, não efetivada a adjudicação, o exequente poderá requerer a alienação por sua própria iniciativa ou por intermédio de corretor ou leiloeiro público credenciado perante o órgão judiciário, podendo indicá-lo (art. 880, *caput*).

Cabe ao juiz a efetiva designação do leiloeiro público (art. 883), responsável pela alienação judicial, tal como a fixação do prazo em que a alienação deva ser efetivada, da forma de publicidade, do preço mínimo, das condições de pagamento, das garantias e, se for o caso, da comissão de corretagem (art. 880, § 1º).

A alienação será formalizada por termo nos autos, na mesma forma que a adjudicação (art. 880, § 2º).

A alienação por meio de leilão judicial inclui a alienação de bens móveis e imóveis, deve ser realizada por leiloeiro público (art. 881, § 1º), sendo utilizada quando não efetivada a adjudicação ou a alienação por iniciativa particular (art. 881, *caput*).

Todos os bens devem ser alienados em leilão público, com exceção das alienações a cargo de corretores de bolsa de valores (art. 881, § 2º).

O art. 882 dá preferência à realização do leilão judicial eletrônico em detrimento do presencial. A veiculação do ato judicial por meio eletrônico deverá atender aos requisitos de ampla publicidade, autenticidade e segurança, com observância das regras estabelecidas na legislação sobre certificação digital, além da regulamentação específica do CNJ (art. 882, §§ 1º e 2º).

Nesse passo, a Resolução n. 236, de 13 de julho de 2016, do CNJ regulamenta os procedimentos relativos à alienação judicial por meio eletrônico, na forma preconizada pelo art. 882, § 1º, do CPC[89]. Desse modo, o art. 1º dispõe que os leilões judiciais serão realizados exclusivamente por

---

[87] Theodoro Jr., 2011, p. 342.

[88] Daniel Amorim Assumpção Neves defendia, sob a égide do CPC/73, que, diante da ausência de licitantes, deveria ser autorizado ao legitimado adjudicar por preço inferior ao da avaliação, desde que não configurasse preço vil, tendo em vista que essa seria a exigência para a arrematação em uma segunda hasta pública (art. 692 do CPC/73 e art. 891 do CPC) (Neves, 2014, p. 1031).

[89] Compete ao juízo da execução realizar a alienação judicial eletrônica, ainda que o bem esteja situado em comarca diversa. Aliás,

leiloeiros credenciados perante o órgão judiciário, conforme o art. 880, *caput* e § 3º, e deverão atender aos requisitos da ampla publicidade, autenticidade e segurança, com observância das regras estabelecidas na legislação sobre certificação digital. Já as alienações particulares poderão ser realizadas por corretor ou leiloeiro público, conforme valor mínimo fixado pelo juiz.

O art. 7º determina que além da comissão sobre o valor de arrematação, a ser fixada pelo magistrado (art. 884, parágrafo único), no mínimo de 5% (cinco por cento) sobre o valor da arrematação (art. 24, parágrafo único, do Decreto 21.981/1932), a cargo do arrematante, fará jus o leiloeiro público ao ressarcimento das despesas com a remoção, guarda e conservação dos bens, desde que documentalmente comprovadas, na forma da lei. Contudo, o § 1º ressalva que não será devida a comissão ao leiloeiro público na hipótese da desistência de que trata o art. 775 do Código de Processo Civil, de anulação da arrematação ou de resultado negativo da hasta pública. Assim, o § 2º dispõe que, anulada ou verificada a ineficácia da arrematação ou ocorrendo a desistência prevista no art. 775 do Código de Processo Civil, o leiloeiro público e o corretor devolverão ao arrematante o valor recebido a título de comissão, corrigido pelos índices aplicáveis aos créditos respectivos.

O art. 12 disciplina o leilão eletrônico e o art. 14 estabelece as incumbências do leiloeiro nessa modalidade de alienação e o art. 35 disciplina a efetivação da penhora de dinheiro e as averbações de penhoras incidentes sobre bens imóveis e móveis por meio eletrônico, nos termos do art. 837 do CPC.

No caso de ser necessário leilão presencial, este será realizado em local a ser designado pelo juiz (art. 883).

A alienação feita por leiloeiro público deve ser precedida de publicidade e deve ser dada preferência a quem propuser arrematar os bens na sua totalidade.

A arrematação passa, então, por três etapas: a publicidade, a realização e a formalização.

A publicidade significa fazer anunciar ao público que o bem será vendido em leilão público, possibilitando o aumento de interessados em adquiri-lo. Para tanto, o leilão será precedido da publicação de editais, com pelo menos cinco dias de antecedência (art. 887, § 1º) da data do leilão judicial, preferencialmente pela rede mundial de computadores (art. 887, § 2º).

Apenas quando não for possível a divulgação pela rede mundial de computadores ou considerando o juiz a insuficiência ou inadequação da divulgação eletrônica, será afixado no local de costume e publicado em jornal de ampla circulação local, pelo menos uma vez (art. 847, § 3º).

O edital deve conter todas as exigências do art. 886, com a informação do valor do bem, sua descrição, eventual existência de ônus reais, bem como alertar sobre a possibilidade de um segundo leilão caso o primeiro não tiver lanço pelo valor mínimo da avaliação.

O *caput* do art. 889 exige a cientificação da alienação judicial com pelo menos cinco dias de antecedência. O executado deve ser previamente cientificado, por meio de seu advogado ou por carta registrada, mandado, edital ou outro meio idôneo se não tiver advogado constituído nos autos.

A ideia aqui é a de que "a participação do executado no leilão se justifica em função do severo ato de agressão patrimonial que ele representa".

---

destaca-se que o Conselho Nacional de Justiça editou a Resolução n. 236/2016, regulamentando os procedimentos relativos à alienação judicial por meio eletrônico, dispondo, em seu art. 16, que os bens penhorados serão oferecidos em site designado pelo juízo da execução (art. 887, § 2º), com descrição detalhada e preferencialmente por meio de recursos multimídia, para melhor aferição de suas características e de seu estado de conservação. CC 147.746-SP, rel. Min. Napoleão Nunes Maia Filho, Primeira Seção, por unanimidade, j. 27-5-2020, *DJe* 4-6-2020. *Informativo* n. 673.

A doutrina[90] traz ainda algumas observações importantes acerca do tema. Primeiro, deve se notar que a intimação via telefone não é considerada idônea para os fins do dispositivo processual[91]. Segundo, apenas em hipóteses extraordinárias pode se dispensar a intimação, demonstrada a inequívoca ciência, por exemplo, quando o executado atravessa petição requerendo o adiamento do leilão[92].

Os incisos II a VIII trazem ampla previsão de cientificação, tais como o coproprietário de bem indivisível do qual tenha sido penhorada fração ideal, o credor pignoratício, hipotecário, anticrético, fiduciário ou com penhora anteriormente averbada, o promitente comprador ou vendedor, a União, o Estado e o Município, no caso de alienação de bem tombado. Ou seja, todos aqueles que tenham algum interesse jurídico a ser tutelado dentro daquela relação processual de que não fazem parte[93].

O parágrafo único prevê que, na hipótese de executado revel, sem advogado constituído e sem endereço atual (ou não sendo ele encontrado no endereço eventualmente existente no processo), a intimação será considerada realizada com a mera publicação do edital de leilão.

Isso porque a intimação pessoal pode ser dispensada quando obstaculizar o prosseguimento da ação, especialmente quando consistir em manobra procrastinatória[94].

Superada a fase da publicidade, inicia-se a fase da efetiva realização da alienação. Quem oferecer maior lance poderá exigir que a arrematação lhe seja deferida.

Entretanto, não será aceito lance que ofereça preço vil (art. 891), assim considerado aquele inferior ao mínimo estipulado pelo juiz e constante do edital. Caso não tenha fixado preço mínimo, considera-se vil o preço inferior a 50% (cinquenta por cento) do valor da avaliação (art. 891, parágrafo único).

Anote-se que, "arrematado o bem, e emitido e entregue pelo arrematante ao leiloeiro, tempestivamente, cheque no valor correspondente ao lance efetuado, não invalida a arrematação o fato de não ter sido depositado o referido valor, em sua integralidade, à ordem do juízo, dentro do prazo previsto pela lei processual"[95].

Isso porque, de acordo com o art. 884 do CPC, o dever de depositar é do leiloeiro, não do arrematante.

Nem todas as pessoas podem participar da alienação, nos termos do art. 890 do CPC, sendo vedada, por exemplo, a participação do magistrado, dos membros do Ministério Público e da Defensoria e dos servidores do Poder Judiciário, na localidade onde serviram ou exerçam seu poder de autoridade.

---

[90] Wambier et al., 2015, p. 1.999.
[91] AgRg nos EDcl no REsp 1.427.316-SC, rel. Min. Sidnei Beneti, 3ª T., j. 5-8-2014, DJe 2-9-2014.
[92] REsp 1.423.308-PE, rel. Min. Sidnei Beneti, 3ª T., j. 20-2-2014, DJe 25-2-2014.
[93] Alienação judicial do bem. Intimação. Defensoria Pública. Art. 889, II, do CPC. Intimação pessoal do devedor. Desnecessidade. Art. 186, § 2º, do CPC. Inaplicabilidade. É prescindível a intimação direta do devedor acerca da data da alienação judicial do bem, quando representado pela Defensoria Pública. REsp 1.840.376-RJ, rel. Min. Ricardo Villas Bôas Cueva, 3ª T., por unanimidade, j. 25-5-2021. *Informativo STJ* n. 698.
[94] REsp 897.682-MS, rel. Min. Nancy Andrighi, 3ª T., j. 17-5-2007, DJ 4-6-2007, p. 353.
[95] "Segundo o art. 705 do CPC, é do leiloeiro, e não do arrematante, o dever de depositar, dentro de vinte e quatro horas, à ordem do juízo, o produto da alienação. Não é admissível que a omissão do leiloeiro no cumprimento de seu dever seja considerada causa de nulidade da arrematação realizada, pois a referida nulidade acarretaria indevido prejuízo ao arrematante, o qual cumpriu com sua parte na alienação" (REsp 1.308.878-RJ, rel. Min. Sidnei Beneti, j. 4-12-2012. O julgado remete ao art. 705 do CPC/73, correspondente ao art. 884 do CPC).

A ideia de todas as restrições, de forma geral, é de vedar a participação de sujeitos cuja condição possibilite o recebimento de vantagens indevidas com a realização do leilão[96].

Durante a vigência da legislação anterior, o STJ sustentava a ideia de que o rol do art. 690-A do CPC/73 não era taxativo[97].

Entendemos que, apesar de o art. 890 do CPC ter ampliado o rol daqueles que não podem oferecer lance, parece lógico manter o entendimento do Tribunal Superior e dar maior efetividade à norma.

De acordo com o art. 892, salvo pronunciamento judicial em sentido diverso, o pagamento deverá ser realizado de imediato pelo arrematante, por depósito judicial ou por meio eletrônico. O § 1º desse dispositivo prevê que se o exequente arrematar os bens e for o único credor, não estará obrigado a exibir o preço. Contudo, se o valor dos bens exceder ao seu crédito, depositará, dentro de três dias a diferença, sob pena de tornar-se sem efeito a arrematação, e, nesse caso, realizar-se-á novo leilão, à custa do exequente.

O § 2º do art. 892, no entanto, dispõe que se houver mais de um pretendente, proceder-se-á entre eles à licitação, e, no caso de igualdade de oferta, terá preferência o cônjuge, o companheiro, o descendente ou o ascendente do executado, nessa ordem. Examinando esse dispositivo, entendeu o STJ que será considerado arrematante aquele que ofertar o maior lance[98].

A arrematação do bem poderá ser realizada de modo isolado para cada bem penhorado ou a favor do interessado que propuser arrematar os bens globalmente (art. 893), cabendo ao magistrado decidir, inclusive, sobre a possibilidade de pagamento parcelado (art. 895)[99], embora a regra seja o pagamento imediato do preço ou, no prazo de quinze dias, a apresentação de caução, que será perdida se o arrematante não exibir o preço. A proposta de pagamento do lance à vista sempre prevalecerá sobre as propostas de pagamento parcelado.

Quanto ao regime jurídico da arrematação de bens por pagamento parcelado, disposta no art. 895, é possível sua aplicação na arrematação de bens móveis ou imóveis. Deve apresentar sua proposta por escrito em valor não inferior ao da avaliação, em primeiro leilão, e por valor não reputado vil, em segundo leilão (art. 895, I e II).

As propostas devem indicar o prazo, a modalidade, o indexador de correção monetária e as condições de pagamento do saldo (art. 895, § 2º).

O número de parcelas autorizado pelo legislador é de até 30 parcelas mensais, exigindo a garantia do saldo por caução idônea, quando se tratar de móveis, e por hipoteca do próprio bem,

---

[96] Wambier et al., 2015, p. 2000.

[97] "O depositário de bem penhorado, na condição de representante de outra pessoa jurídica do mesmo grupo empresarial da executada, não pode, em leilão, fazer lanço para a aquisição desse bem. Isso porque, ainda que aquele não esteja entre os elencados no rol previsto nos incisos I a III do art. 690-A do CPC – que estabelece os impedidos de lançar –, deve-se observar que o referido artigo permite ao aplicador do direito interpretação e adequação, o que afasta sua taxatividade" (REsp 1.368.249-RN, rel. Min. Humberto Martins, j. 16-4-2013, *Informativo STJ*, n. 523).

[98] "Com isso, a desistência do arrematante vencedor, cuja oferta foi aceita pelos exequente e executados, não torna a segunda proponente arrematante de forma automática. Não há previsão no Código de Processo Civil para a sucessão dos participantes. Dessa forma, a segunda proponente não pode ser considerada arrematante, seja por não ter ofertado o maior valor no leilão, seja por ter sido expressamente excluída do certame pelos exequente e executados, razão pela qual não lhe pode ser imputada a obrigação pelo pagamento da comissão do leiloeiro." REsp 1.826.273-SP, rel. Min. Moura Ribeiro, 3ª T., por unanimidade, j. 10-9-2019, *DJe* 12-9-2019. *Informativo STJ* 656.

[99] Enunciado n. 157 da II Jornada de Direito Processual Civil da ENFAM: No leilão eletrônico, a proposta de pagamento parcelado (art. 895 do CPC), observado o valor mínimo fixado pelo juiz, deverá ser apresentada até o início do leilão, nos termos do art. 886, IV, do CPC.

quando se tratar de imóvel, bem como o pagamento à vista de pelo menos 25% (vinte e cinco por cento) do valor do lance (art. 895, § 1º).

A inadimplência das parcelas está sujeita à imposição de multa de 10% (dez por cento), que incidirá sobre a soma da parcela inadimplida com as parcelas vincendas (art. 895, § 4º). Nessa hipótese, é facultado ao exequente optar entre o pedido de resolução da arrematação ou execução do arrematante, nos próprios autos, pelo valor em atraso (art. 895, § 5º).

A escolha da melhor proposta tem parâmetros estabelecidos no próprio art. 895. Assim é que a proposta de pagamento à vista sempre prevalecerá sobre as de parcelamento (art. 895, § 7º).

Diante do concurso de mais de uma proposta de pagamento parcelado, deve prevalecer a de valor superior, desde que mais vantajosa, mas se as propostas apresentarem igualdade de condições, a primeira proposta de pagamento parcelado prevalecerá (art. 895, § 8º).

No processo de promulgação do CPC, o § 3º do art. 895 foi vetado pela Presidência da República. A redação original do dispositivo determinava que "as prestações, que poderão ser pagas por meio eletrônico, serão corrigidas mensalmente pelo índice oficial de atualização financeira, a ser informado, se for o caso, para a operadora do cartão de crédito".

O inadimplemento do arrematante acarreta a perda da caução em favor do exequente e sujeita o bem a novo leilão, em que se veda a participação do arrematante e do fiador (art. 897). Caso o fiador pague o valor do lance e a multa, poderá requerer a transferência da arrematação (art. 898)[100].

Se o imóvel for propriedade de incapaz, para que ocorra a alienação, será necessário alcançar em leilão pelo menos oitenta por cento do valor da avaliação. Caso contrário, o juiz o confiará à guarda e à administração de depositário idôneo, adiando a alienação por prazo não superior a 1 (um) ano (art. 896).

A locação do imóvel poderá ser autorizada nesse período (art. 896, § 3º), verificados os interesses do incapaz e do exequente. Se dentro desse ano, porém, algum pretendente assegurar, mediante caução idônea, o preço da avaliação, o juiz ordenará a alienação em leilão (art. 896, § 1º).

Caso o pretendente à arrematação se arrependa, o juiz determinará imposição de multa de 20% (vinte por cento) sobre o valor da avaliação. A multa se reverterá em benefício do incapaz, constituindo título judicial exequível em face do pretendente (art. 896, § 2º).

Após o período de adiamento, o imóvel será submetido a novo leilão (art. 896, § 4º).

Realizada a praça ou o leilão e assinado o auto, expede-se a carta de arrematação, documento destinado aos registros públicos (art. 901, § 2º), acompanhado de mandado de imissão na posse, nos casos de bem imóvel ou a ordem de entrega, nos casos de bem móvel (art. 901, *caput*).

A expedição da carta de arrematação, assim como a da ordem de entrega de bem móvel, está condicionada ao depósito ou prestação de garantias pelo arrematante, bem como ao pagamento da comissão do leiloeiro e das despesas de execução (art. 901, § 1º).

O art. 902, *caput*, estabelece que, se o bem leiloado estiver hipotecado, o executado, oferecendo preço igual ao do maior lance oferecido, poderá remi-lo até a assinatura do auto de arrematação.

Ocorrendo, porém, a falência ou insolvência do devedor hipotecário, esse direito de remição será transmitido à massa ou aos credores em concurso, não podendo o exequente recusar o preço da avaliação do imóvel (art. 902, parágrafo único).

---

[100] Enunciado 589 do FPPC (arts. 898 e 897): "O termo 'multa' constante no art. 898 refere-se à perda da caução prevista no art. 897".

A assinatura do auto de arrematação, regulada pelo art. 903 do CPC, configura perfeita e acabada a arrematação, de forma que o ato, em regra, torna-se irretratável. As exceções dividem-se em casos de invalidade, ineficácia e resolução da arrematação.

Será hipótese de invalidade, se realizada a arrematação por preço vil ou com outro vício de legalidade (art. 903, § 1º, I); e de ineficácia, quando não observada a necessidade de intimação do titular de direito real limitado sobre o bem arrematado (art. 903, § 1º, II).

Contudo, quando inadimplido o preço ou não prestada caução, ensejará resolução (art. 903, § 1º, III).

Verificada qualquer dessas situações, o defeito deverá ser arguido em até dez dias do aperfeiçoamento da arrematação, por simples petição, decidindo o juiz nos próprios autos (art. 903, § 2º)[101].

Após esse prazo, preclui a oportunidade de se buscar a desconstituição do ato, promovendo-se a expedição da carta de arrematação com o mandado de imissão na posse de imóvel ou a ordem de entrega de coisa (art. 903, § 3º).

Ressalte-se que a arrematação será mantida mesmo que procedentes os embargos do devedor ou a ação autônoma para invalidação da arrematação (art. 903, § 4º) – criada em substituição aos embargos à arrematação do CPC/73.

Sendo julgado procedente o pedido nesses feitos, após o aperfeiçoamento da arrematação, haverá necessidade de reparar os prejuízos sofridos pelo executado, o que ocorrerá nos próprios autos da execução.

Assim é que, com a decadência do direito de desfazimento da arrematação, serão mantidas apenas as pretensões reparatórias, mas não o direito de perseguir o bem arrematado.

Admite-se, ainda, a desistência se o arrematante provar, dentro de dez dias da assinatura do auto, que existe no bem gravame ou ônus real não mencionado no edital, ou, antes de expedida a carta ou ordem de entrega, se demonstrar qualquer desses defeitos (art. 903, § 5º).

O CPC prevê que a reclamação infundada de defeito do ato de arrematação, com o intuito de coagir o arrematante à desistência, configura ato atentatório à dignidade da Justiça, punido com multa de até 20% (vinte por cento) do valor atualizado do bem, paga ao exequente, gerando também responsabilidade por perdas e danos (art. 903, § 6º).

5.2.5 Satisfação do crédito

Realizada a expropriação do bem, será feito mandado de pagamento ao credor. A decisão que determina o pagamento é de natureza interlocutória e, portanto, agravável.

A satisfação do crédito exequendo se dá com a entrega do dinheiro ou com a adjudicação dos bens penhorados (art. 904).

É autorizado o levantamento pelo exequente, até a satisfação integral de seu crédito, do valor depositado para segurar o juízo ou o produto dos bens alienados, bem como do faturamento de empresa ou de outros frutos e rendimentos de coisas ou empresas penhoradas (art. 905).

Para isso, contudo, a execução deve ter sido movida só a benefício do exequente singular, e se constatar a inexistência sobre os bens alienados de outros privilégios ou preferências instituídos anteriormente à penhora (art. 905, I e II). Esses pedidos de levantamento, por expressa vedação legal, não podem ser concedidos em plantão judiciário (art. 905, parágrafo único).

---

[101] Enunciado n. 218 da III Jornada de Direito Processual Civil CJF/ENFAM: A decisão a que se refere o art. 903, § 2º, do CPC é interlocutória e impugnável por agravo de instrumento (art. 1.015, parágrafo único, do CPC).

Recebido o mandado de levantamento, será dada quitação da quantia paga ao executado, por termo nos autos (art. 906, *caput*). A expedição poderá ser substituída pela transferência eletrônica do valor para conta do exequente, conforme permissivo constante do art. 906, parágrafo único.

Após o pagamento do principal, juros, custas e honorários, eventual sobra será restituída ao executado (art. 907).

Na hipótese de pluralidade de credores ou exequentes, o dinheiro lhes será distribuído e entregue na ordem das respectivas preferências (art. 908, *caput*).

No caso de adjudicação ou alienação, os créditos de qualquer natureza, inclusive *propter rem*, sub-rogam-se sobre o respectivo preço, observada a ordem de preferência (art. 908, § 1º).

Nessa hipótese, a doutrina tem manifestado certa preocupação com a alteração imposta pelo CPC, pois "alienação da coisa, ainda que pela via da arrematação em leilão judicial, não expurgaria os ônus obrigacionais que recaiam sobre o bem, pois a modificação do sujeito passivo não afastaria a responsabilidade do pagamento dos débitos do imóvel, ressalvado o tratamento diferenciado dispensado aos débitos tributários, de acordo com o disposto no parágrafo único do art. 130 do CTN"[102].

Não havendo título legal à preferência, o dinheiro será distribuído entre os concorrentes, observando-se a anterioridade de cada penhora (art. 908, § 2º). Por tal motivo, é assegurada a intimação de todos aqueles que registraram a penhora (art. 889, V, do CPC) para que exerçam sua preferência.

Os exequentes formularão as suas pretensões, que versarão unicamente sobre o direito de preferência e a anterioridade da penhora, provados prioritariamente por documentos. O registro, contudo, não é elemento constitutivo da penhora, então o que vale para fins de preferência é a anterioridade da penhora, não do registro[103].

Apresentadas as razões, o juiz decidirá. Contra a decisão do incidente o recurso cabível é o agravo de instrumento.

---

[102] "Infere-se que a necessidade de atribuir garantias ao arrematante, que ao que tudo indica foi o motriz da modificação, generalizou a regra, antes adstrita às obrigações tributárias, segundo a qual a arrematação em hasta pública extingue o ônus real sobre o imóvel arrematado, premissa esta que trouxe a lume o questionamento: a aplicação do § 1º do art. 908 do CPC acabou por extinguir a vantagem/segurança do credor de uma obrigação *propter rem*? Embora, à primeira vista, o instituto esteja resguardado pelo concurso de credores estabelecido no *caput* do artigo, verifica-se que a desincumbência do encargo pelo bem, a partir do caso concreto e ante a peculiaridade da causa, poderá tornar excessivamente difícil o adimplemento da obrigação. Em suma, as reflexões apresentadas neste ensaio têm por objetivo demonstrar necessidade de especial cuidado na aplicação da regra contida no art. 908, § 1º, do CPC, sob pena de se observar na prática um descompasso entre direito processual e material, ofertando-se de um lado segurança (quase que) absoluta ao arrematante, ao custo de vulnerar-se de outro o titular de garantia real sobre o bem expropriado" (Vieira; Lippmanm, 2018, p. 301).

[103] Wambier et al., 2015, p. 2019.

Capítulo 6
EXECUÇÃO CONTRA A FAZENDA PÚBLICA

O credor da Fazenda Pública poderá executá-la com fundamento em título executivo judicial ou extrajudicial, sendo que por Fazenda Pública entende-se que estariam abrangidos a União, os Estados, o Distrito Federal, os Municípios, as autarquias e as fundações autárquicas.

Esse primeiro procedimento especial, cabe anotar, possui dois limitadores, de caráter subjetivo e objetivo, respectivamente: apenas pode constar do polo passivo a Fazenda Pública *stricto sensu*, de modo que se excluem as empresas públicas e as sociedades de economia mista; e se trata de execução por quantia certa, excluídas as de fazer ou de dar[1].

A reforma legislativa que trouxe o sincretismo processual à execução por título judicial, entre outras inovações, não modificou especificamente o procedimento de execução de pagar quantia em face da Fazenda Pública. Nesse sentido, sendo o caso de crédito constituído por título judicial, seria necessário elaborar petição inicial, com nova citação.

Destaque-se que, como regra, a execução provisória contra a Fazenda Pública é vedada pelo art. 2º-B da Lei n. 9.494/97. Entretanto, admite-se, excepcionalmente, nas seguintes hipóteses:

i) concessão de tutela provisória;

ii) parcela do pedido se torna incontroversa; e

iii) a Fazenda recorre em REsp ou RE, que não tem efeito suspensivo (salvo se expressamente requerido e concedido pelo Tribunal).

Como dito, a execução contra a Fazenda Pública é inaugurada com uma petição inicial, que deverá observar os requisitos do art. 319 e vir acompanhada de uma planilha, nos termos dos arts. 509 e 798, I, *b*, com o novo recolhimento de custas judiciais.

Verificada a regularidade da petição inicial, será determinada a citação da executada.

Questão que já se colocava na vigência do CPC/73 é se devem ser fixados os honorários advocatícios nessa fase, como preceitua o art. 652-A do CPC/73 (correspondente ao art. 827 do CPC) ou se deve aplicar o art. 1º-D da Lei n. 9.494/97.

Este último dispositivo preceitua que, caso a Fazenda Pública não ofereça resistência, serão indevidos os honorários fixados em sede de execução.

A questão à época foi analisada pelo Supremo Tribunal Federal[2], que reduziu a aplicação do art. 1º-D da Lei n. 9.494/97 às execuções vultosas que, no âmbito da Justiça Federal, seriam aquelas superiores a sessenta salários mínimos[3].

---

[1] Gajardoni et al., 2017, p. 474.

[2] "Na medida em que o *caput* do art. 100 condiciona o pagamento dos débitos da Fazenda Pública à 'apresentação dos precatórios' e sendo estes provenientes de uma provocação do Poder Judiciário, é razoável que seja a executada desonerada do pagamento de honorários nas execuções não embargadas, às quais inevitavelmente deve se submeter para adimplir o crédito. O mesmo, no entanto, não ocorre relativamente à execução de quantias definidas em lei como de pequeno valor, em relação às quais o § 3º expressamente afasta a disciplina do *caput* do art. 100 da Constituição" (STF, Tribunal Pleno, RE 420.816-PR, rel. Min. Sepúlveda Pertence, *DJ* 21-3-2007).

[3] A questão deverá ser reexaminada com a vigência do CPC, na medida em que o art. 496 estabelece tetos diferenciados para a dispensa do duplo grau obrigatório, a saber, 100, 500 e 1.000 salários mínimos, dependendo do ente envolvido (Município, Estado ou União Federal).

Segundo o julgado, os honorários não são devidos porque a Fazenda Pública necessariamente teria de se sujeitar à execução forçada, mesmo que concordasse com os termos da decisão judicial, uma vez que os pagamentos somente poderão ser requeridos no curso da execução.

Contudo, pode-se observar que as demandas no valor de até sessenta salários mínimos são de competência absoluta dos Juizados Especiais Federais, em que não há previsão de fixação de honorários advocatícios, salvo na previsão do art. 55 da Lei n. 9.099/95, que não se enquadra na hipótese tratada.

Em sentido contrário, o Superior Tribunal de Justiça, apenas em relação às execuções individuais de sentença proferida em sede de ação coletiva, editou o Enunciado 345 de súmula, dispondo que "são devidos honorários advocatícios pela Fazenda Pública nas execuções individuais de sentença proferida em ações coletivas, ainda que não embargadas".

A situação é de sentença transitada em julgado que envolva direito individual homogêneo e que, de acordo com os arts. 95 e 97 da Lei n. 8.078/90, caberá à vítima promover a liquidação da sentença e sua posterior execução no juízo competente.

É claro que a Fazenda Pública pode discordar da execução e, por isso, será citada para opor embargos em 30 (trinta) dias, podendo alegar qualquer matéria que lhe seria lícito deduzir como defesa no processo de conhecimento, uma vez que se trata de ação autônoma, que instaura ampla cognição ao procedimento (art. 910, § 2º)[4].

Se, por qualquer motivo, perdido o prazo para apresentação de embargos, o ente público ainda poderá se defender por meio de objeção de pré-executividade[5], para discutir matérias de ordem pública que obstem a execução[6]. Nesse caso, a defesa se dará por meio de simples petição, não tendo natureza de ação.

Outra hipótese seria o ajuizamento de ação autônoma, sendo cabível o requerimento de tutela provisória de segurança.

O § 3º do art. 910 do CPC autoriza a aplicação subsidiária do disposto nos arts. 534 e 535, referentes ao cumprimento da sentença que reconheça a exigibilidade de obrigação de pagar quantia certa pela Fazenda Pública.

Se os embargos opostos forem rejeitados ou, caso não tenham sido opostos, presente o título executivo e preenchidas as formalidades processuais, o juiz determinará o pagamento (por precatório ou por RPV).

Contudo, se a executada reconhecer apenas parte da dívida, é cabível, desde já, o pagamento da parte incontroversa, ressaltando-se que a forma de pagamento (por precatório ou RPV) será determinada pelo valor total da dívida alegada. Com isso, estar-se-á observando a norma do art. 100, § 8º, da CF, que veda o parcelamento do valor.

Com o trânsito em julgado da sentença proferida em sede de embargos à execução, requisita-se o pagamento ao credor, por meio de precatório ou RPV.

A requisição de tais valores é usualmente realizada por meio eletrônico, com o preenchimento pelo magistrado de diversos dados, como nome das partes, valor e natureza do crédito, data do trânsito em julgado, entre outros dados disciplinados, no âmbito da Justiça Federal, pela Resolução n. 405/2016 do Conselho da Justiça Federal.

---

[4] Carneiro; Pinho, 2016, p. 538.

[5] Neves, 2017, p. 1379.

[6] Embora parte da doutrina sustente que o instituto tende a cair em desuso diante das facilidades ofertadas pelo legislador para o manejo da impugnação e dos embargos. Nesse sentido, Bueno, 2016, p. 455.

Esses dados serão transmitidos ao órgão da Presidência do Tribunal que, sem entrar no mérito, apenas realizará a atividade administrativa de verificar erros materiais ou de cálculo. Essa decisão não é passível de impugnação por meio de recurso extraordinário, de acordo com a Súmula 733 do STF.

O valor do pagamento é que definirá se ele ocorrerá por precatório ou por RPV. De acordo com o art. 87 do Ato das Disposições Constitucionais Transitórias, os pagamentos serão feitos por precatório quando a dívida for superior a sessenta, quarenta e trinta salários mínimos se estiver se tratando, respectivamente, de dívida da União, dos Estados e dos Municípios, sendo que esse montante deve ser apurado individualmente em caso de litisconsórcio.

Na vigência do CPC/73, entendia-se que o crédito do advogado deveria ser apurado conjuntamente para esse efeito. Na vigência do CPC, a questão terá que ser reexaminada diante dos termos do art. 85, § 14[7].

De acordo com o art. 100, § 5º, da Constituição Federal, as requisições encaminhadas até primeiro de julho serão incluídas na lei orçamentária e liquidadas no exercício financeiro seguinte. As que chegarem posteriormente apenas serão incluídas no outro exercício financeiro.

No caso de o pagamento ser por meio de RPV, o procedimento é simplificado, uma vez que basta que a Presidência do Tribunal comunique ao ente público para que seja disponibilizado o numerário em conta vinculada ao juízo[8].

Uma última palavra sobre a Emenda Constitucional n. 62/2009, que alterou o art. 100 da Constituição Federal e acrescentou o art. 97 ao Ato das Disposições Constitucionais Transitórias, instituindo regime especial de pagamento de precatórios pelos Estados, Distrito Federal e Municípios.

Tal Emenda teve a sua constitucionalidade examinada pelo STF em longo e complexo julgamento.

Examinando os aspectos constitucionais da Emenda n. 62/2009, o STF[9], em acórdão relatado pelo Min. Luiz Fux, entendeu que o novo regime violaria diversas normas constitucionais.

Posteriormente, o STF[10] aplicou a técnica da modulação temporal dos efeitos, no tempo, da decisão proferida nas referidas ADINs.

Por fim, e como já registramos no capítulo que trata do cumprimento de decisão em desfavor da fazenda, a Emenda Constitucional n. 94, de 15 de dezembro de 2016, alterou novamente o art. 100 da Carta Magna, bem como acrescentou dispositivos ao ADCT.

Nesse sentido, e em razão da grave crise financeira que atinge grande parte dos estados e municípios brasileiros, os §§ 17 e seguintes do art. 100, alterados pela referida Emenda, criam as hipóteses nas quais poderá haver o parcelamento dos pagamentos.

---

[7] Os honorários constituem direito do advogado e têm natureza alimentar, com os mesmos privilégios dos créditos oriundos da legislação do trabalho, sendo vedada a compensação em caso de sucumbência parcial.

[8] 1. Esta Corte Especial, por ocasião do julgamento do REsp 1.143.677/RS (*DJe* 4.2. 2010), sob a Relatoria do ilustre Ministro LUIZ FUX, fixou a tese (Tema Repetitivo 291/STJ) no sentido de que não incidem juros moratórios entre a elaboração dos cálculos e o efetivo pagamento da Requisição de Pequeno Valor-RPV. Transcorridos aproximadamente sete anos, o Supremo Tribunal Federal, em 19.4.2017, julgou o Recurso Extraordinário 579.431/RS, sob a relatoria do ilustre Ministro MARCO AURÉLIO (*DJe* 30.6.2017), com Repercussão Geral reconhecida, quando fixou a tese de que incidem os juros da mora no período compreendido entre a data da realização dos cálculos e a da requisição ou do precatório (Tema 96/STF da Repercussão Geral). 3. Nova redação que se dá ao enunciado de Tema Repetitivo 291/STJ: incidem os juros da mora no período compreendido entre a data da realização dos cálculos e a da requisição ou do precatório. [...] (QO no REsp 1.665.599 RS, rel. Min. Napoleão Nunes Maia, Corte Especial, j. 20-3-2019, *DJe* 2-4-2019).

[9] ADIn 4.425-DF, redator para Acórdão Min. Luiz Fux, *Informativo STF*, n. 733.

[10] ADI 4.425 QO-DF, rel. Min. Luiz Fux, 25-3-2015, *Informativo STF*, n. 779.

Cabe destacar que não incidem juros de mora sobre os precatórios pagos durante o período previsto no § 1º do art. 100 da Constituição, como já decidiu o STF[11].

Uma última palavra sobre a denominada "execução invertida", prática admitida no dia a dia forense e que consiste na iniciativa da Fazenda de apresentar cálculos ao credor, antecipando-se a ele e, com isso, eximir-se do pagamento de honorários. Não obstante a admissibilidade da prática, tal conduta não pode ser imposta à Fazenda, como já decidiu o STJ[12].

---

[11] "Com base nesse entendimento, o Plenário, por maioria, deu provimento a embargos de divergência para, reformando o acórdão embargado, dar provimento ao recurso extraordinário. O colegiado afirmou que não incidem juros de mora no período compreendido entre a data da expedição do precatório e seu efetivo pagamento, desde que realizado no prazo estipulado constitucionalmente. Esclareceu, ademais, que a tese foi enunciada no Verbete 17 da Súmula Vinculante do Supremo Tribunal Federal (STF). Vencidos os ministros Marco Aurélio, Edson Fachin e Rosa Weber que negaram provimento aos embargos de divergência. O Ministro Marco Aurélio pontuou que a Constituição é explícita ao revelar que, muito embora se tenha o prazo dilatado de 18 meses para a liquidação do débito, esse débito deve ser satisfeito tal como se contém, ou seja, atualizado, para não ser diminuído pelos efeitos da inflação, e também acrescido dos juros da mora. RE 594.892 AgR-ED-EDv/RS, rel. Min. Luiz Fux, j. 1º-7-2020. *Informativo STF* n. 984.

[12] Não é possível a determinação judicial à Fazenda Pública de adoção da prática jurisprudencial da execução invertida no cumprimento de sentença em procedimento comum. (...) O procedimento denominado "execução invertida" consiste na modificação do rito processual estabelecido no Código de Processo Civil, ofertando à parte executada (devedor) a possibilidade de apresentação dos cálculos e valor devido à parte exequente (credor). Não há previsão legal de tal mecanismo processual, sendo ele uma construção jurisprudencial. No âmbito do STJ, em observância mesmo aos princípios do CPC, a construção jurisprudencial da "execução invertida" tem como fundamento basilar a "conduta espontânea" do devedor. AREsp 2.014.491-RJ, rel. Min. Herman Benjamin, 2ª T., por unanimidade, j. 12-12-2023. *Informativo STJ* n. 799.

Capítulo 7
EXECUÇÃO DE ALIMENTOS

Os alimentos, assim entendida a prestação necessária ao sustento, moradia, vestuário, saúde, educação e lazer do ser humano, podem ser devidos por força de lei, de convenção ou em razão de ilícito cometido[1].

O direito processual criou diversas classificações de verbas de natureza alimentar. Uma delas é a que distingue o alimento provisório do definitivo.

Provisório é o estabelecido no início do processo em que se objetiva o recebimento de alimentos definitivos, antecipando-os, na forma do art. 4º da Lei n. 5.478/68, pois têm natureza de tutela antecipada.

Os alimentos definitivos são fixados por sentença já transitada em julgado, proferida em ação de alimentos.

Na vigência do CPC/73 tínhamos, ainda, os alimentos provisionais, previstos nos arts. 852 a 854, fixados antes ou durante a ação que tinha outro objeto (investigação de paternidade, por exemplo), observado o procedimento cautelar, servindo para garantir a subsistência do alimentando durante a ação.

Ainda a título classificatório, têm-se os alimentos legítimos, os voluntários ou negociais e os indenizatórios.

Alimentos legítimos são aqueles que decorrem de relação conjugal ou de parentesco. Voluntários ou negociais são os pactuados via negócio jurídico, ou *inter vivos*, ou *causa mortis*. Por fim, os indenizatórios decorrem do dever de indenizar por ato ilícito e apresentam tratamento legal no art. 533 do CPC.

O art. 53, II, do CPC estabelece a competência do foro do domicílio ou da residência do alimentando, para a ação em que se pedem alimentos.

Em que pese o credor de alimentos, geralmente, tratar-se de absoluta ou relativamente incapaz, ele tem capacidade de ser parte, mesmo que seja necessário utilizar-se de representação ou assistência.

O Ministério Público também possui legitimidade ativa ampla para a execução de alimentos, nas hipóteses previstas no art. 201, III, da Lei n. 8.069/90, independentemente do exercício do poder parental ou de o menor estar em situação de risco, conforme já decidiu o STJ em sede de recurso especial repetitivo[2].

A legitimidade passiva é do parente devedor da obrigação alimentar (art. 779, I).

Destaque-se que a lei autoriza a responsabilidade subsidiária dos parentes, nos termos do art. 1.698 do Código Civil, na hipótese de comprovada ausência de condições financeiras por parte do alimentante em arcar com os alimentos.

A execução de alimentos não possui estabilidade objetiva ou subjetiva. Assim sendo, reconhecido o dever de alimentar por outras pessoas, nada impedirá a inclusão destas no polo passivo da execução.

---

[1] Gajardoni et al., 2017, p. 490.
[2] REsp 1.265.821-BA, rel. Min. Luis Felipe Salomão, 2ª S., j. 14-5-2014, *DJe* 4-9-2014.

À execução fundada em título executivo extrajudicial que contenha obrigação alimentar, determina-se, pelo art. 911, parágrafo único, a aplicação subsidiária das normas dos §§ 2º a 7º do art. 528, referentes ao cumprimento de decisão para pagamento de prestação alimentícia.

O juiz mandará citar o executado para, em 3 (três) dias, efetuar e provar o pagamento das parcelas anteriores ao início da execução e das que se vencerem no seu curso (art. 911, *caput*). Caso não possa fazer o pagamento, deve justificar ao juiz a impossibilidade de cumprimento.

Sendo o caso de a cobrança objetivar os alimentos em atraso, conforme verbete de Súmula 309, STJ[3], será observado o procedimento do art. 528, restringindo-se o cabimento da pena ao débito relativo aos últimos três meses. O executado será citado para pagar os valores ou justificar sua impossibilidade, pois, do contrário, poderá ser decretada sua prisão civil, conforme previsão do art. 5º, LXVII, da Constituição Federal.

A prisão civil só é motivada pela ausência de pagamento de alimentos. Dada a sua natureza civil, incabível a aplicação das medidas do art. 44 do CP e eventual ação autônoma de *habeas corpus* será resolvida por um dos órgãos fracionários que exerçam competência cível.

Se o devedor não depositar apenas as custas e os honorários advocatícios do processo, este apenas se sujeitará à execução de tais valores, sem possibilidade de ser utilizado esse meio de coerção.

Tal prisão, que pode ser decretada de ofício pelo magistrado, já tinha prazo controvertido quando da vigência do CPC/73, em razão de contradição entre o art. 19 da Lei n. 5.478/68, que prevê o prazo de sessenta dias, e o art. 733, § 1º, do CPC/73, que estabelece o prazo de um a três meses.

O CPC, no art. 528, § 3º, estabelece que o prazo da prisão será de um a três meses. A medida será cumprida em regime fechado, devendo o preso ficar separado dos presos comuns (§ 4º).

Contudo, o art. 19 da referida lei de alimentos não foi revogado, na medida em que o art. 1.072, V, do CPC se refere apenas aos arts. 16 a 18 da Lei n. 5.478/68.

Na vigência do CPC/73, havia quem entendesse que o CPC tem aplicação quando se tratar de alimentos provisionais e que a lei especial é adotada na execução de alimentos provisórios ou definitivos[4].

Contudo, como já vimos, não há mais a previsão dos provisionais como cautelar típica (embora nada impeça que sejam requeridos, agora na condição de tutela provisória de urgência cautelar, que será, no novo ordenamento, sempre atípica ou inominada).

Por outro lado, havia quem entendesse que deve prevalecer a norma prevista na Lei n. 5.478/68, que traz menor sacrifício ao devedor e, portanto, consubstancia o princípio da execução menos gravosa, contido no art. 993 do CPC (art. 620, CPC/73)[5].

Por fim, havia, ainda, quem defendesse que deve prevalecer o prazo previsto no CPC, por ser mais recente, devendo prevalecer em detrimento da anterior[6].

Agora com o CPC, talvez essa seja a melhor opção, até mesmo para evitar desnecessárias e infindáveis discussões.

---

[3] Súmula 309 do STJ: "O débito alimentar que autoriza a prisão civil do alimentante é o que compreende as três prestações anteriores ao ajuizamento da execução e as que se vencerem no curso do processo".

[4] Theodoro Jr., 2009b, p. 370.

[5] Assis, 2002, p. 1143.

[6] Marinoni; Arenhart, 2008, p. 382.

Questão de grande relevância diz respeito à fixação da data inicial para a fixação dos alimentos.

O STJ[7], pacificando antiga discussão doutrinária à época do CPC/73, resolveu que os efeitos da sentença proferida em ação de revisão de alimentos – seja em caso de redução, majoração ou exoneração – retroagem à data da citação (art. 13, § 2º, da Lei n. 5.478/68), ressalvada a irrepetibilidade dos valores adimplidos e a impossibilidade de compensação do excesso pago com prestações vincendas.

Na hipótese de a execução ser contra funcionário público, militar, diretor ou gerente de empresa, bem como empregado sujeito à legislação do trabalho, o art. 912 do CPC autoriza ao exequente requerer o desconto em folha de pagamento de pessoal da importância da prestação alimentícia.

Feito o pedido, o juiz, ao despachar a inicial, ordenará o desconto sob pena de crime de desobediência (art. 912, § 1º), devendo o ofício ser devidamente instruído com as informações necessárias à identificação do exequente, do executado, a conta em que se deve depositar e, sendo o caso, o tempo de duração (art. 912, § 2º).

Na intenção de conferir maior efetividade à execução de alimentos, o art. 913 determina que, se não for requerida a execução nos termos deste capítulo, observar-se-á o disposto nas normas referentes à execução por quantia certa.

Entretanto, recaindo a penhora em dinheiro, a concessão de efeito suspensivo aos embargos à execução não obsta a que o exequente levante mensalmente a importância da prestação.

---

[7] EREsp 1.181.119-RJ, rel. originário Min. Luis Felipe Salomão, rel. para acórdão Min. Maria Isabel Gallotti, j. 27-11-2013, *Informativo STJ*, n. 543.

Capítulo 8
EXECUÇÃO FISCAL

O CPC não trata sobre execução fiscal, deixando a regulação do tema para lei específica[1].

A fim de complementar o sistema de execuções especiais, versaremos, agora, sobre a execução fiscal (atualmente prevista na Lei n. 6.830/80).

8.1 INTRODUÇÃO

A execução fiscal é cabível quando o Estado, em sentido amplo, é titular de um crédito, independentemente de tratar-se ou não de relação tributária. Essa modalidade de execução possui procedimento específico previsto pela Lei n. 6.830/80, que, em seu art. 1º, permite a aplicação subsidiária do CPC naquilo que for compatível.

Pode-se dizer, assim, que se trata do único procedimento específico de execução previsto não no Código, mas em legislação extravagante[2].

A execução fiscal, então, é o meio adequado para que a Fazenda Pública possa receber suas dívidas, caso já possua um título executivo. Caso não o possua, deverá se utilizar do processo de conhecimento.

O título executivo é denominado Certidão de Dívida Ativa (CDA). A CDA é um documento que corporifica a dívida, criado de forma unilateral, e deve integrar a petição inicial da execução fiscal, conforme o art. 6º, § 1º, da Lei, sendo documento imprescindível à demanda, nos termos do art. 320 do CPC.

A CDA poderá vir a ser substituída no curso da execução fiscal, conforme preceitua o art. 2º, § 8º, e, com sua substituição ou emenda, será assegurada ao executado a devolução do prazo para embargos à execução.

A legitimação para propor a execução fiscal é da União, dos Estados, do Distrito Federal, dos Municípios e respectivas autarquias e fundações autárquicas (art. 1º da Lei n. 6.830/80).

Apesar de não haver previsão expressa, os conselhos de fiscalização profissional, como a OAB, também são legitimados para ajuizar a execução fiscal, pois são pessoas jurídicas de direito público.

São legitimados passivos na execução fiscal (art. 4º da Lei n. 6.830/80):

a) o devedor;

b) o fiador;

c) o espólio;

d) a massa;

e) o responsável, nos termos da lei, por dívidas, tributárias ou não, de pessoas físicas ou pessoas jurídicas de direito privado; e

f) os sucessores a qualquer título.

Admite-se, ainda, o litisconsórcio passivo necessário, como ocorrerá, por exemplo, nos casos de execução fiscal em face do espólio, em que há inventariante dativo.

---

[1] Assis, 2017, p. 1492.
[2] Ressalve-se que o CPC prevê regras específicas para a execução individual de sentença coletiva, mas não chega a ser um procedimento exaustivamente regulamentado, tanto que o STJ teve que suprir as lacunas legais por diversas vezes.

O Ministério Público não atua como fiscal da ordem jurídica nas execuções fiscais, já que o interesse primário é meramente arrecadatório. Nesse sentido é a previsão da Súmula 189 do STJ: "é desnecessária a intervenção do Ministério Público nas execuções fiscais". Nessa mesma linha, encontramos o art. 178, parágrafo único, do CPC.

Anote-se, porém, que é permitido ao juiz proceder a tal intimação se entender necessária a participação do *Parquet*. Isso porque a Súmula traz a facultatividade, não a proibição, de assim proceder, apenas retirando a nulidade da falta de intimação.

O STJ vem admitindo a possibilidade de reunião de execuções fiscais contra o mesmo devedor, mas entende que se trata de faculdade do magistrado e não de direito subjetivo da parte interessada (Súmula 515).

8.2 PROCEDIMENTO

A petição inicial poderá indicar bens passíveis de constrição judicial (art. 829, § 2º, do CPC, c/c o art. 1º, *in fine*, da LEF), sendo os autos conclusos ao magistrado que, verificando os requisitos de regularidade da demanda, ordenará a citação do executado.

A petição inicial, porém, pode ser indeferida se for verificado, além do não preenchimento dos requisitos, que foi reduzido o valor do crédito tributário, o que configuraria falta de interesse processual, e não compensaria o custo decorrente da movimentação da máquina judiciária.

Contudo, tal análise só é possível quando existente dispositivo legal vedando a cobrança (por exemplo, art. 8º da Lei n. 12.514/2011). Caso contrário, a jurisprudência do STJ firmou-se no sentido de que cabe à Administração a avaliação de oportunidade e conveniência de promover a cobrança[3].

De se observar que o STF[4], apreciando o Tema 1.184 da repercussão geral, fixou a seguinte tese: O ajuizamento da execução fiscal dependerá da prévia adoção das seguintes providências:

a) tentativa de conciliação ou adoção de solução administrativa; e

b) protesto do título, salvo por motivo de eficiência administrativa, comprovando-se a inadequação da medida.

Recebida a petição inicial, será determinada a citação do executado. A citação mais comum é pelo correio, permitida pela Lei de Execuções Fiscais.

Se a citação por correio não tiver sido realizada ou ficar dúvida no ato, a citação deverá ocorrer por oficial de Justiça. Se infrutíferas as tentativas de citação pessoal, poderá ocorrer a citação ficta, sendo cabível, inclusive, a citação por edital, nos termos da Súmula 414 do STJ.

Não é possível, em sede de execução fiscal cujo objeto é dívida tributária, o parcelamento do débito previsto no art. 916 do CPC, conforme dispõe o art. 155-A do CTN, que exige lei específica para o parcelamento de débitos tributários. Nesse sentido, tratando-se de dívida de natureza não tributária, é aplicável a norma autorizadora do parcelamento.

Citado o executado, é dado o prazo de cinco dias para efetuar o pagamento ou indicar bens à penhora[5] (art. 8º da Lei de Execuções Fiscais). Caso permaneça inerte, nos termos do art. 185-A do CTN, o juiz determinará a indisponibilidade de seus bens e direitos.

---

[3] RMS 35.871-SP, rel. Min. Eliana Calmon, 2ª T., j. 6-8-2013, *DJe* 14-8-2013.

[4] RE 1.355.208, Pleno, rel. Min. Cármen Lúcia, j. 19-12-2023.

[5] "Na execução fiscal, o executado não tem direito subjetivo à aceitação do bem por ele nomeado à penhora em desacordo com a ordem estabelecida no art. 11 da Lei n. 6.830/80 e art. 655 do CPC, na hipótese em que não tenha apresentado elementos concretos que justifiquem a incidência do princípio da menor onerosidade" (REsp 1.337.790-PR, rel. Min. Herman Benjamin, j. 12-6-2013, *Informativo STJ*, n. 522).

O STJ, com base no art. 13, § 1º, da Lei n. 6.830/80, assevera que, "ainda que a avaliação dos bens penhorados em execução fiscal tenha sido efetivada por oficial de justiça, caso o exame seja objeto de impugnação pelas partes antes de publicado o edital de leilão, é necessária a nomeação de avaliador oficial para que proceda à reavaliação", o que se pode extrair do *Informativo* n. 515[6].

Como a Lei de Execuções Fiscais é específica, prevalece sobre as regras gerais do CPC. Embora o CPC tenha dispensado a penhora para admissibilidade dos embargos, esse dispositivo não tem aplicação em sede de execução fiscal. Na execução fiscal, o art. 16, § 1º, determina que somente após a garantia do juízo se iniciará o prazo para oferecimento dos embargos, que será de trinta dias.

Uma vez realizada a penhora, saliente-se que o comparecimento espontâneo do executado não supre a necessidade de sua intimação acerca do ato constritivo, com a advertência do prazo para o oferecimento de eventuais embargos[7].

É possível ao executado substituir a penhora, desde que com a anuência da Fazenda, salvo em caso de oferecimento de dinheiro ou fiança bancária no lugar do bem penhorado[8].

Caso exista mais de um executado na relação processual, se atingido o patamar da execução com a penhora dos bens de um dos executados, os outros poderão oferecer embargos independentemente da penhora de seus bens também, pois já haverá garantia da satisfação do crédito cobrado.

Na hipótese de a Fazenda reconhecer o pedido em sede de embargos, haverá condenação desta em honorários.

Diante da prévia garantia do juízo, a exceção de pré-executividade também tem sido instrumento de defesa do executado muito utilizado nas execuções fiscais.

Predomina no STJ[9] o entendimento segundo o qual não devem ser conhecidos os embargos à execução fiscal opostos sem a garantia do juízo, mesmo que o embargante seja beneficiário da assistência judiciária gratuita, já que o art. 16, § 1º, da Lei n. 6.830/80 deve prevalecer sobre a sistemática específica da gratuidade de justiça prevista no art. 98 do CPC.

Também o STJ[10] já decidiu que a oposição de embargos à execução fiscal depois da penhora de bens do executado não suspende automaticamente os atos executivos.

A etapa expropriatória na execução fiscal admite a aplicação das mesmas regras no que houver compatibilidade da promovida nas execuções por particulares (arts. 22 a 24 da LEF).

É possível a adjudicação ser realizada após a arrematação, quando só pode ser considerada perfeita e irretratável depois do decurso do prazo de trinta dias, previsto no art. 24, II, *b*.

Caso não sejam localizados os bens passíveis de penhora, a execução ficará suspensa, nos termos do art. 40. Com a suspensão, inicia-se, então, a contagem do prazo prescricional, que estava interrompido.

A sistemática recursal da execução é semelhante à prevista no CPC. A exceção é que, quando o valor da execução fiscal não ultrapassar o equivalente a 50 OTNs (Obrigações do Tesouro Nacional), o art. 34 da LEF prevê que só serão cabíveis os embargos infringentes.

Esses embargos nada se assemelham com os de mesmo nome que eram previstos no CPC/73. Seu prazo para interposição é de quinze dias e são apreciados pelo próprio juízo prolator da decisão, razão pela qual mais se assemelham a um pedido de retratação.

---

[6] REsp 1.352.055-SC, rel. Min. Mauro Campbell Marques, j. 6-12-2012.
[7] AgRg no REsp 1.358.204-MG, rel. Min. Arnaldo Esteves Lima, j. 7-3-2013.
[8] AgRg no AREsp 12.394-RS, rel. Min. Arnaldo Esteves Lima, j. 4-10-2012.
[9] REsp 1.437.078-RS, rel. Min. Humberto Martins, j. 25-3-2014, *Informativo STJ*, n. 538.
[10] REsp 1.272.827-PE, rel. Min. Mauro Campbell Marques, j. 22-5-2013, *Informativo STJ*, n. 526.

O recurso cabível em face de seu julgamento são apenas os embargos de declaração e o recurso extraordinário, nos termos da Súmula 640 do STF. Desse modo, pode-se afirmar que se trata do único caso, no Direito brasileiro, de recurso extraordinário contra decisão de 1º grau.

Trata-se de hipótese de difícil ocorrência atualmente, já que muitos entes federativos têm evitado execuções de pequeno valor, diante do fato de o custo de movimentação da máquina judiciária acabar se tornando maior do que o da própria dívida.

Capítulo 9
DEFESA DO EXECUTADO: EMBARGOS, OBJEÇÃO DE PRÉ-EXECUTIVIDADE E AÇÃO AUTÔNOMA

9.1 NOÇÕES GERAIS

O direito lusitano, desde as Ordenações Afonsinas, já cuidava dos embargos em seu texto legislativo.

No direito contemporâneo brasileiro não há mais a hipótese do processo de execução quando a obrigação deriva de uma decisão transitada em julgado, ou seja, de um título executivo judicial.

A *ratio essendi* dos embargos do executado encontra guarida na garantia constitucional da ampla defesa e do contraditório. A Constituição Federal é clara ao afirmar em seu art. 5º, LV, acerca da inviolabilidade da garantia do devido processo legal, sem distinguir a que tipo de processo se refere.

Assim, não cabe ao legislador infraconstitucional dispor de forma a restringir a aplicação desse princípio fundamental em razão da natureza do processo, seja ele cognitivo, cautelar ou de execução, sendo este último especial objeto deste estudo.

A aplicação da garantia do devido processo legal nos processos de execução ocorre de uma forma muito peculiar.

Os títulos extrajudiciais têm eficácia executiva, visto que revestidos de presunção de legalidade. Para que a obrigação nele contida seja cumprida, o credor não precisará utilizar-se da via cognitiva para o cumprimento da obrigação. Poderá valer-se da ação de execução, que não sucumbe ao lastro probatório da qual se revestem aquelas demandas.

Por outro lado, existe a garantia constitucional de que todo demandado deverá ser ouvido e terá a oportunidade de se manifestar em juízo, inclusive opondo-se a uma execução civil. Apesar de não se tratar de uma ação cognitiva, o demandado[1] pode alegar em sua defesa todas as matérias, tais como se demanda de conhecimento fosse, como se verá adiante. Assim se formarão os embargos à execução.

Os embargos são a forma de defesa do executado, o meio pelo qual poderá apresentar suas razões que se prestem a desconstituir o título.

Os embargos terão o caráter de uma nova ação, na qual o devedor-executado passa a ser o demandante, recebendo a nomenclatura de embargante; já o credor-exequente, que foi quem propôs a execução, passará a ser o demandado, ou seja, o embargado.

Assim, os embargos têm natureza jurídica autossuficiente, de uma ação autônoma e incidental, que cuidará de tratar de questões de fato e de direito, que visem desconstituir o título executivo e que não poderiam ser tratadas na ação principal, a de execução, dada a característica não cognitiva dessa última.

---

[1] Não têm legitimidade para opor embargos à execução, mas podem propor embargos de terceiro: o adquirente dos bens em fraude de execução; quem sofre constrição judicial de seus bens por força de desconsideração da personalidade jurídica, de cujo incidente não fez parte; o credor com garantia real, que não tenha sido intimado nos termos legais dos atos expropriatórios (art. 674, § 2º) (Tesheiner, 2017, p. 274).

São os embargos uma ação constitutiva negativa, proposta em oposição a um processo de execução, em que o executado visa desconstituir o título executório.

Em síntese: os embargos são, portanto, uma ação autônoma e incidente ao processo de execução, na qual o executado manifesta sua oposição e defesa, o que não poderia fazer na ação de execução, visto que esta não admite cognição. Os embargos buscam uma sentença que desconstitua o título (constitutiva negativa) e não admitem pretensão reconvencional[2].

9.2 PROCEDIMENTO

Diferentemente da impugnação, os Embargos de Executado constituem ação de conhecimento que resta por gerar um processo incidental e autônomo, através do qual o executado tem a oportunidade de impugnar a pretensão creditícia do exequente e a validade da relação processual executiva[3].

Trata-se de uma nova demanda, que fica autuada em autos em apenso da execução (art. 914, § 1º), em que o executado passa a ser o demandante/embargante e o exequente, o demandado/embargado.

A competência é funcional e, portanto, absoluta, devendo o ajuizamento se dar perante o mesmo juízo da execução. Extinta esta, os embargos perdem seu objeto automaticamente[4].

Sendo a execução por carta, os embargos poderão ser apresentados tanto ao juízo deprecado quanto ao deprecante, a teor do art. 914, § 2º. O mesmo dispositivo aponta que se eles versarem exclusivamente sobre atos de penhora, avaliação ou alienação praticados pelo juízo deprecado, a ele caberá apreciar a defesa do executado[5].

O mesmo ocorre se o alegado vício do ato for intrínseco, por exemplo, quando a constrição recai sobre bem impenhorável[6].

Aquele que for considerado responsável patrimonial, podendo ser afetado pela atividade judicial satisfativa, terá legitimidade para propor os embargos à execução. Assim sendo, não apenas o executado, mas, por exemplo, o consorte que responder pela dívida contraída com seus bens próprios ou da meação.

Contudo, quem não faz parte da execução, nem tem responsabilidade patrimonial, se tiver um bem indevidamente constrito por ato judicial, deve buscar a desconstituição da decisão por meio de embargos de terceiro, falecendo legitimidade para apresentar embargos do devedor[7].

---

[2] "Os embargos à execução não ostentam natureza condenatória, por isso, caso o embargante entenda ser credor do exequente, deverá cobrar o débito em outra demanda. Entendimento em sentido contrário violaria o princípio da celeridade e criaria obstáculo para a satisfação do crédito, pois a ideia que norteia a reconvenção é o seu desenvolvimento de forma conjunta com a demanda inicial, o que não ocorreria ao se admitir a reconvenção em sede de embargos à execução, na medida que as demandas não teriam pontos de contato a justificar a sua reunião" (STJ, 2ª T., REsp 1.528.049-RS, rel. Min. Mauro Campbell Marques, j. 18-8-2015).

[3] Assis, 2017, p. 1620.

[4] Carneiro; Pinho, 2016, p. 540.

[5] CC 62.973-SP, rel. Min. Castro Filho, 2ª S., j. 11-4-2007, DJ 3-5-2007, p. 216; CC 1.567-SP, rel. Min. Eduardo Ribeiro, 2ª S., j. 27-2-1991, DJ 25-3-1991, p. 3206.

[6] CC 6.504-GO, rel. Min. Sálvio de Figueiredo Teixeira, 2ª S., j. 15-12-1993, DJ 21-2-1994, p. 2086.

[7] REsp 252.854-RJ, rel. Min. Sálvio de Figueiredo Teixeira, 4ª T., j. 29-6-2000, DJ 11-9-2000, p. 258.

Capítulo 9 • Defesa do executado: embargos, objeção de pré-executividade e ação autônoma

Sendo o vício extrínseco ao ato, a competência será do juízo deprecante[8]. A jurisprudência firmada foi consolidada no Enunciado n. 46 da súmula do STJ[9].

O conhecimento a que se refere é limitado ao exame dos pressupostos gerais e específicos da ação e do processo executivo, dos aspectos da validade dos atos processuais e à solução de específicos incidentes diretamente vinculados ao andamento da execução.

É ainda limitado a uma pretensão de natureza negativa e à desconstituição do título, mas também pode pretender corrigir defeitos do processo de execução.

O prazo para embargos é de quinze dias, contados da juntada do mandado citatório (art. 915). Mesmo que haja litisconsórcio facultativo, não será necessário aguardar a juntada do último mandado, iniciando-se o prazo para cada executado a partir da juntada do seu mandado.

Para que os embargos sejam recebidos, é preciso atender a certos requisitos.

Assim, os embargos do devedor só poderão ser recebidos se forem tempestivos. Contudo, se liminarmente indeferidos, são indevidos honorários advocatícios[10].

Os embargos serão propostos no prazo de quinze dias, contados da juntada aos autos do mandado de citação, consoante o art. 915.

Quanto à execução por carta, os §§ 2º a 4º regulamentam o início do prazo para oposição de embargos às execuções e dos atos de comunicação por "carta", gênero que abarca as espécies carta precatória, rogatória ou de ordem.

Assim, a contagem do prazo para embargos é estabelecida conforme a matéria versada, na forma que fora assentada pela jurisprudência[11], antes das modificações feitas pela Lei n. 11.382/2006 ao CPC/73.

Quando versarem unicamente sobre vícios ou defeitos da penhora, da avaliação ou da alienação dos bens, o prazo terá início da juntada, na carta, da certificação da citação.

Por outro lado, quando versarem sobre questões diversas, inicia-se o prazo da juntada, nos autos de origem, do comunicado de que trata o § 4º do art. 915 ou, não havendo este, da juntada da carta devidamente cumprida.

Repetimos, aqui, que, no prazo para embargos, o executado poderá requerer o parcelamento da dívida, desde que reconheça o crédito do exequente e comprovando o depósito de 30% do valor em execução, acrescido de custas e de honorários de advogado, matéria já estudada em tópico anterior e constante do art. 916 do CPC.

As matérias oponíveis em sede de embargos à execução estão previstas no art. 917. O § 1º traz interessante possibilidade de impugnação de incorreções da penhora ou avaliação, que poderá ser oposta por simples petição, no prazo de 15 (quinze) dias, contado da ciência do ato.

É importante, principalmente, quando a apresentação dos embargos ocorre antes da penhora. Como se nota em doutrina, o processamento da impugnação nos próprios autos, quando houver ampliação da atividade cognitiva, pode se demonstrar inadequado[12].

---

[8] CC 35.346-SP, rel. Min. Nancy Andrighi, 2ª S., j. 11-9-2002, *DJ* 28-10-2002, p. 215; CC 967-PR, rel. Min. Waldemar Zveiter, 2ª S., j. 26-9-1990, *DJ* 29-10-1990.

[9] "Na execução por carta, os embargos do devedor serão decididos no Juízo deprecante, salvo se versarem unicamente vícios ou defeitos da penhora, avaliação ou alienação dos bens.".

[10] AgRg no AREsp 182.879-RJ, rel. Min. Ari Pargendler, j. 5-3-2013.

[11] REsp 299.440-MT, rel. Min. Nancy Andrighi, 3ª T., j. 13-8-2001, *DJ* 8-10-2001.

[12] Wambier et al., 2015, p. 2051.

Quando o executado entender que o exequente está pleiteando quantia superior à do título – situação que configura excesso de execução – o embargante deve declarar na petição inicial o valor que entende correto, com o demonstrativo do cálculo (art. 917, § 3º)[13].

Além desse caso de excesso de execução, há também as hipóteses de a execução recair sobre coisa diversa daquela declarada no título, ou mesmo de se processar de modo diferente do que foi determinado no título; de o exequente, sem cumprir a prestação que lhe corresponde, exigir o adimplemento da prestação do executado; ou de o exequente não provar que a condição se realizou.

Contudo, de acordo com o que dispõe o § 4º do art. 917, não é permitida a oposição de embargos à execução com alegação genérica de excesso de execução, os quais serão liminarmente rejeitados (art. 917, § 4º, I). Acaso os embargos contemplem outros fundamentos, o juiz não examinará a alegação de excesso de execução (art. 917, § 4º, II).

Poder-se-á também fazer a citação por meio de edital.

Os embargos devem ainda observar os requisitos gerais para deferimento da inicial (arts. 739, II, e 282 c/c o art. 598).

Tal como na impugnação, os embargos não terão efeito suspensivo (art. 919, *caput*), podendo o magistrado, a requerimento do embargante, atribuir o referido efeito, sendo relevantes os motivos e ainda suscetíveis de causar ao executado grave dano e de difícil reparação, desde que a execução já esteja garantida por penhora, depósito ou caução suficientes (§ 1º do art. 919).

Trata-se, assim, de critério *ope iudicis*, cabendo ao magistrado, discricionariamente, conceder ou não efeito suspensivo.

Para que o juiz possa atribuir esse efeito suspensivo, contudo, será preciso que a execução esteja garantida. Assim, interpretando-se o dispositivo de forma literal, vai se concluir que deve se fazer depósito ou prestar caução correspondente ao valor executado.

A doutrina, contudo, entende que a norma deve ser interpretada de acordo com as forças patrimoniais do executado, devendo-se suspender a execução, mesmo sem garantia, quando for demonstrada a evidência ou a urgência do direito requerido nos embargos.

Serão tidas como causas de rejeição liminar dos embargos, pelo juiz:

a) intempestividade;

b) inépcia da petição inicial;

c) causas manifestamente protelatórias, assim considerada a conduta atentatória à dignidade da justiça e o oferecimento de embargos manifestamente protelatórios.

No caso de intempestividade, fica fechada a via dos embargos para o executado exercer sua pretensão jurisdicional.

---

[13] Sempre que a apreciação do excesso de execução ou da inexigibilidade da obrigação exigir dilação probatória que vá além do simples documento, a observância do procedimento da ação incidental de embargos se tornará obrigatória. (...) Nas execuções por quantia certa, o diploma processual incumbe ao credor o dever de instruir a petição inicial com o demonstrativo do débito atualizado até a data da propositura da ação (art. 798, I, b). De maneira simétrica, o art. 917, em seu § 3º, "imputa igual ônus ao executado, quando seus embargos fundarem-se na arguição de excesso de execução. E, sob pena de não serem conhecidos os embargos de tal natureza, o executado deverá juntar à inicial a memória de cálculo do débito que entende correto". Entretanto, haverá casos em que a apuração do excesso alegado pode ficar comprometido pela necessidade de conhecimento técnico contábil, do qual não disponha a parte. Nessas hipóteses, jurisprudência e doutrina têm admitido a mitigação daquela previsão legal, tornando mesmo imperativa a dilação probatória para se alcançar o valor realmente devido, evitando-se, assim, cerceamento de defesa. Assim, em situações como a referida, reconhece-se que, ainda com mais acerto, o devedor deve se valer dos embargos à execução, meio de oposição à pretensão do credor por excelência, mormente pela viabilidade do contraditório, excepcional no expediente executório. REsp 1.987.774-CE, rel. Min. Luis Felipe Salomão, 4ª T., por unanimidade, j. 21-3-2023, *Informativo STJ* n. 769.

Nada obsta, contudo, que ele se valha de outros meios, como defesas heterotópicas, tendo em vista que a preclusão é um fenômeno endoprocessual, que se limita, no caso, ao processo de execução[14].

No caso de embargos protelatórios, será imposta pelo juiz, em favor do exequente, multa ao embargante em valor não superior a 20% do valor em execução, regra do parágrafo único do art. 920.

Recebidos os embargos, deverá ser intimado o exequente-embargado para se manifestar sobre eles em quinze dias (art. 920, I). Sua resposta terá natureza de contestação, atraindo a aplicação das disposições relativas à peça de bloqueio.

Fica vedada, contudo, a apresentação da reconvenção, pelo fato de o exequente-embargado já ter formulado o seu pedido na inicial da execução.

Nos embargos de retenção por benfeitorias, o exequente-embargado poderá requerer a compensação de seu valor com o dos frutos ou dos danos considerados devidos pelo executado, cumprindo ao juiz, para a apuração dos respectivos valores, nomear perito (art. 917, § 5º).

O exequente-embargado poderá a qualquer tempo ser imitido na posse da coisa, desde que preste caução ou deposite o valor devido pelas benfeitorias ou resultante da compensação (art. 917, § 6º).

Bem como na impugnação, nos embargos do executado não são cabíveis as modalidades de intervenção de terceiros.

9.3 DA DEFESA DO EXECUTADO CONTRA ARREMATAÇÃO, ADJUDICAÇÃO E ALIENAÇÃO

Na vigência do CPC/73, dispunha o art. 746 que: "É lícito ao executado, no prazo de 5 (cinco) dias, contados da adjudicação, alienação ou arrematação, oferecer embargos fundados em nulidade da execução, ou em causa extintiva da obrigação, desde que supervenientes à penhora (...)".

O dispositivo fazia alusão a eventos supervenientes à penhora. Com o advento da Lei n. 11.382/2006, isso não se fazia mais necessário, uma vez que não havia mais nenhuma vinculação entre a realização da penhora e o cabimento dos embargos, sendo perfeitamente possível que a penhora viesse a ocorrer depois do momento de oposição dos embargos.

Devia-se, então, interpretar "superveniente à penhora" como sendo superveniente ao momento de interposição dos embargos.

No CPC, não se reproduziu essa norma. O legislador previu, tão somente, forma de impugnação específica para a invalidação da arrematação.

Como já visto, o art. 903 dispõe que a arrematação será considerada perfeita, acabada e irretratável, ainda que venham a ser julgados procedentes os embargos do executado ou a ação autônoma de que trata o § 4º.

Esse § 4º determina que, após a expedição da carta de arrematação ou da ordem de entrega, a invalidação da arrematação poderá ser pleiteada por ação autônoma, em cujo processo o arrematante figurará como litisconsorte necessário. Contudo, a pretensão se resolverá necessariamente em perdas e danos.

---

[14] REsp 135.355-SP, rel. Min. Eduardo Ribeiro, 3ªT., j. 4-4-2000, *DJ* 19-6-2000, p. 140.

9.4 EXCEÇÃO DE PRÉ-EXECUTIVIDADE

A "exceção de pré-executividade" ou ainda "objeção de pré-executividade" surge como modalidade de resposta à execução fundada em título que não cumpra os requisitos básicos para a ação executória, ou seja, a liquidez, a certeza e a exigibilidade[15].

Objeções consistem em matérias que o magistrado pode conhecer de ofício, enquanto as exceções demandam alegação por parte do interessado para seu reconhecimento[16].

Ainda que não a preveja expressamente, o CPC traz norma que favorece o uso do instrumento no art. 803, parágrafo único[17].

Não custa lembrar que a objeção tem cabimento sobretudo na execução fiscal, na qual a apresentação de embargos ainda depende, como regra, de prévia segurança do juízo (Lei n. 6.830/80, art. 16, § 1º, e Enunciado 393 do STJ).

A exceção de pré-executividade vem a ser um dos instrumentos utilizados no processo de execução pelo devedor, através da provocação do órgão jurisdicional, com o intuito de suspender a ação executiva, mediante a arguição de uma nulidade processual, através de matérias de ordem pública, embora o STJ tenha já admitido, também, defesas de mérito indiretas extintivas, como o pagamento, desde que não haja dilação probatória.

Assim, de acordo com o entendimento anteriormente preceituado, o STJ[18] entendeu que não cabe, em sede de exceção de pré-executividade, a alegação de excesso na execução, já que seria necessário adentrar a produção de provas.

Ainda nessa linha, entende o STJ ser possível ao executado alegar o pagamento do título de crédito, desde que comprovado mediante prova pré-constituída. Ou seja, também aqui não é permitida dilação probatória[19].

Em notícia veiculada em janeiro de 2012, o STJ entendeu que é cabível a exceção de pré-executividade para discutir o valor das *astreintes*.

Sustentou o Ministro Massami Uyeda que, uma vez que o magistrado pode decidir pela aplicação ou não das *astreintes*, com mais sentido poderia rever o seu valor, ainda que em sede de exceção de pré-executividade[20].

---

[15] Assis, 2017, p. 1594.

[16] A objeção consiste na "técnica pela qual o executado, no curso do próprio procedimento executivo, e sem a necessidade de observância dos requisitos necessários aos embargos do devedor ou da impugnação, suscita alguma questão relativa à admissibilidade ou à validade dos atos executivos, que poderia ser conhecida de ofício pelo juiz. Para tanto, exige, a jurisprudência, que a questão a ser suscitada esteja dentre aquelas que poderiam [sic] ser conhecidas *ex officio* pelo juiz, e que, ademais, não seja necessária dilação probatória para sua solução. Caso contrário, ausente alguma dessas condições, não se admite alegação da matéria pela via da exceção de pré-executividade, cabendo, ao devedor, manejar embargos ou impugnação" (Arruda Alvim, 2016, p. 427).

[17] "Art. 803. É nula a execução se:.

I – o título executivo extrajudicial não corresponder a obrigação certa, líquida e exigível;.

II – o executado não for regularmente citado;.

III – for instaurada antes de se verificar a condição ou de ocorrer o termo.

Parágrafo único. A nulidade de que cuida este artigo será pronunciada pelo juiz, de ofício ou a requerimento da parte, independentemente de embargos à execução.".

[18] REsp 1.061.759-RS, rel. Min. Nancy Andrighi, j. 21-6-2011.

[19] Precedentes citados pela Turma: AgRg no Ag 741.593-PR, 1ª T., DJ 8-6-2006; REsp 595.979-SP, 2ª T., DJ 23-5-2005; e REsp 1.078.399-MA, Min. Luis Felipe Salomão, j. 2-4-2013.

[20] REsp 1.019.455-MT, rel. Min. Massami Uyeda, j. 18-10-2011, *Informativo STJ*, n. 485.

Sua utilização foi muito discutida, na vigência do CPC/73, pela inexistência de previsão legal expressa. Na exposição de motivos da Lei n. 11.382/2006 chegou a ser dito que não haveria mais espaço para tal medida em nosso ordenamento.

Porém, não se notou mudança de entendimento nem na doutrina nem na jurisprudência, que continuam aceitando tranquilamente o instituto, até mesmo porque é ele utilizado para alegar matérias que podem ser conhecidas de ofício pelo magistrado.

Seja como for, é indispensável que a matéria arguida não tenha sido objeto de discussão judicial prévia. Caso já tenha sido apreciada, estará coberta pela coisa julgada ou pela preclusão, impedindo que a objeção suscite um novo julgamento do tema[21].

9.4.1 Procedimento

É(são) legitimado(s) a oferecer a exceção de pré-executividade, em primeiro lugar, o(s) executado(s), ou seja, toda pessoa que figurar no polo passivo da execução.

Também os terceiros, que sofrem constrições patrimoniais, legitimam-se a oferecer a exceção de pré-executividade. É o caso de alguém que, não obstante seja estranho ao processo, sofre constrição patrimonial sem que estejam atendidos os requisitos de constituição válida do processo.

A exceção de pré-executividade poderá ser arguida a qualquer tempo enquanto perdurar a execução. Isso porque são matérias que podem ser verificadas de ofício (art. 287, parágrafo único), como as condições da ação e os atributos da obrigação do título. Por isso, pode se dar mesmo após a penhora e a apresentação de embargos[22].

Em sede jurisprudencial, a exceção também tem sido admitida quando a matéria puder ser comprovada documentalmente, dispensando dilação probatória, ainda que não seja matéria cognoscível *ex officio*[23].

Tal instituto poderá ser utilizado sem a necessidade da segurança do juízo e, evidentemente, sem a necessidade de embargos.

Tratando-se de alegação de nulidade do processo por falta da exequibilidade do título, a interposição da arguição da exceção de pré-executividade não está sujeita aos prazos preclusivos, e tampouco poderiam os bens do suposto devedor ser penhorados por uma dívida inexistente.

A oferta da exceção de pré-executividade não suspende a marcha do processo executivo devido à taxatividade imposta no CPC aos casos de suspensão do processo em geral, e da execução, em particular. Em casos excepcionais, havendo alegação e comprovação de dano iminente, poderá o juiz sustar o procedimento, aplicando, por analogia, o art. 921, I.

Em sede de exceção de pré-executividade, o juiz pode determinar a complementação das provas, desde que elas sejam preexistentes à objeção, como já decidiu o STJ[24].

---

[21] REsp 798.154-PR, rel. Min. Massami Uyeda, 3ª T., j. 12-4-2012, *DJe* 11-5-2012, e REsp 419.376-MS, rel. Min. Aldir Passarinho Junior, 4ª T., j. 16-5-2002, *DJ* 19-8-2002, p. 181.

[22] AgRg no AREsp 12591-RJ, 2ª T., rel. Min. Cesar Asfor Rocha, j. 6-3-2012, *DJe* 14-3-2012; REsp 220.100-RJ, 4ª T., rel. Min. Ruy Rosado de Aguiar, j. 2-9-1999, *DJ* 25-10-1999; REsp 915.503-PR, 4ª T., rel. Min. Hélio Quaglia Barbosa, j. 23-10-2007, *DJ* 26-11-2007.

[23] "1. A exceção de pré-executividade é servil à suscitação de questões que devam ser conhecidas de ofício pelo juiz, como as atinentes à liquidez do título executivo, aos pressupostos processuais e às condições da ação executiva, desde que não demandem dilação probatória (exceção *secundum eventus probationis*) (REsp 1.110.925-SP, rel. Min. Teori Albino Zavascki, 1ª S., j. 22-4-2009, *DJe* 4-5-2009). 2. O espectro das matérias suscitáveis através da exceção tem sido ampliado por força da exegese jurisprudencial mais recente, admitindo-se a arguição de prescrição e de ilegitimidade passiva do executado, que prescindam de dilação probatória" (REsp 1.136.144-RJ, rel. Min. Luiz Fux, 1ª S., j. 9-12-2009, *DJe* 1º-2-2010).

[24] Com relação ao requisito formal, é imprescindível que a questão suscitada seja de direito ou diga respeito a fato documental-

Ao se tratar da exceção de pré-executividade, muitos autores, acertadamente, apoiam-se, para defendê-la, no princípio do contraditório e da ampla defesa, para garantir ao devedor o direito de questionar a validade da ação desde o seu nascedouro pela falta de pré-requisitos fundamentais existentes no título executivo.

Contudo, o princípio do contraditório deve ser oportunizado tanto ao requerente, para oferecer a exceção de pré-executividade, quanto ao requerido, para que possa se manifestar sobre seu oferecimento.

Assim, não pode o juiz omitir-se de oferecer ao exequente a oportunidade de manifestar-se no tocante à alegação de que o título motivador de tal ação seja nulo, sobretudo diante dos termos do art. 10, parte final, do CPC[25].

Por questionar a validade do título e, portanto, a nulidade da ação, o seu acolhimento resulta da extinção do processo.

Se faz necessário esclarecer, entretanto, que dessa decisão cabe apelação por parte do exequente e que, no caso da execução fiscal, tal decisão estará sujeita ao reexame necessário, posto tratar-se, a parte exequente, da Fazenda Pública.

Tratando-se de procedência, ainda que parcial, em exceção de pré-executividade, a jurisprudência do STJ[26] se orienta no sentido de que são devidos honorários de advogado na medida do respectivo proveito econômico.

---

mente provado. A exigência de que a prova seja pré-constituída tem por escopo evitar embaraços ao regular processamento da execução. Nesse cenário, a possibilidade de complementação da prova apresentada com o protocolo da exceção de pré-executividade propicia a prestação de tutela jurisdicional adequada, efetiva e tempestiva. Com essas considerações, tem-se que mesmo em sede de exceção de pré-executividade, com fulcro nos arts. 6ª e 321 do CPC, o juiz pode determinar a complementação das provas, desde que elas sejam preexistentes à objeção. REsp 1.912.277-AC, rel. Min. Nancy Andrighi, 3ª T., por unanimidade, j. 18-5-2021, DJe 20-5-2021. Informativo STJ n. 697.

[25] Nesse sentido, manifesta-se Araken de Assis: "A possibilidade de o executado oferecer exceção de pré-executividade, suscitando questões que o juiz deve conhecer de ofício, e, de modo geral, as exceções substantivas dotadas de prova pré-constituída, representa uma expressiva manifestação do princípio da bilateralidade de audiência ou do contraditório. Em contrapartida, também o exequente deve ser ouvido" (Assis, 2002, p. 1160).

[26] REsp 1.276.956-RS, rel. Min. Ari Pargendler, j. 4-2-2014, Informativo STJ, n. 534.

Capítulo 10
SUSPENSÃO E EXTINÇÃO DO PROCESSO DE EXECUÇÃO

10.1 SUSPENSÃO DO PROCESSO DE EXECUÇÃO

A suspensão da execução é algo transitório, em que ela restará obstada por alguma razão. Trata-se de situação excepcional, o que enseja uma interpretação restritiva de suas normas.

Enquanto durar a suspensão, dispõe o art. 923 que somente os atos processuais caracterizados como urgentes poderão ser praticados pelo juiz, salvo no caso de arguição de impedimento ou suspeição, em que ele deve se abster de praticar qualquer ato, passando o pedido a seu substituto legal (art. 146, § 3º).

Se, entretanto, outros atos forem praticados, apesar de viciados, poderão ser válidos em observância ao princípio da instrumentalidade das formas (art. 277).

A suspensão se divide em duas modalidades: própria ou imprópria. A primeira se dá quando a paralisação da execução é total e irrestrita. A imprópria ocorre se apenas se paralisa o processo principal, mas alguns atos processuais ainda são praticados; por exemplo, um expediente tem seu curso normal (citando caso análogo, a suspensão dos autos principais enquanto o Tribunal decide se o magistrado está suspeito ou impedido para o julgamento).

Em relação à extinção da execução, essa ocorre por sentença, com fundamento em alguma situação prevista no art. 924, embora se admita também seu fundamento no art. 485. Essa sentença, em princípio, deveria conter todos os elementos do art. 489, embora isso nem sempre seja observado[1].

Até a extinção da execução as questões de ordem pública poderão ser alegadas pelas partes, podendo a prescrição até mesmo ser reconhecida de ofício, depois de ouvidas as partes, que disporão de prazo de 15 dias para manifestação, em observância ao princípio do contraditório, na forma do art. 10 do CPC[2].

O art. 921 enumera as hipóteses de suspensão da execução:

a) nos casos de suspensão ordinária dos processos em geral, conforme possibilidades estabelecidas na Parte Geral (arts. 313 e 315);

b) quando recebidos com efeito suspensivo os embargos à execução no todo ou em parte;

c) III – quando não for localizado o executado ou bens penhoráveis; (redação alterada pela Lei n. 14.195/2021).

d) se a alienação dos bens penhorados não se realizar por falta de licitantes e o exequente, em 15 (quinze) dias, não requerer a adjudicação nem indicar outros bens penhoráveis;

e) quando concedido o parcelamento de que trata o art. 916.

Na hipótese de suspensão gerada pela falta de bens penhoráveis do executado, o juiz suspenderá a execução pelo prazo de um ano, o que suspenderá também o curso da prescrição. Se, após, a situação se mantiver, os autos serão arquivados (art. 916, § 2º), mas a qualquer tempo poderão ser

---

[1] Câmara, 2015, p. 275.
[2] Carneiro; Pinho, 2016, p. 549.

desarquivados para prosseguimento da execução se forem encontrados bens penhoráveis (art. 916, § 3º).

Na sua redação originária, o CPC previa que após o decurso de um ano de suspensão do processo por falta de bens penhoráveis, começava a correr o prazo de prescrição intercorrente (art. 921, § 4º). Resolveu, assim, o CPC matéria de grande controvérsia no diploma anterior, em sede doutrinária[3] e jurisprudencial, tendo em vista a omissão do CPC/73 acerca do tema.

Importante atentar que a Lei n. 14.382/2022 inseriu o art. 206-A no Código Civil, prevendo que a prescrição intercorrente será regida pelo mesmo prazo de prescrição da pretensão, observadas as causas de impedimento, suspensão e interrupção previstas no Código Civil, atentando-se, também, ao art. 921 do CPC.

O novel dispositivo está alinhado com entendimento já sedimentado na Súmula 150 do STF, que estabelece a equivalência entre o prazo prescricional da ação e da execução[4].

Antes das alterações legislativas, o STJ mantinha entendimento contraditório, admitindo essa modalidade nas execuções fiscais[5], mas vedando-a nas execuções cíveis[6], entendendo que o prazo prescricional não voltaria a correr enquanto a causa de suspensão fosse mantida.

A partir da edição original e, sobretudo, do aperfeiçoamento do CPC, passa a ser expressamente autorizado o reconhecimento da prescrição intercorrente. Contudo, é importante anotar que o instituto no processo civil é restrito à etapa executiva e ostenta pontos muito distintos do seu homônimo estudado no art. 110 do Código Penal.

Com o advento da Lei n. 14.195, de 26 de agosto de 2021, foram alteradas as redações dos §§ 4º e 5º, bem como foram inseridos os §§ 4º-A, 6º e 7º.

Dessa forma, as novas regras assim dispõem:

Na forma do novo § 4º, o termo inicial da prescrição no curso do processo será a ciência da primeira tentativa infrutífera de localização do devedor ou de bens penhoráveis, e será suspensa, por uma única vez, pelo prazo máximo previsto no § 1º desse dispositivo, ou seja, um ano[7].

O novo § 4º-A dispõe que a efetiva citação, intimação do devedor ou constrição de bens penhoráveis interrompe o prazo de prescrição.

Dessa forma, a prescrição não corre pelo tempo necessário à citação e à intimação do devedor, bem como para as formalidades da constrição patrimonial, se necessária, desde que o credor cumpra os prazos previstos em lei ou fixados pelo juiz.

O § 5º estabelece que o juiz, depois de ouvidas as partes, no prazo de 15 (quinze) dias, poderá, de ofício, reconhecer a prescrição no curso do processo e extingui-lo, sem ônus para as partes[8].

---

[3] Câmara, 2010, p. 451.

[4] Enunciado 150 da Súmula do STF: "Prescreve a execução no mesmo prazo de prescrição da ação".

[5] Em execução fiscal, contudo, não localizados bens penhoráveis, suspende-se o processo por um ano, findo o qual se inicia o prazo da prescrição quinquenal intercorrente.

[6] Nesse sentido: STJ, 4ª T., REsp 327.329-RJ, rel. Min. Sálvio de Figueiredo Teixeira, j. 13-8-2001, DJ 24-9-2001.

[7] Dessa maneira, a prescrição não é mais motivada apenas pela inércia do exequente, seja em encontrar bens penhoráveis, seja em solicitar a prorrogação do prazo suspensivo, mas também pela ausência de localização do executado ou de bens sujeitos à penhora. No caso, vislumbra-se, pois, hipótese singular: há processo, mas não há condenação em custas e honorários (REsp 1.113.175-DF, Corte Especial, DJe 7-8-2022, Informativo STJ n. 75.

[8] Nos termos do art. 58, caput e V, da Lei n. 14.195/2021, o diploma legal entrou em vigor na data de sua publicação, em 26-8-2021, e as alterações promovidas no artigo supramencionado começaram a produzir efeitos também no mesmo momento. Quanto ao ponto, esta Corte já apreciou questão similar ao comparar os regramentos do CPC/73 e CPC/2015 no que tange aos honorários sucumbenciais. No debate, assentou-se a premissa de que a legislação que trata de honorários advocatícios possui natureza híbrida (material-processual), uma vez que tem reflexos imediatos no direito substantivo da parte e de seu advogado. Assim sendo,

Já de acordo com o novo § 6º, a alegação de nulidade quanto ao procedimento previsto no art. 921 somente será conhecida caso demonstrada a ocorrência de efetivo prejuízo, que será presumido apenas em caso de inexistência da intimação de prevista no § 4º.

E, finalmente, o § 7º determina a aplicação dessas normas ao cumprimento de sentença, na forma do art. 523.

Outras hipóteses de suspensão da execução previstas no CPC são:

a) suspensão da execução definitiva em decorrência da concessão de tutela de urgência no bojo da ação rescisória (art. 969);

b) suspensão da execução provisória em decorrência de o exequente não dispor de patrimônio para prestar a caução, quando vai levantar o dinheiro depositado ou alienar os bens constritos (art. 520, IV);

c) suspensão da execução provisória em decorrência da concessão de efeito suspensivo ao recurso pelo relator (art. 995, parágrafo único);

10.2 EXTINÇÃO DO PROCESSO DE EXECUÇÃO

A execução, tendo tramitado como processo autônomo ou como fase do processo, finda com a prolação de uma sentença, nas hipóteses do art. 924.

Essa sentença terá natureza declaratória, já que afirma o fim do vínculo obrigacional desde o momento em que se deu a causa de extinção, tendo, portanto, efeito *ex tunc*.

Dessa forma, a sentença proferida em execução gera preclusão máxima, a qual, consequentemente, configura coisa julgada formal e material. Por isso, de acordo com o art. 508, serão repelidas todas as alegações de defesa.

No que se refere à coisa julgada, vale ressaltar que, apesar da ausência de aprofundamento da cognição, a norma contida no art. 924 guarda silogismo com o art. 487, em que há resolução do mérito e, assim, deve ser formada a coisa julgada formal e material.

Portanto, não será possível rediscutir a questão em qualquer processo autônomo posterior.

Contudo, poderá o juiz extinguir a execução com base também no art. 485, quando se verificar uma das hipóteses contempladas nesse dispositivo.

Assim sendo, as hipóteses de extinção da execução encontram-se positivadas no art. 924; contudo, existem outras causas que dão ensejo a essa extinção, como, por exemplo, a desistência da ação (arts. 485, VIII, e 775) ou se o exequente deixa de promover os atos que lhe competem, abandonando a causa por período superior a trinta dias (art. 485, III).

As hipóteses de extinção da execução, especificamente mencionadas no art. 924, são as seguintes:

a) indeferimento da petição inicial;
b) a obrigação for satisfeita;
c) o executado obtiver, por qualquer outro meio, a extinção total da dívida;

---

não se mostra possível sua aplicação imediata e irrestrita aos processos em curso. No ponto, porém, firmou-se entendimento no sentido de que o marco temporal para a aplicação das regras sucumbenciais do novo diploma deve ser a data da prolação da sentença (ou ato jurisdicional equivalente, quando diante de processo de competência originária de Tribunal). Isso porque, tais atos correspondem ao "nascedouro do direito à percepção dos honorários advocatícios" (EAREsp 1.255.986-PR, Corte Especial, DJe 6-5-2019). Antes da prolação da sentença, destarte, a parte tem apenas a expectativa do direito (REsp 729.021-RS, 4ªT., DJe 6-2-2015 e REsp 1.133.638-SP, 3ªT., DJe 20-8-2013). Por fim, importa salientar que o marco temporal fixado é unicamente para a análise dos honorários, e não para a averiguação da própria prescrição intercorrente. (REsp 1.113.175-DF, Corte Especial, DJe 7-8-2012, *Informativo STJ* n. 759).

d) o exequente renunciar ao crédito;

e) ocorrer a prescrição intercorrente.

Durante a execução, como em qualquer outro procedimento, o juiz pode proferir atos de diversas naturezas. Sendo despacho, será o mesmo irrecorrível por disposição expressa do art. 203, § 3º, do CPC.

Há possibilidade também de serem decisões interlocutórias, mais frequentes, e com a diferença de que, em sede de execução, essas decisões podem ditar os rumos seguintes do processo, possuindo uma carga decisória mais ampla do que a sentença.

Como exemplo, tem-se uma decisão interlocutória proferida para reconhecer que um ato de transferência foi praticado em fraude à execução, sendo, portanto, ineficaz frente ao exequente (art. 792).

Por isso, uma decisão interlocutória na execução pode ter uma potencialidade lesiva elevada, a qualquer das partes.

Sua impugnação, por tal razão, desafia o recurso de agravo de instrumento, na forma do art. 1.015, parágrafo único.

A grande inovação aqui, frente ao texto do CPC/73, está na admissão expressa da prescrição intercorrente, o que já era aceito em sede jurisprudencial, sobretudo nas execuções fiscais, como visto acima[9].

Não custa lembrar que o art. 1.056 considera como termo inicial do prazo da prescrição prevista no art. 924, V, inclusive para as execuções em curso, a data de vigência do CPC.

Nesse aspecto, o STJ[10], examinando o primeiro incidente de assunção de competência, fixou as seguintes teses, em voto condutor do Min. Marco Aurélio Bellizze:

1.1. Incide a prescrição intercorrente, quando o exequente permanece inerte por prazo superior ao de prescrição do direito material vindicado, conforme interpretação extraída do art. 202, parágrafo único, do Código Civil de 2002.

1.2. O termo inicial do prazo prescricional, na vigência do CPC/73, conta-se do fim do prazo judicial de suspensão do processo ou, inexistindo prazo fixado, do transcurso de um ano (aplicação analógica do art. 40, § 2º, da Lei n. 6.830/80).

1.3. O termo inicial do art. 1.056 do CPC tem incidência apenas nas hipóteses em que o processo se encontrava suspenso na data da entrada em vigor da novel lei processual, uma vez que não se pode extrair interpretação que viabilize o reinício ou a reabertura de prazo prescricional ocorridos na vigência do revogado CPC/73 (aplicação irretroativa da norma processual).

---

[9] Enunciado 196 do FPPC: "O prazo de prescrição intercorrente é o mesmo da ação".

[10] O Ministro Bellizze consignou na oportunidade que não é admissível a confusão dos institutos de abandono da causa e prescrição intercorrente da pretensão executiva. "É imprescindível que o credor promova todas as medidas necessárias à conclusão do processo, com a realização do bem da vida judicialmente tutelado, o que, além de atender substancialmente o interesse do exequente, assegura também ao devedor a razoabilidade imprescindível à vida social, não se podendo albergar no direito nacional a vinculação perpétua do devedor a uma lide eterna. Destarte, a prescrição intercorrente, tratando-se em seu cerne de prescrição, tem natureza jurídica de direito material e deve observar os prazos previstos em lei substantiva, em especial, no Código Civil, inclusive quanto a seu termo inicial." Segundo o relator, findo prazo razoável de um ano para retomada da demanda, também o prazo prescricional deve ser retomado e, uma vez consumado, reconhecida a prescrição com observância do contraditório" (STJ, REsp 1.604.412. Disponível em: http://m.migalhas.com.br/quentes/282662/prescricao-intercorrente-stj-julga-primeiro-incidente--de-assuncao-de. Acesso em: 4 jul. 2018).

1.4. O contraditório é princípio que deve ser respeitado em todas as manifestações do Poder Judiciário, que deve zelar pela sua observância, inclusive nas hipóteses de declaração de ofício da prescrição intercorrente, devendo o credor ser previamente intimado para opor algum fato impeditivo à incidência da prescrição.

Por fim, anote-se que, em homenagem ao princípio do contraditório, o STJ[11] já decidiu que, em execução de título extrajudicial, o credor deve ser intimado para opor fato impeditivo à incidência da prescrição intercorrente antes de sua decretação de ofício.

---

[11] REsp 1.589.753-PR, rel. Min. Marco Aurélio Bellizze, j. 17-5-2016, *DJe* 31-5-2016, *Informativo*, n. 584.

Seção IV Dos Processos nos Tribunais e dos Meios de Impugnação das Decisões Judiciais

Capítulo 1
DA ORDEM DOS PROCESSOS NO TRIBUNAL

1.1 NOÇÕES PRELIMINARES

1.1.1 A geografia da matéria no CPC

"Da Ordem dos Processos e dos Processos de Competência Originária dos Tribunais" é o primeiro Título do Livro III do novo Código de Processo Civil (Lei n. 13.105/2015), intitulado "Dos Processos nos Tribunais e dos Meios de Impugnação das Decisões Judiciais". Seu Capítulo I, "Disposições Gerais", traz normas sem correspondentes no CPC/73 e sobre as quais, portanto, deve ser realizado aprofundado estudo.

A nova Lei Processual tem como um de seus motes a uniformização, estabilidade, integridade e coerência da jurisprudência dos Tribunais, consoante disposto no *caput* de seu art. 926.

Não deve parecer estranho ao intérprete que assim o seja, quando bem se sabe de toda a insegurança jurídica proporcionada por julgamentos díspares e incertos. Quando o Poder Judiciário não se ocupa da harmonização de seus posicionamentos, perde credibilidade, legitimidade e confiança da sociedade. Verifica-se, assim, seu desprestígio ante os olhos de seus aflitos jurisdicionados.

Para minorar tais efeitos deletérios, ou mesmo evitá-los, o novo Código intensifica o tratamento dispensado à temática da uniformização jurisprudencial[1].

1.1.2 Escorço histórico

O direito brasileiro tradicionalmente sempre integrou a família da *civil law*, formada a partir da tradição romano-germânica. De modo diverso ao que se passa no sistema da *common law*, fundado na jurisprudência e no princípio do *stare decisis*, dá-se prevalência às fontes de direito escrito, cujas disposições costumam ser condensadas em códigos.

Ao herdar o direito lusitano, o ordenamento brasileiro chegou, em seus primórdios, a conhecer os chamados "assentos" da Casa de Suplicação, consistentes em orientações interpretativas voltadas a dirimir dúvidas de julgamento, cujo seguimento era obrigatório por parte dos juízes inferiores[2]. Todavia, sendo de raro uso na prática, foram abolidos quando da proclamação da República, em 1889.

Em 1963, o Supremo Tribunal Federal (STF) editou as suas primeiras súmulas, registrando a interpretação pacífica ou majoritária adotada em casos análogos, a respeito de determinada questão jurídica.

Tratou-se de grande inovação na consolidação de jurisprudência, muito embora os seus enun-

---

[1] Duarte; Brasil, 2015.
[2] Os assentos eram previstos, na legislação portuguesa, nas Ordenações Manuelinas de 1512, Livro V, Título 58, § 1º. O instituto permaneceu no direito brasileiro mesmo após a proclamação da Independência, por força do Decreto de 20 de outubro de 1823.

ciados normativos fossem então revestidos de valor meramente moral ou persuasivo. Em 1988, a nova Constituição Federal brasileira previu a criação de outra corte de nível nacional, o Superior Tribunal de Justiça (STJ), ao qual se atribuiu a competência para julgar casos nos quais se discutem questões não constitucionais.

Repartiu-se, portanto, a responsabilidade de assegurar o cumprimento das normas em todo o país e a uniformização da jurisprudência nacional entre o STF (casos constitucionais) e o STJ (casos infraconstitucionais).

As reformas posteriores, a partir da década de 90, conferiram ainda maior eficácia aos precedentes, ao desenvolverem diversos mecanismos que permitem a aceleração do procedimento, mediante a improcedência liminar do pedido[3]; o impedimento de recursos[4] e o seu julgamento monocrático pelo relator, quando existente súmula ou posicionamento reiterado do tribunal.

Já os primeiros precedentes com efeito vinculante – após os remotos assentos portugueses – nasceram no campo do controle de constitucionalidade. O ordenamento consagrou um sistema misto, aliando o controle difuso (com outorga de competência a qualquer órgão do Poder Judiciário para conhecer da questão da inconstitucionalidade) ao modelo concentrado.

Neste, atribuiu-se ao STF a função de decidir, por meio de ação direta, a respeito da constitucionalidade ou inconstitucionalidade de uma lei, produzindo precedentes com eficácia *erga omnes* e efeitos vinculantes em relação aos órgãos do Poder Judiciário e à Administração Pública federal, estadual e municipal[5].

Finalmente, em 2004, por meio da Emenda Constitucional n. 45[6], instituiu-se a possibilidade de o STF editar súmulas com efeitos vinculantes, mantida a eficácia persuasiva dos verbetes já editados, bem como se limitou a apreciação dos recursos pela corte constitucional àqueles que apresentem "repercussão geral"[7].

Nesses moldes, a jurisprudência não é reconhecida como uma fonte formal do direito, eis que não possui força de lei. Atribui-se aos precedentes, em geral, um valor complementar, haja vista expressarem, de forma subsidiária, o conteúdo das regras e dos princípios que integram o ordenamento jurídico nacional.

Em outras palavras, os juízes não têm o dever funcional de seguir, em casos sucessivos, as decisões anteriores proferidas em situações análogas. Contudo, o Superior Tribunal de Justiça, cuja função primordial é a de zelar pela uniformidade de interpretação da legislação federal, já asseverou a importância do respeito aos precedentes[8].

Constata-se, por outro lado, uma nítida tendência evolutiva no sentido de se emprestar cada vez mais importância à jurisprudência, na esteira do que já ocorre em muitos países do sistema continental-europeu. A força conferida aos precedentes é deveras conveniente por se tratar de um país de

---

[3] Art. 285-A do CPC/73, inserido pela Lei n. 11.277, de 7 de fevereiro de 2006.

[4] Art. 518, § 1º, do CPC/73, introduzido pela Lei n. 11.276, de 7 de fevereiro de 2006.

[5] A Constituição Federal de 1946, com redação dada pela Emenda Constitucional n. 16, de 26 de novembro de 1965, previu originalmente a ação direta ao STF, cuja amplitude foi estendida em reformas constitucionais posteriores, até alcançar os moldes atuais, previstos na Constituição Federal de 1988 (com redação dada pela Emenda Constitucional n. 3, de 3 de março de 1993), com a ação direta de inconstitucionalidade e a ação declaratória de constitucionalidade. Tais procedimentos somente vieram a ser regulamentados, porém, pela Lei n. 9.868, de 10 de novembro de 1999.

[6] A EC n. 45/2004 alterou a redação do art. 102, § 2º, e introduziu o art. 103-B na Constituição brasileira.

[7] Na sessão plenária de 30 de maio de 2007, o STF editou as três primeiras súmulas com efeitos vinculantes na experiência brasileira.

[8] Pinho; Rodrigues, 2015, p. 651.

dimensões continentais, no qual o grande número de tribunais estaduais e federais impõe um maior cuidado com a uniformidade do direito.

O fenômeno da concessão de maior eficácia às decisões judiciais pode ser identificado nas numerosas reformas havidas na legislação processual brasileira nas últimas décadas. Em decorrência dessas consecutivas modificações, encontram-se, em nosso sistema atual, precedentes com eficácia de níveis distintos, quais sejam, persuasivos, impeditivos de recursos e, em grau máximo, vinculantes.

1.2 MECANISMOS DE UNIFORMIZAÇÃO

1.2.1 Precedentes

Na esteira da norma que encabeça o art. 926, é prevista uma série de mecanismos voltados à persecução de um tratamento jurisprudencial mais estável, íntegro e coerente, além de uniforme, a começar pelos parágrafos do próprio artigo.

Importante distinguir precedente de jurisprudência. A jurisprudência é o conjunto das decisões do Poder Judiciário. O precedente é "o resultado da densificação de normas estabelecidas a partir da compreensão de um caso e suas circunstâncias fáticas e jurídicas"[9].

O conceito de precedente é fornecido de maneira simples e didática por Charles D. Cole[10], para quem:

"A doutrina do *stare decisis* na cultura jurídica dos Estados Unidos simplesmente significa que uma vez que a Corte de última instância no sistema judiciário federal ou estadual decida um princípio de direito para o caso em julgamento, estabelecendo, assim, um precedente, a Corte continuará a aderir a esse precedente, aplicando-o a casos futuros em que os fatos relevantes sejam substancialmente os mesmos, ainda que as partes não sejam as mesmas".

Portanto, "precedente" é a regra jurídica usada pela Corte de última instância no local em que o caso foi decidido, aplicado aos fatos relevantes que criaram a questão de mérito levada perante a Corte para decisão.

Contudo, é bem verdade que não há consenso na doutrina acerca dos limites do termo precedente ou mesmo de suas modalidades. Um conceito bastante objetivo é fornecido por Teresa Arruda Alvim. Para a autora, podemos sistematizar os precedentes a partir de sua intensidade que, por sua vez, pode ser classificada em forte, média e fraca[11].

Estatui o § 1º do art. 926 que, sendo dominante a jurisprudência, os Tribunais editarão enunciados de súmula a seu respeito, observados a forma estabelecida e os pressupostos fixados em seu regimento interno. Ademais, tal edição não pode se dissociar das circunstâncias fáticas atinentes às causas que lhes serviram de base (§ 2º).

---

[9] Zaneti Jr., 2014, p. 293.

[10] Cole, 1998, p. 11.

[11] Para Teresa Arruda Alvim, à luz do CPC 2015, "podemos conceber três graus de intensidade nos precedentes. A primeira, denominada forte, se dá quando o respeito a um precedente é exigido, sob pena do manejo de medida ou ação especialmente concebida para esse fim, a reclamação. (...) Média é a obrigatoriedade de um precedente quando ocorre pelo menos uma das duas hipóteses: (i) o seu desrespeito gera a correção por meios não concebidos, necessariamente, para esse fim, como recursos. (...) (ii) quando a lei utiliza a existência daquele precedente (ou daquele elemento oriundo do labor dos tribunais) para gerar abreviação do procedimento, permitindo à parte gozar de certos benefícios como, por exemplo, a dispensa do duplo grau ou da prestação de caução na execução. (...) Em terceiro e último lugar, há a obrigatoriedade que chamamos de fraca. A obrigatoriedade fraca é (apenas) cultural. É aquela que decore da razão de ser das coisas, mas, principalmente, do que se deve ter o direito de razoavelmente esperar dos órgãos do Estado (justa expectativa da sociedade, princípio da proteção da confiança). Alvim, 2021, p. 112.

De ímpar facilidade de acesso e condensação de linguagem, os enunciados de entendimentos sumulados há muito se prestam, no ordenamento brasileiro, a simplificar a vida dos operadores e estudiosos do Direito. Ao provocar a reunião de determinada quantidade de julgados em torno de uma interpretação a todos fixada, em poucas linhas, tornam menos duvidosa a aventura pela seara jurisdicional, sem, por outro lado, engessar o posicionamento, que sempre poderá ser revisto e os enunciados, revogados.

A súmula é o conjunto das teses jurídicas reveladoras da jurisprudência reiterada e predominante no Tribunal. A edição de enunciados pelos Tribunais corresponde a súmulas não vinculantes, que não convertem a opinião da maioria de seus membros em normas legais, podendo tais súmulas ser até revisadas, por iniciativa de qualquer membro do Tribunal, por disposição expressa do Regimento Interno.

Essas súmulas tornam mais célere o trabalho no Tribunal, uma vez que, fazendo referência à súmula, podem fundamentar suas decisões de maneira sucinta, além de evitar a ocorrência de julgados conflitantes.

Contudo, no caso do Supremo Tribunal Federal, pode haver súmula vinculante e não vinculante. As súmulas não vinculantes podem ser editadas por qualquer Tribunal e representam uma tendência de julgamento, sem qualquer caráter impositivo. O Regimento Interno do STF prevê a possibilidade de revisão de seus enunciados por qualquer ministro (art. 103).

Já as súmulas vinculantes (art. 103-A da Constituição) versam sobre matéria constitucional, com sua edição, revisão e cancelamento regulado pela Lei n. 11.417, de 2006, e podem ser editadas de ofício ou por provocação de qualquer dos legitimados previstos no art. 3º da lei, mas somente o STF poderá aprová-las. O dispositivo fala ainda em reiteradas decisões, não precisando o número, mas deixando claro que não deve ser uma situação casuística, mas sim uma hipótese que tenha despertado entendimentos diversos nos órgãos do Poder Judiciário.

É importante, também, a tarefa desempenhada pelo CPC no sentido de estabelecer um rol não só de enunciados, mas também de decisões e orientações a serem seguidos pelos juízes e Tribunais de todo o país, em busca da uniformização.

Nesse ponto, de acordo com o art. 927 do CPC, torna-se obrigatória a observância:

I – das decisões do Supremo Tribunal Federal, em sede de controle concentrado de constitucionalidade;

II – dos enunciados de súmula vinculante;

III – dos acórdãos proferidos em incidente de assunção de competência ou de resolução de demandas repetitivas e em julgamento de recursos extraordinário e especial repetitivos;

IV – dos enunciados das súmulas do Supremo Tribunal Federal, em matéria constitucional, e do Superior Tribunal de Justiça, estes em matéria infraconstitucional; e

V – da orientação do plenário ou do órgão especial aos quais estiverem vinculados os juízes ou Tribunais[12].

Assim é o disposto no art. 927, devendo os magistrados nele se pautarem, embora sem nunca descuidarem do respeito ao essencial princípio do contraditório (art. 10) e ao basilar dever de fundamentação das decisões (art. 489, § 1º)[13].

---

[12] Enunciado n. 208 da III Jornada de Direito Processual Civil CJF/ENFAM: A orientação contida no acórdão de mérito dos embargos de divergência se enquadra no comando do art. 927, inciso V, do CPC se este for proferido pelo Plenário do Supremo Tribunal Federal, pelas seções ou pela Corte Especial do Superior Tribunal de Justiça.

[13] Enunciado 2 do FPPC: "Para a formação do precedente, somente podem ser usados argumentos submetidos ao contraditório".

Tal é a regra constante do § 1º, que segue a matriz, desenhada pelo Processo Civil Constitucional, de concretização de disposições constitucionais.

Com base nas normas dos arts. 5º, LV, e 93, IX, da Constituição da República de 1988, respectivamente, o contraditório e a fundamentação encontram, ao longo de todo o CPC, respaldo e proteção, por meio de um sem-número de institutos e nos mais variados contextos processuais, sendo este apenas um dos muitos exemplos.

Em outro viés, o parágrafo seguinte se preocupa com a legitimação no processo de alteração de tese jurídica[14] esposada em enunciado de súmula ou julgamento de casos repetitivos. Para tanto, prevê a possibilidade de prévia realização de audiências públicas, contando com a participação de pessoas, órgãos ou entidades aptos a contribuir para a rediscussão da matéria.

Nota-se, com essa disposição, um prestígio por mecanismos que tragam à atividade jurisdicional, por meio de *amici curiae*, a voz daqueles que, em última análise, sofrerão os efeitos da mudança de entendimento. Trata-se de um meio, adotado pelo legislador de 2015, de combate à crise de legitimidade, sempre debatida, a respeito do único dos três Poderes do Estado cujos membros não são eleitos pela população.

Sendo a alteração relativa a jurisprudência dominante do STF, de Tribunais Superiores ou oriunda de julgamento de casos repetitivos, surge peculiaridade, trazida pelo § 3º: a possibilidade de modulação dos efeitos da alteração, com base no interesse social e no princípio da segurança jurídica das relações afetadas, o que será visto com mais detalhes a seguir[15].

Também com vistas à preservação desse princípio, bem como dos princípios da confiança e da isonomia, o parágrafo seguinte exige maior fundamentação, que deverá ser adequada e específica ao caso, para que se alterem enunciado de súmula, jurisprudência pacificada ou tese adotada em julgamento de casos repetitivos. A matéria merece relevo em particular pela sua abrangência e capacidade de afetação de um número considerável de relações jurídicas[16].

Fechando, enfim, o art. 927, o § 5º elenca mais um dos princípios constitucionais a serem valorizados no processo: o da publicidade (art. 93, IX). Os Tribunais ficam obrigados a publicar seus precedentes, preferencialmente pela *internet*, sempre de maneira organizada, por questão jurídica decidida. A lógica evidente é a de não apenas permitir o acesso do público em geral, mas fazê-lo do modo mais claro possível.

Encerrando as disposições gerais, coube à Lei delimitar o que se deve entender por julgamento de casos repetitivos, sendo este a decisão proferida tanto em sede de incidente de resolução de demandas repetitivas (tratado no Capítulo VIII deste mesmo Título) quanto em sede de recursos especial e extraordinário repetitivos (arts. 1.036 e s. do Código)[17].

---

[14] Enunciado 318 do FPPC: (art. 927) "Os fundamentos prescindíveis para o alcance do resultado fixado no dispositivo da decisão (*obiter dicta*), ainda que nela presentes, não possuem efeito de precedente vinculante".

[15] Evidentemente, a possibilidade de se darem efeitos prospectivos a mudanças de orientação pacificada dos tribunais e de tese jurídica adotada em precedente, embora seja, a nosso ver, dotada de evidente racionalidade jurídica, suscita problemas e, por isso, gera muita resistência. O principal desses problemas é o fato de o juiz, de certo modo, estar agindo, em certa medida, ao dar efeitos *ex tunc* à sua decisão (que encampa um novo posicionamento), como legislador. Questiona-se, portanto, se a função jurisdicional seria compatível com este fenômeno. Alvim, 2021, p. 16.

[16] Enunciado 324 do FPPC (art. 927): "Lei nova, incompatível com o precedente judicial, é fato que acarreta a não aplicação do precedente por qualquer juiz ou tribunal, ressalvado o reconhecimento de sua inconstitucionalidade, a realização de interpretação conforme ou a pronúncia de nulidade sem redução de texto".

[17] É desnecessário aguardar o trânsito em julgado para a aplicação do paradigma firmado em sede de recurso repetitivo. AgInt no REsp 2.060.149-SP, rel. Min. Herman Benjamin, 2ªT., por unanimidade, j. 8-8-2023, *Informativo STJ* n. 782.

Também conhecido como julgamento por amostragem ou julgamento representativo da controvérsia, o julgamento de casos repetitivos tem seu objeto fixado no parágrafo único do art. 928, qual seja apenas questão de direito material ou processual. Destarte, ficam descartadas questões de fato, como seria intuitivo concluir, pois essas são sempre repletas de particularidades e especificidades, a eliminarem qualquer pretensão de padronização.

Faltava, apenas, definir o conceito de jurisprudência dominante, tão utilizado no ordenamento anterior, mas que carecia de uma releitura diante das figuras previstas no art. 927 do atual CPC. O STJ[18] se debruçou sobre a questão algumas vezes, em sede de pedido de interpretação de lei federal, previsto no art. 14 da Lei n. 10.259/2001 (Lei dos Juizados Especiais Federais), e acabou definindo a extensão do conceito.

Uma última observação. Há uma interação entre o sistema de precedentes e os efeitos provocados pelo uso das ferramentas de julgamentos repetitivos. Além disso, há dispositivos dispersos no Código que precisam ser combinados para que se possa ter uma noção completa do sistema.

Assim, há, na verdade, um rol de dispositivos que formam, juntos, não um universo, mas sim um multiverso de precedentes. Cada universo é aplicável a uma determinada situação do processo, e as hipóteses são alargadas ou encurtadas de acordo com as peculiaridades de cada caso.

Desse modo, além do art. 927, vamos encontrar no art. 332 mais uma previsão de força vinculante dos precedentes, ao contemplar a possibilidade de julgamento liminar de improcedência das pretensões que versem exclusivamente sobre questão de direito e que contrariem enunciados de súmulas do STF ou do STJ, acórdãos proferidos pelo STF ou STJ em julgamento de recursos excepcionais repetitivos, entendimento firmado em incidente de resolução de demandas repetitivas ou de assunção de competência e enunciado de súmula de tribunal de justiça quanto ao direito local.

Esse rol é integrado, também, pelo art. 311, II, que autoriza a concessão de tutela de evidência quando as alegações de fato puderem ser comprovadas apenas documentalmente e houver tese firmada em julgamento de casos repetitivos ou em súmula vinculante.

Importante lembrar, ainda, os arts. 496, § 4º, e 521, IV, que, igualmente, fazem previsão expressa do uso de precedentes para, respectivamente, dispensar o duplo grau obrigatório de jurisdição (súmula de tribunal superior, acórdão proferido pelo Supremo Tribunal Federal ou pelo Superior Tribunal de Justiça em julgamento de recursos repetitivos, entendimento firmado em incidente de resolução de demandas repetitivas ou de assunção de competência, ou ainda entendimento coincidente com orientação vinculante firmada no âmbito administrativo do próprio ente público, consolidada em manifestação, parecer ou súmula administrativa) e dispensar a exigência de caução nos casos de cumprimento provisório da decisão (quando a sentença a ser provisoriamente cumprida estiver em consonância com súmula da jurisprudência do Supremo Tribunal Federal ou do Superior Tribunal de Justiça ou em conformidade com acórdão proferido no julgamento de casos repetitivos).

Por fim, temos o art. 932, que, ao tratar dos poderes monocráticos do relator, permite negar ou dar provimento a recurso que for contrário a súmula do Supremo Tribunal Federal, do Superior

---

[18] O STJ havia definido o conceito de jurisprudência dominante da seguinte forma: "3. O conceito de 'jurisprudência dominante', para efeitos do manejo do pedido de interpretação de lei federal, deriva da dicção do art. 927 do CPC e pressupõe, como paradigmas, decisões proferidas em IRDR instaurado nas ações originárias do STJ, do IAC, de recursos especiais repetitivos (inciso III); de súmulas do STJ (inciso IV); ou, ainda, de julgamentos em plenário ou por órgão especial (inciso V)." PUIL 825-RS, rel. Min. Sérgio Kukina, 1ª S., por unanimidade, j. 24-5-2023, *Informativo* n. 777. Ocorre que, em 2024, em novo julgamento, o Tribunal expandiu o entendimento para abranger, além das hipóteses previstas no art. 927, III, do CPC, também os acórdãos do STJ proferidos em embargos de divergência e nos próprios pedidos de uniformização de lei federal por ele decididos, superando o entendimento restritivo outrora firmado. PUIL n. 825-RS, rel. Min. Sérgio Kukina, 1ª S., j. 24-5-2023.

Tribunal de Justiça ou do próprio tribunal, acórdão proferido pelo Supremo Tribunal Federal ou pelo Superior Tribunal de Justiça em julgamento de recursos repetitivos ou, ainda, entendimento firmado em incidente de resolução de demandas repetitivas ou de assunção de competência.

Importante ressaltar que já há súmula do STJ[19] no sentido de que o relator pode, mesmo monocraticamente, dar ou negar provimento a recurso quando houver "entendimento dominante" sobre o tema. Note-se que a súmula não exige que esse entendimento esteja consubstanciado numa decisão dotada de efeitos vinculantes, na forma do art. 927 do CPC, embora o art. 932 adote postura mais restritiva.

O microssistema de formação de precedentes vinculantes previsto no CPC de 2015 é composto, portanto, pelas normas gerais previstas nos arts. 926 a 928, bem como pelas disposições esparsas que regulamentam todos os mecanismos de julgamentos por amostragem acima mencionados.

De se observar, ainda, que a Resolução n. 235/2016 do CNJ dispõe sobre a padronização de procedimentos administrativos decorrentes de julgamentos de precedentes qualificados e precedentes em sentido lato, nos termos no art. 2º da Resolução CNJ n. 444/2022.

Por sua vez, a Resolução n. 444/2022 do CNJ Institui o Banco Nacional de Precedentes (BNP) para consulta e divulgação de precedentes judiciais, na forma do art. 979 do Código de Processo Civil. O art. 2º considera as seguintes espécies de precedentes:

I – Precedentes qualificados: os pronunciamentos judiciais listados nos incisos I a V do art. 927 do CPC; e

II – Precedentes, em sentido lato: entre outros, os pedidos de uniformização de interpretação de lei de competência do Superior Tribunal de Justiça (STJ), os enunciados de súmula do Superior Tribunal Militar (STM), do Tribunal Superior Eleitoral (TSE), do Tribunal Superior do Trabalho (TST), dos Tribunais de Justiça (TJs), dos Tribunais Regionais Federais (TRFs), dos Tribunais de Justiça Militares (TJMs), dos Tribunais Regionais Eleitorais (TREs), dos Tribunais Regionais do Trabalho (TRTs) e os pedidos representativos de controvérsia da Turma Nacional de Uniformização dos Juizados Especiais Federais (TNU), bem como os precedentes normativos e as orientações jurisprudenciais do Tribunal Superior do Trabalho.

O art. 4º prevê que o BNP será mantido pelo Conselho Nacional de Justiça, e que todos os tribunais e a TNU deverão hospedar nas suas respectivas páginas de Internet um link para a página do BNP.

O art. 5º estabelece que para permitir a padronização, a organização e o controle dos recursos representativos da controvérsia e daqueles que permanecem sobrestados, os tribunais deverão criar grupo de representativos (GR), para o conjunto de processos enviados ao STF, ao STJ ou ao TST, nos termos do § 1º do art. 1.036 do CPC e do § 4º do art. 896 da CLT.

Em setembro de 2022, o CNJ editou a Recomendação n. 134 com o objetivo de orientar no sentido do tratamento adequado dos precedentes no direito brasileiro. O art. 3º desse ato estimula os magistrados a realizar permanente trabalho de identificação das questões de direito controversas, que sejam comuns, em uma quantidade razoável de processos, ou de repercussão geral, para que possam ser objeto de uniformização.

O art. 10 pontua a necessidade da menção expressa, na decisão, acerca das razões que levam à necessidade de afastamento ou ao acolhimento dos precedentes trazidos pelas partes, na forma do art. 489, § 1º, V e VI, do CPC.

---

[19] Súmula 568: "O relator, monocraticamente e no Superior Tribunal de Justiça, poderá dar ou negar provimento ao recurso quando houver entendimento dominante acerca do tema" (Corte Especial, aprovada em 16-3-2016, *DJe* 17-3-2016, *Informativo*, n. 580).

Já o art. 12 traz recomendação para que os acórdãos proferidos no julgamento do incidente de assunção de competência, de resolução de demandas repetitivas e no julgamento de recursos extraordinário e especial repetitivos devem conter: I – indicação de todos os fundamentos suscitados, favoráveis e contrários à tese jurídica discutida; II – delimitação dos dispositivos normativos relevantes relacionados à questão jurídica; III – identificação das circunstâncias fáticas subjacentes à controvérsia, em torno da questão jurídica; e IV – enunciação da tese jurídica firmada pelo órgão julgador em destaque, evitando a utilização de sinônimos de expressões técnicas ou em desuso.

O art. 14 trata da técnica da distinção, por meio da qual o magistrado pode, excepcionalmente, afastar precedente de natureza obrigatória ou somente persuasiva. O § 1º desse dispositivo recomenda que, ao realizar a distinção (*distinguishing*), o juiz explicite, de maneira clara e precisa, a situação material relevante e diversa capaz de afastar a tese jurídica (*ratio decidendi*) do precedente tido por inaplicável. O § 4º, a seu turno, chama a atenção para a imprópria utilização do *distinguishing* como via indireta de superação de precedentes (*overruling*), e o § 5º preceitua que a indevida utilização do *distinguishing* constitui vício de fundamentação (art. 489, § 1º, VI, do CPC), o que pode ensejar a cassação da decisão.

Os arts. 25 e 26 cuidam da suspensão dos processos pendentes enquanto elemento-chave na lógica do funcionamento do sistema, sob os prismas da economia processual e da duração razoável dos processos. Contudo, deixam claro que, observadas as peculiaridades do caso, a suspensão pode ser limitada ou mesmo não ocorrer. Ademais, a decisão sobre a suspensão pode ser tomada pelo relator ou pelo colegiado do órgão competente, observado o regimento interno de cada tribunal.

O art. 37 recomenda aos tribunais que criem, no âmbito dos Juizados Especiais, órgãos uniformizadores da respectiva jurisprudência, para que possam, nos termos do art. 98 da CF, apreciar os Incidentes de Resolução de Demandas Repetitivas suscitados a partir de processos da sua competência.

Contudo, o § 1º desse dispositivo traz a ponderação de que deve ser considerado incabível o incidente de resolução de demandas repetitivas quando o respectivo tribunal regional ou estadual, no âmbito de sua respectiva competência, já tiver afetado IRDR para definição de tese sobre questão de direito material ou processual repetitiva, a partir de processos da sua competência. Assim sendo, em caso de superveniência de tese firmada pelos tribunais estaduais, regionais ou superiores, a tese constituída no sistema dos juizados especiais seja tida por ineficaz diante do entendimento estabelecido pelos tribunais, em caso de incompatibilidade.

Por fim, o art. 45 trata da superação da tese jurídica firmada no precedente, que pode ocorrer de ofício, pelo próprio tribunal que fixou a tese, ou a requerimento dos legitimados para suscitar o incidente, isto é, pelas partes, pelo Ministério Público ou pela Defensoria Pública.

Nessa esteira, o art. 46 recomenda que na própria decisão que altera orientação jurisprudencial pacificada anterior ou adotada em precedente vinculante haja manifestação expressa sobre a modulação dos efeitos da nova orientação, sob pena de que a decisão possa ser tida por omissa, e considerada, portanto, embargável de declaração.

No âmbito administrativo, importante ressaltar que a Lei n. 13.874/2019 alterou o art. 19, VI, a, da Lei n. 10.522/2002 a fim de dispensar a Procuradoria-Geral da Fazenda Nacional de contestar, oferecer contrarrazões, interpor e desistir de recursos já interpostos, na hipótese em que a ação ou a decisão judicial ou administrativa versar sobre "tema decidido pelo Supremo Tribunal Federal, em matéria constitucional, ou pelo Superior Tribunal de Justiça, pelo Tribunal Superior do Trabalho, pelo Tribunal Superior Eleitoral ou pela Turma Nacional de Uniformização de Jurisprudência, no âmbito de suas competências, quando for definido em sede de repercussão geral ou recurso repetitivo". Ademais, o § 9º desse dispositivo autoriza que a dispensa prevista no inciso VI pode ser estendida a tema não abrangido pelo julgado, quando a ele forem aplicáveis os fundamentos determinantes extraídos do julgamento paradigma ou da jurisprudência consolidada, desde que inexista outro fundamento relevante que justifique a impugnação em juízo.

Observe-se, por fim, que, com relação ao uso da ferramenta da reclamação, o CPC, no art. 988, nos traz alguma perplexidade.

Numa interpretação literal, a reclamação será cabível para: I – preservar a competência do tribunal; II – garantir a autoridade das decisões do tribunal; III – garantir a observância de enunciado de súmula vinculante e de decisão do Supremo Tribunal Federal em controle concentrado de constitucionalidade; IV – garantir a observância de precedente de incidente de resolução de demandas repetitivas ou de incidente de assunção de competência[20].

Temos, ainda, uma última hipótese de cabimento da reclamação no § 5º desse art. 988, dirigida ao Supremo Tribunal Federal ou ao Superior Tribunal de Justiça, para garantir a observância de precedente de repercussão geral ou de recurso especial em questão repetitiva, desde que esgotadas as instâncias ordinárias.

Há aqui uma restrição temporal, com o evidente objetivo de evitar uma sobrecarga aos Tribunais Superiores, ao mesmo tempo em que reforça o papel dos Tribunais inferiores (TJ e TRF) de controle da observância dos precedentes.

Mais interessante, ainda, é notar que as hipóteses previstas no art. 927, incisos IV e V, em princípio não autorizam o uso da reclamação, embora possam ser controladas pelo sistema recursal comum (apelação, agravo, embargos de declaração, recurso especial e extraordinário e embargos de divergência)[21].

Estaria, com isso, o legislador fazendo uma diferença entre precedentes vinculantes e precedentes normativos? Ou talvez criando graus de vinculação? Poderíamos falar em precedentes vinculantes absolutos e relativos? Finalmente, haveria densidade normativa diversa entre os precedentes listados apenas no art. 927 e aqueles que constam no art. 988?

Na verdade, a questão é bem mais complexa.

Além da já conhecida discussão acerca dos limites e dos reais efeitos produzidos pelos precedentes nos demais casos semelhantes, a doutrina discute se as hipóteses de julgamento repetitivo teriam o condão de produzir autênticos precedentes.

No sentido de distinguir as duas situações, encontramos o posicionamento de Luiz Guilherme Marinoni[22].

Já no sentido de ponderar a ampliação das hipóteses de configuração dos precedentes, podemos citar o entendimento de Humberto Theodoro Jr.[23].

---

[20] Enunciado n. 685 FPPC: "(arts. 988 e 1.042, § 4º; súmula do STF, n. 727). Cabe reclamação, por usurpação de competência do Tribunal Superior, contra decisão do tribunal local que não admite agravo em recurso especial ou em recurso extraordinário. (Grupo: Recursos (menos repetitivos), reclamação e remessa necessária".

[21] Não vamos ingressar aqui na controvérsia que cerca a figura prevista no art. 496, § 4º, IV, do CPC, que parece criar um precedente híbrido (administrativo-jurisdicional): é a hipótese do entendimento coincidente com orientação vinculante firmada no âmbito administrativo do próprio ente público, consolidada em manifestação, parecer ou súmula administrativa.

[22] "(...) O incidente de resolução de demandas repetitivas nada mais é do que processo em que se discute e decide questão prejudicial à solução de casos pendentes. Como é óbvio, a decisão do incidente está muito longe de poder ser vista como precedente que atribui sentido ao direito e, por isso, regula a vida em sociedade e obriga os juízes dos casos futuros. Por esse motivo, o incidente, nos moldes em que regulado pelo Código de Processo Civil de 2015, não detém legitimidade constitucional." (Marinoni, 2015, p. 413).

[23] "O caráter repetitivo, in casu, é apenas um dado a mais a evidenciar que na questão de direito disseminada por numerosas causas estão, particularmente, acentuados o interesse geral e os reclames de segurança jurídica" (Theodoro Jr., 2016, p. 370).

Não custa lembrar que algumas dessas hipóteses, embora não previstas no art. 988, autorizam providências concretas típicas de precedentes normativos, como a dispensa do duplo grau obrigatório ou mesmo o julgamento liminar de improcedência do pedido, nas hipóteses acima referidas.

Ademais, o art. 966, V, ao prever o cabimento de ação rescisória contra decisão que violar, manifestamente, norma jurídica, e, notadamente, o § 5º desse dispositivo, acrescido pela Lei n. 13.256/2016, ao estabelecer que, na forma do referido dispositivo, integram o conceito de norma jurídica o enunciado de súmula, acórdão ou precedente previsto no art. 927, parece sinalizar, de forma clara, que não há diferença entre precedente vinculante e normativo.

Ainda assim, haveríamos de conviver com uma situação desconfortável, pois teríamos precedentes normativos cuja força é duplamente protegida (por recurso e por ação rescisória) e outros com proteção tripla (recurso, reclamação e rescisória).

Uma forma de esvaziar essa discussão seria compreender o rol do art. 988 como exemplificativo, de modo a abarcar, ainda que implicitamente, todas as hipóteses dos universos de precedentes (arts. 311, II; 332; 496, § 4º; 521, IV; 927 e 932, todos do CPC).

Em sede doutrinária[24], já há quem sustente que não há incompatibilidade na ampliação do uso da reclamação para fins de controle de observância de precedente[25].

Mas essa interpretação poderia encontrar obstáculos. Não custa lembrar que há alguns precedentes no âmbito do Pretório Excelso[26] no sentido de restringir as hipóteses de cabimento de reclamação.

Por outro lado, é inegável que o CPC ampliou o rol previsto na Carta de 1988, o que poderá gerar dúvidas quanto a uma possível inconstitucionalidade do dispositivo[27], como, aliás, já foi aventado em sede doutrinária[28].

Temos para nós que não há a sugerida inconstitucionalidade, na medida em que a tendência à objetivação demanda a adaptação dessa ferramenta, sob pena de colocar em risco o próprio sistema de precedentes formados a partir dos julgamentos repetitivos, uma das linhas mestras do CPC, que está perfeitamente afinada com o princípio maior da segurança, assegurado no art. 5º, *caput* da Carta de 1988[29].

1.2.2 Modulação temporal

Outra recente influência do *common law* (em especial, do sistema processual norte-americano) no direito processual brasileiro se apresenta nos denominados *efeitos prospectivos* ou *modulação temporal dos efeitos* das decisões que revogam precedentes[30].

---

[24] Côrtes, 2011, p. 237.

[25] Idem, 2016, p. 323.

[26] A propósito: Rcl 4.454 AgR, rel. Min. Roberto Barroso, 1ªT., j. 3-3-2015; Rcl 19.608 AgR, rel. Min. Teori Zavascki, 2ªT., j. 5-5-2015; Rcl 7.706 AgR, rel. Min. Rosa Weber, 1ªT., j. 10-6-2014; e Rcl 7.280 AgR, rel. Min. Celso de Mello, 2ªT., j. 10-6-2014.

[27] "Em nosso entender, essas regras de vinculação não poderiam ter sido introduzidas por legislação infraconstitucional, mas, necessariamente, por emenda constitucional a prever outras hipóteses de decisões com efeito vinculante, além daquelas já previstas na Constituição" (LENZA, Pedro. *Reclamação constitucional*: inconstitucionalidades no Novo CPC. Disponível em: http://www.conjur.com.br/2015-mar-13/pedro-lenza-inconstitucionalidades-reclamacao-cpc. Acesso em: 3 maio 2015).

[28] Gouvêa, 2016, p. 263.

[29] "A mudança de paradigma é clara, cabendo a todos os jurisdicionados e magistrados inferiores aprender a conviver nessa nova realidade, sem abusar das medidas originárias nos Tribunais e tentando prestigiar sempre a linha definida da jurisprudência do Supremo Tribunal Federal e do Superior Tribunal de Justiça" (Côrtes, 2017, p. 44).

[30] Quórum e modulação dos efeitos de decisão sem declaração de inconstitucionalidade de ato normativo – O Plenário, por maioria, resolveu questão de ordem suscitada pelo Ministro Dias Toffoli (Presidente) e fixou o quórum de maioria absoluta dos membros da Corte

Se, por um lado, a estabilidade e a previsibilidade das decisões judiciais, na interpretação da lei, são importantes para um sistema democrático, pois permitem que o cidadão conheça e possa confiar nos seus próprios direitos enunciados pelos textos legislativos, por outro se torna importante e vital para o sistema a modificação de seus precedentes diante da mudança do cenário social ou legislativo[31].

A inspiração para a busca do instrumento processual de modulação dos efeitos de uma decisão judicial, que deve ser ferramenta excepcional[32], e com o objetivo de equilibrar segurança jurídica com a necessidade de mudança de entendimento judicial, encontra-se no *prospective overruling* do Direito norte-americano[33].

Na doutrina desenvolvida nos Estados Unidos da América, define-se *overruling* como a mudança de um precedente por meio da decisão expressa de que ele não deve mais ser a regra aplicável (ou *controlling law*). Tal mudança tem efeitos retrospectivos, limitados apenas a algum *statute of limitations*, uma transação entre as partes (*accord and satisfaction*) ou, evidente, pela ocorrência de coisa julgada (*res judicata*). Desse modo, o *overruling* de um precedente acaba por alcançar outros casos que estejam em julgamento.

Prospective overruling ou *Sunbursting*[34], por sua vez, é uma técnica de julgamento que tem sido muito empregada no *common law* estadunidense, principalmente a partir da segunda metade do século XX, por força da pressão das necessidades sociais de se modificar a lei, sem que colocasse em risco a sua estabilidade, capsulada na regra do *stare decisis*.

Por *prospective overruling*, deve-se entender a postergação de produção de efeitos de uma nova regra jurídica. Trata-se, na verdade, de uma excepcional limitação do efeito retrospectivo da *overruling*.

No Brasil, se considerarmos o aumento da importância da jurisprudência nas últimas décadas como *precedente* a ser seguido pelos magistrados e pelos tribunais, o *prospective overruling* do *common law* encontra similaridade no que tem sido adotado e compreendido como a aplicação de efeitos prospectivos às decisões judiciais ou, como denominado pela doutrina, a *modulação temporal dos efeitos das decisões*.

Consiste a modulação dos efeitos em técnica processual de decisão que autoriza o Tribunal a limitar, temporalmente, os efeitos das suas decisões com fundamento no princípio da segurança jurídica e no interesse público de excepcional relevo.

---

para modular os efeitos de decisão em julgamento de recursos extraordinários repetitivos, com repercussão geral, nos quais não tenha havido declaração de inconstitucionalidade de ato normativo. RE 638.115 ED-ED/CE, rel. Min. Gilmar Mendes, j. 18-12-2019. *Informativo STF* n. 964.

[31] Aplicação de tema repetitivo. Modulação dos efeitos pelo tribunal de origem. Impossibilidade. Compete exclusivamente ao órgão prolator da decisão, que altera jurisprudência dominante do Supremo Tribunal Federal e dos tribunais superiores ou que altera jurisprudência oriunda de julgamento de casos repetitivos, modular os seus efeitos com fundamento no art. 927, § 3º, do CPC. AREsp 1.033.647-RO, rel. Min. Paulo Sérgio Domingues, 1ª T., por unanimidade, j. 2-4-2024, publicado em 8-4-2024. *Informativo STJ* n. 806.

[32] Quando se tratar de atividade do Poder Judiciário, a modulação é excepcional. ALVIM, 2021, p. 68.

[33] Pinho, 2015, p. 287.

[34] *Sunbursting* é um termo atualmente pouco empregado. Surgiu no julgamento do caso *Sunburst* (*Great Northern Railway Company v. Sunburst Oil & Refiting Company*, 287 U.S. 358 [1932]) pela Suprema Corte norte-americana em 1932, no qual a empresa *Sunburst* processava *Great Northern* no estado de Montana com base em um julgado da Suprema Corte daquele Estado. Quando a *Supreme Court of Montana* julgou o caso em 1921, ela modificou o precedente, mas limitando seus efeitos apenas a casos futuros, de modo que uma nova regra foi anunciada para outros processos que viessem a ser propostos, mas a regra antiga foi aplicada, derradeiramente, em favor da *Sunburst*.

Desse modo, uma decisão judicial cujos efeitos, em regra, seriam *ex tunc*, tem os seus limites temporais modificados, valendo no momento da publicação da decisão (*ex nunc*) ou em outro momento posterior a ela (*pro futuro*).

Dentre as principais vantagens atribuídas à eficácia prospectiva, podemos elencar[35]:

i) Permite remediar interpretação jurisprudencial considerada obsoleta:

As decisões judiciais devem se harmonizar com os valores sociais e políticos vigentes, de modo a fazer justiça e, com isso, inclusive, legitimar a função jurisdicional. Desse modo, ocorrendo mudanças sociais e políticas significativas, que tornem o precedente obsoleto e ultrapassado, inapto a refletir a atual conjuntura, faz-se necessário revê-lo.

A manutenção do precedente, em tais circunstâncias, geraria insatisfação por parte dos cidadãos e comprometeria a isonomia substancial entre eles, uma vez que novas situações jurídicas, deflagradas sob a égide do novo cenário sociopolítico, seriam julgadas sob a mesma moldura anterior, fomentando o sentimento de injustiça e desconfiança.

Desse modo, a atribuição de efeitos prospectivos ao novo precedente viria alcançar apenas as novas situações jurídicas, ocorridas após ser firmado o novo precedente. Por outro lado, a aplicação do novo precedente a situações pretéritas (*full retroactive application*)[36], anteriores à nova configuração social e política, também se mostraria injusta por dois motivos.

Primeiramente, em razão de terem eclodido sob o pálio da conjuntura sociopolítica pretérita, em relação à qual o precedente anterior se mostrava adequado.

Em segundo lugar, a atribuição de efeito prospectivo resguarda a legítima confiança dos cidadãos no sistema de precedentes, na medida em que eles preordenam suas condutas e relações em função do precedente em vigor.

Desse modo, há casos em que a atribuição de efeitos retroativos consistiria em fator surpresa, surpreendendo os cidadãos que já haviam entabulado relações em consonância com o precedente em vigor à época e vulnerando a sua confiança.

ii) Resguarda a segurança jurídica e a confiança depositada pelos cidadãos em determinada linha jurisprudencial:

O sistema dos precedentes desperta nos cidadãos a legítima confiança no sentido de que podem pautar as suas condutas e relações segundo os parâmetros traçados no entendimento jurisprudencial em vigor. Afirma-se que essa confiança decorre, em grande medida, da estabilidade dos precedentes, ou seja, da propensão à sua manutenção ao longo dos tempos.

No entanto, é preciso acrescentar que, conforme analisado no item anterior, há situações em que a manutenção do precedente pode gerar violação aos valores da justiça e da isonomia, sendo imperativa a sua revisão. Sendo relevantes os motivos que justificam a revisão do precedente, será recomendável a sua superação, o que não representará, por si só, vulneração da estabilidade.

Ao lado da estabilidade deve ser considerada a previsibilidade, como fatores fundamentais para a segurança jurídica. Assim sendo, a atribuição de efeitos prospectivos ao precedente, de modo que este seja aplicado apenas a casos futuros, reforça a confiança dos cidadãos no sistema, resguardando aqueles que pautaram suas relações segundo os parâmetros estabelecidos pelo precedente vigente à época.

---

[35] Pinho et al., 2014, p. 275.
[36] Mello, 2008, p. 261.

Por vezes, o precedente revogado goza de credibilidade junto à sociedade, não tendo os tribunais, até o momento, sinalizado[37] quanto à possibilidade de sua modificação (*signaling*)[38].

Por conseguinte, o *prospective overruling* pode ser um instrumento a favor da segurança e da confiança no sistema dos precedentes.

iii) A implantação de uma nova política pública se projeta precisamente sobre o futuro, sendo, não raro, dispensável conferir-se efeitos retroativos.

Com certa frequência, a formação de um novo entendimento acerca de dada matéria refere-se à implantação de uma nova política pública, que deverá ser aplicada no futuro. Nesse passo, seria até mesmo desnecessário atribuir eficácia retroativa ao precedente judicial, mostrando-se mais adequado aplicar a eficácia prospectiva.

Por outro lado, são apontadas como desvantagens ou críticas ao *prospective overruling*:

i) Uma resolução judicial com eficácia meramente prospectiva seria apenas um *obiter dictum*:

Critica-se o *prospective overruling*, mais precisamente o *full prospective application*, no qual o novo precedente não é aplicado ao caso em que ficou assentado o novo entendimento, mas apenas a casos futuros. Argumenta-se que mais se assemelharia ao *obiter dictum*, ou seja, a considerações tecidas durante o julgamento do caso, mas que são desinfluentes para a sua solução.

Entende-se que essa postura desestimula os cidadãos a apresentarem novos argumentos e pleitear a revisão do precedente, tendo em vista que não seriam, eles mesmos, beneficiados com o acolhimento de seus argumentos.

O acomodamento dos cidadãos contribuiria, a longo prazo, para a cristalização dos precedentes em vigor e, por conseguinte, para que estes se tornassem obsoletos, o que comprometeria a confiança dos cidadãos no sistema de precedentes e aumentaria a sensação de injustiça.

Em contrapartida, a favor do *prospective overruling*, sustenta-se ser possível adotar o chamado *partial prospective application*, em que o novo precedente é aplicado ao caso concreto no qual foi assentado e também a casos futuros, o que contornaria a crítica acima.

Cumpre consignar que a escolha entre a adoção de efeitos total ou parcialmente prospectivos depende da prudente avaliação do órgão julgador, mediante a ponderação entre, de um lado, a preservação da estabilidade e da previsibilidade dos precedentes, que desautorizaria a sua imediata aplicação ao caso concreto, e, de outro lado, o benefício aos litigantes com o novo entendimento firmado a partir de seus argumentos.

Deve-se considerar que, em um litígio, há interesses contrapostos, sendo provável que a adoção do novo entendimento ao caso concreto em exame atenda aos interesses de apenas um dos litigantes, tomando de surpresa o outro, que se pautara pelo precedente anterior.

ii) A função jurisdicional está precipuamente dirigida para a produção de decisões retroativas:

A atuação dos órgãos jurisdicionais volta-se principalmente para decidir situações ocorridas anteriormente, razão pela qual a eficácia retroativa lhe seria inerente. A aplicação de efeitos prospectivos a decisões judiciais viria contrariar a própria essência da função jurisdicional, fazendo-a aproximar-se da função própria do Poder Legislativo, na edição de leis, com efeitos projetados para o futuro.

No entanto, apresenta-se, como contra-argumento, que a função dos Tribunais Constitucionais é não apenas julgar o caso concreto, mas também zelar pela integridade do ordenamento constitucional.

---

[37] Enunciado 320 do FPPC (art. 927): "Os tribunais poderão sinalizar aos jurisdicionados sobre a possibilidade de mudança de entendimento da corte, com a eventual superação ou a criação de exceções ao precedente para casos futuros".

[38] Marinoni, 2010, p. 421.

A aplicação de efeito retroativo a determinados precedentes pode comprometer a legítima confiança dos cidadãos e a previsibilidade, conforme esclarecido antes, sendo papel do Poder Judiciário estar atento a essas circunstâncias, a fim de cumprir adequadamente com o seu papel e atuar com justiça.

Acrescente-se, por fim, que a *full retroactive application* permite que o novo precedente alcance, inclusive, sentenças transitadas em julgado, o que vulnera a unicidade da jurisdição e é fortemente criticado pela doutrina.

Ao interpretarem normas jurídicas, especialmente quando conferem efeitos prospectivos ao novo entendimento formado, os Tribunais criam o direito. A sua negação chega a ser considerada uma "ficção" pela doutrina.

Todas as vezes que o tribunal altera o entendimento jurisprudencial firmado acerca de determinada matéria, está presente, indubitavelmente, um "efeito normativo" com reflexos, diretos e indiretos, na comunidade jurídica e em toda a sociedade.

Negar o poder criativo da jurisprudência e erigi-lo como obstáculo intransponível podem acabar por impedir os tribunais de rever interpretações equivocadas ou obsoletas, compelindo-os a compactuar e perpetuar injustiças e, consequentemente, não se desincumbindo de sua função.

Por meio da interpretação das normas e da formação da jurisprudência, os tribunais podem melhorar o sistema jurídico.

No entanto, não se trata de converter os tribunais em julgadores ilimitados, até mesmo porque não é subtraído do Legislativo o poder de editar novas normas, até mesmo contrárias ao entendimento jurisprudencial firmado acerca da lei revogada.

A lei (e, em especial, a Constituição Federal) consiste no limite da atividade interpretativa dos tribunais, de modo que não há incompatibilidade, senão complementaridade entre as funções legislativa e jurisdicional. A interpretação pelos tribunais vem se harmonizar e se integrar à lei criada pelos legisladores.

Portanto, a aplicação de efeitos prospectivos à função interpretativa dos tribunais deve-se à prudente ponderação entre os valores envolvidos, prestigiando-se a legítima confiança dos cidadãos, a previsibilidade e a segurança jurídica, que são indispensáveis ao Estado Democrático de Direito.

A aplicação cega e incondicional de efeitos retroativos poderia, em determinados casos concretos, trazer prejuízos não apenas aos cidadãos diretamente sujeitos à aplicação da respectiva norma, mas à própria legitimidade do Poder Judiciário e do ordenamento jurídico em vigor.

1.3 PROCEDIMENTO RECURSAL

As normas trazidas em relação aos recursos são gerais, estando as normas específicas tratadas no Regimento Interno dos Tribunais.

Nos recursos, não obstante o julgamento caiba a um órgão colegiado, o trabalho de presidir seu processamento será de um dos magistrados que o integram, o relator, com amplas e diversas atribuições.

Quando o processo é recebido no Tribunal, será feita a anotação relativa à sua movimentação em um livro de protocolo. Desde 2008, aplica-se aos recursos dirigidos ao Superior Tribunal de Justiça o sistema de protocolo integrado, tendo a Súmula 256 do STJ sido cancelada. Em seguida, será distribuído a um órgão competente para julgá-lo, remetendo-se, ainda, dentro do órgão, a um magistrado competente para relatá-lo, o que, em geral, ocorre em uma única etapa.

Pelo seu art. 929, *caput*, o CPC frisa que a distribuição deve ser imediata, de modo a prezar pelos princípios da celeridade processual e da duração razoável do processo, ambos de matriz constitucional (art. 5º, LXXVIII).

Também sob a ótica do Processo Civil Constitucional, o parágrafo único do mesmo dispositivo estabelece a possibilidade de descentralização dos serviços de protocolo, a critério do Tribunal, via delegação a oficiais de justiça de primeiro grau, como medida de facilitação do acesso à justiça (art. 5º, XXXV), em especial nas comarcas e subseções mais distantes das capitais e de seus Tribunais.

A distribuição segue as regras constantes do Regimento Interno do Tribunal, observando-se a alternatividade, a publicidade e o sorteio, que deve ser eletrônico. Será prevento[39] o desembargador relator do primeiro recurso protocolado, para todos os demais subsequentes, quer no mesmo processo, quer em processo conexo (art. 930, parágrafo único).

Escolhido o relator, os autos lhe serão imediatamente conclusos para, em trinta dias, depois de elaborar seu voto, devolvê-los, com relatório, à secretaria. Deve o Ministério Público que atue junto ao Tribunal ser intimado, também em trinta dias, nas hipóteses que demandem sua intervenção como fiscal da ordem jurídica (art. 178 c/c art. 932, VII).

O art. 39 da Lei n. 8.038/90 dispôs sobre a possibilidade de agravo da decisão monocrática do relator para a Seção, Turma ou até mesmo para o Presidente do Tribunal, no prazo de cinco dias, o que veio consolidar previsão dos Regimentos Internos dos Tribunais, que previam recurso caso o relator decidisse monocraticamente um recurso. Hoje, a questão é ainda mais bem tratada no analítico art. 1.021, que dispõe sobre o agravo interno.

Não se aplicando o disposto no art. 932, III e IV, o relator[40], se constatar ter ocorrido fato superveniente à decisão objeto de recurso ou existir questão examinável de ofício e ainda não apreciada, intimará as partes para manifestação em cinco dias.

A norma, constante do art. 933 e sem paralelo no CPC/73, representa relevante inovação na proteção, em mais um momento processual, do princípio do contraditório, ao evitar decisões-surpresa, mesmo em questões de ordem pública. Encontra-se, pois, em sincronia com o art. 10 do Diploma e com o art. 5º, LV, da Constituição[41].

Se tal constatação ocorrer durante a sessão de julgamento, este será suspenso de imediato, para possibilitar às partes a manifestação específica; se, porém, se der em vista dos autos, o juiz que a solicitou deve encaminhá-los ao relator, para tomar as providências do *caput* do art. 933 e solicitar a inclusão do feito em pauta para prosseguimento do julgamento.

Em seguida, os autos serão apresentados ao presidente do colegiado, para que designe dia para julgamento (art. 934).

Destaque-se que, pelo antigo Código, nesse momento e alternativamente, seria feita a conclusão ao revisor, nos casos de apelação, embargos infringentes, ação rescisória e reexame necessário. Escolhido o relator, a designação do revisor era automática, cabendo-lhe concordar com o relatório escrito ou retificá-lo. Após, deveria o revisor apor seu visto, pedindo dia para o julgamento.

---

[39] Aplica-se a mesma diretriz nos casos de petição avulsa para obter efeito suspensivo em recurso de apelação, nas hipóteses em que a lei exclui tal efeito (§ 3º, inciso I, art. 1.012), assim como nos recursos especial e extraordinário (§ 5º, inciso I, art. 1.029 e, também, por ocasião da primeira afetação para o julgamento de recurso repetitivo (§ 3º, art. 1.037). (Carneiro, 2019a, p. 87).

[40] Almeida, 2019, p. 177.

[41] Princípio da não surpresa. Fundamento fático-jurídico novo alegado em sustentação oral em segunda instância. Ato administrativo de efeitos concretos com roupagem de lei formal. Prejuízo à parte contrária. Reabertura de prazo para exercício do contraditório e da ampla defesa. Arts. 10 e 933 do CPC. Em respeito ao princípio da não surpresa, é vedado ao julgador decidir com base em fundamentos jurídicos não submetidos ao contraditório no decorrer do processo. REsp 2.049.725-PE, rel. Min. Humberto Martins, 2ªT., por unanimidade, j. 25-4-2023, *Informativo STJ* n. 772.

Todavia, a figura do revisor desapareceu[42] do atual Diploma Processual Civil, de modo que não existe mais essa especificidade de caminho alternativo em tais casos (observando-se, inclusive, que os embargos infringentes não mais subsistem, embora seja possível o rejulgamento quando a decisão for por maioria, nas hipóteses previstas no art. 942, como será visto adiante).

Além de designar dia para julgamento, o presidente do colegiado ordenará a publicação da pauta no *Diário Oficial,* com antecedência de cinco dias sendo permitida às partes a vista dos autos em cartório após tal publicação.

A pauta será fixada na sala onde se realizar a sessão, sendo que a não publicação em cinco dias implica nulidade do julgamento, salvo se as partes comparecerem à sessão. Há nulidade também caso se omita o nome de algumas das partes ou de seu advogado, hipótese suprida apenas no comparecimento do advogado.

Incluem-se em pauta as demandas ainda não julgadas, salvo aquelas cujo julgamento tenha sido expressamente adiado para a primeira sessão subsequente (art. 935, *caput*).

O juiz relator terá participação obrigatória, sob pena de nulidade do julgamento, salvo se deixar suas funções[43].

Será distribuído relatório entre os julgadores, sendo que, caso um dos membros não tenha recebido a cópia do relatório, pode requerer que se adie o julgamento para que a falha seja suprida.

O art. 936 escalona a ordem de julgamento dos feitos, aprimorando a disciplina do antigo art. 562 do CPC/73, que apenas mencionava os julgamentos já iniciados. Ressalvadas as preferências legais e regimentais, serão apreciados, em primeiro lugar, os processos nos quais haja sustentação oral, observada a sequência em que se deram os requerimentos[44].

Em seguida, serão apreciados os pedidos de preferência na pauta de julgamento, os quais podem ser feitos por escrito ou verbalmente, antes da sessão, pressupondo-se que o processo já esteja incluído em pauta e que se abra ensejo à sustentação oral, limitando-se a preferência àquela sessão. A base para isso está na Constituição, que, em seu art. 133, atribui à advocacia o *status* de função essencial à administração da justiça.

Importante frisar que sustentação oral tem não só uma importância estratégica para a correta compreensão das dimensões fática e jurídica, como se presta, ainda, para a formulação de requerimentos. É o momento para que o advogado possa prestar todos os esclarecimentos de fato necessários à correta compreensão da questão, como ratificar os argumentos[45].

Nesse sentido, o STJ[46] já decidiu ser possível, inclusive, o requerimento de antecipação dos efeitos da tutela em sede de sustentação oral.

---

[42] Contudo, Araken de Assis lembra que a figura do revisor pode subsistir com base em disposição regimental. Assim sendo, a despeito da norma do CPC, aos Tribunais restaria discricionariedade para manter essa figura em algumas hipóteses em que o feito demonstrasse, por exemplo, maior complexidade (Assis, 2016, p. 375).

[43] Greco, 2015b, p. 128.

[44] Assis, 2016, p. 394.

[45] Nesse sentido, o STJ já decidiu que Ministro ausente da sala de sessões no momento da sustentação oral não pode se considerar habilitado a votar, salvo se houver renovação da sustentação (STJ, 3ªT., REsp 1.447.624, rel. Min. Moura Ribeiro, j. 15-8-2018).

[46] Ora, se o pedido poderia ser formulado ao relator, e o próprio art. 273 do CPC/73 deixa nítido que novas circunstâncias autorizam o requerimento, é possível também que seja deduzido em sessão de julgamento, em feito que comporta sustentação oral, ao Colegiado que apreciará o recurso. Isso porque tal procedimento consiste em manifestação formal (art. 554 do CPC/73 e 937 do CPC) a oportunizar à parte adversa até mesmo o contraditório prévio ao exame do pedido (REsp 1.332.766-SP, rel. Min. Luis Felipe Salomão, por unanimidade, j. 1º-6-2017, *DJe* 1º-8-2017, *Informativo STJ*, n. 608).

Virão, então, os processos cuja apreciação tenha sido iniciada em sessão anterior para, por fim, apresentarem-se os demais casos.

A exposição da causa será feita pelo relator no julgamento, a fim de que os demais membros do órgão colegiado se inteirem do que será discutido, podendo o relator, inclusive, fazer acréscimos a seu relatório na sessão, e sendo autorizado a qualquer dos membros do órgão colegiado solicitar esclarecimentos ao relator.

A votação do órgão colegiado é precedida da sustentação dos procuradores de ambas as partes, por quinze minutos cada, defendendo-se o prazo em dobro no caso de litisconsortes[47], bem como da sustentação do membro do Ministério Público, nos casos de sua intervenção.

O art. 937 traz rol taxativo das hipóteses nas quais isso se dará:

I – no recurso de apelação;
II – no recurso ordinário;
III – no recurso especial;
IV – no recurso extraordinário;
V – nos embargos de divergência;
VI – na ação rescisória, no mandado de segurança e na reclamação;
VII – (Vetado)[48];
VIII – no agravo de instrumento interposto contra decisões interlocutórias que versem sobre tutelas provisórias de urgência ou da evidência;
IX – em outras hipóteses previstas em lei ou no regimento interno do tribunal.

Ao que parece, o legislador se esqueceu de incluir aqui as decisões interlocutórias de mérito. Não faz muito sentido permitir a sustentação oral nas decisões relativas à tutela provisória e negar nas decisões que levam à extinção parcial do processo (art. 354) e ao julgamento parcial do mérito (art. 356). Não custa lembrar que nessas hipóteses a decisão tem conteúdo material de uma sentença.

Dessa forma, pensamos que caiba aqui interpretação lógico-sistemática[49], a fim de manter a coerência do texto[50].

Importante ressaltar que a Lei n. 14.365/2022 inseriu o § 2º-B no art. 7º do Estatuto da OAB (Lei n. 8.906/94) para garantir o direito de sustentação oral em recurso interposto contra a decisão monocrática de relator que julgar o mérito ou não conhecer dos seguintes recursos:

a) apelação;
b) ordinário;
c) especial;
d) extraordinário; e
e) embargos de divergência.

---

[47] Nesse sentido: STJ, Plenário, REsp 888.467-SP, rel. Min. João Otávio de Noronha.

[48] A redação original desse inciso VII era a seguinte: "VII – no agravo interno originário de recurso de apelação, de recurso ordinário, de recurso especial ou de recurso extraordinário". Foram, à época, invocadas as seguintes razões para o veto: "A previsão de sustentação oral para todos os casos de agravo interno resultaria em perda de celeridade processual, princípio norteador do novo Código, provocando ainda sobrecarga nos Tribunais.

[49] Enunciado 596 do FPPC: (art. 937, VIII) "Será assegurado às partes o direito de sustentar oralmente no julgamento de agravo de instrumento que verse sobre tutela provisória e que esteja pendente de julgamento por ocasião da entrada em vigor do CPC de 2015, ainda que o recurso tenha sido interposto na vigência do CPC de 1973".

[50] Ora, se é cabível sustentação oral em apelação interposta contra sentença terminativa, como impedi-la em agravo de instrumento interposto contra decisão de mérito?" (Neves, 2015, p. 476-477).

Haverá sustentação também nas hipóteses de decisão monocrática proferida em:

i) ação rescisória;

ii) mandado de segurança;

iii) reclamação;

iv) *habeas corpus*; e

v) outras ações de competência originária dos Tribunais.

Contudo, segundo entendimento do STJ[51], não é cabível a sustentação oral no agravo interno interposto contra decisão do Presidente do Tribunal que defere ou indefere a contracautela em suspensão de liminar de sentença ou suspensão de segurança, e nem no julgamento de agravo regimental no agravo em recurso especial[52], mesmo após a inovação introduzida no Estatuto da Ordem dos Advogados do Brasil pela Lei n. 14.365/2022.

Dentre os parágrafos do art. 937 do CPC, destaca-se o quarto, que permite a sustentação por videoconferência ou outro meio tecnológico hábil, quando o advogado tem domicílio profissional em outra cidade e o requer até o dia anterior ao da sessão.

Encerrada a sustentação oral, passará o órgão colegiado a discutir sobre a matéria submetida a sua cognição, votando primeiro o relator e observando-se, a seguir, a ordem que o Regimento Interno de cada Tribunal indicar.

Importante observar que a Lei n. 13.676, de 11 de junho de 2018, alterou a redação do *caput* do art. 16 da Lei n. 12.016/2009 (Lei do Mandado de Segurança) para determinar que, nos casos de competência originária dos tribunais, será assegurada a defesa oral na sessão do julgamento do mérito ou do pedido liminar. Trata-se, portanto, de mais uma hipótese de sustentação oral expressamente prevista.

Haverá ordem para as matérias serem apreciadas, devendo todas as preliminares serem analisadas antes do mérito. Somente se superadas as preliminares, serão analisadas as questões prejudiciais e, após, o mérito do recurso, uma vez que a preliminar, se acolhida, pode impedir o exame do mérito, ser suprida ou ser rejeitada.

Verificando-se vício sanável, o relator determinará a realização ou renovação do ato processual e, sendo necessária a produção de prova, converterá o julgamento em diligências, a se darem ambas as opções ou no próprio Tribunal ou em primeiro grau de jurisdição, conforme for o caso. Tais providências poderão, ainda, ser determinadas pelo órgão competente para o julgamento do recurso.

Havendo divergência nos votos, o pronunciamento adotado será aquele manifestado por um número de juízes superior à metade. Pode ser, porém, que nenhum voto revele a opinião da maioria.

Pode ser, ainda, que um dos juízes peça vista dos autos, durante o julgamento, pelo prazo máximo de dez dias. O pedido não pode ser indeferido pelo presidente do órgão. Dessa forma, o julgamento ficará suspenso até a primeira sessão ordinária subsequente à devolução dos autos.

Se eles não forem devolvidos tempestivamente, ou se não for solicitada prorrogação de prazo de, no máximo, mais dez dias, o presidente do colegiado os requisitará para julgamento na sessão ordinária seguinte, com publicação em pauta (art. 940, § 1º).

Ademais, se o juiz que tiver pedido vista ainda não se sentir habilitado a votar, será convocado substituto, consoante estabelecido na norma regimental (§ 2º).

---

[51] QO no AgInt na SLS 2.507-RJ, rel. Min. Humberto Martins, Corte Especial, por unanimidade, j. 15-6-2022, *DJe* 22-6-2022. *Informativo* n. 743.

[52] EDcl no AgRg no AREsp 2.170.433-PA, rel. Min. Ribeiro Dantas, 5ª T., por unanimidade, j. 6-9-2022, *DJe* 10-10-2022, *Informativo STJ* n. 752.

Os juízes, quando votam, podem ainda modificar o pronunciamento emitido, mas tal possibilidade não deve se alongar de modo a prejudicar a celeridade no julgamento.

Pelo art. 941, § 1º, salvo se o juiz que proferiu o voto tiver sido afastado ou substituído, sua alteração pode se dar até o momento da proclamação do resultado pelo presidente.

Esse anúncio, aliás, deve ser feito analisando-se os votos em cada parte da deliberação, se cada preliminar e o mérito foram por maioria ou por unanimidade providos ou não, e o nome dos juízes que ficaram vencidos, bem como o sentido em que se manifestaram, até para fins de prequestionamento. O equívoco poderá ser alertado por qualquer dos votantes ou dos advogados presentes.

Sem correspondente no Código anterior, o art. 942 restabelece, de modo peculiar, a lógica do julgamento dos extintos embargos infringentes[53], ao dispor que o julgamento da apelação terá prosseguimento em sessão que contará com novos julgadores, convocados nos termos do Regimento Interno[54].

Seu número será o suficiente para possibilitar a inversão do primeiro resultado[55], e diante deles será oportunizado a partes e terceiros o direito de sustentação oral.

Hipótese interessante diz respeito ao exame do cabimento dessa técnica na apelação interposta em mandado de segurança. Não custa lembrar que na vigência do CPC/73 era forte o entendimento no sentido do não cabimento, já que se tratava de recurso e como tal deveria estar previsto na lei específica (Súmula 597 do STF). Como agora se trata de uma técnica, e não mais de um recurso típico, a restrição deve desaparecer[56-57].

Note-se, porém, que, não obstante a letra da lei, trata-se, em verdade, de novo julgamento, não de mero prosseguimento do anterior, independentemente do resultado alcançado (reforma ou manutenção da decisão)[58]. E, sendo possível, isso se dará na mesma sessão, em homenagem à celeridade e economia processuais, bem como à duração razoável do processo. Porém, nesse caso é imprescindível a notificação prévia para sustentação oral, sob pena de violação do contraditório, o que ocasionará a nulidade do julgamento[59].

---

[53] Lucon, 2015, p. 2.

[54] Enunciado 466 do FPPC: (art. 942) "A técnica do art. 942 não se aplica aos embargos infringentes pendentes ao tempo do início da vigência do CPC, cujo julgamento deverá ocorrer nos termos dos arts. 530 e seguintes do CPC de 1973".

[55] Constitui ofensa ao art. 942 do CPC a dispensa do quinto julgador, integrante necessário do quórum ampliado, sob o argumento de que já teria sido atingida a maioria sem possibilidade de inversão do resultado. REsp 1.890.473-MS, rel. Min. Ricardo Villas Bôas Cueva, 3ª T., por unanimidade, j. 17-8-2021, DJe 20-8-2021. Informativo STJ n. 705.

[56] Nesse sentido: Enunciado CJF n. 62: "Aplica-se a técnica prevista no art. 942 do CPC no julgamento de recurso de apelação interposto em mandado de segurança".

[57] A técnica de ampliação do colegiado, prevista no art. 942 do CPC, aplica-se também ao julgamento de apelação interposta contra sentença proferida em mandado de segurança. "(...) diferentemente dos embargos infringentes regulados pelo CPC/73, a nova técnica de ampliação do colegiado é de observância automática e obrigatória sempre que o resultado da apelação for não unânime e não apenas quando ocorrer a reforma de sentença" (REsp n. 179.8705/SC, rel. Min. Paulo de Tarso Sanseverino, 3ª T., j. 22-10-2019, DJe 28-10-2019). REsp 1.868.072-RS, rel. Min. Francisco Falcão, 2ª T., por unanimidade, j. 4-5-2021. Informativo STJ n. 695.

[58] REsp 1.733.820-SC, rel. Min. Luis Felipe Salomão, por maioria, j. 2-10-2018, DJe 10-12-2018, Informativo STJ, n. 639. A técnica de ampliação de julgamento prevista no CPC deve ser utilizada quando o resultado da apelação for não unânime, independentemente de ser julgamento que reforma ou mantém a sentença impugnada.

[59] (...) Em outras palavras, após o acolhimento dos embargos de declaração e a consequente anulação do julgamento anterior devido à violação dos princípios do contraditório e da ampla defesa, o colegiado não poderia ter procedido ao rejulgamento imediato das apelações na mesma sessão. Tal procedimento deveria ter sido precedido de uma nova inclusão em pauta e de uma oportunidade para renovação da sustentação oral. REsp 2.140.962-SE, rel. Min. Teodoro Silva Santos, 2ª S., por unanimidade, j. 3-9-2024. Informativo STJ n. 824.

Importante notar ainda que o dispositivo se refere "ao resultado da apelação" não restringindo a aplicação a questões de mérito. Deve, portanto, ser utilizado caso a Câmara ou Turma, por maioria, reconheçam questão preliminar que leve à inadmissão do recurso[60]. Ademais, o legislador emprega a forma imperativa ("o julgamento terá prosseguimento"), deixando bem claro que não se trata de uma faculdade.

O STJ[61] também já decidiu que a técnica deve ser aplicada nas hipóteses de embargos de declaração não unânimes decorrentes de acórdão de apelação, quando a divergência for suficiente à alteração do resultado inicial.

A técnica deve ser utilizada também na hipótese de dispersão de votos[62], ou seja, quando for necessário chegar ao valor médio no caso de condenação pecuniária[63].

Ademais, o STJ já decidiu que o instituto pode ser aplicado em procedimentos especiais e também àqueles previstos em legislação extravagante, por exemplo:

a) Procedimentos regidos pelo Estatuto da Criança e do Adolescente[64];

b) Lei de Recuperação Judicial, no caso da decisão que resolve a impugnação ao crédito, na hipótese do art. 15 da Lei n. 11.101/2005[65];

c) No julgamento do agravo de instrumento que, por maioria, reforma decisão proferida em incidente de desconsideração (direta ou inversa) da personalidade jurídica, seja para admitir o pedido ou para rejeitá-lo[66].

d) Na hipótese de parcial provimento a agravo de instrumento contra decisão que julgou a primeira fase da ação de exigir contas[67].

---

[60] Ademais, o art. 942 do CPC não determina a ampliação do julgamento apenas em relação às questões de mérito, incluindo também as questões preliminares relativas ao juízo de admissibilidade do recurso. No caso, o Tribunal de origem, ao deixar de ampliar o quórum, diante da ausência de unanimidade com relação à preliminar de não conhecimento da apelação interposta de forma adesiva, inobservou o enunciado normativo inserto no art. 942 do CPC, sendo de rigor declarar a nulidade por *error in procedendo*. REsp 1.798.705-SC, rel. Min. Paulo de Tarso Sanseverino, 3ª T., por unanimidade, j. 22-10-2019, DJe 28-10-2019. *Informativo STJ* n. 659. No mesmo sentido: Enunciado n. 193 da III Jornada de Direito Processual Civil CJF/ENFAM: A técnica de ampliação do colegiado é aplicável a qualquer hipótese de divergência no julgamento da apelação, seja no juízo de admissibilidade ou no de mérito.

[61] REsp 1.786.158-PR, rel. Min. Nancy Andrighi, rel. Acd. Min. Marco Aurélio Bellizze, 3ª T., por maioria, j. 25-8-2020, DJe 1º-9-2020. *Informativo STJ* 678. No mesmo sentido: REsp 1.910.317-PE, rel. Min. Antônio Carlos Ferreira, 4ª T., por unanimidade, j. 2-3-2021. *Informativo STJ* n. 687. Processo em segredo de Justiça, rel. Min. Paulo de Tarso Sanseverino, 3ª T., por maioria, j. 7-3-2023, *Informativo STJ* n. 766.

[62] Enunciado n. 194 da III Jornada de Direito Processual Civil CJF/ENFAM: Havendo dispersão quantitativa ou qualitativa de votos, caberá ao órgão colegiado definir o critério de desempate da votação em questão de ordem quando não houver previsão em regimento interno.

[63] "É que pode acontecer de, em um colegiado formado por três magistrados, cada um deles proferir voto em um sentido diferente, não sendo possível formar a maioria em qualquer dos sentidos. É o que se dá, por exemplo, quando um integrante do colegiado vota pelo provimento total do recurso, outro pelo provimento parcial e outro, ainda, pelo desprovimento do recurso. Nesses casos, em que há a assim chamada dispersão de votos, deve-se desde logo ampliar o colegiado e colherem-se mais dois votos. Só depois de terem votado os cinco juízes, e ainda a persistir a dispersão, é que se poderá cogitar do emprego de técnicas destinadas a eliminar a dispersão, como seria a identificação do voto médio (no caso de dispersão quantitativa) ou a realização de novas rodadas de votação, como se daria no caso de dispersão qualitativa" (Câmara, 2018, p. 255).

[64] Quanto à técnica de julgamento prevista no art. 942 do CPC, aplicadas em julgamentos cujos resultados não sejam unânimes, já foi decidido que referida regra é aplicável aos procedimentos relativos ao estatuto do menor (AgRg no REsp 1.673.215-RJ, 5ª T., rel. Min. Reynaldo Soares da Fonseca, DJe 30-5-2018).

[65] STJ, REsp 1.797.866-SP, rel. Min. Villas Bôas Cueva, j. 14-5-2019, disponível no sítio do STJ. Acesso em: 3 jun. 2019.

[66] REsp 2.120.429-SP, rel. Min. Ricardo Villas Bôas Cueva, 3ª T., por unanimidade, j. em 2-4-2024. *Informativo STJ* n. 806.

[67] REsp 2.105.946-SP, rel. Min. Nancy Andrighi, 3ª T., por unanimidade, j. 11-6-2024, DJe 14-6-2024. *Informativo STJ* n. 816.

Capítulo 1 • Da ordem dos processos no Tribunal

É possível que o julgador reveja seu voto, por ocasião do prosseguimento de que trata o *caput* do artigo, o qual, por sua vez, tem sua aplicação estendida à ação rescisória e ao agravo de instrumento[68], nos exatos termos do § 3º[69], e excluída do âmbito dos incidentes de assunção de competência e de resolução de demandas repetitivas, da remessa necessária e do julgamento não unânime proferido pelo Plenário ou Órgão Especial do Tribunal (§ 4º).

O presidente designará o redator do acórdão, aquele que deve registrar a peça, cujas conclusões serão publicadas no *Diário Oficial*, sendo o redator o autor do primeiro voto vencedor, caso o relator fique vencido (art. 941, *caput*). O acórdão poderá ser lavrado eletronicamente, de modo que os registros possam consistir em gravação de som e de imagem. Caso o processo não seja eletrônico, as peças serão obrigatoriamente impressas para juntada aos autos.

A redação do acórdão deve conter o relatório, com o nome das partes, feito pelo relator, a quem o processo foi distribuído; a fundamentação, em que será analisada a questão de fato e de direito; e o dispositivo, em que o colegiado resolverá as questões que as partes lhe submeterem.

Destaque-se que a fundamentação do voto não se confunde com a fundamentação do acórdão, sendo a fundamentação do acórdão a vencedora. O acórdão do julgamento, e a ementa, a qual consiste no resumo do acórdão, serão submetidos para conferência na sessão seguinte ao julgamento[70].

A falta de ementa consistirá em omissão, sanável mediante provocação das partes, por embargos de declaração, ou até mesmo poderá ser solucionada de ofício, pelo próprio relator que, ao constatar o ocorrido, levará o feito à próxima sessão de julgamento, por meio de questão de ordem. A contradição entre a ementa e o corpo do acórdão deverá ser resolvida pela prevalência do que constar neste último. Aliás, na hipótese de oposição de embargos declaratórios em face de decisão na forma do art. 942, também deverá ser observada a maioria ampliada no julgamento desse recurso[71].

Caso o teor das notas taquigráficas não coincida com o acórdão, devem prevalecer, segundo entendimento do STJ, as primeiras, uma vez que refletem a convicção do órgão fracionário do Tribunal[72].

É importante destacar que o § 3º do art. 941 determina que o voto vencido é parte integrante do acórdão[73] e deve, portanto, ser nele declarado, inclusive para fins de pré-questionamento[74].

---

[68] "Em se tratando de aclaratórios opostos a acórdão que julga agravo de instrumento, a aplicação da técnica de julgamento ampliado somente ocorrerá se os embargos de declaração forem acolhidos para modificar o julgamento originário do magistrado de primeiro grau que houver proferido decisão parcial de mérito." REsp 1.841.584-SP, rel. Min. Ricardo Villas Bôas Cueva, 3ªT., por unanimidade, j. 10-12-2019, *DJe* 13-12-2019. *Informativo STJ* n. 662.

[69] Somente se admite a técnica do julgamento ampliado, em agravo de instrumento, prevista no art. 942, § 3º, II, do CPC, quando houver o provimento do recurso por maioria de votos e desde que a decisão agravada tenha julgado parcialmente o mérito. REsp 1.960.580-MT, rel. Min. Moura Ribeiro, 3ªT., por unanimidade, j. 5-10-2021, *DJe* 13-10-2021. *Informativo STJ* n. 713.

[70] Enunciado 597 do FPPC: (arts. 941, *caput*, e 943) "Ainda que o resultado do julgamento seja unânime, é obrigatória a inclusão no acórdão dos fundamentos empregados por todos os julgadores para dar base à decisão".

[71] Enunciado CJF n. 137: "Se o recurso do qual se originou a decisão embargada comportou a aplicação da técnica do art. 942 do CPC, os declaratórios eventualmente opostos serão julgados com a composição ampliada".

[72] EDcl nos EDcl no REsp 991.721-PR, rel. Min. Raul Araújo, rel. para acórdão Min. Luis Felipe Salomão, j. 19-6-2012, *Informativo STJ*, n. 500.

[73] "Art. 941, § 3º, CPC. Ausência de juntada dos votos divergentes. Nulidade do acórdão configurada. Republicação. Necessidade. Nulidade do julgamento. Inexistência. Haverá nulidade do acórdão que não contenha a totalidade dos votos declarados, mas não do julgamento, se o resultado proclamado refletir, com exatidão, a conjunção dos votos proferidos pelos membros do colegiado" (REsp 1.729.143-PR, rel. Min. Nancy Andrighi, por unanimidade, j. 12-2-2019, *DJe* 15-2-2019, *Informativo STJ*, n. 642).

[74] Enunciado 200 do FPPC: (art. 941, § 3º, e 15) "Fica superado o enunciado 320 da súmula do STJ ('A questão federal somente ventilada no voto vencido não atende ao requisito do prequestionamento')".

Lavrado o acórdão, necessária se faz a publicação de sua ementa, que deve refletir com fidelidade o julgamento. A publicação deve ocorrer no prazo de dez dias a contar da restituição do processo à Secretaria, mas não é fixado prazo para a devolução dos autos com o acórdão.

Não publicado o acórdão no prazo de trinta dias, contado da data da sessão de julgamento, o art. 944 determina sua substituição, para todos os fins legais e independentemente de revisão, pelas notas taquigráficas ou outro meio seguro, como a gravação. Com base no substituto, o Presidente do Tribunal lavrará, imediatamente, as conclusões e a ementa, mandando publicar o acórdão.

O art. 945, que previa e regulamentava em termos gerais a figura do plenário virtual, foi revogado pela Lei n. 13.256/2016. Não obstante isso, o instituto não fica vedado, até mesmo porque a matéria é regulada nos regimentos internos dos tribunais. Contudo, uma questão ainda permanecia controversa na prática, a saber se a parte poderia se opor ao julgamento na modalidade virtual e, com isso, determinar a realização do ato presencial.

Não obstante seja uma prática comum, a chamada petição de oposição ou o pedido de destaque por parte do advogado não tem, por si só, o condão de retirar o julgamento do ambiente virtual, como já decidiu o STJ[75].

Como última regra deste capítulo, o art. 946 repete o teor do primitivo art. 559, dispondo que, interpostos agravo de instrumento e apelação em um mesmo processo, o julgamento daquele preferirá ao desta, devendo tal ordem ser observada ainda que em uma mesma sessão.

1.4 O RELATOR E SEUS PODERES

O art. 932 do CPC incumbe-se da tarefa de organizar, no novo Diploma Processual, o rol de atribuições do relator, suprindo lacuna deixada por seu predecessor no Código de 1973, o então art. 557.

Abre-se a matéria com a enunciação de uma ampla função, a de direção e ordenamento do processo no Tribunal. Como magistrado condutor da demanda no órgão de 2ª instância, compete ao relator a atuação, inclusive, no tocante à instrução probatória e à homologação de eventual autocomposição das partes.

Ademais, tanto em recursos quanto em processos de competência originária do Tribunal, deve apreciar pedidos de tutela provisória.

O Código de 2015, na esteira da Lei de 1973, prevê a possibilidade de que, em determinadas hipóteses, o recurso seja julgado diretamente pelo relator, sem a necessidade de que seja submetido ao órgão colegiado[76].

Com o objetivo de minorar o trabalho dos órgãos colegiados, presume o legislador, na maioria dos casos, que o interessado se conformará com o pronunciamento do relator, atuando como o porta-voz do colegiado.

Caso não se sinta satisfeito com tal pronunciamento, o interessado poderá, no prazo de quinze dias (art. 1.003, § 5º), a contar da intimação da decisão do relator, através do recurso de agravo regimental ou agravo interno, recurso previsto no art. 1.021, levar o recurso à apreciação do órgão colegiado.

---

[75] A realização do julgamento na modalidade virtual, ainda que haja expressa e tempestiva oposição de parte no processo, não acarreta a sua nulidade. REsp 1.995.565-SP, rel. Min. Nancy Andrighi, 3ª T., por unanimidade, j. 22-11-2022, *DJe* 24-11-2022, *Informativo STJ* n. 762.

[76] A Súmula 253 do STJ concede ao relator poderes para também julgar monocraticamente as hipóteses de remessa necessária.

Capítulo 1 • Da ordem dos processos no Tribunal

Compete, hoje, ao relator, realizando atividade eminentemente negativa, não conhecer de recurso inadmissível, isto é, quando é infundado; prejudicado; ou que não tenha impugnado especificamente os fundamentos sobre os quais se assentou a decisão recorrida.

Observe-se que, pelo parágrafo único do art. 932, faz-se necessária a concessão de prazo de cinco dias para que o recorrente, antes de ter seu recurso considerado inadmissível, possa sanar o vício ou complementar a documentação exigível[77].

A norma está diretamente relacionada ao princípio da economia processual[78].

Contudo, sempre houve dissenso na jurisprudência no que se refere, especificamente, à questão da demonstração do feriado local[79].

O STJ tem jurisprudência firme no sentido de que o feriado local deve ser comprovado no momento da interposição do recurso, inclusive fazendo especial distinção entre feriado nacional e feriado local[80], observada a redação original do art. 1.003, § 6º, do CPC.

Ocorre que a Lei n. 14.939/2024 modificou a redação do referido dispositivo. Num primeiro momento, a nova norma mantém a regra, segundo a qual cabe ao recorrente comprovar a ocorrência de feriado local no ato de interposição do recurso, o que está em linha com as recentes decisões do STJ.

Contudo, o dispositivo passa, agora, a ter uma segunda parte, que faz incidir a regra do parágrafo único do art. 932 à espécie, ao dispor que caso o recorrente não se desincumba desse dever, cabe ao tribunal:

a) determinará a correção do vício formal; ou

b) desconsiderar o vício caso a informação já conste do processo eletrônico.

Desse modo, afasta-se o rigor da interpretação que o STJ vinha emprestando à hipótese e dá-se um passo além do que havia sido consolidado no Enunciado n. 197 da III Jornada de Direito Processual Civil CJF/ENFAM[81].

Com a nova redação, passa a haver uma complementação de deveres, a saber:

1. Em princípio, cabe ao recorrente demonstrar a ocorrência de feriado local.

---

[77] Enunciado 593 do FPPC: (arts. 932, parágrafo único; 1.030) "Antes de inadmitir o recurso especial ou recurso extraordinário, cabe ao presidente ou vice-presidente do tribunal recorrido conceder o prazo de cinco dias ao recorrente para que seja sanado o vício ou complementada a documentação exigível, nos termos do parágrafo único do art. 932".

[78] Enunciado n. 83 do FPPC: (art. 932, parágrafo único; art. 76, § 2º; art. 104, § 2º; art. 1.029, § 3º) "Fica superado o enunciado 115 da súmula do STJ após a entrada em vigor do CPC ('Na instância especial é inexistente recurso interposto por advogado sem procuração nos autos')".

[79] "É necessária a comprovação de feriado local no ato de interposição do recurso, sendo aplicável os efeitos desta decisão tão somente aos recursos interpostos após a publicação do REsp 1.813.684/SP. REsp 1.813.684-SP, rel. Min. Raul Araújo, Rel. Acd. Min. Luis Felipe Salomão, Corte Especial, por unanimidade, j. 2-10-2019, DJe 18-11-2019. Informativo STJ n. 660. A modulação dos efeitos da tese firmada por ocasião do julgamento do REsp 1.813.684/SP é restrita ao feriado de segunda-feira de carnaval e não se aplica aos demais feriados, inclusive aos feriados locais. AgInt nos EDcl no REsp 2.006.859-SP, rel. Min. Nancy Andrighi, 3ª T., por unanimidade, j. 13-2-2023, DJe 15-2-2023, Informativo STJ n. 765.

[80] O dia 20 de novembro (Dia da Consciência Negra) não é considerado feriado nacional, mas, sim, feriado local, o qual deve ser comprovado no momento da interposição do recurso, não se admitindo a comprovação posterior. AgInt no AREsp 1.490.251-AL, Rel. Ministro Mauro Campbell Marques, Segunda Turma, por unanimidade, julgado em 2/10/2023. Informativo n. 790 STJ. Nos termos da jurisprudência desta Corte Superior, o dia de Corpus Christi não é feriado nacional, motivo pelo qual é imprescindível a comprovação da suspensão do expediente forense na origem no ato de interposição do Recurso. AgInt no REsp 2.439.111-RS, rel. Min. Herman Benjamin, 2ª T., por unanimidade, j. 6-2-2024. Informativo STJ n.800.

[81] Enunciado n. 197 da III Jornada de Direito Processual Civil CJF/ENFAM: Para a comprovação de feriado local, é suficiente a juntada do calendário do tribunal de origem.

2. Em não o fazendo, cabe ao Tribunal determinar a correção do vício. A palavra Tribunal é utilizada de forma genérica e, a nosso ver, abrange tanto os Órgãos responsáveis pelo recebimento e processamento dos recursos, como o Relator ou mesmo o Órgão Colegiado responsável pelo julgamento do recurso.

3. Independentemente das duas situações acima, cabe à equipe da plataforma do processo eletrônico providenciar a inclusão das datas de feriado local no sistema, de forma que a informação já fique disponível, automaticamente, a todos os sujeitos do processo.

Trata-se de mais uma daquelas hipóteses nas quais o uso dos meios eletrônicos pode não apenas resolver rapidamente uma questão processual, evitando a necessidade de se alongar uma discussão processual, como, principalmente, inibir a ocorrência do problema, prevenindo recursos desnecessários.

Essa é a maior contribuição do legislador para a solução do problema.

Resta, agora, compatibilizar o novo comando legal com as rotinas administrativas dos sistemas de processo eletrônico de forma a dar efetividade à regra, identificando qual o órgão de cada Tribunal que deverá ficar responsável por inserir tais informações no sistema.

Também cabe ao relator negar provimento a recurso contrário a súmula do STF, do STJ e do próprio Tribunal; a acórdão proferido por STF ou STJ em julgamento de recursos repetitivos; ou a entendimento firmado em incidente de resolução de demandas repetitivas ou de assunção de competência.

Embora o texto legal trate de recurso, poderá o relator também ter a mesma atitude em relação à ação rescisória e à remessa necessária.

Já em atividade eminentemente positiva, pode o relator, com base no inciso V, dar provimento monocrático ao recurso, se a decisão recorrida for contrária aos mesmos entendimentos citados para a negativa de provimento.

A diferença, decerto, é que, enquanto lá era o recurso que os desafiava, aqui é a decisão a fazê-lo. Contudo, o relator só poderá assim proceder após a necessária intimação da parte contrária para apresentar contrarrazões, sob pena de nulidade da decisão, uma vez que violados o contraditório e a ampla defesa.

Incumbe, ainda, ao relator decidir o novo incidente de desconsideração da personalidade jurídica; determinar a intimação do Ministério Público, quando for o caso; e exercer atribuições outras que lhe sejam impostas pelo Regimento Interno do Tribunal.

A ocasião adequada para que o relator profira a decisão monocraticamente é a que se segue à conclusão dos autos, não devendo deixar para momento posterior.

No caso de interposição do agravo interno, levado o recurso à apreciação do colegiado, concebe-se que este, acompanhando o voto do relator, não conheça do recurso; transitará em julgado a decisão monocrática recorrida na data em que o agravo não foi conhecido pelo colegiado.

Algumas palavras se fazem necessárias quanto aos poderes do relator e ao agravo de instrumento.

Para evitar a indevida impetração de mandados de segurança em face das decisões agravadas, os quais, tecnicamente, servem apenas para combater atos ilegais, o CPC de 2015, na esteira de seu predecessor, prevê a possibilidade de o relator, salvo nos casos do art. 932, III e IV, mediante requerimento formulado pelo agravante na petição inicial do agravo ou em separado, atribuir efeito suspensivo ao agravo, comunicando tal fato ao juízo que proferiu a decisão agravada (art. 1.019, I).

A lei, porém, não obriga o relator a deferir tal medida e tampouco estabelece pressupostos para que isso ocorra. A atribuição de efeito suspensivo ao agravo de instrumento, seja passivo quando interrompe a marcha processual, impedindo o início da execução provisória, seja ativo quando concede, por exemplo, tutela provisória que fora denegada pelo juiz, é poder discricionário do relator, devendo a decisão ser fundamentada nas razões que o conduziram a concluir pela relevância do recurso.

Esse poder do relator é também conhecido como tutela provisória recursal (antes denominada antecipação de tutela recursal), podendo o relator reconsiderar sua decisão, de ofício ou a requerimento do agravado, mas sem qualquer previsão de recurso em face dessa decisão que defere ou indefere o efeito suspensivo.

Após, haverá o julgamento do agravo pela Câmara ou Turma, a partir da exposição do recurso feita pelo relator, perdurando, caso deferida, a suspensão concedida pelo relator ao agravo.

Caso sobrevenha outro recurso enquanto o agravo não tenha sido julgado, o recurso só entrará em pauta após o julgamento do agravo. Caso assim não se proceda, a irregularidade deverá ser corrigida, de ofício ou mediante provocação do interessado.

Contudo, não há óbice a que os recursos sejam julgados na mesma pauta, caso em que o agravo terá prioridade.

Deve-se atentar para o fato de que, se o relator não conhece do agravo, o faz com base no art. 932, III. Daí, pode a parte prejudicada impugnar a decisão através de agravo interno previsto no art. 1.021.

O relator mandará intimar pessoalmente o agravado, quando não tiver procurador constituído, ou na pessoa do seu advogado, quando o tiver para apresentar as contrarrazões, (art. 1.019, II) e, por derradeiro, mandará ouvir o Ministério Público, se for o caso, para que se pronuncie no prazo de quinze dias (art. 1.019, III).

A intervenção do *Parquet*, nesse caso, não se desvincula das hipóteses do art. 178, devendo o membro do órgão ministerial intervir quando ultimadas as providências do inciso II do art. 1.019.

1.5 CORREIÇÃO PARCIAL

Verifica-se que o CPC não elenca, de forma expressa, o instituto da correição parcial. A adoção, bem como o disciplinamento da matéria, tem sido objeto dos códigos de organização judiciária locais e dos Regimentos Internos dos Tribunais.

Araken de Assis[82] assim define a correição:

A correição parcial é remédio que, teoricamente sem interferir com os atos decisórios, beneficia os litigantes que se aleguem vítimas de erros ou de abusos que invertam ou tumultuem a ordem dos atos processuais.

De fato a correição não tem natureza recursa.

Temos, aqui, que fazer uma pequena digressão histórica. Na vigência do CPC/39, o agravo de instrumento era o recurso cabível contra as decisões interlocutórias expressamente indicadas, significando dizer que não era qualquer decisão que poderia ser alvo de um agravo de instrumento, mas apenas aquelas expressamente discriminadas no art. 842 do CPC/39 ou em dispositivo de lei extravagante.

Com o advento do Código de Processo Civil de 1973, o agravo de instrumento passou a ser cabível contra qualquer decisão interlocutória.

Diante disso, restou esvaziada a reclamação correicional ou a correição parcial, não devendo ser utilizada como meio de impugnação de decisões judiciais, por haver recurso com tal finalidade. E isso

---

[82] Assis, 2017, p. 980.

porque um mecanismo administrativo, em razão do princípio da separação dos poderes, não deve conter aptidão para atacar um ato judicial.

Trata-se, enfim, de medida administrativa de caráter disciplinar, à qual não se pode permitir o condão de produzir, cassar ou alterar decisões jurisdicionais no seio do processo.

Pode-se perceber que a doutrina a reconhece, de forma mais acentuada, como medida administrativa/disciplinar, não havendo como qualificá-la como recurso, mesmo porque essas espécies são taxativa e exaustivamente arroladas em lei. Dessa forma, o rol dos recursos é *numerus clausus*, entendendo-se como recurso somente aquele como tal previsto em lei.

A correição parcial, no âmbito das leis de organização judiciária, é meio de impugnação que se volta contra as omissões do juízo ou contra despachos irrecorríveis que alteram a ordem natural do processo, gerando "tumulto" ou desordem.

Partindo desses pressupostos, resta evidente que a correição parcial não é recurso, mas medida de natureza administrativa, como o próprio nome sugere.

Contudo, em alguns casos, a correição parcial, ainda que de natureza administrativa, pode estar revestida de caráter jurisdicional, que consiste no poder atribuído ao órgão julgador de dirimir conflitos e decidir as controvérsias que refletem direta ou indiretamente na ordem jurídica.

Como consequência, torna-se relevante analisar a tramitação da correição parcial no Tribunal.

Não havendo disposição expressa no CPC, prevalece o entendimento de que a correição parcial seguirá, no Tribunal, o mesmo trâmite processual do agravo de instrumento, que já foi abordado em suas linhas gerais.

Todavia, devem ser feitas algumas ressalvas quanto às diferenças entre os institutos.

Na correição parcial, corrigido é o juiz; corrigente, o Ministério Público ou qualquer das partes. No agravo de instrumento, agravante pode ser o Ministério Público, a parte vencida ou terceiro prejudicado; agravado é o outro polo *do processo em curso*, que arcará com o ônus de responder ao recurso.

O agravo de instrumento é dirigido diretamente ao Tribunal. A correição, por sua vez, é encaminhada ao juiz de origem, instruída com a cópia dos documentos que formarão o instrumento da correição, que só então seguirá ao Tribunal.

Será ofertado prazo à outra parte para que ofereça contrarrazões, e então o juiz se pronunciará, acolhendo o pedido da correição ou negando a ocorrência do tumulto processual. Neste último caso, encaminhará o processo ao Tribunal.

Contudo, ambos são endereçados ao Tribunal competente.

O prazo para a interposição do agravo de instrumento é de quinze dias; o da correição parcial, cinco dias. Um como o outro têm o seu prazo contado a partir da intimação ou do conhecimento do ato impugnado.

No Tribunal, quando incluído em pauta para julgamento, não cabe sustentação oral nas correições parciais, mas cabe nos agravos de instrumento interpostos contra decisões interlocutórias que versem sobre tutela provisória de urgência ou da evidência (art. 937, VIII).

Ambos admitem juízo de retratação, que será comunicado ao relator no Tribunal por meio de informações do juízo, só que na correição tal juízo ocorrerá antes de ser remetida ao Tribunal e, no agravo de instrumento, ocorrerá a qualquer momento, a partir da ciência da interposição do recurso.

Além dos pressupostos exigíveis para o agravo, a correição exige a presença de erro ou abuso da decisão, de maneira a traduzir inversão tumultuária na ordem legal do processo e inexistência de recurso apto a emendar tal erro ou abuso.

Em regra, nenhum dos dois institutos tem o condão de suspender o andamento do feito ou da decisão atacada. Porém, em ambos, pode ser suspensa liminarmente a decisão que deu motivo ao pedido, se relevante o motivo em que se arrima, quando do ato impugnado puder resultar a ineficácia da medida.

Capítulo 2
PROCESSOS, INCIDENTES E AÇÕES

2.1 NOÇÕES PRELIMINARES

O Título I do Livro III do CPC, denominado "Da ordem dos processos e dos processos de competência originária dos Tribunais", não aborda apenas o trâmite processual nos Tribunais, mas disciplina também eventos que podem interferir em um processo; é o caso dos incidentes processuais, das ações autônomas e dos recursos, sendo que estes últimos serão analisados a partir do próximo capítulo.

Os incidentes processuais são manifestações que impugnam uma decisão dentro do próprio processo e durante seu curso, para que sobre ela se manifeste um órgão colegiado.

Já as ações autônomas são manifestações mais profundas e radicais, que dão lugar à instauração de outro processo, isto é, de uma nova relação jurídica processual, pressupondo a irrecorribilidade da decisão nela questionada. A nova relação jurídica processual formada possuirá petição inicial, citação do réu, contestação, produção de provas e sentença.

Os Capítulos III e IV do referido Título trazem dois incidentes processuais, suscetíveis de ocorrer tanto no julgamento de recursos ou das causas que estejam sujeitas ao duplo grau obrigatório de jurisdição, como também nas ações da competência originária dos Tribunais.

Tais incidentes são, respectivamente, a assunção de competência (art. 947 do CPC), pronunciamento que visa estabelecer uma interpretação diante de divergência no tribunal; e a arguição de inconstitucionalidade de lei ou de outro ato normativo do Poder Público (arts. 948 a 950), analisada como questão prejudicial.

O Capítulo V é o responsável por trazer a disciplina do conflito de competência, que se situava na parte inicial do Código anterior, para o campo dos eventos que podem interferir em um processo.

Dá-se à norma maior destaque, em capítulo próprio e especificamente a ela designado, nos arts. 951 a 959.

Os Capítulos VI e VII disciplinam ações autônomas, sendo que o primeiro traz regras referentes à homologação de decisão estrangeira e à concessão do *exequatur* à carta rogatória (arts. 960 a 965) que, até a Emenda Constitucional n. 45, eram de competência originária do Supremo Tribunal Federal, passando, posteriormente, à competência do Superior Tribunal de Justiça; e o segundo disciplina a ação rescisória (arts. 966 a 975), que pode ser de competência originária de um Tribunal estadual ou federal, ou mesmo dos Tribunais Superiores, de acordo com as normas constitucionais e com os respectivos regimentos internos.

O Capítulo VIII traz ao Processo Civil brasileiro o inédito incidente de resolução de demandas repetitivas (arts. 976 a 987), cujo grande objetivo se assenta na necessidade de uniformização da jurisprudência pátria.

Encerra o Título o Capítulo IX, com a previsão da reclamação (arts. 988 a 993), ação autônoma originariamente prevista na Constituição Federal e nas Constituições Estaduais.

O sistema desse Título deve ser interpretado com a complementação das normas de organização judiciária e dos regimentos internos dos Tribunais competentes, que, muitas vezes, disciplinam procedimentos para as ações e incidentes processuais abordados.

2.2 ASSUNÇÃO DE COMPETÊNCIA

O incidente de assunção de competência, como incidente próprio e regulamentado, é mais uma das novidades do CPC (art. 947).

Essa ferramenta integra o microssistema de formação concentrada de precedentes obrigatórios[1] delineado pelo Código de Processo Civil de 2015.

Entretanto, partindo-se a uma análise de seu teor, é possível verificar que se trata de uma nova vestimenta[2] dada ao mecanismo de prevenção ou composição de divergência do art. 555, § 1º, do CPC/73[3].

Em 2001, a Lei n. 10.352 alterou o Código então vigente para incluir o dispositivo, que, tal como o extinto incidente de uniformização de jurisprudência (arts. 476 a 479 do CPC/73), visava à criação de identidade entre os julgamentos de um mesmo tribunal, evitando que os litigantes ficassem na dependência exclusiva da distribuição do feito ou do recurso a determinado órgão do tribunal.

Destaque-se que tais procedimentos não objetivavam constatar divergências entre tribunais, o que representaria impor uma camisa de força aos órgãos judicantes, mas criar a figura do precedente, evitando que demandas idênticas fossem julgadas de forma distinta[4].

Segundo Arruda Alvim[5], o art. 555, § 1º, do CPC/73 criava outro tipo de uniformização de jurisprudência mais simplificado, denominado expediente de afetação do julgamento.

De acordo com a literalidade do dispositivo legal, "ocorrendo relevante questão de direito, que faça conveniente prevenir ou compor divergência entre câmaras ou turmas do tribunal, poderá o relator propor seja o recurso julgado pelo órgão colegiado que o regimento indicar, reconhecendo o interesse público na assunção de competência, esse órgão colegiado julgará o recurso"[6].

Percebe-se, portanto, que, embora fosse um mecanismo de função equivalente à da antiga uniformização, era visto pela doutrina como mecanismo mais eficiente, por não haver cisão da competência funcional, isto é, um órgão responsável por enfrentar a questão de direito, resolvendo a tese a ser aplicável na decisão, e outro com a função de julgar a causa. Com a assunção da competência por um único órgão, a resolução da causa se tornava mais célere.

Ou seja, pelo art. 555, § 1º, o órgão indicado no Regimento Interno do Tribunal assumia a competência para julgamento da demanda como um todo, não se prestando a apenas fixar a tese jurídica aplicável ao caso concreto. Com isso, o processo beneficiou-se em celeridade e efetividade.

A nova Lei dá prosseguimento ao que se pode considerar uma evolução normativa, conferindo ao tema tratamento mais detalhado, a partir das ideias básicas traçadas pelo dispositivo de 2001, mantendo-o como instrumento voltado à uniformização de jurisprudência, cujo objetivo está em

---

[1] Rodrigues, 2013, p. 121.

[2] "O IAC, portanto, possui natureza jurídica material semelhante ao do incidente repressivo (IRDR), possuindo uma fase cognitiva voltada para a resolução da questão e da fixação da tese, em abstrato, sem prejuízo de esta operação ocorrer no bojo do julgamento de um caso concreto. A aplicação da tese ao caso concreto é benéfica, porque didática, mas não essencial. Pode-se, inclusive, conjugando o *caput* do art. 947 com seu parágrafo 2º, entender que essa segunda etapa, posterior à fixação da tese, só ocorreria se o tribunal considerasse haver interesse público, garantindo margem discricionária". (Mendes; Porto, 2019, p. 66).

[3] "O incidente de assunção é uma técnica para a definição de questões de direito que tem clara relação com a jurisprudência uniforme". (Marinoni, 2016a, p. 244).

[4] Carneiro; Pinho, 2016, p. 565.

[5] Alvim et al., 2012, p. 742.

[6] Araken de Assis lembra que no art. 947 não há a previsão de quórum específico para deliberação e consequente formação da decisão vinculante. Contudo, nada impede que tal quórum venha a ser fixado pelo regimento interno do Tribunal (Assis, 2016, p. 423).

evitar decisões colidentes sobre matérias de relevância social, o que ensejaria grave insegurança jurídica[7].

Para o cabimento do incidente, há um requisito positivo (relevância da questão de direito) e um negativo (tal questão não pode estar replicada em múltiplos processos)[8].

O requisito negativo é extremamente útil para diferenciá-lo das hipóteses de cabimento de incidente de resolução de demandas repetitivas[9], embora haja consistente entendimento no sentido de que pode ser aplicável, no caso concreto, o princípio da fungibilidade[10], em homenagem aos princípios da economia processual e da eficiência.

A exemplo do que ocorre com as hipóteses de julgamentos repetitivos, no IAC também é possível dizer que a desistência do recurso originário não impede a instauração do incidente[11].

2.2.1 Procedimento

Quanto ao procedimento[12], estatui o art. 947 que a admissibilidade da assunção de competência se aperfeiçoa quando o julgamento de recurso, remessa necessária ou processo de competência originária do tribunal envolva "relevante questão de direito, com grande repercussão social, sem repetição em múltiplos processos". Isto é, quando a lide extravasa os limites dos interesses dos particulares em conflito.

O incidente é cabível em qualquer tribunal, não estando, como regra, restrito aos TJs e TRFs, como ocorre com o IRDR[13], e pode abranger questões relativas ao direito material ou processual[14].

Contudo, há que se ter cuidado para não exceder os limites do IAC ou utilizá-lo como substituto de outros remédios processuais, sobretudo quando a questão está posta no âmbito do STJ, cuja competência é definida em termos restritos tanto pela Constituição Federal como pelo próprio CPC[15].

---

[7] Cabe, assim, à Seção, por iniciativa e deliberação de seus membros, instaurar o IAC quando há divergência entre as suas Turmas integrantes. Por sua vez, em se tratando de dissenso entre Turmas componentes de Seções diversas, como se dá no caso, somente a Corte Especial, por iniciativa e deliberação dos membros que ali possuem assento, poderia instaurar o Incidente de Assunção de Competência. Sobressai, nesse contexto, a necessidade de se observar a atribuição regimental conferida às Seções e às Turmas de afetar os feitos de sua competência à Corte Especial "quando convier pronunciamento desta" ou "em razão da relevância da questão jurídica ou da necessidade de prevenir divergência entre as Seções", em estrito cumprimento ao disposto no art. 16 do RISTJ (IUJur no CC 144.433-GO, rel. Min. Marco Aurélio Bellizze, por unanimidade, j. 14-3-2018, *DJe* 22-3-2018).

[8] Neves, 2015, p. 497.

[9] Rodrigues, 2016, p. 178.

[10] Enunciado CJF n. 141: "É possível a conversão de Incidente de Assunção de Competência em Incidente de Resolução de Demandas Repetitivas, se demonstrada a efetiva repetição de processos em que se discute a mesma questão de direito".

[11] Enunciado CJF n. 65: "A desistência do recurso pela parte não impede a análise da questão objeto do incidente de assunção de competência".

[12] Em matéria procedimental, é imprescindível observar o art. 271, alíneas B a G do Regimento Interno do STJ, acrescidos pela Emenda Regimental n. 24/2016.

[13] Enunciado 468 do FPPC: (art. 947) "O incidente de assunção de competência aplica-se em qualquer tribunal". No mesmo sentido, veja-se o art. 1º da Resolução n. 235/2016 do CNJ.

Enunciado 469 do FPPC: (art. 947) "A 'grande repercussão social', pressuposto para a instauração do incidente de assunção de competência, abrange, dentre outras, repercussão jurídica, econômica ou política".

[14] Enunciado 600 do FPPC: (art. 947) "O incidente de assunção de competência pode ter por objeto a solução de relevante questão de direito material ou processual".

[15] Assim, não é cabível a instauração do incidente de assunção de competência para a situação em referência seja porque não há previsão legal, seja porque há mecanismo processual próprio para uniformizar a jurisprudência no âmbito dos Juizados Especiais dos Estados. AgInt na Pet 12.642-SP, rel. Min. Og Fernandes, Primeira Seção, por unanimidade, j. 14-8-2019, *DJe* 19-8-2019. *Informativo STJ* n. 659.

Esse incidente busca tanto prevenir como corrigir a desarmonia entre teses jurídicas[16].

A prevenção está presente na própria fixação de uma tese jurídica, excluindo o risco de que, fixada a tese, venha a se configurar, posteriormente, um dissídio jurisprudencial.

A correção, por sua vez, ocorre com o dissídio já configurado, abrindo-se via para a revisão do julgamento, com a solução da *quaestio iuris*. Nesse sentido, o § 4º, a elencar a conveniência da prevenção ou composição de divergência entre Câmaras ou Turmas do tribunal.

Não possui natureza de recurso, mas de incidente suscetível de ocorrer em julgamento no tribunal, tanto em grau de recurso como na hipótese das ações de competência originária do tribunal ou de reexame necessário.

Sendo caso de assunção de competência, propõe o relator[17], de ofício ou a requerimento da parte, do Ministério Público ou da Defensoria Pública, que seja o recurso, remessa necessária ou processo de competência originária julgado pelo órgão colegiado indicado pelo Regimento Interno do tribunal.

Este, por sua vez, se reconhecer interesse público na assunção, julgará a causa como um todo. Não apenas a *quaestio iuris*, como fazia o antigo incidente de uniformização de jurisprudência, mas também a *quaestio facti* daquele processo em particular[18].

Finalmente, proferido o acórdão em sede desse incidente, seu teor será vinculante a todos os juízes e órgãos fracionários da Corte, salvo se houver futura revisão da tese, nos termos do art. 986, devendo ser observada a regra geral da isenção de custas, tal qual ocorre com o IRDR[19].

Como antes sublinhado, o art. 947 deve ser considerado como mais um dos instrumentos que trazem a Lei de 2015 para a consecução da uniformização de jurisprudência, um de seus principais escopos, ao mesmo tempo em que se mostra mais consentâneo com a economia processual do que a uniformização de jurisprudência, que cindia o julgamento da lide e impunha às partes maior espera por uma prestação jurisdicional efetiva.

2.3 ARGUIÇÃO DE INCONSTITUCIONALIDADE

O direito brasileiro consagra o sistema misto de controle de constitucionalidade, possuindo duas modalidades de controle: o difuso e o concentrado. No controle difuso, pode o órgão judiciário apreciar, *incidenter tantum*, a questão da constitucionalidade como prejudicial, não declarando a constitucionalidade ou inconstitucionalidade de uma norma, mas apenas dela conhecendo[20].

Tratando-se de processo no tribunal, sempre que, em um recurso ou em uma causa de competência originária, parecer fundada uma arguição de inconstitucionalidade de lei ou outro ato normativo do Poder Público, relacionados ou não com o mérito, não será lícito ao órgão fracionário apreciar tal alegação, uma vez que a declaração de inconstitucionalidade subordina-se à cláusula da reserva de plenário *(full bench)*, prevista no art. 97 da Constituição Federal e na Súmula Vinculante 10.

---

[16] Câmara, 2011, p. 49.

[17] Admitindo legitimidade do juiz de primeiro grau, para oficiar ao relator e levar ao seu conhecimento questão relevante e que se insira nas hipóteses de cabimento do IAC: Mendes; Porto, 2019, p. 47.

[18] Enunciado 201 do FPPC: (arts. 947, 983 e 984) "Aplicam-se ao incidente de assunção de competência as regras previstas nos arts. 983 e 984".

[19] Mendes; Porto, 2019, p. 87.

[20] Gajardoni et al., 2017, p. 700.

Destaque-se que não há qualquer restrição ao incidente ser relativo à lei ou ato emanado de órgão da União, do Estado-membro ou do Município, também não se distinguindo se a inconstitucionalidade é formal ou material e se baseada na Constituição Federal ou dos Estados.

Dessa forma, o termo "lei" abrange todas as espécies do art. 59, I a VII, da Constituição e a expressão "ato normativo" abrange decretos e regimentos de toda natureza.

Admite-se, contudo, que o órgão fracionário reconheça, com base na Constituição e em lei federal, a nulidade de ato administrativo fundado em lei estadual, ainda que tenha mencionado a inconstitucionalidade dessa última, desde que meramente como reforço argumentativo[21].

A arguição de inconstitucionalidade, prevista nos arts. 948 a 950, será instaurada toda vez que, perante o órgão fracionário de um tribunal, estiver sendo questionada a constitucionalidade de lei ou ato normativo do Poder Público.

Nesses casos, deve haver a cisão da competência funcional entre o órgão julgador do recurso ou da causa e o órgão a que vai caber o exame da questão suscitada como premissa da decisão[22]. A causa ou o recurso são, portanto, julgados por dois órgãos distintos e a decisão final é subjetivamente complexa, isto é, resultante da integração de ambos os pronunciamentos.

2.3.1 Iniciativa e momento da arguição da inconstitucionalidade

Podem arguir a inconstitucionalidade o relator, de ofício, e qualquer das partes, incluindo o assistente simples e o litisconsorcial, cujo processo esteja em órgão fracionário.

O Ministério Público, sempre que for parte, também estará no rol dos legitimados para a arguição, mas entende-se que poderia arguir até mesmo na posição de *custos legis*[23].

A arguição poderá ocorrer em qualquer momento, sem que haja preclusão, podendo ser logo na petição inicial, na contestação, nas razões, em petição avulsa ou até na sessão de julgamento, oralmente, ou em parecer, no caso do Ministério Público, desde que o processo esteja em trâmite perante órgão fracionário do Tribunal. Nesses casos, a arguição será submetida ao órgão fracionário, pelo relator, durante a sessão de julgamento, após ouvir o Ministério Público e as partes, consoante art. 948.

Já o relator poderá arguir na sessão de julgamento, enquanto o presidente não anunciar o resultado deste.

Se a arguição for feita pela parte, deverá ser aberta vista dos autos ao Ministério Público para parecer. Caso a alegação seja superveniente, a vista ao Ministério Público deve ser aberta assim que formulada, sendo que, caso ocorra na sessão de julgamento, esta deverá ser suspensa.

Portanto, feita a arguição, é obrigatória a oitiva do membro do Ministério Público, prévia à deliberação do órgão fracionário, diante da presença de interesse público, salvo se a arguição houver sido feita pelo mesmo órgão do Ministério Público.

2.3.2 Órgão perante o qual se argui

A competência para declarar a inconstitucionalidade de uma lei ou ato normativo do Poder Público é do órgão especial do Tribunal ou do pleno, conforme disposição do art. 93, XI, da Constituição.

---

[21] Não haveria, em casos tais, ofensa à cláusula de reserva de plenário, conforme entendeu o STJ em: STJ, AgRg no REsp 1.435.347-RJ, rel. Min. Mauro Campbell Marques, j. 19-8-2014, *Informativo STJ*, n. 546.

[22] Destaque-se que tal cisão de competência funcional ocorre apenas no Tribunal, não se preocupando o CPC em regular o controle difuso perante os juízes de primeira instância.

[23] "O Ministério Público, quando parte – inclusive na hipótese de haver recorrido da decisão no qual anteriormente funcionava como fiscal da lei –, naturalmente se legitima à arguição, mas também se lhe deve reconhecer qualidade para formulá-la em parecer que porventura haja de emitir, como *custos legis*, sobre o recurso ou a causa" (Barbosa Moreira, 2008, p. 37).

Tal constatação é importante para identificar o órgão competente para julgamento de futura ação rescisória, que será do órgão colegiado superior, ainda que a participação do mesmo tenha se restringido à resolução de uma questão incidente.

Algumas são as hipóteses em que não será submetida a arguição ao pleno: se a lei é de efeitos concretos, se a lei foi editada anteriormente à Constituição, se já existe pronunciamento de um dos órgãos do Tribunal sobre o processo ou se o plenário do STF já se pronunciou sobre a questão em ação direta.

Na primeira hipótese, a lei de efeitos concretos é insuscetível de qualquer modalidade de controle de constitucionalidade.

No caso de a lei ser anterior à vigência da Constituição, a questão deverá ser resolvida pelas regras de direito intertemporal, com base no entendimento do Supremo Tribunal Federal segundo o qual não há de se cogitar, nesse caso, de controle de constitucionalidade ainda que superveniente, e sim de revogação.

Quanto ao pronunciamento do Supremo Tribunal Federal, cabe destacar que a vedação não é ao pronunciamento em sede de declaração incidental de inconstitucionalidade, sem que o Senado Federal tenha suspendido a eficácia da norma[24], uma vez que, nesses casos, não há óbice ao exame pelo Pleno.

2.3.3 Procedimento

Submetida ao órgão fracionário a arguição, o julgamento fica suspenso até que se delibere sobre a questão. Se a maioria dos votantes se manifestar contrariamente à arguição, por entendê-la inadmissível, quando o curso da causa não dependa da decisão, ou improcedente, quando não for reconhecida a incompatibilidade entre a lei e a Constituição, ela será rejeitada.

Nesse caso, prosseguirá o julgamento no órgão fracionário. Contudo, a questão estará prequestionada para fins de recurso extraordinário (art. 102, III, da CF).

Acolhida a arguição, não se trata da declaração de inconstitucionalidade, mas de sua submissão ao órgão pleno ou especial.

Será então submetida a questão ao pleno, nos termos do art. 93, XI, da Constituição, e do art. 949, *caput*, do CPC, cabendo ao plenário ou órgão especial se pronunciar sobre a constitucionalidade ou a inconstitucionalidade, e ao órgão fracionário posteriormente decidir a partir da questão prejudicial suscitada.

Caso o órgão fracionário não suspenda o julgamento, prosseguindo na apreciação da questão, o acórdão será passível de anulação ou de rescisão e, uma vez anulado, não subsiste o julgamento do órgão fracionário, devendo ser feito novo exame da arguição de inconstitucionalidade.

Ademais, na hipótese de o órgão fracionário decidir pela inconstitucionalidade, desprezando a cláusula da reserva de plenário, tal procedimento pode ser questionado através de recurso extraordinário ou de ação rescisória, se transitado em julgado o acórdão (art. 966, V, do CPC).

Isso porque a reserva de plenário é uma norma constitucional, não podendo o regimento interno do Tribunal discricionariamente prever o contrário.

Transcorrido o prazo para a oposição de embargos de declaração do acórdão que acolheu a declaração, será submetida, portanto, a arguição ao pleno, devendo a matéria ser analisada, em sessão, por quem o regimento interno do Tribunal indicar (sempre que possível, é o juiz que redigiu o acórdão do órgão fracionário).

---

[24] Na forma do art. 52, X, da Constituição Federal de 1988.

Será feita a remessa de cópia do acórdão que acolheu o incidente a todos os membros do pleno, e o intervalo de tempo entre a publicação da pauta em que conste o processo e a sessão segue a disposição do art. 935, *caput* e §§ 1º e 2º, e para os demais procedimentos será observado o regimento interno de cada tribunal.

Os §§ 1º e 2º do art. 950 preveem, ainda, a manifestação das pessoas jurídicas de direito público responsáveis pela edição do ato questionado, além de ser cabível a intervenção das pessoas legitimadas para propor ação direta de inconstitucionalidade (art. 103 da CF) e de outros órgãos ou entidades, a critério do relator (art. 950, § 3º).

As pessoas jurídicas de direito público são aquelas responsáveis pela edição da norma, ou seja, a União, os Estados e os Municípios. A intervenção da União, como incidente, não desloca a competência para a Justiça Federal, a teor do art. 109, I, da CF.

As pessoas legitimadas para propor ação direta de inconstitucionalidade, elencadas no art. 103 da CF, também possuem a faculdade de ser intervenientes, podendo se manifestar, por escrito, nos autos em que se processa o incidente, a favor ou contra a declaração de inconstitucionalidade.

A terceira hipótese mencionada diz respeito à admissão, por despacho irrecorrível, da intervenção de *amicus curiae*, subordinado à relevância da matéria e à representatividade adequada do órgão ou entidade postulante. Essa admissão poderá se dar, na verdade, por decisão irrecorrível, e não por despacho, consoante entendimento doutrinário[25].

O plenário ou órgão especial se manifesta apenas sobre a questão prejudicial da inconstitucionalidade de lei ou ato normativo, não lhe cabendo analisar o que não foi acolhido na arguição, uma vez que o acolhimento da arguição pelo órgão fracionário é pressuposto inafastável do conhecimento da questão pelo Tribunal.

Contudo, a cognição do Tribunal será plena na apreciação da questão prejudicial, tanto no exame da admissibilidade da arguição, que não fica precluso para o plenário, como para o próprio mérito, ou seja, o exame de constitucionalidade.

Extrai-se, portanto, que também não está o plenário vinculado aos fundamentos indicados na arguição, podendo declarar a inconstitucionalidade da norma por razão diversa da apontada, se assim entender, devendo os votos dos juízes ser computados por fundamento.

Dessa forma, a declaração de inconstitucionalidade só ocorre se houver o voto da maioria por um mesmo fundamento. Se, por exemplo, alguns juízes votaram pela inconstitucionalidade se utilizando do fundamento A e outros concordam que a norma é inconstitucional, mas pelo fundamento B, não pode se somar o número de juízes que votaram pelo fundamento A com os que votaram pelo fundamento B para se chegar à maioria necessária para se declarar a inconstitucionalidade da norma.

Ademais, não é preciso estarem presentes no julgamento todos os membros do Tribunal, a teor do art. 97 da CF, podendo a deliberação ocorrer com qualquer número de juízes, desde que corresponda a um número de votantes igual ou superior à maioria absoluta dos membros do Tribunal.

A decisão do plenário tem natureza constitutiva negativa e vincula não só o órgão fracionário, incorporando-se como prejudicial ao julgamento da causa, como todos os órgãos fracionários do Tribunal, no caso de julgamento futuro.

A decisão é irrecorrível[26], salvo por embargos de declaração, uma vez que os defeitos previstos no art. 1.022 do CPC podem, em tese, estar presentes no julgado. Os demais recursos são cabíveis apenas em face do acórdão do órgão fracionário que julgar a causa.

---

[25] Câmara, 2009, p. 40.
[26] Súmulas 293, 455 e 513 do STF.

Por fim, não custa lembrar que as decisões emanadas do Pleno ou do Órgão Especial do Tribunal são revestidas de efeitos vinculantes, na forma do art. 927, V, do Código[27].

2.4 CONFLITO DE COMPETÊNCIA

Embora não seja propriamente um recurso, o conflito de competência tramita no Tribunal e assume a natureza jurídica de incidente processual[28].

O conflito de competência surge a partir de um impasse entre os órgãos jurisdicionais. Pode ocorrer que órgãos possivelmente competentes para determinadas causas rejeitem essa condição, ou mais de um órgão dar-se como competente para a demanda ou, ainda, haver disputa entre órgãos a respeito da separação ou da reunião de processos.

O conflito de competência sempre representa uma divergência entre mais de um órgão jurisdicional, e aí está sua diferença fundamental com relação à exceção de incompetência, já que, enquanto nesta se busca apenas apontar a incompetência de certo órgão, no conflito, dois órgãos jurisdicionais têm sua competência questionada, havendo necessidade de se determinar quem é o competente para processar e julgar determinado feito.

Pode ser instaurado por iniciativa de qualquer das partes, pelo Ministério Público ou, ainda, de ofício, por qualquer das autoridades jurisdicionais envolvidas (art. 951). A restrição é que a parte que ofereceu, antes da instauração do conflito, exceção de incompetência, fica proibida de provocar esse incidente, já que estaria, por via transversa, se utilizando do incidente apenas para repetir alegação já exposta (se a exceção tivesse sido rejeitada) ou provocando medida já acobertada pela preclusão, no caso de a exceção ter sido acolhida e os autos encaminhados ao juízo suscitado.

Quanto ao Ministério Público, a redação do parágrafo único restringe as hipóteses de sua oitiva para os conflitos de competência relativos aos processos em que o *Parquet* atua como fiscal da ordem jurídica (art. 178), não obstante seja ressalvada sua qualidade de parte nos conflitos que suscitar.

Quanto à classificação, pode ser positivo, quando dois ou mais juízes se consideram competentes para certa causa; negativo, quando dois ou mais juízes se reputarem incompetentes para a demanda judicial ou, ainda, pode ocorrer quando surgir controvérsia sobre a reunião ou a separação de processos entre dois ou mais juízes.

O exame do conflito compete sempre a um tribunal de maior hierarquia em relação aos órgãos jurisdicionais envolvidos, cabendo, portanto, o seu julgamento:

a) ao Supremo Tribunal Federal, quando envolver divergência entre Tribunais Superiores entre si ou em face de outros tribunais (art. 102, I, *o*, da CF);

b) ao Superior Tribunal de Justiça, quando se tratar de juízes vinculados a tribunais diversos ou entre tribunal e juízes a ele não vinculados[29] (art. 105, I, *d*, da CF);

c) Tribunais Regionais Federais, quando nos conflitos entre juízes a eles vinculados (art. 108, I, *e*, da CF) ou no caso de conflito entre juiz federal e juiz estadual investido de jurisdição federal (Súmula 3 do STJ);

---

[27] O CPC, ao versar sobre os precedentes obrigatórios, concede ainda maior importância ao referido incidente, pois permite que a sua decisão tenha eficácia obrigatória, por se tratar de decisão de plenário ou órgão especial (art. 927, V). Assim, um incidente que já detinha considerável importância sob a égide do CPC passa a ter ainda mais destaque (Peixoto, 2019, p. 34).

[28] Neves, 2017, p. 1449.

[29] Durante algum tempo prevaleceu o entendimento de que caberia ao STJ o julgamento de conflito de competência entre juiz do Juizado Especial Federal e juiz da vara federal. Contudo, tal entendimento foi modificado pelo Plenário do Superior Tribunal de Justiça, sendo, em 13-5-2010, editada a Súmula 428 do STJ, que dispõe: "Compete ao Tribunal Regional Federal decidir os conflitos de competência entre juizado especial federal e juízo federal da mesma seção judiciária". Dessa forma, adota-se, agora, o entendimento de que a competência para julgamento desse conflito é do Tribunal Regional Federal.

d) Tribunal de Justiça, quando o conflito envolver juízes a ele pertencentes.

O conflito tem início por meio de petição dirigida ao tribunal competente, quando suscitado pelas partes ou pelo Ministério Público, ou de ofício, quando suscitado diretamente pelos juízes envolvidos, devendo estar instruído com a demonstração dos fatos envolvidos no incidente (art. 953, parágrafo único, do CPC).

Encaminhado ao Tribunal competente, será distribuído a um relator. Como primeira providência, o relator determinará a oitiva dos juízes envolvidos, em prazo designado, ou apenas a oitiva do juízo suscitado, quando o incidente se der de ofício, por provocação de um juiz. Em seguida, será aberta vista ao Ministério Público para que, na condição de *custos legis*, manifeste-se no prazo de cinco dias (arts. 954 e 956).

Tomadas essas providências, o relator apresentará o feito na sessão, para julgamento. Entre o conflito ter sido suscitado e o dia do seu julgamento, poderá surgir a necessidade de tomar medidas urgentes. Por isso, o relator tem poderes para paralisar o processo em discussão, que originou o conflito, e fixar um juízo provisório, que não será necessariamente o que deverá atribuir a competência, apenas para decidir as questões urgentes (art. 955, *caput*).

O parágrafo único do art. 955 estende as hipóteses em que pode o relator julgar de plano o conflito, passando a abranger, além de súmula do Supremo Tribunal Federal, do Superior Tribunal de Justiça e do próprio Tribunal, a tese firmada em julgamento de incidente de resolução de demandas repetitivas ou de assunção de competência. Dessa decisão caberá agravo, na forma do art. 1.021.

Ao julgar o conflito, o tribunal não apenas determinará o órgão jurisdicional competente (encaminhando-lhe os autos em que foi suscitado o conflito), como ainda decidirá a validade dos atos praticados pelo juiz incompetente (art. 957).

Se o conflito envolver órgãos de um mesmo tribunal, a competência para seu julgamento observará as regras do Regimento Interno do próprio Tribunal.

O conflito de competência, porém, só envolve a discussão da competência jurisdicional das autoridades. Caso a discussão seja sobre a competência administrativa, tratar-se-á de conflito de atribuições, que não seguirá as regras aqui expostas, mas as previstas no Regimento Interno do Tribunal competente (art. 959).

2.5 HOMOLOGAÇÃO DE DECISÃO ESTRANGEIRA E CONCESSÃO DO *EXEQUATUR* À CARTA ROGATÓRIA

Sendo proferida uma sentença no exterior[30], para que ela seja válida no Brasil, deve haver um ato formal de reconhecimento, o cumpra-se, *exequatur* ou homologação. Tal reconhecimento restringe-se a prescrever o controle da observância de algumas formalidades, correspondente a um sistema que visa impedir que surtam efeitos no país decisões estrangeiras contrárias "à soberania nacional, à ordem pública e aos bons costumes".

Homologar significa adequar um ato ao que deveria ser. A homologação de decisão estrangeira, procedimento previsto nos arts. 960 a 965 do CPC, tem como modelo a decisão brasileira. Esta última, sim, é capaz de produzir efeitos no território nacional, enquanto a decisão estrangeira depende do ato formal de reconhecimento para a produção de efeitos[31].

---

[30] Admite-se que a sentença a ser homologada tenha sido proferida também em jurisdição voluntária. Nesse sentido: STF, Pleno, SE 2315-EUA e 2316-EUA, rel. Min. Thompson Flores.
[31] Carneiro; Pinho, 2016, p. 575.

A homologação é um processo de conhecimento, uma ação de natureza constitutiva, porque a decisão estrangeira só produzirá efeitos no Brasil após ser homologada[32].

Segundo a doutrina, a homologação é, ainda, acontecimento futuro e incerto a que a lei subordina a eficácia, no território nacional, da decisão estrangeira, atribuindo-lhe a função de condição legal.

O objeto da homologação, segundo o art. 960, *caput*, é a decisão estrangeira, que, não importa a denominação que receba no país de origem, deve ter características que permitam ser incluída na concepção nacional de decisão[33].

Mais abrangente do que o Código de 1973, o novo Diploma de Processo estendeu o procedimento em questão para todas as decisões, não apenas sentenças. Assim, encontram-se abarcadas também a decisão interlocutória e a decisão arbitral estrangeiras, além, decerto, da sentença.

Essa sentença pode ter tanto natureza civil (*lato sensu*) como natureza penal, desde que se deseje que produza no país efeitos civis (art. 790, CPP) e desde que tenha a natureza de mérito, uma vez que esta produz eficácia fora do processo e tem repercussão que pode ultrapassar os limites territoriais de um Estado.

Observe-se que a Corte Especial do STJ[34], por exemplo, já pacificou entendimento no sentido de que a irregularidade na citação no processo original é óbice à homologação, no Brasil, de sentença proveniente de outro país.

Não se exclui a necessidade de homologação de sentença proferida em processo cautelar, concessivas de providências que tenham de ser cumpridas em território nacional (arresto ou sequestro de bens no Brasil) e não há diferença entre sentenças proferidas no processo de conhecimento e no processo de execução e no primeiro grau ou em grau superior de jurisdição, desde que satisfeitos os requisitos de homologabilidade.

2.5.1 Competência para a homologação

O art. 102, I, *h*, da Constituição de 1988 traz a competência originária do Supremo Tribunal Federal para a homologação de sentença estrangeira, sendo que o procedimento de homologação era previsto no regimento interno do próprio Tribunal.

Contudo, o art. 105, I, *i*, trazido pela Emenda Constitucional n. 45, transferiu para o STJ a atribuição para homologar sentença estrangeira, que pode ser exercida pelo Presidente ou pela "Corte Especial", a teor do Regimento Interno da Corte Superior, nos termos trazidos pela Emenda Regimental n. 18, de dezembro de 2014, que revogou a Resolução n. 9/95.

Com essa alteração provocada pela Emenda à Constituição, em 2004, todas as disposições legislativas em que ainda estava escrito Supremo Tribunal Federal deveriam passar a ser lidas como Superior Tribunal de Justiça. E, nesse sentido, o art. 960 suprimiu a menção, feita por seu predecessor art. 483 do CPC/73, ao STF.

2.5.2 Decisões sujeitas à homologação

O meio apto à homologação de decisão estrangeira é a ação autônoma de mesmo nome, salvo disposição especial em contrário prevista em tratado do qual o Brasil seja parte. Essa homologação

---

[32] É inadmissível a renúncia em sede de homologação de provimento estrangeiro (SEC 8.542-EX, rel. Min. Luis Felipe Salomão, por unanimidade, j. 29-11-2017, DJe 15-3-2018).

[33] Barbosa Moreira (2008, p. 65) traz hipóteses de sentenças estrangeiras proferidas por órgãos estranhos ao Poder Judiciário, mas no exercício da função judicante, que foram homologadas: sentenças proferidas pelo rei da Dinamarca, por autoridades administrativas norueguesas e dinamarquesas e, ainda, sentenças registradas perante um prefeito do Japão.

[34] SEC 10.154-EX, rel. Min. Laurita Vaz, j. 1º-7-2014, *Informativo STJ*, n. 543.

deve obedecer aos tratados aqui em vigor, bem como ao Regimento Interno do Superior Tribunal de Justiça, do qual se vai adiante tratar.

Sujeitam-se ao procedimento tanto sentenças quanto decisões interlocutórias, a serem executadas por meio de carta rogatória (art. 960, § 1º), e decisões arbitrais, estas observando tratado e lei e, subsidiariamente, este Capítulo do CPC.

Interessante inovação traz a Lei de 2015, ao dispor que mesmo as decisões estrangeiras de cunho não judicial podem ser homologadas, para que possam, então, ter eficácia em solo nacional (art. 961, § 1º).

Se a decisão é composta por capítulos distintos, cada capítulo deverá ser considerado separadamente para fins de homologação, podendo ser requerida a homologação de apenas alguns capítulos ou requerida a homologação de toda a decisão, mas acolhida apenas a homologação de alguns capítulos se faltar ao restante o requisito de homologabilidade. Trata-se de homologação parcial, admitida pelo § 2º do mesmo art. 961.

No curso do processo de homologação, é cabível ao Judiciário brasileiro deferir pedidos de urgência e realizar atos de execução provisória, de modo a evitar o perecimento de direitos ameaçados.

A própria decisão estrangeira que conceda medida de urgência é passível de execução no Brasil, pela via da carta rogatória, consoante art. 962, *caput* e § 1º, ficando o juízo sobre a urgência a cargo exclusivo da autoridade jurisdicional estrangeira.

Se o réu não tiver sido previamente ouvido, deverá sê-lo, em contraditório diferido, sendo esta uma garantia constitucional (art. 5º, LV) e, portanto, inderrogável. E, se dispensada a homologação, a decisão concessiva de medida de urgência só poderá produzir seus efeitos se tiver sua validade expressamente afirmada pelo juiz competente para lhe dar cumprimento (art. 962, § 4º).

Por fim, o CPC traz disposições específicas para a execução fiscal, que deve encontrar previsão em tratado ou promessa de reciprocidade (art. 961, § 4º); e para o divórcio consensual, cuja sentença independe de homologação, no STJ, para produzir efeitos no Brasil (§ 5º).

Ressalte-se que, nesse último caso, qualquer juiz poderá examinar a validade da decisão, se a questão for suscitada em processo de sua competência, nos termos do § 6º.

2.5.3 Decisões arbitrais

A partir de 1996, com a Lei n. 9.307, as decisões arbitrais passaram a ter uma regulamentação específica.

A sentença arbitral possui a mesma força de uma sentença judicial, tanto que no art. 515, inciso VII do CPC é apresentada como título executivo judicial.

Em relação à sua homologação, a orientação predominante na jurisprudência do Supremo Tribunal Federal[35] é que seria admitida a homologação de laudo arbitral estrangeiro, desde que já homologado por Tribunal do Estado de origem.

Isso porque, até 1996, o que havia era o laudo arbitral, mas não uma sentença arbitral, sendo que o laudo só tinha validade após ser homologado por uma decisão judicial, passando, só a partir daí, a existir no mundo jurídico.

---

[35] Até a Emenda Constitucional n. 45, de 2004, era o STF que homologava as sentenças estrangeiras. Posteriormente, a homologação passou a ser feita pelo STJ, nos termos de sua Resolução n. 9 e, mais recentemente, segundo o próprio Regimento Interno deste Tribunal, com a redação dada pela Emenda Regimental n. 18.

Diante desse requisito, a doutrina passou a criar distinções para a homologação de sentença estrangeira, admitindo que, se o país de origem exigisse a prévia homologação judicial do laudo arbitral para que este pudesse produzir efeitos internamente, o ato estrangeiro a ser homologado no Brasil seria, em verdade, a sentença homologatória do laudo arbitral e não propriamente este último.

Todavia, caso o Estado de origem atribuísse ao laudo eficácia de sentença, independentemente de homologação, desnecessário o Brasil exigir a homologação pelo Tribunal do país de origem.

A Lei n. 9.307/96 trouxe a sentença do árbitro como autônoma, não sujeita à homologação judicial, tendo o mesmo valor da sentença judicial.

Antes, a sentença arbitral estrangeira tinha que ser homologada no Poder Judiciário do país de origem e, após, no Poder Judiciário do país de destino (sistema da dupla homologação).

Com a vigência da lei, tal sistema é quebrado.

Isso porque o art. 35 não exige mais homologação na origem, mas apenas a homologação no destino, ou seja, no STJ, que é o órgão competente, após a Emenda Constitucional n. 45[36].

Os arts. 37, 38 e 39 enumeram casos em que a decisão arbitral não deve ser homologada. A despeito do "unicamente" previsto no art. 35 da referida lei, prevalece ainda a distinção de casos em que o ordenamento do Estado de origem subordina a eficácia judicial à homologação pelo Tribunal e o que não subordina.

Outra questão é saber se alguma parte da sentença estrangeira pode ter efeito no país, independentemente de homologação. Isso é importante na distinção entre o efeito executivo da sentença, peculiar à sentença condenatória, e o efeito da coisa julgada, que impede que se pleiteie de órgão nacional novo pronunciamento sobre a lide e vinculação do juiz nacional à coisa julgada da sentença estrangeira.

O art. 216-A, § 1º, do Regimento Interno do STJ estatui que, mesmo em se tratando de provimento não judicial, é necessária a homologação por aquela Corte, devendo o intérprete atentar para o fato de que tal provimento necessita, pela lei brasileira, ter natureza de sentença.

Em geral, é toda a eficácia da decisão como, justamente, ato decisório, e não apenas como ato executivo, que depende de homologação. Portanto, toda decisão depende de homologação, inclusive para se invocar a autoridade de coisa julgada perante órgão nacional.

Contudo, a decisão estrangeira pode ser utilizada para fins probatórios no território nacional, independentemente de ato formal de reconhecimento.

Como ato de decisão, seus requisitos para homologação estão previstos no próprio art. 35 da Lei n. 9.307, que fala da homologação de sentença estrangeira, e os arts. 38 e 39, que abordam os requisitos.

2.5.4 Requisitos

Para que a decisão estrangeira seja homologada pelo Superior Tribunal de Justiça, indispensável se faz a observância de certos requisitos, tais como elencados no art. 963:

I – ter sido proferida pela autoridade competente;

II – prévia e regular citação, mesmo que verificada revelia;

III – eficácia no país em que foi proferida;

IV – não ofensa à coisa julgada formada no Brasil;

V – acompanhamento de tradução oficial, salvo previsão em contrário em tratado;

---

[36] *Informativo STF*, n. 173, SE 5.847, rel. Min. Maurício Corrêa.

VI – não conter ofensa manifesta à ordem pública;

VII – respeito ao contraditório (requisito constante do parágrafo único).

Sendo caso de competência exclusiva da autoridade judiciária brasileira, incabíveis a homologação da decisão estrangeira e a concessão do *exequatur* à carta rogatória (art. 964, *caput* e parágrafo único).

2.5.5 A homologação da decisão

O processo de homologação de decisão estrangeira tem natureza jurisdicional e muito se discute se teria natureza de jurisdição voluntária.

Aos que defendem que seria jurisdição voluntária, a base argumentativa está na inexistência de composição de uma lide, limitando-se o processo a averiguar a existência de determinados pressupostos atinentes à decisão a ser homologada, sem se discutir o mérito desta. A pretensão é deduzida em juízo para se alcançar a segurança jurídica.

Contudo, há doutrinadores, como Barbosa Moreira, que afirmam não se tratar de um procedimento de jurisdição voluntária, baseando-se na circunstância de a sentença estrangeira não poder produzir efeito no Brasil sem ser homologada, vislumbrando nessa oposição de interesse de se desejar que a sentença produza efeitos no país e na necessidade de homologação o conceito carneluttiano de lide.

Destaca-se, nesse ponto ainda, que o simples fato de não haver impugnação do réu não é suficiente para caracterizar a jurisdição voluntária, pois, caso o fosse, toda revelia seria jurisdição voluntária.

Destaca-se que, com a Emenda Regimental n. 18, o Regimento Interno do STJ passou a prever o contraditório, segundo o art. 216-H, em resposta à verdadeira ação que aquele que requer a homologação da sentença estrangeira propõe, distinta da proposta no Estado de origem.

O órgão nacional não reexamina o mérito da causa processada perante a Justiça estrangeira, mas, satisfeitos os pressupostos processuais e as condições do legítimo exercício da ação de homologação, cabe-lhe julgar o mérito da ação de homologação, acolhendo o pedido ou rejeitando-o.

Dessa forma, o nosso sistema é de um "juízo de delibação"[37], respeitando-se a decisão proveniente do estrangeiro, sem julgá-la novamente, verificando apenas os aspectos formais já descritos e a adequação à ordem pública, à soberania nacional e à dignidade da pessoa humana (art. 216-F do Regimento Interno do STJ).

Qualquer pessoa é legitimada a propor a ação de homologação, podendo ser parte no processo estrangeiro seus sucessores e até terceiros passíveis de ser atingidos em suas esferas jurídicas, de acordo com a regra do ordenamento de origem sobre a eficácia subjetiva da sentença.

Os legitimados podem agir em conjunto, pois, excetuando o caso de decisão objetivamente complexa, isto é, a decisão em capítulos, em que a homologação poderá ser parcial, obrigatoriamente se concederá ou se negará a homologação para todos os coautores.

A legitimidade passiva é de todos em face de quem se fará valer a decisão homologanda.

---

[37] O ato de homologação é meramente formal, por meio do qual esta Corte exerce tão somente um juízo de delibação, não adentrando o mérito da disputa original, tampouco averiguando eventual injustiça do *decisum* alienígena. Tal homologação, portanto, tem como única e exclusiva finalidade transportar para o ordenamento pátrio, se cumpridos todos os requisitos formais exigidos pela legislação brasileira, uma decisão prolatada no exterior, nos exatos termos em que proferida. HDE 4.289-EX, rel. Min. Raul Araújo, Corte Especial, por unanimidade, j. 18-8-2021, *DJe* 23-8-2021. *Informativo STJ* n. 707.

2.5.6 Procedimento

O procedimento de homologação da decisão estrangeira está, desde dezembro de 2014, regulado no Regimento Interno do STJ, em seus arts. 216-A a 216-N. Já a concessão de *exequatur* às cartas rogatórias se encontra nos arts. 216-O a 216-X.

A petição inicial deve conter as indicações exigidas pela lei processual e ser instruída com original ou cópia autêntica da decisão homologanda, e outros documentos indispensáveis, traduzidos por tradutor oficial ou juramentado no Brasil e chancelados pela autoridade consular brasileira competente, obedecendo ao art. 216-C do Regimento.

Ademais, de acordo com o art. 216-D, hão de se cumprir os seguintes requisitos para a decisão estrangeira: ter sido proferida por autoridade competente; e conter elementos que comprovem a citação regular das partes ou sua revelia.

O dispositivo previa, ainda, a necessidade da comprovação do trânsito em julgado. Contudo, o art. 963, III não exige mais que a decisão judicial que se pretende homologar tenha transitado em julgado, eis que basta ser eficaz no país de origem. Desse modo, tal requisito foi superado, como já apontado pelo próprio STJ[38].

Em caso de irregularidade na petição inicial, o Presidente abrirá "prazo razoável", nos termos do Regimento, para que o requerente a emende ou complete, em homenagem à instrumentalidade do processo e à economia e celeridade processuais, evitando o arquivamento do feito para casos, a princípio, sanáveis.

Deferida a inicial, cita-se o requerido para contestar, no prazo de quinze dias (art. 216-H). A contestação só versará sobre a inteligência da sentença e a observância dos requisitos de homologabilidade, não alcançando o mérito da decisão a ser homologada.

No que tange à homologação, pode ser contestada, ainda, a própria ação de homologação, por falta de legitimidade *ad causam*, por exemplo, e o procedimento, como a possível alegação de um vício de citação.

Há casos, porém, em que pode não haver contestação, como, por exemplo, em homologação de transação, em que as partes já estavam de comum acordo no país de origem. Nesta hipótese, as duas irão assinar a petição inicial. Aliás, nesse sentido, não custa lembrar que o art. 961, § 5º, do CPC torna desnecessária a homologação para as sentenças estrangeiras de divórcio consensual.

O deferimento da inicial não é preclusivo para a análise, a qualquer tempo, das condições da ação e dos requisitos de validade do processo.

O art. 216-G vai admitir expressamente a tutela de urgência na homologação de sentença estrangeira, enquanto o art. 216-A, § 2º, diz que pode ser pretendida a homologação parcial. Pode ser que naquela sentença exista um comando que é incompatível com a ordem jurídica e uma segunda parte em consonância com a soberania e a ordem pública, e, nessa hipótese, nada impede que o STJ homologue apenas uma parte da sentença.

Caso o requerido seja revel ou incapaz, será nomeado curador especial, que será pessoalmente notificado. Apresentada a contestação, são admitidas réplica e tréplica em cinco dias. Sendo o pedido contestado, o processo é distribuído para julgamento pela Corte Especial.

---

[38] Nestes termos, considera-se eficaz a decisão que nele possa ser executada, ainda que provisoriamente, de modo que havendo pronunciamento judicial suspendendo a produção de efeitos da sentença que se pretende homologar no Brasil, mesmo que em caráter liminar, a homologação não pode ser realizada. STJ. SEC 14.812/EX, rel. Min. Nancy Andrighi, j. 16-5-2018. *Informativo STJ* 626.

É aberta vista ao Ministério Público, que poderá impugnar o pedido. Nos Tribunais Superiores, cabe relembrar que a atuação será do Ministério Público Federal e se dará nos termos do art. 216-L do Regimento do STJ.

Passa-se, então, à análise do pedido.

O pedido pode ser até improcedente se não estiverem presentes os requisitos de homologabilidade.

Tais requisitos são: a decisão a ser homologada ter sido proferida por juiz competente, terem sido as partes legalmente citadas ou ter ocorrido a revelia, a decisão a ser homologada ter transitado em julgado e passado pelas formalidades necessárias e não ofender a ordem pública, a soberania nacional e a dignidade da pessoa humana.

Analisando esses requisitos, o primeiro evita que se homologue no Brasil ato estrangeiro que desrespeite as regras de competência internacional exclusiva previstas por nosso ordenamento no art. 23 do CPC.

Já o segundo requisito prestigia a garantia constitucional do contraditório, uma vez que não se pode admitir a homologação de sentença proferida em processo de que não tiveram a oportunidade de participar os sujeitos que estarão submetidos à sentença homologada.

E não custa lembrar que se já houver decisão judicial proferida no Brasil contrária ao conteúdo da sentença estrangeira, não poderá haver a homologação, consoante jurisprudência do STJ[39].

Quanto a não poder homologar se na decisão houver previsão de ofensa à soberania brasileira e à ordem pública, o STJ vem interpretando tais requisitos no sentido de não poder autorizar a homologação de uma sentença estrangeira se por esta pretenda realizar no Brasil algo que não poderia ser determinado por um juiz brasileiro, ou seja, um comando vedado pela legislação interna, como, por exemplo, uma sentença que condene à pena de morte ou à prisão civil por dívida, salvo na hipótese de alimentos.

Tais requisitos são semelhantes aos do art. 15 da Lei de Introdução às Normas do Direito Brasileiro. Durante algum tempo, alguns ministros do STF, que na época era a Corte competente para tratar da matéria, discutiam se deveria ser aplicado o teor do art. 15, porque não existia a antiga Resolução n. 9. Até que o STF, em decisão noticiada no *Informativo* n. 121, da lavra do Ministro Celso de Mello, determinou que o art. 483 do CPC/73 revogou o art. 15 da LINDB.

Dessa forma, hoje, os requisitos para homologação estão nos arts. 960 e seguintes e nos arts. 216-C e 216-D do Regimento Interno do STJ.

É preciso analisar se o decurso de prazo é capaz de tornar não homologável a decisão estrangeira ou, pelo menos, ministrar ao réu defesa oponível ao pedido, sendo que a doutrina majoritariamente se posiciona pela total irrelevância do decurso do tempo.

A decisão que acolhe o pedido de homologação é constitutiva necessária, criando uma situação jurídica nova: a decisão produzida no estrangeiro renderá efeitos totais ou parciais no Brasil.

Já a decisão que rejeita a homologação, por falta de um dos seus requisitos, é declaratória negativa. Nesse caso, forma-se a *res judicata*, inclusive na não homologação por falta de provas.

---

[39] A mera pendência de ação judicial no Brasil não impede a homologação da sentença estrangeira, mas a existência de decisão judicial proferida no Brasil contrária ao conteúdo da sentença estrangeira impede a sua homologação. A controvérsia apresentada pelas partes limita-se aos efeitos de decisão judicial brasileira dispondo em sentido diverso daquela proferida no exterior. (...) Assim, afigura-se inviável a homologação da sentença estrangeira, seja por conflitar frontalmente com a decisão brasileira, seja pelo fato de o *decisum* alienígena ser anterior (22-10-2010) ao nacional (25-4-2014), seja, ainda, em razão do trânsito em julgado da ação de busca e apreensão. AgInt na SEC 6.362-EX, rel. Min. Jorge Mussi, Corte Especial, por unanimidade, j. 1º-6-2022. *Informativo STJ* n. 739.

Não está, contudo, excluída a ação rescisória, que pode ser proposta desde que haja documento novo sobre a decisão denegatória da homologação. Afastado o óbice da coisa julgada, não há impedimento que no *ius rescissorium* se reexamine e até se acolha o pedido.

No caso de superveniente trânsito em julgado da decisão, não há óbice a que o autor volte a pleitear a homologação. Isso porque a superveniência do requisito antes insatisfeito importa modificação da causa de pedir.

Para a concessão de *exequatur* às cartas rogatórias, cumpre sublinhar ser atribuição do Presidente, que deve verificar se não ofendem a soberania nacional, a ordem pública ou a dignidade humana, não importando se seu objeto recai em atos decisórios ou não decisórios.

A parte requerida é intimada para, em quinze dias, impugnar o pedido de concessão, em prestígio ao contraditório constitucional. A defesa deve se ater, porém, à autenticidade dos documentos, à inteligência da decisão e à observância dos requisitos previstos no Regimento.

Anote-se que, pelo art. 216-Q, § 1º, é possível a realização da medida solicitada através da carta sem prévia oitiva do requerido, desde que sua intimação possa resultar na ineficiência do ato cooperativo internacional.

Também aqui é dado curador especial ao requerido revel ou incapaz, sendo aberta vista ao Ministério Público Federal para, nos termos do art. 216-S, impugnar o pedido.

Das decisões do Presidente ou do relator, tanto em homologação de decisão quanto em concessão de *exequatur*, cabe agravo (arts. 216-M e 216-U, respectivamente).

2.5.7 Homologação de decisão e lide nacional

São distintos os casos em que se pleiteia a homologação de decisão estrangeira sobre uma lide e a ação em que se pretende ver a mesma lide julgada por órgão nacional.

A pendência do processo de homologação não impede, portanto, a instauração de ação em que venha a se postular o direito que está analisado na decisão estrangeira a ser homologada[40].

Contudo, caso homologada a decisão estrangeira, poderá haver interferência no plano da coisa julgada no Brasil, pois a decisão homologada produz a sua própria coisa julgada.

Nesses casos, se a decisão do Tribunal brasileiro transitar em julgado antes da homologação, não será possível se obter a homologação da decisão estrangeira, sob pena de colidir com a lide brasileira, importando em ofensa à coisa julgada da sentença nacional.

Se a homologação transitar em julgado antes de a lide ser julgada pela justiça brasileira, não será mais lícito o pronunciamento sobre a matéria, sob a preliminar de ofensa à coisa julgada, a qual o juiz pode conhecer de ofício.

Extingue-se, assim, o processo sem resolução do mérito. Se porventura a coisa julgada da decisão estrangeira homologada passar despercebida, caberá ação rescisória em face do julgamento brasileiro, com base no art. 966, IV, do CPC.

Ressalte-se que esses efeitos são apenas em relação à decisão que homologa a decisão estrangeira, pois, caso não haja homologação, não há óbice a que a justiça brasileira decida a lide.

---

[40] Nesse sentido vinha se posicionando a jurisprudência do STF, quando competente para julgar a homologação de sentença estrangeira. O Superior Tribunal de Justiça, agora competente para julgamento da matéria, perfilha o mesmo entendimento (STJ, Corte Especial, AgRg na SEC 854-EX, rel. originário Min. Luiz Fux, rel. para acórdão Min. Nancy Andrighi, *Informativo STJ*, n. 463, e STJ, Corte Especial, SEC 3.932-GB, rel. Min. Felix Fischer, *Informativo STJ*, n. 468).

2.5.8 Execução da sentença homologada

Na homologação de decisão estrangeira, o procedimento é fracionado, porque há uma fase de processo de conhecimento e, após, uma segunda fase, de cumprimento.

A decisão estrangeira homologada passa a produzir, no território nacional, todos os efeitos que tinha no país de origem, exceto se forem excluídos da homologação, tendo sido a decisão convertida em título executivo.

Realizada a homologação, a execução da decisão, segundo o art. 513, será de competência da Justiça Federal (art. 109, X, da CF e arts. 216-N para homologação e 216-V para concessão de *exequatur*, ambos do Regimento Interno do STJ). Nessa fase, ocorre a quebra da competência funcional, uma vez que o processo de conhecimento ocorreu no STJ, mas a execução ocorrerá na primeira instância.

A regra da execução da decisão estrangeira homologada é a mesma aplicada às sentenças prolatadas por Tribunais brasileiros.

A peculiaridade está presente apenas na execução por quantia certa, na qual o mandado inicial obedecerá ao art. 515, § 1º, do CPC, incluindo a ordem de citação do devedor.

O devedor pode impugnar a execução, valendo-se dos mesmos fundamentos utilizáveis no caso de uma sentença brasileira, sendo que a ausência de citação que pode ser alegada refere-se somente ao processo de homologação, e não ao processo que gerou a sentença homologada, uma vez que, neste último processo, a matéria já está preclusa, por ter sido analisada como requisito de homologabilidade.

A execução não mais se fará por carta de sentença, que fica abolida pela redação do art. 965. A norma determina, em seu parágrafo único, que o pedido de execução deverá ser instruído com cópia autenticada da decisão homologatória ou do *exequatur*, conforme o caso.

Destaque-se que o juízo competente para a execução obedecerá aos critérios dos arts. 46 e 47 do CPC.

2.6 AÇÃO RESCISÓRIA

A ação rescisória, prevista nos arts. 966 a 975 do CPC, ostenta natureza de ação autônoma de impugnação, e não de recurso, por meio da qual se pede a desconstituição da decisão transitada em julgado, com eventual rejulgamento, a seguir, do mérito.

Sua admissibilidade diz respeito apenas às decisões passíveis de rescisão, que são as decisões de mérito (interlocutórias ou definitivas), nos processos de conhecimento e de execução, e nas fases cognitiva ou recursal. É o caso da decisão que resolve o mérito mas decide apenas parte do pedido, como ocorre no art. 356 do CPC, das decisões interlocutórias proferidas por desembargadores ou ministros relatores, na forma do art. 932, incisos IV e V, e das sentenças ou acórdãos definitivos, que se amoldam a uma das três hipóteses do art. 487 do CPC, a saber: a) decisão impositiva; b) que reconhece prescrição ou decadência; e c) que homologa acordo celebrado entre as partes. Em todos esses casos se formará a coisa julgada material. Contudo, tais decisões devem se restringir ao âmbito judicial, excluindo aquelas proferidas no âmbito de procedimentos arbitrais, na forma dos arts. 23 e 31 da Lei n. 9.307/96[41].

Também cabe incluir a decisão do presidente do Superior Tribunal de Justiça, que acolhe ou rejeita o pedido de homologação de sentença estrangeira. Por outro lado, não cabe rescisória contra

---

[41] Enunciado 203 do FPPC: (art. 966) "Não se admite ação rescisória de sentença arbitral".

a decisão do Presidente do STJ que determina a suspensão dos efeitos da antecipação de tutela contra a Fazenda Pública, mesmo quando transitada em julgado[42].

A Lei n. 13.105/2015, porém, inova no sistema processual brasileiro, ao estender expressamente, no *caput* do art. 966, a utilização da ação rescisória para utilização contra qualquer decisão de mérito, não apenas sentença de mérito, como até então previa o Código anterior.

Via de consequência, pacifica-se o entendimento de que como acórdãos, decisões monocráticas finais de desembargadores ou Ministros de Tribunais Superiores e decisões interlocutórias de mérito sujeitas à preclusão podem, todos, transitar em julgado, podem ser objeto de impugnação pela ação autônoma em comento.

Ressalte-se que atinente ao mérito precisa ser a decisão rescindenda, mas não necessariamente o vício que se imputa, isto é, o mérito diz respeito ao objeto (a decisão a ser rescindida), mas não ao fundamento do pedido de rescisão.

A decisão portadora de um dos vícios do art. 966 não deixa de se revestir da autoridade da coisa julgada, uma vez que esta tem efeito de sanar todas as invalidades extrínsecas ao processo (inclusive nulidades absolutas, relativas e anulabilidade), enquanto não for rescindida, produzindo efeitos como se nenhum vício contivesse.

Tanto que a sentença é exequível e, decorrido o prazo de dois anos do art. 975, ela faz coisa soberanamente julgada, prevalecendo em caráter definitivo[43].

O único vício que subsiste ao período de dois anos após o trânsito em julgado consiste no caso de o processo haver transcorrido sem citação inicial ou com citação nula.

Ponto controvertido de cabimento diz respeito à verba honorária. Anote-se que já afirmou o STJ a possibilidade de ajuizamento de rescisória exclusivamente para sua discussão; entretanto, não é este o caso se a parte simplesmente discorda do resultado da avaliação segundo os critérios legalmente estabelecidos, ou se o objeto da ação é simplesmente discutir a irrisoriedade ou a exorbitância do valor[44].

Ainda no tocante ao cabimento da rescisória, o STF o afasta quando se tratar de ofensa a literal disposição de lei nos casos em que haja interpretação controvertida da norma nos tribunais[45], mesmo se, depois da prolação da decisão rescindenda, vier a ser pacificado entendimento contrário ao nela adotado[46].

Importante notar que em primoroso trabalho disponibilizado na internet[47], Teresa Arruda Alvim discorre sobre a Súmula 343 do STJ, não apenas criticando sua aplicação à ação rescisória, mas propondo, como melhor alternativa, o uso do instituto da modulação temporal, previsto no art. 927, § 3º.

---

[42] "A decisão do Presidente do STJ que determina a suspensão dos efeitos da antecipação de tutela contra a Fazenda Pública, mesmo quando transitada em julgado, não se sujeita a ação rescisória. Isso por não induzir coisa julgada material e nem impedir a rediscussão do objeto controvertido na ação principal". AR 5.857-MA, rel. Min. Mauro Campbell Marques, Corte Especial, por unanimidade, j. 7-8-2019, *DJe* 15-8-2019. *Informativo STJ* n. 654.

[43] Bueno, 2016, p. 634.

[44] REsp 1.217.321-SC, rel. originário Min. Herman Benjamin, rel. para acórdão Min. Mauro Campbell Marques, j. 18-10-2012, *Informativo STJ*, n. 509.

[45] Súmula 343: "Não cabe ação rescisória por ofensa a literal disposição de lei, quando a decisão rescindenda se tiver baseado em texto legal de interpretação controvertida nos tribunais".

[46] STJ, REsp 736.650-MT, rel. Min. Antonio Carlos Ferreira, j. 20-8-2014, *Informativo STJ*, n. 547.

[47] Texto disponível em http://www.migalhas.com.br/dePeso/16,MI268728,91041-A+modulacao+e+a+sumula+343. Acesso em: 15 jan. 2018.

No julgamento da ação rescisória, estão presentes duas fases, o juízo rescindente (*iudicium rescindens*), quando se julga a pretensão da rescisão da decisão atacada, e o juízo rescisório (*iudicium rescissorium*), quando, após ser procedente a primeira fase, passa-se à análise do que foi objeto de apreciação pela decisão rescindenda.

Ressalte-se que essas duas fases podem ou não estar presentes, dependendo do fundamento do pedido de rescisão da decisão, como ainda será analisado.

Já no caso de reiteração de ação rescisória, a segunda ação tem que se referir à decisão sobre a primeira, e não sobre a anterior.

2.6.1 Decisões de mérito e cabimento da ação rescisória

As decisões de mérito podem surgir nos processos cognitivos incidentes ou na execução. Nesta última hipótese, cabe destacar que não há, em princípio, mérito a ser julgado, embora se encerre por sentença. Todavia, pode se reconhecer na execução a ocorrência da prescrição e essa sentença extinguirá o processo nos termos do art. 487 do CPC.

Para se ter certeza sobre o cabimento da ação rescisória, é preciso atentar para o conteúdo da decisão, que é mais importante que o seu título. Quando a decisão interlocutória é de mérito e sujeita à preclusão, pode transitar em julgado e, via de consequência, pode ser objeto de ação rescisória.

Sob a égide do CPC/73, as sentenças proferidas em jurisdição voluntária, por opção legislativa, não formavam coisa julgada material e, por isso, eram insuscetíveis de ser atacadas por ação rescisória.

Fredie Didier, já na vigência do CPC/73, divergia dessa posição entendendo que as sentenças proferidas em sede de procedimento de jurisdição voluntária também se submeteriam à coisa julgada material, uma vez que, ao acolher o pedido, estaria resolvendo o mérito, enquadrando-se na hipótese do art. 269, I, do CPC/73 (atual art. 487, I)[48].

No CPC, como não há mais a restrição do ordenamento anterior, parece que não há mais motivo para controvérsia, sendo tranquila a conclusão no sentido de que também cabe rescisória contra as sentenças proferidas em procedimentos de jurisdição voluntária.

As sentenças proferidas em ações de alimentos (antigo art. 15 da Lei n. 5.478/68, revogado pelo art. 1.072 do CPC), como quaisquer outras, referentes ou não a relações jurídicas "continuativas", sujeitas à cláusula *rebus sic stantibus*, transitam em julgado e fazem coisa julgada material, ainda que fatos supervenientes alterem os dados da equação jurídica nelas traduzida.

A matéria é agora tratada no art. 505, I[49].

Nesse sentido, Athos Gusmão Carneiro já defendia o cabimento de ação rescisória contra sentenças de natureza determinativa[50].

A expressão "decisão" utilizada pelo art. 966 possui sentido amplo, abrangendo não só sentença como também acórdãos, decisões monocráticas finais proferidas por desembargadores ou Ministros de Tribunais Superiores e decisões interlocutórias de mérito sujeitas à preclusão[51].

---

[48] Didier Jr.; Cunha, 2009, p. 365.
[49] Câmara, 2015, p. 312.
[50] STJ, 4ª T., REsp 12.047-SP, rel. Min. Athos Carneiro, j. 18-2-1992.
[51] É cabível ação rescisória contra decisão proferida em agravo de instrumento que determina a retificação da parte beneficiária de precatório judicial, diante do conteúdo meritório da decisão. REsp 1.745.513-RS, rel. Min. Paulo Sérgio Domingues, 1ª T., por unanimidade, j. 12-3-2024, publicado em 15-3-2024. *Informativo STJ* n. 804.

Ou seja, não só as decisões proferidas pelos juízes em primeira instância como também as decisões dos Tribunais, caracterizando-se pela sua imutabilidade.

Contudo, acórdãos ou sentenças rescindíveis são aqueles que julgam o mérito, em competência originária ou em duplo grau de jurisdição, desde que tenham conhecido do recurso, não importando se tenham confirmado ou reformado a decisão anterior, substituindo-a.

No que tange aos Juizados Especiais, há exceção expressa à regra do art. 966, *caput*, do CPC, prevista no art. 59 da Lei n. 9.099/95. Para as causas sujeitas a tal procedimento, julgadas por um juiz monocrático ou pela turma recursal, não se admite ação rescisória. Contudo, não obstante a expressa disposição legal, o STF[52] admitiu a desconstituição da coisa julgada quando o título executivo judicial se amparar em contrariedade à interpretação ou sentido da norma conferida pela Suprema Corte, anterior ou posterior ao trânsito em julgado. Desse modo, ficam autorizados o manejo, respectivamente:

(i) de impugnação ao cumprimento de sentença; ou

(ii) de simples petição, a ser apresentada em prazo equivalente ao da ação rescisória.

Nesse caso, a solução é ingressar com ação anulatória ou até com mandado de segurança, sendo esta última hipótese excepcional, já que é discutível o cabimento de mandado de segurança em face de decisão transitada em julgado.

Também não é cabível ação rescisória em face de decisão do Supremo Tribunal Federal, que declara a constitucionalidade ou a inconstitucionalidade de lei em ação direta (art. 26 da Lei n. 9.868) e que julga procedente ou improcedente o pedido em arguição de descumprimento de preceito fundamental (art. 12 da Lei n. 9.882).

Importante ressaltar que o art. 159-A da Lei n. 11.101/2005, inserido pela Lei n. 14.112/2020 prevê que, após a sentença que declarar extintas as obrigações do falido, nos termos do art. 159 desta Lei, somente poderá ser rescindida por ação rescisória, na forma do CPC, a pedido de qualquer credor, caso se verifique que o falido tenha sonegado bens, direitos ou rendimentos de qualquer espécie anteriores à data do requerimento a que se refere o art. 159 desta Lei. O parágrafo único estabelece que o direito à rescisão de que trata o *caput* se extingue em dois anos, contado da data do trânsito em julgado da sentença de que trata o art. 159.

2.6.2 Impugnação de descumprimento de súmula vinculante

Afirma-se que as hipóteses de rescindibilidade são previstas em lei e devem ser interpretadas restritivamente, pelo ataque à coisa julgada ser hipótese excepcional em nosso ordenamento.

E, no caso de desobediência à súmula vinculante, a Lei n. 11.417/2006 cria um remédio próprio, a reclamação, que é a forma pela qual se cientifica o STF de que uma decisão do próprio Tribunal está sendo desobedecida por um juiz hierarquicamente inferior.

Alguns autores têm afirmado que, se a decisão judicial já transitou em julgado e somente após se percebeu que desobedeceria a uma súmula vinculante, haveria mais uma hipótese de cabimento de ação rescisória, além das oito elencadas do art. 966.

Essa posição, inicialmente defendida por Alexandre Câmara[53], pode agora ser compreendida

---

[52] RE 586.068/PR, rel. Min. Rosa Weber, redator do acórdão Min. Gilmar Mendes, julgamento finalizado em 9-11-2023. *Informativo STF* n. 1.116.

[53] Câmara, 2009, p. 55.

dentro do contexto da expressão "norma jurídica" prevista no inciso V[54] do art. 966, sobretudo diante da superveniência da Lei n. 13.256/2016, que incorporou, ainda, os §§ 5º e 6º a esse dispositivo.

2.6.3 Legitimidade para a ação rescisória e intervenção de terceiros

A legitimidade para a ação rescisória é de quem é parte no processo primitivo ou de seu sucessor, estendendo a legitimidade ao terceiro juridicamente interessado, ao Ministério Público e a quem não foi ouvido em processo em que sua intervenção era obrigatória. Os legitimados podem agir em conjunto e o litisconsórcio será unitário, pois não poderá haver decisão heterogênea.

Não importa, portanto, se o legitimado figurou na relação processual desde o início ou só ingressou no curso do feito. Contudo, quem já não era mais parte à época da decisão, não possui tal legitimidade.

Em relação aos terceiros, estes não são alcançados pela coisa julgada, que se restringe àqueles que foram parte no processo no qual se proferiu a decisão. Contudo, pode haver terceiro com interesse jurídico na decisão, e não meramente de fato. O terceiro juridicamente interessado poderá então intervir como assistente.

Considera-se também legitimado a propor a ação rescisória aquele que esteve ausente no processo principal, embora devesse ter participado na condição de litisconsorte necessário.

O Ministério Público tem legitimidade para a ação rescisória, seja como parte, seja como fiscal da lei, nas hipóteses em que não tenha sido ouvido como *custos legis,* embora obrigatória sua intervenção (art. 178 do CPC, além dos casos previstos em leis especiais); quando a decisão for produto de simulação ou colusão entre as partes, para fraudar a lei; ou, genericamente, em outros casos em que se imponha sua atuação.

A legitimidade passiva, de acordo com o princípio do contraditório, é de todos que foram parte na ação anterior. Se faltar um legitimado passivo que houvesse de figurar no litisconsórcio necessário, caberá ao juiz ordenar a integração ao polo passivo, nos termos do art. 115, parágrafo único, desde que não tenha transcorrido o prazo decadencial em relação ao faltante, pois, caso essa seja a hipótese, impossível a alteração, devendo se extinguir o feito sem resolução do mérito[55].

No que tange à intervenção de terceiros, só é cabível a assistência.

2.6.4 Depósito de 5% do valor da causa

O art. 968, II, determina o depósito, pelo autor, de 5% do valor da causa, salvo se o autor for União, Estado, Distrito Federal, Município, suas respectivas autarquias e fundações de Direito Público, Ministério Público, Defensoria Pública ou beneficiários da gratuidade de justiça, casos em que esse depósito não ocorrerá. A Súmula 265 do STJ estende tal benefício ao INSS.

Esse benefício é estendido à Caixa Econômica Federal, quando representa em juízo os interesses do FGTS (art. 24-A da Lei n. 9.028/95, acrescentada pela Medida Provisória 2.180-35/2001).

---

[54] Na ação rescisória fundada no art. 485, V, do CPC/73 (art. 966, V, do CPC), a indicação de violação literal de disposição de lei é ônus do requerente, haja vista constituir a sua causa de pedir, vinculando, assim, o exercício da jurisdição pelo órgão competente para sua apreciação. Segundo a doutrina, "não compete ao tribunal, a pretexto da iniciativa do autor, reexaminar toda a decisão rescindenda, para verificar se nela haveria outras violações a literal disposição de lei não alegadas pelo demandante, nem mesmo ao argumento de se tratar de matéria da ordem pública". Dessa forma, o juízo rescindente do Tribunal se encontra vinculado aos dispositivos de lei apontados pelo autor como literalmente violados, não podendo haver exame de matéria estranha à apontada na inicial, mesmo que o tema possua a natureza de questão de ordem pública, sob pena de transformar a ação rescisória em mero sucedâneo recursal. REsp 1.663.326-RN, rel. Min. Nancy Andrighi, 3ªT., por unanimidade, j. 11-2-2020, *DJe* 13-2-2020. *Informativo STJ* n. 665.

[55] Nesse sentido: STJ, 3ªT., REsp 863.890-SC, rel. Min. Nancy Andrighi, j. 17-2-2011, *Informativo STJ*, n. 463.

O depósito é inexigível de quem faça jus ao benefício da justiça gratuita, por se entender que seria uma violação ao art. 5º, XXXV, da CF[56].

Durante algum tempo, a doutrina indagou qual a natureza jurídica desse valor de 5%. Hoje é pacífico que a natureza jurídica é de uma condição específica para o exercício do direito de ação.

Alguns autores entendem que se trata de condição de procedibilidade. Contudo, as expressões "condição específica" para o regular exercício do direito de ação ou "condição de procedibilidade" parecem ser sinônimas.

Essa quantia é perdida em favor do réu, se a ação rescisória for declarada inadmissível ou improcedente, por acórdão transitado em julgado, sem caráter indenizatório, não possuindo intuito de recompor prejuízos, mas de reprimir o abuso do direito de ação.

O deferimento da petição inicial já pressupõe a realização do depósito. Devem os Tribunais prever em seus regimentos internos se a petição só será encaminhada ao relator após depositada a importância ou esgotado o prazo para depósito ou se ela será logo distribuída, mas só será despachada após o depósito, sendo o prazo para depósito de cinco dias, a contar da expedição da guia (art. 218, § 3º).

Se, no curso do processo, houver modificação do valor da causa, de ofício ou mediante impugnação do réu, o depósito terá de ser complementado, sem nunca ultrapassar o valor máximo de mil salários mínimos (art. 968, § 2º).

Por outro lado, o STJ entende que extinta a ação rescisória, por indeferimento da petição inicial, sem apreciação do mérito, por meio de deliberação monocrática, o relator poderá facultar, ao autor, o levantamento do depósito judicial[57].

2.6.5 Competência

O art. 102, I, da CF traz a competência do Supremo Tribunal Federal para processar e julgar a ação rescisória dos seus julgados e o art. 105, I, *e*, traz competência análoga ao Superior Tribunal de Justiça.

Ao STJ cabe também a ação rescisória em face de pedido de homologação de sentença estrangeira.

A rescisão dos julgados dessas Cortes compete a elas próprias, desde que seja conhecido o recurso, para confirmar ou reformar a decisão impugnada, ou até se o recurso não tenha sido conhecido, quando, em verdade, signifique negar provimento, empregando-se má técnica.

Já o art. 108, I, *b*, da CF afirma que compete aos Tribunais Regionais Federais julgar ação rescisória de seus julgados ou de juízes federais da região.

No que tange aos Tribunais dos Estados, também a competência da ação rescisória é a eles conferida em relação aos acórdãos que profiram e aos julgamentos dos juízes estaduais. O órgão competente será o indicado pelo Regimento Interno.

Assim, quando a ação rescisória for em face de decisão da primeira instância, a competência será sempre da instância superior.

No caso de o órgão *ad quem* não conhecer de um recurso, por entendê-lo inadmissível, a decisão impugnada transitou em julgado, porque é claro que o recurso obstou o trânsito em julgado, mas este

---

[56] Nesse sentido, a redação do art. 968, § 1º, do CPC. Ver, também, STF, Pleno, AR 1.376-PR. rel. Min. Gilmar Mendes, *DJU* 9-11-2005.

[57] Processo sob segredo judicial, rel. Min. Marco Buzzi, 2ª S., por unanimidade, j. 10-8-2022. *Informativo STJ* n. 744.

veio a ocorrer quando o recurso foi julgado inadmissível, sendo competente o juízo em que ocorreu o trânsito em julgado[58].

A competência para processar, se for o caso, a execução do acórdão da ação rescisória é do órgão julgador da própria rescisória.

2.6.6 Prazo para propor a ação

Em princípio, o prazo para propor ação rescisória é de dois anos, nos termos do art. 975 do CPC, uma vez que se objetiva alcançar a segurança das relações sociais, ainda que o julgamento seja eivado de vícios graves.

O prazo começa a correr do dia em que transitou em julgado a última decisão proferida no processo[59], podendo a coisa julgada ter se formado em momentos distintos para os legitimados e, nesse caso, apura-se para cada um deles o *dies a quo*[60].

A doutrina majoritária já se posicionou sustentando que a natureza desse prazo é decadencial, não se suspendendo ou interrompendo. Pela nova regra do art. 975, § 1º, todavia, admite-se expressamente o que, outrora, era por essa mesma doutrina rechaçado: a prorrogação do prazo até o primeiro dia útil subsequente, quando a expiração se der durante férias forenses, recesso, feriados ou dia em que não haja expediente forense[61].

Aplica-se a exceção prevista no art. 208 do Código Civil de 2002, segundo a qual os prazos decadenciais não correm contra os absolutamente incapazes[62].

A citação válida obsta à consumação da decadência (art. 240, *caput* e § 4º), retroagindo o efeito obstativo à data da propositura da ação (art. 240, § 1º), desde que observados os preceitos do § 2º e a ação tenha sido proposta dentro do prazo de dois anos, não importando se o réu for citado fora do biênio.

---

[58] Nesse sentido: STF, 1ª S., AR 1.015, e STJ, AR 354-0-BA. rel. p/acórdão Min. Peçanha Martins, *DJ* 8-11-1994.

[59] Segundo a correta interpretação a ser dada a esse dispositivo, ver o excelente texto de Ravi Peixoto: "Admitir que a contagem apenas inicia após o trânsito em julgado do último capítulo é permitir que algumas decisões possam ter um prazo de cinco, oito, dez anos para serem rescindidas. Além disso, o próprio princípio da segurança jurídica, de natureza constitucional, também exige essa interpretação, sob pena de se permitir que uma decisão acobertada pela eficácia da coisa julgada material fique sob uma situação de insegurança por um tempo indefinido. Assim, a interpretação ora defendida deve prevalecer tanto pelo prisma da interpretação sistemática, como pela eficácia normativa da Constituição que determina uma filtragem da legislação constitucional a partir do texto constitucional" (Peixoto, 2016).

[60] Em sentido oposto, temos o entendimento do STJ, que afirma que o trânsito em julgado de uma decisão judicial não pode ocorrer em capítulos, sendo único para todas as partes do processo, independentemente de haverem elas recorrido ou não (STJ, REsp 639.233-DF, rel. Min. José Delgado, *DJ* 6-12-2005). O próprio STJ, todavia, ressalva, face ao novo Código, a necessidade de, em momento oportuno, promover novo exame de seu Enunciado 401 ("O prazo decadencial da ação rescisória só se inicia quando não for cabível qualquer recurso do último pronunciamento judicial.") (STJ, REsp 736.650-MT, rel. Min. Antonio Carlos Ferreira, j. 20-8-2014, *Informativo STJ*, n. 547).

[61] Em sentido oposto a tal doutrina, mesmo durante a vigência do Diploma de 1973, admitindo a prorrogação do prazo para o primeiro dia útil, inclusive no caso de recesso forense: STJ, Corte Especial, EREsp 200701608890, rel. Min. José Delgado, *DJe* 26-6-2008. A Corte Especial do STJ uniformizou o entendimento acerca de tal prorrogação, sendo irrelevante a controvérsia sobre a natureza decadencial ou prescricional do prazo (STJ, REsp 1.446.608-RS, rel. Min. Paulo de Tarso Sanseverino, j. 21-10-2014, *Informativo STJ*, n. 550).

[62] Nesse sentido, a Quarta Turma do STJ, por unanimidade, deu provimento ao recurso especial de relatoria do Min. Luis Felipe Salomão, entendendo ser o prazo para ajuizamento de ação rescisória decadencial, aplicando-se, contudo, a exceção prevista no art. 208 do Código Civil de 2002, segundo a qual os prazos decadenciais não correm contra os absolutamente incapazes (STJ, 4ª T., REsp 1.165.735, rel. Min. Luis Felipe Salomão, *DJe* 6-9-2011).

Hipótese interessante foi examinada pelo STJ[63] acerca do termo inicial do prazo para o ajuizamento da rescisória quando a parte se insurge contra a inadmissão de seu recurso. Dessa forma, enquanto não estiver definitivamente decidida a questão acerca da ocorrência ou não do trânsito em julgado, o prazo decadencial da rescisória não se inicia.

Consumada a decadência[64], a decisão fica imune a posteriores ataques à coisa julgada, tornando-se irrescindível, irrelevante o vício pelo qual seja eivada.

Sendo caso de ação rescisória fundada em descoberta de prova nova (art. 966, VII), o termo inicial é fixado no momento de tal descoberta, sempre observado o prazo máximo de cinco anos, contado do trânsito em julgado da última decisão proferida no processo. A norma, constante do art. 975, § 2º, revela-se exceção, portanto, à regra geral de dois anos do *caput*.

Nesse sentido, o STJ[65] já se posicionou no sentido de reforçar que, na hipótese de prova nova, o termo inicial do prazo decadencial é diferenciado, embora reconheça que tal opção legislativa pode trazer insegurança jurídica.

Já o § 3º estabelece que, na hipótese de simulação ou colusão das partes (art. 966, III), o termo inicial, para terceiro prejudicado e Ministério Público, que não interveio no processo, é o momento em que delas têm ciência. Excepciona, desse modo, a regra geral de início de contagem do prazo do *caput* do art. 975.

2.6.7 Pressupostos da rescisão

Só será rescindida a decisão de mérito transitada em julgado que esteja prevista nas hipóteses do art. 966 do CPC, ou a decisão que, embora não seja de mérito, impeça a nova propositura da demanda ou a admissibilidade do recurso correspondente (§ 2º).

Tais hipóteses são taxativas e não deve haver recurso à analogia, mas pode se invocar mais de um inciso do art. 966 como causa de pedir da ação rescisória. Nesta última hipótese, haverá cumulação de ações rescisórias, conexas pelas partes e pelo pedido.

---

[63] Nessa mesma linha de entendimento, a Corte Especial do Superior Tribunal de Justiça, por ocasião do julgamento do EREsp 1.352.730/AM, de relatoria do Ministro Raul Araújo, entendeu que não se pode admitir o início do prazo para a ação rescisória antes do último pronunciamento judicial sobre a admissibilidade do recurso interposto, sob pena de se gerar "situação de inegável instabilidade no desenrolar processual". Caso contrário, o recorrente deveria ter ajuizado uma ação rescisória "condicional", juntamente com a interposição de agravo de instrumento impugnando a decisão que tornou sem efeito a apelação e reconheceu o trânsito em julgado. Assim, caso o Poder Judiciário levasse mais de dois anos para decidir se a sua apelação fora ou não anulada pelo acolhimento dos embargos de declaração da parte interessada, como, de fato, ocorreu, não haveria decadência para o ajuizamento da ação rescisória, pois ela já estaria em tramitação. Esse procedimento, contudo, além de atentar contra a economia processual, não se mostra razoável, causando insegurança jurídica e desnecessária sobrecarga ao Poder Judiciário. No julgamento do citado EREsp 1.352.730/AM, estabeleceu-se uma exceção, qual seja, a existência de má-fé da parte recorrente, hipótese em que a data do trânsito em julgado não se postergaria. Em outras palavras, caso fique demonstrado que a parte se insurgiu contra a inadmissibilidade de seu recurso sem qualquer fundamento, apenas para postergar o encerramento do feito, em nítida má-fé processual, o entendimento aqui proposto não prevaleceria. REsp 1.887.912-GO, rel. Min. Marco Aurélio Bellizze, 3ª T., por unanimidade, j. 21-9-2021, DJe 24-9-2021. *Informativo STJ* n. 711.

[64] De acordo com a Súmula 401 do STJ: "o prazo decadencial da ação rescisória só se inicia quando não for cabível qualquer recurso do último pronunciamento judicial". Esse posicionamento trata da inexistência de trânsito em julgado da sentença por capítulos e que o trânsito em julgado ocorreria em um mesmo momento para todas as partes, evitando-se, assim, de acordo com os pronunciamentos do Tribunal Superior, uma confusão processual. O prazo para propositura da ação rescisória deve, então, ser contado do trânsito em julgado da última decisão do processo, excetuando-se essa regra apenas na hipótese em que o recurso é extemporaneamente apresentado ou em que fique evidenciada a má-fé da parte que recorre.

[65] STJ, 3ªT., REsp 1.770.123, rel. Min. Ricardo Cueva. Notícia de julgamento em: https://www.migalhas.com.br/Quentes/17,-MI298893,31047-STJ+fixa+precedente+inedito+sobre+prova+nova+e+prazo+decadencial+em. Acesso em: 3 abr. 2019.

Para a procedência do *ius rescindens*, basta que se prove um dos fundamentos dentre os invocados, mas a indicação errônea de um dos fundamentos do art. 966 não vincula o julgador, que pode examinar o pedido e acolhê-lo à luz do dispositivo adequado.

Observando o rol do art. 966, é possível verificar que a maioria das hipóteses previstas é de julgamento defeituoso, e tal defeito, em regra, é uma *ex parte iudicis*, podendo resultar de vício que se atribui à máquina judiciária ou ao próprio juízo emitido pelo órgão julgador.

Contudo, o defeito apontado na decisão poderá se relacionar ao comportamento de alguma das partes, ou mais de uma, havendo desconformidade à lei na conduta do litigante e tendo tal incorreção repercutido em relação ao desfecho da causa.

A decisão pode não ter ainda nenhum defeito, mas, à luz de fato superveniente, pode se mostrar desconforme com o direito. É o caso de descobrimento subsequente de prova nova, decisiva para a reconstituição dos fatos.

Cabe destacar que, qualquer que seja o vício, o pedido de rescisão deve se referir à decisão rescindenda.

O primeiro caso previsto no art. 966 é de prevaricação, concussão ou corrupção do juiz. O CPC/39, no art. 799, I, *a*, já dizia que era nula a sentença proferida por juiz peitado. A doutrina já entendia o conceito de juiz peitado em sentido amplo, sem ligação necessária com os arts. 316, 317 e 319 do CP.

Na redação do CPC, o comportamento do juiz deve corresponder a um desses tipos penais, mas não se exige nem sequer a preexistência de processo penal contra ele instaurado, cabendo ao órgão julgador da ação rescisória verificar a ocorrência de uma dessas figuras delituosas invocadas.

Caso, após encerrada a ação rescisória, haja processo criminal em face do juiz que proferiu a sentença rescindida, a princípio não haverá qualquer repercussão.

Contudo, pode acontecer que surja qualquer pressuposto capaz de provocar nova rescisão do julgado na ação rescisória, o que deverá ser impugnado através de nova rescisória.

Se o processo criminal tiver se encerrado antes de se pedir a rescisão, a sentença criminal transitada em julgado vinculará o órgão julgador da rescisória, não podendo ser rejeitada.

Já no caso de o juiz ser absolvido na esfera criminal, por inexistência material do fato, fica pré-excluída a possibilidade de acolher-se o pedido da rescisória.

A prevaricação, concussão ou corrupção do juiz podem ocorrer não apenas nos juízos monocráticos. No caso da decisão do Tribunal, para a admissibilidade da rescisória basta que se aleguem tais atitudes de um dos membros do colegiado, cujo voto haja concorrido para a formação da maioria ou unanimidade do julgamento, não sendo possível a anulação com fundamento em sua mera participação, através de voto vencido, por não haver nulidade sem prejuízo.

A segunda hipótese ensejadora da ação rescisória (art. 966, II) é o caso de impedimento ou incompetência absoluta.

Em relação à incompetência, só a absoluta, não suprível mediante prorrogação, constitui causa de rescisão. Sendo o juízo incompetente, a decisão é nula até o trânsito em julgado e rescindível após transitar em julgado.

Já o impedimento não pode ser interpretado extensivamente como suspeição, sendo considerado apenas o impedimento.

A falta de lealdade ou boa-fé pela parte vencedora, dificultando a atuação processual do adversário ou afastando o magistrado da verdade, também é causa de rescisão (art. 966, III).

Nesse aspecto, não bastam a afirmação de fato inverídico, sem má-fé, nem o silêncio sobre fato desfavorável relevante, nem a abstenção de produzir prova capaz de beneficiar a parte contrária.

É necessário nexo causal entre o dolo e o pronunciamento do órgão judicial, sendo o resultado do processo obtido em razão de comportamento doloso.

O dolo da parte é equiparado ao de seu representante legal, e do advogado, através do qual atua em juízo. No caso de litisconsórcio, basta o dolo de um dos litisconsortes para ser rescindível a sentença. Apenas no caso de capítulos autônomos para cada um dos coautores é que a rescisão se limitará ao capítulo de quem manifestou comportamento doloso.

O novo Código insere a possibilidade de também o exercício de coação pela parte vencedora em detrimento da vencida, com o intuito de fraudar a lei, autorizar o ajuizamento da rescisória. Vale lembrar que a coação, como o dolo, constitui defeito do negócio jurídico, no âmbito do direito civil; e que, por meio dela, incuta-se ao paciente fundado temor de dano iminente e de considerável monta a si mesmo, à sua família ou aos seus bens (art. 151, *caput*, do CC).

A colusão entre as partes em fraudar a lei é outra causa de rescindibilidade. Pode-se identificar a colusão, algumas vezes, em casos como reconhecimento do pedido, feito pelo réu para a rápida formação do título executivo, e a revelia voluntária.

Nessa hipótese, é necessário que tenha havido prévio entendimento entre as partes, com propósito fraudatório, uma vez que a colusão, ao contrário do dolo e da coação, é sempre bilateral.

Também bilateral é a simulação, outra causa a justificar a rescisão, definido seu alcance no art. 167, *caput* e §§ 1º e 2º, do CC.

A coisa julgada impossibilita novo pronunciamento sobre matéria já decidida. A ofensa à coisa julgada material (art. 966, IV, do CPC), hipótese de causa de ação rescisória, ocorre quando há novo pronunciamento judicial, em conformidade ou em desconformidade com o primeiro, uma vez que o vício está no fato de o juiz ser impedido de rejulgar a matéria.

Destaque-se que é irrelevante que a preliminar de ofensa à coisa julgada tenha sido suscitada no segundo processo ou apreciada *ex officio* no processo em que se proferiu a decisão rescindenda.

A violação manifesta de norma jurídica[66] (art. 966, V) também é fundamento para a ação rescisória, compreendendo, por exemplo, a própria Constituição, lei complementar, lei ordinária, lei delegada, medida provisória, decreto legislativo, resolução, decreto emanado do Legislativo, normas editadas pela União, Estados-membros ou Municípios e até mesmo as normas de direito internacional. Incluem-se, decerto, os princípios, cuja força normativa é, hoje, reconhecida.

Durante algum tempo, a doutrina discutiu qual lei seria violada, discussão que se fazia mais pertinente em face da redação do antigo dispositivo (art. 485, V, do CPC/73), que falava em violação de literal disposição de lei.

Na vigência do CPC/73 havia alguma controvérsia sobre se essa violação recairia apenas sobre lei material, excluindo-se a lei adjetiva. Tal posicionamento não vingou. A ideia de que a "ilegalidade processual" ficaria preclusa com os próprios efeitos da coisa julgada parece criar uma distinção desnecessária e inadequada.

Cabe destacar, contudo, que não há que se falar em rescisão quando houver interpretação controvertida nos tribunais da norma violada pela decisão rescindenda. Por outro lado, o STJ admite o reexame do mérito do acórdão rescindendo, tendo em vista que este se confundiria com os próprios fundamentos da ação rescisória baseada em violação de literal disposição de lei[67].

---

[66] É inepta a petição inicial da rescisória fundada no inciso V do art. 966 do CPC/2015 que não indica a norma jurídica manifestamente violada pela decisão rescindenda. AgInt na AR 5.811-MG, rel. Min. Luis Felipe Salomão, 2ª S., por unanimidade, j. 24-8-2022, *DJe* 30-8-2022, *Informativo STJ*, Edição Especial 9-23.

[67] STJ, Corte Especial, EREsp 1.046.562-CE, rel. originária Min. Eliana Calmon, rel. para acórdão Min. Nancy Andrighi, j. 2-3-2011, *Informativo STJ*, n. 465.

Por fim, o § 5º enquadra nesse inciso V a hipótese em que a decisão atacada se baseia em enunciado de súmula, acórdão ou precedente previsto no art. 927 e não considerou serem diversos o ponto discutido *sub judice* e o padrão decisório fundante[68].

Nesse caso, cabe ao autor demonstrar, de modo fundamentado, a distinção, sob pena de inépcia (§ 6º).

Esse dispositivo cria mais uma espécie de controle sobre o denominado *distinguishing*, além dos recursos já cabíveis. Havia, aqui, uma falha na redação original da Lei n. 13.105, que não contemplava tal hipótese. A omissão veio a ser suprida com a Lei n. 13.256/2016.

Analisando então a falsidade da prova, enunciada no inciso VI do artigo em análise, importante examinar se a conclusão a que chegou o órgão judicial, ao sentenciar, se sustentaria ou não sem base na prova falsa. Portanto, não é rescindível a decisão se havia outro fundamento para a mesma conclusão, e se a referida prova foi desinfluente na convicção do magistrado.

A prova falsa pode ser de qualquer natureza, não se distinguindo entre falsidade material e ideológica.

Contudo, se a decisão houver declarado autêntico documento cuja falsidade se pretende questionar em sede de ação rescisória, fica excluída a possibilidade de se rescindir com fundamento no art. 966, VI.

A apuração da falsidade pode ser feita em processo criminal, mas só após seu trânsito em julgado poderá fundamentar a ação rescisória. Nessa hipótese, não pode se discutir no cível a existência da falsidade, devendo-se limitar o réu, em contestação, a alegar que houve outro fundamento para embasar a decisão.

Contudo, não é preciso uma ação penal para se pedir a rescisão com base nesse fundamento, uma vez que a prova da falsidade é possível no próprio processo da ação rescisória[69].

Havendo sentença civil proferida em processo autônomo de ação declaratória ou em processo de incidente de falsidade surgido no curso de outro feito, sobre o mesmo documento em que houver se fundado a decisão rescindenda, não estará excluída a necessidade da prova da falsidade em ação rescisória, tendo o órgão julgador da ação rescisória integral liberdade de apreciação, mas a sentença civil será importante elemento de convicção.

A prova nova também é fundamento para a ação rescisória. O autor a que se refere o inciso VII do art. 966 é o autor da ação rescisória, não importando se era autor ou réu no feito anterior.

Corrige-se o equívoco do Código anterior, que trazia a expressão "documento novo", o que acabava excluindo, injustificadamente, provas de outra natureza que não a documental. Nesse sentido, o STJ[70] já decidiu que essa prova pode ser, inclusive, a testemunhal.

---

[68] O § 5º do art. 966 do CPC prevê que cabe a ação, com fundamento em violação de norma, "contra decisão baseada em enunciado de súmula ou acórdão proferido em julgamento de casos repetitivos que não tenha considerado a existência de distinção entre a questão discutida no processo e o padrão decisório que lhe deu fundamento. (...) Decisões anteriores à paradigma até podem ser atacadas por rescisória, mas não com fundamento no § 5º. Podem, em tese, ser objeto de ação rescisória por ofensa de lei, baseada no dispositivo que foi interpretado pelo Tribunal ao proferir a decisão paradigma. E o óbice de a matéria haver sido controvertida à época em que proferida a decisão rescindenda existirá (Súmula 343/STF, que apenas não se aplica se em debate matéria constitucional)" (Côrtes, 2018, p. 308-309).

[69] Nesse sentido: STJ, 2ª T., REsp 885.352-MT, rel. Min. Paulo de Tarso Sanseverino, j. 7-4-2011, *Informativo STJ*, n. 468.

[70] "Ação rescisória. Art. 966, inciso VII, do CPC. Prova nova. Conceito. Inclusão da prova testemunhal. No novo ordenamento jurídico processual, qualquer modalidade de prova, inclusive a testemunhal, é apta a amparar o pedido de desconstituição do julgado rescindendo na ação rescisória" (REsp 1.770.123-SP, rel. Min. Ricardo Villas Bôas Cueva, por unanimidade, j. 26-3-2019, *DJe* 2-4-2019, *Informativo STJ*, n. 645).

A expressão "prova nova" significa o fato de que só agora ela é utilizada, não a ocasião em que veio a se formar, podendo ser prova cuja existência a parte ignorava ou que, na época, não poderia fazer uso, mas já existia. Qualquer que seja a razão da impossibilidade de utilização da prova, esta deve se dar por motivo estranho à vontade da parte[71].

A obtenção dessa prova, para fazer incidir o inciso VII, deve se dar posteriormente ao trânsito em julgado da decisão rescindenda.

Ademais, ela deve ser, por si só, capaz de assegurar à parte pronunciamento favorável, isto é, ser prova suficiente a, se fosse produzida a tempo, formar a convicção do órgão julgador.

O dispositivo se refere, ainda, a prova nova e não a fato cuja existência a parte ignorava. Nesse caso, não haverá a possibilidade de rescisão.

O inciso VIII do art. 485 do CPC/73 falava na possibilidade de rescisão em casos de confissão, desistência ou transação. A norma, muito controvertida, foi retirada do novo Código, deixando, portanto, de ser causa de rescindibilidade, o que não lhe exclui a possibilidade de ensejar ação anulatória, observado o art. 966, § 4º.

O inciso VIII do art. 966 prevê como última forma de rescisão o erro de fato. Trata-se de erro suscetível de ser verificado à vista dos autos do processo, porque, se fosse erro de fato a que o Judiciário fosse induzido em consequência de documento ou de outras provas nos autos, significaria prova falsa, hipótese do inciso VI.

Em regra, esse erro se verifica ao se considerar inexistente um fato ocorrido ou existente um fato não ocorrido. Não se trata, pois, de qualificação errônea do fato. O erro deve incidir sobre o fato em si, sobre a ocorrência ou não do acontecimento.

Para que o erro de fato dê causa à rescindibilidade, deve a decisão nele ser fundada, o erro deve ser perceptível diante do exame de documentos e peças dos autos, e não deve o fato representar ponto controvertido a respeito do qual o juiz deveria ter emitido pronunciamento.

Ao se exigir que não tenha havido pronunciamento judicial sobre o fato, exclui-se a possibilidade de se rescindir decisão cuja fundamentação contenha expressamente a errônea consideração do fato como existente ou inexistente.

A questão deve não ter sido resolvida pelo juiz, isto é, havia nos autos elemento que indicava que determinada questão ocorreu, mas o *decisum* não considerou sua existência, sem que esta tenha sido também negada, uma vez que, caso tenha analisado a hipótese, não será causa de rescisão fundamentada em tal dispositivo.

A razão de tal dispositivo é que, caso o juiz tivesse atentado para a prova, não teria decidido dessa maneira, não se confundindo com a má apreciação da prova.

O erro de fato não se confunde, então, com o erro de julgamento, uma vez que no erro de fato o julgador parte da premissa de que não aconteceu algo que efetivamente aconteceu ou que aconteceu algo que não aconteceu.

Já o erro de julgamento ocorre quando o juiz tem de julgar diante das parcas provas dos autos.

Destaque-se que somente o erro de fato é passível de rescisão, uma vez que no erro de julgamento a fragilidade probatória já foi discutida no curso do processo.

O § 2º do art. 966 traz inovação ao estabelecer a rescindibilidade da decisão transitada em julgado que, não obstante não ser de mérito, impeça nova propositura da demanda ou admissibili-

---

[71] A apresentação de nova prova é um vício rescisório quando, apesar de preexistente ao julgado, não foi juntada ao processo originário pelo interessado por desconhecimento ou por impossibilidade. AR 5.196-RJ, rel. Min. Mauro Campbell Marques, 1ª S., por unanimidade, j. 14-12-2022, *DJe* 19-12-2022, *Informativo STJ* n. 762.

dade do correspondente recurso. É o caso da decisão que reconhece perempção, na forma do art. 486, § 3º.

O § 3º, ao prever que a rescisória apenas pode ter por objeto 1 (um) capítulo da decisão, mostra encampar entendimento jurisprudencial firmado no âmbito do Supremo Tribunal Federal.

De se observar o Enunciado 514 da súmula do STF: "Admite-se ação rescisória contra sentença transitada em julgado, ainda que contra ela não se tenham esgotado todos os recursos".

Esse último entendimento foi reforçado quando do julgamento do Recurso Extraordinário 666.589-DF, rel. Min. Marco Aurélio, 1ª Turma do STF, de 25-3-2014. Em seu voto, o Ministro expressamente admite a possibilidade de formação progressiva da coisa julgada a partir do trânsito em julgado dos diferentes capítulos da sentença, admitindo, consequentemente, a fixação de marcos iniciais independentes para a contagem dos prazos para ajuizamento de ação rescisória em face dos diferentes capítulos de mérito da sentença ou acórdão[72].

No âmbito do STJ, como já apontado, foi editado o Enunciado 401 da súmula do STJ, de seguinte teor: "O prazo decadencial da ação rescisória só se inicia quando não for cabível qualquer recurso do último pronunciamento judicial".

Posteriormente, o Superior Tribunal revisitou a temática da coisa julgada progressiva[73] e assentou que, quando não impugnados capítulos da sentença autônomos e independentes, estes transitarão em julgado e sobre eles incidirá a proteção assegurada à coisa julgada[74].

2.6.8 Tutela provisória na ação rescisória

A redação do art. 969 admite a concessão de tutela provisória na ação rescisória, cabendo a lembrança de que, pelo art. 294, essa tutela constitui gênero, do qual são espécies a tutela da evidência e as tutelas de urgência, subdivididas essas em cautelares ou antecipatórias[75].

Contudo, a penúltima redação do art. 489 do Diploma de 1973 dizia que não era cabível a concessão de nenhuma medida de urgência na ação rescisória, e durante muito tempo a jurisprudência brasileira se mostrou controversa sobre isso.

O primeiro registro sobre o tema, ainda na década de 1980, a Súmula 234[76], do já extinto Tribunal Federal de Recursos, dizia que não era cabível nenhum tipo de medida de urgência na ação rescisória, e essa posição foi predominante durante décadas.

Em 2002, o STF, no *Informativo STF* n. 84, afirmou que essa regra não podia ser absoluta, até porque o então art. 798 (atual art. 297) conferia ao juiz o poder geral de cautela, que está intimamente ligado ao art. 5º, XXXV, da CF.

---

[72] Já o STF, no julgamento do RE 666.589/DF (rel. Min. Marco Aurélio, DJ 2-6-2014), entendeu que o prazo decadencial da ação rescisória, nos casos da existência de capítulos autônomos, deve ser contado do trânsito em julgado de cada decisão (Araújo, 2018, p. 388).

[73] O CPC de 2015 alberga a coisa julgada progressiva e autoriza o cumprimento definitivo de parcela incontroversa da sentença condenatória. AgInt no AgInt no REsp 2.038.959-PR, rel. Min. Herman Benjamin, 2ªT., por unanimidade, j. 16-4-2024. *Informativo STJ* n. 808.

[74] "Possibilidade de o mérito da causa 'ser cindido e examinado em duas ou mais decisões prolatadas no curso do processo' (REsp 1.845.542-PR, 3ªT., *DJe* 14-5-2021). 6. A sistemática do Código de Processo Civil, ao albergar a coisa julgada progressiva e autorizar o cumprimento definitivo de parcela incontroversa da sentença condenatória, privilegia os comandos da efetividade da prestação jurisdicional e da razoável duração do processo (art. 5º, LXXVIII, da CF/88 e 4º do CPC/2015), bem como prestigia o próprio princípio dispositivo (art. 2º, do CPC/2015).STJ, REsp 2.026.926, rel. Min. Nancy Andrighi, j. 25-4-2023, *DJe* 27-4-2023.

[75] Enunciado 421 do FPPC: (arts. 304 e 969): "Não cabe estabilização de tutela antecipada em ação rescisória".

[76] Súmula 234: "Não cabe medida cautelar em ação rescisória para obstar os efeitos da coisa julgada".

Então, caso houvesse necessidade de uma liminar em uma rescisória, não se poderia interpretar o antigo art. 489 do CPC desconsiderando o que expressa a norma constitucional, porque ela prevalece sempre.

Todavia, até então a jurisprudência não deferia uma medida antecipatória.

No *Informativo STF* n. 258, a Min. Ellen Gracie deferiu uma medida antecipatória e afirmou que, se cabe cautelar, cabe antecipatória. Dessa forma, concluiu-se que a redação anterior do art. 489 entrava em desuso, devendo a interpretação a ser feita ter base constitucional, sendo deferida a antecipatória no caso em tela.

Pouco tempo após, com a Lei n. 11.280/2006, alterou-se a redação do art. 489 do CPC/73 e admitiram-se as então denominadas tutelas de urgência na ação rescisória, disposição mantida pela Lei n. 13.105/2015, feitas as devidas alterações quanto à nova disciplina das tutelas provisórias.

2.6.9 Procedimento

A petição inicial deverá conter todos os requisitos do art. 319, exigidos para o procedimento ordinário.

No caso de indicação a órgão diverso do órgão julgador, aquele a que se dirigiu a petição se declara incompetente e remete os autos a quem lhe pareça competente.

A petição deve ser instruída com os documentos indispensáveis à propositura da ação, devendo o autor, como em qualquer outra ação, produzir prova documental (art. 434), como a certidão do trânsito em julgado da decisão rescindenda.

Destaque-se que nenhum documento probatório estranho aos autos do feito onde surgiu a decisão rescindenda poderá ser juntado à inicial quando o pedido se fundar em erro de fato.

No pedido, que pode ocorrer apenas em relação a um capítulo da sentença, devem ser cumulados os pedidos de rescisão, não podendo o Tribunal suprir o que não foi pedido, e, se for o caso, o de novo julgamento da causa.

Em algumas ocasiões, basta o pedido de *iudicium rescindens*, como ocorre na ofensa à coisa julgada anterior. Em outros casos, é necessária a segunda etapa, o *iudicium rescissorium,* isto é, à rescisão deve se seguir novo julgamento da causa[77], tornando necessária a remessa da causa para que o órgão competente a rejulgue.

O valor da causa é importante não só porque deve ser indicado na inicial, como também porque serve de base de cálculo para saber quanto deve ser depositado pelo autor. Se a causa não tiver valor econômico, ser-lhe-á atribuído valor estimativo, sendo a mesma hipótese de não se pedir o rejulgamento da causa.

Ainda, é possível a extinção de ação rescisória sem resolução do mérito na hipótese de indeferimento da petição inicial, em face da ausência do recolhimento das custas e do depósito prévio, sem que tenha havido intimação prévia e pessoal da parte para regularizar essa situação, visto que não exigida no caso do art. 485, I, do CPC[78].

Importante notar que a jurisprudência do STJ se orienta no sentido de que o depósito prévio deve ser feito em dinheiro[79].

---

[77] A Súmula 252 do STF esclarece que não estarão impedidos no julgamento da ação rescisória os juízes que participaram do julgamento rescindendo.

[78] REsp 1.286.262-ES, rel. Min. Paulo de Tarso Sanseverino, j. 18-12-2012.

[79] Em ação rescisória, o depósito prévio não pode ser realizado por outros meios senão em dinheiro. REsp 1.871.477-RJ, rel. Min. Marco Buzzi, 4ª T., por unanimidade, j. 13-12-2022, *Informativo STJ* n. 761.

A competência originária da ação rescisória é do Tribunal e a distribuição a um relator obedecerá ao regimento interno (art. 930).

Os autos serão conclusos ao relator (art. 931), cabendo-lhe exarar o despacho preliminar, deferindo ou indeferindo a citação do réu, não devendo o relator indeferir a inicial (art. 330) sem conceder ao autor a oportunidade de correção do defeito, nos termos do art. 321, *caput*.

Cabe frisar que a escolha desse relator, sempre que possível, recairá sobre juiz que não tenha participado do julgamento rescindendo, o que visa evitar eventual reincidência de equívocos de julgamento (art. 971, parágrafo único).

Reconhecida a incompetência do Tribunal para o julgamento da rescisória, intima-se o autor para emenda da inicial, de modo a adequar seu objeto, quando a decisão rescindenda não tiver apreciado o mérito e não se enquadrar no art. 966, § 2º, ou quando tiver sido substituída por decisão posterior.

Sendo esse o caso, feita a emenda, permite-se ao réu a complementação de seus fundamentos de defesa, em prestígio do contraditório, para, em seguida, serem os autos remetidos ao Tribunal competente.

Os casos de indeferimento da petição inicial podem ocorrer por:

a) inépcia (art. 330, I);

b) inobservância dos requisitos da petição inicial (art. 319);

c) ilegitimidade manifesta da parte (art. 330, II);

d) carência de interesse processual do autor (art. 330, III).

O despacho liminar de conteúdo negativo, que indefere a petição inicial, põe fim à ação rescisória e é de competência do relator, não sendo submetido ao órgão colegiado.

No entanto, em atenção aos princípios da instrumentalidade e da efetividade, sempre que possível deve ser oportunizado à parte autora corrigir o vício ou suprir a lacuna na inicial, aplicando-se o art. 968, § 5º, c/c o art. 321.

No caso de deferimento, além de determinada a citação do réu, deve o relator fixar prazo, não inferior a quinze dias e não superior a trinta dias, para o réu responder.

Há de se observar o art. 968, § 4º, que torna aplicável a esse procedimento a improcedência liminar do pedido, em causas que dispensem a fase instrutória, independentemente da citação do réu (art. 332).

No que tange à citação do réu, a disciplina da matéria é comum, realizando-se pelas mesmas formas utilizáveis em outros processos.

O prazo para resposta, fixado pelo relator, obedece ao prazo comum no que diz respeito a contagem, suspensão, interrupção e restituição. O prazo dos litisconsortes passivos é comum, mas conta-se em dobro no caso de procuradores diferentes (art. 229, *caput*), salvo se os autos forem eletrônicos (art. 229, § 2º).

Quanto à possibilidade de reconvenção, entende-se que esta seria cabível, desde que competente o mesmo órgão e satisfeitos os pressupostos do art. 343.

Dependendo dos fatos alegados pelas partes de prova, o relator pode delegar a competência ao juízo de primeiro grau[80] que proferiu a decisão rescindenda, conforme o caso concreto indique a

---

[80] A referência aqui é a realização de audiência de instrução e julgamento, para esclarecimento dos fatos, uma vez que a prova documental é realizada perante o próprio relator, no tribunal. Destaque-se que não é necessária a existência de contestação, podendo o relator determinar qualquer diligência probatória que considere importante quanto ao fato alegado pelo autor.

conveniência e a oportunidade dessa medida. Os autos deverão lhe ser devolvidos no prazo de um a três meses, contado da data do seu recebimento, mas sendo passível de pedido de prorrogação[81], e, após, designando um dia para julgamento.

Cabe destacar que, na ação rescisória, dois pedidos em regra se cumulam: o de rescisão da sentença (*iudicium rescindens*) e o novo julgamento da causa (*iudicium rescissorium*), caso rescindida a decisão, sendo os dois apreciados pelo tribunal na mesma sessão, do dia designado para julgamento, nessa ordem.

Quanto ao *iudicium rescindens*, admite-se a atividade de instrução que, como visto, será determinada pelo relator e se realizará junto ao juiz de primeiro grau.

Essa instrução probatória será realizada em bloco, quer no tocante aos fatos do *iudicium rescindens*, quer quanto à necessidade do *iudicium rescissorium*, e ocorre paralelamente, na mesma fase do procedimento.

Contudo, não há óbice a que o Tribunal converta o julgamento em diligência, antes de passar à análise do *iudicium rescissorium*, esclarecendo a questão de fato relativa a este, se considerar que ainda não foi suficientemente esclarecido.

Concluída a instrução, o feito retorna ao Tribunal de origem, mediante a abertura sucessiva de vista ao autor e ao réu pelo prazo de dez dias, aplicável o art. 229 em caso de litisconsórcio, facultando-se às partes o oferecimento de razões finais.

Após esse prazo, o processo atinge a fase de julgamento, restituindo o relator o processo à secretaria, que extrairá cópias do relatório e as distribuirá aos membros do órgão competente para julgar a rescisória (art. 971).

Os autos serão então conclusos ao relator, procedendo-se ao julgamento pelo órgão competente, nos termos do art. 973, parágrafo único.

O Ministério Público oficiará obrigatoriamente em todas as ações rescisórias, na qualidade de *fiscal da ordem jurídica*, diante da hipótese do art. 178, I, dado o interesse público, evidenciado pela natureza da lide rescisória e pelos seus reflexos na segurança das relações jurídicas.

O julgamento da ação rescisória possui três etapas:

a) a verificação da admissibilidade da ação;

b) o exame do pedido de rescisão, em que o tribunal decide rescindir ou não a sentença impugnada (*ius rescindens*);

c) e o eventual rejulgamento da matéria que for decidida (*ius rescissorium*).

Cada etapa será iniciada apenas após a anterior ter sido admitida, mas a conclusão da etapa anterior não influi sobre a seguinte, sendo possível, por exemplo, ser considerada admissível a ação, mas não se convencer o Tribunal da necessidade de rescisão da sentença.

A admissibilidade da ação rescisória ocorre no caso de a causa de pedir estar enquadrada no rol taxativo do art. 966, e na satisfação dos demais requisitos para o seu exercício.

Destaque-se que não tem relevância para sua admissibilidade a equivocada qualificação jurídica do fato narrado, bastando que um dos fatos do art. 966 seja reconhecido pela maioria dos juízes votantes.

Julgado procedente o *iudicium rescindens*, será analisado o novo julgamento do feito, caso haja necessidade.

---

[81] Barbosa Moreira (2008, p. 199).

A decisão que julga procedente o pedido, rescindindo a decisão, é constitutiva, com eficácia apenas *ex nunc*, e a que julga improcedente o pedido é declaratória negativa.

Ao julgar, fica decidido também o destino do depósito de 5%, pois, a teor do art. 968, II, do CPC, o autor só perde o valor depositado em prol do réu caso seja unânime o julgamento de inadmissibilidade ou improcedência do *ius rescindens*, sem prejuízo do disposto no art. 82, § 2º.

Em face dessa decisão, poderão ser opostos embargos de declaração, recurso especial e recurso extraordinário, no caso de estarem presentes os requisitos dos arts. 105, III, e 102, III, respectivamente, ambos da Constituição.

Destaque-se ainda que, desconstituída a coisa julgada, pode o Tribunal determinar a remessa dos autos para a primeira instância, para que a causa seja rejulgada, sob pena de supressão de instância.

2.6.10 Execução da sentença rescindenda

A regra é que a propositura da ação rescisória não suspende a execução.

Antes, vinha-se entendendo que a execução de decisão rescindenda não poderia ser obstada nem sequer mediante cautelar requerida pelo autor da rescisória. Contudo, a Medida Provisória n. 1.577 modificou a Lei n. 8.437/92, permitindo que a cautelar suspendesse os efeitos da decisão rescindenda.

Dessa forma, passou a poder ocorrer a suspensão por antecipação de tutela ou até mesmo por medida cautelar.

Com o CPC, porém, a disciplina da tutela provisória sofre considerável alteração. A Lei traz a chamada *tutela provisória* no Livro V de sua Parte Geral, desdobrando-se o tratamento em três Títulos: disposições gerais (arts. 294 a 299); tutela de urgência (arts. 300 a 310), subdividindo-se esta em Capítulos sobre disposições gerais, tutela antecipada requerida em caráter antecedente e tutela cautelar requerida em caráter antecedente; e tutela da evidência. Põe fim à medida cautelar em caráter autônomo, o que deve, aqui, ser observado.

Caso sobrevenha, no curso da execução, o trânsito em julgado do acórdão que rescindir a sentença exequenda, deverá extinguir-se a execução, desfazendo-se todos os atos já realizados, mas sem haver obrigação de indenizar.

Caso ainda não tenha se iniciado a execução e houver a rescisão, a execução não começará, pois não existirá título executivo para lhe embasar. Na hipótese de a execução ser instaurada, ela será nula.

2.7 AÇÃO ANULATÓRIA

O art. 966, § 4º, do CPC não se refere à ação rescisória, mas à ação anulatória, que possibilita a desconstituição de atos de disposição de direitos, praticados pelas partes ou por outros participantes do processo e homologados pelo juízo, como também atos homologatórios praticados no curso da execução.

Esse dispositivo, ao tratar das hipóteses de anulabilidade das decisões, mostra que o Código de 2015 revela sua opção pela coexistência das ações rescisória e anulatória.

Diferem entre si porque, enquanto a primeira trata das estabilidades resultantes da prestação jurisdicional cognitiva plena e exauriente, a segunda disciplina o ataque a atos de disposição praticados pelas partes e objetos de mera homologação pelo Poder Judiciário.

A Lei se refere a atos das partes, cabendo a ação anulatória para atacar atos das partes excluído o erro de fato, que, como visto, é atacável por ação rescisória.

Através da ação anulatória podem-se atacar atos que dependem de homologação pelo juízo, limitando-se a imprimir a atos não oriundos do órgão judicial força igual à que eles teriam se de tal órgão emanassem, sendo que podem ser atacados imediatamente, sem necessidade de se rescindir a decisão homologatória.

Um exemplo é a sentença que homologa a desistência da ação.

Na vigência do CPC/73, entendia o STJ ser adequada a ação anulatória à desconstituição do acordo homologado[82].

No CPC, caso o acordo conduza a uma decisão de mérito, como a que homologa transação, renúncia ou reconhecimento do pedido, cabível será a ação rescisória e não a anulatória.

Também é possível pensar na hipótese de ação anulatória em face de decisão interlocutória, caso haja transcorrido o prazo do agravo, e de sentença proferida em jurisdição voluntária.

Também os atos homologatórios praticados no curso da execução estão sujeitos à anulação.

A ação anulatória é utilizada, portanto, no curso do processo, o qual pode mesmo estar em sua fase executória, antes do trânsito em julgado da decisão e sempre que não for cabível ação rescisória.

Contudo, a despeito do permissivo contido no § 4º do art. 966, o STJ[83] já decidiu que não é possível utilizar ação declaratória de nulidade (*querela nullitatis*) contra título executivo judicial fundado em lei declarada não recepcionada pelo STF em decisão proferida em controle incidental que transitou em julgado após a constituição definitiva do referido título.

Os fundamentos da ação anulatória não abrangem os do art. 966 do CPC, uma vez que o fundamento da ação anulatória é ato da parte, eventualmente homologado por decisão, e é competente o juízo que esteja processando a causa.

Como a ação anulatória é proposta no curso do feito originário, pode ser que este venha a ficar suspenso caso seu julgamento dependa do julgamento da ação anulatória.

O prazo para ingressar com a ação anulatória não é previsto no Código.

Diante da omissão legislativa, é possível defender que se aplica o prazo genérico de prescrição do Código Civil, utilizado quantitativamente como prazo decadencial. Por outro lado, é ainda possível entender aplicável o prazo de 2 anos (art. 179 do CC) quando a lei dispuser ser o ato anulável, sem estabelecer prazo para pleitear a anulação, como o faz nas hipóteses do art. 178, I a III, do Código Civil, cujo prazo decadencial será de 4 anos.

Já a competência para a ação anulatória é do próprio juiz que está com a causa, havendo conexão com ela.

A ação anulatória também é cabível em caso de vício de citação, destacando a doutrina que, nesses termos, ela não estaria sujeita a um prazo, em razão do vício grave existente.

Nessa hipótese, surge o questionamento se estaríamos diante da *querela nullitatis*[84].

De acordo com Gajardoni[85], não existe menção específica à *querela nullitatis* em nosso direito, salvo nessa hipótese de nulidade de citação do réu.

---

[82] AgRg no REsp 1.314.900-CE, rel. Min. Luis Felipe Salomão, j. 18-12-2012, *Informativo STJ*, n. 513.

[83] Cabe registrar que o STF (RE 730.462, Tribunal Pleno, *DJe* 9-9-2015) concluiu que "a decisão do Supremo Tribunal Federal declarando a constitucionalidade ou a inconstitucionalidade de preceito normativo não produz a automática reforma ou rescisão das decisões anteriores que tenham adotado entendimento diferente. Para que tal ocorra, será indispensável a interposição de recurso próprio ou, se for o caso, a propositura de ação rescisória própria, nos termos do art. 485 do CPC, observado o respectivo prazo decadencial (art. 495)". Com esse fundamento, não se revela possível a utilização da *querela nullitatis* com a finalidade de desconstituir título executivo judicial fundada em lei declarada inconstitucional após o trânsito em julgado da ação de conhecimento (REsp 1.237.895-ES, rel. Min. Og Fernandes, j. 15-9-2015, *DJe* 12-2-2016, *Informativo*, n. 576).

[84] Greco, 2015b, p. 364.

[85] Gajardoni, 2010.

Em sentido oposto, Macedo[86] aponta o art. 475-L do CPC/73 como exemplo de consagração expressa do instituto no processo civil brasileiro.

O CPC, no art. 525, § 1º, I, reproduz a norma do CPC/73, mas também não faz menção ao *nomen iuris* da demanda.

2.8 O INCIDENTE DE RESOLUÇÃO DE DEMANDAS REPETITIVAS

2.8.1 Natureza do incidente

O incidente de resolução de demandas repetitivas (arts. 976 a 987 do CPC) é uma das inovações do novo CPC, cujo objetivo assenta na superior concretização dos princípios constitucionais da isonomia, segurança jurídica e duração razoável dos processos, que acaba por proporcionar um desafogamento do Poder Judiciário quanto às demandas de massa[87].

O instituto demonstra uma tendência à implantação de mecanismos legais hábeis a propiciar a entrega da prestação jurisdicional de forma célere e, ainda, concretizadora dos princípios da isonomia e da segurança jurídica[88].

2.8.2 Influência do direito estrangeiro

Tal tendência se coaduna com o novo panorama que vem se construindo nos países de *civil law* (Europa Continental[89], com ênfase no direito germânico[90]): a consagração de filtros com o objetivo de conter a litigiosidade de massa, dentre eles a eleição de um caso-piloto[91], cujo julgamento, por amostragem, repercutirá sobre o dos demais processos que versem questão de direito (tese) símile ao paradigma.

---

[86] Macedo, 2005, p. 75.

[87] "O incidente é uma das formas pensadas no Projeto para buscar garantir uma tranquilidade para os cidadãos, que terão ciência prévia dos seus direitos e poderão reclamá-los na Justiça, indo ao encontro também dos interesses das próprias empresas e do Judiciário, que esperam, todos, uma ferramenta eficaz para a solução rápida e justa dos conflitos. Espero que o incidente de resolução de demandas repetitivas realmente funcione na prática. Todavia, é inegável que a sua plena concretização dependerá, e muito, da sua compreensão e do seu manejo pelos aplicadores e demais operadores do direito" (Carneiro, 2014, p. 489).

[88] Carneiro; Pinho, 2016, p. 583.

[89] Temos, também, a figura da *Agregação de Causas*, inserida no direito português em 2006 por força do Decreto-Lei n. 108. Essa iniciativa foi fruto da preocupação do legislador português com a morosidade gerada pelas demandas de massa ajuizadas perante o judiciário. Foi atribuído a tal instituto, a princípio, curta eficácia temporal, já que o Decreto possuía previsão para viger de outubro de 2006 até outubro de 2008. Entretanto, com a edição do Decreto-Lei n. 187/2008, foi revogado o disposto no art. 20, n. 2, do Decreto-Lei n. 108/2006, não sendo estabelecido novo termo final. A Agregação de Causas consiste na reunião transitória de várias ações com questões comuns de fato ou de direito para que um só juízo pudesse praticar atos processuais com o objetivo de produzir efeitos em todas elas, concomitantemente.

[90] A Exposição de Motivos do CPC deixa clara tal inspiração na seguinte passagem: "Com os mesmos objetivos, criou-se, com inspiração no direito alemão, o já referido incidente de Resolução de Demandas Repetitivas, que consiste na identificação de processos que contenham a mesma questão de direito, que estejam ainda no primeiro grau de jurisdição, para decisão conjunta" (Brasil, 2010, p. 21).

[91] O CPC estabeleceu, como regra, a sistemática da causa-piloto para o julgamento do IRDR. O acórdão recorrido foi proferido em IRDR instaurado no Tribunal de origem como procedimento-modelo, ou seja, sem que houvesse uma causa-piloto que lhe subsidiasse. Portanto, houve a fixação de tese abstrata sem o julgamento concomitante de um caso concreto. No entanto, o CPC estabeleceu, como regra, a sistemática da causa-piloto para o julgamento do IRDR, que nada mais é do que um incidente instaurado em um processo já em curso no Tribunal para resolver questões de direito oriundas de demandas de massa. (...) Assim sendo, tenho como patente a violação do art. 978, parágrafo único, do CPC, na medida em que foi admitido o IRDR de forma autônoma, sem vinculação a um processo pendente, o que inviabiliza a exigência de julgamento concomitante de recurso, remessa necessária ou processo de competência originária que lhe pudesse dar origem. REsp 2.023.892-AP, rel. Min. Herman Benjamin, 2ªT., por unanimidade, j. 5-3-2024. *Informativo STJ* n. 803.

Há aqui forte influência do instituto conhecido como *Musterverfahren*[92], do direito tedesco[93], ferramenta criada para situações específicas[94].

É possível também observar inspiração oriunda das *Group Litigation Orders* do direito inglês[95], que acabaram por se tornar mais efetivas do que o antigo sistema das *representative actions*[96].

Os incidentes de julgamento de demandas repetidas surgiram, nesse cenário, para conferir tratamento coletivo a questões que costumam se repetir em causas individuais, originando decisões que, não obstante sejam tomadas em bloco, não descuidam das particularidades apresentadas por cada caso concreto levado ao escrutínio jurisdicional[97].

Dito isso, é possível vislumbrar-se o *modus operandi* desse tipo de incidente processual, que se subdivide em: uma primeira apreciação do ponto coletivo, ou questão comum, que reúne todos aqueles processos em torno da mesma controvérsia jurídica; e, em etapa posterior, a cognição da hipótese particular submetida ao Judiciário. Completa-se, ao final, a atividade de composição da lide.

Como pano de fundo, visa-se a uma superior promoção dos princípios da isonomia e da segurança jurídica entre os jurisdicionados, mas também dos princípios da celeridade e da economia processual, de modo que, com a contenção da litigiosidade de massa, se contribua para maior racionalização da prestação jurisdicional pelo Poder Judiciário.

A lógica nada mais é, portanto, do que a de trabalhar o processo como instrumento hábil e apto a lidar com uma sociedade multifacetária, dinâmica e complexa em suas relações interpessoais. Sob a ótica constitucional, enfoca-se a massificação da produção, do consumo e das relações jurídicas que a partir daí são travadas, de modo a oportunizar aos cidadãos a justa, adequada e célere resposta aos seus anseios.

2.8.3 Cabimento

A sistemática anteriormente vigente no Brasil já contava com algumas ferramentas aptas à contenção do avanço de ações massificadas como, por exemplo, a previsão de súmula vinculante no âmbito do Supremo Tribunal Federal (art. 103-A da CF/88), de repercussão geral da matéria constitucional em sede de recurso extraordinário (arts. 543-A e 543-B do CPC/73), de julgamento de

---

[92] O texto legal original e também em inglês do *Musterverfahren* disponível no sítio do Ministério da Justiça da Alemanha: http://www.bmj.bund.de. Acesso em: 4 maio 2015.

[93] Hoje, existem na Alemanha três textos legais que preveem o cabimento do *Musterverfahren* para a resolução coletiva de conflitos de massa. São eles: a) o § 114a da Lei dos Tribunais Sociais (*SGG*); b) o art. 93a do Código da Justiça Administrativa (*VwGO*); e c) a nova Lei de Introdução do Procedimento-Modelo para os Investidores em Mercado de Capitais (*KapMuG*) (Cavalcanti, 2014, p. 342).

[94] O *Musterverfahren* foi introduzido no ordenamento alemão pela Lei de Introdução ao Procedimento-Modelo para os Investidores em Mercado de Capitais (*Gesetz zur Einführung von Kapitalanleger-Musterverfahren*, abreviada como *KapMuG*), em agosto de 2005 e teria vigência até 2010. Foi inicialmente prorrogada por dois anos. Em outubro de 2012, o Parlamento Alemão (*Bundestag*) aprovou a modificação na Lei de Introdução do Procedimento-Modelo para os Investidores em Mercado de Capitais e Alteração de outras Disposições (*Gesetz zur Reform des Kapitalanleger-Musterverfahrensgesetz und zur Änderung anderer Vorschriften*). Essa lei entrou em vigor em novembro de 2012, guardando eficácia até 2020 ("§ 28: *Dieses Gesetz tritt am 1. November 2020 außer Kraft*").

[95] Interessante notar que, sob o regime das *Group Litigation Orders*, é possível reunir as ações repetitivas, a fim de que estas sejam resolvidas em conjunto, por um mesmo tribunal e pelo mesmo juiz. Tal procedimento garantiria uma "eficiência gerencial" no julgamento dos processos seriados. Nesse sentido: Rodrigues, 2013.

[96] "Na Inglaterra, por exemplo, existem as *representative actions*, instituto geneticamente correlato às *class actions* do direito estadunidense, apontado pela doutrina, inclusive, como seu progenitor histórico. Por meio delas, a parte autora ajuíza demanda representando a si própria e, ao mesmo tempo, a classe que tem interesse comum no julgamento da causa. (...) Ocorre que os processos representativos são visivelmente excepcionais na prática judicial inglesa." (Cavalcanti, 2014, p. 334).

[97] Rodrigues, 2011, p. 435.

recurso especial por amostragem (art. 543-C do CPC/73), de súmulas de jurisprudência dominante e de julgamento do mérito da lide antes mesmo da citação do réu (art. 285-A do CPC/73).

O referido incidente ocorre nos casos que gerem multiplicação de processos de questões de direito, embora se possa cogitar da dificuldade de separar a questão fática do direito, e deve ser instaurado, instruído com os documentos necessários à comprovação do preenchimento dos requisitos, perante o tribunal local, com a pretensão dirigida ao seu Presidente:

a) seja por meio de ofício expedido pelo juiz da causa ou pelo relator;

b) seja mediante petição protocolizada pelas partes, pelo Ministério Público ou pela Defensoria Pública.

Como requisito simultâneo à repetição de processos com controvérsia sobre a mesma questão unicamente de direito, é preciso que se trate de hipótese na qual haja risco de ofensa à isonomia e à segurança jurídica.

Quanto a esse ponto, não parece difícil vislumbrar que, se demandas símiles obtêm respostas díspares do mesmo Poder Judiciário, aos jurisdicionados não está sendo dispensado tratamento isonômico. Isso, por sua vez, é capaz de gerar uma situação de instabilidade de proporções perigosas, pondo em risco a segurança jurídica que se espera advir da prestação jurisdicional e a própria credibilidade e confiabilidade deste Poder.

Nesse panorama, faz-se imperiosa uma análise aprofundada e cautelosa. Se, de um lado, o incidente visa imprimir maior agilidade, celeridade e efetividade aos feitos judiciais, não pode, de outro, pretender fazê-lo sem a devida observância à isonomia e à segurança jurídica. Como garantias constitucionais das partes, elas não podem ser sobrepujadas pela ânsia de se pôr fim, a qualquer preço, ao processo.

O princípio constitucional da isonomia, também chamado de igualdade processual material ou substancial, preconiza tanto um tratamento igualitário real e efetivo entre as partes de um mesmo processo quanto o fornecimento das mesmas respostas, pelo Poder Judiciário, a casos semelhantes que se submetem a uma mesma regra jurídica.

Nesse segundo aspecto, inclusive, é que se faz notadamente presente a questão das demandas de massa, para as quais vem o novo Código tentar dar solução mais equânime, por meio do incidente de resolução de demandas repetitivas.

Outro valor a inspirar o novo instituto é o princípio da segurança jurídica, pelo qual se espera da ordem jurídica que seja certa, estável e, com isso, inspiradora de confiança por parte dos jurisdicionados. Afinal, se não se pode esperar do Judiciário que mantenha linhas de raciocínio, comportamentos e entendimentos já fixados e adotados, não se consegue saber que condutas adotar e que relações construir com base no Direito.

2.8.4 Regras gerais

É possível, assim, falar do incidente de resolução de demandas repetitivas como mais um mecanismo de proteção ao princípio da confiança, dimensão subjetiva da segurança jurídica. Intenta o legislador proteger a legítima expectativa do cidadão quanto a uma resposta jurisdicional, dando-lhe um mínimo de previsibilidade e, com isso, dotando este Poder de mais estabilidade e credibilidade.

Como se pode ver, a matéria é de suma importância e assume papel de destaque no novo Código, o qual dispõe que a desistência ou o abandono do processo não impede o exame de mérito do incidente (art. 976, § 1º); e que a sua inadmissão por falta de qualquer pressuposto de inadmissibilidade não impede que, suprida a falta, seja novamente suscitado (§ 3º).

Em outras palavras, o âmbito de relevância da discussão é tão amplo que intenta a Lei, sempre que possível, dar seguimento ao incidente, permitindo sua tramitação independente e a correção de eventuais falhas.

O contrário seria, no mínimo, contraditório ao próprio objetivo do incidente, pois, se se tornasse impossível novo requerimento de instauração, todas as demandas similares pendentes continuariam a se acumular e a obstacularizar o exercício pleno e célere da atividade jurisdicional.

Assim, uma única instauração equivocada do instrumento seria demasiado poderosa a ponto de impedir que um sem-número de feitos observasse, para si, o princípio constitucional da duração razoável do processo (art. 5º, LXXVIII).

Quanto à desistência ou abandono, o § 2º atribui ao Ministério Público a titularidade do incidente, de modo também a evitar a sua extinção. Como justificativa, tem-se a índole objetiva do instrumento, pois, ao tratar tão somente de questões de direito, irá fixar tese de inquestionável impacto social, jurídico, econômico e político sobre diversas outras demandas, em muito superando o interesse particular subjetivo daquela causa específica.

O § 5º, ainda que de forma velada, ressalta essa grande relevância que assume o incidente no novo Diploma Processual. Ao dispensar o recolhimento de custas processuais, mostra intenção de garantir o mais amplo acesso possível ao mecanismo, não excluindo os sujeitos que porventura não tenham condições econômicas e financeiras de arcar com mais essa despesa no processo.

Sua instauração e seu julgamento deverão ser amplamente noticiados e veiculados eletronicamente pelo Cadastro criado pelo Conselho Nacional de Justiça. Aos tribunais compete manter um banco eletrônico de dados atualizados, dotado de informações específicas sobre as matérias submetidas ao procedimento do incidente, bem como comunicar imediatamente ao CNJ para a inclusão em seu Cadastro[98].

Em clara aplicação do princípio constitucional da publicidade dos atos processuais (arts. 5º, LX, e 93, IX), a regra traz mais transparência à função jurisdicional e, por conseguinte, maior confiança da população no regular e escorreito exercício de tão crucial serviço público. Também prima pela concretização dos princípios do contraditório e da celeridade e economia processuais.

Constatada a presença dos requisitos e instaurado o incidente, seu julgamento é deslocado para o órgão do Tribunal de Justiça ou Tribunal Regional Federal responsável pela uniformização da jurisprudência daquela Corte (art. 978)[99].

Tem-se, com isso, verdadeira "cisão da cognição judicial", suspendendo-se as ações principais em trâmite perante a primeira instância, até que seja proferida a decisão do incidente (art. 982). Dá-se, assim, à segunda instância de julgamento o papel de pacificar uma questão jurídica de grande controvérsia e espraiada por inúmeros processos, em claro reforço à função uniformizadora do novo Diploma de Processo[100].

---

[98] Nesse sentido, veja-se a Resolução do CNJ n. 235, de 13 de julho de 2016.

[99] Nessa linha, evidencia-se que o STJ não tem competência originária para instaurar IRDR, mas sim competência recursal. Saliente-se, ainda, que, no âmbito do STJ, a via adequada para a resolução de questões repetitivas dá-se por meio do julgamento do recurso especial repetitivo, nos termos do art. 1.036 e seguintes do CPC (IUJur no CC 144.433-GO, rel. Min. Marco Aurélio Bellizze, por unanimidade, j. 14-3-2018, *DJe* 22-3-2018).

[100] "Como o próprio nome informa se trata de uma técnica introduzida com a finalidade de auxiliar no dimensionamento da litigiosidade repetitiva *mediante uma cisão da cognição* através do 'procedimento-modelo' ou 'procedimento-padrão', ou seja, um incidente no qual 'são apreciadas somente questões comuns a todos os casos similares, deixando a decisão de cada caso concreto para o juízo do processo originário', que aplicará o padrão decisório em consonância com as peculiaridades fático-probatórias de cada caso" (Nunes, 2015).

Caberão ao órgão apontado pelo regimento interno do Tribunal a realização do juízo de admissibilidade e o julgamento do incidente, sendo que a eficácia da decisão que o admitir ficará limitada à área de competência do órgão prolator, devendo o teor de mencionado decisório ser observado pelos juízes e demais órgãos fracionários no âmbito de sua competência territorial.

No art. 978, parágrafo único, temos um potencial problema. Em tese, seria possível sustentar que podem ser selecionados processos que ainda não chegaram ao Tribunal[101], apesar da controvérsia em torno do tema[102].

O STJ[103], enfrentando o problema, entendeu ser imprescindível a pendência de julgamento, no tribunal, de uma causa recursal ou originária.

De fato, admitindo-se a desnecessidade de existência de causa pendente, teríamos que, *in casu*, não poderia o órgão competente do Tribunal julgar o processo. Deveria, apenas, fixar a tese jurídica, cindindo, portanto, a competência, sob pena de suprimir uma instância[104] e produzir decisão inquinada de vício, na medida em que haveria a criação de competência originária sem respaldo constitucional[105].

Temos para nós que o IRDR, como regra, tem cabimento apenas nos TJs e TRFs. O STF e o STJ já possuem seu sistema próprio (recursos repetitivos) e as turmas recursais dispõem de mecanismos próprios para a uniformização de jurisprudência, notadamente as federais (art. 14 da Lei n. 10.259/2001).

Uma exceção poderia ser viabilizada nas hipóteses envolvendo ações ou recursos da competência originária do STF e do STJ, já que não haveria possibilidade de amadurecimento da questão nas Cortes inferiores. Nesse sentido, parece estar se formando o convencimento do STJ[106]. Contudo, já há decisão monocrática em sentido contrário a esse entendimento[107].

Durante a tramitação do IRDR, assim como os processos individuais ficam sobrestados, deve também ser suspenso o prazo prescricional a fim de que não se crie situação gravosa e que pode criar dano irreparável às partes[108].

No incidente haverá uma redução substancial do contraditório, já que a tese jurídica acolhida será exportada para os demais casos sem que as partes desses processos tenham a real oportunidade

---

[101] Enunciado n. 22 da ENFAM: "A instauração do IRDR não pressupõe a existência de processo pendente no respectivo tribunal".

[102] O Enunciado n. 344 do FPPC é no sentido de que o CPC pressupõe existência de processo já no tribunal.

[103] Por essa razão, a doutrina afirma que o cabimento do IRDR condiciona-se à pendência de julgamento, no tribunal, de uma causa recursal ou originária. Se já encerrado o julgamento, não caberá mais a instauração do IRDR, senão em outra causa pendente; mas não naquela que já foi julgada. (...) O diferimento da análise da seleção da causa e admissibilidade do IRDR para o momento dos embargos de declaração importaria prejuízo à paridade argumentativa processual, considerando que esse desequilíbrio inicial certamente arriscaria a isonômica distribuição do ônus argumentativo a ser desenvolvido, mesmo que os argumentos fossem pretensamente esgotados durante o curso do incidente." AREsp 1.470.017-SP, rel. Min. Francisco Falcão, 2ª T., por unanimidade, j. 15-10-2019, *DJe* 18-10-2019. *Informativo STJ* n. 658.

[104] Câmara, 2015, p. 481.

[105] Cavalcanti, 2016, p. 187.

[106] "A instauração de incidente de resolução de demandas repetitivas diretamente no Superior Tribunal de Justiça é cabível apenas nos casos de competência recursal ordinária e de competência originária e desde que preenchidos os requisitos do art. 976 do CPC" (STJ, Corte Especial, Agravo Interno em Petição n. 11.838-MS, red. para acórdão Min. João Otávio de Noronha, j. 7-8-2019).

[107] No âmbito do STF, por meio de decisão monocrática do Min. Presidente, proferida nos autos da Petição n. 8.245-AM, indeferiu-se o pedido de instauração de IRDR. Para tanto, sustentou-se que o incidente tem assento apenas nos Tribunais de segundo grau e que a competência do STF é fixada no art. 102 da Carta de 1988, que merece interpretação restrita, como já afirmado pelo próprio Tribunal em outras oportunidades.

[108] Nesse sentido encontramos o Enunciado n. 206 do FPPC.

de influenciar o julgamento do processo representativo da controvérsia[109]. Desse modo, o Tribunal deve dar ampla publicidade ao IRDR, admitir os *amici* e realizar audiências públicas.

Em decisão envolvendo caso de enorme repercussão social, o STJ pontuou a questão da necessária manutenção da densidade do contraditório, sobretudo diante da natureza jurídica do que o IRDR assumiu no direito brasileiro. De fato, essa garantia fundamental do processo deve ser priorizada diante da repercussão da decisão a ser tomada na causa piloto[110].

Ademais, é preciso ter especial atenção com a escolha dos processos-piloto, que deverá ter a densidade necessária para acomodar o maior número possível de argumentos sobre a tese jurídica. É absolutamente necessário, contudo, que seja uma questão de direito.

Nesse sentido, como bem pondera Danilo Knijnik, as questões de fato pedem provas, ao passo que as questões de direito demandam argumentos[111]. Contudo, não se pode ignorar a denominada "moldura fática", de modo a garantir que aquela tese jurídica seja compreendida nos exatos limites do caso-piloto que a ensejou[112].

A decisão de admissão deve ser sempre colegiada, não cabendo ao relator decidir esse ponto monocraticamente[113].

O prazo máximo de julgamento do incidente é de um ano, segundo o art. 980, que também estabelece sua preferência sobre os demais feitos, desde que não envolvam réu preso e que não sejam pedidos de *habeas corpus*, porquanto, por dizerem respeito ao valor liberdade, têm prevalência sobre todos os outros processos. Ultrapassado tal período, tem fim a suspensão dos feitos, salvo decisão fundamentada do relator em sentido contrário.

Em encontro do Fórum Permanente de Processualistas Civis, aprovou-se o Enunciado 89, que antevê a apresentação de mais de um pedido de instauração do incidente de resolução de demandas repetitivas perante o mesmo tribunal, hipótese em que devem ser apensados e processados conjuntamente. Entendeu-se, ainda, que aqueles oferecidos após a decisão de admissão deverão ser apensados e sobrestados, cabendo ao órgão julgador considerar as razões neles apresentadas.

Araken de Assis[114] lembra que pode haver a conversão do julgamento do IRDR em diligência em duas situações: "(a) constatando-se vício sanável, incluindo vício conhecível *ex officio*, ordenando-se a

---

[109] Enunciado n. 237 da III Jornada de Direito Processual Civil CJF/ENFAM: No julgamento de casos repetitivos, havendo entre as causas uma ação coletiva, esta deve, preferencialmente, ser escolhida como representativa da controvérsia.

[110] Incidente de resolução de demandas repetitivas. Rompimento da Barragem do Fundão, em Mariana/MG. Processos indicados como representativos de controvérsia multitudinária que corriam no Juizado Especial e em primeiro grau na Justiça Comum estadual. Incompetência do Tribunal de Justiça. Adoção do sistema da causa-modelo. Impedimento da participação dos autores dos processos indicados como representativos da controvérsia. Violação ao princípio do contraditório e da ampla defesa. Não cabimento do IRDR na forma como admitido. Distinguishing em relação ao REsp 1.798.374/DF. (...) Ora, se o julgamento de processo oriundo do Juizado Especial ou que ainda corre em primeiro grau não lhe compete, o TJMG deveria ter determinado que a Samarco indicasse processos que satisfizessem esse requisito. O próprio Relator poderia tomar essa iniciativa, selecionando processos que melhor atendessem a exigência da representatividade adequada para julgá-los como causa-piloto, respeitando o contraditório e a ampla defesa e permitindo a participação dos atores relevantes do litígio massificado. A participação das vítimas dos danos em massa – autores das ações repetitivas – constitui o núcleo duro do princípio do contraditório no julgamento do IRDR. (...) Desse modo, se as partes autoras dos processos selecionados não os abandonaram ou deles desistiram – pelo contrário, tentaram ser ouvidas por diversas vezes, sem sucesso –, sua efetiva participação é imposição do princípio do contraditório. REsp 1.916.976-MG, rel. Min. Herman Benjamin, 2ªT., por unanimidade, j. 21-5-2024. *Informativo Especial* STJ n. 19/24.

[111] Knijnik, 2005, p. 162.

[112] Teixeira, 2015, p. 229.

[113] Nesse sentido, veja-se o Enunciado n. 91 do FPPC.

[114] Assis, 2016, p. 441.

renovação do ato processual; e (b) constatando-se a necessidade de produção de determinado meio de prova (*v.g.*, a prova testemunhal, indeferida na decisão de saneamento, a teor do art. 357, II)".

2.8.5 Procedimento

Quanto ao procedimento, podemos dizer que, presentes os requisitos do art. 976 e admitido, pois, o incidente, o relator, além de suspender os processos individuais ou coletivos pendentes, tem a faculdade de requisitar informações aos órgãos em que os mesmos tramitam, no prazo de quinze dias.

A decisão de admissibilidade do incidente, em regra, deve ser colegiada, sobretudo em razão da relevância da questão. Contudo, forçoso reconhecer que não há regra expressa impedindo que seja proferida monocraticamente. Ademais, tal decisão é irrecorrível, como aliás já decidiu o STJ[115], não obstante os bons argumentos em sentido contrário[116].

A suspensão constitui medida essencial a todo o procedimento. Para que os efeitos do incidente sejam, de fato, coletivos, é preciso que as demais causas símiles aguardem, sobrestadas, o pronunciamento final do tribunal a respeito da tese jurídica a ser fixada. Só então poderão os feitos voltar a correr em seus juízos competentes, devendo os respectivos órgãos jurisdicionais adstringir-se aos limites do *decisum* proferido no incidente.

Se, ao revés, as demandas seguissem seu curso regular, sem esperar a tese, não haveria como se garantir a uniformidade dos posicionamentos judiciais, fim último do novo instituto.

Como regra, a suspensão se limita ao âmbito de jurisdição do tribunal competente para o julgamento do incidente. Entretanto, o art. 982, § 3º, da Lei possibilita que, em prol da segurança jurídica, qualquer legitimado do art. 977, II e III, requeira, ao STF ou ao STJ, tribunais de jurisdição em todo o país (art. 92, § 2º, da CF), a ampliação da sustação.

Se deferido o pleito, todos os processos individuais ou coletivos, em curso no território nacional, que versem sobre a questão objeto do incidente já instaurado, serão suspensos. Não obstante, observe-se que há tendência no sentido de atenuar essa regra, a fim de evitar eventuais consequências danosas da suspensão automática diante de situações peculiares[117]. Ademais, caso os processos, na origem, contenham mais de um pedido e o incidente se refira a apenas um deles, por certo a suspensão será parcial[118]. Por fim, é possível a aplicação do instituto da "distinção"[119], a partir de requerimento da parte interessada, seguindo-se a regra do art. 1.037, § 10[120].

---

[115] "É irrecorrível o acórdão que admite ou inadmite o Incidente de Resolução de Demandas Repetitivas – IRDR. O acórdão que inadmite a instauração do IRDR não preenche o pressuposto constitucional da causa decidida apto a viabilizar o conhecimento de quaisquer recursos excepcionais, pois ausente o caráter de definitividade no exame da questão litigiosa." REsp 1.631.846-DF, rel. Min. Paulo de Tarso Sanseverino, Rel. Acd. Min. Nancy Andrighi, 3ªT., por maioria, j. 5-11-2019, *DJe* 22-11-2019. *Informativo STJ* n. 661.

[116] Zufelato; Oliveira, 2018, p. 435.

[117] Enunciado CJF n. 140: "A suspensão de processos pendentes, individuais ou coletivos, que tramitam no Estado ou na região prevista no art. 982, I, do CPC não é decorrência automática e necessária da admissão do IRDR, competindo ao relator ou ao colegiado decidir acerca da sua conveniência".

[118] Enunciado CJF n. 126: "O juiz pode resolver parcialmente o mérito, em relação à matéria não afetada para julgamento, nos processos suspensos em razão de recursos repetitivos, repercussão geral, incidente de resolução de demandas repetitivas ou incidente de assunção de competência".

[119] Enunciado CJF n. 142: "Determinada a suspensão decorrente da admissão do IRDR (art. 982, I), a alegação de distinção entre a questão jurídica versada em uma demanda em curso e aquela a ser julgada no incidente será veiculada por meio do requerimento previsto no art. 1.037, § 10".

[120] "O procedimento de distinção (*distinguishing*) previsto no art. 1.037, §§ 9º e 13, do CPC, aplica-se também ao incidente de

Além disso, eventuais medidas de caráter urgente, a demandar a tutela apropriada, terão seus pedidos apreciados pelo juízo de primeira instância, onde tramita o processo suspenso, na forma do art. 982, § 2º.

A qualquer legitimado do art. 977 é oportunizado requerer ao tribunal competente para o conhecimento de recurso extraordinário ou especial a suspensão de todos os feitos, individuais ou coletivos, que se encontrem em curso no território nacional e que versem sobre a questão debatida no incidente já instaurado.

Isso quer dizer que uma discussão a princípio restrita a certo Estado ou Região (no caso da Justiça Federal) poderá ter seu alcance ampliado continentalmente, de modo a facilitar a uniformização da justiça brasileira.

Observe-se a amplitude do rol de legitimados desse art. 977[121]. É possível, a partir da leitura do dispositivo, tecer considerações a respeito de como o Código de 2015 busca tingir de tons democráticos o novel incidente, legitimando, com isso, que a tese ao final fixada produza efeitos sobre tão vasta gama de demandas e jurisdicionados.

O art. 983 determina que o relator deverá ouvir não apenas as partes, mas também os demais interessados[122], incluindo pessoas, órgãos e entidades com interesse na controvérsia[123]. Trata-se de norma fundamental à garantia do contraditório[124], que fica agora redimensionada, como possibilidade de participação e de real influência na decisão a ser tomada pelo órgão prestador de jurisdição. Contudo, é preciso traçar novos parâmetros para a compreensão do contraditório[125] no uso dessa ferramenta[126].

Devem ser observadas aqui duas premissas. A primeira é que as ações testes são uma terceira categoria de ações, distinta das demandas puramente individuais e das ações coletivas[127]. A segunda é que as ações civis públicas não serão superadas[128] pela nova técnica, mas é inegável que a nova técnica oferece um grau a mais de efetividade, sobretudo no que se refere ao aspecto subjetivo da coisa julgada.

---

resolução de demandas repetitivas. IRDR. REsp 1.846.109-SP, rel. Min. Nancy Andrighi, 3ªT., por unanimidade, j. 10-12-2019, DJe 13-12-2019. Informativo STJ n. 662.

[121] Enunciado CJF n. 143: "A revisão da tese jurídica firmada no incidente de resolução de demandas repetitivas pode ser feita pelas partes, nos termos do art. 977, II, do CPC".

[122] Enunciado n. 202 da III Jornada de Direito Processual Civil CJF/ENFAM: No microssistema de julgamento de causas repetitivas, o controle da legitimidade para intervenção deve ocorrer a partir da análise: a) da contribuição argumentativa; b) da representatividade dos membros do grupo; e c) do grau de interesse na controvérsia.

[123] Enunciado 723 FPPC: (art. 983; Tema 1.080 do STJ; Recomendação n. 76/2020 do CNJ) No julgamento de casos repetitivos e incidente de assunção de competência, o relator proferirá decisão de saneamento e organização do processo, depois da admissão ou da afetação, na qual, entre outras providências: (i) identificará o(s) grupo(s) titular(es) dos direitos materiais litigiosos; (ii) certificará a legitimidade e a representatividade adequada dos sujeitos condutores do procedimento; (iii) controlará e organizará a intervenção dos interessados, definindo, em especial, os seus poderes e prazos; (iv) designará a(s) audiência(s) pública(s); (v) expedirá comunicações a outros interessados que possam contribuir com o debate. (Grupo: Observatório da concretização do CPC nos tribunais superiores).

[124] Carneiro; Greco; Pinho, 2016, p. 108.

[125] "O contraditório é um megaprincípio que, na verdade, abrange vários outros e, nos dias atuais, não se satisfaz apenas com uma audiência formal das partes, que é a comunicação às partes dos atos do processo, mas deve ser efetivamente um instrumento de participação eficaz das partes no processo de formação intelectual das decisões" (Greco, 2011, p. 449).

[126] Rodrigues, 2016, p. 187.

[127] Bastos, 2011, p. 4950.

[128] Roque, 2013, p. 43.

Mas, mesmo assim, a questão é delicada e demanda constante vigilância por parte dos operadores do direito, sob pena de se criar um sistema garantista deficiente, já que a tendência ao uso dessa ferramenta parece ser irreversível.

Como o objetivo final é o de que todas as demandas que versem sobre aquela questão controvertida de direito sejam atingidas pelo incidente, só se faz justiça e se realiza de modo pleno o processo se se permitir a todos os potenciais atingidos que, de alguma maneira, se façam presentes na discussão.

Em virtude da relevância do tema e do efeito transcendente àquela lide, há a previsão de oitiva das partes, do Ministério Público, dos interessados e a possibilidade de juntada de documentos, para que se esclareça a questão.

A atuação do *Parquet* encontra substrato na predominância de interesses públicos primários, a resguardarem valores essenciais à coletividade e, portanto, dignos da mais elevada proteção. É por isso que, se não for o próprio requerente, o Ministério Público atuará como fiscal da ordem jurídica, de modo a sempre se fazer presente em tão relevante discussão.

Ao final, concluídas as diligências de instrução do feito, o relator solicita data para seu julgamento, que observará o disposto no art. 984. Ressalte-se a matriz fundante de seu § 2º, o qual, ao exigir que o acórdão analise todos os argumentos suscitados, incluídos os contrários à tese controvertida, revela sua inspiração na fundamentação das decisões judiciais. A garantia, que já constava do art. 93, IX, da Constituição, vem reforçada no Código atual, como se pode constatar de normas como a do *caput* do art. 11 e do art. 489, § 1º.

Sendo de tão amplo espectro a questão discutida no incidente de resolução de demandas repetitivas, natural que o legislador tenha optado por destacar a necessidade de fundamentação também nesta parte do Código de Processo[129]. Como a produção de efeitos ultrapassará os limites subjetivos da demanda, atingindo diversos outros jurisdicionados, faz-se ainda mais premente a abordagem esmiuçada de todos os argumentos e fundamentos ventilados, de forma a demonstrar que todas aquelas demandas encontram-se legitimamente amparadas na decisão.

O acórdão produzido nos autos do IRDR deve abranger todos os fundamentos suscitados concernentes à tese jurídica discutida, favoráveis ou contrários (art. 984, § 2º). Por outro lado, aquilo que foi mencionado ou discutido de passagem (*obiter dicta*), bem como aqueles fundamentos que não foram acolhidos pela maioria, ficam, logicamente, excluídos da parte vinculante da decisão[130].

Julgado o incidente, estender-se-á a solução, isto é, a tese jurídica, a todos os demais processos, em curso ou futuros, que versarem sobre idêntica questão de direito e que tramitarem na área de jurisdição do respectivo tribunal, inclusive em Juizados Especiais.

De forma sistemática, podemos identificar os seguintes efeitos do julgamento de mérito do IRDR:

(i) dispensa da observância da ordem de julgamento (art. 12, § 2º, CPC);

(ii) concessão da tutela de evidência e autorização para o julgamento de improcedência liminar (arts. 311, II, e 332, III, CPC);

(iii) dispensa da caução para o levantamento de valores e transmissão de posse e propriedade de bens no curso do cumprimento provisório da sentença (art. 521, IV, CPC);

(iv) dispensa da remessa necessária (art. 496, § 4º, III, CPC);

---

[129] Enunciado 606 do FPPC: (arts. 982; 985) "Deve haver congruência entre a questão objeto da decisão que admite o incidente de resolução de demandas repetitivas e a decisão final que fixa a tese".
[130] Nesse sentido, os Enunciados n. 318 e 319 do FPPC.

(v) inexistência da técnica de ampliação do julgamento não- unânime (art. 942, § 4º, I, CPC);

(vi) provimento/improvimento monocrático recursal (pelo relator), nos termos do art. 932, IV, "b" e "c" e V, "b" e "c", CPC);

(vii) efeito suspensivo automático dos recursos excepcionais interpostos em desfavor da decisão que fixa a tese jurídica no IRDR (art. 987, § 1º, 1ª parte, CPC);

(viii) presunção da repercussão geral da questão constitucional dos recursos excepcionais repetitivos (art. 987, § 1º, 2ª parte, CPC);

(ix) ajuizamento da ação rescisória que viole manifestamente norma jurídica legal ou precedental (art. 966, V, CPC);

(x) manejo da reclamação, visando garantir a autoridade do acórdão proferido em IRDR (art. 988, IV, CPC).

Fica ressalvada, contudo, a possibilidade de revisão da tese jurídica firmada, pelo mesmo tribunal, de forma a evitar o engessamento perpétuo da jurisprudência da Corte (o chamado *overruling*, tratado no art. 986).

Como a decisão vinculante se irradia para os casos presentes e futuros, temos aqui um novo e relevante papel do magistrado de primeiro grau.

Importante destacar que a decisão proferida terá eficácia vinculante também para o Poder Executivo, se se tratar de incidente cujo objeto constitua prestação de serviço público concedido, permitido ou autorizado. Pela norma inscrita no art. 985, § 2º, o resultado deve ser informado ao órgão ou agência reguladora competente para fins de controle sobre a efetiva aplicação da tese vencedora[131].

Contra a decisão de mérito do incidente de resolução de demandas repetitivas, caberá recurso especial e/ou extraordinário aviado por qualquer das partes (art. 987), pelo Ministério Público ou por *amicus curiae*, o que provocará a extensão do sobrestamento gerado por ocasião da instauração do incidente[132-133]. Contudo, o STJ estabeleceu limites ao cabimento do recurso especial, especificamente no que tange ao requisito da "causa decidida"[134] e reiterou esse entendimento posteriormente[135].

---

[131] É constitucional a determinação de vincular a Administração Pública à efetiva aplicação de tese firmada no julgamento de casos repetitivos relacionados à prestação de serviço delegado (CPC/2015, arts. 985, § 2º; e 1.040, IV). Ao ampliar os diálogos institucionais entre as entidades públicas, essa medida assegura maior efetividade no cumprimento de decisão judicial ao mesmo tempo em que densifica direitos garantidos constitucionalmente. ADI n. 5.492-DF, rel. Min. Dias Toffoli, j. 24-4-2023; ADI n. 5.737-DF, rel. Min. Dias Toffoli, redator do acórdão Min. Roberto Barroso, j. 24-4-2023, *Informativo STF* n. 1.092.

[132] Admitir o prosseguimento dos processos pendentes antes do julgamento dos recursos extraordinários interpostos contra o acórdão do IRDR poderia ensejar uma multiplicidade de atos processuais desnecessários, sobretudo recursos. REsp 1.869.867/SC, rel. Min. Og Fernandes, 2ªT., por unanimidade, j. 20-4-2021. *Informativo STJ* n. 693.

[133] Interposto recurso especial ou recurso extraordinário contra o acórdão que julgou o Incidente de Resolução de Demanda Repetitiva – IRDR, a suspensão dos processos só cessará com o julgamento dos referidos recursos, não sendo necessário, entretanto, aguardar o trânsito em julgado (REsp 1.869.867-SC, rel. Min. Og Fernandes, 2ªT., *DJe* 3-5-2021). REsp 1.976.792-RS, rel. Min. Gurgel de Faria, 1ªT., por unanimidade, j. 18-5-2023, *Informativo* n. 777.

[134] Não cabe recurso especial contra acórdão proferido pelo Tribunal de origem que fixa tese jurídica em abstrato em julgamento do IRDR, por ausência do requisito constitucional de cabimento de "causa decidida", mas apenas naquele que aplique a tese fixada, que resolve a lide, desde que observados os demais requisitos constitucionais do art. 105, III, da Constituição Federal e dos dispositivos do Código de Processo Civil que regem o tema. Além disso, inexiste um caso concreto específico, individualizado, que possa ser analisado em seus aspectos fáticos e jurídicos necessários ao julgamento, considerações que violariam a essência da formação de um precedente obrigatório na breve "tradição jurídica brasileira" na teoria dos precedentes judiciais. REsp 1.798.374-DF, rel. Min. Mauro Campbell Marques, Corte Especial, por unanimidade, j. 18-5-2022. *Informativo STJ* n. 737.

[135] De se notar o cancelamento do Tema Repetitivo n. 1090/STJ, em razão da decisão proferida pelo Excelentíssimo Ministro Relator Herman Benjamim, do E. Superior Tribunal de Justiça, que, ao analisar o Recurso Especial n. 1.828.606-RS, representativo de controvérsia, definiu que: "Dessa forma, o STJ firmou entendimento de que não é possível interpor Recurso Especial

Em julgamento mais recente, o STJ[136] entendeu que cabe recurso especial contra acórdão proferido pelo Tribunal de origem que fixa tese jurídica em abstrato em julgamento do IRDR para tratar de debate acerca da aplicação, em concreto, das regras processuais previstas para a admissão e o julgamento do IRDR.

No entanto, como bem adverte Marcelo Mazzola, tais recursos excepcionais deverão observar o disposto no regimento interno do respectivo Tribunal e, no caso do STJ, já há norma específica a respeito do tema[137]. Tais recursos serão, ainda, dotados de efeito suspensivo e, com relação à questão constitucional eventualmente discutida, haverá presunção de sua repercussão geral[138].

Apreciado o mérito do recurso excepcional, estende-se, naturalmente, o campo de aplicação da tese jurídica adotada pelo STF ou pelo STJ, de modo a abarcar todos os processos individuais ou coletivos que, por todo o território nacional, versem sobre idêntica questão de direito[139].

2.9 RECLAMAÇÃO

A chamada reclamação, de competência originária do STF e do STJ, está prevista, atualmente, nos arts. 102, I, e 105, I, da Constituição Federal, respectivamente.

No CPC, o art. 988 traz as hipóteses de cabimento de reclamação, a ser apresentada pela parte interessada ou pelo Ministério Público, assim seja para:

a) preservar a competência do tribunal;

b) garantir a autoridade das decisões do tribunal;

---

contra *decisum* do Tribunal de origem que estabeleça uma tese jurídica em abstrato durante o julgamento de Incidente de Resolução de Demandas Repetitivas (IRDR), pois este não preenche o requisito constitucional de 'causa decidida'".

[136] O acórdão recorrido foi proferido em IRDR instaurado no Tribunal de origem como procedimento-modelo, ou seja, sem que houvesse uma causa-piloto que lhe subsidiasse. Portanto, houve a fixação de tese abstrata sem o julgamento concomitante de um caso concreto. Não se desconhece que a Corte Especial do Superior Tribunal de Justiça, no julgamento do REsp n. 1.798.374/DF, de relatoria do Ministro Mauro Campbell, decidiu que "não cabe recurso especial contra acórdão proferido pelo Tribunal de origem que fixa tese jurídica em abstrato em julgamento do IRDR, por ausência do requisito constitucional de cabimento de 'causa decidida', mas apenas naquele que aplica a tese fixada, que resolve a lide, desde que observados os demais requisitos constitucionais do art. 105, III, da Constituição Federal e dos dispositivos do Código de Processo Civil que regem o tema". (...) No entanto, no presente caso, a questão posta em debate no Recurso em exame, não diz respeito à tese abstratamente fixada na origem, mas à aplicação, em concreto, das próprias regras processuais que envolvem o instituto do IRDR. O que se discute neste feito (e este é o *distinguishing* em relação ao que restou decidido no REsp 1.798.374/DF) é a própria admissibilidade e a observância das regras do *due process* no Incidente instaurado na Corte de origem. Por se tratar de debate acerca da aplicação, em concreto, das regras processuais previstas para a admissão e o julgamento do IRDR, não haverá outra oportunidade para que as alegações da parte recorrente cheguem ao STJ. Publicada a tese, os casos concretos serão solucionados de acordo com ela, sem possibilidade de novo debate acerca da higidez da decisão do IRDR, que já terá transitado em julgado. REsp 2.023.892-AP, rel. Min. Herman Benjamin, 2ª T., por unanimidade, j. 5-3-2024. *Informativo STJ* n. 803.

[137] "Considerando que as alterações do Regimento Interno do STJ foram promovidas meses após a vigência da Lei n. 13.256/16, quer nos parecer que a intenção foi, na prática, 'transformar' o REsp do IRDR em REsp repetitivo, a fim de que o respectivo acórdão não possa ser atacado diretamente por reclamação (art. 988, § 5º, II, do CPC), obrigando, com isso, o jurisdicionado a esgotar as instâncias ordinárias antes de manejá-la" (MAZZOLA, Marcelo. STJ: Processamento do IRDR por sistemática do repetitivo, artigo disponível em: https://jota.info/artigos/stj-processamento-do-irdr-por-sistematica-do-repetitivo-05082017. Acesso em: 5 ago. 2017).

[138] Enunciado 604 do FPPC: (arts. 976, § 1º; 987) "É cabível recurso especial ou extraordinário ainda que tenha ocorrido a desistência ou abandono da causa que deu origem ao incidente".

[139] Enunciado 607 do FPPC: (arts. 986; 926) "A decisão em recursos especial ou extraordinário repetitivos e a edição de enunciado de súmula pelo STJ ou STF obrigam os tribunais de segunda instância a rever suas decisões em incidente de resolução de demandas repetitivas, incidente de assunção de competência e enunciados de súmula em sentido diverso, nos termos do art. 986".

Enunciado 608 do FPPC: (arts. 986; 927, §§ 3º e 4º) "O acórdão que revisar ou superar a tese indicará os parâmetros temporais relativos à eficácia da decisão revisora".

c) garantir a observância de enunciado de súmula vinculante e de decisão do Supremo Tribunal Federal em controle concentrado de constitucionalidade;

d) garantir a observância de precedente proferido em incidente de resolução de demandas repetitivas ou em incidente de assunção de competência.

Muito se discute se a reclamação seria ou não um recurso[140].

Nesse ponto, primeiro é preciso destacar o caráter jurisdicional da Reclamação, e não meramente administrativo, já que o STF ou o STJ – aquele que for competente, de acordo com a matéria discutida – afastará a eficácia de ato de juiz ou tribunal inferior invasivo de sua competência ou em desacordo com anterior julgamento seu.

Quando os Tribunais Superiores realizam o controle esperado através da reclamação, temos que esse controle irá atingir o litígio e os litigantes.

Antes do Código de 1973, o qual ampliou a admissibilidade do recurso de agravo contra as decisões interlocutórias, era comum a confusão que se fazia entre a reclamação e a *correição parcial*, já que esta destinava-se à impugnação de atos ou omissões de juiz de primeiro grau de jurisdição que fossem insuscetíveis de agravo de instrumento. Após o CPC/73, dissociou-se a imagem da correição da reclamação, e restou a dúvida se a reclamação seria ou não uma espécie de recurso.

Contudo, ela se afasta de um recurso.

O primeiro ponto que fundamenta a afirmação é a taxatividade dos recursos, característica que significa que os recursos cabíveis estão previstos em lei.

Ademais, seu destino é diverso daquele próprio dos recursos. Acima de tudo, o processamento da reclamação difere da maneira como são julgados os recursos, como passaremos a demonstrar.

Admitida a reclamação, o tribunal cuja autoridade tenha sido violada pela decisão inferior condena o ato à *ineficácia total*, sem reformá-lo ou anulá-lo para que outro seja proferido, negando, assim, o poder daquele órgão que realizou o ato[141]. Ou seja, o vício do ato reside especificamente na ausência de poder para realizá-lo.

E não há recurso sem que se substitua o ato recorrido e sem a devolução do processo para que outro ato seja proferido na origem. O âmbito da reclamação é bem mais restrito que o dos recursos em geral e, em particular, do agravo, embora o STF tenha já admitido a possibilidade de reexame, ainda que limitado, do precedente[142].

Quando do julgamento da reclamação, temos que não se reputa desobediente ao STF ou ao STJ decisão sobre pedido já soberanamente decidido quando essa nova decisão pronunciar-se sobre novos fundamentos ainda não versados.

Por isso, a reclamação tem como finalidade corrigir desvio processual, em atenção ao interesse das partes, razão pela qual torna-se indispensável sua provocação.

Pode-se, então, perceber que, muito embora possua caráter jurisdicional, o mais correto é, portanto, classificá-la como um remédio processual, mas não como um recurso, na medida em que garante a manutenção do direito da parte, colocando-o a salvo de arbítrio da autoridade judiciária de instância inferior.

---

[140] Carneiro; Pinho, 2016, p. 591.

[141] Enunciado CJF n. 64: "Ao despachar a reclamação, deferida a suspensão do ato impugnado, o relator pode conceder tutela provisória satisfativa correspondente à decisão originária cuja autoridade foi violada".

[142] "Idoneidade processual da reclamação 'como instrumento de (re)interpretação da decisão proferida em controle de constitucionalidade abstrato'" (Rcl 4.374-PE, rel. Min. Gilmar Mendes, Pleno. Rcl 18.636/PB, Min. Celso de Mello, decisão publicada no *DJe* de 16-11-2015, *Informativo STF*, n. 813).

Garante, ainda, a autoridade das decisões proferidas pelas cortes maiores do País, condenando o ato de desobediência à ineficácia total.

Por isso, Cândido Rangel Dinamarco destaca a relevância do instituto[143].

Apesar disso, o Supremo Tribunal Federal, quando instado a se manifestar sobre a natureza jurídica da reclamação, identificou-a com o direito de petição previsto no art. 5º, XXXIV, da Carta de 1988, franqueando a possibilidade para cada Estado, em suas Constituições, de dispor acerca da reclamação em seus Tribunais de Justiça[144].

Como instrumento voltado à preservação da competência dos Tribunais e à garantia da autoridade de suas decisões, a reclamação recebe tratamento expresso nos arts. 988 a 993 do novo Código.

O Diploma estendeu seu cabimento para a garantia da observância de decisão do STF em controle concentrado de constitucionalidade e de enunciado de súmula vinculante e de precedente proferido em julgamento de casos repetitivos ou em incidente de assunção de competência. Visa, com isso, assegurar ao máximo uma verdadeira uniformização da jurisprudência[145].

O § 4º do art. 988 dispõe que as hipóteses dos incisos III e IV compreendem a aplicação indevida da tese jurídica e sua não aplicação aos casos que a ela correspondam. A regra comporta interpretação extensiva[146] e a própria exigência do esgotamento pode ser relativizada, como já decidido pelo STF[147].

O art. 988, § 5º, traz à Lei o teor do Enunciado 734 da súmula do Supremo Tribunal Federal[148], ao estabelecer a inadmissibilidade de ação ser proposta após o trânsito em julgado da decisão que se alega ter desrespeitado entendimento da Corte.

Acrescenta, outrossim, tal proibição quando, intentada a reclamação perante o Supremo Tribunal Federal ou o Superior Tribunal de Justiça, para garantir a observância de precedente de repercussão geral[149] ou de recurso especial em questão repetitiva, as instâncias ordinárias não tiverem sido esgotadas[150].

---

[143] "A reclamação enquadra-se comodamente na categoria dos remédios processuais, que é muito ampla e abriga em si todas as medidas mediante as quais, de algum modo, se afasta a eficácia de um ato judicial viciado, se retifica o ato ou se produz sua adequação aos requisitos da conveniência ou da justiça (Carnelutti). As medidas qualificadas como remédios produzem, conforme o caso, a retificação, a convalidação ou a cassação do ato" (Dinamarco, 2010).

[144] STF, Pleno, ADIn 2212-1-CE, rel. Min. Ellen Gracie, j. 2-10-2003, *DJ* 14-11-2003.

[145] Câmara, 2015, p. 452.

[146] Assim, por exemplo, o Enunciado CJF n. 138: "É cabível reclamação contra acórdão que aplicou indevidamente tese jurídica firmada em acórdão proferido em julgamento de recursos extraordinário ou especial repetitivos, após o esgotamento das instâncias ordinárias, por analogia ao quanto previsto no art. 988, § 4º, do CPC".

[147] Demonstrado o perigo de perecimento do direito pelo decurso do tempo, pode ser relativizada a exigência do esgotamento das instâncias ordinárias (CPC/2015, art. 988, § 5º, II) e admitida a reclamação, a fim de corrigir a má aplicação de tese da repercussão geral e garantir direitos. O STF exige o esgotamento das instâncias ordinárias para examinar reclamação ajuizada com o objetivo de corrigir decisão pela qual se aplica a sistemática da repercussão geral (CPC/2015, art. 988, § 5º, II). Não obstante, se houver perigo de perecimento de direito pelo decurso do tempo, o Tribunal tem relativizado essa necessidade e admitido a análise da reclamação para corrigir comprovada má aplicação de tese da repercussão geral. Rcl 65.976/MA, rel. Min. Cármen Lúcia, julgamento finalizado em 21-5-2024. *Informativo STF* n. 1.138.

[148] "Não cabe reclamação quando já houver transitado em julgado o ato judicial que se alega tenha desrespeitado decisão do Supremo Tribunal Federal.".

[149] "A erronia na observância de pronunciamento do Supremo Tribunal Federal (STF) formalizado, em recurso extraordinário, sob o ângulo da repercussão geral, enseja, esgotada a jurisdição na origem considerado o julgamento de agravo, o acesso àquela Corte mediante a reclamação. Rcl 26.874 AgR/SP, rel. Min. Marco Aurélio, j. 12-11-2019. *Informativo STF* n. 959.

[150] "Nesses termos, a hipótese de cabimento prevista no art. 988, § 5º, II, do CPC deve ser interpretada restritivamente, sob pena de o STF assumir, pela via da reclamação, a competência de pelo menos três tribunais superiores (Superior Tribunal de Justiça, Tribunal Superior do Trabalho, Tribunal Superior Eleitoral), para o julgamento de recursos contra decisões de tribunais de segun-

Uma última palavra sobre a reclamação como instrumento de controle da observância do precedente obtido a partir de um julgamento repetitivo (arts. 927 e 928 do CPC).

À luz da legislação anterior ao CPC, a jurisprudência do Supremo Tribunal Federal e do Superior Tribunal de Justiça guiava-se mais pela interpretação direta da Constituição Federal e dos Regimentos Internos, já que a Lei n. 8.038/90 pouco tratava do tema. Alguns avanços quanto ao cabimento da reclamação foram observados, como a admissão para impor que os Juizados Especiais respeitassem os julgados do STJ e também para fazer com que fossem observadas decisões do STF em controle difuso de constitucionalidade[151].

Por outro lado, limitações foram sendo impostas ao cabimento da reclamação ao longo do tempo. Em estudo que é referência no tema, Osmar Paixão Côrtes[152] destaca as decisões que fixaram teses restritivas, como a da Corte Especial na QO no Ag 1154599-SP (rel. Min. Cesar Rocha, *DJ* 12-5-2011), originariamente quanto ao não cabimento de agravo para o STJ e posteriormente estendida para a reclamação, ao argumento de que a aplicação equivocada de precedente em repetitivo não usurpa a competência do Tribunal Superior.

Na mesma linha, outras decisões consignaram que, "se o agravo não é cabível, não há que falar em usurpação da competência do STJ pela criação de óbice ao seu processamento"[153]. O Superior Tribunal de Justiça, assim, por regra, vem interpretando o preceito constitucional viabilizador da reclamação, quanto aos recursos repetitivos, de forma limitada – por regra, apenas em casos de descumprimento de decisão no caso concreto.

Assim, "aplicado mal um precedente em caso de recurso sobrestado, incabível agravo para o Tribunal Superior ou reclamação. Cabível, apenas, agravo interno para o Tribunal. Da mesma forma, se houver má aplicação do precedente em repetitivo quando do rejulgamento de determinado processo pelo Tribunal de origem"[154].

No âmbito do Supremo Tribunal Federal, as limitações têm seguido a mesma linha, não se admitindo, por regra, reclamação contra decisão que aplica o entendimento firmado em repetitivo ou em repercussão geral[155].

Note-se que o STF já asseverou que "não cabe reclamação fundada em precedentes sem eficácia geral e vinculantes" e que, "conquanto o decidido nos recursos extraordinários submetidos ao regime da repercussão geral vincule os outros órgãos do Poder Judiciário, sua aplicação aos demais casos concretos (...) não poderá ser buscada, diretamente, nesta Suprema Corte, antes da apreciação da controvérsia pelas instâncias ordinárias"[156].

---

do grau de jurisdição. O ministro Dias Toffoli acompanhou o ministro Teori Zavascki (relator), mas ressalvou a aplicação do entendimento apenas aos casos provenientes da Justiça Eleitoral, em razão das características específicas do recurso especial eleitoral e das peculiaridades da composição do Tribunal Superior Eleitoral" (Rcl 24686 ED-AgR/RJ, rel. Min. Teori Zavascki, j. 28-10-2016, *Informativo STF*, n. 845).

[151] Côrtes, 2017, p. 22.

[152] Côrtes, 2015, p. 350.

[153] STJ, AgRg na Rcl 19.058-RS, rel. Min. Herman Benjamin, 1ª S., *DJ* 14-10-2014.

[154] Côrtes, 2017, p. 33.

[155] STF, Questão de Ordem no AI 760.358, rel. Min. Presidente, Tribunal Pleno, *DJ* 19-2-2010.

[156] STF, Recl. 17.914-MS. rel. Min. Lewandowski. 2ª T., *DJ* 4-9-2014. No mesmo sentido, a decisão na Rcl 17.512-SP, rel. Min. Luís Roberto Barroso, 1ª T., *DJ* 25-9-2014), segundo a qual "as decisões proferidas em sede de recurso extraordinário, ainda que em regime de repercussão geral, não geram efeitos vinculantes aptos a ensejar o cabimento de reclamação, que não serve como sucedâneo recursal".

Também não cabe reclamação contra a decisão que resolve pedido de suspensão dos processos na origem quando afetado especial ao rito repetitivo[157].

Por fim, atente-se para a revogação expressa, operada pelo art. 1.072, IV, do CPC, dos arts. 13 a 18 da Lei n. 8.038/90, os quais traziam a regulamentação do procedimento em xeque.

2.9.1 Procedimento

Instruída com prova documental e dirigida ao Presidente do Tribunal, a reclamação é recebida e, em seguida, distribuída ao relator do processo principal, quando possível. Ao despachá-la, o relator requisitará as informações necessárias à autoridade responsável pelo ato impugnado; suspenderá o processo ou ato impugnado, se for o caso de perigo de dano irreparável; e mandará citar aquele que se beneficiou da decisão impugnada para que, em respeito ao contraditório, apresente sua contestação em quinze dias.

Além do beneficiário, estatui a disciplina legal que qualquer um que demonstre interesse no julgamento pode impugnar a pretensão do reclamante, sempre tendo vista o Ministério Público nas reclamações das quais não seja autor, mas *custos legis*.

Uma vez julgada procedente a reclamação, a decisão exorbitante será cassada pelo Tribunal, o qual poderá, alternativamente, determinar medida outra que se mostre adequada à solução da controvérsia (art. 992). Essa disposição, vale frisar, é mais ampla do que a antiga determinação do art. 17 da Lei n. 8.038/90 ("ou determinará medida adequada à preservação de sua competência").

Ao final, é função do Presidente do Tribunal determinar que a decisão seja imediatamente cumprida, sendo o acórdão lavrado em momento posterior.

Uma última palavra sobre a tormentosa questão do cabimento ou não da reclamação para controle de tese fixada em recurso repetitivo.

Com efeito, a Corte Especial do Superior Tribunal de Justiça, nos autos da Reclamação n. 36.476-SP[158], sob relatoria da Ministra Nancy Andrighi, fixou o entendimento de que o controle da aplicação das teses firmadas em recursos repetitivos não deve ser realizado pelos Tribunais Superiores.

Ao julgar a reclamação, o STJ indeferiu a petição inicial, extinguindo o processo sem resolução do mérito, ante aparente inadequação da via eleita[159].

---

[157] O pedido de sobrestamento do processo originário não se enquadra nas hipóteses de cabimento da reclamação prevista na Constituição Federal, porquanto não restou configurada a alegada usurpação de competência ou desrespeito à autoridade do Superior Tribunal de Justiça. Ressalte-se, ademais, que a Reclamação, a teor do art. 105, I, *f*, da Constituição da República, destina-se a garantir a autoridade das decisões desta Corte, no próprio caso concreto, em que o Reclamante tenha figurado como parte, ou à preservação de sua competência, não servindo como sucedâneo recursal. Rcl 31.193-SC, rel. Min. Regina Helena Costa, 1ª S., por unanimidade, j. 16-9-2021. *Informativo STJ* n. 710.

[158] "Reclamação. Recurso Especial ao qual o Tribunal de origem negou seguimento, com fundamento na conformidade entre o acórdão recorrido e a orientação firmada pelo STJ em Recurso Especial Repetitivo (REsp 1.301.989/RS – tema 658). Interposição de agravo interno no Tribunal local. Desprovimento. Reclamação que sustenta a indevida aplicação da tese, por se tratar de hipótese fática distinta. Descabimento. Petição inicial. Indeferimento. Extinção do processo sem resolução do mérito." Rcl 36.476-SP, rel. Min. Nancy Andrighi, Corte Especial, por maioria, j. 5-2-2020, DJe 6-3-2020. *Informativo STJ* n. 669. Não obstante a entendimento da douta maioria, restaram vencidos com votos extremamente ricos em fundamentos jurídicos, os Senhores Ministros Og Fernandes, Napoleão Nunes, Herman Benjamin e Raul Araújo, cujos votos serão examinados ao longo desse texto.

[159] A questão a ser enfrentada é: se a parte pretende discutir a distinção, superação ou o erro na aplicação do precedente qualificado cujo padrão decisório foi utilizado pelo tribunal de origem, deverá utilizar qual instrumento processual, inclusive para evitar o trânsito em julgado da decisão? O STJ tem julgados no sentido de que, após o AgInt, nenhuma outra medida é cabível. Dentre outras, ver: AgRg no AREsp 617.182/RJ, rel. Min. Mauro Campbell Marques, 2ª T., *DJe* de 12-2-2015); AgRg no AREsp – 652.000/PB, rel. Min. Sérgio Kukina, 1ª T., *DJe* de 17-6-2015; STJ, AgRg no AREsp 535.840/PB, rel. Min. Benedito Gonçalves,

Sob o título "Reclamação não é via adequada para controle de aplicação de tese de recurso repetitivo", o STJ noticiou, em seu site, o teor do julgado[160]: "Em interpretação do art. 988 do Código de Processo Civil de 2015, a Corte Especial do Superior Tribunal de Justiça (STJ) estabeleceu entendimento no sentido de que a reclamação é incabível para o controle da aplicação, pelos tribunais, de precedente qualificado do STJ adotado em julgamento de recursos especiais repetitivos".

Nessa senda, a diferenciação criada pelo STJ se explica ao observarmos que a maioria das reclamações originárias de decisões proferidas em IRDR e IAC serão julgadas pelos Tribunais de Justiça e Tribunais Regionais Federais (com exceção do art. 987 do CPC), os quais também assumiram papel uniformizador com o novo Código.

Em maio de 2021, a 1ª Turma do STJ[161] enfrentou a questão e entendeu que, em razão do não cabimento de reclamação após o julgamento agravo interno, é admissível o mandado de segurança na corte de origem, visando controlar a aplicação de precedente qualificado. Com todas as vênias, essa não parecer ser a melhor orientação eis que o mandado de segurança não deve ser usado como sucedâneo recursal.

Em outubro de 2022, a 2ª Seção do STJ[162] afirmou ser descabida a reclamação ao Superior Tribunal de Justiça com fundamento em inobservância de acórdão proferido em recurso especial em IRDR, sob o argumento de que tal hipótese não foi abarcada pelo legislador ordinário.

Ao ver do Tribunal da Cidadania, a reclamação proposta com fundamento em suposta inobservância, pelo tribunal reclamado, de acórdão do STJ proferido no âmbito de recurso especial em IRDR, não se amolda à hipótese legal descrita no art. 988, IV, do CPC/2015, não correspondendo ao IRDR em si, mas sim ao recurso especial repetitivo, por equiparação, que, por sua vez, não se insere nas hipóteses de cabimento da reclamação constantes do art. 988 do CPC/2015.

Em junho de 2023, o STJ[163] admitiu o cabimento de reclamação contra decisão colegiada do tribunal local que examina agravo interno interposto contra decisão que negou seguimento a recurso especial em decorrência de conformidade da decisão com recurso especial repetitivo.

Paralelamente, como bem lembrado por Henrique Mouta[164], em maio de 2021, o STJ[165] "entendeu que, em razão do não cabimento de Reclamação após o julgamento do Agravo Interno (seguindo

---

[1ª T., DJe de 16-9-2014 e, já na vigência do CPC: AREsp 1170332 (rel. Min. Luis Felipe Salomão – DJe 7-11-2017). ARAÚJO, José Henrique Mouta. https://www.conjur.com.br/2021-jun-11/artx-jose-mouta-mandado-seguranca-reclamacao-instrumentos--visando-aplicacao-precedentes-qualificados#_ftnref3. Acesso em 20 de junho de 2021.

[160] Disponível em: http://www.stj.jus.br/sites/portalp/Paginas/Comunicacao/Noticias/Reclamacao-nao-e-via-adequada-para--controle-de-aplicacao-de-tese-de-recurso-repetitivo--decide-Corte-Especial.aspx. Acesso em: 2 abr. 2020.

[161] STJ. 1ª Turma. AgInt em RMS 53.790/RJ. rel. Min. Gurgel de Faria, j. 17-5-2021.

[162] Portanto, harmonizando as ideias expostas, extrai-se a conclusão de ser descabida a reclamação dirigida ao Superior Tribunal de Justiça com fundamento em inobservância de acórdão proferido em recurso especial em IRDR, aplicando-se-lhe o entendimento da Corte Especial exarado na Rcl n. 36.476-SP, devido à equivalência da natureza, regramento e efeitos daquele recurso com o recurso especial repetitivo. Rcl 43.019-SP, rel. Min. Marco Aurélio Bellizze, 2ª S., por unanimidade, j. 28-9-2022, DJe 3-10-2022, Informativo STJ n. 758.

[163] 1. A decisão monocrática que nega seguimento a recurso especial, em decorrência da conformidade do acórdão recorrido com o entendimento adotado em sede de recurso repetitivo, é impugnável somente por meio do agravo interno a ser julgado pelo órgão regimentalmente encarregado. 2. O acórdão proferido em agravo interno pelo órgão especial, mantendo a assinalada decisão denegatória de subida do especial, pelo rito dos recursos repetitivos, é impugnável pelo manejo da reclamação prevista no art. 988, § 5º, II, do Código de Processo Civil, pois, nesse caso, já esgotada a instância, e não por novo recurso especial. 3. Agravo interno não provido" (AgInt na Reclamação 42048-SP, 2ª S., rel. Min. Raul Araújo, j. 20-6-2023).

[164] Mouta, 2023.

[165] STJ, AgInt em RMS 53.790-RJ, rel. Min. Gurgel de Faria, 1ª T., j. 17-5-2021.

o padrão decisório advindo da RCL 36.476/SP), é admissível o Mandado de Segurança na Corte de origem, visando controlar a aplicação do precedente qualificado".

Embora o Plenário do STF não tenha se debruçado claramente sobre a questão do controle de aplicação de tese firmada em recurso repetitivo, parece existir uma tendência de que este seja o entendimento a ser adotado.

Em acórdão proferido pela Segunda Turma do STF pós-CPC (Agravo na Reclamação 37.354/SP[166], referente a caso julgado em Sessão Virtual realizada entre os dias 6-3-2020 e 12-3-2020), afirmou a Corte: *"O Supremo Tribunal assentou que o cabimento da reclamação fundada na aplicação de paradigma da repercussão pressupõe teratologia na decisão reclamada e esgotamento da via recursal ordinária (inciso II do § 5º do art. 988 do Código de Processo Civil)".* Todavia, o acórdão diz respeito ao ajuizamento de reclamação contra decisão do tribunal de origem que aplica a repercussão geral

Em linha oposta, temos dois acórdãos proferidos pela Primeira Turma do STF, ao longo do ano de 2016, ambos sob a relatoria do Min. Luiz Fux[167], os quais não admitem o uso da reclamação, embora também não versem sobre controle de aplicação de tese afirmada em recurso repetitivo, mas sim, sobre controle de aplicação de repercussão geral.

Mas, curiosamente, a mesma Primeira Turma, no ano de 2019, proferiu acórdão afirmando ser possível o uso da reclamação para garantir a observância de acórdão de recurso extraordinário com repercussão geral reconhecida ou de acórdão proferido em julgamento de recurso extraordinário repetitivo[168].

Note-se, enfim, que o Regimento Interno do STF parece ser mais permissivo[169], em seu art. 161, parágrafo único, ao permitir que o relator julgue a reclamação quando a matéria for objeto de jurisprudência consolidada, não exigindo necessariamente que haja precedente que regule o tema.

---

[166] Disponível em: http://redir.stf.jus.br/paginadorpub/paginador.jsp?docTP=TP&docID=752292048. Acesso em: 29 mar. 2020.

[167] *Vide* Reclamações n. 23.300/SP e 23.296/SP, as quais se encontram disponíveis, respectivamente, em: http://portal.stf.jus.br/processos/detalhe.asp?incidente=4944512 e http://portal.stf.jus.br/processos/detalhe.asp?incidente=4944475. Acesso em: 8 maio 2020.

[168] Reclamação 30.967/DF. Disponível em: http://stf.jus.br/portal/jurisprudencia/listarJurisprudencia.asp?s1=%28RECURSO+REPETITIVO+E+RECLAMACAO%29&base=baseAcordaos&url=http://tinyurl.com/y858xceh. Acesso em: 8 maio 2020.

[169] Disponível em: http://www.stf.jus.br/arquivo/cms/legislacaoRegimentoInterno/anexo/RISTF.pdf. Acesso em: 13 abr. 2020.

Capítulo 3
TEORIA GERAL DOS RECURSOS

3.1 NOÇÕES PRELIMINARES

Visando assegurar a justiça das decisões judiciais sem, no entanto, sacrificar a segurança jurídica, prevê a lei, com base no princípio do duplo grau de jurisdição, a possibilidade de realização de dois ou mais exames sucessivos das decisões.

Em regra, o ordenamento restringe-se a permitir a provocação do reexame das decisões judiciais, dentro de limites e de acordo com certas exigências preestabelecidas.

Em certos casos, no entanto, a existência de interesse público relevante torna obrigatória a reapreciação da causa, tal como ocorre nas hipóteses do art. 496 do CPC, em que as sentenças proferidas contra determinadas pessoas jurídicas de direito público não produzem efeitos senão após a confirmação pelo órgão jurisdicional superior, havendo necessidade de sujeição ao duplo grau de jurisdição obrigatório[1].

Embora não se reconheça a natureza recursal à remessa necessária, o STJ veio a sumular orientação na linha de que a ela se aplica a vedação de *reformatio in pejus* (Súmula 45 do STJ).

As mitigações ao reexame necessário, compreendido como condição de eficácia da sentença, encontram-se previstas no próprio art. 496 do CPC, em seus §§ 3º e 4º. Assim, o também denominado recurso *ex officio* não é aplicado caso a Fazenda Pública seja condenada ou tenha proveito econômico, de valor certo e líquido não excedente a:

"I – 1.000 (mil) salários mínimos para a União e as respectivas autarquias e fundações de direito público;

II – 500 (quinhentos) salários mínimos para os Estados, o Distrito Federal, as respectivas autarquias e fundações de direito público e os Municípios que constituam capitais dos Estados;

III – 100 (cem) salários mínimos para todos os demais Municípios e respectivas autarquias e fundações de direito público".

Tampouco se aplica a remessa necessária se a sentença estiver fundada em súmula de Tribunal Superior; em acórdão proferido por STF ou STJ em julgamento de recursos repetitivos; em entendimento firmado em incidente de resolução de demandas repetitivas ou de assunção de competência; ou em entendimento que coincida com orientação vinculante do próprio ente público, conforme manifestação, parecer ou súmula administrativa.

Mesmo nos casos de duplo grau de jurisdição obrigatório, nada obsta a que a parte, voluntariamente, interponha o recurso cabível para impugnar a decisão que lhe desfavorece, caso em que o órgão jurisdicional superior realizará dois exames distintos.

Assim, havendo a possibilidade de impugnação da decisão proferida, podem as partes ou, em alguns casos, outras pessoas juridicamente interessadas (art. 996) pleitear a emissão de outra decisão por órgão jurisdicional diverso ou, por exceção, pelo mesmo órgão, com a consequência de fazer

---
[1] Barbosa Moreira, 2008, p. 114.

prosseguir o processo em curso, evitando, pois, a ocorrência de preclusão ou, conforme o caso, de coisa julgada.

São os recursos, portanto, meios de impugnação de decisões judiciais exercitáveis dentro do mesmo processo em que surge a decisão impugnada, mas não necessariamente nos mesmos autos, objetivando impedir a formação da coisa julgada.

Nesse sentido, diferem das ações autônomas de impugnação de decisão judicial, tais como o mandado de segurança e a ação rescisória que, além de darem lugar à instauração de outro processo, isto é, de uma nova relação jurídica processual, pressupõem a irrecorribilidade da decisão[2].

Visto isso, o recurso pode ser conceituado como o remédio voluntário, incidental a um processo, que manifesta a insatisfação daquele que vê seus interesses contrariados por um provimento jurisdicional que possua conteúdo decisório. Dessa forma, todo recurso nasce da iniciativa de um interessado em impugnar a decisão.

O mais comum dos resultados almejados com a interposição do recurso é a reforma da decisão judicial impugnada, com a prolação de uma nova decisão pelo órgão julgador do recurso sobre a mesma questão decidida no provimento recorrido, que ocorre quando houver neste último um *error in judicando*, isto é, erro de julgamento ou vício de conteúdo.

O *error in judicando* verifica-se quando a declaração judicial contraria a vontade concreta da norma, seja ela de direito material ou de direito processual.

Havendo, no entanto, *error in procedendo*, o vício atacado dirá respeito à forma e, por isso, estará sempre relacionado ao descumprimento de uma norma de natureza processual que acarretará a nulidade da decisão.

Nesse caso, o resultado almejado será a invalidação do provimento judicial, ou seja, a prolação de uma decisão pelo órgão julgador do recurso que anule o pronunciamento atacado, com a determinação de que o órgão prolator da decisão anulada profira nova decisão sobre a mesma questão.

Nos casos em que a decisão do órgão judicial é contraditória ou obscura, o resultado almejado pela interposição do recurso será o esclarecimento ou a integração da decisão pelo próprio juízo prolator da decisão, reafirmando, de forma mais clara, o que havia sido anteriormente decidido.

Por outro lado, tratando-se de decisão na qual exista omissão de questão sobre a qual o órgão prolator deveria ter se pronunciado, visar-se-á, através da interposição do recurso, à integração da decisão judicial impugnada, com o fim de que o juiz reproduza o que havia dito, com atenção à questão que não havia sido anteriormente apreciada.

Assim, o recurso é um remédio voluntário que objetiva a reforma, a invalidação, o esclarecimento ou a integração da decisão judicial impugnada.

3.2 NATUREZA JURÍDICA DOS RECURSOS

A maior parte da doutrina conceitua o recurso como uma extensão do direito de ação exercido no processo, por iniciar uma nova fase do processo, no segundo grau de jurisdição.

Destaque-se que o entendimento majoritário não obsta a que o réu, o Ministério Público ou até mesmo terceiro prejudicado interponham recurso, destacando Barbosa Moreira, em relação ao réu,

---

[2] Além dos recursos e das ações autônomas de impugnação, são também meios de impugnação os incidentes processuais, que ensejam o reexame da matéria decidida por instância superior a pedido, em regra, do próprio órgão jurisdicional.

o caráter bilateral da ação, e, em relação aos demais legitimados para recorrer, que nesses casos estar-se-ia exercendo o direito abreviado de ação[3].

A interposição do recurso é caracterizada, ainda, como um ônus processual, por sujeitar quem o interpõe à revisão da matéria por órgão superior.

3.3 DUPLO GRAU DE JURISDIÇÃO

Os recursos asseguram exames sucessivos da decisão, permitindo que juízes mais experientes, em regime colegiado, analisem argumentos a que, no primeiro momento, não se tenha atribuído o justo peso.

Dessa forma, garante-se maior probabilidade de acerto no pronunciamento jurisdicional, sendo consectário do devido processo legal.

Indaga-se a amplitude dos poderes cognitivos do órgão *ad quem,* se lhe seria lícito examinar todos os aspectos da causa, inclusive aqueles sobre os quais não tenha se pronunciado o órgão *a quo* ou se estaria vinculado, e em que medida, aos limites da cognição efetivamente exercida em primeiro grau.

A questão depende da delimitação do efeito devolutivo que se atribui ao recurso ou ao expediente análogo previsto na lei.

A decisão sujeita a recurso, ainda que reúna todos os requisitos de validade, não tem ainda eficácia desde logo. Sua eficácia só surgirá com o trânsito em julgado, que apenas ocorrerá ao final do prazo para interposição do recurso.

No caso de ter sido interposto recurso inadmissível, o trânsito em julgado remeterá ao *dies ad quem* do prazo de interposição, decorrido *in albis.*

Apenas nos casos de *error in judicando,* ou nas hipóteses de aplicação do art. 1.013, § 3º, a decisão proferida em sede recursal substituirá a decisão recorrida.

Ressalte-se que essa substituição poderá ser total ou parcial, se for impugnada toda a matéria em sede de recurso ou não, e pode haver uma sucessão de substituição de decisões, até que a mesma se torne irrecorrível.

No caso de *error in procedendo,* a decisão recorrida simplesmente será anulada, para que o órgão *a quo* profira nova decisão, prosseguindo em sua atividade cognitiva.

3.4 ATOS SUJEITOS A RECURSO

Os arts. 203 e 204 do CPC classificam os pronunciamentos judiciais em sentenças, decisões interlocutórias, despachos e acórdãos.

Os despachos são compreendidos como atos de conteúdo decisório, que não se limitam à função de impulsionar o processo, tendo, portanto, alguns despachos, natureza de decisão interlocutória, ajustando-se perfeitamente à definição do art. 203, § 2º, de atos pelos quais resolve o órgão judicial questões incidentes, decidindo no curso do processo.

Independentemente do nome que lhe seja atribuído, esse pronunciamento judicial tem natureza jurídica de decisão interlocutória, o que o torna passível do recurso de agravo.

Já os despachos de mero expediente, a teor do art. 1.001 do CPC, por não possuírem conteúdo decisório, são irrecorríveis.

---

[3] Barbosa Moreira, 2008, p. 227.

Quanto aos demais pronunciamentos judiciais, as sentenças, resolvendo o mérito da causa (nos termos do art. 487) ou não (art. 485), são impugnáveis mediante apelação (art. 1.009).

As decisões interlocutórias, desde que tenham por objeto alguma das hipóteses elencadas no art. 1.015, por decidirem questões incidentes ao processo, são impugnáveis através de agravo de instrumento.

Em face de acórdãos podem ser cabíveis recurso ordinário (no caso das hipóteses previstas nos arts. 102, II, *a*, e 105, II, *b*, da CF), recurso extraordinário (art. 102, III, da CF) ou recurso especial (art. 105, III, da CF).

Outros recursos podem, ainda, ser cabíveis no procedimento de grau superior quando a decisão é proferida por um membro do colegiado, como os agravos regimentais ou internos, em face de decisões monocráticas dos relatores, e o agravo contra decisão do presidente de seção, de turma ou de relator no STF ou no STJ (art. 39 da Lei n. 8.038).

Destaque-se, ainda, que qualquer decisão, em qualquer grau de jurisdição, poderá ser atacável por meio de embargos de declaração, caso ocorra uma das hipóteses do art. 1.022 do CPC.

3.5 PRAZO PARA INTERPOSIÇÃO DO RECURSO

O *dies a quo* para interposição do recurso é aquele em que se realiza a intimação da decisão recorrida[4], sendo que, no caso das sentenças proferidas em audiência, reputar-se-á feita a intimação na própria audiência (art. 1.003, § 1º). É irrelevante a parte não ter comparecido à audiência, desde que ciente desta. Contudo, se não houver prévia comunicação do dia e da hora, dever-se-á proceder de acordo com os arts. 272 e 273 do CPC, sendo o *dies a quo* contado da intimação da sentença[5].

Já no caso das sentenças não proferidas em audiência, o prazo flui da intimação, mediante a inserção da sentença no órgão oficial, para os advogados, sociedade de advogados, Advocacia Pública, Defensoria Pública ou Ministério Público, na forma do art. 1.003, *caput*.

Nesse aspecto, o STJ já entendeu que a contagem dos prazos para a interposição de recursos pelo Ministério Público ou pela Defensoria Pública começa a fluir da data do recebimento dos autos com vista no respectivo órgão, e não da ciência pelo seu membro no processo, a fim de legitimar o tratamento igualitário entre as partes[6].

Quanto às decisões interlocutórias e aos acórdãos, o prazo flui da intimação no órgão oficial, desde que não seja necessária a republicação, quando o prazo começará a fluir desta.

O art. 506 do CPC/73 podia acabar aparentando uma incongruência, uma vez que abordava intimação dos advogados (inciso I) e intimação das partes (inciso II). Com efeito, o entendimento era no sentido de que as partes deveriam ser intimadas na pessoa de seu advogado, o que restou consolidado no novo Diploma.

No caso de revelia, o *dies a quo* será sempre o mesmo de qualquer outro litigante, correndo o prazo da decisão em audiência de instrução e julgamento ou da data designada para publicação, ca-

---

[4] A Lei n. 11.419/2006, que trata do processo eletrônico, prevê que a publicação eletrônica substitui qualquer outro meio de publicação, sendo que se considera como dia da publicação o primeiro dia útil seguinte ao da disponibilização da informação no *Diário de Justiça eletrônico* (art. 4º, § 3º), iniciando-se a contagem do prazo recursal a partir do primeiro dia útil que se seguir ao considerado como data da publicação (art. 4º, § 4º). Contudo, no caso de o interessado realizar consulta eletrônica ao teor da intimação, certifica-se nos autos a sua realização e o prazo, nesse caso, começará a correr no momento em que se realizar a consulta (art. 5º, § 1º). O recurso pode ser interposto até as 24:00 horas do último dia do prazo (art. 10, § 1º).

[5] REsp 1.632.777/SP, rel. Min. Napoleão Nunes Maia Filho, Corte Especial, j. 17-5-2017, *DJe* 26-5-2017.

[6] REsp 1.278.239-RJ, rel. Min. Nancy Andrighi, j. 23-10-2012, *Informativo STJ*, n. 507.

bendo ao revel conferir a data em cartório. Caso haja sido nomeado curador especial, o prazo começará a fluir da intimação do curador especial.

Na contagem será excluído o dia do começo, isto é, o dia em que é realizada a intimação, e incluir-se-á o do vencimento (art. 224, *caput*), prorrogando-se para o primeiro dia útil se for dia em que o expediente forense for encerrado antes ou iniciado depois da hora normal ou houver indisponibilidade da comunicação eletrônica.

Interessante notar que, no último dia do prazo, devem ser observadas as regras locais acerca do horário de funcionamento do protocolo. Ainda que o CPC permita a prática dos atos processuais até as 20 horas (art. 212), as regras locais prevalecem para efeitos de rotinas administrativas.

Afigura-se relevante para a contagem do prazo a data do protocolo do recurso no Tribunal, sendo que tem se entendido que o carimbo ilegível obsta o conhecimento do recurso, pois impede a verificação da tempestividade.

O prazo recursal, contudo, poderá ser suspenso ou interrompido, sendo que as causas são expressamente as previstas na lei. Ressalte-se que o pedido de reconsideração da decisão judicial não suspende nem interrompe o prazo para recurso.

A suspensão do prazo recursal não se confunde com a suspensão do processo, havendo hipóteses em que se suspende o prazo recursal, mas se interrompe o processo, como ocorre quando do falecimento do advogado.

A suspensão do prazo recursal pode ocorrer por superveniência do recesso forense, no período de 20 de dezembro a 20 de janeiro, inclusive (art. 220), obstáculo criado em detrimento da parte (art. 221), perda de capacidade processual de qualquer das partes (art. 313, I, c/c o art. 221) ou arguição de impedimento ou suspeição (art. 313, III, c/c o art. 221).

Já a interrupção do prazo poderá ocorrer pela morte da parte ou de seu advogado, desde que não haja outro constituído nos autos e a ocorrência de motivos de força maior.

Quanto ao momento da interrupção, o melhor entendimento é de que ele ocorrerá por força do próprio fato, não se escoando, pois, o lapso da lei para a interposição do recurso.

O pronunciamento judicial terá, então, natureza meramente declaratória, fazendo certo que o prazo se interrompeu e o processo se suspendeu desde a respectiva ocorrência.

Havendo litisconsórcio, nenhum dos litigantes poderá interpor o recurso enquanto estiver suspenso o processo. Retomado o prazo, aquele que deu causa à suspensão do processo precisa ser intimado da sua fluência, enquanto para os demais a fluência recomeça de pleno direito.

Fluído o prazo para recorrer, a consequência normal é o trânsito em julgado da decisão. Ocorre, porém, que essa consequência pode ser eliminada caso se prove que houve justa causa para a omissão em se recorrer tempestivamente, definida a justa causa pelo art. 223, § 1º.

Tal circunstância não se confunde com a hipótese de força maior prevista no art. 1.004.

Isso porque a força maior tem caráter transindividual, não restrita à figura do litigante, enquanto a justa causa tem conotação particular, bastando que tenha atingido individualmente quem a invoca, sem perturbar o feito de forma geral, desde que não possa ser imputada ao advogado do próprio litigante que a invoca.

Assim, a justa causa não interrompe o prazo, mas o prejudicado terá direito à devolução do prazo para recorrer.

No que tange aos prazos processuais, cabe, ainda, destacar que possuem prazo em dobro para recorrer o Ministério Público, seja como parte ou fiscal da ordem jurídica (art. 180), bem como a Fazenda Pública (art. 183), a Defensoria Pública (art. 186 do CPC e Lei n. 7.971), as autarquias e fundações públicas (art. 183 do CPC e art. 10 da Lei n. 9.469/97).

O simples fato de haver litisconsórcio não amplia o prazo para recorrer, salvo se os litisconsortes tiverem procuradores distintos, de escritórios de advocacia distintos, hipótese em que os prazos serão contados em dobro (art. 229, *caput*). Como já referimos em outras passagens desta obra, o § 2º desse mesmo dispositivo exclui a regra do *caput* no caso de autos eletrônicos.

Se, no entanto, os litisconsortes apenas passam a ter procuradores distintos quando já iniciado o prazo recursal, somente se aplica o benefício do prazo em dobro à parcela ainda não transcorrida até aquele momento[7].

Também se anote que o recurso produz efeitos somente ao litisconsorte que recorre, ressalvadas as hipóteses de litisconsórcio unitário, nas quais se aplica a extensão prevista no art. 1.005[8]. Contudo o STJ[9] vem aplicando a tese da expansão subjetiva dos efeitos do recurso, de forma a manter o tratamento isonômico entre as partes.

Com isso, o Tribunal permite o referido efeito nas seguintes hipóteses:

(I) existência de litisconsórcio unitário (art. 1.005, *caput*, c/c o art. 117 do CPC);

(II) solidariedade passiva (art. 1.005, parágrafo único, do CPC); e

(III) ausência de tratamento igualitário entre as partes a gerar uma situação injustificável, insustentável ou aberrante (art. 1.005, *caput*, do CPC).

Transcorrido o prazo recursal, sobrevém o trânsito em julgado do acórdão. Cinco dias após tal fato, caberá ao escrivão promover a baixa dos autos à vara de origem. Se não for respeitado tal prazo, poderá ser instaurado procedimento administrativo, por autoridade competente (art. 233, *caput* e § 1º), podendo eventualmente ocorrer a responsabilidade civil (art. 155, I) e até a responsabilidade penal (art. 319 do CP) do escrivão.

O *dies a quo* do prazo de cinco dias, de acordo com o art. 1.006 do CPC, é da certificação do trânsito em julgado da decisão, com expressa menção da data de sua ocorrência, sendo que esse prazo deve ser contado a partir do termo final do prazo para interposição do último recurso que, em tese, se poderia admitir contra a decisão, abstraindo-se a indagação sobre a admissibilidade do recurso *in concreto*.

3.6 LEGITIMIDADE E INTERESSE PARA RECORRER

A legitimação para recorrer é requisito de admissibilidade do recurso.

A teor do art. 996, podem recorrer a parte vencida, o terceiro prejudicado e o membro do Ministério Público. Nesse ponto, deve-se diferenciar legitimidade para recorrer e interesse em recorrer.

Legitimam-se a recorrer como parte o autor primitivo ou o réu, ainda que revel. No caso de litisconsórcio, qualquer um dos litisconsortes pode interpor o recurso, não importando a espécie de litisconsórcio e o momento em que ele se constituiu, desde que seja anterior à decisão impugnada, uma vez que, se posterior, o recurso é de terceiro prejudicado.

---

[7] "Ocorre que, caso os litisconsortes passem a ter advogados distintos no curso do prazo para recurso, a duplicação do prazo se dará apenas em relação ao tempo faltante. O ingresso nos autos de novo advogado não tem o condão de reabrir o prazo recursal já expirado, pois, do contrário, no caso de pluralidade de partes no mesmo polo processual, bastaria aos litisconsortes constituir novo advogado no último dia do prazo recursal para obter a aplicação do benefício em relação à integralidade do prazo" (REsp 1.309.510-AL, rel. Min. Nancy Andrighi, j. 12-3-2013, *Informativo STJ*, n. 518).

[8] AgRg no REsp 908.763-TO, rel. Min. Ricardo Villas Bôas Cueva, j. 18-10-2012, *Informativo STJ*, n. 507.

[9] REsp 1.993.772-PR, rel. Min. Nancy Andrighi, 3ª T., por unanimidade, j. 7-6-2022, *DJe* 13-6-2022. *Informativo STJ* n. 743.

O assistente, tanto do art. 124 como do art. 119, também pode recorrer, ainda que não o faça o assistido. O assistente litisconsorcial poderia recorrer, sem dúvida, por possuir os mesmos poderes do assistido. A discussão ficaria se o assistente simples poderia recorrer. Nas hipóteses de reconhecimento do pedido, desistência e transação, não há sentido em admitir seu recurso, mas, se estiver ele legitimado a recorrer como terceiro prejudicado, não há motivo para seu recurso não ser admitido.

No que tange à legitimação de terceiro, cumpre destacar que a sua legitimação está ligada ao prejuízo que a decisão pode lhe causar, confundindo-se com o próprio interesse em recorrer.

Diverge a doutrina, ainda, se esse prejuízo seria meramente fático ou se deve ser jurídico. O melhor entendimento, resgatando os princípios gerais da intervenção de terceiros, é o da necessária existência de interesse jurídico, bastando que sua esfera jurídica seja atingida reflexamente pela decisão[10].

Já o Ministério Público possui os mesmos recursos das partes, sem diferença quanto aos pressupostos de cabimento. Apenas lhe é vedado o recurso adesivo (na condição de fiscal da ordem jurídica). Caso recorra de decisão proferida em processo em que funcionava como *custos legis*, possuirá ônus e poderes iguais aos das partes, sendo dispensado apenas do preparo dos recursos[11].

O Ministério Público poderá até recorrer do processo em que não tenha sido intimado para atuar como fiscal da ordem jurídica.

Vista a legitimidade, o interesse é tratado pelo binômio utilidade e necessidade, utilidade da providência judicial pleiteada e necessidade da via que se escolhe para obter a providência, devendo-se buscar uma situação mais vantajosa, sendo o recurso essencial para se buscar tal vantagem.

O interesse estará presente quando a parte for vencida, isto é, quando a decisão houver lhe causado prejuízo ou a tenha posto em situação menos favorável do que ela gozava antes do processo, acolhendo a pretensão do adversário, ou mesmo quando a decisão não houver lhe proporcionado tudo o que ela poderia esperar, sendo, portanto, o recurso necessário para que o recorrente tente atingir o resultado prático que tem em vista[12].

Destaque-se que até nos casos de a sentença estar sujeita ao duplo grau obrigatório pode estar presente o interesse do recorrente, uma vez que seu recurso voluntário lhe dará a oportunidade de arrazoar, de criticar a sentença, de aduzir argumentos a favor da respectiva reforma ou invalidação.

No caso dos terceiros, deverá ser demonstrado o interesse jurídico no recurso, caracterizado pela relação jurídica, de que esse terceiro é titular, ser ou poder ser atingida por decisão proferida em processo do qual ele não faz parte.

Quanto ao Ministério Público, quando atua como parte, o interesse em recorrer estará nos eventuais prejuízos sofridos, caracterizando-se a regra da sucumbência. Já na qualidade de fiscal da lei, seu interesse em recorrer fica demonstrado pela defesa de eventual disposição legal não observada.

Contudo, questão que se mostra controversa é se o juiz e seus auxiliares, não previstos no rol do art. 996, poderiam recorrer. O entendimento majoritário é que não seria possível, uma vez que, em relação ao auxiliar do juiz, o prejuízo provocado pelo ato decisório deve se resolver em ação própria, salvo nas hipóteses em que haja redução no valor dos respectivos honorários[13].

---

[10] Excepciona-se, nesse caso, a Lei n. 9.469/97, em especial seu art. 5º, parágrafo único, que permite que as pessoas jurídicas de direito público intervenham se presente seu interesse econômico.
[11] Súmula 99 do STJ: "O Ministério Público tem legitimidade para recorrer no processo em que oficiou como fiscal da lei, ainda que não haja recurso da parte".
[12] Barbosa Moreira (2008, p. 303) exemplifica: se o pedido é julgado improcedente, mas, logo após a prolação da sentença, o réu oferece pagamento da quantia cobrada, mais os acessórios, *in totum*, não possuiria mais o autor interesse em apelar.
[13] Almeida, 2019, p. 86.

Em relação ao próprio juiz, o art. 996, *caput,* o exclui do rol. No entanto, nos casos de arguição de suspeição e de impedimento (art. 146, § 5º, parte final) há norma expressa admitindo a legitimidade do magistrado para manejar o recurso.

Por fim, não devemos nos esquecer da legitimidade do advogado, prevista no art. 24 da Lei n. 8.906/94, c/c art. 85, § 14, do CPC, para recorrer da decisão que afeta seus honorários.

3.7 PRINCÍPIOS RELATIVOS AOS RECURSOS

a) Princípio do duplo grau de jurisdição[14]: o duplo grau de jurisdição é não só o fundamento do sistema recursal, possibilitando o reexame da decisão por instância superior, como também um princípio dos recursos[15].

Por força desse princípio, qualquer decisão judicial da qual possa resultar prejuízo jurídico a alguém admite revisão judicial por órgão jurisdicional hierarquicamente superior. O princípio, embora não garantido expressamente na Constituição, consiste em garantia processual oriunda do princípio do devido processo legal; este, sim, previsto em sede constitucional.

Suas premissas são a criação de um controle interno ao ato judicial, por meio de instâncias e graus de jurisdição, a experiência dos Tribunais e o princípio da colegialidade, uma vez que a decisão monocrática, proferida em primeira instância, será examinada por um órgão colegiado, salvo nos casos de decisão monocrática proferida pelo relator do processo no Tribunal.

Cabe ressaltar que o duplo grau de jurisdição sofre atenuações em virtude do princípio do duplo exame que, afastando o duplo grau, determina que o juízo de mérito, em certos recursos, caberá ao próprio órgão que proferiu a decisão impugnada.

b) Princípio da taxatividade: somente são considerados recursos aqueles expressamente determinados e regidos por lei nacional (art. 22, I, da CF), ou seja, o rol previsto no CPC e em outras leis processuais é *numerus clausus*. Nesse sentido, são recursos, de acordo com o art. 994 do CPC, a apelação, o agravo de instrumento, o agravo interno, os embargos de declaração, o recurso ordinário, o recurso especial, o recurso extraordinário, o agravo em recurso especial e extraordinário e os embargos de divergência[16]. Não são recursos, portanto, a correição parcial, a remessa necessária e o pedido de reconsideração.

c) Princípio da unirrecorribilidade ou unicidade: cada recurso previsto em lei possui uma função determinada e uma hipótese específica de cabimento. Assim é que, "para cada espécie de ato judicial a ser recorrido, deve ser cabível um único recurso". Esse princípio não impede que seja interposto mais de um tipo de recurso em face da mesma decisão judicial, como ocorre, por exemplo, no

---

[14] A exceção ao duplo grau de jurisdição é a Lei n. 6.830/80, que não prevê a possibilidade de recurso quando o valor da causa é baixo. Contudo, o Supremo Tribunal Federal tem decidido que, nas hipóteses em que não há um recurso previsto, seria cabível o recurso extraordinário, diante da locução constitucional prevista no próprio art. 102, que admite recurso extraordinário contra decisão de última ou *única instância.*

[15] A Lei n. 9.099/95 só prevê como recursos os embargos de declaração e a apelação. Contudo, a ausência de previsão recursal para impugnar as decisões interlocutórias não é vista como violação ao princípio do duplo grau de jurisdição, uma vez que o entendimento predominante é que, embora essas decisões não sejam recorríveis de imediato, podem ser suscitadas na apelação. A irrecorribilidade não é, portanto, absoluta, mas apenas imediata.

[16] "Além destes recursos, disciplinados diretamente pelo Código de Processo Civil, outros também correspondem ao princípio da taxatividade, porque previstos em lei federal. É o caso dos embargos infringentes, disciplinados pelo art. 34 da Lei n. 6.830/80 (...); do recurso inominado (arts. 41 a 43 da Lei n. 9.099/95); ou ainda do agravo inominado, disciplinado, entre outros, pelo art. 4º da Lei n. 8.437/92" (Marinoni; Arenhart, 2006, p. 507-508). Cumpre observar que o comentário dos autores dizia respeito à ordem jurídica sob a égide do CPC/73; atualmente, não mais existem os embargos infringentes, excluídos da normativa do CPC.

caso de prolação de sentença omissa, obscura ou contraditória, a qual desafiará, naturalmente, os recursos de embargos de declaração e também de apelação.

Destaque-se, também, que o aludido princípio não veda a interposição de um único recurso para impugnar mais de uma decisão, como já admitido pela jurisprudência do STJ[17].

Contudo, deve-se atentar à preclusão consumativa operada pela interposição do primeiro recurso que enseja a inadmissibilidade do segundo inconformismo interposto pela mesma parte e contra o mesmo julgado, "pouco importando se o recurso posterior é o adequado para impugnar a decisão e tenha sido interposto antes de decorrido o prazo recursal"[18].

d) Princípio da fungibilidade: nas hipóteses em que exista maior dificuldade na determinação do provimento proferido, gerando dúvidas quanto ao recurso cabível, não sendo caso de erro grosseiro ou má-fé, permite-se a aplicação do princípio da fungibilidade dos recursos, como extensão do princípio da instrumentalidade e em homenagem ao princípio da economia processual[19]. Nesse caso, o recurso inadequado poderá ser admitido como se adequado fosse em virtude da dúvida objetiva – decorrente de divergência doutrinária ou jurisprudencial acerca da matéria – quanto à natureza do provimento atacado, desde que interposto no prazo adequado para o recurso correto.

e) Princípio da proibição da *reformatio in pejus*: o sistema processual brasileiro proíbe que o julgamento do recurso interposto exclusivamente por uma das partes piore a sua situação.

O Tribunal estará limitado, ao mínimo, ao que o juiz de primeiro grau tenha julgado e, ao máximo, ao que o recorrente haja pedido no recurso, exceto as questões de ordem pública[20], reconhecimento de prescrição e decadência e os pedidos implícitos (juros, correção monetária, custas, honorários advocatícios e prestações vincendas em obrigações de trato sucessivo), hipóteses que o Tribunal poderá conhecer de ofício.

Nesse sentido, "não se aplica a ideia de reforma prejudicial quando há recurso interposto por ambos os polos do processo – onde, evidentemente, o acolhimento de um dos recursos virá em prejuízo da outra parte também recorrente –, nem no caso em que o tribunal entenda por alterar a fundamentação da decisão recorrida, mantendo, porém, sua conclusão"[21].

Tal princípio está expresso na Súmula 45 do STJ, sendo aplicável também nos casos de remessa necessária.

Importante ressaltar que Araken de Assis[22] refere, ainda, o princípio da dialeticidade para designar o ônus de apontar, especificamente, os fundamentos da decisão agravada. Diogo Almeida[23], a seu

---

[17] REsp 1.112.599-TO, rel. Min. Nancy Andrighi, j. 28-8-2012, *Informativo STJ*, n. 503.

[18] No caso, o Tribunal de origem consignou que "não há se cogitar de violação ao princípio da unirrecorribilidade, tendo em vista que, conquanto a recorrente tenha anteriormente impugnado a sentença por meio de recurso impróprio (Agravo de Instrumento), que não foi conhecido, o recurso de apelação foi interposto tempestivamente". Todavia, impende destacar que o teor do parágrafo único do art. 932 do CPC/2015 não ampara a interposição de um novo recurso, em substituição ao anterior que se revelou descabido, por inequívoca ocorrência da preclusão consumativa. REsp 2.075.284-SP, rel. Min. Marco Aurélio Bellizze, 3ª T., por unanimidade, j. 8-8-2023, *Informativo STJ* n. 78.

[19] Enunciado n. 201 da III Jornada de Direito Processual Civil CJF/ENFAM: É aplicável o princípio da fungibilidade recursal quando o erro na interposição do recurso decorre da nomenclatura usada na decisão pelo magistrado.

[20] STJ, 3ª T., EDcl nos EDcl no REsp 998.935-DF, rel. Min. Vasco Della Giustina (Desembargador convocado do TJ-RS), j. 22-2-2011, *Informativo STJ*, n. 464.

[21] Embora não se trate de recurso, uma vez que desprovido de voluntariedade, é importante examinar, nesse ponto, o reexame necessário. O Superior Tribunal de Justiça, pela Súmula 45, fixou o entendimento de que no reexame necessário se aplica a vedação da *reformatio in pejus*, determinando que "No reexame necessário, é defeso, ao Tribunal, agravar a condenação imposta à Fazenda Pública".

[22] Assis, 2016, p. 123.

[23] Almeida, 2019, p. 72.

turno, acrescenta a esses princípios o da primazia do mérito, na forma dos arts. 932, parágrafo único, e 938, §§ 3º e 5º, do CPC.

3.8 CLASSIFICAÇÃO DOS RECURSOS

Os recursos podem ser classificados em total ou parcial de acordo com a extensão da matéria impugnada.

Assim, total será o recurso que compreende todo o conteúdo impugnável da decisão recorrida – não necessariamente o seu conteúdo integral –, enquanto parcial será o recurso que não abrange todo o conteúdo impugnável do provimento, limitando-se o conteúdo efetivamente impugnado a uma fração do que se poderia recorrer.

Essa limitação da matéria impugnável poderá ser voluntária, quando o próprio recorrente decide se limitar a impugnar apenas uma parcela da decisão judicial, ou legal, quando a própria lei restringe a matéria impugnável.

No caso de recurso parcial, apenas quando se tornar inadmissível a impugnação do restante da decisão operar-se-á o trânsito em julgado da parcela não impugnada, ficando precluso seu reexame.

Quanto à parcela impugnada, caberá ao órgão *ad quem* decidir em seus limites, não sendo cabível conceder à parte mais do que pedira (art. 492).

Destaque-se que tal classificação não considera os capítulos meramente acessórios da decisão, como as custas, os juros de mora, a correção monetária, os honorários advocatícios e as obrigações vincendas nas prestações de trato sucessivo, uma vez que, mesmo que o recorrente silencie a tal respeito, serão abrangidas pelo recurso.

Em relação à forma de interposição, os recursos podem ser classificados em principal ou independente e adesivo. Quando a decisão proferida for favorável em parte a um dos litigantes e em parte ao outro, tendo apenas um deles interposto recurso no prazo para recorrer, pode a parte contrária interpor recurso adesivo no prazo para oferecimento das contrarrazões[24].

O recurso adesivo é, então, um recurso contraposto ao da parte adversa, interposto por aquela que inicialmente não se dispunha a impugnar a decisão, e só veio a impugná-la, no prazo para oferecer contrarrazões ao recurso principal, porque o fizera o outro litigante.

A legitimidade para o recurso adesivo é da parte, sendo que, ressalvado o caso de litisconsórcio unitário, o recurso se endereça a um único coautor ou corréu vencido.

O assistente também possui legitimação para recorrer adesivamente naquilo que tenha sido desfavorável ao assistido. Já o opoente poderá aderir ao recurso interposto por qualquer uma das partes em face de quem litigava, caso tenha ocorrido sucumbência recíproca em relação àquela que primeiro recorreu.

Não há recurso adesivo de quem não tenha feito parte do processo originariamente, uma vez que o art. 997, § 1º, menciona vencidos autor e réu.

Deve se fazer a distinção do recurso adesivo para o recurso independente ou principal, sendo este o recurso interposto autonomamente por qualquer das partes interessadas, sem relação com o adversário, objetivando-se impugnar a decisão em qualquer hipótese, quer a outra parte recorra, quer não.

Destaque-se, ainda, que não há impedimento a que, sendo a decisão parcialmente favorável a um dos litigantes e também em parte favorável ao outro, cada um recorra parcialmente da decisão, no aspecto que lhe interesse, sendo os recursos independentes.

---

[24] Araken de Assis prefere a expressão "recurso subordinado" em vez de "recurso adesivo", a qual considera imprecisa (Assis, 2016, p. 75).

Se, no entanto, uma das partes se abstiver da possibilidade de recorrer, quedando-se inerte, ao ser intimado do recebimento do recurso interposto pelo adversário, poderá interpor recurso adesivo no mesmo prazo de que dispõe para responder ao recurso principal, mas somente quando se tratar de apelação, recurso especial, recurso extraordinário ou, por interpretação jurisprudencial, recurso ordinário constitucional.

A inércia é um requisito implícito para o recurso adesivo, uma vez que, se ambas as partes interpuseram recursos, não tendo sido admitido um deles, não poderá a parte que interpôs o recurso inadmitido impugnar a decisão por recurso adesivo.

O recurso adesivo fica subordinado ao da outra parte (art. 997, § 2º), já que o recorrente só resolveu interpô-lo porque a decisão, na parte que lhe favorecia, foi impugnada pelo adversário. Assim, o recurso adesivo só será julgado se admitido o recurso principal, aplicando-se a regra segundo a qual o acessório segue o principal. Dessa forma, se não subsistir o recurso principal, a mesma sorte segue o recurso adesivo.

Contudo, não é requisito para a admissão do recurso adesivo a existência de vínculo substancial entre a matéria nele discutida e a suscitada no recurso principal. O interesse em recorrer no recurso adesivo está presente pela necessidade de se levar ao conhecimento do órgão *ad quem* matéria não abrangida pelo efeito devolutivo do recurso principal, que restaria preclusa.

Note-se, por fim, como bem ressaltam Wambier e Talamini, apesar do caráter excepcional da situação, não se pode vedar no direito brasileiro o cabimento do recurso adesivo do recurso adesivo[25].

Se o órgão *ad quem* já poderia conhecer da matéria ao julgar o primeiro recurso, em princípio deve ser negado o recurso adesivo, por falta de necessidade.

É interessante observar a perspicácia do legislador ao possibilitar a interposição de recurso adesivo. Ao contrário do que se possa imaginar, a figura não representa um estímulo à interposição de recursos. De modo diverso, constitui uma técnica que tem por finalidade diminuir o número de recursos interpostos.

Explica-se: em muitas situações, havendo uma das partes sucumbido, porém em parcela mínima de sua pretensão, não estará ela, a princípio, disposta a recorrer; todavia, se não existisse a figura do recurso adesivo, maiores seriam as chances de que essa parte, diante da eventualidade de seu adversário adotar a mesma postura, viesse a manejar a espécie recursal adequada ao caso.

Ao possibilitar a interposição de recurso adesivo, a lei confere àquele que sucumbiu em parcela mínima a tranquilidade de aguardar a atitude de seu adversário para, só então, decidir se recorrerá. Desse modo, procura-se evitar a interposição de recursos por mero temor de semelhante atitude da parte contrária.

Interposto o recurso adesivo, o mesmo terá seus requisitos de admissibilidade analisados pela autoridade competente para conhecer do recurso principal. Se não recebido, o recurso cabível será o mesmo do recurso principal, o agravo de instrumento.

Se recebidos, o recurso principal e o adesivo serão remetidos para análise do órgão *ad quem*. No Tribunal, os recursos serão analisados como diversos, mas em face de uma mesma decisão.

Caso o recorrente desista do recurso principal, o recurso adesivo deverá ser inadmitido, pois este último pressupõe um recurso principal.

Entretanto, se tiver sido concedida tutela de urgência no recurso adesivo, não admite o STJ a desistência do recurso principal, o que representaria violação ao princípio da boa-fé processual[26].

---

[25] Wambier; Talamini, 2017, p. 660.

[26] Atente-se para o fato de o STJ só ter se pronunciado sobre a matéria ainda sob a égide do primitivo Código; logo, fez alusão à

Se o caso for de desprovimento do recurso principal, apreciando-se seu mérito, não há óbice a que se conheça do recurso adesivo.

No julgamento, serão analisados na mesma sessão o recurso principal e o recurso adesivo, sendo que o principal será julgado primeiro, pois, somente se conhecido[27], será feita a análise do recurso adesivo.

Finalmente, quanto à matéria impugnada, os recursos classificam-se em ordinários e extraordinários ou excepcionais. Segundo essa forma de classificação, seriam ordinários os recursos que admitem rediscussão de matéria de fato e de direito, e extraordinários (ou excepcionais) aqueles nos quais podem ser discutidas apenas questões de direito.

Barbosa Moreira lembra antiga classificação, utilizando a mesma nomenclatura, mas tendo como ponto de distinção a ocorrência ou não da coisa julgada. Ocorre, porém, que, no direito brasileiro, todos os recursos só serão admissíveis antes da formação da coisa julgada e, sob tal prisma, todos os recursos seriam ordinários[28].

De se observar que o denominado recurso ordinário no ordenamento jurídico brasileiro em nada se confunde com a classificação aludida, sendo cabível nas hipóteses previstas nos arts. 102, II, e 105, II, da CF.

3.9 JUÍZO DE ADMISSIBILIDADE E JUÍZO DE MÉRITO

O julgamento dos recursos encontra-se dividido em duas fases. Na primeira, denominada juízo de admissibilidade, verifica-se a existência dos requisitos de admissibilidade dos recursos, isto é, verificam-se as condições impostas pela lei para que o órgão possa apreciar todo o conteúdo da postulação.

No que se refere ao exame efetivado pelo Tribunal, por ocasião do juízo de admissibilidade, Araken de Assis[29] assevera que "o conjunto das condições de seguimento de qualquer recurso representa matéria de ordem pública".

Presentes tais requisitos o recurso será admitido, passando-se, imediatamente, para a segunda fase do julgamento, denominada juízo de mérito, na qual será examinada a procedência ou não da pretensão recursal deduzida, para dar ou não provimento ao recurso.

Ausentes os requisitos de admissibilidade, o órgão responsável pelo julgamento do recurso declarará ser o mesmo inadmissível, fundamentando sua decisão nas razões pelas quais deixou de conhecer do recurso.

Nesse sentido, o juízo de admissibilidade será sempre preliminar ao juízo de mérito, pois, caso o recurso seja considerado inadmissível, não será conhecido o mesmo e, consequentemente, não existirá a segunda fase do julgamento.

---

antecipação dos efeitos da tutela. Entende-se, contudo, que o posicionamento da Corte Superior deverá ser mantido à luz do novo Código e de sua tutela de urgência (STJ, REsp 1.285.405-SP, rel. Min. Marco Aurélio Bellizze, j. 16-12-2014, *DJe* 19-12-2014, *Informativo STJ*, n. 554).

[27] Nesse sentido, cabe diferenciar o não conhecimento do desprovimento do recurso principal, uma vez que o não provimento impede que se conheça do recurso adesivo. Já o desprovimento não exclui que se possa conhecer do adesivo, desde que satisfeitos seus requisitos de admissibilidade.

[28] Dessa forma, segundo Barbosa Moreira, "a distinção entre recursos ordinários e recursos extraordinários, a que faz referência o art. 467, parte final, não tem no ordenamento brasileiro relevância teórica nem prática. A rigor, não existe entre nós uma classe de recursos a que se possa aplicar a denominação genérica de extraordinários: há, sim, um recurso assim denominado, que tem — como, aliás, todos eles — as suas peculiaridades, mas insuficientes para fundamentar uma classificação de valor científico" (Barbosa Moreira, 2009, p. 116). A referência a tais recursos foi suprimida do atual art. 502.

[29] Assis, 2016, p. 150.

A interposição do recurso é, em regra, feita perante o órgão *a quo*, isto é, perante o órgão prolator da decisão recorrida, que irá exercer um primeiro juízo de admissibilidade recursal, declarando se recebe ou não o recurso.

É de suma importância destacar-se que, pela nova sistemática recursal, o recurso de apelação deixou de ter o exame de sua admissibilidade realizado pelo juízo *a quo* (art. 1.010, § 3º), embora seja interposto em petição dirigida ao juízo de primeiro grau.

Para outros casos, como o dos recursos excepcionais, conhecendo o órgão *a quo* do recurso, é o mesmo remetido ao órgão *ad quem*, o qual também realizará um juízo de admissibilidade sobre o recurso e, caso também o conheça, será competente para o imediato juízo de mérito.

Ressalte-se que a competência atribuída ao órgão perante o qual se interpõe o recurso, para aferir-lhe a admissibilidade, não exclui a competência do órgão *ad quem* nesse ponto. Somente após o conhecimento do recurso pelo órgão *ad quem*, isto é, apenas depois desse duplo controle da admissibilidade, passa-se ao juízo de mérito.

Frise-se, ainda, que, embora se reconheça ao órgão *a quo* competência para verificar a admissibilidade do recurso, esta não lhe é dada para examinar o mérito, salvo quando a lei expressamente o permitir.

Assim, havendo nítida separação entre os juízos de admissibilidade e de mérito, não poderá o órgão perante o qual foi o recurso interposto indeferi-lo por entendê-lo infundado, já que a procedência não é requisito de admissibilidade.

Por outro lado, qualquer que seja o recurso, sendo ele considerado inadmissível pelo juízo *a quo*, não pode a questão da admissibilidade ser subtraída à apreciação do órgão *ad quem*.

Com isso, salvo expressa exceção legal, não poderá o juízo perante o qual o recurso foi interposto rejeitá-lo como inadmissível, sem que haja outro recurso ou remédio análogo capaz de garantir ao recorrente o direito de ver a admissibilidade recursal apreciada pelo órgão competente para o seu julgamento.

Nesse caso, poderá o recorrente interpor, para o órgão ao qual competiria o julgamento do recurso denegado, outro recurso, o agravo de instrumento ao órgão *ad quem*, em face de decisão que lhe barra a via recursal.

A doutrina diverge quanto à natureza jurídica do juízo de admissibilidade do recurso. Para uma primeira corrente, defendida por Barbosa Moreira[30], o juízo de admissibilidade, positivo ou negativo, tem natureza essencialmente declaratória, reconhecendo a existência ou a inexistência dos pressupostos de admissibilidade do recurso.

Contudo, argumenta-se também que a natureza dependerá do teor da decisão. Se o juízo de admissibilidade for positivo, a natureza da decisão será declaratória, com eficácia *ex tunc*. Caso não estejam presentes os requisitos, a natureza da decisão é constitutiva negativa, reconhecendo-se o vício na interposição do recurso, produzindo efeitos *ex nunc*, ou seja, a partir da decisão que decreta sua inadmissibilidade.

Admitido o recurso pelo órgão *a quo*, o órgão *ad quem* faz novo exame da admissibilidade do recurso. Proferida a admissibilidade do recurso pelo órgão *ad quem*, apenas se viabiliza o juízo de mérito, sendo preliminar a este, sem significar que, quando da análise do mérito, a parte terá seu pleito reconhecido.

---

[30] Barbosa Moreira, 2009, p. 264.

No caso do juízo de admissibilidade positivo proferido tanto pelo juízo *a quo* como pelo órgão *ad quem*, ficou obstada a formação da coisa julgada.

Porém, se o recurso for admitido pelo órgão *a quo* e só depois o órgão *ad quem* verificou que veio a faltar um dos requisitos de admissibilidade, a interposição foi eficaz e a coisa julgada só irá se formar no momento em que se verificou o fato superveniente, que tornou inadmissível o recurso. Se, todavia, a inadmissibilidade já for verificada pelo juízo *a quo*, a interposição do recurso não obstará a formação da coisa julgada.

Destarte, interposto o recurso, dá-se início à sua apreciação através do juízo de admissibilidade. Nessa fase, será examinada a presença ou não dos requisitos de admissibilidade do recurso necessários à legítima apreciação de seu mérito, os quais podem ser classificados em requisitos *intrínsecos* – concernentes à existência do direito de recorrer – e *extrínsecos* – concernentes ao exercício do direito de recorrer.

Em relação aos requisitos intrínsecos, que dizem respeito à própria existência do poder de recorrer, temos:

a) Cabimento: trata-se de requisito vinculado ao princípio da unirrecorribilidade ou unicidade. Assim é que, para um recurso ser cabível, é preciso que o ato atacado seja, em tese, impugnável através dele. Nesse sentido, por exemplo, contra as sentenças o recurso cabível, para obter sua reforma ou invalidação, é a apelação (art. 1.009 do CPC), enquanto contra decisões interlocutórias o recurso adequado, para obter semelhantes finalidades, é o agravo de instrumento (art. 1.015 do CPC). Observe-se que o rigor desse requisito é atenuado pelo princípio da fungibilidade. Por fim, registre-se que, em virtude desse requisito e por expressa determinação do CPC, art. 1.001, contra os despachos não cabe recurso, à exceção dos embargos de declaração.

b) Legitimação para recorrer: são legitimados a recorrer, de acordo com o art. 996 do CPC, a parte vencida, o terceiro prejudicado e o Ministério Público, quer no processo em que atua como parte, quer naquele em que oficia, como fiscal da ordem jurídica (Súmula 99 do STJ).

c) Interesse em recorrer: para que seja possível a interposição de recurso, é preciso que o recorrente possa obter, em tese, através de seu julgamento, situação mais vantajosa do que aquela em que se encontra em virtude da decisão impugnada e que somente através da via recursal seja possível alcançar esse objetivo, configurando, respectivamente, a utilidade e a necessidade do recurso. Assim, exige-se que a decisão não tenha proporcionado à parte tudo aquilo a que tinha direito.

d) Inexistência de fato impeditivo ou extintivo do poder de recorrer: podem ser citados como exemplos a renúncia ao direito de recorrer[31] e a aceitação da decisão que, por sua vez, poderá ser expressa ou tácita. Outro impedimento recursal é a desistência do recurso, que difere da renúncia por ser, necessariamente, posterior à sua interposição. Frise-se não ser a mesma possível se já julgado o recurso, pendente apenas a publicação do acórdão[32]. A desistência pode ser total ou parcial, desde que divisível a matéria objeto de impugnação, podendo ocorrer desde a interposição do recurso até o momento imediatamente anterior ao julgamento. Ela não torna inadmissível o recurso mas, simplesmente, inexistente, fazendo transitar em julgado a decisão recorrida.

Quanto aos requisitos extrínsecos, isto é, aos requisitos referentes ao exercício do direito de recorrer, podemos apontar:

a) Tempestividade: todo recurso deve ser interposto dentro do prazo estabelecido pela lei, sob pena de preclusão temporal e trânsito em julgado do provimento irrecorrido. O cômputo do prazo

---

[31] De acordo com a doutrina dominante, não se admite renúncia prévia ao recurso, isto é, renúncia a recurso contra decisão ainda não proferida. Nesse sentido, Barbosa Moreira (2008, p. 306) e Bermudes (1977).

[32] AgRg no AgRg no Ag 1.392.645-RJ, rel. Min. Herman Benjamin, j. 21-2-2013, *Informativo STJ*, n. 517.

deve ser realizado com observância das regras gerais sobre contagem de prazos processuais[33], previstas nos arts. 224 e 1.003[34], podendo haver suspensão ou interrupção do prazo de interposição do recurso nas hipóteses dos arts. 220, 221, 313, 1.004 e 1.026.

b) Regularidade formal: os preceitos de forma a serem observados nos diferentes recursos variam de acordo com cada figura recursal. Não obstante, é preciso que em todos eles seja respeitada a forma escrita, bem como a exigência de fundamentação do recurso na petição de interposição.

c) Preparo: consiste no pagamento prévio das despesas referentes ao processamento do recurso a ser comprovado no ato da sua interposição[35]. À falta de preparo, aplica-se a pena de deserção, salvo se o recorrente comprovar justo impedimento ou se, uma vez intimado[36] na pessoa de seu advogado, o recorrente realizar o recolhimento em dobro, a teor do art. 1.007, § 4º[37].

A deserção opera-se de pleno direito, sendo causa puramente objetiva de inadmissibilidade e cabendo ao órgão judicial declará-la de ofício ou mediante provocação do interessado[38]. Esse requisito, em algumas situações, pode ser dispensado. Não dependem de preparo, por exemplo, os embargos de declaração, além de estarem isentos de pagamento prévio de despesas os recursos interpostos pela União, Distrito Federal, Estados e Municípios e respectivas autarquias, além do recorrente beneficiário de isenção legal[39] (art. 1.007, § 1º)[40].

---

[33] "A tempestividade recursal pode ser aferida, excepcionalmente, por meio de informação constante em andamento processual disponibilizado no sítio eletrônico, quando informação equivocadamente disponibilizada pelo Tribunal de origem induz a parte em erro. (…) O acórdão paradigma, proferido pela Corte Especial no REsp 1.324.432/SC, no entanto, admitiu o uso das informações constantes do andamento processual para aferição da tempestividade, quando constatado erro na informação divulgada, hipótese em que se faz presente a justa causa para prorrogação do prazo, conforme regra prevista no art. 183, §§ 1º e 2º, do CPC/73, em homenagem aos princípios da boa-fé e da confiança. EAREsp 688.615-MS, rel. Min. Mauro Campbell Marques, Corte Especial, por unanimidade, j. 4-3-2020, DJe 9-3-2020. Informativo STJ n. 666.

[34] O § 4º do art. 1.003 determina que a tempestividade do recurso remetido pelo correio seja aferida considerando-se a data da postagem como interposição. Com efeito, o Fórum Permanente de Processualistas Civis aprovou o Enunciado 96 para afirmar que a Súmula 216 do STJ restou superada pela nova norma.

[35] A Súmula 484 admite que "o preparo seja efetuado no primeiro dia útil subsequente, quando a interposição do recurso ocorrer após o encerramento do expediente bancário". A regra do preparo imediato é inaplicável no âmbito dos Juizados Especiais Cíveis; estabelece o art. 42 da Lei n. 9.099/95 que o preparo seja realizado nas 48 horas seguintes à interposição. Oportuno ainda observar que o prazo para realização do preparo do recurso de apelação na Justiça Federal é de 5 dias (art. 14, II, da Lei n. 9.289/96).

[36] Em consonância com o princípio da cooperação processual, é indispensável ao reconhecimento da deserção que o juiz intime a parte para regularizar o preparo – especificando qual o equívoco deverá ser sanado. REsp 1.818.661-PE, rel. Min. Marco Aurélio Bellizze, 3ª T., por unanimidade, j. 23-5-2023, DJe 25-5-2023, Informativo STJ n. 778.

[37] Enunciado 215 do FPPC: (art. 1.007, §§ 2º e 4º) "Fica superado o enunciado 187 da súmula do STJ ('É deserto o recurso interposto para o Superior Tribunal de Justiça, quando o recorrente não recolhe, na origem, a importância das despesas de remessa e retorno dos autos')".

[38] A lei pode afastar a exigência de preparo em relação a determinados recursos com base em critérios objetivos ou subjetivos. No primeiro caso, a própria natureza do recurso justifica a dispensa do pagamento, como ocorre nos casos de embargos de declaração. Já o segundo critério leva em consideração a qualidade do recorrente, o que se verifica nos recursos interpostos pelo Ministério Público – esteja ele atuando no processo como parte ou como fiscal da lei –, União, Distrito Federal, Estados e Municípios e suas respectivas autarquias, bem como pelo recorrente amparado pela assistência judiciária. Nessas hipóteses, uma vez dispensado o preparo, não há que se falar em deserção.

[39] Segundo a Súmula 483: "O INSS não está obrigado a efetuar depósito prévio do preparo por gozar das prerrogativas e privilégios da Fazenda Pública".

[40] 11. Acórdão submetido ao regime do art. 1.036 e seguintes do CPC (art. 256-I do RISTJ), fixando-se a seguinte TESE: "A teor dos arts. 27 e 511, § 1º, do revogado CPC/73 (arts. 91 e 1.007, § 1º, do vigente CPC), o Instituto Nacional do Seguro Social – INSS, nos recursos de competência dos Tribunais de Justiça, está dispensado do prévio pagamento do porte de remessa e de retorno, enquanto parcela integrante do preparo, devendo recolher o respectivo valor somente ao final da demanda, acaso vencido". […] (REsp 1.761.119/SP, rel. Min. Sérgio Kukina, Corte Especial, j. 7-8-2019, DJe 14-8-2019).

A Lei dispensa, ainda, o recolhimento do porte de remessa e retorno quando o processo for eletrônico. Por fim, de se notar que os §§ 4º e 7º autorizam a convalidação de vícios menos gravosos, de modo que se aproveitem os atos processuais e, com isso, se preze pela economia e pela celeridade processuais[41].

Dessa forma, ultrapassado o juízo de admissibilidade[42], isto é, presentes todos os requisitos necessários ao julgamento do recurso e assim declarado pelo órgão *ad quem,* passa-se imediatamente ao exame do seu mérito, cujo objeto consiste no próprio conteúdo da impugnação à decisão atacada, verificando-se a existência ou inexistência de fundamento para o que se postula.

No mérito, pode se denunciar *error in judicando,* pedindo-se, em consequência, a reforma da decisão injusta, ou *error in procedendo,* pleiteando-se a invalidação da decisão, averbada como ilegal.

Nesses casos, o mérito recursal é o mesmo da atividade cognitiva no grau inferior de jurisdição.

Contudo, o mérito recursal pode ou não se confundir com o mérito da causa, sendo possível, por exemplo, ter como mérito do recurso uma preliminar da demanda e até mesmo, com base no art. 1.013, § 3º, pode o Tribunal analisar questão ainda não posta à cognição do juízo. Nesse momento, compete ao órgão *ad quem* verificar se a impugnação é ou não fundada, de modo a dar-lhe ou negar-lhe provimento.

3.10 EFEITOS DOS RECURSOS

Os recursos produzem efeitos relativos à sua interposição e ao seu julgamento.

Em relação aos efeitos da interposição, temos:

a) Efeito obstativo: impedimento do trânsito em julgado da decisão impugnada ou, no caso de agravo, impedimento da ocorrência de preclusão. Para Barbosa Moreira[43], esse efeito vai impedir a preclusão ou a coisa julgada, pois a decisão será substituída pelo acórdão do Tribunal, sendo o acórdão acobertado pela preclusão ou pela coisa julgada. Já para Nelson Nery Junior[44], esse efeito vai apenas retardar a ocorrência da preclusão ou da coisa julgada, pois, em algum momento, a decisão recorrida irá precluir ou transitar em julgado.

b) Efeito regressivo: em regra, somente o órgão *ad quem* possui competência para apreciar o mérito do recurso. Todavia, em certas hipóteses, a lei confere ao órgão prolator da decisão impugnada o poder de se retratar. Tal possibilidade é conhecida como *juízo de retratação.*

Esse poder é conferido ao juiz quando interposta apelação contra sentença que indeferiu liminarmente a petição inicial (art. 331), bem como quando interposto agravo. O art. 332, que disciplina a figura da improcedência liminar do pedido, também admite que, uma vez interposto o recurso de apelação, o magistrado poderá exercer o juízo de retratação (reformando sua própria decisão).

Nesse caso, não mais remeterá os autos à instância superior, mas determinará que seja dado prosseguimento ao feito ainda em primeiro grau de jurisdição. Assim também ocorre nas disposições legislativas do Estatuto da Criança e do Adolescente (art. 198, VII, da Lei n. 8.069/90). Por outro lado, o julgamento dos embargos de declaração é feito exclusivamente pelo órgão do qual emanou a decisão embargada.

---

[41] Enunciado 610 do FPPC: (art. 1.007, §§ 4º e 6º) "Quando reconhecido o justo impedimento de que trata o § 6º do art. 1.007, a parte será intimada para realizar o recolhimento do preparo de forma simples, e não em dobro".

[42] Ressalta-se que, no caso do agravo de instrumento e dos embargos de declaração, o juízo de admissibilidade é imediato e não dúplice, uma vez que os recursos vão direto para o órgão encarregado do exame do próprio mérito.

[43] Barbosa Moreira, 2008, p. 256.

[44] Nery Junior, 2000, p. 367.

c) Efeito devolutivo: o conhecimento da matéria impugnada é transferido para órgão diverso daquele que proferiu a decisão atacada, isto é, leva-se ao órgão *ad quem* o conhecimento daquilo que foi objeto de impugnação[45].

Emprega-se o termo "devolutivo", tendo em vista que, na Antiguidade, o poder de decidir era do imperador. Este, por sua vez, transferia esse poder temporariamente aos juízes, devendo, em determinados casos, a matéria objeto de recurso ser devolvida à análise do soberano.

A extensão e a profundidade do efeito devolutivo[46] variam de acordo com o recurso interposto, não podendo, no entanto, sua extensão ultrapassar os limites da própria impugnação[47], isto é, não podendo o órgão jurisdicional julgar além das razões do inconformismo. Dessa forma, a dimensão horizontal do efeito devolutivo diz respeito à matéria objeto de impugnação e a dimensão vertical trata da "profundidade" do efeito devolutivo, aos fundamentos que o Tribunal poderá examinar para decidir o mérito do recurso.

Trata-se de manifestação do princípio dispositivo, permitindo à parte determinar os limites dentro dos quais o órgão *ad quem* apreciará a pretensão recursal e proibindo, com isso, o julgamento *extra*, *ultra* ou *citra petita*.

A transferência da matéria para exame do órgão *ad quem* pode se dar imediatamente, como no caso do agravo de instrumento, ou pode se dar em diferentes momentos e graus de jurisdição, como é a regra. Esse é o caso, por exemplo, dos recursos excepcionais, que são interpostos no Tribunal e lá se realiza o juízo de admissibilidade, sendo, se admitidos, encaminhados a um ministro relator no STJ ou STF.

Dessa forma, a matéria é gradualmente levada até o órgão competente. O efeito devolutivo poderá ser, ainda, diferido, hipótese em que determinado recurso fica sujeito a outro ou a uma condição, como ocorre no recurso em sua modalidade adesiva, o qual, para ser analisado pelo Tribunal, dependerá da admissibilidade do recurso principal.

A sistemática recursal inaugurada em 2015 passa a prever, no art. 995, que todas as espécies recursais produzem efeito meramente devolutivo, salvo decisão judicial em sentido contrário ou disposição legal, como no caso da apelação (art. 1.012, *caput*). Via de regra, portanto, não haverá óbice à eficácia da decisão, passível de sofrer execução provisória.

A exceção se desenha nos casos em que o relator decide suspender a eficácia da decisão recorrida, em virtude de a imediata produção de seus efeitos poder gerar risco de dano grave, de difícil ou impossível reparação, devendo também ficar demonstrada a probabilidade de ser provido o recurso (parágrafo único do art. 995)[48].

d) Efeito translativo: trata-se de efeito semelhante ao devolutivo e, consequentemente, também concernente à cognição do Tribunal sobre a causa, mas que dele se difere na medida em que o efeito devolutivo depende de expressa manifestação da parte, devolvendo ao Tribunal apenas a maté-

---

[45] A esse efeito relaciona-se o brocardo romano *tantum devolutum quantum appellatum*.

[46] Araken de Assis, recordando as lições de Barbosa Moreira, lembra as dimensões horizontal (extensão – matérias) e vertical (profundidade – fundamentos) do efeito devolutivo (Assis, 2016, p. 517).

[47] "Quando a lei, a título de exceção, atribui competência ao próprio órgão *a quo* para reexaminar a matéria impugnada, o efeito devolutivo ou inexiste (embargos de declaração), ou fica condicionado a que não se reforme a decisão antes do julgamento do recurso: assim no agravo (art. 529). Fora dessas hipóteses, ao órgão *a quo* é vedado praticar qualquer ato que importe modificação, total ou parcial, do julgamento, ressalvada a possibilidade de corrigir, *ex officio* ou a requerimento da parte, inexatidões materiais ou erros de cálculo (art. 463, I)" (Barbosa Moreira, 2009, p. 123). O artigo supracitado, pertencente à Lei de 1973, encontra seu correspondente no atual art. 1.018, § 1º.

[48] Enunciado 423 do FPPC: (arts. 311; 995, parágrafo único; 1.012, § 4º; 1.019, I; 1.026, § 1º; 1.029, § 5º) "Cabe tutela de evidência recursal".

ria impugnada, enquanto o translativo se opera mesmo diante da ausência de expressa manifestação da vontade do recorrente[49].

Assim, enquanto o efeito devolutivo impõe limites à cognição do Tribunal, o translativo vem atenuar o rigor de referidos limites, permitindo que certas matérias, por serem de ordem pública (não sujeitas, portanto, à preclusão), possam ser examinadas pelo Tribunal, conquanto não tenham sido objeto da impugnação do recorrente.

e) Efeito suspensivo: nos recursos dotados de tal efeito, a decisão recorrida não produz efeitos antes do julgamento da impugnação. A suspensão, via de regra, é de toda a eficácia da decisão, e não apenas de sua eficácia como título executivo. Embora esse efeito seja incluído entre aqueles produzidos pela interposição dos recursos, esta não cessa eventuais efeitos da decisão que já estivessem se produzindo, tão somente prolongando o estado de ineficácia da decisão – e de toda ela – porque sujeita à impugnação. Nesse sentido, o efeito suspensivo não é, em verdade, efeito da interposição do recurso, e sim efeito da *recorribilidade*.

Sob a égide do Diploma de 1973, esse era o efeito mais comum dos recursos, paralisando a decisão proferida e impedindo sua execução provisória. Contudo, a regra, no atual Código, passou a ser a de que os recursos possuem apenas o efeito devolutivo, o que não impede que o recorrente pleiteie o efeito suspensivo ao relator de seu recurso, através do denominado efeito suspensivo ativo ou tutela antecipada em grau recursal.

f) Efeito expansivo: ocorre quando o julgamento do recurso dá ensejo a uma decisão mais ampla do que o reexame da matéria impugnada propiciaria. Esse efeito pode ser tanto objetivo, quando diz respeito à causa de pedir, cujo julgamento pode ser mais amplo do que a própria matéria impugnada, acarretando efeito dentro do próprio processo, como nos casos de acórdãos terminativos, que reconhecem, por exemplo, a falta de uma condição da ação, ou fora dos autos, ou subjetiva, quando quem não recorre também é atingido pelos efeitos da decisão.

g) Efeito substitutivo: refere-se à substituição da decisão recorrida pela decisão do juízo *ad quem*, ainda que seja mantido o mesmo teor (art. 1.008). O efeito substitutivo não ocorrerá apenas nos casos em que o Tribunal dá provimento ao recurso com base em *error in procedendo*, uma vez que será proferido novo julgamento pelo órgão *a quo*[50].

No que tange aos efeitos do julgamento, o não conhecimento do recurso pelo órgão *ad quem* torna certa sua inadmissibilidade e, nesse caso, a decisão recorrida terá transitado em julgado na data de sua publicação, se a decisão era irrecorrível, ou no momento em que ocorreu o fato causador da inadmissibilidade.

Havendo, no entanto, julgamento do mérito do recurso pelo órgão *ad quem*, este, entendendo infundada a impugnação, negar-lhe-á provimento ou, considerando-a fundada, dar-lhe-á provimento. Nesse caso, conforme visto, tratando-se de *error in judicando*, o órgão *ad quem* reformará a decisão recorrida, enquanto, sendo reconhecido *error in procedendo*, procederá à sua anulação.

Em qualquer caso, sendo o recurso julgado no mérito, a decisão recorrida não transita em julgado, nem mesmo quando é confirmada. Havendo pronunciamento do órgão *ad quem*, é este que será indicado como o que passou em julgado.

3.11 DESISTÊNCIA DO RECURSO

A desistência do recurso é a manifestação feita pelo recorrente no sentido de que o recurso, após interposto, não seja julgado.

---

[49] Nesse sentido: STJ, 1ªT., REsp 1.201.359-AC, rel. Min. Teori Albino Zavascki, j. 5-4-2011, *Informativo STJ*, n. 468.
[50] Assis, 2016, p. 321.

Diferencia-se da renúncia na medida em que na desistência abre-se mão do recurso interposto, enquanto na renúncia abre-se mão do direito de impugnar a decisão.

A desistência manifesta-se por simples petição dirigida ao relator ou até mesmo oralmente e poderá ocorrer a qualquer tempo, até o instante imediatamente anterior ao voto proferido no julgamento.

A desistência não comporta nem condição nem termo e independe da oitiva do recorrido. Contudo, o desistente equipara-se ao vencido para fins das despesas do recurso.

No caso de litisconsórcio, a desistência independe da anuência dos demais litisconsortes. Para o desistente, sobrevirá o trânsito em julgado da decisão.

Para os demais litisconsortes que tiverem interposto recurso, a teor do art. 117, subsiste a possibilidade de novo julgamento do recurso pelo órgão *ad quem*, abrindo-se a possibilidade de quebra da uniformização da solução do litígio em relação aos litisconsortes.

Todavia, no caso de litisconsórcio unitário tal solução não é cabível. Ainda que um dos litisconsortes desista do recurso, se um deles permanecer com seu recurso, não será produzido o efeito do trânsito em julgado em relação ao desistente, sendo a solução uma para todos os litisconsortes.

O art. 117 abre reserva expressa ao litisconsórcio unitário, caso no qual os atos e as omissões de um litisconsorte não prejudicarão os outros, mas os podem beneficiar.

Ainda nas hipóteses de litisconsórcio unitário, no caso de um único litisconsorte haver recorrido e, posteriormente, desistir do recurso, a decisão transitará em julgado para o desistente no momento em que houver se esgotado o prazo para o último dos coligantes recorrer, quando se formará a coisa julgada para todos os litisconsortes.

Quanto à desistência, o art. 998, *caput*, repete a regra do antigo art. 501, admitindo que o recorrente desista do recurso, a qualquer tempo e independentemente da anuência de recorrido ou litisconsorte.

Seu parágrafo único, entretanto, aduz norma inédita, ainda e mais uma vez na esteira da tendência uniformizadora do Código. Preconiza que, se a questão já tiver tido sua repercussão geral reconhecida, ou se for objeto de julgamento de recursos excepcionais repetitivos, a desistência do recurso não impedirá seu exame.

Observa-se nítido viés de objetivação dos recursos extraordinário e especial e de publicização do direito processual, no tocante à preocupação com a uniformização da jurisprudência. Isso porque, não obstante os interesses em conflito fossem, primeiramente, subjetivos, a lide ultrapassa os limites de autor e réu para estender sua importância à coletividade.

Assim, por mais que não se obste a desistência do recurso em si, respeitando a vontade das partes, a tese jurídica central a ele subjacente será analisada por STF ou STJ, para fins exclusivos de padronizar um entendimento, não de resolver a controvérsia do caso concreto.

A Lei n. 13.874/2019 inseriu o art. 19-C na Lei n. 10.522/2002, a fim de flexibilizar a desistência de recursos pela PGFN "quando o benefício patrimonial almejado com o ato não atender aos critérios de racionalidade, de economicidade e de eficiência". A Lei n. 14.195/2021 inseriu o art. 19-C na Lei n. 10.522/2002, autorizando a Fazenda Nacional a desistir de recursos interpostos e autorizar a realização de acordos em fase de cumprimento de sentença, a fim de atender a critérios de racionalidade, de economicidade e de eficiência.

3.12 RENÚNCIA AO DIREITO DE RECORRER

A renúncia ao direito de recorrer é o ato pelo qual a parte manifesta sua vontade de não interpor recurso contra determinada decisão. A principal diferença entre renúncia e desistência consiste em que esta pressupõe o recurso já interposto, enquanto aquela é prévia à interposição, tornando inadmissível o recurso, independentemente da efetiva análise sobre sua admissibilidade.

A renúncia é fato extintivo do direito de recorrer e só poderá ocorrer quando o recurso já puder ser interposto[51].

Não há forma especial para a renúncia, mas, em geral, é feita na forma de petição dirigida ao órgão perante o qual pende o feito, sem necessidade de lavratura de termo para homologação judicial[52].

Em consequência, torna inadmissível o recurso que porventura interponha o renunciante, transitando imediatamente em julgado a decisão.

Questão importante é a análise sobre se a renúncia impediria também o recurso adesivo. No silêncio da lei, é razoável aplicar o art. 1.000, *caput,* que trata da aquiescência, aplicando-se os seus efeitos sem se distinguir entre recurso principal e adesivo.

Contudo, poderia haver limitação a esse direito de recorrer, renunciando-se tão somente ao recurso pela via independente, o que se reservaria à hipótese de recorrer em caráter adesivo, caso a parte contrária venha a impugnar a decisão, tendo-se uma renúncia parcial ao direito de recorrer.

A renúncia também não se sujeita à aceitação da parte contrária, tampouco se subordina à aceitação dos demais litisconsortes do renunciante, que também têm interesse na impugnação da decisão, se o litisconsórcio for comum.

No caso do litisconsórcio unitário, a renúncia não faz transitar em julgado a decisão, a menos que renunciem todos os litisconsortes. Exoneram-se apenas os renunciantes da parcela de custas e honorários advocatícios correspondentes à fase do processo posterior à sua manifestação, na hipótese de não ter êxito o recurso do(s) litisconsorte(s).

3.13 AQUIESCÊNCIA

A aquiescência consiste na manifestação de vontade, expressa, se dirigida a órgão judicial ou a outro litigante, ou tácita, em se conformar com a decisão, abstendo-se de se utilizar do recurso.

A aquiescência pode ser total ou parcial, se fizer referência, respectivamente, a todo o conteúdo impugnável da decisão ou a só uma parte dele.

Pode ser manifestada desde o momento que o órgão judicial se pronuncia até o momento em que o julgado começa a produzir efeitos quanto à pessoa que se está considerando.

Sua manifestação se dá por escrito ou verbalmente, sendo tal ato praticado sem reserva alguma.

Em consequência, torna inadmissível o recurso porventura interposto.

No que tange ao litisconsórcio, aplicam-se as mesmas disposições da renúncia e da desistência.

---

[51] Nesse sentido, destaca Barbosa Moreira: "Renunciar ao direito de recorrer antes de proferida a decisão é renunciar a um direito que ainda não se tem e, a rigor, nem sequer se sabe se nascerá – o que depende, como é intuitivo, do sentido em que venha a pronunciar-se o órgão judicial". (Barbosa Moreira, 2008, p. 343).

[52] Nesse sentido, a Terceira Turma deu provimento aos embargos de declaração no recurso especial, entendendo que o acordo homologado pelo magistrado em que as partes renunciavam ao recurso de embargos à execução resultava em perda do objeto do recurso de apelação, tendo em vista o disposto no art. 158 do CPC, que estabelece que o ato da parte consistente em declaração de vontade produz efeitos de forma imediata (STJ, 3ªT., REsp 1.044.810-SP, rel. Min. Massami Uyeda, *Informativo STJ,* n. 468). A norma aludida se encontra, hodiernamente, no art. 200.

Capítulo 4
RECURSOS EM ESPÉCIE

Abordada a teoria geral dos recursos, passa-se à análise dos recursos em espécie.

4.1 APELAÇÃO

4.1.1 Cabimento do recurso

A apelação é o recurso cabível contra qualquer sentença[1], sem distinção se terminativa ou definitiva.

O cabimento do recurso de apelação só fica excluído quando a lei assim expressamente prevê. Nessa hipótese temos o art. 41 da Lei n. 9.099/95 (Lei dos Juizados Especiais), que, ao invés de apelação, prevê um recurso sem denominação especial a ser interposto para uma turma composta por três juízes em exercício no primeiro grau de jurisdição, bem como o art. 34 da Lei n. 6.830/80, que prevê, na hipótese de a sentença ser de valor inferior ou igual a 50 OTNs, que o recurso cabível são os embargos infringentes de alçada, que não possuem qualquer relação com os embargos infringentes do CPC/73, estes não mais previstos no ordenamento brasileiro.

No caso de sentença definitiva, isto é, em que há resolução do mérito, nos termos do art. 487 do CPC, pode-se interpor o recurso de apelação objetivando-se apontar equívocos cometidos pelo juízo, isto é, erros no julgamento (*error in judicando*), para que o Tribunal substitua a decisão proferida pelo órgão *a quo*, ou para alegações concernentes à invalidade da sentença, denunciando-se vícios na própria atividade, que se apontam no processo ou na própria sentença (*error in procedendo*).

Nesta última hipótese, se verificar o erro, o Tribunal deverá se limitar a anular a sentença, devendo os autos retornar à instância inferior, para que se refaça o julgamento. Essas questões podem ser alegadas cumulativamente, caso em que o Tribunal só analisará a alegação de *error in judicando* após superada a alegação de *error in procedendo*.

Ressalte-se que, existindo nulidade que possa ser reconhecida de ofício, não haverá *reformatio in pejus* se o Tribunal, ao conhecer da apelação do autor, anular sentença ou extinguir o feito por reconhecer uma nulidade.

Ainda no caso de apelação em face de sentença definitiva, o mérito do recurso pode não se confundir com o mérito da causa.

No caso de sentenças terminativas, isto é, que não contêm resolução do mérito, nos termos do art. 485 do CPC, jamais se esperaria que o Tribunal, ao conhecer do recurso de apelação, julgasse o mérito da causa, cabendo a ele apenas decidir se o processo deveria se encerrar sem julgamento.

Em caso de achar que o processo deveria se encerrar, negaria provimento ao recurso. Caso discordasse do órgão *a quo*, daria provimento ao recurso e o processo retornaria ao primeiro grau de jurisdição para julgamento.

---

[1] "Art. 203. (...) § 1º Ressalvadas as disposições expressas dos procedimentos especiais, sentença é o pronunciamento por meio do qual o juiz, com fundamento nos arts. 485 e 487, põe fim à fase cognitiva do procedimento comum, bem como extingue a execução.".

Contudo, a Lei n. 10.352, ao acrescentar o § 3º ao art. 515 do CPC/73, alterou a disciplina da matéria, permitindo que, ainda que a sentença tenha sido sem julgamento do mérito, se a questão for unicamente de direito, possa o Tribunal julgar a lide. Nesse caso, haverá a substituição de uma sentença terminativa por um acórdão de mérito.

A denominada "teoria da causa madura", elencada em tal dispositivo, encontra-se também no CPC, que lhe mantém a filiação ao nosso sistema e, mais ainda, a amplia, uma vez que, pelo art. 1.013, § 3º, não mais subsiste a limitação a questões de direito para que o Tribunal, de plano, realize o julgamento.

Importante ressaltar que a Corte Especial do STJ[2], julgando recurso interposto ainda sob a égide do CPC/73, admitiu a possibilidade da aplicação da teoria da causa madura em julgamento de agravo de instrumento.

Já na hipótese de sentença definitiva, a apelação devolve ao Tribunal o conhecimento do mérito da causa, em todos os seus aspectos, inclusive se o juiz não chegou a examinar todo o conteúdo da lide.

O art. 1.009, § 1º, é responsável por trazer uma das maiores inovações no que diz respeito ao cabimento da apelação, mostrando a forte tendência da nova sistemática a buscar um processo cada vez mais célere e efetivo. Por seu intermédio, fica afastada a preclusão[3,4] de todas as decisões interlocutórias que, tomadas ao longo da fase de conhecimento, não sejam impugnáveis por agravo de instrumento[5].

Os ganhos em termos de celeridade da tramitação do processo são consideráveis, à medida que se evitam a instauração, o processamento e o julgamento de infindáveis recursos, uma das causas da extrema morosidade da atividade jurisdicional quando do Código anterior.

Segundo a norma, tais questões deverão ser suscitadas como preliminares do recurso de apelação ou nas contrarrazões. Amplia-se, com isso, o objeto da modalidade recursal ora em comento, que passará a guerrear não só a sentença como também todas as decisões interlocutórias que, proferidas ao longo do processo, não puderam ser combatidas por agravo de instrumento ao momento de sua prolação[6].

---

[2] "Dessa forma, parece razoável entender que "quem pode o mais, pode o menos." Se a teoria da causa madura pode ser aplicada em casos de agravos de decisões interlocutórias que nem sequer tangenciaram o mérito, resultando no julgamento final da pretensão da parte, é possível supor que não há impedimento à aplicação da teoria para a solução de uma questão efetivamente interlocutória, desde que não configure efetivo prejuízo à parte" (REsp 1.215.368-ES, rel. Min. Herman Benjamin, j. 1º-6-2016, DJe 19-9-2016, Informativo, n. 590).

[3] Enunciado n. 189 da III Jornada de Direito Processual Civil CJF/ENFAM: Apesar da dicção do art. 1.009, § 1º, do CPC, as decisões não agraváveis estão sujeitas à preclusão, que ocorrerá quando não houver impugnação em apelação ou em contrarrazões de apelação (preclusão diferida).

[4] Enunciado n. 195 da III Jornada de Direito Processual Civil CJF/ENFAM: Se o agravo de instrumento for inadmitido quando impugnada decisão interlocutória com base no Tema Repetitivo 988 do STJ (taxatividade mitigada), caberá a impugnação da mesma decisão interlocutória em preliminar de apelação ou contrarrazões.

[5] Como bem anota Carla Bonfadini, "portanto, em virtude da abolição do recurso de agravo retido nos autos, o espectro de impugnação do recurso de apelação foi ampliado no novo Código de Processo Civil: as questões resolvidas na fase de conhecimento, se a decisão a seu respeito não comportar agravo de instrumento, não estão sujeitas à preclusão e, por conseguinte, podem ser suscitadas como preliminar de apelação (§ 1º do art. 1.009) ou nas contrarrazões. Neste último caso, é prevista a abertura de vista à outra parte para em 15 (quinze) dias manifestar-se a respeito delas (§ 2º do art. 1.010)" (Greco; Pinho, 2016, p. 368).

[6] Enunciado 355 do FPPC: (arts. 1.009, § 1º, e 1.046) "Se, no mesmo processo, houver questões resolvidas na fase de conhecimento em relação às quais foi interposto agravo retido na vigência do CPC/1973, e questões resolvidas na fase de conhecimento em relação às quais não se operou a preclusão por força do art. 1.009, § 1º, do CPC, aplicar-se-á ao recurso de apelação o art. 523, § 1º, do CPC/1973 em relação àquelas, e o art. 1.009, § 1º, do CPC em relação a estas".

4.1.2 Prazo para interposição

A interposição da apelação deve ocorrer no prazo de quinze dias (art. 1.003, § 5º), a contar da intimação da sentença, sempre por petição escrita, e pode ser interposta em cartório ou como dispuser a norma de organização judiciária, por fax ou outro sistema similar de transmissão, com observância do disposto na Lei n. 9.800/99. Nessas hipóteses, o recurso não será conhecido se houver discordância entre o teor do fax e o original apresentado.

Tal prazo pode sofrer alteração por força do disposto nos arts. 180, 183, 186 e 229.

A petição deverá conter a identificação das partes, o apelante e o apelado, e as razões de apelação, ou seja, as razões de inconformismo com a sentença, através da exposição do fato e do direito e do pedido de reforma ou de decretação de nulidade.

Ademais, deve trazer a indicação de *error in judicando, error in procedendo* ou ambos, sendo que as invocações devem guardar relação com a sentença e, se forem suscitadas novas questões de fato, cabe ao apelante demonstrar que a decisão apelada se revela injusta à luz dos elementos agora trazidos aos autos, conquanto pudesse estar em harmonia com o contexto em que o juiz *a quo* apreciou.

Pertinente ressaltar que é inepta a apelação quando o apelante não demonstra a exposição do fato, do direito e do pedido de reforma ou de decretação de nulidade ou quando deixa de impugnar, ainda que em tese, os argumentos da sentença[7].

A lei não contemplou a possibilidade de as razões de apelação serem oferecidas posteriormente no Tribunal. A fundamentação da apelação deve ser apresentada no momento da interposição do recurso, ainda que anexa à peça de interposição.

A tempestividade do recurso se dá por seu protocolo, e a apelação pode abarcar todo o conteúdo da decisão ou apenas parte dela, sendo que, se a parte não especificar, deve-se entender que a impugnação é feita de toda a decisão.

A competência para o julgamento do recurso está fixada na lei e, em caso de encaminhamento equivocado, quem a receber deve encaminhar ao órgão competente.

O recurso interposto deverá estar assinado por procurador habilitado, sendo que a falta de assinatura prejudica o recurso. Releva-se, porém, a omissão em subscrever as razões, caso a petição de interposição esteja assinada.

O Tribunal fica adstrito ao julgamento da matéria objeto de recurso, exceto se for questão de ordem pública, que poderá ser conhecida de ofício, independentemente de provocação da parte, a qualquer tempo e grau de jurisdição.

4.1.3 Efeitos da apelação

O recurso de apelação caracteriza-se por devolver ao Tribunal a matéria objeto do recurso. Esse efeito devolutivo é a manifestação direta do princípio dispositivo, cabendo ao apelante fixar os limites de seu recurso, e diz respeito tanto à extensão da matéria a ser conhecida pelo Tribunal, isto é, o que se submete, por força do recurso, ao julgamento do órgão *ad quem,* como também por sua profundidade, ou seja, com que material o órgão *ad quem* vai trabalhar para julgar.

A extensão do efeito devolutivo se caracteriza pela extensão da impugnação, a regra *tantum devolutum quantum appellatum,* devolvendo, via de regra, ao Tribunal toda a matéria efetivamente impugnada pelo apelante nas suas razões de recurso, relacionada ao conteúdo da sentença, não podendo

---

[7] Assim afirmou o STJ no REsp 1.320.527-RS, rel. Min. Nancy Andrighi, j. 23-10-2012 (*Informativo STJ*, n. 507), embora em relação à norma equivalente do art. 514 do CPC/73.

inovar na causa[8]. Tanto que, no sistema originário do CPC/73, se a sentença fosse terminativa, isto é, pusesse fim ao processo sem julgar o mérito, não era lícito ao órgão *ad quem*, ao dar provimento ao recurso, passar ao exame do mérito da causa.

O STJ[9], sob a égide do ordenamento passado, entendia que, no julgamento de apelação, a utilização de novos fundamentos legais pelo Tribunal para manter a sentença recorrida não viola o art. 515 do CPC/73, cujo *caput* possui o mesmo teor do atual art. 1.013, em atenção ao brocardo *mihi factum, dabo tibi jus* (dá-me o fato, que te darei o direito) e ao princípio *jura novit curia* (o juiz conhece o direito).

No entanto, deve ser aplicado aqui o art. 10 que garante o contraditório participativo e inibe a decisão-surpresa.

O atual art. 1.013, § 3º, amplia, entretanto, o alcance da norma do antigo art. 515, § 3º, não mais se restringindo a questões de direito para que o julgamento pelo Tribunal possa ser realizado de imediato[10]. Para que ele decida o mérito da causa desde logo, uma dentre as seguintes hipóteses deve estar presente:

1) o Tribunal irá reformar sentença terminativa, fundada no art. 485, CPC;

2) há nulidade a ser decretada na sentença, por ausência de congruência com os limites do pedido ou da causa de pedir;

3) a sentença foi omissa na análise de um dos pedidos, o qual será passível de julgamento pela Corte;

4) há nulidade a ser decretada na sentença, por falta de fundamentação (art. 11, *caput*).

Amplia-se, com isso, o efeito devolutivo da apelação. Para tanto, a apelação deve ser conhecida; caso contrário, estará exaurida a atividade cognitiva do órgão *ad quem*. Ademais, a sentença não deve conter vício totalmente invalidante, como, por exemplo, um juiz absolutamente incompetente, pois, nesse caso, o Tribunal devolverá a causa ao juiz competente. No caso de o vício ser parcialmente invalidante, como uma sentença *ultra petita*, pode o Tribunal corrigi-lo, com a mera supressão do excesso.

Por fim, a causa deve estar em condições imediatas de julgamento (teoria da causa madura), não havendo impedimento para o exame do mérito, isto é, que não se necessite mais produzir provas, desde que observado o contraditório[11].

Caracteriza-se, ainda, o efeito devolutivo da apelação pela impossibilidade de se inovar na causa em sede de apelação, sendo vedado à parte pedir ao órgão *ad quem* o que não pedira ao órgão *a quo* e pela proibição da *reformatio in pejus*.

---

[8] Majoritariamente a doutrina acolhe, na esteira do entendimento de José Carlos Barbosa Moreira, a impossibilidade de inovação de questões de fato na apelação, salvo a hipótese do art. 1.014. Nelson Nery Jr. diverge, argumentando ser cabível ação rescisória fundada em prova nova ou erro de fato, desde que comprovada inexistência de dolo.

[9] REsp 1.352.497-DF, rel. Min. Og Fernandes, j. 4-2-2014, *Informativo STJ*, n. 535.

[10] "Não houve, portanto, repetição do requisito previsto no vigente artigo 515, § 3º, do CPC/73, isto é, que se trate de matéria exclusivamente de direito. Esta expressão gera problemas e em boa hora foi suprimida. Manteve, no § 3º, a expressão: se a causa estiver em 'condições de imediato julgamento'. Deve-se entender, por essa expressão, a situação de o mérito ter sido discutido pelas partes em primeiro grau de jurisdição – ou, pelo menos, de se ter verificado o contraditório – a ponto de ser possível identificar, com clareza, qual é o quadro fático sobre o qual se funda o pedido" (Wambier et al., 2015a, p. 1450).

[11] Sobre o capítulo não impugnado pelo adversário do apelante, e que eventualmente a reforma pudesse significar prejuízo ao recorrente, incide a coisa julgada. Assim, não há se pensar em *reformatio in pejus*, já que qualquer providência dessa natureza esbarraria na *res iudicata*. Estar o processo em condições de imediato julgamento significa, em outras palavras, não apenas envolver o mérito da causa questão só de direito que se deve levar em conta, mas também a necessidade de cumprir o contraditório". REsp 1.909.451-SP, rel. Min. Luis Felipe Salomão, 4ª T., por unanimidade, j. 23-3-2021. *Informativo STJ* n. 690.

Há *reformatio in pejus* quando o órgão *ad quem*, no julgamento do recurso, profere decisão mais desfavorável ao recorrente, quantitativa ou qualitativamente. A decisão é qualitativamente desfavorável quando o Tribunal substitui a providência jurisdicional por outra, de teor diverso, menos vantajosa ao recorrente, e quantitativa quando se onera o recorrente com um *plus*, ou se lhe retira algo que fora concedido pelo órgão *a quo*.

A possibilidade de recurso adesivo, contudo, contrabalança a vedação à *reformatio in pejus*, uma vez que, em se tratando de sucumbência recíproca e havendo adesão, o litigante que interpõe o recurso principal assume o papel de recorrente e de recorrido, situação que não é diversa se a parte contrária tivesse interposto recurso independente.

A aplicação da teoria da causa madura, por sua vez, pode ser vista como uma *reformatio in pejus* excepcional ou extraordinária, uma vez que, dando provimento ao recurso, o Tribunal poderá julgar improcedente o pedido inicial[12].

Ademais, a regra é norma de ordem pública, de modo que, uma vez verificados os requisitos, o Tribunal a aplicaria de ofício, independentemente do requerimento da parte interessada.

O art. 1.013, § 4º, elenca disposição a harmonizar-se com os princípios da celeridade processual e eficiência, já que determina que o Tribunal, quando reformar sentença que reconheça prescrição ou decadência, julgará o mérito, se possível. O exame se estenderá, pois, a todas as demais questões, sem que o processo seja remetido de volta ao juízo *a quo*, evitando-se demora desnecessária na prestação jurisdicional.

O CPC admite, ainda, a possibilidade de existirem capítulos de mérito autônomos e independentes entre si em uma mesma sentença, restringindo o efeito devolutivo da apelação apenas à matéria que constar do capítulo impugnado no recurso.

Se um deles confirma, concede ou revoga tutela provisória, a indignação da parte deve ser levada ao Tribunal, portanto, por apelação, o que afasta eventuais questionamentos doutrinários acerca do recurso cabível contra concessão ou revogação de tutela no bojo da sentença.

Analisando, agora, a profundidade do efeito devolutivo, tem-se em que medida competirá ao Tribunal a apreciação do recurso de apelação, dentro dos limites da matéria impugnada. Como resulta do art. 1.013, §§ 1º e 2º, a devolução é amplíssima em profundidade, não se cingindo às questões resolvidas na sentença apelada[13].

As questões novas não podem ser suscitadas em sede de apelação, salvo no caso de recurso de terceiro prejudicado, que até então não havia participado do processo, ou se, tendo a mesma *causa petendi*, o apelante comprove que deixou de argui-la antes por motivo de força maior, por não ter ciência dela ou estar impedido, por motivo alheio à sua vontade, de comunicá-la ao juízo.

Provado o motivo de força maior, abre-se então a produção de prova do fato a que se refere a arguição. No caso de a prova ser documental, abre-se vista à parte contrária, em homenagem ao princípio do contraditório, para que se manifeste sobre a documentação juntada.

Já nos demais casos, aplica-se analogicamente o art. 972, podendo o Tribunal delegar a competência dos atos ao juiz da comarca onde se deva produzir a prova, com a fixação do prazo de um a três meses para devolução dos autos, quando a apelação deverá ser julgada pelo Tribunal.

Então, a princípio, o órgão julgador fica adstrito, no exame das questões de fato, ao material carreado nos autos, já posto à disposição do juízo inferior, mas não ao fundamento da causa. A apela-

---

[12] Cunha, 2014, p. 80.
[13] Enunciado 102 do FPPC: "O pedido subsidiário (art. 326) não apreciado pelo juiz – que acolheu o pedido principal – é devolvido ao tribunal com a apelação interposta pelo réu".

ção possui, então, função de controle, cabendo ao órgão *ad quem* corrigir eventuais erros cometidos pelo juízo inferior.

Contudo, a sentença apelada não é o objeto da atividade cognitiva do Tribunal. O órgão *ad quem*, desde que conheça da apelação, não julga a sentença, mas rejulga a matéria nela decidida e impugnada pelo apelante.

Há, ainda, como outro efeito da apelação, o suspensivo. Via de regra, a apelação é recebida no efeito suspensivo e no devolutivo, suspendendo-se os efeitos da sentença com sua recorribilidade. Originalmente, o Anteprojeto do CPC não previa esse efeito como regra na apelação. Contudo, após inúmeras discussões, na versão finalmente aprovada, retornou-se ao modelo do CPC/73[14].

Contudo, há hipóteses, previstas no art. 1.012, § 1º, nas quais o recurso possuirá apenas o efeito devolutivo. São elas:

I – homologação de divisão ou demarcação de terras;

II – condenação a pagar alimentos;

III – extinção sem resolução do mérito ou julgamento de improcedência dos embargos do executado;

IV – julgamento de procedência do pedido de instituição de arbitragem;

V – confirmação, concessão ou revogação de tutela provisória;

VI – decretação da interdição.

O dispositivo ressalva que outras hipóteses podem estar previstas em leis especiais. É o caso, por exemplo, da sentença que concede mandado de segurança, nos termos do art. 14, § 3º, da Lei n. 12.016/2009.

Ainda nesses casos em que a apelação não possui efeito suspensivo, pode o apelado pedir o cumprimento provisório, depois de publicada a sentença, ou pode o Tribunal da apelação atribuir tal efeito.

Para tanto, o pedido de concessão deve ser dirigido ou ao Tribunal, se entre a interposição e a distribuição, ou ao relator, se já distribuída a apelação.

A eficácia da sentença poderá ser suspensa se demonstrada a probabilidade de provimento do recurso ou se, sendo relevante a fundamentação, houver risco de dano grave ou de difícil reparação (art. 1.012, § 4º)[15].

4.1.4 Recebimento da apelação

Significativa alteração foi empreendida pela Lei n. 13.105/2015 ao tratar do recebimento da apelação. Pelo sistema do Código de Processo Civil anterior, ao juízo *a quo* competia controlar a admissibilidade do recurso de apelação, embora sem se pronunciar sobre seu mérito.

Agora, porém, muito embora seja a interposição do recurso feita por petição dirigida ao juízo de primeiro grau, prolator da decisão guerreada, este não mais procederá a qualquer exame dos requisitos de admissibilidade da apelação.

Nesse sentido dispõe o art. 1.010, § 3º. Intimado o apelado para apresentar contrarrazões em quinze dias, e intimado o apelante se aquele interpuser apelação adesiva, os autos são remetidos ao Tribunal, pelo juiz, "independentemente de juízo de admissibilidade", nas palavras da Lei.

---

[14] Enunciado n. 134 da II Jornada de Direito Processual Civil da ENFAM: A apelação contra a sentença que julga improcedentes os embargos ao mandado monitório não é dotada de efeito suspensivo automático (art. 702, § 4º, e 1.012, § 1º, V, CPC).

[15] Enunciado 423 do FPPC: (arts. 311; 995, parágrafo único; 1.012, § 4º; 1.019, I; 1.026, § 1º; 1.029, § 5º) "Cabe tutela de evidência recursal".

Consequência direta da nova disposição processual reside na supressão do agravo de instrumento que, até então, era o recurso utilizado para combater a decisão do juízo *a quo* que nega seguimento à apelação.

O processo, portanto, apresenta ganhos em termos de celeridade e economia dos atos processuais, uma vez que, na prática, o Tribunal acabava analisando o caso, por uma via ou outra. Agora, ele o fará de imediato, dispensando trabalho extra do magistrado de piso.

Chegando à Corte o recurso, serão examinados os requisitos intrínsecos e extrínsecos de admissibilidade, dos quais se tratou em momento prévio desta obra (item 3.9 *supra*). À sua falta, o Tribunal não recebe a apelação, transitando em julgado a sentença apelada.

Nos casos de a apelação ser recebida apenas no efeito devolutivo (hipóteses do art. 1.012, § 1º), o apelado poderá promover a execução provisória da sentença, enquanto o Tribunal procede ao julgamento do mérito do recurso.

Destaque-se que essa hipótese não se confunde com o não recebimento da apelação, uma vez que, se não for recebido o recurso, ocorrerá o trânsito em julgado da sentença, podendo-se iniciar a execução definitiva.

Contudo, o apelante poderá requerer ao relator a concessão de efeito suspensivo à sua apelação, nos termos do art. 995, parágrafo único.

Caso ambas as partes tenham apelado, o prazo de quinze dias para resposta é autônomo.

Nas contrarrazões, embora haja semelhança com a contestação, não é necessária a impugnação específica dos fatos e é dispensável que se reiterem todos os pedidos e defesas que já se processaram nos autos.

Se, além das contrarrazões, ocorrer a adesão, isto é, a interposição do recurso adesivo pela parte contrária, o que ocorre nos mesmos quinze dias do prazo para contra-arrazoar o recurso de apelação, deve ser aberta vista à outra parte, para contra-arrazoar a apelação adesiva, nos moldes do art. 1.010, § 2º.

Recebido o recurso pelo Tribunal, sua distribuição será imediata, observando-se as regras de prevenção e disposições do Regimento Interno.

Incide aqui, também, a ordem cronológica de conclusão prevista no art. 12.

Ao relator cabe decidir monocraticamente no caso dos incisos III a V do art. 932, também já analisado, hipóteses relacionadas à manutenção de um sistema coeso e uniforme em seus precedentes jurisdicionais[16].

Não sendo caso de nenhuma delas, o relator elabora seu voto para, em seguida, levar a apelação a julgamento no órgão colegiado[17].

4.2 AGRAVO

O agravo no CPC é uma nomenclatura utilizada para diversas situações, havendo o agravo de instrumento e o agravo interno.

O agravo de instrumento é diretamente apresentado ao órgão *ad quem*, mediante petição, instruído com as peças arroladas no art. 1.017 do CPC, e é utilizado quando verificada alguma das hipóteses de cabimento do art. 1.015.

---

[16] Enunciado 592 do FPPC: (arts. 932, V; 1.019) "Aplica-se o inciso V do art. 932 ao agravo de instrumento".
[17] Assis, 2016, p. 355.

O agravo interno, que não possuía regulamentação sistematizada na vigência do Código de 1973, vem tratado no art. 1.021 do CPC, sendo cabível contra decisão proferida pelo relator, levando a questão ao julgamento do órgão colegiado[18].

O agravo não pode ser confundido com o pedido de reconsideração, que não é recurso, e, portanto, não suspende e nem interrompe o prazo recursal. O pedido de reconsideração deve preencher todos os requisitos formais do agravo (fundamentação, pedido de nova decisão e indicação de peças) e é dirigido ao juiz que proferiu a decisão.

Anote-se, por fim, que o novo Código extirpa do ordenamento brasileiro a figura do agravo retido, o qual, sob a égide do Diploma predecessor, era a regra geral para a modalidade recursal dos agravos.

Atualmente, as decisões não passíveis de agravo de instrumento não restarão preclusas, já que poderão ser todas impugnadas por ocasião de interposição do recurso de apelação da sentença.

4.2.1 Prazo para interposição

O prazo para interposição do agravo, seja ele de instrumento ou interno, é de quinze dias, nos termos do art. 1.003, § 5º.

Sublinhe-se que o CPC uniformiza o regramento dos prazos recursais em quinze dias, apenas excetuando os embargos de declaração, a serem adiante tratados.

Desse modo, deixa de existir a distinção de prazos que, sob a égide do CPC/73, impunha dez e cinco dias para os agravos de instrumento e interno, respectivamente.

Ressalta-se, ainda, que, em qualquer dos casos, possuem prazo em dobro para recorrer o Ministério Público, seja como parte, terceiro prejudicado ou fiscal da lei (art. 180); a Fazenda Pública (art. 183) e a Defensoria Pública (art. 186).

4.2.2 Efeitos do agravo

A nova sistemática, como já elucidado, dispõe que os recursos, em regra, produzem efeito meramente devolutivo, salvo disposição legal ou decisão judicial em sentido contrário (art. 995).

Assim, como regra, o agravo não é dotado de efeito suspensivo, embora o art. 995, parágrafo único, preveja a possibilidade de se atribuir efeito suspensivo, através de pedido direcionado ao relator, quando da produção imediata de efeitos pela decisão haja risco de dano grave, de difícil ou impossível reparação, devendo estar demonstrada a probabilidade de provimento do recurso.

Há de se observar, portanto, que não basta ser possível a procedência, uma vez que, em abstrato, sempre existe essa possibilidade. A Lei exige um juízo de maior certeza, dada a excepcionalidade da concessão de efeito suspensivo.

Em virtude da ausência, em regra, do efeito suspensivo, pode ocorrer, por vezes, incompatibilidade entre a sentença e o acórdão que julgará o agravo de instrumento.

O STJ, no *Informativo* n. 106, acolheu entendimento de que, nesses casos, a sentença seria nula, por vício *a posteriori*[19]. Parece que a hipótese seria, se tanto, de ineficácia.

Por outro lado, é defensável a tese de que o Tribunal poderia, quando do julgamento da apelação da sentença, converter o processo em diligências a fim de efetuar o saneamento do feito. Nesse

---

[18] Gajardoni et al., 2017, p. 1103.
[19] STJ, 3ªT., REsp 187.442-DF, rel. Min. Ari Pargendler, j. 27-8-2001, *Informativo STJ*, n. 106.

sentido, o art. 932, I, elenca como uma das atribuições do relator a incumbência da produção probatória.

Sob um outro ângulo, é possível ainda concluir, como já ocorria na vigência do Código anterior, que, caso sobrevenha sentença, o julgamento do agravo restará prejudicado, privilegiando o juízo realizado em cognição exauriente em detrimento da cognição sumária em sede do agravo.

Obviamente que toda essa discussão pode ser evitada se o juiz, ao tomar conhecimento da pendência de julgamento de agravo na instância superior, já estando o feito concluso, suspende o processo, aplicando-se por analogia o art. 313, V.

4.2.3 Agravo de instrumento

Não obstante o art. 1.009 institua como regra o fim da preclusão das decisões interlocutórias, há casos em que as mesmas devem ser impugnadas de imediato. O instrumento hábil a tal empreendimento nada mais é do que o agravo em sua modalidade de instrumento.

Em rol taxativo[20], o art. 1.015 encabeça o tratamento legislativo da matéria, estipulando que o recurso deve ser manejado contra decisões interlocutórias nas hipóteses previstas nesse dispositivo.

Ressalte-se que, num primeiro momento, diante da ideia de taxatividade absoluta, o STJ[21] chegou a admitir mandado de segurança para as hipóteses não previstas, expressamente, no rol. Contudo, após a relativização do entendimento inicial, a via mandamental foi desautorizada pelo tribunal[22].

Da leitura do art. 1.015, identificamos as seguintes hipóteses de cabimento de agravo de instrumento:

1) tutelas provisórias[23-24-25-26-27];

---

[20] Num primeiro momento, o STJ chegou a admitir mandado de segurança para as hipóteses não previstas, taxativamente, no rol (julgados em 5-12-2018, DJe 19-12-2018, Tema 988, *Informativo STJ*, n. 636).

[21] "Na vigência do novo Código de Processo Civil, é possível a impetração de mandado de segurança, em caso de dúvida razoável sobre o cabimento de agravo de instrumento, contra decisão interlocutória que examina competência" (RMS 58.578-SP, rel. Min. Raul Araújo, por unanimidade, j. 18-10-2018, DJe 25-10-2018, *Informativo STJ*, n. 636).

[22] Conquanto seja excepcionalmente admissível a impugnação de decisões judiciais *lato sensu* por mandado de segurança, não é admissível, nem mesmo excepcionalmente, a impugnação de decisões interlocutórias por mandado de segurança após a tese firmada no tema repetitivo 988. RMS 63.202-MG, rel. Min. Marco Aurélio Bellizze, rel. Acd. Min. Nancy Andrighi, 3ª T., por maioria, j. 1º-12-2020, DJe 18-12-2020. *Informativo STJ* n. 684.

[23] Enunciado CJF n. 70: "É agravável o pronunciamento judicial que postergar a análise de pedido de tutela provisória ou condicioná-la a qualquer exigência".

[24] O conceito de "decisão interlocutória que versa sobre tutela provisória", previsto no art. 1.015, I, do CPC, abrange as decisões que examinam a presença ou não dos pressupostos que justificam o deferimento, indeferimento, revogação ou alteração da tutela provisória e, também, as decisões que dizem respeito ao prazo e ao modo de cumprimento da tutela, a adequação, suficiência, proporcionalidade ou razoabilidade da técnica de efetivação da tutela provisória e, ainda, a necessidade ou dispensa de garantias para a concessão, revogação ou alteração da tutela provisória (REsp 1.752.049-PR, rel. Min. Nancy Andrighi, por unanimidade, j. 12-3-2019, DJe 15-3-2019, *Informativo STJ*, n. 644).

[25] A decisão interlocutória que majora a multa fixada para a hipótese de descumprimento de decisão antecipatória de tutela anteriormente proferida é recorrível por agravo de instrumento. REsp 1.827.553-RJ, rel. Min. Nancy Andrighi, 3ª T., por unanimidade, j. 27-8-2019, DJe 29-8-2019. *Informativo STJ* n. 655.

[26] "A decisão interlocutória que indefere o pedido de suspensão do processo em razão de questão prejudicial externa não equivale à tutela provisória de urgência de natureza cautelar e, assim, não é recorrível por agravo de instrumento. REsp 1.759.015-RS, rel. Min. Nancy Andrighi, 3ª T., por unanimidade, j. 17-9-2019, DJe 20-9-2019. *Informativo STJ* 656.

[27] Enunciado n. 200 da III Jornada de Direito Processual Civil CJF/ENFAM: Cabe agravo de instrumento da decisão interlocutória que determinar a emenda da petição inicial da ação monitória, para adequação ao procedimento comum, por ser decisão interlocutória de indeferimento de tutela da evidência.

2) mérito do processo[28-29-30-31-32];

3) rejeição da alegação de convenção de arbitragem;

4) incidente de desconsideração da personalidade jurídica (arts. 133 a 137 do CPC);

5) rejeição do pedido de gratuidade de justiça ou acolhimento do pedido de sua revogação[33];

6) exibição ou posse de documento ou coisa[34-35];

7) exclusão de litisconsorte[36];

8) rejeição do pedido de limitação do litisconsórcio;

9) admissão ou inadmissão de intervenção de terceiros[37];

---

[28] Enunciado 611 do FPPC: (arts. 1.015, II; 1.009, §§ 1º e 2º; 354, parágrafo único; 356, § 5º; 485; 487) "Na hipótese de decisão parcial com fundamento no art. 485 ou no art. 487, as questões exclusivamente a ela relacionadas e resolvidas anteriormente, quando não recorríveis de imediato, devem ser impugnadas em preliminar do agravo de instrumento ou nas contrarrazões".

[29] A decisão interlocutória que afasta a alegação de prescrição é recorrível, de imediato, por meio de agravo de instrumento (REsp 1.738.756-MG, rel. Min. Nancy Andrighi, por unanimidade, j. 19-2-2019, DJe 22-2-2019, Informativo STJ, n. 643). Na mesma linha de raciocínio: cabe agravo de instrumento, nos termos do art. 1.015, II, do CPC, contra decisão interlocutória que fixa data da separação de fato do casal para efeitos da partilha dos bens (REsp 1.798.975-SP, rel. Min. Nancy Andrighi, por unanimidade, j. 2-4-2019, DJe 4-4-2019, Informativo STJ, n. 645).

[30] Contudo, não é cabível agravo de instrumento contra decisão que indefere pedido de julgamento antecipado do mérito por haver necessidade de dilação probatória, justamente pelo fato de que tal decisão não se amolda ao tipo do art. 1.015, inciso II. Nesse sentido: AgInt no AREsp 1.411.485-SP, rel. Min. Marco Aurélio Bellizze, 3ª T., por unanimidade, j. 1º-7-2019, DJe 6-8-2019. Informativo STJ n. 653.

[31] "Cabe agravo de instrumento contra a decisão interlocutória que acolhe ou afasta a arguição de impossibilidade jurídica do pedido. A possibilidade jurídica do pedido após o CPC, pois, compõe uma parcela do mérito em discussão no processo, suscetível de decomposição e que pode ser examinada em separado dos demais fragmentos que o compõem, de modo que a decisão interlocutória que versar sobre essa matéria, seja para acolher a alegação, seja também para afastá-la, poderá ser objeto de impugnação imediata por agravo de instrumento com base no art. 1.015, II, CPC." REsp 1.757.123-SP, rel. Min. Nancy Andrighi, 3ª T., por unanimidade, j. 13-8-2019, DJe 15-8-2019. Informativo STJ n. 654.

[32] É cabível agravo de instrumento contra decisão interlocutória que julga procedente, total ou parcialmente, a primeira fase da ação de exigir contas. REsp 2.105.946-SP, rel. Min. Nancy Andrighi, 3ª T., por unanimidade, j. 11-6-2024, DJe 14-6-2024. Informativo STJ n. 816.

[33] Enunciado 612 do FPPC: (arts. 1.015, V; 98, §§ 5º e 6º) "Cabe agravo de instrumento contra decisão interlocutória que, apreciando pedido de concessão integral da gratuidade da Justiça, defere a redução percentual ou o parcelamento de despesas processuais".

[34] O art. 1.015, VI, do CPC abrange a decisão interlocutória que versa sobre a exibição do documento em incidente processual, em ação incidental ou, ainda, em mero requerimento formulado no bojo do próprio processo. REsp 1.798.939-SP, rel. Min. Nancy Andrighi, 3ª T., por unanimidade, j. 12-11-2019, DJe 21-11-2019. Informativo STJ n. 661.

[35] É cabível a interposição de agravo de instrumento contra decisões que versem sobre o mero requerimento de expedição de ofício para apresentação ou juntada de documentos ou coisas, independentemente da menção expressa ao termo "exibição" ou aos arts. 396 a 404 do CPC. REsp 1.853.458-SP, rel. Min. Regina Helena Costa, 1ª T., por unanimidade, j. 22-2-2022, DJe 2-3-2022. Informativo STJ n. 726.

[36] "Agravo de instrumento. Art. 1.015, VII, do CPC. Pedido de exclusão de litisconsorte. Decisão interlocutória de indeferimento. Irrecorribilidade imediata. Não cabe agravo de instrumento contra decisão de indeferimento do pedido de exclusão de litisconsorte" (REsp 1.724.453-SP, rel. Min. Nancy Andrighi, por unanimidade, j. 19-3-2019, DJe 22-3-2019, Informativo STJ, n. 644).

[37] Tratando-se de decisão interlocutória com duplo conteúdo é possível estabelecer como critérios para a identificação do cabimento do recurso: (i) o exame do elemento que preponderar na decisão; (ii) o emprego da lógica do antecedente-consequente e da ideia de questões prejudiciais e de questões prejudicadas; (iii) o exame do conteúdo das razões recursais apresentadas pela parte irresignada. Em trecho de seu voto, a Min. Nancy Andrighi assim resumiu a questão: "Em síntese, por qualquer ângulo que se examine a controvérsia, conclui-se que a decisão que versa sobre a admissão ou inadmissão de terceiro é recorrível de imediato por agravo de instrumento fundado no art. 1.015, IX, do CPC, ainda que da intervenção resulte modificação ou não da competência, que, nesse contexto, é uma decorrência lógica, evidente e automática do exame da questão principal" (STJ, 3ª T., REsp 1.797.991-PR, rel. Min. Nancy Andrighi, j. 18-6-2019. Disponível em: www.stj.jus.br. Acesso em: 27 jun. 2019).

10) concessão, modificação ou revogação do efeito suspensivo aos embargos à execução[38-39];

11) redistribuição do ônus da prova[40], consoante art. 373, § 1º[41];

12) outros casos previstos expressamente em lei[42].

Com relação a previsão do cabimento de agravo de instrumento em outros Diplomas, o Superior Tribunal de Justiça já decidiu ser cabível a interposição de agravo de instrumento contra todas as decisões interlocutórias proferidas em ação civil pública, aplicando-se por analogia o art. 19 da ação popular[43], o que acabou sendo estendido às decisões proferidas em ações de improbidade administrativa[44].

Por outro lado, o STJ vem negando o cabimento de agravo de instrumento contra decisões interlocutórias específicas tais como aquela que, na segunda fase da ação de prestação de contas defere providências instrutórias[45] e a que aplica a multa na hipótese do art. 334, § 8º, do CPC[46].

O STJ decidiu, com efeitos vinculantes, acerca do cabimento de agravo de instrumento de todas as decisões interlocutórias proferidas no processo de recuperação judicial e no processo de falência[47].

---

[38] Observe-se que é admissível a interposição de agravo de instrumento contra decisão que não concede efeito suspensivo aos embargos à execução. É preciso ter em conta a necessária combinação dos incisos I e X do art. 1.015 do CPC. Cabível, pois, a interpretação extensiva, tendo em vista a natureza de tutela provisória no caso concreto (REsp 1.694.667-PR, rel. Min. Herman Benjamin, por unanimidade, j. 5-12-2017, DJe 18-12-2017). No mesmo sentido: Enunciado CJF n. 71: "É cabível o recurso de agravo de instrumento contra a decisão que indefere o pedido de atribuição de efeito suspensivo a Embargos à Execução, nos termos do art. 1.015, X, do CPC".

[39] Enunciado 743 FPPC: (arts. 1.015, I e X, 919, § 1º) "Cabe agravo de instrumento contra a decisão que indefere o pedido de efeito suspensivo a embargos à execução, nos termos dos incisos I e X do art. 1.015, do CPC" (Grupo: Execução (incluindo cumprimento de sentença); XII FPPC-Brasília).

[40] Mas não contra decisão que indefere pedido de produção de prova. Nesse sentido: As decisões interlocutórias sobre a instrução probatória não são impugnáveis por agravo de instrumento ou pela via mandamental, sendo cabível a sua impugnação diferida pela via da apelação. RMS 65.943-SP, rel. Min. Mauro Campbell Marques, 2ª T., por unanimidade, j. 26-10-2021. Informativo STJ n. 715.

[41] Interessante notar que o STJ já entendeu no sentido de que esse inciso deve ser interpretado de forma extensiva: Em síntese, o agravo de instrumento deve ser admitido não apenas na hipótese de decisão interlocutória que defere ou que indefere a distribuição dinâmica do ônus da prova, mas, igualmente, na hipótese de decisão interlocutória que defere ou que indefere quaisquer outras atribuições do ônus da prova distintas da regra geral, desde que se operem *ope judicis* e mediante autorização legal" (REsp 1.729.110-CE, rel. Min. Nancy Andrighi, por unanimidade, j. 2-4-2019, DJe 4-4-2019, Informativo STJ, n. 645).

[42] Diogo Almeida lembra várias hipóteses nas quais também caberá agravo de instrumento, em razão de previsão legal explícita ou implícita, por exemplo nas causas de extinção do processo sem resolução de mérito ou quando há resolução do mérito apenas quanto a um dos pedidos, e o regular prosseguimento do feito quanto aos demais até o momento da sentença, observado o art. 354, parágrafo único (Almeida, 2019, p. 231).

[43] Recurso Especial n. 1.828.295/MG, 1ªT., rel. Min. Sergio Kukina, publicado em 20-2-2020.

[44] Improbidade administrativa. Decisão interlocutória que indefere pedido de depoimento pessoal. Agravo de instrumento. Cabimento. Prevalência de previsão contida na Lei da Ação Popular sobre o artigo 1.015 do CPC. Microssistema de tutela coletiva. Aplica-se à ação de improbidade administrativa o previsto no artigo 19, § 1º, da Lei da Ação Popular, segundo o qual das decisões interlocutórias cabe agravo de instrumento. REsp 1.925.492-RJ, rel. Min. Herman Benjamin, 2ª T., por unanimidade, j. 4-5-2021. Informativo STJ n. 695.

[45] "A decisão interlocutória que, na segunda fase da ação de prestação de contas, defere a produção de prova pericial contábil, nomeia perito e concede prazo para apresentação de documentos, formulação de quesitos e nomeação de assistentes, não é imediatamente recorrível por agravo de instrumento." REsp 1.821.793-RJ, rel. Min. Nancy Andrighi, 3ªT., por unanimidade, j. 20-8-2019, DJe 22-8-2019. Informativo STJ n. 654.

[46] "Não cabe agravo de instrumento contra a decisão que aplica multa por ato atentatório à dignidade da justiça pelo não comparecimento à audiência de conciliação." REsp 1.762.957-MG, rel. Min. Paulo de Tarso Sanseverino, 3ªT., por unanimidade, j. 10-3-2020, DJe 18-3-2020. Informativo STJ n. 668.

[47] Para propiciar segurança jurídica e proteger as partes que, confiando na irrecorribilidade das decisões interlocutórias fora das hipóteses de cabimento previstas na Lei n. 11.101/2005, não interpuseram agravo de instrumento com base no art. 1.015, pará-

O STJ[48] também já admitiu cabimento de agravo de instrumento para impugnar decisão que define a competência, sob o argumento da taxatividade limitada do rol previsto nesse dispositivo.

O inciso XIII do art. 1.015 encontra especial relevo na Lei n. 14.230/2021, que alterou drasticamente as disposições da Lei n. 8.429/92, e criou novas hipóteses de cabimento de agravo de instrumento em matéria de improbidade administrativa. São elas:

a) Decisão que deferir ou indeferir a medida relativa à indisponibilidade de bens (art. 16, § 9º);

b) Decisão que rejeitar questões preliminares suscitadas pelo réu em sua contestação (art. 17, § 9º-A);

c) Decisão que converter a ação de improbidade em ação civil pública (art. 17, § 17);

d) Demais decisões interlocutórias no curso da ação de improbidade (art. 17, § 21)

Como se vê, bastaria o legislador ter inserido o § 21, que obviamente abrange as demais hipóteses, salvo a do § 9º-A, que representa inovação no ordenamento pátrio.

Ademais, o parágrafo único do art. 1.015 do CPC admite a interposição de agravo de instrumento contra todas as decisões interlocutórias[49] proferidas em liquidação de sentença ou em cumprimento de sentença[50], no processo de execução e no de inventário. Contudo, não são agraváveis as decisões de mero expediente, por certo, e como já pontuado pelo STJ[51].

À primeira vista, o parágrafo único parece trazer também um pequeno rol taxativo de hipóteses. Contudo, tem prevalecido o entendimento no sentido de viabilizar interpretação extensiva[52], tanto na doutrina[53] como na jurisprudência[54], apesar de entendimento contrário já ter sido acolhido no seio do próprio STJ[54], em oportunidade anterior.

---

grafo único, do CPC, faz-se necessário estabelecer que: (i) as decisões interlocutórias que não foram objeto de recurso de agravo de instrumento poderão ser objeto de impugnação pela parte em eventual e hipotética apelação ou em contrarrazões, como autoriza o art. 1.009, § 1º, do CPC, se entender a parte que ainda será útil o enfrentamento da questão incidente objeto da decisão interlocutória naquele momento processual; (ii) que a presente tese jurídica vinculante deverá ser aplicada a todas as decisões interlocutórias proferidas após a publicação do acórdão que fixou a tese e a todos os agravos de instrumento interpostos antes da fixação da tese e que ainda se encontrem pendentes de julgamento ao tempo da publicação deste acórdão, excluindo-se aqueles que não foram conhecidos por decisão judicial transitada em julgado. REsp 1.717.213-MT, rel. Min. Nancy Andrighi, 2ª S., por unanimidade, j. 3-12-2020, DJe 10-12-2020 (Tema 1022). Informativo STJ n. 684.

[48] EREsp 1.730.436-SP, rel. Min. Laurita Vaz, Corte Especial, por unanimidade, j. 18-8-2021. Informativo STJ n. 705.

[49] "O art. 1.015, parágrafo único, do CPC prevê que haverá ampla e irrestrita recorribilidade de todas as decisões interlocutórias, quer seja porque a maioria dessas fases ou processos não se findam por sentença e, consequentemente, não haverá a interposição de futura apelação, quer seja em razão de as decisões interlocutórias proferidas nessas fases ou processos possuírem aptidão para atingir, imediata e severamente, a esfera jurídica das partes. Tem-se, portanto, que é absolutamente irrelevante investigar, nessas hipóteses, se o conteúdo da decisão interlocutória se amolda ou não às hipóteses previstas no caput e incisos do art. 1.015 do CPC." REsp 1.803.925-SP, rel. Min. Nancy Andrighi, Corte Especial, por unanimidade, j. 1º-8-2019, DJe 6-8-2019. Informativo STJ n. 653.

[50] Na fase de cumprimento de sentença, não há óbice à interposição direta do recurso de agravo de instrumento contra decisão que determina a penhora de bens sem a prévia utilização do procedimento de impugnação previsto no art. 525, § 11, do CPC/2015. REsp 2.023.890-MS, rel. Min. Nancy Andrighi, 3ª T., por unanimidade, j. 25-10-2022, DJe 27-10-2022, Informativo STJ n. 757.

[51] Cumprimento de sentença. Intimação do executado para pagamento, sob pena de multa e fixação de honorários. Despacho de mero expediente. Agravo de instrumento. Descabimento. REsp 1.837.211-MG, rel. Min. Moura Ribeiro, 3ª T., por unanimidade, j. 9-3-2021, DJe 11-3-2021, Informativo STJ n. 688.

[52] A hipótese de suspensão do processo é encartável, em nossa opinião, no art. 1.015, parágrafo único: lá estão, exemplificadamente, as hipóteses que ensejam o cabimento do agravo de instrumento porque não haveria apelação. Nesse caso, se a decisão for mantida, não será nem mesmo proferida a sentença. (Alvim, 2020, p. 159).

[53] Enunciado CJF n. 69: "A hipótese do art. 1.015, parágrafo único, do CPC abrange os processos concursais, de falência e recuperação".

[54] É cabível a interposição de agravo de instrumento contra decisões interlocutórias em processo falimentar e recuperacional,

Com isso, revela a Lei uma opção por um cotejo mais flexível da regra de irrecorribilidade das decisões dessa natureza[56].

Não obstante, parte da doutrina[57] advoga a tese do cabimento de outras hipóteses não previstas nos incisos do *caput*, ainda que por interpretação extensiva[58], ou mesmo naquelas implícitas[55] [59].

O inciso XII, que abordava a possibilidade de impugnação por agravo de instrumento da decisão que determinasse a conversão da ação individual em ação coletiva, foi vetado, em decorrência do veto imposto ao art. 333, que tratava do tema.

Quanto ao procedimento, o agravo de instrumento é diretamente endereçado ao próprio Tribunal.

A petição de interposição deve conter todos os requisitos do art. 1.016:

a) nomes das partes;

b) exposição dos fatos e do direito;

c) as razões do pedido de reforma ou invalidação (no caso de nulidade) da decisão;

d) e o nome e o endereço completo dos advogados constantes no processo.

Ademais, a petição deve ser instruída (art. 1.017):

a) obrigatoriamente, com cópias da petição inicial, da contestação, da petição que ensejou a decisão agravada, da própria decisão agravada, da certidão da respectiva intimação ou outro documento oficial que comprove a tempestividade e das procurações outorgadas aos advogados do agravante e do agravado;

b) facultativamente, com outras peças que o agravante reputar úteis;

c) com declaração de inexistência de qualquer dos documentos referidos no inciso I, feita pelo advogado do agravante, sob pena de sua responsabilidade pessoal; e

d) com o comprovante do pagamento das respectivas custas e do porte de retorno, quando devidos, conforme tabela publicada pelos tribunais.

É dever do agravante formar o instrumento, enumerando todas as peças e documentos que acompanham a minuta do recurso, quando de sua interposição, de sorte a evitar o extravio das peças, sob pena de não conhecimento do agravo pelo Tribunal, por ausência de pressuposto de admissibilidade. A isso se chama regularidade formal.

A ausência de juntada das peças essenciais, previstas no art. 1.017, impede o conhecimento do recurso. Contudo, o § 3º determina a aplicação da regra do art. 932, parágrafo único, por meio da qual o relator, antes de considerar inadmissível o agravo, concederá prazo de cinco dias para que o agravante sane o vício ou complemente a documentação exigida[60].

---

ainda que não haja previsão específica de recurso na Lei n. 11.101/2005 (REsp 1.722.866-MT, rel. Min. Luis Felipe Salomão, por unanimidade, j. 25-9-2018, *DJe* 19-10-2018).

[55] "Não cabe agravo de instrumento contra decisão do juiz que determina a elaboração dos cálculos judiciais e estabelece os parâmetros de sua realização" (REsp 1.700.305-PB, rel. Min. Herman Benjamin, por unanimidade, j. 25-9-2018, *DJe* 27-11-2018).

[56] Assis, 2016, p. 613.

[57] Marinoni; Arenhart; Mitidiero, 2015, p. 534.

[58] Fredie Didier Jr. e Leonardo Carneiro da Cunha defendem a possibilidade da interpretação extensiva para incluir a possibilidade de se impugnar por agravo de instrumento a decisão que versa sobre competência no processo de conhecimento, utilizando o mesmo raciocínio de processualistas penais sobre a interpretação extensiva no recurso em sentido estrito (Didier Jr.; Cunha, 2015, p. 4).

[59] Cabe agravo de instrumento contra alegações de incompetência, embora não previsto expressamente no rol do artigo 1.015 do CPC. É que o próprio CPC diz, no § 3º do art. 64, que as alegações de incompetência deverão ser decididas "imediatamente" (STJ, REsp 1.679.909-RS, rel. Min. Luis Felipe Salomão, j. 14-11-2017).

[60] O STJ, ao rever seu posicionamento – sob o regime do art. 543-C do CPC/73 e Res. n. 8/2008-STJ, firmou o entendimento de que a ausência de peças facultativas no ato de interposição do agravo de instrumento, ou seja, aquelas consideradas necessárias

O agravante deverá juntar, ainda, com a petição de interposição do recurso, a prova de pagamento das custas do preparo e do porte de retorno do instrumento, quando isso for exigível.

Prestigiando o princípio da instrumentalidade do processo, o STJ[61] já vinha entendendo que a ausência da cópia da certidão de intimação da decisão agravada não era óbice ao conhecimento do agravo de instrumento quando, por outros meios inequívocos, fosse possível aferir a tempestividade do recurso. A regra, agora, consta expressa do inciso I.

O agravo de instrumento pode ser interposto:

a) com o protocolo no órgão *ad quem*;

b) através de protocolo realizado na própria comarca, seção ou subseção judiciárias;

c) com a postagem nos correios, sob registro, com aviso de recebimento;

d) pela transmissão de dados tipo fac-símile, nos termos da lei; ou

e) por outro meio indicado em lei.

Tais disposições, constantes do § 2º do art. 1.017, denotam a intenção da Lei n. 13.105/2015 de facilitar o acesso aos Tribunais, a partir dos pontos mais diversos e distantes de suas sedes. Prestigia-se, com isso, o acesso à justiça, tornando-o mais efetivo e concreto.

No caso de ser entregue diretamente no Tribunal, deve ser protocolado até o fechamento do expediente. Já pelos correios, a prova de interposição do agravo, como de sua tempestividade, se faz pelo recibo de remessa ou pelo protocolo de aviso de recebimento.

A postagem simples não invalida o recurso, mas não traz ao agravante comprovante de sua tempestividade, que se afere pela data aposta no recibo dos correios, e não pela chegada do recurso ao Tribunal.

Tendo ocorrido a transmissão de dados por sistema fac-símile ou similar, é imperiosa a juntada das peças, obrigatórias ou facultativas, quando do superveniente protocolo da petição original física.

Sendo físico o processo, deve o agravante comunicar nos autos principais a interposição do recurso, para que o próprio órgão *a quo* saiba que sua decisão foi agravada.

Caso não haja tal comunicado, pode o agravado arguir e provar tal questão, o que levará à inadmissibilidade do agravo. Ao ser comunicado, o magistrado poderá, por outro lado, se retratar da decisão, caso em que ficará prejudicado o agravo (art. 1.018, §§ 1º a 3º)[62].

A regra, contudo, consta do *caput* do art. 1.018, sendo voltada para o processo eletrônico, prevalente na atualidade. Nesses casos, é faculdade, e não obrigação, do agravante requerer a juntada da petição de comunicação da interposição do recurso ao juízo *a quo*.

Recebido o agravo no Tribunal, ele será distribuído a um relator, cabendo aos Regimentos Internos dos Tribunais disciplinar a matéria.

Concluso a um relator, não sendo caso do art. 932, III e IV, cabe-lhe, em cinco dias, tomar as providências do art. 1.019, a saber:

à compreensão da controvérsia (art. 525, II, do CPC/73, atual art. 1.017, III), não enseja a inadmissão liminar do recurso, devendo ser oportunizada ao agravante a complementação do instrumento (STJ, REsp 1.102.467-RJ, rel. Min. Massami Uyeda, j. 2-5-2012, *Informativo STJ*, n. 496). Ou seja, mesmo antes do novo Código, o Superior Tribunal já se inclinava à disposição agora expressamente adotada no art. 1.017, § 3º, c/c o art. 932, parágrafo único.

[61] REsp 1.409.357-SC, rel. Min. Sidnei Beneti, j. 14-5-2014, *Informativo STJ*, n. 541.

[62] Enunciado CJF 73: "Para efeito de não conhecimento do agravo de instrumento por força da regra prevista no § 3º do art. 1.018 do CPC, deve o juiz, previamente, atender ao art. 932, parágrafo único, e art. 1.017, § 3º, do CPC, intimando o agravante para sanar o vício ou complementar a documentação exigível".

a) o relator poderá atribuir efeito suspensivo ao agravo de instrumento ou deferir, total ou parcialmente, a pretensão recursal, comunicando sua decisão ao juiz da causa (inciso I)[63];

b) em seguida, deverá ser intimado o agravado, que terá o prazo de quinze dias para responder, podendo juntar as peças que considerar convenientes (inciso II);

c) será, então, ouvido o Ministério Público, para que se manifeste, também em quinze dias, e os autos serão conclusos, pedindo-se dia para julgamento (inciso III).

Finalmente, o art. 1.020 determina que o relator solicitará dia para julgamento em prazo não superior a 1 (um) mês da intimação do agravado.

4.2.4 Agravo interno

É a segunda modalidade de agravo previsto no CPC e serve para atacar decisões monocráticas do relator[64], fazendo com que, caso este não exerça o juízo de retratação em relação ao que decidiu, submeta a questão ao colegiado.

Como já afirmado, o recurso de agravo interno não era original e propriamente regulamentado no Código passado.

Em 1998, a Lei n. 9.756, buscando cada vez mais uniformizar a jurisprudência, acrescentou ao CPC então vigente o art. 557.

Com isso, grande inovação experimentou o ordenamento processual brasileiro, que passou a contar com um relator que podia, por decisão monocrática, negar seguimento a recurso manifestamente inadmissível, improcedente, prejudicado ou cujos termos estivessem em confronto com súmula ou jurisprudência dominante daquele tribunal ou do STF ou STJ.

Era natural que, em contrapartida, adviesse um meio apto a impugnar tal decisão do relator, o que explica a criação do agravo, nos termos do art. 557, § 1º. A tal simples parágrafo corresponde, hodiernamente, o art. 1.021, que se ocupa de uma verdadeira regulamentação do recurso.

Assim, cabe agravo interno, ao órgão colegiado, contra decisão proferida pelo relator, nos moldes estabelecidos pelo Regimento Interno do Tribunal.

O recurso deverá, entretanto, ser dirigido ao relator, que intimará o agravado para manifestar-se em quinze dias. Após tal prazo, não havendo retratação, só então levará o agravo a julgamento pelo órgão, com inclusão em pauta.

Deve a petição recursal conter a impugnação específica de cada fundamento da decisão agravada[65], sendo vedado ao relator limitar-se à mera reprodução de tais fundamentos para basear sua decisão de improcedência.

Sendo declarado o agravo interno manifestamente inadmissível ou improcedente em votação unânime, o órgão colegiado, de modo fundamentado, condenará o agravante ao pagamento de

---

[63] Enunciado 423 do FPPC: (arts. 311; 995, parágrafo único; 1.012, § 4º; 1.019, I; 1.026, § 1º; 1.029, § 5º) "Cabe tutela de evidência recursal".

[64] Enunciado 142 do FPPC: "Da decisão monocrática do relator que concede ou nega o efeito suspensivo ao agravo de instrumento ou que concede, nega, modifica ou revoga, no todo ou em parte, a tutela jurisdicional nos casos de competência originária ou recursal, cabe o recurso de agravo interno nos termos do art. 1.021 do CPC".

[65] A falta de impugnação, no agravo interno, de capítulo autônomo e/ou independente da decisão monocrática que aprecia o recurso especial ou agravo em recurso especial apenas conduz à preclusão da matéria não impugnada, afastando a incidência da Súmula 182/STJ. Ressalta-se, contudo, o dever da parte de refutar "em tantos quantos forem os motivos autonomamente considerados" para manter os capítulos decisórios objeto do agravo interno parcial ou total (AgInt no AREsp 895.746/SP, rel. Min. Mauro Campbell Marques, 2ª T., j. 9-8-2016, *DJe* 19-8-2016). EREsp 1.424.404-SP, rel. Min. Luis Felipe Salomão, Corte Especial, por unanimidade, j. 20-10-2021. *Informativo STJ* n. 715.

multa⁶⁶ ao agravado. O valor será fixado entre um e cinco por cento do valor atualizado da causa (art. 1.021, § 4º)⁶⁷ e tem como destinatária a parte contrária lesada⁶⁸.

O depósito prévio da quantia impõe-se como condição à interposição de qualquer outro recurso, exceto quando se tratar da Fazenda Pública ou de beneficiário da gratuidade de justiça, que recolherão ao final do processo⁶⁹.

Apesar de não constar expressamente do rol desse art. 1.021, § 5º, parece que, por simetria, o mesmo tratamento deve ser estendido ao Ministério Público.

As hipóteses ensejadoras de agravo interno foram ampliadas com a Lei n. 13.256/2016, que passou a admitir essa modalidade recursal também para os casos previstos nos arts. 1.030, I⁷⁰ e III, 1.035, § 7º, e 1.036, § 3º. O dispositivo, contudo, tem sido alvo de críticas pela doutrina especializada⁷¹.

4.3 EMBARGOS DE DECLARAÇÃO

Qualquer decisão judicial comporta embargos de declaração, uma vez que é inconcebível que fiquem sem remédio a obscuridade, a contradição, a omissão ou o erro material existentes no pronunciamento⁷².

É cabível até a interposição de embargos de declaração em embargos de declaração, desde que subsista o vício apontado nos embargos iniciais ou que haja na decisão dos embargos de declaração novos vícios.

---

⁶⁶ O recurso que insiste em não atacar especificamente os fundamentos da decisão recorrida seguidamente é manifestamente inadmissível (dupla aplicação do art. 932, III, do CPC/2015), devendo ser penalizado com a multa de 1%, sobre o valor atualizado da causa, prevista no art. 1.021, § 4º, do CPC/2015. Processo sob segredo de justiça, rel. Min. Assusete Magalhães, 2ªT., por unanimidade, j. 7-11-2023, DJe 13-11-2023. Informativo STJ n. 795.

⁶⁷ Enunciado CJF n. 74: "O termo 'manifestamente' previsto no § 4º do art. 1.021 do CPC se refere tanto à improcedência quanto à inadmissibilidade do agravo".

⁶⁸ A multa do art. 1.021, § 4º, do CPC tem como destinatário a parte contrária e não o Fundo de Aparelhamento do Poder Judiciário. REsp 1.846.734-RS, rel. Min. Og Fernandes, 2ªT., por unanimidade, j. 11-2-2020, DJe 14-2-2020. Informativo STJ n. 666.

⁶⁹ Em sentido oposto, ainda sob a égide do CPC/73, que não trazia regra correspondente ao novo art. 1.021, § 5º, tanto o STJ quanto o STF entendiam que o depósito prévio da multa do então art. 557, § 2º, aplicada pelo abuso do direito de recorrer, era devido pela Fazenda Pública. Nesse sentido: STJ, AgRg no AREsp 553.788-DF, rel. Min. Assusete Magalhães, j. 16-10-2014, Informativo STJ, n. 551.

⁷⁰ "Enunciado 77 da I Jornada de Processo Civil do CJF. Para impugnar decisão que obsta trânsito a recurso excepcional e que contenha simultaneamente fundamento relacionado à sistemática dos recursos repetitivos ou da repercussão geral (art. 1.030, I, do CPC) e fundamento relacionado à análise dos pressupostos de admissibilidade recursais (art. 1.030, V, do CPC), a parte sucumbente deve interpor, simultaneamente, agravo interno (art. 1.021 do CPC) caso queira impugnar a parte relativa aos recursos repetitivos ou repercussão geral e agravo em recurso especial/extraordinário (art. 1.042 do CPC) caso queira impugnar a parte relativa aos fundamentos de inadmissão por ausência dos pressupostos recursais". Ademais, o STJ entende não ser possível a fungibilidade entre esses recursos (ARE no RE no AgRg no AREsp 1128907-RS, rel. Min. João Otávio de Noronha, Corte Especial, j. 7-11-2018, DJe 20-11-2018, entre outros).

⁷¹ "Quando o Presidente ou Vice-Presidente do tribunal local negar seguimento ao recurso excepcional (RE ou REsp), isto é, proferir juízo negativo de admissibilidade, essa decisão é impugnável, apenas e tão somente, pelo agravo interno do CPC. Isto significa que, negado seguimento ao recurso e improvido o agravo interno pelo próprio tribunal a quo, aquele que proferiu decisão recorrida por RE/REsp, não há nenhuma outra previsão de recorribilidade para o STF e/ou STJ. Há, aqui, dois aspectos a serem considerados: a) incompetência do tribunal a quo para proferir julgamento final (admissibilidade e/ou mérito) em RE e REsp; b) a instituição de expediente equivalente à súmula impeditiva de recurso, sem a prévia, expressa e imprescindível autorização constitucional para tanto" (Nery Jr.; Abboud, 2016, p. 229).

⁷² O STF vem acolhendo embargos de declaração para modular os efeitos de sua decisão em sede de controle concentrado de constitucionalidade. Nesse sentido: STF, Plenário, ADI 3.601 ED/DF, rel. Min. Dias Toffoli, j. 9-9-2010, Informativo STF, n. 599; STF, Plenário, ADI 2.797 ED/DF, rel. orig. Min. Menezes Direito, red. para o acórdão Min. Ayres Britto, 17-5-2012, Informativo STF, n. 666.

O cabimento dos embargos, na ótica do CPC, é estendido para toda e qualquer decisão judicial, não apenas sentenças e acórdãos. Assim, também as decisões interlocutórias e monocráticas ficam expressamente abarcadas, excluindo-se, logicamente, o despacho, por não apresentar conteúdo decisório.

Não obstante, deve ser levado em consideração o conteúdo e não apenas o "rótulo da decisão" nesse exame. Por outro lado, despachos que venham a gerar tumulto no processo ou que se qualifiquem como teratológicos podem, a nosso ver, ser objeto de embargos de declaração.

Embora o art. 1.022 utilize a expressão "qualquer decisão", para o STJ[73] a oposição de embargos de declaração não interrompe o prazo para a interposição de agravo em recurso especial, único recurso cabível contra decisão que não admite o seguimento deste último.

A obscuridade abrange desde a simples ambiguidade até a completa ininteligibilidade da decisão. Já a omissão ocorre quando não se apreciam questões relevantes para o julgamento, suscitadas por qualquer das partes ou examinadas de ofício, sendo necessário o suprimento da omissão até para a interposição de recurso extraordinário (Súmula 283 do STF), uma vez que, para que seja admissível o recurso a Tribunal Superior, a questão deve ter sido ventilada nas instâncias inferiores.

Se a omissão já existia na decisão recorrida, mas a questão foi devolvida ao exame do Tribunal, e ele se quedou inerte, o acórdão comportará embargos de declaração, cuja função é prequestionar pontos que não foram expressamente apreciados no julgamento com o fito de posteriormente remeter o processo ao STF. Esses embargos, com efeito, não podem ser considerados protelatórios (Súmula 98 do STJ).

Pelo art. 1.022, II, a omissão a ser suprida diz respeito a ponto ou questão sobre o qual o juiz deveria ter se pronunciado, de ofício ou a requerimento da parte.

Contudo, de acordo com a jurisprudência predominante no STJ, não cabem embargos de declaração contra decisão que se omite apenas quanto a argumento incapaz de infirmar a conclusão adotada[74].

Complementa a noção o parágrafo único, que traz a ausência de manifestação sobre tese firmada em julgamento de casos repetitivos ou em incidente de assunção de competência aplicável ao caso, além da deficiência de fundamentação.

Muito importante a inovação trazida pelo art. 1.022, parágrafo único, II, pois reforça a ideia de motivação analítica consubstanciada nos arts. 11 e 489, § 1º.

Nesse passo, não custa lembrar que não se considera fundamentada a decisão que:

a) se limitar à indicação, à reprodução ou à paráfrase de ato normativo, sem explicar sua relação com a causa ou a questão decidida;

b) empregar conceitos jurídicos indeterminados, sem explicar o motivo concreto de sua incidência no caso;

c) invocar motivos que se prestariam a justificar qualquer outra decisão;

---

[73] A jurisprudência do Superior Tribunal de Justiça manteve-se no sentido de não admitir o cabimento dos embargos de declaração contra decisões denegatórias do seguimento de recurso especial em exame de prelibação e, nessa esteira, de refutar o efeito interruptivo dos embargos para a interposição de novos recursos. Além disso, a Corte Especial já se debruçou sobre o tema em apreço em mais de uma oportunidade, sempre concluindo pela prevalência da orientação jurisprudencial supramencionada. AgInt no AREsp 1.216.265-SE, rel. Min. Ricardo Villas Bôas Cueva, 3ª T., por unanimidade, j. 22-5-2023, *DJe* 25-5-2023, *Informativo* n. 777.

[74] Nesse sentido: STJ, EDcl no MS 21.315-DF, rel. Min. Diva Malerbi (Desembargadora convocada do TRF da 3ª Região), j. 8-6-2016, *DJe* 15-6-2016, *Informativo*, n. 585.

d) não enfrentar todos os argumentos deduzidos no processo capazes de, em tese, infirmar a conclusão adotada pelo julgador;

e) se limitar a invocar precedente ou enunciado de súmula, sem identificar seus fundamentos determinantes nem demonstrar que o caso sob julgamento se ajusta àqueles fundamentos;

f) deixar de seguir enunciado de súmula, jurisprudência ou precedente invocado pela parte, sem demonstrar a existência de distinção no caso em julgamento ou a superação do entendimento.

A contradição ocorre quando a decisão possui proposições inconciliáveis, seja na motivação, seja na parte decisória. É arguível, ainda, a contradição entre proposições constantes da ementa do acórdão ou entre o teor do acórdão e a votação.

Já o erro material se verifica quando constarem, da decisão, inexatidões que não lhe prejudicam o entendimento do conteúdo, mas que, de todo modo, devem ser corrigidas, tais como erros de digitação ou de cálculo.

Caso sejam providos os embargos, seu julgamento passará a completar ou aperfeiçoar a decisão embargada[75].

Questão tormentosa é a possibilidade de majoração de honorários, hipótese denominada como "honorários recursais", no caso do desprovimento dos embargos. Temos sustentado que o art. 85, § 11, não deve ser aplicado nas hipóteses em que o recurso é julgado na mesma instância em que o processo se encontra.

É o caso dos embargos de declaração e do agravo regimental. Caso contrário, estaríamos criando uma ferramenta inibidora do uso desses mecanismos.

Contudo, o STF, examinando especificamente esse ponto, decidiu, por maioria, em sentido contrário, ou seja, admitindo expressamente a majoração dos honorários no caso de desprovimento de embargos de declaração.

O STJ também já decidiu que os honorários são cabíveis mesmo que não tenham sido apresentadas contrarrazões[76].

Por outro lado, há decisão, também do STF, no sentido de negar majoração dos honorários na hipótese de recurso extraordinário formalizado no curso de processo cujo rito os exclua ou em ação originária[77].

Questão controversa, ainda na imposição da verba honorária, é se seria necessário comprovar que a parte recorrida, ou melhor, seu patrono, teve que praticar atos processuais, tais como a apresentação de contrarrazões ou memoriais, a fim de justificar a pertinência da majoração. Como tal circunstância não é mencionada no texto legal, me parece que a resposta é negativa, até mesmo porque, ainda que não tenha sido apresentada a contraminuta, certamente o advogado terá tido o trabalho e a preocupação de acompanhar o andamento do feito ou até mesmo despachar com o juiz ou relator do caso e elaborar relatório para o cliente.

4.3.1 Prazo para interposição

Exceção à regra geral de quinze dias do art. 1.003, § 5º, do CPC, os embargos de declaração devem ser opostos no prazo de cinco dias, a contar da intimação da decisão. São opostos por

---

[75] Enunciado 360 do Fórum Permanente de Processualistas Civis (FPPC): "A não oposição de embargos de declaração em caso de erro material na decisão não impede sua correção a qualquer tempo".

[76] Nesse sentido: AI 864689 AgR-MS e ARE 951257 AgR-RJ, rel. orig. Min. Marco Aurélio, red. para o ac. Min. Edson Fachin, 27-9-2016, *Informativo STF*, n. 841.

[77] ARE 948.578 AgR-RS, rel. Min. Marco Aurélio, 21-6-2016, *Informativo STF*, n. 831.

meio de petição dirigida a quem proferiu a decisão, indicando erro, obscuridade, contradição ou omissão.

O § 1º do art. 1.023 determina a aplicação do art. 229 também aos casos de embargos de declaração.

Não há necessidade de preparo, mas devem obedecer aos requisitos de admissibilidade dos demais recursos.

Não há sustentação oral do embargante e seu julgamento, no Tribunal, comporta o mesmo procedimento de qualquer recurso. O pronunciamento em sede de embargos de declaração objetiva esclarecer o pronunciamento do julgamento anterior.

O acórdão proferido em julgamento de embargos de declaração também não está imune aos embargos.

Não se admite, contudo, reproduzir nos segundos embargos as críticas feitas no primeiro, que não foram acolhidas pelo Tribunal.

Ademais, o § 4º do art. 1.026 veda a admissão de novos embargos de declaração se os 2 (dois) anteriores houverem sido considerados protelatórios.

4.3.2 Efeitos dos embargos de declaração

Os embargos possuem efeito devolutivo, devolvendo ao órgão prolator da decisão a questão embargada. Sua oposição afeta o prazo para interposição de outros recursos. O prazo é interrompido[78] na data de interposição dos embargos e perdura até a data de publicação do acórdão que os julgue[79].

Pelo art. 1.026, *caput*, esse recurso não possui efeito suspensivo, mantendo intacta a eficácia da decisão embargada, salvo se, nos termos do § 1º, for demonstrado ao juiz ou relator a probabilidade de provimento do recurso ou, sendo relevante a fundamentação, se houver risco de dano grave ou de difícil reparação[80].

É preciso que se diga que, por vezes, os embargos são meramente protelatórios, ou seja, apenas objetivam retardar o andamento do feito.

No caso da oposição de tais embargos, pode o julgador, de ofício e fundamentadamente, condenar a parte ao pagamento de multa, que não excederá dois por cento do valor atualizado da causa, sendo aplicável até aos beneficiários da justiça gratuita. O produto da multa será entregue ao embargado.

Como já decidido pelo STJ[81], essa multa tem caráter eminentemente administrativo – punindo conduta que ofende a dignidade do Tribunal e a função pública do processo –, sendo possível sua cumulação com a sanção prevista nos arts. 80, VII, e 81, § 3º, do CPC, de natureza reparatória.

A reiteração de tais embargos eleva o *quantum* da multa, que poderá alcançar até dez por cento do valor atualizado da causa e fica subordinada ao seu pagamento a admissibilidade de qualquer outro recurso, à exceção da Fazenda Pública e do beneficiário de gratuidade de justiça, que pagarão ao final

---

[78] Ressalte-se que, caso o procedimento seja conduzido pelo rito da Lei n. 9.099/95, o art. 50 determina a suspensão do prazo para interposição dos demais recursos quando da oposição dos embargos declaratórios.

[79] Os embargos de declaração interrompem o prazo apenas para a interposição de recurso, não sendo possível conferir interpretação extensiva ao art. 1.026 do Código de Processo Civil a fim de estender o significado de recurso a quaisquer defesas apresentadas. (...). REsp 1.822.287-PR, rel. Min. Antonio Carlos Ferreira, 4ªT., por maioria, j. 6-6-2023, *Informativo STJ* n. 780.

[80] Enunciado 218 do FPPC: (art. 1.026) "A inexistência de efeito suspensivo dos embargos de declaração não autoriza o cumprimento provisório da sentença nos casos em que a apelação tenha efeito suspensivo".

[81] REsp 1.250.739-PA, rel. Min. Luis Felipe Salomão, j. 4-12-2013, *Informativo STJ*, n. 541.

do processo, cabendo ao órgão judicial fundamentar as razões de aplicação da multa e seu patamar de fixação.

Ainda outro efeito vem com a não admissão de novos embargos de declaração se os dois anteriores tiverem sido considerados protelatórios. Proclama o Código, com isso, o princípio da duração razoável dos processos, impedindo a oposição indefinida desse recurso.

A jurisprudência do STJ[82] considera como protelatórios os embargos de declaração que visam rediscutir matéria já apreciada e decidida pela Corte de origem em conformidade com súmula do STJ ou STF.

Os embargos podem ter, contudo, efeitos infringentes, quando o suprimento da omissão, contradição, obscuridade ou erro material ocasiona modificação no julgamento do pronunciamento judicial. Nessa hipótese, o embargante não pode ter como pretensão pedir a infringência do julgado, isto é, a reforma da decisão embargada. A infringência ocorrerá como consequência necessária do julgamento dos embargos.

A jurisprudência do STJ há muito admite o cabimento de embargos de declaração com efeito modificativo, quando neles houver uma pretensão implícita ou explícita de modificação do julgamento, e não apenas de sanar a obscuridade, omissão, contradição ou erro material[83].

Nesses casos, deve-se colher manifestação da parte contrária antes do julgamento, em respeito ao princípio do contraditório e da ampla defesa[84].

Encampando jurisprudência do Superior Tribunal de Justiça, o novo art. 1.023, § 2º, preza pelo contraditório prévio ao julgamento de embargos com efeitos infringentes, ou seja, embargos cujo teor possa levar à modificação da decisão impugnada. O embargado terá cinco dias para trazer aos autos sua manifestação a respeito do recurso[85].

Na vigência do CPC/73, os Tribunais vinham admitindo os efeitos infringentes ou modificativos em sede de embargos de declaração:

i) quando houver omissão sobre ponto relevante;

ii) caso o juiz deixe de apreciar uma questão de ordem pública;

iii) caso o embargante demonstre ao juiz um fato novo e superveniente; e

iv) quando houver erro de fato na decisão e nas decisões *citra*, *extra* ou *ultra petita*.

Sendo o caso de tais embargos de efeitos infringentes, o art. 1.024, § 4º, dá ao embargado que já tenha interposto outro recurso contra a decisão originária o direito de complementar ou mesmo alterar suas razões recursais.

Isso se dará, no entanto, nos exatos e precisos limites da modificação causada pelo acolhimento dos embargos, e deverá ser feito em quinze dias, contado o prazo da intimação da decisão dos embargos de declaração[86].

---

[82] REsp 1.410.839-SC, rel. Min. Sidnei Beneti, j. 14-5-2014, *Informativo STJ*, n. 541.

[83] Interessante notar que Araken de Assis trata o efeito modificativo dos embargos de declaração como gênero, admitindo duas espécies: o efeito infringente e o efeito integrador (Assis, 2016, p. 753).

[84] STJ, 4ª T., REsp 296.836-RJ, rel. Min. Sálvio de Figueiredo, j. 27-3-2001, *Informativo STJ*, n. 90.

[85] Enunciado 614 do FPPC (arts. 1.023, § 2º; 933, § 1º; 9º) "Não tendo havido prévia intimação do embargado para apresentar contrarrazões aos embargos de declaração, se surgir divergência capaz de acarretar o acolhimento com atribuição de efeito modificativo do recurso durante a sessão de julgamento, esse será imediatamente suspenso para que seja o embargado intimado a manifestar-se no prazo do § 2º do art. 1.023".

[86] Carneiro; Pinho, 2016, p. 618.

Uma última e importante observação diz respeito aos embargos de declaração em comparação com o pedido de reconsideração. Enquanto os embargos são uma forma típica de recurso, o pedido de reconsideração tem natureza de petição, sem *status* recursal e, portanto, sem que possa produzir os seus efeitos.

Embora a jurisprudência admita o pedido de reconsideração, a despeito de não haver previsão legal na maioria dos casos (note-se que aqui o termo "pedido de reconsideração" não deve ser confundido com o instituto do juízo de retratação, especificamente admitido nas hipóteses dos arts. 330, 332 e 485 do novo CPC), não há fungibilidade entre esse requerimento e o recurso dos embargos de declaração.

Por conta disso, a Corte Especial do STJ[87], ainda sob a égide do CPC/73, já decidiu que os embargos de declaração não podem ser recebidos como pedido de reconsideração e muito menos o contrário.

4.3.3 Procedimento

Opostos os embargos de declaração, deverá o juiz julgá-los em cinco dias e o relator, apresentá-los em mesa na sessão subsequente, proferindo voto. Se não houver, em tal sessão do Tribunal, julgamento, o recurso deve ser incluído automaticamente em pauta.

Sendo unipessoal a decisão embargada e tendo a mesma sido proferida no Tribunal, a competência para julgamento dos embargos é do próprio prolator do *decisum*, que o fará monocraticamente.

Encampando a jurisprudência do Supremo Tribunal Federal, o art. 1.024, § 3º, admite a conversão dos embargos em agravo interno, se entender o Tribunal ser este o recurso cabível[88].

Para tanto, deve ser previamente intimado o recorrente, de modo a, em cinco dias, adequar e complementar suas razões recursais[89] e, com isso, atender aos requisitos de impugnação específica do agravo (art. 1.021, § 1º).

No caso de rejeição dos embargos ou se não alterarem a conclusão[90] do julgamento anterior, caso a contraparte tenha interposto outro recurso antes da publicação do julgamento dos embargos, ele será processado e julgado independentemente de ratificação.

Tal regra, constante do art. 1.024, § 5º, supera o entendimento enunciado pelo STJ em sua Súmula 418, tanto que foi ela expressamente cancelada, sendo aprovada, em seu lugar, a Súmula 579[91].

Por fim, anote-se a norma constante do novo art. 1.025, sem correspondente na Lei de 1973 e que põe fim a uma interminável celeuma no mundo jurídico.

---

[87] Portanto, o recebimento dos aclaratórios como 'pedido de reconsideração' padece de, ao menos, duas manifestas ilegalidades, sendo a primeira a ausência de previsão legal para tal sanção subjetiva, e a segunda, a não interrupção do prazo recursal, aniquilando o direito da parte embargante e ignorando a penalidade objetiva, estabelecida pelo legislador no parágrafo único do art. 538 do CPC" (REsp 1.522.347-ES, rel. Min. Raul Araújo, j. 16-9-2015, *DJe* 16-12-2015, *Informativo*, n. 575).

[88] Enunciado 104 do FPPC: "O princípio da fungibilidade recursal é compatível com o CPC e alcança todos os recursos, sendo aplicável de ofício".

[89] "1. Acolhidos os embargos de declaração como agravo interno, não se conhece do recurso quando a parte, embora devidamente intimada nos termos do art. 1.024, § 3º, do CPC, deixa de complementar suas razões" (AgInt na Rcl 43784-CE, rel. Min. Nancy Andrighi, 2ª S., j. 20-9-2022, *DJe* 22-9-2022).

[90] Enunciado 598 do FPPC: (arts. 941; 1.021) "Cabem embargos de declaração para suprir a omissão do acórdão que, embora convergente na conclusão, deixe de declarar os fundamentos divergentes".

[91] Em sessão realizada no dia 1º de julho de 2016, a Corte Especial do STJ decidiu pelo cancelamento da Súmula 418. Ato contínuo, a Corte aprovou a Súmula 579 nos seguintes termos: "Não é necessário ratificar o recurso especial interposto na pendência do julgamento dos embargos de declaração quando inalterado o julgamento anterior".

O dispositivo possibilita que Tribunal Superior reconheça existir o erro, omissão, contradição ou obscuridade alegado pelo embargante, mas não reconhecido pelo Tribunal *a quo*, para fins de atendimento do requisito do prequestionamento.

Resolve-se, com isso, problema recorrente.

Por um lado, o embargante sustentava a ocorrência de omissão, contradição, erro ou obscuridade em acórdãos, visando ao prequestionamento de dispositivos legais ou constitucionais. Este, por sua vez, era almejado porque se intentava uma posterior interposição dos recursos excepcionais (extraordinário ao STF e especial ao STJ).

Os Tribunais *a quo*, por outro lado, mantinham suas decisões anteriores, inadmitindo ou julgando improcedentes os embargos e, dessa forma, obstaculizando o caminho processual da parte.

Agora, a Lei Processual considera incluídos no acórdão os elementos suscitados pelo embargante para fins de prequestionamento, ainda que sejam seus embargos inadmitidos ou rejeitados. Basta que o Tribunal Superior considere a existência de erro, omissão, contradição ou obscuridade. Em suma, admite-se o prequestionamento ficto.

O STJ[92] uniformizou o entendimento no sentido de que, para a aplicação do art. 1.025 do CPC/2015 e o conhecimento das alegações da parte em sede de recurso especial, é necessário:

a) a oposição dos embargos de declaração na Corte de origem;

b) a indicação de violação do art. 1.022 do CPC/2015 no recurso especial; e,

c) a matéria deve ser:

i) alegada nos embargos de declaração opostos;

ii) devolvida a julgamento ao Tribunal a quo; e,

iii) relevante e pertinente.

Nesse sentido, o STJ[93] considera prequestionados os fundamentos adotados nas razões de apelação e desprezados no julgamento do respectivo recurso, desde que, interposto recurso especial, sejam reiterados nas contrarrazões da parte vencedora.

---

[92] EDcl no AgInt no AREsp 2.222.062-DF, rel. Min. Francisco Falcão, 2ª T., por unanimidade, j. 21-8-2023, *DJe* 23-8-2023. *Informativo STJ* n. 785.

[93] EAREsp 227.767-RS, rel. Min. Francisco Falcão, Corte Especial, por unanimidade, j. 17-6-2020, *DJe* 29-6-2020. *Informativo STJ* n. 674.

Capítulo 5
RECURSOS PARA O SUPREMO TRIBUNAL FEDERAL E PARA O SUPERIOR TRIBUNAL DE JUSTIÇA

5.1 RECURSO ORDINÁRIO CONSTITUCIONAL

5.1.1 Natureza e definição

O recurso ordinário surgiu após a Proclamação da República, como meio de impugnação dos atos decisórios proferidos pelos juízes de primeiro grau para o Supremo Tribunal Federal. Foram regulados, então, pela Lei n. 221/1894. Com a Constituição de 1937, foi derrogada a Lei n. 221/1894, ficando tal recurso omisso até o CPC/73.

A Constituição de 1988 reconfigurou-o, tornando-o instrumento hábil a analisar questões de fato e de direito[1].

Dessa forma, atualmente, ele não se equipara à apelação e ao agravo de instrumento, possuindo diferenças marcantes quanto à admissibilidade e ao procedimento.

Sua definição atual é de um recurso previsto na Constituição, de fundamentação aberta[2], dirigido ao Supremo Tribunal Federal ou ao Superior Tribunal de Justiça, com o objetivo de reformar ou anular acórdãos ou sentença proferidos nos casos previstos nos arts. 102, II, e 105, II, da CF.

Sua previsão, no art. 1.027 do CPC, é taxativa.

Nesse sentido, veja-se a Súmula 272 do STF[3], segundo a qual não se admite a fungibilidade entre recurso ordinário e recurso extraordinário no caso de decisão denegatória de mandado de segurança.

O STJ já decidiu que o cabimento do recurso se limita à etapa cognitiva do mandado de segurança, não abrangendo a fase de cumprimento da sentença[4].

5.1.2 Competência

A Constituição da República, ao utilizar a denominação "recurso ordinário", refere-se a uma série de remédios heterogêneos, tanto de competência do Superior Tribunal de Justiça (art. 105, II, da CF) quanto do Supremo Tribunal Federal (art. 102, II, da CF).

Os recursos ordinários constitucionais de competência do Supremo Tribunal Federal são cabíveis em face de decisão denegatória em *habeas corpus*, mandado de segurança, *habeas data* e mandado de injunção, quando decidido em única instância, isto é, em competência originária, pelo STF, ou em

---

[1] Gajardoni et al., 2017, p. 1150.

[2] Contrariamente ao recurso ordinário constitucional, os recursos especial e extraordinário, dirigidos aos Tribunais Superiores, possuem fundamentação vinculada, só sendo admitidos se demonstrados os requisitos presentes nos dispositivos legais.

[3] Não se admite, como ordinário, recurso extraordinário de decisão denegatória de mandado de segurança.

[4] Não cabe recurso ordinário constitucional em sede de execução em mandado de segurança. Como já decidiu o STF, em situação análoga à dos autos, o "rol de hipóteses de cabimento do recurso ordinário, do art. 102, II, a, CF, é taxativo", razão pela qual deve-se reconhecer o "não cabimento de recurso ordinário constitucional em sede de execução em mandado de segurança" (STF, Pet 5.397 AgR, rel. Min. Gilmar Mendes, 2ª T., *DJe* 9-3-2015). Pet 15.753-BA, rel. Min. Assusete Magalhães, 2ª T., por unanimidade, j. 15-8-2023, *Informativo STJ* n. 783.

face de sentença proferida por juiz de primeiro grau que tenha julgado crime político, sendo que esta última hipótese de cabimento não será aqui analisada.

Os recursos ordinários de competência do Superior Tribunal de Justiça são cabíveis em sede de mandados de segurança e *habeas corpus*, em que a ordem seja denegada e a competência originária seja dos Tribunais Regionais Federais ou dos Tribunais de Justiça e nas causas em que sejam parte Estados estrangeiros e Município ou pessoa domiciliada no país.

Destaque-se que, em ambos os casos, a decisão deve ser denegatória, não sendo cabível tal recurso se a decisão for concessiva. Sendo a hipótese de decisão concessiva, o recurso cabível será o especial, destinado ao Superior Tribunal de Justiça, ou o extraordinário, destinado ao Supremo Tribunal Federal.

No que tange ao requisito "decisão denegatória", entende-se tal decisão não só como aquela que julga improcedente o pedido como também a que extingue o processo sem apreciação do mérito.

Também não cabe esse recurso se a decisão recorrida for monocrática. É imprescindível que a decisão impugnada provenha de órgão colegiado[5].

Caso o relator profira decisão monocrática, deve-se ingressar com o agravo interno, levando-se a decisão para o órgão colegiado, e só depois poder-se-á ingressar com o recurso ordinário constitucional, em respeito ao princípio da colegialidade. Dessa forma, descabe a interposição de recurso ordinário constitucional se a causa for julgada já em grau recursal pelo Tribunal Superior.

Como já referido, nesse recurso podem ser alegadas matérias de fato e de direito, e quanto a essas últimas, não há nem a necessidade de prequestionamento, nem da demonstração de repercussão geral.

5.1.3 Requisitos de admissibilidade e procedimento

O recurso ordinário constitucional fundado no art. 1.027, II, *b*, do CPC (processos em que forem partes, de um lado, Estado estrangeiro ou organismo internacional e, de outro, Município ou pessoa residente ou domiciliada no país), está sujeito à teoria geral dos recursos cíveis, aplicando-se a ele, quanto aos pressupostos de admissibilidade e ao procedimento, o mesmo regime jurídico da apelação e o Regimento Interno do STJ. É esse o comando do art. 1.028, *caput*.

Já no caso das decisões interlocutórias proferidas em tais processos, cabe agravo de instrumento, dirigido ao STJ, desde que configurada alguma das hipóteses do art. 1.015. Aplicam-se, então, as disposições concernentes a tal modalidade de agravo, bem como o Regimento Interno do Superior Tribunal de Justiça.

Para os demais recursos ordinários, previstos no art. 1.027, I e II, *a*, do CPC, estabelece o art. 1.028, § 2º, a sua interposição perante o Tribunal *a quo*, cujo Presidente ou Vice-Presidente determinará a intimação do recorrido para contra-arrazoar em quinze dias. Findo o prazo, os autos serão remetidos ao Tribunal Superior respectivo, independentemente de juízo de admissibilidade pela Corte de origem.

É de quinze dias o prazo para interposição do recurso ordinário constitucional, no Supremo Tribunal Federal ou no Superior Tribunal de Justiça (art. 1.003, § 5º).

Sua interposição se dá de forma livre e autônoma, principal ou independente, não sendo cabível recurso ordinário adesivo.

---

[5] Nesse sentido: AgRg na MC 19.774-SP, rel. Min. Paulo de Tarso Sanseverino, j. 2-10-2012, *Informativo STJ*, n. 505.

Importante notar que o STJ já decidiu não ser possível juízo de admissibilidade negativo por parte dos Tribunais locais (TJ e TRF), sob pena de usurpação de competência privativa dos Tribunais Superiores[6].

Na vigência do antigo Código, José Carlos Barbosa Moreira[7] afirmava a aplicação da regra geral: no silêncio da lei, dever-se-ia admitir que o recurso tivesse efeito suspensivo.

No entanto, o Superior Tribunal de Justiça[8] entendia que, em geral, o recurso ordinário não possuía efeito suspensivo, por ser essa a regra aplicável aos recursos dirigidos aos Tribunais Superiores, salvo se o recorrente, em caráter excepcional, demonstrasse os requisitos do *fumus boni iuris* e do *periculum in mora*.

Pondo fim à discussão, o art. 1.027, § 2º, vem expressamente admitir a possibilidade de atribuição de efeito suspensivo ao recurso ordinário, além de contemplar o julgamento imediato do mérito no Tribunal Superior, acolhendo a teoria da causa madura.

Com efeito, sempre foi forte o entendimento segundo o qual os Tribunais Superiores, no caso de anular a sentença e de estar a causa em condições de imediato julgamento, deveriam aplicar a teoria da causa madura, julgando, desde já, a questão que lhe foi submetida[9].

O efeito devolutivo do recurso ordinário constitucional não se limita às questões de direito, mas também envolve as questões de fato, seguindo o modelo da apelação. O Tribunal *ad quem* poderá, portanto, apreciar as questões que podem ser conhecidas de ofício e examinar todas as questões de fato e de direito, fazendo as vezes do Tribunal de apelação.

Quanto ao procedimento nos Tribunais, devem ser observados os regimentos internos do STF e do STJ[10], especialmente porque este último prevê o procedimento a ser adotado para o recurso ordinário em mandado de segurança (arts. 247 e 248), que é complementado pelas normas de processo e garantias constitucionais das partes.

5.2 RECURSO ESPECIAL E RECURSO EXTRAORDINÁRIO

5.2.1 Histórico

Os recursos especial e extraordinário no direito brasileiro não são interpostos em face de uma decisão já transitada em julgado, como ocorre em alguns países.

A coisa julgada, em nosso ordenamento, só se forma quando a decisão não estiver mais sujeita a recurso.

---

[6] "Em recurso ordinário em mandado de segurança, o exercício de juízo de admissibilidade por tribunais federais e estaduais caracteriza usurpação de competência do Superior Tribunal de Justiça, sendo cabível reclamação. (STJ, Rcl 35.958-CE, rel. Min. Marco Aurélio Bellizze, por unanimidade, j. 10-4-2019, *DJe* 12-4-2019, *Informativo STJ*, n. 646).

[7] Barbosa Moreira, 2008, p. 578.

[8] "1. A concessão de efeito suspensivo a recurso da competência constitucional desta Corte deve sempre estar adstrita a circunstâncias excepcionais, nas quais restem configurados os requisitos do *fumus boni iuris* e do *periculum in mora*. 2. Na hipótese dos autos, não restou evidenciada, de forma clarividente, como se faz necessário na tutela cautelar, a plausibilidade da questão de fundo arguida, especialmente depois de já examinada minuciosamente a controvérsia objeto do *mandamus* no âmbito da Terceira Seção desta Corte. 3. Agravo regimental desprovido" (STJ, 5ª T., AgRg na MC 14.558-DF, rel. Min. Laurita Vaz, j. 25-9-2008, *DJe* 20-10-2008).

[9] STJ. 5ª T., RMS 28.099-DF, rel. Min. Arnaldo Esteves Lima, rel. para acórdão Min. Felix Fischer, j. 22-6-2010, *DJe* 3-11-2010). Importante frisar que a Lei n. 13.105/2015 pôs fim à celeuma, ao trazer a disposição expressa do art. 1.027, § 2º, c/c art. 1.013, § 3º.

[10] Disponível em: http://www.stj.gov.br/portal_stj/publicacao/download.wsp?tmp.arquivo=84.

Anteriormente à Constituição de 1988, os objetivos de tais recursos eram a validade, a autoridade e a uniformidade da interpretação da Constituição e das leis federais, pressupondo a pluralidade de fontes normativas e de órgãos judicantes, edição de regras jurídicas por um poder central e a possibilidade de controle judiciário da legalidade das normas editadas pelos órgãos legiferantes.

A Constituição de 1988 cingiu, todavia, as hipóteses reservadas ao antigo recurso extraordinário, ficando este reservado às questões relativas à própria Constituição Federal (art. 102, III, *a*, *b* e *c*, da CF), enquanto as restantes passaram a ser suscitáveis por meio de recurso especial, cujo julgamento se tornou competência do Superior Tribunal de Justiça (art. 105, III, *a*, *b* e *c*).

O recurso extraordinário e o recurso especial não ensejam o novo reexame da causa, mas apenas discutem as questões jurídicas, relativas à Constituição e ao direito federal, respectivamente.

Assim sendo, são formas excepcionais de recursos, não configurando, tecnicamente, terceiro ou quarto grau de jurisdição, tampouco instrumento processual para a correção de injustiça nas decisões dos Tribunais locais.

Nesse sentido, é pacífica a orientação dos Tribunais Superiores em inadmitir recursos excepcionais quando a pretensão é de simples reexame de prova (Súmula 279 do STF e Súmula 7 do STJ), o que não pode ser confundido com revaloração de prova.

Em fevereiro de 2012 o STJ publicou interessante histórico[11] da questão. O título da matéria era: "Súmula 7: como o STJ distingue reexame e revaloração da prova". O texto lembrava que, já em 1990, os Ministros perceberam que não poderiam se tornar uma terceira instância e, para evitar que isso ocorresse, resolveram editar a Súmula 7, que passou a ser largamente utilizada.

Contudo, em hipóteses excepcionais, ainda segundo o sítio do STJ, "os magistrados observaram que há casos em que a revaloração da prova ou de dados explicitamente admitidos e delineados na decisão da qual se recorre não implica o reexame de fatos e provas, proibido pela súmula".

Nesse sentido, em julgamento de dezembro de 2011, a Quarta Turma confirmou decisão individual do ministro Marco Buzzi, que debateu a revaloração da prova (REsp 1.036.178), sob a perspectiva da redefinição jurídica de fatos expressamente mencionados na decisão recorrida.

O ministro esclareceu que o reexame de prova é uma "reincursão no acervo fático probatório mediante a análise detalhada de documentos, testemunhos, contratos, perícias, dentre outros".

Nesses casos, o relator não pode examinar mera questão de fato ou alegação de *error facti in judicando* (julgamento errôneo da prova). Contudo, o *error in judicando* (inclusive o proveniente de equívoco na valoração das provas) e o *error in procedendo* (erro no proceder, cometido pelo juiz) podem ser objeto de recurso especial.

Nesse sentido, "a revaloração da prova consiste em atribuir o devido valor jurídico a fato incontroverso sobejamente reconhecido nas instâncias ordinárias, prática francamente aceita em sede de recurso especial".

Com efeito, em 2005, a Quinta Turma reconheceu que a "revaloração da prova ou de dados explicitamente admitidos e delineados no decisório recorrido não implica o vedado reexame do material de conhecimento" (REsp 683.702, rel. Min. Felix Fischer)[12].

---

[11] *Notícias STJ*, 18-2-2012, encaminhada por *e-mail* aos assinantes do serviço. Disponível em: www.stj.jus.br. Acesso em: 20 fev. 2012.

[12] O relator destacou em seu voto que o princípio do livre convencimento, que exige fundamentação concreta vinculada à prova dos autos, não se confunde com o princípio da convicção íntima. De acordo com o ministro Fischer, a convicção pessoal, subjetiva, do magistrado, alicerçada em outros aspectos que não a prova dos autos, não se presta para basear uma decisão. De modo que a apreciação da prova não pode ser "imotivável e incontrolável", do contrário seria arbitrária, explicou o ministro. E, sempre que tais limites se mostrem violados, a matéria é suscetível de recurso ao STJ (STJ, 5ª T., REsp 184.156-SP, rel. Min. Felix Fischer, j. 9-11-1998).

Retornando aos fundamentos dos recursos excepcionais, importante que se diga que, na vigência do CPC/73, não deveriam ser interpostos antes da publicação do julgamento dos embargos de declaração pelo Tribunal e, caso uma das partes tivesse interposto recurso especial ou extraordinário e a outra os embargos de declaração, os embargos de declaração seriam julgados pelo Tribunal, ficando o recurso especial ou extraordinário nos autos.

Nesse caso, para que fosse remetido ao Tribunal Superior competente para seu julgamento, caberia à parte interessada reiterar seu recurso após a publicação do acórdão dos embargos de declaração (Súmula 418 do STJ). Contudo, esse entendimento já vinha sendo desprestigiado pelo próprio STJ, como se pode aferir no julgamento do REsp 1.129.215-DF, Corte Especial, rel. Min. Luis Felipe Salomão.

Ademais, o entendimento resta agora superado pelos arts. 218, § 4º, e 1.024, § 5º, do CPC, que dispõem em sentido contrário ao da súmula. Nessa direção já se manifestou o Fórum Permanente de Processualistas Civis, por meio da edição do Enunciado n. 23.

Atualmente, os Tribunais Superiores têm implementado a tramitação eletrônica de seus recursos, sendo a tendência que os processos passem a tramitar eletronicamente, seguindo toda a sistemática do CPC. A prática de atos por meio eletrônico está prevista na Lei n. 11.419/2006, que deve ser analisada conjuntamente com as resoluções do Conselho Nacional de Justiça (CNJ).

Os recursos destinados ao Superior Tribunal de Justiça ou ao Supremo Tribunal Federal foram os primeiros a ter a opção de interposição já por meio eletrônico, mas, caso se interponha na forma física, serão digitalizados e realizado o juízo de admissibilidade, para se verificar se serão remetidos a esses Tribunais já pela forma eletrônica.

Chegando aos Tribunais, seu trâmite, poderes do relator e inclusão para julgamento seguirão as mesmas regras dos processos físicos previstas no CPC, apenas com regras específicas de garantia da autenticidade das informações e dos documentos necessários e de cada etapa da tramitação eletrônica previstas em resoluções.

5.2.2 Recurso especial

Com a Constituição de 1988, ocorreu a bipartição do antigo recurso extraordinário, reestruturando-se a cúpula do Poder Judiciário, e atribuindo ao recurso especial a disciplina no art. 105, III, da Constituição[13].

Tal recurso objetiva preservar a autoridade da lei federal no país e uniformizar seu entendimento. Só é cabível quando o recorrente alegue que a decisão recorrida contrarie lei federal e quando a decisão já não comporte mais recurso no Tribunal inferior.

Dessa forma, o recurso possui fundamentação vinculada, devendo estar presente, no caso, uma das hipóteses previstas em seu embasamento constitucional[14].

---

[13] "Compete ao Superior Tribunal de Justiça: (...) III – julgar, em recurso especial, as causas decididas, em única ou última instância, pelos Tribunais Regionais Federais ou pelos tribunais dos Estados, do Distrito Federal e Territórios, quando a decisão recorrida:.

a) contrariar tratado ou lei federal, ou negar-lhes vigência;.

b) julgar válido ato de governo local contestado em face de lei federal;.

c) der a lei federal interpretação divergente da que lhe haja atribuído outro tribunal.".

[14] A falta de indicação expressa da norma constitucional que autoriza a interposição do recurso especial (alíneas *a*, *b* e *c*, do inciso III do art. 105 da CF) implica o seu não conhecimento pela incidência da Súmula 284 do STF, salvo, em caráter excepcional, se as razões recursais conseguem demonstrar, de forma inequívoca, a hipótese de seu cabimento. (...) Com efeito, deve ser dispensada a indicação expressa da alínea do permissivo constitucional em que se funda o recurso especial, se as razões recursais conseguem demonstrar, de forma inequívoca, o seu cabimento, segundo os "casos previstos na Constituição Federal," mitigando o rigor for-

A expressão "contrariar lei federal" significa deixar de aplicar tratado ou lei federal[15], quando cabível, ou aplicar incorretamente tratado ou lei federal ou interpretar inequivocamente tratado ou lei federal, em desconformidade com o entendimento do STJ.

No caso de ofensa indireta à lei federal, isto é, se a matéria for examinada apenas sob a ótica constitucional, o STJ tem entendimento de que não é cabível o recurso especial, pois a afronta deve ser direta. É nesse sentido que não admite conhecer de incidente de inconstitucionalidade, suscitado em recurso especial, cujo fundamento seja o reconhecimento da inconstitucionalidade de dispositivo legal[16].

Observe-se que, como já decidido, o STJ[17], no julgamento de recurso especial, "pode buscar na própria CF o fundamento para acolher ou rejeitar alegação de violação do direito infraconstitucional ou para conferir à lei a interpretação que melhor se ajuste ao texto constitucional, sem que isso importe em usurpação de competência do STF".

Como mencionado, a decisão impugnada deve ser, ainda, irrecorrível, já devendo ter sido esgotadas todas as possibilidades recursais nas instâncias ordinárias, mas não necessariamente todas as formas de impugnação.

Também só será cabível em face de decisões de Tribunais Regionais Federais e de Tribunais de Justiça, não sendo admitido em face de decisões proferidas por juízes singulares, bem como de turmas recursais de Juizados Especiais Cíveis. Nesse diapasão, os julgados da justiça especializada não servem à demonstração de dissídio jurisprudencial, uma vez que seus órgãos não estão sujeitos à jurisdição do STJ[18].

No caso de o relator do recurso no Tribunal inferior negar-lhe seguimento ou dar-lhe provimento, em decisão monocrática, só será cabível recurso para Tribunal Superior a partir de decisão de órgão colegiado de Tribunal inferior e não do próprio relator.

Dessa forma, o recorrente deveria, antes, interpor agravo interno, para que seu recurso fosse examinado por órgão colegiado e, só assim, caso ainda tivesse interesse, interpor recurso ao STJ ou ao STF.

Assim, não é cabível a interposição para discutir o mérito de controvérsia enfrentada apenas por decisão unipessoal de relator no Tribunal de origem. Isso se mantém mesmo que os embargos de

---

mal, em homenagem aos princípios da instrumentalidade das formas e da efetividade do processo, a fim de dar concretude ao princípio constitucional do devido processo legal em sua dimensão substantiva de razoabilidade e proporcionalidade. EAREsp 1.672.966-MG, rel. Min. Laurita Vaz, Corte Especial, por unanimidade, j. 20-4-2022. *Informativo STJ* n. 734.

[15] Deve-se destacar que não são abrangidas pela expressão "lei federal" o Regimento Interno dos Tribunais Superiores, as resoluções, as portarias ministeriais, as súmulas de Tribunais, os provimentos autárquicos e as leis locais, estaduais ou municipais.

[16] "Não é possível conhecer de incidente de inconstitucionalidade suscitado em recurso especial cujo fundamento seja o reconhecimento da inconstitucionalidade de dispositivo legal. Embora questões constitucionais possam ser invocadas pela parte recorrida, é indubitável que, em nosso sistema, não cabe ao recorrente invocar tais questões em recurso especial como fundamento para reforma do julgado, sendo o recurso próprio para essa finalidade o extraordinário para o STF" (AI no REsp 1.135.354-PB, rel. originário Min. Luis Felipe Salomão, rel. para acórdão Min. Teori Albino Zavascki, j. 3-10-2012, *Informativo STJ*, n. 505).

[17] "(...) Com efeito, a partir da EC 45/2004, o cenário tornou-se objetivamente diverso daquele que antes circunscrevia a interposição de recursos especial e extraordinário, pois, se anteriormente todos os fundamentos constitucionais utilizados nos acórdãos eram impugnáveis – e deviam ser, nos termos da Súmula 126 do STJ – mediante recurso extraordinário, agora, somente as questões que, efetivamente, ostentarem repercussão geral (art. 102, § 3º, da CF) é que podem ascender ao STF (art. 1.035, § 1º, do CPC)" (REsp 1.335.153-RJ, rel. Min. Luis Felipe Salomão, j. 28-5-2013, *Informativo STJ*, n. 527).

[18] AgRg no REsp 1.344.635-SP, rel. Min. Maria Isabel Gallotti, j. 20-11-2012, *Informativo STJ*, n. 510.

declaração opostos em face de tal decisão sejam julgados por órgão colegiado, salvo se forem recebidos ou julgados como agravo regimental[19].

A matéria deve estar prequestionada, ou seja, devem ter sido provocados os Tribunais inferiores, como será abordado nos requisitos para a admissibilidade do recurso extraordinário.

Também não precisa ser de mérito, desde que haja adotado, no tocante à disposição da lei processual, entendimento diferente do consagrado em decisão de Tribunal diverso.

A divergência pode ocorrer entre dois Tribunais federais, entre um Tribunal federal e outro local, entre Tribunais locais de distintas unidades federadas, não bastando a divergência de interpretação entre órgãos distintos de um mesmo Tribunal.

Para comprovar a divergência, deve o recorrente não apenas juntar os acórdãos, mas fazer uma demonstração analítica da divergência na interpretação da lei federal, mencionando as circunstâncias que identificam ou assemelham os casos confrontados, nos termos do art. 1.029, § 1º, do CPC.

É cabível a comprovação da divergência através de acórdãos extraídos da internet, desde que se disponha do caminho que leva ao acórdão no *site* do Tribunal.

Pela redação original da Lei n. 13.105/2015, o Tribunal não poderia inadmitir o recurso fundado em dissídio jurisprudencial com base em fundamento genérico de serem distintas as circunstâncias fáticas, sem demonstrar exatamente em que consiste a distinção alegada. Contudo, a exigência quedou afastada quando do advento da Lei n. 13.256/2016, que revogou o § 2º do art. 1.029.

Observe-se que o só fato de ter a causa sido submetida à apreciação do STJ, via recurso especial, não é apto a conferir alcance nacional à sentença. O efeito substitutivo do art. 1.008 não tem a aptidão de modificar os limites subjetivos da causa; do contrário, entende a Corte Superior que se estaria criando um novel interesse recursal[20].

O novo Código, na sua redação original, buscou promover importante alteração na sistemática dos recursos excepcionais, ao estabelecer, como nova regra geral, o não exercício de juízo de admissibilidade pelo Tribunal de origem (art. 1.030, parágrafo único). Contudo, a Lei n. 13.256/2016 alterou consideravelmente esse dispositivo, de forma que se retornasse ao sistema do CPC/73, ou seja, fosse reestabelecido o juízo de admissibilidade dos recursos excepcionais nos Tribunais *a quo*.

Mais do que isso, a redação definitiva do art. 1.030 sistematiza, de forma clara, todas as providências a serem tomadas pelo Presidente ou Vice-Presidente do Tribunal de origem, após intimar o recorrido a apresentar contrarrazões, a saber:

a) negar seguimento:

a.1) a recurso extraordinário que discuta questão constitucional à qual o Supremo Tribunal Federal não tenha reconhecido a existência de repercussão geral ou a recurso extraordinário interposto contra acórdão que esteja em conformidade com entendimento do Supremo Tribunal Federal exarado no regime de repercussão geral;

a.2) a recurso extraordinário ou a recurso especial interposto contra acórdão que esteja em conformidade com entendimento do Supremo Tribunal Federal ou do Superior Tribunal de Justiça, respectivamente, exarado no regime de julgamento de recursos repetitivos;

b) encaminhar o processo ao órgão julgador para realização do juízo de retratação, se o acórdão recorrido divergir do entendimento do Supremo Tribunal Federal ou do Superior Tribunal de Justiça exarado, conforme o caso, nos regimes de repercussão geral ou de recursos repetitivos[21];

---

[19] AgRg no REsp 1.231.070-ES, rel. Min. Castro Meira, j. 3-10-2012, *Informativo STJ*, n. 505.
[20] STJ, REsp 1.114.035-PR, rel. originário Min. Sidnei Beneti, rel. para acórdão Min. João Otávio de Noronha, j. 7-10-2014, *Informativo STJ*, n. 552.
[21] Enunciado n. 139 da II Jornada de Direito Processual Civil da ENFAM: A ausência de retratação do órgão julgador, na hipóte-

c) sobrestar o recurso que versar sobre controvérsia de caráter repetitivo ainda não decidida pelo Supremo Tribunal Federal ou pelo Superior Tribunal de Justiça, conforme se trate de matéria constitucional ou infraconstitucional;

d) selecionar o recurso como representativo de controvérsia constitucional ou infraconstitucional, nos termos do § 6º do art. 1.036;

e) realizar o juízo de admissibilidade e, se positivo, remeter o feito ao Supremo Tribunal Federal ou ao Superior Tribunal de Justiça, desde que:

e.1) o recurso ainda não tenha sido submetido ao regime de repercussão geral ou de julgamento de recursos repetitivos;

e.2) o recurso tenha sido selecionado como representativo da controvérsia; ou

e.3) o tribunal recorrido tenha refutado o juízo de retratação.

Por outro lado, do ato do Presidente do Tribunal de origem que, com fundamento no art. 1.036, § 1º, do CPC, determina a suspensão do trâmite dos processos pendentes enquanto se aguarda o julgamento do recurso repetitivo, cabe agravo interno[22], na forma do § 3º desse mesmo artigo, observada a nova redação conferida pela Lei n. 13.256/2016.

Pelo art. 1.032 do CPC, o relator que entenda versar o recurso especial sobre questão constitucional concederá prazo de quinze dias a fim de que o recorrente demonstre a existência de repercussão geral e se manifeste sobre a questão constitucional.

Como bem salienta Luciana Figueiredo[23], trata-se de salutar inovação que consolida anseio doutrinário antigo e que evita a insegurança jurídica causada pela diversidade de interpretação entre STF e STJ.

Cumprida a diligência, o relator determinará a remessa do recurso ao STF. Entretanto, fica ressalvada a possibilidade de a Suprema Corte, em juízo de admissibilidade negativo, devolvê-lo ao STJ.

A norma preza, como se pode observar, pelo princípio da economia processual, constituindo mais uma das muitas novidades do novo Código.

Em contrapartida, se, em recurso extraordinário, o Supremo Tribunal considerar como reflexa a apontada ofensa à Constituição, a demandar revisão da interpretação de tratado ou lei federal, fará a remessa do recurso ao STJ, para julgamento como recurso especial.

5.2.2.1 A arguição de relevância das questões de direito federal infraconstitucional

A Emenda Constitucional n. 125, de 14 de julho de 2022, alterou o art. 105 da Carta de 1988 para inserir os §§ 2º e 3º, formalizando o ingresso em nosso ordenamento jurídico do requisito da relevância das questões de direito federal e infraconstitucional.

---

se prevista no art. 1030, II, do CPC, dispensa a ratificação expressa para que haja o juízo de admissibilidade e a eventual remessa do recurso extraordinário ou especial ao tribunal superior competente, na forma dos arts. 1.030, V, "c", e 1.041 do CPC.

[22] Gajardoni et al., 2017, p. 1211.

[23] "Por decorrência lógica, a obrigatoriedade da dupla interposição do recurso especial e do recurso extraordinário *sobre o mesmo capítulo decisório* – a despeito de os advogados continuarem com a prática, justamente para impedir a incidência da Súmula 126/STJ e/ou 283/STF – é, no nosso sentir, apenas indispensável quando o fundamento constitucional for completamente dissociado do fundamento infraconstitucional sobre a matéria. Se o artigo constitucional servir de fundamento de validade para norma infraconstitucional que regula a matéria, há uma *retroalimentação* entre as normas que caracteriza a ofensa reflexa. Ademais, a negativa de seguimento ao recurso especial por incidência da Súmula 126/STJ, quando é patente a vontade do código processual de que o recurso seja aproveitado, pode configurar uma violação ao princípio da primazia da solução do mérito" (texto disponível em: https://www.conjur.com.br/2019-jul-10/luciana-monduzzi-redirecionamento-re-resp-previsto-cpc. Acesso em: 8 jul. 2019).

Em dissertação apresentada ao PPGD da UERJ, no ano de 2019, Rodrigo Cunha Mello Salomão[24] escreveu trabalho pioneiro sobre o tema intitulado *A relevância da questão de direito como filtro de seleção do recurso especial*, no qual apresentou visão precisa sobre o instituto que então se desenhava e pontuou que não se trataria de um requisito específico de admissibilidade, mas sim de um critério de seleção para julgamento.

Como se vê, trata-se de um "primo" da repercussão geral da questão constitucional, instituída em nosso ordenamento pela Emenda n. 45/2004. Para José Henrique Mouta, o novo instituto está inserido nos contextos dos filtros recursais e da observância dos precedentes[25].

Iniciamos pelo exame do § 2º, agora inserido no art. 105 da Carta, que estabelece o dever do recorrente de demonstrar a relevância das questões de direito federal infraconstitucional discutidas no caso, nos termos da lei, a fim de que a admissão do recurso seja examinada pelo Tribunal.

O dispositivo prevê, ainda, quórum qualificado, ou seja: a inexistência da relevância apenas pode ser afirmada por manifestação de 2/3 (dois terços) dos membros do órgão competente para o julgamento.

A partir da redação do novo texto, algumas controvérsias já se desenham.

A primeira diz respeito à aplicabilidade imediata ou não. Embora a emenda constitucional, como regra, adquira vigência imediata, o dispositivo menciona a expressão "nos termos da lei", ou seja, o requisito dependeria de alguma regulamentação.

Nesse sentido, para Teresa Arruda Alvim[26], "nenhum recurso será inadmitido pela ausência da respectiva preliminar, até que a matéria seja regulamentada por lei e, muito possivelmente, pelo regimento. De todo modo, todos os recursos interpostos, a partir da publicação da emenda à Constituição, poderão ser submetidos a referido regime".

A questão acabou por ser solucionada por meio do Enunciado Administrativo n. 2/2022 do STJ, no sentido de que o filtro não seria aplicável até que sobreviesse a regulamentação infraconstitucional.

Outro ponto se refere a necessidade ou não de se destacar a arguição em preliminar do recurso. Aqui a resposta é afirmativa e não há espaço para divagações doutrinárias em sentido contrário. Como bem apontado por José Rogério Cruz e Tucci[27], a relevância está intimamente ligada à transcendência da matéria, ou seja, a demonstração de que aquela discussão ultrapassa a mera relação individual espelhada no processo, razão pela qual deve vir demonstrada logo no início da peça recursal.

Uma terceira questão se refere a obrigatoriedade de se observar o quórum de dois terços dos integrantes da turma julgadora para rejeição da relevância em todas os recursos especiais submetidos

---

[24] Salomão, 2019, p. 141.

[25] Claro que este novo requisito de admissibilidade faz parte de um tema maior e que ultrapassa o limite deste espaço, dialogando com a Repercussão Geral no Recurso Extraordinário e com a ampliação, de um lado, dos filtros recursais e, de outro, da força dos precedentes qualificados firmados pelos Tribunais Superiores. Mouta, 2020. Texto disponível em https://www.migalhas.com.br/depeso/370139/relevancia-da-questao-federal-no-recurso-especial.

[26] Alvim, 2022. Disponível em: https://www.migalhas.com.br/depeso/369999/o-funil-mais-estreito-para-o-recurso-especial.

[27] O conhecimento desse meio de impugnação fica agora condicionado, além do preenchimento dos outros requisitos de admissibilidade, a tal demonstração, que, na prática, deve ser deduzida num capítulo preambular das razões recursais, no qual o recorrente apontará a transcendência da matéria. É dizer: o litigante tem o ônus de evidenciar que a *quaestio iuris* a ser decidida pelo Superior Tribunal de Justiça ostenta uma relevância que ultrapassa o interesse subjetivo das partes, ou seja, é caracterizada por um interesse geral. Essa relevância deve ser diagnosticada pelas perspectivas jurídica, econômica e social. Cruz e Tucci, 2020. Texto disponível em: https://www.conjur.com.br/2022-jul-19/questao-federal-admissibilidade-recurso-especial-stj.

ao STJ. Com toda razão, Osmar Paixão[28] anota que uma vez fixado o paradigma pelo órgão colegiado, até mesmo (e provavelmente) em plenário virtual, o exame, nos casos idênticos, deverá ser realizado por decisão monocrática do relator, nos exatos termos do art. 932, inciso III, do CPC.

Vejamos, agora, o teor do § 3º, também inserido no art. 105 da Constituição. O dispositivo trata da presunção de relevância, que ocorrerá nas seguintes hipóteses:

I – ações penais;

II – ações de improbidade administrativa;

III – ações cujo valor da causa ultrapasse 500 (quinhentos) salários mínimos;

IV – ações que possam gerar inelegibilidade;

V – hipóteses em que o acórdão recorrido contrariar jurisprudência dominante do Superior Tribunal de Justiça;

VI – outras hipóteses previstas em lei.

Nesse sentido, podemos identificar os seguintes critérios utilizados pelo legislador:

a) Natureza da ação: aqui se incluem as ações penais, de improbidade e que gerem inelegibilidade;

b) Valor da causa: o legislador estabeleceu o patamar de 500 salários mínimos. Se fizermos um paralelo com os valores previstos no § 3º do art. 496 do CPC, que trata da dispensa do duplo grau obrigatório de jurisdição, veremos que foi adotada solução de meio-termo (nem mil e nem cem salários), o que parece ser bem adequado.

c) Respeito à jurisprudência predominante do STJ. Nesse ponto, temos que poderia ter sido utilizado critério mais objetivo, como bem observado por Georges Abboud e Matthaus Kroschinsky[29]. A discussão já havia surgido com o instituto da transação por adesão na Lei de Mediação (art. 35 da Lei n. 13.140/2015)[30]. Talvez pudessem ser utilizados, em substituição à expressão genérica, as seguintes alternativas: decisões do pleno, decisões colegiadas de ambas as turmas sobre o mesmo tema ou mesmo enunciados de súmulas.

d) Outras hipóteses previstas em lei. Agiu com prudência e sabedoria o legislador ao não tornar o rol taxativo (até mesmo porque corria-se o risco de o próprio STJ mitigar eventual taxatividade, como já ocorreu com o agravo de instrumento)[31]. No mesmo sentido, Teresa Arruda Alvim entende não ser o rol taxativo[32].

---

[28] Paixão, 2020. Texto disponível em: https://www.migalhas.com.br/depeso/369961/a-relevancia-da-questao-de-direito-federal-no-recurso-especial.

[29] Num primeiro momento, interessa-nos especialmente a presunção prevista pela CF em seu art. 105, § 3º, V: "hipóteses em que o acórdão recorrido contrariar jurisprudência dominante no Superior Tribunal de Justiça". Aqui, novamente o legislador recorre a um conceito – "jurisprudência dominante" – um tanto incômodo e que, por parecer inequívoco, nos parece não ter recebido a atenção devida da doutrina até o momento. (...) De nossa parte, entendemos que a conformação de uma verdadeira jurisprudência dominante depende de alguns critérios mínimos e cumulativos: (1) ao menos duas decisões de um órgão efetivamente representativo da posição institucional daquele tribunal; (2) tratarem da mesma questão jurídica; (3) discussão técnica a respeito da questão; e (4) exposição clara dos fatos e razões que levaram o tribunal a adotar esta ou aquela posição. (Abboud; Kroschinsky, 2022).

[30] Veja-se, para tanto, nosso Manual de Mediação e Arbitragem. (Pinho; Mazzola, 2021, p. 181).

[31] O texto também deixa aberto o rol, no inciso VI, para "outras hipóteses previstas em lei", ou ainda – presumo eu – para situações que certamente emergirão da dinâmica social, como, por exemplo, aquelas atinentes aos direitos da personalidade (exatamente como ocorre com a chamada "taxatividade mitigada" do art. 1.015 do Código de Processo Civil). (Tucci, 2022).

[32] Isto não significa, porém, frise-se, que outras situações não listadas nesse "rol" estejam excluídas da apreciação do STJ, até mesmo porque, seria absolutamente impossível esgotar, em apenas cinco incisos, todas as possíveis questões de direito federal infraconstitucional revestidas de relevância. (Alvim, 2022).

Por fim, importante anotar que a parte final do art. 2º da Emenda n. 125 autoriza a parte a atualizar o valor da causa nos recursos especiais interpostos após a vigência da emenda, para os fins do inciso III do § 3º. Contudo, a norma não deve ser entendida como um requisito meramente formal ou facultativo[33] e, como adverte Mazzola[34], o dispositivo deve ser examinado à luz dos demais requisitos previstos na emenda bem como harmonizado com as normas gerais do CPC referentes aos aspectos econômicos do processo.

5.2.3 Recurso extraordinário

O cabimento do recurso extraordinário está fixado nas hipóteses do art. 102, III, *a* até *d*, da CF, devendo, para ser interposto, ter sido a causa já decidida, esgotando-se as vias ordinárias, ter havido o prequestionamento da questão constitucional no ato impugnado e a ofensa direta ao texto constitucional[35].

Como o dispositivo aborda a expressão "instância para o recurso extraordinário", é cabível a interposição de recurso extraordinário em face de qualquer decisão, até em face de decisão de turma recursal de Juizados Especiais, por não haver qualquer restrição[36].

Analisando as expressões para cabimento do referido recurso, causa decidida é aquela que não é original, que já foi decidida pelo Poder Judiciário. Dessa forma, apenas quando tiver sido já decidida a causa, cabe ao recorrente alegar infringência ao texto constitucional.

A doutrina mais moderna entende prequestionamento como a iniciativa da parte em suscitar a matéria somada à apreciação da questão pelo órgão julgador.

Ademais, configura-se, ainda, como requisito autônomo de admissibilidade dos recursos excepcionais.

É essencial ao cabimento que a decisão seja irrecorrível no plano inferior. Caso ainda seja passível de recurso, deve o recorrente interpor o recurso cabível, antes de destinar seu recurso aos Tribunais Superiores.

Contudo, o cabimento de ações autônomas de impugnação não impede a interposição de recurso especial ou extraordinário, devendo ser esgotadas, apenas, as vias recursais, mas não todas as formas de impugnação, a teor da Súmula 281 do STF[37].

A decisão não precisa, ainda, ser proferida por órgão colegiado. Excepcionalmente se a decisão singular for irrecorrível, como é o caso de decisão proferida por juiz em execução fiscal, será cabível a interposição de recurso extraordinário, como dispõe o art. 34 da Lei n. 6.830/80.

---

[33] Nesses casos, entendo que não basta a mera atualização do valor da causa no momento da interposição do recurso, como prevê o art. 2º, da EC n. 125/2022. Deve o recorrente comprovar o enquadramento do seu recurso especial nessa hipótese objetiva, dedicando capítulo específico das suas razões recursais para demonstrar o valor discutido no processo, notadamente nas hipóteses em que não é possível ainda quantifica-lo com exatidão – o que, aliás, é muito comum em demandas cuja indenização material será apurada apenas em liquidação de sentença. (Salomão, 2022).

[34] Mazzola, 2022.

[35] "Art. 102. Compete ao Supremo Tribunal Federal, precipuamente, a guarda da Constituição, cabendo-lhe: (...).

III – julgar, mediante recurso extraordinário, as causas decididas em única ou última instância, quando a decisão recorrida:.

a) contrariar dispositivo desta Constituição;.

b) declarar a inconstitucionalidade de tratado ou lei federal;.

c) julgar válida lei ou ato de governo local contestado em face desta Constituição;.

d) julgar válida lei local contestada em face de lei federal."

[36] A exceção é apenas decisão proferida no processamento de precatório, uma vez que a Súmula 733 do STF expressamente veda a interposição de recurso extraordinário em tal caso.

[37] Súmula 281 do STF: "É inadmissível o recurso extraordinário, quando couber, na justiça de origem, recurso ordinário da decisão impugnada".

Deve ocorrer ofensa direta à Constituição para ser cabível tal recurso, sendo mencionado o dispositivo constitucional violado.

Ademais, é imprescindível o prequestionamento da matéria, o que significa provocar os julgadores para que se manifestem sobre a questão constitucional previamente à interposição do recurso. Caso os julgadores não tenham se manifestado sobre ela, caberá a oposição de embargos de declaração para provocar o julgamento da questão pelo Tribunal inferior.

Caso ainda assim o juízo inferior não se manifeste sobre a questão, poderá se alegar ofensa ao art. 1.022 do CPC, interpondo-se recurso extraordinário.

O prequestionamento deve ser explícito, devendo os órgãos inferiores já ter se pronunciado sobre a questão, e numérico, devendo ser indicado o inciso do dispositivo da Constituição Federal que foi violado pela decisão recorrida.

Contudo, o prequestionamento não é um ponto que encontre uniformidade na doutrina.

Prequestionamento explícito é aquele que se verifica quando a matéria é suscitada na decisão de órgão imediatamente inferior ao órgão jurisdicional que apreciará o recurso; já no implícito a questão deve ter sido suscitada em qualquer órgão inferior. A jurisprudência, contudo, não é uníssona quanto à classificação.

Por vezes o STJ apregoou ser desnecessária a menção expressa aos dispositivos legais violados; contudo, deveria ocorrer o prequestionamento implícito, em que há a referência a tese jurídica ou princípio jurídico[38]. Outras decisões apontaram o prequestionamento implícito como sendo aquele sobre questões de ordem pública, cognoscíveis diretamente pelo Tribunal.

A Corte Especial já decidiu, em embargos de divergência, que o prequestionamento implícito, isto é, a apreciação da matéria sem a obrigatória indicação da norma jurídica violada, deve ser aceito para fins de admissibilidade do recurso especial[39].

Contudo, atualmente, tal concepção de prequestionamento explícito ou implícito não vem sendo muito utilizada pela Corte Suprema. Prevalece o entendimento de que basta a apreciação da tese jurídica para que a questão seja prequestionada[40].

Entendemos que basta que a matéria já tenha sido apreciada em momento anterior, ainda que a decisão recorrida não a mencione expressamente.

No entanto, é forte na jurisprudência a ideia de que não basta que a questão tenha sido analisada nas decisões anteriores, devendo ser também analisada na decisão recorrida.

Caso tal decisão não se pronuncie, antes de ingressar com o recurso para os Tribunais Superiores, caberia ao recorrente opor embargos de declaração, para fins de prequestionamento, fazendo com que o órgão *a quo* se pronuncie sobre a questão.

O Superior Tribunal de Justiça tem entendimento consolidado (Súmula 211[41]), no sentido de que, se o Tribunal *a quo* não se manifestar sobre a questão, esta não estará prequestionada, não sendo admissível o recurso.

---

[38] Nesse sentido, STJ, AgRg no REsp 502.632-MG, rel. Min. Eliana Calmon, j. 21-10-2003.

[39] STJ, Corte Especial, Embargos de Divergência em Recurso Especial 161.419-RS. rel. Min. Francisco Peçanha Martins. Brasília, DF, 15 de agosto de 2007. Disponível em: https://ww2.stj.jus.br/processo/revistaeletronica/inteiroteor?num_registro=199800803327&data=10/11/2008. Acesso em: 30 dez. 2013.

[40] Agravo Regimental no Agravo de Instrumento n. 617.374-MG. rel. Min. Sepúlveda Pertence. Brasília, DF, 26 de junho de 2007. Disponível em: http://www.stf.jus.br/portal/diarioJustica/verDiarioProcesso.asp?numDj=164&dataPublicacaoDj=24/08/2007&incidente=3625959&codCapitulo=5&numMateria=38&codMateria=2. Acesso em: 26 dez. 2013.

[41] Súmula 211 do STJ: "Inadmissível recurso especial quanto à questão que, a despeito da oposição de embargos declaratórios, não foi apreciada pelo tribunal *a quo*".

Já o Supremo Tribunal Federal vem abrandando tal exigência enunciada na Súmula 356 do STF. Caso o recorrente interponha embargos de declaração, para fins de prequestionamento, e o Tribunal não se pronuncie, tem admitido que estará prequestionada a matéria[42].

Nesse sentido se posicionou o CPC, especificamente, no art. 1.025[43].

A questão constitucional deve estar clara no recurso, individualizada, e ir além da esfera jurídica das partes, o que, entretanto, não impedirá que, verificada a questão constitucional, o Tribunal analise outros aspectos da questão discutida, sem o julgamento se revelar *extra petita*.

Contudo, o recurso pode ser conhecido por fundamento diverso do invocado, desde que enquadrável, também, na moldura constitucional.

Outro caso interessante, em que é desnecessário o prequestionamento pelas partes, é a interposição do RE ou do REsp em face de acórdão que julgou reexame necessário, sem que tenha havido também apelação por parte da Fazenda Pública.

Ora, se a Fazenda não apelou, ela não prequestionou a matéria; porém, já há entendimento pacífico no STJ, firmado por sua Corte Especial[44], no sentido de que não se opera a preclusão lógica em relação à Fazenda Pública, sendo viável o REsp interposto contra questão federal decidida no acórdão, inobstante a ausência de debate anterior pela parte[45].

Apesar de todas essas considerações e como já tivemos oportunidade de ressaltar[46], o CPC perdeu a oportunidade de avançar e regular com mais clareza o preenchimento do requisito do prequestionamento, inclusive como forma de equalizar os entendimentos das cortes superiores.

De qualquer forma, houve um avanço, na medida em que o novo diploma passou a admitir o prequestionamento ficto (art. 1.025), como acima referido. Assim, se o tribunal recorrido não examinar o tema suscitado, basta que o recorrente apresente embargos de declaração, podendo o tribunal, caso "considere existentes erro, omissão, contradição ou obscuridade", julgar desde logo o processo (se não houver necessidade de produção de provas), aplicando o direito (art. 1.034). Tal sistemática esvazia, de certa forma, a Súmula 211 do STJ.

Outra novidade é que o voto vencido passa a fazer parte do acórdão de julgamento, inclusive para fins de prequestionamento (art. 941, § 3º), alteração positiva que ajuda a combater a jurisprudência defensiva e facilita a demonstração do prequestionamento. É que algumas vezes a questão de direito só é analisada com maior densidade no voto divergente.

Contudo, parece-nos que o momento é de se repensar a real utilidade do prequestionamento, na medida em que as cortes superiores passam a ter o papel primordial de buscar uma uniformização jurisprudencial[47] cada vez mais intensificada.

---

[42] Nesse sentido, STJ, REsp 866.299-SC, rel. Min. Eliana Calmon, j. 23-6-2009, *Informativo STJ*, n. 400.

[43] Cumpre registrar que a previsão do art. 1.025 do Código de Processo Civil de 2015 não invalidou o Enunciado n. 211 da Súmula do STJ (Inadmissível recurso especial quanto à questão que, a despeito da oposição de embargos declaratórios, não foi apreciada pelo Tribunal *a quo*). EDcl no AgInt no AREsp 2.222.062-DF, rel. Min. Francisco Falcão, 2ª T., por unanimidade, j. 21-8-2023, DJe 23-8-2023. *Informativo STJ* n. 785.

[44] Recurso Especial n. 905.771-CE. rel. Min. Teori Albino Zavascki. Brasília, DF, 29 de junho de 2010. Disponível em: https://ww2.stj.jus.br/processo/revistaeletronica/inteiroteor?num_registro=200602619914&data=19/8/2010. Acesso em: 26 dez. 2013.

[45] Pereira, 2014, p. 28.

[46] Texto escrito em coautoria com Marcelo Mazzola e publicado em http://www.migalhas.com.br/dePeso/16,MI249181,-51045-A+ressignificacao+do+prequestionamento+na+sistematica+dos+precedentes. Acesso em: 20 jan. 2017.

[47] "A técnica da tutela recursal pluri-individual representa a explicitação do reconhecimento da função nomofilática do recurso-piloto, mediante o fracionamento do exame dos dois interesses que ele veicula, o interesse público, por um lado, e o interesse individual do recorrente, por outro" (Dantas; Wambier, 2016, p. 528-529).

Dessa forma, busca-se, inclusive, dar maior concretude a princípios constitucionais basilares, tais como a isonomia entre jurisdicionados que se encontrem em situação jurídica semelhante, a segurança jurídica e a duração razoável dos processos cujos recursos excepcionais versem sobre a mesma questão de direito[48].

Nessa toada, os tribunais devem uniformizar sua jurisprudência e mantê-la estável, íntegra e coerente (art. 926), bem como observar as decisões do Supremo Tribunal Federal em controle concentrado de constitucionalidade; os enunciados de súmula vinculante; os acórdãos em incidente de assunção de competência ou de resolução de demandas repetitivas e em julgamento de recursos extraordinário e especial repetitivos; os enunciados das súmulas do Supremo Tribunal Federal em matéria constitucional e do Superior Tribunal de Justiça em matéria infraconstitucional; e a orientação do plenário ou do órgão especial aos quais estiverem vinculados (art. 927).

Na sistemática de precedentes, em que a maior preocupação é uniformizar e harmonizar o entendimento sobre "questões de direito"[49], o prequestionamento, definitivamente, não pode ser compreendido como a obrigação da parte de demonstrar a vinculação do tema a determinado dispositivo legal ou constitucional (prequestionamento explícito ou numérico).

Os tribunais superiores não devem preocupar-se em perquirir se o tribunal recorrido analisou este ou aquele dispositivo, mas sim se analisou e enfrentou a questão de direito suscitada pela parte (o tema), violando ou não os precedentes das cortes.

A propósito, quando o relator seleciona recursos representativos da controvérsia (no caso de recursos especiais e extraordinários repetitivos, por exemplo), deve apenas identificar com precisão a questão a ser submetida a julgamento (art. 1.037, I, do CPC), e não especificar o artigo da Carta Magna ou da legislação federal capaz de dar lastro à apreciação do tema[50]. Ou seja, o que importa, efetivamente, é a delimitação da questão de direito.

O mesmo raciocínio se aplica no Incidente de Resolução de Recursos Repetitivos (IRDR)[51] e no Incidente de Assunção de Competência (IAC). No primeiro, a questão de direito se repete em muitos processos, existindo risco de ofensa à isonomia e à segurança jurídica, a justificar, portanto, a pacificação do tema. No segundo, constata-se a relevância de questão de direito, que, apesar de não se repetir em múltiplos processos, tem grande repercussão social.

Note-se, ainda, que, para efeito de repercussão geral, será considerada a existência ou não de questões relevantes do ponto de vista econômico, político, social ou jurídico que ultrapassem os interesses subjetivos do processo (art. 1.035, § 1º).

---

[48] "Na verdade, quando o STF ou o STJ aprecia o recurso-piloto e emite juízo de cassação acompanhado da expedição de comando normativo sobre a questão de direito, a consequência prática é que todos os acórdãos impugnados nos recursos sobrestados na origem, na medida em que versem sobre a questão de direito decidida pelo tribunal superior no recurso representativo, deixam de existir juridicamente, seguindo o mesmo destino do acórdão impugnado no recurso-piloto" (Dantas, 2015, p. 132).

[49] A expressão "questão de direito" é largamente utilizada no CPC: vide arts. 928, parágrafo único, 947, caput e § 4º, 976, § 4º, 983, 985, I e II, 987, § 2º, 1.036, caput e § 5º.

[50] "(...) Ultrapassada a etapa de escolha dos recursos afetados, caberá ao relator no Tribunal Superior proferir decisão de afetação, na qual identificará com precisão a questão a ser submetida a julgamento e determinará a suspensão do processamento de todos os recursos pendentes, individuais ou coletivos, que versem sobre a questão e tramitem no território nacional. Aqui, se tem uma importante etapa, eis que caberá ao relator determinar os limites do que será julgado, sendo ainda importante que indique sob quais fundamentos o julgamento será discutido, para demonstração da amplitude do debate que auxiliará a aplicação do padrão decisório (art. 1.035, § 5º), a posteriori, e garantir a impossibilidade de ocorrência de decisão surpresa (vedada pelo art. 10)" (Theodoro Jr.; Nunes; Bahia, 2015, p. 326).

[51] Note-se que o art. 979, § 1º, dispõe que tribunais manterão banco eletrônico de dados atualizados com informações específicas sobre questões de direito submetidas ao incidente, comunicando-o imediatamente ao Conselho Nacional de Justiça para inclusão no cadastro.

Nesse contexto, sobretudo dentro da sistemática dos precedentes, a aferição do prequestionamento não precisa refletir uma rígida correlação entre tema e dispositivo legal. Na verdade, o prequestionamento deve ser compreendido como o dever do recorrente de demonstrar que suscitou a questão de direito ao longo do processo e que ela foi apreciada pelo tribunal inferior, independentemente da menção ou citação de eventual dispositivo legal.

A observação é importante porque muitas vezes a questão de direito não tem relação direta com determinado dispositivo legal, podendo decorrer de uma interpretação sistemática de algumas normas, ou mesmo da própria evolução jurisprudencial, fruto do amadurecimento da sociedade em relação a tema considerado relevante.

Não custa lembrar que o art. 10 do CPC redimensiona o contraditório, estendendo-o também aos fundamentos jurídicos. Nessa mesma linha, o art. 357, § 2º, permite que as partes, no momento do saneador, apresentem ao juiz proposta de delimitação das questões de fato e de direito. Ademais, do art. 489, II, e § 1º, IV, consta que "são elementos da sentença os fundamentos em que o juiz analisará as questões de fato e de direito", não se considerando fundamentada a decisão que não enfrenta todos os argumentos deduzidos no processo capazes de, em tese, infirmar a conclusão adotada pelo julgador.

Frisamos que nenhum desses artigos faz menção à necessidade da indicação do dispositivo legal, mas apenas ao fundamento de fato ou de direito[52].

Essa nova percepção joga as sementes para uma verdadeira ressignificação do prequestionamento, tema que será explorado com mais profundidade em outro trabalho.

Em reforço a tudo isso, vale registrar que muitas súmulas e teses fixadas em julgamentos de recursos repetitivos não trazem, nos respectivos extratos, quaisquer dispositivos legais, estampando-se apenas a própria questão de direito decidida.

Nessa ótica, não se afigura mais consentâneo com os paradigmas do CPC o entendimento consolidado do STJ de que, em caso de REsp interposto com base na alínea *c* do permissivo constitucional (dissídio jurisprudencial), o recurso não deve ser conhecido se o recorrente não indicar o dispositivo legal capaz de lastrear a divergência.

Parece-nos que, se o recorrente demonstrou que a questão de direito por ele suscitada foi efetivamente enfrentada pelo tribunal recorrido, mas em sentido diferente da interpretação conferida por outro tribunal, o recurso especial deve ser conhecido.

Primeiro, porque muitas das antigas formalidades – principalmente no âmbito das cortes superiores – foram suprimidas pelo CPC[53], valorizando-se o princípio da primazia de mérito[54] que também pode ser invocado *in casu*.

---

[52] O Enunciado n. 1 da ENFAM é enfático ao dispor que "entende-se por 'fundamento' referido no art. 10 do CPC o substrato fático que orienta o pedido, e não o enquadramento jurídico atribuído pelas partes".

[53] Possibilidade do prequestionamento ficto (art. 1.025); desnecessidade de ratificação do recurso já interposto no caso de rejeição de embargos de declaração (art. 1.024, § 5º), assim como no caso de recurso extraordinário já interposto, quando os embargos de divergência não alterarem a conclusão do julgamento anterior (art. 1.044, § 2º) ou na hipótese do art. 1.041, § 2º; fim da exigência de demonstração da repercussão geral em capítulo preliminar do recurso (art. 543-A, § 2º, do CPC/73 e art. 1.035, § 2º, do CPC); fungibilidade entre o REsp e o RE (arts. 1.032 e 1.033); relativização dos vícios formais de recurso tempestivo (art. 1.029, § 3º – *vide* também Enunciado n. 220 do FPPC).

[54] "A preocupação do legislador em assegurar uma "decisão de mérito" é externada em vários dispositivos do código: Arts. 76, 139, IX, 282, *caput*, §§ 1º e 2º, 186, § 2º, 303, § 6º, 317, 319, §§ 2º e 3º, 321, 329, II, 331, 338, 339, 352, 485, § 7º, 488, 700, § 5º, 775, § único, II, 932, parágrafo único, 938, §§ 1º e 2º, 968, § 5º, 972, 1.007, §§ 2º, 4º, 6º e 7º, 1.013, § 3º, incisos I a IV, § 4º, 1.017, § 3º, 1.024, § 5º, 1.027, § 2º, 1.029, § 3º, 1.031, §§ 2º e 3º, 1.032, *caput* e parágrafo único, 1.033, 1.041, § 2º e 1.044, § 2º" (Mazzola, 2017, p. 108).

Segundo, porque tal exigência – indicação do dispositivo legal – não tem previsão no CPC e tampouco consta do Regimento Interno do STJ. Aliás, muitas vezes a divergência sobre o mesmíssimo tema está assentada em fundamentos jurídicos distintos, inclusive de leis diferentes, dada a natureza da discussão (Código de Defesa do Consumidor x Lei dos Planos de Saúde; Código Civil x Lei de Direitos Autorais; Lei Antitruste x Lei de Propriedade Industrial etc.). Ou seja, trata-se de ranço de uma jurisprudência defensiva totalmente incompatível com o sistema de precedentes (focado na harmonização da questão de direito).

Terceiro, porque, se o relator do STJ consegue identificar a questão de direito em discussão e percebe que ela foi decidida em descompasso com o paradigma, mesmo sem a indicação do artigo de lei, deveria, por uma questão de boa-fé e cooperação (arts. 5º e 6º), conhecer o REsp com base no dissídio para apreciar o tema. Ora, o que está em jogo é a segurança jurídica, a isonomia e possibilidade de julgamento do mérito, cânones do CPC muito mais valiosos que a forma.

Claro que, se a fundamentação do REsp for deficiente e não houver a efetiva demonstração da divergência dentro dos parâmetros do CPC (art. 1.029, § 1º) e do Regimento Interno do STJ (art. 255, § 1º), o recurso não deve ser conhecido, aplicando-se, inclusive, o enunciado da Súmula 284.

Agora, se a divergência sobre determinada questão de direito (prequestionada) estiver devidamente demonstrada, deve o STJ dar prosseguimento ao recurso, podendo o ministro relator, inclusive, caso constate eventual déficit de fundamentação, intimar qualquer das partes para se manifestar a respeito, à luz do já referido art. 10 do CPC, nos termos do art. 255, § 5º, do RISTJ[55]. Afinal, o foco deve ser no objetivo (uniformizar), e não nos meios (viabilizar o acesso).

Em recente julgamento, o Ministro Napoleão Maia do STJ fez uma severa crítica às chamadas "formalidades" processuais, destacando que "só existe uma decisão afirmando ser exigível a indicação de dispositivo legal" no caso do REsp interposto com base em dissídio jurisprudencial (REsp 1.346.588) e que todas as posteriores apenas fazem referência a essa, sem acréscimo de fundamentação ou doutrina[56]. Tal assertiva demonstra que nossa inquietude também é sentida pelos próprios julgadores.

Em resumo, considerando a sistemática dos precedentes do CPC, a bússola interpretativa de nossos tribunais deve estar calibrada para harmonizar questões de direito, e não fomentar incongruências, cultuando formalidades.

Na aferição do prequestionamento, deve-se valorizar muito mais o debate sobre o tema e a chance de pacificar os entendimentos do que a catalogação dos dispositivos. Não faz mais sentido restringir a discussão a filigranas processuais, suscitando, por exemplo, ausência de vinculação/correlação entre a questão de direito decidida e determinados dispositivos legais, com o único objetivo de fulminar recursos, se a função das cortes superiores é, acima de tudo, garantir a isonomia e a segurança jurídica, em benefício de toda a coletividade.

---

[55] "Art. 255. O recurso especial será interposto na forma e no prazo estabelecidos na legislação processual vigente e recebido no efeito devolutivo, salvo quando interposto do julgamento de mérito do incidente de resolução de demandas repetitivas, hipótese em que terá efeito suspensivo. (...) § 5º No julgamento do recurso especial, verificar-se-á, preliminarmente, se o recurso é cabível. Decidida a preliminar pela negativa, a Turma não conhecerá do recurso; se pela afirmativa, julgará a causa, aplicando o direito à espécie, com observância da regra prevista no art. 10 do Código de Processo Civil" (redação conforme Emenda n. 24, de 28 de setembro de 2016).

[56] REsp 1.455.735-PR. Notícia disponível em: http://www.migalhas.com.br/Pilulas/248148^. Acesso em: 31 out. 2016.

5.2.3.1 A repercussão geral das questões constitucionais

Inspirado no direito estadunidense[57], a Emenda Constitucional n. 45/2004 introduziu uma nova condição de admissibilidade para o recurso extraordinário, o qual atua como mecanismo de filtro recursal com o objetivo de conferir celeridade ao processo ao racionalizar a atuação do Supremo Tribunal Federal. Além disso, possibilita maior garantia à isonomia entre os jurisdicionados, tendo em vista a eficácia da decisão expandida para outros processos com matéria idêntica.

Destacamos que precedeu à repercussão geral a "arguição de relevância", que era um instrumento previsto na Constituição de 1967, mas que fora extinta pela Carta de 1988. Ambas têm como meta reduzir a quantidade de recursos a serem julgados pelo Supremo e tomando por base o modelo norte-americano. A relevância retornou em 2022, por meio da Emenda Constitucional n. 125, sendo aplicável apenas ao recurso especial direcionado ao STJ, como veremos no próximo tópico.

Lembremos que foi com a Emenda Constitucional n. 1 de 1969 que o STF passou a impor a limitação da abrangência dos recursos extraordinários. No ano de 1975, foi criada a Emenda Regimental n. 3, pela qual o STF introduziu no direito pátrio a figura da arguição de relevância.

No ano de 1977, exigiu-se a "relevância da questão federal" por meio da EC n. 7. A partir de então, caberia ao Regimento Interno do STF estabelecer as diretrizes para identificar o que seriam as ditas questões relevantes. E foi assim que o § 1º do art. 327 daquele Regimento previa: "Entende-se relevante a questão federal que, pelos reflexos na ordem jurídica, e considerados os aspectos morais, econômicos, políticos ou sociais da causa, exigir a apreciação do recurso extraordinário pelo Tribunal".

Em momento posterior, o STF tratou da questão através da Emenda Regimental n. 2/85, alterando a redação do art. 325 do "RISTF", e, em razão disso, contemplada no inciso XI, deixou de ser tratada como ressalva ou exceção ao não cabimento do recurso, para ser tida como fundamento autônomo e suficiente para o apelo extremo, ganhando importância e identidade.

A Lei n. 11.418/2006, regulamentando a disposição constitucional genérica do art. 102, § 3º, trazida pela EC n. 45/2004, inseriu dois novos artigos no CPC/73, a saber, arts. 543-A e 543-B, que tratavam da repercussão geral no recurso extraordinário.

A lei entrou em vigor no dia 18 de fevereiro de 2007 e foi regulamentada pela Emenda Regimental n. 21, de 30 de abril de 2007, que alterou o Regimento Interno do STF.

O recorrente, na fase de admissibilidade, além de demonstrar a presença dos requisitos objetivos e subjetivos comuns a qualquer recurso e, ainda, o prequestionamento, deverá demonstrar a existência de uma questão relevante do ponto de vista econômico, político, social ou jurídico que ultrapasse os interesses subjetivos da causa.

No Código de Processo Civil de 2015, a repercussão geral vem regulamentada, mais extensamente, no art. 1.035, dispositivo responsável por algumas alterações no tratamento da matéria.

Também ampliada, e consentânea com a base do CPC, encontra-se a enumeração das hipóteses em que se verifica a existência de repercussão. Não mais adstrita a simplesmente contrariar súmula ou jurisprudência dominante do STF, pode se dar também nos casos em que o recurso impugne

---

[57] Em 1891 foi introduzido no ordenamento norte-americano o instituto do *writ of certiorari*, o qual confere discricionariedade para a Suprema Corte no conhecimento das apelações, o que significa um juízo político na apreciação de um caso. Com a expansão dos casos submetidos ao *writ of certiorari*, a Suprema Corte destaca-se dos demais tribunais, tendo em vista que possui a prerrogativa de escolher os casos que irá julgar conforme a relevância da matéria e cujo efeito irá repercutir em indivíduos que estão fora da relação processual. Por sua vez, *writ of certiorari* possibilita que a Corte selecione de acordo com seus próprios critérios quais questões deverão ser apreciadas, deixando de exercer um papel secundário de revisor de tribunais para determinar a interpretação de matérias consideradas relevantes e transcendentes.

acórdão que tenha reconhecido a inconstitucionalidade de tratado ou lei federal, nos termos do art. 97 da Constituição, ou seja, respeitada a chamada Cláusula de Reserva de Plenário. O cabimento contra acórdão proferido em julgamento de casos repetitivos quedou afastado com a revogação do inciso II do § 3º desse art. 1.035, imposta pela Lei n. 13.256/2016.

Vale mencionar que o inciso III do § 3º do art. 1.035 tem a seguinte hipótese: "III – tenha reconhecido a inconstitucionalidade de tratado ou de lei federal, nos termos do art. 97 da Constituição Federal". Tal norma teve sua constitucionalidade questionada, mas foi validada pelo STF[58].

Nesses casos, a presunção de repercussão geral se dá de modo absoluto, dada a abrangência de pessoas e causas afetadas em tais situações. Sendo tamanha a importância da discussão, admite a Lei processual que se manifestem terceiros, por procurador habilitado e segundo o Regimento Interno do STF, consoante disposto no art. 1.035, § 4º.

Esse requisito tem natureza jurídica de filtro de seleção, mas só pode ser examinado pelo Supremo, não estando sujeito ao crivo do Tribunal *a quo*. Deverá ser o último a ser examinado, não podendo haver inversão nesta ordem; vale dizer, primeiro se examinam os requisitos genéricos, depois o prequestionamento, e só então a repercussão geral, sendo certo que os dois primeiros se submetem ao exame da Corte inferior.

Há controvérsia no seio da Suprema Corte quanto ao momento adequado para a demonstração da repercussão geral. Uma primeira posição[59] sustenta que é o da interposição do recurso excepcional, ao passo que uma segunda[60], mais liberal, admite que isso posa vir a ocorrer até mesmo em embargos declaratórios, ainda que com efeitos infringentes.

A questão da repercussão geral pode ser negada ou admitida, hipótese em que o relator determinará a suspensão de processamento de todos os feitos pendentes, sejam individuais ou coletivos, que, tramitando no território nacional, versem sobre a mesma questão. Essa é a redação expressa no art. 1.035, § 5º. Com isso, evita-se eventual prolação de decisões colidentes com o posicionamento que o Supremo Tribunal ainda vai tomar. Preza-se, portanto, pela uniformização da jurisprudência pátria, um dos mais importantes motes do novo Diploma, como já visto.

Contudo, essa suspensão não é automática[61-62].

---

[58] É constitucional presunção de repercussão geral de recurso extraordinário que impugna acórdão que tenha declarado inconstitucionalidade de tratado ou lei federal (CPC/2015, art. 1.035, § 3º, III). Essa previsão se fundamenta, em especial, na necessidade de uniformizar a aplicação de lei federal em todo o território nacional. ADI n. 5.492-DF, rel. Min. Dias Toffoli, j. 24-4-2023; ADI n. 5.737-DF, rel. Min. Dias Toffoli, redator do acórdão Min. Roberto Barroso, j. 24-4-2023, *Informativo STF* n. 1.092.

[59] O momento processual oportuno para a demonstração, em preliminar formal e fundamentada, da existência de repercussão geral é o da interposição de recurso extraordinário, não de agravo regimental contra decisão monocrática que lhe nega seguimento, tampouco dos respectivos embargos de declaração, tendo-se operado a preclusão consumativa quanto ao particular. RE 1.213.147 ED-AgR-ED, rel. Min. Edson Fachin, j. 22-3-2021, 2ªT., *DJe* de 23-4-2021.

[60] 1. Verificada a identidade entre o precedente paradigmático e o caso dos autos, admite-se a concessão excepcional de efeitos infringentes aos declaratórios com o fito de aplicar à causa a sistemática da repercussão geral. Inteligência dos arts. 328 do Regimento Interno do STF e 1.036 a 1.040 do Código de Processo Civil de 2015. Precedentes. 2. Embargos de declaração acolhidos para, concedendo-lhes excepcionais efeitos modificativos, anular o acórdão embargado e determinar a devolução dos autos à Corte de origem, para os fins previstos nos arts. de 1.036 a 1.040 do Código de Processo Civil de 2015. RE 1.244.330 AgR-ED, rel. Min. Rosa Weber, j. 24-2-2021, 1ªT., *DJe* de 8-3-2021.

[61] Caso a lei quisesse injungir a suspensão automática, bastaria prever que o reconhecimento da repercussão geral impusesse a paralisação do trâmite de todos os processos pendentes relativos à matéria no território nacional; ou ainda, dispor que o relator obrigatoriamente determinasse a suspensão, o que não ocorreu. Ademais, o sobrestamento do trâmite de centenas ou de milhares de feitos por todo o país, por tempo indefinido, não se coaduna com os princípios da eficiência e do acesso ao Judiciário, especialmente quando há a possibilidade de o relator estipular a suspensão dos feitos em que o andamento possa causar incerteza jurídica (STJ, REsp 1.202.071-SP, rel. Min. Herman Benjamin, Corte Especial, por unanimidade, j. 1º-2-2019, *DJe* 3-6-2019, *Informativo STJ*, n. 650).

[62] A suspensão de processamento prevista no § 5º do art. 1.035 do CPC não consiste em consequência automática e necessária do reco-

Se, porém, o recurso extraordinário tiver sido interposto intempestivamente, ou seja, após o interregno de quinze dias da intimação da última decisão no Tribunal de origem, podem o recorrido e terceiros interessados requerer ao Presidente ou ao Vice-Presidente dessa Corte a exclusão da decisão de sobrestamento e a inadmissão do recurso intempestivo (art. 1.035, § 6º).

Da decisão que indeferir tal pleito, caberá agravo interno (§ 7º).

Uma vez negada a repercussão, o Presidente ou o Vice-Presidente do Tribunal *a quo* terá a incumbência de negar seguimentos aos recursos sobrestados que versarem sobre matéria idêntica.

Reconhecida, entretanto, a repercussão geral, impõe-se prazo de 1 (um) ano para o julgamento do recurso, preferencialmente aos demais feitos, desde que não envolvam réu preso nem constituam pedidos de *habeas corpus* (art. 1.035, § 9º). Previa o § 10 que, desrespeitado o prazo, cessar-se-ia a suspensão de todos os processos sobrestados no território nacional; entretanto, o dispositivo foi revogado pela Lei n. 13.256/2016, tornando tal prazo impróprio, como bem anota Osmar Côrtes[63].

A preocupação com a otimização do processamento e do julgamento do recurso é legítima, diante de tão amplo espectro de incidência da questão a ser resolvida pela Corte Suprema[64].

Como última formalidade, o § 11 elenca a constatação em ata da súmula da decisão sobre a repercussão geral, a ser publicada no *Diário Oficial*, com valor de acórdão.

Para a repercussão geral é conceituada a matéria que contenha requisito que justifique a relevância do ponto de vista econômico, político, social ou jurídico, desde que ultrapassados os interesses subjetivos da causa.

Repercussão geral deve ser composta pelo somatório dos elementos relevância e transcendência. A relevância está coligada aos pontos políticos, econômicos, sociais e jurídicos; a transcendência está ligada ao poder de transcender além dos interesses subjetivos das partes na causa.

Deve contribuir para a ordem constitucional de modo a compatibilizá-la à solução dos problemas de ordem constitucional. É o binômio que caracteriza a repercussão geral da controvérsia.

Embora o art. 1.035 determine que a decisão do Supremo que negue a existência de repercussão geral seja irrecorrível, importante salientar que incide a norma do inciso IX do art. 93 da Constituição Federal, no sentido da obrigatória fundamentação dessa decisão, podendo ser opostos embargos de declaração.

O § 8º do art. 1.035 cria uma espécie de efeito vinculante na hipótese de ser negada a existência da repercussão geral e haver outros recursos sobre matéria idêntica. Nesses casos, haverá a negativa de seguimento dos recursos pelo próprio Presidente ou Vice-Presidente do Tribunal de origem.

Como referido no item acima, a imposição da repercussão geral como um requisito extra para a admissibilidade dos recursos extraordinários tem o seu efeito potencializado na hipótese de multiplicidade de recursos (art. 1.036 do CPC).

Para evitar o congestionamento ou a sobrecarga do Tribunal com inúmeros processos idênticos, o § 1º do art. 1.036 cria um mecanismo inteligente, segundo o qual o Presidente ou Vice-Presidente

---

nhecimento da repercussão geral realizada com fulcro no *caput* do mesmo dispositivo, sendo da discricionariedade do relator do recurso extraordinário paradigma determiná-la ou modulá-la (RE 966.177/RS-QO, Plenário). RHC 138.754 AgR, rel. Min. Ricardo Lewandowski, 2ªT., j. 28-9- 2018, *DJe* de 4-10-2018.

[63] Côrtes, 2019, p. 28.

[64] Em outra questão, mas também visando ao não comprometimento da prestação jurisdicional, o STF entende que a admissão de assistente simples, após iniciado o julgamento do recurso extraordinário, só pode se dar se demonstradas a necessidade e a utilidade da medida. Caso contrário, apenas se prestaria a proliferar os atores processuais, sem que presente interesse jurídico legítimo. Nesse sentido: STF, Pet 4.391, AgR-RJ, rel. orig. Min. Joaquim Barbosa, red. para o acórdão Min. Teori Zavascki, 9-10-2014, *Informativo STF*, n. 762.

do Tribunal de origem seleciona dois ou mais recursos sobre uma mesma controvérsia e os encaminha ao STF[65].

Importante ressaltar que a alegação da repercussão geral obedece às regras formais previstas no art. 1.035. Ainda na vigência do CPC/73, o STF já havia decidido que não se admite a alegação implícita de repercussão geral[66].

A repercussão geral é analisada por meio do Plenário virtual do Supremo Tribunal Federal.

Importante ressaltar que, por meio da Emenda Regimental n. 54/2020, o STF alterou seu Regimento Interno com o objetivo de conferir mais segurança, transparência e rapidez à tramitação de processos no Tribunal. Uma das principais alterações é a necessidade de submeter a referendo do Plenário do STF a decisão do relator sobre pedido de tutela de urgência contra atos dos Presidentes da República, da Câmara dos Deputados, do Senado Federal ou do próprio STF.

A alteração alcançou, ainda, a Resolução n. 642/2019 a fim de apenas serem computados nas sessões virtuais os votos expressamente manifestados pelos ministros no prazo do julgamento. Antes da alteração, a não manifestação era computada como adesão ao voto do relator, o que vinha sendo objeto de fundadas críticas. Pela nova redação, caso não seja alcançado o quórum para a realização da sessão ou para votação de matéria constitucional, o julgamento será suspenso e incluído na sessão virtual seguinte, para que os ministros ausentes se manifestem. O mesmo ocorrerá se houver empate na votação, exceto no julgamento de *habeas corpus* ou de recurso em *habeas corpus*. Neste caso, prevalecerá a decisão mais favorável ao acusado ou investigado, conforme previsto no regimento para as sessões presenciais (art. 146, parágrafo único).

Também foi aprovada proposta apresentada pelo Ministro Toffoli que atribui ao presidente a competência para despachar como relator, até eventual distribuição, as petições, os recursos extraordinários e os agravos em recurso extraordinário ineptos ou manifestamente inadmissíveis, inclusive os que, conforme a jurisprudência do Tribunal, não tenham repercussão geral. O presidente também atuará como relator, nos termos dos arts. 932 e 1.042 do Código de Processo Civil, até eventual distribuição, nos recursos extraordinários e agravos com pretensão contrária à jurisprudência dominante ou à súmula do STF. Nos *habeas corpus* manifestamente inadmissíveis por não serem de competência do Supremo, o presidente encaminhará os autos ao órgão que considere competente.

Por fim, vale ressaltar a nova redação imposta ao art. 134 do Regimento Interno do Supremo Tribunal Federal pela Emenda Regimental n. 54/2020. Desse modo, o ministro que pedir vista dos autos deverá apresentá-los, para prosseguimento da votação, no prazo de trinta dias, contado da data da publicação da ata de julgamento.

Importante ressaltar, ainda, que os §§ 1º a 4º do art. 326 do Regimento Interno do STF, introduzidos pela referida Emenda Regimental 54/2020, estabelecem a técnica da rejeição da repercussão geral das questões suscitadas no Recurso Extraordinário, com eficácia limitada ao caso concreto. Tal sistemática[67] desenvolve-se em etapas:

(a) o Relator, ao receber o RE, analisa primeiramente a relevância das questões arguidas;

(b) constatada a ausência de repercussão geral, o Relator está autorizado a negar seguimento ao recurso, exclusivamente por esse motivo;

(c) em face dessa decisão, cabe impugnação da parte sucumbente, dirigida ao Plenário, requerendo-se a adesão de 2/3 (dois terços) dos Ministros para a confirmação do julgado recorrido;

---

[65] Carneiro; Pinho, 2016, p. 629.
[66] RE 569.476 AgR-SC, rel. Min. Ellen Gracie, 2-4-2008, *Informativo STF*, n. 500. O dispositivo diz respeito ao CPC/73.
[67] ARE 1.251.500 AgR-segundo, rel. Min. Alexandre de Moraes, j. 8-4-2021, P, *DJe* de 16-4-2021.

(c.1.) caso essa votação não seja obtida, o recurso é redistribuído, e então o novo Relator sorteado examina todos os demais pressupostos de admissibilidade;

(c.2.) por outro lado, na hipótese em que ratificada, por 2/3 (dois terços) dos Ministros, a decisão do Relator no sentido da inexistência de repercussão geral, tal acórdão não formará precedente vinculante; logo, não condicionará a solução dos casos idênticos ou análogos.

5.2.4 Efeitos do recurso especial e extraordinário

A interposição do recurso extraordinário, assim como do especial, possui efeito obstativo: enquanto pender o julgamento, o provimento impugnado não transitará em julgado.

Contudo, caso não seja admitido o recurso, a decisão recorrida transitará em julgado.

O efeito devolutivo do recurso é limitado, permitindo apenas a apreciação das questões de direito[68] enfrentadas pelo órgão *a quo*.

Só no caso de *error in procedendo*, quando a decisão que chegou para apreciação do Tribunal for anulada, far-se-á a baixa dos autos, para que se profira nova decisão, pois, caso contrário, o julgamento do recurso substituirá a decisão recorrida, na medida em que se conhece da impugnação.

Contudo, a decisão de julgamento poderá repercutir sobre outras partes da decisão, caso haja subordinação necessária entre ela e a parte impugnada.

No caso das questões de ordem pública e questões não analisadas por inteiro pelo Tribunal inferior, a doutrina diverge se, a partir da admissão do recurso, elas estariam devolvidas à análise dos Tribunais Superiores ou não.

A maioria da doutrina entende que as questões de ordem pública poderiam ser apreciadas pelo Tribunal Superior, ainda que não tenham sido suscitadas nos autos, uma vez que podem ser analisadas em qualquer tempo e grau de jurisdição, por força do art. 485, § 3º, do CPC.

Há também divergência se as matérias não inteiramente julgadas pelo Tribunal inferior e não objeto do recurso poderiam ser analisadas pelo Tribunal Superior. Há quem defenda que apenas a matéria objeto do recurso estaria devolvida, mas há quem diga que, a partir da admissão do recurso, questões de ordem pública e matérias já suscitadas anteriormente, ainda que não inteiramente julgadas pelo Tribunal Inferior e não tendo sido objeto do recurso, poderiam ser analisadas.

Predomina a análise pelos Tribunais Superiores das matérias suscitadas no recurso e das questões de ordem pública, ainda que não expressamente alegadas pelo recorrente. Observe-se, contudo, que de acordo com o art. 10 do CPC, mesmo tais questões devem ser submetidas às partes antes de ser objeto de decisão.

O art. 1.034, parágrafo único, do CPC, determina que, admitido o recurso excepcional por um fundamento, devolve-se ao Tribunal Superior o conhecimento dos demais fundamentos para a solução do capítulo impugnado[69].

Ou seja, a despeito da extensão irrestrita de profundidade do efeito devolutivo, devolvendo à Corte o exame de todos os fundamentos, o dispositivo impõe uma limitação do efeito ao capítulo

---

[68] Segundo José Carlos Barbosa Moreira, questões de direito muitas vezes se confundem com questões fáticas, mas sua melhor definição seria de questão relativa à qualificação jurídica dos fatos, de modo que, embora o Tribunal *ad quem* não possa repelir como inverídica a versão dos acontecimentos aceita pelo juízo inferior, pode qualificá-los com total liberdade, de maneira inversa ao que foi feito (Barbosa Moreira, 2008, p. 601-602).

[69] Enunciado 223 do FPPC: (art. 1.034, parágrafo único) "Fica superado o enunciado 528 da súmula do STF após a entrada em vigor do CPC ('Se a decisão contiver partes autônomas, a admissão parcial, pelo presidente do tribunal *a quo*, de recurso extraordinário que, sobre qualquer delas se manifestar, não limitará a apreciação de todas pelo supremo tribunal federal, independentemente de interposição de agravo de instrumento')".

objeto da impugnação, pressupondo-se, decerto, a divisão do acórdão recorrido em capítulos autônomos e independentes entre si.

Contudo, como bem adverte Osmar Paixão Côrtes[70], o art. 1.034 e seu parágrafo, nesse contexto, devem ser interpretados em conformidade com o permissivo constitucional do recurso e considerando o CPC como um todo – sem elastecer a devolutividade do recurso extraordinário e sem a generalização da abertura da causa de pedir do recurso extraordinário.

Sem possuir efeito suspensivo, o recurso extraordinário não impede a exequibilidade da decisão recorrida, sendo esta, porém, provisória, cabendo ao exequente instruir com cópias enumeradas no art. 522, parágrafo único, o requerimento de cumprimento provisório.

Contudo, em algumas hipóteses, o recurso pode ostentar efeito suspensivo. Para tanto, o requerimento deve ser dirigido:

a) ao tribunal superior respectivo, no período compreendido entre a publicação da decisão de admissão do recurso e sua distribuição, ficando o relator designado para seu exame prevento para julgá-lo;

b) ao relator, se já distribuído o recurso;

c) ao Presidente ou Vice-Presidente do Tribunal recorrido, no período compreendido entre a interposição do recurso e a publicação da decisão de admissão do recurso, assim como no caso de o recurso ter sido sobrestado, nos termos do art. 1.037.

Tais regras estão expressas no art. 1.029, § 5º, com a redação dada pela Lei n. 13.256/2016.

Observe-se que basta o pedido do interessado, tornando desnecessário o requerimento de medida cautelar, a qual não é mais nem sequer prevista nesse caso[71].

5.2.5 Interposição dos recursos especial e extraordinário

Sua interposição deve ocorrer no prazo de quinze dias (art. 1.003, § 5º), e este começa a fluir da intimação da decisão recorrida, sendo aplicáveis as normas sobre contagem, prorrogação, suspensão e interrupção dos prazos recursais.

Interpõe-se o recurso por petição escrita, dirigida ao Presidente do Tribunal recorrido. A petição deve ser fundamentada, com as razões para demonstrar o cabimento do recurso interposto, bem como as razões do pedido de reforma ou anulação da decisão recorrida.

O recurso, contudo, não poderá versar sobre matérias fáticas, mas unicamente de direito. O recorrente deve arguir todas as questões que possam influenciar no juízo de admissibilidade ou de mérito, mas devem ser de direito.

O STF ou o STJ, em homenagem à instrumentalidade do processo e ao princípio da economia processual, pode desconsiderar eventual vício na forma de recurso tempestivo ou determinar sua correção, desde que não seja considerado grave (art. 1.029, § 3º)[72].

Ainda, em se tratando do processamento do incidente de resolução de demandas repetitivas, se

---

[70] Côrtes, 2018, p. 344.

[71] Enunciado 221 do FPPC: (art. 1.029, § 5º, I) "Fica superado o Enunciado 634 da súmula do STF após a entrada em vigor do CPC ('Não compete ao Supremo Tribunal Federal conceder medida cautelar para dar efeito suspensivo a recurso extraordinário que ainda não foi objeto de juízo de admissibilidade na origem')".

Enunciado 222 do FPPC: (art. 1.029, § 5º, I) "Fica superado o Enunciado 635 da súmula do STF após a entrada em vigor do CPC ('Cabe ao presidente do tribunal de origem decidir o pedido de medida cautelar em recurso extraordinário ainda pendente do seu juízo de admissibilidade')".

[72] É nesse sentido que, como já mencionado, o FPPC aprovou o Enunciado 83, defendendo a superação da Súmula 115 do STJ ("Na instância especial é inexistente recurso interposto por advogado sem procuração nos autos").

ao Presidente do Supremo Tribunal ou do Superior Tribunal for requerida a suspensão de processos que discutam questão federal constitucional ou infraconstitucional, ele poderá estendê-la a todo o território nacional.

Para tanto, deve considerar razões de segurança jurídica ou de excepcional interesse social, que justifiquem medida tão drástica, e que perdurará até a decisão a ser tomada no recurso extraordinário ou especial a ser interposto. Tal é o comando do art. 1.029, § 4º.

Quando o acórdão impugnado apresentar dupla fundamentação, constitucional e legal, o recorrente tem o ônus de interpor conjuntamente os recursos especial e extraordinário. Segundo entendimento sumulado do STJ[73] e STF[74] a omissão da interposição de um deles acarretará a inadmissibilidade daquele recurso interposto.

No caso de interposição de recursos para admissibilidade do recurso especial e do extraordinário, primeiro se julgará o recurso para a admissibilidade do recurso especial, só então se analisará o cabimento do recurso extraordinário, a menos que o relator no STJ entenda que o recurso extraordinário é prejudicial ao recurso especial, hipótese em que suspenderá o julgamento até que o Supremo Tribunal Federal se pronuncie.

Quando for julgado o agravo do art. 1.042 em face de decisão que não admitiu o recurso extraordinário, cabe ao STF já analisar a existência ou não de repercussão geral da matéria, para fundamentar sua decisão se receberá ou não o recurso interposto[75].

Satisfeitos os pressupostos de cabimento do recurso, pode o recorrido aderir ao recurso interposto pelo litigante adverso (recurso adesivo), observando-se o prazo de resposta do recurso principal e sendo também submetido a juízo de admissibilidade já na Corte Superior, como regra geral[76].

No caso de interpostos os recursos especial e extraordinário, primeiro irá se processar e julgar o recurso especial, para só então os autos serem remetidos ao STF para julgamento do recurso extraordinário, caso este não esteja prejudicado.

Arruda Alvim aponta que a prejudicialidade do julgamento do recurso extraordinário em face do especial depende do fato de aquele ser condição para o útil julgamento deste; para tanto ilustra tal situação supondo declaração de inconstitucionalidade de lei federal por Tribunal local; nesta hipótese deve o STJ aguardar a apreciação de tal inconstitucionalidade pelo STF.

Contudo, julgado o recurso extraordinário pelo STF, será feito o controle difuso da constitucionalidade, que fará coisa julgada apenas entre as partes. Para que a coisa julgada adquira efeitos *erga omnes*, deverá o STF encaminhar o acórdão ao Senado Federal, para que suspenda, em todo o território nacional, o ato normativo ou lei declarada inconstitucional, nos termos previstos no art. 52, X, da Constituição da República.

---

[73] Súmula 126, STJ: "É inadmissível recurso especial quando o acórdão recorrido assenta fundamentos constitucional e infraconstitucional, qualquer deles suficiente, por si só, para mantê-lo, e a parte vencida não manifesta recurso extraordinário".

[74] Súmula 283, STF: "É inadmissível o recurso extraordinário quando a decisão recorrida assenta em mais de um fundamento suficiente e o recurso não abrange todos".

[75] "Enunciado 77 da I Jornada de Processo Civil do CJF. Para impugnar decisão que obsta trânsito a recurso excepcional e que contenha simultaneamente fundamento relacionado à sistemática dos recursos repetitivos ou da repercussão geral (art. 1.030, I, do CPC) e fundamento relacionado à análise dos pressupostos de admissibilidade recursais (art. 1.030, V, do CPC), a parte sucumbente deve interpor, simultaneamente, agravo interno (art. 1.021 do CPC) caso queira impugnar a parte relativa aos recursos repetitivos ou repercussão geral e agravo em recurso especial/extraordinário (art. 1.042 do CPC) caso queira impugnar a parte relativa aos fundamentos de inadmissão por ausência dos pressupostos recursais". Ademais, o STJ entende não ser possível a fungibilidade entre esses recursos (ARE no RE no AgRg no AREsp 1128907-RS, rel. Min. João Otávio de Noronha, Corte Especial, j. 7-11-2018, *DJe* 20-11-2018 – entre outros).

[76] Bueno, 2016, p. 733.

Observe-se que a redação do art. 1.042, § 4º, sugere a superação das Súmulas 288 e 639 do STF.

5.2.6 Ordem do julgamento dos recursos especial e extraordinário

Primeiro se julgará o recurso especial e, após, o recurso extraordinário, caso este não esteja prejudicado.

Caso o relator no Superior Tribunal de Justiça entenda que o recurso extraordinário é prejudicial ao recurso especial poderá, por decisão irrecorrível, remeter os autos ao Supremo Tribunal Federal para que julgue o recurso extraordinário.

O relator do Supremo Tribunal Federal poderá, contudo, discordar desse entendimento, devolvendo os autos ao STJ para julgamento (art. 1.031, § 3º).

5.3 O JULGAMENTO NA HIPÓTESE DOS RECURSOS REPETITIVOS

5.3.1 Visão geral do procedimento

Em resposta à repetição das demandas, que desagrada tanto os jurisdicionados, que sofrem com a morosidade da justiça e com o sentimento de insegurança jurídica, proveniente da sempre presente possibilidade de decisões antagônicas acerca da mesma situação, quanto o próprio Poder Judiciário, que não consegue se desincumbir de modo satisfatório de suas atribuições, surgiu, então, a necessidade premente de criação de um regime processual próprio para tratar dessas ações repetitivas, criando uma sistemática diversa das ações coletivas, a ser utilizada de acordo com as especificidades e peculiaridades de cada situação.

Nesse sentido, o "Pacto de Estado em favor de um Judiciário mais rápido e republicano" buscou alterar a Constituição da República, com o fito de reduzir o número de processos nos Tribunais Superiores (Emenda Constitucional n. 45/2004).

Entretanto, mesmo antes do advento de tal Emenda, cuja edição foi precedida de intensa polêmica, já era possível verificar, nitidamente, um movimento do legislador ordinário rumo a uma atribuição de força estabilizadora e vinculante à jurisprudência cada vez maior.

A reforma da Justiça, portanto, que vem sendo conduzida ao longo dos anos no direito pátrio, tem como uma das diretrizes a alteração do sistema recursal brasileiro, com o ideal de conferir celeridade aos feitos judiciais.

Tradução disso é que foi elaborado o Projeto de Lei, baseado nas ideias do saudoso Min. Athos Gusmão Carneiro, que vislumbrou a criação de um mecanismo de filtragem dos processos a serem submetidos ao crivo do Superior Tribunal de Justiça.

Com base nessa mesma linha, foi aprovada, em maio do ano de 2008, a Lei n. 11.672, que alterou o CPC então vigente, de modo a inserir o art. 543-C e disciplinar os recursos repetidos.

A Lei n. 13.105/2015 os manteve, conferindo-lhes subseção própria, composta pelos arts. 1.036 a 1.041, a condensar e atualizar os predecessores arts. 543-B e 543-C.

A lógica, como já ressaltado ao longo destas páginas, baseia-se no papel, assumido pelo novo Código, de buscar uma uniformização jurisprudencial[77] cada vez mais intensificada, de forma, inclusive, a dar maior concretude a princípios constitucionais basilares, tais como a isonomia entre jurisdicionados que se encontrem em situação jurídica semelhante, a segurança jurídica e a duração razoável dos processos cujos recursos excepcionais versem sobre a mesma questão de direito.

---

[77] Dantas; Wambier, 2016, p. 528-529.

Havendo multiplicidade de recursos extraordinários ou especiais com fundamento em idêntica questão de direito, haverá afetação para julgamento nos termos da subseção e dos Regimentos Internos do Supremo Tribunal Federal e do Superior Tribunal de Justiça[78].

A partir de situações jurídicas homogêneas, constata-se uma conexão por afinidade entre recursos repetitivos que delas decorram, apesar de um exame mais detalhado revelar contrastes que nem sempre são identificados no julgamento do processo-piloto.

Ocorre que, em vez de a conexão determinar a reunião dos recursos para processamento e julgamento simultâneos, a qual não seria viável em virtude do grande número de ações, buscou-se solução diversa: a escolha de um ou alguns recursos modelo, com o sobrestamento dos demais semelhantes até o julgamento do(s) recurso(s) eleito(s) como piloto(s).

Pertinente e necessária observação recai sobre o que se deve entender por "recursos representativos da controvérsia". A maior parte da doutrina sustenta que atenderão a esse requisito, devendo, portanto, ser escolhidos, os processos que contiverem a maior diversidade de fundamentos no acórdão e de argumentos no recurso excepcional.

Os Tribunais Superiores e de segunda instância deverão regulamentar, cada qual no âmbito de sua competência, as regras procedimentais que regerão o processamento e o julgamento dos recursos especial e extraordinário.

A controvérsia deve versar sobre questão de direito, não de fato, atinente a certa demanda específica e, para destacá-la ao exame das Cortes Superiores, o presidente ou o vice-presidente do tribunal de origem selecionará dois ou mais recursos representativos da controvérsia. Serão, então, remetidos ao STF ou STJ, conforme a matéria, para fins de afetação.

Em outras palavras, por intermédio desse mecanismo, caberá ao STF ou ao STJ, conforme o caso, ao decidir o mérito dos recursos selecionados, julgar a tese jurídica central que dá ensejo à propositura de inúmeros recursos idênticos.

O entendimento firmado pela respectiva Corte acerca da controvérsia jurídica comum a diversos recursos passará a ser, obrigatoriamente, observado por todos os tribunais do país e, por disposição expressa deste Diploma de 2015, também pelo Poder Executivo, na forma do art. 1.040, IV[79].

Conclui-se, assim, pela natureza objetiva do procedimento, que transcende o interesse originário das partes e cujo resultado aproxima-se da criação de uma norma jurídica de caráter geral pelo Supremo Tribunal Federal ou pelo Superior Tribunal de Justiça, no que concerne à característica da objetivação.

Ao mesmo tempo que remetidos os recursos representativos da controvérsia ao Tribunal Superior competente, fica suspenso o trâmite de todos os processos pendentes, individuais ou coletivos, em primeira ou segunda instância, no Estado ou na Região, conforme seja Justiça Estadual ou Justiça Federal. Evita-se, com isso, que sejam proferidas decisões contrárias ao posicionamento ao final adotado pelas Cortes Superiores nos recursos que já subiram[80].

---

[78] Enunciado 615 do FPPC: (arts. 1.036; 1.037) "Na escolha dos casos paradigmas, devem ser preferidas, como representativas da controvérsia, demandas coletivas às individuais, observados os requisitos do art. 1.036, especialmente do respectivo § 6º".

[79] É constitucional a determinação de vincular a Administração Pública à efetiva aplicação de tese firmada no julgamento de casos repetitivos relacionados à prestação de serviço delegado (CPC/2015, arts. 985, § 2º; e 1.040, IV). Ao ampliar os diálogos institucionais entre as entidades públicas, essa medida assegura maior efetividade no cumprimento de decisão judicial ao mesmo tempo em que densifica direitos garantidos constitucionalmente. ADI n. 5.492-DF, rel. Min. Dias Toffoli, j. 24-4-2023; ADI n. 5.737-DF, rel. Min. Dias Toffoli, redator do acórdão Min. Roberto Barroso, j. 24-4-2023, *Informativo STF* n. 1.092.

[80] "Sendo suspenso o processo em primeiro grau e sobrevindo durante o prazo de suspensão a decisão do tribunal superior sobre os recursos representativos da controvérsia, o art. 1.040, III, do Novo CPC prevê que o juiz proferirá sentença e aplicará a tese

O Superior Tribunal de Justiça, na vigência do CPC/73, entendia não caber agravo de instrumento contra a decisão de sobrestamento, embora admitisse, quando houvesse equívoco do órgão julgador na origem, a possibilidade de se interpor agravo regimental.

Como peculiaridade, o art. 1.039, parágrafo único, aponta que, sendo caso de recurso extraordinário cuja repercussão geral é negada, são considerados automaticamente inadmitidos os demais recursos que se encontravam sobrestados.

Para todos os casos, se não houver a afetação em grau superior, o ministro relator comunicará ao presidente ou vice-presidente da Corte de origem para que se revogue a decisão de sobrestamento, nos termos do art. 1.037, § 1º.

Mais ainda, é possível que o relator, no STF ou STJ, não concorde com a escolha dos casos-piloto, pois não é a ela vinculado. Assim, poderá o ministro selecionar outros dois ou mais recursos representativos da controvérsia.

Ao interessado é facultado requerer, no tribunal de origem, a exclusão da decisão de sobrestamento e a inadmissão do recurso excepcional intempestivo, aberto prazo de cinco dias para manifestação do recorrente. Se indeferido o pleito, cabível apenas o agravo interno, na forma do art. 1.036, § 3º, alterado pela Lei n. 13.256/2016.

Uma vez que os recursos-modelo constituem elementos essenciais para a solução de controvérsia a atingir considerável número de jurisdicionados, natural que sejam selecionados aqueles cuja argumentação e discussão sejam as mais abrangentes, de modo a representar adequadamente todos os interesses envolvidos[81].

Para evitar julgamentos contraditórios no âmbito dos próprios Tribunais Superiores, o art. 1.039, *caput*, prevê que, afetados os recursos, os órgãos colegiados ou declararão prejudicados os demais a versarem sobre idêntica controvérsia ou os decidirão, se a tese já tiver sido estabelecida.

Ao fim, publica-se o acórdão paradigma. Os demais feitos que restavam suspensos nos tribunais de segunda instância terão seguimento negado na hipótese de o acórdão recorrido coincidir com a orientação do tribunal; ou serão novamente examinados pelo tribunal de origem quando o acórdão recorrido divergir da orientação do Tribunal Superior[82].

No segundo caso, o art. 1.041, § 2º, prevê que, se o recurso abordar outras questões, deverá o presidente ou vice-presidente da Corte *a quo*, após tal reexame, e sendo positivo o juízo de admissibilidade, determinar a remessa do recurso ao Tribunal Superior para julgamento das demais questões.

Retomam o curso normal para julgamento, portanto, os processos sobrestados. E, em se tratando de prestação de serviço público por concessão, permissão ou autorização, o resultado do julgamento será comunicado ao órgão, ente ou agência reguladora competente para fiscalização da efetiva aplicação da tese adotada.

Com isso, o Código expressamente contempla a produção de efeitos vinculantes do julgamento por amostragem dos recursos excepcionais também em relação ao Poder Executivo, não só ao próprio Poder Judiciário.

---

firmada, dando claramente a entender que a eficácia do julgamento é vinculante, estando o juiz de primeiro grau obrigado a aplicar a tese firmada pelo tribunal superior em sua sentença" (Neves, 2015, p. 610).

[81] Dantas; Wambier, 2016, p. 526-527.

[82] "O ato judicial que determina o sobrestamento e o retorno dos autos à Corte de origem, a fim de que lá seja exercido o competente juízo de retratação/conformação (artigos 1.040 e 1.041 do CPC/2015), não possui carga decisória; por isso, trata-se de provimento irrecorrível. É certo, porém, que ficam a salvo dessa diretriz situações reveladoras de erro ou equívoco patentes, o que não se verifica no caso ora decidido." (AgInt na PET no REsp 1742082-CE, rel. Min. Sérgio Kukina, j. 30-11-2020.)

Visando à racionalização da prestação jurisdicional, o art. 1.040, §§ 1º a 3º, possibilita a desistência de ação em curso no primeiro grau, antes de proferida a sentença, quando a questão discutida for idêntica àquela resolvida no recurso excepcional representativo da controvérsia.

A desistência independe do consentimento do réu, que não sofrerá prejuízo, sendo unilateral, ainda que já apresentada contestação. Se, todavia, for manifestada antes da resposta, isenta o autor do pagamento de custas e honorários sucumbenciais, de modo a incentivar a iniciativa[83].

Se, mesmo assim, o tribunal de origem mantém o acórdão divergente da tese firmada na Corte Superior, o recurso excepcional lhe será remetido, na forma do art. 1.036, § 1º. Cabível juízo de retratação na hipótese, facultando ao tribunal *a quo*, se for o caso, decidir as questões ainda não decididas.

5.3.2 O papel do relator

A figura do relator apresenta atribuições esmiuçadas na nova Lei, motivo pelo qual se optou por um tratamento também mais analítico e em destaque nesta obra.

Selecionados os recursos e constatada sua multiplicidade em torno de idêntica questão de direito, proferirá o relator, no Tribunal Superior, uma decisão de afetação, na qual:

1) identificará, com precisão, a questão que será submetida a julgamento;

2) determinará o sobrestamento do processamento de todos os processos pendentes, sejam eles individuais ou coletivos, desde que versem sobre dita questão e tramitem no território nacional, devendo as partes ser intimadas dessa decisão e, se for o caso, podendo requerer o prosseguimento do feito, na forma do art. 1.037, §§ 10 a 13, demonstrada a distinção em relação à questão a ser julgada no processo-piloto;

3) poderá requisitar aos Presidentes ou aos Vice-Presidentes do Tribunal de origem a remessa de um recurso representativo da controvérsia.

Se, nessa terceira hipótese, o recurso escolhido contemplar outras questões além daquela que consiste no objeto da afetação, determina o art. 1.037, § 8º, que o Tribunal Superior primeiro decida sobre esta e, depois, sobre as demais, em acórdão próprio para cada processo.

Preconiza o art. 1.037, § 1º, que a decisão de suspensão dos processos, tomada no âmbito dos Tribunais *a quo* (art. 1.036, § 1º), deve ser revogada nos casos em que o Tribunal Superior entender pela não afetação dos recursos representativos da controvérsia por aqueles selecionados.

Ainda no bojo do art. 1.037, os §§ 9º a 13 tratam das hipóteses em que se quer demonstrar a distinção entre a questão a ser decidida no processo sobrestado e aquela levada ao Tribunal Superior, em recurso repetitivo[84], sendo tal decisão recorrível[85].

---

[83] Em caso de desistência da ação após a citação e antes de apresentada a contestação, é devida a condenação do autor ao pagamento de honorários advocatícios, que deve observar a regra geral prevista no § 2º do art. 85 do CPC. Em face disso, observa-se que a norma do art. 1.040, § 2º, do CPC é de aplicação restrita aos casos de desistência formulada dentro do microssistema do recurso especial repetitivo. Some-se a isso o fato de que a própria posição topográfica dos dispositivos em análise – art. 1.040, §§ 1º, 2º, e 3º, –, destacada das regras gerais acerca "Das Despesas, dos Honorários Advocatícios e das Multas", permite concluir que o legislador estabeleceu regras específicas aplicadas somente nas situações ali tratadas. REsp 1.819.876-SP, rel. Min. Ricardo Villas Bôas Cueva, 3ª T., por unanimidade, j. 5-10-2021, DJe 8-10-2021. *Informativo STJ* n. 713.

[84] Enunciado 348 do FPPC: (arts. 987, 1.037, II, §§ 5º, 6º, 8º e seguintes) "Os interessados serão intimados da suspensão de seus processos individuais, podendo requerer o prosseguimento ao juiz ou tribunal onde tramitarem, demonstrando a distinção entre a questão a ser decidida e aquela a ser julgada no incidente de resolução de demandas repetitivas, ou nos recursos repetitivos".

[85] REsp 1.717.387-PB, rel. Min. Paulo de Tarso Sanseverino, 3ª T., por unanimidade, j. 08-10-2019, DJe 15-10-2019. *Informativo STJ* n. 658.

A regulamentação veio em boa hora. Da leitura do art. 543-C do antigo CPC despontava dúvida quase automática, acerca da suspensão indevida de processos que versassem sobre matéria semelhante, não idêntica, e do remédio processual para sanar o problema.

Enquanto parte da doutrina sustentava o cabimento do agravo de instrumento do então art. 544, diretamente ao Tribunal *ad quem*, o STF e o STJ entendiam ser cabível agravo interno perante o próprio Tribunal de origem.

O *distinguishing*, contudo, passou a encontrar amparo legal expresso na Lei de 2015, permitindo à parte que, demonstrando a distinção, requeira o prosseguimento do feito. Da decisão que resolver tal requerimento caberá agravo de instrumento, se o processo estiver em primeiro grau, ou agravo interno, se for decisão de relator em órgão colegiado.

O Código delimita a atuação do órgão colegiado do STF ou STJ, que deve decidir apenas a questão precisamente indicada na decisão de afetação, sendo esta, certamente, a questão de direito comum aos múltiplos recursos.

No caso, ainda, de serem mais de uma afetação, a prevenção caberá ao relator que primeiro tiver identificado a questão a ser submetida a julgamento. Este, por sua vez, deve ocorrer em 1 (um) ano, com preferência sobre os demais feitos, desde que não envolvam réu preso nem sejam pedidos de *habeas corpus*.

A preferência estatuída pela lei é de todo consentânea com a lógica do procedimento, uma vez que não seria razoável agravar ainda mais a situação das partes que tiveram seus processos suspensos na segunda instância, as quais já se encontram destituídas do controle e da direção de seu processo individual, e que seriam forçadas a permanecer nessa incômoda situação por prazo demasiadamente longo, caso não existisse tal regra.

Além disso, tendo-se em vista que um dos escopos desse procedimento é, justamente, a promoção da celeridade processual, mediante a resolução de centenas ou até milhares de casos semelhantes por intermédio de um julgamento por amostragem, seria mesmo incompatível com sua própria natureza não instituir regra nesse sentido.

Não respeitado o prazo, previa o art. 1.037, § 5º, a cessação de plano da afetação e da suspensão dos processos em todo o território nacional, norma, porém, revogada pela Lei n. 13.256/2016. Observe-se ser permitido a outro relator do respectivo Tribunal Superior escolher afetar dois ou mais recursos a representar a controvérsia, na forma do art. 1.036.

Poderá, ainda, o relator do Tribunal Superior solicitar informações a respeito da controvérsia aos Tribunais federais e estaduais, que deverão ser prestadas dentro do prazo de quinze dias. Uma vez recebidas as informações, o Ministério Público terá vista dos autos para, em igual prazo, se manifestar sobre a controvérsia.

Antes da manifestação do *Parquet*, porém, o Tribunal poderá admitir a manifestação de pessoas, órgãos ou entidades que tenham interesse na controvérsia, tendo em vista a relevância da matéria (art 1.038, I); e fixar audiência pública para a oitiva de pessoas com experiência e conhecimento na matéria[86].

Atualmente, prevalece a tese de que esses terceiros que podem se manifestar, demonstrando interesse na controvérsia, seriam considerados *amici curiae*.

---

[86] Enunciado n. 753 FPPC: (arts. 983, § 1º; 1.038, II) Ao designar audiência pública em tema afetado sob a sistemática da repercussão geral e dos casos repetitivos, o relator deverá observar a capacidade de contribuição argumentativa das pessoas e entidades interessadas e assegurar a participação de pessoas ou de entidades que defendam diferentes opiniões relativas à matéria objeto da audiência pública.

Predomina no STJ[87] o entendimento segundo o qual o pedido de intervenção, na qualidade de *amicus curiae*, em recurso submetido ao rito dos arts. 1.036 a 1.041 do CPC, deve ser realizado antes do início do julgamento pelo órgão colegiado.

Segundo a orientação predominante no STJ[88], não configura interesse jurídico apto a justificar o ingresso de terceiro como assistente simples em processo submetido a esse rito o fato de o requerente ser parte em outro feito no qual se discute tese a ser firmada em recurso repetitivo.

Nesse diapasão, entende a Corte Superior que eventual atuação da Defensoria Pública da União em grande quantidade de feitos que discutam o mesmo tema debatido no recurso repetitivo não justifica, por si só, sua admissão como *amicus curiae*[89].

Cumpridas as fases de manifestações acima, serão remetidas cópias do relatório aos demais Ministros e o recurso será incluído em pauta, que terá preferência de julgamento sobre todos os demais feitos, exceto os que envolvam réu preso e *habeas corpus*.

O conteúdo do acórdão, por fim, deverá abranger a análise dos fundamentos relevantes da tese jurídica discutida. De se observar que a redação do art. 1.038, § 3º, foi alterada pela Lei n. 13.256/2016, de modo a substituir a expressão "todos os fundamentos" por "fundamentos relevantes".

5.3.3 O art. 256 do Regimento Interno do STJ

A Emenda Regimental n. 24/2016 alterou o Regimento Interno do STJ de forma a estabelecer regras procedimentais específicas para afetação do julgamento do recurso especial ao regime repetitivo. Veremos, a seguir, as principais disposições.

Inicialmente, o art. 256 determina que caberá ao presidente ou ao vice-presidente dos Tribunais de origem (Tribunal de Justiça ou Tribunal Regional Federal), conforme o caso, admitir dois ou mais recursos especiais representativos da controvérsia, que serão encaminhados ao Superior Tribunal de Justiça, ficando os demais processos, individuais ou coletivos, suspensos até o pronunciamento do STJ.

Na escolha dos recursos representativos devem ser levados em consideração os seguintes parâmetros (art. 256, § 1º):

I – a maior diversidade de fundamentos constantes do acórdão e dos argumentos no recurso especial;

II – a questão de mérito que puder tornar prejudicadas outras questões suscitadas no recurso;

III – a divergência, se existente, entre órgãos julgadores do Tribunal de origem, caso em que deverá ser observada a representação de todas as teses em confronto.

Ademais, no § 2º desse mesmo dispositivo, há determinação no sentido de que o Tribunal de origem, no juízo de admissibilidade:

I – delimitará a questão de direito a ser processada e julgada sob o rito do recurso especial repetitivo, com a indicação dos respectivos códigos de assuntos da Tabela Processual Unificada do Conselho Nacional de Justiça;

II – informará, objetivamente, a situação fática específica na qual surgiu a controvérsia;

III – indicará, precisamente, os dispositivos legais em que se fundou o acórdão recorrido;

---

[87] QO no REsp 1.152.218-RS, rel. Min. Luis Felipe Salomão, j. 7-5-2014, *Informativo STJ*, n. 540.
[88] REsp 1.418.593-MS, rel. Min. Luis Felipe Salomão, j. 14-5-2014, *Informativo STJ*, n. 540.
[89] STJ, REsp 1.371.128-RS, rel. Min. Mauro Campbell Marques, j. 10-9-2014, *Informativo STJ*, n. 547.

IV – informará a quantidade de processos que ficarão suspensos na origem com a mesma questão de direito em tramitação no STJ;

V – informará se outros recursos especiais representativos da mesma controvérsia estão sendo remetidos conjuntamente, destacando, na decisão de admissibilidade de cada um deles, os números dos demais;

VI – explicitará, na parte dispositiva, que o recurso especial foi admitido como representativo da controvérsia.

Tão logo cheguem ao STJ, tais processos representativos deverão receber identificação própria no sistema informatizado (art. 256-A). Em seguida, os autos seguem ao gabinete da Presidência para as seguintes providências (art. 256-B):

I – oficiar ao presidente ou ao vice-presidente do Tribunal de origem, conforme o caso, para complementar informações do recurso especial representativo da controvérsia;

II – abrir vista dos autos ao Ministério Público Federal para que, no prazo improrrogável de quinze dias, manifeste-se exclusivamente a respeito dos pressupostos de admissibilidade do recurso especial como representativo da controvérsia.

Ultimadas essas diligências, os autos vão conclusos ao Presidente para decidir, em despacho irrecorrível, se o recurso especial representativo da controvérsia preenche os requisitos legais (art. 256-C).

A partir daí, temos as seguintes alternativas:

a) o Presidente admite o REsp e determina a distribuição dos autos (art. 256-D):

a.1) por dependência, para os recursos especiais representativos da controvérsia que contiverem a mesma questão de direito;

a.2) de forma livre, mediante sorteio automático, para as demais hipóteses.

De toda forma, sendo apto o recurso ele deverá ser listado no sítio do STJ, com a respectiva descrição da questão de direito e com o número sequencial correspondente à controvérsia.

Após, e na forma do art. 256-E, compete ao relator do recurso especial representativo da controvérsia, no prazo máximo de sessenta dias úteis a contar da data de conclusão do processo, reexaminar a admissibilidade do recurso representativo da controvérsia a fim de:

I – rejeitar, de forma fundamentada, a indicação do recurso especial como representativo da controvérsia devido à ausência dos pressupostos recursais genéricos ou específicos e ao não cumprimento dos requisitos regimentais, observado o disposto no art. 256-F deste Regimento;

II – propor à Corte Especial ou à Seção a afetação do recurso especial representativo da controvérsia para julgamento sob o rito dos recursos repetitivos, nos termos do Código de Processo Civil e da Seção II deste Capítulo.

Caso o relator inadmita o recurso especial como representativo da controvérsia (art. 256-F) devido à ausência dos pressupostos recursais genéricos ou específicos ou ao não cumprimento dos requisitos previstos neste Regimento, indicará recursos especiais existentes em seu acervo em substituição ao recurso inadmitido ou determinará a comunicação ao presidente ou vice-presidente do Tribunal de origem para que remeta ao STJ, em substituição, dois ou mais recursos especiais aptos que tratem da mesma questão de direito.

Observe-se que, caso não adotadas as providências previstas nos incisos I e II do art. 256-E do Regimento no prazo estabelecido no seu *caput*, presumir-se-á que o recurso especial representativo da controvérsia teve sua indicação rejeitada pelo relator (art. 256-G).

Nessa hipótese, a rejeição, expressa ou presumida, será comunicada aos demais Ministros do STJ e aos presidentes ou vice-presidentes dos Tribunais de origem. Ademais, os processos suspensos em todo o território nacional em razão de recurso especial representativo da controvérsia rejeitado retomarão seu curso normal.

Já o art. 256-N trata do julgamento do Recurso Especial Repetitivo, que terá preferência sobre os demais processos, ressalvados os casos de réu preso e os pedidos de *habeas corpus* e de mandado de segurança, e deve ser ultimado no prazo máximo de um ano, a contar da data da publicação da afetação.

Segundo o art. 256-Q, no julgamento de mérito do tema repetitivo, o relator ou o Ministro relator para acórdão delimitará objetivamente a tese firmada pelo órgão julgador. O § 1º dispõe que, alterada a tese firmada no julgamento de recurso interposto contra o acórdão citado no *caput*, proceder-se-á à nova delimitação com os fundamentos determinantes da tese.

Proferido o acórdão no julgamento do recurso especial repetitivo, teremos as seguintes consequências nos demais recursos especiais fundados em idêntica questão de direito (art. 256-R):

I – se já distribuídos e não devolvidos à origem por trazerem outras questões além da afetada, serão julgados pelo relator, observada a tese firmada no julgamento de mérito do respectivo tema;

II – se ainda não distribuídos e não devolvidos à origem, serão julgados pelo Presidente do STJ;

III – se suspensos nas instâncias de origem, aplicam-se os arts. 1.040[90] e 1.041 do Código de Processo Civil.

O art. 256-S, por sua vez, trata da revisão de entendimento consolidado em enunciado de tema repetitivo, por proposta de Ministro integrante do respectivo órgão julgador ou de representante do Ministério Público Federal que oficie perante o Superior Tribunal de Justiça.

A revisão deverá ocorrer nos próprios autos do processo julgado sob o rito dos recursos repetitivos, e a revisão de entendimento terá como relator o Ministro integrante do órgão julgador que a propôs ou o seu Presidente, nos casos de proposta formulada pelo representante do Ministério Público Federal.

Dessa forma, o art. 256-T determina que o procedimento de revisão de entendimento será iniciado por:

I – decisão do Ministro proponente com a indicação expressa de se tratar de proposta de revisão de enunciado de tema repetitivo e exposição dos fundamentos da alteração da tese anteriormente firmada;

II – petição do representante do Ministério Público Federal dirigida ao relator do processo que ensejou a criação do tema, ou ao Presidente do órgão julgador, dependendo do caso, com os requisitos previstos no inciso I.

Por fim, o art. 257 determina ser obrigatório ao relator o uso da ferramenta eletrônica de afetação do recurso especial à sistemática dos repetitivos e de admissão do incidente de assunção de competência. Nesse sentido, incluída pelo relator, em meio eletrônico, a proposta de afetação ou de admissão do processo à sistemática dos recursos repetitivos ou da assunção de competência, os demais Ministros do respectivo órgão julgador terão o prazo de sete dias corridos para se manifestar sobre a proposição.

---

[90] O ato judicial que determina o sobrestamento e o retorno dos autos à Corte de origem, a fim de que exerça o juízo de retratação/conformação (arts. 1.040 e 1.041 do CPC/2015), não possui carga decisória e, por isso, constitui provimento irrecorrível. Nos termos da jurisprudência do STJ, a decisão atacada não é recorrível. AgInt no AgInt no AREsp 2.208.198-AM, rel. Min. Mauro Campbell Marques, 2ª T., por unanimidade, j. 15-5-2023, *DJe* 18-5-2023, *Informativo STJ* n. 778.

5.4 AGRAVO EM RECURSO ESPECIAL E EXTRAORDINÁRIO

Essa modalidade de recurso passou a integrar expressamente, assim como o agravo interno, o rol dos recursos no CPC, em seu art. 994, VIII. Identificado como "agravo em recurso especial e extraordinário", já fora conhecido, no Código de 1973, como agravo de instrumento para destrancamento de recurso especial ou extraordinário, e, posteriormente, modificado para agravo nos autos (art. 544, alterado pela Lei n. 12.322/2010).

Historicamente, esse agravo constitui o recurso cabível da decisão de não admissão do recurso extraordinário e especial.

O CPC, na redação originariamente aprovada para o art. 1.030, parágrafo único, como já referido, pôs fim à regra geral do juízo de admissibilidade de recursos extraordinários e especiais pelos Tribunais de segunda instância. As exceções encontravam-se nos arts. 1.035, §§ 6º e 8º, 1.036, § 2º, e 1.040, I, e era justamente nesses casos excepcionais que cabia o agravo do art. 1.042.

De toda sorte, a discussão chegou a termo com a relevante modificação empreendida pela Lei n. 13.256/2016, para restituir o juízo de admissibilidade, nos termos do novel art. 1.030, *caput* e §§ 1º e 2º, e mudou substancialmente o tratamento conferido à matéria pelo próprio art. 1.042[91].

Pela redação originária, o inciso I trazia como hipótese de cabimento para o agravo a decisão do Presidente ou do Vice-Presidente do Tribunal que indeferisse o pedido de exclusão da decisão de sobrestamento, com o fim de inadmitir o recurso extraordinário ou especial que tivesse sido interposto intempestivamente.

Por outro lado, pelos incisos II e III, cabia a interposição de agravo contra a decisão do Presidente ou do Vice-Presidente de Tribunal de segunda instância que inadmitisse recurso especial ou extraordinário sob o rito do julgamento por amostragem.

Entretanto, pela nova redação, o cabimento do agravo se restringe à decisão de Presidente ou de Vice-Presidente do Tribunal *a quo* que inadmita[92] recurso extraordinário ou especial, salvo quando for fundada na aplicação de precedente de repercussão geral e de recurso especial repetitivo.

A fim de implementar as novas regras, a Lei n. 13.256/2016 revogou os incisos I, II e III do *caput* do art. 1.042, bem como todo seu § 1º. Os §§ 2º a 8º foram mantidos intactos.

Assim, o agravado deverá ser intimado para oferecer resposta no prazo de 15 (quinze) dias, após o que, não havendo retratação, o agravo será remetido ao tribunal superior competente.

Sendo o caso de interposição conjunta de recursos extraordinário e especial, deve-se interpor um agravo para cada recurso não admitido, independentemente do pagamento de custas e despesas postais, aplicando-se à petição de agravo o regime de repercussão geral e dos recursos especiais repetitivos, inclusive no tocante à possibilidade de sobrestamento e de juízo de retratação, consoante art. 1.042, § 2º, com redação determinada pela Lei n. 13.256/2016.

Conforme seja a hipótese, o agravo pode vir a ser julgado de forma conjunta com o recurso especial ou extraordinário. Fica assegurada a sustentação oral, observado o disposto no Regimento Interno do Tribunal respectivo (art. 1.042, § 5º).

---

[91] Nos termos do art. 1.030, § 2º, do CPC, o agravo interno é recurso próprio à impugnação de decisão que aplica entendimento firmado em regime de repercussão geral, configurando erro grosseiro a interposição do agravo do art. 1.042 do CPC. ARE 1.232.326 AgR, rel. Min. Roberto Barroso, j. 25-10-2019, 1ªT., *DJe* de 25-11-2019.

[92] "Desse modo, a decisão de inadmissibilidade do recurso especial não é cindível e, portanto, deve ser impugnada em sua integralidade, nos exatos termos das disposições legais e regimentais já ressaltadas" (EAREsp 831.326-SP, rel. Min. João Otávio de Noronha, rel. acd. Min. Luis Felipe Salomão, por maioria, j. 19-9-2018, *DJe* 30-11-2018).

Nesse passo, importante registrar que o STJ[93] já decidiu que após a entrada em vigor do CPC, não é mais devida a remessa pelo STJ, ao Tribunal de origem, do agravo interposto contra decisão que inadmite recurso especial com base na aplicação de entendimento firmado em recursos repetitivos, para que seja conhecido como agravo interno.

O Tribunal *a quo* não pode obstar esse agravo, pois é considerado órgão processante, não sendo destinatário desse recurso. O STF tem súmula sobre a questão (Súmula 727), editada na vigência do CPC/73, que determina: "não pode o magistrado deixar de encaminhar ao Supremo Tribunal Federal o agravo de instrumento interposto da decisão que não admite recurso extraordinário, ainda que referente a causa instaurada no âmbito dos juizados especiais".

Nas hipóteses de não admissão do agravo pelo Tribunal *a quo*, entende-se cabível reclamação (arts. 102, I, *l*, e 105, I, *f*, da CF/88), uma vez que ocorre manifesta usurpação de competência dos Tribunais Superiores.

Nesse sentido, posicionam-se as decisões mais recentes do STJ[94], embora anteriores ao CPC.

Quanto ao processamento e à distribuição, consigna a Lei, em seu art. 1.042, §§ 7º e 8º, que o agravo será remetido ao Tribunal competente.

Uma vez concluído o julgamento, no STJ, do agravo e, se for o caso, do recurso especial, os autos serão remetidos, independentemente de pedido, ao Supremo Tribunal Federal, para que este possa apreciar o agravo a ele dirigido, salvo se tiver restado prejudicado.

5.5 EMBARGOS DE DIVERGÊNCIA

Sem possuir qualquer relação com os embargos de declaração, os embargos de divergência, previstos nos arts. 1.043 e 1.044 do CPC, propiciam a uniformização da divergência *interna corporis* dos Tribunais Superiores quanto à interpretação do direito em tese e só são cabíveis no âmbito do recurso especial e do recurso extraordinário, não se podendo cogitar de sua interposição em face de julgamento do recurso ordinário constitucional[95].

A divergência pode ocorrer no âmbito de Turma, Seção, Corte Especial ou Pleno[96].

A redação original do art. 1.043 previa quatro hipóteses de cabimento desse recurso. Com o advento da Lei n. 13.256/2016, sobraram apenas duas (eis que foram revogados os incisos II e IV). Assim, é embargável o acórdão de órgão fracionário que:

a) em recurso extraordinário ou em recurso especial, divergir do julgamento de qualquer outro órgão do mesmo tribunal, sendo os acórdãos, embargado e paradigma, de mérito;

---

[93] "Nesse contexto, entende-se, diante da nova ordem processual vigente, não ser mais caso de aplicar o entendimento firmado pela Corte Especial no AgRg no AREsp 260.033-PR (*DJe* 25-9-2015), porquanto não há mais como afastar a pecha de erro grosseiro ao agravo interposto já na vigência do CPC contra inadmissão de especial que contrarie entendimento firmado em recurso especial repetitivo e, assim, determinar o retorno do feito ao Tribunal de origem para que o aprecie como agravo interno. Ressalte-se, por oportuno, que ficam ressalvadas as hipóteses de aplicação do aludido precedente aos casos em que o agravo estiver sido interposto ainda contra decisão publicada na vigência do CPC/1973" (AREsp 959.991-RS, rel. Min. Marco Aurélio Bellizze, por unanimidade, j. 16-8-2016, *DJe* 26-8-2016, *Informativo*, n. 589).

[94] STJ, 2ª S., Rcl 7.559-SP, rel. Min. Luis Felipe Salomão, j. 23-5-2012, *Informativo STJ*, n. 498.

[95] A oposição de embargos de divergência fundado em acórdão paradigma do mesmo órgão julgador que proferiu a decisão embargada somente é admitida quando houver a alteração de mais da metade dos seus membros. AgRg nos EREsp 1.182.126-PE, rel. Min. Eliana Calmon, j. 17-12-2012. Assinalou a Corte Especial serem inadmissíveis embargos de divergência na hipótese em que o julgado paradigma invocado tenha sido proferido em sede de recurso ordinário em mandado de segurança.

[96] Câmara, 2015, p. 558.

b) em recurso extraordinário ou em recurso especial, divergir do julgamento de qualquer outro órgão do mesmo tribunal, sendo um acórdão de mérito e outro que não tenha conhecido do recurso, embora tenha apreciado a controvérsia.

Admite-se, ainda, além de acórdãos em recursos extraordinário e especial, aqueles proferidos em processo de competência originária do Tribunal Superior (art. 1.043, § 1º).

Antes do Código de 2015, já havia precedentes no sentido de serem cabíveis até mesmo entre acórdãos da mesma Turma, quando se verifique que variou a composição vitoriosa da maioria da Turma[97-98].

O novo art. 1.043, § 3º, entretanto, não deixa dúvidas, ao admitir o cabimento recursal dentro da mesma Turma, desde que sua composição tenha sido alterada em mais da metade de seus membros[99].

A divergência só pode ser demonstrada em decisões colegiadas. A Súmula 599 do STF impede o cabimento de embargos de divergência em acórdão de Turma em agravo regimental[100].

E, para a demonstração da divergência, é fundamental acostar cópia do inteiro teor dos acórdãos apontados como paradigmas. A jurisprudência da Corte Especial do STJ[101] considera que tal documento compreende o relatório, o voto, a ementa/acórdão e a respectiva certidão de julgamento. A ausência de qualquer desses itens gera vício insanável.

Segundo a jurisprudência do STJ[102], não é possível a utilização de decisão monocrática como paradigma em embargos de divergência para comprovação do dissídio jurisprudencial, ainda que naquela decisão se tenha analisado o mérito da questão controvertida.

O STJ, por vezes, na vigência do CPC/73 dissentia do entendimento sumulado pela Corte Constitucional, apregoando o cabimento dos embargos de divergência ainda em sede de agravo regimental quando restasse demonstrado o prejuízo no caso concreto[103].

O § 5º do art. 1.043 dispunha ser vedado proferir juízo negativo de admissibilidade tão somente com lastro em fundamento genérico de que seriam distintas as circunstâncias fáticas sem, contudo, demonstrar no que consistiria tal distinção.

---

[97] Barbosa Moreira, 2008, p. 630.

[98] AgInt nos EAREsp 2.095.061-SP, rel. Min. Moura Ribeiro, 2ª S., por unanimidade, j. 30-5-2023, DJe 1º-6-2023, *Informativo STJ* n. 780.

[99] Enunciado 15 do FPPC: (art. 1.043, § 3º) "Fica superado o enunciado 353 da súmula do STF após a entrada em vigor do CPC ('São incabíveis os embargos da Lei n. 623, de 19.02.49, com fundamento em divergência entre decisões da mesma turma do Supremo Tribunal Federal')".

[100] "De se notar que o STJ já decidiu que cabem embargos de divergência no âmbito de agravo que não admite recurso especial com base na Súmula 83/STJ para dizer que, no mérito, o acórdão impugnado estaria em sintonia com o entendimento firmado pela Corte Superior. (...) Desse modo, o impedimento da Súmula 315/STJ aplica-se apenas naqueles casos em que os embargos de divergência buscam o reexame de pressupostos de conhecimento do recurso especial, pois referido recurso tem por finalidade exclusiva a uniformização da jurisprudência interna do Tribunal quanto à interpretação do direito em tese, não servindo para discutir o acerto ou desacerto na aplicação de regra técnica de conhecimento de apelo nobre" (EAREsp 200.299-PE, rel. Min. Mauro Campbell Marques, por unanimidade, j. 23-8-2017, DJe 1º-9-2017, *Informativo STJ*, n. 610).

[101] Nesse sentido: AgInt nos EREsp 1.903.273/PR, Corte Especial, rel. Min. Luis Felipe Salomão, DJe 16-5-2022). E também: Processo em segredo de justiça, rel. Min. Daniela Teixeira, 3ª S., por unanimidade, j. 13-3-2024, DJe 18-3-2024. *Informativo STJ* n. 805.

[102] AgRg nos EREsp 1.137.041-AC, 1ª S., DJe 1º-4-2011; AgRg nos EREsp 1.067.124-PE, Corte Especial, DJe 16-2-2011, e AgRg nos EREsp 711.191-SC, Corte Especial, DJ 24-4-2006. AgRg nos EAREsp 154.021-SP, rel. Min. Marco Aurélio Bellizze, j. 13-3-2013, *Informativo STJ*, n. 520.

[103] Nesse sentido: STJ, EREsp 133.451-SP, rel. Min. Eliana Calmon, j. 10-4-2000, *Informativo STJ*, n. 54.

Ficava a Corte, dessa maneira, obrigada a dispensar maior esforço argumentativo quando da análise da questão, em prestígio da fundamentação das decisões judiciais.

No entanto, o dispositivo foi revogado pela Lei n. 13.256/2016, criando mais uma exceção à norma geral do art. 489, § 1º, IV.

Seu prazo para oferecimento é de quinze dias (art. 1.003, § 5º) e a comprovação da divergência, que pode ser verificada tanto na aplicação do direito material quanto na aplicação do direito processual[104], se faz por certidão ou cópia, mediante citação do repositório de jurisprudência, oficial ou autorizado, inclusive em mídia eletrônica, mencionando as circunstâncias que se assemelhem ao caso, a teor do art. 1.043, § 4º.

Assim sendo, para sua admissão, deve-se demonstrar o dissídio, com a indicação analítica da divergência. Não basta que se citem os acórdãos divergentes; devem-se juntar os acórdãos e certidões de julgamento, ou se utilizar do meio eletrônico, mas impõe-se que se analisem seus fundamentos[105] e sua similitude fática[106] com o caso.

É pressuposto para o seu conhecimento a comprovação, na data de interposição, do respectivo preparo, ou benefício da justiça gratuita[107].

Como regra, os embargos possuem apenas efeito devolutivo.

Contudo, pode-se admitir, excepcionalmente, o efeito suspensivo, através de pedido dirigido ao relator.

Distribuídos os embargos, será verificada sua admissibilidade, cabendo o recurso de agravo, em cinco dias, da decisão denegatória (art. 39 da Lei n. 8.038).

Admitidos os embargos, abre-se vista ao embargado, pelo prazo de quinze dias, para resposta.

Em seguida, os autos são incluídos em pauta para julgamento, observando-se as regras para julgamento do respectivo regimento interno.

Verificado o dissídio, será apresentada a tese correta e aplicada ao caso concreto.

No caso do Supremo Tribunal, o acórdão que julga os embargos de divergência não comporta outro recurso, a não ser os embargos de declaração, enquanto no Superior Tribunal de Justiça é cabível o recurso extraordinário, se presentes os pressupostos constitucionais.

A interposição de embargos de divergência no Superior Tribunal causa a interrupção do prazo para a interposição de recurso extraordinário, por qualquer uma das partes (art. 1.044, § 1º).

Se os embargos, de seu turno, não alterarem a conclusão do julgamento anterior ou forem desprovidos, eventual recurso extraordinário interposto pelo embargado antes da publicação do julgamento dos embargos de divergência será processado e julgado independentemente de qualquer ratificação, consoante art. 1.044, § 2º.

---

[104] É possível o conhecimento de embargos de divergência na hipótese em que exista dissídio entre órgãos do STJ acerca da interpretação de regra de direito processual, ainda que não haja semelhança entre os fatos da causa tratada no acórdão embargado e os analisados no acórdão tido como paradigma (EAREsp 25.641-RJ, rel. Min. Luis Felipe Salomão, j. 12-6-2013, *Informativo STJ*, n. 523).

[105] Em embargos de divergência, a mera indicação do *Diário da Justiça* em que publicado o acórdão paradigma não atende à exigência de citação do repositório oficial ou autorizado de jurisprudência. AgInt nos EAREsp 1.935.286-RJ, rel. Min. João Otávio de Noronha, Corte Especial, por unanimidade, j. 11-10-2022, DJe 21-10-2022, *Informativo STJ*, Edição Especial 9-23.

[106] A Seção reconheceu a relevância em se demonstrar similitude fática, além da identidade de teses jurídicas entre os acórdãos paradigma e recorrido (STJ, 2ª S., EREsp 419.059-SP, rel. Min. Luis Felipe Salomão, j. 11-4-2012, *Informativo STJ*, n. 495).

[107] AgRg nos EREsp 1.262.401-BA, rel. Min. Humberto Martins, j. 25-4-2013, *Informativo STJ*, n. 521.

Seção V Disposições Finais e Transitórias

Capítulo 1
DAS DISPOSIÇÕES FINAIS E TRANSITÓRIAS DO CPC

1.1 DISPOSIÇÕES DE DIREITO TRANSITÓRIO E PARÂMETROS PARA A APLICAÇÃO DAS NORMAS DO CPC

O CPC, nos arts. 1.045 a 1.072 do Livro Complementar, traz as disposições finais e transitórias do Código.

O art. 1.045 inicia a seção estabelecendo a *vacatio legis* do CPC. Definiu o legislador que as normas entrariam em vigor um ano após a publicação da lei. Assim, o CPC entrou em vigor no dia 18 de março de 2016.

Importante referir, neste ponto, os enunciados administrativos que o Superior Tribunal de Justiça editou no dia 16 de março, antes da entrada em vigor do Código. Aliás, o primeiro dos sete enunciados trata justamente da vigência da Lei n. 13.105/2015 – 18 de março – acolhendo entendimento que já sustentávamos.

O segundo tema tratado foi o dos requisitos de admissibilidade recursal, por meio dos enunciados 2[1] e 3[2].

Da leitura dos atos, podemos inferir que: i) a correção do recurso é analisada de acordo com a data de publicação da decisão e ii) a referida impugnação é formalmente perfeita ou não à luz do Código vigente quando da sua interposição. Assim sendo, podemos concluir que os requisitos de admissibilidade são aqueles previstos em lei na data da publicação da decisão, independentemente de quando esta tenha sido proferida.

A seguir, encontramos o enunciado 4[3], que consagra o *tempus regit actum*, dispondo que os atos praticados por qualquer dos sujeitos processuais (bem como pelos auxiliares da Justiça), após a entrada em vigor do Código, devem se adequar ao seu procedimento.

Dentro das premissas fixadas nesse enunciado 4, o STJ fixou entendimento no sentido de ser aplicável o CPC ao cumprimento de sentença, iniciado sob sua vigência, ainda que a sentença exequenda tenha sido proferida sob a égide do CPC/73. Nesse sentido, deve ser lembrado o teor do art. 14 do CPC[4].

---

[1] Enunciado administrativo 2: "Aos recursos interpostos com fundamento no CPC/1973 (relativos a decisões publicadas até 17 de março de 2016) devem ser exigidos os requisitos de admissibilidade na forma nele prevista, com as interpretações dadas, até então, pela jurisprudência do Superior Tribunal de Justiça".

[2] Enunciado administrativo 3: "Aos recursos interpostos com fundamento no CPC (relativos a decisões publicadas a partir de 18 de março de 2016) serão exigidos os requisitos de admissibilidade recursal na forma do novo CPC".

[3] Enunciado administrativo 4: "Nos feitos de competência civil originária e recursal do STJ, os atos processuais que vierem a ser praticados por julgadores, partes, Ministério Público, procuradores, serventuários e auxiliares da Justiça a partir de 18 de março de 2016, deverão observar os novos procedimentos trazidos pelo CPC, sem prejuízo do disposto em legislação processual especial".

[4] REsp 1.815.762-SP, rel. Min. Mauro Campbell Marques, 2ªT., por unanimidade, j. 5-11-2019, *DJe* 7-11-2019. *Informativo STJ* n. 660.

Seguramente mais polêmicos são os enunciados 5[5] e 6[6], que dizem respeito ao parágrafo único do art. 932[7] do novo Código. Ao que parece, os Enunciados restringem a extensão do dispositivo, gerando desconforto na doutrina[8].

Voltando ao exame do texto do CPC, o art. 1.046 traz a disposição de que, com a entrada em vigor, o CPC se aplica a todos os processos pendentes[9]. Trata-se da regra do efeito imediato, também conhecida como exclusividade, em que a lei nova respeita todos os efeitos jurídicos[10] produzidos sob a égide da lei anterior[11], mas se aplica imediatamente às situações[12] por ela reguladas, a partir de sua entrada em vigor[13]. Ademais, salvo disposição expressa, os dispositivos da nova lei não retroagem[14].

A lei processual tem vigência imediata e se aplica aos processos pendentes, mas respeita o ato jurídico processual perfeito, que são os já praticados ou pelo menos já iniciados sob a vigência da lei antiga.

Assim, o direito brasileiro respeita os direitos adquiridos processuais. Contudo, esses não devem ser confundidos com a expectativa de aplicação de determinado rito que vem a ser excluído do ordenamento. Em outras palavras, não existe direito adquirido à aplicação de rito processual, já que a nova lei se aplica, como regra, aos processos pendentes[15].

De acordo com a lição de Paulo Cezar Pinheiro Carneiro e Leonardo Greco[16], o CPC trouxe regras especiais de direito transitório em cinco hipóteses:

a) tramitação de ações cujos procedimentos foram extintos (art. 1.046, § 1º);
b) produção de provas requeridas após a vigência do novo Código (art. 1.047);
c) a coisa julgada da questão prejudicial (art. 1.054);

---

[5] Enunciado administrativo 5: "Nos recursos tempestivos interpostos com fundamento no CPC/1973 (relativos a decisões publicadas até 17 de março de 2016), não caberá a abertura de prazo prevista no art. 932, parágrafo único, c/c o art. 1.029, § 3º, do novo CPC".

[6] Enunciado administrativo 6: "Nos recursos tempestivos interpostos com fundamento no CPC (relativos a decisões publicadas a partir de 18 de março de 2016), somente será concedido o prazo previsto no art. 932, parágrafo único, c/c o art. 1.029, § 3º, do novo CPC para que a parte sane vício estritamente formal".

[7] O dispositivo assevera que "antes de considerar inadmissível o recurso, o relator concederá o prazo de 5 (cinco) dias ao recorrente para que seja sanado vício ou complementada a documentação exigível".

[8] "O STJ, contudo, realizou uma indevida restrição à *ratio* da lei: entendeu que, nos recursos interpostos com fundamento no código antigo (o que significa, como visto acima, que a decisão foi publicada ainda na sua vigência, ainda que o recurso seja posterior) a regra simplesmente não se aplica. Um posicionamento, a toda evidência, injustificável, por várias razões" (Mello Porto, 2016, p. 131).

[9] Enunciado 267 do FPPC: (arts. 218 e 1.046) "Os prazos processuais iniciados antes da vigência do CPC serão integralmente regulados pelo regime revogado".

[10] Enunciado 311 do FPPC: (arts. 496 e 1.046) "A regra sobre remessa necessária é aquela vigente ao tempo da publicação em cartório ou disponibilização nos autos eletrônicos da sentença, de modo que a limitação de seu cabimento no CPC não prejudica os reexames estabelecidos no regime do art. 475 do CPC de 1973".

[11] Enunciado 268 do FPPC: (arts. 219 e 1.046) "A regra de contagem de prazos em dias úteis só se aplica aos prazos iniciados após a vigência do Novo Código".

[12] Enunciado 355 do FPPC: (arts. 1.009, § 1º, e 1.046) "Se, no mesmo processo, houver questões resolvidas na fase de conhecimento em relação às quais foi interposto agravo retido na vigência do CPC/1973, e questões resolvidas na fase de conhecimento em relação às quais não se operou a preclusão por força do art. 1.009, § 1º, do CPC, aplicar-se-á ao recurso de apelação o art. 523, § 1º, do CPC/1973 em relação àquelas, e o art. 1.009, § 1º, do CPC em relação a estas".

[13] Enunciado 616 do FPPC: (arts. 1.046; 14) "Independentemente da data de intimação ou disponibilização de seu inteiro teor, o direito ao recurso contra as decisões colegiadas nasce na data em que proclamado o resultado da sessão de julgamento".

[14] Carneiro; Greco; Pinho, 2017, p. 6.

[15] REsp 1.076.080-PR, rel. Min. Nancy Andrighi, j. 17-2-2009, *Informativo STJ*, n. 384.

[16] Carneiro; Greco; Pinho, 2017, p. 8.

d) a contagem do prazo de prescrição intercorrente para execuções em curso, a partir da vigência do novo CPC (art. 1.056); e

e) a aplicação dos arts. 525, §§ 14 e 15, e 535, §§ 7º e 8º, apenas às decisões transitadas em julgado após a vigência do novo Código (art. 1.057).

Ainda no aspecto da transitoriedade, o tema dos recursos merece atenção especial.

Duas são as situações da lei processual nova em matéria de recursos:

a) rege o cabimento e a admissibilidade do recurso a lei vigente à época da data da publicação da decisão de que se pretende recorrer;

b) rege o procedimento do recurso a lei vigente à época da interposição do recurso.

Já em relação à remessa necessária, não sendo recurso, mas condição de eficácia da sentença, aplicam-se as regras de eficácia da lei no tempo previstas para as normas processuais em geral.

Quanto à execução, as regras de direito intertemporal são gerais, aplicando-se as disposições da lei nova aos processos de execução pendentes, respeitando-se, todavia, os atos processuais já praticados, que não poderão ser atingidos pela lei nova[17].

A instituição da prescrição intercorrente no âmbito do processo civil, por exemplo (art. 924, V, do CPC), é aplicável aos processos ainda não encerrados; contudo terá como termo inicial a entrada em vigor do CPC (art. 1.056).

Outra regra específica diz respeito à ineficácia de título judicial por declaração de inconstitucionalidade da norma que o lastreava (arts. 525, §§ 14 e 15, e 535, §§ 7º e 8º, do CPC). Ela só poderá ser alegada em relação a sentenças transitadas em julgado após a entrada em vigor do CPC, conforme o art. 1.057.

Os atos processuais executivos, como a penhora e a hasta pública, regem-se pela lei vigente à época de sua prática. Já as regras que ampliam ou restringem o conjunto de objetos sobre os quais a execução recai são as vigentes à época da sentença.

O referido art. 1.046 confere ainda, em seu § 1º, efeito ultrativo às normas do CPC/73 que regulam o procedimento sumário e os procedimentos especiais revogados, no que concerne a ações propostas e ainda não sentenciadas no momento de entrada em vigor do CPC[18]. O § 2º estabelece que os procedimentos especiais regulados em lei especial não são revogados pelo CPC, sendo-lhes aplicável o Código supletivamente.

O § 3º do art. 1.046 faz referência expressa ao art. 1.218 do CPC/73.

O dispositivo do Código de 1973 mantinha em vigor alguns procedimentos especiais previstos no CPC/39 até que lhes sobreviesse lei especial. Os procedimentos que até hoje não tenham sido regulados (protestos formados a bordo; dinheiro a risco; vistoria de fazendas avariadas; apreensão de embarcações; avaria a carga do segurador; avarias; arribadas forçadas) passam a se submeter ao rito comum do CPC.

O § 4º do art. 1.046 limita-se a estatuir que as remissões feitas na legislação ao CPC/73 passam a se considerar feitas ao CPC. Ressalte-se que, caso haja remissão genérica à legislação processual, será aplicado o procedimento comum, conforme o art. 1.049.

No art. 12 do CPC, inaugura-se o dever do magistrado de julgar os processos cronologicamente conforme a data de conclusão. Para organizar o instituto em face dos feitos já conclusos, o art.

---

[17] "O princípio *tempus regit actum* confere aplicação imediata à lei processual. (REsp 1.205.159/ES, rel. Min. Castro Meira, 2ª T., j. 15-2-2011, *DJe* 28-2-2011).

[18] Enunciado 308 do FPPC: (arts. 489, § 1º, 1.046). "Aplica-se o art. 489, § 1º, a todos os processos pendentes de decisão ao tempo da entrada em vigor do CPC, ainda que conclusos os autos antes da sua vigência".

1.046, § 5º, estabelece que a primeira lista será feita com base na data de distribuição, não de conclusão, como se dará em todas as listas subsequentes.

O art. 1.047 apenas reforça a regra do artigo anterior, especificando-a para fins de direito probatório. As normas acerca de provas no CPC apenas se aplicam às que forem requeridas ou determinadas de ofício após a entrada em vigor da nova legislação processual.

O art. 1.048 consolida as regras de tramitação preferencial de processos, instituídas por leis alteradoras no CPC/73. A diferença, agora, é que, além de idosos e portadores de deficiência, crianças e adolescentes também terão preferência em procedimentos regulados pelo ECA (Lei n. 8.069/90).

A Lei n. 13.894/2019 inseriu o inciso III no art. 1.048, determinando que a prioridade na tramitação seja estendida, também, aos processos nos quais figure como parte a vítima de violência doméstica e familiar, nos termos da Lei n. 11.340/2006.

Observe-se, contudo, que o STJ já decidiu que a prioridade na tramitação do feito é direito subjetivo da pessoa idosa e a lei lhe concede legitimidade exclusiva para a postulação do requerimento do benefício[19].

Importante ressaltar que a Lei n. 13.466, de 12 de julho de 2017, alterou dispositivos do Estatuto do Idoso (Lei n. 10.741/2003) para estabelecer a "prioridade especial" para as pessoas maiores de oitenta anos.

Com isso, passamos a ter a prioridade genérica (maiores de sessenta) e a específica (maiores de oitenta), como expressamente estatuído pelo § 5º agora inserido ao art. 71 do Estatuto.

O benefício será obtido a partir de requerimento feito à autoridade judiciária de onde tramite o processo. Havendo a respectiva comprovação, não há espaço decisório para o juiz, devendo os autos receberem identificação própria pelo servidor (art. 1.048, §§ 2º e 4º).

Sob a égide do CPC/73, é interessante lembrar que o STF já assentara o entendimento de que o requerimento deve ser feito nos próprios autos do processo em que se postula o benefício, sendo o mandado de segurança instrumento incabível para obtê-lo[20].

O § 3º do art. 1.048 traz a previsão de que, concedida a prioridade de tramitação, essa não cessa com a morte do beneficiário, se estendendo a seus sucessores.

Importante ressaltar que, em 25 de novembro de 2016, foi editada a Lei n. 13.363/2016, que alterou o Estatuto da OAB e o CPC para estipular direitos e garantias para a advogada gestante, lactante, adotante ou que der à luz, bem como para o advogado que se tornar pai.

Especificamente no que concerne ao processo civil, foram inseridos os incisos IX e X ao art. 313, para dispor que se suspende o processo pelo parto ou pela concessão de adoção, quando a advogada responsável pelo processo constituir a única patrona da causa, e ainda quando o advogado responsável pelo processo constituir o único patrono da causa e tornar-se pai. Foram inseridos, ainda, os §§ 6º e 7º, dispondo que os prazos de suspensão serão, respectivamente, de 30 (trinta) e 8 (oito) dias.

O art. 1.050, visando a conferir efetividade ao comando de que as citações e intimações devem ser realizadas preferencialmente por meio eletrônico, estabelece que a Administração Pública direta ou indireta, o Ministério Público e a Defensoria de todos os entes federativos devem se cadastrar perante os tribunais em que atuem no prazo de trinta dias após o início da vigência do CPC.

---

[19] STJ, REsp 1.801.884-SP, rel. Min. Ricardo Villas Bôas Cueva, 3ªT., por maioria, j. 21-5-2019, DJe 30-5-2019, Informativo STJ, n. 650.

[20] AgRg no MS 27.096, rel. Min. Eros Grau, Pleno, j. 23-9-2009.

Assim, possibilita-se que eles recebam eletronicamente os atos de comunicação processual. O mesmo se aplica às empresas privadas que não estejam enquadradas como microempresas ou empresas de pequeno porte, conforme o art. 1.051.

O CPC não regula os chamados processos de insolvência[21]. Até que seja editada lei especial para o tema, evitando um vazio legislativo, o art. 1.052 prevê que as normas do CPC/73 que tratam de execução contra devedor insolvente (arts. 748 a 786-A) serão mantidas em vigor.

O art. 1.053 traz uma demonstração específica do princípio da instrumentalidade das formas. O Código regula, nos arts. 193 a 199, a prática de atos processuais eletrônicos, baseando-se na Infraestrutura de Chaves Públicas (ICP, MP n. 2.200-2/2001). Os atos praticados com a inobservância da forma prescrita, antes da transição definitiva para a certificação digital, desde que não causem prejuízo, ficam convalidados, priorizando-se a substância sobre os critérios formais.

O art. 1.054 traz disposição acerca da formação da coisa julgada material. Pelo regime do CPC, art. 503, § 1º, há autorização expressa para que as questões incidentes gozem de definitividade ao fim do processo[22].

No CPC/73, para que isso ocorresse, era imprescindível a apresentação de ação declaratória incidental, e essa regra permanecerá regulando os processos ajuizados sob a égide do CPC/73 que ainda estejam em tramitação. Ocorre, assim, exceção ao efeito imediato da legislação processual.

O art. 1.055[23] acabou vetado[24] pela Presidência da República.

De acordo com o art. 1.056, deverá ser considerado como termo inicial do prazo da prescrição prevista no art. 924, V, inclusive para as execuções em curso, a data de vigência deste Código.

Trata-se de regra excepcional que regula a vigência da nova regra sobre a prescrição intercorrente a partir de um novo parâmetro. Como anotado por Paulo Cezar Pinheiro Carneiro e Leonardo Greco[25], os arts. 921 e 924 do CPC oficializam a prescrição intercorrente da execução pecuniária.

A bem da verdade, lembram os autores, essa prescrição já existia no regime das execuções fiscais, por força do art. 40 da Lei n. 6.830/80 e já podia ser aplicado às execuções pecuniárias comuns por aplicação analógica de regra correspondente nos arts. 777 e 778 do procedimento de execução, por quantia certa contra devedor insolvente.

Já de acordo com o art. 1.057, o disposto no art. 525, §§ 14 e 15, e no art. 535, §§ 7º e 8º, aplica-se às decisões transitadas em julgado após a entrada em vigor deste Código, e, às decisões transitadas em julgado anteriormente, aplica-se o disposto no art. 475-L, § 1º, e no art. 741, parágrafo único, da Lei n. 5.869, de 11 de janeiro de 1973.

Dessa forma, para Leonardo Greco e Paulo Cezar Pinheiro Carneiro[26], o novo Código mitigou o regime denominado de *coisa julgada inconstitucional*, que havia tornado inexigível o crédito reconhecido por sentença objeto de pronunciamento contrário do Supremo Tribunal Federal sobre a matéria.

---

[21] Assis, 2017, p. 1248.
[22] Enunciado 367 do FPPC: (arts. 1.054, 312, 503) "Para fins de interpretação do art. 1.054, entende-se como início do processo a data do protocolo da petição inicial".
[23] A redação original do dispositivo era a seguinte: "Art. 1.055. O devedor ou arrendatário não se exime da obrigação de pagamento dos tributos, das multas e das taxas incidentes sobre os bens vinculados e de outros encargos previstos em contrato, exceto se a obrigação de pagar não for de sua responsabilidade, conforme contrato, ou for objeto de suspensão em tutela provisória".
[24] Para vetar esse dispositivo, foram invocadas as seguintes razões: "Ao converter em artigo autônomo o § 2º do art. 285-B do Código de Processo Civil de 1973, as hipóteses de sua aplicação, hoje restritas, ficariam imprecisas e ensejariam interpretações equivocadas, tais como possibilitar a transferência de responsabilidade tributária por meio de contrato".
[25] Carneiro; Greco; Pinho, 2017, p. 13.
[26] Carneiro; Greco; Pinho, 2017, p. 13.

O art. 1.058 trata da previsão de conta especial, a ficar sob ordem do juiz, no caso de depósito em dinheiro, em previsão que não difere do disposto no art. 1.219 do CPC/73.

O art. 1.059 traz a previsão de que, às tutelas provisórias previstas no CPC, quando sejam deferidas contra a Fazenda Pública, serão aplicadas as restrições previstas na legislação especial (Lei n. 8.437/92 e a Lei do MS, n. 12.016/2009). Essa matéria foi examinada no item que trata das restrições à concessão de tutela provisória, na Parte Geral desta obra.

O art. 1.060 presta-se ao aperfeiçoamento técnico da redação da Lei n. 9.289/96[27]. A alteração terminológica altera a expressão "pagamento" pelo "adiantamento" das custas perante a Justiça Federal. O termo é mais correto, pois pagamento traz a ideia de adimplemento de obrigação, e a obrigação de pagar as custas, decorrente da sucumbência, apenas é estabelecida ao fim do processo.

Por sua vez, o art. 1.061 faz alteração na Lei de Arbitragem (Lei n. 9.307/96), com o fito de adequá-la ao novo modelo de execução. Corrige-se a redação do art. 33[28], de modo a deixar claro que se pode arguir a nulidade da sentença arbitral em sede de cumprimento de sentença por meio de impugnação, não de embargos do devedor.

Já o art. 1.062 estende o incidente de desconsideração da personalidade jurídica, previsto no CPC, arts. 133-137, aos procedimentos que se deem perante os Juizados Especiais Cíveis (Lei n. 9.099/95). A advertência é importante porque, tendo em vista a busca por celeridade no JEC, costuma haver uma natural rejeição aos incidentes processuais no microssistema dos juizados.

Com a extinção do rito sumário, o art. 1.063 dispõe sobre a competência para processar e julgar as causas que eram afetas àquele procedimento em razão da matéria (CPC/73, art. 275, II). Tais casos passarão à competência do JEC, até a edição de lei específica, desde que, obviamente, não existam restrições de natureza subjetiva, previstas no art. 8º da Lei n. 9.099/95.

A Lei n.14.976/2024 alterou a redação do art. 1.063 do CPC para esclarecer que os juizados especiais cíveis continuam competentes para o processamento e o julgamento das causas previstas no inciso II do art. 275 do CPC/73.

A modificação apenas confirma a competência dos JEC's, dispensando a edição de lei específica sobre a matéria.

A nova lei, contudo, não alterou o entendimento acerca da competência dos Juizados. Isso porque a posição hoje adotada é no sentido de que, ao contrário do que ocorre nos Juizados Especiais Federais e nos Juizados da Fazenda Pública, nos Juizados Estaduais a competência é relativa, ou seja, pode o autor escolher entre o rito sumaríssimo e o procedimento comum do CPC.

Esse entendimento foi consolidado na vigência do CPC/73, quando havia sobreposição entre os ritos sumário (vara cível) e sumaríssimo (JEC).

Diante do silêncio do novo texto, é possível que a jurisprudência venha a rediscutir a questão. Não obstante, estamos em que a competência deve permanecer relativa, a uma por falta de norma específica nesse sentido, e a duas pelo necessário respeito à tradição já estabelecida há mais de duas décadas.

---

[27] A redação da lei passa a ser: "Art. 14. (...) II – aquele que recorrer da sentença adiantará a outra metade das custas, comprovando o adiantamento no ato de interposição do recurso, sob pena de deserção, observado o disposto nos §§ 1º a 7º do art. 1.007 do Código de Processo Civil".

[28] Nova redação: "Art. 33 (...) § 3º A decretação da nulidade da sentença arbitral também poderá ser requerida na impugnação ao cumprimento da sentença, nos termos dos arts. 525 e seguintes do Código de Processo Civil, se houver execução judicial".

O que talvez possa e deva acontecer é uma revisão da própria Lei n. 9.099/95 e aí, pensamos nós, será o foro adequado para se reexaminar a questão.

Ainda sobre os Juizados, os arts. 1.064 e 1.065 tratam do recurso de embargos de declaração, alterando, respectivamente, os arts. 48[29] e 50[30] da Lei n. 9.099/95.

A primeira disposição do CPC unifica os regimes de cabimento dos embargos de declaração, retirando a hipótese de dúvida, atualmente contida na lei especial. A segunda uniformiza a consequência processual da oposição de embargos quanto ao prazo para os demais recursos, optando por interrompê-lo – antes, havia tão somente suspensão do prazo para os demais recursos no JEC.

O art. 1.066 altera o art. 83, *caput* e § 2º, também da Lei n. 9.099/95, para ajustar as hipóteses de cabimento de embargos de declaração no Juizado Especial Criminal ao CPC, tal como se fez no cível.

O art. 1.067 também faz ajuste de legislação extravagante ao cabimento do recurso de embargos de declaração regulado pelo CPC. No caso, promove alterações no art. 275 da Lei n. 4.737/65, o Código Eleitoral.

O art. 1.068 promove alteração em dois artigos do Código Civil, que produzem efeitos na esfera processual e tinham a redação criticada. O primeiro, art. 274, trata dos efeitos do julgamento de uma obrigação solidária sobre credores que não fizeram parte da relação processual. O segundo, art. 2.027, trata das hipóteses da anulação de partilha.

O art. 1.069 impõe ao Conselho Nacional de Justiça o dever de promover pesquisas estatísticas para verificar a efetividade das normas do CPC.

O art. 1.070 estabelece que o prazo para interposição dos agravos previstos em regimentos, aqueles voltados a desafiar decisão monocrática do Relator, será de 15 (quinze) dias. Comumente, o prazo estabelecido era de cinco dias, por isso a existência do artigo, voltado à compatibilização com o novo prazo do agravo interno (art. 1.003, § 5º, do CPC).

O último artigo do CPC (art. 1.072) traz os dispositivos de outras legislações que ficam revogados com a entrada em vigor do Código.

Primeiramente, revogou-se o art. 22 do DL n. 25/37, que conferia direito de preferência aos entes de direito público na alienação onerosa de bens tombados. Passível de crítica a inclusão de um dispositivo desse gênero, tendo em vista que o texto revogado não tem qualquer implicação processual direta.

No inciso II, revogam-se dois artigos do CC (arts. 227 e 230) sobre provas. Tais disposições mantinham resquícios da prova tarifada, em que lei estabelece, abstratamente, o valor de um elemento probatório.

No caso, elas proibiam o uso de prova testemunhal para demonstrar a existência dos negócios jurídicos de valor superior a dez salários mínimos e o uso de presunções que não adviessem da lei nas hipóteses de limitação de prova testemunhal.

O inciso II revoga o art. 456 do CC, que estava incompatível com o regime do CPC. O dispositivo da lei material previa que, para resguardar os direitos de evicção, seria impositiva a denunciação da lide, enquanto a nova lei processual assegura, em todos os casos, a ação de regresso.

O mesmo inciso vem a revogar os arts. 1.482 e 1.483 do CC, sobre alienação judicial do bem

---

[29] O texto agora é: "Art. 48. Caberão embargos de declaração contra sentença ou acórdão, nos casos previstos no Código de Processo Civil".

[30] A nova redação é: "Art. 50. Os embargos de declaração interrompem o prazo para a interposição de recurso".

hipotecado. Não houve alteração substancial na matéria, mas o tema passou a ser regulado no art. 877, §§ 3º e 4º, do CPC.

Também são retirados do ordenamento os arts. 1.768 a 1.773. Os dispositivos tratavam de interdição e acabavam tendo nítida natureza processual. Preferiu-se, assim, abordar o tema somente no CPC, por meio dos arts. 747 a 758.

O inciso III revoga diversas disposições da lei de assistência judiciária gratuita (arts. 2º, 3º, 4º, *caput* e §§ 1º a 3º, 6º, 7º, 11, 12 e 17 da Lei n. 1.060/50). A opção foi por trazer tais matérias para dentro do Código, sendo reguladas por meio dos arts. 98 a 102 do CPC.

O inciso IV tratou de tirar a vigência das normas de lei especial acerca de reclamação, recursos excepcionais e julgamento monocrático nos Tribunais Superiores (arts. 13 a 18, 26 a 29 e 38 da Lei n. 8.038/90). A opção foi por tratar de tais temas no CPC, respectivamente nos arts. 988-993 e 1.029-1.041.

O inciso V extinguiu as disposições sobre execução de alimentos na lei própria (arts. 16 a 18 da Lei n. 5.478/68). O tema passa a ser abordado exclusivamente no CPC, arts. 528-533. A importância do dispositivo é dirimir as dúvidas que existiam, ainda sob a égide do CPC/73, de incompatibilidades entre a legislação especial e o Código Processual.

Por fim, o inciso VI remove do ordenamento o art. 98, § 4º, da Lei do CADE (Lei n. 12.529/2011). Tal dispositivo conferia grande amplitude à eficácia preclusiva da coisa julgada nos processos que envolvessem decisões daquela autarquia federal, incluindo eventuais novas causas de pedir. Com a revogação, o CPC acaba por indicar a adoção de uma teoria mais restrita acerca desse tema.

1.2 DISPOSIÇÕES RELATIVAS À USUCAPIÃO ADMINISTRATIVA

O art. 1.071 promove a desjudicialização do procedimento de usucapião. Agora, tal medida pode ser promovida perante o cartório do registro de imóvel, tendo o referido artigo incorporado a usucapião à lei de registros públicos (Lei n. 6.015/73, art. 216-A)[31].

O tema já suscita controvérsias. Com efeito, não há mais previsão para o procedimento especial de usucapião, que, agora, passa a seguir o procedimento comum.

O referido art. 1.071 traz a desjudicialização da usucapião de forma genérica. Trataremos, abaixo, de suas principais características.

O dispositivo traz a desjudicialização da usucapião de forma ampla, inserida no art. 216-A da Lei de Registros Públicos. Navegou-se para além da hipótese trazida pela mencionada Lei n. 11.977/2009 (art. 60) – chamada de usucapião administrativa –, que já tem seu procedimento próprio.

Na modalidade, cuja vigência persiste, o detentor do título de legitimação de posse, nos moldes delineados pelo programa fundiário, pode, decorridos 5 anos[32], requerer ao oficial de registros sua conversão em propriedade.

Evidentemente, estamos diante de uma espécie de usucapião, enquanto forma originária de aquisição da propriedade, desta vez dispensando a atuação jurisdicional.

Como exigências, estão declarações de que o pretenso proprietário não possui outro imóvel, que utiliza aquele para sua moradia, e que é a primeira vez que adquire área urbana por usucapião,

---

[31] Enunciado 368 do FPPC: (art. 1.071) "A impugnação ao reconhecimento extrajudicial da usucapião necessita ser feita mediante representação por advogado".

[32] O prazo pode, ocasionalmente, ser maior, seguindo os do Código Civil, caso a área supere os 250 metros quadrados (art. 60, § 3º).

bem como certidões comprobatórias da ausência de ação pendente acerca da posse ou propriedade do bem. Tais requisitos escancaram a motivação social da norma, que densifica o direito social fundamental à moradia (art. 6º da Constituição Federal).

É válido, aqui, um parêntesis terminológico, com duas breves observações. A primeira: há quem repute inadequada a tradicional sinonímia entre usucapião e prescrição aquisitiva, numa leitura minuciosa dos conceitos[33].

A segunda: embora grande parcela dos autores apelide a inovadora modalidade do art. 216-A da Lei de Registros Públicos de "usucapião administrativa"[34], outros preferem restringir essa nomenclatura para a hipótese advinda do título de legitimação de posse, uma vez que este é proveniente de ato autenticamente administrativo – alerta esse com o qual estamos de acordo.

Verifica-se, portanto, um gênero, usucapião extrajudicial *lato sensu* (assim entendidos todos os procedimentos de reconhecimento de propriedade por essa modalidade de aquisição originária que dispensem ajuizamento da demanda judicial), de que são espécies a usucapião administrativa (atinente à Lei do Programa Minha Casa Minha Vida, decorrendo da legitimação de posse) e a usucapião extrajudicial *stricto sensu* ou "reconhecimento extrajudicial de usucapião", expressão selecionada pelo próprio código.

As circunstâncias caracterizadoras são, principalmente, as seguintes: i) naquela, é requisito que a posse decorra de autorização administrativa formal, ii) sendo exercida sobre bem público, iii) com forte finalidade de regularização fundiária e efetivação do direito fundamental à moradia; nesta, i) a posse pode se dar amparada por algum justo título ou não (a depender da espécie), ii) sendo exercida sobre bem particular, iii) sem direta ligação com programas sociais.

Outro exemplo predecessor do novel instituto, guardando similitude com a alcunha de "usucapião administrativo", é a concessão de uso especial para fins de moradia, prevista na Medida Provisória 2.220/2001. Trata-se de efetivação do direito fundamental à moradia mediante ato administrativo vinculado, e que, portanto, pode ser exigido em juízo.

Fica bastante perceptível que o legislador não quis limitar o reconhecimento extrajudicial de usucapião a algumas de suas espécies. Presume-se, pois, a possibilidade de o pleito envolver qualquer modalidade, que deverá ser especificada no requerimento.

Importante registar que o CNJ estabeleceu diretrizes para o procedimento da usucapião extrajudicial nos serviços notariais e de registro de imóveis, por meio do Provimento n. 65, de 14 de dezembro de 2017, posteriormente incorporado ao Provimento n. 149/2023, nos arts. 398 a 423.

O Provimento é expresso no sentido de ser facultado o pedido de reconhecimento extrajudicial da usucapião, sem prejuízo da via jurisdicional. Ademais, pode ser solicitada, a qualquer momento, a suspensão do procedimento pelo prazo de trinta dias ou a desistência da via judicial para promoção da via extrajudicial, hipótese em que poderão ser utilizadas as provas produzidas na via judicial.

---

[33] Gama, 2016, p. 371.
[34] Wambier, 2015a, p. 1551.

Referências

ABBOUD, Georges. *Discricionariedade administrativa e judicial*: o ato administrativo e a decisão judicial. São Paulo: Revista dos Tribunais, 2014.

_____. Súmula vinculante *versus* precedentes: notas para evitar alguns enganos. *Revista de Processo*, ano 33, n. 165, nov. 2008.

ABDO, Helena Najjar. O (equivocadamente) denominado "ônus da sucumbência" no processo civil. *Revista de Processo*, v. 140, p. 37-53, out. 2006.

ABREU, Rafael Sirangelo. Customização processual compartilhada: o sistema de adaptabilidade do novo CPC. *Revista de Processo*, São Paulo, v. 257, p. 51-76, jul. 2016.

ALCALÁ-ZAMORA Y CASTILLO, Niceto. *Proceso, autocomposición y autodefensa*: contribución al estudio de los fines del proceso. 3. ed. México: UNAM, 1991.

ALLORIO, Enrico. Naturaleza de la cosa juzgada. In: *Problemas de Derecho Procesal*. Buenos Aires, 1963.

ALMEIDA, Diogo Assumpção Rezende de. *Das convenções processuais no processo civil*. Tese de Doutorado. Universidade Estadual do Rio de Janeiro – UERJ, Rio de Janeiro, 2014.

_____. O princípio da adequação e os métodos de solução de conflitos. *Revista de Processo*, n. 195, 2010.

_____. *Recursos cíveis*, Salvador: Juspodivm, 2019.

ALVIM, Arruda. *Manual de direito processual civil*. 9. ed. São Paulo: Revista dos Tribunais, 2005. v. 2.

_____. *Novo contencioso cível no CPC*. São Paulo: Revista dos Tribunais, 2016.

_____. Recurso especial e recurso extraordinário. In: NERY JR., Nelson; WAMBIER, Teresa Arruda Alvim (Coord.). *Aspectos polêmicos e atuais dos recursos cíveis*. São Paulo: Revista dos Tribunais, 2002.

_____. A EC 45 e o instituto da repercussão geral. In: *Reforma do Judiciário*: primeiras reflexões sobre a Emenda Constitucional 45/2004, p. 68.

_____. A Arguição de Relevância no Recurso Extraordinário. São Paulo: Revista dos Tribunais, 1988.

ALVIM, Eduardo Arruda; THAMAY, Rennan Faria Krüger; GRANADO, Daniel Willian. *Processo constitucional*. São Paulo: Revista dos Tribunais, 2015.

ALVIM, Thereza. *O direito processual de estar em juízo*. São Paulo: Revista dos Tribunais, 1996. v. 34 (Coleção Estudos de Direito de Processo Enrico Tullio Liebman).

ALVIM, Teresa Arruda. *Modulação na alteração da jurisprudência firme ou de precedentes vinculantes*. 2. ed. São Paulo: Revista dos Tribunais, 2021.

_____. *Os Agravos no CPC de 2015*. 5. ed. Curitiba: Direito Contemporâneo, 2020.

_____. O funil mais estreito para o recurso especial. Disponível em: https://www.migalhas.com.br/depeso/369999/o-funil-mais-estreito-para-o-recurso-especial. Acesso em: 19 jul. 2022.

AMARAL, Guilherme Rizzo. Efetividade, segurança, massificação e a proposta de um "incidente de resolução de demandas repetitivas". *Revista de Processo*, São Paulo, ano 36, v. 196, p. 237-276, jan. 2011.

AMARAL, Jorge Augusto Pais de. *Direito processual civil.* 11. ed. Coimbra: Almedina, 2013.

ANDREWS, Neil. *Andrews on Civil Procedure* – Court proceedings. Cambridge: Intersentia, 2013. v. I.

_____. *English Civil Procedure:* fundamentals of the new civil justice system. Oxford: Oxford University Press, 2003.

_____. *The modern civil process:* judicial and alternative forms of dispute resolution in England. Germany: Mohr Siebeck, 2008.

_____. *The Three Paths of Justice:* Court Proceedings, Arbitration and Mediation in England. London: Springer, 2012.

ANDREWS, Neil; WAMBIER, Teresa Arruda Alvim (orientadora e revisora da tradução). *O moderno processo civil inglês:* formas judiciais e alternativas de resolução de conflitos na Inglaterra. São Paulo: Revista dos Tribunais, 2010.

ARAGÃO, Egas Dirceu Moniz de. *Comentários ao Código de Processo Civil.* 9. ed. Rio de Janeiro: Forense, 1998. v. 2.

_____. Pré-questionamento. *Revista Forense,* Rio de Janeiro, v. 328, p. 37-48, abr./jun. 1994.

ARAÚJO, José Henrique Mouta. Ação rescisória e o CPC/15: controvérsias e comportamento jurisprudencial. *Revista de Processo,* v. 283, São Paulo: RT, p. 377-398, set. 2018.

_____. REsp 2.026.926: coisa julgada parcial e cumprimento de sentença. Disponível em: https://www.conjur.com.br/2023-ago-12/mouta-araujo-coisa-julgada-parcial-cumprimento-sentenca. Acesso em: 15 ago. 2023.

_____. Um alento ao futuro: indicativos de cabimento da reclamação visando o controle dos precedentes qualificados. Disponível em: https://www.migalhas.com.br/depeso/390672/indicativos-da-reclamacao-visando-controle-de-precedentes-qualificados. Acesso em: 30 jul. 2023.

_____. Relevância da questão federal no recurso especial: observações acerca da EC 125. Disponível em: https://www.migalhas.com.br/depeso/370139/relevancia-da-questao-federal-no-recurso-especial. Acesso em: 2 ago. 2023.

ARAÚJO, Nadia de. O STJ e a homologação de sentenças arbitrais estrangeiras: dez anos de atuação. In: TIBÚRCIO, Carmen; MENEZES, Wagner; VASCONCELOS, Rafael (Orgs.). *Panorama do Direito Internacional Privado atual e outros temas contemporâneos.* Belo Horizonte: Arraes Editores.

ARAÚJO, Valter Shuenquener de; GABRIEL, Anderson de Paiva; PORTO, Fábio Ribeiro. 'Juízo 100% digital' e transformação tecnológica da Justiça no século XXI. 2020. Disponível em: https://www.jota.info/opiniao-e-analise/colunas/juiz-hermes/juizo-100-digital-e-transformacao-tecnologica-da-justica-no-seculo-xxi-01112020. Acesso em: 1º dez. 2020.

ARAUJO, Thiago Cardoso; FERREIRA JR., Fernando; MONTENEGRO, Lucas dos Reis. Consequencialismo, Pragmatismo e Análise Econômica do Direito: semelhanças, diferenças e alguns equívocos. *Revista Quaestio Iuris,* v. 14, n. 4, Rio de Janeiro, 2021, p. 1001-1038.

ARAÚJO FILHO, Luiz Paulo da Silva. Litisconsórcio e intervenção de terceiros no novo CPC. In: CARNEIRO, Paulo Cezar Pinheiro; GRECO, Leonardo; PINHO, Humberto Dalla Bernardina de. *Inovações do Código de Processo Civil de 2015.* Rio de Janeiro: GZ, 2016.

ARENHART, Sérgio Cruz. Decisões estruturais no direito processual civil brasileiro, *Revista de Processo,* São Paulo: Revista dos Tribunais, v. 225, p. 389, nov. 2013.

_____. Ônus da prova e sua modificação no processo civil brasileiro. In: NEVES, Daniel Amorim Assumpção (Coord.). *Provas*: aspectos atuais do direito probatório. São Paulo: Método, 2009.

_____. *Perfis da tutela inibitória coletiva*. São Paulo: Revista dos Tribunais, 2003.

_____. *Reflexões sobre o princípio da demanda*. Disponível em: https://www.academia.edu/221841/Reflexoes_sobre_o_principio_da_demanda. Acesso em: 10 mar. 2014.

ARMELIN, Donaldo. Flexibilização da coisa julgada. In: DIDIER JR., Fredie (Org.). *Relativização da coisa julgada*. 2. ed. 2. tir. Salvador: JusPodivm, 2008.

AROCA, Juan Montero. *La prueba en el proceso civil*. 3. ed. Madrid: Civitas, 2002.

ASSIS, Araken de. *Eficácia civil da sentença penal*. São Paulo: Revista dos Tribunais, 1993.

_____. *Manual da execução*. 19. ed. São Paulo: Saraiva, 2017.

_____. *Manual dos recursos*. 8. ed. São Paulo: Revista dos Tribunais, 2016.

_____. O Contempt of Court no Direito Brasileiro. Disponível em: www.abdpc.org.br. Acesso em: 1º out. 2013.

ASSUMPÇÃO, Hélcio Alves de. Recurso extraordinário: requisitos constitucionais de admissibilidade. In: FABRÍCIO, Adroaldo Furtado (Coord.). *Meios de impugnação ao julgado civil*: estudos em homenagem a José Carlos Barbosa Moreira. Rio de Janeiro: Forense, 2008, p. 259-302.

ÁVILA, Humberto. *Segurança jurídica*: entre permanência, mudança e realização no direito tributário. 2. ed. São Paulo: Malheiros, 2012.

_____. *Teorias dos princípios*: da definição à ampliação dos princípios jurídicos. São Paulo: Malheiros, 2004.

AZEM, Guilherme Beux Nassif. *Repercussão geral da questão constitucional no recurso extraordinário*. Porto Alegre: Livraria do Advogado, 2009.

AZEVEDO, Gustavo Henrique Trajano de; MACÊDO, Lucas Buril de. Protesto de decisão judicial. *Revista de Processo*, São Paulo: Revista dos Tribunais, v. 244, p. 323-344, jun. 2015.

BAHIA, Alexandre Gustavo de Melo Franco. *Recursos extraordinários no STF e no STJ*: conflito entre interesses público e privado. Curitiba: Juruá, 2009.

BALDISSERA, Leonardo; PEGORARO JR., Paulo Roberto. Averbação premonitória no novo Código de Processo Civil. *Revista de Processo*, v. 256, p. 121-136, jun. 2016.

BARACHO, José Alfredo de Oliveira. *Direito processual constitucional*. Belo Horizonte: Fórum, 2006.

BARBI, Celso Agrícola. *Comentários ao CPC*. Rio de Janeiro: Forense, 1977. v. 1.

BARBOSA MOREIRA, José Carlos. A Emenda Constitucional n. 45 e o processo. *Revista Forense*, Rio de Janeiro, ano 102, v. 383, jan./fev. 2006.

_____. *Litisconsórcio unitário*. Rio de Janeiro: Forense, 1972.

_____. A Constituição e as provas ilicitamente obtidas. *Temas de direito processual*: sexta série. São Paulo: Saraiva, 1997.

_____. A Justiça no limiar do novo século. In: BARBOSA MOREIRA, José Carlos. *Temas de direito processual*: quarta série. São Paulo: Saraiva, 1994b.

_____. A nova definição de sentença: Lei n. 11.232/05. *Revista Dialética de Direito Processual*, São Paulo, n. 39, p. 7885, 2006.

_____. Alguns problemas atuais da prova civil. In: _____. *Temas de direito processual civil*: quarta série. São Paulo: Saraiva, 1989c.

_____. Antecipação de tutela: algumas questões controvertidas. In: _____. *Temas de direito processual*: oitava série. São Paulo: Saraiva, 2004a.

_____. Apontamentos para um estudo sistemático da legitimação extraordinária. In: _____. *Direito processual civil (ensaios e pareceres)*. Rio de Janeiro: Borsoi, 1971.

_____. Breve noticia sobre la conciliación en el proceso civil brasileño. In: _____. *Temas de direito processual*: quinta série. São Paulo: Saraiva, 1994a.

_____. Breves observações sobre a execução de sentença estrangeira à luz das recentes reformas do CPC. *Revista IOB Direito Civil e Processual Civil*, São Paulo, ano VII, n. 42, p. 46-54, jul./ago. 2006.

_____. *Comentários ao Código de Processo Civil*. 14. ed. Rio de Janeiro: Forense, 2008. v. 5.

_____. Considerações sobre a chamada "relativização" da coisa julgada material. *Temas de direito processual*: nona série. São Paulo: Saraiva, 2007.

_____. Efetividade e técnica processual. In: _____. *Temas de direito processual*: sexta série. São Paulo: Saraiva, 1997.

_____. Notas sobre o problema da efetividade do processo. In: _____. *Temas de direito processual*: terceira série. São Paulo: Saraiva, 1984b.

_____. Nova definição de sentença (Lei n. 11.232). *Revista Dialética de Direito Processual*, São Paulo, n. 39, 2006a.

_____. Os poderes do juiz. In: MARINONI, Luiz Guilherme (Org.). *O processo civil contemporâneo*. Curitiba: Juruá, 1994.

_____. Por um processo socialmente efetivo. In: _____. *Temas de direito processual civil*: oitava série. São Paulo: Saraiva, 2004b.

_____. Privatização do processo? In: _____. *Temas de direito processual*: sétima série. São Paulo: Saraiva, 2001. p. 718.

_____. Sentença executiva. In: DIDIER JR., Fredie (Org.). *Leituras complementares de processo civil*. Salvador: JusPodivm, 2006b.

_____. Sentença executiva? *Revista Síntese de Direito Civil e Processual Civil*, Porto Alegre, n. 27, p. 519, 2004d.

_____. Súmula, Jurisprudência, precedente: uma escalada e seus riscos. In: *Temas de direito processual*: nona série. São Paulo: Saraiva, 2007.

_____. Tutela de urgência e efetividade do direito. In: _____. *Temas de direito processual civil*: oitava série. São Paulo: Saraiva, 2004e.

BARIONI, Rodrigo. *Ação rescisória e recursos para os tribunais superiores*. 2. ed. São Paulo: RT, 2013.

BARROSO, Luís Roberto. *A americanização do direito constitucional e seus paradoxos: teoria e jurisprudência constitucional no mundo contemporâneo*. Disponível em: www.luisrobertobarroso.com.br.

_____. Constituição, democracia e supremacia judicial: direito e política no Brasil contemporâneo. *Revista de Direito do Estado*, n. 16, 2009. Disponível em: http://webbib.no-ip.org:81/consulta/revista/revista96_completa_001.pdf.

_____. *Curso de direito constitucional contemporâneo*. São Paulo: Saraiva, 2009b.

_____. Da falta de efetividade à judicialização excessiva: direito à saúde, fornecimento gratuito de medicamentos e parâmetros para atuação judicial. Disponível em: www.migalhas.com.br. Acesso em: 23 jan. 2008.

_____. *Interpretação e aplicação da Constituição*. 2. ed. São Paulo: Saraiva, 1998.

_____. Judicialização, ativismo judicial e legitimidade democrática. *RDE, Revista de Direito do Estado*, v. 13, p. 77, 2009.

_____. Neoconstitucionalismo e constitucionalização do direito. O triunfo tardio do direito constitucional no Brasil. *Jus Navigandi*, Teresina, ano 9, n. 851, nov. 2005. Disponível em: http://jus2.uol.com.br/doutrina/texto.asp?id=7547. Acesso em: 22 nov. 2005.

BARROSO, Luís Roberto.; MENDONÇA, Eduardo Bastos Furtado de. STF foi permeável à opinião pública, sem ser subserviente. *Consultor Jurídico*. Disponível em: http://www.conjur.com.br/2012-jan-03/retrospectiva-2011-stf-foi-permeavel-opiniao-publica-subserviente. Acesso em: jan. 2012.

BASTOS, Antonio Adonias Aguiar. O devido processo legal nas causas repetitivas. Disponível em: http://www.conpedi.org.br. Acesso em: 15 maio 2011.

_____. O problema da compensação dos honorários sucumbenciais entre os litigantes reciprocamente sucumbentes – análise à luz da legislação vigente, do projeto do novo Código de Processo Civil e da jurisprudência. In: MAZZEI, Rodrigo; LIMA, Marcellus Polastri (Coords.). *Honorários de advogado*: aspectos materiais e processuais (ensaios atualizados com a redação do projeto do novo Código de Processo Civil). Rio de Janeiro: Lumen Juris, 2014.

BASTOS, Celso Ribeiro; VARGAS, Aléxis Galiás de Souza. A arguição de descumprimento de preceito fundamental e a avocatória. *Revista Jurídica Virtual*, Brasília, v. 1, n. 8, 2000. Disponível em: http://www.planalto.gov.br/CCIVIL/revista/rev_08/arg_descump_Celso.htm. Acesso em: 16 abr. 2008.

BAUERMANN, Desirê. *Cumprimento das obrigações de fazer ou não fazer*: estudo comparado: Brasil e Estados Unidos. Porto Alegre: Sergio Antonio Fabris Editor, 2012.

BAUM, Lawrence. *A Suprema Corte Americana*. Trad. Élcio Cerqueira. Rio de Janeiro: Forense Universitária, 1987.

BECKER, Rodrigo Frantz. *Manual do Processo de Execução dos títulos judiciais e extrajudiciais*. Salvador: JusPodivm, 2021.

BEDAQUE, José Roberto dos Santos. Cognição e decisões do juiz no processo executivo. In: WAMBIER, Teresa; FUX, Luiz; NERY JR., Nelson (Coords.). *Processo e Constituição*: estudos em homenagem ao Professor José Carlos Barbosa Moreira. São Paulo: Revista dos Tribunais, 2006.

_____. *Efetividade do processo e técnica processual*. 2. ed. São Paulo: Malheiros, 2007.

_____. *Poderes instrutórios do juiz*. 6. ed. rev. e ampl. São Paulo: Revista dos Tribunais, 2011.

BERMAN, José Guilherme. *Repercussão geral no recurso extraordinário*: origens e perspectivas. Curitiba: Juruá, 2009.

BERMUDES, Sérgio. *A reforma do Judiciário pela Emenda Constitucional n. 45*. Rio de Janeiro: Forense, 2006.

_____. *Introdução ao processo civil*. Rio de Janeiro: Forense, 1996.

BESSO, Chiara. *Il Processo Civile*: nozioni generali. Torino: Giappichelli, 2014.

_____. La Mediazione Italiana: Definizioni e Tipologie. *Revista Eletrônica de Direito Processual*. v. VI, p. 248-269, jul./dez. 2010.

BIAVATI, Paolo. *Diritto processuale dell'Unione Europea*. 4. ed. Milano: Giuffrè, 2009.

BIDART, Adolfo Gelsi. Del tiempo procesal y su manejo. *Repro*, São Paulo, v. 93, p. 191-196, 1999.

BINENBOJM, Gustavo. *A nova jurisdição constitucional brasileira*. 4. ed. Rio de Janeiro: Renovar, 2014a.

_____. *Uma teoria do direito administrativo*: direitos fundamentais, democracia e constitucionalização. 3. ed. Rio de Janeiro: Renovar, 2014b.

BITTAR, Eduardo C. B. *O direito na pós-modernidade*. Rio de Janeiro: Forense Universitária, 2005.

BOBBIO, Norberto. *A era dos direitos*. Rio de Janeiro: Campus, 1992.

_____. *Teoria do ordenamento jurídico*. 10. ed. Brasília: Ed. UnB, 2001.

BODART, Bruno Vinícius da Rós. Simplificação e adaptabilidade no anteprojeto do novo CPC brasileiro. In: FUX, Luiz. *O novo processo civil brasileiro* – direito em expectativa. Rio de Janeiro: Forense, 2011, p. 84.

_____. *Tutela de evidência*: teoria da cognição, análise econômica do direito processual e considerações sobre o Projeto do Novo CPC. São Paulo: Revista dos Tribunais, 2014.

BONAVIDES, Paulo. *Curso de direito constitucional*. Rio de Janeiro: Forense, 2001.

BORGES, Marcos Afonso. Jurisdição voluntária. *Revista Forense*, São Paulo, v. 74, n. 262, p. 47-53, 1978.

BRESLIN, J. William; RUBIN, Jeffrey Z. *Negotiation theory and practice*. Cambridge: Harvard University Press, 1999.

BRUSCHI, Gilberto Gomes. *Aspectos processuais da desconsideração da personalidade jurídica*. 2. ed. São Paulo: Saraiva, 2009.

_____. *Incidente defensivo no processo de execução*: uma visão sobre a obra de exceção de pré-executividade. São Paulo: Juarez de Oliveira, 2002.

BUENO, Cassio Scarpinella. *Amicus curiae no processo civil brasileiro*: um terceiro enigmático. 2. ed. São Paulo: Saraiva, 2008.

_____. *Manual de direito processual civil*. 2. ed. São Paulo: Saraiva, 2016.

_____. *Novo Código de Processo Civil anotado*. São Paulo: Saraiva, 2015.

_____. *Partes e terceiros no processo civil brasileiro*. 2. ed. São Paulo: Saraiva, 2006a.

_____. *Tutela antecipada*. São Paulo: Saraiva, 2004.

CABRAL, Trícia Navarro Xavier. Convenções em matéria processual. *Revista de Processo*, v. 241, p. 489-516, mar. 2015.

_____. Flexibilização procedimental. *Revista Eletrônica de Direito Processual*, ano 4, v. 6, jul./dez. 2010. Disponível em: http://www.redp.com.br.

_____. *Ordem pública processual*: técnica de controle da regularidade do processo civil. Tese de Doutoramento. Universidade do Estado do Rio de Janeiro – UERJ, Rio de Janeiro, 2014.

_____. *Poderes instrutórios do juiz no processo de conhecimento*. Brasília: Gazeta Jurídica, 2012.

_____. Segurança jurídica e confiança legítima: reflexos e expectativas processuais. In: FUX, Luiz (Coord.). *Processo constitucional*. Rio de Janeiro: Forense, 2013.

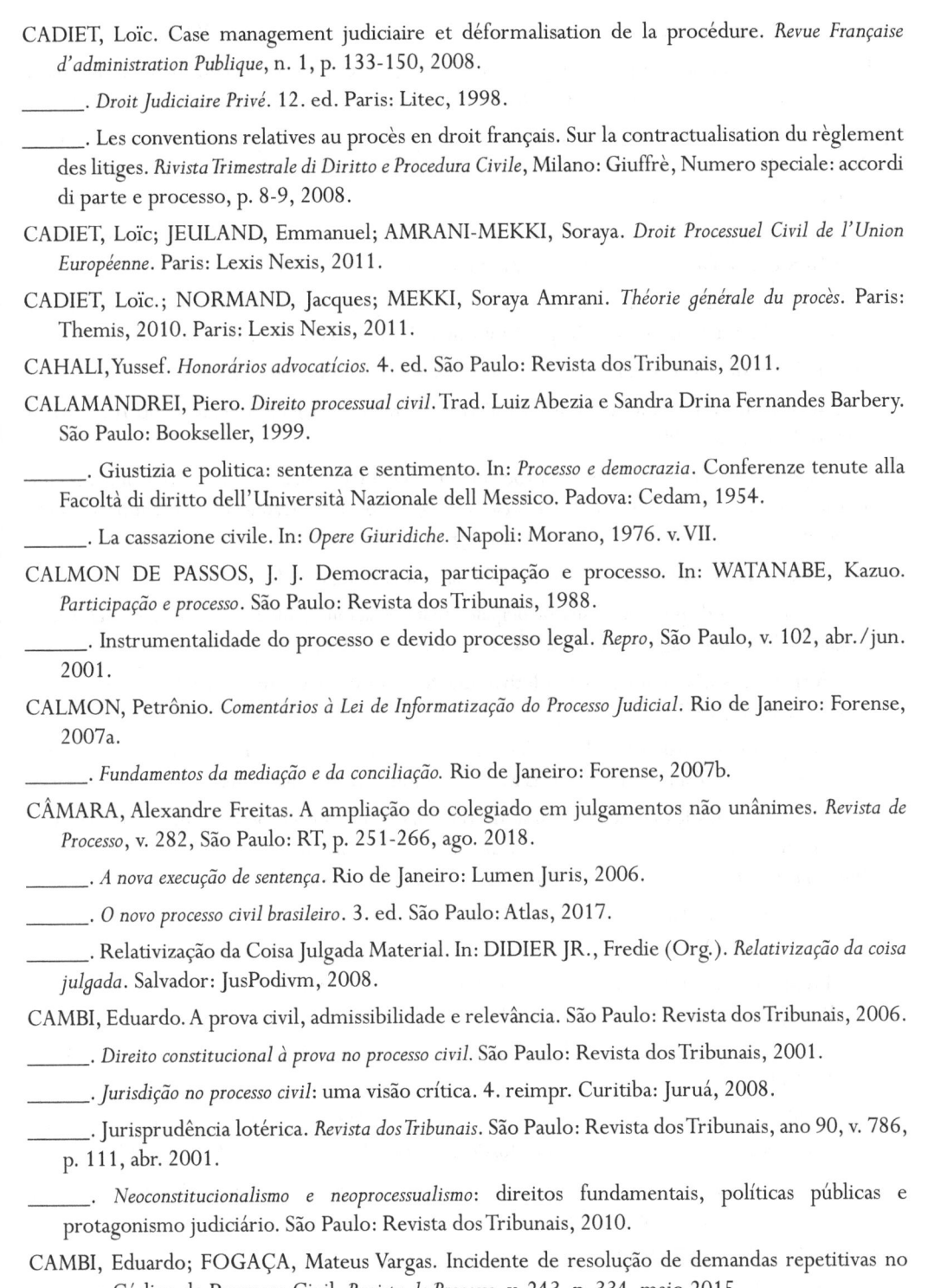

CADIET, Loïc. Case management judiciaire et déformalisation de la procédure. *Revue Française d'administration Publique*, n. 1, p. 133-150, 2008.

_____. *Droit Judiciaire Privé*. 12. ed. Paris: Litec, 1998.

_____. Les conventions relatives au procès en droit français. Sur la contractualisation du règlement des litiges. *Rivista Trimestrale di Diritto e Procedura Civile*, Milano: Giuffrè, Numero speciale: accordi di parte e processo, p. 8-9, 2008.

CADIET, Loïc; JEULAND, Emmanuel; AMRANI-MEKKI, Soraya. *Droit Processuel Civil de l'Union Européenne*. Paris: Lexis Nexis, 2011.

CADIET, Loïc.; NORMAND, Jacques; MEKKI, Soraya Amrani. *Théorie générale du procès*. Paris: Themis, 2010. Paris: Lexis Nexis, 2011.

CAHALI, Yussef. *Honorários advocatícios*. 4. ed. São Paulo: Revista dos Tribunais, 2011.

CALAMANDREI, Piero. *Direito processual civil*. Trad. Luiz Abezia e Sandra Drina Fernandes Barbery. São Paulo: Bookseller, 1999.

_____. Giustizia e politica: sentenza e sentimento. In: *Processo e democrazia*. Conferenze tenute alla Facoltà di diritto dell'Università Nazionale del Messico. Padova: Cedam, 1954.

_____. La cassazione civile. In: *Opere Giuridiche*. Napoli: Morano, 1976. v. VII.

CALMON DE PASSOS, J. J. Democracia, participação e processo. In: WATANABE, Kazuo. *Participação e processo*. São Paulo: Revista dos Tribunais, 1988.

_____. Instrumentalidade do processo e devido processo legal. *Repro*, São Paulo, v. 102, abr./jun. 2001.

CALMON, Petrônio. *Comentários à Lei de Informatização do Processo Judicial*. Rio de Janeiro: Forense, 2007a.

_____. *Fundamentos da mediação e da conciliação*. Rio de Janeiro: Forense, 2007b.

CÂMARA, Alexandre Freitas. A ampliação do colegiado em julgamentos não unânimes. *Revista de Processo*, v. 282, São Paulo: RT, p. 251-266, ago. 2018.

_____. *A nova execução de sentença*. Rio de Janeiro: Lumen Juris, 2006.

_____. *O novo processo civil brasileiro*. 3. ed. São Paulo: Atlas, 2017.

_____. Relativização da Coisa Julgada Material. In: DIDIER JR., Fredie (Org.). *Relativização da coisa julgada*. Salvador: JusPodivm, 2008.

CAMBI, Eduardo. *A prova civil, admissibilidade e relevância*. São Paulo: Revista dos Tribunais, 2006.

_____. *Direito constitucional à prova no processo civil*. São Paulo: Revista dos Tribunais, 2001.

_____. *Jurisdição no processo civil*: uma visão crítica. 4. reimpr. Curitiba: Juruá, 2008.

_____. Jurisprudência lotérica. *Revista dos Tribunais*. São Paulo: Revista dos Tribunais, ano 90, v. 786, p. 111, abr. 2001.

_____. *Neoconstitucionalismo e neoprocessualismo*: direitos fundamentais, políticas públicas e protagonismo judiciário. São Paulo: Revista dos Tribunais, 2010.

CAMBI, Eduardo; FOGAÇA, Mateus Vargas. Incidente de resolução de demandas repetitivas no novo Código de Processo Civil. *Revista de Processo*, v. 243, p. 334, maio 2015.

CANOTILHO, J. J. Gomes. *Direito constitucional e teoria da Constituição*. 3. ed. Coimbra: Almedina, 2000.

_____. *Direito constitucional e teoria da constituinte*. 7. ed. Coimbra: Almedina, 2003.

CAPONI, Remo. Autonomia privata e processo civile: gli accordi processuali. *Rivista Trimestrale di Diritto e Procedura Civile*, Numero speciale: accordi di parti e processo, Milano, Giuffrè, 2008.

_____. *Controversie transnazionali ed elementi di giusto processo*, texto disponibilizado no Congresso Mundial de Direito Processual, em 2011. Acesso via *site* do IBDP em: http://www.direitoprocessual.org.br.

_____. *Sulla distinzione tra cognizione piena e cognizione sommaria (in margine al nuovo procedimento ex art. 702-bis ss. c.p.c.)*. Disponível em: http://unifi.academia.edu. Acesso em: 23 maio 2011.

_____. *Un nuovo modello di trattazione a cognizione piena*: il procedimento sommario ex art. 702-bis c.p.c. Judicium. Disponível em: http://www.judicium.it. Acesso em: 1º jun. 2010.

CAPPELLETTI, Mauro. *Accès à la justice et état-providence*. Paris: Economica, 1984.

_____. Acesso à justiça e a função do jurista. *Revista de Processo – Repro*, São Paulo, ano 16, n. 61, p. 144-160, jan./mar. 1991.

_____. Aspectos sociales y políticos del procedimiento civil (reformas y tendencias evolutivas en la Europa occidental y oriental). In: *Proceso, ideologías, sociedad*. Traducción de Santiago Sentís Melendo y Tomás A. Banzhaf. Buenos Aires: EJEA, 1974. p. 33-90.

_____. *Dimensioni della Giustizia nelle società Contemporanee*. Bologna: Mulino, 1994.

_____. El principio dispositivo y sus principales manifestaciones. In: *El proceso civil en el derecho comparado*. Trad. Santiago Sentís Melendo. Buenos Aires: EJEA, 1973.

_____. Formações sociais e interesses coletivos diante da Justiça civil. *Revista de Processo*, São Paulo, v. 5, p. 128-159, 1977.

_____. Las garantías constitucionales de las partes en el proceso civil italiano. In: _____. *Proceso, ideologias, sociedad*. Trad. Santiago Sentís Melendo e Tomás A. Banzhaf. Buenos Aires: EJEA, 1974.

_____. O acesso à justiça como programa de reforma e método de pensamento. Trad. Hermes Zaneti Júnior. *Cadernos de Direito Processual. Revista do Programa de Pós-Graduação em Direito da Universidade Federal do Espírito Santo*, Vitória, ano 2, p. 375-393, 2008.

_____. *O controle judicial da constitucionalidade das leis no direito comparado*. 2. ed. Trad. Aroldo Plínio Gonçalves. Porto Alegre: Sergio Antonio Fabris, 1984.

_____. Problemas de reforma do processo civil nas sociedades contemporâneas. *Revista de Processo*, São Paulo, Revista dos Tribunais, v. 65, 1992.

_____. *Proceso, ideologias, sociedad*. Trad. Santiago Sentís Melendo e Tomás A. Banzhaf. Buenos Aires: EJEA, 1974.

CAPPELLETTI, Mauro; GARTH, Bryant. *Access to Justice*: The Worldwide Movement to Make Rights Effective – a General Report. Access to Justice: A World Survey. Milano: Giuffrè, 1978.

CAPPELLETTI, Mauro; GARTH, Bryant. *Acesso à Justiça*. Trad. Ellen Gracie Northfleet. Porto Alegre: Sergio Antonio Fabris, 1988.

CAPPELLETTI, Mauro; TALLON, Denis. *Les garanties fondamentales des parties dans le procès civil*. Milano: Giuffrè, 1973.

CARDOSO, Oscar Valente. Capítulos de sentença, coisa julgada progressiva e prazo para a ação rescisória: um novo capítulo. *Revista de Processo*, São Paulo: RT, p. 365-384, dez. 2018.

CARMONA, Carlos Alberto (Coord.). *Reflexões sobre a reforma do Código de Processo Civil*. São Paulo: Atlas, 2007.

CARNEIRO, Athos Gusmão. *Cumprimento da sentença civil*. Rio de Janeiro: Forense, 2007.

_____. *Intervenção de terceiros*. 13. ed. São Paulo: Saraiva, 2001a.

_____. *Jurisdição e competência*. 5. ed. São Paulo: Saraiva, 1993.

CARNEIRO, Paulo Cezar Pinheiro. A ética e os personagens do processo. *Revista Forense*, São Paulo, v. 358, p. 346-358, 2001.

_____. *Acesso à justiça*: Juizados Especiais Cíveis e ação civil pública: uma nova sistematização da teoria geral do processo. 2. ed. Rio de Janeiro: Forense, 2003.

_____. Breves notas sobre o incidente de resolução de demandas repetitivas. *Revista Eletrônica de Direito Processual*, ano 8, v. XIV, jul./dez. 2014.

_____. Comentários aos arts. 1º a 15. In: WAMBIER, Teresa Arruda Alvim et al. *Breves comentários ao novo Código de Processo Civil*. São Paulo: Revista dos Tribunais, 2015.

_____. Desconsideração da coisa julgada. Sentença inconstitucional. *Revista Forense*, Rio de Janeiro, separata, v. 384. p. 229-241.

_____. *Inventário e partilha*. Rio de Janeiro: GEN, 2019.

_____. *O Ministério Público no processo civil e penal*. Rio de Janeiro: Forense, 1995a.

_____; GRECO, Leonardo; PINHO, Humberto Dalla Bernardina de. *Inovações do Código de Processo Civil de 2015*. Rio de Janeiro: GZ, 2016.

_____; GRECO, Leonardo; PINHO, Humberto Dalla Bernardina de. *Direito intertemporal e o novo Código de Processo Civil*. Rio de Janeiro: GZ, 2017.

_____; PINHO, Humberto Dalla Bernardina de. *O novo Código de Processo Civil anotado e comparado*. Rio de Janeiro: Forense, 2015.

_____. *O novo processo civil brasileiro*. Rio de Janeiro: Forense, 2019a.

CARNELUTTI, Francesco. *Diritto e processo*. Napoli: Morano, 1958.

_____. *Instituciones de proceso civil*. Trad. Santiago Sentís Melendo. Buenos Aires: Europa-América, 1989. v. 1.

_____. *Instituições de processo civil*. Trad. Adrián Sotero de Witt Batista. Campinas: Servanda, 1999.

_____. *La prova civile*. Milano: Giuffrè, 1992.

_____. *Lezioni di diritto processuale civile*, II, Pádua, 1933.

CARPES, Artur. *Ônus dinâmico da prova*. Porto Alegre: Livraria do Advogado, 2010.

CARPI, Federico. Dal riconoscimento delle decisioni all'esecuzione automatica. *Rivista di Diritto Processuale,* Bologna, v. II, Cedam, Serie II, n. 60, 2005.

CARVALHO, Fabiano. *Breves comentários ao Novo Código de Processo Civil*. São Paulo: Revista dos Tribunais, 2016.

CASTANHEIRA NEVES, Antônio. O poder judicial (a jurisdição), o direito e o Estado de Direito. *Revista Brasileira de Direito Comparado*, Rio de Janeiro, n. 37, p. 35-65, jul./dez. 2009.

CASTRO, Daniel Penteado de. Questões polêmicas sobre o julgamento por amostragem do recurso especial repetitivo. *Revista de Processo*, v. 206, p. 79, abr. 2012.

CAVACO, Bruno de Sá Barcelos. *Desjudicialização de conflitos e democracia processual: um convite à participação procedimental e ao protagonismo do cidadão na pós-modernidade*. Dissertação de mestrado. UERJ. Faculdade de Direito. 2016.

CAVALCANTI, Marcos de Araújo. *Incidente de Resolução de Demandas Repetitivas (IRDR)*. São Paulo: Revista dos Tribunais, 2016.

CHASE, Oscar G. American "Exceptionalism" and Comparative Procedure. *American Journal of Comparative Law*, American Society of Comparative Law, Inc., 2002.

_____. Culture and Disputing. *Tulane Journal of International and Comparative Law*, v. 7, p. 81, Spring 1999.

_____. *Law, Culture and Ritual*. New York: New York University Press, 2005.

CHASE, Oscar; HERSHKOFF, Helen; SILBERMAN, Linda; TANIGUCHI, Yasuhei; VARANO, Vincenzo; ZUCKERMAN, Adrian. *Civil Litigation in Comparative Context*. Saint Paul: Thomson West, 2007.

CHIARLONI, Sergio. Efficacia del precedente giudiziario e tipologia dei contrasti di giurisprudenza. *Revista de Processo*, São Paulo: Revista dos Tribunais, v. 229, p. 412, mar./2014.

_____. Giusto Processo (Diritto Processuale Civile). *Revista de Processo*, v. 219, maio 2013.

_____. La giustizia civile e i suoi paradossi. *Revista Eletrônica de Direito Processual*, ano 8, v. XIV, p. 603-690, jul./dez. 2014.

_____. Prime riflessioni sullo schema di decreto legislativo di attuazione della delega in materia di mediazione. Disponível em: www.ilcaso.it. Acesso em: 25 jan. 2012.

CHIOVENDA, Giuseppe. *Instituições de direito processual civil*. Trad. Paolo Capitanio. Campinas: Bookseller, 1998.

_____. *Principii di diritto processuale civile*. Milano: Jovene, 1965.

_____. *Saggi di diritto processuale civile*. Milano: Giuffrè, 1993.

CINTRA, Antonio Carlos de Araújo; GRINOVER, Ada Pellegrini; DINAMARCO, Cândido Rangel. *Teoria geral do processo*. 25. ed. São Paulo: Malheiros, 2009.

CIPRIANI, Franco. *Il processo civile nello Stato Democratico – saggi*. Napoli: Edizioni Scientifiche Italiane, 2006.

CLÁPIS, Flávia Maria de Morais Geraigire. *Desconsideração da personalidade jurídica*. Dissertação (Mestrado em Direito Comercial) – Pontifícia Universidade Católica de São Paulo, São Paulo, 2006.

CLEMENTINO, Edilberto Barbosa. *Processo judicial eletrônico*. Curitiba: Juruá, 2007.

COELHO, Fábio Ulhoa. *Curso de direito comercial*: direito de empresa. 15. ed. São Paulo: Saraiva, 2011. v. 2.

_____. *O empresário e os direitos do consumidor*: o cálculo empresarial na interpretação do Código de Defesa do Consumidor. São Paulo: Saraiva, 1994.

COLE, Charles D. Precedente judicial – A experiência americana. *Revista de Processo*, São Paulo: Revista dos Tribunais, ano 23, n. 92, 1998.

COMASSETTO, Míriam Saccol. *A função notarial como forma de prevenção de litígios*. Porto Alegre: Norton, 2002.

COMOGLIO, Luigi Paolo. Garanzie costituzionali e "giusto processo" (modelli a confronto). *Revista de Processo*, São Paulo, v. 90, p. 95-148, abr./jun. 1998.

_____. Garanzie minime del "giusto processo" civile negli ordinamenti ispano-latinoamericani. *Revista de Processo*, São Paulo, v. 112, p. 159-176, out./dez. 2003.

_____. Mezzi alternativi di tutela e garanzie costituzionali. *Revista de Processo*, São Paulo, v. 99, p. 249-293.

COMOGLIO, Luigi Paolo; FERRI, Corrado; TARUFFO Michele. *Lezioni sul processo civile*. 2. ed. Bologna: Il Mulino, 1998.

CONTE, Francesco. *Sobre a motivação da sentença no processo civil*: Estado constitucional democrático de direito, discurso justificativo e legitimação do exercício da jurisdição. Rio de Janeiro: Espaço Jurídico, 2016.

CÔRTES, Osmar Mendes Paixão. A objetivação do processo e o ativismo judicial no contexto do pós-positivismo. *Revista de Processo*, São Paulo: Revista dos Tribunais, v. 251, p. 323, jan. 2016.

_____. A reclamação no novo CPC – fim das limitações impostas pelos Tribunais Superiores ao cabimento? Repro, São Paulo, Revista dos Tribunais, v. 244, p. 347-358, jun. 2015.

_____. *Natureza e efeitos da decisão em recurso repetitivo – uma tentativa de sistematizar a observância à tese firmada na decisão paradigma*. Monografia de Pós-doutoramento apresentada ao Programa de Pós-Graduação da Faculdade de Direito da UERJ, em junho de 2017.

_____. O artigo 1.034 do atual Código de Processo Civil e a "causa de pedir aberta" no recurso extraordinário. *Revista de Processo*, v. 282, São Paulo: RT, p. 335-349, ago. 2018.

_____. O cabimento da ação rescisória para fazer cumprir decisão em recurso repetitivo: observância ao padrão decisório. *Revista de Processo*, São Paulo: RT, v. 284, p. 295-316, out. 2018.

_____. Recurso extraordinário: da Constituição Federal de 1988 ao atual CPC. *Revista de Processo*, v. 289, São Paulo: RT, p. 21-45, mar. 2019.

_____. *Recursos para os Tribunais Superiores*. 4. ed. Brasília: Gazeta Jurídica, 2017.

_____. A relevância da questão de direito federal no recurso especial será um filtro individual? Disponível em: https://www.migalhas.com.br/depeso/369961/a-relevancia-da-questao-de-direito-federal-no-recurso-especial. Acesso eem: 17 jul. 2022.

COSTA, Eduardo José da Fonseca. Comentário ao artigo 304. In: STRECK, Lenio Luiz et al. (Orgs.). *Comentários ao Código de Processo Civil*. São Paulo: Saraiva, 2016.

COUTO, Mônica Bonetti. Objetivação do recurso extraordinário: notável tendência? *Revista Dialética de Direito Processual*, n. 83, fev. 2010.

COUTURE, Eduardo J. *Interpretação das leis processuais*. Trad. Gilda Maciel Corrêa Meyer Russomano. 4. ed. Rio de Janeiro: Forense, 1994.

_____. *Introdução ao estudo do processo civil*. Trad. Mozart Victor Russomano. 3. ed. Rio de Janeiro: Forense, 1997.

CRAVER, Charles B. *Effective legal negotiation and settlement*. New York: Lexis, 2001.

_____. *Fundamentos principiológicos do processo civil*. Rio de Janeiro: Forense, 2002.

CRETELLA NETO, José. *Fundamentos principiológicos do processo civil*. Rio de Janeiro: Forense, 2002.

CROSS, Rupert; HARRIS, J. W. *Precedent in English Law*. 4. ed. Oxford: Clarendon Press, 1991.

CUEVA, Ricardo Villas Bôas. Técnica de julgamento dos recursos repetitivos e a constitucionalidade das decisões vinculativas e outras novidades do NCPC. *Revista de Processo*, v. 257, jul. 2016.

CUNHA, Alcides Munhoz da. Evolução das ações coletivas no Brasil. *Revista de Processo*, São Paulo, n. 77, p. 224-235, 1995.

CUNHA, Leonardo Carneiro da. *A atendibilidade dos fatos supervenientes no processo civil*: uma análise comparativa entre o sistema português e o brasileiro. Coimbra: Almedina, 2012.

_____. *A Fazenda Pública em juízo*. 7. ed. São Paulo: Dialética, 2009.

_____. Anotações sobre o Incidente de Resolução de Demandas Repetitivas Previsto no Projeto do Novo Código de Processo Civil. *RePro*, v. 193, mar. 2011.

_____. Negócios jurídicos processuais no direito brasileiro. Disponível em: https://www.academia.edu/10270224. Acesso em: 17 abr. 2015.

_____. O regime processual das causas repetitivas. *Revista de Processo*, São Paulo, ano 35, n. 179, jan. 2010.

CUNHA, Luciana Gross; GABBAY, Daniela Monteiro (Coords.). *Litigiosidade, morosidade e litigância repetitiva*: uma análise empírica. São Paulo: Saraiva, 2013.

CURY, Cesar Felipe; MELO, Daniela Muniz Bezerra de. *Manual de Justiça Multiportas*. Rio de Janeiro: Lumen Juris, 2024

DALL'AGNOL JR., Antonio Janyr. Distribuição dinâmica dos ônus probatórios. *Revista dos Tribunais*, São Paulo: Revista dos Tribunais, n. 788, jun. 2001.

DALLARI, Dalmo de Abreu. *O poder dos juízes*. 3. ed. São Paulo: Saraiva, 2008.

DAMASKA, Mirjan R. *The Faces of Justice and State Authority*. New Haven: Yale, 1991.

D'AMELIO, Mariano. La vocazione del XX secolo alla codificazione. In: *Nuova antologia*, 1937.

DANTAS, Bruno. *Repercussão geral*. 2. ed. São Paulo: Revista dos Tribunais, 2009.

_____. *Repercussão geral*: perspectivas histórica, dogmática e de direito comparado; Questões processuais. 3. ed. São Paulo: Revista dos Tribunais, 2012.

_____. *Teoria dos recursos repetitivos*: tutela pluri-individual nos recursos dirigidos ao STF e STJ (arts. 543-B e 543-C do CPC). São Paulo: Revista dos Tribunais, 2015.

DANTAS, Bruno; WAMBIER, Teresa Arruda Alvim. *Recurso especial, recurso extraordinário e a nova função dos Tribunais Superiores no Direito Brasileiro*. 3. ed. rev., atual. e ampl. São Paulo: Revista dos Tribunais, 2016.

DANTAS, Marcelo Navarro Ribeiro. *Reclamação constitucional no direito brasileiro*. Porto Alegre: Sergio Antonio Fabris Editor, 2000.

DELGADO, José Augusto. Reflexões contemporâneas sobre a flexibilização, revisão e relativização da coisa julgada quando a sentença fere postulados e princípios explícitos e implícitos da Constituição Federal. Manifestações doutrinárias. In: NASCIMENTO, Carlos Valder do; DELGADO, José Augusto (Orgs.). *Coisa julgada inconstitucional*. Belo Horizonte: Fórum, 2006.

DEMO, Roberto Luis Luchi. O resgate da súmula pelo Supremo Tribunal Federal. *Revista do Conselho da Justiça Federal*, Brasília, n. 24, p. 80-86, 2004.

DENTI, Vittorio. I procedimenti non giudiziali di conciliazione come istitucioni alternative, *Rivista di Diritto Procesuale*, p. 410 e s., 1980.

DEUTSCH, Morton. A resolução do conflito: processos construtivos e destrutivos. Trad. Arthur Coimbra de Oliveira. In: AZEVEDO, André Gomma de. *Estudos em arbitragem, mediação e negociação*. Brasília: Grupos de Pesquisa, 2004.

DIDIER JR., Fredie. *Curso de direito processual civil*. 12. ed. Salvador: JusPodivm, 2015. v. 1.

_____. *Curso de direito processual civil*. 12. ed. Salvador: JusPodivm, 2015. v. 2.

_____. *Relativização da coisa julgada*. 2. ed. Salvador: JusPodivm, 2006.

DIDIER JR., Fredie; CUNHA, Leonardo Carneiro da. Ação rescisória e a ação de invalidação de atos processuais previstas no art. 966, § 4º, do CPC. *Revista de Processo*, v. 252, p. 231-241, fev. 2016.

DIDIER JR., Fredie; CUNHA, Leonardo Carneiro da. Agravo de instrumento contra decisão que versa sobre competência e a decisão que nega eficácia a negócio jurídico processual na fase de conhecimento. *Revista de Processo*, São Paulo, v. 242, RT, p. 4, 2015.

DIDIER JR., Fredie; GODINHO, Robson Renault. Questões atuais sobre as posições do Ministério Público no processo civil brasileiro. *Revista de Processo*, v. 237, nov. 2014.

DIDIER JR., Fredie; ZANETI JR., Hermes. Ações coletivas e o incidente de julgamento de casos repetitivos – espécies de processo coletivo no direito brasileiro: aproximações e distinções. *Revista de Processo*, v. 256, p. 214, jun. 2016.

DINAMARCO, Cândido Rangel. *A instrumentalidade do processo*. 14. ed. São Paulo: Malheiros, 2009a.

_____. A reclamação no processo civil brasileiro. *Revista Forense*, São Paulo, v. 366, p. 9-15, mar./abr. 2003.

_____. *Instituições de direito processual civil*. São Paulo: Malheiros, 2001b. v. 1.

_____. *Instituições de direito processual civil*. 2. ed. São Paulo: Malheiros, 2002a. v. 2.

_____. *Instituições de direito processual civil*. São Paulo: Malheiros, 2009b. v. 3.

_____. *Intervenção de terceiros*. São Paulo: Malheiros, 1997a.

_____. *Litisconsórcio*. 6. ed. São Paulo: Malheiros, 2001c.

_____. *Nova era do processo civil*. São Paulo: Malheiros, 2003.

_____. BADARÓ, Gustavo Henrique Righi Ivahy; LOPES, Bruno Vasconcelos Carrilho. *Teoria geral do processo*. 35. ed. São Paulo: Malheiros, 2024.

_____. WATANABE, Kazuo (Coords.). *Participação e processo*. São Paulo: Revista dos Tribunais, 1988.

DUARTE, Antonio Aurelio Abi Ramia. *Flexibilização procedimental nos juizados especiais estaduais*. Rio de Janeiro: JC, 2014.

_____. *Ética e comportamento das partes no novo processo civil brasileiro*. Salvador: JusPodivm, 2020.

_____; BRASIL, Maria Eduarda de Oliveira. *O desafio de uniformizar a jurisprudência e o papel do Código de Processo Civil de 2015*: novos desafios. Disponível em: http://www.tjrj.jus.br/documents/10136/1186838/O-desafio-de-uniformizar-a-jurispud%C3%AAncia-e-o-novo-cpc-via+final.pdf. Acesso em: 10 nov. 2018.

FADEL, Sergio Sahione. *Código de Processo Civil comentado*. 6. ed. Rio de Janeiro: Forense, 1986.

FAIRCHILD, Thomas E. Limitation of New Judge-Made Law to Prospective Effect Only: "Prospective Overruling" or Sunbursting. *Marquette Law Review*, 1968, v. 51. Disponível em: http://scholarship.law.marquette.edu/mulr/vol51/iss3/3.

FARIA, José Eduardo. *Justiça e conflito*: os juízes em face dos novos movimentos sociais. 2. ed. São Paulo: Revista dos Tribunais, 1982.

FARIA, Márcio Carvalho. A jurisprudência defensiva dos Tribunais Superiores e a ratificação necessária (?) de alguns recursos excepcionais. *RePro,* São Paulo, Revista dos Tribunais, v. 167, 2009.

_____. O formalismo exacerbado quanto ao preenchimento de guias de preparo: ainda a jurisprudência defensiva dos Tribunais Superiores. *Revista de Processo*, São Paulo, Revista dos Tribunais, n. 193, mar. 2011.

FAZZALARI, Elio. *Istituzioni di diritto processuale*. 4. ed. Padova: Cedam, 1986.

_____. *Istituzioni di diritto processuale*. 8. ed. Padova: Cedam, 1996.

_____. Mondializzazione, politica, diritto. *Rivista Trimestrale di Diritto e Procedura Civile*, Milano, Giuffrè, p. 681 e s., 2000.

FERRAJOLI, Luigi. *Direito e razão*: teoria geral do garantismo penal. São Paulo: Revista dos Tribunais, 2002.

FERRARESE, Maria Rosaria. *Il diritto al presente. Globalizzazione e tempo delle istituzioni*. Bologna: Il Mulino, 2002.

FERRAZ JR., Tercio Sampaio. *Introdução ao estudo do direito*: técnica, decisão, dominação. São Paulo: Atlas, 1991.

FERREIRA FILHO, Manoel Gonçalves. *Curso de direito constitucional*. 35. ed. São Paulo: Saraiva, 2009.

_____. Os conflitos como processo de mudança social. *Revista de Direito Administrativo*, n. 219, p. 219-227, jan./mar. 2000.

FERREIRA, Ana Amélia Menna Barreto de Castro. Roteiro da Lei n. 11.419/2006: processo judicial informatizado. Disponível em: www.migalhas.com.br. Acesso em: 10 fev. 2007.

FERREIRA, Carlos Renato de Azevedo. Exceção de pré-executividade. *Revista dos Tribunais*, n. 657, jul. 1990.

FERREIRA, Sérgio de Andréa. *Princípios institucionais do Ministério Público*. 4. ed. Rio de Janeiro: [s.n], 1996.

FERREIRA, Sérgio de Andréa; FERREIRA, Fernando Galvão de Andréa. Questões atuais sobre a transação penal. In: _____ (Orgs.). *O centenário do imortal Roberto Lyra*. Rio de Janeiro: De Andréa Ferreira & Morgado, 2002.

FERREIRA, Willian Santos. Comentário ao capítulo XII – Das provas. In: WAMBIER, Teresa Arruda Alvim; DIDIER JR., Fredie; TALAMINI, Eduardo; DANTAS, Bruno (Coords.). *Breves comentários ao novo Código de Processo Civil*. São Paulo: Revista dos Tribunais, 2015. p. 991-1025.

FIGUEIRA JR., Joel Dias. *Arbitragem, jurisdição e execução*: análise crítica da Lei n. 9.307, de 23-9-1996. 2. ed. São Paulo: Revista dos Tribunais, 1999.

FINE, Toni Jaeger. O uso do precedente e o papel do princípio do *stare decisis* no sistema legal norte-americano. *Revista dos Tribunais,* ano 89, v. 782, dez. 2000.

_____. Stare decisis and the binding nature of precedent in the United States of America. In: MOURA, Solange Ferreira de; PINHO, Humberto Dalla Bernardina de. *Coletânea de artigos científicos*: celebração ao XIV Intercâmbio dos cursos de Direito da Estácio. Santa Cruz do Sul: Essere nel mondo, 2014.

FISCHER, Roger; URY, William. *Getting to yes*: negotiating agreement without giving in. Boston: Houghton Mifflin, 1981.

FISS, Owen. Against settlement. *Yale Law Journal*, v. 93, p. 1073-1090, 1984.

_____. Contra o acordo. In: _____. *Um novo processo civil*. Trad. Carlos Alberto de Salles. São Paulo: Revista dos Tribunais, 2004b. p. 121-145.

_____. The Forms of Justice. 93 *Harvard Law Review* 1, 1979.

_____. The Social and Political Foundations of Adjudication. *Law and Human Behavior*, v. 6, n. 2, p. 121-128, 1982.

_____. *Um novo processo civil*: estudos norte-americanos sobre jurisdição, Constituição e sociedade. Trad. Carlos Alberto de Salles. São Paulo: Revista dos Tribunais, 2004a.

FONSECA, Marina Silva. *Desenvolvimento processual da desconsideração da personalidade jurídica*. Monografia – Faculdade de Direito da UERJ, 2012, sob a orientação de Humberto Dalla Bernardina de Pinho.

FONSECA, Rodrigo Garcia da. Reflexões sobre a sentença arbitral. *Revista de Mediação e Arbitragem*, São Paulo, Revista dos Tribunais, v. 6, p. 40-74, jul./set. 2005.

FONSECA PASSOS, Carlos Eduardo Rosa da. Ainda os litisconsórcios necessário e unitário. *Revista da EMERJ*, v. 5, n. 19, 2002. Disponível em: http://www.emerj.tjrj.jus.br/revistaemerj_online/edicoes/revista19/revista19_96.pdf. Acesso em: 30 jun. 2019.

FONTANA, Cristina. La circolazione delle decisioni in materia civile e comerciale: dalla convenzione di Bruxelles al regolamento comunitario, *Rivista Trimestrale di Diritto e Procedura Civile*, ano 2003, p. 263 e s.

FORNACIARI JR., Clito. A sobrevivência da exceção de pré-executividade. *Revista do Advogado*, São Paulo, n. 92, jul. 2007.

FRAZÃO, Ana. A importância da análise de consequências para a regulação jurídica. Jota, 12 jun. 2019. Disponível em: https://www.jota.info/opiniao-e-analise/colunas/constituicao-empresa-e-mercado/a-importancia-da-analise-de-consequencias-para-a-regulacao-juridica-parte-iii-12062019. Acesso em: 28 fev. 2022.

FREDERICO MARQUES, José. *Manual de direito processual civil*. Campinas: Bookseller, 1997. v. 4.

FREEMANN, Michael. *Alternative dispute resolution*. New York: University Press, 1984.

FREIRE, Rodrigo da Cunha Lima et al. *Reforma do CPC*. São Paulo: Revista dos Tribunais, 2006.

FREITAS, Juarez. *A interpretação sistemática do direito*. 4. ed. São Paulo: Malheiros, 2004.

FRIEDMAN, Lawrence. One world: notes on the emerging legal order. In: LIKOSKY, Michael (Org.). *Transnational Legal Processes*: Globalisation and Power Disparities. Trowbridge: Butterworths Lexis Nexis, 2002.

FULLER, Lon. Mediation: its forms and functions. *Southern California Law Review*, v. 44, p. 305-339, 1971.

_____. The forms and limits of adjudication. *Harvard Law Review*, v. 353, 1978.

FUNKEN, Katja. *The Best of Both Worlds – The Trend Towards Convergence of the Civil Law and the Common Law System*. Disponível em: http://www.jurawelt.com/sunrise/media/mediafiles/13598/convergence.pdf. Acesso em: 8 set. 2012.

FUX, Luiz. *O novo processo civil brasileiro: direito em expectativa*. Rio de Janeiro: Forense, 2011.

_____. A tutela dos direitos evidentes. *Jurisprudência do Superior Tribunal de Justiça*, Brasília, ano 2, n. 16, p. 23-43, abr. 2000.

_____. *Intervenção de terceiros (aspectos do instituto)*. Rio de Janeiro: Forense, 1998a.

_____. *O novo processo civil brasileiro (direito em expectativa)*: reflexões acerca do projeto do novo Código de Processo Civil. BARBOSA, Andrea Carla et al.; Fux, Luiz (Coord.). Rio de Janeiro: Forense, 2011.

_____. *Processo civil contemporâneo*. Rio de Janeiro: Forense, 2019a.

_____. *Teoria geral do processo civil*. 3. ed. Rio de Janeiro: Forense, 2019.

_____. *Tutela de segurança e tutela de evidência*. São Paulo: Saraiva, 1996.

_____; *Curso de Direito Processual Civil*. 5. ed. Rio de Janeiro: Forense, 2022.

_____; BODART, Bruno. *Processo civil e análise econômica*. Rio de Janeiro: Forense, 2019.

_____; FUX, Rodrigo. Comentários aos artigos 113 a 118. In: WAMBIER, Teresa Arruda Alvim et al. *Breves comentários ao novo Código de Processo Civil*. São Paulo: Revista dos Tribunais, 2015.

_____; MELO, Marco Aurélio Bezerra de.; PINHO, Humberto Dalla Bernardina de. (org.). *As inovações tecnológicas no direito: o impacto nos diferentes ramos*. Londrina: Thoth, 2023.

FUX, Rodrigo. A evolução da análise econômica do Direito no Brasil. 6 nov. 2018. Disponível em: https://www.editorajc.com.br/a-evolucao-da-analise-economicado-direito-no-brasil/.

GABRIEL, Anderson Paiva. *O Pragmatismo como paradigma do Direito Processual Penal contemporâneo*: tecnologia, consenso e *whistleblowing*. Tese de Doutorado. Orientador: Luiz Fux. Co-orientador: Humberto Dalla. UERJ. 2022.

_____. O Pragmatismo como paradigma jurisdicional contemporâneo. In: FUX, Luiz; FUX, Rodrigo; PEPE, Rafael Gaia (Org.). *Temas de Análise Econômica do Direito Processual*. Rio de Janeiro: GZ, 2021. p. 99-136.

GAGLIANO, Pablo Stolze. A nova emenda do divórcio. Primeiras reflexões. *Jus Navigandi*, Teresina, ano 15, n. 2.568, 13 jul. 2010. Disponível em: http://jus.com.br/revista/texto/16969/a-nova-emenda-do-divorcio. Acesso em: 22 nov. 2011.

GAIO JR., Antonio. Incidente de resolução de demandas repetitivas no Projeto do Novo CPC. Breves apontamentos. *Revista de Processo*, v. 199, p. 247, set. 2011.

_____; JOBIM, Marco Félix. *Teorias do processo*: dos clássicos aos contemporâneos. Londrina: Thoth, 2019. v. I.

GAJARDONI, Fernando da Fonseca. *Flexibilização procedimental*: um novo enfoque para o estudo do procedimento em matéria processual. São Paulo: Atlas, 2008.

_____. O princípio constitucional da tutela jurisdicional sem dilações indevidas e o julgamento antecipadíssimo da lide (artigo 285-A do CPC). In: SALLES, Carlos Alberto de (Coord.). *As grandes transformações do processo civil brasileiro*: homenagem ao Professor Kazuo Watanabe. São Paulo: Quartier Latin, 2009. p. 995-1030.

GIDI, Antonio; TESHEINER, José Maria Rosa; PRATES, Marília Zanella. Limites objetivos da coisa julgada no Projeto de Código de Processo Civil. Reflexões inspiradas na experiência norte-americana. *Revista de Processo*, v. 194, abr. 2011.

GODINHO, Robson. A autonomia das partes e os poderes do juiz entre o privatismo e o publicismo do processo civil brasileiro. *Revista do Ministério Público do Estado do Rio de Janeiro*, edição comemorativa, fascículo 2, 2015, p. 88-123. Disponível em: http://www.mprj.mp.br/consulta-juridica/revista-do-mp. Acesso em: 22 jan. 2016.

_____. *Convenções sobre o ônus da prova*: estudo sobre a divisão de trabalho entre as partes e os juízes no processo civil brasileiro. 2013. 259 f. Tese (Doutorado em Direito Processual Civil) – Pontifícia Universidade Católica de São Paulo, São Paulo, 2013.

GOÉS, Gisele Santos Fernandes. Reclamação constitucional. In: DIDIER JR., Fredie (Org.). *Ações constitucionais*. 2. ed., rev. e atual. Salvador: JusPodivm, 2007.

GOLDBERG, Stephen B.; SANDER, Frank E. A.; ROGERS, Nancy H. *Dispute resolution*: negotiation, mediation, and other processes. New York: Aspen, 1999.

GOMES, Décio Alonso. *(Des)Aceleração processual*. Abordagens sobre dromologia na busca do tempo razoável do processo penal. Rio de Janeiro: Lumen Juris, 2007.

GOMES JUNIOR. Luiz Manoel. A argüição de relevância: a repercussão geral das questões constitucional e federal. Rio de Janeiro, Forense, 2001.

GONÇALVES, Aroldo Plínio. *Técnica processual e teoria do processo*. Rio de Janeiro: Aide, 1992.

GONÇALVES, Carlos Roberto. *Direito civil brasileiro*. São Paulo: Saraiva, 2004. v. 2.

GONÇALVES, Marcelo Barbi. O incidente de resolução de demandas repetitivas e a magistratura deitada. *Revista de Processo*, v. 222, ago. 2013.

GOUVÊA, Luís Felipe Espindola. A inconstitucionalidade das novas hipóteses de reclamação previstas no novo Código de Processo Civil. *Revista de Processo*, São Paulo: Revista dos Tribunais, v. 253, p. 257-270, mar. 2016.

GRECO FILHO, Vicente. *Da intervenção de terceiros*. 3. ed. São Paulo: Saraiva, 1991.

_____. *Direito processual civil brasileiro*. 19. ed. São Paulo: Saraiva, 2007. v. 1.

GRECO, Leonardo. A prova no processo civil: do Código de 1973 ao novo Código Civil. *Revista Forense*, Rio de Janeiro, v. 100, n. 374, p. 183-199, jul./ago. 2004a.

_____. A prova no processo civil: do Código de 1973 ao novo Código Civil. *Revista Scientia Iuris*, v. 5, 2001. Disponível em: http://www.uel.br/revistas/uel/index.php/iuris/article/view/11161. Acesso em: 22 maio 2013.

_____. *A teoria da ação no processo civil*. São Paulo: Dialética, 2003b.

_____. A tutela da urgência e a tutela da evidência no Código de Processo Civil de 2014/2015. *Revista Eletrônica de Direito Processual*, ano 8, v. XIV, p. 296-330, jul./dez. 2014.

_____. Eficácia da declaração *erga omnes* de constitucionalidade ou inconstitucionalidade em relação à coisa julgada anterior. In: DIDIER JR., Fredie (Org.). *Relativização da coisa julgada*. 2. ed. 2. tir. Salvador: JusPodivm, 2008. p. 251-285.

_____. *Estudos de direito processual*. Campos dos Goytacazes: Ed. Faculdade de Direito de Campos, [s.d]. (Coleção José do Patrocínio).

_____. *Instituições de direito processual civil*. 5. ed. Rio de Janeiro: Forense, 2015.

_____. *Jurisdição voluntária moderna*. São Paulo: Dialética, 2003.

_____. Limitações probatórias no processo civil. *Revista Eletrônica de Direito Processual*, ano 3, v. IV, jul./dez. 2009. p. 4-28. Disponível em: http://www.redp.com.br/. Acesso em: 15 fev. 2011.

_____. *O acesso ao direito e à Justiça*. Disponível em: http://www.mundojuridico.adv.br. Acesso em: 13 dez. 2004b.

_____. O processo eletrônico. In: GRECO, Marco Aurélio; MARTINS, Ives Gandra da Silva. *Direito e internet*: relações jurídicas na sociedade informatizada. São Paulo: Revista dos Tribunais, 2001.

_____. O saneamento do processo e o Projeto de Novo Código de Processo Civil. *Revista Eletrônica de Direito Processual*, ano 5, v. 8, jul./dez. 2011. Disponível em: http://www.redp.com.br.

_____. Os atos de disposição processual: primeiras reflexões. *Revista Eletrônica de Direito Processual*, Rio de Janeiro, v. 1, 2007.

_____. Publicismo e privatismo no processo civil. *Revista de Processo*, São Paulo, n. 164, p. 29-56, out. 2008.

_____. *Translatio iudicii* e reassunção do processo, *Repro*, São Paulo, n. 166, p. 9-26, dez. 2008.

GREGER, Reinhard; KOCHEM, Ronaldo (Trad.). Cooperação como princípio processual. *Revista de Processo*, São Paulo, v. 37, n. 206, p. 123-134, abr. 2012.

GRINOVER, Ada Pellegrini et al. *Código brasileiro de Defesa do Consumidor comentado*. 6. ed. Rio de Janeiro: Forense Universitária, 1999.

_____. A conciliação extrajudicial no quadro participativo. In: _____. *Novas tendências do direito processual*. São Paulo: Revista dos Tribunais, 1988.

_____. As provas ilícitas na Constituição. In: _____. *O processo em evolução*. 2. ed. Rio de Janeiro: Forense Universitária, 1998.

_____. Da coisa julgada no Código de Defesa do Consumidor. *Revista do Advogado*, São Paulo, n. 33, p. 5-15, 1990.

_____. Prova emprestada. *Revista Brasileira de Ciências Criminais*, v. 4, p. 60-69, out./dez. 1993.

_____. Significado social, político e jurídico da tutela dos interesses difusos. *Revista de Processo*, São Paulo, v. 97, p. 9-15, 2000.

GRINOVER, Ada Pellegrini; DINAMARCO, Cândido; CINTRA, Antônio Carlos de Araújo. *Teoria geral do processo*. 20. ed. São Paulo: Malheiros, 2004.

GRINOVER, Ada Pellegrini; GRECO, Leonardo. A prova no processo civil: do Código de 1973 ao novo Código Civil. *Revista Forense*, Rio de Janeiro, v. 100, n. 374, jul./ago. 2004.

GROSS, Marco Eugênio. A colaboração processual como produto do Estado Constitucional e as suas relações com a segurança jurídica, a verdade e a motivação da sentença. *Revista de Processo*, v. 226, dez. 2013.

GUASP, Jaime. *Derecho procesal civil*. 2. ed. Madrid: Instituto de Estudios Políticos, 1961.

GUERRA FILHO, Willis Santiago. Jurisdição voluntária estudada pela Teoria Geral do Processo. *Revista do Processo*, São Paulo, v. 18, n. 69, p. 31, 1993.

GUIMARÃES JR., João Lopes. Ministério Público: proposta para uma nova postura no processo civil. In: FERRAZ, Antonio Augusto Mello de Camargo (Coord.). *Ministério Público*: instituição e processo. São Paulo: Atlas, 1997.

GUINCHARD, Serge; CHAINAIS, Cécile; DELICOSTOPOULOS, Constantin S.; DELICOSTOPOULOS, Ioannis S.; DOUCHY-OUDOT, Mélina; FERRAND, Frédérique; LAGARDE, Xavier; MAGNIER, Véronique; FABRI, Hélène Ruiz; SINOPOLI, Laurence; SOREL, Jean-Marc. In: GUINCHARD, Serge (Org.). *Droit Processuel. Droits fondamentaux du procès*. 6. ed. Paris: Dalloz, 2011.

GUSMÁN, Alejandro. La función jurisdiccional en las concepciones clásica, moderna y contemporánea. In:_____. *La función judicial*. Buenos Aires: Depalma, 1981.

HABERMAS, Jürgen. *Direito e democracia*: entre facticidade e validade. Trad. Flávio Beno Siebeneichler. Rio de Janeiro: Tempo Brasileiro, 1997. v. 1.

HARTMANN, Rodolfo Kronemberg. *Curso completo do novo processo civil*. 4. ed. Niterói: Impetus, 2016.

HAZARD JR., Geoffrey; LEUBSDORF, John. *Civil Procedure*. Boston: Little, Brown and Company, 1992.

HAZARD JR., Geoffrey; TARUFFO, Michele. *American Civil Procedure, an introduction*. New Haven: Yale Press, 1993.

HAZARD, Geoffrey C.; TARUFFO, Michele; STURNER, Rolf; GIDI, Antônio. Principles and rules of Transnational Civil Procedure: Introduction to the principles and rules of Transnational Civil Procedure. *New York University Journal of International Law and Politics*, New York, v. 31, 2001.

HENSLER, Deborah R. et al. *Class action dilemmas*. Santa Monica: Rand, 2000.

HERTEL, Daniel Roberto. Reflexos do princípio da isonomia no direito processual. *Jus Navigandi*, Teresina, n. 761, 4 ago. 2005. Disponível em: http://jus2.uol.com.br/doutrina/texto.asp?id=7112. Acesso em: 2 out. 2010.

HESPANHA, Antonio Manuel. *O caleidoscópio do direito*. 2. ed. Coimbra: Almedina, 2009.

HILL, Flávia Pereira. *A antecipação da tutela no processo de homologação de sentença estrangeira*. Rio de Janeiro: GZ Editora, 2010.

_____. A desjudicialização do procedimento de registro tardio de nascimento. Inovações trazidas pela lei federal n. 11.790/08. *Revista Eletrônica de Direito Processual*, Rio de Janeiro, v. II, p. 123-133, 2008. Disponível em: http://www.e-publicacoes.uerj.br/index.php/redp/index. Acesso em: 29 maio 2015.

_____. A nova lei de mediação italiana. *Revista Eletrônica de Direito Processual*, v. VI. p. 294-321. Disponível em: http://www.redp.com.br. Acesso em: 13 set. 2011.

_____. Novas perspectivas sobre a litispendência internacional. *Revista Eletrônica de Direito Processual – REDP*, v. 12, p. 163-192. Disponível em: http://www.e-publicacoes.uerj.br/index.php/redp/article/view/8676/6552.

_____. *O direito processual transnacional como forma de acesso à justiça no século XXI*: os reflexos e desafios da sociedade contemporânea para o direito processual civil e a concepção de um título executivo transnacional. Rio de Janeiro: GZ Editora, 2013.

_____. A relevância da questão federal no recurso especial: Quando menos é mais. Disponível em: https://www.migalhas.com.br/coluna/elas-no-processo/379936/a-relevancia-da-questao-federal-no-recurso-especial. Acesso em: 20 jan. 2023.

_____. A cooperação interinstitucional entre as esferas judicial e extrajudicial e o fenômeno da desjudicialização. In: GAIO JR., Antonio Pereira; PINHO, Humberto Dalla Bernardina de. *Teoria geral do processo civil*. Rio de Janeiro: GZ, 2024. v. II. p. 53-74.

HOFFMAN, Paulo. O direito à razoável duração do processo e a experiência italiana. In: WAMBIER, Teresa Arruda Alvim (Org.). *Reforma do Judiciário*: primeiros ensaios críticos sobre a EC n. 45/2004. São Paulo: Revista dos Tribunais, 2005. p. 571-590.

_____. *Saneamento compartilhado*. São Paulo: Quartier Latin, 2011.

HOMMERDING, Adalberto Narciso. *Fundamentos para uma compreensão hermenêutica do processo civil*. Porto Alegre: Livraria do Advogado, 2007.

ILHA, Maria Eduarda de Aquino Corrêa. *A análise econômica do direito no processo civil brasileiro*: um panorama dos institutos do Código de Processo Civil de 2015 em prol do comportamento cooperativo dos operadores do direito. 2019. Monografia de graduação, Rio de Janeiro, 60 p.

JAEGER, Nicola. *Corso di diritto processuale civile. Seconda edizione aumentata e aggiornata*. Milano: La Goliardica, 1956.

JARDIM, Afrânio Silva. *Direito processual penal*. 4. ed. Rio de Janeiro: Forense, 1991.

JARDIM, Augusto Tanger. *A causa de pedir no direito processual civil*. Porto Alegre: Livraria do Advogado, 2008.

JOBIM, Marco Félix. A tempestividade do processo no projeto de lei do novo Código de Processo Civil brasileiro e a comissão de juristas nomeada para sua elaboração: quem ficou de fora? *Revista Eletrônica de Direito Processual*, ano 4, v. 6, jul./dez. 2010. Disponível em: http://www.redp.com.br.

_____. *As medidas estruturantes e a legitimidade democrática do Supremo Tribunal Federal para sua implementação*. Tese (Doutorado em Teoria Geral da Jurisdição e Processo). Pontifícia Universidade Católica do Rio Grande do Sul, Rio Grande do Sul, 2012.

JOLOWICZ, John Anthony. *On civil procedure*. New York: Cambridge University Press, 2000.

JUNOY, Joan Picó i. *Las garantías constitucionales del proceso*. Barcelona: Bosch, 1997.

KOEHLER, Frederico Augusto Leopoldino. BONIZZI, Marcelo José Magalhães. *A relevância da questão de direito federal infraconstitucional no recurso especial*. Artigo cedido pelos autores. 2022.

KLONOFF, Robert H.; BILICH, Edward K. M. *Class actions and other multi-party litigation*: cases and materials. Minnesota: West Group, 2000.

KNIJNIK, Danilo. *A exceção de pré-executividade*. Rio de Janeiro: Forense, 2000.

_____. *A nova execução*. Rio de Janeiro: Forense, 2006b.

_____. As (perigosíssimas) doutrinas do "ônus dinâmico da prova" e da "situação de senso comum" como instrumentos para assegurar o acesso à justiça e superar a *probatio* diabólica. In: FUX, Luiz; NERY JR., Nelson; WAMBIER, Teresa Arruda Alvim (Coord.). *Processo e Constituição*: estudos em homenagem ao Professor José Carlos Barbosa Moreira. São Paulo: Revista dos Tribunais, 2006a.

LACERDA, Galeno. *Comentários ao Código de Processo Civil*. Rio de Janeiro: Forense, 1998. v. 12.

_____. Processo e cultura. *Revista de Direito Processual Civil*, São Paulo, v. 3, p. 74-86, 1961.

_____. *Teoria geral do processo*. Rio de Janeiro: Forense, 2006.

LEAL, Rosemiro Pereira. *Teoria geral do processo*. 6. ed. São Paulo: IOB Thomson, 2005.

LEAL, Victor Nunes. Passado e futuro da súmula do STF. *Revista de Direito Administrativo*, São Paulo, n. 145, 1981.

LEAL, Fabio Resende. Reconfiguração do Recurso Especial: uma mudança imprescindível e inadiável. Revista Eletrônica de Direito Processual – REDP. Rio de Janeiro. Ano 15. Volume 22. Número 3. Setembro a Dezembro de 2021, p. 303/304.

LEGEAIS, Raymond. *Grands systèmes de droit contemporains*. Paris: Litec, 2004.

LÉVY, Daniel de Andrade. O incidente de resolução de demandas repetitivas no anteprojeto do Novo Código de Processo Civil – Exame à luz da *Group Litigation Order* britânica. *Revista de Processo*, São Paulo, ano 36, n. 196, jun./2011.

LIEBMAN, Enrico Tullio. *Eficácia e autoridade da sentença e outros escritos sobre a coisa julgada*. Trad. Alfredo Buzaid e Benvindo Aires. Trad. dos textos posteriores à edição de 1945 com novas notas relativas ao direito brasileiro vigente de Ada Pellegrini Grinover. 4. ed. Rio de Janeiro: Forense, 2006.

_____. *Manual de direito processual civil*. Tradução e notas: Cândido Rangel Dinamarco. Rio de Janeiro: Forense, 1984. v. 1.

_____. *Manuale di diritto processuale civile*. Milano: Giuffrè, 1973, v. 1.

_____. *Processo de execução*. 2. ed. São Paulo: Saraiva, 1963.

LIMA, Alcides de Mendonça. *Comentários ao Código de Processo Civil*. Rio de Janeiro: Forense, 1991. v. 6.

LIMA, Cláudio Vianna de. *Arbitragem*: a solução. Rio de Janeiro: Forense, 1994.

LINDBLOM, Per Henrik. La privatizzazione della giustizia: osservazioni circa alcuni recenti sviluppi nel diritto processuale americano e svedese. *Rivista Trimestrale di Diritto e Procedura Civile*, n. 4, dez. 1995.

LOPES, João Batista. *A prova no direito processual civil*. 3. ed. São Paulo: Revista dos Tribunais, 2007.

_____. O ônus da prova. *Doutrinas Essenciais de Direito Civil*. São Paulo: Revista dos Tribunais, out. 2010. v. 5.

LOPES, Mauro Luís Rocha. *Execução fiscal e ações tributárias*. Rio de Janeiro: Lumen Juris, 2002.

LOPES DA COSTA, Alfredo de Araújo. *A Administração Pública e a ordem jurídica privada* (jurisdição voluntária). Belo Horizonte: Bernardo Álvares, S.A., 1961.

LUCON, Paulo Henrique dos Santos. Artigo publicado no *Conjur*, 4-2-2015. Disponível em: http://www.conjur.com.br/2015-fev-04/paulo-lucon-cpc-permite-decisoes-qualidade. Acesso em: 20 abr. 2015.

_____. *Embargos à execução*. São Paulo: Saraiva, 1996.

_____. Prova pericial no CPC. *Revista de Processo*, v. 267, São Paulo: RT, p. 211-223, maio 2017.

_____. Tutela do contraditório no novo Código de Processo Civil: vedação à decisão-surpresa; requisito para extensão dos limites objetivos da coisa julgada; identificação das decisões imotivadas. *Revista Eletrônica de Direito Processual*, v. 17, n. 1, p. 164-192, jan./jun. 2016. Disponível em: http://www.e-publicacoes.uerj.br/index.php/redp/index.

_____. Desconsideração da personalidade jurídica e lei de liberdade econômica, in SALOMÃO, Luis Felipe. CUEVA, Ricardo Villas Bôas. FRAZÃO, Ana (organizadores). *Lei de liberdade econômica e seus impactos no direito brasileiro*. São Paulo: RT, 2020.

LUGO, Andrea. *Manuale di diritto processuale civile*. 13. ed. Milano: Giuffrè, 1999.

LUISO, Francesco P. *Diritto processuale civile*: principi generali. 3. ed. Milano: Giuffrè, 2000. v. 1.

LUPOI, Michele Angelo. La "nuova" litispendenza comunitaria: aspetti procedurali, *Rivista Trimestrale di Diritto e Procedura Civile*, ano 2004, p. 1.285 e s.

LYRA, Roberto. *Teoria e prática da promotoria pública*. 2. ed. Porto Alegre: Sergio Antonio Fabris/ESMPRS, 1989.

MACEDO JR., Ronaldo Porto. Evolução institucional do Ministério Público brasileiro. In: FERRAZ, Antonio Augusto Mello de Camargo (Coord.). *Ministério Público*: instituição e processo. São Paulo: Atlas, 1997.

_____. *Proposta de racionalização da intervenção do Ministério Público no cível a partir do conceito de interesse social*. Tese defendida no XIII Congresso Nacional do Ministério Público, 1999. Disponível em: http://www.conamp.org.br. Acesso em: 20 mar. 2000.

MACEDO, Alexander dos Santos. *Da eficácia preclusiva panprocessual dos efeitos civis da sentença penal*. Rio de Janeiro: Lumen Juris, 1989.

_____. *Da querela nullitatis*. 3. ed. Rio de Janeiro: Lumen Juris, 2005.

MACHADO, Agapito. O princípio da isonomia e os privilégios processuais. *Jus Navigandi*, Teresina, n. 578, 5 fev. 2005. Disponível em: http://jus2.uol.com.br/doutrina/texto.asp?id=6242. Acesso em: 2 out. 2010.

MACHADO, Antônio Cláudio da Costa. *A intervenção do Ministério Público no processo civil brasileiro*. 2. ed. São Paulo: Saraiva, 1998.

MACHADO, Marcelo Pacheco. Novo CPC, tutela antecipada e os três pecados capitais. Disponível em: http://jota.info/novo-cpc-tutela-antecipada-e-os-tres-pecados-capitais. Acesso em: 16 nov. 2015.

MADEIRA, Daniela Pereira. A força da jurisprudência. In: BARBOSA, Andrea Carla et al.; FUX, Luiz (Coord.). *O novo processo civil brasileiro (direito em expectativa)*: (reflexões acerca do projeto do novo Código de Processo Civil). Rio de Janeiro: Forense, 2011.

MAMEDE, Gladston. *Manual de direito empresarial*. 4. ed. São Paulo: Atlas, 2009.

MANCUSO, Rodolfo de Camargo. *A resolução dos conflitos e a função judicial no contemporâneo Estado de Direito*. São Paulo: Revista dos Tribunais, 2009.

_____. *Divergência jurisprudencial e súmula vinculante*. 3. ed. São Paulo: Revista dos Tribunais, 2007.

_____. *Incidente de Resolução de Demandas Repetitivas*: a luta contra a dispersão jurisprudencial excessiva. São Paulo: Revista dos Tribunais, 2016.

_____. *Jurisdição coletiva e coisa julgada*: teoria geral das ações coletivas. 2. ed. rev., atual. e ampl. São Paulo: Revista dos Tribunais, 2007.

MANDRIOLI, Crisanto. *Diritto processuale civile*. 2. ed. Torino: Giappichelli, 2001. v. I.

MARCATO, Antônio Carlos (Coord.). *Código de Processo Civil interpretado*. São Paulo: Atlas, 2004.

MARINONI, Luiz Guilherme. *A antecipação de tutela*. 7. ed. São Paulo: Malheiros, 2002.

_____. A convenção processual sobre prova diante dos fins do processo civil. *Revista de Processo*, v. 288, São Paulo: RT, p. 127-153, fev. 2019.

_____. *A ética dos precedentes*: justificativa do novo CPC. 2. ed. rev., atual. e ampl. São Paulo: Revista dos Tribunais, 2016b.

_____. A jurisdição no Estado contemporâneo. In: *Estudos de direito processual civil*. São Paulo: Revista dos Tribunais, 2005.

_____. *Abuso de defesa e parte incontroversa da demanda*. 2. ed. São Paulo: Revista dos Tribunais, 2011.

_____. Ações repetitivas e julgamento liminar. Disponível em: www.professormarinoni.com.br. Acesso em: 21 jun. 2007.

_____. Coisa julgada sobre questão, inclusive em benefício de terceiro. *Revista de Processo*, v. 259, p. 97-116, set. 2016.

_____. *Novo Código de Processo Civil comentado*. São Paulo: Revista dos Tribunais, 2016.

_____. O precedente na dimensão da igualdade. Disponível em: http://www.marinoni.adv.br. Acesso em: 5 ago. 2010.

_____. O problema do incidente de resolução de demandas repetitivas e dos recursos extraordinário e especial repetitivos. *Revista de Processo*, v. 249, p. 399, nov. 2015.

_____. *Precedentes obrigatórios*. 2. ed. São Paulo: Revista dos Tribunais, 2011.

_____. Sobre o incidente de assunção de competência. *Revista de Processo*, v. 260, p. 233-256, out. 2016a.

_____. *Técnica processual e tutela dos direitos*. São Paulo: Revista dos Tribunais, 2004.

_____. *Tutela inibitória*. 4. ed. São Paulo: Revista dos Tribunais, 2006.

_____. *A coisa julgada tributária e o Supremo Tribunal Federal*. Disponível: https://www.conjur.com.br/2023-mar-30/luiz-guilherme-marinoni-coisa-julgada-tributaria-stf.

_____; ARENHART, Sérgio Cruz; MITIDIERO, Daniel. *Curso de processo civil*. 3. ed. São Paulo: Revista dos Tribunais, 2017. v. 1.

_____; _____; _____. *Curso de processo civil*. São Paulo: Revista dos Tribunais, 2015. v. 2.

_____; _____; _____. *Curso de processo civil*. 3. ed. São Paulo: Revista dos Tribunais, 2017a. v. 3.

_____; MITIDIERO, Daniel. *Repercussão geral no recurso extraordinário*. São Paulo: Revista dos Tribunais, 2007a.

MARIOTINI, Fabiana Marcello Gonçalves. *Coisa julgada inconstitucional*: avanços e retrocessos da relativização da coisa julgada positivada no Código de Processo Civil. São Paulo: Dialética, 2021.

MARQUES, José Frederico. *Manual de direito processual civil*. 3. ed. São Paulo: Saraiva, 1975. v. 1.

MARRAFON, Marco Aurélio. O futuro do direito como direito fraterno. *Consultor Jurídico*, 29 dez. 2014. Disponível em: http://www.conjur.com.br/2014-dez-29/constituicao-poder-futuro-direito-direito-fraterno. Acesso em: 26 jan. 2015.

MARTEL, Letícia de Campos Velho. *Direitos fundamentais indisponíveis*: limites e padrões do consentimento para a autolimitação do direito à vida. Tese de Doutorado. UERJ, 2010. Disponível em: http://works.bepress.com/leticia_martel/.

MARTINS, Eliane Maria Octaviano. Avarias marítimas: legislação aplicável, pressupostos e responsabilidade atinentes às avarias grossas ou comuns. In: CASTRO JR., Osvaldo Agripino de (Coord.). *Direito marítimo*: made in Brasil. São Paulo: Lex Ed., 2007.

MARTINS, Rui Cunha. *O ponto cego do Direito* – The Brazilian Lessons. 2. ed. Rio de Janeiro: Lumen Juris, 2011.

MAZZILLI, Hugo Nigro. *Regime jurídico do Ministério Público*. 3. ed. São Paulo: Saraiva, 1996.

MAZZOLA, Marcelo Leite da Silva. *Cooperação e operosidade*. A inobservância do dever de colaboração pelo juiz como fundamento autônomo de impugnação. Dissertação de Mestrado em Direito Processual, Faculdade de Direito, Universidade do Estado do Rio de Janeiro, Rio de Janeiro, 2017.

_____. *Sanções Premiais no Processo Civil*: previsão legal, estipulação convencional e proposta de sistematização (*standards*) para sua fixação judicial. Salvador: JusPodivm, 2022.

_____. Ela, a EC 125/22, vista por um advogado. Disponível em: https://www.migalhas.com.br/depeso/370855/ela-a-ec-125-22-vista-por-um-advogado. Acesso em: 2 ago. 2022.

MEDEIROS NETO. Elias Marques. A recente alteração do CPC/15 – Lei n. 14.620 de 13 de julho de 2023 – Contratos eletrônicos. Disponível em: www.migalhas.com.br/coluna/cpc-na-pratica/390187/a-recente-alteracao-do-cpc-15-lei-14-620-23--contratos-eletronicos. Acesso em: 20 jul. 2023.

MEDINA, José Miguel Garcia. *Novo Código de Processo Civil comentado*: com remissões e notas comparativas ao CPC/1973. 3. ed. São Paulo: Revista dos Tribunais, 2015.

_____. *Prequestionamento e repercussão geral* – e outras questões relativas aos recursos especial e extraordinário. 6. ed. São Paulo: Revista dos Tribunais, 2012.

_____. A tutela específica mitigada: a alteração do CPC pela Lei 14.833/24. *Migalhas*, 28 mar. 2024. Disponível em: https://www.migalhas.com.br/depeso/404424/tutela-especifica-mitigada-alteracao-do-cpc-pela-lei-14-833-24. Acesso em: 2 abr. 2024.

MELLO PORTO, José Roberto Sotero de. A ordem dos processos nos tribunais. In: SILVA, Franklyn Roger Alves (ord.). *CPC*: Perspectiva da Defensoria Pública. Salvador: JusPodivm, 2016.

_____. Mediação prevista no novo CPC não pode se tornar mecanismo de procrastinação. *Consultor Jurídico*, 27 set. 2016. Disponível em: http://www.conjur.com.br/2016-set-27/tribuna-defensoria-mediacao-prevista-cpc-nao-tornar-mecanismo-procrastinacao.

_____. Visão geral do impacto do novo Código de Processo Civil nas súmulas do STJ e do STF. In: CARNEIRO, Paulo Cezar Pinheiro; GRECO, Leonardo; PINHO, Humberto Dalla Bernardina de. *Direito intertemporal*. Rio de Janeiro: GZ, 2017.

MELLO, Patrícia Perrone Campos. *Precedentes*: o desenvolvimento judicial do direito no constitucionalismo contemporâneo. Rio de Janeiro: Renovar, 2008.

MENDES, Aluisio Gonçalves de Castro. *Ações coletivas e meios de resolução coletiva de conflitos no direito comparado e nacional*. 4. ed. São Paulo: Revista dos Tribunais, 2014.

_____. *Incidente de resolução de demandas repetitivas*: sistematização, análise e interpretação do novo instituto processual. Rio de Janeiro: Forense, 2017.

_____. MELLO PORTO, José Roberto. *Incidente de assunção de competência*. Rio de Janeiro: GZ, 2019.

_____; SILVA, Larissa Clare Pochmann da. Ações coletivas e incidente de resolução de demandas repetitivas: algumas considerações sobre a solução coletiva de conflitos. In: ZANETI JR., Hermes. *Processo coletivo*. Coleção Repercussões do Novo CPC. Salvador: JusPodivm, 2016. v. 8.

_____; TEMER, Sofia Orberg. Comentário ao artigo 976. In: STRECK, Lenio Luiz et al. (Orgs.). *Comentários ao Código de Processo Civil*. São Paulo: Saraiva, 2016.

MENDES, Gilmar Ferreira. *Jurisdição constitucional*. São Paulo: Saraiva, 2004.

MÉNDEZ, Susana Pazos. Los criterios de facilidad y disponibilidad probatoria en el proceso civil. In: LLUCH, Xavier Abel; PICÓ I JUNOY, Joan. *Objeto y carga de la prueba civil*. Barcelona: Bosch Procesal, 2007.

MENDONÇA, Andrey Borges de. *Nova reforma do Código de Processo Penal*. São Paulo: Método, 2008.

MENEZES, Wilson Gomes de. Da jurisdição voluntária. *Revista Forense*, São Paulo, v. 71, n. 252, p. 117-129, 1975.

MILHOMENS, Jônatas. *A prova no processo*. Rio de Janeiro: Forense, 1982.

MILMAN, Fabio. *Improbidade processual*. 2. ed. Rio de Janeiro: Forense, 2009.

MIRANDA, Pontes de. *Código de Processo Civil*. Rio de Janeiro: Forense, 1976. t. XI.

MIRANDA, Danilo; BUTORI, Carlos; REZENDE, Nelson Soares de. *Resolução de conflitos on-line e o case do Modria*. Disponível em: https://www.camesbrasil.com.br/resolucao-conflitos-online-case-modria/. Acesso em: 20 maio 2020.

MITIDIERO, Daniel. A colaboração como modelo e como princípio no processo civil. Disponível em: https://www.academia.edu/10250562/Coopera%C3%A7%C3%A3o_como_Modelo_e_como_Princ%C3%ADpio_no_Processo_Civil. Acesso em: 5 fev. 2014.

_____. Bases para a construção de um processo civil cooperativo: o direito processual civil no marco teórico do formalismo valorativo. 147 f. Tese (Doutorado em Direito) – Programa de Pós-Graduação em Direito, Universidade Federal do Rio Grande do Sul, Porto Alegre, 2007. Disponível em: http://www.bibliotecadigital.ufrgs.br/da.php?nrb=000642773&loc=2008&l=fff90792c6702178. Acesso em: 15 out. 2011.

_____. Comentário ao artigo 304. In: WAMBIER, Teresa Arruda Alvim et al. (Coords.). *Breves comentários ao novo Código de Processo Civil*. São Paulo: Revista dos Tribunais, 2015.

MONNERAT, Fábio Victor da Fonte. O papel da jurisprudência e os incidentes de uniformização no Projeto do Novo Código de Processo Civil. In: ROSSI, Fernando et al. (Coord.). *O futuro do processo civil no Brasil*: uma análise crítica ao Projeto do Novo CPC. Belo Horizonte: Fórum, 2011.

MONTERO AROCA, Juan et al. *Derecho jurisdiccional*. 10. ed. Valencia: Tirant lo Blanch, 2001. v. II.

MONTESANO, Luigi; ARIETA, Giovanni. *Diritto processuale civile*: le disposizioni generali. 3. ed. Torino: Giappichelli, 1999. v. I.

MORAIS DA ROSA, Alexandre. *Decisão penal*: a bricolage de significantes. Rio de Janeiro: Lumen Juris, 2006.

MORAIS, José Luis Bolzan de; MARION SPENGLER, Fabiana. *Mediação e arbitragem*: alternativas à jurisdição. 2. ed. Porto Alegre: Livraria do Advogado, 2008.

MORELLO, Augusto M. *Constitución y proceso* – la nueva edad de las garantías jurisdiccionales. La Plata/Buenos Aires: Abeledo-Perrot, 1998.

NAVARRO, Trícia. Audiência de contextualização: um novo formato de diálogo processual. *JOTA*, 27 ago. 2024. Disponível em: https://www.jota.info/artigos/audiencia-de-contextualizacao-um-novo-formato-de-dialogo-processual-27082024. Acesso em: 28 ago. 2024.

NERY JR., Nelson; ABBOUD, Georges. Recursos para os Tribunais Superiores e a Lei n. 13.256/2016. *Revista de Processo*, v. 257, jul. 2016, p. 217-235.

NERY JR., Nelson; NERY, Rosa Maria de Andrade. *Código de Processo Civil comentado e legislação extravagante*. 10. ed. São Paulo: Revista dos Tribunais, 2007.

NERY, Ana Luiza de Andrade. *Compromisso de ajustamento de conduta: teoria e análise de casos práticos*. 2. ed. São Paulo: Revista dos Tribunais, 2012.

NERY, Ana Luiza de Andrade; ABBOUD, Georges. Recursos para os Tribunais Superiores e a Lei n. 13.256/2016. *Revista de Processo*, v. 257, p. 217-235, jul. 2016.

NEVES, Daniel Amorim Assumpção. *Manual de direito processual civil*. 9. ed. Salvador: JusPodivm, 2017.

_____. Incongruências sistêmicas do Código de Processo Civil de 2015 diante do julgamento antecipado parcial do mérito. *Revista de Processo*, v. 284, São Paulo: RT, p. 41-76, out. 2018.

NIEVA FENOLL, Jordi. Mediação: uma "alternativa" razoável ao processo judicial? *Revista Eletrônica de Direito Processual*, v. XIV, ano 8, p. 213-228, jul./dez. 2014.

_____. *La cosa juzgada*. Barcelona: Atelier libros jurídicos, 2006a.

NOGUEIRA, Pedro Henrique Pedrosa. Gestão da execução por meio de negócios jurídicos processuais no processo civil brasileiro. *Revista de Processo*, v. 286, São Paulo: RT, p. 325-342, dez. 2018.

_____. Gestão da execução por meio de negócios jurídicos processuais no processo civil brasileiro. *Revista de Processo*, v. 286, São Paulo: RT, p. 325-342, dez. 2018.

NOLASCO, Rita Dias. Possibilidade do reconhecimento de ofício de matéria de ordem pública no âmbito dos recursos de efeito devolutivo restrito. In: NERY JR., Nelson; WAMBIER, Teresa Arruda Alvim (Coords.). *Aspectos polêmicos e atuais dos recursos cíveis e assuntos afins*. São Paulo: Revista dos Tribunais, 2006. v. 10.

NUNES, Dierle José Coelho. Novo enfoque para as tutelas diferenciadas no Brasil? Diferenciação procedimental a partir da diversidade de litigiosidades, *Revista de Processo*, São Paulo, Revista dos Tribunais, v. 184, 2010.

_____. *Processo jurisdicional democrático*: uma análise crítica das reformas processuais. 1. ed. 2. reimpr. Curitiba: Juruá, 2008.

NUNES, Dierle José Coelho; BAHIA, Alexandre Gustavo Melo Franco. Processo constitucional: uma abordagem a partir dos desafios do Estado Democrático de Direito. *Revista Eletrônica de Direito Processual*, v. 4, p. 223-249.

NUNES, Dierle; LACERDA, Rafaela; MIRANDA, Newton Rodrigues. O uso do precedente judicial na prática judiciária brasileira: uma perspectiva crítica. *Rev. Fac. Direito UFMG*, Belo Horizonte, n. 62, jan./jun. 2013.

OLIVEIRA JR., Zulmar Duarte. Devido processo legal: contraditório (trinômio informação, reação e consideração) e o novo CPC. *Revista Eletrônica de Direito Processual*, ano 5, v. 7, jan./jun. 2011. Disponível em: http://www.redp.com.br.

OLIVEIRA NETO, Olavo. *A defesa do executado e dos terceiros na execução forçada*. São Paulo: Revista dos Tribunais, 2000.

OLIVEIRA, Carlos Alberto Álvaro (Coord.). *A nova execução*: comentários à Lei n. 11.232, de 22 de dezembro de 2005. Rio de Janeiro: Forense, 2006.

_____. *Do formalismo no processo civil*: proposta de um formalismo-valorativo. 3. ed. rev., atual. e aumentada. São Paulo: Saraiva, 2009b.

_____. Os direitos fundamentais à efetividade e à segurança em perspectiva dinâmica. *Revista Eletrônica Atualidades Jurídicas*, OAB Editora, n. 4, jan./fev. 2009. Disponível em: http://www.oab.org.br/oabeditora. Acesso em: 10 jun. 2010.

OLIVEIRA, Eduardo Ribeiro. O prequestionamento e o novo CPC. *Revista de Processo*, São Paulo, Revista dos Tribunais, n. 256, p. 175, 2016.

OLIVEIRA, Pedro Miranda. O binômio repercussão geral e súmula vinculante. In: WAMBIER, Teresa Arruda Alvim (Coord.). *Direito jurisprudencial*. São Paulo: Revista dos Tribunais, 2012.

_____. O regime especial do agravo de instrumento contra decisão parcial (com ou sem resolução de mérito). *Revista de Processo*, v. 264, São Paulo: RT, p. 183-205, fev. 2017.

OLIVEIRA, Vivian von Hertwig Fernandes. A distribuição do ônus da prova no processo civil brasileiro: a teoria da distribuição dinâmica. *Revista de Processo*, São Paulo: Revista dos Tribunais, v. 231, maio 2014.

OQUENDO, Angel R. *Latin American Law*. New York: Foundation Press, 2006.

OSÓRIO, Fábio Medina. *Teoria da improbidade administrativa*. São Paulo: Revista dos Tribunais, 2007.

OST, François. Júpiter, Hércules e Hermes: tres modelos de Juez. *DOXA*, n. 14, p. 169-194, 1993. Disponível em: http://www.cervantesvirtual.com. Acesso em: 25 abr. 2009.

OTEIZA, Eduardo. El debido proceso y su proyección sobre el proceso civil en América Latina. *RePro*, São Paulo, ano 34, n. 173, p. 179-200, jul. 2009.

OTERO, Paulo. *Legalidade e administração pública*: o sentido da vinculação administrativa à juridicidade. Lisboa: Almedina, 2003.

OTHARAN, Luiz Felipe. Incidente de resolução de demandas repetitivas como uma alternativa às ações coletivas: notas de direito comparado. Disponível em: http://www.tex.pro.br/tex/listagem-de-artigos/49-artigos-nov 2010/7267.

PACHECO, José da Silva. *Evolução do processo civil brasileiro*. 2. ed. Rio de Janeiro: Renovar, 1998.

PACÍFICO, Luiz Eduardo Boaventura. *O ônus da prova*. 2. ed. rev., atual. e ampl. São Paulo: Revista dos Tribunais, 2011.

PASSOS, José Joaquim Calmon de. *Comentários ao Código de Processo Civil*. Rio de Janeiro, Forense, s/d. v. 3.

_____. *Direito, poder, Justiça e processo*. Rio de Janeiro: Forense, 1999.

PAUMGARTTEN, Michele Pedrosa. *Justiça, jurisdição e mediação: o desafio de resolver os conflitos sob uma base qualitativa de justiça*. Dissertação de mestrado, Universidade Estácio de Sá, 2012.

PEIXOTO, Ravi. Aspectos relevantes da hipoteca judicial no CPC. *RePro*, São Paulo, Revista dos Tribunais, v. 243, p. 243-265, maio 2015, 2015.

_____. O incidente de arguição de inconstitucionalidade e o CPC. *Revista de Processo*, v. 287, São Paulo: RT, p. 23-44, jan. 2019.

PEREIRA, Carlos Frederico Bastos. O Superior Tribunal De Justiça e a Repercussão Geral no Recurso Especial. *Revista Eletrônica de Direito Processual – REDP*, v. 20, n. 2, ano 13, Rio de Janeiro, maio/ago. 2019, p. 20-46.

PEREIRA, Marcus Vinícius Torres. *Da admissão da litispendência internacional no conflito de jurisdições*. Rio de Janeiro, 2008, v. II, p. 511. Tese apresentada para a obtenção de grau de Doutor em Direito Internacional pela Universidade do Estado do Rio de Janeiro.

PEREIRA, Raíssa de Almeida Lima. *O prequestionamento à luz das omissões judiciais*: por um verdadeiro acesso à justiça. Monografia de graduação. UERJ, 2014, 115 p.

PEREIRA, Rosalina. *Ações prejudiciais à execução*. São Paulo: Saraiva, 2000.

PERLINGIERI, Pietro. *Perfis do direito civil*: introdução ao direito civil constitucional. Trad. Maria Cristina De Cicco. Rio de Janeiro: Renovar, 1997.

PEYRANO, Jorge W. Informe sobre la doctrina de las cargas probatorias dinámicas. *RePro*, São Paulo: Revista dos Tribunais, v. 217, mar. 2013.

_____. La regla de la carga de la prueba enfocada como norma de clausura del sistema. *Civil Procedure Review*, v. 1, n. 3, sep./dec. 2010. Disponível em: www.civilprocedurereview.com. Acesso em: 29 ago. 2014.

_____. Nuevos lineamientos de las cargas probatorias dinámicas. In: PEYRANO, Jorge W. (Coord.). *Cargas probatorias dinámicas*. Santa Fe: Rubinzal-Culzoni, 2008.

PICARDI, Nicola. A vocação do nosso tempo para a jurisdição. In: *Jurisdição e processo*. Trad. Carlos Alberto Alvaro de Oliveira. Rio de Janeiro: Forense, 2008.

_____. *Manuale del processo civile*. Seconda edizione. Milano: Giuffrè, 2010.

PICÓ I JUNOY, Juan. El derecho procesal entre garantismo y la eficacia: un debate mal planteado. In: MONTERO AROCA, Juan (Coord.). *Proceso civil e ideología*: un prefacio, una sentencia, dos cartas y quince ensayos. Valencia: Tirant lo Blanch, 2006.

_____. *Las garantías constitucionales del proceso*. Barcelona: Bosch, 1997.

PEIRCE, Charles Sanders. The Essential Peirce, Volume I (1867 – 1893). Editado por Nathan Houser e Christian Kloesel. Bloomington, Indiana University Press, 1992. "How to Make Our Ideas Clear". In: The Essential Peirce. Selected Philosophical Writings, volume I, p. 132.

PINHO, Humberto Dalla Bernardina de. A dimensão da garantia do acesso à Justiça na jurisdição coletiva. In: _____ (Org.). *Temas contemporâneos de direito processual*. Rio de Janeiro: Lumen Juris, 2004c. p. 1-16.

_____. A importância da parceria entre o Ministério Público e o terceiro setor na jurisdição coletiva. *Juris Poiesis*, Rio de Janeiro, v. 6, p. 227-232, 2004d.

_____. Audiência de conciliação ou de mediação: o art. 334 do CPC e a nova sistemática do acordo judicial. In: LUCON, Paulo Henrique dos Santos et al. *Processo em Jornadas*. JusPodivm: Salvador, 2016. p. 445-453.

_____. Breves reflexões sobre o ônus da prova no CPC. In: DIDIER JR., Fredie; JOBIM, Marco; FERREIRA, William Santos. *Coleção Grandes Temas do Novo CPC – Direito Probatório*. Salvador: JusPodivm, 2015. p. 279-296.

_____. Confidencialidade. *Revista Eletrônica de Direito Processual*, ano 8, volume especial: a nova Lei de Mediação brasileira: comentários ao PL 7.169/14, p. 162-167, out. 2014. Disponível em: http:www.redp.com.br.

_____. Direito individual homogêneo – uma leitura e releitura do tema. *Revista Juris Poiesis*, Rio de Janeiro, v. 6, p. 213-226, 2004a.

_____. Das disposições comuns à tutela e à curatela. Da organização e da fiscalização das fundações. In: WAMBIER, Teresa Arruda Alvim et al. *Breves comentários ao novo Código de Processo Civil*. São Paulo: Revista dos Tribunais, 2015. p. 1754-1762.

_____. Judicial Rulings with Prospective Effect in Brazilian Law. In: STEINER, Eva (Org.). *Comparing the Prospective Effect of Judicial Rulings Across Jurisdictions*. Springer, 2015, Switzerland, p. 285-312.

_____. *Jurisdição e pacificação*. Curitiba: CRV, 2017.

_____. O Ministério Público e o papel de fiscal da ordem jurídica no CPC. In: GODINHO, Robson Renault; COSTA, Susana Henriques da. *Coleção Repercussões do Novo CPC. – Ministério Público*. Salvador: JusPodivm, 2015. v. 6. p. 119-138.

_____. CÔRTES, Victor Augusto Passos Villani. As medidas estruturantes e a efetividade das decisões judiciais no ordenamento jurídico brasileiro. *Revista Eletrônica de Direito Processual*, v. XIII, p. 229-258, jan./jun. 2014. Disponível em: http://www.redp.com.br. Acesso em: ago. 2014.

_____; FONSECA, Marina Silva. O incidente de desconsideração da personalidade jurídica do Novo Código de Processo Civil. In: FREIRE, Alexandre et al. *Coleção Novo CPC – Doutrina Selecionada*. Parte Geral. Salvador: JusPodivm, 2015. v. 1.

_____; GAIO JR., Antonio Pereira. *Teoria geral do processo civil*. Rio de Janeiro: GEN, 2018.

_____; HILL, Flávia Pereira. Inventário judicial ou extrajudicial; separação e divórcio consensuais por escritura pública: primeiras reflexões sobre a Lei n. 11.441/07. *Revista Dialética de Direito Processual*, São Paulo, v. 50, p. 42-59, 2007.

_____; HILL, Flávia Pereira. Medidas estruturantes nas ferramentas de cooperação jurídica internacional. In: ARENHART, Sérgio Cruz; JOBIM, Marco Felix. *Processos estruturais*. Salvador: JusPodivm, 2017. p. 233-278.

_____; PAUMGARTTEN, Michele Pedrosa. Os desafios para a integração entre o sistema jurisdicional e a mediação a partir do novo Código de Processo Civil. Quais as perspectivas para a justiça brasileira? In: REZENDE, Diogo; PELAJO, Samantha; PANTOJA, Fernanda (Orgs.). *A mediação no novo Código de Processo Civil*. Rio de Janeiro: Forense, 2015. p. 11-42.

_____; RODRIGUES, Roberto de Aragão Ribeiro. Os direitos individuais homogêneos e a evolução da jurisprudência do STJ. In: GALLOTTI, Isabel et al. *O papel da jurisprudência no STJ*. São Paulo: Revista dos Tribunais, 2014.

_____; RODRIGUES, Roberto de Aragão Ribeiro. Os embargos de declaração no novo Código de Processo Civil. In: FREIRE, Alexandre; DIDIER JR., Fredie; MACÊDO, Lucas Buril de; PEIXOTO, Ravi Medeiros. *Coleção Novo CPC – Doutrina Selecionada – Processo nos Tribunais e meios de impugnação às decisões judiciais*. Salvador: JusPodivm, 2015. v. 6. p. 649-660.

_____; RODRIGUES, Roberto de Aragão Ribeiro. O microssistema de formação de precedentes judiciais vinculantes previstos no novo CPC. *Revista de Processo*, São Paulo, Revista dos Tribunais, v. 41, p. 406-436, set. 2016.

_____; SALLES, Tatiana. Os honorários advocatícios e os dispositivos do projeto do novo CPC na versão da Câmara dos Deputados (maio de 2013). In: MAZZEI, Rodrigo; POLASTRI, Marcellus (Orgs.) *Honorários de advogado*: aspectos materiais e processuais. Rio de Janeiro: Lumen Juris, 2014.

_____; SEIDL, Isabel Godoy. Ação rescisória em matéria de honorários advocatícios e o novo Código de Processo Civil. In: CAMARGO, Luiz Henrique Volpe de; COELHO, Marcus Vinicius Furtado (Orgs.). *Coleção Grandes Temas do Novo CPC – Honorários advocatícios*. Salvador: JusPodivm, 2015. v. 2. p. 821-848.

_____; SILVA, Felipe Carvalho Gonçalves da. Prova emprestada: pontos de convergência e divergência entre a doutrina e a jurisprudência. *Revista de Processo*, São Paulo: Revista dos Tribunais, n. 275, p. 163-190, jan. 2018.

_____; SQUADRI, Ana Carolina Santanna. O *writ of certiorari* e sua influência sobre o instituto da repercussão geral do recurso extraordinário. *Revista de Processo*, ano 39, v. 235, p. 381-406, set. 2014.

_____; STANCATI, Maria M. M. S. A ressignificação do princípio do acesso à justiça à luz do art. 3º do Código de Processo Civil de 2015. *Revista de Processo*, São Paulo, Revista dos Tribunais, v. 254, p. 17-44, 2016.

_____; HILL, Flavia Pereira (Orgs.). *Diálogos sobre o Código de Processo Civil*: críticas e perspectivas. Santa Cruz do Sul: Essere nel Mondo, 2019 (e-book).

_____; MAZZOLA, Marcelo. A Convenção de Arbitragem no Sistema Brasileiro – Uma Releitura a Partir da Obra de Sergio La China. *Revista Jurídica Luso-Brasileira*, v. 2, p. 559-586, 2020.

_____; MAZZOLA, Marcelo. *Manual de Mediação e Arbitragem*. 2. ed. Saraiva Jur: São Paulo, 2021.

_____; MELLO PORTO, Jose Roberto. *Manual de Tutela Coletiva*. Saraiva Jur: São Paulo, 2020.

_____; MELLO PORTO, José Roberto. O Litisconsórcio Unitário e a Fundamental Importância do Estudo de José Carlos Barbosa Moreira para a Adequada Compreensão do Tema no Processo Civil Brasileiro, *Revista Jurídica Luso-Brasileira*, v. 3, p. 943-962, 2020.

_____; BERLINSKY, Renata. *Civil Procedure in Brazil* – Third Edition. Haia: Holanda, 2022.

_____; DUARTE, Marcia Michele Garcia. *Juizados Especiais Cíveis e Fazendários*. São Paulo: Expressa, 2022.

_____; HILL, Flavia Pereira. Desjudicialização e Atos Probatórios Concertados entre as Esferas Judicial e Extrajudicial: a Cooperação Interinstitucional Online Prevista na Resolução n. 350 do CNJ. *Revista Jurídica Luso-Brasileira – RJLB*, v. 5, p. 895-924, 2021.

_____; HILL, Flavia Pereira. Desjudicialização e atos concertados entre as esferas judicial e extrajudicial In: *Direito Probatório*. Londrina: Thoth, 2022, v. 1, p. 221-242.

_____; MARIOTINI, Fabiana Gonçalves. Controle de aplicação de tese firmada em recurso repetitivo: uma análise crítica da reclamação n. 36.476/SP à luz da sistemática processual-constitucional. In: *O CPC de 2015 visto pelo STJ*. São Paulo: Revista dos Tribunais, 2021. v. 1. p. 107-126.

_____. ALVIM, Teresa Celina. CORTES Osmar Paixão. SALOMÃO Rodrigo. KLEVENHUSEN, Renata Braga. BRAGANÇA Fernanda. TAUK, Caroline. MENEZES, Mariana. *Relevância da Questão de Direito Federal*. Rio de Janeiro: FGV Conhecimento, 2022.

_____. GAIO Jr. Antonio Pereira. *Comentários Sistemáticos ao Código de Processo Civil*. Londrina: Thoth, 2022.

_____. MARIOTINI, Fabiana Marcello Gonçalves. *Reflexões sobre a relativização da coisa julgada*: a ação rescisória como meio legítimo para impugnar sentenças fundadas em orientações declaradas inconstitucionais pelo Supremo Tribunal Federal. No prelo.

_____. MAZZOLA Marcelo. Aspectos Controvertidos da Sentença Arbitral e da Respectiva Ação Anulatória. *Revista Jurídica Luso-Brasileira – RJLB*, v. 3, p. 929-966, 2021.

_____. Mediação *on line* em tempos de virtualização forçada das ferramentas de resolução de conflitos: algumas considerações sobre a experiencia brasileira. In: *Desjudicialização, justiça conciliativa e Poder Público*. São Paulo: Revista dos Tribunais, 2021. v. 1. p. 389-420.

_____. Experiência mundial na formação de mercado e cultura de meios adequados. In: CURY, Cesar Felipe; MELO, Daniela Muniz Bezerra de. *Manual de Justiça Multiportas*. Rio de Janeiro: Lumen Juris, 2024. p. 41-79.

_____. HILL, Flávia Pereira; THEODORO, Ana Claudia Rodrigues. *Desjudicialização*: atualidade e novas tendências. Londrina: Thoth, 2024.

_____. DUARTE, Marcia Michele Garcia. A cultura da consensualidade e a evolução do ensino jurídico no Brasil,. I in: PINHO, Humberto Dalla Bernardina de. HILL, Flavia Pereira. THEODORO, Ana Claudia Rodrigues. *Desjudicialização*: atualidade e novas tendências. Londrina: Thoth, 2024. p. 383-396.

POGREBINSCHI, Thamy. *Pragmatismo*: teoria social e política. Rio de Janeiro: Relume Dumará, 2005.

PONTES DE MIRANDA, Francisco Cavalcanti. *Comentários ao Código de Processo Civil*. Rio de Janeiro: Forense, 1977. t. XVI.

_____. *Comentários ao Código de Processo Civil*. 4. ed. Rio de Janeiro: Forense, 1997. t. 3.

_____. *Comentários ao Código de Processo Civil*. Rio de Janeiro: Forense, 1974. t. 4.

PONTES, Daniel. *A tutela de evidência no novo Código de Processo Civil*: uma gestão mais justa do tempo na relação processual. Monografia de Graduação. Faculdade de Direito. UERJ. 2015, 65 p.

_____. *Mutações no interesse de agir à luz do direito processual civil brasileiro contemporâneo*. Dissertação de Mestrado. PPGD/UERJ, 2019, 165 p.

PORTO, Sérgio Gilberto. Jurisdição voluntária: atividade administrativa ou jurisdicional. *Estudos Jurídicos*, São Leopoldo, ano XVI, n. 38, p. 81-86, 1983. Disponível em: http://www.amprs.org.br/arquivos/revista_artigo/arquivo_1285251619.pdf. Acesso em: 10 fev. 2015.

POSNER, Richard. *Law, Pragmatism and Democracy*. Cambridge, MA: Harvard University Press, 2003.

PRATA, Edson. *Jurisdição voluntária*. São Paulo: Ed. Universitária, 1979.

PROTO PISANI, Andrea. I modelli di fase preparatoria dei processi a cognizione piena in Italia dal 1940 al 2006. *RePro*, São Paulo, n. 153, p. 65-86, nov. 2007.

_____. *Lezioni di diritto processuale civile*. 5. ed. Napoli: Jovene Editore, 2006.

QUEIROZ, Pedro Gomes de. As hipóteses de competência internacional da justiça brasileira expressamente previstas pelo CPC. *Revista de Processo*, v. 275, São Paulo: RT, p. 119-160, jan. 2018.

RAATZ, Igor. Colaboração no processo civil e o projeto do novo Código de Processo Civil. *Revista da SJRJ*, Rio de Janeiro, v. 18, n. 31, p. 23-36, ago. 2011. Disponível em: http://www4.jfrj.jus.br/seer/index.php/revista_sjrj/article/view/274. Acesso em: 17 jul. 2013.

_____. Considerações históricas sobre as diferenças entre *Common Law* e *Civil Law*. Reflexões iniciais para o debate sobre adoção de precedentes no direito brasileiro. *Revista de Processo*, v. 199, p. 159, set. 2011.

_____. Precedentes obrigatórios ou precedentes à brasileira? *Revista Eletrônica de Direito Processual*, v. XI, jul. 2013. Disponível em: http://www.redp.com.br.

_____. Processo, liberdade e direitos fundamentais. *Revista de Processo*, v. 288, São Paulo: RT, p. 21-52, fev. 2019.

RABELO, Manuel Alves; PEREIRA, Lais Zumach. A prova emprestada e o contraditório no novo Código de Processo Civil. *Revista Jurídica*, ano 64, n. 466, p. 9-23, ago. 2016.

RASIA, Carlo. Il conflitto transnazionale tra giurisdizione ordinaria e arbitrato sulla medesima lite. Spunti su un principio di "lis alibi pendens" nell'arbitrato internazionale. *Rivista Trimestrale di Diritto e Procedura Civile*, ano 2004, p. 1071 e s.

REALE, Miguel. *Filosofia do direito*. 9. ed. São Paulo: Saraiva, 1982.

_____. *Lições preliminares de direito*. 25. ed. São Paulo: Saraiva, 2001.

REDONDO, Bruno Garcia. Estabilização, modificação e negociação da tutela de urgência antecipada antecedente: principais controvérsias, *Revista de Processo*, São Paulo, Revista dos Tribunais, a. 40, v. 244, p. 167-194, jun. 2015.

REGO, Frederico Montedonio. *Repercussão Geral*: uma releitura do direito vigente. Belo Horizonte: Fórum, 2019.

REINALDO FILHO, Demócrito. A garantia de identificação das partes nos sistemas para transmissão de peças processuais em meio eletrônico – o modelo da Lei n. 11.419/06. Disponível em:

http://www.migalhas.com.br/mostra_noticia_articuladas.aspx?cod=35826. Acesso em: 26 fev. 2007.

REIS, José Alberto dos. *Processo de execução*. São Paulo: Forense, 1957. v. 1.

REIS, Mauricio Martins. Precedentalismo judiciário: precedentes obrigatórios ou persuasivos? A força argumentativa dos julgados do STF. *Revista dos Tribunais*, v. 932, p. 389, jun. 2013.

_____. Precedentes obrigatórios e sua adequada compreensão interpretativa: de como as súmulas vinculantes não podem ser o "bode expiatório" de uma hermenêutica jurídica em crise. *Revista de Processo*, São Paulo, Revista dos Tribunais, v. 220, 2013.

REQUIÃO, Maurício. O caráter normativo do precedente. *Revista de Processo*, v. 223, p. 333, set. 2013.

REQUIÃO, Rubens. Abuso de direito e fraude através da personalidade jurídica. *Revista dos Tribunais*, São Paulo, v. 58, n. 410, p. 12-24, 1969.

RESNIK, Judith. For Owen M. Fiss: Some Reflections on the Triumph and the Death of Adjudication. *Yale Law School Legal Scholarship Repository*. Disponível em: http://digitalcommons.law.yale.edu/fss_papers/762. Acesso em: 11 out. 2013.

RESTA, Elígio. *Il diritto fraterno*. Roma: Laterza, 2009.

RIBEIRO, Cristiana Hamdar. A lei dos recursos repetitivos e os princípios do direito processual civil brasileiro. *Revista Eletrônica de Direito Processual, REDP*, v. V. Disponível em: http://www.redp.com.br. Acesso em: 10 maio 2011.

RIBEIRO, Darci Guimarães. *Da tutela jurisdicional às formas de tutela*. Porto Alegre: Livraria do Advogado, 2010.

RIVOIRO, Matheus Rissatto. A nova liquidação de sentença de acordo com a Lei n. 11.232/2005. Âmbito Jurídico, Rio Grande, XVI, n. 112, maio 2013. Disponível em: http://ambito-juridico.com.br/site/?n_link=revista_artigos_leitura&artigo_id=13229&revista_caderno=21. Acesso em: abr. 2015.

ROCHA, Caio Cesar Vieira; SILVA, Andre Garcia Xerez. O STJ e a consolidação da arbitragem: estudo de casos. In: GALLOTTI, Isabel et al. *O papel da jurisprudência no STJ*. São Paulo: Revista dos Tribunais, 2014.

ROCHA, Felippe Borring. *Manual dos Juizados Especiais Cíveis Estaduais*: teoria e prática. 8. ed. São Paulo: Atlas, 2016.

ROCHA, José de Albuquerque. *Teoria geral do processo*. 7. ed. São Paulo: Atlas, 2003.

RODRIGUES, Baltazar José Vasconcelos. Incidente de resolução de demandas repetitivas: especificação de fundamentos teóricos e práticos e análise comparativa entre as regras previstas no projeto do novo Código de Processo Civil e o *Kapitalanleger-Musterverfahrensgesetz* do direito alemão. *Revista Eletrônica de Direito Processual*, v. VIII, jul./dez. 2011. Disponível em: http:www.redp.com.br. Acesso em: 19 ago. 2012.

RODRIGUES, Marcelo Abelha. *Manual de execução civil*. 5. ed. Rio de Janeiro: GEN, 2015.

RODRIGUES, Marco Antonio dos Santos. *A modificação do pedido e da causa de pedir no processo civil*. Rio de Janeiro: GZ, 2014.

_____. *A modificação do pedido e da causa de pedir no processo civil*. Rio de Janeiro: Mundo Jurídico, 2014.

RODRIGUES, Rafael Ribeiro; THAMAY, Rennan Faria Krüger. Estabilização e pedido incontroverso. *Revista de Processo*, v. 268, São Paulo: RT, p. 377-404, jun. 2017.

RODRIGUES, Roberto de Aragão Ribeiro. A dinamização do ônus da prova. *Revista de Processo*, São Paulo: Revista dos Tribunais, v. 240, fev. 2015.

_____. *Ações repetitivas*: o novo perfil da tutela dos direitos individuais homogêneos. Curitiba: Juruá, 2013.

_____. As ações-teste na Alemanha, Inglaterra e legislação brasileira projetada. *Revista Eletrônica de Direito Processual*, v. VIII. Disponível em: http://www.redp.com.br.

_____. *Teses jurídicas prejudiciais*: a ampliação dos limites da coisa julgada enquanto fundamento e técnica otimizadora de julgamentos por amostragem. Tese de Doutorado. PPGD/UERJ, 2016.

ROQUE, André Vasconcelos; PINHO, Humberto Dalla Bernardina de. *O projeto do Novo Código de Processo Civil*: uma análise crítica. Brasília: Gazeta Jurídica, 2013.

ROSSI, Fernando et al. *O futuro do processo civil no Brasil*. Belo Horizonte: Fórum, 2011.

SADEK, Maria Tereza. *Acesso à justiça*. São Paulo: Fundação Konrad Adenauer, 2001.

SALES, Lília Maia de Moraes. *Justiça e mediação de conflitos*. Belo Horizonte: Del Rey, 2003.

SALLES, Carlos Alberto de. *Arbitragem em contratos administrativos*. Rio de Janeiro: Forense, 2012.

SALOMÃO, Luis Felipe. Execução individual de sentença coletiva. In: GALLOTTI, Isabel et al. *O papel da jurisprudência no STJ*. São Paulo: Revista dos Tribunais, 2014.

SALOMÃO, Rodrigo Cunha Mello. A Emenda Constitucional n. 125 e a relevância da questão de direito no recurso especial. Disponível em: https://www.migalhas.com.br/depeso/370477/a-ec-125-e-a-relevancia-da-questao-de-direito-no-recurso-especial. Acesso em: 26 jul. 2022.

SALOMÃO, Rodrigo Cunha Mello. *A relevância da questão de direito como filtro de seleção do recurso especial*. Dissertação de Mestrado. Orientador: Humberto Dalla. PPGD UERJ, p. 141.

SAMPAIO, Rogério Marrone de Castro. *Querela nullitatis*. Cadernos Jurídicos da Escola Paulista da Magistratura, São Paulo, v. 2, n. 4, mar./abr. 2001.

_____. *Querela nullitatis*. Cadernos Jurídicos da Escola Paulista da Magistratura, São Paulo, v. 2, n. 4, mar./abr. 2001.

SANDER, Frank E. A. *Alternative methods of dispute settlement*. Washington: American Bar Association, 1979.

SANTOS, Antônio Marques dos. *Estudos de direito internacional privado e de direito processual civil Internacional*. Coimbra: Almedina, 1998.

SANTOS, Boaventura de Sousa; MARQUES, Maria Manuel Leitão; PEDROSO, João. Os tribunais nas sociedades contemporâneas. *Revista Brasileira de Ciências Sociais*, n. 30, fev. 1996.

SANTOS, Ernane Fidélis dos. Aplicação subsidiária de normas do processo de conhecimento no processo de execução. *Revista de Processo*, São Paulo, 1983.

_____. *Primeiras linhas de direito processual civil*. 21. ed. São Paulo: Saraiva, 1999.

SANTOS, Moacyr Amaral. *Comentários ao Código de Processo Civil*. 6. ed. Rio de Janeiro: Forense, 1994. v. 4.

SASSANI, Bruno. *Lineamenti del Processo Civile Italiano*. Seconda edizione. Milano: Giuffrè, 2010.

SATTA, Salvatore. *Diritto processuale civile*. 13. ed. Padova: Cedam, 2000.

SAUWEN FILHO, João Francisco. *Ministério Público brasileiro e o Estado Democrático de Direito*. Rio de Janeiro: Renovar, 1998.

SCHENK, Leonardo Faria. *Cognição sumária*: limites impostos pelo contraditório no processo civil. São Paulo: Saraiva, 2013.

SHIMURA, Sérgio. *Título executivo*. São Paulo: Saraiva, 1997.

SHÖNKE, Adolf. *Direito processual civil*. Trad. Karina Andrea Fumberg, Vera Longuini e Diego Alejandro Fabrizio. Campinas: Romana, 2003.

SICA, Heitor Vitor Mendonça. Doze problemas e onze soluções quanto à chamada "estabilização da tutela antecipada". In: LUCON, Paulo Henrique dos Santos et al. (Coords.). *Processo em jornadas*. Salvador: JusPodivm, 2016.

_____. Três velhos problemas do processo litisconsorcial à luz do CPC. *Revista de Processo*, v. 256, São Paulo: RT, p. 65-88, jun. 2016.

_____. Breves notas sobre o filtro de relevância do recurso especial. Disponível em: https://www.conjur.com.br/2022-jul-18/heitor-sica-filtro-relevancia-recurso-especial. Acesso em 20 de agosto de 2022.

SIDOU, J. M. Othon. *"Habeas corpus", mandado de segurança, mandado de injunção, "habeas data", ação popular*: as garantias dos direitos coletivos. 5. ed. Rio de Janeiro: Forense, 1998.

_____. *Processo civil comparado*. Rio de Janeiro: Forense Universitária, 1997.

SIFUENTES, Mônica. *Súmula vinculante*: um estudo sobre o poder normativo dos tribunais. São Paulo: Saraiva, 2005.

SILVA NETO, Francisco de Barros. A conciliação em causas repetitivas e a garantia de tratamento isonômico na aplicação das normas. *Revista de Processo*, São Paulo: Revista dos Tribunais, v. 240, fev. 2015.

SILVA, Franklyn Roger Alves; ESTEVES, Diogo. *Princípios institucionais da Defensoria Pública*. 2. ed. Rio de Janeiro: Forense, 2017.

SILVA, João Roberto da. In: _____. *A mediação e o processo de mediação*. São Paulo: Paulistanajur, 2004.

SILVA, José Afonso da. *Ação popular constitucional*. São Paulo: Revista dos Tribunais, 1968.

SILVA, Ovídio A. Baptista da. *A "antecipação" da tutela na recente reforma processual*. São Paulo: Saraiva, 1996.

_____. *Teoria geral do processo civil*. São Paulo: Revista dos Tribunais, 1997a.

SILVA, Ovídio A. Baptista da; GOMES, Fabio Luiz. *Teoria geral do processo civil*. São Paulo: Revista dos Tribunais, 1997.

SILVA, Paulo Costa; REIS, Nuno Trigo dos. A prova difícil: da *probatio levior* à inversão do ônus da prova. *Revista de Processo*, São Paulo, Revista dos Tribunais, v. 222, ago. 2013.

SINGER, Linda R. *Settling disputes*. 2. ed. Colorado: Westview, 1994.

SOUSA, Michel Teixeira de. Apontamentos sobre a ciência processual. *Revista de Processo*, São Paulo, v. 235, p. 69, set. 2014.

SOUSA, Miguel Teixeira de. *Estudos sobre o novo processo civil*. 2. ed. Lisboa: Lex, 1997.

SOUZA, Alexander Araújo de. O Ministério Público, a ação civil pública e a possibilidade, nesta sede, de controle incidental de constitucionalidade: uma trilogia democrática. *Revista do Ministério Público do Estado do Rio de Janeiro*, Rio de Janeiro, n. 15, p. 23-61, 2002.

SOUZA, Artur César. O princípio da cooperação no Projeto do Novo Código de Processo Civil. *Revista de Processo*, v. 225, nov. 2013.

SPENGLER, Fabiana Marion. A boa-fé e a cooperação previstas no PL 8.046/2010 (Novo CPC) como princípios viabilizadores de um tratamento adequado dos conflitos judiciais. *Revista de Processo*, v. 230, abr. 2014.

_____. Mediação enquanto política pública: a teoria, a prática e o projeto de lei. Santa Cruz do Sul: EDUNISC, 2010. Disponível em: http://www.unisc.br/edinisc. Acesso em: 13 set. 2011.

SPENGLER, Fabiana Marion; SPENGLER NETO, Theobaldo. Mediação enquanto política pública: a teoria, a prática e o projeto de lei. Santa Cruz do Sul, Edunisc, 2010. Disponível em: http://www.unisc.br/portal/pt/editora/e-books/95/mediacao-enquanto-politica-publica-a-teoria-a-pratica-e-o-projeto-de-lei-.html.

STANCATI, Maria Martins Silva. *Administração de conflitos na jurisdição voluntária extrajudicial: subsídios doutrinários sobre sua possibilidade – 2016*. Dissertação (Mestrado em Direito). Faculdade de Direito, Universidade Estácio de Sá, Rio de Janeiro, 2016.

STOBER, Michael. Os meios alternativos de solução de conflitos no direito alemão e europeu: desenvolvimento e reformas. *Revista de Processo*, São Paulo: Revista dos Tribunais, v. 244, jun. 2015, p. 372.

STONE, Katherine V. W. *Private justice*: the law of alternative dispute resolution. New York: Foundation Press, 2000.

STRATZ, Murilo. *A reclamação constitucional como garantia da autoridade das decisões proferidas pelo STF*. Dissertação de Mestrado apresentada ao Programa de Pós-graduação *stricto sensu* da Faculdade Nacional de Direito – UFRJ. Orientadora: Margarida Lacombe. Mimeo: Rio de Janeiro, 2012.

STRECK, Lenio Luiz. A "repercussão geral das questões constitucionais" e a admissibilidade do recurso extraordinário: a preocupação do constituinte com as "causas irrelevantes". In: AGRA, Walter de Moura (Coord.). *Comentário à reforma do Poder Judiciário*. Rio de Janeiro: Forense, 2005. p. 132-142.

_____. *Súmulas no direito brasileiro*: eficácia, poder e função. Porto Alegre: Livraria do Advogado, 1998.

_____. Um debate com (e sobre) o formalismo-valorativo de Daniel Mitidiero, ou "colaboração no processo civil" é um princípio? *Revista de Processo*, v. 213, p. 17, nov. 2012.

_____. *Verdade e consenso*. 3. ed. Rio de Janeiro: Lumen Juris, 2009a.

SUSSKIND, Richard. *Online Courts and the Future of Justice*. Oxford: Oxford University Press, 2019, edição Kindle.

SWINGLE, P. *The structure of conflict*. New York: Academic Press, 1970.

TALAMINI, Eduardo. Arbitragem e parceria público-privada. Disponível em: https://academia.edu. Acesso em: 30 jun. 2012.

_____. Embargos à execução de título judicial eivado de inconstitucionalidade (CPC, art. 741, par. ún.). In: DIDIER JR., Fredie (Org.). *Relativização da coisa julgada*. Salvador: JusPodivm, 2004.

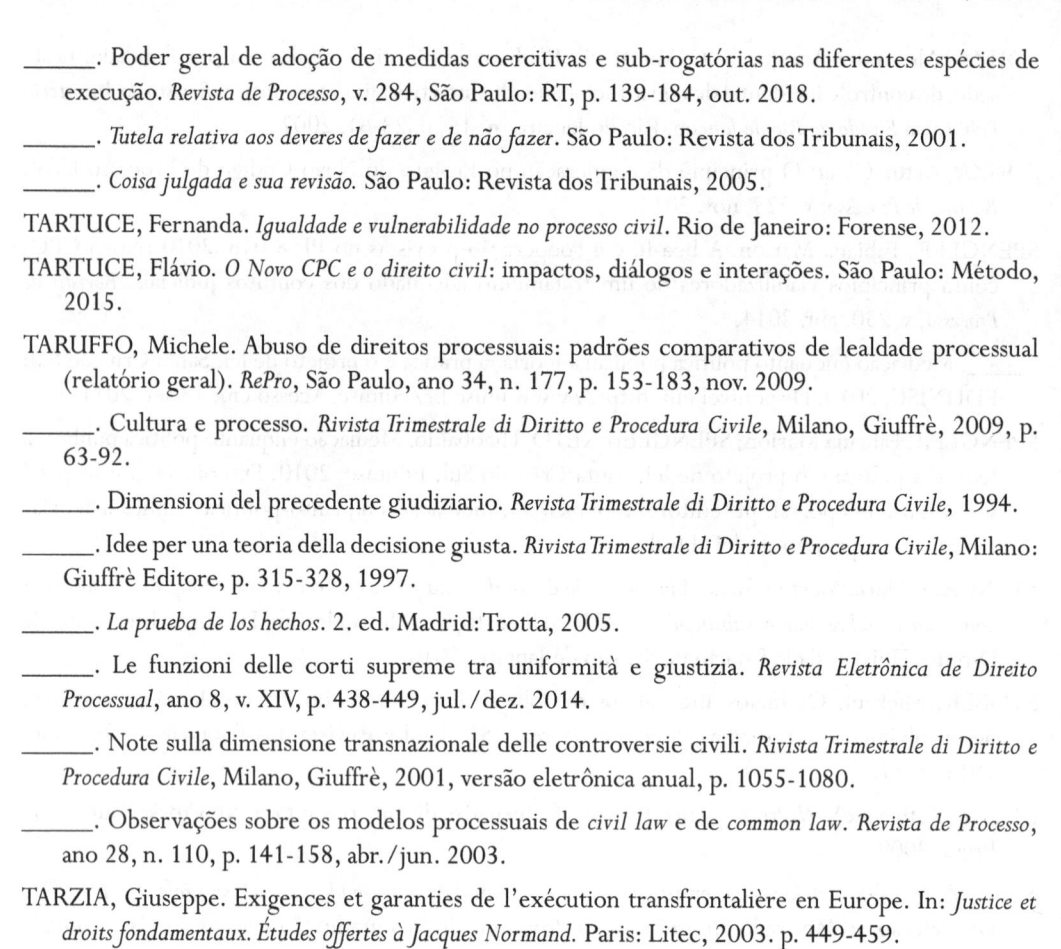

_____. Poder geral de adoção de medidas coercitivas e sub-rogatórias nas diferentes espécies de execução. *Revista de Processo*, v. 284, São Paulo: RT, p. 139-184, out. 2018.

_____. *Tutela relativa aos deveres de fazer e de não fazer*. São Paulo: Revista dos Tribunais, 2001.

_____. *Coisa julgada e sua revisão*. São Paulo: Revista dos Tribunais, 2005.

TARTUCE, Fernanda. *Igualdade e vulnerabilidade no processo civil*. Rio de Janeiro: Forense, 2012.

TARTUCE, Flávio. *O Novo CPC e o direito civil*: impactos, diálogos e interações. São Paulo: Método, 2015.

TARUFFO, Michele. Abuso de direitos processuais: padrões comparativos de lealdade processual (relatório geral). *RePro*, São Paulo, ano 34, n. 177, p. 153-183, nov. 2009.

_____. Cultura e processo. *Rivista Trimestrale di Diritto e Procedura Civile*, Milano, Giuffrè, 2009, p. 63-92.

_____. Dimensioni del precedente giudiziario. *Revista Trimestrale di Diritto e Procedura Civile*, 1994.

_____. Idee per una teoria della decisione giusta. *Rivista Trimestrale di Diritto e Procedura Civile*, Milano: Giuffrè Editore, p. 315-328, 1997.

_____. *La prueba de los hechos*. 2. ed. Madrid: Trotta, 2005.

_____. Le funzioni delle corti supreme tra uniformità e giustizia. *Revista Eletrônica de Direito Processual*, ano 8, v. XIV, p. 438-449, jul./dez. 2014.

_____. Note sulla dimensione transnazionale delle controversie civili. *Rivista Trimestrale di Diritto e Procedura Civile*, Milano, Giuffrè, 2001, versão eletrônica anual, p. 1055-1080.

_____. Observações sobre os modelos processuais de *civil law* e de *common law*. *Revista de Processo*, ano 28, n. 110, p. 141-158, abr./jun. 2003.

TARZIA, Giuseppe. Exigences et garanties de l'exécution transfrontalière en Europe. In: *Justice et droits fondamentaux. Études offertes à Jacques Normand*. Paris: Litec, 2003. p. 449-459.

_____. L'art. 111 Cost. e le garanzie europee del processo civile. *Rivista di Diritto Processuale*, Padova, Cedam, p. 1-22, 2001.

TAVARES, André Ramos. *Tratado da arguição de preceito fundamental*. São Paulo: Saraiva, 2001.

TAVARES, André Ramos; LENZA, Pedro; ALARCÓN, Pietro de Jesus Lora. *Reforma do Judiciário analisada e comentada*. São Paulo: Método, 2005.

TEIXEIRA, Guilherme Puchalski. Incidente de resolução de demandas repetitivas: projeções em torno de sua eficiência. *Revista Eletrônica de Direito Processual*, v. 16, jul./dez. 2015.

TEIXEIRA, Sálvio de Figueiredo. *Reforma do Código de Processo Civil*. São Paulo: Saraiva, 1996.

TEIXEIRA, Weldel de Brito Lemos. A prova emprestada no CPC. In: DIDIER JR., Fredie (Coord. geral); MACÊDO, Lucas Buril de; PEIXOTO, Ravi; FREIRE, Alexandre (Orgs.). *Novo CPC doutrina selecionada: processo de conhecimento, provas*. Salvador: JusPodivm, 2015. v. 3, p. 385-399.

TESHEINER, José Maria Rosa. Precedentes, jurisdinormação e fundamentação da sentença. Disponível em: https://www.academia.edu/28266388/Precedentes_jurisdinorma%C3%A7%C3%A3o_e_fundamenta%C3%A7%C3%A3o_da_senten%C3%A7a.

_____. Embargos a execução no novo Código de Processo Civil. *Revista de Processo*, v. 267, São Paulo: RT, p. 273-286, maio 2017.

TESHEINER, José Maria Rosa; THAMAY, Rennan Faria Krüger. *Teoria geral do processo*: em conformidade com o Novo CPC. Rio de Janeiro: Forense, 2015.

THAMAY, Rennan Faria Krüger. A coisa julgada no direito processual civil brasileiro. *Revista de Processo*, v. 269, São Paulo: RT, p. 151-196, jul. 2017.

THEODORO JR., Humberto. *Curso de direito processual civil*. 50. ed. Rio de Janeiro: Forense, 2017a. v. III.

_____. *Curso de direito processual civil*. 56. ed. Rio de Janeiro: Forense, 2017. v. I.

_____. Estabilização da demanda no novo Código de Processo Civil. *Revista de Processo*, São Paulo: Revista dos Tribunais, v. 244, p. 195-204, jun. 2015.

_____. Jurisprudência e precedentes vinculantes no novo Código de Processo Civil – demandas repetitivas. *Revista de Processo*, v. 255, maio 2016, p. 370.

_____. Redimensionamento da coisa julgada. *Revista Jurídica Notadez*, São Paulo, n. 337, p. 45-64, mar./abr. 2009.

THEODORO JR., Humberto; DIERLE, Nunes; BAHIA, Alexandre. Breves Considerações sobre a politização do judiciário e sobre o panorama de aplicação no direito brasileiro. *Repro*, São Paulo, Revista dos Tribunais, v. 189, p. 9-52, 2010.

THEODORO JR., Humberto; FARIA, Juliana Cordeiro de. O tormentoso problema da inconstitucionalidade da sentença passada em julgado. In: DIDIER JR., Fredie (Org.). *Relativização da coisa julgada*. 2. ed. 2. tir. Salvador: JusPodivm, 2008. p. 179-223.

TIBÚRCIO, Carmen. *Extensão e limites da jurisdição brasileira*: competência internacional e imunidade de jurisdição. Salvador: JusPodivm, 2016.

TIMM, Luciano Benetti. *Direito e economia desmistificado* – resistência absoluta de alguns juristas à estatística parece novamente um agir estratégico ou ideológico. Disponível em: https://www.jota.info/opiniao-e-analise/colunas/coluna-da-abde/direito-e-economia-desmistificado-11092018. Acesso em: 16 set. 2018.

_____. Parecer elaborado em resposta à consulta realizada pelo Conselho Federal da Ordem dos Advogados do Brasil. Disponível em: http://s.oab.org.br/arquivos/2018/11/059092dc-2319-455d-bdc8-6c98e7de2a02.pdf. Acesso em: 14 out. 2021.

TORNAGHI, Hélio. *Instituições de processo penal*. Rio de Janeiro: Forense, 1959. v. 1.

_____. *Comentários ao Código de Processo Civil*. São Paulo: RT, 1974. v. 1.

TROCKER, Nicolò. Il nuovo articolo 111 della costituzione e il "giusto processo" in materia civile: profili generali. *Rivista Trimestrale di Diritto e Procedura Civile*, Milano, Giuffrè Editore, p. 381-410, 2001.

_____. *La formazione del diritto processuale europeo*. Torino: Giappichelli, 2011.

_____. *Processo civile e costituzione*. Milano: Giuffrè, 1974.

_____; VARANO, Vincenzo. *The Reforms of Civil Procedure in Comparative Perspective*. Torino: Giappichelli Editore, 2005.

TUCCI, José Rogério Cruz e. A legalidade do julgamento virtual. *Consultor Jurídico*, 25 jul. 2011. Disponível em: http://www.conjur.com.br. Acesso em: 3 ago. 2011.

_____. Anotações sobre a repercussão geral como pressuposto de admissibilidade do recurso extraordinário: Lei n. 11.418/2006. *Revista Magister de Direito Civil e Processual*, ano 3, n. 16, jan./fev. 2007.

_____. Garantias constitucionais da duração razoável e da economia processual no projeto do Código de Processo Civil, *Repro*, São Paulo, ano 36, n. 192, p. 193-209, fev. 2011.

_____. *Precedente judicial como fonte de direito*. São Paulo: Revista dos Tribunais, 2004.

_____. *Tempo e processo*: uma análise empírica das repercussões do tempo na fenomenologia processual (civil e penal). São Paulo: Revista dos Tribunais, 1997.

_____. Relevância da questão federal como requisito de admissibilidade do REsp. Disponível em: https://www.conjur.com.br/2022-jul-19/questao-federal-admissibilidade-recurso-especial-stj. Acesso em: 20 jul. 2022.

TUSHNET, Mark. Os precedentes judiciais nos Estados Unidos. Trad. Flavio Portinho Sirangelo. *Revista de Processo*, v. 218, abr. 2013.

VENTURI, Elton. *Execução da tutela coletiva*. São Paulo: Malheiros, 2000.

_____. Transação de direitos indisponíveis? *Revista de Processo*, São Paulo, Revista dos Tribunais, v. 251, p. 391-426, jan. 2016.

VIAL, Sandra Regina Martini. Direito fraterno na sociedade cosmopolita. *Contribuiciones desde Coatepec*, n. 12, p. 123-138, jan./mar. 2007.

VIDAL, Ludmilla Camacho Duarte. Convenções processuais: premissas operacionais e os escopos da jurisdição contemporânea. In: CARNEIRO, Paulo Cezar Pinheiro; GRECO, Leonardo; PINHO, Humberto Dalla Bernardina de. *Inovações do CPC*. Rio de Janeiro: GZ, 2016.

VIEIRA, Dayana; LIPPMANN, Rafael Knorr. Expropriação de bem com obrigação *propter rem* no CPC. *Revista de Processo*, v. 283, São Paulo: RT, p. 287-318, set. 2018.

VIEIRA, Fernando Grella. A transação na esfera da tutela dos interesses difusos e coletivos: compromisso de ajustamento de conduta. In: MILARÉ, Edis (Coord.). *Ação civil pública*. Lei n. 7.347/85: reminiscências e reflexões após dez anos de aplicação. São Paulo: Revista dos Tribunais, 1995.

VIEIRA, Oscar Vilhena. Supremocracia. *Revista de Direito GV*, São Paulo, p. 441-464, jul./dez., 2008.

VIGLIAR, José Marcelo Menezes; MACEDO JR., Ronaldo Porto (Orgs.). *Ministério Público II*: democracia. São Paulo: Atlas, 1999.

VIGORITI, Vincenzo. Advogados e concorrência na Europa. *RePro*, São Paulo, ano 28, n. 110, p. 159-173, abr./jun. 2003.

_____. *Garanzie costituzionali del processo civile*. Milano: Giuffrè, 1973.

VINCENZI, Brunela Vieira de. *A boa-fé no processo civil*. São Paulo: Atlas, 2003.

VITORELLI, Edilson. *O devido processo legal coletivo*: dos direitos aos litígios coletivos. São Paulo: Revista dos Tribunais, 2016.

VON SAVIGNY. Vom Beruf unser Zeit für Gesetzgehung und Rechtswissenschaft. Heidelberg, 1841.

WALD, Arnoldo. Da constitucionalidade da Lei n. 9.307/96. *Revista de Direito Bancário, do Mercado de Capitais e da Arbitragem*, São Paulo, v. 3, n. 7, p. 323-334, jan./mar. 2000.

WALTER, Gerhard. *Libre apreciación de la prueba*. Trad. Tomás Banzhaf. Bogotá: Temis, 1985.

WAMBIER, Luiz Rodrigues. Considerações sobre a liquidação de sentença coletiva na proposta de código-modelo de processos coletivos para ibero-américa. *Repro*, São Paulo, ano 30, n. 121, p. 149-158, mar. 2005.

WAMBIER, Luiz Rodrigues; TALAMINI, Eduardo. *Curso avançado de processo civil*. 16. ed. São Paulo: Revista dos Tribunais, 2017. v. 2.

WAMBIER, Luiz Rodrigues; TALAMINI, Eduardo. *Sentença civil*: liquidação e cumprimento. 3. ed. São Paulo: Revista dos Tribunais, 2006.

WAMBIER, Teresa Arruda Alvim (Org.). *Reforma do Judiciário*: primeiros ensaios críticos sobre a EC n. 45/2004. São Paulo: Revista dos Tribunais, 2005.

WAMBIER, Teresa Arruda Alvim et al. *Breves comentários ao CPC*. São Paulo: Revista dos Tribunais, 2015.

_____. Cada caso comporta uma única solução correta? In: WAMBIER, Teresa Arruda Alvim et al. (Orgs.). *Direito jurisprudencial*. São Paulo: Revista dos Tribunais, 2014. v. II.

_____. Súmula vinculante: figura do *common law*? Disponível em: www.revistadoutrina.trf4.jus.br. Acesso em: 9 set. 2013.

WAMBIER, Teresa Arruda Alvim; MEDEIROS, Maria Lúcia Lins Conceição de. Recursos repetitivos – Realização integral da finalidade do novo sistema impõe mais do que a paralisação dos recursos especiais que estão no 2º grau. *Revista de Processo*, São Paulo, ano 36, n. 191, jan. 2011.

WAMBIER, Teresa Arruda Alvim; MEDINA, J. M. *O dogma da coisa julgada*: hipóteses de relativização. São Paulo: Revista dos Tribunais, 2003.

WAMBIER, Teresa Arruda Alvim; RIBEIRO, Leonardo Ferres da Silva; CONCEIÇÃO, Maria Lúcia Lins; MELLO, Rogério Licastro Torres de. *Primeiros comentários ao novo CPC*. Artigo por artigo. São Paulo: Revista dos Tribunais, 2015.

WARAT, Luis Alberto. *O ofício do mediador*. Florianópolis: Habitus, 2001. v. 1.

WATANABE, Kazuo. Acesso à Justiça e sociedade moderna. In: _____. *Participação e processo*. São Paulo: Revista dos Tribunais, 1988.

_____. Cultura da sentença e cultura da pacificação. In: YARSHELL, Flávio Luiz; MORAES, Maurício Zanoide de (Orgs.). *Estudos em homenagem à Professora Ada Pellegrini Grinover*. São Paulo: DPJ Editora, 2005. p. 684-690.

_____. *Da cognição no processo civil*. 3. ed. São Paulo: DPJ Editora, 2005.

WEINTRAUB, Russel J. Critique of the Hazard-Taruffo Transnational Rules of Civil Procedure. *Texas International Law Journal*, v. 33, Summer 1998.

WILLIAMS, Gerald R. *Legal negotiations and settlement*. Minnesota: West, 1983.

WOLKMER, Antonio Carlos; LEITE, José Rubens Morato. *Os novos direitos no Brasil*: natureza e perspectivas. São Paulo: Saraiva, 2003.

YARSHELL, Flávio Luiz. *Ação rescisória. Juízos rescindente e rescisório*. São Paulo: Malheiros, 2005.

_____. Processo eletrônico e prazos processuais: vigência plena da regra do art. 191 do CPC. *Carta Forense*, 2 abr. 2013. Disponível em: http://www.cartaforense.com.br.

_____. *Tutela jurisdicional*. São Paulo: Atlas, 1998.

YARSHELL, Flávio Luiz; MEJIAS, Lucas Britto. Perfil das decisões do STJ sobre a interferência do Judiciário em matéria de convenção arbitral. In: GALLOTTI, Isabel et al. *O papel da jurisprudência no STJ*. São Paulo: Revista dos Tribunais, 2014.

YEAZELL, Stephen C. *Civil Procedure*. 7. ed. New York: Aspen, 2008.

ZANELLA, Ingrid. Da ratificação dos protestos marítimos: da indispensabilidade ao equivocado desuso. *Migalhas*, 17 jun. 2021. Disponível em: https://www.migalhas.com.br/coluna/migalhas-maritimas/347154/da-ratificacao-dos-protestos-maritimos. Acesso em: 15 nov. 2023.

ZANETI JR., Hermes. *O valor vinculante dos precedentes*. Salvador: JusPodivm, 2015.

_____. Precedentes (*treat like cases alike*) e o novo Código de Processo Civil; universalização e vinculação horizontal como critérios de racionalidade e a negação da "jurisprudência persuasiva" como base para uma teoria e dogmática dos precedentes no Brasil. *Revista de Processo*, v. 235. São Paulo: Revista dos Tribunais, 2014.

_____. *Processo constitucional*: o modelo constitucional do processo civil brasileiro. Rio de Janeiro: Lumen Juris, 2007.

ZANETI, Paulo Rogério. *Flexibilização das regras sobre o ônus da prova*. São Paulo: Malheiros, 2011.

ZAVASCKI, Teori Albino. *A antecipação de tutela*. 4. ed. São Paulo: Saraiva, 2005.

_____. Embargos à execução com eficácia rescisória: sentido e alcance do art. 741, parágrafo único, do CPC. *Revista de Processo*, São Paulo, ano 30, n. 125, p. 79-91, jul. 2005.

_____. Inexigibilidade de sentenças inconstitucionais. In: DIDIER JR., Fredie (Org.). *Relativização da coisa julgada*. 2. ed. 2. tir. Salvador: JusPodivm, 2008. p. 371-383.

_____. *Processo coletivo*: tutela de direitos coletivos e tutela coletiva de direitos. 7. ed. São Paulo: Revista dos Tribunais, 2017.

ZUCKERMAN, A.A.S. Lord Woolf's Access to Justice: Plus ça change... *The Modern Law Review*, v. 59, n. 6, p. 773-796, nov. 1996.

_____. *Zuckerman on Civil Procedure*: principles of practice. Second Edition. London: Sweet & Maxwell, 2006.

ZUFELATO, Camilo; OLIVEIRA, Fernando Antonio. Meios de impugnação da decisão do exame de admissibilidade do incidente de resolução de demandas repetitiva.